2009年4月5日，党和国家领导人胡锦涛、吴邦国、温家宝、贾庆林、习近平、李克强、贺国强、周永康来到北京永定河森林公园参加首都义务植树活动。图为胡锦涛总书记同少先队员一起给刚栽下的银杏树浇水

（新华社 发）

2008年4月，中共中央政治局委员、国务院副总理回良玉出席全国绿化委员会第二十六次全体（扩大）会议暨造林绿化表彰大会并作重要讲话（全国绿委办公室综合组 供稿）

2008年9月，国家林业局局长贾治邦在湖南省考察油茶生产情况（湖南省林业厅 供稿）

2008年8月，国家林业局副局长李育材在湖南省考察林业工作

（国家林业局办公室　供稿）

2008年1月，中央纪委驻国家林业局纪检组组长、局党组成员杨继平在广西考察桉树林基地　（国家林业局办公室　供稿）

2008年3月，国家林业局副局长雷加富参加全国政协会议讨论

（中国林业产业杂志社 供稿）

2008年3月，国家林业局副局长祝列克在江西省考察雨雪冰冻灾害林业恢复重建工作

（国家林业局办公室 供稿）

2008年3月，国家林业局副局长张建龙就集体林权制度改革接受经济日报社记者采访（国家林业局办公室 供稿）

2008年5月，国家林业局副局长印红在四川汶川地震灾区慰问并了解灾情（国家林业局办公室 供稿）

国家林业局副局长孙扎根协调指挥扑救森林火灾　（国家林业局办公室　供稿）

中央纪委驻国家林业局纪检组组长、局党组成员陈述贤出席深入学习实践科学发展观活动大会　（国家林业局办公室　供稿）

中国林业年鉴 2009

CHINA FORESTRY YEARBOOK

国家林业局编纂

中国林业出版社

图书在版编目(CIP)数据

中国林业年鉴．2009／国家林业局编纂．-北京：中国林业出版社，2009.12
ISBN 978-7-5038-5766-9
Ⅰ．中… Ⅱ．国… Ⅲ．林业－中国－2009－年鉴 Ⅳ．F326.2-54

中国版本图书馆CIP数据核字(2009)第243822号

出　版：中国林业出版社 (100009 北京西城区刘海胡同7号)
网　址：www.cfph.com.cn
E-mail：cfybook@163.com　　**电　话**：83282326
发　行：中国林业出版社
印　刷：北京中科印刷有限公司
版　次：2009年12月第1版
印　次：2009年12月第1次
开　本：787mm×1092mm 1/16
印　张：44
插　页：50
字　数：1809千字
定　价：300.00元

中国林业年鉴编辑委员会

孙　建　全国木材行业管理办公室常务副主任
胡章翠　国家林业局科技发展中心主任
刘东生　国家林业局经济发展研究中心主任
王永海　国家林业局人才交流开发中心副主任
金普春　国家林业局对外合作项目中心常务副主任
张　萍　国家林业局森林防火预警监测信息中心主任
马广仁　国家林业局湿地保护管理中心主任
苏祖云　国家林业局森林资源监督管理办公室副主任
鲁　德　亚太森林网络管理中心副主任
张守攻　中国林业科学研究院院长
李忠平　国家林业局调查规划设计院院长
周鸿升　国家林业局林产工业规划设计院院长
王建子　国家林业局管理干部学院党委书记
丁付林　中国绿色时报社党委书记
岳永德　国际竹藤网络中心常务副主任
赵良平　中国林学会秘书长
杨百瑾　中国野生动物保护协会秘书长
王殿富　中国花卉协会秘书长
关松林　中国绿化基金会秘书长
王　满　中国林业产业协会秘书长
马爱国　国家林业局森林病虫害防治总站总站长
白胜文　国家林业局东北航空护林中心主任
郝佩和　国家林业局西南航空护林总站总站长
王海忠　南京森林公安高等专科学校党委书记
傅宾领　国家林业局华东林业调查规划设计院院长
周光辉　国家林业局中南林业调查规划设计院院长
张　翼　国家林业局西北林业调查规划设计院院长
唐芳林　国家林业局昆明勘察设计院院长
崔永安　武警森林指挥部政治部副主任

特约委员

董瑞龙　北京市园林绿化局局长
李森阳　天津市林业局局长
王金品　河北省林业局纪检组组长、监察专员
耿怀英　山西省林业厅厅长
高锡林　内蒙古自治区林业厅厅长
曹　元　辽宁省林业厅厅长

孙光芝	吉林省林业厅副厅长
刘亚文	黑龙江省林业厅副厅长
蔡友铭	上海市绿化和市容管理局副局长
夏春胜	江苏省林业局局长
邢最荣	浙江省林业厅副厅长
韩柏泉	安徽省林业厅厅长
吴志明	福建省林业厅厅长
罗　勤	江西省林业厅副厅长
贾崇福	山东省林业局局长
王照平	河南省林业厅厅长
王海涛	湖北省林业局局长
邓三龙	湖南省林业厅厅长
张育文	广东省林业局局长
陈秋华	广西壮族自治区林业厅厅长
关进平	海南省林业局局长
吴　亚	重庆市林业局局长
王　平	四川省林业厅厅长
黄永昌	贵州省林业厅党组成员、机关党委书记
陈玉侯	云南省林业厅厅长
桑杰扎巴	西藏自治区林业局局长
张社年	陕西省林业厅厅长
火统元	甘肃省林业厅副厅长
王　谦	青海省林业局巡视员
王德林	宁夏回族自治区林业局局长
张小平	新疆维吾尔自治区林业厅党委书记
安国通	中国内蒙古森林工业集团有限责任公司总经理
宫喜福	中国吉林森林工业集团有限责任公司副总经理
李文达	中国龙江森林工业(集团)总公司副总经理
单增庆	大兴安岭林业集团公司总经理
杨江勇	新疆生产建设兵团林业局局长
尹伟伦	北京林业大学校长
杨传平	东北林业大学校长
余世袁	南京林业大学校长
赵　忠	西北农林科技大学常务副校长
周先雁	中南林业科技大学校长
陈宝昆	西南林学院党委书记

中国林业年鉴特约编辑

国家林业局办公室	涂先喜
国家林业局政策法规司	周金锋
国家林业局造林绿化管理司	吴秀丽
全国绿化委员会办公室	周力军
国家林业局森林资源管理司	杨　净
国家林业局野生动植物保护与自然保护区管理司	张云毅
国家林业局农村林业改革发展司	李岭宏
国家林业局森林公安局	敖孔华
国家林业局发展规划与资金管理司	刘建杰　袁卫国
国家林业局科学技术司	谢春华
国家林业局国际合作司	黄一川
国家林业局人事司	严　剑
国家林业局直属机关党委	王小明
中央纪委、监察部驻国家林业局纪检组、监察局	周　洪
国家林业局信息化管理办公室	靳爱仙
国家林业局国有林场和林木种苗工作总站	隗合飞
国家林业局林业工作站管理总站	许　缏
国家林业局林业基金管理总站	刘文萍
国家林业局宣传办公室	曹　靖
国家林业局濒危物种进出口管理中心	张　旗
国家林业局天然林保护工程管理办公室	阎光锋
国家林业局西北华北东北防护林建设局	熊善松
国家林业局长江流域防护林体系建设管理办公室	曾宪芷
国家林业局退耕还林工程管理办公室	汪飞跃
防治荒漠化管理中心	王俊中
国家林业局世界银行贷款项目管理中心	孙　友
全国木材行业管理办公室	杨万利
国家林业局科技发展中心	龚玉梅
国家林业局经济发展研究中心	张晓静
国家林业局人才交流开发中心	何乐观
国家林业局对外合作项目中心	孙念军
国家林业局湿地保护管理中心	邓　侃
国家林业局森林资源监督管理办公室	董　冶
亚太森林网络管理中心	庄作峰
中国林业科学研究院	林泽攀
国家林业局调查规划设计院	李　强
国家林业局林产工业规划设计院	田健夫
国家林业局管理干部学院	潘世英
中国绿色时报社	蔡　鸿
国际竹藤网络中心	王　刚
中国林学会	刘合胜
中国野生动物保护协会	郭立新
中国花卉协会	宿友民
中国绿化基金会	费　勇
中国林业产业协会	白会学
国家林业局森林病虫害防治总站	闫　峻

国家林业局东北航空护林中心	黄丽梅
国家林业局西南航空护林总站	杨　林
南京森林公安高等学校	夏桂林
国家林业局华东林业调查规划设计院	申屠惠良
国家林业局中南林业调查规划设计院	齐建文
国家林业局西北林业调查规划设计院	王义贵
国家林业局昆明勘察设计院	朱益民
武警森林指挥部	管黎丽
北京市园林绿化局	黄桂林
天津市林业局李果丰	宗晶莹
河北省林业局	袁　媛
山西省林业厅	谢英杰
内蒙古自治区林业厅	张爱军
辽宁省林业厅	王树森
吉林省林业厅	卢　静
黑龙省林业厅	崔祥娟
上海市绿化和市容管理局	朱天恩
江苏省林业局	陈志银
浙江省林业厅	方少华
安徽省林业厅	王小明
福建省林业厅	张华坚
江西省林业厅	李　军
山东省林业局	刁训禄
河南省林业厅	徐　忠
湖北省林业局	彭锦云
湖南省林业厅	李邵平
广东省林业局	郭天峰
广西壮族自治区林业厅	蒋卫民
海南省林业局	王　雪
重庆市林业局	张来国
四川省林业厅	杜松文
贵州省林业厅	侯勇军
云南省林业厅	徐　斌
西藏自治区林业局	陈　平
陕西省林业厅	王　莉
甘肃省林业厅	何　熙
青海省林业局	王恩光
宁夏回族自治区林业局	刘玲莉
新疆维吾尔自治区林业厅	蔡立新
中国内蒙古森林工业集团有限责任公司	张小平
中国吉林森林工业集团有限责任公司	刘力武
中国龙江森林工业（集团）总公司	宋淑华
大兴安岭林业集团公司	刘振中
新疆生产建设兵团林业局	贾寿珍
北京林业大学	邹国辉
东北林业大学	黄靖强
南京林业大学	王　强
西北农林科技大学	刘建军
中南林业科技大学	吴锦波
西南林学院	沈茂斌

装点祖国 扮绿山河

——全民义务植树运动

从植树节的设立，到全民义务植树运动的倡导、决策、开展和不断深入推进，我们走出了一条富有中国特色的国土绿化之路，一条加快推进中国国土绿化的必由之路，一条促进科学发展、构建和谐社会的生态文明之路。

◆ 胡锦涛总书记带头参加义务植树

改革开放之初，我国改革开放的总设计师邓小平同志就从中国国情出发，提出植树造林是防治水旱灾害的根本之策，是保持生态平衡、造福子孙万代的重要之举。1979年，在邓小平同志的提议下，第五届全国人大常委会第六次会议决定，每年3月12日为植树节。在他的倡议下, 1981年12月13日，第五届全国人民代表大会第四次会议通过了《关于开展全民义务植树运动的决议》，这是新中国成立以来国家最高权力机关对绿化祖国作出的第一个重大决议。1982年2月27日，国务院制定颁布了《关于开展全民义务植树运动的实施办法》。从此，全民义务植树运动以其特有的公益性、全民性、义务性、法定性在中华大地蓬勃开展。

邓小平同志不但是倡导者，也是全民义务植树的率先垂范者。1982年3月12日，他带领家人，在京西玉泉山种下了全民义务植树运动的第一棵树。从此，每到春季，植树成为中国领导人的一项固定日程，成为中国公民的共同义务和共同行动。

◆ 全民义务植树现场

◆ 国家林业局局长贾治邦在浙江指导竹林经营

◆ 国家林业局局长贾治邦参加弘扬生态文明共建绿色校园纪念林植树

1983年植树节，邓小平同志在北京十三陵水库参加植树时指出：“植树造林，绿化祖国，是建设社会主义、造福子孙后代的伟大事业，要坚持二十年，坚持一百年，坚持一千年，要一代一代永远干下去。”

在中央领导的积极倡导和带动下，全民义务植树运动开展28年来取得了巨大的成绩。

加快了我国国土绿化进程，实现了“两增”、“两减” 开展全民义务植树运动28年来，全国累计有109.8亿人次参加义务植树，植树515.4亿株，成为世界上规模最大、参与人数最多、成效最显著的植树运动。

各地通过发动群众进行义务整地、栽植树木及管护等多种全民义务植树形式，积极调动全社会力量共同建设，有力地促进了森林资源的培育、恢复和发展。全民义务植树成为重点林业工程建设不可或缺的部分，发挥了不可替代的作用。经过长期的努力，我国生态状况出现了“两增”、“两减”的可喜变化。“两增”，就是森林资源持续增加、部分野生动植物种群数量稳中有增。我国森林覆盖率已由20世纪80年代初的12%提高到目前的18.21%,森林面积已从1981年的1.15亿公顷提高到1.75亿公顷，活立木蓄积量已从1981年的102.6亿立方米提高到136.18亿立方米。“两减”，就是水土流失面积减少、土地沙化面积减少。全国水土流失面积总量由20世纪末的367万平方千米，下降到目前的356万平方千米，并且水土流失强度逐步减轻。全国沙化面积总量由20世纪末年均扩展3436平方千米，转变为目前年均减少1283平方千米，实现了新中国成立以来的首次缩减。

城乡绿化速度加快，改善了城乡生态环境 在全民义务植树运动的推动下，城乡绿化加速发展，面貌焕然一新，人居环境质量不断改善。目前，全国城市建成区绿化覆盖面积达到106万公顷，城市

◆ 北京军区内蒙古义务植树现场

绿化覆盖率已由1981年的10.1%提高到目前的35.29%，人均公共绿地面积由3.45平方米提高到8.98平方米。城乡生态环境的改善不仅大大提高了人们的生活环境质量，而且还带动了房地产、旅游等产业的发展。促进了当地经济、生态环境与社会的协调发展，为构建和谐社会和实现全面建设小康社会的目标奠定了良好基础。

全民绿化意识不断提高，促进了生态文明建设 通过长期坚持不懈地开展全民义务植树运动，有力地促进了公民绿化意识的提高和全社会生态文明观念的增强，义务植树在绿化美化的同时，陶冶了人们的情操，弘扬了传统美德，抒发了爱国热情，强化了社会责任，提高了全民绿化意识，促进了生态文明建设。

◆ 北京军区内蒙古义务植树现场

部门绿化和社会造林齐头并进，形成全民搞绿化局面 部门绿化和社会造林是发展林业的重要方面，也是全民义务植树的重要表现形式。我国人口众多、生态脆弱、森林覆盖率低，只靠一个部门的努力是远远不够的，特别是在市场经济体制下，更要充分依靠社会各行各业的力量，共同开展绿化和生态建设。多年来，各有关部门（系统）在国土绿化中发挥了重要作用。

扩大了国际影响，提升了中国的良好形象 中国作为一个负责任的发展中国家,在经济很不富裕的情况下,为加速推进森林生态恢复,缓解全球气候变暖的趋势,深入持久地开展了全民义务植树运动，取得了令世界瞩目的成绩。这在世界林业发展史上是一项伟大创举，也是世界造林绿化史上的一个奇迹。

◆ 福建惠安红树林造林

森林卫士

——林业有害生物防治

新中国成立60年来，我国林业有害生物防治工作以加强能力建设为重点，不断完善监测测报、检疫御灾和防治减灾体系，加强防治法规建设，大力推广森防科技成果，强化综合治理，取得了显著成就。截至目前，全国林业有害生物发生率下降到5%以下，成灾率下降到4.5‰以下，防治率提高到75%以上，无公害防治率提高到60%。已经建立了国家、省、地、县四级森林病虫害防治检疫站3068个，各级林业有害生物监测预报站点26 513个。全国林业植物检疫从业人员已达3万多人，其中专职检疫员达12 738人。目前，已修订和制定了《植物检疫条例》、《森林病虫害防治条例》，已发布实施了林业有害生物防治部门规章80多部，制定和公布了林业有害生物防治地方性法规或政府规章50多部。先后开展了中德森林保护与可持续经营项目中森林病虫害专题的技术合作、中日宁夏森林保护研究计划项目、中国与芬兰关于林木腐朽菌分类学的合作研究等国际交流合作项目，推广应用林业有害生物防治先进科技成果40余项，引进国外先进技术16项。

◆ 大面积飞防

◆ 基层人员开展生物防治

◆ 现场检疫

◆ 林业有害生物防治宣传

扮得绿水绕青山

——长江等重点防护林建设

党中央，国务院历来高度重视林业生态工程建设，为从根本上扭转我国长江、珠江、海河等大江大河及沿海地区生态环境恶化的状况，国家先后于1987年、1989年、1990年、1994年、1996年启动了平原绿化、长江中上游防护林建设、沿海防护林建设、太行山绿化建设工程、珠江流域防护林体系建设，经过长期不懈的艰苦努力，防护林工程建设取得了举世瞩目的成绩，长江流域防护林体系建设一期工程累计完成营造林面积685.5万公顷，幼林抚育34.5万公顷，区域内森林覆盖率由19.9%提高到29.5%，治理水土流失面积6.5万平方千米。沿海防护林体系建设一期工程累计完成造林323.67万公顷，工程区森林覆盖率由一期建设前24.9%增加到目前的35.45%，全国大陆海岸线长18 340千米，目前17 146千米的海岸基干林带已基本合拢。珠江流域防护林体系建设一期工程共完成营造林67.5万公顷，完成低效防护林改造12.88万公顷，四旁植树1.7亿株。太行山绿化一期工程累计完成造林295.2万公顷，四旁植树1.7亿株。工程区森林覆盖率从15.30%提高到了21.58%，林草植被覆盖度显著提高，活立木蓄积量增加了3000万立方米。平原绿化一期工程累计完成造林698万公顷，平原地区森林覆盖率由1987年的7.3%提高到现在的15.7%，全国920个平原、半平原、部分平原县（市、旗、区）中有869个达到了平原县绿化标准。

◆ 山东菏泽平原桐粮间作

◆ 云南省境内长江流域金沙江段长江防护林

进入21世纪，党和国家给予防护林建设更大关心和支持，对防护林建设的投入逐年增加。国家林业局根据《国民经济和社会发展十五计划纲要》，组织编制了长江、沿海、珠江、太行山绿化、平原绿化等5个防护林体系建设二期工程规划（2001~2010年，平原绿化二期工程规划期为2006~2015年）。2007年，国务院批复同意了新编制的《全国沿海防护林体系建设工程规划（2006~2015年）》。长江等重点防护林建设二期工程于“十五”期间开始启动实施。

经过10年的建设，长江防护林工程为改善生态环境作出了巨大贡献，有效遏制了水土流失的发生，增强了长江等流域抵御旱、洪、风沙等自然灾害的能力，发挥了水利工程效益；沿海基干林带建设实现突破性进展，沿海地区抵御台风、风暴潮等自然灾害的能力显著提升，有效保护了沿海地区经济社会发展成果和人民生命财产安全；珠江防护林工程建设对促进石漠化地区植被

◆ 河南省博爱县农田防护林网

◆ 海南省三亚市沿海基干林带

恢复起到了积极的作用。有林地面积不断增加，林草植被覆盖度显著提高，森林资源逐渐丰富，为促进农民增收和石漠化地区经济发展起到了积极的作用。

为积极营造长江中上游水源涵养林和水土保持林，改善和维护长江流域生态环境，国家林业局先后在青海、西藏、江西、湖北等18个省（区、市）的1035个县，启动实施了二期长江流域防护林体系建设工程，涉及流域面积216.15平方千米。经过20年的不懈努力，工程累计完成营造林面积839.6万公顷，治理水土流失面积6.5万平方千米，流域森林覆盖率由工程实施前的19.9%提高到31.2%，治理区土壤侵蚀量由治理前的9.3亿吨降低到5.4亿吨，减少了42.0%。长江流域防护林体系建设工程的实施，不仅有效改善了农业生产环境，增强了抵御干旱、洪涝、风沙等自然灾害的能力，而且对维护长江流域的生态安全，促进区域经济可持续发展发挥了重要作用。

全国平原绿化工程涉及26个省（区、市）的958个县（市、区、旗）。自1988年实施全国平原绿化工程以来，取得了显著成绩，一是新造农田防护林376.8万公顷，保护农田3356万公顷，农田林网控制率达到74%，提高了14.4个百分点，为农业稳产高产提供了保障。二是平原地区有林地面积增加到1661万公顷，活立木蓄积达7.9亿立方米。三是建成各类经济林502万公顷，促进了农村产业结构调整，为农民增收培育了新的经济增长点。四是累计完成造林710万公顷，平原地区森林覆盖率由1987年的7.3%提高到15.8%，人居环境明显改善，呈现出“白天不见村庄，夜晚不见灯光，平原有森林，林内有粮仓”的新景观。

改革开放以后，国家高度重视沿海造林绿化工作，实施了二期沿海防护林体系建设工程。2004年底印度洋海啸发生后，按照温家宝总理、回良玉副总理关于加强沿海防护林体系建设的重要批示精神，又批复实施了《全国沿海防护林体系建设工程规划（2006~2015年）》，工程涉及辽宁、河北、天津、山东、江苏、上海、浙江、福建、广东、广西、海南11个省（区、市）的261个县（市、区）。

经过十几年的发展，我国沿海防护林体系建设取得了阶段性成果。一是累计造林393万公顷，累计新建和改造基干林带9384千米，基干林带总长度已达到17 800多千米，初步实现了合拢，构建起沿海防护林体系框架。二是全国红树林面积已由工程实施前的18 842公顷增加到26 600公顷，滨海湿地和一大批濒危物种得到有效保护，野生动植物数量和种类明显增加，生物多样性更加丰富。三是部分流动、半流动沙丘基本得到控制，干热风、风沙、冰雹、风暴潮的危害程度明显减轻，沿海防护林体系防灾减灾能力显著增强，为粮食稳产高产和人民生命财产安全提供了良好的生态屏障。四是沿海地区城乡绿化一体化进程明显加快，有效改善了城乡人居生活环境，为促进实现人与自然和谐发挥了极其重要的作用。

退耕十年，成效显著

1998年长江、松花江流域发生特大洪灾之后，党中央、国务院把封山植树，退耕还林放在灾后重建"三十二字"综合措施的首位。1999年，率先在四川、陕西、甘肃开展了退耕还林试点。十年来，全国累计实施退耕还林任务2686.67万公顷，相当于再造了一个东北、内蒙古国有林区，工程涉及25个省（区、市）和新疆生产建设兵团的3200万农户、1.24亿农民。退耕还林工程已经完成任务，中央共将投入4300多亿元，成为我国乃至世界上投资最大、造林面积最多、政策性最强、涉及面最广、群众参与程度最高的一项生态建设工程。

◆ 2008年10月，中共中央总书记胡锦涛在陕西省安塞县沿河湾镇方塔村和退耕农户喜摘苹果

退耕还林工程的实施，改写了"越垦越穷、越穷越垦"的历史，使工程区森林覆盖率平均提高3个多百分点。据贵州省对10个重点退耕还林县的连续监测，土壤侵蚀模数由退耕前的3325吨/平方千米·年减少到420吨/平方千米·年，下降了87%。据四川省定位监测，10年累计减少土壤侵蚀3.2亿吨，涵养水源288亿吨，减少土壤有机质损失量0.36亿吨、氮磷钾损失量0.21亿吨，境内长江一级支流的年输沙量大幅度下降，年均提供的生态服务价值达134.5亿元。同时，退耕还林工程造林成林后，木材蓄积量将达13亿立方米，固定二氧化碳近10亿吨，为应对全球气候变化、履行我国政府对世界的承诺、提高我国在国际事务和外交战略中的地位和话语权作出了重大贡献。

◆ 温家宝总理与贵州省印江县缠溪镇退耕农民亲切交谈

◆ 湖南省湘西州花垣县雅西镇退耕还林前广种薄收的坡耕地，水土流失严重（2001年）

◆ 国家林业局局长贾治邦考察陕西省延安市退耕还林工作

◆ 国家林业局副局长李育材代表国家林业局与各工程省（区、市）人民政府签订退耕还林工程责任书

◆ 国家林业局副局长祝列克在退耕还林现场调研

同时，退耕还林为调整农村产业结构、增加农民收入、促进脱贫致富和“三农”问题的解决发挥了重要作用。一是退耕农民户均已经得到约5000元的粮款补助，成为退耕农民收入的重要组成部分。二是一些地方退耕还林后续产业成为农民增收的重要途径。三是退耕还林大大促进了农村剩余劳动力转移。四是退耕还林从根本上改变了农民的生产生活方式，对农民的思想观念影响深远。四川雅安、贵州遵义、陕西延安、甘肃定西、宁夏固原、内蒙古鄂尔多斯和乌兰察布等生态恶劣、经济贫困的地区逐步走上了“粮下川、林上山、羊进圈”的良性发展道路，实现了耕地减少、粮食增产、农业增效。2007年11月，胡锦涛总书记在考察内蒙古自治区伊金霍洛旗退耕还林、退牧还草情况时指出：抓好退耕还林、退牧还草，对于恢复生态、改善民生有着重要作用，是一条符合科学发展观要求的正确道路，要进一步完善政策、巩固成果，坚持不懈地把这件利国利民的事情做好。

◆ 地处黄土高原的甘肃省定西市安定区退耕还林工程整村整流域推进，成效显著

◆ 湖南省湘西州花垣县雅西镇实施退耕还林工程成效显著，濯濯童山披上绿装（2004年）

林业贴息贷款促进林业产业又好又快发展

◆ 林业贴息贷款工作会议

◆ 林业贴息贷款大力支持林业资源立体开发。图为河北省林药立体开发基地

我国林业贴息贷款政策始建于1986年，是国家为了大力推进林业的保护与发展，积极探索林业投入的引导激励机制所采取的一项极为有效的重要政策措施。多年来，林业贴息贷款已成为我国林业产业建设的重要资金来源，在全面推进林业健康发展、改善和巩固生态建设成果、深化林权制度改革、积极推进社会主义新农村建设等方面发挥了十分重要的作用，取得了显著成效。

不断完善政策措施，建立起扶持林业产业发展的林业贴息贷款长效机制

随着我国经济体制改革的发展，林业贴息贷款政策从无到有，几经变革，从根本上改变了一直以来林业建设完全依靠国家无偿投入的历史，有力地促进了林业行业与市场经济的融合，有效地引导了信贷资金和其他各种生产要素投入林业产业，拓宽了林业融资渠道，逐步建立起与现代林业建设相适应的有效引导各种市场经营主体积极参与林业建设的林业信贷贴息政策。

增加了林业资金投入，形成了林业建设投入新格局

1986年，刚设立的林业贴息贷款新增规模只有3亿元，2009年林业贴息贷款新增规模已经达到160亿元，翻了近6番。截至2008年10月，中央财政累计安排贴息资金40多亿元，有效地带动了639亿元银行贷款和200多亿元社会资本投入到林业建设领域，增强了林业产业发展的生机与活力。

调整优化产业结构，促进林业产业又好又快发展

林业贴息贷款在我国林业建设的不同时期，通过不断推进产业结构优化升级，大力扶持天然林资源保护等林业重点工程后续产业建设等，从多个方面有力地支持了林业建设，取得了良好的经济、生态和社会效益。据统计，1986~2008年，各地利用林业贴息贷款及其配套资金营造速丰林601万公顷，抚育647万公顷次；新造改造经济林325万公顷，种植沙区和其他经济植物323万公顷。多种经营建设项目创利税182亿元，安置就业人员95万多人。

◆ 各时期林业贴息贷款政策有力地促进了林业建设

◆ 林业贴息贷款支持营造工业原料林基地601万公顷

◆ 林业贴息贷款积极促进沙地综合治理。图为内蒙古沙棘基地

开展小额贴息贷款试点，深入推进林权制度改革

2008年，专门安排10.5亿元开展林业小额贴息贷款试点，实际落实小额贴息贷款8.4亿元，中央财政予以贴息2381万元，有力地支持了林权制度配套改革。

◆ 林业贴息贷款积极支持林板一体化等深加工项目建设

开拓创新，不断完善林业贴息贷款管理与服务机制

林业贴息贷款政策的实施，成功地创出了一条计划经济体制下利用贴息贷款发展林业产业的新路子，大大提高了林业建设资金的使用效益和管理水平。在市场经济条件下，针对林业贴息贷款管理与服务对象的多元化及其政策需求的多样化，各地积极探索新的管理与服务模式。通过整章建制，不断完善了贴息贷款规范管理的运作机制。通过开展林权抵押贷款、探索建立林业信用担保机制和政策性保险等政策措施，不断提高市场经济条件下综合管理贴息贷款项目的能力和服务水平，有效地保证了林业贴息贷款在促进现代林业建设中发挥出应有的作用。

◆ 林业贴息贷款扶持起来的4A级陕西省太白山国家森林公园

退耕还林 改善生态 致富农民 振兴辽宁

◆ 回良玉副总理视察阜新县退耕还林经济林大扁杏示范园

◆ 辽宁彰武地区沙化耕地还林

辽宁自2001年实施国家退耕还林工程以来，经历了试点、全面启动、大规模推进、结构性适应性调整、稳步推进和巩固成果的六个阶段。工程区由试点阶段的彰武、北票、凌源、建昌4个试点县，发展到14个市，65个县（市、区），833个乡镇，7450个村，涉及63.4万农户、220万农民。全省累计获得国家退耕还林政策补助资金43.25亿元，共完成国家下达退耕还林工程计划任务101.67万公顷，其中，退耕地还林还草24.67万公顷，配套荒山造林66万公顷，封山育林11万公顷。特别是国务院完善退耕还林政策出台后，辽宁在2008~2015年期间将获得国家巩固退耕还林成果项目投资15.16亿元，年均1.89亿元，规划基本口粮田建设4.21万公顷、农村能源建设7.44万户、后续产业发展29.57万公顷、补植补造19.13万公顷。

辽宁在实施退耕还林的9年历程中形成了一套较为健全的工作机制，建立了一支较为成熟的工作队伍，摸索出了一些行之有效的工作办法。一是退耕还林工作始终得到省委、省政府的高度重视。几任省长、副省长经常对退耕还林工作提要求、作指示，研究解决了退耕还林工作不同时期的多个关键性问题。大连市委、政府还出台了地方退耕还林政策。二是建立了素质高、业务精、能力强的工作队伍。全省各级政府都成立了由政府主管领导任组长的退耕还林工作领导小组，沈阳、大连、阜新、铁岭等4市11县由编委批准成立了正式机构。全省退耕还林部门有专兼职人员达262人。三是科学规划，合理布局，突出重点。退耕还林工程建设任务集中安排在朝阳、阜新等生态脆弱地区，工程建设任务量达到全省总量的66.7%，其中，退耕地还林达到78%，配套荒山造林达到63.3%，封山育林达到79.6%，加大了生态治理力度，加快了的植被恢复速度。四是注重经营管理，提高林分质量，巩固建设成果。各工程县于2006年全面开展退耕还林工程森林透光抚育工作，科学确定抚育间伐标准，保障森林抚育间伐所需采伐限额，提高了林分质量，增加了退耕农户的经济收入，有效巩固了退耕还林成果，加快了退耕还林从单纯造林向造林与经营并重的顺利转轨。

◆ 辽宁省朝阳县退耕还林经济林大枣

◆ 辽宁北票市退耕还林杨树速生林

快速发展的辽宁省林业信息化建设

——全国林业系统十大优秀网站、全国林业信息化建设先进单位

◆ 辽宁省林业厅在2009年4月首届全国林业信息化工作会议上获奖

◆ 国家林业局信息办李世东主任、辽宁省林业厅曹元厅长考察电子办证系统

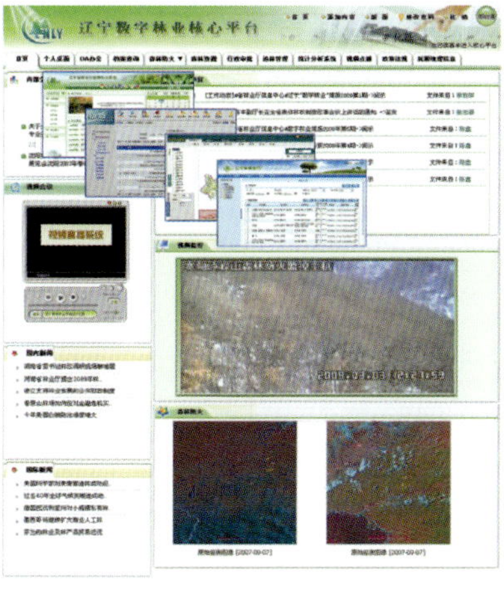

◆ 核心平台及业务应用系统

辽宁省林业信息化建设本着高起点规划、高起点建设、高标准管理、高效率应用的原则，在短短的几年时间里取得了显著成绩。在2009年3月份国家林业局首届林业信息化工作会议上，辽宁省获得全国林业信息化建设先进单位，十大优秀网站等光荣称号。

领导重视，加大投入，是林业信息化建设的关键和保障 为了加快推进辽宁省林业信息化建设，2006年，省、市、县林业部门成立了“数字林业”建设领导小组并下设办公室。2006年10月，辽宁“数字林业”建设规划通过专家论证。几年来积极争取省财政林业信息化建设专项资金及生态公益林补偿结余资金5000多万元，由于领导的高度重视，加大资金投入使辽宁省的林业信息化建设取得了突破性进展。

打牢基础，林业信息化整体架构初步形成 一是完成了辽宁林业系统专网建设。二是辽宁“数字林业”核心平台投入使用。三是基础设施建设稳步推进。

软件先行，为现代林业提供科技支撑 两年多来在软件开发方面始终直坚持以顶层设计，突出应用，服务基层的建设理念，取得历史性突破。

门户网站群便捷高效，林业服务社会能力日益增强 辽宁省林业厅门户网站经过两次较大改版，已建设成由一个主站、100余个子站组成的门户网站群。

统一标准 完善制度，林业信息化管理体系日臻完善 “统一规划、统一标准、统一设计、统一建设、统一管理”是辽宁省林业信息化建设长期以来坚持的原则。

加大培训，突出应用，发挥林业信息化在现代林业建设中科技支撑作用 2008年以来辽宁省林业厅加大培训力度和培训方式，培训各级管理人员、使用人员5000多人次。

通过几年的建设辽宁林业信息化找到了一条“低成本、集约化、见实效”的建设道路。顶层设计，集中管理的建设理念有效克服了条块分割、互不兼容、纵强横弱等弊端，促进了全省资源共享，节约了大量建设及运维成本。全国林业信息化工作会议后，辽宁林业信息化建设将在新的起点上谱写新的辉煌！

改革创新 不断铸就广东林业新辉煌

◆ 1984年，邓小平视察广东中山县林业

广东是“七山一水二分田”的林业大省。新中国成立后，党和政府采取一系列政策措施推进林业的恢复和发展，广东林业建设在曲折中前进。1981年在全省开展以稳定山林权属、划定自留山和确定林业生产责任制为内容的林业“三定”工作。1985年启动实施“五年消灭荒山、十年绿化广东”的造林绿化运动，在全省范围兴起植树造林高潮，386.67万公顷荒山披上绿装，1991年被党中央、国务院授予全国荒山造林绿化第一省的称号（此项工作被评为广东“改革开放30周年最具影响力事件”之一）；1993年提前两年全省实现绿化达标；同年被全国绿委、林业部授予全国绿化平原先进省称号。1994年逐步推动森林分类经营，1998年在全国率先对生态公益林进行效益补偿。2005年省委、省政府作出《关于加快建设林业生态省的决定》，大力推动林业生态县创建和林业生态省建设。2008年省委、省政府出台推进集体林权制度改革的意见，全面部署开展集体林地的产权制度改革，确立了现代林业发展道路。

◆ 1989年，省委书记林若（右）在造林绿化点植树

新中国成立60年来，广东林业改革与发展取得了显著成就。林业的生态功能日益显现，全省生态状况持续改善；林业产业功能不断发挥，林业经济效益逐步提高；林业改善民生、促进和谐的社会功能越来越明显，初步构建了林业生态、产业和文化三大体系。目前，全省林业用地面积为1100.6万公顷，有林地面积935.2万公顷，森林覆盖率由新中国成立前的19.4%提高到2008年的56.3%，活立木蓄积量由2.07亿立方米提高到4.03亿立方米，实现了森林面积和森林蓄积量“双增长”，全省林业工作呈现持续、协调的科学发展态势。

造林绿化成绩显著 大力开展全民义务植树运动，通过不断创新义务植树形式，广东义务植树取得了辉煌成绩，至2008年，全省累计参加义务植树6.1亿人次、植树30.7亿株。

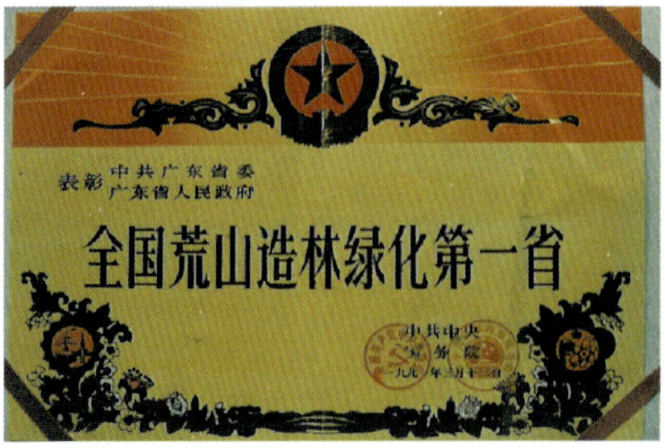

◆ 全国荒山造林绿化第一省奖状

◆ 2008年，第二届广东现代农业博览会在佛山市举办。中共中央政治局委员、省委书记汪洋等领导参观林业展览馆

林业生态建设取得重大突破 1998年，省政府出台《广东省生态公益林建设管理和效益补偿办法》，使广东成为全国第一个实施生态公益林补偿的省份。1999年以来，广东在生态公益林区陆续启动实施东江、西江、北江、韩江流域水源涵养林、绿色通道、沿海防护林和林分改造等林业重点生态工程，以重点生态工程带动面上造林绿化和生态建设。

林业产业稳步发展 全省林业产业基本形成了造林营林、木材生产、林产工业和多种经营"四位一体"共同发展的新格局。2008年，全省林业产业总产值达1404亿元。林业种植业已逐步走上基地化、规模化、集约化经营的产业化道路。以林产工业、木材加工业为主的第二产业发展势头强劲，形成集木材生产、家具、造纸、人造板、木地板、林产化工、花卉、森林旅游和动物驯养等门类齐全的林业产业体系。森林生态旅游业发展十分迅猛，已是广东林业产业新的经济增长点。积极发展野生动植物的养殖业和种植业，野生动植物资源培育及经营利用单位近万家，年产值达到266亿元。

◆ 2008年，中共中央政治局委员、省委书记汪洋，广州军区政委张阳中将，省委副书记、省长黄华华，省人大常委会主任欧广源等领导参加义务植树

森林资源保护管理切实加强 认真执行森林资源保护和发展目标责任制，严格执行征占用林地定额管理制度，大力推进依法治林，加强林木采伐和木材运输管理，坚决打击乱砍滥伐森林的违法犯罪活动，有效保护了森林资源。实行森林防火工作行政领导负责制和部门单位领导责任制，实施省人大生物防火林带工程建设议案，有效遏制了森林火灾的危害。加强林业有害生物预防和治理和野生动植物资源调查监测和疫源疫病监测，颁布实施《省湿地保护条例》，全省建立各级森林、湿地及野生动植物保护类型自然保护区255处，其中国家级5处、省级50处，陆地管护面积占全省国土面积6.11%。

◆ 2008年，国家林业局局长贾治邦在广东考察林业并植树

◆ 2008年1月，广东省遭遇罕见的雨雪冰冻灾害，林业直接经济损失达74.06亿元。省林业局局长张育文检查指导灾后恢复重建工作

广西林业60年成就辉煌

新中国成立60年来，自治区党委、政府高度重视林业工作。1982年自治区党委、政府发布了《稳定山权林权、完善林业生产责任制暂行条例》，开展了以“三定”为核心的集体林权制度改革。1987年出台《自治区党委、自治区政府关于保护森林，发展林业，力争十五年基本绿化广西的决定》后，全区造林绿化步伐加快，1994年消灭了宜林荒山，1997年实现了绿化达标。进入21世纪后，自治区党委、自治区政府抓住西部大开发机遇，2004年2月出台了《自治区党委、自治区政府关于实现林业跨越式发展的决定》，2007年2月，自治区党委、自治区政府出台了《广西壮族自治区党委、自治区政府关于落实科学发展观建设生态广西的决定》，2009年1月，自治区党委、自治区政府出台了《关于全面推进集体林权制度改革的实施意见》，全面实施六大林业生态工程，建设速丰林、名特优经济林两大商品林基地，打造五大林业优势产业。经过全区上下长期不懈的努力，全区林业建设取得了显著成就。

森林资源增长成效显著 多年来，坚持开展大规模植树造林和封山育林，特别是经过集中开展造林灭荒、绿化达标活动，开展全民义务植树运动，实施退耕还林等重点生态工程建设，加强森林资源保护，依法控制森林采伐，森林资源呈逐年上升趋势。全区森林覆盖率从新中国成立初期的23.2%提高到2008年的54.2%，是全国森林覆盖率的近3倍。森林面积从新中国成立初期471.12万公顷提高到1287.44万公顷，增长173.3%，比改革开放初期增长141.6%。活立木蓄积量从新中国成立初期的175 91万立方米增加到55 845万立方米。人工林面积486.7万公顷，速丰林面积180万公顷，经济林面积220万公顷，均居全国第一位。全区累计4.13亿人次参加义务植树活动，植树30多亿株。

◆ 山山青绿

生态环境改善成效显著 持续开展生态保护、城乡绿化和加强绿色工程建设，初步构筑起以自然保护区、珠江防护林和沿海防护林工程、城乡绿化为框架的生态屏障，城乡生态环境得到明显改善。1997年，实现了基本绿化广西的战略目标。目前，全自治区人均拥有森林面积0.25公顷，比全国人均水平多0.12公顷。全区县城以上城市建成区绿化覆盖率27.5%，人均公共绿地6.5平方

◆ 人工用材林—桐棉松

米。到处山清水秀，空气清新，环境宜人。

生物多样性保护成效显著 依托自然保护区、森林公园和其他重点公益林分布区为载体，切实加强生物多样性保护。已建成林业自然保护区62处，总面积145.2万公顷，占全区国土面积的6.3%。已建各级森林公园47处，总面积25.7万公顷。全区有湿地面积70.6万公顷。全区518.5万公顷重点公益林纳入森林生态效益补偿范围。全区生物多样性丰富，现有陆栖野生脊椎动物884种，维管束植物8354种，居全国第三位。

林产品供给能力建设成效显著 从新中国成立初期到2008年，全区生产木材约1.5亿立方米。"十一五"期间，全区商品材出材常年量约占全国七分之一，人工林出材常年量约占全国六分之一，是全国最大的商品材生产基地。全区林产工业在全国占有重要地位，松香、八角、玉桂、茴油、桂油、栲胶等林产品产量均居全国第一，其中松香、八角年产量分别占全国的50%、80%以上；茴油、桂油产量均占全国的90%以上，分别占世界贸易量的80%和30%以上。2008年，全区林业产业总产值670亿元，居全国第九位；人造板产量800万立方米，居全国第四位；林产品进出口贸易总额8亿美元。

农村生态能源建设成效显著 全区从20世纪90年代开始大力发展 沼气。到2008年年底，全区有农村沼气池333.9万座，入户率41.7%，居全国首位。年产沼气13.5亿立方米，可替代200万吨标准煤能量，并减少二氧化碳排放4800万吨。沼气还提供大量沼肥用于农业生产，为农民增收节支47亿元，1400多万农民直接受益。（图文供稿 蒋卫民）

◆ 白头叶猴

◆ 纤维板加工厂

◆ 恭城县横山瑶寨生态村

彩云之南林改潮

云南省的集体林权制度改革从2006年启动以来，在各级党委、政府和广大干部群众的共同努力下，进展顺利，成效显著。截至目前，全省完成确权面积1691万公顷，占全省集体林面积的92.2%；发证面积1406.26万公顷,占确权面积的83.2%和全省集体林面积的76.7%；全省已排查山林纠纷162 243起，调处157 613起，调处率达97.1%。

◆ 回良玉副总理考察保山腾冲林业工作

3年来，云南省委、省政府立足省情、林情，及时作出了一系列重大决策、部署；省委、省人大、省政府、省政协等主要领导多次深入农村基层第一线，调研并指导林改工作。全省共成立各级林改组织领导机构14 568个，参加林改的工作人员达56.06万人次，各级共投入林改经费10.27亿元。全省形成了省、州（市）、县（市、区）、乡（镇）、村五级党政主要领导抓林改，党委、人大、政府和政协四套班子齐参与，相关部门紧密配合，强势推进林改工作的新局面。各地采取突出重点、认真谋划、广泛宣传、规范操作、强化保障、创新机制、立足发展等做法，积极有序地推进林改工作。

林改使云南大地发生了深刻的变化，推动了农村生产力的极大解放和经济社会的健康发展。

落实了“四权” 通过林改，落实了集体林地的使用权和林木所有权、处置权、收益权，确立了林农的经营主体地位。

健全了体系 林改使林权管理、林权服务、林产品流通，以及林业投融资，林业社会化服务等体系建设不断得到健全和完善。

◆ 国家林业局和云南省林业厅组织林改培训

◆ 村级方案举手表决

◆ 国家林业局局长贾治邦考察普洱林权服务中心

◆ 省委副书记、省林改领导小组组长李纪恒调研林改

◆ 副省长孔垂柱陪同国家林业局局长贾治邦深入林区与林农亲切交谈

完善了机制 通过林改，进一步建立和完善了促进林业发展的政策机制，激活了森林资源管护和林业经营机制。

调动了农民造林护林的积极性 各地纷纷出现广大林农争苗造林的喜人局面。2007、2008年，全省造林面积分别比上年增加13.33多万公顷，增幅达50%以上。

促进了生态改善 林改使森林资源持续增长，生态环境明显改善。2008年，全省森林火灾同比下降了18.5%，乱砍滥伐案件同比下降了11.8%。

发展了产业 3年来，全省仅核桃产业就新增种植面积65.93万公顷，特色经济林面积已发展到293.33多万公顷；林业总产值连续3年保持两位数以上的增幅。

促进了和谐 林改使林业的社会功能得到有效发挥，促进了林区社会的和谐稳定。

锻炼了干部 林改培养造就了一支掌握民情、善解民意、熟悉政策法律和农村工作的干部队伍。

（撰稿　省林改办）

◆ 国家林业局副局长张建龙在林改试点县景谷考察

◆ 云南省林业厅厅长陈玉侯检查德宏州林改主体改革工作

云南造林绿化制度硬质量高

云南地处长江、珠江、红河、湄公河等六大国际国内河流的上游或源头，生态区位十分重要，森林资源培育和保护始终是全省林业工作的重点，紧紧围绕"生态建设产业化，产业发展生态化"的林业发展思路，全省以天保工程、退耕还林工程、防护林工程等重点造林项目为骨干，以核桃、油茶等特色经济林基地建设为亮点，积极扶持和鼓励企业造林、大户造林和个体造林，广泛动员和组织全民义务植树、四旁植树和庭园绿化，大力开展城乡绿化、部门绿化和绿色通道建设，取得了丰硕成果。"十五"以来，全省年均完成营造林面积33.33万公顷，年均完成义务植树1亿多株；造林面积核实率、合格率、保存率高达94%、80%、78%；近10年来，云南森林覆盖率年均增加0.8个百分点，目前已达到50%以上。

云南造林绿化高质量源于八项硬制度。一是实行政府领导造林绿化目标责任制。二是实行造林项目设计审批负责制。三是推行承包造林招投标制。四是推行造林苗木公开

◆ 省委书记白恩培考察省林科院核桃示范基地

◆ 副省长孔垂柱考察云南省林业科学院漾濞核桃研究站

◆ 华山松

◆ 大理华山松人工林

采购制。五是实行造林树种群众选择制。六是推行造林技术标准制。七是推行加工企业原料自给制。八是实行造林绿化综合检查制。过硬的管理制度和措施，确保全省造林质量稳步提高，造林成效日愈显现，生态环境明显改善。

◆ 省政协副主席、省林业厅党组书记白成亮调研核桃新品种

◆ 核桃大树

◆ 在茶叶地里套种的核桃

◆ 人工种植膏桐生长茂盛

◆ 核桃之乡光明村

绿色天路

——2008年云南林业建设

◆ 省政协副主席、省林业厅党组书记白成亮在林区调研

◆ 省林业厅厅长陈玉侯深入林业产业基地调研

2008年，全省林业系统在省委、省政府的正确领导和国家林业局的关心帮助下，坚持以科学发展观为指导，以构建社会主义和谐社会、推进生态文明建设统揽全局，深入贯彻落实全国林业厅局长会议、省委八届四次全会、省十一届人大一次会议和省委农村工作会议精神，深入开展学习实践科学发展观活动和解放思想大讨论，坚持实施"生态立省"战略和"生态建设产业化，产业发展生态化"发展思路，紧紧围绕国家林业局和省委、省政府的部署，不断解放思想，狠抓工作落实，呈现出各项林业建设事业全面推进的良好局面。全省集体林权制度改革不断深化。累计投入林改经费9.6亿元；山林纠纷调处率达96.24%；集体林地确权率占全省集体林面积的91.04%；林权证发证率达63.26%，超额完成了省委、省政府下达的年度目标任务。生态建设稳步推进。全年完成营造林49.87万公顷，超过年计划任务40万公顷的24.6%；生物多样性保护得到强化，云南省成为全国第一个国家公园建设试点省、全国第一批4个野生动物肇事补偿试点省之一。林业产业提质增效。与国家林业局签订

◆ 生态良好的普达措林区

建设木本油料产业示范区备忘录，战胜雨雪冰冻和地震等严重自然灾害，全省实现林业总产值406亿元，同比增长15.3%。林业应急管理能力明显增强。森林防火成绩显著实现了无大火、无重大伤亡的“双无”目标，林业有害生物防治检疫工作取得突破性进展，野生动物疫源疫病监测防控能力进一步提高。林业科技工作稳步推进。完成45项林业技术推广项目申报评审和5个国家级、省级科技推广项目验收工作，种苗种质资源调查、保护、筛选及良种壮苗培育、审定、推广力度进一步加大，开展全省林业科技管理人员培训，林业职业技术学院、林业技工学校的办学水平进一步提高。应对金融危机对林业的影响和灾后重建工作取得初步成效。更加可喜的是，从国家林业局和省委、省政府，到基层山区农民群众，都更加关注和支持云南林业的建设发展，“潜力在山，希望在山，出路在林”成为共识，发展现代林业、建设生态文明正在成为彩云之南各族群众走向小康的绿色天路。

◆ 野生菌交易市场

◆ 现代化木材加工企业

◆ 农民群众喜获林权证

◆ 栖息在自然保护区内的滇金丝猴

◆ 玉龙雪山森林旅游景点

◆ 在退耕地上种植万寿菊

60载辛勤播绿三秦大地

——陕西省林业60年

◆ 陕西省林业厅党组书记、厅长张社年

陕西省是全国林业重点省份之一。全省林地面积1227.56万公顷，占全省土地总面积的59.60%，其中森林面积767.56万公顷，森林覆盖率37.26%。林木总蓄积36 144.16万立方米。森林面积、森林覆盖率和林木总蓄积分别列全国第十一位、第十二位和第八位。陕西省林地中，国有林地334.23万公顷，集体林地893.33万公顷，分别占林地面积的27.23%和72.77%。森林面积中，天然林518.41万公顷，人工林249.15万公顷，分别占森林面积的67.54%和32.46%。陕西省是全国野生动植物资源最为丰富的省份之一。有陆生脊椎动物604种占全国的26%。仅大熊猫、朱鹮、金丝猴等国家一、二级保护动物就有80种。有种子植物171科、3745种，仅红豆杉、银杏等国家一、二级重点保护植物就有30种。目前，全省林业系统共建立各类自然保护区41处，面积98.07万公顷，占全省国土面积的4.8%。全省100公顷以上的湿地168块，总面积39.30万公顷，占全省国土面积的1.4%。

陕西作为生态环境比较脆弱的省份，陕西林业事业坚持不懈落实科学发展观，造林绿化稳步推进，特别是改革开放三十年来，累计完成造林24.45万公顷。2003年中共中央、国务院《关于加快林业发展的决定》出台后，国家把林业发展纳入"十一五"规划，实施西部大开发战略，再造秀美山川。陕西林业在省委、省政府的正确领导下，省林业厅积极实施林业重点工程建设，1998年来，退耕还林工程、天然林保护等国家林业重点工程启动，退耕还林成为实施西部大开发战略以来我省经济发展中的一大亮点，天然林资源保护使767.53万公顷森林资源得到休养生息，生态功能得到逐步恢复和提高，三北防护林体系建设，

◆ 西安市长安区郭杜街办五四村三化一片林建设
（摄影　赵侠）

◆ 天然林资源保护工程（摄影　关克）

◆ 三北防护林体系建设工程（摄影　关克）

使毛乌素沙漠林进沙退。依法保护林地资源，积极为地方经济建设服务，认真执行林地征占用审核审批制度，使林地和森林资源得到了有效保护；集体林权制度改革试点工作有序开展，第一阶段10个县改革试点任务基本完成，各试点县均不同程度地开展了实地勘界，明晰产权，发放林权证20余万本；林业产业建设步伐加快，全省林业总产值达到160亿元，新增红枣、核桃、花椒等各类干杂果经济林2.67多万公顷，林果产量200多万吨；森林旅游业发展势头良好，实现旅游综合收入70多亿元，各项林业建设投资保持基本稳定，科技兴林和依法治林取得新进展。

60年来，全省各项林业工作都取得了丰硕成果，林业结构建设发生了巨大变化，森林覆盖率年均增长近1个百分点，生态环境持续改善，绿色陕西、生态陕西继续推进，绿色渐渐成为三秦大地的主色调。面对来之不易的生态好转，将进一步加快生态体系建设，传播绿色理念、弘扬生态文明。

◆ 其乐融融（摄影　正罡）

◆ 母子亲深

◆ 中国北方最大的飞播基地：秦岭—商洛流岭百万亩飞播林基地（摄影　关克）

辽北沙漠卫士

——辽宁省固沙造林研究所

◆ 彰武松（右）樟子松（左）生长对比

◆ 辽宁省固沙所生态定位观测

◆ 中国第一片樟子松引种固沙林碑

辽宁省固沙造林研究所成立于1952年4月，为我国组建最早的防沙治沙科研单位，试验示范基地位于科尔沁沙地东南缘的彰武县章古台镇，总经营面积2533公顷。建所以来取得获奖成果51项，其中：樟子松沙荒造林技术1978年获全国科学大会奖，章古台固沙造林1986年获辽宁省科技进步一等奖。荣获国家级荣誉称号10次，辽宁省人民政府荣誉称号7次，曾创造了影响颇大的大漠风流精神，吸引了马里总统等36个国家的外宾到访。

2008年本着科研产业服务一体化的办所方针，“爱自己、爱他人、爱大家”的“三爱”价值理念，按照《构建和谐创新型固沙所工作方案》要求，取得了突出成绩。

科研工作有了新突破 有3项课题通过了国家验收，5个良种通过了省级审定，7项课题成功立项，沙地混交林营建技术达到了国际先进水平，在国家三北科技推广会上进行了经验介绍。

科技产业有了新进展 营造彰武松、沙地异砧红松、大果榛子等示范林106公顷，生产苗木540万株，移植苗木161万株，培育容器苗41万株，销售各种苗木164万株。

科技服务有了新作为 营造辽西北生态经济型防护林68 公顷，向省林业厅上报了1.7万字的辽宁沙产业调研报告，成为了阜新市政府文冠果项目领导小组成员。

所容所貌有了新变化 完成了阜新办公楼暖气、苗圃办公室改造、粉刷等工程。

和谐发展有了新气象 开展了解放思想求创新，保持荣誉上水平主题学习实践活动，首次对开发部实行了绩效挂钩目标管理，继续推行国有资产有偿使用制，实现了每一个科室和女职工中有共产党员的目标。

寻求支持有了新高度 2008年荣获了三北防护林体系建设突出贡献单位、中国首届沙产业十大先进单位和辽宁省林业厅年度绩效评估先进单位，研发的良种、技术、模式得到了贾治邦局长的肯定，中央电视台为纪念三北防护林工程实施30周年，把辽宁省固沙造林所选为了辽宁地区的唯一拍摄点。

农民自己的专家

——辽宁省经济林研究所

◆ 杂交榛子结果状

◆ 核桃结果状

辽宁省经济林研究所自1961年成立后就开始从事日本栗、核桃、榛子等经济林干坚果树种遗传育种、丰产栽培技术、果品加工利用等技术的研究，是我国成立最早的专业从事经济林树种研究的省级科研事业单位。

建所以来，承担过国家、省、市级等各类研究项目120余项，获得了大批科技成果，其中1989年至今获得省部级三等奖以上奖励的科研成果15项。尤其在核桃、栗树、榛树等经济林干坚果树种的研究上，先后推出新品种（系）近100个、新技术30余项。杂交大果榛子、辽宁系列和礼品系列核桃及日本栗育种、栽培等方面研究在国内占有重要地位。这些新品种新技术的推广应用，为辽宁乃至全国经济林产业的发展提供了品种保障与技术支持。

辽宁省经济林研究所自1961年就从事日本栗的研究，至今已通过实生选优、杂交、引进等方式在生产上推广应用优良品种40余个，通过建立科研示范基地进行良种及栽培技术的推广。作为我国日本栗的主产区，辽宁现有日本栗栽培面积10万公顷，其中95%以上为辽宁省经济林研究所选育推广的品种。每年仅栗果一项为林农增加销售收入近3亿元。

经过近50年的研究推广，辽宁省经济林研究所培育的辽宁系列和礼品系列核桃优良品种已在我国各核桃产区大范围应用。至今推广应用面积约1.33万公顷，盛果期亩产可达250千克，每千克售价达40元，经济效益十分显著，为我国核桃产业的发展作出了突出贡献。

大果杂交榛子是辽宁省经济林研究所在我国率先利用欧洲榛子与平榛杂交选育的榛子新品种，具有欧榛果个大、丰产、壳薄及平榛抗寒、耐旱、适应性强、香味独特的特点。单位面积产量是野生平榛的6～7倍，其单果重是野生平榛的2～3倍，又是防风固沙、防止水土流失的良好生态树种。大果榛子新品种的选育成功调动了广大果农种植大果榛子的积极性。目前已相继在辽宁、河北、北京、山西、山东、河南、宁夏和新疆等地推广栽培，面积约2000公顷，随着市场需求量的增加，其市场前景十分广阔。

◆ 日本栗结实状

◆ 核桃苗木繁育

蓬勃发展的鹿邑林业

◆ 原省长李成玉在省林业厅厅长王照平，周口市市委书记毛超峰、市长徐光，鹿邑县委书记杨廷俊陪同下，调研鹿邑林权制度改革

◆ 县长刘政、县林业局局长丁德勇参加全民义务植树劳动

河南省鹿邑县位于豫东平原，豫皖两省交界处。总面积1238平方千米，耕地8.27万公顷，人口116万人，辖20个乡镇、4个办事处、1个工业园区、1个农场管委会，是伟大的哲学家、思想家、道家学派创始人老子的故里。

多年来，全县始终把林业作为调整优化农业结构、改善生态环境、增加农民收入的一项知名产业和公益事业，列为农村工作的重要内容，本着发展、巩固、完善、提高的方针，以科学发展观为统领，以现代林业建设为主线，以创建现代林业示范县为目标，以林权制度改革为动力，坚持完善林网上水平，绿化通道上台阶，调整结构建精品，实施项目建基地，积极动员全社会办林业，全民搞绿化，科学规划，真抓实干，创新机制，高奖重罚，造管并重，整体推进，不断提高林业建设质量和水平，取得了较为显著的成绩，平原绿化工作一直走在了全省乃至全国前列。尤其是近两年，全县把搞好林业生态建设纳入全县目标管理，对重点区域绿化实施粮食补贴，严格落实考核奖惩；大力推行林权制度改革，采取承包、租赁、拍卖、股份经营等形式，因地制宜，分类施

◆ 城市绿化，同步推进

策，地定权，树定根，人定心，不栽无主树，不造无主林；非公有制林业发展势头强劲，确保了栽得上、管得住、建成林、见效益，实现了乡、村、承包人和群众四方共赢的效果，促进了全县林业向纵深发展，向高水平迈进，提高了建设成效。至目前，全县现有各种林木3189万株，活立木蓄积量229万立方米，林木覆盖率18.3%，合格林网控制率95%，通道绿化率98%，初步形成了点、片、网、带相结合的复合农田防护林体系，处处呈现出田成方、树成行、公路沟河似绿墙，村庄像林场，以林促农，林茂粮丰的平原绿化格局，先后被授予了全国造林绿化百佳县、全国绿化模范县、全国绿化先进单位、全省造林绿化十佳县、河南省高级平原绿化县、河南省林业生态县等荣誉称号。县林业局也被周口市委、市政府授予了市级文明单位称号，多次受到了县委、县政府的通令嘉奖。

◆ 县林业局党组书记、局长丁德勇

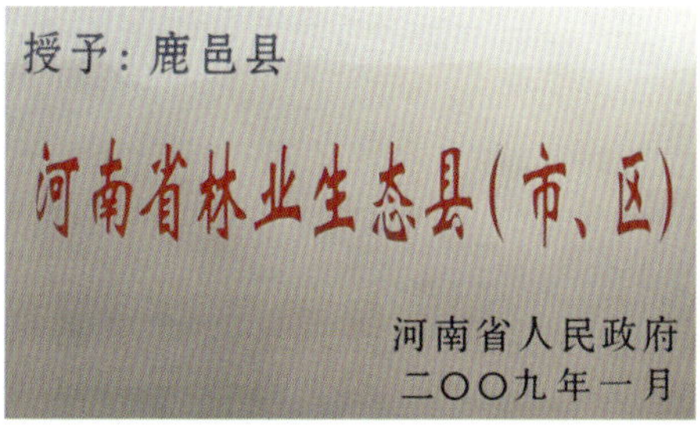

◆ 生态建设，成效显著

◆ 和谐大道，景色怡人

◆ 沟河绿化，绿树成荫

◆ 公路绿化，建成景观

◆ 林下经济，效益倍增

奋进中的嵩县林业

◆ 国家林业局副局长李育材（右一）在河南省林业厅厅长王照平（中），嵩县林业局局长李玉瑞（左一）陪同下考察嵩县林业生态建设

嵩县地处豫西山区，总面积3008平方千米，辖16个乡镇，3个国营林场，55万人，是河南省面积第四大县和林业第二大县。境内伏牛、熊耳、外方三山横跨，伊河（黄河流域）、汝河（淮河流域）、白河（长江流域）三水并流。有林地18.53万公顷，森林覆盖率62.9%。植物1991种，其中国家一级保护植物3种；国家二级保护植物15种；白河乡云岩寺古银杏群入选上海吉尼斯大世界寺庙古银杏树最多纪录。野生动物273种，国家一级保护动物4种，国家二级保护动物34种，其中金钱豹、金雕等8种为珍稀动物，素有中原自然博物馆的美誉。已建成白云山、天池山两处国家级森林公园，3处国家4A级生态旅游区和1处国家级自然保护区、1处省级自然保护区。

从2008年开始，嵩县计划用五年（2008~2012）时间新增有林地1.53万公顷，林业年产值达到5亿元，实现生态立县，绿色富民。2008年，嵩县县委、县政府以争一流，超目标，首批必进林业生态县的决心，坚持造林绿化与新农村建设相结合，与建设生态旅游强县相结合，与创建国家园林城市相结合，高起点规划、高标准造林。以环湖绿化工程、退耕还林工程、中德合作造林工程、廊道绿化工程、村镇绿化工程、生态能源林建设工程等十大林业工程为载体，冬春季完成植苗造林6133.3公顷，雨季完成直

◆ 嵩县千年银杏王

◆ 村庄绿化一角

◆ 侧柏容器苗育苗基地

◆ 新《森林防火条例》宣传月活动启动仪式

播造林7533.3公顷，全年完成义务植树253万株，通道绿化883千米，新增有林地面积6666.7万公顷，实现固定资产投入3亿元。其中环湖绿化工程，涉及5个乡镇、31个行政村，总投资5500万元，绿化面积7933.3公顷。嵩县境内所有国道、省道均实现立体绿化，126个村庄绿化全部达到林业生态示范村的标准。

在资源管理上，结合天然林保护工程，在19.7万公顷的天然林资源保护区建起县、乡、村三级护林网络。严格落实森林资源消长行政首长负责制和林业执法人员源头管理责任制，建立各级森林防火检查站120座、瞭望台58个，对全县森林资源实现了24小时监控。通过集体林权制度改革，明晰所有林木责、权、利，调动全民护林积极性。

在林业产业建设上，突出嵩县山清、水秀、石奇的生态资源，2008年生态旅游收入超亿元。突出全县核桃、速生杨两大品牌，与香港客商签订投资超亿元的林产品深加工项目。突出地域特色，建成了嵩南10万亩山萸肉基地、何村乡万亩时令鲜果基地、九店乡万亩花椒基地和车村镇槲叶加工出口基地等产业基地。全年林业产值突破3.8亿元，林业生态县创建一举成功。

◆ 深入村组开展集体林权制度改革

◆ 外资造林实地调研

◆ 天保工程丰硕成果

建设生态林业经济强区

◆ 黄河湿地（摄影　刘天星）

◆ 惠济区境内的黄河风景名胜区（摄影　黎青）

◆ 辖区内的古树公园（摄影　王铮）

郑州市惠济区原名邙山区，于2004年5月因境内有盛唐时期荥泽县八景之一惠济桥而更名。辖区位于郑州市北部，总面积232.8平方千米，人口20万，辖两镇、六个街道办事处和两个省级开发区（郑州农业高新技术产业示范区、河南惠济经济开发区）。近年来，惠济区始终把改造自然生态环境、建设生态经济强区作为基本发展战略，大力实施生态工程建设和产业发展绿色运动，在建设生态园林型城区上迈出了坚实步伐。目前已累计投入生态建设资金3亿多元，造林7000多公顷，2006年被授予国家级绿色农业示范区和河南省平原绿化高级达标区、2008年被授予国家级生态示范区、2009年被授予河南省林业生态示范县（市、区）称号，被求是小康杂志社评为中国全面小康生态文明县（市、区）称号。

良好的生态环境，迎来了惠济区经济社会良性发展，三全、思念、格力等一大批生态项目和中国信息创意产业园、国际服务外包示范园区等高科技产业园区纷纷落户，初步统计，目前全区已签协议项目预计投资400亿元，其中2009年重点建设的项目计划总投资278亿元，预计当年完成投资46.4亿元。（撰稿　李彦）

生机勃发的获嘉林业

近年来，全县实施了水土保持林、名优花卉引种驯化基地建设、农村小型公益林、世行贷款造林、退耕还林荒山荒地造林、日元贷款造林等林业工程项目。植树造林工作实现了组织领导到位，宣传发动到位，任务落实到位，责任明确到位，措施保障到位，督导检查到位等六个到位，林业工作取得了较大成绩。全县林地面积0.52万公顷，其中有林地0.36万公顷，未成林造林地4200公顷，苗圃地0.12万公顷。全县林木覆盖率达18.35%；林网控制率95.56%；路、河、渠绿化率95.42%,县城（镇）建成区绿化覆盖率36.99%；村庄林木覆盖率42.1%。2008年林业总产值达到1.98亿元。2004年被省政府命名为平原绿化高级达标先进县，2005年被省林业厅命名为全省森林病虫害防治先进单位，2005年获嘉县森林公安派出所被国家林业局森林公安局评为二级公安派出所，并于2006年由省林业厅授予集体三等功荣誉称号，2007年获省级林业生态县称号。

（撰稿　王瑞芳）

◆ 绿色通道

◆ 林粮间作

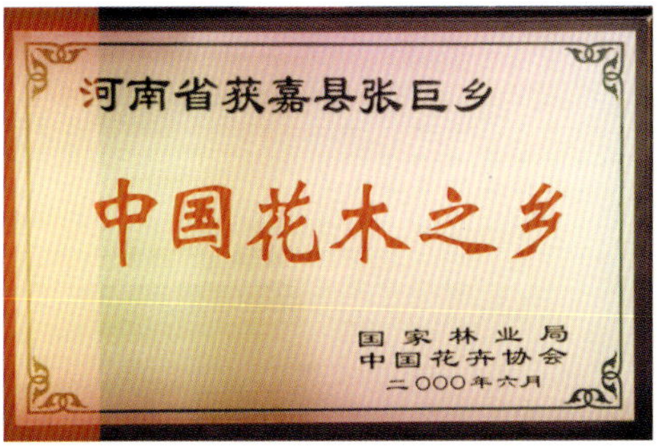

◆ 花卉基地

生态立县促林业　跨越发展铸辉煌

临颍县是典型的平原农业县，隶属内陆特区漯河市，总人口73万，总面积821平方千米。近年来，县委、县政府认真贯彻落实党的十七大建设生态文明的伟大号召，牢固树立科学发展观，紧紧围绕省委、省政府提出的全面建设林业生态省的宏伟目标，坚持以发展为中心，以林业生态建设为主线，积极探索新时期林业工作的新思路、新办法、全面巩固提高了林业生态县的创建成果，使林业逐步成长为推动县域经济社会协调发展的重要支柱，先后荣获了河南省平原绿化高级达标县、河南省林业育苗先进县、河南省绿化模范县等荣誉，是2006年年底首批通过省政府核查验收的全省9个林业生态县之一。截至目前，全县林木总株数2200万株，林地面积1.33万公顷，活立木蓄积量82万立方米，林木覆盖率24%，城（镇）区绿化覆盖率41.6%，绿地率35.5%，人均绿地面积7.2平方米，村庄绿化覆盖率53.6%。木材加工、苗木花卉培育、林下种养殖、森林旅游等林业产业年产值达16亿元。

（撰稿　郭进才）

◆ 全县城（镇）区绿化覆盖率41.6%，图为县城区道路绿化（摄影　李大鹏）

◆ 全县路、沟、渠、河绿化率达到98%，图为全长26千米新沟河工程两岸防护林带

◆ 全县林业种苗花卉种植面积800公顷，图为胡桥绿化公司种苗基地。（摄影　李大鹏）

◆ 全县农田林网控制率达98%，图为林网鸟瞰。（摄影　李大鹏）

绿色生态王国　林果产业强县

◆ 县林业局局长　王凌敏

内乡县位于伏牛山南麓，南水北调中线工程库区水源地，全县总面积24.6万公顷，林业用地面积达13.53万公顷，森林覆盖率60.1%，林果基地面积4万公顷，实现了林地面积、活立木蓄积、林业产值的同步增长。2008年被河南省人民政府授予林业生态县称号，并受到省政府通报表扬。

近年来，内乡县把林业生态建设、林果特色产业发展作为建设生态内乡的重点，以林权制度改革为抓手，实施非公增林、科技兴林、创新强林，实现了内乡林业的飞速发展。"十一五"期间林业建设主要呈现三大亮点：

非公林业发展势头强劲　发展面积达1.32万公顷，其中招商造林达3333.33公顷，招引资金达7800多万元。

林果基地建设步伐加快　油桃、核桃基地实现了"双十万"亩；杨树面积达2万公顷，储存效益达200亿元。

林业品牌培育成效显著　赤眉牌油桃获得北京国际农业品牌产品展销博览会金奖和无公害水果认证；山茱萸被誉为全国四大主产地之一，被北京同仁堂确定为地道药材生产基地，并通过GAP认证；杜仲被全国农业国际博览会评为名牌产品。

◆ 十万亩核桃基地喜获丰收

◆ 十万亩油桃基地喜获丰收

◆ 三十万亩杨树形成绿色生态屏障（摄影　王晓杰）

改善城乡生态环境 建设濮阳生态文明

◆ 县林业局党组书记、局长 刘世奎

◆ 森林杯建设三连冠荣誉称号

濮阳县位于河南省东北部，黄河下游北岸，辖20个乡（镇），992个行政村，人口106万，土地面积1382平方千米。濮阳县林业局系县政府职能部门，其主要职责是管理、指导、服务全县林业生产，内设9个股室，在职人员128人，其中工程技术人员55人。

近年来，濮阳县林业局在局长刘世奎的带领下，从落实科学发展观、构建社会主义和谐社会、建设生态文明的战略全局出发，以改善城乡生态环境和建设生态文明为宗旨，以速丰林基地等林业工程建设为突破口，强力实施林业大工程带动林业大发展之路，着力构建比较完备的森林生态体系、发达的林业产业体系和繁荣的生态文化体系，促进了林业又好又快发展，初现了人与自然和谐发展的新局面。目前，全县有林地面积达2.67万公顷，林木覆盖率达到27.7%，林网间作控制率、路沟渠堤绿化率达到95.6%和96.7%，林木蓄积量达330万立方米，发展林下经济0.33万公顷，实现林业产值5.5亿元。全县基本形成了四纵（濮渠路、106国道、文西干道、文留一号路）五横（金堤、黄堤、濮范路、子白路、S307线）一环城的生态保护体系，实现了平原绿化高级达标，基本达到了城镇园林化，农田林网化、河流道路林带化，林业生产基地化，实现了林业生态效益、社会效益和经济效益的“三赢”目标。荣获河南省林业生态县、河南省国土绿化模范县，市高效经济林先进县、市速丰林基地建设“森林杯”三连冠等荣誉，有力地促进了社会主义新农村建设。（撰稿 张谋东）

◆ 林茂粮丰

◆ 林下立体复合经营模式

治山兴林富商城

商城县位于豫、鄂、皖三省交界处，地处大别山腹地，东依安徽省金寨县，南邻湖北省麻城市，北连固始、潢川，西接光山、新县。全县国土总面积21.3万公顷，其中山场面积13.47万公顷，占全县总面积的63.2%；林业用地12.06万公顷，占总面积的56.6%，是一个典型的以林为主的山区林业县。

多年来，商城县抢抓国家实施退耕还林、长江淮河防护林等六大林业重点工程建设的机遇，立足县情，确立了“治山兴林富商城”和“生态立县”的发展战略，以拓展绿色空间、丰富山水内涵为主线，以建立绿化商城、锦绣商城为目标，把造林绿化工作作为发展县域经济、提高人民生活水平、促进社会进步、加快全面建设小康社会，实现人与自然和谐相处的重要举措；深入持久地开展林业创业活动，生态建设取得了重大进展。全县森林面积、林木蓄积、林业产值实现了同步增长。截至目前，全县林地面积达12.06万公顷，有林地面积已达11.46万公顷，森林覆盖率56.67%，全县活立木蓄积量达649万立方米，并以每年16万立方米的速度递增，2008年度，全县林业社会总产值达13.1亿元。

由于商城县林业生态建设成绩显著，1994年率先在全省基本消灭宜林荒山，被省政府授予绿化荒山第一县称号；1995年3月，被省绿化委员会授予全省造林绿化十佳县；1996年3月，全国绿化委员会授予全国造林绿化百佳县，同时被评为全国绿化先进单位，受到全国绿化委员会、林业部、人事部的联合表彰。2005年7月，被国家林业局授予全国封山育林先进单位称号，同时，被确定为国家级生态示范县；2008年12月被省绿化委员会授予河南省国土绿化模范县称号，2009年1月，被省政府授予河南省林业生态县称号。

改善生态环境　促进经济发展

◆ 县林业局局长、党组书记　刘凡林

桐柏是千里淮河的发源地，全县林业用地面积10.96万公顷，占全县总面积的56.5%，森林覆盖率达50.3%，是国家林业局命名的中国木瓜之乡、河南省林业厅命名的优质板栗之乡。

近年来，桐柏县坚持把林业生态建设作为改善生态环境、促进经济发展的主要抓手，以项目造林、四荒植树、城镇绿化为重点，以机制创新为动力，科学规划、精心组织，集约建设，全县林业生态建设迅猛发展。2008年跻身全省林业生态先进县行列，并被授予全国绿化模范县、全国经济林产业建设示范县等荣誉称号。主要做法是：

科学规划　按照因地制宜，分类经营，适地适树的原则，制定了林业生态建设总体规划和长、中、短期计划，确保发展的科学性、生产的可行性和技术的先进性。全县林业逐步形成了一区、一带、一线、一园的发展格局，由此催生了一批板栗之乡、大枣之乡、茶叶之乡和以火炬松、杨树为主的生态公益林基地，并建成一批生态园林城镇，推动了城乡绿化一体化进程，实现了林业平稳较快发展。

精心组织　一是切实搞好义务植树活动。将每年的3月份定为全民义务植树月，2008年全县义务植树255万株以上，全民义务植树尽责率达到93.9%以上。二是创新造林机制。对验收不达标的乡镇，实行一票否决，并追究其主要领导和相关人员责任。创新投入机制，把林业生态县建设资金纳入县级财政预算，除投入一般造林资金外，另安排100万元专项资金，对各乡镇造林绿化实行以奖代补。三是与招商引资、项目建设相结合。先后吸引辽宁岫岩实验林场、安徽阜阳农业远景科技开发公司等160多家客商，引资5000多万元，发展各类非公有制林1.3万公顷，形成了国家、集体、个人多元化参与林业生态建设的新格局。

集约建设　结合淮河源头生态建设实际，突出林业生态和林业产业两大体系集约建设。一是加快造林绿化步伐。造林质量稳步提高，林种树种结构合理，生态环境日益完备，火炬松、板栗、木瓜、桐柏大枣等面积居全省前列。二是加快林业产业发展。在林业生态县创建工作的带动下，全县以杨树为主的速生用材林，以木瓜为主的木本药材林，以板栗、桐柏大枣为主的经济林和以种苗、中药材等为主的林业第一产业规模迅速扩大，累计建成千亩以上的基地8处；以木材加工和果品贮藏加工为主的第二产业稳步推进，林产品专业市场进一步完善，林产品加工利用率由2007年的10%提高到50%以上，增值效益由当年1000万元上升到现在的5000万元以上；还整合太白顶、高乐山省级自然保护区，积极申报淮河源国家级自然保护区，由此带动了以森林旅游为主的第三产业。

◆ 丰富的森林资源

◆ 木瓜硕果累累

北方花都　魅力鄢陵

河南省鄢陵县位于中原腹地，隶属河南省许昌市，辖7乡5镇，382个行政村，总人口62万，总面积871.6平方千米。鄢陵历史悠久，文化灿烂，花木种植源远流长，生态建设名扬中外。犹如一颗镶嵌在神州大地的绿色明珠，散发出无限神奇的魅力。

鄢陵县委、县政府以林木花卉业为依托，以生态为平台，以项目为载体，着力建设花木名县、生态美县、旅游强县、宜居花城，实施开放带动，特色拉动，产业联动，城乡互动。走出了一条依靠花木产业振兴县域经济发展之路。被河南省誉为鄢陵模式。先后荣获中国花木之乡、中国蜡梅文化之乡、 国家级生态示范区、国家级林业科技示范县、河南省国土绿化模范县、河南省林业生态县、 河南省平原绿化高级标准先进县等荣誉称号。

截至2008年年底，全县有林地面积28 784.4公顷，林木保有量1860万株，活立木蓄积量128万立方米，路河沟渠绿化率达到96.2%，林网控制率达到97.6%，森林覆盖率达到33.2%；花木面积发展到3.5万公顷，产值24.7亿元。建成6666.7公顷花木标准化生产示范园区，成为全国最大的花木生产销售集散地，被誉为中国花木第一县，林木花卉业已成为县域经济的支柱产业和展示靓点。（撰稿　李新江）

◆ 中共中央政治局常委李长春在鄢陵县委书记张海涛的陪同下同花农亲切交谈

◆ 中原花木交易博览会在鄢陵花木博览园隆重举行

◆ 鄢陵十万亩名优花木生产科技园

打造南召生态环境　建设国家生态大县

◆ 林业局局长　倪玉忠

南召县位于河南省西南部，伏牛山麓，南阳盆地北缘，是河南省25个山区重点林业县之一，辖16个乡镇338个行政村，62万人，基本格局呈“七山一水一分田，一分道路和庄园”。

近年来，南召县林业局在县委、县政府的正确领导和上级林业主管部门的大力支持下，以科学发展观为指导，紧紧围绕“建设国家生态大县”这一目标，以退耕还林、林业生态省、中德财政合作农户造林和长防林等项目建设为载体，认真组织实施《南召林业生态建设规划》，狠抓培育壮大林业产业，各项工作均都取得了显著成绩。至目前，全县共完成工程营造林3万多公顷，林业用地面积达到20.53万公顷，其中有林地面积达到19.27万公顷，活立木蓄积量达到575万立方米，森林覆盖率达65.7%，2008年林业产值达到5.7亿元。特别是通过退耕还林和中德财政合作造林项目的实施，全县速生杨、辛夷和林木种苗花卉等林业基地规模快速发展，面积分别达到近2万公顷、1.47万公顷和1000公顷，初步建成特色林业经济专业村70多个。林业已成为县域经济的一项重要支柱产业，在新农村建设中发挥出十分重要的作用。

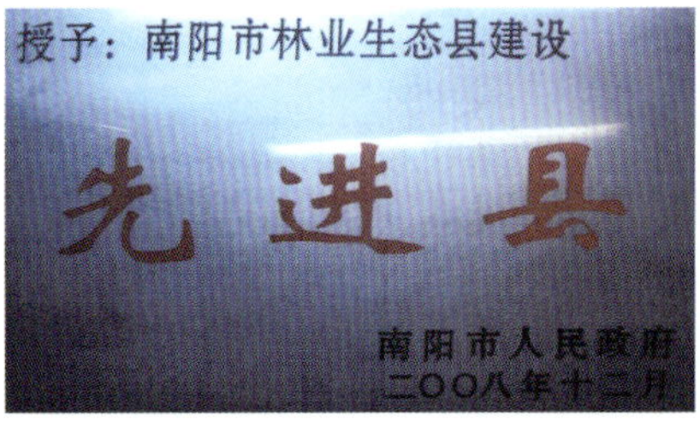

◆ 2008年12月被南阳市人民政府授予南阳市林业生态县建设先进县称号

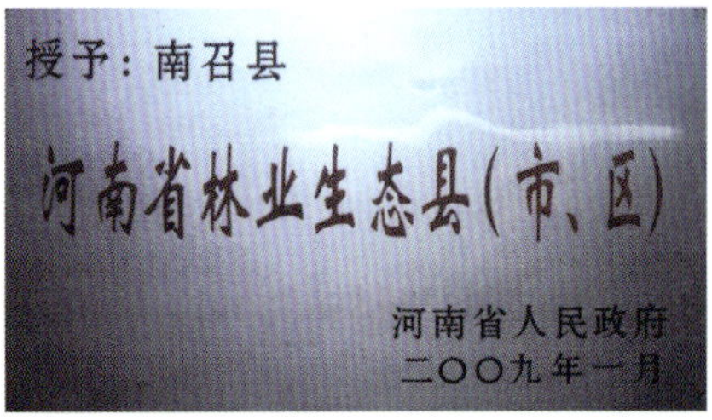

◆ 2009年1月被河南省人民政府授予河南省林业生态县称号

◆ 南召县生态林建设一角

◆ 南召县昔日撂荒地建成了速生杨丰产林基地

南召县先后获得中国辛夷之乡、全国标准化林业站建设合格县、河南省林业生态县、全省荒山造林绿化先进县、河南省森林资源林政管理先进县等称号。南召县林业局获得全国林业严打先进集体、河南省伏牛山区护林防火联防工作先进单位、河南省森林资源连续清查工作先进单位、南阳市林业工作目标管理优秀单位、南阳市经济林工作先进单位、南阳市森林病虫害防治工作先进单位、南阳市飞播造林工作先进单位、南阳市集体林权制度改革先进单位、南阳市林业生态县建设先进单位等市级以上荣誉称号30多项。（撰稿　艾建君）

打造豫南平原绿化先进县

◆ 县林业局局长　夏利华

◆ 夏邑县全民义务植树暨创建林业生态县誓师大会

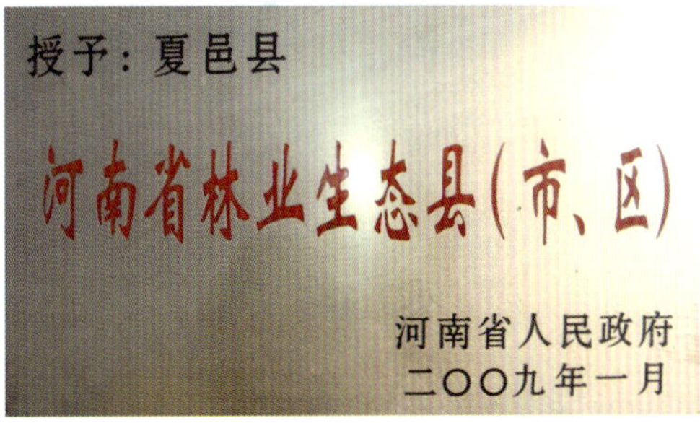

◆ 夏邑县被评为河南省林业生态县

夏邑县位于豫、鲁、苏、皖四省结合部，面积1481平方千米，辖24个乡镇，727个行政村，人口113.6万。是古代伟大的政治家、思想家、教育家孔子的祖籍所在地，著名军事家彭雪枫将军殉难地；是中国食用菌之乡，中国长故之乡，全国粮食生产百强县，省级文明城、园林城、卫生城。

近年来，夏邑县本着突出重点、狠抓典型、以点带面、填补空档、完善林网以及完善农田林网抓死角、全面推进抓提高、突出重点抓落实，实现城乡绿化一体化的平原绿化总体思路。采取得力措施、突出抓了农田防护林改扩建、生态廊道网格、村镇绿化、环城防护林、林业产业等重点林业生态工程建设，取得了显著的成效。现有各种树木4000万株，人均35株，林木覆盖率26.9%，活立木蓄积量达392万立方米，农田林网面积8万公顷。实现了“农田林网化、沟河林带化、道路林荫化、用材林经济林生产基地化、城镇园林化”。先后被河南省人民政府命名为平原绿化高级标准先进单位、河南省林业生态县。

丰富的林业资源，带动了林产工业的发展，全县杨木板材经营加工企业达1000多家，生产的产品、半成品杨木芯板远销美国、日本、韩国及欧洲、东南亚多个国家，年产值达5亿元。木材加工企业已成为夏邑县乡镇企业的主导产业。

◆ 当年新植行道林幼树

◆ 农田林网

中原大地上的一颗翠绿明珠

◆ 采摘金银花

◆ 尖山风景区杏花开

新密市位于河南省会郑州市西南30千米处，总面积1001平方千米，总人口76万。进入21世纪，先后投入10亿元，启动40余个造林绿化重点工程。目前全市有林地面积4万公顷，森林覆盖率39.99%，林木绿化率47.87%，新密市先后荣获全国造林绿化百佳市、河南省林业生态市等荣誉称号。昔日工矿发达、以环境污染严重的新密，而今已成为中原大地一颗翠绿的明珠。

新密市林业局是新密林业工作的行政主管部门，拥有干部职工174人，下设科室站所22个。林业站是国家级建设合格站，森防站是国家级森林病虫害测报中心站，森林公安派出所和森林消防队拥有现代化装备，森林资源林政管理是全国先进单位，集体林权制度改革是河南省试点，林业各项工作均走在河南省前列。在石质荒山，采用裸岩爆破、借土回填、大苗大水、一次成林的做法被誉为新密精神，项目招投标、工程队造林成效显著。新密市林业局为新密大地增添了一笔浓重的绿色。（撰稿　龙天夫）

◆ 坐落在青屏山下的新密市城区

◆ 新密义务植树基地黄帝宫

与时俱进的西华县林业

西华县林业局是县政府主管林业行政的职能部门，内设三股一室，下属三场三站一分局一办8个二级单位。全局现有干部职工258人，其中行政人员23人，事业编制人员168人，离退休人员67人。现有林业专业技术人员42人，其中大专以上文化程度38人，具有高级技术职称3人，中级技术职称14人，初级职称28人。

西华县林业局肩负着植树造林，改善生态环境，建设社会主义新农村的重任。在历届县委、县政府的领导下，局党组带领全局干部职工，团结协作，与时俱进，开拓创新，拼搏苦干。经过全县干群几十年坚持不懈地植树造林，锁住了风沙，创造了良好的生态环境，西华的林业建设取得了令人瞩目的成就。特别是近几年来，按照建生态西华，创效益林业的工作思路，以争创林业生态县为目标，先后实施完成了农田林网建设、生态廊道网络体系建设、村镇绿化和防沙治沙等一批林业重点工程，初步形成了具有西华特色的林业生态体系和林业产业体系。全县四旁林总株数2200万株，林木覆盖率23.6%，活立木蓄积量169.2万立方米，林网控制率96%，村庄林木覆盖率44%，城镇绿化率40%。

如今的西华县已从昔日风沙肆虐、贫穷落后的黄泛区，变成了林茂粮丰、经济繁荣的豫东大林海，平原花果乡。2007年被中央宣传部、中央文明办、全国绿化委员会、国家林业局命名为绿色小康县，2009年被省政府命名为河南省林业生态县。西华林业局被评为河南省林政资源管理先进单位，获周口市“五一”劳动奖状，局机关支部被周口市委授予先进党支部称号，林业生产多次被评为省、市先进单位。（撰稿　王云冰）

◆ 温家宝总理考察西华县红花镇大棚油桃生产

◆ 2007年9月24日国家林业局局长贾治邦考察西华县林业苗木和花卉生产（摄影　周蒲香）

◆ 2007年5月18日河南省委书记徐光春考察西华县田口乡滩上村林下经济——黑木耳和农枣兼作（摄影　金国铭）

平原绿化典范 宁陵县林业局

◆ 县林业局局长 陈国杰

◆ 金顶谢花酥梨

宁陵县林业局是县政府主管林业的职能部门，内设营林股、林政股、退耕办、产业办、人事股、计财股和办公室，下设资源管理站、林业技术推广中心、森林病虫害防治检疫站和森林公安派出所。可承担造林规划、园林设计、果树栽培、林业育苗、林木病虫害防治等方面的技术咨询和技术服务。

近年来，县委、政府坚持以科学发展观统领全县林业工作，全面加强林业生态建设，取得了显著成绩。全县林业用地20 909.73公顷，林地总面积16 685.63公顷，其中乔木面积14 578.98公顷，活立木总蓄积1 527 028立方米，四旁树总株数1 026 6731株（墩）（不包括林地内的株数）,森林覆盖率18.4%，林木覆盖率24.3%。宁陵县先后被评为中国酥梨之乡、全国经济林建设先进县、全国经济林产业示范县、全国第五次森林资源清查先进县、河南省平原绿化高级标准先进县、河南省名特优白蜡条之乡、林业科技先进县、造林绿化先进县、通道绿化先进县、森林病虫害防治先进县、河南省国土绿化模范县等。2007年省政府对宁陵县林业生态县创建工作进行了验收。2009年1月,省政府对宁陵县予以通报表彰,并授予河南省林业生态县荣誉称号。

（撰稿 李娜）

◆ 农条间作

◆ 廊道绿化

湖北省林业先进单位：赤壁市林业局

◆ 赤壁市林业局局长宋东波陪同湖北省委书记罗清泉考察林业

赤壁市地处鄂东南低山丘陵区，近几年来，市林业局党委在市委、市政府的正确领导下，认真学习实践科学发展观，以深化林业改革为动力，积极推进林业发展方式和森林经营模式转变，全力建设“绿色赤壁”，作出了优异成绩。荣获全省先进林业局光荣称号。全市每年造林完成的任务量在3600公顷以上，实施的血防造林、退耕还林、低产林改造等重点林业工程与项目，质量高，效果好，有力地促进了赤壁林业的生态建设。全面完成了集体林权制度改革省级试点工作。落实了林业“两金”减半征收政策。建立了林业要素市场，引进了晨鸣纸业等加工企业，建立了近万公顷的原料林基地，为林业产业的发展注入了活力。林木采伐实行严格的伐区设计，并且在采伐批准前进行公示，阳光操作，现场监采。同时，加强了森林防火宣传教育和护林防火设施建设，全市森林火灾受害面积控制在1.5‰以下。认真贯彻落实省委、省政府关于新农村建设的相关政策，在建设示范点团山村的新农村建设实践中，以危房改造为重点，加强基础设施建设，修通了村组公路，建成了村民活动中心广场。使团山村的新农村建设面貌焕然一新。中共湖北省委书记罗清泉到团山村调研对团山村新农村建设工作给予了高度评价。局机关完成整体搬迁，已建成的新办公大楼和林业小区，改善了机关的工作环境和职工的生活条件。为发展赤壁的现代林业奠定了坚实的基础。

◆ 赤壁市林业局局长　宋东波

◆ 林业局办公楼效果图

◆ 赤壁市林业局栽植的优质猕猴桃

绿满咸宁

——全国林业系统先进集体：湖北省咸宁市林业建设掠影

咸宁是座新兴的中等城市，位于湖北省东南部，地处长江中游南岸，幕阜山脉北麓，国土面积9861平方千米，人口288万，林业用地56.09万公顷，约占国土面积的60%，发展林业的条件得天独厚。近年来，全市发挥特色优势，发展绿色产业，建设生态家园，取得明显成效，林业建设进入了“生态明显改善、产业提速发展”的新阶段，森林面积发展到44.37万公顷（竹林11.53万公顷）、活立木蓄积876.8万立方米（楠竹立竹1.9亿株）、森林覆盖率54.2%，已建成桂花之乡、楠竹之乡、茶叶之乡、猕猴桃之乡，有绿色咸宁、生态咸宁的誉称；咸宁市林业局两次被评为全国林业系统先进集体、四个年度荣获省级文明单位称号。

林业生态明显改善。抓住盛世兴林的机遇，大力造林绿化，建设秀美山川，近10年每年完成人工造林2万公顷以上。共完成退耕还林建设规模7.88万公顷、世行造林2.25万公顷、长江防护林1.89万公顷、日本政府贷款造林5.75万公顷、低产林改造1.33万公顷。严格执行森林限额采伐制度，实施重点生态公益林保护面积14.17万公顷，落实专职管护人员1439人，严禁商业性采伐。建成九宫山国家

◆ 湖北省委书记罗清泉（右三）在省林业局局长王海涛（左三）、市林业局局长邹济舟（右二）的陪同下考察咸宁蓝莓引种试验情况

◆ 省林业局王启平组长在咸宁市检查工作

◆ 咸宁市林业局被评为全省文明单位

◆ 咸宁市林业局被评为全国林业系统先进集体

◆ 茶叶丰收景象

◆ 桂花飘香

◆ 竹海风光

级自然保护区和潜山国家森林公园，建有17个省级自然保护小区和7个省级森林公园。对4000余棵古大珍稀树木清查登记、挂牌保护。森林防火扎实有效，连续多年保持无重特大森林火灾的稳定态势。

林业产业提速发展。林业特色基地发展到22万公顷，其中楠竹10.67万公顷、桂花4000公顷、猕猴桃0.33万公顷。咸安巨宁、赤壁晨鸣等龙头企业不断发展壮大，林产加工企业发展到500多家，巨宁地板、晨鸣精制双胶纸、神鹿阻燃板、楚天激光雕刻竹工艺品、瑞发雷竹笋等都发展为精品名牌。逐步形成了竹产业、林板业、林纸业、苗木花卉业、森林食品业、森林旅游业、桂花产业、中药材产业等八大特色产业，2008年实现林业相关产业总产值23.27亿元。

林业改革逐步深入。2007年全面启动集体林权制度改革，已完成山林勘界确权49.29万公顷，发证38.65万公顷；建立林业要素市场5个，评估山林774宗，林木交易3517宗，林权抵押贷款565宗；建立林业专业合作社20个，入社农户2367户。全面取消了不合理收费，林业“两金”征收标准由20%降至10%。林业站配套改革基本完成。

新的时期，全市将按照“发展现代林业，建设生态文明，促进科学发展”的总要求，建设“武汉城市圈现代林业示范区”，实施“在山上再造一个咸宁”，推进林业又好又快发展。力争到2015年，特色基地发展到37.33万公顷，森林面积增加到53.33万公顷(竹林13.33万公顷)，森林覆盖率提升到56%，活立木蓄积突破1000万立方米（楠竹立竹3亿株），林业相关产业总产值达到80亿元。

发扬老区精神 建设现代林业

——湖北省黄冈市林业局

◆ 黄冈市市长刘雪荣与市林业局局长汪柏坤陪同省领导在麻城市检查工作

黄冈市林业局2007~2008年连续两年荣获全省先进林业局称号，目标责任考核先进单位，2008年获全市党风廉政建设先进单位，2007年获市政府目标责任考核先进单位。

黄冈市面积1.74 万平方千米，总人口730万。林业用地面积749万公顷，森林覆盖率43%。近3年，全市累计人工造林6.8万公顷，四旁植树5600万株。森林面积、森林蓄积量和森林覆盖率比三年前分别增加了4.33万公顷、300万立方米和提高了2.5个百分点；实施了退耕还林工程、中德财政合作造林项目、长江防护林工程、大别山重点火险区综合治理等10多项工程，林业项目投资约5亿元。

黄冈市集体林地总面积71.33万公顷， 2007年启动集体林权制度改革。林改已全部完成。已建立要素市场2个，组建评估机构6个；开展抵押贷款292宗。

全市国家级生态公益林区划界定总面积3.87万公顷。省级生态公益林区划界定6.85万公顷。建立了大

◆ 黄冈市农村新居

别山省级自然保护区、龙感湖湿地自然保护区、遗爱湖省级湿地公园和21个自然保护小区，保护总面积8.13万公顷。

形成速生丰产林、板栗、中药材、森林旅游四大产业发展的新格局。一是林浆纸一体化项目取得重大突破。2008年引进山东晨鸣公司落户，晨鸣公司坚持生产用工本土化、市场化，每年可以增加就业岗位3万个。二是板栗产业化发展势头良好。山东绿润集团落户罗田后，先后开发了板栗罐头等20多个板栗产品，板栗面积达到16.2万公顷，年总产量9000万千克。三是中药材产业。建有药材基地4万公顷，年医药加工产值6亿元，蕲州中药材市场经国家质检中药材质量居十七大市场前三名。四是加快发展森林旅游业。建成罗田大别山、浠水三角山、红安天台山、英山吴家山、麻城五脑山等5处国家级森林公园和6处省级森林公园，2008年全市森林公园接待游客100万人，旅游综合收入达到1亿多元，比2007年同期增长20%以上。

新建了市森林防火指挥中心、市森林防火视频指挥系统，新建了25个乡镇林业站、木材检查站，12个森林公安派出所。林业部门形象焕然一新。

◆ 市委书记刘善桥在全市林浆纸项目原料林基地建设暨春季植树造林工作会议上讲话

◆ 黄冈市与省林业局共建现代林业签字仪式

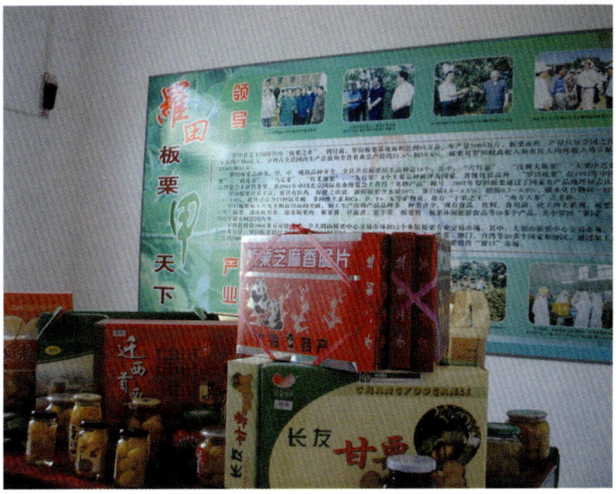

◆ 黄冈市林业产品

◆ 黄冈市生态旅游区

红旗林业局：湖北省天门市林业局

◆ 省委书记罗清泉视察天门林业企业

◆ 省领导在市林业局局长刘祖玉的陪同下考察天门林业

天门市林业局坚持科学发展观，围绕建立比较完备的林业生态体系和比较发达的林业产业体系，以构建社会主义和谐社会和建立社会主义新农村为目标，艰苦奋斗，顽强拼搏，扎实工作，有力地推进了绿化建设的全面发展，绿化工作已取得显著成效。1994年被授予全国平原绿化先进单位，2004年被评为省红旗林业局；2005年被评为省先进林业局。

主要成绩：

森林覆盖率快速增长 天门市林业局加大了造林绿化基地建设力度，通过开展工程造林、合作造林、绿色长廊建设、推进林水结合模式等形式，将营造杨树速丰林作为林业产业化的基础，下大力动员和鼓励全社会大搞植树造林，并将造林绿化纳入党政干部年终考核进行结账，调动了各级领导和群众的植树积极性。全市平均每年植树近2000公顷，2003年更是创下了一年植树7333.33公顷的奇迹。全市有林地面积已达到4.5万公顷，森林覆盖率由原来的13.9%提高到16.5%，增长了2.6个百分点，活立木蓄积达145万立方米。

全民义务植树意识明显增强 从1982年至2008

◆ 佛子山林场新植的湿地松为裸露的荒山秃岭披上葱翠的绿装

◆ 团结战斗的领导班子：左起依序为总工程师张小乐；纪检组长、副局长张先波；副局长马青山；党组书记、局长刘祖玉；副局长余崇彪；副局长胡国宏；工会主席黄新华；党组成员、森林公安分局局长熊剑峰

年全市参加全民义务植树活动的人数累计达529万人次；植树总株数7935万株；年平均参加义务植树人数22.1万人次，植树331.5万株，义务植树尽责率达到95%以上，全市共建立义务植树基地207个，乡镇以上领导办绿化点946个，总面积2.1万公顷。

造林绿化成果不断巩固 天门市林业局狠抓了造林绿化成果的巩固。认真贯彻执行《森林法》及相关法律、法规，严格执行森林限额采伐，严厉打击了破坏森林资源的违法犯罪活动。通过开展这些工作，有效地巩固了现有造林绿化成果。

林业产业稳步发展 全市围绕速生丰产林、花卉苗木、森林旅游、林下种养四大重点，林业产业有了新的发展，新发展杨树、湿地松等速生丰产林基地1.2万公顷，新增高效经济林7.8万公顷。木材加工业产销两旺，全市各类木材加工企业160多家。推广以林姜、林鹿、林鸭等为主的10种林下种养模式近266.67公顷，创产值200多万元。森林旅游发展态势良好，佛子山宗教文化旅游区建设正式启动，长寿山生态旅游开发项目已与中尧实业集团有限公司正式签约。全市林业产值达3.32亿元。

天门市林业局将全面贯彻落实科学发展观，与时俱进，开拓进取，科学谋划，狠抓落实，全面推进现代林业建设，全面推进国土绿化进程，为构建社会主义和谐社会作出新的更大的贡献。

◆ 天门市绿色长廊建设

◆ 天门市林下种养模式之一——林姜基地

◆ 天门市退耕还林用材林基地

◆ 天门市大型加工企业——天源木业厂区一角

向着“三型”小康目标飞翔

——湖北省林业先进集体：太子山林场管理局

◆ 省林业局局长王海涛在太子山林管局长代新平陪同下考察工作

◆ 党委书记、局长　代新平

在科学发展观指导下，湖北省太子山林场管理局新的领导班子以活经营，调结构，兴经济，富民生，创和谐为主题，以建设生态型、富裕型、文明型和谐小康林场为目标，以巩固林业基础地位，优化产业结构，扩大社会影响，增强经济实力，共享发展成果为工作理念，以结合全局实际，确定发展战略，强化管理措施，加强人文关怀为工作方法，二次创业成果得到继续扩大巩固，主要表现在：

经济运行质量不断提高　通过争取财政人员经费和林业项目资金，每年以30%以上的速度增加。不断挖掘潜力，加强管理，增收节支，行政运行成本降幅在15%以上。调整产业与经济结构，增强了自身造血功能和经济实力，2008年实现单位收入7000万元，利税6000万元，职工自营经济收入2240万元。

职工收入不断增加　2008年比“十五”末人均增加工资性收入8000元以上，同时，发展自营经济的职工不断增加，经济效益不断提高。

森林资源培育扎实推进　林管局制定出台了《关于加强森林资源培育的实施办法》，全面加强了森林资源的培育、保护与经营，营林投入以每年100万元左右的速度递增，2008年达到465万元。

产业结构继续优化　形成了林业、工业、职工自营经济产业、苗木、绿化工程产业、森林旅游开发业齐头并举的良好态势。宏太木业进入省级林业产业化龙头企业，美宝药业产品打入国际市场。森林旅游业呈现阳光产业态势。

职工自营经济持续发展　涌现了一批年收入几十万元，甚至上百万元的典型户、示范户，85%以上的职工有自己的自营经济项目或园地，年收入可达到200多万元，占全局总收入的30%，其经验受到国家林业局、中国农林水利工会、湖北省总工会、省林业工会的肯定和现场推介。

发展环境与空间进一步拓宽　省林业局、省财政厅、省发改委、省养老保险局、省总工会在项目、资

◆ 太子山速丰林

金、政策等方面支持太子山发展的力度进一步加大；以省直机关工委、省总工会、北林大、中南民族大学、长江大学、湖北生态职业学院在太子山建立培训或实习基地为纽带，全面加强了与高等院校和社会团体的联系，建立起了科技支撑、理念、信息、技术引进机制。社会知名度不断扩大，与兄弟单位的合作不断深化。

基础设施建设进一步完善 局机关驻地绿化、美化、亮化升级、林场场部花园化、生产队景点化、景区道路硬化、安居工程、安全饮水等系列工程建设硕果累累。

社会保障体系全面建立 职工全部进入了京山县职工医疗、工伤和生育保险；居民进入了城镇居民医疗或农村合用医疗；特困职工或居民进入低保。金秋助学、弱势群体帮扶、困难职工慰问救助等形成常规机制。

文明建设成果进一步扩大 2007年获得省级文明单位，2008年再次被确认为所在地荆门市最佳文明单位。

社会事业全面发展 职工向土地、产业、市场要效益的观念和通过改革促发展的观念已经形成；森林公安、社会治安、安全生产、党风廉政、计划生育、森林防火等各项事业全面进步；生态建设和环境保护意识得到加强，依法治林、环境卫生与管理取得实质性成果，人文环境不断优化；人民生产、生活水平不断提高。

◆ 太子山森林公园

◆ 太子山职工新居

◆ 太子山林管局拥有的企业

◆ 太子山职工创办的养殖业

洪湖岸边的绿色丰碑

——湖北省先进林业局：洪湖市林业局

◆ 市林业局局局长杜耀平带领班子成员及业务骨干现场指导工作

洪湖市林业局在局长杜耀平的带领下，在市委、市政府正确领导下，深入贯彻落实省委、省政府《关于加快林业发展的决定》，坚持把发展林业作为第一要务，全市林业建设取得了显著成效。2006年和2007年，连续被评为荆州市造林先进单位和全省林业先进单位，2008年又被荆州市评为造林全市第一名和全省林业先进单位。2009年林业局党委又被评为全市先进党组织。

全市有林地面积达到了3.13万公顷；森林覆盖率由2005年前的10.4%提高到了14.2%；全市现有活立木蓄积量达180多万立方米，实现了森林资源的快速增长。

争取项目资金，大力实施工程造林 先后实施了长江防护林、日元贷款造林、林业血防造林、荒地造林、绿色家园、公路形象林等造林工程。工程造林投资在4500万元以上，造林近6666.67公顷。

深化林业改革，鼓励民营林业发展 开展集体林权制度改革以来，全市集体林地面积1.41万公顷，已完成确权发证并成立了森林资源资产交易中心和林业调查规划设计队，制定了《洪湖市森林资源资产评估管理暂行办法（试行）》和《洪湖市森林资源流转管理暂行办法（试行）》，开展了森林资源资产评估和进行林权抵押贷款工作，采取租赁、承包、转让、股份等形式，将集体林地流转到民营业主手中，促进了森林资源有序流转。培植民营造林龙头企业。湖北昌兴农林开发有限公司民营企业实行公司化经营，在该公司带动下，全市发展了新天地、绿色田园、惠林等8家民营造林企业。

创新造林模式，拓宽林业发展空间 首创的机械平整、挖沟筑

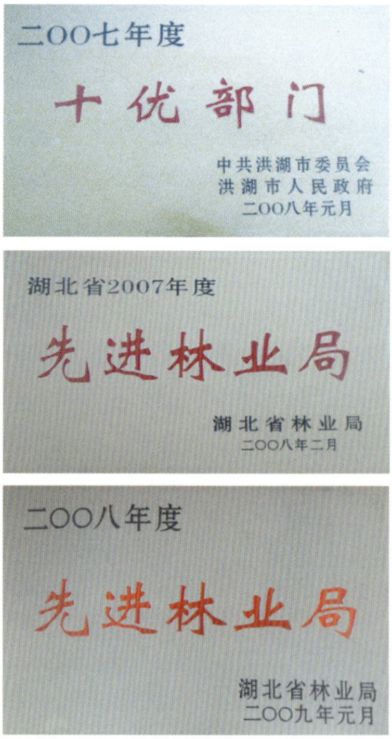

◆ 洪湖市林业局获得的荣誉

◆ 洪湖市打造“锦绣梅园”，把林业与水利的有机结合，融入到新农村试验区建设中

◆ 洪湖市林业局办公大楼

垄洲滩造林模式和挖沟洗渠林水结合渠道造林模式，已在全市普遍推广，并在江汉平原成功应用。其中昌兴公司走林水结合之路，出资清洗淤塞沟渠造林，一举多得，深受群众欢迎，并得到湖北省委书记罗清泉和荆州市委书记应代明的充分肯定。全市已开发低产芦苇地、低洼滩坡、废沟废渠和难利用地造林4000万公顷。

◆ 洪湖市新农村建设

依靠科技兴林，不断提高营林水平 该局坚持育苗良种化、标准化、规范化，造林良种率在90%以上；注重科技培训，实行科技示范。3年共建立32个林业科技示范样板，扶持176个林业科技示范户，重点推广林下间作、林下养鸡、林下种菇等高效林业模式，提高了林地综合效益。

加强林政管理，切实保护森林资源 每年督促采伐迹地还林，办理征占用林地报批手续，落实限额采伐制度，确保全市林木采伐不突破限额指标。为了保护森林、保护野生动物，开展了“绿盾行动”、“飞鹰行动”和“区域性专项严打”等行动，每年查处案件近百件。

加强内部管理，树立良好机关形象 对原木材检查站、稽查队、野保站、森防站进行整合，成立了林业综合执法大队，为机关各科室配备齐了电脑，建立了网站，办公基本上实行了自动化。建成了林业综合大楼，工作条件得到明显改善，为创建一流机关，打下了基础。

◆ 洪湖市林水结合模式

◆ 绿色通道建设

不断奋进的阳新县林业局

◆ 中共湖北省委常委、副省长汤涛（左三）在黄石市纪委书记胡德春（左二）、阳新县委书记刘圣华（左四）、阳新县林业局局长三石教法（左一）等陪同下考察油茶生产

阳新县位于湖北省东南部，近年来，阳新县林业局在局长石教法的带领下，按照“十一五”林业工作发展思路，高举林业生态建设和产业建设两面旗帜，认真树立和落实科学发展观，在植树造林、集体林权制度改革、自身建设等方面取得了显著成绩，该局荣获2008年度全省先进林业局称号，局长石教法也被国家林业局评为2007年度全国林业系统先进工作者。主要成绩：

抓项目，不断加快生态建设步伐 紧紧围绕退耕还林等项目建设，积极开展植树造林、封山育林和低产林改造，狠抓项目组织实施和资金管理，坚持综合治理，对生态脆弱区进行重点治理，大力实施生态攻坚战略，使阳新初步实现了城乡绿化一体化。在湿地资源保护方面，先后组织邀请华中师范大学、武汉大学等单位的专家学者一同对保护区科学考察，使网湖被世界自然基金会、国家林业局确认为特别重要的具有国家重要意义的湿地。

抓产业，不断提高林业发展水平 按照建大基地、创大龙头、兴大产业的发展思路，坚持用工业化的理念和市场经济方法抓林业，持之以恒地抓超百万公顷吴茱萸木本药材、楠把竹、香樟、意杨、油茶等特色板块基地，使之形成了区域发展优势。县政府制定出台了《关于加快油茶产业发展的意见》，使全县油茶容器育苗从2006年的50万株提高到2009年的1000万株，基地建设面积从3000公顷提高到6066.67公

◆ 阳新营造的意杨林

◆ 阳新油茶苗圃生产基地

◆ 全国林业系统先进工作者、县林业局局长 石教法

◆ 阳新县林业局团结务实的领导班子

项，并推行了油茶地膜覆盖等新技术，在全省及至全国产生了很大影响，中央与地方等新闻媒体纷纷对该县油茶产业发展进行了报道。

抓引资，不断提高林业发展后劲 阳新县林业局党委一班人千方百计抓招商引资，先后成功引进了湖南泰格林纸集团、上海金桂湖、武汉凯迪等一批环保型、有实力的大公司集团来阳新县投资兴业。有力带动了地方经济发展。

抓管理，不断巩固林业发展成果 坚持一手抓森林限额采伐,一手抓木材流通管理,一手抓征占林地审批，尤其在抓森林防火工作上，阳新在不断加强森林防火基础设施建设，切实强化林区的火源管理，全县火灾发生率等连年下降，取得了历史最好成绩。

抓改革，不断增强林业发展活力 组建林改工作专班，探索出的阳新林改经验，许多做法是全市、全省乃至全国首创，得到了省、市、县各级领导和有关部门的一致认可。

抓创建，打造林业整体新形象，林业自身建设跃上了崭新台阶 在着力创建学习型、服务型、节约型、创新型、和谐型机关上，作出了优异的成绩，使阳新林业充满生机与活力。

◆ 石教法与干部职工一起参加义务劳动

◆ 阳新林业森林防火专业队伍

推进产业化建设　加快林业经济发展

——全国经济林产业示范县：湖北省大悟县

◆ 领导考察林业

◆ 湖北大悟县造林幼树长势喜人

湖北省大悟县位于鄂东北部，地跨长江、淮河两大流域，属低山丘陵区。全县国土面积19.8万公顷，其中山场面积13万公顷，耕地面积2.53万公顷，俗有"八山半水分半田"之称。近几年来，在县林业局局长廖和发的带领下，坚持以农民增收为目标，以市场为导向，以资源为依托，以项目为载体，以规模经营为重点，因地制宜确定主导产业和主导产品，提出了建设鄂北林业资源大县、产业强县的奋斗目标，取得了可喜成绩。获得了国家林业局表彰的全国百家经济林建设先进县、全国造林绿化示范县、中国板栗之乡、湖北省林业工作先进县等荣誉称号，大悟县林业局获得了湖北省红旗林业局、孝感市最佳文明单位等荣誉称号，姚畈乡、河口镇上榨村、丰店镇龙坛村、宣化店镇张墩村、彭店乡青山村、三里镇林场村和城关镇小魁山林场还分别被全国绿化委员会授予全国造林绿化百佳乡、千佳村和全国乡村示范林场称号。廖和发局长被全国绿化委员会授予2008年度全国绿化奖章。该县经济林产业示范县成功经验是：

领导重视　多年来，历届县委、县政府坚持一张蓝图绘到底，一届连着一届干的工作原则，一年一个目标、一年一级台阶，积极推动农业产业化经营的深度发展。并将目标任务层层分解，形成一级摇着一级干、层层级级比着干的良好工作局面，推动了林业产业化的有序进行和快速发展。

科学规划　在规划布局上，坚持走"大品种、大产业、大基地、大市场"的路子，狠抓区域、路域、流域综合开发。

调优结构　在产业结构上，坚持走生产、加工、销售协调发展的路子，推行公司+基地+市场+农户的运作模式，大力延伸产业链条，实现以林业基地为基础的一、二、三产业良性互动。

加大投入　在投入机制上，抢抓林业发展机遇，活化经营机制，通过实行租赁承包、股份合作、经营买断、流转土地等多种形式，激活社会资金投入基地开发。

注重品牌 在经营理念上，稳步推进林业标准化生产，坚持品牌效应，大力推广林业实用技术，引进名优特新品种，不断提高主导产业的发展层次和产品质量。目前，全县获得有机茶认证1个，绿色食品认证5个，无公害食品认证3个，大悟县乌桕梓油、乌桕白油分别获湖北省林博会一等奖。

产业富民 在管理举措上，积极开展林业招商、深化林权制度改革、扶持林业大户，帮助其做大做强，逐步走出了一条具有大悟特色的林业产业化经营之路，林业建设呈现出基地生产规模化、产业形式多样化、龙头企业民营化、产品流通网络化、产业效益社会化的五化特色。

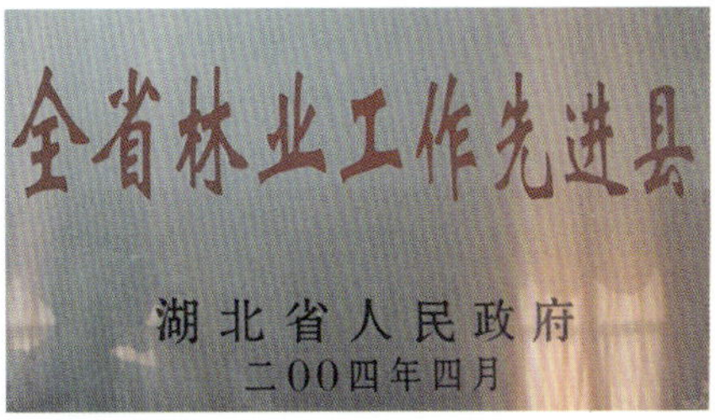

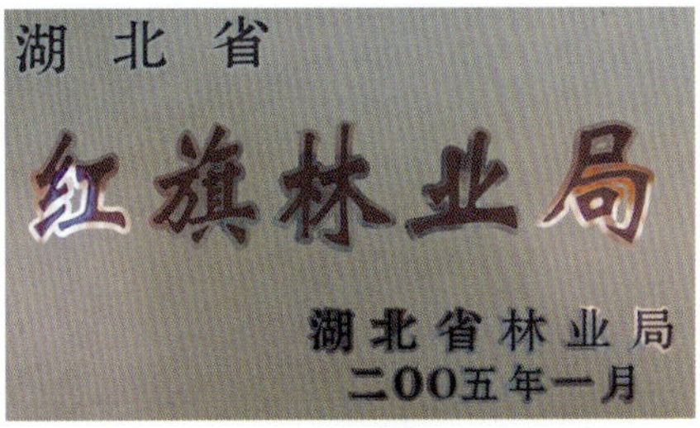

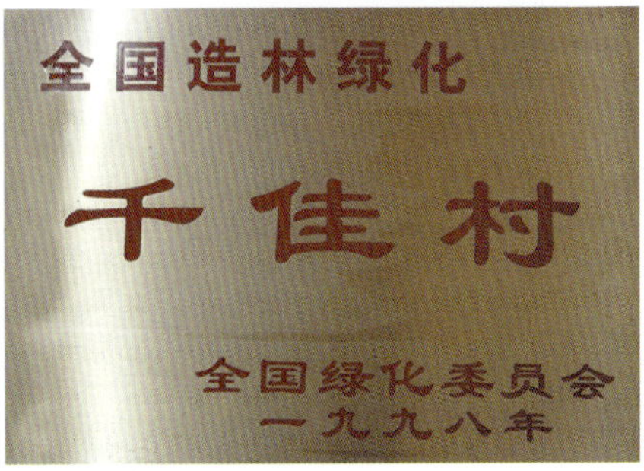

◆ 湖北大悟县林业获得的荣誉

◆ 湖北大悟林业风光

建设绿色嘉鱼　共创生态文明

——湖北省先进林业局：嘉鱼县林业局

◆ 嘉鱼县委书记刘海军到省林业局汇报林业工作

◆ 嘉鱼县林业局局长尹彬生（右二）陪同上级领导检查林业工作

嘉鱼县位于鄂东南长江中游南岸，属武汉城市经济圈，国土面积1017平方千米，总人口36万，呈"一山三水四分田，两分道路和庄园"的地貌格局，是一个平原林业县。先后荣获全国平原绿化达标县、义务植树先进县、造林绿化先进单位；全省绿化先进集体、森林病虫防治先进单位等称号。

嘉鱼县委、县政府高度重视林业工作，各级领导更是把造林绿化工作作为建设绿色嘉鱼、生态嘉鱼的一项重大战略任务来抓，切实加强领导，广泛发动群众，坚持科学规划，截至2008年底，全县森林面积达2.61万公顷，森林覆盖率达25.8%，活立木总蓄积量168万立方米，荒山、荒地、荒滩绿化率达到98%，路、沟、渠绿化率达到98%，平原农田林网建网率达到96%以上，城区绿化覆盖率、绿地率、人均公共绿地面积分别达到45%、40%和12平方米，乡镇政府所在地绿化覆盖率达36%，村庄绿化覆盖率32%，义务植树尽责率达96%。他们的做法：

深化改革，加快绿化步伐　全县探索出两权分离、买断经营、司法公证、受益分成的造林绿化经验，涌现出全国绿化奖章获得者骆训涛。据统计，目前全县百公顷以上的民营造林户已达到586人，累计投入资金近60万元，造林绿化面积近1.33万公顷。

统筹兼顾，提高绿化水平　嘉鱼县先后实施了长江防护林、退耕还林等林业项目工程，质量合格率、面积核实率达100%。嘉鱼牢牢把握林业在社会主义新农村建设和构建和谐社会中的特殊作用，高标准、高起点地开展创绿色家园、建富裕新村活动，全国闻名的新农村建设典范——官桥八组，乡亲们用自己的双手创建绿色家园，到处是花坛锦簇、绿树成荫，呈现一派人与自然和谐相处的乡村美景。示范的带动、政策的推动，如今的嘉鱼乡村，家家都有摇钱树、户户都有致富林，形成春有花、夏有荫、秋有果、冬有绿的乡村景观。

建设龙头，壮大绿色产业 按照大基地、大产业的要求，加快造林绿化，加大招商引资力度，壮大林业龙头企业，加快林业产业化建设。

强化管理，巩固绿化成果 县镇两级建立了行政首长负责制的森林防火指挥部，近20年来嘉鱼都未发生一起森林火灾。每年租用飞机对江滩大片林进行有害生物防治，取得了很好效果。全县为古树名木挂牌建档，落实责任单位、责任人，定期养护，全力捍卫嘉鱼的一草一木，巩固造林绿化成果。

◆ 嘉鱼县森林公园

◆ 嘉鱼县村庄绿化

◆ 嘉鱼县杨树速丰林

◆ 嘉鱼县速丰林

◆ 官桥八组村貌

木兰故里山水秀 黄陂大地绿意浓

——湖北省先进林业局：武汉市黄陂区林业局

◆ 市领导在黄陂区给林农发林权证

◆ 区领导考察黄陂区防火办

湖北省武汉市黄陂区林业局2004年4月被省委、省政府评为省级林业工作先进区。2004年10月被市委、市政府授予全市林业先进区荣誉称号。2004年9月被省林业局授予全省林业产业化先进单位荣誉称号。2007、2008连续两年被评为全省先进林业局。连续多年评为区绩效管理先进单位。从1997年起，黄陂基本消灭成片荒山，实现绿化达标。1998年，林业开始实施以生态建设为主的历史转变，开始停止生态林砍伐、实施封山育林、退耕还林、长江防护林等系列生态恢复与建设工程。“十五”期间，通过实施“绿色黄陂”行动计划，完成世行贷款造林、国债长防林、退耕还林、封山育林、绿色通道建设等一系列重点工程造林21 800公顷，新建绿色通道200余千米，完成四旁植树1100万株，新建花卉苗木基地533公顷。从2002年开始实施的退耕还林工程，至今已完成造林1.31万公顷。2005建设完成国家大别山森林防火体系和武汉市实时监控体系，2006年建成6900余平方米的森林防火指挥综合大楼，多年无重大森林火灾事故，林火受灾率控制在0.3‰。“十一五”以来，黄陂林业着重生态提升，产业攻坚，至2008年年底，全区现有林地面积达到7.33万公顷，森林覆盖率达34.8%、活立木蓄积320万立方米，建成市级以上自然保护区4处、面积4666.67公顷，纳入生态公益林补偿面积2.87万公顷；在产业上，着重打造茶叶、花卉、柿子、油茶、苗木、森林旅游及专业市场等六大产业，建成商

◆ 黄陂区科技兴林活动

◆ 黄陂区林业局局长鲍克辉陪同张学忙副市长调研

◆ 黄陂区创办森林城市活动

品经济林基地2.4万公顷，形成板栗、茶叶、油茶三大十万亩板块基地、打造中国家具CBD、华中最大四季美花木市场等国家级涉林专业市场。全区共有各类涉林企业170多家，其中，省级龙头企业9家，实现林业综合产值5.4亿元。其中，森林旅游业已具规模，现有森林旅游景点5家（4A级3家），年创产值1.2亿元。

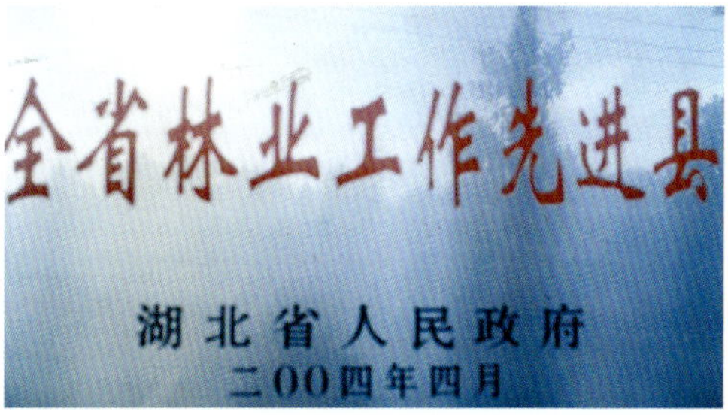

◆ 黄陂区林业局所获得的荣誉

◆ 黄陂区飞播造林

全国林业系统先进集体：江夏区林业局

◆ 国家林业局局长贾治邦、省委书记罗清泉等领导考察江夏区新农村建设

湖北省武汉市江夏区林业局在区委、区政府的正确领导和大力支持下，紧紧围绕强化生态，提升产业，帮村建设，助农增收的总体思路，统筹林业生态与经济发展，统筹林业增效与农民增收，积极践行生态文明，大力建设林果茶苗和庭院经济“四大一小”产业基地，成效显著：全区森林资源总量持续增长，产业基地面积不断扩大，经济、社会、生态效益不断提高。

◆ 江夏区碳汇项目启动仪式

◆ 2004年9月湖北省第四届花博会在江夏召开

全区有林面积累计达到3.89万公顷，城镇与四旁绿化面积达到1.15万公顷，森林覆盖率达到25.02%；现已建成林业产业基地2.3万公顷，全社会林业总产值突破12亿元，转移农村富余劳动力3万余人，年均为农民增收2.5亿元，初步形成了以107国道为轴线的苗木花卉基地，以梁子湖岸线为纽带的有机绿茶基地，

◆ 2002~2005年实施环城森林生态工程，被媒体誉为“中华第一环”

以乌龙泉、园艺场为中心的绿色水果基地和以南部老区为主体的杉木丰产林基地的“一线三片”四大产业化生产格局；大花山苗木花卉基地还被国家林业局授予特色种苗基地称号，被国家标准委评为国家级苗木花卉标准化栽培示范基地。

江夏林业快速发展，2004年9月湖北省第四届花卉博览会在江夏召开；2005年5月，第二届全国花卉主产区县（市）长论坛暨企业峰会在江夏成功举办；2007年9月，全国林业推进社会主义新农村建设现场会，参观江夏区创绿色家园，建富裕新村行动现场，并被授予全国首批绿色小康县称号；2008年全国首批碳汇造林项目在江夏试点实施。中国花协会长江泽慧题词：“发展花卉产业，争创全国一流”予以鼓励；国家林业局局长贾治邦题词，寄语江夏把更多更好的生态产品献给人民。

沐浴着改革的春风，江夏林业生态与产业齐飞，迎着新世纪的朝阳，江夏林业将乘风破浪，以科学发展观为指导，积极推进集体林权制改革，不断完善现代林业产权制度，围绕生态保护和建设，努力在保障生态安全上下工夫；围绕提升林业产业化水平，努力在拓宽农民增收渠道上下工夫；围绕体制机制改革创新，努力在建立林业发展长效机制上下工夫；围绕社会主义新农村建设，努力在统筹城乡一体化绿化上下工夫；围绕盘活资源存量，努力在挖掘森林生态旅游潜力上下工夫，力争为改善区域生态环境，服务经济社会发展，促进农民增收作出新的更大贡献。

◆ 江夏区柑橘产业基地

◆ 江夏区有机茶园

◆ 2005年5月全国花卉主产区县（市）长论坛暨企业峰会在江夏举办

◆ 江夏区绿化苗圃

前进与发展中的枝江林业

——湖北省林业产业化先进单位：枝江市林业局

◆ 枝江市林业局局长黄卫民（左一）陪同省林业局领导检查林业工作

◆ 枝江产的沙梨

枝江市地处鄂西山区与江汉平原过渡地带，素有楚之西塞、三峡东大门之称，是中国沙梨之乡。适宜的气候与地理环境很适合发展生态经济林。近年来，枝江市林业局在局长黄卫民的带领下，在市委、市政府的正确领导下，通过林业局全体职工的努力，先后荣获湖北省林业产业化先进单位、宜昌市林业系统红旗单位和枝江市先进基层党组织等荣誉称号。枝江市林业局认真落实科学发展观，一手抓生态林业建设，一手抓林业产业发展，加快植树造林步伐，林地面积显著增加，资源监管力度加大，专业合作社不断壮大，森林资源保护进一步加强，项目建设成效显著，有力推动了林业建设快速发展、林业产业的突飞猛进。枝江市水果、杨树及其加工业已成为当地农村经济的支柱产业；林权改革不断深化，分类经营启动实施；机关面貌焕然一新，自身建设登上一个新的台阶；林业建设呈现出快速发展的良好态势。

◆ 枝江营造的长江防护林

◆ 枝江营造的绿色通道

农业产业化国家重点龙头企业

吉象木业
PTP GROUP

湖北吉象人造林制品有限公司

◆ 农业产业化国家重点龙头企业——湖北吉象

◆ 吉象木业获得的中国名牌产品证书

湖北吉象人造林制品有限公司是由人造林制品集团（中国）有限公司与湖北省石首市森鑫林业发展有限公司共同投资组建的大型木材加工企业，公司于1996年3月经国家计委和外经贸部批准成立，项目总投资6600万美元，注册资金2200万美元。主要经营范围：发展和种植人造林、生产和销售中密度纤维板及相关产品。公司可年产中密度纤维板24万立方米，直接印刷板1000万立方米，旋切单板1万立方米。

湖北吉象始终坚持高标准、严要求、树品牌，为用户提供国际一流的吉象产品的质量方针，采用国际标准组织生产，其产品质量各种理化性能指标在国内遥遥领先，达到和超过国际一流水准。公司先后通过了ISO9001国际质量管理体系认证、ISO14001国际环境管理体系认证和OHSAS18001职业健康安全管理体系认证；2004年中国70行业纳税二十强排行榜上，湖北吉象在全国木材加工行业中排名第一；2005年湖北吉象被农业部、国家发改委、国家税务总局等八部委评定为农业产业化国家重点龙头企业；2006年湖北吉象生产的吉象牌中密度纤维板在全国同行业中首批被国家质检总局和中国名牌推荐委员会评定为中国名牌产品；2007年，湖北吉象被国家林业局及中国林业产业协会评为全国林业产业突出贡献奖先进企业；2008年，湖北吉象荣获国家知识产权局授予的产品包装实用新型专利，在全国同行业中率先通过CARB认证。

广东省集体林权制度改革试点工作成效显著

◆ 2008年9月，全省集体林权制度改革试点工作在广州市召开

广东省林业用地面积1100万公顷，森林覆盖率56.3%，活立木总蓄积4.03亿立方米。其中集体林地面积1007万公顷，占全省林地面积的91.5%。2007年以来，在韶关市始兴县、惠州市博罗县和肇庆市四会市启动林改试点工作，逐步摸索出了一条符合广东实际的“明晰产权、量化到人、家庭承包、联户合作、规模经营”的林改新路子，为全省林改工作的全面铺开探索出了成功经验，取得了显著成效。

林地林木权属进一步明晰 截至2009年6月，三个试点县（市）共明晰集体林地所有权面积34.8万公顷，占集体林地面积的96.8%；发放集体林地使用权面积34.05万公顷，占集体林地面积的95.6%；发放集体山林股份权益证书148 925本，涉及农户14万多户、林地面积27.2万公顷，占集体统一经营（含已流转）山林面积的90.2%。

林农减负增收效果明显 三个试点县（市）通过完善承包流转、实行均股均利等多种经营方式，激发了农民热情，有力地促进了林地经营水平和林地效益的提高。同时，全面清理涉林税费，并将集体山林经营收益和依法流转的集体山林所得收益的70%以上均分给农民，促进了农民增收和农村经济社会发展。据统计，2008年三个试点县（市）农民涉林收入比2007年增加5337万元。

森林资源有效盘活 三个试点县（市）采取有效措施，因地制宜，分类指导，规范林地流转，妥善处理了历史遗留问题。据统计，三个试点县（市）共调整完善规模经营合同160宗，调处山林纠纷872宗，涉及林地面积0.47万公顷。林改以来，三个试点县（市）的森林资源流转市场、林权抵押贷款更加活跃，2008年新增林权抵押贷款2950多万元。

配套改革取得突破 三个试点县（市）林业公益性事业单位的隶属关系、职能、规格、人员编制、经费来源等得以明确和规范，基层林业工作站和木材检查站实行了定编、定员，所需经费列入了县（市）财政预算核拨。与此同时，三个试点县（市）建立健全林业社会化服务体系，成立了林业资产评估中心、产权交易（服务）中心、林业规划勘测所等，在规范集体森林资源资产流转、防止集体资产流失中发挥了重要作用。

广东省集体林权制度改革试点工作之所以能在短期内取得上述成效，是因为在工作中始终贯彻中央决策部署、把握正确林改导向、尊重农民首创精神、坚持公开公平公正原则、尊重历史事实、维护农民利益这六大关键，突出调查摸底、方案制定、宣传培训、勘查确权、配套改革五个重点。

创建国家森林城市 持续发展现代林业

——广州市林业局

◆ 青山绿地工程林带林网建设取得丰硕成果，建成道路林带524公顷

◆ 第五届中国城市森林论坛

2008年，在市委市政府的高度重视下，广州林业坚持以青山绿地工程建设为重点，以创建国家森林城市为主攻方向，解放思想，开拓创新，统筹兼顾，真抓实干，实现了城市林业科学发展大跨越，为宜居花园城市"首善之区"和国家中心城市建设奠定了良好的生态基础。继2006年、2007年之后，2008年再获全省"森林资源保护与发展目标责任制"考核第一名，受到省政府通报表彰；成功举办首届"中国生态文明建设高层论坛"和第五届"中国城市森林论坛"，顺利实现了创建"国家森林城市"目标。

抓规划，以大规划构架城市森林布局大优化 广州林业从20世纪80年代以木材生产为主的传统林业、90年代以造林种果、分类经营为主的城郊型林业，逐步向现阶段以服务城市生态建设为主、体现"以人为本"理念的现代生态林业转变。近年来,全市编制实施了城市林业发展概念规划、中长期发展规划和"十一五"发展规划及青山绿地工程规划、城乡增绿行动计划等，实现了林业山上山下统筹、农村城市并举、平原沿海兼顾的战略性转变，进一步优化了城市森林布局，开拓了林业建设新领域，提高了林业建设的社会影响力。

抓项目，以大项目带动城市森林建设水平大提升 为了建设全省宜居城市"首善之区"、"国际花园城市"和"国家中心城市"，先后部署实施了"青山绿地"一、二期工程，按照"林带+林区+园林"的绿化模式，共建设绿地154平方千米，全市森林覆盖率达38.2%、林木绿化率44.7%，人均公共绿地面积13.01平方米，实现了城市生态水平的大跨越、大提升。

抓投入，以大投入促进城市林业大发展 近年来，根据林业的生态性、公益性、基础性特点和民生要求，全市逐步建立起以政府为主、企业参与、社会支持，高效、稳定的林业投融资体系。近5年来，财政对林业的投入年均增长22.48%，2008年市本级财政对林业的直接投入达3.3亿元。尤其是"青山绿地"等林业生态工程，总投资100亿元，由市和区（县级市）政府分级负担，纳入财政预算，确保工程建设顺利推进。

抓创新，以大协同构建林业科技支撑大平台 不断完善林业支撑体系。以植物群落和"林网化、水网化"理念指导城市森林建设，乔灌草、多树种合理搭配，力求生态效益更好，景观效果更佳，维护成本更低，抗逆能力更强。应用"3S"技术，建成森林火灾卫星实时监测指挥扑救系统，探索实践利用灌装水车接驳高压水泵实施"以水灭火"的新战法，提高了森林防火"队伍专业化、装备机械化、阻隔生物化、指挥信息化"水平。

四会市为广东集体林权制度改革探索出成功经验

◆ 2009年8月，副省长李容根在四会市专题调研集体林权制度改革试点工作

2007年底，广东省人民政府和省林业局确定四会市为集体林权制度改革三个试点县（市）之一。一年多来，四会市在上级党委政府的正确领导和林业部门的具体指导下，采取“加强领导、高位推动，加大宣传、全民发动，深入调研、典型带动，统筹兼顾、政策驱动，敢闯敢试、创新促动”等措施，解放思想，精心组织，周密部署，全力以赴，顺利完成了集体林权制度改革试点工作，初步探索出一条“明晰产权，量化到人，家庭承包，联户合作，规模经营”的现代林业改革之路，创造了“广东版林改”，为广东省全面开展林改工作提供了宝贵经验，赢得了广大群众的理解与支持，受到了山西、江苏、广西等地考察团的一致好评，得到了国家林业局和省政府的充分肯定。

2009年4月，四会市集体林权制度改革试点工作顺利通过了广东省的检查验收，综合评分达到98.8分，居于广东省三个试点县（市）之首，取得了明显成效。一是坚定了林农发展林业的信心。全市6.33万公顷林地中96.1%均明晰了产权。通过进一步明晰产权，实现了“还山于民、还权于民、还利于民”，坚定了林农发展林业的信心。二是提高了林农增收能力。通过放活经营，林农发展林业的积极性得以充分发挥。通过银林合作，引入林权抵押贷款新业务，破解了林业发展资金瓶颈，增强了四会市林业产业“造血功能”。三是增强了林农护林防火意识。广大林农在取得林地使用权、林木所有权和经营权的同时，也落实了管护责任，农村长期以来存在的护林难、防火难等问题得到了有效解决，做到了“管好自家山，看好自家林”。四是维护了林区社会秩序稳定。在林改过程中，四会市勇于面对困难，不回避矛盾，积极稳妥地调处了各类山林纠纷110多宗，涉及林地面积700公顷，确保了林区长治久安。五是促进了村民民主管理。充分发动和依靠群众，把政策和权利真正交给基层干部和农民群众，让村民选择具体的林改形式和经营方式，极大地增强了村民民主意识，提高了村民自治管理能力。

沿海绿色长城

——广东内伶仃福田国家级自然保护区

广东内伶仃福田自然保护区建于1984年10月，1988年5月升级为国家级自然保护区，2006年10月被国家林业局列为全国示范国家级自然保护区，由内伶仃岛和福田红树林两个区域组成，总面积约922公顷。

内伶仃岛位于珠江口内伶仃洋东侧，处在深圳、珠海、香港、澳门之间，总面积约554公顷。内伶仃岛峰青峦秀，翠叠绿拥，秀水长流，保存着较完好的南亚热带常绿阔叶林。岛上植物种类繁多，其中维管植物619种，白桂木、野生荔枝等为国家重点保护植物；野生动物资源十分丰富，主要保护对象为国家二级保护动物猕猴，总数达1100多只，此外还有水獭、穿山甲、黑耳鸢、蟒蛇等重点保护动物。

◆ 猕猴

福田红树林地处深圳湾东北岸，毗邻拉姆萨尔国际重要湿地香港米埔保护区,是全国唯一处在城市腹地、面积最小的国家级森林和野生动物类型自然保护区。茂密的红树林东起新州河口，西至海滨生态公园，形成沿海岸线长约9千米的“绿色长城”，总面积约为368公顷。红树林区内有高等植物172种，其中红树植物9科16种，主要为秋茄、木榄、桐花树、白骨壤、海漆等，具有“胎生”、“泌盐”及“特殊根系”等奇特的生态特征；红树林有鸟类194种，其中卷羽鹈鹕、白肩雕、黑脸琵鹭、黑嘴鸥等23种为珍稀濒危物种，每年有10万只以上长途迁徙的候鸟在深圳湾停歇，是东半球国际候鸟通道上重要的“中转站”、“停歇地”和“加油站”。

◆ 黑脸琵鹭

广东内伶仃福田国家级自然保护区管理局以科学发展观为指导，积极促进人与自然、保护区与城市的和谐发展，围绕保护、科研和宣教三大职能开展各项工作，取得了一系列成绩。保护方面：高度重视物种及其栖息地的保护和管理，大力开展外来物种清除和红树林湿地重建工作；在生态修复方面：投资2.2亿元进行红树林生态修复，发挥了一定的示范作用；科研方面：保护区与国内外科研单位积极合作，进行了多项生态环境的动态监测，并承担科研专题项目13项，获国家科技进步奖1项，省市科技进步奖多项，出版4本专著，发表论文60多篇，充分发挥了保护区科研基地的作用；宣教方面：利用有利的区位优势，积极开展宣传教育工作，在区内设置丰富的科普教育设施，围绕世界湿地日、爱鸟周、科技活动周、世界环境日以及全国科普日等主题节日，举办大型宣传活动，设计制作丰富多彩的宣传品和宣传栏，荣获深圳市环保教育基地和广东省深圳市科普教育基地称号。

以林蓄水 以水发电 以电养林 林电并举

——广东省天井山林场

广东省天井山林场是广东省林业局直属的生态型自收自支事业单位，创建于1958年。辖区位于乳源瑶族自治县境内，总经营面积25 415.5公顷，经批准成立了国家级森林公园和南岭国家级自然保护区大顶山管理处。

◆ 天井山林场总部

50多年来，天井山林场全体干部职工根据国家各个时期的不同需要，在建场初期进行了多次采伐大会战，为国家提供了大量的建设和工业用材；20世纪70年代后大力植树造林，完成了绿化荒山、美化山川的任务；80年代起，采用“人工促进、天然更新”的办法重建和恢复自然生态；90年代开始，致力于生态建设和自然保护工作。天井山人也由砍林人变为造林、护林人，为构筑南岭生态屏障、重建粤北森林生态系统、建设区域生态文明作出了积极的贡献。共造林1.66万公顷次，抚育7.05万公顷次，全场活立木蓄积量167万立方米，森林覆盖率达92.1%；修建林业公路160多千米，林道1860千米，防火线（包括生物防火林带）344千米；森工生产为国家提供建设用材56万立方米；建设小水电站10座，装机容量达25 745千瓦，向国家输送电能累计145 065万千瓦时；在东莞、江门、韶关、惠州、广州等地建有工业厂房11 195平方米，商用、旅游业和民用建筑32 493平方米。划定生态公益林17 373公顷，其中国家级自然保护区15 443公顷，水源林1930公顷，使天井山林区生态环境得到了较好的保护，成为全省物种最丰富的地区之一。

◆ 林场仙溪电站

经过几代人的探索实践，天井山林场闯出了一条“以林蓄水、以水发电、以电养林、林电并举”的发展路子。

与时俱进 开拓创新 争当国有林场排头兵

——广东省龙眼洞林场

◆ 基地温室

广东省龙眼洞林场成立于1962年5月11日，地处广州市天河区，是广东省林业局直属的生态公益型林场，正处级事业单位。林场现有职工256人，设有办公室、人事科、计财科、生产科、项目办和森林公安派出所等6个管理部门，设有广东翠园物业管理有限公司、广东翠峰园林绿化有限公司（广东省林木种苗示范基地）和凤凰山宾馆等3个经济实体。全场经营总面积为1628.7公顷，其中生态公益林面积1267.9公顷，占林业用地的80%，森林覆盖率为95.1%，活立木总蓄积为147 196立方米。在生态公益林中，列入广州市帽峰山森林公园、龙眼洞森林公园、火炉山森林公园和凤凰山森林公园范围的林地有666.7公顷，占全场林业用地总面积的39%，被誉为广州市第二个"市肺"。

在广东省林业局的正确领导下，龙眼洞林场坚持以"三个代表"重要思想和科学发展观为指导，以发展为第一要务，历届领导班子与时俱进，开拓进取，全体职工无私奉献和忘我奋斗，在生态建设、林业科研和企业文化建设等方面取得了显著成绩，实现了由传统林业经营到现代林业跨越式的发展，走出了一条"山上以生态建设和种苗经营为主，山下以商旅服务和物业租赁为主"的经营路子，实现了经济的快速发展，资产总额达1.5亿元，其中固定资产总额1.1亿元。

如今，广东省龙眼洞林场正在以全新的姿态，逐步走向成熟、完善，不断发展和壮大。经济的发展推动了精神文明的进步，进步的精神文明建设又促进了林场经济的更快发展。林场坚持经济建设、精神文明建设共同发展、相互促进的理念，在各方面都取得了显著成绩，相继被评为广东省林业厅直属机关文明单位、广东省直属机关文明单位、广东省文明单位、广东省企业文化建设先进单位、广东省先进职工之家、全国模范职工之家、全国"五一"劳动奖状和全国林业系统先进集体等荣誉称号。

科学发展 创建全国一流林业调查规划院

——广东省林业调查规划院

广东省林业调查规划院（广东省森林资源与生态环境监测中心）成立于1952年，是广东省林业局直属的生态公益型事业单位。

◆ 外业调查

◆ 新院建成挂牌仪式

建院半个多世纪以来，广东省林业调查规划院秉承同心同德、艰苦奋斗的优良传统，以“踏遍青山人未老，南粤山川更美好”为己任，把握机遇，迎接挑战，开拓进取，由最初30人组成的林业调查大队发展壮大成为集森林资源监测、生态环境监测、调查规划与设计于一身的综合性生态公益型事业单位，在林业资源调查规划设计和咨询、风景园林和自然保护区规划设计、森林资源资产评估、森林生态环境监测、林业地理信息系统推广应用以及林业遥感卫星图像处理等方面积累了雄厚的技术力量和丰富的实践经验，在国民经济建设的各个历史时期为广东林业生态建设作出了重要的贡献。

该院现有职工169人，其中研究生以上学历占职工总数21.2%、大学本科学历占49.1%；现有专业技术人员137名，其中教授级高工12人，高工43人，高级职称人才占专业技术人员的42.0%，先后有5人享受国务院特殊津贴。该院拥有国家林业局颁发的甲A级林业调查规划设计资质；国家发改委颁发的林业、市政公用工程（风景园林）和公路专业甲级工程咨询资质，建筑专业乙级工程咨询资质，生态建设和环境工程专业丙级工程咨询资质；国家建设部颁发的农林行业甲级工程设计资质、公路行业乙级工程设计资质和建筑工程及相应的工程咨询乙级工程设计资质；广东省林学会颁发的甲级造林工程规划设计资质和乙级造林工程监理资质等。

近年来，广东省林业调查规划院承前启后，继往开来，在探索中前进，在创新中发展，紧紧围绕“科技兴院、人才强院、和谐立院”的建院方针，凭借日趋完善的“3S”应用技术、生态监测技术和规划设计技术，承担并出色完成了多个林业大中型项目，数十项成果荣获国家级、省部级科技进步、优秀设计、优秀咨询成果等奖项，其中荣获全国优秀工程设计银质奖1项、广东省科技进步三等奖3项、全国优秀林业工程咨询成果一等奖5项、国家林业局优秀工程设计一等奖2项、广东省农业技术推广二等奖3项等。

该院始终秉承“用户至上，质量第一，一份成果，一份信誉”的宗旨，以求实、求真、开拓、奉献的工作作风，深受国内外同行和用户的信赖和好评，2003年被广东省委、省政府授予广东省先进集体；2003年被人事部、国家林业局授予全国林业系统先进集体；2007年被广东省委、省政府授予文明单位称号；2008年被全国总工会授予全国模范职工之家称号；该院林俊钦同志荣获2008年度全国“五一”劳动奖章；资源分院被授予全国工人先锋号称号。

广东威华股份有限公司

股票简称：威华股份　　股票代码：002240

百年威华根植中国　打造绿色环保产品　共建健康幸福家园　畅享和谐未来

“威利邦”纤维板通过CARB认证

引领环保健康生活新时代

广东威华股份有限公司是于2001年12月22日经广东省人民政府（粤办函[2001]717号文）批准以整体变更方式设立的股份有限公司，是中国最早经国务院批准的林板一体化、配置8万公顷原料林的纤维板的上市企业，是中国乃至亚洲最大的纤维板制造企业，也是最先向全国纤维板生产企业发出“打造绿色环保产品，共建健康幸福家园”倡议的企业。

作为一家根植中国打造绿色环保产品的上市公司，威华一直以来坚持“以人为本，追求卓越，发展威华，造福社会”的企业宗旨，肩负促进社会和谐发展的使命和责任，自成立以来，秉承“打造绿色产品，共建健康幸福家园”的品质理念和“与自然和谐共生，和社会发展共荣”的经营理念，引领环保、健康的家居潮流。

威华经过学习、文件编写及生产工艺改善、设备更新，经美国加州空气资源局（CARB）认可的第三方公认机构SGS所属的CARB认证实验室专业和严格的审核，目前，公司30多种规格的中/高密度纤维板已通过了CARB认证。威华旗下八间生产企业所生产的产品甲醛释放量可根据客户需求稳定地控制在E2或E1级标准范围内，最低可达到3毫克/100克以下，低于欧洲E0级环保标准（6毫克/100克），是国家E2级标准的十分之一，能满足出口型家具企业、建筑装饰装修、各类地板、门板、车船制造、工艺制品、包装和电子产品等行业的需要。

CARB新规既是挑战，也是机遇，威华顺应行业发展趋势，狠抓品牌和质量，产品质量过硬，绿色环保，深受市场欢迎，在行业中取得了良好的口碑和声誉。2007年，公司被中国林业产业协会评为全国林业突出贡献奖•先进企业，并先后获得广东省林业龙头企业、广东省农业龙头企业、连续十一年守合同重信用企业和中国纤维板行业百强企业称号，并经广东省科技厅、省发改委、省经贸委联合评审、评定为广东省首家林业产业工程技术研发中心，经国家人力资源和社会保障部批准设立了博士后科研工作站。公司所生产的“威利邦”牌中/高密度纤维板系列产品连续多年被广东省质量技术监督局和广东省工商行政管理局授予“广东省名牌产品”和“广东省著名商标”称号。

威华主要产品是以三剩物、枝桠材和次小薪材等为原材料生产的中、高密度纤维板，属于国家产业政策重点鼓励、扶持发展的资源综合利用项目。公司主要从事人造板制造、销售以及速生丰产林种植、经营等业务，是国内位居前列的林板一体化企业，同时也是广东省最大的中高密度纤维板制造商。目前，公司中高密度纤维板年生产能力128万立方米尚有一条在建年产能为22万立方米的中/高密度纤维板进口生产线。该项目建成投产后，公司纤维板总生产能力将达到150万立方米，将成为国内乃至亚洲地区规模最大、综合竞争力最强的纤维板生产龙头企业。公司设备先进，自动化程度高，可生产厚度2.0~40毫米不同规格的中/高密度纤维板，是中纤板生产企业中产品规格最齐全的生产企业之一。

蓝天碧水树成荫　山川秀美绿意浓

——青海省大通县林业建设

60年风雨兼程，60年成就辉煌。解放初期，大通县森林覆盖率仅有0.22%，而现今大通县森林覆盖率达到了38.1%。大通县是三北防护林建设重点县和国家林业局确定的全国6个退耕还林（草）科技试验点之一，也是北林大科技支撑项目点。大通县先后被全国绿委、国家林业局评为绿化先进县、造林绿化百佳县、林政资源管理先进县、森林防火先进县等。2006年被全国绿委评为全国绿化模范县，2007年被中央文明办、国家林业局等4部委授予全国绿色小康县荣誉称号，2008年县林业局被全国绿化委员会等3部委评为三北防护林体系建设突出贡献单位，2009年大通县又被国家林业局评为林业科技示范县。

◆ 荣誉档案室

◆ 林业后续产业林下鸡养殖

◆ 城关苗圃沙棘雌株扦插育苗

◆ 巴彦腹地国家野生保护动物——岩羊(摄于2008年7月)

回眸大通林业走过的60年，大通人民不畏艰辛，发奋图强，使荒秃的高山，变得满目苍翠，实现了森林面积和森林蓄积量双增长，水土流失得到了根本治理，生态环境明显改善，成为全省林业建设的排头兵。进入21世纪，一个人与自然和谐发展的新大通正呈现在世人面前。

林业先锋 环保楷模

——全国绿化奖章获得者：湖北省鄂州市林业局副局长李振文

◆ 李振文同美国水生植物专家在梁子湖发现我国一级保护植物水蕨

鄂州市林业局副局长李振文高级工程师获得的全国绿化奖章获得者、湖北省十大环保杰出人物、湖北省造林绿化先进工作者、湖北省环境保护先进个人、湖北省野生动植物保护先进个人等46个荣誉奖项，记载着他自从20世纪80年代中期踏入林业行业来，热爱林业、潜心钻研、钟情环保的奋斗历程，也是他自身素质和林业科研取得丰硕成果的真实写照。

20多年来，他长期致力于林业建设、环境教育和自然生态环境保护。参与的多个国内外林业项目建设成果显著，湿地环保研究硕果累累。他争取实施的我国1998年洪灾唯一联合国粮农组织国际无偿援助项目，经过近3年建设成为湖北省执行国际项目的典范。他从1992年开始潜心研究湿地、野生动植物、鸟类保护以及外来物种入侵等工作，在湿地和野生动植物保护领域颇有建树：是湖北省知名度较高的湿地和野生动植物保护专业工作者，梁子湖湿地保护最著名的专家，也是湖北省主要的水鸟专家之一。多年来，他与SFA、FAO、WWF和湿地国际中国办事处以及中科院动物所、武汉植物所、华南濒危动物研究所和武大、华中师大等20多所国内外知名机构院所合作，取得丰硕成果：有10多个单项科研监测成果已被《湿地通讯》、《野生动物》、《林业资源管理》、《森林与人类》等专业刊物发表。有1项成果被中科院动物所应用并被中央电视台7套采访。有1项成果被省环境科学院应用，并被省环科院邀请合作完成《梁子湖水源环境污染治理规划》。建立《梁子湖群湿地鸟类名录》以及本地区兽类、蕨类和外来物种名录，填补了多项专业空白。发现白胸翡翠、红脚苦恶鸟、金斑鸻3种湖北省水鸟新记录。曾在中外专家参加的保护湿地，应对气候变化国际研讨会上作《梁子湖湿地外来物种入侵调查及防控》的学术报告。曾参与《湖北省鸟类监测手册》、《湖北湿地》、《湖北省野生鸟类疫源疫病监测》、《鄂州地理》等图书的编写工作并担任全省湿地专业培训的主讲教师。曾被国家林业局和世界自然基金会聘请为长江中下游冬季水鸟调查湖北地区专家，被省野生动物疫源疫病监测中心聘请为鸟类监测专家和沙洋县人民政府聘请为长湖湿地保护专家顾问。

◆ 李振文在湿地科学考察中

◆ 中美生态科学家考察梁子湖湿地自然保护区

勤于学习　勇于创新
为广东现代林业建设奉献青春

——全国“五一”劳动奖章获得者 广东省林业局计划财务处处长：杨胜强

杨胜强同志1987年1月从部队退伍到广东省连山林场工作，1995年9月任连山林场场长、党委书记，1997年12月任龙眼洞林场场长、党委书记，2007年10月任省林业局计划财务处处长。

◆ 2005年，杨胜强作为全国劳动模范被邀请参观北京航天中心

刚上任省龙眼洞林场场长、党委书记时，就碰到欠税、亏损、产业结构不合理和建设用地手续不完善等四个大难题。为了解决这些难题，他深入工区调查了解情况，虚心向干部职工和离退休老同志讨教治场方略。在知场情、解民意的基础上，对林场的发展作了认真的规划：一是从以木材生产为主转到以生态建设为主上来；二是着力调整经济结构，努力推进林场三大经济实体的发展；三是加快内部的机构、人事、分配制度改革，先后制定了一系列的规章制度，使管理工作逐步制度化、规范化，确立了盘活资产、搞活经济、提高效益的发展思路，较好地理顺了林场经济发展的运行机制，充分调动了职工的积极性，使林场步入良性循环的发展轨道。全场经济建设与生态环境建设齐头并进，第一和第三产业协调发展，经济效益一年上一个台阶：经营收入1998~2006年平均年增长率71.6%；实现利润1998~2006年平均每年比任职前一年增长5倍；人均利税1998~2006年平均每年比任职前一年增长90%；职工收入1998~2006年平均每年人均工资性收入比1997年增长99.2%。加强林场文娱体育设施建设，林场物质文明和精神文明获得了双丰收。林场相继获得了广东省文明单位、广东省企业文化建设先进单位、广东省先进职工之家、全国模范职工之家等荣誉称号。2004年，其本人被中华全国总工会授予全国“五一”劳动奖章的荣誉称号，其所在林场被授予全国“五一”劳动奖状和全国精神文明先进单位的荣誉称号。

◆ 杨胜强陪同省林业局领导检查红椎种子园

在任省林业局计划财务处处长期间，他加强政治理论和业务知识学习，较快熟悉业务工作；加强沟通协调，积极争取各方支持；强化内部管理和廉政建设，充分调动干部职工的积极性。仅1年多时间，带领计财处同志取得了优异成绩：一是资金筹措取得历史性突破。2008年中央和省财政投入林业资金比2007年增长50.71%。二是林业项目资金稽查和绩效评价工作取得新进展。积极调整稽查工作思路。三是做好各项规划工作，项目储备和管理进一步加强。

“绿满平远”领头人

——全国林业系统先进工作者 广东省平远县林业局长：谢传辉

◆ 平远县林业局局长　谢传辉

2003年2月，谢传辉调到县林业局工作以来，怀着对林业事业的满腔热情，团结带领全体干部职工开拓创新、勇于进取、真抓实干，为平远林业的发展作出了非凡的成绩。2004年7月被广东省人民政府授予广东省林业工作先进个人，2006年6月被国家林业局授予全国林业系统四五普法宣传教育先进个人，2007年12月被人事部、国家林业局授予全国林业系统先进工作者等荣誉称号。

抓造林绿化，积极创建林业生态县 以创建林业生态县为契机，狠抓造林绿化，积极开展“绿满平远”大行动，实施县城两万亩群山森林围城工程建设，扎实抓好低效林林分改造，切实加强森林资源的保护和管理，森林资源持续增长。2007年，经广东省创建林业生态县检查验收组验收，平远县被广东省人民政府授予林业生态县称号。

抓资源保护，巩固林业生态建设成果 始终把森林资源保护作为主要工作，常抓不懈。严格林地用途管制，依法打击各种破坏森林资源的不法行为，有效保护了森林资源，有力维护了林区秩序的稳定。

抓发展机遇，深化林业企业改革转制 审时度势、果断决策，以无畏的勇气和魄力，大刀阔斧地进行林业企业改革，采取整体拍卖、破产转制等办法，解除了多年积压的3000多万元债务，减缓了林业局的经济压力，促进了林业企业的健康发展。

抓特色产业，推动林业产业科学发展 积极引导农民发展林业产业，增加农民收入。坚持生态与经济的有机结合，突出抓好以发展油茶为龙头的特色产业，平远县被列入全国油茶丰产林标准化示范区。

抓抗洪抢险，保障群众生命财产安全 2009年6月22日，平远县遭遇三百年一遇的特大洪灾，他召集局机关干部职工，分头察看附近的灾情，参与抗洪抢险工作。在这场抗击洪魔的战斗中，谢传辉用党员干部对人民群众的赤子忠心托起了生命之舟，用实际行动谱写了一首抗洪救人的英雄壮歌，被中共平远县委、平远县人民政府授予抗洪救灾先进工作者称号。

◆ 2008年6月20日，谢传辉局长（左二）陪同省林业局张育文局长（左一）调研油茶生产

前进中的北京林业大学经济管理学院

◆ 建院50年合影

北京林业大学经济管理学院在长期建设中以人为本、与时俱进，已形成了鲜明的办学特色，经过几代林经人50年的不懈努力，学院一跃成为全校专业最多、学生人数最多的第一大院，学院拥有的林业经济管理学科在1993年国务院学位委员会和林业部学位委员会联合主持的同类学科评估中获综合评分第一名，1995年林业经济管理学科被确定为国家“211”工程建设重点学科，1999年培养出我国第一批林业经济管理博士生，在2001年教育部组织的全国重点学科评估中，位居全国林业经济管理学科第一名，2003年首批取得林业经济管理学科博士后流动站，2006年林业经济管理学科成为部级重点学科，2007年成为国家级重点培育学科。

学院拥有11个本科专业及专业方向，有工商管理第二学士学位授予权，拥有农林经济管理、应用经济学、工商管理、管理科学与工程四个一级学科硕士授予权和人口、资源与环境经济学、行政管理两个二级学科硕士授予权。目前林业经济管理、农业经济管理、会计学、金融学、行政管理、工商管理、国际贸易学、人口、资源与环境经济学、管理工程与科学、统计学10个硕士授权点在招，拥有农业推广农村与区域发展领域专业硕士学位授予权，拥有农林经济管理一级学科博士点授予权，拥有林业经济管理和农业经济管理2个二级博士学位

◆ 学科建设会

◆ 学科汇报

◆ 学术论坛

授权点和农林经济管理博士后流动站，初步形成了较完善的本科专业及研究生学科体系。

学院拥有一支实力雄厚的师资队伍，现有专任教师86人，其中教授20人（博导18人）、副教授33人；具有博士学位的教师52人，在读博士26人。导师队伍学历结构、年龄结构和职称结构合理。农林经济管理专业教学团队是北京市优秀教学团队，农林经济管理专业是北京市特色专业，更是国家级特色专业。

学院建有经济管理综合实验中心，设有10个教学及科研型实验室、6个研究平台、14个教学研究系统，2006年中心被北京市教委评为北京高等学校实验教学示范中心，2009年中心实验教学改革成果获北京市教学改革优秀成果二等奖。近5年来，学院获得国家自然科学基金、社会科学基金、国际合作等科研项目120余项，到账科研经费1100多万元，发表学术论文近700篇，出版学术专著及教材40余部，获省部级及以上科研奖励7项。此外，学院积极开展对外合作与交流，在人才培养与科学研究方面，与包括美国、加拿大、德国、韩国、新西兰等10余个国家的知名大学和重要国际组织建立了联系，聘请了近20位著名的国际专家为学院兼职教授。

面向未来，经济管理学院的发展目标是建设成规模适度，具有自身特色的国内外知名的教学研究型学院，成为国家培养高质量、高素质创新人才的重要基地。

◆ 毕业典礼

◆ 学生军训

◆ 林区实习

◆ 实习模拟

野生动物保护卫士的摇篮

——东北林业大学野生动物资源学院

◆ 中国工程院院士、野生动物资源学院名誉院长　马建章

野生动物资源学院始建于1959年，是我国创建最早的专门培养野生动物高级管理与研究人才的教学科研基地。设有野生动物与自然保护区管理、旅游管理(生态旅游)、动物医学、湿地科学、动物科学等5个本科专业，有8个硕士点学科和2个博士点学科，其中野生动植物保护与利用为国家级重点学科。

学院现有教职工91人，教师队伍中具有博士学位的人员27人，具有硕士学位的人员53人，教师队伍中另有在读博士研究生22人。教师队伍中有中国工程院院士1人，博士生导师10人，硕士生导师43人，国家级教学名师1人，全国优秀教师1人，省级教学名师2人。此外学院聘有国内外兼职教授20余名。

学院现有在校本科生844人，研究生170人，50年来已向国家输送了3200名本科毕业生，220多名硕士研究生，50多名博士研究生和16名博士后研究人员。另外学院举办各种类型培训班40多期，培训人员4000多名。学子遍及祖国各地，已成为我国野生动物行业中的骨干。曾有多个班级荣获国家、省、市级表彰，并产生一个全国先进标兵班集体，二个全国优秀团支部，学院积极开展第二课堂活动，设有大学生野生生物科学研究爱好者协会（含4个兴趣小组）、生态旅游协会和标本制作小组等多个学生科研社团。

学院科研成果显著，承担各类科研项目300多项，获国家级一等奖1项，二等奖5项，省部级一等奖12项，二等奖20项，三等奖26项，获得“分合式蜂箱”和“巢房巢脾”等10余项产品国家专利，出版各类型专著90部，发表论文3000余篇。

◆ 毛皮标本室

学院建有1万多平方米的教学科研大楼，设有国家林业局野生动物保护学重点开放实验室（实验中心）1个，分为野生动物宏观技术、野生动物微观技术、动物生理学、动物医学以及野生动物综合实验室等5个实验研究方向，有较完备的教学和科研实验设施；拥有5个野生动物标本室（馆），其中毛皮标本室汇集的毛皮种类居全国之首；设有大连森林动物园、扎龙国家级自然保护区、帽儿山国家森林公园、东北林业大学专家公寓等20多处教学实习基地。学院有中国野生动物保护与管理人才培训中心、国家生态旅游管理人才培训中心、国家林业局野生动植物检测中心和野生动物杂志社等多家挂靠机构，与美国、芬兰、俄罗斯、日本等20多个国家的50多个知名大学、研究单位和国际组织建立联系。

◆ 野生动物资源学院大楼

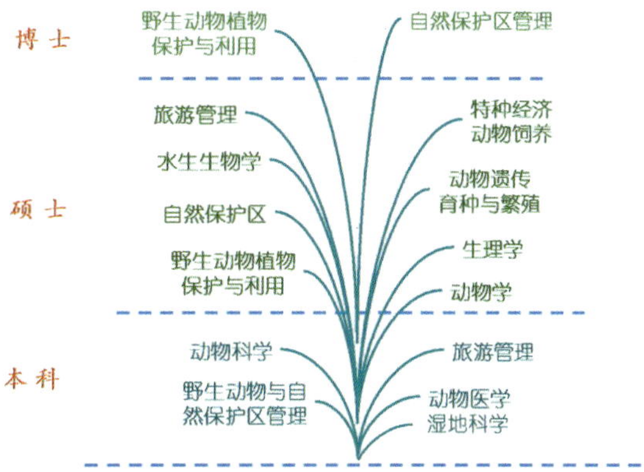

◆ 学科组成

◆ 本科生刘薇同学在2007劳动榜样总决赛中取得优异成绩

◆ 大学生创新性实验

◆ 动物标本室

在历史中成长，在创新中发展

——南京林业大学风景园林学院发展历程

南京林业大学风景园林学院的历史可追溯到中央大学（创建于1902年）的造园研究室和金陵大学（创建于1888年）的园艺系。创始人陈植先生（1899~1989）是我国杰出的造园学家和现代造园学的奠基人。1958年6月，南京林学院（现南京林业大学）林学系设置城市及居民区绿化专业。1980年成立园林教研组并恢复园林专业，面向全国招收本科生。在刘玉莲教授、张亚昭教授、徐大陆教授、郦湛若教授、刘旭云教授等老一辈园林教育工作者的辛勤努力下，1990年园林植物与观赏园艺学科获得硕士学位授予权，2001年该学科获博士学位授予权。1995年，设立风景园林规划设计硕士点。1999年4月，风景园林学院正式成立，这是我国南方地区第一所风景园林学院。

◆ 学院领导班子合影（从左到右分别为肖妍玎、王良桂、王浩、张青萍）

目前，南京林业大学风景园林学院拥有国家级园林实验教学示范中心一个，设有风景园林系、城市规划设计系、景观建筑学系等三系及园林植物研究所、风景园林规划设计研究所、生态建筑研究所、新农村建设研究所、城市规划与设计研究所等5所和继续教育部。现有教职工60余人，拥有一支由国务院特殊津专家、省级教学名师、333工程跨世纪学术带头人、青蓝工程学术带头人、青蓝工程学术骨干等组成的教学、科研队伍。专任教师中一半以上具有博士学位；学院现有本科生近800人，硕博研究生500余人。

◆ 国外专家及国内行业领导对学院学生作品——“造园师小花园设计与营造”作品进行评选

◆ “造园师小花园设计与营造”学生作品

学院拥有园林植物与观赏园艺博士点，城市规划与设计（含风景园林规划设计）、园林植物与观赏园艺2个硕士点，风景园林专业硕士学位授予权。其中城市规划与设计（含风景园林规划设计）为国家林业局重点学科，在2009年教育部全国建筑学一级学科评估中名列第十。学院现有园林、城市规划、景观建筑设计、景观工程四个本科专业和方向，风景园林规划设计教学团队国家级优秀教学团队，园林专业为国家级特色专业建设点，为江苏省特色专业。景观建筑设计专业为江苏省高校首设专业，景观工程专业方向为全国首设专业方向。学院在逐步发展过程中，形成了多规格、多层次（本科、硕士、博士）培养园林人才的教育基地和完善的高层次风景园林专业人才培养体系。主要培养从事风景园林规划设计、城市规划与设计、景观建筑设计、植物造景、植物装饰及施工管理、园林植物培育与管理等的高级工程技术人才。

◆ 学院积极承办各级学术会议。图为陈植造园思想研讨会暨江苏省园林规划设计理论与实践博士生论坛会场

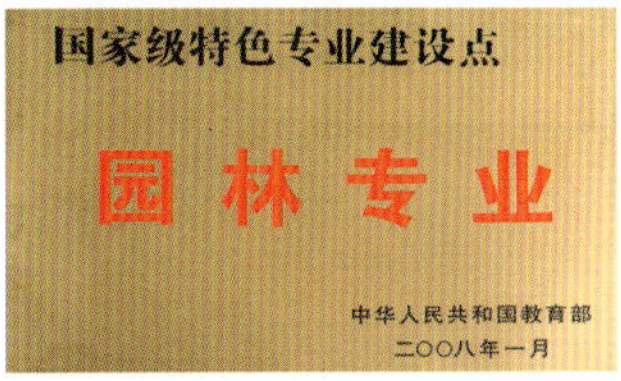

国家级特色专业

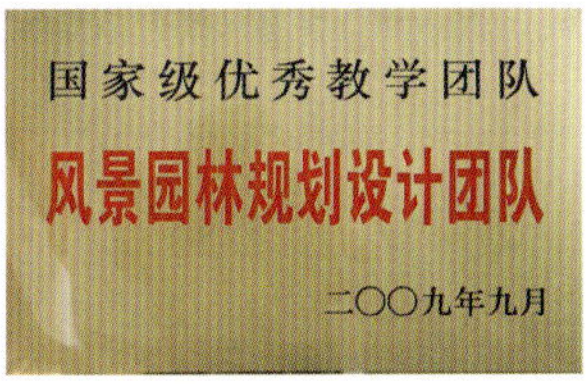

国家级优秀教学团队

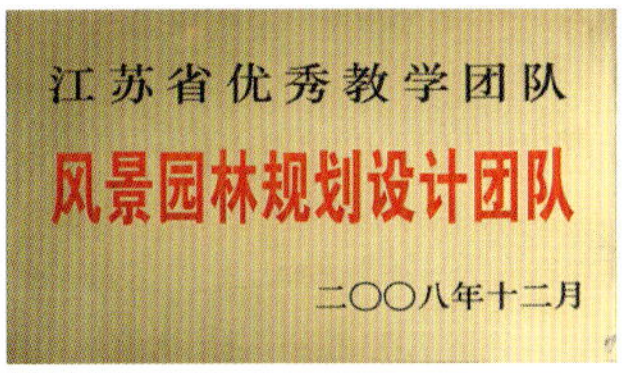

省级优秀教学团队

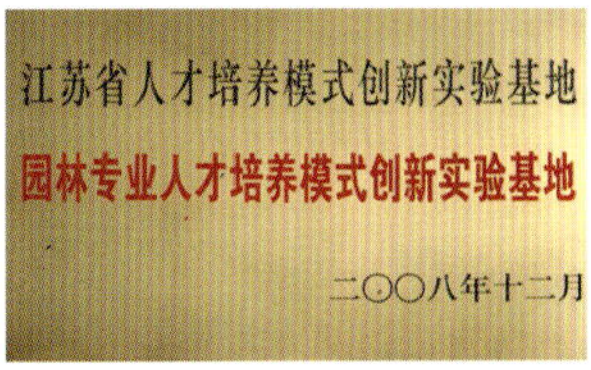

省级人才培养模式创新实验基地

◆ 学院积极开展国内外学术交流。图为学院学生收到国外合作大学录取通知书

◆ 学院广泛开展社会服务。图为学院为山东省临沂市琅琊古城商业街进行规划设计的平面图

栏 目

特辑 1
重要林业法律法规 56
中国林业概述 138
六大林业重点工程 144
森林培育与生态建设 157
林业产业 183
森林资源保护与林政管理 185
林业政策法规与体制改革 231
林业科学技术 234
林业信息化 256
林业教育与培训 266
林业对外开放 306
国有林场和林业工作站建设 317
林业计划统计 324
林业财务会计与资金稽查 393
林业精神文明建设 401
林业专论 417
各省、自治区、直辖市林业 425
林业人事劳动 606
局直属单位 615
林业社会团体 637
林业大事记与重要会议 655

编辑说明

一、《中国林业年鉴》是一部综合反映我国社会主义林业建设重要活动、发展水平、基本成就与经验教训的大型资料性工具书。每年出版一卷，反映上年度情况。2009年卷为第二十三卷，收录限2008年的资料，宣传彩页部分收录2009年资料。

二、年鉴的基本任务，是为我国林业战线和有关部门的各级生产和管理人员、科技工作者、林业院校师生和广大社会读者全面、系统地提供我国森林资源消长、森林培育、林政保护、林业产业、林业经济、科学技术、专业理论研究、院校教育以及体制改革等方面的年度信息和相关资料。

三、第二十三卷编纂内容设22个栏目。统计资料除另有说明外，均不含香港特别行政区、澳门特别行政区、台湾省数字。

四、年鉴编写实行条目化，条目标题力求简洁、规范。长条设黑体和楷体两级层次标题。全卷编排按内容分类。条头设【】。按分类栏目设书眉。

五、年鉴撰稿及资料收集由国家林业局机关各司(局)，各直属单位承担；其中“各省、自治区、直辖市林业”由各省(区、市)林业厅(局)承担。

六、释文中的计量单位执行GB3100～3102—1993《国际单位制（SI）及其应用》的规定。数字用法按GB／T15835—1995《出版物上数字用法的规定》执行。

七、条目、文章一律署名，文责自负。

八、2008年颁布的《中共中央国务院关于全面推进集体林权制度改革的意见》在本书简称为中央10号文件，本书有关部分林业单位、词汇全称简称及国际组织中英文对照请参见附录。

中国林业年鉴编辑部

容括3000余万字海量信息

纵览新中国 60年林业数据、资料

原文重现23册《中国林业年鉴》全文信息

现代林业建设案头必备工具

行政、管理、科研、教学参考首选

《中国林业信息全文数据库》集《中国林业年鉴》创办以来23卷原版扫描之大成，填补部分纸版年鉴售缺之憾。一张光盘在手，尽览中国林业60年壮阔史诗。

《中国林业信息全文数据库》是林业部门各级党政领导、专家学者和林业科技、教育和管理工作者指导林业工作实践的不可或缺的重要工具书与助手，是社会各界了解林业、理解林业和参与林业建设的重要窗口，是积累林业建设和发展的珍贵史料。凝聚着几代务林人的智慧与创造，凝聚着几代《中国林业年鉴》编委、特约编辑和责任编辑们辛勤耕耘的汗水与付出。

盛世兴林　　盛世修典　　精品大成

订购请联系如下地址

地　址：北京市西城区德胜门内大街刘海胡同7号 100009

联系人：中国林业年鉴编辑部　张衍辉

电　话：010-83282326　13901026751

目　录

特　辑

国家领导人重要讲话 …………………………………… **1**

回良玉在全国森林草原防火工作电视电话会议上的讲话 …………………………………… 1

回良玉在全国绿化委员会第二十六次全体(扩大)会议暨造林绿化表彰大会上的讲话 ………… 5

回良玉在全国油茶产业发展现场会上的讲话 ………… 7

回良玉在三北防护林体系建设30年总结表彰大会上的讲话 …………………………………… 10

阿不来提·阿不都热西提在第五届中国城市森林论坛开幕式上的讲话 ………………………… 12

罗富和在应对全球变化的林业科学研究国际研讨会暨中国林业科学研究院建院50周年庆祝大会上的讲话 …………………………………… 14

局领导重要讲话 ……………………………………… **16**

履行建设生态文明重大使命　推进现代林业又好又快发展——贾治邦在全国林业厅(局)长会议上的讲话 …………………………………… 16

贾治邦在全国森林草原防火工作电视电话会议上的讲话 …………………………………… 24

贾治邦在全国林业灾后恢复重建现场会上的讲话 …………………………………… 26

贾治邦在全国绿化委员会第二十六次全体(扩大)会议暨造林绿化表彰大会上的工作报告 …… 28

提高认识　挖掘潜力　全面开创平原林业建设新局面——贾治邦在全国平原林业建设现场会上的讲话 …………………………………… 30

深入学习贯彻中央《意见》精神　确保集体林权制度改革扎实推进——贾治邦在全国集体林权制度改革厅(局)长培训班上的讲话 ……… 35

贾治邦在全国林业厅(局)长电视电话会议上的讲话 …………………………………… 40

解决突出问题　把住关键环节　积极稳妥地推进油茶产业又好又快发展——贾治邦在全国油茶产业发展现场会上的讲话 ………… 42

充分发挥中国生态文化协会的功能和作用　为建设繁荣的生态文化体系作贡献——贾治邦在中国生态文化协会成立大会上的致词 …………………………………… 45

贾治邦在西北八省(区)集体林权制度改革座谈会上的讲话 …………………………………… 46

贾治邦在三北防护林体系建设30年总结表彰大会上的讲话 …………………………………… 51

重要林业法律法规

中共中央国务院关于全面推进集体林权制度改革的意见 …………………………………… 56

中华人民共和国国务院令　第541号 ………… 58

森林防火条例 …………………………………… 58

国务院办公厅关于调整国家森林防火指挥部成员的通知 …………………………………… 62

国务院办公厅关于调整全国绿化委员会组成人员的通知 …………………………………… 62

国家林业局关于印发《国家林业局工作规则补充规定》的通知 …………………………………… 63

附件　国家林业局工作规则补充规定 ………… 63

国家林业局关于切实加强林业行政案件管理工作的通知 …………………………………… 64

国家林业局关于做好受灾林木清理工作的紧急通知 …………………………………… 66

国家林业局关于做好灾害木竹材收购工作的紧急通知 …………………………………… 67

国家林业局关于做好灾区重建征占用林地服务工作的紧急通知 …………………………………… 67

国家林业局关于印发《雨雪冰冻灾害受害林木清理指南》的通知 …………………………………… 68

附件　雨雪冰冻灾害受害林木清理指南 ……… 68

国家林业局关于加强国有林场灾后恢复重建工作的通知 …………………………………… 70

国家林业局关于加强灾后重建造林使用种苗质量管理的通知 …………………………………… 72

国家林业局关于认真做好森林公安人员过渡等有关工作的通知 …………………………………… 73

国家林业局关于印发《京津风沙源治理工程区人工造林特大灾害损失面积核定办法(试行)》的通知 …………………………………… 74

附件　京津风沙源治理工程区人工造林特大灾害损失面积核定办法(试行) ……… 74

国家林业局关于印发《促进野生动植物资源和自然保护区生态系统灾后恢复的指导意见》

的通知 …………………………………………… 75
附件　促进野生动植物资源和自然保护区生态系统灾后恢复的指导意见 ………… 75
国家林业局关于印发《林业贷款财政贴息资金申报程序及管理规定》的通知 ………………… 77
附件　林业贷款财政贴息资金申报程序及管理规定 ………………………………… 78
国家林业局关于加强退耕还林工程灾后恢复重建及成果巩固工作的通知 ………………… 79
国家林业局关于加强灾后恢复重建中森林资源保护管理工作的通知 ………………… 80
国家林业局关于进一步加强科技救灾工作的通知 ……………………………………… 81
国家林业局关于做好天然林保护工程区灾后恢复重建工作的通知 …………………… 82
国家林业局关于印发《林木种子生产、经营档案管理办法》的通知 ………………… 83
附件　林木种子生产、经营档案管理办法 …… 84
国家林业局关于进一步加强政务公开政务信息电子政务督查督办工作的通知 ………… 85
国家林业局关于印发《国家林业局政府信息公开指南》及《国家林业局政府信息 2003 年至 2007 年面向社会公开目录》的通知 ………… 88
附件 1　国家林业局政府信息公开指南 ……… 89
国家林业局关于全力做好抗震救灾工作的紧急通知 ………………………………………… 90
国家林业局关于印发《林业专业技术人才知识更新科目指南》的通知 ………………… 90
国家林业局关于切实做好抗震救灾中采伐林木和使用林地事项的通知 ………………… 91
国家林业局关于开展野生动物肇事补偿试点工作的通知 ………………………………… 91
国家林业局关于规范申请增加“十一五”期间年度征占用林地定额有关事项的通知 ………… 92
国家林业局关于做好强降雨防灾减灾救灾工作的紧急通知 ……………………………… 93
国家林业局关于学习贯彻《中共中央国务院关于全面推进集体林权制度改革的意见》的通知 ………………………………………… 94
国家林业局关于采集（采伐）国家一级保护野生植物（树木）审批有关问题的通知 ………… 95
国家林业局关于规范林业系统自然保护区范围和功能区调整有关问题的通知 …………… 96
国家林业局关于做好集体林权制度改革培训工作的意见 ………………………………… 96
国家林业局关于加强森林凋落物及腐殖质开发利用管理的通知 ………………………… 98
国家林业局关于印发《林业救灾资金物资管理使用暂行办法》的通知 ………………… 98
附件　林业救灾资金物资管理使用暂行办法 … 98
国家林业局关于加强退耕还林工程灌木林培育和利用工作的通知 ……………………… 99
国家林业局关于加快油茶种苗发展和强化种苗质量管理的通知 ………………………… 100
国家林业局关于加强涉案林地林木保护管理工作的通知 ………………………………… 101
国家林业局、住房城乡建设部、国家发展改革委关于做好国有林区棚户区改造试点工作的紧急通知 ………………………………… 102
国家林业局关于印发《油茶种苗质量管理规定》的通知 ………………………………… 103
附件　油茶种苗质量管理规定 ……………… 104
国家林业局关于进一步加强象牙及其制品规范管理的通知 ……………………………… 104
国家林业局关于开展森林采伐管理改革试点工作的通知 ………………………………… 106
国家林业局办公室关于认真学习贯彻落实回良玉副总理重要批示和全国林业厅局长会议精神的通知 …………………………… 108
国家林业局办公室关于印发《国家林业局门户网站内容保障管理办法》的通知 ………… 108
附件　国家林业局门户网站内容保障管理办法 ………………………………………… 109
国家林业局办公室关于建立抗震救灾工作信息报送制度的紧急通知 …………………… 109
国家林业局办公室关于加强森林资源清查中林地变化情况调查的通知 ………………… 110
国家林业局办公室关于进一步做好机关节能减排工作的通知 …………………………… 111
国家林业局办公室关于统一送达行政许可决定文书的通知 ……………………………… 112
国家林业局办公室关于印发《国家林业局政府采购管理实施办法》的通知 …………… 112
附件　国家林业局政府采购管理实施办法 …… 112
国家林业局公告　2008 年第 1 号 ……………… 115
附件　林木良种名录 ……………………… 115
国家林业局公告　2008 年第 2 号 ……………… 121
国家林业局公告　2008 年第 3 号 ……………… 122
国家林业局公告　2008 年第 4 号 ……………… 122
国家林业局公告　2008 年第 5 号 ……………… 122
国家林业局公告　2008 年第 6 号 ……………… 123
国家林业局公告　2008 年第 7 号 ……………… 123
国家林业局公告　2008 年第 8 号 ……………… 123
国家林业局公告　2008 年第 9 号 ……………… 123
国家林业局公告　2008 年第 10 号 …………… 124
国家林业局公告　2008 年第 11 号 …………… 125
国家林业局公告　2008 年第 12 号 …………… 125
附件　林木良种名录 ……………………… 125

国家林业局公告 2008 年第 13 号 ………………… 131
国家林业局公告 2008 年第 14 号 ………………… 131
国家林业局公告 2008 年第 15 号 ………………… 132
国家林业局公告 2008 年第 16 号 ………………… 132
国家林业局公告 2008 年第 17 号 ………………… 133
国家林业局令 第 25 号 ……………………………… 133
林业行政许可听证办法……………………………… 134
林业有害生物警示通报 2008 第 1 号 …………… 135
林业有害生物警示通报 2008 第 2 号 …………… 135
林业有害生物警示通报 2008 第 3 号 …………… 136
林业有害生物警示通报 2008 第 4 号 …………… 137

中国林业概述

2008 年的中国林业 ………………………… 138

中国林业基本情况 …………………………… 140

六大林业重点工程

国家林业重点工程社会经济效益监测………………… 144

天然林资源保护工程 ………………………… 148
综 述……………………………………………… 148

退耕还林工程…………………………………… 149
综 述……………………………………………… 149
退耕还林工程阶段验收工作启动暨培训会议…… 151
退耕还林工程灾后重建工作座谈会……………… 151
国家林业局下发《关于加强退耕还林工程灾后恢复重建及成果巩固工作的通知》 ………… 151
退耕还林工程退耕地还林阶段验收办法………… 152
国家林业局下发《关于开展退耕还林工程退耕地还林阶段验收工作的通知》 ……………… 152
国家林业局下发《关于加强退耕还林工程灌木林培育和利用工作的通知》 ………………… 152

京津风沙源治理工程…………………………… 153
综 述……………………………………………… 153
京津风沙源治理工程 2008 年省部联席会暨现场会…………………………………………… 153

三北及长江流域等防护林体系建设工程 ……………………………………………………… 154
三北防护林体系建设突出贡献单位、贡献者…… 154
长江等重点防护林体系工程建设………………… 155

重点地区速生丰产用材林基地建设工程 ……………………………………………………… 156
综 述……………………………………………… 156
重点地区速生丰产用材林基地建设工程大径级材基地建设…………………………………… 156
重点地区速生丰产用材林基地建设工程信息工作……………………………………………… 156

森林培育与生态建设

林木种苗生产………………………………… 157
综 述……………………………………………… 157
国家种苗网站建设………………………………… 157
全国林木种苗信息交流座谈会…………………… 157
林木种苗工程项目初审立项……………………… 158
林木种苗工程项目建设投资与重点支持………… 158
林木种质资源库工程设计规范…………………… 158
国家油松、油桐、麻疯树、沙柳种质资源保存库项目建设………………………………… 158
全力做好南方冰雪灾害种苗基地恢复重建工作…………………………………………… 158
林木种苗工程项目建设与管理…………………… 158
行政许可事项与非行政许可审批事项清理与登记……………………………………………… 159
行政许可受理与送达工作………………………… 159
全国林木种苗站长座谈会………………………… 159
《林木育种技术培训教材》编制 ………………… 159
开展建立林木良种生产补贴制度调研…………… 160
林木种质资源保护………………………………… 160
林木品种审定……………………………………… 160
油茶种苗质量管理………………………………… 162
《油茶优良种质资源》出版 ……………………… 162
《林木种子生产、经营档案管理办法》颁布施行……………………………………………… 162
《油茶种苗质量管理规定》颁布施行 …………… 163
2008 年全国林木种苗质量检查 ………………… 163
林木种子生产经营档案建设试点工作…………… 163
国家林业局下发《关于加强灾后重建造林使用种苗质量管理的通知》 ……………………… 163
林木种苗行政执法与质量管理座谈会…………… 163
国家林业局发布 2008 年第 4 号、第 7 号、第 10 号、第 14 号公告 ……………………… 164
《林木种苗质量检验技术》出版 ………………… 164
《林木种子采集、加工和贮藏技术》出版 ……… 164
林木种苗进口和林木种质资源行政许可………… 164

森林培育 ……………………………………… 164
综 述……………………………………………… 164

重点生态公益林中幼龄林抚育示范项目………… 168
林业生物质能源…………………………………… 168
林业碳汇…………………………………………… 169

森林公园建设……………………………………… 170
综　述……………………………………………… 170
国家级森林公园行政许可………………………… 171
全国森林公园工作座谈会………………………… 173
首届全国森林公园科学发展论坛………………… 173
全国生态文化教育示范基地建设………………… 173

防沙治沙 ………………………………………… 174
综　述……………………………………………… 174
石漠化综合治理…………………………………… 174
沙尘天气发生情况………………………………… 175
沙尘暴应急处置…………………………………… 175
防沙治沙示范区建设暨沙区林改工作座谈会…… 175

全民义务植树和全国城乡绿化 ………………… 176
综　述……………………………………………… 176
将军参加义务植树………………………………… 177
共和国部长参加义务植树………………………… 177
全国绿化模范单位和全国绿化奖章获得者……… 178

林业产业

现代林业产业宏观调控体系建设调研…………… 183
促进林业产业发展巩固集体林权制度改革成果调研……………………………………………… 183
木材安全保障战略研究…………………………… 183
国家级木材贸易加工示范区建立………………… 183
2008 中国林产品交易会 ………………………… 183
第四届中国(牡丹江)木业博览会 ……………… 183
第四届海峡两岸(三明)林业博览会 …………… 183
全国林业产业基础数据库………………………… 183
林业安全生产……………………………………… 184

森林资源保护与林政管理

森林资源保护

林业有害生物防治 ……………………………… 185
综　述……………………………………………… 185

自然保护区建设 ………………………………… 186
综　述……………………………………………… 186
大熊猫保护………………………………………… 187
德保苏铁回归自然试验项目……………………… 188

野生动植物保护与繁育 ………………………… 189
野生动物保护与繁育……………………………… 189

濒危野生动植物进出口管理和履约工作……………………………………………………… 191
综　述……………………………………………… 191
中国取得“象牙贸易伙伴国”地位 ……………… 191
粤港澳间个人携带人工栽培兰花实施标签管理制度……………………………………………… 192
濒危野生动植物种国际贸易公约常委会第五十七次会议……………………………………… 192

森林防火

森林防火综述……………………………………… 192

森林火灾 ………………………………………… 193
全国森林火灾情况………………………………… 193
湖北省通山县“2·29”森林火灾 ………………… 195
福建省宁化县“3·2”森林火灾 ………………… 195
西藏林芝“3·3”森林火灾 ……………………… 195
内蒙古大兴安岭“4·20”森林火灾 ……………… 195

森林防火重要会议及活动 ……………………… 195
全国森林防火工作电视电话会议………………… 195
北方省(区)春季森林防火关键期紧急电视电话会议………………………………………… 196
全国秋冬季森林防火工作会议…………………… 196
加强国庆期间森林防火和林区安全工作电视电话会议……………………………………… 196
贾治邦赴黑龙江、内蒙古检查森林防火工作…… 197
“对话指挥长”大型征文 ………………………… 197
“与防火虎‘威威’同行”大型征文 ……………… 197
组织开展“森林防火宣传周”活动 ……………… 198

森林消防体系建设 ……………………………… 198
森林消防组织机构及扑火队伍建设……………… 198
国务院修订并颁布实施《森林防火条例》 ……… 198
恢复重建灾后森林防火基础设施………………… 198
重新区划全国森林火险等级……………………… 199
森林防火专家组工作……………………………… 199
森林防火教育培训工作…………………………… 199
森林火险预测预报工作…………………………… 199
卫星林火监测工作………………………………… 199

森林航空消防……………………………………… 199
推进森林航空消防能力建设……………………… 199
东北森林航空消防………………………………… 200
西南森林航空消防………………………………… 200

武警森林部队 …… 200
概　况 …… 200
指挥部领导和指挥部各部门领导 …… 200
综　述 …… 201
增编组建工作会议 …… 202
森林指挥部一届十次党委扩大会议 …… 202
完成赴晋执勤任务 …… 202
森林部队后勤工作会议 …… 202
完成珲春中俄边境灭火作战 …… 202
森林指挥部为黄国才等人记一等功 …… 202
完成广坪地区朝方过境火灭火作战 …… 203
参加抗震救灾 …… 203
国家林业局局长贾治邦考察内蒙古森林总队 …… 203
授予李彬烈士献身绿色事业的忠诚卫士荣誉称号 …… 203
扑救喀纳斯风景区禾木哈纳斯乡禾木村美丽峰火灾 …… 203
森林指挥部机动支队成立大会 …… 203
甘肃省森林总队成立大会 …… 204
福建省森林总队成立大会 …… 204
首届国防生毕业典礼 …… 204
奥运圣火传递 …… 204
森林指挥部党委一届十一次全体会议 …… 204
扑救黑龙江省森林火灾 …… 204
森林部队驻藏区部队工作会议 …… 204
全国森林消防学术研讨会 …… 204
森林部队经常性思想工作座谈会 …… 204
授予全国抗震救灾英雄集体和模范荣誉称号 …… 205
为高原部队配发新型节能触摸式燃油灶 …… 205
《绿色卫士》电视剧在京启动开机仪式 …… 205

森林公安

森林公安综述 …… 205

森林公安重要活动 …… 206
贾治邦慰问森林公安奥运安保参战民警 …… 206
组织森林公安民警抗击雨雪冰冻和地震灾害 …… 206
林区奥运安保工作 …… 206
森林公安执法体制调研 …… 206
加强森林公安队伍和枪支管理紧急电视电话会议 …… 207
南京森林公安高等专科学校毕业生就业工作座谈会 …… 207
全国森林公安机关进一步加强枪支和队伍管理紧急电视电话会议 …… 207
森林公安派出所等级评定暨法制工作会议 …… 207
全国森林公安和森林防火信息安全培训班 …… 207
森林公安警车管理和使用治理整顿 …… 207
公务用枪管理和使用专项检查 …… 207
森林公安公务用枪治理整顿 …… 208

森林公安队伍建设 …… 208
落实森林公安编制经费 …… 208
森林公安机构及人员 …… 208
森林公安领导干部管理 …… 208
森林公安警衔评授 …… 208
森林公安教育训练 …… 208
森林公安立功创模 …… 208
森林公安优抚工作 …… 209
森林公安警务督察 …… 209
森林公安信访工作 …… 209

森林公安执法办案 …… 210
综　述 …… 210
森林公安大要案件督办 …… 210
“飞鹰行动” …… 210
“候鸟三号”行动 …… 210
林区禁毒专项行动 …… 210

森林公安警务保障 …… 211
森林公安“三基”工程建设提升年 …… 211
森林公安重点治安区设备购置项目完成建设 …… 211
《全国森林公安单警装备配备实施方案》编制 …… 211
森林公安派出所等级评定 …… 211

森林资源与林政管理

森林资源与林政管理综述 …… 211
雨雪冰冻灾害恢复重建和抗震救灾工作 …… 213

林地林权管理 …… 214
综　述 …… 214
全国首次征占用林地定额管理工作会议 …… 214
规范申请增加“十一五”期间年度征占用林地定额 …… 214
国家林业局审核审批占用征用林地情况 …… 215
各省(区、市)审核审批占用征用林地情况 …… 216
伊春国有林权制度改革实施情况 …… 217

森林采伐、运输与加工利用管理 …… 217
综　述 …… 217
森林采伐限额与木材生产计划结转 …… 218
雨雪冰冻灾害林木清理 …… 218
启动森林采伐管理改革试点 …… 218
国家级森林可持续经营试验示范点试点建设培训交流会 …… 218
东北、内蒙古重点国有林区“两项检查” …… 218
联合国粮农组织国际合作项目 …… 219

森林资源监测 …… 219
全国森林资源清查 …… 219
组织开展雨雪冰冻和地震灾害森林资源损失调查评估 …… 220
全国矿区植被保护与生态恢复工程规划 …… 221
2010年全球森林资源评估工作 …… 222
全国森林资源信息化建设 …… 223
西藏自治区生态公益林初步认定 …… 223
重点公益林管理信息系统(二期)项目 …… 223
全国林业数表专家研讨会 …… 224
森林资源规划设计调查基本情况年报制度 …… 224

林政执法 …… 225
2008年度全国林业行政案件 …… 225
受理举报林政案件及办理情况 …… 226
重大林政案件受理和督办 …… 226

森林资源监督 …… 226
综　述 …… 226
抗击雨雪冰冻灾害森林资源监督 …… 227
“三总量”执行情况检查 …… 227
森林资源监督报告 …… 228
建立办、省森林资源监督工作联系机制 …… 229
探索建立森林资源保护和发展目标责任制考核机制 …… 229

林业政策法规与体制改革

林业政策 …… 231
林业立法 …… 231
林业执法监督 …… 232
林业行政许可 …… 232
林业普法 …… 233

林业科学技术

林业科技管理 …… 234
综　述 …… 234
科技活动周 …… 234
生态科普公交车宣传月活动 …… 234

林业科学研究 …… 234
国家科技支撑计划项目 …… 234
国家重大基础研究计划(“973”计划) …… 234
林业公益性行业科研专项 …… 234
科技基础性工作专项重大项目 …… 235
引进国际先进林业科学技术计划项目(“948”项目) …… 235
国家林业局重点科研计划项目 …… 239
林业科技发展规划 …… 240
国家重大科技专项林业项目 …… 241
国家林业局陆地生态系统定位研究 …… 241
中国－GEF干旱生态系统土地退化伙伴关系项目 …… 241

林业科技成果 …… 241
成果统计与奖励 …… 241

林业科技推广 …… 242
林业新品种新技术推广 …… 242
生物质化学利用国家工程实验室 …… 243
卫星应用高技术产业化项目 …… 243
农业科技成果转化 …… 243
科技服务集体林权制度改革 …… 244
林业科技救灾 …… 244
油茶产业科技发展 …… 244
林业生物产业 …… 244
科技防控美国白蛾 …… 244
林业科技推广站建设 …… 244

林业标准化 …… 245
2008年发布的林业国家标准和行业标准 …… 245
2008年林业标准计划项目 …… 249
全国林业专业标准化技术委员会 …… 252
国家林业局产品质量检验检测机构 …… 252
国际标准制定修订项目 …… 253
林业标准培训 …… 253
林业质检机构培训 …… 253
《2008～2010年资源节约与综合利用标准发展规划》 …… 253

林业植物新品种保护 …… 253
综　述 …… 253

林业基因安全管理 …… 254
综　述 …… 254

森林认证 …… 254
综　述 …… 254

引进国外智力工作 …… 255
综　述 …… 255

林业信息化建设

综　述 …… 256

林业信息化组织机构…………………………………… 259
全国林业信息数据标准化技术委员会……………… 259
全国林业信息化建设纲要…………………………… 259
全国林业信息化建设技术指南……………………… 260
林业信息化标识……………………………………… 260
全国林业信息化建设成果展览……………………… 260
林业政府信息公开…………………………………… 261
《中国林业电子政务》出版 ………………………… 262
表彰先进……………………………………………… 262
首届全国林业信息化工作会议……………………… 262
林业信息化大事记…………………………………… 263

林业教育与培训

林业教育培训…………………………………… 266
改革开放30年林业教育培训成绩斐然 …………… 266
第二届林科类优秀教材评奖………………………… 266
林业重点学科建设…………………………………… 268
《中国林业职业教育概览(2001~2006)》出版…………………………………………… 268
9个林业项目获得2008年度留学人员科技活动项目择优资助经费………………………… 268
3个林业发展实例入选学习实践科学发展观活动参阅材料………………………………… 269
林业专业技术人才知识更新工程…………………… 269
农村党员干部现代远程教育………………………… 269
林业干部教育培训规范化信息化建设……………… 269
林业领导干部能力建设……………………………… 269

北京林业大学…………………………………… 269
概　况………………………………………………… 269
张德强获北京市青年岗位能手称号………………… 270
贺庆棠新著问世……………………………………… 270
专家赴雪灾区会诊受灾林业并提出灾后重建建议……………………………………………… 270
2008年本科招生新增两个专业 …………………… 271
冯仲科入选新世纪百千万人才国家级人选………… 271
中国林业行业新分类大纲发布……………………… 271
首届非物质木文化研讨会在北林大召开…………… 271
全国青少年生态环保社团骨干培训………………… 271
森林资源可持续经营管理官员研修班……………… 271
两学科通过北京市验收……………………………… 271
新增5个北京市重点学科…………………………… 272
获北京研究生培养工作优秀单位奖………………… 272
获国家生态文明教育基地称号……………………… 272
与浙江省长兴县签署人才共建协议………………… 272
中国生态文明建设论坛在北林大举办……………… 272
北林大康洁教学科研实习基地揭牌………………… 272
中美草坪专业五校联合办学首届学生毕业………… 272
汪振儒先生逝世……………………………………… 272
12名教师荣获第二届梁希青年论文奖 …………… 273
与日本东京农工大学签署校际协议………………… 273
协办第二十三届国际杨树大会……………………… 273
国家花卉工程技术研究中心通过验收评估………… 273
新增一国家级工程实验室…………………………… 273
全国青少年绿色长征总结表彰会在北林大举行……………………………………………… 273
一教师获青年翻译大赛一等奖……………………… 273
两教授获三北防护林体系建设突出贡献者称号……………………………………………… 274
林业教育国际研讨会暨中国林业教育论坛在北林大举办…………………………………… 274
优势学科创新平台获准立项建设…………………… 274
多项学生比赛获奖…………………………………… 274

东北林业大学…………………………………… 274
概　况………………………………………………… 274
教育部部长周济考察东北林大……………………… 275
黑龙江省省长栗战书、副省长孙尧考察东北林大……………………………………………… 275
赵雨森当选为全国政协常委………………………… 275
首次全员岗位聘用完成……………………………… 275
英语专业本科教学工作评估获优秀………………… 275
马建章获国家级教学名师奖………………………… 275
“毛皮学”课程被评为国家精品课程 ……………… 275
两个专业被评为国家级特色专业…………………… 275
王玉成博士论文入选全国优秀博士论文…………… 275
“木材生产与管理”课程获国家级双语教学示范课程………………………………………… 275
“野生动物与自然保护区管理”专业教学团队获国家级教学团队称号……………………… 275
新增两个本科专业…………………………………… 275
成功申请20项国家级大学生创新实验计划项目……………………………………………… 275
林学实验教学示范中心成为国家级教学示范中心…………………………………………… 276
主办第八届中国林业青年学术年会………………… 276
承担“973”项目课题 ……………………………… 276
申报国家首批技术创新方法科技基础专项计划获成功……………………………………… 276
组织召开4个大型国际会议………………………… 276
第二十次学生代表大会、第九次研究生代表大会召开……………………………………… 276
东北林大校友会成立………………………………… 276
在ACM/ICPC国际大学生程序设计竞赛中获奖……………………………………………… 276
科研获奖……………………………………………… 276
教材建设……………………………………………… 276

人才培养……277
学团工作……277
获中国高校优秀科技期刊奖……277
工程监理……277

南京林业大学……277
概　况……277
全国政协委员视察团视察南林大……277
贾治邦局长考察南林大……277
积极开展科技救灾工作……277
主办制浆造纸与生物技术国际会议……278
国内首家家具学院成立……278
郑万钧塑像揭幕……278
南林大教育发展基金会揭牌……278
为北京奥运作贡献……278
生物多样性保护规划在南京展示……278
一科研项目荣获国家科技进步二等奖……278
一发明专利获第五届江苏省专利金奖……279
勇强教授获第十届青年科技奖……279
与浙江省丽水市签署校市科技合作协议……279
三项目列入江苏省科技厅建设计划……279
与大兴安岭林业集团公司签署合作协议……279
全国家具与室内装饰研究会成立……279
《中国桂花品种图志》出版……279
百名村支书走进南林大……279

南京森林公安高等专科学校……280
概　况……280
教学与教研工作……280
师资队伍建设……281
培训工作……281
科研工作……281
学生管理工作……281
招生与毕业生就业工作……282
人事改革、岗位设置工作……282

林业教育信息统计……282

林业对外开放

综　述……306

林业重要外事活动……306
贾治邦局长出访印度尼西亚……306
贾治邦局长出访日本……306
李育材副局长出访美国……306
杨继平同志出访芬兰……306
雷加富副局长出访缅甸……306
祝列克副局长出访美国……307
俄罗斯林务局副局长访华……307
德国林业局长访华……307

林业对外科技交流与合作……307
中美签署政府间打击非法采伐和相关贸易谅解备忘录……307
中蒙签署部门间合作谅解备忘录……307
中阿(阿根廷)签署部门间合作谅解备忘录……307
中韩签署赠送朱鹮协议……307
中朝签署部门间合作协议……307
中美林业合作联合工作组第四次会议……307

林业经济技术交流与合作……307
中德财政造林合作项目整合为中国南方森林可持续经营框架项目及中国北方荒漠化防治框架项目……307
中韩合作内蒙古巴彦淖尔市乌兰布和沙漠治理工程项目……308
中日林业生态培训中心项目第四次联合委员会会议……308
中日专项技术合作林木育种科学技术中心项目第七届联合委员会会议……308
森林执法和行政管理以及绿色采购政策项目……308
中德技术合作中国森林可持续经营政策与模式项目……308
中澳技术合作中国土地利用政策效率研究项目……308
中德财政合作京北风沙危害区植被恢复与水源保护林可持续经营项目……309
中德财政合作贵州省集体林区森林经营项目……309
中德财政合作江西造林项目……309

林业多边国际交流与合作……309
防治荒漠化国际会议……309
参加联合国可持续发展委员会第十六次会议……309
参加湿地公约第三十六次和三十七次常委会……309
参加联合国防治荒漠化公约高官会议……310
加入迁徙水鸟路线保护区域伙伴关系……310
参加刚果盆地森林伙伴关系会议……310
大森林论坛第三次会议……310
第二十二届亚太林业委员会会议暨第一届亚太林业周活动……310
国际热带木材组织第四十四届理事会会议……310
森林景观恢复及其与气候变化的关系研讨会……311

亚太森林恢复与可持续管理网络……311

综　述……………………………………………… 311

林业民间国际合作与交流 ……………………… 312
综　述……………………………………………… 312
与小渊基金合作…………………………………… 312
与瑞典斯凯孚集团合作…………………………… 313
在华非政府国际组织参与对南方冰冻及四川地震灾区援助………………………………… 313
参加世界自然保护联盟（IUCN）第四届世界自然保护大会………………………………… 313
国家林业局与世界自然基金会合作年会………… 313
国家林业局与湿地国际 2008 年合作项目年会………………………………………… 313
国家级自然保护区高级管理人员赴美国培训班…………………………………………… 314
国家林业局与大自然保护协会合作年会………… 314
“自然中国和谐家园”摄影大赛 ………………… 314

林业世界银行贷款项目 ………………………… 314
林业持续发展项目………………………………… 314
林业持续发展项目物资设备采购与管理………… 314
林业持续发展项目考察培训……………………… 315
林业持续发展项目人工林营造部分资金使用与管理……………………………………… 315
国家造林项目还贷………………………………… 315
世行贷款林业项目债务减免……………………… 315
世行贷款林业综合发展项目准备工作…………… 316
亚行贷款西北三省（区）林业生态发展项目准备工作……………………………………… 316
欧洲投资银行贷款生物质能源项目……………… 316

国有林场和林业工作站建设

国有林场建设……………………………………… 317
综　述……………………………………………… 317
国有林场改革……………………………………… 318
全国国有林场森林经营研讨会…………………… 319

林业工作站建设 ………………………………… 319
综　述……………………………………………… 319
全国林业站本底调查……………………………… 321
全国林业站培训教育工作………………………… 322
全国林业站行风建设……………………………… 322

林业计划统计

林业计划 ………………………………………… 324
综　述……………………………………………… 324
全国林业经济运行状况…………………………… 325
林业利用外资和对外开放………………………… 330
林业规划编制情况………………………………… 330
2008 年振兴东北老工业基地中的林业建设情况………………………………………… 331
建设项目批复情况………………………………… 333
出台《防护林造林工程投资估算指标（试行）》 … 347
林业棚户区改造…………………………………… 347
油茶产业工作……………………………………… 348
农业综合开发工作………………………………… 348
林业扶贫培训班…………………………………… 349

生态与林业产业统计 …………………………… 349
全部林业产业产值………………………………… 349
全国营林生产主要指标 2008 年与 2007 年比较…………………………………………… 350
全国历年造林面积………………………………… 351
全国历年新封山育林和迹地更新面积…………… 352
各地区按造林方式和按林种用途分的造林面积…………………………………………… 353
各地区营林生产主要指标完成情况……………… 354
林业重点工程建设情况…………………………… 356
各地区林业重点工程造林面积…………………… 358
天然林资源保护工程建设情况…………………… 359
退耕还林工程建设情况…………………………… 360
京津风沙源治理工程建设情况…………………… 361
三北及长江流域等重点防护林体系工程建设情况………………………………………… 362
林业系统野生动植物保护及自然保护区工程建设情况………………………………… 363
重点地区速生丰产用材林基地工程建设情况…… 363
全国主要工业产品产量 2008 年与 2007 年比较…………………………………………… 364
各地区主要工业产品产量………………………… 365
主要木材、竹材产品产量………………………… 366
主要工业产品产量………………………………… 367
主要经济林产品、花卉生产情况………………… 368

劳动工资统计……………………………………… 369
林业系统国有单位从业人员和劳动报酬主要指标 2008 年与 2007 年比较 ………………… 369
林业系统各地区按行业分企、事业及机关单位个数………………………………………… 370
林业系统各地区按行业分在岗职工人数………… 376
林业系统各地区按行业分在岗职工年平均工资………………………………………… 382
林业系统按行业分职工伤亡事故情况…………… 388

固定资产投资统计 ……………………………… 388

林业系统固定资产投资 2008 年主要指标与 2007 年比较 …… 388
各地区林业固定资产投资完成情况 …… 390
林业系统各地区按事业分的营林基本建设投资完成额 …… 391

林业财务会计与资金稽查

林业财务会计 …… 393
国务院常务会议审议通过灾后林业生态恢复重建政策措施 …… 393
切实加强监管，为扩大内需政策贯彻落实提供保障 …… 393
国家林业局部门预算改革 …… 394
全国林业行业财政资金收支状况 …… 395
天保工程财政资金收支状况 …… 395
全国育林基金收支状况 …… 396
全国国有森工企业财务状况 …… 396
全国国有林场财务状况 …… 397
全国国有苗圃财务状况 …… 398

林业贴息贷款项目管理 …… 398
综　述 …… 398

林业资金稽查 …… 400
综　述 …… 400
经常性稽查工作 …… 400
加强与外部门业务联系和工作配合 …… 400

林业审计 …… 400
综　述 …… 400

林业精神文明建设

林业纪检监察 …… 401
综　述 …… 401
全国林业系统党风廉政建设工作会议 …… 403

直属机关党的建设和机关建设 …… 403
综　述 …… 403
国家林业局直属机关党的建设和机关建设工作会议 …… 406
国家林业局直属机关廉洁从政警示教育活动动员部署会议 …… 406
“讲党性、重品行、作表率”党课教育报告会 …… 406
国家林业局深入学习实践科学发展观活动动员部署大会 …… 406
国家林业局直属机关领导干部深入学习实践科学发展观理论研修班 …… 406
国家林业局直属机关学习实践科学发展观活动学习交流会 …… 407
国家林业局深入学习实践科学发展观活动学习调研阶段总结暨分析检查阶段动员部署大会 …… 407

林业宣传 …… 407
综　述 …… 407
林业与建设生态文明宣传 …… 409
集体林权制度改革宣传 …… 409
湿地日、植树节和造林绿化宣传 …… 409
防治荒漠化国际会议与防沙治沙宣传 …… 410
林业灾情及灾后重建的宣传 …… 410
绿色奥运宣传 …… 410
油茶发展宣传 …… 410
中国生态文明建设高层论坛 …… 410
第五届中国城市森林论坛 …… 411
加强局属报刊新闻出版管理 …… 411
《中国林业志》编纂工作 …… 411

林业报刊 …… 411
中国绿色时报社 …… 411

林业出版 …… 412
中国林业出版社 …… 412
国家级自然保护区工作手册 …… 414
三北防护林体系建设 30 年发展报告(1978 ~ 2008) …… 414
中国现代林业(第 2 版) …… 414
2008 中国林业发展报告 …… 414
中国核桃产业发展报告(1949 ~ 2007)(中国经济林产业发展报告系列丛书) …… 414
中国枣业发展报告(1949 ~ 2007)(中国经济林产业发展报告系列丛书) …… 414
中国林业统计年鉴(2007) …… 414
林权争议调处法律法规文件汇编 …… 414
中国观赏蝴蝶 …… 414
中国草书盆景 …… 414
林用药剂药械使用技术手册 …… 414
林木种子采集加工和贮藏技术(林木种苗行政执法系列丛书) …… 414
林木种苗质量检验技术(林木种苗行政执法系列丛书) …… 415
油茶优良种质资源(中国林木种质资源丛书) …… 415
沙尘暴监测技术 …… 415
中国现代红木家具(第 2 版) …… 415

2007 国家林业重点工程社会经济效益监测报告……415
中国湿地水鸟（神奇多彩的中国湿地）……415
中国的国际重要湿地（神奇多彩的中国湿地）……415
中国湿地概览（神奇多彩的中国湿地）……415
中国高原湿地（神奇多彩的中国湿地）……415
中国滨海湿地（神奇多彩的中国湿地）……415
生态建设与改革发展：2007 年林业重大问题调查研究报告……415
东南亚热带木材（第 2 版）……416
非洲热带木材（第 2 版）……416
拉丁美洲热带木材（第 2 版）……416
中国蝽目昆虫……416

林 业 专 论

积极发挥森林在应对气候变化中的重大作用……417
加强防沙治沙　建设生态文明……418
发展现代林业　建设生态文明——中国改革开放 30 年林业建设的回顾与展望……420

各省、自治区、直辖市林业

北京市林业……425
概　述……425
服务奥运　提高绿化环境保障能力……425
森林资源安全保障……426
绿色产业……426
园林绿化综合管理……426
全民义务植树……427
林业大事……427

天津市林业……430
概　述……430
绿色天津规划启动……430
林业重点工程建设……431
林业有害生物防治工作……431

河北省林业……431
概　述……431
省政府认定 61 家涉林企业为农业产业化经营重点龙头企业……433
省林业局挂牌督办 10 起破坏森林资源案件……434
设区市城乡绿化检查……434
“碧水蓝天迎奥运——第六届网上河北行”网络宣传活动……434
省林业局全力做好奥运期间果品质量安全保障工作……434
河北省退耕还林工程通过国家林业局阶段验收……434
第十二届中国（廊坊）农产品交易会……434
开展保护野生动物宣传月活动……435
省政府办公厅印发河北省重大沙尘暴灾害应急预案……435
“塞罕坝杯”河北绿化十大新闻人物评选……435
全省平原林业暨沿海防护林工程建设启动会议……435
确保奥运会期间森林防火安全……435
塞罕坝教育基地展览馆开馆……435
京津冀美国白蛾联防会召开……436
省林业局开展“情系灾区奉献爱心”捐款活动……436
河北省“优秀咨询专家”……436
河北省沿海防护林体系建设工程范围扩大……436
林业大事……436

山西省林业……437
概　述……437
集体林权制度改革试点工作正式启动……437
国家林业重点工程……438
省级造林绿化工程……439
山西省造林绿化长治现场会议……439
全省造林绿化先进集体名单……439
全省林业系统预防职务犯罪专项工作会议……440
全省林业科技工作会议……440
省林业厅干部下乡包县制度……440
林业大事……440

内蒙古自治区林业……441
概　述……441
自治区政府出台关于切实加强防沙治沙工作的决定……443
建设生态文明专家座谈会……444
军地共建北疆生态屏障……444
自治区党委、政府出台《关于深化集体林权制度改革的意见》和《集体林权制度改革工作方案》……444
自治区林业厅与自治区气象局签署林业有害生物监测预报合作框架协议……445
落实中央新增林业投资……445
首批自治区级林业产业化重点龙头企业名单……445

内蒙古森林工业集团……445
概　述……445
生态建设……445
剥离企业办社会职能改革……446
深化企业改制……446
机构与劳动用工制度改革……446

强化管理…………447
发展替代产业…………447
职工生活…………447
党建和精神文明…………447
森工大事…………448

辽宁省林业…………449
概　述…………449
沈阳市造林绿化…………450
大连市林业八大工程…………450
鞍山市森林资源管护…………451
抚顺市现代林业建设…………451
本溪市集体林权制度配套改革…………451
丹东市森林资源管护…………451
锦州市五大生态精品工程建设…………451
营口市林业有害生物防治…………451
阜新市林业招商引资…………452
辽阳市林业产业倍增工程…………452
铁岭市林业经济…………452
朝阳市造林绿化…………452
盘锦市村屯绿化…………452
葫芦岛市集体林权制度改革…………452
林业大事…………453

吉林省林业…………453
概　述…………453
林业大事…………455

吉林森工集团…………456
概　述…………456
森工大事…………457

黑龙江省林业…………458
概　述…………458
绿化工作座谈会…………459
“爱鸟周”宣传…………459
森林培育…………459
林业大事…………459

黑龙江省森林工业…………461
概　述…………461
森工大事…………466

大兴安岭林业集团公司…………467
概　述…………467
中央政治局常委李长春考察大兴安岭林区…………468
全国政协提案委员会调研组到大兴安岭地区调研…………468
全国天保工程后续政策高级研修班暨天保工程示范点建设工作座谈会…………469
森林经营…………469
有害生物防治…………469
项目建设…………469
工业园区…………469
天保工程…………469
“以煤代木”工程…………469
殡葬改革…………470
生态旅游…………470
漠河机场通航…………470
塔河县(林业局)资源管理…………470
松岭区(林业局)火烧迹地植被恢复工程…………470
新林区(林业局)生态建设…………471
呼中区(林业局)抚育伐生产…………471
图强林业局防火工作…………471
十八站林业局启动综合改革…………471
阿木尔林业局森林资源管理…………471
韩家园林业局实施家庭致富工程…………472
加格达奇林业局森林经营…………472
林业大事…………472

上海市林业…………473
概　述…………473
全民义务植树活动…………474
超额完成老居住区绿化调整改造任务…………474
屋顶绿化建设…………474
绿化知识进“社区、校区、营区”活动…………474
古树名木和古树后续资源保护…………474
实施应急预案应对突发天气灾害…………474
2008上海花展…………475
参与并完成国内外大型花展…………475
绿化林业科技成果…………475
湿地保护管理…………475
长江中下游湿地保护网络建设…………475
野生动植物保护管理…………475
野生动植物经营利用监督管理…………476
违法经营象牙及牙雕制品专项整治行动…………476
集中打击破坏野生动物资源违法犯罪活动专项行动…………476
奥运会期间野生动物保护管理专项行动…………476
奥运会期间森林防火全国重点区域保障任务…………476
“春雷行动”…………476
林地分类调查…………476
有害生物防控…………476

江苏省林业…………477
概　述…………477
国家林业局局长贾治邦考察江苏林业工作…………478

省领导参加义务植树…… 478
苏南苏中村庄绿化现场推进会…… 478
省人大领导考察生态公益林建设和保护…… 479
首届江苏森林生态旅游节…… 479
保护湿地——应对全球气候变化国际研讨会…… 479
省政府出台《关于深化集体林权制度改革的实施意见》…… 479
环太湖林业生态工程建设…… 480

浙江省林业…… 480
林业改革…… 480
抗击雨雪冰冻灾害…… 480
林业重点生态工程…… 481
关注森林活动顺利推进…… 481
林业产业…… 481
森林资源保护…… 481
林业保障能力建设…… 482
林业大事…… 482

安徽省林业…… 483
概　述…… 483
省林业厅深入开展学习实践科学发展观活动…… 486
全省林业系统奋力抗击雨雪冰冻灾害…… 487
实施森林质量“1115”提升行动计划…… 487
森林可持续经营(中国·安徽)国际会议…… 488
武警森林部队即将进驻安徽…… 488
第五届安徽省花卉博览会…… 488
林业大事…… 488

福建省林业…… 489
概　述…… 489
林业产业…… 490
抗御雨雪冰冻灾害…… 491
福建十佳森林人家…… 491
福建省古典工艺家具协会成立…… 491
福建省《林木绿地认建认养管理办法(试行)》出台…… 491
《福建省林木林地权属争议处理条例》颁布施行…… 492
省林业厅领导班子调整…… 492
福州国家森林公园免费开放…… 492
《国家林业局关于支持海峡西岸经济区林业发展意见》出台…… 492
黄建兴厅长荣获 2007·中国十大创新英才奖…… 492
莆田秀屿进口木材检疫除害处理区成为中国唯一对加拿大原木实施熏蒸处理的“特区”…… 493
武警福建省森林总队正式挂牌成立…… 493

江西省林业…… 493
概　述…… 493
省委书记苏荣与国家林业局局长贾治邦共商江西林业发展大计…… 495
省领导义务植树…… 495
全省造林绿化“一大四小”工程建设…… 495
全省林业抗灾救灾及灾后重建工作…… 495
开展深入学习实践科学发展观活动试点工作…… 496
全省林业产权制度配套改革深入推进…… 496
创新森林资源保护管理手段…… 496
提升林业科技服务水平…… 496
加快林业产业发展…… 496
林业生态文化建设方兴未艾…… 497
江西“五河”源碑建设全部完成…… 497
驻赣武警森林部队组建到位…… 497
林业大事…… 497

山东省林业…… 499
概　述…… 499
森林与湿地资源价值核算…… 499
全省宜林荒山调查规划…… 499
世行贷款项目建设…… 499
第五届中国林产品交易会…… 499
林业对外经济合作…… 499
森林公园建设…… 499
集体林权制度改革…… 500
启动“绿飘带”行动…… 500
第二十七届爱鸟周启动仪式…… 500
首届全省生态书画摄影艺术展成功举办…… 500
调整规范森林公安机构…… 500
昌邑市被评为国家级林木种苗市场…… 500
临沂市被国家林业局确定为人工林认证试点市…… 500
东营市“三网”绿化成效显著…… 500
烟台市实施三年大造林工程…… 500
威海市创建国家森林城市…… 500
日照市建立国家级木材贸易加工示范区…… 500
昆嵛山晋升国家级自然保护区…… 501
奉献爱心支援灾区…… 501

河南省林业…… 501
概　述…… 501
河南大鸿寨国家森林公园…… 503
全省林业生态省建设工作会议…… 503
全省集体林权制度改革工作会议…… 504
全省集体林权制度改革工作座谈会…… 504
河南省林业生态效益价值评估…… 504
林业生态县建设…… 504

义务植树活动…… 505
省人大常委会副主任铁代生考察林业工作…… 505
全省森林防火工作电视电话会议…… 505
树　葬…… 505
全省森林防火工作会议…… 505
豫陕两省八县(市)加强森林防火联防工作 …… 505
“候鸟三号”行动 …… 505
第二十七届“爱鸟周”宣传活动 …… 506
农林复合经营新模式…… 506
林业外资项目…… 506
中国林场协会会长到河南调研国有林场工作…… 506
黑龙江省考察团考察河南造林绿化…… 506
湖北省林业考察团考察河南平原林业…… 506
“苹果入保”工程 …… 507
江西省林业考察团考察河南造林绿化工作…… 507
省林学会第五次代表大会…… 507
洛阳牡丹落户北京钓鱼台国宾馆…… 507
第二十三届国际杨树大会现场会…… 507

湖北省林业 …… 507
人工造林与封山育林…… 507
新农村建设…… 508
油茶产业发展…… 508
木本生物质能源林建设…… 508
林业碳汇工作…… 508
林业血防工程造林…… 509
低丘岗地开发与低产林改造…… 509
国有林场建设…… 509
国有桂花林场管理局改革…… 510
外资造林…… 510
义务植树…… 511
林业灾后恢复重建工作…… 511
孝感市建设绿色通道…… 511
天然林保护…… 511
生态公益林建设…… 512
退耕还林…… 512
长江防护林建设等工程…… 513
自然保护区建设…… 513
湿地保护与管理…… 513
野生动物疫源疫病监测与防控…… 513
野生动植物保护与管理…… 514
野生动物救护…… 514
荆门市被国家批准为现代林业建设示范市…… 514
神农架金丝猴人工补食试验成功…… 514
鄂州市循环经济构建生态家园…… 515
宜昌市构筑三峡生态屏障…… 515
潜江市大力发展农田林网…… 515
武汉启动创建国家森林城市工作…… 516
林产工业…… 516
林产品安全检测…… 516
主要经济林产品…… 516
苗木花卉…… 517
森林公园和森林旅游…… 517
野生动物驯养繁殖…… 517
省林业局机关服务业与后勤工作…… 517
恩施州鹤峰县发展林业产业…… 517
襄樊市林业产业招商引资…… 518
荆州市林业…… 518
远安发展绿色产业…… 518
森林防火…… 518
森林病虫害防治…… 519
森林公安队伍建设…… 520
森林公安办案…… 521
森林采伐…… 521
林地管理…… 522
林业案件…… 522
木材流通管理…… 522
林业工作站…… 522
森林资源监测…… 523
林业勘察设计…… 523
随州市打击破坏森林资源行为…… 523
咸宁市出台林地资源流转意见…… 523
黄石市出台森林防火达标考核办法…… 524
黄冈市蕲春县林业行政许可证办理进入服务中心窗口…… 524
依法治林…… 524
科技推广…… 524
教育与培训…… 524
十堰市林业局举办技术培训班…… 525
林业科研…… 525
对外合作交流…… 525
林业预算外资金征收与管理…… 526
资金与计划管理…… 526
集体林权制度改革…… 527
种苗管理…… 527
宣传工作、信息建设…… 527
林业公文管理…… 528
林业信访保密工作…… 528
人事与机构编制管理…… 529
人大建议与政协提案办理工作…… 529
精神文明建设…… 529
党风廉政建设…… 530
林业工会与社团组织…… 530
林业社会团体…… 530
林业大事…… 532

湖南省林业 …… 535
概　述…… 535

韶山南环线景观工程…… 537
省林木种苗质检站晋升为国家级…… 537
第十二届张家界国际森林保护节暨张家界国家森林公园建园25周年庆典…… 537
省领导义务植树…… 537
国家林业局局长贾治邦一行考察湖南林业…… 537
湖南油茶产业示范基地建设全面启动…… 537
邓三龙就任湖南省林业厅厅长…… 537
国家林业局林产品检验检测中心(长沙)成立…… 537
湖南科学应对平江"疑似华南虎"事件…… 537
郴州市林业局获全国"五一"劳动奖状…… 537
周强省长考察林业…… 538
湖南雨雪冰冻灾害森林资源损失调查评估…… 538
湖南省公布第一批重要湿地名录…… 538
中德技术合作森林可持续经营(SFM)共识研讨会…… 538
中国林科院在湖南环境生物职业技术学院设立硕士专业学位研究生湖南教学点…… 538
省林业厅获全国模范职工之家称号…… 538
国家林业局油茶研究开发中心落户湖南…… 538
省委书记张春贤一行考察油茶产业发展…… 538
湖南省巩固退耕还林成果专项规划…… 538
国家林业局副局长李育材来湘考察…… 538
省林科院油茶高产示范林基地茶油产量再创新高…… 538
武警森林部队正式定点驻防湖南…… 538
周强省长调研集体林权制度改革…… 538
湖南省集体林权制度改革全面启动…… 538
省林业有害生物防治检疫条例…… 539
省林业厅与省气象局联合开展林业生物灾害气象预警预报…… 539
省林学会第九次会员代表大会…… 539
2008中国(常宁)油茶旅游文化节…… 539
湖南林产品品牌建设…… 539
湖南省森林公安专项事业编制置换为政法专项编制…… 539

广东省林业…… 539
概　述…… 539
生态建设…… 540
资源保护管理…… 540
雨雪冰冻灾害救灾复产…… 541
集体林权制度改革…… 541
林业产业…… 541
法制建设…… 542
林业科技…… 542
林业宣传与生态文明…… 542
林业大事…… 543

广西壮族自治区林业…… 544
概　述…… 544
国有林场建设…… 548
林业产业建设…… 548
花卉产业…… 549
农村生态能源建设…… 550
林业大事…… 550

海南省林业…… 551
概　述…… 551
海南林业重点工程…… 554
省政府表彰2007年度全省海防林建设先进市县…… 555
省林业局增设行政审批办公室…… 555
省林业局增设政策法规处…… 555
省林业局增加2名处级非领导职务职数…… 555
省林业局营林科技处更名为营林处…… 555
省林业局林政法规处更名为森林资源管理处…… 555
省野生动植物自然保护中心更名为省野生动植物保护管理局…… 555
省木材管理总站更名为省木材管理局…… 556
吊罗山省级自然保护区管理站更名为吊罗山国家级自然保护区管理局…… 556
省森林公安系统核定公安政法专项编制…… 556
省森林公安局职能配置内设机构和人员编制规定…… 556
省林业局增加1名工勤人员编制…… 556
林业大事…… 556

重庆市林业…… 557
概　述…… 557
森林重庆规划…… 558
森林重庆建设…… 558
集体林权制度改革…… 560
林业产业发展…… 560
第四届花卉博览会…… 561
森林资源管理…… 561
森林防火…… 561
林业有害生物防治…… 562
退耕还林工程…… 562
天然林资源保护工程…… 563
部市合作共建…… 563
国有林场改革…… 563
组建林业投资公司…… 563
林业对外开放…… 564
抗震救灾…… 564
林业大事…… 564

四川省林业 …………………………… 565
概　述…………………………………… 565
抗击自然灾害…………………………… 565
林业产业………………………………… 565
森林资源管理…………………………… 565
集体林权制度改革……………………… 566
林业安全稳定…………………………… 566
林业能力建设…………………………… 566
天然林资源保护工程…………………… 567
退耕还林工程…………………………… 567
野生动植物保护和自然保护区建设工程………… 567
防沙治沙和湿地保护…………………… 568
城乡绿化工程…………………………… 568

贵州省林业 …………………………… 568
概　述…………………………………… 568
特大雨雪凝冻灾害造成林业重大损失………… 568
林业灾后重建取得积极进展…………… 569
集体林权制度改革工作全面开展……… 569
省政府出台完善退耕还林政策的意见………… 569
贵州省巩固退耕还林成果专项规划通过审批…… 569
退耕还林“五个结合”试点工作取得成效 ……… 569
森林火灾损失严重……………………… 570
销毁带病松木质包装材料……………… 570
省林业厅及直属单位为汶川地震捐款………… 570
中国杉王整枝复壮……………………… 570
续修贵州省林业志……………………… 570
贵州省出台森林公园管理条例………… 570
毕节试验区20年生态建设成绩突出 ………… 570
全省森林公安纳入政法编制工作基本完成……… 571
黔东南苗族侗族自治州林业要素市场正式挂
　牌运营………………………………… 571
改革开放30年林业生态建设成就显著 ……… 571
扩大内需林业新增投资项目…………… 571

云南省林业 …………………………… 571
概　述…………………………………… 571
集体林权制度改革……………………… 572
省委副书记李纪恒强调抓好林改培训会精神
　的贯彻………………………………… 573
全省深化集体林权制度改革楚雄现场汇报会…… 573
林业产业………………………………… 573
省级林业龙头企业建设………………… 573
云南大力发展木本油料产业…………… 574
首次全省种苗工作电视电话会议……… 574
森林资源保护…………………………… 574
云南成为我国首个国家公园建设试点省……… 575
生物多样性保护………………………… 575
云南省新三年“兴边富民工程” ………… 575
雨雪冰冻灾后恢复重建工作…………… 575
野生动植物保护管理…………………… 576
岗位培训………………………………… 576

西藏自治区林业 ……………………… 577
概　述…………………………………… 577
日喀则地区新农村建设………………… 579
阿里地区破获一系列非法捕杀国家珍稀野生
　动物藏羚羊案件……………………… 579
工布自然保护区投入1925万元用于保护区
　核心区群众搬迁房建设……………… 579
工布自然保护区建设工程进展顺利…… 579
工布自然保护区建设工程植被恢复项目全面
　开工…………………………………… 579
昌都城镇周边造林绿化及绿色通道建设………… 579
林业大事………………………………… 579

陕西省林业 …………………………… 580
造林绿化………………………………… 580
集体林权制度改革……………………… 581
森林防火………………………………… 581
森林病虫害防治………………………… 581
森林公安………………………………… 582
林业资金与计划………………………… 582
退耕还林工程…………………………… 582
天然林资源保护工程…………………… 582
三北防护林建设工程…………………… 582
野生动物和湿地保护…………………… 582
林业产业建设…………………………… 583
科教兴林依法治林……………………… 583
西安市造林绿化………………………… 583
冰冻雨雪灾害和地震灾害损失调查…… 583
商品林采伐管理………………………… 583
林权抵押贷款…………………………… 583
防沙治沙文化建设……………………… 584
沙漠生态公园建设……………………… 584
三北防护林建设30年 ………………… 584
森林公安队伍建设……………………… 584
美国白蛾防治…………………………… 584
铜川市社会绿化………………………… 584
飞播造林50年 ………………………… 585
林业大事………………………………… 585

甘肃省林业 …………………………… 587
概　述…………………………………… 587

青海省林业 …………………………… 590
概　述…………………………………… 590

林业大事……………………………………………… 591

宁夏回族自治区林业 ……………………………… 592
概　述……………………………………………… 592
2008 年宁夏林业十件大事 ……………………… 595
林业大事……………………………………………… 595

新疆维吾尔自治区林业 …………………………… 596
概　述……………………………………………… 596
防治果树冻害现场观摩会…………………………… 598
特色林果业工作会议………………………………… 598
新疆提出特色林果业发展目标……………………… 598
第三届新疆特色林果产品博览会…………………… 598
新疆扩大森林防火航空巡护范围…………………… 598
新疆进一步加大林业科技支撑能力建设…………… 598
林业大事……………………………………………… 599

新疆生产建设兵团林业 …………………………… 599
概　述……………………………………………… 599
植树造林……………………………………………… 601
经济林园艺业………………………………………… 601
森林公安建设………………………………………… 602
林业科技推广………………………………………… 603
兵团防沙治沙大会…………………………………… 603
森林病虫病虫害飞机防治…………………………… 603
超低容量飞机防治森林病虫害……………………… 603
森林资源二类调查工作……………………………… 603
林地定额管理………………………………………… 604
重点公益林核查……………………………………… 604
兵团林业重点工程和绿色小康连队建设…………… 604
新增中央预算内 2.67 万公顷三北防护林建设工程………………………………………… 605
退耕还林工程阶段性验收培训会…………………… 605
兵团表彰防沙治沙先进单位和先进个人…………… 605
兵团表彰三北防护林工程建设先进单位和先进个人………………………………………… 605
兵团受自治区绿委表彰的自治区绿化先进集体、自治区绿化奖章获得者……………………… 605

林业人事劳动

国家林业局领导成员 ……………………………… 606

新任国家林业局领导 ……………………………… 606

国家林业局机关各司(局)负责人 ………………… 606

中央纪委、监察部驻国家林业局纪检组、监察局负责人 ……………………………… 607

国家林业局直属单位负责人 ……………………… 608

各省、自治区、直辖市林业厅(局)负责人 ………………………………………… 610

林业机构编制 ……………………………………… 613
国家林业局“三定”工作 …………………………… 613
局直属事业单位申请参照公务员法管理工作取得新突破……………………………………… 614
局直属事业单位岗位设置管理工作稳步推进……… 614
中国生态文化协会成立……………………………… 614

林业人才 …………………………………………… 614
蒋剑春等 5 人享受 2008 年政府特殊津贴 ……… 614
黑龙江省森林工业总局和广西生态工程职业技术学院被确定为首批国家高技能人才培养示范基地………………………………………… 614

局直属单位

国家林业局经济发展研究中心 …………………… 615
综　述……………………………………………… 615
林业重大问题调查研究……………………………… 617
《2008 中国林业发展报告》………………………… 617
中德技术合作中国森林可持续经营政策与模式项目启动会…………………………………… 617
中国木材安全与林产品贸易全球化国际研讨会……………………………………………… 618
中外专家研讨中国森林资源对全球发展的影响……………………………………………… 618
《林业经济》期刊 …………………………………… 618
《绿色中国》 ………………………………………… 619

国家林业局人才开发交流中心 …………………… 620
综　述……………………………………………… 620
“兴林之要，在于用人” …………………………… 621
职业技能鉴定………………………………………… 621

中国林业科学研究院 ……………………………… 622
综　述……………………………………………… 622
中国林科院建院 50 周年庆祝大会………………… 622
中国林科院庆祝建院 50 周年系列学术活动 ……… 623
中国林科院庆祝建院 50 周年活动 ………………… 623
中国林科院庆祝建院 50 周年文艺晚会 …………… 623
中国林科院 2008 年工作会议 ……………………… 623
3 项成果获国家科技进步奖 ……………………… 623

中国林科院重大成果奖、首届杰出青年奖……… 624
国家林业局局长贾治邦考察中国林科院………… 624
国家林业局局长贾治邦考察林化所…………… 624
高举生态文明大旗，加快建设现代林业座谈会………………………………………… 624
国家林业局副局长祝列克考察中国林科院……… 624
国家林业局副局长张建龙慰问中国林科院劳模、专家和困难职工…………………………… 624
国家林业局党组成员孙扎根到中国林科院调研………………………………………… 624
中国林科院2008年学位授予典礼 ……………… 624
中国林科院首批高层次人才工作交流协议……… 624
与浙江省政府签订新一轮林业科技合作协议…… 625
与湖北省签订全面科技合作协议，为中国林科院海西分院授牌…………………………… 625
中国林科院海西分院揭牌……………………… 625
海峡西岸现代林业发展战略研究与规划项目通过评审……………………………………… 625
中国林科院林权改革研究中心成立…………… 625
与浙江江山、辽宁本溪、江西武宁分别签署科技服务林改合作协议…………………… 625
中国林科院硕士专业学位研究生湖南教学点…… 626
国家油茶科学中心启动暨油茶科技创新工作研讨会………………………………… 626
中国(毕节)石漠化治理与生态文明高层论坛 …… 626
中国农村林业改革与发展专家论坛…………… 626
甘肃省河西走廊星火产业带建设专家顾问组第二次会议……………………………… 626
应对全球变化的林业科学研究国际研讨会……… 626
《郑万钧专集》首发式暨郑万钧塑像揭彩仪式 …… 626
北京林机所建所50周年 ………………………… 627
亚太林业研究组织协会执行主任访问中国林科院……………………………………… 627
中加林业科技合作协议………………………… 627
中国林科院国际合作创新团队首次聘任海外成员………………………………………… 627

国家林业局调查规划设计院 ………………… 627
综　述………………………………………… 627

国家林业局林产工业规划设计院 ………… 629
综　述………………………………………… 629
工程咨询设计………………………………… 630

国家林业局管理干部学院 ………………… 631
综　述………………………………………… 631

国际竹藤网络中心 ………………………… 632
积极开展竹林雨雪冰冻灾害科技救灾工作……… 632
开展抗震救灾和支援灾后重建工作…………… 632
毛竹基因组测序研究………………………… 632
2008年国际竹藤网络中心科研项目 ………… 633
全国政协副主席、科技部部长万钢考察竹藤中心………………………………………… 633
文化部部长蔡武访问竹藤中心……………… 633
美国农业部副部长布坎南访问竹藤中心……… 633
全球棕榈藤研讨会…………………………… 633
商品共同基金竹笋项目……………………… 633
江泽慧率团出席国际竹藤组织第十二次董事会和第六届理事会……………………… 633
江泽慧率中国林业代表团出访……………… 633
与加拿大林产品创新研究院开展科研合作与交流………………………………………… 634
安徽太平试验中心正式批复成立……………… 634
国际竹藤网络中心学术委员会成立…………… 634
商品共同基金竹人造板预制房项目获得批准…… 634
竹藤资源培育与高附加值加工利用技术研究…… 634
风轮叶片用竹木复合材料研究………………… 634
竹材资源化学深加工技术示范和竹材高效综合利用技术推广与示范项目………………… 634
中国棕榈藤人工林资源管理与利用技术培训班………………………………………… 635
参加2008年马来西亚国际藤与竹研讨会 ……… 635
技术培训……………………………………… 635
竹藤中心科研综合楼正式封顶……………… 635
竹藤资源利用国际研修班…………………… 635
开展竹藤科技产业调研……………………… 635
开展为竹产区林权制度改革服务调研………… 635
入围"新世纪百千万人才工程"国家级人选 …… 635
第一届全国竹种园联席会议………………… 635
竹醋液在安全农产品生产中应用技术集中示范项目………………………………………… 636
竹、木基复合新材料技术引进创新与示范项目……………………………………………… 636
国外优良竹类植物种质资源技术创新与示范等7项国家林业局"948"项目通过验收 …… 636
国家林业局竹藤产品质量检验检测中心筹建…… 636
竹藤标准化…………………………………… 636

林业社会团体

中国林学会 ……………………………… 637
综　述………………………………………… 637
第八届中国林业青年学术大会……………… 638
森林可持续经营与生态文明学术研讨会……… 638
"5·12"地震及冰雪灾害林业灾后重建专家座谈会………………………………………… 638

第二十三届国际杨树大会…………………………… 638
林业科普“六进”活动 ………………………………… 639
提高林业从业人员科学素质系统研究项目通过验收………………………………………………… 639
第二届梁希青年论文奖评选………………………… 639
城乡林业统筹发展与生态文明建设高层论坛…… 639
全国油茶实用技术专题培训班……………………… 640
数字林业技术支撑体系高级研修班………………… 640
第四届第四次全国桉树论坛暨新技术新产品展示会……………………………………………… 640
全国第十七次银杏学术研讨会暨银杏分会年会…………………………………………………… 640
中国林学会树木学分会第十三届学术研讨会…… 640
第二十次全国林业气象学术研讨会………………… 640
国际林木产品学会联合会学术研讨会……………… 640
第二届全国生物质材料科学与技术学术研讨会…………………………………………………… 641
第二届中国森林保护学术论坛暨森林保护学科建立50周年纪念会 ……………………………… 641
第四届中国竹业学术大会…………………………… 641
林权改革与森林经营管理学术研讨会……………… 641
全国商品林木材高效利用技术研讨会……………… 642
森林消防学术研讨暨相关产品、技术展示会…… 642
全国林学会秘书长会议……………………………… 642
2008 年会员日活动 ………………………………… 642

中国野生动物保护协会 …………………… 643
冰雪灾害后野生动物保护工作……………………… 643
四届一次常务理事会议……………………………… 643
参加国际狩猎大会…………………………………… 643
林蛙养殖技术培训班………………………………… 643
2008 年全国“爱鸟周”启动仪式 ………………… 643
“绿野寻踪”节目开播两周年总结报告会 ……… 643
“倡导绿色生活，共建生态文明”大中小学生主题实践活动…………………………………… 643
抗震救灾工作………………………………………… 643
彭泽县——中国梅花鹿之乡………………………… 644
西丰县——中国鹿乡………………………………… 644
珲春市——中国东北虎之乡………………………… 644
景东彝族自治县——中国黑冠长臂猿之乡……… 644
斯巴鲁生态保护奖先进集体和先进个人………… 644
赴马来西亚参加东南亚动物园交流大会………… 645
参加第四届世界保护大会…………………………… 645
名人名家生态文化江西行活动……………………… 645
中美大熊猫合作研究………………………………… 645
大熊猫“团团”和“圆圆”抵达台湾 ……………… 645

中国野生植物保护协会 …………………… 645
南方雨雪冰冻灾区野生动植物及自然保护区受灾情况通报会………………………………… 645
第十八届中国兰花博览会…………………………… 645
第四届北京兰花展览………………………………… 645
华东华南地区野生植物保护管理培训班暨工作经验交流会………………………………… 646
中国雪莲保护与可持续发展论坛………………… 646
中国野生植物保护协会药用植物保育委员会成立大会暨第二届全国中药资源可持续利用学术研讨会……………………………… 646
中国国兰保护与可持续利用研讨会……………… 646

中国花卉协会……………………………… 646
第七届花博会筹备工作……………………………… 646
第五届中国花卉产业高峰论坛……………………… 646
第十届中国国际花卉园艺展览会…………………… 646
花卉标准化…………………………………………… 646
花卉认证……………………………………………… 646
中国花协服务工作…………………………………… 647
国际交流……………………………………………… 647
抗击雨雪冰冻灾害和抗震救灾……………………… 647

中国绿化基金会 …………………………… 647
综　述………………………………………………… 647

中国林业产业协会 ………………………… 649
综　述………………………………………………… 649
中国林业产业协会第二次会长办公会……………… 650
中林联认证中心筹建工作…………………………… 650
中国林业产业投资与发展战略高峰论坛………… 650
第四届中国(牡丹江)国际木博会 ………………… 650
绿色承诺——中国纸业可持续发展论坛………… 650
环境可持续发展合作谅解备忘录…………………… 650
与澳塔斯马尼亚林业公司达成合作谅解备忘录……………………………………………… 650
深入重点林区调研…………………………………… 650
中国林业产业协会森林旅游分会…………………… 651
全国板材企业出口退税政策调整座谈会………… 651

中国水土保持学会 ………………………… 651
综　述………………………………………………… 651
抗震救灾……………………………………………… 652

中国林业教育学会 ………………………… 652
综　述………………………………………………… 652

中国林场协会……………………………… 653
综　述………………………………………………… 653

中国林业经济学会 …………………………… 654
综　述………………………………………… 654
全球金融风暴对中国林业产业的影响与对策
　研讨会………………………………………… 654

林业大事记与重要会议

2008 年中国林业大事记 …………………… 655

2008 年林业重要会议 ……………………… 662
全国林业厅(局)长会议 ……………………… 662
防治荒漠化国际会议…………………………… 663
全国森林草原防火工作电视电话会议………… 664
全国林业灾后恢复重建现场会………………… 664
全国绿化委员会第二十六次全体(扩大)会议
　暨造林绿化表彰大会………………………… 665
全国平原林业建设现场会……………………… 665
全国油茶产业发展现场会……………………… 665
国家林业局党组扩大会议暨全国林业厅(局)
　长电视电话会议……………………………… 666
三北防护林体系建设 30 年总结表彰大会 ……… 667

附　录

**国家林业局各司(局)和直属单位等全
　称简称对照…………………………………… 668**

书中部分单位、词汇全称简称对照 ……… 669

书中部分国际组织中英文对照 …………… 670

索　引 ……………………………………… 671

CONTENTS

Special Articles ······ 1
Important Speeches of Government Leaders ······ 1
Major Speeches by the State Forestry Administration ······ 31

Major Forestry Rules and Regulations ······ 56

Introduction to China's Forestry ······ 138
Introduction to China's Forestry in 2007 ······ 138
General Conditions of Forestry in China ······ 140

Six Major Forestry Program ······ 144
Natural Forest Protection Program ······ 148
The Conversion of Farmland for Forest Program ······ 149
Beijing-Tianjin Rim Combating Desertification Program ······ 153
Shelterbelt Development Program in the Three North & the Yangtze River Valley and Other Key Areas ······ 154
The Program of Establishment of Fast-growing and High-yield Timber Plantations in Key Areas ······ 156

Silviculture and Ecological Improvement ······ 157
Production of Tree Seeds and Seedlings ······ 157
Silviculture ······ 164
Forest Parks and Forestry Tourism ······ 170
Combating Desertification ······ 174
Nationawide Compulsory Tree-Planting Campaign and Greening Urban & Rural Areas ······ 176

Forestry Industry ······ 183

Forestry Resource Protection and Forestry Administration ······ 185
Forestry Resource Protection ······ 185
Forest Fire Control ······ 192
Forest Public Security ······ 205
Forestry Resources and Forestry Administration ······ 211

Forestry Policies, Laws and Institutional Reform ······ 231

Forestry Science and Technology ······ 234
Management of Forestry Science and Technology ······ 234
Study of Forestry Science and Technology ······ 234

Achievement of Forestry Scientific and Technologica ······ 241
Forestry Science and Technology is Extended ······ 242
The Program of Forestry Standardization ······ 245
The New Breed Protects Plant of Forestry ······ 253
Management of Forestry Gene Safety ······ 254
Forest Attestation ······ 254
The Program of Recruit Overseas Intelligence ······ 255

Forestry Information Technology ······ 256

Forestry Education and Training Program ······ 266
Forestry Training ······ 266
Beijing Forestry University ······ 269
Northeast Forestry University ······ 274
Nanjing Forestry University ······ 277
The Information of Forestry Education ······ 282

Forestry Opening Up ······ 306
Major Forestry Activities in Foreign Affairs ······ 306
Exchange of Science and Technology with Foreign Countries ······ 307
Economic & Technical Cooperation with Foreign Countries ······ 307
Forestry Multilateral International Exchanges ······ 309
Asia-Pacific Network for Sustainable Forest Management and Rehabilitation ······ 311
Non-governmental International Cooperation and Exchanges ······ 312
Management of the World Bank Loan Projects ······ 314

The Development of State-owned Forest Farms(Nurseriy)and Forest Work Stations ······ 317
State-owned Forest Farms ······ 317
Forest Work Stations ······ 319

Forestry Planning & Finance ······ 324
Forestry Planning ······ 324
Ecology and Forestry Industry Statistics ······ 349
Labor Wage Statistics ······ 369
Fixed Assets Investment Statistics ······ 388

Financial Accounting and Financial Auditing of Forestry ······ 393
Forestry Financial Accounting ······ 393
Forestry Provide Loans at Dscounted Interest Rates Project Aadministration ······ 398
Forestry Fund Audit ······ 399
Forestry Audit ······ 400

Forestry Spiritual Civilization ······ 401

Forestry Discipline Inspection and Supervision 401
Organs Directly Under the State Forestry Administration Building and The Organs of The Party Building Work 403
Forestry Publicity 407
Forestry Press 411
Forestry Publication 412

Forestry Monographs 417

Forestry in Provinces, Autonomous Regions and Municipalities 457
Beijing Municipality 425
Tianjin Municipality 430
Hebei Province 431
Shanxi Province 437
Inner Mongolia Autonomous Region 441
Inner Mongolia Forestry Industry (Group) Corporation 445
Liaoning Province 449
Jilin Province 453
Jilin Forestry Industrial (Group) Corporation 456
Heilongjiang Province 458
Longjiang Forestry Industry (Group) Corporation 461
The Greater Xing'an Mountains Forestry Group 467
Shanghai Municipality 473
Jiangsu Province 477
Zhejiang Province 480
Anhui Province 483
Fujian Province 489
Jiangxi Province 493
Shandong Province 499
Henan Province 501
Hubei Province 507
Hunan Province 535
Guangdong Province 539
Guangxi Zhuang Autonomous Region 544
Hainan Province 551
Chongqing Municipality 557
Sichuan Province 565
Guizhou Province 568
Yunnan Province 571
Tibet Autonomous Region 577
Shaanxi Province 580
Gansu Province 587
Qinghai Province 590
Ningxia Hui Autonomous Region 592
Xinjiang Uygur Autonomous Region 596

Xinjiang Production and Construction Corps ······ 599

Forestry Personnel Affairs ······ 606
Leading Staff of the State Forestry Administration ······ 606
Newly Appointed Leader of the State Forestry Administration ······ 606
(Deputy) Directors-General of Departments of the State Forestry Administration ······ 606
People in Charge of Discipline Inspection Group, Department of Supervision Posted in the State Forestry Administration by the CPC Central Commission for Discipline Inspection, Ministry of Supervision ······ 607
People in Charge of Institutions Directly Under the State Forestry Administration ······ 608
People in Charge of Forestry Departments of Provinces, Autonomous Regions and Municipalities Directly Under the Central Government ······ 610
Forestry Public Sector Reform ······ 613
ForestryTalented Person ······ 614
Institutions Directly Under the State Forestry Administration ······ 639
China National Forestry Economics and Development Research Center(FEDRC) ······ 615
Personnel Exchange Service Center of the State Forestry Administration ······ 620
Chinese Academy of Forestry Sciences ······ 622
The Academy of Forest Inventory and Planning (AFIP) ······ 627
Planning and Design Institute of Forest Products Industry, State Forestry Administration ······ 629
State Academy of Forestry Administration ······ 631
The International Network for Bamboo and Rattan (INBAR) ······ 632

Forestry Social Organizations ······ 637
China Forestry Society ······ 637
China Wildlife Conservation Association ······ 643
China Wild Plant Conservation Association ······ 645
China Flower Association ······ 646
China Green Foundation ······ 647
China Forestry Industry Association ······ 649
Chinese Society of Water and Soil Conservation ······ 651
China Forestry Education Society ······ 652
Chinese Forest Farm Association ······ 653
China Forestry Economics Society ······ 654

Forestry Events and Important Meetings ······ 655
China Forestry Events in 2008 ······ 655
Important Meetings of Forestry in 2008 ······ 662

Appendixes ······ 668
The Department (Bureau) Under the State Forestry Administration, and Directly Under the Full Name Referred to the Control Unit ······ 668
The Book Part of the Unit, Full Name of Short Term Control ······ 669
The Name of Some International Organizations in the Book both in Chinese and English ······ 670

Index ······ 691

特 辑

国家领导人重要讲话

回良玉在全国森林草原防火工作电视电话会议上的讲话

（2008年3月20日）

一、充分认清形势，进一步增强做好森林草原防火工作的责任感和紧迫感

党中央、国务院历来高度重视森林草原防火工作。胡锦涛总书记、温家宝总理多次作出重要指示和批示，国务院多次下发文件，召开会议研究部署森林草原防火工作。五年来，在各地区、各有关部门的共同努力下，我国森林草原火灾防控工作取得了可喜成绩，森林草原防火事业取得了重大进展。一是防火组织体系进一步健全。组建了国家森林防火指挥部，各级指挥体系不断完善。统一领导、分级负责、条块结合、属地为主的草原防火管理体制初步建立。二是专业消防队伍不断壮大。武警森林部队增编扩建5000多人，地方专业森林消防队逐步增加，开展森林航空消防的省区由7个增加到14个。三是防火基础设施有所改善。加大了预警监测系统、通信系统和林区道路等防火基础设施建设，增加了现代化装备，森林草原火灾综合防控能力稳步提升。四是应急管理全面加强。国务院颁布实施了《国家处置重、特大森林火灾应急预案》，各地区、各有关部门分别制定了相应预案，初步建立起纵向到底、横向到边的森林防火应急响应机制。草原防火法制不断完善，覆盖国家、省、地、县的四级草原火灾应急预案体系基本形成。五是全民防火意识普遍提高。国家评选推出中国森林防火吉祥物、防火徽标和宣传标语，各省森林火警报警系统相继开通，群防群治机制不断完善，全民防火的自觉性和责任感进一步增强。据统计，2003年以来的五年间，全国年均发生森林和草原火灾次数、受害森林草原面积、人员伤亡情况均比以往年均值有较大下降。森林草原防火工作的不断加强，为保护森林草原资源、巩固生态建设成果、保障人民群众生命财产安全、维护社会和谐稳定，作出了重要贡献。为此，我代表党中央、国务院，向森林草原防火战线的干部职工，向所有关心支持森林草原防火工作的同志们，表示亲切的慰问和崇高的敬意！

在充分肯定成绩的同时，我们也要清醒地看到，今年我国森林草原防火工作面临的形势十分严峻，任务非常艰巨。近期以来，我国森林草原火险等级急剧升高，火险隐患明显增多，火灾呈现高发频发态势，并出现较多的人员伤亡。根据专家会商和基层反映，综合分析气候、地理、人为等各种因素，今年春防期间我国大部分地区森林草原火险等级将持续走高、部分重点地区将出现历史最高等级的森林草原火险，我国已具备发生特大森林草原火灾的物质和气候条件，将面临南北两线同时作战的巨大压力。

从南方看，森林可燃物成倍增长。受前期历史罕见的低温雨雪冰冻灾害的影响，南方部分地区森林可燃物类型、组成和结构发生重大变化，林内有效可燃物短期内大量增加，远远超过了发生重特大森林火灾的临界条件。同时，灾害导致防火设施设备特别是生物防火林带、瞭望监测、林区道路、电力和通信线路等毁损严重，部分地区受损率超过50%，直接影响到森林火灾的整体防控能力，大大地增加了这些地区今年森林防火工作的难度。

从北方看，气候条件极为不利。自去年秋天以来，北方出现少见的三季连旱，尤其是东北、内蒙古林区降水量比常年减少九成以上，形成大量的干封地，预计今年春季，大、小兴安岭大风天气将明显增多，风干物燥，森林火灾一触即发。同时，这几年草原植被恢复较快，可燃物载量急剧上升，高火险等级的草原面积不断扩大。

从火险隐患看，较往年明显增多。目前正处于春耕春种和灾后重建的高峰期，野外生产生活用火急剧增多。今年清明节被列为法定假日，受传统习俗影响，进入林区上坟烧纸和踏青人员将普遍增加。随着集体林权制度改革的全面推进，老百姓自发扑火和盲目扑火可能增多，由于缺乏紧急避险常识，扑火安全隐患突出，很容易引发人员伤亡甚至群死群伤。

从组织领导看，指挥协调能力亟待加强。各省、市、县级人民政府刚刚换届，各级森林草原防火指挥长和成员变动较大，如果衔接不好，预案不完善，责任不明确，森林草原防火很容易出现问题。个别地方还不同程度地存在侥幸心理、麻痹思想和畏难厌战情绪等，不利于森林草原防火工作的深入开展。可以说，当前我国森林草原防火工作出现的情况确实很复杂，面临的挑战确实很严峻，正处在新中国成立以来森林草原火险最高的时期。

今年是全面贯彻落实党的十七大精神的第一年，是新一届国务院全面履行政府职责的第一年，是改革开放30周年，也是举办北京奥运会之年，抓安全、保稳定、促和谐的任务很重、要求很高。森林草原火灾突发性强，破坏力大，涉及面广，是影响经济社会发展、威胁人类生存环境最为严重的灾害之一。做好森林草原防火工作，事关人民生命财产安全，事关国家生态安全，事关社会和谐稳定，既是一个重大的生态课题，也是一个现实的民生问题，还是一项严肃的政治任务。各地区、各有关部门必须从全局和战略的高度，清醒认识做好今年森林草原防火工作的极端重要性，清醒认识工作中存在的各种困难和面临的严峻挑战，清醒认识所肩负的重大政治和社会责任，思想上要倍加警惕，行动上要狠抓落实，措施上要细化强化，把森林草原防火工作作为维护生态安全的基础工程、促进社会和谐的民生工程，采取有力有效措施，严防特大森林火灾，严防重大人员伤亡，努力夺取森林草原防火工作的全面胜利。

二、把握重点任务，全面落实森林草原防火各项措施

做好森林草原防火工作，必须坚持以人为本、预防为主、积极消灭的工作方针，坚持政府全面负责、部门齐抓共管、社会广泛参与的工作机制，坚持依靠科学、依靠法制、依靠群众的工作原则，坚持因地制宜、分类指导、分区施策的工作举措，坚持专群结合、军地协同、各方支持的工作方式。今年的森林草原防火工作，要坚持以科学发展观为指导，突出工作重点，强化应急措施，完善基础保障，切实做到工作早部署、责任早落实、火患早排除、火险早预报、火情早发现、火灾早处置，努力维护人民生命财产和森林草原资源安全，为建设生态文明、举办绿色奥运、促进社会和谐提供有力保障。当前要突出抓好以下四项工作：

第一，突出工作重点，坚决打好重点区域和重要时段的森林草原防火攻坚战。要组织实施好“迎奥护绿、全民防火”行动，确保奥运之年不出大事，重点区域不出敏感问题。认真做好北京等赛区及周边、奥运圣火途经地方的防火工作，组织专门力量，制定专门预案，细化工作措施，将各种火灾隐患消灭在萌芽之中。特别是大小兴安岭、新疆和西南林区，要严防夏季森林草原火灾，为奥运赛事创造良好环境。要高度重视、有效化解林区和草场矛盾纠纷，百倍警惕、严密防范恐怖分子、敌对势力和重点人员借机纵火，故意干扰和破坏北京奥运会。要牢固树立全国一盘棋的思想，统筹做好其他地区和其他时段的森林草原防火工作。

第二，狠抓关键环节，认真落实各项防范措施。森林草原火灾的防控是一个世界性难题。只有把功夫下在灾前防范上，做到防患于未然，才能事半功倍。一要加强火险预警。要进一步防范森林草原火险预警工作，指导基层加快建立森林草原火险分级响应机制。加强森林草原火险预测预报工作，公开发布高森林草原火险等级，落实不同火险等级条件下的分级响应措施。加快建设全国森林草原火险预警示范系统，合理布设森林草原火险监测站，改进技术手段，提高预测预报精度。综合运用卫星监测、飞机巡护、高山瞭望、电视监控和地面巡逻等手段，全方位、全天候、全时段监测森林草原火灾，确保火情早发现。二是抓好隐患排查整改。南方受灾地区要尽快组织清理雨雪冰冻灾害受损林木，减少林下可燃物，减轻森林防火压力。要组织开展森林草原火灾隐患排查整改，对火灾多发区、高危区进行调查登记和风险评估，及时排除隐患，做到“排查要认真、整治要坚决、成果要巩固、隐患要杜绝”。切实加强森林消防监督检查，全面落实森林消防安全。三是严格火源管理。坚持疏、导、堵相结合，进一步规范和严格野外用火的审批制度，重点加强对野外生产用火的指导、生活用火的管控，加大对重点人员和重要部位的监管。在防火紧要期，要及时发布森林草原防火命令，严格执行相应制度，实行严看死守，做到责任到人、防范到点、应急到位。

第三，强化应急处置，着力做到有火不成灾。要加强应急值守，严格执行森林草原火灾归口管理上报制度，重点时期实行火灾日报，快速收集火情和热点信息，做到早报告。在清明等重要时期和高火险时段，各级森防指领导要坐镇指挥，森林消防队伍要严阵以待。一旦发现火情，要加强先期处置，提高初发火的首次扑灭率。要及时启动应急预案，在最短时间内做到组织领导到位、技术指导到位、资金物资到位、扑火人员到位，确保火灾早扑灭。要科学处置，加强火场统一指挥，特别是多火场同时作战、多兵种协同作战时，要建立高效科学、统一规范的应急指挥机构，避免打乱仗。要注重扑火战略战术研究，加强安全扑火常识和紧急避险技能的培训，努力减少扑火人员伤亡。城镇消防、林区驻军、预备役部队、武警部队和公安民警，都要积极主动地参与森林草原的防火灭火。

第四，加强能力建设，不断提高森林草原火灾防控水平。要按照急用、管用、实用、长效的原则，加紧修复因灾受损的森林草原防火基础设施，确保今年森林草原防火工作不受大的影响。结合林业灾后的恢复重建，科学调整林分树种结构，大力营造生物防火林带，研究建立森林草原保险机制。加快《全国森林防火中长期发展规划》的报批和实施，科学编制省、地、县三级规划，做好上下衔接。各级政府要把森林草原防火基础设施建设纳入国民经济和社会发展规划，切实加大投入力度。加强地方专业森林消防队伍建设，实行标准化建队和规范化管理，提高装备水平和实战能力。加强警地配合，高质量完成森林部队增编组建工作，继续实行“北兵南用、跨区驻勤”。要大力发展森林航空消防，特别要加快推进武警森林部队直升机大队的组建工作。要充分发挥森林草原防火专业委员会、森林草原防火专家组和科研机构作用，组织开展基础理论研究、扑火技战术研讨和急需装备技术的研发，推进森林草原防火标准化工作。加强森林草原防火应急物资保障，探索建立森林草原防火物资生产能力储备，做好日常储备和紧急配送工作。进一步完善森林防火法律法规，尽快修订和颁布《森林防火条例》，完善地方法规规章，全面提升依法治火能力。

三、加强组织领导，扎实做好森林草原防火工作

森林草原防火责任重于泰山。各地区、各有关部门要认真贯彻党中央、国务院以及国家森林防火指挥部的部署，切实作好打硬仗、打恶战的思想准备和工作准备，紧急行动起来，统筹各类物资，组织各方力量，着力做好森林草原防火的各项工作。

（一）务必落实森林草原防火责任制。森林草原防火工作实行各级人民政府行政首长负责制和部门分工责任制，政府主要负责同志为第一责任人，分管负责同志为主要责任人，成员单位主要领导为单项工作具体责任人。这既是森林法、草原法等法律法规的明确要求，也是做好森林草原防火工作最有力的组织保障。面对严峻的形势，必须进一步强化和完善森林草原防火行政领导负责制，层层签订防火责任状，把任务和责任落实到人。要建立完善森林草原防火绩效评估制度和责任追究制度，加大考核和问责力度。对领导到位、责任落实、工作成绩突出的要进行表彰奖励；对因失职、渎职或责任制不落实引发森林草原火灾并造成重大损失的，要依法依纪追究有关人员的责任。会后，国家森林防火指挥部将根据本次会议精神，下发有关通知，对森林防火工作作出进一步安排部署，各地区、各有关部门要认真抓好贯彻落实。

（二）充分发挥各级指挥部的统一指挥和调度作用。地方各级森林草原防火指挥长要由政府领导同志担任，重点林区要由政府主要领导同志担任，并设立专职指挥，保持指挥部人员的相对稳定。指挥部领导和成员调整较大的地方，要做好工作衔接和交接，加强新上岗同志的业务培训，使其尽快熟悉和掌握业务。我们要不断完善和改进森林草原防火工作领导方式，虚心听取专家意见，提高科学决策、科学指挥水平，建立健全火情的定期通报、重大事项会商、火灾应急处置和火案监督查处等制度，形成统一指挥、功能齐全、反应灵敏、运转高效的防火指挥系统和工作机制。森林防火指挥部成员单位要认真履行职责，积极参与森林火灾的预防和扑救，主动完成指挥部安排的各项任务，特别要抓好森林防火相关扶持政策的落实，加强对包片地区的检查督促，积极为森林防火出谋划策。在机构改革中，要加强各级森林防火指挥部办公室机构、人员和业务建设，落实森林防火人员保险、抚恤、特岗津贴等政策，提高综合协调和危机处理能力。

（三）继续加强各部门的协调配合。各有关部门既要各司其职、各负其责，切实做好本部门担负的工作，又要树立大局意识和责任意识，密切配合，通力协作，相互支持，形成预防和扑救森林草原火灾的整体合力。林业、农业部门作为森林草原防火的主管部门，要认真履行组织、协调、指导和监督职能，把森林草原防火工作摆在突出位置抓紧抓好。发展改革、财政部门要做好森林草原火灾预防和扑救的经费保障工作。气象部门要做好火灾气象预测和火场气象服务工作。铁路、交通、商务等部门要做好救灾物资、设备的调运工作。民政部门要做好灾后救助工作。公安部门要及时查处森林草原火灾案件。要加强武警森林部队的建设，充分发挥武警森林部队在森林草原火灾扑救中的重要作用。

（四）切实增强全社会的防火意识。要尽快制定森林草原防火宣传方案，加大森林草原防火公益宣传，重点宣传森林草原防火工作的重大意义、防火法律法规和防火扑火科学知识。要促进群防群控、依法防控、科学防控，着力推进森林草原防火知识进课堂、进教材、进社区、进农户，铁路、交通、旅游等部门要时刻提醒进入林区草场人员注意防火，林区草场企事业单位要加强对施工作业人员的安全用火知识培训，不断提高全社会的森林草原防火意识和能力。

回良玉在全国绿化委员会第二十六次全体(扩大)会议暨造林绿化表彰大会上的讲话

(2008年4月3日)

明天就是清明,又到了春回大地、万物复苏的美好季节,正是我国从南到北开展植树造林、绿化国土的最佳时节。党中央、国务院历来高度重视国土绿化工作,近年来,相继采取了一系列重大举措,加快推进国土绿化进程,取得了很多成效,其中比较显著的:一是森林资源持续增长。在过去的五年中,通过天然林保护、退耕还林等重点工程的带动,全国累计植树造林4.6亿亩,年均造林9000万亩。目前,我国人工林面积已占到世界人工林面积的1/3。二是城乡生态状况不断改善。从2003年到2007年,全国城市绿化覆盖率由29.5%上升到35.11%,人均公共绿地面积由6.49平方米增加到8.6平方米,年均增加0.42平方米。北京市承诺的"绿色奥运"7项绿化指标现已全部达标,北京市林木覆盖率达到51.6%。同时,在全国广大农村开展了"创绿色家园、建富裕新村"等行动,有效改善了农村人居环境。三是生态文明理念深入人心。随着国土绿化事业的快速推进,全社会生态文明观念明显增强,主动参与植树的人数逐年增多,自觉保护林地、绿地、树木的意识不断强化,让我国的山更绿、水更清、天更蓝、空气更洁净,已经成为全社会的共同追求。

在充分肯定成绩的同时,我们也必须清醒地看到,我国的国土绿化程度离建设生态文明、构建和谐社会的要求还有差距。突出表现在:一是森林资源总量不足、质量不高的状况没有得到根本改观,我国依然是一个少林缺绿的国家,森林覆盖率只有世界平均水平的61.5%,人均森林面积只有世界平均水平的22%,人均森林蓄积量只有世界平均水平的14.6%。二是土地沙化、水土流失、生物多样性破坏等生态问题仍然突出,沙化土地面积占国土总面积的近1/5,水土流失面积占国土面积的1/3以上,90%左右的可利用草原不同程度地在退化,这些都制约着我国经济社会可持续发展。三是义务植树运动的潜力没有充分发挥,破坏森林资源和违法占用林地、湿地的行为屡禁不止,巩固和发展国土绿化成果的压力很大。四是今年年初南方遭受历史罕见的低温雨雪冰冻灾害,其中林业受灾程度最深,灾害损失最大,影响时间最长,恢复难度最大。据统计,我国有19个省(区、市)的3.4亿亩森林受灾,受灾面积超过全国森林总面积的1/10左右,一些地区的新造苗木、竹林、经济林及相关产业受到重创,而且灾害的影响越来越显现。

党的十七大作出了建设生态文明的战略决策,并明确提出到2020年要使我国成为生态环境良好的国家。搞好国土绿化,既可以改善生态环境、应对气候变化,促进生态文明;又可以美化生活、提高人居质量,促进人与自然和谐发展;还可以增加木材、草场等资源,提供可再生的、绿色环保的生物质能源,促进农民增收。特别是当前气候变化已成为国际社会日益关注的重大问题,我国承受着较大的减排压力。去年9月胡锦涛总书记在亚太经合组织领导人会议上,从维护全球气候安全的战略高度,发出了建立亚太地区森林恢复和可持续管理网络的倡议,提出了进一步提高我国森林覆盖率的目标。这既是我国为应对气候变化向国际社会作出的庄严承诺,也是党和国家赋予国土绿化工作的一项艰巨任务。可以说,在全面建设小康社会的进程中,造林绿化工作地位越来越重要,作用越来越突出,任务也越来越繁重。我们要切实加强造林绿化工作，继续推进生态工程建设，努力开创国土绿化事业新局面。力争到2010年，全国森林覆盖率达到20%，森林蓄积量达到132亿立方米以上，城市绿化覆盖率达到40%以上，人均公共绿地面积达到10平方米。

面对新的形势和任务要求，必须抓好当前，切实完成好今年的植树造林绿化任务。刚才治邦同志已作了全面部署，各地区、各有关部门要进一步行动起来，抢抓时机，加快造林进度，提高造林质量。造林绿化工作关键要在“两个继续，两个结合，两个防控，一个落实”上下功夫。

两个继续，就是要继续深入开展全民义务植树运动和重点生态工程建设，拓展和扩大国土绿化成果。开展全民义务植树运动，是社会主义制度优越性的具体体现，是搞好国土绿化、建设生态文明的有效方式，必须深入持久地开展。要抓紧制定全民义务植树条例，将履行植树义务的措施、内容和方式具体化、规范化和法制化。要尽快健全义务植树属地管理制度，完善义务植树登记、考核制度，不断提高适龄公民义务植树尽责率。要继续抓好重点生态工程建设、城乡绿化和绿色通道建设，启动沿海防护林、石漠化治理等生态工程，不断拓展国土绿化新领域。同时，各地要切实加强抚育管护和林业执法，提高造林的存活率和保存率。

两个结合，就是要结合林业灾后恢复重建和全面推进集体林权制度改革，推动和促进国土绿化工作。这是今年林业工作的两件大事。林业的灾后重建工作，温家宝总理多次作出批示，国务院还要专门研究有关政策。国家林业局刚刚在湖南召开了现场会。要按照中央的总体部署，根据林业自身特点和发展规律，科学规划，扎实推进。继续抓好清理工作，开展受损林地补植补造和更新造林，努力恢复灾前国土绿化成果。集体林权制度改革是农村经营制度的又一项大变革，生产力的又一次大解放。试点工作已经取得显著成效，中央专题研究后将很快在全国全面推开。要通过把集体林地的经营权承包到户，确立农民的经营主体地位，建立责权利明晰的林业经营制度，进一步调动广大农民造林育林的积极性和爱林护林的自觉性，增加森林资源量，提升森林质量和生态功能。

两个防控，就是要加大森林草原火灾和林业有害生物防控力度，巩固和保护国土绿化成效。森林草原防火工作国务院专门召开会议作了全面部署。明天就是国家法定清明假日，扫墓、踏青人员将比往年增加，火源管理难度进一步加大。森林、草原防火指挥部要按照国办通知要求，指导和督促各地全面落实防火责任制和应急预案，增派力量，加强对重点区域、重点部位的盯防，确保不出现重大森林和草原火灾，切实保护来之不易的造林绿化成果。要按照“预防为主、综合防治”的原则，密切关注森林、草原病虫害、鼠害等的发生动态，严密防范外来有害生物，加强预测预报，及时发布病虫害信息，着力抓好重点地区、重点有害生物的科学防治工作，努力降低成灾率。

一个落实，就是要认真落实目标责任制，进一步加强对国土绿化工作的组织领导。国土绿化是一项群众性、公益性和社会性很强的工作。各级领导要将国土绿化作为生态建设的重点内容，摆上重要议事日程。要继续完善各级政府造林绿化目标责任制，将国土绿化任务、目标和责任落实到人，加强监督、检查和考核、奖惩。要进一步落实部门、企业、社会团体和部队的责任，积极主动地完成好各自所承担的绿化任务，并加强协作配合，形成国土绿化工作合力。要切实加强各级绿化委员会及其办公室建设，为国土绿化事业发展提供有力的组织保障。要加强宣传教育，增强人们的国土绿化意识，大力营造加快国土绿化的社会氛围。

回良玉在全国油茶产业发展现场会上的讲话

（2008 年 9 月 11 日）

这次全国油茶产业发展会议是现场会，之所以在湖南省开，主要是因为湖南省是我国最大油茶产区，油茶产业发展很有经验。去年全省油茶产量突破 10 万吨，占全国总产量的一半以上，油茶产业产值突破 50 亿元。省委省政府把发展油茶产业作为推进新农村建设、促进农民增收的一个重要内容来抓，省政府出台了《关于加快油茶产业发展的意见》。一些市县出台了扶持措施，对改造和新造油茶林给予资金扶持。湖南省科技力量雄厚，先后培育出 150 多个油茶新品种，占全国选育良种的 2/3。良种油茶每亩最高可产油 75 千克，比平均亩产油量提高了十几倍。湖南省已制定规划，将利用 8 年时间，建设高产油茶产业基地 1000 万亩，茶油产量达到 50 万吨，油茶产值达到 300 亿元以上。因此，湖南省目前是全国油茶技术的领先者、油茶产业的领跑者。今天上午我们已经看了一些很好的典型，在湖南召开油茶产业发展现场会，确实是有亮点可看、有真经可学，既能增强各地加快发展木本粮油产业的信心，又能开拓各地推进山区综合开发的思路。

党中央、国务院高度重视山区综合开发和油茶等木本粮油产业发展。国民经济和社会发展“九五”计划将山区综合开发列为国民经济发展的重要举措，并于 1996 年开始先后分 4 批在全国 30 个省（区、市）的 114 个县开展了山区综合开发试点示范。进入新世纪以来，山区综合开发工作继续得到推进，胡锦涛总书记近年来先后三次对山区综合开发作出重要批示，有关部委对如何加强山区综合开发进行了专题研究。中央对食用植物油的供应和油料作物的发展也十分关注和重视，中央领导同志多次作出指示，明确提出要大力发展油茶等特种油料作物。今年 1 月，温家宝总理就发展油茶产业作出重要批示，要求在充分论证的基础上作出规划，并研究相应措施。最近，胡锦涛总书记又就发展油茶产业作出重要批示，要求纳入整个油料产业发展认真研究部署。我们一定要很好理解、坚决落实。

当前，我们面临着深入贯彻落实科学发展观的新要求，面临着继续推进农村改革发展的新任务，面临着全面谋划粮油等重要农产品长远发展思路和举措的新机遇。在这个背景下，大力发展油茶等木本粮油产业、深入推进山区综合开发，具有全局和战略意义。

我们要站在保障国家粮食安全的高度，重视发展油茶等木本粮油产业。解决我国 13 亿人口的吃饭问题始终是治国安邦的头等大事。长期以来，党中央、国务院把发展粮油生产放在突出位置，采取了一系列强农惠农措施，大幅度提高了我国粮油生产能力，实现了用占世界 6.5% 的淡水资源、9% 的耕地资源养活世界 21% 人口的奇迹，为人类发展和全球粮食安全作出了重大贡献。特别是党的十六大以来，中央连续下发 5 个指导农业农村工作的一号文件，加大对农业的支持力度，已经实现连续 4 年粮食增产。但是，我们必须清醒地认识到，保障国家粮食安全依然面临着十分严峻的挑战。从国内来看，尽管目前我国粮食、植物油供给和价格保持相对平稳，但部分产品的进口依存度已经很高，成本推动的粮油价格上涨压力不断增大，实现粮油长期供求平衡面临着巨大压力。目前，进口植物油已占国内市场的大部分，我国已成为世界最大的食用植物油进口国，我国也是世界油料进口大国。当前和今后一个时期，我国粮油供求面临一系列制约因素：人口越来越多，城镇人口快速增加，直接推动了粮油需求总量的刚性增长；耕地越来越少，到2007年底已降为18.26亿亩，遏制耕地减少趋势的压力十分巨大；消费结构不断升级，人们由过去主要吃粮向吃更多的肉蛋奶、由吃普通油向吃高档油的方向转变；农业基础设施薄弱，农业受自然灾害影响很大；农业生产成本不断提高、比较效益不断降低，提高农民发展粮油生产的积极性面临新的困难。从国际来看，随着石油价格的变动和粮食需求的增长，粮食危机的困局在持续演化，粮食安全面临的不确定性在增加。这对人类社会的健康发展构成极大威胁，维护粮食安全已成为世界各国高度关注的重大战略问题。我们必须保持强烈的危机感，采取有效措施予以应对。必须指出的是，我们所讲的粮食安全，实际上是包括食用植物油在内的、广义的食物安全，应当通过广辟食物源来保障食物安全。木本粮油是优质食物源，应当充分发挥木本粮油在保障食物安全中的重要作用。

我们要站在有效利用国土资源的高度，谋划发展油茶等木本粮油产业。如何有效利用国土资源，走中国特色的农业现代化道路，是我国现代化建设面临的重大课题。长期以来，我们更多地是在耕地上做文章，对耕地精耕细作的程度已达到了相当高的水平。今后，耕地的潜力还要继续挖，但我们必须将视野从有限的耕地资源，拓展到更为广阔的国土资源。我们不仅要把耕地利用好，而且要树立大农业观念，把草原、大陆架渔场、林地资源用好。要加快山区综合开发步伐，全方位开辟粮油来源。我国木本粮油的培育历史悠久，全国大部分地区都有广泛分布，如板栗、核桃、枣、油茶等，不仅能直接替代和补充粮食，还能够改善食物结构，有益身体健康，提高生活质量。我国山区面积占国土总面积的69%，有近8亿亩宜林荒山荒地，木本粮油发展潜力巨大。发展木本粮油具有不与粮争地的显著特点，不仅不占用耕地，还可以腾出更多的耕地资源来种植其他农作物，从而大大缓解耕地的压力。随着科学技术的迅猛发展，加上相关政策的支持，通过大力推广优良新品种以提高单产和扩大种植面积，经过10年左右的努力，可以提供相当数量的木本食用油，将大大增加我们解决粮油问题的回旋余地。

我们要站在促进林业又好又快发展的高度，推动发展油茶等木本粮油产业。林业既是重要的公益事业、又是重要的基础产业，既承担着维护生态安全的重要功能、又承担着提供林产品的重要任务。促进林业又好又快发展，必须着眼于发挥林业的多种功能。发展油茶等木本粮油产业，有利于林业多种功能的充分发挥。从食物功能看，木本粮油是优质食用粮油，具有很高的营养价值和保健作用。特别是茶油，色清味香，不饱和脂肪酸含量高，维生素E的含量也高。长期食用茶油，对于心脑血管疾病具有很好的医疗保健作用。联合国粮农组织已将其作为重点推广的健康型高级食用植物油。从原料功能看，油茶全身都是宝，具有很高的综合利用价值，茶枯饼、茶皂素、茶籽壳及生产茶油的剩余物，可广泛用在日用化工、印染、造纸、化学纤维、纺织、农药等领域。从增收功能看，油茶是一种长寿树种，具有一次种植多年受益的特点，稳产收获期可达80年以上，是名副其实的“铁杆庄稼”。从生态功能看，油茶四季常绿，根系发达，枝叶繁茂，花大而美观，耐干旱瘠薄，适生范围广，生态效益显著。大力发展油茶，能够绿化荒山、保持水土、改善农村生态面貌和人居环境。还要看到，发展油茶等木本粮油产业，对于巩固和扩大集体林权制度改革成果具有重要作用。对广大农民来讲，获得林木所有权和林地使用权只是第一步，更重要的是能从中获得实实在在的利益。只有把包括木本粮油在内的林业产业发展起来，农民才有经营山林的积极性，集体林权制度改革的成果才能长久巩固。

近年来，林业部门以科学发展观为指导，站在全局和战略的高度，按照中央关于保障粮食安全、建设社会主义新农村等一系列重大部署，在做好造林绿化、森林资源保护、荒漠化防治、野生动植物资源保护、森林防火等工作的同时，重点抓了集体林权制度改革、林业产业发展和林业抗灾救灾等工作，成绩显著，并积极推动山区综合开发，提出把油茶产业作为一个大产业来抓，作为重要突破口来抓，采取了得力措施，取得了良好开局。会前，国家林业局局长贾治邦同志跟我详谈了下一步油茶产业发展工作安排，所提的指导思想、目标任务、工作重点和政策措施都很好，明天会上治邦同志还要进行全面部署，希望各地、各部门认真抓好落实。这里我简要讲几点意见。

第一，尊重规律，科学规划。发展油茶产业，科学规划是基础。有关部门要在现有工作基础上，尽快制定出台全国油茶产业发展规划。各地要紧密结合实际，综合考虑土地、资金、品种、市场等各种因素，突出资源优势和区域特色，科学制定本地油茶产业发展规划。油茶等木本粮油树种对自然条件要求严格，必须坚持因地制宜。无论是编制全国规划还是编制各地规划，都必须立足于既充分挖掘土地资源潜力，努力扩大新造高产油茶林面积，又充分挖掘现有油茶林增产潜力，通过抚育垦复、更新改造等措施不断提高产量；既加强试验示范基地建设，又注重面上推广与发展；既扩大种植面积，提高油茶产量，又促进茶油及副产品精深加工；既充分发挥广大林农的主体作用，又注重发挥龙头企业的带动作用，确保整个产业在高起点上向前发展。

第二，科技支撑，提升层次。油茶是一个古老的树种，也是一个古老的产业。在新的起点上把这个传统产业做大做强，必须依靠科技进步，提升产业层次。要优化、整合林业科研院所、企业技术中心等各方面的科技资源，为油茶产业发展全过程、全方位提供强有力的科技支撑。要在加强现有新品种、新技术推广应用示范的同时，充分利用现代生物技术，加强优良新品种及其栽培技术的研究开发，不断培育产量更高、抗性更强、适应范围更广的优良新品种。要充分利用高新技术和常规技术相结合的方法，加快优良新品种苗木的繁育，扩大苗木生产规模，努力满足产业发展需要。要切实加强示范基地建设，通过优良高产新品种的推广应用和新技术的组装配套，为广大林农和生产企业提供示范样板，增强他们发展油茶的积极性。要建立健全技术服务体系，组织广大科技人员深入油茶生产一线开展技术服务，切实提高油茶生产的科技含量。要切实加强茶油产品加工新技术、新工艺的研究创新，搞好深加工，开发新产品，延长产业链，提高附加值，最大限度地提高综合经济效益。

第三，农民主体，龙头带动。发展油茶等木本粮油产业，促进农民增收是重要的出发点，调动农民积极性是根本的立足点。要按照中央的部署和要求，全面推进集体林权制度改革，把集体林地经营权和林木所有权落实到农户，确立农民的经营主体地位，激发农民发展林业生产经营的积极性。要用现代经营方式推进木本粮油产业，加大对龙头企业的扶持力度，鼓励企业投资发展油茶产业，探索企业建基地、基地带农户的产业化发展模式，不断提高油茶等木本粮油产业的规模化、集约化经营水平。

第四，市场主导，政策扶持。发展油茶等木本粮油产业，必须坚持市场导向，充分发挥市场机制的基础性作用。同时，也要注重发挥政策的引导、扶持作用。要研究制定良种补贴、技术培训、生产大县奖励、基地建设等扶持政策，调动农民和地方政府发展油茶产业的积极性。中央投资要落实到位，地方各级政府也要设立油茶产业发展专项资金，切实加大政府投入力度。要积极探索林地流转、森林保险、林权抵押等相关政策措施，推进农村专业合作经济组织建设，扶持各种形式的产销衔接活动，增强抵御自然灾害和市场风险的能力。要引导金融、保险机构加大对油茶产业的支持，形成多渠道的投融资体系，确保油茶产业持续快速健康发展。

第五，密切协作，合力推进。各有关地区和部门要把发展油茶等木本粮油产业，作为保障国家粮油安全、生态安全的战略举措来科学谋划，作为推动集体林权制度改革、灾后恢复重建的重要内容来统筹安排，作为促进农民增收、新农村建设的重要措施来具体部署。要像关注耕地一样关注山地和林地，像重视草本粮油一样重视木本粮油，像抓大豆、油菜一样抓油茶。各地要将油茶产业发展纳入当地经济社会发展全局中统筹考虑，摆上重要议事日程认真研究，切实加强组织领导，广泛调动各方面的积极性，充分挖掘土地、市场等各种要素的潜力，努力推动油茶产业快速发展。发展改革、财政、科技、商务、税务、粮食、质检、扶贫、金融、保险等部门，要主动参与，密切配合，共同为油茶产业发展提供有力的政策、资金、技术等保障，促使油茶产业在短期内有一个大发展，使之真正成为农民增收致富的重要渠道、现代林业建设的新亮点、山区综合开发的突破口。

回良玉在三北防护林体系建设30年总结表彰大会上的讲话

（2008年11月19日）

1978年11月，在邓小平同志的亲自关心下，党中央、国务院果断作出了在我国西北、华北北部和东北西部建设防护林体系（以下简称三北工程）的重大战略决策。30年来，党中央、国务院始终高度重视三北工程建设，把三北工程放在国家战略全局的重要位置，采取了一系列重大举措。国家有关部门通力协作，大力支持工程建设。三北地区各级党委、政府精心组织，林业部门科学管理，广大人民群众艰苦奋斗，全社会积极参与，共同推动工程建设健康发展。经过30年不懈奋斗，三北工程建设取得丰硕成果。

一是构筑了北方地区的生态屏障。工程累计完成造林保存面积2446.9万公顷，工程区森林覆盖率由1977年的5.05%提高到目前的10.51%，林木蓄积量由7.2亿立方米提高到13.9亿立方米。沙漠化蔓延趋势开始得到遏制，水土流失面积和侵蚀强度大幅度下降，基本农田得到有效庇护。在东起黑龙江宾县、西至新疆乌孜别里山口的万里风沙线上，初步建起了一道乔灌草、多林种、多树种有机结合的防护林体系，形成了一座蔚为壮观的“绿色长城”，使三北地区的生态状况显著改善，为维护国家生态安全发挥了重要作用。

二是促进了农民增产增收。在耕地基本保持平衡的情况下，项目区粮食总产量、亩产量都提高了1.6倍（总产由0.6亿吨提高到1.53亿吨，亩产由118千克提高到311千克）；干鲜果品年产量增加了近20倍（由不足200万吨提高到3600万吨）；农民人均收入增加了30多倍（由100多元提高到3600多元）。三北工程建设的实践表明，生态建设工程应当在注重生态效益的同时，注重经济效益和社会效益，使农民得实惠、生态得保护。

三是推动了生态文明建设进程。30年来，勤劳智慧的三北地区广大人民群众在共产党领导下，进行了一场追求人与自然和谐发展的伟大实践，谱写了一曲感天动地的英雄壮歌。三北工程建设成果浸透着人民群众的心血和汗水，蕴含着传统的民族精神和伟大的时代精神，既是巨大的物质成果，也是宝贵的精神财富。工程建设形成的“艰苦奋斗、顽强拼搏，团结协作、锲而不舍，求真务实、开拓创新，以人为本、造福人类”的“三北精神”，成为推动我国生态建设的强大精神动力。与改革开放同步的三北工程，可以说是开生态建设之先，兴生态经济之路，奠生态文明之基。

四是赢得了国际社会的高度赞誉。先后有70多个国家的元首、政府官员、专家学者前来参观考察三北工程，给予了高度评价。联合国环境规划署为工程颁发"全球500佳"奖章。在2000年汉诺威世博会上，三北工程被评为20世纪全球最具影响的重大项目。三北工程创造和总结的一系列经验办法，不仅被广泛应用于国内生态建设实践，而且已成为广大发展中国家治理生态的典范，为全球生态安全作出了重大贡献。

三北工程之所以取得巨大成就，关键在于做到了"四个坚持"：一是坚持改革创新，不断消除制约工程建设的体制机制障碍，为工程建设增添了不竭的动力源泉；二是坚持充分发挥社会主义制度的优越性，调动一切积极因素，集中力量办大事，全党动员、全民动手、全社会参与三北工程建设；三是坚持以人为本，一切依靠群众，一切为了群众，尊重人民群众的首创精神，满足人民群众的利益需求，让人民群众成为生态建设的主体，让人民群众充分享受建设成果；四是坚持因地制宜、因害设防，宜林则林、宜草则草，依靠科技进步推进工程建设。

30年的实践证明，党中央、国务院作出建设三北工程的战略决策，是一项具有远见卓识的英明决策。建设三北工程，不仅开创了我国大规模生态建设的先河，而且也是世界生态建设史上的伟大创举；不仅是我国实施可持续发展战略的标志性工程，而且也是世界上建设规模最大、持续时间最长、取得效益最佳的生态建设工程。三北工程是统筹人与自然和谐发展的成功实践，是惠及当代、荫及子孙、造福人类的历史丰碑，必将成为人类重建森林植被、建设生态文明、推动可持续发展的成功典范。

三北工程建设的成就是极其伟大的，但今后的任务更加艰巨。按照工程规划，建设任务要到2050年才全部完成。全国83%的荒漠化土地、85%的沙化土地、67%的水土流失面积分布在三北地区。三北地区仍然是我国生态最脆弱的区域，生态问题仍然是制约三北地区经济社会可持续发展的主要瓶颈。

党的十七大作出了建设生态文明的重大战略决策，明确提出到2020年要使我国成为生态环境良好的国家。党的十七届三中全会通过了《中共中央关于推进农村改革发展若干重大问题的决定》，对加强生态文明建设提出了明确要求。在建设生态文明、推进农村改革发展的新形势下，三北工程建设面临着十分难得的机遇。我们一定要站在新的历史起点上，进一步创新思路、凝聚力量、坚持特色、发挥优势，坚定不移地将这项伟大事业推向前进。

*第一，以科学发展观统领工程建设。*要坚持以人为本，确立农民在工程建设中的主体地位，保障他们参与工程建设的自主权，享受工程建设成果的优先权，确保民权、民责、民利的有机统一。要坚持统筹兼顾，充分发挥三北工程业已形成的优势，正确处理与其他生态建设工程的关系，确保统一目标，形成合力，取得最大的成效。

*第二，以改革创新推动工程建设。*三北工程的启动、发展离不开改革开放的历史条件，目前工程建设遇到的问题也是改革发展中的问题，必须用改革的办法加以解决。要以集体林权制度改革为突破口，建立健全适应社会主义市场经济体制要求的工程建设体制机制。要通过深化改革，优化资源配置，激活发展动力，巩固建设成果，提高工程效益，实现山变绿、水变清、天变蓝、人变富、工程建设持续发展的目标。

*第三，以生态建设规律指导工程建设。*生态系统演替有其内在的科学规律，只有掌握和运用好这些规律，生态建设才能收到事半功倍的效果。要科学把握生态系统演替长期性、整体性、关联性的内涵，做到既立足当前又着眼长远，既突出重点又兼顾全局。要坚持"一张蓝图

绘到底”，避免急功近利的短期行为。要改变“防护林建设一劳永逸”的错误认识，把巩固成果、提升功能、释放效益提上日程，及时更新改造、科学经营利用防护林，不断提升工程建设的质量和效益，切实增强工程自我积累、自我发展的能力。

第四，以增加投入支持工程建设。中央和地方各级财政都要根据财力的增长情况，加大对三北工程建设的投入规模，提高工程建设投入标准，建立持续稳定、科学合理的工程建设投入机制。要探索建立鼓励和引导各种造林主体参与三北工程建设的有效办法，建立不同主体依法进行林权流转的机制，盘活森林资源，吸引更多的社会资金投入工程建设。

第五，以法律法规保障工程建设。要树立保护就是发展的理念，不断加强森林资源保护。要广泛宣传森林法、防沙治沙法等法律法规，增强全民自觉保护工程建设成果的意识。要落实森林资源管护责任，建立森林资源破坏案件责任追究制，严厉打击乱砍滥伐、毁林开垦、非法征占用林地等违法犯罪行为。要完善和兑现森林生态效益补偿政策，提高森林资源管护者的积极性。要建立健全森林资源监测体系，及时掌握资源变化情况。

阿不来提·阿不都热西提在第五届中国城市森林论坛开幕式上的讲话

（2008年11月17日）

受中共中央政治局委员、全国政协副主席、关注森林活动组委会主任王刚同志委托参加第五届中国城市森林论坛，我感到很高兴。

森林问题十分重要。森林是人类的摇篮，是人类文明的依托，是人类生存发展的重要条件。森林作为陆地生态系统的主体，是维护国土生态安全，促进人与自然和谐发展的重要保障。森林问题是一个重要的国际政治问题。近年来，随着全球经济快速发展和人口不断增加，生态与经济社会发展的矛盾日益突出，森林问题越来越得到国际社会的关注，成为国际政治的热点领域。世界各国普遍把保护森林、发展林业作为从根本上改善生态环境、减少各种自然灾害、控制温室效应、应对气候变暖的一个重要措施。在全球政治议程中森林问题也成为重大主题，越来越多的国际会议把森林问题作为主要议题。在去年9月召开的亚太经合组织会议上，胡锦涛同志提议建立“亚太森林恢复与可持续管理网络”，得到了亚太各经济体的接受和赞同，展现了一个负责任大国的良好形象。森林问题是一个重要的国家战略问题。我国是一个资源贫乏的国家，森林的总量不足、质量不高，人均森林面积不到世界平均水平的1/4，人均森林蓄积量不到世界平均水平的1/6，这是造成我国水土流失、土地荒漠化加剧、水资源短缺、物种减少等生态问题的重要原因之一，成为我国经济社会发展的重要制约因素。森林问题还是一个重要的民生问题。森林具有净化空气、涵养水源、保持水土等巨大生态功能，与广大人民群众的生产生活、健康福祉密切相关。再加上我国人均GDP已经超过2000美元，人民群众的消费水平向更高层次发展，对生态产品的需求越来越迫切。这些，都要求我们要把建设和保护森林作为国家经济社会发展的基础工程和长远大计来认识，给予更高的重视，赋予林业更为重大的责任和使命。

党中央、国务院历来十分重视林业工作，在一系列重大战略决策中赋予林业重要地位和使命，在政策、措施、资金上作出重大部署安排，林业建设呈现出良好发展态势，全国人工林保存面积达8亿亩，居世界第一；森林覆盖率达18.21%，比新中国成立初期提高了一倍多；全国林业产业总产值达到1.25万亿元，为国家经济发展作出了重要贡献；林业改革取得重大突破，集体林权制度改革在全国推开，成为我国农村改革和林业发展的又一座里程碑。党的十七大和刚刚结束的十七届三中全会对建设生态文明，统筹城乡、区域、经济社会发展作出了全面部署，这些重大决策对林业建设和发展提出了新的更高要求。林业作为生态建设的主体，承担着建设森林生态系统、保护湿地生态系统、改善荒漠生态系统和保护生物多样性的重大使命，在生态建设中的首要地位更加突出；林业是最大的循环经济体和可再生能源库，是农业和水利发展的重要基础，在可持续发展中的重要地位更加突出；林业领域覆盖城乡，与市民和农民关系密切，与城市建设和农村发展息息相关，在统筹城乡、区域发展中的基础地位更加突出。大力发展林业，加强生态建设，关系国计民生，关系中华民族的生存和永续发展，不仅是一个重大的长远战略，也是一项十分紧迫的重大现实任务，是需要几代人、十几代人、几十代人付出艰苦努力的大事业。各级党委政府、各部门和社会各界必须按照"全国动员，全民动手，全社会办林业"的方针，扎扎实实做好工作，共同付出不懈努力。为此，我提三点希望。

第一，要进一步提高思想认识，把林业工作摆上重要位置。在深入贯彻落实科学发展观、推进生态文明建设的新形势下，林业在国家建设全局中的地位越来越重要，作用越来越突出，林业建设和改革发展的任务比以往任何时候都要艰巨和复杂。在林业建设这个问题上怎么重视都不为过，怎么强调都不为过，怎么抓都不为过。各级党委政府要进一步提高对林业工作重要性的认识，自觉地把林业发展摆上重要议事日程，纳入本地区经济和社会发展的总体规划，认真落实林业发展的各级领导目标责任制，及时研究、妥善解决林业建设中出现的重大问题，给林业以位置、给林业以政策、给林业以资金、给林业以人才，为林业创造更好、更优的发展环境。

第二，要进一步增强责任感，动员社会各界关心林业。林业建设是一个涉及面很广的系统工程，任何一个部门都难能独自承担，需要全社会的广泛参与。公民、社团、企业、媒体等都负有保护生态、参与生态建设的责任和义务，都要为加强林业生态建设、改善生态环境作出应有的贡献。广大公民要树立正确的生态价值观念，认真履行植树义务，践行健康绿色的生活方式和消费模式，当好林业生态建设和保护的积极参与者、促进者。广大企业要积极转变生产方式，承担起生态责任，成为林业生态建设的重要推动力量。广大社会团体和新闻媒体要利用各种形式、各种渠道为林业生态建设大声疾呼，成为林业生态建设的重要动员力量。所以，各部门、各行业以及社会各界都要把支持林业建设作为自己义不容辞的责任，关心林业，服务林业，不断把全社会办林业提高到新水平。

第三，要进一步加强宣传教育，全面树立公民的森林意识。要树立关爱森林的意识，让人们了解中国的国情、林情，增强紧迫感、危机感；要树立保护森林的意识，让人们自觉维护森林的安全和健康，形成人与自然和谐相处的生态观念；要树立建设森林的意识，让人们认识到植树造林发展林业，是每一个公民不可推卸的责任和义务。要把树立森林意识作为社会主义精神文明建设的重要内容，通过深入宣传森林的功能、效益和作用，大力普及森林生态知识，广泛开展生态教育，特别是未成年人的生态道德教育，把建设和保护森林上升为一种民族文化，上升为全民的行为准则和道德规范，使每一位公民都成为林业生态建设的责任人和受益者，提高参与林业生态建设的积极性、自觉性和主动性。

全国政协对举办中国城市森林论坛和创建“国家森林城市”活动十分重视。贾庆林主席专门为论坛作出了“让森林走进城市，让城市拥抱森林”的重要题词，明确了城市森林建设的发展方向。关注森林活动组委会将继续关注和支持城市森林建设，通过举办中国城市森林论坛，开展“国家森林城市”创建活动，深入宣传城市森林建设理念，广泛普及森林知识，提高全社会的森林和生态意识，进一步推动我国城市森林建设健康快速发展。

罗富和在应对全球变化的林业科学研究国际研讨会暨中国林业科学研究院建院50周年庆祝大会上的讲话

（2008年10月27日）

中国林科院建院50年来，认真贯彻中央关于“三农”工作的部署和科技工作方针，取得了上千项重大科技成果，培养造就了一大批卓有成就的林学家、生态学家、木材学家以及其他方面的科学家，为提高林业重大工程科技贡献率，维护国家生态安全，转变林业经济增长方式，加速农民脱贫致富，作出了重要贡献，从而奠定了在国际林学界的重要地位。

半个世纪以来，中国林科院的广大科技人员怀着“让黄河流碧水、赤地变青山”的壮志，将科技论文写在祖国的白山黑水、荒漠沙丘上，头发白了、山头绿了。他们坚持面向生态建设，坚持面向林区、山区、沙区和贫困地区，坚持资源可持续开发利用，坚持致力于宏观战略和林业现代科学技术研究，默默耕耘，埋头苦干，共同书写了一部感人的辉煌历史。我们还欣喜地看到，新一代林业科技骨干力量已经茁壮成长，不少年轻的林业科技人员崭露头角、初露锋芒，中国林科院的未来一定更加辉煌。

森林是陆地生态系统的主体，林业是重要的公益事业和基础产业。加强生态建设，维护生态安全，是新世纪人类面临的共同主题，更是我国经济社会可持续发展的重要基础和迫切要求。新中国成立以来特别是改革开放以来，党中央、国务院对林业工作十分重视，经过全国林业建设者的不懈努力，目前我国森林覆盖率已达到18.21%，人工林保存面积达到8亿亩，占世界人工林总面积的近40%，居世界第一位，并累计向社会提供木材近100亿立方米。特别是“十一五”以来，全国林业工作亮点很多、发展很快、成效很显著。但是，从整体上看，我国仍然是一个林业资源缺乏的国家，森林资源总量严重不足，森林生态系统的整体功能非常脆弱，林业建设任重道远。

党的十七大作出了建设生态文明的重大战略决策，明确提出到2020年要把我国建设成为生态环境良好的国家。今年6月，党中央、国务院颁发了《关于全面推进集体林权制度改革的意见》，全面推进集体林权制度改革是稳定和完善农村基本经营制度的必然要求，是我国农村生产力的又一次大解放，也是贯彻落实科学发展观的生动实践，对推动我国农村新一轮改革发展具有里程碑的意义。刚刚闭幕的党的十七届三中全会又作出了《关于推进农村改革发展若干重大问题的决定》。明确指出，农业、农村、农民问题关系党和国家事业发展全局。我国总体上已进入以工促农、以城带乡的发展阶段，进入加快改造传统农业、走中国特色农业现代化道路的关键时刻，进入着力破除城乡二元结构、形成城乡经济社会发展一体化新格局的重要时期。我们要把建设社会主义新农村作为战略任务，把走中国特色农业现代化道路作为基本方向，把加快形成城乡经济社会发展一体化新格局作为根本要求，毫不动摇地推进农村改革发展。党的十七届三中全会特别强调，发展现代农业，必须按照高产、优质、高效、生态、安全的要求，加快转变农业发展方式，推进农业科技进步和创新，加强农业物质技术装备，健全农业产业体系，提高土地产出率、资源利用率、劳动生产率，增强农业抗风险能力、国际竞争能力、可持续发展能力。要确保国家粮食安全，推进农业结构战略性调整，加快农业科技创新，加强农业基础设施建设，建立新型农业社会化服务体系，促进农业可持续发展，扩大农业对外开放。这些重要部署对全国林业工作和林业科技工作提出了新的要求，为进一步推进林业科技进步指明了前进的方向。我们一定要从全局和战略的高度，充分认识林业科技工作肩负的重大使命，以林业科技事业的大发展推动生态文明的大发展、现代林业的大发展和整个农村经济的大发展。

第一，要充分认识林业科学技术在生态文明建设中的重大使命。建设生态文明，实现生态良好，要求我们充分利用现代科学技术，走科技含量高、经济效益好、资源消耗低、环境污染少的发展道路，实现经济与人口、资源、环境协调发展。林业科学技术涉及森林资源的培育、加工、利用等多个领域，是影响生态建设、资源利用、环境保护的关键性技术，在生态文明建设中发挥着决定性作用。我国林业科学技术的发展水平，在很大程度上决定着生态文明建设的科技含量与推进速度。林业科学技术越发达，生态建设的质量就会越高、步伐就会越快，建设生态文明、实现生态良好的进程就会越短。广大林业科技工作者一定要提高认识，刻苦攻关，不断解决制约我国生态建设的各种科技难题，充分发挥林业科学技术在生态文明建设中的支撑、引领和带动作用。

第二，要充分发挥林业科学技术在现代林业建设中的特殊作用。科学技术是第一生产力，科技进步是林业发展的不竭动力。建设现代林业，充分挖潜林业的生态效益、经济效益和社会效益，离不开科学技术的进步。现代林业，应该是科技发达、生产发展、效益显著的林业。新中国成立以来，我国林业科技事业有了很大发展，科技实力明显增强，但是与其他行业相比，与建设现代林业的要求相比，林业科技水平还显得相当落后，难以满足全面推进现代林业建设的需要。因此，必须比以往任何时候都要更加重视林业科技工作，更加坚定不移地贯彻科技兴林的方针，切实把现代林业建设转移到依靠科技进步和提高劳动者素质的轨道上来，用科学技术的不断进步推动现代林业的又好又快发展。

第三，林业科技工作者要为兴林富民、建设社会主义新农村作出更大的贡献。广大林业科技工作者要树立雄心壮志，勇攀科学高峰，用林业科技的大进步推动林业生产力的大发展。要围绕现代林业发展中的关键技术和前沿领域，加强原始创新、集成创新和引进消化吸收再创新，努力提升我国林业科技发展水平和核心竞争力。要积极开展国际、国内合作与交流，把握国际林业科技发展趋势，分享全球林业科技进步的成果，加速推进林业科技与国际接轨。要深入林业生产一线，大力推广林业新品种、新技术，把林业知识和实用技术送到林农手中，让农民群众从林业科技进步中获得更多的实惠，为兴林富民、建设社会主义新农村作出应有贡献。

履行建设生态文明重大使命 推进现代林业又好又快发展

——在全国林业厅(局)长会议上的讲话

贾治邦

(2008年1月14日)

一、2007年林业工作的简要总结

过去一年，在党中央、国务院的正确领导下，各级林业部门认真按照年初确定的任务，团结协作，狠抓落实，林业改革加快推进，生态建设继续加强，产业发展取得新成绩，生态文化建设出现了好势头，发展领域不断拓展，林业功能不断增强，现代林业建设迈出了坚实一步。

(一)*林业改革取得重大进展，林业发展活力进一步激发*。各地各部门认真落实胡锦涛总书记、温家宝总理、回良玉副总理的重要指示和全国集体林权制度改革现场会议精神，国家林业局先后召开了东北、华北、西北、南方片集体林权制度改革座谈会，深入总结推广经验，财政部向14个省(区)拨付林改工作经费15.78亿元，各有关部门大力支持，专家学者建言献策，新闻媒体进行了集中报道，改革步伐明显加快。有27个省(区、市)成立了集体林权制度改革领导和工作机构，有16个省(区、市)制定了政策性文件。福建、江西、辽宁等省基本完成主体改革任务，正在推进配套改革；云南、安徽、河北、湖北4省主体改革全面推开；湖南、河南、贵州、海南等8省(市)正在总结试点经验，今年将全面推开；其他省(区)也在积极开展试点、深入调研，进行前期准备。全国承包到户的林地约6.6亿亩，占集体林业用地的27.5%。

改革破解了制约集体林业发展的体制性障碍，林业发展活力明显增强。一是充分激发了农民造林、育林、护林的积极性，推动了生态建设和保护。造林面积成倍增加，盗伐乱伐林木案件和森林火灾大幅度减少。二是极大地解放和发展了林业生产力，有效发挥了林地资源的潜力，促进了农民增收致富。农民对林业敢于投入，产出效益显著增加。浙江省安吉县林业总产值达到105.1亿元，农民人均收入9196元，其中6078元来自林业。三是基本理顺了山区林区发展的诸多关系，农村社会矛盾明显减少，促进了农村和谐稳定。已经完成主体改革的省份，山林纠纷调处率达到70%~94%。云南省普洱市一起长达40多年的林权纠纷，在法院判决仍未得到执行的情况下，通过林改顺利解决。四是有效盘活了林区资源，促进了各种生产要素向林业流动。福建省林业全年吸纳社会资金80多亿元，累计获得林权抵押贷款42亿元；浙江省今后5年可从农发行获得林业贷款50亿元；江西省正在开展森林火灾保险试点；辽宁省山地经济日趋活跃。实践证明，集体林权制度改革利民利林利国，已经对林业发展和山区农民脱贫致富产生了重大而深远的影响。

同时，国有林场改革在7个省开展了试点，湖南、江西两省安排数千万元财政资金，用于解决林场职工社会保障等问题。国有林区森工企业政企分开、森林资源管理体制改革试点顺利推进，伊春市国有林权制度改革试点也取得了阶段性成效。

(二)*生态体系建设继续加强，林业生态功能不断发挥*。森林生态系统建设与保护持续推进。全国完成造林520万公顷，义务植树22.7亿株，种苗、造林质量和义务植树尽责率进一步提高。天然林保护力度加大。退耕还林工程深入实施，综合效益开始显现。陕西省吴起县累计退耕还林11.67万公顷，林草植被覆盖率由退耕还林前的19.2%提高到62.9%，农牧民收入大幅度提高，生态状况明显改善，年均降雨量由400多毫米增加到582毫米。国家加大了三北防护林工程建设投资力度。沿海防护林体系建设工程规划已经国务院批准，总投资99.84亿元。林业血防工程正式实施。绿色通道建设不断延伸，仅交通部门全年就投入公路绿化资金105亿元，累计完成绿化里程124万千米，占总里程的60.5%。城市森林不断增加，已有7个城市荣获“国家森林城市”称号，北京市向国际奥委会承诺绿色奥运的7项绿化指标全部兑现，上海市新增林地800万公顷。平原绿化步伐加快。森林经营管理进一步加强。林权登记发证更加规范，发证率达到90.1%。森林可持续经营认证标准发布实施。森林资源监管力度加大。西藏自治区在全国率先建立了远程视频监控系统，对木材检查站实行24小时监控。征占用林地定额管理制度开始实行。北京、安徽、福建等省(区、市)实行了林地总量控制。第七次森林资源清查进展顺利。全国森林资源和生态状况监测体系建设迈出实质性步伐。经过多年的建设与保护，全国森林资源持续增长，生态功能不断增强。我国人工林已占到世界人工林面积的近1/3。据联合国全球森林资源最新评估，全球年均减少森林面积约666.67万公顷，而中国年均增加森林面积400多万公顷，我国人工林面积年均增量占全球年均增量的53.2%，成为森林资源增长最快的国家。联合国评估报告指出，在全球森林资源减少的情况下，亚太地区森林面积出现了净增长，其中中国森林资源增长在很大程度上抵消了其他地区的森林高采伐率。这一重大成果，值得全体林业建设者骄傲，值得全国人民骄傲。

湿地生态系统建设与保护明显加强。以湿地自然保护区、湿地公园、湿地保护小区等为主体的湿地保护体系逐步建立。湿地保护工程进一步推进。国务院批准成立了中国履行湿地公约国家委员会，各地加强了湿地保护管理机构。开展了湿地资源调查监测试点示范。湿地保护面积扩大。全国已建立湿地自然保护区470多处、国际重要湿地30处、国家湿地公园18处，约有47%的自然湿地得到有效保护。

荒漠生态系统建设与保护进入新阶段。全国防沙治沙大会胜利召开，防沙治沙目标责任制全面实行。综合示范区建设继续加强。京津风沙源治理工程建设质量效益明显提高。总结推广了宁夏防沙治沙的成功经验。重点沙区绿洲面积进一步扩大。沙尘暴灾害应急工作得到加强。

生物多样性保护取得新进展。新建自然保护区26处，新增面积180.47万公顷，林业自然保护区总面积达到1.23亿公顷，占国土面积的12.8%。濒危物种拯救逐步加强，大熊猫、朱鹮等濒危野生动物回归自然试验顺利进行。陆生野生动物疫源疫病监测体系基本形成。制定了中国植物保护战略。

*(三)产业体系建设取得新成绩，林业经济社会功能日益增强。*全国林业产业大会胜利召开，中国林业产业协会正式成立，中国国际林业博览会成功举办，《林业产业政策要点》颁布实施。各地结合实际，强化政策扶持，完善管理体系，搭建服务平台，优化发展环境。四川、吉林等10个省(区、市)召开了林业产业工作会议，全国有独立产业管理机构的省(区、市)达到20多个，1/3以上的省(区、市)已组建或着手组建省级林业产业协会，河北、重庆、青海等近20个省(区、市)开展了省级林业龙头企业扶持工作，湖北、新疆、甘肃等省(区、市)积极推进名牌产品评选、中国绿色食品认证。

良好的发展环境激发了全社会投资林业产业的热情，林业产业继续保持了强劲发展势头。全年林业总产值预计达到1.17万亿元，同比增长9.85%。其中：广东省达到1315亿元，福建省1200亿元，浙江省1116亿元，山东省851亿元，江苏省800亿元。全国生产木材6974万立方米，人造板7365万立方米，各类经济林产品产量突破1亿吨。林产品国际贸易总额达到570亿美元。林产品生产大国和国际贸易大国地位进一步巩固。以林木种植、经济林培育、竹藤花卉、野生动植物繁育利用、林木采运、木竹加工、人造板制造、林产化工、林机制造、木浆造纸、森林旅游等为主的林业产业体系初步形成。各地建立了一批各具特色的支柱产业，涌现出一批林业经济强县，促进了区域经济发展、农民增收和社会就业。湖南省通过发展林业产业，增加农民就业岗位600多万个。北京市林业产业就业人员达到100万人。陕西省继苹果形成支柱产业后，花椒产业又成为新亮点，韩城市花椒产值占林业总产值的95%以上，有11万多农民靠花椒实现脱贫致富。江苏省邳州市大力培育杨树和银杏产业，林业年产值达到140多亿元。山东省沾化县仅冬枣一项就实现年销售收入18亿元，枣农人均收入超过6000元。

*(四)生态文化体系建设开局良好，人与自然和谐的价值观得到强化。*生态文化基础建设加强。新建国家级森林公园26处，确立了27处国家生态文化教育基地，首个生态文明建设示范基地——湄州岛生态文明建设示范基地正式建立，国家级特大型综合植物园——秦岭国家植物园开工建设，中国(宁波)森林博览城开始筹建，福建省确定了20个“森林人家”示范点，重庆市建成20多个农家社区森林公园，河南省新建生态文化基地232个，北京市建成观光果园400多个。中国生态文明建设促进会积极发挥作用，北京大学成立了生态文明研究中心，江西省成立了生态文化建设管理中心。

生态文化产品不断丰富。举办了全国野生动植物保护成果展、生态摄影展、文艺家采风和生态笔会等活动，出版了《生态文明建设论》、《生态文化建设论》、《森林与人类》等专著。《中华大典·林业典》编纂和林业史料收集整理工作全面启动，制作播出了11集大型系列专题片《森林之歌》，在中央电视台主办的《绿野寻踪》少儿节目赢得社会好评，电影《天狗》和电视专题片《保护湿地》荣获2007年度华表奖。

生态文化传播力度明显加大。林业宣传工作纳入了党的宣传工作布局。在充分发挥传统媒体传播功能的基础上，开通了国家生态网。在开展植树节、湿地日、世界防治荒漠化与干旱日、爱鸟周等纪念活动的同时，各地还举办了森林文化节、湿地文化节、竹文化节、香榧文化节、银杏文化节、杨梅文化节、观鸟节、花卉博览会、林特产品博览会等活动，传播了各具特色的生态文化。成功举办了赠港大熊猫、城市森林论坛等大型活动，启用了森林防火吉祥物防火虎“威威”，丰富了生态文化传播形式。

（五）林业建设领域不断拓展，林业地位和影响力明显提升。以创绿色家园为切入点、建富裕新村为结合点，深入推进新农村建设。召开了林业推进新农村建设现场会，表彰了首批100个绿色小康县、990个绿色小康村、9162个绿色小康户，发挥了良好的示范作用。各地在绿色家园、富裕新村创建行动中，狠抓“四化一片林”建设，即村屯绿化、庭院绿化、农田林网绿化（近山远山绿化）、沿路沿河沿渠沿塘绿化和一片村民休憩林，美化了村容村貌，获得了可观的经济效益。湖北省武汉市7000多个自然村基本建成四季有绿的绿色家园，福建省发动农民在房前屋后种植珍贵树木1330万株，成为农户的重要家产。

林业在应对气候变化中的重要作用受到特别关注。胡锦涛主席在第十五次亚太经合组织会议上，从维护全球气候安全的战略高度，提出了建立“亚太森林恢复与可持续管理网络”的重要倡议，并作出了到2010年中国森林覆盖率由18.21%提高到20%的承诺，受到国际社会的广泛赞誉，被称为应对气候变化“森林方案”。温家宝总理在第三届东盟峰会上，进一步阐述了中国为应对气候变化，发展森林资源、建立自然保护区、防治荒漠化的目标与立场，产生了重要影响。在中欧圆桌会议上，“森林与气候变化”被列为重要议题，进行了深入讨论并形成共识。为了发挥林业在应对气候变化中的重要作用，国家林业局成立了应对气候变化工作领导小组和碳汇管理机构，建立了中国绿色碳基金。在7个省（区）启动了中国绿色碳基金首批项目。通过积极应对气候变化，我国林业进一步走向世界，为树立负责任大国形象发挥了重要作用。

林业生物质能源开发取得新进展。编制了《全国能源林建设规划》、《林业生物柴油原料林基地“十一五”建设方案》。国家林业局先后与中石油、中粮集团、国家电网公司等开展合作，在云南、四川、湖南、安徽等省（区）建设油料能源林基地6.67万公顷，在河北、陕西省建设的黄连木采种基地及生物柴油生产高技术产业化项目启动实施，在山东省建立的以林木为主要原料的生物发电厂已投产运行，黑龙江、内蒙古等地的林木生物质发电厂已开始建设。

（六）林业建设的保障能力增强，发展条件继续改善。一是资金渠道拓宽、投入增加。全年中央林业投资总额达到557.46亿元。林业贴息贷款余额总规模达到97亿元，社会资金投入林业达300多亿元，增设了林业救灾专项资金，安排中央财政森林生态效益补偿基金33亿元，新争取亚行贷款1亿美元，中国绿化基金会募集资金2.34亿元。国务院决定退耕还林补助政策再延长一个周期，国家将新增投入2066亿元，使退耕还林工程总投入达到4300多亿元，为巩固退耕还林成果提供了有力保障。同时，各地也加大了对林业的投入。天津市新增林业投资4.2亿元。山西省投入林业近20亿元。广东省决定今后14年投资226亿元，实施低产林改造工程。河南省决定今后10年投资400多亿元，建设林业生态省。已有25个省（区、市）和部分市、县建立了地方森林生态效益补偿制度，补偿资金达到16.46亿元。福建省把公益林补偿费用纳入水资源费使用范围，并实施了江河下游地区对上游地区森林生态效益补偿政策。资金监管力度加大，重点工程资金稽查开始向效益稽查延伸。二是林业科技支撑能力增强。启动了国家科技支撑计划林业项目，制定了67项林业行业和国家标准，“绿色国民经济框架下的森林核算研究”取得重要成果，完成了“库姆塔格沙漠综合科学考察”任务，开展了送科技下乡活动，实施了150多个推广项目。三是依法治林取得新成效。《林木种质资源管理办法》、《森林资源监督工作管理办法》等部门规章颁布实施。江西省颁布了森林条例，江苏省颁布了公益林条例，内蒙古、辽宁两省（区）颁布了湿地保护条例。组织开展了“绿盾二号行动”，全年共查处林业案件21万余起，处理违法犯罪人员27万人次。林业综合行政执法试点取得新进展。四是国际合作深入推进。举办了国际竹藤组织成立10周年庆祝活动和全球竹藤可持续发展高峰论坛，国际竹藤组织成员国达到34个，国际影响不断扩大，成为南南合作新平台。有效应对国际林业热点问题。促成东北亚森林网络成立。首次开展了中国与东盟国家多边合作。认真履行国际公约。荣获世界自然基金会“自然保护杰出领导奖”。五是突发事件应急处置能力提升。国务院、中央军委批复增编组建武警森林部队。开展了“北兵南用、跨区驻勤”行动，启动了国家林业应急平台体系建设。组织了扑火实战演习。与前3年相比，全国森林火灾次数、受害森林面积、人员伤亡分别减少23.1%、88.2%和48.4%，首次取得了近20年来春夏防无重特大森林火灾的好成绩。强化了重点有害生物防治，美国白蛾防治实现了有虫不成灾。六是队伍和机关建设加强。干部人事制度不断完善。森林公安和林业检法纳入国家政法专项编制。基层林业工作站建设进一步加强。林业社团工作得到规范。“建四型机关、做五个模范”活动深入开展。开展了林业重大问题调研，取得了一批重要成果。推进了电子政务和政务公开。开展了反腐倡廉警示教育，强化了机关内审和后勤服务保障工作。

这些成绩的取得，是党中央、国务院正确领导的结果，凝结了各级党委政府、各有关部门和全体林业建设者的智慧和心血。借此机会，我代表全国绿化委员会、国家林业局，向各省(区、市)党委政府，向各有关部门和单位，向林业劳动模范、先进工作者和全体林业建设者，向新闻界的朋友们，向社会各界关心林业建设的同志们，表示衷心的感谢！对各地林业建设取得的重要成绩，表示热烈的祝贺！

同时必须清醒地认识到，当前林业发展还存在着一些突出问题，主要有：一是思想解放不够，改革创新意识不强，开拓进取力度不大，甚至还存在着因循守旧、固步自封的现象。二是森林经营工作十分薄弱，森林质量提升缓慢。三是破坏森林资源、湿地资源、沙区植被和野生动植物资源的案件屡有发生，一些地方乱批乱占林地现象屡禁不止。四是林区经济不活跃，林业职工的生产生活条件还没有得到根本改善。这些问题必须深入研究，着力解决。

二、当前林业的形势和任务

当前，我们必须用党的十七大精神来武装头脑、分析形势，以世界眼光和战略思维来审视国际国内林情，切实增强发展林业的使命感、紧迫感，必须用党的十七大精神来谋划林业、指导工作，以高度负责的精神来履行我们的职责，切实安排好今年和今后一个时期的林业工作。

从国际看，生态问题成为人类生存与发展的最大威胁，建设生态文明成为延续人类文明的必由之路。历史上，由于人类对森林破坏而导致国家衰亡、文明转移的例证屡见不鲜。进入工业文明后，在社会生产力得到极大发展的同时，也造成了森林资源锐减，带来了严重的生态危机。随着气候变暖、土地沙化、湿地缩减、水土流失、干旱缺水、物种灭绝等生态危机日益严重，国际社会对林业给予了前所未有的关注，林业问题受到空前重视，成为全球政治议程的重大主题。联合国指出，全球森林已从76亿公顷减少到38亿公顷，减少了50%，难以支撑人类文明大厦。并强调，“没有任何问题比人类赖以生存的森林生态系统更重要了，在经济社会可持续发展中应赋予林业首要地位”。在相继签署濒危野生动植物种国际贸易公约、湿地公约、生物多样性公约、防治荒漠化公约、植物新品种公约、关于森林问题的原则声明后，联合国又开展了千年生态系统评估，将林业列入联合国千年发展目标。2000年，联合国特别成立了森林论坛，经过7年的艰辛谈判，2007年12月17日第六十二届联合国大会审议通过了《国际森林文书》，呼吁国际社会和各国政府：履行对林业可持续发展的政治承诺，制定和实施国家林业发展战略和规划，将林业发展纳入国家经济社会发展总体规划；加强林业立法和执法，强化林业行政管理和林业机构能力建设；加强森林保护，减少毁林，遏制森林退化，加快已毁森林的恢复进程；增加林业投入，扭转林业建设资金不足的局面；促进技术交流，提高森林可持续经营水平。为了推进林业可持续发展，全球已经形成了蒙特利尔进程、赫尔辛基进程、亚洲干旱地区进程、非洲干旱地区进程、中美洲进程、近东进程、非洲木材组织进程和塔拉波托倡议等8个森林可持续经营标准和指标体系，并形成了打击非法采伐森林的浪潮。

特别是，森林减排成为应对气候变化的主要措施。2007年2月，联合国政府间气候变化专门委员会发表的《第四次气候变化评估报告》明确指出：与林业相关的措施，可以在很大程度上吸收二氧化碳，从而缓解气候变化。2007年12月，在联合国气候变化框架公约第十三次缔约方大会上，森林减排被列为巴厘岛路线图的重要内容。预计今后通过植树造林、加强抚育、减少毁林、控制森林退化等途径，将承担20%~40%中的部分减排指标。同时，森林生物质能源成为世界各国缓解能源危机的战略选择。森林生物质能源就其当量而言，是仅次于煤、石油、天然气的第四大能源。专家估计，到本世纪中叶，各种生物质能源替代燃料将占全球总能耗的40%以上。总之，生态危机已成为人类文明延续的最大障碍，林业问题已成为众多国际组织、政治家、科学家关注的重点，最近两届诺贝尔和平奖连续颁发给了关注生态问题的个人或组织，全球范围内已经兴起了一场林业可持续发展的绿色革命。这既是人类面临的严峻挑战，也使林业发展进入了极好的战略机遇期。

从国内看，生态问题成为制约经济社会发展的最大瓶颈，建设生态文明成为实现科学发展的紧迫任务。由于历史原因、人口众多和资源依赖型的经济高增长，我国森林稀少、土地沙化、水土流失、湿地破坏、干旱缺水、物种濒危等生态问题也十分严峻，特别是我国已成为全球第二大二氧化碳排放国，生态负荷日益加重，国际社会要求我国承担减排义务的呼声日益强烈。只有加强生态建设，才能有效维护国土生态安全、木材安全、物种安全、能源安全、淡水安全、粮食安全，改善当代人的生存发展条件；只有加强生态建设，才能不断增强可持续发展的能力，为后代留下生存发展的空间；也只有加强生态建设，才能不断增加森林碳汇，提升应对气候变化的能力，为全球应对气候变化作出更大贡献。

党中央、国务院站在国家和全球的战略高度，在深刻总结经济社会发展和人类文明发展规律的基础上，作出了建设生态文明的重大战略决策，并将其列为全面建设小康社会的重要目标。生态文明是人类文明发展史上的一种新型文明形态，高于原始文明、农业文明、工业文明并对物质文明、政治文明、精神文明建设具有指导、规范作用，要求社会的政治行为、经济行为、生活行为限制和规范在不破坏人类生存条件的范围内。生态文明是人类在改造客观世界的进程中，推进科学发展、可持续发展、人与自然和谐发展的物质、精神、制度方面成果的总和。生态文明的核心是确立人与自然和谐、平等的关系，反对人类破坏自然、征服自然、主宰自然的理念和行动，倡导尊重自然、保护自然、合理利用自然并主动开展生态建设的理念和行动。林业是生态建设的主体，承担着建设森林生态系统、保护湿地生态系统、改善荒漠生态系统和维护生物多样性的重要职责，肩负着建设生态文明的历史重任。建设生态文明，不仅对中国特色社会主义现代化建设具有重大而深远的影响，而且对维护全球生态安全具有重大战略意义，这既是党中央、国务院赋予林业的重大使命，也是我国对人类应尽的重要义务和历史责任。

党的十七大确定，到2020年全面建设小康社会目标实现之时，要使我国成为生态环境良好的国家。生态差距是我国与发达国家的最大差距，生态建设是实现科学发展最艰巨的任务。可以说，党的十七大确定的经济社会发展目标，完全可以实现，而实现生态良好国家的目标，任务十分艰难。我们必须增强使命感、责任感、紧迫感，精心谋划林业工作，充分发挥全体林业建设者的聪明才智，充分挖掘林业发展的巨大潜力，切实履行好建设生态文明的重大使命，全力推进现代林业又好又快发展。

按照全面推进现代林业建设的总体部署，根据新形势新任务，今后一个时期林业工作的总体要求是：高举中国特色社会主义伟大旗帜，坚持以邓小平理论和“三个代表”重要思想为指导，深入贯彻落实科学发展观，紧紧围绕建设生态文明，继续解放思想，全面深化改革，调整完善政策，强化科技支撑，转变发展方式，促进兴林富民，推进现代林业又好又快发展，为夺取全面建设小康社会新胜利作出更大贡献。2008年，完成造林面积5333.33万，义务植树25亿株，实现林业总产值1.4万亿元。力争到2010年全国森林覆盖率达到20%，森林蓄积量达到132亿立方米以上，森林的质量效益明显提升，林业的三大功能明显增强，社会生态文明观念逐步树立。为了完成好党中央、国务院交给我们的光荣任务，必须坚持和把握好以下几项基本原则。

*一要坚持把建设生态文明作为现代林业建设的战略目标。*建设生态文明是科学发展重大战略思想的进一步深化，是贯彻落实科学发展观的新要求，是党执政兴国理念的新发展，也是现代林业建设的新目标。建设生态文明有三项本质要求：一是加强生态建设，维护生态安全，实现生态良好；二是基本形成节约能源资源和保护生态环境的产业结构、增长方式和消费模式；三是在全社会牢固树立生态文明观念。林业是一项十分重要的公益事业，又是一项十分重要的基础产业，也是一项十分重要的文化载体，具有巨大的生态功能、经济功能和社会文化功能，这是林业的基本属性。建设现代林业就是要按照林业的基本属性和内在规律，构建三大体系，提升三大功能，发挥三大效益，以林业的多种功能满足社会的多样化需求。这既是现代林业建设的基本内容，也是生态文明建设的本质要求。我们必须把建设生态文明作为现代林业建设的战略目标，作为林业工作的出发点和落脚点，作为全体林业建设者义不容辞的神圣职责，始终不渝地坚持抓好。同时，要正确处理好林业三大体系之间的关系。只有坚持以生态建设为主的林业发展战略，构建完善的生态体系，才能维护生态安全，实现生态良好，为产业体系和生态文化体系建设提供坚实的物质基础；只有构建发达的林业产业体系，才能充分发挥林业的经济功能，更好地推动生态体系和生态文化体系建设；也只有构建繁荣的生态文化体系，才能使全社会牢固树立生态文明观念，保障生态体系和产业体系持续发展。林业三大体系建设互为补充、相互促进，我们必须坚持统筹兼顾，推动林业三大体系全面协调可持续发展。

*二要坚持把解放思想作为现代林业建设的重要前提。*解放思想、与时俱进是事业不断取得胜利的重要思想武器。过去我们之所以能够取得优异成绩，创造成功经验，甚至有的方面还能够在世界上处于领先地位，就在于坚持了解放思想、实事求是的思想路线，及时用新的科学的理念指导林业实践。同时，我们也必须清醒地认识到，林业的潜力之所以远未得到充分发挥，林业的体制机制之所以远未与市场经济体制相适应，林业的科学化、精细化管理之所以远未达到国际先进水平，其中一个重要因素就是思想不够解放，没有做到与时俱进。思想不够解放，集中表现在固步自封、自我满足，不能用世界眼光观察问题，不能用战略思维分析问题，不能用市场办法解决问题，缺乏着眼整体的全局意识、居安思危的忧患意识、顽强拼搏的竞争意识和与时俱进的时代意识。建设现代林业，要求我们必须勇于解放思想，敢于开拓创新，坚决打破思想上的桎梏，排除发展中的障碍，不断拓展林业发展的新领域，不断创造林业发展的新优势，不断发现和解决林业发展中的新问题。建设现代林业的过程，首先是一个不断解放思想、更新观念的过程。解放思想永无止境，与时俱进才有出路。广东省是我国改革开放的前沿阵地，是解放思想的排头兵，目前还在开展解放思想的大讨论。林业系统也很有必要开展一次解放思想的大讨论，彻底破除阻碍林业发展的旧观念，彻底消除束缚林业发展的思想羁绊，为现代林业建设打开宽广的眼界和思路。

*三要坚持把深化改革作为现代林业建设的根本动力。*改革是一场伟大的革命，没有改革就没有国家的繁荣强盛，没有改革就没有林业的兴旺发达。实践证明，只有深化改革，才能激发林业的内在活力，增强林业发展的动力；只有深化改革，才能理顺生产关系，解放发展生产力，建立充满活力的现代林业体制。我们必须坚定不移地推进以林业产权制度改革为

重点的各项改革，构建现代林业体制。同时，调整完善政策是现代林业建设的又一重大举措。政策和策略是党的生命，没有良性的政策，就没有良性的运转机制，再好的体制也难以发挥作用。我们必须在大力推进林业体制改革的同时，不断调整完善政策，建立有利于建设三大体系、提升三大功能、发挥三大效益的政策体系，真正建立起推进现代林业又好又快发展的长效机制。

四要坚持把加强森林经营作为现代林业建设的永恒主题。森林资源是构建林业三大体系的物质基础。没有充足的高质量的森林资源，就难以提升林业三大功能，就谈不上现代林业建设。长期以来，我国高度重视造林绿化和采伐利用，为扩大森林面积和保障木材供给作出了重要贡献。但是，这种只抓两头、不抓中间的做法，也带来了单位面积蓄积量低、林地产出率低和生态功能不强等问题。这是我国林业没有很好地解决木材需求问题和生态安全问题的重要原因，也是我国林业与发达国家林业的差距所在。其症结在于林业发展方式粗放、科技素质不高、森林经营管理不够，这与现代林业建设的要求不相适应。按照全国林业发展规划，我国扩大森林面积、提高森林覆盖率的空间有限，很难满足维护国家生态安全和木材安全的需求。要真正解决好这两大战略问题，必须坚持两手抓，一手抓造林绿化，尽最大努力扩大森林面积，一手抓森林经营，尽最大努力提高森林质量。因此，我们必须转变林业发展方式，大力提升林业科技含量，全面加强森林经营，这样才能真正解决好林业质量效益不高、生态产品和林产品严重短缺等重大问题。

五要坚持把兴林富民作为现代林业建设的根本宗旨。现代林业是以人为本的林业。对林业来说，以人为本最重要的就是兴林富民，这是国家、集体、个人和林业部门多方利益的最佳结合点。兴林是林业发展之本，富民是林业发展之基。只有兴林，才能不断夯实富民的资源基础；只有富民，才能不断壮大兴林的社会基础。我们必须牢固树立兴林为了富民、富民才能兴林的理念，做到在兴林中富民，在富民中兴林。坚持兴林富民，既要富林农群众，也要富林业职工，这样才能充分调动林农群众、林业职工发展林业的积极性，才能吸引人、财、物等社会生产要素向林业聚集。

三、2008 年林业工作重点

今年是全面贯彻党的十七大精神的第一年，是改革开放30周年和北京奥运会举办年，也是现代林业建设的关键之年，做好全年林业工作，意义重大。根据林业形势任务，针对林业工作的薄弱环节，要突出抓好以下几项重点工作。

（一）全面加强生态建设，为人们提供更多更好的生态产品。继续抓好造林绿化和森林资源管理，切实建设和保护好森林生态系统。坚持抓好荒山造林、农田林网、城乡绿化一体化，全面完成造林任务，确保造林质量。深入开展义务植树，重点抓好部门绿化和单位绿化。继续推进天然林保护、退耕还林等林业重点工程建设，启动沿海防护林等新的工程建设。以创绿色家园为切入点、建富裕新村为结合点，深入推进创建行动。切实强化森林资源管理。采取最为严格的措施，加强林地保护，尽快建立“总量控制、定额管理、合理供地、节约用地、占补平衡”的林地管理机制，切实保住全国林地资源“红线”，抓好林权登记发证管理；完善森林采伐利用管理政策，逐步推动从指标控制管理向森林可持续经营认证转变；改进各项检查核查工作，不断提高综合分析评价水平，完成第七次全国森林资源连续清查，推进森林资源和生态状况综合监测体系试点和全国林业信息系统建设；扎实开展资源监督工作，完善监督制度，实行监督责任追究和绩效考评，提高监督实效。

继续强化湿地保护管理，切实建设和保护好湿地生态系统。建立湿地保护与合理利用秩序。加快湿地保护工程建设步伐，扩大湿地保护规模，抓好三江源等重点类型湿地保护。新建一批湿地公园。建立湿地保护恢复、调查监测、湿地公园建设的标准规范。健全中国履行湿地公约国家委员会工作机制及国际重要湿地监管机制，推进重点湿地省和县湿地保护管理机构建设。切实落实好湿地保护规划，通过生态补水、退田还湖、杜绝侵占等措施，巩固湿地保护成果，提升湿地生态系统功能。

继续推进防沙治沙，切实治理和改善荒漠生态系统。坚持发扬“胡杨精神”，坚持科学防治、综合防治、依法防治的方针，全面提升沙化土地防治成效，加快推进从“沙逼人退”向“人逼沙退”的历史性转变。加大治理力度，加强京津风沙源治理工程建设管理，巩固和扩大治理成果。开展三北防护林工程建设30周年纪念活动，增加四期工程年度任务，提高工程建设质量。抓好石漠化防治试点工作。加强重点地区防沙治沙，重点抓好民勤、石羊河流域和黄土高原等地区的治理。加强防沙治沙综合示范区建设。加大封禁保护力度，划定一批封禁保护区，严格执行“三禁”制度，防止植被破坏和新的土地退化。认真落实防沙治沙责任制，加强对沙区开发的监管，加大沙区植被恢复费征收力度，依法查处破坏沙区植被的行为。全面强化科学防治，大力推广防沙治沙的高效模式和技术，加强关键性治理技术难题攻关，抓好荒漠化、沙化趋势监测。

继续加强野生动植物及其栖息地保护管理，切实维护物种安全。进一步完善自然保护区网络，重点抓好示范保护区建设。加强濒危物种特别是极小种群物种拯救保护，规范野生动植物经营利用活动，启动一批野化回归试验。扩大野生动物标识管理试点范围。加强野生动植物进出口管理，控制珍稀濒危特有物种流失。制定《第二批国家重点保护野生植物名录》、《国家禁止限制出口珍贵树木名录》，调整濒危野生动物名录，扩大和完善野生动植物保护范围。

（二）做大做强林业产业，力争在重点领域取得突破。一是落实林业产业政策。认真落实《林业产业政策要点》，对影响林业产业发展全局的财政、税收、金融和市场准入等政策，要逐一明确并落到实处。争取延续现行林产品增值税即征即退、出口退税等优惠政策。完善林业贴息贷款管理办法，解决林业融资难问题。二是加强服务能力建设。加强林业产业行政管理体系建设，支持专业协会等社会中介组织发展。推进全国林业产业信息管理系统建设，完善林业产业预测预警机制。加快森林及林产品认证步伐，扶持一批林业龙头企业、名牌产品，强化林产品标准化建设和市场监管。加强林业会展经济管理指导，要办出精品，形成品牌，注重效益。充分发挥林业产业协会在应对国际林产品贸易争端中的作用，维护国家和企业利益。三是突破重点发展领域。加强速生丰产林和大径级珍贵树种培育，提高木材供应能力。大力推进能源林、碳汇林基地建设，为应对气候变化、维护能源安全作贡献。注重发展林业特色产业，着力建立各具特色的支柱产业。鼓励发展生态旅游，尤其是农家森林旅游，提升林业服务业的比重和水平。大力推进木本粮油发展，为维护国家粮食安全作贡献。特别要集中力量抓好低产油茶林更新改造，建立一批高产示范基地，总结推广成功经验，全面提高油茶林产量。当前，我国食用油进口高达50%以上，如果通过增加科技投入、运用新品种改造，将现有333.33万公顷低产油茶林的一半，改造成高产油茶林，亩产茶油由现在的45～75千克提高到450～750千克，就可腾出166.67万公顷种植油菜的耕地来种植粮食，这对维护我国粮食安全具有十分重大的战略意义。四是抓好山区综合开发。抓紧起草出台山区综合开发文件，筹备召开全国山区综合开发会议，推进山区综合开发、资源综合利用。

（三）深入推进生态文化体系建设，强化全社会的生态文明观念。建设生态文化体系，是全社会牢固树立生态文明观念的基本途径，也是建设生态体系和林业产业体系的基本保障。由森林生态系统、湿地生态系统、荒漠生态系统和生物多样性为主体构成的生态体系，主要面临着人的破坏和火灾、病虫害的破坏，归根结底主要是人为因素；同时林业产业是规模巨大的循环经济体，是国家鼓励发展的生态型产业，林产品既具有巨大的市场潜力，又具有可再生、可降解、绿色无污染等特性，也需要全社会深化认识、大力支持。因此，建设生态文化体系，强化社会生态文明观念，是林业建设的治本之策，没有生态文明观念的树立，就难以建成完善的生态体系和发达的林业产业体系。一要大力加强宣传教育。深化理论研究，创作一批有影响力的生态文化产品，全面深化对建设生态文明重大意义的认识。要把生态教育作为全民教育、全程教育、终身教育、基础教育的重要内容，尤其要增强领导干部的生态文明观念和未成年人生态道德教育，使生态文明观深入人心。二要巩固和拓展生态文化阵地。加强生态文化基础设施建设，充分发挥森林公园、湿地公园、自然保护区、各种纪念林、古树名木在生态文明建设中的传播、教育功能，建设一批生态文明教育示范基地。拓展生态文化传播渠道，推进"国树"、"国花"、"国鸟"评选工作，各地也要大力宣传和评选代表本地特色的树、花、鸟，继续开展"国家森林城市"创建活动，办好第五届中国城市森林论坛。三要发挥示范和引领作用。充分发挥林业在建设生态文明中的先锋和骨干作用。全体林业建设者都要做生态文明建设的引导者、组织者、实践者和推动者，在全社会大力倡导生态价值观，反对主宰自然；倡导生态道德观，反对破坏生态；倡导生态责任观，反对逃避和不尽义务；倡导生态消费观，反对浪费和过度消费；倡导生态政绩观，反对急功近利和搞形象工程。要通过生态文化体系建设，真正发挥生态文明建设主要承担者的作用，真正为全社会牢固树立生态文明观念作出贡献。

（四）切实转变林业发展方式，着力提高林业质量效益。在我国2.87亿公顷林业用地中，未造林的宜林荒山荒地约为0.57亿公顷，即使全部造上林，森林覆盖率也只能增加6个百分点，加上退耕还林成果，我国森林覆盖率最大值为26%～28%。要充分发挥林业三大效益，光靠提高森林覆盖率远远不够，必须转变林业发展方式，着力加强森林经营，全面提高森林质量效益。这是维护国家生态安全和木材安全的关键所在，也是我国林业发展的潜力所在。例如，世界森林蓄积量平均每公顷为110立方米，其中有14个国家和地区超过200立方米，瑞士、奥地利和法属圭亚那地区分别达到368、300和350立方米，而我国仅为84.7立方米。如果将现有宜林荒山荒地全部造上林，并通过加强森林经营，将我国单位面积森林蓄积量提高到世界平均水平，就可增加森林蓄积量约60亿立方米。按目前的单位面积森林蓄积量水平折算，相当于增加森林面积约7300万公顷，这对于维护我国生态安全和木材安全具有十分重大的战略意义。又如，1956年奥地利森林平均每公顷蓄积量为151立方米，年生长量只有2.9立方米，经过加强经营，到1996年每公顷蓄积量增加到295立方米，年生长量提高到8.2立方米，此后在不破坏林相的情况下，每公顷采伐利用量达到5.6立方米，全国年均采伐量高达1500万立方米，并实现了越采越多、越采越好。我国单位面积森林蓄积量较高的吉林省与奥地利自然条件基本相同，吉林省森林面积为720万公顷，比奥地利的396万公顷多出324万公顷。但年均采伐量只有616万立方米，比奥地利少了近900万立方米。可见，转变林业发展方式，提高林业科技含量，着力加强森林经营，走内涵式发展道路，既是我国林业发展的现实需要，也是必然选择。

各级林业部门必须把转变发展方式提到重要位置，把森林经营列为林业工作的重中之重，贯穿到林业建设的全过程。一是全面提高良种壮苗使用率。牢固树立"林以种为本，种以质为先"的理念，以林木良种为核心，大力推进造林良种化、良种生产基地化、苗木生产供给市场化、种苗管理法制化。加强国家重点良种基地建设和林木种质资源保护，加大种苗市场监管和质量监督力度，确保种苗高质量。二是全面推进抚育改造。制定《全国重点公益林经营工程规划》，实施森林经营工程。重点强化中幼林抚育，加强低产低效林改造。三是调整完善林业政策。建立健全有利于促进森林经营的政策体系，加大森林经营资金投入，育林基金要逐步转向重点用于森林经营，同时运用市场机制引导森林经营，促进各种生产要素参与森林经营。建立健全各项制度，制定森林经营管理办法，规范森林经营行为，实行森林经营检查验收、成效考核。四是全面强化科技支撑。大力推广林业科技成果和实用技术，加强森林经营技术研究和应用，实施百县千村万户科技示范行动。积极推进森林经营方案试点，制定《森林经营方案编制技术规范》。改革现行科研项目立项运作机制，实现科研与生产全面对接。加强科技基础条件建设，抓紧建立碳汇计量中心、油茶研究开发中心等科技创新平台。加强科技攻关，争取在重点领域、关键技术取得突破。推进林业标准化、植物新品种保护等工作，形成科技有力支撑森林经营的新格局。五是学习和借鉴国际森林经营的先进经验。引进和掌握可持续经营模式和技术，加强推广。六是抓好典型，树立样板。各地要分别建立一批高标准经营的生态林、速生丰产林、工业原料林、能源林、碳汇林、水源涵养林、木本粮油林、竹林、平原森林的经营示范点，充分发挥各林种的巨大潜力，大幅度提升各林种的功能和效益。

（五）全面推进集体林权制度改革，加快林业体制机制创新。今年林业改革总的要求是：集体林权制度改革全面推开，国有林场和国有林区改革试点深入推进。一要全面推开集体林权制度主体改革。尚未开展试点的地方，要制定试点方案，认真组织试点。正在进行试点的地方，要认真总结试点经验，精心制定改革方案，全面推广"五级书记抓林改、发动群众抓林改、依法依规抓林改、健全组织抓林改、保障经费抓林改、严管资源抓林改"的成功经验。要精心组织实施，用好林改工作经费，严格按照法律、法规、政策、程序进行，做到充分尊重农民意愿并实行政策、程序、内容、方法、结果五公开，真正让农民满意，真正让农民拥有林地的用益物权。要加强宣传、培训，强化档案管理，严格检查验收，确保扎实做好每一个环节的工作，并经得起历史检验。二要全面深化配套改革。已经完成主体改革的地方，要调整和完善采伐管理、减轻税费、生态补偿等政策，建立健全评估流转、抵押贷款、森林保险、专业合作等制度，巩固扩大成果，真正建立起生态受保护、农民得实惠的长效机制。三要充分认识林业改革的长期性。农业改革已进行了30年，现在仍在继续。林业改革才刚刚起步，必须树立持之以恒、坚持不懈、长期作战的思想。要不断深化政策研究，以改革为契机，全面调整完善林业政策。要及时发现和解决改革中出现的问题，尤其要防止发生乱砍滥伐，避免影响改革大局。

（六）不断加强支撑能力建设，提高现代林业建设保障水平。一是做好规划编制工作。贯彻落实《国务院关于编制全国主体功能区规划的意见》，尽快完成《全国林业发展区划》、《林地保护利用规划》、《全国林木种苗发展规划》等编制工作，启动林业"十二五"规划专题研究工作。二是加强资金筹措与监管。加强对政府、社团、外援、企业等各类资金投向的引导和调控，把资金、技术等生产要素投向生态建设的重点领域和重点地区。力争在新批工程、国有林区林场棚户区改造、外援项目等方面取得新突破。完善森林生态效益补偿基金制度，力争合并种类、合理确定数量、提高补偿标准。争取建立林木良种补贴制度。争取林业优惠政策，吸引社会资金投入林业。实行林业项目决策、实施问责制，加强资金审计和稽查，确保资金有效安全运行。三是强化依法治林。全面推进立法、执法和普法工作。严厉打击乱砍滥伐、乱捕滥猎、乱征滥占等违法犯罪行为。继续推进林业综合行政执法试点和政务公开。四是积极应对国际林业热点问题。加快筹建亚太森林恢复与可持续管理网络，着手制定中国应对气候变化林业行动计划，增强我国在气候问题谈判中的话语权。主动参与国际林业规则制定，把握我国在国际林业合作中的主导权。认真履行国际公约，加强国际交流合作。稳妥应对国际林产品贸易摩擦，启动中欧关于非法采伐问题双边协调机制。五是推进应急能力建设。强化森林火灾、林业有害生物、沙尘暴、野生动物疫源疫病等灾害的防控，尤其要防止发生重特大森林火灾和群死群伤事故。加强应急保障，加快全国森林防火、林业有害生物防治专项规划的报批和国家林业应急平台建设，开展林业生物灾害防控战略研究。加强检疫执法，防止松材线虫等有害生物疫情扩散。开展野生动物疫源疫病本底调查，启动第二期国家监测站点建设，提高禽流感等野生动物疫源疫病监测防控能力。切实做好奥运会期间涉及野生动物国际敏感问题的应对工作。加强应急队伍建设，健全基层"三防"协会，加强林业航空建设，大力发展地方专业扑火队伍，加快组建武警福建、甘肃森林总队、森林指挥部机动支队和直升机大队。认真落实《突发事件应对法》和林业应急责任制，完善应急机制。

（七）切实加强领导干部能力建设，全面提升队伍素质。一要加强思想建设。深入学习党的十七大精神，用党的十七大精神武装头脑、指导实践、推动工作。加强教育培训，更新知识和观念，不断提高战略思维、开拓创新的能力，提高建设生态文明的能力，提高建设现代林业的能力，提高适应社会主义市场经济体制的能力，提高驾驭复杂局面的能力。二要强化组织建设。按照"创四型机关"、"做五个模范"的要求，加强各级领导班子和干部队伍建设，继续抓好党的先进性建设。切实加强森林公安、林业工作站等队伍建设，完成森林公安定机构、定编制、定岗位和民警公务员转制工作。充分发挥工青妇、社团、后勤服务机构和离退休干部的重要作用。要培养人才，爱护人才，引进人才，形成人才辈出的新局面，为现代林业建设提供人才保障。全面落实惩治和预防腐败体系的实施意见，坚决查处各种违法违纪案件，坚决纠正损害群众利益的行业不正之风，坚决遏制林业基层干部职务犯罪，巩固清理评比达标成果。三要转变工作作风。在调查研究上下功夫，在解决难题上下功夫，在工作落实上下功夫。要建立领导抓落实、各单位抓落实、督促检查落实和抓典型的责任制。国家林业局要带头抓落实，对重大工作部署，要明确分管局领导，明确承办单位，工作有交叉的，由一位局领导负总责，一个单位牵头抓。各地各单位也要明确分管领导、明确处室、明确承办人并明确任务、明确责任、明确完成时限、明确检查考评。总之，对重点工作要扭住不放，一抓到底，抓出成效，尤其要在林业建设的重点领域抓出一批成效十分显著、说服力很强的典型，并下大力气推广，真正使林业重点工作、重点领域取得重大突破。

贾治邦在全国森林草原防火工作电视电话会议上的讲话

（2008年3月20日）

一、2007年森林防火工作的简要回顾

2007年，我国共发生森林火灾9260起，其中：火警6051起、一般火灾3205起、重大火灾4起，受害森林面积2.9万公顷，人员伤亡94人，其中：死亡61人、受伤33人，与前三年均值比，森林火灾次数下降16.3%，受害森林面积下降85.9%，伤亡人数下降44.3%，首次取得了近20年来春夏防无重大森林火灾、全年无特大森林火灾的好成绩。在全球气候异常，美国、希腊等国相继发生森林大火的情况下，我国取得了上述好成绩，主要得益于以下几个方面。

（一）各级领导高度重视，进一步加强了组织领导。2007年是我国连续第十一个气温偏暖年，特别是大兴安岭北部林区遭遇了1948年以来最严重的持续高温干旱天气，森林防火形势非常严峻。党中央、国务院对此特别重视，温家宝总理、回良玉副总理对森林防火作出近30次重要指示和批示，回良玉副总理还亲自出席国家森防指第二次全体会议，多次赴基层视察指导森林防火工作，对做好全国森林防火工作给予了强有力的领导和指导。国家森防指认真贯彻落实中央领导同志重要指示精神，充分发挥各成员单位和专家组的作用，多次对森林防火工作作出有针对性的部署，及时发布火险预警、通知、通报，先后组织22个工作组深入基层检查落实防火措施。吉林、广东、湖北等省认真落实森林防火责任制，坚持一级抓一级，层层抓落实，从组织领导上保障了森林防火工作的顺利开展。

（二）全面强化宣传教育，进一步严格了火源管理。中央宣传部首次制定并组织实施了年度森林防火宣传工作方案，有力地指导了全年防火宣传。国家森防指评选推出中国森林防火吉祥物——防火虎"威威"，制作6万余件宣传品下发到各地。黑龙江开展声势浩大的"5·6"大火20周年反省活动，广西印制3万份宣传围裙分发到农户，陕西在新华网陕西频道开设森林防火专栏，宁夏组织各类新闻媒体开展公益宣传，青海印制40万份宣传图册发放到牧区，等等，这些措施都收到了良好的效果。四川推行重点林区村庄森林防火专职巡山员制度和村民轮流挂牌值班制度，森林火情发现率明显提高，森林火警成灾率明显降低。辽宁、山西多部门联合开展打击野外违章用火专项行动，江苏平迁100余万座散坟，湖南组织1800多万农户签订森林防火责任书，进一步减少了火灾隐患。

（三）继续加强森林消防队伍建设，进一步提高了应急处置能力。国家森防指在黑龙江省成功举办了新中国成立以来规模最大、指挥系统最完善、灭火手段最先进的森林火灾扑救指挥系统综合演练。经国务院、中央军委批准，新增武警森林部队编制5000多名，新建福建、甘肃总队和指挥部机动支队，组织开展了"北兵南用"行动。进一步加强森林航空消防建设，新建北京、河南、江西等3个森林航空消防航站以及4个移动航站，新增河北、辽宁、新疆等7个巡护省(区)，并首次从俄罗斯引进租用M－26大型直升机，空中巡护和灭火能力进一步增强。江西组建103支全额拨款事业编制的森林消防队，内蒙古、甘肃及时修订完善扑火预案，云南、山东、贵州大力开展森林防火指挥员和基层业务骨干培训，防扑火应急处置能力明显增强。

(四)建立健全长效机制，进一步提升了综合保障水平。国家林业局印发实施了《中国森林防火科学技术研究中长期发展纲要》和《森林防火技术标准体系框架》，组织开展了实用装备技术研发工作。全年中央投入5亿多元加强森林防火基础设施建设，同比增加25.5%。浙江出台《森林消防条例》，福建积极推进森林火灾和扑救人员伤亡保险试点工作，江西引导林农组建林业“三防”协会，河北省县级森林防火财政投入增加2800多万元，重庆、安徽筹集资金实施阻隔工程建设，海南、西藏加强基层森林防火装备配备，进一步增强了森林防火法制和物质保障能力。

总的来看，2007年是我国森林防火工作取得重大成绩的一年。这些成绩的取得，归功于党中央、国务院的高度重视和正确领导，归功于各级党委和政府的精心组织和狠抓落实，归功于有关部门和单位的大力支持和齐抓共管，归功于森林防火战线广大干部职工的顽强奋战和无私奉献。借此机会，我代表国家森防指和国家林业局，向各位领导和同志们表示衷心的感谢并致以崇高的敬意。

二、2008年森林防火工作的安排意见

今年以来，受前期低温雨雪冰冻灾害影响，我国南方灾区林下可燃物增加了5～10倍，基础设施受损超过50%；北方大部分地区降水不足10毫米，其中东北和内蒙古东部平均降水量为1951年以来历史同期最少；目前，各级森林防火指挥部的领导和成员集中变动，加之今年清明节被列为法定节假日后上坟烧纸和野外踏青的人员将大量增加，影响森林防火的不利因素和困难明显增多，森林防火面临着新中国成立以来最严峻的形势。1月份以来，全国累计监测卫星热点6390个，发生森林火灾已经达到3700多起，造成87人伤亡(其中死亡71人，受伤16人，5人以上伤亡5起)，均处于近年来较高水平，特别是人员伤亡比近三年一季度均值上升了66.3%。森林火灾呈现出集中爆发、涉及面广、人员伤亡严重等特点。党中央、国务院对此高度重视，温家宝总理、回良玉副总理连续10多次作出重要批示，对森林防火工作提出明确要求。我们一定要全面贯彻、认真落实总理重要批示和这次会议，进一步完善工作方案和预案，细化工作措施，严防发生重特大森林火灾和人员伤亡事故，突出抓好以下六项重点工作：

(一)围绕灾后重建除隐患。目前，我国南方低温雨雪冰冻灾害抗灾救灾工作已经转入全面恢复重建阶段。各地要把灾后重建与加强森林防火紧密结合起来，坚决避免只顾恢复重建而忽视森林防火的倾向。要把火灾高发区、重点保护区、农林交错区、风景名胜区以及林缘山脚、村寨周围、林内道路两侧作为清理重点，尽快清理林内可燃物。要积极争取经费投入，优先恢复通讯线路、防火道路、林火监测设备等基础设施，尽快提高森林火灾综合防控能力。要结合补植补造，统筹建设生物防火隔离带，大力营造混交林，提高森林自身抗灾能力。在恢复重建中，要严格执行野外用火规定，杜绝炼山造林跑火，加大对林木清理工作的技术指导和用火监督。

(二)围绕绿色奥运保重点。今年8月份北京将举办奥运会，澳大利亚2000年和希腊2004年发生的森林大火，都对奥运会产生了十分不利的影响。我们一定要引以为戒，切实做好森林防火工作，为北京奥运会顺利举办创造良好条件，具体要做到“两突出三到位”。要突出重点区域，即北京、上海、沈阳、青岛、秦皇岛等赛区及周边，奥运火炬传递路线沿途，以及大小兴安岭、新疆和西南林区是防范森林火灾的重中之重，务必做到万无一失。要突出重要时段，即从5月初奥运火炬进入我国境内开始传递起，到8月8日奥运会开幕，再到9月17日残奥会闭幕，这段时期必须保证森林防火绝对安全。“三到位”，即防范措施到位，落实防范措施要纵向到底，横向到边，不留“空当”，没有隐患；应急处置到位，要提前制定奥运期间森林防火专门应急预案；队伍保障到位，合理布局各类森林消防力量，尤其是大兴安岭林区夏季要留足扑火兵力和消防飞机，积极应对雷击火灾。

(三)围绕责任落实严督查。各地要围绕森林防火各项责任和措施是否落实，重点做好“六查”工作。一查领导是否到岗。要密切关注政府换届和机构改革后，各级森林防火指挥部领导是否及时到位，避免岗位空缺、工作断档。二查责任是否落实。对照森林防火行政领导负责制“五条标准”逐条检查，只要有一项未达标，就要尽快督促整改。三查措施是否落实。逐级检查是否制定年度工作计划，对各项重点工作是否有部署，各项措施是否切实可行、落实到位。四查扑火准备是否充分。检查应急预案是否健全完善，队伍是否随时待命，各种扑火装备机具和物资是否完好充足，各类应急通讯是否畅通。五查调度值班是否到位。严格检查各项值班制度是否落实，卫星热点信息是否按规定及时核查反馈。六查火灾报告是否及时。对迟报、谎报、瞒报和漏报森林火灾，酿成大灾或造成重大损失的，要依法依纪严肃追究有关责任人的责任。这次会后，国家森防指和国家林业局将组织7个工作组到各地开展督促检查活动。

(四)围绕防火安全抓宣教。加强宣传始终是森林防火的第一道工序，培训教育始终是扑火安全的第一要务。一要大力营造森林防火氛围。以森林防火吉祥物推出一周年为契机，加大对防火虎“威威”的宣传。通过发放宣传单、宣传册，在广播、电视、报刊上开辟专题、专栏等形式，以及开展“宣传周”、“宣传月”等活动，在全社会营造浓厚的森林防火氛围。二要加强用火安全教育。组织学好用好森林防扑火紧急避险专题片，坚决杜绝扑火伤亡事故。要协调教育部门，推进森林防火知识进课堂、进教材。引导林农树立森林火险意识，杜绝在高火险天气违规用火。要及时通报对火灾责任人、火灾肇事者的处罚情况，以案说法、以儆效尤。三要全面落实分级培训制度。重点加强对新分管森林防火工作的领导以及基层乡镇长、村长、林业局长、林业站长、林场场长、扑火队长等干部职工的培训。

（五）围绕专业扑火强队伍。实行专业扑救是确保“打早、打小、打了”和安全扑火的关键。各地要借鉴江西等省的做法，切实加强地方森林消防队伍建设，制定发展目标，落实编制经费，提高标准化建队和现代化装备水平。加强武警森林部队建设，抓紧做好新增部队的组建工作，争取尽快形成战斗力。继续开展“北兵南用”和“南兵北用”，做到重点时段重点布防、重点区域重点防范，各机动部队、预备队要随时做好增援准备。大力发展森林航空消防事业，继续引进、租用大型灭火飞机，多方挖掘机源，逐步扩大巡护范围，加快推进武警森林部队直升机大队的组建工作。各地要积极组织驻地解放军、武警内卫、机动部队、民兵预备役部队和广大公安民警参与森林防扑火工作，开展扑火技能培训，装备必要的扑火器材。

（六）围绕长效机制抓保障。要进一步加强森林防火基础保障建设，努力建立健全长效机制。一要积极推进《全国森林防火中长期发展规划》的报批和实施，提前考虑和部署项目储备工作。积极配合国务院法制办做好对《森林防火条例》的审查修订工作，力争年内出台。各地要抓紧编制本级森林防火规划，及时完善地方森林防火法规规章和乡规民约。二要加强科技创新。加大投入力度，积极引进应用红外探火、卫星遥感、组织指挥自动化等现代先进科技成果，不断提升森林防火的科技含量。三要加强防火理论研究，积极探索创新机制。组织森林防火专业委员会、森林防火专家组和相关科研机构，开展森林防火基础理论、扑火战略战术研究，积极推进有关标准的制定工作。借鉴国外通行做法，总结福建等省试点经验，加快探索建立森林保险制度。

贾治邦在全国林业灾后恢复重建现场会上的讲话

（2008年3月26日）

一、认真完成好三项学习任务

（一）认真学习、传达、落实好国务院领导同志的重要指示批示精神。近期，温家宝总理、回良玉副总理对林业抗灾救灾及灾后恢复重建极为重视，也极为关切，作出了多次重要批示，并拟于近期专门听取林业抗灾救灾和恢复重建工作汇报。昨天，我们专门认真传达学习了这些重要指示批示精神。温家宝总理、回良玉副总理的重要指示批示，充分体现了中央对林业抗灾救灾和恢复重建的高度重视和关心，使我们深受感动，备受鼓舞。同时，这些重要指示批示，内涵深刻，要求具体，具有很强的针对性和指导性，为下一步搞好林业恢复重建，明确了重点，指明了方向。各位代表回到工作岗位后，要认真组织学习，深刻领会，特别是要学习好回良玉副总理专门对这次会议的重要批示精神，要将中央领导的重要批示在林业灾后恢复重建的各项工作中实践好、贯彻好、落实好。

（二）认真学习、借鉴、落实好各地的林业抗灾救灾和恢复重建经验做法。通过听取典型发言，翻阅交流材料，我认为目前林业灾后重建主要有五条经验。一是领导重视。各受灾省（区、市）党委、政府领导把林业救灾和恢复重建工作放在心头，多次指示批示，亲自部署、安排、检查。二是科技救灾。坚持科技为先，灾后哪一类无法恢复，需要全部清理，哪一类种源体和繁殖体可以保留存活下来，要进行科学指导。湖南提出“该伐的不伐是失职，不该伐的伐了是犯罪”，就是科学清理思路的集中体现。要注重自然恢复，特别是要汲取1987年大兴安岭森林火灾的教训，火灾后全伐的地块，生态难以恢复，自然恢复的地块，生态效果很好。因为森林有群落结构，一旦遭到破坏，人工恢复很难，所以说每个环节都要贯彻落实科技优先原则。三是生产自救，不等不靠。开春后，打工的人走了，仅剩老人、妇女和儿童，会出现劳动力不够的情况。湖南清理工作开展得早，在打工人群离开前就着手清理，劳动力得到了保障，清理工作进行得较为顺利。四是突出重点。灾后重建要分清轻重缓急，抓紧修复森林防火基础设施，避免发生大的森林火灾。湖南一度森林火灾居高不下，现在森林火灾次数逐渐减少。其经验主要有两条：一条是及时恢复了森林防火等各项基础设施，另一条是领导重视，各级领导落实责任制，及时消除森林火灾隐患，降低森林火灾条件。五是狠抓基础。保障种苗供应是林业灾后恢复重建的重要环节。一些省（区、市）在抗灾救灾阶段，就及时安排部署种苗保障工作，抓好种苗供应，所以重建时，没有出现苗木供应不足的情况，为重建工作打好了基础。这些经验必须到现场去看、去听，并在恢复重建具体工作中认真学习、借鉴、落实，防止看了激动、听了激动，回去不动。

（三）认真学习、传达、落实好这次会议各位领导同志的讲话精神。要认真学习周强、徐明华同志和雷加富、祝列克同志的讲话精神，结合本地本单位实际，落实好各项恢复重建工作。要完成好三项学习任务，必须突出“结合”两个字，要将灾后恢复重建与改善民生相结合、与林业重点工作相结合、与全面推进集体林权制度改革相结合，只要抓好结合，就能把这次会议精神贯彻好、落实好，就能开创林业灾后恢复重建工作的新局面，更上一个新台阶。

二、切实抓好三项措施

（一）提高认识。就是要充分认识林业灾后恢复重建的重要性、紧迫性、长期性、艰巨性。只有认识到位，落实才能到位。要从三个方面提高对林业灾后恢复重建任务的认识：

第一，只有认真抓好灾后恢复重建，才能把更多更好的生态产品奉献给人民，才能够认认真真落实好党的十七大提出建设生态文明的目标，才能真正实现温家宝总理在政府工作报告中提出的“山更绿、水更清、天更蓝”的目标，才能使地球更健康、更年轻，人类才会永远进步，经济社会才会可持续发展。林业是生态建设的主体部门，建设好三个生态系统，维护好一个多样性，是我们的重要任务。这次灾害主要发生在我国生态功能最好、生态区位最为重要、生物多样性最为丰富的地区，这些地区的天然林和退耕还林等生态公益林受到重创，极大地削弱了林业的碳汇、水土保持、涵养水源等生态功能，灾害还导致大批野生动植物伤亡，生态损失难以估量。复旦大学张薰华教授说，林业劳动者种一棵树，就等于生产了一件产品，这件产品又间接生产出人们需要的氧气、洁净的水和明媚的阳光，还保持了水土，是老百姓最需要的产品。只有把重建工作做好，才能尽快恢复林业生态系统，进一步发挥林业的生态功能，提供老百姓最急需、最短缺的生态产品。

第二，只有抓好灾后恢复重建，才能为经济建设，为林业产业发展提供更多的原料，才能完成党的十七大提出的全面建设小康社会目标的要求。回顾林业发展历程，林业为社会主义建设、改革开放、现代化建设作出了巨大贡献。新中国成立后，我国的天然林为国家提供了巨额财政收入，1998年以前木材供应主要依靠采伐天然林。由于资源过度采伐，我国主要国有林区一度出现了资源危机、经济危困的局面。自1998年起，中央实施天然林保护工程，加大财政补贴力度，十年休养，重点国有林区逐步实现了生长量大于采伐量、森林面积和蓄积量双增长的喜人局面。但另一方面，由于实施以生态建设为主的林业发展战略，木材供应日渐紧张，供需矛盾不断加剧，2000年我国原木缺口为3600万立方米，2004年达到1亿立方米，专家预计，到2015年缺口达2亿立方米，2020年仍然不能缓解。供需矛盾使木材价格不断上扬，2007年上半年木制品涨幅最大，原料对外依存度大幅增高。当前，世界各国均加强了对森林资源的保护，俄罗斯不断提高关税限制出口。我国进行现代化建设、完成党的十七大提出的各项任务、推进改革发展等，都离不开粮食、钢材、水泥、木材等基本生产资料。受灾地区提供的木材占全国木材产出的80%，由于林业灾情滞后持久，木材短缺问题还没有显现，将来必然会成为摆在各级政府部门面前的非常严峻的问题。林业部门要进一步提高对灾后恢复重建重要性、紧迫性、长期性和艰巨性的认识，从对人民、对党、对林业事业高度负责的高度，不仅要把灾后恢复重建作为当前重要的经济任务，也要作为非常重要的政治任务来完成。

第三，只有抓好灾后恢复重建，才能把坏事变好事，才能抓住灾后恢复重建的契机，彻底解决林业发展和建设中的一些深层次问题。这次林业灾害呈现四个特点：针叶林比阔叶林严重，纯林比混交林严重，外来树种比乡土树种严重，人工林比天然林严重。林业受灾损失的不仅是森林资源本身，而对区域生态环境直接和潜在的影响不可避免，损失更是难以估量。灾后恢复重建要坚持科学发展观为指导，认真地对林木受害的基本规律进行研究总结。一定要遵循林业的内在规律和自然规律，在恢复森林植被的同时，要尽快促进生态系统恢复，要把提高生态系统的质量作为林业重建的重要指导原则。商品林、速丰林的生产要调整林分结构，既要考虑生态的适应性，也要考虑经济性，兼顾生态效益和经济效益。林业生产周期较长，走错一步，回头很难，所以只能走好，不能走错。

要把森林经营作为林业工作的永恒主题。目前，做好森林经营工作要注重“三个坚持”：一是坚持林分结构调整。对森林经营群落的结构进行科学合理地调整，建立起抗逆性强的混交林生态系统。二是坚持科学清理，做到林木清理与科学经营相结合、人工恢复与自然恢复相结合，特别要注意把握两个环节：第一是注意保存种质资源。受灾的残留个体，可能就是种子源和繁殖体，必须在专家指导下，科学制定清理方案；第二是尽量保留林下植被。最大限度地保护已经形成的森林环境和地表涵养水源、保持水土的植被环境，不要因清理受到破坏，防止水土流失、次生灾害和新的土壤侵蚀。三是坚持抓经营，调结构，促抚育，出效果。借机把森林经营抚育搞上去，今年在适当时机开一次森林抚育现场会或者工作会议。

事物往往有两面性，这次灾害虽然对林业造成重创，但也要坚持辨证地看问题，努力把坏事变好事。要把坏事变好事，必须坚持科技救灾的理念，会后，科技司、林科院牵头，把所有的相关大专院校和科研机构专家学者组织调动起来，让科技人员走到山头地块，把科技送到村上户里，交到林农手中，让科学发展观体现到林业的各个层面。

（二）加强领导。各地要从三个方面强化对林业恢复重建的领导：一是积极争取地方党委政府的大力支持。林业灾后恢复重建能否取得成效，关键在于领导重视。正是由于湖南省党政领导把林业灾后恢复重建摆到位上，拿到手上，说到口上，支持到资金政策上，主要领导亲自安排、部署、研究，分管领导具体组织落实指导，层层抓落实，一抓到底，抓出成效，湖南省林业抗灾救灾和恢复重建工作才取得了阶段性胜利。二是林业部门领导当好参谋。林业部门的一把手，要重视向当地政府和各部门汇报，要满腔热情、积极主动地争取领导重视。林业部门要吃透国家对灾后重建工作的精神，把握好林业发展和重建的方向和目标，当好领导的参谋。林业部门抓落实，不能讲在嘴上，要不等不靠，要从实际出发制定科学的、长期的恢复重建规划，要把所有重建的目标、任务、措施落实到各个角落，竖向到底，横向到边，不留死角。三是其他部门密切配合抓重建。林业恢复重建需要各个部门的支持，只有财政、发展改革、交通、民政等所有部门一起动，措施一起上，才能做好林业恢复重建工作。

（三）抓好落实。各地要做好五项重点工作：一是落实好党中央、国务院对重建工作的总方针总原则和国家林业局的具体要求，充分领会林业恢复重建总体思路中“十六个字”方针的深刻含义。科学规划，就是坚持“好”字优先，林业恢复重建绝不是简单的重复；突出重点，就是抓紧恢复防范森林火灾、森林病虫害等次生灾害发生的一系列基础设施；着眼长远，就是生产和生活兼顾，当前和长远兼顾；稳步推进，就是要有规划，有安排，有组织，有领导地进行。祝列克同志讲的“四个结合”、“四个原则”、“四个力保”，必须牢记在心，贯彻到重建的各个环节。二是制定规划，落实责任。要组织专家，认真总结，深入实地调查研究，制定一个既符合实际又遵循林业发展内在规律的长远规划，规划提出的原则、任务、措施要层层落实下去，坚定不移地执行。三是重建要与林改工作结合。林改是推动林业可持续发展的永不衰竭的动力。胡锦涛总书记指出，林改不仅仅是林业的问题，对农村的改革，对国家各项事业改革都将具有巨大、深远的历史意义和现实意义。今年要在全国全面推开林改，通过改革来促进林业恢复重建工作。四是通过典型带动全局。典型是盏灯，“点亮灯一盏，照亮一大片”。树立优秀典型，可以有力推进灾后恢复重建任务的落实。灾区情况十分复杂，各地受灾情况不同，恢复重建的条件不同、优势不同，各地林业部门要结合实际，发挥优势，挖掘潜力，树立典型，抓好样板，充分发挥典型的示范辐射作用。五是做好督促检查工作。林业恢复重建是一项救灾工程、政治工程，任务艰巨，责任重大，不能有任何闪失和纰漏，一定要督促检查灾后重建工作各项方针、任务是否落实到位，资金使用是否安全规范，一定要将林业灾后恢复重建工作作为政治任务和经济任务认真落实好、完成好。

贾治邦在全国绿化委员会第二十六次全体（扩大）会议暨造林绿化表彰大会上的工作报告

（2008年4月3日）

一、2007年国土绿化工作进展情况

2007年是国土绿化工作取得重要进展的一年。在党中央、国务院的正确领导下，各地区、各部门以科学发展观为指导，坚持全社会办林业、全民搞绿化的方针，认真贯彻落实全国造林绿化电视电话会议精神，深入开展全民义务植树运动，造林绿化工作取得了显著成效。据统计，全国完成造林520万公顷，义务植树22.7亿株，种苗质量、造林质量和义务植树尽责率进一步提高。全国新增种草面积629.35万公顷，草原围栏面积673.95万公顷，草原禁牧休牧轮牧面积累计8986.9万公顷，草原植被得到较好恢复，草原生态进一步改善。全国城市建成区绿化覆盖率达到36%，人均公共绿地面积达到8.6平方米。国土绿化事业的快速推进，为促进经济社会可持续发展发挥了重要作用。

（一）全民义务植树运动扎实推进。为认真落实胡锦涛总书记去年4月参加首都全民义务植树时作出的重要指示精神，全国绿化委员会下发了《关于开展全民义务植树自查工作的通知》，组织开展了全民义务植树执法检查和调研活动，制定了全民义务植树尽责率检查办法，部署各地区、各部门开展了自查并抽查了江苏、四川等8个省的义务植树运动开展情况，分别在杭州、成都召开了义务植树工作座谈会，交流经验，分析问题，研究深入开展全民义务植树运动的具体措施。为支持北京举办绿色奥运，开展了为北京奥林匹克森林公园捐赠大苗活动，山东、江苏、河北等省共捐赠1000多株银杏、油松，有力地支援了北京奥运绿化工作。绿地认建认养、植纪念树、造纪念林活动深入开展，义务植树运动的内容和形式进一步丰富。

（二）重点生态工程建设继续加强。各项重点生态工程深入实施，综合效益开始显现。湿地保护工程进一步推进，湿地保护面积扩大，自然湿地得到有效保护。防沙治沙目标责任制全面实行，综合示范区建设继续完善，沙尘暴灾害应急工作得到加强。生物多样性保护取得新进展，野生动物疫源疫病监测体系基本形成。平原绿化步伐明显加快，森林资源经营管理不断强化，草原生态建设有了新进展。古树名木保护日益受到重视，绿色通道建设速度加快、质量提高。北京、山西、广东等省（市）结合国家重点工程，实施了一批地方绿化重点工程，加快了区域生态建设步伐。

（三）部门绿化快速发展。各部门和单位认真落实部门绿化分工负责制，紧密结合各自实际，积极开展国土绿化工作。中央直属机关和中央国家机关以创建绿化模范单位和首都花园式单位为契机，将机关庭院绿化和生活小区绿化提高到了新水平。交通部门投入31亿元，完成公路绿化里程9.45万千米。铁路部门集中开展了秋季造林绿化大会战，全年共投入10.6亿元，完成铁路绿化里程1.29万千米。水利部门投入6000多万元，开展荒山、湖泊、水库、江河沿岸、渠道两侧绿化。全国妇联继续推进“三八绿色工程”建设和巾帼生态文明院创建活动。共青团中央动员广大青少年开展了声势浩大的保护母亲河行动，共有5000万人次参与生态宣传实践活动，完成造林任务1000万公顷，各级团组织共建设青少年绿色家园211个。人民解放军和武警部队在搞好营区和军事管理区绿化的同时，积极支援地方造林绿化工作，为重点绿化工程建设投入兵力256万人次，植树造林265万亩。

（四）城市绿化步伐加快。各地以创建全国绿化模范城市、国家森林城市和园林城市为载体，将城市绿化纳入城市建设总体规划，按照“城区园林化、郊区森林化、道路林荫化、农田林网化、庭院花园化”的总体要求，在城区开展精品绿化工程建设，在居住小区开展了美化小区、构建人与自然和谐新社区的绿化建设，在单位庭院开展了花园式单位建设活动。通过这些活动，使城市绿地面积不断扩大，许多城市达到了居民出行300～500米就能有公园、有广场或有小游园的目标。北京顺义区、吉林长春市、上海闵行区等通过广泛发动社会各界参与绿化，城市建成区绿化覆盖率、绿地率、人均公共绿地面积显著提高，城市人居环境不断改善。

（五）农村绿化成效明显。各地按照《关于开展“创绿色家园、建富裕新村”行动的通知》要求，狠抓“四化一片林”建设，即：村屯绿化、庭院绿化、农田林网绿化、沿路沿河沿渠沿塘绿化和一片村民休憩林，有效改善了农村生态状况和人居环境，涌现出一批规划设计科学、树种配置合理、绿化档次较高、绿化类型多样、绿化特色鲜明、示范效果较好的“绿化示范村”，基本实现了“村外有林环绕、村内绿地成景、庭院花果飘香”的新景象。共有100个县、990个村、9162家农户分别荣获全国“绿色小康县”、“绿色小康村”、“绿色小康户”荣誉称号。

（六）生态文明观念进一步增强。充分利用各种新闻媒体，加大宣传力度，加强对国土绿化工作的宣传和引导。通过发布《2006年国土绿化状况公报》和编发《绿化简报》等形式，及时向社会和有关部门发布国土绿化信息。组织创作了以保护生态为主线、以国土绿化为主题的公益歌曲。成功举办了2007中国国际林业博览会，全面展示我国生态建设成果。北京、上海、河北等省（市）开展了以绿化知识为主要内容的系列宣传活动，人民群众的绿化意识、生态意识明显提高，生态文明观念进一步增强。

去年造林绿化工作虽然取得了新进展，但仍存在一些问题。主要表现在：有的地方和单位对造林绿化重要性的认识还不到位；义务植树管理有待加强，尽责率还需进一步提高；各地区、各部门绿化水平还不平衡等。特别是今年年初发生的低温雨雪冰冻灾害，使我国的国土绿化成果遭受了严重损失。这些问题必须在今后的工作中认真研究解决。

二、2008年国土绿化工作安排意见

2008年是全面贯彻党的十七大精神的第一年，也是改革开放30周年和北京奥运会举办之年，做好全年国土绿化工作十分重要。今年国土绿化工作的总体要求是：高举中国特色社会主义伟大旗帜，坚持以邓小平理论和“三个代表”重要思想为指导，深入贯彻落实科学发展观，按照发展现代林业、建设生态文明的要求，着力抓好低温雨雪冰冻灾害受损森林资源的恢复重建，着力抓好部门和单位绿化，着力抓好城乡绿化一体化和绿色通道建设，力争全国完成造林面积533万公顷，完成全民义务植树23.5亿株，义务植树尽责率进一步提高，各项绿化工程建设任务顺利完成，部门和单位绿化工作明显加强，完成绿色通道建设20万千米，城市人均公共绿地面积达到8.8平方米。重点抓好以下六项工作：

（一）着力抓好灾区森林资源恢复重建工作。各级林业、绿化部门要按照党中央、国务院关于灾后恢复重建的总体要求，坚持科学规划、突出重点、着眼长远、稳步推进，加快恢复正常的营造林生产秩序，

抓紧做好受灾林木的科学清理、复壮、抚育工作，防止发生森林火灾、森林病虫害及其他次生灾害。在森林资源恢复中，进行抚育改造，推广混交林和抗寒、抗病虫害的优良品种，合理配置生物防火隔离带建设。同时，调整林业建设资金计划，加大对灾区的投入力度。

（二）大力推进部门和单位绿化。绿化任务较重的部门，应进一步完善造林绿化规划和义务植树规划，突出重点，分步实施，稳步推进。认真落实部门绿化分工负责制，尤其是野外勘探、冶金、采矿、采油企业要尽量减少对生态的破坏，加大矿区生态治理力度，把破坏的森林植被恢复起来。要建立单位绿化责任制，落实责任、落实地块、落实资金，加强检查验收和考核通报。积极鼓励支持企业、社会团体、个人、外商参与国土绿化，形成多主体、多层次、多形式的造林绿化新格局。

（三）继续加快绿色通道建设。《国务院关于加快绿色通道建设的通知》（国发［2000］31 号）明确要求，力争到 2010 年全国所有可绿化的公路、铁路、河渠、堤坝全面绿化。按照规划要求，全国可绿化道路里程 208.6 万千米，到 2007 年底已完成 140 万千米，尚有立地条件差、造林绿化难度大的近 70 万千米要在今后三年内完成，时间紧、任务重。有关部门和地方各级政府必须高度重视，加大投入，精心部署，把绿色通道建设作为一项重要的生态建设工程，纳入本地区、本部门生态建设规划，努力提高绿色通道建设的速度和质量。把绿色通道建设与改善生态环境、促进区域经济发展、增加农民收入紧密结合起来，真正把绿色通道建成绿化线、风景线和致富线。充分发挥科技的支撑作用，因地制宜，科学规划，合理确定建设标准，努力建设一批高标准的绿色通道。

（四）努力提高城乡绿化水平。《国务院关于加强城市绿化建设的通知》（国发［2001］20 号）要求，到 2010 年城市规划建成区绿地率要达到 35% 以上，绿化覆盖率要达到 40% 以上，人均公共绿地面积要达到 10 平方米以上，城市中心区人均公共绿地要达到 6 平方米以上。按照这一要求，我国城市绿化任务十分艰巨。要坚持将城市绿化与城市基础设施建设同步规划、同步实施、同步验收。继续举办城市森林论坛，认真评选全国绿化模范城市，让森林走进城市，让城市拥抱森林。按照城乡绿化一体化的要求，统筹搞好山区、农区、城区绿化建设，在农村继续推进“创绿色家园、建富裕新村”行动，努力提高全国城乡绿化水平。

（五）切实加强国土绿化宣传教育。根据建设生态文明的新形势、新任务和新要求，加强宣传工作的针对性，提高宣传工作的有效性。尤其要加强对未成年人的生态教育，使生态文明观念深入人心。运用各种新闻媒体，广泛宣传党和国家关于植树造林、绿化祖国的方针政策与法律法规，广泛宣传国土绿化在建设生态文明、构建社会主义和谐社会中的重要作用。认真组织开展好评比表彰工作，充分发挥其激励先进、鞭策后进的作用，推动国土绿化工作深入开展。做好 2010 年第二届中国绿化博览会的各项准备工作。

（六）进一步加强对全民义务植树运动的组织领导。各地要进一步提高认识，加强领导，采取有效措施，把全民义务植树运动不断引向深入。一是切实将义务植树属地管理制度落到实处，不断提高义务植树尽责率；二是各地要结合实际，制定和完善义务植树的相关规定，尽快将义务植树纳入法制化轨道；三是不断丰富义务植树尽责形式，巩固扩大造林绿化成果；四是进一步加强各级绿化委员会办公室建设。

提高认识　挖掘潜力
全面开创平原林业建设新局面
——在全国平原林业建设现场会上的讲话

贾治邦

（2008 年 5 月 27 日）

一、认真学习借鉴河南平原林业建设的成功经验

近年来，河南省委、省政府坚持把平原林业作为改善生态状况、构建和谐中原、促进新农村建设、推动经济社会可持续发展的一项战略举措来抓，全省平原林业建设取得了显著成效，为全国树立了榜样、积累了经验，值得各地认真学习借鉴。

一是领导强力推动。河南省委、省政府高度重视林业工作。徐光春书记、郭庚茂省长定期听取林业工作汇报，近年来，先后 12 次对林业工作作出重要批示，8 次主持召开会议部署林业工作，经常深入基层检查指导林业工作。省政府先后制定了《河南省县级平原绿化高级标准》、《绿色中原建设规划》，平原县全部达到平原绿化高级标准。特别是，2007 年省政府又制定了《河南林业生态省建设规划》，并将平原地区作为一个单独生态区进行专题规划，这在全国是首创。省政府将平原绿化工作纳入了政府责任目标考核体系，坚持行政首长负责制，层层签订责任状，并狠抓落实、严格奖惩。几年来，全省有94个县受到省政府表彰，兑现奖励资金1000多万元，工作不力的多名干部受到警告、撤职处分，在全省形成了大力发展平原林业的新热潮。

*二是政策机制创新。*河南省始终把完善政策、创新机制作为推动平原林业发展的重要措施来抓。近年来，全省逐步完善林业产权制度，通过承包到户、招标拍卖、公开协商等形式，确定林业经营主体，在明确权属的基础上，允许森林、林木所有权和林地经营权合理流转，吸引各种社会主体投资林业。同时，河南省各级政府也出台了许多支持平原林业发展的政策措施。漯河市规定，农民营造速生丰产林、加工企业自办原料林基地的，育林基金自提自用；投资者在荒沟、荒滩营造的商品林，育林基金减半征收。南乐县规定，群众每造1亩用材林补助50元，每造1亩经济林补助100元，每建1亩反季节果树大棚补助2000元。这些政策机制，有效调动了社会各界参与林业建设的积极性。目前，全省非公有制造林占到70%以上，年均吸纳社会资金5亿多元。

*三是产业逆向拉动。*河南省非常注重发挥第二产业对第一产业的逆向拉动作用，坚持用木材加工业的大发展促进森林培育业的大发展，基本实现了采伐与利用的良性循环。省政府先后出台了《关于加快林业产业发展的意见》、《林业产业2020年发展规划纲要》等重要文件，从财政投入、贷款贴息、税费减免、采伐政策等方面全力支持林业产业发展。2007年，全省林业总产值达到429亿元，木浆造纸、人造板、木制品等木材加工企业达到1.3万家，年加工能力400多万立方米。在木材加工业的强力拉动下，社会各界造林积极性空前高涨。近年来，全省每年造林面积近20万公顷，今年已突破40万公顷，森林资源持续快速增加。

*四是强化科技保障。*河南省与中国林科院签订全面科技合作协议，就平原林业发展中的关键问题进行了联合攻关，取得了一批科研成果。同时，不断加大优良品种、实用技术和先进经验的推广力度，培育引进了泡桐、楸树、白榆、杨树等新品种，重点推广了农枣间作、农桐间作、林菜间作等农林复合经营模式，积极引进木材加工、木浆造纸等方面的新设备、新技术、新工艺，形成了一整套从资源培育到加工利用的技术体系，为平原林业发展提供了有力的技术保障。目前，全省良种使用率已达到80%以上，林业科技成果转化率达到46%以上，科技进步对林业经济增长的贡献率达到36%以上，走在全国前列。

*五是大力增加投入。*近年来，河南省不断加大林业建设资金投入力度。2007年决定，未来5年投资424.2亿元用于林业生态省建设。投资力度之大，在河南历史上前所未有，在全国各省(区)也不多见，为全国作出了榜样和示范。2008年，省级财政已投入林业建设资金4.1亿元，市、县两级财政已落实林业建设资金23.77亿元，是2006年的4倍。许昌市、县、乡三级财政两年来投入10亿多元用于林业建设；郑州市5年来投资5.5亿元，营造了2.67万公顷城市防护林带。投资的大幅度增加，为河南平原林业发展提供了有力保障。

*六是实行各部门联动。*各有关部门积极参与也是河南省平原林业快速发展的重要因素。省农发办把农田林网建设纳入了年度计划，明确提出要建成旱能浇、涝能排、沟相通、路相连、田成方、林成网的平原农田新格局。省黄河河务局连续10年开展黄河防浪林建设，在黄河两岸形成了长200多千米、宽50米的绿色走廊。省交通厅采取业主买苗、群众栽植的办法，实施了高速公路绿化工程，绿化总里程达2845千米，植树863.7万株，实现了高速公路百分之百绿化。

河南省的经验和做法，各地各单位一定要全面学习，认真借鉴，积极推广。

二、充分认识发展平原林业的重大战略意义

我国平原地区国土面积、耕地、人口分别占全国的22.3%、47.9%、43.8%，在经济社会发展全局中占有重要地位。平原地区虽然生态脆弱，但自然条件优越。充分利用平原地区的优越条件，加快平原林业发展，对于维护国家粮食安全，维护国家木材安全，促进农民就业增收，解决“三农”问题，实现平原地区经济社会科学发展，具有十分重要的战略意义。

*(一)发展平原林业，不仅不会造成粮食减产，而且会明显提高粮食产量，对维护国家粮食安全具有战略意义。*平原地区是我国的粮仓，确保平原地区粮食稳产高产是维护国家粮食安全的根本。长期以来，由于平原地区开发历史长，森林资源稀少，生态环境十分脆弱，特别是干热风、低温冻害、风蚀沙化等自然灾害频繁发生，严重影响平原地区的粮食生产。国内外的实践证明，发展平原林业，构筑良好的平原农田防护林体系，对于改善农田小气候，改良土壤，提高肥力，减轻干热风、倒春寒、霜冻、沙尘暴等灾害性气候的危害具有特殊作用，突出表现在三个方面。一是改善小气候，减轻干热风对农作物的危害。干热风是平原粮食主产区减产的主要因素之一。建立农田防护林体系可以十分有效地减轻干热风的危害。据观测，有防护林网的农田要比无林网农田温度低1.6~1.9℃，在干旱区可达到3~5℃，相对湿度提高10%~20%，蒸发量减少8%~12%，土壤有效含水量增加20%左右。安徽省颍上县小张庄过去年年遭受干热风的危害，小麦减产达50%~60%，有时甚至颗粒无收。实现平原绿化以后，基本消除了干热风的危害。

二是防风固沙，增加耕地数量。农田防护林网可以降低风速20%~30%，有效固定流动沙丘，从而使不可利用的土地变成了耕地。地处黄河故道的内黄县，过去由于风沙危害十分严重，许多土地不能利用，通过大力营造平原防护林，可利用耕地不断增加，全县耕地面积由2000年的6.27万公顷增加到2007年的7.1万公顷。三是改良土壤，提高耕地质量。据河南省林科院在豫东平原多年观测，农田防护林可减少土地风蚀20%~40%，增加耕作层土壤有机质30%~50%。当然，林带也确实存在胁地问题。平均一个林网有2%~4%左右的耕地受到一定程度的影响，但90%以上的耕地增产效益明显，总产量增加幅度平均为10%~20%，可谓"胁地一条线，增产一大片"。山东省齐河县境内有60多千米的风沙带，对粮食生产危害十分严重。2003年以后的3年间，全县造林5.67万公顷，有林地面积达到6.67万公顷，明显改善了小气候，年降水量比3年前增加50%以上，无霜期增加21%，平均大风天数、干热风次数分别减少78%和34%，粮食产量从4.81亿千克增加到8.62亿千克。河南省平原地区过去"十里不见树，百里不见林"，粮食产量低而不稳。现在全省标准化农田防护林网面积达到449.5万公顷，平原林木覆盖率达到16.87%，粮食产量不仅没有减少，反而大幅增加。2002年，全省粮棉总产量分别是1949年的5.9倍和12.2倍，2006、2007年连续两年粮食产量突破500亿千克大关，成为全国第一产粮大省。

（二）发展平原林业，潜力巨大，前景广阔，对维护国家木材安全具有战略意义。森林是十分重要的战略资源，木材是不可替代的三大原材料之一。木材以其可再生性和可降解性日益受到现代社会的青睐，经济越发达，对木材的需求量越大。特别是在全球森林资源不断减少、需求量不断增加的情况下，木材日益成为世界性的紧俏商品。据联合国粮农组织对世界森林资源与林产品需求预测，全球森林面积总体上每年减少0.1%~0.2%，而世界林产品需求换算成原木每年以1%的速度增加。据联合国欧洲经济委员会预测，到2020年，欧洲工业用材年均将达到6.59亿立方米，比2000年增加一倍。另据联合国粮农组织预测，目前不足世界森林面积5%的人工林提供了30%左右的工业用材，今后20年乃至数十年一半左右的工业用材将由人工林提供。我国工业化正加速推进，木材需求快速增加，供需缺口不断扩大。"十五"期间，全国年均森林蓄积消耗总需求量已达5.5亿立方米，到"十一五"期末将达7亿立方米，缺口将由"十五"期间的2亿立方米增加到近3亿立方米。我国平原地区自然条件优越，水肥充足，非常适宜林木生长，生产周期一般10年左右，仅为南方山区的1/2、东北林区的1/10，是我国建设木材生产基地的理想区域。经过多年的建设，原来无林少林的平原地区，现在已经成为我国重要的木材生产基地。据统计，我国平原地区活立木蓄积量已达到10.03亿立方米，占全国的7.4%；木材产量占全国的43.7%；竹材产量近3亿根，占全国的26.1%。但从总体上看，平原林业的潜力还远远没有发挥出来。全国平原地区还有荒滩、荒沙和四旁隙地近666.67万公顷，60%的平原县活立木蓄积量在100万立方米以下。如果全国968个平原县都能达到河南省永城市506万立方米的水平，全国平原地区活立木蓄积量将达到49亿立方米，按照15年一个轮伐期，年生产木材可达3.3亿立方米，这对解决我国木材需求问题意义十分重大。

（三）发展平原林业，经济社会效益也十分明显，对促进农民就业增收具有重大意义。平原地区自然条件优越、经济相对发达，能够最大限度地把林业资源优势转化为经济优势，有效促进农村经济发展和农民增收。2007年，全国平原地区林业总产值已达到5000多亿元，占全国林业总产值的40%，为农村经济发展作出了重要贡献，有的还成为地方经济的支柱。据统计，2007年全国平原林业已提供就业岗位1066万个，平原地区农民人均纯收入达到4700元，超过全国平均水平。在北方平原地区农民种植杨树，1立方米木材少则收入500~600元，多则上千元，亩收入是农作物的3~6倍。山东省菏泽市有林地面积达到32万多公顷，活立木蓄积量达到1969万立方米，林业总产值突破180亿元，从业人员达60万人，农民人均收入的31%、市财政收入的24%来自林业。河北省廊坊市文安县经过几年的快速发展，建成了全国最大的人造板生产基地，人造板生产企业达800多家，年销售收入达60亿元，税收占全县财政收入的1/3。河南省鄢陵县发展花卉苗木3万公顷，年产值达20亿元，花农人均纯收入7000多元。

（四）发展平原林业，还能美化村容村貌，促进节能减排，对推动农村生态文明建设具有重要作用。良好的村容村貌是平原地区农村文明进步的重要标志。平原地区不仅是农区，也是重要的工业生产基地。随着我国经济的快速增长，节能减排的压力越来越大，建设生态文明的任务也越来越艰巨。大力发展平原林业，一方面可以绿化环境，美化村容村貌；另一方面，可以提高森林固碳能力，增加林业生物质能源，充分发挥林业间接减排的作用。湖北省林业部门在推进新农村建设中，以"创绿色家园"为切入点、"建富裕新村"为结合点，全面加强"四化、一片林"建设，有效促进了农村绿化美化。经过多年的努力，目前全国平原地区村镇绿化总面积已达到335.47万公顷，平均绿化率已达到28.4%，城区绿化覆盖率已达到35.1%，人均公共绿地面积已达到8.3平方米，绿色通道平均绿化率达75%，极大地改善了平原地区的村容村貌，一些地方基本实现了城市园林化、道路林荫化、农田林网化、庭院花果化，为全面建设农村生态文明奠定了良好的基础。同时，大力发展平原林业，还可以激发农民学科技、用科技的热情，有利于形成崇尚科学、保护生态、爱护环境的良好风尚。

三、准确把握平原林业建设的指导思想、目标任务和基本原则

当前，生态恶化、气候变暖、土地沙化、淡水短缺、木材非法贸易以及粮价上涨等已成为国际国内关注的重大问题。党中央、国务院从全球和国家战略大局出发，作出了建设生态文明的重大战略部署，对林业建设提出了一系列新的要求。我们必须根据新的形势，按照建设现代林业的要求，加速推进从平原绿化向平原林业的转变，重新明确平原林业建设的目标定位、建设内容、经营主体，充分挖掘平原林业的潜力，充分发挥林业的多种功能，不断满足社会对林业的多种需求，实现平原林业又好又快发展。在目标定位上，要从注重生态功能向注重全面发挥多种功能转变，建设生态、经济、社会效益兼顾的综合性农田防护林体系；在建设内容上，要从注重资源培育向资源培育、木材加工、森林旅游，一二三产业协调发展转变，全面建设平原林业三大体系；在经营主体上，要从以政府投入、集体经营为主，向国家、企业、集体、个人多种投资主体和多种经营方式并存转变，形成以市场机制为基础配置资源的新格局。

当前和今后一个时期平原林业建设的指导思想是：高举中国特色社会主义伟大旗帜，以邓小平理论和“三个代表”重要思想为指导，深入贯彻落实科学发展观，以建设现代林业为目标，以兴林富民为宗旨，以生态建设为基础，以产业发展为动力，统筹规划，深化改革，强化科技，因地制宜，突出特色，全面开创平原林业建设新局面。力争到2015年，全国平原地区新增林木折算面积520万公顷，林木覆盖率提高到18%，低效残次防护林改造率达到75%，农田林网控制率达到85%，村镇绿化率达到35%，通道绿化率达到90%，林业总产值突破1万亿元。在工作中，要坚持和把握好以下几项基本原则：

*一要坚持把兴林富民作为平原林业建设的根本宗旨。*兴林是林业发展之本，富民是林业发展之基。只有兴林，才能不断夯实富民的物质基础；只有富民，才能不断壮大兴林的社会基础。我们只有牢固树立兴林为了富民、富民才能兴林的理念，才能找准国家、集体和个人利益的最佳结合点。实践证明，如果单纯就林业抓林业，忽视农民的利益，就难以调动农民发展林业的积极性，林业就难以实现又好又快发展。只有坚持兴林富民，才能实现生态效益、经济效益和社会效益的相统一和最大化，才能充分调动农民群众发展林业的积极性，才能吸引人、财、物等生产要素向林业聚集。平原地区自然条件优越、林木生长迅速、市场信息快捷，一定要充分发挥优势与潜力，做兴林富民的典范。

*二要坚持把深化改革作为平原林业建设的根本动力。*只有深化改革，才能理顺林业生产关系，解放和发展林业生产力，激发林业发展的活力，增强林业发展的动力。平原地区发展林业，要按照“明晰产权、放活经营、规范流转、减轻税费”的要求，积极稳妥地推进集体林权制度改革，明晰林地经营权和林木所有权，落实处置权，保障收益权，充分调动广大农民参与林业建设的积极性。要加快林业税费、投融资和商品林采伐管理等配套改革，逐步消除制约林业发展的障碍。要积极完善林地、林木流转机制，规范流转行为，保障农民权益。要通过深化改革，建立起有利于平原林业又好又快发展的长效机制。

*三要坚持把科技创新作为平原林业建设的重要支撑。*要挖掘平原林业发展的潜力，必须依靠林业科技创新，提高林业发展的质量和效益。要积极开展速生、优质、高抗性良种选育和名特优新经济林种子繁育技术研究，为森林资源培育提供有力的科技支撑。鼓励企业积极开展自主创新，努力研发集资源培育、精深加工、市场营销为一体的新技术、新工艺、新装备，切实增强企业的技术配套和自主开发能力。努力提高林业科技人员的市场意识，加快完善科技成果转化机制和服务体系，实现技术研发与林农、生产单位、企业的对接，促进林业新技术、新成果的快速推广和转化，提高林业科技贡献率，提高林业整体发展水平。加快推广名特优新品种、先进实用技术，积极开展技术培训、科技下乡、科技服务，为农民及时提供技术咨询和信息服务。大力实施“人才强林”战略，努力培养林业科技人才。

*四要坚持把因地制宜作为平原林业建设的重要原则。*我国平原地区地域跨度大，气候、土壤、植被等自然条件各不相同，经济和社会基础差异很大。各地要从实际出发，充分尊重林木生长和森林生态群落演化的内在规律，按照因地制宜、适地适树的原则，科学确定平原林业资源培育的主攻方向、经营目标、主要树种、营造方式和经营模式。要优先使用良种壮苗造林，加大乡土树种造林比重，注重培育大径级珍贵用材林和珍稀树种。在生态脆弱、旱涝风沙等自然灾害严重的地区，一定要把生态防护功能放在首位，选择防护效益大、抗逆性强的树种，维护平原地区生态安全。在生态相对较好的地区，要实行集约经营，大力发展速生丰产林、工业原料林、名特优新经济林，提供更多更好的林产品。

*五要坚持把加快产业发展作为平原林业建设的重要内容。*林业产业是拉动平原林业发展的重要动力，在平原林业建设中，要高度重视林业产业发展。要认真落实《林业产业政策要点》，争取政府将林业产业项目纳入产业发展扶持范畴，积极探索扶持林业产业

发展的优惠政策。完善产业发展服务体系，充分发挥政府职能作用，支持和引导林业咨询、规划评估和行业协会等中介组织，为生产者提供优质服务。不断完善社会化服务体系，有针对性地培育、规范林产品和林业生产要素市场，对农民生产的木材及林产品允许产销直接见面，拓宽农民进入市场的渠道。积极调整优化产业结构，推动资产重组，淘汰落后企业，积极发展高附加值的木材精深加工，延长产业链，实现多次增值。加快产业升级和培育高新技术产业，实现资源高效利用和集约经营，培育一批科技含量高、市场竞争力强的高新技术产业和名牌产品，更好地促进平原地区森林资源的培育与保护。

六要坚持把提高土地资源利用率作为平原林业建设的重要目标。农林复合经营在平原地区已有上千年的历史。近年来，随着林业比较效益的不断提高，各地充分利用田间地头、零散土地，采取林粮、林菜、林药、林草等多种农林复合经营方式来发展林业。研究表明，农林复合经营至少可以使土地产出效益提高30%~50%，有的可高达几倍甚至十几倍。同时，农林复合经营还可以防治土地退化、改善农业生产条件，对解决平原地区人多地少的矛盾具有不可替代的作用。河南省内黄县推广的枣粮油间作模式，平均每亩年收入在3000~4000元，被农民形象地喻为“上有摇钱树(红枣)，下有聚宝盆(花生)，中间夹着粮食屯(小麦)”。目前，全国平原地区农林间作面积为257.8万公顷，间作率仅为39.2%，潜力还很大。广大平原地区要出台优惠政策，对农林复合经营户给予扶持，不断提高土地综合利用率。

四、加强领导，扎实推进平原林业建设

平原林业建设优势突出，潜力巨大，任务艰巨，责任重大，各地要紧密结合本地实际，加强领导，搞好规划，强化措施，努力推动平原林业又好又快发展。

(一)加强统筹规划。平原林业立足“三农”、服务“三农”，必须置于经济社会发展全局中统筹发展。要在严格保护耕地、确保粮食生产的前提下，妥善解决平原林业发展的土地问题，大力发展农林复合经营，提高土地产出率。坚持沟、渠、路、林、水综合治理，科学布局农田防护林，保障农作物稳产高产。统筹林业生态体系、产业体系和生态文化体系建设，在树种选择、林种配置上，既要考虑防护效益，又要兼顾产业利用，还要考虑景观效果；在产业发展上，既要追求经济效益，又要追求社会效益，尽可能多地安置农民就业，带动农民增收致富。要统筹城乡生态建设，促进城乡绿化一体化，既要大力增加城镇森林面积，又要不断加强农田防护林建设，提高村庄绿化美化水平，努力建设城乡协调发展、整体推进的平原绿化体系。

(二)完善政策机制。要用足用好现有政策，细化措施，积极鼓励非公有制林业发展。适当延长林业信贷期限，放宽信贷条件，简化信贷手续，建立面向并满足农民的林业小额贷款和林业小企业贷款扶持机制，积极探索包括林权抵押贷款在内的信贷融资模式。按照国家有关规定执行税费优惠政策，对企业从事农林项目的所得，免征、减征企业所得税，对“三剩物”、次小薪材为原料生产加工的综合利用产品，实行增值税即征即退。采取适度灵活的采伐政策，对农田防护林更新采伐要按照有关规定优先安排并满足采伐限额，对人工商品林采伐要立足森林经营生产需要，切实以政策和机制推动平原林业发展。

(三)拓宽投资渠道。要借助当前加强农业基础建设和新农村建设的有利时机，争取更多的资金投入平原林业建设。平原林业建设要纳入地方财政预算，形成稳定的投资渠道，不断增加平原林业投资总量。在争取各级政府加大投入的同时，不断完善落实各项优惠政策，广泛吸纳社会资金发展平原林业。要充分运用市场机制，推动平原林业发展，鼓励社会资金投入林业精深加工，逐步建立一批现代林业企业。积极发展合作经济组织，在造林绿化、产业发展中，聚集零散资金，形成建设合力。

(四)搞好宣传发动。要大力宣传平原林业建设的重要意义，使全社会真正认识到平原林业对农业的特殊作用和巨大综合效益，正确认识和处理林农矛盾和林粮矛盾，消除思想障碍，用宣传工作的不断深入推动平原林业的不断发展。要广泛宣传发展平原林业的各项优惠政策，调动农民群众参与平原林业建设的积极性。要加强林业法律法规宣传，强化全社会保护森林资源、维护生态安全的意识。要发展生态文化，普及生态知识，弘扬生态文明，提高农民群众生态文明素质。河南省将平原林业发展与稳定提高粮食产量相结合、与调整农村产业结构相结合、与增加农民收入相结合、与改善城乡居民环境相结合、与林权制度改革相结合、与推进新农村建设相结合，既注重发挥平原林业的生态效益，又注重发挥它的经济效益；既为农业生产建设了生态屏障，又为农民创办了绿色银行。要大力宣传河南省等平原林业建设的成功经验和先进典型，用榜样的力量推动平原林业向深入发展。

(五)加强组织领导。平原林业能不能大发展，关键在各级党政领导，关键在林业主管部门能不能积极主动有为，积极争取党委政府的关心和支持，“有为”才能“有位”。加强组织领导要重点抓好四个环节：一是组织发动。关键是党政主要领导要认识发展平原林业的重大战略意义并亲自组织发动，要将平原林业纳入各级党委、政府的重要议事日程，动员各种社会力量参与平原林业建设。二是落实责任。将平原林业建设的目标和任务层层分解落实到部门、生产单位、自然人，一级抓一级，切实落实责任。三是督促检查。定期或不定期检查平原林业的责任落实情况，检查平原林业的建设质量，真抓、真督、真查、真评，督导基层高质保量完成任务。四是树立典型。各地在平原林业建设中要认真培养和总结典型，从感性上升到理性，做好示范推广。

深入学习贯彻中央《意见》精神 确保集体林权制度改革扎实推进

——在全国集体林权制度改革厅(局)长培训班上的讲话

贾治邦

（2008 年 7 月 14 日）

一、关于《意见》出台的重大意义

在迎来改革开放 30 周年之际，中共中央、国务院颁发《关于全面推进集体林权制度改革的意见》(以下简称《意见》)，意义十分重大，影响十分深远。30 年前，中央在总结安徽小岗村“分田到户”的创新实践后，作出了全面实行土地家庭联产承包责任制的战略决策，实现“耕者有其田”，极大地解放了农村生产力，开启了中国特色社会主义事业的伟大征程，成为我国改革开放的里程碑。30 年后的今天，中央在总结福建、江西、浙江、辽宁、云南等地“分山到户”的创新实践后，作出全面推进集体林权制度改革的战略决策，实现“耕者有其山”，必将进一步调动亿万农民耕山致富的积极性，实现农村生产力的又一次大解放。有学者研究指出，过去 30 年我国的改革开放是以耕地改革为切入点和突破口，今后 30 年我国新一轮的改革开放将以林地为切入点和突破口。从这个意义上讲，《意见》是在新的历史起点上，深入推进我国现代化建设的战略举措，必将成为我国改革开放的又一座新的里程碑。

(一)全面推进集体林权制度改革，将充分释放出人的巨大潜能。人是劳动者，是生产力中最活跃的要素。人的潜能释放程度，决定着生产力的解放程度。人的潜能能否得到有效释放，归根到底取决于物质利益原则是否得到了真正的贯彻落实。邓小平同志曾指出：“不讲多劳多得，不重视物质利益，对少数先进分子可以，对广大群众不行，一段时间可以，长期不行。革命是在物质利益的基础上产生的，如果只讲奉献精神，不讲物质利益，那就是唯心论。”30 年来，我国农村改革始终贯穿着“落实物质利益原则，调动农民积极性”这条主线。耕地改革后，田还是那块田，地还是那块地，但产出截然不同。根本原因，就是通过家庭承包经营落实了物质利益原则，有效解放了劳动生产力，充分释放了人的潜能。

耕地改革时，农民为什么对林地家庭承包要求不迫切，原因就在于当时农民还没有直接看到林地的物质利益。第一，林业经营周期长，见效慢，不像庄稼一年一收，见效快。第二，林业税费负担过重，农民经营林业交完税费后，收益十分有限。第三，受计划经济体制的影响，木材及林产品实行统购统销，价格相对较低。第四，农民对国家林业政策缺乏信心，害怕政策变。随着改革开放的发展和经济社会的进步，今天这四个方面的情况都发生了深刻变化，特别是林业特产税的取消和木材价格的大幅度上涨，农民对承包经营林地、发展林业生产、实现增收致富的愿望越来越强烈。在这样的历史条件下，中央决定在全国范围内全面推进集体林权制度改革，把物质利益原则与农民增收致富的愿望有机结合，必将调动亿万农民发展林业的积极性，极大地解放和发展生产力。

(二)全面推进集体林权制度改革，将充分释放出林地的巨大潜力。林地与耕地一样，是国家重要的土地资源，是劳动对象，是生产力的又一重要要素。我国集体林地经历了四次变革：一是土改时期的“分山分林到户”；二是农业合作化时期的“山林入社”；三是人民公社时期的“山林集体所有、统一经营”；四是改革开放初期的林业“三定”。这四次变革都与当时的经济体制相适应，但都没有触及林业产权这个核心问题，都没有确立农民经营林业的主体地位，林地蕴藏的巨大潜力没有得到充分释放。

从林地数量看，我国是一个多山的国家，山区占全国国土面积的 69%、人口占全国的 56%，特别是在南方地区，许多省(区)都是“八山一水一分田”，山地面积是耕地的数倍。30 年前，通过耕地家庭承包经营，充分解放了“一分田”的生产力，不仅解决了 13 亿人口的吃饭问题，而且农民的收入得到了大幅度提高。据统计，我国农村居民人均收入已从 1980 年的 191 元增加到 2007 年的 4140 元，提高了 21 倍，农民基本摆脱了贫困，总体过上了小康生活，为“中国崛起”奠定了坚实的基础，被誉为 20 世纪人类最重大的事件之一。今天，通过集体林权制度改革，解放“八分山”的生产力，必将充分释放出 25 亿亩集体林地的巨大潜力，对推进新时期我国现代化建设将产生重大而深远的影响。

从林地产出看，目前，我国林地的经济产出平均只有20多元，为耕地平均产出680元的1/30。这是差距所在，也是潜力所在。林业不但具有一次投入、多年收益、成本相对较低的特点，而且只要经营得当，收益十分显著。浙江省一些地方每亩竹林年收入达到1万元，山东、河南省许多地方杨树的年收入每亩也达到近千元。如果25亿亩集体林地的产出都能提高到耕地的产出水平，其经济效益是多么的可观。实行集体林权制度改革，将“八分山”落实到农户，把林地的潜力释放出来，必将大大地拓展农民就业增收的新空间，全面开辟农村发展的新天地，对农民特别是山区农民脱贫致富将产生历史性的影响。

（三）全面推进集体林权制度改革，将充分释放出林业的多种功能。林业具有巨大的生态功能、经济功能和社会功能。实行集体林权制度改革，让农民“把山当田耕，把树当菜种”，森林质量和森林蓄积量必将得到大幅度提高，这对于维护我国生态安全、保障林产品供给具有重要战略意义。

复旦大学一位教授说，林业部门是生态产品的生产者，每种一棵树就等于办了一个治污厂。因为树木通过光合作用，可以吸收二氧化碳、制造出氧气，还能够防风固沙、涵养水源。当今时代，所有的物质产品都十分丰富，唯有生态产品十分短缺，这已经成为制约我国经济社会可持续发展的瓶颈。森林在应对气候变化中的作用已经受到特别关注。减缓气候变暖主要有两条途径：一是工业直接减排，二是森林固碳间接减排。直接减排必然影响经济增长和社会就业，各国态度不一。间接减排成本低、效益好，受到世界各国的高度重视。去年举行的联合国气候变化框架公约第十三次缔约方大会，林业成为谈判焦点，森林固碳被列为“巴厘岛路线图”的重要内容。我国正处在经济高速成长期，依靠直接减排的回旋余地相对有限，但依靠扩大森林面积、提高森林质量、增加森林固碳的潜力很大。据专家研究，一辆奥迪汽车一年排放的二氧化碳，11亩林子就能完全吸收；一架波音777飞机一年排放的二氧化碳，1.5万亩林子就能全部吸收；一座20万千瓦的燃煤发电厂一年排放的二氧化碳，48万亩林子就能全部吸收。实行集体林权制度改革，大幅度提高森林经营水平，就能够生产出更多更好的生态产品，实现山更绿、水更清、天更蓝，这对于建设生态文明、促进科学发展意义十分重大。

同时，林业还是一项重要的基础产业，可以为其他行业的发展提供丰富的原料和初级产品。木材与钢材、水泥、塑料并称为四大原材料，其用途十分广泛，与其他三大原材料相比，还具有可再生和可降解两大优势。随着我国现代化建设的快速发展，对木材的需求越来越大，目前每年进口木材及其制品折合原木1.5亿立方米。我国用18亿亩耕地解决了13亿人的吃饭问题，43亿亩林地却没有解决13亿人的木材需求问题，根本原因就在于林业生产力没有得到有效解放。此外，林业还可以向社会提供丰富的非木材产品和原料，有许多极具开发前景的树种和生态条件，其潜力还远未充分挖掘。当前，我国食用油进口比例高达60%以上，如果将我国现有的5000万亩低产油茶林改造成高产油茶林，亩产茶油由现在的3~5千克提高到30~50千克，就可腾出大量种植油菜的耕地来种植粮食。我国还有像麻疯树、黄连木、光皮树、文冠果等种子含油率在40%以上的生物质能源树种154种，发展生物质能源的潜力很大。林下资源的开发也还有巨大潜力。实行集体林权制度改革，可以有效解决我国对木材及林产品的需求问题，为经济社会可持续发展提供重要保障。

正是因为集体林权制度改革意义十分重大、影响十分深远，党中央、国务院十分重视。2006年以来，中央领导同志深入福建、江西、辽宁、云南等改革试点地区考察指导，多次对集体林权制度改革作出重要指示。胡锦涛总书记在福建省永安市视察时指示：“林权制度改革意义确实很重大。”温家宝总理在辽宁、江西考察时指出：“林权制度改革给农民带来了实实在在的利益，与土地家庭承包具有同等重要的意义。”回良玉副总理在出席全国集体林权制度改革现场经验交流会时强调：“这项改革是顺应发展规律、顺乎农民意愿、合乎农村实际的重大创举，是加快林业发展、振兴林区经济、富裕广大林农的根本途径，也是落实科学发展观、构建社会主义和谐社会、建设社会主义新农村的有效举措，必将对我国经济社会发展产生重大而深远的影响，必将载入中国农村改革发展的史册。”党的十七大报告、国家“十一五”规划、政府工作报告和中央经济工作会议、中央农村工作会议，都将集体林权制度改革作为一项重要工作进行了部署。

今年3月，我们将《意见》正式上报国务院后，中央在4月份连续采取三个重大步骤，研究部署集体林权制度改革工作。4月9日，温家宝总理主持召开国务院常务会议，审议并原则通过了《意见》。4月17日和4月28日，胡锦涛总书记分别主持中央政治局常委会议和中央政治局会议，审议并原则通过了《意见》。在这短短的一个月时间内，党中央、国务院召开三个高规格的会议，听取林业工作汇报，专题研究林业问题，这是新中国林业发展史上的第一次。在三次会议上，所有中央领导同志都发表了重要意见，对集体林权制度改革给予了一致好评。这充分体现了党中央、国务院对林业事业的关怀与重视，饱含着中央领导同志对林业发展的殷切期望，表明了中央对全面推进集体林权制度改革的坚定决心。

二、关于《意见》的主要内容和精神实质

《意见》是集体林权制度改革的纲领性文件和行动指南，内涵丰富，博大精深。深入学习领会《意

见》的精神实质，认真落实中央的决策部署，全面推进集体林权制度改革，关键要“抓住一个核心，坚持五大原则，落实五大政策”。

抓住一个核心，就是要紧紧抓住“明晰产权”这个核心。明晰产权，就是在坚持集体林地所有权不变的前提下，依法将林地承包经营权和林木所有权，通过家庭承包经营方式落实到本集体经济组织的农户，确立农民作为林地承包经营权人的主体地位。这是《意见》的核心内容，也是这次集体林权制度改革与历次改革的根本不同和突破所在。全面推进集体林权制度改革，必须紧紧抓住这个核心，围绕这个核心，把各项基础工作做好、做扎实。

明晰产权，必须维护林地承包经营权的“两性”。一要维护林地家庭承包经营的物权性。《物权法》明确规定林地承包经营权为用益物权，这有三层含义：林地承包经营权是由林地所有权派生的物权，是受限制的物权，是一项独立的物权。作为一种用益物权，林地承包经营权只能由本集体经济组织的农户享有，不能赋予其他任何组织和个人。在明晰产权中，一定要把承包经营权落实到本集体经济组织的农户，并保持承包经营权的原始性。二要保持林地家庭承包的长期性。《意见》明确规定：“林地的承包期为70年。承包期届满，可以按照国家有关规定继续承包。”这是目前我国土地承包政策的最长年限，充分表明党在农村的基本政策不会动摇，给农民吃下“定心丸”。这一政策，符合林业生产周期长的特点，进一步发出了党的农村政策长久不变、永久不变的强烈信号，让农民对林地敢于投入、舍得投入，有利于促进农民持续增收，推进现代林业建设。

明晰产权，还必须做到“三个坚持”。一是坚持以分为主。30年的改革实践证明，家庭承包经营是公有制的有效实现形式，是实现农村共同富裕的重要保障，适应我国社会主义初级阶段农村生产力发展的要求。集体林权制度改革的实质，就是家庭承包责任制由耕地向林地延伸，是家庭承包经营政策在林业上的丰富和完善，必须坚持家庭承包经营不动摇。《意见》明确要求，除村集体组织保留的少量集体林地以外，凡是适宜家庭承包经营的林地，都要通过家庭承包落实到本集体经济组织的农户。对不宜实行家庭承包经营的林地，经本集体经济组织成员同意，也要通过均股、均利等方式明晰产权。二是坚持“四权”同落实。《意见》对明晰使用权、放活经营权、落实处置权、保障收益权等，都规定了相应的政策，提出了明确的要求，这比耕地改革更全面、更彻底。目的就是要把这“四权”作为一个有机整体统筹考虑，理顺各方面的利益关系，建立完善的政策体系，确保农民在获得林地承包经营权和林木所有权后，能依法实现自主经营、自由处置、自得其利，为农民经营林业提供制度性保障。三是坚持颁发“铁证”。勘界发证是明晰产权的基本要求，也是保证改革质量的关键环节。历次改革往往忽视了这一点，留下了山证不符、界线不清等诸多隐患。这次改革必须按照《意见》的要求，依法进行实地勘界、实地登记，核发全国统一式样的林权证，确保登记的内容齐全规范、数据准确无误，做到图、表、册一致，人、地、证相符，做到“铁证如山”。

坚持五大原则，就是要坚决按照以下五个方面的要求推进改革。这五大原则，是对30年农村改革的系统总结，是实践和理论的结晶，内涵十分丰富，对集体林权制度改革具有极强的针对性和指导性。

一要坚持农村基本经营制度，确保农民平等享有集体林地承包经营权。以家庭承包经营为基础、统分结合的双层经营体制，是我国农村的基本经营制度。林地与耕地一样，是国家重要的土地资源，是农民重要的生活保障。根据《物权法》和《农村土地承包法》的规定，农民集体所有的林地林木属集体经济组织成员共同所有。对集体林地林木产权的初始分配，必须采用家庭承包经营制度，并且做到每个家庭及其成员都平等享有承包经营的权利。因此，集体经济组织将林地林木发包给农户承包经营时，要按照每户所有成员的人数来确定承包份额，切实做到“按户承包，按人分山”，也就是要突出一个“均”字，确保“人人有份”。

二要坚持统筹兼顾各方利益，确保农民得实惠、生态受保护。重点是要统筹个人、集体两方面的利益，处理好农民得实惠、生态受保护的关系。在统筹个人与集体利益上，首先要保证农民的利益，坚持让权于民、让利于民，确保农民在林地林木产权的初始分配上得“大头”，确保农民在林业生产经营的利益分配上得“大头”。同时，要兼顾集体的利益，集体可以保留少量林地，也可以收取少量林地使用费，还可以通过提供社会化服务、多渠道盘活各种林产资源，来分享林业发展的收益，壮大集体经济实力，保证集体经济组织正常运转。在处理农民得实惠与生态受保护的关系上，既要确保农民得实惠，又要确保生态受保护，不能以资源的过量消耗为代价，更不能以破坏生态为代价，这是改革必须坚守的一条底线。

三要坚持尊重农民意愿，确保农民的知情权、参与权、决策权。农民群众具有伟大的创造精神，集体林权制度改革是老百姓发明的，一定要尊重农民的创新精神，充分依靠群众，充分发挥群众的积极性和能动性，在坚持改革基本原则的前提下，鼓励积极探索、大胆创新，不断丰富和完善改革的形式和内容。农民群众是集体林权制度改革的主体，也是改革的受益者和操作者，一定要尊重农民的意愿，更多地听取老百姓的意见，让农民明白改革的政策、内容、方法，使农民对改革的方案、过程、结果满意。一定要充分尊重群众的民主权利，把改不改、何时改、怎样改等重大问题的决定权交给群众，做到发挥民智、符合民心、体现民意，决不能包办代替，更不能强迫命令、强制推行，让农民真正当家作主。

四要坚持依法办事，确保改革规范有序。集体林权制度改革要始终把依法操作作为基本准则，严格执行《农村土地承包法》、《物权法》、《村民委员会组织法》和《森林法》等法律规定。改革的政策、内容、方法、程序要与法律保持一致，确保改革的各项工作扎实到位，经得起实践和历史的检验。改革方案必须依法经本集体经济组织成员的村民会议同意，做到内容、程序、方法、结果"四公开"，严禁暗箱操作、以权谋私。同时，要处理好历史和现实的关系。对已经承包到户或流转的集体林地，符合法律规定、合同规范的，要予以维护；合同不规范的，要予以完善；不符合法律规定的，要依法纠正。特别是对于那些已经流转的期限过长、面积过大、租金过低的"三过"集体林地，改革时要认真研究、认真解决，可以采取期权分山、利益调整等方法，合理解决这些历史遗留问题。

五要坚持分类指导，确保改革符合实际。《意见》提出的改革基本原则和总体要求，是对全国的统一要求，各地必须严格遵循。但是，我国幅员辽阔，自然条件不同，社情林情各异，改革必须从实际出发，进行分类指导、分区施策。要允许存在差异性和多样性，决不能强求一律，搞"一个模子"。要尊重客观，注重实效，科学确定改革方案、制定政策措施，避免搞形式主义、做表面文章。要因地制宜，量力而行，扎实稳妥地做好改革的各项工作，避免只追求速度而忽视质量，影响改革成效。

落实五大政策，就是要下大力气把以下五个方面的政策落到实处。完成明晰产权、承包到户的改革主体任务，只是整个集体林权制度改革的第一步。真正实现放活经营权、落实处置权、保障收益权，建立起现代林业产权制度，是一项长期而艰巨的任务，必须配套出台一系列相关的政策措施，改革才能取得预期的成效，才能达到既定的目标。

一是完善林木采伐管理制度。集体林权制度改革后，老百姓非常关心"树怎么砍"。我们要与时俱进地改进和完善管理方式，建立起与家庭承包经营林业相适应的林木采伐管理制度。要以森林经营主体为单位，组织编制森林经营方案，把采伐限额还原到可采资源上，落实到山头地块、林班小班。要实行林木采伐审批公示制度，简化审批程序和手续，减少采伐管理上的限制条件，向农民提供便捷高效的服务，让老百姓栽树有积极性，砍树也不操心。

二是规范林地、林木流转制度。建立健全林地林木流转制度，是盘活森林资源资产，实现森林资源资产化运营的基础和保障。要加强对森林资源流转工作的指导，探索限期限量流转的办法，防止农民失地；探索限定受让方资格的办法，限制没有林业生产经营能力的工商企业和个人受让森林，抑制过度炒买炒卖森林的行为。要加快森林资源流转平台建设，建立集信息发布、市场交易、林权登记、中介服务、法律政策咨询于一体的资源流转的要素市场，建立森林资源流转信息库，逐步实现流转信息化、网络化。要完善森林资源资产评估机构，抓紧拟订森林资源资产评估机构的准入条件，尽快启动森林资源资产评估师的认定工作，制定和出台相关办法。

三是建立支持集体林业发展的公共财政制度。主要包括六个方面的内容：第一，森林生态效益补偿基金制度。要按照"政府投入为主，受益者合理承担"的原则，多渠道筹集森林生态效益补偿资金，逐步建立和完善政府财政补偿、受益者补偿与合理经营利用自我补偿相结合的长效机制。第二，建立造林、抚育、保护、管理的投入补贴制度，对森林防火、病虫害防治、林木良种、沼气建设给予补贴，对森林抚育、木本粮油、生物质能源林、珍贵树种及大径材培育给予扶持。第三，改革育林基金管理办法，逐步降低育林基金征收比例，规范用途，各级政府要将林业部门行政事业经费纳入财政预算。第四，森林防火、病虫害防治以及林业行政执法体系等基础设施建设纳入各级政府基本建设规划，林区的交通、供水、供电、通讯等基础设施建设要依法纳入相关行业的发展规划。第五，集体林权制度改革工作经费，主要由地方财政承担，中央财政给予适当补助。第六，对财政困难的县、乡，中央和省级财政要加大转移支付力度。这六个方面，都有极高的"含金量"，我们一定要紧盯不放，一个一个地抓好落实，为现代林业发展提供强有力的政策支持。

四是完善林业投融资政策。按照《意见》的要求，要充分发挥金融部门的职能作用，全面推进林权抵押贷款，加大林业信贷投放，完善林业贷款财政贴息政策，切实解决林业生产资金不足的"瓶颈"。要着力推进林业小额贴息贷款，积极探索"金融机构 + 担保公司 + 林户"、"金融机构 + 龙头企业 + 林户"、"林农联保贷款"等多种贷款模式，拓宽林业经营者的融资渠道。要加快建立政策性森林保险制度，降低农民经营林业的风险，提高农户抵御自然灾害的能力，消除农民的后顾之忧。特别要对保险保费实行财政补贴政策，科学确定各级财政和投保人的分担比重，适当降低农民缴费比例，引导农民参加投保，尽量扩大保险覆盖面。

五是健全林业社会化服务体系。积极引导培育新型的社会化服务组织，扶持农民组建各类专业合作社、行业协会、中介服务机构，形成多种经济成分、多层次、多形式的服务网络，为农民提供产前、产中和产后的全过程综合配套服务。要加快林业专业合作组织建设，按照"民办、民营、民受益"和"形式多样、群众自愿、循序渐进、因地制宜”的原则，建立各种形式的农民合作组织，提高他们的组织化程度，逐步实现规模经营。要积极引导发展各种形式的林业专业协会，组建包括“三防”联防协会、科技协会、产业协会等群众性联合组织，解决农民一家一户办不了、办不好、办了不划算的事。要大力发展中介服务机构，完善林业规划设计中心、森林资源资产评估中心、林业科技推广中心等行业服务机构，对农民和其他林业经营者提供支持和服务。

三、关于当前学习贯彻《意见》的重点工作

认真学习好、贯彻好、落实好《意见》，是当前和今后一个时期林业部门的重大政治任务，是广大林业干部职工要做好的头等大事。当前，要重点抓好以下四项工作。

第一，开展大学习、大讨论活动，掀起学习贯彻《意见》的高潮。各地要立即行动起来，精心谋划，周密安排，开展一次大学习、大讨论活动，掀起学习贯彻《意见》的高潮。学习贯彻《意见》，一定要吃透原文，领会精神，把握重点，做到融会贯通，特别要做到“三个结合”：一要与解放思想相结合。《意见》是解放思想的产物，学习贯彻《意见》更要解放思想。只有思想解放了，才能提出落实《意见》的有效措施，才能确保改革有效地推进。二要与工作实际相结合。推进集体林权制度改革是林业部门当前的头等大事，是建设现代林业的重要内容，林业部门的各个单位、每位干部都要结合自身工作实际，发挥岗位职责优势，谋划改革，践行改革，服务改革。三要与改革实践相结合。《意见》既是实践的结晶，又是实践的指南。要根据各地的实际情况和群众的实际需要，贯彻落实《意见》精神，确保改革符合实际，符合民意，始终沿着正确的方向推进。

第二，继续深入调查研究，进一步完善推进改革的方式方法。《意见》确定的是大政方针和基本原则，要把中央的决策部署落到实处，必须实事求是，因地制宜。这就要求大家深入开展调查研究，吃透集体林的历史沿革、权属结构和经营管理状况，摸清群众的真实想法、迫切意愿和现实要求，掌握山情、林情和社情。在此基础上，根据《意见》的精神和要求，针对不同地域、不同经济社会条件、不同森林资源状况等实际情况，研究制定贯彻落实中央决策部署的具体方案。这样，改革才能够符合中央的精神，才能够切合本地的实际，才能够不会偏离正确的轨道。同时，作为林业主管部门和改革的主要操作单位，大家一方面要当好党委政府的参谋和助手，另一方面要指导好基层的改革实践，这就需要我们既要吃透中央的精神，加强学习；又要吃透基层的实际情况，加强调研。这样，才能够向党委政府提出有针对性的建议，才能够对各地进行切实的指导服务和督促检查，才能够确保改革积极稳妥地推进。

第三，搞好《意见》的舆论宣传，全面营造推进改革的良好社会氛围。全面推进集体林权制度改革，需要全社会、各个方面的共同行动。各地要高度重视《意见》的舆论宣传工作，凝聚宣传部门和各大媒体的力量，采取各种形式和各种手段，加大宣传力度，努力营造有利于改革的舆论氛围和社会环境。要广泛宣传党的兴林富民政策，让各方面都了解改革的重大意义、基本原则和目标任务，提高全社会对改革的认识。要重点宣传改革的新成果、新经验、新典型，通过典型示范，引导和组织各方面的力量，共同完成好改革的各项任务。要切实做好面向基层干部群众的宣传发动工作，通过赠送《解读本》、发放“明白纸”、张贴告示等多种形式，使《意见》家喻户晓，深入人心，让他们了解政策、掌握政策、用好政策，积极参与改革，依法开展改革，有效监督改革。

第四，启动大规模的培训工作，确保《意见》有序有效地贯彻落实。集体林权制度改革比耕地改革情况更复杂、任务更艰巨、要求更细致，需要有一支政治素质高、业务能力强、工作作风实的干部队伍作保证。各地要以学习贯彻《意见》精神为重点，以这次厅局长培训班为起点，全面启动省、地、县、乡四级改革培训工作，切实加强对领导干部、工作人员和基层干部群众的培训。要本着因地制宜、注重实效、提高能力的原则，采取现场培训、集中培训、以会代训等多种形式逐级开展专项培训。要通过培训，使各级领导干部提高思想认识，掌握方针政策，提高组织和驾驭改革的能力。要通过培训，使工作人员和基层干部群众把握政策界限，熟悉工作程序，掌握方式方法，提高指导改革、服务改革的意识和能力。

四、关于统筹做好下半年林业工作

下半年的林业工作，要坚持以全面推进集体林权制度改革为主线，积极稳妥地把这一件大事抓好，同时要统筹兼顾，认真扎实地完成好年初确定的各项任务，对照全国林业厅(局)长会议的部署和要求，一项一项地进行检查，一件一件地抓好落实。

(一)全力筹备好中央林业工作会议。党中央、国务院初步决定在奥运会之后召开中央林业工作会议，专题对全面推进集体林权制度改革工作进行部署。这是新中国成立以来以中央名义召开的第一次林业工作会议，必将给我国的林业发展带来新的历史机遇，把我国的林业发展推向新的历史阶段。各级林业部门要高度重视，把筹备好这次会议作为下半年的首要任务，举全系统之力，集各方面之能，认真做好各项准备工作。一要组成专门队伍，集中时间和精力，抓紧修改完善会议的讲话材料，确保高质量、高标准、高水平。各相关单位要抽人出人，借物出物，服从大局，全力支持。二要认真准备好会议典型材料，会议安排的典型发言和书面交流材料，都是林业系统向中央汇报工作、展示风貌的难得机会，各地一定要精心准备，把最能代表本地林业发展特色的典型选出来，把最能反映林业建设成果的事迹写出来，确保向中央作一次精彩的工作汇报。三要广泛开展宣传活动，加强舆论宣传，为中央林业工作会议的召开营造良好氛围。

（二）全力抓好林业灾后恢复重建工作。在党中央、国务院的正确领导下，虽然我们已经夺取林业抗灾救灾的重大阶段性胜利，但保障灾区群众生活、推进林业恢复重建的任务十分艰巨，工作十分繁重。我们要按照中央的总体要求和林业灾后恢复重建规划，认真抓好落实。一要坚持以人为本、保障民生。把妥善安置灾区群众生活放在首位，尽快修复供电、供水、通讯、住房等基础设施，确保他们有饭吃、有水喝、有房住，生活有保障。二要坚持科学规划、突出重点。近期，国务院将听取林业灾后恢复重建工作汇报，待规划批准后要认真组织实施。三要坚持政府主导、政策扶持。经过协调沟通，已原则同意给予林业恢复重建9项支持政策，包括中央财政继续加大资金扶持力度，将灾区林业基础设施建设纳入国家和地方有关规划，建立政策性森林保险制度，建立林木良种繁育补贴制度，妥善解决金融机构债务，调整受灾林木采伐政策和保护性收购政策，安排林业救灾资金并纳入相关渠道，建立森林经营稳定的投资渠道和补贴制度，实施生态移民等。这些政策正式发布后，各地要认真加以落实。

（三）坚决打赢奥运期间森林防火攻坚战。还有20多天北京奥运会就要开幕了，党中央、国务院对举办一届“绿色奥运”、“平安奥运”高度重视。我们一定要以高度的政治责任感，以严谨细致的工作作风，做好北京及重点火险区的森林防火工作。一要筑牢思想认识防线，坚决破除“夏季无森林火灾”的侥幸心理，时刻保持高度的警惕。二要筑牢火险预测防线，加强森林火险等级的预报和发布工作。三要筑牢火情监测防线，对森林火情实施24小时监测，切实做到火情早发现。四要筑牢扑救队伍防线，奥运会前，要在北京正式组建武警森林部队机动支队，增强扑火力量；夏防期间，北京要做到专业森林消防队人员不减、队伍不撤，武警警种指挥学院全体学员要战备待命，切实增强首都地区扑火救灾应急能力。五要筑牢应急处置防线，各地要进一步完善处置森林火灾应急预案，黑龙江、内蒙古林区要针对火险情况，做好随时启动特殊时期森林防火应急预案的准备。北京市以及涉及奥运场馆和比赛项目的5个区（县）要制定奥运场馆周边森林防火应急处置预案，举行相应演练。重点火险区要经常派出工作组巡回检查，督促基层落实各项防范应急处置措施。

（四）切实开好三个专题会议。一是开好油茶现场会议，对油茶发展进行安排部署。通过广泛的调查和深入研究，我们认准油茶是一个极具发展潜力的木本油料树种，市场前景十分广阔。通过这次现场会，要把油茶真正抓起来，抓它三年五年、八年十年，就一定能够形成一个大的产业，有效地增加农民收入。二是开好森林经营现场会议。要改变我国森林质量不高、林地生产力不高的局面，充分发挥森林资源的多种功能和多种效益，满足经济社会发展的多种需求，必须大力加强森林的科学经营，走森林可持续经营道路。这项工作，我们在年初的厅（局）长会议上进行了部署，下半年要采取更加有力的措施抓好落实。三是开好三北防护林建设总结表彰会议。三北防护林是1978年开始实施的，30年来工程建设取得了巨大成绩，在国际上赢得了很好的声誉。今年迎来了工程建设的30周年，很有必要进行一次全面的总结。

贾治邦在全国林业厅（局）长电视电话会议上的讲话

（2008年7月28日）

一、认清形势，提高认识

我们面临的形势，既有机遇也有挑战。所谓机遇，就是林业的发展地位越来越重要，任务越来越繁重，突出表现在四个方面：

一是林业已成为国际社会关注的焦点和国际政治的重要内容。当前，很多国际重要会议的内容都与气候变暖有关，只要涉及到气候变暖问题就涉及到林业。林业发展已不仅是经济问题，还是政治问题；不仅是国内的一项重要工作，而且是国际上普遍关注的重大问题。大家一定要充分认识到，林业关系着气候变暖，关系着经济社会可持续发展。林业发展已经引起了世界各国的普遍重视和广泛关注，林业的地位越来越重要。

二是各地党委政府对林业越来越重视。上半年，我到好几个省调研，所到之处，大家都说，抓林业就是抓生态，就是抓投资环境的改善。各地党委政府的主要负责同志都把林业摆到重要位置，像当年抓改善投资环境、吸引外资发展经济那样来抓林业发展。山西省各级政府今年投入林业建设资金50亿元，大搞植树造林和生态建设。河南省全力推进林业生态省建设，充分吸引各方面资金发展平原林业，不仅平原生态改善，而且林业产业也得到发展，农民收入大幅度提高。重庆市委市政府提出，要把林业作为全市重要的发展战略，实施森林工程，加快建设生态重庆。这些省(市)之所以把林业摆到如此重要的位置来抓，是因为他们认识到，林业建设不仅关系着生态改善，也关系着投资环境、人居环境和经济发展，生态状况改善了，投资环境好了，来投资的企业就多了，经济社会发展就快了。有的省(市)主要领导同志说，改革开放初期，招商引资主要靠减税让利，后来又主要靠提高办事效率，现在主要看生态环境改善得如何。所以，现在很多城市纷纷提出要创建国家森林城市，让森林走进城市，让城市拥抱森林。这都说明，各地对林业工作确实越来越重视。

*三是广大农民通过发展林业脱贫致富的呼声越来越高。*经过30年的改革开放，随着各方面政策的完善和各种税费的减少，广大农民特别是山区农民看到，要想从根本上脱贫致富，发展林业是最有效的途径。全面推进集体林权制度改革，是不以人们意志为转移的，是广大农民自发要求的。因为农民感觉到，他们可以通过解放林业生产力，实现脱贫致富。集体林权制度改革完全顺应了农民群众的呼声，是经济建设和林业发展内在规律的必然要求。随着改革的发展，它必将实现农村生产力的又一次大解放，成为农村改革和林业发展的又一座里程碑。

*四是全社会关心林业、保护生态的意识明显增强。*当前，广大群众十分关心生态、关心气候变暖，生态保护、生态文明的意识越来越强，都自觉参与生态建设，迎接低碳时代的到来。目前，我们启动了10个绿色碳基金碳汇造林项目，有的车主自愿为汽车购买碳汇，有的少年儿童把节约的零花钱捐献出来植树造林。随着油价的上涨，人们定会觉醒起来，自觉为减少碳排放作贡献。

可以说，林业发展正面临着十分难得的机遇，但同时我们也要清醒地认识到，林业发展也面临着严峻挑战。一是生态建设任务越来越重，难度越来越大。上半年发生的两场灾害使我国森林覆盖率降低了近0.3个百分点。胡锦涛总书记明确提出，到2010年我国森林覆盖率要达到20%，这个目标比原计划的19%增加了1个百分点，意味着全国要多增加933.33万公顷森林。在造林难度越来越大的情况下，如期完成这一任务十分不容易。二是林业改革的任务越来越重，产业发展环境仍然较差。林业改革比农村改革晚了30年，需要处理的矛盾很多，要想把利益分配得非常公平公正，难度很大。但是，林业必须改革，只有跨过这个门槛，才能实现又好又快发展，为人们带来更多的福祉。同时，改革并不只是把林地承包到户就完事了，关键还要通过配套改革，优化产业发展环境，引导农民发展产业，让农民从林业中增加收入，真正实现兴林富民，这才是改革的出发点和落脚点。三是森林资源保护的压力日益加大。集体林权制度改革后，管理服务的工作量明显加大，还有可能发生乱砍滥伐；受极端气候的影响，森林火灾、林业有害生物灾害高发态势没有根本改变；在国家严格保护耕地的形势下，林地、湿地流失严重。这些问题都对各级林业部门提出了严峻挑战，必须认真研究、认真解决。

二、加强领导，抓好落实

下半年的工作任务十分繁重，大家一定要把思想和行动统一到局党组的部署上来，紧密结合工作实际，加强领导，狠抓落实。关键要抓好五个环节：

*一是一把手要亲自抓。*各单位主要领导要亲自研究，亲自安排，亲自部署，对下半年工作提出明确要求，不能仅委托二把手、三把手去抓。

*二是明确任务和责任。*传达贯彻会议精神不能念念稿子就行，每一项工作究竟由哪个单位、哪个人负责，必须非常明确，做到任务清楚，责任落实。

*三是抓住重点和薄弱环节。*每个单位的主要领导必须明确哪些工作是重点，哪些地方是薄弱环节，并亲自把重点和薄弱环节抓到位，抓出成效。

*四是抓点带面。*各单位主要领导同志要学会抓典型，用典型推动工作落实。面上的问题一时看不准的，要拿到点上去研究、去试验。通过抓点带面，推动工作全面落实。

*五是搞好督促检查。*主要领导同志对工作作出了安排，还要亲自或者派专人督促检查落实情况，随时了解哪些地方没有落实，哪些环节没有抓好，进一步推动落实。作风不能飘浮，不能以会议落实会议，以文件落实文件。

以上这五个方面抓好了，才能体现领导加强了，工作落实了。目前，极少数单位对会上部署的、领导批示的甚至领导交办的事情，不抓落实也不向领导说明，办与不办都不和领导沟通。这样的单位必须深刻认识问题的严重性。这不仅是作风问题，还是与中央、与局党组能不能保持一致的问题。要强化抓落实的意识，一旦任务布置了，就要雷厉风行，说干就干，保质保量完成任务。要完善抓落实的奖惩制度，让抓落实、见成效的人有机会、有平台、有地位；让不抓落实、抓而不紧的人没舞台、没板凳、没岗位。广大林业干部职工要把功夫下在工作上，把精力用在事业上，形成一心一意谋工作、聚精会神抓落实的浓厚氛围。

三、抓好班子，带好队伍

工作能不能落实，关键看有没有坚强的领导班子和高素质的干部队伍。加强班子和队伍建设，要着重抓好三项工作。

*一要加强学习和培训。*要通过自学和集中学的方式，加强理论学习，用中国特色社会主义理论武装林业系统的每一名领导干部，不断提高领导干部的政治素质和理论水平，以更好地适应岗位需要。领导干部

如果不读书不看报，靠吃老本，就不可能做到开拓创新、与时俱进。

二要深入开展"讲党性、重品行、做表率"活动。所有单位的主要领导同志和党员领导干部都要不断锤炼自己的党性，严格要求自己，要求别人做到的自己必须首先做到，不能一碰到个人利益，就有抵触。这项活动有些单位结合实际搞得很好，但有些单位联系思想实际和工作实际还不够，效果不太好，必须继续推进。

三要加强组织建设。各单位领导一定要在实践中考验和培养干部，发现优秀干部，要积极推荐。要推进干部年轻化，不断提高干部的整体水平和组织领导能力。这样，我们才能出色地完成好各项工作任务。

解决突出问题　把住关键环节
积极稳妥地推进油茶产业又好又快发展
——在全国油茶产业发展现场会上的讲话

贾治邦

（2008 年 9 月 12 日）

这次会议既是一次参观油茶科技成果、交流油茶产业发展经验的现场会，又是一次加快油茶产业发展、深入推进山区综合开发的动员部署会。根据会议安排，我们实地考察了湖南省油茶种苗繁育基地、油茶优良品种对比试验林、高产新品种示范林和高产新品种造林基地，观看了油茶科技成果及产业发展展览，听取了湖南、江西两省发展油茶产业的经验介绍。这些典型和经验令人十分高兴、十分振奋，让我们看到了油茶产业发展的巨大潜力和美好前景，进一步坚定了我们发展油茶产业的信心和决心。各地一定要深入总结本地的经验教训，认真学习借鉴湖南、江西两省的成功做法，真正使油茶产业发挥巨大效益，真正把油茶产业做大做强。

党中央、国务院对山区综合开发和发展油茶产业十分重视。锦涛总书记、家宝总理、良玉副总理多次对油茶产业发展作出重要批示，要求国家林业局会同有关部门，科学编制发展规划，研究制定相关政策，尽快把油茶产业发展起来。良玉副总理对这次会议十分重视，会前专门听取了汇报，昨天又专程来湖南实地考察、出席会议并发表了重要讲话。良玉副总理的讲话十分重要、十分深刻，他从保障国家粮食安全、有效利用国土资源、促进林业又好又快发展的高度，深刻分析了大力发展油茶等木本粮油产业的全局和战略意义，并明确要求，发展油茶产业要尊重规律，科学规划；科技支撑，提升层次；农民主体，龙头带动；市场主导，政策扶持；密切协作，合力推进。这五点要求非常具体、非常明确，具有很强的针对性和指导意义，是我们推动油茶产业发展的基本遵循。中央领导同志的重要批示和良玉副总理的重要讲话，为我们抓好油茶产业指明了方向，增添了动力。大家一定要认真学习，深刻领会，全面落实。

油茶集生态效益、经济效益和社会效益于一身，对于推进山区综合开发、促进农民就业增收、维护国家粮油安全、改善人民健康状况、加快国土绿化进程都具有十分重要的作用。油茶是原产我国的乡土树种，与油橄榄、油棕、椰子并称为世界四大木本油料树种。油茶又是一种长寿树种，具有一次种植、多年受益的特点，稳定收获期长达 80 年以上，经济效益十分显著。据专家测算，与油料农作物相比，每亩油茶的产值约为 4.2 亩油菜或 1.34 亩花生的产值；与杉木相比，每亩优质油茶林进入稳产期后的年收益要比杉木林高出一倍左右。而且油茶作为油料树种栽培已有 2000 多年的历史，经营管理技术比较成熟，只要给予一定的资金和政策扶持，注重科技成果的推广运用，就很容易形成一个大产业，成为农民增收致富的重要渠道。油茶的主要产品茶油是一种高级食用油，其不饱和脂肪酸含量高达 90% 以上，远远高于菜油和花生油，比橄榄油高出近 2 个百分点，油酸和维生素 E 的含量分别比橄榄油高出 7 个百分点和 1 倍，被誉为"东方橄榄油"，市场前景十分广阔。全国有血脂异常患者和高血压患者 2.9 亿人，长期食用茶油，对于高血压、心脏病、动脉粥样硬化、高血脂等心脑血管疾病具有很好的医疗保健作用。目前，我国人多地少的矛盾日益尖锐，全国食用植物油 60% 多靠进口。大力发展油茶产业，不仅可以改变我国食用植物油主要依赖进口的局面，满足人民群众的消费需求，而且还能够腾出更多的耕地来种植粮食，有效维护国家粮食安全。油茶除了可生产上乘食用油之外，还是优良的工业原料。茶油热稳定性好，不易氧化变质，无毒副作用，是优良的化妆品用油。茶枯饼可以用来制造生物肥料、生物农药，提取茶皂素、茶多糖等活性物质。茶皂素又可以制造消毒剂、添加剂和发泡剂等，茶籽壳可以用来制作优质活性炭。生产茶油的剩余物，通过综合开发利用技术，可广泛用于日用化工、制染、造纸、化学纤维、纺织、农药等领域。同时，油茶根系发达，枝叶繁茂，花卉美观，耐干旱瘠薄，适生范围广，可以吸收二氧化碳、释放氧气、涵养水源、保持水土，既有生态功能，又有景观功能。总之，发展油茶产业，一举多得，既能促进农村经济发展、增加农民收入，又能缓解我国食用植物油短缺问题、提升人民群众的健康水平，还能绿化荒山、改善农村生态面貌。

这么好的产业为什么一直没有发展起来呢？主要原因是，缺乏优良新品种，尤其是长期使用实生苗造林，导致品种严重退化，产量很低，同时没有真正把油茶当作商品来生产，经营管理粗放，多数处于半野生和原始栽培状态。目前，科研部门已经选育出100多个优良品种、品系，茶油的市场需求也越来越大，油茶产业迎来了难得的发展机遇。但是，也不能急于求成、一哄而上，必须根据各地实际，稳扎稳打，一步一个脚印，确保油茶产业基地建设见到实效、农民得到实惠，确保油茶产业发展不走弯路、健康推进。当前，推进油茶产业发展要特别注意把握和解决好以下九个重要问题。

一、关于优化油茶产业发展布局问题

科学编制发展规划，优化油茶产业布局，是做大做强油茶产业的重要基础。要以这次会议为契机，认真研究确定油茶产业发展的科学布局，为油茶产业又好又快发展奠定坚实的基础。一要严格按照油茶区划选择发展区域。我国油茶品种较多，各个品种都有各自最适生的地区和最适合的生长条件。各地要按照因地制宜、适地适树的原则，科学确定最适宜本地区生长的油茶品种，切忌千篇一律，搞一种模式或一个品种，也不能盲目调引品种，降低油茶的丰产性能。二要科学安排油茶生产用地。要在全面了解油茶适生区域及本地土地和林地资源的基础上，科学确定油茶产业发展的规模和布局。三要统筹考虑油茶林基地建设与加工企业布局问题。要根据基地建设情况，及时提高油茶产品加工能力，使基地建设与产品加工协调发展。既要防止基地规模大、加工跟不上的问题，又要防止加工企业重复建设、生产能力过剩的问题。四要充分尊重农民意愿。各地在制定油茶发展规划时，既要坚持统一规划，尽可能扩大种植规模，又要充分尊重农民意愿，不搞强迫命令和“一刀切”。五要尽快修改完善《全国油茶产业发展规划》。要根据这次会议精神，对《全国油茶产业发展规划》作进一步修改完善，经过专家充分论证和有关部门批复后下发实施。各省(区、市)要在摸清当地油茶资源现状的基础上，因地制宜地编制本省(区、市)的油茶产业发展规划，将各项建设目标任务分解落实到有关市、县和单位。各油茶产区市、县要科学编制实施方案，合理安排年度计划，进一步把建设目标任务落实到乡(镇)、村、组、农户和山头地块。

二、关于种苗生产与管理问题

发展油茶产业，种苗是根本、是关键。研究表明，新植油茶一般4年开始结果，7～8年进入盛果期。种苗出了问题再重新栽植，影响不是几年，而是十几年甚至更长时间，不仅会造成巨大的损失和浪费，而且还会严重挫伤农民的积极性，影响油茶产业顺利发展甚至社会稳定。对种苗问题必须从一开始就高度重视，严格依法管理。一要加强油茶良种基地建设。目前，14个油茶产区省(区、市)的良种苗年生产能力只有1亿株左右，难以满足建设高产油茶林基地的需要。必须尽快新建和改扩建良种采穗圃，确定一批重点苗圃，加快苗木培育，力争达到年产4亿～5亿株良种壮苗的能力，保证油茶产业发展对良种壮苗的需求。对待种苗质量问题决不能含糊，宁愿速度慢一点，也必须保证种苗质量，确保油茶高产高效。二要加强种苗质量监管。各地种苗管理机构要对采穗圃进行严格的种源和品种调查核实，并登记造册，建立档案，合格的要发给“采穗许可证”，不合格的不能发放“采穗许可证”，已发放的要坚决收回。要严格执行油茶种苗生产经营许可证、种苗质量检验合格证、出圃种苗标签等制度，做到“四定三清楚”，即：“定点采穗、定点育苗、定单生产、定向供应”，“品种清楚、种源清楚、销售去向清楚”，确保生产用苗是经过国家级或省级林木品种委员会审定和种苗质检人员检验合格的优良品种和苗木，坚决杜绝非良种苗木上山造林。三要建立责任追究制度。油茶种苗生产单位与使用单位要签订良种供应及售后服务协议，对因种苗不合格造成用户损失的，要追究相关单位和人员的责任。

三、关于实行标准化栽培管理问题

油茶能否优质、丰产、高效，与栽培技术和管理措施密切相关。粗放经营的油茶生长慢，产量低，盛果期短，大小年明显。只有根据不同油茶品种的生态、生物学特性，采取相应的栽培技术和管理措施，实行标准化栽培、集约经营，才能以最少的投资，获取最大的效益。一要实行多个无性系混交栽植。油茶具有自交不育的特点，是异花虫媒授粉树种，昆虫最佳授粉范围为50米左右。因此，必须采用花期相同的多个无性系混合栽植或进行块状混交，这样才能确保油茶有高的授粉率和坐果率，达到高产的目的。二要全面推广测土配方施肥技术。在栽植前，要对土壤成分进行测定，分析土壤肥力结构，并根据油茶生长特性进行配方施肥，实行“对症用肥”。三要认真总结推广管用、简便、易学的栽培管理技术。今后，采种、育苗、整地、栽培、抚育、施肥、摘果等每一个环节，都要实行统一的技术规程，实现种苗标准化、整地标准化、种植标准化、修剪标准化，让农民一看就懂，一学就会，用最省钱、省时、省力的办法，实现油茶优质高效。四要全面加强油茶经营管理。要认真做好间作施肥、林相调整、修枝整形、花期授粉、病虫害防治等工作，像经营农作物那样精心管理，彻底解决现有低产油茶林的荒、老、残、疏、密、杂等问题，全面提高油茶产量。

四、关于科技支撑问题

推进油茶产业又好又快发展，一定要依靠科技的进步与创新。虽然我们已经有300多万公顷油茶林，但是产量很低、效益很差，主要原因就是科技落后，缺乏良种，推广不力，科技含量低。要提高油茶产业的核心竞争力，就必须充分依靠科技进步，向优良品种要产量，向科学技术要效益。一要加强新品种、新技术、新产品的研究开发。围绕油茶产业链的各个环节，加大科技创新力度，加快高产、稳产、多抗性优良新品种的选育及其栽培技术研究，加强相关配套技术集成创新，加快新产品开发，促进产学研相结合，做到每一个地区都要确定几个最适应、最高产的品种。二要大力推广油茶新品种和丰产关键技术。要依托林业科研院所、林业工作站、苗圃和农村经济合作组织、科技示范户，健全油茶科技推广服务体系，集中力量推广普及已确定的优良品种和丰产技术。三要加快油茶产业发展标准体系建设。除了栽培要实行标准化以外，还要围绕油茶产业发展的各个环节，加快制定适用于油茶产业化发展的配套技术规程和产品质量标准，使油茶产业发展全过程都做到有标准可用、按标准实施、照标准验收，确保各类产品优质高效。

五、关于农民技术培训问题

农民是发展油茶的主力军，只有让广大农民熟练掌握油茶丰产栽培技术，做大做强油茶产业才具备广泛的群众基础。长期以来，农民对油茶已经形成了不经营、不管理，产多少、收多少的传统习惯，没有把油茶当作商品林来经营。发展高产油茶是一项新事物，让农民认识并接受这一新事物，需要一个较长的过程，要加快和缩短这一过程，最好的办法就是广泛开展农民技术培训，把农民技术培训当作当前的一项重要工作来抓。一要建立高产示范林。每个油茶产区都要在条件较好的地方，建立高产示范林，为广大农民学习油茶栽培管理技术提供示范样板。特别要注意扶持一批油茶科技示范户，培育典型，用典型引路，激发大家发展油茶的积极性。二要组织专家编写油茶实用生产技术手册，分区域举办培训班，培训技术骨干和农民科技示范户。三要组织油茶专家深入生产一线，针对油茶产业发展中的品种选育、种苗培育、栽培管理、加工利用等技术难题，开展定期培训和定向服务，逐步提高广大农民的科技水平。

六、关于资金投入和政策扶持问题

发展油茶产业的前期投入较大，必须有足够的资金投入作保证。据测算，新造油茶林从栽植当年到进入稳产期，每亩需累计投入1500元左右；低产林改造连续3年施肥、垦复，每亩需累计投入600～800元。这么大的投入光靠农民自己是难以解决的，国家必须给予必要的扶持。一要各级政府加大资金投入力度。国家发改委、财政部、科技部等部门非常支持油茶产业的发展。我们将继续加强汇报、协调，争取进一步的支持。希望地方各级政府也层层安排专项资金支持油茶产业发展，力争使中央和地方各级政府的资金投入占到一半左右。有条件的地方，可以把防护林、退耕还林等工程建设与油茶林基地建设结合起来，缓解资金投入不足的问题。二要创新投入机制。通过以奖代投、以补代投等方式，吸引社会资金参与油茶产业发展，充分发挥国家投资的引导、带动作用。三要加强信贷支持。国家将安排贴息贷款，专项支持油茶产业发展，同时积极支持企业和农户利用各类信贷资金发展油茶产业。四要加强政策扶持。国家林业局正在与国家发改委、财政部、税务总局、金融及保险机构协商，研究制定相关政策措施。希望地方各级政府结合本地实际，像对待油菜、大豆一样，在良种补贴、造林补助、生产大县奖励、产品加工等方面制定切实可行的政策措施，加强对油茶加工企业、种植大户、油茶专业合作社等的扶持，共同为油茶产业发展创造良好条件。油茶从种植到盛果期时间较长，各地要认真研究资金投入和政策扶持的方式，力求获得资金投入和政策扶持的最佳效果。

七、关于市场引导和产品加工问题

油茶具有经济价值高、市场潜力大的优势，推进油茶产业发展，必须充分发挥市场的引导和调节作用，大力发展油茶产品精深加工，更好地优化资源配置，提高产业效益，促进产业升级。一要牢固树立以市场为导向的观念。像抓生产一样抓市场，加强市场研究，把握市场脉搏，按照市场需求，确定产业规模，组织产品开发。二要运用市场机制推动油茶产业发展。要引导有实力的企业投资油茶产业，积极扶持龙头加工企业，鼓励加工企业采取“企业＋农户”的模式，建立油茶林基地，提高油茶产业抵御市场风险的能力。要依靠龙头企业的加工能力，着力打造名牌产品，提高产品的市场竞争力。三要加强产品市场监管。通过建立健全各类产品标识管理和质量检验检测体系，确保产品质量安全。四要加强新产品开发。在进一步创新压榨方法，提高出油率的同时，要针对不同人群的消费水平，充分利用现代加工技术和手段，开发相应的茶油产品，满足不同消费群体的需求。五要加强加工剩余物的综合利用。充分利用已经成熟的技术和工艺，从油茶加工剩余物中提炼茶皂素，制作饲料、肥料和洗涤产品，把各种有用物质最大限度地开发出来，提高综合利用率和经济效益，带动油茶产业可持续发展。

八、关于处理好生态与产业的关系问题

生态与产业是互相依存、互相促进的关系。只有抓好生态建设，建立起完备的生态体系，才能为发展林业产业提供坚实的物质基础；只有抓好林业产业，建立起发达的林业产业体系，才能为生态建设提供资金保障，更好地加快生态建设。油茶既有巨大的经济效益，又有显著的生态效益。大力发展油茶产业，既要追求经济利益，以此调动各方面的积极性，又要注重生态保护，绝对不能以牺牲生态效益为代价换取油茶的经济效益。一要坚持新造与改造“两手抓”。一手抓利用宜林荒山荒地新造高产油茶林，一手抓现有低产油茶林更新改造，做到双管齐下，全面扩大油茶资源培育规模和产出总量。当前，要充分利用现有油茶林地，重点做好现有低产油茶林更新改造，减少占用其他林地，防止毁坏森林资源，尤其是不能毁掉现有的生态公益林新造油茶林，也不能在植被状况好、生态区位重要的林地上发展油茶林。二要充分利用低山丘陵地区的宜林荒山及灌丛地、采伐迹地、火烧迹地、雨雪冰冻灾害损毁林地，以及房前屋后、道路两侧、河道沿岸等边际性土地，见缝插针地新造油茶林。三要注重发挥油茶林的生态效益和景观效益，要特别注意在整地、栽植和抚育等环节，避免造成水土流失。

九、关于加强组织领导问题

大力发展油茶产业意义十分重大，希望全国山区综合开发领导小组各成员单位高度重视，真正把发展油茶产业放在心上、抓在手上，从政策、资金、项目、技术等方面给予大力支持，共同把这项关系山区发展和农民增收的重要产业做大做强。各级林业部门要坚持一把手抓油茶，把发展油茶作为一项重要工作，摆上重要议事日程，认真研究，全力推进，尤其要积极争取党委、政府的高度重视和大力支持。要明确专门抓油茶生产的组织机构，加强与相关部门之间的沟通协调，为油茶产业发展创造良好条件。要充分发挥油茶产业协会和农村专业经济合作组织的作用，加强行业自律，维护合法权益。要通过广播、电视、报纸、网络等媒体，广泛宣传油茶的特性和茶油的高品质、高价值，引导广大人民群众认识油茶、食用茶油，以消费的不断扩大拉动油茶产业不断发展，同时为提升全民族的健康水平发挥重要作用。

充分发挥中国生态文化协会的功能和作用 为建设繁荣的生态文化体系作贡献

——在中国生态文化协会成立大会上的致词

贾治邦

（2008 年 10 月 8 日）

中国生态文化协会成立大会今天在人民大会堂隆重举行，中共中央政治局常委、全国政协主席贾庆林专门给大会发来贺信，中共中央政治局委员刘延东国务委员在百忙中亲临会议并将作重要讲话，路甬祥副委员长、孙家正副主席亲自出任协会名誉会长，这充分表明党中央、全国人大、国务院、全国政协对林业工作的高度重视，使我们备受鼓舞。中国生态文化协会的成立，还得到了中央宣传部、外交部、国家发展改革委、教育部、国家民委、民政部、财政部、环保部、文化部、国家广电总局、国家旅游局，以及中国文联、对外友协、全国工商联等部门的指导和帮助。在此，我代表全国绿化委员会、国家林业局对协会的成立表示热烈祝贺，对各位领导、各有关部门对林业的大力支持表示衷心感谢！

成立中国生态文化协会，是林业部门贯彻落实党的十七大关于建设生态文明新要求的重要举措，是深入贯彻落实科学发展观的重要行动。林业既是一项重要的公益事业，又是一项重要的基础产业，具有生态、经济、社会、文化等多种功能，在解决生态问题、促进经济发展、建设生态文明中具有十分重要的地位，肩负着十分重大的使命。

我国林业部门主要履行建设森林生态系统、湿地生态系统、荒漠生态系统和保护生物多样性等重要职能。地球是人类生存、繁衍的根基。科学家认为，森林是地球之“肺”，湿地生态系统是地球之“肾”，生物多样性是地球的“免疫系统”，把三个系统和一个多样性建设保护好了，地球就会永远健康年轻，人类社会就会永远发展和进步。森林在应对气候变化中的作用已经受到国际社会的高度关注。森林固碳被列为“巴厘岛路线图”的重要内容。加快林业发展，推进生态建设，就能够生产出更多更好的生态产品，实现山更绿、水更清、天更蓝。

森林是人类文明的发源地，孕育了灿烂悠久、丰富多样的生态文化，有森林文化、花文化、竹文化、茶文化、湿地文化、野生动物文化、生态旅游文化等，这些文化集中反映了人类热爱自然、与自然和谐相处的价值观。大力发展生态文化，可以引领全社会了解生态知识，认识自然规律，树立人与自然和谐的价值观，促进社会转变生产生活方式；可以引导政府部门的决策行为，使政府的决策有利于促进人与自然和谐；可以推动科学技术不断创新发展，提高资源利用效率，促进生态改善。生态文化是弘扬生态文明的先进文化。各级林业部门不仅要担当起生态建设的重任，还要做发展生态文化的先锋，不仅要创造大量的生态成果和物质成果，还要创造丰富的生态文化成果，努力构建繁荣的生态文化体系，为全社会牢固树立生态文明观，推动生态文明建设发挥重要作用。

充分发挥林业的生态功能、经济功能、文化功能，满足社会对林业的多样化需求，必须推进传统林业向现代林业转变，加快构建完备的林业生态体系、发达的林业产业体系和繁荣的生态文化体系。林业三大体系是互相联系、互相促进的有机整体。没有完善的林业生态体系，林业产业就是无源之水；没有发达的林业产业体系，生态建设就没有活力和动力；没有生态文化的大发展，人们的生态意识和生态道德水平就难以提高，人们植绿、爱绿、护绿的自觉性、积极性就难以增强，生态建设和林业产业发展就没有坚实的思想保障。只有林业三大体系实现了全面协调可持续发展，才能真正建设好现代林业。去年，我们成立了中国林业产业协会，今年又成立了中国生态文化协会，这是构建林业三大体系的重要步骤，是建设现代林业的战略举措，是实现林业又好又快发展的必然要求。

中国生态文化协会，作为我国发展生态文化、建设生态文明的重要力量，要认真贯彻落实贾庆林主席的重要指示、刘延东国务委员的重要讲话精神，以建设一流社团为目标，以促进生态文化体系建设为己任，充分发挥社会团体的功能和作用，努力在生态文化体系建设中扮演更加重要的角色，发挥更加重要的作用。

一是着力在全社会牢固树立人与自然和谐发展的生态文明观。生态文明观，是关于人、自然、社会三者相互之间深度和谐总的科学观。要深入开展生态文明观教育，增强生态意识，倡导生态伦理，树立生态道德，崇尚生态文明，使人与自然和谐相处的生态文明观更加深入人心，更好地被人们理解和接受。

二是加快发展生态文化产业。要开阔发展思路，拓宽发展途径，推动生态文化产业快速发展，不断提高生态文化产品供给能力。要充分挖掘森林文化、花文化、竹文化、茶文化、湿地文化、野生动物文化、生态旅游文化等发展潜力，增强生态文化产业的活力。

三是全面提高生态文化传播能力。一方面，要不断丰富和创新生态文化内容形式，通过人民群众喜闻乐见的诗歌文学、音乐舞蹈、戏剧影视等多种文艺形式，使生态文化贴近百姓，深入群众生活；另一方面，要充分利用报刊、广播电视、互联网络等现代传播媒介，形成多层次的传播网络，扩大生态文化的传播广度和深度。

四是调动社会各方面力量参与支持生态文化建设。要充分发挥人民群众在生态文化建设中的主体作用，进一步激发人民群众的创造潜能，使生态文化发展拥有广泛的群众基础。要充分调动广大生态文化工作者的积极性，营造宽松和谐的发展环境，使人们的才华有展示舞台、有创造空间，有高质量的生态文化产品不断涌现。

贾治邦在西北八省(区)集体林权制度改革座谈会上的讲话

(2008年11月11日)

这次座谈会是国家林业局党组决定召开的一次重要会议，目的就是深入学习实践科学发展观，认真贯彻落实十七届三中全会和中发〔2008〕10号文件精神，进一步解放思想、提高认识，共同分析形势、研究对策，积极稳妥地推进西北地区集体林权制度改革。中央10号文件的颁发，标志着我国集体林权制度改革进入了全面推进的新阶段。西北地区由于特殊的自然条件和社情林情，成为当前全面推进林改的重点。为此，我局近三个月先后派出6个调研组，对陕西、甘肃、宁夏、青海、新疆、西藏以及山西、内蒙古八省区开展了林改大调研。今天，又听取了8位厅长的发言和2个县的经验介绍，很受启发，很有收获。刚才，黄建兴同志还就西北地区林改讲了很好的意见，这是他到西北多个省区调研后的深刻认识，我完全赞成。

2006年全国集体林权制度改革现场经验交流会以来，特别是中央10号文件颁布以后，西北八省区积极而为，做了大量工作。山西、陕西、甘肃、新疆等省区的主要领导同志亲自调研、亲自谋划林改工作。山西、内蒙古、陕西、甘肃、新疆、西藏各省区政府成立了领导小组，山西、内蒙古、陕西、甘肃的党委政府下发了专门文件。内蒙古2005年开展了36个县的试点，陕西2007年开展了10个县的试点，积累了很多有益经验，为全面推进林改打下了良好基础。山西在试点中，把落实公益林补偿作为重要措施，激发了农民参与林改的热情。甘肃、青海、新疆、宁夏的试点也在积极进行当中。总之，西北八省区林改进展顺利，形成了初步氛围。下面，我讲四点意见。

一、不断深化对集体林权制度改革重大意义的认识，进一步增强改革的责任感和使命感

中央作出全面推进集体林权制度改革的战略决策，具有重大的现实意义和深远的历史意义。对此，我在不同场合、从不同角度讲过很多次，今天主要结合当前的形势，重点从两方面谈点认识。

第一，集体林权制度改革是贯彻落实十七届三中全会精神的最大亮点，对促进我国经济又好又快发展具有重大的现实意义。

集体林权制度改革涉及25亿多亩林地，关系到9亿农民的切身利益，是从根本上解决“三农”问题的有效措施，是贯彻落实党的十七大以来中央一系列重大决策部署的有力抓手。

集体林权制度改革，是我国农村经营制度的又一项重大变革。中央10号文件总共21条，其中最核心的内容就是：把林地承包经营权和林木所有权落实到本集体经济组织的农户，确立农民作为林地承包经营权人的主体地位。这两权在法律上、政策上具有两个“特性”。一是物权性。《物权法》规定林地承包经营权为用益物权，它有三层含义，即是派生的物权、是受限制的物权、是独立的物权。作为独立的物权，农民享有占有、使用和收益的权能，既可以按照自己的意愿直接经营，也可以出租、转让、入股，集体经济组织不得随意收回或任意干涉。二是长期性。中央10号文件规定：“林地的承包期为70年。承包期届满，可以按照国家有关规定继续承包。”这是我国土地承包最长的年限，使农民对林地有长久的拥有预期，可以作长远打算，进行长期投资，真正让农民吃下长效“定心丸”。正是因为这两个特性，著名经济学家厉以宁教授说，集体林权制度改革超越了农村联产承包责任制，是更深入、更彻底的土地制度改革。

集体林权制度改革，是我国农村生产力的又一次大解放。主要表现在三个方面：一是将充分释放出人的巨大潜能。人是生产力最活跃的要素，人的潜能释放程度决定着生产力的解放程度。人的潜能的释放，归根到底要取决于物质利益原则是否得到真正落实。集体林权制度改革，把物质利益原则与农民增收致富愿望有机结合，必将极大地调动农民发展林业的积极性，释放出亿万农民的巨大潜能。二是将充分释放出林地的巨大潜力。林地与耕地一样，是劳动对象，是生产力又一基本要素。我国林地平均每亩经济产出2006年只有22元，不及耕地的1/30。耕地改革极大地解放了18亿亩耕地的生产力，林地改革必将充分释放出43亿亩林地的巨大潜力。三是将充分释放出林业的巨大潜力。林业具有巨大的生态、经济和社会功能。集体林权制度改革后，农民“把山当田耕，把树当菜种”，必然有效地增加森林数量，提高森林质量，这对于增加我国木材供应，生产出更多更好的生态产品，充分挖掘林业经济、生态和社会效益意义重大。

集体林权制度改革，是促进我国经济又好又快发展的战略举措。出口、投资、消费是拉动我国经济发展的“三驾马车”。在当前出口和实际投资增速回落，特别是西方主要经济体由于金融危机，呈现出消费下降、经济衰退的形势下，依靠出口带动我国经济发展面临严峻挑战。从中长期看，扩大国内需求具有巨大潜力，这是经济增长的永恒动力。扩大内需的最大潜力在哪里？毫无疑问，在广阔的农村，在9亿多农民。集体林权制度改革搞好了，能够大幅度增加农民的现金收入和物质财富，必然刺激农民对住房、交通、通讯、家电等的消费，加上扩大林业生产对生产资料的消费，必然会带动整个农村消费增长，进一步扩大国内需求总量，为推动经济持续增长提供强大动力。这对于我国跨过两个“坎”：一是应对当前世界性的金融危机，抵御外部对我国经济发展的冲击；二是避免出现“拉美现象”，也就是人均GDP达到1000～3000美元后出现的经济滞长，具有重要的现实作用。从这一点讲，集体林权制度改革也恰逢其时。

第二，集体林权制度改革将生态受保护、农民得实惠作为出发点和落脚点，是学习实践科学发展观的生动体现。

集体林权制度改革，体现了科学发展观的发展这个第一要义。改革开放30年来，我国林业得到了长足发展，但从总体上看，林业改革发展还相对滞后，人们日益增长的对林业的多样化需求没有得到有效满足，加快发展仍然是当代林业最紧迫的任务。集体林权制度改革后，把林地承包经营权和林木所有权交给农民，实现生产资料与劳动力的有效结合，消除了林业发展的制度性障碍。同时，通过完善政策，放活经营，让利还利于民，消除了林业发展的机制性障碍，必然极大地促进林业又好又快发展。

集体林权制度改革，体现了科学发展观的以人为本这个核心。我国集体山林是农民生产生活的依靠，是老百姓安居乐业的希望。但长期以来，由于农民不是真正意义上的经营主体，使得集体林对农民增收的贡献率较小。集体林权制度改革后，农民得到了一份可靠的生产资料和一笔可观的财产，必然极大地解放林地生产力，促进林木种植、林下经济、木本粮油、竹藤花卉、森林旅游以及林产品加工等产业的发展，为农民增收致富奔小康开辟新的广阔空间。

集体林权制度改革，体现了科学发展观的全面协调可持续发展这个基本要求。加强生态建设，不仅要靠国家的重视和投入，更要靠人民群众的积极性和能动性。但长期以来，由于集体林对农民的利益不直接，使得老百姓对保护和发展林业不太在意。集体林权制度改革后，广大农民多栽树、栽好树的劲头显著增强，植绿、爱绿的意识明显提高，必将极大地增加森林资源，提高森林生态系统的功能，改善生态状况，为经济社会可持续发展提供基础保障。

集体林权制度改革，体现了科学发展观的统筹兼顾这个根本方法。我国山区占国土面积的69%，人口占全国总数的56%，是农村经济社会发展最薄弱的环节，是实现全面建设小康社会的重点和难点。山区的出路在哪里？出路就在发挥森林的优势，挖掘林地的潜力。集体林权制度改革后，农民成为了山林的真正主人，有利于他们充分开发山林资源，变资源优势为经济优势，缩小山区与农区、山区与城镇的差距，促进山区和城乡的协调发展。

有了上面这样的认识，我们就能深刻领会党中央、国务院对集体林权制度改革的高度重视。胡锦涛总书记在十七届三中全会上指出"集体林业制度改革是我国农村经营制度的一项重大变革"。今年10月底在陕北调研时，总书记又两次视察林业工作，并指出"群众承包荒山的积极性很高，原因就是产权明晰了"。温家宝总理强调"集体林权制度改革与当年家庭承包具有同等重要的意义"。回良玉副总理说，30年前耕地承包到户，实现了中国农村生产力的大解放；30年后林地承包到户，必将载入中国农村改革发展的史册。大家要深入学习领会，进一步提高认识，做林改的宣传者、组织者、带领者和推动者。

二、正确把握西北八省(区)集体林权制度改革形势，进一步坚定改革的信心和决心

目前，西北八省区对林改普遍存在着两个认识上的困惑。一是对农民愿不愿意改存在困惑，认为西北地区林业的直接经济效益低，农民对山林不太在意，对林改也不会感兴趣，推进林改困难很大。二是对西北地区林改的意义存在困惑，认为南方条件好，林改能够达到兴林富民的目的，而西北地区条件差，林改很难有这个效果。但是，通过我们的实地调研，特别是与老百姓面对面的交谈，了解到农民对林改的真实态度后，对西北八省(区)林改形成了两个基本判断。

*(一)西北地区农民同样有林改的积极性，这是林改的根本动力所在。*农民是集体林权制度改革的主体，农民愿不愿意改是林改的前提。那么，西北地区的农民到底要不要分山？答案非常肯定：他们不仅要求分山，而且寄予林改很大希望！

青海省湟中县土门关乡上山庄村是林改试点村，那里海拔2000多米，降雨量不足300毫米，立地条件很差，全村有140户农民。乡政府组织了林改入户调查，结果是100%同意分山到户。我局调研组在这个村召开村民座谈会时，原定请20多人参加，结果来了60多人，屋子里坐不下，老乡们就挤在门口和站在窗户旁边听。调研组问村民："中央有政策，把山林分给你们，你们要不要？"村民们异口同声：当然要了！调研组又问村民："你们这儿的条件这么差，造林成本那么高，又没什么收益，为什么还要？"村民们回答：这是中央给我们的权利，承包期70年，是一份家产！即使我们这一辈得不到好处，也可以留给儿孙啊！调研组再问村民："分了以后你们会不会种好？会不会管好？"村民们回答：分了以后，我们肯定会种好，也一定会管好，不会让牛羊危害。同样的回答，在山西、内蒙古、陕西、宁夏、新疆的乡村都能听到。同时，西北地区农民对发展林业，改善生存环境寄予很大期望。宁夏盐池县花马池镇柳杨堡村也是林改试点村，那里长年风沙很大，作物播种后常常被风沙吹走，一般需要反复播种三五次，农民深受风沙之苦。为了改变这一状况，村委会发动群众坚持不懈地造林，但由于产权不明晰，管护不到位，效果不尽如人意。村民们说："早就盼望有自己的一块地，可以造林种草，保护自己的家园。"

从农民朴素的回答中，我们可以感受到他们对土地的深厚情结，想得到一块属于自己的林地的心情。农民期盼林改，拥护林改，这是我们对西北八省(区)林改最重要的一个判断，也让我们清醒看到了林改的真正动力所在，大家对西北地区林改应该充满信心。

*(二)西北地区林改意义特殊，这是林改的真正价值所在。*西北地区是我国的重要生态屏障，也是我国少数民族集中居住区，生态状况的好坏，直接关系到国家的生态安全，直接关系到民族同胞的生存发展，推进西北地区的林改意义十分特殊。

西北八省(区)行政区域面积加起来达到565.6万平方千米，占国土总面积的58.92%，还是长江、黄河、澜沧江和我国主要内陆河的发源地，是全国最重要的水源区，生态地位极其重要。西北八省(区)分布有青藏、黄土、内蒙古三大高原，还有塔里木等三大盆地、塔克拉玛干等六大沙漠和科尔沁等四大沙地，是我国水土流失、荒漠化沙化最严重的地区，生态状况极其脆弱。西北八省(区)干旱高寒，植被十分稀少，森林覆盖率只有9.69%，集体林中的无林地3.45亿亩，占全国集体无林地一半以上，宜林沙化土地占全国总量8亿多亩的95%以上，生态建设任务极其繁重。正因为如此，西北地区始终是我国生态建设的重点和难点，也是全社会关注生态的热点和焦点。推进集体林权制度改革，通过明晰产权还山于民，通过落实政策还利于民，创新了林业发展的体制机制，可以极大地调动广大农民发展林业、建设生态的积极性和能动性，为加快西北地区生态建设步伐、改善西北地区生态状况提供不竭动力。

同时还要看到，集体林权制度改革是改善民生的重要措施。我国西北地区经济社会发展相对落后，农民生活水平相对较低，是长期以来各种因素叠加的结果，其中生态环境恶劣是最根本的原因。通过林改促进西北地区生态改善，是西北地区改善民生的根本所在。另外，集体林权制度改革，把林地使用权和林木所有权交给农民，他们可以通过发展营造林、多种经营增加收入，还可以得到国家森林生态效益补偿等政策性补贴增加收入，从而达到脱贫致富的目的。这样的事例在西北地区随处可见。如陕西太白县林改后，农民发展林业、开发山林的积极性显著提高，两年来累计投入造林资金3310万元，户均1.5万元，发展了5万多亩板栗、核桃等经济林，林下还套种中药材3万亩，发展土鸡5万只，养殖蜜蜂近万箱，人均收入当年就增加510元，占农民人均纯收入的27.7%。三五年以后，预计人均可增加收入2000元左右。

西北地区集体林权制度改革，有利于维护生态安全和促进民族团结，为从根本上解决该地区民生问题提供保障。这是我们对西北八省(区)林改的又一个重要判断，也是西北地区林改的真正价值所在，大家要切实增强使命感和责任感，下大力气抓好林改工作。

三、结合西北八省(区)的社情林情，进一步理清集体林权制度改革的思路和方法

虽然西北八省(区)具备集体林权制度改革的基本条件，但客观上也面临着一些困难。一是高寒干旱，造林成活率低，破坏容易恢复难，生态保护和建设难度大。二是公益林比重大，并且大多都是灌木林，林业经济产出率低，依靠林业自身经济效益拉动改革难度大。三是集体林类型多，既有农田防护林，又有牧场防护林，还有大量宜林沙地和"四荒"地，明晰产权难度大。四是区域经济发展滞后，地方财政实力较弱，农民贫困面较大，依靠地方政府和农民力量推进改革难度大。因此，要根据西北地区的区位特点和社情林情，探索出一条符合本地实际情况的集体林权制度改革道路。具体讲，要做到"三个必须坚持"。

*(一)必须坚持生态建设为主，确保生态受保护。*为了加强西北地区生态建设，改善西北地区生态面貌，国家以及西北地区各级政府和群众作出了长期不懈的努力。1978年，启动了三北防护林建设工程，规划建设期长达70多年，目的就是要在三北地区筑起一条绿色屏障，为中华民族的长远发展提供生态保障。2001年，国家又拿出4300亿元实施退耕还林，目的就是要尽快恢复西北地区的林草植被，切实遏制西北地区生态不断恶化的趋势。因此，保护和改善西北地区的生态，始终是林业改革发展的第一要义。集体林权制度改革必须坚持以生态建设为主这个大原则，使生态资源得到保护，使生态状况得到改善。如果说，集体林权制度改革动摇了这个根基，那么，改革就失去了最基本的意义，改革也不会取得成功。坚持森林资源受保护，生态建设有发展，这是林改的出发点和落脚点，也是西北地区林改最大的一条底线。

*(二)必须坚持兴林富民，确保农民得实惠。*光强调生态受保护的原则，不顾及农民的利益，改革是行不通的。如果只是森林资源增加了，而老百姓的收入没有增加，改革最终还是要失败的。集体林权制度改革必须在坚持兴林的同时，也必须富民。从富民的途径来看，一要靠增加政策性投入，二要靠提高林业经济产出，使农民既能从政策上得到补贴，又能从经营中得到收入。这样，才能调动起农民参与林改的积极性，使他们高高兴兴地承包经营集体林地。

一要建立财政转移支付制度。转移支付就是要解决林业部门运转经费问题。各级政府都要建立公共财政转移支付制度，解决林业部门所有人员的工资问题和业务经费问题，改变林业部门靠向经营者伸手要钱养活自己、靠收取规费过日子的局面，以减轻农民经营林业的税费负担。

二要完善生态效益补偿制度。在国家层面，明年新增的3亿多亩重点公益林补偿，首先要满足西北地区的实际需要；天保工程延续时，要解决天保林补助与公益林补偿并轨的问题。在地方层面，各省、市、县政府也要建立生态补偿机制，财政好的地方要多补一点，财政不好的地方可以暂时少补一点。要提高生态公益林的补偿标准，中央文件对此有明确要求，我们要认真研究，究竟中央拿多少、地方拿多少，南方补多少、北方补多少，都要有一个符合实际的标准。

三要在产业带动上找出路。西北地区可以通过发展经济树种，也可以通过抚育间伐和更新采伐，还可以通过发展林下种养业，提高林业经济产出，增加农民收入，调动发展林业的积极性。办法总比困难多。如青海省依托沙棘加工企业，实施了建设50万亩沙棘基地规划，采用企业+农户模式，带动农民发展沙棘增收致富。

四要在科技进步上找方法。一方面，依靠科技充分挖掘当地各种草类、灌木的经济潜力，如宁夏通过采用新技术，将柠条加工成饲料，使从前不起眼的柠条，变成了集保护生态、发展畜牧和富裕农民于一身的大产业。另一方面，要通过科技示范和服务的方式，让农民掌握营造林实用技术，提高林地生产力，增加农民经营林业的经济收益。

*(三)必须坚持明晰产权，确立农民作为林地的经营主体和林木的管护主体。*中央10号文件明确提出"坚持农村基本经营制度，确保农民平等享有林地承包经营权"，这是最核心的政策，也是最根本的要求。明晰产权，必须紧紧抓住这个核心，坚持家庭承包的基本方向，确立农民经营林业的主体地位，赋予农民完整的用益物权，并长期坚持下去。

只要农民愿意分山到户的，就将产权直接落实到农户，实行家庭承包经营。我们不要担心产权到户后，不利于规模经营，不利于林业管理。群众分到山后，他们以权利人的身份出现，可以流转，可以合作，也可以入股，让群众按自己的意愿去实现规模经营。均山到户，应该作为明晰产权的主要方式。

只要农民愿意联户承包的，就将产权落实到联户，实行联合经营。一些不适宜分山到户和分户经营的，可以采取联户合作经营。怎么联，联多少，都要让农民说了算，政府不要搞"大归堆"和"拉郎配"，而要搞好政策和法律服务，发给联营农户共有权证，让他们吃上"定心丸"。

只要农民愿意股份经营的，就将股权落实到户，实行股份经营。一些不宜单家独户经营的，也可以采取股份经营的方式，但不能简单地搞"分股不分山，分利不分林"。要把股权量化到人，发放股权证，实行折股联营；要尽量划小经营单位，特别要与村委会脱钩，真正变成自主经营、独立核算、自我约束、自负盈亏的经济实体。

只要农民愿意实行集体经营的，仍可以由集体统一经营。一些经过宣传发动，群众还没有分山要求的，也可以暂时实行集体统一经营。但要将经营主体下移，确权到村民小组，由村民小组统一经营，变成独立经营单位，把共有权证发放到本组的每个农户，建章立制并加强群众监督。这是特殊情况下选择的方式，不宜在面上广泛推广。

只要农民愿意拍卖的，也可以实行大户承包经营。这只适用那些不适宜家庭承包、联户承包、股份合作、村民小组统一集体经营的情况。即使采取这种方式，也必须确保本集体经济组织的农户优先承包。在承包费及其缴纳方式上要降低门槛，使之与农户的经济承受能力相适应。

对于不宜家庭承包经营、尚未确定经营主体的"四荒地"和已经列入治理规划的沙地，可根据村民会议决议，采取招标、拍卖、公开协商等方式发包，但要做到公开、公正、公平，承包收益要按照农民得大头的原则，均利到户或用于公益事业。

对于林改前已经承包出去的"四荒地"和沙化土地，要慎重对待，妥善处理，保持稳定。过去我们用政策鼓励拍卖"四荒地"和沙化土地，许多企业和个人获得经营权后，投入了大量的人力物力财力，目前还没有见到产出，今后很长一段时间内也可能得不到收益，我们要尊重过去的做法，维护承包者的权益，确保政策的稳定性。只要程序合法、合同规范的，要予以维护；对于程序合法，合同不规范的，要加以规范；对于程序不合法的，要予以纠正。

西北地区集体林权制度改革，在做到上述"三个必须坚持"的前提下，还要做到"四个一定要注意"。第一，一定要注意实事求是，从实际出发。对全国来说，都要这样做。拿陕西情况来讲，陕南、陕北、关中都不一样；从山西情况来看，晋南、晋中、晋北也不一样，内蒙古的东部、中部、西部也完全不一样。西北地区情况复杂，靠一个模式明晰产权肯定行不通。一定要因地制宜、分类指导，认真搞好试点，试点证明哪一种模式好，就推广应用哪一种。第二，一定要注意尊重群众，依靠群众。云南省搞集体林权制度改革，组织了50多万干部深入基层，把所有关心林地、想要林地的农民都发动了起来。有的林权纠纷40多年都没解决，这次经过农民自己一商量，问题就得到了解决。因此，在林改过程中，要充分依靠群众，真正让农民自己决定分还是不分，以及怎么分。要从实际出发，不搞一刀切，不搞一个模子。第三，一定要注意尊重历史，面对现实。要妥善地处理林改过程中暴露出来的或者新产生的林权纠纷。过去签过的合同，不管是生产队签的还是村委会签的，都要按照10号文件的要求，区别不同情况，认真加以对待。做得对的，要维护承包者的正当权益；做得不对的，要用政策去说服教育，予以纠正。第四，一定要注意积极稳妥，保证质量。要始终坚持质量第一，做到进度服从质量，不赶时间、不赶进度，既积极又稳妥，不要操之过急，使改革经得起历史检验。

四、采取切实有效的措施，进一步营造西北八省(区)集体林权制度改革的良好氛围

*一要进一步解放思想。*集体林权制度改革是解放思想的产物，贯彻落实中央10号文件精神也必须解放思想，西北八省(区)更是如此。要结合当前在全党上下深入学习实践科学发展观活动，认真开展一场思想大讨论，着力转变不适应科学发展观要求的思想观念，着力转变不符合现代林业发展的思想观念，着力转变不利于推进集体林权制度改革的思想观念。切实从各种担心害怕中解放出来，坚定推进林改的决心和信心；切实从对林改的简单认识中解放出来，全面系统地谋划和推进林改；切实从消极畏难情绪中解放出来，以更大的勇气和热情投入到林改。

*二要进一步加强领导。*加强党对改革的领导，这是我国30年改革开放不断取得新胜利的根本保证，也是集体林权制度改革获得成功的基本经验。要建立起高位推动林改的机制，西北地区各级林业部门要认真学习借鉴改革先行省"五级书记抓林改"的做法，积极向党政主要领导汇报，努力争取他们把林改放在心上、抓在手上，亲自研究、亲自部署。要层层成立改革领导小组，实行党政主要领导负责制，为改革提供强有力的组织保障。还没有成立领导小组的，要尽快成立领导小组；领导小组设在林业部门的，要尽快转变为由政府主要领导牵头，有关部门参加的领导小组。各级林业部门要举全局之力，采取"硬抽人，抽硬人"的办法，充实和加强林改办事机构的力量，切实发挥林业部门推进林改的中坚作用。

*三要进一步加大宣传。*全面推进集体林权制度改革，需要全社会各个方面的共同行动。西北地区各地

要高度重视林改舆论宣传工作，凝聚宣传部门和各大媒体的力量，采取各种形式和各种手段，加大宣传力度，努力营造有利于改革的舆论氛围和社会环境。要广泛宣传党的兴林富民政策，让各方面都了解改革的重大意义、基本原则和目标任务，提高全社会对改革的认识。要重点宣传改革的新成果、新经验、新典型，通过典型示范，引导和组织各方面的力量，共同完成好改革的各项任务。要切实做好面向基层干部群众的宣传发动工作，通过多种形式，使中央10号文件家喻户晓，深入人心，为他们积极参与改革提供保证。

四要进一步强化培训。前一段时间，西北地区各级林业部门按照我局的部署，开展了一系列的林改培训活动，下一步要将培训重心下移，重点培训好基层领导干部，开展以学习中央10号文件和林改法律法规为重点的集中轮训，使他们准确理解林改精神实质，把握林改基本原则、目标任务和政策措施，增强他们驾驭工作全局，组织林改工作的能力。要培训好林改工作人员，开展以林改业务为重点的专项培训，使他们掌握林改内容和工作流程、操作规范及工作方法，成为开展林改工作的行家里手。要培训好农民群众，采取派出宣讲队深入农村，通俗易懂地向林农讲解林改的政策措施、方法步骤，特别是林改方案的制订和实施，增强农民参与林改的主人翁意识，充分发挥他们在林改工作中的主体作用。

五要进一步抓好试点。林改是一项复杂的系统工程，西北地区林改更为复杂，必须采取试点先行的原则，做到试点一个推广一个，成熟一批开展一批。要选好试点单位，各地要根据自然条件和社会经济条件的不同，在每种类型当中选择一两个领导重视、基础扎实、人员得力，积极性高的县进行试点。要制定好试点方案，各级林业部门要发挥能动作用，帮助试点县乡制定试点方案，明确试点内容，试点方法，试点步骤，使试点有的放矢，真正解决问题。试点工作每告一个段落，都要认真总结，通过试点证明行之有效的，要不断完善提高，进而形成制度，真正使试点发挥示范和引导作用。

六要进一步完善政策。完善政策是林改的重要内容，也是巩固改革成果的根本保障。我们要像抓明晰产权一样，下大力气抓政策落实工作。中央10号文件提出要完善五个方面的政策措施，局里正在积极行动，对我们自己能单独做的，比如完善林木采伐管理机制、规范林地林木流转等，已经提出了实施方案；对我们自己不能单独做的，比如建立林业公共财政制度、完善林业金融服务等，正在与发改委、财政部、人民银行、保监会等加紧沟通，力争逐步突破。西北地区要不等不靠，充分发挥主动性和能动性，在明晰产权、完善政策方面进行大胆探索，按照有利于林业发展、有利于保护生态、有利于农民增收的原则，研究和出台一些符合本地实际的政策措施，不断巩固和发展林改成果。

七要进一步搞好督查。为了发现新情况，解决新问题，保证林改质量，取得预期成效，必须加强对林改的督导检查。要采取"一听二看三走访"的办法开展督导检查工作。"一听"，就是通过召开专题会议，听取当地林改工作汇报，掌握进度情况。"二看"，就是随机抽取一些乡镇、村组进行检查，对林改调查摸底，登记造册，方案制定，勘界勾图，合同签订等进行仔细查看。"三走访"，就是走访县乡派驻村组的林改工作人员、村民代表和广大林农，了解群众对林改的熟悉情况、参与情况和满意度。要按照林改规定的阶段和程序组织验收。对于验收合格的，方可进入下一阶段；对于验收不合格的要下发限期整改通知书，责令其限期整改，并跟踪督查，直至群众满意为止。

八要进一步转变职能。为适应改革的新形势和新要求，林业部门要切实转变职能，重点是"搞好四项服务、做好两个引导和扶持"。一要搞好政策服务，使农民经营林业有政策的支持和保障，让农民掌握和用好党的兴林富民政策；二要搞好科技服务，使农民及时应用最新科技成果，提高林地生产力；三要搞好市场服务，使农民生产的木材及林产品能卖出去，能卖个好价钱；四要搞好林业"三防"服务，即防盗、防火、防病虫害，降低农民经营林业的风险；五要引导和扶持农民林业合作组织建设，解决一家一户小生产与大市场的对接问题；六要引导和扶持林业中介组织建设，使农民能够得到便捷的服务。

贾治邦在三北防护林体系建设30年总结表彰大会上的讲话

（2008年11月20日）

一、三北工程建设取得了巨大成就、积累了宝贵经验

30年来，在党中央、国务院的正确领导下，在有关部门的大力支持下，在工程区各级党委、政府的精心组织下，广大干部群众自力更生、艰苦奋斗、无私奉献，三北工程建设取得了巨大成就。累计完成造林保存面积2446.9万公顷，森林覆盖率由1977年的5.05%提高到目前的10.51%，工程区生态状况明显改善，为维护国家生态安全、促进经济社会发展发挥了重要作用，在国内外产生了广泛而深远的影响。

一是重点治理地区的风沙侵害得到有效遏制，沙化土地面积开始缩减。在东起黑龙江、西至新疆的万里风沙线上，共营造防风固沙林561万公顷，治理沙化土地27.8万平方千米，保护和恢复沙化、盐碱化严重的草原、牧场1000多万公顷。第三次全国荒漠化监测表明，在1999～2004年的5年间，陕、甘、宁、蒙、晋、冀6省(区)实现了由“沙逼人退”向“人逼沙退”的历史性转变，沙化土地面积净减少7921平方千米，重点治理的毛乌素、科尔沁两大沙地实现了土地沙化的逆转。

二是局部地区的水土流失得到有效治理，水土流失危害程度明显减轻。在以黄土高原为主的水土流失区，坚持山水田林路统一规划，生物措施与工程措施相结合的原则，按山系、流域进行综合治理，共营造水土保持林和水源涵养林723万公顷，治理水土流失面积30多万平方千米，土壤侵蚀模数明显下降。重点治理的黄土高原造林779万公顷，新增水土流失治理面积15万平方千米，使黄土高原近50%的水土流失面积得到不同程度治理，每年减少流入黄河泥沙3亿多吨。

三是平原农区防护林体系基本建成，粮食生产能力显著增强。在东北平原、华北平原、黄河河套等重点农区，坚持以保障粮食生产为目标，营造农田防护林253万公顷，有效保护农田2248.6万公顷，农田林网化程度达到68%，基本上消除了农业生产中每年刮三场风、播四次种的“三刮四种”现象，减轻了干热风、倒春寒、霜冻等灾害性气候对农业生产的危害，一些低产低质农田变成了稳产高产田。三北地区的粮食单产由1977年的1770千克/公顷提高到2007年的4665千克/公顷，总产量由0.6亿吨提高到1.53亿吨。2005年全国产粮“十强县”全部是农田防护林体系建设达标县。

四是特色产业基地初具规模，促进了区域经济发展和农民增收致富。三北工程始终坚持走生态经济型防护林体系建设之路，找准了兴林与富民的结合点，在坚持生态优先的前提下，建设了一批用材林、经济林、薪炭林、饲料林基地，促进了农村产业结构调整，推动了农村经济发展，有效增加了农民收入，实现了生态建设与经济发展“双赢”。工程区森林蓄积量由1977年的7.2亿立方米增加到13.9亿立方米，直接增加经济价值3000多亿元。营造的农田防护林和用材林，活立木蓄积高达4亿立方米，已具备年产2000万立方米木材的生产能力。营造薪炭林92.7万公顷，年产薪材800多万吨，解决了700多万户农民的烧柴问题。营造灌木饲料林500多万公顷，为畜牧业发展提供了丰富的饲料来源。营造各类经济林400万公顷，年产干鲜果品3600多万吨，占全国产量的1/3，产值达到537亿元。同时，工程区以森林观光和绿色产品为主题的各类旅游、休闲产业正在蓬勃兴起，2007年接待游客近9000万人次，产值达192亿元。

五是开启了我国大规模治理生态的先河，形成了防护林体系建设的基本理论。三北工程是我国实施的第一个林业重点工程，开启了大规模治理生态的先河。30年来，工程建设在建设思路、组织形式、工程管理、治理模式等方面进行了有益探索，形成了我国防护林体系建设的基本理论。第一次提出了建立以木本植物为主体，多林种、多树种、多效益、带片网、乔灌草、造封管、人工治理与自然修复相结合的防护林体系建设的指导思想；从工程建设区经济基础薄弱，群众生活贫困的实际出发，把森林的生态功能和经济功能有机结合起来，第一次提出了建设生态经济型防护林体系的发展模式；突破了生态建设小规模、小范围的格局，第一次以国家重点工程的形式开展生态建设，把我国林业推向了“以大工程带动大发展”的新阶段。

六是增强了全社会的绿化意识，提升了我国在生态建设领域的国际地位。三北工程的实施，充分体现了党和政府改善国土生态面貌的意志，符合三北地区广大干部群众的愿望，激发了建设区广大干部群众投身建设绿色家园的积极性，涌现了许多可歌可泣的英雄事迹，造就了一大批以石光银、牛玉琴、王有德、白春兰、殷玉珍等为代表的英雄模范人物，培育了陕西榆林、内蒙古通辽等先进典型，铸就了“艰苦奋斗、顽强拼搏，团结协作、锲而不舍，求真务实、开拓创新，以人为本、造福人类”的三北精神，在国内外产生了重大影响，被国际上誉为“世界生态工程之最”、“改造大自然的伟大壮举”。1987年以来，三北防护林建设局等10多个单位被联合国环境规划署授予“全球500佳”称号。三北工程已成为中国政府高度重视生态建设、认真履行国际生态公约的标志性工程，充分展示了中国政府对全球生态安全高度负责的精神。三北工程已成为我国林业建设国际交流与合作的重要窗口，世行、联合国粮农组织等国际组织和友好国家将三北工程列为优先援助项目，以三北工程为依托的国际合作交流项目已达到58个，受援资金16亿多元人民币。

30年来，工程建设从我国国情和三北地区实际出发，走出了一条具有中国特色的生态建设道路，为发展现代林业、建设生态文明积累了十分宝贵的经验。一是坚持生态优先的建设宗旨，及时调整工程建设主攻方向，在服务经济社会发展大局中寻找动力，彰显作用，强化地位；二是坚持全国动员、全民动手、全社会办林业的建设方针，充分发挥社会主义集中力量办大事的制度优势；三是坚持兴林富民相统一，建设生态经济型防护林体系，统筹生态建设与产业发展协同推进；四是坚持因地制宜、适地适树、乔灌草结合、封飞造并举的技术路线，实行人工治理与自然修复相结合；五是坚持改革创新，不断完善工程建设的管理机制和政策体系，保持工程建设的不竭动力；六是坚持领导干部任期目标责任制，一任接着一任干，一张蓝图绘到底。这些宝贵经验，不仅为加快三北工程建设打下了坚实基础，而且为全国林业发展提供了有益借鉴。

30年的巨大成就充分说明，党中央、国务院决定实施三北工程是一项具有远见卓识和重大历史意义的英明决策。今天，我们完全可以自豪地说，三北工程的建设规模、持续时间和取得的成效，已经载入世界生态建设的史册。30年的成功实践充分表明，只要我们遵循自然、经济和社会发展规律，紧紧依靠党和政府的坚强领导，紧紧依靠人民群众的共同努力，就能够汇聚成改造山河的强大合力，就能够铸就无愧于时代的绿色丰碑。

二、进一步深刻认识加快推进三北工程建设的重大意义

当前，我国正在深入贯彻落实科学发展观，全面推进生态文明建设，努力走生产发展、生活富裕、生态良好的文明发展道路。经过多年努力，虽然我国林业建设取得了很大成绩，全国生态状况有了明显改善，但是土地沙化、水土流失、湿地减少等生态问题仍然十分突出，与经济社会科学发展的要求很不适应。特别是三北地区，生态问题依然是严重制约这一地区经济社会可持续发展、人民生产生活水平提高的关键因素。我们一定要进一步深刻认识新形势下加快推进三北工程建设的重大意义。

*（一）加快三北工程建设，是建设生态文明、实现生态良好的必然要求。*党的十七大作出了建设生态文明的重大战略决策，明确提出到2020年要把我国建设成为生态环境良好的国家。三北地区占我国半壁河山，是全国生态最脆弱的地区。我国的八大沙漠、四大沙地全部分布在这里，沙化土地总面积达148.2万平方千米，占全国的85.2%，是我国防沙治沙的主战场。不仅如此，三北地区的水土流失面积高达240万平方千米，占全国的67%，是黄河泥沙的主要来源地。建设生态文明，实现生态良好，重点在三北，难点也在三北。没有三北地区生态环境的根本改善，就没有全国生态环境的根本改善。加快三北工程建设，对于遏制土地沙化、治理水土流失、实现生态良好，意义十分重大。

*（二）加快三北工程建设，是增加农民收入、拉动国内需求的重要途径。*三北地区是我国主要的沙区和山区，也是全国贫困人口的集中分布区，农民收入普遍较少，消费能力明显偏低。三北工程植根于农民，主战场在农村，惠及农业生产，是一项与“三农”问题密切相关的生态建设工程。加快三北工程建设，不仅可以改善当地生态状况，缓解生态问题对区域经济社会发展的“刚性”制约，而且可以建设一批以干鲜果品为主的特色产业带和产业基地，培育一批有市场竞争力的优势品牌，有效提高农民群众的收入水平和消费能力。这对于扩大农村消费、拉动国内需求、促进经济增长具有十分重要的作用。

*（三）加快三北工程建设，是提高粮食产量、维护粮食安全的必然选择。*三北地区分布着松辽平原、华北平原、黄河河套、汾渭平原、河西走廊等我国重要的粮食主产区，2007年粮食产量占到全国粮食总产量的30%。确保这些区域的粮食稳产高产，对于维护全国粮食安全意义十分重大。实践证明，在三北这样一个自然灾害频发的地区，农田防护林对于改善农田小气候，改良土壤肥力，减轻干热风、倒春寒、霜冻、沙尘暴等灾害性气候的危害发挥着不可替代的特殊作用。在当前全球粮价上涨、粮食安全面临严重威胁的新形势下，进一步加强三北工程建设，构筑更高标准、更加完善的农田防护林体系，对于增强农业抵御自然灾害的能力、提高粮食产量、维护粮食安全具有重要意义。

*（四）加快三北工程建设，是提高森林覆盖率、增加森林碳汇的潜力所在。*按照我国林业“三步走”的发展战略，2010年森林覆盖率要达到20%以上，2020年森林覆盖率要达到23%以上，2050年要达到并稳定在26%以上。当前，我国南方地区已经基本消灭宜林荒山，增加森林覆盖率的潜力不大，而三北地区还有宜林地面积3936万公顷，占全国的68.6%，是我国森林资源增长空间最大的地区。同时，随着世界各国对气候变化的日益关注，我国作为一个碳排放大国，承担温室气体减排的压力越来越大。在这样的情况下，加快三北工程建设，不仅有利于扩大森林资源面积，提高森林覆盖率，而且有利于增加森林碳汇，提高我国应对气候变化的能力。

*（五）加快三北工程建设，是促进民族团结、维护边疆稳定的重要举措。*三北地区是我国多民族聚居区，境内有内蒙古、新疆、宁夏3个少数民族自治区，10个自治州，28个自治县。聚居着汉、回、蒙、满、维吾尔、哈萨克、鄂伦春、塔吉克等22个民族，少数民族人口达2000多万人，居住面积300多万平方千米，占三北地区的70%。三北地区战略地位突出，同俄罗斯、蒙古共和国、哈萨克斯坦、阿富汗、巴基斯坦等10多个国家和地区接壤，陆地边境线长达7000千米，分布着我国重要的国防基地。三北地区又是革命老区。由于受自然地理条件的限制等原因，民族地区、边疆地区、革命老区的经济社会发展水平落后于全国平均水平，生态恶劣是重要的制约因素。在构建社会主义和谐社会的新形势下，加快三北

工程建设，对于促进民族地区经济发展、维护社会安定、加强民族团结、巩固国防建设也有着极其重要的战略意义。

总之，我们要站在中华民族生存与发展的战略高度来认识三北工程。中华民族要从根本上实现生态良好，使天蓝、地绿、水清，关键就是要在三北地区筑起一道绿色生态长城。希望同志们进一步提高认识，统一思想，更加坚定不移地把这项造福子孙后代的伟大工程坚持不懈地建设好。

三、明确思路，强化措施，把三北工程建设成为中华民族的绿色生态长城

根据三北工程建设面临的新形势和新任务，当前和今后一个时期三北工程建设的指导思想是：高举中国特色社会主义伟大旗帜，以邓小平理论和“三个代表”重要思想为指导，深入贯彻落实科学发展观，按照发展现代林业、建设生态文明的要求，遵循自然、经济和社会发展规律，坚持以建设完善的区域性防护林体系为目标，以防沙治沙和治理水土流失为重点，着力推进集体林权制度改革，着力开展造林育林和封禁保护，着力发展特色产业，着力抓好更新改造，着力完善政策措施，着力推广实用技术，着力巩固扩大成果，为把三北工程建设成为中华民族的绿色生态长城作出新的贡献。

目标任务是：在保护好现有植被的基础上，完善提高，加快发展。力争到2020年，完成造林600万公顷，低质低效林改造和农防林更新改造60万公顷，森林覆盖率达到12%。平原农区建成区域性防护林体系，农业综合生产能力显著增强。沙化土地扩展趋势得到基本遏制，水土流失得到不同程度的治理，土地承载力和人口环境容量明显增强。到2050年，完成三北工程规划建设任务，使森林覆盖率达到并稳定在15%左右，风沙危害和水土流失得到有效控制，生态环境和人民群众的生产生活条件从根本上得到改善，建成比较完善的森林生态体系、比较发达的林业产业体系和比较繁荣的生态文化体系。

实现上述目标，任务非常艰巨，必须重点抓好以下几项工作：

（一）加强组织领导。过去的30年，三北工程建设得以持续健康发展的根本所在，靠的是加强领导，发动群众，苦干实干加巧干。各级林业主管部门要经常主动地向地方党委、政府报告工程建设的重大意义，汇报工程建设的进展情况，反映工程建设存在的困难和问题，当好参谋，赢得地方党委、政府的重视和支持。各级林业主管部门的负责同志，要成为建设生态文明的积极宣传者、串联者，切实把各级领导和广大干部群众发动到参与生态建设的伟大实践中来。要进一步建立健全各级工程建设管理机构，充实管理人员，强化管理职能，切实承担起工程建设规划、计划、督导、检查的职责。要建立工程建设责任制，把工程建设任务分解落实到具体人员，落实到地块。

（二）强化科技支撑。三北地区干旱少雨，造林难度大，离不开强有力的科技支撑。要坚持“科技兴林”的方针，围绕工程建设面临的重大技术瓶颈，加强科技攻关，加大科技推广。着力在抗逆性强、适生性广、寿命长、生态与经济兼顾的优良树种选育和应用上取得新突破；着力在不同立地类型区的营造林技术上取得新突破。沙区治理要因地制宜，在适宜的地方加强樟子松的推广应用，建设一批樟子松基地。要尊重自然规律，按照科学规律办事，坚持从实际出发，实事求是，适地适树，选择合适的植被恢复方式。要加强技术培训体系建设，着力培养懂技术、会管理、善经营的工程建设队伍。

（三）加强成果保护。三北工程建设成果是亿万人民长期奋斗的结果，来之不易，一定要牢固树立保护就是发展的理念，切实把资源保护工作摆上重要位置，全面加强工程建设成果保护。要认真落实管护责任制，把管护工作同集体林权制度改革结合起来，切实将管护责任落实到人头。要落实森林生态效益补偿制度，逐步提高三北地区森林生态效益补偿的中央投资标准。各地也要积极努力，争取地方政府建立森林生态效益补偿资金，形成保护生态公益林的合力。要加强依法管护，广泛深入地宣传《森林法》、《防沙治沙法》、《水土保持法》等法律法规，提高全社会的法律意识。要做好林地的确权发证工作，确保林地不流失、用途不变更。要依法严厉查处乱砍滥伐、毁林开垦、非法征占林地等违法犯罪行为，坚决遏制边治理、边破坏现象的发生。

（四）突出建设重点。在建设任务繁重、国家投入有限的情况下，必须按照“统一规划、分步实施、分区治理、重点突破”的原则，继续实施抓点带面战略，集中力量在国家发展战略区、经济发展活跃区、关系国计民生的重点区等率先取得实质性突破，为经济社会发展构筑区域性生态防线。要继续坚持以防沙治沙为主攻方向，着力解决三北地区风沙危害这一头号生态问题。要把统筹城乡绿化、改善人居环境作为今后的工程建设重点，加强城镇、乡村绿化，着力建设一批森林城市、森林乡镇、森林村庄，构建点线结合的绿色生态长城。要建立一批代表性强、辐射面广、类型齐全、效益显著的综合示范区，发挥以点带面、推动全局的作用。这次中央投入的15亿元，各地一定要突出建设重点，加强管理，切实发挥好资金的使用效益。

（五）完善政策措施。最近，中央决定今年增加三北工程建设资金15亿元，充分体现了国家加快推进三北工程建设的信心和决心。各地要以此为契机，加大工程建设投入力度，完善工程建设的政策措施，建立起工程建设的长效投入机制。要以推进集体林权制度改革为突破口，落实现有林木和宜林地的“四权”，完善林木采伐管理制度，规范林地林木流转行为。要制定各种优惠政策，鼓励和引导各种社会主体参与工程建设，吸引社会资金流向三北工程建设领域。要加强工程管理，健全资金管理、检查验收、监督考核、效益评价等方面的工作制度和指标体系，推动工程管理走上信息化、制度化的发展轨道。

（六）搞好宣传发动。人民群众始终是工程建设的主体。要充分利用广播、电视、报纸、网络等多种宣传媒体，广泛开展形式多样的宣传活动，为工程建设营造良好的氛围。要大张旗鼓地宣传三北工程的重要地位、巨大成效、成功经验和先进典型，以及当前面临的新形势和新任务，尤其要大力宣传工程建设中英雄模范人物的感人事迹、创业经验，激励和动员人民群众积极投身工程建设。这次会后，各地也要进行认真的总结、宣传、表彰，努力形成全社会关爱自然、重视生态，支持工程建设、参与工程建设的新局面。

重要林业法律法规

中共中央国务院关于全面推进集体林权制度改革的意见

中发[2008]10号

(2008年6月8日)

新中国成立后，特别是改革开放以来，我国集体林业建设取得了较大成效，对经济社会发展和生态建设作出了重要贡献。集体林权制度虽经数次变革，但产权不明晰、经营主体不落实、经营机制不灵活、利益分配不合理等问题仍普遍存在，制约了林业的发展。为进一步解放和发展林业生产力，发展现代林业，增加农民收入，建设生态文明，现就全面推进集体林权制度改革提出如下意见。

一、充分认识集体林权制度改革的重大意义

(一)*集体林权制度改革是稳定和完善农村基本经营制度的必然要求*。集体林地是国家重要的土地资源，是林业重要的生产要素，是农民重要的生活保障。实行集体林权制度改革，把集体林地经营权和林木所有权落实到农户，确立农民的经营主体地位，是将农村家庭承包经营制度从耕地向林地的拓展和延伸，是对农村土地经营制度的丰富和完善，必将进一步解放和发展农村生产力。

(二)*集体林权制度改革是促进农民就业增收的战略举措*。林业产业链条长，市场需求大，就业空间广。实行集体林权制度改革，让农民获得重要的生产资料，激发农民发展林业生产经营的积极性，有利于促进农民特别是山区农民脱贫致富，破解“三农”问题，推进社会主义新农村建设。

(三)*集体林权制度改革是建设生态文明的重要内容*。建设生态文明、维护生态安全是林业发展的首要任务。实行集体林权制度改革，建立责权利明晰的林业经营制度，有利于调动广大农民造林育林的积极性和爱林护林的自觉性，增加森林数量，提升森林质量，增强森林生态功能和应对气候变化的能力，繁荣生态文化，促进人与自然和谐，推动经济社会可持续发展。

(四)*集体林权制度改革是推进现代林业发展的强大动力*。林业是国民经济和社会发展的重要公益事业和基础产业。实行集体林权制度改革，培育林业发展的市场主体，发挥市场在林业生产要素配置中的基础性作用，有利于发挥林业的生态、经济、社会和文化等多种功能，满足社会对林业的多样化需求，促进现代林业发展。

二、集体林权制度改革的指导思想、基本原则和总体目标

(五)*指导思想*。全面贯彻党的十七大精神，高举中国特色社会主义伟大旗帜，以邓小平理论和“三个代表”重要思想为指导，深入贯彻落实科学发展观，大力实施以生态建设为主的林业发展战略，不断创新集体林业经营的体制机制，依法明晰产权、放活经营、规范流转、减轻税费，进一步解放和发展林业生产力，促进传统林业向现代林业转变，为建设社会主义新农村和构建社会主义和谐社会作出贡献。

(六)*基本原则*。坚持农村基本经营制度，确保农民平等享有集体林地承包经营权；坚持统筹兼顾各方利益，确保农民得实惠、生态受保护；坚持尊重农民意愿，确保农民的知情权、参与权、决策权；坚持依法办事，确保改革规范有序；坚持分类指导，确保改革符合实际。

(七)*总体目标*。用5年左右时间，基本完成明晰产权、承包到户的改革任务。在此基础上，通过深化改革，完善政策，健全服务，规范管理，逐步形成集体林业的良性发展机制，实现资源增长、农民增收、生态良好、林区和谐的目标。

三、明确集体林权制度改革的主要任务

(八)*明晰产权*。在坚持集体林地所有权不变的前提下，依法将林地承包经营权和林木所有权，通过家庭承包方式落实到本集体经济组织的农户，确立农民作为林地承包经营权人的主体地位。对不宜实行家庭承包经营的林地，依法经本集体经济组织成员同意，可以通过均股、均利等其他方式落实产权。村集体经济组织可保留少量的集体林地，由本集体经济组织依法实行民主经营管理。

林地的承包期为70年。承包期届满，可以按照国家有关规定继续承包。已经承包到户或流转的集体林地，符合法律规定、承包或流转合同规范的，要予以维护；承包或流转合同不规范的，要予以完善；不符合法律规定的，要依法纠正。对权属有争议的林地、林木，要依法调处，纠纷解决后再落实经营主体。自留山由农户长期无偿使用，不得强行收回，不得随意调整。承包方案必须依法经本集体经济组织成员同意。

自然保护区、森林公园、风景名胜区、河道湖泊等管理机构和国有林（农）场、垦殖场等单位经营管理的集体林地、林木，要明晰权属关系，依法维护经营管理区的稳定和林权权利人的合法权益。

（九）勘界发证。明确承包关系后，要依法进行实地勘界、登记，核发全国统一式样的林权证，做到林权登记内容齐全规范，数据准确无误，图、表、册一致，人、地、证相符。各级林业主管部门应明确专门的林权管理机构，承办同级人民政府交办的林权登记造册、核发证书、档案管理、流转管理、林地承包争议仲裁、林权纠纷调处等工作。

（十）放活经营权。实行商品林、公益林分类经营管理。依法把立地条件好、采伐和经营利用不会对生态平衡和生物多样性造成危害区域的森林和林木，划定为商品林；把生态区位重要或生态脆弱区域的森林和林木，划定为公益林。对商品林，农民可依法自主决定经营方向和经营模式，生产的木材自主销售。对公益林，在不破坏生态功能的前提下，可依法合理利用林地资源，开发林下种养业，利用森林景观发展森林旅游业等。

（十一）落实处置权。在不改变林地用途的前提下，林地承包经营权人可依法对拥有的林地承包经营权和林木所有权进行转包、出租、转让、入股、抵押或作为出资、合作条件，对其承包的林地、林木可依法开发利用。

（十二）保障收益权。农户承包经营林地的收益，归农户所有。征收集体所有的林地，要依法足额支付林地补偿费、安置补助费、地上附着物和林木的补偿费等费用，安排被征林地农民的社会保障费用。经政府划定的公益林，已承包到农户的，森林生态效益补偿要落实到户；未承包到农户的，要确定管护主体，明确管护责任，森林生态效益补偿要落实到本集体经济组织的农户。严格禁止乱收费、乱摊派。

（十三）落实责任。承包集体林地，要签订书面承包合同，合同中要明确规定并落实承包方、发包方的造林育林、保护管理、森林防火、病虫害防治等责任，促进森林资源可持续经营。基层林业主管部门要加强对承包合同的规范化管理。

四、完善集体林权制度改革的政策措施

（十四）完善林木采伐管理机制。编制森林经营方案，改革商品林采伐限额管理，实行林木采伐审批公示制度，简化审批程序，提供便捷服务。严格控制公益林采伐，依法进行抚育和更新性质的采伐，合理控制采伐方式和强度。

（十五）规范林地、林木流转。在依法、自愿、有偿的前提下，林地承包经营权人可采取多种方式流转林地经营权和林木所有权。流转期限不得超过承包期的剩余期限，流转后不得改变林地用途。集体统一经营管理的林地经营权和林木所有权的流转，要在本集体经济组织内提前公示，依法经本集体经济组织成员同意，收益应纳入农村集体财务管理，用于本集体经济组织内部成员分配和公益事业。

加快林地、林木流转制度建设，建立健全产权交易平台，加强流转管理，依法规范流转，保障公平交易，防止农民失山失地。加强森林资源资产评估管理，加快建立森林资源资产评估师制度和评估制度，规范评估行为，维护交易各方合法权益。

（十六）建立支持集体林业发展的公共财政制度。各级政府要建立和完善森林生态效益补偿基金制度，按照“谁开发谁保护、谁受益谁补偿”的原则，多渠道筹集公益林补偿基金，逐步提高中央和地方财政对森林生态效益的补偿标准。建立造林、抚育、保护、管理投入补贴制度，对森林防火、病虫害防治、林木良种、沼气建设给予补贴，对森林抚育、木本粮油、生物质能源林、珍贵树种及大径材培育给予扶持。改革育林基金管理办法，逐步降低育林基金征收比例，规范用途，各级政府要将林业部门行政事业经费纳入财政预算。森林防火、病虫害防治以及林业行政执法体系等方面的基础设施建设要纳入各级政府基本建设规划，林区的交通、供水、供电、通信等基础设施建设要依法纳入相关行业的发展规划，特别是要加大对偏远山区、沙区和少数民族地区林业基础设施的投入。集体林权制度改革工作经费，主要由地方财政承担，中央财政给予适当补助。对财政困难的县乡，中央和省级财政要加大转移支付力度。

（十七）推进林业投融资改革。金融机构要开发适合林业特点的信贷产品，拓宽林业融资渠道。加大林业信贷投放，完善林业贷款财政贴息政策，大力发展对林业的小额贷款。完善林业信贷担保方式，健全林权抵押贷款制度。加快建立政策性森林保险制度，提高农户抵御自然灾害的能力。妥善处理农村林业债务。

（十八）加强林业社会化服务。扶持发展林业专业合作组织，培育一批辐射面广、带动力强的龙头企业，促进林业规模化、标准化、集约化经营。发展林业专业协会，充分发挥政策咨询、信息服务、科技推广、行业自律等作用。引导和规范森林资源资产评估、森林经营方案编制等中介服务健康发展。

五、加强对集体林权制度改革的组织领导

（十九）高度重视集体林权制度改革。各级党委、政府要把集体林权制度改革作为一件大事来抓，摆上重要位置，精心组织，周密安排，因势利导，确保改革扎实推进。要实行主要领导负责制，层层落实领导责任。建立县（市）直接领导、乡镇组织实施、村组具体操作、部门搞好服务的工作机制，充分发挥农村基层党组织的作用。改革方案的制定要依照法律、尊重民意、因地制宜，改革的内容和具体操作程序要公开、公平、公正。在坚持改革基本原则的前提下，鼓励各地积极探索，确保改革符合实际、取得实效。要加强对领导干部、林改工作人员包括农村基层干部的培训，强化调度、统计、检查、督导和档案管理工作。要严肃工作纪律，党员干部特别是各级领导干部，要以身作则，决不允许借改革之机，为本人和亲友谋取私利。要健全纠纷调处工作机制，妥善解决林权纠纷，及时化解矛盾，维护农村稳定。

（二十）切实加强和改进林业管理。各级林业主管部门要适应改革新形势，进一步转变职能，加强林业宏观管理、公共服务、行政执法和监督。要深入调查研究，认真总结经验，加强工作指导，改进服务方式。推行林业综合行政执法，严厉打击破坏森林资源的违法行为。要加强森林防火、病虫害防治等公共服务体系建设，健全政府主导、群防群治的森林防火、防病虫害、防乱砍滥伐的工作机制。建立科技推广激励机制，加大培训力度，实施林业科技入户工程。加强基层林业工作机构建设，乡镇林业工作站经费纳入地方财政预算。

（二十一）努力形成各方面支持改革的合力。集体林权制度改革涉及面广、政策性强。各有关部门要各司其职，密切配合，通力协作，积极参与改革，主动支持改革。各群众团体和社会组织要发挥各自作用，为推进集体林权制度改革贡献力量。加强舆论宣传，努力营造有利于集体林权制度改革的社会氛围。

集体林权制度改革是农村生产关系的重大变革，事关全局、影响深远。我们要紧密团结在以胡锦涛同志为总书记的党中央周围，高举中国特色社会主义伟大旗帜，以邓小平理论和“三个代表”重要思想为指导，深入贯彻落实科学发展观，解放思想，坚定信心，开拓进取，扎实推进集体林权制度改革，为夺取全面建设小康社会新胜利作出新的贡献。

中华人民共和国国务院令

第541号

《森林防火条例》已经2008年11月19日国务院第36次常务会议修订通过，现将修订后的《森林防火条例》公布，自2009年1月1日起施行。

总理　温家宝

2008年12月1日

森林防火条例

（1988年1月16日国务院公布 自1988年3月15日起施行 2008年11月19日国务院第36次常务会议修订通过）

第一章　总　则

第一条　为了有效预防和扑救森林火灾，保障人民生命财产安全，保护森林资源，维护生态安全，根据《中华人民共和国森林法》，制定本条例。

第二条　本条例适用于中华人民共和国境内森林火灾的预防和扑救。但是，城市市区的除外。

第三条　森林防火工作实行预防为主、积极消灭的方针。

第四条　国家森林防火指挥机构负责组织、协调和指导全国的森林防火工作。

国务院林业主管部门负责全国森林防火的监督和管理工作，承担国家森林防火指挥机构的日常工作。

国务院其他有关部门按照职责分工，负责有关的森林防火工作。

第五条　森林防火工作实行地方各级人民政府行政首长负责制。

县级以上地方人民政府根据实际需要设立的森林防火指挥机构，负责组织、协调和指导本行政区域的森林防火工作。

县级以上地方人民政府林业主管部门负责本行政区域森林防火的监督和管理工作，承担本级人民政府森林防火指挥机构的日常工作。

县级以上地方人民政府其他有关部门按照职责分工，负责有关的森林防火工作。

第六条　森林、林木、林地的经营单位和个人，在其经营范围内承担森林防火责任。

第七条　森林防火工作涉及两个以上行政区域的，有关地方人民政府应当建立森林防火联防机制，确定联防区域，建立联防制度，实行信息共享，并加强监督检查。

第八条 县级以上人民政府应当将森林防火基础设施建设纳入国民经济和社会发展规划，将森林防火经费纳入本级财政预算。

第九条 国家支持森林防火科学研究，推广和应用先进的科学技术，提高森林防火科技水平。

第十条 各级人民政府、有关部门应当组织经常性的森林防火宣传活动，普及森林防火知识，做好森林火灾预防工作。

第十一条 国家鼓励通过保险形式转移森林火灾风险，提高林业防灾减灾能力和灾后自我救助能力。

第十二条 对在森林防火工作中作出突出成绩的单位和个人，按照国家有关规定，给予表彰和奖励。

对在扑救重大、特别重大森林火灾中表现突出的单位和个人，可以由森林防火指挥机构当场给予表彰和奖励。

第二章　森林火灾的预防

第十三条 省、自治区、直辖市人民政府林业主管部门应当按照国务院林业主管部门制定的森林火险区划等级标准，以县为单位确定本行政区域的森林火险区划等级，向社会公布，并报国务院林业主管部门备案。

第十四条 国务院林业主管部门应当根据全国森林火险区划等级和实际工作需要，编制全国森林防火规划，报国务院或者国务院授权的部门批准后组织实施。

县级以上地方人民政府林业主管部门根据全国森林防火规划，结合本地实际，编制本行政区域的森林防火规划，报本级人民政府批准后组织实施。

第十五条 国务院有关部门和县级以上地方人民政府应当按照森林防火规划，加强森林防火基础设施建设，储备必要的森林防火物资，根据实际需要整合、完善森林防火指挥信息系统。

国务院和省、自治区、直辖市人民政府根据森林防火实际需要，充分利用卫星遥感技术和现有军用、民用航空基础设施，建立相关单位参与的航空护林协作机制，完善航空护林基础设施，并保障航空护林所需经费。

第十六条 国务院林业主管部门应当按照有关规定编制国家重大、特别重大森林火灾应急预案，报国务院批准。

县级以上地方人民政府林业主管部门应当按照有关规定编制森林火灾应急预案，报本级人民政府批准，并报上一级人民政府林业主管部门备案。

县级人民政府应当组织乡（镇）人民政府根据森林火灾应急预案制定森林火灾应急处置办法；村民委员会应当按照森林火灾应急预案和森林火灾应急处置办法的规定，协助做好森林火灾应急处置工作。

县级以上人民政府及其有关部门应当组织开展必要的森林火灾应急预案的演练。

第十七条 森林火灾应急预案应当包括下列内容：

（一）森林火灾应急组织指挥机构及其职责；

（二）森林火灾的预警、监测、信息报告和处理；

（三）森林火灾的应急响应机制和措施；

（四）资金、物资和技术等保障措施；

（五）灾后处置。

第十八条 在林区依法开办工矿企业、设立旅游区或者新建开发区的，其森林防火设施应当与该建设项目同步规划、同步设计、同步施工、同步验收；在林区成片造林的，应当同时配套建设森林防火设施。

第十九条 铁路的经营单位应当负责本单位所属林地的防火工作，并配合县级以上地方人民政府做好铁路沿线森林火灾危险地段的防火工作。

电力、电信线路和石油天然气管道的森林防火责任单位，应当在森林火灾危险地段开设防火隔离带，并组织人员进行巡护。

第二十条 森林、林木、林地的经营单位和个人应当按照林业主管部门的规定，建立森林防火责任制，划定森林防火责任区，确定森林防火责任人，并配备森林防火设施和设备。

第二十一条 地方各级人民政府和国有林业企业、事业单位应当根据实际需要，成立森林火灾专业扑救队伍；县级以上地方人民政府应当指导森林经营单位和林区的居民委员会、村民委员会、企业、事业单位建立森林火灾群众扑救队伍。专业的和群众的火灾扑救队伍应当定期进行培训和演练。

第二十二条 森林、林木、林地的经营单位配备的兼职或者专职护林员负责巡护森林，管理野外用火，及时报告火情，协助有关机关调查森林火灾案件。

第二十三条 县级以上地方人民政府应当根据本行政区域内森林资源分布状况和森林火灾发生规律，划定森林防火区，规定森林防火期，并向社会公布。

森林防火期内，各级人民政府森林防火指挥机构和森林、林木、林地的经营单位和个人，应当根据森林火险预报，采取相应的预防和应急准备措施。

第二十四条 县级以上人民政府森林防火指挥机构，应当组织有关部门对森林防火区内有关单位的森林防火组织建设、森林防火责任制落实、森林防火设施建设等情况进行检查；对检查中发现的森林火灾隐患，县级以上地方人民政府林业主管部门应当及时向有关单位下达森林火灾隐患整改通知书，责令限期整改，消除隐患。

被检查单位应当积极配合，不得阻挠、妨碍检查活动。

第二十五条 森林防火期内，禁止在森林防火区野外用火。因防治病虫鼠害、冻害等特殊情况确需野外用火的，应当经县级人民政府批准，并按照要求采取防火措施，严防失火；需要进入森林防火区进行实弹演习、爆破等活动的，应当经省、自治区、直辖市人民政府林业主管部门批准，并采取必要的防火措施；中国人民解放军和中国人民武装警察部队因处置突发事件和执行其他紧急任务需要进入森林防火区的，应当经其上级主管部门批准，并采取必要的防火措施。

第二十六条 森林防火期内，森林、林木、林地的经营单位应当设置森林防火警示宣传标志，并对进入其经营范围的人员进行森林防火安全宣传。

森林防火期内，进入森林防火区的各种机动车辆应当按照规定安装防火装置，配备灭火器材。

第二十七条 森林防火期内，经省、自治区、直辖市人民政府批准，林业主管部门、国务院确定的重点国有林区的管理机构可以设立临时性的森林防火检查站，对进入森林防火区的车辆和人员进行森林防火检查。

第二十八条 森林防火期内，预报有高温、干旱、大风等高火险天气的，县级以上地方人民政府应当划定森林高火险区，规定森林高火险期。必要时，县级以上地方人民政府可以根据需要发布命令，严禁一切野外用火；对可能引起森林火灾的居民生活用火应当严格管理。

第二十九条 森林高火险期内，进入森林高火险区的，应当经县级以上地方人民政府批准，严格按照批准的时间、地点、范围活动，并接受县级以上地方人民政府林业主管部门的监督管理。

第三十条 县级以上人民政府林业主管部门和气象主管机构应当根据森林防火需要，建设森林火险监测和预报台站，建立联合会商机制，及时制作发布森林火险预警预报信息。

气象主管机构应当无偿提供森林火险天气预报服务。广播、电视、报纸、互联网等媒体应当及时播发或者刊登森林火险天气预报。

第三章 森林火灾的扑救

第三十一条 县级以上地方人民政府应当公布森林火警电话，建立森林防火值班制度。

任何单位和个人发现森林火灾，应当立即报告。接到报告的当地人民政府或者森林防火指挥机构应当立即派人赶赴现场，调查核实，采取相应的扑救措施，并按照有关规定逐级报上级人民政府和森林防火指挥机构。

第三十二条 发生下列森林火灾，省、自治区、直辖市人民政府森林防火指挥机构应当立即报告国家森林防火指挥机构，由国家森林防火指挥机构按照规定报告国务院，并及时通报国务院有关部门：

（一）国界附近的森林火灾；

（二）重大、特别重大森林火灾；

（三）造成3人以上死亡或者10人以上重伤的森林火灾；

（四）威胁居民区或者重要设施的森林火灾；

（五）24小时尚未扑灭明火的森林火灾；

（六）未开发原始林区的森林火灾；

（七）省、自治区、直辖市交界地区危险性大的森林火灾；

（八）需要国家支援扑救的森林火灾。

本条第一款所称"以上"包括本数。

第三十三条 发生森林火灾，县级以上地方人民政府森林防火指挥机构应当按照规定立即启动森林火灾应急预案；发生重大、特别重大森林火灾，国家森林防火指挥机构应当立即启动重大、特别重大森林火灾应急预案。

森林火灾应急预案启动后，有关森林防火指挥机构应当在核实火灾准确位置、范围以及风力、风向、火势的基础上，根据火灾现场天气、地理条件，合理确定扑救方案，划分扑救地段，确定扑救责任人，并指定负责人及时到达森林火灾现场具体指挥森林火灾的扑救。

第三十四条 森林防火指挥机构应当按照森林火灾应急预案，统一组织和指挥森林火灾的扑救。

扑救森林火灾，应当坚持以人为本、科学扑救，及时疏散、撤离受火灾威胁的群众，并做好火灾扑救人员的安全防护，尽最大可能避免人员伤亡。

第三十五条 扑救森林火灾应当以专业火灾扑救队伍为主要力量；组织群众扑救队伍扑救森林火灾的，不得动员残疾人、孕妇和未成年人以及其他不适宜参加森林火灾扑救的人员参加。

第三十六条 武装警察森林部队负责执行国家赋予的森林防火任务。武装警察森林部队执行森林火灾扑救任务，应当接受火灾发生地县级以上地方人民政府森林防火指挥机构的统一指挥；执行跨省、自治区、直辖市森林火灾扑救任务的，应当接受国家森林防火指挥机构的统一指挥。

中国人民解放军执行森林火灾扑救任务的，依照《军队参加抢险救灾条例》的有关规定执行。

第三十七条 发生森林火灾，有关部门应当按照森林火灾应急预案和森林防火指挥机构的统一指挥，做好扑救森林火灾的有关工作。

气象主管机构应当及时提供火灾地区天气预报和相关信息，并根据天气条件适时开展人工增雨作业。

交通运输主管部门应当优先组织运送森林火灾扑救人员和扑救物资。

通信主管部门应当组织提供应急通信保障。

民政部门应当及时设置避难场所和救灾物资供应点，紧急转移并妥善安置灾民，开展受灾群众救助工作。

公安机关应当维护治安秩序，加强治安管理。

商务、卫生等主管部门应当做好物资供应、医疗救护和卫生防疫等工作。

第三十八条 因扑救森林火灾的需要，县级以上人民政府森林防火指挥机构可以决定采取开设防火隔离带、清除障碍物、应急取水、局部交通管制等应急措施。

因扑救森林火灾需要征用物资、设备、交通运输工具的，由县级以上人民政府决定。扑火工作结束后，应当及时返还被征用的物资、设备和交通工具，并依照有关法律规定给予补偿。

第三十九条 森林火灾扑灭后，火灾扑救队伍应当对火灾现场进行全面检查，清理余火，并留有足够人员看守火场，经当地人民政府森林防火指挥机构检查验收合格，方可撤出看守人员。

第四章 灾后处置

第四十条 按照受害森林面积和伤亡人数，森林火灾分为一般森林火灾、较大森林火灾、重大森林火灾和特别重大森林火灾：

(一)一般森林火灾：受害森林面积在1公顷以下或者其他林地起火的，或者死亡1人以上3人以下的，或者重伤1人以上10人以下的；

(二)较大森林火灾：受害森林面积在1公顷以上100公顷以下的，或者死亡3人以上10人以下的，或者重伤10人以上50人以下的；

(三)重大森林火灾：受害森林面积在100公顷以上1000公顷以下的，或者死亡10人以上30人以下的，或者重伤50人以上100人以下的；

(四)特别重大森林火灾：受害森林面积在1000公顷以上的，或者死亡30人以上的，或者重伤100人以上的。

本条第一款所称“以上”包括本数，“以下”不包括本数。

第四十一条 县级以上人民政府林业主管部门应当会同有关部门及时对森林火灾发生原因、肇事者、受害森林面积和蓄积、人员伤亡、其他经济损失等情况进行调查和评估，向当地人民政府提出调查报告；当地人民政府应当根据调查报告，确定森林火灾责任单位和责任人，并依法处理。

森林火灾损失评估标准，由国务院林业主管部门会同有关部门制定。

第四十二条 县级以上地方人民政府林业主管部门应当按照有关要求对森林火灾情况进行统计，报上级人民政府林业主管部门和本级人民政府统计机构，并及时通报本级人民政府有关部门。

森林火灾统计报告表由国务院林业主管部门制定，报国家统计局备案。

第四十三条 森林火灾信息由县级以上人民政府森林防火指挥机构或者林业主管部门向社会发布。重大、特别重大森林火灾信息由国务院林业主管部门发布。

第四十四条 对因扑救森林火灾负伤、致残或者死亡的人员，按照国家有关规定给予医疗、抚恤。

第四十五条 参加森林火灾扑救的人员的误工补贴和生活补助以及扑救森林火灾所发生的其他费用，按照省、自治区、直辖市人民政府规定的标准，由火灾肇事单位或者个人支付；起火原因不清的，由起火单位支付；火灾肇事单位、个人或者起火单位确实无力支付的部分，由当地人民政府支付。误工补贴和生活补助以及扑救森林火灾所发生的其他费用，可以由当地人民政府先行支付。

第四十六条 森林火灾发生后，森林、林木、林地的经营单位和个人应当及时采取更新造林措施，恢复火烧迹地森林植被。

第五章 法律责任

第四十七条 违反本条例规定，县级以上地方人民政府及其森林防火指挥机构、县级以上人民政府林业主管部门或者其他有关部门及其工作人员，有下列行为之一的，由其上级行政机关或者监察机关责令改正；情节严重的，对直接负责的主管人员和其他直接责任人员依法给予处分；构成犯罪的，依法追究刑事责任：

(一)未按照有关规定编制森林火灾应急预案的；

(二)发现森林火灾隐患未及时下达森林火灾隐患整改通知书的；

(三)对不符合森林防火要求的野外用火或者实弹演习、爆破等活动予以批准的；

(四)瞒报、谎报或者故意拖延报告森林火灾的；

(五)未及时采取森林火灾扑救措施的；

(六)不依法履行职责的其他行为。

第四十八条 违反本条例规定，森林、林木、林地的经营单位或者个人未履行森林防火责任的，由县级以上地方人民政府林业主管部门责令改正，对个人处500元以上5000元以下罚款，对单位处1万元以上5万元以下罚款。

第四十九条 违反本条例规定，森林防火区内的有关单位或者个人拒绝接受森林防火检查或者接到森林火灾隐患整改通知书逾期不消除火灾隐患的，由县级以上地方人民政府林业主管部门责令改正，给予警告，对个人并处200元以上2000元以下罚款，对单位并处5000元以上1万元以下罚款。

第五十条 违反本条例规定，森林防火期内未经批准擅自在森林防火区内野外用火的，由县级以上地方人民政府林业主管部门责令停止违法行为，给予警告，对个人并处200元以上3000元以下罚款，对单位并处1万元以上5万元以下罚款。

第五十一条 违反本条例规定，森林防火期内未经批准在森林防火区内进行实弹演习、爆破等活动的，由县级以上地方人民政府林业主管部门责令停止违法行为，给予警告，并处5万元以上10万元以下罚款。

第五十二条 违反本条例规定，有下列行为之一的，由县级以上地方人民政府林业主管部门责令改正，给予警告，对个人并处200元以上2000元以下罚款，对单位并处2000元以上5000元以下罚款：

（一）森林防火期内，森林、林木、林地的经营单位未设置森林防火警示宣传标志的；

（二）森林防火期内，进入森林防火区的机动车辆未安装森林防火装置的；

（三）森林高火险期内，未经批准擅自进入森林高火险区活动的。

第五十三条 违反本条例规定，造成森林火灾，构成犯罪的，依法追究刑事责任；尚不构成犯罪的，除依照本条例第四十八条、第四十九条、第五十条、第五十一条、第五十二条的规定追究法律责任外，县级以上地方人民政府林业主管部门可以责令责任人补种树木。

第六章 附 则

第五十四条 森林消防专用车辆应当按照规定喷涂标志图案，安装警报器、标志灯具。

第五十五条 在中华人民共和国边境地区发生的森林火灾，按照中华人民共和国政府与有关国家政府签订的有关协定开展扑救工作；没有协定的，由中华人民共和国政府和有关国家政府协商办理。

第五十六条 本条例自2009年1月1日起施行。

国务院办公厅关于调整国家森林防火指挥部成员的通知

国办发[2008]31号

各省、自治区、直辖市人民政府，国务院各部委、各直属机构：

根据国务院机构设置及人员变动情况和工作需要，国务院对国家森林防火指挥部的组成部门和人员做了调整。现将调整后的名单通知如下：

总 指 挥：贾治邦 林业局局长

副总指挥：雷加富 林业局副局长

戚建国 总参谋部作战部部长

息中朝 武警部队副司令员

成 员：武大伟 外交部副部长

杜 鹰 发展改革委副主任

奚国华 工业和信息化部副部长

刘金国 公安部副部长

李立国 民政部副部长

丁学东 财政部副部长

冯正霖 交通运输部副部长

胡亚东 铁道部副部长

张宝文 农业部副部长

雷元亮 广电总局副局长

王国庆 新闻办副主任

许小峰 气象局副局长

杨国庆 民航局副局长

白自兴 总参谋部动员部部长

袁继昌 总参谋部陆航部副部长

韩祥林 武警森林指挥部主任

国家森林防火指挥部具体工作由林业局承担。

中华人民共和国国务院办公厅

2008年4月21日

国务院办公厅关于调整全国绿化委员会组成人员的通知

国办发[2008]43号

各省、自治区、直辖市人民政府，国务院各部委、各直属机构：

根据国务院机构设置及人员变动情况和工作需要，国务院对全国绿化委员会的组成人员做了调整。现将调整后的组成人员名单通知如下：

主 任：回良玉 国务院副总理

副主任：贾治邦 林业局局长

张 勇 国务院副秘书长

李买富 总后勤部副部长

杜 鹰 发展改革委副主任

丁学东 财政部副部长

仇保兴 住房城乡建设部副部长

赵凤桐　北京市副市长
委　员：黄文平　中央编办副主任
袁贵仁　教育部副部长
何　宪　人力资源和社会保障部副部长
王世元　国土资源部副部长
吴晓青　环境保护部副部长
翁孟勇　交通运输部副部长
胡亚东　铁道部副部长
鄂竟平　水利部副部长
高鸿宾　农业部副部长
赵维绥　文化部副部长
雷元亮　广电总局副局长
李育材　林业局副局长
代汉生　中直管理局副局长
高　翔　国管局副局长
何映华　武警部队副司令员
徐德明　全国总工会副主席
王　晓　共青团中央书记处书记
甄　砚　全国妇联书记处书记

全国绿化委员会的具体工作由国家林业局承担。今后，全国绿化委员会成员因工作变动等需要调整的，由所在单位向全国绿化委员会提出，报全国绿化委员会主任审批。

中华人民共和国国务院办公厅
2008年6月5日

国家林业局关于印发《国家林业局工作规则补充规定》的通知

林办发[2008]1号

国家林业局各司局、各直属单位：

《国家林业局工作规则补充规定》已经国家林业局2007年12月17日局务会议通过，现予印发，请遵照执行。执行过程中有何意见和建议，请及时反馈局办公室。

附件：国家林业局工作规则补充规定

国家林业局
2008年1月29日

附件　国家林业局工作规则补充规定

（2007年12月17日国家林业局局务会议通过）

为保证国家林业局机关履行职责高效快捷，运转协调顺畅，进一步提高行政效能，促进各项工作规范化、制度化，现对《国家林业局工作规则》作出如下补充规定：

一、公文审签制度补充规定

（一）上级机关及各地、各部门的来文由国家林业局办公室（以下简称办公室）明确专人负责审阅，区分出办件和阅件两大类。办件由办公室主任或副主任审阅后转有关司局、单位承办，特别重要的办件报局领导审阅后转有关司局、直属单位承办。承办司局、单位必须认真研究办理回复文件，经司局、单位主要负责人审签并经办公室审核后，报局领导审签。阅件由办公室报局领导或转有关司局传阅。

（二）就同一事项报送局长的签报和待审签的文件应一并报送审签，不分别报送，所有附件要齐全。

（三）报送局长审签的文件、签报，除干部任命和案件查处的事项外，先由办公室审核，再报主管局领导审核同意后，最后报送局长审签。属于日常工作的文函、电报，按照职责分工，经办公室审核后，由主管局领导审签。征求我局意见或请示涉及林业法律法规、林业政策、机构职能等的文件，由牵头司局、单位会商有关司局、单位提出反馈意见后，报分管局领导审定或主持会议审定后反馈。涉及特别重大事项的文件，报局长审签。

（四）文件报送局长审签前，内容涉及其他司局职责和业务范围的，必须履行会签程序。单位之间存在意见分歧的，由主管局领导协调或裁定。

（五）文件运转要快捷高效。各级领导批转文件特急件不超过2小时，急件不超过0.5个工作日，一般件不超过1个工作日。各承办单位要严格按照领导批示按时高质量完成交办事项。没有明确办理时限的，特急件2个工作日、急件5个工作日、一般件7个工作日内办理完毕。各承办单位要给局领导和办公室留有审签时间，至少特急件留出2小时、急件留出0.5个工作日、一般件留出1个工作日。

二、会议制度补充规定

（一）从严控制以国家林业局名义召开会议。二类会议每年召开1～2次，即全国林业厅局长会议和全国林业厅局长座谈会。三类会议每年控制在12次，即每月平均1次（每个司局、直属单位承办的三类会议每年不得超过1次，每位局领导分管的业务三类会议每年不超过2次，由分管局领导年初审核把关，局务会议通过后严格执行）。三类会议原则上不得通知各省区市林业厅局主要负责人出席。

（二）因特殊情况确需增加会议的，先由主办司局、单位向办公室提出专门申请，办公室审核同意后，再报主管局领导审核，主管局领导同意后，报送局长审定。

（三）以司局、直属单位名义召开的会议更要从严控制，每个司局、直属单位每年不得超过1次，不得邀请局领导和各省区市林业厅局负责同志参加，不得在局报纸、网站、信息刊物中作会议报道。

（四）严格控制会议规模和会期。只安排与会议内容密切相关的单位参加，原则上每个单位1个参会名额。会期一般不超过2天。

（五）降低会议成本。除会议统一发放的文件、材料外，不得额外发放各种参考材料、宣传材料、办公用品及其他纪念品。会场安排和布置要简洁大方，节约开支。不得将会议经费转嫁地方。

（六）提倡召开电视电话会议，以提高效率，节约时间，降低成本。以上规定的会议次数不含电视电话会议。

三、督办通报制度补充规定

（一）对党中央、国务院领导同志的批示，以及国务院办公厅转来的领导同志的重要批示、交办事项，要尽快办结。对国务院领导同志批示“阅研”和其他要明确回复的文件、新华社专送我局领导的内参件，要予以回复。查办件应快速及时，一般应在30个工作日内办结，查办的案件应在60个工作日内办结，有特殊要求的，要特事特办，及时报告查办结果。

（二）办公室负责对局领导决策、决定、会议、批示和交办事项的跟踪检查和督促办理，并定期通报督查结果。各司局、单位要做好本单位内部的督查事项的登记、分办和结果反馈工作。

（三）除“阅”件外，各承办单位都要及时向批示领导反馈办理结果。

（四）完善督办单制度。督办单分为白、黄、红三种颜色，白色督办单为一般督办；黄色督办单为警示性督办；红色督办单为立即完成督办。

四、工作纪律补充规定

（一）严格遵守工作作息时间，准时上下班，确保工作时间，上班时间严禁从事与工作无关的事项。

（二）各司局和在京直属单位主要负责人离京出差、出国或休假，要填写办公室统一印制的报批单，提前2个工作日以上向分管局领导和局长请示，经批准同意后，由所在单位将出差时间、地点、联系方式、事由等报办公室备案。

（三）司局级干部、处室主要负责人和特殊岗位工作人员，要随身携带手机，保证通讯畅通。

国家林业局关于切实加强林业行政案件管理工作的通知

林稽发[2008]11号

各省、自治区、直辖市林业厅（局），内蒙古、吉林、龙江、大兴安岭森工（林业）集团公司，新疆生产建设兵团林业局：

近年来，各级林业主管部门在林业行政案件管理方面做了大量工作，全国每年查处林业行政案件约40万起，挽回经济损失10多亿元，有力地维护了森林资源的安全，保护了生态建设的成果。为进一步加强林业行政案件管理，现就有关问题通知如下：

一、充分认识加强林业行政案件管理工作的重要意义

林业行政案件管理既是各级林业主管部门的一项重要职责，又是林业行政管理的一项经常性、基础性工作。加强林业行政案件管理，打击各种破坏森林资源违法行为，是有效化解各种矛盾，保障集体林权制度改革顺利进行的重要措施，是落实依法治林方针，建设生态文明的必然要求，也是维护社会稳定，构建社会主义和谐社会的客观需要。各级林业主管部门一定要站在林业工作全局的高度，增强责任感和使命感，采取切实有效的措施，解决存在的问题，进一步加强林业行政案件管理工作，为林业又好又快发展提供基础保障。

二、进一步规范林业行政案件管理工作

林业行政案件管理工作包括案件受理、批转、查处、督办、结案、报告、统计分析、责任追究、通报

奖惩、监督等环节。各级林业主管部门要从以下几个方面规范林业行政案件管理工作。

(一)切实做好林业行政案件受理工作。各级林业主管部门要确定专门机构受理林业行政案件。对群众来信来访及新闻媒体反映的问题，要区别情况及时进行处理，属于受理范围内的，要及时予以受理；不属于受理范围的，转有关部门处理或做好解释；要建立来信来访登记、记录、统计、转办、查办、催办、结案等制度。对于实名举报，要按照《中华人民共和国保密法》和《信访条例》的有关规定，保护好举报人的合法权益，同时向举报人反馈有关调查处理结果。

(二)落实林业行政案件办理责任制。对于已经受理的林业行政案件，要指定专人负责，办案人员对受理的案件要全程负责案件的登记、调查、勘验、签报、督办、结案、报告等工作。在查处案件的过程中，要严格遵守《林业行政处罚程序规定》、《林业行政处罚案件文书制作管理规定》和《林业行政处罚案卷评查标准》的规定。在案件办理过程中，发现所办案件涉及的违法行为已达到刑事案件立案标准的，必须及时移送司法机关。林业行政案件办理终结，必须按照有关规定和一案一卷的原则，将案件材料立卷归档。

(三)抓好林业行政案件的督查督办工作。各省级林业主管部门要高度重视林业行政案件的查办、督办工作，对中央领导、国务院领导和我局领导批示的案件，省级林业主管部门要组织力量认真查处并及时向我局报告查处结果，不得层层下转。我局指定由各派驻森林资源监督机构负责调查、督办的案件，各派驻森林资源监督机构要及时派人督查督办。要实行重大案件联合督查督办工作机制，开展联合办案或联合督查督办，避免重复办案，增强办案实效。各省级林业主管部门和派驻森林资源监督机构要对查办、督办的案件认真把关，确保依法查处。

(四)严格执行案件报告制度。各级林业主管部门要认真执行《国家林业局关于破坏森林资源重大行政案件报告制度的规定》(林资发[2001]549号)，切实做好案件报告工作。省级林业主管部门、派驻森林资源监督机构对查办、督办的案件，要正式行文按期上报查处结果。按期上报确有困难的，必须以书面形式说明延期上报的原因和延期的时限。对中央领导有批示，中央办公厅、全国人大常委会办公厅和国务院办公厅批转、新华通讯社等内部刊物刊载、重要新闻媒体报道的重大案件，必须及时向我局报告查处进展情况和查处结果，同时抄报驻在单位的森林资源监督机构。

(五)进一步规范林业行政案件统计分析工作。各级林业主管部门要高度重视林业行政案件统计分析工作，实行省级林业主管部门统一归口负责林业行政案件统计、分析、上报工作制度，要明确专门管理机构和人员具体负责，避免出现多头管理、重报漏报、数出多门等问题。各级林业主管部门要严格按照《林业行政案件统计表》的要求，及时上报林业行政案件统计数据，做到不重不漏，确保全面、准确。省级林业主管部门，必须按照我局规定的表格、上报方法和时限要求，及时向我局森林资源行政案件稽查办公室上报完整的案件统计数据和统计分析报告。

三、切实加强对林业行政案件管理工作的领导

各级林业主管部门要结合实际，制定具体的林业行政案件管理目标，落实领导责任制，主要领导亲自抓，分管领导具体抓。要逐步理顺林业行政案件管理工作体制，实行林业主管部门内部一个机构统一管理，各有关单位分工负责的林业行政案件管理工作体制，明确林业行政案件管理的责任。

(一)建立林业行政案件管理考核奖惩和监督机制。要将林业行政案件管理工作纳入年度工作目标管理，进行考核评议。对林业行政案件管理成效明显的单位和成绩突出的个人，给予相应的物质奖励或通报表彰。对林业行政案件管理工作问题较多的单位和不认真履行林业行政案件管理职责的个人，要促其整改，拒不整改的，给予通报批评。各派驻森林资源监督机构要加强对驻在单位林业行政案件管理工作的监督检查，上级林业主管部门要加强对下级林业主管部门林业行政案件管理工作的指导、检查和监督，发现问题，及时责令其进行改正。

(二)建立并严格执行林业行政案件管理责任追究制度。各级林业主管部门要按照《国务院办公厅关于推行行政执法责任制的若干意见》(国办发[2005]37号)的要求，建立并严格执行林业行政案件管理责任制，同时，根据《林业行政执法监督办法》的规定，加强对林业行政执法和林业行政案件管理工作的监督。对于在林业行政执法和林业行政案件管理工作中，出现违法或不当行为的，由任免机关或监察机关按照《行政机关公务员处分条例》等有关法律、法规的规定严肃处理。对在林业行政案件统计分析中弄虚作假的，林业主管部门应予以批评教育，情节严重的应调离岗位。我局每年将对林业行政案件管理和统计分析工作进行通报。

(三)切实加强林业行政案件管理队伍建设。加大林业行政执法投入，不断改善执法条件；大力加强林业行政案件管理队伍的业务培训，切实加强思想、作风和廉政建设，全面提高林业行政案件管理队伍的整体素质，不断提升林业行政案件管理的水平。

国家林业局

2008年1月17日

国家林业局关于做好受灾林木清理工作的紧急通知

林资发[2008]28号

江苏、浙江、安徽、福建、江西、河南、湖北、湖南、广东、广西、海南、重庆、四川、贵州、云南、陕西、甘肃、青海、新疆等省(区、市)林业厅(局):

2008年1月以来，我国南方大部分省区遭遇了罕见的低温、雨雪、冰冻天气。受雪凝灾害的影响，森林资源大面积受灾，部分地区损失惨重。为做好灾后林业重建工作，特就受灾林木的清理工作发出紧急通知，请各有关省(含自治区、直辖市，下同)林业厅(局)结合本地实际情况认真执行。

一、高度重视受灾林木清理工作。对受灾林木及时清理利用，不仅可以减少森林经营者的经济损失，同时也是消除森林火灾和森林病虫害等次生灾害隐患、尽快恢复森林生态系统和林地生产力的重要措施。但这项工作涉及面广，情况复杂，监管难度大，稍有不慎就会造成森林资源的再次破坏，各地林业主管部门必须高度重视，本着实事求是和对广大人民群众的林木财产及国家生态安全高度负责的原则，抓好这项工作。要在对灾害进行全面深入评估的基础上，统筹规划，周密部署，强化管理，明确责任，确保受灾林木清理工作有效开展。

二、全面调查评估林木受灾情况。近期，我局将组织开展灾区森林资源损失调查评价工作。各有关省可以根据本省抗灾救灾工作的总体安排和实际情况，先行开展调查评估工作，调查评估结果作为清理受灾林木的重要依据。林木受灾情况调查要坚持求真务实的原则，在现地调查的基础上，充分利用现有的森林资源调查资料，将林木受灾情况落实到山头地块，为受灾林木清理和森林恢复工作提供可靠的依据。

三、科学制定受灾林木清理方案。受灾林木的清理要以森林分类经营为指导，以尽快恢复森林生态系统的整体功能为重点，按照保护林地生产力和减少森林经营者经济损失并重的原则，将受灾林木清理与木材生产相结合，清理的技术要求与恢复森林生态系统的主导功能相结合，清理的方式与森林更新设计相结合，科学制定清理方案。商品林的清理应以保护和恢复林地生产力为重点，对主干折断或受损程度严重，没有培育价值的林木可以全部清理，对可以复壮的林木要予以保留。在作业设计中要充分尊重森林经营者的意愿，做到受灾林木清理与商品林的培育相衔接。长江上游、黄河上中游天然林保护工程区内天然林和公益林的清理应以恢复森林的生态功能为重点，对能够存活的林木要全部予以保留。在作业设计中要将更新措施作为重点加以考虑，做到公益林的清理与更新相结合。各有关省要按照上述原则，结合本省实际，制定具体执行标准。

四、认真落实受灾林木清理的有关政策。在受灾林木清理期间，我局将全力做好有关新增采伐限额审核、审批的服务工作。各有关省在清理受灾林木的审批管理中，要采取更加便捷的审批管理办法，依法简化审批手续，提高审批时效，确保森林经营者能够及时清理受灾林木。受灾县、市和单位的林木采伐指标要优先用于受灾林木清理，不受采伐类型的控制。长江上游、黄河上中游天然林保护工程区内的天然林因本次灾害受损，确需清理的，经有关省林业厅(局)批准后可以占用人工林的采伐指标，并报我局备案；本县、市、单位采伐指标不足的由有关省林业厅(局)从预留的采伐指标中解决，预留指标仍无法解决的，由省人民政府提出申请上报国务院。需要增加毛竹采伐限额的，由各有关省林业厅(局)批准，报我局备案。

五、周密组织受灾林木清理工作。受灾林木清理是一项十分紧迫而又复杂的工作。各有关省林业主管部门要层层签订责任状，并成立领导小组，负责指导、协调、监督受灾林木清理工作，对清理过程中出现的问题要及时处理、报告。各有关县级林业主管部门和有关单位要充分调动森林资源管理、森林公安、林业工作站、调查设计队等管理和技术力量组成工作组，按照上级林业主管部门的部署，分片包干、现场指导受灾林木清理工作。工作组成员要对受灾林木清理的政策和技术理解到位；对清理作业指导、监管到位；林业主管部门要对各工作组的责任明确、落实到位。各有关省林业厅(局)要及时将有关受灾林木清理的工作安排、工作方案、技术方案、受灾林木调查评估结果、清理工作的进度和清理工作总结上报我局。

六、严肃维护森林资源管理秩序。各地林业主管部门要把维护正常的森林资源管理秩序作为清理受灾林木的一项基础工作抓好、抓实。坚持凭证采伐、凭证运输制度，坚决打击各类非法采伐行为，严防清理受灾林木过程中出现破坏森林资源的歪风。我局各有关派驻森林资源监督机构要与省级林业主管部门密切配合，把受灾林木清理作为近期监督工作的重点，深入调研，加强指导，共同做好受灾林木清理的组织和实施工作。

特此通知。

国家林业局

2008年2月20日

国家林业局关于做好灾害木竹材收购工作的紧急通知

林行发[2008]31号

江苏、浙江、安徽、福建、江西、河南、湖北、湖南、广东、广西、海南、重庆、四川、贵州、云南、陕西、甘肃、青海、新疆等省(区、市)林业(厅)局:

近期;我国南方大部分地区发生的特大雨雪冰冻灾害,造成了大面积林木、竹子资源损毁,给林农带来了不可挽回的巨大损失。灾后林业生产恢复和受灾林地清理,将产生大量的灾害木竹材。为确保林农利益,保护林业生产积极性,畅通灾害木竹材销路,最大限度地降低灾情损失,现就做好灾害木竹材收购工作有关事宜紧急通知如下:

一、提高认识,高度重视

各级林业主管部门要充分认识做好灾害木竹材收购对降低林农损失、支持林农恢复林业生产的重要意义。本着对国家和人民负责的态度,把灾害木竹材收购作为做好救灾减灾和灾后重建工作的具体行动,放到突出位置,切实做到领导到位、责任到位、措施到位、工作到位。对这次灾害造成的损失至少影响到未来5~10年的木材生产要有充分的认识,把灾害木竹材收购作为企业储备加工原料和建立与林农密切联系的重要措施,积极推进原料基地化发展。

二、大力收购,合理利用

各地要加强对灾害木竹材销售和收购工作的组织协调,全方位地做好指导服务,切实解决林农销售和企业收购中遇到的困难与问题,保障渠道通畅。要在指导和支持林业企业加强生产自救和灾后重建工作的同时,抓紧恢复生产,尽最大力量收购灾害木竹材,并且做到优先使用和物尽其用,全面提高灾害木竹材的综合利用效率,实现灾害木竹材的最大增值。

三、按质论价,规范市场

各地要认真学习和借鉴江西省的经验和做法,协调物价管理部门制定灾害木竹材收购最低保护价,引导加工企业按质论价收购。要发挥行业协会作用,加强行业自律,鼓励和引导林业企业树立大局意识,增强社会责任感,给林农雪中送暖,以合理价格收购灾害木竹材,不欺行霸市和变相压价,不发灾难财。要加强市场监督检查,严厉查处恶意压价等坑农、损农行为。

四、及时总结,广泛宣传

各级林业主管部门要及时总结灾害木竹材收购和加工利用的好做法、好经验,充分利用报刊、电视和互联网等各种媒体进行广泛宣传,为其他地区和企业提供借鉴。要抓紧分析林木损失严重的原因,及时总结教训,研究有效对策,并向社会宣传推广,增强灾害防范能力。要对灾害木竹材价格实行通报制度,使林农了解市场动态,把握销售主动权。

五、建立机制,严格奖惩

各级林业主管部门要对在收购工作中表现积极、工作突出、成效显著的单位和个人给予鼓励,并在龙头企业、百强企业和名牌产品等评选工作中给予重点支持。对趁火打劫的单位和个人,予以曝光批评,建立黑名单制度,并在有关评优活动中不予考虑。

各省级林业主管部门要客观评估灾害对林业加工企业原料供应、产品生产等造成的近期和长远影响,抓紧汇总本辖区内林业加工企业灾情损失、木竹材损失和灾害木竹材收购工作等相关情况,提出灾后重建和恢复生产的扶持政策和措施建议,并于2月29日前将第一批汇总材料上报我局全国木材行业管理办公室。

国家林业局

2008年2月22日

国家林业局关于做好灾区重建征占用林地服务工作的紧急通知

林资发[2008]34号

江苏、浙江、安徽、福建、江西、河南、湖北、湖南、广东、广西、海南、重庆、四川、贵州、云南、陕西、甘肃、青海、新疆等省(区、市)林业厅(局):

为贯彻落实国务院关于认真做好灾区重建工作的要求,切实发挥林业部门在灾区重建涉及征占用林地过程中的服务作用,现就有关灾区重建征占用林地服务工作通知如下：

一、对修建抢险救灾急需或灾毁的输电设施、交通设施等征占用林地项目(含临时占用林地，下同)，可以先行使用林地；重建灾毁民房确需征占用林地的，根据有关规划、宅基地建房标准和当地政府的统一安排，可以先行使用林地。对修筑救灾或灾毁的直接为林业生产服务的森林防火、森林病虫害防治、野生动植物保护、种苗生产及林区供水、供电等工程设施，确需使用林地的，可以先行使用。

二、对于灾情特别严重的省(含自治区、直辖市)，省级林业主管部门要合理分配2008年度征占用林地定额指标，对抢险救灾工程征占用林地的，要优先保证使用林地。因灾害原因确需增加2008年度征占用林地定额指标的，省级林业主管部门要组织对增加的定额指标进行认真测算、论证，及时提出申请，经我局派驻森林资源监督机构审核同意后，报我局审定。

三、建设单位应在灾毁设施建成后6个月内申请补办征占用林地审核(批)手续。地方各级林业行政主管部门，要积极主动地做好征占用林地审核(批)的服务、指导和监督等相关工作，保障抗灾重建及时使用林地，同时，对先行使用林地的救灾工程项目要严格把关，严防发生非救灾工程借机搭车先行使用林地的现象。

我局各有关派驻森林资源监督机构要同省级林业主管部门密切配合，加强对救灾重建工程使用林地的实施情况进行服务、指导和监督。

特此通知。

国家林业局

2008年2月26日

国家林业局关于印发《雨雪冰冻灾害受害林木清理指南》的通知

林资发[2008]37号

江苏、浙江、安徽、福建、江西、河南、湖北、湖南、广东、广西、海南、重庆、四川、贵州、云南、陕西、甘肃、青海、新疆等省(区、市)林业厅(局)：

为做好受害林木清理工作，我局组织制定了《雨雪冰冻灾害受害林木清理指南》，并通过了由中国科学院、中国工程院两院院士组成的专家组论证，现予以印发。请根据《国家林业局关于做好受灾林木清理工作的紧急通知》(林资发[2008]28号)要求，结合本地实际认真贯彻执行。现将有关事项通知如下：

一、要进一步完善受害林木清理工作的组织部署。始终坚持既要及时清理受害林木，又要防止乱砍滥伐的原则，对前一阶段该项工作的组织部署和落实情况进行一次全面梳理和系统分析。在此基础上，查找漏洞，完善措施，积极稳妥地开展受害林木清理工作。严禁因工作部署不严密、组织工作不落实、技术指导不到位等造成破坏森林资源和损害森林经营者利益的事件发生。

二、要尽快将受害林木清理的有关政策落实到基层。在我局有关文件精神的基础上，各省区市要结合本地实际，进一步深入研究，细化补充，形成实施细则，下发执行。要将受害林木清理的有关政策和要求编印成册，分发各级林业主管部门，做到一线组织管理和技术指导人员人手一册。要按照我局有关文件的精神，尽快落实受害林木清理所需的采伐限额指标，避免因限额指标不落实影响清理工作的正常进行。

三、要进一步加强对重点部位受害林木清理的管理工作。对道路两旁、村屯周围、农林交错地段等容易引发森林火灾的地段，力争于3月底前完成清理工作；对受灾严重的各类松林和其他容易引发森林病虫害的重度受灾林分，力争于6月底前完成清理工作；对自然保护区的受害林木，我局正在专门研究，另行部署，未部署前各地不得擅自清理；对自然保护区外的其他国家重点保护植物要严格保护，确需清理的要依法履行审批程序。

附件：雨雪冰冻灾害受害林木清理指南

国家林业局

2008年2月28日

附件　雨雪冰冻灾害受害林木清理指南

一、总则

(一)目的　为切实做好雨雪冰冻灾害受害林木清理工作，减少森林火灾、病虫害发生隐患和森林经营者的经济损失，防止乱砍滥伐，促进森林恢复，特制定本指南。

（二）指导思想　以科学发展观为指导，以及时清理、合理利用森林资源和尽快恢复森林生态系统功能和生产力为目标，指导灾区林木清理。

（三）基本原则

——清理与生态环境保护相结合。

——清理与森林经营相结合。

——清理与森林恢复相结合。

——清理与次生灾害防治相结合。

——清理与木材生产相结合。

（四）适用范围　本指南适用于江苏、浙江、安徽、福建、江西、河南、湖北、湖南、广东、广西、海南、重庆、四川、贵州、云南、陕西、甘肃、青海、新疆等19省、自治区、直辖市自2008年1月以来由于低温、雨雪、冰冻天气而造成的受害林木的清理。不适用自然保护区的受害林木和自然保护区外国家重点保护树木的清理。

二、灾害等级划分

（一）受害林木　因雨雪冰冻灾害而发生弯斜、断梢、断枝、断冠、冻梢、冻裂、劈裂、折干、倒伏、翻蔸、冻死等情况的林木称为受害林木。受害林木按受害程度分为轻度、中度和重度三级。

（二）林木受害等级

轻度受害林木：指主干弯斜、冻梢、断枝等，但仍能正常生长的受害林木。

中度受害林木：指主干冻裂、断梢（有枝）、树冠严重受损等，但仍能存活的受害林木。

重度受害林木：指主干劈裂、冻死、翻蔸、倒伏、折干、无树冠等没有存活希望的受害林木。

（三）受灾林分　因雨雪冰冻灾害，有受害林木的林分均称为受灾林分。受灾林分依林木受害程度分为轻度、中度和重度三级。

（四）林分受灾等级

轻度受灾林分：指重度受害林木占林木总株数10%以下或者中、重度受害林木合计占林木总株数30%以下的受灾林分。

中度受灾林分：指重度受害林木占林木总株数11%～59%或者中度受害林木占林木总株数30%以上的受灾林分。

重度受灾林分：指重度受害林木占林木总株数60%以上的受灾林分。

三、清理技术要点

（一）公益林

轻度受灾林分：原则上只对道路两侧、村屯周围、农林交错地带等容易发生森林火灾地段林缘30米以内的重度受害林木进行清理，其他地段不予清理，采取自然恢复措施。

中度受灾林分：只清理重度受害林木，主要采用人工促进恢复的措施。

重度受灾林分：松类林分，若受害林木占林木总株数80%以上的，可采用全林清理，主要采用人工恢复措施。其他林分，只清理重度受害林木，主要采用人工恢复或人工促进恢复措施。

（二）商品林

1．松类

轻度受灾林分：清理中度和重度受害林木，主要采用天然恢复措施。

中度受灾林分：清理中度和重度受害林木，采用人工恢复或人工促进恢复措施。

重度受灾林分：采取全林清理、人工恢复措施。

2．杉类

轻度受灾林分：清理重度受害林木，主要采用天然恢复措施。

中度受灾林分：清理重度受害林木，采用人工恢复或人工促进恢复措施。

重度受灾林分：可采取全林清理、人工恢复措施。

3．阔叶类

（1）人工阔叶林

桉树：轻度受灾林分清理重度受害林木，并进行补植造林；中、重度受灾林分采取全林清理，重新造林。

杨树：轻、中度受灾林分清理重度受害林木，进行补植造林；重度受灾林分可采取全林清理方式，重新造林。

其他阔叶树：重点清理重度受害林木，主要采用天然恢复措施或补植。

（2）天然阔叶林　清理重度受害林木，采用天然恢复或人工促进恢复措施。

4．经济林　根据林木冻害程度和相关技术要求进行清理。

5．竹林

（1）重度弯曲的：采取断梢处理。

（2）破裂、倒伏的：采取整株清理方式，大年竹林清理应在笋期以后进行。

（3）翻蔸的：采取整株清理方式。

（三）遗传资源　实施全林清理的，对抗灾能力明显优于同林分其他林木的，应当作为优良遗传资源予以保留，并尽可能留有一定数量的伴生林木。

四、组织管理

（一）清理方案　各受灾县（市、区）要制定县级受灾林木清理工作方案，方案重点要说明清理对象、任务、方法、顺序、时间、人员组织、保障措施等要求。

清理要按照“先急后缓、先重后轻、先近后远、先松后杉、先人工林后天然林、先中龄林后成熟林”的顺序进行。对道路两旁、村屯周围、农林用地交错地段，以及其他易发生森林火灾的地段，应在3月底以前完成清理；对松类中度、重度受灾林分及其他易发生严重病虫害的林分清理工作应在6月底以前完成。

（二）清理调查和审批

1. 一般程序：公益林，天然阔叶商品林和其他可以正常调查设计的，按照规定程序审批。

2. 简易程序：对灾情严重，无法进行调查设计的，可采取现场调绘，确定对象、面积、受害程度，现场发证，山下检尺，核准蓄积量和出材量的程序。适用于简易程序的标准，由各省级林业主管部门确定。

现场调绘：实施全林清理的，采取地形图勾绘的方法确定范围、测算面积。实施部分清理的，利用最新的“二类调查”小班数据（图）确定范围、测算其面积。

受害程度：按照林木和林分受害等级划分标准确定。

现场发证：按照事权划分，县级以上林业主管部门组织现场核发林木采伐许可证。林木采伐许可证的蓄积量和出材量栏待核准后填写，其他项目按要求填写，还必须注明清理的方式和对象。

山下检尺、核准蓄积量和出材量：清理的木材应合理制材，充分利用。林业行政主管部门应及时组织木材检尺，确定出材量，折算蓄积量；并将核准后蓄积量和出材量填入采伐证。

（三）清理作业管理　清理作用应注意保护健康林木和幼苗、幼树，防止水土流失。县级林业主管部门要加强对清理作业的管理，要组织由资源林政管理、森林公安、森林防火、林业工作站、林业调查设计队等管理和技术人员，组成工作组，明确责任，分片包干，现场指导，发现问题，及时纠正，防止乱砍滥伐和违规用火现象的发生。

（四）检查验收　清理结束后，核发林木采伐许可证的部门和森林防火部门，要组织力量，对清理小班（地块）进行验收，省级林业主管部门和国家林业局驻各地森林资源监督机构应组织清理工作的监督检查。

（五）木材运输　所有清理木材的运输都必须纳入依法管理范围，严禁无证运输和从疫区运出未经检疫的木材。办理木材运输证的部门和木材检查站，应当提供及时、便捷的服务。

（六）工作总结　清理工作结束后，各级林业主管部门要及时对清理工作进行总结和评估，省级林业主管部门要将清理工作总结上报国家林业局。

五、附则

各省级林业主管部门根据本指南的精神结合本地实际，制定实施细则。受灾地区可以省、自治区、直辖市为单位分别林种、林型在国有林场或其他适宜区位保留一定面积的受灾林分，以便开展科学研究之需要。

国家林业局关于加强国有林场灾后恢复重建工作的通知

林场发[2008]42号

江苏、浙江、安徽、福建、江西、河南、湖北、湖南、广东、广西、海南、重庆、四川、贵州、云南、陕西、甘肃、青海、新疆等省（区、市）林业厅（局）：

2008年发生在我国南方的低温雨雪冰冻灾害，不仅给受灾地区广大林农群众造成重大损失，而且也广泛波及到国有林场。由于大多数国有林场地处高寒、高海拔的山区、林区，损失十分惨重，森林资源大面积损毁，基础设施遭到严重破坏，职工生活受到严重影响，灾后恢复重建工作任务重，难度大。为指导各地组织开展好国有林场灾后重建工作，尽快恢复正常的生产生活秩序，现就加强国有林场灾后恢复重建工作通知如下。

一、充分认识国有林场灾后恢复重建工作的重要性

受灾国有林场多是在我国生态极其脆弱地区建立起来的，生态区位极其重要，是我国重要的生态屏障和国有森林资源培育基地。做好受灾国有林场的恢复重建工作，事关国家生态系统的稳定，事关国有资产安全，事关广大林场干部职工的切身利益，是整个林业恢复重建工作极其重要的组成部分。国有林场灾后恢复重建工作涉及面广，既要恢复森林资源，又要修复水、电、路、房屋等基础设施，且广泛涉及民生，灾后恢复重建工作的任务十分繁重。各级林业主管部门一定要充分认识国有林场灾后恢复重建工作的重要性，增强工作责任感和使命感，统一思想，加强领导，落实责任，精心组织，切实做好每一个受灾国有林场的灾后恢复重建工作，努力把灾害损失降到最低限度，尽快恢复林业生产，确保国有林场干部职工生活水平不降低，确保森林资源尽快恢复。

二、深入排查，做好国有林场灾情评估

各级林业主管部门要进一步开展受灾国有林场供电、供水管线、通讯线路、道路、房屋等基础设施和森林资源受损的调查摸底工作，在前一阶段工作的基础上，继续发扬迎难而上的精神，尽一切努力，组织一切力量，对高海拔、雪大灾重的地区进行灾情排查，尽量掌握真实可靠的数据。要建立受灾损失情况档案，准确掌握灾害造成的损失，特别是准确掌握国有林场森林受灾面积、森林严重受损面积，受灾人口、因灾受伤人口、转移安置人口，房屋倒塌间数、房屋损坏间数，道路损坏情况，供水、供电管线损坏情况以及林场职工生活情况和应急救助需求等情况。

三、科学规划，精心指导国有林场灾后恢复重建工作

各级林业主管部门要在全面掌握和核实国有林场灾情的基础上，按照“规划先行、统筹安排，分清缓急、突出重点，自救为主、政府支持，地方为主、中央补助”的原则，抓紧编制本地区国有林场灾后恢复重建规划方案，按照重建规划方案，进一步明确本地区国有林场恢复重建的总体目标、重点建设任务和内容、恢复重建的实施步骤和时间安排、总投资规模及资金筹措方案、灾后恢复重建的责任主体和具体工作措施等，加强对国有林场灾后恢复重建工作的指导，确保灾后重建工作有序进行。国有林场灾后恢复重建规划方案应与当地经济社会发展实际和国有林场发展长远规划结合起来，立足当前，兼顾长远，使重建后的国有林场各项基础设施更加完善，抗灾减灾能力进一步增强。

四、突出重点，尽快恢复国有林场基础设施

各级林业主管部门应将恢复国有林场基础设施作为当前工作的重点，抓紧修复和重建各项被毁基础设施。要加大对危旧房的监管力度，尽快对国有林场职工受损住房进行一次安全鉴定，针对受损程度，抓紧解决好倒塌、受损房屋的维修加固工作；对不能居住的房屋，要及时转移安置住户，确保国有林场职工的居住安全。要按照国务院煤电油运和抢险抗灾应急指挥中心组织制定并报国务院批转执行的《低温雨雪冰冻灾后恢复重建规划指导方案》的要求，积极争取将国有林场代管乡村和农业户口的国有林场职工的住房修复，纳入当地民政部门灾后恢复重建的整体规划之中。对受损严重、不能继续使用的道路、桥梁等基础设施，要果断作出警示处置，迅速组织维修抢修，防止损害进一步加剧。加强供水、供电管线的维修维护，查明设施运行安全隐患，尽快恢复供水、供电设施，确保水质安全和正常、稳定供电。国有林场基础设施修复和重建工作应于2008年6月底前完成。从事森林旅游的国有林场，要对旅游设施进行安全检查，排除安全隐患，确保游客人身安全。

五、着眼长远，着力恢复国有林场森林资源

灾后国有林场森林资源的恢复是一项长期而艰巨的任务。各级林业主管部门要以对国家和人民高度负责的态度，充分认识灾后国有林场森林资源恢复面临的严峻形势，切实加强灾后森林资源管理各项工作，着力恢复森林资源，尽快恢复林业生产。要按照《国家林业局关于做好受灾林木清理工作的紧急通知》（林资发［2008］28号）的要求，及时清理林区损毁的林木，尽快恢复森林生态系统和林地生产力，消除森林火灾和森林病虫害等次生灾害隐患。要加强林木采伐管理，适时调整林木采伐指标，及时优先安排灾材采伐，坚持凭证采伐、凭证运输，严防偷盗哄抢和乱砍滥伐。要重新调整和编制国有林场森林经营方案，率先搞好灾后森林经营，充分发挥国有林场的示范带动和辐射作用。要加强森林抚育、森林经营，不断提高森林资源质量。要调整树种、林种结构，优化森林资源配置，增强森林生态系统的抗灾能力。

六、制定和争取有关优惠政策，为国有林场灾后恢复重建创造宽松环境

各级林业主管部门要按照《中共中央国务院关于加快林业发展的决定》（中发［2003］9号）的要求，积极争取将生态公益型林场人员经费和机构经费纳入同级人民政府财政预算。对于受灾严重的国有林场，要研究给予减免育林基金。对于承包经济林、竹林遭受损失的国有林场职工，要予以减免承包费，并提供种苗、技术等服务。对于符合低保条件的国有林场职工，要帮助其纳入低保范围。对于贫困国有林场尤其是因灾返贫的国有林场，要积极争取将其纳入当地政府扶贫规划，争取扶贫资金，使其尽快度过难关。要积极协调有关部门，争取减免国有林场因造林而产生的金融等各种债务，切实减轻林场负担，提高其灾后营林造林的积极性。

七、以科技为先导，充分发挥国有林场在整个林业灾后恢复重建工作中的示范带动作用

各级林业主管部门要充分认识科技救灾减灾的重要作用，根据《南方雨雪冰冻灾害地区林业科技救灾减灾技术要点》（林科发［2008］26号），积极组织受灾国有林场，根据不同树种的不同受损程度，制定科学、可行的灾后恢复重建方案。要对国有林场有关人员进行救灾减灾、恢复重建和育苗、造林、间伐、抚育等科技服务和培训，强化对新造林地和补植补栽林地的管理，加强良种壮苗培育，大力推广容器育苗，缩短育苗周期，加快育苗步伐。要积极开展科学研究和科学实验，推广灾害迹地清理、种苗选育、林木栽培、管护、病虫害防治等林业新技术，提高国有林场灾后重建的科技含量，充分发挥国有林场在灾后恢复重建工作的示范带动作用。

八、加强领导，积极组织灾后重建自救

各级林业主管部门要在当地政府的统一领导下，把国有林场灾后恢复重建作为一项重点工作，成立国有林场灾后恢复重建工作领导小组，切实履行职责，加强组织管理，健全领导机制，明确工作目标，制定实施方案，落实工作责任，按照轻重缓急，分步实施，推动国有林场灾后恢复重建工作的顺利开展。要主动开展工作，加强与发展改革、财政、民政、交通、电力等部门的联系和沟通，争取支持。各受灾国有林场要继续发扬不等不靠的精神，积极组织广大干部职工开展灾后自救，重建家园。各省级林业主管部门要建立国有林场灾后恢复重建工作进展报告制度，及时向我局报送有关情况。

国家林业局

2008 年 3 月 6 日

国家林业局关于加强灾后重建造林使用种苗质量管理的通知

林场发[2008]50 号

各有关省、自治区、直辖市林业厅(局)：

2008 年年初，我国南方大部分省区遭受了特大雨雪冰冻灾害，对整个林业生产和职工生活造成了很大影响，林木种苗损失惨重。为及早做好种苗准备，强化种苗调用中质量管理，确保 2008 年造林任务完成，现就有关事宜通知如下：

一、提高认识，科学重建

林木种苗是林业建设的基础和保障，是促进林业发展的关键。林木种苗质量的优劣，对造林绿化的影响不是一年、几年，而是一代几代，直接关系到造林成效，关系到林业与生态建设的百年大计。各地在灾后恢复重建造林种苗供应选用过程中，一定要本着对国家、对人民高度负责的态度，按照科学发展观的要求，坚持“适地适树适种源”、“以种为本，以质为先”的原则，实事求是，以苗定造，优先使用良种造林，不能走“有种就育，有苗就用"的老路，更不能降低标准使用种苗，宁可慢些，也要好些，避免出现新的低产林或小老树。要以这次灾后重建为契机，进一步优化林种树种结核，提高林分质量和营林水平，努力转变林业发展方式，提高林地生产力。

二、制定规划，分步实施

各地要组织力量深入山头地块，深入场圃基地，对种苗受灾情况进行系统评估，分别对苗圃基础设施、种子苗木生产基地和母树进一步开展深入调查，摸清受灾面积、数量、灾害程度、结构等，科学分析灾害的特点，制定切实可行的灾后重建规划和实施方案，按照“修复设施，恢复生产；快速繁育，组织供应；调整结构，确保质量；培育良种，加强贮备”的基本思路，本着分步实施，先急后缓、先易后难的原则，首先尽快恢复种苗基础设施，包括大棚、温室修复重建，尽快恢复生产能力，采取容器育苗、组培育苗等快速育苗措施，保障 2008 年造林种苗供应，稳定种苗市场价格。其次要对种子生产基地进行全面清理，分别对折干、折枝情况，采取切实有效措施，对母树林和采种基地能保留的母树尽量通过修枝、复壮、防治病虫害、抚育管理等措施捉进结实，确保 2009 年乃至今后一段时间种子产量；对种子园、采穗圃损失严重的可以重新嫁接进行升级换代，提高良种化水平，同时通过这次灾情调查，筛选出一批抗寒、抗雪压树种，进行选优和建园；对种质资源库及时清理、复壮，最大限度保留基因资源。

三、加强监管，严格执法

各地要加强对本辖区内种苗质量的监督管理，加大检查力度，杜绝关系苗、人情苗；要调拨和使用有生产经营许可证、标签和检验合格证的单位和个人的林木种苗；要加大对生产经营假劣种苗案件的查处力度，对以各种名义索取回扣、手续费的，要按照有关规定严肃查处；严格实行种苗质量检验制度，杜绝质量不合格种苗的调拨和使用，在种苗调拨前要按照国家和地方标准进行质量检验，并填写质量检验证书，明确责任，实行种苗质量责任追究制度。

四、加强种子贮备，确保用种安全

林木种子生产受自然因素制约，结实丰歉年明显，因此，建立林木种子贮备制度，以丰补歉尤为重要。从这次受灾省区看，一旦发生不可抗拒的自然灾害，就暴露出种子供应不足等问题。各地要积极与发展改革和财政管理部门沟通协调，积极争取林木种子贮备金制度，提高抵御自然灾害的能力，保障林业建设用种安全。

五、高度重视良种建设，积极建立长效机制

长期以来，我国林木良种基地建设尚有投入而维护经营缺乏投入的状况，严重制约着林木良种的长远发展。各地要积极争取财政部门的理解和支持，探索建立良种基地建设和管理长效机制，实行林木良种补贴，惠及广大林农群众。

国家林业局

2008 年 3 月 13 日

国家林业局关于认真做好森林公安人员过渡等有关工作的通知

林安发[2008]52号

各省、自治区、直辖市林业厅(局)，内蒙古、吉林、龙江、大兴安岭森工(林业)集团公司，新疆生产建设兵团林业局，南京森林公安高等专科学校：

为认真贯彻落实国务院办公厅、中央机构编制委员会办公室关于解决森林公安编制和经费问题的部署精神，以及人事部、国家林业局联合下发的《关于做好全国森林公安机构核定政法专项编制后人员过渡有关工作的通知》(国人部发[2008]15号，以下称两部局15号文件)要求，做好森林公安人员过渡等有关工作，经征得人事部有关部门同意，现就有关事项通知如下：

一、切实加强对森林公安人员过渡等工作的领导

森林公安人员过渡工作是落实编制、经费的重要环节，是加强队伍正规化建设的前提和保障，关系到每一位森林公安民警的切身利益，政策性强，敏感度高，涉及诸多历史问题，情况复杂，难度很大。各级林业主管部门一定要高度重视此项工作，把它作为当前林业工作的一项重要任务认真研究部署，抓实抓紧抓好。一把手要亲自负责，分管领导要具体落实。要统筹规划森林公安“编制核定”、“人员过渡”以及下一步“经费落实”等各项工作，本着分步实施，稳妥推进的原则，积极主动向党委、政府汇报，配合当地编制、人事行政等部门，尽快完成编制核定工作，制定森林公安人员过渡方案。各级森林公安机关要把人员过渡工作当作当前的头等大事来抓。在这一特殊时期，要更进一步加强队伍管理，严格执行公安部“五条禁令”和“九要九不要”，采取更周密措施，严格枪支弹药管理，确因执行任务需要的，由省级森林公安机关统一审批，确保不发生涉枪问题，维护队伍稳定，保证人员过渡工作顺利完成。

森林公安“定机构、定职能、定编制”(以下简称“三定”)工作是落实编制经费工作的首要环节，是进行人员过渡的前提。截至目前，全国30个省(含自治区、直辖市，下同)已有17个省完成森林公安“三定”工作，为人员过渡奠定了基础。还没有完成“三定”工作的省要有忧患意识，引起足够重视，严格按照《国家林业局关于认真配合做好森林公安编制核定等有关工作的通知》(林安发[2007]139号)要求，认真学习其他省的经验做法，充分发挥主观能动性，加快工作进度，尽快完成“三定”工作，真正实现森林公安布局合理、机构健全、职能理顺、编制到位、管理规范。

二、主动配合人事行政部门做好森林公安人员过渡工作

(一)抓紧制定人员过渡工作方案。各省级林业主管部门和森林公安机关要结合本地实际，积极配合省级人事行政部门，严格按照两部局15号文件要求，充分考虑当地森林公安的历史和实际，本着既要严格执行政策，又要确保队伍稳定的原则，尽快制定考试考核的具体办法，明确人员过渡的具体程序、资格条件、考试科目、内容及相应政策，出台操作性强的森林公安人员过渡工作方案，明确时间表，确保这项工作顺利有序进行。

(二)配合做好各项具体工作。一是各级林业主管部门和森林公安机关要在上次人员摸底工作的基础上，详细掌握每一位现有在职森林公安民警的基本情况，保证人员过渡工作不出纰漏。二是及时将人员过渡的政策、具体办法、程序等情况传达到每一位森林公安民警，让他们及时了解过渡工作的进度，认清自己在过渡工作中的位置，避免因为信息不畅造成不必要的恐慌。三是配合人事行政部门严格把关，坚持政策，绝不允许出现政策范围之外的人员浑水摸鱼，趁机进入森林公安队伍，更不允许弄虚作假，影响森林公安民警的正常过渡。四是以此次过渡工作为契机，按照人民警察警衔管理有关规定，进一步纯洁森林公安队伍，做到森林公安专编专用，杜绝占编不在岗问题。五是积极配合当地人事行政部门，对森林公安已过渡人员按照管理权限和有关规定及程序及时办理公务员登记手续，落实有关政策。

(三)加强思想政治工作，切实维护稳定。各级林业主管部门和森林公安机关在人员过渡这一特殊时期，要不折不扣地落实2月27日国家林业局加强森林公安队伍和枪支管理紧急电视电话会议上关于做好人员过渡期民警思想政治教育工作的要求，开展全面谈心活动，把握民警思想脉搏，掌握民警思想动态，疏导不良情绪，倡导积极的人生态度，全力保证过渡期的队伍稳定。尤其是对少部分不能过渡为公务员的人员，各级林业主管部门和森林公安机关要将其作为工作重点，落实领导联系制度，一对一地开展工作。同时，要千方百计想办法，妥善安置他们的工作，坚决杜绝集体上访等恶性事件的发生。

(四)制定人员过渡期应对突发事件的预案。各级林业主管部门和森林公安机关要以省为单位，结合当地森林公安人员构成、历史和现状，认真研究在人员过渡工作中可能出现的问题，有针对性地制定应对突发事件预案，逐级落实一把手的领导责任，内紧外松，及时发现并将问题解决在萌芽状态，确保在人员过渡的特殊时期不出现大的问题。同时，要落实重大事件及时上报制度，对在人员过渡工作中遇到的重大问题，要及时上报我局森林公安局。

三、做好过渡后森林公安人员招录工作

森林公安人员过渡工作完成后，招录主任科员以下非领导职务及相当职务层次的公务员，必须按照《公务员法》和《公务员录用规定(试行)》的有关规定实行考试录用。各省级林业主管部门和森林公安机关要通盘考虑，统筹规划，科学合理制定人员招录计划，有步骤、有计划地招录森林公安民警，既要解决目前人员缺乏、力量不够的问题，又要使引进人员形成梯队，保证工作的延续性，绝不能搞“一窝蜂”，盲目扩充人员。在招录森林公安民警时，要积极争取当地人事行政部门的支持，充分利用南京森林公安高等专科学校毕业生资源。

特此通知。

国家林业局

2008 年 3 月 17 日

国家林业局关于印发《京津风沙源治理工程区人工造林特大灾害损失面积核定办法(试行)》的通知

林沙发[2008]56 号

北京市、天津市、河北省、山西省、内蒙古自治区林业厅(局)：

根据国家发展和改革委员会、国家林业局、农业部、水利部联合印发的《关于进一步加强京津风沙源治理工程工作的通知》(发改农经[2007]2744 号)中明确“部分因特大灾害，造林种草失败的，经有关部门核实后，可重新纳入造林种草任务”的规定，我局制定了《京津风沙源治理工程区人工造林特大灾害损失面积核定办法(试行)》，现予印发，请遵照执行。各地在执行过程中，有何意见和建议，请及时反馈我局。

附件：京津风沙源治理工程区人工造林特大灾害损失面积核定办法(试行)

国家林业局

2008 年 3 月 19 日

附件　京津风沙源治理工程区人工造林特大灾害损失面积核定办法(试行)

第一条　为科学、准确地核定干旱，雨雪冰冻及其衍生和次生的洪涝、滑坡、泥石流，森林病虫(鼠兔)害，火灾等不可抗拒的特大灾害所造成的人工造林(含飞播造林)损失面积，切实巩固京津风沙源治理工程建设成果，根据国家发展和改革委员会、国家林业局、农业部、水利部联合印发的《关于进一步加强京津风沙源治理工程工作的通知》(发改农经[2007]2744 号)规定，制定本办法。

第二条　损失面积以批复的工程作业设计小班为单位进行统计。统计标准为：由于灾害造成的小班人工造林(含以人工造林方式完成的飞播造林)成活率(或株数保存率)低于 40%(含 40%)，以及飞播造林播区宜播面积内有效苗木乔木小于 1666 株/公顷、灌木小于 2500 株/公顷，或有苗样圆频度低于 30%；沙区飞播造林有苗样圆频度低于 40%。

第三条　特大灾害认定依据必须由县级以上相关业务主管部门提供。特大旱灾、洪涝、泥石流，由气象或水利主管部门提供；特大滑坡由国土资源部门提供；特大森林病虫(鼠兔)害、火灾由林业主管部门提供。

第四条　特大灾害损失面积申报材料包括：特大灾害造成损失情况(见附表 1、2，略——编者注)、作业设计以及相应的图面材料、特大灾害损失面积申报书(含特大灾害证明材料，见附表 3，略——编者注)等。申报材料必须实事求是、及时准确。

第五条　以县(旗、区、市)为单位，根据当次申报损失面积大小，分别由省级和国家级组织认定。损失面积累计 5 万亩(含 5 万亩)以下，由县级人民政府向地级林业主管部门提出申请并经其初审后，由省级林业主管部门组织认定。损失面积累计 5 万亩以上的，由县级人民政府向地级林业主管部门提出申请并由其审核后上报省级林业主管部门初审，由国家林业局组织认定。

第六条 特大灾害损失面积的核定，可视情况采用如下不同方式：

(一)全面核定：累计损失面积小于5000亩(含5000亩)的应进行全面的核定。

(二)抽样核定：累计损失面积5000亩以上2万亩以下(含2万亩)；累计损失面积2万亩以上4万亩以下(含4万亩)；累计损失面积4万亩以上的，可在损失面积的总体中分别随机选取30%、25%、20%的面积进行核定。

第七条 负责组织认定工作的林业主管部门在组织核定时，应成立专家组。专家组成员应由具有中级以上职称的专业技术人员组成，人数不得少于3人。

第八条 负责组织认定工作的林业主管部门应在接到申请后及时派出专家组。专家组应到现场进行实地核查，要本着客观、公正、科学原则，对需要核定的损失面积逐块进行成活情况调查和面积测量，核查结束时提交书面核定报告。

第九条 具有下列情形之一的，专家组不予核定：

（一）申报材料不符合此办法规定的；

（二）作业设计不合理或未按作业设计组织施工的；

（三）没有采取补植措施的；

（四）因管护措施不落实导致造林失败的；

（五）有夸大和虚报损失情况的。

第十条 负责组织认定的林业主管部门要根据专家组提交的核定报告及时作出认定意见。凡由省级林业主管部门认定的，应于当年年底之前将相关材料统一报国家林业局备案。

第十一条 经国家级或省级林业主管部门认定的特大灾害损失面积可重新纳入造林任务。

第十二条 有关人员在组织申报及核定工作中，要坚持原则，实事求是，对弄虚作假的要追究相关责任。一旦发现有弄虚作假的县(旗、区、市)，将视情节调减(或暂停)工程建设任务和投资。

第十三条 本办法由国家林业局负责解释。

第十四条 本办法自公布之日起实施。

国家林业局关于印发《促进野生动植物资源和自然保护区生态系统灾后恢复的指导意见》的通知

林护发[2008]63号

各省、自治区、直辖市林业厅(局)，内蒙古、吉林、龙江、大兴安岭森工(林业)集团公司，新疆生产建设兵团林业局：

2008年1月以来，我国南方一些省区遭遇了历史罕见强降雪和低温凝冻天气过程。受灾害影响，上述地区野生动植物资源和自然保护区遭受极大损失。为科学组织野生动植物保护和自然保护区灾后重建工作，促进野生动植物资源恢复与增长，争取自然保护区早日进入正常生产生活，经广泛深入调研，我局制定了《促进野生动植物资源和自然保护区生态系统灾后恢复的指导意见》(见附件，以下简称“指导意见”)，现印发给你们，请受灾区域认真执行，并请其他未受灾区域预先研究可能出现的野生动物疫病等次生灾害对本区域的潜在影响，参照本指导意见制定应对措施，消除隐患。

为支持林业灾后恢复重建，我局联合财政部已下拨给各地林业灾后重建补助经费。为贯彻落实好指导意见，请各有关省、自治区、直辖市林业主管部门根据实际情况，统筹兼顾，将自然保护区灾后恢复重建也纳入中央财政灾后恢复重建补助范围。

对各地在促进野生动植物资源和自然保护区生态系统恢复工作中，落实指导意见和资金到位情况，我局将适时组织专项调研活动。

附：促进野生动植物资源和自然保护区生态系统灾后恢复的指导意见

国家林业局

2008年3月24日

附件 促进野生动植物资源和自然保护区生态系统灾后恢复的指导意见

一、总则

2008年初，我国许多区域遭受的长时期低温雨雪冰冻灾害，给野生动植物种群及其栖息地和自然保护区造成极大损失。为全力做好灾后重建工作，尽最大可能减少灾害带来的损失，防止物种灭绝，促进野生动植物种群及其栖息地和自然保护区生产生活的早日恢复，有效防范野生动物疫病、森林火灾、病虫鼠害等次生灾害，制定本指导意见。

本指导意见适用于遭受低温雨雪冰冻灾害的江苏、浙江、安徽、福建、江西、河南、湖北、湖南、广东、广西、海南、重庆，四川、贵州、云南、陕西、甘肃、青海、新疆等19省(含自治区、直辖市，下同)。其他省要预先研究野生动物疫源疫病等可能出现的次生灾害对本区域的潜在影响，制定应对措施，消除隐患。本指导意见可供今后应对类似灾情时参考。

二、工作要点和措施

(一)严格控制自然保护区内受害林木的清理工作。

各地要本着科学审慎、实事求是和高度负责的态度，按照国家林业局《关于做好受灾林木清理工作的紧急通知》、《雨雪冰冻灾害受害林木清理指南》和国家森林防火指挥部《关于尽快恢复重建受损森林防火设施设备全力抓好可燃物清理工作的紧急通知》等要求，结合自然保护区的实际情况，在充分尊重自然保护区内主要保护对象存在和发展需要的前提下，科学组织自然保护区内受害林木清理工作，尽快恢复自然保护区日常工作，切实做好灾后恢复重建工作。

1. 自然保护区不仅保护了我国重要的典型生态系统和野生动植物资源，也有效保护了重要的自然生态过程。此次雪灾尽管历史罕见，但仍属于自然过程和自然现象。因此，要严格控制自然保护区内受害林木的清理，原则上自然保护区内天然林和核心区、缓冲区内受害林木不进行清理。

2. 对于影响到自然保护区日常监测巡护和森林防火工作的受害林木，如自然保护区内各种道路，防火隔离带及村屯边沿等重点防火区上的受害林木，可以进行适当清理，保证道路的正常通行和森林防火工作。对实验区内的人工林和竹林，可清理重度受害且无存活希望的受害林木。

3. 自然保护区受害林木清理后的林地以自然恢复为主，要与野生动植物栖息地优化和自然生态系统恢复紧密结合。

4. 各级林业主管部门要统一开展辖区内自然保护区受害林木损失情况调查评价，科学编制受害林木清理方案，要认真处理好林木所有权人的利益。各自然保护区受害林木清理方案由各级林业主管部门审批，其中国家级自然保护区的清理方案，经专家论证后，由各省级林业主管部门审批；清理结束后，各省级林业主管部门要组织力量，对清理工作进行检查验收，国家林业局驻各地森林资源监督机构要认真做好监督检查工作。

(二)妥善处置因灾死亡野生动物尸体，及时收容救助伤病或离群游荡野生动物个体。

本次灾害导致许多野生动物死亡，任其尸体腐烂，有可能引发野生动物疫病，成为威胁公共卫生安全的隐患。各地要按照先评估后清理的原则，组织力量对野生动物集群活动区域、野生动物重要栖息地、水域或水源地及其周边等区域进行巡查，使用专门的捡拾工具将死亡野生动物个体收集到密封容器，选择适宜地点集中深埋或焚毁，进行无害化处理。要及时收容救护伤病或离群游荡个体，隔离专门区域进行救治和饲养。对经救治后具备放归自然条件的个体，要尽早将其放归到该物种的自然栖息区域；对不具备放归条件的，须一律送往专门的野生动物救护繁育基地或野生动物园、动物园等野生动物驯养繁殖单位进行饲养。加强宣传，教育群众不要捕捉猎杀落单野生动物个体，不要捡拾、食用死亡野生动物，并设立信息热线，鼓励公众及时报告所发现的野生动物尸体及需要收容救护的个体。对因灾死亡的野生动物尸体或收容救护的野生动物个体，一律不得用于经营利用活动，也不得用作标本。

(三)加强资源调查监测，评估分析灾害影响。

为准确掌握灾害对野生动植物及其栖息地的影响，各地要根据历史资料和目前已掌握的信息，将野生动植物集中分布区、自然保护区、极小种群栖息地等确定为重点调查区域，将濒危物种、受灾影响严重物种、孤立种群、典型生态系统确定为重点调查对象，参照《全国陆生野生动物资源调查和监测技术规程(试行)》和《全国重点保护野生植物资源调查技术规程(试行)》，研究制定调查方案，开展一次全面调查，及时掌握灾后野生动物种群、分布、栖息地和典型生态系统的当前状态，以及极小种群和国家重点保护野生植物折断、压断、倒伏、翻蔸及冻害等受害程度，比较分析灾害对野生动植物种群的影响，找出对野生动植物种群及其栖息地、自然生态系统恢复不利的生态因素。

在全面调查的基础上，针对主要保护对象，特别是极小种群野生植物、极度濒危野生动物和严重受损的生态系统，开展长期的科学监测工作，及时掌握灾后重点保护野生动植物个体、种群、分布、生境等方面的动态变化，以及恢复措施的实施效果，为今后保护决策提供科学依据。

(四)采取有效的措施，促进野生动植物种群及其栖息地的恢复。

根据调查监测掌握的情况，经评估其灾害影响和不利因素后，各地要根据灾害影响等级，研究制定应对方案，迅速采取措施，对栖息地损毁严重导致食物不足的野生动物种群，继续安排食物投放，研究其喜食植物种植方案，促进栖息地的恢复和优化；增扩建和新建一批野生动物救护繁育基地，加强现有野生动物人工种群的扩大繁育和复壮，特别是对尚未建立人工种群的濒危野生动物，要着手建立新的人工种群，通过人工手段促进资源扩大，并适时放归自然，以补充野外种群，促进野外种群的恢复和发展。

对因雨雪冰冻灾害而受害的极小种群和国家重点保护野生植物，无论何种受害等级，以及是否分布于自然保护区内，一律不得进行清理；对具备救护条件的受害极小种群和国家重点保护野生植物，应尽快采取人工促进恢复措施，促进其恢复、更新与生长。对于规定允许清理的林分，须严格控制对其中有极小种群和国家重点保护野生植物分布的受灾林分的清理活动，以避免因人为清理干扰而造成对林内上述野生植物及其生境的再度破坏，并尽可能为极小种群和国家重点保护野生植物留有一定数量的伴生植物。加强对极小种群和国家重点保护野生植物的人工培育，为物种的回归和野外种群的重建与恢复做准备。

加强灾后野生动植物和自然保护区生态系统等基础研究，根据各地受灾害影响实际情况，科学制定有针对性的重建规划和方案，为濒危野生动植物种群和自然保护区生态恢复与重建提供理论根据。

（五）完善应急机制，加强应急基础设施建设和物资储备。

这次灾害给野生动植物资源造成极大损失，凸显我国野生动植物保护缺乏应对灾害的准备和能力。各地要认真总结，在应对本次灾害的基础上，制定科学的突发野生动植物灾害应急预案，科学合理规划，将野生动植物保护应急基础设施和物资储备，纳入野生动植物保护和自然保护区建设内容，予以大力加强。根据野生动物行为习性和觅食等特点，建立必要的野生动物避难所、应急投食点和紧急救护饲养场，确保今后出现类似灾害时，能及时采取有效措施，最大程度减小野生动物资源损失。建立野生动植物保护和自然保护区应急物资储备制度，在灾害多发季节来临前，储备必要的野生动物食物、人员防护装备、药品、工具器材等，有效应对可能出现的自然灾害等突发事件。

（六）加强野生动物疫源疫病监测防控。

长时间的低温雨雪冰冻灾害，增大了候鸟等野生动物突发高致病性禽流感等疫病的风险。各地对此要高度重视，继续坚持监测信息日报告制度，及时上报野生动物非正常死亡情况，及时掌握野生动物疫情动态。一旦发现野生动物异常死亡等情况，立即启动前期应急处置措施，按照《陆生野生动物疫源疫病监测规范（试行）》的要求，及时现场封控，采样送检。对检测证实的疫情，要立即向当地政府报告，并会同动物防疫、卫生等部门做好疫情消除等工作。

（七）全面禁止猎捕野生动物行为，严厉打击破坏野生动植物资源及其栖息地的犯罪行为。

本次雨雪冰冻灾害，给我国受灾区域野生动植物资源带来极大损失。为保障受灾区域野生动植物得以生息繁衍，促进资源恢复，在受灾区域要全面禁止猎捕野生动物和采集国家重点保护野生植物，各地不得批准任何猎捕野生动物和采集国家重点保护野生植物的申请。同时，要完善野外巡护制度，增大人员力量，加密巡查周期，严厉查处乱捕滥猎野生动物、乱挖滥采野生植物及破坏其栖息地的违法行为。加强对野生动植物及其产品经营利用活动的监管，组织力量对野生动植物及其产品的经营市场、集散地和重点运输环节加大执法检查力度，防止非法来源的野生动植物及其产品进入流通环节。

（八）提高认识，加强领导。

各级林业主管部门要充分认识到此次灾害的严重性、长期性和恢复重建工作的紧迫性、艰巨性，特别要充分认识到此次灾害对野生动植物和自然保护区的严重危害和深远影响，把野生动植物和自然保护区救灾和灾后重建工作放在林业主管部门救灾工作的重要位置，在救灾资金上要给予重点支持。

国家林业局关于印发《林业贷款财政贴息资金申报程序及管理规定》的通知

林计发[2008]65号

各省、自治区、直辖市林业厅（局），各计划单列市林业局，内蒙古、吉林、龙江、大兴安岭森工（林业）集团公司，新疆生产建设兵团林业局，国家林业局各直属单位：

为进一步规范林业贷款财政贴息资金的申报、审核和管理工作，切实管好用好林业贷款贴息资金，根据财政部等部门有关管理规定，我局制定了《林业贷款财政贴息资金申报程序及管理规定》，现印发你们，该规定于印发之日起开始施行，请各地各单位认真研究并严格执行。

附件：林业贷款财政贴息资金申报程序及管理规定

国家林业局

2008年3月31日

附件　林业贷款财政贴息资金申报程序及管理规定

一、为规范林业贷款贴息资金的申报、审核和管理工作，进一步明确相关部门和单位的职责，根据财政部、国家林业局《关于印发〈林业贷款中央财政贴息资金管理规定〉的通知》(财农[2005]45号)、财政部《关于印发〈基本建设贷款中央财政贴息资金管理规定〉的通知》(财建[2007]416号)，特制定本规定。

二、本规定所称林业贷款财政贴息资金包括林业贷款中央财政贴息资金和林业基本建设贷款中央财政贴息资金。

三、林业贷款中央财政贴息资金是指中央财政预算安排的，专项用于林业龙头企业以公司带基地、基地连农户的经营形式带动林区、沙区经济发展的种植业、养殖业以及林产品加工项目，各类经济实体营造的集中连片的工业原料林项目、国有林场(苗圃)、集体林场(苗圃)、森工企业的多种经营项目和林农、林业职工个人从事的林业资源开发及林产品加工项目贷款贴息的资金。

四、林业贷款中央财政贴息资金项目分中央项目和地方项目，并按相关程序分别上报。

(一)中央项目管理。中央单位林业贴息贷款项目建议计划由国家林业局林业基金管理总站根据财政部、国家林业局《关于印发〈林业贷款中央财政贴息资金管理规定〉的通知》(财农[2005]45号)规定负责组织申报、筛选，经财政部同意后下达；负责中央单位中央财政贴息资金申请材料的真实性、准确性、完整性的审核和汇总工作，包括核对林业贴息贷款项目建议计划，审核申报贴息项目借款合同原件，以及有资质的社会中介机构或主管部门提报的贷款项目实施情况报告等，并行文上报国家林业局发展计划与资金管理司。国家林业局发展计划与资金管理司根据国家林业局林业基金管理总站文件向财政部行文上报中央财政贴息资金文件。

(二)地方项目管理。地方林业贴息贷款项目由省级林业主管部门(含计划单列市、新疆生产建设兵团，下同)根据财政部、国家林业局《关于印发〈林业贷款中央财政贴息资金管理规定〉的通知》(财农[2005]45号)规定，负责贷款项目申请计划的编制、申报，并将国家林业局下达的林业贴息贷款项目建议计划逐级下达，做好贴息贷款项目实施情况的监督检查工作；负责对贷款项目申请贴息材料的真实性、准确性、完整性进行审核，于每年10月31日前将审查、核实后的新增贷款项目借款合同、借款凭证和银行进账单复印件等资料，重新核实后的贷款余额以及贴息申请报告、汇总申请表上报国家林业局林业基金管理总站。

国家林业局林业基金管理总站根据财政部、国家林业局《关于印发〈林业贷款中央财政贴息资金管理规定〉的通知》(财农[2005]45号)规定，负责对省级林业主管部门上报的林业贴息贷款项目申报计划的审核、筛选，经财政部同意后，下达林业贴息贷款项目建议计划；负责对省级林业主管部门上报的申请贴息材料的合规性、准确性、完整性进行审核，主要包括申报贴息项目是否在林业贴息贷款项目建议计划中、调整项目是否上报了备案调整计划，申报项目是否按规定要求上报了申报贴息材料，申请贴息对象及其贷款用途和贷款时间、申请贴息期限是否符合规定要求等，并于每年11月10日前向财政部提报拨付贴息资金建议方案。

五、林业基本建设贷款中央财政贴息资金是指中央财政预算安排的，专项用于总投资在5000万元以上的(含5000万元)速生丰产林基地建设，总投资在3000万元以上的(含3000万元)天然林保护工程转产项目的贷款贴息。

符合贴息条件的项目单位要根据财政部《关于印发〈基本建设贷款中央财政贴息资金管理规定〉的通知》(财建[2007]416号)，于每年10月初向省级林业主管部门(含中央项目的上级主管部门，下同)提报基本建设贷款财政贴息申请材料，并附项目批准文件、借款合同、造林验收证明、银行贷款到位凭证、银行签证利息单及贷款经办行意见等相关材料。

省级林业主管部门根据财政部《关于印发〈基本建设贷款中央财政贴息资金管理规定〉的通知》(财建[2007]416号)，对项目单位提交的贴息材料进行审核把关，并负责对其真实性、准确性、完整性进行审核。汇总后将审核无误的申请材料以正式文件报送国家林业局一式两份，并抄送省级财政主管部门一份。

国家林业局发展计划与资金管理司负责对省级林业主管部门报送的申请贴息材料的合规性、准确性、完整性进行审核，审核汇总后于10月底前以局文报送财政部核定。

六、中央单位林业贴息贷款项目的监督、检查，由国家林业局林业基金管理总站负责，每年对中央单位林业贴息贷款项目建议计划执行情况进行认真总结，并对大型重点项目实施情况进行实地检查；地方林业贴息贷款项目按照分级管理、层层负责的原则，由国家林业局林业基金管理总站负责指导，省级林业主管部门负责项目的跟踪检查、监督管理。林业基本建设贷款中央财政贴息资金的监督、检查，中央级项目由国家林业局发展计划与资金管理司负责监督、检查与指导；地方级项目由省级林业主管部门负责监督、检查与指导。

国家林业局关于加强退耕还林工程灾后恢复重建及成果巩固工作的通知

林退发[2008]70号

各有关省、自治区、直辖市林业厅(局)，新疆生产建设兵团林业局：

2008年1月以来，我国南方地区发生的大范围雨雪冰冻灾害不仅使退耕还林工程造林成片受灾，造林成活率和保存率大幅度下降，而且工程实施以来初步形成的后续发展能力遭到重创，特别是已经开始产生经济效益的竹林、桉树等速生丰产林、柑橘等经济林、茶树和油茶等生态经济兼用林大面积受损，使退耕农户今年的经济收益乃至今后几年的生计问题都将受到较大影响，灾后恢复重建任务艰巨，巩固退耕还林成果面临更加严峻的考验。为指导各地组织开展退耕还林工程灾后恢复重建工作，切实巩固退耕还林成果，防范复耕反弹，现就加强退耕还林工程灾后恢复重建及巩固成果工作通知如下：

一、充分认识退耕还林工程灾后恢复重建、巩固成果工作的重要性。退耕还林是我国加强生态建设、维护生态安全的一项重大战略，工程治理的重点是生态区位极其重要、生态极其脆弱地区的坡耕地、沙化耕地以及周边荒山荒地，其成果将成为我国重要的生态屏障。做好工程受灾地区的恢复重建工作，事关退耕还林成果巩固，事关国家巨额投资的效益，事关广大退耕农户的切身利益，事关国家生态安全。退耕还林工程灾后重建任务繁重，既要恢复森林资源，确保退耕还林工程面积不减少，质量不下降，又要保障广大受灾退耕户的当前生计，逐步恢复退耕农户的长远发展能力。各级林业主管部门一定要充分认识退耕还林工程灾后恢复重建、巩固成果的重要意义，统一思想，落实责任，加强领导，精心组织，切实做好每一户退耕农户、每一块退耕还林地块的恢复重建，努力把灾害损失降到最低限度，确保退耕还林成果尽早恢复，确保退耕农户的生活水平不下降。

二、抓紧组织灾后林地林木清理。各地要严格按照我局下发的《关于做好受灾林木清理工作的紧急通知》(林资发[2008]25号)和《关于印发〈雨雪冰冻灾害受害林木清理指南〉的通知》(林资发[2008]37号)要求，抓紧组织工程灾后林木清理。一是因地制宜，组织指导工程受灾地区及时采伐因灾死亡林木，合理调整使用限额指标，落实有关税费优惠政策，加强木竹市场销售指导、服务和监管，维持市场价格基本稳定，减少退耕农户的直接损失，同时防范和杜绝滥砍盗伐。二是对受灾林地的清理要科学论证，尽可能避免全面垦复，造成原有植被的全面破坏，防止带来新的水土流失。三是加强森林经营措施，对受灾偏倒的林木要进行培土扶正，对冻伤压断的树木及时修枝平茬，对竹林、茶树以及其他一些兼用林及时进行垦复施肥，促进林木尽快恢复生长，同时做好灾区森林防火和病虫害防治工作。

三、科学规划，因地制宜安排灾后重建和巩固成果工作。要在对灾情进行全面调查、科学评估的基础上，总结经验，汲取教训，制定科学的退耕还林工程恢复重建规划和巩固退耕还林成果专项规划，分步实施，着力建设林分质量高、抵御自然灾害能力强的森林生态系统，避免低水平的盲目重建。对受损程度相对较轻的退耕还林地块，应尽量采取补植补播、抚育、封山育林等人工促进森林植被恢复的措施。对受损程度较重、自然恢复植被困难的退耕还林地块，应主要采用重新造林、补植、抚育、林分改造等人工恢复的技术措施。在选择重建树种、造林方式、植被配置模式上，要充分考虑增强森林生态系统抗御自然灾害的能力，优先选用适宜于当地的乡土树种，慎重选择外来树种。提倡多树种合理配置，优化林分结构，培育近自然的混交林，提高森林生态系统的稳定性和适应性。对需要变更作业设计的要及时变更并报批，对恢复重建工作中的档案资料要及时整理、归档备查，确保恢复重建工作科学有序。退耕还林工程的恢复重建要与成果巩固相结合，与当地经济社会发展和退耕农户增收相结合，在恢复、提高森林生态功能的同时，通过改造林分、调整树种、优化森林经营模式、提高森林经营水平等措施，大力培育退耕还林后续产业，增强森林的经济功能，实现灾后恢复重建、巩固成果与改善民生共赢。

四、做好种苗准备，确保种苗供应。在这次雨雪冰冻灾害中，林木种苗损失也很严重，几个重灾省区又基本上处于相同的生态类型区，无法在种苗供应上相互调剂，加上恢复种苗正常生产需要一定的时间，近期灾区种苗供应将十分紧张。各地要兼顾当前和长远，统筹做好种苗生产和供应工作。一是要加强种苗市场的预测预报和供需信息调度，及时向社会发布种苗供需信息，帮助和指导国有、集体和个体苗圃尽快恢复灾后种苗生产，并通过采取大规模的容器育苗、组培育苗等快速培育措施，千方百计地恢复和提高本地的种苗生产能力。二是要汲取教训，优先培育抗逆性强、经济价值高的乡土树种。尽量就地培育、就近调剂，避免长距离、跨区域调运种苗。本地种苗确实不足的，要组织做好区域间种苗的调剂或增加部分适宜种苗的进口。三是要深入贯彻落实《种子法》和《退耕还林条例》，大力加强种苗生产经营的监管和执法工作，维护种苗市场秩序，坚决制止借机垄断经营种苗和哄抬种苗价格等行为，严厉打击种苗生产和供应中的违法违纪行为。

五、制定和争取有关优惠政策，为退耕还林灾后恢复重建和成果巩固创造宽松环境。一是各地林业部门要积极主动地向当地党委、政府汇报退耕还林的灾情，说明恢复重建退耕还林工程的重要性，争取将退耕还林工程灾后恢复重建优先纳入地方政府和整个林业灾后恢复重建规划，落实恢复重建资金，切实减轻基层和退耕农户的负担。二是将补植补造作为巩固退耕还林成果专项规划的重点，并将近两年的巩固退耕还林成果专项资金重点用于受灾退耕还林工程的恢复重建。三是及时兑现各项补助政策。2008 年对退耕还林工程 2007 年以前完成任务各项政策补助的兑现，暂按 2007 年的检查验收结果给予兑现，重建恢复后再按照当年的检查验收结果据实兑现。同时，各工程省区要充分利用巩固成果专项规划编制实施的契机，在全面摸清底数的基础上做好成果巩固方面大量而细致的前期工作，争取长期稳定的工作经费，切实落实好工程补植补造、森林科学经营以及相关后续产业发展资金，建立长效机制，千方百计巩固退耕还林工程已有直接成果。

六、严格禁止因灾复耕或新的毁林开垦。切实加强对退耕还林工程灾后重建工作的检查监督，坚决禁止借林地林木清理而复耕或出现新的毁林开垦，确保退耕还林面积不减少。一旦发现复耕现象，各级林业部门要坚决加以制止。对不听劝告的，要停止发放退耕还林各项补助，按照《退耕还林条例》第六十二条进行处罚。据 2007 年我局组织开展的全国营造林综合核查结果反映，一些地区退耕地复耕和毁林开垦问题有抬头之势，各地务必引起高度重视，要抓紧对有关问题作进一步核实，对查证属实的要坚决整改，对相关责任人要依法追究，对问题严重、整改不到位的工程县不得新安排工程年度荒山造林和封山育林任务，暂缓拨付巩固退耕还林成果专项资金，对于其他林业项目资金也要进行调控。年内我局将对这一问题组织专项检查。

七、全面完成 2008 年退耕还林工程荒山荒地造林和封山育林任务。2008 年起退耕还林工程荒山荒地人工造林、封山育林的国家补助标准已经提高，2008 年工程建设的年度任务、投资均已下达到各工程省区，各有关省区要切实按照我局下发的《关于下达 2008 年营造林生产计划的通知》（林计发[2008]7 号），国家发展改革委下发的《关于下达 2008 年中央预算内投资和国债投资计划的通知》（发改投资[2008]65 号）精神，尽快组织编制省级年度实施方案，报我局审核后尽快将任务下达到市县，并搞好作业设计的编制和审批，将建设任务落实到山头地块。退耕还林工程荒山荒地造林和封山育林任务安排要以巩固和发展已有成果为核心，重点安排在已实施退耕还林工程的周边区域，形成规模效益，并向宜林荒山荒地较多和水土流失、土地沙化、石漠化严重的地区倾斜。要抓紧做好预整地、苗木调配等前期工作，确保高质量地完成年度任务。

各级林业主管部门要在当地党委、政府的统一领导下，把退耕还林工程灾后恢复重建和成果巩固作为一项重点工作切实抓紧抓好。要健全组织领导，明确目标，落实责任，制定方案，按照轻重缓急，分步实施，推动退耕还林工程恢复重建和成果巩固工作的顺利开展。要主动加强与发展改革、财政等各有关部门的沟通协调，争取支持。各受灾地区要发扬艰苦奋斗、不等不靠的精神，组织广大退耕农户开展灾后恢复重建。各省级林业主管部门要建立退耕还林工程成果巩固和灾后恢复重建工作进展报告制度，及时向我局退耕还林办公室报送有关情况。

国家林业局

2008 年 4 月 7 日

国家林业局关于加强灾后恢复重建中森林资源保护管理工作的通知

林资发[2008]76 号

各省、自治区、直辖市林业厅（局），内蒙古、吉林、龙江、大兴安岭森工（林业）集团公司，新疆生产建设兵团林业局，国家林业局各派驻森林资源监督机构，各直属调查规划设计院：

当前，林业灾后恢复重建工作正在稳步推进，森林资源保护管理工作整体情况良好。但是一些地区也出现了破坏森林资源，毁坏珍贵树木的问题。为确保灾后恢复重建过程中森林资源的有效保护和科学恢复，现就加强森林资源保护管理工作，提出以下要求。

一、充分认识保证森林资源管理秩序的重大意义

2008 年发生在我国南方大部分省区罕见的低温

雨雪冰冻灾害，使森林资源遭受了严重的破坏。森林资源具有生长周期长，破坏容易恢复难的特点。加强森林资源管理，准确评估森林资源损失，科学清理受灾林木，防止出现乱砍滥伐等人为的灾害，力保森林资源损失不扩大，力保森林生态系统不退化，林业生产能力不削弱，是灾后恢复重建工作的核心任务。反之，放松森林资源管理，由此引发乱砍滥伐等人为的灾害，就会使森林资源遭到再次破坏，雪上加霜。各级林业主管部门要充分认识加强森林资源管理在灾后恢复重建中的重要意义，以高度负责的精神，切实做好灾后恢复重建中的森林资源保护管理工作。

二、落实森林资源安全的各项措施

为指导和帮助各地灾后林业重建，我局先后下发了一系列文件，对灾后重建工作做了部署，对森林资源损失调查评估提出了要求，对灾害木清理、征占用林地审核(批)给予了特殊政策。各级林业主管部门要狠抓落实，研究制定具体措施，保证灾害木清理所需采伐指标，依法简化森林资源行政许可和审核(批)手续，提高审批实效，确保灾后重建工作有序进行。在执行过程中，既要主动服务，让群众满意，又要监管到位，坚持科学恢复森林资源。落实灾后重建的特殊政策，绝不是对森林资源放任不管。要把维护良好的森林资源管理秩序作为一项重要工作，坚决防止森林资源损失评估弄虚作假，违规使用国务院的追加限额用于活立木生产，违法违规办理森林资源行政许可和审核(批)手续，国有林场监守自盗等问题的发生。各地要根据灾情，明确执行特殊政策的具体时间期限，期限结束后必须恢复正常森林资源管理秩序。对因工作部署不严密、组织工作不落实、森林资源保护管理不到位等造成破坏森林资源和损害森林经营者利益的，要依法追究林业主管部门负责人的责任。

三、严格执行有关森林资源管理的法律法规

各级林业主管部门要严格执法，依法严厉打击借清理受灾林木之机，乱砍滥伐林木，非法占用林地、毁林开垦，非法收购、运输木材，特别是对国家保护的珍稀树木进行掘根、剥皮、砍伐等违法犯罪行为。各地要加强对灾后重建工作的监督检查，对发现的破坏森林资源问题，要发现一起查处一起，绝不能任其发展蔓延。要防止利用天灾趁火打劫，把有组织、大规模的以清理灾害木为名采伐活立木的行为作为监督检查和打击的重点。同时，要充分利用新闻媒体和全社会舆论监督效应，公开曝光一些重大典型案件，有力震慑违法犯罪分子。

四、充分发挥森林资源管理、监督和监测职能作用

我局各派驻森林资源监督机构和直属林业调查规划设计院要同省级林业主管部门密切配合，全面加强服务和指导，主动提出意见和建议，保障重建工作稳步推进。局各派驻森林资源监督机构要切实履行职责，全面监督各地森林资源管理工作，及时掌握恢复重建效果，确保森林资源管理平稳有序。对监督地区灾后林业重建工作中出现的重要情况、倾向性问题，要及时向被监督单位提出意见，重大问题要及时向省级人民政府和我局报告，发挥好信息反馈作用，保证国家林业法律法规和方针政策的正确贯彻执行。局各直属林业调查规划设计院要及时做好各省区市森林资源灾害损失调查评估和重建规划的指导工作，跟踪监测评估灾害影响和恢复重建效果，为科学恢复森林资源提供基础信息和技术支撑。

特此通知。

国家林业局

2008年4月9日

国家林业局关于进一步加强科技救灾工作的通知

林科发[2008]77号

各有关省、自治区、直辖市林业厅(局)：

林业救灾，科技为先。林业灾后恢复重建是一个复杂、艰巨的系统工程，具有很强的科学性。为充分发挥科学技术在林业抗灾救灾和灾后恢复重建中的重要作用，我局采取了一系列重要措施。先后编发了《南方雨雪冰冻灾害地区林业科技救灾减灾技术要点》和《南方雨雪冰冻灾害地区林业灾后恢复重建技术要点》，及时组织科技工作组赶赴灾区进行技术指导，紧急启动应急研究专项，并通过印发技术资料，组织专家网上“坐堂应诊”等多种途径和手段，及时解决抗灾救灾中的具体问题，科技救灾工作取得了阶段性成效。当前，林业救灾的工作重点已转移到灾后恢复重建上来，为贯彻全国林业灾后恢复重建现场会精神，落实局党组关于科技救灾的系列要求，现就进一步加强科技救灾工作通知如下：

一、进一步提高对科技救灾的认识。林业面对的是一个复杂的生命系统，救灾有自己的特殊性，技术要求很高。在抗灾救灾阶段，应用科学技术是降低灾害程度和损失的重要举措；在恢复重建阶段，充分发挥科技的作用是提高建设质量和水平的重要保证。因此，在推进林业灾后恢复重建过程中，必须把科技放在突出位置，依靠科技，应用科技，减少盲目性，提高恢复重建的科学性、针对性和有效性。

二、坚持科学规划。灾后恢复重建工作，必须从科学发展的角度，从可持续发展的高度，正确处理好速度与质量的关系、经济功能与生态功能的关系、外来树种与乡土树种的关系。坚持科学规划、突出重点，分类指导、分区施策，着眼长远、稳步推进，科学部署、优化布局，科学编制恢复重建规划。要充分发挥专家的咨询参谋作用，组织对恢复重建规划进行科学论证，把握好方向、目标和进度，使恢复重建工作在一个高起点上按照高标准、高要求进行。

三、坚持科学重建。灾后恢复重建的每一个环节都要讲究科学、尊重科学、按科学规律办事。要严格按照有关技术指南开展受损林木的清理，确保清理工作科学、及时、有效；着力推进科学造林营林，确保森林资源恢复高质高效；加强科学防灾减灾，防止森林火灾、病虫害、水土流失等次生灾害；全面提高基本建设技术标准，提升林业基础设施避灾抗灾水平。

四、坚持科学指导。各地要继续组织和动员广大科技人员深入灾后恢复重建第一线，运用科学知识和技术成果，开展技术指导，做好技术服务。要通过科技信息网、报刊、广播等多种形式，及时提供各类技术信息；开通技术服务热线，为基层林业生产单位和广大林农提供技术咨询；大力开展技术培训，为林业生产单位和广大林农讲授不同区域、不同树种、不同受灾程度林木的生产恢复技术以及受灾林木的利用技术，提高林业生产单位、林农的生产自救能力和恢复重建水平。

五、强化科学营林。林业灾后恢复绝不是简单的复原。要以此为契机，调整林种树种配置与结构，切实把提高生物多样性、优化林分结构、提高森林质量作为前提和长远目标，贯彻科学造林营林的原则，从根本上提高林业灾后恢复重建的水平。建立混交林生态系统，避免营造大面积的纯林，要从生态功能多样性的角度，增加不同树种的比例，优化结构；科学确定合理的造林密度，根据不同树种、不同区域，因地制宜，适地适树，合理确定造林密度，提高森林抗灾能力；加大营造林标准的制修订力度，以保障灾区森林可持续经营、林业可持续发展为目标，对相关技术标准及时进行修订和完善，规范指导受灾林木的清理和灾后重建，并强化标准实施，确保林业生产真正做到按标准设计、按标准实施、按标准验收，提高林业工程建设的质量。

六、重视科学监测。要对森林火灾、森林病虫害和野生动物疫病等灾害以及塌方、泥石流等次生灾害发生、蔓延的情况持续进行监测，科学制定应对方案，发现问题及时解决；重视对转基因林木的监测，及时对野外涉及转基因试验的林木进行摸底调查，并采取有效措施，按相关规定对受灾转基因林木进行处理，确保转基因林木得到有效控制，防止对生态环境造成不良影响；完善和利用生态站网络平台，加强森林生态系统长期定位观测，监测受损生态系统的生态因子变化，监测评估灾后森林生态服务功能的变化、灾害发生风险等。

七、加强技术推广。要大力推广先进实用技术，建立科技救灾示范样板，充分发挥示范、辐射和带动作用；加强抗寒、抗冻、抗风、抗病虫害的优良新品种，特别是优良乡土树种新品种的筛选，鼓励申报新品种保护，我局将在法规许可的条件下，加快审批速度，对符合条件的尽快予以授权，并通过公告、网站等多种形式进行宣传和推介，加快优良新品种的推广应用，扩大新品种、新技术推广率，有效改善林分结构，不断提高森林质量，从根本上提高林业应对自然灾害的能力。

八、增强技术储备。此次低温雨雪冰冻灾害给林业生产带来了严重的影响，但也给相关科研工作创造了特殊的研究条件，提供了难得的契机。各地在做好灾后恢复重建工作的同时，要把握机遇，及时组织科研机构，结合本区域灾害特点，不失时机地开展有针对性的研究工作。保留具有代表性的典型受灾样本和样地，从应急响应以及提高林业应对自然灾害能力等角度，开展相关研究，为林业应对突发自然灾害提供科技支撑。尤其要在抗低温雨雪冰冻灾害品种选育、林种树种结构配置、生态系统经营等领域，在提高应对自然灾害的预测、监测、预警、影响评估、应急对策等灾害管理能力方面，进一步加大研究力度，切实增强林业防灾减灾技术储备。

国家林业局

2008年4月10日

国家林业局关于做好天然林保护工程区灾后恢复重建工作的通知

林天发[2008]79号

河南、湖北、海南、重庆、四川、贵州、云南、陕西、甘肃、青海、新疆等省(自治区、直辖市)林业厅(局)：

2008年3月25～26日，我局在湖南省郴州市召开了全国林业灾后恢复重建现场会，分析研究了当前林业抗灾救灾和恢复重建面临的形势和问题，安排部署了灾后林业恢复重建工作。为深入贯彻落实好会议精神，现就做好天然林保护工程（以下简称天保工程）区灾后恢复重建工作通知如下：

一、充分认识做好天保工程区灾后恢复重建工作的重要性

天保工程区生态区位极其重要，是我国重要的生态屏障和森林资源基地。做好天保工程受灾地区的恢复重建工作，是整个林业恢复重建工作的重要组成部分。天保工程灾后恢复重建工作涉及面广，既要恢复森林资源，又要修复水、电、路、房屋等基础设施，且广泛涉及民生，灾后恢复重建任务十分繁重。各级工程主管部门和实施单位一定要充分认识做好天保工程区灾后恢复重建工作的重要性，进一步增强责任感和使命感，切实做好灾后恢复重建工作，努力把灾害损失降到最低限度，尽快恢复林业生产，确保广大林业职工生活水平不降低，确保森林资源与生态环境尽快修复。

二、以科学求实的态度进一步做好天保工程区灾情评估

要进一步做好天保工程受灾情况的评估工作，包括森林资源受损情况、天保工程营造林建设受损情况，以及工程区国有林场和森工企业基础设施受损情况。特别是高海拔地区，要努力组织力量摸清灾情，确保灾情数据真实可靠。要建立受灾损失情况档案，尤其是要准确记载天保工程营造林建设任务的受灾面积、损毁面积，以及经省级林业主管部门核实核销的面积和补植补造的面积等。

三、认真做好天保工程区受害林木的清理工作

天保工程区受害林木的清理是一个敏感问题，各地要按照《国家林业局关于做好受灾林木清理工作的紧急通知》（林资发［2008］28 号）和《国家林业局关于印发〈雨雪冰冻灾害受害林木清理指南〉的通知》（林资发［2008］37 号）的要求，严格按程序报批和运作，切实加强管理和监督，落实各个环节责任人，确保各项措施落到实处。要加强社会宣传教育，切忌引起社会和群众误解，引发乱砍滥伐，确保林区社会稳定和森林资源安全。

四、积极开展受灾营造林任务的补植补造工作

要在认真核实受灾营造林面积的基础上，对符合核销条件的，要按照《国家林业局关于印发〈天然林资源保护工程营造林管理办法〉的通知》（林天发［2007］219 号）的程序和要求进行核销。经核销后的地块，适宜继续开展营造林的，可重新纳入作业设计范围。需要补植补造的，尽快开展补植补造工作，将营造林成果的损失减少到最低程度。要认真总结经验，加大封山育林的力度，最大限度地利用自然力恢复天然林分，对人工造林地的补植补造，要坚持以科技为先导，坚持适地适树，优先使用良种壮苗、乡土树种，加大混交林比重，提高综合效益和抗灾能力。

五、切实加强灾后恢复重建工作的组织领导

各级林业主管部门和工程实施单位，要在当地政府的统一领导下，把天保工程区灾后恢复重建作为当前的一项重要工作，切实加强领导，落实工作责任，精心组织实施，确保天保工程区灾后恢复重建工作顺利开展。要主动加强与有关部门的联系和沟通，争取多方支持。各受灾单位要发扬不等不靠的精神，积极组织广大干部职工开展灾后自救，重建家园。

各省级林业主管部门和天保工程管理机构要建立天保工程区灾后恢复重建工作进展报告制度，及时向我局天保办报送有关情况。

国家林业局

2008 年 4 月 15 日

国家林业局关于印发《林木种子生产、经营档案管理办法》的通知

林场发［2008］88 号

各省、自治区、直辖市林业厅（局），内蒙古、吉林、龙江、大兴安岭森工（林业）集团公司，新疆生产建设兵团林业局：

为了规范林木种子生产、经营档案的建立和管理，加强对林木种子生产、经营行为的监管，实行林木种子可追溯性管理，根据《种子法》的有关规定，我局制定了《林木种子生产、经营档案管理办法》，现印发给你们，请遵照执行。

附件：林木种子生产、经营档案管理办法

国家林业局

2008 年 4 月 23 日

附件　林木种子生产、经营档案管理办法

第一条　为了规范林木种子生产、经营档案的建立和管理，加强对林木种子生产、经营行为的监管，实行林木种子可追溯性管理，根据《种子法》的规定，制定本办法。

第二条　从事商品林木种子生产和林木种子经营的单位和个人，应当依法建立、健全林木种子生产、经营档案。林木种子生产、经营档案的建立和管理，应当遵守本办法。

第三条　县级以上人民政府林业行政主管部门负责本行政区域内林木种子生产者、经营者生产、经营档案建立的监督工作。具体工作由其所属的林木种苗管理机构负责。

第四条　林木种子生产者、经营者应当配备档案管理人员，健全档案管理制度，配备必要的设备。

第五条　林木种子生产档案包括以下内容：

（一）林木种子生产情况：生产的树种（品种）名称、地点、立地条件、周围环境，育苗使用林木种子的产地及种源；

（二）产地气象记录；

（三）林木种子质量；

（四）林木种子采集、调制记录：采集地点，脱粒、干燥、净种、精选、分级、包装等调制情况，各环节技术负责人；

（五）育苗和苗木出圃情况：各种苗木的生长发育情况及各阶段采取的技术措施，起苗、分级、假植等；

（六）林木种子检验记录：检验时间、检验内容、检验结果、检验证书编号及责任人；

（七）林木种子流向：贮藏保管及调出的时间、数量、单价、种子批号、苗批号、购种协议、购种单位地址及联系方式；

（八）需要归档的其他材料。

生产林木良种的，还应当包括林木良种证书复印件。

生产转基因林木种子的，还应当包括基因名称及其来源、转基因的方法。

生产植物新品种的，还应当包括品种权人的书面同意证明或者国家林业局品种权转让公告、强制许可决定。

林木种子生产者应当填写《林木种子生产档案表》（见附表1，略——编者注）。

第六条　林木种子经营档案包括以下内容：

（一）林木种子来源：树种（品种）、产地、调入时间、调入价格、数量；外地调入林木种子，应当将购销合同、林木种子经营许可证编号、标签、质量检验证书和检疫证书原件存档；

（二）林木种子加工情况：精选时间、技术措施及责任人；

（三）林木种子贮藏情况：种子入库、出库时间和数量；

（四）林木种子包装、运输情况：林木种子包装材料、调运的起始时间、运输工具、运输环境等；

（五）林木种子质量检验情况：入库、出库和贮藏期间种子质量情况，包括检验时间、检验内容、检验结果、检验证书编号及责任人；

（六）林木种子销售情况：树种（品种）、时间、数量、质量（种子的净度、含水量、发芽率，苗木的苗高、地径）、单价、种子批号、苗批号、销售去向，并将销售合同原件存档；

（七）需要归档的其他相关材料。

经营林木良种的，还应当包括林木良种证书复印件。

林木种子经营者应当填写《林木种子经营档案表》（见附表2，略——编者注）。

第七条　林木种子生产、经营档案应当妥善保存，定期检查。对破损或变质的档案及时修复。档案毁损或丢失的，应当采取补救措施补齐原有内容。

第八条　林木种子种植材料（苗木）的生产、经营档案应当至少保存5年。

籽粒、果实等有性繁殖材料的生产、经营档案应当长期保存。

第九条　林木种子生产者、经营者档案管理人员发生变动，应当及时办理林木种子生产经营档案交接手续。

第十条　林木种子生产者、经营者不再从事林木种子生产、经营活动的，应当将生产、经营档案上交原生产、经营许可证核发机关保存。

第十一条　林木种子生产、经营档案记载的信息应当连续、完整、真实。

第十二条　林木种子生产、经营档案逐步实行电子化管理。

第十三条　林木种子生产者、经营者未依法制作、保存林木种子生产、经营档案的，由县级以上人民政府林业行政主管部门依照《种子法》的规定处理。

国家林业局关于进一步加强政务公开政务信息电子政务督查督办工作的通知

林办发[2008]94号

各省、自治区、直辖市林业厅(局),内蒙古、吉林、龙江、大兴安岭森工(林业)集团公司,新疆生产建设兵团林业局,各计划单列市林业局,国家林业局各司局、各直属单位:

2007年4月第二次全国林业信息化工作座谈会以来,各地各单位认真贯彻落实会议和贾治邦局长的重要批示精神,共同努力,狠抓落实,切实加强了政务公开、政务信息、电子政务和政务督查,各项工作都实现了新进展,取得了新成绩,为推进现代林业建设作出了积极贡献。为认真贯彻落实中央有关会议和文件及全国林业厅局长会议精神,进一步加强林业政务公开、政务信息、电子政务、督查督办工作,现提出如下要求。请结合工作实际,认真贯彻落实。

一、充分认识当前政务公开等工作面临的新形势

一年来,中央和全社会对政务公开、政务信息、电子政务、督查督办等工作都有了新要求,形势发生了新变化,要清楚有了哪些新要求,发生了哪些新变化。要紧跟形势,适应发展需要,切实增强紧迫感,强化责任心,深化认识,推动工作。

(一)*政务公开工作面临的新形势*。政务公开是贯彻落实科学发展观,坚持立党为公、执政为民,加强党的执政能力建设的具体体现。党中央、国务院对政务公开工作高度重视。2007年4月,国务院颁布了《政府信息公开条例》,专门规范政府信息公开和利用行为。这是我国保障公民知情权、参与权、表达权和监督权的重要行政法规,标志着我国政务公开工作已开始步入法制化轨道。温家宝总理在今年3月"两会"期间回答中外记者提问时说:"要使党的工作在阳光下运行,这就需要公开、透明。只有政府了解基层和群众的情况,它才能进步;也只有人民了解政府行为的真实情况,人民才能给政府以有力的支持和合理的批评。只有把人民放在心上,人民才能让你坐在台上"。今年3月24日,全国政务公开领导小组召开第八次会议,回顾总结了党的十六大以来的政务公开工作,研究部署了今年的政务公开任务。今年5月1日,《政府信息公开条例》就开始施行,这将更加有效地规范和推进政务公开工作,促进法治政府、服务政府、责任政府和廉洁政府建设。推行政务公开已成为行政机关工作人员必须履行的法定职责。全面贯彻落实好《政府信息公开条例》精神,积极推进政务公开,对于提高我国政府施政行为的透明度,发展社会主义民主、建设社会主义政治文明,意义极为深远。

全面推进现代林业建设、实现林业又好又快发展,迫切要求全面深入地做好政务公开工作。一是推行政务公开,有利于增强林业行政机关及其工作人员全心全意为人民服务的宗旨意识,在定政策、办事情的过程中充分体现人民群众的意愿,切实解决人民群众最现实、最关心、最直接的问题,确保林业工作更加贴近人民群众,自觉服务人民群众。二是推行政务公开,有利于实现林业决策民主化、科学化,林业工作涉及方方面面,面对的利益关系十分复杂,在制定林业大政方针和有关法律法规的过程中,必须深入了解方方面面的情况,广泛听取各层次的意见,兼顾不同的利益需求,才能确保林业决策的科学化、民主化。三是推行政务公开,有利于扩大林业基层民主,保证人民群众依法实行民主决策、民主管理和民主监督,最大限度地调动人民群众的积极性,引导他们参与林业建设,为建设现代林业、切实肩负起建设生态文明的历史使命贡献力量。四是推行政务公开,有利于构建惩治和预防腐败体系,将行政审批、执法监管、资源评估等各种行使权力的行为置于广大人民群众的监督之下,对权力进行有效的制约和监督。积极开展林业政务公开工作,已成为摆在我们面前的一项十分紧迫的重要任务。

(二)*政务信息面临的新形势*。现在是信息时代,信息资源是当代社会发展必须紧紧依靠的重要资源。在世界科技进步日新月异,经济全球化趋势迅猛发展的情况下,要在综合实力的竞争中取得主动,就必须建立灵敏快捷的信息网络,获取最有价值的信息资源;就必须通过信息把握时局,并据此确定和调整工作的重点、计划、策略和措施,进而抓住机遇,求得发展。事实一再证明,只有在信息战中抢占先机,才能掌握主动,抓住机遇,获取发展的优先权。

建设现代林业,实现林业又好又快发展,不仅要求我们做好政务信息工作,确保林业部门的领导能够及时了解林业发展情况,做到心中有数,从而更准确地把握全局,同时还要求我们充分利用政务信息渠道,积极向中央和各地党委政府反映林业情况,争取各方面的关注和支持。特别是当前,林业改革任务艰巨,一些深层次问题逐步显现,解决这些问题,推进林业又好又快发展,迫切需要我们做好政务信息工作,积极发挥政务信息的特殊作用,力争收到事半功倍的效果。国家林业局党组和贾治邦局长对政务信息工作十分重视,多次批示要求认真研究政务信息规律，认真做好信息工作。实践证明，信息工作对促进领导科学决策发挥了十分重要的作用。适应形势的发展和落实好领导的指示精神，必须要强化政务信息工作，提高政务信息服务水平。

（三）电子政务工作面临的新形势。2007年是我国行政管理体制改革不断深化、电子政务建设稳步推进的一年。胡锦涛总书记在党的十七大报告中将信息化与工业化、城镇化、市场化、国际化并举，鲜明地提出信息化与工业化融合发展的新思路，赋予我国信息化工作全新的历史使命。5月1日《中华人民共和国政府信息公开条例》的正式实施，也对电子政务工作提出了新的明确要求。政府网站经过10多年的快速发展，建设的重心已经从建设初期的网络建设、信息发布，开始向以整合政府内外部资源为主体、以提高政府监管职能和服务水平为目的的内容导向和应用阶段转变，正在向网上办事、互动交流、共建共享的功能服务阶段转变。这些转变都是围绕实现政府网站“信息公开、在线办事、公众参与”的三大功能，以推进服务型政府建设进程而进行的质的转变。政府网站已经逐步成为各级政府公开政府信息和提供公共服务的“第一平台”，已成为社会各界了解林业、关心林业、促进林业发展的重要窗口。国家林业局党组对林业信息化十分重视，数字林业建设被列为2008年要重点抓好的20件大事之一，就是要加快电子政务建设，推动传统林业向现代林业转变。

（四）督查督办工作面临的新形势。政务督查是一项十分重要的工作，是保证重大决策贯彻落实的重要环节。历史经验表明，作出一项好的决策不容易，把好的决策贯彻落实好更不容易。很多工作，不加强督促检查，就会停留在口头上，流存于形式中，落不到实处。中央把加强政务督查工作，作为确保党的政令畅通、夯实党的领导基础、提高党的执政能力的重大问题，摆到了十分重要的位置。为了加强政务督查，除中央办公厅督查部门加大了工作力度之外，国务院办公厅在今年年初还专门成立了督查室，就国务院部署的重大事项和国务院领导同志的重要批示进行专门督促检查。国务院办公厅督查室的成立，是一个很明显的信号，就是要进一步加强政务督查工作，强化落实效果。国家林业局党组对政务督查工作非常重视，贾治邦局长逢会必讲、反复强调，要求各地各单位要强化抓落实的意识，一旦布置了任务，就要雷厉风行，说干就干，保质保量完成任务。要强化责任，一级抓一级，谁抓谁负责。要完善抓落实的奖惩制度，让抓落实、见成效的人有机会、有平台、有地位；让不抓落实的，抓而不紧的没舞台、没板凳、没岗位。要落实局党组的要求，确保林业发展稳步推进，必须强化政务督查工作。只有通过自上而下的、经常不断的、带有一定约束力的督促检查，才能有力推动、促进、保证政策决策的贯彻落实。

二、准确把握下一步工作的基本思路和要求

当前和今后一个时期做好林业政务公开、政务信息、电子政务和督查督办工作的基本思路是：面对新形势、新任务，紧紧围绕全面推进现代林业建设这一中心工作，不断提高服务水平，不断查找工作中的差距和不足，有针对性地提出解决的办法，着力推动政务公开进程，着力做好政务信息服务，着力推进电子政务建设，着力加强要事督查督办，把各项工作推向新台阶，为建设现代林业作出新贡献。

（一）着力推动政务公开进程。总体设想是：坚持“公开是原则，不公开是例外”的原则，只要不涉及国家秘密、工作秘密、依法受到保护的商业秘密及个人隐私，都要采用方便、快捷的方式，积极真实地向社会或在单位内部进行公开，大大提高林业行政行为的透明度和办事效率。一是进一步突出公开重点。突出行政审批行为、政府决策行为、履行社会管理和公共服务职能情况的公开。要结合行政管理体制改革，继续下大气力推行行政权力公开透明运行。二是建立健全政务公开配套制度。建立健全政务公开考核制度，明确考核的原则、内容、标准、程序、方式和考核结果，定期对政务公开工作进行考核。建立健全责任追究制度，明确政务公开工作各部门和有关人员的责任，制定相应的责任追究办法，对工作不力、搞形式主义的，严肃批评，限期整改；对弄虚作假、侵犯人民群众民主权利、损害人民群众合法权益、造成严重后果的，严肃查处。建立健全政务公开评议制度，把政务公开纳入社会评议部门政风和林业行风的范围，主动接受人民群众的评议和监督，促进林业政务公开工作的全面落实。三是完善政务公开方式。坚持静态信息公开与动态过程公开，事前公开与事后公开相结合，在制定林业法律法规、林业发展战略和林业发展规划的过程中，通过政府门户网站、报刊等形式，广泛征求社会各界的意见和建议，充分体现社情民意。在决策林业重大事项前，通过举办社会听证会、专家论证会，认真听取社会各界和专家学者的意见和建议，确保决策科学合理，全面提高政务公开的整体水平。四是不断加强保密工作。保密工作事关国家安全和利益，事关现代林业建设发展大局，事关干部职工的前途命运。要认真处理好公开与保密的关系，按照《保密法》、《保密法实施办法》、《林业工作国家秘密范围的规定》要求，准确界定公文信息的密级和保密期限，坚决避免随意定密，同时要做好信息公开的保密审查工作，妥善处理好公开与保密的关系，既要防止借口保密而出现该公开的事项不公开或不及时、不全面公开等情况，同时也要防止片面强调公开而发生失泄密事件，损害国家安全和公民、法人或者其他组织的合法权益。要认真抓好保密宣传教育工作，多手段、多途径宣传保密工作，特别是要善于利用社会上发生的一系列典型失泄密案例，强化保密宣传教育效果，实现保密宣传教育工作经常化、实效化。要依据相关标准来定密，在保密这个问题上大家一定要引起高度重视。要认真抓好现代办公设备使用的保密管理，采取有效措施，加大对计算机、移动存储介质、数码复印机和多功能一体机的保密管理力度，消除泄密隐患。

（二）着力做好政务信息服务。总体设想是：进一步加强综合性、专题性、问题性信息稿件的组织，加大向各级党委政府报送信息的力度，发挥政务信息的特殊作用，为推进现代林业建设服务。一是健全信息队伍。没有明确专人的要明确，明确专人负责的要设法增加人力，确保信息工作有人抓、有人管。要加强与各级党委政府和上级机关信息机构的沟通交流。二是完善信息报送网络。今年我局要选择一批重点地市和自然保护区、国有林场等，建立信息直报点，努力形成覆盖面广、多层次的政务信息网络，发挥全国一盘棋的作用。三是完善政务信息制度。建立信息报送归口管理制度，按照归口、统一的原则报送。完善信息会商制度，对要报送的信息题目和内容进行集中会商，确保信息抓得准、有份量。要完善定期通报制度，坚持每月对报送信息情况进行综合评分并及时通报。完善信息员联络制度，各地各单位的信息员要进一步明确责任，加强沟通，理顺渠道，不留空档和死角。信息工作要做到“快准狠”，报送信息一定要快速，信息内容一定准确，对信息质量一定要下狠功夫，用心琢磨，用心研究。

（三）着力推进电子政务建设。总体设想是：依托国家电子政务网络平台，运用先进适用的技术手段，建立结构完整、功能齐全、技术先进的国家林业信息系统，有效地开发和利用林业信息资源，实现林业决策科学化、办公规范化、监督透明化、服务便捷化，为全面推进现代林业又好又快发展提供强有力的支持和保障。一是抓好数字林业试点建设。在全国森林资源数据库建设试点示范及扩建项目的基础上，全面开展数字林业工程试点示范项目建设。以条件成熟的省区为试点示范单位，建立国家、试点示范省和县三级互连互通的数字林业工程试点示范系统，进行林业资源监管、造林营林、灾害监控及应急指挥等试点示范。二是加强政府网站整合。以国家林业局政府网站为主站点，各司局和有关单位网站为子站点，建设统一部署、统一建设、统一管理的政府网站群。对已建立的网站进行整合，未建立网站的单位按统一规划建立子网站，统一域名管理。进一步丰富网站内容，增强在线服务功能。选择一批单位，设立国家林业网站建设联系示范点。三是强化内网、专网建设。实现主要审批业务的网上办理，促进工作流程、文档管理的自动化，增强部门之间协同工作的能力，提高工作效率，节约办公成本。扩充专网连接点，形成覆盖全国的林业系统网络。积极鼓励利用视频系统召开会议。尽快全面应用简报、信息、公文、值班和会议5个子系统。同时，加强培训，满足大家适应电子政务发展的需要，还将适时组织国际培训。四是确保信息安全。信息安全问题已成为制约我国经济社会发展的关键问题之一，亟需提升电子政务安全保护水平。要大力推进信息安全等级保护制度的落实，加快构建重要信息系统的安全保护体系；积极配合信息安全相关职能部门，对于二级以上的重要信息系统积极主动甚至强制性进行监管。进一步提升软、硬件安全保障能力建设，为现代林业建设构建安全、和谐的信息化环境。

（四）着力加强大事要事督查督办。总体设想是：采取一系列管用的、过硬的措施，切切实实抓好落实工作，努力使重要事项的落实率达到100%，一般事项的落实率达到90%以上，形成狠抓落实、善抓落实的良好风气。一是紧紧抓住全国林业厅局长会议决定事项的落实不放松。按照年初厅局长会议的精神，局党组确定了今年的20项重点工作，明确了承办单位。今年要紧紧围绕这条主线积极主动地开展督查。承担各项工作的有关司局、单位要按季分段，快办、快结、快反馈。二是抓住会议决定事项和领导批示落实不放松。在办理过程中，一方面要吃透会议和领导批示精神，按照已明确的承办单位，定期下发督办通知单，限期上报办理结果。另一方面要及时跟踪催办，及时研究解决办理过程中出现的问题，确保办理质量。特别是对上级转来的领导批示件，要按期反馈办理结果，确保件件有落实，事事有回音。三是抓住社会各界和林业系统关心的“热点”、“难点”问题不放松。对社会各界反映关系群众切身利益的事项，作为督查工作的重点，实行定期通报制度，提前催办进度，明确办理时限，紧密跟踪结果。四是抓住常规重点工作不放松。及时真实反馈执行情况以及潜在的倾向性问题，为领导决策服务。一方面要及时通报进展情况，另一方面及时反映进展过程中出现的新情况、新问题，便于领导及时采取措施，确保重点工作顺利进展。五是实施三次督查制度。对有令不行、有禁不止、不能尽职尽责完成任务的单位，将按规定追究有关责任人的责任。六是健全督查网络机制。建立上下贯通的督查网络，注重督查队伍建设，加强培训工作，提高督查工作人员的督查业务能力和水平。

三、切实采取有效措施，确保工作落到实处

（一）认真学习，掌握要点。面对现代林业不断快速发展的新机遇和新挑战，必须学习、学习、再学习，提高、提高、再提高。“时时是学习之时，处处是学习之所，人人是学习之师”，也就是说每时每刻都要学习，无论何时何地都要进行学习，每个人身上都有值得认真学习的地方，要善于随时随地的学习，不断向身边的人学习。要努力做到理论联系实际，把理论培训与日常工作紧密结合起来，并在实践中加以检验、补充、丰富和提高。要善于学习新知识，新政策，新要求，增强自身宏观把握能力。要努力学习现代信息技术，提高工作效率，提升服务能力。

（二）强化组织，落实责任。全面推进现代林业又好又快发展，政务公开、政务信息等工作只能加强，不能削弱。要对政务公开、政务信息、电子政务和督查工作职能予以加强，各地各单位办公室也要积极争取领导支持，不断加强工作。要明确落实主体责任，进一步拓展工作网络体系，形成领导高度重视、部门齐抓共管、上下左右联动的工作格局。

（三）立足大局，紧抓重点。要紧紧围绕国家大局和林业重点开展工作。政务公开重点就是要把林业重要政策性文件等及时上网，让社会充分了解林业、认识林业、支持林业。要抓住重点做信息，争取为林业发展创造更好的条件。督查工作必须在把握好全局工作的同时，围绕中心，统筹兼顾，突出重点。要转变思维方式，调整思维定势，谋长远，抓大事，抓重点，积极配合和参与国家林业信息化与电子政务建设，坚持把督查工作的出发点放在推动重大决策、重要工作部署的贯彻落实上，努力提高督查工作实效。

（四）狠抓落实，力求实效。要当好各项工作的具体实施者和参与者，身体力行地抓好各项工作。认真对照第二次和第三次全国林业信息化座谈会的要求，一对一地抓落实，雷厉风行地抓落实。要准确把握发展趋势，了解和掌握工作特点和规律，提高主动性和预见性，不断提高各项工作水平。

各地各单位要继续以改革的精神，创新的思维，务实的态度，扎扎实实抓好各项工作，把政务公开、政务信息、电子政务、督查督办等工作提高到一个新水平，为全面推进现代林业又好又快发展、切实肩负起建设生态文明的历史使命做出新贡献。

国家林业局

2008 年 5 月 7 日

国家林业局关于印发《国家林业局政府信息公开指南》及《国家林业局政府信息 2003 年至 2007 年面向社会公开目录》的通知

林办发[2008]95 号

国家林业局各司局、各直属单位：

为认真落实《政府信息公开条例》及中央一系列指示精神，配合《国家林业局〈政府信息公开条例〉实施办法》的使用，我局编制了《国家林业局政府信息公开指南》（以下简称《指南》，见附件 1）及《国家林业局政府信息 2003 年至 2007 年面向社会公开目录》（以下简称《目录》，见附件 2）。现印发给你们，并将有关事项通知如下：

一、《政府信息公开条例》的出台，标志着政务公开工作已成为行政机关及其工作人员必须履行的法定职责。各司局、各直属单位要高度重视，加强领导，明确机构，主要负责同志要督促检查本司局、本单位政务公开各项工作的具体落实，确保此项工作有条不紊地开展并达到预期目标。

二、自 2008 年 5 月 1 日起，凡以国家林业局名义印发的，只要不涉及国家秘密、工作秘密、依法受到保护的商业秘密和个人隐私的局发文，局办发文，本机关作为主办部门与其他部门印发的联合发文等，在印发之日起的 20 个工作日内直接由局办公室上网公开；行政许可有关文件，全国绿化委员会、中华人民共和国濒危物种进出口管理办公室、国家森林防火指挥部等单位专用字号文及其他需公开的政府信息，有关司局或直属单位在文件印发之日起的 20 个工作日内直接上网发布。

三、《目录》所涉及的司局或直属单位，要将本司局、本单位列入《目录》的所有文件的电子文本，在确保其内容与相应红头文件完全一致的前提下，按《目录》所列顺序排列整理，经司局或单位主要负责人签字并盖章后，于 2008 年 5 月底前一次性送交局办公室上网发布。

四、自 2008 年 5 月 1 日起，各司局、各直属单位开始受理政府信息公开申请，具体工作程序按《指南》有关要求进行。

附件：1. 国家林业局政府信息公开指南

2. 国家林业局政府信息 2003 年至 2007 年面向社会公开目录（略）

国家林业局

2008 年 4 月 30 日

附件1　国家林业局政府信息公开指南

为方便公民、法人或其他组织依法获取本机关政府信息，根据《中华人民共和国政府信息公开条例》（以下简称《条例》）和《国家林业局〈政府信息公开条例〉实施办法》（以下简称《办法》）有关规定，编制本指南。

需要获取本机关政府信息的公民、法人或其他组织，建议认真阅读本指南。

指南，可以在本机关门户网站上查阅或下载（网址：www. forestry. gov. cn）。

一、主动公开

（一）公开范围。本机关主动向社会免费公开的信息范围参见《办法》第四章第九条、第十条。

（二）公开途径。对于主动公开的政府信息，本机关主要采取网上公开的途径。同时，还可根据需要，通过广播、电视、报刊、新闻发布会等途径同时公开相关政府信息。

（三）公开时限。只要不涉及国家秘密、工作秘密、依法受到保护的商业秘密和个人隐私，凡以本机关名义印发的局发文，局办发文，本机关作为主办部门与其他部门印发的联合发文，行政许可有关文件，全国绿化委员会、中华人民共和国濒危物种进出口管理办公室、国家森林防火指挥部等单位专用字号文，以及其他需公开的政府信息，自发布之日起20个工作日内予以公开。

本机关2003年至2007年面向社会公开的政府信息，可于2008年6月1日起从本机关门户网站上获取。

二、依申请公开

公民、法人和其他组织需要获取本机关主动公开以外的政府信息，可以书面形式向本机关提出申请。本机关将根据掌握该信息的实际情况进行提供，不对信息进行任何加工、统计、研究、分析或者其他处理。

（一）本机关自2008年5月1日起开始受理政府信息公开申请，受理部门为国家林业局政务公开工作领导小组办公室。

（二）申请者须认真填写《国家林业局依申请公开政府信息申请表》（见附表，可从本机关门户网站上下载），并以信函形式报本机关政务公开领导小组办公室，信封左下角须注明“政府信息公开申请”字样。信息申请要一事一件，经本机关政务公开领导小组办公室审查合格后，按职能分工分发给相关司局或直属单位进行受理。

（三）如申请要件不完备、不准确、难以确定具体信息内容的，受理申请的司局或直属单位有权要求申请者作出补充或更正。

（四）受理司局或直属单位必须按照《保密法》、《保密法实施办法》及《林业工作国家秘密范围的规定》，对所申请的政府信息进行保密审查，并在申请表相应位置上填写保密审查意见。

（五）对于可公开的信息，受理申请的司局、直属单位能当场答复的当场答复，当场不能答复的应当在15个工作日内予以答复。需延期答复的应当予以说明，延期答复的期限最长不超过15个工作日。如申请的政府信息涉及第三方权益，必须书面征求第三方的意见，第三方不同意公开的不得公开。因征求意见而延期答复的时间，不计入上述时间范围内。

（六）公民、法人或者其他组织有证据证明申请受理的司局或直属单位提供的政府信息记录不准确的，有权要求该司局或直属单位予以更正。

（七）本机关依申请提供政府信息发生的费用，其收费项目和标准按照国家有关规定执行。

（八）本机关不受理电话或网上提出的申请，但申请者可以通过电话咨询相关信息。

三、监督与投诉

公民、法人或其他组织认为本机关未依法履行政府信息公开义务的，可以向本机关政务公开领导小组办公室及监察部驻国家林业局监察局投诉、举报。

公民、法人或其他组织认为本机关违反有关规定，侵犯其合法权益的，可以依法申请行政复议或提起行政诉讼。

四、有关信息

（一）本机关政府信息公开机构：国家林业局政务公开工作领导小组及其办公室。

（二）办公地点：北京市东城区和平里东街18号。

（三）接收申请时间：周一至周五上午8：00～11：00，下午2：00～4：30。

国家法定节假日除外。

（四）联系电话：

1. 国家林业局政务公开领导小组办公室：

(010)84238120；

(010)84238121；

(010)64213193（传真）。

2. 监察部驻国家林业局监察局：

(010)84238447；

(010)84238448。

3. 举报电话：

(010)84238443

（五）邮政编码：100714

附表：国家林业局依申请公开政府信息申请表（略）

国家林业局关于全力做好抗震救灾工作的紧急通知

林办发[2008]99号

重庆、四川、贵州、云南、陕西、甘肃、青海省、直辖市林业厅(局):

5月12日14时28分，四川省阿坝州汶川县发生里氏7.8级地震，重庆、贵州、云南、陕西、甘肃、青海等省市均有强烈震感。我局对此高度重视，立即成立抗震救灾工作领导小组，正在抓紧部署和指导各地积极做好林业抗震救灾工作。根据中共中央办公厅、国务院办公厅《关于四川省汶川县发生强烈地震情况和全力做好抗震救灾工作的通报》(中办发电[2008]20号)精神，现就全力做好林业抗震救灾工作紧急通知如下:

一、加强领导，全力投入抗震救灾工作。各级林业主管部门和有关单位要认真贯彻落实党中央、国务院领导同志关于抗震救灾的重要指示和要求，把抗震救灾作为当前的头等大事和首要政治任务，立即启动实施相关处置方案，成立抗震救灾领导小组，由主要领导任组长，深入基层，亲临一线，靠前指挥，周密部署，迅速组织广大党员干部、森林公安民警和武警森林部队官兵全力投入到抗震救灾工作中。要服从大局，听从指挥，积极做好与各方面的协调配合工作，万众一心，众志成城，夺取抗震救灾的胜利。

二、迅速行动，全力保护人民群众生命财产安全。受灾林区要立即组织抢救受伤职工群众，尽最大努力保护职工群众生命安全，将损失降到最低限度，并及时将职工群众转移到安全地带妥善安置。要千方百计向灾区运送食品、饮用水、药品和帐篷、防寒衣被等救灾物资，确保受灾林区职工群众有饭吃、有衣穿、有干净水喝。

三、严密监测，加强防范次生灾害。要加大森林防火宣传教育，提高灾区林农群众、林业职工防范森林火灾意识。强化临时安置点野外用火管理，发现隐患，及时清除。及时补充扑火装备物资，专业扑火和半专业扑火队伍随时待命，一旦发现火情全力组织扑救，确保打早、打小、打了。要组织开展对林业基础设施、场站用房的全面检查，加固除险，严防因房屋和基础设施倒塌造成人员伤亡及财产损失。要密切注视灾情发展，加强野生动物疫源疫病监测，切实采取有效措施，防止野生动物疫病发生和流行。

四、畅通信息，及时报告抗震抢险救灾工作情况。各级林业主管部门要尽最大可能保证通信畅通，及时向我局报告损失、伤亡情况及抗震救灾过程中存在的困难和问题，及时向地方抗震救灾指挥部报告林业救灾情况。充分利用广播、电视、报纸、网络等各种渠道开展防震减灾科普知识宣传，宣传林业抗震救灾的英勇事迹，加强正面舆论引导，维护林区社会稳定。

国家林业局

2008年5月13日

国家林业局关于印发《林业专业技术人才知识更新科目指南》的通知

林人发[2008]103号

各省、自治区、直辖市林业厅(局)，内蒙古、吉林、龙江、大兴安岭森工(林业)集团公司，新疆生产建设兵团林业局，国家林业局各司局、各直属单位:

为进一步加强林业专业技术人才队伍建设，推进林业专业技术人才知识更新工程，根据《人事部办公厅国家林业局办公室关于印发〈林业专业技术人才知识更新工程(“653工程”)实施办法〉的通知》(国人厅发[2006]87号)要求，我局组织有关专家编制了《林业专业技术人才知识更新科目指南》(以下简称《科目指南》)。

《科目指南》在深入调查林业专业技术人才知识更新需求的基础上，结合当前林业主要学科，分析了18个林业专业领域的发展现状和趋势，确定了每个领域的重点更新科目，并选取典型科目编制了培训大纲。

《科目指南》适用于林业企事业单位的专业技术人才、林业行政机关从事专业工作的技术业务骨干和其他行业有关部门的专业技术人才，既可以为林业机关、企事业单位开展继续教育提供技术服务，又可以为林业院校、科研院所、培训机构开展知识更新培训提供业务指导。

现将《科目指南》予以印发，请结合实际组织实施。

附件：林业专业技术人才知识更新科目指南

（略）

国家林业局

2008年5月14日

国家林业局关于切实做好抗震救灾中采伐林木和使用林地事项的通知

林资发[2008]111号

河南、湖北、重庆、四川、贵州、云南、陕西、甘肃省（直辖市）林业厅（局）：

为贯彻落实中共中央办公厅、国务院办公厅《关于四川省汶川县发生强烈地震情况和全力做好抗震救灾工作的通报》精神，根据局党组的要求，为切实做好抗震救灾工作，特就受灾地区采伐林木、占用林地事项通知如下：

一、地震受灾地区因抗震救灾等紧急情况需要采伐林木的，组织抢险的单位或者部门可先行实施采伐林木。在救灾结束后按照法律的有关规定补办手续。有关林业主管部门要主动做好紧急抢险采伐林木的统计汇总和木材回收利用等相关工作。

二、对修建抗震救灾需要的各类设施急需征用或占用林地（含临时占用林地，下同）的，可以先行使用林地。待相关设施建成后半年内，由建设单位按照有关法律规定申请补办征占用林地审核（批）等手续。因地震原因确需增加2008年度征占用林地定额的，省级林业主管部门要在认真测算、论证的基础上，按规定及时上报我局审定。

地方各级林业主管部门要服从并服务于大局，主动与有关部门沟通情况，本着急事急办、特事特办的原则，切实做好受灾地区采伐林木和征占用林地的服务和监督工作。

特此通知。

国家林业局

2008年5月23日

国家林业局关于开展野生动物肇事补偿试点工作的通知

林护发[2008]127号

吉林、云南、西藏、陕西省、自治区林业厅（局）：

随着我国生态建设和野生动物保护力度的加大，各地野生动物损毁作物、伤害人畜的问题日益突出。为此，各地林业主管部门按照《野生动物保护法》的要求和规定，积极争取当地政府支持，研究制定补偿政策，做了大量工作，实施补偿工作取得了一定的进展。但是，由于受财力等因素的影响，补偿措施尚未得到全面的、合乎相应标准的落实。

为争取妥善解决这一问题，我局决定在吉林、云南、陕西、西藏4省区开展“野生动物肇事补偿试点”。为确保试点工作的顺利进行，并不断积累经验，以逐步实现补偿工作的制度化，经认真研究，现将有关工作安排和要求通知如下：

一、统计上报本省区2007年度野生动物肇事损失及补偿资金缺口。收到本通知后，请试点省区林业主管部门将2007年1月1日至12月31日间本省区发生的野生动物损毁作物、伤害人畜事件及损失情况，地方各级财政补偿经费实际到位情况，以及补偿经费缺口，按报表要求（见附件1、2）汇总后于2008年6月25日前上报我局。

二、明确中央财政野生动物肇事补偿试点项目经费的使用范围和方向。根据试点省区野生动物肇事损失补偿经费缺口情况，我局将在本项目经费中适当安排补助经费。根据我局下达的补助经费数额，各试点省区应当明确试点区域、补偿对象或类型，制定相应的工作制度，确保补助经费一律补偿到因保护野生动物遭受损失的群众或单位。本项补助经费不得用作核查损失等工作经费，也不得用于各类预防、控制措施。

三、强化对野生动物肇事损失补偿经费使用情况的监督检查。各地在对野生动物损毁作物、伤害人畜等损失开展补偿试点过程中，要严格执行地方法规确定的申报、审核和补偿金支付程序，详细记录试点范围内支付每笔补偿金的事由、地点、时间、涉及野生动物种类、损失情况、补偿金额和被补偿人员或单位的姓名(名称)、身份证明、住址、联系方式及电话，以及鉴定核实情况，并建立专门的电子信息管理系统备查。我局将组织专门检查组，对电子信息管理系统记录的事项进行抽查。一经发现存在虚报冒领、截留、挪用补偿金等情况，除依法依规追究责任外，还将取消该区域试点资格，停止拨付补助资金，并将有关情况通报所在省区人民政府。

四、提高认识，加强领导，周密安排，积累经验，逐步完善野生动物肇事补偿政策。对野生动物损毁作物、伤害人畜等损失予以合理补偿，直接关系到人民群众合法权益，关系到野生动物保护事业的健康发展。在地方财力有限的情况下，中央财政专项列支予以补助，体现了党和国家对人民群众利益和野生动物保护事业的重视和关心。各试点省区林业主管部门对此要有充分的认识，明确负责领导，根据本省区实际情况制定周密的工作方案，严格监督检查补偿资金使用情况，并在工作中不断积累经验，逐步完善补偿政策，确保补偿工作的科学、合理、公正，更有效地争取人民群众对野生动物保护事业的支持。对各地补偿试点进展情况，我局将适时组织专题调研组开展调研，总结各地试点经验，分析问题，为国家逐步扩展补偿工作试点范围，推进补偿工作的制度建设，打好基础。

特此通知。

附件：1. 2007年度野生动物肇事损失及补偿情况汇总表(略)

2. 2007年度野生动物肇事损失补偿经费使用情况明细表(略)

国家林业局

2008年6月16日

国家林业局关于规范申请增加“十一五”期间年度征占用林地定额有关事项的通知

林资发[2008]132号

各省、自治区、直辖市林业厅(局)，内蒙古、吉林、龙江、大兴安岭森工(林业)集团公司，新疆生产建设兵团林业局，国家林业局各派驻森林资源监督机构，国家林业局各直属林业调查规划设计院：

为了切实加强林地保护，进一步完善征占用林地定额管理，建立公开、透明的行政审批制度，提高服务效率，根据《行政许可法》等有关法律规定的精神，我局决定对“十一五”期间审批因特殊情况申请增加年度征占用林地定额的有关事项予以规范，现将有关事项通知如下：

一、申报条件

因以下特殊情况确需增加年度征占用林地定额，各省(含自治区、直辖市、集团公司、新疆兵团，下同)林业主管部门在省内无法解决的，可以向我局申请增加建设项目征占用林地定额。

(一)新增且未纳入编制定额时有关规划的建设项目；

(二)纳入编制定额时有关规划的建设项目的占地面积、开工期限等发生重大调整的；

(三)因抢险救灾等需要建设的各类设施。

除(三)外，其他项目必须是国务院及国务院有关部门或省级人民政府审批、核准或备案的重点建设项目或基础设施项目。

二、申报程序

(一)初步审查。为加强征占用林地定额的技术审查工作，并及时监测各地林地资源的现状和消长变化情况，我局委托国家林业局各直属调查规划设计院负责本区域范围内，就增加年度征占用林地定额事宜进行初步审查。各省林业主管部门向国家林业局各直属调查规划设计院提供申报材料后，国家林业局各直属调查规划设计院要在15日内完成有关审查工作。

(二)定额审核。各省林业主管部门根据国家林业局各直属调查规划设计院的初步审查意见，报请所在监督区域的国家林业局各派驻森林资源监督机构审核，国家林业局各派驻森林资源监督机构要在10日内完成有关审核工作。

(三)集中申报。各省林业主管部门要在依法严格管理年度征占用林地定额的基础上，加强协调和服务工作，于每年10月底前向我局集中申报。我局根据初步审查和定额审核的结果，在15日内完成审批工作。

三、申报材料

(一)初步审查时，各省林业主管部门应向国家林业局有关直属调查规划设计院提供以下材料：

1. 向国家林业局有关直属调查规划设计院的书面申请，主要内容包括该省林地资源现状、年度定额的分配执行情况、省内备用定额的使用情况、增加定额的必要性等。

2. 建设项目的初步批准文件：

(1)审批制的建设项目，需项目建议书或可行性研究报告批复文件；

(2)核准制、备案制的建设项目，需初步批准文件；

(3)其他建设项目，需有关部门的初步批准文件；

(4)建设项目用地的技术说明；

(5)拟在计划年度内使用林地的证明材料。

(二)定额审核时，各省林业主管部门应向国家林业局有关派驻森林资源监督机构提供书面申请和国家林业局有关直属调查规划设计院的初步审查意见。

(三)集中申报时，各省林业主管部门应向我局提供书面请示，同时一并附上(一)、(二)规定的有关材料。

四、有关要求

(一)各省林业主管部门、国家林业局各直属调查规划设计院和各派驻森林资源监督机构要充分认识到加强对增加年度征占用林地定额进行有关审查工作管理的重要性和必要性，切实加强领导，设置专人，建立专门台账和档案。同时要结合本地实际情况建章立制，强化年度征占用林地定额执行情况的动态管理。

(二)各省林业主管部门、国家林业局各直属调查规划设计院和各派驻森林资源监督机构出具的书面意见要实事求是、依据科学、结论明确、文字简练。

(三)国家林业局各直属调查规划设计院可以结合区域和专业初步审查的需要，从国家林业局征占用林地评审专家库中选聘专家组成评审组；对增加定额较小的建设项目，可采取书面函审方式。参与征占用林地可行性报告编制以及其他有利害关系需要回避的人员，不得参加初步审查工作。从事初步审查工作的人员认为必要时，可组织现场查验，发现重大问题应及时报告。

(四)增加定额的建设项目在计划年度内没有使用林地的，不得结转下一年度。

(五)从事增加年度征占用林地定额相关工作的人员应依据法律法规和政策规定，遵循客观、公正、合理的原则，认真做好把关工作，严格审查建设项目及技术资料，切实杜绝国家限制用地或禁止用地的建设项目征占用林地，真正做到科学发展和合理利用林地。如因徇私舞弊、玩忽职守骗取定额的，一经查实，将依法依纪追究有关人员的责任。

特此通知。

国家林业局

2008 年 6 月 18 日

国家林业局关于做好强降雨防灾减灾救灾工作的紧急通知

林造发[2008]138 号

各省、自治区、直辖市林业厅(局)：

日前，国务院办公厅下发了《关于做好强降雨防范工作的通知》(国办发明电[2008]32 号，以下简称《通知》)。为认真贯彻落实《通知》精神，切实做好强降雨和汛期灾害防范工作，保障林业生产顺利进行和人民群众生命财产安全，现就有关事项紧急通知如下：

一、认真学习，深刻领会《通知》精神

在我国抗震救灾的紧要关头，国务院办公厅下发《通知》，要求在继续抓好抗震救灾的同时，统筹兼顾，切实做好防洪、防涝、防雷、防范山洪灾害和水库保安等工作，这充分体现了党中央、国务院对防汛抗洪工作的高度重视，对人民群众生命财产安全的高度关注。各级林业主管部门一定要高度重视，认真学习，深刻理解《通知》和中央领导的指示精神，充分认识当前防汛工作的重要性、紧迫性，把思想和行动统一到国务院文件精神上来，全力做好当前强降雨的各项防范工作。

二、高度重视，切实加强对防汛工作的领导

据气象部门预报，江淮、江南、华南等地今年汛期降雨将明显多于历年水平，部分地区雷雨、大暴雨及短时雷电大风等强对流天气将时有发生，全国灾害防范工作面临的形势十分严峻。各级林业主管部门对此要高度重视，充分认识多种频发灾害对林业建设所造成的危害，全面落实防汛责任制，真正把各项措施落到实处。要加强与国土、水利、气象等部门的协商，及时掌握灾情发生趋势，搞好预测预报。要加强应急值班，强化灾情上报制度。汛期要安排人员全天值班，注意汛情，如有严重问题，及时向有关部门汇报。灾情发生后，要认真做好灾情统计工作并及时上报，要保证灾情如实、准确、快速上报，不得迟报、漏报、瞒报，保证信息渠道畅通。要充分利用广播、电视、短信等多种途径，及时向群众发布灾害预警信息，使林区职工和林区居民做好灾害的防范。

三、突出重点，认真落实各项防汛避险措施

各级林业主管部门要组织力量，加强对集体林区、国有森林经营单位、自然保护区、森林公园、林业工作站、林场、木材生产现场、苗圃等区域、单位林业重点基础设施的安全检查，积极制定防范洪水、滑坡和泥石流等自然灾害的应急预案；对可能出现险情的地段、局站点等设施进行重点检查和排查；对场(苗)圃等设施防汛功能进行系统检查，对排水沟渠、设备进行系统检修，保证排水通畅，确保雨(秋)季造林用苗安全，并积极采取预防措施，提高各项设施设备的防险能力。要根据资源保护和当地气候情况，及时调整巡护、监测、科研、造林施工等野外活动安排，避免造成人员伤亡和财产损失；要采取有效措施加强野生动物保护，尤其要做好珍贵濒危野生动物繁殖基地、场所各项防汛避险措施的落实，做好防汛转移准备。要制定各项防范措施，对存在安全隐患的以及森林防火瞭望塔、森林病虫害监测点、森林管护棚等抗灾能力差的建筑物，要组织专门力量，及时进行维修加固，防止因灾造成人员伤亡和财产损失。要加强造林绿化宏观指导，对因灾害无法完成春季造林任务的，可调整造林季节，为秋冬季造林做好各项准备工作。对已进入收获季节的经济林等产品，要加快抢收抢运和销售工作，切实保障广大林农的利益。

四、采取措施，全力以赴做好林业救灾工作

目前，我国部分地区已遭受严重洪涝等自然灾害，给林业生产造成一定损失。各级林业主管部门要积极行动起来，广筹资金，加大投入力度，确保林区职工生产生活顺利进行。要加强分类指导，对受灾的现有林，要加强森林经营，优化林分结构，提高森林抵御灾害的能力；对受灾的新造林，要加强新造林地排水、苗木扶正、杂草清除、病虫害防治等工作，切实抓好补植补造。要及时救护伤病野生动物，修复受损保护救护设施设备，加强野生动物疫源疫病监测，防范野生动物疫情的发生，加强对灾后野生动物种群和栖息地状况的调查、监测和评估。要抓紧做好因灾损坏林区道路、防火设施、通讯设施等基础设施以及受损房屋的修复重建，尽快恢复灾区林业生产生活秩序。

国家林业局

2008 年 7 月 2 日

国家林业局关于学习贯彻《中共中央国务院关于全面推进集体林权制度改革的意见》的通知

林改发[2008]142 号

各省、自治区、直辖市林业厅(局)，内蒙古、吉林、龙江、大兴安岭森工(林业)集团公司，新疆生产建设兵团林业局，国家林业局各司局、各直属单位：

中共中央、国务院颁布了《关于全面推进集体林权制度改革的意见》(中发[2008]10 号，以下简称《意见》)。这是党中央、国务院站在全局和战略的高度，作出的一项重大战略决策。学习好、贯彻好、落实好《意见》，全面推进集体林权制度改革，是林业部门当前和今后一个时期的重大政治任务，是全体务林人最重要、最紧迫的工作。为了迅速掀起学习贯彻《意见》的热潮，现通知如下。

一、充分认识《意见》颁布的重大意义

(一)《意见》的颁布，是对我国改革开放 30 周年的最好纪念。30 年前，实行农村家庭承包责任制拉开了我国改革开放的序幕，开启了中国特色社会主义事业的伟大征程。30 年来，我国现代化建设取得了举世瞩目的成就，国家经济实力和综合国力得到显著提高，人民的物质生活和精神生活得到了显著改善。30 年后的今天，中央作出全面推进集体林权制度改革的战略部署，是对改革开放 30 周年最好的纪念，是在新的历史起点上继续推进改革开放最好的体现，意义十分重大，十分深远。

(二)《意见》的颁布，是科学发展观在林业上的具体体现。全面推进集体林权制度改革，将林地承包经营权和林木所有权，通过家庭承包方式落实到本集体经济组织的农户，确立农民作为林地承包经营权人的主体地位，逐步建立“产权归属清晰、经营主体落实、责权划分明确、利益保障严格、流转顺畅规范、监管服务到位”的现代林业产权制度，是林业体制机制的重大调整。对于调动广大农民造林育林的积极性，增加森林资源，改善生态状况，实现增收致富具有重要作用；对于破解“三农”难题，促进人与自然和谐，建设生态文明，推动经济社会可持续发展具有重要意义。

(三)《意见》的颁布，是我国林业发展史上新的里程碑。新中国成立以后，特别是改革开放以来，我国林业走过了一条在改革中发展、在探索中前进的道路，取得了森林资源持续增长、生态状况不断改善、林业产业快速发展的显著成就。但从整体上看，林业发展还存在着体制不活、机制不顺、活力不足的问题，改革成为新时期林业发展最紧迫的任务。集体林权制度改革是林业生产关系的根本变革，是推进现代林业又好又快发展的根本措施。从这个意义上讲，集体林权制度改革是我国林业发展史上的新的里程碑。

二、迅速掀起学习贯彻《意见》的热潮

《意见》是全面推进集体林权制度改革的指南，也是全面推进现代林业又好又快发展的指针，各地要立即行动起来，掀起学习贯彻《意见》的热潮。

（一）学习贯彻《意见》，必须在三个层面上展开。一要在林业主管部门展开。林业主管部门是推进集体林权制度改革工作的“参谋部”和“执行部”，要通过精心策划和周密部署，在林业干部职工中开展一次大学习、大讨论活动，为落实好《意见》奠定思想基础。二要在广大农民群众中展开。农民群众是集体林权制度改革的主体和受益者，要通过张贴告示、发放解读本、“明白纸”等形式，把《意见》精神原原本本交给农民，为落实好《意见》奠定群众基础。三要在全社会展开。高度重视集体林权制度改革的宣传工作，利用各种媒体和方式，加大宣传力度，努力形成全社会关心改革，支持改革，参与改革的氛围，为落实好《意见》奠定社会基础。

（二）学习贯彻《意见》，必须在三个方面下功夫。一要在吃透原文上下功夫。《意见》五章 21 条，每一条都是政策，每一句都是精神，要逐字逐句地学，做到读通读透。二要在理解精神实质上下功夫。《意见》内涵深刻，博大精深，要深刻领会《意见》的立足点、出发点和根本要义，做到融会贯通。三要在把握重点上下功夫。在全面掌握内容的基础上，要学习好《意见》的重点内容，特别是改革的重大意义、基本原则、目标任务和政策措施，做到重点突出。

（三）学习贯彻《意见》，必须搞好三个结合。一要与解放思想相结合。《意见》是解放思想的产物，贯彻《意见》必须解放思想。只有解放思想，才能提出贯彻落实《意见》的有效措施，才能保证《意见》全面深入地落实。二要与工作实际相结合。推进集体林权制度改革是林业部门的头等大事，是建设现代林业的重要内容，林业的各个单位、每位干部职工都要结合自身工作实际，发挥自身职责优势，围绕落实《意见》动脑子、想办法、做事情。三要与改革实践相结合。在准确把握《意见》精神的基础上，要根据各地的实际情况和老百姓的实际需要，扎扎实实推进改革，确保改革符合实际，符合民意，始终沿着正确的方向前进。

三、切实抓好当前贯彻落实《意见》的几项重点工作

（一）抓好《意见》的培训教育工作。各地要结合学习贯彻《意见》，迅速、全面地启动集体林权制度改革的培训工作，有针对性地开展各项培训活动。要因地制宜，采取多种形式，有计划地对各级从事改革的领导干部和业务骨干进行培训，使他们提高认识、吃透政策、掌握方法，真正成为推进改革的中坚力量，确保高质高效地完成改革的各项任务。

（二）抓好《意见》指导性文件的制定工作。各地要在深刻领会《意见》精神实质的基础上，结合本地实际情况，作出贯彻落实《意见》的全面部署。已经出台改革指导文件和实施方案的地方，要按照《意见》的要求，进一步完善政策措施。尚未出台改革指导文件和实施方案的地方，要抓住学习贯彻《意见》的有利时机，积极而为，配合党委、政府尽快出台文件。

（三）认真谋划好推进集体林权制度改革的长效机制。集体林权制度改革不是一朝一夕的工作，而是一项长期的系统的战略任务，必须树立长期奋斗的思想；不只是林业部门的工作，而是关系到全局的一件大事，必须发挥各个方面的职能作用。因此，要从推进改革工作的需要出发，在建立长效机制上认真谋划，切实建立起“五级书记”抓改革的制度，切实建立起“分工负责、协同推进”促改革的机制，为积极稳妥、有序有效地推进改革工作提供保证。

各级林业主管部门要把学习贯彻《意见》，作为工作的重中之重，摆在突出位置，采取有效措施，掀起学习贯彻的热潮，把中央的决策部署落到实处，为推进现代林业又好又快发展、建设社会主义新农村作出新的更大贡献。

国家林业局

2008 年 7 月 4 日

国家林业局关于采集（采伐）国家一级保护野生植物（树木）审批有关问题的通知

林策发［2008］150 号

各省、自治区、直辖市林业厅（局），内蒙古、吉林、龙江、大兴安岭森工（林业）集团公司，新疆生产建设兵团林业局：

为认真贯彻执行《行政许可法》，进一步简化审批程序，提高审批效率，现就采集（采伐）国家一级保护野生植物（树木）审批有关事项通知如下：

禁止采集（采伐）国家一级保护野生植物（树木）。因科学研究、人工培育、文化交流等特殊需要，以及因自然灾害死亡或造成严重安全隐患，需要采集（采伐）国家一级保护野生植物（树木）的，必须办理《国家重点保护野生植物采集证》(以下简称《采集证》)，凭《采集证》进行采集。采伐按法律法规规定需要办理《林木采伐许可证》的国家一级保护野生树木的，还应凭《采集证》依法办理《林木采伐许可证》，纳入森林采伐限额和木材生产计划管理。需要运输的，凭《林木采伐许可证》办理《木材运输证》。

国家林业局

2008 年 7 月 10 日

国家林业局关于规范林业系统自然保护区范围和功能区调整有关问题的通知

林护发[2008]161 号

各省、自治区、直辖市林业厅(局)，内蒙古、龙江、大兴安岭森工(林业)集团公司，新疆生产建设兵团林业局：

为加强林业系统自然保护区的建设和管理，进一步规范自然保护区范围和功能区的调整，根据环境保护部、国家林业局等 7 部委联合下发的《关于加强自然保护区调整管理工作的通知》的精神[环发(2008)30 号]，现就有关事项通知如下：

一、严格控制。自然保护区范围和功能区不得随意调整和更改，必须严格控制缩小自然保护区范围和核心区、缓冲区范围。特别是近几年晋升的国家级自然保护区不得再次进行调整，省级以下自然保护区范围和功能区调整也需严格控制。

二、积极引导。各级林业行政主管部门和自然保护区管理机构要深刻认识自然保护区的重要作用，加大宣传力度，普及生态知识，不断提高当地政府和广大群众的生态保护意识，正确处理生态保护和经济建设的关系，防止保护区范围和功能区调整活动影响保护区生物多样性。

三、科学划定。要高度重视新建自然保护区范围和功能区划定工作，既要充分考虑主要保护对象的生态需要，又要兼顾到当地经济社会发展和居民的生产生活需要，做到科学规划、有效管理、人与自然和谐发展。

四、遵守程序。确因国家重大工程建设及保护管理需要，必须对国家级自然保护区范围进行调整的，按照行业管理的要求，必须经国家林业局国家级自然保护区评审会评审通过后上报国务院，不得直接上报国务院。如确因极特殊情况需直接上报国务院的，也必须事先征得我局同意。

五、申报程序和时间安排：

(一)每年 8 月底前，各省级林业主管部门报送预评估材料到我局保护司，材料内容包括拟申报晋升国家级自然保护区，国家级自然保护区范围和功能区调整、更名的相关情况，有关具体要求详见附件 1、2、3。

(二)预评估评审后，我局保护司将通知各省级林业主管部门通过预评估的保护区名单，相关省级林业主管部门于次年 1 月 31 日前将正式的申报材料上报我局保护司。

(三)全国林业系统国家级自然保护区晋升委员会对正式上报的自然保护区进行评审，评审通过的由我局于 3 月底之前上报国务院。

特此通知。

附件：1. 预评估资格审查提报材料(略)

2. 晋升国家级自然保护区申报简表(略)

3. 国家级自然保护区范围调整、功能区调整及更改名称申报书(略)

国家林业局

2008 年 7 月 21 日

国家林业局关于做好集体林权制度改革培训工作的意见

林人发[2008]163 号

各省、自治区、直辖市林业厅(局)，内蒙古、吉林、龙江、大兴安岭森工(林业)集团公司，新疆生产建设兵团林业局，国家林业局各司局、各直属单位：

为认真贯彻落实《中共中央国务院关于全面推进集体林权制度改革的意见》(中发[2008]10 号，以下简称《意见》)，特别是《意见》关于“要加强对领导干部、林改工作人员包括农村基层干部的培训”的要求，现就做好林改培训工作提出如下意见。

一、充分认识做好林改培训工作的重要意义

1. 集体林权制度改革是我国农村经营制度的又一次重大变革，是当前和今后一个时期林业工作的重大任务。全面推进集体林权制度改革，迫切需要有计划、大规模地开展林改培训工作。只有抓好林改培训工作，才能深刻领会中央《意见》精神实质，深化林业干部职工对林改重要性的认识，努力营造有利于林改的良好氛围；只有抓好林改培训工作，才能提高领导干部和业务骨干的政策水平、业务能力，确保林改依法依规、优质高效推进；只有抓好林改培训工作，才能使林农准确理解林改的重要意义，了解林改的政策措施，激发参与林改的热情，提高科学素质和科学技能，为深化林改打下坚实的群众基础。

二、明确林改培训工作指导思想、总体目标和主要任务

2. 指导思想。以邓小平理论和“三个代表”重要思想为指导，深入贯彻落实科学发展观，紧紧围绕林改中心任务，加强组织领导，调动各方培训资源，多形式、高质量、大规模地开展林改培训工作，为全面推进集体林权制度改革提供强有力的保障。

3. 总体目标。通过培训，培养一支政治上靠得住、政策上吃得透、业务水平高、作风过得硬的林改工作队伍，培训一支明白林改政策、支持林改工作，懂技术、会经营、善管理，适应社会主义市场经济的林农队伍，确保林改工作顺利推进，促进现代林业建设和林农增收致富。

4. 主要任务。

——对县处级以上林业领导干部及县林业局长，开展以学习《意见》和林改法律法规为重点的集中轮训。认真学习《意见》原文，准确理解林改精神实质，把握林改基本原则、目标任务和政策措施，掌握《森林法》、《农村土地承包法》、《物权法》等法律法规中与林改有关的具体规定，带头熟悉政策、吃透政策，增强运用政策指导实际工作的能力，发挥好林改宣传者、组织者和推动者的重要作用。

——对林改工作人员和基层林业干部开展以林改业务为重点的专项培训。要紧扣实际需要，学习林改的工作内容和具体工作流程、业务技术操作规范、具体法律法规问题以及以群众路线为重点的工作方法，使他们真正成为林改工作的行家里手。

——对广大林农开展以林改政策和林业技能为重点的培训。通俗易懂地向林农讲解林改的目的意义、主要政策、具体方法和步骤，传授适合本地特点的林业生产实用技术，激发他们参加林改的主人翁意识，充分发挥他们在林改工作中的主体作用。

三、采取有力措施，全面做好林改培训工作

5. 加强组织领导。我局负责全国林改培训工作的指导和协调；各省级林业主管部门负责本地区的林改培训工作的指导和协调。省级林业主管部门要高度重视林改培训工作，成立林改培训工作领导小组，分管主要领导担任领导小组组长；要把林改培训列入本地区林业工作的重要日程，结合工作实际制定林改培训工作方案，切实抓好本省区林改培训工作。

6. 调动各方培训资源。充分发挥各级林业干部学院(校)、党校和培训基地的主渠道作用；鼓励和支持高等林业院校、科研院所和社会团体参与林改培训活动；充分发挥基层林业工作站、农(林)业广播电视学校和林业技术推广站(中心)的作用，大力开展林农实用技术培训。

7. 创新培训模式。加强培训需求分析，科学设置培训班次，不断完善课程设计和培训内容。根据各级各类学员特点，有针对性地综合运用讲授式、研讨式、案例式、模拟式、体验试等培训方法，提高培训质量和效果。充分利用广播、电视、网络等现代化技术和手段，扩大林改培训的规模和覆盖面。

8. 加强师资队伍和教材建设。各省级林业主管部门要根据培训任务，分层次、分类别建立林改培训师资库，加强动态管理，优化师资配备；要有计划地对林改师资进行业务培训，不断提高教师的业务素质和教学水平；要支持和鼓励专业技术人员通过开展林业科技承包、试验示范和下乡支农等活动培训林农。要根据当地实际情况，组织选编一批形式多样、通俗易懂、适应地方特点的林改教材；积极利用多媒体等现代技术，促进培训教材信息化建设。

9. 落实林改培训经费。各级林业主管部门要切实按照《意见》的要求，积极争取政府财政支持，将林改培训列入本级财政项目支出预算，保证林改培训工作的顺利开展。加强对林改培训经费的管理，提高培训经费的使用效率。

10. 规范对各类林改培训班的管理。不得采取不正当手段招揽生源，不得以培训名义组织公费旅游或进行高消费活动，不得违反国家有关规定收取培训费用，不得借培训名义增加林农群众负担。跨省区招生的培训班必须经我局有关业务主管机构批准，并通过网上公示接受社会监督。

国家林业局
2008 年 7 月 28 日

国家林业局关于加强森林凋落物及腐殖质开发利用管理的通知

林资发[2008]170号

各省、自治区、直辖市林业厅(局)，内蒙古、吉林、龙江、大兴安岭森工(林业)集团公司，新疆生产建设兵团林业局：

森林凋落物及其形成的森林腐殖质是森林土壤的重要组成部分，在森林涵养水源、减缓地表径流、维持土壤肥力、保持生物多样性等方面具有重要作用。为保护森林资源，保持林地生产力，维护森林生态系统功能，现就森林凋落物及森林腐殖质管理的有关事项通知如下：

一、禁止商业性开发森林凋落物及森林腐殖质。本通知下发之日起，各级林业主管部门不得以任何形式批准森林凋落物及森林腐殖质的商业开发，森林经营单位和个人也不得擅自采挖销售，确保森林土壤的完整和生态安全。已经开发、采挖的，要一律停止，并限期恢复。

二、对森林凋落物及森林腐殖质开发活动进行一次全面清理。各地应立即组织开展一次专项清理，摸清森林凋落物及森林腐殖质开发的数量、地域分布、利用程度和加工贸易情况，并对开发造成森林生态系统的影响，做出科学、客观、全面评估。清理情况请于11月底前报送国家林业局森林资源管理司。

三、加大对森林凋落物及森林腐殖质的保护管理。各级林业主管部门应将森林凋落物及森林腐殖质纳入森林资源保护范畴依法进行监管。对本通知下发后仍违规进行开发利用的单位和个人，要依法追究有关人员的责任，造成林地、林木严重破坏，构成犯罪的，一律移送司法部门依法查处。

国家林业局

2008年8月22日

国家林业局关于印发《林业救灾资金物资管理使用暂行办法》的通知

林计发[2008]187号

四川、陕西、甘肃省林业厅，四川卧龙、甘肃白水江、陕西佛坪国家级自然保护区管理局：

为规范林业救灾资金物资管理使用，加强灾后重建资金管理，根据国务院、中央纪委、财政部及有关部门救灾资金物资管理使用方面的规定和要求，我局制定了《林业救灾资金物资管理使用暂行办法》，现印发你们，请遵照执行。

附件：林业救灾资金物资管理使用暂行办法

国家林业局

2008年9月9日

附件　林业救灾资金物资管理使用暂行办法

第一条　为规范林业救灾资金物资管理使用，根据国务院、中央纪委、财政部及有关部门救灾资金物资管理使用的规定，制定本办法。

第二条　本办法所称救灾资金物资是指中央及地方各级财政部门、上级主管部门拨入的用于救灾及灾后重建的财政资金、部门自筹资金及社会各界捐赠的款项以及上级和其他部门调拨和社会各界捐赠的物资。

第三条　接收救灾资金物资的单位(以下简称接收单位)应成立或指定专门机构负责救灾资金物资管理工作，负责救灾资金物资的筹集接收、使用发放、登记核算和档案管理，确保救灾资金物资的合理、有效使用。

第四条　接收救灾资金物资必须做到手续完备、专账管理、专人负责、账款相符、账目清楚。接收捐赠款物的单位需向捐赠人出具财政部门统一印制的票据。

第五条　接收单位根据拨付和捐赠资金指定的用

途，将救灾资金及时拨付受灾地区并严格按指定用途使用。在捐赠资金物资过于集中的情况下，接受单位经捐赠人书面同意后，按有关规定调剂使用。未指定用途的救灾资金由接受单位根据实际情况统筹使用。

第六条 严禁滞留、截留、挪用救灾资金物资，接收单位应当及时发放救灾物资用于灾区生产生活。同时，可根据实际情况，制定本单位紧急情况下救灾资金物资管理发放使用细则。

第七条 接收单位在组织救灾物资接收、采购、保管、运输、发放过程中不得提取管理费用，发生的管理费用可向同级财政部门或者上级主管部门申请安排。

第八条 对涉及灾民紧急救治、安置、防疫和临时性救助的采购活动可作为紧急采购项目，在保证采购货物、工程和服务质量的前提下，由采购单位自行以合理的价格向一个或多个供应商直接购买。紧急采购活动完成后，其采购项目的品种、数量、单价、金额等应报上级主管部门备案，并在财政部门指定的政府采购信息披露媒体或者其他媒体上公布，接受社会监督。紧急采购项目的采购应当由两名以上采购人员组织实施。采购人员及供应商必须在发票等购买凭据上背书签字。

其他非紧急货物、工程和服务采购行为，应当按照政府采购法和招投标法的有关规定组织实施。

第九条 灾后重建的建设项目，在符合重建规划的条件下，严格执行项目法人责任制、招投标制、合同制和监理制。

第十条 接收单位应当定期向社会和单位职工公开公示救灾资金物资使用情况，做到公开、公平、公正，严禁隐瞒救灾资金物资接收及管理使用信息。

第十一条 接收单位应当指定专人按时编制报送救灾资金物资执行情况月报表，全面准确反映月度新增救灾资金物资的来源和使用情况。

第十二条 接收单位应当建立健全救灾资金物资会计档案，接收、采购和发放档案，以便于管理和接受监督检查，严禁伪造、变造和毁损救灾资金物资档案资料。

第十三条 接收单位应当自觉接受审计、纪检监察、财政和上级主管部门的监督检查，严肃查处贪污私分、虚报冒领、截留挪用、优亲厚友、有偿发放及无故滞拨救灾资金物资，擅自改变救灾资金物资用途或擅自变卖救灾物资等违纪违法行为。

第十四条 本办法由国家林业局负责解释。

第十五条 本办法自下发之日起施行。

国家林业局关于加强退耕还林工程灌木林培育和利用工作的通知

林退发[2008]205号

各有关省、自治区、直辖市林业厅(局)，新疆生产建设兵团林业局：

灌木林是我国森林资源的重要组成部分，在退耕还林工程区特别是中西部地区种植非常广泛。退耕还林工程灌木林不但发挥着重大的生态效益，而且在农民增收、农村产业结构调整及地方经济发展等方面也发挥着一定的经济效益和社会效益。目前，退耕还林工程中所营造的灌木林普遍存在着总体质量差、经营粗放、利用不充分、科技含量低、资金投入少等问题。为充分发挥灌木林应有的作用和成效，确保工程建设的质量和效益，进一步巩固退耕还林成果，现就加强退耕还林工程灌木林培育和利用工作通知如下：

一、科学规划，分类经营

科学规划、分类经营是加快灌木林培育与利用的基础。一是提高认识，加快发展。灌木植株矮小，根系发达，适应性强，容易成活，造林成本相对较低。要充分认识到大力发展灌木林是退耕还林工程区特别是干旱半干旱地区增加森林覆盖率、改善生态环境、增加农民收入的重要途径，提高灌木林培育与利用的主动性。二是统筹规划，合理布局。要从本地区的自然状况出发，因地制宜、因害设防、统筹规划，根据治理对象和治理目的，合理布局灌木林重点分布区域，合理布局林种结构，科学规划灌木产业发展。三是分类经营，分区施策。根据生态区位、主导功能的不同划分灌木公益林、商品林和兼用林，实行不同的经营管理措施。公益林要突出其生态功能，实行封禁、封育等保护措施，管严管好，禁止人畜破坏。灌木商品林应突出其商品属性，由市场配置资源，进一步放开搞活。灌木兼用林要在保护和增强其生态功能的前提下，合理利用，但要限制其采伐时间、采伐方式和采伐强度，采伐后的灌木林地必须及时更新，加强管护，尽快恢复植被。

二、加强管理，提高质量

加强管理、提高质量是加快灌木林培育与利用的重要措施。一是要搞好灌木造林作业设计。根据宜林地的自然条件和治理目标，科学选择适宜的灌木树种、造林方式、植被配置模式和初植密度。二是总结推广行之有效的治理模式。以森林植被为主体，积极推行多种造林模式，发展森林资源，改善区域生态环境。三是制定退耕还林工程灌木林抚育管理办法。规范退耕还林工程灌木林抚育管理的内容、方式和方法，促进灌木林的可持续经营。四是强化地方管理部门和退耕农户的责任。通过签订责任书和明确责任，使地方管理部门和退耕农户能够及时开展补植补造、森林防火和病虫鼠兔害防治等工作，提高灌木林的经营水平。

三、促进利用，发挥效益

促进利用、发挥效益是加快灌木林培育与利用的强大动力。一是走“公司 + 基地 + 农户”的路子，加快灌木原料林基地建设。逐步形成市场引导企业、企业带动基地、基地连结农户的产业化运行机制，实现灌木资源增加、生态改善、企业增收、农民致富的多重目标。二是培育壮大龙头企业。要牢固树立生态建设产业化、产业发展生态化的思想，根据各地的资源优势大力发展灌木林加工利用企业，将资源优势转化为产业优势、经济优势，充分发挥龙头企业的辐射带动作用。三是加强灌木加工产品开发。要采取有效措施，提升灌木加工产品的开发水平，实现灌木林产品的深加工、精加工，延长产业链，形成产业群，实现多次增值，增强市场竞争力，带动灌木林的培育与利用。

四、强化科技，提升水平

强化科技、提升水平是加快灌木林培育与利用的重要手段。一是加强灌木的良种选育工作。加快优良乡土树种和强抗逆性树种的培育，加大种子园、母树林和采穗圃建设，逐步实现灌木造林良种化。二是加强对灌木林培育的基础研究。应加强对不同灌木树种、不同植被配置模式、不同盖度灌木林对地下水资源影响的研究，并根据自然条件和灌木树种的生物学特性，研究完善灌木培育技术标准体系。三是研制高效、优质的平茬机械。许多灌木树种经营周期短，萌蘖力强，只有通过及时平茬，才能保持旺盛的生命力，并提高其利用率和经济效益。要组织科研、生产部门联合攻关，尽快研制出集割灌、粉碎功能于一体的平茬机械。四是加强灌木林加工利用研究。要进一步加强对灌木林的生物质能利用、人造板加工、饲料加工以及药物提取等方面的深入研究，提高灌木林产品质量和产品竞争力。

五、加大扶持，推动发展

加大扶持、推动发展是加快灌木林培育与利用的重要保障。一是将灌木林抚育管理纳入巩固退耕还林成果专项规划。这样，可从资金投入上推动退耕还林工程灌木林的平茬、抚育、病虫鼠兔害防治等经营措施的实施。二是大力扶持灌木林加工利用龙头企业。要树立扶持龙头企业就是扶持农民、就是扶持退耕还林后续产业的理念，通过贴息贷款等方式，对符合林业产业政策、发展前景好、具有一定规模并能联结一定数量农户的灌木林加工利用企业进行扶持。三是加强对灌木林培育利用的金融支持，对灌木林的培育与利用实行长期限、低利息的信贷扶持政策。

国家林业局

2008 年 10 月 14 日

国家林业局关于加快油茶种苗发展和强化种苗质量管理的通知

林场发[2008]213 号

浙江、安徽、福建、江西、河南、湖北、湖南、广东、广西、重庆、四川、贵州、云南、陕西省、自治区、直辖市林业厅(局)：

油茶是我国栽植面积最大、分布范围较广的木本油料树种。大力发展油茶产业，对保障粮油安全，促进农民增收，推进山区综合开发和建设社会主义新农村，都具有十分重要的意义。我国油茶产业方兴未艾，发展潜力巨大。为保障油茶产业又好又快发展，必须切实加强对油茶种苗的培育、流通、种植等全过程的管理。现就加快油茶种苗发展和强化质量管理的有关事宜通知如下：

一、充分认识油茶良种对发展油茶产业的重要性

林以种为本，种以质为先。油茶产业能否又好又快地发展，关键在于良种壮苗和适地适树适种源。目前，我国油茶林总面积达4500多万亩，但产量很低，每亩产茶油仅4千克左右。其根本原因是，绝大部分油茶林品种品质差或严重退化，而大量的国家和省级审(认)定的优良品种又未推广应用。同时，一些地方种苗质量意识淡薄，经营管理粗放。因此，各地要切实强化良种意识，加强质量管理，把推广优良品种放在首要位置，在油茶采穗圃等良种基地建设中，必须使用国家或省级审(认)定的油茶良种；在油茶林培育中，做到没有经过审(认)定的品种不栽植，没有经过区域化试验的品种不盲目引种栽植，不适宜本地区的品种不栽植，坚决杜绝有种就采、有苗就栽的现象，确保新造和改造的油茶林达到优质高效。

二、尽快提高良种壮苗的生产能力

大力发展油茶产业，种苗必须先行。经过多年的努力，我国林业科研人员选育出了一大批适宜不同区域栽植的油茶良种，经国家和省级审(认)定的优良品种达149个，其中国家林业局审(认)定的良种54个(见附件)，亟待推广应用。同时，油茶良种苗木的年生产供应能力仅1亿株左右，远不能满足油茶产业发展的需求。各地要按照油茶发展规划，根据种苗生产的特点，超前谋划油茶种苗的发展，力争到2010年基本形成良种壮苗生产繁育体系，提高生产供应能力，满足大规模造林的需求。

一是要加强现有油茶良种基地的集约化管理，特别要加强对采穗圃的标准化管理，培养合理的树型和冠型，提高穗条的生产能力，坚持科学采穗，延长采穗圃的使用年限。二是要根据本地区油茶产业发展的需要，在油茶发展的重点区域，尽快扩建和新建一批良种采穗圃，力争3～4年内形成生产能力，以保证“十二五”期间的需要。三是要充分利用近几年来国家投资建设的一批先进育苗设施，确定一批重点国有苗圃，采用先进的育苗技术，缩短育苗周期，大幅度提高油茶良种的生产能力。

三、依法加强对种苗市场的监管力度

各级林业主管部门要进一步贯彻落实《种子法》，加强对油茶种苗质量的监督管理。

严格实行油茶种苗生产和经营的市场准入制度。要按照国家林业局《林木种子生产经营许可证管理办法》的规定，严格审核种苗生产经营申请人的资格和条件，加强对油茶种苗生产、经营许可证的核发和管理，从生产经营的源头把好关，坚决取缔无证生产经营。严格实行油茶种苗标签和档案制度。要认真执行国家林业局《林木种子包装和标签管理办法》和《林木种子生产、经营档案管理办法》的规定，出圃销售的种苗必须附有标签，标签内容必须与实际相符，要建立健全油茶种苗生产和销售档案；为避免盲目发展、无序发展，要大力推行“四定”，做到“三清楚”，即实行定点采穗、定点育苗、定单生产、定向供应；做到品种清楚、种源清楚、苗木销售去向清楚。

严格实行油茶种苗质量检验、检疫制度。各级种苗质量检验机构要加大对油茶种苗质量的检验、检疫和监督力度，在苗木调拨和出圃前要按照国家和地方的油茶种苗标准进行质量检验、检疫，做到出圃必检，杜绝不合格的种苗和假种苗流入市场。对以次充好，以一般品种冒充优良品种欺骗用户的种苗生产经营者，要依照《种子法》的规定严肃查处。

四、建立健全油茶良种基地生产管理的长效机制

油茶良种基地既是良种的生产供应基地，也是重要的种质资源保存地和科研基地，要不断巩固提高，持续发展。一是要建立长期扶持基地发展的机制，各级林业主管部门要积极争取财政部门的支持，加大对种苗生产基地的资金投入，探索建立林木良种补贴制度，调动良种生产者的积极性，使其不断提高生产经营水平。二是要搭建平台，进一步强化科研机构和基地的结合，每一个良种基地都要有专家组作科技支撑，要以基地为依托，加强对基层林业工作人员和林农的技术培训，提高基地人员和林农的素质，发挥基地的示范和辐射作用。三是要进一步加强优良种质资源的收集保存和利用，不断选育新品种，加快品种更新，提高科技水平。

各级林业主管部门要认真落实全国油茶产业发展现场会议精神，加强组织领导，深入调查研究，及时发现新情况，解决新问题，把抓好油茶种苗的生产供应，作为发展油茶产业的首要工作来抓，确保油茶产业又好又快地发展。

附件：国家林业局林木品种审定委员会审(认)定的油茶良种名录(略)

国家林业局

2008年10月21日

国家林业局关于加强涉案林地林木保护管理工作的通知

林资发[2008]223号

各省、自治区、直辖市林业厅(局)，内蒙古、吉林、龙江、大兴安岭森工(林业)集团公司，新疆生产建设兵团林业局：

近期，司法机关查办的一些经济犯罪案件涉及林地林木，有的涉案林地林木数量巨大，并涉及多个省(区、市)。为支持司法机关依法办案，保护森林资源，现就涉案林地林木保护管理工作通知如下：

一、要高度重视涉案林地林木的保护管理工作。涉案林地林木的保护管理是案件查处的重要组成部分，做好这项工作，对保障办案，保护当事人合法权益，维护社会稳定具有重要的意义。各级林业主管部门务必高度重视，在司法机关审理案件过程中，根据案情案由，对管辖区内的涉案林地林木，要采取切实有效的措施加强保护管理，确保涉案林地林木的安全。同时，要在当地党委和政府的统一领导下，按照统一部署，认真履行职责，确保案件查处工作顺利进行，严防破坏森林资源和群体性事件发生。

二、做好案件督查督办和跨省协查工作。要进一步加大执法力度，发现乱砍滥伐、毁林开垦等破坏森林资源违法行为的，必须及时组织力量查处，必要时组织开展专项行动严厉打击，防止哄抢林木等恶性事件的发生。破坏涉案林地林木违法案件由违法行为发生所在地林业主管部门负责立案、查处。涉案林地林木所在地以外的林业主管部门在受理有关涉案林地林木遭到破坏的"报案"和"信访"事项时，要及时将相关材料转至违法行为发生地所在地林业主管部门处理，并向省级林业主管部门报告。有关省级林业主管部门要做好督查督办和跨省协查工作。对由我局批转的督办案件，各省级林业主管部门要及时查处，按时上报结果。

三、做好疏导工作。各级林业主管部门要按《信访条例》的有关规定，对上访事项要认真办理并及时向信访人反馈查处结果。同时，要以事实为依据，按照法律、法规和政策的规定，认真负责、深入细致地做好解释疏导工作，把问题解决在当地，绝对不能放任不管。

四、做好信息报送工作。各级林业主管部门要将受理的有关涉案林地林木案件及时向上级林业主管部门报告。如遇有重大突发性事件、重要社会动态，要及时做好处置工作，随时将有关情况上报。

特此通知。

国家林业局

2008 年 10 月 28 日

国家林业局、住房城乡建设部、国家发展改革委关于做好国有林区棚户区改造试点工作的紧急通知

林计发[2008]251 号

内蒙古、吉林、黑龙江省、自治区林业厅、建设厅、发展改革委，内蒙古、龙江、大兴安岭森工(林业)集团公司：

2008 年四季度，国家安排专项投资，在东北内蒙古重点国有林区启动棚户区改造试点。国有林区棚户区改造(以下简称"棚户区改造")是当前国家拉动内需、促进经济平稳较快增长的一项重要建设任务，试点工作的成效如何，不仅关乎试点单位职工的切身利益，更是事关为全国国有林区棚户区改造探索经验、搞好国家保障性安居工程建设的大局。各试点省区林业(森工)、住房城乡建设、发展改革部门和试点单位一定要从全面贯彻落实科学发展观、坚持以人为本、构建和谐林区的高度，充分认识搞好试点工作的重大意义，确保按国家相关要求按期完成试点任务，为在全国各重点国有林区全面铺开棚户区改造工作创造条件。现就有关问题通知如下：

一、严格执行政策，确保突出重点

棚户区改造是国家保障性安居工程建设的重要组成部分。此次棚户区改造试点，要首先解决林场(所)中的住房特困户、低保户、五保户、优抚对象、因伤因病因灾致贫家庭的居住困难。各试点单位要按照"公开、公平、公正"的原则，提高工作透明度，对棚户区改造建设方案和新建住宅分配方案实行公示制度，接受广大职工的监督，确保最困难、最急需的职工率先享受到棚户区改造的成果。如发现利用棚户区改造工作之际搞以权谋私、损害群众利益的，要坚决停止该单位的试点资格，收回国家投资，并提请有关部门依照党纪政纪严肃处理。

二、部门通力合作，形成工作合力

棚户区改造工作是一项复杂的系统工程，政策性强，涉及面广，各试点省区林业(森工)、住房城乡建设和发展改革部门要高度重视，加强沟通协调，共同研究制定搞好试点工作的要求和措施，强化部门间通力合作，并在此基础上各司其职，协同推进。

按照国务院的部署和要求，试点省区林业(森工)部门是此次棚户区改造试点工作的责任主体和实施主体，各试点省区林业(森工)部门要按照"目标、任务、资金、责任四到省"的要求，对棚户区改造试点的资金使用、项目管理、建设进度、实施效果负总责。要会同本省区发展改革和住房城乡建设部门，编制报国家审批的实施方案，具体负责棚户区入户调查、拆迁、施工、检查竣工验收等相关实施管理工作等。

住房城乡建设主管部门会同林业(森工)、发展改革部门将棚户区改造纳入全省区住房保障规划，切实加强对棚户区改造项目拆迁、规划设计、施工、监理、竣工验收备案等环节的监督管理，保证工程质量。对纳入棚户区改造试点的项目，要优先予以受理，加快审批进度，确保计划按期完成。

发展改革部门负责会同林业(森工)、住房城乡建设部门审批棚户区改造项目可行性研究报告，审核年度计划建议方案，协调落实地方配套资金，分解下达明细计划，监督工程实施进展。

三、抓紧前期工作，加快实施进度

各试点省区林业（森工）部门，要抓紧组织开展相关前期准备工作，及时完成规划编制、施工图设计和用地计划、建设许可等审批手续。要充分尊重民意，在入户调查的基础上，做好拟改造棚户区的拆迁、安置等各项准备工作。各试点单位接到中央投资计划和财政预算后，要抓紧开展钢材、水泥、木材、玻璃等建筑材料以及相关设备采购，确保在2009年3月份前将新增中央专项资金全部形成实物工程量。

四、严格建设程序，确保工程质量

各试点单位要严格按照国家林业局批复的《2008年国有林区棚户区改造工程实施方案》和各省区发展改革委批复的《2008年国有林区棚户区改造工程可行性研究报告》所确定的建设地点、建设规模、建设内容组织实施。未经批准，任何单位和个人不得擅自变更建设地点、扩大或缩小建设规模，变更或调整建设内容。要严格实行项目法人责任制、招投标制，工程建设监理制、合同制等项制度。要严格实行施工图设计文件审查制度，全面提高勘察设计质量。勘察、设计要严格执行工程建设强制性标准，注重提高工程的科技含量，广泛使用新型墙体材料、推广节能省地型住宅设计，确保棚户区改造工程改造质量，满足居民入住使用基本功能要求，把棚户区改造工程建设成经得起历史考验、让党和政府放心、让群众满意的精品工程。

五、积极开展工作，落实配套政策

各试点省区要积极落实省级配套资金，国家将把省级配套资金落实情况作为安排今后年度棚户区改造投资的重要依据。要积极争取开发银行等金融机构政策性贷款，多渠道筹措棚户区改造资金。棚户区改造项目在土地、拆迁、税费、产权等方面参照当地城市、煤矿棚户区改造以及经济适用住房等相关政策执行。

六、强化检查监督，确保资金安全

各试点省区林业（森工）部门以及试点单位，要本着对党、对人民高度负责的精神，采取强有力措施，切实加强资金监管，确保投资效益和资金安全。棚户区改造建设资金要实行专款专用、单独核算，严防截留挪用、滞留不用和浪费建设资金，严禁以任何形式挤占、挪用，违规抵扣建设资金，特别是严禁将棚户区改造新增中央投资用于偿还以往债务和拖欠款。对违反规定的单位，将停拨资金、停止审批项目，并提请相关部门追究有关责任人的行政和法律责任。

国家林业局各驻在森林资源监督专员办事处要加强对棚户区改造资金使用、工程建设进度、工程建设质量、住宅分配方案等情况的监督监管。各省区林业（森工）部门要主动配合，及时按要求提供投资计划、资金使用会计凭证、工程建设方案、住宅分配方案等棚户区改造基本信息，接受国家林业局各驻在森林资源监督专员办事处的监督。

七、加强组织领导，及时总结反馈

搞好棚户区改造试点工作非常重要，各试点省区林业（森工）部门要切实加强领导，立即成立棚户区改造工作领导小组，并将领导小组名单报国家林业局备案。

各单位要强化对试点工作的管理，要结合本地实际积极开展多种形式的试点示范，及时总结经验教训，为今后国有林区棚户区改造工作全面铺开、国有林场危旧房改造试点工作开展奠定基础。各地要于12月30日前，将2008年试点工作进展情况报国家林业局、住房城乡建设部、国家发展改革委。要加强对棚户区改造工程进度的监控管理，建立信息反馈月报制度，各试点单位要于每月30日前将工程进度以及相关信息上报国家林业局，直至试点工作圆满结束。

国家林业局
住房城乡建设部
国家发展改革委
2008年12月8日

国家林业局关于印发《油茶种苗质量管理规定》的通知

林场发［2008］253号

各省、自治区、直辖市林业厅（局），内蒙古、吉林、龙江、大兴安岭森工（林业）集团公司，新疆生产建设兵团林业局：

为了加强油茶种苗质量管理，确保油茶产业发展建设质量，根据《中华人民共和国种子法》、《林木种子质量管理办法》等法律法规的规定，我局制定了《油茶种苗质量管理规定》，现印发给你们，请遵照执行。

附件：油茶种苗质量管理规定

国家林业局
2008年12月15日

附件　油茶种苗质量管理规定

第一条　为加强油茶种苗质量管理，确保油茶产业发展建设质量，根据《中华人民共和国种子法》、《林木种子质量管理办法》等法律法规的规定，制定本规定。

第二条　本规定适用于国家投资或者国家投资为主的油茶新造林项目的种苗质量管理。

第三条　县级以上林业主管部门负责本辖区内油茶种苗质量的监督管理工作。

第四条　油茶种苗生产推行“定点采穗、定点育苗、定单生产、定向供应”的原则。建圃使用的材料为通过国家级或者省级林木品种审定委员会审（认）定的油茶良种。

第五条　油茶采穗圃应具备的基本条件：

（一）土地权属清楚，具有独立法人资格和承担民事责任的能力；

（二）具有一定的生产规模，面积一般不小于20亩；

（三）建圃使用的材料（无性系、品种）来源清楚，建立定植图和其他技术档案；

（四）具有与其相适应的专业技术人员和管理人员；

（五）具有省级林业主管部门核发的林木种子生产、经营许可证。

第六条　油茶良种嫁接苗生产点应具备的基本条件：

（一）土地权属清楚，具有独立法人资格和承担民事责任的能力；

（二）选用通过国家级或省级林木品种审定委员会审（认）定的油茶良种进行采穗、育苗；

（三）具有相对稳定的专业技术人员和种苗质量检验人员及管理人员；

（四）交通便利，土壤肥沃，适宜于油茶苗木生长，属于无检疫对象苗圃；

（五）管理规范，规模经营，育苗地面积不小于20亩；

（六）具有省级林业主管部门核发的林木种子生产、经营许可证。

第七条　省级林业主管部门根据本地区油茶发展规划和造林任务，对辖区内符合本规定第五条、第六条规定的种苗生产单位择优确定油茶采穗圃和油茶良种嫁接苗生产点。由油茶种苗生产者和使用者签订生产供应合同，按照供需双方合同约定，实行订单生产。

确定油茶采穗圃、油茶良种嫁接苗生产点的程序：县级林业主管部门组织当地种苗生产者提出书面申请，地级林业主管部门审核，报省级林业主管部门审批。

第八条　油茶种苗生产经营者应当按照《林木种子生产、经营档案管理办法》规定建立档案，填写《林木种子生产档案表》和《林木种子经营档案表》。

第九条　油茶种苗生产者应当执行国家标准、行业标准或者地方标准，进行苗木质量检验，填写检验证书。

第十条　县级以上地方林业主管部门应加强对从不同生态区域引进油茶种苗的管理。油茶引种必须遵守《中华人民共和国种子法》第十六条的规定。

第十一条　油茶种苗生产经营单位销售的种苗，必须经自检合格，并按照《林木种子包装和标签管理办法》规定附有标签。

第十二条　县级林业主管部门应当加强对油茶采穗圃、油茶良种嫁接苗生产点的监督管理，组织林木种苗质量检验机构对其生产经营的穗条、苗木进行抽检。

第十三条　对生产经营不合格油茶种苗生产者，县级以上林业主管部门予以通报，省级林业主管部门取消该单位作为油茶种苗定点生产单位的资格；对使用不合格油茶种苗的造林的单位，当地林业行政主管部门应当责令重造。

第十四条　对弄虚作假，以次充好，以普通品种冒充优良品种欺骗使用者的，不如实填写林木种子生产、经营档案的，不按规定附有质量检验证和标签的种苗生产经营者，由县级以上林业主管部门依照《中华人民共和国种子法》以及《林木种子质量管理办法》等有关法律法规进行查处。

第十五条　本规定由国家林业局负责解释。

第十六条　本规定自二〇〇九年一月一日起施行。

国家林业局关于进一步加强象牙及其制品规范管理的通知

林护发［2008］258号

各省、自治区、直辖市林业厅（局），内蒙古、吉林、龙江、大兴安岭森工（林业）集团公司，新疆生产建设兵团林业局：

象是国际高度关注的濒危物种。正确处理好象保护与象牙合理利用的关系，对维护我国象牙雕刻传统工艺这一国家非物质文化遗产的传承和可持续发展，具有十分重要的意义。为兼顾象保护和象牙雕刻传统工艺的传承，我国在强化象牙加工销售规范化管理和执法监管等方面逐步探索、实施了一系列措施，建立起象牙雕刻品定点加工、定点销售、统一标识管理制度及信息系统，有力遏制了走私及非法加工销售象牙及其制品的犯罪势头，成效显著，并得到国际社会主流的认可，最终促使2008年7月《濒危野生动植物种国际贸易公约》(以下简称《公约》)第五十七次常委会批准我国可以从南非、纳米比亚、博茨瓦纳、津巴布韦四国一次性购买和进口其政府库存象牙原料，为解决我国象牙雕刻传统工艺面临的原料紧缺问题奠定了基础。

但必须看到，我国获得合法进口象牙原料地位后，国际社会必然进一步关注我国象牙加工销售管理及执法监管状况，也要求我国在国际象保护事务中更好地履行义务。另一方面，还要防止原料在短期内消耗殆尽、危及象牙雕刻传统工艺的可持续发展。对此，为切实处理好象保护、象牙原料合理利用及象牙雕刻传统工艺可持续发展之间的关系，经认真研究，现就进一步强化象牙及其制品加工经营管理有关事项通知如下：

一、明确非洲象保护管理级别。按照《陆生野生动物保护实施条例》第二十四条规定，现将非洲象核准为国家一级保护野生动物。对其活体及其产品，按原产我国的国家一级保护野生动物及其产品进行管理。

二、全面核查库存象牙原料及其制品。各省级林业主管部门要在近期内对本区域内有关单位和个人库存象牙原料及其制品情况进行一次全面调查，对保管点、责任人、数量及来源情况逐一登记造册，经核实后于2009年3月1日前报送我局。特别是要强化监管进口原料，在其入境后在省级林业主管部门和我局委托的技术检测机构的监督下，逐一实施标准化封装和登记注册。对各地象牙原料统计、注册情况，我局将组织抽查，确保对上述象牙原料或其制品的严格监管。

三、对象牙加工经营活动开展清理整顿。为提高全行业象牙雕刻工艺水平和进一步强化对象牙加工经营活动的规范管理，我局决定自即日起到2009年3月底开展一次全面清理整顿，一是象牙加工企业须于2009年3月底达到以下条件或标准：象牙加工场所面积不小于50平方米，且工作台、设备、灯光等配置合理、整洁、安全，流程科学；有独立、安全、具备必要温湿条件的象牙原料保存场所，且记录台账清晰明了、不可更改；注册资金达到200万元；具有中高级职称的技师不少于2人；建立了规范的管理制度，具有长期发展的规划，且科学合理可行。对届时未能达到上述条件和标准的企业，将不再批准其购进象牙原料。二是要求象牙制品销售单位，具备供货渠道、适宜的销售场所及专用柜台，并严格按要求在醒目位置摆放象牙定点销售标志牌；建立了规范的管理制度，工作人员能对象牙制品标识作出正确说明和解释。对届时未能达到上述条件和标准的单位，各象牙加工企业应停止向其供货。三是企业工作人员均按照《劳动合同法实施条例》的规定办理相关手续。四是对存在涉嫌走私、非法出售、收购、运输、加工、销售象牙及其制品的，一经查实，依法查处。按照上述要求，各省级林业主管部门，要立即对本区域内象牙加工销售情况进行一次全面核查，于2009年5月1日前将核查情况和象牙加工企业及销售单位的材料一并上报我局，我局将适时抽查，并对清理整顿后企业情况进行评审和公告。

四、严格控制新增象牙加工企业和象牙制品销售点。在象牙原料紧缺的情况下，为维护象牙雕刻传统工艺的可持续发展，对象牙加工经营规模要实施严格控制，原则上不再新增象牙加工企业，新增象牙制品销售点也要根据本区域经济社会状况和监管能力，按照“控制规模，合理布局”的原则，从严掌握，因特殊情况，需要新增象牙加工企业或象牙制品销售点的，都必须符合本通知第三条规定的条件，并提交符合条件的有效文件或材料以及象牙原料或制品来源证明，经省级林业主管部门综合平衡后，报我局统一评审。经评审符合条件和标准的，我局将统一公告。

五、进一步完善象牙制品标识管理试点措施。为确保对象牙制品的严格监管，所有象牙制品须加载“中国野生动物经营利用管理专用标识”方可出售、陈列、展览或申办允许出口证明书，并按照象牙制品分类标准使用专用标识，做到“一物(制品)一标(标识)、物标同行”。按照《公约》规定，利用从非洲四国进口的象牙原料加工生产的象牙制品不得再次出口，因此，对这类象牙制品，在加载“中国野生动物经营利用管理专用标识”时，须明确加注“禁止出口”的字样。象牙制品定点销售场所还要摆放定点销售、警示用语标牌，散发宣传卡，确保消费者了解国家相关政策，自觉遵守国家规定。

六、严格限定象牙原料年度消耗量，优化原料配置机制。今后相当长时间内我国将难以补充象牙原料。为防止我国现有库存的及进口的象牙原料在短期内消耗殆尽，每年度全国象牙原料消耗总量原则上将控制在5吨以内，确保维持象牙雕刻产业15~20年的原料需求。行业协会推荐的象牙原料进口企业或有库存象牙原料的企业，要从维护行业可持续发展的大局出发，拟定原料出售或调配计划、合理价格，分期分批向我局申请行政许可，经科学评审通过和批准后方可实施。象牙加工企业，须于每年5月15日前按照行政许可有关规定，向我局申请本年度(当年7月

1日至次年6月30日)利用象牙原料计划，经统一评审，我局将依据科学评审意见作出行政许可决定。

七、健全象牙原料及其制品信息管理系统。为强化对象牙原料及其制品的监管，防止从非洲四国进口象牙原料经加工后再出口的情况，要进一步完善象牙信息管理系统，对从非洲四国进口的象牙设立专门的数据库，对经标准化封装和登记注册的进口原料在国家和企业两级建立相互衔接的核销制度，确保象牙制品的标识与核销的象牙原料相吻合，实现对象牙原料及其制品的动态跟踪和监控。

对个人保存及合法进口的象牙及其制品经核实来源，确认合法有效后方可予以注册标识，并纳入信息库进行管理。

象牙及其制品标识技术服务机构，还要加强“象牙及其制品网络查询系统”建设，便利公众或执法机构、管理机构的查询和准确掌握相关信息。

八、加强行业自律，提升雕刻工艺水平。行业协会应当充分发挥引导和带头作用，协助主管部门开展相关工作，积极提供政策咨询、维护企业合法权益、引导合法竞争，维护市场秩序。进一步加强象牙雕刻技艺的研究和交流，提高工艺水平，集中力量创作艺术精品和佳作，培养一批艺术大师，逐步形成各有所长、优势互补的良好发展格局，使具有悠久历史的我国象牙雕刻传统工艺得以发扬光大，并不断创新。

九、完善执法合作机制，加大宣传力度。针对仍然存在的通过互联网或在古玩市场、收藏品市场、宾馆饭店商场、机场商场等场所非法销售象牙制品等行为，各级林业主管部门要会同公安、文化、海关、工商等部门加强执法检查和宣传，在情况严重的区域要适时组织专项治理行动，切实遏制走私及非法加工经营象牙及其制品的犯罪势头。对上述执法工作中，各企业、经销点要积极配合，及时举报非法活动动向，提高执法效率。此外，为履行《公约》相关义务，各地应及时将有关执法信息汇总上报，以加强与相关国际组织的交流和实施国际共同打击行动。对违反有关规定的，将依法追究法律责任。

以上通知，请遵照执行。

国家林业局

2008年12月16日

国家林业局关于开展森林采伐管理改革试点工作的通知

林资发[2008]263号

各省、自治区、直辖市林业厅(局)，内蒙古、吉林、龙江、大兴安岭森工(林业)集团公司，新疆生产建设兵团林业局：

森林采伐管理是我国林业管理制度的重要组成部分。20世纪80年代以来，我国采取了一系列的措施强化林木采伐管理，形成了一套较为严格的森林采伐管理体系，对保护森林资源起到了重要作用。随着社会主义市场经济体制的不断完善，集体林权制度改革和现代林业建设的不断深入，现行的森林采伐管理与落实林农处置权的要求和森林经营的矛盾日益突出，特别是采伐申请程序复杂、渠道不畅，指标分配不合理、不及时，影响了正常的森林经营，亟待改革完善。为贯彻落实《中共中央国务院关于全面推进集体林权制度改革的意见》(中发[2008]10号)精神，进一步完善森林采伐管理机制，切实巩固集体林权制度改革成果，促进森林可持续经营，加快现代林业建设，我局决定，开展森林采伐管理改革试点工作。现将有关事项通知如下：

一、森林采伐管理改革试点的重要意义

森林采伐管理改革是全面推进集体林权制度改革的必然要求，是全面推进现代林业建设的战略举措，是全面推进森林可持续经营的现实需要，是林业改革的重要组成部分。集体林权制度改革后，林业的生产关系发生了重大变化，广大林农拥有了林地承包经营权和林木的所有权，渴望明晰的经营权和处置权；同时，森林经营主体的落实，也为全面提升森林经营水平提供了重要条件。抓住这一机遇，建立与现代林权制度相适应的森林采伐管理新机制，对保障生态安全，释放林业生产力，实现生态受保护、林农得实惠，促进广大林区的和谐发展具有重要意义。

森林采伐管理改革涉及面广、影响深远，不仅关系到森林经营者的权益，还关系到林区的生态安全和全国林业的健康发展。先行开展试点工作，积极探索改革中可能出现的各种问题及解决办法对保障全面改革的顺利进行具有重要作用。各省级林业主管部门必须进一步解放思想，更新观念、创新机制，以森林可持续经营管理为主线，统筹兼顾森林的多种效益，把握好集体林权制度改革的进程，根据本地区的实际情况，适时开展森林采伐管理改革试点工作。

二、森林采伐管理改革试点工作的指导思想、基本原则和总体目标

森林采伐管理改革试点工作必须以《中共中央国

务院关于加快林业发展的决定》和《中共中央国务院关于全面推进集体林权制度改革的意见》精神为指导，全面贯彻落实科学发展观，坚持严格保护、积极发展、科学经营、持续利用森林资源的基本方针，以森林可持续经营为主线，以森林资源数量增长、质量提高、结构优化为目标，不断创新经营和管理机制，充分调动森林经营者发展林业的积极性，全面提升森林经营管理水平。

在改革试点工作过程中，必须坚持统筹生态管理与落实森林处置权的原则，确保生态受保护，林农得实惠；坚持分类指导、循序渐进的原则，确保改革有序展开；坚持依法经营、规范管理的原则，确保方便林农，依法行政；坚持可持续经营的原则，确保提高森林经营水平。

通过试点，在试点单位构建管理公正透明、经营科学有序、管理与经营相协调的森林采伐管理新机制，逐步建立起以森林分类经营为主线，县级森林经营规划为指导，森林经营方案为载体，小班经营为单元，多种经营模式为支撑的森林可持续经营新体系，最终实现森林采伐由指标控制向森林可持续经营管理转变，为全面改革提供理论框架和实践基础。

三、森林采伐管理改革试点的重点内容

根据当前森林经营管理中存在的突出问题和加强林木采伐管理基础工作的实际需要，改革试点主要围绕下列重点内容展开。

（一）改革森林采伐限额管理，探索森林资源消耗管理的新途径。在坚持森林采伐限额制度和基本原则的前提下，进一步优化采伐限额管理机制。森林采伐限额管理范围可确定为规划林地上的各类林木，其他林木采伐可不纳入采伐限额管理。对规划林地上的林木，建立以森林经营方案为基础的森林采伐限额管理体系。已编制森林经营方案的，要按照森林经营方案确定的森林经营活动测算核定森林采伐限额；未编制森林经营方案的，可按照用材林的消耗量低于生长量和科学经营的原则宏观测算核定森林采伐限额，平衡控制森林采伐总量。

简化森林采伐限额指标结构，经国务院批准，各省、自治区、直辖市分解下达的“十一五”期间的年森林采伐限额可实行总量控制，也可以根据本地区森林资源保护管理和森林经营的实际需要由各省、自治区、直辖市重新设置分项限额。对年度木材生产计划实行备案制。

（二）改革森林采伐管理方式，探索建立森林采伐分类管理的新机制。规划林地上的林木，已编制森林经营方案的，按照森林经营方案分配采伐指标，批准采伐申请，核发林木采伐许可证；未编制森林经营方案的，按照森林资源所占份额和分类排序的原则安排采伐指标，批准采伐申请，核发林木采伐许可证。

其他林木，对具有特定防护功能的林带、片林，可以县为单位，按照全面建设、适时更新的原则，统一规划，实行以规划控制为主导的林木采伐管理机制。各树种的更新采伐年龄和采伐更新方式由省级林业主管部门按照兼顾防护效益和经济效益，统筹景观控制和局部利用的原则合理确定。在确保更新的前提下，对符合更新采伐条件的林木采伐申请，林业主管部门及时核发林木采伐许可证。对群众因调整种植结构等自发营造的林木，可由森林经营者自主经营，对申请采伐的，林业主管部门及时核发林木采伐许可证。

（三）简化林木采伐管理环节，探索建立森林采伐高效管理的新模式。森林经营者需要采伐林木的，可以向乡镇林业工作站提出申请，也可以直接向县级林业主管部门提出申请，取消其他各类中间审核环节。简化伐区调查设计，对商品林实施简易伐区调查设计，实行皆伐作业的，以面积控制为主，实行择伐作业的以蓄积控制为主。对符合设计要求的，可按实际采伐量核销采伐限额指标。

（四）加强科学经营管理指导，探索建立森林可持续经营管理的新体系。一是编制县级森林可持续经营规划。根据对森林功能的需求和森林资源的特点，进一步细化森林功能分区，控制不合理的经营安排，引导最佳森林培育模式，形成森林可持续经营的基本构架。二是在县级森林可持续经营规划的总体框架下，按照广大林农能接受，林业部门可操作和具体实施简易实用的原则，加快编制森林经营方案，使各类森林经营主体编制的森林经营方案所拟定的森林经营模式和森林经营活动与森林可持续经营规划相衔接。三是开发多种森林可持续经营模式，针对不同区域、不同森林结构和功能以及不同经济发展水平等特点，开发相应的森林可持续经营模式。通过以上三项工作，初步构建县级森林可持续经营的总体框架。

四、森林采伐管理改革试点的范围和审批程序

森林采伐管理改革试点主要在集体林权制度改革主体改革任务已经完成、管理工作到位的省、自治区、直辖市以县(市)为单位展开。其他省、自治区、直辖市可以结合集体林权制度改革，选择少数县(市)同步进行。试点工作从2009年开始，2010年底进行全面总结。拟进行森林采伐管理改革试点的省（区、市），可结合自身实际，制定试点方案，明确试点范围、试点内容、试点目标、试点期限、政策界限等，报我局批准。在此基础上，以县(市)为单位制定详细的实施方案，由省、自治区、直辖市林业主管部门批准后实施。

五、森林采伐管理改革试点的组织领导

森林采伐管理改革政策性强、涉及面广、技术要求高，需要积极稳妥、循序渐进地推进。各级林业主管部门应将森林采伐管理改革试点纳入当前林业工作的重要内容，成立专门领导小组，组织强有力的工作机构，研究、部署和组织开展试点工作。要结合集体林权制度改革，组织调研，了解不同区域和不同经营主体森林经营管理水平以及对森林采伐管理制度改革的需求，分析当前森林采伐管理对森林资源可持续经营和建立“三大体系”的影响，提出改革的具体内容和试点范围，制定有针对性的改革措施和模式。试点过程中要积极协调、认真解决改革中出现的新问题；要落实工作目标责任制度，明确工作职责，确保改革工作落到实处；要进一步建立和完善相关管理规范及技术规程，使森林采伐管理改革试点工作始终依法进行、规范操作。

国家林业局

2008年12月22日

国家林业局办公室关于认真学习贯彻落实回良玉副总理重要批示和全国林业厅局长会议精神的通知

办发字[2008]2号

各省、自治区、直辖市林业厅(局)，内蒙古、吉林、龙江、大兴安岭森工(林业)集团公司，新疆生产建设兵团林业局，各计划单列市林业局，国家林业局各司局、各直属单位：

1月13日，中共中央政治局委员、国务院副总理回良玉同志对林业工作作出重要批示，充分肯定了2007年林业工作取得的成绩和2008年林业工作思路，对当前和今后一个时期的林业工作提出了新的更高要求。1月14~15日，我局在北京召开全国林业厅局长会议，认真传达学习了回良玉副总理重要批示精神，回顾总结了2007年林业工作，全面分析了形势，安排部署了2008年林业工作。为深入学习贯彻落实回良玉副总理重要批示和全国林业厅局长会议精神，现通知如下：

一、要高度重视，提高认识。回良玉副总理的重要批示充分体现了党中央、国务院对林业建设的高度重视，充分体现了对全国林业建设者的亲切关怀，充分体现了对林业改革与发展的殷切期望。这次全国林业厅局长会议是在全面贯彻党的十七大精神，深入落实科学发展观的新形势下召开的一次十分重要的会议。认真学习、深刻领会回良玉副总理重要批示和全国林业厅局长会议精神，对准确把握当前林业形势，履行好生态文明建设重大使命，全力推进现代林业建设又好又快发展，具有十分重要的意义。各地各单位一定要高度重视，精心组织，提高认识，把传达学习、贯彻落实工作抓好抓实。

二、要及时汇报，形成合力。各地林业部门要及时主动向省区市党委政府汇报，让省区市党委政府全面了解和掌握党中央、国务院对林业改革与发展的最新精神，进一步引起各地党委政府对林业改革的关心、重视和支持，进一步采取措施，加强对林业工作的领导，形成全面推进现代林业建设的合力。

三、要认真学习，深刻领会。各地各单位要认真传达学习宣传会议精神，深刻领会精神实质，使每一位林业建设者都能充分认识当前林业面临的新形势、肩负的新使命，明明白白地知道林业工作的总体要求和具体部署，切实把林业建设者的思想认识统一到会议精神上来。同时，要以多种形式加大宣传力度，把这次会议精神宣传到有关部门与社会各界，使全社会进一步了解林业在建设生态文明中的重大作用和特殊使命，营造林业发展的良好氛围。要大力宣传这次会议表彰奖励的先进集体和先进个人，大力弘扬艰苦奋斗、无私奉献的务林人精神，用榜样的力量凝聚人心，振奋精神，鼓舞士气，推动发展。

四、要切实落实，确保实效。各地各单位要在认真学习领会精神的基础上，紧密结合各自实际，研究制定贯彻落实的具体措施和实施步骤，将重点工作明确落实责任人、明确落实时限，确保落实到位。各地各单位要将贯彻落实情况及时报我局办公室。

请各地各单位将传达学习情况和贯彻落实的具体措施于2月底前报我局办公室，我局将以适当形式进行刊载和通报。各地通过国家林业局综合办公电子传输系统(办公专网)的信息口，各司局、各直属单位以电子邮件方式报送。

特此通知。

国家林业局办公室

2008年1月18日

国家林业局办公室关于印发《国家林业局门户网站内容保障管理办法》的通知

办发字[2008]8号

国家林业局各司局、各直属单位：

为加强我局门户网站(以下简称门户网站)建设

与信息安全管理，保障门户网站各级栏目的正常运行，确保栏目信息内容的全面性、准确性和时效性，依据国家有关法律法规和国家林业局有关规章制度，我局制定了《国家林业局门户网站内容保障管理办法》，现予印发，请遵照执行。执行过程中有何意见和建议，请及时反馈局办公室。

附件：国家林业局门户网站内容保障管理办法

国家林业局办公室

2008 年 3 月 3 日

附件　国家林业局门户网站内容保障管理办法

第一章　总　则

第一条　为加强国家林业局门户网站(以下简称门户网站)建设与信息安全管理，保障门户网站各级栏目的正常运行，确保栏目信息内容的全面性、准确性和时效性，依据国家有关法律法规和国家林业局有关规章制度，制定本办法。

第二条　门户网站建设、运行、维护及信息管理工作，统一在国家林业局信息化与电子政务工作领导小组领导下，由国家林业局信息化与电子政务工作领导小组办公室(以下简称办公室)负责组织实施。

第三条　门户网站栏目内容分别由各司局、各直属单位共同保障，实行分工协作、共建共享。各级栏目建设与维护按照“谁建设、谁运行、谁管理、谁负责”的原则进行管理。

第二章　栏目信息管理

第四条　各司局、各直属单位要明确分管处室并指定信息联络员，根据本司局、本单位工作实际及时发布栏目信息。各司局、各直属单位信息联络员要相对固定，特殊情况需调整时要做好工作交接，并于 2 个工作日内告知办公室。

第五条　各司局、各直属单位要及时采集、编写、审核、更新和管理各栏目信息，并保证信息发布及时、准确。一般类政务信息要在 2 个工作日内上网发布，有特殊情况的政务信息可延长时间，但一般应在 3 个工作日内发布。鼓励发布图片、图表信息。

第六条　按照“谁发布、谁管理”的原则，各司局、各直属单位要加强对已经发布信息的管理，对已经发生变化的信息要及时更新，对错误信息要及时纠正。

第七条　由办公室负责对网站信息维护情况进行总体监控，负监督责任，各司局、各直属单位对信息维护负主要责任。

第三章　栏目动态管理

第八条　对一级栏目和二级栏目实行动态管理，每半年评估一次。办公室将于每年 7 月下旬和次年 1 月分别对门户网站一级和二级栏目进行评估，并将评估结果在全局范围内进行通报。

第九条　结合评比结果，一级栏目半年加载或更新信息条目少于 50 条的予以取消，50 ~ 80 条给予警告，连续两次警告的予以取消，80 条以上的予以表扬。

第十条　结合评比结果，二级栏目半年加载或更新信息条目少于 20 条的予以取消，20 ~ 40 条给予警告，40 条以上的予以表扬。连续两周没有信息加载或维护的予以取消。

第四章　纪　律

第十一条　未经本司局、本单位负责人审批的信息不得在门户网站发布。擅自发布信息，造成恶劣影响的，依法依规追究相关单位及维护人员的行政责任甚至法律责任。

第十二条　各司局、各直属单位要加强网络信息安全教育。涉及国家秘密、工作秘密、个人隐私的信息一律不得上网。发生涉密信息上网的，要按照国家保密法规和国家林业局有关制度予以追究责任。

第十三条　不得越权使用信息维护功能，不得冒用其他单位或个人名义发布信息。

第五章　附　则

第十四条　办公室定期对各司局、各直属单位报送信息的数量、质量等综合情况进行通报。

第十五条　本办法由办公室负责解释。

第十六条　本办法自颁发之日起施行。

国家林业局办公室关于建立抗震救灾工作信息报送制度的紧急通知

办发字[2008]28 号

河北、山西、内蒙古、江苏、安徽、江西、山东、河南、湖北、湖南、广西、重庆、四川、贵州、云南、陕西、甘肃、宁夏、青海省、自治区、直辖市林业厅(局)，国家林业局各司局、各有关直属单位：

为畅通信息渠道，及时、准确、全面掌握各地抗震救灾工作情况，按照国家林业局抗震救灾工作领导小组的要求，现就建立抗震救灾工作信息报送制度有关事项通知如下：

一、报送信息内容

（一）各省（含自治区、直辖市，下同）林业系统地震（含次生灾害）灾情，采取的措施，救灾工作进展情况，存在的困难和问题等。各司局、各有关直属单位贯彻落实局党组和局抗震救灾工作领导小组部署和要求采取的措施等。

（二）与林业抗震救灾工作相关的省部级领导指示批示、会议材料、各类文件、工作简报、宣传材料、专题报告、调研报告、总结报告、图片报表、音像资料等。

（三）抗灾救灾工作中涌现出的先进典型，包括典型案例、成功经验、先进单位和个人事迹等。

二、建立和完善信息报送制度

（一）建立信息定期报告制度。根据各地林业抗震救灾工作进展情况，要求定期报送以上信息。从5月20日起，四川省每天报送一次，甘肃、陕西、重庆、云南、贵州省两天报送一次，其他省和各司局、各有关直属单位每周至少报送一次。

（二）建立抗震救灾工作值班制度。要求建立各地抗震救灾信息员值班制度，信息员和相关同志手机24小时处于开机状态。

（三）突发事件快速报告制度。针对抗震救灾中出现的突发事件，各地要迅速组织形成专题信息，快速上报，最迟不超过6个小时。

三、几点要求

（一）各地各单位在主管领导审批后，由信息员于当日15时前报送信息。信息员可由抗击雨雪冰冻灾害工作信息员继续担任，若有调整及时上报。

（二）信息报送要规范。信息内容包括标题、主送单位、正文、报送单位或部门名称、报送日期、签批人、编辑人姓名、联系电话等。

（三）涉密信息须按国家规定报送。

（四）各类信息请报到国家林业局抗震救灾工作领导小组办公室。

特此通知。

国家林业局办公室
2008年5月19日

国家林业局办公室关于加强森林资源清查中林地变化情况调查的通知

办资字[2008]45号

内蒙古、福建、河南、海南、青海省、自治区林业厅（局），中国内蒙古森林工业集团有限责任公司，国家林业局各直属林业调查规划设计院：

林地是林业和生态建设的基础，其发展变化对林业宏观决策与管理具有重要影响。为准确掌握林地变化动态及其原因，客观反映林业生态建设成就，近期，我局资源司组织专家对林地变化，特别是由非林地变为林地的情况进行了认真研究，初步确定了在森林资源清查中暂不按林地调查记载的具体类型，现通知如下：

一、依据地方公益林区划由非林地变为林地，无省级以上人民政府关于地方公益林的批复文件，且无县级以上人民政府规划依据或相关技术认定的；

二、各林业建设工程规划区内，无县级以上人民政府规划依据或林权证明，由非林地变为宜林地的；

三、根据县级以上人民政府有关文件实施封山禁牧措施，但无落实到山头地块的封山育林规划或林权证等证明，且未实施营造林措施的；

四、弃耕撂荒、工矿废弃地等，尚未恢复森林植被，且无县级以上人民政府规划依据或林权证明的。

请你们在2008年的森林资源清查工作中，按照上述要求，结合实际，切实加强样地地类和林地变化的调查，准确记载林地变化原因，并及时收集有关林地变化的依据和证明材料，确保林地变化的合理、合法。请将执行过程中遇到的问题及时反馈我局资源司。

国家林业局各直属林业调查规划设计院要加强林地变化调查的指导检查，深入分析林地变化原因，确保清查成果客观反映林地变化情况和林业生态建设的实际。

特此通知。

国家林业局办公室
2008年7月1日

国家林业局办公室关于进一步做好机关节能减排工作的通知

办发字[2008]57号

国家林业局各司局、各直属单位：

为认真贯彻落实党中央、国务院关于加强机关节能减排工作的重要精神，按照国务院机关事务管理局、中央直属机关事务管理局的要求，现就进一步做好局机关节能减排工作通知如下：

一、进一步提高对做好机关节能减排工作重要性的认识

加强节能减排工作是贯彻落实科学发展观、构建社会主义和谐社会的重大举措，是建设资源节约型、环保友好型社会的必然选择，是维护中华民族长远利益的必然要求。近年来，党中央、国务院相继做出了一系列重大部署，动员号召全国上下和各地各部门切实做好节能减排工作，实现经济社会又好又快发展。机关节能减排工作也列入了重要议事日程。国务院机关事务管理局、中央直属机关事务管理局为此专门提出了明确要求。各司局、各直属单位一定要从战略和全局的高度充分认识做好机关节能减排工作的重要性，进一步统一思想，加强管理，采取措施，组织带领广大干部职工，以实际行动切实抓好节能减排工作。

二、落实各项具体措施，切实加强局机关节能减排工作

（一）强化节油措施，确保节约油耗20%

1. 严格控制公务用车使用。除安全、保密和外事等方面的重要公务活动和会议外，严格控制使用公务用车，确需使用的要严格审批程序。短距离外出办理公务尽量乘坐公共交通工具或骑自行车。

2. 严格车辆配备。严格执行公务用车经费预算，严禁超标准配车、更新公务用车，未经批准不得购置公务用车。

3. 严格车辆使用管理。公务用车实行统一管理，严格落实出车登记制度，控制节假日等非工作时间用车和私人用车。实行公务用车定点加油和“一车一卡”加油制度。实行单车核算和油料限额管理，并定期公示油耗和运行费用支出。

（二）加强用电管理，实现节电5%

1. 严格控制空调温度和关闭时间。办公楼夏季室内温度设置不低于26℃，冬季不高于20℃，杜绝开空调同时开窗的现象。办公楼空调每日上午9时开启，下午4时关闭，节假日不开空调。

2. 节约照明用电。充分利用自然光，适当减少办公室及公共区域照明灯具的数量，办公室、楼道自然光充足的不开灯，杜绝白昼灯和拉窗帘开灯的现象，做到人走灯灭、随手关灯。早7时前，晚6时后关闭楼道灯。卫生间和盥洗室照明灯采用声控装置，地下车库和人防空间增加反光设施，停止办公区和宿舍区全部景观照明。加强楼内检查巡视，发现问题及时纠正。

3. 节约设备用电。减少办公楼电梯运行数量，低峰期中部电梯开行2部，南部电梯开行1部，其余停驶，提倡走楼梯上班。电热水器实行自动定时，早5时30分开启，晚10时关闭。及时关闭计算机、打印机、复印机等用电设备。

4. 加强节电改造和用电管理。会议室、楼道等公共场所应使用节能灯具。对有独立核算的企事业单位和职工集体宿舍实行分区域和单元供电，单独计量并采用IC卡预付电费方式收费。进一步强化设备用电台账和巡回检查制度，规范设备操作规程和运行参数，发现耗电异常及时解决，做到维修不过夜，大修不拖期。加强用电设备节电技术改造，淘汰高耗能设备，积极选用节能环保的新技术和新设备。

（三）抓好节水节气工作，降低运行成本

1. 节约用水。办公楼卫生间、开水间等公共部位采用节能陶瓷芯片水龙头和延时自闭阀。加强对长流水等现象的监督检查，及时发现及时纠正，杜绝跑冒滴漏。绿地和景观环境用水尽量使用收集的雨水和符合水质要求的再生水，并采用喷灌、微灌、滴灌等节能措施，禁止用自来水涌灌。严禁使用高压清洁水冲洗车辆。加强食堂用水管理，做好测算，有所限制，杜绝浪费。

2. 节约燃气。办公区和职工住宅区的12台锅炉采用全自动温控装置，根据每日天气变化，控制炉里水温和供暖时间。提高管理人员和司炉工的专业水平，强化供暖节气措施，做到科学管理，降低能耗。

各直属单位要按照我局的统一部署要求和上述做法，结合本单位实际，研究制定具体的节能减排措施，以上下联动，形成合力，共同创造节能减排的良好氛围，为建设资源节约型和环境友好型社会作出积极贡献。有关情况请及时报送我局。

特此通知。

国家林业局办公室

2008年7月25日

国家林业局办公室关于统一送达行政许可决定文书的通知

办策字[2008]90号

各省、自治区、直辖市林业厅(局)，内蒙古、龙江、大兴安岭森工(林业)集团公司，新疆生产建设兵团林业局：

为了进一步落实行政许可“便民、高效”原则，规范行政许可文书送达行为，我局决定从2009年1月1日起由国家林业局行政许可工作管理办公室(以下简称“国家林业局许可办”)负责统一送达准予或不予行政许可决定书(含证书)(以下简称“许可决定文书”)。现将有关事项通知如下：

一、国家林业局许可办负责将许可决定文书直接寄送申请人和相应的省级林业主管部门。各省级林业主管部门行政许可(审批)受理大厅(窗口)、法制工作机构或办公室(以下简称“许可窗口”)负责统一接收许可决定文书。

二、行政许可申请人在递交林业行政许可申请时需提供详细的通信地址、邮政编码及联系电话；各省级林业主管部门在初审有关申请材料时，应要求申请人提供通信地址及联系电话；国家林业局行政许可承办单位在办理《国家林业局行政许可项目签报单》时，需增加申请人通信地址、邮政编码和联系电话的内容。行政许可申请人未提供通信地址的，许可决定文书将直接寄送各省级林业主管部门许可(审批)受理大厅(窗口)(具体情况详见附件)，由申请人到各省级林业主管部门许可(审批)受理大厅(窗口)领取。

三、申请人需要到国家林业局当场领取许可决定文书的，统一到国家林业局许可办办理相关手续。

四、本通知执行过程中的相关问题，请随时向我局反映。

附件：各省级林业主管部门行政许可统一送达地址列表(略)

国家林业局办公室
2008年11月26日

国家林业局办公室关于印发《国家林业局政府采购管理实施办法》的通知

办计字[2008]92号

国家林业局各司局、各直属单位：

为进一步规范政府采购行为，完善和规范政府采购运行机制，依据《中华人民共和国政府采购法》和有关制度规定，我局研究制定了《国家林业局政府采购管理实施办法》，现印发给你们，请认真遵照执行。

附件：国家林业局政府采购管理实施办法

国家林业局办公室
2008年11月26日

附件　国家林业局政府采购管理实施办法

第一章　总　则

第一条　为加强国家林业局机关和直属单位(以下简称“各采购单位”)政府采购管理工作，完善和规范政府采购运行机制，根据《中华人民共和国政府采购法》(以下简称《政府采购法》)和国家有关制度规定，制定本办法。

第二条　各采购单位按照政府采购法律、行政法规和制度规定的方式和程序，使用财政性资金(预算资金、政府性基金和预算外资金)和与之配套的自筹资金，采购国务院公布的政府集中采购目录内或者采购限额标准以上的货物、工程和服务，适用本办法。

第三条　政府采购形式分为集中采购机构采购、部门集中采购和分散采购。集中采购机构采购，是指中央国家机关政府采购中心代理的、目录及标准规定的政府集中采购目录中项目的采购活动。部门集中采购，是指列入部门集中采购项目目录及标准范围内的，以及达到公开招标限额的采购活动。分散采购，是指各采购单位购买集中采购机构采购项目和部门集中采购项目外的货物、服务和工程项目。

第四条 政府采购实行监督管理职能与操作执行职能相分离的管理体制。

国家林业局政府采购协调办公室（以下简称局采购办）设在国家林业局发展规划与资金管理司，主要负责制定国家林业局政府采购制度、办法，纳入部门集中采购项目有关招投标文件审核、采购程序的监督工作，监督、指导各采购单位政府采购工作。

各采购单位履行操作执行职能，明确内设机构或工作人员具体负责政府采购工作，依法实施采购。

第五条 属于集中采购机构代理目录的项目，应当按照中央国家机关政府采购中心确定的协议供货、定点采购或按规定委托中央国家机关政府采购中心代理等方式采购。属于部门集中采购项目，应委托经财政部认定的政府采购代理机构组织采购。

第六条 政府采购项目达到国务院规定的公开招标数额标准的，应当采用公开招标方式。因特殊情况需要采用邀请招标、竞争性谈判、询价或单一来源等采购方式的，各采购单位应当在采购活动开始前将申请报告报局采购办，经财政部批准后方可实施采购。

第七条 政府采购信息应当按照财政部《政府采购信息公告管理办法》的规定，在财政部指定的政府采购信息媒体上发布公告。

第八条 各采购单位应当依据采购文件和政府采购合同约定，组织对供应商履约的验收，不得另行增加或者改变验收内容和标准。凡符合采购文件和政府采购合同约定的，即为验收合格。大型或复杂的政府采购项目。应当邀请国家认可的质量检测机构参加验收工作。

第九条 财政部负责政府采购活动中相关备案和审批事宜，其中，备案事项不需要财政部回复意见，审批事项应当经财政部依法批准后才能组织实施。

下列事项须经局采购办审核后，按有关程序报财政部审批后实施。

（一）因特殊情况对达到公开招标数额标准的采购项目，需要采用公开招标以外采购方式的。

（二）因特殊情况需要采购非本国货物、工程或服务的。各采购单位使用财政性资金直接进口或委托方式采购进口产品，应当按财政部《政府采购进口管理办法》（财库[2007]119号）、《关于政府采购产品管理有关问题的通知》（财库[2008]248号）规定执行。

（三）采取公开招标方式采购项目，投标人不足三家的。

（四）法律、行政法规规定的其他需要审批事项。

下列事项须经局采购办审核后，按有关程序报财政部备案。

（一）经财政部批准的采用公开招标以外方式的政府采购活动总结。

（二）当年财政追加预算应当补报的政府采购预算、已经批复政府采购预算的变更。

（三）政府采购实施计划。

（四）法律、法规规定其他需要备案的事项。

第二章 预算和计划管理

第十条 各采购单位在编制下一财政年度部门“二上”预算时，应当在部门预算中单独列出该财政年度政府采购的项目及资金预算，按照程序逐级上报，由国家林业局审核汇总后报财政部。

年度政府采购项目，是指国务院办公厅颁布的《中央预算单位政府集中采购目录及标准》规定的项目。

第十一条 财政部对国家林业局部门预算中政府采购的项目及资金预算进行审核，并批复国家林业局。

第十二条 各采购单位自接到国家林业局批复的年度部门预算之日起20个工作日内，应当按照项目构成、采购数量、技术规格、使用时间等内容编制政府采购实施计划表并报局采购办。

局采购办负责汇总各采购单位政府采购计划，并上报财政部备案，同时抄送中央国家机关政府采购中心。

第十三条 在年度预算执行中，如有追加预算或因未报、漏报和预算调整等增加政府采购项目预算的，各采购单位应当在采购活动开始前一个月报局采购办，由局采购办汇总后报财政部备案。

第十四条 各采购单位应当严格按照部门预算中编列的政府采购项目和资金预算开展政府采购活动。对未列入当年政府采购预算、未办理预算调整报批手续、未列入政府采购计划的采购项目不得实施采购。

第十五条 政府采购资金的支付按照财政国库管理制度相关规定执行。

第三章 集中采购机构代理项目

第十六条 政府集中采购目录及标准由财政部拟定，报国务院批准。各采购单位应当按照目录及标准的规定执行。不得将中央国家机关政府采购中心代理的政府集中采购目录项目委托社会代理机构采购或者自行采购。

因特殊情况确需采取部门集中采购或分散采购的，各采购单位应当将书面申请报局采购办审核后报财政部批准。

第十七条 各采购单位可以按照项目或者预算年度与中央国家机关政府采购中心签订委托代理协议。在实施具体采购项目委托时，不得指定供应商或者品牌，不得在商务和技术等方面提出排他性要求。

第十八条 各采购单位在执行目录及标准中遇到问题，应当及时向局采购办反映，必要时报请财政部按有关规定进行处理。

第十九条 供应商违反协议或者不遵守中标承诺的，各采购单位可以向中央国家机关政府采购中心反映，也可以向财政部反映。中央国家机关政府采购中心可以根据协议约定追究其违约责任。涉及对中标供应商处以罚款、禁止参加政府采购活动、列入不良行为记录名单等处罚的，由财政部依法作出决定。

第四章 部门集中采购项目

第二十条 局采购办负责制定部门集中采购的相关办法，监督、指导各采购单位的政府采购工作。

监察部驻国家林业局监察局对采购项目实施全过程监督。

第二十一条 各采购单位在接到国家林业局下达的财政支出预算（其中包括政府采购预算）和基本建设年度投资计划后，要认真按照《政府采购法》及国务院、财政部有关规定要求，编制本单位政府采购实施方案，提出采购方式划分明细建议表，与采购方案一并上报局采购办。如确需调整采购内容的，需报请原项目批准部门审核同意后方可进行采购。

局采购办按照《政府采购法》的有关规定审核项目采购方式划分明细表，确定以何种方式采购：属于政府集中采购目录范围的货物按当年国务院颁布的《中央预算单位政府集中采购目录及标准》执行；属于部门集中采购目录范围的货物，由项目实施单位报局采购办批准后组织公开招标，超过限额标准确需采取公开招标以外方式的采购项目，需由项目实施单位报局采购办审核后转报财政部批复后方可实施。

第二十二条 采取公开招标的采购项目

（一）由各采购单位在经过财政部资格认定的政府采购招投标代理机构中选定招标代理机构。

（二）各采购单位与选定的招标代理机构签订代理协议，将协议复印件报局采购办备案。

（三）由已选定的招标代理机构负责编写招标公告、资格预审和招标文件等，报财政部审核后在中国政府采购网发出公告；各采购单位负责提供详细的采购项目及技术要求，采购项目及技术要求不得限制供应商公平竞争或以不合理条件对供应商实行差别待遇或歧视待遇，不得以任何方式指定商品品牌和供应商；局采购办就招标文件的合规性进行审核。

（四）评标专家在监察部驻国家林业局监察局纪检人员监督下随机抽取。

（五）各采购单位按照采购文件确定的事项与中标或供应商签订政府采购合同、履约验收、支付采购资金。及时将公开招标结果及有关情况报局采购办、监察部驻国家林业局监察局，由局采购办在国家林业局网站予以公布。

（六）各采购单位应当根据采购项目的不同类别制定详细的货物验收办法，严格按照项目建设要求进行检查验收。物资设备的调拨应当严格按照财政部《中央国家机关国有资产处置管理办法》（国管财［2004］196号）办理相关审批手续。物资调拨的同时及时办理资产移交手续，物资设备使用单位要认真做好固定资产的入账、使用和保管工作。

第二十三条 采取公开招标以外采购方式的项目

达到公开招标限额标准由于特殊原因需要采取公开招标以外方式的采购项目，各采购单位需说明理由提出采购方式变更申请报局采购办，由局采购办审核后报请财政部审批。各采购单位依据批复文件组织采购结束后，需将政府采购工作总结报局采购办、监察部驻国家林业局监察局备案。

第二十四条 在实施部门集中采购中，各采购单位的政府采购工作人员以及其他工作人员不得以评审专家身份参加本单位政府采购项目的评标、谈判或询价工作。

第二十五条 如投标供应商对中标公告有异议的，应当在中标公告发布之日起七个工作日内，以书面形式向招标采购单位提出质疑。各采购单位应当在收到投标供应商书面质疑后七个工作日内，对质疑内容作出答复。如果询问超过供应商答复内容，或者涉及其他供应商的商业秘密，有权不予答复。

第二十六条 各采购单位应当建立真实完整的招标采购档案，妥善保管每项采购活动的采购资料，并不得伪造、变造、隐匿或者销毁。采购文件的保存期限为从采购结束之日起至少保存十五年。

第五章 分散采购

第二十七条 除集中采购机构采购项目和部门集中采购项目外，各采购单位自行采购单项或批量达到50万元以上的货物和服务的项目、60万元以上的工程项目应当执行《政府采购法》和《招投标法》有关规定。

第六章 监督检查

第二十八条 任何单位或者个人不得非法干预、影响评标的过程或者结果。

第二十九条 局采购办负责对各采购单位执行政府采购法律、行政法规和规章制度情况进行监督检查。

第三十条 局采购办对各采购单位监督检查的主要内容是：

（一）政府采购预算编制情况。

（二）政府集中采购项目委托集中采购机构采购情况。

（三）政府采购审批或备案事项的执行情况。

（四）政府采购信息公告情况。

（五）政府采购方式、采购程序和评审专家使用情况。

（六）政府采购合同的订立和资金支付情况。

（七）对供应商询问和质疑的处理情况。

（八）有关政府采购的法律、行政法规和规章制度的执行情况。

第三十一条 森林公安重点治安区、木材检查站、野生动植物监管、科技推广站等建设项目由局相关单位申报，项目的设备采购和建设由省级林业主管部门负责，局相关单位对分管的项目负责指导和监督。在项目执行过程中省级林业主管部门如存在擅自变更建设内容和建设标准，或挤占截留挪用资金等问题，一经发现，国家林业局将商有关部门收回当年资金，并停止安排下年度同类建设项目。

第三十二条 本办法自发布之日起施行。

国家林业局公告

2008 年第 1 号

根据《中华人民共和国种子法》第十六条的规定，现将由国家林业局林木品种审定委员会审定通过的金森女贞等 21 个林木品种和认定通过的陈山林场红心杉母树林种子等 13 个林木品种作为林木良种予以公告(详见附件)。自公告公布之日起，这些品种在林业生产中可以作为林木良种使用，并在本公告规定的适宜种植范围内推广。

特此公告。

附件：林木良种名录(中英文，英文名录略——编者注)

国家林业局

2008 年 1 月 14 日

附件　林木良种名录

审定通过品种

金森女贞

树种：女贞

学名：*Ligustrum japonicum*‘Jinsen’

类别：品种

通过类别：审定

编号：国 S－SV－LJ－001－2007

品种特性　常绿灌木，丛生。嫩叶金黄色，老叶深绿色，花朵白色，有芳香；核果，果实成熟期 10 月，可宿存到翌年 3 月，黑紫色。喜光，可耐 －22℃低温，抗旱性强，耐修剪，萌芽力强，观叶、观花、观果于一体，是优良的绿篱树种。

栽培技术要点　根据不同用途，将穴盘苗或网袋苗移栽于不同容器中，浇透定根水，进行肥水和病虫害管理，并根据需要修剪。

适宜种植范围　浙江、江苏、上海、重庆、四川、湖南、湖北、安徽、江西、贵州、河南、山东。

红叶石楠‘鲁宾斯’

树种：石楠

学名：*Photinia glabra*‘Rubens’

类别：品种

通过类别：审定

编号：国 S－SV－PG－002－2007

品种特性　常绿灌木，丛生。单叶，互生，革质，椭圆形，嫩叶和嫩枝亮红，老叶深绿色具光泽；顶生圆锥花序，长 8～10 厘米，花小，白色；花期 4 月上旬至 5 月上旬。梨果，红色，夏末成熟，可持续挂果到翌年春。一年有 3 次阶段性抽新梢，新梢和新叶红色。是园林绿化中优良的彩叶植物。

栽培技术要点　根据不同用途，将穴盘苗或网袋苗移栽于不同容器中，立即浇透定根水，进行肥水和病虫害管理，并根据需要修剪。

适宜种植范围　浙江、江苏、上海、重庆、四川、安徽、河南、山东。

赣石 84－8

树种：油茶

学名：*Camellia oleifera*‘Ganshi 84－8’

类别：无性系

通过类别：审定

编号：国 S－SC－CO－003－2007

品种特性　树体生长旺盛，树冠紧凑。果皮红色，平均冠幅产果量 0.26 千克/米^2，鲜果大小为 55 个/500 克，鲜出籽率 56%，干籽出仁率 71.4%，干仁含油率 62.7%，鲜果含油率 17.2%，连续 4 年平均亩产油量达 122.8 千克。

栽培技术要点　选择丘陵林地，带状或块状细致大穴整地。选用合格芽苗砧嫁接苗造林，每亩 60～120 株，施足基肥，及时抚育管理，协调营养生长和生殖生长的关系。

适宜种植范围　江西、湖南。

赣抚 20

树种：油茶

学名：*Camellia oleifera*'Ganfu 20'
类别：无性系
通过类别：审定
编号：国S－SC－CO－004－2007

品种特性　树体生长旺盛，树冠紧凑。果皮红色，平均冠幅产果量0.17千克/米^2，鲜果大小为44个/500克，鲜出籽率30.8%，干籽出仁率60.1%，干仁含油率62.7%，鲜果含油率11.8%，连续4年平均亩产油量达79.2千克。

栽培技术要点　选择丘陵林地，带状或块状细致大穴整地。选用合格芽苗砧嫁接苗造林，每亩60～120株，施足基肥，及时抚育管理，协调营养生长和生殖生长的关系。

适宜种植范围　江西、湖南。

赣永6

树种：油茶
学名：*Camellia oleifera*'Ganyong 6'
类别：无性系
通过类别：审定
编号：国S－SC－CO－005－2007

品种特性　树体生长旺盛，树冠紧凑。果皮红色，平均冠幅产果量0.12千克/米^2，鲜果大小为62个/500克，鲜出籽率63%，干籽出仁率35.7%，干仁含油率44.1%，鲜果含油率9.3%，连续4年平均亩产油量达58.6千克。

栽培技术要点　选择丘陵林地，带状或块状细致大穴整地。选用合格芽苗砧嫁接苗造林，每亩60～120株，施足基肥，及时抚育管理，协调营养生长和生殖生长的关系。

适宜种植范围　江西、湖南。

赣兴48

树种：油茶
学名：*Camellia oleifera*'Ganxing 48'
类别：无性系
通过类别：审定
编号：国S－SC－CO－006－2007

品种特性　树体生长旺盛，树冠紧凑。果皮红色，平均冠幅产果量0.16千克/米^2，鲜果大小为64个/500克，鲜出籽率40.5%，干籽出仁率26.6%，干仁含油率56.7%，鲜果含油率10.1%，连续4年平均亩产油量达72.6千克。

栽培技术要点　选择丘陵林地，带状或块状细致大穴整地。选用合格芽苗砧嫁接苗造林，每亩60～120株，施足基肥，及时抚育管理，协调营养生长和生殖生长的关系。

适宜种植范围　江西、湖南。

赣无1号

树种：油茶
学名：*Camellia oleifera*'Ganwu 1'
类别：无性系
通过类别：审定
编号：国S－SC－CO－007－2007

品种特性　树体生长旺盛，树冠紧凑。果皮红色，平均冠幅产果量0.13千克/米^2，鲜果大小为44个/500克，鲜出籽率56%，干籽出仁率37.7%，干仁含油率54.4%，鲜果含油率13.4%，连续4年平均亩产油量达67.3千克。

栽培技术要点　选择丘陵林地，带状或块状细致大穴整地。选用合格芽苗砧嫁接苗造林，每亩60～120株，施足基肥，及时抚育管理，协调营养生长和生殖生长的关系。

适宜种植范围　江西、湖南。

GLS赣州油3号

树种：油茶
学名：*Camellia oleifera*'GLS Ganzhouyou 3'
类别：无性系
通过类别：审定
编号：国S－SC－CO－008－2007

品种特性　树冠开张，分枝均匀，栽植10年后进入盛果丰产期，亩产油50千克以上，果皮红色，鲜果出籽率49.2%，干出籽率48.78%，种仁含油率52.02%。用于食用植物油生产。

栽培技术要点　选择低山丘陵造林地，环山水平带穴状整地，施足基肥，120株/亩，施足基肥，选择健壮嫁接苗造林。当年免耕，第二年起主要加强抚育管理，辅以追肥，防治病虫，5年内不宜挂果。

适宜种植范围　江西南部。

GLS赣州油4号

树种：油茶
学名：*Camellia oleifera*'GLS Ganzhouyou 4'
类别：无性系
通过类别：审定
编号：国S－SC－CO－009－2007

品种特性　树冠开张，分枝均匀，栽植10年后进入盛果丰产期，亩产油50千克以上，果皮红色，鲜果出籽率45.8%，干出籽率52.4%，种仁含油率50.66%。用于食用植物油生产。

栽培技术要点　选择低山丘陵造林地，环山水平带穴状整地，施足基肥，120株/亩，施足基肥，选择健壮嫁接苗造林。当年免耕，第二年起主要加强抚育管理，辅以追肥，防治病虫，5年内不宜挂果。

适宜种植范围　江西南部。

GLS 赣州油 5 号

树种：油茶

学名：*Camellia oleifera*‘GLS Ganzhouyou 5’

类别：无性系

通过类别：审定

编号：国 S－SC－CO－010－2007

品种特性　树冠开张，分枝均匀，栽植 10 年后进入盛果丰产期，亩产油 50 千克以上，果皮红色，鲜果出籽率 45%，干出籽率 57.33%，种仁含油率 48.81%。用于食用植物油生产。

栽培技术要点　选择低山丘陵造林地，环山水平带穴状整地，施足基肥，120 株/亩，施足基肥，选择健壮嫁接苗造林。当年免耕，第二年起主要加强抚育管理，辅以追肥，防治病虫，5 年内不宜挂果。

适宜种植范围　江西南部。

亚林 1 号

树种：油茶

学名：*Camellia oleifera*‘Yalin 1’

类别：无性系

通过类别：审定

编号：国 S－SC－CO－011－2007

品种特性　树冠开张，分枝力强，果实 64 个/千克，盛果期在 10 月，4 年平均亩产油 35 千克，鲜果出籽 45.98%，种仁含油率 47.35%，果油率 8.63%。可作为食用油、化妆品原料。

栽培技术要点　选择丘陵山地或缓坡地，水平带状整地，穴长 50 厘米×宽 50 厘米×深 40 厘米，施足基肥，使用嫁接苗造林，110 株/亩，选择健壮嫁接苗造林。选择花期配合，成熟期一致的多个无性系混栽，早期适当密植，盛果期后及时调整密度，加强管理和病虫害防治。

适宜种植范围　湖南、江西、浙江、广西。

亚林 4 号

树种：油茶

学名：*Camellia oleifera*‘Yalin 4’

类别：无性系

通过类别：审定

编号：国 S－SC－CO－012－2007

品种特性　树冠开张，分枝力强，果实 50 个/千克，盛果期在 10 月，4 年平均亩产油 45.6 千克，鲜果出籽 46.04%，种仁含油率 50.99%，果油率 9.23%。可作为食用油、化妆品原料。

栽培技术要点　选择丘陵山地或缓坡地，水平带状整地，穴长 50 厘米×宽 50 厘米×深 40 厘米，施足基肥，使用嫁接苗造林，110 株/亩，选择健壮嫁接苗造林。选择花期配合，成熟期一致的多个无性系混栽，早期适当密植，盛果期后及时调整密度，加强管理和病虫害防治。

适宜种植范围　湖南、江西、浙江、广西。

亚林 9 号

树种：油茶

学名：*Camellia oleifera*‘Yalin 9’

类别：无性系

通过类别：审定

编号：国 S－SC－CO－013－2007

品种特性　树冠开张，分枝力强，盛果期在 10 月，4 年平均亩产油 40.46 千克，鲜果出籽 49.45%，种仁含油率 48%，果油率 8.89%。可作为食用油、化妆品原料。

栽培技术要点　选择丘陵山地或缓坡地，水平带状整地，穴长 50 厘米×宽 50 厘米×深 40 厘米，施足基肥，使用嫁接苗造林，110 株/亩，选择健壮嫁接苗造林。选择花期配合，成熟期一致的多个无性系混栽，早期适当密植，盛果期后及时调整密度，加强管理和病虫害防治。

适宜种植范围　湖南、江西、浙江、广西。

华丰

树种：梨

学名：*Pyrus pyrifolia*‘Huafeng’

类别：品种

通过类别：审定

编号：国 S－SV－PP－014－2007

品种特性　定植和高接第二年结果，定植第三年株产达 7.62 千克，亩产 2000 千克左右。果皮焦褐色，平均单果重 331.82 克，最大 1501.35 克。石细胞少，可溶性固形物 12.2%/100 克，可滴定酸 0.19%～0.21%/100 克，VC 含量 4.4～5.28 毫克/100 克，耐储藏。

栽培技术要点　选择平地或 10°～15°坡度的丘陵山地建园，以沙壤土为宜，株行距 2 米×3 米，授粉品种为黄花、翠冠和西子绿。树冠采用小冠疏层，多施有机肥和磷、钾肥，合理疏花疏果，及时防治病虫。

适宜种植范围　湖北、湖南、江苏砂梨种植地区。

华高

树种：梨

学名：*Pyrus pyrifolia*‘Huagao’

类别：品种

通过类别：审定

编号：国 S－SV－PP－015－2007

品种特性　定植和高接第二年结果，定植第三年株产量达 6.5 千克，果皮焦褐色，平均单果重

298.2 克，最大 802.5 克。果内乳白色，石细胞少，可溶性固形物 14.1%/100 克，可滴定酸 0.2%～0.24%/100 克，VC 含量 5.25～6.5 毫克/100 克，耐储藏。

栽培技术要点　选择平地或 10°～15°坡度的丘陵山地建园，以沙壤土为宜，株行距 2 米×3 米，授粉品种为黄花、翠冠和西子绿。树冠采用小冠疏层，多施有机肥，注意使用平衡施肥技术，合理疏花疏果，及时防治病虫。

适宜种植范围　湖北、湖南、江苏砂梨种植地区。

春雪

树种：桃

学名：*Prunus persica*‘Chunxue’

类别：品种

通过类别：审定

编号：国 S－SV－PP－016－2007

品种特性　树姿开张，果型圆，浓红色，果肉白色，核小。定植后第二年可结果，平均株产 3.5～3.9 千克，3 年亩产可达到 2538.5 千克，5 年亩产 2764.2 千克。平均果重 150 克，可溶性固形物含量 13.6%，总糖含量 8.65%，可滴定酸含量 0.33%。

栽培技术要点　栽培密度平原 3 米×4 米，丘陵山地 2 米×(3～4)米，采用“V”型和自然开心形整枝，定植后加强肥水管理，夏季及时摘心，促进扩冠。一般长果枝留果 3～4 个，中果枝留果 2～3 个，短果枝留果 1～2 个，及时防治病虫害。

适宜种植范围　适于山东、河北省秦皇岛以南，北京平谷、大兴，辽宁普兰店以南地区栽种。

武植 3 号

树种：猕猴桃

学名：*Actinidia chinesis*‘Wuzhi 3’

类别：品种

通过类别：审定

编号：国 S－SV－AC－017－2007

品种特性　果实大，平均单果重 118 克，最大果重 156 克，定植后第三年结果，株产达到 5 千克，盛果期亩产 2200 千克，VC 含量 275～300 毫克/100 克 FW，可溶性固形物 15.2%，总糖含量 11.2%，有机酸含量 0.9%～1.5%。

栽培技术要点　种植密度 56 株/亩，授粉树“磨山 4 号”。由于生长旺盛，座果率高，应及时疏花疏果。修剪以冬剪为主，夏季抹芽摘心，注重有机肥和磷钾肥的施入。

适宜种植范围　湖北、福建、云南中华猕猴桃生产区。

木瓜杏

树种：杏

学名：*Prunus Armeniaca*‘Muguaxing’

类别：品种

通过类别：审定

编号：国 S－SV－PA－018－2007

品种特性　树势中庸偏强，半开张，嫁接后 2～3 年开始结果，5 年进入盛果期。平均单果重 59.1 克，最大果重 125 克，杏仁为甜仁，干核重 2.82 克，出核率 10%，核出仁率 17.7%。果肉可溶性固形物含量 14%，总糖含量 8.375%，含酸 1.053 克/100 克，VC 含量 16.144 毫克/100 克。可鲜食、仁用、作为保健油和制作果脯。

栽培技术要点　株行距 2～3 米×(3～4)米，授粉品种为“白玉扁”和“龙王帽”，主栽品种：授粉品种 =4：(1～2)，加强土、肥、水管理，修剪采用自然圆头形或纺锤形修剪技术，幼树轻剪长放，结果树调整枝叶果比例，加强病虫害防治。

适宜种植范围　河北省张家口市、承德南部、北京周边地区。

薄壳 1 号

树种：杏

学名：*Prunus Armeniaca*‘Boke 1’

类别：品种

通过类别：审定

编号：国 S－SV－PA－019－2007

品种特性　树势中庸偏强，平均单果重 4.7 克，盛果期平均株产杏核 11.1 千克，核壳 0.9～1.12 毫米，单核重 1.497 克，出核率 10%，核出仁率 42.35%～45%。杏仁为甜仁，杏仁含油量 51.9%，主要用于加工开口杏核，制作各种糕点、糖果等以及提取杏仁油。

栽培技术要点　平地株行距 2 米×4 米，山坡地 2 米×(4～6)米，授粉品种为“白玉扁”和“龙王帽”，主栽品种：授粉品种 =4：(1～2)，加强土、肥、水管理，树形采用扁疏散分层形，群体树形为“连珠树篱形”，幼树轻剪长放，结果树调整枝叶果比例，加强病虫害防治。

适宜种植范围　河北、黑龙江、吉林省适宜地区。

红丰杏

树种：杏

学名：*Prunus Armeniaca*‘Hongfeng’

类别：品种

通过类别：审定

编号：国 S－SV－PA－020－2007

品种特性　树冠开张，枝条自然下垂，果实近圆形，高接第二年开花结果，5 年坐果稳定，1023 千克/亩，平均单果重 56 克，最大 70 克，果肉可溶性固形物含量 14.98%，总糖含量 8.9%，含酸 1.6%，VC 含量 10.3 毫克/100 克，为早熟鲜食品种。

栽培技术要点　山区建园选择背风向阳的南山坡，避免晚霜危害，株行距 3 米×4 米，55 株/亩，适量配植红荷包、骆驼黄、凯特及金太阳等品种作为授粉品种，定植前每亩施入有机肥 2000～4000 千克，加强土、肥、水管理。

适宜种植范围　山东省鲁中南、鲁西地区，河南省，甘肃省东南部，陕西省中南部。

新世纪杏

树种：杏

学名：*Prunus Armeniaca*'Xinshiji'

类别：品种

通过类别：审定

编号：国 S－SV－PA－021－2007

品种特性　树冠开张，枝条自然下垂，果实卵圆形，高接第二年开花结果，5 年坐果稳定，800 千克/亩，平均单果重 73 克，最大 108 克，果肉可溶性固形物含量 15.2%，总糖含量 9.6%，含酸 1.8%，VC 含量 11.3 毫克/100 克，为早熟鲜食品种。

栽培技术要点　山区建园选择背风向阳的南山坡，避免晚霜危害，株行距 3 米×4 米，55 株/亩，适量配植红荷包、骆驼黄、凯特及金太阳等品种作为授粉品种，定植前每亩施入有机肥 2000～4000 千克，加强土、肥、水管理。

适宜种植范围　山东省鲁中南、鲁西地区，河南省，甘肃省东南部，陕西省中南部。

认定通过品种

陈山林场红心杉母树林种子

树种：杉木

学名：*Cunninghamia lanceolata*（lamb.）Hook

类别：母树林

通过类别：认定(5 年)

编号：国 R－SS－CL－001－2007

品种特性　前期生长缓慢，后期生长快，8～31 年生林分的树高、胸径均超过国家速生丰产林标准。木材基本密度 0.324 克/厘米^3，纤维长 3602 微米，心材比例占 50%，材色红润，香气浓。是民用实木和板材、装饰用材的优良材料。

栽培技术要点　同普通杉木种子育苗和扦插繁殖技术要点相同。

适宜种植范围　福建南平市、三明市；广东韶关市；江西、湖南、贵州省黔东南州；广西柳州市，四川东部等杉木种植区。

金叶珊瑚朴

树种：珊瑚朴

学名：*Celtis julianae*'Jinye'

类别：品种

通过类别：认定(3 年)

编号：国 R－SV－CJ－002－2007

品种特性　树型紧凑，外形优美，喜光，略耐阴。新叶发出到 10 月，叶片呈金黄色到淡黄色，年高生长量 2 米，胸径 1～2 厘米以上。可作为景观绿化、观赏树种、农田林网和四旁绿化树种。

栽培技术要点　选择合适的造林地，开好排水沟，挖大穴造林，施足基肥，及时抚育管理。

适宜种植范围　浙江宁波。

北美紫叶稠李

树种：稠李

学名：*Prunus virginiana*'Schubert'

类别：品种

通过类别：认定(5 年)

编号：国 R－SV－PV－003－2007

品种特性　落叶乔木，生长季叶紫色，长花序，果实成熟紫红色，具观赏价值，年高生长 1.5～2 米，耐修剪，可作为彩叶树种用于园林绿化。

栽培技术要点　2～3 年生苗即可用于绿化，孤植、丛植、群植或片植，穴深 40 厘米，直径 30 厘米，植后浇透水，可根据需要修剪。

适宜种植范围　吉林省长春市、白城市、敦化市、白山市、大安市。

翠峰大油芒

树种：大油芒

学名：*Spodiopogon sibiricus*'Cuifeng'

类别：品种

通过类别：认定(3 年)

编号：国 R－SV－SS－004－2007

品种特性　暖季型观赏草，植株高大挺拔，株型丰满圆整。2 年以上生植株高 180～200 厘米，冠幅 80～120 厘米。夏季叶色青翠，秋季全株渐变为紫红色。8 月中旬初花，圆锥花序，最佳观赏期为 8 月中旬至 10 月上旬。

栽培技术要点　黏土、壤土、轻质砂土都可以正常生长，移栽后浇透水，早春冬前各灌溉一次，生长前期适当松土、拔草，郁闭后基本不需管理。

适宜种植范围　北京、山东、河北。

'紫光'狼尾草

树种：狼尾草

学名：*Pennisetum alopecuroides*'Ziguang'

类别：品种

通过类别：认定(3年)

编号：国 R－SV－PA－005－2007

品种特性　暖季型观赏草，株型丰满圆整。2年以上生植株高超过1米，抽随后株高约1.3米，花序数100左右，7月下旬初花，8月为最佳观赏期。花序繁密整齐，突出叶片之上花序初展开后刚毛呈淡紫色。

栽培技术要点　黏土、壤土、轻质砂土都可以正常生长，移栽后浇透水，早春冬前各灌溉一次，生长前期适当松土、拔草，郁闭后基本不需管理。

适宜种植范围　北京、山东、河北。

窄冠黑杨Ⅰ号

树种：杨树

学名：*Populus deltoids* 'Lux' ×（*P. deltoids* 'Shanhaiguan' × *P. simonii*）'Zhaiguan I'

类别：品种

通过类别：认定(3年)

编号：国 R－SV－PZ－006－2007

品种特性　树冠窄，冠幅比一般宽冠杨树小1/3～1/2。耐盐碱，在土壤含盐量0.15%，pH＝8～8.5的滨海盐碱地能正常生长，在土壤含盐量0.3%，pH＝8～8.2的内陆中轻度盐碱农田中生长良好。木材基本密度0.345克/厘米^3，比中林46高12.7%，木材纤维长1004.8微米，纤维宽23.4微米。适合营建农田林网和农林间作。

栽培技术要点　穴状整地。3月下旬至4月初或10月下旬至11月初定植，树穴规格1米×1米×1米，挖好穴后回填20～30厘米的土，拌上约10千克土杂肥或0.25千克复合肥，起苗后水浸苗根3～4天后栽植，栽植深度50厘米，定植后灌足水，第一年不修枝，第二至四年修除粗大竞争枝。

适宜种植范围　鲁中南、鲁西和鲁北平原地区。

窄冠黑杨Ⅱ号

树种：杨树

学名：*Populus deltoids* 'Lux' ×（*P. deltoids* 'Shanhaiguan' × *P. simonii*）'Zhaiguan II'

类别：品种

通过类别：认定(3年)

编号：国 R－SV－PZ－007－2007

品种特性　树冠窄，冠幅比一般宽冠杨树小1/3～1/2。耐盐碱，在土壤含盐量0.3%，pH＝8～8.5的内陆中轻度盐碱农田中生长良好。木材基本密度0.338克/厘米^3，比中林46高10.5%，木材纤维长1010.6微米，纤维宽23.1微米。适合营建农田林网和农林间作。

栽培技术要点　穴状整地。3月下旬至4月初或10月下旬至11月初定植，树穴规格1米×1米×1米，挖好穴后回填20～30厘米的土，拌上约10千克土杂肥或0.25千克复合肥，起苗后水浸苗根3～4天后栽植，栽植深度50厘米，定植后灌足水，第一年不修枝，第二至四年修除粗大竞争枝。

适宜种植范围　鲁中南、鲁西和鲁北平原地区。

湘林G1号

树种：光皮树

学名：*Cornus wilsoniana* 'Xianglin G1'

类别：无性系

通过类别：认定(5年)

编号：国 R－SC－CW－008－2007

品种特性　树体生长旺盛，树冠紧凑，果实呈桃红色间灰白色，平均冠幅面积产果1.46千克/平方米，鲜果千粒重126克，干果含油率34.15%，连续4年平均亩产油量80.16千克。可作为生物柴油、油脂化工产品、油漆原料以及食用油。

栽培技术要点　选择丘陵山地，带状或块状细致整地，选用合格芽苗砧嫁接苗造林，每亩80～110株，施足基肥，及时抚育、施肥，结果树要做好抚育。

适宜种植范围　湖南省内丘陵林地。

湘林G2号

树种：光皮树

学名：*Cornus wilsoniana* 'Xianglin G2'

类别：无性系

通过类别：认定(5年)

编号：国 R－SC－CW－009－2007

品种特性　树体生长旺盛，树冠紧凑，果实未成熟时深绿色，成熟后黑色，平均冠幅面积产果1.37千克/米^2，鲜果千粒重116克，干果含油率32.71%，连续4年平均亩产油量90.16千克。可作为生物柴油、油脂化工产品、油漆原料以及食用油。

栽培技术要点　选择丘陵山地，带状或块状细致整地，选用合格芽苗砧嫁接苗造林，每亩80～110株，施足基肥，及时抚育、施肥，结果树要做好抚育。

适宜种植范围　湖南省内丘陵林地。

湘林G3号

树种：光皮树

学名：*Cornus wilsoniana* 'Xianglin G3'

类别：无性系

通过类别：认定(5年)

编号：国 R－SC－CW－010－2007

品种特性　树体生长旺盛，树冠紧凑，果实成熟后黑紫色，平均冠幅面积产果1.43千克/米^2，鲜果千粒重138克，干果含油率32.86%，连续4年平均亩产油量70.26千克。可作为生物柴油、油脂化工产品、油漆原料以及食用油。

栽培技术要点　选择丘陵山地，带状或块状细致整地，选用合格芽苗砧嫁接苗造林，每亩80～110株，施足基肥，及时抚育、施肥，结果树要做好抚育。

适宜种植范围　湖南省内丘陵林地。

湘林G4号

树种：光皮树

学名：*Cornus wilsoniana* 'Xianglin G4'

类别：无性系

通过类别：认定(5年)

编号：国R－SC－CW－011－2007

品种特性　树体生长旺盛，树冠紧凑，果实紫黑色，平均冠幅面积产果1.15千克/米^2，鲜果千粒重116克，干果含油率33.16%，连续4年平均亩产油量88.26千克。可作为生物柴油、油脂化工产品、油漆原料以及食用油。

栽培技术要点　选择丘陵山地，带状或块状细致整地，选用合格芽苗砧嫁接苗造林，每亩80～110株，施足基肥，及时抚育、施肥，结果树要做好抚育。

适宜种植范围　湖南省内丘陵林地。

湘林G5号

树种：光皮树

学名：*Cornus wilsoniana* 'Xianglin G5'

类别：无性系

通过类别：认定(5年)

编号：国R－SC－CW－012－2007

品种特性　树体生长旺盛，树冠紧凑，果实成熟时黑紫色，平均冠幅面积产果0.82千克/米^2，鲜果千粒重160克，干果含油率33.11%，连续4年平均亩产油量66.26千克。可作为生物柴油、油脂化工产品、油漆原料以及食用油。

栽培技术要点　选择丘陵山地，带状或块状细致整地，选用合格芽苗砧嫁接苗造林，每亩80～110株，施足基肥，及时抚育、施肥，结果树要做好抚育。

适宜种植范围　湖南省内丘陵林地。

湘林G6号

树种：光皮树

学名：*Cornus wilsoniana* 'Xianglin G6'

类别：无性系

通过类别：认定(5年)

编号：国R－SC－CW－013－2007

品种特性　树体生长旺盛，树冠紧凑，果实成熟时深紫色略黑，平均冠幅面积产果0.83千克/米^2，鲜果千粒重140克，干果含油率31.73%，连续4年平均亩产油量68.3千克。可作为生物柴油、油脂化工产品、油漆原料以及食用油。

栽培技术要点　选择丘陵山地，带状或块状细致整地，选用合格芽苗砧嫁接苗造林，每亩80～110株，施足基肥，及时抚育、施肥，结果树要做好抚育。

适宜种植范围　湖南省内丘陵林地。

注：通过认定的林木良种，认定期满后不得作为良种继续使用，应重新进行林木品种审定。

国家林业局公告

2008年第2号

为加强林业有害生物管理，推动林业有害生物防治工作，提高全社会森林资源保护意识，我局决定在全国范围内使用林业有害生物防治标识。通过《中国绿色时报》、中国森防信息网等多种途径在全国范围内广泛征集，并经我局组织评选，确定以"盾形纹章、树、医疗十字符号和林业有害生物防治中英文字符"等基本元素组成的图案为最终入选标识(见附件)。该标识体现了"预防为主、科学防控、依法治理、促进健康"的防治方针和绿色无公害的防治理念。并于2008年1月22日由国家工商总局商标局备案。

各级林业主管部门要积极宣传和使用该标识，使其在防治林业有害生物中发挥应有的作用。该标识的所有权、使用权、解释权归我局所有，任何将该标识用于商业性、营利性为目的的活动，均被视为侵权。

特此公告。

附件：林业有害生物防治标识图案(略)

国家林业局

2008年1月30日

国家林业局公告

2008 年第 3 号

2007 年 9 月，在我国新疆维吾尔自治区吐鲁番地区鄯善县、托克逊县、吐鲁番市的部分地区发现一种新的外来有害生物——枣实蝇(*Carpomya vesuviana* Costa)。基于风险分析结果，根据《植物检疫条例》，我局决定将枣实蝇增列为全国林业检疫性有害生物，并暂停从疫区国家(意大利、毛里求斯、印度、巴基斯坦、泰国、阿富汗、塔吉克斯坦、土库曼斯坦、乌兹别克斯坦、伊朗、阿曼、波斯尼亚、塞浦路斯、俄罗斯、格鲁吉亚、阿塞拜疆、亚美尼亚)引进枣属植物。

特此公告。

国家林业局

2008 年 2 月 18 日

国家林业局公告

2008 年第 4 号

根据《中华人民共和国行政许可法》、《中华人民共和国种子法》、《林木种子生产、经营许可证管理办法》和《国家林业局林木种子经营行政许可监督检查办法》，我局决定对有效期届满未延续的北京信采种养殖有限公司等 2 家企业的林木种子经营许可证予以注销(名单见附件)。从即日起，被注销的林木种子经营许可证(正本、副本)和许可证编号停止使用。

特此公告。

附件：注销林木种子经营许可证的企业名单

国家林业局

2008 年 3 月 13 日

附件　注销林木种子经营许可证的企业名单

企业名称	经营范围	企业地址	许可证编号	注销原因
北京信采种养殖有限公司	花卉	北京市大兴区采育镇下黎城村委会南 500 米	国京营字 0047	有效期届满未延续
北京双卉新华园艺有限公司	花卉	北京市延庆县农场	国京营字 0048	有效期届满未延续

国家林业局公告

2008 年第 5 号

江苏省苏州市吴中区的松材线虫病疫点已经根除。为此，根据《植物检疫条例》和我局《松材线虫病疫区和疫木管理办法》的有关规定，我局决定撤销其划定的松材线虫病疫区。

特此公告。

国家林业局

2008 年 3 月 24 日

国家林业局公告

2008年第6号

国家林业局批准发布《森林生态系统服务功能评估规范》(LY/T1721－2008)等48项林业行业标准(见附件)，自2008年5月1日起实施，现予以公布。

附件:《森林生态系统服务功能评估规范》等48项林业行业标准目录(略，见本书“林业科学技术”栏目——编者注)

国家林业局

2008年3月31日

国家林业局公告

2008年第7号

根据《中华人民共和国行政许可法》、《中华人民共和国种子法》、《林木种子生产、经营许可证管理办法》和《国家林业局林木种子经营行政许可监督检查办法》，我局决定对有效期届满未延续的北京莱太环境艺术发展有限公司等2家企业的林木种子经营许可证予以注销(名单见附件)。从即日起，被注销的林木种子经营许可证(正本、副本)和许可证编号停止使用。

特此公告。

附件：注销林木种子经营许可证的企业名单

国家林业局

2008年4月15日

附件　注销林木种子经营许可证的企业名单

企业名称	经营范围	企业地址	许可证编号	注销原因
北京莱太环境艺术发展有限公司	花卉	北京市朝阳区麦子店西路九号	国京营字0050	有效期届满未延续
北京阳光贝尔园艺有限公司	花卉	北京市朝阳区农展南路5号京朝大厦9012室	国京营字0052	有效期届满未延续

国家林业局公告

2008年第8号

为了进一步完善林业行政许可工作，简化办事程序，我局决定对国家林业局公告(2006年第6号)“第三十项林木种子苗木进口审批”中申请人需提交的材料进行修改。从即日起，申请人申请进口林木种子苗木时不需要提交《林木种子苗木质量检验受理单》。

特此公告。

国家林业局

2008年4月16日

国家林业局公告

2008年第9号

现将财政部、国家税务总局审核确定的我局2008年度种子(苗)免税进口数量予以公告，我局将在此额度内按照申请先后顺序，办理有关进口免税审批手续。

特此公告。

国家林业局

2008年4月21日

附件　国家林业局2008年度种子(苗)免税进口数量

序号	进口种苗名称	种子(吨)	苗木(万株)	种球(万粒)
1	无根插枝及接穗		150	
2	水果、干果种子苗	5	10	
4	松、杉、柏类种子	10	5	
5	桉、相思类种子	5		
8	棕榈、漆、槭类种子	10		
25	郁金香种球	50		1000
26	百合种球	100		4000
27	唐菖蒲种球	50		800
32	三叶草种子	6000		
33	羊茅种子	2000		
34	早熟禾种子	600		
35	黑麦草种子	1500		
38	狗牙根种子	300		
40	剪股颖种子	30		
43	草坪种子	1000		
45	花卉种子(苗、球、茎)	60	600	350
47	其他种植用的种子、果实及孢子	350		20
48	其他种植用根、茎、苗、芽等繁殖材料		400	

国家林业局公告

2008年第10号

根据《中华人民共和国行政许可法》、《中华人民共和国种子法》、《林木种子生产、经营许可证管理办法》和《国家林业局林木种子经营行政许可监督检查办法》，我局决定对有效期届满未延续的江苏阳光生态农林开发有限公司等4家企业的林木种子经营许可证予以注销(名单见附件)。从即日起，被注销的林木种子经营许可证(正本、副本)和许可证编号停止使用。

特此公告。

附件：注销林木种子经营许可证的企业名单

国家林业局

2008年6月17日

附件　注销林木种子经营许可证的企业名单

企业名称	经营范围	企业地址	许可证编号	注销原因
江苏阳光生态农林开发有限公司	普通林木种子、林木良种、苗木、花卉	江苏省江阴市新桥镇工业园区	国苏营字第0055号	有效期届满未延续
上海种业集团产业发展有限公司	普通林木种子、苗木、花卉	上海市松江区九新公路888号	国沪营字第0057号	有效期届满未延续
中农春雨高科技股份有限公司	苗木、花卉	北京市海淀区中关村南大街12号中国农科院	国京营字第0060号	有效期届满未延续
中国农牧渔业国际合作公司	苗木、花卉、草坪草种子	北京市朝阳区西坝河路甲16号	国京营字第0063号	有效期届满未延续

国家林业局公告

2008年第11号

为了进一步完善林业行政许可工作，我局决定对国家林业局公告(2006年第6号)“第三项国务院有关部门所属在京单位从国外引进林木种子、苗木检疫审批”中申请人需提交的材料等内容进行修改。从即日起，申请人申请“引进国内没有分布或引种的种苗，以及引进国内已有分布或引种但属于首次从该引种国引进的林木种子、苗木及其他繁殖材料的”，申请人除需提交国家林业局公告(2006年第6号)要求提交的材料外，还需提交以下材料：

一、规范的植物拉丁学名(即属名+种加词)。其中花卉植物的拉丁学名应具体到品种，其他植物到种。杂交种类应增加提供父本和母本的植物拉丁学名(或者至少一方的拉丁学名)。

二、在引种申请表上应写明拟引进植物材料的类型，如种子、苗木、插条、接穗、种球、根茎、组培苗等。并提供引种目的或用途，如植物园观赏、花卉展览、商业销售等。

三、植物引进后的种植地点、通讯地址、种植地具备的隔离设施、隔离条件以及种植地周围环境状况等方面的详细内容。

四、从美国、加拿大、俄罗斯、澳大利亚等国家引进植物时，引种产地应具体到省(州郡)或地区。

国家林业局

2008年6月25日

国家林业局公告

2008年第12号

根据《中华人民共和国种子法》第十六条的规定，现将由国家林业局林木品种审定委员会审定通过的岑软2号等29个油茶品种和认定通过的湘林51等3个油茶品种作为林木良种予以公告(详见附件)。自公告发布之日起，这些品种在林业生产中可以作为林木良种使用，并在本公告规定的适宜种植范围内推广。

特此公告。

附件：林木良种名录(中英文，英文名录略——编者注)

国家林业局

2008年8月22日

附件 林木良种名录

审定通过品种

岑软2号

树种：油茶

学名：*Camellia oleifera* ‘Cenruan 2’

类别：无性系

通过类别：审定

编号：国S-SC-CO-001-2008

品种特性 冠幅大，圆头形；枝条柔软、细长，叶片披针形；果实17个/500克，果青色，呈倒杯状；盛产期每公顷产油可达915千克，鲜果出籽率40.7%，种仁含油率41.93%，果油率7.06%。可作为食用油、化妆品原料。

栽培技术要点 选择低丘或缓坡地，坡度<15°，造林密度3米×2米。造林要求苗高30厘米以上，地径0.3厘米以上，生长健壮、无病虫害，无机械损伤。每公顷施农家肥、厩肥、草木灰等积肥15 000~22 500千克。

适宜种植范围 广西、湖南、江西、贵州油茶种植区。

岑软3号

树种：油茶

学名：*Camellia oleifera* ‘Cenruan 3’

类别：无性系

通过类别：审定

编号：国S-SC-CO-002-2008

品种特性 树形较直立，枝条较粗、节间短；叶片倒卵形，果实24个/500克，果青红色，球形；盛产期每公顷产油可达937.5千克，鲜果出籽39.72%，种仁含油率50.8%，果油率7.13%。可作为食用油、化妆品原料。

栽培技术要点　选择低丘或缓坡地，坡度<15°，造林密度3米×2米。造林要求苗高30厘米以上，地径0.3厘米以上，生长健壮、无病虫害，无机械损伤。每公顷施农家肥、厩肥、草木灰等积肥15 000～22 500千克。

适宜种植范围　广西、湖南、江西、贵州油茶种植区。

桂无1号

树种：油茶

学名：*Camellia oleifera* 'Guiwu1'

类别：无性系

通过类别：审定

编号：国S-SC-CO-003-2008

品种特性　树形中等，枝条较粗、较直立，叶片椭圆形；果实青黄色、球形或梨形，多着生于枝顶。平均冠幅产果量1.48千克/米^2，鲜果大小为23个/500克，鲜出籽率39%，干籽出仁率66.7%，种仁含油率52.39%，盛产期每公顷产油可达868.5千克。可作为食用油、化妆品原料。

栽培技术要点　选择退耕地、缓坡地、低丘或山岗地，造林密度3米×2米；选择嫁接苗，苗高30厘米以上，生长健壮，无病虫害，无机械损伤；施足基肥，加强幼树管理。

适宜种植范围　广西、湖南、江西油茶种植区。

桂无4号

树种：油茶

学名：*Camellia oleifera* 'Guiwu 4'

类别：无性系

通过类别：审定

编号：国S-SC-CO-004-2008

品种特性　树冠开张，自然开心形；果实青红色、多为球形；枝条分枝角度较大、质地柔软下垂；平均冠幅产果量1.48千克/米^2，鲜果大小为19个/500克，鲜出籽率35.5%，干籽出仁率65.2%，种仁含油率54.7%，盛产期每公顷产油可达735千克。可作为食用油、化妆品原料。

栽培技术要点　选择退耕地、缓坡地、低丘或山岗地，造林密度3米×2米；选择嫁接苗，苗高30厘米以上，生长健壮，无病虫害，无机械损伤；施足基肥，加强幼树管理。

适宜种植范围　广西、湖南、江西油茶种植区。

长林3号

树种：油茶

学名：*Camellia oleifera* 'Changlin 3'

类别：无性系

通过类别：审定

编号：国S-SC-CO-005-2008

品种特性　树体长势中等偏强，枝叶稍开张，枝条细长散生；叶近柳叶形；果桃形或近橄榄形，青偏黄。6年生单株产果量4千克以上，每公顷产油可以超过300千克；盛产期每公顷产油可达819千克；干籽出仁率24%，干仁含油率46.8%；油酸含量82.15%，亚油酸含量6.7%。可作为食用油、化妆品原料。

栽培技术要点　选择土层较厚的丘陵山地或缓坡地，水平带整地，施足基肥。配置花期相似或一致的多系混栽；早期适当密植，盛产期后适时调整密度，每年抚育施肥；注意蓝翅天牛、象鼻虫等虫害防治。

适宜种植范围　浙江、江西、广西油茶种植区。

长林4号

树种：油茶

学名：*Camellia oleifera* 'Changlin 4'

类别：无性系

通过类别：审定

编号：国S-SC-CO-006-2008

品种特性　长势旺，枝叶茂密；果桃形，青带红；叶宽卵形。6年生单株产果量5～6千克以上，每公顷产油可以超过525千克；盛产期每公顷产油可达900千克；干籽出仁率54%，干仁含油率46%；油酸含量83.09%，亚油酸含量7.07%。可作为食用油、化妆品原料。

栽培技术要点　选择土层较厚的丘陵山地或缓坡地，水平带整地，施足基肥。配置花期相似或一致的多系混栽；早期适当密植，盛产期后适时调整密度，每年抚育施肥；注意蓝翅天牛、象鼻虫等虫害防治。

适宜种植范围　浙江、江西、广西、福建、湖北油茶种植区。

长林18号

树种：油茶

学名：*Camellia oleifera* 'Changlin 18'

类别：无性系

通过类别：审定

编号：国S-SC-CO-007-2008

品种特性　长势旺，枝叶茂密；果球形至橘形，红色，俗称大红袍；叶面平，花有红斑。6年生单株产果量3千克以上，每公顷产油可以超过300千克；盛产期每公顷产油能达到624千克；干籽出仁率61.8%，干仁含油率48.6%；油酸含量85.51%，亚油酸含量3.99%。可作为食用油、化妆品原料。

栽培技术要点　选择土层较厚的丘陵山地或缓坡

地，水平带整地，施足基肥。配置花期相似或一致的多系混栽；早期适当密植，盛产期后适时调整密度，每年抚育施肥；注意蓝翅天牛、象鼻虫等虫害防治。

适宜种植范围　浙江、江西、广西、福建、湖北油茶种植区。

长林21号

树种：油茶

学名：*Camellia oleifera*‘Changlin 21’

类别：无性系

通过类别：审定

编号：国S－SC－CO－008－2008

品种特性　长势中等，枝叶茂密；果近橘形，黄绿色；叶背灰白。6年生单株产果量3千克以上，每公顷产油可以超过285千克；盛产期每公顷产油可达1063.5千克；干籽出仁率69.3%，干仁含油率53.5%；油酸含量82.88%，亚油酸含量5.21%。可作为食用油、化妆品原料。

栽培技术要点　选择土层较厚的丘陵山地或缓坡地，水平带整地，施足基肥。配置花期相似或一致的多系混栽；早期适当密植，盛产期后适时调整密度，每年抚育施肥；注意蓝翅天牛、象鼻虫等虫害防治。

适宜种植范围　浙江、江西油茶种植区。

长林23号

树种：油茶

学名：*Camellia oleifera*‘Changlin 23’

类别：无性系

通过类别：审定

编号：国S－SC－CO－009－2008

品种特性　长势旺，枝叶茂密；果球形，黄带橙色，叶短矩形。6年生单株产果量3千克以上，每公顷产油可以超过450千克；盛产期每公顷产油可达924千克；干籽出仁率57.2%，干仁含油率49.7%；油酸含量85.24%，亚油酸含量4.07%。可作为食用油、化妆品原料。

栽培技术要点　选择土层较厚的丘陵山地或缓坡地，水平带整地，施足基肥。配置花期相似或一致的多系混栽；早期适当密植，盛产期后适时调整密度，每年抚育施肥；注意蓝翅天牛、象鼻虫等虫害防治。

适宜种植范围　浙江、江西油茶种植区。

长林27号

树种：油茶

学名：*Camellia oleifera*‘Changlin 27’

类别：无性系

通过类别：审定

编号：国S－SC－CO－010－2008

品种特性　枝条粗壮直立，叶宽卵形；果球形，皮红色。平均冠幅产果量1.33千克/平方米，鲜果大小为74个/千克，6年生单株产果量4千克以上，每公顷产油可以超过375千克；盛产期每公顷产油能达到1056千克；鲜出籽率63%，干籽出仁率21.4%，干仁含油率48.6%，鲜果含油率9.3%；油酸含量82.26%，亚油酸含量7.29%。可作为食用油、化妆品原料。

栽培技术要点　选择土层较厚的丘陵山地或缓坡地，水平带整地，施足基肥。配置花期相似或一致的多系混栽早期适当密植，盛产期后适时调整密度，每年抚育施肥；注意蓝翅天牛、象鼻虫等虫害防治。

适宜种植范围　浙江、江西、广西、福建、湖南、湖北油茶种植区。

长林40号

树种：油茶

学名：*Camellia oleifera*‘Changlin 40’

类别：无性系

通过类别：审定

编号：国S－SC－CO－011－2008

品种特性　长势旺，枝叶茂密；果有棱，青色；叶矩卵形。6年生单株产果量8千克以上，每公顷产油可以超过600千克；盛产期每公顷产油能达到988.5千克；干籽出仁率63.1%，干仁含油率50.3%；油酸含量82.12%，亚油酸含量7.34%。可作为食用油、化妆品原料。

栽培技术要点　选择土层较厚的丘陵山地或缓坡地，水平带整地，施足基肥。配置花期相似或一致的多系混栽；早期适当密植，盛产期后适时调整密度，每年抚育施肥；注意蓝翅天牛、象鼻虫等虫害防治。

适宜种植范围　浙江、江西、广西、湖南油茶种植区。

长林53号

树种：油茶

学名：*Camellia oleifera*‘Changlin 53’

类别：无性系

通过类别：审定

编号：国S－SC－CO－012－2008

品种特性　树体矮壮，粗枝，枝条硬，叶子浓密；果梨形，黄带红。6年生单株产果量5千克以上，每公顷产油可以超过375千克；盛产期亩产油能达到1056千克；干籽出仁率59.2%，干仁含油率45%；油酸含量86.23%，亚油酸含量3.18%；可作为食用油、化妆品原料。

栽培技术要点　选择土层较厚的丘陵山地或缓坡地，水平带整地，施足基肥。配置花期相似或一致的多系混栽；早期适当密植，盛产期后适时调整密度，每年抚育施肥；注意蓝翅天牛、象鼻虫等虫害防治。

适宜种植范围　浙江、江西油茶种植区。

长林55号

树种：油茶

学名：*Camellia oleifera* 'Changlin 55'

类别：无性系

通过类别：审定

编号：国S－SC－CO－013－2008

品种特性　长势较强，枝条细长密生；果桃形，青色为主，略带红；叶宽矩卵形。6年生单株产果量1.5千克以上，每公顷产油可以超过225千克；盛产期每公顷产油能达到883.5千克；干籽出仁率68.2%，干仁含油率53.5%；油酸含量84.33%，亚油酸含量5.64%。可作为食用油、化妆品原料。

栽培技术要点　选择土层较厚的丘陵山地或缓坡地，水平带整地，施足基肥。配置花期相似或一致的多系混栽；早期适当密植，盛产期后适时调整密度，每年抚育施肥；注意蓝翅天牛、象鼻虫等虫害防治。

适宜种植范围　浙江、江西、广西油茶种植区。

赣州油1号

树种：油茶

学名：*Camellia oleifera* 'Ganzhouyou 1'

类别：无性系

通过类别：审定

编号：国S－SC－CO－014－2008

品种特性　树冠开张，分枝均匀，果桃形，果皮青色，鲜果出籽率35.15%，种仁含油率49.67%。油酸含量82.18%，亚油酸含量8.99%。栽植10年后进入盛产期，每公顷产油750千克左右。可用于食用植物油生产。

栽培技术要点　选择低山丘陵造林地，环山水平带穴状整地，施足基肥，造林密度3米×2米，选择健壮嫁接苗造林。当年免耕，第二年起主要加强抚育管理，辅以追肥，防治病虫，5年内不宜挂果。

适宜种植范围　江西、广东、福建油茶适生区。

赣州油2号

树种：油茶

学名：*Camellia oleifera* 'Ganzhouyou 2'

类别：无性系

通过类别：审定

编号：国S－SC－CO－015－2008

品种特性　树冠开张，分枝均匀，果楔形，果皮红色，鲜果出籽率37.51%，种仁含油率48.45%。油酸含量80.45%，亚油酸含量7.62%。栽植10年后进入盛产期，每公顷产油750千克左右，可用于食用植物油生产。

栽培技术要点　选择低山丘陵造林地，环山水平带穴状整地，施足基肥，造林密度3米×2米，选择健壮嫁接苗造林。当年免耕，第二年起主要加强抚育管理，辅以追肥，防治病虫，5年内不宜挂果。

适宜种植范围　江西省油茶适生区。

赣州油6号

树种：油茶

学名：*Camellia oleifera* 'Ganzhouyou 6'

类别：无性系

通过类别：审定

编号：国S－SC－CO－016－2008

品种特性　树冠开张，分枝均匀，果皮黄色，鲜果出籽率44.02%，种仁含油率49.75%。油酸含量85.56%，亚油酸含量4.54%。栽植10年后进入盛产期，每公顷产油750千克左右。可用于食用植物油生产。

栽培技术要点　选择低山丘陵造林地，环山水平带穴状整地，施足基肥，造林密度3米×2米，选择健壮嫁接苗造林。当年免耕，第二年起主要加强抚育管理，辅以追肥，防治病虫，5年内不宜挂果。

适宜种植范围　江西省油茶适生区。

赣州油7号

树种：油茶

学名：*Camellia oleifera* 'Ganzhouyou 7'

类别：无性系

通过类别：审定

编号：国S－SC－CO－017－2008

品种特性　树冠开张，分枝均匀，果皮青色，鲜果出籽率39.19%，种仁含油率54.86%。油酸含量81.3%，亚油酸含量7.95%。栽植10年后进入盛产期，每公顷产油750千克以上，可用于食用植物油生产。

栽培技术要点　选择低山丘陵造林地，环山水平带穴状整地，施足基肥，造林密度3米×2米，选择健壮嫁接苗造林。当年免耕，第二年起主要加强抚育管理，辅以追肥，防治病虫，5年内不宜挂果。

适宜种植范围　江西、广东、福建油茶适生区。

赣州油8号

树种：油茶

学名：*Camellia oleifera* 'Ganzhouyou 8'

类别：无性系

通过类别：审定

编号：国S－SC－CO－018－2008

品种特性　树冠开张，分枝均匀，果球形，皮红色，鲜果出籽率38.93%，种仁含油率50.61%。油酸含量82.73%，亚油酸含量8.27%。栽植10年后进入盛产期，每公顷产油750千克以上，可用于食用植物油生产。

栽培技术要点　选择低山丘陵造林地，环山水平带穴状整地，施足基肥，造林密度 3 米×2 米，选择健壮嫁接苗造林。当年免耕，第二年起主要加强抚育管理，辅以追肥，防治病虫，5 年内不宜挂果。

适宜种植范围　江西、广东、福建油茶适生区。

赣州油 9 号

树种：油茶

学名：*Camellia oleifera* ‘Ganzhouyou 9’

类别：无性系

通过类别：审定

编号：国 S－SC－CO－019－2008

品种特性　树冠开张，分枝均匀，果橘形，皮红色，鲜果出籽率 40.57%，种仁含油率 49.41%。油酸含量 74%，亚油酸含量 13.21%。栽植 10 年后进入盛产期，每公顷产油 750 千克左右，可用于食用植物油生产。

栽培技术要点　选择低山丘陵造林地，环山水平带穴状整地，施足基肥，造林密度 3 米×2 米，选择健壮嫁接苗造林。当年免耕，第二年起主要加强抚育管理，辅以追肥，防治病虫，5 年内不宜挂果。

适宜种植范围　江西省油茶适生区。

赣 8

树种：油茶

学名：*Camellia oleifera* ‘Gan 8’

类别：无性系

通过类别：审定

编号：国 S－SC－CO－020－2008

品种特性　树体生长旺盛，树冠紧凑；果皮红色，平均冠幅产果量 0.16 千克/米^2，鲜果大小为 35 个/500 克，鲜出籽率 47.9%，干籽出仁率 57.5%，干仁含油率 53.9%，鲜果含油率 8.1%，盛产期连续 4 年平均每公顷产油量可达 1089 千克。可用于食用植物油生产。

栽培技术要点　选择丘陵林地，带状或块状细致大穴整地。选用合格芽苗砧嫁接苗造林，造林密度 3 米×(2～4)米，施足基肥，及时抚育管理。

适宜种植范围　江西、湖南、广西油茶适生区。

赣 190

树种：油茶

学名：*Camellia oleifera* ‘Gan 190’

类别：无性系

通过类别：审定

编号：国 S－SC－CO－021－2008

品种特性　树体生长旺盛，树冠紧凑；果皮红色，平均冠幅产果量 0.11 千克/米^2，鲜果大小为 47 个/500 克，鲜出籽率 44.6%，干籽出仁率 55.6%，干仁含油率 49.1%，鲜果含油率 7.1%，盛产期连续 4 年平均每公顷产油量可达 811.5 千克。可用于食用植物油生产。

栽培技术要点　选择丘陵林地，带状或块状细致大穴整地。选用合格芽苗砧嫁接苗造林，造林密度 3 米×(2～4)米，施足基肥，及时抚育管理。

适宜种植范围　江西、湖南、广西油茶适生区。

赣 447

树种：油茶

学名：*Camellia oleifera* ‘Gan 447’

类别：无性系

通过类别：审定

编号：国 S－SC－CO－022－2008

品种特性　树体生长旺盛，树冠紧凑；果皮青色，平均冠幅产果量 0.17 千克/米^2，鲜果大小为 44 个/500 克，鲜出籽率 46.7%，干籽出仁率 30.8%，干仁含油率 60.1%，鲜果含油率 11.8%，盛产期连续 4 年平均每公顷产油量可达 1188 千克。可用于食用植物油生产。

栽培技术要点　选择丘陵林地，带状或块状细致大穴整地。选用合格芽苗砧嫁接苗造林，造林密度 3 米×(2～4)米，施足基肥，及时抚育管理。

适宜种植范围　江西省油茶适生区。

赣石 84－3

树种：油茶

学名：*Camellia oleifera* ‘Ganshi 84－3’

类别：无性系

通过类别：审定

编号：国 S－SC－CO－023－2008

品种特性　树体生长旺盛，树冠紧凑；果皮红色，平均冠幅产果量 0.13 千克/米^2，鲜果大小为 49 个/500 克，鲜出籽率 42.5%，干籽出仁率 67.5%，干仁含油率 55.7%，鲜果含油率 10.8%，盛产期连续 4 年平均每公顷产油量可达 913.5 千克。可用于食用植物油生产。

栽培技术要点　选择丘陵林地，带状或块状细致大穴整地。选用合格芽苗砧嫁接苗造林，造林密度 3 米×2～4 米，施足基肥，及时抚育管理。

适宜种植范围　江西省油茶适生区。

赣石 83－1

树种：油茶

学名：*Camellia oleifera* ‘Ganshi 83－1’

类别：无性系

通过类别：审定

编号：国 S－SC－CO－024－2008

品种特性　树体生长旺盛，树冠紧凑；果皮红色，平均冠幅产果量0.13千克/米^2，鲜果大小为36个/500克，鲜出籽率50.7%，干籽出仁率32.4%，干仁含油率52.3%，鲜果含油率11.1%，盛产期连续4年平均每公顷产油量可达945千克。可用于食用植物油生产。

栽培技术要点　选择丘陵林地，带状或块状细致大穴整地。选用合格芽苗砧嫁接苗造林，造林密度3米×(2~4)米，施足基肥，及时抚育管理。

适宜种植范围　江西、湖南、广西油茶适生区。

赣石83-4

树种：油茶

学名：*Camellia oleifera*'Ganshi 83-4'

类别：无性系

通过类别：审定

编号：国S-SC-CO-025-2008

品种特性　树体生长旺盛，树冠紧凑；果皮红色，平均冠幅产果量0.11千克/米^2，鲜果大小为44个/500克，鲜出籽率48.3%，干籽出仁率65.6%，干仁含油率59.6%，鲜果含油率11.9%，盛产期连续4年平均每公顷产油量可达820.5千克。油酸含量82.42%，亚油酸含量8.31%。可用于食用植物油生产。

栽培技术要点　选择丘陵林地，带状或块状细致大穴整地。选用合格芽苗砧嫁接苗造林，造林密度3米×(2~4)米，施足基肥，及时抚育管理。

适宜种植范围　江西、湖南、广西油茶适生区。

赣无2

树种：油茶

学名：*Camellia oleifera*'Ganwu 2'

类别：无性系

通过类别：审定

编号：国S-SC-CO-026-2008

品种特性　树体生长旺盛，树冠紧凑；果皮黄色，平均冠幅产果量0.09千克/米^2，鲜果大小为41个/500克，鲜出籽率48.1%，干籽出仁率27.8%，干仁含油率49.4%，鲜果含油率8.1%，盛产期连续4年平均每公顷产油量可达735千克。油酸含量85%，亚油酸含量6.36%。可用于食用植物油生产。

栽培技术要点　选择丘陵林地，带状或块状细致大穴整地。选用合格芽苗砧嫁接苗造林，造林密度3米×(2~4)米，施足基肥，及时抚育管理。

适宜种植范围　江西、湖南油茶适生区。

赣无11

树种：油茶

学名：*Camellia oleifera*'Ganwu 11'

类别：无性系

通过类别：审定

编号：国S-SC-CO-027-2008

品种特性　树体生长旺盛，树冠紧凑；果皮红色，平均冠幅产果量0.18千克/米^2，鲜果大小为36个/500克，鲜出籽率51.4%，干籽出仁率30.5%，干仁含油率57.8%，鲜果含油率12.4%，盛产期连续4年平均每公顷产油量可达1383千克。油酸含量78.73%，亚油酸含量11.34%。可用于食用植物油生产。

栽培技术要点　选择丘陵林地，带状或块状细致大穴整地。选用合格芽苗砧嫁接苗造林，造林密度3米×(2~4)米，施足基肥，及时抚育管理。

适宜种植范围　江西、湖南油茶适生区。

赣兴46

树种：油茶

学名：*Camellia oleifera*'Ganxing 46'

类别：无性系

通过类别：审定

编号：国S-SC-CO-028-2008

品种特性　树体生长旺盛，树冠紧凑；果皮黄色，平均冠幅产果量0.14千克/米^2，鲜果大小为65个/500克，鲜出籽率52.1%，干籽出仁率28.6%，干仁含油率45.1%，鲜果含油率8.1%，盛产期连续4年平均每公顷产油量可达952.5千克。油酸含量79.24%，亚油酸含量10.4%。可用于食用植物油生产。

栽培技术要点　选择丘陵林地，带状或块状细致大穴整地。选用合格芽苗砧嫁接苗造林，造林密度3米×(2~4)米，施足基肥，及时抚育管理。

适宜种植范围　江西、湖南油茶适生区。

赣永5

树种：油茶

学名：*Camellia oleifera*'Ganyong 5'

类别：无性系

通过类别：审定

编号：国S-SC-CO-029-2008

品种特性　树体生长旺盛，树冠紧凑；果皮青色，平均冠幅产果量0.14千克/米^2，鲜果大小为55个/500克，鲜出籽率50.1%，干籽出仁率61.8%，干仁含油率48.2%，鲜果含油率7.4%，盛产期连续4年平均每公顷产油量可达996千克。油酸含量82.7%，亚油酸含量8.15%。可用于食用植物油生产。

栽培技术要点　选择丘陵林地，带状或块状细致大穴整地。选用合格芽苗砧嫁接苗造林，造林密度3米×(2~4)米，施足基肥，及时抚育管理。

适宜种植范围　江西省油茶适生区。

认定通过品种

湘林 51

树种：油茶

学名：*Camellia oleifera* ‘Xianglin 51’

类别：无性系

通过类别：认定(3 年)

编号：国 R－SC－CO－001－2008

品种特性　树体生长旺盛，树冠自然圆头形；果皮青红色或青黄色，平均冠幅产果量 0.916 千克/米^2，鲜果大小为 22～30 个/500 克，鲜出籽率50%～53.4%，干籽出仁率 67.81%，干仁含油率 55.64%，鲜果含油率 8%～11.6%，盛产期平均每公顷产油可达 836 千克。油酸含量 83.55%，亚油酸含量 5.28%，可用于食用植物油生产。

栽培技术要点　选择丘陵林地，带状或块状细致整地。用壮苗造林，穴内施积肥，造林密度 3 米×(2～4)米，加强幼树抚育和树体管理，加强盛产期水、肥管理和病虫害防治。

适宜种植范围　湖南油茶适生区。

湘林 64

树种：油茶

学名：*Camellia oleifera* ‘Xianglin 64’

类别：无性系

通过类别：认定(3 年)

编号：国 R－SC－CO－002－2008

品种特性　树体生长旺盛，树冠自然圆头形。果青黄色，球形。平均冠幅产果量 1.2 千克/米^2，鲜果大小为 15～28 个/500 克，鲜出籽率 40.9%～43.6%，干仁含油率 32%～36%，鲜果含油率 7.08%，盛产期平均每公顷产油可达673.5 千克。油酸含量86%，亚油酸含量 5.37%，可用于食用植物油生产。

栽培技术要点　选择丘陵林地，带状或块状细致整地。用壮苗造林，穴内施积肥，造林密度 3 米×(2～4)米，加强幼树抚育和树体管理，加强盛产期水、肥管理和病虫害防治。

适宜种植范围　湖南油茶适生区。

XLJ2

树种：油茶

学名：*Camellia oleifera* ‘XLJ 2’

类别：家系

通过类别：认定(3 年)

编号：国 R－SF－CO－003－2008

品种特性　树体生长旺盛，树冠自然圆头形；果青红色，球形。鲜果大小为 27.6 个/500 克，鲜出籽率 44.2%～48.9%，干仁含油率 33%～37%，鲜果含油率 6.85%，盛产期平均每公顷产油可达 513 千克。油酸含量 84.54%，亚油酸含量 4.11%，可用于食用植物油生产。

栽培技术要点　选择丘陵林地，带状或块状细致整地。用壮苗造林，穴内施积肥，造林密度 3 米×(2～4)米，加强幼树抚育和树体管理，加强盛产期水、肥管理和病虫害防治。

适宜种植范围　湖南油茶适生区。

注：通过认定的林木良种，认定期满后不得作为良种继续使用，应重新进行林木品种审定。

国家林业局公告

2008 年第 13 号

国家林业局批准发布《荒漠生态系统定位观测技术规范》(LY/T1752－2008)等 82 项林业行业标准(见附件)，自 2008 年 12 月 1 日起实施，现予以公布。

附件：《荒漠生态系统定位观测技术规范》等 82 项林业行业标准目录(略，见本书“林业科学技术”栏目——编者注)

国家林业局

2008 年 9 月 3 日

国家林业局公告

2008 年第 14 号

根据《中华人民共和国行政许可法》、《中华人民共和国种子法》、《林木种子生产、经营许可证管理办法》和《国家林业局林木种子经营行政许可监督检查办法》，我局决定对有效期届满未延续的北京北植创业绿色科技有限公司等4家企业的林木种子经营许可证予以注销(名单见附件)。从即日起，被注销的林木种子经营许可证(正本、副本)和许可证编号停止使用。

特此公告。

附件：注销林木种子经营许可证的企业名单

国家林业局

2008年9月24日

附件　注销林木种子经营许可证的企业名单

企业名称	经营范围	企业地址	许可证编号	注销原因	有效期届满时间
北京北植创业绿色科技有限公司	苗木、花卉	北京市海淀区北京植物园西区	国京营字第0064号	有效期届满未延续	2008.6.28
浙江国美园艺有限公司	苗木、花卉	浙江省杭州市凤起路8号517室	国浙营字第0065号	有效期届满未延续	2008.6.28
浙江凯撒贸易有限公司	普通林木种子、苗木、花卉、草坪草	浙江省杭州市滨江区江南大道380号威陵大厦502号	国浙营字第0066号	有效期届满未延续	2008.7.5
登龙红酒(蓬莱)有限公司	苗木	山东省蓬莱市大辛店镇	国鲁营字第0069号	有效期届满未延续	2008.7.20

国家林业局公告

2008年第15号

根据国家林业局、卫生部、国家工商总局、国家食品药品监管局、国家中医药管理局联合发布的《关于进一步加强麝、熊资源保护及其产品入药管理的通知》(林护发[2004]252号)、《关于加强赛加羚羊、穿山甲、稀有蛇类资源保护和规范其产品入药管理的通知》(林护发[2007]242号)的有关规定，卫生部、国家中医药管理局先后确定了临床使用天然麝香、熊胆、赛加羚羊角、穿山甲片、稀有蛇类各类原材料的定点医院名单，现予公布(见附件1、2)。名单所列定点医院需要购买上述原材料临床使用的，按国家和地方有关行政许可的规定申报；各级林业主管部门不得批准向非定点医院销售相应的野生动物原材料。

特此公告。

附件：1. 临床使用天然麝香、熊胆粉原材料定点医院名单(略)

2. 临床使用赛加羚羊角、穿山甲片、稀有蛇类原材料定点医院名单(略)

国家林业局

2008年10月28日

国家林业局公告

2008年第16号

陕西省兴平市的美国白蛾疫点已经根除。为此，根据《植物检疫条例》的有关规定，我局决定撤销其划定的美国白蛾疫区。

特此公告。

国家林业局

2008年11月17日

国家林业局公告

2008年第17号

根据《中华人民共和国行政许可法》、《普及型国外引种试种苗圃资格认定管理办法》、《国家林业局普及型国外引种试种苗圃资格认定行政许可被许可人监督管理办法》、《松材线虫病疫木加工板材定点加工企业审批管理办法》和《国家林业局松材线虫病疫木加工板材定点加工企业行政许可被许可人监督管理办法》的有关规定，我局决定对有效期届满未延续、自行放弃的北京格林种业有限公司顺义北小营镇后鲁村苗圃等7家普及型国外引种试种苗圃和目前的加工设施条件已不符合松材线虫病疫木加工板材定点加工企业资格的广东省乳源瑶族自治县伟华木材加工厂的资格予以注销（名单见附件）。从即日起，被注销的普及型国外引种试种苗圃及松材线虫病疫木加工板材定点加工企业许可证及许可证编号停止使用。

特此公告

附件：取消松材线虫病疫木加工板材定点加工企业和普及型国外引种试种苗圃资格的企业名单

国家林业局

2008年11月27日

附件　取消松材线虫病疫木加工板材定点加工企业和普及型国外引种试种苗圃资格的企业名单

企业名称	企业地址	许可文件编号	证书编号	注销原因
北京格林种业有限公司顺义北小营镇后鲁村苗圃	北京市顺义区双裕西区北园8号楼	林造许准[2006]3号	20060001	有效期满，核查时，隔离苗圃自行废弃不用
北京吉马投资发展有限公司密云县穆家峪镇西穆家峪村苗圃	北京市密云县穆家峪镇西穆家峪村	林造许准[2006]4号	20060002	有效期届满未延续
北京双卉新华园艺有限公司延庆县农场苗圃	北京市延庆县农场	林造许准[2006]77号	20060006	有效期届满未延续
北京信采种养殖有限公司大兴区采育镇下黎城村苗圃	北京大兴区采育镇下黎城村	林造许准[2006]78号	20060007	有效期届满未延续
中国乡镇企业总公司朝阳区王四营乡北京通胜卉芳农业科技有限公司基地内苗圃	北京市朝阳区农展南路5号京朝大厦8层	林造许准[2006]106号	20060008	有效期满，核查时，隔离苗圃自行废弃不用
西诺(北京)花卉种业有限公司楼梓庄北京农丰实验苗圃	北京市朝阳区延静里中街3号院	林造许准[2006]107号	20060009	有效期满，核查的隔离苗圃与审批的不一致
北京万农兴科技有限公司通州区宋庄镇平家疃基地的苗圃与温室	北京市海淀区中关村南大街12号	林造许准[2006]110号	20060013	有效期满，核查的隔离苗圃与审批的不一致
广东省乳源瑶族自治县伟华木材加工厂	乳源瑶族自治县汝城镇锑冶炼厂内	林造许准[2007]85号	20070002	未能达到加工设施条件

国家林业局令

第25号

《林业行政许可听证办法》已经2008年6月6日国家林业局局务会议审议通过，现予公布，自2008年10月1日起施行。

国家林业局局长　贾治邦

2008年8月1日

林业行政许可听证办法

第一章 总 则

第一条 为了规范林业行政许可听证程序，根据《中华人民共和国行政许可法》和国家有关规定，制定本办法。

第二条 县级以上人民政府林业主管部门(以下简称林业主管部门)举行林业行政许可听证，适用本办法。

第三条 举行林业行政许可听证，应当遵循公开、公平、公正的原则。

第四条 林业行政许可听证工作，由林业主管部门法制工作机构负责。

第二章 听证范围

第五条 法律、法规、规章规定实施林业行政许可应当听证的事项，或者林业主管部门认为需要听证的其他涉及公共利益的重大林业行政许可事项，应当向社会公告，并举行听证。

第六条 直接涉及申请人与他人之间重大利益关系的林业行政许可事项，林业行政许可申请人、利害关系人提出听证申请的，林业主管部门应当举行听证。

第三章 听证人员和听证参加人

第七条 听证人员包括：听证主持人、听证员和记录员。

听证主持人，由林业主管部门法制工作机构工作人员担任。

听证员和记录员由听证主持人指定。

第八条 听证参加人包括：林业行政许可事项的审查人员、申请人和利害关系人。

第九条 听证主持人履行下列职责：

(一)决定举行听证的时间、地点；

(二)审查听证参加人的资格；

(三)主持听证会，并维护听证秩序；

(四)针对听证事项进行询问；

(五)核实听证笔录。

第十条 听证人员应当维护听证参加人的陈述、申辩和质证权利，保守听证事项涉及的国家秘密和商业秘密。

第十一条 听证主持人与林业行政许可事项有直接利害关系的，应当主动回避。申请人、利害关系人认为听证主持人与林业行政许可事项有直接利害关系的，有权申请回避。

听证主持人的回避由林业主管部门负责人决定。

第十二条 申请人和利害关系人享有下列权利：

(一)申请听证主持人回避；

(二)委托代理人参加听证；

(三)针对听证事项进行陈述、申辩和质证；

(四)确认听证笔录。

第十三条 林业行政许可事项的审查人员，在听证时应当提供审查意见的依据、理由，并进行陈述、申辩和质证。

第四章 听证程序

第十四条 林业主管部门按照本办法第五条规定举行林业行政许可听证的，应当于举行听证会的二十日前向社会公告。

公告内容包括：听证事项、时间、地点和听证参加人的产生方式等。

第十五条 林业主管部门在作出本办法第六条规定的林业行政许可决定前，应当告知申请人、利害关系人享有要求听证的权利，并送达林业行政许可听证申请权利告知书。

第十六条 申请人、利害关系人要求听证的，应当在收到林业行政许可听证申请权利告知书之日起五日内提出听证申请。

第十七条 林业主管部门应当在收到听证申请之日起二十日内组织听证。

第十八条 林业主管部门应当于举行听证会的七日前向听证参加人送达林业行政许可听证通知书。

第十九条 听证会应当公开举行，但涉及国家秘密和商业秘密的除外。

第二十条 申请人、利害关系人申请听证主持人回避的，应当于举行听证会三日前提出，并说明理由。

第二十一条 听证会按照下列程序进行：

(一)查明听证参加人身份；

(二)听证主持人宣读听证事由、听证人员和听证参加人名单，并宣布听证会开始；

(三)林业行政许可事项的审查人员进行陈述；

(四)申请人、利害关系人进行陈述；

(五)听证参加人进行申辩、质证；

(六)听证主持人宣布听证会结束。

第二十二条 听证会应当制作听证笔录。听证笔录应当载明下列内容：

(一)听证事项；

(二)听证人员和听证参加人；

(三)听证时间和地点；

(四)听证参加人进行陈述、申辩和质证的情况；

(五)其他事项。

听证笔录由听证主持人核实、听证参加人确认后签字或者盖章。

第二十三条 林业主管部门应当根据听证笔录，

作出林业行政许可决定。

第五章 附 则

第二十四条 林业主管部门举行听证，不得向申请人、利害关系人收取任何费用。

第二十五条 本办法自2008年10月1日起施行。

林业有害生物警示通报

2008第1号

2007年，广西壮族自治区林业局在与越南交界的东兴县发现辖区内桉树的嫩梢、叶片、叶脉及叶柄出现肿大变形，肿大部位形成虫瘿，导致整个植株矮化、丛枝状，严重影响树木生长，其中以一年生桉树幼林受害最重。2008年，通过国家林业局林业有害生物检验鉴定中心对虫瘿鉴定，发现是一种新入侵的外来有害生物——桉树枝瘿姬小蜂(*Leptocybe invasa* Fisher et LaSalle)。初步普查，目前广西壮族自治区桉树枝瘿姬小蜂的发生面积已达3万余亩，受害严重地区有虫株率达100%，涉及防城港市、钦州市、崇左市、百色市4市9个县(市、区)，显现出快速扩散蔓延的趋势。

桉树枝瘿姬小蜂是桉属(*Eucalyptus*)植物的重要枝叶害虫。最初于2000年在中东及地中海沿岸国家发现，但其分类地位于2004年确定，为新属新种，隶属膜翅目(Hymenoptera)小蜂总科(Chalcidoidea)姬小蜂科(Eulophidae)。目前桉树枝瘿姬小蜂已在法国、意大利、新西兰、葡萄牙、西班牙、希腊、阿尔及利亚、摩洛哥、肯尼亚、叙利亚、坦桑尼亚、乌干达、南非、约旦、伊朗、以色列、泰国、土耳其、越南、印度、柬埔寨、黎巴嫩等诸多国家发现，根据目前掌握的情况，桉树枝瘿姬小蜂在广西主要危害巨圆桉DH201-2、巨尾桉广林9号、巨尾桉DH3226等无性系及窿缘桉，但以巨圆桉DH201-2无性系受害最重。据报道，此害虫还可危害葡萄桉、尤加利、赤桉、蓝桉、西达桉、巨桉、柳叶桉、直杆桉、大叶桉、细叶桉等。

桉树枝瘿姬小蜂个体较小；雌性成虫体长为1.1~1.4毫米，褐色，略带蓝绿色金属光泽；头部骨化程度较弱，易皱缩；幼虫白色。主要危害桉树苗木及幼林，在叶片、主脉、叶柄及当年生枝条上形成虫瘿，危害严重时导致苗木倒伏、落叶、植株矮化、枝梢枯死，严重影响树木生长，报道有致死树木情况。

据资料介绍，该害虫每年发生2~3代，世代重叠，以成虫在虫瘿内越冬，翌年4月开始羽化。在室温条件下，平均132.6天完成1个世代，雌性成虫在提供蜂蜜及水的情况下，平均寿命为6.5天。该小蜂孤雌生殖，繁殖能力强，种群密度大，扩散迅速，在以色列，在极高气温和极低气温情况下均可发生危害。由于该虫适应能力强，发育适宜温度范围较广，因此当其侵入新地区时，较容易建立种群和定居。

目前桉树枝瘿姬小蜂的寄主植物——桉树在我国华南及西南地区大面积种植，是重要的园林绿化及速生丰产林树种，这些地区由于寄主的存在及适宜的气候条件成为桉树枝瘿姬小蜂潜在的适生区。该虫一旦在我国继续快速扩散蔓延，将对我国重要造林绿化树种——桉树构成重大威胁。各地必须高度重视桉树枝瘿姬小蜂的防治工作。一是尽快开展普查，重点查看桉树属植物的叶片及枝条等，准确掌握桉树枝瘿姬小蜂在辖区内的发生情况。二是目前已经发现桉树枝瘿姬小蜂疫情的地区，要准确掌握发生情况，以苗圃和一年生桉树为重点，开展防治，控制发生区，防止进一步传播蔓延，减轻危害。三是目前未发现桉树枝瘿姬小蜂的桉树分布地区，要严把检疫关，严禁从国内桉树枝瘿姬小蜂发生区调运寄主材料及从国外发生区进口桉树属植物及其繁殖材料，发现来自发生区的桉树属植物及运载工具要进行销毁或除害处理(熏蒸)等。同时加强对发生区毗邻地区的虫情监测工作。四是广泛开展宣传培训，普及桉树枝瘿姬小蜂的识别及检疫监测技术知识，使各项防治措施能够落到实处。

国家林业局

2008年9月21日

林业有害生物警示通报

2008第2号

最近，宁夏回族自治区林业局报告，反映沟眶象(*Eucryptorrhynchus chinensis* Olivier)在宁夏回族自治区发生、危害严重。据反映，沟眶象于1999年通过从内地调入千头椿苗木传入银川市，目前已扩散至银川、石嘴山、吴忠、中卫、固原等5市的23个县(市)，受害林木752.4万株，折合发生面积6.27万亩，并已造成部分臭椿死亡。

沟眶象属鞘翅目，象甲科，隐喙象亚科，沟眶象属，主要危害臭椿，文献记载分布于西北、华北、东北等10多个省(区、市)。沟眶象成虫体长12~20毫米，长宽比近2:1；头部布有小刻点；前胸背板及鞘翅上密被粗大刻点；前胸背板布有白色或红褐色鳞片，鞘翅的肩部及端部布有白色鳞片，其余部分则散生白色小点，掺杂红黄或赭色鳞片。老熟幼虫体长10~21毫米，弯曲似"C"形，头部黄褐色，胴部乳白色，每节背面两侧多皱纹。蛹体长10~22毫米，黄白色，腹部末端略弯曲。

目前国内虽然有一些关于沟眶象的生物学特性的报道，但对沟眶象的成灾规律和生物学习性还不完全掌握。据现有文献资料记载，沟眶象1年发生1代，幼虫在树干内越冬、成虫在2~30厘米的土层中越冬。沟眶象飞翔力差，自然扩散主要靠成虫爬行，因此扩散的距离十分有限。目前主要是通过人为调运携带有虫的苗木或带皮原木远距离扩散。该虫的危害主要在幼虫期，通过幼虫蛀入树皮内取食。沟眶象主要为害臭椿干部，但在宁夏，沟眶象主要为害树干基部和根部，目前尚缺乏经济、实用、高效的防治技术。

一直以来，臭椿主要是我国的"四旁"树种。但随着林种、树种结构的调整，目前，臭椿在局部地区已成为主要造林树种之一，为此，各地要重视和警惕沟眶象的发生、危害趋势，举办沟眶象识别及相关监测、检疫技术知识培训，做好监测普查工作。加强产地检疫和复检，防止带有沟眶象的苗木出圃和传入。同时要注意观察和准确掌握沟眶象的生物学特性，开展相关研究，探索经济、实用、有效的防治技术。

国家林业局

2008年9月21日

林业有害生物警示通报

2008 第3号

2008年9月末，我局接到河南省林业厅报告，该省与山东省聊城市接壤的濮阳市台前县在开展美国白蛾(*Hyphantria cunea* Drury)专项调查中，发现美国白蛾疫情。据初步调查，目前发生面积为6.2万亩，主要分布在靠近公路、铁路沿线7个乡(镇)的28个村庄。

美国白蛾属鳞翅目(Lepidoptera)夜蛾总科(Noctuoidea)灯蛾科(Arctiidae)，成虫体长9~12毫米。白色。雄蛾触角双栉齿状，雌蛾触角锯齿状。翅白色，雌蛾前翅通常无斑，雄蛾前翅无斑至较密的褐色斑。卵近球形，直径约0.5毫米，表面具有许多规则的小刻点，初产卵淡绿或黄绿色，有光泽，后变灰绿色，近孵化时灰褐色，顶部呈黑褐色。卵块大小为2~3平方厘米，白色，表面覆盖有雌蛾腹部脱落的毛和鳞片。老熟幼虫体长22~37毫米，各节毛瘤发达，体背有深褐至黑色宽纵带1条，带内有黑色毛瘤，体侧淡黄色，毛瘤橘黄色。蛹体长9~12毫米，初为淡黄色，逐渐变为橙色，后变褐色至暗红褐色。

据目前各发生区掌握的情况，该虫在辽宁、河北秦皇岛、山东烟台、陕西等地一年2代，其他地区一年3代。世代重叠，以蛹在墙缝、砖缝、树洞、石块下、地表枯枝落叶层中越冬。幼虫有吐丝结网的习性，4龄以后开始弃网分散取食。可危害上百种植物。5龄以后进入暴食期，危害严重地区的植物叶片仅留下主脉和叶柄。老熟幼虫有为寻找化蛹场所四处爬行的习性。由于该虫食性杂，取食量大，传播快，途径广、适应能力强，一旦侵入新地区，比较容易建立起种群并扩散蔓延，对当地林木、农作物及自然生态景观等造成严重影响。

我国大部分地区均为美国白蛾适生区，各地尤其是与发生区相邻的吉林、内蒙古、山西、安徽、江苏等省(区)，务必要高度重视，提高警惕，积极开展相关工作。一是做好美国白蛾监测普查工作，及时、准确掌握实际情况，真正做到第一时间发现，第一现场根除，防止加深危害，扩散蔓延。二是严把检疫关，对来自疫区的木材、苗木等，要及时开展复检，防止疫情传入。对来自疫区的各类包装物、装载工具等，也要根据具体条件及时进行除害处理。三是广泛宣传美国白蛾的危害性，动员广大人民群众参与美国白蛾防治工作，发现异常情况及时报告。积极开展美国白蛾识别、监测检疫、防治基础知识的培训工作，提高防治能力。

国家林业局

2008年10月29日

林业有害生物警示通报

2008 第4号

据国内外文献资料记载，湿地松是松材线虫病的寄主植物，但抗性较强。一直以来，我国也尚未在野外发现感染松材线虫病造成湿地松成片死亡的情况。因此，各地在松材线虫病的防治工作中，没有将湿地松林列为防治工作的重点内容。

近日，经福建省林科院鉴定，福建省东山县赤山林场和泉州市洛江区虹山乡共发现460多株感染松材线虫病致死的湿地松，发生面积1000多亩，发生区林地为16～32年生的湿地松纯林，种源来自从美国引进的湿地松种子繁育的苗木。

据观察，感染松材线虫病的湿地松枯死速度相对较慢，先多是下部侧枝(大枝)枯死，然后逐步蔓延到全株，发病症状出现在5～6月，从出现症状(枝条枯死)到整株枯死需要100多天。另外，寄生在湿地松上的松材线虫虫体较寄生在马尾松上的虫体短小。

湿地松是我国南方主要造林树种之一，目前的种植面积已近亿亩。鉴于出现湿地松在野外可感染松材线虫病并造成湿地松成片死亡的情况，各地务必给予高度重视。一是进一步加强监测普查，发现湿地松枯死情况，必须及时按照有关技术规定，进行取样分离和镜检，确定死亡原因。二是有关发生区要做好湿地松感染松材线虫病发病规律的观测工作，加强相关科学研究。三是进一步加强对松科植物及其产品的检疫和对调运松科植物及其产品是否具有《植物检疫证书》的查验工作，共同做好疫区封锁工作，防止松材线虫病扩散蔓延。

国家林业局

2008年12月8日

中国林业概述

2008年的中国林业

2008年是极不平凡的一年。全国林业系统认真贯彻落实科学发展观，紧紧围绕建设生态文明和国家大局，按照全面推进现代林业建设的总体部署，继续解放思想，全面深化改革，调整完善政策，强化科技支撑，转变发展方式，狠抓工作落实，全力应对严重低温雨雪冰冻灾害和四川汶川特大地震灾害，努力克服国际金融危机的不利影响，总体上保持了林业发展的良好态势，各项工作都取得了新进展。

林业改革取得重大突破，为解放和发展林业生产力注入了新活力 一年来，各级林业部门坚持把深化改革作为现代林业建设的根本动力，解放思想，奋发而为，开启了农村经营体制的又一次重大变革，掀起了一场涉及广大农村的绿色革命，为林业科学发展注入了新的活力。一是林业体制改革取得重大突破。党中央、国务院颁发了《关于全面推进集体林权制度改革的意见》，集体林权制度改革进入全面推进新阶段。各地各部门认真落实中央部署，积极稳妥推进改革，取得新成效。福建、江西、辽宁、浙江、云南5省基本完成主体改革，河北、安徽、河南、湖北、湖南、重庆、四川、贵州8省(市)全面推开主体改革，其他省(区、市)都在积极开展改革试点。全国已确权到户的林地达0.85亿公顷，占集体林地的50%。亿万农民真正成为山林主人，获得重要的生产资料和发家致富的创业平台，不少山区农民的家庭财产增加几万元甚至几十万元，部分农民林业收入已占到总收入的60%，极大地调动了农民的积极性，各种生产要素大量向林业流动。2008年，河南省投入林业资金61.3亿元，造林40.07万公顷，比2007年增加22.47万公顷；云南省投入林业资金35亿元，有效带动了林业和林下经济发展，南华县通过发展以野生菌为主的林下经济，实现产值1.6亿元，比2007年增长37.1%，其中五街镇农民户均收入2万元，高的达8万多元；福建省林业贷款余额66.1亿元，有55万农民工返乡务林；江西省林权抵押贷款余额30亿元，40.9万农民工返乡务林，全省农民人均林业现金收入680元，同比增长15%；辽宁省有1200万农民经营林业，收入明显增长；河北省发展林下经济4万多公顷，产值10多亿元，实现了农民“不离乡、能就业，不砍树、能致富”。同时，国有林场改革试点和重点国有林区改革试点也取得新进展。二是林业机制创新取得重要进展。在各部门大力支持下，进一步完善了林业发展的政策机制。国家明确要求，建立支持林业发展的公共财政制度，各级政府要建立和完善森林生态效益补偿基金制度。全国重点公益林补偿范围已达到0.47亿公顷，25个省(区、市)建立了地方森林生态效益补偿制度，地方年补偿资金达18亿元，福建省从水资源费中安排35%用于生态公益林补偿。林权抵押贷款、森林保险、林木良种补贴制度开始建立，江西省26个县近20万公顷森林纳入火灾保险，保险金额近14亿元。林区基础设施建设纳入地方政府统筹规划。通过深化林业体制机制改革，林业发展实现了由过去主要依靠政府投资拉动向多渠道投资、体制改革、机制创新全面推动的转变。

生态建设取得重大进展，生态功能进一步提升 一是森林生态系统建设进一步加强。完成造林535.47万公顷，同比增长37.02%。国家初步确定延长天保、京津风沙源治理等重点工程实施期，批复了各工程省区巩固退耕还林成果专项规划，下达了76亿元巩固退耕还林成果专项资金，组织开展了退耕还林工程阶段验收，增加了三北、沿海防护林等工程建设投资。形成了生物质能源林、碳汇林、珍贵树种培育等新的增长点。义务植树和部门绿化深入开展，完成义务植树23.1亿株。积极探索造林绿化工程监理制，提高造林绿化质量。坚持把加强森林经营作为现代林业建设的永恒主题，大力提升林业科技含量，进一步加强森林经营。广东省全面实施了森林经营工程，湖北省完成中幼林抚育和低产林改造42.32万公顷。强化了“林以种为本、种以质为先”的理念，造林基地供种率提高到63%，良种使用率提高到51%，种苗质量合格率稳定在90%以上。实施了征占用林地定额管理，资源管护力度不断加大，基本保持了林地资源平衡。二是湿地生态系统保护成效明显。湿地保护与恢复工程深入推进，一些重要和脆弱湿地的生态状况明显改善。开展了江苏溱湖、湖北大九湖等国家湿地公园试点。全国已建立湿地自然保护区550多处、国际重要湿地36处、国家湿地公园38处，49%的自然湿地得到有效保护。三是荒漠生态系统得到改善。强化了地方政府防沙治沙责任，沙区全面实施“三禁”制度。甘肃、宁夏、内蒙古等省(区)沙化土地治理面积大于扩展面积，新疆、青海、西藏等省

(区)进一步加大了防沙治沙力度。科尔沁、毛乌素沙地沙化扩展趋势实现逆转。塔克拉玛干等重点敏感区治理步伐加快，重点沙区绿洲面积扩大。石漠化综合治理工程试点启动，防沙治沙综合示范区建设扎实推进，第四次荒漠化和沙化监测工作开始部署。四是生物多样性保护成效显著。林业自然保护区达2006处，面积1.23亿公顷，占国土面积的12.8%，90%的陆地生态系统类型、生物多样性得到有效保护。大熊猫、朱鹮、扬子鳄、野马等放归自然的试验积极推进。圆满完成了大熊猫赠台相关工作。初步建立了全国陆生野生动物疫源疫病监测体系，野生动物疫情得到有效控制。五是促进了其他生态系统发展。加强了城市森林建设，全国城市绿化覆盖率达到35.29%。上海市完成屋顶绿化10万平方米，推进绿墙建设和立体绿化29千米。加强了农田林网和草原防护林建设。生态建设呈现出以森林生态系统为重点、“三个系统一个多样性”全面协调推进的局面。

林业抗灾救灾取得重要成果，应急能力明显增强 面对接连发生的重特大突发灾难，全国务林人紧急行动、团结一致、众志成城、英勇奋战，战胜了各种困难，夺取了林业抗灾救灾的胜利，恢复重建也取得重要成果。一是成功抗击低温雨雪冰冻灾害。面对新中国成立以来林业受灾最重、损失最大、影响最深远、恢复最艰巨的罕见低温雨雪冰冻灾害，各级林业部门领导立即赶赴一线救灾，林业干部职工奋力救助受困群众，林业专家深入一线开展科技救灾，抗灾信息迅速沟通，应对措施及时落实，减少了林农损失，得到了中央支持，完善了林业抗灾救灾机制。在湖南郴州召开了全国林业灾后重建现场会，全面部署了恢复重建工作。国务院决定投资364亿元开展灾后林业生态恢复重建，明确了减免世行贷款债务、将林业救灾资金纳入中央和地方财政预算等八项政策。二是积极应对汶川特大地震灾害。汶川地震发生后，四川、甘肃、陕西等灾区林业部门紧急行动、昼夜奋战，全力抢救受灾群众，妥善疏散大熊猫，想方设法解决困难，千方百计保障供给。非灾区林业部门发扬一方有难、八方支援的精神，纷纷捐款捐物，全力支援灾区水、电、路、通讯设施的恢复重建，积极解决灾区物资缺乏和看病难等问题，妥善安排灾后重建和群众过冬。国家发改委联合国家林业局等5部门制定了《汶川地震灾后恢复重建生态修复专项规划》，落实林业投资131亿元。三是成功处置森林火灾等灾害。在全国高温干旱等极端天气频繁发生、林下可燃物大量增加、防火基础设施遭受严重破坏、森林火险等级持续偏高的严峻形势下，采取超常规措施，实现了大灾之年无大火。武警森林部队编制名额增加，大型灭火直升机成功引进，吉林省实现连续28年无重大森林火灾。北京、天津、河北等省(市)成功防治美国白蛾等有害生物灾害，为北京奥运会、残奥会成功举办作出了贡献。在重点区域布设了沙尘暴地面监测站，沙尘暴应急处置能力不断增强，有效应对和防范了沙尘暴灾害。

林业产业发展扎实推进，兴林富民取得新成效 各地坚持把兴林富民作为现代林业建设的根本宗旨，大力发展林业产业，明显使人、财、物等社会生产要素向林业聚集。一是林业产业规模扩大。由于受雨雪冰冻灾害和地震灾害，特别是国际金融危机的影响，林业产业发展总体放缓，林业总产值仍达1.44万亿元，同比增长14.94%，进出口贸易额突破700亿美元。全国规模以上林业企业超过1.5万家。浙江、福建、广东的林业年产值均超过1000亿元。四川省林业吸引外资6.9亿元，为2007年的10倍，产值超亿元的企业新增10家，达到47家。江西省林业产值同比增长21%，河南省增长21%，辽宁省增长13%。二是林业产业结构优化。速生丰产林、木本粮油林快速发展，纸浆和人造板原料林成为社会投资重点，企业、农户、外商成为商品林投资主体。初步形成了木竹加工、木浆造纸、林特产品、花卉和野生动植物繁育等产业集群。国家森林公园发展到710处，森林旅游人数2.74亿人次，社会综合产值1400亿元，同比增长近20%。林业一、二、三产业比重由2005年的52:41:7转变为44:48:8。三是林业特色产业蓬勃兴起。黑龙江、吉林、辽宁等省形成森林食品和北药主产区。云南、湖南、江西等省积极发展油茶、核桃等木本粮油特色产业，湖南省2008年茶油产量达到12万吨，产值65亿元。广西壮族自治区已建成速生丰产林173.33万公顷、经济林220万公顷，年产值达到350亿元。河南省经济林面积达86.67万公顷，花卉苗木面积5.67万公顷，亩均收入4000元。新疆发展特色林果基地1450万公顷，年产值达120亿元，阿克苏、喀什等地把林果业作为实现农民人均收入8000~10 000元的抓手，若羌县已实现农民人均红枣纯收入5670元。林业产业的发展，有效促进了农民就业增收，兴林富民已成为各级林业部门的生动实践。

生态文化建设扎实开展，社会生态文明观念不断强化 各地坚持把建设生态文明作为现代林业建设的战略目标，大力弘扬生态文化，牢固树立人与自然和谐的核心价值观，强化了社会生态文明观念。一是生态文化理论建设取得初步成果。成立了中国生态文化协会等理论研究和组织机构，扩展了生态文化建设内容，丰富了生态文化内涵，生态文化不断向自然、社会和人文文化拓展，向经济、科技、教育等领域渗透。二是生态文化基础建设快速推进。建设了一批以森林公园、湿地公园等为依托的生态文化和生态文明教育基地，开展了“创绿色家园，建富裕新村”活动，命名了一批现代林业示范市和国家森林城市。北京市全面兑现绿色奥运七项承诺，高质量完成了奥运绿化重点工程。广东省按照“城市园林化、郊区森林化、道路林荫化、庭院花园化”的要求，打造森林城市、森林乡镇、森林村庄。河南省把“村镇绿化”作为十件大事之一，投资1.83亿元，1.35万个村庄得到绿化美化。海南、安徽、福建、重庆等省(市)建设了一大批“生态文明村”、“森林人家”、“农家社区森林公园”等各具特色的生态文化基地。三是生态文化传播力度加大。林业纳入了党的宣传工作布局，报纸、广播、电视等传统媒体宣传林业的力度加大，网络、手机等现代媒体关注林业的热情提高。制作播出了《森林之歌》、《山林的呼唤》、《踏界》等一批影视片，多次组织著名文艺家深入林区采风，举办了生态文明高层论坛、中国城市森林论坛等活动。江西省将生态知识编入了《义务教育地方课程通用教材》。四是生态文明观已开始影响政府决策和社会行动。一些地方政府把“追求科学发展，追求人与自然和谐，追求生态文明，确保发展永续，确保生态永续，确保宜居永续，确保为城乡居民提供更多更好的生态产品”作为经济社会发展的旗帜，积极采取重大举措，大幅度增加林业投入。山西省近3年年均投资50亿元，实施身边增绿工程。江西省规划投资120亿元，实施“一大四小”工程。重庆市规划投资480亿元，建设“森林重庆”。交通、铁道等部门加快绿色通道建设，完成绿化里程20万多千米。中国绿色碳基金在7个省(区)实施了10个碳汇造林项目。通过发展生态文化，生态文明观开始影响政府的决策和社会的行动。

积极应对国际林业热点问题，增强了我国的话语权和主导权　一是积极参与应对气候变化的国家行动和外交活动。把落实胡锦涛主席在第十五次APEC会议上提出的应对气候变化的“森林方案”作为一项重大政治任务，举全局之力积极推进，取得重要进展。经国务院批准，成立了由国家林业局和外交部、国家发改委、财政部、科技部、中央编办、中国气象局等组成的亚太森林恢复与可持续管理网络部际协调小组，拟定了网络发展路线图，召开了由24个国家、地区和16个国际组织出席的网络启动会议，发布了与美国、澳大利亚共同制定的网络框架文件，落实了3亿元网络发展专项资金。在2008年底第十六次APEC会议上，胡锦涛主席宣布网络正式运行，并被写入会议宣言。同时，还参与了《中国应对气候变化的政策与行动(白皮书)》编制工作；将森林与气候变化列入中欧领导人峰会内容；积极参与林业国际规则制定，出席了联合国气候变化框架公约第十四次缔约方大会等一系列国际会议，提升了我国林业对外交流合作的层次和水平。二是推进林业双边和区域合作。积极参与中美经济战略对话，配合中欧首脑会议，促进中欧森林执法合作。认真做好大熊猫、朱鹮、东北虎等外交配合工作。继续加强林业双边、多边国际合作。国际竹藤组织成员国已发展到35个，与50多个国际组织和双边机构建立了伙伴关系，初步建立了全球竹藤合作网络。深入推进与欧洲投资银行、世行、亚洲开发银行等国际金融组织的合作并取得突破性进展。三是认真履行国际公约。主动承担国际义务，认真履行濒危野生动植物种国际贸易公约、湿地公约、生物多样性公约、防治荒漠化公约和植物新品种保护公约，并积极协调推进全球生态建设，树立了负责任大国形象。加大技术和资金输出力度，援助欠发达国家生态建设，受到国际社会赞誉。特别是由于我国成为全球森林资源增长最快、人工林吸收二氧化碳最多的国家，我国林业的国际影响力不断提升，话语权和主导权不断增强，为国家重大外交作出了贡献。

林业发展环境进一步优化，保障能力明显加强　一是林业建设资金明显增加。落实中央投资572亿元，林业信贷资金117亿元，地方各类投资上千亿元。2008年第四季度中央新增林业投资36.5亿元，首次开展了国有林区棚户区改造试点。二是依法治林扎实推进。修订了森林防火条例，推行了林业行政执法责任制，规范了林业行政执法行为和许可行为，加强了“五五”普法工作，开展了“飞鹰行动”等严打行动。三是科技支撑能力进一步增强。重点围绕贯彻落实《中共中央国务院关于全面推进集体林权制度改革》的意见，服务防灾减灾与灾后重建，引领油茶产业发展等林业中心任务，紧密结合缓解粮油食品安全、应对全球气候变化、举办绿色平安奥运等国家战略任务的实施，加强了林业科技创新体系建设，争取到并启动了一批国家级重大科技项目，推广应用了一批重要科技成果，完善了林业技术标准体系，科技支撑服务能力全面加强，林业科技贡献率达到39.1%。四是机构队伍建设得到加强。加强了林业机构建设，拓展了林业部门的职能，增加了武警森林部队编制，推进了森林公安队伍正规化建设，强化了林业工作站建设，开展了大规模的干部教育培训。深入开展学习实践科学发展观活动，不断推进“讲党性、重品行、作表率”和“创四型机关、做五个模范”活动，进一步推动了机关两建和廉政建设。老干部、社团和后勤保障工作也得到明显加强。　(局办公室)

中国林业基本情况

林业资源　新中国成立以来，我国共完成了6次森林资源清查。第六次清查(1999~2003年)结果表明，我国有森林面积1.75亿公顷，活立木蓄积量136.18亿立方米，森林蓄积量124.56亿立方米，森林覆盖率为18.21%，比新中国成立初期的8.6%提高近10个百分点。我国森林面积居俄罗斯、巴西、加拿大、美国之后，列世界第五位，森林蓄积量居巴西、俄罗斯、美国、加拿大、刚果(金)之后，列世界第六位。我国人工林保存面积5326万公顷，列世界第一位。

总的看，我国森林资源总量不足、质量不高、分布不均。森林覆盖率只有世界平均水平30.3%的60%；我国人均占有森林面积0.132公顷，相当于世界人均占有量0.6公顷的22%；人均占有森林蓄积量9.42立方米，相当于世界人均蓄积量64.63立方米的14.58%。在我国现有森林中，中、幼龄林的比重较大，面积占林分面积的67.85%，蓄积量占林分蓄积量的38.94%。从地域分布上看，我国森林东北和西南地区多，其他地区少，黑龙江、吉林、内蒙古、四川、云南、西藏6省(区)的森林面积和蓄积量分别占全国的47.4%和69.9%，而华北、西北地区的森林资源较少，尤其是新疆、青海两省(区)的森林覆盖率不足5%，其中新疆只有2.94%。

按林种划分，我国现有用材林面积7863万公顷，防护林面积5475万公顷，经济林面积2139万公顷，薪炭林面积303万公顷，特种用途林面积638万公顷。按土地权属划分，我国现有国有林面积7334万公顷，集体林面积9944万公顷。按林木权属划分，我国现有国有林7285万公顷，集体林6483万公顷，个体林3510万公顷。全国现有天然林面积11 576.2万公顷，占有林地面积的68.49%，天然林蓄积量105.93亿立方米，占全国森林蓄积量的87.56%。全国现有人工林面积5325.7万公顷，占有林地面积的31.51%，人工林蓄积量15.05亿立方米，占森林蓄积量的12.44%。

我国野生动植物资源十分丰富。全国约有脊椎动物6480多种，占世界脊椎动物种类的10%。其中，兽类约581多种，鸟类约1332种，爬行类约412种，两栖类约295种，鱼类约3862种。全国约有3万多种高等植物，仅次于马来西亚和巴西，居世界第三位。为保护这些珍稀濒危野生动植物，我国先后颁布了《国家重点保护野生动物名录》和《国家重点保护野生植物名录(第一批)》，将337种野生动物、246种和8类野生植物确定为国家一二级保护对象，予以重点保护。我国现有古树名木285.3万株。其中：国家一级古树5.1万株(树龄500年以上)，国家二级古树104.3万株(树龄300~499年)，国家三级古树175.3万株(树龄100~299年)，国家级名木5700多株。

截至2008年底，我国林业系统共建立自然保护区2006处，总面积1.23亿公顷，约占国土陆地面积的12.78%，其数量和面积分别占我国自然保护区的79%和82.6%，其中国家级自然保护区231处，面积7429.82万公顷。林业系统建立的自然保护区中，森林生态系统类型自然保护区1260处，面积3069.37万公顷；湿地生态系统类型自然保护区324处，面积3081.58万公顷；荒漠生态系统类型自然保护区30处，面积3709.35万公顷；野生植物类型自然保护区101处，面积153.73万公顷；野生动物类型自然保护区291处，面积2266.47万公顷。此外，我国还建立了近5万个自然保护小区，38处国家湿地公园。这些自然保护区有效地保护了我国90%的陆地生态系统、85%的野生动物种群和65%的高等植物群落，以及20%面积的天然林。调查结果显示，我国49%的自然湿地，85%以上的珍稀野生动植物物种，特别是71%的大熊猫、100%的朱鹮等物种的野外种群，都依靠自然保护区得到了有效保护。目前，我国共有28处林业系统自然保护区加入联合国教科文组织人与生物圈保护区网络，36处被列入国际重要湿地名录，18处被列为世界自然遗产名录，相当一部分自然保护区是全球生物多样性保护的重点地区。

2004年公布的全国首次湿地资源调查结果显示，我国现有湿地面积3848.55万公顷(人工湿地只包括库塘)，居亚洲第一位，世界第四位。湿地公约规定的各类湿地在我国均有分布。其中：自然湿地3620.05万公顷，占94%；库塘湿地228.50万公顷，占6%。在自然湿地中，沼泽湿地1370.03万公顷，近海与海岸湿地594.17万公顷，河流湿地820.70万公顷，湖泊湿地835.16万公顷。湿地内分布有高等植物2276种；野生动物724种，其中：水禽类271种，两栖类300种，爬行类122种，兽类31种。全国已有1790万公顷、49%的自然湿地得到了有效保护，许多重要的退化湿地恢复了生态功能。我国成立了由国家林业局牵头，外交部等16个部门组成的中国履行湿地公约国家委员会。由于我国在湿地保护方面取得了巨大成绩，国家林业局2002年获得世界自然基金会颁发的“献给地球的礼物”特别奖，2004年荣获湿地国际颁发的首个全球湿地保护与合理利用杰出成就奖。

我国森林风景资源十分丰富，是自然文化遗产的重要部分。为有效保护和合理利用这些珍贵的森林风景资源，1982年我国开始建立第一处森林公园——湖南张家界国家森林公园。截至2008年底，全国共建立各类森林公园2277处，保护森林风景资源1630万公顷，其中国家级森林公园710处，保护森林风景资源1143万公顷，基本形成了以国家级森林公园为骨干，国家级、省级和县级森林公园协同发展的森林风景资源保护管理体系。目前，全国38处世界自然、文化遗产中有12处涵盖森林公园的景观资源，18处世界地质公园中有12处是森林公园，森林风景资源保护在自然文化遗产保护中发挥着重要作用。

荒漠化和沙化状况 我国是世界上荒漠化和沙化面积大、分布广、危害重的国家之一，严重的土地荒漠化、沙化威胁着我国生态安全和经济社会的可持续发展。全国第三次荒漠化和沙化监测（1999～2004年）结果表明，2004年，全国荒漠化土地总面积为263.62万平方千米，占国土总面积的27.46%，其中：风蚀荒漠化土地面积183.94万平方千米，占69.77%；水蚀荒漠化土地面积25.93万平方千米，占9.84%；土地盐渍化17.38万平方千米，占6.59%；冻融荒漠化土地面积36.37万平方千米，占13.80%。我国荒漠化土地分布于北京、天津、河北、山西、内蒙古、辽宁、吉林、山东、河南、海南、四川、云南、西藏、陕西、甘肃、青海、宁夏、新疆18个省（区、市）的498个县（旗、市）。其中，新疆、内蒙古、西藏、甘肃、青海、陕西、宁夏、河北8个省（区）的荒漠化面积为259.55万平方千米，占全国荒漠化总面积的98.45%，其他10个省（区、市）的荒漠化面积只占全国荒漠化总面积的1.55%。

截至2004年底，全国沙化土地面积为173.97万平方千米，占国土总面积的18.12%。其中：流动沙地面积41.16万平方千米，占23.66%；半固定沙地面积17.88万平方千米，占10.28%；固定沙地面积27.47万平方千米，占15.79%；戈壁面积66.23万平方千米，占38.07%；沙化耕地面积4.63万平方千米，占2.66%；风蚀劣地面积6.48万平方千米，占3.73%；露沙地10.11万平方千米，占5.81%；非生物工程治沙地96平方千米。我国沙化土地分布在除上海、台湾、香港、澳门外其他的30个省（区、市）的889个县（旗、市）。其中，新疆、内蒙古、西藏、青海、甘肃、河北、陕西、宁夏8个省（区）的沙化土地面积为167.50万平方千米，占全国沙化土地总面积的96.28%，其他22个省（区、市）的沙化土地总面积只占全国沙化土地总面积的3.72%。此外，全国具有明显沙化趋势的土地面积31.86万平方千米，占国土总面积的3.32%，主要分布在内蒙古、新疆、青海、甘肃4个省（区），占全国具有明显沙化趋势的土地面积的93.13%。其中，内蒙古为18.08万平方千米，新疆为4.81万平方千米，青海为4.20万平方千米，甘肃为2.58平方千米。

党和国家对防沙治沙工作高度重视，先后启动了京津风沙源治理等一批重点生态建设工程，对沙化土地进行治理。近几年来，全国年均治理沙化土地面积近百万公顷，很多地方的生态状况明显改善，绝大部分省（区）的荒漠化和沙化呈现好转态势，个别扩展的省（区）扩展速度减缓；荒漠化程度减轻，轻、中度的荒漠化面积增加，重、极重度的荒漠化面积减少，固定沙地面积增加；植被状况改善，高盖度植被增加，低盖度植被减少。我国荒漠化和沙化整体扩展的趋势已经得到遏制，与1999年相比，全国荒漠化土地面积减少37 924平方千米，年均减少7585平方千米；全国沙化土地面积减少6416平方千米，年均减少1283平方千米。

林业法律法规和规章　新中国成立以来，我国基本形成了以《森林法》为主体，其他相关法律、法规、规章相辅相成的林业法律体系。各项林业工作基本做到了有法可依、有章可循，为推动现代林业建设、促进林业部门依法行政发挥了重要作用。

目前，林业法律共有9部：《森林法》、《防沙治沙法》、《野生动物保护法》、《种子法》、《农业法》、《农业技术推广法》、《农村土地承包法》、《农民专业合作社法》和《五届全国人大四次会议关于开展全民义务植树运动的决议》。

林业行政法规共有17件：《森林法实施条例》、《陆生野生动物保护实施条例》、《野生植物保护条例》、《自然保护区条例》、《植物新品种保护条例》、《森林防火条例》、《植物检疫条例》、《森林病虫害防治条例》、《森林采伐更新管理办法》、《国务院关于开展全民义务植树运动的实施办法》、《森林和野生动物类型自然保护区管理办法》、《退耕还林条例》、《濒危野生动植物进出口管理条例》、《城市绿化条例》、《风景名胜区条例》、《血吸虫病防治条例》、《重大动物疫情应急条例》。

林业部门规章共有43件。如：《林木和林地权属登记管理办法》、《占用征用林地审核审批管理办法》、《林业行政处罚程序规定》、《林业标准化管理办法》、《植物新品种保护名录》、《陆生野生动物资源保护管理费收费办法》、《国家保护的有益或者有重要经济、科学研究价值陆生野生动物名录》、《野生动物外来物种种类及数量审批管理办法》、《林木种子质量管理办法》、《开展林木转基因工程活动审批管理办法》、《森林资源监督工作管理办法》、《国家林业局产品质量检验检测机构管理办法》、《营利性治沙管理办法》、《突发林业有害生物事件处置办法》等。

另外，还有地方人大、政府制定的地方性法规和地方政府规章约400多件。

林业科技与教育　新中国成立以来，特别是改革开放以来，我国林业科技工作取得了显著成绩，共取得科技成果24 000多项，其中：获国家级奖励270多项，省部级科技进步奖近2000项，林业科技贡献率达到39.1%左右。截至2008年底，已颁布实施林业国家标准319项，行业标准844项，在基础研究、应用研究、高新技术研究、软科学研究以及科技成果转化推广、高新技术产业化等领域全面参与国家各类重大科技计划，并初步形成了包括林业科学研究与技术开发、科技推广与技术服务、技术标准与质量监督、林业科技管理等在内的比较完整的林业科技创新体系，现有局级重点实验室34个，国家级和局级陆地（森林、湿地、荒漠）生态系统定位观测研究台站43个，种质资源保存库3个，科学数据中心1个，国家级和局级工程技术(研究)中心5个，林业科技示范园1个、林业科技示范县70个，标准化示范区217个，林业专业标准化技术委员会23个，国家级和局级质量检验检测机构27个，省、地、县三级林业科技推广机构2296个，林业科学技术普及基地45个。已建立起植物新品种测试中心1个、测试分中心3个，分子测定实验室2个，专业测试站4个。

林业教育体系健全，形成了普通高等林业教育与高、中等林业职业技术教育、林业培训协调发展的林业教育培训体系。截至2008年底，全国独立设置的普通高等林业本科院校6所，森林公安高等专科学校1所，独立设置的林业(生态)职业技术学院12所、中等林业(园林)职业学校41所，另有312所其他普通高等院校和高等职业院校、336所中等职业学校招收了林科专业学生。全国共有林业行业关键岗位培训单位57个，林业职业技能鉴定站56个。全国林科类专业在校研究生1.2万人，本科生和高职、高专生11.7万人，中专生5.4万人，全行业年培训林业从业人员300多万人次。

林业机构与队伍 国家林业局内设办公室、政策法规司、造林绿化管理司(全国绿化委员会办公室)、森林资源管理司(木材行业管理办公室)、野生动植物保护与自然保护区管理司、农村林业改革发展司、森林公安局(国家森林防火指挥部办公室)、发展规划与资金管理司、科学技术司、国际合作司(港澳台办公室)、人事司11个职能司(局)和机关党委、离退休干部局，机关行政编制295人。另有国家林业局国有林场和林木种苗工作总站、林业工作站管理总站、濒危物种进出口管理中心、天然林保护工程管理中心、退耕还林工程管理中心、防治荒漠化管理中心、森林资源监督管理办公室、湿地保护管理中心、中国林科院、调查规划设计院等51个直属事业单位，其中国有林场和林木种苗工作总站、林业工作站管理总站、濒危物种进出口管理中心、防治荒漠化管理中心、森林资源监督管理办公室、湿地保护管理中心等21个直属事业单位列入参考公务员管理。此外，还有主管或挂靠的中国林业产业协会、中国花卉协会、中国竹产业协会、中国经济林协会、中国林业机械协会、中国治沙暨沙业学会、中国林业经济学会等26个全国性社会团体。

我国林业自上而下拥有一套完整的行政管理体系，每个省(区、市)都设有林业厅(局)，绝大多数地(市)、县设有单独的林业行政机构，大部分乡(镇)设有林业工作站。同时，我国拥有一支健全的林业执法机构和执法队伍。全国共有4500多个木材检查站、27 239个乡(镇)林业工作站、3056个森林病虫害防治检疫站、1300多个林木种苗管理站、7083个野生动植物管理站、2900个陆生野生动物疫源疫病监测站，共有执法人员约20万人，野生动物疫源疫病专兼职监测人员上万名，另有乡村护林员63.4万人。森林公安共有7000多个工作机构，近6万人。森林防火共有3544个县级以上办事机构，1.9万多人；1.6万多个防火检查站，5万多人；1.7万多支专业半专业森林消防队，51万多人。全国共有2000多个林业调查规划设计单位，各类专业技术人员5万多人。武警森林部队共有9个总队，1个机动支队，1个指挥学院。我国共有地级以上林业科研机构240多个，科技人员约1万人；县级以上林业技术推广机构2500多个，职工5万多人。全国有国有重点森工企业135家，重点营林局20个，国有林场4482个，乡村林场8.6万个，国有苗圃1804个。全国林业系统职工人数169万。

林业国际合作 截至2008年底，我国已与德国、美国、加拿大、日本、澳大利亚等30多个国家和联合国粮农组织、联合国开发计划署、全球环境基金、国际热带木材组织、世界银行、亚洲开发银行、世界自然基金会、大自然保护协会、湿地国际等20多个国际组织建立了林业交流与合作渠道，并开展了一系列的项目合作。我国林业共争取无偿援助项目650余个，无偿援助金额约8.3亿美元；争取世行林业贷款项目6个，引进世行贷款9亿多美元；与世界自然基金会、世界自然保护联盟等4个组织签署了合作协议或合作备忘录，有效地推动了多边非政府国际合作。

由林业部门牵头执行的国际公约有联合国防治荒漠化公约、濒危野生动植物种国际贸易公约和关于特别是作为水禽栖息地的国际重要湿地公约3项。

林业部门参与执行的国际公约有联合国生物多样性公约、国际植物新品种保护公约2项，并参与联合国气候变化框架公约和《京都议定书》相关内容、《国际热带木材协定》和联合国森林论坛的谈判。

由林业部门负责执行的政府间双边协定有《中日候鸟保护协定》、《中澳候鸟保护协定》、《中美自然保护议定书》、《中印(印度)老虎保护协定》、《中俄森林防火联防协定》、《中俄兴凯湖保护区协定》、《中俄老虎保护协定》、《中蒙森林、草原防火联防协定》、《中印(印度尼西亚)联合打击非法林产品贸易谅解备忘录》、《中南林业合作谅解备忘录》、《中韩候鸟保护协定》、《中美非法采伐谅解备忘录》12项。

与芬兰、加拿大、新西兰、墨西哥、澳大利亚、俄罗斯、印度尼西亚、泰国、美国、越南、奥地利、苏里南、圭亚那、韩国、德国、智利、伊朗、土耳其、缅甸、西班牙、法国、斯洛伐克、斐济、希腊、英国、埃及、日本、莱索托、瑞典、阿曼苏丹国、意大利、巴西、捷克、印度、科特迪瓦、蒙古、朝鲜、阿根廷等38个国家先后签署了45个林业部门间合作协议(备忘录)。 (李金华)

六大林业重点工程

【国家林业重点工程社会经济效益监测】 2007年，国家林业重点工程社会经济效益监测继续采取定点跟踪监测方法，实行县（森工企业、保护区）、村（林场）、户（职工家庭）三级监测。为跟踪新政策，反映新情况、新问题，提高监测时效性，对以往的指标体系进行了调整。调整后，天保工程、退耕还林工程（以下简称"退耕工程"）、京津风沙源治理工程（以下简称"京津工程"）和野生动植物保护与自然保护区建设工程（以下简称"保护区工程"）等4个工程共设监测指标2122个，指标总数比2006年增加了300个，涉及的总数据量为153.82万个。监测范围涉及全国27个省（区、市）的240个县（森工企业和自然保护区）、331个村（林场）和1464个农户（职工家庭），同时，组织专题调研，开展农户和职工问卷调查，监测政策实施效果，评价各工程在森林资源、生物多样性保护、区域产业结构调整、农民就业增收、农村能源建设等重大问题的长期影响。监测结果受到国家有关部委、各工程管理办公室的高度重视，为调整林业重点工程政策提供了重要的决策参考；同时监测结果被国家林业局主编的《中国林业发展报告》采用。

监测结果表明：林业重点工程进展顺利，政策落实到位，任务全面完成；森林资源持续增加，野生动植物生存环境继续改善，林业经济活力不断增强，工程区居民社会福利水平进一步提高，生态、经济和社会效益显著。天保工程社会保障体系不断完善，工程区贫困问题仍较突出；退耕工程完善补助政策顺利推行，延长补助开始到户；京津工程投资向林业倾斜，林草植被保护力度加大；保护区工程建设力度加大，生物多样性保护加强。同时，工程建设也面临一些问题：天保工程森林资源保护与发展的长效机制尚未建立，后续政策亟待明确；退耕工程农林牧矛盾有加大势头，巩固成果面临压力；京津工程区连年干旱，补植补造面积增加；保护区工程投入严重不足，保护效果未能充分发挥。

新政策、新措施

1. 规范天保工程营造林和森林管护工作，加强营造林和森林管护环节的监督管理。为了进一步加强和规范天保工程营造林工作，提高营造林管理水平，以确保天保工程取得实效，2007年11月5日，国家林业局出台了《天然林资源保护工程营造林管理办法》（林天发[2007]219号），对工程营造林规划设计与施工管理、质量监督与检查验收、建设成果管理及奖惩办法等作出了明确的规定。此管理办法的出台，在营造林这一关键环节明确提出了管理措施，有助于提高天保工程造林质量，进一步巩固天保工程多年的建设成果。

2. 国家完善退耕农户直接补助，建立巩固退耕还林成果专项资金。由于解决退耕农户长远生计问题的长效机制尚未建立，随着退耕还林政策补助陆续到期，部分退耕农户生计将出现困难。为此，2007年8月9日出台了《国务院关于完善退耕还林政策的通知》（国发[2007]25号），通知的主要内容：一是继续对退耕农户直接补助。二是建立巩固退耕还林成果专项资金。

3. 坚决制止破坏植被行为，切实加强沙区林草植被保护。为切实将禁止滥开垦、滥放牧、滥樵采（以下简称"三禁"）工作落到实处，坚决遏制各种破坏沙区林草植被行为，国家林业局制定了《关于切实制止破坏植被行为搞好沙区林草植被保护的紧急通知》（林沙发[2007]60号），要求：一要切实加大林草植被的保护力度。二要组织开展林草植被破坏情况的专项清理和查处工作。三要健全保护制度，建立长效机制。四要全面落实沙区植被保护责任制。五要切实加强组织领导。

工程进展及政策执行 2007年，工程顺利实施，营造林、森林资源管护、野生动植物保护、退耕补助兑现、京津风沙源治理等项工作均取得新进展。

投资总量回升，资金到位情况良好 2007年，国家继续加大林业重点工程建设投资力度，240个监测样本（35个天保企业，44个天保县，100个退耕县，21个风沙源县，40个自然保护区）（以下简称"240个监测样本"）投资总量回升，全年实际到位资金50.85亿元，比2006年增加10.91亿元，增长27.32%。其中，天保工程重点森工企业监测点（以下简称"天保企业"）、天保工程监测样本县（以下简称"天保县"）、退耕还林工程监测样本县（以下简称"退耕县"）、京津风沙源治理工程监测样本县（以下简称"风沙源县"）和野生动植物保护及自然保护区建设工程监测点（以下简称"保护区"）实际到位资金分别比2006年增长28.62%、14.97%、41.71%、12.63%和16.26%。

2007年，林业重点工程建设资金管理进一步加强，240个监测样本投资到位情况良好，当年资金到位率为98.47%，比2006年提高1个百分点。分工程看，天保工程资金到位率为97.01%，其中，天保县为93.54%，天保企业为97.88%，退耕县、京津县和保护区资金到位率分别为99.96%、99.80%和78.54%，同2006年比，天保企业、天保县、退耕县、京津县和保护区的资金到位率分别上升了7.41、2.35、0.12、2.26和12.52个百分点。

天然林资源得到全面管护，林业职工社会保障逐步增强 天保工程进入第二个建设阶段后，森林管护成为巩固天保工程建设成果的重要手段，受到了中央和地方各级林业主管部门的重视，森林管护的投入增长明显，既有利于森林恢复与保护，也有利于解决工程区的就业问题，减轻社会经济发展对地区森林资源的压力。2007年，天保工程79个监测样本单位(44个天保县，35个森工企业)实际管护森林面积1743.81万公顷，森林管护人员6.42万人，人均管护森林面积271.62公顷，现有森林资源全部得到管护，且人均管护面积完全符合工程管护要求，森林资源管护任务得到落实。

目前，由基本养老保险、基本医疗保险、失业保险、工伤保险和生育保险构成的社会保障体系开始在国有林区建立，为进一步推进天保工程和国有林区改革奠定了坚实的基础。2007年，天保工程样本企业年末参加基本养老保险统筹的在册职工人数为16.71万人，参保率为89.55%，比2006年提高了13.86个百分点；参加基本医疗保险的人数为16.61万人，参保率为52.12%，比2006年提高了25.66个百分点；参加失业保险的人数为10.90万人，参保率为58.40%，比2006年提高了27.61个百分点；参加工伤保险的人数为9.42万人，参保率50.48%，比2006年提高了24.89个百分点；参加生育保险的人数为3.07万人，参保计划完成率为82.79%。

2007年，天保工程样本县社会保险补助3538.04万元，比2006年(2237.77万元)增长58.11%。自2006年将医疗、失业、工伤和生育等“四险”纳入社会保险补助后，样本县用于社会保险补助的财政专项投入明显增加，新增加的“四险”补助金额成倍增长，增强了样本县的社会保障力量。

退耕延长补助开始到户，补植补造任务重 《国务院关于完善退耕还林政策的通知》(国发[2007]25号)出台后，这一政策是否得到贯彻落实成为焦点。退耕工程监测结果表明，补助期满的退耕地已占到所有期满退耕地的10%，在四川、黑龙江等省，延长补助开始到户，97.75%的退耕农户不仅知道完善退耕还林政策，而且了解新的补助标准，对退耕农户直接补助政策深入人心。同时，原退耕政策也得到很好地贯彻落实，退耕补助兑现率达100%。退耕农户重视退耕地管理，对退耕地上的林木进行追肥、锄草劈杂、抚育伐等抚育措施的农户数占89.72%。

搞好补植补造，提高造林成活率和保存率，是巩固退耕还林成果的重要举措。监测结果表明，2007年，100个退耕样本县退耕地补植补造面积达28.39万公顷，比2006年增加10.16万公顷，增长55.76%，补植补造的主要地区是黄河流域；千户退耕农户问卷调查结果显示，49.21%的农户进行了补植补造，补植补造株数平均为65株/亩，苗木费用平均为18.45元/亩，补植补造增加的主要原因是旱灾等气象灾害以及病虫鼠害。

京津工程投资向林业建设倾斜，建设重点转向荒山荒地荒沙造林 随着工程建设的不断深入，京津工程继续加大林业建设力度，调整建设内容。21个京津工程县监测结果表明，2007年，工程实际完成投资8.97亿元，其中，林业项目投资6.01亿元，占66.99%，比2006年增长36.67%，草地治理、小流域治理和水源工程等方面的投资降幅达三到四成，表明林业建设项目在京津风沙源治理工程建设中仍占主导地位。2007年，工程建设重点继续向荒山荒地荒沙造林转移，2007年荒山荒地荒沙和飞播造林面积分别比2006年增长21.19%和30.21%。

保护区建设进一步增强，为生物多样性保护和利用奠定基础 2007年，40个样本保护区实际完成投资8681.81万元，其中：保护与恢复项目投资2744.84万元，占31.62%；科研与宣教项目832.4万元，占9.59%；基础设施建设项目投资4187.99万元，占48.24%；其他项目投资916.58万元，占10.56%。2007年工程主要建设成果：在保护与恢复设施方面，新建及改扩建保护管理站38处，土建面积5784平方米；新建野生动物救护站5处，土建面积13 418.5平方米，栖息地改良3560公顷；新建动物笼舍6114平方米；新建生物防火林带和围栏分别为171.8千米和443.6千米；新建防火瞭望塔13座。在科研与宣教设施方面，新建生态定位监测站、气象观测站和鸟类环志站7处、3处和1处，土建面积分别为4050平方米、819平方米和60平方米；新增固定样地152个；新增科研用房和宣教用房面积分别为6315.1平方米和11 912.2平方米。保护站、救护站、监测站、巡护设施、科研用房等项目的建成投入使用，巡护、科研、监测、宣教、办公、通讯等设备的配备，改善了保护区的管理条件，为生物多样性的保护和利用奠定了基础。

集体林权制度改革加速退耕地林权证发放，农户经营林地面积扩大 作为2007年国家林业的重大改革政策，集体林权制度改革在林业重点工程区已开始有所体现，退耕地林权证发放进度有所加快，农户经营的林地面积增加。退耕农户监测结果表明，2007年，在集体林权制度改革政策的影响下，一些退耕后一直没有拿到林权证的退耕地取得了林权证，辽宁省彰武县，江西省高安县，湖南省桑植、永顺等县样本农户的退耕地2007年以前都没有发放林权证，2007年都发放了。同时，一些省份原来没有落实到户的荒山荒地造林地，通过发放林权证也到了户。2007年，

甘肃省环县10个样本农户经营的林地面积都扩大了1倍多，扩大的原因是该村将原集体林地和退耕配套荒山造林地分给农户经营。

工程成效及影响 截至2007年底，就天保工程来讲已经实施10年，林业重点工程在增加森林资源、保护生物多样性、增强林业发展活力、调整区域经济结构、促进农民就业增收等方面，发挥着日益重要的作用，对工程区生态、经济和社会发展的各个方面产生了深刻的影响。

森林资源稳定增长，单位面积蓄积量提高 经过10年大规模人工造林和天然林资源保护，工程区森林资源持续增长，林业重点工程已成为增加生态产品供给、改善我国生态状况的重要力量。

2007年，240个监测样本有林地面积2857.40万公顷，比1998年的2529.16万公顷增长12.98%，其中，天保县增长12.07%*，天保企业增长5.64%；2007年森林蓄积量229 864.91万立方米，比1998年的198 097.36万立方米增长16.04%，其中，天保县增长13.19%，天保企业增长8.28%。在森林资源质量方面，2007年单位面积森林蓄积80.45立方米/公顷，比1998年的78.33立方米/公顷增长2.71%，其中，天保森工每公顷森林蓄积110.29立方米，比1998年增长2.5%。

野生动植物数量增加，栖息地和分布范围扩大 自然保护区保护管理能力增强，野生动物栖息环境得到进一步改善，野生动植物资源得到有效保护。从国家重点保护的野生动植物种类上看，2007年，40个样本保护区共保护着国家一级野生动物70种，国家二级保护野生动物231种；列入国家15大重点保护的野生动物64种。国家一级保护野生植物28种，国家二级保护野生植物126种；列入国家15大重点保护的野生植物439种。

从国家重点保护的野生动物数量和栖息地面积来看，2007年，40个样本保护区中国家一级保护野生动物数量、栖息地面积分别比2006年增加了0.42%、0.12%；国家二级保护野生动物数量、栖息地面积分别比2006年增加了5.50%、0.24%。

从国家重点保护的野生植物分布范围来看，2007年，40个样本保护区中，国家一级保护野生植物分布范围比2006年扩大了1000.3公顷，国家二级保护野生植物分布范围比2006年扩大了1.71万公顷。列入国家15大重点保护植物分布面积为61.59万公顷，比2006年扩大了290.2公顷。

水土流失和土地沙化扩张趋势得到遏制，但仍处于治理与破坏相持阶段 截至2007年底，165个(44个天保县、100个退耕县和21个风沙源县)监测样本(以下简称"165个监测样本")水土流失面积由1997年的2444.76万公顷下降到2090.77万公顷，减少353.99万公顷，下降14.48%；121个监测样本(100个退耕县，21个风沙源县)(以下简称"121个监测样本")沙化土地面积由1997年的550.5万公顷减少到509.69万公顷，下降7.41%。

从水土流失和土地沙化面积年度变化看，1997～2007年，工程区水土流失和土地沙化面积总体上呈逐年小幅减少趋势，部分年份有所回升且幅度较大；从水土流失和土地沙化治理强度看，165个监测样本累计水土流失治理面积达2055.78万公顷，121个监测样本累计治理沙化土地284.70万公顷，累计治理面积是水土流失和沙化土地减少面积的6倍以上。表明工程区水土流失和土地沙化得到一定缓解，局部地区的生态状况明显改善，总体上仍处于治理与破坏相持阶段，需要继续加大治理力度。

土地利用结构继续调整，耕地面积继续呈恢复性增长 2007年，国家粮食补贴政策和林业重点工程继续影响着工程区土地利用，林地面积继续增加，耕地面积继续恢复性增长，荒山、荒地减少，土地资源利用更加优化。从连续监测情况看，2000～2007年，121个监测样本林业用地面积从1983.55万公顷增加到2364.95万公顷，增长19.23%，牧草地面积从1313.78万公顷增加到1435.63万公顷，增长9.27%，同期，耕地面积从2000年的684.74万公顷减少到2007年的620.75万公顷，下降9.34%。表明退耕还林和京津风沙源治理工程增加林草覆盖的成效显著，有力地遏制了过度开垦，优化了土地利用结构，既增强了工程区农村经济可持续发展潜力，还扩大了林业发展的土地边界。

从年度变化看，受粮食价格上涨和农业补贴政策的双重影响，耕地面积继续呈恢复性增长趋势。121个监测样本的耕地面积在2006年比2005年增长，2007年再增长1.69%，达到620.75万公顷。

粮食产量和牲畜存栏头数增长较快，工程区土地承载压力有加大趋势 受粮食和畜产品价格快速上涨以及惠农政策的影响，近年来，退耕区粮食和牲畜存栏均呈上升趋势。同2006年比，121个监测样本粮食产量从2179万吨增加到2270万吨，增长4.15%，大小牲畜存栏头数从7976万头增加到8428万头，增长5.66%。与退耕初期的2000年相比，虽然受城市化进程、生态退耕等多重因素的影响，121个监测样本的耕地面积减少9.61%，但粮食总产增长了24.23%，表明退耕从总体上没有影响我国的粮食安全。同期，在退耕区实行封山禁牧和舍饲圈养政策的背景下，121个监测样本大小牲畜存栏头数从4364万头增加到8428万头，8年时间增加了4000多万头

* 天保县有林地面积和森林蓄积为工程区有林地面积和森林蓄积。

大小牲畜，表明工程区土地承载压力有加大趋势，继续发展下去，将不利于巩固生态建设成果，应引起重视。

农民收入继续增长，贫困人口继续减少 2007年，161个监测样本（40个天保县，100个退耕县，21个风沙源治理样本县）（以下简称“161个监测样本”）农村居民人均纯收入为3073.73元，比2006年增加466.3元，增长17.88%，扣除价格上涨因素，比2006年实际增长11.96%，高于全国平均水平（9.5%）；贫困人口720.27万人，比2006年减少58.04万人，下降7.46%，其中，天保县工程区内贫困人口比2006年减少29.61万人，减幅为13.94%，天保县工程区内贫困人口减少数量占全部减少量的比重达51.02%。

农村能源建设得到加强，农村居民社会保障水平提高 加强农村能源建设是解决工程区居民长远生计、缓解植被保护与恢复压力的重要措施。监测结果表明，2007年，林业重点工程区基本农田建设进一步加强，能源节约及推广利用天然气、沼气和太阳能等清洁能源建设力度进一步加大。165个监测样本累计修建沼气池155.32万口，比2006年增加64.68万口，增长71.36%；累计节柴改灶、以煤（电、气等）代柴和利用太阳能的农户数分别为438.60万、520.99万和71.16万户，比2006年分别增长21.48%、12.82%和37.65%。

在国家惠农政策的支持下，林业重点工程区农村居民的社会保障水平进一步提高。2007年，161个监测样本参加农村养老保险的人数为332.58万人，比2006年的291.31万人增长14.17%，参加农村合作医疗的人数为454.73万人，比2006年的348.24万人增长30.58%，参保率分别为6.03%和8.24%。

区域经济结构继续调整，替代产业迅速成长 在木材产量减少的情况下，工程区依托林业重点工程，大力发展畜牧、林果、花草、中药材和观光旅游等产业，推动了农业产业化经营，农村经济结构持续调整，资源配置效率显著提高。

1997～2007年，161个监测样本的农林牧渔业总产值和地方财政收入均呈现快速上升趋势，地方财政实力得到显著增强。2007年，工程区农林牧渔业总产值和地方财政收入为2205.35亿元和387.81亿元，分别比2000年增加1148.06亿元和287.55亿元，增长108.59%和286.80%。从大农业内部各业产值构成比例上看，农业比重持续下降，林业、畜牧业和渔业比重不断上升，2006年与1997年相比，农业产值比重下降了13.46个百分点，其余三业也分别上升2.13、10.13和2.09个百分点。

2007年，200个监测样本森林旅游收入和木材产量分别为56.94亿元和521.84万立方米，同2006年比，森林旅游收入增长9.67%，木材产量下降0.80%。从长期看，1997～2007年，200个监测样本森林旅游收入逐年增加，年均增长129.18%。受天保工程影响，木材产量从1997年到2001年都处于下降趋势，之后，随着天保工程区人工林商品材采伐政策的逐步实施，工程区木材产量逐年回升。

保护区周边社区逐渐从保护区管理和发展中受益 村级监测结果显示，2007年，保护区工程样本村总收入比2006年增长12.72%，区内村和区外村总收入均分别高于2006年区内村和区外村总收入，且区内村总收入增幅高于区外村5.53个百分点。从村民依托保护区从事旅游、家庭旅馆、餐饮服务、导游服务等项目获得就业机会及收入来看，2007年，区内村依托保护区从事各种经济活动获得的收入比2006年增长23.91%；占区内村总收入的9.56%，比2006年提高0.67个百分点。区外村依托保护区从事各种经济活动获得的收入比2006年增长7.46%；占区外村总收入的12.74%，比2006年降低0.27个百分点。从农民人均纯收入来看，呈逐年提高趋势，由2000年1690元提高到2007年2921.32元，增幅达72.86%。这表明野生动植物保护及自然保护区建设工程的实施，在生物多样性得到保护的同时一定程度上促进了保护区区内及周边村经济的发展。

存在问题 从总体看，经过10年的建设，林业重点工程取得了显著成效。随着工程建设的不断深入，出现了一些新情况、新问题，这些问题有些是工程进入新阶段后产生的，有些是宏观经济形势变化引起的，需要引起重视，认真加以解决，确保工程继续顺利实施。

天保工程区经济发展依然落后，体制机制障碍尚未破除 由于木材产量调减和森林禁限伐，林区经济发展失去了活力，经济发展落后的面貌一直没有明显改变，林区贫困问题突出。1997～2007年，35个样本企业年均产值增长率比同期全国平均水平低了4.32个百分点；2007年，44个样本县地区人均地区生产总值7769.19元，远低于当年全国人均国内生产总值（18 665.02元）。2007年，天保工程样本单位绝对贫困人口占总人口的11.94%，远高于当年全国绝对贫困人口比重（1.12%）。

天保工程注重森林资源管护，但低产林改造等营林措施未能纳入工程规划；森林资源保护的模式比较被动，以防火、防盗、防病虫害为主，对森林资源缺少必要的抚育措施。44个天保样本县中，2007年有19个县未开展营林抚育；生态公益林比重过大，商品林比重偏小，在一定程度上限制了林地木材生产潜力发挥，妨碍了森林资源经济价值的实现；管护范围扩大，管护任务分配不均衡。

天保工程区发展缓慢，贫困问题突出，森林经营不力，其主要原因尚未形成森林资源保护与利用的协调机制，没有经营森林的激励机制。因此，要从破解体制机制障碍入手，形成资源利用与社会经济发展的良性循环，这是下一步天保工程政策设计的重点。

农林牧矛盾有加大势头，巩固退耕还林成果压力增大　受国家惠农政策和农产品价格上涨的影响，近两年，工程区粮食和畜牧业生产增长较快，农林牧矛盾有加大趋势。一是农产品销售价格快速走高，迅速提高了经营耕地收入。2007 年，全国农产品生产价格比 2006 年上涨 18.5%，而材料、燃料、动力购进价格仅上涨 4.4%。二是农业补贴标准不断提高。2007 年，长江流域县(44)、黄河流域县(43)的农业补贴额平均值分别为 31.28 元/亩和 17.42 元/亩。三是受林产品品种、生长周期长以及农户经营传统等因素的影响，退耕地产出仍很低，不能形成替代收入来源。

受上述因素的共同影响，2007 年，不仅样本县粮食和畜牧业产出快速增长，而且退耕工程县、村、户三级监测数据均显示 25 度以上陡坡耕地面积扩大。2007 年同 2006 年相比，100 个样本县的陡坡耕地面积增长 2.93%，103 个样本村增长 1.22%，1001 个样本户增长 8.27%。同时，千户农户问卷调查结果显示，11.44% 的退耕农户表示可能复垦。这些监测结果说明在国家延长退耕补助的情况下，退耕区农户增加耕地经营的动力加大，巩固退耕还林成果仍面临压力。

京津工程植被恢复与保护难度大，补植补造任务重　植被恢复与保护难度大主要体现在三个方面，一是管护任务重。京津风沙源治理工程的实施使项目区林草植被得到迅速恢复和增加，工程区防火、防虫和中幼林抚育任务越来越大，基层林业部门普遍反映管护压力大，难度大，农户调查结果显示，47.83% 的农户认为管护困难。二是资金投入不足。国家在工程中没有安排专门管护经费，所需经费地方财政难以承担，投入严重不足，机构队伍不健全，管护措施不到位，管护责任难落实，留下了边治理、边破坏的隐患。三是林牧矛盾突出。工程区多数县(旗)以农牧业经济为主体，畜牧业是当地主要收入来源，全面实施禁牧后，影响了农牧民收入，同时，监测结果显示，近两年工程区牲畜存栏头数和畜牧业产值均大幅上升，加大了植被恢复与保护的难度。补植补造任务重，费用高。京津风沙源治理工程区自然条件恶劣，立地条件差，多数地方“十年九旱”，造林难度大，需要多次补植、补造才能达到国家验收合格标准。工程县级监测结果显示，2007 年，工程区退耕还林补植补造面积占退耕还林面积的 19%，与 2006 年相比，略有上升。农户调查问卷表明，184 个参与京津工程退耕项目的样本户家庭当年户均退耕补植 3.08 次，补植苗木 745.36 株，补植支出 93.28 元，比当年退耕地产出高 16.82 元，这既影响了工程建设成效，也不利于工程继续开展，需要引起高度重视。

野生动植物及自然保护区建设工程资金投入不足，划入保护区内集体土地补偿问题仍未得到根本解决　保护区工程建设进展顺利，取得了明显的生态、社会和经济效益，为保护区可持续发展奠定了坚实的基础。但保护区建设中仍然还存在一些亟待解决的问题，主要表现在：一是资金投入不足，地方配套资金不能足额到位。有 7.5% 的样本保护区没有事业经费，影响了保护区正常工作的开展。另一方面，工程投资中地方配套资金仍然不能足额到位，2007 年，样本保护区地方配套资金到位率仅为 49.35%，工程建设资金严重不足，致使有些项目无法实施。二是样本保护区有 1/5 的土地为集体所有，给保护工作带来困难和压力。由于集体土地权利人权利的行使受到不同程度的限制，加之补偿不到位，对保护区的管理工作的开展带来的困难和压力。三是野生动物活动造成损失严重，补偿问题仍没有得到解决。2007 年，监测村的损失补偿率不足万分之一。四是保护区内及周边社区贫困人口多，收入仍严重依赖耕地、林地、草地等自然资源。2007 年，样本村贫困户比重仍达 15.38%，村民对耕地、林地、草地、湿地资源依赖度依然较高，对保护区的保护和发展带来的压力依然较大。

（国家林业重点工程社会经济效益监测办公室）

天然林资源保护工程

【综　述】　2008 年，天保工程已进入第十个年头，通过 10 年工程建设，工程区正发生着一系列深刻变化，朝向以生态建设为主的历史性转变。从试点到 2008 年底止，中央已投入资金 945.8 亿元(试点两年 114.7 亿元)，其中对地方财政转移支付 164.7 亿元。天保工程建设进展顺利，按计划完成各项任务。长江上游、黄河上中游 13 个省(区、市)已在 2000 年全面停止了天然林的商品性采伐，东北、内蒙古等重点国有林区木材产量由 1997 年的 1854 万立方米按计划调减到 2003 年 1102 万立方米以下，木材产量按计划调减到位；森林管护面积 1.08 亿公顷，超管护补助面积 1266.67 公顷。建成了有效的森林管护网络体系；累计完成公益林任务 1586.67 亿公顷，其中：人工造林 228.67 万公顷，飞播造林 339.2 万公顷，封山育林1013.33公顷，完成下达计划任务的115%。分流安置国有企业富余职工67.5万人，其中一次性安置42.34万人；一次性安置完成率84.05%，混岗职工一次性安置已完成55.03%，2008年仍在继续安置中；职工养老、医疗、工伤、失业、生育等五项保险补助政策基本得到落实，参保率分别为97.9%、88.9%、84.3%、93.0%和83.8%；教育、医疗卫生、公检法司等政社性人员补助政策落实到位。

2008年全面加强天保工程建设管理，努力提升工程建设水平，狠抓重点工作，狠抓措施落实，各项工作稳步推进，各项任务完成情况良好。天保工程资金到位合计92.96亿元，实际完成投资86.53亿元。公益林建设方面，2008年合计完成100.9万公顷，其中：人工造林面积19.2万公顷，飞播造林面积66.7万公顷，封山育林面积75.1万公顷。森林管护面积达到9533万公顷。①加强了政策调研，深化天保工程政策思路。研究完善了东北、内蒙古国有林区和长江黄河天保工程区国有森工企业的改革思路。包括总结重庆市从"全面禁伐"到"分类经营"的实践经验，组织对青海、新疆、云南天保工程区全面禁伐重点森工企业改革思路的研究，组织了内蒙古森工集团、吉林森工集团改革情况调研等。②强化天保工程管理，做好工程核查和"四到省"考核工作。并针对前一年度核查中发现的问题，督促各地落实整改措施，对整改结果进行分析汇总，为改进工作，提高水平打下基础。同时，处理好举报案件的受理工作，按照领导意见批转有关司(局)和单位进行调查核实。认真解答群众来电进行政策咨询，做到上访来访人人满意。三是深入推进天保工程示范点建设，努力提高公益林建设管理水平。在大兴安岭漠河召开会议，分别对第一批示范点建设工作进行了全面总结，并对第二批示范点建设实施启动工作。四是继续推进天保工程外援项目顺利实施。完成小型基础设施项目321项，完成和正在实施的替代生计项目74项，6个主题示范项目正处于不同进展阶段。　　（局天保办）

退耕还林工程

【综　述】 2008年，退耕还林工作按照《国务院关于完善退耕还林政策的通知》(国发[2007]25号)的要求，紧紧围绕巩固和发展退耕还林成果这个核心，狠抓政策落实和工程质量两个关键，重点抓了六个方面的工作，圆满完成了各项任务，有些工作取得了新的突破。

省级巩固退耕还林成果专项规划全部获批并开始实施 《国务院关于完善退耕还林政策的通知》下发后，紧紧围绕完善政策的贯彻执行以及专项规划编制等问题，国家林业局退耕办多次召开会议，认真布置，明确要求；在有关部门制定下发《巩固退耕还林成果专项资金使用和管理办法》、《关于做好巩固退耕还林成果专项规划编制工作的通知》过程中，积极协调，主动配合；在地方编制规划过程中，派出工作组，跟踪调查，加强指导。在有关工程省(区、市)编制完成并上报省级巩固退耕还林成果专项规划后，从2008年5月开始，中国国际工程咨询公司对各省(区、市)的专项规划进行了专家评估。6月，国家发改委召集财政、农业、林业、水利等部门以及中国国际工程咨询公司的相关人员召开工作碰头会，研究了联合批复《湖南省巩固退耕还林成果专项规划》的程序、办法；初步商议了建议湖南省作出修改的原则意见和拟批复的文件初稿。之后，按照有关部门商定的程序和办法，国家发改委、财政部、农业部、国家林业局、水利部联合批复了25个工程省(区、市)和新疆生产建设兵团的巩固退耕还林成果专项规划，11月和12月国家发改委、财政部、农业部、国家林业局、水利部联合分两批下达了北京、山西、内蒙古、辽宁、吉林、黑龙江、安徽、江西、河南、湖北、湖南、广西、海南、重庆、贵州、云南、甘肃、青海、新疆等19个省(区、市)和新疆生产建设兵团2008年度巩固退耕还林成果任务计划，财政部于12月下达了上述19个省(区、市)和新疆生产建设兵团2008年度巩固退耕还林成果专项资金766 218万元，天津、河北、四川、西藏、陕西、宁夏6省(区、市)的2008年度巩固退耕还林成果任务计划于2009年初下达。大部分工程省(区、市)出台了巩固退耕还林成果专项资金使用、工程实施管理、检查验收办法，认真组织实施巩固退耕还林成果建设项目。

退耕还林工程阶段验收扎实开展 为了给新一轮政策兑现提供真实可靠的依据、强化工程管理、促进成果巩固，国家林业局退耕办组织研究制定了《退耕还林工程退耕地还林阶段验收办法》及工作方案，经过与财政部多次协调，落实了1.64亿元财政专项经费，将有效保证对1999～2006年完成的926.4万公顷退耕地造林任务进行全面阶段验收，摸清底数。为了加强对阶段验收工作的领导，经贾治邦局长批准同意，2008年6月30日国家林业局成立了由李育材副局长任组长，祝列克副局长和退耕办张鸿文主任任副组长，造林司、资源司、计资司、退耕办、治沙办有关领导为成员的阶段验收工作领导小组，并召开了阶段验收工作领导小组第一次会议。为了规范退耕还林工程阶段验收工作，确保阶段验收工作顺利开展，7月7日国家林业局印发了《退耕还林工程退耕地还林阶段验收办法(试行)》(林退发[2008]146号)，确定了退耕还林工程阶段验收实行省级全面检查验收和国家级重点核查验收的两级检查验收方式，并对阶段验收的总体要求、技术标准、调查方法、质量管理等事项作出了具体规定。7月8日，国家林业局印发了《关于开展退耕还林工程退耕地还林阶段验收工作的通知》(林退发[2008]148号)，决定2008～2014年连续7年开展退耕还林工程退耕地还林阶段验收工作，并对2008年度退耕还林工程阶段验收工作进行了安排部署。7月15日，国家林业局召开了全国退耕还林工程阶段验收工作启动暨培训会议，李育材副局长出席会议并讲话。各工程省(区、市)认真贯彻落实会议精神，结合本地实际情况，制定和采取了许多有效的措施办法，确保退耕还林工程阶段验收工作顺利推进。在各省(区、市)全面验收的基础上，组织5个局直属林业调查规划设计院对25个省(区、市)和新疆生产建设兵团进行了重点核查验收。从7月中旬开始至11月初外业结束，各地、各单位先后投入了近万名验收人员。省级验收全面检查了原有政策补助已经到期的1999～2003年的经济林和1999～2000年的生态林，共114.59万公顷，涉及1617个县、1万多个乡镇、100多万个小班；国家级重点核查验收对1617个县全部进行了抽查，抽查面积达51.44万公顷，涉及5980个乡镇、44.1万个小班，是历来林业建设工程国家抽查比例最高的。验收结果表明，全国总面积保存率为99.1%，造林质量总体较好，而且林权证发放、档案管理、森林管护等工作比较规范。通过阶段验收，不仅采集了大量的基础信息，如各工程县的小班数据库、小班图、实地照片等，为政策兑现提供了十分宝贵的直接依据，对今后的工程管理也具有十分重要的价值；而且，通过对核查基础数据的翔实分析，形成了全国和各工程省(区、市)重点核查验收工作报告，客观反映了全国和各工程省(区、市)退耕还林工程所取得的成效，综合评价了工程管理情况，发现了存在的问题；同时，通过阶段验收，形成了退耕还林工程重点核查验收信息管理系统，高起点构筑了重点核查验收成果管理平台，将有效提高监管力度和工作效率。总之，通过阶段验收，掌握了真实情况，提供了决策依据，促进了工程管理。

退耕还林工程灾后重建工作顺利开展 在2008年年初雨雪冰冻灾害和"5·12"汶川大地震中，退耕还林工程受到了较大损失。据统计，雨雪冰冻灾害使14个工程省(区、市)和新疆生产建设兵团的1153个工程县不同程度受灾，受灾面积达307万公顷，占受灾省(区、市)已完成任务的1/5。受灾面积中，需重新造林的达81万公顷，需补植补造的达180万公顷。"5·12"汶川大地震中，退耕还林受灾面积达8.5万公顷，其中因滑坡、泥石流等损毁严重需要重新造林的3.8万公顷，需要补植补造的4.7万公顷。灾害发生后，局退耕办按照国家林业局的统一部署，立即行动，及时调度报送灾情数据和报告，研究解决重建问题。在深入雨雪冰冻灾害严重的安徽、江西、湖北、湖南、广西、贵州、云南等7省(区)进行实地调研的基础上，3月21日召开了灾后重建工作座谈会，研究提出了国家专项安排恢复重建资金、将灾后重建纳入巩固成果专项规划、允许当年工程新造林任务用于灾损严重地块的重新造林并增加灾后工程年度建设任务等政策建议。为指导各地组织开展退耕还林工程灾后恢复重建工作，切实巩固退耕还林成果，防范复耕反弹，4月7日下发了《国家林业局关于加强退耕还林工程灾后恢复重建及成果巩固工作的通知》(林退发[2008]70号)。汶川大地震发生后，及时研究提出了恢复重建的意见建议：安排专项资金用于工程灾毁林地重造；对于严重损毁需要重新造林的，经报损、核销后，允许纳入年度计划；及时为受灾退耕农户兑现补助政策；适当增加工程荒山造林和封山育林任务；对于因灾严重损毁无法造林，具备异地置换造林条件的，另行研究具体办法。同时，就工程灾后恢复重建和政策补助等问题，多次同国家发改委、财政部沟通协调，最终就恢复重建问题达成一致：①《汶川地震灾后恢复重建总体规划》在生态恢复中要求，做好天然林保护、退耕还林等工作，实施退耕还林等补植补造12.47万公顷，恢复受损植被；②退耕还林工程灾后恢复重建纳入了林业灾后重建规划和巩固退耕还林成果专项规划；③对工程灾损严重需重新造林的地块，经核销后重新安排了12万公顷新造林任务；④为受灾退耕农户及时兑现了2008年政策补助，缓解其生计困难。

退耕还林工程继续稳步推进 在国务院决定从2007年起暂不安排退耕地造林任务后，2008年继续安排退耕还林工程荒山荒地人工造林74万公顷、封山育林46.7万公顷。退耕还林工程造林投资规模由2007年的10.5亿元增加到2008年的16亿元，并且从2008年起提高退耕还林工程种苗造林国家补助标准，由原来的每公顷750元提高到了人工造林每公顷1500元、封山育林每公顷1050元。2008年退耕还林工程中央投入共达341亿元，为历年之最，其中：种苗造林费补助16亿元，原有政策生活费和粮食补助资金228亿元，2007年完善政策现金和生活费补助20亿元、巩固成果专项资金77亿元，退耕还林工程区基本口粮田建设中央预算内资金4亿元。为落实工程建设责任，强化工程管理和监督，切实巩固退耕还林成果，国家林业局继续与各工程省(区、市)政府签订了《2008年度退耕还林工程责任书》。尽管2008

年退耕还林工程受到雨雪冰冻灾害、汶川大地震、旱灾等不利因素的影响，但各地克服困难，精心组织，较好地落实了年度任务。据调度统计，截至2009年2月底，全国各工程省（区、市）及新疆生产建设兵团、部队共完成2008年退耕还林任务108.7万公顷，占计划任务的90.1%，其中16个工程省（区）全部完成了国家下达的计划任务。

围绕工程建设质量提高，强化工程管理 强化工程管理，是提升工程管理水平，提高工程建设质量的关键。①狠抓确权发证工作。退耕还林拓展了林业发展空间，但也存在一地两证、发证不规范等问题。各地紧紧围绕集体林权制度改革，专门布置，重点强调，狠抓薄弱环节，使退耕还林确权发证工作进度明显快于其他林地确权发证进度。②黑龙江、湖南、重庆、甘肃、宁夏等省（区、市）建立完善退耕还林工程效益监测站，加强监测队伍建设，进一步开展了效益监测工作。③针对杨树、桉树等速生树种已相继进入主伐利用期，急需进行抚育更新的实际，研究起草了《退耕还林工程经营管理办法》。④通报了2007年全国营造林综合核查发现的主要问题，给每个工程省（区、市）下发了整改通知，并督促整改。各地针对存在的问题，强化工作措施，认真进行整改。⑤继续做好群众举报办理和案件查处工作，并对一些重点案件进行了督办。⑥组织开展了北方地区退耕还林工程生态功能评价、退耕还林工程监测技术、退耕还林成果巩固对策等研究；对2001~2004年编制的《退耕还林工程检查验收规则》等6个标准、办法进行了专家评审和修改。

围绕工程持续发展，开展有关重大问题调研 综合考虑退耕还林工程区东中西部、南北方等不同地区间的差异以及一些地方发生特大自然灾害的实际，局退耕办深入9个省（区）实地调研，召开不同层次的座谈会20余次，完成了局重大问题调研课题——关于巩固退耕还林成果政策措施落实情况的调研，提出了科学组织实施巩固成果专项规划，确保专项资金使用效率；尽快解决灾后恢复重建资金，缓解受灾退耕农户的生活困难；尽快出台工程建设规划，适当增加年度造林任务；提高种苗及造林费补助标准，切实解决基层工程管理经费；提高退耕还林补助标准等对策建议，为下一步工作明确了思路。同时，为加强退耕还林工程的后续管理和加工利用，对退耕还林工程中的灌木林培育与利用进行了专题调研，提出了进一步加强灌木林培育和利用的对策建议，下发了《国家林业局关于加强退耕还林工程灌木林培育和利用工作的通知》（林退发［2008］205号）。 （局退耕办）

【退耕还林工程阶段验收工作启动暨培训会议】 为深入贯彻落实《国务院关于完善退耕还林政策的通知》（国发［2007］25号）精神，确保退耕还林工程阶段验收工作顺利进行，国家林业局于2008年7月15~16日在哈尔滨市召开了退耕还林工程阶段验收工作启动暨培训会议，全国25个工程省（区、市）林业厅（局）和新疆生产建设兵团林业局的主管厅（局）长、退耕办主任及国家林业局退耕还林阶段验收工作领导小组成员单位、直属调查规划（勘察）设计单位的相关人员参加了会议。会议动员、部署了退耕还林工程阶段验收工作，进行了《退耕还林工程退耕地还林阶段验收办法（试行）》培训，座谈讨论了退耕还林工程阶段验收具体实施工作。国家林业局副局长李育材出席会议，并就如何做好退耕还林工程阶段验收工作作了讲话。 （汪飞跃）

【退耕还林工程灾后重建工作座谈会】 为切实做好退耕还林工程灾后重建工作，研究部署退耕还林的各项重点工作，2008年3月21日国家林业局退耕办在北京召开了退耕还林工程灾后重建工作座谈会。全国25个工程省（区、市）林业厅（局）及新疆生产建设兵团退耕办的负责同志参加了会议。与会代表结合各地的实际情况，就退耕还林灾后重建、编制巩固成果专项规划、整改工程建设中存在问题及2008年的重点工作进行了交流和讨论。局退耕办副主任吴礼军通报了退耕还林工程2007年全国营造林综合核查发现的有关问题，要求各工程省（区、市）结合灾后重建工作，针对自身存在的问题，认真分析查找原因，采取有力措施进行整改。局退耕办主任张鸿文对各工程省（区、市）退耕办在灾后重建等工作中作出的努力给予了充分肯定，并对如何推进下一步退耕还林工作提出了四项要求：积极开展灾后恢复重建工作、科学编制巩固退耕还林成果专项规划、认真开展整改工作、努力做好2008年的各项重点工作。 （汪飞跃）

【国家林业局下发《关于加强退耕还林工程灾后恢复重建及成果巩固工作的通知》】 2008年1月以来，我国南方地区发生的大范围雨雪冰冻灾害不仅使退耕还林工程造林成片受灾，造林成活率和保存率大幅度下降，而且工程实施以来初步形成的后续发展能力遭到重创，特别是已经开始产生经济效益的竹林、桉树等速生丰产林、柑橘等经济林、茶树和油茶等生态经济兼用林大面积受损，使退耕农户的经济收益乃至今后几年的生计问题都受到较大影响，灾后恢复重建任务艰巨，巩固退耕还林成果面临更加严峻的考验。为指导各地组织开展退耕还林工程灾后恢复重建工作，切实巩固退耕还林成果，防范复耕反弹，2008年4月7日国家林业局下发了《关于加强退耕还林工程灾后恢复重建及成果巩固工作的通知》（林退发［2008］70号），要求各地：①充分认识退耕还林工程灾后恢复重建、巩固成果工作的重要性；②抓紧组织灾后林地林木清理；③科学规划，因地制宜安排灾后重建和巩固成果工作；④做好种苗准备，确保种苗供应；⑤制定和争取有关优惠政策，为退耕还林灾后恢复重建和成果巩固创造宽松环境；⑥严格禁止因灾复耕或新的毁林开垦；⑦全面完成2008年退耕还林工程荒山荒地造林和封山育林任务。同时，各级林业主管部门要在当地党委、政府的统一领导下，把退耕还林工程灾后恢复重建和成果巩固作为一项重点工作切实抓紧抓好。要健全组织领导，明确目标，落实责任，制定方案，按照轻重缓急，分步实施，推动退耕还林工程恢复重建和成果巩固工作的顺利开展。要主动加强与发展改革、财政等有关部门的沟通协调，争取支持。各受灾地区要发扬艰苦奋斗、不等不靠的精神，组织广大退耕农户开展灾后恢复重建。各省级林业主管部门要建立退耕还林工程成果巩固和灾后恢复重建工作进展报告制度，及时报送有关情况。（汪飞跃）

【退耕还林工程退耕地还林阶段验收办法】 为规范退耕还林工程退耕地还林阶段验收工作，确保阶段验收工作顺利开展，巩固和发展退耕还林成果，提升工程建设质量，并为完善退耕还林政策补助资金和巩固退耕还林成果专项资金拨付提供依据，按照《退耕还林条例》和《国务院关于完善退耕还林政策的通知》（国发[2007]25号）有关规定，国家林业局退耕办组织研究制定了《退耕还林工程退耕地还林阶段验收办法（试行）》，2008年7月7日国家林业局下发了《关于印发〈退耕还林工程退耕地还林阶段验收办法（试行）〉的通知》（林退发[2008]146号）。《办法》包括总则、技术标准、调查方法、计算方法与统计汇总、验收成果、质量管理和责任追究、附则共7章32条。《办法》规定验收范围为国家历年安排的退耕地还林计划任务，逐年对原有补助政策已经期满的退耕地还林面积在期满次年进行验收；验收内容包括退耕地还林面积保存情况、退耕地还林质量情况、工程管理情况；验收方式包括全面检查验收和重点核查验收；全面检查验收由各工程省（区、市）、新疆生产建设兵团林业行政主管部门组织开展，重点核查验收由国家林业局组织开展。（汪飞跃）

【国家林业局下发《关于开展退耕还林工程退耕地还林阶段验收工作的通知》】 为深入贯彻落实《国务院关于完善退耕还林政策的通知》（国发[2007]25号）精神，巩固和发展退耕还林成果，并为中央财政拨付完善退耕还林政策补助资金、巩固退耕还林成果专项资金及工程管理决策服务，2008年7月8日国家林业局下发了《关于开展退耕还林工程退耕地还林阶段验收工作的通知》（林退发[2008]148号）。《通知》对阶段验收范围、内容、方式、时间、组织领导等总体安排提出了要求，并对2008年度阶段验收工作进行了安排部署。要求各省级林业主管部门要及时向省级政府请示、汇报，主动与财政等部门沟通，妥善解决工作经费等问题；严格执行《退耕还林工程退耕地还林阶段验收办法（试行）》，保证验收质量；严肃工作纪律，加强对阶段验收工作的监督检查。（汪飞跃）

【国家林业局下发《关于加强退耕还林工程灌木林培育和利用工作的通知》】 灌木林是我国森林资源的重要组成部分，在退耕还林工程区特别是中西部地区种植非常广泛。退耕还林工程灌木林不但发挥着重大的生态效益，而且在农民增收、农村产业结构调整及地方经济发展等方面也发挥着一定的经济效益和社会效益。但是，退耕还林工程中所营造的灌木林普遍存在着总体质量差、经营粗放、利用不充分、科技含量低、资金投入少等问题。为充分发挥灌木林应有的作用和成效，确保工程建设的质量和效益，进一步巩固退耕还林成果，退耕办经过广泛调研，2008年10月14日国家林业局下发了《关于加强退耕还林工程灌木林培育和利用工作的通知》（林退发[2008]205号），要求：一要科学规划，分类经营。科学规划、分类经营是加快灌木林培育与利用的基础。要提高认识，加快发展；统筹规划，合理布局；分类经营，分区施策。二要加强管理，提高质量。加强管理、提高质量是加快灌木林培育与利用的重要措施。要搞好灌木造林作业设计；总结推广行之有效的治理模式；制定退耕还林工程灌木林抚育管理办法；强化地方管理部门和退耕农户的责任。三要促进利用，发挥效益。促进利用、发挥效益是加快灌木林培育与利用的强大动力。要走"公司＋基地＋农户"的路子，加快灌木原料林基地建设；培育壮大龙头企业；加强灌木加工产品开发。四要强化科技，提升水平。强化科技、提升水平是加快灌木林培育与利用的重要手段。要加强灌木的良种选育工作；加强对灌木林培育的基础研究；研制高效、优质的平茬机械；加强灌木林加工利用研究。五要加大扶持，推动发展。加大扶持、推动发展是加快灌木林培育与利用的重要保障。要将灌木林抚育管理纳入巩固退耕还林成果专项规划；大力扶持灌木林加工利用龙头企业；加强对灌木林培育利用的金融支持。（汪飞跃）

京津风沙源治理工程

【综　述】

进展情况　截至2008年底，工程5省(区、市)共完成林业建设任务41.69万公顷，占年度计划任务的100%，林业建设任务比2007年增加11.88万公顷。其中：完成人工造林9.55万公顷，飞播造林6.67万公顷，封山育林20.13万公顷，匹配荒山造林5.33万公顷。

工程5省(区、市)累计完成林业项目建设任务529.49万公顷，占工程规划的62.4%，其中：营造林301.36万公顷，退耕地还林109.47万公顷，匹配荒山荒地造林118.67万公顷，以及相应的种苗基地建设。

2008年京津工程国家下达国债投资14.8亿元，其中林业建设投资6.0975亿元。2008年投资比2007年增加4.3亿元。截至2008年底，工程累计下达国债投资138.1亿元，其中林业投资61.25亿元。

主要措施　为稳步推进工程林业建设，确保营造林质量，京津工程在项目管理、技术指导、检查监督等方面采取了一系列措施。①坚持定期督查指导，确保了工程建设质量。②建立健全了县级自查、省级复查、国家核查的三级检查验收体系，使核查验收科学地反映工程建设实际。③建立了工程造林重大质量事故责任追究制度和举报制度，提高了管理透明度，加强了社会监督。④创新工程治理模式，完善了工程建设标准体系，规范了工程管理。⑤强化林分抚育和管护工作，建立了抚育和管护工作考核体系，巩固了工程建设成果。⑥加大了科技支撑力度，着力推广了容器苗造林等先进实用技术，提高了造林成活率。

建设成效　经过近9年的建设，工程取得了明显的集聚效应。

初步建立了京津地区生态防护体系，为绿色奥运作出了重要贡献　初步建成了首都生态圈三道生态屏障：在沙化草原区通过沙障、灌草结合的措施固定流沙；在坝上及晋北、京北地区营造防护林带和林网，阻止风沙的侵袭；在北京及城郊地区建设纵横交错的绿化网，形成了功能强大的空气净化器。生态防护功能得到明显加强，地表起沙得到有效遏制，风沙危害明显减轻，京津工程区已经从沙尘暴加强区变为减弱区，为绿色奥运的成功举办作出了重要贡献。

产业结构得到优化调整，为强农富民作出了重要贡献　从产值的相对值角度和农村劳动力分布来看，工程区第一产业的占比呈下降趋势，第二、三产业的占比呈上升趋势，且第三产的上升趋势明显；从产值情况看，第一产的比重在下降，第二、三产的比重在增加。根据2007年工程经济效益监测结果，2007年与2000年相比，监测样本县(旗)粮食播种面积下降12.91%，粮食总产量增加58.24%；农业产值占比下降，畜牧业产值占比增加。2007年样本县人均纯收入3175.86元，比2006年增加250.95元，增长8.58%。自2000年工程实施以来，样本县(旗)人均纯收入增长179.19%，收入增长幅度高于同期全国平均水平。

工程区经济社会发展步伐加快，为生态文明建设作出了重要贡献　工程实施9年来，不仅改善了生态环境，优化调整了农村产业结构，也加快了工程区经济社会发展步伐，促进了生态文明程度的提高。目前，工程区已初步实现从游牧放养到舍饲圈养、从毁林开荒到植树种草、从广种薄收到精耕细作的三大转变，由单纯从事第一产业向二、三产业转移，工程区社会经济可持续发展指数增长22%，其中增量的四成来自于工程治理的贡献。工程的实施，使干部群众生态意识明显增强，增绿、爱绿、护绿的生态文明氛围日益高涨，为生态文明建设作出了重要贡献。

(江天法)

【京津风沙源治理工程2008年省部联席会暨现场会】2008年7月14~15日，京津风沙源治理工程第十次省部联席会暨现场会在河北省承德市召开。

国家发改委、财政部、国土资源部、农业部、水利部、环保部、国家林业局、国务院西部开发办、国务院秘书二局等部委局办的有关负责同志，北京市、天津市、河北省、山西省、内蒙古自治区政府主管领导出席了会议。

国家发改委副主任杜鹰主持会议并作了会议总结。国家林业局副局长祝列克出席会议并就2007年7月份召开的第九次联席会议以来国家林业局所开展的主要工作与成效，下一步工作作了讲话。农业、水利、国土、环保、财政、西部开发办等有关部委局、5省(区、市)领导也分别就各部门、各地区的工作情况和对下一步工作的建议作了发言。

与会人员实地考察了工程建设现场，总结交流了经验。会议对工程实施以来所取得的成效给予了较高的评价，认为：工程区生态状况明显改善，风沙危害明显减轻，已从沙尘暴加强区变为减弱区，为绿色奥运作出了突出贡献；农牧民收入增加，生产生活条件明显改善；农村产业结构调整步伐加快，实现了工程区农牧民生产生活方式的根本性转变：从游牧放养到舍饲圈养、从毁林开荒到退耕还林种树种草、从广种薄收到精耕细作的转变，农村经济也从单一的农牧业向二、三产业转变。

(王俊中)

三北及长江流域等防护林体系建设工程

【三北防护林体系建设突出贡献单位、贡献者】2008年是国务院批准三北防护林建设工程30周年。30年来，在党中央、国务院和地方各级党委、政府正确领导下，各族干部群众努力拼搏、艰苦奋斗，三北防护林建设工程顺利推进，取得了显著的生态、经济和社会效益，涌现出一大批贡献突出的先进集体和个人。2008年，为了深入贯彻落实党的十七大关于建设生态文明，构建社会主义和谐社会的战略部署，进一步激发广大工程建设者的积极性、创造性，加快推进现代林业建设，全国绿委、人力资源和社会保障部、国家林业局表彰了100个先进集体和200名先进个人。

三北防护林建设突出贡献单位

北京市 大兴区林业局 顺义区林业局 通州区林业局

天津市 静海县林业局 西青区辛口镇人民政府 宁河县苗圃场

河北省 廊坊市林业局 丰宁满族自治县林业局 迁西县人民政府 青龙满族自治县林业局 尚义县林业局 河北省林业局三北防护林工程管理办公室 易县林业局 香河县林业局

山西省 吕梁市林业局 偏关县人民政府 蒲县人民政府 太原市林业工作总站 隰县人民政府 永和县人民政府 右玉县人民政府 山西省造林局

内蒙古自治区 巴彦淖尔市林业局 赤峰市林业局 鄂尔多斯市林业局 鄂温克族自治旗中心苗圃 科尔沁左翼中旗人民政府 太仆寺旗林业局 土默特右旗林业局 土默特左旗林业局 乌兰察布市林业局 扎赉特旗林业局

辽宁省 锦州市林业局 阜新市林业局 辽宁省林业调查规划院 新民市林业局 北票市林业局 建昌县林业局 辽宁省固沙造林研究所 铁岭市林业局

吉林省 长春市林业局 吉林省林业勘察设计研究院 双辽市人民政府 公主岭市人民政府 扶余县人民政府 通榆县人民政府 洮南市国营洮南机械林场

黑龙江省 拜泉县人民政府 依安县人民政府 杜尔伯特蒙古族自治县人民政府 青冈县人民政府 齐齐哈尔市林业局 安达市老虎岗镇林业工作站 大庆市林业局 黑龙江省森林与环境科学研究院

陕西省 宝鸡市林业局 陕西省防护林建设工作站 榆林市林业局 铜川市林业局 渭南市林业局 永寿县林业局 神木县人民政府 子长县林业局 西安市灞桥区农林局

甘肃省 靖远县林业局 酒泉市林业局 平凉市林业局 陇西县人民政府 庆阳市林业局 武威市石羊河林业总场 张掖市林业局 兰州市南北两山环境绿化工程指挥部 天水市林业局

青海省 大通回族土族自治县林业局 德令哈市林业和环境保护局 贵南县人民政府 青海省南北山绿化指挥部办公室 海晏县林业和环保局

宁夏回族自治区 固原市原州区林业局 宁夏回族自治区林业调查规划院 吴忠市林业局 银川市林业局 中宁县林业局

新疆维吾尔自治区 阿克苏地区林业局 和田县林业局 哈密市人民政府 库尔勒市城乡防护林管理处 莎车县林业局 托克逊县林业局 新疆维吾尔自治区林业厅造林处 特克斯县林业局 裕民县人民政府 木垒哈萨克自治县林业局

新疆生产建设兵团 农七师一二六团 农八师一五〇团 农十四师二二四团

中央有关部委 经济日报产经新闻部

国家林业局直属单位 国家林业局宣传中心 中国林业科学研究院沙漠林业实验中心 国家林业局调查规划设计院

三北防护林体系建设突出贡献者

北京市

宋福宽 钏 辉 方海红 任贵平 张启生 孙绍洲

天津市

高 勇 刘俊森 黄宝剑 刘景发 韩维光

河北省

蔡德义 崔彦章 谷金泽 花立军 李德成 刘 峰 刘日光 刘四围 刘振河 王玉祥 魏汉林 尤文礼 苑慧峰

山西省

白新民 董顺星 高亮则 高元官 郭建峰 梁有林 刘来旺 刘跃进 任连功 薛秀基 原加喜 张建秀 张兴亮 张旭晨

内蒙古自治区

殷玉珍 陈华春 贾树仁 蔺海涛 柴永江 朱振民 李显玉 贾士瑞 辛庆瑞 张圣军 张建功 任存才 李 新 李宝龙 胡福云 王明海 贺喜才 王力平 卢风光 董研生 聂聪远

辽宁省

郭 元 马 兴 孙继祥 卢明革 冯恩重 张立岩 曹金中 张 仁 李英俊 段晓华

乐金翔　张庆年　范国儒

吉林省

高玉林　刘桐安　郝景春　孙金生　银跃文
王树林　柴泽波　刘汉富　郭景和　闫　宏
李晓峰　赵永重

黑龙江省

刘光友　陈兴玉　苏贵林　明志强　王文生
关　权　杨德民　姜希德　王广勤　刘　山
牟景君　杨柏松　郭宝松　吴超英　侯　亮

陕西省

石光银　牛玉琴　杜芳秀　张社朝　张振明
王万胜　王耀生　赵文忠　张应龙　秦新安
秦喜柱　苗宏义　孟建民　刘建军　党黑谋
梁芳民　李向阳　冯国春　史惠玲　艾先福
吕复扬

甘肃省

刘　锷　刘　鹏　刘锡良　刘永仁　刘占平
陈昌平　王全定　张纯明　王世祥　王　铁
薛高文　张录义　张万斌　朱殿铖　陈立国
张　平　张永祥

青海省

王　志　乔正祎　沈文录　夏月云　费东红
郭增鸿　何长斌　马炜明　杨小均

宁夏回族自治区

王有德　白春兰　苗吸旺　柳　荣　李怀珠
刘高峰　施　奇　冯彦彪　马学峰　张建荣
刘俊琦　丁　辉　苏亚红

新疆维吾尔自治区

刘　琦　陆扬奎　潘存文　石绍桦　王晓丹
薛继江　杨建发　殷传杰　周　江　董　琪
付振一　李　丽　梁孟凯　刘　康　刘海军
古力加那提·艾比布拉　卡合曼·阿不都热依木
克依木吐逊　李文华

新疆生产建设兵团

张俊杰　顾艳春　刘多红　李杰军　王建彬
陈　波

中央有关部委

孙江华　沈国舫　刘　伟　王志兰　高志义
吴晓松　刘泉龙　高保生　肖　璞　白中华
丁西林　张会英　马振武

国家林业局直属单位

王焕良　王彦辉　李才文

（三北局）

【长江等重点防护林体系工程建设】 2008年，长江等重点防护林体系工程建设中的长江流域防护林体系建设工程、沿海防护林体系建设工程、珠江流域防护林体系建设工程、太行山绿化工程和平原绿化工程建设取得了较好成绩，2008年5个工程共完成投资43 050万元，其中中央投资28 700万元，占67%；5个工程共完成造林267 823公顷，其中：人工造林172 523公顷，封山育林85 301公顷，飞播造林9999公顷，低效防护林改造19 809公顷。

5个工程建设各有侧重和特点。沿海防护林工程重点实施了台风等灾害频发区段、薄弱环节基干林带的加宽和红树林恢复；长江防护林工程以“两湖两区”（洞庭湖、鄱阳湖，三峡库区、丹江口库区）和南水北调源头及沿线绿化为重点；珠江防护林二期工程重点安排南北盘江、左右江流域水源涵养林和石漠化治理为重点；太行山绿化工程突出海河流域防护林带建设及山区生态型经济林的建设；平原绿化以农田防护林网建设和村镇绿化为重点。

全面启动沿海防护林工程 ①在国务院2007年12月同意《全国沿海防护林体系建设工程规划（2006～2010年）》后，2008年初，国家发改委和国家林业局联合将《规划》印发沿海各省政府执行；②4月22日，国家林业局在大连市召开了全国沿海防护林体系建设工程启动大会，会议总结了经验，表彰了49个先进单位和81名先进个人，国家林业局副局长祝列克主持会议，副局长李育材讲话，工程建设全面启动。

加快推进平原绿化建设 ①组织北林大等单位开展平原绿化成效调查外业和内业工作，完成了数据处理、分报告和主报告编写工作，基本摸清了底数；②5月26～27日，国家林业局在郑州市召开了全国平原林业建设现场会，会议代表参观了河南粮食主产区平原林业建设，河南、吉林、新疆等省（区）作了典型发言，贾治邦局长作了讲话。

认真做好林业扩大内需和灾后重建各项工作指导和政策争取工作 ①全力做好四季度林业新增投资计划的落实。四季度国家追加林业中央投资36.5亿元，以扩大内需，应对由美国次贷危机引发的国际金融市场剧烈动荡。其中，沿海防护林工程5亿元，长江防护林工程3亿元，珠江防护林工程1亿元，太行山绿化工程1亿元；②全力做好南方冰雪灾害和四川地震灾害防护林工程生产自救和指导工作。南方冰雪灾害和四川地震灾害发生的区域，正是长江和珠江流域防护林工程建设的重要区域，灾害发生后对防护林的损失情况及时进行统计，将其纳入《林业灾后恢复重建规划》，

认真做好林业推进新农村建设管理工作 ①继续落实全国林业推进新农村建设现场会精神，督导各地开展工作，加快推进“创绿色家园，建富裕新村”行动；②组织开展“创绿色家园，建富裕新村”行动全国绿色小康县、绿色小康村、绿色小康户建设标准的编制工作；③组织开展林业推进新农村宣传工作，编发《林业推进新农村建设简报》12期，并借助各种媒体宣传林业推进新农村工作。

进一步推进中美森林健康合作和生物措施治理水

土流失试点项目试点工作 ①做好江西信丰等9个试区年度任务及资金的安排工作，并在施工季节进行了现场督导；②完成中国森林健康网站开发和建设工作。4月14日，国家林业局与美国林务局在北京联合举行了网站开通仪式，国家林业局副局长李育材和美国林务局副局长柯利·萨林斯主持了开通仪式；③接待美国林务局及孟菲斯动物园官员和有关专家到江西、陕西、北京项目区进行技术指导和合作交流，并对下一步合作进行了协商。

认真抓好国家现代林业示范区建设工作 2008年初，全面启动了江西省宜春市等11个国家现代林业示范市的前期工作。①明确了示范市建设以地方为主，省级林业主管部门具体指导，国家林业局予以宏观指导和必要扶持的建设原则，从示范市建设开始就强化了国家的宏观指导地位和示范市的责任主体地位，增强了他们的积极性、主动性。②在规划编制上，印发了《国家林业局造林司关于组织开展国家现代林业建设示范市实施规划编制工作的通知》(造工函[2008]12号)，明确了示范区建设审批程序，要求示范市组织具有甲级资质的林业规划设计单位编制示范市实施规划，由省级林业行政主管部门组织专家评审后报国家林业局正式批复。湖南省益阳市、辽宁省抚顺市和湖北省荆门市3个示范市已正式批复。③先后在中央电视台新闻频道播发了《湖北省神农架林区国家现代林业建设示范市实施规划通过专家评审》报道，在《中国绿色时报》连续跟踪报道了国家现代林业建设示范市进展情况，在国家林业局政府网站设立国家现代林业建设示范市专栏，宣传工作取得了良好的效果。

围绕工程建设，加大了基层工程建设管理人员的培训 开展了中日林业生态项目培训，共举办4期培训班。5月27～31日，在太原市举办了太行山绿化工程县级管理人员培训班；9月17～21日，在福建省南平市举办了沿海防护林工程县级造林技术培训班；10月14～18日，在贵阳市举办了珠江防护林工程县级管理人员培训班；11月18～22日，在成都市举办了长江防护林工程县级管理人员培训班，4个班共培训人员160余人，对提高基层管理和技术人员素质和能力起到了推动作用。（樊喜斌）

重点地区速生丰产用材林基地建设工程

【综　述】 2008年，重点地区速生丰产用材林基地建设工程继续保持迅猛发展态势。全年完成造林69.07万公顷，企业和农户继续成为造林主体。各工程省(区)进一步放宽政策，着力在体制、机制上创新，积极推进集体林权制度改革，为速丰林工程营造良好的外部环境。通过明确“山有主、主有权、权有责、责有利”，让企业和林农吃下“定心丸”，放心发展速丰林。进一步简化和规范森林资源管理，积极探索林权证抵押贷款，鼓励支持企事业单位科技人员以技术入股、技术承包、技术咨询、技术服务等有偿方式参与速丰林建设，提高社会主体营造速丰林的积极性。（崔海鸥）

【重点地区速生丰产用材林基地建设工程大径级材基地建设】 2008年国家安排1500万元用于河北等19个省(区)培育1万公顷大径级材基地。6月，在河北省木兰林管局国有林场召开大径级材培育现场会，印发了《大径级材培育实施方案编制指南》，并对下一步工作进行了安排和部署，有关省(区)林业厅(局)负责人、项目实施单位负责人参加会议。会议进一步明确了速丰林工程大径级材培育项目的重要性，要求精心组织实施，严格项目资金管理。12月，征求了各项目省(区)对《大径级材培育项目检查验收办法(试行)》的意见并进行了修改完善。（崔海鸥）

【重点地区速生丰产用材林基地建设工程信息工作】 2008年12月，国家林业局速丰办在北京召开全国速丰林工程信息员工作会议。总结交流各工程省(区)工程发展经验，深入分析存在的突出问题，研究部署全面加强速丰林工程信息管理工作。会议决定：建立速丰林工程信息员联系制度；定期开展速丰林工程进展统计、分析工作；全面研究集体林权制度改革为速丰林工程基地造林带来的新变化以及对管理工作提出的新要求。（林章楠）

森林培育与生态建设

林木种苗生产

【综　述】

林木种子生产　据全国30个省(区、市)，内蒙古、吉林、龙江、大兴安岭森工(林业)集团公司，新疆生产建设兵团种苗管理部门统计，2008年全国共采收林木种子2262万千克，比2007年减少284万千克，减少原因主要是宁夏、陕西、内蒙古、新疆、山西等10省(区)减收46万千克以上，减收的树种是山杏、山桃等，大部分属于大粒种子。

2008年采收前种子库存量为269.7万千克，2008年实际用种量为1691万千克，其中良种实际用量189万千克。

良种基地生产　2008年全国良种基地共生产种子327万千克(种子园产种量99万千克，母树林产种量228万千克)，比2007年增加125万千克。吉林、山东、安徽、新疆4省(区)种子园种子产量分别增加10万千克以上，吉林、新疆、辽宁母树林种子产量分别增加12万千克以上，其中吉林增加最多，增加了68万多千克。良种产量增加的树种主要有红松、麻栎、刺槐、核桃等。2008年全国良种基地生产穗条9.9亿条(根)，比2007年减少0.9亿条(根)。采穗圃生产穗条6.1亿条(根)、无性系繁殖圃生产穗条3.8亿条(根)。

采种基地生产　2008年全国采种基地共采收种子962万千克，占全国林木种子采收量的42.5%，比2007年减少250万千克。

苗木生产　2008年全国共完成育苗面积66.13万公顷，其中新育苗面积23.68万公顷，占育苗总面积的35.8%。国有、乡村集体和个体育苗面积分别占育苗总面积的19.38%、5.5%和75.12%，与2007年相比，国有育苗面积比重减少1.29个百分点，乡村集体育苗面积比重减少0.69个百分点，个体育苗面积比重增加1.98个百分点。

2008年育苗总量为464亿株，实际用于造林绿化的苗木量为232.7亿株。其中：生态公益林苗木137.3亿株，经济林苗木27.1亿株，其他林种苗木68.3亿株。2008年实际用苗量中36%来自国有单位，5.5%来自乡村集体，还有58.5%来自个体。

2008年容器育苗产量为44亿株，良种苗产量125亿株，分别比2007年减少1亿株和8亿株。

林木种苗建设投资　据统计，全国林木种苗建设投资总计62 402.7万元。其中：国家投资21 385.3万元，地方配套投资41 017.4万元。主要用于省级种苗示范基地、良种基地、采种基地、苗圃和基础设施建设，投资范围涉及全国29个省(区、市)，内蒙古、吉林、龙江、大兴安岭森工(林业)集团公司，新疆生产建设兵团。

林木种子基地建设　截至2008年底，全国林木良种基地建设面积33.4万公顷。其中：种子园2.89万公顷、母树林15.91万公顷、采穗圃1.89万公顷、无性系繁殖圃0.32万公顷、试验林3.83万公顷、良种示范林8.34万公顷、其他0.22公顷。全国采种基地可采种面积91万公顷。

育苗单位　2008年底，全国共有苗圃29万个，国有、乡村集体和个体所占比例分别为3%、2%和95%。在国有苗圃单位中，林业系统内部的苗圃有6581个。　(李　焰)

【国家种苗网站建设】　国家种苗网自2002年12月开通运行以来，以会员方式，免费为种苗行业的管理者、生产者及广大林农发布林木种苗供求信息101 553条。截至2008年底，已有网上会员162 544人，月访问量达72 298人次，网站新闻已达16 806条。2008年对国家种苗网站进行了第二次改版，版面更加新颖，栏目设置更加贴近生产。国家种苗网为社会及时了解种苗生产供求信息，为种苗生产者、经营者、使用者沟通交流种苗信息，开展种苗交易发挥了重要作用，受到越来越多业内外人士的关注。

(李玉洁)

【全国林木种苗信息交流座谈会】　为规范种苗数据库建设和总结年度信息化工作，加大种苗行业信息报送力度，场圃总站于2008年12月17~19日在内蒙古自治区满洲里市举办了全国林木种苗信息交流座谈会，来自全国30个省(区、市)从事林木种苗供需信息管理工作的同志参加了会议。场圃总站总工程师张健民在会上作了题为《增数量，保质量，科学推进林木种苗信息工作》的讲话。会议总结交流了一年来各地林木种苗信息工作，介绍了国家种苗网改版情况，对种苗信息管理数据库框架进行了演示和讨论，对种苗生产供应调度数据录入的操作进行了讲解和答疑。座谈会的举办，为加速林木种苗信息化建设奠定了基

础，对做好林木种苗供需信息调度工作起到了积极的促进作用。（李玉洁）

【林木种苗工程项目初审立项】 2008年共收到全国33个省（区、市、森工集团）上报种苗工程项目可行性研究报告143个。为规范项目初审工作，保证种苗项目初审质量，组织编写印发了《场圃总站种苗项目初审工作规定》。初审工作严格遵循《场圃总站种苗项目初审工作规定》和有关技术标准开展工作，坚持以全国林木种苗中长期发展规划为指导，坚持科学规划、合理布局、突出重点的原则。初审通过113个项目。其中：良种基地建设项目93个，种质资源保存库建设项目20个。国家林业局批复82个。其中：良种基地建设项目74个（生态树种良种基地39个，木本粮油、生物质能源等经济林及花卉树种良种基地35个），种质资源保存库建设项目8个。（隗合飞）

【林木种苗工程项目建设投资与重点支持】 2008年，国家共下达林木种苗工程建设投资计划14 041万元。其中：国债投资10 000万元，地方配套资金4041万元。在国债投资中，林木良种基地建设项目6929万元，林木种质资源收集保存库建设项目1574万元，林木采种基地建设项目1371万元，基础设施126万元，分别占国债投资的69.3%、15.7%、13.7%和1.3%。

对重点地区种苗项目给予支持 针对西部地区经济与生态环境建设的需求，把林木种苗工程建设重点放在为经济林和生态林树种建立的林木良种基地和林木种质资源库建设上，同时加大了投资力度。2008年对西部12个省（区）的重点项目加大了投资比例，投资占2008年中央投资于全国林木种苗项目总额的40.4%。投资项目48个。其中：经济树种23个，生态林树种25个。投资完成项目24个。

对生物质能源树种种苗项目给予支持 通过林木种苗工程建设，积极努力配合国家林业局开展林业生物质能源工作。①加强生物质能源树种种苗基地建设。2008年共安排543万元资金用于6个生物质能源树种项目建设，占2008年中央预算内国债林木种苗工程建设投资的5.43%。②加强中央预算内对本级项目投入，将生物质能源项目列入中央本级基本建设重点。在四川、贵州、云南等省投入66万元营建了麻疯树种质资源库，在湖南省投入20万元营建油桐种质资源库。共投资86万元，占2008年中央预算内中央本级林木种苗投资的24.9%。（于滨丽）

【林木种质资源库工程设计规范】 为规范林木种质资源库建设，提高建设质量，降低国家投资风险，提高投资效益，充分发挥林木种质资源库在维护生物多样性和林木育种中的重要作用，2008年场圃总站委托中南林业规划院编制完成了《林木种质资源库工程设计规范（征求意见稿）》。（隗合飞）

【国家油松、油桐、麻疯树、沙柳种质资源保存库项目建设】 场圃总站委托北京林业咨询公司编制了国家油松、油桐、麻疯树、沙柳种质资源保存库建设项目初步设计说明书，2008年10月14日国家林业局分别以林计批字[2008]437、438、439、440号文件批复实施。根据项目总体设计说明书，场圃总站督促指导各实施单位全面开展种质材料的收集、繁育及林地清理、整地和基础设施建设，并于10月份对陕西油松国家种质资源库建设情况进行了实地检查。

截至2008年底，共调查收集油松家系（含种源）907份，繁育种质515份；收集油桐家系170个、无性系30个，营造保存林14.6公顷，保存种质53份；收集麻疯树种源133份、家系1049份，营造保存林26.7公顷（其中：四川省20公顷，贵州省6.7公顷）；收集沙柳无性系1050份，保存无性系种质750份，营建保存林13.49公顷。同时开展了部分基础设施建设，修建了道路、围栏、护林房等，购置了部分GPS、照相机等设备。（张超英）

【全力做好南方冰雪灾害种苗基地恢复重建工作】 2008年年初南方19省（区、市）遭受特大冰雪灾害，林木种苗基地损失惨重，为做好种苗基地恢复重建工作，场圃总站于2月21号，在北京组织召开了有贵州、湖南、安徽、湖北、四川、重庆、浙江、湖北、广西等重灾区省（区、市）种苗站负责人参加的抗灾恢复重建紧急汇报会，指导督促受灾省（区、市）编制上报灾后重建规划方案。起草编制了《特大冰雪灾害林木种苗恢复重建规划方案》，为灾后重建工作提供了科学依据。同时根据国家林业局统一部署积极组织参加灾情调查工作，场圃总站领导带队深入江西、福建等省受灾林区开展灾情调研，并撰写调研报告，为领导决策提供了第一手材料。（张超英）

【林木种苗工程项目建设与管理】 为全面了解和掌握全国林木种苗工程建设与管理的实际情况，确保资金安全运行，提高种苗工程建设质量和成效，进一步优化项目布局，充分发挥林木种苗工程建设的投资效益，更好地服务于现代林业建设，根据《林木种苗工程管理办法》，国家林业局办公室于2008年9月4日下发了《国家林业局办公室关于开展全国林木种苗工程项目检查工作的通知》（办场字[2008]66号），部署在对2000年以来国家批复建设的林木种苗工程项目进行认真梳理和全面总结的基础上，重点对国家级和省级林木种苗示范基地、林木良种繁育中心、林木良种基地进行检查。检查内容主要包括：工程设计与施工情况、资金使用和管理情况、项目生产经营和发挥作用的情况。

据各地上报的自查报告统计，2000年以来，全国共建设种苗工程项目2925个，建设总规模65.1万公顷，总投资47亿元。种苗工程建设极大改善了种苗基地基础设施，提高了种苗生产能力，增加了种苗生产中的科技含量，种子质量不断提高。种子基地生产能力达1449万千克。其中：良种生产能力达228.7万千克，苗木50多亿株。

此次检查全面了解和掌握了全国林木种苗工程建设与管理的实际情况，总结了林木种苗工程建设的主要成效和存在问题，提出了意见和建议。检查对今后一个时期林木种苗如何科学发展明确了思路，指明了方向。（韩文兵）

【行政许可事项与非行政许可审批事项清理与登记】 为深化行政审批制度改革，按照局统一要求，根据现有行政许可事项和非行政许可审批事项的现状，场圃总站组织相关处室对原有行政许可事项开展清理和重新填报登记工作。通过清理取消了“林木种子检验员考核”事项。同时按照有关法律法规规章的规定，积极争取增加原来未登记在册的2项行政许可事项与8项林木种苗、森林公园、国有林场非行政许可审批事项。其中：报送增加的2项行政许可事项为“主要林木品种审定”、“地方级森林公园设立、撤销、合并、改变经营范围或变更隶属关系审批”。（于滨丽）

【行政许可受理与送达工作】 场圃总站承担6项行政许可事项。2008年主要开展了5项工作，依次为林木种子经营许可证核发，向境外提供或从境外引进林木种质资源审批，采集或采伐国家重点保护种质资源审批，国家级森林公园设立、撤销、合并、改变经营范围或变更隶属关系审批，林木种苗引进审批；此外还有“国家林木种子质量检验机构资质考核”事项，因没有申请人申请，没有开展该项工作。

全年共受理行政许可申请事项1400件（含2007年转移28件），受理数量与2007年相比增加了14.66%。其中：作出行政许可决定1224件，不予许可决定50件，更正修改准予许可决定50件，退文16件，其余2件正在办理文书。

行政许可准予决定有：森林公园设立及变更59件，新办、延续变更林木种子经营许可证32件，种苗进口1127件，种质资源引进及出口5件，种质资源采集1件，分别占行政许可批准决定的4.82%、2.61%、92.08%、0.41%、0.08%；

行政许可不予许可决定有：森林公园设立及变更2件，种苗进口48件，分别占不予许可总数的4%、96%；

在审查过程中，办理行政许可文书58件。其中，向申请人发出行政许可补证通知的22件，森林公园设立及变更占18.18%，新办、延续变更林木种子经营许可证占81.82%；提出实地检测考察和专家论证听证通知36件，森林公园设立及变更占80.56%，新办、延续变更林木种子经营许可证占19.44%。

（于滨丽）

【全国林木种苗站长座谈会】 2008年12月10～11日，场圃总站在北京召开了全国林木种苗站站长座谈会。会议的主要任务是：总结种苗工作经验，分析存在问题，进一步明确工作思路，推动我国林木种苗事业科学发展。会议由总站长郝燕湘主持并进行会议总结，国家林业局副局长张建龙作了讲话，全国各省（区、市）林业厅（局），内蒙古、吉林、大兴安岭森工（林业）集团公司、计划单列市和新疆生产建设兵团林业局林木种苗站站长参加了会议。会议还邀请了北林大教授沈熙环、东北林大校长杨传平教授、中国林科院林业研究所研究员苏晓华参加会议。

会议回顾了近年全国种苗工作取得的成绩，分析了存在的问题，阐述了林木种苗工作在现代林业建设中的重要地位和作用，强调了“林以种为本，种以质为先”的指导思想，明确今后一个时期种苗工作要处理好内涵式发展与外延式发展的关系，重点与一般的关系，政府主导与市场调节的关系，基地建设与队伍建设的关系，突出4个重点，即确定200个国家重点林木良种基地，建设100个重点采种基地，扶持300个区域重点苗圃，抓好1000个重点市县级种苗管理机构的能力建设，把我国的林木种苗事业发展推向新阶段。

会议确定2009年林木种苗工作的重点是尽快修改完善《全国林木种苗发展规划（2009～2020年）》，指导全国种苗发展；组织指导好种苗生产，确保灾后重建、扩大内需造林项目和油茶产业发展种苗供应；强化种苗工程项目建设和管理，提高资金使用效益；加强林木种苗生产基地管理，争取尽早建立林木良种生产补贴制度；继续加大种苗执法力度，营造良好的种苗发展环境。（李世峰）

【《林木育种技术培训教材》编制】 良种要发展，人才是关键。近年来，随着林业快速发展对林木良种工作提出的新要求，种苗从业人员几经变化，不少基层技术力量不足。为了提高省级林木种苗管理人员及基层人员的业务素质，根据各地提出的要求和我国林木种苗系统的实际情况，场圃总站组织北林大、南林大的林木育种专家编写了《林木育种技术培训教材》，免费发送给各省（区、市）开展技术培训。该《教材》从林木育种历史与改良策略、林木种质资源的保护与利用、林木选择育种原理与方法、林木杂交育种技术、种子园和母树林营建技术、林木无性系选育与无性繁殖技术、遗传测定与统计分析技术、经济林育种技术等方面深入浅出的进行了阐述，通俗易懂，将为提高林木种苗行业的整体业务水平起到积极的作用。

（李世峰）

【开展建立林木良种生产补贴制度调研】 林木良种事关现代林业建设大局，建立林木良种生产补贴制度是林木良种基地可持续发展的关键。2008年国家林业局再次将建立林木良种生产补贴制度列入局工作重点，为此，场圃总站组织开展了全国面上调研和重点深入的调查研究。先后赴福建、浙江、江西、内蒙古等省（区）和内蒙古、大兴安岭森工（林业）集团公司，深入到24个重点良种基地，召开各类座谈会，进行了重点调研，形成《建立林木良种生产补贴制度是促进转变林业发展方式的必然要求》的调研报告。调研报告从林木良种选育和生产的公益性、国民经济和社会发展对林木和林产品的需求决定造林必须使用良种、扶持良种生产基地，加大良种生产是稳定良种供应的可靠保障、我国农业良种补贴及国外林木良种补贴的成功经验以及建立林木良种生产补贴的法律依据等方面论述了建立林木良种生产补贴制度的必要性和紧迫性，分析了当前我国林木良种生产基地存在的主要问题及制约因素，提出了建立林木良种生产补贴制度的基本思路、补贴对象、补贴标准、补贴程序、补贴金额、资金渠道及资金使用监管等具体政策建议。调研认为，建立林木良种生产补贴制度，对林木良种生产基地进行补贴，是促进林木良种生产，推进我国林木良种化进程最有效的途径，要优先对主要造林树种重点良种基地按面积进行补贴，每年由财政给予资金补贴，确保良种基地持续发展。（李世峰）

【林木种质资源保护】 2008年，场圃总站在近年工作基础上，加强林木种质资源保护，开展一系列工作，推进林木种质资源保护工作。

北京市林木种质资源清查 在北京市开展林木种质资源清查，完成丰台、通州、房山等区（县）的外业调查；完成延庆县、松山自然保护区、八达岭林场的主要林木种质资源的基本分布情况调查；完成北京市外来树种基本信息调查，提交《北京市外来树种调查信息表》；制定《北京市重点保护野生植物名录》。

内蒙古自治区林木种质资源清查 调查内蒙古自治区乡土树种（含珍稀濒危树种）的集中分布区、数量、生长状况，并选择主要树种优良林分；调查内蒙古自治区外来树种生长适应性、推广面积等情况，并选择主推树种优良林分；对全区良种基地和采种基地基本情况进行全面清查；完成全区林木种质资源普查技术培训，共培训技术人员100名。

陕西省林木种质资源清查 完成珙桐种质资源调查并提交调查报告，提高保护意见；组织技术培训，编制培训材料，聘请西北农林科技大学的专家进行集中授课和现地指导，培训调查人员80人次。

宁夏回族自治区林木种资源清查 完成羽叶丁香、灰榆、蒙古扁桃、沙冬青、四合木、裸果木、小叶朴、柄扁桃、小叶锦鸡儿、柠条锦鸡儿等10个树种的优良林分、优良单株的调查。

大兴安岭林业集团公司林木种质资源清查 完成项目区的自然保护区、森林公园等区域的种质科属类别、数量和分布及重点种质特性、群体信息；良种基地、试验林等育种材料的类型、数量、来源、特性及现状等；完成引进树种、品种的驯化和推广成效调查；制定《大兴安岭林业集团公司林木种质资源保存开发利用规划》，出版《大兴安岭林木种质资源原色图谱》。

《林木种质资源调查技术规程（试行）》颁布实施 2008年9月26日，国家林业局出台了《林木种质资源调查技术规程（试行）》（林场发[2008]197号）。《规程》对林木种质资源调查的范围、任务和作用、调查对象、内容和方法、内业整理及调查成果的内容都作了详细的解释，并针对调查成果提出了调查质量监督管理的内容。《规程》的出台，作为林木种质资源调查技术依据，对保护林木种质资源，促进林木良种选育，提高林木种子质量，保障林业可持续发展起到积极的作用。

国家级林木种质资源库确定 根据我国现代林业建设需要，按照全国林木种苗发展规划，依据国家重点林木良种基地确定一批国家林木种质资源库，以加强国家重点林木种质资源的保护和利用。2008年，确定浙江淳安姥山林场国家马尾松种质资源库、福建洋口林场国家杉木种质资源库和福建漳平五一林场国家马尾松种质资源库为国家林木种质资源库。

（李世峰）

【林木品种审定】 2008年，国家林业局林木品种审定委员会和部分省（区、市）林木品种审定委员会共审（认）定通过了包括用材树种、经济林树种及观赏品种在内的林木良种278个。其中：国家林业局林木品种审定委员会审（认）定林木良种52个，北京、河北、辽宁、福建、山东、河南、湖北、湖南、江西、四川、重庆、云南、宁夏等13个省（区、市）审（认）定林木良种226个。

国家林业局林木品种审定委员会审（认）定通过的林木良种 审定41个（其中油茶品种29个）：油茶岑软2号、油茶岑软3号、油茶桂无1号、油茶桂无4号、油茶长林3号、油茶长林4号、油茶长林18号、油茶长林21号、油茶长林23号、油茶长林27号、油茶长林40号、油茶长林53号、油茶长林55号、油茶赣州油1号、油茶赣州油2号、油茶赣州油6号、油茶赣州油6号、油茶赣州油8号、油茶赣州油9号、油茶赣8、油茶赣190、油茶赣447、油茶赣石84－3、油茶赣石83－1、油茶赣石83－4、油茶赣无2、油茶赣无11、油茶赣兴46、油茶赣永5、火炬松家系L－7、金叶莸、中油桃4号、中油桃5号、中华玉梨、板栗云夏、板栗云良、椪柑丽椪2号、核桃寒丰、核桃辽宁10号、千年桐桂皱2号、千年桐桂皱6号。

认定11个(其中油茶品种3个)：油茶湘林51、油茶湘林64、油茶XLJ2、湿地松家系2－46、湿地松家系0－508、湿地松家系Ⅱ－101、火炬松家系L－6、处红柚、乌紫杨梅、春逸长芒草、'花叶'芒。

北京市林木品种审定委员会审(认)定通过的林木良种 审定11个：京研青绿苔草、园科涝峪苔草、草莓天香、草莓燕香、桃贺春、桃咏春、枇杷早钟6号、杏京早红、杏西农25、葡萄北红、葡萄北玫。

认定1个：杏京佳1号。

河北省林木品种审定委员会审(认)定通过的林木良种 审定8个：红蜜蟠桃、邯红桃1号、邯红桃2号、吴桥甜桃、冀星冬枣、枣沧蜜1号、草莓石莓6号、大叶红花槐。

认定2个：宝石红杏、晚香玉杏。

辽宁省林木品种审定委员会审(认)定通过的林木良种 审定5个：吴屯杨、化石戈杨、核桃辽宁6号、榛子辽榛5号、榛子辽榛6号。

福建省林木品种审定委员会审(认)定通过的林木良种 审定8个：毛竹优良种源——武夷山种源、毛竹优良种源——建瓯种源、毛竹优良种源——沙县种源、毛竹优良种源——广丰种源、油茶闽43、油茶闽48、油茶闽60、尾巨桉无性系DH32－29。

认定21个：芳香樟无性系NP114、芳香樟无性系NP187、芳香樟无性系PC6017、沙县官庄杉木第二代种子园、沙县官庄红心杉木种子园、沙县官庄杉木第三代种子园、光泽华桥杉木第三代种子园、永安柳桉实生种子园、永安巨桉第一代种子园、漳平五一马尾松第一代种子园、安溪白濑福建柏初级种子园、杉木无性系洋020、杉木无性系洋023、杉木无性系洋061、杉木无性系洋062、杉木无性系洋148、杉木无性系洋243、龙眼茶、漳浦中西厚荚相思实生种子园、漳浦中西卷荚相思实生种子园、漳浦中西马占相思实生种子园。

江西省林木品种审定委员会审(认)定通过的林木良种 审定32个：陈山林场红心杉母树林种子、乐东拟单性木兰九江大花、赣石83－1油茶优良无性系、赣石84－3油茶优良无性系、赣石83－4油茶优良无性系、赣兴46油茶优良无性系、赣无2油茶优良无性系、赣无11油茶优良无性系、赣8油茶优良无性系、赣190油茶优良无性系、赣447油茶优良无性系、赣永5油茶优良无性系、油茶亚油4号、油茶长林18号、油茶亚油6号、油茶长林21号、油茶亚油8号、油茶长林23号、油茶亚油10号、油茶长林27号、油茶长林40号、油茶长林53号、油茶长林55号、油茶亚油15号、油茶亚油16号、油茶亚油17号、油茶亚油18号、油茶亚油19号、油茶茅岗大果2号、油茶茅岗大果3号、油茶茅岗大果7号、龙脑樟优良家系水上18号。

认定9个：泡桐桐优1、泡桐桐优2、泡桐桐优3、灰毛含笑九园1号、桂花柳叶金桂、宜林科华木莲、油茶长林3号、油茶长林4号、板栗天师一号。

山东省林木品种审定委员会审(认)定通过的林木良种 审定11个：'鲁林1号'杨、'北极星'油桃、'研金1号'枣、'研金2'枣、'高维C'酸枣、'短枝红'石榴、'丽白'杞柳、'日红'紫叶李、'香花'樱桃、'红葫'玫瑰、'鲁宾斯'红叶石楠。

认定10个：'鲁林2号'杨、'鲁林3号'杨、'窄冠055'黑杨、'窄冠078'黑杨、'瑞星'苹果、'莱州早红'甜樱桃、'莱州脆'甜樱桃、'光华'板栗、'岱丰'板栗、'茌圆金'枣。

河南省林木品种审定委员会审(认)定通过的林木良种 审定24个：华玉苹果、中农金辉油桃、春蜜桃、春美桃、玉西红蜜桃、双红艳桃、寿红桃、早红蜜杏、中仁1号杏、内选1号杏、味厚杏李、新郑早红枣、桐柏红油栗、林州红花椒、吉塞拉8号樱桃砧木、宁陵白蜡、中豫黑核桃Ⅱ号、郏县侧柏种子园、白皮千头椿、豫新柳、博爱八月黄柿、济源臭椿、舞钢枫杨、安阳黄连木。

湖北省林木品种审定委员会审(认)定通过的林木良种 审定2个：油茶鄂油54号、油茶鄂油465号。

认定14个：油茶鄂油361号、油茶鄂油424号、油茶鄂油276号、油茶鄂油81号、油茶鄂油63号、油茶鄂油39号、油茶阳新米茶、油茶阳新桐茶、油茶长林3号、油茶长林23号、油茶湘油1号、油茶湘油2号、油茶谷城大青果、油茶谷城大红果。

湖南省林木品种审定委员会审(认)定通过的林木良种 审定1个：油茶常德铁城一号。

认定5个：岳阳市林科所油茶采穗圃穗条、赫山区林科所油茶采穗圃穗条、郴州市林科所油茶采穗圃穗条、衡东县林业科技推广中心油茶采穗圃穗条、常德市林科所油茶采穗圃穗条。

重庆市林木品种审定委员会审(认)定通过的林木良种 审定6个：皱皮木瓜、毛叶木姜子、城口小香脆板栗、城口乌皮香核桃、忍冬渝蕾1号、万州无花果。

认定7个：油茶渝林油1号、油茶渝林油2号、油茶渝林油3号、油茶渝林油4号、油茶渝林油5号、油茶渝林油6号、油茶巨桉无性系WLEG－17。

四川省林木品种审定委员会审(认)定通过的林木良种 审定1个：龙泉油枣。

认定14个：核桃客龙早、核桃薄壳早、珍珠核桃、日本落叶松母树林、蜡梅变种早大花素心、蜡梅早红、桂花喜得贵子、葛根九顶大粉葛、红桦母树林、川桉C1号(广林9)、川桉C2号(DH32－29)、中山柏无性系、大圆叶厚朴、凹叶厚朴。

云南省林木品种审定委员会审(认)定通过的林木良种 认定26个：油茶广油3号、广油4号、广油9号、广油13号、广油14号、腾冲红花油茶、核桃华宁大白壳、核桃华宁大砂壳、大姚三台核桃、细香核桃、核桃丽53、核桃维2号、核桃永11号、Makai(800)(澳洲坚果)、Purvis(294)(澳洲坚果)、Hinde(H2)(澳洲坚果)、华宁县次郎甜柿采穗圃、阿贝楚柿子、腾冲云华北海云南红豆杉优良种源、双柏嵝嘉云南红豆杉优良种源、洱源县罗坪山华山松采种基地种子、寻甸县旱冬瓜采种基地种子、广南县清水江云南松采种基地种子、嵩明县华山松采种基地种子、永善县茂林华山松采种基地种子、东川新银合欢采种基地种子。

宁夏回族自治区林木品种审定委员会审(认)定通过的林木良种 审定7个：沙冬青宁夏种源、花棒宁夏种源、杨柴盐池种源、大青葡萄、金冠苹果、国光苹果、宁金富苹果。

认定1个：昊红苹果。 (丁明明)

【油茶种苗质量管理】 为加强油茶种苗的生产与管理，保障油茶产业又好又快发展，国家林业局下发了《国家林业局关于加快油茶种苗发展和强化质量管理的通知》(林场发[2008]213号)，对油茶种苗的培育、流通、种植等全过程的管理提出了明确要求。

《通知》要求各地切实强化良种意识，把推广优良品种放在首要位置，在油茶采穗圃等良种基地建设中，必须使用国家或省级审(认)定的良种；在油茶林资源培育中，做到没经过审定的品种不栽植，没有经过区域化试验的品种不盲目引种栽植，不适宜本地区的品种不栽植，坚决杜绝有种就采、有苗就栽的现象，确保新造油茶林的优质高效。

《通知》要求各地超前谋划油茶种苗的发展。①要加强对采穗圃的管理，提高穗条的生产能力。②要根据本地区油茶产业发展的需要，尽快扩建和新建一批良种采穗圃，力争3～4年内形成生产能力，以保证"十二五"期间的需要。③要充分利用近几年来国家投资建设的一批先进育苗设施，确定一批重点国有苗圃，采用先进的育苗技术，缩短育苗周期，大幅度提高生产能力。

《通知》要求各地严格实行油茶种苗生产的市场准入制度、油茶种苗标签和档案管理制度、油茶种苗质量检验、检疫制度，为避免盲目发展、无序发展，要大力推行"四定"，做到"三清楚"，即实行定点采穗、定点育苗、定单生产、定向供应，做到品种清楚、种源清楚、苗木销售去向清楚。

《通知》要求各地建立健全油茶良种基地生产管理的长效机制。①建立长期扶持油茶基地发展的机制，强化基地的生产和管理；②要搭建平台，进一步强化科研机构和基地的结合，加强对基层林业工作人员和林农的技术培训，提高基地人员和林农的素质，发挥基地的示范和辐射作用。③要进一步加强优良种质资源的收集保存和利用，不断选育新品种，加快品种更新，提高科技水平。 (丁明明)

【《油茶优良种质资源》出版】 为了更好地促进油茶产业发展，有效保障油茶良种壮苗的供应，场圃总站2008年组织编撰了《油茶优良种质资源》一书。该书是"中国林木种质资源丛书"的第一部，是贯彻落实《种子法》和《林木种质资源管理办法》的重大举措。

该书以图文并茂的形式详细介绍了油茶优良种质资源的特性，共收集了湖南、广西、浙江、广东、福建、安徽和贵州等主要产区的油茶良种和优树资源210个，为我国油茶产业的崛起和全面振兴提供丰富的良种资源信息。同时集中展现了我国在林木种质资源调查、保护和利用方面的研究成果，更重要的是为林木育种工作者和广大林农提供了一部实用的参考书。 (丁明明)

【《林木种子生产、经营档案管理办法》颁布施行】 2008年4月29日，国家林业局印发了《林木种子生产、经营档案管理办法》(林场发[2008]88号)。《办法》依据《种子法》的规定，进一步明确了林木种子生产、经营档案包括的内容、保存期限，为指导各地加强林木种子、生产经营档案的建立和管理提供了依据。《办法》规定，从事商品林木种子生产和林木种子经营的单位和个人，应当依法建立、健全林木种子生产、经营档案；应当配备档案管理人员，健全档案管理制度，配备必要的设备。县级以上人民政府林业行政主管部门负责本行政区域内林木种子生产者、经营者生产、经营档案建立的监督工作。具体工作由其所属的林木种苗管理机构负责。《办法》规定，林木种子生产档案包括：林木种子生产情况，产地气象记录，林木种子质量，林木种子采集、调制记录，育苗和苗木出圃情况，林木种子检验记录，林木种子流向，需要归档的其他材料。其中：生产林木良种的，还应当包括林木良种证书复印件；生产转基因林木种子的，还应当包括基因名称及其来源、转基因的方法；生产植物新品种的，还应当包括品种权人的书面同意证明或者国家林业局品种权转让公告、强制许可决定。同时还应当填写林木种子生产档案表。《办法》规定，林木种子经营档案包括以下内容：林木种子来源；林木种子加工情况；林木种子贮藏情况；林木种子包装、运输情况；林木种子质量检验情况；林木种子销售情况；需要归档的其他相关材料。其中，经营林木良种的还应当包括林木良种证书复印件，同时还应当填写林木种子经营档案表。 (薛天婴)

【《油茶种苗质量管理规定》颁布施行】 2008年12月15日国家林业局印发了《油茶种苗质量管理规定》。油茶是我国栽植面积最大、分布范围较广的木本油料树种。为了缓解我国食用油供需矛盾、维护国家粮油安全，优化食用油结构，增加农民收入，改善生态环境，提高森林资源综合利用率，发挥油茶多重功效，国家林业局组织了适合油茶发展的14个省(区、市)进行规模化生产。因此，该《规定》的制定为各级林业行政主管部门依法加强油茶种苗质量管理，确保油茶造林质量提供了重要的法律依据。

《规定》明确要求，各地林业行政主管部门要依法加强本辖区内油茶种苗质量监督管理，明确职责分工，做到监管不出漏洞；明确由省级林业行政主管部门根据本省油茶发展规划和造林任务确定油茶采穗圃和嫁接苗生产点，实行定点采穗，定点嫁接培育，订单生产，确保种源清楚、品种清楚、销售去向清楚；强调建圃要使用的无性系为通过国家级或者省级林木品种审定委员会审定的油茶良种，确保油茶新造林项目使用良种。《规定》明确油茶良种生产经营许可证由省级林业主管部门发放，油茶种苗生产经营单位要加强管理，建立健全油茶生产和销售档案，销售的油茶种苗要经过检验并附有标签，确保一旦出现质量问题有据可查。（周景莉）

【2008年全国林木种苗质量检查】 2008年，国家林业局委托南方、北方林木种子检验中心分别对河北、山西、内蒙古、辽宁、吉林、黑龙江、山东、新疆8省(区)造林使用的林木种子、苗木质量进行了抽查，同时部署其他省(区、市)和内蒙古、吉林、龙江、大兴安岭森工(林业)集团公司及新疆生产建设兵团进行自查。抽查的重点是有飞播任务的省和产种大省的林木种子质量及重点工程造林使用的林木种苗质量，共抽查了298个市、县，559个单位，198个树种(品种)，314个种子样品，975个苗批。

抽查结果显示，林木种子样品合格率为93.3%，苗木苗批合格率为97.8%。在抽查的559个单位中，有许可证的526个，占94.1%；执行标签制度的471个，占84.3%；建立档案的有451个，占80.7%。在抽查的198个树种(品种)中，通过审(认)定的74个，占37.4%；列入主要林木目录的156个，通过审(认)定的68个，占43.6%。

国家林业局下发了《国家林业局关于2008年全国林木种苗质量检查情况的通报》(林场发[2008]212号)，对种子样品合格率达到95%以上的辽宁、河北等省，苗木苗批合格率达到100%的吉林、黑龙江等省，自查上报材料及时、齐全、规范的北京、浙江、福建、江西、湖北、重庆、甘肃、青海、宁夏等省(区、市)以及龙江森工集团予以通报表扬。同时，要求各地林业主管部门要从建设现代林业，为构建林业三大体系提供优质种苗的战略高度，切实强化林木种苗生产、经营和使用全过程的质量监督管理：①加快主要林木品种尤其是优良乡土树种的审(认)定工作进度，确保应当审定的主要林木品种在推广应用前通过审(认)定，积极采取有效措施引导造林单位优先使用林木良种，推进造林良种化进程；②继续严格实行林木种苗生产经营许可和标签制度，严厉打击无证无签、超范围生产经营林木种苗的违法行为；③要按照《种子法》的规定，建立健全种苗生产经营档案，加大对种苗生产经营者档案建立工作的指导力度；④严格种子来源管理，优先调拨和使用林木良种；⑤加强林木种苗生产技术人员培训，严格按照标准规范操作，避免人为因素造成种苗质量不合格。

（薛天婴）

【林木种子生产经营档案建设试点工作】 在总结2007年林木种子生产经营档案试点工作的基础上，2008年林木种子生产经营档案建设试点工作继续推进。场圃总站制定了《2008年林木种子生产经营档案建设试点工作实施方案》，分别在黑龙江、贵州两省各选择两个单位进行试点，并下发了通知，对试点工作经费使用、建设内容、试点成果等提出了明确要求，进一步规范和促进林木种苗生产经营档案建设工作，引导林木种子生产者、经营者建立档案并实现规范化管理。从试点结果看，试点单位按照试点合同的要求，配备了档案管理人员，建立了档案管理规章制度，购置了相关设施设备，对档案进行了收集、分类、归档，满足了建设要求，实现了建设目标，达到了预期目的。（薛天婴）

【国家林业局下发《关于加强灾后重建造林使用种苗质量管理的通知》】 2008年初，我国南方大部分省(区、市)遭受了特大雨雪冰冻灾害，对林业生产和职工生活造成很大影响，林木种苗损失惨重，为及早做好种苗准备，强化种苗调用中质量管理，确保造林任务完成，国家林业局下发了《关于加强灾后重建造林使用种苗质量管理的通知》(林场发[2008]50号)。

《通知》明确要求：提高认识，科学重建。各地在灾后恢复重建造林种苗供应选用过程中要坚持"适地适树适种源"、"以种为本，以质为先"的原则，实事求是，以苗定造，优先使用良种造林，不能走"有种就育，有苗就用"的老路，更不能降低标准使用种苗，宁可慢些，也要好些，避免出现新的低产林或小老树。要以这次灾后重建为契机，进一步优化林种树种结构，提高林分质量和营林水平，提高林地生产力。（周景莉）

【林木种苗行政执法与质量管理座谈会】 场圃总站于2008年12月24~25日在湖南省林木种苗繁育示范中心召开了林木种苗行政执法与质量管理座谈会。

24个省(区、市)林木种苗站分管站长、执法或质量管理科科长参加了会议。会议总结交流了近几年来林木种苗执法管理和质量监督工作取得的成效，分析了存在的突出问题，研究提出了下一步种苗执法和质量监督对策、措施；总结了2008年林木种苗质量抽查情况，部署了2009年全国林木种苗质量抽查工作。

会议对普遍存在的地(市)、县级林木种苗质量检验机构不健全、人员素质不高、质检手段落后、工作经费不足等方面的问题，对于林木良种补贴亟需落实的问题，对于主要造林树种林木种子和苗木标准落后于实际需要的问题，对于林木种苗执法力度不足的问题，统一了认识，达成了共识，探讨了解决问题的途径。 (薛天婴)

【国家林业局发布2008年第4号、第7号、第10号、第14号公告】 为切实加强对林木种子经营被许可人的监督管理，规范林木种子生产经营秩序，根据《行政许可法》、《种子法》、《林木种子生产、经营许可证管理办法》和《国家林业局林木种子经营行政许可监督检查办法》的规定，分别于2008年3月13日、4月15日、6月17日和9月24日发布2008年第4号、第7号、第10号、第14号公告，对林木种子经营许可证有效期届满未申请延续的12家企业的林木种子经营许可证予以注销。从公告发布之日起，被注销的林木种子经营许可证(正本、副本)和许可证编号停止使用。 (高　举)

【《林木种苗质量检验技术》出版】 为了普及林木种苗质量检验的科学知识，提高林业基层单位行业管理人员和种苗质量检验人员的技术水平，2008年场圃总站组织林木种苗专家编写了《林木种苗质量检验技术》，免费发放给林木种苗从业人员。该书的主要内容包括林木种子播种品质检验、林木种子活力及其测定方法、苗木质量检测、林木种苗品种鉴别等。该书的出版为各地林木种苗管理和林木种苗从业人员提供了实用的教材，是指导各地开展林木种苗行政执法工作的重要实用工具书。 (薛天婴)

【《林木种子采集、加工和贮藏技术》出版】 为了普及林木种子采集、加工和贮藏的科学知识，改变目前存在的盲目采集、加工和贮藏等落后的生产方式，2008年场圃总站组织林木种苗专家编写了《林木种子采集、加工和贮藏技术》，免费发放给林木种苗检验人员。《林木种子采集、加工和贮藏技术》的主要内容包括林木结实规律和产量预测、母树选择和种子采收、林木种子加工、林木种子贮藏等。该书的出版，为各地林木种苗质量管理和林木种苗检验人员提供了实用的技术手册，对提高其实际操作能力和水平起到重要的作用。 (薛天婴)

【林木种苗进口和林木种质资源行政许可】 2008年，国家林业局共办理林木种子苗木进口审批1127份，从美国、加拿大、澳大利亚、荷兰、比利时、日本、丹麦等国家和香港地区进口林木种子8635.2吨，苗木1582.4万株，种球8843.1万粒；办理采集或采伐国家重点保护种质资源审批1份；办理从境外引进林木种质资源许可5份。对丰富我国林木种质资源，培育优良品种，发挥了重要作用。 (丁明明)

森林培育

【综　述】 2008年，各地全力应对严重低温雨雪冰冻灾害和四川汶川特大地震灾害，努力克服国际金融危机的不利影响，认真贯彻全国林业厅(局)长会议精神，紧紧围绕发展现代林业、建设生态文明、促进科学发展，继续深入推进集体林权制度改革，认真落实中央关于推进社会主义新农村建设的总体要求，造林绿化事业总体上保持了良好发展态势。全国完成造林面积535.4万公顷，其中，人工造林368.4万公顷，飞播造林15.4万公顷，封山育林(新封)151.6万公顷，分别比2007年增加34.5%、29.8%、44.3%。同时，完成迹地更新造林42.4万公顷，低产低效林改造39.6万公顷，四旁(零星)植树235 499万株，中幼龄林抚育面积623.5万公顷，分别比2007年增加1.3%、36.2%、减少4.1%、减少4.0%。

主要特点和做法

全力开展灾后林业恢复与重建　针对年初遭受的严重雨雪冰冻灾害和汶川特大地震灾害对林业建设成果造成的巨大损失，各地紧紧围绕建设生态文明和现代林业的战略目标，按照全国林业厅(局)长会议的统一部署，重新审视林业形势，克服重重困难，积极研究对策措施，努力减轻雨雪冰冻灾害和地震灾害对林业的影响，加快恢复正常的营造林生产秩序。国家林业局及时下发了《关于切实抓好2008年造林绿化工作的通知》，全国绿委、国家林业局以明传电报发出了《关于防止使用融雪剂造成树木危害的紧急通知》。为及时开展抢险抗灾、恢复林业生产，国家林业局及时召开了全国营造林处长座谈会，组织编制了林业灾后恢复重建规划。按照国家林业局的统一部署，各受灾省(区、市)各级营造林管理部门及时开展灾害调查与评价，并按照灾害程度和林种、树种不同，加强分类指导，组织专家认真制定工作方案，做好受害林木清理、复壮、抚育工作，防止大面积森林病虫害及其他次生灾害的发生，避免留下森林火灾隐患。加强对受损苗圃的恢复和灾后重建，抓紧搞好苗圃基础设施修建维护工作，尽快恢复苗木生产。加强技术指导，搞好苗木调剂，帮助受灾严重、苗木生产与供应短缺地区的造林绿化工作正常开展。加强对新造林地的检查和抚育管护，及时对受灾的新造林地开展补植补造，将冰雪灾害造成的损失减少到最低程度，巩固造林绿化成果。由于领导得力，部署及时，措施到位，各受灾省(区、市)战胜各种困难，夺取了林业抗灾救灾的胜利，灾后恢复重建取得了重要进展。

大力推进四季度新增投资造林进度　面对全球金融危机和极其复杂的国际国内经济形势，党中央、国务院审时度势，积极应对，把林业作为实行积极财政政策、拉动内需的重要领域，出台了包括加强重点防护林和天保工程建设、进一步支持雨雪冰冻和地震灾后林业生态恢复重建等一系列政策措施。四季度新增中央投资35亿元，安排天保、三北、长江、沿海等防护林工程建设任务254.7万公顷，为林业灾后恢复重建、推动林业发展开辟了新途径，提供了新机遇。为及时分解落实新增投资计划、按时完成建设任务，国家林业局及时下发了《关于切实抓好今冬明春造林绿化工作的通知》，要求各地加强组织协调，抓紧做好新增造林任务的分解落实和相关准备工作。各地按照通知要求，认真落实中央进一步扩大内需、促进经济平稳较快增长的统一部署，积极研究对策措施，成立了由政府主要领导任组长，发改、财政、林业等部门为成员单位的专门工作领导小组，落实责任制，加强协调指导。各省级林业主管部门围绕四季度国家下达的新增投资造林任务，加强组织协调，及时开展任务分解、地块落实、作业设计审批、种苗储备调剂、造林整地等工作，采取有效措施，在有条件的地方及时开展冬季造林，提前做好春季造林准备。为确保建设进度，各省(区、市)林业厅(局)纷纷组织由厅(局)领导带队的造林督查组，分赴造林重点地区开展督导检查，对资金下达和使用、项目进度、工程质量等进行全面检查，及时掌握工程建设动态，发现和解决工程建设中的新情况、新问题，为顺利推进新增造林任务按时完成奠定了基础。

稳步推进国家林业重点工程建设　天保、退耕还林、三北及长江等防护林、京津风沙源治理、速丰林基地建设等国家林业重点工程按照建设目标和工程建设规划，进一步突出重点，加强江河源头、生态脆弱区等重点区域的造林绿化；进一步突出规模效果，加强山、水、田、林、路综合治理和整县、整乡、整村总体推进。2008年，国家林业重点工程共完成造林343.7万公顷，占全国造林总面积的64.2%。其中：天保工程完成100.9万公顷(人工造林19.2万公顷，飞播造林6.7万公顷，封山育林75.0万公顷)，年末实有封山育林面积612.7公顷，森林管护面积10 364.2万公顷，其中个体承包管护面积占14.4%。退耕还林工程共完成造林130.7万公顷(含京津风沙源工程11.7万公顷)，其中：退耕地造林1.2万公顷，荒山荒地造林93.9万公顷，封山育林(新封)35.6万公顷。京津风沙源治理工程完成治理任务74.3万公顷，其中：退耕地造林1.0万公顷，草地治理面积18.1万公顷。三北和长江等重点防护林工程完成造林76.6万公顷，其中：三北防护林工程49.8万公顷，长江流域等防护林工程26.8万公顷。无林地和疏林地新封山育林12.4万公顷，低产低效防护林改造2.3万公顷。重点地区速生丰产用材林基地建设工程营造速生丰产用材林0.53万公顷，其中：荒山荒地造林0.40万公顷，更新造林0.13万公顷，定向改培4.18万公顷。

各地实施了一批具有特色的地方林业重点工程　各地在全面推进国家林业重点工程建设的同时，结合当地生态现状和生态需求，启动实施了一批各具特色的地方林业重点工程。河南省按照《河南林业生态省建设规划》，全面启动实施了山区生态体系、生态廊道网络建设等一批省级林业生态工程，积极创建林业生态县。2008年，全省共完成大面积造林40.1万公顷，完成森林抚育和改造10.7万公顷，94个平原县(市、区)全部达到平原绿化高级标准，已有22个县(市、区)建成林业生态县，实现了林业生态省建设的良好开局。江西省按照“生态立省、绿色发展”战略，为确保实现到2010年全省森林覆盖率达到63%的目标，重点抓好城市、乡镇、农村以及基础设施、工业园区等4个方面的造林绿化，启动实施了造林绿化“一大四小”工程。省委、省政府出台了《关于全面推进造林绿化“一大四小”工程建设的意见》、《全省造林绿化“一大四小”工程建设规划》、《全省造林绿化“一大四小”工程考核办法》等一系列政策文件，为该省造林绿化树立了新的里程碑。重庆市围绕“开发致富之山，打造宜居之城”战略，提出建设“森林重庆”的未来城市发展方向，启动实施“重庆森林工程”，组织编制了《重庆森林工程总体规划大纲》、《重庆森林工程总体规划》、《重庆都市区森林城市建设总体规划》等一系列发展规划，为重庆林业发展确立了新的目标，成立了以市长任组长的森林工程建设领导小组，出台了《重庆森林工程管理办法》、《重庆市森林工程建设年度考核办法(2008年)》等管理办法和相关扶持政策，加强技术指导和服务，加大机制创新力度，通过示范带动等措施，有效推动了该市造林绿化进程。辽宁省加大省级财政支持力度，启动实施了辽西北边界防护林体系建设工程、“五点一线”滨海大道绿化建设工程。其他省(区、市)也都根据本地实际，实施了一批地方重点林业工程。这些新的造林绿化工程，突出了地方特色，形成了造林绿化新格局。

围绕新农村建设开展造林绿化　各地按照中央统一部署，紧密结合林业建设实际，继续深入推进社会主义新农村建设。以“身边增绿”为重点，大力加强荒山绿化、四旁植树、农田林网、道路绿化、村屯绿化美化等多种形式的农村周边造林绿化，提高造林绿化服务于新农村建设、服务于农民、促进农业发展的能力，切实提高林业对新农村建设的贡献。湖北省林业局在总结前两年创建工作成功经验的基础上，以办好林业推进新农村建设示范村为抓手，逐步推广和全面铺开新农村绿色家园创建活动。2008 年在全省确定建设 100 个示范村，将指标任务分解到市(州)，逐级落实到村，并实行局直单位对口支持的联系点制度，组织各县(市)编制绿化规划和实施方案，加强对示范村建设联系指导，全面实行“林水结合、林路结合”发展模式，村庄面貌大为改观。广东启动“林业生态文明万村绿”大行动，着力改善农村人居环境，提高农民生活质量，加快建设生态文明、构建和谐社会，以及培育森林资源、改善生态环境、促进农民增收、缩小城乡二元结构差别、实现农村经济的可持续发展。辽宁省以“创绿色家园、建富裕新村”为主题，组织开展以村屯绿化和农村中小学校园绿化为主的新一轮“绿化村屯、美化家园”活动，2008 年全省新启动绿化村屯 3276 个、绿化农村校园 524 个，分别是计划的 3.3 倍和 5.2 倍。各地在突出“身边增绿”，改善农村生态环境的同时，紧密结合兴林富民、增加农民收入、促进地方经济发展，围绕林业产业发展大力开展优质高效林业特色产业基地建设，加快商品林建设步伐。湖南、江西、云南等省加大油茶、核桃等特色经济林建设力度，建设了一批高产油茶、核桃示范基地。广东、广西、福建、江苏、山东、河南、河北等省大力发展杨树、桉树等速生丰产工业原料林基地，有效促进了木材加工等林业产业发展，调动了广大农民参与商品林建设的积极性，直接带动了农民增收和地方经济发展。浙江、福建等省级财政安排专项资金用于竹业开发示范项目建设，加大竹林生产作业道、灌溉施肥等基础设施建设力度，建设了一批高产高效竹林培育示范基地，显著提高了竹林质量效益，促进了竹业发展，有效带动了竹农增收致富。

狠抓关键环节提高造林质量　为切实提高造林绿化质量，各地着重在林木种苗、造林整地、质量监管等环节加大了工作力度。重庆市修改完善了林木种苗招标办法，积极推行种苗招标制，加强“两证”办理和监管，保障种苗市场稳定，同时，加强种苗工培训，提高种苗从业人员素质。湖北组织开展了全省种苗质量抽查和林木种苗行政执法大检查工作，强化种苗执法与质量管理。河北省积极推行容器苗造林，全省完成容器育苗 22 270 万株，容器苗造林面积超过 10.7 万公顷，占全省山区县工程造林总任务的 90% 以上，四季度新增防护林任务中，太行山区针叶树造林全部使用容器苗。安徽、湖南、广西等地专门召开了分区域的春季造林整地现场会议，福建、湖北等地大力推行机械化整地，举办机械化造林培训班，逐步改变传统的“炼山”造林方法，提高营林耕作机械化水平，提高整地质量。河南、内蒙古、甘肃、陕西等省(区)针对严重的旱情，大力推广径流林业整地，提高种植穴集水抗旱能力，确保造林质量。山西、湖北、广东、广西等地大力推广专业队造林。为规范造林质量管理，各地从当地实际出发，研究出台了一系列营造林质量管理办法，加强了对重点造林工程项目实行招投标制和监理制，推行造林工程规划设计施工监理资质准入制度，进一步扩大营造林工程招投标制、施工质量监理制、投资报账制和项目管理法人制，逐步推进营造林全过程质量管理，促进了造林质量管理的科学化、规范化、标准化。辽宁省政府将农村植树造林指标列入考核各市政府工作的一项重要内容，不断完善考核指标，已建立起了包括数量、质量、管理和综合效益评价在内的造林绿化综合指标考核体系。广东继续推行造林资质准入制度，重点造林工程实行招投标制和监理制，全省已审核认定造林工程单位资质 593 个。广西在总结 2007 年重点工程监理经验的基础上，制定并印发了《广西重点林业生态工程监理规定(试行)》，下发了《关于开展 2008 年重点林业生态工程建设监理的通知》，同时加强营造林监理员培训，有效保证了造林作业设计和造林施工质量。2008 年，虽然由于严重雨雪冰冻灾害和汶川特大地震影响，国家暂停了营造林综合实绩核查，但从各地自查和总结反映的情况看，由于采取了有效措施，加强了灾后补植补造、抚育管护、人工促进更新、封山育林等工作，营造林质量未受太大影响，造林成活率、合格率等仍然保持较高的水平。

进一步加大树种林种调整力度　各地在造林树种选择上更注重多样性，乡土树种、阔叶树种造林比重逐步加大，干旱地区耐旱树种和优良灌木树种造林得到进一步重视。2008 年中央林业基本建设投资安排 2000 万元开展珍稀树种培育基地建设示范项目，在 26 个省(区)、2 个森工集团的 48 个县级单位安排建设任务 5162.3 公顷，对水曲柳、核桃楸、黄波罗、蒙古栎、榉木、刨花楠、红豆杉、红椎、香木莲、西南桦、山桂花、滇楠等 34 个珍贵树种培育开展示范。7 月下旬，国家林业局造林司组织召开了 2008 年全国珍贵树种培育基地建设示范项目工作会议，总结了项目建设经验，分析了存在的问题，提出了进一步搞好示范项目的工作思路和措施。示范项目的实施对各地发展珍贵树种起到了很好的推动作用，加大了造林树种结构调整力度，增加乡土树种、珍贵阔叶树种造林比重。福建按照《关于推进非规划林地植树造林工作的通知》要求，继续推动开展非林地乡土名贵树种造林，广泛发动农村居民充分利用村旁、河溪旁、路旁、沟渠旁、田旁和基本农田外的抛荒地、旱地、坡耕地等非规划林地种植优良珍贵乡土树种，掀起了非规划林地种植珍贵树木的新高潮。2008 年全省完成降香黄檀、楠木、香樟、鄂西红豆树、马褂木、乳源木莲等名贵优良乡土树种造林 1.19 万公顷，零星四旁及非规划林地造林中有 60% 种植的是名贵优良乡土树种。广东省财政加大对发展珍贵树种的支持力度，省财政安排 500 万元专项资金用于乡土树种良种选育与扩繁，有效促进了乡土珍贵树种良种选育顺利开展，加大了红椎等主要珍贵树种种子园和种苗示范基地建设力度，形成了比较健全完善的珍贵树种种苗繁育体系，组织编制了一批主要珍贵阔叶树种栽培技术手册，加快了乡土珍贵树种培育技术研究推广进程，取得了较好的研究成果。同时，广东省政府启动了"送珍贵树苗下乡、增农民绿色财富"活动，全省在 12 个试点县（市、区）投入 160 万元，向 5 万户农民赠送珍贵树种苗木 70 多万株，有力地推动了珍贵树种发展，2008 年全省新营造印度檀香、降香黄檀、沉香、柚木、火力楠、红椎等珍贵树种 0.77 万公顷。广西结合退耕还林、沿海、珠江等防护林工程建设，继续加大任豆、西南桦、红椎等珍贵树种造林力度。辽宁大力提高混交林造林比例，2008 年完成的人工造林面积中，混交林 7.56 万公顷，占 34.3%，比 2007 年提高 6 个百分点。各地在调整造林树种、逐步改变树种单一局面的同时，也加大了林种结构调整力度，林种结构得到了进一步优化。2008 年，全国共营造防护林 369.7 万公顷，占 69.12%；用材林 78.2 万公顷，占 14.58%；经济林 85.1 万公顷，占 15.89%；薪炭林 0.4 万公顷，占 0.07%；特种用途林 2.0 万公顷，占 0.37%。防护林、用材林、经济林、薪炭林、特种用途林的比例由 2007 年的 71.42∶15.61∶12.18∶0.20∶0.59 调整为 2008 年的 69.12∶14.58∶15.89∶0.04∶0.37。生态公益林（防护林和特种用途林）造林 371.7 万公顷，占 69.49%，商品林（用材林、经济林和薪炭林）造林 163.7 万公顷，占 30.51%。

着力加强中幼林抚育和林分改造 针对近年来我国造林绿化规模较大，中幼龄林面积和比例逐年增大的现状，各地为巩固造林绿化成果，提高森林质量和林地生产力，加大了中幼林抚育和低效林改造力度。2008 年，国家继续实施重点公益林中幼龄林抚育示范项目，中央投资安排 4500 万元，在 29 个省（区、市）和内蒙古、吉林、龙江、大兴安岭森工（林业）集团公司的 74 个林场开展重点公益林中幼龄林抚育示范，建设任务 4.26 万公顷。7 月上旬，国家林业局造林司召开了重点公益林中幼林抚育示范项目工作会议和项目培训班，提出了进一步搞好示范项目的工作思路和措施。在国家重点公益林中幼龄林抚育示范项目的带动下，一些省（区、市）积极开展中幼林抚育和低效林改造，初见成效。广东省继续实施林分改造工程，结合东江、韩江等流域水源涵养林建设工程和生态公益林建设，加大林分改造力度，大力发展乡土阔叶树种，逐步增加针阔混交林比重，提高林分稳定性。2008 年，省财政安排 5500 万元专项资金用于林分改造和水源涵养林建设。湖北省委省政府高度重视低效林改造工作，省政府专门下发了《关于推进低丘岗地和低产林改造工作的意见》，省林业局组织制定了《湖北省低产林改造总体规划方案》、《湖北省低产林改造工程建设管理办法》、《低产林改造工程检查验收办法》等文件，召开了全省低丘岗地和低产林改造工作现场会议，总结推广低产林改造项目制运行模式和适度规模经营模式。2008 年计划完成低产林改造 5 万公顷，工程建设取得了较好成效。浙江省财政继续安排专项资金，支持阔叶林改造工程，林分结构、树种组成、森林质量和功能明显改善。云南、四川等省积极推进低产用材林改造试点工作。2008 年，全国完成低产低效林改造 39.6 万公顷，比 2007 年增加 36.2%；幼龄林抚育实际面积 928.2 万公顷，比 2007 年减少 4.8%；成林抚育面积 1044.2 万公顷，比 2007 年增加 6.7%。

深入推进林权改革调动造林绿化积极性 各地按照中央统一部署，深入贯彻中央 10 号文件，积极稳妥推进集体林权制度改革，逐步落实各项林改配套政策，探索市场经济条件下鼓励造林、营林的改革措施，造林绿化机制不断创新，调动了广大农民群众、企业等各种经营主体开展造林绿化的积极性，各地纷纷出现争地争苗造林的好形势，掀起了民营造林的新高潮。2008 年，全国非公有制造林面积 244.96 万公顷，占全国造林总面积的 45.75%。针对集体林权制度改革新形势下，经营主体变小且分散的特点，各级林业部门加强了指导和服务，积极引导林农、造林大户发展新型造林合作经济组织，加大对基层林业站、林农、造林业主的造林技术培训和推广力度，指导广大林农科学造林育林。福建、江西、浙江、安徽、云南、湖南、湖北等省大户造林、企业造林、家庭造林、联营造林等多种造林形式的非公有制林业得到迅猛发展，非公有制造林面积占造林总面积的 80% 以上。福建积极鼓励引导农民以亲情、友情、资金、技术为纽带，大力发展家庭林场、股份合作林场，走家庭合作林场的发展路子，促进林业规模化、集约化、产业化经营，提高林业经营效益。山东积极推动林地使用权流转，解决调整绿化用地难和造林资金不足等

问题，积极探索土地置换、政企联合、专业公司造林、大户承包等模式，大力推进平原地区以沟、渠、路绿化和高标准农田林网建设为重点，不断完善农田防护体系，既发挥了政府在造林绿化中的引导、管理、监督和服务作用，又调动了企业、社会、群众等各方力量参与造林绿化积极性。辽宁强化对私有林业主体的指导和服务，积极创办各类协会，加强社会化服务体系建设，为非公有制林业大发展创造宽松环境，极大地调动了广大农民及社会各界参与造林的积极性，2008 年，全省非公有制造林面积 17.2 万公顷，占人工造林总面积的 78.3%。

存在问题 ①2008 年严重的低温雨雪冰冻灾害和汶川特大地震灾害对林业造成巨大损失，也对新造林的成活构成很大威胁，严重影响营造林生产的正常开展和造林绿化成果的巩固，灾后森林恢复任务十分艰巨。②造林树种单一的现象仍然没有得到根本改变，种苗供需结构性矛盾尚未得到根本解决，油茶、珍贵阔叶树种等种苗供不应求的形势仍然没有得到缓解，林木良种选育扩繁工作有待加强。③造林绿化难度逐步加大，特别是在西部地区，林业建设的任务十分繁重，但由于这些地区自然条件恶劣、立地条件差，成本越来越高，而国家投资补助标准偏低，造林绿化的难度越来越大。④近年来新造林面积很大，中幼林比例越来越高，中幼林抚育任务越来越繁重，但由于营林基础设施建设滞后、投入严重不足等突出问题，导致中幼林抚育欠账太多，严重影响了林地生产力的提高和林业综合效益的发挥，森林经营工作亟待加强。⑤随着集体林权制度改革的全面深入推进，林农对营造林科技需求和配套政策越来越迫切，要求也越来越高，而营造林队伍建设滞后，森林保险、林权抵押贷款、营造林补贴等林改配套政策落实步伐缓慢，难以适应形势发展的要求，急需抓紧推进。

（蒋三乃）

【重点生态公益林中幼龄林抚育示范项目】 2008 年，重点公益林中幼龄林抚育示范项目稳步推进。国家林业局安排中央预算内林业基本建设投资 4500 万元，在全国 29 个省（区、市）和内蒙古、吉林、黑龙江、大兴安岭森工（林业）集团公司的 74 个林场开展项目建设，建设任务 4.26 万公顷。

主要工作 ①针对各地在项目实施过程中反映出的问题，组织有关专家对 2005 年制定下发的《重点公益林中幼龄林抚育项目作业设计规定（试行）》（办造字[2005]17 号）进行了修订，进一步提高了作业设计的科学性，更好地指导各地开展项目建设。②下发了《国家林业局办公室关于做好 2008 年重点生态公益林中幼龄林抚育示范项目工作的通知》（办造字[2008]29 号），要求各地按照修改后的《重点公益林中幼龄林抚育作业设计规定》科学合理编制项目作业设计，认真搞好项目组织实施、检查总结，定期开展成效监测和评估工作。③召开了重点公益林中幼龄林抚育示范项目管理工作会议，同时举办了重点公益林中幼龄林抚育示范项目培训班。各有关省（区、市）林业厅（局），内蒙古、吉林、龙江、大兴安岭森工（林业）集团公司，计划单列市主管项目工作的处长及部分项目县的代表 120 多人参加了会议。会上介绍了哈尔滨市森林经营工作经验，考察了哈尔滨市丹青河实验林场，全面总结了项目实施以来的成绩、经验和存在问题，部署了下一步工作，并对《重点公益林中幼龄林抚育作业设计规定》进行了重点培训。此次会议，对于规范项目管理，提高建设成效，促进我国森林经营工作深入开展将产生重要影响。④地方各级林业主管部门和项目单位高度重视，积极配合，按照国家统一部署，努力做好工作。示范项目进展顺利，并取得阶段性成果。在重点公益林中幼龄林抚育示范项目的带动下，部分省（区）积极开展中幼林抚育和低效林改造，初见成效。广东省于 2006 年编制了《广东省林分改造工程建设规划》，计划用 14 年时间，投资 225.78 亿元，基本完成全省 285.57 万公顷低效林的林分改造。全省 2008 年下达林分改造工程建设专项资金 1 亿元，完成 2.28 万公顷。湖北省政府于 2008 年专门下发了《关于推进低丘岗地和低产林改造工作的意见》，并组织编制了《湖北省低产林改造总体规划方案》，出台了《湖北省低产林改造工程建设管理办法》，决定用 10 年时间，投资 60 亿元用于低丘岗地和低产林改造，其中低产林改造每年 3.33 万公顷。省级财政 2008 年投入资金 1 亿元，完成低产林改造 5 万公顷。

存在问题 ①认识不到位。有的地方对该项目以提高公益林质量和效益为目的认识不足，对如何通过示范，在优化林分结构，提高林地生产力，增强生态功能等方面重视不够。②示范项目的规模比较小。目前，每个示范点仅仅安排 0.047 万公顷的任务，2007、2008 年全国每年仅抚育 4 万多公顷，在全国范围内还没有形成加快推进森林可持续经营的大气候，这与全国森林可持续经营面临的紧迫形势不适应。③示范项目的内容不够丰富。限于多种因素制约，许多地方仅把项目建设视为一般生产性项目，而对森林可持续经营缺乏系统考虑，在一些技术模式推广应用、成效监测等方面的内容亟待完善，林业科研单位、高等院校的参与不够，科技支撑也需要加强。

（蒋三乃）

【林业生物质能源】 2008 年，国家林业局积极研究制定林业生物质能源发展思路，明确发展目标，积极引导各种力量参与林业生物质能源的发展。2～6 月，组织人员在已有研究成果和工作的基础上，起草了《林业生物质能源发展战略报告》，征求了国家林业局林木生物质能源领导小组成员单位及经研中心、中国林科院和北林大等单位意见，并通过了 7 月 3 日国家林业局组织的专家论证；国家林业局副局长李育材出席了论证会并讲话。

产业化示范建设

继续推进原料林示范基地建设 能源林培育示范基地建设是林业生物质能源开发利用实现产业化的基础。2008年，国家林业局继续与中国石油天然气股份有限公司合作，在云南、内蒙古等11个省(区)实施小桐子、黄连木、光皮树、文冠果4个生物柴油树种原料林示范基地建设项目。①组织开展示范基地建设成果核查。1月份，国家林业局组织专业技术人员对云南、四川两省2007年小桐子基地造林进行国家级检查。针对检查发现的问题，提出整改要求，并发布检查结果通报。②编制项目可行性研究报告并下达基地造林计划。经商中石油，根据项目管理程序要求，委托局四大直属规划院联合中国石油规划总院，于3月7～15日组织人员赴内蒙古等10个省(区)进行实地调查，收集资料；在实地调研的基础上，编制了《2008年生物柴油原料林示范基地建设可行性研究报告》总报告及分省报告，并于4月16日通过了由国家林业局与中石油组织的专家评估。依据示范基地建设项目可研报告，按照造林计划下达程序，4月份国家林业局正式下达了2008年示范基地造林计划。③召开示范基地建设科技支撑工作座谈会。围绕示范基地建设工作，3月3～5日国家林业局在北京召开了基地建设科技支撑会，了解原料林示范基地建设的科技支撑工作开展情况，讨论交流了生物柴油原料林示范基地建设经验、存在问题，研究推动科技支撑工作的建议和对策，推动科技支撑在基地建设中发挥实质性作用。④开展示范基地建设实地调研督察工作。经商中石油，5～6月份国家林业局与中石油组成4个联合调研组分赴河北、内蒙古等10个省(区)调研督查原料林基地建设情况，撰写4篇调研报告和1篇总报告，在了解各地原料林示范基地建设的工作进展情况的基础上，针对示范基地建设经验、存在问题，提出了进一步推进示范基地建设的建议和对策。⑤编制了林油一体化建设规划。根据双方合作发展林业生物质能源发展思路，在双方领导的支持下，6～7月份委托国家林业局规划院和中国石油规划总院共同编制了《国家林业局－中国石油林油一体化建设规划》，提出能源林基地建设与生物柴油产业化开发林油一体化发展的目标与布局。

支持企业稳步开展林业生物质能源产业化示范项目建设 2008年，国家林业局积极加强与国家发改委、财政部的沟通协调，推进林业生物质能源产业化发展。重点支持国家发改委批准的四川、贵州、海南3个生物柴油示范项目开展，并积极指导中海油开展灌木林热解生物油项目、陕西绿迪集团开展以栎类果实为原料的生物乙醇项目和国能生物发电公司、大连鑫宸世纪集团和内蒙古毛乌素生物质热电有限公司等开展林木质生物发电项目，其中内蒙古毛乌素生物质热电有限公司以灌木资源为原料的林木质生物发电示范项目已于2008年11月16日正式运行并网发电。

专题调研及会议

林业生物柴油专题调研 4～5月，国务院研究室到国家林业局专题调研林业生物柴油发展潜力、政策建议等。国家林业局积极配合支持国务院研究室有关负责同志到贵州、四川等地及中石油、中石化等企业开展林业生物柴油发展专题调研，并参与完成了《实施国家能源林战略，加快生物柴油发展》向国务院的汇报材料，为国务院领导决策提供参考。

小煤矿发展与清洁能源开发专题调研 7月21～26日，国家林业局组织人员参加了国家发改委牵头的赴云南省开展小煤矿发展政策调研组，对云南省小煤矿开发利用中存在的问题进行了实地调研，并结合林业生态建设和生物能源开发提出了云南省发展生物能源的相关建议。

林业生物质能源发展高级研修班 9月24～28日，国家林业局联合人力资源和社会保障部在长沙市共同组织举办了林业生物质能源管理技术高级研修班，对全国除上海、西藏、天津以外的29个省(区、市)的林业生物质能源主管人员、科研单位以及企业的代表80多人进行了课堂讲授、现场参观及重点讨论等政策、技术方面的培训，为林业生物质能源发展进行技术推广。

学习实践科学发展观活动专题调研 根据国家林业局党组深入学习实践科学发展观活动开展调查研究的部署，9～10月，组织人员赴内蒙古、辽宁等省(区)开展林业生物质能源调研，形成的《林业生物质能源发展潜力与对策》的报告作为中国林业改革开放30周年成果材料收入《生态文明之旅》专著。

林业碳汇和生物质能源国际研讨会 12月16～18日，由国家林业局与北京市园林绿化局共同在北京举办，国家林业局副局长祝列克主持了会议，国家林业局副局长李育材和北京市副市长赵凤桐出席会议并讲话，来自国内外的政府、企业、社团的近200名代表参加了会议，会议为国内外各种力量参与林业生物质能源发展提供交流平台。

林木质资源综合利用专题调研 为推进北方地区林木质资源开发利用，引导生物发电产业发展，12月23～28日，国家林业局组织人员赴内蒙古沙地，进行沙生植物能源转化利用的专题调研，并与当地生物发电企业进行了座谈，探索以产业带动治沙的发展模式，形成了《林木质生物发电与政策建议的报告》。

（师　君）

【林业碳汇】 2008年，国内清洁发展机制造林再造林工作进一步得到推进，广西、辽宁、四川3省(区)分别就其所准备的清洁发展机制项目进行了国内申报并获得了批准。为了加强林业应对气候变化特别是林业碳汇相关工作，2008年8月国家林业局造林司下发了《关于加强林业应对气候变化及碳汇管理工作的通知》。为在荒漠化地区探索治沙和碳汇造林相结合的治理模式，启动了申请利用欧洲投资银行优惠贷款，在内蒙古开展碳汇造林项目的前期工作。

碳汇计量 为了培养林业碳汇计量与监测专门人才，5月在北京举办了全国林业碳汇计量与监测培训班，来自全国林业系统及相关科研、教学单位的学员参加了培训，给合格者颁发了结业证书。为规范中国绿色碳基金碳汇计量与监测工作，7月，国家林业局应对气候变化和节能减排工作领导小组办公室组织有关专家编制、出版了《中国绿色碳基金造林项目碳汇计量与监测指南》，针对中国绿色碳基金下实施的以积累二氧化碳为主要目的的造林项目和油料能源林项目，组织北林大、东北林大、南林大、中南林业科技大学、云南林科院等13家科研院所启动了计量与监测工作。

中国绿色碳基金 2008年，利用中国绿色碳基金获得的中国石油天然气集团公司的捐款，在北京、甘肃、黑龙江、河北、湖北、浙江与广东7省(市)启动了10个碳汇造林项目，总造林面积达2000多公顷。为充分调动企业团体和社会各界参与林业应对气候变化工作的积极性，2008年，辽宁省大连市、北京市与浙江省温州市相继成立了中国绿色碳基金专项，获得企业捐资总额700余万元。同时，在中国绿色碳基金下，还积极倡导了“参与碳补偿、消除碳足迹”的活动，开通了网上捐资平台。

宣传教育 为倡导公众节能减排意识、积极以实际行动参与到植树造林、应对气候变化的行动中，3月由中国林学会、国家林业局气候办、国家林业局科技司联合主办，北京林学会、北京市园林绿化局协办的大型公交车身车厢宣传活动在地坛公园举行，选择北京市长安街、王府井、中关村、和平里、三环路等主要公交线路的150辆公交车中，进行了为期3个月的以“绿色奥运、森林与气候”为主题、以宣传“森林碳汇”为主要内容的生态科普暨森林碳汇宣传活动，影响市民约100多万人。6月结合“绿色奥运”，在北京市八达岭林场，举办了以“植树造林、消除碳足迹”为主题的碳汇造林大型宣传活动，北京市委书记刘淇、市长郭金龙，国家林业局局长贾治邦等领导参加了这次活动。为了促进国内外在发展林业碳汇与生物质能源方面的交流，12月在北京组织召开了首届林业碳汇与生物质能源发展国际研讨会，来自美国、德国等6个国家和森林趋势、山水自然保护中心等8个国际组织、联合国环境规划署等多个驻华相关机构、部分企业代表以及中央有关部门、国内外教学科研机构的专家学者240余人参加了会议。

(章升东)

森林公园建设

【综　述】 截至2008年底，全国共建立各级森林公园2277处，总面积1629.83万公顷。全国森林公园拥有旅游道路4.5万千米，旅游车船2.4万台(艘)，床位53万张，餐位83万个。森林公园内职工人数达12万人，其中导游11 307人。全年共投入建设资金135.86亿元，森林公园基础设施条件和服务接待能力不断增强。

法制化建设持续推进 2008年9月26日，《贵州省森林公园管理条例》经第十一届省人大常委会第四次会议通过，并将于2009年1月1日起施行，成为继湖南、四川和安徽之后第四个专门为森林公园立法的省份。国家林业局森林公园管理办公室于6月召开了各省(区、市)森林公园主管人员参加的座谈会，在讨论修改的基础上形成了《国家级森林公园监督检查办法(送审稿)》。广东省经省法制办审查通过，印发了《广东省林业局国家级、省级森林公园行政审批管理办法》。吉林森工集团公司下发《吉林森工集团旅游管理办法》，并督促各森林公园根据自己特点分别制定管理办法。

资源保护力度进一步加强 2008年7月5日，河南省政府办公厅下发《关于进一步加强自然文化保护区管理工作的通知》(豫政办[2008]60号)，要求加强森林公园等各类自然文化保护区的管理，对编报总体规划和严控建设项目等提出明确要求。江西省各地开展森林公园综合整治行动，捣毁违法矿点7个、灼烧窑3座、工棚16处、浸矿池49座。重庆市林业局会同有关部门，对玉峰山森林公园2004年前的招商项目进行了清查，对已缴纳土地占用费但不符合森林公园规划的7个项目，责令取消并追求责任。青海省将全省森林公园全部界定为生态公益林，纳入天保工程、生态公益建设工程等，得到国家的补助并纳入省财政补偿范围。张家界国家森林公园每年拿出资金88万元，对未纳入退耕还林工程的退耕地每亩每年补助300元，对纳入退耕还林工程的退耕地补助标准增加70元。据统计，2008年全国森林公园用于资源保护与培育等环保性项目的投入达18.58亿元，新营造风景林8.34万公顷，改造林相9.96万公顷，森林公园的景观资源品位和生态环境质量不断提高。

积极应对雨雪冰冻及地震灾害 2008年初的南方地区雨雪冰冻灾害给森林公园带来巨大损失。据对湖南、广东、江西、贵州和湖北等省的不完全统计，雨雪冰冻灾害共造成森林公园受灾面积近70万公顷。其中：道路损坏2240千米，供水线路损坏2800千米，供电线路损坏3100千米，损毁房屋和旅游设施达50万平方米，直接经济损失超18亿元。“5·12”汶川特大地震造成四川全省森林公园114处景点受损，水、电、道路、办公及接待用房等设施严重损毁，云湖、千佛山、都江堰等国家级森林公园的基础设施几乎完全摧毁，直接损失22.35亿元。陕西省共有71处森林公园在地震中受损，其中固定资产损失近3000万元。面对灾害，各森林公园不等不靠，积极开展生产自救。至2008年底，森林公园内受损林木基本清理完成，通信、通电、通水、道路等基础设施大部恢复，基本保证了森林公园资源保护、旅游经营、游客接待等活动的正常运转。

宣传促销形式丰富多样 各地通过多种渠道，加大对森林公园和森林旅游的宣传促销。江苏省举办了首届江苏森林生态旅游节，山东省组织召开山东省森林公园推介会，陕西省将全省森林旅游的基本情况和热点旅游项目上网宣传。广东省积极做好“我最喜爱的森林生态、滨海旅游度假区”评选和“2008广东国际旅游文化节活动暨‘森林滨海’摄影大赛”活动，南岭、南昆山、西樵山和流溪河国家森林公园被评为“广东省十佳森林生态旅游景区”。北京市各森林公园普遍推出“迈开大步，走入森林，回归自然，全民健身，饱览京郊，无限风光”活动，其中蟒山和八达岭等国家级森林公园与北京市摄影家协会联合开展了摄影比赛活动，吸引众多摄影爱好者到森林公园创作采风。重庆小三峡国家森林公园承办了第十三届“中国重庆长江三峡国际旅游节”，节庆期间先后举办了文艺演出、巫山红叶摄影书画展、重庆百万市民“游三峡到巫山看红叶”专线旅游、渝东北地区“金三角”旅游合作组织第二次会议、中国恋城万人登高赛、首届三峡爱情民歌大赛暨第二届巫山山歌大赛、巫山神女文化研讨会、巫山红叶散文诗歌大赛等多项活动。

“森林人家”建设工作进一步深化 福建省林业厅不断加大“森林人家”建设工作的力度，评审通过了《福建省森林人家发展规划》，并采取网络投票与专家评审相结合的方式，评出了2007年最受群众喜爱的绿色之旅线路、特色旅游线路和十佳最具体验价值“森林人家”。“森林人家”品牌形象更加深入人心，在竞争激烈的福建省旅游市场上异军突起。据统计，2008年福建省“森林人家”共接待游客167万人次，直接经济收入达8700万元。安徽省林业厅与省旅游局联合发文命名了全省首批“森林旅游人家”，并对其中18家经营点授予了星级单位。

旅游开发效益明显 2008年全国森林公园的旅游开发效益继续保持快速增长。据统计，2008年全国森林公园共接待游客2.74亿人次，其中海外游客676.26万人次，直接旅游收入187.34亿元。游客人数和旅游收入分别比2007年度增长11%和18%，均高于国内旅游的增幅。同时，森林公园的旅游开发在带动地方社会经济发展方面作用突出。青海省贵德黄河森林公园采取政府补助与招商相结合，投资1000多万元新建和改建“农家院”，形成了城北村乡村旅游休闲带，改善了村容村貌，促进了农村产业结构的调整。大连西郊国家森林公园建设了一批花园式农民新村，现在已有农家乐业户60余家，床位1500张，就餐座位4000余个，2008年接待各类游客近100万人次，全年各种旅游收入突破5000万元，成为大连旅游的品牌项目之一。广东省2008年森林旅游对地方财政贡献1亿多元，带动地方经济产值近70亿元，带动400多个村脱贫致富，受益农村人口200多万人。据测算，2008年全国森林公园共带动社会综合旅游收入1400多亿元。

国家级花木专类园建设稳步发展 据统计，2008年洛阳国家牡丹园、鄢陵国家级花木博览园和邳州国家级银杏博览园共接待游客141万人次，综合旅游收入达6600多万元。 （许　晶）

【国家级森林公园行政许可】 2008年，经材料审查、实地考察会议评审并经最终审定通过，国家林业局先后作出行政许可决定，准予设立喇叭沟门等49处国家级森林公园。同时，准予长山群岛等9处国家级森林公园改变经营范围并准予干饭盆国家级森林公园变更名称。截至2008年底，我国共设立709处国家级森林公园和1处国家级森林旅游区，经营总面积1143.26万公顷。

2008年度国家级森林公园准予许可的行政许可决定书目录

序号	行政许可决定书文号	内容提要
1	林场许准[2008]1号	准予设立喇叭沟门国家级森林公园，面积11 171.5公顷
2	林场许准[2008]2号	准予设立木兰围场国家级森林公园，面积5351公顷
3	林场许准[2008]3号	准予设立蝎子沟国家级森林公园，面积4634.15公顷
4	林场许准[2008]4号	准予设立医巫闾山国家级森林公园，面积1482.3公顷
5	林场许准[2008]5号	准予设立和睦国家级森林公园，面积1367.85公顷
6	林场许准[2008]6号	准予设立横头山国家级森林公园，面积3300公顷

（续）

序号	行政许可决定书文号	内容提要
7	林场许准[2008]7号	准予设立仙翁山国家级森林公园，面积10 555公顷
8	林场许准[2008]8号	准予设立大竹海国家级森林公园，面积3126.6公顷
9	林场许准[2008]9号	准予设立仙居国家级森林公园，面积2980公顷
10	林场许准[2008]10号	准予设立马仁山国家级森林公园，面积712公顷
11	林场许准[2008]11号	准予设立天星山国家级森林公园，面积1861.9公顷
12	林场许准[2008]12号	准予设立闽江源国家级森林公园，面积1182.52公顷
13	林场许准[2008]13号	准予设立岑山国家级森林公园，面积955公顷
14	林场许准[2008]14号	准予设立五府山国家级森林公园，面积1715公顷
15	林场许准[2008]15号	准予设立军峰山国家级森林公园，面积1217.15公顷
16	林场许准[2008]16号	准予设立大鸿寨国家级森林公园，面积3300公顷
17	林场许准[2008]17号	准予设立虎爪山国家级森林公园，面积2600公顷
18	林场许准[2008]18号	准予设立五脑山国家级森林公园，面积2153.3公顷
19	林场许准[2008]19号	准予设立两江峡谷国家级森林公园，面积6336.02公顷
20	林场许准[2008]20号	准予设立雪峰山国家级森林公园，面积3478.1公顷
21	林场许准[2008]21号	准予设立桃花江国家级森林公园，面积3153.05公顷
22	林场许准[2008]22号	准予设立五尖山国家级森林公园，面积2879.89公顷
23	林场许准[2008]23号	准予设立龙滩大峡谷国家级森林公园，面积4172.6公顷
24	林场许准[2008]24号	准予设立天池山国家级森林公园，面积953.4公顷
25	林场许准[2008]25号	准予设立凌云山国家级森林公园，面积1116.4公顷
26	林场许准[2008]26号	准予设立牛背梁国家级森林公园，面积2123.7公顷
27	林场许准[2008]30号	准予梅岭国家级森林公园将面积变更为11 173.1公顷，设立的被许可人变更为南昌市湾里区林业局
28	林场许准[2008]634号	准予长山群岛国家级海岛森林公园将面积变更为4630.7公顷
29	林场许变[2008]1号	准予干饭盆国家级森林公园将名称变更为江源国家级森林公园
30	林场许准[2008]748号	准予千佛洞国家级森林公园将面积变更为665.8公顷
31	林场许准[2008]749号	准予阳朔国家级森林公园将面积变更为4355.9公顷
32	林场许准[2008]976号	准予满天星国家级森林公园将面积变更为17 057.3公顷
33	林场许准[2008]977号	准予九龙谷国家级森林公园将面积变更为1091.5公顷
34	林场许准[2008]978号	准予长寿国家级森林公园将面积变更为2483公顷
35	林场许准[2008]1116号	准予溪水国家级森林公园将面积变更为4580公顷
36	林场许准[2008]1174号	准予三门江国家级森林公园将面积变更为12 475.6公顷
37	林场许准[2008]1175号	准予设立仙台山国家级森林公园，面积1522公顷
38	林场许准[2008]1176号	准予设立丰宁国家级森林公园，面积8839公顷
39	林场许准[2008]1177号	准予设立泉阳泉国家级森林公园，面积4977公顷
40	林场许准[2008]1178号	准予设立白石山国家级森林公园，面积7473.5公顷
41	林场许准[2008]1179号	准予设立松江河国家级森林公园，面积6018公顷
42	林场许准[2008]1180号	准予设立加格达奇国家级森林公园，面积14 632.1公顷
43	林场许准[2008]1181号	准予设立桐庐瑶琳国家级森林公园，面积949公顷
44	林场许准[2008]1182号	准予设立九龙竹海国家级森林公园，面积1704.6公顷
45	林场许准[2008]1183号	准予设立董奉山国家级森林公园，面积1120.5公顷
46	林场许准[2008]1184号	准予设立碧湖潭国家级森林公园，面积6838.7公顷
47	林场许准[2008]1185号	准予设立怀玉山国家级森林公园，面积3354公顷
48	林场许准[2008]1186号	准予设立寿阳山国家级森林公园，面积2006公顷

（续）

序号	行政许可决定书文号	内容提要
49	林场许准[2008]1187 号	准予设立沧浪山国家级森林公园，面积 7466.7 公顷
50	林场许准[2008]1188 号	准予设立蓝山国家级森林公园，面积 7046.7 公顷
51	林场许准[2008]1189 号	准予设立峰峦溪国家级森林公园，面积 2216.6 公顷
52	林场许准[2008]1190 号	准予设立月岩国家级森林公园，面积 3936.7 公顷
53	林场许准[2008]1191 号	准予设立天井山国家级森林公园，面积 5564.1 公顷
54	林场许准[2008]1192 号	准予设立大北山国家级森林公园，面积 3067.2 公顷
55	林场许准[2008]1193 号	准予设立金银山国家级森林公园，面积 2734.33 公顷
56	林场许准[2008]1194 号	准予设立天竺山国家级森林公园，面积 1809 公顷
57	林场许准[2008]1195 号	准予设立紫柏山国家级森林公园，面积 4662 公顷
58	林场许准[2008]1196 号	准予设立少华山国家级森林公园，面积 6300 公顷
59	林场许准[2008]1197 号	准予设立乌苏佛山国家级森林公园，面积 37 852.68 公顷

（许　晶）

【全国森林公园工作座谈会】 2008 年 3 月 21～23 日在湖南张家界国家森林公园召开。各省（区、市）林业厅（局），各森工（林业）集团森林公园主管处室负责人以及重点国家森林公园的主要负责人参加了会议。会议总结了全国森林公园建设、森林旅游业发展、生态文化建设、行业管理以及对外协调等方面取得的成就和存在的问题，并就相关问题进行了研讨。会议要求，各森林公园应围绕探索弘扬生态文明的有效途径、生态文化基础设施建设、生态文化产品开发等方面，不断加强森林公园的生态文化建设。同时，会议部署了 2008 年森林公园的重点工作，包括全面加强雨雪冰冻灾害地区森林公园的恢复重建工作，重点抓好“全国生态文化教育示范基地”建设、全面推进森林公园生态文化建设，进一步强化森林公园行业管理，大力发展森林旅游产业、促进兴林富民等。

（陈鑫峰）

【首届全国森林公园科学发展论坛】 2008 年 3 月 21 日，由国家林业局森林公园管理办公室、湖南省林业厅、张家界市政府联合主办的首届全国森林公园科学发展论坛在张家界国家森林公园召开。来自各省（区、市）森林公园主管部门、部分国家级森林公园、相关部门以及有关新闻媒体的代表近 150 人参加了论坛。中国工程院院士、北林大校长尹伟伦，中欧生物多样性保护办公室欧方专家 Mackinnon John 等 6 位专家分别从生态文明与森林公园，如何平衡世界自然遗产地管理与生态旅游开发，国家森林公园解说体系建设概论，森林旅游的前途、地位和发展战略，森林人家品牌建设与发展趋势，张家界国家森林公园的发展之路等 6 个方面作了主题讲演。（陈鑫峰）

【全国生态文化教育示范基地建设】 为了大力推进林业生态文化建设，进一步发挥森林公园在传播人与自然和谐价值观、弘扬生态文明中的重要作用，2008 年国家林业局启动“全国生态文化教育示范基地”建设项目，项目将通过生态文化林营建、改造、保护、抚育等建设，不断加强森林公园生态文化基础建设，为构建繁荣的生态文化体系作出贡献。第一批示范基地共 26 处，分别是：

北京蟒山国家森林公园
北京西山国家森林公园
天津九龙山国家森林公园
河北塞罕坝国家森林公园
大兴安岭北极村国家森林公园
辽宁桓仁国家森林公园
吉林拉法山国家森林公园
黑龙江长寿国家森林公园
江苏虞山国家森林公园
浙江钱江源国家森林公园
浙江龙湾潭国家森林公园
福建平潭十八村森林公园
福建湄州岛全国生态道德教育示范基地
江西景德镇国家森林公园
山东原山国家森林公园
河南南湾国家森林公园
湖北大别山国家森林公园
湖南天际岭国家森林公园
广东新丰江国家森林公园
广西姑婆山国家森林公园
重庆仙女山国家森林公园
四川瓦屋山国家森林公园
贵州龙架山国家森林公园
云南西双版纳国家森林公园
陕西洪庆山国家森林公园
甘肃莲花山国家森林公园

（陈鑫峰）

防沙治沙

【综　述】 2008年，全国上下认真贯彻落实《国务院关于进一步加强防沙治沙工作的决定》和全国防沙治沙大会精神，强化科学防治，推进综合防治，加强依法防治，防沙治沙各项工作取得较好的成绩。据不完全统计，2008年全国共完成沙化土地治理面积99.76万公顷。

围绕激励约束抓机制，防沙治沙目标责任考核制度取得突破 按照国务院的要求，为落实各级政府防沙治沙责任制，组织有关人员在深入开展调查研究、广泛征求意见的基础上，起草了《省级政府防沙治沙目标责任考核办法》。起草过程中，多次与中央组织部、中央纪委、国办及相关部委进行沟通、汇报，取得支持，中央组织部同意将防沙治沙目标责任考核结果作为对有关省级人民政府领导班子和领导干部综合考核评价的重要依据。国办秘书局原则同意以国务院办公厅名义转发《考核办法》。

围绕长远发展抓规划，防沙治沙重点项目取得进展 组织指导重点省（区）编制相关规划，协调有关部门争取尽快批复。《石羊河流域防沙治沙及生态恢复规划》、《新疆准格尔盆地南缘防沙治沙工程规划》、《新疆塔里木盆地周边防沙治沙工程规划》、《四川省川西北地区防沙治沙规划》以及《宁夏回族自治区防沙治沙综合示范区建设规划》等区域性项目均已编制完成并上报国务院或国家有关部门。结合国家实施积极的财政政策、扩大内需的新形势，组织编制了《全国重点地区防沙治沙工程规划》。

围绕提质增效抓工程，京津风沙源、石漠化治理工程顺利推进 在保质保量完成京津工程全年41.67万公顷林业建设任务的基础上，积极谋划京津工程二期。经国家发改委同意，京津工程实行了特大灾害报损制度。石漠化综合治理工程，经过多次沟通协调，国家发改委已将石漠化综合治理规划范围由原来的3个省扩展到8个省，经国务院批准，下发了规划大纲，并选定100个县启动了试点项目。

围绕以点带面抓示范，防沙治沙综合示范区建设取得突破 全国建立了37个防沙治沙综合示范区，紧紧围绕推进集体林权制度改革这个中心推动治沙事业发展。召开了治沙示范区林改工作会议，交流林改工作经验，研究部署沙区集体林权制度改革工作，推进了沙区林改工作。

围绕植被保护抓法治，全面推进荒漠生态系统的植被保育工作 针对近来沙区滥开垦、滥放牧、滥樵采现象有所抬头的新情况，国家林业局下发了加强植被保护的通知，全面推行禁止滥开垦、禁止滥放牧、禁止滥樵采的“三禁”制度。加大执法力度，沙区植被保护成效明显。

围绕绿色奥运抓预警，为营造和谐、稳定的社会氛围创造条件 为确保绿色奥运成功举办，针对沙尘暴应急问题，组织专家进行预测会商、完善应急处置措施，召开专门会议，制定具体处置措施，既为防灾减灾提供了服务，又为绿色奥运作出了贡献，反响较好。为完善荒漠化监测体系，加强了年度趋势监测和工程效益评估，为荒漠化防治决策、生产实践和工程效益评价提供了依据。

围绕以外促内抓履约，全面提高国际影响和地位 在北京举办了防治荒漠化国际会议，发表了《北京声明》。通过参加联合国可持续发展委员会第十六届会议，大力宣传我国荒漠化防治的政策主张和方略，阐述了集体林权制度改革在防治土地荒漠化过程中的重要作用，得到各国的高度重视与普遍赞同，会议赞誉中国的荒漠化防治处于世界领先地位。

围绕舆论引路抓宣传，全面提高公众治沙责任意识 在沙尘暴高发期，宣传沙尘暴常识，向社会发放《沙尘暴预防手册》，在报纸、网络刊登沙尘暴预防知识，宣传沙尘暴防治工作。在“6·17”世界防治荒漠化和干旱日期间，利用各种媒体宣传我国荒漠化防治成就、措施和思路，以引导社会关注、关心和支持治沙，反映林业建设在绿色奥运中的贡献。在全国防沙治沙综合示范区中选择集体林权制度改革的先进典型，大力宣传，以期推进沙区林改工作。

（王俊中）

【石漠化综合治理】 为从根本上遏制石漠化土地扩展，改善和优化岩溶地区的生态环境，实现区域生态、经济和社会协调发展。2008年2月，国务院批复了《岩溶地区石漠化综合治理规划大纲（2006～2015）》，并先期启动了石漠化综合治理100个县的试点工作。工程建设范围涉及贵州、广西、云南、湖南、湖北、重庆、四川、广东8省（区、市）的451个县（旗、市、区）。总土地面积为105.45万平方千米，岩溶面积44.99万平方千米，其中石漠化面积12.96万平方千米。

工程采取以林草植被建设为主的综合治理措施，包括林草植被的保护和建设，草食畜牧业发展，水土资源开发利用，基本农田建设，农村能源建设，易地扶贫搬迁、合理开发利用资源以及科技支撑体系建设等。工程建设总任务为林草植被建设942万公顷，建设和改造坡耕地77万公顷以及畜牧基础建设。

2008年9月，国家下达2008年石漠化综合试点工程中央预算内投资4亿元，地方配套资金0.81亿元。下达治理岩溶面积2693.7平方千米，其中：林业建设任务99 155.05公顷，包括封山育林面积72 182.65公顷，人工造林26 972.4公顷。截至2008年12月，试点工程林业项目完成治理任务26 161.36公顷，占国家下达计划任务的26%。其中：完成封山育林任务18 234.5公顷，占国家下达计划任务的25%；人工造林任务7926.86公顷，占国家下达计划任务的29%。（林 琼）

【沙尘天气发生情况】 根据卫星监测和地面综合信息，2008年2～5月，我国北方地区共出现了12次沙尘天气过程，其中：扬沙、浮尘5次，沙尘暴6次，强沙尘暴1次。在12次沙尘天气中，2月份3次、3月份3次、4月份2次、5月份4次。沙尘天气影响范围涉及西北、华北和东北大部以及河南、山东两省北部等15省(区、市)的880个县市，受影响土地面积约370万平方千米，受影响人口约3.7亿人。与2007年和近年同期相比，2008年沙尘天气有以下特点：

1. 2008年沙尘天气次数低于近年水平。2008年北方地区共发生12次沙尘天气，远少于2007年的20次，也比近7年同期均值(17次)明显偏低。

2. 2008年沙尘天气强度总体偏弱。2008年春季共发生7次沙尘暴和强沙尘暴过程，低于2007年同期的10次，也低于近7年同期均值(9.1次)。

3. 春季前期沙尘天气偏少，偏弱。2008年3月、4月分别发生3次和2次沙尘天气，特别是4月没有发生沙尘暴和强沙尘暴天气过程，这在多年来比较少见。

4. 5月份沙尘天气次数偏多、偏强。2008年5月，我国北方地区发生了4次沙尘天气过程，略多于近7年同期均值(3.6次)，但强度明显偏强。4次沙尘天气过程均为沙尘暴或强沙尘暴，这在近年来是少有的现象。其中，2008年5月26～28日发生的强沙尘暴，是2008年持续时间最长、影响范围最大的一次沙尘天气过程。

总体上看，2008年我国北方地区沙尘天气属于明显偏低水平，频次低于近年同期均值，强度相对较弱，沙尘影响范围相对较小，沙尘天气造成的危害和损失都较小。由于各相关部门积极采取防范和处置措施，正确引导社会舆论，为北京成功举办绿色奥运营造了良好的舆论氛围。（王俊中）

【沙尘暴应急处置】 国家林业局领导对沙尘暴应急工作十分重视，局长贾治邦批示：“2008年是奥运会举办年，沙尘暴灾害预测和防范任务重，一定要早部署、早安排、早会商、早宣传教育、早采取措施，要请专家和有关部门预测会商，加强宣传教育工作，提高群众防灾减灾能力”。副局长祝列克亲自动员部署，要求相关部门高度重视沙尘暴应急工作，切实将沙尘暴应急抓紧、抓实、抓好。2008年主要采取了以下措施：

1. 2008年初与中国气象局联合召开春季沙尘暴趋势会商会，邀请各个领域的专家对当年春季沙尘暴趋势进行全面预测、分析，并将会商结果及时联合呈报国务院，为国家防灾减灾提供服务。

2. 根据趋势会商结论，组织制定了2008年沙尘暴灾害应急处置工作方案，及时召开北方重点省(区、市)沙尘暴应急工作座谈会，提出工作目标和要求，并对全年沙尘暴灾害应急工作进行安排、部署。

3. 强化重点预警期应急值守，将3月1日至5月底确定为沙尘暴灾害重点预警期，组织专门力量对每次沙尘暴过程进行监测，对灾害损失进行评估，及时公布灾情。同时，要求各级主管部门实行应急值守，应急措施全部到位。

4. 加强应急宣传和培训，通过网络、报纸等途径向社会大力宣传沙尘暴知识和应急避险常识，向北方重点省(区)免费下发1万册《沙尘暴灾害预防常识》知识读本。举办了沙尘暴灾害应急管理培训班，对40多名应急主管人员进行业务培训。

5. 充分发挥专家决策支撑作用，在沙尘暴应急处置中组织专家进行会商、研究，提出对策措施。2008年，启动了沙尘暴灾害应急高级专家咨询组工作，充分听取院士、专家对沙尘暴灾害应急工作的意见和建议。

6. 从2008年起，启动实施了沙尘暴灾害应急体系建设项目，购置了一批应急仪器和监测设备，在重点区域布设了一批沙尘暴监测站，强化了应急基础能力建设。

7. 严格执行信息定期报告制度，建立并完善了沙尘暴信息日报和零报告制度，在重点预警期内，省级主管部门由专人向国家林业局提报信息。加强了信息员队伍建设，对信息员进行了充实和调整。

（王俊中）

【防沙治沙示范区建设暨沙区林改工作座谈会】 为切实加强全国防沙治沙综合示范区建设，推进沙区集体林权制度改革工作，2008年9月8～9日，国家林业局在江西省九江市召开了全国防沙治沙综合示范区建设暨林改工作座谈会。会议现场参观了九江市集体林权制度改革和彭泽县防沙治沙示范区建设先进典型，交流了防沙治沙示范区建设和林改工作经验，研究部署了推进沙区林改和示范区建设工作。会议强调，示范区建设是一项开创性的工作，需要深入探索，大胆实践。今后要着力做好6项工作：①着力抓好沙区集体林权制度改革，进一步完善政策、活化机制；②着力强化科技创新，努力提高示范区建设的科技含量；③着力发展沙区特色产业，实现兴林富民；④着力强化制度建设，进一步加强示范区的管理；⑤着力突出地方特色，提高示范水平；⑥着力搞好协调，切实加强组织领导。 （王俊中）

全民义务植树和全国城乡绿化

【综　述】 2008年，全民义务植树和全国城乡绿化工作坚持全社会办林业、全民搞绿化的方针，认真贯彻落实全国造林绿化电视电话会议精神和工作部署，城乡造林绿化和生态文明建设事业取得新成效。

全民义务植树运动扎实推进　各级领导率先垂范。首都全民义务植树日，胡锦涛等党和国家领导人带头参加植树活动。胡锦涛对全民义务植树又作出重要指示："全民义务植树活动，是动员全社会参与生态文明建设的一种有效形式。我们今天多种一棵树，祖国明天就会多添一片绿。全国人民持之以恒地开展植树造林，我国生态环境就一定能够不断得到改善。"

宣传发动蓬勃开展。新春伊始，全国绿委在北京召开了全国绿委第二十六次全体(扩大)会议暨造林绿化表彰大会，对全民义务植树以及全国城乡绿化工作进行部署和动员。江西、青海发布本省绿化状况公报。国家林业局协调中国移动、中国联通，通过手机短信动员公民积极参加义务植树，全国有2亿多用户收到了手机短信。河北、西藏、新疆等地也通过中国移动和中国联通发送手机短信的方式，宣传绿化事业，动员开展义务植树活动。植树节前后，各地、各部门都通过电视、报刊、网络等新闻媒体，采取各种形式深入宣传全民义务植树运动和国土绿化建设，广泛发动社会各界积极参与生态建设事业。

实现形式更趋多样化。北京、重庆等地将义务植树与推进社会主义新农村建设相结合，开展城乡结对义务植树，共建新农村活动，效果很好。上海、辽宁、安徽、福建、广西等地将认建认养树木绿地与营造纪念林、开展义务植树基地建设相结合，使义务植树成果不断扩大。

义务植树管理工作逐步加强。吉林等地认真落实义务植树属地组织管理制度，由城市街道办事处和农村乡镇政府具体负责辖区适龄公民的登记、植树活动的组织和尽责情况的考核工作，将义务植树组织管理工作落到了实处。河南、甘肃将义务植树任务完成情况纳入地方政府造林绿化年度工作目标，实行一票否决，逐级严格检查落实。

据统计，2008年全国参加义务植树人数5.4亿人次，折合植树株数23.1亿株。截至2008年底，有115.2亿人次参加义务植树，植树538.5亿株。

部门绿化加速发展　城市绿化紧紧围绕人居生态环境建设的目标和要求，通过举办第五届城市森林论坛、园林绿化与可持续发展高层论坛等，进一步倡导"让森林走进城市，让城市拥抱森林"的理念，积极推进城市绿化建设，涌现出36个全国绿化模范城市、10个国家森林城市、139个国家园林城市。各级城市深入贯彻落实《关于建设节约型城市园林绿化的意见》，以节地、节水、节约投资、节约管理费用和生态效益最大化为目标，努力抓好节约型园林绿化建设。城市公园管理以建立国家重点公园和国家城市湿地公园为重点，进一步加强了城市生物多样性保护。据统计，全国城市建成区绿化覆盖面积已达到125万公顷，建成区绿化覆盖率由1981年的10.1%提高到目前的35.29%，人均公共绿地面积由3.45平方米提高到8.98平方米。

草原生态保护与建设取得新成绩。种草绿化工作蓬勃开展，工程区草原植被恢复状况明显好转，草原生态效益逐步显现。全国人工种草面积新增667万公顷，禁牧休牧轮牧草原面积累计超过9333万公顷。草原防火和鼠虫害防治工作成绩喜人，危害面积同比都有所减少，为平安奥运的顺利召开作出了贡献。草原生态保护建设工程稳步推进，工程区与非工程区相比，草原植被绿化盖度平均提高16个百分点，高度提高63%，鲜草产量提高80%。

公路绿化以高速公路和国省干线公路为重点，并纳入各地公路建设的考核目标。2008年，全国公路交通部门共投入公路绿化资金29.3亿元，新增公路绿化里程19万千米。"十一五"以来，累计投入公路绿化资金163.3亿元。截至2008年底，我国公路已绿化161万千米，占可绿化里程的57.5%。其中：绿化国道11.3万千米、省道18万千米、农村公路(县、乡、村道)127.7万千米、其他各类专用公路4万千米，高速公路已基本实现绿化。

铁道部召开了全路植树造林工作电视电话会议，以确保铁路安全畅通和经济社会可持续发展为目标，在铁路沿线开展春季植树造林活动。各铁路局都成立了造林绿化领导小组，落实了工作责任和建设任务。据统计，2008年绿化铁路长度1.4万千米，共投入资金11.41亿元。宜林铁路已绿化达标2.99万千米，占宜林铁路全长的52.66%，累计投入资金29.1亿元。

水利系统注重水利绿化与基础建设、综合经营、环境美化和水土保持相结合，通过加强领导、健全组织机构、落实各项措施，全年投入各类资金5500多万元，完成湖泊(含水库)绿化面积3640公顷、江河沿岸绿化5000千米(500公顷)、渠道两侧绿化1200多公顷。水利系统已投入绿化资金14.31亿元，绿化湖泊库区9.53万公顷，江河沿岸绿化累计4.03万千米。许多水利工程沿线、沿岸、库区形成了绿色走廊，建成了314个“国家水利风景区”。

中国人民解放军和武装警察部队充分发挥在国土绿化建设上的突击队和生力军作用，积极出动兵力。2008年“三荒”造林8万公顷、林木资源管护153.3万公顷、草原保护66.7万公顷，支援地方造林绿化超过4.7万公顷，创建绿色营区和生态营区130个。在继续加强军管区“三荒”造林，森林和草原保护的同时，对营区古树名木进行了普查、挂牌和登记。

各级共青团组织大力动员青少年实施保护母亲河行动。据统计，保护母亲河行动开展10年来，共吸引了5亿多人次青少年参与，建设了5540个面积达22.33万公顷的示范工程。保护母亲河行动已经成为中国青少年参与生态环境建设的一个重要途径和接受生态环境教育的重要载体。

教育、环保、农垦、文化、广电、妇联其他部门，以及石油、石化、钢铁、煤炭等企业单位，按照部门绿化分工负责制的要求，从本部门、本单位的特点出发，也在为祖国绿化和生态建设事业积极作贡献，并取得了显著成绩。

全社会生态文明观念进一步强化 各地、各部门通过生态文化的传播，营造生态文明的社会氛围。共建立森林公园2200处，总面积1600万公顷，许多珍贵森林风景资源和自然文化遗产得到有效保护。建设了一批以森林公园、湿地公园等为依托的生态文化和生态文明教育基地。国家林业局、教育部、团中央联合开展的“倡导绿色生活，共建生态文明”活动在社会上产生良好影响，联合授予的“国家生态文明教育基地”积极发挥引领、带动作用。海南、安徽、福建、重庆等省(市)结合推进社会主义新农村建设，命名了一大批“生态文明村”。

《森林之歌》、《山林的呼唤》、《踏界》等一批影视片的制作播出以及许多文艺家讴歌绿化事业、社会知名人士呼吁生态环境保护等，对生态文明建设起到了很好的宣传促进作用。江西等地将生态知识编入了《义务教育地方课程通用教材》，从小培养人们的生态文明观念。中国人民解放军于世界环境日开展了“钢铁长城，绿色屏障”主题宣传活动，并通过在军报开辟专栏，组织发动千名司机签名绿色出行和万人植树大会战等活动，弘扬生态文明新理念。

生态文明更体现在政府决策和社会行动当中。各地已将建设生态文明，实现科学发展，促进人与自然和谐，作为经济社会发展的战略指导思想，以北京绿色奥运建设为代表，在城乡经济建设和社会发展中无处不体现生态文明的建设内容和彰显生态文明的新观念。林业在应对气候变化中的地位和作用受到社会广泛关注。中国石油率先出资支持在7个省(区)实施了10个碳汇造林项目。群众绿化意识空前增强，社会单位和个人主动提出参加植树活动、认建认养城市绿地以及热心爱护古树名木、野生动物和城市绿地的现象日益普遍。

在国家确立每年3月12日为我国植树节的基础上，已有北京等22个省(区、市)以及哈尔滨等30多个大、中城市确立了自己的植树节(植树日、植树周或植树月)。植树节前后，各地绿化宣传、生态教育和各类主题植树活动广泛开展，生态文明深入人心。

存在问题

1. 一些地区过于偏重追求经济建设指标，而忽视生态环境建设与保护的现象仍然存在。有的地方滥砍盗伐森林、毁坏树木、违法征占用林地和城市绿地的现象还比较严重。有的城市，在老旧城区改造中对原有自然环境保护不够，距离建设资源节约型、环境友好型社会的目标要求还有差距。

2. 按照科学发展观的要求，在林地、绿地的建设和管理中存在不容忽视的问题。在一些地区，城乡造林绿化过于追求面积上的粗放型扩张，植物品种单一、种植结构不合理、总量不足、质量不高等问题突出，配套防火林带等保护设施没有做到同步规划、设计、施工和验收，给森林资源安全带来隐患。按照建设良好的城乡生态环境和满足城乡居民休闲娱乐、游憩、生态文化教育、防灾避险等多种功能的要求，在林地、绿地的建设上还存在一定的差距。

3. 全民义务植树组织管理和尽责情况不容乐观，尚有40%多的适龄公民没有参加任何形式的绿化活动。在许多地区乡镇政府和城市街道办还未承担起当地全民义务植树有效的组织管理工作。一些地方仅局限于机关等大单位参加植树活动，广大城乡群众没有切实发动起来。有的地方组织义务植树的形式单一，不能想方设法提供更多的方式和途径，调动更多的城乡适龄公民参加绿化活动。

【将军参加义务植树】 2008年3月25日，中央政治局委员、中央军委副主席郭伯雄，中央政治局委员、中央军委副主席徐才厚，国务委员兼国防部长梁光烈，总参谋长陈炳德，总政治部主任李继耐，总后勤部部长廖锡龙，总装备部部长常万全，第二炮兵司令员靖志远，海军司令员吴胜利，空军司令员许其亮到北京奥林匹克公园中心区参加了首都义务植树劳动。参加植树活动的还有四总部、驻京部队各大单位、武警部队和军委办公厅领导等。北京市市长郭金龙等领导也参加了植树活动。

【共和国部长参加义务植树】 2008年3月22日上

午，由全国绿委、中央直属机关绿委、中央国家机关绿委、首都绿委共同举办的以“迎奥运，共建绿色家园”为主题的共和国部长义务植树活动在北京举行。新一届中央和国务院各部门的172名部级领导在门头沟区永定镇卧龙岗村栽下2000多株白皮松、银杏、国槐、栾树等树木，为绿色奥运再添新绿。

共和国部长义务植树活动在北京已连续开展了7年，先后有1200多人次部级领导参加植树劳动，共栽种各种树木13 540余株。

【全国绿化模范单位和全国绿化奖章获得者】 2007年全国各地区、各部门扎实推进城乡绿化一体化和社会主义新农村建设，积极开展全民义务植树运动，大力植树造林、绿化国土、美化生活环境，极大地推动了我国国土绿化事业的发展，涌现出一批绿化先进单位和个人。为表彰先进，进一步调动社会各界绿化美化环境的积极性，2008年4月3日全国绿委决定，对评选出的227全国绿化模范单位和522名全国绿化奖章获得者，予以表彰。

全国绿化模范单位

北京市

北京市朝阳区绿化局
北京机械工业自动化研究所
北京市海淀区温泉镇人民政府
北京军区联勤部
北京市怀柔区庙城镇人民政府
北京市通州区永乐店镇人民政府
北京首云铁矿
北京市房山区长沟镇人民政府

天津市

天津市引滦工程尔王庄管理处
天津医科大学
天津中新药业集团股份有限公司第六中药厂
天津市武清区交通局
天津市河西监狱
中国人民解放军北京军区联勤部天津离职干部休养所

河北省

军委办公厅北戴河办事处
国务院机关事务管理局北戴河服务局
华北石油管理局第五综合服务处
沧州市交通局公路管理处
邢台市城市管理局
河北省峰峰集团有限公司
中国人民解放军第5721工厂
燕山大学
中国石油天然气股份有限公司冀东油田分公司

山西省

山西潞宝集团焦化有限公司
大同煤矿集团有限责任公司
晋城煤业集团寺河矿
国电电力大同发电有限责任公司
太原铁路局湖东车辆段
阳泉煤业(集团)有限责任公司新景矿
阳泉市南庄煤炭集团有限责任公司
山西柴油机工业有限责任公司
晋中市人民政府

内蒙古自治区

乌兰浩特市人民武装部
通辽市森林公园管理处
敖汉旗陈家洼子林场
满洲里市口岸管理委员会

辽宁省

辽宁石油化工大学
渤海大学

吉林省

中国第一汽车集团公司
东北电网有限公司丰满培训中心
中国人民解放军65301部队
吉林省露水河林业局
吉林延边林业集团有限公司汪清林业分公司
吉林吉长电力有限公司四平热电分公司

黑龙江省

鹤岗矿业集团有限责任公司
黑龙江省新青林业局
黑龙江省克山农场
中国人民解放军65169部队
黑龙江省方正林业局

上海市

上海市嘉定区真新街道
上海电气集团上海电机厂有限公司
上海浦东新区公路管理署
上海长宁区程家桥街道
宝山钢铁股份有限公司宝钢分公司
上海市测绘院
上海市金山区人民法院

江苏省

中煤集团大屯煤电(集团)有限公司
江苏大学
盐城生物工程高等职业技术学校
宝胜集团有限公司
江苏省电力公司宿迁供电公司
连云港师范高等专科学校
南京江宁经济技术开发区管委会
苏州市绿化管理站
无锡市太湖鼋头渚风景区管理处

浙江省

华东电网有限公司富春江水力发电厂

浙江大树置业股份有限公司
中共湖州市委党校
绍兴市汤浦水库管理局
中国人民解放军九四九二二部队
台州学院
丽水职业技术学院
纳爱斯集团有限公司
省武警总队杭州市支队

安徽省

淮北矿业集团岱河煤矿
淮北煤炭师范学院
淮南矿业集团顾桥煤矿
大唐淮南洛河发电厂
阜阳市城郊中学
安徽大学
合肥卷烟厂
绩溪县华阳中学
宣城市国税局

福建省

福建林业职业技术学院
福建省高级人民法院
福建省闽侯白沙国有林场
中国人民解放军 73311 部队
漳州市机关事务管理局
莆田学院
福建省古田溪水力发电厂
三明学院
福建省燕京惠泉啤酒股份有限公司

江西省

江西中医学院
国电九江发电厂
江西中储粮万年直属库
江西省公路管理局沪瑞高速公路昌金管理处
赣南师范学院
抚州市第一中学

山东省

济南钢铁集团总公司
胜利石油管理局河口社区管理中心
聊城大学
淄博市公路管理局
枣庄市公路管理局
莱芜钢铁集团有限公司

河南省

郑州大学
驻马店市财政局
漯河职业技术学院
河南黄河河务局
罗山林业局
南阳市公安局
许昌军分区
周口市财政局

湖北省

华中师范大学
湖北省洪山监狱
湖北省漳河工程管理局
湖北日报传媒集团
湖北省黄冈市河道堤防管理处
华中农业大学
中国长江三峡工程开发总公司
湖北省荆门市龙泉中学
湖北省武汉市园林局

湖南省

长沙美林景园小区
益阳市人民政府
湖南中烟工业公司常德卷烟厂
衡东县欧阳遇实验中学
湖南省电力公司娄底电业局
湖南省电力公司怀化电业局

广东省

恩平市锦江温泉有限公司
广东渝湛高速公路有限公司

广西壮族自治区

广西贺州市八步区林业局
广西高速公路管理局南宁管理处
中国林业科学研究院热带林业实验中心
南宁市动物园
河池学院
广西国营博白林场

海南省

海南省林业总公司

重庆市

重庆市大足县人民医院
重庆邮电大学
重庆江北机械有限责任公司

四川省

中国人民解放军 95538 部队
成都现代工业港管理委员会
攀枝花学院

贵州省

贵州省人民政府
铜仁市林业局
中共遵义市委党校
毕节地区行政学院
六枝特区林业局

云南省

云南大学
西南林学院
云南永昌铅锌股份有限公司

云南驰宏锌锗股份有限公司
云南铝业股份有限公司

西藏自治区

武警拉萨市森林大队
昌都地区人民医院

陕西省

空军工程大学
中共安康市委
陕西省体育训练中心
安康水力发电厂
陕西省商洛公路管理局
中共渭南市委
西安市丰庆公园管理处

甘肃省

甘肃林业职业技术学院
庆阳市正宁林业总场
玉门市治沙工作站
甘肃省电力公司张掖供电公司
西北师范大学
武警 8674 部队

青海省

青海省国税局
大通县东峡林场

宁夏回族自治区

石嘴山供电局
长庆石油勘探局银川物业管理处
吴忠市自来水公司

新疆维吾尔自治区

中国石油天然气股份有限公司独山子石化分公司销售公司
乌鲁木齐市河滩绿化管理处
新疆阿克苏地区林业局
伊犁师范学院
中国人民解放军 69009 部队
新源县阿勒玛勒二中
新疆哈密市陶家宫乡人民政府
新疆石油管理局克拉玛依供电公司

大连市

辽宁省大连海洋渔业集团公司

宁波市

浙江中烟工业公司宁波制造部

厦门市

中国人民解放军 73111 部队
华侨大学华文学院

青岛市

青岛海尔工业园
青岛啤酒股份有限公司青岛啤酒厂

深圳市

深圳市宝安区观澜街道办事处

中共中央直属机关

全国政协
中央统战部怀柔绿化基地
中共中央直属机关事务管理局万寿路管理处
广电总局五七三台
竹园宾馆

中央国家机关

公安部
国家知识产权局
中国航天科工集团第三研究院
国家体育总局

铁道系统

上海铁路局工务处
西安铁路局西安铁路林业局
哈尔滨铁路局林业管理所
南昌铁路局南昌工务段
武汉铁路局武汉桥工段
济南铁路局聊城工务段

农业系统

黑龙江省农垦总局建三江分局
黑龙江省七星泡农场
辽宁省朝阳市国营建平县八家农场

中国石油天然气总公司

吐哈石油勘探开发指挥部
锦州石化公司
中国石油集团东方公司开封基地管理处
四川石油管理局川西北公共事务管理中心

中国石化集团总公司

中国石化集团北京燕山石油化工有限公司

中华全国总工会

中国石化中原石油化工有限责任公司
福建省泉州市西北洋滞洪排涝工程管理处
山东电力工程咨询院工会委员会

全国妇联

海南省妇联

中国人民解放军

96351 部队后勤部牧场
云南省西双版纳军分区
广西军区
南京军区陆军第十二集团军
71988 部队
69322 部队
内蒙古乌兰浩特市人民武装部
65571 部队
93363 部队
63958 部队

中国人民武装警察部队

武警辽宁省总队锦州市支队
武警青海省总队玉树州支队

武警 8731 部队

全国绿化奖章获得者

北京市

焦荣梅 张延昆 王　森 张　良 王孝东
李文凯 潘贵忠 王振江 郑玉梅 夏　强
范玉成 姜立文 李凤珍 黄　导

天津市

袁泽亮 李大明 康燕玲 张立冬 伍春华
赵昌和

河北省

吕日新 冀海英 刘文杰 王　焱 王三堂
赵兰柱 朱敬伟 郭井海 武国堂 肖玉军
许宝军 辛绍杰 刘振昌 卢建民 肖振华
闫　德 陈业文 张振卢 李文昌 刘福臣

山西省

侯秋生 吉久昌 谷晓青 夏振贵 董海清
王宝元 张宝中 魏慈寿 苏安乐 刘来旺
赵洪雁 李　峰 王树新 吴永平 牛继文
平民则 刘泽民 李永峰 张根生 韩长安

内蒙古自治区

董研生 呼　群 马　俊 廉俊东 杜　梓
阿拉腾乌拉 李西荣 白音巴特尔 王耀国
马荣华 陈永利 李　祥 姜翠英 郝才元
陈君来

辽宁省

马金田 李玉强 范晓东 张晓刚 蒲洪金
敖秉义 赵德辉 王正力 邢志军 梁　强
张艳君 邓福林 孙士东 洪　泓

吉林省

陈双喜 徐　辉 李相林 杨士平 邓国祥
董茂胜 关景海 程家友 张雄虎 张广信
姚明章 姜兴明 张明哲 王殿明

黑龙江省

孙宝良 张　利 朱　英 韩继东 腾喜魁
齐兆辉 张桂春 聂　忠 杨传庆 王建辉
来建华 刘泽林 王冬雪

上海市

张　超 马小弟 徐叶根 贡锁国 曾浙一
王燕锋 唐锦铭 周　伟 祝乃福

江苏省

庞顺根 苏振武 孙志亮 蔡　骏 王锡南
陆建山 衣学领 黄　钦 张　斌 陈还堂
孙羊林 赵建华 徐林峰 何荣庆 华明义
徐宏强 陈淑兰

浙江省

李龙发 周香莲 杨燕君 肖建中 周叶林
徐惠民 章滨森 傅四光 徐江峰 陈永峥
孙玲仙 戴云喜 张跃仙 周建松

安徽省

王茂生 况文卿 涂立新 丁宪立 吴　烽
王广林 吕金宝 张　彦 陶　杰 邓　军
刘　峰 黄莉芸 樊西勤 阚家平 黄同文
汝　鸣

福建省

黄楚光 徐建花 傅瑞青 朱秀香 唐元程
韩金发 黄家铭 杨渭平 黄溪水 林　峰
李秀香 游翠英 刘起宏 洪　杰 孙建国

江西省

余锦冰 袁泽华 金国顺 张林生 王海洪
黄茂棣 李光华 彭业明 李慧玲 胡新华
严传火 刘礼河 陈志明 李临娟 曹志远

山东省

宋永生 袁崇仁 苑芳义 韩国祥 包汉富
杨炳平 朱绍远 谭延伟 丁玉凤 陈　青
于国治 楚忠亭 李继银 刘春杰 苏庆亮

河南省

王学德 卢文意 史广敏 张建章 张义清
高　山 崔书奎 徐常喜 谢连章 张荣山
董清河 王令茹 许金堂 原毅彬 闫虎成

湖北省

刘晓洪 刘德政 林荣元 彭　国 陈文贵
彭明方 徐洪洲 尹维真 韩呼生 雷培厚
李振祥 胡兴江 左后福 张海东 曾祥福
谭　科

湖南省

胡义应 陈良昌 姚智醇 刘文松 刘国云
潘林茂 朱建业 王柳成 晏世和 陈华斌
尹志坚 田月明 肖常锡 周海林

广东省

李贞祥 潘海棠 黎已娣 刘德良 罗　登
周章新 黄剑峰 冼志权 李金坚 蓝文红
巫南翔 林家斌 彭佩忠

广西壮族自治区

张秀隆 盘秀育 韦胜红 任炳奇 奉海峰
牙祖发 潘祖庭 谢　旭 刘国学 陈　琨
黎伟军 陈达有 林有贵 吴治保

海南省

黄丽萍 吴曼东 韩　朝 陈忆多 张华荣
黄守强

重庆市

何　平 凌　云 沈玉胜 卢定国 郭锡兰
杨大可 罗　杰

四川省

周洪森 李秀雄 李德贤 郭亨孝 李晓华
曾凡刚 陈明仁 李德平 袁文斗 宋俊华
文　强 沈忠仁

贵州省

杨继忠 郭祖光 赖成惠 滕传金 秦代菊

包忠勇　刘家良　李宗辉　唐家友　刘卫平
翁　琴　莫福勇　邓锦光　晏世强

云南省

赵汝金　丁光俊　杜国胜　怒晓军　金　书
曾丽华　裘福新　马廷光　陈丽存　张文义
王利安　胡道长　杨洪枝

西藏自治区

旦巴曲扎　加永尼玛　尼　玛　阿旺泽仁
拉　顿

陕西省

姚引良　孙晶明　刘建明　郭兆国　宗世新
张建芳　刘有社　张守诚　魏鹏文　辛占良
武建书　权力军　寇　旭　李建设　胡建设

甘肃省

宋芸平　祁永安　王作亚　王生德　富延年
魏邦平　程仁俊　段忠辉　赵银录　马进臣
苟兆麒　杨扎代　陈浩文　康　军

青海省

刘成邦　赵忠学　张荣辉　刘　琦　张鸿英
江本哲　龚成海

宁夏回族自治区

李桂琴　丁玉龙　张淑娥　王学增　曹立平
邵军高

新疆维吾尔自治区

张义智　周宏伟　王　遥　古丽尼沙·牙库甫
石振业　克孜尔别克　刘　军　王君玉　陈克强
赵卫国　王兴武　高　伟　贺旭东　田宝远
曾国强

大连市

黄子茂　周在敏　李　波

宁波市

陈炳水　周春良　陈基成　王永樟

厦门市

陈卫东　张亚民

青岛市

邵　林　王建刚

深圳市

钟志阳　赖肖明　许利佳

中共中央直属机关

张卫峰　王宝明　戚绍领　高继华　成　功
刘长山　李秋香　崔锡州　陈英林　李长山
虞　进

中央国家机关

冯树森　闵佩宝　祝赤军　李维义　张振生
赵景文　彭秀英　于国华　倪居华　程建凯
李小祥　郭润明　王盛钢　郝玲生　钟加德
桑建霞

住房和城乡建设系统

赵御龙　李天雄　樊德清　何　灿

交通运输系统

曲国仲　沈志强　陆惠良　邢志远

铁道系统

隋秀成　王　健　朱　豪　刘金弟　李桂明
李光林

水利系统

王治国　秦鸿儒　陈　健　潘庆宾

农业系统

罗　健　时彦民　周春来

中国石油天然气总公司

李必辉　石兴荣　陈晓娜　张　勇　孟　灵

中国石化集团总公司

杨玉武　柯宏华

中华全国总工会

江鲁川　于学斌　王庆林

共青团中央

黄大伟　曾国强　王海涛　石战军

全国妇联

刘菊梅　李群花

中国人民解放军

曹　森　赵雪峰　王益斌　李春志　李胜杰
吴　华　李举亮　王永堂　樊建新　李从启
叶广群　王　声　王　洪　刘仰明　隗继星
周金陵　唐　锴　刘新馥　周泽平　梁吉尧
钱毅平　杜长宝　党拴成　柳社龙　寻晓明

中国人民武装警察部队

陈世东　刘　斌　岳金利　程　章　李文华
董四栓　冯启清　涂运涛　郑文友　李恒富
张建昌　张文平　石少军

新疆生产建设兵团

顾艳春　陈庆良　张　英

（全民义务植树和全国城乡绿化由周力军供稿）

林 业 产 业

【现代林业产业宏观调控体系建设调研】 2008年7～9月，按照国家林业局调查研究工作协调小组办公室要求，全国木材行业管理办公室对福建、浙江、湖北、湖南4省进行了现代林业产业宏观调控体系建设专题调研。探索建立完善支撑现代林业产业发展的宏观调控体系的有效途径，研究提出了建立市场准入制度，制定行业规划和产业政策，建立完备的预测预警信息系统，扶优扶强、打造品牌，综合运用经济、行政、法律手段，促进林业产业的健康发展的政策措施。 （赵 戈）

【促进林业产业发展巩固集体林权制度改革成果调研】 2008年11月，全国木材行业管理办公室在贵州、重庆等省（市）开展了促进林业产业发展巩固集体林权制度改革成果专题调研。调研组深入县、乡、村，了解当地林业产业的实际状况及发展潜力，与林改相结合，根据各地不同的自然资源条件和经济发展水平，探索促进农民增收的发展模式，研究提出了比照农业税费政策调减林业税费政策，减轻林农负担；逐步完善森林生态效益补偿基金制度，尽快扩大补偿范围，提高补偿标准；借鉴农业直补政策，逐步建立起适应林业发展需要的补贴制度，尽快落实造林、抚育、保护、管理投入的补贴；落实好林权抵押贷款政策，加大林业贷款财政贴息，解决林业生产资金不足的问题；加快建立政策性森林保险制度；改革林木采伐管理制度等一系列与集体林权制度改革相协调的，有利于林业产业健康、持续发展的政策措施。

（赵 戈）

【木材安全保障战略研究】 近些年来，我国木材类产品进口总量逐年增加，木材消费对进口的依赖程度越来越大，我国木材安全问题越来越受全社会的关注。2008年，全国木材行业管理办公室和中国林科院科信所成立了专门的研究课题组，重点研究中国木材安全状况，进行中国森林资源保障木材安全的潜力分析，并借鉴世界一些发达国家的经验，提出了我国木材安全保障战略的总体思路、基本目标、主要途径和保障木材安全的政策措施。 （赵 戈）

【国家级木材贸易加工示范区建立】 2008年7月，国家林业局批准同意在山东省日照市建立了第二家国家级木材贸易加工示范区。 （孔 卓）

【2008中国林产品交易会】 2008年9月19～22日，国家林业局和山东省政府在菏泽市举办了2008年度中国林产品交易会。来自美国、澳大利亚、日本、俄罗斯、韩国、意大利、印度、塞内加尔、乌干达等21个国家和地区及国内19个省（区、市）的客商参加了交易会，共签订合同及协议1091个，其中：内资合同、协议1004个、金额41.24亿元，外资合同、协议87个、金额1.9亿美元。 （孔 卓）

【第四届中国（牡丹江）木业博览会】 2008年8月27～29日，国家林业局和黑龙江省政府在牡丹江市举办了第四届中国（牡丹江）木业博览会。木博会共接待俄罗斯、德国、韩国、加拿大、新加坡等国家和地区及国内的代表团53个，参会代表企业1000多家；参展商1100多人，采购商300多人；展位900多个；参会嘉宾3000多人；参观人员达4万多人次。参展产品主要有木工机械、木制产品、木业配套产品、林业科技产品、林副产品、家具六大类2200多种。签订招商引资合同项目35个，合同金额68.5亿元；签订贸易合作项目12个，金额10.6亿美元。现场产品销售合同签约额6700万元，现场交易额240多万元。

（孔 卓）

【第四届海峡两岸（三明）林业博览会】 2008年11月6～9日，国家林业局和福建省政府在三明市举办了第四届海峡两岸（三明）林业博览会。林博会秉承“以林为桥、沟通两岸、加强合作、共同发展”的办会宗旨，展示了林业改革开放的成果，拓展了两岸林业交流合作的空间，搭建了林产品的展示交易的平台，取得了较好的成效。共签约项目168项，总投资125.12亿元，其中总投资在10亿元以上的重大项目3项，总投资额32.7亿元；签约台资项目12项，总投资1.16亿美元；签订生物医药类项目26项，总投资25.89亿元。 （孔 卓）

【全国林业产业基础数据库】 2008年底，国家林业局建立了全国林业产业基础数据库，开通了中国现代林业产业网（www.zglycy.com.cn）。数据库的建立实现了国家林业局与各省（区、市），内蒙古、吉林、龙江、大兴安岭森工（林业）集团公司林业产业主管部门的专网连接，使数据的采集更便利、全面、及时、准确。中国现代林业产业网是为社会提供全面的林业产业情况的一个对外窗口，是互相加强沟通、完善服务的一条重要途径。 （孔 卓）

【林业安全生产】 2008年是国务院安委会确定的“隐患排查治理年”，也是极其特殊的一年。年初南方的雨雪冰冻和“5·12”四川汶川大地震两次特大自然灾害给所在林区和林业造成了重大损失，给林业安全生产带来巨大压力。国家林业局针对两次特大灾害造成的安全生产重点和难点进行了分析研究，及时安排部署，切实做好非正常自然条件下的林业安全生产工作，并组织有关专家赶赴一线指导，为灾区重建和恢复生产提供了大量技术、资金支持。紧接而来的奥运安保对林业安全生产提出了更高要求，国家林业局在林业防灾、减灾、抗灾、救灾和灾后恢复重建工作期间，将隐患排查治理工作列为重要工作内容，并作为防止发生次生灾害的基础性工作，下发了《国家林业局关于做好防范应对强降温降雪天气的通知》、《国家林业局关于进一步加强灾害性雨雪冰冻天气应对和善后救灾工作的通知》、《国家林业局关于进一步加强灾后重建有关工作的紧急通知》、《国家林业局关于进一步开展安全生产隐患排查治理工作的通知》等17份文件，对林业安全生产工作的各个环节予以工作部署和指导，并下派督查组深入林区检查督导，使林业减灾救灾和灾后重建工作得以顺利开展，确保林业安全生产形势稳定，有力维护了灾区和林区的社会稳定。 （杨万利）

森林资源保护与林政管理

森林资源保护

林业有害生物防治

【综　述】 2008年，森林病虫害呈偏重发生。发生面积1147.87万公顷，其中成灾27.13万公顷。

一年来，各级林业主管部门通过认真贯彻落实“预防为主，科学防控，依法治理，促进健康”的防治方针，狠抓防治基础能力提高和重大林业有害生物防治，积极开展突发灾害应急处置，取得成灾率1.6‰，无公害防治率80.3%，种苗产地检疫率94%，测报准确率85%的积极成效。

发生情况

森林病害 松材线虫病发生6.43万公顷，病死树106.17万株，分别比2007年减少0.72万公顷和13.20万株。杨树烂皮病、杨树溃疡病等杨树病害在河南和山东等省部分地区严重发生，发生面积36.87万公顷，其中河南省发生范围及危害面积呈扩大趋势。经济林病害在南方和黄淮地区发生面积有所扩大，由于低温雨雪冰冻天气，使油茶病害、板栗干部病害等在江西、浙江、湖南、广东、广西等地加重危害，油茶炭疽病、油茶煤污病和油茶软腐病为主的油茶病害在江西油茶产区均有发生，危害面积达2.47万公顷。

森林虫害 美国白蛾发生38.13万公顷，同比增加31%。经专家验收确认，陕西省根除了美国白蛾疫情。北京市及周边地区疫情得到全面控制，确保了绿色奥运目标的顺利实现。与山东省聊城市接壤的河南省濮阳市发现美国白蛾疫情，发生面积0.82万公顷，主要分布在道路两侧，呈点、线状。山东省疫情扩散严重，新增疫情县(市、区)43个，发生面积达12.07万公顷。

松突圆蚧发生58.33万公顷，同比下降6%，但在与广东交界的江西和广西发生范围有所增加。

椰心叶甲在海南发生1.67万公顷，疫情扩散速度同比下降40%。

苹果蠹蛾在甘肃河西向东扩散300多千米，兰州等6市的16个县(区)的111个乡(镇)发生0.87万公顷。

杨树蛀干害虫发生79.6万公顷，主要分布在辽宁、吉林、内蒙古和安徽等省(区)。其中安徽桑天牛等蛀干害虫发生6.93万公顷，同比增加1.67万公顷。

受低温雨雪冰冻天气影响，2008年，松毛虫在南方地区发生面积减少24.13万公顷，下降30%，但辽宁、内蒙古、江西、贵州和云南等省(区)局部地区发生较重。

松树钻蛀性害虫，由于受2008年初雨雪冰冻灾害天气影响及“5·12”汶川地震对灾区森林植被的破坏，使这些地区的松树钻蛀性害虫发生严重。如松褐天牛、切梢小蠹、柏肤小蠹、松瘤象等，全年发生面积72.93万公顷。

枣食蝇在新疆维吾尔自治区得到有效控制。

舞毒蛾的发生面积有较大幅度下降，全年发生面积35.53万公顷，为害程度减轻。

竹缕舟蛾在雨雪冰冻灾害严重的湖南省衡阳市、郴州市发生严重，发生面积1.67万公顷，成灾0.067万公顷。

枣尺蠖、食芽象甲在山西省偏重发生。

柏小爪螨在四川省呈暴发态势，发生面积4.4万公顷，主要分布在绵阳市、广元市，较大范围造成柏木鳞叶枯黄。

白蚁在山西发生面积4.73万公顷，局部地区危害仍较严重。

森林鼠(兔)害 2008年森林鼠(兔)害仍主要分布在西北、东北、华北地区，发生面积152.8万公顷，同比下降30%。其中，野兔在内蒙古、陕西等地发生20.87万公顷，大沙鼠在新疆、内蒙古发生10.93万公顷。

有害植物 全年共发生面积29.07万公顷，同比下降14%。

采取的措施

积极做好大灾后林业生物突发灾害预防工作 针对年初南方大面积雨雪冰冻灾害对林业有害生物带来

的严重影响，国家林业局高度重视，先后下发了《关于抓好灾后林业有害生物防治工作的紧急通知》、《关于防止松材线虫病扩散蔓延的紧急通知》和《关于切实做好地震灾后重建过程中林业有害生物防治工作的通知》。发布了《特大雨雪冰冻灾害后林业有害生物预警》，在中央电视台"天气预报"栏目播放预警信息，提醒相关部门和广大林农做好雨雪冰冻后可能发生的灾情监测和防治工作。组织专家深入灾区调研，指导灾后林业有害生物防治。编制并免费发放了《雪雨冰冻灾害后林业有害生物防治知识40问》、《杨树烂皮病发生与防治》、《油茶病虫害防治指南》。在局门户网站上开办了林业科技专家网上"坐堂应诊"，邀请专家网上解答春季主要森林病虫害防治技术。

及时有效处置突发林业生物灾害 2008年，新疆枣实蝇疫情、河南新发现美国白蛾疫情等突发林业生物灾害事件发生后，国家林业局及时发布了《林业有害生物警示通报》，要求各地加强相关疫情的防范工作；组织有关专家赴灾情发生地开展了实地调研，了解危害情况；指导当地进行科学防治，指导制定了《西藏山南地区春尺蠖防治技术方案》、《河南省美国白蛾防治应急预案》等。各地发生突发灾害后，及时成立了工作领导机构，启动应急预案，组织开展灾情普查，积极开展灾害除治，确保了灾害处置有效。如新疆发生枣实蝇危害后，自治区及时成立了枣实蝇防治领导机构，制定启动了《枣实蝇应急处置方案》，公布了枣实蝇疫区，成立了专业防治队22支，并筹措资金购置防治设施设备110台，累计防治面积达1.33万公顷，由于自治区领导重视，反应迅速，措施得力，枣实蝇疫情已基本得到控制。

认真做好突发灾害应对基础能力建设 2008年，各地在突发林业生物灾害事件应急预案体系逐步健全的基础上，积极多方筹措资金，配置了诱虫灯、高射程施药机等一批应急防治设施设备，大大提升应急处置能力。如北京奥运前夕，河北省坝上地区、内蒙古自治区突发草地螟虫灾，此后草地螟大规模迁京，在奥运会场馆周边灯光集中地区聚集成灾，北京市园林绿化局利用应急防控储备的设备和生物农药进行紧急除治，圆满完成了草地螟的防治任务，有力地保障了奥运会的顺利举办，赢得了北京奥组委的表扬和有关方面的一致好评。河北等地租用R44、运五－B和S－300C等轻型飞机、直升机1808架次，进行灾害防治，极大地提高了防治工作质量和效率，取得了较好效果。

广泛推广无公害防治技术 在做好突发林业生物灾害防治工作的同时，国家林业局坚持推广无公害防治技术。按照产学研协作的思路和"试点示范、典型引路"的方法，总结推广了一批先进防治技术。如组织开展了林业害虫生防菌及林木腐朽菌资源标准化整理整合、贝奥雄性不孕剂推广等一大批重点项目研究和先进技术推广；开展了0.12%藻酸丙二醇酯可溶液剂防治春尺蠖药效试验和多功能高效节能型综合防治机械田间试验等高毒禁用农药替代产品的筛选和林间新药剂药械试验；公布了林用药剂药械优良产品推介名单等。各地开展突发灾害防治工作，坚持在使用生物农药、仿生农药等无公害农药的同时，也积极使用推广无公害防治技术。如重庆市研制开发了白僵菌、森得保、苦参烟碱、硫磺、绿色威雷5种灭虫药包，在云南、四川、贵州等地推广应用3万多枚灭虫药包；北京等地为防治美国白蛾，人工繁育和释放白蛾天敌——周氏啮小蜂达271.2亿头，确保了林业生物灾害的无公害防治。

（王晓华）

自然保护区建设

【综　述】

国家级自然保护区晋升 国家级自然保护区晋升、建设和管理是国家林业局自然保护区管理工作的重点内容之一，2008年1月，国家林业局上报并管理的17处自然保护区经国务院办公厅批准为国家级自然保护区，它们分别是：北京百花山国家级自然保护区，河北滦河上游国家级自然保护区，茅荆坝国家级自然保护区，内蒙古大青山国家级自然保护区，黑龙江珍宝岛湿地国家级自然保护区，红星湿地国家级自然保护区，双河国家级自然保护区，福建君子峰国家级自然保护区，江西鄱阳湖南矶湿地国家级自然保护区，马头山国家级自然保护区，山东昆嵛山国家级自然保护区，湖北七姊妹山国家级自然保护区，湖南借母溪国家级自然保护区，八面山国家级自然保护区，广西金钟山黑颈长尾雉国家级自然保护区，海南吊罗山国家级自然保护区，四川海子山国家级自然保护区，陕西天华山国家级自然保护区。

2008年7月，为推动国家级自然保护区进一步发展，经林业系统国家级自然保护区评审委员会评审，国家林业局将北京喇叭沟门等15处资源具有典型性和代表性，管理具有一定基础的省级自然保护区，上报国务院提请晋升为国家级自然保护区。

截至2008年底，国家林业局经国务院批准的国家级自然保护区有231处，面积7429.82万公顷。

国家林业自然保护区基础设施建设 2008年国家林业局批复了北京百花山等50个国家级自然保护区基础设施建设可行性研究报告，批复总投资为43 951万元，其中中央投资35 910万元；并已下达中央投资2.4亿元用于国家级自然保护区的基础设施建设，保护区管护能力得到进一步提高。

自然保护区发展 2008年，全国林业系统新增各种类型的自然保护区53处，使全国林业系统自然保护区达2006处，总面积12 280.5万公顷，占全国国土面积的12.78%。林业系统自然保护区有效地保护了我国大部分森林、湿地、荒漠等生态系统、珍稀野生动植物物种及其栖息地，为维护国家国土生态安全和生物多样性保护作出了巨大贡献。

截至2008年底，我国共有28处自然保护区加入了国际人与生物圈保护区网络，其中林业系统自然保护区20处；27处林业系统自然保护区被列为国际重要湿地名录；此外还有18处自然保护区成为世界遗产地的组成部分；内蒙古达赉湖、上海崇明东滩等一批自然保护区加入东亚－澳大利亚涉禽迁徙网络；安徽升金湖、江西鄱阳湖等一批自然保护区被列入东北亚鹤类保护网络。

自然保护区总体规划及旅游规划 2008年，国家林业局组织专家审核批复了湖北神农架等10个国家级自然保护区的总体规划，从而使184个林业系统国家级自然保护区的总体规划得到审批，占所有林业系统国家级自然保护区总数的80%；此外，还组织专家对云南西双版纳等9个国家级自然保护的生态旅游规划进行了评审论证并得到国家林业局批复，有力地促进了这些保护区生态旅游活动的开展。

自然保护区培训 根据《中国国家林业局与大自然保护协会关于保护区高级管理人员能力建设合作项目之谅解备忘录》，保护司组织了赴美提高保护区高级管理人员能力培训考察团，于2008年5月10日至6月3日分别在清华大学和美国进行培训和考察，其中在美国21天。人员包括了国家林业局有关单位、部分省林业厅的有关人员，以及12个示范自然保护区的领导，共计21人。培训考察的主要目的，就是通过学习和借鉴国内外管理的成功经验和案例，提升示范自然保护区高级管理人员及规划专家有效管理保护区的能力和执行力，加快示范自然保护区建设。通过国内外的研讨、培训和考察，了解国外的自然保护现状。特别是拜访美国林务局、鱼和野生动物管理局、大自然保护协会总部和亚太区总部，系统了解美国的保护情况，以及社会团体在自然保护中的作用。通过对国家公园、国家森林、州公园等涉及自然保护的地方进行实地和案例考察，学习和了解美国不同类型保护区的保护技术和规划管理方法，以及如何为生物多样性保护这一最终目的服务的方法。

10月26日至11月1日举办了国家林业局第十二期国家级自然保护区领导干部岗位培训班，41位国家级自然保护区的局长接受了培训。此项培训从1998年至今，累计培训了国家级自然保护区管理局局长达560多人。主要培训内容为国家有关自然保护区建设管理的法规、政策，生态保护和自然保护区建设管理的基本理论，国内外有关自然保护区管理的先进理念和做法，以及如何应对突发事件等。此次培训，印红副局长结合当前学习科学发展观活动就自然保护区建设管理涉及的问题与学员进行了座谈，听取保护区一线领导的意见和建议。

11月3～7日，为丰富和拓宽示范自然保护区领导干部对自然保护区建设管理的业务知识和思路，并了解编制示范保护区实施方案的要领，从而促进示范自然保护区工作的深入开展。根据国家林业局2008年的培训计划，保护司举办了全国示范自然保护区业务骨干培训班。重点围绕《林业示范自然保护区建设实施方案》的编写工作进行了有关培训。各省林业厅保护部门的有关负责人、全国51个示范自然保护区负责保护业务的领导同志参加了培训。

此外，根据中日生态合作培训项目计划，2008年还举办了由部分国家级自然保护区的领导参加的第三期野生动植物保护及自然保护区建设管理技术培训班。此外，还举办了3期自然保护区生态旅游可持续发展高级研讨班，对近百名保护区人员进行了培训。

总之，通过培训，提高了林业系统国家级自然保护区管理人员的政策和业务素质，对于加强全国林业自然保护区建设、促进整体管理水平的提高发挥了重要作用。

海峡两岸交流合作 根据多年与台湾的国家公园学会建立的在海峡两岸轮流举办交流研讨会的合作机制，并经国台办批准，2008年8月31日至9月12日在甘肃、新疆召开了第十一届海峡两岸自然保护区业务交流研讨会。台湾方面组织了包括7个国家公园在内的16名会员参加了会议，大陆方面从事自然保护有关的教学、科研、行政管理及自然保护区等单位的90余人参加了会议。与会人员通过与台湾同行交流和实地考察，不仅了解了台湾自然保育的情况，更学习到了先进的保育理念和科学的保育技术，特别是台湾在兼顾自然资源生态、社会和经济效益的具体理念和方法，对建设和谐社会更具指导和借鉴意义。

【大熊猫保护】

齐心协力，抗震救灾 “5·12”汶川地震影响了川陕甘三省190余万公顷的大熊猫栖息地和大约1400只野生大熊猫。49处大熊猫保护区不同程度受损，据不完全统计，损毁房屋约36万平方米，供水线路143.2千米，道路4106千米、野外保护设备2891台套，交通工具78辆，供电线路930千米，变电站所72个，通讯线路302千米。四川重灾区有近

12万公顷栖息地彻底毁坏，占四川省灾区大熊猫栖息地的6.5%，占18个受灾县(市)大熊猫栖息地的9.0%。

地震发生后，局党组高度重视，立即成立抗震救灾领导小组，紧急动员部署；贾治邦局长、祝列克副局长、印红副局长等局领导亲赴救灾第一线；财政紧急拨付200万元，安排大熊猫国际合作资金990万元，协调中央财政拨付专款926万元用于抗震救灾；组织协调大批救灾物资和筹集社会捐款；协助卧龙安全分流54只受灾大熊猫，紧急批建20套永久圈舍、17套临时圈舍以及四川都江堰建设卧龙大熊猫救护和疾病防控中心。

搞好灾后重建 为掌握地震灾情损失和对大熊猫及其栖息地影响详细情况，为灾后恢复重建和生态修复工作提供基础科学数据，国家林业局和川、陕、甘三省及卧龙、佛坪、白水江自然保护区及时开展了地震灾情和生态影响实地调查评估，在此基础上对《全国大熊猫及其栖息地保护工程规划》进行了修订完善，编制完成了《汶川地震灾后四川省大熊猫栖息地恢复和保护规划》、《四川省汶川地震灾后生态修复规划》、《四川省汶川地震灾后林业生态修复规划》、《四川省国家级自然保护区汶川地震灾后恢复重建实施方案》、《卧龙特区(卧龙国家级自然保护区)10+1恢复重建规划》、《佛坪保护区灾后重建及基础设施建设方案》、《白水江自然保护区生态恢复规划和管理局恢复重建规划》。积极协调支持川、陕、甘三省及卧龙、佛坪、白水江自然保护区争取落实项目资金。四川省根据《地震灾后四川省大熊猫栖息地恢复和保护规划》，根据国家林业局统一部署，从国家、地方和国际保护组织多渠道筹措资金，启动大熊猫栖息地恢复重建工作。卧龙自然保护区总额14.1576亿元人民币的20个香港援建项目，已于2009年2月20日获得香港立法会批准通过；国家林业局为卧龙香港援建项目配套安排了2.7亿元地震灾后林业重建资金，用于中国保护大熊猫研究中心、大熊猫疾控中心的征地和职工工作用房、保护基础设施等19个项目重建；在四川省林业厅的努力下，四川省政府为卧龙安排了总投资为2.46亿元的5个生态修复项目，还从国务院《汶川地震灾后恢复重建总体规划》的生态环境部分为卧龙争取到了专项恢复重建资金19.6543亿元；卧龙特区两个乡镇的民房等基础设施重建纳入了广东省潮州市和揭阳市的援建范围。陕、甘两省和佛坪、卧龙自然保护区也在从多个渠道积极争取有关规划项目的资金来源。

抓好野外保护工作 地震发生后，国家林业局积极与中科院生态中心等科研机构以及三省林业厅沟通，主动了解地震对大熊猫及其栖息地的破坏情况，强化大熊猫野外监测工作，编制完成《全国大熊猫及其栖息地监测技术规程》重点关注地震影响主食竹变化及野外大熊猫生存情况，按照《监测规程》，在常规监测基础上加强了震后野外大熊猫及其栖息地状况的监测。四川省全年完成了200多条(个)调查和监测样线(样方)，四川省野生动物资源调查保护管理站克服地震带来的不利影响，继续对“盛林1号”进行跟踪监测。甘肃省完成了样线140条的监测巡护工作，陕西省各大熊猫保护区和产区县加强了固定样线的巡护监测。责成各级大熊猫救护机构做好救护应急准备，应对震后可能出现的救护大熊猫数量增多的情况。常规监测中在野外发现自然死亡大熊猫尸体1具。全年共野外救护大熊猫11只，救护成活10只，死亡1只，放归3只，暂时收养7只。

发展大熊猫圈养种群 扩大圈养种群数量优化圈养遗传结构是大熊猫移地保护在停止从野外补充种源，依靠自身持续发展的重要任务，2008年繁育工作在配对交配、遗传物质交流、人工授精等环节严格贯彻这一指导思想，召开繁育配对工作会议，协调、指导完成了成都基地与楼观台，卧龙与香港海洋公园的繁育合作和遗传物质交流工作。全年共繁育圈养大熊猫23胎35只，成活31只，圈养种群总数达268只，圈养单位保证了在优化结构前提下，大灾之年大熊猫种群仍然稳步发展的局面。

完成“团团、圆圆”入岛任务 从2005年5月初中台办、国台办宣布大陆同胞赠送台湾同胞一对表达亲情和友情的大熊猫以来，与有关方面密切配合，2008年“团团”和“圆圆”顺利飞抵台湾，圆满完成了承担落实赠台大熊猫任务。奥运大熊猫展示取得预期效果。

大熊猫国际合作交流 ①加大了大熊猫国际合作项目计划和资金下达工作，全年共安排项目计划5204.27万元，下拨项目经费2446.6万元，支持项目39个，下达财政专项经费900万元。②我国在外承担合作研究任务大熊猫2008年成功繁育3胎4只，成活3只。③与圣地亚哥动物园合作延期顺利签约，与澳大利亚阿德莱德动物园和日本上野动物园大熊猫合作研究落实工作进展顺利。

【德保苏铁回归自然试验项目】 2008年4月2日，经过全国苏铁种质资源保护中心人工培植并精心挑选的500株德保苏铁从深圳仙湖植物园正式回植到德保苏铁的原生地——广西黄连山自然保护区。这是我国首次由政府主导对一个濒危物种进行的回归试验项目，受到社会各界的高度关注。为全面跟踪调查野外回归种群的生长情况，研究完善项目技术方案、进一步唤起社会公众对野生植物保护事业的关注，保护司于2009年4月10日再次邀请有关专家和新闻媒体赴广西德保县对德保苏铁的回归试验项目进行了考察和跟踪报道。现场考察发现，一年前回植的500株德保苏铁，已有471株长出新叶，发叶率达94%，回植苗木的根系发育强壮，并伴有苏铁特有的珊瑚根生长，没有发现根茎腐烂或其他病虫害。专家鉴定结果说明德保苏铁回归自然试验项目已取得了初步成效。德保苏铁回归试验是一项长期的工作，还需要进行长期的观测和研究，以确保德保苏铁回归自然取得最终成功。（自然保护区建设由保护司供稿）

野生动植物保护与繁育

【野生动物保护与繁育】

野生动物行政许可监督检查 为切实履行好野生动物保护管理行政许可监督检查职责，按照《行政许可法》第十条和第六章的有关规定，国家林业局保护司于2008年7～12月组织各方面专家，对2007年7月至2008年7月间野生动物行政许可五大领域进行了监督检查，一是利用珍贵濒危野生动物成分生产药品及销售、且涉及物种受国内外高度关注的行政许可事项的实施情况；二是规模较大、涉及国家一级保护野生动物种类较多的驯养繁殖行政许可事项的实施情况；三是部分地区野生动物进出口行政许可事项的实施情况；四是利用蟒皮（乐器）、象牙（工艺品）等涉及敏感物种的行政许可事项的实施情况；五是我国南方大量引进龟鳖类的行政许可事项的实施情况。

本次监督检查由局保护司组织，邀请了中国中药协会、中国野生动物保护协会养殖专业委员会、中国乐器协会、中国工艺美术协会、南京龟鳖研究会、中国实验灵长类开发协会的专家参加，并委托国家濒管办北京、沈阳办事处对北京、辽宁、吉林地区的野生动物进出口情况进行了检查。监督检查涉及的相关产品检验、检测工作，由东北林大野生动植物检测中心承担。参加人员达58人，分7个工作组，分别赴21个省（区、市），对列入监督检查重点领域的376家企业和单位实施相关行政许可的情况查阅档案记录和实地检查；多次组织座谈研讨，征求意见和建议；采取公开、不公开方式对市场经营利用相关野生动物及其产品的情况进行了抽查；对存疑样品，统一交由东北林大野生动植物检测中心检验检测。

通过本次监督检查，一是较全面掌握了野生动物保护管理大量行政许可事项的实施情况，2007年至2008年7月之间国家林业局野生动物行政许可决定完成实施的占76%，部分实施的占11.2%，没有实施的占12.8%；二是对龟鳖类养殖、利用野生动物入药、利用蟒皮生产二胡、野生动物驯养繁殖相关产业状况及动向和野生动物及其产品进出口总体格局，有了更加深入的了解；三是发现了一些非法经营利用野生动物或其产品的行为和行政许可工作中技术规范不健全、监管不到位、手续繁琐、不适应市场时效、政策宣传不到位、基层保护管理机构曲解政策等问题，以及对野生动物繁育产业缺乏必要的国家扶持政策等问题，需要今后工作中予以进一步加强或改进。此外，通过监督检查，在宣传野生动物保护法律法规和政策方面产生了日常宣传达不到的作用和效果；对业界加强自律、依法经营具有积极的警醒作用，对非法经营者具有较强的震慑效果；加强了业界与管理层的沟通与交流，促使管理层能在更好地了解业界需求和行业发展趋势、面临问题的基础上，研究政策、改进管理方式、提高服务意识。这对今后林业主管部门进一步规范行政许可行为，推动行业和谐、可持续发展，具有十分积极的意义。

野生动物肇事补偿试点 2008年6月16日国家林业局发出《关于开展野生动物肇事补偿试点工作的通知》（林护发［2008］127号），在吉林、云南、西藏、陕西4省（区）正式启动了野生动物肇事补偿试点工作。随后，国家林业局对各省（区）上报的野生动物肇事损失及补偿情况，及时进行了审核，组织开展了电话抽查和实地核查检查，调研分析了有关试点省（区）补偿工作中面临的问题，于12月22日向试点省（区）下达了2008年野生动物肇事补偿试点部门预算经费，并明确了上述补助经费使用的范围和方向，补偿条件、程序和标准等，提出了管理要求，指导各地公正、合理开展补偿。

近年来，国家不断加强生态建设，实施了天保、退耕还林、野生动植物保护等一系列生态保护工程，自然生态状况逐步改善，野生动物生存条件也得到相应改善，各地野生动物种群逐步增长，活动范围不断扩大，导致野生动物损毁农作物、伤害家畜、人员以及毁坏生产生活设施等情况日益频繁，受到社会各界的强烈关注，已成为野生动物保护面临的焦点问题。对这一类问题，《野生动物保护法》明确规定：“因保护国家或地方重点保护野生动物，造成农作物或者其他损失的，由当地政府给予补偿”。但由于野生动物分布较集中的地区多为偏远地区，地方财力有限，难以负担补偿费用，实际上大部分地区国家补偿义务未能兑现或补偿标准过低，严重损害了群众的合法利益，也挫伤了地方保护野生动物的积极性，不利于野生动物保护事业的发展。

对上述情况，国家林业局和财政部十分重视，一直积极研究解决办法，争取到从2008年开始，在中央财政专项事业经费中安排1250万元专项资金，在依法制定了《野生动物损害补偿办法》的吉林、云南、陕西、西藏4省(区)，开展野生动物肇事补偿试点。为稳妥、周密组织好试点工作，国家林业局在正式启动试点工作之前开展了专题调研，召开了野生动物肇事补偿试点工作会，专题研究野生动物肇事补偿试点工作原则、要求、实施方案和监督检查办法，为补偿工作制度化奠定良好的基础，以确保人民群众因保护国家重点保护野生动物导致的损失得以合理补偿，体现党和国家对维护人民群众合法权益和野生动物保护事业的重视和关心，推进野生动物保护与社会经济的协调、可持续发展。

象牙及其制品规范管理 2008年12月16日国家林业局发布了《关于进一步加强象牙及其制品规范管理的通知》(林护发[2008]258号)，一是依法将非洲象核准为国家一级保护野生动物，对其活体及其产品，按原产我国的国家一级保护野生动物及其产品进行管理；二是要求全面核查库存象牙原料及其制品，将有关情况逐一登记造册并经核实后报国家林业局，特别是要强化监管进口原料，对其实施标准化封装和登记注册；三是在全国范围内对象牙加工经营活动开展清理整顿，明确了象牙加工企业和象牙制品销售单位应达到的条件和标准，提出了将对清理整顿后企业情况进行抽查、评审和公告；四是要求严格控制新增象牙加工企业和象牙制品销售点，要根据本区域经济社会状况和监管能力，按照"控制规模，合理布局"的原则从严掌握，对符合本通知规定条件申请新增定点的，经国家林业局统一评审后公告；五是进一步完善象牙制品标识管理试点措施，明确所有象牙制品须加载"中国野生动物经营利用管理专用标识"方可出售、陈列、展览或申办允许出口证明书，利用从非洲四国进口的象牙原料加工生产的象牙制品不得再次出口；六是严格限定象牙原料年度消耗量，优化原料配置机制，将每年度全国象牙原料消耗总量原则上将控制在5吨以内，确保维持象牙雕刻产业15~20年的原料需求，并且有关象牙原料出售或调配计划、象牙原料消耗计划，均须经统一评审后依法作出行政许可决定；七是健全象牙原料及其制品信息管理系统，对从非洲四国进口的象牙建立专门的数据库和核销制度；对个人保存及合法进口的象牙及其制品经核实来源，确认合法有效后方可予以注册标识，并纳入信息库进行管理；八是要求加强行业自律，提升雕刻工艺水平，加强象牙雕刻技艺的研究和交流，逐步形成各有所长、优势互补的良好发展格局；九是完善执法合作机制，加大宣传力度，要求各级林业主管部门会同公安、文化、海关、工商等部门加强执法检查和宣传，在情况严重的区域要适时组织专项治理行动，切实遏制走私及非法加工经营象牙及其制品的犯罪势头。

上述强化规范管理措施，是在我国象牙雕刻品定点加工、定点销售、统一标识管理制度及建立信息管理系统等措施取得成效、获得国际社会认可、争取到濒危野生动植物种国际贸易公约常委会批准我国从南非、纳米比亚、博茨瓦纳、津巴布韦四国一次性购买和进口其政府库存象牙原料的背景下实施的，其目的是更好地统筹兼顾象保护与象牙合理利用的关系，合理调控象牙原料的消耗，防止短期内象牙原料的过度消耗导致产业再次陷入资源危机，并有效遏制走私及非法加工销售象牙及其制品的犯罪势头，在大象保护国际事务中树立负责任形象，维护我国象牙雕刻传统工艺这一国家非物质文化遗产的声誉和可持续发展。

加入东亚-澳洲迁徙水鸟合作伙伴关系 2008年3月17日，经外交部和东亚-澳洲迁徙水鸟合作伙伴关系管理委员会批准，国家林业局正式成为东亚-澳洲迁徙水鸟合作伙伴关系成员。

东亚-澳洲迁徙水鸟合作伙伴关系是东亚-澳洲候鸟迁徙路线是全球最重要的迁徙路线上有关国家发起的政府间合作组织，主要致力于北起美国阿拉斯加和俄罗斯北极圈，经俄罗斯远东地区、日本、韩国、中国、东南亚，南至澳大利亚、新西兰等国家迁徙水鸟及其繁殖地、越冬地、迁飞停歇地的保护，涉及23个国家的700多块重要湿地，是5000多万只迁徙水鸟，包括28种全球濒危鸟类保护的关键区域。

加入该合作伙伴，将进一步加强我国与国际的交流与合作，提高我国水鸟保护和监测技术，扩大我国在该亚太区域水鸟保护的影响力，促进我国鸟类保护整体能力的提高。

向韩国赠送一对朱鹮 2008年8月25日，为表达中国人民的友好情谊，在国家主席胡锦涛和韩国总统李明博的见证下，国家林业局副局长李育材与韩国环境部副部长李炳旭签署了《中华人民共和国国家林业局与韩国环境部关于中国赠送朱鹮以及朱鹮繁殖与种群重建合作的谅解备忘录》。根据备忘录，中方于2008年10月17日赠送韩方一对命名为"洋洲"、"龙亭"的朱鹮顺利运达韩国，并开始双方在朱鹮繁殖与种群重建方面的合作。

韩国历史上也是朱鹮分布区，但由于种种原因，该物种已在韩国灭绝。韩国人民非常盼望该物种种群能够在韩国得以重建和恢复，并向中方表达了这一愿望。中方十分理解韩方的愿望，经多方积极努力，促成了这项合作。这体现了中韩两国政府在野生动物保护合作上的相互支持与合作，并成为中韩两国人民友好合作的又一象征。 (保护司)

濒危野生动植物进出口管理和履约工作

【综　述】　2008年，野生动植物进出口管理和履约工作坚持服务大局，积极主动履约，强化行政许可管理，进一步促进进出口产业发展，各项工作取得了明显成效。

强化野生动植物进出口管理　①进一步完善野生动植物进出口行政许可管理制度。制定了行政许可工作流程及行政许可工作违规责任追究规定的试行方案，强化许可工作的规范和监督管理；研究制定了奥运期间试行濒危野生动植物进出口行政许可简易程序的办法，推进绿色奥运的开展。②开展了对行政许可法实施情况专项监督检查工作。组织对国家濒管办总部和7个办事处行政许可工作进行了检查，以此进一步完善行政运行程序，有效加强依法行政和廉洁从政工作。③积极推动和改进个人携带人工栽培兰花赴港、澳管理制度。为配合中央“内地与港澳更紧密经贸关系安排”政策的实施，在商海关总署和香港、澳门公约管理机构等的基础上，与海关总署联合发出公告，对个人携带指定兰花品种的人工培植标本从广东省赴香港和澳门特区实行标签管理制度，进一步促进了内地与港澳特区之间文化交流和经贸发展。④探索加强木材进出口管理的措施，提高木材进出口管理和履约的能力。针对国际社会对我国大量消费和进出口世界各地木材及产品的高度关注，濒危野生动植物种国际贸易公约(CITES)也逐步将其管制范围向各种热带木材树种延伸的新形势，为逐步强化和改进对木材及其产品进出口管理水平，更好地履行CITES义务，维护国家利益，完成了我国木材进出口调研报告，对木材特别是热带木材的进出口进行了分析和评价，同时会同海关总署，在江苏张家港召开了全国木材进出口情况研讨会，积极推进木材进出口监管工作。⑤会同海关总署对《野生动植物进出口商品目录》进行了修订。编印了《野生动植物进出口指南》。⑥2008年共核发野生动植物进出口证书44 802份，涉及进出口贸易额202.58亿元。其中：核发允许进出口证明书25 774份，涉及贸易额19.08亿元；核发非进出口野生动植物种商品目录物种证明19 028份，涉及贸易额183.50亿元。

切实履行濒危野生动植物种国际贸易公约　①组织参加了公约动物委员会第二十三次会议和公约植物委员会第十七次会议，全面参加了有关公约议事规则和敏感议题等的讨论。并在动物委员会上成功推动公约秘书处公布了黑龙江(阿穆尔河)流域共享鲟鳇鱼资源出口限额的决定。②组织参加了公约常委会第五十七届会议。全面参加了公约50多项议题的讨论。我国在该会议上正式获得象牙贸易伙伴国地位。此后协同有关单位赴非洲四国以较低价格成功竞买到2/3的CITES批准出口的象牙，使我国获得了宝贵的象牙原料，对抑制非法走私活动起到了积极作用，更为保存我国有数千年历史的象牙雕刻技艺发挥了重要作用。该项工作的顺利进行，成为了我国在履约问题上从“被动履约”向“主动履约”转变过程的重要标志，必将为今后进一步争取实质性国家利益奠定良好基础。③围绕争取“象牙贸易伙伴国”地位这一中心开展工作。取得了包括南部非洲、欧盟以及公约秘书处对我国象牙贸易管理措施的认可，督促公约秘书处正式向第五十七次常委会提出了指定我国为象牙贸易伙伴国的书面建议。④妥善处理有关台湾事宜。协调处理了大陆赠台大熊猫问题、公约框架下台湾问题的适用、台湾签发证书的确认、台湾出口红豆杉木雕等问题；与厦门海关联合举办了“三通”形势下海峡两岸濒危物种进出口监管与服务研讨班等。⑤加强履约执法工作。与公约秘书处、国际刑警组织秘书处、世界海关组织、卢萨卡议定书执法特遣队、东盟野生动植物执法网络等政府间国际组织、德国、英国、美国等有关缔约国公约管理机构以及我国海关、公安、工商、动植检、文物等部门加强联系与协作，取得了积极成效；举办了由八省(区)海关、森林公安、保护管理和进出口管理机构参加的第四期西部地区敏感物种履约执法培训研讨会。⑥为落实国际公约的决议要求，积极会同农业部就鱼子酱的配额管理及标记管理开展工作，并推动完成我国对外承诺开展的大鲵定期评估工作。

（张　旗）

【中国取得“象牙贸易伙伴国”地位】　2008年7月在日内瓦召开的CITES第五十四次常委会上，因我国控制象牙贸易立法完善、象牙国内贸易管理措施得力、打击走私和非法经营利用象牙及其制品活动成效显著、相关宣传教育工作到位，中国自日本之后被批准为世界上第二个“象牙贸易伙伴国”，获准与日本一起从纳米比亚、博茨瓦纳、津巴布韦和南非一次性竞购这些国家政府库存的108吨象牙。2008年10～11月，在公约秘书处的监督和国家濒管办的组织下，中国以每千克不超过200美元的均价成功竞购到60多吨象牙。2009年3月，上述象牙在公约秘书处的监督和有关部门的联合查验下，顺利实施进口。

象牙雕刻工艺是人类宝贵的非物质文化遗产，在中国已经传承五千多年。1988年，为保护大象资源，公约全面禁止了象牙及其制品的商业性国际贸易，我国象牙雕刻业遭受重创，传统牙雕工艺面临失传危险。1997年以来，为确保我国牙雕工艺的传承，保存这一人类非物质文化遗产，我国林业、海关、工商、外交等部门齐心协力，积极争取象牙原料的进口工作。除逐步采取登记注册库存象牙及其制品、核发《象牙制品收藏证》、定点加工和经营象牙及其制品、大力宣传公约和我国有关法律法规规定等措施外，并严厉打击走私和非法经营利用象牙及其制品活动，认真组织实施公约“非法猎杀大象监测项目”和“非法贸易象牙及其制品监测项目”，主动做好有关国家和国际组织工作。这些措施的采取，赢得了国际社会的充分肯定。“象牙贸易伙伴国”地位的取得，不仅为中国争取到实质性国家利益，还在一定程度上改变了国际社会长期以来对中国履约形象的不良印象，并为扩大我国在公约国际事务上的影响力以及争取更多国家利益奠定了坚实基础。（万自明）

【粤港澳间个人携带人工栽培兰花实施标签管理制度】 为配合“内地与港澳更紧密经贸关系安排(CEPA)”政策实施，适应粤港、粤澳间经贸和人员往来的发展要求，切实解决当前存在的一些实际问题，逐步深化内地同港澳之间的协作机制，国家濒管办积极推动和改进了个人携带人工栽培花卉赴港、澳的管制制度。在商香港、澳门特区管理机构、国家林业局、海关总署和广东省林业局的基础上，2008年7月，国家濒管办和海关总署联合发出公告，对个人携带部分指定兰花品种(蝴蝶兰、大花惠兰、文心兰、卡特兰)的人工培植标本从广东省赴香港和澳门特区实行标签管理制度，进一步简化了审批程序，促进了内地与港澳特区之间人员往来、文化交流及经贸合作，推动了内地花卉产业的发展。（鲁兆莉）

【濒危野生动植物种国际贸易公约常委会第五十七次会议】 2008年7月14～18日在瑞士日内瓦举行，由国家濒管办孟宪林副主任率队，外交部条法司、农业部渔业局以及国家濒管办等单位共8人组成的中国代表团以CITES常委会副主席国以及常委会亚洲地区代表身份参会。

本次会议讨论了关于我国“象牙贸易伙伴国”的地位问题，会议最终以公开投票表决方式确立了我国“象牙贸易伙伴国”地位(9票支持、3票反对、2票弃权)，使得我国有资格和日本共同参与南非、博茨瓦纳、纳米比亚和津巴布韦等四国一次性库存象牙销售，这是我国多年艰苦努力的重要成果。此外会议研究了关于CITES的战略规划、第十五届缔约国大会准备事宜、缔约国遵约问题的准则、海上引进、出口限额、国家立法问题、附录II物种大宗贸易回顾、各地区报告等一系列议题，并重点讨论了有关大型猫科动物、鲟鱼等物种的贸易和保护问题。代表团遵照事先制定的对案，在外交部条法司参会人员及驻日内瓦使团的指导下，全面认真地参与了各议题的讨论和决策，积极为国家争取利益，参会工作取得显著成效。（史蓉红）

森林防火

【森林防火综述】 2008年，受南方雨雪冰冻灾害、北方持续高温干旱等因素影响，我国森林防火形势极为严峻，处于新中国成立以来最高火险时期。面对极端严峻的火险形势和特殊的政治形势，党中央、国务院高度重视，国家森防指加强领导，地方各级党委政府精心组织、周密部署，各级森防指及其成员单位全力以赴、狠抓落实，森林防火工作取得良好成效，避免了特大森林火灾的发生，保证了重点地区和敏感时段的安全，维护了社会的和谐稳定，有力支援了抗震救灾和北京奥运会。

加大组织领导工作 面对严峻的森林防火形势，胡锦涛总书记、温家宝总理、回良玉副总理等中央领导同志数十次作出重要批示。新一届国务院刚刚组建，回良玉副总理就亲自主持召开会议，全面部署森林防火工作。国家森防指、国家林业局坚决贯彻落实中央领导同志指示精神，把森林防火作为头等大事，分时段、分区域进行重点安排。黑龙江、江西省委书记、省长亲自抓森林防火，吉林、辽宁等省层层签订责任状，内蒙古、宁夏、广东等省(区)进一步严明奖惩制度，为森林防火工作提供了有力的组织保障。

狠抓督查整改工作 国家森防指在全国组织开展了森林火险隐患大排查、可燃物大清理活动。紧要时期，贾治邦总指挥等领导亲自带队深入一线检查指导森林防火工作，国家林业局各司(局)、各有关单位抽调精干人员，先后派出30多个工作组到高火险省(区)重点督导，对黑龙江、内蒙古等重点林区进行暗访，对发现的问题进行全国通报并要求限期整改，有效促进了森林防火措施的落实。

加大宣传教育力度 国家森防指协调中央宣传部印发了2008年森林防火宣传工作方案，在清明节期间开展了以“防森林火灾，保平安清明”为主题的宣传周活动，在《中国绿色时报》推出“对话指挥长”专栏，开展了“与防火虎威威同行”有奖征文活动，在中国政府网、广播电台、国家林业局网站等进行了多次在线访谈，专门召开森林防火新闻发布会，发挥中国森林防火网的作用，营造良好氛围。

强化预警监测工作 国家森防指办公室召开3次森林火险形势会商会和森林防火专家组工作会议，分析研究森林防火形势和对策。制作发布了366期森林火险气象等级预报、66期高森林火险天气警报、24期火场气象服务、8次高森林火险预警信号、7次全国天气及火险趋势预报，提醒和督促有关省（区）提前做好防范和应急准备。加强卫星林火监测，改进热点反馈方法，共制作监测图像11 559幅，监测热点13 724个，核查为森林火灾2163起。

完善应急处置工作 高火险时段和敏感时期，国家森防指办公室提前启动特殊时段森林防火应对预案，及时派出工作组协助当地指挥扑火，成功处置西藏林芝地区“3・3”、云南玉溪“4・6”、内蒙古大兴安岭毕拉河林业局“4・16”、内蒙古大兴安岭吉文林业局“4・20”等多起森林火灾，切实把火灾损失降到了最低限度。加大火案查处，严格责任追究，全国公开通报了8起森林火灾案件，起到了较好的震慑和警示作用。

加强扑火队伍建设 武警森林部队增加编制，正式挂牌成立福建、甘肃省森林总队和直属机动支队，并向江西、安徽、湖北、湖南4省派出临时定点驻防大队。内蒙古、黑龙江省依托武警部队新组建了1000多人的扑火机动力量，冰雪灾区基层乡村组建了临时扑火队伍。在国家发改委、财政部等部门支持下，国家林业局成功引进俄罗斯M－26超大型直升机，共租用72架飞机部署在东北、西南林区，与部队合作开展飞机吊桶及灭火训练，派出9架森林消防飞机参与抗震救灾。

增强救灾保障能力 国务院审议通过《森林防火条例》，自2009年1月1日起施行。国家林业局配合国家发改委、财政部，制定上报了《全国森林防火中长期发展规划》，下达了2008年国债、中央预算内森林防火投资计划3亿元，向冰雪灾区紧急追加3000万元补助金，向重点地区调拨3000万元的扑火物资，增强了重点地区防扑火能力。国家林业局完成《全国县级单位森林火险等级名录》的修订，编制了《森林防火分区施策导则》，开展了森林防火装备技术研发，不断提升森林防火科技含量。财政部、国家税务总局下达1200多辆指挥车、运兵车指标，全部免征车辆购置税。国家林业局应急平台建设取得初步成效，完成应急综合指挥系统和应急数据库建设，实现与国务院应急平台的互联互通和资源共享。

（敖孔华　尹春生）

森林火灾

【全国森林火灾情况】 2008年森林火灾情况（见2008年全国森林火灾分月统计表）如下：

火灾次数情况 2008年全国共发生森林火灾14 144起，为1989年以来的20年中火灾次数最多的一年，比近3年（2005～2007年，下同）平均值增加4487起，增加幅度达46.5%。其中，森林火警、一般火灾和重大火灾分别为8458起、5673起和13起，分别比近3年平均值增加40.2%、56.9%和44.4%，未发生特大火灾。与2007年相比，森林火灾次数增加52.7%，其中森林火警、一般火灾和重大火灾次数分别上升39.8%、77.0%和225.0%。

火灾损失情况 2008年全国森林火灾受害森林面积52 539.1公顷，比近3年平均值减少117 875公顷，减少幅度达69.2%。因森林火灾伤亡174人，比近三年均值减少58人，减少幅度为50.0%。其中，轻伤、重伤和死亡人数分别为40人、37人和97人，分别比近3年均值减少了46.3%、54.2%和50.0%。2008年森林火灾死亡的97人中，湖南省27人，贵州省12人，湖北省11人，浙江省、福建省、广西壮族自治区各7人，江西省6人，四川省、广东省各5人，山西省3人，河北省2人，辽宁省、安徽省、重庆市、云南省和西藏自治区各1人。与2007年相比，受害森林面积增加49.4%，森林火灾死亡人数上升59.0%，受伤人数上升57.1%。

火灾扑救情况 2008年，全国扑救森林火灾共出动146.4万个人工日，出动车辆10.4万辆（台）次，分别比近3年均值增加6.4%和31.8%。共出动飞机444架次，比近3年平均值减少了48.5%。投入扑救森林火灾经费9184.26万元，比近3年均值减少了43.0%。

火灾原因分析 2008年全国因雷击火引发的森林火灾次数为82起，其他自然火引发的森林火灾次数为6起，分别比2007年下降了32.2%和84.2%；因非生产性火源引发的森林火灾次数为4380起，比2007年上升了9.6%；因生产性火源引发的森林火灾7617起，未查明原因的森林火灾1833起，分别比2007年上升127.1%和19.3%。

2008年全国发生的森林火灾中，人为因素引发的森林火灾仍然占已查明火源的森林火灾总次数的90%以上。其中，烧荒烧炭、上坟烧纸、野外吸烟、小孩玩火以及痴呆人弄火分别占已查明火源的森林火灾总次数的49.5%、12.9%、7.1%、3.6%

2007 年全国森林火灾分月统计

月份	森林火灾次数					火场总面积（公顷）	受害森林面积(公顷)			损失林木		人员伤亡				其他损失折款（万元）	出动扑火人工（工日）	出动车辆(台次)		出动飞机（架次）	扑火经费（万元）
	合计	森林火警	一般火灾	重大火灾	特大火灾		合计	其中原始林	其中人工林	成林蓄积（立方米）	幼林株数（万株）	计	轻伤	重伤	死亡			计	其中汽车		
全年	**14 144**	**8458**	**5673**	**13**	**0**	**184 494.535**	**52 539.053**	**2998.149**	**45 465.147**	**1 207 898.49**	**19 388.111**	**174**	**40**	**37**	**97**	**12 593.914**	**1 464 277**	**104 199**	**75 730**	**444**	**9184.262**
1月	437	219	218	0	0	5490.468	1488.965	29.65	1429.032	33 793.81	174.122	5	2	1	2	183.47	56 428	5321	3139	4	337.391
2月	2227	1481	746	0	0	12 108.016	4879.667	141.191	4605.962	83 777.31	453.745	16	1	3	12	639.473	150576	10797	7971	19	616.739
3月	7730	4270	3451	9	0	82 410.712	35 415.711	1311.032	32 524.202	915 962.541	2440.044	119	33	18	68	7564.321	755 606	53 988	38 072	6	3100.454
4月	1796	1252	541	3	0	6 8670.201	5903.461	753.643	3304.183	99 634.692	10 753.86	30	4	15	11	2862.04	308 750	16 471	14 089	378	3987.785
5月	241	141	100	0	0	5684.233	837.783	137.12	337.053	17050.92	272.698	0	0	0	0	252.253	36 052	1964	1724	18	115.019
6月	74	61	12	1	0	651.662	449.332	265.252	93.58	4788.3	3.811	0	0	0	0	111.514	21 621	971	926	0	272.574
7月	65	37	28	0	0	323.301	218.757	135.631	82.356	4098.34	7.599	1	0	0	1	66.982	13795	683	622	0	77.97
8月	65	37	28	0	0	409.761	282.331	183.961	88.52	5530.3	3.874	0	0	0	0	122.27	9630	820	536	0	48.134
9月	27	16	11	0	0	170.012	93.812	3.802	90	2577.564	0.896	0	0	0	0	17.184	3768	243	233	6	38.847
10月	342	260	82	0	0	668.797	343.524	5.757	418.787	4076.7	15.842	1	0	0	1	70.348	11 846	2709	1641	0	64.56
11月	501	358	143	0	0	1308.47	680.75	10.04	629.36	9222.86	16.408	0	0	0	0	116.73	21 577	3580	2272	1	91.59
12月	639	326	313	0	0	6598.902	1944.96	21.07	1862.112	27385.153	5245.212	2	0	0	2	587.329	74628	6652	4505	12	433.199

和2.1%。

重特大火灾情况 2008年全国共发生重大森林火灾13起，其中福建省7起、内蒙古自治区4起、湖北省、湖南省各1起。在这13起重大森林火灾中，5起因烧荒烧灰引起，3起因烧隔离带引起，2起因吸烟引起，1起因炼山引起，1起因雷击火引起，1起未查明原因。烧荒烧灰和烧隔离带成为引发重大森林火灾的主要原因。重大火灾造成的受害森林面积占全国当年森林火灾受害面积的5.1%。

森林火灾"三率"情况 2008年森林火灾发生率(起火灾/10万公顷森林)为8.08，森林火灾控制率(公顷受害森林面积/每起火灾)为3.71，森林火灾受害率(受害森林面积/森林总面积)为0.3‰。

森林火灾综合分析 2008年全国森林火灾的发生和扑救情况呈现以下特点：一是连续2年实现全年无特大森林火灾的良好局面。二是南方雨雪冰冻灾害造成森林防火基础设施受损，林内可燃物载量急剧增加，给森林防火带来极大隐患。三是春夏防期间各地气温快速回升，干旱、大风天气不断，火险等级总体偏高，西藏、内蒙古、新疆和云南等省(区)森林火灾发生频繁，大兴安岭原始林区先后发生多起重大森林火灾；秋冬防期间，我国华北、黄淮、西北等小麦主产区以及华南北部等地持续干旱，森林火险等级持续增高，河南、河北、山西、陕西、四川、广东等省(区)森林火灾频发。四是野外用火增多，烧荒烧炭、烧隔离带及炼山造林等生产用火成为引发重大森林火灾的主要原因。五是火灾扑救困难，人员伤亡时有发生。我国大部分林区山高坡险、地形复杂、交通困难，森林火灾扑救十分困难。发生在湖南省江永县和郴州市的森林火灾，由于部分群众缺乏扑火知识和经验，引发群死事件，教训十分惨重。 (韩学林)

【湖北省通山县"2·29"森林火灾】 2008年2月29日至3月3日，湖北省咸宁市通山县黄沙铺镇因吸烟人员丢弃烟头引发重大森林火灾，火场面积252公顷，受害森林面积193公顷，损失林木5790立方米；共出动扑火人员500人、车辆10台，扑救中1人死亡。黄沙铺镇党政领导等4名相关责任人受到记大过等党政纪律处分。 (王 岩)

【福建省宁化县"3·2"森林火灾】 2008年3月2～5日，福建省三明市宁化县城郊乡李七村炼荒烧灰引发重大森林火灾，火场面积达254公顷，受害森林面积达254公顷，损失林木9152立方米；共出动扑火人员2389人、车辆244台，消耗扑火经费12万元。肇事者被依法逮捕，宁化县林业局局长等8名相关责任人受到免职等党政纪律处分。 (王 岩)

【西藏林芝"3·3"森林火灾】 2008年3月3日，西藏自治区林芝地区八一镇多布村因村民野外吸烟引发森林火灾，火场植被以油松为主，山势陡峭，扑救难度较大。经6000余名参战官兵和群众全力扑救，火灾于3月9日全部扑灭。火灾发生后，党中央、国务院领导同志高度重视，温家宝总理、回良玉副总理先后作出专门批示，要求尽快扑灭森林火灾。国家森防指贾治邦总指挥、雷加富副总指挥连夜召开会议，学习传达中央领导同志的批示精神，研究部署火灾扑救工作，提出具体扑救要求。雷加富带领工作组紧急赶赴扑火一线，协调指挥火灾扑救。经核查，火灾过火面积206公顷，受害森林面积68公顷，直接经济损失53万元，扑火中1人牺牲、1人受伤。

(王 岩)

【内蒙古大兴安岭"4·20"森林火灾】 2008年4月20日，内蒙古大兴安岭吉文林业局因点烧防火隔离带残留的地下火复燃引发森林火灾。经1870余名参战军警民奋力扑救，火灾于4月22日扑灭，过火面积1470公顷，受害森林面积236公顷。扑火期间，国家森防指贾治邦总指挥多次对扑救工作进行部署。扑火中，一架M－8直升机坠落，机上9人烧伤(6人2度烧伤、3人3度烧伤)，5人摔伤(1人重伤、4人轻伤)。坠机事故发生后，国家森防指紧急派出2架M－171直升机运送伤员实施救治，同时安排东北航空护林中心、西南航空护林总站等单位对所用消防飞机进行全面检查，确保飞行安全。国家森防指雷加富副总指挥、指挥部办公室焦德发副主任率领工作组赶赴现场指导火灾扑救工作，看望慰问伤员，协助处理善后工作。吉文林业局党政主要领导和27名相关责任人受到撤职等党政纪律处分与经济处罚。

(王 岩)

森林防火重要会议及活动

【全国森林防火工作电视电话会议】 2008年4月2日由国家森防指组织召开。会议主要任务是：深入贯彻落实国务院"3·20"电视电话会议和《国务院办公厅关于做好清明节期间文明祭扫安全保障工作的通知》精神，分析通报森林火险形势，专题安排部署春防紧要期特别是清明节期间的森林防火工作。

国家森防指总指挥、国家林业局局长贾治邦出席会议并讲话，要求全国林业系统和森林防火部门进一步深入落实国务院的部署要求，采取超常规措施加强森林防火工作，严防火灾集中爆发，严防重特大森林火灾，严防群死群伤，严防火烧连营，切实把森林火灾损失降到最低限度。突出抓好宣传教育，营造全社会参与防火的浓厚氛围；突出抓好预警监测，构筑完善的灾害预报体系；突出抓好隐患排查，建立全方位的火源管控格局；突出抓好火灾扑救，做到立即处置、科学扑救；突出抓好责任落实，全面强化组织保障。

国家森防指副总指挥、国家林业局副局长雷加富主持会议，要求各地紧急行动起来，查隐患、促整改、找不足、抓落实，确保把各项森林防火责任和措施落实到位，坚决夺取春防紧要期森林防火工作的全面胜利。

国家林业局各司(局)及在京直属单位，武警森林指挥部主要负责同志在主会场参加会议。各省(区、市)森防指、林业厅(局)，各森工(林业)集团公司负责同志及防火办、森林公安局有关人员在各地分会场参加会议。 (尹春生)

【北方省(区)春季森林防火关键期紧急电视电话会议】 2008年4月29日由国家森防指组织召开。会议主要任务是：深入落实国务院领导同志对森林防火的重要批示精神，通报森林防火工作情况，对北方省(区)和“五一”节期间森林防火工作进行再动员、再强调、再部署。

国家森防指总指挥、国家林业局局长贾治邦出席会议并讲话，要求各地、各有关部门进一步深化思想认识、细化防范措施、强化应急处置、实化组织保障，全力以赴打好春防关键期森林防火攻坚战，为保护森林资源、建设生态文明和保障绿色奥运顺利举办作出积极贡献。

贾治邦强调，针对当前北方林区森林防火面临的严峻形势，既要做好打硬仗、打恶战的思想准备，又要做好应急工作准备，坚决做到应急预案到位、设施装备到位、火情监测到位、应急队伍到位、空中支援到位、组织指挥到位，实现“打早、打小、打了”。各地要按照森林防火行政首长负责制和部门分工责任制的要求，实行领导一起抓、部门一起动、措施一起上，加强政府主导，增强领导合力；加强协作配合，增强部门合力；加强宣传教育，增强社会合力；加强联动互助，增强区域合力；加大问责力度，形成法治合力，扎扎实实将各项任务落实到各级领导、各个部门、每位人员和每一个环节，为森林防火提供有力的组织保障。

国家森防指副总指挥、国家林业局副局长雷加富主持会议，要求各地立即按照国务院领导同志的重要指示和会议部署要求，查隐患、促整改、找不足、抓落实，全面落实森林防火行政领导负责制，深入追究森林火灾责任，严厉打击火灾肇事者，确保把各项森林防火责任和措施落实到位，坚决夺取春防紧要期和“五一”节日期间森林防火工作的全面胜利。

国家林业局各司(局)及在京直属单位，武警森林指挥部主要负责同志在主会场参加会议。内蒙古、吉林、黑龙江政府主管秘书长，北方有关省(区、市)林业厅(局)、四大森工集团有关负责同志、防火办人员在各地分会场参加会议。 (尹春生)

【全国秋冬季森林防火工作会议】 2008年9月17～18日在福建省厦门市召开。会议主要任务是：深入贯彻落实中央领导同志关于森林防火的一系列重要指示精神，总结2008年春夏季森林防火经验，分析森林防火面临的形势，对2008年秋冬季森林防火工作作出安排部署。国家森防指总指挥、国家林业局局长贾治邦出席会议并讲话，福建省省委常委、常务副省长、森防指指挥长张昌平出席会议并致辞，国家林业局副局长李育材主持会议。

会议指出，2008年秋冬季森林防火工作形势严峻，困难增多，任务加重。集中体现在极端气候事件频发，森林防火形势严峻；林业灾后恢复重建任务艰巨，森林防火难度很大；林区森林火灾隐患突出，管控野外火源十分困难；集体林权制度改革全面推开，森林防火面临着新的挑战；部分人员思想麻痹，工作存在薄弱环节等五个方面。

会议要求，各地、各有关部门要以科学发展观为指导，全面落实国务院“3·20”电视电话会议部署要求，坚持以人为本，强化灾前防范，科学处置火情，继续完善森林防火机制，全面提升森林防火能力，严防发生特大森林火灾和重大人员伤亡事故，突出抓好八项重点工作：一是加强组织领导，着力构建完整明晰的责任体系；二是加强宣传教育，着力强化全社会的森林防火意识；三是加强火险预警，着力落实火险分级响应措施；四是加强火源管控，着力排查并消除火灾隐患；五是加强应急处置，着力完善扑火组织指挥体系；六是加强机制建设，着力为集体林权制度改革后的森林防火工作提供有效保障；七是加强科技支撑，着力提高林火管理的规范化和标准化水平；八是加强基础设施建设，着力提高森林火灾综合防控能力。

国务院应急办，国家森防指成员单位联络员、森林防火专家组专家，各省(区、市)林业厅(局)、新疆生产建设兵团林业局、各森工(林业)集团公司负责人、防火办主任，武警森林指挥部及各森林总队负责人，国家林业局有关司(局)、直属单位负责人参加会议。福建、吉林省森防指等10个单位作了典型发言。 (尹春生)

【加强国庆期间森林防火和林区安全工作电视电话会议】 2008年9月27日由国家林业局组织召开。会议主要任务是：传达中央领导同志关于加强安全工作的重要指示和全国安全生产电视电话会议精神，专题部署国庆期间全国森林防火和林区安全工作。国家林业局副局长李育材出席会议并讲话。

会议强调，国庆期间森林防火面临气候形势、火源管理、扑火条件等三方面的不利条件。各级森林防火部门要居安思危，对国庆期间森林防火总体形势的严峻性不能低估，对发生较大森林火灾的可能性不可忽视，对造成人身伤亡事故的危险性不能麻痹，狠抓森林防火工作的思想防线不可放松。

会议要求，各地各单位一定要全面加强组织领导，积极落实行政领导负责制、部门分工责任制、岗位责任制和承包责任制，把工作责任落实到每个环节、每个岗位和每个人员，真正做到谁的责任谁负责。节日期间，高火险地区的森防指主要领导不得外出，要集中精力抓防火、抓安全、抓稳定。森防指成员单位，要按照分工做好本职工作。对安全事故责任人，要按照"四不放过"(事故原因不查清不放过，事故责任者得不到处理不放过，整改措施不落实不放过，教训不吸取不放过)的原则严格追究责任，决不姑息迁就。要按照全国秋冬季森林防火工作会议部署要求，坚决打好国庆期间森林防火攻坚战。

国家林业局各司(局)及在京直属单位，武警森林指挥部主要负责同志在主会场参加会议。各省(区、市)林业厅(局)、各森工(林业)集团公司负责同志、防火办主任、森林公安局局长，东北航空护林中心、西南航空护林总站、南京森林公安高等专科学校及各武警森林总队负责同志在各地分会场参加会议。 (尹春生)

【贾治邦赴黑龙江、内蒙古检查森林防火工作】 2008年5月12~16日，在东北、内蒙古林区森林防火的攻坚阶段，国家森防指总指挥、国家林业局局长贾治邦带领工作组，深入黑龙江省和内蒙古大兴安岭、呼伦贝尔市，检查了基层森林防火工作落实情况，察看了当地森林防火指挥中心、武警森林部队驻地、航空护林站点和森林防火物资储备库，慰问了一线森林防火工作人员，观摩了森林部队扑火演练，听取了黑龙江、内蒙古自治区及所到之处的森林防火工作汇报。

贾治邦充分肯定了黑龙江省、内蒙古自治区2008年春季森林防火工作取得的成绩，指出两省(区)党委、政府高度重视森林防火工作，深入贯彻落实国务院的重要部署精神，进一步落实森林防火责任、严格野外火源管理、加强火灾应急处置、加大依法治火力度，在气候条件极为不利的情况下，夺取了春季森林防火工作的阶段性胜利。

贾治邦指出，火灾是森林最大的敌人，在高森林火险时期，思想不容有丝毫松懈和半点马虎。5月12日，四川省发生特大地震。在抗震救灾最紧要的关头，中央领导同志十分揪心，全国人民高度关注。在这样的形势下，森林防火战线做好自身工作，确保不发生大的森林火灾，就是对全国工作大局的最好服务，就是对地震灾区抗灾救灾最大的支持。

贾治邦强调，黑龙江、内蒙古一定要有一种如履薄冰的危机感和寝食难安的责任感，从讲政治、顾大局、保稳定、促和谐的全局出发，采取超常规办法，做到森林防火不到位不松手，没有结果不松手，不见成效不松手，坚决遏制森林火灾上升的势头，确保不发生重特大森林火灾，不发生群死群伤，不让党中央、国务院分心，以实际工作成效支援抗震救灾，以春夏防全胜迎接北京奥运会，以森林资源安全支持绿色奥运，全力服务国家大局。

贾治邦要求，森林防火要做到"三严"。严查火灾隐患，做到领导、思想、措施、责任到位；严管野外火源，筑牢思想意识、联防联保责任、进山检查和林内巡护四道防线；严打违章用火，做到见烟就查、见火就罚、犯罪就抓。要做到"五强化"，强化应急预案的周密性和可操作性，强化火情监测的准确性，强化应急处置的快速性，强化保障措施的有效性，强化组织指挥的系统性，坚决实现"打早、打小、打了"。要做到"三加强"，加强组织领导，从严落实森林防火行政领导负责制；加强宣传表彰，形成全社会抓防火的浓厚氛围；加强森林防火问责，严肃追究肇事者和相关领导责任，真正做到事故原因不查清不放过，事故责任者得不到处理不放过，整改措施不落实不放过，教训不吸取不放过。要特别突出"管住火源，领导到位"两项重点工作，实行党政同责，做到领导抓、抓领导，领导查、查领导。

黑龙江省栗战书省长，内蒙古自治区郭启俊副主席，国家森防指副总指挥、国家林业局副局长雷加富，武警森林指挥部主任韩祥林少将陪同检查。

(敖孔华)

【"对话指挥长"大型征文】 为贯彻落实《森林防火条例》，推动各级政府把森林防火工作摆上重要议事日程，促进新任指挥长尽快进入角色，熟悉业务，交流指挥长岗位工作的经验和体会，提高履行指挥长岗位职责的意识和能力，国家森林防火指挥部办公室在《中国绿色时报》推出了"对话指挥长"专栏，访谈嘉宾为省、地、县三级森林防火指挥长。在41位访谈嘉宾中，省级指挥长22人(其中5位省委常委)，重点林区地(市)、县指挥长19人。另外，还刊发了10篇省级指挥长消息报道。该栏目推出后产生了强烈反响，对高位推动森林防火工作，加强森林防火组织指挥体系建设，争取政府、部门和社会各界关心、支持森林防火工作起到了极大的促进作用。 (刘　萌)

【"与防火虎'威威'同行"大型征文】 2008年4月4日是中国森林防火吉祥物——防火虎"威威"诞生一

周年。为进一步面向全社会宣传推广防火虎“威威”，让这位中国森林防火的形象代言人走进千家万户，让森林防火深入人心，国家森防指办公室在《中国绿色时报》开展了“与防火虎‘威威’同行”大型征文活动。

此次宣传活动经过精心策划，面向社会征集稿件。“与防火虎‘威威’同行”大型宣传活动从理论和实践上探讨了防火虎“威威”在丰富森林防火宣传中的形式和内容，展现了防火虎“威威”在宣传森林防火中的形象和独特作用，为促进我国森林防火和生态文化建设，提升全社会的森林防火意识和生态保护意识起到了积极的推进作用，受到了社会各界的广泛关注和欢迎。此次大型宣传活动共征集到各类作品500余件，其中：文字作品380余篇，书画摄影作品120余幅，共择优刊发稿件44篇(幅)。此次活动文字作品和美术作品分设一二三等奖、组织奖，分别评选出一等奖1个、二等奖3个、三等奖6个和组织奖3个。活动结束后，国家森防指办公室将征集的优秀作品编辑成《中国森林防火吉祥物——防火虎“威威”作品集》，编印2000册分发各地。（刘　萌）

【组织开展“森林防火宣传周”活动】 为深入贯彻国务院“3·20”电视电话会议和中央领导同志重要指示精神，进一步加强清明节期间森林防火工作，国家森防指、国家林业局、民政部联合组织开展了“森林防火宣传周”活动。该活动以“防森林火灾，保平安清明”为主题，以防火宣传教育和野外火源管控为两大重点，从3月31日到4月6日为期一周，分宣传教育和火源管理两个阶段。

活动开展过程中，各地各有关部门高度重视，成立联合领导小组，制定并细化工作方案，落实专人并明确分工，分步骤、分阶段，扎实有效地开展了“森林防火宣传周”活动。在活动中，各地坚持舆论先行、大造声势，确保了宣传教育到位；坚持强化管控、严查隐患，确保了火源管理到位。据统计，清明节期间全国共监测到卫星热点203个、林火20起，因森林火灾伤亡5人，比常年同期有不同程度的下降，确保全国森林防火工作平稳度过了清明节。

（贺　飞）

森林消防体系建设

【森林消防组织机构及扑火队伍建设】 到2008年底，全国共有森林防火指挥部3326个，指挥部成员63 157人；共有森林防火办事机构3544个，编制14 773人，实有19 875人；共有森林防火检查站16 300个，检查人员55 334人；共有专业(半专业)森林消防队17 588支，队员514 511人；共有义务森林消防队125 908支，人员3 432 417人；共有专职护林员466 579人，兼职护林员635 966人。

（韩学林）

【国务院修订并颁布实施《森林防火条例》】 2008年11月19日，国务院第36次常务会议修订通过《森林防火条例》。12月1日，国务院第541号令公布了新《条例》，决定于2009年1月1日起施行。新《条例》分为总则、森林火灾的预防、森林火灾的扑救、灾后处理、法律责任、附则等六章，共56条。

新《条例》的颁布实施，不仅是中国林业发展史上的一件大事，也是中国森林防火史上又一个新的里程碑。新《条例》体现了以人为本、依法治火的理念和原则，进一步完善了森林防火责任制，强化了各项管理制度和措施，健全了森林防火组织，强调了森林火灾预防和扑救能力建设，明确了森林火灾划分级别和标准，加强了应急管理机制，加大了处罚力度。新《条例》的实施对规范森林防火工作，加强依法治火，促进森林防火事业健康发展，保护森林资源和人民生命财产安全、维护林区和谐稳定、推进生态文明和现代林业建设具有非常重要的意义。（刘　萌）

【恢复重建灾后森林防火基础设施】 2008年初，江苏、浙江、安徽等19个省(区、市)遭遇了50年来最为严重的雨雪冰冻灾害。灾区森林防火基础设施受到严重损毁，直接经济损失达15.8亿多元。国家森防指、国家林业局高度重视，贾治邦总指挥等领导多次对抗灾救灾和灾后恢复重建工作提出要求，国家林业局及时召开现场会进行部署。国家森防指办公室下发了《关于尽快恢复重建受损森林防火设施设备全力抓好可燃物清理工作的紧急通知》，对灾后重建和可燃物清理工作提出具体要求；及时编发信息，通报恢复重建进展情况；分别于6月和11月两次对森林防火灾后恢复重建情况进行统计，参与编制《雨雪冰冻和地震灾后林业生态恢复与重建规划》，为争取救灾资金和上级决策提供了依据；加大指导督促检查力度，推动各地狠抓措施落实。灾区根据本地实际采取有效措施，调动各方面的积极性，投入了大量的人力、物力和财力，及时组织清理林内可燃物，全面修复重建受损设施设备。经过中央和地方各级共同努力，恢复重建工作取得较好成绩。到年底，各地恢复重建总体工作完成近60%。（吴建国）

【重新区划全国森林火险等级】 近年来，受造林绿化和气候变异影响，原《全国森林火险区划等级》（LY1063－92）和1996年确定的《全国森林火险县级单位等级名录》已不适应森林防火工作实际需要。为此，2008年国家森防指办公室重新修订了《全国森林火险区划等级》（LY/T1063－2008），对全国（除香港、澳门、台湾外）2863个县级森林火险单位和东北地区75个森工局进行了等级区划，印发了新的《全国森林火险县级单位等级名录》。根据最新区划，全国一级火险单位922个，占31.38%（原区划占21.21%）；二级火险单位668个，占22.74%（原区划占25.82%）；三级火险单位951个，占32.36%（原区划占52.97%）；其他火险单位397个，占13.52%（原区划无其他等级）。《全国森林火险县级单位等级名录》修订是一项基础性工作，对全面了解各地森林火险程度，科学合理地确定我国森林防火的重点区域，减少工作盲目性，加强决策科学性，进一步提高林火科学管理水平具有重要的指导意义。

（李　杰）

【森林防火专家组工作】 2008年，国家森防指森林防火专家组认真履行职责，充分发挥专业和技术优势，为森林防火提供了有力的智力支持。一是2月26日召开专家组年度工作会议，通报了专家组2007年工作开展情况，提出了2008年工作安排意见。二是组织相关专家，深入南方雨雪冰冻灾区，对林业特别是森林防火工作受灾情况进行了调研评估。三是9月18日召开全国典型扑火战例专家评审会，对2007年度全国重要森林火灾扑救战例进行了评审。四是多次派出专家参与全国森林防火工作检查和调研活动，有效发挥了专家组的监督、指导作用。（王　岩）

【森林防火教育培训工作】 2008年7～10月份，国家森防指办公室在南京森林公安高等专科学校举办8期森林防火指挥员培训班，对来自全国各地近600名防火办主任及扑火指挥员进行了培训。培训班邀请有关专家，采取集中统一授课与分组讨论、案例教学与现场答疑相结合的方式，对学员进行了森林防火基础知识、扑火指挥员职责、扑火指挥及扑火安全、森林火灾应急防范等方面知识的系统培训。通过培训，各级森林防火指挥员进一步强化了专业理论知识，进一步了解了森林火灾的扑火战术、现场扑火技巧、扑火安全以及火场自救、火场避险等常识，为提高突发森林火灾的应急处置指挥能力、确保森林火灾“打早、打小、打了”奠定了知识基础。（金　博）

【森林火险预测预报工作】 2008年，国家森防指办公室组织召开3次会商会，提前对全国春季、夏季和秋冬季森林火险形势分别进行分析预测。在秋季形势会商会期间，组织气象专家就重点林区气候特征及森林火险预测预报工作特点进行了专题调研。全年，国家森防指办公室共制作发布366期森林火险气象等级预报、66期高森林火险天气警报、24期火场气象服务；制作发布了元旦、春节、“五一”、“十一”及北京奥运期间等7次全国天气及火险趋势预报；制作发布了8次高森林火险预警信号；定期制作、提交相关气象预测及统计分析资料等100余次；为黑龙江、内蒙古等18个省（区、市）的20个单位提供了雷电监测定位服务；与中国气象局气象探测中心合作开发了雷击火预警技术研究和应用系统，与东北林大合作开展了利用全国森林资源连续清查数据编制全国森林可燃物分布图可行性研究，为启动全国森林火险预警示范系统建设项目做好了技术和资料的准备。

（王新岩）

【卫星林火监测工作】 2008年，国家林业局森林防火预警监测信息中心和西南、西北、东北3个分中心共接收和处理我国风云卫星、美国NOAA系列卫星和EOS/MODIS卫星数据8000余轨，制作监测图像11 559幅，监测热点13724个，热点数量比2007年减少24%。其中，各地核查反馈林火2163个，占热点总数的16%，较2007年增加16%。各省（区、市）热点反馈率由2007年的92%提高到2008年的96%。

2008年，NOAA－12、14气象监测卫星相继退役，可用于森林火灾监测的卫星数量减少，重点时段监测频率降低。为满足新形势下卫星林火监测工作需要，国家林业局森林防火预警监测信息中心对2008年发射的我国FY－3卫星和将要发射的欧洲空间局（ESA）MeTop系列和美国NPOESS系列卫星进行了调查研究，在此基础上组织编制了《卫星林火监测系统建设工程可行性研究报告》，为下一步建设卫星数据软硬件平台系统奠定了基础。（闫　厚）

森林航空消防

【推进森林航空消防能力建设】 2008年，国家森防指采取一系列措施，继续推进森林航空消防能力建设。一是国务院办公厅、中央军委办公厅正式批复组建武警森林部队直升机支队。二是会同有关部委，积极引进俄罗斯生产的大、中型直升机。2008年中国飞龙专业航空公司已购进1架M－26TC直升机，丰富了森林航空消防飞机机型，增强了空中作战能力。三是7月22 ~23日，国家森防指在内蒙古自治区牙克石市组织召开了全国航空护林站标准化建设研讨座谈会，会议总结了近年来我国航站标准化建设的经验，研究探讨了加强航站标准化建设工作的总体思路，就全面提高森林航空消防综合能力进行了具体安排部署。（张连生）

【东北森林航空消防】 2008年，东北航空护林中心共租用各类飞机128架次（固定翼75架次，直升机53架次），全年飞行7244小时，发现并参与扑救火场118个，机降扑火人员5885人次，吊桶洒水336 000千克，空运扑火物资29 300千克，实施化学灭火作业240架次，喷洒灭火药液229 000千克，散发防火宣传单13.5万张。在加强管理，做好森林航空消防组织、协调、保障工作的同时，东北航空护林中心积极争取航空护林机源，参与协调引进了俄罗斯M－26TC森林航空消防直升机，派出飞机参与了四川特大地震应急救援，积极协调民航有关部门签订了飞行管制工作协议，进一步强化了卫星林火监测工作，圆满完成了赴火场工作组协调指导任务，组织开展了航空护林业务培训，提高了工作人员的业务技能水平。（张连生）

【西南森林航空消防】 2008年，西南航空护林总站在云南、四川、广西、江西、河南5省（区）的10个航站（基地）开展森林航空消防工作，全年共租用飞机17架，飞行1584小时，空中发现和参与扑救森林火灾114起，吊桶洒水338桶，机腹洒水46箱。积极派出飞机支援雨雪冰冻灾害和汶川“5·12”地震救灾工作，发挥了重要作用。奥运会期间，西南航空护林总站专门安排了值班飞机应对突发情况。为积极探索固定翼飞机洒水灭火新技术，西南总站改装了3架Y－12飞机，在保山、西昌两地开展试验和实战，收到了良好效果。此外，为提高我国南方省（区）森林航空消防部门业务水平，西南总站举办了第二期森林航空消防业务培训班，对来自西南省（区）及河南、江西、湖南等省的森林航空消防技术骨干进行了业务培训。（张连生）

武警森林部队

【概　况】 中国人民武装警察部队森林指挥部（简称武警森林指挥部），正军级。1999年2月10日，根据国务院、中央军委国发[1996]6号文件，武警森林部队实行武警总部和国家林业主管部门双重领导管理体制，组建森林指挥部，设司令部、政治部、后勤部，下辖内蒙古、吉林、黑龙江、云南4个森林总队和森林指挥学校。2002年9月10日，根据总参谋部[2002]第137号文件批复和武警总部[2002]武司字第283号命令，森林部队落实新编制，调整4个森林总队机关编制序列名称，由处（室）改为科（室）建制。2002年10月10日，根据国务院、中央军委关于组建武警四川、西藏、新疆森林总队有关问题的批复（国函[2001]164、165、166号），成立武警四川、西藏、新疆3个森林总队。2006年9月1日，根据武警部队武司[2006]169号文件《关于院校和训练机构体制编制调整有关问题的通知》精神，黄金技术学校、森林指挥学校和水电技术学校合并组建为警种指挥学院，正师级，隶属森林指挥部领导管理。2007年11月28日，根据国务院、中央军委关于武警内蒙古自治区、黑龙江省森林总队增编有关问题的批复（国函[2007]121号），内蒙古自治区森林总队增编400人，黑龙江省森林总队增编600人。根据国务院、中央军委关于组建武警森林机动支队、福建省、甘肃省森林总队有关问题的批复（国函[2007]122、123号），组建森林指挥部机动支队（旅级）；组建福建省森林总队、甘肃省森林总队（正师级）。

【指挥部领导和指挥部各部门领导】

主　任　韩祥林　少将（7月退休）
　　　　王佐明　少将（7月任，武警四川省总队原总队长）

第一政治委员　党委第一书记　贾治邦（国家林业局局长兼）

政治委员　王长河　少将

副主任　李文江　少将（11月退休）
　　　　周爱民　大校（5月任武警贵州省总队总队长）
　　　　郝晓光　少将（5月任，武警指挥学院原副院长）
　　　　李全海　少将（11月任，森林指挥部原参谋长）
　　　　沈金伦　大校（11月任，森林指挥部后勤部原部长）

副政治委员　崔建设　少将
　　　　焦万瑜　少将（11月退休）

参谋长　李全海　少将（7月晋少将警衔，11月任森林指挥部副主任）
　　　　郝晓光　少将（11月任，森林指挥部原副主

任）
副参谋长　张国华(满族)　大校(2月退休)
郭胜辉　大校(2月任，黑龙江省森林总队原总队长)
张传发　大校(10月退休)
李保全　大校(10月任，警种指挥学院原政委)
政治部主任　闻培德　少将
政治部副主任　王嘉龙　大校
崔永安　大校
李哲训　大校
后勤部部长　沈金伦　大校(11月任森林指挥部副主任)
后勤部副部长　王奎中　大校
杨宇光　大校
程　实　大校(10月任武警江苏省总队副政委)
刘振波　大校(10月任，云南省森林总队原副总队长)

【综　述】 2008年森林部队自觉服从党和国家工作大局，积极适应生态文明建设和现代林业发展新形势，忠实履行职责使命，各项重大任务完成圆满，部队建设呈现又好又快发展的良好局面。

思想政治建设进一步加强　紧紧围绕深入学习贯彻党的十七大精神这条主线，坚持用中国特色社会主义理论体系武装官兵、建队育人。突出党委机关这个重点，严格落实个人述学、党委议学、群众评学等制度，举办团以上干部理论读书班和高科技知识讲座24期，各级领导干部的理论素养和科技素质不断提高。注重把理论武装工作向基层延伸、向实践拓展，总结推广攀枝花支队深入学习贯彻十七大精神做法，警种指挥学院在武警部队院校学习贯彻十七大精神“三进入”研讨会上介绍了经验，指挥部政治部政治领导干部要做学习贯彻科学发展观的模范课题研究被评为全军优质成果。精心筹划指挥部党委机关学习实践科学发展观活动，突出实践特色和注重解决问题的做法受到了总部肯定。扎实开展主题教育、纪念改革开放30周年和森林部队组建60周年活动，编写了忠诚履行职责使命《基层读本》，在黑河支队抓了主题教育试点，编撰了森林部队大事记和英模谱，征集“森林部队组歌”，规范警营政治环境建设和仪式教育活动，进一步打牢了广大官兵听党指挥、服务人民、英勇善战的思想基础。

重大任务完成出色　始终把防火灭火摆在中心位置，围绕“四精”要求，大力加强“四个体系”建设，认真修订训练大纲和配套法规教材，扎实抓好野外化、模拟化训练，加大装备和重点林区通信网建设，完成中心任务能力明显提升。全年出动兵力158 000余人次，参加防火执勤1938次，扑救森林火灾376起。跨区协防灭火任务完成圆满。参加藏区维稳的部队，坚决执行地方党委政府和总部前指的命令指示，在武力震慑、法制宣传、清理寺庙、守护重要目标等方面做了大量卓有成效的工作，为维护藏区社会稳定发挥了重要作用。在抗击汶川特大地震灾害中，四川、甘肃总队第一时间展开救援，1600多名官兵奋战在抗震一线，搜救、转移、安置受灾群众24 800余人，运送救灾物资5500余吨，武警总部给予充分肯定并转发了森林部队的做法。35个单位和9名个人因完成重大任务出色，受到国务院、中央军委和武警总部表彰奖励。精心做好新增编组建单位和部队抽组、干部选调、班子配备、营房选址、建章立制等工作，安全抽组选调官兵1790名，配发装备器材25 800余件，选定营房座落36处，增编组建工作取得了阶段性成果。坚持边组建边形成战斗力，灭火作战实现首战告捷。直升机支队组建工作起步扎实、稳步推进。

基层建设协调发展　坚持依据《纲要》抓基层打基础谋发展，指导各级制定党委机关按纲指导、基层按纲抓建计划，总结推广了内蒙古总队大兴安岭支队全面推进基层建设科学发展的做法，在昆明支队进行基层建设考核评价体系试点。扎实抓好基层主官《纲要》轮训，委托军地院校对320名基层干部进行培训，基层干部队伍素质能力得到提高。对基层党组织建设状况进行普查，实行帮建工作责任制，重点帮扶的7个支队、16个大队、52个中队进步明显。下功夫抓好经常性基础性工作落实，广泛开展“三互”和“爱兵知兵育兵”活动，抓预防犯罪工作试点，召开森林部队经常性思想工作座谈会，总部转发了森林部队提高经常性思想工作质量效益的做法。举办三级机关干部网上业务集训，深入开展岗位练兵活动，各级机关抓基层的能力进一步提高。昆明支队政治处被武警总部评为先进支队政治机关。

正规化建设不断进步　坚持依法从严治警，认真落实武警总部防范重大安全问题、实现“六个确保”指示要求，狠抓正规化建设和安全管理工作。认真组织管理工作网上集训，深入学习贯彻《安全条例》，扎实开展以“顾大局、保稳定、迎奥运”为主题的“条令学习月”活动，进一步强化了官兵安全发展理念和法规意识。狠抓敏感和特殊时期的安全管理，广泛开展安全隐患大排查，特别是奥运会期间，各级派出167个工作组，831名领导和机关干部，深入一线蹲点督导，确保了部队高度稳定。深化“五个重点问题”治理，突出干部、士官队伍管理，严格枪弹、车辆管控，抓好案例警示、民主权利和内部关系教育，坚持安全工作形势分析和讲评制度，全部队没有发生重大安全问题。

综合保障能力大幅提升　积极适应任务需要，健全应急保障机构，修订完善保障预案，高效组织应急保障行动，为部队完成重大任务提供了有力保障。指挥部将申请的4100万元抗震救灾专项经费及时下拨部队，紧急调拨战备物资满足救灾急需。安排2000余万元专项资金解决基层“五难”，为12个基层中队完善了“四项设施”，全部队“四项设施”基本配套率达到90%。投入1630万元，为高原藏区35个伙食单位安装节能灶，建成10套供氧系统，较好地解决了高原官兵生活、就医等实际困难。组织换发新一代服装，指导部队积极推广营养化配餐，抓好农副业生产，官兵生活条件不断改善。狠抓规范化管理，全面启动网上银行系统，加强审计监督，有效防范了经济风险。

党委集体领导明显加强 按照十七大要求，认真落实“两个武装”，在支队以上党委机关集中开展“讲党性、重品行、作表率”教育活动，深入查找党性观念、风气建设和工作指导方面存在的突出问题。认真贯彻武警部队党委书记座谈会精神，重视抓好民主集中制经常性建设，引导党委正副书记正确处理集体领导与分工负责、发扬民主与集中统一等关系，较好地解决了落实党委统一的集体领导下的首长分工负责制存在的问题，提高了书记队伍把方向抓大事、统班子带部队的能力素质。进一步规范考察帮建工作，对支队以上班子普遍帮建一遍，对问题较多的班子进行重点帮扶，表彰了一批先进支队党委，班子建设整体水平有新的提高。切实抓好各级班子选拔配备，加大干部交流力度，共调整师团职干部407名，党委班子素质结构进一步优化。大力加强反腐倡廉建设，抓好经常性的党课教育，深刻剖析领导干部违纪案例，下大力整治不良风气，严肃查处违纪问题，维护了党委班子和领导干部的形象。2008年，反映领导干部问题的群众来信同比下降42.9%。高度重视老干部移交安置，积极研究解决历史沉积的矛盾和问题，移交工作有新的突破。

【增编组建工作会议】 2008年1月6日，国家林业局、武警总部召开增编组建森林部队筹建工作会议，宣布了国务院、中央军委关于森林部队增编组建有关问题的批复、各筹备组组成人员和成立临时党委的通知，国家林业局局长贾治邦、武警部队司令员吴双战出席会议并作指示，对增编组建森林部队工作提出具体要求。

【森林指挥部一届十次党委扩大会议】 2008年1月16～17日召开，会议总结了2007年工作，部署2008年任务，王长河政委作题为《深入学习贯彻党的十七大精神，扎实推进部队建设科学发展安全发展创新发展，积极为保卫森林资源安全作出更大贡献》的工作报告；崔建设副政委作纪委工作报告；韩祥林主任作题为《以十七大精神为指导，大力加强干部队伍建设，推进森林部队全面建设创新发展》的讲话，国家林业局局长贾治邦出席会议并讲话。

【完成赴晋执勤任务】 根据国家林业局“北兵南调”的指示，2008年3月5日至5月10吉林省森林总队出动152名官兵赴山西省遂行跨省(区)执勤任务。先后完成长治、古交地区灭火作战协调指挥和增援扑救任务，派出50余名官兵赴忻州地区6个市(县)、18个乡镇、53个村屯，采取广播、巡回、固定、联合、流动方式开展宣传活动。为太原、临汾、长治、晋中4个地区22个县(市)的灭火专业队和2个内卫支队培训防火业务骨干3800余人。参与太原市组织的以“繁荣生态文化，建设生态文明”为主题的2008年“爱鸟周”活动启动仪式，充分发挥了森林部队工作队、战斗队、宣传队的作用，展示了森林部队威武之师、文明之师的良好形象。积极配合与当地森林防火部门工作，先后对安泽县府城、良玛、罗云、三交4个发生过重大森林火灾的国有林场进行战场勘察，在总结火灾发生发展特点规律的基础上，重新确定了火险重点区域，制定针对性的灭火对策和火场避险措施，转变了安泽林区以往森林灭火模式，为今后组织扑救森林火灾提供了借鉴。

【森林部队后勤工作会议】 2008年3月11～12日召开。会议认真分析部队后勤建设和管理面临的基本形势，理清了推进后勤科学管理的思路，深入研究和提出了加强后勤科学管理的对策措施，韩祥林主任作指示，周爱民副主任对贯彻落实会议精神提出了明确要求，沈金伦部长对抓好年度后勤工作落实进行了安排部署。

【完成珲春中俄边境灭火作战】 2008年2月22日至3月14日，珲春市敬信中俄边境地区因俄方烧荒引发森林火灾，吉林省森林总队延边州支队出动63名官兵，连续作战14昼夜，先后完成第二记号、175高地、巴拉巴沙山、图们口、长岭子口岸一线阻击战和水流峰、防川一线保卫战，转战行程510余千米，扑灭火线约63.7千米，实现了“内火不出境，外火不入境，任务完成好，人员无伤亡”的目标。

【森林指挥部为黄国才等人记一等功】 2008年4月20日下午，刚刚扑灭南线火场的内蒙古森林总队毕拉河大队十七中队接到增援吉文林业局木奎火场的命令。指导员黄国才奉命带领张利武、刘福利、李日飞、彭凯、张航飞、张勤浩、吉日伍沙、李彭彭等8名战士机降转场增援，乘M－8直升机在飞抵机降点上空30米时突然坠落起火，机舱内被困官兵和机组人员身上也燃起大火，面对即将发生的飞机爆炸危险，黄国才及时砸开舱门，奋不顾身地在火海中将战友一个一个从舱门、窗口撤离出来。飞机距地面不到20米时爆炸，因撤离及时，除机上9名官兵、4名机组人员和1名空中观察员不同程度烧伤外，事发现场161名官兵无一伤亡。当飞机再次发生爆炸，并引起森林大火向官兵袭来时，地面营救人员迅速转移受伤战友，并以公路为依托，点烧迎面火实施紧急避险，全体官兵成功脱险，再一次避免了群死群伤。黄国才、李日飞、彭凯、张航飞、李彭彭、张利武等6名同志用鲜血和生命为扑灭森林火灾作出了突出贡献，分别被武警森林指挥部记一等功。

【完成广坪地区朝方过境火灭火作战】 2008年4月30日12时5分，广坪林场金日成钓鱼台地区，因朝方烧荒引发森林火灾。13时10分，朝火过境至中朝边境线中国前哨(原龙山哨所)一线，危及哨所及周边森林资源安全。14时30分，吉林省森林总队延边州支队出动241名官兵摩托化向火场开进，23时投入灭火战斗。作战中，支队主要担负前哨(龙山哨卡)西北侧堵截火头任务，采取“兵分三路、重兵堵截、伺机强攻”战术，分段合围方式，沿火场实施分散布兵，重点地段增加看守巡查兵力。此次灭火作战，共扑灭火线8.6千米，清理火线4.5千米，扑灭火头3处。

【参加抗震救灾】 2008年5月12日，四川省汶川地区发生8.0级特大地震，四川省森林总队、甘肃省森林总队筹备组迅速反应，在第一时间出动部队参加抗震救灾活动。森林指挥部副主任周爱民、后勤部部长沈金伦率工作组到四川省森林总队指导抗震救灾抢险工作，并赶往受灾严重的都江堰市开设森林部队前进指挥所，指导部队进一步开展抢险救灾战斗。四川省森林总队880名官兵投入都江堰和汶川两个重灾区参与抢险救灾，1200名官兵就近就地执行自救、互救和维护社会秩序任务。从废墟中救出人民群众多人，各类物资600多吨，大熊猫14只；疏散转移当地人民群众和游客5000余人；向驻地群众赠送帐篷50顶，捐赠人民币6万元。同时，森林指挥部及各总队纷纷开展向灾区人民捐款活动。5月16日晚，武警部队司令员吴双战到阿坝州森林支队汶川大队察看大队营房受损情况，听取汶川和卧龙中队在地震发生时采取紧急避险措施，人员安全无伤亡，而且组织人员就地就近投入抢险任务汇报时，称赞：“森林部队训练有素、完成任务出色”。5月30日，武警部队政委喻林祥、副司令员息中朝、后勤部副部长许世宽等领导到都江堰看望慰问了抗震救灾的四川省森林总队官兵。喻林祥代表武警部队党委、首长向一直战斗在抗震救灾一线的官兵表示慰问，对森林部队参加抗震救灾给予了较高的评价。8月30日下午16时30分，四川省攀枝花市仁和区和凉山彝族自治州会理县的交界处发生里氏6.1级地震，四川省森林总队在第一时间组织部队展开震后自救和开赴灾区前的各项准备工作。17时50分，攀枝花大队一中队32名官兵迅速奔赴重灾区仁和区大龙潭乡拉柞村展开救援；19时20分，攀枝花大队31名官兵开赴仁和区大田镇迤沙拉村展开救援；20时10分，盐边大队34名官兵在红格镇展开救援。同时，支队及时组成5个巡逻小组共20名官兵，冒雨在市区的6条巡逻路线和5个执勤点，担负疏散群众，维护交通秩序和进行治安巡逻任务。

【国家林业局局长贾治邦考察内蒙古森林总队】 2008年5月15日，国家林业局局长贾治邦一行工作组考察了内蒙古森林总队大兴安岭支队驻牙克石部队和根河大队。观摩了灭火作战动态科目演示和灭火装备展示，贾治邦对大兴安岭森林支队为保护森林资源和维护生态安全作出的贡献表示衷心的感谢和亲切的慰问，同时希望全体官兵要充分认清当前森林防火形势，提高警惕，加强训练，认真履行职责，坚决完成任务，时刻做好准备，争取森林防火取得全胜。

【授予李彬烈士献身绿色事业的忠诚卫士荣誉称号】 2008年5月26日，西藏自治区政府追授在扑救林芝县卡定沟森林火灾战斗中，为保卫国家森林资源和抢救人民生命财产而光荣牺牲的李彬烈士献身绿色事业的忠诚卫士荣誉称号命名大会在西藏总队机关隆重举行。武警部队副参谋长牛志忠，西藏自治区政府副主席、总队第一政委、党委第一书记次仁，自治区党委宣传部、自治区政府、自治区林业局、林芝地区行署和四川仁寿县人武部、民政局等领导以及烈士的亲属、总队机关干部、驻拉萨部队官兵参加大会。总队长郭建雄主持会议。次仁为烈士家属颁发了荣誉证书并讲话，牛志忠作了讲话。

【扑救喀纳斯风景区禾木哈纳斯乡禾木村美丽峰火灾】 2008年6月6～13日，新疆喀纳斯风景区禾木哈纳斯乡禾木村美丽峰南部发生森林火灾，严重威胁到喀纳斯5000平方千米的国家原始森林保护区的安全，新疆森林总队阿勒泰地区支队出动150余名官兵昼夜兼程到达海拔1917米的火场开始投入灭火战斗。10日又转战喀纳斯风景区禾木蒙古乡洪巴斯与松巴斯交界处火场，经过20多个小时搏斗，喀纳斯景区森林火灾被彻底扑灭。

【森林指挥部机动支队成立大会】 2008年6月26日上午10时在警种指挥学院礼堂举行。会议由森林指挥部韩祥林主任主持，崔建设副政委宣布了国务院、中央军委《关于组建武警森林机动支队的批复》和机动支队主要领导的任职命令。国家森防指办公室副主任焦德发和武警总部政治部副主任张补旺为机动支队揭牌，并表示祝贺。

【甘肃省森林总队成立大会】 2008年6月26日在兰州市召开。武警部队副司令员何映华，国家森防指办公室主任杜永胜，武警总部警种部部长彭小国出席会议。甘肃省委书记、省人大常委会主任陆浩，省委副书记、省长徐守盛，省委副书记刘伟平，省委秘书长姜信治，副省长陆武成，省政协副主席邵克文，省政府秘书长李沛文，兰州军区副司令员郭洪超，甘肃省军区副司令员王乃勤以及甘肃省委，各有关部门领导出席会议。森林指挥部副政委焦万瑜主持会议，李文江副主任宣读国务院、中央军委《关于组建武警甘肃省森林总队的批复》和国务院、中央军委、武警总部关于甘肃省森林总队部门以上领导的任职命令；徐守盛，杜永胜分别作了讲话。

【福建省森林总队成立大会】 2008年6月26日在福州市举行。武警部队副司令员陈传阔，国家林业局党组成员孙扎根，福建省委常委、常务副省长张昌平分别在大会上讲话，福建省委书记卢展工、省长黄小晶、省政协主席梁绮萍、省纪委书记陈文清等省领导，驻闽部队领导出席了会议，会议由森林指挥部政委王长河主持，郝晓光副主任宣读了国务院、中央军委《关于组建福建省森林总队的批复》和总队部门以上领导的任职命令；国家林业局、武警总部、福建省领导参加了揭牌授牌仪式。

【首届国防生毕业典礼】 2008年7月3日上午，北林大举行森林部队首届国防生毕业典礼。北林大党委书记吴斌，副书记、副校长钱军，副校长宋维明和相关学院领导、老师、武警部队干部部选培办主任杨万良，森林指挥部副主任李文江、政治部主任闻培德等领导出席会议。吴斌作了讲话，闻培德主任代表指挥部党委首长，对北林大多年来给予森林部队人才建设的大力支持表示感谢，并向毕业国防生提出了三点希望和要求。

【奥运圣火传递】 2008年7月8日，北京奥运会祥云火炬在呼和浩特市传递。内蒙古森林总队六级士官通信技师白呼和作为森林部队唯一的一名火炬手，参加了火炬传递活动。7月11日上午，奥林匹克圣火在北国“冰城”哈尔滨传递。黑龙江省森林总队1100多名官兵担负奥运火炬在哈尔滨市传递执勤任务并护卫“祥云火炬”在“油都”大庆、“鹤城”齐齐哈尔继续传递。8月5日8时，祥云圣火在成都市蓉城高新区出口加工区传递，200余名四川省森林总队官兵担任旗手。

【森林指挥部党委一届十一次全体会议】 2008年7月28日召开。会议深入学习贯彻党的十七大精神，按照科学发展观要求和胡锦涛主席一系列重要指示，认真贯彻落实武警部队党委书记座谈会精神，认真总结上半年的主要工作，对下半年各项任务进行安排部署。指挥部党委委员出席会议，指挥部机关处长等列席会议，王长河政委、王佐明主任分别讲话。武警部队政治部组织部党务处副处长李振洲、干事车金华到会指导。

【扑救黑龙江省森林火灾】 2008年8月5日，黑龙江省黑河、大兴安岭地区多个地（市）连续发生森林火灾，黑龙江省森林总队先后调动1217名官兵，奋战7昼夜，转战8处火场，扑灭火头50余个，火点120余处，扑灭火线263千米，开设防火隔离沟160千米，保卫了胜山国家森林自然保护区和16个村屯及白虎国家重点保护树种果松母树林200余公顷的安全。

【森林部队驻藏区部队工作会议】 2008年9月11日在拉萨市召开。会议传达了武警部队维护西藏及其他藏区社会稳定工作会议精神和森林指挥部主任王佐明的书面讲话，观摩了西藏森林总队拉萨大队基础设施建设现场，西藏自治区政府副主席次仁出席大会并作讲话。森林指挥部副主任郝晓光、后勤部部长沈金伦、副参谋长郭胜辉到会全程指导，指挥部后勤部有关处室领导、驻藏区部队的会议代表、西藏自治区林业局领导和西藏总队党委机关干部出席会议。郝晓光深入分析藏区形势，对驻藏区森林部队如何做好遂行任务准备、确保部队安全稳定作了讲话。

【全国森林消防学术研讨会】 2008年8月18日在昆明召开。国家林业局森林防火专业委员会主任、森林指挥部原副主任朴东赫主持会议，国家林业局森林防火办公室副主任焦德发作了讲话，云南省森林总队总队长王高潮、政委牛喜富等领导参加了学术研讨会。云南省森林总队昆明市支队官兵为出席会议的代表进行了灭火演示。

【森林部队经常性思想工作座谈会】 2008年9月26～28日在吉林省森林总队召开。会议认真传达学习了武警部队上海经常性思想工作座谈会精神，听取了各单位经常性思想工作情况汇报和8个单位开展经常性思想工作经验介绍，观看了4部示范录像片，观摩了远程授课演示和网上知识竞赛，参观了吉林总队基层政治环境建设，讨论修改了《关于深入扎实开展“三互”活动的意见》，进一步明确了各级抓好经常性思想工作的职责，增强了抓好经常性思想工作的自觉性，清除了经常性思想工作中的陈旧观念，探索了抓好经常性思想工作的对策办法。森林指挥部政委王长河、副政委崔建设、政治部主任闻培德出席会议并分别讲话。

【授予全国抗震救灾英雄集体和模范荣誉称号】 2008年10月7日，四川省森林总队阿坝州支队汶川大队大队长高立民、四川省森林总队通信站四级士官母强代表森林部队在北京人民大会堂参加全国抗震救灾总结表彰大会，汶川大队被中共中央、国务院、中央军委授予全国抗震救灾英雄集体称号，母强被授予全国抗震救灾模范荣誉称号。

【为高原部队配发新型节能触摸式燃油灶】 2008年10月30日，森林指挥部为高原部队设计、配备的新型节能触摸式燃油灶分配到西藏森林总队安装完毕，并投入使用。新型节能触摸式燃油灶投入部队使用后，呈现了"节能、安全、卫生、方便、适用"的良好特点，极大地提升了高原部队生活保障的质量和水平，激发了高原官兵"扎根高原、敬业奉献"的热情，深受高原官兵的欢迎。

【《绿色卫士》电视剧在京启动开机仪式】 2008年12月29日，由森林指挥部与亚洲论坛报社、湖北电视台、裕盛华明(北京)传媒文化发展有限公司联合摄制，反映森林部队官兵工作生活的26集电视连续剧《绿色卫士》在北京人民大会堂举行开拍启动仪式。国家林业局副局长李育材、武警部队副政治委员崔景龙等领导出席启动开机仪式。

(武警森林部队由管黎丽供稿)

森林公安

【森林公安综述】 2008年，全国森林公安机关以落实政法专项编制为契机，大力加强队伍建设，深入开展"三基"(抓基层，打基础，苦练基本功)工作，严厉打击涉林违法犯罪，着力提升警务保障水平和执法办案能力，圆满完成抗震救灾和奥运安保任务，有效了维护国土生态安全和林区社会和谐稳定，保障了集体林权制度改革顺利进行。在2次抢险救灾、奥运安保、"三基"工程建设中，共有16个集体和32名个人受到公安部表彰。

多措并举，大力加强队伍建设 深入推进森林公安编制、经费问题的解决，到年底除吉林、青海、新疆3省(区)外，其他省(区、市)完成了森林公安"定机构、定编制、定职能"工作，机构设置进一步规范，省、市、县三级森林公安机关主要负责人"高配"或进入同级林业主管部门班子的比例分别达到32%、21.4%和52.4%。切实加强教育培训，制定了《2008～2010年全国森林公安民警大轮训规划》和《森林公安机关政工干部实用手册》。国家林业局、公安部联合下发了《森林公安机关领导干部实行双重领导暂行规定》。

加大投入，积极推进基层基础工作 编制了《全国森林公安单警装备配备实施方案》，实施中西部地区派出所房建和重点治安区设备购置项目，对困难省(区)实施经费补助。与2007年相比，全国无房派出所下降了18.5%，无车派出所下降了11.5%，无计算机派出所下降了18%，派出所金盾网接入率提高了13%。进一步规范执法工作，明确了森林公安机关的治安案件处罚权限和管辖范围、森林公安机关对部分破坏森林资源刑事案件的管辖权，全国有18个省(区、市)完全理顺了执法权限。

重拳出击，严厉打击涉林违法犯罪 2月1日至9月30日，在全国范围开展了"抓逃犯破大案"专项斗争；3月20日至5月31日，国家林业局、公安部、海关总署、国家工商总局联合在全国组织开展了"飞鹰行动"，集中打击破坏野生动物资源违法犯罪；11月10日至12月10日，在北京等17个省(区、市)开展了以打击破坏鸟类资源违法犯罪为主要内容的"候鸟三号"行动。国家林业局森林公安局对100余起重特大案件进行了督办，组织开展了火灾案件侦破大会战，继续在重点林区开展禁毒专项行动。

精心指导，全力参与抢险救灾 南方雨雪冰冻灾害和四川汶川"5·12"大地震发生后，全国森林公安机关积极参与抢险救灾和灾后恢复重建工作。国家林业局森林公安局迅速成立领导小组和办公室，及时调度、汇总、分析、上报各地救灾和受损情况，传达上级部署精神，就灾区涉林案件查处、大熊猫等野生动物保护、维护林区社会稳定等提出具体要求。在森林公安系统发起"我为灾区献爱心"捐款活动，共募集资金240多万元，全部用于救助灾区特困、牺牲、致残民警家庭。森林公安系统先后涌现出了以王刚同志为代表的一批抗震救灾先进集体和个人。

周密部署，切实做好奥运安保工作 国家林业局森林公安局专门制定《奥运安保应急工作预案》，进一步提高了森林公安奥运安保应急工作能力，全面保障奥运期间林区社会稳定。在全国森林公安系统开展了奥运安保现场督察活动、公务用枪安全检查和专项治理整顿活动，并完善信访工作长效机制，打赢了北京奥运期间信访攻坚战，为平安奥运、绿色奥运的成功举办贡献了力量。

正面引导，深入开展公安宣传 国家林业局森林公安局组织编写了《2006～2007年全国森林公安机关先进集体和个人事迹》。组织新闻媒体大力宣传森林公安机关及其民警积极投身奥运安保、抗击冰雪、抗震救灾等涌现出来的先进典型事迹。同时，就森林公安改革开放30年取得的辉煌成进行了专题宣传。

（尹春生）

森林公安重要活动

【贾治邦慰问森林公安奥运安保参战民警】 2008年8月5日，全国绿委副主任、国家森防指总指挥、国家林业局党组书记、局长贾治邦在北京市委常委、市森防指总指挥牛有成的陪同下，到奥林匹克森林公园看望慰问北京市森林公安系统奥运安保参战民警。北京市园林绿化局董瑞龙局长和国家林业局办公室、公安局、计资司、宣传办等有关司(局)的负责同志陪同参加了慰问活动。

贾治邦充分肯定了北京市园林绿化局7年来为保障奥运会顺利召开所做的一系列工作，对北京市森林公安局奥运安保参战民警连日来的辛勤工作给予了高度赞扬，并对下步奥运期间的森林防火和安全保卫工作提出了进一步要求。贾治邦强调，各参战单位要继续努力，继续弘扬绿色奥运、平安奥运的理念，继续发扬森林公安队伍最能吃苦、最能战斗、最能奉献、最能忍耐的优良传统，完成好北京市委、市政府交给的奥运安保各项任务，为森林公安系统争光，为整个林业战线争光。（尹春生）

【组织森林公安民警抗击雨雪冰冻和地震灾害】 2008年初南方雨雪冰冻灾害和四川汶川"5·12"大地震发生后，全国森林公安机关积极参与抢险救灾和灾后恢复重建工作。国家林业局森林公安局迅速成立领导小组和办公室，及时调度、汇总、分析、上报各地救灾和受损情况，积极协调并将森林公安灾后重建方案纳入林业整体规划。2月9～11日，按照国家林业局党组统一部署，森林公安局杜永胜局长带领工作组赴贵州省检查指导雨雪冰冻林业抗灾救灾工作。5月28日，杜永胜局长陪同国家林业局贾治邦局长赴四川省指导林业抗震救灾，看望慰问了在抗震救灾中牺牲的四川省卧龙特区森林公安局副局长王刚同志的亲属。全国各级森林公安机关在各地党委、政府和林业主管部门的正确领导下，与灾区干部群众一起顽强拼搏、团结协作，始终战斗在抢险救灾第一线，全力保障人民生命财产安全、维护林区社会秩序稳定、保证经济正常运行。森林公安系统开展了"我为灾区献爱心"捐款活动，共募集资金240多万元，全部用于救助灾区特困、牺牲和致残民警家庭。在2次抢险救灾中，森林公安共有10个集体和21名先进个人受到公安部表彰，其中王刚同志被公安部、国家林业局等部门分别追授为二级英雄模范、森林卫士、抗震救灾优秀共产党员等荣誉称号，广大森林公安民警用鲜血和汗水谱写了一曲英雄的赞歌。（尹春生）

【林区奥运安保工作】 2008年，第29届奥林匹克运动会和残奥会在北京举办。为加强奥运期间林区安全保卫工作，根据公安部党委和国家林业局党组的统一部署，国家林业局森林公安局成立了由杜永胜局长任组长、各处室负责人为成员的林区奥运安保工作领导小组，定期召开会议，分析形势，研究措施，不断加强对林区奥运安保工作的领导指挥。2～8月份，国家林业局先后3次专门召开电视电话会议和重点省(区)工作会议，对林区奥运安保工作进行动员部署。8月5日，国家林业局党组书记、局长贾治邦同志到奥林匹克森林公园看望慰问值勤的森林公安民警。结合森林公安机关承担的奥运安保具体任务，国家林业局森林公安局先后组织大面积国有林区森林公安机关开展了涉林矛盾纠纷大排查、涉奥重点人员管控、危险物品管控、防范恐怖袭击隐患排查等多次重大专项行动，奥运赛区及周边地区森林公安机关主动参与"奥运护城河工程"，充分发挥了"护城河"作用。经过7个多的努力，圆满完成了承担的奥运安保工作任务，确保了奥运期间林区治安秩序持续平稳，没有发生任何暴力恐怖事件，没有发生一起社会政治事件和重大群体性事件。（汶 哲）

【森林公安执法体制调研】 按照国家林业局党组对林业调查研究工作的总体部署，2008年6～10月份，国家林业局森林公安局组织各级森林公安机关开展了一次为期4个月的森林公安执法体制调研活动。通过逐级调查问卷、查阅文件资料、书面征求意见、召开座谈会、实地走访等多种方式，基本摸清了省、地、县三级森林公安刑事、治安、林业行政执法体制现状，分析了存在的突出问题，明确了下一步理顺执法体制的基本思路。通过开展执法体制调研，进一步促进理顺了森林公安的执法权限和范围。公安部专门下发文件，明确了森林公安机关的治安案件处罚权限和管辖范围。公安部出台《刑事案件管辖分工补充规定》，进一步明确了森林公安机关对部分破坏森林资源刑事案件的管辖权。部分省（区）继续推广了以森林公安为主的林业综合行政执法改革模式。

（汶　哲）

【加强森林公安队伍和枪支管理紧急电视电话会议】 2008年2月27日国家林业局组织召开，会议主要内容是：通报广西壮族自治区桂林市兴安县公安局森林公安分局民警李雪明持枪杀人案件，深刻剖析案件暴露出的问题，部署森林公安队伍管理和枪支管理工作。国家林业局副局长雷加富出席会议并讲话，提出了五条具体要求：一是严肃纪律，进一步严格队伍管理；二是迅速行动，立即开展公务用枪专项整顿；三是周密组织，做好人员过渡工作；四是统筹兼顾，继续做好其他各项业务工作；五是统一认识，切实加强和改善对森林公安的领导。（尹春生）

【南京森林公安高等专科学校毕业生就业工作座谈会】 2008年1月17日由国家林业局在南京组织召开。会议主要任务是：深入贯彻落实中央关于加强高校毕业生就业工作的一系列政策措施，促进南京森林公安高等专科学校毕业生到森林公安机关就业，有效改善森林公安队伍的文化和专业结构。国家林业局副局长雷加富出席会议并讲话。

国家林业局森林公安局、人教司，各省（区、市）林业厅（局）主管领导、森林公安局局长和人事处处长参加了会议。（尹春生）

【全国森林公安机关进一步加强枪支和队伍管理紧急电视电话会议】 2008年7月30日由国家林业局森林公安局组织召开。主要任务是：深入贯彻落实全国林业厅（局）长会议精神和国家林业局、公安部领导关于奥运安保和队伍管理的重要批示要求，剖析森林公安机关枪支和队伍管理工作存在的问题，对强化枪支和队伍管理进行再强调、再动员、再部署。会议强调，各级森林公安机关要充分认识加强森林公安机关枪支和队伍管理的极端重要性和紧迫性，切实将其作为事关全局的战略任务抓紧抓实。各级森林公安机关特别是领导同志，要以高度的政治敏锐性和工作责任感，以前所未有的决心和力度，以超常规的举措，从思想上和行动上狠抓枪支和队伍管理等工作，做到警钟长鸣、毫不松懈。（尹春生）

【森林公安派出所等级评定暨法制工作会议】 2008年5月7～9日在广东省增城市召开。会议总结了2007年太原会议以来森林公安系统加强治安和法制工作基层基础建设的进展情况，要求各级森林公安机关立足新的历史起点，继续加强派出所正规化建设、扎实推进执法规范化建设，强力推进决战之年的“三基”工程“软件”建设。各省（区、市）森林公安局主管领导，治安、法制部门的负责同志参加了会议。

（汶　哲）

【全国森林公安和森林防火信息安全培训班】 2008年11月18～21日在河北省秦皇岛市举办。来自全国31个省（区、市）森林公安局、森林防火办公室及南京森林公安高等专科学校、东北航空护林中心、西南航空护林总站的61名负责森林公安和森林防火信息化的同志参加了培训。国家林业局森林公安局巡视员曹真到会作了开班动员，要求各地要加强森林公安和森林防火信息化建设，确保网络和网上信息安全，提高工作信息化水平，提高警务作战能力和处置重大森林火灾效率。培训班共举办了森林公安（防火）信息化建设和网络安全体系的构建、森林公安（防火）信息网络安全知识、基于GIS的森林公安（防火）管理信息系统及其应用、基于单兵的森林公安和森林防火通信系统等20个专题讲座。（王金海）

【森林公安警车管理和使用治理整顿】 针对个别地方森林公安警车管理和使用中出现的问题，2008年4月29日国家林业局办公室下发《关于加强森林公安警车管理和使用工作的通知》（办安字［2008］25号），12月12日国家林业局森林公安局下发《关于进一步加强警车管理和交通安全工作的紧急通知》（林公明发［2008］126号），在全国森林公安机关部署开展警用车辆治理整顿工作，对警车的管理和使用进行了重点强调。根据国家林业局部署要求，各级林业主管部门和森林公安机关高度重视，认真组织，强化措施，全面加强了警车管理和使用工作。通过建立警车档案，做到了警用、警开；通过完善制度，进一步规范了警车管理；通过加强学习、现场督察和严格责任追究，车辆违规管理和使用现象明显减少。（贺　飞）

【公务用枪管理和使用专项检查】 2008年4月1日至5月15日，国家林业局森林公安局在全国森林公安机关组织开展了公务用枪管理使用专项检查工作。各级森林公安机关成立了由主要领导担任组长的专项检查工作领导小组，制定了检查方案，细化了工作任务和措施，明确了各部门的工作职责。各地采取领导包片检查、派出督察组专项督察等方式，对本地森林公安机关枪弹底数、枪弹库建设、枪弹日常管理使用、相关制度建设与落实等情况进行了认真检查。专项检查期间，全国共派出600多个检查组，检查配枪单位3400个。对超配、报废、该销毁而未销毁的枪支进行了清理收缴，取消了部分民警的配枪资格。通过专项检查，摸清了全国森林公安机关枪弹底数，查纠了公务用枪管理使用方面存在的突出问题，完善了公务用枪管理使用制度，严格了枪支审批领用程序，逐级成立了公务用枪管理委员会，为进一步规范森林公安公务用枪管理使用工作打下了良好基础。

（耿淑芬）

【森林公安公务用枪治理整顿】 针对2008年以来森林公安系统2起民警犯罪案件暴露出的公务用枪管理问题，国务委员、公安部部长孟建柱、国家林业局局长贾治邦、副局长孙扎根以及公安部常务副部长杨焕宁、副部长刘金国等领导先后作出重要批示，要求切实加强森林公安机关公务用枪管理工作。8 ~12 月份，国家林业局森林公安局在全国森林公安系统部署开展了加强枪支和队伍管理专项警示教育整顿活动。各级森林公安机关从组织领导、责任落实、重点问题整改、检查督促等环节入手，全面开展了清理整顿。经过为期5个月的工作，森林公安公务用枪管理中的突出问题得到有效整治，森林公安机关领导和民警依法管枪、用枪的意识明显增强，公务用枪管理制度进一步完善。

（汶　哲）

森林公安队伍建设

【落实森林公安编制经费】 2008年2月15日，人事部、国家林业局下发《关于做好全国森林公安机构核定政法专项编制后人员过渡有关工作的通知》(国人部发［2008］15号)，对森林公安现有人员过渡工作提出指导性意见。为督促各地尽快做好森林公安现有人员过渡工作，3月份，国家林业局在征求公务员主管部门同意后，专门下发《关于认真做好森林公安人员过渡等有关工作的通知》(林安发［2008］52号)，对各地开展人员过渡工作再次提出具体要求。6月份，国家林业局会同人事部派出工作组，赴有关省(区)对森林公安民警过渡工作进行了实地调研和检查，有力地推动了森林公安"三定"和人员过渡工作。到年底，全国27个省(区、市)完成森林公安"三定"，24个省(区、市)完成森林公安现有人员过渡或出台了具体的过渡政策。

（邹庆浩）

【森林公安机构及人员】 2008年，全国除上海外，其他30个省(区、市) 均设立了森林公安机构，总数近7000个，实有警力近6万人，大专以上学历的森林公安民警占总数的70.34%，森林公安的整体实力和民警素质进一步提升。

（王凤阁）

【森林公安领导干部管理】 2008年，按照森林公安机关领导干部实行双重领导的规定，国家林业局森林公安局分党组对河北、山西等13个省(区、市)的20名省级森林公安机关领导干部的任免进行了审核并提出意见。

（王凤阁）

【森林公安警衔评授】 2008年，国家林业局森林公安局共审核各地森林公安机关上报的人民警察警衔6296人。其中，首授警衔592人；晋升警衔5676人；不予保留警衔28人。根据公安部要求，安排23名符合选升三级警监警衔的民警参加了警监警衔培训，并全部被授予三级警监警衔。

（王凤阁）

【森林公安教育训练】 为贯彻落实公安部提出的"大教育、大培训"工作要求，进一步加强森林公安民警教育培训工作，2008年国家林业局森林公安局制定并实施了《2008 ~2010年全国森林公安民警大轮训规划》，进一步明确了教育训练的目标、任务和措施；组织编写了《森林公安机关政工干部实用手册》，对森林公安机关干部协管、警衔、教育培训、表彰奖励、抚恤等政策进行了详细解答；按照公安部"三个必训"(民警上岗前必训，职务、警衔晋升前必训，基层一线民警每年的实战必训)的要求，在组织警衔晋升培训、领导初任培训等基础上，紧紧围绕"三基"(抓基层、打基础、苦练基本功)和"三考"(基本法律知识考试、执法办案卷宗考评、信访工作考查)，组织了全国森林公安机关专业法律知识训练。为切实提高有关省(区)基层森林公安民警保护藏羚羊工作的法律素质和执法办案水平，组织了保护藏羚羊业务知识培训。为有效提升基层领导干部的综合能力，专门组织了县级林业部门主管领导和森林公安局长培训班。全国森林公安机关全年共组织各类培训班1614期，培训民警39 103人次。其中，国家林业局森林公安局直接组织培训35期，培训民警4509人次。

（张英男）

【森林公安立功创模】 2008年，国家林业局森林公安局共为42个集体、150名民警进行了记功表彰。其中，在组织开展的森林公安系统抗震救灾和奥运安保工作专项表彰活动中，表彰了18个先进集体和60名先进个人；在"三考"专项表彰中，表彰了32个集体和30名民警。在公安部组织开展的抗雪救灾、抗震救灾、奥运安保先进集体、先进个人评选中，森林公安系统共有12个集体和24名民警受到表彰。其中，四川省卧龙特别行政区森林公安局被荣记集体一等功，该局副局长王刚同志被追授为二级英雄模范，同时被国家林业局追授为"森林卫士"荣誉称号，被中央组织部追授为抗震救灾优秀共产党员。在公安部和中央电视台联合举办的第三届"我最喜爱的十大人民警察"评选活动中，云南省西双版纳州森林公安局局长陶双寿被授予全国特级优秀人民警察称号。在2008年斯巴鲁生态保护奖、中国边境野生生物卫士奖评选活动中，3个森林公安集体和9名森林公安民警入选并受表彰。（邹庆浩）

【森林公安优抚工作】 2008年，按照公安部、财政部《因公牺牲公安民警特别补助金和特别慰问金管理暂行规定》（公通字［2004］49号）等有关规定，国家林业局森林公安局对符合1980 ~2002年特别慰问金条件的208名因公牺牲民警的家属发放了特别慰问金，对符合2003年以来特别补助金发放条件的18名因公牺牲民警的家属发放了特别补助金。根据公安部、民政部、财政部联合印发的《关于发给公安机关作出特殊贡献的牺牲病故人民警察家属特别抚恤金的通知》规定，对1995年1月1日以来符合一次性特别抚恤金发放条件的38名牺牲病故民警家属发放了一次性特别抚恤金。根据公安部做好公安系统英雄模范民警休养工作的规定，组织安排了森林公安系统英模修养活动。根据公安部要求，向36名森林公安英烈、因公致残及特困民警子女申报及发放了助学金。国家林业局森林公安局副局长潘世学带领慰问组，专程赴吉林省慰问基层森林公安民警，并向因公牺牲森林公安民警家属发放了特别补助金和特别慰问金。2008年，森林公安系统共有17人因公牺牲，65人因公负伤。（王凤阁）

【森林公安警务督察】 2008年，森林公安机关紧紧围绕实现平安奥运目标、强化队伍和枪支管理等重大警务部署，认真组织开展现场督察，推动了公安中心工作的落实。一是开展了奥运安保现场督察活动。为确保平安奥运目标全面实现，6月1日至10月10日，国家林业局森林公安局在全国森林公安机关组织开展了北京奥运会安全保卫现场督察活动。重点对奥运安全保卫措施落实情况、信访工作措施落实情况、执法执勤工作情况、武器警械和警车管理使用情况、民警遵规守纪和窗口单位服务情况等进行了全面督察。通过现场督察，促进各地加强了对林区社会治安的综合防控，为北京奥运会的成功举办创造了和谐安定的林区社会环境。二是开展了对贯彻落实国家林业局加强森林公安队伍和枪支管理紧急电视电话会议精神情况的专项督察。4月中下旬，国家林业局森林公安局派出10个督察组，先后深入10个省（区）、35个地（市）、59个县（市）、99个所（队），采取听汇报、查阅档案、实地检查、个别交流、问卷调查和突击暗访等方式，对各地传达学习会议精神、完善落实队伍管理措施、公务用枪治理整顿、警用车辆管理使用等情况进行了专项督察。通过督察，发现11个方面的问题，涉及110多个单位，并限期进行了整改。三是开展了公务用枪和警用车辆管理使用专项督察调研。针对森林公安机关连续发生2起民警涉枪致人伤亡的重大案件，8月中旬，国家林业局森林公安派出5个督察调研组，深入5个省（区）、9个地（市、州）、17个县（区）、18个所（队），采取实地检查、召开座谈会等方式，对各地贯彻落实有关会议精神和工作部署、加强公务用枪和警车管理使用等工作情况进行了专项督察和调研。通过督察调研，及时查纠了各地在公务用枪和警车管理使用方面存在的突出问题，对进一步规范公务用枪和警车管理使用工作提出了建议。四是开展了节日期间队伍管理情况现场督察活动。针对元旦、春节期间，森林公安机关安全保卫任务重、民警违反“五条禁令”的诱因增多、易产生麻痹松懈思想等特点，国家林业局森林公安局及时在全国森林公安机关组织开展了“五条禁令”现场督察活动。活动期间，派出6个督察组，对6个省（区、市）森林公安机关贯彻执行“五条禁令”和“内务条令”等情况进行了专项督察，及时查纠了一些问题，提高了民警遵纪守法的自觉性和主动性，强化了公安队伍管理。五是加强警务督察部门自身建设。进一步充实督察力量，国家林业局森林公安局新设立4个机动警务督察队。开展警务督察工作调研，及时总结推广各地督察工作经验，有效推动了森林公安警务督察工作的深入开展。（耿淑芬）

【森林公安信访工作】 为切实做好森林公安信访工作，2008年国家林业局森林公安局专门下发了《关于进一步加强信访工作的通知》（林公督［2008］24号），确定了森林公安机关信访工作的首要任务，即最大限度地解决信访问题，最大限度地消减积案存量，最大限度地减少非正常上访和群体上访的发生，确保平安奥运目标的实现。各级森林公安机关采取一系列措施，不断加大信访力度。一是统一思想认识，加强了对信访工作的组织领导，形成了主要负责人全面抓、分管领导亲自抓、信访部门具体抓的工作格局。二是组织开展了不稳定因素和矛盾纠纷的排查化解工作。综合运用法律、经济、行政等手段，采取挂牌督办、领导包案、巡回督导、教育疏导、协商调解等措施，着力解决重信重访问题，及时消除了信访隐患。坚持“属地管理、分级负责，谁主管、谁负责”的原则，畅通信访渠道，切实将信访问题解决在了基层、解决在了当地。三是进一步健全完善了信访工作机制。建立了信访工作首办责任制和责任追究制度，健全了信访预警机制，形成了以一把手接访为龙头、各部门办访为支撑，全警参与信访的工作机制，确保了全年特别是奥运期间信访安全。（耿淑芬）

森林公安执法办案

【综　述】 2008年，全国森林公安机关共办理森林和野生动物刑事、行政案件202 751起，比2007年下降13.5%；查处案件196 667起，同比下降13.6%；打击处理违法犯罪人员269 237人次，收缴林木568 943立方米、野生动物49 388 230头(只)，涉案金额857 057.9万元。

森林和野生动物刑事案件情况 全年共立森林和野生动物刑事案件17 348起，同比上升20.9%；破刑事案件14 177起，同比上升19.2%。一是森林火灾案件高居森林刑事案件榜首，火灾仍是森林资源遭破坏的关键。二是盗伐滥伐林木案件在小幅下降中仍保持高发趋势。三是非法占用农用地案件有所下降，但蚕食、侵占林地现象对林地的破坏更加严重。四是国家重点保护植物损失大幅上升，失火是主因。五是非法猎捕杀害珍贵濒危野生动物案件微幅下降，但重特大案件大幅上升。六是非法收购运输出售珍贵濒危野生动物及其制品和非法狩猎案件增长态势明显。七是刑事案件涉案野生动物的数量大幅回落。

森林和野生动物行政案件情况 全年共受理森林和野生动物行政案件185 403起，同比下降15.7%；查处行政案件182 490起，同比下降15.3%。一是森林行政案件小幅下降，野生动物行政案件继续上升。二是主要类型的森林行政案件出现下降态势，野生动物行政案件发案种类仍较为集中。三是流通领域的违法行为较2007年有所下降，但仍是破坏森林和野生动植物资源违法行为的主要形式。（郑璐璐）

【森林公安大要案件督办】 2008年，针对我国破坏森林和野生动物资源犯罪日趋严重的情况，国家林业局森林公安局通过下发督办文件、赴实地督办等方式，对有关领导批示的湖北宜昌东北虎被杀系列案件、江西吉安特大买卖木材运输证案、黑龙江五常市林业局副局长毁林修别墅案件、云南特大贩卖穿山甲及制品案件等109起大要案件进行了督办。各地高度重视督办案件的办理，充分运用各种侦查手段，成功侦破了云南德宏州陇川县滥伐林木系列案件、广西防城港非法运输象牙案件、辽宁盘锦双河口国家级自然保护区丹顶鹤被毒杀案件等一批大要案件，极大地震慑了违法犯罪分子。为表彰办案单位，公安部分别奖励广州市、郑州市森林公安局各10万元办案经费，广州市森林公安局还被公安部评为2007年度全国“追逃”先进基层单位。（耿永平）

【“飞鹰行动”】 2008年3月20日至5月31日，国家林业局、公安部、海关总署、国家工商总局在全国范围内组织开展了代号“飞鹰行动”的集中打击破坏野生动物资源违法犯罪专项行动。各地在奥运安保、藏区维稳、林区春防、抗震救灾等任务繁重的情况下，充分发挥职能部门的作用和广大群众的积极性，切实加强对破坏野生动物资源违法犯罪的专项打击和综合治理，有效遏制了野生动物案件上升势头，极大地打击了犯罪分子的嚣张气焰，强化了野生动物资源的管理和保护，在全社会营造了爱护野生动物的和谐氛围。行动期间，全国共出动执法人员336 874人次、车辆106 152台次，清查野生动物活动区域10 681处、驯养繁殖场所5797处、加工经营场所21 622处，查处案件7795起，打击处理违法犯罪人员9396人，打掉犯罪团伙48个，收缴野生动物386 641头(只)、野生动物皮张1264张、野生动物制品2862件共计29 180千克，猎具3377件、猎枪323支，涉案价值高达5813.32万元。（郑璐璐）

【“候鸟三号”行动】 为切实做好鸟类资源的保护工作，确保候鸟安全越冬，国家林业局森林公安局于2008年11月10日至12月10日，在北京、天津、河北、内蒙古、辽宁、浙江、安徽、福建、江西、山东、河南、江苏、湖北、湖南、广东、广西、云南等17个省(区、市)部署开展了集中打击破坏鸟类资源违法犯罪专项行动，重点打击利用围网、投毒等方式大肆捕杀候鸟行为，非法收购、运输、出售及走私鸟类行为，非法加工、经营鸟类等行为。行动期间，各地共出动警力151 197人次、车辆44 192台次，检查巡护鸟类活动区域7719处，清查宾馆饭店21 947家、市场窝点6385个，查处案件2107起，打击处理违法犯罪人员2813人，打掉犯罪团伙17个，收缴野生动物252 128头(只)、野生动物制品17 339千克，其中野生鸟类241 266只、鸟类制品1413千克，收缴猎具4258件、猎枪32支，涉案总价值216.6万元。

（郑璐璐）

【林区禁毒专项行动】 2008年，按照胡锦涛总书记等中央领导同志关于继续深入开展禁毒人民战争的重要指示精神，国家林业局在全国林业系统部署开展了林区禁毒专项行动，巩固、扩大林区禁毒人民战争取得的阶段性成果，进一步把禁毒人民战争引向深入。各级森林公安机关按照国家林业局的统一部署，在地方党委、政府和林业、公安部门的领导下，不断强化与禁毒部门的协作配合，加大禁种铲毒、堵源截流、禁毒严打、预防教育等工作力度，林区禁毒工作取得了显著成效，铲除了一大批在林区非法种植的毒品原植物。全年共查获各类毒品案件48起，向地方公安机关提供案件线索406条，协助抓获犯罪嫌疑人49名；共查获、收缴毒品海洛因17 743克、鸦片8567克、冰毒3901克。林区发现铲除的毒品原植物数量继续保持2000年以来的历史最低值，缴获的毒品数量大幅度上升。黑龙江森工总局亚布力、桦南林业局，黑龙江大兴安岭林管局、甘肃省白龙江林管局舟曲林业局受到国家禁毒办通报表彰。（汶　哲）

森林公安警务保障

【森林公安“三基”工程建设提升年】 2008年是森林公安“三基”工程建设提升年。各地坚持不懈地抓组织领导、抓典型引导、抓工作督导，严格实施“月通报、年考评”工作制度，继续深入推进工程建设。全年，国家投入3867万元用于中西部森林公安无房派出所建设，投入5000万元实施重点治安区警用装备购置，投入905万元补助“三基”工程建设。各地投入建设资金7.7亿元，新建改建派出所533个，统一规范派出所外观标识与形象435个，新购警车784辆，新配计算机3187台，865个派出所新接入公安网，2.1万民警参加了15天以上的集中培训。到年底，全国有4个省全部解决了派出所无房、危房问题，15个省全部解决了派出所无交通工具问题，26个省全部解决了派出所无计算机问题，2600多个派出所统一了外观标识和外观形象。与2007年比，全国森林公安无房派出所、无车派出所、无计算机派出所分别下降8.5%、11.5%和18%，派出所公安网接入率提高13%，工程建设取得显著成效。12月19日，公安部召开全国公安机关“三基”工程建设总结表彰大会，林业系统3个森林公安机关、5名森林公安民警被授予先进集体和先进个人荣誉称号。

（唐　伟）

【森林公安重点治安区设备购置项目完成建设】 2008年，是为期3年的黄河上中游天保等6个森林公安重点治安区设备购置项目的最后一年。3年来，国家共投资14847万元，为全国1756个派出所配置了通讯器材、计算机等办公器材、档案管理器材、勘查取证器材、警用防护器材、留置室监控设备、户籍管理器材等8大类设备41项10万余件(套)。通过该项目的实施，积极推动了森林公安“三基”工程建设水平，基层装备得到一定改善，作战能力进一步增强。（王艳凤）

【《全国森林公安单警装备配备实施方案》编制】 为切实保护森林公安民警人身安全，增强民警自卫防护能力，有效减少民警伤亡事故的发生，根据公安部印发的《公安单警装备配备标准》(公装财[2006]486号)，国家林业局森林公安局结合森林公安工作实际，制定了《全国森林公安单警装备配备实施方案(2009 ~2010)》，以进一步加强和规范森林公安单警装备配备工作。该方案深入分析了实施森林公安单警装备建设的背景和必要性，明确了工作的指导思想、基本原则、建设目标和实施期限，研究提出了单警装备必配和选配的主要建设内容，并依据有关标准测算了投资需求和年度安排计划。该《方案》进一步指导和规范了森林公安单警装备建设，实施后将有效提高民警的个人防护能力和战斗力，不断增强森林公安机关驾驭林区社会治安局势的能力。（贺　飞）

【森林公安派出所等级评定】 按照公安部对派出所等级评定工作的部署，国家林业局森林公安局组织全国森林公安机关，继续深入开展了森林公安派出所等级评定工作。经过认真审核、严格考评，2008年森林公安系统共认定三级派出所1614个、四级派出所1820个、不合格派出所705个，分别占派出所总数的35%、39.5%和15.3%。国家林业局森林公安局新命名二级派出所40个、重新认定331个；公安部命名2007年度森林公安系统一级派出所7个，重新命名90个；一、二级派出所占森林公安派出所总数的比例达到2.1%和8.1%。与2007年相比，一、二级派出所总量继续增加，不合格派出所比例有所下降，派出所工作总体呈现良好的发展态势。

（汶　哲）

森林资源与林政管理

【森林资源与林政管理综述】 2008年，森林资源管理工作在林地资源保护管理、森林可持续经营管理、森林资源与生态状况综合监测、森林资源监督等方面实现了重点突破，为发展现代林业，建设生态文明，促进科学发展奠定了基础。

林业产权制度改革

集体林权制度改革配套政策 按照分类分层次推进森林采伐管理改革的原则，国家林业局先后在福建省的三明永安市、南平延平区、龙岩新罗区开展了商品林中的人工用材林实行按小班面积控制采伐的试点；在江西省试行县级行政区域按采伐限额总量控制试点。在实行小班面积控制采伐、林木采伐指标分配、建立和健全公示制度等方面进行了探索，取得了初步成效。2008 年底，国家林业局下发了《关于开展森林采伐管理改革试点工作的通知》，组织开展了采伐管理政策调研和采伐管理改革试点工作，指导各省(区、市)积极探索采伐管理改革机制和模式。

重点国有林区森林资源管理体制改革试点 起草完成了《国家林业局关于深化东北、内蒙古重点国有林区森林资源管理体制改革试点意见》，完成联合国粮农组织重点国有林区森林资源管理体制改革策略研究项目，研究制定了森林资源有偿使用方面的管理办法，以及完善森林资源监测管理、森林可持续经营方案编制、伐区调查设计、伐区拨交验收、木材运输及经营加工管理、林地林权管理、营造林管理等方面的规章制度。

伊春国有林权制度改革试点 召开了伊春林权制度改革试点第四次局省联席会议，研究贯彻落实批示、总结试点的具体工作，组织制定试点总结评估工作方案，协调完成试点的全面总结工作，并向国务院办公厅报告了试点情况。

区划、规划编制工作

全国林业发展区划编制工作 局长办公会审定了全国林业发展区划《大纲》、《一级分区方案》和《二级分区方案》，原则同意将全国分为 10 个一级区、62 个二级区；全国林业发展区划工作组先后赴 30 个省份对三级区划成果进行评审验收，并函审了西藏、江苏、河南和黑龙江森工总局 4 个单位的三级区划成果；先后下发了《关于尽快提报全国林业发展区划相关材料和数据的通知》、《关于加快修改上报林业发展区划三级区简写文本的通知》，督促各地抓紧上报相关材料和三级区简写文本；根据各单位的意见，对区划成果进行了修改完善；结合全国林业发展区划编制工作，开发了林业发展区划信息系统，完成了数据录入工作，完成了 16 个专题、约 500 万字的成果报告和 2000 余幅图件资料。

全国矿区植被保护与生态恢复工程规划编制工作 组织完成了对各省(区、市)规划成果的审查，突出抓了恢复措施与技术模式、恢复政策与机制等 5 个专题研究，为规划提供了技术和理论基础依据。汇总编制了《全国矿区植被保护与生态恢复工程规划》和附件，形成了《全国矿区植被保护与生态恢复现状及政策机制研究》、《全国矿区植被保护与生态恢复措施与技术模式专题研究报告》、《矿区植被与生态状况典型调查报告》等多项成果。

林地保护利用规划编制工作 根据《国家发展改革委关于印发国务院 2008 年专项规划审批计划的通知》(发改规划[2008]369 号)，全国林地保护利用规划(2008～2020 年)列入了国务院 2008 年专项规划审批计划。国家林业局成立了全国林地保护利用规划编制领导小组和规划编制工作组，并专门成立了由院士领衔，有关部门和科研单位专家组成的专家咨询组，积极开展资料收集、典型调研、统计汇总数据和专家咨询工作，完成了《全国林地保护利用规划纲要(2008～2020 年)(征求意见稿)》、规划编制说明和 5 个专题报告。按照国家级专项规划审批的有关规定，征求了国家发改委、财政部、国土资源部等相关部门意见，并组织了专家论证。完成了县级林地保护利用规划的试点工作，修改完善了《省级林地保护利用规划编制指导意见(草案)》和《县级林地保护利用规划编制规范》，将结合全国林地保护利用规划纲要的批复适时下发。

森林资源监测

全国第七次森林资源清查工作 组织完成了内蒙古、福建等 6 个单位复查，调查固定样地 4.6 万个，判读遥感样地 64.5 万个。下发了《第七次全国森林资源清查汇总工作方案》、《第七次全国森林资源清查汇总实施方案》。组织有关专家开展了国家特别规定的灌木林、森林碳汇等生态服务功能效益测算评价等汇总关键问题的调研，审定了汇总专项和区域森林资源统计分析方案。

全国第八次森林资源清查准备工作 研究了全国第八次森林资源清查优化改革，形成了《第八次全国森林资源清查优化改革原则方案》，制定了《第八次全国森林资源清查实施方案(征求意见稿)》、《国家森林资源清查技术规定》补充规定、《森林生物量模型建立技术规定》以及《森林资源清查定点监测技术准则》，为全面启动第八次森林资源清查奠定了基础。

FAO 全球森林资源评估工作 全面启动我国承担的 2010 年全球森林资源评估工作，成立了评估工作机构，编写了评估工作方案，翻译编印了《2010 年评估报表规范》和《评估指南》。

公益林管理工作 加强了对公益林认定管理，修改完善了《重点公益林资源管理暂行办法》，深化重点公益林管理信息系统的研发，完成了西藏公益林初步认定工作。

全国森林资源信息化建设工作 完善了全国森林资源管理信息系统建设技术框架和数据库建设，做好与数字林业工作的对接。

森林资源利用管理

森林经营方案编制工作 完成了瑞典宜家援助的

森林可持续经营技术规程编制与实施国际项目，在吉林省9个国有森工局开展了采育林工程试点。确立了森林可持续经营工作的指导思想、总体目标和基本原则，逐步建立以森林分类经营为主线，县级森林经营规划为指导，森林经营方案为载体，小班经营为单元，多种经营模式为支撑的森林可持续经营新体系。

林木采伐管理工作　印发了《东北、内蒙古重点国有林区伐区调查设计质量检查技术方案》和《东北、内蒙古重点国有林区伐区作业质量检查技术方案》，开展了“两项核查”资料汇编和软件开发工作；下发了《关于加强森林凋落物及腐殖质开发利用管理的通知》和《关于采集（采伐）国家一级保护野生植物（树木）审批有关问题的通知》。

木材运输管理工作　编制了《全国木材检查站灾后重建规划方案》和《全国木材检查站建设规划》，建设完成了木材运输检查管理信息系统，起草了《木材运输检查管理办法》及其说明。

林地林权管理

“十一五”期间征占用林地定额管理工作　下发了《国家林业局关于规范申请增加“十一五”期间年度征占用林地定额有关事项的通知》，增加了天津、云南、江西、辽宁、海南、吉林、陕西、安徽、湖南、内蒙古10个省（区、市）和新疆生产建设兵团2008年度征占用林地定额；起草了《全国征占用林地定额管理规范》和技术核查工作方案，指导吉林等8省制定了征占用林地定额管理办法；召开了全国首次征占用林地定额管理工作会议，对征占用林地定额管理规范和技术核查工作方案进一步作了修改完善；组织开展了2008年度征占用林地定额执行情况分析评价，审查了2009年度各省（区、市）征占用林地定额调整意见。

征占用林地审批工作　进一步完善了《国家林业局征占用林地专家评审办法》，审核审批征占用林地项目266项，总面积35 857.0513公顷。

林权管理工作　组织开展林权登记制度规范化理论研究和林权登记发证格式文本制作及工作流程规范课题研究，完成东方红林业局林权证行政复议工作，安排12个省26批林权证印制，数量1167.83万本。

森林资源监督

森林资源监督制度建设　深入贯彻《森林资源监督工作管理办法》，制定了《森林资源监督机构绩效考评办法》、《县级人民政府森林资源保护和发展目标责任制考核指标体系》及其《考核实施办法》和《森林资源监督技术规范（初稿）》。

六省市森林资源监督　建立了局森林资源监督管理办公室与河北、山东省政府工作沟通机制，召开了2008年度六省市森林资源监督工作例会，出台了《六省市森林资源监督工作联络员考核奖惩办法（试行）》。

林政案件督察督办　重点查处了贵阳福海生态园非法占用林地案、黑龙江省嫩江县科洛林场毁林开垦案等多起重大案件，对内蒙古“万里大造林”的查处工作进行了督办。

森林资源监督检查　开展了将遥感技术引入“三总量”检查工作试点，提高了检查质量和精度。启动了征占用林地行政许可被许可人监督检查工作，2008年共检查征占用林地项目260个，审核审批面积32 473.8公顷。　　（陈　昱）

【雨雪冰冻灾害恢复重建和抗震救灾工作】

及时组织开展森林资源损失调查评估　制定了《雨雪冰冻灾害森林资源损失调查评估实施方案》，下发了《国家林业局办公室关于开展地震灾害森林资源损失评估的紧急通知》，第一时间组织雨雪冰冻和地震灾害森林资源损失初步评估。共抽调近3万名专家和技术人员，外业调查评估历时3个多月，深入19省（区、市）1370个县级单位的22.8万个调查地块，全面调查森林资源受灾损失情况，客观评估灾害损失及其影响。指导有关省（区、市）完成了省级调查评估成果，开展了全国统计汇总工作，完成了《雨雪冰冻及地震灾害森林资源损失评估报告》，为及时编制林业生态恢复重建规划、客观反映森林资源受损情况提供了重要的基础依据。评估报告得到了有关院士专家的高度评价和充分肯定。

全力做好受灾林木的清理　春节期间就派出调研组到江西省调研，及时掌握森林资源受灾情况；3月，又组成3个调研组分赴广西、湖南、贵州，指导各地进行受灾森林资源调查评估和受灾林木的清理工作。下发了《国家林业局关于做好受灾林木清理工作的通知》、《国家林业局关于印发〈雨雪冰冻灾害受害林木清理指南〉的通知》，印制《雨雪冰冻灾害受害林木清理政策指南》宣传小册，分发到局内各司（局）及受灾19省（区、市）。及时批复了贵州、湖南、江西、广东、浙江、四川、福建、重庆、广西等省（区、市）清理灾害林木的申请，共增加采伐限额7570.2万立方米，有力地支持了灾区救灾重建。年底，基本完成受灾森林的清理任务。

积极为灾后恢复重建做好服务　取消了2008年度全国营造林综合核查、征占用林地和采伐限额执行情况检查，减轻了基层工作压力，全力支持各地抗灾救灾。先后下发了《国家林业局关于做好灾区重建征占用林地服务工作的紧急通知》和《国家林业局关于切实做好抗震救灾中采伐林木和使用林地事项的通知》，对因抢险救灾采伐林木及征占用林地的，允许先行采伐林木或使用林地，待重建工作结束后再及时办理相关手续。向地震灾害严重省的森林资源管理和监督系统发出慰问信。

严格规范灾后资源保护　认真贯彻全国林业灾后

恢复重建现场会精神，下发了《国家林业局关于加强灾后恢复重建中森林资源保护管理工作的通知》，对确保灾后重建过程中森林资源的有效保护和科学恢复提出具体要求；下发了《国家林业局森林资源监督管理办公室关于做好冰雪灾害后森林资源监督工作的通知》，指导各派驻森林资源监督机构积极参与灾后林业重建，切实做好监督服务工作。（陈　昱）

林地林权管理

【综　述】 为进一步加强林地林权管理，保障林权制度改革全面推进，2008年，国家林业局开展了林权登记制度规范化理论研究和林权登记发证格式文本制作及工作流程规范课题研究；召开了伊春林权制度改革试点工作第四次局省联席会议，制定了试点工作总结评估方案，形成了第四次局省联席会议纪要；完成了《全国林地保护利用规划纲要（2008 ~2020年）（征求意见稿）》、规划编制说明和5个专题报告，以及县级林地保护利用规划试点总结工作，进一步修订了《省级林地保护利用规划编制指导意见（草案）》和《县级林地保护利用规划编制规范》；实施了征占用林地定额管理，下发了《国家林业局关于规范申请增加"十一五"期间年度征占用林地定额有关事项的通知》（林资发[2008]132号），并为天津、云南、江西、辽宁、海南、吉林、陕西、安徽、湖南、内蒙古等10个省（区、市）和新疆生产建设兵团增加了2008年度征占用林地定额，起草了《全国征占用林地定额管理规范》和技术核查工作方案，召开了全国征占用林地定额管理工作会议，对征占用林地定额管理规范和技术核查工作方案进一步作了修改完善，开展了2008年度征占用林地定额执行情况分析评价；严格依法办理征占用林地审核审批工作，下发了《国家林业局关于做好灾区重建征占用林地服务工作的紧急通知》，加大了对用地单位的协调和服务力度，积极做好相关审核和服务工作；启动了征占用林地行政许可被许可人监督检查，研究制定了《国家林业局征占用林地行政许可被许可人监督检查方案（试行）》，2008年共检查占用林地项目260个，审核审批面积32 473.8公顷，并于11月1日召开了检查汇总会和检查方案研讨会，汇总监督检查结果，研讨发现的问题及研究处理意见，完善检查方案，形成了《2008年征占用林地行政许可被许可人监督检查报告》；积极推进征占用林地专家评审工作，4月，在四川省组织开展了征占用林地专家评审研讨会并开展了征占用林地专家评审演练活动，聘请了北林大、东北林大等9名专家开展评审，研讨专家评审过程中的有关问题，进一步完善了《国家林业局征占用林地专家评审办法（试行）》。（曲春宁）

【全国首次征占用林地定额管理工作会议】 2008年10月30日至11月1日在西安召开。会议由国家林业局资源司副司长徐济德主持，来自有关省（区、市）林业主管部门及所属国家林业局派驻森林资源监督机构、监测中心的代表40余人参加了会议。与会代表围绕征占用林地定额的执行、定额的增加以及"十二五"定额的编制等相关问题进行了讨论。

会议认为，全国征占用林地定额管理工作经过近一年的实施，极大地增强了全社会对节约集约使用林地的意识，更加引起了地方政府领导对林地管理工作的重视，限制了一些非重点工程建设项目或非基础设施建设项目占用征用林地，征占用林地定额管理的目标逐渐清晰，管理程序逐步规范，管理成效初步显现。

会议指出，征占用林地定额管理工作虽然取得了一定的成效，但是由于执行时间不长，受外部不确定因素影响较多，特别是林地定额编制工作离科学发展观的要求还有一定的距离，要在深入分析、认真总结2008年度征占用林地定额管理执行过程中出现的新情况、新问题的基础上，进一步完善征占用林地定额管理规范后尽快下发实施。

会议要求，各省级林业主管部门、监督专员办、直属规划院要齐心协力，各司其职，加强沟通，进一步规范我国征占用林地定额管理的增加定额制度，并尽快开展对"十二五"定额编制理论和方法的研究探索，不断提升我国征占用林地定额管理工作的水平。（钟华友）

【规范申请增加"十一五"期间年度征占用林地定额】 2008年，国家林业局下发了《国家林业局关于规范申请增加"十一五"期间年度征占用林地定额有关事项的通知》（林资发[2008]132号），明确了特殊情况下申请增加定额必须满足申报条件、申报程序、申报材料的要求，进一步完善征占用林地定额管理，建立公开、透明的行政审批制度，提高服务效率，真正做到科学发展和合理利用林地。

通知明确，各地申请增加征占用林地年度定额的建设项目。并规定，国家林业局委托各直属调查规划设计院负责本区域范围内，就增加年度征占用林地定额的建设项目进行初步审查。

2008年是我国首次实行征占用林地定额管理制度，国家林业局严格依照上述程序为天津、云南、江西、辽宁、海南、吉林、陕西、安徽、湖南、内蒙古等10个省(区、市)和新疆生产建设兵团增加了2008年度征占用林地定额。（钟华友）

【国家林业局审核审批占用征用林地情况】 2008年，国家林业局审核同意217个占用征用林地项目，审核同意占用征用林地面积39 116.7021公顷；批准83个临时占用林地和在东北、内蒙古重点国有林区经营范围内直接为林业生产服务的工程设施占用林地项目，批准占用林地面积2183.3561公顷。国家林业局审核同意和批准的项目共收取森林植被恢复费264 785.8617万元。

2008年度国家林业局审核审批占用征用林地统计表

省(区、市)，森工(林业)集团，兵团	审核征占用林地			审批临时占用林地			审批直接为林业生产服务占用林地	
	项目数	面积（公顷）	森林植被恢复费（万元）	项目数	面积（公顷）	森林植被恢复费（万元）	项目数	面积（公顷）
总　计	**217**	**39 116.7021**	**254 470.2913**	**65**	**2042.4155**	**10 315.5704**	**18**	**140.9406**
北　京	1	19.8789	321.8914					
天　津	3	136.0274	849.0372	1	110.58	711.42		
河　北	4	789.9339	5170.6257					
山　西	3	196.7703	1150.3871					
内蒙古	10	2446.6822	12 975.9976	3	486.9031	1222.6429		
辽　宁	7	1096.3044	6897.3498					
吉　林	28	1209.7254	8889.1682	23	221.2442	1537.0159	4	14.51
黑龙江	3	154.9759	1017.8152					
上　海	1	27.4667	1236.0000					
江　苏	2	255.7189	1568.6242					
浙　江	2	270.6589	1999.1121	1	45.9459	459.459		
安　徽	5	650.7294	4831.8572	1	52.3229	310.4965		
福　建	17	2131.7312	14 891.2231	1	35.6531	241.7908		
江　西	7	2643.1753	18 257.9928					
河　南	2	222.4179	1881.2330					
湖　北	6	1260.7755	8032.1931	1	112.7285	749.4497		
湖　南	16	6007.5788	41 473.8845	1	73.9609	424.1295		
广　东	6	1022.4224	6563.7940					
广　西	6	1433.2751	9671.7805	2	63.7742	456.7466		
海　南	2	913.3326	3995.5817	1	18.7183	127.1518		
四　川	5	542.4009	3636.6467	2	67.2156	392.5435		
贵　州	12	2589.1168	23 804.6072					
云　南	15	10 814.0907	63 829.7051	2	146.234	779.9146		
陕　西	4	119.9456	959.7268					
甘　肃	6	590.9234	2693.2927	3	348.7635	1427.4873		
新　疆	10	820.15	4426.3854	3	161.2293	1093.3341		
新疆生产建设兵团	1	126.7282	960.6457					
内蒙古森工集团	7	159.2995	433.8229	8	70.9693	217.8004	5	58.3277
龙江森工集团	18	283.922	1525.4530	7	19.897	137.782	7	63.3191
大兴安岭林业集团	8	180.5439	524.4574	5	6.2757	26.4058	2	4.7838

（付长捷）

【各省(区、市)审核审批占用征用林地情况】 2008年，全国各省(区、市)林业主管部门审核同意的占用征用林地项目10 724项，审核同意面积54 020.9797公顷，批准临时占用林地和直接为林业生产服务的工程设施占用林地项目4368项，批准面积5008.5876公顷，收缴森林植被恢复费298 138.8288万元。

2008年度各省(区、市)审核审批占用征用林地统计表

省(区、市)，兵团	审核征占用林地			审批临时占用林地			审批直接为林业生产服务占用林地	
	项目数	面积(公顷)	森林植被恢复费(万元)	项目数	面积(公顷)	森林植被恢复费(万元)	项目数	面积(公顷)
总 计	**10 724**	**54 020.9797**	**281 831.6410**	**3506**	**3902.1385**	**16 307.1878**	**862**	**1106.4491**
北 京	74	237.6743	3342.9039	16	27.0568	389.8376	3	11.828
天 津	15	170.8856	1081.6668					
河 北	277	1870.8172	7852.7100	5	28.216	162.7200	3	33.698
山 西	138	656.002	2748.4965	113	135.8306	477.9728	5	15.873
内蒙古	376	4042.8404	12 957.1628	214	652.055	1816.1193	10	48.7738
辽 宁	391	1819.181	9469.7700	67	92.7818	419.6300	2	0.15
吉 林	243	1313.52	9179.8930	32	81.6424	588.6481	3	2.6923
黑龙江	169	604.78	3043.0000	13	45.951	336.9500	20	36.317
上 海	24	20.72	932.3100	4	2.0173			
江 苏	120	334.671	2617.2800	8	25.2515	270.3952	11	19.8474
浙 江	1026	3786	22 855.0000	640	672	2985.0000	522	444
安 徽	425	1993.8186	11 004.9018	44	83.9458	334.4830	8	13.7367
福 建	973	3604.3923	23 070.0414	47	68.0271	389.8732	102	173.5758
江 西	920	4666.9356	24 774.7747	1037	663.4877	2351.6028	9	10.017
山 东	132	493.2505	2896.0853	4	27.4921	181.3622	11	3.5573
河 南	248	1127.6634	5741.3444	1	1.2033	8.8224	5	21.1439
湖 北	649	2440.5268	15 129.3590	488	126.4775	424.1196		
湖 南	1204	3988	18 710.0000	3	42.82	212.0700	33	64
广 东	730	5366	26 543.0000	6	11	59.0000	9	17
广 西	421	2738.9726	15 087.7267	31	108.4325	330.7970	21	70.5218
海 南	55	361.4403	2048.1301	25	44.3457	117.3230		
重 庆	91	423.0943	2168.7491	198	83.8787	159.7230	39	33.5892
四 川	521	2074.1877	10 991.2182	93	162.9099	753.5794	9	9.2122
贵 州	134	336.1462	2841.9980	19	65.7513	660.3090	7	3.3724
云 南	667	4292.5802	22 767.0214	43	125.1952	773.2082	13	30.296
西 藏	11	49.16	307.5100					
陕 西	542	4674	18 810.0000	174	376	1128.0000	4	12.8853
甘 肃	19	64.6347	220.6700	40	78.5715	446.2900	4	13.928
青 海	27	155.5628	807.3985	11	5.99	42.3420	3	0.9414
宁 夏	11	39.5495	123.9255	113	43.4878	355.9000	1	0.7126
新 疆	83	257.56	1601.8400	17	20.32	131.1100	5	14.78
新疆生产建设兵团	8	16.4127	105.7539					

(付长捷)

【伊春国有林权制度改革实施情况】 2008 年 5 月 12 日，国家林业局会同国家发改委与黑龙江省政府召开了第四次局省联席会议，听取伊春国有林权制度改革试点进展情况，研究部署试点总结工作。雷加富副局长出席会议并作了讲话。

试点总结和总体评价工作 经协商，黑龙江省政府负责伊春国有林区林权制度改革试点总结，国家林业局负责对试点情况进行评价。9 月，贾治邦局长致信回良玉副总理，对改革试点进展情况进行了汇报；11 月，黑龙江省政府以《关于伊春国有林区林权制度改革试点工作阶段总结的函》将试点总结情况致函国家林业局，由国家林业局组织制定了试点评价工作方案和技术方案，并形成了试点总体评价方案。

（资源司）

森林采伐、运输与加工利用管理

【综　述】 2008 年，各地认真贯彻落实《国务院批转国家林业局关于各地区"十一五"期间年森林采伐限额审核意见的通知》（国发［2005］41 号）文件精神，进一步加大工作力度，采取切实有效的政策措施，森林采伐管理工作迈上新台阶。

积极推进森林采伐管理改革试点 2008 年，各地分层次推进森林采伐管理改革试点。根据《国家林业局关于同意福建省开展森林采伐管理制度改革试点的批复》（林资发［2007］28 号），在福建三明永安市、南平延平区、龙岩新罗区 3 市（区）开展了商品林中的人工用材林实行按小班面积控制采伐的试点，这些试点在实行小班面积控制采伐、林木采伐指标分配、建立和健全公示制度等方面进行了探索，取得了初步的成效。结合雨雪冰冻灾害林林木清理，国家林业局下发了《关于受害林木清理有关问题的复函》（林资发［2008］75 号），在江西试行县级行政区域按采伐限额总量控制，从几个市的试点效果看，资源管理有序，木材运输井然，没有出现乱砍滥伐现象。四川省下发了《关于开展林木采伐管理改革试点的通知》，从人工商品林采伐、低产林改造、抚育间伐、集体林采伐、工业原料林采伐等五个方面，开展了试点工作；辽宁、浙江等省也根据实际陆续开展了一些试点，作出了一些探索。年底，下发了《国家林业局关于开展森林采伐管理改革试点工作的通知》（林资发［2008］263 号），在全国范围内开展森林采伐管理改革试点，标志着森林采伐管理改革试点在全国各地展开。

系统改革采伐指标分配办法 湖南省不断推进木材生产计划管理阳光行动，落实林农处置权和收益权，通过实施分配指标、申请程序、审核程序的"三公开"，要求做到计划下达及时率、公示率和到户率 3 个 100%。12 月，就将 2009 年商品材计划一次性下达到市（州），所下计划和阳光操作规定同时在《湖南日报》上公告，自觉接受社会监督。在国家林业局的指导下，福建省三明市运用"参与式方法"（指发展主体积极、全面地介入发展过程或发展项目中有关决策、实施、管理和利益分享等过程的方法），出台了以"份额分配"、"分类排序"和"三方监督"为主要内容的综合采伐指标分配与管理方法，较好地化解了林改后采伐指标分配这一难题，受到广大林农的普遍欢迎。

及时批复雨雪冰冻灾害受灾林木各地所需采伐指标 年初，我国部分省（区、市）遭遇了特大低温雨雪冰冻灾害，这场灾害给我国林业造成了严重损失，森林生态系统遭到前所未有的破坏。为防止发生林业次生灾害，减少林农损失，国家林业局及时下发了《国家林业局关于做好受灾林木清理工作的紧急通知》，《国家林业局关于印发〈雨雪冰冻灾害林木清理指南〉的通知》，要求各地科学组织清理。国家林业局及时批复了贵州、湖南、江西、广东、浙江、四川、福建、重庆、广西等省（区、市）清理灾害林木的申请，共增加了采伐限额 7570.2 万立方米，相当于全国年采伐限额总量的 30.5%。截至年底，全国受灾林分的林木清理基本完成。

规范相关林木采伐管理 国家林业局先后下发了《关于新疆维吾尔自治区林业厅退耕还林地林木进行抚育间伐问题的复函》（办函资字［2008］191 号），《关于防护林审核审批有关问题的复函》（办资字［2008］70 号），对公益林抚育间伐问题进一步明确了政策；下发了《关于采挖树蔸有关问题的复函》，要求严格按《国家林业局关于规范树木采挖管理有关问题的通知》（林资发［2003］41 号）的文件精神严格执行；下发了《关于采集（采伐）国家一级保护野生植物（树木）审批有关问题的通知》，解决了国家一级保护野生植物采集管理问题；下发了《国家林业局关于结转使用 2008 年森林采伐限额和木材生产计划指标的通知》（林资发［2008］266 号），规范了年度采伐指标结转问题。

及时审核下达木材生产计划 对东北、内蒙古重点国有林区国有森工企业局进行了审核，下发了《国家林业局关于下达东北内蒙古重点国有林区国有森工企业局 2008 年度木材生产计划的通知》（林资发［2008］202 号）；及时下发了《国家林业局关于下达

2009年木材生产计划的通知》(林资发[2008]206号),为各地提前安排采伐作业创造了条件。

(许传德)

【森林采伐限额与木材生产计划结转】 2008年,全球金融危机对木材生产销售造成了严重影响,木材价格大幅度下降,部分地区木材滞销,库存积压严重。为减少因木材售价降低给国有森工企业、木材经营加工单位及林农带来的经济损失,国家林业局下发了《关于结转使用2008年森林采伐限额和木材生产计划指标的通知》(林资发[2008]266号),允许各地将2008年尚未完成的森林采伐限额和木材生产计划指标结转2009年后各年度使用。并要求各省(区、市)林业主管部门会同国家林业局各派驻森林资源监督专员办事处,精心组织、周密安排,制定具体限额和指标结转管理办法,认真做好采伐限额结转的认定和审批工作;对已经发放但尚未进行作业的采伐许可证要及时回收,对森工企业局木材缴库情况做好监督检查,防止出现超限额采伐和乱砍滥伐的现象。

(许传德)

【雨雪冰冻灾害林木清理】 2008年2月20日,国家林业局印发《关于做好受灾林木清理工作的紧急通知》(林资发[2008]28号),提出了高度重视受灾林木清理工作、全面调查评估林木受灾情况、科学制定受灾林木清理方案、认真落实受灾林木清理的有关政策、周密组织受灾林木清理工作、严肃维护森林资源管理秩序等6条应急措施。2月28日,国家林业局印发了《关于印发〈雨雪冰冻灾害受害林木清理指南〉的通知》(林资发[2008]37号),从五个方面为雨雪冰冻灾害受害林木清理提供了详细、实用和可操作的科学指导。根据国发[2005]41号文件有关规定,足额批复贵州、湖南、江西、广东、浙江、四川、福建、重庆、广西等省(区、市)增加采伐限额7570.2万立方米,满足了受灾地区清理雨雪冰冻灾害受害林木的需要。

截至年底,全国受灾林分的面积清理完成率达95%,基本完成了受灾林木清理任务。 (庞闽志)

【启动森林采伐管理改革试点】 2008年12月26日,下发了《国家林业局关于开展森林采伐管理改革试点的通知》(林资发[2008]263号),全面启动全国森林采伐管理改革试点工作。

试点的总体目标是:在试点单位构建管理公正透明、经营科学有序、管理与经营相协调的森林采伐管理新机制,逐步建立起以森林分类经营为主线,县级森林经营规划为指导,森林经营方案为载体,小班经营为单元,多种经营模式为支撑的森林可持续经营新体系,最终实现森林采伐由指标控制向森林可持续经营管理转变,为全面改革提供理论框架和实践基础。

重点内容包括:①改革森林采伐限额管理,探索森林资源消耗管理的新途径。②改革森林采伐管理方式,探索建立森林采伐分类管理的新机制。③简化林木采伐管理环节,探索建立森林采伐高效管理的新模式。④加强科学经营管理指导,探索建立森林可持续经营管理的新体系。《通知》明确了森林采伐管理改革试点主要在集体林权制度改革主体改革任务已经完成、管理工作到位的省(区、市)以县(市)为单位展开。其他省(区、市)可以结合集体林权制度改革,选择少数县(市)同步进行。 (庞闽志)

【国家级森林可持续经营试验示范点试点建设培训交流会】 2008年7月23~25日,国家林业局在吉林省延吉市召开了国家森林可持续经营试验示范点试点建设培训交流会。会议由吉林省汪清林业局承办,世界自然基金会协办。各试点省林业主管部门,7个试点单位,世界自然基金会,国家林业局资源司、驻东北四大家专员办、规划院等单位的代表参加了会议。

会上,各试点单位总结交流了试点启动工作以来开展的主要工作、取得的成效、存在的主要问题;讨论了各试点单位2008年重点工作开展情况;部署了各单位今后一个阶段开展的重点工作;总结了适合各试点单位可持续经营技术和模式;介绍了当前国内外森林可持续经营的几个热点问题。会后,组织参观学习了汪清林业局试验示范林现场。 (崔武社)

【东北、内蒙古重点国有林区"两项检查"】 通报"两项检查"结果 2007年,国家林业局派驻内蒙古自治区、长春、黑龙江省、大兴安岭林业集团公司森林资源监督专员办事处组织67个检查组,历时2个多月,对东北、内蒙古重点国有林区83个森工企业1322个小班(其中,伐区调查设计小班649个;核查采伐作业小班673个)的伐区调查设计质量和伐区作业质量进行了检查。

从检查的结果看,东北、内蒙古重点国有林区的多数森工企业能够认真执行国家林木采伐管理的各项政策,注重源头控制和管理,强化森林采伐和调查设计,林木采伐管理进一步加强,伐区管理水平和伐区作业质量呈现出逐年好转的趋势。但是,与《森林法》及其实施条例和国家林业局有关规定的要求还有一定差距,违规进行伐区调查设计和采伐林木的现象仍不同程度地存在:一是调查设计不规范;二是主伐、抚育伐和更新采伐存在违规设计现象;三是部分主伐、抚育伐违反伐区设计。

2008年6月,针对以上检查发现的问题,国家林业局下发《国家林业局关于东北、内蒙古重点国有林区2007年伐区调查设计和伐区作业质量核查结果的通报》(林资发[2008]118号),要求吉林省林业厅,内蒙古、吉林、龙江、大兴安岭森工(林业)集团公司依照《森林法》、《森林法实施条例》等有关规定的要求，认真研究，严肃整改。

召开“两项检查”工作会议 12月，国家林业局在长春市召开东北、内蒙古重点国有林区林木采伐许可证核发和“两项检查”工作会议。国家林业局资源司、驻东北四大家专员办、林产设计院等单位的代表参加了会议。

会议探讨了新时期加强东北、内蒙古重点国有林区林木采伐管理措施；分析了核发林木采伐许可证和“两项检查”工作中出现的新问题和新情况；部署了2009年“两项检查”和林木采伐管理工作任务，同时安排了“两项检查”计算机管理软件编制工作。

修改“两项核查”技术方案 10月，国家林业局组织有关人员对2001年开始执行的《重点国有林区伐区作业质量检查技术方案》和《重点国有林区伐区调查设计质量检查技术方案》，进行了修改和完善，并于11月以局文下发各地贯彻执行。 （王亚军）

【联合国粮农组织国际合作项目】 2008年，联合国粮农组织资助开展了重点国有林区森林资源管理体制改革策略研究项目，在各项目成员单位的共同努力下，各项工作按计划顺利推进，完成了项目启动会，组织3个团组的国际考察，对黑龙江鹤北林业局和大兴安岭西林吉林业局进行了案例分析，召开了4次不同规模的研讨会，撰写了项目总结和调研报告。通过项目建设，进一步学习借鉴了国外国有林管理的经验，系统总结了试点局改革经验和存在的主要问题，提出了我国国有森林资源管理体制改革的建议。2008年12月项目顺利结束，并向联合国粮农组织提交了项目执行成果和最终技术报告，得到高度评价。

（崔武社）

森林资源监测

【全国森林资源清查】 2008年是第七次全国森林资源清查的最后一年。全国有内蒙古、福建、河南、青海、海南等5省（区）和内蒙古森工集团开展森林资源清查复查工作，复查面积220万平方千米，调查固定样地4.6万个，判读遥感样地64.5万个。2008年，清查工作严格执行了清查队伍组建审核和技术培训评估制度，加强了林地变化的调查分析，强调有关生态状况调查内容的质量检查，狠抓质量管理；认真筹划和全面启动第七次清查汇总工作，积极做好第八次清查技术准备，全国森林资源清查工作各项工作扎实推动。

全面做好2008年复查组织管理 2008年1月，在福建召开的前期工作会议上，4个直属规划院总结交流了2007年的清查工作，广东、山东、天津、云南省4省（市）以及西北院专题介绍了2007年清查组织、质量管理、新技术应用和体系创新等方面的情况，总结了2007年清查工作经验，审定了2008年复查省工作方案和技术方案，全面部署2008年森林资源清查工作。会后，各单位认真落实会议精神，积极筹措配套调查经费，认真修改和完善《工作方案》和《技术方案》，并严格细化编制《操作细则》。相关各省精心组建调查队伍，集中专业技术人员2300多人，组建调查工组714个。各省克服雨雪冰冻等自然灾害影响，外业调查工作相继启动。7月份在郑州市召开的中期会议上，内蒙古自治区、福建省还就森林生态状况监测内容和监测技术方法进行了交流，并听取了各单位连清工作组织管理、经费落实、技术培训、外业进度、质量检查情况的汇报，全面掌握各复查省清查工作进展情况，总结交流工作经验，集中研究了清查工作中存在的问题，强调有关生态状况调查内容的质量检查，制定了有效的应对措施，为完成全年清查工作起到了促进作用。

同时，为加紧做好第七次清查统计汇总工作，2008年国家林业局组织加强了林地变化和灾害影响调查分析，审核2007年复查省清查成果。进一步做好林地变化核实工作，下发了《关于明确森林资源清查林地变化核实结果的函》，全面完成已复查省林地变化审核和成果统计工作。为准确反映林地变化情况，客观评价林业生态建设成效，在认真总结林地变化核实工作的基础上，向2008年复查各省下发了《关于加强森林资源清查林地变化调查工作的函》，进一步强调林地变化的合理合法性，加强林地变化原因分析。在各直属规划院初审、专家审阅的基础上，于9月召开会议对2007年复查省森林资源清查成果进行了审定。

为掌握2008年雨雪冰冻灾害情况，在2008年开展清查的省份中，增加了对经营措施、苗木（幼树）受损类型及比例、竹林和经济林受损类型与株数、样木受损类型、样木病虫害情况等调查内容，加强灾害对森林资源的影响分析。

认真谋划和全面启动第七次清查汇总工作 第七次全国森林资源清查是一个非常浩大的系统工程，2004~2008年期间，全国共完成41.5万个地面固定样地、284.4万个遥感判读样地的调查，获取了上亿组清查数据。清查成果是新时期我国现代林业建设和林业改革发展成就的综合反映，将为科学把握林业发展趋势，适时调整林业建设的政策措施，促进我国林业科学发展提供决策依据；还将为我国作为发展中林业大国，积极应对国际林业热点问题，履行国际承诺，增强话语权和主导权提供重要依据；也将是我国参与联合国粮农组织的2010年全球森林资源评估的主要信息来源，将受到各级政府、社会公众和国际组织的广泛关注。

在国家林业局党组的正确领导下，汇总领导小组办公室（国家林业局资源司）通过开展需求分析、专题调研、咨询研讨等多种形式，对第七次清查汇总工作进行了认真研究，形成了《第七次全国森林资源清查汇总工作方案》。6月24日，贾治邦局长主持召开局党组会议，听取了第七次清查汇总工作汇报。会议决定由贾治邦担任汇总领导小组组长，由尹伟伦院士任汇总工作专家咨询组组长、唐守正院士和蒋有绪院士任副组长，并对扎实做好汇总工作作出了重要指示。

7月10日，国家林业局正式下发了《关于做好第七次全国森林资源清查汇总工作的通知》（林资发[2008]152号），对整个汇总工作进行了全面部署。

9月，国家林业局组织有关专家开展了国家特别规定的灌木林、森林碳汇等生态服务功能效益测算评价等汇总关键问题的调研分析，形成了关于国家特别规定灌木林问题解决原则和森林碳汇等生态服务功能效益测算评价思路。

10月10日，国家林业局资源司主持召开了第一次汇总工作会议，全面启动了第七次清查汇总工作。张建龙副局长受贾治邦局长委托出席了会议并作了讲话，强调了第七次清查汇总工作担负的历史重任，明确了下一阶段汇总工作的目标和方向；同时代表国家林业局给专家咨询组全体成员颁发了聘书，体现了局党组对林业科技支撑的高度重视和殷切希望。与会专家对汇总工作提出了许多建设性的意见和建议。

按照国家林业局《关于做好第七次全国森林资源清查汇总工作的通知》和《第七次全国森林资源清查汇总工作方案》的要求，承担汇总工作的4个直属规划院和中国林科院，分别成立了汇总工作领导小组，制定了切实可行的汇总实施方案，全面落实了人、财、物等保障措施。同时，细化了工作任务，明确了责任分工，建立健全并严格执行了目标责任制、汇总负责人制、定期逐级汇报与通报简报制等一系列规章制度，及时研究解决汇总工作中遇到的问题，保证了清查汇总工作的有序开展，各项工作扎实推进。国家林业局规划院牵头成立了以李忠平院长为组长的全国汇总工作组，成员以局规划院技术骨干为主，同时吸纳京外3个直属规划院、中国林科院和个别省的技术力量参与汇总分析工作，负责全国汇总具体技术业务的组织协调和实施管理，指导监督各直属规划院开展区域汇总和专项分析，承担全国汇总的统计分析和成果编制。

与此同时，加强了汇总工作机制制度建设，及时掌握和督促汇总工作进度，编制并印发了4期汇总工作简报，有效促进了汇总工作。

积极做好第八次全国森林资源的清查技术准备 按照早准备、早安排的要求，在认真总结第七次清查工作和广东省生态状况监测试点经验的基础上，集中研究并提出了第八次清查优化改革的基本思路，形成了《第八次全国森林资源清查优化改革原则方案》，并签报局领导。8月初，组织局规划院、中国林科院、北林大以及有关省专家，赴内蒙古、辽宁、福建、浙江、广东、云南等6省（区）重点对各地的信息需求、生态监测情况、调查技术力量等进行了专题调研。在专题调研的基础上，对第八次清查的目标任务、监测内容和实施原则，以及新增内容监测方法、生物量调查建模、定点监测方案等关键技术问题进行了集中研究，召开了专家咨询会议，研究制定了《第八次全国森林资源清查实施方案（征求意见稿）》。组织完成《国家森林资源清查技术规定（征求意见稿）》补充规定、《森林生物量模型建立技术规定（征求意见稿）》以及《森林资源清查定点监测技术准则（征求意见稿）》，并发送有关单位征求了意见，为全面启动八次清查奠定了基础。（陈雪峰　张　敏）

【组织开展雨雪冰冻和地震灾害森林资源损失调查评估】 2008年，为服务林业抗灾救灾大局，在暂停了全国营造林综合核查、森林采伐限额执行情况检查和林地占征用检查三项核查工作基础上，国家林业局资源司集中调配优势力量，组织开展了雨雪冰冻和地震灾害森林资源损失调查评估工作，积极为各地开展灾害木清理、补植补造、森林火灾和病虫害等次生灾害防控，以及调查评估、科学编制恢复重建规划提供支撑。

雨雪冰冻灾害森林资源损失调查评估 2008年初，我国南方遭遇了特大雨雪冰冻灾害。灾害发生后，根据国家林业局党组的统一部署，围绕“有效抗击灾害、科学恢复重建”的目标和要求，及时开展了灾害快速评估和全面调查评估工作。①2月份，快速启动应急预案，利用“3S”先进技术手段，实时跟踪灾害发生情况，快速评估森林资源损失，组织完成了雨雪冰冻灾害森林资源损失初步评估，形成了《雨雪冰冻灾害森林资源损失初步评估报告》，并通过院士专家的审定，为指导抗灾救灾提供了依据。②3～5月，制定并下发了《雨雪冰冻灾害森林资源损失调查评估实施方案》，启动了雨雪冰冻灾害森林资源损失全面调查评估工作，并加强了技术指导，协调组织3万余名专家和技术人员，历时3个多月，深入19个省1370个县级单位的22.8万调查地块，全面调查森林资源受灾面积、林（竹、苗）木损失情况，客观评估灾害损失及其影响。③ 5～8 月，抽调各直属规划院精干力量，组成全国统计汇总分析组，完成了雨雪冰冻灾害森林资源损失调查评估外业调查、省级调查评估成果的编制以及全国雨雪冰冻灾害森林资源损失调查评估汇总工作。相关结果经专家审定并报经局领导批示后，及时分发到有关单位，为各单位科学制定灾后重建规划、开展恢复重建工作提供了坚实基础和可靠的数据依据。

地震灾害森林资源损失评估工作 "5·12"汶川特大地震灾害发生后，国家林业局快速反应，按照实事求是、及时有效、简便操作的原则，结合灾区实际，充分运用遥感等高科技手段，组织当地技术力量，快速有序地开展了森林资源灾害损失评估工作。①加强协调沟通，迅即与国家测绘局、国家地震局以及国家卫星气象中心、中科院遥感卫星地面站、中国资源卫星应用中心、北京视宝卫星图像有限公司等有关单位联系，协调收集卫星遥感、基础地理信息数据资料多达 1200G，并经初步技术处理后，派专人及时将相关遥感影像资料送达各省。②加强技术指导，组织相关技术人员和专家研究制定了灾情评估的内容、方法、标准和指标，6 月 6 日向有关各省下发了《国家林业局办公室关于开展地震灾害森林资源损失评估的紧急通知》，指导各省有序开展灾害损失评估工作。③加强监测分析，积极组织有关专家和技术人员，研究分析地震灾害对林地林木资源、区域生态环境、珍稀动植物栖息地和生物多样性、森林游憩以及引发潜在自然灾害等方面造成的影响，力求全面评估森林资源的损失情况，及时组织编制完成《地震灾害森林资源损失评估报告》，为国家抗震救灾、灾区林业重建规划提供科学的依据。

主要结果 2008 年 1～2 月间，受极端天气的影响，我国遭受了特大雨雪冰冻灾害。这次雨雪冰冻灾害持续时间之长、影响范围之广、危害程度之深、受灾情况之重，实属历史罕见，给林业造成了巨大损失，涉及江苏、浙江、安徽、福建、江西、河南、湖北、湖南、广东、广西、海南、重庆、四川、贵州、云南、青海、陕西、甘肃、新疆等 19 个省(区、市)的 1370 个县、2140 个国有林场、1260 处自然保护区。雨雪冰冻天气，使我国大部分地区的森林资源遭受到严重危害。5 月 12 日 14 时 28 分，四川省汶川地震给我国人民生命财产造成了巨大损失，地震引发的山体崩塌、滑坡、泥石流、坠石、地陷和堰塞湖等次生灾害，对当地森林资源及其生态环境也造成了严重破坏与影响。两次灾害使我国 1986.7 万公顷林地受灾，其中受灾森林面积达 1800 万公顷，占受灾省(区、市)森林面积的 16%；损失林木蓄积 36 423.65 万立方米，占受灾省(区、市)活立木总蓄积的 5%，占全国活立木总蓄积的 3%。在受灾林地面积中，受灾森林面积 1798.4 万公顷，占林地受灾面积的 90.39%，其中经济林受灾面积 176.86 万公顷，竹林受灾面积 243.04 万公顷；未成林造林地受灾面积 174.83 万公顷；苗圃地受灾面积 4.99 万公顷，其他林地受灾面积 11.33 万公顷。森林资源直接经济损失 787.35 亿元，因灾害引起森林资源的水土保持、涵养水源、生物多样性和固碳等森林生态功能效益损失价值达10 764亿元。两次灾害共造成 268.7 万公顷森林转变为无林地或疏林地，影响全国森林覆盖率 0.28 个百分点。其中：

——雨雪冰冻灾害。受灾林地面积 1940 万公顷，其中受灾森林面积 1766.67 万公顷，损失林木蓄积 3.40 亿立方米。森林资源直接经济损失 621 亿元，森林生态服务功能效益损失价值 8634 亿元。

——地震灾害。损毁林地面积 48.6 万公顷，损失林木蓄积 2462 万立方米。森林资源直接经济损失 166 亿元，森林生态服务功能效益损失价值 2130 亿元。

雨雪冰冻和地震灾害对森林破坏十分严重，受灾省(区、市)是我国森林生态系统较好、生物多样性最为丰富、生态区位最为重要的大江大河流域，也是国家重点生态工程主要建设区域。灾害导致林相残破，林分单位面积蓄积量、平均胸高断面积、郁闭度下降，林内生物量锐减，导致区域性生态状况恶化和倒退，给生态环境造成不可估量的损失。灾区重要森林植被类型遭到破坏，极大地削弱了森林固碳释氧、涵养水源、保持水土、防止地质灾害、维护生物多样性等生态功能。灾区林业产业蒙受巨大损失，竹木损失量大，导致市场供需失衡，特色经济林等支柱产业受损，生态旅游资源遭受较大破坏，严重影响区域经济发展，直接导致部分农民生活陷入困境。灾区林木大面积遭受灾害后，树势衰弱，抗性降低，森林生态功能大幅下降，林内存在大量倒木、断枝、枯落物，引发火灾、病虫害、水土流失、滑坡、泥石流等次生和地质灾害的隐患极高。灾害造成大量野生动物死亡，残存下来的个体有的处于病弱状态，导致灾区爆发野生动物疫源疫病的风险增加。

因此，在今后相当长一段时期内，对森林资源的发展和生态功能的维系以及当地林业生产生活将造成巨大影响，恢复重建的任务异常艰巨，刻不容缓。

（陈雪峰　张　敏）

【全国矿区植被保护与生态恢复工程规划】 全国矿区植被保护与生态恢复工程规划编制是一项全新的、开创性的工作，内容复杂，涉及面广，具有很强的创新性和挑战性。2008 年，在 2007 年工作基础上，按照工程规划的总体部署，突出指导省级规划编制工作，突出工程规划重大问题的专题研究，突出矿区植被恢复政策和机制的探索，继续开展了全国矿区植被保护与生态恢复工程规划编制工作。开展的主要工作有：①加强汇报协调。全面掌握各省工作进展，及时规划工作中存在问题，并将年初工作计划、阶段工作情况、重大问题研究解决对策、规划编制主要结果在召开领导小组办公室会议集中研究审议的基础上，及时向局规划编制领导小组进行了汇报。②全面加强各省本底调查和省级工程规划编制的技术指导工作。根据国家林业局下发规划编制大纲的有关要求，加强与各省的联系沟通机制，跟踪解答各地遇到的问题，并组织力量及时对各省上报的本底调查、省级规划编制成果进行审查，确保本底调查、省级规划成果质量和全国规划成果质量。③围绕规划的重大技术和理论问题，组织局经研中心、规划院等开展了国内外矿区生态恢复比较、我国矿区生态恢复现状、矿区植被保护与生态恢复措施与技术模式、我国矿区植被保护与生态恢复治理标准测算、我国矿区植被保护与生态恢复政策与机制等5个专题研究，形成了《我国矿区植被保护与生态恢复现状及生态恢复政策与机制专题研究报告》、《矿区植被保护与生态恢复措施与技术模式专题研究报告》，为规划提供了理论基础。④为深入分析矿产资源开采对植被与生态的影响，并为植被与生态恢复成本的测算提供基础数据，先后重点开展了黑龙江鸡西煤矿区、辽宁鞍山铁矿区、安徽铜陵铜矿区、河南新乡凤泉灰岩（类）矿区、陕西安塞油田和天然气田等6个典型矿区的植被与生态状况调查与分析工作，形成了《典型矿区植被与生态状况调查报告》，为规划提供了技术和实践依据。⑤5月以后，在认真分析审核各省本底调查、省级规划成果的基础上，精心组织，集中力量于近期汇总编制了全国工程规划，初步完成了《全国矿区植被保护与生态恢复工程规划》，并研究提出了《建立矿区植被保护与生态恢复补偿长效机制方案》等项成果。

2008年12月，将规划编制有关结果向局领导进行了专题签报。规划成果集中反映了全国矿区植被与生态破坏的基本状况，明确了矿区植被保护与生态恢复的规划范围、规划目标，研究确定了矿区植被保护与生态恢复的内容与规模，并初步提出了规划实施的资金来源渠道、政策需求和保障措施。相关结果将为今后开展矿区植被保护与生态恢复工作提供基础和依据。（陈雪峰　张　敏）

【2010年全球森林资源评估工作】 全球森林资源评估（FRA）是由联合国粮农组织（FAO）牵头组织的全球周期性森林资源评估活动，其结果是考察森林可持续经营政府间进程，评估世界各国国际公约履约情况的重要依据。2008年3月FAO在意大利罗马召开了2010年全球森林资源评估（FRA2010）国家联络员工作会议，确定了2010年全球森林资源评估工作的目标、内容、计划，明确了相关要求，研究确定了FRA2010遥感监测工作的技术路线。会议的召开标志着2010年全球森林资源评估工作的正式启动。

2010年全球森林资源评估目标：FRA2010将在2005年评估基础上，以国家森林资源清查为主，综合其他专项调查、国家林业统计和专题调查研究结果，以1990年、2000年、2005年和2010年4个年度为评估基准年度，通过系统评价、深入分析，实现“获取最新全球森林信息，评估森林功能及其效益”的目标。

2010年全球森林资源评估主要内容是：①按照森林可持续经营评价标准与指标设置要求，对各国森林及其他林地面积、林木所有权和经营权、森林功能与经营、森林特征、成林更新、立木蓄积、生物量碳储量、林火及其他森林干扰、木材产量及产值、非木质林产品产量及产值、林业就业、林业政策及立法、林业机构、林业研究教育、公共税收与支出等方面进行评估，全面深入宏观评价各国森林可持续经营状况。②系统评估各国森林生物量与碳汇、生物多样性、林产品和森林可持续经营状况，力求综合反映联合国千年发展目标、生物多样性公约2010年评估目标、国际热带木材组织（ITTO）2000年目标和2006年联合国森林论坛（UNFF）批准的《所有类型森林不具法律约束力公约》执行情况，强化全球森林资源评估的信息获取与服务能力。③加强相关国际组织和部门的合作，广泛开展林业政策、立法及组织机构、森林与贫穷、木材能源统计、森林遗传资源、非木质林产品、全球生态林与森林保护面积差距分析、森林认证对生物多样性保护等相关方面的专题分析。④首次启动全球森林动态遥感监测，掌握全球森林动态变化时空分布状况。在全球范围内，按1°×1°经纬度间隔，系统布设遥感调查样地（13 500个），分别1975年、1990年、2000年和2005年，以林木覆盖为主要指标，采取遥感样地区划调查方法获取全球、各大洲和区域森林资源分布变化情况，揭示全球和主要区域森林增加或退化趋势。

根据FAO的要求，3月派员参加了FAO组织召开的全球森林资源评估国家联络员会议。6月24日，国家林业局贾治邦局长主持局党组会议，听取了全球资源评估工作组织开展事宜的专题汇报，会议决定由贾治邦局长担任评估领导小组组长，成立评估工作专家咨询组，并对评估工作做了研究和部署。之后，国家林业局组织编写了评估工作方案，成立了评估工作机构，明确了各有关单位的职责任务和分工情况，同时，积极做好2010年评估的技术准备工作，翻译编印了《2010年评估报表规范》和《评估指南》，加强了对各专题报告的指导协调力度。

为掌握我国2010年全球森林资源评估评估工作进展，研究解决存在问题，9月26日，国家林业局2010年全球森林资源评估办公室组织召开了2010年全球森林资源评估联络员工作会议，来自国家林业局14个成员单位的有关同志参加了会议。会上，通报了国家林业局2010年全球森林资源评估的基本情况，各有关单位介绍了本单位所承担专题任务的进展情况，并对相关问题进行了研究。局资源司王祝雄副司长主持并作了总结讲话，传达了局党组对抓好国家林业局2010年全球森林资源评估工作的指示和要求，明确了我国承担的具体任务，并从加强组织领导和协调配合、深入专题分析评价、建立工作机制、加强数据安全以及做好工作衔接等方面提出了具体要求。

全球森林资源评估报告国家报告将在2009年内完成并向FAO提供。（张　敏）

【全国森林资源信息化建设】 2008年，在充分总结森林资源管理信息系统建设及推广应用经验的基础上，系统地对森林资源信息化建设技术框架进行研究，对系统软件加以修改和优化，加快基础信息入库建设，进一步扩大了试点示范建设范围的内容，全国森林资源信息化建设得到有效的推进。①研究并确定了全国森林资源信息系统建设的技术路线。充分结合各地的特点和需要，本着鼓励地方参与国家统一建设积极性的原则，在与各地进行详细技术对接的基础上，确定了以信息交换与服务为核心的技术路线，有效地保障了整体工作的推进。②对系统软件进行了完善。多次组织召开试点示范省和有关技术支撑单位参加的技术协调会，切实解决系统软件运行中的数据标准化处理、数据交换、系统内部数据协调统一等核心性技术问题，对系统软件的底层进行较为彻底的完善。紧扣林业和森林资源管理的实际需要，对功能实现流程、基础数据流程进行优化，对系统软件进行了集成和测试，确保系统软件运行的稳定性和应用能力。③狠抓各地数据库和运行环境建设，推进各地系统的实际应用。采取“建一部分、预验收一部分、纳入系统运行一部分”的方式，对各地进行技术指导，及时掌握和解决各地数据库建设中的问题，确保数据库建设的进度。大力推进系统在各地的实际应用，利用近年来一些省(区)森林资源二类调查工作进展良好的契机，推进其全面运行和应用，发挥好示范作用。对于具备全面运行条件的辽宁、福建、湖南等省，积极组织技术支持，解决其运行应用中的技术问题，确保应用效果。辽宁、福建等省已在全省范围内进行了实际运行应用，并做到了森林资源基础数据的及时更新，大大地提升了林业管理、特别是森林资源管理的能力和水平。④吸纳了各方力量参与森林资源管理信息系统建设。在数据库平台软件技术、数据库标准化转换技术、信息交换技术等方面，筛选了有经验的单位参与建设，有效地提高了建设速度，提升了系统的专业化水平，保障了建设效果。

截至2008年底，已完成了森林资源管理信息系统国家、省、县三级软件的开发，并在试点示范省进行了部署；完成了试点示范建设范围的森林资源和地理信息数据库建设，森林资源基础信息平台的作用已在局部显现；对系统软件和平台在试点示范范围内进行了实际运行和应用，起到了良好的示范和拉动作用。（闫宏伟）

【西藏自治区生态公益林初步认定】 2008年初，西藏自治区政府向国务院上报了《西藏自治区人民政府关于恳请扩大国家重点公益林补偿面积的请示》(藏政发[2008]3号)，提出将国家重点公益林以外的581.63万公顷其他公益林纳入中央财政森林生态效益补偿范围。根据财政部的要求，由国家林业局组织进行了初步认定工作。由于西藏自治区提出纳入中央财政补偿范围的公益林属于地方公益林，考虑到地方公益林与重点公益林的差异，其认定方法与重点公益林认定方法有所不同，为此专门编制了《西藏自治区公益林认定核查工作方案》，制定了《西藏自治区公益林认定核查技术方案》和《西藏自治区公益林认定核查操作细则》，并全面收集和分析了相关资料，确保了认定结果的科学性和可靠性。本次初步认定，以《西藏自治区公益林区划界定办法》和《西藏自治区公益林区划界定报告》为基础，结合相关资料和卫片，对所有申报区位与面积进行宏观审核，依据申报面积汇总结果和审核情况初步认定全区地方公益林面积。①召开专家评审会，对《西藏自治区公益林区划界定办法》进行审定；②根据区划界定成果、森林资源调查成果和经济社会发展需求等资料，结合卫片判读分析判定全区林地总面积、商品林和公益林合理面积；③采用资料分析与卫片判读控制的方法进行综合论证，从整体上对区划面积和区位进行审核。经审核，初步认定西藏自治区公益林面积579万公顷。审核后，将初步认定的情况以及发现的问题反馈西藏自治区，并要求其全面开展现地落实工作，将所有区划面积落实到山头地块，落实到户，并签订协议，落实管护责任，按国家重点公益林管理要求进行严格管理。（闫宏伟）

【重点公益林管理信息系统(二期)项目】 2008年，在重点公益林数据管理系统一期项目的基础上，组织开展了重点公益林管理信息系统二期项目建设，开发了重点公益林管理信息系统，并通过专家验收，投入使用。这一系统是在一期重点公益林数据管理系统属性数据管理的基础上，面向重点公益林的地籍管理需求开发的空间数据采集和管理系统。这一系统采用了先进的数据库技术、3S技术和信息管理开发技术，充分考虑海量数据的网络同步机制，以建立重点公益林管理空间数据库为重点，能够满足县、省和国家三级用户对重点公益林的空间信息采集、查询、分析等的要求。通过这一系统的应用，可以将重点公益林属性数据与地理信息数据挂接，建立国家级空间属性一体化数据库，实现重点公益林的地籍管理，以有效地

提升重点公益林管管理的水平。（闫宏伟）

【全国林业数表专家研讨会】 2008年12月26～27日，国家林业局在北京召开了全国林业数表专家研讨会。来自中国林科院、北林大、东北林大、中南林业科技大学、局有关单位、部分省23个单位35名专家参加了会议。唐守正院士等11位专家在会上作了专题报告。会议深入分析了当前林业数表的现状以及制约因素，充分交流了推进全国林业数表建设的思路。

会议认为，加强林业数表建设十分重要。林业数表是指反映林木、林分各林学测树因子、生态环境测量因子、经济社会评价因子等之间相互关系的表式、图式、数学式等的总称。林业数表是调查、监测、计量和评价森林的“度量衡”，是林业经营、资产评估、生态监测以及多效益评估的基础工具，是经济社会中计测度量实物量、价值量等基础标尺体系的组成部分。当前，推进森林可持续经营，需要应用林业数表科学制定经营方案和经营措施；集体林权制度改革中的资产评估、流转、收益、融资等具体工作，需要应用林业数表准确计量、评估森林实物量和价值量；依法打击破坏森林违法犯罪行为，需要应用林业数表精确计量受破坏森林数量；检查、监督和考核各地林业工作绩效，需要应用林业数表对森林及生态状况进行综合监测评估；参与森林碳汇、碳交易等国际议程，需要应用林业数表准确估测我国森林碳储量和碳汇能力。总之，林业数表在森林可持续经营、森林资产化管理和现代林业建设中具有不可替代的重要作用，加强林业数表系列化、标准化和规范化建设是发展现代林业、建设生态文明、促进科学发展的一项重要内容和显著标志。

会议指出，经过多年来的发展，我国林业数表实现了从无到有，数表种类逐渐丰富，数表编制技术得以长足发展，有力地支持了林区森林资源开发和国民经济建设。但随着以林业生态建设为主发展战略的实施，林业分类经营改革的不断深化，以及现代科学技术的发展，林业数表建设进程已难以适应现代林业发展的现实和长远需要。突出表现四方面问题。①部分原有林业数表不适用现实林分。我国林业数表大多数是上世纪50 ~80年代为配合林区森林资源开发和木材生产而编制的。经过几十年的经营活动，森林结构、树种组成已经与原始天然林有很大不同，特别是人工林、速生丰产林、短轮伐期工业原料林发展迅猛，原有林业数表已不能完全反映现实林分的结构和特征。②林业数表体系不完善。原有林业数表多是针对当时重点用材树种编制的材积类计量表，没有覆盖所有树种、林种、区域等。③林业数表编制技术落后。受当时林业数表编制工具、手段、技术的局限，有些林业数表精度较低，数表间兼容性较差，难以满足现代森林资源监测、经营和管理的需要。④森林经营评价数表缺乏。森林经营是林业的永恒主题，但是有关森林经营的林业数表十分缺乏，有关林地质量评价、森林生态状况、森林功能和效益计量与评价的林业数表几乎还是空白。主要原因是对林业数表重要性认识不高，建设资金不足，投入渠道不稳定，相关技术研发和标准化进展缓慢，缺乏保持林业数表发展的长效机制。

会议认为，加强林业数表建设非常迫切。当前，林业多效益计测、评估、报告困难，林权流转中出现的价值评估争议和纠纷，森林经营方案编制的不科学，森林经营抚育缺乏依据和目标，超限额采伐森林，对司法量刑和处罚的异议，以及反映林业绩效不全面等问题，很多都与林业数表的不精确、不完善有关。各地编制和修订林业数表的需求非常迫切，任务十分繁重。

会议建议，应采取积极措施加强林业数表工作。①各级林业主管部门要高度重视林业数表建设，把林业数表作为建设现代林业的重要内容之一，摆上议事日程，纳入林业发展规划，切实予以推进。②要根据发展现代林业、建设生态文明、促进科学发展的总体要求，结合实际和发展需要，科学构建包括森林蓄积量和产品分类计量数表、地位质量评价数表、森林经营数表等在内的林业数表体系框架，完善林业数表体系。③要加强林业数表编制技术研究，重点研究林业数表编制的分区分类、采样方法、模型选择、模型检验等关键技术，解决林业数表的兼容性问题，夯实林业数表编制技术基础。④要按照事权划分原则，科学编制各级林业数表建设规划，系统梳理现有林业数表，修订已不适用的林业数表，增补缺少的林业数表，加快林业数表的系列化、标准化进程。⑤要提高林业数表规范化管理水平，进一步明确林业数表编制、审批、使用和修订的程序和要求，实现林业数表管理的规范化。⑥要加大林业数表建设投入力度，建立稳定的资金投入渠道，保障林业数表建设顺利推进。（白卫国　陈雪峰）

【森林资源规划设计调查基本情况年报制度】 2008年，国家林业局办公室下发了《关于认真执行森林资源规划设计调查基本情况年报制度的通知》。本着标准化、简明化和可延续的原则，通知同时下发了《二类调查基本情况年度上报表》和《二类调查单位代码和名称表》，以方便各省(区、市)上报和统计。通知要求，各省(区、市)要高度重视二类调查基本情况年度上报工作，采取措施，将二类调查基本情况年度上报工作落在实处。通知明确，各省(区、市)要对按照规定独立开展二类调查基本单位的总数和2008年以前开展的二类调查，2008年进行一次性统计填报；对2008年及以后各年新开展的二类调查，以省(区、市)为单位进行汇总统计，实行一年一报，没有新开展二类调查的省(区、市),要进行零报告。通知要求,各省(区、市)林业主管部门要确定专人负责,以省(区、市)为单位汇总填写本省(区、市)《二类调查单位代码和名称表》和《二类调查基本情况年度上报表》,并于以后各年年底前报送。

2008年,全国有30个省(区、市),四大森工(林业)集团公司,新疆生产建设兵团报送了辖区内二类调查基本情况(西藏未报送)。经统计,在2008年,全国有414个县级单位开展了二类调查,占统计上报县级单位数量的10.97%。1999~2008年期间,符合在10年一个经理期内开展二类调查的县级单位数量占统计上报县级单位数量的91.56%。

(白卫国　陈雪峰)

林政执法

【2008年度全国林业行政案件】 2008年度,全国共发生林业行政案件35.38万起,查处35.13万起,查处率为99.30%。

案件发生情况 在发生的林政案件中,各类主要案件为:盗伐林木案2.51万起,占7.09%;滥伐林木案3.90万起,占11.04%;毁坏林木、苗木0.78万起,占2.22%;违法征占用林地案1.38万起,占3.90%;违法运输木材案20.35万起,占57.51%;非法收购、经营、加工木材案2.89万起,占8.16%;其他案件3.57万起,占10.08%。

案件处理情况 2008年,通过查处林政案件,全国共收缴木材72.73万立方米、苗木982.40万株、种子25 202千克;挽回经济损失共计80 220.34万元,其中,处以罚款、责令赔偿损失、补征林业金费67 284.05万元,没收违法所得、非法财物12 936.29万元;责令补种树木1268.05万株;行政处罚人数36.57万人次。

案件特点 与2007年相比,2008年全国林政案件有以下特点:①林业行政案件发生总量呈下降趋势。2008年全国林业行政案件发生总量与2007年发生总量相比,减少2.30万起,下降6.10%;②盗伐林木、滥伐林木、毁坏林木苗木、违法征占用林地、非法收购经营加工木材等案件较2007年同期均呈下降趋势,分别减少了0.23万起、0.30万起、0.16万起、0.02万起、0.33万起,下降了8.39%、7.14%、17.02%、1.44%、10.30%;③非法收购出售运输携带野生动物及其产品、违反森林植物检疫规定、违反林木种苗管理规定和违法运输松香案件呈上升趋势,较2007年同期分别增加了120件、2065件、100件和20件,上升了4.30%、66.89%、45.66%、74.07%;④2008年违法运输木材案件较2007年同期下降1.33万起,下降6.15%,但仍占案件总量的57.51%;⑤与2007年同期相比,25个(2/3以上)(单位)[统计单位为各省(区、市)、四大森工(林业)集团、新疆生产建设兵团]林业行政案件发生量呈下降趋势,下降幅度在10%以上的单位有:内蒙古森工集团、天津、大兴安岭林业集团、山西、广西、海南、上海、新疆、湖南、内蒙古、黑龙江、浙江、西藏、陕西、甘肃15个单位。此外,四川、新疆生产建设兵团、云南、河南、重庆5个单位案件发生总数下降幅度在5%以上。有10个单位林业行政案件数量有所上升,占统计单位总数的28.57%。其中上升幅度在10%以上的8个单位有:青海、辽宁、宁夏、广东、江西、江苏、福建和河北。

林政案件发生的原因及对策措施 2008年,全国林业行政案件呈现下降趋势,但高发的势头还没有从根本上得到遏制。造成案件高发势头,既有地方政府发展林业、保护森林资源目标管理责任制不落实的因素,也有部分群众法制意识不强和经济利益驱动,少数执法人员素质不高、执法不严的因素。总体上看,这种状况在短期内难以得到根本改变。

要从根本上遏制林业行政案件高发的势头,必须全面落实地方政府发展林业、保护森林资源目标管理责任制,增强保护森林资源的思想意识,着力抓好以下几个方面的工作:①进一步加强林业行政案件管理工作。继续抓好《国家林业局关于切实加强林业行政案件管理工作的通知》(林稽发[2008]11号)精神的贯彻落实,切实加强林业行政案件管理,加大林业行政执法力度,加强对林业行政案件的稽查和督办,严格责任追究制度,适时表彰林业行政执法和林业行政案件管理先进单位和个人。②加大对违法运输木材案件的打击力度。针对此类案件居高不下的态势,适时组织专项打击和清理整顿活动。同时,积极探索开展木材运输巡查工作,建立现代化的木材流通远程监控系统,加强木材流通环节的管理。③加强林业行政执法机构基础设施建设。根据中央10号文件提出的"林业行政执法体系等方面的基础设施建设要纳入各级政府基本建设规划"的要求,各级林业主管部门要将林业综合行政执法机构的基础设施建设纳入林业基本建设项目专项预算中。不断加强基础设施建设,为林业行政执法提供必要的办案、办公设备与交通、通讯工具,优化工作环境和改善办公条件,保障执法工作的正常开展。④加强执法队伍素质教育。强化执法人员政治思想教育和业务培训,努力提高执法水平,造就一支政治过硬、业务精通、廉洁高效的执法队伍。

（伍步生　班　奇）

【受理举报林政案件及办理情况】 2008年，国家林业局森林资源行政案件稽查办公室共受理并批转群众举报林政案件174件。其中：举报政府行为违法案件37件、占21.26%，举报企业法人违法案件55件、占31.61%，举报村组负责人违法案件40件、占22.99%，举报其他行为主体人42件、占24.14%；举报盗伐林木案件20件、占11.49%，滥伐林木案件63件、占36.21%，毁坏林木和苗木案件49件、占28.16%，违法征占用林地案件14件、占8.05%，非法收购加工木材案件4件、占2.30%，反映其他林政案件24件、占13.79%。

2008年受理的174件林政案件，全部按领导批示转发到相关省林业主管部门办理。2008年要求各地反馈查处情况的案件33件、占总量的18.97%，到期反馈23件、占69.70%，到期未反馈9件、占27.27%，未到反馈期1件、占3.03%。案件的特点和存在问题：①举报案件呈下降趋势。2008年共受理林政案件（174件），与2007年同期受理的林政案件（270件）相比减少了96件。②企业法人违法和滥伐林木案件发生依然突出，但与2007年同期相比，都有所减少。③各省案件发生的情况不平衡，举报案件较多的单位有：内蒙古自治区（12件）、龙江森工集团（12件）、吉林省（11件）、黑龙江省（10件）、福建省（9件）、湖南省（9件）、河北省（8件）、广东省（8件）。④反馈率低，要求反馈的33件，除1件未到反馈期外，有9件逾期未反馈，占要求反馈率的27.27%。

（刘铁军）

【重大林政案件受理和督办】 2008年，国家林业局资源司（森林资源监督管理办公室）在指导各有关部门认真查办、督办林政案件的同时，进一步加大了对重大案件的督查、督办力度。共受理批转案件75起，截至2008年12月31日已查处67起。在受理的案件中，非法采伐林木案件47起，违法征占用林地案件9起，林权林地纠纷案件10起，林业部门存在违规违法问题案件3起，毁坏树木案4起，非法流转国有林案件1起，非法贩卖木材运输证案件1起。如黑龙江省黑河市孙吴县以国有林场改制为名骗取侵吞私分国有资产案、黑龙江省嫩江县科洛林场毁林开垦案、贵州省福海公司违法占用林地案等社会影响大、群众反映强烈的案件，涉案的相关责任单位和责任人都被依法严肃追究了责任。

从这些案件的查处情况可以看出，发生主要原因有以下几个方面：①一些地方的政府、部门法制观念淡薄，为追求局部利益和经济短期的发展，不重视森林资源的保护和生态环境的建设，违法征占用林地。有的地方保护主义严重，以罚代处、以罚代刑，助长了一些犯罪分子的嚣张气焰。②有的地方山林纠纷调处工作重视不够，造成近年来山林权属纠纷越来越多，积案久拖不决，新案不断发生，成为林区社会稳定的隐患，阻碍集体林权制度改革的顺利推进。③有的地方林业主管部门还存在有法不依、执法不严等问题。

（于伯康）

森林资源监督

【综　述】 2008年，森林资源监督工作进一步强化制度建设，全面履行工作职责，监督工作成效明显。

认真开展林地保护管理情况监督 2008年，各派驻森林资源监督机构坚持把林地保护管理监督作为森林资源监督工作的重要内容。①开展了征占用林地行政许可被许可人监督检查工作。共检查征占用林地项目260个，发现了共有90个项目分别存在未批先占、少批多占等违法行为，对检查中发现的问题，及时向市县政府、被许可人、林业主管部门及相关单位通报了检查情况，提出了明确的整改要求，下发督办通知书30余份。②实施林地定额管理监督。严格按照国家林业局的要求，对林地定额执行情况实施全过程监督，强化了各级政府及林业主管依法加强林地保护管理的责任意识，避免了超定额审核（批）征占用林地问题的发生，确保了定额管理制度的正确执行。③严执行占用林地项目初审制度。对各省上报国家林业局审批的占用领地项目，均严格进行初审和现地核实，对发现的问题及时提出监督整改意见，使一些非法占用林地进行工程建设的问题得到了纠正，乱占林地案件得到了有效查处。

依法开展采伐限额执行情况监督 ①检查了东北、内蒙古重点国有林区林木采伐、木材运输和销售“三总量”执行情况，对8个林业局的87个林场120个小班进行了检查，查出4个被检查单位超计划生产木材、超许可证采伐林木等问题，下发了整改通知，检查中发现的问题得到了及时处理。②开展了重点国有林区森工企业局伐区调查设计和作业质量检查。对查出的区划不合理和采伐超强度等问题，向有关林业局下发了整改意见通知书，并督促研究制定整改措施，同时对有关责任人进行了处理，起到了警示作用。③强化木材运输和经营加工监督。继续加大对木材运输证核发以及运输各个环节的检查力度，杜绝非法采伐木材流入市场，取缔了一批非法设立的木材市场和经营加工场点。④严格执行林木采伐许可证核发制度。驻东北、内蒙古重点国有林区森林资源监督机构严格执行国家林业局关于核发林木采伐许可证的规定和要求，坚持把调查设计和伐区作业质量作为核发采伐证的唯一依据，加强领导，认真审核，严把采伐发证关。

督查督办各类破坏森林资源案件 2008年，进一步加大了案件督查督办力度，严厉打击各种破坏森林资源违法犯罪行为，维护了国家法律，依法保护了森林资源。①查办了一批影响重大的案件。主要查处了黑龙江省黑河市孙吴县乱砍滥伐林木案、黑龙江省嫩江县科洛林场毁林开垦案、贵阳福海生态园非法占用林地案等多起重大案件，依法追究了涉案人员责任，维护了林业法律法规的严肃性，树立了林业主管部门的权威，扩大了森林资源监督机构的影响。②积极协调大要案的处理。参与5次对内蒙古“万里大造林”投资客户集体上访的劝返工作，对“万里大造林”的查处工作进行了督办。③商请部分省（区）政府，督促有关部门依法严肃查处一批久拖不决的案件。④建立了联合办案制度。通过与辖区内林业主管部门一起办案，避免了同一案件多部门多次查办的弊端，提高了办案效率，增强了查办结果的权威性，起到了事半功倍的效果。2008年，各监督机构共计督察督办各类案件504起，结案400余起。

积极为灾后恢复重建做好服务 地震和雨雪冰冻灾情发生后，各派驻森林资源监督机构积极响应上级单位的组织号召，积极行动起来，投入到抗灾救灾和恢复重建工作中。相关监督机构第一时间奔赴灾区了解情况，参加国家林业局灾后恢复重建工作组，赴重灾区进行调研，积极支持和配合当地林业主管部门做好灾害木的清理等抗灾救灾和恢复重建工作。贵阳专员办全力参与黔湘两省抗击雪灾和灾后重建的相关工作，向辖区林业主管部门下发了《关于开展受灾林木清理监督检查工作的通知》，分别向贵州、湖南两省政府和国家林业局党组呈报了5份调研报告，如实反映林业受灾实情，帮助协调和争取林业灾后重建的政策。成都专员办在地震后立即成立抗震救灾领导小组，积极投入抗震救灾工作，经请示上级部门同意，因恢复生产生活需采伐林木和使用林地的，可以先行采伐和使用，为抗灾救灾和恢复重建创造了便利条件。

加强监督机构“两建”工作 ①继续加强制度建设。于2008年1月起正式施行的《森林资源监督工作管理办法》，明确了监督机构的性质和工作职责，依法赋予了各项监督检查手段，对各级森林资源监督机构做好各项工作起到了推动和促进作用。②加强监督宣传工作。为配合《森林资源监督工作管理办法》的颁布实施，各监督机构组织开展了各种形式的宣传活动，出版了《中国林业·森林资源监督专刊》，进一步提升了监督工作地位，增强了工作的主动性。③加强监督队伍的教育培训。举办了国家林业局第十期森林资源监督干部培训班，邀请了专家和领导授课，对来自各专员办及基层监督机构的70余名学员进行了培训。④开展学习实践科学发展观活动。各监督机构严格按照上级党组织的要求，认真组织开展学习实践活动各阶段活动，深入开展调查研究，形成了符合实际的分析检查报告。⑤认真开展廉洁从政警示教育活动。按照国家林业局廉洁从政警示教育活动的相关要求，各监督机构认真开展“正确行使权力，忠诚履行职责”的廉洁从政自查自纠工作，对发现的情况和问题，进行了认真研究，制定并落实了整改措施。

（沙永恒）

【抗击雨雪冰冻灾害森林资源监督】 2008年，为做好灾后林业建设工作，国家林业局森林资源监督管理办公室发出了《关于做好冰雪灾害后森林资源监督工作的通知》，就灾区各派驻森林资源监督机构做好灾后的林业重建工作，提出了要求。①各森林资源监督机构要高度重视灾后恢复重建工作。②各森林资源监督机构要充分发挥森林资源监督作用。③各森林资源监督机构要加强对灾害评估和灾后重建规划工作的监督。④各森林资源监督机构要加强对受灾林木清理的监督和管理。⑤各森林资源监督机构要严格森林资源管理监督。

各森林资源监督机构积极响应，迅速行动，投入到抗灾救灾和恢复重建工作中。第一时间奔赴灾区了解情况，积极支持和配合当地林业主管部门做好灾害木的清理等抗灾救灾和恢复重建工作。（王　鹏）

【“三总量”执行情况检查】 2008年3月26日至4月29日，国家林业局资源司（森林资源监督管理办公室）组织国家林业局驻内蒙古自治区、长春、黑龙江省、大兴安岭林业集团公司森林资源监督专员办事处对内蒙古阿尔山、阿龙山，吉林省大兴沟、松江河，黑龙江省鹤北、朗乡、新青和大兴安岭西林吉等8个林业局2007年度林木采伐总量、木材销售和运输总量（以下简称“三总量”）计划执行情况进行了检查。共122人参加了检查工作，实际工作日2000多个。外业检查了87个林场（经营所）的120个采伐小班，检查总面积1493.69公顷。内业检查了8个林业局的各管理部门、基层生产单位和木材承运单位以及木材加工厂点的统计、财务报表、账簿、台账7184册，记账凭证、原始凭证、各类野账、产品验收单等约326 678份，重点录入主要林木产品木材销售发票、铁路运输货票、木材运输证、木材销售合同、调令等130 290份。

森林采伐限额执行情况 被检查的8个局，2007年度森林采伐总量均未超年度森林采伐限额。

木材生产计划执行情况 有4个林业局超木材生产计划生产木材。其中，黑龙江省鹤北林业局超567立方米，朗乡林业局超520立方米；吉林省松江河林业局超217立方米，大兴沟林业局超90立方米。

凭证采伐情况 有4个林业局存在超林木采伐许可证批准的出材量生产木材的问题。黑龙江省朗乡林业局超1932立方米，鹤北林业局超569立方米。吉林省松江河林业局超317立方米，大兴沟林业局超134立方米。

检查的120个采伐小班中，有13个小班超林木采伐许可证采伐，仅占10.8%，是历年数量最少的一年。其中，黑龙江省朗乡林业局5个小班、新青林业局4个小班，内蒙古自治区阿尔山林业局3个小班、阿龙山林业局1个小班。

存在问题 ①不按林木采伐许可证规定采伐的问题，还没有从根本上解决。个别小班采大留小、串树种采伐、局部超强度采伐问题，仍不同程度的存在。伐区验收流于形式，没有起到制约的作用。②商品材生产管理不到位的问题仍不同程度存在。表现为木材缴库标准不严，剩余物中混有规格材，没有纳入商品材"一本账"管理。其中，黑龙江省新青林业局有4882立方米，朗乡林业局有2268立方米，鹤北林业局有524立方米；吉林省松江河林业局有317立方米，大兴沟林业局有134立方米。③木材运输和经营加工管理情况。木材检查站没有过往车辆记录，个别运输证签发依据不充分等问题时有发生。林区内的木材经营加工厂点账目不清，无木材来源凭证的问题仍没有得到解决，仍需进一步规范。如新青林业局存在甲企业用乙企业的木材发票开具运输证明，有35户无税务登记证，3户无台账。鹤北林业局木材检查站没有过车登记记录。（柏建伟）

【森林资源监督报告】 2008年，14个派驻森林资源监督机构分别向国家林业局和25个省（区、市）政府、集团公司提交了《森林资源监督报告》。

主要成绩 ①森林采伐管理制度进一步完善。各省森林采伐限额管理有序，限额采伐、凭证采伐制度得到严格执行。推行了以规范采伐指标分配为主要内容的采伐管理改革，缓解了林改后采伐管理方面的主要矛盾。福建、湖南、江西、四川试点工作效果显著。②林地林权保护管理力度进一步加大。林地保护管理日趋严格。各地及时将国家林业局确定的征占用林地定额管理指标分解下达，有的省还专门组织了林地资源保护管理监督年活动，严厉查处和打击各类占用和破坏林地资源的违法犯罪行为。部分省加快了林地保护利用规划编制工作的进度。林权管理进一步加强。③木材流通监管进一步规范。湖北、湖南、内蒙古完成了一级木材检查站建设工作，加强了检查站监控能力建设。江西省在全省开展了林木采伐证和木材运输证网上办理工作，湖南省开展了铁路木材运输的集中整治。④自然保护区、湿地和野生动植物保护管理工作成效显著。浙江、宁夏、广东、云南等省（区）加强了对湿地保护建设工程的督查力度，立法及规划工作取得新进展。内蒙古自治区建设实施了3项中央投资湿地项目和6项国家级自然保护区建设项目。湖北省建立了湿地保护基金会，拓宽了湿地保护工作的资金渠道。陕西省珍稀濒危物种种群数量持续增加。四川省以大熊猫保护为中心，拓展野生动植物和湿地保护工作。贵州省采取多措施缓解了保护区保护与发展的矛盾。江西、山西、河南、湖北、青海、甘肃等省新建了一批国家级自然保护区，扩大了保护的规模和面积。黑龙江省新建了15个野生动物疫源疫病监测站，完善了监测网络。⑤重点公益林管护效果日益显现。湖南、湖北、贵州等省极大地提升了重点公益林资源监管能力和水平。新疆生产建设兵团对重点公益林管护任务和责任落实不好的单位实行经济处罚，开展重点公益林有害生物飞机防治工作。江西、福建、海南等省生态公益林建设全面提速，年补偿标准逐步提高。辽宁省将全省40.6万公顷地方公益林纳入了补偿范围。⑥调查规划和监测体系建设日臻完善。⑦保护立法工作取得新成效。许多省（区、市）出台了一些有关森林资源、湿地、野生动植物保护方面的地方法规，为切实保护好各类自然资源提供了法律保障。⑧打击破坏森林资源违法行为力度不断加大。⑨林业行政执法机构和队伍建设得到加强。⑩林业灾后重建及时有序。

存在问题 ①林地保护管理形势严峻。随着社会经济的快速发展，特别是中央新增拉动内需项目的启动，林地保护与利用的矛盾日益加剧，一些省（区）的重点工程项目违法征占用林地数量呈上升趋势，频率越来越高，面积越来越大。有的地方政府林地保护意识不强，相关部门不积极协调、不主动配合林业主管部门的工作，甚至错误理解有关规定，导致涉林违法行为不能及时有效处理。②山林权属纠纷调处工作亟待加强。近年来山林权属纠纷越来越多，积案久拖不决，新案不断发生，成为林区社会稳定的隐患，阻碍集体林权制度改革的顺利推进。福建、广西、广东等省（区）随着集体林权制度改革的全面铺开，山林纠纷的数量有较大幅度的增长。新疆维吾尔自治区"一地两证"问题长期没有得到解决，导致林地权属混乱。③森林资源管护工作仍需加强。生态公益林经营管护投入大和收益低的矛盾突出。福建省集体林权制度改革后，个别群众要求将公益林中的人工林作为商品林分户经营。山西省公益林面积区划不够科学合理，缺乏整体性、战略性的综合考虑。一些地方土地利用总体规划多年没有修编，不能真实反映林业用地的实际情况，给依法管理和利用林地资源造成困难，也给林地资源的非法流失埋下了隐患。林地保护利用规划编制工作滞后。破坏森林资源违法行为屡禁不止。乱砍滥伐、毁林毁湿开垦等林政案件仍时有发生，个别地区还非常严重。有的地方保护主义严重，以罚代处、以罚代刑，助长了一些犯罪分子的嚣张气焰。④采伐管理改革进展缓慢。近年来，各地林业干部屡屡因林木采伐审批问题被追究责任，各级林业主管部门对林木采伐管理改革都比较谨慎，视采伐管理改革为畏途。福建省改革试点力度不够大，实际改革内容和范围较窄，与落实经营自主权的改革目标还有较大的差距。同时，在一些地方仍然存在地方政府领导干预采伐指标分配，把采伐指标分配作为权力寻租工具的现象。采伐管理政策落实不够到位。⑤木材流通环节监管依然薄弱。部分省木材检查站建设滞后，管理体制不顺，工作经费难以保障，不能正常发挥执法作用。⑥自然保护区和野生动植物管理现状不容乐观。⑦森林资源保护发展目标责任制有待进一步完善和落实。

监督建议 ①关于完善落实森林资源保护发展目标责任制方面。进一步完善落实各级政府林业建设任期目标管理责任制，加大考核力度，督促各级党政领导正确处理好发展与保护的关系，为发展现代林业、建设生态文明保驾护航。②关于林业改革方面。深入推进集体林权制度改革，积极探索生态公益林经营管护新机制，逐步完善落实森林生态效益补偿政策，着力解决好生态公益林的承包管护和经营问题。健全和理顺各级山林权属纠纷调处机构，及时妥善地做好山林权属纠纷调处工作，为顺利推进集体林权制度改革提供保障。③关于林权和流转管理方面。严格执行国家有关流转管理规定，规范流转的范围、条件、程序，并继续完善流转规则。④关于林地管理方面。严格执行国家征占用林地年度限额制度，积极探索矿产资源开发占用林地管理的长效机制。⑤关于森林利用管理方面。建立指标分配公示制度，推广林木采伐改革试点工作的好经验、好做法，拓展试点内容和范围，真正落实林木经营者的合法权益。调整木材检查站布局，加大高速公路主要出省口、重点林区等地段的木材检查站建设力度。⑥关于森林分类经营方面。完善森林分类经营改革措施，推进森林经营方案编制工作，促进森林资源的科学经营与合理利用。探索经营制度创新，积极实施森林恢复和林分改造工程。⑦关于湿地、自然保护区和野生动植物保护方面。全面启动省级自然保护区建设工程，妥善解决省级自然保护区的建设和管理问题。落实自然保护区林地林木权属。将国家级、省级自然保护区管护机构列为参照公务员法管理的事业单位。⑧关于加强基层林业机构建设方面。加大市、县森林公安机构和队伍建设力度，建立健全地方森林资源监督机构和监督体系，协调解决林政执法人员的统一装识问题。督促有关地方政府和林业主管部门尽快组建林业行政执法支(大)队。

(于伯康)

【建立办、省森林资源监督工作联系机制】 为落实《森林资源监督工作管理办法》关于森林资源监督机构与省政府建立工作沟通机制的有关规定，国家林业局森林资源监督管理办公室先后于2008年1月18日和10月14日分别与河北、山东两省政府召开森林资源监督工作座谈会，通报了两省的森林资源监督情况，总结了森林资源管理的成绩和存在的问题，提出了监督建议，并就建立办、省森林资源监督工作沟通机制达成共识，会后印发了会议纪要和《森林资源监督报告》。河北、山东两省政府领导，省政府办公厅、省林业局及有关处室和单位主要负责同志出席了座谈会。

《森林资源监督报告》得到了两省领导同志、省林业局及相关部门和单位的高度重视；监督建议的落实和执行，有力地推动了地方的森林资源保护管理工作。贾治邦局长10月28日批示：“这样做法很好，效果亦佳。可依此法加强其他省区的监督沟通。”

(艾　畅)

【探索建立森林资源保护和发展目标责任制考核机制】 2008年，国家林业局驻长春、西安森林资源监督专员办事处(下称长春、西安专员办)开展了县级地方政府森林资源保护和发展任期目标责任制考核试点工作，分别完成了《县级森林资源保护和发展任期目标考核指标和考核办法(试用稿)》研究，并对辽宁省抚顺县、陕西省铜川市耀州区进行了考核。

考核结果 西安专员办制定的考核办法，设定的标准分值为100分。陕西省耀州区考核得分78.8分。考核认为：区委、区政府领导重视，高位推动森林资源培育工作，区政府每年与乡政府、林业局签订人工造林、特色经济、森林防火目标责任书，年终又作为重要指标进行部门考核。全区建立健全了林业机构和较为完善的林业行政审批及事务管理制度，林木采伐、林地保护管理、林业行政执法依法规范，林业生产秩序良好。考核指出的突出问题有，全区没有真正建立森林资源保护发展目标责任制，人工造林保存状况较差，林权管理工作基础薄弱，登记发证工作没有全面推开，采伐革新不及时，林业执法不规范，林业建设工程资金拨付不及时，森林资源保护管理经费不足等。提出了尽快建立和执行森林资源保护和发展目标责任制，推进集体林权制度改革，加大对幼林抚育力度，严格林业行政管理，进一步规范林业执法行为，强化投入保障等建议。

长春专员办制定的考核办法，设定标准分值100分，另外设6个加分项目，加分值9.5分。辽宁省抚顺县考核总得分100.48分，其中，考核得分92.48分，加分项得分8分。考核认为：县委、县政府高度重视林业，经常深入一线研究森林资源保护和管理重大问题并提出解决办法；积极向林业建设投资，切实解决林业发展存在的困难，强化林业干部队伍建设。全县集体林权制度改革成效显著，现代林业建设试点工作起步；专项治理行动开展扎实有效，林业基础建设得到加强，创新林业专业队伍工作机制，由专业森林消防队负责森林防火、森林病虫害、森林管护，确保森林资源安全。考核同时指出了森林资源管理和林政执法不规范问题11个。

试点成效 ①形成了县级地方政府森林资源保护和发展目标责任制考核指标体系和考核实施办法。考核指标体系分为2类。对已经建立了森林资源保护和发展目标责任制的，考核指标分责任制建立、执行和投入保障3大项10个具体指标；对没有建立森林资源保护和发展目标责任制的，考核指标分8大项32个具体指标，其中包括2个备选指标。指标体系系统全面、重点突出，评分标准、评分方法合理，能全面客观地反映被考核单位森林资源保护和发展的实际情况。②提高了各级地方政府对建立和执行林业建设任期目标管理责任制重要性的认识。考核使地方政府对林业的基础地位有了新的认识，引导和促进地方政府贯彻和执行森林资源保护和发展政策，考核对地方县级林业管理工作进行了全面的监督检查，促进了地方林业主管部门规范管理，依法行政，同时也为地方培训了人员，对地方林业建设起到了有力的推动作用。③丰富了森林资源监督工作内容方法和手段。开展森林资源保护和发展目标责任制考核工作是对森林资源监督工作的有益探索和尝试，可以有效地促进国家林业局派出森林资源监督机构同地方政府的沟通联系和协作交流，更加深入地了解和掌握各地森林资源保护和发展情况，总结经验，发现问题，及时调整森林资源监督工作重点。

（王　鹏）

林业政策法规与体制改革

【林业政策】 2008年，林业政策工作主要围绕集体林权制度改革配套政策措施，系统回顾、总结改革开放30年林业政策变迁，稳步推进林业改革和发展等方面展开。

推动森林资源资产评估制度建立 中央10号文件第15条规定"加强森林资源资产评估管理，加快建立森林资源资产评估师制度和评估制度，规范评估行为，维护交易各方合法权益。"围绕森林资源资产评估现状、存在的主要问题、应采取的政策措施等方面组织了专题调研，形成了森林资源资产评估制度主要思路；向国务院领导同志呈报了关于林权流转问题的专题报告，反映了森林资源资产评估制度的滞后建立问题；多次和国务院有关部门沟通协调，争取支持，向国务院审改办上报了建立森林资源资产评估师执业资格制度和森林资源资产评估机构资质管理两项行政许可制度的专题报告。

系统总结和梳理30年来林业政策 改革开放以来，党和政府对林业高度重视，采取了一系列重大战略举措支持林业建设，林业积极探索建立与社会主义市场经济体制相适应的林业经济体制和发展模式，林业发展的指导思想、管理方式、投资体制、经营模式已经发生了重大变革，林业建设取得了举世瞩目的辉煌成就，确立了以生态建设为主的林业可持续发展战略，加快推进传统林业向现代林业转变，林业生态体系建设、林业产业体系建设和文化体系建设稳步推进，为促进国民经济和社会发展、维护国土生态安全、构建社会主义和谐社会、促进生态文明建设作出了突出贡献，林业步入了全面建设现代林业的新阶段。

从1978年改革到今天，林业政策制定大体经历了以下几个阶段。1978～1993年，这一时期林业建设主要是拨乱反正和恢复发展，林业政策的重点在调整林业生产关系，调动广大农民经营山林的积极性，森工企业和国有林场也进行了经营机制转换，同时一些重大的林政管理政策出台。1979年和1984年，国家先后颁布了《森林法(试行)》和《森林法》，确定了林业发展的基本法律依据。1993～1998年，根据党的十四届三中全会《关于建立社会主义市场经济体制若干问题的决定》精神，林业系统积极探索建立与社会主义市场经济体制相适应的林业经济体制和发展模式，明确在市场经济条件下发展林业的方针和政策，确立了林业在生态环境建设中的主体地位，提出了建立林业两大体系的奋斗目标，实施分类经营改革措施，林业建设进入新的发展时期。1998～2003年，中国林业情况发生了巨大变化，国家相继启动了天保、退耕还林等林业六大重点工程，中央对林业建设投入大幅度增加。2003年中共中央国务院颁布了《关于加快林业发展的决定》，明确提出林业要实现由以木材生产为主向以生态建设为主的历史性转变，走以生态建设为主的林业可持续发展道路建立起以森林植被为主体、林草结合的国土生态安全体系，建设山川秀美的生态文明社会；森林生态效益补偿制度正式建立，林业分类经营等一批关键性制度开始实施。以《决定》的颁布为标志，集体林权制度改革、国有重点林区林权制度改革、国有林场改革有序推进，林业进入了一个以调整体制机制为主要内容蓬勃发展、欣欣向荣的新时期。

召开改革开放30年林业政策制定座谈会 会议回顾了林业改革开放的历程及政策轨迹，系统总结了林业政策制定及实施的经验和教训，对当前林业发展面临的关键问题进行了深入探讨，明确了今后一个时期做好林业政策工作的思路。 (政法司政策处)

【林业立法】 2008年，林业立法工作按照立法计划安排，统筹兼顾，扎实推进，林业法制工作取得新成绩。

完成森林防火条例修订协调工作 《森林防火条例(送审稿)》于2007年底上报国务院后，为了力争早日出台，从资料收集、研究意见、修改完善条文、实地调研和立法协调等各个方面，政法司会同公安局，全力配合国务院法制办做好审查工作。2008年12月1日，森林防火条例经国务院令第541号公布，自2009年1月1日起施行。《条例》强化了政府职责、完善了应急机制、加大了处罚力度，对有效预防和扑救森林火灾，保障人民生命财产安全，保护森林资源，维护生态安全，将起到重要作用。

加快森林法、湿地保护条例的起草工作 《森林法》修改已列入十一届全国人大常委会立法规划第一类立法项目，属于十一届人大任期内提请审议的法律草案。《湿地保护条例(送审稿)》已经局务会议审议通过，将上报国务院审查。

做好部门规章制定和审查工作 一是完成了《林业行政许可听证办法》制定工作，已经国家林业局令第24号公布。二是审查完成了木材运输检查办法、公益林管理办法、野生动植物进出口管理办法等规章。三是按照立法要求，对《义务植树条例》、《森林公园管理办法》、《野生动植物进出口管理办法》进行了认真研究，提出了审查意见，明确了下一步立法思路。

组织完成了法律清理工作 根据全国人大法律委员会、全国人大常委会法工委、国务院办公厅的部署，政法司对《森林法》、《野生动物保护法》、《防沙治沙法》、《种子法》等4部法律进行了清理。为了保障法律清理工作的质量，专门印发了《关于做好林业法律清理工作的通知》(办策字[2008]64号)，对林业法律清理工作的目标、范围、任务、责任做出安排。对局各司(局)、单位以及各省(区、市)林业厅(局)提出的清理意见进行汇总分析、全面梳理，形成了林业法律清理工作报告，提出了约30条的清理意见，并分别上报国务院和国务院法制办公室。

积极开展立法后评估工作 为了提高林业立法质量，建立林业法律法规规章的定期评估制度，委托森林病虫害防治总站、河北省林业局对《森林病虫害防治条例》各项制度的实施情况进行了评估。同时，委托北林大开展了立法后评估理论研究。9月，在河北省召开立法后评估座谈会，邀请林业部门的工作人员和专家，对立法后评估的基本理论和实践进行讨论研究。

举办林业立法培训班 2008年12月，在安徽省举办地方林业立法业务培训班，各省级、计划单列市林业主管部门从事法规或者相关工作的人员近80人参加了培训班。培训班主要学习了林业立法技术有关知识，分析了当前林业立法的主要问题，并交流了地方林业立法工作经验。通过培训，为提高林业系统的立法工作水平起到了积极作用。 (政法司法规处)

【林业执法监督】 2008年，林业行政执法监督工作稳步推进，为不断规范林业行政执法行为和依法行政工作打下基础。

加强行业指导 及时办理地方在执法中具体应用法律法规问题的有关请示。针对地方执法中出现的在责任山、自留山上毁林种植甘蔗等如何定性，在行政执法案件中如何认定野生动物等热点问题作出答复。

认真做好行政复议工作 一是依法办理，有效化解行政争议。2008年，国家林业局共收办行政复议申请12起。二是会同有关司(局)，缜密配合国务院法制办，积极协调大兴安岭政府，做了大量工作，促成了历时6年之久的大兴安岭行政复议裁决案顺利解决，依法维护了重点国有森林资源管理权限，促进了林区社会和谐。三是积极探索行政复议案件办理方式，精心组织，首次开展行政复议案件现场勘验工作，为今后开展此类工作积累了经验。

加大执法监督力度 协调解决地方政府有关文件违法问题。为了解决新疆维吾尔自治区政府《关于印发新疆塔里木河流域综合治理工程建设用地若干规定的通知》有关内容违反森林植被恢复费规定的问题，国家林业局向国务院法制办上报了《关于报送地方政府文件违反〈森林法〉及其实施条例有关森林植被恢复费规定情况的函》。经协调，新疆维吾尔自治区政府已经着手纠正新政办发[2002]142号的违法问题。

正式开通全国林业行政执法人员管理系统 实现了林业行政执法人员资格管理的现代化、信息化，促进了社会公众对林业行政执法活动进行有效监督。截至2008年底，全国各级林业主管部门共195307人已经通过网上审核，取得了新版的《林业行政执法证》，使得过去两年进行一次审查注册的传统管理方式转变为现在可以实时审查的动态管理方式，有效地加强了林业行政执法证件的管理。通过该系统，各级林业主管部门还可以在线发布信息、交流情况、研讨案例、开展宣传教育以及进行统计分析等各项工作。

(政法司执法处)

【林业行政许可】 2008年，国家林业局行政许可工作按照《行政许可法》和机关行政许可工作管理规定，稳步推进林业行政许可工作。

进一步完善行政许可管理制度 一是出台《林业行政许可听证办法》。经过近两年的研究、论证、起草、审查和征求意见，《林业行政许可听证办法》以国家林业局24号令公布，10月1日起施行。二是制定印发《国家林业局行政许可项目经费财务报销程序》(林许办[2008]54号)，规范局本级行政许可项目经费的管理。三是发布国家林业局2008年第8号和第11号公告，对行政许可事项申办程序中的相关规定进行调整，进一步简化申报程序，方便申请人。

进一步规范行政许可行为 一是开展行政许可法实施情况专项监督检查。结合国家林业局贯彻落实2008年党风廉政建设和反腐败工作的部署，对局本级贯彻实施《行政许可法》的情况进行了全面监督检查，查找了行政许可监督环节中的漏洞和薄弱环节，进一步完善了行政许可的运行程序，从制度上建立健全有效的监督机制，有效规范了国家林业局行政许可行为。二是对采集(采伐)国家一级保护野生植物(树木)的审批事项进行规范。下发了《国家林业局关于采集(采伐)国家一级保护野生植物(树木)审批有关问题的通知》(林策发[2008]150号)和《国家林业局关于采集(采伐)国家一级保护野生植物(树木)有关问题的复函》(林策发[2008]189号)两个文件，明确了有关办理程序。三是实行国家林业局行政许可决定文书统一送达。本着进一步"便民、高效"的原则，下发《国家林业局关于统一送达行政许可决定文书的通知》(办策字[2008]90号)，明确从2009年1月1日起，由国家林业局行政许可工作管理办公室负责统一送达准予或不予行政许可决定书(含证书)至申请人和相应的省级林业主管部门行政许可（审批）受理大厅（窗口）、法制工作机构或办公室，国家林业局各承办单位不再负责寄送决定文书。

加强行业指导，推动行政许可工作　一是召开林业行政许可工作座谈会。为了推动整个林业系统的行政许可工作，提高林业行政许可工作水平，召开了全国林业行政许可工作座谈会，局内各承办单位和各省级林业主管部门派人参加了会议，座谈会围绕各单位贯彻落实《行政许可法》的情况、存在的问题、今后工作的打算与建议等方面进行了广泛的交流，达到了交流经验、掌握情况、找准方向的预期目标。二是开展林业行政许可管理征文活动。为进一步贯彻落实《行政许可法》，做好林业行政许可工作，开展了旨在吸纳社会各界对林业行政许可管理建言献策的征文活动，共征集论文48篇。

做好日常程序审查，确保工作质量　2008年共办理各类行政许可文书4792件，其中：准予行政许可决定书3970件，不予行政许可决定书62件，行政许可变更、续展决定书61件，行政许可补正、论证、延期通知书699件。　　　（局许可办）

【林业普法】　2008年，根据《全国普法办公室关于印发〈二○○八年全国普法依法治理工作要点〉的通知》（普法办［2008］1号）文件的要求，国家林业局按照林业系统“五五”普法规划及年度普法工作要点确定的重点内容，积极开展普法工作，取得一定成绩。

制定印发年度工作要点　根据《全国普法办公室关于印发〈二○○八年全国普法依法治理工作要点〉的通知》（普法办［2008］1号）文件的精神，结合林业系统“五五”普法规划的总体部署和年度重点工作安排，制定并印发了《2008年林业系统法制宣传教育工作要点》（林策发［2008］72号），指导全国林业系统深入开展普法工作。

举办林业普法骨干培训班　按照“五五”普法规划中“开展法制宣传教育工作者学习培训活动，提高专职法制宣传教育工作者的业务能力”的要求和2008年国家林业局普法工作安排，2008年7月，国家林业局政法司和直属机关党委联合举办了林业普法座谈会暨林业普法骨干培训班，开展了《突发事件应对法》、《政府信息公开条例》和《信访条例》等3部法律法规的培训，各省级林业主管部门、国家林业局各司（局）、直属事业单位90多名普法骨干参加了培训。

配合开展以抗震救灾和北京奥运会为主题的法制宣传教育活动　一是在我国南方部分地区发生严重低温雨雪冰冻灾害和四川汶川发生特大地震灾害后，按照司法部、全国普法办《关于做好应对冰雪灾情维护灾区稳定的通知》、《关于加强抗震救灾法制宣传教育的意见》的要求，各级林业普法部门积极而迅速的开展了抗击雨雪冰冻灾害和抗震救灾法制宣传教育工作。二是按照司法部、全国普法办的统一部署，积极开展“人文奥运、法治同行”主题宣传工作，通过看奥运宣传片、图片展览等宣传方式，开展广泛的奥运宣传，为成功举办北京奥运会、残奥会营造良好的法制氛围作出了应有的贡献。

组织年度普法考试　在“12·4”全国法制宣传日期间，结合林业行业特点，继续将“12·4”法制宣传日活动与林业系统年度普法考试结合起来。各地、各单位积极组织2008年度普法考试，并将考试成绩计入普法培训证书。通过考试，有力地带动了广大干部职工学法的热情，进一步推动了“五五”普法工作的深入开展。

开展“五五”普法中期督导检查　按照《中央宣传部 司法部 全国普法办关于组织开展“五五”普法中期督导检查的通知》（司发通［2008］70号）的要求，结合林业系统实际，将林业系统执法检查和“五五”普法中期督导检查结合起来，组成两个检查组，对河南、重庆等省（市）进行了抽查。抽查采取听取汇报、实地检查、案卷评查等方式，对“五五”普法规划的贯彻执行情况、《国家林业局 司法部 全国普法办关于在“五五”普法期间切实加强集体林权制度改革相关法律法规宣传教育的通知》执行情况、林业系统“五五”普法培训证书制度执行情况进行了全面了解和检查。通过抽查有效探索了新形势下林业普法工作的途径，有力地促进了“五五”普法的深入开展。

开展“五五”普法中期表彰　按照《中央宣传部 司法部 全国普法办关于做好全国“五五”普法中期先进集体和先进个人评选表彰工作的通知》（司法通［2008］157号）要求和分配给国家林业局的表彰名额，推荐江西省林业厅政策法规处为全国“五五”普法中期先进集体，推荐局普法办和福建省林业厅两位同志为全国“五五”普法中期先进工作者，推荐广东省龙门县林业局和云南省德宏州林业局两位同志全国“五五”普法中期先进个人。

进行林农法律意识现状调查　为了进一步贯彻落实林业系统“五五”普法规划，政法司牵头组织，委托北林大开展了“林农法律意识现状的调查”。调查共涉及福建、辽宁等10个省（区），通过调查初步掌握了“五五”普法实施以来林农的法律意识的现状及几年来的变化情况，为今后开展普法宣传教育掌握了第一手资料。　　　（政法司普法办）

林业科学技术

林业科技管理

【综　述】 2008年，林业科技工作按照“围绕中心、突出重点，服务全局、支撑发展”的总体方针，重点围绕贯彻落实中央10号文件，支撑防灾减灾与灾后重建，引领油茶产业发展等全局中心任务，紧密结合缓解粮油食品安全、应对全球气候变化、举办绿色平安奥运等国家战略任务的实施，继续深化科技创新体系改革，攀登科学技术高峰，林业科技工作的外部环境不断优化，内涵与功能不断丰富，创新能力整体提升，林业科技贡献率达到39.1%。

【科技活动周】 会同中央宣传部、科技部于2008年5月共同举办了“‘振兴老区、服务三农’科技列车贵州行”活动，选派了6位专家实地开展技术服务，为贵州筹集捐赠了6台全光照喷雾扦插育苗设备和1000多套林业科技实用图书、科普资料。

【生态科普公交车宣传月活动】 2008年，围绕“绿色奥运、森林与气候”主题，在北京市主要骨干公交线路，举行生态科普公交车宣传月活动，倡导“造林增汇、你我同行”。活动宣传历时3个月，共动用公交车辆150辆，每天受众达100万人次，向社会广泛宣传了林业在促进生态文明建设中的重要地位和作用以及森林的价值。

（林业科技管理由科技司综合处供稿）

林业科学研究

【国家科技支撑计划项目】 2008年，“十一五”国家科技支撑计划林业项目（课题）取得阶段性研究成果并通过了中期检查和评估。据统计，共研制开发各类新产品（或农业新品种）、新材料、新工艺、新装置、计算机软件等98项（种、件、套）；发表科技论文1141篇，其中向国外发表96篇，出版科技著作40部1583.7万字；培养研究生550名，其中：取得博士学位171人，取得硕士学位379人；申请国内外专利146项，已获得授权41项；制定国家标准18项，行业标准81项。其中：已成功应用成果41项，转让成果25项；3项成果获国家科技奖励，7项成果获省部级科技奖励。

国家科技支撑计划备选项目立项取得新突破。“自然保护区建设和管理决策支撑关键技术研究与示范”和“竹子资源循环利用技术研究与示范”2个项目通过了科技部专家论证和课题评审，正式获得批准立项，新增国家科技投入4646万元；油茶产业升级关键技术研究与示范和高效防灾减灾沿海防护林体系构建优化技术与示范2个项目建议通过科技部综合咨询，2009年将启动可行性论证等立项工作。

（科技司计划处）

【国家重大基础研究计划（“973”计划）】 2008年，西部典型区域森林植被对农业生态环境的调控机理研究通过科技部验收。项目发表论文484篇（其中SCI105篇，EI45篇），出版专著6部，获得专利3项；出站博士后35人，培养博士104人，硕士135人，培养优秀中青年人才4人（包括2名杰出青年和2名中科院百人计划）。

速生优质林木培育的遗传基础与分子调控项目获得国家重大基础研究计划（“973”计划）专项资助，项目经费3000万元。

（科技司计划处）

【林业公益性行业科研专项】 在2007年被财政部批准作为公益性行业科研专项首批试点部门的基础上，2008年国家林业局33个项目获得财政部、科技部正式批准立项。项目主要结合林业的重点需求，围绕生态建设、林木良种与生物技术、森林可持续经营、林业生物质材料与资源高效利用、林业应对气候变化等问题开展相关研究。各项目已分别签订任务书并全部启动实施。

2008 年度林业公益性行业科研专项经费项目一览表

序号	项目编号	项目名称
1	200804001	中国森林对气候变化的响应与林业适应对策研究
2	200804002	气候变化对东北林火的影响及防控技术研究
3	200804003	生态文明建设的评价体系与信息系统技术研究
4	200804004	中国木质林产品碳流动机制研究
5	200804005	典型湿地在全球气候变化中作用的评估技术研究
6	200804006	中国森林净生产力多尺度长期观测与评价研究
7	200804007	西北特色灌木资源收集保存与开发利用技术研究
8	200804008	典型平原区生态安全林业保障体系构建机理及功效评价研究
9	200804009	森林资源管理信息化标准体系研究
10	200804010	毛梾油料能源林高效培育技术研究
11	200804011	可聚合松香基单体的合成及其应用研究
12	200804012	河套灌区宜林荒地植被快速恢复关键技术研究
13	200804013	华北平原杨树人工林碳通量测算技术研究
14	200804014	食用菌中农药残留风险评估及控制技术研究
15	200804015	农林废弃物生物质高效分离转化技术研究
16	200804016	陕北资源开发区生态恢复与重建技术研究
17	200804019	滇中高原水土保持林稳定高效经营技术研究与示范
18	200804020	沙尘暴灾害风险评估与区划研究
19	200804021	泡桐基因库与育种群体建立技术研究
20	200804022	典型区域森林生态系统健康维护与经营技术研究
21	200804023	气候变化对林业生物灾害影响及适应对策研究
22	200804024	濒危药用植物蓖子三尖杉保护与种群恢复技术研究
23	200804025	农林生物质制取炭、气、液产品工艺技术及应用研究
24	200804026	集体林权典型区域资源动态监测与评价体系研究
25	200804027	三北地区生态林可持续经营关键技术研究与示范
26	200804028	适宜房顶绿化的高效节水型木本植物良种选育研究
27	200804029	多功能林果采摘设备研制与示范
28	200804030	亚热带森林生态系统碳通量及其驱动机制研究
29	200804031	近地面沙尘暴运动规律及林业防护体系减灾效能研究
30	200804032	皂素植物资源产业化利用技术体系研究与示范
31	200804033	野生木本淀粉种质资源评价与精加工技术研究
32	200804040	人工林土壤质量演变机制与持续利用技术研究
33	200804044	油茶两系杂交种子园营建及其高产培育技术研究

（科技司计划处）

【科技基础性工作专项重大项目】 2008 年，科技基础性工作专项重大项目库姆塔格沙漠综合科学考察完成了春秋 2 次野外工作，重点对我国唯一分布的“羽毛状沙丘”的沙地光谱、沙丘形态和沙丘构造等科学问题进行了深入研究；并对野骆驼生态习性、植被区系分布、河谷－泉水－湖盆水文状况等开展了补充调查。这不仅填补了 2007 年科考的盲区，基本实现了“南北合围，东西穿插，拾遗补缺，全面覆盖”的预期目标，并已初步完成了库姆塔格沙漠图鉴及地貌图的编制工作。

林产化工标准样品研制与体系构建项目全面启动实施，完成了样品分装、充氮等关键过程控制技术、标准样品均匀性测试和跨年度稳定性测试等研究。同时，通过对已有技术资料的整理，完成了向国家标准化管理委员会标准样品委员会申请国家有证标准样品的立项工作，为下一步获取有证标准样品奠定了基础。

（科技司计划处）

【引进国际先进林业科学技术计划项目（“948”项目）】 2008 年度国家林业局批准立项引进国际先进林业科

学技术计划项目80项，主要围绕生态建设与生态安全、林业生物技术与良种培育、林业生物产业与资源高效利用、碳汇林业、森林可持续经营等领域开展先进技术引进及引进技术的创新与示范。完成了2008年度到期“948”项目的验收工作，通过验收158项，认定成果95项。

2008年度国家林业局批准立项的“948”项目

序号	项目编号	项目名称
1	2008－4－1	马来沉香等优良珍贵树种及扩繁技术引进
2	2008－4－2	檀香高效培育与人工促进心材形成技术引进
3	2008－4－3	沿海防护林优良阔叶树种及配套技术引进
4	2008－4－4	生物柴油树种小桐子良种及培育技术引进
5	2008－4－5	银杏果用优良无性系及配套栽培技术引进
6	2008－4－6	菲油果品种及栽培新技术引进
7	2008－4－7	红皮梨新品种及高产无公害栽培技术引进
8	2008－4－8	榛子特异性状育种材料及微繁技术引进
9	2008－4－9	辐射霜冻气候室用于耐寒桉树定向选育技术引进
10	2008－4－10	耐盐白桦优良种质资源引进
11	2008－4－11	铁线莲优良品种及繁育技术引进
12	2008－4－12	富精油树种北非雪松优良种源及定向培育技术引进
13	2008－4－13	药用植物玛咖丰产优质培育技术引进
14	2008－4－14	常绿杂交冬青分子育种及快繁技术引进
15	2008－4－15	蓝靛果资源培育与开发利用技术引进
16	2008－4－16	玫瑰优良品种及精油提取技术引进
17	2008－4－17	芳香植物良种基地营建及种苗管理技术引进
18	2008－4－18	工厂化育苗智能控制新技术引进
19	2008－4－19	观赏针叶树苗木高效培育技术引进
20	2008－4－20	苹果防霜扇应用及优质丰产技术引进
21	2008－4－21	核桃园营养水分平衡技术引进
22	2008－4－22	林草种子丸粒化及飞播导航关键技术引进
23	2008－4－23	优质装饰家具材树种木材纹理及色泽定向培育技术引进
24	2008－4－24	热带名贵兰花优良新品种及培育技术引进
25	2008－4－25	林木开花功能基因转录组分析关键技术引进
26	2008－4－26	林木次生细胞壁合成机理研究体系及相关基因克隆技术引进
27	2008－4－27	节水林业经营中林木水分生理快速测定技术引进
28	2008－4－28	检测性生物芯片平台及其微生物检测新技术引进
29	2008－4－29	蒙古柳抗逆功能基因探索系统及应用技术引进
30	2008－4－30	竹子重要性状的基因工程研究技术引进
31	2008－4－31	生长快、木质纤维优质的转基因杨树材料及安全转基因新技术引进
32	2008－4－32	工矿区土壤超富集植物材料选择及修复技术引进
33	2008－4－33	超富集镉转基因杨对土壤镉污染修复技术引进
34	2008－4－34	寒冷地区石油污染土壤电动辅助微生物修复技术引进
35	2008－4－35	农药污染土壤微生物修复技术引进
36	2008－4－36	南方红壤重金属污染区森林植物组合修复技术引进
37	2008－4－37	湿地生态系统保护与管理关键技术引进
38	2008－4－38	红树林湿地退化监测预警技术引进
39	2008－4－39	湖滨湿地生态恢复关键技术引进

（续）

序号	项目编号	项目名称
40	2008－4－40	破坏山体植被恢复长期维持技术引进
41	2008－4－41	防护林无线传感生态监测系统及应用技术引进
42	2008－4－42	城市湿地景观水生物污染治理技术引进
43	2008－4－43	生物活性剂生产及治沙应用技术引进
44	2008－4－44	天然高效环保土壤改良剂及应用技术引进
45	2008－4－45	库区消落带生态治理关键技术引进
46	2008－4－46	加拿大一枝黄花防控与入侵地植被恢复技术引进
47	2008－4－47	干旱地区植物固碳测定技术引进
48	2008－4－48	森林碳储量监测关键技术引进
49	2008－4－49	竹林固碳能力及碳储量遥感估算技术引进
50	2008－4－50	高碳汇人工林培育关键技术引进
51	2008－4－51	雷击火实时预测技术引进
52	2008－4－52	加拿大林火综合预测预报新技术引进
53	2008－4－53	基于无线多传感器网络技术的森林火灾实时监测系统引进
54	2008－4－54	森林火灾生态环境监测分析系统及应用技术引进
55	2008－4－55	集成化林火动态监测与精确定位技术引进
56	2008－4－56	重要外来森林病虫害记载成图与预测技术引进
57	2008－4－57	枣树危险性害虫(枣实蝇)防控关键技术引进
58	2008－4－58	无公害疏花疏果剂配方与配套应用技术引进
59	2008－4－59	重要天敌昆虫蠋蝽人工饲养关键技术引进
60	2008－4－60	森林多目标经营规划决策支持技术引进
61	2008－4－61	森林经营可视化模拟技术引进
62	2008－4－62	城市森林效益分析技术引进
63	2008－4－63	林木结构－功能模型及应用技术引进
64	2008－4－64	食药用菌活性多糖生物酶法提取与检测技术引进
65	2008－4－65	储藏果品臭氧去感染技术引进
66	2008－4－66	杜仲主要活性成分提纯分离技术引进
67	2008－4－67	蓝莓花色苷提纯技术引进
68	2008－4－68	生态经济型森林昆虫人工培育技术引进
69	2008－4－69	薄壁类木质材料力学性能快速检测技术引进
70	2008－4－70	木材干燥综合节能技术引进
71	2008－4－71	木材剩余物溶液化产物制备碳纤维的炭化技术引进
72	2008－4－72	人造板热压过程中胶黏剂固化监测技术引进
73	2008－4－73	竹/木人造板环保型防腐技术引进
74	2008－4－74	植被恢复用可降解复合植生带卷材制造技术引进
75	2008－4－75	木质纳米纤维素复合膜分离材料制备技术引进
76	2008－4－76	林木生物质原料高效碎化技术引进
77	2008－4－77	木材剩余物制备环境友好复合材料新技术引进
78	2008－4－78	漂白紫胶干燥技术引进
79	2008－4－79	苹果酒规模化发酵工艺新技术引进
80	2008－4－80	松树皮废弃物提取物分离及加工技术引进

2008 年度国家林业局“948”项目验收认定成果一览表　（续）

序号	成果名称
1	红皮云杉控释肥苗圃育苗技术
2	桉树小径原木高效干燥设备及技术
3	大花蕙兰产业化培育配套技术
4	二代 BL－甲醛消纳剂生产应用技术
5	柔枝松优良抗逆性种源的筛选及培育技术
6	沙地海岸松优良品种筛选及栽培技术
7	生物油改性酚醛树脂合成工艺
8	月季、新几内亚凤仙等商品花卉环保优质生产技术
9	竹液生物肥料开发应用技术
10	长条薄片刨花数控生产技术
11	东北落叶松工业用材林林地营养管理技术
12	高水溶性喜树碱衍生物制备工艺
13	高通量基因分析技术（super SAGE、SSH）在抗逆基因鉴定中的应用
14	辊压浸注木材防护处理技术
15	花楸、银新杨、丁香等 8 种树木微枝试管外生根育苗技术
16	森林火灾扑救指挥模拟训练系统
17	压缩法加工弯曲木生产技术
18	木屑和锯末热解制取洁净燃料和化学品技术引进
19	松突圆蚧天敌红点唇瓢虫引进及其繁育技术
20	铅笔柏扦插育苗技术
21	黑木相思根孽性幼态扩繁技术
22	粉蚧长索跳小蜂繁殖应用技术
23	椰心叶甲综合控制技术
24	桉树人工林木材高效干燥技术
25	桉树矮化育种技术
26	轻型有机基质的研制及其在林木育苗中的应用
27	旱区机械化集雨整地造林技术
28	差动式雷云电场测量仪
29	木材镀膜金属技术
30	木兰科优良品种引进与新品种选育
31	味帝等 4 个杏李新品种优质高产栽培技术
32	杏李杂种胚胚挽救技术
33	森林害鼠环保型毒饵增效诱捕器研制技术
34	国内外刺槐资源评价及引种应用研究
35	美洲南蛇藤育苗及栽培技术
36	有机果品保护制剂筛选与应用
37	异色瓢虫和东亚小花蝽的繁殖和释放技术研究
38	桦树汁五味子酒
39	湿法耐磨层浸渍纸用三聚氰胺树脂的配方及合成工艺
40	姬松茸“岩出 101 株”无公害引种栽培及产品加工技术
41	多功能清林割灌机
42	机载红外林火监测系统
43	林火巡护、扑救、远程供水多功能全地形车
44	松苗猝倒病生物防治技术
45	林木种子重力分选与净种分级一体机
46	三段式酶法固定床连续抽取生物柴油技术
47	刺枚工厂化育苗技术
48	人参平地（大田）栽培技术引进
49	耐盐鸢尾种群快速分子检测技术
50	山桐子优良资源引种及组培快繁技术
51	禾草制浆废液制备固沙材料及其在植被恢复上的应用
52	红桤木繁育与栽培技术及其生理生态研究
53	抗松材线虫病松树种质资源引进、抗性评价与扩繁造林技术
54	落羽杉家系和无性系繁殖、培育技术创新与示范推广
55	银杏叶饲料添加剂的制备及银杏花粉酶法破壁新技术
56	杂交马褂木超高效体胚发生和同步化调控技术体系
57	罗布麻属耐盐植物新品种及其培育技术引进
58	植物根结线虫病生防菌剂研制及其应用技术
59	仙客来等观赏植物良种选育及制种技术
60	三色彩叶蜜槐繁育技术研究
61	香柏等品种选优及快繁新技术引进
62	苦杏仁深加工技术与综合开发利用
63	秦岭山地水源涵养型人工林近自然经营理论与技术
64	须附上自评估报告后再寄出
65	珍贵速生阔叶树种育苗基质及其生产技术
66	野生动物新基因挖掘的相关技术
67	野生动物执法鉴定的基因检测技术
68	珍贵经济林控根育苗技术
69	高稳定性浅色松香树脂制备技术
70	纳米无机粒子/丙烯酸酯复合乳液胶黏剂制备技术
71	纤维素－丙烯酸酯复合乳液制备技术
72	新型环保松香树脂乳液制备技术
73	银杏叶聚戊烯醇制备及其肝损伤治疗剂的加工技术
74	银杏叶聚戊烯醇高效提取分离的精制技术
75	板栗贮藏保鲜新技术
76	木材密度的 Pilodyn 无损检测技术
77	楸树、榆树环境因子智能控制嫩枝扦插育苗配套技术

（续）

序号	成果名称
78	玉簪属植物组织培养快繁技术
79	环保型三聚氰胺改性脲醛粉体树脂制造技术
80	活立木强度的应力波检测技术
81	人工林木材材性质的远红外光谱分析技术
82	人工林软质木材增强密实处理技术
83	水泥复合墙材制造技术、双向式骨架结构墙体、地热式木结构楼板
84	高效红树林湿地 PGPB 菌剂及其应用技术
85	高压脉冲电流防治松材线虫方法
86	国外松优良杂交组合的选配及杂种扦插扩繁技术
87	笋用竹林地有机农药污染土壤原位酶修复技术
88	辣木良种繁育与栽培技术
89	甜角良种繁育及栽培技术
90	珍稀蝴蝶规模化培育技术
91	紫胶漂白胶水果保鲜剂应用技术
92	近自然森林经营林业作业技术
93	薜荔新品系繁育与栽培技术
94	景观型组合人工湿地污水处理系统设计与工程技术
95	双孢蘑菇设施化栽培技术

（科技司计划处）

【国家林业局重点科研计划项目】 2008 年度批准立项国家林业局重点科研计划项目 12 项，重点围绕林业良种选育与区域化试验、森林可持续经营、森林重大灾害可持续控制、林业生物资源高效利用等方面开展技术开发和技术储备。完成了 2008 年度到期局重点项目的验收工作，通过验收 136 项，认定成果 99 项。

2008 年度国家林业局重点科研计划项目一览表

序号	项目编号	项目名称
1	2008－01	森林火灾扑救指挥及战术系统开发与示范
2	2008－02	半干旱地区华北落叶松人工林可持续经营技术应用开发与试验示范
3	2008－03	多阶卫星遥感技术在沙尘暴实时、量化监测中的应用开发
4	2008－04	中国旱实核桃品种区域化及标准化栽培技术应用开发与示范
5	2008－05	珍优阔叶树木荷木制工艺材新品种选育和栽培技术应用开发
6	2008－06	云南红豆杉药用原料林优良母株选育技术开发
7	2008－07	利用药用植物剩余物培育功能型食用菌开发与应用
8	2008－08	生境破碎化对林麝栖息地利用模式的影响研究与应用
9	2008－09	珍稀特有甘肃紫斑牡丹杂交培育技术开发
10	2008－10	牡丹新优品种繁育及区域化试验
11	2008－11	秦岭重大森林有害生物松树小蠹的生态调控与优化林分结构模式研究与示范
12	2008－12	南方桤木人工林生态系统可持续经营技术开发应用

2008 年度国家林业局重点科研计划项目验收认定成果一览表

序号	成果名称
1	夏花型菊花精准栽培技术，新品种引进，新品种培育
2	退耕还林区林农复合经营技术
3	保水剂在造林绿化中的应用
4	北方地区引种珙桐栽培技术及种子露天低温催芽种苗培育法
5	刺槐沙棘等林木抗旱育种技术及其区域化试验
6	黄土高寒区退耕地人工促进植被快速恢复技术
7	黄土高原林业生态工程建设抗旱节水造林技术
8	耐寒型地被菊、报春花良种选育技术
9	暖温带落叶阔叶碳汇与耗水的尺度转换
10	沙棘木蠹蛾综合治理技术试验示范
11	北京山区生态公益林抚育关键技术研究与示范
12	耐旱枣良种旱作栽培技术
13	福建柏良种选育研究与应用
14	高吸水性树脂在城市园林节水和水土流失治理扩大应用区试
15	名贵墨兰品种克隆快繁种苗培育技术
16	武夷山中亚热带常绿阔叶林生态系统定位研究
17	华北落叶松变异研究
18	腾格里沙区优良沙生灌木造林技术
19	酿造葡萄新品种选育及苗木组培技术研究
20	热带、亚热带珍稀花卉资源开发利用技术研究
21	红树林小螟蛾和小卷蛾防治技术
22	乐昌含笑良种选育研究
23	南洋楹工业用材林定向培育技术
24	石漠化地区（广西）竹类等植被恢复关键技术示范
25	退耕还林集约经营技术
26	金叶台湾杉繁殖及造林技术
27	太行山片麻岩浅山区退耕还林工程树种配置及抗旱造林技术
28	刺槐新无性系选育研究
29	楸树嫩枝扦插技术规程

（续）

序号	成果名称
30	黑山杨良种区域化试验
31	美洲黑杨无性系中绥－12新品种区试
32	湖北省苏格兰松引种及优良地理种源选择研究
33	甜柿培育技术的研究
34	车载式远程森林灭火弹抛射系统
35	长白山区珍稀木本观赏植物优良种源选育
36	生物修复型柳树良种的选育
37	双体免充气日光温室的研制与应用
38	切花月季自动滴管式无土高效栽培技术
39	萧氏松茎象系统控制技术
40	科尔沁沙地优良沙生灌木苗木繁育及造林技术
41	彰武松亲本鉴定与繁育技术研究
42	喀斯特地区植被恢复模式及配套技术的研究与应用
43	龙竹、慈竹等几种丛生竹加工利用技术
44	宁夏濒危野生树种灰叶铁线莲种质资源保护及开发利用
45	北方泥质海岸防护林耐盐碱种质资源评价及良种选育
46	耐盐碱杨树品种选育及栽培技术
47	濒危物种羚羊保护与解濒技术开发
48	四川西部高山峡谷森林植被恢复与重建技术
49	秦巴山区药用植物主要害虫无公害防治技术研究
50	秦岭中山地带森林景观结构动态特征及主要生态功能
51	新型植物源无公害杀鼠驱鼠药品研制
52	油松高世代建园材料选择及促进种子园结实技术研究
53	长防林重大病害华山松疱锈病综合防治技术区试
54	马尾松林分冠下烧除技术
55	优良竹种巨龙快速繁殖及高效培育技术研究与示范
56	云南干燥花资源开发利用研究
57	新疆早实核桃品种遗传纯化及其世代选育技术的研究
58	中西部杏李试验栽培区筛选及优质高产栽培技术
59	生态型栽培基质的研究与产业化开发
60	生态公益林的火灾预防和扑救措施
61	杜鹃花组培快繁及耐碱栽培技术
62	林化粉状产品的多级干燥技术
63	模塑料用木质素酚醛树脂的制备技术
64	木质糖用颗粒活性炭新技术
65	桐油基三酸三酯类增塑剂
66	核桃优良品种室内嫁接技术，枣树优良品种嫩枝扦插技术

（续）

序号	成果名称
67	金丝楸根段和苗干快速催芽扦插育苗技术
68	桉树嫩枝扦插育苗技术
69	青海云杉、川西云杉、丽江云杉和祁连圆柏硬枝扦插育苗技术
70	金丝楸优良无性系逆调试嫩枝扦插壮苗繁育技术
71	欧洲云杉区域化造林技术、日本落叶松优良无性系选择
72	沙棘新品种适应性研究
73	深山含笑、乐昌含笑种质资源引进及扩繁利用研究
74	中山陵景区森林生态景观建设及森林可持续经营技术
75	网袋容器育苗技术，沙棘良种规模化扦插育苗技术
76	优良木本油料树种省沽油高效培育技术及利用研究
77	优良木本油料树种翅果油高效培育技术及利用研究
78	自元、自新核桃优良无性系适生区域及配套栽培技术
79	全球气候变化背景下热带森林生理生态响应的研究
80	印度紫檀大枝扦插技术
81	柚木和桉树试管种质常温保存技术
82	茶尺蠖病毒生产与应用技术
83	利用辐射不育技术防治松褐天牛
84	秦岭山区暖温带退化天然林恢复与重建技术
85	杨树抗逆保健剂生产应用技术
86	春尺蠖核型多角体病毒生产与应用技术
87	多林型嵌套流域涵养水源功能研究与模拟技术
88	美国白蛾核型多角体病毒生产与应用技术
89	猕猴桃病害综合防治技术
90	竹类遗传多样性及主要经济竹种的种源区划
91	白蜡虫雌雄群体交替放养高效生产技术
92	长纤维构树优良类型选育与短周期培育技术
93	基于3S技术的紫胶适生区划技术
94	塔拉种植区划与丰产栽培技术
95	印楝引种繁殖栽培技术
96	榉树微繁技术及造林模式
97	南方山丘退化生态系统植被恢复技术和植物品种
98	银杏香榧主要栽培品种的标记基因型研究与分子鉴别技术
99	油茶高产栽培技术与深度加工利用研究

（科技司计划处）

【林业科技发展规划】 2008年，为了给林业科学技术发展营造良好的外部环境，国家林业局科技司组织相关专家积极参与制定涉林科技发展规划。在《国家农业及粮食科技发展规划(2009 ~2020)》中，负责“木本粮油植物”和“生态环境与防灾减灾”2个重大专题的编写工作；在《国家食用植物油产业发展规划(2009 ~2020)》中，协助编制科技保障专题；在《2008 ~2010年资源节约与综合利用标准发展规划》中，负责编写木材节约与综合利用、林地综合开发利用、废弃木质品回收与综合利用等内容。同时，还参与了国家“973”计划农业领域“十二五”发展规划的编制工作。（科技司综合处）

【国家重大科技专项林业项目】 2008年，国家林业局作为转基因生物新品种培育重大专项副组长单位，参与了部分共性关键性技术的研究工作，为林业争取了相应的份额。成功将林业高分辨率对地观测系统的应用作为重要民口内容列入国家重大科技专项高分辨率对地观测系统。（科技司计划处）

【国家林业局陆地生态系统定位研究】 为了进一步加快林业生态观测站网建设与发展，更好地适应新形势，满足新要求，国家林业局科技司组织编写了《国家林业局陆地生态系统定位研究网络中长期发展规划(2008 ~2020年)》，对新时期生态站网的整体布局、建设和研究目标进行全面、系统、科学的规划，以指导今后一段时期生态站网的建设与发展。

利用森林生态站几十年积累的海量观测数据，组织上百名专家，首次对我国森林生态系统服务功能进行了量化评估，制定了《森林生态系统服务功能评估规范(LY/T1721 –2008)》，组织编写了《中国森林生态系统服务功能研究》专著，为宣传和提升林业在经济社会发展中的作用与地位，反映林业建设成就，服务宏观决策提供量化科学依据。

2008年7月，国家林业局科技司组织召开了国家林业局陆地生态系统研究网络工作及规划研讨会议，系统总结生态站网“十一五”以来的基本建设、观测研究和台站管理工作，研究部署“十一五”后期的工作，集中宣贯与培训生态站建设及观测行业标准。（科技司计划处）

【中国 –GEF 干旱生态系统土地退化伙伴关系项目】 在创建了由多部门参与的高效协调机构的基础上，开展了6省(区)法规政策能力评价，共制定或修订33部有关土地退化防治的地方性法规、政府规章等；制定了项目西北6省(区)的土地退化综合防治战略与行动计划，建立了项目各省(区)综合生态系统管理信息中心；编制了项目18个示范点的社区参与式可持续生计和土地退化防治规划，出版了《中国干旱地区土地退化防治最佳实践》(中英文)；成功举办了有国内外200多名来宾参加的综合生态系统理念和实践国际研讨会。（科技司综合处）

林业科技成果

【成果统计与奖励】 2008年，林业科学技术研究与开发共取得各类成果220余项，其中，原始创新成果110项，国外引进消化吸收创新40项。7项林业科技成果获得2008年度国家科学技术奖励。

2008年获国家科学技术奖励的林业项目一览表

项目名称	主要完成单位	主要完成人	奖　种
松材线虫分子检测鉴定及媒介昆虫防治关键技术	南京林业大学，福建省林业科学研究院，江苏省林业科学研究院，福建省森林病虫害防治检疫总站，安徽省林业有害生物防治检疫局	叶建仁，黄金水，陈凤毛，吴小芹，李玉巧，何学友，解春霞，潘宏阳，魏初奖，郑华英	科技进步奖
宁夏沙漠化土地综合治理及沙产业开发	宁夏农林科学院，宁夏回族自治区林业局，宁夏博尔泰力药业股份有限公司，宁夏盐池县环境保护与林业局，宁夏林业研究所(有限公司)，宁夏回族自治区药品检验所，宁夏大学	戴秀章，蒋　齐，王　峰，李生宝，李　明，张　浩，冷晓红，于卫平，刘伟泽，温学飞	科技进步奖
名优花卉矮化分子、生理、细胞学调控机制与微型化生产技术	北京林业大学，中国农业大学，国家花卉工程技术研究中心，洛阳国家牡丹园，菏泽市牡丹区牡丹研究所，北京世纪牡丹园艺科技开发有限公司	尹伟伦，王华芳，段留生，徐兴友，彭　彪，韩碧文，侯小改，刘改秀，王玉华，曾端香	科技进步奖

（续）

项目名称	主要完成单位	主要完成人	奖　种
松香松节油结构稳定化及深加工利用技术	中国林业科学研究院林产化学工业研究所，株洲松本林化有限公司	宋湛谦，赵振东，孔振武，商士斌，陈玉湘，高　宏，王占军，李冬梅，王振洪，毕良武	科技进步奖
油茶高产品种选育与丰产栽培技术及推广	中国林业科学研究院亚热带林业研究所，中国林业科学研究院亚热带林业实验中心，中南林业科技大学，江西省林业科学院，广西壮族自治区林业科学研究院	姚小华，韩宁林，赵学民，徐林初，马锦林，王开良，李江南，何　方，庄瑞林，龚　春	科技进步奖
社会林业工程创新体系的建立与实施	中国林业科学研究院，北京大学数学科学学院，陕西省林业技术推广总站，青海省林业技术推广总站，湖南省林业科技推广总站，山西省林业技术推广站，安徽省林业科技中心	王　涛，胡德焜，孙　靖，于海燕，葛汉栋，鲜宏利，徐生旺，翟庆云，王道金，孟祥彬	科技进步奖
北方防护林经营理论、技术与应用	中国科学院沈阳应用生态研究所，中国林业科学研究院，北京林业大学，东北林业大学，西北农林科技大学	朱教君，曾德慧，姜凤岐，刘世荣，范志平，朱清科，赵雨森，宋西德，周新华，金昌杰	科技进步奖

（科技司综合处）

林业科技推广

【林业新品种新技术推广】 按照国家财政预算的有关要求，2008年林木良种和新技术推广项目由中央和地方分别组织实施。中央级林业科技推广工作，重点围绕现代林业建设、集体林权制度改革以及救灾减灾等中心任务，通过建立试验示范林、开展技术培训、编印技术丛书、送科技下乡活动等多种形式，大力推广林木良种和新技术。2008年国家林业局共组织实施国家级林木良种和新技术推广项目23项，其中实用技术培训项目2项。预计将建立示范林1220公顷，熟化工艺生产线6条；建立良种繁育基地25.67公顷，培育优良苗木59万株。

2008年林业新品种、新技术推广应用情况一览表

新品种新技术类型	推广应用地点	推广内容
生态及用材林良种栽培技术	内蒙古、陕西、吉林	机械化集雨造林技术、沙区植被恢复技术、沙地桑栽培技术、红松幼树生长促进技术等
名特优经济林（竹）木繁育、栽培及加工利用技术	江西、浙江、陕西	油茶、竹子、仁用杏、葡萄等优良品种及丰产栽培技术、竹子加工技术等
生物质能源林培育技术	山西、河南、河北、安徽、甘肃、内蒙古、黑龙江、辽宁、陕西	黄连木、文冠果生物质能源林培育技术
林化产品加工利用技术	江苏、山西	环保脲醛胶、皂荚皂素高效制备等工业生产线
林木病虫害防治技术	内蒙	梭梭林鼠害防治技术

国家林业局2008年度林业科技成果国家级推广项目一览表

序号	项目名称	承担单位
1	机械化集雨造林技术示范	国家林业局调查规划设计院
2	荒漠区梭梭林鼠害综合防治技术推广	国家林业局调查规划设计院
3	濒危植物巴东木莲繁育技术示范	国家林业局林产设计院林业一所

（续）

序号	项目名称	承担单位
4	天然次生林下红松幼树生长促进技术推广	国家林业局林产设计院林业二所
5	红桂木等强抗性城市绿化优良树种繁育配套技术推广	国家林业局科技发展中心、广东佛山市林科所
6	实用技术培训及编写技术手册	中国林学会
7	天然林经营与恢复技术推广	中国林业科学研究院林业研究所
8	黄连木、文冠果生物质能源林培育技术示范	中国林业科学研究院林业研究所
9	长江低丘综合治理技术示范	中国林业科学研究院林业研究所
10	实用技术培训及编写技术手册	中国林业科学研究院林业研究所
11	竹材用环保型铜基防腐剂制造技术	中国林科院木材工业研究所
12	乌兰布和沙区植被恢复与绿色资源开发利用综合示范	中国林业科学研究院森林生态环境与保护研究所
13	木质素磺酸盐基环保脲醛胶制备技术示范	中国林业科学研究院林产化学工业研究所
14	油茶高产新品种高效栽培技术推广	中国林业科学研究亚热带林业研究所
15	西南桦优良种质材料及其配套栽培技术推广	中国林业科学研究院热带林业研究所
16	竹木层积材与复合墙体的制造与示范	国际竹藤网络中心
17	大木竹培育及开发利用技术的示范推广	国际竹藤网络中心
18	皂荚皂素及高效制备及其应用技术推广	北京林业大学材料科学与技术学院

（科技司推广处）

【生物质化学利用国家工程实验室】 经国家发改委批准，生物质化学利用国家工程实验室正式成立。实验室依托国家林业局下属的中国林科院林产化学工业研究所建设。实验室总投资 3592 万元，其中，国家投资 1000 万元。（科技司推广处）

【卫星应用高技术产业化项目】 经国家发改委批准，国家林业局组织申报的卫星应用高技术产业化项目国产遥感影像在森林资源调查和灾害应急评估中的应用高技术产业化示范工程获准立项，项目总投资 8780 万元，其中国家投资为 1000 万元。

（科技司推广处）

【农业科技成果转化】 根据科技部、财政部《关于 2008 年度农业科技成果转化资金项目立项的通知》，国家林业局组织推荐的 15 个农业科技成果转化资金项目通过评选立项，其中：农林植物优良新品种与优质高效安全生产技术 8 项，农产品精深加工与现代储运技术 5 项，农林生态保育、恢复、治理技术 2 项。国拨转化资金项目总经费 960 万元。项目主要由中国林科院、国际竹藤网络中心等直属科研单位承担。

2008 年度农业科技成果转化资金项目

编号	项目名称	承担单位
1	干旱荒漠区行带式梭梭林人工接种肉苁蓉复合技术工程化	中国林业科学研究院林业新技术研究所
2	小粒径松香酯乳液的产业化技术开发	中国林业科学研究院林产化学工业研究所
3	松针生物活性成分提取分离及系列产品开发	中国林业科学研究院林产化学工业研究所
4	珍贵用材树种楸树优良新品种的中试与示范	中国林业科学研究院林业研究所
5	五倍子人工培育技术示范	中国林业科学研究院资源昆虫研究所
6	食品及药物用迷迭香抗氧化剂的超声波提取和精制技术	中国林业科学研究院林产化学工业研究所
7	油茶优良无性系工厂化育苗及示范	中国林业科学研究院亚热带林业实验中心
8	竹木复合重组结构材料制造技术	国际竹藤网络中心
9	药用石斛繁育与栽培技术成果转化与示范	中国林业科学研究院资源昆虫研究所
10	沿淮行蓄洪区防洪避灾林关键技术集成与推广	中国林业科学研究院林业研究所
11	木荷珍优工艺材良种和容器育苗技术应用示范	中国林业科学研究院亚热带林业研究所
12	耐寒桉树种质资源改良及培育技术研究和示范	国家林业局桉树研究开发中心
13	新一代集装箱底板应用与示范	国家林业局北京林业机械研究所
14	冬枣产业提升关键栽培技术转化示范	中国林业科学研究院林业研究所
15	油茶高优新品种集约栽培与规模化扩繁应用示范	中国林业科学研究院亚热带林业研究所

（科技司推广处）

【科技服务集体林权制度改革】 紧紧围绕贯彻落实中央10号文件，制定印发了《“科技服务林改”行动方案》（林科发［2008］96号）和《“百县千村万户”林业科技示范行动实施方案》（林科发［2008］97号），在全国范围内继续组织了多种形式的送科技下乡活动，在林改重点省（区）举办了大型实用技术培训试点，加大了适合小经营单元的短平快林业实用技术的研发力度，分树种组织编写了《林业实用技术丛书》。

（科技司综合处）

【林业科技救灾】 2008年我国南方持续低温雨雪冰冻灾害和“5·12”四川汶川大地震之后，围绕林业救灾减灾和灾后恢复重建，国家林业局科技司先后组织编写并及时派送了《南方雨雪冰冻灾害地区林业科技救灾减灾技术要点》（林科发［2008］26号）和《南方雨雪冰冻灾害地区林业灾后恢复重建技术要点》（林科发［2008］43号），通过建立科技救灾联系点，组织专家开展会诊，派出专家组一线施救，举办技术培训班、发放“明白纸”、组织开展网上专家“坐堂应诊”等形式，为宏观决策和基层林业生产单位、林农开展生产自救提供技术咨询，并及时启动了一批林业应对重大自然灾害的科学研究项目，不断增强林业综合防灾救灾能力。

（科技司综合处）

【油茶产业科技发展】 在深入调研的基础上，国家林业局制定了《全国油茶产业发展规划（修订稿）》和《关于加快油茶产业发展 促进山区综合开发的意见（代拟稿）》；按标准启动了湖南省浏阳市、祁阳县、中方县和江西省丰城市、渝水区、上饶县6个油茶科技示范基地建设（林函科字［2008］87号），争取国家专项投资4800万元；启动了国家科技支撑计划重大项目油茶产业升级关键技术研究与示范，争取国家投资6000多万元；依托中国林科院亚热带林业研究所成立了国家油茶科学中心（林科发［2008］176号），依托湖南省林科院成立了国家林业局油茶研究开发中心（林科发［2008］156号）；发布了《油茶栽培技术规程》（LY/T1328－2006）、《油茶第1部分：优树选择和优良无性系选育技术规程》（LY/T1730.1－2008）、《油茶第2部分：优良家系和优良杂交组合选育技术规程》（LY/T1730.2－2008）、《油茶第3部分：育苗技术及苗木质量分级》（LY/T1730.3－2008）等4项林业行业标准、编印了《油茶科研进展》、《油茶良种报告》和《油茶实用技术》。

（科技司综合处）

【林业生物产业】 2008年6月，第二届中国生物产业大会在长沙市召开，国家林业局副局长雷加富代表国家林业局在大会论坛上作了《发挥资源优势，加快我国林源生物医药生物产业发展》的报告，介绍了林业生物产业发展的优势和前景，提出了我国林源生物医药产业发展的思路，以及加快我国林源生物医药产业发展的对策等，引起与会中外代表的极大关注。

（科技司推广处）

【科技防控美国白蛾】 2008年，为了减少美国白蛾对绿色奥运的威胁，按照贾治邦局长的批示，国家林业局科技司会同造林司、森防总站组织实施了《推进生物治虫，确保绿色奥运》方案，圆满完成了美国白蛾防控任务。

（科技司推广处）

【林业科技推广站建设】 为贯彻落实《国务院关于深化改革加强基层农业技术推广体系建设的意见》，2008年国家林业局组织实施了《林业科技推广体系重点站设备购置项目》，为北京、天津、河北等29个省（区、市）2个计划单列市和大兴安岭林业集团公司的207个基层重点林业技术推广站配置新技术示范仪器设备、技术培训设施设备16种共2636台套，项目总经费1818万元。

2008年林业科技推广体系重点站建设布局

省（区、市），计划单列市，林业集团	站数	项目建设地点
合计	**207**	
北京	1	昌平区
天津	1	蓟县
河北	11	石家庄市、辛集市、赵县、赞皇县、鹿泉市、平山县、邢台市、邢台县、临城县、广宗县、威县
山西	5	长治市、阳泉市、晋中市、大同市、忻州市
内蒙古	14	兴和县、巴林右旗、元宝山区、土左旗、鄂尔多斯市、鄂托克前旗、乌海市、阿拉善盟、阿拉善右旗、化德县、敖汉旗、乌兰察布市、克什克腾旗、呼和浩特市
辽宁	5	新宾县、凌海市、阜新县、东港市、康平县

（续）

省(区、市)，计划单列市，林业集团	站数	项目建设地点
吉林	4	柳河县、梅河口市、通化县、辉南县
黑龙江	4	黑河市、延寿县、双鸭山市、巴彦县
上海	2	南汇区、金山区
江苏	4	宜兴市、句容市、如皋市、姜堰市
浙江	7	杭州市、丽水市、衢州市、东阳市、仙居县、安吉县、泰顺县
安徽	8	蚌埠市、怀远县、固镇县、五河县、淮上区、禹汇区、蚌山区、龙子湖区
福建	20	龙岩市、新罗区、武平县、上杭县、长汀县、漳平市、永定县、连城县；漳州市、龙海市、长泰县、漳浦县、云霄县、芗城区、龙文区、华安县、诏安县、东山县、南靖县、平和县
江西	10	宜春、赣州、九江、吉安市，资溪、全南、吉安、瑞昌、奉新、德兴县
山东	10	东营市、东营区、河口区、广饶县、利津县、德州市、陵县、武城县、乐陵县、临邑县
河南	9	三门峡市、许昌市、安阳市、信阳市、镇平县、新乡县、中牟县、内黄县、湖滨区
湖南	9	汨罗市、祁东县、浏阳市、花垣县、攸县、道县、新宁县、蓝山县、湘潭县
广东	3	汕头市、连平县、阳春市
广西	6	柳州市、河池市、北海市、贺州市、玉林市、防城港市
重庆	9	万州区、黔江区、酉阳县、潼南县、永川区、南川区、梁平县、大足县、石柱县
四川	10	南充市、南部县、阆中市、营山县、仪陇县、西充县、蓬安县、高坪区、嘉陵区、顺庆区
贵州	15	贵阳市、安顺市、六盘水市、铜仁地区、修文县、岑巩县、丹寨县、毕节地区、大方县、黔西县、百里杜鹃管委会、织金县、纳雍县、威宁县、赫章县
云南	6	屏边县、墨江县、文山县、沾益县、新平县、宁洱县
西藏	1	昌都地区
陕西	5	富县、商洛市、西安市、周至县、霸桥区
甘肃	12	庆阳市、正宁县、庆城区、宁县、张掖市、高台县、甘州区、临泽县、酒泉市、敦煌市、肃州区、玉门市
青海	6	互助县、海晏县、湟中县、黄南州、乐都县、民和县
宁夏	6	吴忠市、盐池县、青铜峡市、西吉县、永宁县、灵武市
新疆	1	伊犁州
大兴安岭	1	大兴安岭
宁波	1	宁波市
青岛	1	青岛市

（科技司推广处）

林业标准化

【2008年发布的林业国家标准和行业标准】 经国家林业局批准，2008年发布林业行业标准130项。经国家质量监督检验检疫总局、中国国家标准化管理委员会批准，2008年发布林业国家标准22项。

2008年发布的林业国家标准和行业标准

序号	标准编号	标准名称	代替标准号
1	GB/T5390－2008	林业机械便携式动力机械噪声测定规范工程法(2级精度)	GB/T14178－1993 GB/T5390－1995
2	GB/T5395－2008	林业机械便携式动力机械振动测定规范手把振动	GB/T14179－1993 GB/T5395－1995
3	GB/T6926－2008	林业机械分类词汇	GB/T6926－1999
4	GB/T8142－2008	紫胶产品取样方法	GB/T8142－1987
5	GB/T8143－2008	紫胶产品检验方法	GB/T8143－1987
6	GB/T10280－2008	林业机械便携式风力灭火机	GB/T10280－1999 GB/T10281－1999
7	GB10282－2008	林业机械便携式风力灭火机使用安全规程	GB10282－1999
8	GB/T10283－2008	林业机械便携式风力灭火机手把振动的测定	GB/T10283－1999
9	GB/T10284－2008	林业机械便携式风力灭火机噪声的测定	GB/T10284－1999
10	GB/T15103－2008	林用绞盘机	GB/T15103－1994
11	GB/T17656－2008	混凝土模板用胶合板	GB/T17656－1999
12	GB/T19387－2008	便携式油锯锯链制动器性能	GB/T19387－2003
13	GB/T20456－2008	林业机械便携式油锯被动式锯链制动器性能	GB/T20456－2006
14	GB/T21723－2008	麦(稻)秸秆刨花板	
15	GB/T22345－2008	鲜枣质量等级	
16	GB/T22346－2008	板栗质量等级	
17	GB/T22347－2008	4号系列紫胶片	
18	GB/T22348－2008	4号紫胶虫种胶	
19	GB/T22349－2008	木结构覆板用胶合板	
20	GB/T22350－2008	成型胶合板	
21	GB/T18337.4－2008	生态公益林建设检查验收规程	
22	GB19726.1－2008	林业机械便携式油锯安全要求和试验第1部分：林用油锯	GB19726.1－2005
23	LY/T1721－2008	森林生态系统服务功能评估规范	LY/T1721－2008
24	LY/T1722－2008	寒温带森林生态系统定位观测指标体系	LY/T1722－2008
25	LY/T1723－2008	农田防护林采伐作业规程	
26	LY/T1724－2008	短轮伐期和速生丰产用材林采伐作业规程	
27	LY/T1725－2008	自然保护区土地覆被类型划分	
28	LY/T1726－2008	自然保护区有效管理评价技术规范	
29	LY/T1727－2008	花尾榛鸡饲养管理技术规范	
30	LY/T1728－2008	环颈雉饲养技术规程	
31	LY/T1729－2008	香樟绿化苗木培育技术规程和质量分级	
32	LY/T1730－2008	油茶良种选育及苗木质量分级	
33	LY/T1731－2008	桉树纸浆原料林造林技术规程	
34	LY/T1732－2008	八仙花盆花产品质量等级	
35	LY/T1733－2008	芍药鲜切花质量等级	
36	LY/T1734－2008	观赏棕榈生产技术规程与质量等级	
37	LY/T1735－2008	建兰生产技术规范与质量等级	
38	LY/T1736－2008	盆栽春石斛产品质量等级	
39	LY/T1737－2008	仙客来盆花产品质量等级	
40	LY/T1738－2008	实用复合地板用胶合板	

（续）

序号	标准编号	标准名称	代替标准号
41	LY/T1739－2008	装饰单板层压木质地板	
42	LY/T1740－2008	木器用不饱和聚脂漆	
43	LY/T1741－2008	酸角果实	
44	LY/T1742－2008	银杏叶聚戊烯醇软膏	
45	LY/T1743－2008	针叶维生素原浓缩物	
46	LY/T1744－2008	聚合松香	
47	LY/T1745－2008	松香酯乳液	
48	LY/T1746－2008	荒漠绿洲区天然林保护技术规程	
49	LY/T1747－2008	杨梅质量等级	
50	LY/T1748－2008	樱桃李栽培技术规程	
51	LY/T1749－2008	梭梭林保护与恢复技术规程	
52	LY/T1750－2008	巴旦木（扁桃）生产技术规程	
53	LY/T1751－2008	荒漠胡杨林更新复壮恢复技术规程	
54	LY/T1279－2008	聚氯乙烯薄膜饰面人造板	LY/T1279－1998
55	LY/T1280－2008	木材工业胶黏剂术语	LY/T1280－1998
56	LY/T1206－2008	木工用氯丁橡胶胶黏剂	LY/T1206－1997
57	LY/T1357－2008	歧化松香	LY/T1357－1999
58	LY/T1662.1－2008	数字林业标准与规范第 1 部分：森林资源非空间数据标准	LY/T1662－2006
59	LY/T1662.2－2008	数字林业标准与规范第 2 部分：林业数字矢量基础地理数据标准	LY/T1662－2006
60	LY/T1662.3－2008	数字林业标准与规范第 3 部分：卫星遥感影像数据标准	LY/T1662－2006
61	LY/T1662.4－2008	数字林业标准与规范第 4 部分：林业社会经济数据标准	LY/T1662－2006
62	LY/T1662.5－2008	数字林业标准与规范第 5 部分：林业政策法规数据标准	LY/T1662－2006
63	LY/T1662.6－2008	数字林业标准与规范第 6 部分：林业文献资料数据标准	LY/T1662－2006
64	LY/T1662.7－2008	数字林业标准与规范第 7 部分：数据库建库标准	LY/T1662－2006
65	LY/T1662.8－2008	数字林业标准与规范第 8 部分：数据库软件规范	LY/T1662－2006
66	LY/T1662.9－2008	数字林业标准与规范第 9 部分：数据库管理规范	LY/T1662－2006
67	LY/T1662.10－2008	数字林业标准与规范第 10 部分：元数据标准	LY/T1662－2006
68	LY/T1662.11－2008	数字林业标准与规范第 11 部分：退耕还林工程数据标准	LY/T1662－2006
69	LY/T1082－2008	栲胶分析试验方法	LY/T1082－1993
70	LY/T1083－2008	栲胶原料分析试验方法	LY/T1083－1993
71	LY/T1752－2008	荒漠生态系统定位观测技术规范	
72	LY/T1753－2008	荒漠生态系统观测研究站建设规范	
73	LY/T1754－2008	国家湿地公园评估标准	
74	LY/T1755－2008	国家湿地公园建设规范	
75	LY/T1756－2008	天然林资源保护工程社会经济效益监测与评价指标	
76	LY/T1757－2008	退耕还林工程社会经济效益监测与评价指标	
77	LY/T1758－2008	京津风沙源治理工程社会经济效益监测与评价指标	
78	LY/T1759－2008	东北、内蒙古国有林区天然林资源保护工程评价体系	
79	LY/T1760－2008	长江珠江流域防护林体系工程建设技术规程	
80	LY/T1761－2008	退耕还林工程生态林与经济林认定技术规范	
81	LY/T1762－2008	退耕还林工程信息管理规程	
82	LY/T1763－2008	沿海防护林体系工程建设技术规程	
83	LY/T1764－2008	自然保护区功能区划技术规程	
84	LY/T1765－2008	森林防火瞭望台瞭望观测技术规程	

（续）

序号	标准编号	标准名称	代替标准号
85	LY/T1766－2008	太行山绿化工程建设技术规程	
86	LY/T1767－2008	东北红豆杉人工培育技术规程	
87	LY/T1768－2008	山核桃产品质量要求	
88	LY/T1769－2008	苦竹笋用林培育技术规程	
89	LY/T1770－2008	桉树无性系组培快繁技术规程	
90	LY/T1771－2008	刺五加培育技术规程	
91	LY/T1772－2008	杨树品种分子鉴定实验方法－DNA 扩增片段长度多态性法（AFLP）	
92	LY/T1773－2008	香榧籽质量要求	
93	LY/T1774－2008	香榧栽培技术规程	
94	LY/T1775－2008	桉树速生丰产林生产技术规程	
95	LY/T1776－2008	八角栽培技术规程	
96	LY/T1777－2008	森林食品　质量安全通则	
97	LY/T1778－2008	平贝母栽培技术规程	
98	LY/T1779－2008	蕨菜采集与加工技术规程	
99	LY/T1780－2008	干制红枣质量等级	
100	LY/T1781－2008	甜樱桃贮藏保鲜技术规程	
101	LY/T1782－2008	无公害干果	
102	LY/T1783－2008	黑熊养殖技术规程	
103	LY/T1784－2008	猕猴属实验动物人工饲养繁育技术及管理标准	
104	LY/T1785－2008	柠檬酸脱色用颗粒活性炭	
105	LY/T1786－2008	活性炭单宁酸吸附值的测定方法	
106	LY/T1787－2008	集成材　非结构用	
107	LY/T1788－2008	木材性质术语	
108	LY/T1789－2008	居住建筑套内用木质楼梯	
109	LY/T1790－2008	盆栽观赏竹质量分级	
110	LY/T1791－2008	纸浆用竹林生产技术规程	
111	LY/T1792－2008	纺织用竹纤维	
112	LY/T1793－2008	木纤维用原木	
113	LY/T1794－2008	人造板木片	
114	LY/T1795－2008	椰壳纤维板	
115	LY/T1796－2008	鼓式削片机　安全要求	
116	LY/T1797－2008	直线封边机	
117	LY/T1798－2008	锯材干燥设备通用技术条件	
118	LY/T1799－2008	沙发松紧带自动张紧机	
119	LY/T1800－2008	木工数控加工中心	
120	LY/T1801－2008	低压短周期贴面热压机	
121	LY/T1802－2008	水泥（石膏）刨花板压机通用技术条件	
122	LY/T1803－2008	横向刨切机刨刀	
123	LY/T1804－2008	石膏刨花板生产线验收通则	
124	LY/T1805－2008	单面真空覆膜机	
125	LY/T1806－2008	木材工业气力除尘（运输）系统设计规范	
126	LY/T1807－2008	分级式铺装机	
127	LY/T1808－2008	园林机械　杆式动力修枝锯	
128	LY/T1809－2008	林业机械　落物保护结构（FOPS）　实验室试验和性能要求	

（续）

序号	标准编号	标准名称	代替标准号
129	LY/T1810－2008	园林机械　杆式动力绿篱修剪机	
130	LY/T1811－2008	定向刨花板生产线验收通则	
131	LY/T1051－2008	园林机械　排气污染物测试方法	LY/T1051－1991
132	LY/T1157－2008	檩材	LY/T1157－1994
133	LY/T1158－2008	椽材	LY/T1158－1994
134	LY/T1192－2008	卧式浸渍干燥机通用技术条件	LY/T1192－1996
135	LY1201－2008	后步进式草坪割草机　使用安全规程	LY1201－1997
136	LY1289－2008 /ISO19472：2006	林业机械　车载式绞盘机　尺寸、性能和安全要求	LY/T1289－1998 LY/T1521－1999
137	LY/T1380－2008	冷却翻板机通用技术条件	LY/T1380－1999
138	LY/T1382－2008	人造板机械分类术语	LY/T1382－1999
139	LY/T1451－2008	纤维板生产综合能耗	LY/T1451－1999
140	LY/T1461－2008	热磨机磨片技术条件	LY/T1461－1999
141	LY/T1462－2008	原料仓	LY/T1462－1999 LY/T1463－1999 LY/T1500－1999
142	LY/T1473－2008	除铁器	LY/T1473－1999
143	LY/T1502－2008	马尾松原条	LY/T1502－1999
144	LY/T1506－2008	短原木	LY/T1506－1999
145	LY/T1507－2008	木杆	LY/T1507－1999 LY/T1508－1999
146	LY/T1509－2008	阔叶树原条	LY/T1509－1999
147	LY/T1063－2008	全国森林火险区划等级	LY/T1063－1992
148	LY/T1730. 1－2008	油茶第 1 部分：优树选择和优良无性系选育技术规程	LY/T1730－2008
149	LY/T1730. 2－2008	油茶第 2 部分：优良家系和优良杂交组合选育技术规程	LY/T1730－2008
150	LY/T1730. 3－2008	油茶第 3 部分：育苗技术及苗木质量分级	LY/T1730－2008
151	LY/T1734. 1－2008	观赏棕榈生产技术规程与质量等级　第 1 部分：地栽	LY/T1734－2008
152	LY/T1734. 2－2008	观赏棕榈生产技术规程与质量等级　第 2 部分：容器栽培	LY/T1734－2008

【2008 年林业标准计划项目】 按照服务林业生态建设、产业建设等林业中心工作，采用国际标准或国外先进标准的原则，结合我国林业产业发展政策和市场对标准的需求情况，2008 年的林业标准项目重点保障有利于促进森林可持续经营、湿地保护、荒漠化治理，提高林业产业的市场竞争力，推动科技进步和技术创新，推进与国际接轨的项目。国家林业局批准了 2008 年林业行业标准制定修订项目 172 项；经国家标准化管理委员会审查批准林业国家标准项目 52 项。

2008 年度林业行业标准项目

标准项目编号	标准项目名称
2008－LY－001	盆栽杜鹃花生产技术规程
2008－LY－002	百合切花生产技术规程
2008－LY－003	菊花切花生产技术规程
2008－LY－004	八仙花生产技术规程

（续）

标准项目编号	标准项目名称
2008－LY－005	盆栽大花蕙兰生产技术规程
2008－LY－006	腊梅栽培技术规程
2008－LY－007	野生桔梗种子生产及种子处理技术规程
2008－LY－008	全国“绿色小康县、村、户”创建标准
2008－LY－009	中国名牌林产品评选认定标准
2008－LY－010	森林风景资源分类、调查与评价
2008－LY－011	湿地基本术语
2008－LY－012	国家重点保护野生植物调查监测数据采集与数据库构建规范
2008－LY－013	根径立木材积表编制技术规程
2008－LY－014	中国主要树种龄级与龄组划分

（续）

标准项目编号	标准项目名称
2008－LY－015	湿地受威胁因子及等级划分
2008－LY－016	日本落叶松速生丰产栽培技术规程
2008－LY－017	降香黄檀培育技术规程
2008－LY－018	核桃楸培育技术规程
2008－LY－019	国家森林资源清查——专题图制作规范
2008－LY－020	中国主要栽培珍贵树种
2008－LY－021	石漠化程度等级
2008－LY－022	油橄榄苗木质量等级
2008－LY－023	枇杷丰产栽培技术规程
2008－LY－024	植物新品种特异性、一致性、稳定性(DUS)测试指南　腊梅
2008－LY－025	植物新品种特异性、一致性、稳定性(DUS)测试指南　桂花
2008－LY－026	植物新品种特异性、一致性、稳定性(DUS)测试指南　黄杨属
2008－LY－027	植物新品种特异性、一致性、稳定性(DUS)测试指南　枸杞属
2008－LY－028	植物新品种特异性、一致性、稳定性(DUS)测试指南　圆柏属
2008－LY－029	森林认证规则
2008－LY－030	森林可持续经营　术语
2008－LY－031	西南桦用材林培育技术规程
2008－LY－032	楠木珍贵用材原料林定向培育技术规程
2008－LY－033	林学名词术语
2008－LY－034	林业科技期刊编排规范
2008－LY－035	轻型直升机施药防治林业有害生物技术规程
2008－LY－036	光肩星天牛防治技术规程
2008－LY－037	检疫性林业有害生物普查技术规程
2008－LY－038	森林消防专业队伍建设和管理标准
2008－LY－039	落叶松扦插育苗技术标准
2008－LY－040	人造板及其制品甲醛释放量检测用大气候室
2008－LY－041	木质地板用踢脚线
2008－LY－042	浸渍纸层压实木复合地板
2008－LY－043	甲醛释放量气体分析法检测箱
2008－LY－044	有机挥发物(VOC)、甲醛及其他羰化合物释放量检测箱
2008－LY－045	刨花板生产节材和减排技术规范
2008－LY－046	甲醛释放量抽吸法测定
2008－LY－047	漆面复合地板
2008－LY－048	木材和人造板防腐剂五氯苯酚含量测定方法
2008－LY－049	电工层压木板

（续）

标准项目编号	标准项目名称
2008－LY－050	抗静电木质活动地板
2008－LY－051	定向刨花板
2008－LY－052	旋切单板
2008－LY－053	航空用桦木胶合板
2008－LY－054	水基聚合物－异氰酸脂木材胶黏剂
2008－LY－055	北方引水灌溉区冬贮苗等水造林技术规程
2008－LY－056	基于TM遥感影像的湿地资源监测标准
2008－LY－057	松香树脂稳定性试验方法
2008－LY－058	余甘子栲胶
2008－LY－059	橡碗栲胶
2008－LY－060	落叶松栲胶
2008－LY－061	4号紫胶原胶
2008－LY－062	萜烯树脂
2008－LY－063	马占相思栲胶
2008－LY－064	软木纸
2008－LY－065	松脂
2008－LY－066	紫胶原胶
2008－LY－067	南方红豆杉短周期药用林栽培技术
2008－LY－068	红树林控制米草属植物技术规程
2008－LY－069	木豆种子
2008－LY－070	机台木
2008－LY－071	锯切用原木枕资
2008－LY－072	车立柱
2008－LY－073	乐器锯材　钢琴用材
2008－LY－074	造纸板皮
2008－LY－075	室内装修木方
2008－LY－076	木粉腻子及其性能评价方法
2008－LY－077	载重汽车锯材
2008－LY－078	直接用原木电杆
2008－LY－079	原条材积表
2008－LY－080	毛边锯材
2008－LY－081	木材防腐剂对腐朽菌毒性实验室试验方法
2008－LY－082	木材防腐剂对软腐菌毒性实验室试验方法
2008－LY－083	连续式喷胶机
2008－LY－084	立式浸渍干燥生产线
2008－LY－085	转子式刨花干燥机
2008－LY－086	锯片往复裁板机
2008－LY－087	单层预压机
2008－LY－088	螺旋输送机
2008－LY－089	人造板制胶设备
2008－LY－090	镂铣机

（续）

标准项目编号	标准项目名称
2008－LY－091	锤式刨片机机
2008－LY－092	超薄硬质合金圆锯片
2008－LY－093	草坪割草机
2008－LY－094	球果烘干机
2008－LY－095	电链锯
2008－LY－096	林用圆盘整地机
2008－LY－097	手提式挖坑机
2008－LY－098	林木种子光照发芽器
2008－LY－099	园林机械　便携式动力长杆往复修剪机
2008－LY－100	自行式苗木移植机
2008－LY－101	园林机械　便携式动力长杆修枝锯
2008－LY－102	竹笋中多种农药残留量的测定　气相色谱－质谱法
2008－LY－103	竹笋中重金属含量的微波消解 ICP－MS 测定法
2008－LY－104	竹叶提取物及其制品中总黄酮含量测定方法高效液相色谱法
2008－LY－105	竹炭制备工艺技术规范
2008－LY－106	竹秆锈病诊断方法及防治技术规程
2008－LY－107	竹子指纹图谱构建方法
2008－LY－108	纺织用竹纤维鉴别试验方法
2008－LY－109	主要棕榈藤种组培快繁技术规程
2008－LY－110	苦竹鲜笋
2008－LY－111	扶芳藤种苗质量标准及培育技术规程
2008－LY－112	绿化用基质质量标准及使用技术规范
2008－LY－113	中华金叶榆培育技术规程
2008－LY－114	森林食品　梨枣
2008－LY－115	森林食品　核桃仁
2008－LY－116	半干旱地区樟子松容器苗培育及造林技术规程
2008－LY－117	切枝杨桐高效培育技术规程
2008－LY－118	森林食品——青梅生产技术规程
2008－LY－119	森林食品——银杏生产技术规程
2008－LY－120	森林食品——油茶生产技术规程
2008－LY－121	森林人家评定与等级划分
2008－LY－122	木荷防火林带营建技术规程
2008－LY－123	冬枣生产技术规程
2008－LY－124	湿地松速生丰产林栽培技术规程
2008－LY－125	福建柏丰产栽培技术规程
2008－LY－126	中亚热带耐寒桉树组培无性系丰产林苗木与栽培技术标准
2008－LY－127	光皮树苗木质量分级

（续）

标准项目编号	标准项目名称
2008－LY－128	木荷培育技术规程
2008－LY－129	橄榄丰产栽培技术规程
2008－LY－130	肉桂丰产栽培技术规程
2008－LY－131	红锥丰产栽培技术规程
2008－LY－132	石榴苗木培育技术规程和质量分级
2008－LY－133	美国黑核桃栽培技术规程
2008－LY－134	长江上游防护林低效林改造技术规程
2008－LY－135	食用桂花栽培技术规程
2008－LY－136	顶坛花椒培育技术规程
2008－LY－137	猴樟培育技术规程
2008－LY－138	秃杉速生丰产林
2008－LY－139	美国山核桃栽培技术规程
2008－LY－140	澳洲坚果果仁
2008－LY－141	铅笔柏育苗技术规程
2008－LY－142	黄土丘陵沟壑区造林技术规程
2008－LY－143	核桃腐烂病防治技术规程
2008－LY－144	杨树腐烂病防治技术规程
2008－LY－145	花曲柳苗木质量等级
2008－LY－146	养鹿场管理技术规范
2008－LY－147	胡桃楸人工林培育技术规程
2008－LY－148	森林可燃物的测定
2008－LY－149	森林食品　榛蘑干制品
2008－LY－150	森林食品　薇菜干
2008－LY－151	东北、内蒙古国有林区林业企业能量平衡测试通则
2008－LY－152	刨花干燥机节能监测方法
2008－LY－153	人造板热压机节能监测方法
2008－LY－154	胶合板生产综合能耗
2008－LY－155	四倍体刺槐栽培技术规程
2008－LY－156	林木良种数据库建设规范
2008－LY－157	自然保护区标识设计规范
2008－LY－158	自然保护区旅游资源调查和评价规范
2008－LY－159	水貂及初加工养殖技术规程
2008－LY－160	貉及初加工养殖技术规程
2008－LY－161	东方杉扦插繁殖
2008－LY－162	柳树扦插育苗技术规程
2008－LY－163	油橄榄育苗技术规程
2008－LY－164	容器育苗技术规程
2008－LY－165	国有林区标准化苗圃
2008－LY－166	花楸育苗技术规程
2008－LY－167	光皮桦育苗技术规程
2008－LY－168	银杏绿化大苗质量等级
2008－LY－169	人心果丰产栽培技术规程

（续）

标准项目编号	标准项目名称
2008－LY－170	榉树育苗技术规程
2008－LY－171	华中五味子培育技术规程
2008－LY－172	沙化土地封禁保护区总体规划技术规程

2008 年度林业国家标准项目一览表

计划编号	项目名称
20080898－Q－432	木质牙签
20080899－Q－432	竹质牙签
20080900－Q－432	竹砧板
20081064－T－432	扁桃质量等级
20081065－T－432	古建筑木构件木材内部腐朽与残余弹性模量应力波无损检测测试规程
20081066－T－432	免洗红枣
20081067－T－432	湿地松松香
20081068－T－432	油茶良种选育技术
20081069－T－432	皂荚多糖胶
20081070－T－432	中国森林认证
20081071－T－432	人行天桥、立交桥悬挂绿化种植养护技术规范
20081072－T－432	曼地亚红豆杉培育技术规程
20081073－Q－432	园林机械后步进式以汽油机为动力的草坪割草机安全技术要求和实验要求
20081074－T－432	防腐处理材非触地的野外试验评价标准
20081075－T－432	防腐木材技术要求与检验方法
20081076－T－432	高温热处理实木地板
20081077－T－432	红木初级制品
20081078－T－432	结构用锯材力学性能测试方法
20081079－T－432	锯材检验
20081080－T－432	锯材缺陷
20081081－T－432	评价加压处理材防水效果的试验方法
20081082－T－432	铜氨(胺)季铵盐(ACQ)防腐剂加压处理木材
20081083－T－432	铜铬砷(CCA)防腐剂加压处理木材
20081084－T－432	土床试验评价木材防腐剂的方法
20081085－T－432	木楼梯安装、验收和使用规范
20081086－T－432	木质楼梯
20081087－T－432	热固性树脂浸渍纸高压装饰层积板(HPL)
20081088－T－432	人造板饰面专用纸
20081089－T－432	涂装水泥刨花板
20081090－T－432	舞台地板
20081091－T－432	重组装饰材

（续）

计划编号	项目名称
20081092－T－432	重组装饰单板
20081093－T－432	重组竹地板
20083159－T－432	木基活性炭生产综合能耗
20083160－T－432	林地分类
20083161－T－432	林业生物质能源名词术语
20083162－T－432	炭化木
20083163－T－432	废旧防腐木材产品无害化处理
20083164－T－432	木材刻痕防腐处理方法
20083165－T－432	桩木　加压法防腐处理
20083166－T－432	杆材　加压法防腐处理
20083167－T－432	胶合板　加压法防腐处理
20083168－T－432	农业用木材　加压法防腐处理
20083169－T－432	用无机防腐剂处理的娱乐场设施加压法防腐处理
20083170－T－432	X 射线荧光能谱仪测定防腐木材和木材防腐剂中 CCA 和 ACQ 的方法
20083171－T－432	自动电位滴定仪和十二烷基硫酸钠、海明 1622 测定防腐木材中季胺盐的方法
20083172－T－432	自动电位滴定仪和四苯硼钠测定防腐木材和木材防腐剂中季胺盐的方法
20083173－T－432	单板干燥节能技术规范
20083174－T－432	废旧木材及人造板术语
20083175－T－432	废旧人造板回收利用
20083176－T－432	人造板工业清洁生产技术要求
20083177－T－432	人造板工业清洁生产评价体系

【全国林业专业标准化技术委员会】 2008 年，经国家林业局组织申报，国家标准化管理委员会批准成立了全国防沙治沙标准化技术委员会、全国营造林标准化技术委员会、全国森林资源标准化技术委员会、全国林业生物质材料标准化技术委员会、全国森林可持续经营与森林认证标准化技术委员会、全国森林工程标准化技术委员会、全国野生动物保护管理与经营利用标准化技术委员会、全国森林公园标准化技术委员会、全国林业信息数据标准化技术委员会、全国湿地保护标准化技术委员会、全国能源基础与管理标准化技术委员会林业能源管理分技术委员会、全国花卉标准化技术委员会鲜切花分技术委员会、全国木材标准化技术委员会结构用木材分技术委员会等 13 个全国专业标准化技术委员会或分技术委员会。

【国家林业局产品质量检验检测机构】 2008 年，根据《国家林业局产品质量检验检测机构管理办法》的要求，国家林业局新批准成立了国家林业局林产品质量检验检测中心（杭州）、国家林业局林产品质量检验检测中心（西安）、国家林业局林产品质量检验检测中心（成都）、国家林业局林产品质量检验检测中心（长沙）、国家林业局林产品质量检验检测中心（福州）、国家林业局林木种子质量检验中心（长沙）、国家林业局林产品质量检验检测中心（广州）、国家林业局林木种子质量检验中心（呼和浩特）、国家林业局林产品质量检验检测中心（长春）、国家林业局林产品质量检验检测中心（武汉）、国家林业局林产品质量检验检测中心（呼和浩特）、国家林业局林产品质量检验检测中心（乌鲁木齐）、国家林业局经济林产品质量检验检测中心（杭州）。同时，完成了国家林业局南京人造板质量监督检查站、国家林业局原木锯材产品质量监督检验站2个国家林业局质检机构的重新审查认可。

【国际标准制定修订项目】 2008年，国家林业局组织参加了国际标准化组织（ISO）技术委员会TC218（木材）、TC198（人造板）、TC23（林业机械）的国际标准会议。会议批准我国牵头承担编制《装饰单板贴面胶合板》、《细木工板》、《木材抗冲击弯曲强度的测定方法》、《木材抗冲击压痕的测定方法》、《木材硬度的测定方法》等5项国际标准。

（科技司标准处）

【林业标准培训】 2008年6月，国家林业局科技司在国家林业局管理干部学院举办了全国林业标准编写培训班。培训班主要结合林业特点，针对林业系统的标准化现状，重点培训了《标准化工作导则　第1部分：标准的结构和编写规则》（GB/T1.1－2000），林业标准体系建设，标准项目管理和财政补助经费管理等内容。

【林业质检机构培训】 2008年7月，国家林业局科技司在国家林业局管理干部学院举办了全国林业质检机构管理培训班，对林业系统从事林产品、林木种苗等质量检验工作人员进行培训。重点培训了《国家林业局产品质量检验检测机构管理办法》、《国家林业产品质量监督检验机构建设基本条件》、国家林业局质检机构设立审批行政许可事项管理的有关规定和要求、国家林业局产品质量检验检测机构基本建设管理相关规定和要求、国家林业局产品质量检验检测机构管理体系建设等内容。

【《2008～2010年资源节约与综合利用标准发展规划》】 2008年，围绕资源节约与综合利用，结合中国节能减排工作对标准化工作的需求，国家林业局配合国家标准化管理委员会、国家发改委、工业和信息化部、国土资源部、环保部、住房和城乡建设部、交通运输部、水利部、农业部、商务部、国家质量监督检验检疫总局、国家安全生产监督管理局、国家海洋局、国家煤矿安全监察局、中国气象局联合发布了《2008～2010年资源节约与综合利用标准发展规划》。该《规划》制定了节能、节水、节材、节地、新能源与可再生能源、矿产资源综合利用、废旧产品及废弃物回收与再利用和清洁生产等8个重点领域的标准体系框架，形成系统的资源节约与综合利用标准体系。

（林业标准化由科技司标准处供稿）

林业植物新品种保护

【综　述】 2008年，国家林业局严格按照《植物新品种保护条例》及其林业实施细则等相关法律法规的规定，受理林业植物新品种权申请，进行品种权审查和授权；强化林业植物新品种保护能力建设，扩大植物新品种测试指南及已知品种数据库研制范围，完善植物新品种测试体系；积极参与植物新品种保护国际事务，努力扩大中国在国际组织中的影响，积极做好履约工作。

植物新品种权申请受理、审查和授予 2008年，共受理国内外品种权申请77件，比2007年增加26%，其中来自国外的申请20件，国外申请量继续稳步上升，总量达到172件。2008年品种权申请中观赏植物53件，占年申请总量的70.7%。全年组织对33个申请品种进行了特异性、一致性、稳定性专家现场审查。授予植物新品种权40件，授权总数达到239件。

同时，对品种权申请、初审、授权及其他事项在植物新品种保护网站及植物新品种保护公报上分别进行公告，保证了审批过程的公开透明。

林业植物新品种测试体系建设 2008年，加强对国家林业局批准建立的植物新品种测试中心华北分中心、华南分中心、华东分中心和植物新品种基因测定实验室、南方植物新品种基因测定实验室管理，华南分中心和2个基因测定实验室完成了项目建设任务，已报有关主管部门申请验收，其余2个测试分中心建设进展顺利。2008年又启动樟属等21个植物属（种）新品种测试指南及已知品种数据库研制，使总数达到67个。其中，12个测试指南技术标准已通过专家审查，完成标准报批稿。林业植物新品种测试指南及已知品种数据库日益完善。

加强植物新品种保护宣传和执法 为了更好、形象地宣传林业植物新品种保护，组织策划制作了植物新品种保护宣传影片，改版了林业植物新品种保护网站，为广大育种者和社会公众提供了更为完善的信息咨询服务。网站已更新3140条新信息，浏览人次近8万。组织召开了植物新品种执法调研座谈会，来自林业植物新品种培育、代理、推广及管理人员共30多人参加了座谈会，讨论交流了林业植物新品种保护，特别是执法工作的经验和改进意见。

履行国际公约，开展国际合作 2008年，我国积极开展植物新品种保护工作，主动参与国际植物新品种保护联盟(UPOV)国际和亚洲事务，积极开展国际合作，履行公约义务。特别是作为主要成员，组团参加了东亚植物新品种保护论坛第一次会议，为该论坛正式启动、促进东亚国家植物新品种保护信息和技术交流贡献了力量。同时，我国启动了东亚植物新品种保护论坛第二次会议及中国加入UPOV 10周年纪念活动筹备工作，以进一步总结我国植物新品种保护取得的经验，推动我国植物新品种保护工作取得更大成绩。2008年4月、10月，两次派员赴日内瓦参加UPOV理事会、顾问委员会会议、行政及法律工作组会议、技术工作组会议，充分发表我国的观点，积极参与国际事务，树立了良好的国际形象。9月，分别派人参加UPOV秘书处组织的自动化与计算机程序技术工作组(TWC)以及分子与生化技术工作组(BMT)会议。 (科技中心植物新品种保护处)

林业基因安全管理

【综　述】

林业转基因生物安全管理 ①依法开展林木转基因工程活动审批管理工作。根据《国家林业局行政许可工作管理办法》和《开展林木转基因工程活动审批管理办法》的规定，2008年国家林业局对林木转基因工程活动审批在严格遵循规章、注重服务的基础上，突出强调了转基因林木试验的安全性，针对每一项许可申请，都要组织专家先到现场对试验地点的环境条件进行评估，然后再进行转基因林木的安全性评审，尽可能地做到转基因林木试验的安全进行，保障转基因林木安全的为人类服务，促进林业生物高技术产业的快速发展。2008年国家林业局共受理了转基因林木中间试验或环境释放行政许可申请54项，其中已许可39项，另外15项按规定程序正在评审中。②继续开展转基因林木安全性监测试点工作。根据目的基因、受体和试验地点等情况，2008年国家林业局开始了在北京、河北、山东、内蒙古、江苏等地对转葡萄糖氧化酶基因窄冠泡桐39－140(桐奥1号)、转抗食叶害虫Bt基因欧洲黑杨、转抗虫基因741杨、转抗性基因银中杨、多基因共转化库安托杨、转反义CCoAOMT基因白杨杂种(Populus tremula×Populus alba)、转双价抗虫基因NL－80106杨、转BADH基因苜蓿等已中间试验的8个项目进行安全性监测；③对转基因树木试验进行调查和抽查。一是对山东农业大学转基因八里庄杨(中天杨)进行了深入调查；二是对个别已许可的转基因杨树的中间试验点进行了抽查，重点是对山东东营试验点的抗盐碱转基因杨树进行了检查，该试验点的安全管理措施完善，完全达到了试验时所要求的效果。

林业生物物种资源保护和管理 根据生物物种资源保护部际联席会议的要求，2008年完成了《国家林业局开展生物物种资源保护和管理工作情况总结和下一步工作计划》的编制工作，该报告已提交生物物种资源保护部际联席会议。

《卡塔赫纳生物安全议定书》林业内容的履约 参加了《卡塔赫纳生物安全议定书》第四次缔约方会议(COP/MOP4)，保护了我国利益。本次大会各缔约国和国际组织都很重视，共有119个缔约国和130个其他机构或国际组织的约1200名代表出席了会议。我国政府代表团由环保、外交、商务、林业、质检、药检等部门和香港鱼农自然护理署的10名代表组成。本次会议最终通过了18项决定。

(科技中心基因安全管理处)

森林认证

【综　述】 2008年6月，国家认证认可监督管理委员会与国家林业局共同发布了《关于开展森林认证工作的意见》，提出共同推进森林认证试点工作，建立和实施统一的森林认证制度。按照打好基础，择优试点，稳步推进的原则，采用国家林业局已经颁布的行业标准《中国森林认证 森林经营》(LY/T 1714－

2007)和《中国森林认证 产销监管链》(LY/T 1715－2007)开展为期两年的森林认证试点工作，总结试点经验后完成行业标准向国家标准转化。

2008年4月，国家标准化管理委员会批准国家林业局成立全国森林可持续经营与森林认证标准化技术委员会(编号：SAC/TC360)。第一届标委会由39名委员组成，李东升任主任委员，张守攻、黎云昆、苏春雨任副主任委员，李明琪副主任委员兼任秘书长，秘书处设在国家林业局科技中心。

森林认证试点面积不断扩大。在前3批试点的基础上，2008年又在山东、河南、湖北部署了第四批森林经营认证试点任务。目前，已在全国20个省(区)建设森林经营认证试点24个，森林类型包括天然林、人工林，所有权形式涉及国有林、集体林和公司造林。

与国际体系互认工作取得进展。2008年11月，国家林业局派人参加了在澳大利亚举行的森林认证许可计划委员会(PEFC)第十二次年会和在南非举办的森林管理委员会(FSC)年会，与PEFC体系互认研究进展顺利，国际咨询机构对我国的森林经营认证标准进行了初步评估。国际交流与合作得到了进一步加强。2008年1月，国家林业局派人出席了在英国举办的打击木材非法采伐与相关利益者会议，根据中英林业联合委员会合作谅解备忘录，组织参加了中英森林认证研讨会，参加了中澳林业工作组第八次会议。与世界自然基金会、大自然保护协会等非政府组织及国际森林认证体系的交流与合作进一步加强。通过参加各种国际交流活动，广泛宣传了我国森林可持续经营与森林认证工作，扩大了影响，加深了互相了解，为进一步深入开展森林认证体系互认和国际交流与合作奠定了基础。 (科技中心森林认证处)

引进国外智力工作

【综　述】

出国培训　2008年，中央两办下发了《关于进一步加强因公出国管理的若干规定》，国家外国专家局对当年出国培训项目进行了两次审核，国家林业局有3项获得批准，分别是：赴美国森林火灾预警与应急处置培训团、赴澳大利亚防沙治沙政策机制培训团、赴新西兰森林资源监督管理培训团。出国培训人数共计52人。通过项目实施，学到了林业发达国家关于森林火灾预警与应急处置、防沙治沙政策、森林资源管理等方面的先进林业科学技术和管理经验。从2008年开始，对出国培训经费实行预算管理，并在财政预算计划内增列了出国培训配套资金。

引进国外人才　2008年，执行国家外国专家局批准下达的引进国外人才项目24项，资助经费80万元，引进优良生态树种扩繁、森林认证、防沙治沙，以及生物质能源等领域专家33人次；农业引智示范推广项目4项，资助经费30万元，有效地示范推广了苗木猝倒病生物防治技术、棕榈科观赏植物、黑果腺泪花楸、美国杏新品种等从国外引进的先进技术和品种。

国家"友谊奖"　积极组织各引智相关单位申报友谊奖，最终，日本籍专家宇津木嘉夫获得了2008年度"友谊奖"，成为国家林业局第八位获得"友谊奖"的外国专家，并被邀参加国庆活动，得到了国家领导人的接见。宇津木嘉夫先生多次来华工作，为我国示范林营造、林木育种，以及人才培养工作作出了突出贡献。

农业引智成果推广示范基地建设　2008年，对杨树新品种人工林示范基地等3个现有的国家引智成果推广示范基地进一步跟踪问效，组织重新认定了亚热带珍优树种引进及利用技术示范基地。获国家外国专家局新批园林植物材料引进及应用示范基地，这两个国家引智示范推广基地有效期为2008~2013年。

(局引进国外智力领导小组办公室)

林业信息化建设

【综　述】 林业信息化建设是林业建设的重要组成部分，是林业由粗放经营走向集约经营、由低科技含量转向高科技含量、由传统林业转变为现代林业的重要技术手段。搞好林业信息化，是顺应社会发展潮流、推动林业融入国家发展大局、全面推进现代林业建设、促进政府转变职能、服务亿万林农和社会公众的迫切要求。进入新世纪以来，在国家林业局党组的高度重视和各单位的大力支持下，按照"以需求为导向，以应用促发展，统一规划，循序渐进，整合资源，全面发展"的指导原则，林业信息化与电子政务建设取得了较快发展。完成了机关局域网（即"内网"）、林业系统主干网和国务院办公厅连接的业务专网（即"专网"），以及国际互联网接入（即"外网"）等网络工程。开通了国家林业局政府门户网站，建立了国家林业局内部综合办公系统、链接全国36个省级林业单位〔31个省（区、市）林业厅（局），内蒙古、吉林、龙江、大兴安岭森工（林业）集团公司，新疆生产建设兵团林业局〕的视频会议系统和电子公文传输系统（即电子政务系统）。建设开发了营造林管理、森林资源管理、荒漠化监测与管理、湿地资源监测与管理、森林火灾监测与防火指挥、野生动植物监测与管理、林业资金与财务管理、天然林资源保护等重点工程监测与管理、林业科技项目管理、人事教育管理等管理信息系统和相对应的专题数据库（即业务管理系统和专业数据库）。基本上形成了以"三网一库"为基本架构的林业信息管理与综合办公信息平台，提高了林业资源监管能力和政府公共服务水平，促进了效能型、透明型和服务型政府建设，为实现林业又好又快发展提供了基础保障，为促进现代林业建设发挥了重要作用。林业信息化建设的主要成就可以概括为：①信息网络基础建设稳步推进，林业信息化发展架构初步形成。国家林业局联接36个省级林业部门的主干网建成运行，全国林业门户网站体系基本形成，办公局域网积极推进，林业数据处理信息系统与存储数据库建设扎实开展，为林业信息化发展奠定了基础。②信息技术的应用领域不断拓展，林业重点业务监管能力明显提高。以森林资源调查数据计算机统计汇总为标志，以航空调查和数据库技术应用为重点的信息技术应用，带动了信息技术在林业其他领域的应用。推动信息技术的应用范围从森林资源清查逐步拓展到森林、湿地、荒漠和生物多样性保护等重点业务领域，再发展到行政办公、数据交换和信息发布等政务管理方面。大大提高了资源监管能力和林业系统办公和办事效率。③电子政务快速发展，林业服务社会能力日益增强。各地各单位利用网络发布信息的意识和主动性提高，信息内容不断丰富，信息涵盖面不断拓展，林业信息服务水平不断提升，在线办事服务成效显现，网上互动交流日益增强，树立了良好的林业形象。④组织管理体系初步建立，林业信息化保障能力逐步增强。国家林业局和各省级林业部门均成立了信息化工作领导小组，如国家林业局专门成立了信息化管理办公室，河北、山西、内蒙古、湖南、云南、新疆等10多个省（区、市）和龙江森工集团等成立了专门的林业信息化管理机构。大多数单位配备了信息化专门工作人员，基本做到了事情有人管、工作有人干，构成了林业信息化建设的组织体系和人才队伍。

国家林业局门户网站建设 政府门户网站建设是政府积极推进电子政务工作的突破点，也是互联网技术应用于行政办公和政府信息发布的重要体现。国家林业局门户网站自2000年11月建成开通以来，先后进行了4次全面改版，网站设计与结构更加科学合理，信息内容不断丰富、网站功能更加完善，为民服务更加及时有效。主要表现为：①加大了政府信息公开力度。丰富了信息公开内容，调整了信息公开栏目。增加了人事任免、资金项目等栏目。②突出了林业重点工作。网站在首页开辟森林生态系统、荒漠生态系统、湿地生态系统、生物多样性、林业产业、生态文明等栏目，使人们进入首页就能了解林业的重点工作布局及进展情况，提高了网站的影响力。③加强了网站专题建设。网站结合不同时期的社会热点和林业重点工作，开辟了"3·12"植树节、全国林业厅（局）长会议、赠台大熊猫、抗击雨雪冰冻灾害、抗震救灾、林业信息化、中央林业工作会议等18个专题，着力报道社会关注的热点和林业重点工作。④广泛征集社情民意。网站开设的"把您的声音带上两会"、"林业信息化标识征集"、"集体林权改革问题与建议征集"等在线调查、民意征集栏目，能够及时反馈网友意见和建议。⑤积极开展在线互动。组织了

注：林业信息化建设栏目是2009年新增加的内容，考虑内容的完整性和系统性，本栏目内容对林业信息化2008年以前的建设成果进行追述，以便读者全面系统地了解林业信息化和电子政务建设与发展的全面情况，并将本栏目截止时间定为2009年4月底。

局领导解读集体林改政策、司（局）长生态文明大讨论、专家解答网友提问等在线访谈活动，对每月一次的新闻发布会和林业有关重要会议进行直播，组织多名科技专家在线“坐堂应诊”指导林农应对雨雪冰冻灾害和恢复重建等在线科技服务活动，充分发挥了网站的互动功能，使网民有机会与林业局领导或有关专家零距离接触。⑥增加了网站便民服务。新版网站开辟了社会热点关注、林业出版物、历史上的今天、天气、航班、车船票、空气质量等栏目，拓展了网站信息服务的领域。⑦丰富了网站信息发布形式。结合国家林业局林业重点工作，网站录制播出了多期网络电视节目，组织了近两年的新年贺词，拍摄了大量新闻照片和绿色风采摄影作品，增强了网站的色彩感和信息表现形式。

国家林业局政府门户网站在国务院信息化办公室组织的中国政府网站绩效评估中，综合排名一直在前20名左右，许多亮点被网站绩效机构表扬。其中，2003年在国信办组织开展的“网民首次给政府网站打分及政府网站排名调查”活动中，国家林业局网站综合得分排名列第四位，2007年网站排名由2006年的第二十三位上升到第十六位，被列入业绩突出、进步较快的政府门户网站，并对局网站在服务新农村建设、支持集体林权改革、开展生态文明论坛和在线调查等方面的成绩给予表扬和肯定。2008年2月国家林业局网站访问量突破500万次，网站日均访问量达到了1万多次。2009年7月，网站访问量突破1000万次，日点击率超过100万次。在国家林业局门户网站的带动下，国家林业局有关司（局）、直属单位结合工作需要相继建立了60多个专题网站，基本覆盖了林业主要业务工作领域。全国36个省级林业部门有34家建立了门户网站，建站率达到90%以上。已初步形成了以国家林业局网站为主体，以国家林业局司（局）单位业务网站和各省级林业部门网站为“两翼”，以市县林业部门网站为支撑的全国林业门户网站体系。国家林业局正在实施网站群建设工程，旨在将国家林业局网站和各司（局）各单位的网站进行有效整合，打造林业系统统一门户，实现林业网站建设统一管理和信息集中发布，树立林业的整体形象。

国家林业局综合办公系统建设 局综合办公系统由内网主页、司（局）专区、内部邮件、办公自动化等内容构成，是国家林业局内部综合办公的重要网络平台。该系统自2001年起开始运行，最初系统采用C/S结构，在Lotus Notes平台上开发完成。2006年，对该系统进行了全面技术升级。在现代信息技术的支持下，结合国家林业局现有网络环境及办公需求的具体情况，由原来的单机版发展为网络服务器版，用户通过浏览器登陆到内网办公系统平台，即可进行内部信息发布、邮件传递、信息查询等办公操作。内网系统加载了大量林业时事信息、重要工作动态、林情通报、重要领导讲话等资料性可查询信息，内网用户数量达到了1000多人，系统运行维护正常，用户使用度越来越高。为局内职工随时发布相关业务信息，进行内部交流与专题宣传，发挥了重要作用。

林业系统主干网建设 2003年，国家林业局建设开通并运行了连接全国36个省级林业主管部门的全国林业系统主干网。该网络以国家林业局为中心节点，涵盖全国36个省级林业主管部门，通信线路选用中心节点带宽为74M，分节点为2M的SDH专线，通过路由器及交换机与各节点的局域网连接，组成了林业系统的广域网，为局机关、全行业提供了集视频（召开视频会议）、数据传输（电子公文传输）、语音服务（行业内部拨打IP电话）为一体的通讯及信息交换综合业务网络平台。在专网上搭载了全国林业视频会议系统和电子公文传输系统。其中，全国林业视频会议的控制系统为REDVISION MCU，使用的协议为H. 323，支持动态自适应16分屏，视频终端为Vtel Galaxy 755，视频协议采用H. 261。该系统不仅可以召开全国性、区域、点对点等形式的视频会议，而且还可以同时召开多组会议。视频会议系统在6年多的运行中，共召开了54次全国性的视频会议，共节省开支6000多万元，大大提高了工作效率。为防火重点期的林火监测和火情扑救指挥等，提供了便捷、快速的电子网络和视频会议服务。也是贯彻落实局党组指示精神，大力精简会议、切实转变工作作风、及时指导各地林业建设的重要载体和有效举措。电子公文传输系统于2005年7月开通运行，包含有电子公文传输交换、政务信息传输交换、简报传输交换、值班信息报送、会议通知和在线会议报名五大功能模块。为国家林业局与各省（区、市）林业厅（局）等之间搭建了一个安全稳定的无纸化信息交换平台。是国家林业局整体电子政务系统的一个重要组成部分。

应用系统和数据库建设 随着信息化建设的不断深入，林业信息化应用全面展开。从2001年起，国家林业局的软件开发以服务六大林业重点工程为主线，以网站建设、信息管理系统开发、卫星林火监测、TM陆地资源卫星图像处理、3S技术应用等为重点任务。在全局范围内，上下齐动、同抓共管、大力投资、倾力研建，开发建设了许多技术领先、应用功能全面的行业应用软件，如天然林资源保护工程管理信息系统、珠江防护林工程管理信息系统、中日合作森林防火信息系统、森林资源调查信息管理系统、GEF项目地理信息管理系统、京津风沙源治理工程监测信息管理系统、野生动植物资源管理信息系统、湿地管理信息系统等专题应用软件，给各项监测和管理工作带来了极大的便利和效益，是林业信息化建设的主要成果之一，是提升林业信息化建设水平的重要标志。对促进林业重点工程建设和加强林业资源有效监管发挥了重要作用，提高了林业科技含量，带动了林业快速发展。特别是营造林管理信息系统，利用全球定位技术、地理信息技术和网络技术，加强了营造林各个重点环节的监管，提高了营造林水平。同时，在应急管理方面，林业信息化的作用日益凸显，我国建立了较为完善的森林火灾预警预报系统和辅助决策系统，沙尘暴灾情监测系统、有害生物防治和野生动物疫源疫病管理等应急管理系统。显著提高了管理部门对森林火灾预警预报的快速反应能力和综合防控能力，使我国森林火灾防扑救工作发生了根本转变。初步形成了对沙尘暴的实时监测和评估，使沙尘暴防灾工作开始进入到主动防灾、科学防灾的新阶段。对有害生物防治和野生动物疫源疫病监测管理工作扎实推进，为实现灾害的科学防控和应急处置奠定了基础。上述每个信息系统都建立在ORACIE等大型数据库开发平台之上，并将近年发展起来的网络技术、3G技术、数据安全技术等应用于系统建设中，极大地提高了行政管理效率和林业现代化水平，推动了林业决策的科学性和合理性，全面加快了林业信息化建设步伐。

专业数据库建设 数据库是信息技术应用与开发的基础，是专业信息存储电子化的技术手段。从1980年，信息中心使用罗马尼亚生产的FelixC－512中型电子计算机开始研建“四五”全国森林资源数据库开始，国家林业局根据各业务司(局)和专业单位的业务需求，组织局信息中心开发研建了多个专题数据库。在通用基础数据库建设方面，国家林业局已经建立了1:400万、1:100万和1:25万覆盖全国的基础地理信息数据库，建立了覆盖全国的TM陆地资源卫星图像数据库。已经建立的大型专业数据库有：多期全国森林资源连续清查数据库、全国森林资源分布图形数据库、天然林数据库、人工林数据库、森林历史火灾数据库、荒漠化类型数据库、生物多样性数据库、林业统计历史数据库、野生动物经营利用产业统计数据库等。这些数据库的建立，积累了丰富的林业情况要素和可靠的林业数据资源，极大地推动了数字林业建设，为林业管理决策提供了强大的数据和图形信息服务。正在开展的全国森林资源数据库试点示范项目、防护林工程数据库和自然资源与空间数据中心建设项目，将带动林业数据资源信息化建设走向集成、共享和互通，全面支持现代林业建设。

网络安全与管理制度建设 国家林业局信息中心在加强林业信息化基础平台和应用系统建设的基础上，为了确保网络及信息安全，在外网服务器上安装了网站防火墙和网页防篡改软件，在WEB服务器上安装了网络版的杀毒软件和网络监控系统，对邮件系统进行了独立服务器运行等措施，并采取数据定期备份、网络和服务器定期杀毒、垃圾信息及时清理删除等人工措施，基本上能够满足国家林业局网络和应用系统的正常运行和快速浏览，未发生过重大网络安全和信息丢失事故。在重大节假日和敏感日期，聘用IT专业公司实施24小时不间断智能监控、本单位工作人员8小时在岗值班和24小时热线开机等措施，并制定有网络安全和信息管理的紧急预案。达到了网络和网站安全三级安全标准。同时，在网络安全和信息管理等方面先后制定了一系列管理制度。如：《国家林业局林业信息管理办法》、《林业信息安全保密管理规定》、《国家林业局互联网使用暂行规定》、《国家林业局网络安全管理暂行规定》、《信息报送、审核、签发程序》、《国家林业局网站管理暂行办法》、《计算机网络安全与保密暂行规定》、《国家林业局工作人员计算机网络安全与保密须知》、《林业视频会议系统管理办法》、《林业综合办公电子公文传输系统管理办法》、《全国林业主干网建设和管理技术规定》、《国家林业局关于进一步加强政务信息、电子政务、督察督办、政务公开工作的指导意见》、《国家林业局〈政府信息公开条例〉实施办法》、《国家林业局关于进一步推行政务公开的意见》、《国家林业局关于进一步加强林业政务公开工作的通知》、《国家林业局政务公开指南》等信息化建设的制度和有关规定，为推进林业信息化建设提供了重要保障。2007年6月，印发了《国家林业局关于进一步加强政务信息、电子政务、督查督办、政务公开工作的指导意见》(林办发[2007]127号)，对加强林业政务信息、推进电子政务、加强督察督办，促进政务公开等工作提出了基本思路、把握原则和明确要求。2009年1月，颁发了《全国林业信息化建设纲要》和《全国林业信息化建设技术指南》，形成了指导当前和今后一个时期全国林业信息化工作的纲领性文件，标志着全国林业信息化工作开始进入统一规划、全面加快发展的新阶段。

经过20多年的发展，林业信息化建设已初具规模，林业信息网络体系架构基本形成，数据库及应用系统建设已显成效，新技术在林业领域的应用日益广泛。总的来说，林业信息化已经成为提高林业科技含量、提升林业管理水平、增强林业社会竞争力的重要手段，成为林业融入社会发展大局、赢得社会支持和密切关注的迫切需要。在当前和今后的时间里，也必将为发展现代林业、建设生态文明、促进科学发展作出新的更大的贡献。

存在问题 ①认识不到位，领导重视不够。这一问题导致目前存在管理机构不健全、技术队伍不完善、运行机制不顺畅、工作进展不迅速。②各自为政，低水平重复建设。不少单位信息化建设缺乏统一规划、统一管理、统一平台，形成了一个个“信息孤岛”，造成林业信息资源效益低下和严重浪费。③投入不足，基础设施落后。长期以来，林业信息化投入渠道不畅，投入资金不多；现有设备老化，运行速度慢；网络体系不完整，配套设施不齐全，信息交换手段落后。④标准制度与网络安全问题突出，防范设备和防范措施不得力，存在着网络易被攻击、信息失泄密等诸多隐患。

（靳爱仙　顾红波　杨新民　温战强）

【林业信息化组织机构】 组织机构建设是林业信息化建设的基础保障，在局党组的高度重视下，林业信息化工作的组织机构不断加强。1987年4月林业部成立了林业部经济信息系统建设领导小组，同时成立了林业部经济信息中心筹建办公室。1991年林业部成立了林业部经济信息中心，挂靠在部规划院，不久改名为林业部信息中心。1995年2月部长办公会议将1987年成立的林业部经济信息系统建设领导小组调整为林业部信息工作领导小组。1995年4月国家编委批复同意成立林业部信息中心，核批事业编制35人，信息中心与部规划院二块牌子、一套机构，是林业信息化建设的主要执行者。1997年4月全国信息化工作会议后，林业部召开部长办公会议，正式成立了以王志宝副部长为组长的林业部信息化工作领导小组，是负责全国林业系统信息化工作的议事协调机构。领导小组下设办公室，设在信息中心，由信息中心领导任办公室主任，具体负责信息化建设的任务落实和管理工作。1998年林业部改组为国家林业局后，林业部信息中心更名为国家林业局信息中心，负责信息化建设方面的具体工作。自2000年起，按照局领导的指示和国务院办公厅文件要求，局办公室负责国家林业局信息化建设及应用的综合协调和归口管理工作，局信息中心负责信息化建设及应用的技术保障和服务工作。各司（局）、各单位是局信息化建设和应用工作的主体，国家林业局要求建立和健全信息化建设和应用工作责任制，各司（局）、各单位都有分管这项工作的领导，指定专人具体负责。做到了领导重视、措施得力、任务落实、责任明确。根据主要领导工作变化，2001年，国家林业局调整了信息化工作领导小组成员（办发字[2001]130号），周生贤局长任组长。2006年再次调整信息化领导小组成员（办发字[2006]63号），贾治邦局长任组长。为贯彻落实中央关于加强信息化建设的战略部署，进一步推进林业信息化建设，2009年1月成立了国家林业局信息化管理办公室（林办发[2009]21号），与国家林业局办公室合署办公，李世东兼任信息办主任。随后，为加强对林业系统信息化工作的统一领导，成立了全国林业信息化工作领导小组（林信发[2009]68号），贾治邦局长任组长，首次将林业信息化工作领导小组延伸至全国林业系统，首次将全国各省（区、市）林业厅（局）、四大森工（林业）集团、新疆生产建设兵团、计划单列市林业部门（或单位）的主要负责同志列入林业信息化领导小组组成人员。

林业信息化管理办公室的主要职责是：在国家林业局党组、全国林业信息化工作领导小组的领导下，负责综合协调、指导监督全国林业信息化工作；组织编制全国林业信息化建设规划和年度计划，并监督执行；组织制定全国林业信息化规章制度和有关技术规范、标准；审查林业信息化建设项目及其他建设项目中包含的信息化建设内容；组织实施重大林业信息化项目建设和重大课题研究；协调解决林业信息化建设中的关键问题；组织开展林业信息化宣传教育、技术培训、对外交流与合作等工作；管理林业系统国家级综合数据库和各类专业数据库、主要应用系统、业务主干网络和国家林业局综合办公内网、门户网站、视频会议系统、电子公文传输系统、网络电视建设与运行维护等工作；承办向国务院办公厅电子政务办公室、中央政府网站等提供林业信息；承担全国林业信息化工作领导小组的日常工作；承办全国林业信息化工作领导小组交办的其他工作。

（温战强　靳爱仙）

【全国林业信息数据标准化技术委员会】 为加强林业信息数据标准的制定和修订工作，加快林业信息化标准建设，尽快建立林业信息化标准体系，促进林业信息数据共建共享和互联互通，积极实施林业信息资源有效整合，提高林业信息工作的标准化水平，满足现代林业建设的需要，国家林业局报请国家标准化管理委员会同意，于2009年4月成立了全国林业信息数据标准化技术委员会。林业信息标委会设主任1名，副主任4名，秘书长1名、副秘书长3名，委员19名，秘书处挂靠局规划院，委员由有关单位推荐的本专业领域具有较高理论水平和较丰富实践经验、熟悉标准化工作的专业技术人员组成。

全国林业信息数据标准化技术委员会是国家标准化管理委员会和国家林业局共同组织领导的全国性标准化技术工作组织，负责全国林业信息数据标准研究制修订、审查和宣传贯彻等工作。结合林业信息资源整合和林业电子政务建设需要，制定林业信息标准体系框架和标准体系表、制定林业信息和电子政务标准编制指南、修订制定当前急需的信息化标准、建立促进标准实施的协调和应用服务支撑体系，推动林业行业跨部门、跨省市的信息标准统一和信息数据互联共享，促进林业信息化和电子政务工作健康发展。

（顾红波）

【全国林业信息化建设纲要】 2009年2月颁布实施。《纲要》明确了林业信息化建设的指导思想、基本原则、建设目标、主要内容、行动计划和保障措施等。明确提出林业信息化建设要按照现代林业建设的总体部署，以全面实现林业信息化为目标，以信息资源开发利用为中心，以林业电子政务建设为重点，以资源整合和信息共享为突破口，以完善体制机制为保障，统一规划、统一内容、统一标准、分步实施，尽快形成布局科学、高效便捷、先进实用、稳定安全的全国林业信息化格局。通过5~10年的努力，建立覆盖全国林业行业的林业信息化体系，建成国内领先的林业信息化平台，全面提高林业信息化应用水平，实现信息资源共享，提供全面、快捷、准确的信息服务，增强决策支持和应急处理能力。《纲要》指出林业信息化建设的总体框架是“四横两纵”。“四横”为基础设施、数据库、应用支撑和应用系统，“两纵”为支撑“四横”的标准规范体系、安全与综合管理体系。建设内容包括基础设施、数据库、应用支撑、应用系统、内外网门户、安全与综合管理体系、标准规范体系。行动计划包括林业资源监管系统建设、营造林管理系统建设、林业灾害监控与应急系统建设、综合办公系统建设、林业信息化基础平台建设、林业产业发展与林业经济运行系统、生态文化与教育培训系统、林业信息技术自主创新等 8 个行动计划。《纲要》是指导全国林业信息化建设的纲领性文件，对促进全国林业信息化建设具有重大而深远的意义。

（徐泽鸿）

【全国林业信息化建设技术指南】 为实现林业信息化建设全国统一标准、网络互联互通、信息资源共享和效益最大化，国家林业局于 2009 年 2 月颁布实施了《全国林业信息化建设技术指南》，《技术指南》从技术层面详细阐明了全国林业信息化建设的总体框架、核心内容、关键技术、运维服务、标准规范体系等。在技术实现上，利用面向服务的体系架构思想，实现林业信息系统的横向和纵向集成；在技术选择上，采用国际先进、成熟、符合主流发展方向的信息技术作为核心技术，包括地理空间信息技术、海量数据管理技术、可视化技术、信息交换技术、模型模拟技术、安全访问控制技术等。逐步建立国家和省级林业部门统一的数据库服务、数据加工、数据交换、业务应用、高效稳定的数据存储系统，建设和整合全国林业传输网络和信息发布平台。信息资源通过采集、交换、汇集与存储等手段，在国家和地方各级结点建立相应的数据库，共同构成全国林业数据库整体。利用标准接口、源数据和面向服务架构等技术，为应用系统建设、运行、协同等技术工作提供统一支撑。按照中央有关标准，结合林业实际，建立健全林业信息化标准体系等，提出了有效保障措施。《技术指南》是指导林业信息技术开发和应用的技术指导性文件，有利于统筹规划全国林业信息化建设。（徐泽鸿）

【林业信息化标识】 2009 年 2 月下旬至 3 月下旬，国家林业局办公室、信息办借助国家林业局政府网站组织开展了征集“林业信息化”标识活动。标识征集活动引起了社会广泛关注，吸引了全国 20 多个省（区、市）的专业设计人员、林业工作者、高等院校师生、广大社会公众的积极参与。20 天征集时间共收到来自 241 人递交的作品 348 份，体现了设计者对现代林业和林业信息化的高度关注和深刻理解。经过初选、复选、终选三个阶段的评审，最终评选出“林业信息化”标识征集活动一、二、三等奖作品。其中，三等奖作品 3 个，二等奖作品 2 个，一等奖作品的作者是河南金冠图文工作室陈奎昇先生。一等奖作品名称为“信息林业、和谐未来”。该作品以代表网络信息化的英文字母“e”为设计主体，并巧妙融入“生态森林 飞扬的信息彩带”为设计元素变形组合而成。标识寓意：腾飞、和谐、发展，象征科技、信息、共享。色彩寓意：林业之绿、和谐之绿、信息之绿、生态之绿。

对于评选出来的一等奖作品，信息办组织有关人员和作者一道，以一等奖作品为主，同时吸收其他作品的优秀设计理念，反复修改润色，形成林业信息化正式标识——“飞翔林业”。该标识以森林、湿地、荒漠三大生态系统和生物多样性为理念，将林地、湿地、沙地分别以绿、蓝、黄三种颜色来表示，双“木”成林传达出林业的特性，动感飞跃的弧线构成信息化字母“e”，并巧妙融入和谐中国的象征“飞龙”和“凤鸟”，腾飞的龙象征着林业信息化开拓创新的精神，“凤鸟”是吉祥与和谐的化身，寓意中国林业信息化建设和谐美好的未来，展翅向上飞翔的凤凰体现了林业信息化积极向上和锐意进取的时代精神。旋转的姿态演绎着活力与发展。整个标识体现了全面、快捷、准确、高效的林业信息化平台；代表着林业信息化“科技为本、信息服务、资源共享”的新内涵；展示了“信息林业、和谐林业、生态林业、繁荣林业”的新风貌；昭示着中国林业信息化建设走向更加美好的明天。林业信息化标识征集结果在全国林业信息化工作会议上正式公布。

林业信息化
Forestry Informatization

林业信息化标识

（张会华）

【全国林业信息化建设成果展览】 2009 年 3 月 24 日至 4 月 3 日，首届全国林业信息化建设成就展先后在首届全国林业信息化工作会议会场和国家林业局办公楼大厅举办。本次展览由前言、领导关怀、重大意义、发展回顾、地方风采、社会参与、未来展望和结束语等 8 部分组成，共制作了 63 块展板，全面介绍了党中央、国务院和局党组对信息化建设的高度重视，展示了全国林业信息化建设的成就与经验，同时还对《全国林业信息化建设纲要》提出的八大行动计划作了重点说明。贾治邦局长对本次展览给予了高度评价。他强调，做好林业信息化工作，事关现代林业发展全局，是对林业工作能否做到以人为本、真正把科学发展观落到实处的最好检验。

展览中较为突出的建设成就：一是国家林业局门户网站（www. forestry. gov. cn），设计新颖、内容丰富、更新快，是国家林业局对外信息发布与互动交流的窗口和重要网络平台。二是以3S技术为主的高新技术应用，代表成果是以森林资源调查监测数据为基础的全国森林资源管理信息系统，为进一步加强森林资源监管，控制森林资源流失和加强林地征占用管理发挥了重要作用。三是辽宁省已基本完成省、市、县三级专网建设和三级专用机房建设。建成了全省数字林业核心平台、全省森林资源管理系统、三维显示系统，全省OA办公自动化系统、全省办证系统、全省档案管理系统、全省造林作业设计系统，全省即时通讯系统等。四是江西省已经初步构建了省、市、县、基层林业站四级联网的政务内网网络体系，基层林业站与省林业厅政务内网联通，在全省所有办证点均可实现采伐证和运输证网上办理，搭建了远程监控边境木材检查站和重点防火区的全球眼信息平台，开发应用了全省产权交易中心和市场供求信息服务平台等综合信息发布系统。五是湖南省按涉密网标准建设了省、市、县、乡四级涉密网络，组织研发并推广应用了森林防火、文档处理、电子办证等14个信息管理系统，全省林业系统的办公方式和习惯正在逐步向数字化、网络化、无纸化方向发展。六是上海市通过不断完善计算机网络设施、基础数据、林业行政许可系统和案件投诉受理系统等多个方面的建设，极大地提高了政府信息服务、在线办事和管理能力，促进了效能型、服务型政府建设。（杨新民）

【林业政府信息公开】 国务院于2008年5月1日颁发并实施了《中华人民共和国政府信息公开条例》（国务院令492号）。国家林业局根据《条例》和《国家林业局〈政府信息公开条例〉实施办法》的有关规定，以科学发展观为指导，认真落实《条例》和中央有关文件精神，适应形势，立足实际，狠抓落实，取得了积极进展，为打造“阳光林业”、调动全社会参与现代林业建设的积极性发挥了重要作用。具体开展了以下几项工作：一是规范操作，完善了政务公开工作机制。按照《实施办法》有关要求，修订并完善国家林业局公文发文稿头纸，将政务公开和保密审查作为重要内容列入公文运转程序中，建立健全了政务公开工作机制。二是强化能力，加大政务公开培训力度。继2007年第二次信息化工作会议暨政务公开工作业务研讨会之后，2008年4月，在昆明市举办政务公开业务培训班，对各司（局）、各直属单位的办公室主任和综合处处长进行专门培训。同时，在中国林科院和贵州省林业厅分别召开的办公室主任会议上，专题讲解政务公开有关知识，全方位提高干部职工积极开展政务公开工作的思想认识和工作能力，确保政务公开各项工作任务落到实处。三是夯实基础，认真编制《目录》和《指南》。依据《国务院办公厅关于做好施行〈政府信息公开条例〉准备工作的通知》（国办发[2007]54号）和《国家林业局〈政府信息公开条例〉实施办法》有关要求，组织编制了《国家林业局政府信息2003年至2007年面向社会公开目录》和《国家林业局政府信息公开指南》，目录内容覆盖国家林业局主动公开和依申请公开事项的全部文件信息。四是提高效率，充分发挥现代信息技术的优势。除利用局公报、新闻媒体、新闻发布会等传统形式公开林业政务信息外，国家林业局还进一步借助于国家林业局门户网站开辟政府信息公开专题栏目，在文件印发之日后的20个工作日内主动上网发布应公开的非涉密文件，具体包括局发文、局办发文和专用字号文，最大限度地发挥了网络媒介的独特优势，增强了政务公开的时效性和广泛性。五是全程介入，逐步转变政务公开方式。在制定林业法律法规、林业发展战略和林业发展规划的过程中，除进行结果公开外，还通过国家林业局门户网站、报刊等形式，广泛征求社会各界的意见和建议，充分体现社情民意。在林业重大事项决策前，举办社会听证会、专家论证会等，认真听取社会各界和专家学者的意见和建议，确保决策科学合理。六是探索规律，深入开展林业政务公开调查研究工作。除组织有关人员深入基层开展专题调研外，在各司（局）、各直属单位开展的其他调研工作中也相应增加政务公开方面的内容。同时，加强对林业政务公开理论的研究，全面分析林业政务公开的发展趋势，准确把握政务公开工作的特点和规律，提高工作的主动性和预见性，推动林业政务公开工作健康发展。

在政府信息公开方面，2008年度，在国家林业局门户网站上发布政府信息44 611条，其中公文1056条（2003~2007年623条，2008年433条），其他政府信息43 555条，印发《国家林业局公报》4期。举办各类新闻发布会16场，其中：在国务院新闻办公室举办4场，在京外举办2场，内容涉及集体林权制度改革、林业雨雪冰冻灾害和地震灾害、林业应对国际金融危机挑战、绿色奥运与防沙治沙、亚太森林恢复与可持续管理网络框架文件主要内容及工作进展情况、2008年圈养大熊猫人工繁育成果、中国城市居民生态需求调查结果等方面。共实施林业行政许可事项124 014件，其中：准予许可114 929件，不准予许可11 215件。在依申请公开方面，本年度，国家林业局接到依申请公开申请3件，均按《条例》及《条例实施办法》有关规定予以答复处理。

（邹亚萍）

【《中国林业电子政务》出版】 为认真总结我国林业电子政务建设成绩，加强各地林业电子政务建设经验交流，进一步加快林业电子政务发展，国家林业局办公室组织有关专家和技术人员编写了《中国林业电子政务》一书，并于2007年出版发行。该书紧紧围绕信息化工作支撑林业重点工作建设这一主题，系统总结了我国林业电子政务建设走过的发展历程、建设现状、发展趋势和取得的重要进展，分别介绍了各地林业信息化建设的主要做法和宝贵经验，是一部系统了解我国林业电子政务发展情况的书籍。全书共分5篇24章，约75万字。第一篇为发展历程篇，主要介绍我国林业电子政务发展历史、现状和趋势；第二篇为建设重点篇，主要阐述林业"三网一库"建设情况；第三篇为政策指导篇，重点收录了有关林业信息化和电子政务的政策文件、法律法规、标准规范和管理办法；第四篇为地方实践篇，全面介绍了各省(区、市)林业厅(局)、四大森工(林业)集团和新疆生产建设兵团林业电子政务建设的总体情况和成功经验；第五篇为国外借鉴篇，着重介绍了美国、加拿大、英国、丹麦、瑞典、澳大利亚、新加坡、韩国等发达国家电子政务建设的发展概况、主要做法和重要启示。附录详细列举了中国林业电子政务大事记。

(温战强)

【表彰先进】 近年来，各地各单位认真贯彻落实中央办公厅、国务院办公厅和国家林业局关于加强电子政务工作和政府门户网站建设的要求，认真落实政府信息公开条例，积极推进电子政务，不断增强政府信息服务功能，在树立林业良好形象、提高政府办事效率、推进服务型政府、保障公民参与权和知情权等方面发挥了重要作用，涌现出一批优秀单位、优秀网站和优秀栏目，同时也培养出了一批支撑林业信息化建设的突出贡献者和先进个人。为树立典型、鼓励先进，根据近年来各地林业信息化建设取得的成效，经各单位推荐和评选，在首次全国林业信息化工作会议上对北京市园林绿化局等10个先进单位、首都园林绿化政务网等10个优秀网站、国家林业局网站"行政许可"栏目等10个优秀栏目、侯喜丰同志等20名突出贡献者、卜柏青同志等60名先进个人予以表彰。旨在以先进典型为榜样，带动全国林业信息化工作加快步伐，提升水平，为推进现代林业建设提供强大支撑。

(靳爱仙)

【首届全国林业信息化工作会议】 2009年3月24～25日，国家林业局在北京召开首次全国林业信息化工作会议，局长贾治邦、副局长李育材、祝列克、印红，局党组成员、中央纪委驻局纪检组组长陈述贤，局总工程师卓榕生出席了会议。北京市副秘书长安钢及国务院办公厅、国家发改委、工业和信息化部、公安部、财政部、国家公务员局、国家信息化咨询委员会、中国科学院等单位相关部门负责人也应邀参加了会议。各省(区、市)林业厅局、四大森工(林业)集团、新疆生产建设兵团林业局负责人和办公室主任、信息中心主任，各计划单列市林业局负责人，国家林业局各司(局)、各直属单位主要负责人和办公室主任等200多人参加了会议。

会议由李育材主持，贾治邦作了题为《全面加快林业信息化步伐，为现代林业建设提供强大支撑》的讲话。贾治邦的讲话在认真总结近年来全国林业信息化取得的成就，深刻分析林业信息化面临的形势与挑战的基础上，就当前林业信息化工作进行了全面部署，通过这次会议，统一了思想认识，理清了工作思路，明确了工作任务和具体措施。贾治邦在讲话中指出，林业信息化建设是现代林业建设的重要组成部分，是实现林业科学发展的重要支撑，是关系林业工作全局的战略举措和当务之急。必须采取强有力的措施，加强统筹规划，全面加快林业信息化建设步伐。贾治邦提出，林业信息化建设的总体思路是：以邓小平理论和"三个代表"重要思想为指导，深入贯彻落实科学发展观，按照现代林业建设总体部署和《全国林业信息化建设纲要》的要求，以全面实现林业信息化为目标，以电子政务建设为重点，以"四横两纵"为架构，以信息资源开发利用为中心，以资源整合为突破口，以完善体制机制为保障，统一规划，统一标准，统一管理，分工负责，尽快形成布局合理、科学高效、先进实用、安全稳定的林业信息化格局，充分发挥信息化支撑发展、推动改革、引领未来的重大作用，为发展现代林业、建设生态文明、促进科学发展作出新的更大贡献。概括为一句话，就是"加快林业信息化，带动林业现代化"。林业信息化建设的总体目标是：到2020年，建立起覆盖全国林业系统的信息化体系，建成国内领先的信息化平台，基础设施明显改善，信息安全保障能力大幅增强，林业信息化发展制度、标准体系基本形成，资源共享和应用水平全面提升，实现林业决策科学化、办公电子化、服务便捷化，为建设现代林业提供强大支撑。主要任务是：认真落实《全国林业信息化建设纲要》总体要求，按照林业信息化建设"四横两纵"的总体框架，实施林业资源监管系统、营造林管理系统、林业灾害监控与应急系统、林业综合办公系统、林业信息化基础平台、林业产业发展与林业经济运行系统、生态文化与教育培训系统、林业信息技术自主创新八大行动计划，统筹规划、协调推进，逐步建成齐备的基础设施、强大的数据库、强效的应用支撑、实用的应用系统、健全的标准规范体系、完善的安全与综合管理体系，满足林业信息化建设的各种需求，为发展现代林业提供强大支撑。这次会议，是我国林业发展史上第一次召开的全国林业信息化工作会议，标志着林业信息化建设进入了全面加快发展的新阶段。

（张会华）

【林业信息化大事记】

1964 年

引进电磁式穿孔卡计算机，应用于森林资源数据调查与分析领域。

1980 年

使用罗马尼亚生产的 FelixC－512 中型电子计算机，开始研建“四五”全国森林资源数据库。

1983 年

在 VAX－II/750 小型机上使用 Model75 图像显示器开发林业系统的第一代 GIS 系统平台，开始林业领域 GIS 研究与开发的新探索。

1984 年

引进日本 KIMOTO 公司的脱机图像处理工作站一套，包括 M301－B 计算机图像处理系统和日本阿部公司的 1304 输入输出系统设备，具有计算机图像数据彩色胶片扫描输出和黑白胶片、彩色照片数字化输入功能。

1985 年

从美国引进 VAXII/750 超级小型机系统，磁带机 5 台，PDP－II 数据处理工作站 2 套。同时还引进了 MDA 公司的 FIRE240 胶片扫描记录仪、Varsatec 彩色静电绘图仪、数字化仪等外部配套设备。将森林资源数据库系统由 FelixC－512 机移植到 VAX－II/750 小型机上，建立了国家“四五”森林资源统计数据库之后，又建立国家“五五”森林资源清查数据库。计算机技术的应用向地方和基层延伸，大量一类调查数据、二类调查数据的汇总、统计以及各种报表输出，基本由计算机完成，并建立了国家级、县级森林资源本底数据库。

1986 年

开始研建反映全国森林资源动态变化的计算机模型和图形数据库。

1987 年

林业部经济信息系统建设领导小组成立。

1988 年

完成森林资源和灾害管理信息系统和林火管理信息系统开发。

1989 年

引进美国 DEC 公司的 MICROVAX3300 超级小型机系统。

1991 年

引进美国 DEC 公司的 VAX6410 超级小型机。

1992 年

引进美国 SGI 公司的 4D/25 图形工作站一套，美国 DEC 公司的 DEC STATION3100 工作站一套，CALCOMP 公司的 Calcomp68436 彩色静电绘图仪一套。

1993 年

研建了中央级林火管理数据库及计算机辅助决策系统、森林病虫害防治管理信息系统、国家造林项目管理信息系统、林业政策法规管理信息系统、人事管理信息系统等。

1994 年

引进美国 DEC 公司的 HUB90 网络设备，建立林业部大院的网络系统，试运行 ALL－IN－ONE 二次开发的办公自动化软件和公用数据库查询网络版。

1995 年

2 月 林业部部长办公会议将 1987 年成立的林业部经济信息系统建设领导小组调整为林业部信息工作领导小组。

4 月 中央编委批复同意成立林业部信息中心，核批事业编制 35 人，信息中心与部规划院二块牌子、一套机构，是林业信息化建设的主要执行者。

1996 年

由信息中心负责，建设全国卫星林火监测信息网，增设西南地区（昆明）和西北地区（乌鲁木齐）两个林火监测分中心，在各省（区、市）和重点森林火险区相继建立近 140 个远程工作站，极大地改善林火监测的覆盖面和火情预报速度与准确性，促进林业资源灾害控制工作。

1997 年

7 月 林业部召开部长办公会议，正式成立以副部长王志宝为组长的林业部信息化工作领导小组，负责协调全国林业系统信息化工作。领导小组下设办公室，设在信息中心，具体负责信息化建设的管理和落实工作。

同月，王志宝副部长主持召开林业部信息化工作办公会议。明确了林业部信息化工作领导小组的主要工作职责，讨论并原则同意林业部 1997－1998 年信息化工作要点。

12 月 建成以林业部 3 号楼办公室为主要接入终端的林业部第一代局域网，可以通过内部局域网互发邮件、传递资料，查询有关业务信息。

1999 年

国家林业局以林计发［1999］396 号印发《国家林业局关于信息中心建设局机关办公自动化信息系统项目的批复》，批准建设局机关办公自动化系统。

2000 年

9 月 国家林业局计算机信息网络开通试运行，

局办公自动化系统的信息查询系统于10月建成并试运行，并于12月正式运行。

11月 国家林业局政府门户网站正式开通运行。至此，国家林业局有了以国际互联网向外发布信息、宣传林业建设成就的网络平台和信息窗口。

12月 国家林业局正式启动档案数字化工程，对国家林业局机关1950~2004年各类档案资料进行全文数字化处理，构建了较为完善的档案数字化检索体系。

2001年

10月23日 国家林业局信息化工作领导小组成员调整，周生贤局长任领导小组组长。

2002年

10月8日 国家林业局批复了《国家林业局关于全国林业视频会议系统建设项目可行性研究报告》(林计发［2002］225号)。主要内容：一是为国家林业局局领导、局机关与各省(区、市)林业厅(局)之间建成一条能够进行实时交流的功能强大的多媒体信息网络平台(全国林业信息专网)；二是建立全国林业视频会议系统，随时可以召开全国、部分地区、专业的视频会议；三是建立国家林业局综合办公电子传输系统，通过网络互传文件、信息、数据等。为真正意义上的办公专网的建立与信息查询与共享奠定基础。

12月 国家林业局门户网站在2002年政府上网工程优秀网上应用调查活动中，排名列56个部委办局中的第十二名，并被授予政府上网工程网站建设示范单位称号。

12月 完成文书档案数字化工程。以此为标志，国家林业局机关档案工作实现了由手工管理向计算机管理的转变。

2003年

2月 国家林业局批复《国家林业局关于全国林业视频会议系统建设项目初步设计》(林计批字［2003］3号)，该项目正式启动。

4月 国家林业局保密委员会办公室印发《国家林业局计算机网络安全与保密暂行规定》。

6月 国家林业局印发《国家林业局关于建设全国林业视频会议系统的通知》(林办发［2003］82号)，随文下发项目实施工作方案，全面部署工作。

8月 来自各省(区、市)的85名技术人员，接受了为期一周的网络及视频会议系统的技术培训。

9月 开始全面网络及视频会议系统建设。

11月 对网络及视频会议系统进行全国范围的联合调试及测试，项目基本达到设计要求。

2004年

4月 国家林业局保密委员会办公室印发《国家林业局工作人员计算机网络安全与保密须知》。全国林业政务信息工作座谈会在北京市怀柔区召开。国家林业局局长周生贤在致信中肯定了林业政务信息和电子政务建设工作取得的成绩，要求进一步做好政务信息工作，加快推进电子政务建设，为林业全面、协调、可持续发展作出新贡献。

4月28日 国家林业局召开全国森林防火工作电视电话会议，27个部委有关司(局)负责同志，国家林业局各司(局)、各直属单位，全国各省(区、市)林业厅局主要负责人参加会议，会议规模达3000人。标志着全国视频会议系统进入试运行阶段。

5月 在电信资费不变的前提下，经与电信部门协商，将国家林业局国际互联网络的带宽由原来的2M扩展到10M，现已扩展到30M，大大提高了上网速度。国家林业局综合办公电子传输系统有限招标，最终确定北京书生电子信息技术有限公司作为项目集成公司。

6月 国家发改委下发《国家发展改革委关于增加国家林业局2004年中央预算内投资的通知》(发改投资［2004］913号)，批准国家林业生态工程重点区遥感监测评价项目实施。该项目选取了12个相对独立的监测区(设立12个子项目)，进行连续的动态监测与评价，为我国林业生态建设的管理与决策提供基础数据服务。

7月 国家发改委批复了自然资源和地理空间基础信息库建设项目的可行性研究报告。

11月 召开全国骨干网络系统、全国视频会议系统验收会议，根据合同要求验收全国骨干网络系统、视频会议应用系统、系统中心节点主要设备以及技术文档。通过会议讨论，专家组形成验收意见，全国骨干网络系统、视频会议应用系统通过验收。

12月 国家林业局印发《国家林业局关于建设林业综合办公电子传输系统的通知》(林办发［2004］215号)，林业综合办公电子传输系统和视频会议系统正式运行，国家林业局办公室举行了系统开通仪式及全国视频电子政务和综合办公电子传输系统应用培训班。

2005年

4月 国家林业局成立林业资源地理空间信息库建设领导小组。

7月 国家林业局林业综合办公电子传输系统开始运行，接受各地报送的林业信息、林业简报等。

9月 全国森林资源管理信息系统建设项目正式启动。这标志着我国森林资源管理信息系统进入实质性建设阶段。

11月 国家林业局印发《国家林业局网站管理暂行办法》。

12月 国家林业局政府网站在国信办组织的政

府门户网站绩效评估活动中，名列76个中央部委门户网站的第二十名。

2006年

6月 国家林业局林业综合办公电子传输系统开始电子公文传输试运行。

8月 国家林业局信息化工作领导小组调整为国家林业局信息化与电子政务工作领导小组，贾治邦局长任组长。

9月 国家林业局办公室印发《全国林业视频会议系统管理办法》和《国家林业局林业综合办公电子传输系统管理办法》。国家林业局信息化与电子政务工作领导小组第一次扩大会议召开。贾治邦局长作了题为《加强电子政务建设，提升公共服务水平，努力推进林业又好又快发展》的讲话，充分肯定了国家林业局电子政务工作取得的重大成绩，对下一步工作做了具体的安排部署。贾治邦点击开通了第四次改版后的国家林业局门户网站。

12月 国家林业局政府网站在国信办组织的全国各级政府门户网站绩效评比中，位居76个部委网站的第二十三名，其中三大类指标中的政务信息公开指数排名第五位。

2007年

4月 贾治邦局长就加强电子政务建设作出批示，充分肯定了近年来所取得的成绩，要求积极运用现代管理理念，采用现代信息手段，利用现代技术装备，加快电子政务建设步伐，为全面推进现代林业建设作出新贡献。

同月，第二次全国林业信息化工作座谈会在南昌市举行。

国家生态网正式开通，与国家林业局网站实行一网双名管理，标志着国家林业局门户网站建设进入一个新阶段。

5月 国家林业局各司(局)、在京各直属单位办公室主任会议在北京召开，对林业电子政务等工作进行了认真总结和全面部署。国家林业局印发《国家林业局关于进一步加强政务信息、电子政务、督查督办、政务公开工作的指导意见》(林办发[2007]127号)。

12月 国家林业局政府网站在国信办组织的各级政府网站绩效考核评比中，位居76个部委网站的第十六名，与2006年相比名次提前了7名，首次进入前20名的先进行列，被列入进步比较突出、名次提升幅度较大的网站予以表扬。

2008年

1月 国家林业局政府网(国家生态网)首次运用网络技术手段对全国林业厅(局)长会议进行了现场直播。

4月 国家林业局以林办发[2008]95号印发《国家林业局政府信息公开指南》及《国家林业局政府信息2003年至2007年面向社会公开目录》。

5月 国家林业局批复全国林业产业基础数据库和全国现代林业产业网建设项目的初步设计，项目经招标进入建设阶段。

9月 国家林业局政府网站研建获局规划院2008年度优秀咨询成果二等奖。

11月 国家林业局政府网站研建与设计获国家林业局2008年优秀设计成果三等奖。

12月 国家林业局政府网站在工业与信息化部组织的各级政府门户网站绩效评估中，被列入部委级优秀网站和特色网站，并对网站专题建设情况予以表扬和肯定。

2009年

2月 国家林业局下发《国家林业局关于印发〈全国林业信息化建设纲要〉和〈全国林业信息化建设技术指南〉的通知》(林办发[2009]23号)，随文印发的《纲要》和《指南》是指导当前和今后一段时期我国林业信息化建设的纲领性文件。

同月，国家林业局下发《国家林业局关于成立国家林业局信息化管理办公室的通知》(林办发[2009]21号)，信息办与国家林业局办公室合署办公，李世东兼任信息办主任。

2~3月 在国家林业局政府网组织开展了"林业信息化"标识征集活动，林业信息化标识"飞翔的林业"在首届全国林业信息化工作会议上正式发布并启用。

3月 首届全国林业信息化工作会议在北京举行，会议由李育材副局长主持，贾治邦局长作题为《全面加快林业信息化步伐，为现代林业建设提供强大支撑》的讲话，祝列克副局长作总结讲话。

同月，首届全国林业信息化高峰论坛在北京召开，论坛由国家林业局卓榕生总工程师主持，周宏仁等4位专家作了专题报告，局防火办等7个单位作了经验交流，王茜等3位IT界的专家介绍了当前信息化发展的先进技术。这是林业信息化技术培训与交流最高规格的会议，对促进林业信息化建设具有重要影响和实际意义。

(高尚仁)

林业教育与培训

林业教育培训

【改革开放30年林业教育培训成绩斐然】 改革开放30年来，中国林业教育培训事业取得了令人瞩目的成绩。

高等林业教育 初步形成了以林学、林业工程为特色，涵盖理学、工学、农学、管理学四大门类，本专科教育与研究生教育多个层次、普通高等教育与高等职业教育相互协调、学术学位教育与专业学位教育并举的林业学科专业体系，有2所高等林业院校进入国家高等教育“211”工程，4个一级学科点、19个二级学科点被评为国家重点学科，61个二级学科点被评为国家林业局重点学科，还有二级学科点一批学科被评为省级重点学科，先后有9名高等林业院校教师当选为中国工程院院士。30年来，高等林业教育共向国家输送了1.6万名毕业研究生和32.6万名本专科和高职毕业生。通过林业部门开展林业自学考试工作以及林业院校举办函授、夜大学等途径，还有一大批林业从业人员在职接受了高等教育。高等林业院校在林业科学研究、社会服务方面也取得显著成绩。

中等林业职业教育 为加强对中等林业职业学校教育工作的指导，国家林业局成立了职业教育研究中心、林业职业教育教学指导委员会等机构，并在中国林业教育学会设立职业教育分会；制定实施了中等林业学校指导性教学计划、教学大纲，组织了中等林业学校专业质量评估；开展了3个国家重点建设专业教学改革，编写印发了林业、园林、木材加工3个专业及其6个专业方向55门课程以及森林资源与林政管理专业、旅游服务与管理专业森林生态旅游专门化主干专业课程教学基本要求。林业、园林、木材加工3个中等职业学校林科专业被确定为国家重点建设专业。30年来，普通中等林业职业学校和其他中等学校林科专业毕业生年均增长107%；招生年均增长106.4%。

林业从业人员培训 国家林业局连续编制了全国林业教育培训工作五年规划，多次召开了全国林业教育工作会议，先后组织开展了林业职工文化、技术补课（简称“双补”）、林业企业厂长经理统考培训、林业企业领导干部岗位培训、县长林业专题培训、地（市）林业局长现代经营管理知识培训、专业技术人员高级研修、机关公务员培训、机关及直属单位处级以上领导干部任职培训和党校理论进修。启动了林业专业技术人才知识更新工程。仅“十五”期间，林业行业组织开展的培训达1433万人次。林业培训研究和规范化建设取得可喜成绩。国家林业局组织开展了中国林业行业岗位培训制度研究、西部地区林业人力资源整体性开发研究、林业行业培训规范化建设研究，参与中国可持续发展林业战略研究。组织编写《林业行业干部岗位规范》、《林业行业干部岗位培训指导性教学计划》、《林业行业干部岗位培训指导性教学大纲》、《林业行业专业技术人员继续教育科目指南》、《林农技术资格岗位规范》，还会同国家劳动主管部门组织编制了林木种苗工等8个职业岗位的国家职业标准，编写了林业工人专业技术培训教材和林业行业干部岗位培训教材。 （吴友苗）

【第二届林科类优秀教材评奖】 经教育部备案，并经中国林业教育学会三届二次常务理事会同意，中国林业教育学会于2008年组织了第二届高、中等院校林（农）类优秀教材奖（2003～2006年出版）优秀教材评审，52种教材获奖。其中：一等奖11种，二等奖18种，优秀奖23种；本科及研究生教材39种，职业技术教育教材13种。

第二届高、中等院校林（农）类优秀教材奖名单

教材名称	主　编	主编单位	出版单位	获奖等级
本科及研究生教材				
城市园林绿地规划（第2版）（“十一五”国家规划教材）	杨赉丽	北京林业大学	中国林业出版社	一等奖
土壤学（“十五”国家规划教材）	孙向阳	北京林业大学	中国林业出版社	一等奖

（续）

教材名称	主　编	主编单位	出版单位	获奖等级
林木育种学	陈晓阳，沈熙环	华南农业大学	高等教育出版社	一等奖
园林花卉应用设计	董　丽	北京林业大学	中国林业出版社	一等奖
木制家具制造工艺学	吴智慧	南京林业大学	中国林业出版社	一等奖
木材切削原理与刀具	李　黎	北京林业大学	中国林业出版社	一等奖
机械制造基础(上下册)	侯书林，朱　海	中国农业大学	北京大学出版社，中国林业出版社	一等奖
室内装饰材料	向仕龙	中南林业科技大学	中国林业出版社	一等奖
普通化学	康立娟，朴凤玉	吉林农业大学，延边大学	高等教育出版社	一等奖
树木学(南方本)(第2版)	祁承经，汤庚国	中南林业科技大学，南京林业大学	中国林业出版社	二等奖
植物学("十一五"国家规划教材)	方炎明	南京林业大学	中国林业出版社	二等奖
森林生态学	薛建辉	南京林业大学	中国林业出版社	二等奖
有机化学实验	孙才英	东北林业大学	东北林业大学出版社	二等奖
景观生态学	余新晓	北京林业大学	高等教育出版社	二等奖
园林水彩	吴兴亮	海南大学	中国林业出版社	二等奖
木材加工装备——人造板机械("十一五"国家规划教材)	谢拥群	福建农林大学	中国林业出版社	二等奖
现代公路测量技术	付开隆	东北林业大学	科学出版社	二等奖
信息系统理论与技术	苏健民	东北林业大学	东北林业大学出版社	二等奖
室内环境设计	张青萍	南京林业大学	中国林业出版社	二等奖
草坪学(第2版)	孙吉雄	甘肃农业大学	中国农业出版社	二等奖
中药资源学	杨世海	吉林农业大学	中国农业出版社	二等奖
家畜繁殖学(第4版)	张忠诚	中国农业大学	中国农业出版社	二等奖
林火生态与管理	胡海清	东北林业大学	中国林业出版社	优秀奖
资源与环境地理信息系统	范文义，周洪泽	东北林业大学	科学出版社	优秀奖
植物学(南方本)	许鸿川	福建农林大学	中国林业出版社	优秀奖
统计数据分析理论与方法	陈建成，庞新生	北京林业大学	中国林业出版社	优秀奖
计算机应用技术基础	毛汉书，徐秋红，翟晓明	北京林业大学	清华大学出版社	优秀奖
城市道路绿地景观规划	王　浩	南京林业大学	东南大学出版社	优秀奖
园林苗圃学	苏金乐	河南农业大学	中国农业出版社	优秀奖
木质材料性能检测	唐忠荣，李克忠	中南林业科技大学	中国林业出版社	优秀奖
土力学	杨　平	南京林业大学	机械工业出版社	优秀奖
工程图学	商庆清	南京林业大学	科学技术文献出版社	优秀奖
测量学	周国君	东北林业大学	哈尔滨地图出版社	优秀奖
室内绿化应用设计	周吉玲	南京林业大学	中国林业出版社	优秀奖
设计制图	彭　红	南京林业大学	中国林业出版社	优秀奖

（续）

教材名称	主　编	主编单位	出版单位	获奖等级
室内装修工程管理及概预算	张秋梅	中南林业科技大学	中国林业出版社	优秀奖
家具制造工艺	邓背阶，陶涛	中南林业科技大学	化学工业出版社	优秀奖
资源昆虫学	李孟楼	西北农林科技大学	中国林业出版社	优秀奖
动物生理学学习指南	肖向红，杨秀平	东北林业大学	高等教育出版社	优秀奖
职业技术教育教材				
森林环境	毛芳芳	云南林业职业技术学院	中国林业出版社	一等奖
园林花卉（配光盘）	芦建国	南京林业大学	中国林业出版社	一等奖
森林植物	何国生	福建林业职业技术学院	中国林业出版社	二等奖
森林火灾预防	张思玉，张惠莲	南京森林公安高等专科学校	中国林业出版社	二等奖
特种动物养殖	陈树林	西北农林科技大学	中央广播电视大学出版社	二等奖
花卉生产技术	罗　镪	甘肃林业职业技术学院	高等教育出版社	二等奖
园林工程	陈科东	广西生态工程职业技术学院	高等教育出版社	二等奖
计算机应用基础（第2版）	袁津生	北京林业大学	北京师范大学出版社	优秀奖
林火调查与统计	张思玉	南京森林公安高等专科学校	中国林业出版社	优秀奖
园林苗木生产技术	苏付保	广西生态工程职业技术学院	中国林业出版社	优秀奖
园林植物病虫害防治	宋建英	福建林业职业技术学院	中国林业出版社	优秀奖
植物生物学基础	杨春雪，王晓春	东北林业大学	东北林业大学出版社	优秀奖
园林植物栽培养护	祝遵凌，王瑞辉	南京林业大学，中南林业科技大学	中国林业出版社	优秀奖

（吴友苗　贾笑微）

【林业重点学科建设】 2008年，国家林业局组织举办了森林培育学、森林经理学等国家林业局重点学科建设研讨活动，总结了上述学科建设已取得成绩，分析了在基础理论研究、重大技术研究、人才培养模式等方面存在的问题，并就学科队伍建设、人才培养、学术交流、基础研究、成果转化等方面提出政策建议；编辑出版了《国家林业局重点学科2006》，汇集了2006年国家林业重点学科评选相关文件及61个国家林业局重点学科点、1个重点学科培育点学科简介、学科方向、科学研究、人才培养、条件建设、学术交流、学科点建设及相关学科情况介绍。

（吴友苗）

【《中国林业职业教育概览（2001～2006）》出版】 由国家林业局组织编写的《中国林业职业教育概览（2001～2006）》于2008年8月由中国林业出版社正式出版。该书比较系统地反映"十五"期间中国林业职业教育发展概况，研究了林业职业教育发展过程中面临的问题，分析了林业职业教育的发展趋势。同时，收录了近期林业职业教育政策性文件、教育研究成果以及19所高等农林职业学院、17所中等林业职业学校简介。

（吴友苗）

【9个林业项目获得2008年度留学人员科技活动项目择优资助经费】 根据《留学人员科技活动项目择优资助经费申请与管理办法》的有关规定，经国家林业局推荐，国家林业局科技中心龚玉梅的林业转基因生物安全测试、评价和管理技术被评为人力资源和社会劳动保障部2008年度留学人员科技活动重点类项目，另有1项为优秀类项目、7项为启动类项目，上述9个项目分别获得3万～10万元的经费资助。

（吴友苗）

【3个林业发展实例入选学习实践科学发展观活动参阅材料】 为配合在全党开展的深入学习实践科学发展观活动，2008年，中央深入学习实践科学发展观活动领导小组办公室组织编写了《国内外经济社会发展实例选编》一书，作为开展深入学习实践科学发展观活动的参阅材料，供广大党员干部在学习实践中参阅。由国家林业局组织有关单位撰写的《中国防沙治沙的努力与成绩》、《中国退耕还林的决策与实践》和《中国的林权改革》3个实例入选该书。（陈峥嵘）

【林业专业技术人才知识更新工程】 2008年度，国家林业局积极推进林业专业技术人才知识更新工程，共举办各类培训班120期，培训林业人才12 000余人。其中林业生物质能源管理技术高级研修班（与人力资源和社会保障部联合举办）等5期高级研修班培训322人。

国家林业局编制实施了《林业专业技术人才知识更新科目指南》，内容包括2个林业基础领域和16个林业专业领域的《科目指南》，阐述了林业有关领域国内外现状和发展趋势，确定了每个领域的重点更新科目，并在每个领域选取一个科目编制示范性培训大纲。

为促进西部及边远地区林业干部培训工作，国家林业局还支持青海、广西等西部地区林业部门举办了青海三江源自然保护区管理干部培训班等培训班。

（陈峥嵘）

【农村党员干部现代远程教育】 2008年7月，全国农村党员干部现代远程教育工作领导协调小组印发《农村党员干部现代远程教育专题教材制播工作实施意见》。作为参与全国农村党员干部现代远程教育工作的18个中央部门之一，国家林业局负责承担《林业生态与产业发展》栏目的内容规划、选题策划、节目制作和编排送播一体化工作，完成年播出量52小时（其中年制作量26小时）的教学资源建设任务。

按照中央的部署，从2003年4月至2006年底先后在山东、湖南、贵州等12省（区）分两批开展了农村党员干部现代远程教育试点工作，包括国家林业局在内的10多个中央和国家机关部委参加了试点工作。2007年7月，中共中央办公厅下发《关于在全国开展农村党员干部现代远程教育工作的意见》。试点期间，中国教育电视台等媒体播出了国家林业局送播的生态文明系列访谈等方面的十几集电视节目。

（吴友苗）

【林业干部教育培训规范化信息化建设】 2008年，林业教育培训规范化建设进一步加强。国家林业局制定实施了《国家林业局干部教育培训实施细则》，对国家林业局机关和直属单位干部培训的基本要求、组织实施、支撑保障、考核评估、监督纪律等事项作出具体规定；制定实施了《国家林业局关于做好集体林权制度改革培训工作的意见》，明确了集体林权制度改革培训工作的重要意义、指导思想、总体目标、主要任务和保障措施；出版了《林业干部教育培训规范化建设研究》、《林业教育培训工作文件汇编（1998～2008）》。

林业干部教育培训信息化工作进展顺利。国家林业局加强对中国林业教育培训网的指导，丰富了网站内容；研制运行了国家林业局干部学习档案管理系统；组织录制了雨雪冰冻灾后重建林业培训电视专题片《雨雪冰冻灾后重建专家技术指导——竹种苗的恢复与重建》，通过国家林业局政府网站进行视频传播，同时将3000套光盘及时发放到各个受灾的省区，指导地方林业部门科学救灾减灾。（吴友苗）

【林业领导干部能力建设】 2008年，按照中央大规模培训干部和国家林业局建设“学习型”机关要求，国家林业局强化了领导干部能力建设，组织完成了地方林业领导干部业务能力建设标准与建设大纲研究；在抓好机关公务员和直属单位领导干部学习党的十七大精神、科学发展观集中培训和岗位培训的同时，以增强林业领导干部行政能力建设为核心，举办了1期省（区、市）林业厅（局）长专题研修班、2期地（市）林业局长理论研修班、2期县长林业重点工程专题研究班、3期县林业局长培训班，对地方林业领导干部实施配套培训。

（吴友苗）

北京林业大学

【概　况】 2008年，北林大占地面积51.16万平方米，建筑面积35.51万平方米，教学综合实习林场866.67公顷。学校固定资产总值151 332万元，其中教科仪器设备资产值28 122.9462万元。全年教育经费投入52 250万元，其中：国家拨款35 117万元，自筹经费17133万元。下设13个学院及研究生院，开设专业53个本科专业及方向，覆盖9个学科门类；具有4个一级学科博士点，35个博士学位授权点，73个硕士学位授权点和3个专业学位授权点；5个博士后流动站，其中：博士后流动站进站14人，出站9人，在站53人。拥有9个国家重点学科，1个国家重点（培育）学科，10个部级重点学科，1个北京市重点一级学科(含3个二级学科)，3个北京市重点二级学科，1个北京市重点交叉学科；25个研究所，建有1个国家工程实验室，1个国家工程技术研究中心，1个国家级野外台站，4个教育部重点实验室，2个教育部工程技术研究中心，1个教育部科技创新团队，5个国家林业局重点开放性实验室，1个北京市重点实验室，4个国家林业局定位观测站，1个国家级理科人才培养基地。学校现有教职工1584人，其中：专任教师1002人，包括教授160人、副教授366人；有博士生导师141人，硕士生导师278人；中国工程院院士4人。有"长江学者"2人，国家"百千万人才工程"人选5人，国家"新世纪百千万人才工程"人选2人，国家有突出贡献专家8人，省部级有突出贡献专家18人，省部级跨世纪学术与技术重点培养对象人选13人，享受政府特殊津贴专家105人。毕业生6527人，其中：学历教育学生中全日制研究生1021人(博士生247人、硕士生774人)，普通本专科生3347人，成人教育本专科生1906人(本科生1085人、专科生821人)；非计划招生高等教育学生中在职人员攻读硕士学位253人，本科毕业生就业率93.57%。招生6802人，其中：学历教育学生中全日制研究生1131人(博士生231人，研究生900人)，普通本专科生3288人，成人教育本专科生2106人(本科生1170人、专科生936人)；非计划招生高等教育学生中在职人员攻读硕士学位277人。现有在校生21 510人，其中，学历教育学生中全日制研究生3275人(博士生825人、硕士生2450人)，普通本专科生12 993人，成人教育本专科生4294人(本科生2291人、专科生2003人)；非计划招生高等教育学生中在职人员攻读硕士学位948人。留学生毕业5人，招生15人，在校攻读学位共16人。图书馆建筑面积23 400平方米，馆藏纸质文献137.35万册，电子文献74.32万册。

【张德强获北京市青年岗位能手称号】 2008年1月16日，团市委、市人事局联合下发文件，对"2007北京青年榜样"评选活动中涌现出的一批先进个人进行表彰，北林大生物学院张德强被授予"2007北京市青年岗位能手"称号。张德强主讲遗传学和分子遗传学课程，率先开展双语教学，率先开展基因辅助树木育种研究，获得了2005年全国百篇优秀博士论文奖、首届梁希青年论文一等奖、第三十三批中国博士后科学基金奖，入选2007年教育部新世纪优秀人才支持计划，是国际期刊《Silvae Genetica》、《Canadian J. of Forest Research》的审稿人。

【贺庆棠新著问世】 2008年1月31日，《森林生态与环境研究——贺庆棠科技文集》由中国林业出版社出版发行。文集由北林大校长尹伟伦院士作序，收录了贺庆棠教授多年在科研、教育管理等方面具有代表性的论文及著作名录，论文内容涉及森林气象学和森林环境学基本理论、森林对环境影响、森林植物气候生产力、未来气候变化和森林等四个方面，写作年代从1961年到2007年，共计75万字。贺庆棠毕业于北京林学院林学系。曾任北林大校长，生态学博士生导师。是原林业部科技委常委，中国林学会理事，国务院学位委员会学科评议组成员，国家自然科学奖评审专家组成员，森林气象专业委员会主任，中国荒漠化培训中心主任。1981~1983年留学德国，获慕尼黑大学林学院林学博士学位。回国后继续任教，并先后担任系主任、副校长、校长等职务。主编全国林业院校通用教材《气象学》，两次获部级二等奖。长期从事森林与环境关系及森林生产力的研究，发表论文50余篇，专著5部。代表著作有《中国的水量平衡与植物生产》(德文专著)，国家攀登计划成果论文《森林的热量平衡》、《森林对环境能量和水分收支影响》及《气候变化对中国森林植被的可能影响》等。参加"七五"国家科技攻关项目黄土高原水土保持林生态效益研究，该项目获国家科技进步二等奖；主持"八五"国家科技攻关三北防护林体系区域性生态效益评价技术研究，获部科技进步二等奖。担任10多年校行政管理工作，任校长后，使学校的改革发展有较大的发展，被北京市教育工会评为依靠教职工办学的先进校长。1992年享受国务院政府特殊津贴。

【专家赴雪灾区会诊受灾林业并提出灾后重建建议】 2008年2月14~18日，北林大组织26名专家开展雨雪冰冻森林资源受灾情况及灾后重建调研工作。调研专家分3个调研组，分别调研湖南省郴州市、长沙市、衡阳市、浏阳市，江西省吉安地区，贵州省黔东南州等地的林区受灾情况。调研范围包括林区群众的生产生活、林区基础设施、林业经济发展、森林资源、野生动植物资源损失等五个方面，采取实地调查、统计分析等调研方法。调研结果以专家建议的形式，向国务院应急指挥办公室及国家林业局作了汇报。建议内容共10条，分别是：紧急筹措林业救灾资金、尽快启动国家生态恢复重大工程、立即开展冰雪灾害影响综合评估、切实解决灾区民生问题、密切关注次生灾害发生、最大限度地保护地被物、加快人工补植造林力度、着力构建混交林生态系统、慎重使用外来树种、坚决防止乱砍盗伐等。2月27日，在国家林业局编发的第十三期值班快讯(雨雪冰冻林业抗灾救灾专题)中，发表了题为《26位院士专家赴灾区考察后建议紧急采取10项措施进行生态恢复重建》的文章，专题登载了北林大专家组赴南方考察后提出的10项建议紧急采取的重建措施。4月9日，国家林业局副局长祝列克一行来校，就南方林业灾后恢复重建工作，与北林大专家进行了座谈，通报了林业抗灾救灾工作的进展和下一步工作的部署。

【2008年本科招生新增两个专业】 2008年2月24日，北林大2008年本科招生增加动画和车辆工程两个专业，分别设在信息学院和工学院。动画专业培养能利用计算机新媒体设计工具进行动画创作的人才，学制4年，授予学位为工学学士学位，首次招生27人。车辆工程专业旨在培养从事与车辆工程相关的设计、制造、实验、运用、研究与汽车营销，以及汽车企业设计及管理方面德智体全面发展的工程技术人才及管理人才，学制4年，毕业生授予工学学士学位，首次招生91人。

【冯仲科入选新世纪百千万人才国家级人选】 2008年3月10日，经人事部、科技部、教育部、财政部、国家发改委、国家自然科学基金委员会、中国科协批准，北林大教师冯仲科入选2007年度新世纪百千万人才工程国家级人选。截至2008年底，学校共有两名教师入选该工程。冯仲科，北林大林学院测量学与3S技术教授，博士，博士生导师，地理信息系统学科负责人，学术带头人，森林资源信息管理学术带头人；北林大测绘与3S工程技术研究中心主任；中国GPS应用研究会常务理事，资源与环境监测专业委员会常务副主任委员，秘书长。北京市有突出贡献的专家，第七届中国林业青年科技奖获得者。近年来主持国家自然科学基金重大项目、“863”计划、北京市农业科技攻关、北京市自然科学基金重点项目等科研项目12项，获国家科技进步二等奖1项，北京市科技进步二等奖2项，发表论文80余篇，12篇论文为EI等世界三大检索系统检索。出版教材和专著10部。

【中国林业行业新分类大纲发布】 2008年3月26日，由国家林业局计资司和北林大合作研究的重要成果——《林业及相关产业分类(试行)》由国家林业局和国家统计局联合发布。作为我国《国民经济行业分类》的补充分类，该分类的小类与国民经济行业分类的小类相一致，实现了林业及相关产业分类与国民经济行业分类的有效衔接。新分类依据《国民经济行业分类》(GB/T 2754－2002)，将林业及相关行业分为林业生产、林业旅游与生态服务、林业管理和林业相关活动4个部分、13个大类、37个中类和112个小类。

【首届非物质木文化研讨会在北林大召开】 2008年3月29日，第一届非物质木文化研讨会在北林大召开。本次研讨会由国际木文化学会(IWCS)主办，由北林大、木材实验室网承办。会议为期2天，以非物质木文化为主题，就人类中心主义在木文化中的是与非、木与文学、木与音乐、木与文字、木与法律、木与建筑艺术、木与美学以及木文化的传播等方面的问题进行了研讨。有来自北京大学、北京师范大学、中央民族大学、东南大学等高校和中国艺术研究院、中国林科院等研究机构以及北林大共10所高校和科研院所的50多位专家参加了研讨会。

【全国青少年生态环保社团骨干培训】 2008年4月3日，全国青少年生态环保社团骨干培训在北林大开幕。来自全国25个省(区、市)49所学校的200多名青少年生态环保社团学生代表、京外奥运志愿者参加了为期5天的培训，首都各大社区的居委会代表也参加了开班仪式。开班式上，首都大学生环保志愿者协会的代表与香山街道代表签署了共建绿色社区协议。首都大学生环保志愿者协会将组织所辖的近百只首都高校大学生生态环保社团每周走进社区开展绿色咨询、绿色宣讲活动，提升社区居民的生态环保素养，为绿色社区培养建设队伍；同时协会绿色奥运志愿者将在植树日、世界水日、首都义务植树日、世界环境日、世界地球日、世界防治荒漠化日等环保纪念日开展专题展览和宣传活动，活跃社区绿色文化生活。协会将定期组织相关生态环境专业的志愿者对社区生态环境空气质量进行监测，提供监测报告，为绿色社区建设提供科学依据，社区将为协会志愿者提供必要的场地，并对绿色志愿者的实践进行评价和考核。

【森林资源可持续经营管理官员研修班】 2008年4月24日，由商务部主办、北林大承办的发展中国家官员研修班——森林资源可持续经营管理官员研修班开班。本次研修班培训时间为4月24日至5月13日，主题为“中国森林资源可持续经营专题”，共有来自亚、非、拉46个国家的80名林业管理官员参加。研修班的课程设计主要围绕森林经营、认证、生态恢复、生物多样性保护和自然保护区管理等全方面，为发展中国家森林可持续经营管理的发展提供借鉴。北林大于2005年11月、2006年5月和2007年5月承办了三期发展中国家林业管理官员研修班。2008年“森林资源可持续经营专题”是对前三期培训项目的拓展和延续，结合了课后对学员的评估调查结果和对今后培训需求的建议。本次研修班是参与国家最多、学员人数最多的一次。

【两学科通过北京市验收】 2008年4月29日，市教委公布了北京市重点学科建设项目验收结果。北林大生态学学科、木材科学与技术学科在北京市重点学科建设项目验收中，被评定为优秀。其中，木材科学与技术学科在2007年被列入教育部重点实验室建设立项计划。在学校自评的基础上，经学科带头人答辩、专家组评议、书记主任办公会审定，共有84个学科评定为优秀，89个学科评定为合格，9个学科评定为基本合格。

【新增5个北京市重点学科】 2008年4月29日，市教委公布2007年北京市重点学科评选结果。北林大林业工程一级学科等5个学科被授予市重点学科。其中：林业工程被授予一级学科北京市重点学科；生态学、城市规划与设计、草业科学被授予二级学科北京市重点学科；生态环境地理学被授予交叉学科北京市重点学科点。

【获北京研究生培养工作优秀单位奖】 2008年5月15～16日，北京高教学会研究生教育研究会培养、学位专题工作研讨会召开。会议公布了2008年北京地区研究生培养和学位优秀单位及优秀管理成果评选结果，北林大荣获研究生培养工作优秀单位奖（北京地区共18个）。王国柱、马履一等完成的研究生教育管理信息系统的研建与推广荣获研究生培养工作优秀成果一等奖（共8个），贾黎明、王兰珍等完成的博士研究生学位论文质量控制与激励机制创新荣获研究生学位工作优秀成果二等奖（共10个）。

【获国家生态文明教育基地称号】 2008年5月30日，中国生态文明建设高层论坛开幕式在广州市举行。北林大等10家单位获国家生态文明教育基地称号。这10家单位是：帽峰山森林公园，中国（卧龙）保护大熊猫研究中心，内蒙古自治区青少年绿色家园，内蒙古自治区克什克腾旗防沙治沙综合示范区，浙江省杭州市西溪国家湿地公园，福建省永安市洪田村林权改革纪念馆，江西省井冈山国家级自然保护区，湖南省张家界国家级森林公园，北林大，中国建筑材料科学研究院附属中学。

【与浙江省长兴县签署人才共建协议】 2008年6月3日，北林大与浙江省长兴县签署《北林大与浙江省长兴县人才共建合作协议书》，县校双方达成人才共建合作共识。《协议书》主要包括三项内容，一是在长兴县建立北林大教学实习与就业实践基地，二是在长兴县建立北林大学科学研究和科技成果转化基地，三是在北林大建立长兴县人才交流和引进基地。

【中国生态文明建设论坛在北林大举办】 2008年6月7日，中国生态文明建设论坛在北林大举办，论坛为期一天。该论坛由中国老教授协会、清华大学、中国农业大学、北林大、联合国工业发展组织中国投资与技术促进处绿色专家委员会联合主办，北林大承办。本次论坛共有来自中国老教授协会、各高校老教授协会、各专业委员会等30余家高校、研究机构的85名专家学者，以及来自人民日报社、新华社、光明日报社、科技日报社、中国教育报社、中央人民广播电台等14家媒体单位的记者和部分研究生参加。论坛上，共有包括北林大校长尹伟伦院士在内的13位专家围绕“中国生态文明建设”这一主题，以生态文明与可持续发展、生态和生态文明、生态文明价值观、论林业在生态文明建设中的主体地位等为主题作了报告。报告从工业、农业、林业、能源、文化五个方面阐述了生态文明理念，交流了生态文明建设经验，对生态文明建设起到推动作用。

【北林大康洁教学科研实习基地揭牌】 2008年6月8日，北林大康洁教学科研实习基地揭牌仪式在河北省河间市举行。该基地的建立将为北林大人才培养和科研基地建设提供新平台。出席揭牌仪式的还有来自中国家具协会，中国林产工业协会，北京市场协会家居市场分会，沧州市政府，市环保局等单位的领导和嘉宾。康洁生产基地坐落在河间市（刘古斯镇北洋庄）工业区。一期占地20万平方米，主要生产整体橱柜、套装木门、整体衣柜、衣帽间家具等家具产品，是目前国内唯一一家采用地热供暖的集成环保家具生产技术企业，属于中国家具行业著名企业。

【中美草坪专业五校联合办学首届学生毕业】 2008年6月13日，中美草坪专业五校联合办学首届毕业生毕业典礼仪式在北林大举行，来自密西根州立大学、北林大等五校领导为首届24名毕业生授予学位。典礼仪式按照密西根州立大学的学位授予仪式举行，由密西根州立大学农业与自然资源学院院长主持。中美草坪专业五校联合办学项目开始于2003年，由北林大、四川农业大学、东北农业大学、苏州农技学院等与美国密西根州立大学五校联合办学。经过5年的学习，包括一个学期在美国的实习，学生将获得密西根州立大学理学学士学位、中方大学的毕业证书和理学学士学位证书。该项目第二届招收学生44名，第三至第六届每届分别招收60名学生。该专业培养目标是高尔夫球场、运动场等部门草坪生产与贸易、教学与科研、草坪建植与管理等工作的高级科技人才。美国密西根州立大学拥有世界一流的草坪管理专业与先进的教学设备，北林大草业科学学科是博士点学科，草坪管理中美合作办学项目利用两校的特长，旨在为中国培养优秀的草坪管理专业人才，也为中国学生提供获得美国密西根州立大学草坪管理专业本科学士学位的机会。

【汪振儒先生逝世】 2008年6月24日11时50分，中国林业教育家，植物学家，树木生理学家，树木生理学的开拓者和奠基人，中国农工民主党第九届中央委员和中央科教文工作委员，北京市政协第五、六届常委，北林大教授汪振儒先生在北京逝世，享年101岁。

汪振儒，1952年9月至1989年9月任北京林学院（现北林大）教授，历任林业系主任、森林生态学研究室主任、科研部主任、图书馆馆长、学术委员会主任等职。1981～1985年任国务院学位委员会农科评议组成员。1989年10月离休。

汪振儒是我国著名的科学家。他在我国林学、森林生态学、植物生理学领域具有极高的学术威望。他于1983年创建了中国林学第一个博士点，建立了山西太岳森林生态定位站，为全国林业院校编写了第一部《植物生理学讲义》；他通晓英、德、日、法、俄等多国文字，先后编译了多种辞书，包括《德汉林业名词》、《FAO英汉林业科技词典》、《日汉林业科技词典》，翻译了包括《树木生理学》在内的多部植物生理学论著；重视知识传播，长期担任《生物学通报》、《林业科学》等多种科技刊物的主编和副主编，作为主要负责人，创立了《北京林学院学报》并担任主编。先后发表了《美国林业教育的一些特点》、《美国林业教育管窥》、《林业振兴靠人才》多篇论文。他是全国林学专业第一个可授予博士学位的博士生导师，为我国自己培养出了第一个林学博士。

【12名教师荣获第二届梁希青年论文奖】 2008年9月12日，在第二届梁希青年论文奖评选会上，北林大1名教师获论文一等奖，6名教师获科技论文二等奖，5名教师获科技论文三等奖。其中一等奖论文作者为材料学院许凤。本次论文评选共收到申报论文132篇，经过形式审查、专家初审、专家评审委员会评审和公示等程序，最终评选出获奖论文70篇，其中：一等奖9篇，二等奖21篇，三等奖40篇。

【与日本东京农工大学签署校际协议】 2008年10月15日，北林大党委书记吴斌会见了日本东京农工大学校长小畑秀文一行，并与日本东京农工大学签署了校际合作协议。协议规定双方将在今后开展相关领域的科研、培养等方面的交流与合作，协议有效期5年。

【协办第二十三届国际杨树大会】 2008年10月27日，第二十三届国际杨树大会在北京召开。来自全世界30多个国家的近200名专家学者参加了大会。大会以“杨树、柳树与人类生存”为主题，研究探讨杨树和柳树的最新科研成果与推广、经营方式，共收到论文249篇，内容涉及杨树基因工程与遗传育种、分子生物学、杨树栽培、经营管理、木材加工、杨树生态环境保护和多资源利用等各个层面。大会采取研讨和实地考察相结合的方式，于10月23～25日赴内蒙古自治区通辽市开展会前学术考察，于10月31日至11月4日赴河南省濮阳市、江苏省南京市和泗阳县开展会后学术考察，旨在进一步宣传我国在杨树栽培、研究、加工利用、生态环境建设中取得的巨大进步，增进中国与与会各国的交流。国际杨树大会是由联合国粮农组织下设的国际杨树委员会主办，每4年举办一次。本届大会由中国林学会承办，北林大、中国林学会杨树专业委员会和中国林科院协办。

【国家花卉工程技术研究中心通过验收评估】 2008年11月4日，国家花卉工程技术研究中心通过专家组的评估验收。国家花卉工程技术研究中心于2005年经科技部批准在北林大组建，3年组建期间，该中心搭建了良好的硬件设备平台、组成了有力的研发队伍、培育了系列花卉新品种，在国内不同区域设立了技术研发和推广中心，实现了一定社会效益，承接了国家、部委以及国内合作单位工程技术研发和国际合作，并取得了国家发明奖等多项成果。

【新增一国家级工程实验室】 2008年11月5日，北林大林木育种国家工程实验室建设项目申请报告获国家发改委批复，这是北林大第三个国家级科研平台。前两个分别是山西吉县野外生态台站、国家花卉工程技术研究中心。林木育种国家工程实验室建设主要内容是在现有基础上，建设林木分子标记辅助育种、基因工程育种、细胞遗传与细胞工程育种、良种繁育等技术研发平台，以及人工气候室、温室、组培室等配套设施。实验室建设期为3年，国家安排投资600万元。按照国家有关规定，实行项目法人责任制、施工监理制和招投标制。

【全国青少年绿色长征总结表彰会在北林大举行】 2008年11月8日，“微笑北京 绿色长征”全国青少年绿色长征接力活动总结表彰大会在北林大举行。共有来自北林大、西藏大学、厦门大学、南林大、东北林大等全国31所高校的300多名绿色长征志愿者代表参加大会。绿色长征活动启动于2007年，2008年为第二届，总结表彰活动主要由表彰大会、绿色咨询、生态文明报告会、绿色长征活动经验交流会、联欢晚会等组成。绿色长征活动由国家林业局宣传办、共青团北京市委、北京市学联和北林大共同举办，得到了团中央、教育部、国家林业局、北京市有关部门的支持。本次绿色长征活动共有25个省（区、市）31所高校近万名志愿者直接参与了活动。

【一教师获青年翻译大赛一等奖】 2008年11月10日，北林大外语学院教师柴晚锁在第二十届韩素音青年翻译大赛中同时获得英译汉一等奖和汉译英三等奖。本次大赛分为英译汉和汉译英两个组别，每组分别设有一、二、三等奖及优胜奖，共有65名参赛者获奖。韩素音青年翻译奖由中国译协主办，以著名英籍华人女作家韩素音名义设立，是目前中国翻译界时间最长、规模最大、最具权威性的翻译比赛，是国内翻译比赛的“奥斯卡”。本次大赛的初审和复审工作采用匿名评审的方式，并邀请多位国内资深翻译家担任评审。

【两教授获三北防护林体系建设突出贡献者称号】 2008年11月19日，三北防护林体系建设30年总结表彰大会在北京举行。原中国工程院副院长、中国工程院院士、北林大教授沈国舫和北林大老教授高志义获三北防护林体系建设突出贡献者称号。会上，表彰了100个三北防护林工程建设突出贡献单位和200名突出贡献者。

【林业教育国际研讨会暨中国林业教育论坛在北林大举办】 2008年12月8日，林业教育国际研讨会暨第一届中国林业教育论坛在北林大开幕。会议以“林业教育与全球可持续林业”为主题，来自美国、加拿大、芬兰、马来西亚、韩国、委内瑞拉、印度尼西亚等国家的20名专家学者和中国27所林农院校、科研单位、林业管理机构的百余名专家学者一起交流、研讨在环境问题日益严峻的大背景下，发展林业教育、促进国际间合作的对策。研讨会由中国林业教育学会、北林大、加拿大UBC大学、国际林业教育伙伴共同主办，北林大承办。研讨的主要议题有：林业与社会发展对林业教育的影响；如何加强林业教育自身的改革来应对社会对林业教育发展的需求；为实现全球可持续林业的战略目标，如何制定开展国际、地区以及国家间的林业教育合作战略、计划与行动等。

【优势学科创新平台获准立项建设】 2008年12月10日，接教育部通知，北林大优势学科创新平台建设项目正式获准立项建设。优势学科创新平台项目是继“211工程”和“985工程”后，国家为提高高等教育实力和水平的又一重大举措。该项目于2006年12月由教育部、财政部开始试点建设，重点是加大对若干综合优势突出、国家和行业发展急需的能源、资源和环境等重点领域相关学科的建设力度，通过重点建设，大力提高这些学科的科技创新能力和解决制约经济社会发展的重大瓶颈问题的能力，增强其承担国家重大任务、开展高水平国际合作的竞争实力，促进学科优化和交叉，形成一批重大科技成果，在建设创新性国家中发挥重要作用。

【多项学生比赛获奖】 2008年5月6日，在中国林学会主办的首届大学生生态科普创意大赛中，北林大的文字作品《命韵之舞》获得一等奖。本届大赛共收到参赛作品2000余件，其中：摄影作品1500幅，文字作品300篇，flash作品70幅，漫画作品150幅。最终评选出51件获奖作品，其中：一等奖2名，二等奖9名，三等奖17名，优秀奖23名。6月16日，北林大在第五届“挑战杯”首都大学生创业计划竞赛的终审答辩中获得佳绩，来自工学院和经管学院的作品被选送参加全国“挑战杯”比赛。6月18日，在“亿维讯－CAI”首都高校第四届机械创新设计大赛中，北林大工学院学生参赛队伍荣获多种奖项。曾在第十一届中国北京国际科技产业博览会上参展的学生作品“熊猫精灵”多功能清洁车，在此次比赛中荣获二等奖；Kitard燃气灶定时开关、多功能擦洗一体机荣获三等奖；折叠桌荣获成功参赛奖。12月2日，在首届北京高校生命科学创意大赛中，北林大生物技术06级张尹、电子06级刘昂、数学06级郭青海三名学生组成的代表队获一等奖。参加本次北京高校生命科学创意大赛的有来自北京大学、北林大、北京师范大学、清华大学、首都师范大学、中国农业大学6所高校的代表队。经过代表队答辩和评审团的评定，由北林大理学院教师高伟指导的趋磁细菌地震预测仪创意项目代表队夺得一等奖。

（北林大由刘继刚供稿）

东北林业大学

【概　况】 2008年，东北林大设有16个学院和2个教学部，有5个博士后科研流动站、4个一级学科博士点、34个二级学科博士点、10个一级学科硕士点、77个二级学科硕士点、3个种类9个领域的专业学位硕士点和59个本科专业，拥有2个国家重点学科一级学科（涵盖10个二级学科）、2个国家重点学科二级学科、6个国家林业局重点学科、2个黑龙江省重点学科群、4个黑龙江省重点一级学科和15个黑龙江省重点二级学科。

全校教职工2756人，其中：专任教师1356人，具有博士学位421人，硕士学位620人，中国工程院院士及受聘两院院士7人，“长江学者”特聘教授2人，新世纪优秀人才支持计划人选11人，国家级有突出贡献中青年专家4人，国家杰出青年基金获得者1人，全国百篇优秀博士学位论文获得者4人。2008年，毕业本科生4083人，全日制在校生达21 480人，其中：博士研究生711人，硕士研究生2376人，本专科生18 355人，留学生38人。哈尔滨校区占地面积136万平方米，教学行政用房面积432 696平方米，学生宿舍面积161 719平方米，教学科研仪器设备总值3.91亿元，图书馆面积41 765平方米，文献总量(含电子文献)294万册(片)。

【教育部部长周济考察东北林大】 2008年3月1日，教育部部长周济一行到东北林大考察指导工作。周济指出东北林大的领导干部要进一步思考如何深入学习领会和贯彻落实科学发展观，用科学发展观指导工作，统领教育事业的改革发展。要联系实际做好工作，进一步思考要办一所什么样的大学和怎样办好大学这两个问题，进一步完善学校的发展战略规划、学科建设规划、队伍建设规划和校园建设规划。他强调，东北林大要突出林业行业特色，坚持特色办学，为地方经济发展服务。要特别注意办学以人才为本，教学以教师为主体，发挥教师的作用，进一步加强学术力量。要在如何实施党委领导、校长负责、教授治学、民主管理等方面进一步研究，带领全校师生员工，为建设高等教育强国，为我国现代化建设事业作出更多的贡献。

【黑龙江省省长栗战书、副省长孙尧考察东北林大】 2008年4月11日，黑龙江省省长栗战书、副省长孙尧率省科技厅、省发改委等部门领导到东北林大考察，调研生物产业发展规划及产业化项目的有关情况。栗战书高度评价了东北林大的生物技术产业化项目研发工作，指出这些研发项目对发展黑龙江省生物产业具有重要的推动作用，希望东北林大今后要将工作重点放在如何使这些科研成果顺利实现产业化上，并表示省里会尽力帮助解决生物技术产业化过程中所遇到的困难。10月2日，栗战书和孙尧又专程赴黑龙江省肇东市考察东北林大森林植物生态学教育部重点实验室主任祖元刚教授主持的重度盐碱地生态治理与高效利用项目的进展情况。

【赵雨森当选为全国政协常委】 2008年3月13日，在十一届全国政协一次会议上，东北林大副校长、黑龙江省政协副主席、民盟中央常委、民盟黑龙江省委主委赵雨森当选为全国政协常委。

【首次全员岗位聘用完成】 2008年4月28日至5月19日，根据人事部、教育部文件精神，按照教育部统一部署及政策要求，东北林大认真组织实施，完成了首次全员岗位聘用工作。在本次岗位聘用中，共聘用工作人员2494人，其中：专业技术岗位1698人，管理岗位388人，工勤技能岗位408人。

【英语专业本科教学工作评估获优秀】 2008年10月6~8日，教育部高等学校外语专业教学指导委员会组织专家组对东北林大进行英语专业本科教学工作评估，评估结果为优秀。此次评估是东北林大继2006年教育部本科教学水平评估后，再一次接受国家级评估。本次评估共有来自全国的37所高校参评，11所高校评估结果为优秀。

【马建章获国家级教学名师奖】 2008年9月，东北林大野生动物资源学院教师、中国工程院院士马建章教授获第四届高等学校教学名师奖，并在9月10日教育部举行的表彰大会上代表全体获奖人员发言。

【"毛皮学"课程被评为国家精品课程】 2008年10月，东北林大的"毛皮学"课程被教育部评为2008年度国家级精品课程。至此，东北林大国家级精品课程已达6门。

【两个专业被评为国家级特色专业】 2008年9月，"野生动物与自然保护区管理"、"林产化工"专业被评为国家级特色专业。

【王玉成博士论文入选全国优秀博士论文】 2008年8月7日，东北林大林学院王玉成博士论文《柽柳抗逆分子机理研究与相关基因的克隆》(指导教师：杨传平教授)被评为全国百篇优秀博士论文。

【"木材生产与管理"课程获国家级双语教学示范课程】 东北林大的"木材生产技术与管理"课程经教育部批准获国家级2008年度双语教学示范课程立项建设项目，实现了东北林大国家级双语教学示范课程零的突破。

【"野生动物与自然保护区管理"专业教学团队获国家级教学团队称号】 2008年10月，东北林大"野生动物与自然保护区管理"专业教学团队被评为国家级教学团队，实现了东北林大国家级教学团队零的突破。"木材科学与工程教学团队"、"林学专业主干课程教学团队"被评为省级教学团队。

【新增两个本科专业】 2008年12月，在教育部2008年度高等学校专业设置审批结果中，东北林大"机械电子工程"、"风景园林"两个专业获得批准，自2009年起正式以本科专业招生。

【成功申请20项国家级大学生创新实验计划项目】 2008年9月，教育部、财政部批准东北林大为第二批大学生创新性实验计划项目学校(教高函[2008]16号)，东北林大成功申请了20项国家级大学生创新实验计划项目。

【林学实验教学示范中心成为国家级教学示范中心】2008 年 10 月，东北林大林学实验教学示范中心被列入国家级实验教学示范中心立项建设项目。

【主办第八届中国林业青年学术年会】 2008 年 7 月 16～17 日，东北林大与中国林学会联合主办了第八届中国林业青年学术年会。本届年会是历年来规模最大的一次林业青年学术年会，政府机关领导、相关院士、专家以及来自科研机构、大专院校、林业基层的科技工作者共 600 余名代表参加了年会。全国政协人资环委副主任、国际木材科学院院士、中国林学会理事长江泽慧致大会开幕辞。本届年会新开设了学术辩论赛，并分 9 个专题分会场，分别围绕野生动物保护与管理、林木育种与生物技术、现代森林培育理论与技术创新与实践、湿地保护与恢复、森林生态、森林与气候、林业灾害防控与生态安全、现代森林经营与生态文明等学术议题展开研讨，近 300 人作了专题学术报告，林业青年科技工作者还全面交流了近两年来的最新科研进展与成果。会上颁发了第二届梁希青年论文奖。

【承担“973”项目课题】 2008 年 8 月 21 日，科技部基础司发布“973”重点项目，在速生优质林木培育的遗传基础及分子调控项目中，东北林大杨传平教授承担林木营养生长与生殖生长转换的调控机理课题研究。

【申报国家首批技术创新方法科技基础专项计划获成功】 2008 年，东北林大成功申报国家首批技术创新方法（TRIZ 理论）试点建设推广项目，获得 400 万元的科技经费资助。现已建成黑龙江省技术创新方法（TRIZ 理论）CAI 实验室和 Pro – Innovator 创新支撑平台。

【组织召开 4 个大型国际会议】 2008 年，东北林大组织召开了 4 个大型国际会议。9 月 23～28 日，组织召开国际北方森林研究联合会（IBFRA）第十四次学术会议，这是 IBFRA 首次在亚洲国家举办学术会议，来自中国、俄罗斯、挪威、加拿大、美国等国的 100 余名专家、学者参加了大会。9 月 27～29 日，组织召开国际林产品学会联合会（IAWPS）2008 学术研讨会，来自美国、日本、加拿大、韩国、印度尼西亚等 24 个国家和地区的 516 位注册代表参加了本次会议，这是 IAWPS 学术研讨会第一次在中国举办。5 月 25 日，组织召开中美英语语言学学术研讨会，来自美国以及全国各地的 200 多位专家学者参加会议。8 月 18 日，与伊春市政府在伊春共同举办了保护红松国际研讨会，来自中国、俄罗斯、韩国、美国、菲律宾等国家的 80 多位专家学者、政府官员和企业代表参加了会议。

【第二十次学生代表大会、第九次研究生代表大会召开】 2008 年 11 月 29 日，东北林大召开第二十次学生代表大会、第九次研究生代表大会。648 名学代会代表和 266 名研代会代表参加会议，大会选举产生了第二十届学生会委员会，审议并通过了校学生会主席张少岩同学代表第十九届学生会委员会作的过去五年工作报告。大会还审议通过了《学代会提案情况的报告》、关于修改《东北林业大学学生会章程》的决议和关于修改《东北林业大学学生会工作条例》的决议。

【东北林大校友会成立】 2008 年 10 月 19 日，东北林大校友会获准正式注册，召开校友会成立大会并创办东北林大校友基金。来自全国 24 个省（区、市）校友会负责人和校友代表 100 多人参加了庆典成立大会。大会审议通过了《东北林业大学校友会章程（草案）》以及东北林业大学校友会理事、常务理事建议候选人，组织机构建议候选人名单。杨传平校长当选为校友会会长。

【在 ACM /ICPC 国际大学生程序设计竞赛中获奖】东北林大信息与计算机工程学院代表队在第三十三届 ACM /ICPC 国际大学生程序设计竞赛亚洲区比赛中共获 4 枚铜牌，在全国林业院校中排名第一；在 ACM/ICPC 中国东北地区第二届大学生程序设计竞赛中荣获一、二、三等奖各一项；在 ACM/ICPC 黑龙江省第三届大学生程序设计竞赛中获一等奖。

【科研获奖】 2008 年，东北林大获得各类科研奖励共计 77 项，其中：高等学校科学研究优秀成果奖（科学技术）科技进步二等奖 1 项（人造板表面装饰技术——预涂饰装饰纸生产工艺研究）；省高校科学技术奖 10 项（一等奖 4 项，二等奖 5 项，三等奖 1 项）；省高校人文社会科学研究优秀成果奖 25 项（一等奖 3 项，二等奖 9 项，三等奖 13 项）；第八届全国森林培育学术研讨会优秀论文奖 1 项；第二届梁希青年论文奖 15 项（一等奖 1 项，二等奖 3 项，三等奖 11 项），获奖总数在 24 个申报单位中位居第一；黑龙江省第十三届社会科学优秀科研成果奖（复评公示）一等奖 4 项，二等奖 4 项，三等奖 6 项；在黑龙江省科学技术奖的评审中，获一等奖 3 项，二等奖 8 项，共计 11 项，位居各申报单位前列。

【教材建设】 2008 年 7 月，在中国林业教育学会主办、中国林业出版社协办的第二届高、中等院校林（农）类优秀教材奖评选中，东北林大获一等奖 1 部，二等奖 3 部，优秀奖 5 部，共有 9 部教材获奖，在全国 21 所参加教材评奖的学校中位居第二位。东北林大教师孙嘉燕获得全国高等农业院校优秀教材奖。

【人才培养】 2008 年，东北林大刘守新获得国务院政府特殊津贴，王玉成、刘振生、王立娟、佟光霁入选教育部新世纪优秀人才支持计划，阎秀峰、李斌、付玉杰成为黑龙江省“龙江学者”特聘教授。

【学团工作】 2008 年，东北林大林学院团委荣获全省“五四”红旗团委标兵称号，校团委张传辉同学荣获全国优秀共青团干部称号，园林学院李晓丹同学在 2008 年全国大学生英语竞赛全国总决赛中荣获特等奖。2008 年，组织学生参加第十届全国大学生“挑战杯”创业计划大赛，获铜奖 2 项，并获全国高校优秀组织奖；参加黑龙江省大学生创业计划大赛和课外学术作品竞赛，获金奖 1 项、银奖 1 项、铜奖 1 项，并获省优秀组织奖；参加由中国林学会举办的首届全国生态科普大赛，获一等奖 3 项，二等奖 7 项，三等奖 11 项，优秀奖 9 项，并获优秀组织奖，位于全国农林高校第二名；参加第三届全国大学生机械创新设计大赛总决赛获一等奖。在首届校园戏剧节比赛中，东北林大歌舞短剧《情系农家》获短剧组优秀剧目第二名，并荣获优秀组织奖。2008 年，东北林大连续第十五次荣获全国社会实践先进单位称号。

【获中国高校优秀科技期刊奖】 2008 年 11 月 3 日，东北林大《东北林业大学学报》和《林业研究》(英文版)分别荣获第二届中国高校优秀科技期刊奖，受到了教育部教技司的表彰和奖励。东北林大学报编辑部荣获由中国高等学校自然科学学报研究会评选的高校科技期刊先进集体称号。

【工程监理】 2008 年，东北林大工程监理部所监理的牡丹江东四跨江桥工程获 2008 年度中国建设工程质量最高奖——鲁班奖；所监理的海南省琼海市沿河北路市政工程，获海南省建设厅颁发的 2008 年度海南省建筑优质工程“绿岛杯”奖；东北林大工程监理部获浙江省交通厅 2008 年度在浙监理企业信用等级评比第一名。

(东北林大由黄靖强、朱立明供稿)

南京林业大学

【概　况】 2008 年，南林大设有森林资源与环境、木材工业、化学工程等 21 个院(部)。新成立理学院、外国语学院、艺术设计学院、家具与工业设计学院、轻工科学与工程学院、汽车与交通工程学院等 6 个学院。有 4 个博士后流动站、3 个一级学科博士点、30 个博士点及博士授权领域、2 个一级学科硕士点、54 个硕士点及硕士学位授权领域和 12 个专业学位授权领域。有 1 个国家重点学科一级学科(林业工程)、5 个国家重点学科二级学科(生态学、林木遗传育种、林产化学加工工程、木材科学与技术、森林保护学)、10 个省部级重点学科。设有 56 个本科专业，新增广播电视新闻学、材料化学、车辆工程 3 个本科专业。招收本科生 3906 人，毕业本专科生 3963 人，在校本专科生总数 15 022 人。招收博士研究生 116 人，硕士研究生 649 人，毕业研究生 577 人，各类研究生总数 2368 人。全校教职工 1805 人，其中：专任教师 1100 余人，中国工程院院士 2 名，具有副高以上职称人员 492 名。有教学科研仪器设备总值 2.5 亿元，图书馆纸质文献总量为 157 万册。

【全国政协委员视察团视察南林大】 2008 年 10 月 24 日，由全国政协副主席白立忱率领的全国政协委员视察团视察南林大。白立忱等领导详细了解了南林大速生材及秸秆工程技术中心等科技创新工作情况，对南林大在服务“三农”工作中取得的成绩给予肯定。勉励南林大进一步解放思想，创新思维，坚持产学研紧密结合，最大限度地让科研成果服务于社会。陪同视察的还有全国政协常委、副秘书长孙怀山，江苏省政协副主席包国新，江苏省科技厅副厅长王秦，江苏教育厅副厅长殷翔文等领导。南林大党委书记陈景欢，校长余世袁，党委副书记、副校长万福绪，校党委副书记、纪委书记聂影，副校长叶国英、曹福亮、薛建辉、赵林、王国聘等陪同视察。

【贾治邦局长考察南林大】 2008 年 10 月 23 日，全国绿委副主任、国家林业局局长贾治邦在南林大党委书记陈景欢、校长余世袁等陪同下考察南林大。国家林业局副局长印红等领导陪同考察。贾治邦等一行考察了南林大梁希文化广场、教学五楼、逸夫科技实验楼、木材工业学院等地。他希望南林大秉承优良传统，发挥学科和科研优势，围绕现代林业发展面临的新课题深入开展科研工作，为国家林业和经济社会发展培养更多优秀人才。

【积极开展科技救灾工作】 2008 年初，我国南方大部分地区发生极为严重的雨雪冰冻灾害，根据国务院、国家林业局抗灾救灾及灾后重建工作的要求，2月15日，南林大迅速成立了南方灾后林业重建工作指挥部，党委书记陈景欢和校长余世袁任指挥部总指挥。根据学校指挥部的要求和统一部署，南林大各学院、各科研单位、各机关职能部门迅速行动，纷纷投入到科技救灾队伍中，有序展开科技救灾工作。首先，学校认真学习领会党中央、国务院关于灾后重建的精神，研究国家林业局党组关于灾后重建工作的重要部署，了解相关省（区、市）的灾情。其次，针对各地受灾实际情况，发挥南林大科研、人才和智力优势，组织强有力专家组和相关人员深入重灾区开展工作，有针对性提出造林绿化、森林经营、林木采伐、防灾减灾的具体措施。党委书记陈景欢教授、副校长施季森教授带领专家组奔赴了福建省重灾区，副校长薛建辉教授带领专家组奔赴了贵州省灾区，副校长曹福亮教授带领专家组奔赴了安徽省受灾一线，等等，积极开展科技救灾工作。专家组以实际行动为我国林业救灾减灾和灾后重建作出了应有贡献。

【主办制浆造纸与生物技术国际会议】 2008年11月4日，制浆造纸与生物技术国际会议在南林大召开，来自美国、瑞典、日本等12个国家和地区的250余人参加会议。会议交流了《全球制浆造纸工业动态》、日本《造纸工业的现状和挑战》、《木材生物制浆——绿色化学与原料的新概念》等报告。代表们对植物纤维化学以及纤维资源的基因工程，化学制浆、化学机械浆以及二次纤维回用，纸浆漂白和生物漂白，造纸和湿部化学，污染物处理和废弃物利用，制浆造纸设备和过程控制，生物质转化等新技术进行专题研讨。会议由南林大与美国制浆造纸工业学会联合主办。

【国内首家家具学院成立】 2008年9月12日，国内首家家具与工业设计学院在南林大成立。该学院是在南林大原木材工业学院的家具设计系和原机械电子工程学院的工业设计系基础上合并组建而成，是国内第一所涉及家具类的专业学院。现有“工业设计”专业的工业产品设计、家具设计、产品艺术设计（艺术类）、建筑工业产品艺术设计（艺术类）4个专业方向。拥有江苏省重点学科“家具设计与工程”、国家级重点学科“木材科学与技术（家具与木制品工艺）”2个博士点和“设计艺术学（工业产品设计及理论）”硕士点、“林业工程（家具制造与室内装饰工程）”硕士点。

【郑万钧塑像揭幕】 2008年10月12日，南林大首任校长郑万钧塑像在南林大校园揭幕。郑万钧（1904～1983年），江苏徐州人。1923年毕业于江苏省立第一农业学校林科，先后任该校和东南大学助教。1929年任中国科学社生物研究所研究员。1939年赴法国都鲁斯大学森林研究所研究森林地理，获理学博士学位。回国后，任云南大学、中央大学森林系教授。新中国成立后，历任南京大学农学院教授兼森林系主任，南京林学院教授、副院长、院长，中国林科院研究员、副院长、院长、名誉院长。郑万钧是中科院学部委员，我国著名林学家、树木学家、林业教育家，中国近代林业的开拓者之一。他建立的裸子植物分类系统被称为郑万钧系统，至今仍被世界植物分类学家广泛使用。1948年，郑万钧与胡先骕共同署名发表的“活化石”——水杉新种，被誉为20世纪植物学上的重大发现。郑万钧塑像由南林大原林学系78级校友捐资兴建。

【南林大教育发展基金会揭牌】 2008年12月28日，江苏省教育厅副厅长祭彦加为南林大教育发展基金会揭牌。省民政厅民间组织管理局局长陈勃等领导出席揭牌仪式。南林大教育发展基金会的成立是南林大为建设高水平研究教学型大学，适应现代大学发展的需要所作出的一项重大决策。揭幕当天，基金会接受校友、企业捐助的资金近300万元。南林大党委书记陈景欢、校长余世袁代表学校接受企业和校友的捐赠，并向捐赠的企业、个人颁发捐赠纪念证书。《中国教育报》、《新华日报》、《南京日报》等10余家媒体单位对基金会成立进行关注和报道。

【为北京奥运作贡献】 2008年，南林大积极为北京奥运作贡献，以稻草等农作物秸秆为原料，研发出的无甲醛环保建材成果被运用于北京奥运会场馆建设，利用杂交育种技术培育的马褂木新品种获北京迎奥运树种推介会专家肯定，指定为奥运树，被广泛种植在奥运场馆周围。体育部教师钱澄当选北京奥运火炬手，还有多名教师和学生通过选拔成为北京奥运志愿者。

【生物多样性保护规划在南京展示】 2008年2月28日，以南林大薛建辉教授为组长的专家组编制的《南京市生物多样性保护规划》展示在江苏省展览馆隆重开幕。该规划的编制历时4年，在全面摸清南京市生物多样性家底的基础上，分析了南京市生物多样性濒危现状及其原因，提出了操作性强的科学保护措施。规划以建设生态文明社会为理念，强调人与自然和谐共处。展示活动的开展，对进一步提高广大市民对生物多样性保护的认识，营造良好的生态保护氛围，促进南京市的经济社会可持续发展意义深远。

【一科研项目荣获国家科技进步二等奖】 2009年1月9日，在北京举行的国家科技奖励颁奖大会上，南林大叶建仁教授主持完成的松材线虫分子检测鉴定及媒介昆虫防治关键技术项目荣获2008年度国家科学技术进步二等奖。松材线虫病是松树上的一种毁灭性传染病，被许多国家列为检疫对象。该项目根据松材线虫病在我国流行和传播特点，围绕松材线虫检测鉴定和传播媒介松墨天牛控制，开展了松材线虫系列分子检测鉴定技术、媒介昆虫松墨天牛引诱捕杀技术、松墨天牛天敌肿腿蜂批量繁育和释放技术以及关键技术组装应用等四方面研究，获得系列技术成果。该项目研究开发的系列防控技术已成为我国松材线虫病关键防控环节的核心技术，在南方松材线虫病流行的多个省(区)推广应用，取得了重大的经济、社会和生态效益。

【一发明专利获第五届江苏省专利金奖】 2008 年 1 月 17 日，第五届江苏省专利奖揭晓。南林大余世袁教授发明的专利一种植物纤维原料酶降解制备低聚木糖的方法获第五届江苏省专利金奖。该发明采用生物技术和现代分离技术制备适合于低聚木糖生产的木聚糖酶，并用于低聚木糖的生产，产品质量优于国外同类产品。在国内外首次将低聚木糖作为饲料添加剂在畜禽和水产品上大规模推广应用。形成了一条以低聚木糖为核心的农林废弃物高值利用、低聚木糖生产、绿色养殖业和安全动物食品生产的新型农业产业链。该届专利奖由江苏省科技厅、省财政厅、省知识产权局联合颁发。

【勇强教授获第十届青年科技奖】 2008 年，南林大化学工程学院勇强教授经中国林学会推荐，获得了由中国青年科技奖评审委员会组织评审、中国青年科技奖领导工作委员会审定，中央组织部、人事部、中国科协联合授予的第十届中国青年科技奖。

【与浙江省丽水市签署校市科技合作协议】 2008 年 9 月 25 日，浙江省丽水市和南京高等院校科技合作洽谈会暨项目签约仪式在南京举行。浙江省丽水市各县(市、区)政府、科技部门的领导、企业家和南林大、南京大学、南京农业大学、南京理工大学的相关领导和专家教授参会。南林大副校长薛建辉教授作为南京高校代表讲话。南林大与浙江省丽水市有长期友好的合作关系，与丽水市科技合作协议的签订，标志着双方的合作进入了一个新的阶段，学校将一如既往地支持丽水市科技事业的发展，为丽水市生态环境建设和林业产业建设提供技术支撑。会上南林大有关学院专家还分别与相关企业签订了科技项目合作协议书。

【三项目列入江苏省科技厅建设计划】 2008 年，南林大科研基础设施建设取得显著成绩。三个基础设施建设项目列入江苏省科技厅建设项目。分别是由王明庥院士建议并主持申报的江苏省杨树种质创新与品种改良重点实验室获准立项；由曹福亮教授主持申报的江苏省特种经济树种培育与利用工程技术研究中心被省科技厅批准为省工程技术研究中心建设项目；由包装机械研究所主持申报的江苏省农林产品深加工技术装备工程中心被省科技厅批准为省级工程技术研究中心建设项目。

【与大兴安岭林业集团公司签署合作协议】 2008 年 11 月 10 日，南林大与大兴安岭林业集团公司合作协议签字仪式在南林大举行。南林大副校长薛建辉和大兴安岭地委组织部长郝敬江在合作协议上签字。根据协议，南林大将发挥学科与科研和人才优势，搭建技术交流与合作平台，实施产业发展人才工程，提升和促进大兴安岭林业产业的优化升级，促进学校林业产业技术成果转化和推广。

【全国家具与室内装饰研究会成立】 2008 年 10 月 16 日，中国林学会木材工业分会家具与室内装饰研究会在西安杨陵正式成立。家具与室内装饰研究会是中国林学会木材工业分会为加强科技管理和学术交流、促进家具与室内装饰行业科技发展而设立的全国性学术组织，大会选举南林大吴智慧教授当选为第一届中国林学会木材工业分会家具与室内装饰研究会会长。家具与室内装饰研究会挂靠南林大。

【《中国桂花品种图志》出版】 2008 年，由南林大向其柏教授主编的《中国桂花品种图志》由浙江科技出版社出版。图志全面反映了中国桂花品种分类的研究成果，内容丰富，具有很高的学术价值和应用价值。向其柏教授从事植物分类、树木分类和桂花品种科研工作近 50 年，因卓越成就而被国际园艺学会授权为木犀属栽培植物品种国际登录权威，具有国际最高权威性。《中国桂花品种图志》是园林植物工作者必备手册。

【百名村支书走进南林大】 2008 年 7 月 15 日，为提升农村干部素质，实现赣榆“沿海经济观光带、平原百里高效农业带、山区百里生态林果带”建设目标，连云港赣榆县“百名村支书走进南林大”专题培训班开学典礼在南林大举行。参加本次培训班的有赣榆县 18 个镇的党委组织委员以及村党支部书记共 100 余人。南林大专家开设了生态环境建设、苗木花卉培育、造林技术、市场营销、木材加工与利用、经济林果栽培、新农村建设绿地规划等课程，并针对赣榆的实际情况组织学员对口交流，到苗木基地考察学习等。南林大副校长王国聘教授为全体培训班学员作了题为《新农村建设中环境伦理的构建》的专题报告。

(南林大由校办供稿)

南京森林公安高等专科学校

【概　况】 南京森林公安高等专科学校是一所由国家林业局主管，与公安部共建的全日制普通高校。学校占地总面积76.2公顷，由仙林校区、花园路校区和东善桥教学训练基地组成，总建筑面积17万平方米。仙林校区建筑典雅明丽，环境优美，是具有现代气息的花园式、生态型、智能化新校园，建有现代化的图书馆、教学楼、实验楼、警体馆、游泳池、综合服务楼和体育运动场所，拥有先进的教学、科研、训练设施，图书馆馆藏文献总藏量267万册，其中纸质图书53万册。

学校现设治安系、侦查系、警务管理系、警务技战术系、信息技术系、教学实训基地、继续教育部。国家林业局警官培训中心、森林消防指挥培训中心、野生动植物刑事物证鉴定中心和林业职业教育研究中心挂靠在学校。目前设置治安管理、森林消防、侦查、刑事技术、警察管理、信息网络安全监察、警察指挥与战术等7个专业，全日制在校生4500人，年培训在职民警4000多人。

学校现有教职工397人，其中专任教师302人；拥有教授等正高级职称20人、副教授等副高级职称103人，聘请兼职教授15人、高级教官36人、教官20人，已基本形成一支学科专业较齐全、结构合理、业务能力强、专兼相结合的师资队伍，涌现出一批全国、江苏省教育先进个人和优秀教师。现有国家级、省级高校教学名师各1人，全国公安、林业系统优秀人民警察、优秀教师等14人，荣立一、二等功22人，并有享受国务院政府特殊津贴专家4人，江苏省“青蓝工程”中青年学术带头人2人。

近几年学校的各项工作得到了广泛的认可，先后多次被评为江苏省文明学校、文明单位、高校思想政治教育先进集体，并先后获得全国群众体育先进单位、江苏省职业教育先进集体、江苏省师资队伍建设先进高校等荣誉称号，在高职高专院校人才培养工作水平评估中被评为优秀。

学校坚持以教学为中心，以培养高素质应用性警务人才为目标，实行教学、科研、实战相结合，不断提升教育质量和办学水平，努力把学校建成全国森林公安的教育、培训和科研基地。学校不断加强教学研究，积极探索教学改革，并取得了一系列教学成果：先后获得国家级教学成果二等奖3项、省级教学成果特等奖和一等奖各1项、省级教学成果二等奖4项、公安部精品课程2门、江苏省精品(优秀)课程6门、江苏省精品教材5部，出版专著和主编及参编各类教材90余部，其中公安特色教材30多本。

学校坚持警学研相结合，并取得明显成效。近年来，学校申请立项的国家自然科学基金项目及公安部、教育部、司法部、国家林业局等省部级、厅局级科研项目119个，并先后获得省部级科学技术进步奖4项、国家实用新型专利9项。多项科研成果通过鉴定，达到了国内领先水平，并在生产中得到了推广和应用。学校还积极开展社会服务工作，国家林业局主管的《森林公安》、《森林防火》杂志由学校主办。

学校坚持政治建校、文化育警、环境育人。以培养“政治坚定、业务过硬、作风优良”的警务人才为办学宗旨，把“立警为公、执法为民”的警察意识和职业道德教育贯穿人才培养的全过程。通过警务化管理，强化军事素养，牢固树立从警意识。努力构建具有公安院校特色的校园文化，培养学生的人文素质。学校不断加强学风建设，凝聚了“博学慎思、唯实笃行；厚德明法、求是创新”的治学精神。坚持理论教学与实践相结合，本着“贴近实战、突出实用、符合实际”的教学原则，强化警察职业能力训练，狠抓实践性教学环节。学校拥有4315万元的教学、科研设备，刑事科学实验室、侦查实训中心、室内射击靶场等实验、实训场所装备先进，并在全国各地公安机关建立了校外实训基地20个，构成了比较完备的校内外实践教学体系，为提高教学质量提供了有力的保障。

学校毕业生走上工作岗位后在公安第一线建功立业，普遍安心工作，踏实肯干，受到用人单位的一致好评。被公安机关认为：基础好、能力强、素质高、作风实，能干、肯干、实干。

学校还重视国际学术交流。已与多个国家建立了学术上的联系，多次选派教师前往澳大利亚、美国、英国、加拿大、新西兰等国作高级访问学者或考察培训，并接待俄罗斯、澳大利亚等国消防官员来访。随着教学改革的不断深化，学校继续扩大对外交流渠道，努力与国际警务和森林消防同行建立更加广泛的联系。

【教学与教研工作】 学校牢固树立以教学为中心的理念，不断深化教学改革，努力提高教学质量，较好地完成了课堂教学、实习实验、教学研究等各项任务。

学校进一步建立健全校、系两级听课制度，把听课作为教学质量监控的重要措施，学校听课组随机选择部分教师作为听课对象，系级听课组则把全系每位教师均作为听课对象，这一措施既促进了教学质量的提高，又达到了教师之间相互学习，相互交流教学经验、改进教学方法的目的，效果显著。

切实加强教学质量监控，认真开展期中教学检查，把期中教学检查与日常管理、监督有机结合起来。2008年共组织两轮校级听课，对全校200余名教师进行听课评价。通过强化教学质量监控，使学校教学秩序更加井然有序，教学管理更加科学规范，教师的授课水平进一步提高，有力地促进了教学质量的稳步提高。

学校采取有效措施加强课程建设和教学研究工作，鼓励教师积极参与课程建设和教学研究、申报省级教学成果奖和各级各类科研课题，大力支持教师开展精品课程建设。2008年，学校共有29项各级各类教研教改项目立项，其中江苏省教育厅立项9项。积极组织编写一系列教材，特别是具有森林公安特色的教材、参考书和培训教材。学校还进一步发动和鼓励教研人员开展高等教育教学研究，特别是加强具有森林公安特色的教育教学研究，探索教育规律，为提升教育水平提供理论指导。苏惠民校长主持的高职高专教育林业类专业教学内容与实践教学体系研究课题通过国家林业局组织的结题鉴定，达到国内领先水平。“询问”被评为江苏省精品课程、“信息网络安全监察”被遴选为江苏省品牌专业、“刑事技术”被遴选为江苏省特色专业.

【师资队伍建设】 学校着眼于教师整体素质的提高，切实加强教师能力建设。积极鼓励教师通过在职学习取得更高层次的学历，并通过新教师岗前培训、短期业务进修、警衔晋升培训、初任民警培训、参加业务实践等多种形式加强对教师的培养，促进教师队伍综合素质的提高。2008年派出20名教师到地方、森林公安机关参加业务实践，22名教师取得高校教师资格，学校重视高层次人才的培养，2008年有1人获得江苏省高校教学名师称号，有4人晋升为正高职称、6人晋升为副高职称，师资队伍整体水平进一步提高，结构更加合理。

【培训工作】 学校高度重视民警培训工作，认真贯彻落实“三个必训”和森林公安队伍正规化建设的要求，充分发挥森林公安专业训练基地的作用。根据森林公安队伍的现状，积极开展多层次、多规格、多形式的初任培训、晋升培训和专业训练。2008年共举办各类训练班共35期，参训学员3138人次。学校积极探索改革民警培训的内容、方法和手段，努力提高培训的针对性和实效性。编辑出版了3本培训教材，组织撰写了《2008 ~2010年全国森林公安民警大轮训规划》和《国家级教官评聘管理办法》。在培训工作开展以战例评析、案例教学为主的同时，增加前瞻性培训和相关知识讲座，努力做到既紧密结合一线工作实际，又拓宽知识面，加深理论深度，培训工作整体上取得了新的突破。

【科研工作】 学校积极鼓励广大教师和科研人员开展服务森林公安一线工作科研项目的申请、立项工作。学校教师申请的“948”项目集成化林火动态监测与精确定位技术引进、林业行业标准制定项目森林消防专业队伍建设和管理标准、重点科研项目计划森林公安情报信息体系建设规范研究，获得国家林业局科技司立项和资助；野生动植物种质基因资源样本收集、保存与数据库建设获得国家林业局保护司的资助。另外还有一批面向公安工作及其他方面工作的科研项目也被江苏省教育科学规划领导小组办公室等单位立项。

一批科研项目按时、优质完成。国家林业局林业推广项目马尾松优良无性系推广等5个项目顺利结题通过验收。

2008年，学校教师在各级各类刊物上发表学术论文280余篇，参写专著2部。

学校积极支持开展大学生科技创新工作，大力培养大学生的科研能力和创新精神，积极开展创新性人才培养工作。学校专门拨出专项经费资助开展大学生科技创新能力培养项目，有12个项目立项为2008年度学校大学生科技创新能力培养项目，有力地促进了学校大学生创新能力的培养，在开展创新性人才培养工作中作出了积极的努力。

【学生管理工作】 学校学生管理工作从公安院校的实际出发，采取以警务化管理为主要内容的一系列措施，学生管理工作成效明显。

学校进一步加强学生工作制度建设，努力用健全的制度促进学生工作水平的不断提高。进一步修订《学生手册》，确保学生工作符合学校不断发展的新需要。组织学生深入学习《公安院校警务化管理规定》、《学生学籍管理规定》、《学生公寓管理条例》、《学生警务化管理细则》，形成人人遵纪守法、举止有礼，纪律严明的良好风气，使学生工作更加规范化、制度化、正规化。

继续加强警务化管理。强化学生养成教育，狠抓一日生活制度的落实。坚持每周三下午穿插进行学生日常军事训练，不断强化学生的军事素质。继续加强内务管理，坚持专职管理干部检查与学生检查相结合，定期检查与不定期检查相结合。在警务化管理过程中，学校充分发挥学生督察队的作用，对学生警务化管理的各个环节进行全面督察，定期公布检查结果，并作为学生综合素质测评的重要依据，有力地促进了学校警务化管理水平的提升。同时，学校重点加强大学生的心理健康教育、诚信教育、社会实践以及关爱特困生、助学贷款等工作。

【招生与毕业生就业工作】 2008年计划招生1500人，录取1508人，录取率达到100%；报到1476人，报到率为98.4%。

学校把毕业生就业指导作为学校的一项中心工作来抓。认真贯彻落实国家林业局召开的南京森林公安高等专科学校毕业生就业座谈会精神，广泛地与各用人单位联系，派出专人到各地森林公安机关开展调研，宣传、介绍毕业生情况，并向有关用人单位寄发毕业生就业宣传材料600多份。学校积极建立以学校为主体的就业市场，邀请用人单位来校举行招聘活动。2008年6月份，组织了大型招聘会一次，并先后举办各类小型招聘活动20余次。由于措施有力，2008年毕业生一次就业率达87%。

【人事改革、岗位设置工作】 学校不断加强和完善人事制度改革，高度重视岗位设置工作，坚持从人才培养、科学研究和社会服务的需要出发，统筹学科专业建设，兼顾各类人员现状，合理确定岗位总量，精心制定岗位设置方案，深化聘用制改革，扎实开展岗位聘用工作。学校首次岗位设置管理工作于2007年11月启动，至2009年1月基本完成，国家林业局批复学校岗位总量324个，学校实际聘用岗位315个，其中：管理岗位95个，专业技术岗位200个，工勤技能岗位20个。

（南京森林公安高等专科学校由吉小林供稿）

林业教育信息统计

2008/2009学年初普通高、中等林业院校和其他高、中等院校林科基本情况

单位：人

名称	学校数（所、个）	毕业生数	招生数	在校学生数	毕业班学生数	教职工数	
						计	其中：专任教师
总计	**—**	**79 294**	**94 926**	**300 499**	**86 793**	**14 096**	**8517**
一、研究生	**83**	**4515**	**5516**	**16 854**	**5585**	**—**	**—**
1. 高等林业院校	6	3016	3877	11 399	3777	10 593	6464
2. 其他高等院校（林科）	69	1334	1392	4732	1560	—	—
3. 科研单位	8	165	247	723	248	—	—
二、普通本专科生	**331**	**50 413**	**56 656**	**197 366**	**52 166**	**—**	**—**
1. 高等林业院校	6	21 687	23 216	90 995	22 895	—	—
2. 森林公安高等学校	1	1488	1500	4444	1446	372	245
3. 其他高等院校（林科）	324	27 238	31 940	101 927	27 825	—	—
三、中专生	**377**	**24 366**	**32 754**	**86 279**	**29 042**	**—**	**—**
1. 中等林业（园林）职业学校	41	11 253	16 090	41 536	13 392	3131	1808
2. 其他中等职业学校（林科）	336	13 113	16 664	44 743	15 650	—	—

2008/2009 学年初普通高等林业院校教职工情况

单位:人

学校名称	教职工数										
	总计	校本部教职工									
		合计	专任教师						行政人员	教辅人员	工勤人员
			计	正高级	副高级	中级	初级	无职称者			
总　计	**10 965**	**10 175**	**6709**	**925**	**1962**	**2412**	**1389**	**21**	**1601**	**1046**	**869**
一、高等林业院校	**10 593**	**9818**	**6464**	**913**	**1898**	**2326**	**1306**	**21**	**1589**	**982**	**783**
北京林业大学	1588	1442	991	157	365	381	68	20	194	163	94
东北林业大学	2756	2321	1356	241	422	451	241	1	452	336	177
南京林业大学	1805	1669	1148	142	279	439	288	0	247	112	162
浙江林学院	1267	1237	853	117	276	345	115	0	193	125	66
中南林业科技大学	2234	2221	1481	170	417	451	443	0	358	158	224
西南林学院	943	928	635	86	139	259	151	0	145	88	60
二、森林公安高等学校	**372**	**357**	**245**	**12**	**64**	**86**	**83**	**0**	**71**	**17**	**24**
南京森林公安高等专科学校	372	357	245	12	64	86	83	0	71	17	24

学校名称	教职工数			另有其他人员			
	科研机构人员	校办企业职工	其他附设机构人员	聘请校外教师	离退休人员	附属中小学幼儿园教职工	集体所有制人员
总　计	**166**	**262**	**501**	**1106**	**4137**	**110**	**242**
一、高等林业院校	**83**	**262**	**430**	**1089**	**4113**	**105**	**242**
北京林业大学	0	113	33	227	732	37	0
东北林业大学	6	111	318	74	1065	29	187
南京林业大学	37	38	61	296	950	0	55
浙江林学院	12	0	18	50	5	0	0
中南林业科技大学	13	0	0	285	1011	0	0
西南林学院	15	0	0	157	350	39	0
二、森林公安高等学校	**5**	**0**	**10**	**23**	**166**	**0**	**0**
南京森林公安高等专科学校	5	0	10	23	166	0	0

2008/2009 学年初普通

学校名称	合 计	教学及辅助用房				
		计	教 室	图书馆	实验室、实习场所	体育馆
一、学校产权建筑面积	**3 638 130**	**1 679 554**	**506 190**	**189 120**	**832 419**	**119 423**
1. 高等林业院校	3 483 613	1 603 379	486 496	177 482	804 867	102 132
北京林业大学	355 116	146 524	43 052	22 521	71 731	9220
东北林业大学	890 798	362 821	80 126	41 765	190 709	40 845
南京林业大学	674 297	300 778	63 490	31 146	169 503	26 700
浙江林学院	391 606	201 633	129 433	20 785	38 133	4110
中南林业科技大学	729 850	350 902	89 634	31 451	216 724	9178
西南林学院	441 946	240 721	80 761	29 814	118 067	12 079
2. 森林公安高等学校	154 517	76 175	19 694	11 638	27 552	17 291
南京森林公安高等专科学校	154 517	76 175	19 694	11 638	27 552	17 291
二、正在施工面积	**32 715**	**32 715**	**0**	**0**	**32 715**	**0**
1. 高等林业院校	32 715	32 715	0	0	32 715	0
北京林业大学	0	0	0	0	0	0
东北林业大学	0	0	0	0	0	0
南京林业大学	0	0	0	0	0	0
浙江林学院	0	0	0	0	0	0
中南林业科技大学	32 715	32 715	0	0	32 715	0
西南林学院	0	0	0	0	0	0
2. 森林公安高等学校	0	0	0	0	0	0
南京森林公安高等专科学校	0	0	0	0	0	0
三、非学校产权建筑面积	**236 872**	**179 234**	**0**	**601**	**98 116**	**0**
1. 高等林业院校	236 872	179 234	0	601	98 116	0
北京林业大学	74 290	74 290	0	0	74 290	0
东北林业大学	0	0	0	0	0	0
南京林业大学	0	0	0	0	0	0
浙江林学院	42 220	0	0	0	0	0
中南林业科技大学	120 362	104 944	79 717	601	23 826	0
西南林学院	0	0	0	0	0	0
2. 森林公安高等学校	0	0	0	0	0	0
南京森林公安高等专科学校	0	0	0	0	0	0

高等林业院校校舍情况

单位:平方米

	行政办公用房	生活用房						教工住宅
会堂		计	学生宿舍	学生食堂	教工单身宿舍	教工食堂	生活福利及其他用房	
32 402	**232 361**	**1 258 522**	**906 580**	**137 613**	**62 951**	**12 251**	**139 127**	**467 693**
324 02	222 512	1 190 029	866 310	121 037	60 491	12 251	129 940	467 693
0	19 549	189 043	158 711	6368	7153	0	16 811	0
9376	69 875	207 515	161 719	24 482	4806	0	16 508	250 587
9939	63 425	223 137	165 246	22 638	21 622	9501	4130	86 957
9172	28 401	161 572	133 118	19 774	7621	0	1059	0
3915	33 083	260 590	150 493	28 001	13 186	2250	66 660	85 275
0	8179	148 172	97 023	19 774	6103	500	24 772	44 874
0	9849	68 493	40 270	16 576	2460	0	9187	0
0	9849	68 493	40 270	16 576	2460	0	9187	0
0	**0**	**0**	**0**	**0**	**0**	**0**	**0**	**0**
0	0	0	0	0	0	0	0	0
0	0	0	0	0	0	0	0	0
0	0	0	0	0	0	0	0	0
0	0	0	0	0	0	0	0	0
0	0	0	0	0	0	0	0	0
0	0	0	0	0	0	0	0	0
0	0	0	0	0	0	0	0	0
0	0	0	0	0	0	0	0	0
0	0	0	0	0	0	0	0	0
800	**4800**	**52 838**	**41 028**	**6258**	**3192**	**1258**	**0**	**0**
800	4800	52 838	41 028	6258	3192	1258	0	0
0	0	0	0	0	0	0	0	0
0	0	0	0	0	0	0	0	0
0	0	0	0	0	0	0	0	0
0	0	42 220	34 428	5000	2792	0	0	0
800	4800	10 618	6600	1258	400	1258	1102	0
0	0	0	0	0	0	0	0	0
0	0	0	0	0	0	0	0	0
0	0	0	0	0	0	0	0	0

2008/2009 学年初普通高等林业院校资产情况

学校名称	占地面积(平方米)			图书资料		拥有教学用计算机(台)	语音实验室座位数(个)	多媒体教室座位数(个)	网上教学课程数(种)	固定资产总值(万元)	
	总面积	其中:绿化用地	其中:运动场地	一般图书(万册)	电子图书(万片)					合计	教学、科研仪器设备资产
一、学校产权	**9 791 797**	**3 613 696**	**475 461**	**893.8**	**381.42**	**29 884**	**7151**	**71 731**	**758**	**629 642.94**	**134 420.16**
1. 高等林业院校	9 044 212	3 263 696	390 245	844.63	375.44	28 477	6831	66 233	758	583 315.51	130 766.42
北京林业大学	511 556	190 920	56 505	137.35	74.32	4799	470	13 496	600	115 698	26 114
东北林业大学	1 359 837	400 000	100 291	173.83	120.03	5125	1400	13 282	158	146 033.53	39 133.96
南京林业大学	3 730 262	1 492 104	66 475	152.66	6.79	5446	1023	8738	0	95 902.4	24 687.37
浙江林学院	1 547 081	748 044	64 681	103.52	66	4478	872	11 566	0	112 148.8	13 506
中南林业科技大学	1 307 246	252 000	62 175	175	85.7	5106	2392	12 181	0	79 647.72	17 081.44
西南林学院	588 230	180 628	40 118	102.27	22.6	3523	674	6970	0	33 885.06	10 243.65
2. 森林公安高等专科学校	747 585	350 000	85 216	49.17	5.98	1407	320	5498	0	46 327.43	3653.74
南京森林公安高等专科学校	747 585	350 000	85 216	49.17	5.98	1407	320	5498	0	46 327.43	3653.74
二、非学校产权	**202 700**	**70 000**	**13 500**	**35**	**11.64**	**980**	**210**	**1585**	**0**	**14 660**	**5300**
1. 高等林业院校	202 700	70 000	13 500	35	11.64	980	210	1585	0	14 660	5300
北京林业大学	0	0	0	0	0	0	0	0	0	0	0
东北林业大学	0	0	0	0	3.44	0	0	0	0	0	0
南京林业大学	0	0	0	0	0	0	0	0	0	0	0
浙江林学院	0	0	0	0	0	0	0	0	0	0	0
中南林业科技大学	202 700	70 000	13 500	35	8.2	980	210	1585	0	14 660	5300
西南林学院	437 329	0	0	0	0	0	0	0	0	0	0
2. 森林公安高等专科学校	0	0	0	0	0	0	0	0	0	0	0
南京森林公安高等专科学校	0	0	0	0	0	0	0	0	0	0	0

2008/2009 学年初普通高等林业院校和其他高等院校、科研院所林科研究生分单位情况

单位：人

学校名称	毕业生数	招生数	在校学生数	毕业班学生数
总　计	**4515**	**5516**	**16 854**	**5585**
一、博士生	**589**	**772**	**2957**	**1440**
1. 高等林业院校	457	574	2249	1122
北京林业大学	247	231	825	374
东北林业大学	110	181	711	355
南京林业大学	78	116	523	291
中南林业科技大学	22	46	190	102
2. 林业科研单位	62	90	303	128
中国林业科学研究院	62	90	303	128
3. 其他高等院校(林科)	70	108	405	190
二、硕士生	**3926**	**4744**	**13 897**	**4145**
1. 高等林业院校	2559	3303	9150	2655
北京林业大学	774	900	2450	717
东北林业大学	671	863	2376	633
南京林业大学	499	649	1845	562
浙江林学院	64	265	555	107
中南林业科技大学	300	419	1171	347
西南林学院	251	207	753	289
2. 其他高等院校(林科专业)	1264	1284	4327	1370
北京师范大学	8	9	27	9
中国农业大学	25	29	72	16
中国人民大学	2	2	4	2
北京农学院	0	28	47	0
天津科技大学	1	1	4	2
河北农业大学	49	67	211	74
山西大学	5	3	17	10
山西农业大学	35	14	67	28
内蒙古农业大学	79	91	293	106
沈阳农业大学	74	60	237	95
辽宁工程技术大学	0	5	15	0
东北师范大学	0	1	6	0
吉林农业大学	7	25	71	11
北华大学	17	13	51	15
东北农业大学	29	34	116	42
上海交通大学	13	16	48	17
南京农业大学	35	28	94	39
苏州大学	0	8	23	0
浙江大学	7	8	16	0
安徽农业大学	67	48	161	48
福建农林大学	105	79	319	122
福建师范大学	0	0	3	0
江西农业大学	47	36	127	45
南昌大学	0	4	7	0
江西财经大学	0	2	5	0

（续）

学校名称	毕业生数	招生数	在校学生数	毕业班学生数
山东建筑大学	0	6	12	0
山东轻工业学院	0	0	3	0
青岛农业大学	24	19	60	22
曲阜师范大学	0	4	9	0
山东农业大学	52	67	192	50
聊城大学	0	1	11	0
河南农业大学	43	17	100	40
华北水利水电学院	0	3	4	1
华中农业大学	43	100	257	63
长江大学	0	4	18	0
湖南师范大学	2	1	8	4
吉首大学	0	3	5	0
仲恺农业工程学院	0	4	17	0
华南农业大学	5	5	12	5
华南农业大学	72	43	152	50
华南师范大学	0	7	15	0
广西大学	18	33	83	17
广西师范大学	9	0	19	9
海南大学	7	19	51	4
西南大学	50	51	171	49
西南交通大学	0	6	19	0
四川大学	18	10	40	13
西华师范大学	14	2	29	12
四川农业大学	89	74	298	96
贵州大学	7	22	54	9
云南农业大学	10	21	69	22
西藏大学	0	0	4	0
长安大学	0	0	1	0
西北农林科技大学	142	125	443	162
西安理工大学	0	2	6	0
陕西科技大学	0	1	1	0
陕西师范大学	6	0	5	1
甘肃农业大学	28	13	57	26
兰州交通大学	0	0	1	0
青海大学	0	1	4	0
新疆农业大学	20	9	56	34
3. 科研单位	103	157	420	120
中国林业科学研究院	86	130	352	102
中国社会科学院研究生院	1	0	1	1
中国农业科学院研究生院	3	2	4	1
沈阳应用生态所	2	1	4	2
中国科学院南京土壤研究所	0	1	5	2
中国科学院华南植物研究所	0	6	12	0
水土保持与生态环境研究中心	8	9	27	10
中国科学院新疆生态与地理研究所	3	8	15	2

2008/2009 学年初普通高等林业院校和其他高等院校、科研院所林科研究生分专业情况

单位：人

学校名称	毕业生数	招生数	在校学生数	毕业班学生数
总　计	**4515**	**5516**	**16 854**	**5585**
一、博士生	**589**	**772**	**2957**	**1440**
1. 林科类专业小计	513	686	2638	1289
林木遗传育种	19	35	128	54
森林培育	75	103	421	209
森林保护学	21	40	123	47
森林经理学	32	40	147	75
野生动植物保护与利用	16	21	75	35
园林植物与观赏园艺	37	65	184	82
水土保持与荒漠化防治	39	39	155	78
林学	7	14	52	23
森林工程	32	78	263	120
木材科学与技术	39	35	172	83
林产化学加工工程	21	18	78	44
林业经济管理	79	80	402	232
其他	96	118	438	207
2. 林业院校和科研单位其他专业	76	86	319	151
草业科学	6	8	24	8
发育生物学	1	3	10	4
机械设计及理论	26	28	119	68
生物化学与分子生物学	3	5	17	8
通信与信息系统	0	1	1	0
微生物学	0	8	16	4
城市规划与设计	31	15	57	25
遗传学	3	5	25	12
载运工具运用工程	2	3	23	15
制浆造纸工程	4	8	23	7
马克思主义理论与思想政治教育	76	2	4	0
二、硕士生	**3926**	**4744**	**13 897**	**4145**
1. 林科类专业小计	2861	3033	9543	3015
林木遗传育种	98	124	419	134
森林培育	397	234	1062	399
森林保护学	145	128	537	190
森林经理学	228	174	703	258
野生动植物保护与利用	150	73	364	125
园林植物与观赏园艺	759	961	2801	805
水土保持与荒漠化防治	205	249	759	230
森林工程	75	111	291	77
木材科学与技术	166	160	458	166
林产化工加工工程	14	17	49	15
林产化学加工工程	45	63	193	61
林学	23	43	90	25
林业经济管理	85	87	252	91
其他	471	609	1565	439
2. 林业院校和科研单位其他专业	1065	1711	4354	1130
材料加工工程	2	6	17	6
材料学	7	11	28	6
草业科学	19	14	52	17
测试计量技术及仪器	8	7	33	17
车辆工程	6	6	16	4
道路与铁道工程	37	27	94	38
地图学与地理信息系统	31	54	111	25
动物学	9	25	47	10
动物遗传育种与繁殖	0	2	8	0
发酵工程	0	4	11	2
发育生物学	8	20	55	16
法学理论	0	11	20	0
高分子化学与物理	7	18	45	15
管理科学与工程	26	54	138	32
国际贸易学	15	24	57	10

（续）

学校名称	毕业生数	招生数	在校学生数	毕业班学生数
果树学	0	3	13	0
汉语言文字学	0	12	19	0
化学工艺	8	16	48	17
环境工程	11	18	59	19
环境科学	61	79	200	66
环境与资源保护法学	27	110	221	33
会计学	34	34	87	23
机械电子工程	3	4	12	6
机械工程	20	17	38	10
机械设计及理论	22	22	90	43
机械制造及其自动化	0	3	12	1
计算机软件与理论	0	10	19	0
计算机应用技术	57	55	185	67
检测技术与自动化装置	10	11	37	15
交通信息工程及控制	0	8	11	0
交通运输规划与管理	0	12	19	0
结构工程	3	31	64	12
金融学	0	0	4	0
科学技术哲学	21	18	56	21
控制理论与控制工程	14	20	62	18
旅游管理	37	30	87	27
伦理学	14	15	43	16
马克思主义基本原理	0	3	7	0
马克思主义中国化研究	0	22	32	0
农产品加工及储藏工程	21	19	60	16
农业电气化与自动化	7	6	26	5
农业机械化工程	0	7	16	0
农业经济管理	0	4	11	0
农业生物环境与能源工程	11	8	22	7
企业管理	29	83	174	48
桥梁与隧道工程	13	14	41	14
人口、资源与环境经济学	17	14	45	12
山地灾害防治工程	4	0	2	2
设计艺术学	81	207	451	87
生理学	6	9	19	5
生物化工	12	14	41	14
生物化学与分子生物学	39	58	140	37
生物物理学	16	16	38	11
生药学	7	13	36	9
食品科学	21	25	66	16
水生生物学	0	8	18	3
思想政治教育	15	39	78	8
特种经济动物饲养	19	4	29	12
统计学	21	13	38	13
外国语言学及应用语言学	31	28	86	24
微生物学	38	33	94	27
细胞生物学	20	26	66	19
行政管理	0	46	82	0
岩土工程	0	3	11	0
药物化学	0	5	7	0
遗传学	16	22	62	17
应用化学	0	17	25	0
应用数学	0	15	23	0
应用心理学	0	12	21	0
英语语言文学	30	32	105	35
载运工具运用工程	21	22	81	37
政治学新专业	14	0	11	11
植物营养学	5	7	27	4
制浆造纸工程	19	37	106	32
自然地理学	14	9	34	11
作物学新专业	1	0	5	2

2008/2009 学年初普通高等林业院校和其他高等院校林科分学校学生情况

单位：人

学校名称	毕业生数			招生数			在校学生数			毕业班学生数		
	计	本科生	专科生	计	本科生	专科生	计	本科生	专科生	计	本科生	专科生
总　计	**50 413**	**31 850**	**18 563**	**56 656**	**36 416**	**20 240**	**197 366**	**138 061**	**59 305**	**52 166**	**33 513**	**18 653**
一、普通高等林业院校	**21 687**	**20 682**	**1005**	**23 216**	**22 542**	**674**	**90 995**	**87 782**	**3213**	**22 895**	**21 932**	**963**
北京林业大学	3347	3347	0	3288	3288	0	12 993	12 993	0	3335	3335	0
东北林业大学	4519	4083	436	4751	4610	141	18 355	17 452	903	4699	4299	400
南京林业大学	3963	3909	54	3906	3906	0	15 022	15 021	1	3582	3582	0
中南林业科技大学	4982	4496	486	5230	4697	533	21 375	19066	2309	5437	4874	563
西南林学院	2154	2125	29	2862	2862	0	11 030	11 030	0	2833	2833	0
浙江林学院	2722	2722	0	3179	3179	0	12 220	12 220	0	3009	3009	0
二、森林公安高等专科学校	**1488**	**0**	**1488**	**1500**	**0**	**1500**	**4444**	**0**	**4444**	**1446**	**0**	**1446**
南京森林公安高等专科学校	1488	0	1488	1500	0	1500	4444	0	4444	1446	0	1446
三、其他高等院校（林科）	**27 238**	**11 168**	**16 070**	**31 940**	**13 874**	**18 066**	**101 927**	**50 279**	**51 648**	**27 825**	**11 581**	**16 244**
北京联合大学	12	0	12	16	0	16	43	0	43	15	0	15
北京城市学院	89	0	89	99	0	99	229	0	229	68	0	68
中国农业大学	66	66	0	43	43	0	204	204	0	55	55	0
北京农业职业学院	39	0	39	115	0	115	274	0	274	76	0	76
北京农学院	139	139	0	120	120	0	498	498	0	129	129	0
天津科技大学	25	25	0	61	61	0	171	171	0	0	0	0
天津滨海职业学院	55	0	55	28	0	28	76	0	76	30	0	30
天津城市建设学院	48	48	0	65	65	0	259	259	0	62	62	0
天津农学院	200	138	62	182	114	68	648	390	258	88	0	88
河北政法职业学院	0	0	0	117	0	117	475	0	475	227	0	227
唐山职业技术学院	56	0	56	98	0	98	204	0	204	62	0	62
河北科技师范学院	98	45	53	126	79	47	395	288	107	121	61	60
中国环境管理干部学院	55	0	55	57	0	57	154	0	154	41	0	41
河北工程大学	47	45	2	125	56	69	290	220	70	58	57	1
保定职业技术学院	66	0	66	85	0	85	211	0	211	70	0	70
河北农业大学	597	460	137	460	307	153	1843	1351	492	556	361	195
河北北方学院	83	0	83	50	0	50	188	0	188	61	0	61
河北旅游职业学院	120	0	120	101	0	101	362	0	362	141	0	141
沧州职业技术学院	33	0	33	47	0	47	119	0	119	44	0	44
沧州师范专科学校	0	0	0	43	0	43	76	0	76	33	0	33
廊坊职业技术学院	67	0	67	62	0	62	232	0	232	85	0	85
廊坊师范学院	45	0	45	39	0	39	134	0	134	57	0	57
衡水学院	81	0	81	68	29	39	233	117	116	77	0	77
衡水职业技术学院	20	0	20	105	0	105	148	0	148	20	0	20
山西林业职业技术学院	517	0	517	529	0	529	1728	0	1728	497	0	497
长治职业技术学院	39	0	39	24	0	24	80	0	80	33	0	33
山西农业大学	483	204	279	231	231	0	1307	1034	273	504	296	208
运城学院	46	0	46	43	0	43	95	0	95	0	0	0
山西师范大学	115	115	0	0	0	0	131	131	0	90	90	0
吕梁高等专科学校	0	0	0	74	0	74	144	0	144	0	0	0
内蒙古农业大学	553	505	48	652	601	51	2474	2239	235	662	581	81
内蒙古民族大学	51	51	0	68	68	0	273	273	0	58	58	0
乌兰察布职业学院	0	0	0	33	0	33	103	0	103	36	0	36
沈阳大学	67	31	36	69	33	36	243	137	106	69	35	34
辽宁林业职业技术学院	757	0	757	621	0	621	1709	0	1709	571	0	571
辽宁商贸职业学院	37	0	37	7	0	7	42	0	42	19	0	19
沈阳大学科技工程学院	24	24	0	26	26	0	119	119	0	32	32	0
沈阳建筑大学	43	43	0	23	23	0	163	163	0	86	86	0

（续）

学校名称	毕业生数			招生数			在校学生数			毕业班学生数		
	计	本科生	专科生	计	本科生	专科生	计	本科生	专科生	计	本科生	专科生
沈阳农业大学	268	190	78	216	171	45	821	699	122	255	199	56
沈阳农业大学科学技术学院	73	73	0	66	66	0	248	248	0	72	72	0
辽宁科技学院	94	0	94	66	0	66	91	0	91	25	0	25
辽东学院	90	0	90	130	0	130	297	0	297	99	0	99
辽宁农业职业技术学院	177	0	177	163	0	163	443	0	443	88	0	88
辽宁工程技术大学	21	21	0	54	54	0	218	218	0	55	55	0
阜新高等专科学校	16	0	16	21	0	21	44	0	44	12	0	12
辽宁职业学院	118	0	118	44	0	44	161	0	161	82	0	82
吉林农业大学	405	340	65	246	213	33	1016	928	88	365	309	56
长春大学	51	51	0	76	76	0	301	301	0	74	74	0
吉林建筑工程学院建筑装饰学院	0	0	0	32	32	0	60	60	0	0	0	0
吉林农业大学发展学院	134	134	0	107	52	55	397	342	55	160	160	0
吉林农业科技学院	104	63	41	92	62	30	306	175	131	131	59	72
北华大学	154	154	0	185	185	0	718	718	0	198	198	0
松原职业技术学院	0	0	0	19	0	19	32	0	32	13	0	13
延边大学	51	51	0	51	51	0	137	137	0	49	49	0
哈尔滨师范大学	16	0	16	28	0	28	67	0	67	21	0	21
黑龙江大学	28	28	0	34	34	0	137	137	0	30	30	0
黑龙江农业工程职业学院	77	0	77	48	0	48	160	0	160	53	0	53
东北农业大学	161	161	0	127	127	0	571	571	0	114	114	0
哈尔滨职业技术学院	66	0	66	46	0	46	345	0	345	188	0	188
黑龙江生态工程职业学院	71	0	71	194	0	194	545	0	545	131	0	131
黑龙江畜牧兽医职业学院	0	0	0	80	0	80	257	0	257	47	0	47
齐齐哈尔大学	26	26	0	59	59	0	139	139	0	23	23	0
大庆职业学院	45	0	45	0	0	0	35	0	35	0	0	0
黑龙江八一农垦大学	143	143	0	52	52	0	360	360	0	142	142	0
佳木斯大学	51	51	0	20	20	0	114	114	0	35	35	0
黑龙江农业职业技术学院	0	0	0	56	0	56	234	0	234	74	0	74
牡丹江师范学院	0	0	0	32	32	0	134	134	0	17	17	0
黑龙江农业经济职业学院	94	0	94	122	0	122	206	0	206	17	0	17
黑龙江农垦林业职业技术学院	0	0	0	72	0	72	200	0	200	105	0	105
大兴安岭职业学院	31	0	31	83	0	83	160	0	160	35	0	35
上海交通大学	25	25	0	0	0	0	47	47	0	32	32	0
上海商学院	41	0	41	73	73	0	180	147	33	33	0	33
上海应用技术学院	0	0	0	84	84	0	173	173	0	0	0	0
上海海洋大学	0	0	0	55	55	0	153	153	0	0	0	0
同济大学	28	28	0	0	0	0	29	29	0	28	28	0
上海农林职业技术学院	183	0	183	84	0	84	383	0	383	147	0	147
上海建桥学院	46	0	46	56	0	56	134	0	134	40	0	40
南京农业大学	57	57	0	56	56	0	256	256	0	62	62	0
江苏联合职业技术学院	0	0	0	0	0	0	129	0	129	65	0	65
三江学院	0	0	0	30	0	30	46	0	46	0	0	0
金陵科技学院	78	0	78	63	63	0	234	186	48	20	0	20
金陵科技学院龙蟠学院	0	0	0	36	36	0	145	145	0	0	0	0
南京交通职业技术学院	0	0	0	43	0	43	85	0	85	0	0	0
无锡城市职业技术学院	29	0	29	37	0	37	123	0	123	46	0	46
徐州工程学院	0	0	0	117	77	40	438	356	82	60	60	0
徐州师范大学	28	28	0	45	45	0	178	178	0	35	35	0

（续）

学校名称	毕业生数			招生数			在校学生数			毕业班学生数		
	计	本科生	专科生	计	本科生	专科生	计	本科生	专科生	计	本科生	专科生
苏州大学	31	31	0	38	38	0	145	145	0	30	30	0
苏州农业职业技术学院	147	0	147	179	0	179	452	0	452	85	0	85
苏州科技学院	36	36	0	82	82	0	269	269	0	65	65	0
苏州科技学院天平学院	39	39	0	29	29	0	29	29	0	0	0	0
硅湖职业技术学院	84	0	84	50	0	50	148	0	148	52	0	52
徐州师范大学科文学院	23	23	0	0	0	0	0	0	0	0	0	0
南通农业职业技术学院	49	0	49	135	0	135	443	0	443	136	0	136
连云港师范高等专科学校	0	0	0	20	0	20	20	0	20	0	0	0
扬州大学	48	48	0	90	90	0	235	235	0	56	56	0
扬州环境资源职业技术学院	176	0	176	202	0	202	631	0	631	181	0	181
扬州大学广陵学院	40	40	0	43	43	0	112	112	0	36	36	0
江苏农林职业技术学院	239	0	239	413	0	413	1343	0	1343	411	0	411
江苏畜牧兽医职业技术学院	0	0	0	90	0	90	233	0	233	46	0	46
宿迁学院	45	45	0	35	35	0	190	190	0	55	55	0
杭州职业技术学院	135	0	135	148	0	148	430	0	430	139	0	139
杭州万向职业技术学院	118	0	118	0	0	0	100	0	100	62	0	62
浙江大学	20	20	0	0	0	0	71	71	0	28	28	0
宁波城市职业技术学院	33	0	33	101	0	101	258	0	258	62	0	62
浙江万里学院	14	0	14	0	0	0	0	0	0	0	0	0
温州科技职业学院	0	0	0	187	0	187	367	0	367	0	0	0
温州职业技术学院	0	0	0	59	0	59	100	0	100	21	0	21
嘉兴职业技术学院	103	0	103	138	0	138	407	0	407	119	0	119
湖州师范学院	0	0	0	44	44	0	44	44	0	0	0	0
金华职业技术学院	96	0	96	126	0	126	432	0	432	146	0	146
台州科技职业学院	0	0	0	66	0	66	66	0	66	0	0	0
丽水学院	82	0	82	123	83	40	492	318	174	140	52	88
丽水职业技术学院	131	0	131	258	0	258	621	0	621	148	0	148
安徽城市管理职业学院	74	0	74	73	0	73	191	0	191	59	0	59
安徽林业职业技术学院	255	0	255	209	0	209	852	0	852	391	0	391
安徽农业大学	388	300	88	361	298	63	1482	1277	205	393	327	66
安徽建筑工业学院	56	56	0	0	0	0	178	178	0	62	62	0
芜湖职业技术学院	67	0	67	16	0	16	50	0	50	21	0	21
淮南师范学院	0	0	0	113	113	0	255	255	0	0	0	0
安庆职业技术学院	26	0	26	38	0	38	154	0	154	59	0	59
黄山学院	106	0	106	265	192	73	776	533	243	140	65	75
滁州职业技术学院	0	0	0	48	0	48	80	0	80	0	0	0
安徽科技学院	59	59	0	95	95	0	328	328	0	59	59	0
阜阳师范学院	0	0	0	58	58	0	145	145	0	0	0	0
宿州职业技术学院	15	0	15	61	0	61	183	0	183	43	0	43
巢湖职业技术学院	38	0	38	0	0	0	58	0	58	0	0	0
六安职业技术学院	81	0	81	71	0	71	187	0	187	51	0	51
皖西学院	0	0	0	97	0	97	97	0	97	0	0	0
池州职业技术学院	46	0	46	82	0	82	213	0	213	53	0	53
宣城职业技术学院	33	0	33	56	0	56	150	0	150	49	0	49
福州黎明职业技术学院	45	0	45	41	0	41	75	0	75	21	0	21
福建农林大学	453	453	0	485	485	0	1719	1719	0	429	429	0
福建农业职业技术学院	132	0	132	143	0	143	376	0	376	122	0	122
福建农林大学东方学院	36	36	0	67	67	0	162	162	0	12	12	0
三明学院	0	0	0	54	0	54	97	0	97	0	0	0

（续）

学校名称	毕业生数			招生数			在校学生数			毕业班学生数		
	计	本科生	专科生	计	本科生	专科生	计	本科生	专科生	计	本科生	专科生
漳州城市职业学院	0	0	0	38	0	38	60	0	60	0	0	0
漳州师范学院	0	0	0	111	111	0	161	161	0	0	0	0
漳州职业技术学院	54	0	54	83	0	83	135	0	135	52	0	52
福建林业职业技术学院	244	0	244	158	0	158	518	0	518	176	0	176
龙岩学院	32	0	32	41	0	41	67	0	67	26	0	26
闽西职业技术学院	42	0	42	94	0	94	163	0	163	24	0	24
宁德师范高等专科学校	0	0	0	0	0	0	3	0	3	3	0	3
宁德职业技术学院	0	0	0	36	0	36	36	0	36	0	0	0
江西农业大学	234	176	58	282	251	31	1188	1046	142	331	268	63
南昌工程学院	90	40	50	108	74	34	339	253	86	92	71	21
江西生物科技职业学院	35	0	35	54	0	54	165	0	165	38	0	38
江西财经大学	62	0	62	96	0	96	197	0	197	52	0	52
江西科技师范学院	40	0	40	57	0	57	143	0	143	41	0	41
景德镇高等专科学校	25	0	25	43	0	43	174	0	174	25	0	25
九江学院	0	0	0	18	18	0	18	18	0	0	0	0
江西渝州科技职业学院	0	0	0	12	0	12	15	0	15	1	0	1
江西环境工程职业学院	199	0	199	201	0	201	447	0	447	149	0	149
井冈山大学	0	0	0	48	48	0	48	48	0	0	0	0
宜春学院	110	35	75	73	40	33	288	175	113	99	60	39
东华理工大学	17	0	17	0	0	0	0	0	0	0	0	0
山东城市建设职业学院	50	0	50	96	0	96	250	0	250	40	0	40
山东建筑大学	69	69	0	68	68	0	292	292	0	75	75	0
山东省农业管理干部学院	149	0	149	129	0	129	399	0	399	152	0	152
山东轻工业学院	0	0	0	40	40	0	116	116	0	0	0	0
青岛农业大学	236	214	22	137	137	0	650	602	48	238	190	48
青岛求实职业技术学院	117	0	117	41	0	41	285	0	285	112	0	112
淄博职业学院	12	0	12	27	0	27	100	0	100	40	0	40
东营职业学院	72	0	72	42	0	42	168	0	168	79	0	79
山东大王职业学院	0	0	0	26	0	26	26	0	26	0	0	0
烟台职业学院	129	0	129	0	0	0	181	0	181	100	0	100
青岛农业大学海都学院	0	0	0	51	51	0	51	51	0	0	0	0
潍坊学院	39	0	39	45	45	0	110	110	0	0	0	0
潍坊职业学院	414	0	414	302	0	302	920	0	920	308	0	308
潍坊科技学院	92	0	92	87	0	87	209	0	209	65	0	65
济宁职业技术学院	0	0	0	40	0	40	89	0	89	18	0	18
泰山医学院	22	0	22	0	0	0	14	0	14	14	0	14
山东农业大学	705	636	69	525	525	0	1896	1860	36	467	432	35
泰山职业技术学院	0	0	0	86	0	86	177	0	177	0	0	0
莱芜职业技术学院	0	0	0	39	0	39	82	0	82	15	0	15
临沂师范学院	137	108	29	113	90	23	424	326	98	146	90	56
聊城大学	65	35	30	40	40	0	265	201	64	96	66	30
聊城职业技术学院	0	0	0	43	0	43	43	0	43	0	0	0
滨州职业学院	101	0	101	33	0	33	131	0	131	67	0	67
菏泽学院	0	0	0	97	97	0	242	242	0	0	0	0
河南农业大学	287	287	0	117	117	0	740	740	0	266	266	0
河南省广播电视大学	62	0	62	0	0	0	0	0	0	0	0	0
河南农业职业学院	191	0	191	147	0	147	626	0	626	224	0	224
河南科技大学林业职业学院	545	0	545	356	0	356	1300	0	1300	483	0	483
河南科技大学	28	28	0	150	150	0	543	543	0	54	54	0

（续）

学校名称	毕业生数			招生数			在校学生数			毕业班学生数		
	计	本科生	专科生	计	本科生	专科生	计	本科生	专科生	计	本科生	专科生
安阳工学院	67	0	67	0	0	0	111	0	111	85	0	85
河南科技学院	131	131	0	180	180	0	493	493	0	67	67	0
新乡学院	83	0	83	94	0	94	309	0	309	112	0	112
濮阳职业技术学院	23	0	23	82	0	82	157	0	157	23	0	23
许昌职业技术学院	98	0	98	72	0	72	197	0	197	61	0	61
三门峡职业技术学院	39	0	39	63	0	63	172	0	172	48	0	48
商丘职业技术学院	68	0	68	54	0	54	208	0	208	77	0	77
信阳农业高等专科学校	290	0	290	331	0	331	1099	0	1099	354	0	354
周口职业技术学院	0	0	0	55	0	55	88	0	88	0	0	0
黄淮学院	19	0	19	159	69	90	458	134	324	164	0	164
武汉软件工程职业学院	12	0	12	31	0	31	75	0	75	25	0	25
湖北生物科技职业学院	163	0	163	73	0	73	208	0	208	61	0	61
华中农业大学	192	192	0	252	252	0	879	879	0	193	193	0
武汉民政职业学院	64	0	64	96	0	96	188	0	188	42	0	42
湖北生态工程职业技术学院	217	0	217	446	0	446	1151	0	1151	275	0	275
华中农业大学楚天学院	0	0	0	77	77	0	109	109	0	0	0	0
武汉科技大学中南分校	23	0	23	35	0	35	82	9	73	19	0	19
武汉生物工程学院	427	65	362	346	61	285	1054	224	830	339	38	301
湖北三峡职业技术学院	45	0	45	47	0	47	123	0	123	40	0	40
三峡大学	50	50	0	68	68	0	265	265	0	67	67	0
宜昌市教育学院	0	0	0	53	0	53	74	0	74	0	0	0
荆楚理工学院	27	0	27	87	0	87	140	0	140	26	0	26
长江大学	228	205	23	272	180	92	789	697	92	137	137	0
荆州职业技术学院	87	0	87	50	0	50	79	0	79	14	0	14
黄冈职业技术学院	49	0	49	70	0	70	188	0	188	61	0	61
咸宁职业技术学院	62	0	62	28	0	28	157	0	157	40	0	40
随州职业技术学院	20	0	20	21	0	21	67	0	67	33	0	33
恩施职业技术学院	44	0	44	41	0	41	241	0	241	34	0	34
湖北民族学院	42	42	0	50	50	0	321	321	0	83	83	0
仙桃职业学院	67	0	67	28	0	28	115	0	115	40	0	40
湖南农业大学	205	154	51	95	95	0	434	429	5	116	111	5
湖南农业大学东方科技学院	49	49	0	126	126	0	476	476	0	77	77	0
湖南生物机电职业技术学院	183	0	183	215	0	215	538	0	538	136	0	136
长沙职业技术学院	6	0	6	0	0	0	44	0	44	23	0	23
湖南科技大学	0	0	0	62	62	0	119	119	0	0	0	0
湖南环境生物职业技术学院	337	0	337	230	0	230	764	0	764	293	0	293
邵阳学院	0	0	0	42	42	0	124	124	0	0	0	0
邵阳职业技术学院	14	0	14	0	0	0	3	0	3	0	0	0
岳阳职业技术学院	31	0	31	40	0	40	134	0	134	67	0	67
益阳职业技术学院	12	0	12	66	0	66	137	0	137	41	0	41
永州职业技术学院	0	0	0	27	0	27	74	0	74	18	0	18
怀化学院	0	0	0	66	66	0	147	147	0	0	0	0
娄底职业技术学院	0	0	0	60	0	60	87	0	87	0	0	0
吉首大学	42	42	0	37	37	0	151	151	0	39	39	0
湘西民族职业技术学院	37	0	37	0	0	0	56	0	56	28	0	28
仲恺农业工程学院	122	122	0	70	70	0	332	332	0	106	106	0
华南农业大学	427	427	0	270	270	0	1306	1306	0	381	381	0
私立华联学院	0	0	0	44	0	44	125	0	125	46	0	46
广东科贸职业学院	121	0	121	95	0	95	324	0	324	107	0	107

（续）

学校名称	毕业生数			招生数			在校学生数			毕业班学生数		
	计	本科生	专科生	计	本科生	专科生	计	本科生	专科生	计	本科生	专科生
韶关学院	0	0	0	100	44	56	264	128	136	43	0	43
深圳职业技术学院	67	0	67	144	0	144	399	0	399	138	0	138
佛山科学技术学院	0	0	0	53	53	0	175	175	0	27	27	0
顺德职业技术学院	131	0	131	151	0	151	425	0	425	139	0	139
湛江师范学院	0	0	0	42	42	0	160	160	0	48	48	0
广东海洋大学	95	95	0	113	113	0	388	388	0	93	93	0
肇庆学院	0	0	0	47	47	0	152	152	0	26	26	0
惠州学院	49	49	0	39	39	0	119	119	0	30	30	0
嘉应学院	27	0	27	34	34	0	140	103	37	0	0	0
阳江职业技术学院	43	0	43	88	0	88	168	0	168	41	0	41
揭阳职业技术学院	0	0	0	16	0	16	40	0	40	0	0	0
广西大学行健文理学院	0	0	0	40	40	0	40	40	0	0	0	0
广西职业技术学院	0	0	0	0	0	0	23	0	23	0	0	0
广西大学	238	238	0	236	236	0	1030	1030	0	340	340	0
广西机电职业技术学院	0	0	0	46	0	46	139	0	139	41	0	41
广西农业职业技术学院	195	0	195	130	0	130	404	0	404	150	0	150
广西生态工程职业技术学院	117	0	117	201	0	201	500	0	500	141	0	141
桂林工学院	48	48	0	0	0	0	102	102	0	29	29	0
北京航空航天大学北海学院	0	0	0	38	38	0	38	38	0	0	0	0
广西英华国际职业学院	0	0	0	17	0	17	57	0	57	0	0	0
贺州学院	0	0	0	20	0	20	20	0	20	0	0	0
广西城市职业学院	0	0	0	80	0	80	179	0	179	50	0	50
海南职业技术学院	41	0	41	63	0	63	153	0	153	46	0	46
海南大学	225	158	67	260	260	0	982	888	94	285	191	94
重庆三峡职业学院	0	0	0	194	0	194	454	0	454	128	0	128
重庆工贸职业技术学院	57	0	57	155	0	155	272	0	272	71	0	71
西南大学	224	198	26	457	457	0	1363	1363	0	191	191	0
重庆城市管理职业学院	0	0	0	117	0	117	390	0	390	118	0	118
西南大学育才学院	0	0	0	33	33	0	92	92	0	0	0	0
重庆文理学院	179	150	29	113	113	0	476	476	0	181	181	0
西南交通大学	53	53	0	0	0	0	125	125	0	54	54	0
四川大学	26	26	0	20	20	0	82	82	0	20	20	0
成都理工大学	50	50	0	56	56	0	153	153	0	44	44	0
成都学院	0	0	0	118	118	0	166	166	0	0	0	0
四川国际标榜职业学院	7	0	7	45	0	45	98	0	98	21	0	21
成都农业科技职业学院	165	0	165	151	0	151	443	0	443	136	0	136
西南科技大学	61	0	61	40	0	40	90	0	90	29	0	29
绵阳师范学院	0	0	0	56	56	0	218	218	0	49	49	0
内江职业技术学院	49	0	49	53	0	53	151	0	151	44	0	44
南充职业技术学院	45	0	45	68	0	68	123	0	123	18	0	18
西华师范大学	35	35	0	126	56	70	332	176	156	37	37	0
眉山职业技术学院	59	0	59	40	0	40	146	0	146	55	0	55
宜宾职业技术学院	76	0	76	81	0	81	229	0	229	66	0	66
广安职业技术学院	51	0	51	56	0	56	124	0	124	18	0	18
达州职业技术学院	5	0	5	0	0	0	0	0	0	0	0	0
四川农业大学	675	585	90	1039	927	112	3437	2950	487	723	625	98
西昌学院	96	0	96	73	39	34	223	145	78	44	0	44
贵州师范大学	349	42	307	46	46	0	269	182	87	130	43	87
贵州大学	119	119	0	223	223	0	763	763	0	157	157	0

（续）

学校名称	毕业生数			招生数			在校学生数			毕业班学生数		
	计	本科生	专科生	计	本科生	专科生	计	本科生	专科生	计	本科生	专科生
贵州师范大学求是学院	6	6	0	38	38	0	124	124	0	7	7	0
安顺职业技术学院	29	0	29	42	0	42	68	0	68	0	0	0
铜仁学院	0	0	0	47	0	47	83	0	83	0	0	0
黔西南民族职业技术学院	6	0	6	12	0	12	12	0	12	0	0	0
黔东南民族职业技术学院	0	0	0	38	0	38	78	0	78	18	0	18
黔南民族职业技术学院	11	0	11	49	0	49	72	0	72	23	0	23
昆明冶金高等专科学校	0	0	0	0	0	0	47	0	47	47	0	47
云南民族大学	52	52	0	53	53	0	177	177	0	38	38	0
云南农业职业技术学院	254	0	254	167	0	167	535	0	535	179	0	179
云南师范大学文理学院	0	0	0	97	97	0	298	298	0	75	75	0
云南林业职业技术学院	396	0	396	713	0	713	1586	0	1586	559	0	559
云南农业大学	177	177	0	145	145	0	641	641	0	167	167	0
玉溪农业职业技术学院	0	0	0	47	0	47	98	0	98	0	0	0
思茅师范高等专科学校	30	0	30	73	0	73	149	0	149	25	0	25
云南热带作物职业学院	91	0	91	132	0	132	384	0	384	89	0	89
西双版纳职业技术学院	0	0	0	0	0	0	35	0	35	19	0	19
西藏职业技术学院	0	0	0	40	0	40	150	0	150	110	0	110
藏大农学院	119	119	0	157	93	64	676	520	156	155	155	0
西北农林科技大学	334	334	0	501	501	0	1551	1551	0	357	357	0
西安外事学院	0	0	0	28	28	0	57	57	0	0	0	0
西安东方亚太职业技术学院	0	0	0	0	0	0	0	0	0	0	0	0
延安大学西安创新学院	50	50	0	30	30	0	162	162	0	52	52	0
咸阳职业技术学院	0	0	0	69	0	69	138	0	138	41	0	41
杨凌职业技术学院	36	0	36	31	0	31	87	0	87	28	0	28
延安大学	54	54	0	58	58	0	199	199	0	49	49	0
汉中职业技术学院	17	0	17	0	0	0	13	0	13	0	0	0
榆林学院	56	0	56	79	29	50	142	29	113	24	0	24
安康学院	79	0	79	62	27	35	161	64	97	35	0	35
商洛学院	15	0	15	0	0	0	0	0	0	0	0	0
甘肃农业职业技术学院	77	0	77	105	0	105	378	0	378	150	0	150
甘肃农业大学	149	149	0	205	205	0	722	722	0	172	172	0
甘肃林业职业技术学院	492	0	492	543	0	543	1753	0	1753	532	0	532
青海大学	67	67	0	33	33	0	80	80	0	47	47	0
宁夏大学	103	103	0	0	0	0	178	178	0	98	98	0
宁夏职业技术学院	0	0	0	36	0	36	105	0	105	28	0	28
新疆农业大学	198	119	79	184	184	0	722	722	0	162	162	0
新疆农业大学科学技术学院	38	38	0	113	113	0	303	303	0	64	64	0
巴音郭楞职业技术学院	29	0	29	15	0	15	53	0	53	5	0	5
塔里木大学	126	126	0	80	80	0	376	376	0	66	66	0
伊犁师范学院	37	0	37	45	0	45	106	0	106	21	0	21
伊犁职业技术学院	0	0	0	38	0	38	128	0	128	39	0	39
石河子大学	72	72	0	80	80	0	308	308	0	84	84	0

2008/2009 学年初普通高等林业院校和其他高等院校林科分专业学生情况

单位:人

专业名称	毕业生数			招生数			在校学生数			毕业班学生数		
	计	本科生	专科生	计	本科生	专科生	计	本科生	专科生	计	本科生	专科生
总　　计	**50 413**	**31 850**	**18 563**	**56 656**	**36 416**	**20 240**	**197 366**	**138 061**	**59 305**	**52 166**	**33 513**	**18 653**
一、林科专业	**31 008**	**14 817**	**16 191**	**35 748**	**17 682**	**18 066**	**116 878**	**65 018**	**51 860**	**31 598**	**15 239**	**16 359**
1. 林业工程类	2088	1945	143	3061	2557	504	10 303	9084	1219	2209	2004	205
森林工程	314	314	0	372	372	0	1212	1212	0	263	263	0
木材科学与工程	1471	1328	143	2296	1792	504	7498	6279	1219	1562	1357	205
林产化工	303	303	0	393	393	0	1593	1593	0	384	384	0
2. 森林资源类	19 698	3650	16 048	21640	4078	17 562	65 030	14 389	50 641	19 664	3510	16154
林学	17 572	2262	15310	19 362	2644	16718	57 185	9142	48043	17470	2129	15341
森林资源保护与游憩	1757	1103	654	1805	1053	752	6097	3828	2269	1803	1082	721
野生动物与自然保护区管理	369	285	84	473	381	92	1748	1419	329	391	299	92
森林资源类新专业	157	0	157	522	0	522	1370	0	1370	250		250
3. 环境生态类	8860	8860	0	10 771	10 771	0	40 342	40 342	0	9407	9407	0
园林	7886	7886	0	9380	9380	0	35 470	35 470	0	8328	8328	0
水土保持与荒漠化防治	836	836	0	835	835	0	3361	3361	0	901	901	0
环境生态类新专业	138	138	0	556	556	0	1511	1511	0	178	178	0
4. 农林经济管理类	362	362	0	276	276	0	1203	1203	0	318	318	0
农林经济管理	362	362	0	276	276	0	1203	1203	0	318	318	0
二、林业院校非林科专业	**19 405**	**17 033**	**2372**	**20 908**	**18 734**	**2174**	**80 488**	**73 043**	**7445**	**20 568**	**18 274**	**2294**
安全工程	44	44	0	0	0	0	0	0	0	0	0	0
包装工程	172	172	0	166	166	0	621	621	0	129	129	0
播音与主持艺术	134	134	0	0	0	0	0	0	0	0	0	0
材料成型及控制工程	0	0	0	56	56	0	229	229	0	61	61	0
材料化学	52	52	0	98	98	0	252	252	0	47	47	0
草业科学	49	49	0	64	64	0	276	276	0	60	60	0
测绘工程	103	103	0	165	165	0	501	501	0	115	115	0
测控技术与仪器	53	53	0	95	95	0	270	270	0	61	61	0
朝鲜语	0	0	0	25	25	0	51	51	0	0	0	0
车辆工程	51	51	0	70	70	0	248	248	0	67	67	0
城市管理	60	60	0	58	58	0	236	236	0	62	62	0
城市规划	528	528	0	229	229	0	1437	1437	0	417	417	0
地理信息系统	260	260	0	171	171	0	937	937	0	310	310	0
电气工程及其自动化	127	71	56	228	196	32	665	510	155	173	104	69
电子科学与技术	0	0	0	38	38	0	89	89	0	0	0	0
电子商务	258	96	162	107	64	43	559	331	228	175	89	86
电子信息工程	366	366	0	340	340	0	1712	1712	0	399	399	0
电子信息科学类	0	0	0	237	237	0	237	237	0	0	0	0
电子信息科学与技术	65	65	0	60	60	0	229	229	0	58	58	0
动画	119	119	0	50	50	0	126	126	0	20	20	0
动物科学	35	35	0	99	99	0	267	267	0	42	42	0
动物医学	40	40	0	56	56	0	219	219	0	52	52	0
俄语	17	17	0	85	85	0	161	161	0	20	20	0
法学	492	492	0	368	368	0	1573	1573	0	439	439	0
法语	0	0	0	49	49	0	310	310	0	179	179	0

（续）

专业名称	毕业生数			招生数			在校学生数			毕业班学生数		
	计	本科生	专科生	计	本科生	专科生	计	本科生	专科生	计	本科生	专科生
风景园林	0	0	0	61	61	0	61	61	0	0	0	0
高分子材料与工程	203	203	0	269	269	0	887	887	0	199	199	0
给水排水工程	0	0	0	52	52	0	110	110	0	0	0	0
工程管理	170	170	0	292	292	0	1069	1069	0	244	244	0
工程力学	0	0	0	28	28	0	59	59	0	0	0	0
工商管理	657	657	0	685	685	0	2669	2669	0	656	656	0
工业工程	42	42	0	75	75	0	233	233	0	51	51	0
工业设计	551	551	0	537	537	0	2228	2228	0	557	557	0
公共事业管理	57	57	0	83	83	0	374	374	0	113	113	0
广告学	386	386	0	312	312	0	1014	1014	0	236	236	0
国际经济与贸易	852	852	0	546	347	199	2608	2274	334	921	921	0
过程装备与控制工程	47	47	0	81	81	0	255	255	0	57	57	0
汉语言	0	0	0	27	27	0	55	55	0	0	0	0
汉语言文学	49	49	0	130	130	0	533	533	0	114	114	0
化学	41	41	0	45	45	0	182	182	0	44	44	0
化学工程与工艺	206	206	0	282	282	0	975	975	0	219	219	0
环境工程	178	178	0	191	191	0	847	847	0	195	195	0
环境科学	328	328	0	213	213	0	1220	1220	0	399	399	0
环境科学类新专业	0	0	0	212	212	0	212	212	0	0	0	0
会计学	873	766	107	1020	909	111	3809	3217	592	1004	807	197
机械类	0	0	0	269	269	0	269	269	0	0	0	0
机械设计制造及其自动化	710	669	41	874	874	0	3436	3389	47	761	761	0
计算机科学与技术	632	632	0	662	662	0	3141	3141	0	964	964	0
建筑环境与设备工程	56	56	0	89	89	0	285	285	0	63	63	0
建筑学	0	0	0	50	50	0	165	165	0	0	0	0
交通工程	207	130	77	124	54	70	735	486	249	251	150	101
交通运输	437	437	0	382	382	0	1696	1696	0	446	446	0
金融学	195	195	0	247	247	0	852	852	0	145	145	0
经济学	0	0	0	53	53	0	92	92	0	0	0	0
景观建筑设计	67	0	67	100	61	39	224	61	163	61	0	61
旅游管理	551	551	0	545	474	71	2613	2047	566	678	601	77
农学	46	46	0	34	34	0	409	409	0	45	45	0
农业工程类新专业	0	0	0	147	147	0	147	147	0	0	0	0
农业机械化及其自动化	0	0	0	0	0	0	25	25	0	0	0	0
农业资源与环境	36	36	0	42	42	0	207	207	0	48	48	0
汽车服务工程	0	0	0	58	58	0	58	58	0	0	0	0
轻化工程	200	200	0	172	172	0	782	782	0	224	224	0
热能与动力工程	27	27	0	118	118	0	409	409	0	52	52	0
人力资源管理	151	151	0	136	136	0	626	626	0	244	244	0
日语	182	182	0	330	330	0	967	967	0	197	197	0
软件工程	0	0	0	107	107	0	173	173	0	0	0	0
社会工作	45	45	0	91	91	0	256	256	0	50	50	0
社会体育	0	0	0	30	30	0	94	94	0	0	0	0
摄影	172	172	0	0	0	0	145	145	0	64	64	0

（续）

专业名称	毕业生数			招生数			在校学生数			毕业班学生数		
	计	本科生	专科生	计	本科生	专科生	计	本科生	专科生	计	本科生	专科生
生态学	89	89	0	81	81	0	301	301	0	81	81	0
生物工程	157	157	0	146	146	0	582	582	0	161	161	0
生物技术	378	378	0	223	223	0	1139	1139	0	361	361	0
生物科学	139	139	0	240	240	0	891	891	0	211	211	0
食品科学与工程	277	277	0	429	429	0	1496	1496	0	316	316	0
食品质量与安全	0	0	0	51	51	0	109	109	0	0	0	0
市场营销	370	291	79	317	317	0	1452	1308	144	407	343	64
数学与应用数学	98	98	0	97	97	0	390	390	0	105	105	0
数字媒体艺术	0	0	0	61	61	0	121	121	0	0	0	0
体育教育	0	0	0	43	43	0	156	156	0	44	44	0
通信工程	49	49	0	155	155	0	532	532	0	49	49	0
统计学	89	89	0	85	85	0	564	564	0	160	160	0
统计学类新专业	0	0	0	99	99	0	99	99	0	0	0	0
土地资源管理	60	60	0	28	28	0	194	194	0	59	59	0
土木工程	819	819	0	791	791	0	3475	3475	0	818	818	0
网络工程	102	0	102	0	0	0	129	0	129	58	0	58
文化产业管理	0	0	0	58	58	0	118	118	0	0	0	0
物理学	38	38	0	45	45	0	170	170	0	46	46	0
物流工程	77	77	0	203	203	0	681	681	0	129	129	0
物流管理	0	0	0	72	72	0	153	153	0	0	0	0
物业管理	0	0	0	21	0	21	21	0	21	0	0	0
消防工程	38	38	0	44	44	0	187	187	0	61	61	0
心理学	61	61	0	83	83	0	314	314	0	66	66	0
信息管理与信息系统	369	369	0	264	264	0	1258	1258	0	394	394	0
信息与计算科学	303	303	0	213	213	0	863	863	0	212	212	0
行政管理	70	70	0	52	52	0	159	159	0	50	50	0
艺术类	0	0	0	277	277	0	277	277	0	0	0	0
艺术设计	1112	1032	80	997	938	59	4619	4324	295	1218	1132	86
艺术设计学	97	97	0	0	0	0	361	361	0	99	99	0
音乐表演	0	0	0	36	36	0	151	151	0	0	0	0
印刷工程	43	43	0	25	25	0	181	181	0	45	45	0
应用化学	47	47	0	141	141	0	478	478	0	45	45	0
应用物理学	0	0	0	27	27	0	27	27	0	0	0	0
英语	651	602	49	594	565	29	2558	2480	78	701	652	49
园艺	318	254	64	167	167	0	791	791	0	238	238	0
侦查学	624	0	624	641	0	641	1849	0	1849	589	0	589
政治学与行政学	50	50	0	41	41	0	179	179	0	49	49	0
植物保护	30	30	0	39	39	0	270	270	0	105	105	0
治安学	864	0	864	859	0	859	2595	0	2595	857	0	857
中药学	64	64	0	59	59	0	251	251	0	54	54	0
资源环境与城乡规划管理	228	228	0	134	134	0	662	662	0	218	218	0
自动化	315	315	0	255	255	0	1274	1274	0	374	374	0

2008/2009 学年初普通中等林业(园林)职业学校和其他中等职业学校林科分学校学生情况

单位:人

学校名称	毕业生数	招生数	在校学生数	毕业班学生数
总　　计	**24 366**	**32 754**	**86 279**	**29 042**
(一)中等林业(园林)职业学校	**11 253**	**16 090**	**41 536**	**13 392**
北京市丰台区城市园林建设学校	320	205	669	160
涿鹿县宝峰寺林业中学	25	60	212	65
山西林业职业技术学院	348	35	191	116
辽宁省园林学校	162	31	263	159
辽宁林业职业技术学院中专部	87	37	130	61
通化市林业职工技术培训学校	0	0	0	0
白山市林业职业高中	187	98	154	56
延边林业学校	340	302	634	152
吉林省黄泥河林业技工学校	30	284	334	301
伊春市双丰林业局高级职业中学	99	42	105	34
伊春市朗乡林业局职业中学	70	60	330	180
伊春市朗乡林业局教师进修学校	0	0	0	0
伊春市桃山局职业高级中学	32	0	0	0
黑龙江省大兴安岭漠河阿木尔林业局职业高中	17	0	55	15
黑龙江农垦林业职业技术学院	54	13	141	93
黑龙江林业职业技术学院(中专部)	67	213	726	322
黑龙江省伊春林业学校	535	869	1962	618
黑龙江省齐齐哈尔林业学校	425	578	1431	481
黑龙江省林业卫生学校	530	1427	5122	1630
上海市园林学校	383	172	898	298
安徽林业职业技术学院	48	0	0	0
福建省浦城县石陂林业职业中学	48	0	187	92
福建林业职业技术学院	190	107	189	0
福建三明林业学校	922	1665	4103	1539
西峡县工业职专	117	35	192	78
河南省农业经济学校	791	870	3171	1071
湖北省黄冈林校	970	915	3550	1307
湖北省园林工程学校	225	731	1557	340
广东省林业职业技术学校	511	1450	3112	646
广西壮族自治区桂林林业学校	460	467	1173	425
贵州省林业学校	149	1539	1782	94
贵州省林业干部学校	0	0	0	0
云南林业职业技术学院(中专部)	320	152	394	139
云南省普洱林业学校	205	135	456	214
陕西省榆林林业学校	415	762	1918	558
陕西省林业广播电视学校	104	133	263	130
甘肃林业职业技术学院	452	0	161	0
甘肃省庆阳林业学校	700	820	2798	928
甘肃省庆阳市庆城县太白梁林业中学	105	212	244	109
宁夏生态工程学校	491	967	1583	652
新疆林业学校	319	704	1346	329
(二)其他中等专业学校(林科)	**13 113**	**16 664**	**44 743**	**15 650**

2008/2009学年初普通中等林业(园林)职业学校和其他中等职业学校林科分专业基本情况

单位:人

学校名称	毕业生数	招生数	在校学生数	毕业班学生数
总　　计	**24 366**	**32 754**	**86 279**	**29 042**
(一)林科专业	**16 262**	**21 086**	**54 384**	**18 526**
林产化工	0	62	62	0
林特产品加工	290	182	1042	601
林业	4187	6507	15 256	5026
木材加工	108	702	1843	854
森林资源与林政管理	769	1367	2296	741
水土保持生态环境	50	24	91	0
园林	10 706	11 849	32 993	11094
农林类新专业	152	393	801	210
(二)非林科专业	**8104**	**11 668**	**31 895**	**10 516**
测量工程技术	48	0	42	0
船体建造与修理	0	31	31	0
地质调查与找矿	45	0	0	0
电子电器应用与维修	0	46	91	0
电子技术应用	356	326	1351	435
电子商务	326	371	1119	409
电子与信息技术	317	140	708	328
法律事务	0	72	72	0
饭店服务与管理	0	8	93	46
房地产经营与管理	0	15	15	0
服装设计与工艺	13	20	74	36
工业分析与检验	52	157	157	157
工业与民用建筑	42	0	19	10
工艺美术	27	13	149	72
公安保卫	10	0	0	0
公路与桥梁	34	2	3	0
焊接	0	103	209	65
航空服务	0	17	29	0
护理	312	1259	4167	1222
化工过程装备技术	0	2	2	0
化学工艺	40	129	413	135
环境治理技术	100	0	0	0
会计	601	923	2432	791
机电技术应用	366	863	2124	937
机械加工技术	0	89	172	49
计算机及应用	1672	1554	4554	1575

（续）

学校名称	毕业生数	招生数	在校学生数	毕业班学生数
计算机网络技术	243	537	1110	255
加工制造类	41	0	21	21
加工制造类新专业	56	100	101	1
建筑装饰	33	92	237	104
口腔工艺技术	93	139	629	258
粮油饲料加工与储检	0	0	108	80
旅游服务与管理	110	291	759	276
模具设计与制造	226	228	586	209
农村经济管理	0	99	140	0
农副产品加工	42	121	333	79
汽车运用与维修	90	93	343	136
汽车制造与维修	19	0	0	0
商贸与旅游类新专业	132	107	193	57
商品储运与配送	0	15	47	32
商务外语	7	109	227	60
社会公共事务类新专业	7	0	0	0
生态环境保护	88	0	0	0
食品生物工艺	94	153	327	86
市场营销	58	54	163	51
市政工程施工	0	92	92	0
数控技术应用	247	400	1672	615
通信技术	0	0	1	0
卫生保健	74	29	154	67
文化艺术与体育类新专业	69	98	276	66
文秘	263	690	1748	520
信息技术类	54	30	135	26
信息技术类新专业	4	122	236	21
畜牧兽医	59	83	155	28
养殖	38	289	518	81
医学生物技术	54	19	113	34
医药卫生类新专业	29	0	218	115
幼儿教育	6	0	0	0
园艺	108	194	342	84
治安管理	32	0	0	0
中药制药	2	77	131	0
中医	51	0	24	24
钟表眼镜配制与修理	48	0	92	45
种植	98	95	444	182
其他新专业	1168	1172	2194	636

2008/2009 学年初普通中等林业

学校名称	教职工	校本部			
		合计	专任		
			计	正高级	副高级
合　　计	**3131**	**3117**	**1808**	**0**	**512**
北京市丰台区城市园林建设学校	149	149	86	0	20
涿鹿县宝峰寺林业中学	25	25	23	0	4
山西林业职业技术学院	0	0	0	0	0
辽宁园林学校	41	41	36	0	5
辽宁林业职业技术学院中专部	0	0	0	0	0
通化市林业职工技术培训学校	25	25	10	0	3
白山市林业职业高中	41	41	34	0	4
延边林业学校	89	89	50	0	6
吉林省黄泥河林业技工学校	38	38	18	1	0
伊春市双丰林业局高级职业中学	22	22	15	0	3
伊春市朗乡林业局职业中学	58	58	51	0	9
伊春市朗乡林业局教师进修学校	22	22	8	0	1
伊春市桃山局职业高级中学	0	0	0	0	0
黑龙江省大兴安岭漠河阿木尔林业局职业高中	15	15	10	0	0
黑龙江农垦林业职业技术学院	0	0	0	0	0
黑龙江林业职业技术学院(中专部)	0	0	0	0	0
黑龙江省伊春林业学校	152	145	67	2	53
黑龙江省齐齐哈尔林业学校	190	184	91	0	52
黑龙江省林业卫生学校	155	155	87	0	31
上海市园林学校	194	194	73	0	9
安徽林业职业技术学院	0	0	0	0	0
福建省浦城县石陂林业职业中学	25	25	15	0	1
福建林业职业技术学院	0	0	0	0	0
福建三明林业学校	115	115	92	0	31
西峡县工业职专	10	9	6	0	1
河南省农业经济学校	143	143	67	0	15
湖北省黄冈林校	186	186	87	0	28
湖北省园林工程学校	107	107	52	0	21
广东省林业职业技术学校	226	226	141	0	60
广西壮族自治区桂林林业学校	107	107	83	0	13
贵州省林业学校	168	168	92	0	21
贵州省林业干部学校	0	0	0	0	0
云南林业职业技术学院(中专部)	0	0	0	0	0
云南省普洱林业学校	60	60	41	0	10
陕西省榆林林业学校	205	205	112	0	30
陕西省林业广播电视学校	113	113	89	4	17
甘肃林业职业技术学院	0	0	0	0	0
甘肃省庆阳林业学校	115	115	72	0	12
甘肃省庆阳市庆城县太白梁林业中学	19	19	19	0	1
宁夏生态工程学校	100	100	65	0	17
新疆林业学校	216	216	116	0	34

(园林)职业学校教职工基本情况

单位:人

职工数						校办厂(场)职工	附设机构人员	兼任教师(不在教职工数中)
教师			教辅人员	行政人员	工勤人员			
讲师	助理讲师	教员						
710	**460**	**123**	**346**	**530**	**433**	**14**		**593**
41	25	0	5	41	17	0	0	0
19	0	0	0	2	0	0	0	0
0	0	0	0	0	0	0	0	0
16	15	0	0	4	1	0	0	0
0	0	0	0	0	0	0	0	0
6	1	0	0	15	0	0	0	0
21	9	0	2	3	2	0	0	0
22	17	5	8	19	12	0	0	0
17	1	0	6	6	8	0	0	3
3	7	2	3	3	1	0	0	0
36	4	2	2	4	1	0	0	4
4	2	1	3	11	0	0	0	0
0	0	0	0	0	0	0	0	0
8	2	0	1	3	1	0	0	0
0	0	0	0	0	0	0	0	0
0	0	0	0	0	0	0	0	0
10	4	0	30	21	27	7	0	0
13	18	8	20	30	43	6	0	0
27	19	10	30	20	18	0	0	107
51	10	3	67	36	18	0	0	0
0	0	0	0	0	0	0	0	0
6	8	0	0	5	5	0	0	0
0	0	0	0	0	0	0	0	0
25	35	1	3	8	12	0	0	110
3	2	0	1	1	1	1	0	1
24	22	6	5	45	26	0	0	38
28	20	11	23	53	23	0	0	0
11	13	7	3	27	25	0	0	0
50	27	4	33	18	34	0	0	59
44	25	1	9	12	3	0	0	13
45	24	2	13	35	28	0	0	0
0	0	0	0	0	0	0	0	0
0	0	0	0	0	0	0	0	0
19	7	5	6	6	7	0	0	3
48	34	0	37	24	32	0	0	19
23	20	26	12	12	0	0	0	220
0	0	0	0	0	0	0	0	0
26	26	8	0	22	21	0	0	0
6	8	4	0	0	0	0	0	0
8	35	5	7	13	15	0	0	11
50	20	12	17	31	52	0	0	5

(林业教育信息统计由人事司教育处供稿)

林业对外开放

【综　述】 2008 年，林业国际合作顺应全球化林业发展趋势，把握国内和国际林业两个大局，积极探索新形势下发展林业国际合作与交流的新思路，国际合作与交流取得实效。新签署了《中美关于打击非法采伐及相关贸易谅解备忘录》政府间协定，先后分别同蒙古、韩国、朝鲜、阿根廷等 4 国签署了部门间林业和野生动物保护协议；新争取无偿援助项目 124 个，受援金额 2820 万美元；全年共审批 590 批/2100 人次的出访和来华，其中派出 390 批/1300 人次，接待 200 批/800 人次。新办理护照、通行证近 220 本。（黄一川）

林业重要外事活动

【贾治邦局长出访印度尼西亚】 应印度尼西亚林业部邀请，国家林业局局长贾治邦率中国林业代表团于 2008 年 11 月 29 日至 12 月 5 日访问印度尼西亚，中途经停马来西亚。在印度尼西亚期间，贾治邦会见了印度尼西亚林业部部长卡班，双方就中国印度尼西亚林业合作现状及如何进一步加强两国林业合作进行了深入交流并达成了全面共识。代表团还访问了位于北苏门答腊首府棉兰市的印度尼西亚油棕研究所，全面了解了油棕选种、栽培、经营、采摘、棕榈油加工、利用的情况。经停马来西亚期间，贾治邦会见了马来西亚种植产业和商品部部长陈华贵，访问了马来西亚油棕总署，考察了油棕采伐试验基地。（夏　军）

【贾治邦局长出访日本】 应日本农林水产省林野厅长官内藤邦男邀请，国家林业局局长贾治邦率团于 2008 年 11 月 25～28 日对日本进行了访问。期间，贾治邦与内藤邦男举行了第四次会晤，双方就两国的林业相关政策、气候变化、中日林业领域合作以及共同关心和感兴趣的问题进行了深入的交流和磋商并达成了广泛的共识。

访日期间，贾治邦还会见了日本农林水产省副大臣近藤基彦和事务次官出井道雄、环境省大臣斎藤铁夫、日本国际协力机构理事松本有幸、新泻县副知事神保和男以及其他政府高级官员，双方就林业和生态问题进行了探讨并达成了广泛共识。

在日期间，贾治邦一行还考察了位于新泻县佐渡市的朱鹮保护中心、京都日吉町森林组合，深入森林抚育现场进行视察，考察了日本阪神地震林业灾后恢复重建情况以及神户王子动物园中日大熊猫合作研究的情况。

通过此次访日，宣传了中国林业和生态建设所取得的成就，阐明了我国对国际森林，生态问题及林业应对气候变化的立场和观点，进一步促进了中日两国林业和生态建设方面的交流与合作。（刘立军）

【李育材副局长出访美国】 2008 年 2 月 25 日至 3 月 1 日，国家林业局副局长李育材应美国林务局副局长林斯科特邀请并应惠好公司总裁邀请赴美国访问，对美国西部林区灾后重建，林业发展在应对气候变化中的作用，林产工业的发展等进行调查和交流。与美国惠好公司签署了合作备忘录，以促进双方在中国南方省（区）发展林纸一体化产业合作。（黄晓光）

【杨继平同志出访芬兰】 应芬兰农业和林业部邀请，国家林业局党组成员、中央纪委驻局纪检组组长杨继平率团于 2008 年 8 月 19～24 日访问芬兰，出席了在赫尔辛基召开的中芬林业工作组第十五次会议。中芬林业工作组成立于 1981 年，历次会议商定合作项目 50 余个，涉及林木育种、人工林经营、木材加工、森林可持续经营管理、森林遥感、林业教育等领域，引进了一些先进设备和技术。第十五次会议期间，双方分别介绍了两国林业发展近况和热点问题，回顾了上次会议确定的合作项目的执行情况，并确定了 2009～2010 年度合作项目 6 个。会后，杨继平一行还考察了芬兰国家森林公园、私有林场、树木园、能源材中转站和燃烧工厂等。（王　骅）

【雷加富副局长出访缅甸】 2008 年 1 月 7～11 日，国家林业局副局长雷加富率团赴缅甸进行访问，访问期间，代表团出席了我国政府向缅甸政府赠送消防车辆和消防设备仪式，并与缅甸林业部就加强双边合作事宜进行了会谈，双方一致同意加强沟通与协商，推动双边林业合作备忘录的尽快签署，在森林防火、森林可持续经营、野生动植物保护等方面开展合作。会后代表团考察了缅甸林业部相关下属机构和林木加工企业。（郭瑜富）

【祝列克副局长出访美国】 2008年6月23日，国家林业局副局长祝列克随国务院副总理王岐山在美国华盛顿参加了第四次中美战略经济对话。在第四次中美对话前，双方根据中美打击木材非法采伐谅解备忘录在华盛顿举行了第一次中美打击非法木材采伐论坛。（黄晓光）

【俄罗斯林务局副局长访华】 应国家林业局邀请，俄罗斯林务局副局长克里耶夫·米哈伊尔于2008年3月25～28日来华访问。李育材副局长在北京会见了吉里亚耶夫一行，双方探讨了召开中俄林业工作组第六次会议的具体事宜，并就促进中俄森林开发合作长期化交换了意见。吉里亚耶夫一行还出席了中俄森林开发和木材加工投资政策咨询暨培训会议。（王 骅）

【德国林业局长访华】 为落实中德关于林业、林产工业和狩猎管理合作协议内容，商讨具体合作，德国食品、农业和消费者保护部林业、林产工业和野生动植物管理局局长理查德·拉莫尔博士一行于2008年8月25～29日来华访问。在华期间，拉莫尔一行与中方进行了工作会谈，讨论了野生动植物管理、火灾控制与管理、林业企业合作、生物能源利用等问题。会后，拉莫尔一行还赴绥芬河参观第四届中国国际木业博览会。（王 骅）

林业对外科技交流与合作

【中美签署政府间打击非法采伐和相关贸易谅解备忘录】 2008年4月，中美双方通过寄签的方式分别签署了《中华人民共和国政府和美利坚合众国政府关于打击木材非法采伐谅解备忘录》。（黄晓光）

【中蒙签署部门间合作谅解备忘录】 2008年6月19日，在习近平副主席和蒙古国总理巴雅尔的见证下，国家林业局副局长李育材与蒙古自然环境部国务秘书钢图勒嘎签署了《中华人民共和国国家林业局与蒙古国自然环境部关于林业合作的谅解备忘录》，双方同意在荒漠化防治、抗旱树种造林、边境治沙造林和野生动物保护等领域开展合作。

李育材是应蒙古林业局的邀请于2008年6月17～20日访问蒙古。在蒙期间，李育材还会见了蒙古自然环境部部长石勒格丹巴、蒙古林业局局长图格拉格女士，考察了蒙古林业研究中心及苗圃。（夏 军）

【中阿(阿根廷)签署部门间合作谅解备忘录】 2008年10月4日，国家林业局副局长祝列克在访问阿根廷期间，与阿根廷农牧渔业与食品国务秘书切皮签署了《中华人民共和国国家林业局和阿根廷农牧渔业与食品国务秘书处关于林业合作的谅解备忘录》。（黄晓光）

【中韩签署赠送朱鹮协议】 2008年8月25日，在国家主席胡锦涛和韩国总统李明博的见证下，国家林业局副局长李育材与韩国环境部副部长李炳旭签署了《中华人民共和国国家林业局与韩国环境部关于中国赠送朱鹮以及朱鹮繁殖与种群重建合作的谅解备忘录》。根据备忘录，中方向韩方赠送一对朱鹮，并开展朱鹮繁殖与种群重建方面的合作。

李育材一行是应韩国环境部的邀请于8月24～27日访问韩国。访韩期间，李育材还会见了韩国环境部副部长李炳旭，考察了韩国生物资源研究所和国立树木园。（黄晓光）

【中朝签署部门间合作协议】 2008年10月13日，国家林业局与朝鲜国土和环境保护省在北京签署了《中华人民共和国国家林业局和朝鲜民主主义人民共和国国土和环境省关于林业合作的谅解备忘录》，双方将在森林政策法规及机构建设、森林经营和森林资源管理、森林防火等在内的八大领域开展合作，该协议的签署为中朝两国林业部门开展定期合作奠定了基础。（黄晓光）

【中美林业合作联合工作组第四次会议】 2008年6月24日，中美林业合作联合工作组会议在美举行第四次会议，国家林业局国合司副司长章红燕和美国林务局副局长巴图斯卡女士共同主持了会议，会议商定了2009～2010年合作计划。（黄晓光）

林业经济技术交流与合作

【中德财政造林合作项目整合为中国南方森林可持续经营框架项目及中国北方荒漠化防治框架项目】 近年来，随着我国林业的快速发展，中德合作的不断深入，中德财政造林合作逐渐转向在我国南方地区以森林可持续经营为主，在北方地区以荒漠化防治为主。为加强国家政策层面对项目实施的指导，进一步推广并应用项目成果，并为我国林业发展中的新理念、新思路提供试点，中德双方同意将中德财政造林合作项目整合为中国南方森林可持续经营框架项目及中国北方荒漠化防治框架项目（以下分别简称为南方框架项目和北方框架项目），由国家林业局组织实施，并分别成立框架协调小组。

南方框架项目以长江流域和南方地区为代表，将按照分类经营的基本原则，参照德国"近自然林业"的经营模式，重点开展以森林经营管理为主要内容的项目合作，以提高森林质量和单位面积产量，为中国林业跨越式发展提供可以仿效的样板。北方框架项目以京津生态圈、三北地区和黄河流域为代表，旨在加强现有植被保护，大力植树种草，搞好水土流失综合治理的基础上，促进上述地区的可持续发展。

（王　骅）

【中韩合作内蒙古巴彦淖尔市乌兰布和沙漠治理工程项目】 2008年6月24日，商务部副部长易小准与韩国驻华大使辛正承分别代表两国政府签署换文确定，韩国政府支持我国实施中韩合作内蒙巴彦淖尔市乌兰布和沙漠治理工程项目，韩国政府为此提供100万美元的无偿资金援助用于在内蒙古巴彦淖尔市乌兰布和沙漠边缘营造1000公顷森林。（刘立军）

【中日林业生态培训中心项目第四次联合委员会会议】 2008年4月11日在贵州林校召开。会议总结了上一年度的工作，讨论并确定了下一年度的活动计划。会议指出，项目从2004年启动以来，受到了中日各方及相关媒体的广泛关注。3年来，项目取得了丰硕的阶段性成果，为我国六大林业重点工程培养了一批基层林业人才，同时为进一步提高国家林业局管理干部学院和地方培训机构的培训能力发挥了重要作用。项目已组织实施了35期培训班；成功举办了4期林业专题研讨会；多次派项目对口专家赴日研修；邀请日方短期专家26人次在国内授课、调研；编印了共100多种报告书；形成了一系列培训教学计划和课程体系；建立网站，为中日林业人士交流和学习提供了便利条件。会议同时就项目结束后如何发展专门召开了座谈会。（刘立军）

【中日专项技术合作林木育种科学技术中心项目第七届联合委员会会议】 2008年9月3日在武汉召开。中日专项技术合作湖北林木育种项目自1996年1月15日开始，经历了一期、二期和延期三个阶段，共在湖北省实施了12年，安徽省实施了7年。该项目是我国与日本国际协力机构合作时间和跨度最长的林业项目。在双方人员和专家的努力下，项目科研成果、育种技术和人才培养等方面均取得了很大的成绩，达到了双方预期的目标。项目为在湖北省进一步推进林木育种计划奠定了基础。在安徽，利用项目确立的松材线虫抗性候选木，确立抗性无性系，并已着手无性繁殖工作。为推广普及抗性种苗，已着手开发利用DNA技术进行马尾松品系管理工作。

（刘立军）

【森林执法和行政管理以及绿色采购政策项目】 2008年为引进资金和智力，分析和解决国内林业难题，配合国内重点工作，向联合国粮农组织申请了林业产权资金200万欧元。为利用国际资金和国际专家，分析非法采伐问题，分析热带木材生产国家森林执法和行政管理存在的不足，以减轻我国际压力，已向国际热带木材组织申请了两个有关森林执法和行政管理以及绿色采购政策的项目，申请金额50多万美元。（鲁　德）

【中德技术合作中国森林可持续经营政策与模式项目】 根据中德发展合作混委会第二十三次会议会谈纪要精神，中德两国政府批准中国森林可持续经营政策与模式技术合作项目于2008年1月开始实施。项目中方执行单位为国家林业局经研中心，并在福建、湖南、海南3省选定示范区与当地林业部门共同实施。

项目启动会 为了保证项目的顺利实施，4月9日国家林业局召开了项目启动会，国家林业局副局长雷加富出席会议并讲话，来自商务部、德国驻华大使馆、国家林业局相关司（局）的代表以及项目执行单位的代表约30人出席了会议。会议的召开标志着项目的正式启动。

项目实施计划和年度工作计划制定 根据中德双方签署的备忘录和项目协议精神，经过中德双方项目实施单位多次磋商讨论，在取得项目参与单位的广泛一致的基础上，制定完成了项目2008～2012年项目实施计划，确立了项目目标，明确了双方职责与投入。实施计划的制定为项目5年的工作提供了项目实施的指南。与此同时，2008年度工作计划也制定完成，明确了2008年的工作任务，为项目的开展奠定了坚实基础。

森林可持续经营共识研讨会 根据中德技术合作中国森林可持续经营政策与模式项目年度实施计划，6月24～26日，在湖南举办了森林可持续经营共识研讨会，会议的主要目的是为各项目实施单位介绍国内外有关森林可持续经营的理论、技术和实践经验，探讨项目实施的技术准备和能力建设需求，为项目下一步的实施做好准备。来自中德项目实施单位、国家林业局有关业务司（局）、国内外短期专家、其他国际合作项目的代表约40人出席了会议。（郭瑜富）

【中澳技术合作中国土地利用政策效率研究项目】

2008 年 11 月 27～29 日，项目启动会在成都召开，国家林业局国合司、对外合作项目中心及中澳双方项目实施单位的代表约 30 人出席了会议。该项目是国家林业局经研中心与澳大利亚国立大学合作实施的第二个关于土地利用政策研究项目，项目参与单位还包括四川省林业厅和北京大学，主要内容包括土地利用规划、选择模型、用招投标方式分配林业生态建设资金、政策研究等四部分。项目执行期为 2 年，澳方提供 40 万澳元资金，中方提供相应配套。（郭瑜富）

【中德财政合作京北风沙危害区植被恢复与水源保护林可持续经营项目】 该项目于 2008 年 8 月 5 日签署中德双方财政协议。12 月 25 日，北京市园林绿化局分别与北京市财政局和中国进出口银行签署项目转赠协议和转贷协议。项目实施期为 5 年，总投入 750 万欧元，其中德方无偿援助 250 万欧元，德国政府发展贷款 250 万欧元。项目区包括 4 个区(县)、八达岭林场、十三陵林场和松山自然保护区，总面积 15 600 公顷。项目主要活动是在密云水库集水区实施荒漠化控制和水土保持措施，旨在改善密云水库集水区退化农村景观的流域功能。（余　跃）

【中德财政合作贵州省集体林区森林经营项目】 该项目于 2007 年 6 月 29 日签署中德双方财政协议，2008 年 5 月签订财政协议的分立协议。项目实施期为 7 年，总投资 8134 万元人民币，其中德国政府无偿援助 450 万欧元(折合人民币 4275 万元)。项目实施区包括贵阳市与毕节地区的 5 个县，计划在约 110 个行政村进行约 35 000 公顷的森林经营，为中国南方集体林区森林经营提供示范。（余　跃）

【中德财政合作江西造林项目】 2008 年 6 月，德国复兴信贷银行(KfW)检查组对中德财政合作江西造林项目进行了终期评估。检查组肯定了项目取得圆满成功，并对维护巩固项目成果提出了相关建议。中德财政合作江西造林项目实施期为 1998～2008 年，总投资约 10 149 万元人民币，其中德方无偿援助 1700 万马克(折合人民币 6800 万元)。项目区位于九江市的瑞昌、湖口、彭泽、九江、德安、永修 6 县(市)。项目计划营造林面积为 37 033 公顷，实际完成38 353 公顷。（余　跃）

林业多边国际交流与合作

【防治荒漠化国际会议】 2008 年 1 月 22～24 日，国家林业局和联合国经济社会事务部在北京共同主办了防治荒漠化国际会议。中央政治局委员、国务院副总理回良玉在开幕式上发表重要讲话。回良玉会见了与会的部长级别代表和联合国有关机构的高级官员。来自 40 多个国家和 30 多个国际组织的 300 名代表出席了会议。会议重点讨论了防治荒漠化的经验和教训以及战略问题。会议通过了《北京声明》。（鲁　德）

【参加联合国可持续发展委员会第十六次会议】 国家林业局副局长祝列克作为工作团团长率中国代表团出席了于 2008 年 5 月 3～15 日在联合国总部举行的联合国可持续发展委员会第十六次会议。在大会发言时，祝列克指出，针对发展中国家农业基础薄弱、资金投入不足、科技水平不高、基础设施相对落后等情况，国际社会应继续为发展中国家提供资金、技术和能力建设支持；谈到防治荒漠化问题，祝列克说，荒漠化导致土地退化，威胁粮食生产，加剧气候变化，对生态安全、经济安全和社会可持续发展构成严重威胁。防治荒漠化应重点转变经济增长模式，改进生产和生活方式，加强森林资源保护，广泛开展植树造林活动，各国应切实履行防治荒漠化公约。会议期间，国家林业局的代表分别就干旱、荒漠化等议题进行发言。中国防治荒漠化所作努力和成功经验得到会议主席的多次肯定，称中国在防治荒漠化领域处世界领先地位，希望中国能够为世界作出更大贡献。（鲁　德）

【参加湿地公约第三十六次和三十七次常委会】 两次会议上，我国代表团就公约财政预算、公约机构设置和能力建设、公约框架下区域动议问题，旗帜鲜明地阐明了立场。

关于财政预算问题，考虑我国会费增长过快，我国代表团重点强调公约预算的增长要根据公约开展工作的实际需要，是否增长要通过缔约方大会决定。关于公约设置和增加人员问题，我国代表团坚持人员增长要适度，要根据公约秘书处日常工作的实际需要，公约秘书处要考虑公约的实际效果，不能盲目增加人员。人员增加问题应提交缔约方大会审议。关于公约框架下区域动议问题，考虑到目前公约框架下已有几个区域动议，但普遍质量不高，运行差，效果低，增加成员财政负担，我国代表团坚持要建立和完善区域动议标准和评估体系，以便保障区域动议切实推动公约履约。

我国代表团上述立场和观点得到会议各方的广泛

支持，被会议采纳。充分发挥我国在常委会的话语权。（鲁　德）

【参加联合国防治荒漠化公约高官会议】 国家林业局派团参加了联合国防治荒漠化公约秘书处于2008年5月23～28日在德国举行的高官会议。会议上，我国代表介绍中国防治荒漠化的情况，高度赞扬了公约秘书处为推动10年战略所作工作，同时要求公约秘书处提高工作效率，采取有效措施，推动10年战略的实施，切实为成员国服务。

会议期间，国家林业局代表会同外交部人员约见了公约执行秘书，就秘书处改革问题交换了意见。表达了中方对秘书处人员调整的关切，希望秘书处正确认识中国在公约中的作用，慎重调整中方人员。

（鲁　德）

【加入迁徙水鸟路线保护区域伙伴关系】 经国家林业局领导批准和外交部批复，国家林业局以政府成员身份于2008年3月7日加入了东亚－澳大利西亚水鸟迁徙路线伙伴关系。该伙伴关系现有成员17个，其中政府成员9个，分别为美国、日本、澳大利亚、俄罗斯、韩国、印度尼西亚、新加坡、菲律宾和缅甸。这是我国在中日政府间候鸟保护协定、中澳政府间候鸟保协定、中韩政府间候鸟保护协定双边合作机制的基础上，加入的区域合作机制，将有助于我国加大区域合作。（鲁　德）

【参加刚果盆地森林伙伴关系会议】 应德国的邀请，国家林业局派人参加了由德国等国家于2008年5月19～23日在加蓬举办的刚果盆地森林伙伴关系会议。会议上，我国代表阐述了中国打击非法采伐的原则立场，详细介绍了《中国海外森林可持续经营指南》，彰显了中国对生态负责任的大国形象。会议期间，国家林业局人员的与会和发言得到与会各方的赞誉，同时也得到我国驻加蓬使馆和我国与会企业人员的好评，认为中国的参与，正面回应国际压力，为我国企业减轻了压力。（鲁　德）

【大森林论坛第三次会议】 应美国林务局副局长萨莉女士、巴西林务局局长阿泽维多先生和美国产权与资源机构协调员怀特先生的共同邀请，国家林业局副局长祝列克一行5人代表团于2008年10月21～31日赴巴西出席了由巴西林务局承办的大森林论坛第三次会议。来自巴西、美国、俄罗斯、中国、加拿大、印度尼西亚、刚果(布)等近20名林业高级官员出席了会议。此外，还有来自有关国际机构的专家和官员旁听了会议。会议由美国林务局副局长萨莉女士和巴西林务局局长阿泽维多先生共同主持。

本次大森林论坛会议的议题主要有：森林与气候变化；林权改革；林业政策法规与执法；全球经济形势与林产品加工与贸易；林业与生物质能源；林业在国际环境事务论坛中的作用和自我定位等。

祝列克在全面参与论坛会议讨论并积极发言的基础上，全面介绍了我国林业在近些年来取得的巨大成绩，特别是我国在人工林发展方面的成就。祝列克还特别介绍了，2007年9月国家主席胡锦涛在APEC领导人非正式会议上提议的“亚太森林可持续经营与恢复网络”的启动和今后网络建设的思路，突出强调了，该网络的成立是中国政府为了应对全球气候变化对全世界的一个重要贡献，中国林业在适应和减缓气候变化中所发挥的作用日益得到中国各个部门的重视。祝列克还系统介绍了我国集体林权改革的措施和取得的经验，并结合具体案例详尽地阐述了我国集体林权改革在激发我国林农的积极性和促进集体林业发展的情况。

此外，祝列克还就林业的自身地位，林业在国际谈判中应发挥的作用，全球金融危机对林产品贸易的影响，中国在开发生物质能源政策和具体做法等问题发表了意见。（张忠田）

【第二十二届亚太林业委员会会议暨第一届亚太林业周活动】 由联合国粮农组织亚太区域办事处组织的第二十二届亚太林业委员会会议于2008年4月21～26日在越南河内召开，第一届亚太林业周同期举行，亚太林委会和亚太区域的其他林业国际机构组织召开的相关会议构成了本届林业周的主要活动。出席本次会议和林业周活动的有来自30多个国家和国际组织的600多名代表。国家林业局派出了由国合司章红燕副司长为团长，国合司、计资司、造林司，农业部国际司和中国林科院组成的政府代表团出席了会议和亚太林业周。越南副总理黄忠海、联合国粮农组织副总干事简·黑诺出席了会议开幕式并致辞。

本次亚太林委会选举越南农业和乡村发展部林业司司长为本届会议主席，我国代表团团长及布丹、巴布亚新几内亚代表当选为会议副主席。

本次会议与亚太林业周活动以“不断变化的世界中的林业”为主题，结合粮农组织开展的亚太林业展望研究相关内容，分别对影响林业和森林发展的社会经济因素、森林与气候变化、森林执法与行政等热点问题进行了专题研讨；对即将于2009年召开的第十三届世界林业大会和粮农组织林业委员会会议通报了相关情况；对亚太林委会的工作，其执委会工作，以及亚太地区面临的区域性问题进行了审议。

（张忠田）

【国际热带木材组织第四十四届理事会会议】 2008年11月3～8日在日本横滨召开。我国派出了由商务部和国家林业局等组成的代表团出席了本届会议。

本届会议审议了《执行主任报告》、《2008～2009年两年度工作计划执行报告》、《ITTO2007年年度报告》、《ITTO2008～2013年行动计划报告》、《ITTO未来工作运作模式会议报告》及《2006年国际热带木材协议》生效的准备工作等，并就提高和加强项目周期的措施等议题进行了讨论。

会议期间，广东省林科院的旨在提高经济和生态效益的热带地区次生林经营研究与示范项目二期的资金得以落实。（张忠田）

【森林景观恢复及其与气候变化的关系研讨会】 2008年9月28～29日，由国家林业局和英国林业委员会主办、世界自然保护联盟（IUCN）和北京林学会承办的森林景观恢复及其与气候变化的关系研讨会在北京密云召开。此次研讨会是中英可持续发展对话框架下的活动内容之一，旨在引进国际领先的理念和知识，帮助在中国开展森林景观恢复活动，提高相关的能力，并通过全球森林景观恢复伙伴关系将中国森林景观恢复的经验与英国及其他国家的专家分享。此外，鉴于气候变化是当今世界面临的最大挑战之一，研讨会还探讨了森林景观恢复和气候变化的关系。来自美国林务局、荷兰农业部、英国国际发展部、泰国清迈大学、全球环境研究所、世界自然基金会、大自然保护协会以及中国林科院、中国林学会、北京市园林绿化局等10多个部门和国际组织参加了研讨会。会后，与会代表考察了位于密云花园村的森林景观恢复与生计改善项目示范区。（王　晔）

亚太森林恢复与可持续管理网络

【综　述】

组建网络部际筹备协调小组　为指导网络启动及初期运行工作，经国务院批准，国家林业局联合外交部等5部委于2008年1月组建了网络筹备协调领导小组，由国家林业局贾治邦局长任小组组长，财政部、外交部为副组长单位，国家发改委、科技部、中国气象局、中央编办与商务部为成员单位，各部门相关司（局）负责同志任小组联络员。协调小组分别于1月、8月及12月召开了3次小组会议，部署了2008年网络筹备计划，审议了《网络发展框架文件》，研究和部署了网络启动、网络定位、发展方向、专项资金安排、成立专门机构等直接关系到网络健康发展的问题，并对2009年的工作规划作出重要指示。各小组成员单位的指导与大力支持，对网络发展起到了至关重要的作用。

落实网络资金　为落实网络资金，国家林业局积极同财政部、外交部等部门进行沟通和协调，落实专项资金。在财政部、外交部等部门的指导和大力支持下，落实了3亿元人民币网络专项资金，用于围绕网络“信息共享、能力建设、政策对话、试点项目”开展活动。

磋商进程　作为网络倡议的发起国，中方积极与倡议共提国美国、澳大利亚进行磋商，在外交部的大力配合下，就网络发展问题于2008年7月与美澳达成一致，形成了网络运行初期的指导性文件《网络框架文件》，明确了网络的性质、宗旨、目标、重点活动领域、运行机制及资金机制等问题。框架文件的达成是网络筹建期取得的阶段性成果，标志着中方与倡议共提国美国和澳大利亚在网络起步初期已就基本内容形成统一思想，是网络章程的雏形，为下一步网络工作夯实了基础。

网络启动　9月25～27日，森林可持续管理研讨会暨亚太森林恢复与可持续管理网络启动会在北京召开，标志着网络正式启动。会议由中澳共同主办，美国与大自然保护协会参与支持。会议公布了网络框架文件，开通了网站，并积极探讨了亚太地区森林可持续管理问题和网络未来发展方向。会议期间，回良玉副总理会见了美、澳、APEC秘书处、联合国森林论坛秘书处及TNC的高级参会代表，承诺中方将继续积极推动网络发展。

11月，在秘鲁举行的第十六届APEC领导人非正式会议上，胡锦涛主席宣布了网络正式运行，承诺了中国政府将在未来几年内为该网络运行提供一定的专项资金，希望各方积极支持和参与。网络启动及资金支持的内容写入了会议通过的《利马宣言》。

网络运行的宣布，是落实网络倡议的结果，充分展现了中方言必行、行必果、履行承诺的大国形象，也是我国林业为外交服务的充分体现。在不到一年的时间内，网络得以顺利启动，中方的高效工作得到各方的高度赞誉；同时，中方对网络的资金承诺也进一步增强了倡议共提国及其他国际组织对网络的信心，并给予网络更有力的支持。

举办森林可持续管理培训班　10月，网络组织举办了首个网络能力建设项目森林可持续管理培训班，来自亚太地区14国的15名林业政策官员与资源管理者学习、交流了林业经验。课程内容涵盖了国际林业的热点问题，并结合了中国林业的优势与经验，将授课讨论与实地考察紧密结合，收到了良好效果。

召开木材和木材产品贸易政策国际研讨会　12月，网络与中美打击非法采伐与相关贸易双边论坛共同主办木材和木材产品贸易政策国际研讨会，国内外180多名政府、组织、企业代表参会，并在会上讨论了木材和木材产品贸易政策与做法，为政府、行业协会和相关组织之间充分交换意见达成合作提供了平台。

网络已完成初期建设 为保证网络信息的有效传递，9月已完成网站(www. apfnet. cn)初期建设，并在网络启动仪式上正式开通。（卢 茜）

林业民间国际合作与交流

【综 述】 2008年，国家林业局对外合作项目中心积极开展林业国际民间合作与交流，不断推进现代林业建设。

双边合作 经过积极努力，新争取小渊基金项目74个，日方援助资金7.51亿日元，项目数量和资金规模比2007年又有突破。3月，在广西钦州启动了海防林示范林项目，小渊基金资助3000万日元造林资金。10月，对外合作项目中心会同四川省林业厅与小渊基金事务局签署了《地震灾后重建紧急造林项目合作备忘录》。日方计划提供4000万日元的资金援助，在四川省都江堰市和彭州市进行恢复造林。还与瑞典斯凯孚集团达成了初步意向，对方计划从2009年开始，在华投资2500万瑞典克朗，用于植树造林，为期5年。同时与瑞典、芬兰林场主协会保持联系，积极探讨双方可能合作的领域。

多边合作 继续保持和有关国际非政府组织的合作与交流，分别与世界自然基金会、湿地国际、大自然保护协会召开了2008年合作年会，共争取不同规模的援助项目55个，争取援助资金3400万元人民币。项目涉及野生动植物保护、保护区建设、能力建设、湿地保护等领域。积极参与了相关民间多边活动与会议，先后两次参加了亚太社区林业培训中心董事会会议；参加了10月在西班牙巴赛罗那举行的世界自然保护联盟第四届世界自然保护大会以及森林认证认可计划年会等。通过参与上述相关活动，进一步了解了世界林业发展趋势及热点问题。（孙念军）

【与小渊基金合作】

小渊基金工作磋商年会 2008年2月19～23日在日本东京举行。会上，国家林业局对外合作项目中心常务副主任金普春首先通报了我国南方省(区)林业遭受雨雪冰冻灾害和恢复自救的情况以及湖南、四川、贵州等省小渊基金项目受灾情况，希望日方对项目区灾后重建工作给予支持。会议期间，双方就积极配合中日和平友好条约签署30周年和北京奥运年进一步推动小渊基金项目工作交换了意见。双方讨论了第二届小渊基金少儿绘画比赛作品评审及颁奖安排，沟通了项目年度检查情况，探讨了项目后期管护办法和措施。年会上，双方表示将根据中日两国林业部门高层达成的共识，巩固成效，扩大宣传，并在海防林建设、治沙造林领域实现新突破。

祝列克会见梶谷辰哉 3月21日，国家林业局副局长祝列克在北京会见了日本小渊基金事务局长梶谷辰哉一行，中日双方就进一步加强中日民间绿化合作和实施海防林示范林项目事宜深入交换了意见。

小渊基金海防林示范林项目实施协议及项目启动仪式 2008年，国家林业局对外合作项目中心、日本小渊基金事务局和广西壮族自治区政府签署了中日合作小渊基金海防林示范林项目实施协议，举行了项目启动仪式。根据项目实施方案，在广西钦州市犀牛脚镇联民村营造海防林示范林项目。计划从2007年起，小渊基金每年资助1000万日元造林资金(连续投入3年)，项目建设总投资257.50万元。中方配套62.50万元。营造54.7公顷木麻黄、黄槿、无瓣海桑、红海榄、白骨壤等多树种、复层结构的高标准示范林。其中：木麻黄0.65公顷、黄槿0.9公顷、红海榄+无瓣海桑混交林15.9公顷、白骨壤+红海榄混交林37.25公顷。木麻黄中，有0.03公顷(折合114株)作为本示范项目的纪念树，同时修筑防浪网4442米。

中日民间组织在中国绿化造林研讨会 4月25日，中日民间组织中国绿化造林研讨会在北京召开。会上交流了在中国造林绿化方面的信息和经验，探讨了中国造林绿化的发展前景。国家林业局对外合作项目中心、国家林业局管理干部学院、中国绿化基金会、中国林学会、中国治沙和沙业学会有关领导出席了研讨会。日本驻华大使馆参赞百崎贤之、日本小渊基金事务局副局长须崎幸男、日本国际协力机构中国事务所所长助理林宏之出席研讨会并介绍了日本对华林业援助相关政策和重点领域。今后，中日民间绿化合作将在防沙治沙、水土保持、海防林建设等领域实现新突破，在防灾减灾方面发挥积极作用。

第二届小渊基金少年儿童绘画比赛评审会 5月13日，由国家林业局对外合作项目中心和日本小渊基金事务局在北京联合主办。国家林业局对外合作项目中心常务副主任金普春和日本小渊基金事务局局长梶谷辰哉共同主持了评审会。日本东京艺术大学名誉教授宫下安弘和北林大艺术专业教授王瑾应邀作为评委参加评审并给予参赛作品高度的评价。经过评委的现场投票表决，选出一等奖5名，二等奖9名，三等奖16名，特别奖2名及优秀奖36名。从2007年11月起在中国27个省(区、市)的61个小渊基金项目区开展第二届少年儿童绘画作品征集活动。截至2008年4月30日，共收到61个小渊基金项目区初选推荐的187幅少年儿童绘画作品。这些作品以中日友好、绿色环保为题材，形式多样，内容丰富。

中日民间绿化合作委员会第九次会议 6月23日在北京举行。外交部派员参加会议。委员会中方主席、国家林业局国际合作司司长曲桂林与委员会日方主席、日本外务省亚洲大洋洲局参事官小原雅博共同主持了会议。小渊基金中方事务局长、国家林业局对外合作项目中心常务副主任金普春和日本小渊基金事务局局长梶谷辰哉向委员会报告一年来的工作。会议审议了小渊基金项目合作情况，研究小渊基金项目合作中出现的新情况和新问题，讨论小渊基金项目新年度合作的方向、领域和重点。

第二届小渊基金少年儿童绘画比赛颁奖典礼 7月23日在银川市举行。宁夏回族自治区政府副主席郝林海、国家林业局国际合作司司长曲桂林、国家林业局对外合作项目中心常务副主任金普春以及日本小渊基金事务局次长田中正则、日本驻华大使馆参赞优竹键次出席。来自全国28个省(区、市)林业、青联、对外友协、工会、建设、环保、城建部门的小渊基金项目负责人、获奖学生和当地学生代表和日方合作伙伴代表参加了颁奖典礼。

小渊基金新项目年会 应日本小渊基金事务局的邀请，国家林业局对外合作项目中心常务副主任金普春一行4人于9月4～8日访问了日本，出席了在东京举行的小渊基金新项目年会。本次磋商年会确定了小渊基金新年度实施项目。经过积极争取，日方9月底批准74个项目，援助资金总额7.51亿日元。

中日双方签署地震灾后重建紧急造林项目合作备忘录 10月19日，国家林业局对外合作项目中心常务副主任金普春、四川省林业厅副厅长李小康、日本小渊基金事务局业务部长小林榊在成都共同签署了中日绿化合作都江堰示范林灾后重建恢复造林项目、中日绿化合作四川省彭州市地震灾后重建紧急造林项目合作备忘录。根据该备忘录，日方计划提供4000万日元的资金援助，在四川省都江堰市和彭州市恢复造林2.89公顷，对都江堰40公顷示范林受损面积进行补植。此前，日本小渊基金事务局业务部长小林榊率地震灾后林业恢复重建合作项目调查组一行3人对都江堰示范林项目在地震灾害中的受损情况进行了考察。

梶谷辰哉考察四川地震灾后生态受损情况 12月3～9日，应国家林业局邀请，日本小渊基金事务局长梶谷辰哉率日方调查团赴四川进行林业灾后恢复重建合作项目可行性实地考察。日方调查团先后考察了北川、安县、彭州、绵竹等地"5·12"大地震林业受灾情况。国家林业局对外合作项目中心常务副主任金普春陪同考察。在四川考察期间，四川省副省长张作哈会见了日方调查团。 (许强兴)

【与瑞典斯凯孚集团合作】 2008年，国家林业局与瑞典斯凯孚集团初步达成在生物多样性保护和生态造林等方面的合作意向。为了履行其对全球可持续发展作出的承诺，该公司计划投入2500万元瑞典克朗，在中国开展为期5年的林业项目，旨在帮助中国改善生态、提高当地农户的生活水平、增加碳吸收能力以及保护生物多样性。该项目预计于2009年开始实施。

(沈素华)

【在华非政府国际组织参与对南方冰冻及四川地震灾区援助】 为抗击南方冰冻及四川地震灾害，在国家林业局对外合作项目中心的积极协调下，各有关非政府国际组织、在华办事机构积极参与灾区的重建工作，为林业受灾单位捐款捐物，据统计，世界自然基金会、大自然保护协会等非政府国际组织共为灾区捐赠现金和实物折合人民币价值350万元。

(胡元辉)

【参加世界自然保护联盟(IUCN)第四届世界自然保护大会】 2008年10月5～14日在西班牙巴赛罗那举行，来自177个国家的7500多位代表参加了会议。中国政府代表团参加了会议。会议期间，中国政府代表团积极参加各项活动，了解和掌握世界自然保护形势和现状，积极参与了IUCN各有关职位的选举。会议期间，中国政府代表团还约见了IUCN相关负责人，商谈合作，增进友谊。

2008年是IUCN成立60周年，大会开幕前，IUCN举行了隆重的庆祝活动，展示了IUCN60年来的成就和贡献，来自世界各国的专家、学者和知名人士对IUCN的成就也给予了充分的肯定。 (胡元辉)

【国家林业局与世界自然基金会合作年会】 2008年7月12～14日在青海举行，来自国家林业局有关司(局)、直属单位以及各有关省(区)林业厅(局)和世界自然基金会的代表参加了会议。会议期间，结合中国林业发展目标和林业发展中的热点、重点问题，双方积极磋商确定了《中华人民共和国国家林业局与世界自然基金会2008/2009年度合作项目年会谅解备忘录》。根据年会备忘录，双方将在湿地与淡水资源保护、物种与保护区建设、森林保护与可持续经营等领域开展合作，执行25个合作项目，落实项目资金约1500万元人民币。 (郑　重)

【国家林业局与湿地国际2008年合作项目年会】 国家林业局与湿地国际2008年合作项目年会于3月25

日在北京举行。来自国家林业局湿地保护管理中心、对外合作项目中心、湿地国际－中国办事处以及四川、甘肃等省的代表参加了会议。与会双方回顾了上一年度开展的工作，讨论并确定了2008年的合作项目。根据会议纪要，2008/2009年双方将共同开展10个合作项目，预计投入资金700多万元人民币。

（王　智）

【国家级自然保护区高级管理人员赴美国培训班】 根据国家林业局与大自然保护协会2007年签订的《国家林业局与大自然保护协会关于保护区高级管理人员能力建设合作项目之谅解备忘录》，国家林业局、大自然保护协会、清华大学公共管理学院和美国东西方中心于2008年5月9日至6月3日共同组织了国家级自然保护区高级管理人员培训班（第一期）。来自国家林业局保护司，北京、天津、吉林、云南、湖南、广东等省（市）林业厅（局）保护管理部门及15个国家级自然保护区的28名相关负责人员参加了培训班。在3周的赴美培训期间，学员通过对美国国家公园和自然保护区的实地考察以及与相关管理者、巡护员、社区公众及专家学者的交流，对美国的国家公园和自然保护区的发展、管理和运作模式有了较全面的了解。

（王　智）

【国家林业局与大自然保护协会合作年会】 国家林业局与大自然保护协会2008/2009年合作项目年会于2008年6月12～13日在北京举行。来自国家林业局有关司（局）、直属单位，有关省林业厅及大自然保护协会北京办事处、各省项目办等单位的代表参加了会议。会议肯定了双方上一年度合作取得的成绩，并针对合作中存在的问题交换了意见。经过充分讨论与会双方确定了《中华人民共和国国家林业局与大自然保护协会2008/2009年度合作项目年会谅解备忘录》。根据年会备忘录，双方将在自然保护区建设、气候变化与林业碳汇、滇金丝猴保护、绿色采购与森林可持续经营、湿地保护和外来入侵物种等领域开展合作，共同执行20多个合作项目，项目预算资金约1200万元人民币。

（杨瑷铭）

【“自然中国和谐家园”摄影大赛】 为迎接2008年北京奥运会的成功召开，宣传中国在生态保护方面所做的不懈努力和取得的成就，展示中国自然保护区的建设成果，提高公众参与环境保护的意识，2008年国家林业局与大自然保护协会以及北京奥林匹克运动会组织委员会共同举办了“自然中国，和谐家园”摄影大赛。大赛共收到参赛作品12000多幅，参与大赛网站浏览和摄影作品评论的人数超过100万。来自全国各自然保护区的优秀摄影作品系统地反映了中国自然保护事业的成就，反映了中国的壮美河山，丰富的生物多样性和中国自然保护区建设取得的成就，引起社会对中国自然保护区的关注。经专家评选，200幅作品获奖。

（杨瑷铭）

林业世界银行贷款项目

【林业持续发展项目】 2008年，世行贷款林业持续发展项目实施进入尾声。

人工林营造部分 在项目单位的不懈努力下，按照原项目设计、调整方案和世行项目检查组备忘录的要求，查漏补缺，推进实施，造林的规模进度和质量要求取得较好成绩；报账支付、科技推广、采购等支持活动开展顺利；加强对所营造项目幼林的管护，积极提高项目效益，实现持续发展。2008年上半年连续发生南方雨雪冰冻灾害和“5·12”汶川大地震，对6个项目省项目林分造成损失，项目林灾后重建任务列入地方灾后重建计划，并得到政策和资金上的支持。通过努力，项目完成了原定造林计划，基本克服灾害带来的不良影响，为全面完成项目目标、如期验收竣工奠定了基础。

保护地区管理部分 实施6年来，总体进展良好：初步完成了项目保护区下一个5年管理计划的修编工作，开展了四川西部生物多样性调查。四川、贵州、湖南、云南针对社区群众、保护区管理人员、中小学生、游客等不同目标群体，分别采用法律法规、野生动植物保护法规、森林防火宣传和检查，农户互访，编印和分发宣传教育资料，技能培训和农技推广等方式开展了形式多样、内容丰富的社区保护教育活动。围绕完善巡护监测体系、完善生态本底图开展培训和机构能力建设，共组织培训36期，培训1078人次。完成《国家级自然保护区管理手册》编制工作，为林业系统国家级自然保护区的管理明确了规范。完成自然保护区生态旅游政策研究，提出中国自然保护区生态旅游的理论基础和技术方法，为自然保护区生态旅游规划编制提供依据和指南。

（王　宏　陈京华）

【林业持续发展项目物资设备采购与管理】 通过国内竞争性招标方式，完成了林业持续发展项目人工林营造部分办公设备的招标采购，共采购计算机96台，打印机、复印机、照相机等办公设备149台，完成采购金额192.44万元，全部设备于2008年6月底交付各项目单位，用于信息交流、财务管理及技术管理等项目活动。

各项目省使用配套资金采购和使用各种肥料6624.7吨，其中：化肥2684.7吨，有机肥3940吨（折合化肥788吨），满足了项目培育苗木和造林的需要。各项目省使用配套资金采购农药4568.8千克，用于项目林病虫害防治和预防工作。

完成保护地区管理部分39套通讯联网链路设备、12套风力及太阳能双功能通讯配套电源、3台寻呼对讲中继台的安装调试，所有设备投入正常使用。

（苏　宁）

【林业持续发展项目考察培训】

国内培训

人工林部分　2008年，林业持续发展项目人工林部分完成国内培训122 111人日，包括农民培训115 961人日。国家、省、县三级全部按计划完成培训任务。其中：国家级培训223人日，主要针对各项目省的管理人员和技术人员进行了项目管理、财务管理、环保规程等方面的培训；省级培训2036人日，由各省林业厅（局）对县级技术人员和管理人员进行了造林施工设计、苗圃设计、雨雪冰冻灾害灾后恢复技术等方面的培训；县级培训由各项目县（市、区）林业局对乡级技术人员、管理人员和农户进行了灾后恢复技术、社区林业评估、用材林（包括经济林及竹林）丰产栽培技术、病虫害防治技术和农药安全使用技术等方面的培训，举办了623期县级培训班，累计培训119 852人日，其中针对农民开展的集中授课、现场示范和培训达115 961人日，占2008年全部项目培训的95%。

保护地区管理部分　林业持续发展项目保护地区管理部分2008年培训工作主要围绕完善巡护监测体系与完善生态本底图展开。共举办保护区中层管理人员、行政管理、巡护人员野外巡护监测技能、农业技术推广、生态本底图、生物多样性监测等培训36期，培训1078人次。截至2008年12月31日，项目累计举办培训班302期，培训8887人次。此外，项目还开展了村管理委员会、农林业实用技术、自然资源可持续利用和保护等方面的培训，2008年培训社区农民1731人次。社区农民保护意识进一步提高，脱贫致富能力明显增强。在培训基础上着手编辑出版保护区工作人员实用手册，已完成主体文稿编写工作。

国外考察培训及国际技术咨询援助　2008年9月5～14日，以世行北京代表处刘瑾女士为组长的世行工作组一行7人对林业持续发展项目实施情况进行了检查，并赴湖南、湖北和云南等省实地考察。根据林业持续发展项目保护地区管理部分GEF赠款资金使用计划，全年共有20人分两个团组分别赴南非和澳大利亚完成了自然保护区保护与管理监督和评价机制以及林业可持续发展和自然保护区建设方面的业务考察培训。

（马　藜　陈京华　刘新倩）

【林业持续发展项目人工林营造部分资金使用与管理】　截至2008年12月，林业持续发展项目人工林营造部分已使用贷款资金8637.00万美元，占协定贷款总额度9390万美元的92%，其中：第一类别——工程7852.73万美元（营林7517.20万美元；土建335.53万美元）；第二类别——物资644.63万美元；第三类别——培训45.74万美元；第五类别——先征费93.90万美元。其中2008年使用贷款资金755.00万美元，其中：第一类别——工程708.02万美元（营林702.60万美元；土建5.42万美元）；第二类别——物资45.71万美元；第三类别——培训1.27万美元。

（董　晖）

【国家造林项目还贷】　截至2008年底，财政部已经通知到期债务1～21期，累计应还人民币债务20.39亿元，应还直接用汇债务4883.37万美元。各项目省（区）到期债务直接扣除汇率风险补贴和第13～19期利息减免金额后，已累计偿还人民币到期债务19.73亿元，人民币到期债务的还款完成比率为96.77%；已累计偿还直接用汇到期债务6136.79万元，直接用汇到期债务的还款完成比率为125.67%。

2008年，财政部为国家造林项目落实了利息减免、汇率风险补贴、重点公益林区债务挂账3项债务减免政策。第13～19期人民币债务减免利息7724.62万元，直接用汇债务减免利息244.36万美元；汇率风险补贴减免直接用汇债务1567.27万美元；整个项目从2008年2月至2015年2月合计挂账重点公益林区人民币债务1.57亿元，直接用汇债务118.76万个特别提款权。

（董　晖）

【世行贷款林业项目债务减免】　2008年初，世行贷款林业项目遭受特大雨雪冰冻灾害，损失严重。其中："重度"受灾面积达81.65万公顷，占全部造林面积的21.1%。包括：林业发展项目1.48万公顷，国家造林项目30.57万公顷，森林资源发展和保护项目27.28万公顷，贫困地区林业发展项目17.69万公顷，林业持续发展项目4.63万公顷。

为做好受灾地区世行贷款项目林损毁和债务损失情况的统计调查工作，4月3日财政部办公厅和国家林业局办公室联合下发《关于报送世界银行贷款造林项目雨雪冰冻灾害损失部分债务情况的通知》，进一步了解遭受雨雪冰冻灾害地区世行贷款造林项目的损失情况。期间，财政部国际司与国家林业局世行中心赴受灾最为严重的湖南省和江西省实地调研。5月16～18日联合在北京召开15个受灾项目省（区、市）财政厅、林业厅（局）相关人员参加的世行贷款林业项目雨雪冰冻灾害受损部分债务统计工作汇报会，对统计上报的债务数据进行审核与汇总。在此基础上，8月6日向国务院报送了《关于减免遭受特大雨雪冰冻灾害世界银行贷款林业项目债务的请示》，请求对部分世行贷款林业项目债务进行减免。国务院领导作出重要批示，国务院秘书局对开展世行贷款林业项目雨雪冰冻灾害债务复核工作提出明确要求。11月，财政部国际司、国家林业局世行中心、国家林业局规划院、国家林业局华东规划设计院联合开展了世行贷款林业项目损失情况和债务数据核实工作，并于12月提交了《关于报送世界银行贷款造林项目雨雪冰冻灾害重度受灾部分债务损失数据复核情况的报告》，请求豁免复核后重度受灾项目林所承担的债务约12.90亿元。（马　藜）

【世行贷款林业综合发展项目准备工作】 2008年2月，世行贷款林业综合发展项目总体框架安排顺利通过世行认定组评审，正式进入准备阶段。项目安排在辽宁、河北、山西、安徽和浙江5省的69个县(市、区)和2个国有林业局。估算总投资折合2亿美元，其中世行提供1亿美元贷款。

3~7月，国家林业局世行中心多次举办培训班和研讨会，指导各省项目管理部门编写项目准备文件。8月，完成项目准备所需总体及分省项目可行性研究报告、环境影响评价报告和社会影响评价报告。9月，世行专家组对项目准备情况进行检查，充分肯定了中方的准备工作，并对下一步工作安排提出指导性意见。12月，根据与世行检查组达成的一致意见，中方重新对项目全部文件进行了修改和完善，形成了具有可操作性的管理计划。2008年年底，世行正式派出工作组，同意项目进入世行预评估阶段。（万　杰）

【亚行贷款西北三省(区)林业生态发展项目准备工作】 2008年1月，国家林业局亚行办在北京召开西北三省(区)林业生态发展项目准备工作会议，部署和安排项目准备工作，同时对三省(区)项目管理部门进行培训。5月，派员赴亚行总部开展项目准备技援咨询公司合同谈判，并就项目准备技援工作时间和相互配合问题达成一致。6月，三省(区)完成(预)可行性研究报告编写，国家林业局亚行办完成报告汇总。9月，项目技援咨询公司专家组来华开展工作，完成项目准备技援启动报告，并于10月在西安召开项目准备启动研讨会。研讨会就项目目标、组成部分、项目准备中要解决的主要问题、时间表等作出说明和安排。随后，项目技援咨询公司专家组赴陕西、新疆、甘肃进行实地考察，12月上旬完成考察。（胡柏炯）

【欧洲投资银行贷款生物质能源项目】 根据《欧洲投资银行－中国应对气候变化框架贷款协定》，欧洲投资银行贷款内蒙古建造碳汇林示范项目和江西建造生物质能源林示范项目获国家发改委批复，分别安排贷款2500万欧元。贷款占项目总投资额的70%，地方配套30%。

2008年1月，江西省林业厅和内蒙古自治区林业厅分别向江西省政府与内蒙古自治区政府提出配套资金及还款承诺相关事项的请示。江西省政府与内蒙古自治区政府分别转发征求省(区)发改委、财政厅意见。两省(区)发改委分别同意项目的实施，两省(区)财政厅向财政部国际司出具了还款承诺函。2月28日，国家林业局组织江西省林业厅和内蒙古自治区林业厅完成两项目可行性研究报告，并上报国家发改委。5月15日，国家发改委批准两项目列入欧洲投资银行框架贷款第一批备选项目。6月，欧洲投资银行专家组考察了两项目的实施地点。9月，国家林业局组织两省(区)林业厅编制了项目环境与社会影响评价报告，正式提交欧洲投资银行审查。10月，欧洲投资银行评估团对两项目可行性研究报告和环境与社会影响评价报告进行审核，并向欧洲投资银行董事会提交评估报告。11月，获得欧洲投资银行董事会同意。（高　娜）

国有林场和林业工作站建设

国有林场建设

【综　述】 2008年，全国国有林场克服全球金融危机和重大自然灾害带来的影响，森林经营和产业发展依然取得了较大成就。

基本情况 截至2008年底，全国共有国有林场4507个。按林场经营类型初步划分：生态公益型林场4197个，商品经营型林场310个；按预算管理方式划分：全额拨款的林场424个、差额拨款的林场1746个、自收自支的林场2337个；按行政隶属关系划分：省管林场451个、地(市)级管理676个、县管3380个；按经营规模划分：经营面积5万亩(3333.33公顷)以下的林场2238个、5万~10万亩(3333.33~6666.67公顷)的786个、10万~50万亩(0.67万~3.33万公顷)的1181个、50万亩(3.33万公顷)以上的302个。

全国国有林场经营总面积0.62亿公顷，其中林业用地面积0.5亿公顷，占全国林业用地总面积2.63亿公顷的19%。森林面积0.4亿公顷，占全国森林总面积1.75亿公顷的22.8%。活立木蓄积量22亿立方米，占全国森林总蓄积量124.5亿立方米的17.6%。

营造林及产品销售

营造林 2008年全国国有林场营造林总面积94万公顷，其中：营造速生丰产林9万公顷，营造生态公益林38万公顷。全年用于营林及管护的资金总额34.5亿元，比2007年增加5.9亿元。

主要产品销售 据不完全统计，2008年全国国有林场原木销售700多万立方米，比2007年有所减少，销售收入不足40亿元。主要原因是2008年下半年以来，受全球金融危机影响，房地产市场、建材市场、家具市场、包装市场萎缩，同时还有大量的受灾材进入市场，国内外木材及人造板市场需求急剧减少，产品滞销，库存明显增加，产量、销售、价格出现较大幅度下降。

基础设施 全国国有林场有林区公路6.5万千米，林道16.2万千米，防火线15.3万千米，瞭望台3547座，通信线路5.3万千米，输电线路2.5万千米，购置各种汽车1.1万辆，拖拉机5300多台，房屋总面积2714万平方米。

由于大部分国有林场建于20世纪50~60年代，场址地处远离城镇的边缘偏僻地区，基础设施建设长期没有专项投入或投入很少，致使国有林场的基础设施建设十分落后。

住房情况 全国国有林场职工现有各类住宅2714万平方米，户均建筑面积54平方米。按建设年代分：1969年前建房1357万平方米，占50%；1970~1989年建房面积950万平方米，占35%；1990年以后建房面积407万平方米，占15%。按房屋类型分：楼房面积353万平方米，占总面积的13%；砖木平房面积2171万平方米，占总面积的80%；泥草房和土坯房面积190万平方米，占总面积的7%。

在住宅总面积中，危房面积923万平方米，占34%，涉及职工20万户，职工人数26万人，分别占职工总户数的40%、职工人数的39%。

在住宅总面积中，棚户区面积407万平方米，占住宅总面积的15%，涉及职工6.2万户，8.9万人，分别占国有林场职工总户数的12.4%、职工人数的13.5%。

饮用水状况 2008年，全国国有林场的19 055个工区（护林站）中，吃水困难的达7906个，占41.5%。吃水困难的总人口达58万人。

据统计，全国国有林场(包括森工)现有总人口1019万，饮水困难涉及人口451.66万，其中：无稳定水源和取水严重不便的涉及人口194.82万；氟超标涉及人口13.4万，砷超标涉及人口1.04万，苦咸水涉及人口9.85万，污染水涉及人口22.88万，其他水质问题涉及人口209.68万。

受灾情况

雨雪冰冻灾害 2008年初在南方地区发生的特大低温雨雪冰冻灾害，使江苏、浙江、安徽、福建、江西、河南、湖北、湖南、广东、广西、海南、重庆、四川、贵州、云南、陕西、甘肃、青海、新疆等19个省(区、市)国有林场遭受重大损失。截至2月25日，受灾严重的国有林场已达2140个，占19个省(区、市)现有国有林场2647个的80.8%，其中重灾国有林场983个，占37.1%，直接经济损失227亿元。国有林场受损森林面积480万公顷，占19个省(区、市)国有林场森林总面积的36%，其中：受灾森林面积307.53万公顷，占23%；重灾185.73万公顷，占14%；重点公益林受灾145.13万公顷；竹林受灾面积42.87万公顷，合61 922万株。直接经济损

失154.2亿元；冻裂、冻爆给水管线15 060千米，毁损供电线路18 491千米，毁损道路34 489千米，毁损通讯线路11 656千米，毁损办公、学校、医院等公共用房27 276间，其中损坏19 694间，倒塌7582间；直接经济损失39.4亿元；国有林场受灾职工25万人，占19个省（区、市）国有林场职工总数的59%；受损住宅33 070间，其中：损坏23 921间，倒塌9149间；冻死家畜（禽）25.4万只（头、匹），大部分受灾林场干部职工正常生活没有保障，生活条件极其艰苦，直接经济损失7.2亿元；倒塌育苗大棚、损坏温室70多万平方米，苗木受灾1.96万公顷，损失苗木8.9亿株，种子园、采穗圃、种质资源收集圃和示范林等都受到了严重的破坏；毁损野外交通、作业工具378台，防火防虫物资储备库38 043平方米，野外检测业务、科研用房3135平方米，野外生态观测设施设备79套，毁损野外气象观测设施设备20套。直接经济损失26.2亿元。

地震 在“5·12”汶川特大地震中受损的国有林场180个，办公用房和职工住房受损40万平方米，压断输电线路1400多千米，破裂给水管线1000多千米，因山体滑坡、塌方等造成道路受损3000多千米。

经营状况 截至2008年底，全国国有林场资产总额292亿元（不含林木资产），其中：流动资产139亿元，比2007年增加19亿元；固定资产121.8亿元，比2007年增长9亿元。全年营业收入总额82亿元，其中木竹营业收入42.6亿元，上缴税收1.5亿元。

国有林场负债总额达218亿元，其中国外债务13亿元，国内金融机构债务58亿元，拖欠的在职职工工资、离退休职工养老金、工程应付款、应上缴的税费、财政周转金及单位之间的各类拆借款等147亿元。

宣传及信息化建设

加强国有林场宣传工作 2008年，各省（区、市）通过加强对国有林场的宣传力度，向全社会展示国有林场的风采，为即将开展的国有林场改革打下了良好的基础。场圃总站在《中国绿色时报》上开办的“走进国有林场”大型宣传专栏也得到了各地国有林场的广泛支持，截至2008年底已刊发文章30篇，起到了很好的社会效益及宣传效果。

国有林场信息化建设 2008年，各省（区、市）加大了国有林场信息化建设的支持力度，认识到了信息化建设对国有林场的管理、建设现代林场的重要性。由场圃总站组织开发的国有林场数据库系统单机版已完成，大部分省（区、市）完成了国有林场基础数据的填报。 （郝　明）

【国有林场改革】

进一步完善国有林场改革政策 2008年，为了使即将由国务院颁布实施的《关于加快国有林场改革的实施意见》更加符合实际，更加有利于现代林业的发展和国家生态建设，国家林业局与中央编办、国家发改委、人保部、财政部、建设部沟通协调，对《实施意见》文本做了进一步修改完善。明确改革的目的是按照建设现代林业的要求，完善国有林场管理体制，激活经营机制，建立符合社会主义市场经济体制、有利于现代林业发展的国有林场管理体制和运行机制，确保森林资源不断增长，确保国有林场稳定和发展，确保职工生活不断改善，增强国有林场发展的活力。改革的主要任务是：实行国有林场分类管理，将生态区位重要，以公益林管护、抚育和营造为主要任务，主要发挥生态效益，为国家和社会提供生态产品的林场界定为生态公益型林场，按公益事业单位管理，人员经费和机构经费全额纳入同级人民政府财政预算。自然条件较好、以商品林和其他产业经营为主要任务，主要发挥经济效益，为国家和社会提供物质产品的林场界定为商品经营型林场，逐步推行企业化管理。同时，要按照内部消化为主、多渠道就业的原则，通过多种途径妥善分流安置生态公益型林场的富余人员。在富余人员安置上，不再将买断工龄作为安置职工的方式（职工自愿的除外），尽量在林场内部为职工提供工作岗位，避免将职工推向社会。同时，采取有效措施，切实解决国有林场职工养老保险等社会保障问题，进一步改善国有林场的发展环境，分类妥善解决国有林场的债务问题、逐步减轻国有林场办社会的负担、把国有林场基础设施建设纳入国民经济和社会发展规划以及社会主义新农村建设规划等。

积极推进国有林场改革试点 为了探索国有林场改革模式，积累国有林场改革的经验，国家林业局在确定国有林场改革联系点省份的基础上，对各地国有林场改革工作进行指导，大力推进各地国有林场改革试点工作。在国家尚未出台国有林场改革文件的情况下，各地也不等不靠，充分结合本地实际，在国有林场改革方面做了大量的工作，为国有林场改革积累了宝贵的经验。浙江省政府2008年4月28日出台了《关于加快推进现代国有农林渔场建设的若干意见》，对深化国有林场改革、大力发展国有林场经济、推进国有林场新农村建设、加强国有林场资产管理、努力解决国有林场职工就业和社会保障等问题提出了明确要求。2008年1月，江西省林业厅召开了全省国有林场改革座谈会，总结了全省国有林场改革发展经验，确定了全省国有林场下一步发展改革的基本思路，并决定选择安福县为全省国有林场改革试点县。2008年8月，辽宁省本溪县制定了《本溪满族自治县深化国有林场改革实施方案》，成立了以县长为组长的国有林场改革领导小组，确立了“国有林场整合重组、划定林场经营类型、重新调整机构和岗位、妥善安置林场职工”等改革内容，实施方案细化到了林场和职工个人。重庆市在国有林场管理体制上进行了积极的探索，出台了一系列政策，协调地方政府将林场纳入财政预算。据统计，全市核定国有林场事业编制3432人，目前有30个林场纳入了财政全额预算，43个林场纳入了财政差额预算。河北省林业局确定青龙县都山林场为全省国有林场改革试点林场，改革的主要方向是把林场划为社会公益型事业单位，职工工资、“三险”和公用费用，全额纳入县级财政预算，离退休人员工资由社会保险发放。内蒙古自治区国有林场办社会职能问题已部分得到解决，其中呼伦贝尔市和通辽市国有林场承办的各类学校已全部移交地方政府管理，其他地区国有林场承办的子弟学校也正在与地方政府协商办理移交事宜。同时进一步理顺国有林场管理体制，通辽市对全市国有林场重新核定了管理人员编制，纳入事业单位管理，所需经费由地方财政负担。其他盟市也不同程度地落实了国有林场的事业单位性质、编制和人员经费。黑龙江省积极探索国有林场整合工作，在嘉荫县进行林场整合试点，撤销2个林场，8个待建林场合并到其余3个林场，通过整合，便于林场基础设施建设，便于林场经营管护森林，便于森林经营工作的开展。安徽省在黄山区国有林场改革示范成效作用的带动下，全省国有林场改革工作按照“积极稳妥、减员增效、活化机制、促进发展”的总体要求继续推进。（李建锋）

【全国国有林场森林经营研讨会】 2008年9月22～23日，场圃总站和中国林场协会组织的全国国有林场森林经营研讨会在山东省淄博市原山林场召开，会议旨在深入贯彻2008年全国林业厅（局）长会议精神，加强国有林场森林经营，不断提高国有林场森林质量，促进现代林场建设。国家林业局副局长张建龙，场圃总站总站长郝燕湘、总工程师张健民，山东省林业局局长贾崇福，淄博市市委常委、副市长周连华等领导出席了会议，各省（区、市）林业厅（局）林场主管处（局、站）的负责同志及林场场长130余名代表参加会议。张建龙在讲话中充分肯定了国有林场为我国林业建设所作的贡献，并要求各级国有林场主管部门一定要抓好国有林场改革、国有林场森林经营和拓宽国有林场经营渠道三件大事。郝燕湘就如何认识国有林场的作用和地位，如何抓好国有林场改革、森林经营及灾后重建和扶贫工作发表了讲话，并强调指出国有林场改革是国有林场工作的重中之重、森林经营是国有林场工作永恒的主题、改善民生是国有林场工作的长期任务。甘肃省小陇山林业实验局、河北省塞罕坝机械林场、黑龙江省佳木斯市孟家岗林场、浙江省开化县林场、江苏省溧阳市龙潭林场等林场介绍了森林经营工作的经验。会议还讨论了《关于加强国有林场森林经营，提高森林质量的建议》。

（杜书翰）

林业工作站建设

【综　述】 2008年，工作总站紧紧围绕林业中心工作，全面履行职责，进一步强化林业站的基础保障作用，切实抓好林政案件稽查和林权争议处理工作，着重抓了以下几个方面的工作：

努力创造发展环境 ①拓展林业站发展的外部环境，积极争取有关部委对林业站工作的支持。3月，与财政部、中国农林工会组成联合调研组到湖南、江西，就林业站存在的困难和问题进行调研，后又多次与国家发改委、财政部等组成联合调研组先后到辽宁、上海、江西、福建等省（市）就林业站在集体林权制度改革和现代林业建设中的地位和作用进行调研，达成了广泛的共识，充分认识到增加林业站投资，加大林业站基础设施建设的支持力度的重要性。②优化林业站发展的内部环境，积极向局党组及有关司（局）汇报，争取重视和支持林业站工作。8月，与人事司等对林业站及集体林权制度改革情况进行了联合调研，向局领导报送了《关于对滇、赣、浙、湘四省乡镇林业工作站情况的调研报告》。有关局领导都分别作了批示。同时，通过积极向有关司（局）和单位反映情况和开展联合调研。使他们进一步了解林业站在整个林业工作中的地位和作用，都表示要加大对林业站的支持，在资金、项目安排上对林业站予以倾斜。

紧紧服务于林业中心工作 深入学习贯彻落实中央10号文件精神，积极参与集体林权制度改革工作。①认真学习并研究贯彻落实措施。中央10号文件出台后，工作总站及时组织全站干部职工认真学习，7月向局党组报送了《关于学习贯彻落实〈中共中央国务院关于全面推进集体林权制度改革的意见〉情况的报告》，汇报了总站广大干部职工学习的收获体会，提出了贯彻落实《意见》精神拟采取的措施。贾治邦局长、张建龙副局长在报告上作了批示，其他局党组成员全部圈阅。局办公室在《值班快报》上刊发了《认真学习领会，深刻把握精髓，工作总站狠抓中央林改意见贯彻落实工作》的简报。②在林业站系统开展专题宣传活动。《意见》下发后，组织在林业站系统开展了专项学习宣传活动，通过林业站宣传，使集体林权制度改革精神家喻户晓，人人皆知。③起草了《国家林业局关于在全面推进集体林权制度改革中充分发挥乡镇林业站职能作用的意见》。④开展《意见》贯彻落实情况的督导检查。在开展全面指导的同时，重点结合《意见》第二十条，"加强基层林业工作机构建设，乡镇林业工作站经费纳入地方财政预算"的要求督促各地结合集体林权制度改革，深化林业站改革，加强林业站建设，强化职能，理顺关系，落实编制，保障经费，稳定队伍，提高能力，为集体林权制度改革提供组织保障。已基本完成集体林改主体改革的江西、福建、辽宁等省都出台了加强林业站建设的政策措施，正在推进林改的省份，也加强了林业站建设，湖南省怀化市将林业站经费纳入了财政预算，云南省林改的试点市，将林业站收归县级林业主管部门垂直管理。

努力抓好特大雨雪冰冻灾害和汶川特大地震灾后林业站恢复重建工作。南方特大雨雪冰冻灾害发生后，及时和有关省(区)联系并派调研组了解乡镇林业站受灾损失情况，编制并向局里上报了乡镇林业站灾后重建工作方案，积极争取救灾资金，抓好灾后恢复重建工作，重点是乡镇林业站站房重建和维修工作。汶川特大地震发生后，及时和四川、重庆、陕西、甘肃等省(市)林业站主管部门保持联系，了解林业站受灾情况，为灾后重建工作作准备。

抓实林业站基础工作 ①组织开展林业站本底调查，全面摸清林业站建设的基本情况。成立了以张建龙副局长为组长的林业站本底调查领导小组，编制了《全国林业站本底调查实施方案》。7月份在青海召开了林业站本底调查会议，正式启动林业站本底调查工作。②切实抓好林业站培训工作。首先，根据林业发展的新形势对林业站提出的新要求，调整林业站培训思路。5月向局人教司上报了《关于报送2008年林业站人员培训方案的函》，明确了林业站人员培训的思路和重点。第二，抓好林业站职工培训教育的基础工作。了解掌握工作总站统一编写的全国林业站岗位培训系列教材的使用情况，为修改补充这套培训用书作准备，同时，配合林业站岗位培训系列教材的使用，组织专家编写林业站人员岗位培训考试题库。第三，抓好培训管理工作，检查督促持证上岗制度的落实。根据新形势的要求，调整补充林业站岗位培训内容，要求各地除按照岗位培训计划和大纲要求进行培训外，要结合林业中心工作强化重点内容的培训，特别是要强化林改政策和预防涉林渎职犯罪内容的培训。第四，改革培训模式，积极开展延伸培训和示范培训。在举办省级林业站长培训班的基础上，总站举办了县级林业站站长培训班并和各省联合举办乡镇林业站站长培训班。第五，积极争取培训经费。2008年局里首次下拨工作总站林业站培训专项经费20万元。③抓好职工队伍的政治思想作风建设。深入开展林业站预防涉林渎职犯罪警示教育活动，下发了《国家林业局林业工作站管理总站关于印发〈在全国基层林业站开展预防涉林渎职犯罪教育活动实施方案〉的通知》，要求2008年全年在林业站系统开展预防涉林渎职犯罪教育活动，将《预防涉林渎职犯罪手册》作为警示教育活动的重要学习内容，并结合林业站的实际情况，编印学习辅导材料，切实加强林业站职工队伍的政治思想作风建设。④进一步做好林业站地位和作用的宣传。及时指导各省(区、市)林业站主管部门积极开展不同形式的宣传活动，每季度通报各地信息报送情况。汶川特大地震发生后，为及时掌握林业站抗震救灾情况，下发了《国家林业局林业工作站管理总站关于报送抗震救灾工作信息的紧急通知》，要求各地及时报送林业站系统抗震救灾的信息。在继续办好《全国林业站网讯》的基础上，整合原有的简报，统一为《工作简报》，已经刊发21期。在《中国绿色时报》上连续刊发了多篇林业站报道。

切实抓好林业站重点县建设和合格县工作 ①抓好重点县建设。首先是做好2007年度重点县检查验收工作，组织检查组对2007年度重点县建设情况按照《全国林业工作站建设重点县检查验收办法》进行了重点抽查，已经完成大部分2007年度重点县抽查工作。其次，做好2008年度重点县建设，根据局里批复的2008年重点县可行性研究报告，做好项目的实施工作。项目建设所需设备采购工作基本完成。②抓好合格县建设。在各地自查的基础上，提报局里下发了《国家林业局关于2006年全国林业站建设合格县的通报》，确认了7个省(区、市)的46个县(市、区)为2006年度林业站建设合格县，全国林业站合格县数量达到2261个，合格县比率达到93%，全国大部分省(区、市)完成了合格县建设任务。此外，积极争取林业站管理专项资金。根据林业站管理工作情况，积极和财政部沟通，编制了林业站管理项目，并已获财政部批准，全国林业站管理第一次有了专项资金。

切实加强林业行政案件稽查工作 ①抓好举报案件的办理。2008年稽查办共受理举报案件174件，全部及时按领导批示要求，批转各地查处并积极督办。②切实加强了林业行政案件管理工作。积极督促各地贯彻落实《国家林业局关于加强林业行政案件管理工作的通知》精神，切实加强案件管理工作。4月下发了《国家林业局森林资源行政稽查办公室关于上报〈国家林业局关于切实加强林业行政案件管理工作的通知〉贯彻落实情况的函》，对全国各省(区、市)林业主管部门贯彻落实《通知》精神进行认真调研和检查，大多数省(区、市)都提出了贯彻落实《通知》精神的具体意见和措施。③组织修改林业行政案件统计软件。针对当前报送林业行政案件数据不规范、不及时等情况，和局规划院联合对林业行政案件统计软件进行修改升级，实现网上报送林业行政案件统计数据，提高案件统计分析工作的准确性和时效性。④举办林政案件管理和林政稽查人员培训班。5月23～27日，在长春市举办了首次全国林政稽查和林业行政案件管理人员培训班，各省(区、市)派员共约70人参加了培训班。⑤完成了2008年上半年和全年全国林业行政案件统计汇总和分析工作。2008年上半年和全年全国发生林政案件较2007年同期相比均呈下降趋势。下发了《国家林业局关于2008年全国林业行政案件统计分析情况的通报》。2008年全国共发生林业行政案件35.38万起，较2007年同期减少2.30万起，下降6.10%。在发生的35.38万起林业行政案件中，查处35.13万起，查处率为99.30%；共收缴木材72.73万立方米、苗木982.40万株、种子2.52万千克；挽回经济损失共计80 220.34万元；行政处罚人数36.57万人次。⑤开展林业综合行政执法调研。对北京、吉林、福建、宁夏等省(区、市)独立组建林政执法和林政稽查机构，开展林业综合行政执法工作进行了调研，就上述4省(区、市)的做法出了4期《工作简报》。并结合学习实践科学发展观调研活动，对吉林、福建两省开展林业综合行政执法进行深入调研，递交了《对吉林、福建两省组建林业综合行政执法机构情况的调研报告》。

认真抓好林权争议处理工作 ①做好日常林权争议举报转发和催办工作，共转发和催办11件林权争议举报案件。②编辑出版了《林权争议调处政策法规选编》。③抓紧制定《重大省际林权争议突发事件应急预案》。④组织编印《林权争议调处知识问答》。⑤着手制定《林权争议调处指导性意见》。⑥抓好《国家林业局在平安边界建设中妥善处理林权争议的通知》精神的贯彻落实，积极开展省际林权争议调处试点工作。

进一步加强机关建设和党的建设 ①认真开展"讲党性、重品行、作表率"活动。全面提高了干部职工的思想政治素质和理论水平，并作为典型在全局"讲党性、重品行、作表率"活动经验交流会上，进行了经验交流。②认真开展深入学习实践科学发展观活动。在学习调研阶段结合学习科学发展观，开展了解放思想大讨论，大家在认真查找问题的基础上，对如何加强林业建设、抓好林政案件稽查工作和林权争议调处工作及总站内设机构调整等提出了许多建设性意见。③积极争创"五好班子"，提升工作总站贯彻局党组工作部署的执行力。④切实加强党支部建设。坚持"三会一课"制度，引导全体党员干部自觉争做"五个模范"。⑤努力建设"学习型"单位。采取多种形式，组织各种学习，提高学习质量。⑥认真开展警示教育活动。扎实推进党风廉政建设。对工作总站重点处室和重点环节认真进行梳理检查，确保工作总站资金与项目的安全运行。

在经常性做好"两建"工作的基础上，工作总站于9月22～25日在沈阳举办了为期3天的第一届全国林业站系统职工乒乓球联谊赛，贾治邦局长致信祝贺。原林业部副部长、中国林业体协主席蔡延松，中国林业体协副主席刘玉来亲临比赛现场指导。来自全国23个省(区、市)林业站以及辽宁省林业厅、国家林业局森防总站共25支代表队76名运动员参加了比赛，参赛运动员取得运动成绩和精神文明双丰收。通过这次比赛，进一步振奋了林业站队伍精神，提升了林业站行业的形象。 (陈凤学)

【全国林业站本底调查】 为适应现代林业建设对林业站工作的新要求，从根本上改变林业站建设与管理滞后的现状，切实加强对林业站建设的科学化管理和分类指导，提高林业站的管理水平和服务能力，国家林业局决定从2008年起开展全国林业站本底调查活动，并为此编制了《全国林业站本底调查实施方案》。

实施方案共分8个部分，即：调查目的与任务，调查范围，调查对象，调查内容，调查技术路线及方法，统计上报，提交成果，保障措施。其中调查内容包括5个方面：林业站管理体系，乡镇林业站情况，乡村护林员情况，乡村林场情况，林业站指导扶持的辖区内林业经济合作组织情况。本次调查为一次性全面调查，调查的基准时间为2008年12月31日，分3年实施。

2008年，制定调查工作计划、工作方案，设定调查因子。召开调查工作启动会议，对10个省(区、市)部署调查工作，培训调查人员，年底完成调查任务，分省进行调查数据的汇总、分析、总结，公布调查结果。

2009年，在总结2008年调查的基础上，对22个省(区、市)部署调查工作，培训调查人员，年底完成调查任务，分省进行调查数据的汇总、分析、总结，公布调查结果。

2010年，对调查数据进行汇总、分析、总结。根据3年调查数据，完成全国调查数据的统计、汇总、分析、评估工作，公布调查结果。

通过林业站本底调查，摸清林业站家底，建立林业站基本情况信息库，运用本底调查成果，为国家林业局编制长远规划、各司(局)编制专业规划提供可靠依据，组织制定全国林业站建设长期发展规划、建设标准，以及加强林业站、乡村护林员队伍、乡村林场、林业合作组织建设和管理的政策措施，争取财政、计划对林业站建设的支持，提高林业站管理水平和服务能力。为稳步推进林业重点工程建设，保障森林资源安全，全面推进集体林权制度改革，提高林业生产的科技含量，推进社会主义新农村建设和保障现代林业各项建设任务的落实提供坚实的基层组织保障。 (工作总站建设处)

【全国林业站培训教育工作】 ①抓好林业站职工培训教育的基础工作。初步完成了林业站人员岗位培训考试试题的拟定。②抓好培训管理工作，检查督促持证上岗制度的落实。根据林业发展的新形势对林业站提出的新要求，及时调整培训思路，重点转向围绕林改培训乡镇林业站人员。同时，调整补充了林业站岗位培训内容，要求各地除按照岗位培训计划和大纲要求进行培训外，要结合林业中心工作强化重点内容的培训，特别是要强化林改政策的培训和预防涉林渎职犯罪内容的培训。在各省(区、市)的积极努力下，2008年共培训林业站职工47 972人。③改革培训模式，积极开展延伸培训。在办好省级林业站站长培训班的基础上，为配合集体林权制度改革，积极为林改服务，为林农群众服务，针对林改政策、林改操作实务等方面的知识，工作总站与湖北、江西、四川、内蒙古4省(区)联合，有重点地对部分乡镇林业站站长进行了培训。④积极争取培训经费。2008年国家林业局首次下拨林业站培训专项经费20万元。

(工作总站培训指导处)

【全国林业站行风建设】 为进一步加强基层林业站干部职工队伍建设和党风廉政建设，有效预防林业站人员涉林渎职犯罪，根据《国家林业局关于加强预防涉林渎职犯罪工作的意见》(林办发[2007]156号)的要求，结合林业站实际工作情况，2007年底，工作总站在全国范围内部署开展了林业站人员预防涉林渎职犯罪活动，印发了《关于印发〈在全国基层林业站开展预防涉林渎职犯罪学习教育活动实施方案〉的通知》(林站培字[2007]24号)。活动为期一年，至2008年底结束。一年来，各级林业站主管部门高度重视，有组织、有计划、有步骤地认真组织开展预防涉林渎职犯罪学习教育活动，活动取得了预期成效。

主要做法

制定方案，加强领导 学习教育活动开展后，各级林业站主管部门高度重视，根据《通知》要求，认真安排部署。①及时下发通知。北京、黑龙江、河北、上海、江苏、河南、浙江、江西、湖北、广东、四川、重庆、广西、贵州、甘肃、宁夏、新疆等省(区、市)林业厅(局)及时转发或下发了通知，浙江、湖北、四川等省在转发通知的同时，还结合本省实际制定了切实可行的活动方案。②成立领导小组。河南等省林业厅党组高度重视，专门成立了以主管厅长为组长，各有关单位负责人为成员的领导小组。各地(市)林业主管部门也纷纷成立相应的教育活动领导小组。③召开动员部署大会。上海市召开区(县)林业站站长会议进行了动员部署，贵州省黔东南州召开全州林业预防涉林渎职犯罪学习教育动员会，各地把搞好预防涉林渎职犯罪活动作为促进林业站改革和发展的大事来抓，鼓励广大干部职工学习新知识、新技能，改进工作方法，提高工作效率，全面提升职业素养，为林业事业又好又快发展创造良好条件，为深入开展预防涉林渎职犯罪学习教育活动奠定了坚实基础。

学习培训，增强内功 ①以学习党和国家有关法律法规为主，开展正面教育。各地认真组织林业站职工学习《预防涉林渎职犯罪手册》及相关法律法规，学习退耕还林等林业重点工程和林木采伐等方面的政策规定、操作程序及相关要求，提高林业站职工的法律意识和职业道德水准，增强服务意识，自我保护意识。学习以个人自学与集中学习相结合，进行自我反省、自我约束、自我提高，筑牢思想防线。②举办培训班，提高预防涉林渎职犯罪能力。为认真抓好预防涉林渎职犯罪工作，各地将预防涉林犯罪作为主要培训内容，邀请纪检监察部门的专家和领导进行辅导讲座。四川省眉山市洪雅县林业局聘请县检察院和县监察局领导就预防涉林渎职犯罪和做一名勤政廉洁的基层林业站干部作了专题讲课。③分析案例，吸取教训，增强预防涉林职务犯罪的意识。各地普遍以违法犯罪案件为反面教材，深入剖析职务犯罪发生的原因及其危害，加大反腐倡廉教育力度，增强拒腐防变能力。

自查自纠，预防为主 各地在培训教育的基础上，结合基层林业站的工作实际，认真进行查摆问题，开展自查自纠工作。广西壮族自治区林业局印发了《关于全区乡镇林业站开展预防涉林职务犯罪活动情况的通报》，总结了开展预防涉林职务犯罪活动经验，指出了存在问题，要求进一步采取措施，切实抓好自查自纠工作。广西崇左市林业局结合实际要求在三个方面进行查摆：一是为政不廉，以权谋私，吃拿卡要的问题是否存在；二是素质不高，工作能力不强，履行岗位职责不好，办事效率低的现象是否存在；三是在林业重点工程建设、林木采伐、林业行政执法、山林纠纷调处等方面是否存在违背职业道德和违法违纪行为。通过查摆，做到警钟长鸣，并从中吸取经验教训，规范行为，防止渎职犯罪发生。

完善制度，强化监管 各地林业主管部门着力完善规章制度，从源头上预防腐败现象发生。①注重制度建设。在制度建设上查漏补缺，通过建立行政审批过错责任追究制，全面推行首问责任制、公示制、限时办结制等，规范行政行为，初步形成了预防涉林渎职犯罪的制度体系。②强化对权力的制约和监督。浙江省长兴县聘请了18名行风监督员对基层林业站的行风建设和党风廉政建设进行监督，定期听取他们的意见和建议，发现问题及时纠正和制止。③进一步推进站务公开制度。定期组织检查组，深入到各乡镇，对林业的各项工作进行检查。同时，向社会公布监督举报电话，把林业站的行政管理、执法、服务工作置于全社会的监督之中，实行阳光运作。

取得的成效

职工道德修养总体上明显增强 通过理想信念教

育，基层林业站广大干部职工进一步牢固树立马克思主义世界观、人生观、价值观和正确的权力观、利益观，认真贯彻落实科学发展观，全面提升了思想认识水平，坚守思想道德防线。特别是对于正在进行机构改革的地区，广大林业站职工充分认识到林业站工作的重要性，增强了工作责任感，为林农服务更加热情周到，不但稳定了自身队伍，还为稳定林区秩序作出了新的贡献。

职工业务水平明显提高 各级林业站主管部门以预防涉林渎职犯罪学习教育活动为契机，深入开展业务知识和职业技能学习培训，进一步提高了基层林业站职工的岗位素质和实际工作能力，并结合业务工作、执法工作、整治行动开展培训，全面提高了职工的业务水平和管理能力。

职工依法行政能力明显提升 通过加强以党的路线方针政策和国家法律法规为重点的政策法规学习培训，使广大林业站职工进一步掌握党和国家对林业工作的重大部署和要求，掌握林业法律法规的具体规定，坚持依法行政，尤其是林业行政案件查处工作提升显著，林业站执法人员在查处林业行政案件中，能够严格依据《森林法》、《林业行政处罚程序规定》等有关法律法规，依法办案，做到公正、公平、公开。

队伍整体素质和工作效率明显提高 活动的开展对林业站职工起到了显著的警示教育作用，清醒地认识到职务犯罪的严重性和危害性。各地基层林业站通过开展自查自纠，提出了明确的整改措施，做到了管理目标明确，责任到人，办事有章可循。一支全局观念强、政治思想素质高、业务技术精、组织纪律严、工作作风硬的林业站队伍正在形成，为更好地完成下一步工作打下了坚实的基础。

存在问题 ①个别地方领导重视不够，没有认真组织开展预防犯罪活动。在开展预防涉林渎职犯罪活动过程中，个别地方重视不够，未落实领导负责，未上报学习教育活动材料，没有将此项工作摆上议事日程。对出现的林业站人员涉林渎职犯罪问题没有引起高度重视，对犯罪的特点及原因没有进行认真的分析，没有采取有力措施进行整改。少数干部包括林业站主管部门领导、基层林业站站长不同程度地存在着业务至上的思想，抓党风廉政建设的责任意识、紧迫感、主动性不够强，领导机制需要进一步健全完善。②有的教育缺乏针对性。多数地方一般性的号召、要求提的多，联系实际、认真剖析的少。教育内容不够丰富，形式不够多样，未能充分利用各种渠道和手段进行教育，缺乏既喜闻乐见、又能入脑入心的教育手段和办法。③干部职工压力大。各地普遍反映，随着国家生态保护工作力度的不断加大和依法行政的深入推进，现在资源管理工作越来越“难干”，最担心的是渎职。对采伐林木等工作难以实施有效的监管，一旦出现超伐、滥伐现象就会追究林业干部的责任。④基层林业站的管理体制、经费等深层次问题没有得到根本解决。近几年乡镇林业站发生涉林职务犯罪案件与林业站机构经费没有保障和管理体制不顺有很大关系。林业站下放乡镇管理后，一些地方林业主管部门只管业务工作，放松了对乡镇林业站职工的思想教育。有的地方林业站人员人头经费未列入当地财政预算，由林业部门从林业经费中开支或自收自支，也是产生林业站涉林渎职犯罪的原因。⑤林业主管部门与监督部门沟通不够。虽然各地加强了与检察院、纪检监察部门的协调沟通力度，建立了联席会议制度，但是有些地方领导并没有主动与检察机关沟通，情况掌握不够全面，工作显得比较被动。

（工作总站培训指导处）

林业计划统计

林 业 计 划

【综 述】 2008年完成造林面积535.37万公顷，比2007年增长37.00%；全年林业产业总产值达到1.44万亿元，比2007年增加1872.99亿元，增长14.94%；林产品进出口总额突破700亿美元，比2007年增长12%。2008年，林业计财部门紧紧围绕建设现代林业这个中心任务，认真履行职能，加强重大规划和政策协调争取，努力做好建设布局结构优化调整，加大资金争取力度，强化项目和资金管理，为林业各项任务的全面完成发挥了重要的基础保障作用。

加大年度资金争取和2009年项目储备工作力度，保障局党组现代林业发展战略和重大工作的顺利开展

积极争取落实2008年各项资金　中央级林业资金大幅度增加，总额达到581亿元，其中：财政资金520亿元，基本建设投资61亿元，分别比2007年增长10.8%和31.2%；吸收信贷资金117亿元，比2007年增长41.3%。各级地方林业部门在中央政策引导下，充分发挥优势，努力增加政府及其他行业对林业投入。如：山西省制定了《煤炭工业可持续发展林业生态恢复治理项目总体规划》，2008年林业从煤炭行业争取的投资总量为7.55亿元；江西省财政对林业的投入达9.48亿元，比2007年增加2.33倍；福建省在落实中央、省级和下游补上游森林生态效益补偿基金的基础上，经省政府同意将水资源费的35%用于森林生态效益补偿。

积极谋划和争取2009年林业投资规模　全力做好2009年中央预算内林业基本建设投资计划编制工作；加强了项目储备，组织编制了2009年造林生产建议计划，并积极争取提高国家造林补助标准；林业应对气候变化项目建设取得突破，欧洲投资银行将提供5000万欧元优惠贷款，用于我国碳汇林和生物质能源林基地建设。

加强油茶产业发展宏观指导，协调落实相关扶持政策　编制完成了《全国油茶产业发展规划》，并上报国家发改委；协调落实油茶产业发展的财政、投资、金融、保险、良种补贴等相关扶持政策；积极争取国家安排2000万元的农发林业新增资金用于油茶示范基地建设，争取中央财政专项资金4800万元用于先行省油茶低产林改造试点；国家林业局筹集资金对14个油茶省(区)进行了试点扶持。按照局党组“把发展油茶等木本粮油产业作为山区综合开发的重要内容和突破口”的指示精神，启动了山区综合开发重点示范县工作。

加强规划编制和政策协调，努力在建设生态文明和国家公共政策框架中谋划林业的合理位置

加大建设布局调整力度，努力规划林业新的增长点　组织完成了《全国森林防火中长期发展规划》，提交待国务院会议审议；完成了《全国林业有害生物防治建设规划》，上报国务院待批；组织开展了全国林地保护利用规划编制工作；部署并基本完成了《林区棚户区改造工程规划》和《林区公路建设规划》编制工作。

协调落实集体林权制度改革相关工作　商财政部下达新启动集体林改的9省(区)工作补助经费7.3亿元；会同财政部、银监会、保监会等部门，就建立政策性森林保险制度和出台森林资源资产抵押贷款管理办法多次进行调研和沟通，并达成共识。

突出行业特点，积极争取林业相关扶持政策　争取中央财政将林业作为重点行业落实了燃油涨价后的补贴政策，2008年补贴资金22.1亿元；研究落实企业所得税法和实施条例规定的林业所得税减免政策；积极协调争取2008年底到期后对以林区“三剩物”和次小薪材加工的综合利用产品，继续实行增值税即征即退政策。

扩大对外开放，提高我国林业国际影响力　完成国务院交办的第四、五次中美战略经济对话议题任务，通过中欧首脑会晤、中日高层经济对话和中俄林业合作，为我国企业利用两个市场、两种资源保驾护航。联合俄罗斯和美国政府为国内近400家林业企业举办了森林资源开发和林产品政策咨询会，进一步增强了行业部门的服务意识和凝聚力。

全力以赴做好抗灾救灾以及灾后恢复重建工作

行业内紧急动员，全力落实抢险救灾资金和物资　灾情发生后，全国林业计财部门迅速行动，第一时间投入到工作中。国家林业局紧急调度林业行业和相关直属单位受灾情况，并以最短时间向相关省(区)拨付救灾资金。江苏、浙江、山东、北京4省(区、市)林业厅(局)向地震灾区援建活动板房636套共12 720平方米。这些措施为解决灾区群众救灾急需、越冬应急以及后续工作开展提供了有力保障。

积极争取中央财政安排林业救灾和灾后恢复重建资金 先后6次向财政部报送申请并多次协调，争取中央财政安排雨雪冰冻林业救灾和灾后恢复重建资金7.3亿元；安排落实地震灾区救护大熊猫补助资金926万元、中央地震灾后重建基金1941万元，调整安排直属保护区灾后越冬补助550万元。

全力组织林业灾后重建规划编制，积极争取林业长期政策扶持 组织编制了特大雨雪冰冻和地震灾害后林业恢复重建方面的规划、方案，并将林业相关政策措施纳入了国务院批复的灾后恢复重建规划、条例、指导意见和政策措施体系中；由国家林业局牵头会同环保部、农业部、水利部和四川、甘肃、陕西省政府编制的《汶川地震灾后恢复重建生态修复专项规划》，经国家抗震救灾指挥部批准，已下发作为地震灾区生态修复的指导性文件；国务院常务会议审议通过了由国家林业局协调财政部、国家发改委、民政部、人民银行、银监会、保监会等部门提出的进一步加强支持两灾之后林业生态恢复重建的八项政策措施，以及由国家林业局组织编制《雨雪冰冻灾后林业生态恢复重建规划》的建议。

不断强化林业项目和资金管理，努力提高计财管理水平

加强项目基础管理工作 完成了《防护林工程投资估算指标》、《森林防火物资储备库建设标准》、《森林火情瞭望监测设施建设标准》和《林业工作站建设标准》的编制工作；加强外资项目的储备与管理，下发了《关于加强林业利用国际金融组织和外国贷款投资项目管理工作的通知》；根据取消农业综合开发名优经济林花卉项目有偿资金的新要求，编制完成了《农业综合开发林业资金和项目管理办法(试行)》；加强和规范因公出国(境)经费预算管理，下发了《因公出国(境)经费预算管理暂行办法》。

切实加强林业资金的监管 对14个省(区)的野生动植物保护、天保、林业有害生物防治、种苗基地建设和森林防火工程资金使用情况进行了稽查，涉及资金12.6亿元，实际抽查资金3.7亿元，查出违规违纪资金834万元以及配套资金不到位6913万元；结合地震灾后恢复重建，制定下发了《林业救灾资金物资管理使用暂行办法》和《关于救灾资金物资执行情况月报表报送工作的通知》。

努力发挥统计基础管理和咨询决策职能 联合国家统计局共同发布了新的《林业及相关产业分类(试行)》，较为全面地反映了林业及相关产业在国民经济发展中的地位和作用。

应对世界金融危机，主动谋划林业战略定位

1. 争取林业在国家扩大内需政策中的合理份额，把林业需求纳入民生工程、基础设施、生态环境建设和灾后重建相关政策中。在国务院确定的应对国际金融危机，进一步扩大内需、促进经济增长的10项措施中，首次把国有林区棚户区改造纳入了国家保障性安居工程建设，并把加强重点防护林和天保工程建设作为重点支持的生态建设工程，2008年四季度新增中央投资36.5亿元用于防护林工程、天然林保护和国有林区棚户区改造。

2. 尽快落实了林业新增中央投资计划任务。紧急召开林业扩大内需和灾后恢复重建工作布置会，各级林业主管部门按照中央三个“统一”的部署和“出手要快，出拳要重，措施要准，工作要实”的总体要求，高度重视，周密安排，迅速行动，抓紧落实。截至2008年底，全国林业部门已完成新增中央投资11.9亿元，占新增中央投资总额的32.6%。

3. 根据中央新增林业投资项目和资金监管的需要，制定了《扩大内需促进经济增长林业项目资金监督检查工作方案》，召开了监督检查动员部署暨培训工作会议，派出10个检查组对福建、云南、黑龙江等10省(区)中央新增林业投资计划分解下达、资金到位、工程进度、使用管理等情况进行督促检查。

4. 本着“保出口、促稳定”的原则，积极向有关部门争取恢复林产品出口退税政策，增强企业出口信心。经过3次调整，争取到国家将人造板等产品的出口退税率由5%提高到9%，木家具由11%提高到13%，相当于给予出口林业企业年补贴28亿元；并争取将部分林产品出口退税从9%再提高到13%。同时，积极与我国林产品主要出口市场美国、欧盟、日本等国政府谈判，减少林产品出口贸易壁垒。

5. 组织完成了东北、内蒙古重点国有林区棚户区改造实施方案的批复工作。会同国家发改委、住房与城乡建设部组成调研组多次赴国有林区开展专题调研，并按照国家发改委的工作部署，及时组织编制并批复了东北、内蒙古国有林区棚户区改造实施方案，为棚户区改造试点和相关投资的争取奠定了工作基础。

6. 认真测算林业投资需求。会同相关单位全力运作，从林业建设发展、森林资源保护、林区民生保障和林业基础保障能力建设工程体系4个方面向国家发改委报送2009～2011年中央投资的建议，并在此基础上编制上报了2009～2010年实施方案。

（计资司统计处）

【全国林业经济运行状况】

生态建设

营造林总体状况 2008年，全国共完成荒山荒地造林面积535.37万公顷，比2007年增长37.00%，完成计划任务的111.37%。其中：人工造林368.43万公顷，飞播造林15.41万公顷，无林地和疏林地新封山育林151.54万公顷。

2008年造林面积大幅度增长的主要原因是集体林权制度改革进一步深入，亿万农民获得了最重要的生产资料和发展致富的创业平台，造林生产积极性普遍提高；国家加大对油茶等特色经济林、生物质能源林的扶持力度，形成了新的增长点；第四季度国家拉动内需新增的林业投资主要用于天保、三北、长江、沿海等林业生态工程。这些因素使得2008年的造林面积达到近3年来的最高点。

完成有林地造林面积32.68万公顷；更新造林42.40万公顷；低产低效林改造39.59万公顷；四旁(零星)植树23.55亿株。

生态公益林保持较高比重　从林种结构看，在全部造林面积中，防护林369.72万公顷、经济林85.08万公顷、用材林78.21万公顷、薪炭林0.40万公顷、特种用途林1.97万公顷，占全部造林面积的比重分别为69.04%、15.89%、14.61%、0.08%和0.37%。经济林造林比重比2007年提高了3.65个百分点，生态公益林(防护林和特种用途林)占全部造林面积的69.41%，仍保持较高比重。

非公有经济造林比重继续呈上升态势　在全部造林面积中，非公有经济造林244.96万公顷，占全部造林总面积的45.75%。2008年，中央颁发10号文件后，极大地调动了集体林改先行省社会造林的积极性，由于林改工作明晰了林木林地权属，与林农的利益直接挂钩，林农以及社会各界造林护林的积极性显著上升。林改先行的福建、江西、辽宁、浙江、云南5省非公有经济造林占全部造林总面积比重高达64.66%，高于全国平均水平18.91个百分点。

林木种苗产量明显增加　由于2008年全国造林面积的大幅度增长，加之第四季度中央拉动内需新增投资重点用于天保、三北、长江、沿海等防护林工程建设，带动了全年种子、苗木等相关产业的发展。2008年，全国苗木产量和育苗面积分别为316.31亿株和59.11万公顷，分别比2007年增长10.31%和5.69%，林木种子采集量为66 571吨。全国林木种苗质量抽查结果显示，林木种子样品合格率为93.3%，苗木苗批合格率为97.8%，林木种苗质量与2007年相比进一步提高。

林业重点工程　2008年，林业重点工程完成造林面积343.75万公顷，比2007年增长28.19%，占全部造林面积的64.21%。其中：天保工程、退耕还林工程(不含京津工程退耕)、京津风沙源治理工程、三北及长防工程、速生丰产用材林基地建设工程造林面积分别为100.90万公顷、118.97万公顷、46.90万公顷、76.58万公顷和0.40万公顷，占全部造林面积的比重分别为18.85%、22.22%、8.76%、14.30%和0.08%，其他造林占全部造林面积的35.79%。

1. 天保工程。①工程区内木材产量。2008年工程区木材产量达到1679.28万立方米，比2007年增长15.71%，占全国木材总产量的20.71%。②公益林建设。2008年完成各项公益林建设100.90万公顷，其中：人工造林19.16万公顷，飞播造林6.67万公顷，无林地和疏林地新封山育林75.06万公顷。森林管护面积为10 364.20万公顷，比2007年增长4.36%，其中个体承包管护面积占14.41%。自1998年工程实施以来，11年间工程已累计完成人工造林237.99万公顷、飞播造林303.94万公顷、新封山育林1115.32万公顷。③人员结构及安置情况。天保工程实施11年以来，工程区累计一次性安置职工59.57万人，其中2008年一次性安置11.39万人。内蒙古、吉林、龙江和大兴安岭森工企业在册职工人数分别比2007年减少2.98万人、2.54万人、4.80万人和3.97万人。天保工程区年末全部在册职工人数为83.28万人，比2007年降低15.27%，减少15万人，仅大集体职工就减少9.10万人。在全部在册职工中，在岗职工60.77万人，下岗待安置职工1.95万人，离开本单位保留劳动关系人员20.56万人，分别占全部在册职工人数的72.97%、2.35%和24.68%，在岗职工所占比重明显增加，下岗待安置职工和离开本单位保留劳动关系人员比重进一步下降，工程区森工企业职工结构进一步调整。

2. 退耕还林工程。2008年，完成造林面积130.67万公顷(含京津风沙源工程中11.70万公顷)，其中：退耕地造林1.20万公顷，配套荒山荒地造林93.91万公顷，无林地和疏林地新封山育林35.56万公顷。全年完成种草面积6.28万公顷。西部12个省(区，含新疆生产建设兵团)共完成66.22万公顷的退耕还林任务，占退耕工程总造林面积的50.68%。

2008年粮款兑现涉及894.73万公顷退耕地，全年粮食补助资金214.48亿元，当年生活费兑现金额31.84亿元。全年粮款兑现受益农户近3000万户。

自1999年工程试点以来已累计完成退耕地造林906.18万公顷，配套荒山荒地造林1356.04万公顷，新封山育林161.20万公顷。累计粮食补助资金总计1412.95亿元，累计生活费兑现金额总计180.38亿元。

3. 京津风沙源治理工程。2008年，工程范围内的75个县共完成造林46.90万公顷，其中：人工造林19.81万公顷，飞播造林6.67万公顷，无林地和疏林地新封山育林20.42万公顷。人工造林中退耕地造林0.97万公顷。草地治理面积达到18.07万公顷，小流域治理面积达到9.27万公顷，治理总面积达到74.24万公顷。建设完成水利配套设施1.73万处，生态移民人数达到1.03万人，涉及到3179户。

工程实施8年来累计完成治理面积达到740.06万公顷，其中：林业工程489.36万公顷，草地治理184.96万公顷，小流域治理65.74万公顷。在林业工程中，人工造林266.92万公顷、飞播造林58.28万公顷、新封山育林164.16万公顷。

2008年，国家在荒漠生态系统治理方面强化了地方政府防沙治沙责任，沙区全面实施“三禁”制度，防沙治沙综合示范区建设扎实推进，甘肃、宁夏、内蒙古等省(区)沙化土地治理面积大于扩展面积。

4. 三北及长防工程。2008 年，工程共完成造林面积 76.58 万公顷，其中：人工造林 62.86 万公顷，飞播造林 1.33 万公顷，无林地和疏林地新封山育林 12.38 万公顷。按工程看，三北防护林四期工程完成造林面积 49.80 万公顷，长江流域防护林二期工程完成造林面积 7.22 万公顷，沿海防护林二期工程完成造林面积 7.42 万公顷，珠江流域防护林二期工程完成造林面积 3.70 万公顷，太行山绿化二期工程完成造林面积 8.03 万公顷，平原绿化二期工程完成造林面积 0.41 万公顷。

在全部造林面积中，防护林面积所占比重为 79.84%，其中水土保持林和防风固沙林所占比重最高，分别达到了 32.91% 和 24.49%。还完成低产低效防护林改造面积 2.31 万公顷。

自 2001 年以来，工程累计完成人工造林 430.25 万公顷、飞播造林 29.11 万公顷、新封山育林 328.08 万公顷。其中：三北四期工程累计完成人工造林 264.38 万公顷、飞播造林 10.12 万公顷、新封山育林 146.78 万公顷。

2008 年，三北防护林工程启动 30 周年。30 年来，三北工程建设取得了巨大成就。累计完成造林保存面积 2446.9 万公顷，工程区森林覆盖率由 1977 年的 5.05% 提高到 10.51%，工程区生态状况明显改善，为维护国家生态安全、促进经济社会发展发挥了重要作用，在国内外产生了广泛而深远的影响。

5. 野生动植物保护及自然保护区建设工程。截至 2008 年底，林业系统自然保护区已达 2006 处，总面积 1.23 亿公顷，占全国国土面积的 12.78%。其中，林业系统国家级自然保护区 231 处，面积 7429.82 万公顷。与 2007 年相比，自然保护区数量增加 240 处，面积增加 126.97 万公顷。

年末实有自然保护小区 4.83 万个，总面积 1764 万公顷。国家划定禁猎(伐)区 2522 个，总面积为 8329 万公顷。野生动物种源繁育基地 351 个，珍稀野生植物培植基地 280 个。野生动物园 55 个，狩猎场 112 个。野生动植物保护管理站 4502 个，野生动植物科研及监测机构达到 690 个，鸟类环志中心(站)99 个。全国从事野生动植物及自然保护区建设的人员达 4.42 万人，其中各类专业技术人员 1.29 万人。

6. 湿地保护与恢复工程。2008 年，湿地保护与恢复工程深入推进，全年投入中央资金 3 亿元，其中林业部门的项目资金 1.45 亿元，重点实施了 55 个湿地保护工程项目。截至 2008 年底，全国已建立湿地自然保护区 550 多处，湿地示范区面积 221 万公顷，全国拥有国际重要湿地 36 处，面积 381 万公顷，49% 的自然湿地得到有效保护。新批国家湿地公园试点 20 处，面积 8.8 万公顷。各地新建地方湿地公园 11 处，面积 6.0 万公顷。全国湿地公园达到 80 处，总面积 59.6 万公顷。

7. 石漠化综合治理工程。2008 年，岩溶地区石漠化综合治理规划顺利实施，中央投资 4 亿元，完成林业项目治理任务 2.61 万公顷，占国家下达计划任务的 26%。其中：封山育林 1.82 万公顷，占国家下达计划任务的 25%；人工造林 0.79 万公顷，占国家下达计划任务的 29%。

8. 重点地区速生丰产用材林基地建设工程。近年来，重点地区速生丰产用材林基地工程外部政策环境进一步优化，初步形成了多种经济成分共同参与、多种经营机制并存、多元化发展的工程建设新格局。2008 年，全国在荒山荒地中营造速丰林 24.84 万公顷，占用材林建设总面积的 31.76%，比 2007 年增长 13.34%。其中重点地区速生丰产用材林基地建设工程共造林 5294 公顷，其中荒山荒地造林 3975 公顷，更新造林面积 1319 公顷；另外改培面积达到 4.18 万公顷。按培育目的分，大径级用材林占 78.75%，仍为速丰林的培育重点。

林业产业发展 2008 年，年初南方大范围地区遭遇了严重的低温雨雪冰冻灾害，5 月份发生了汶川特大地震灾害。下半年国际金融危机不断蔓延，林产品市场和出口大幅波动。

林业产业总产值 全年林业产业总产值达到 1.44 万亿元(按现价计算)，比 2007 年增加 1872.99 亿元，增长 14.94%，扣除物价上涨因素影响，增幅回落，低于近 8 年来 19.70% 的平均增速。

按产业看，第一产业产值 6358.82 亿元，占全部林业产值的 44.14%，同比增长 14.65%；第二产业产值 6838.25 亿元，占全部林业产业总产值的 47.47%，同比增长 13.33%；第三产业产值 1209.34 亿元，占全部林业产值的 8.39%，同比增长 26.86%。林业三次产业的产值结构由 2007 年的 44.3∶48.1∶7.6，调整为 44.1∶47.5∶8.4。近年来第三产业增长速度远远超过其他两个产业，所占比重进一步提高，产业结构进一步得到调整。

第一产业中，包括干鲜果品、茶、中药材以及森林食品等在内的经济林产品的种植与采集业产值为 3456.34 亿元，所占比重最大，为 54.36%；第二产业中，包括锯材、人造板等在内的木材加工及木竹制品制造业产值为 3232.33 亿元，所占比重最大，为 47.27%；第三产业中，林业旅游与休闲服务业产值为 689.64 亿元，所占比重最大，为 57.03%。增长速度最快的有造林、育种和育苗、陆生野生动物饲养、家具制造和林业旅游，增长速度分别为 39.34%、31.85%、42.64%、24.94% 和 23.28%。

分地区看，林业产业总产值超过 600 亿元的省份有9个，前5位的省份均为东部地区。东部10省林业产业总产值为6811.98亿元，占全部林业产业总产值的47.28%；中部6省林业产业总产值为3019.76亿元；西部12省林业产业总产值为2940.17亿元；东北地区林业产业总产值为1634.51亿元。东部省份的产值增速有所放缓，比2007年增长8.61%，东北地区和中部省份增长较快，分别比2007年增长37.86%和18.26%。

木材生产及林产工业

1. 木材产量。2008年，木材产量为8108.34万立方米，比天保工程实施前的1997年的木材产量高出1713.55万立方米，比2007年增长16.22%，为历史最高水平。增长的主要原因为受两灾影响，清理受损林木和灾后重建，2008年，木材产量增长最大的省份为广西、湖南、四川、江西、浙江、贵州6省（区）。

在全部木材产量中，原木产量7357.32万立方米，比2007年增长13.33%；薪材产量751.02万立方米，比2007年增长54.98%。木材产量按生产单位分，林业系统内国有企业单位生产的木材为1428.35万立方米；系统内国有林场、事业单位生产木材1435.43万立方米；系统外企、事业单位采伐自营林地的木材255.17万立方米；乡（镇）集体企业及单位生产木材产量440.99万立方米；村及村以下各级组织和农民个人生产的木材4548.40万立方米。2008年，农民自用材采伐量1025.75万立方米，农民烧材采伐量3216.94万立方米。

2. 锯材产量。2008年，全部锯材产量2840.95万立方米，比2007年增长0.42%，其中热带锯材产量127.51万立方米，占全部锯材产量的4.49%。

3. 人造板产量。2008年，我国人造板产量达到9409.95万立方米，比2007年增长6.46%，增速有所放缓。在全部人造板产量中，胶合板3540.86万立方米，比2007年减少0.58%，占全部人造板产量的37.63%；纤维板2906.56万立方米，比2007年增长6.47%，占全部人造板产量的30.89%，其中中密度纤维板产量为2740.52万立方米；刨花板产量1142.23万立方米，比2007年增长37.77%，占全部人造板产量的12.14%；其他人造板1820.29万立方米（细木工板占71.67%），比2007年增长5.95%，占全部人造板产量的19.34%。另外，2008年人造板表面装饰板产量为2.27亿平方米，单板产量为2284万立方米。

从分省情况看，人造板生产依然主要集中在东部地区，江苏、山东、河北、广西、福建、安徽、广东、浙江8省（区）产量均超过500万立方米，产量共计6998.69万立方米，占全国人造板总产量的74.38%，其中江苏和山东的人造板产量位居全国第一位和第二位，均已突破1000万立方米。

4. 木地板产量。2008年，全部木地板产量达到3.77亿平方米，比2007年增长9.74%。在木地板产量中，实木地板1.23亿平方米，占全部木地板产量的32.69%；实木复合木地板7903万平方米，占全部木地板的20.97%；强化木地板1.16亿平方米，占全部木地板产量的30.71%；竹木复合地板1368万平方米，占全部木地板产量的3.63%。木地板产量最大的省份是浙江省，产量达到6639万平方米。

5. 林产化工产品产量。受年初南方雨雪冰冻灾害影响，部分省（区）为保护和恢复森林资源，禁止进行采脂等生产活动，加之相关产业政策等影响，林化产品产量明显下降。2008年，全国松香类产品产量106.73万吨，比2007年减少9.82%，其中：松香产量为94.56万吨，松香深加工产品产量为12.17万吨。松节油类产品产量12.80万吨。樟脑产量1.02万吨，冰片1057吨，栲胶9337吨，紫胶类产品产量2899吨。

经济林、竹、花卉产业　2008年，水果种植面积为1147万公顷，茶园面积为189万公顷。各类经济林产品总量达到1.11亿吨。水果产量为9815万吨，比2007年增长0.96%；干果产量为534万吨，比2007年增长11.18%；林产饮料产品的产量为133万吨，比2007年增长24.35%；林产调料产品的产量为43万吨，比2007年增长8.38%；林产工业原料产量134万吨，比2007年减少17.64%；木本油料产量为105万吨，其中油茶籽的产量为99万吨；竹笋干、食用菌等森林食品产量为282万吨；木本药材的产量为95万吨。

2008年，竹材产量为12.62亿根，比2007年减少9.69%，其中：毛竹8.60亿根，篙竹4.02亿根。村及村以下各级组织和农民是竹材生产的主要力量，所生产的竹材占全部竹材产量的80.42%，共达10.15亿根。

经过改革开放30年来的发展，我国已成为世界花卉种植面积最大的国家，花卉业的区域布局基本形成，流通网络初步建立，质量效益稳步提升。我国培育的花卉新品种，已有90多个获国家新品种权保护。2008年年末实有花卉种植面积53.64万公顷；切花切叶117亿支；盆栽植物近20亿盆；观赏苗木42亿株；草坪1.98亿平方米。我国具有一定规模的花卉市场3000多个，花卉企业3万多家，其中大中型花卉企业6000多家；花卉从业人员370万人，花农108万户；控温温室面积和日光温室面积分别为2242万平方米和10 370万平方米。

主要林业工业产品销售价格　2008年，全国主要林业工业产品销售价格涨跌互现，木材综合平均价格为每立方米667元，比2007年增长4.55%；毛竹综合平均价格为每根11元，与2007年持平；锯材综合平均价格为每立方米1084元，比2007年增长

7.97%；木片综合平均价格为每实积立方米640元，比2007年减少8.57%；木地板综合平均价格为每平方米119元，比2007年减少7.03%；胶合板综合平均价格为每立方米1834元，比2007年减少3.93%；硬质纤维板综合平均价格为每立方米1219元，比2007年减少16.22%；中密度纤维板综合平均价格为每立方米1409元，比2007年增长4.45%；刨花板综合平均价格为每立方米1098元，比2007年减少7.58%；松香综合平均价格为每吨6733元，比2007年增长8.40%；栲胶综合平均价格为每吨6055元，比2007年增长18.75%；紫胶综合平均价格为每吨22 589元，比2007年减少12.34%。

林业投资 2008年在国民经济快速增长、国家"强农惠农"政策的大背景下，全年林业投资总量大幅增长，为近年来速度最快的一年。特别是下半年中央作出了进一步扩大内需促进经济增长的重大战略决策，新增安排林业投资36.5亿元，加速推进了天保工程、三北及长防工程和重点国有林区棚户区改造工程建设。

林业建设资金到位 2008年，林业系统实际到位各类建设资金1006.63亿元，比2007年增长26.83%，林业到位资金首次突破千亿。在实际到位的各类建设资金中，国家预算内资金到位额为651.08亿元，占资金到位总量的64.68%。其中：基建资金61.21亿元，国债资金57.05亿元，中央财政专项资金388.22亿元，其他预算内资金144.60亿元。基建资金和自筹资金增加明显，分别比2007增加37.11亿元和52.04亿元，增幅达到153.95%和76.77%。

全部林业投资完成额 2008年，全部林业投资完成额达到987.24亿元，比2007年增长52.88%，其中国家投资完成508.34亿元，占全部林业投资完成额的51.49%。在全部林业投资完成额中，营林固定资产投资完成836.62亿元；森工固定资产投资完成150.62亿元。

在全部林业投资完成额中，林业基本建设投资完成952.29亿元，其中营林基本建设投资完成827.72亿元，比2007年增长34.57%。营林基本建设投资用于造林、更新、改造、管护、抚育等营造林的资金为439.58亿元，用于种苗、防火、病虫鼠害防治、森林公安等林业基础设施的资金为38.26亿元。

林业固定资产投资方向

1. 林业重点工程投资。2008年，林业重点工程全年投资完成总额达到420.24亿元，比2007年增长20.74%，占全部林业投资完成额的42.57%。其中：天保工程投资97.30亿元，占林业重点工程投资总额的23.15%；退耕还林工程(不含京津退耕)完成投资248.97亿元，占林业重点工程投资总额的59.25%；京津风沙源治理工程完成投资32.39亿元，占林业重点工程投资总额的7.71%；三北及长防工程投资总额33.73亿元，占林业重点工程投资总额的8.03%；野生动植物及自然保护区建设工程和重点地区速生丰产用材林基地建设工程投资分别为6.98亿元和0.86亿元，分别占林业重点工程投资总额的1.66%和0.20%。三北及长防工程投资增长量和所占比重明显增加。

2. 投资区域分布。全部林业投资完成额分地区看，西部省(区)林业资产投资完成额570.07亿元，占全部林业投资完成额的57.74%；东部省(区)林业资产投资完成额161.75亿元，占全部林业投资完成额的16.38%；中部省(区)林业资产投资完成额128.85亿元，占13.05%；东北地区林业资产投资完成额122.88亿元，占12.45%。

林业系统劳动工资情况 截至2008年底，全国林业系统各种经济类型单位共计45 964个，比2007年减少120个。在林业系统各单位中，国有单位45 427个，集体单位224个，其他各种经济单位(指股份合作企业、联营企业、有限责任公司、股份有限责任公司、港澳台商投资及外商投资企业)313个，林业系统单位以国有经济单位为主。

2008年林业系统在册职工共计169.13万人，比2007年减少8.54%，减少15.79万人。其中在岗职工133.75万人，比2007年减少4.20%。在岗职工按所属行业分，木材及竹材采运企业、国有林场和林业工作站位居前三位，分别为42.86万人、34.84万人和12.26万人。

林业系统在岗职工年平均工资15 701元，比2007年增长17.41%，增速略高于当年全国城镇单位17.23%的平均增长水平，仅为全国城镇单位在岗职工年平均工资29 229元的一半，差距依然明显。其中：国有林业经济单位在岗职工年平均工资15 870元，集体经济单位年平均工资7450元，其他各种经济单位年平均工资13 092元。分地区看，东北、内蒙古国有林区(包括内蒙古、吉林、黑龙江和大兴安岭)在岗职工年平均工资最低，仅为11 873元，东部省(区)林业系统在岗职工年平均工资最高，达到24 145元，两者相差1倍多；按行业看，规划设计管理、教育、公共管理和社会组织年平均工资最高，分别为34 455元、30 334元和29 634元。而非木质林产品加工、木材及竹材采运业、木质工艺品制造年平均工资最低，分别为3692元、10 457元和10 560元。

2008年，林业系统轻伤、重伤和死亡事故分别为758人次、159人次和174人，分别比2007年增加107人次、62人次和19人。2008年，受气候干旱和南方严重低温雨雪冰冻灾害影响，森林火灾明显增加，全国共发生森林火灾14 144起，比2007年增长52.7%，为近20年来森林火灾次数最多的一年，森林火灾导致轻(重)伤、死亡人数分别为77人和97

人。四川汶川特大地震灾害也是导致林业系统职工伤亡人数上升的主要原因。

林业利用外资

林业利用外资规模　2008年，我国林业利用外资项目个数为545个，比2007年增加22个，实际利用外资规模达到10.08亿美元，比2007年增长28.28%，其中：国外借款1.53亿美元，外商直接投资8.34亿美元，无偿援助0.22亿美元，分别占林业实际利用外资总规模的15.13%、82.73%和2.14%。林业实际利用外商直接投资金额占全国实际利用外商直接投资的1.09%。

林业利用外资特点　一是从利用外资方式上看，仍以外商直接投资为主；二是从利用外资的项目类型上看，以造林项目和木、竹材加工项目为主，分别占全部林业利用外资的35.87%和19.00%；三是从林业外资的区域上看，东部地区省份利用外资水平较高，占全部林业利用外资的63.30%。

（刘建杰　于百川）

【林业利用外资和对外开放】

积极利用外资，促进现代林业建设　2008年，我国林业利用外资规模进一步扩大，首次获准利用欧洲投资银行5000万欧元，开展内蒙古碳汇林示范项目和江西生物质能源林示范项目。截至2008年，全国林业累计利用国外贷款、赠款33亿美元。国家林业局进一步加大了外资政策争取和利用外资宣传工作，出版了《中国林业利用国外贷款25年回顾与展望》一书。

林业"走出去"步伐进一步加快　2008年，为积极推动中俄两国总理确定的中俄森林开发向木材深加工转变的目标，国家林业局、商务部举办了第三届中俄经济工商界高峰论坛中俄林业合作圆桌会议，组织有关企业赴俄参会交流；参加中俄总理定期会晤委员会经贸分委会会议和森林资源开发利用常设工作小组第六次会议；会同俄罗斯林务局和世界自然基金会、森林趋势组织在京举办中国-俄罗斯森林开发和木材加工投资政策咨询暨培训会议，促进林业双边经贸合作，林业合作在中俄两国总理定期会晤中给予了高度评价。同时，会同商务部启动了对俄森林开发二期规划工作，完成了《中俄共同开发和利用犹太自治州森林资源合作规划》的编制工作，促进企业合作和项目实施。在全面促进林业走出去的同时，国家林业局加强了国际化背景下的林业对外经济、贸易政策研究，努力提升我国林业的国际地位。参加了中美战略经济对话会议林产品问题等多项谈判，应对木材非法采伐等国际热点问题取得了良好效果。中国和美国打击木材非法采伐及相关贸易双边论坛、亚太森林恢复与可持续管理网络共同举办了木材和木材产品贸易政策国际研讨会。

积极应对国际金融危机，促进林产品对外贸易平稳发展　在国民经济呈现增长较快、价格回稳、结构优化、民生改善的总体态势下，林产品对外贸易持续较快发展，2008年我国主要林产品进出口总额达719亿美元。国家林业局进一步加大相关工作力度，为林业外经贸发展创造有利环境。①全力应对林业涉及WTO相关事务，重点开展林业WTO技术性贸易措施工作。②做好林产品国际贸易监测预警，定期发布《林产品国际贸易简报》。③启动林业外经贸政策研究、贸易摩擦预警等相关工作并积极参与到相关国际会议、经贸谈判以及区域经贸合作和国际规则修订等进程中，为我国林业在参与国际事务中争取更多的话语权。④进一步争取了国内政策的支持，维护了行业利益，积极协调商务部和海关总署，3次提高了部分林产品出口退税率，充分发挥了出口退税政策，为调整林产品出口结构，应对国际经济危机、维持出口良好态势，支持集体林权制度改革、带动农民增收具有重要意义。

林业机电产品进出口管理工作扎实稳妥开展　充分发挥部门机电办作用，进一步加强了对林业机电产品进出口的监督和管理，积极做好与国家机电办的衔接沟通，加大了对国家机电产品进出口相关政策的研究力度，为今后一个时期做好林业机电产品进出口管理工作奠定了基础。同时，国家林业局机电办严格执行国家规定，在严格把关的同时，全力保障林业行业发展，积极引进先进技术设备，全年办理机电进口设备6706台(套)，累计金额52.28万美元，极大地满足了林业生产建设需要。（陈嘉文　何小平）

【林业规划编制情况】

《全国森林防火中长期发展规划》编制　规划范围包括全国各省（区、市）；规划内容包括森林防火宣传教育工程、森林火险预警监测系统等12个方面。已完成规划编制、国家发改委审查、中咨公司评估等工作，于2008年8月19日以发改农经[2008]2199号文上报国务院。

《全国林业有害生物防治建设规划》编制　规划范围包括全国各省（区、市）；规划内容包括林业有害生物防治体系建设(监测预报、检疫御灾、应急防治、支撑保障四大体系)和重大林业有害生物灾害治理(松材线虫病、美国白蛾、森林鼠兔害、林业有害植物等危险性林业有害生物灾害治理)。已完成规划编制工作，并于2008年11月21日以林计字[2008]59号文上报国务院待批。

《汶川地震灾后恢复重建生态修复专项规划》编制　该规划由国家林业局会同环保部、农业部、水利部汇总编制，国家发改委联合国家林业局等5部门于10月24日以发改厅[2008]2691号文印发，是国家汶川地震灾后恢复重建的10个专项规划之一。规划范围包括四川、甘肃、陕西3省极重灾区和重灾区的

51个县(市、区);规划林业内容包括生态系统修复、林业生产保护能力恢复重建、大熊猫栖息地及自然保护区恢复、基础设施恢复重建等4个方面;规划林业总投资为131.31亿元,中央财政地震灾后恢复重建基金切分成3省总数,对地方的部分实行“总量包干和分类控制”相结合的办法,由省级政府负总责,各灾区县为实施主体;对中央部分按核定控制数编入部门预算。

《雨雪冰冻灾后林业生态恢复重建规划》编制 规划范围包括2008年雨雪冰冻灾害受灾的各相关省(区、市),规划内容包括林业生产保护能力恢复重建、森林植被恢复、自然保护区恢复重建、公共基础设施恢复重建等4个方面,已完成规划咨询评估等相关工作,将于2009年上报国务院审批。2008年11月12日,国务院第三十五次常务会议听取了雨雪冰冻和地震灾后林业生态恢复重建政策措施等有关问题的汇报,明确了支持灾后林业生态恢复重建的8项政策措施。 (高广文 黄祥云)

【2008年振兴东北老工业基地中的林业建设情况】

林业重点工程

天保工程 东北地区以实施天保工程为载体,加大改革力度,加快发展速度,已从工程实施前的“两危”(森林资源危机、企业经济危困)步入了一个恢复发展的新阶段,带来了前所未有的深刻变化,正朝向以生态建设为主的历史性转变。①森林资源呈现恢复性增长。经过10年来的工程建设,长期过量消耗森林资源得到有效遏制,后备资源培育得到有效加强,森林资源呈现持续增长的良好态势。②森工企业不断改革创新,体制机制逐步转变。长期僵化的国有国营、政企不分、企业办社会的森工企业,随着社会主义市场经济体制的不断完善,固有的企业机体正在瓦解、重组、转型。③就业渠道不断拓宽,职工安置更加灵活。东北林区职工在国有企业就业的单一渠道已改变为多元化的就业途径,促进了灵活就业机制的形成;社会保障政策的不断完善,为广大林业职工解除了后顾之忧;林区职工收入水平提高,生活状况得到改善。④进一步完善了相关配套措施。2006年以来,国家增加了包括东北地区吉林省在内的职工一次性安置补助;解决了工程区森工企业金融债务问题,下达了二批免除额;解决了世行贷款林业项目还款困难问题,采取豁免和挂账办法;延长了地方财政减收中央财政转移支付;解决了森工企业医疗、失业、工伤、生育保险补助,混岗职工安置补助,再就业中心下岗职工再安置补助;安排了吉林省8个林业“围墙式”加工企业富余职工一次性安置补助。截至年底,中央财政安排东北地区近47亿元。

退耕还林工程 ①落实年度工程建设任务。2008年1月4日,国家发改委下达了2008年退耕还林工程投资计划,1月11日,国家林业局下达了营造林生产计划,全年安排东北地区等老工业基地退耕还林任务21.27万公顷,其中:荒山荒地人工造林11.6万公顷、封山育林9.67万公顷;工程种苗造林补助标准,人工造林由原来的每公顷750元提高到了每公顷1500元、封山育林每公顷1050元;2008年,中央共投入东北地区等老工业基地退耕还林资金近37亿元,其中:种苗造林补助费3亿元,原政策粮食补助和生活费补助资金22亿元,完善政策补助和巩固成果专项资金12亿元。②继续与各工程省(区)政府签订了《2008年度退耕还林工程责任书》。③国家计划下达后,国家林业局下发了《关于做好2008年省级退耕还林实施方案编制和审核工作的通知》(办退字[2008]39号),严格审核了各省(区)编制的年度实施方案并下达了审核意见,各地根据审核后的年度实施方案,落实分解年度计划任务,开展作业设计和造林施工。截至2008年底,东北地区等老工业基地已经完成荒山荒地造林9.97万公顷、封山育林8.9万公顷,分别占计划任务的86%、92%,剩余任务将跨年度实施。④指导各地认真研究巩固退耕还林成果专项规划编制工作,辽宁、吉林、黑龙江、内蒙古4省(区)按照要求,完成并先后向国家有关部门上报了本省(区)的《巩固退耕还林成果专项规划》,配合国家发改委对各省(区)专项规划进行了审核,并联合批复。⑤研究制定《退耕还林工程阶段验收工作初步方案》,编制了《退耕还林工程阶段验收工作经费预算编制说明》,落实了阶段验收工作经费;成立了退耕还林工程阶段验收工作领导小组,制定了《退耕还林工程退耕地还林阶段验收办法》;制定了《2008年度退耕还林工程退耕地还林阶段验收工作实施方案》,印发了《国家林业局关于开展退耕还林工程退耕地还林阶段验收工作的通知》,并于7月15~16日召开了阶段验收工作暨培训会议;在对各省(区)上报数据进行审查、汇总的基础上,对各省(区)已到期退耕地造林进行了重点核查验收,完成了内业汇总,形成了初步报告,向财政部上报了初步结果。⑥通报了2007年全国营造林综合核查发现的主要问题,并给各工程省(区)下发了整改通知;赴东北开展了2008年营造林质量大检查;下发了《关于开展2007年度退耕还林工程省级复查工作的通知》;组织开展了2008年度退耕还林工程管理实绩核查;研究起草了《退耕还林工程经营管理办法》。

京津风沙源治理工程和防沙治沙工作 ①稳步推进京津风沙源治理工程,加强“三禁”制度执行情况的督察,保护生态建设成果;举办了基层林业技术与管理骨干培训班,加大适用技术推广力度,提高工程建设质量;下发了《京津风沙源治理工程区特大灾害损失核定办法(试行)》,对各地报损情况进行了跟踪调度,工程在东北地区的实施范围包括内蒙古的赤峰市和锡林郭勒盟。2008年，国家累计安排两盟市营造林任务14.22万公顷，其中人工造林3.69万公顷、飞播造林2.33万公顷、封山育林8.2万公顷，下达中央投资1.83亿元。②积极争取防沙治沙重点项目。③不断强化沙尘暴应急处置工作，及早提出沙尘暴应急工作安排方案，召开应急工作会议，部署应急工作，强化重点预警期应急值守制度；举办高级专家咨询座谈会，充分听取专家对沙尘暴灾害应急工作的意见和建议；启动实施了重大沙尘暴灾害应急体系建设项目，加强沙尘暴应急基础建设。④扎实推进荒漠化沙化宏观监测工作，组织专家对荒漠化沙化监测技术方案进行了修定完善，提出了第四次监测的总体技术路线，组织实施了荒漠化年度趋势监测工作。⑤认真研究制定防沙治沙目标责任考核办法，按照国务院办公厅的要求，为把防沙治沙责任落到实处，切实推动防沙治沙工作，组织研究起草了《省级政府防沙治沙目标责任考核办法》，并征求了国务院相关部委和地方政府的意见，待国务院审定后执行。

三北和沿海防护林体系建设工程　①三北防护林体系建设工程。根据东北地区自然条件，经济和社会发展实际情况，认真落实国家振兴东北地区等老工业基地政策，在工程建设任务和投资的安排上，突出防沙治沙，优先考虑东北地区风沙危害严重、生态区位重要、生态环境脆弱的区域，尤其是加大对区内科尔沁、呼伦贝尔等沙地的治理力度，着重支持东北地区生态建设。据统计，2008年三北防护林体系建设工程在东北老工业基地共完成营造林90.1万公顷，占三北防护林体系建设工程营造林总面积的20%，共下达东北地区等老工业基地工程建设资金9900万元，占2008年工程第一批投资的32%；此外，2008年第四季度工程新增投资共安排东北地区建设资金53 000万元。②沿海防护林体系建设工程。工程实施范围包括辽宁省的丹东、大连、营口、锦州、葫芦岛、鞍山、盘锦的20个县(市、区)，2008年4月国家林业局在辽宁省大连市召开了全国沿海防护林体系工程建设启动大会，将辽宁省的沿海地区作为沿海防护林体系建设的重点区域，2008年下达辽宁省(含大连)建设任务1.33万公顷，下达中央投资2000万元；2008年第四季度中央又新增辽宁省(含大连)中央投资6000万元，下达建设任务4万公顷。

野生动植物保护及自然保护区建设工程　①继续按照抢救性保护的要求，抓住珍稀濒危动植物物种和典型生态系统类型就地保护两大重点，2008年，东北地区新建保护区7处，新建面积23.44万公顷，新批建国家级自然保护区3处，面积24.52万公顷。截至2008年底，东北地区林业系统自然保护区数量达到208处，面积达826.46万公顷，有效地保护了该区珍贵的自然资源和典型的生态系统。②批复了东北地区6个国家级自然保护区可行性研究报告，安排中央投资5444万元用于该地区保护区的基础设施建设，同时安排中央财政470万元专项资金用于自然保护区的监测、管理、编写示范自然保护区实施方案等能力建设项目。③在2006年国家林业局批复的《全国林业自然保护区发展规划》中，将该区的7处国家级自然保护区列入示范保护区将给予重点建设，同时将该区的33处省级自然保护区列为优先晋升国家级自然保护区给予重点支持，以进一步提升保护区的整体水平；2008年，辽宁章古台和黑龙江朗乡2处自然保护区通过林业系统国家级自然保护区评审委员会评审，上报国务院审批。

湿地保护与恢复工程　①2008年，国家林业局在东北地区启动实施了5个湿地保护与恢复工程项目，中央投入4882万元；2006年以来，国家林业局累计在东北地区启动实施了17个湿地保护与恢复工程项目，中央投入累计接近1.2亿元，湿地项目的示范效果非常显著，有效带动了东北地区等老工业基地湿地保护与恢复工作。②按照湿地公约要求，全面加强了黑龙江扎龙、吉林向海、辽宁双台河口、内蒙古达赉湖等8块国际重要湿地的监管，开展了生态监测，对维护国际重要湿地生态特征起到了重要作用。③推动了东北地区湿地立法和执法工作。黑龙江、辽宁、内蒙古已经出台了省级湿地保护条例，依法保护湿地的氛围正在逐步形成。

国有林区林权制度、国有林场、集体林权制度改革进展情况

伊春林权制度改革试点　2008年5月12日，黑龙江省政府和国家林业局在哈尔滨市召开伊春国有林区林权制度改革试点第四次局省联席会议，并两次赴哈尔滨市与黑龙江省政府就试点总结工作等问题进行了沟通协调。下一步，国家林业局将在黑龙江省政府总结的基础上，组织对伊春林权制度改革试点进行评估，并及时将评估结果上报国务院。

国有林场改革试点　辽宁省确定本溪县为全国国有林场改革试点县，制定了《本溪满族自治县深化国有林场改革实施方案》，成立了以县长为组长的国有林场改革领导小组，确立了“国有林场整合重组、划定林场经营类型、重新调整机构和岗位、妥善安置林场职工”等改革内容，实施方案细化到了林场和职工个人。

集体林权制度改革　东北地区集体林地0.29亿公顷，占林地总面积的60%，蓄积量为3.03亿立方米，为了推进集体林权制度改革，落实农民在集体林地上的权益，4省(区)成立了林改领导小组，由省(区)委省(区)政府下发了林改文件。辽宁省有9747个村完成改革，完成确权面积517.93万公顷，占应改面积的98.2%，签订合同378万份；吉林省10个试点县已签订各类合同35.7万份，确权面积为66.44万公顷，占参改面积的85.5%，核发林权证36 768

本；内蒙古选定了赤峰、通辽的部分旗县区开展了试点工作；黑龙江在克东、汤原2个县开展了试点工作。

森林防火 ①先后5次召开会议，下发20多个通知，分时段、逐环节、逐地区地进行针对性布置。②派出30多个工作组到高火险省（区）反复督导，对东北、内蒙古国有林区进行暗访，对发现的问题进行全国通报并要求限期整改，有效促进了森林防火各项措施的落实。③针对内蒙古地区发生的较大森林火灾，及时派出工作组协助当地指挥扑火，切实把火灾损失降到了最低限度。④指导武警内蒙古、黑龙江森林总队完成增编工作；指导内蒙古、黑龙江省依托武警部队新组建了一定数量的扑火机动力量。⑤支持东北地区森林防火中央投资9000万元，主要用于国家级物资储备和重点火险区综合治理工程等建设项目。

（黄祥云）

【建设项目批复情况】 2008年，国家林业局共批复林业固定资产投资项目417个，批复总投资34.4亿元，其中中央投资23.8亿元。具体如下：

森林防火项目 共审批森林防火项目95个，批复总投资89 317万元，其中：中央投资70 071万元，地方配套投资19 246万元。

序号	项目名称	批复文号	批复投资（万元）		
			合计	中央	地方
	合　　计		**89 317.0**	**70 071.0**	**19 246.0**
1	云南省怒江州中缅边境高黎贡山森林防火通道建设项目	林计批字[2008]7号	2373.0	2373.0	
2	云南省保山市中缅边境高黎贡山森林防火通道建设项目	林计批字[2008]8号	2444.0	2444.0	
3	广东省肇云片森林重点火险区综合治理建设项目	林计批字[2008]282号	810.0	486.0	324.0
4	广东省惠河片森林重点火险区综合治理建设项目	林计批字[2008]283号	1220.0	732.0	488.0
5	湖北省孝感森林重点火险区综合治理建设项目	林计批字[2008]284号	570.0	342.0	228.0
6	西藏自治区林芝地区森林重点火险区综合治理建设项目	林计批字[2008]285号	1832.0	1832.0	
7	天津市蓟县森林重点火险区综合治理建设项目	林计批字[2008]286号	387.0	232.0	155.0
8	浙江省金衢盆地森林重点火险区综合治理建设项目	林计批字[2008]287号	540.0	324.0	216.0
9	安徽省巢湖地区森林重点火险区综合治理建设项目	林计批字[2008]288号	608.0	365.0	243.0
10	福建省宁德市森林重点火险区综合治理建设项目	林计批字[2008]289号	1012.0	607.0	405.0
11	江西省赣江源森林重点火险区综合治理工程	林计批字[2008]290号	893.0	652.0	241.0
12	贵州省黔西南州册亨、望谟县森林重点火险区综合治理工程	林计批字[2008]291号	344.0	275.0	69.0
13	山西省晋城市沁河流域森林重点火险区综合治理工程建设项目	林计批字[2008]292号	660.0	396.0	264.0
14	山西省吕梁市森林重点火险区综合治理工程建设项目	林计批字[2008]293号	1254.0	940.0	314.0
15	甘肃张掖市森林重点火险区综合治理工程建设项目	林计批字[2008]294号	850.0	680.0	170.0
16	甘肃庆阳市森林重点火险区综合治理工程建设项目	林计批字[2008]295号	1080.0	864.0	216.0
17	甘肃省陇南市森林重点火险区综合治理工程建设项目	林计批字[2008]296号	1411.0	1128.0	283.0
18	内蒙古呼伦贝尔市西六旗市森林重点火险区综合治理建设项目	林计批字[2008]297号	573.0	458.0	115.0
19	辽宁省东南部四县森林重点火险区综合治理建设项目	林计批字[2008]298号	536.0	428.0	108.0
20	黑龙江省伊春林区铁伊西森林重点火险区综合治理建设项目（地方）	林计批字[2008]299号	653.0	522.0	131.0
21	湖南省郴州森林重点火险区综合治理建设项目	林计批字[2008]300号	1271.0	864.0	407.0
22	湖南省湘西州森林重点火险区综合治理建设项目	林计批字[2008]301号	841.0	673.0	168.0
23	新疆天山东部国有林管理局森林重点火险区综合治理工程	林计批字[2008]302号	1040.0	832.0	208.0

（续）

序号	项目名称	批复文号	批复投资（万元）		
			合计	中央	地方
24	云南省昭通市森林重点火险区综合治理工程	林计批字[2008]303号	541.0	432.0	109.0
25	宁夏贺兰山林区森林重点火险区综合治理工程	林计批字[2008]304号	472.0	377.0	95.0
26	重庆市东部山区森林重点火险区综合治理工程	林计批字[2008]305号	688.0	550.0	138.0
27	大兴安岭新林林业局森林重点火险区综合治理二期工程	林计批字[2008]307号	521.0	521.0	
28	大兴安岭加格达奇林业局森林重点火险区综合治理二期工程	林计批字[2008]308号	556.0	556.0	
29	大兴安岭呼中林业局森林重点火险区综合治理二期工程	林计批字[2008]309号	557.0	557.0	
30	河北省张家口市森林重点火险区综合治理二期工程	林计批字[2008]310号	1265.0	760.0	505.0
31	河北环北京8县森林重点火险区专业队运兵及通讯指挥车建设项目	林计批字[2008]311号	671.0	403.0	268.0
32	黑龙江省森工丰林森林重点火险区综合治理二期工程	林计批字[2008]312号	334.0	267.0	67.0
33	黑龙江省森工珍宝岛森林重点火险区综合治理二期工程	林计批字[2008]313号	977.0	782.0	195.0
34	内蒙古满归林业局森林重点火险区综合治理二期工程	林计批字[2008]314号	567.0	454.0	113.0
35	内蒙古绰源林业局森林重点火险区综合治理二期工程	林计批字[2008]320号	580.0	464.0	116.0
36	内蒙古得耳布尔林业局森林重点火险区综合治理二期工程	林计批字[2008]321号	453.0	362.0	91.0
37	甘肃省关山林区森林重点火险区综合治理二期工程	林计批字[2008]322号	756.0	605.0	151.0
38	陕西省延安黄桥森林重点火险区综合治理二期工程	林计批字[2008]323号	750.0	600.0	150.0
39	云南省滇西北地区森林重点火险区综合治理二期工程	林计批字[2008]324号	1334.0	1268.0	66.0
40	山西晋中市森林重点火险区综合治理二期工程	林计批字[2008]325号	912.0	602.0	310.0
41	湖北省神农架林区森林重点火险区综合治理二期工程	林计批字[2008]326号	587.0	352.0	235.0
42	四川省达州市森林重点火险区综合治理二期工程	林计批字[2008]327号	372.0	298.0	74.0
43	四川省凉山州森林重点火险区综合治理二期工程	林计批字[2008]328号	1198.0	1078.0	120.0
44	四川省甘孜州东部森林重点火险区综合治理二期工程	林计批字[2008]329号	752.0	601.0	151.0
45	福建龙岩市森林重点火险区综合治理二期工程	林计批字[2008]330号	903.0	542.0	361.0
46	江西井冈山森林重点火险区综合治理二期工程	林计批字[2008]331号	1755.0	1351.0	404.0
47	黑龙江省鸡密虎森林重点火险区综合治理二期工程	林计批字[2008]332号	637.0	510.0	127.0
48	黑龙江省勃利森林重点火险区综合治理二期工程	林计批字[2008]333号	440.0	352.0	88.0
49	黑龙江省萝北森林重点火险区综合治理二期工程	林计批字[2008]334号	371.0	297.0	74.0
50	内蒙古自治区鄂尔多斯市森林重点火险区综合治理二期工程	林计批字[2008]335号	726.0	581.0	145.0
51	内蒙古自治区通辽市森林重点火险区综合治理二期工程	林计批字[2008]336号	1386.0	1109.0	277.0
52	吉林汪清白河林区森林重点火险区综合治理二期工程	林计批字[2008]337号	1522.0	1218.0	304.0
53	吉林省吉林市老爷岭林区森林重点火险区综合治理二期工程	林计批字[2008]338号	1315.0	1052.0	263.0
54	吉林省长白山林区森林重点火险区综合治理二期工程	林计批字[2008]339号	1433.0	1146.0	287.0
55	河南省大别山、桐柏山森林重点火险区综合治理二期工程	林计批字[2008]340号	1258.0	755.0	503.0
56	河南省伏牛山森林重点火险区综合治理二期工程	林计批字[2008]341号	723.0	434.0	289.0

（续）

序号	项目名称	批复文号	批复投资（万元）		
			合计	中央	地方
57	东北航空护林中心东北森林航空油料储备库建设项目	林计批字[2008]344 号	2155.0	2155.0	
58	东北航空护林中心东北森林防火物资储备库搬迁工程建设项目	林计批字[2008]345 号	1363.0	1363.0	
59	山东省鲁东四山系森林重点火险区综合治理工程建设项目	林计批字[2008]350 号	420.0	252.0	168.0
60	内蒙古巴彦淖尔市乌拉山次生林林区防火公路建设项目	林计批字[2008]356 号	587.0	470.0	117.0
61	黑龙江省森林植物园森林防火监控预警系统建设项目	林计批字[2008]357 号	67.0	54.0	13.0
62	国家林业局森林防火预警监测信息中心卫星林火监测系统升级改造项目	林计批字[2008]358 号	310.0	310.0	
63	黑龙江垦区西部半山区域农场森林重点火险区综合治理项目	林计批字[2008]365 号	520.0	416.0	104.0
64	甘肃省白龙江林区森林重点火险区综合治理二期工程建设项目	林计批字[2008]366 号	920.0	736.0	184.0
65	北京市森林防火通信系统建设项目	林计批字[2008]411 号	1892.0	1135.0	757.0
66	河北省森林防火通信系统建设项目	林计批字[2008]412 号	1538.0	923.0	615.0
67	青岛市森林防火通信系统建设项目	林计批字[2008]413 号	360.0	216.0	144.0
68	甘肃省森林防火通信系统建设项目	林计批字[2008]414 号	1752.0	1402.0	350.0
69	陕西省森林防火通信系统建设项目	林计批字[2008]415 号	1820.0	1456.0	364.0
70	湖南省森林防火通信系统建设项目	林计批字[2008]416 号	2033.0	1220.0	813.0
71	江西省森林防火通信系统建设项目	林计批字[2008]417 号	2065.0	1239.0	826.0
72	福建省森林防火通信系统建设项目	林计批字[2008]418 号	1186.0	712.0	474.0
73	浙江省森林防火通信系统建设项目	林计批字[2008]419 号	1239.0	738.0	501.0
74	辽宁省森林防火通信系统建设项目	林计批字[2008]420 号	1654.0	1323.0	331.0
75	新疆维吾尔自治区森林防火通信系统建设项目	林计批字[2008]421 号	1955.0	1564.0	391.0
76	安徽省森林防火通信系统建设项目	林计批字[2008]422 号	1752.0	1051.0	701.0
77	广东省森林防火通信系统建设项目	林计批字[2008]423 号	1366.0	820.0	546.0
78	青海省森林防火通信系统建设项目	林计批字[2008]424 号	1411.0	1129.0	282.0
79	宁夏回族自治区森林防火通信系统建设项目	林计批字[2008]425 号	995.0	796.0	199.0
80	河南省森林防火通信系统建设项目	林计批字[2008]426 号	1154.0	692.0	462.0
81	云南省普洱等 11 市重点国家林区国家级森林防火物资储备建设项目	林计批字[2008]342 号	505.0	505.0	
82	重庆市梁平等 4 市县国家级森林防火物资储备建设项目	林计批字[2008]306 号	425.0	425.0	
83	黑龙江省沾河国家级森林防火物资储备建设项目	林计批字[2008]343 号	519.0	519.0	
84	江苏省国家级森林防火物资储备建设项目	林计批字[2008]346 号	307.0	307.0	
85	大连市旅顺口等 6 区（市）国家级森林防火物资储备建设项目	林计批字[2008]347 号	300.0	300.0	
86	西藏自治区森林防火物资储备库建设项目	林计批字[2008]348 号	700.0	700.0	
87	新疆生产建设兵团农一师等 3 个师国家级森林防火物资储备建设项目	林计批字[2008]349 号	220.0	220.0	
88	辽宁省北镇等 4 市（县）国家级森林防火物资储备建设项目	林计批字[2008]351 号	397.0	397.0	

（续）

序号	项目名称	批复文号	批复投资(万元)		
			合计	中央	地方
89	吉林省白山等三市五县国家级森林防火物资储备建设项目	林计批字[2008]352号	469.0	469.0	
90	黑龙江省北部重点林区国家级森林防火物资储备建设项目	林计批字[2008]353号	1042.0	1042.0	
91	黑龙江省东南部重点林区国家级森林防火物资储备建设项目	林计批字[2008]354号	425.0	425.0	
92	浙江省衢州等9市国家级森林防火物资储备建设项目	林计批字[2008]355号	1305.0	1305.0	
93	江西赣中南国家级森林防火物资储备建设项目	林计批字[2008]359号	659.0	659.0	
94	江西省吉安市森林防火物资储备库建设项目	林计批字[2008]442号	375.0	300.0	75.0
95	天津市森林防火物资储备建设项目	林计批字[2008]447号	641.0	641.0	

国家级自然保护区及野生动物救护项目 共审批救护项目53个，批复总投资45 637万元，其中：中央投资37 255万元，地方配套投资8382万元。

序号	项目名称	批复文号	批复投资(万元)		
			合计	中央	地方
	合　计		**45 637.0**	**37 255.0**	**8382.0**
1	陕西朱鹮野化放飞基础设施建设项目	林计批字[2008]2号	945.0	696.0	249.0
2	山西庞泉沟国家级自然保护区基础设施建设三期工程	林计批字[2008]30号	910.0	728.0	182.0
3	山西历山国家级自然保护区基础设施建设三期工程	林计批字[2008]31号	887.0	710.0	177.0
4	黑龙江珍宝岛湿地国家级自然保护区基础设施建设项目	林计批字[2008]32号	805.0	644.0	161.0
5	广西金钟山黑颈长尾雉国家自然保护区基础设施建设项目	林计批字[2008]33号	871.0	871.0	
6	广西弄岗国家自然保护区基础设施建设三期工程	林计批字[2008]34号	631.0	505.0	126.0
7	广西大瑶山国家自然保护区基础设施建设二期工程	林计批字[2008]35号	723.0	723.0	
8	河南丹江湿地国家级自然保护区基础设施建设项目	林计批字[2008]36号	852.0	682.0	170.0
9	河南连康山国家级自然保护区基础设施建设二期工程	林计批字[2008]37号	612.0	490.0	122.0
10	河北茅荆坝国家级自然保护区基础设施建设项目	林计批字[2008]38号	966.0	773.0	193.0
11	河北滦河上游国家级自然保护区基础设施建设项目	林计批字[2008]39号	1248.0	998.0	250.0
12	河北大海陀国家级自然保护区基础设施建设项目	林计批字[2008]40号	957.0	670.0	287.0
13	新疆塔里木胡杨国家级自然保护区基础设施建设项目	林计批字[2008]41号	1108.0	886.0	222.0
14	内蒙古西鄂尔多斯国家级自然保护区(乌海辖区)基础设施建设二期工程	林计批字[2008]42号	478.0	382.0	96.0
15	内蒙古额济纳胡杨林国家级自然保护区基础设施建设二期工程	林计批字[2008]43号	675.0	540.0	135.0
16	内蒙古黑里河国家级自然保护区二期工程	林计批字[2008]44号	612.0	490.0	122.0
17	内蒙古大青沟国家级自然保护区基础设施建设三期工程	林计批字[2008]45号	749.0	600.0	149.0
18	西藏羌塘国家级自然保护区基础设施建设二期工程	林计批字[2008]46号	816.0	816.0	
19	吉林雁明湖国家级自然保护区基础设施建设项目	林计批字[2008]47号	1011.0	809.0	202.0
20	吉林省龙湾国家级自然保护区基础设施建设二期工程	林计批字[2008]48号	832.0	665.0	167.0
21	湖北七姊妹山国家级自然保护区基础设施建设项目	林计批字[2008]49号	971.0	971.0	

（续）

序号	项目名称	批复文号	批复投资(万元)		
			合计	中央	地方
22	湖北五峰后河国家级自然保护区基础设施建设三期工程	林计批字[2008]50号	594.0	475.0	119.0
23	黑龙江双河国家级自然保护区基础设施建设项目	林计批字[2008]51号	1061.0	1061.0	
24	山东昆嵛山国家级自然保护区基础设施建设项目	林计批字[2008]52号	876.0	701.0	175.0
25	江西鄱阳湖南矶湿地国家级自然保护区基础设施建设项目	林计批字[2008]53号	828.0	638.0	190.0
26	江西马头山国家级自然保护区基础设施建设项目	林计批字[2008]54号	991.0	793.0	198.0
27	云南南滚河国家级自然保护区基础设施建设二期工程	林计批字[2008]55号	853.0	682.0	171.0
28	云南无量山国家级自然保护区基础设施建设二期工程	林计批字[2008]56号	938.0	750.0	188.0
29	安徽升金湖国家级自然保护区基础设施建设二期工程	林计批字[2008]57号	612.0	490.0	122.0
30	安徽天马国家级自然保护区基础设施建设二期工程	林计批字[2008]58号	695.0	556.0	139.0
31	湖南小溪国家级自然保护区基础设施建设二期工程	林计批字[2008]59号	735.0	735.0	
32	湖南借母溪国家级自然保护区基础设施建设项目	林计批字[2008]60号	1029.0	823.0	206.0
33	辽宁医巫闾山国家级自然保护区基础设施建设三期工程	林计批字[2008]61号	968.0	775.0	193.0
34	甘肃莲花山国家级自然保护区基础设施建设二期工程	林计批字[2008]62号	605.0	484.0	121.0
35	甘肃敦煌西湖国家级自然保护区基础设施建设二期工程	林计批字[2008]63号	848.0	678.0	170.0
36	甘肃安南坝野骆驼国家级自然保护区基础设施建设项目	林计批字[2008]64号	872.0	698.0	174.0
37	甘肃盐池湾国家级自然保护区基础设施建设项目	林计批字[2008]65号	1195.0	956.0	239.0
38	四川海子山国家级自然保护区基础设施建设项目	林计批字[2008]66号	670.0	670.0	
39	福建虎伯寮国家级自然保护区基础设施建设二期工程	林计批字[2008]67号	838.0	670.0	168.0
40	福建天宝岩国家级自然保护区基础设施建设二期工程	林计批字[2008]68号	785.0	612.0	173.0
41	贵州习水国家级自然保护区基础设施建设二期工程	林计批字[2008]69号	1216.0	973.0	243.0
42	贵州宽阔水国家级自然保护区基础设施建设项目	林计批字[2008]70号	916.0	733.0	183.0
43	黑龙江红星湿地自然保护区基础设施建设项目	林计批字[2008]71号	989.0	790.0	199.0
44	新疆甘家湖梭梭林国家级自然保护区基础设施建设二期工程	林计批字[2008]72号	909.0	727.0	182.0
45	新疆托木尔峰国家级自然保护区基础设施建设二期工程	林计批字[2008]73号	848.0	678.0	170.0
46	陕西天华山国家级自然保护区基础设施建设项目	林计批字[2008]74号	1160.0	928.0	232.0
47	广东湛江红树林国家级自然保护区二期工程	林计批字[2008]75号	1228.0	860.0	368.0
48	黑龙江七星河国家级自然保护区基础设施建设二期工程	林计批字[2008]76号	878.0	700.0	178.0
49	海南吊罗山国家级自然保护区基础设施建设项目	林计批字[2008]77号	837.0	670.0	167.0
50	北京百花山国家级自然保护区基础设施建设项目	林计批字[2008]78号	1252.0	842.0	410.0
51	内蒙古大青山国家级自然保护区基础设施建设项目	林计批字[2008]79号	1011.0	809.0	202.0
52	福建武夷山国家级自然保护区宣教馆布展工程	林计批字[2008]182号	460.0	368.0	92.0
53	云南白马雪山国家级自然保护区德钦分局局址迁址重建项目	林计批字[2008]451号	281.0	281.0	

林业有害生物防治项目 共审批林业有害生物防治37个，批复总投资36 233万元，其中，中央投资25 531万元，地方配套投资10 702万元。

序号	项目名称	批复文号	批复投资(万元)		
			合计	中央	地方
	合　计		**36 233.0**	**25 531.0**	**10 702.0**
1	山西省国有林区有害生物监测预警网络体系建设项目	林计批字[2008]198号	1876.0	1313.0	563.0
2	辽西干旱地区重大林业有害生物检测预警体系基础设施建设	林计批字[2008]199号	589.0	471.0	118.0
3	黑龙江森工林区主要林业有害生物防控体系基础设施建设项目	林计批字[2008]200号	1431.0	1145.0	286.0
4	内蒙古森工集团重点林业有害生物防控体系基础设施建设项目	林计批字[2008]201号	752.0	602.0	150.0
5	内蒙古森工集团林业有害生物天敌繁育场建设项目	林计批字[2008]202号	308.0	123.0	185.0
6	黑龙江省林业生物制剂厂改扩建项目	林计批字[2008]203号	490.0	147.0	343.0
7	福建省林业有害生物防控体系建设项目	林计批字[2008]204号	800.0	480.0	320.0
8	福建省莆田湄洲湾林业有害生物防控体系基础设施建设项目	林计批字[2008]205号	296.0	142.0	154.0
9	浙江省南部重点林区松材线虫病防控基础设施建设项目	林计批字[2008]206号	1410.0	846.0	564.0
10	湖南省林业有害生物防控体系建设项目	林计批字[2008]207号	2490.0	1992.0	498.0
11	甘肃苹果蠹蛾防控体系基础设施建设项目	林计批字[2008]208号	1152.0	922.0	230.0
12	吉林省东部小蠹虫危害区防控体系基础设施建设项目	林计批字[2008]209号	1463.0	1170.0	293.0
13	陕西省袭人胡蜂防控体系基础设施建设项目	林计批字[2008]210号	1016.0	813.0	203.0
14	四川省九寨沟等自然保护区外来林业有害生物防控体系基础设施建设项目	林计批字[2008]211号	522.0	418.0	104.0
15	四川省三峡库区上游地区危险性林业有害生物防控体系基础设施建设项目	林计批字[2008]212号	1683.0	1346.0	337.0
16	江西松墨天牛等次生害虫预防体系基础设施建设项目	林计批字[2008]213号	2109.0	1475.0	634.0
17	新疆星星峡林业有害生物检疫检查站基础设施建设项目	林计批字[2008]214号	1341.0	1073.0	268.0
18	新疆吐鲁番地区枣实蝇疫区应急防控体系基础设施建设项目	林计批字[2008]215号	1460.0	1168.0	292.0
19	内蒙古自治区重点区域林业有害生物灾害应急除治建设项目	林计批字[2008]216号	473.0	378.0	95.0
20	云南省边境地区检疫御灾体系建设项目	林计批字[2008]217号	912.0	730.0	182.0
21	山东省(单县)林业有害生物天敌繁育场建设项目	林计批字[2008]218号	418.0	167.0	251.0
22	河北省张家口市天敌繁育中心建设项目	林计批字[2008]219号	527.0	211.0	316.0
23	青岛市林业有害生物监测和防控体系建设项目	林计批字[2008]220号	1011.0	607.0	404.0
24	青海省森林鼠害天敌繁育中心建设项目	林计批字[2008]221号	545.0	218.0	327.0
25	河南省豫中南林业有害生物天敌繁育场建设项目	林计批字[2008]222号	638.0	255.0	383.0
26	重庆市林业有害生物检疫监管检验基础设施建设项目	林计批字[2008]223号	1068.0	855.0	213.0
27	江苏省杨树食叶害虫等林业有害生物防控体系基础设施建设项目	林计批字[2008]224号	1385.0	830.0	555.0
28	天津市重点林区有害生物远程监控系统基础设施建设项目	林计批字[2008]225号	310.0	186.0	124.0
29	重庆市生物制剂灭虫药包厂建设项目	林计批字[2008]226号	404.0	121.0	283.0
30	重庆市松毛虫等林业有害生物防控体系建设项目	林计批字[2008]227号	1269.0	1015.0	254.0
31	宁夏森林植物检疫基础设施建设项目	林计批字[2008]228号	628.0	502.0	126.0

（续）

序号	项目名称	批复文号	批复投资（万元）		
			合计	中央	地方
32	上海市林业有害生物防治检疫基础设施建设项目	林计批字［2008］229 号	1034.0	620.0	414.0
33	海南省林业有害生物应急防控体系建设项目	林计批字［2008］230 号	1070.0	856.0	214.0
34	湖北省松材线虫病疫木定点加工检疫监管建设项目	林计批字［2008］231 号	773.0	541.0	232.0
35	山西省中部地区林木种苗集散地检疫除害处理中心建设项目	林计批字［2008］232 号	544.0	435.0	109.0
36	广东重点区域松蚧虫等林业有害生物防控体系基础设施建设项目	林计批字［2008］233 号	1338.0	800.0	538.0
37	贵州毕节试验区林业有害生物综合防控体系基础设施建设项目	林计批字［2008］364 号	698.0	558.0	140.0

林木种苗项目 共审批项目 83 个，批复总投资 17 094 万元，其中，中央投资 11 807 万元，地方配套投资 5287 万元。

序号	项目名称	批复文号	批复投资（万元）		
			合计	中央	地方
	合　计		**17 094.0**	**11 807.0**	**5287.0**
1	陕西清涧枣树良种基地建设项目	林计批字［2008］80 号	165.0	132.0	33.0
2	河南省连香树、七叶树种质资源库建设项目	林计批字［2008］81 号	155.0	93.0	62.0
3	河南省许昌市柳树良种基地建设项目	林计批字［2008］82 号	141.0	85.0	56.0
4	河南省商丘市千头椿良种基地建设项目	林计批字［2008］83 号	176.0	105.0	71.0
5	河南省洛阳牡丹种质资源收集保存建设项目	林计批字［2008］84 号	161.0	98.0	63.0
6	内蒙古满洲里市山杏等林木良种基地建设项目	林计批字［2008］85 号	156.0	125.0	31.0
7	内蒙古扎兰屯榛子良种基地建设项目	林计批字［2008］86 号	168.0	134.0	34.0
8	内蒙古乌拉特中旗叉子圆柏林木良种基地建设项目	林计批字［2008］87 号	160.0	128.0	32.0
9	内蒙古呼和浩特市生态道德教育基地欧李良种基地建设项目	林计批字［2008］88 号	165.0	132.0	33.0
10	内蒙古赤峰市文冠果良种基地建设项目	林计批字［2008］89 号	182.0	145.0	37.0
11	河北康保县柠条林木良种基地建设项目	林计批字［2008］90 号	124.0	75.0	49.0
12	河北涞水县核桃良种基地建设项目	林计批字［2008］91 号	83.0	50.0	33.0
13	河北省南皮县白蜡等林木良种基地建设项目	林计批字［2008］92 号	120.0	72.0	48.0
14	河北曲周县银杏良种基地建设项目	林计批字［2008］93 号	130.0	78.0	52.0
15	河北平泉县油松良种基地建设项目	林计批字［2008］94 号	177.0	106.0	71.0
16	河北卢龙县文冠果等林木良种基地建设项目	林计批字［2008］95 号	133.0	79.0	54.0
17	河北泊头市国槐良种基地建设项目	林计批字［2008］96 号	166.0	100.0	66.0
18	四川省宜宾市优良竹种良种基地建设项目	林计批字［2008］97 号	180.0	145.0	35.0
19	四川省绵竹市粉葛良种基地建设项目	林计批字［2008］98 号	250.0	200.0	50.0
20	四川青川县山桐子种质资源保存建设项目	林计批字［2008］99 号	188.0	150.0	38.0
21	黑龙江东京城林业局红松种子园建设项目	林计批字［2008］100 号	160.0	128.0	32.0
22	黑龙江乌伊岭林业局兴安落叶松良种基地建设项目	林计批字［2008］101 号	140.0	112.0	28.0
23	贵州省天柱县油茶良种基地建设项目	林计批字［2008］102 号	214.0	171.0	43.0
24	贵州黎平县杉木高世代良种基地建设项目	林计批字［2008］103 号	199.0	159.0	40.0
25	贵州黔西南州望谟县油桐林木良种基地建设项目	林计批字［2008］104 号	176.0	140.0	36.0

（续）

序号	项目名称	批复文号	批复投资（万元）		
			合计	中央	地方
26	山西省昔阳县核桃良种基地建设项目	林计批字[2008]105号	204.0	163.0	41.0
27	西藏林芝云杉良种基地建设项目	林计批字[2008]106号	220.0	220.0	
28	西藏朗县核桃良种基地建设项目	林计批字[2008]107号	160.0	160.0	
29	山东威海市苦楝等林木良种基地建设项目	林计批字[2008]108号	227.0	136.0	91.0
30	辽宁东部山区辽东栎等珍贵树种种质资源库建设项目	林计批字[2008]109号	172.0	138.0	34.0
31	辽宁章古台樟子松林木良种基地建设项目	林计批字[2008]110号	235.0	188.0	47.0
32	辽宁北票市山杏等林木良种基地建设项目	林计批字[2008]111号	135.0	108.0	27.0
33	辽宁清原县日本落叶松林木良种基地建设项目	林计批字[2008]112号	154.0	123.0	31.0
34	安徽省岳西县红椿等林木良种基地建设项目	林计批字[2008]113号	172.0	103.0	69.0
35	安徽省歙县油茶良种基地建设项目	林计批字[2008]114号	199.0	120.0	79.0
36	安徽省舒城油茶林木良种基地建设项目	林计批字[2008]115号	140.0	84.0	56.0
37	吉林省吉林水曲柳等林木良种基地建设项目	林计批字[2008]116号	209.0	167.0	42.0
38	吉林省文冠果林木良种基地建设项目	林计批字[2008]117号	239.0	191.0	48.0
39	山西省中南部白皮松等乡土树种良种繁育基地建设项目	林计批字[2008]118号	428.0	257.0	171.0
40	海南黄桐、油楠等珍稀乡土树种良种繁育基地建设项目	林计批字[2008]119号	473.0	375.0	98.0
41	浙江马尾松等主要用材树种种质资源保存及良种繁育建设项目	林计批字[2008]120号	338.0	203.0	135.0
42	浙江省高世代松等林木良种基地建设项目	林计批字[2008]121号	274.0	165.0	109.0
43	福建古田木荷良种基地建设项目	林计批字[2008]122号	169.0	101.0	68.0
44	福建省尤溪县杉木三代无性系种子园建设项目	林计批字[2008]123号	121.0	73.0	48.0
45	福建省杉木三代种子园建设项目	林计批字[2008]124号	159.0	95.0	64.0
46	广西油茶良种基地建设项目	林计批字[2008]125号	350.0	280.0	70.0
47	宁夏银川市银西酸枣等林木良种基地建设项目	林计批字[2008]126号	155.0	125.0	30.0
48	甘肃省小陇山林业局白皮松种质资源保存建设项目	林计批字[2008]127号	155.0	124.0	31.0
49	青岛市莱西板栗良种基地建设项目	林计批字[2008]128号	162.0	97.0	65.0
50	重庆市杂交马褂木良种基地建设项目	林计批字[2008]129号	212.0	170.0	42.0
51	江西省崇义县高产油茶良种基地建设项目	林计批字[2008]130号	185.0	110.0	75.0
52	湖北省襄阳区楸树良种基地建设项目	林计批字[2008]151号	168.0	100.0	68.0
53	湖北省十堰市檫木良种基地项目	林计批字[2008]152号	173.0	105.0	68.0
54	湖北省林木育种中心建设项目	林计批字[2008]153号	328.0	197.0	131.0
55	湖北鄂南油茶良种基地建设项目	林计批字[2008]154号	136.0	82.0	54.0
56	江苏省美洲黑杨种质资源库建设项目	林计批字[2008]155号	137.0	82.0	55.0
57	湖南省洞口县桥头国有林场杉木二代种子园建设	林计批字[2008]156号	162.0	97.0	65.0
58	湖南省祁阳县油茶采穗圃建设项目	林计批字[2008]157号	142.0	114.0	28.0
59	湖南省醴陵市油茶采穗圃建设项目	林计批字[2008]158号	183.0	110.0	73.0
60	湖南益阳市珍稀乡土树种种质收集保存建设项目	林计批字[2008]159号	180.0	113.0	67.0
61	黑龙江大兴安岭樟子松等林木种质资源收集保存建设项目	林计批字[2008]160号	192.0	192.0	
62	广东信宜市脂材马尾松良种基地建设项目	林计批字[2008]161号	242.0	145.0	97.0

（续）

序号	项目名称	批复文号	批复投资（万元）		
			合计	中央	地方
63	广东檀香等南方珍贵树种良种选育与扩繁基地建设项目	林计批字[2008]162号	1245.0	622.0	623.0
64	广东乐昌市龙山林场杉木和乐昌含笑林木良种基地	林计批字[2008]163号	365.0	219.0	146.0
65	天津宁河白柳等耐盐碱林木良种基地建设项目	林计批字[2008]164号	226.0	136.0	90.0
66	北京通州区白蜡等林木良种基地建设项目	林计批字[2008]165号	185.0	111.0	74.0
67	新疆呼图壁县核桃楸等林木良种基地建设项目	林计批字[2008]166号	179.0	143.0	36.0
68	新疆伊宁县西梅采穗圃建设项目	林计批字[2008]167号	173.0	138.0	35.0
69	新疆若羌县红枣良种采穗圃建设项目	林计批字[2008]168号	133.0	106.0	27.0
70	新疆叶城县核桃良种基地建设项目	林计批字[2008]169号	158.0	126.0	32.0
71	新疆泽普红枣良种繁育基地建设项目	林计批字[2008]170号	151.0	120.0	31.0
72	新疆阿克苏地区红枣种质资源库建设项目	林计批字[2008]171号	159.0	127.0	32.0
73	青海大通县中国沙棘采穗圃建设项目	林计批字[2008]172号	155.0	125.0	30.0
74	青海湟中县象山祁连圆柏等林木良种基地建设项目	林计批字[2008]173号	102.0	82.0	20.0
75	青海省青海杨林木良种基地建设项目	林计批字[2008]174号	130.0	104.0	26.0
76	江西省乌桕林木良种基地建设项目	林计批字[2008]175号	193.0	115.0	78.0
77	陕西蓝田白皮松良种基地建设项目	林计批字[2008]176号	162.0	130.0	32.0
78	陕西宁东林业局云杉良种基地建设项目	林计批字[2008]177号	170.0	135.0	35.0
79	陕西省丹凤县山茱萸良种基地建设项目	林计批字[2008]178号	142.0	113.0	29.0
80	陕西富县文冠果良种基地建设项目	林计批字[2008]179号	173.0	138.0	35.0
81	陕西杨凌木兰、丁香等木本植物种质资源库建设项目	林计批字[2008]180号	176.0	140.0	36.0
82	湖北省荆门市黄连木等林木良种基地建设项目	林计批字[2008]181号	428.0	257.0	171.0
83	河北张家口市油松等林木良种繁育基地建设项目	林计批字[2008]448号	530.0	265.0	265.0

湿地保护项目 共审批项目42个，批复总投资34 400万元，其中，中央投资25 065万元，地方配套投资9335万元。

序号	项目名称	批复文号	批复投资（万元）		
			合计	中央	地方
	合　计		**34 400.0**	**25 065.0**	**9335.0**
1	黑龙江乌裕尔河－双阳河湿地保护工程建设项目	林计批字[2008]369号	916.0	733.0	183.0
2	黑龙江黑鱼泡湿地保护与恢复工程建设项目	林计批字[2008]370号	803.0	640.0	163.0
3	黑龙江嘟噜河湿地保护与恢复工程建设项目	林计批字[2008]371号	550.0	440.0	110.0
4	黑龙江讷谟尔河湿地保护与恢复工程建设项目	林计批字[2008]372号	864.0	690.0	174.0
5	黑龙江呼兰河口湿地保护与恢复工程建设项目	林计批字[2008]373号	632.0	505.0	127.0
6	新疆伊犁河流域察布查尔湿地管护区建设项目	林计批字[2008]374号	485.0	388.0	97.0
7	新疆伊犁河流域特克斯克河上游湿地管护区建设项目	林计批字[2008]375号	635.0	508.0	127.0
8	江西鄱阳县珠湖区域湿地保护与恢复工程建设项目	林计批字[2008]376号	670.0	535.0	135.0
9	安徽明光女山湖湿地保护与恢复工程建设项目	林计批字[2008]377号	1053.0	421.0	632.0
10	安徽颍州西湖湿地保护与恢复工程建设项目	林计批字[2008]378号	1120.0	448.0	672.0
11	福建宁德环三都澳蕉城区沿海湿地保护与恢复工程建设项目	林计批字[2008]379号	338.0	135.0	203.0

（续）

序号	项目名称	批复文号	批复投资(万元)		
			合计	中央	地方
12	福建泉州湾晋江河口湿地保护与恢复工程建设项目	林计批字[2008]380号	542.0	217.0	325.0
13	福建闽江河口互花米草综合治理与植被恢复示范工程建设项目	林计批字[2008]381号	398.0	160.0	238.0
14	吉林莫莫格湿地保护与恢复工程建设项目	林计批字[2008]382号	952.0	760.0	192.0
15	吉林向海湿地保护与恢复工程建设项目	林计批字[2008]383号	925.0	740.0	185.0
16	湖南洞庭湖区团头湖湿地保护与恢复工程建设项目	林计批字[2008]384号	745.0	298.0	447.0
17	湖南沅江万子湖湿地保护与恢复工程建设项目	林计批字[2008]385号	933.0	745.0	188.0
18	湖南荷叶湖湿地保护与恢复工程建设项目	林计批字[2008]386号	965.0	383.0	582.0
19	湖南资阳刘家湖湿地保护与恢复工程建设项目	林计批字[2008]387号	891.0	356.0	535.0
20	湖南北民湖湿地保护与恢复工程建设项目	林计批字[2008]388号	639.0	510.0	129.0
21	山东黄河三角洲河口湿地保护与恢复工程建设项目	林计批字[2008]389号	610.0	245.0	365.0
22	湖北长湖湿地保护与恢复工程建设项目	林计批字[2008]390号	950.0	380.0	570.0
23	海南临高湿地保护与恢复工程建设项目	林计批字[2008]391号	513.0	410.0	103.0
24	海南东方黑脸琵鹭湿地保护与恢复工程建设项目	林计批字[2008]392号	700.0	560.0	140.0
25	河北唐海湿地保护与恢复工程建设项目	林计批字[2008]393号	1318.0	527.0	791.0
26	西藏麦地卡湿地保护与恢复工程建设项目	林计批字[2008]394号	1060.0	1060.0	
27	重庆长寿湖湿地保护与恢复工程建设项目	林计批字[2008]395号	753.0	605.0	148.0
28	重庆小南海湿地保护与恢复工程建设项目	林计批字[2008]396号	820.0	656.0	164.0
29	重庆三峡库区巫山段湿地保护与恢复工程建设项目	林计批字[2008]397号	649.0	522.0	127.0
30	重庆开县澎溪河湿地保护与恢复工程建设项目	林计批字[2008]398号	668.0	533.0	135.0
31	甘肃高原沼泽湿地野外培训基地建设项目	林计批字[2008]399号	584.0	467.0	117.0
32	国家高原湿地研究中心科研设备购置项目	林计批字[2008]400号	2005.0	2005.0	
33	四川亿比措湿地保护与恢复工程建设项目	林计批字[2008]401号	718.0	718.0	
34	四川二滩湿地保护与恢复工程建设项目	林计批字[2008]402号	671.0	505.0	166.0
35	黑龙江绥滨两江湿地保护与恢复工程建设项目	林计批字[2008]403号	730.0	584.0	146.0
36	西藏玛旁雍错湿地保护与恢复工程建设项目	林计批字[2008]404号	1191.0	1191.0	
37	西藏洞错湿地保护与恢复工程建设项目	林计批字[2008]405号	704.0	704.0	
38	西藏班公错湿地保护与恢复工程建设项目	林计批字[2008]406号	938.0	938.0	
39	西藏扎日南木错湿地保护与恢复工程建设项目	林计批字[2008]407号	939.0	939.0	
40	山东青岛胶州湾(胶州段)湿地保护与恢复工程建设项目	林计批字[2008]408号	882.0	353.0	529.0
41	宁夏吴忠市黄河湿地(青铜峡库区)保护与恢复工程建设项目	林计批字[2008]409号	896.0	715.0	181.0
42	新疆生产建设兵团叶尔羌河流域中下游湿地保护与恢复工程建设项目	林计批字[2008]410号	1045.0	836.0	209.0

直属单位基础设施建设项目(含初步设计)　共审批项目58个，批复总投资44 993万元，其中，中央投资44 593万元，单位自筹资金400万元。

序号	项目名称	批复文号	批复投资(万元)		
			合计	中央	地方
	合　计		**44 993.0**	**44 593.0**	**400.0**
1	陕西佛坪国家级自然保护区基础设施建设项目初步设计	林计批字[2008]1号	816.0	816.0	
2	中国林科院林业遥感与信息技术实验室科研用房维修改造建设项目初步设计	林计批字[2008]4号	439.0	439.0	
3	中国林科院图书馆建设项目初步设计	林计批字[2008]5号	2756.0	2756.0	
4	东北航空护林中心迁址工程项目初步设计	林计批字[2008]10号	2921.0	2921.0	
5	中国林科院科学实验基地森林火险区综合治理建设项目初步设计	林计批字[2008]12号	679.0	679.0	
6	中国林科院林化所青年职工生活周转用房建设项目初步设计	林计批字[2008]14号	601.0	601.0	
7	中国林科院热带林业实验中心科研基地基础设施建设项目初步设计	林计批字[2008]15号	463.0	463.0	
8	中国林科院亚热带林业研究所实验林场基础设施改造项目初步设计	林计批字[2008]16号	770.0	770.0	
9	中国林科院桉树中心科研楼维修改造建设项目初步设计	林计批字[2008]17号	258.0	258.0	
10	中国林科院华林中心办公区域护坡工程建设项目初步设计	林计批字[2008]18号	369.0	369.0	
11	中国林科院沙林中心院区基础设施改扩建工程建设项目初步设计	林计批字[2008]19号	1072.0	1072.0	
12	国家林业局林干院图书馆建设项目初步设计	林计批字[2008]20号	1550.0	1550.0	
13	国家林业局泡桐研究开发中心院区基础设施改造工程初步设计	林计批字[2008]21号	379.0	379.0	
14	国家林业局森防总站原办公楼及职工食堂改造维修项目初步设计	林计批字[2008]22号	224.0	224.0	
15	国际竹藤网络中心安徽太平基地院区环境绿化工程初步设计	林计批字[2008]23号	206.0	206.0	
16	国际竹藤网络中心扩建工程初步设计	林计批字[2008]24号	8003.0	8003.0	
17	国家林业局中南调查规划设计院职工食堂翻建工程初步设计	林计批字[2008]25号	188.0	188.0	
18	国家林业局中南调查规划设计院院区基础设施改造建设项目初步设计	林计批字[2008]26号	290.0	290.0	
19	中国林科院亚林中心实验林场基础设施改造工程初步设计	林计批字[2008]27号	629.0	629.0	
20	中国林科院泡桐中心院区污水管网改造工程初步设计	林计批字[2008]28号	222.0	222.0	
21	国家油松种质资源保存库建设项目初步设计	林计批字[2008]437号	221.0	221.0	
22	国家油桐种质资源保存库建设项目初步设计	林计批字[2008]438号	171.0	171.0	
23	国家麻疯树种质资源保存库建设项目初步设计	林计批字[2008]439号	252.0	252.0	
24	国家沙柳种质资源保存库建设项目初步设计	林计批字[2008]440号	177.0	177.0	
25	全国森林资源数据库建设试点示范扩建项目初步设计	林计批字[2008]367号	1720.0	1720.0	
26	国家林业局计算机网络系统和办公自动化扩建工程初步设计	林计批字[2008]368号	676.0	676.0	
27	安徽太平竹木材料天然耐腐性研究基地建设项目初步设计	林计批字[2008]449号	776.0	776.0	

（续）

序号	项目名称	批复文号	批复投资（万元）		
			合计	中央	地方
28	中国林科院木材工业国家工程研究中心中试基地改造项目初步设计	林计批字[2008]450号	440.0	440.0	
29	国家林业局竹子研究开发中心实验基地建设项目	林计批字[2008]9号	626.0	626.0	
30	国家林业局森防总站办公楼维修、车库翻建及院区排水管网改造项目	林计批字[2008]183号	345.0	345.0	
31	国家林业局宣传设施维修改造项目	林计批字[2008]184号	175.0	175.0	
32	中国林科院亚林中心科研综合用房建设工程	林计批字[2008]185号	2748.0	2348.0	400.0
33	国家林业局昆明勘察设计院院区供水系统改造工程	林计批字[2008]186号	185.0	185.0	
34	中国林科院桉树中心院区基础设施改造工程	林计批字[2008]187号	160.0	160.0	
35	中国林学会职工住宅楼“平改坡”建设项目	林计批字[2008]188号	90.0	90.0	
36	国家林业局调查规划设计院测绘、水资源论证等专业调查规划设备购置项目	林计批字[2008]189号	270.0	270.0	
37	中国林科院生物质能源工程技术研究中心（生物柴油）装备试验基地建设项目	林计批字[2008]190号	1424.0	1424.0	
38	局华东院森林资源综合监测业务设备购置项目	林计批字[2008]191号	319.0	319.0	
39	国家林业局规划院西八间房职工宿舍设施改造及环境整治工程	林计批字[2008]192号	194.0	194.0	
40	中国林科院热带林业研究所职工食堂改扩建工程	林计批字[2008]193号	251.0	251.0	
41	中南院生产用周转房及水塔维修改造加固工程	林计批字[2008]194号	311.0	311.0	
42	中国林科院热林中心珍优阔叶树试验示范区及树木园基础设施改扩建项目	林计批字[2008]195号	450.0	450.0	
43	三北局职工食堂翻建项目	林计批字[2008]196号	622.0	622.0	
44	中国林科院亚林所油茶新品种优质苗规模繁殖技术试验基地建设项目	林计批字[2008]197号	172.0	172.0	
45	中国林科院林业装备制造开放试验基地建设项目	林计批字[2008]275号	2654.0	2654.0	
46	中国林业辐照中心建设项目调整设计概算	林计批字[2008]278号	220.0	220.0	
47	国家林业局驻贵阳森林资源监督专员办事处业务用房建设项目调整	林计批字[2008]280号	502.0	502.0	
48	国家林业局驻合肥森林资源监督专员办事处业务用房建设项目调整	林计批字[2008]281号	498.0	498.0	
49	国家林业局西北林业调查规划设计院导航测绘等设备设施建设项目	林计批字[2008]315号	522.0	522.0	
50	中国林业出版社综合信息系统建设项目	林计批字[2008]316号	231.0	231.0	
51	中国绿色时报社信息资源存储中心和报纸数字化生产管理系统建设项目	林计批字[2008]317号	696.0	696.0	
52	国家人造板质量监督检验中心基础设施建设项目	林计批字[2008]318号	873.0	873.0	
53	国家林业局林化产品质量监督检验站检测能力提升建设项目	林计批字[2008]319号	405.0	405.0	
54	国家林业局网络电视（台）设备购置建设项目	林计批字[2008]452号	356.0	356.0	
55	国家林业局林业信息专网及政务公开平台建设项目	林计批字[2008]453号	834.0	834.0	
56	中国林科院亚林所科研温室建设项目	林计批字[2008]454号	425.0	425.0	
57	中国林科院亚林中心所属林场基础设施建设项目	林计批字[2008]455号	669.0	669.0	
58	中国林科院广东南岭森林生态系统定位研究站建设项目	林计批字[2008]457号	498.0	498.0	

森工非经营性建设项目 共审批项目57个，批复总投资37 097万元，其中，中央投资29 678万元，地方配套投资7419万元。

序号	项目名称	批复文号	批复投资(万元)		
			合计	中央	地方
	合　　计		**37 097.0**	**29 678.0**	**7419.0**
1	内蒙古大兴安岭林业干部学校设施设备改造建设项目	林计批字[2008]234号	598.0	478.0	120.0
2	内蒙古大兴安岭林业管理局局址给排水系统改造工程建设项目	林计批字[2008]235号	1972.0	1578.0	394.0
3	内蒙古大兴安岭林区应对突发公共(灾害)事件陆空联动医疗救援救治中心建设项目	林计批字[2008]236号	2117.0	1694.0	423.0
4	内蒙古大兴安岭森林资源监测中心基础设施建设项目	林计批字[2008]237号	461.0	370.0	91.0
5	黑龙江省林业设计研究院基础设施改造项目	林计批字[2008]238号	486.0	389.0	97.0
6	云南红旗林业局老君山等5个林场给排水及供电改造工程建设项目	林计批字[2008]239号	178.0	142.0	36.0
7	云南省墨江林业局新抚等6个林场片区饮水及电力设施改造工程建设项目	林计批字[2008]240号	148.0	118.0	30.0
8	吉林省林业调查规划院森林资源调查规划设备设施建设项目	林计批字[2008]241号	245.0	196.0	49.0
9	吉林省林业勘察设计研究院仪器设备设施配套建设项目	林计批字[2008]242号	209.0	167.0	42.0
10	吉林省林业技工学校学生食堂改扩建项目	林计批字[2008]243号	535.0	428.0	107.0
11	大兴安岭高级中学改扩建工程项目	林计批字[2008]244号	830.0	664.0	166.0
12	大兴安岭林业集团总医院改扩建项目	林计批字[2008]245号	1790.0	1432.0	358.0
13	大兴安岭职业学院实训基地建设项目	林计批字[2008]246号	1223.0	978.0	245.0
14	大兴安岭韩家园林业局韩家园林场给水改扩建工程	林计批字[2008]247号	510.0	408.0	102.0
15	大兴安岭新林林业局大乌苏林场给水工程建设项目	林计批字[2008]248号	430.0	344.0	86.0
16	四川省林业干部学校北楼改造工程	林计批字[2008]249号	68.0	55.0	13.0
17	黑龙江省森工总医院改扩建项目	林计批字[2008]250号	2253.0	1802.0	451.0
18	陕西省太白林业局职工医院改扩建项目	林计批字[2008]251号	351.0	281.0	70.0
19	大兴安岭西林吉林业局医院改扩建项目	林计批字[2008]252号	533.0	426.0	107.0
20	大兴安岭塔河林业局职业高级中学改扩建项目	林计批字[2008]253号	834.0	667.0	167.0
21	大兴安岭西林吉林业局职业高级中学改扩建项目	林计批字[2008]254号	996.0	797.0	199.0
22	新疆林业学校教学设施改扩建项目	林计批字[2008]255号	458.0	366.0	92.0
23	吉林省八家子林业局先锋等3个中心林场给水建设项目	林计批字[2008]256号	582.0	466.0	116.0
24	吉林省大石头林业局和平等5个中心林场给水建设项目	林计批字[2008]257号	936.0	749.0	187.0
25	大兴安岭呼中林业局呼源林场给水建设项目	林计批字[2008]258号	573.0	458.0	115.0
26	大兴安岭图强林业局奋斗林场给水建设项目	林计批字[2008]259号	415.0	332.0	83.0
27	内蒙古伊图里河林业局温河经营开发处给水改扩建项目	林计批字[2008]260号	331.0	265.0	66.0
28	新疆天山东部国有林区给水改造建设项目	林计批字[2008]261号	773.0	618.0	155.0
29	云南华坪林业局跃进等8个基层林场片区给排水及供电改造工程	林计批字[2008]262号	201.0	160.0	41.0
30	云南清水江林业局冲头等4个基层林场社区给排水及供电改造工程	林计批字[2008]263号	162.0	130.0	32.0

（续）

序号	项目名称	批复文号	批复投资（万元）		
			合计	中央	地方
31	四川省阿坝州观音桥林业局501等4个林场给排水建设项目	林计批字[2008]264号	283.0	226.0	57.0
32	四川省阿坝州南坪林业局局址排水及123林场给排水建设项目	林计批字[2008]265号	190.0	152.0	38.0
33	四川省攀枝花市盐边林业局务本基地等3个作业区给排水工程建设项目	林计批字[2008]266号	282.0	226.0	56.0
34	甘肃省白龙江林业管理局洮河林业局局机关给排水改扩建项目	林计批字[2008]267号	650.0	520.0	130.0
35	陕西省太白林业局终南等4个林场给排水供电工程建设项目	林计批字[2008]268号	221.0	177.0	44.0
36	四川省夹金山林业局饮水设施改造项目	林计批字[2008]269号	184.0	147.0	37.0
37	四川省川南林业局饮水设施改造项目	林计批字[2008]270号	279.0	223.0	56.0
38	云南碧泉林业局红卫等4个基层林场饮水及供电改扩建项目	林计批字[2008]271号	185.0	148.0	37.0
39	陕西省宁西林业局国有林区职工饮水工程建设项目	林计批字[2008]272号	365.0	292.0	73.0
40	四川省凉山州雷波林业局213、214林场饮水建设项目	林计批字[2008]273号	183.0	146.0	37.0
41	内蒙古得耳布尔林业局局址饮水改建项目	林计批字[2008]274号	375.0	300.0	75.0
42	吉林省湾沟林业局职工医院改扩建项目	林计批字[2008]279号	633.0	506.0	127.0
43	吉林省黄泥河林业局职工医院改扩建项目	林计批字[2008]360号	325.0	260.0	65.0
44	吉林省露水河林业局职工医院改扩建项目	林计批字[2008]361号	692.0	554.0	138.0
45	吉林省汪清林业局职工医院改扩建项目	林计批字[2008]362号	370.0	296.0	74.0
46	吉林省和龙林业局职工医院改扩建项目	林计批字[2008]363号	767.0	615.0	152.0
47	黑龙江友好林业局第一初级中学建设项目	林计批字[2008]427号	900.0	720.0	180.0
48	黑龙江东京城林业局第一中学改扩建项目	林计批字[2008]428号	583.0	467.0	116.0
49	黑龙江海林林业局第一中学改扩建项目	林计批字[2008]429号	1365.0	1092.0	273.0
50	黑龙江桦南林业局职工医院改扩建项目	林计批字[2008]430号	633.0	506.0	127.0
51	黑龙江绥阳林业局职工医院异地新建项目	林计批字[2008]431号	1016.0	813.0	203.0
52	黑龙江八面通林业局职工医院改扩建项目	林计批字[2008]432号	760.0	608.0	152.0
53	黑龙江亚布力林业局职工医院改扩建项目	林计批字[2008]433号	920.0	736.0	184.0
54	黑龙江林口林业局局址输水工程建设项目	林计批字[2008]434号	800.0	640.0	160.0
55	黑龙江山河屯林业局中心小学异地新建项目	林计批字[2008]435号	780.0	624.0	156.0
56	黑龙江迎春林业局局址给排水改扩建项目	林计批字[2008]436号	1808.0	1446.0	362.0
57	黑龙江伊春林业原生态食用菌研究所改扩建项目	林计批字[2008]441号	350.0	280.0	70.0

其他类建设项目 共审其他类项目16个，批复总投资6330万元，全部为中央投资。

序号	项目名称	批复文号	批复投资（万元）	
			合计	中央
	合　计		**6330.0**	**6330.0**
1	辽宁等省（区）野生动植物资源监管项目	林计批字[2008]29号	2400.0	2400.0
2	辽宁冰砬山森林生态系统定位研究站扩建项目	林计批字[2008]136号	340.0	340.0
3	宁夏盐池荒漠生态系统定位研究站建设项目	林计批字[2008]137号	210.0	210.0

（续）

序号	项目名称	批复文号	批复投资（万元）	
			合计	中央
4	山西太岳森林生态系统定位研究站野外观测仪器及配套设施建设项目	林计批字[2008]138号	233.0	233.0
5	重庆市长江三峡库区森林生态定位站建设项目	林计批字[2008]139号	137.0	137.0
6	新疆阿尔泰山森林生态系统定位研究站建设项目	林计批字[2008]140号	367.0	367.0
7	北京野鸭湖湿地生态系统定位研究站建设项目	林计批字[2008]141号	300.0	300.0
8	江西鄱阳湖湿地生态系统定位研究站建设项目	林计批字[2008]142号	312.0	312.0
9	湖南会同国家级森林生态系统定位站观测仪及设施建设项目	林计批字[2008]143号	340.0	340.0
10	江苏南京人造板质量监督检验站设备配置更新建设项目	林计批字[2008]144号	270.0	270.0
11	国家林业局林产品质量检验检测中心（成都）建设项目	林计批字[2008]145号	231.0	231.0
12	国家林业局林产品质量检验检测中心（西安）建设项目	林计批字[2008]146号	221.0	221.0
13	国家林业局林产品质量检验检测中心（加格达奇）建设项目	林计批字[2008]147号	206.0	206.0
14	国家林业局林产品质量检验检测中心（福州）建设项目	林计批字[2008]148号	271.0	271.0
15	国家林业局林木种苗质量检验检测中心（长沙）建设项目	林计批字[2008]149号	270.0	270.0
16	吉林省林产品质量监督检验站设备设施配套建设项目	林计批字[2008]150号	222.0	222.0

棚户区改造建设项目　共审批棚户区改造实施方案4个，批复总投资61 500万元，其中中央投资15 000万元，地方财政补助11 250万元，森工企业承担20 000万元，职工自筹15 250万元。

序号	项目名称	批复文号	批复投资（万元）		
			合计	中央	地方
	合　计		**61 500.0**	**15 000.0**	**46 500.0**
1	内蒙古重点国有林区2008年棚户区改造工程实施方案	林计批字[2008]443号	19 500.0	4500.0	省3000；企业6000；职工6000
2	吉林省重点国有林区2008年棚户区改造工程实施方案	林计批字[2008]444号	18 000.0	4500.0	省3000；企业6000；职工4500
3	黑龙江省重点国有林区2008年棚户区改造工程实施方案	林计批字[2008]445号	15 000.0	3750.0	省3750；企业5000；职工2500
4	黑龙江大兴安岭重点国有林区2008年棚户区改造工程实施方案	林计批字[2008]446号	9000.0	2250.0	省1500；企业3000；职工2250

（刘跃祥）

【出台《防护林造林工程投资估算指标（试行）》】　为科学测算和确定造林投资指标，提高造林投资效益和造林成效，2008年国家林业局组织编制并印发了《防护林造林工程投资估算指标（试行）》。《指标》主要包括造林投资指标体系的构成、造林工程指标主要技术参数、指标的使用与指标技术参数的调整、工程建设其他费用以及人工造林投资估算指标表、飞机播种造林投资估算指标表、封山（沙）育林投资估算指标等。

《指标》分东北区、三北风沙区、黄河上中游区、华北中原区、长江上中游区、中南华东（南方）区、东南沿海及热带区和青藏高原冻融区等八大区域。由于各区域地貌类型不同，造林树种不同，造林密度不同，该指标采用造林模型的方式进行测算。指标共设101个造林模型，并制定了模型调整方式和调整系数。各区域的造林成本测算结果可根据不同的地类、造林树种、造林密度、用工价格等进行调整。该《指标》的出台，对于统一各林业重点工程的投入标准，指导林业工程规划的编制和工程的实施，立足全社会筹集林业生态建设资金，推进生态文明进程具有十分重要的意义。

（刘跃祥）

【林业棚户区改造】　实施保障性安居工程建设是国家拉动内需、促进经济平稳较快增长的重要措施。林业棚户区改造是国家保障性安居工程的重要组成部分。2008年四季度，国家安排投资1.5亿元，在东北、内蒙古四大森工(林业)集团启动了重点国有林区棚户区改造试点工作。试点范围包括内蒙古森工集团根河、金河、莫尔道嘎、阿尔山4个林业局，中央投资4500万元，改造3000户；吉林森工集团和龙、天桥岭、松江河、泉阳4个林业局，中央投资4500万元，改造3000户；龙江森工集团山河屯林业局凤凰山经营所、清河林业局育林林场、穆棱林业局老道沟经营所、带岭林业局北列林场4个单位，中央投资3750万元，改造2500户；大兴安岭林业集团松岭林业局绿水、呼中林业局呼中两个林场中央投资2250万元，改造1500户。实施林业棚户区改造，是党中央、国务院关心林业、关注民生、改善民生的充分体现。国有林区棚户区改造投资采取中央扶持、省级配套、企业自筹和职工合理负担相结合，其中国家每户补助1.5万元，省级配套每户1万元，不足部分由企业自筹和个人负担。为确保国有林区棚户区改造试点工作有序推进，国家林业局成立了由祝列克副局长任组长、相关司(局)单位负责同志为成员的林业棚户区领导小组。地方各级森工林业相应成立了组织领导机构。国有林区棚户区改造试点工作积累了宝贵经验，为国有林区棚户区改造试点工作的有力推进奠定了坚实基础。 (张利明)

【油茶产业工作】 按照国务院的要求和温总理的有关指示精神，从2008年初开始即着手开展了《全国油茶产业发展规划(2009～2020年)》编制和相关工作。①成立了《规划》编写领导小组。为切实做好规划文本的编写工作，于3月初成立了由姚昌恬司长任组长，局规划院、科技司、造林司等司(局)和单位的同志共同参与的《规划》编写领导小组，组织学习领会有关领导批示精神，协调指导《规划》编制总体工作。②开展了油茶产业发展调研工作。按照局《油茶产业发展工作方案》的要求，2008年3月8～15日，与科技司、国家发改委农村经济司联合组成调研组，赴湖南、浙江两省开展了专题调研，进一步了解了当前我国油茶产业发展的现状，分析了制约油茶产业发展的关键因素，研究提出了下一步全国油茶产业发展的相关政策及投入机制，形成了专题调研报告。③争取油茶产业发展资金和政策。按照局领导的指示，为争取发展油茶产业良好的政策环境，赴国家发改委进行汇报，多次对规划编制过程中产生的问题进行沟通，得到了国家发改委农经司领导的认可；多次与财政部沟通，汇报油茶产业发展情况，李育材副局长亲自带队就资金和政策争取问题到财政部进行沟通；积极与国家农发办沟通情况，汇报工作，财政部对油茶产业给予大力支持，2008年，安排江西、湖南两省油茶示范县建设中央财政资金5200万元(其中：江西2800万元，湖南2400万元)，专项用于两省油茶低产林改造2.26万公顷(其中：江西1.2万公顷，湖南1.06万公顷)，即每公顷补助2400元。同时，国家农发办在正常安排农发林业新增资金的基础上，2008年又单独安排2000万元的新增资金专项用于发展油茶示范基地建设。④召开了山区综合开发和油茶产业发展座谈会议。按照局党组确定的加快油茶产业发展工作的总体部署，在编制完成《全国油茶产业发展规划(2009～2020年)》初稿的基础上，于8月22日在京组织召开了全国山区综合开发及油茶产业发展座谈会议。来自全国山区综合开发协调小组成员单位及中农办、国务院研究室、国务院发展研究中心、国家质检总局、国家粮食局、农业发展银行、中粮集团等18个单位的相关同志参加了会议。国家林业局15个相关司(局)和单位的负责同志列席了会议。会议由祝列克副局长主持，副局长李育材出席会议并进行总结发言。会上，各部门均表示要按照国务院领导同志的批示精神，全力配合国家林业局抓好油茶产业的发展。同时，代表们对《全国油茶产业发展规划(2009～2020年)》提出了许多建设性的意见和建议。 (韩　非)

【农业综合开发工作】 ①完成了2008年农业综合开发林业项目计划的下达工作。根据国家农发办对国家林业局上报的《关于报送2008年农业综合开发林业项目实施计划的函》(林函计字[2008]32号)的批复，与国家农发办联合向各有关省(区、市)林业厅(局)、财政厅(局)下达了2008年农业综合开发林业生态示范和名优经济林花卉项目计划，共下达项目资金54 705.43万元，其中：中央财政资金22 344万元，地方配套资金15 297.48万元，其他资金17 063.95万元，批复项目建设任务7.25万公顷。其中，安排油茶产业基地建设中央财政资金2340万元。②争取了农业综合开发名优经济林花卉项目政策。农业综合开发名优经济林花卉项目是扶持林业产业建设的重要投资渠道。多年来，一直实行有偿与无偿(有偿资金与无偿资金比例70%:30%)资金相结合的扶持方式，有偿资金第五至六年偿还，但考虑到林业项目具有生长期长、见效慢等特殊性，很多项目实施单位偿还财政有偿资金具有一定困难。8月，下发了《财政部关于印发〈农业综合开发资金若干投入比例的规定〉的通知》(财发[2008]52号)，对名优经济林花卉项目政策进行了调整，全部取消了名优经济林花卉项目的有偿资金。③组织开展了2009年项目申报工作。为做好2009年农业综合开发林业项目申报工作，6月份下发了《2009年农业综合开发林业项目申报指南》，要求各省做好项目前期工作，准备备选项目。其间，根据国家农业综合开发的新政策，国家林业局与国家农发办联合向各省(区、市)下发了《关于申报2009年农业综合开发林业项目的补充通知》(计开函[2008]128号)，要求各省(区、市)及时调整项目可研报告。④开展了农业综合开发项目扶持油茶产业发展课题研究工作。2008 年，农发林业项目设立了中央财政专项资金用于扶持油茶基地建设。为探索、研究今后扶持油茶产业发展的措施和方向，调整和完善农发油茶产业项目扶持政策，进一步提高资金使用效率，更加直接和有效地促进我国油茶产业快速发展。受国家农发办委托，在充分调查研究、论证的基础上，委托局规划院编制了《大力扶持农发油茶低产林改造促进全国木本粮油生产研究报告》。此报告将指导今后一段时期内农发林业项目扶持油茶产业发展的有关工作。⑤结合特大雨雪冰冻灾害情况争取农发相关政策。组织对湖南、贵州等 18 个省(区、市)及新疆生产建设兵团经济林、花卉以及农业综合开发林业项目因灾受损情况进行了调查统计，为下一步林业灾后重建规划的编制、实施提供了科学的依据。同时，根据受灾情况，赴国家农发办专题汇报农发经济林花卉示范项目受损情况，争取国家农发办对灾区近年实施的农发经济林花卉示范项目的中央有偿财政资金进行核定减免，为下一步灾后重建工作的顺利开展争取政策资金保障。（韩　非）

【林业扶贫培训班】 为深入贯彻全国林业厅(局)长会议精神，加强九万大山贫困地区林业科技成果转化与实用技术推广，加快贫困地区林业产业发展步伐，国家林业局计资司于 2008 年 8 月、9 月，与国际竹藤网络中心在贵州省凯里市和广西壮族自治区柳州市分别举办了林业扶贫培训班。培训班聘请了国内的知名竹类专家、油茶专家，为基层技术人员讲授了有关竹、油茶良种繁育、栽培及产业等方面的内容。（韩　非）

生态与林业产业统计

全部林业产业产值
（按现行价格计算）

单位:万元

指　　标	总产值	指　　标	总产值
总　　计	**144 064 129**	二、第二产业	**68 382 467**
一、第一产业	**63 588 230**	（一）涉林产业合计	66 681 082
（一）涉林产业合计	60 779 723	其中:湿地产业	209 855
其中:湿地产业	273 065	1. 木材加工及木、竹、藤、棕、苇制品制造	32 323 297
1. 林木的培育和种植	10 640 863	（1）锯材、木片加工	5 799 236
（1）育种和育苗	2 778 298	（2）人造板制造	16 729 526
（2）造林	4 760 540	（3）木制品制造	7 172 890
（3）林木的抚育和管理	3 102 025	（4）竹、藤、棕、苇制品制造	2 621 645
①幼林的抚育和管理	1 669 697	2. 木、竹、藤家具制造	10 580 559
②成林的抚育和管理	1 432 328	3. 木、竹、苇浆造纸	11 793 724
2. 木材和竹材的采运	8 143 602	4. 林产化学产品制造	2 024 490
（1）木材采运	6 699 236	5. 木制工艺品和木制文教体育用品制造	2 031 320
①商品材	5 233 216	6. 非木制林产品加工制造业	5 748 231
②农民自用材	668 320	7. 其他	2 179 461
③农民烧柴	797 700	（二）林业系统非林产业	1 701 385
（2）竹材采运	1 444 366	**三、第三产业**	**12 093 432**
其中:除毛竹、蒿竹外的其他竹材	312 118	（一）涉林产业合计	9 292 599
3. 经济林产品的种植与采集	34 563 439	其中:湿地产业	240 071
其中:水果及干果的种植与采集	22 908 897	1. 林业旅游与休闲服务	6 896 400
茶及其他饮料作物的种植与采集	3 239 189	2. 林业生态服务	960 960
林产中药材的种植与采集	2 112 336	3. 林业专业技术服务	371 158
森林食品的种植与采集	3 851 107	4. 林业公共管理及其他组织服务	1 064 081
4. 花卉的种植	5 307 762	（二）林业系统非林产业	2 800 833
5. 陆生野生动物繁育与利用	1 307 685	补充资料:竹产业产值	5 975 580
（1）陆生野生动物狩猎和捕捉	82 852	全部山区县茶、桑、果产值	8 427 661
（2）陆生野生动物饲养	1 224 833	全部丘陵县茶、桑、果产值	5 283 414
6. 林业生产辅助服务	816 372		
（二）林业系统非林产业	2 808 507		

全国营林生产主要指标2008年与2007年比较

指标名称	单位	2008年	2007年	2008年比2007年增减(%)
一、荒山荒(沙)地造林面积	公顷	5 353 735	3 907 711	37.00
(一)按造林方式分				
1. 人工造林	公顷	3 684 261	2 738 521	34.53
其中:竹林面积	公顷	80 711	64 227	25.67
2. 飞播造林	公顷	154 065	118 671	29.83
3. 无林地和疏林地新封	公顷	1 515 409	1 050 519	44.25
(二)按经济成分分				
(1)公有经济造林	公顷	2 904 143	2 241 258	29.58
①国有经济造林	公顷	1 392 443	1 062 166	31.09
②集体经济造林	公顷	1 511 700	1 179 092	28.21
(2)非公有经济造林	公顷	2 449 592	1 666 453	46.99
(三)按林种用途分				
1. 用材林	公顷	782 109	610 367	28.14
其中:速生丰产林	公顷	248 428	219 192	13.34
2. 经济林	公顷	850 771	478 417	77.83
3. 防护林	公顷	3 697 163	2 790 172	32.51
4. 薪炭林	公顷	4020	7993	-49.71
5. 特种用途林	公顷	19 672	20 762	-5.25
二、有林地造林面积	公顷	326 754	504 274	-35.20
1. 林冠下造林	公顷	97 472	115 661	-15.73
2. 飞播营林	公顷	—	5022	-100.00
3. 有林地和灌木林地新封	公顷	229 282	383 591	-40.23
三、更新造林	公顷	424 003	390 911	8.47
四、低产低效林改造面积	公顷	395 861	290 609	36.22
五、四旁(零星)植树	万株	235 499	245 438	-4.05
六、年末实有封山(沙)育林面积	公顷	21 526 252	20 643 218	4.28
七、幼林抚育作业面积	公顷次	15 042 955	16 263 151	-7.50
八、幼林抚育实际面积	公顷	9 281 807	9 746 176	-4.76
九、成林抚育面积	公顷	10 442 018	9 790 233	6.66
其中:中、幼龄林抚育面积	公顷	6 235 347	6 497 589	-4.04
十、抚育改造出材量	立方米	8 458 682	9 403 090	-10.04
其中:中、幼龄林抚育出材量	立方米	5 738 161	6 740 764	-14.87
十一、林木种子采集量	吨	66 571	69 104	-3.67
十二、当年苗木产量	万株	3 163 081	2 867 516	10.31
十三、育苗面积	公顷	591 072	559 244	5.69
其中:本年新增育苗面积	公顷	185 910	166 001	11.99
十四、年末实有母树林面积	公顷	316 650	304 676	3.93
十五、年末实有种子园面积	公顷	72 660	79 571	-8.69

注:根据新造林技术规程(GB/T 15776-2006),从2007年开始设立有林地造林面积指标。

全国历年造林面积

单位:千公顷

年　别	造林面积				年　别	造林面积			
	合　计	人工造林	飞播造林	新封山育林		合　计	人工造林	飞播造林	新封山育林
1949 ~ 1952	1707.33	1707.33			1988	5533.27	4574.80	958.47	
1953	1112.93	1112.93			1989	5023.33	4109.53	913.80	
1954	1166.20	1166.20			1990	5208.47	4353.34	855.13	
1955	1710.53	1710.53			1991	5594.47	4751.80	842.67	
1956	5723.27	5723.27			1992	6030.40	5083.70	946.70	
1957	4355.07	4355.07			1993	5903.40	5044.40	859.00	
1958	6098.67	6098.67			1994	5992.66	5190.24	802.42	
1959	5449.67	5442.67	7.00		1995	5214.61	4629.35	585.26	
1960	4143.93	4136.93	7.00		1996	4919.38	4314.96	604.42	
1961	1441.33	1432.33	9.00		1997	4354.93	3737.75	617.18	
1962	1198.73	1188.73	10.00		1998	4811.05	4086.00	725.05	
1963	1530.13	1516.03	14.10		1999	4900.71	4276.85	623.86	
1964	2911.33	2893.23	18.10		2000	5105.14	4345.01	760.13	
1965	3425.33	3403.23	22.10		2001	4953.04	3977.32	975.72	
1966	4533.33	4351.83	181.50		2002	7770.97	6896.04	874.93	
1967	3904.00	3540.99	363.01		2003	9118.89	8432.48	686.41	
1968	3413.33	2858.81	554.52		2004	5598.08	5018.89	579.19	
1969	3479.33	2753.31	726.02		2005	3637.68	3221.29	416.39	
1970	3884.00	2976.48	907.52		2006	3838.79	2446.12	271.80	1120.87
1971	4525.13	3404.40	1120.73		2007	3907.71	2738.52	118.67	1050.52
1972	4635.73	3473.33	1162.40		2008	5354.74	3684.26	154.07	1515.41
1973	4982.87	3925.47	1057.40		1949 ~ 1952	1707.33	1707.33		
1974	5002.47	4114.74	887.73		1953 ~ 1957	14 068.00	14068.00		
1975	4973.73	4437.66	536.07		1958 ~ 1962	18 332.33	18299.33	33.00	
1976	4925.73	4323.06	602.67		1963 ~ 1965	7866.79	7812.49	54.30	
1977	4793.27	4218.54	574.73		1966 ~ 1970	19 213.99	16 481.42	2732.57	
1978	4496.33	4125.73	370.60		1971 ~ 1975	24 119.93	19 355.60	4764.33	
1979	4489.27	3910.27	579.00		1976 ~ 1980	23 256.60	20 517.60	2739.00	
1980	4552.00	3940.00	612.00		1981 ~ 1985	31 520.54	27 639.47	3881.07	
1981	4110.07	3681.00	429.07		1986 ~ 1990	26 453.27	21 403.14	5050.13	
1982	4495.60	4115.80	379.80		1991 ~ 1995	28 735.54	24 699.49	4036.05	
1983	6324.40	5603.13	721.27		1996 ~ 2000	24 091.21	20 760.57	3330.64	
1984	8253.67	7290.74	962.93		2001 ~ 2005	31 078.66	27 546.03	3532.64	
1985	8336.80	6948.80	1388.00		2006 ~ 2008	13 100.24	8868.90	544.54	3686.80
1986	5274.00	4158.20	1115.80		**1949 ~ 2008**	**263 544.43**	**229 159.37**	**30 698.27**	**3686.80**
1987	5414.20	4207.27	1206.93						

注:1. 1985 年以前,造林成活率达到 40% 即统计造林面积,以后为达到 85% 以上统计。

2. 根据造林技术规程(GB/T 15776 - 2006),本表自 2006 年起将无林地和疏林地新封山育林面积计入造林总面积。

全国历年新封山育林和迹地更新面积

单位:千公顷

年 别	新封山育林面 积	迹地更新面 积	年 别	新封山育林面 积	迹地更新面 积
1949~1952		22.53	1988	4646.00	636.90
1953		16.53	1989	4535.33	719.10
1954		38.80	1990	4910.47	671.50
1955		39.20	1991	6220.47	664.10
1956		94.13	1992	5874.10	673.60
1957		55.80	1993	4795.60	739.20
1958		391.13	1994	4844.44	722.70
1959		560.33	1995	4538.49	750.96
1960		483.73	1996	3659.83	794.75
1961		157.07	1997	3865.81	798.38
1962		106.33	1998	9699.10	806.30
1963		183.00	1999	6704.50	1042.83
1964		206.53	2000	6130.00	919.80
1965		238.93	2001	5821.90	515.29
1966		321.00	2002	2561.36	379.00
1967		303.00	2003	1817.34	285.99
1968		240.00	2004	1196.55	319.31
1969		233.00	2005	1763.00	407.55
1970		325.00	2006	1120.87	408.24
1971		307.53	2007	1050.52	390.91
1972		319.00	2008	1515.41	424.00
1973		356.73	1949~1952		22.53
1974		362.00	1953~1957		244.46
1975		422.00	1958~1962		1698.59
1976		420.80	1963~1965		628.46
1977		416.40	1966~1970		1422.00
1978		458.40	1971~1975		1767.26
1979		409.33	1976~1980		2126.86
1980		421.93	1981~1985	26 889.87	2580.47
1981	3652.33	442.60	1986~1990	25 277.07	3308.40
1982	5732.00	438.80	1991~1995	26 273.10	3550.56
1983	5678.07	508.80	1996~2000	30 059.24	4362.06
1984	6780.67	552.00	2001~2005	13 160.15	1907.14
1985	5046.80	638.27	2006~2008	3686.80	1223.15
1986	5736.13	577.40	**1949~2008**	**125 346.22**	**24 841.94**
1987	5449.13	703.50			

注:2004 年后新封山育林面积指无林地和疏林地新封山育林面积。

各地区按造林方式和按林种用途分的造林面积

单位:公顷

地　区	总　计	按造林方式分			按林种用途分				
		人工造林	飞播造林	无林地和疏林地新封山育林	用材林	经济林	防护林	薪炭林	特种用途林
全国合计	**5 353 735**	**3 684 261**	**154 062**	**1 515 409**	**782 109**	**850 771**	**3 697 163**	**4020**	**19 672**
北　京	15 548	8962	—	6586	35	1302	12 388	—	1823
天　津	11 216	10 549	667	—	3107	239	7870	—	—
河　北	345 782	192 866	40 663	112 253	23 221	8380	312 580	87	1514
山　西	280 378	191 426	15 333	73 619	11 764	21 765	246 849	—	—
内蒙古	718 562	377 307	57 399	283 856	29 036	9944	677 296	2279	7
内蒙古集团	655	655	—	—	200	351	97	—	7
辽　宁	81 532	54 868	—	26 664	6153	3641	71 738	—	—
吉　林	26 114	25 495	—	619	324	50	25 740	—	—
吉林集团	—	—	—	—	—	—	—	—	—
黑龙江	120 609	79 835	—	40 774	25 667	1204	91 960	120	1658
龙江集团	—	—	—	—	—	—	—	—	—
上　海	1915	1915	—	—	—	1584	331	—	—
江　苏	88 655	88 655	—	—	11 841	8973	67 710	—	131
浙　江	8524	6892	—	1632	489	1141	6854	—	40
安　徽	33 463	27 514	—	5949	400	4154	28 909	—	—
福　建	33 059	32 809	—	250	26 469	1027	5391	112	60
江　西	267 032	234 601	—	32 431	147 427	32 908	84 847	305	1545
山　东	185 575	184 928	—	647	69 516	25 947	89 726	20	366
河　南	338 139	320 804	—	17 335	91 684	38 745	207 710	—	—
湖　北	154 470	111 464	—	43 006	40 785	24 363	88 381	140	801
湖　南	80 004	64014	—	15 990	13 602	3389	62 879	—	134
广　东	9387	8374	—	1013	5548	471	3299	69	—
广　西	129 054	120 834	—	8220	112 784	2244	14 024	—	2
海　南	17 292	17 292	—	—	6376	5217	5564	—	135
重　庆	106 576	5334	—	101 242	12 266	1833	92 477	—	—
四　川	574 605	247 604	—	327 001	68 371	40 254	464 994	233	753
贵　州	177 878	60 623	—	117 255	9778	10 158	156 134	247	1561
云　南	566 135	507 733	—	58 402	41 575	408 078	115 482	67	933
西　藏	31 334	30 287	—	1047	4370	1077	25 887	—	—
陕　西	275 245	146 290	40 003	88 952	6900	13 536	254 809	—	—
甘　肃	167 972	83 806	—	84 166	533	2760	156 470	—	8209
青　海	53 597	31 959	—	21 638	—	—	53 597	—	—
宁　夏	103 423	89 749	—	13 674	—	31 313	72 110	—	—
新　疆	270 660	239 472	—	31 188	12 088	145 074	113 157	341	—
新疆兵团	30 709	22 043	—	8666	3344	9028	18 337	—	—
大兴安岭	—	—	—	—	—	—	—	—	—

注:全国合计造林面积中包括军事管理区 80 000 公顷人工营造的防护林。

各地区营林生产

地区	有林地造林面积				更新造林	低产低效林改造面积	四旁(零星)植树(万株)
	合计	林冠下造林	飞播营林	有林地和灌木林地新封			
全国合计	**326 754**	**97 472**	**—**	**229 282**	**424 003**	**395 861**	**235 499**
北京	30 161	80	—	30 081	897	878	581
天津	—	—	—	—	—	—	370
河北	—	—	—	—	5646	2244	10 585
山西	20 570	—	—	20 570	—	276	9382
内蒙古	287	287	—	—	26 996	4273	4808
内蒙古集团	—	—	—	—	10 599	—	21
辽宁	11 540	10 072	—	1468	8828	7706	9982
吉林	53 155	41 267	—	11 888	51 656	4831	968
吉林集团	16 708	16 708	—	—	9007	132	1
黑龙江	14 466	8667	—	5799	7471	7096	2173
龙江集团	7305	7305	—	—	7471	6770	242
上海	—	—	—	—	—	—	127
江苏	—	—	—	—	2441	172	13 237
浙江	10 460	1121	—	9339	16 015	6253	2418
安徽	551	551	—	—	1807	9322	16 933
福建	7873	—	—	7873	82 088	6862	2022
江西	29 665	25 467	—	4198	28 246	55 910	13 832
山东	1754	1553	—	201	5753	5793	19 749
河南	1534	—	—	1534	1414	33 195	24 202
湖北	20 322	287	—	20 035	3276	49137	12 122
湖南	948	375	—	573	3909	69 889	10 055
广东	2895	2428	—	467	73 299	38 559	5789
广西	28 785	241	—	28 544	64 537	6784	3210
海南	—	—	—	—	6551	—	1776
重庆	—	—	—	—	—	5419	8337
四川	20 137	2733	—	17 404	10 185	18 346	27 582
贵州	10 218	—	—	10 218	365	9557	2343
云南	48 509	2225	—	46 284	10 365	3621	8891
西藏	—	—	—	—	—	—	317
陕西	—	—	—	—	—	20 839	13 395
甘肃	3115	111	—	3004	—	6465	5082
青海	—	—	—	—	—	882	1093
宁夏	1333	—	—	1333	—	396	927
新疆	8476	7	—	8469	2775	21 156	3206
新疆兵团	—	—	—	—	134	—	398
大兴安岭	—	—	—	—	9483	—	5

主要指标完成情况

单位:公顷

年末实有封山(沙)育林面积	幼林抚育作业面积(公顷次)	幼林抚育实际面积	成林抚育面积		当年苗木产量(万株)	育苗面积	
			合 计	其中:中、幼龄林抚育面积		合 计	其中:本年新增育苗面积
21 526 252	**15 042 955**	**9 281 807**	**10 442 018**	**6 235 347**	**3 163 081**	**591 072**	**185 910**
79 260	31 440	10 740	59 139	49 223	10 281	11 947	855
26 014	85 869	37 503	58 710	37 174	4155	3687	1357
965 713	712 248	489 658	431 080	285 672	196 903	43 650	16 139
646 586	214 771	168 342	49 518	36 878	142 927	30 399	13 832
2 900 800	723 916	522 512	640 416	480 345	172 803	7216	4436
—	20 666	16 325	116 238	109 573	11 700	73	29
866 980	186 818	139 519	76 043	65 430	233 273	19 338	7328
236 860	529 416	307 518	211 553	172 508	58 385	3808	1318
44 704	129 352	75 692	25 047	23 990	4430	127	32
587 919	681 570	406 434	296 829	219 541	138 593	9707	3134
439 108	205 653	143 515	132 768	117 634	50 236	463	77
—	37 007	5 056	35 407	18 187	8075	12 109	172
—	319 345	289 073	910 683	428 384	253 233	58 359	12 049
739 863	64 320	56 351	242 702	133 451	178 234	87 021	3617
452 225	788 661	357 060	541 931	349 838	72 650	32 591	6000
241 506	311 162	262 781	80 819	78 211	41 445	751	550
409 833	694 534	520 764	218 187	116 325	121 316	24 757	8409
227 851	1 015 231	437 341	1 202 519	907 086	194 690	80 640	26 459
339 548	1 080 030	658 474	1 188 685	495 678	204 388	33 762	22 217
1 132 765	338 011	280 231	453 832	354 272	92 574	28 958	7625
1 123 884	776 902	590 756	241 683	197 716	112 823	23 951	13 254
132 312	276 017	221 787	162 560	148 131	55 423	2722	1082
2 238 281	523 344	378 728	368 350	174 309	107 005	2113	1464
316 113	5910	5910	34 111	18 857	8824	590	590
390 257	145 497	128 283	63 954	43 698	49 484	6241	2695
1 507 433	1 011 627	760 537	180 635	136 858	105 372	7377	2717
661 399	343 219	260 354	242 289	110 575	94 978	2175	1548
1 916 449	74 937	73 270	34 155	20 614	103 377	3627	2968
164 420	—	—	—	—	869	292	95
767 382	581 689	403 848	407 804	296 770	136 990	14 481	7698
649 959	375 066	301 194	637 138	163 959	135 001	12 322	6070
579 220	78 345	78 345	—	—	39 362	2341	921
201 294	843 428	333 013	338 318	156 139	29 829	12 866	4725
1 024 126	2 186 171	789 971	1 011 477	508 027	57 615	11 260	4572
87 509	180 746	70 228	142 816	61 056	10 267	1505	635
—	6454	6454	31 491	31 491	2202	14	14

林业重点工

指　　标	总　计	天然林资源保护工程	退耕还林工程	京津风沙源治理工程	
					合　计
一、本年完成造林面积	**3 437 498**	**1 009 016**	**1 189 695**	**469 042**	**765 770**
（一）按造林方式分					
1. 人工造林	1 885 364	191 639	862 973	198 163	628 614
2. 飞播造林	146 731	66 735	—	66 664	13 332
3. 无林地和疏林地新封	1 405 403	750 642	326 722	204 215	123 824
（二）按林种用途分					
1. 用材林	267 906	29 823	190 546	12 804	30 758
2. 经济林	240 146	21 405	92 537	3481	122 723
3. 防护林	2 914 489	950 770	900 750	451584	611 385
4. 薪炭林	729	67	492	—	170
5. 特种用途林	14 228	6951	5370	1173	734
二、低产低效防护林改造面积	**23 068**	**—**	**—**	**—**	**23 068**
三、年末实有封山育林面积	**11 022 402**	**6 126 564**	**1 402 829**	**1 828 691**	**1 664 318**
四、全部林业投资完成额	**4 202 355**	**973 000**	**2 489 727**	**323 871**	**337 349**
其中：国债资金	499 138	122 084	164 933	74 594	108 325
中央财政专项资金	3 126 939	801 416	2 045 262	236 201	30 950
五、本年资金来源总计	**4 352 540**	**998 287**	**2 623 362**	**214 529**	**410 041**
其中：地方配套资金	189 529	57 143	44 184	4468	73 908
（1）国家预算内资金	4 153 920	978 803	2 603 280	213 784	303 130
其中：国家预算内基建资金	284 300	43 306	131 840	7455	76 417
国债资金	512 909	142 284	154 725	52 934	149 807
中央财政专项资金	3 197 151	761 282	2 247 746	148 971	32 766
（2）国内贷款	28 202	—	—	—	—
（3）利用外资	9352	2	—	—	60
（4）自筹资金	88 047	899	6432	467	74 102
（5）其他资金	73 019	18 583	13 650	278	32 749
六、群众投工投劳（折资）	**80 012**	**—**	**—**	**—**	**80 012**

程建设情况

单位:公顷,万元

三北及长江流域等防护林体系建设工程						野生动植物保护及自然保护区建设工程	速生丰产用材林基地建设工程
三北防护林四期工程	长江流域防护林体系二期工程	沿海防护林体系二期工程	珠江流域防护林体系二期工程	太行山绿化二期工程	平原绿化二期工程		
497 947	**72 250**	**74 245**	**36 973**	**80 282**	**4073**	—	**3975**
455 991	48 425	72 340	20 251	27 534	4073	—	3975
3333	—	—	—	9999	—	—	—
38 623	23 825	1905	16 722	42 749	—	—	—
11 713	5493	8838	2062	923	1729	—	3975
116 926	680	2720	947	1058	392	—	—
368 584	66 077	62 654	33 964	78 154	1952	—	—
170	—	—	—	—	—	—	—
554	—	33	—	147	—	—	—
3259	**10 173**	**3298**	**5010**	**441**	**887**	—	—
1 141 283	**85 140**	**69 504**	**121 677**	**246 714**	—	—	—
184 078	**34 916**	**94 009**	**7142**	**16 804**	**400**	**69 800**	**8608**
83 060	7731	13 149	3165	1160	60	28 853	349
16 124	5388	5280	878	3115	165	13 110	—
223 620	**50 876**	**103 163**	**13 336**	**18 313**	**733**	**60 819**	**45 502**
33 698	12 944	20 857	1749	4350	310	5944	3882
177 464	26 683	67 853	13 083	17 414	633	53 436	1487
28 304	10 866	27 213	5003	4700	331	24 670	612
118 095	9352	18 716	3544	100	—	13 159	—
22 484	5289	1871	868	2207	47	6174	212
—	—	—	—	—	—	—	28 202
—	60	—	—	—	—	600	8690
30 856	21 551	21 200	210	190	95	2614	3533
15 300	2582	14 110	43	709	5	4169	3590
50 625	**3843**	**17 775**	**551**	**7133**	**85**	—	—

各地区林业重点工程造林面积

单位:公顷

地区	全部造林面积	重点工程造林面积						其他造林面积
		合计	天然林资源保护工程	退耕还林工程	京津风沙源治理工程	三北及长江流域等重点防护林建设工程	速生丰产用材林建设工程	
全国合计	**5 353 735**	**3 437 498**	**1 009 016**	**1 189 695**	**469 042**	**765 770**	**3975**	**1 916 237**
北京	15 548	11 216	—	—	9799	1417	—	4332
天津	11 216	11 216	—	—	1154	10 062	—	—
河北	345 782	324 619	—	55 513	165 971	100 792	2343	21 163
山西	280 378	182 483	25 547	60 428	36 455	60 053	—	97 895
内蒙古	718 562	548 861	119 657	101 369	255 663	72172	—	169 701
内蒙古集团	655	655	655	—	—	—	—	—
辽宁	81 532	81 532	—	58 159	—	23 239	134	—
吉林	26 114	25 879	—	10 044	—	15 835	—	235
吉林集团	—	—	—	—	—	—	—	—
黑龙江	120 609	120 609	—	87 200	—	32 263	1146	—
龙江集团	—	—	—	—	—	—	—	—
上海	1915	—	—	—	—	—	—	1915
江苏	88 655	13 131	—	—	—	13 131	—	75 524
浙江	8524	5974	—	—	—	5974	—	2550
安徽	33 463	28 538	—	17 968	—	10 570	—	4925
福建	33 059	4416	—	—	—	4416	—	28 643
江西	267 032	65 203	—	46 833	—	18 370	—	201 829
山东	185 575	27 451	—	—	—	27 451	—	158 124
河南	338 139	81 973	8573	53 155	—	20 245	—	256 166
湖北	154 470	109 685	43 282	53 467	—	12 936	—	44 785
湖南	80 004	65 054	—	47 025	—	18 029	—	14 950
广东	9387	2150	—	—	—	2150	—	7237
广西	129 054	57 195	—	49 704	—	7139	352	71 859
海南	17 292	12 635	—	11 321	—	1314	—	4657
重庆	106 576	101 242	81 242	20 000	—	—	—	5334
四川	574 605	487 528	425 594	61 934	—	—	—	87 077
贵州	177 878	96 984	35 048	45 936	—	16 000	—	80 894
云南	566 135	155 673	73 361	71 778	—	10 534	—	410 462
西藏	31 334	11 180	1180	10 000	—	—	—	20 154
陕西	275 245	224 470	114 066	74 131	—	36 273	—	50 775
甘肃	167 972	145 003	48 058	60 069	—	36 876	—	22 969
青海	53 597	43 782	20 541	15 509	—	7732	—	9815
宁夏	103 423	103 422	12 867	35 844	—	54 711	—	1
新疆	270 660	208 394	—	62 308	—	146 086	—	62 266
新疆兵团	30 709	21 076	—	11 331	—	9745	—	9633
大兴安岭	—	—	—	—	—	—	—	

注:退耕还林工程中包括军事管理区 80 000 公顷荒山荒地造林。

天然林资源保护工程建设情况

指　　标	单　位	合　计	东北、内蒙古 重点国有林区	长江上游、 黄河上中游地区
一、工程区木材产量	**立方米**	**16 792 844**	**11 401 829**	**5 391 015**
其中：人工林木材产量	立方米	5 131 527	460 284	4 671 243
二、荒山荒（沙）地造林面积	**公顷**	**1 009 016**	**655**	**1 008 361**
按造林方式分				
1. 人工造林	公顷	191 639	655	190 984
2. 飞播造林	公顷	66 735	—	66 735
3. 无林地和疏林地新封	公顷	750 642	—	750 642
按林种用途分				
1. 用材林	公顷	29 823	200	29 623
2. 经济林	公顷	21 405	351	21 054
3. 防护林	公顷	950 770	97	950 673
4. 薪炭林	公顷	67	—	67
5. 特种用途林	公顷	6951	7	6944
三、年末实有封山（沙）育林面积	**公顷**	**6 126 564**	**720 814**	**5 405 750**
四、年末实有森林管护面积	**公顷**	**103 642 042**	**35 131 288**	**68 510 754**
其中：年末个体承包管护面积	公顷	14 937 801	7 071 605	7 866 196
五、工程区项目实施单位人员情况				
1. 年末全部在册职工人数	人	832 817	658 857	173 960
其中：大集体职工人数	人	120 761	116 662	4099
（1）年末在岗职工人数	人	607 725	445 704	162 021
（2）年末下岗待安置职工人数	人	19 539	14 168	5371
（3）年末离开本单位保留劳动关系人数	人	205 553	198 985	6568
2. 年末其他从业人员	人	24 069	866	23 203
3. 林业单位全年平均在岗职工人数	人	568 882	425 464	143 418
4. 自工程实施以来累计一次性安置职工人数	人	595 684	527 926	67 758
其中：本年一次性安置职工人数	人	113 850	110 464	3386
5. 本年一次性安置费	万元	176 123	163 662	12 461
6. 年末实有离退休人数	人	589 068	445 158	143 910
7. 当年离退休人员生活费	万元	618 451	470 963	147 488
8. 年末参加基本养老保险社会统筹人数	人	1 032 718	807 138	225 580
其中：在岗职工	人	50 1032	390 872	110 160
六、全部林业投资完成额	**万元**	**973 000**	**556 916**	**416 084**
其中：国债资金	万元	122 084	441	121 643
中央财政专项资金	万元	801 416	537 771	263 645
1. 造林	万元	151 296	3917	147 379
2. 森林管护	万元	243 452	86 368	157 084
3. 其他	万元	578 252	466 631	111 621

退耕还林工程建设情况

指　　标	单 位	合 计	退耕还林工程	京津风沙源治理工程中的退耕还林
一、造林面积	**公顷**	**1 306 693**	**1 189 695**	**116 998**
1. 退耕地造林	公顷	12 030	2164	9866
其中:生态林面积	公顷	2833	2100	733
25 度以上坡耕地退耕面积	公顷	160	160	—
严重沙化耕地退耕面积	公顷	207	207	—
2. 配套荒山荒(沙)地造林	公顷	939 110	860 809	78 301
3. 无林地和疏林地新封	公顷	355 553	326 722	28 831
按林种用途分				
1. 用材林	公顷	191 330	190 546	784
2. 经济林	公顷	96 922	92 537	4385
3. 防护林	公顷	1 012 579	900 750	111 829
4. 薪炭林	公顷	492	492	—
5. 特种用途林	公顷	5370	5370	—
二、当年种草面积	**公顷**	**62 757**	**56 090**	**6667**
其中:退耕地种(育)草面积	公顷	—	—	—
三、年末实有封山(沙)育林面积	**公顷**	**1 688 487**	**1 402 829**	**285 658**
四、补助粮、款兑现				
1. 当年粮款兑现退耕地总面积	公顷	8 947 257	7 936 649	1 010 608
2. 自工程实施以来累计粮食补助资金总计	万元	14 129 504	12 872 631	1 256 873
其中:当年粮食补助资金合计	万元	2 144 789	1 925 055	219 734
其中:当年新退耕地粮食补助资金	万元	7850	7850	—
3. 自工程实施以来累计生活费兑现金额总计	万元	1 803 764	1 622 712	181 052
其中:当年生活费兑现金额合计	万元	318 389	284 949	33 440
其中:当年新退耕地生活费兑现金额	万元	639	629	10
4. 当年粮款兑现涉及户数	户	29 365 160	26 840 778	2 524 382
五、全部林业投资完成额	**万元**	**2 750 283**	**2 489 727**	**260 556**
其中:国债资金	万元	173 307	164 933	8374
中央财政专项资金	万元	2 279 702	2 045 262	234 440
1. 粮食补助资金	万元	2 014 919	1 803 380	211 539
2. 种苗费	万元	131 240	114 945	16 295
3. 生活费补助	万元	299 591	267 553	32 038
4. 其他费用	万元	304 533	303 849	684

京津风沙源治理工程建设情况

指　标	单　位	本年实际
一、治理情况		
（一）荒山荒（沙）地造林面积	公顷	469 042
按造林方式分		
1. 人工造林	公顷	198 163
2. 飞播造林	公顷	66 664
3. 无林地和疏林地新封	公顷	204 215
按林种用途分		
1. 用材林	公顷	12 804
2. 经济林	公顷	3481
3. 防护林	公顷	451 584
4. 薪炭林	公顷	—
5. 特种用途林	公顷	1173
（二）年末实有封山（沙）育林面积	公顷	1 828 691
（三）草地治理面积	公顷	180 657
（四）小流域治理	公顷	92 739
（五）水利设施	处	17 305
（六）生态移民人数	人	10 333
（七）生态移民户数	户	3179
二、全部投资完成额	**万元**	**375 381**
其中：林业投资完成额	万元	323 871
其中：国债资金	万元	74 594
中央财政专项资金	万元	236 201
1. 造林	万元	247 497
2. 科技费用	万元	—
3. 其他	万元	76 374

三北及长江流域等重点防护林体系工程建设情况

单位:公顷,万元

指　　标	三北及长江流域等重点防护林体系工程						
	合　计	三北防护林四期工程	长江流域防护林体系二期工程	沿海防护林体系二期工程	珠江流域防护林体系二期工程	太行山绿化二期工程	平原绿化二期工程
一、荒山荒(沙)地造林面积	**765 770**	**497 947**	**72 250**	**74 245**	**36 973**	**80 282**	**4073**
其中:中央投资造林面积	575 655	381 567	68 194	56 571	24 572	40 678	4073
按造林方式分							
1. 人工造林	628 614	455 991	48 425	72 340	20 251	27 534	4073
2. 飞播造林	13 332	3333	—	—	—	9999	—
3. 无林地和疏林地新封	123 824	38 623	23 825	1905	16 722	42 749	—
按林种用途分							
1. 用材林	30 758	11 713	5493	8838	2062	923	1729
2. 经济林	122 723	116 926	680	2720	947	1058	392
3. 防护林	611 385	368 584	66 077	62 654	33 964	78 154	1952
其中:水源涵养林	67 898	18 139	20 266	7146	11 202	11 080	65
水土保持林	201 183	108 380	23 387	14 616	14 749	39 981	70
防风固沙林	149 722	128 249	2742	12 097	—	6480	154
农田、牧场防护林	41 014	28 527	5041	7010	—	—	436
护岸护堤林	8159	1141	1904	5012	35	—	67
护路林	11 413	7523	977	2181	—	—	732
4. 薪炭林	170	170	—	—	—	—	—
5. 特种用途林	734	554	—	33	—	147	—
二、低产低效林改造面积	**23 068**	**3259**	**10 173**	**3298**	**5010**	**441**	**887**
三、年末实有封山(沙)育林面积	**1 664 318**	**1 141 283**	**85 140**	**69 504**	**121 677**	**246 714**	**—**
四、全部林业投资完成额	**337 349**	**184 078**	**34 916**	**94 009**	**7142**	**16 804**	**400**
其中:国债资金	108 325	83 060	7731	13 149	3165	1160	60
中央财政专项资金	30 950	16 124	5388	5280	878	3115	165
1. 造林	288 892	163 061	30 503	78 503	4778	11 767	280
2. 低产低效防护林改造	5534	167	1188	2713	1385	21	60
3. 种苗	19 546	12 183	1550	5424	389	—	—
4. 森林防火	850	345	72	106	21	306	—
5. 病虫害防治	1909	1058	141	288	26	396	—
6. 科技费用	475	330	45	79	21	—	—
7. 其他	20 143	6934	1417	6896	522	4314	60
五、群众投工投劳(折合资金)	**80 012**	**50 625**	**3843**	**17 775**	**551**	**7133**	**85**

林业系统野生动植物保护及自然保护区工程建设情况

指　　标	单　位	本年实际
一、年末实有自然保护区个数	**个**	**2006**
其中:国家级	个	231
二、年末实有自然保护区面积	**百公顷**	**1 228 050**
其中:国家级	百公顷	742 982
三、年末实有自然保护小区个数	**个**	**48 332**
年末实有自然保护小区面积	百公顷	176 390
四、禁猎(伐)区个数	**个**	**2522**
禁猎(伐)区面积	百公顷	832 860
五、国际重要湿地个数	**个**	**36**
国际重要湿地面积	百公顷	38 098
六、湿地示范区面积	**百公顷**	**22 077**
七、野生动物种源繁育基地	**个**	**351**
八、珍稀野生植物培植基地	**个**	**280**
其中:植物园个数	个	81
九、野生动植物保护管理站	**个**	**4502**
十、鸟类环志中心(站)	**个**	**99**
鸟类环志中心(站)人员	人	267
十一、野生动植物科研及监测机构	**个**	**690**
其中:各类专业技术人员	人	3365
十二、野生动物园	**个**	**55**
十三、狩猎场	**个**	**112**
十四、从事野生动植物及自然保护区建设的职工人数	**人**	**44 176**
其中:各类专业技术人员	人	12 873
十五、野生动植物及自然保护区投资完成额	**万元**	**69 800**
其中:国债资金	万元	28 853
中央财政专项资金	万元	13 110

重点地区速生丰产用材林基地工程建设情况

指　　标	单　位	本年实际
一、各种地类造林面积:	**公顷**	**5294**
1. 荒山荒(沙)地造林	公顷	3975
2. 更新造林	公顷	1319
3. 非林业用地造林	公顷	—
各种地类造林面积按投资主体分:		
1. 林场(国有、集体)造林	公顷	1652
2. 龙头企业造林	公顷	—
3. 外资造林	公顷	2623
4. 农户造林	公顷	625
5. 其他主体造林	公顷	394
二、改培面积	**公顷**	**41 836**

（续）

指　　标	单　位	本年实际
三、当年造林和改培面积按培育目的分:		
1. 浆纸原料林	公顷	989
2. 人造板原料林	公顷	2728
3. 大径级用材林	公顷	37 113
4. 其他工业原料林	公顷	6300
四、当年造林和改培面积按树种分		
1. 桉树、相思树	公顷	1489
2. 松树(南方)	公顷	1857
3. 杉木、柳杉	公顷	234
4. 杨树、泡桐	公顷	3292
5. 柚木、楠木、西南桦、桃花心木	公顷	178
6. 落叶松	公顷	6936
7. 红松、云杉、冷杉、樟子松	公顷	29 238
8. 水曲柳、核桃楸、黄波罗、椴树	公顷	1391
9. 竹类	公顷	1959
10. 其他	公顷	556
五、全部林业投资完成额	**万元**	**8608**
其中:国家投资	万元	349

全国主要工业产品产量2008年与2007年比较

主要指标	单　位	2008年	2007年	2008年比2007年增减(%)
木材产量	万立方米	8108.34	6976.65	16.22
原木	万立方米	7357.32	6492.05	13.33
薪材	万立方米	751.02	484.60	54.98
竹材产量	万根	126 219.82	139 761.01	-9.69
锯材产量	万立方米	2840.95	2829.10	0.42
人造板产量	万立方米	9409.95	8838.58	6.46
其中:胶合板	万立方米	3540.86	3561.56	-0.58
纤维板	万立方米	2906.56	2729.85	6.47
刨花板	万立方米	1142.23	829.07	37.77
其他人造板	万立方米	1820.29	1718.09	5.95
木地板产量	万平方米	37 689.43	34 343.25	9.74
松香产量	吨	945 590	1 061 658	-10.93
栲胶产量	吨	9337	13 733	-32.01
紫胶产量	吨	2891	3430	-15.71

各地区主要工业产品产量

单位:万立方米,万平方米,万根,吨

单位	木材	竹材	锯材	人造板					木地板	松香	栲胶	紫胶
				合计	胶合板	纤维板	刨花板	其他人造板				
全国合计	**8108.34**	**126 220**	**2840.95**	**9409.95**	**3540.86**	**2906.56**	**1142.23**	**1820.29**	**37 689.43**	**945 590**	**9337**	**2891**
北京	7.11	—	—	16.90	—	16.90	—	—	677.10	—	—	—
天津	4.68	—	—	6.03	1.13	—	3.00	1.90	—	—	—	—
河北	55.15	—	145.77	876.03	264.77	185.72	148.72	276.82	110.14	—	1500	—
山西	7.35	—	0.38	0.44	0.22	—	0.22	—	—	—	—	—
内蒙古	342.39	—	362.40	80.60	15.59	16.61	20.47	27.92	1.47	—	1756	—
内蒙古集团	237.40	—	1.45	29.77	0.18	9.85	17.70	2.05	1.44	—	1756	—
辽宁	181.00	—	132.92	119.51	23.16	39.82	21.06	35.48	2011.65	—	—	—
吉林	421.24	—	174.04	154.04	43.29	28.27	57.01	25.48	2402.01	—	—	—
吉林集团	86.32	—	2.05	58.60	1.11	11.70	45.74	0.06	362.72	—	—	—
黑龙江	549.22	—	114.34	96.33	13.48	31.20	31.30	20.35	373.93	—	—	—
龙江集团	403.81	—	45.34	80.08	5.28	26.71	31.19	16.90	155.02	—	—	—
上海	0.00	24	2.47	8.63	7.91	0.50	0.22	—	5936.01	—	—	—
江苏	112.59	201	64.63	1994.15	904.50	420.28	315.70	353.67	5190.78	—	—	—
浙江	302.44	16 179	267.55	525.81	188.68	134.87	22.01	180.26	6639.24	2	—	—
安徽	405.91	6870	103.16	580.31	258.08	200.11	49.18	72.94	1435.57	4337	—	—
福建	757.46	33 900	153.45	630.76	213.94	159.24	130.09	127.49	712.31	50 244	—	—
江西	610.23	10 755	103.73	300.51	69.78	95.65	18.70	116.39	1817.19	58 922	—	—
山东	180.74	—	237.91	1064.02	445.91	349.87	126.43	141.83	2382.45	—	—	—
河南	58.72	183	69.41	397.98	163.47	111.24	38.70	84.58	337.17	3330	—	—
湖北	221.13	2792	27.21	208.88	20.66	126.41	13.26	48.55	2077.25	12 322	—	—
湖南	875.44	6638	244.34	429.30	226.94	50.37	13.76	138.23	1442.39	18 043	8	5
广东	509.48	9793	97.86	527.04	118.89	343.00	59.42	5.73	1919.67	81 004	—	68
广西	1114.85	22 545	274.54	800.57	399.97	281.67	11.21	107.72	15.99	602 517	4027	—
海南	101.00	349	25.00	22.80	9.20	10.50	1.00	2.10	—	2879		—
重庆	20.58	155	8.80	19.26	7.88	7.75	2.33	1.33	0.01	8895	—	—
四川	284.92	3732	71.55	351.24	89.59	195.00	42.24	24.40	1431.92	1812	—	47
贵州	213.32	725	46.05	50.78	31.36	6.72	4.39	8.31	311.19	3341	—	—
云南	427.52	10 584	83.84	104.33	18.70	64.37	9.20	12.06	448.56	97 921	1046	2771
西藏	15.00	—	—	—	—	—	—	—	—	—	—	
陕西	31.27	747	0.37	23.17	2.54	20.43	—	0.20	—	21	1000	—
甘肃	8.77	50	—	0.22	—	0.22	—	—	—	—	—	—
青海	0.92	—	—	—	—	—	—	—	—	—	—	
宁夏	0.61	—	—	—	—	—	—	—	—	—	—	
新疆	35.79	—	1.60	2.94	0.24	2.70	—	—	—	—	—	—
新疆兵团	4.16	—	—	—	—	—	—	—	—	—	—	
大兴安岭	251.53	—	27.65	17.35	1.00	7.19	2.62	6.55	15.44	—	—	—

主要木材、竹材产品产量

单位:万立方米,万根,万吨

产品名称	全部产量
木材及竹材采伐产品	
一、木材	**8108.34**
其中:热带木材	443.73
(一)原木	7357.32
其中:针叶原木	2096.68
1. 直接用原木	2580.22
2. 特级原木	83.89
3. 等内加工原木	1692.75
其中:针叶原木	987.91
4. 造纸用原木	405.60
5. 胶合板材	563.89
6. 杉原条	801.62
7. 其他原木	1229.36
(二)薪材	751.02
二、竹材产品	
(一)竹材	126 219.82
1. 毛竹	85 985.22
2. 篙竹	40 234.60
(二)小杂竹	1307.82
补充资料:	
1. 按生产单位分的全部木材产量和竹材产量	
(1)系统内国有企业单位生产的木材	1428.35
(2)系统内国有林场、事业单位生产的木材	1435.43
(3)系统外企、事业单位采伐自营林地的木材	255.17
(4)乡(镇)集体企业及单位生产的木材	440.99
(5)村及村以下各级组织和农民个人生产的木材	4548.40
(6)村及村以下各级组织和农民个人生产的竹材产量	101 510.04
2. 农民自用材采伐量	1025.75
3. 农民烧材采伐量	3216.94

主要工业产品产量

产品名称	单 位	产 量	产品名称	单 位	产 量
木材加工及竹、藤、棕、草制品			强化木地板	万平方米	11 575.06
一、锯材	**万立方米**	**2840.95**	竹木复合地板	万平方米	1368.27
其中:热带锯材产量	万立方米	127.51	**六、卫生筷子**	**标准箱**	**9 231 247**
二、木片	**万实积立方米**	**1000.78**	其中:木卫生筷子	标准箱	5 175 989
其中:热带材木片	万实积立方米	132.07	**七、人造板表面装饰板**	**万平方米**	**22 738.21**
三、人造板	**万立方米**	**9409.95**	**八、热固性树脂装饰层压板**	**万平方米**	**660.10**
其中:热带材人造板	万立方米	89.00	**九、单板**	**万立方米**	**2283.98**
(一)胶合板	万立方米	3540.86	其中:1. 刨切单板	万立方米	180.44
1. 普通胶合板	万立方米	2853.50	2. 微薄木	万立方米	14.28
其中:阔叶胶合板	万立方米	1185.59	3. 旋切单板	万立方米	2029.80
2. 特种胶合板	万立方米	202.23	**十、软木制品**		
3. 竹胶合板	万立方米	366.03	其中:软木砖	吨	30 270
4. 单板层积材	万立方米	119.11	软木纸	吨	218 784
(二)纤维板	万立方米	2906.56	**林产化学产品**		
1. 木质纤维板	万立方米	2901.45	**一、松香类产品**	**吨**	**1 067 293**
(1)硬质纤维板	万立方米	139.90	1. 松香	吨	945 590
(2)中密度纤维板	万立方米	2740.52	2. 松香深加工产品	吨	121 703
(3)软质纤维板	万立方米	21.03	**二、松节油类产品**	**吨**	**128 036**
2. 非木质纤维板	万立方米	5.11	1. 松节油	吨	81 871
(三)刨花板	万立方米	1142.23	2. 松节油深加工产品	吨	46 165
1. 普通刨花板	万立方米	1137.60	**三、樟脑**	**吨**	**10 215**
2. 水泥刨花板	万立方米	0.99	其中:合成樟脑	吨	6631
3. 定向刨花板	万立方米	0.63	**四、冰片**	**吨**	**1057**
4. 竹刨花板	万立方米	3.01	其中:合成冰片	吨	71
(四)其他人造板	万立方米	1820.29	**五、栲胶类产品**	**吨**	**9337**
其中:细木工板	万立方米	1304.53	1. 栲胶	吨	9337
四、胶合木	**万立方米**	**295.42**	2. 栲胶深加工产品	吨	—
其中:集成材	万立方米	76.69	**六、紫胶类产品**	**吨**	**2899**
重组木	万立方米	16.56	1. 紫胶	吨	2891
指接材	万立方米	188.15	2. 紫胶深加工产品	吨	8
五、木地板	**万平方米**	**37 689.43**	**七、木材热解产品**		
其中:热带材木地板	万平方米	3003.35	其中:木炭	立方米	285 408
实木地板	万平方米	12 322.13	活性炭	立方米	185 243
实木复合地板	万平方米	7903.12			

主要经济林产品、花卉生产情况

指　　标	单　位	产　量	指　　标	单　位	产　量
一、水果产量	**吨**	**98 147 156**	4. 其他森林食品	吨	507 398
1. 苹果	吨	28 009 225	**六、木本药材**	**吨**	**945 826**
2. 柑橘	吨	20 595 451	1. 杜仲	吨	92 602
3. 梨	吨	13 286 870	2. 黄柏	吨	10 686
4. 葡萄	吨	6 962 323	3. 厚朴	吨	87 831
5. 桃	吨	9 023 196	4. 枸杞	吨	106 901
6. 杏	吨	2 471 999	5. 山茱萸	吨	25 970
7. 荔枝	吨	1 559 750	6. 其他木本药材	吨	621 836
8. 龙眼	吨	1 229 369	**七、木本油料**	**吨**	**1 049 255**
9. 猕猴桃	吨	431 855	1. 油茶籽	吨	989 859
10. 其他水果	吨	14 577 118	2. 油橄榄	吨	2137
二、干果产量	**吨**	**5 337 714**	3. 文冠果	吨	31
1. 核桃	吨	828 635	4. 其他木本油料	吨	57 228
2. 板栗	吨	1 450 452	**八、林产工业原料**	**吨**	**1 337 867**
3. 枣(干重)	吨	1 643 030	1. 生漆	吨	15 526
4. 柿子(干重)	吨	880 259	2. 油桐籽	吨	370 966
5. 仁用杏	吨	45 208	3. 乌柏籽	吨	31 861
6. 山杏仁	吨	97 478	4. 五倍子	吨	13 191
7. 银杏(白果)	吨	66 684	5. 棕片	吨	53 377
8. 榛子	吨	32 527	6. 松脂	吨	849 205
9. 腰果	吨	236	7. 紫胶(原胶)	吨	3741
10. 其他干果	吨	293 205	**九、花卉生产情况**		
三、林产饮料产品(干重)	**吨**	**1 330 552**	1. 年末实有花卉种植面积	公顷	536 370
1. 毛茶	吨	1 115 072	2. 切花切叶产量	万支	1 169 115
2. 可可豆	吨	181	3. 盆栽植物产量	万盆	199 180
3. 咖啡	吨	31 191	4. 观赏苗木产量	万株	423 483
4. 其他林产饮料产品	吨	184 108	5. 草坪产量	万平方米	19 808
四、林产调料产品(干重)	**吨**	**431 297**	6. 花卉市场	个	3584
1. 花椒	吨	245 431	7. 花卉企业	个	33 354
2. 八角	吨	101 037	其中:大中型企业	个	6111
3. 桂皮	吨	68 492	8. 花农	户	1 077 778
4. 其他林产调料产品	吨	16 337	9. 花卉从业人员	人	3 703 821
五、森林食品(干重)	**吨**	**2 818 146**	其中:专业技术人员	人	155 133
1. 竹笋干	吨	421 904	10. 控温温室面积	万平方米	2242
2. 食用菌	吨	1 435 507	11. 日光温室面积	万平方米	10 370
3. 山野菜	吨	453 337			

劳动工资统计

林业系统国有单位从业人员和劳动报酬主要指标 2008 年与 2007 年比较

主 要 指 标	单 位	2008 年	2007 年	2008 年比 2007 年增减(%)
一、企事业机关单位个数	个	**45 427**	**45 547**	**-0.26**
其中:1. 林业	个	39 829	40 146	-0.79
2. 工业	个	421	426	-1.17
二、从业人员年末人数	人	**1 325 304**	**1 374 843**	**-3.60**
其中:1. 林业	人	1 124 066	1 167 028	-3.68
其中:木材及竹材采运业	人	432 569	469 124	-7.79
国有林场	人	358 038	358 408	-0.10
2. 工业	人	31 658	32 617	-2.94
其中:木材加工及竹藤棕草制品业	人	13 753	20 251	-32.09
林产化学产品制造业	人	917	1095	-16.26
三、在岗职工年末人数	人	**1 283 492**	**1 333 456**	**-3.75**
其中:1. 林业	人	1 090 574	1 129 877	-3.48
其中:木材及竹材采运业	人	428 639	464 659	-7.75
国有林场	人	348 353	347 254	0.32
2. 工业	人	27 083	31 825	-14.90
其中:木材加工及竹藤棕草制品业	人	12 512	19 601	-36.17
林产化学产品制造业	人	908	1095	-17.08
四、在岗职工年工资总额	千元	**19 863 113**	**17 671 017**	**12.41**
其中:1. 林业	千元	14 577 876	13 142 103	10.92
其中:木材及竹材采运业	千元	4 279 217	4 059 100	5.42
国有林场	千元	4 618 134	4 101 400	12.60
2. 工业	千元	386 887	366 632	5.52
其中:木材加工及竹藤棕草制品业	千元	161 510	229 830	-29.73
林产化学产品制造业	千元	11 017	15 504	-28.94
五、在岗职工年平均工资	元	**15 870**	**13 563**	**17.01**
其中:1. 林业	元	13 730	11 888	15.49
其中:木材及竹材采运业	元	10 457	9019	15.94
国有林场	元	13 465	12 001	12.20
2. 工业	元	14 662	11 811	24.14
其中:木材加工及竹藤棕草制品业	元	13 506	12 066	11.94
林产化学产品制造业	元	15 071	15 067	0.02

林业系统各地区按行业

地区	总计	合计	企业	事业	机关	国有经济	
						小计	木材及竹材采运企业
全国合计	**45 964**	**45 427**	**2443**	**39 622**	**3362**	**39 299**	**859**
北京	252	251	12	218	21	118	—
天津	88	88	3	75	10	77	—
河北	1574	1574	43	1371	160	1319	—
山西	2156	2156	18	2011	127	1956	—
内蒙古	1527	1502	35	1348	119	1322	17
内蒙古集团	71	48	23	24	1	25	17
辽宁	1676	1674	30	1552	92	1539	—
吉林	1527	1477	250	1154	73	1355	21
吉林集团	33	18	18	—	—	8	8
黑龙江	1917	1830	135	1582	113	1557	40
龙江集团	210	161	89	59	13	48	40
上海	39	39	4	34	1	13	—
江苏	780	731	57	647	27	701	—
浙江	1110	1098	32	968	98	927	—
安徽	1507	1502	52	1287	163	1276	7
福建	1961	1922	248	1490	184	1574	181
江西	2264	2256	334	1733	189	1947	213
山东	2451	2449	25	2324	100	2320	—
河南	1229	1226	16	1058	152	990	1
湖北	2119	1955	139	1709	107	1735	13
湖南	2885	2866	163	2539	164	2472	63
广东	1816	1797	88	1496	213	1390	25
广西	1993	1982	155	1680	147	1592	—
海南	305	305	25	263	17	262	8
重庆	1144	1143	11	1072	60	1055	—
四川	3635	3615	199	3208	208	3156	90
贵州	2425	2425	108	2195	122	2230	62
云南	2310	2299	103	1975	221	1970	51
西藏	63	57	9	13	35	22	9
陕西	1682	1681	53	1510	118	1503	10
甘肃	1499	1499	15	1385	99	1317	4
青海	348	348	2	282	64	269	—
宁夏	311	310	1	285	24	277	—
新疆	1235	1235	63	1050	122	1023	35
新疆兵团	—	—	—	—	—	—	—
局直属单位	136	135	15	108	12	35	9
大兴安岭	53	52	15	26	11	16	9

分企、事业及机关单位个数

单位：个

单位合计							
农林牧渔业							
国有林场	国有苗圃	林业工作站	木材检查站	种苗站	病虫害防治站	治沙站	其他
4482	**1804**	**20 494**	**2270**	**837**	**1542**	**78**	**6933**
26	16	12	3	3	7	1	50
1	9	52	1	2	1	—	11
139	158	607	26	41	65	4	279
233	136	1079	64	50	88	5	301
302	88	485	32	47	79	11	261
2	—	—	—	—	—	—	6
179	45	766	44	49	62	1	393
304	44	694	52	9	40	1	190
—	—	—	—	—	—	—	—
375	71	614	61	49	79	—	268
—	2	—	—	4	2	—	—
—	1	11	—	—	—	—	1
65	33	409	26	3	11	—	154
105	11	546	66	25	58	—	116
144	67	611	116	16	79	—	236
109	55	822	51	16	36	—	304
274	67	836	240	24	57	1	235
154	154	1567	48	57	92	1	247
85	79	279	88	42	88	6	322
229	46	823	152	43	68	1	360
176	83	1428	245	48	50	6	373
199	52	745	127	16	51	—	175
154	68	587	160	41	67	—	515
20	11	124	57	—	10	—	32
73	10	812	42	12	29	—	77
189	136	2128	139	31	77	—	366
93	39	1476	137	52	88	1	282
163	22	1247	94	44	56	1	292
7	2	—	4	—	—	—	—
230	106	452	130	40	39	2	494
224	104	485	50	53	70	13	314
85	26	61	4	4	13	6	70
66	15	131	2	6	18	1	38
78	50	602	9	14	63	15	157
—	—	—	—	—	—	—	—
1	—	3	—	—	1	1	20
—	—	2	—	—	—	—	5

地区	采矿业	国有经济 制 小计	木材加工及木、竹、藤、棕、苇制品业	木、竹、藤家具制造业	木、竹、苇浆造纸业	林产化学产品制造
全国合计	**9**	**395**	**247**	**32**	**—**	**21**
北京	—	—	—	—	—	—
天津	—	—	—	—	—	—
河北	—	12	4	—	—	3
山西	—	4	3	—	—	—
内蒙古	—	1	—	1	—	—
内蒙古集团	—	—	—	—	—	—
辽宁	—	13	9	2	—	—
吉林	1	6	4	—	—	—
吉林集团	1	2	1	—	—	—
黑龙江	1	23	15	—	—	1
龙江集团	—	17	12	—	—	—
上海	—	—	—	—	—	—
江苏	—	—	—	—	—	—
浙江	—	—	—	—	—	—
安徽	1	9	3	3	—	—
福建	1	22	7	—	—	4
江西	—	29	10	1	—	2
山东	1	6	2	1	—	—
河南	1	8	7	—	—	—
湖北	—	15	8	3	—	1
湖南	1	79	54	15	—	2
广东	—	19	12	1	—	—
广西	—	10	6	—	—	2
海南	—	3	2	—	—	—
重庆	—	3	2	—	—	—
四川	1	79	66	3	—	3
贵州	—	26	23	—	—	1
云南	—	6	2	—	—	1
西藏	—	—	—	—	—	—
陕西	—	17	6	1	—	—
甘肃	—	3	1	1	—	1
青海	—	—	—	—	—	—
宁夏	—	—	—	—	—	—
新疆	—	2	1	—	—	—
新疆兵团	—	—	—	—	—	—
局直属单位	1	—	—	—	—	—
大兴安岭	1	—	—	—	—	—

（续）

单位合计					
造业					
木质工艺品和木质文教体育用品制造业	非木质林产品加工业	其他	电力、燃气及水的生产和供应业	建筑业	批发和零售业
1	**15**	**79**	**17**	**31**	**301**
—	—	—	—	—	—
—	—	—	—	—	—
—	3	2	—	—	8
—	1	—	—	—	20
—	—	—	—	1	1
—	—	—	—	1	1
—	—	2	—	—	—
—	—	2	—	1	1
—	—	1	—	—	1
—	2	5	1	10	23
—	2	3	1	10	11
—	—	—	—	—	1
—	—	—	—	1	1
—	—	—	—	1	12
—	—	3	—	2	15
—	—	11	—	3	16
1	—	15	—	2	2
—	—	3	—	1	—
—	—	1	—	—	5
—	—	3	1	3	13
—	1	7	1	1	4
—	1	5	6	—	20
—	—	2	7	2	109
—	—	1	—	—	1
—	—	1	—	—	4
—	—	7	—	1	12
—	1	1	—	1	3
—	—	3	—	—	16
—	—	—	—	—	—
—	6	4	—	1	11
—	—	—	—	—	—
—	—	—	—	—	—
—	—	—	—	—	—
—	—	1	—	—	2
—	—	—	—	—	—
—	—	—	1	—	1
—	—	—	1	—	1

地　区	国　有　经　济					
	科学研究、技术服务和地质勘查业			水利、环境和公共设施管理业		
	小　计	其　中		小　计	其　中	
		科技交流和推广服务	规划设计管理		自然保护区管理	野生动植物保护
全国合计	**683**	**254**	**128**	**694**	**387**	**143**
北　京	3	1	2	104	1	3
天　津	—	—	—	—	—	—
河　北	16	9	3	10	6	1
山　西	26	10	7	11	8	1
内蒙古	19	3	4	16	14	1
内蒙古集团	2	—	—	—	—	—
辽　宁	16	4	4	11	7	4
吉　林	8	3	3	5	4	1
吉林集团	—	—	—	—	—	—
黑龙江	22	4	6	13	6	3
龙江集团	12	1	4	1	—	—
上　海	1	—	—	15	1	1
江　苏	—	—	—	—	—	—
浙　江	45	32	3	12	11	1
安　徽	13	6	2	13	11	1
福　建	48	14	20	29	23	5
江　西	52	21	13	17	4	9
山　东	7	1	1	3	3	—
河　南	32	7	3	7	5	2
湖　北	55	25	12	17	8	9
湖　南	70	33	11	40	27	10
广　东	61	18	3	67	43	10
广　西	44	14	6	24	21	3
海　南	7	3	—	13	11	2
重　庆	8	3	1	6	5	—
四　川	24	14	4	101	42	50
贵　州	15	4	1	15	11	2
云　南	14	8	2	65	63	—
西　藏	—	—	—	—	—	—
陕　西	10	3	3	10	5	5
甘　肃	22	11	3	38	26	10
青　海	4	1	3	2	2	—
宁　夏	1	—	—	6	4	—
新　疆	8	2	—	19	10	9
新疆兵团	—	—	—	—	—	—
局直属单位	32	—	8	5	5	—
大兴安岭	2	—	2	2	2	—

（续）

单位合计				集体经济单位合计	其他各种经济单位合计
教育	卫生、社会保障和社会福利业	公共管理和社会组织	其他		
71	**31**	**3650**	**246**	**224**	**313**
1	—	21	4	1	—
—	—	10	1	—	—
—	—	205	4	—	—
4	4	127	4	—	—
2	4	120	16	16	9
1	4	2	12	14	9
1	—	92	2	2	—
1	—	91	8	22	28
—	—	2	4	—	15
21	7	122	30	79	8
15	7	19	20	45	4
1	1	2	5	—	—
—	—	28	—	11	38
—	—	98	3	—	12
—	—	170	3	3	2
2	—	206	21	28	11
—	—	192	15	4	4
—	—	100	11	2	—
1	—	175	7	3	—
2	1	112	1	15	149
3	2	181	12	12	7
2	1	221	10	8	11
5	—	152	37	7	4
—	—	18	1	—	—
—	—	66	1	1	—
2	2	228	9	6	14
2	1	127	5	—	—
1	—	222	5	3	8
—	—	35	—	—	6
2	1	118	8	1	—
3	5	107	4	—	—
—	—	71	2	—	—
2	—	24	—	—	1
2	—	176	3	—	—
—	—	—	—	—	—
11	2	33	14	—	1
8	2	12	7	—	1

林业系统各地区按行业

地区	总计	合计	企业	事业	机关	国有经济	
						小计	木材及竹材采运企业
全国合计	**1 337 463**	**1 283 492**	**526 360**	**673 936**	**83 196**	**1 074 984**	**428 639**
北京	24 680	24 649	1066	22 609	974	4720	—
天津	1141	1141	60	923	158	961	—
河北	25 868	25 868	4327	18 212	3329	17 274	—
山西	24 442	24 442	301	22 121	2020	20 577	—
内蒙古	122 794	114 145	64 539	46 550	3056	107 237	61 710
内蒙古集团	74 660	66 017	63 760	1990	267	63 896	61 710
辽宁	25 210	25 171	1706	22 267	1198	22 678	—
吉林	117 427	105 939	72 631	30 851	2457	98 145	53 270
吉林集团	28 839	19 590	19 590	—	—	18 331	18 331
黑龙江	299 979	289 605	224 800	59 381	5424	267 378	214 019
龙江集团	240 656	231 339	221 574	7878	1887	214 706	214 019
上海	1120	1120	42	906	172	358	—
江苏	26 087	15 580	3845	11 510	225	15 166	—
浙江	12 795	12 681	562	10 072	2047	9373	—
安徽	24 800	24 245	1814	20 565	1866	21 140	410
福建	27 104	25 262	5581	15 334	4347	17 773	3615
江西	58 298	57 608	13 065	38 225	6318	48 734	7959
山东	27 011	26 996	3422	21 874	1700	21 537	—
河南	29 967	29 922	115	25 360	4447	23 237	7
湖北	31 897	27 102	2120	22 257	2725	21 612	314
湖南	48 650	47 428	3196	37 216	7016	34 982	1146
广东	35 998	35 741	4639	24 949	6153	24 978	1029
广西	46 246	45 702	4083	39 230	2389	37 553	—
海南	7184	7184	3096	3779	309	6468	1267
重庆	8526	8504	322	6896	1286	6611	—
四川	55 523	53 699	18 387	29 460	5852	43 136	13 643
贵州	24 157	24 157	4316	17 591	2250	20 204	2453
云南	42 777	42 042	10 198	24 477	7367	30 323	7015
西藏	2453	2423	1094	881	448	1975	1094
陕西	34 606	34 594	3999	28 383	2212	30 174	2540
甘肃	39 379	39 379	10 509	26 852	2018	29 546	3362
青海	9093	9093	10	8545	538	8396	—
宁夏	9689	9548	86	9078	384	7565	—
新疆	22 601	22 601	4411	16 777	1413	19 488	1846
新疆兵团	—	—	—	—	—	—	—
局直属单位	69 961	69 921	58 018	10 805	1098	55 685	51 940
大兴安岭	61 659	61 619	58 018	2752	849	54 983	51 940

分在岗职工人数

单位:人

单位合计							
农林牧渔业							
国有林场	国有苗圃	林业工作站	木材检查站	种苗站	病虫害防治站	治沙站	其他
348 353	**33 070**	**122 550**	**21 053**	**6774**	**11 127**	**898**	**102 520**
956	1811	357	40	55	118	25	1358
58	199	207	9	43	8	—	437
6996	1878	2655	193	372	525	56	4599
8343	2114	4283	425	317	621	38	4436
33 619	2373	3656	227	496	724	92	4340
1573	—	—	—	—	—	—	613
12 841	833	3499	365	332	503	3	4302
33 762	1881	4638	411	67	375	59	3682
—	—	—	—	—	—	—	—
43 953	1823	2231	364	294	393	—	4301
—	585	—	—	83	19	—	—
—	56	280	—	—	—	—	22
9024	2158	2065	341	31	75	—	1472
4139	232	2522	879	179	369	—	1053
10 990	2750	3369	1241	64	474	—	1842
6139	346	3993	886	82	127	—	2585
27 748	1291	5514	2651	117	340	3	3111
7163	2151	8342	590	367	678	15	2231
9738	1974	3058	1929	550	955	4	5022
8984	766	5518	1391	344	474	22	3799
14 612	1338	11 017	2401	341	319	48	3760
13 923	551	5752	1284	91	298	—	2050
25 072	561	2945	1294	298	330	—	7053
2554	144	926	302	—	42	—	1233
3018	61	2543	192	82	225	—	490
8712	985	8958	797	168	392	—	9481
5037	316	7885	791	224	312	—	3186
6150	141	10 472	528	417	341	16	5243
856	13	—	12	—	—	—	—
12 592	1182	5334	1052	768	638	131	5937
13 714	1811	3104	376	480	732	235	5732
5318	235	894	14	18	111	27	1779
5059	502	946	30	64	168	7	789
7246	594	5338	38	113	336	96	3881
—	—	—	—	—	—	—	—
37	—	249	—	—	124	21	3314
—	—	225	—	—	—	—	2818

地区	国有经济					
	采矿业	制造				
		小计	木材加工及木、竹、藤、棕、苇制品业	木、竹、藤家具制造业	木、竹、苇浆造纸业	林产化学产品制造
全国合计	**1139**	**21 809**	**12 512**	**909**	**—**	**908**
北京	—	—	—	—	—	—
天津	—	—	—	—	—	—
河北	—	3694	384	—	—	12
山西	—	163	154	—	—	—
内蒙古	—	65	—	65	—	—
内蒙古集团	—	—	—	—	—	—
辽宁	—	598	32	186	—	—
吉林	99	2216	1739	—	—	—
吉林集团	99	527	59	—	—	—
黑龙江	—	3387	3001	—	—	97
龙江集团	—	2893	2607	—	—	—
上海	—	—	—	—	—	—
江苏	—	—	—	—	—	—
浙江	—	—	—	—	—	—
安徽	61	541	163	140	—	—
福建	—	993	830	—	—	163
江西	—	1081	286	282	—	61
山东	11	3161	2123	169	—	—
河南	8	68	63	—	—	—
湖北	—	430	151	6	—	1
湖南	4	602	394	—	—	50
广东	—	387	162	—	—	—
广西	—	635	195	—	—	299
海南	—	3	3	—	—	—
重庆	—	201	200	—	—	—
四川	63	1098	630	36	—	153
贵州	—	694	680	—	—	7
云南	—	480	393	—	—	57
西藏	—	—	—	—	—	—
陕西	—	607	241	20	—	—
甘肃	—	686	673	5	—	8
青海	—	—	—	—	—	—
宁夏	—	—	—	—	—	—
新疆	—	19	15	—	—	—
新疆兵团	—	—	—	—	—	—
局直属单位	893	—	—	—	—	—
大兴安岭	893	—	—	—	—	—

（续）

单位合计					
业			电力、燃气及水的生产和供应业	建筑业	批发和零售业
木质工艺品和木质文教体育用品制造业	非木质林产品加工业	其他			
—	**398**	**7082**	**4135**	**2813**	**5468**
—	—	—	—	—	—
—	—	—	—	—	—
—	37	3261	—	—	115
—	9	—	—	—	294
—	—	—	—	222	177
—	—	—	—	222	177
—	—	380	—	—	—
—	—	477	—	7	44
—	—	468	—	—	44
—	46	243	1386	2073	468
—	46	240	1386	2073	229
—	—	—	—	—	25
—	—	—	—	15	5
—	—	—	—	3	114
—	—	238	—	25	256
—	—	—	—	10	247
—	—	452	—	46	24
—	—	869	—	2	—
—	—	5	—	—	24
—	—	272	22	83	77
—	3	155	60	3	18
—	—	225	225	—	573
—	—	141	67	116	1652
—	—	—	—	—	18
—	—	1	—	—	33
—	—	279	—	191	252
—	4	3	—	7	54
—	—	30	—	—	776
—	—	—	—	—	—
—	299	47	—	10	127
—	—	—	—	—	—
—	—	—	—	—	—
—	—	—	—	—	—
—	—	4	—	—	10
—	—	—	—	—	—
—	—	—	2375	—	85
—	—	—	2375	—	85

地区	国有经济					
	科学研究、技术服务和地质勘查业			水利、环境和公共设施管理业		
	计	其中		计	其中	
		科技交流和推广服务	规划设计管理		自然保护区管理	野生动植物保护
全国合计	**25 405**	**5344**	**7120**	**35 703**	**14 396**	**1194**
北京	231	162	69	18 345	36	59
天津	—	—	—	—	—	—
河北	417	222	76	418	356	3
山西	543	196	188	362	230	1
内蒙古	1430	99	773	442	409	31
内蒙古集团	70	—	—	—	—	—
辽宁	273	91	48	387	358	29
吉林	999	127	768	666	660	6
吉林集团	—	—	—	—	—	—
黑龙江	3202	882	1784	324	109	181
龙江集团	3010	876	1749	15	—	—
上海	94	—	—	420	25	10
江苏	—	—	—	—	—	—
浙江	608	325	88	296	280	16
安徽	130	47	12	138	125	10
福建	876	131	301	454	433	14
江西	812	398	161	127	49	55
山东	248	64	98	185	185	—
河南	847	180	30	183	175	8
湖北	1217	350	136	589	544	45
湖南	1767	408	104	1947	1778	61
广东	1564	301	172	1328	683	138
广西	1312	276	335	831	695	136
海南	188	90	—	133	111	22
重庆	169	35	38	130	125	—
四川	397	182	137	955	778	94
贵州	270	46	33	276	259	2
云南	391	259	40	1961	1919	—
西藏	—	—	—	—	—	—
陕西	203	32	51	343	283	60
甘肃	1010	400	122	2164	1693	140
青海	63	25	38	39	39	—
宁夏	44	—	—	1464	1336	—
新疆	384	16	—	256	183	73
新疆兵团	—	—	—	—	—	—
局直属单位	5716	—	1518	540	540	—
大兴安岭	361	—	361	86	86	—

（续）

单位合计				集体经济单位合计	其他各种经济单位合计
教育	卫生、社会保障和社会福利业	公共管理和社会组织	其他		
8598	**5224**	**89 274**	**8940**	**13 909**	**40 062**
114	—	1037	202	31	—
—	—	158	22	—	—
—	—	3893	57	—	—
295	43	2020	145	—	—
100	229	3092	1151	5411	3238
59	229	303	1061	5405	3238
10	—	1198	27	39	—
113	—	3294	356	453	11 035
—	—	415	174	—	9249
2080	2453	5698	1156	6296	4078
1818	2453	2114	642	5334	3983
10	4	180	29	—	—
—	—	394	—	375	10 132
—	—	2048	239	—	114
—	—	1876	78	293	262
82	—	4555	272	222	1620
—	—	6416	368	71	619
—	—	1700	152	15	—
114	—	4880	561	45	—
268	48	2750	6	117	4678
674	18	7241	112	57	1165
317	5	6303	61	142	115
550	—	2417	569	156	388
—	—	365	9	—	—
—	—	1360	—	22	—
95	505	5970	1037	118	1706
176	11	2297	168	—	—
60	—	7460	591	34	701
—	—	448	—	—	30
254	441	2212	223	12	—
1230	937	3413	393	—	—
—	—	585	10	—	—
91	—	384	—	—	141
287	—	2145	12	—	—
—	—	—	—	—	—
1678	530	1485	934	—	40
987	530	867	452	—	40

林业系统各地区按行业分

地　区	总　计	国有经济					
		合　计	企　业	事　业	机　关	小　计	木材及竹材采运企业
全国合计	**15 701**	**15 870**	**10 917**	**17 993**	**29 064**	**13 608**	**10 457**
北　京	44 310	44 412	25 412	44 826	60 520	37 330	—
天　津	25 113	25 113	26 426	24 526	28 043	24 634	—
河　北	19 033	19 033	22 733	17 403	23 053	16 628	—
山　西	17 145	17 145	6845	16 401	26 689	15 882	—
内蒙古	14 045	14 375	12 418	16 172	28 608	13 693	12 354
内蒙古集团	12 257	12 603	12 396	18 984	15 356	12 440	12 354
辽　宁	15 518	15 536	10 694	15 145	29 489	14 551	—
吉　林	13 779	13 726	13 022	14 215	28 731	12 555	12 543
吉林集团	16 117	16 364	16 364	—	—	14 453	14 453
黑龙江	9660	9789	8090	13 836	31 049	8671	8010
龙江集团	8927	9053	8075	27 942	36 584	8008	8010
上　海	68 286	68 286	28 385	61 496	113 085	51 543	—
江　苏	14 038	12 108	12 117	11 774	27 972	11 802	—
浙　江	36 851	36 970	20 310	34 306	54 552	32 893	—
安　徽	15 168	15 151	8569	14 550	28 072	14 157	5321
福　建	21 251	21 748	18 324	20 895	29 234	20 166	17 060
江　西	12 373	12 367	10 660	11 225	22 423	10 952	11 112
山　东	20 650	20 661	13 818	20 951	29 566	20 364	—
河　南	12 710	12 686	5622	12 099	16 507	11 806	—
湖　北	14 528	15 708	9656	15 288	23 643	12 663	7553
湖　南	17 560	17 641	10 689	17 200	23 003	15 791	11 352
广　东	21 910	21 959	12 508	20 459	34 979	17 595	9404
广　西	16 299	16 319	11 562	15 963	30 909	15 180	—
海　南	13 266	13 266	11 658	12 970	33 711	12 248	12 749
重　庆	17 897	17 925	18 779	15 618	30 124	15 380	—
四　川	16 436	16 729	13 245	16 728	28 145	15 017	15 218
贵　州	17 806	17 806	10 135	17 842	32 137	15 896	9710
云　南	20 764	20 967	13 683	21 360	29 808	19 509	12 855
西　藏	14 092	14 093	9995	11 201	29 121	10 495	9995
陕　西	16 355	16 358	9843	16 594	25 906	15 701	9736
甘　肃	18 001	18 001	8845	19 769	27 918	17 688	8669
青　海	20 603	20 603	12 960	18 330	57 014	17 920	—
宁　夏	21 677	21 954	7201	21 133	44 536	20 014	—
新　疆	18 938	18 938	18 521	18 295	27 895	17 639	21 322
新疆兵团	—	—	—	—	—	—	—
局直属单位	17 618	17 619	12 980	40 404	39 977	13 302	12 951
大兴安岭	14 004	14 004	12 980	30 902	29 878	12 924	12 951

在岗职工年平均工资

单位:元

单位合计							
农林牧渔业							
国有林场	国有苗圃	林业工作站	木材检查站	种苗站	病虫害防治站	治沙站	其他
13 465	**14 284**	**18 037**	**18 391**	**21 806**	**22 004**	**25 152**	**18 769**
44 277	34 804	46 032	35 637	48 883	47 241	63 317	32 021
27 205	18 394	23 911	24 100	26 984	23 971	—	27 269
16 971	13 067	16 122	16 539	15 783	17 811	21 147	17 685
15 827	12 266	15 574	13 850	19 422	17 453	19 938	17 621
13 715	14 435	21 134	25 028	24 644	24 008	19 863	22 527
13 754	—	—	—	—	—	—	17 543
13 592	10 257	14 922	21 638	18 037	19 806	35 200	16 561
11 186	11 092	16 668	21 764	28 227	22 139	6492	18 618
—	—	—	—	—	—	—	—
10 168	8687	20 084	18 049	25 158	22 139	—	15 531
—	5431	—	—	29 482	31 421	—	—
—	52 847	52 261	—	—	—	—	40 440
10 647	7866	18 489	17 362	18 738	15 735	—	14 731
23 379	35 425	38 256	37 110	55 580	47 510	—	44 056
13 188	9111	18 503	16 991	19 485	20 350	16 153	18 125
23 008	15 994	19 286	18 832	26 293	22 298	—	20 023
8555	11 694	15 617	16 895	17 129	18 822	14 021	16 275
19 120	14 760	18 252	15 596	24 922	23 528	20 000	35 466
11 236	94 83	12 441	10 257	11 550	12 226	22 354	13 947
10 382	13 580	14 170	14 954	14 083	15 169	8462	14 676
11 582	11 305	18 187	22 614	22 912	24 273	16 782	22 260
17 529	13 829	15 674	16 502	39 698	37 022	27 153	25 637
13 259	15 322	18 956	17 760	20 032	22 586	—	19 342
11 222	10 224	11 971	12 017	—	16 485	—	14 005
15 811	12 452	13 860	18 390	19 988	17 639	—	18 022
13 340	24 055	14 546	16 845	21 681	20 520	26 019	15 155
16 571	18 825	16 399	21 580	18 716	21 368	—	16 107
29 032	20 338	18 090	19 992	19 742	26 693	20 500	19 587
10 570	20 529	—	22 352	—	—	—	—
13 042	14 866	19 923	18 236	21 881	17 079	21 289	18 934
16 060	16 342	21 957	22 313	21 808	22 831	30 385	20 807
14 889	27 551	29 208	31 446	35 313	36 302	33 353	18 259
18 519	25 960	22 207	26 467	33 312	26 732	29 702	20 901
14 579	19 527	20 938	20 866	25 892	21 064	28 174	15 884
—	—	—	—	—	—	—	—
56 972	—	28 874	—	—	34 524	58 545	15 930
—	—	26 409	—	—	—	—	11 394

地区	国有经济					
	采矿业	制造				
		小计	木材加工及木、竹、藤、棕、苇制品业	木、竹、藤家具制造业	木、竹、苇浆造纸业	林产化学产品制造
全国合计	**16 730**	**14 947**	**13 506**	**10 994**	**—**	**15 071**
北京	—	—	—	—	—	—
天津	—	—	—	—	—	—
河北	—	25 074	11 988	—	—	17 842
山西	—	6592	6295	—	—	—
内蒙古	—	6971	—	6971	—	—
内蒙古集团	—	—	—	—	—	—
辽宁	—	14 957	40 125	16 024	—	—
吉林	14 443	17 859	19 423	—	—	—
吉林集团	14 443	19 883	79 086	—	—	—
黑龙江	6150	9553	9077	—	—	14 778
龙江集团	—	9408	9085	—	—	—
上海	—	—	—	—	—	—
江苏	—	—	—	—	—	—
浙江	—	—	—	—	—	—
安徽	2392	12 958	8997	13 399	—	—
福建	30 000	23 971	26 144	—	—	19 679
江西	—	9051	12 784	6391	—	15 000
山东	—	13 920	14 365	12 322	—	—
河南	6755	3600	—	—	—	—
湖北	—	6240	8062	7833	—	3600
湖南	5000	11 281	11 306	—	—	14 829
广东	—	11 635	12 060	—	—	—
广西	—	14 878	15 346	—	—	15 818
海南	—	4467	4467	—	—	—
重庆	—	14 651	14 696	—	—	—
四川	11 429	10 724	11 446	14 710	—	10 636
贵州	—	15 448	15 736	—	—	7200
云南	—	14 343	12 528	—	—	24 000
西藏	—	—	—	—	—	—
陕西	—	5908	11 016	6600	—	—
甘肃	—	5130	5100	9000	—	5112
青海	—	—	—	—	—	—
宁夏	—	—	—	—	—	—
新疆	—	12 181	13 681	—	—	—
新疆兵团	—	—	—	—	—	—
局直属单位	18 637	—	—	—	—	—
大兴安岭	18 637	—	—	—	—	—

（续）

单位合计					
业			电力、燃气及水的生产和供应业	建筑业	批发和零售业
木质工艺品和木质文教体育用品制造业	非木质林产品加工业	其　他			
10 560	**3692**	**18 673**	**12 617**	**12 357**	**11 897**
—	—	—	—	—	—
—	—	—	—	—	—
—	9395	26 820	—	—	6776
—	11 607	—	—	—	12 670
—	—	—	—	7785	17 898
—	—	—	—	7785	17 898
—	—	12 316	—	—	—
—	—	11 925	—	22 737	39 476
—	—	12 167	—	—	39 476
—	11 565	13 139	10 135	10 702	15 689
—	11 565	13 168	10 135	10 702	21 136
—	—	—	—	—	9478
—	—	—	—	11 700	9800
—	—	—	—	9000	26 679
—	—	15 871	—	16 600	9926
10 560	—	—	—	9000	9685
—	—	10 457	—	14 229	13500
—	—	13 366	—	9678	—
—	—	3600	—	—	5557
—	—	5196	21 818	12 291	9071
—	6792	10 159	9382	6280	12 011
—	—	11 329	12 601	—	11 939
—	—	11 997	9449	13 684	10 518
—	—	—	—	—	4739
—	—	5184	—	—	18 195
—	—	9679	—	26 276	9117
—	7996	7200	—	7200	12 515
—	—	14 325	—	—	11 087
—	—	—	—	—	—
—	1305	7179	—	10 800	8575
—	—	—	—	—	—
—	—	—	—	—	—
—	—	—	—	—	—
—	—	6557	—	—	10 975
—	—	—	—	—	—
—	—	—	14 143	—	11 047
—	—	—	14 143	—	11 047

地区	国有经济					
	科学研究、技术服务和地质勘查业			水利、环境和公共设施管理业		
	小计	其中		小计	其中	
		科技交流和推广服务	规划设计管理		自然保护区管理	野生动植物保护
全国合计	**29 422**	**26 111**	**34 455**	**34 587**	**21 841**	**25 709**
北京	46 467	42 921	56 531	45 396	62 222	42 632
天津	—	—	—	—	—	—
河北	23 825	25 581	29 513	21 007	22 672	48 333
山西	28 042	28 839	29 510	19 935	21 694	26 899
内蒙古	27 071	22 773	28 567	25 914	26 029	25 032
内蒙古集团	16 578	—	—	—	—	—
辽宁	25 773	20 590	22 927	20 026	20 023	20 068
吉林	32 811	38 265	32 615	19 622	19 636	18 000
吉林集团	—	—	—	—	—	—
黑龙江	26 593	24 315	27 470	24 239	15 647	29 970
龙江集团	26 845	24 326	27 726	31 000	—	—
上海	64 435	—	—	67 821	46 560	58 700
江苏	—	—	—	—	—	—
浙江	50 974	48 166	54 749	34 904	33 389	60 750
安徽	20 768	16 083	18 396	14 873	14 442	20 611
福建	21 881	22 835	24 854	18 025	17 119	25 643
江西	17 851	17 351	17 872	17 745	19 973	17 166
山东	46 794	49 344	61 558	33 748	33 748	—
河南	13 530	11 897	17 751	14 089	14 277	9996
湖北	16 821	14 299	13 802	19 543	19 505	19 864
湖南	20 234	21 664	23 638	23 470	24 360	19 675
广东	32 905	43 751	54 288	29 353	32 254	28 715
广西	24 735	19 786	27 291	14 793	13 440	23 613
海南	15 216	16 234	—	12 411	12 103	13 965
重庆	22 793	15 665	16 788	22 176	22 554	—
四川	31 469	35 955	30 740	18 317	18 392	21 225
贵州	22 732	20 586	25 352	35 363	36 612	21 379
云南	20 941	20 204	22 585	17 385	16 827	—
西藏	—	—	—	—	—	—
陕西	15 048	13 416	19 000	29 537	32 256	18 566
甘肃	22 838	23 684	18 760	16 920	16 603	25 187
青海	32 682	31 799	33 263	54 517	54 517	—
宁夏	28 227	—	—	25 507	25 699	—
新疆	23 729	23 471	—	21 754	21 488	22 411
新疆兵团	—	—	—	—	—	—
局直属单位	41 754	—	53 714	27 649	27 649	—
大兴安岭	30 020	—	30 020	27 140	27 140	—

（续）

单位合计					
教育	卫生、社会保障和社会福利业	公共管理和社会组织	其他	集体经济单位合计	其他各种经济单位合计
30 334	**25 782**	**29 634**	**20 843**	**7450**	**13 092**
53 516	—	61597	25 571	22 328	—
—	—	28 043	24 978	—	—
—	—	23 560	19 961	—	—
28 267	8021	26 689	14 323	—	—
24 941	15 498	28 553	20 552	7395	12 961
17 915	15 498	16 414	20 405	7399	12 961
32 060	—	30 310	37 037	4297	—
28 259	—	34 657	48 524	8553	14 504
—	—	74 913	80 815	—	15 562
30 416	27 384	30 935	16 887	5567	7149
30 309	27 384	35 480	19 551	5102	7102
58 667	89 250	111 519	72 100	—	—
—	—	23 109	—	11 533	17 230
—	—	54 552	17 237	—	24 033
—	—	28 018	7154	16 825	14 863
43 321	—	28 887	11 033	14 252	15 201
—	—	22 488	9694	13 345	12 781
—	—	29 448	33 325	7917	—
16 419	—	16 573	13 987	28 091	—
22 825	15 030	39 392	15 000	10 996	6106
34 688	6576	23 410	14 520	9326	14 717
54 294	31 091	35 069	27 292	20 322	8837
30 623	—	30 814	21 571	12 773	15 308
—	—	31 396	13 600	—	—
—	—	29 823	—	7200	—
21 944	28 437	27 976	18 630	6501	8666
29 481	32 400	32 263	10 906	—	—
26 017	—	29 730	14 356	13 814	7739
—	—	29 121	—	—	14 000
15 148	26 619	25 906	8024	8931	—
17 986	14 309	23 683	9841	—	—
—	—	55 765	12 960	—	—
25 562	—	44 536	—	—	3191
21 760	—	29 142	37 578	—	—
—	—	—	—	—	—
38 649	38 310	43 278	41 429	—	14 775
33 029	38 310	29 736	21 879	—	14 775

林业系统按行业分职工伤亡事故情况

国民经济行业	轻伤(人次)	重伤(人次)	死亡(人)
总计	**758**	**159**	**174**
一、农、林、牧、渔业	**706**	**120**	**141**
其中：国有林场	135	30	67
木材及竹材采运业	494	49	8
二、采矿业	—	—	—
三、制造业	**18**	**7**	**4**
1. 木材加工及木、竹、藤、棕、苇制品业	17	5	1
2. 木、竹、藤家具制造业	—	—	1
3. 木、竹、苇浆造纸业	—	—	—
4. 林产化学产品制造	—	—	—
5. 其他	1	2	2
四、建筑业	**7**	—	**1**
五、其他	**27**	**32**	**28**

固定资产投资统计

林业系统固定资产投资2008年主要指标与2007年比较

指标名称	2008年	2007年	2008年与2007年比较(%)
林业固定资产投资完成额(万元)	**9 872 422**	**6 457 517**	**52.88**
其中：国家投资	5 083 432	4 486 119	13.31
一、基本建设投资完成额	9 522 903	6 297 242	51.22
其中：国家投资	5 058 608	4 401 896	14.92
二、更新改造投资完成额	286 186	112 408	154.60
其中：国家投资	13 050	54 027	-75.85
三、森工其他投资完成额	63 333	47 867	32.31
其中：国家投资	11 774	30 196	-61.01
四、本年新增固定资产	3 376 084	1 491 383	126.37
营林固定资产投资完成额(万元)	**8 366 173**	**6 217 121**	**34.57**
一、基本建设投资完成额	8 277 170	6 151 056	34.57
其中：国家投资	5 008 011	4 371 272	14.57
(一) 按构成分：建筑安装	439 314	294 198	49.33
设备工器具购置	105 447	108 740	-3.03
其他费用	7 732 409	5 748 118	34.52
(二) 按用途分：营造林业	5 485 554	4 058 067	35.18
木材及竹材采运业	183 484	129 412	41.78
木材加工及竹藤棕苇制品业	301 455	139 875	115.52

（续）

指标名称	2008 年	2007 年	2008 年与 2007 年比较(%)
其他	2 306 677	1 823 702	26.48
（三）本年新增固定资产	2 346 144	1 312 448	78.76
二、更新改造投资完成额	89 003	66 065	34.72
其中：国家投资	6106	49 738	-87.72
（一）按构成分：建筑安装	4650	15 620	-70.23
设备工器具购置	2365	2635	-10.25
其他费用	81 988	47 810	71.49
（二）按用途分：营造林业	79 447	60 840	30.58
木材及竹材采运业	38	20	90.00
木材加工及竹藤棕草制品业	127	2612	-95.14
其他	9391	2593	262.17
（三）本年新增固定资产	11 990	8799	36.27
森工固定资产投资完成额(万元)	**1 506 249**	**240 396**	**526.57**
一、森工基建基本建设投资完成额	1 245 733	146 186	752.16
其中：国家投资	50 597	30 624	65.22
（一）按构成分：建筑安装	669 207	107 048	525.15
设备工器具购置	134 792	19 193	602.30
其他费用	441 734	19 945	2114.76
（二）按用途分：营造林业	105 984	5396	1864.12
木材及竹材采运业	66 938	39 877	67.86
木材加工及竹藤棕草制品业	754 304	14 882	4968.57
其他	318 507	86 031	270.22
（三）本年新增固定资产	838 111	108 611	671.66
二、森工更新改造投资完成额	197 183	46343	325.49
其中：国家投资	6944	4289	61.90
（一）按构成分：建筑安装	83 818	20 325	312.39
设备工器具购置	40 864	19 258	112.19
其他费用	72 501	6760	972.50
（二）按用途分：营造林业	1778	27	6485.19
木材及竹材采运业	40 585	15 187	167.24
木材加工及竹藤棕草制品业	76 019	12 035	531.65
其他	78 801	19 094	312.70
（三）本年新增固定资产	131 428	38 131	244.67
三、森工其他投资完成额	63 333	47 867	32.31
其中:国家投资	11 774	30 196	-61.01
（一）按构成分：建筑安装	26 753	25 148	6.38
设备工器具购置	6774	8425	-19.60
其他费用	29 806	14 294	108.52
（二）本年新增固定资产	48 411	23 394	106.94

各地区林业固定资产投资完成情况

单位:万元

地　　区	总　计	营林固定资产投资			森工固定资产投资			
		合　计	基本建设	更新改造	合　计	基本建设	更新改造	其他投资
全国合计	**9 872 422**	**8 366 173**	**8 277 170**	**89 003**	**1 506 249**	**1 245 733**	**197 183**	**63 333**
北　京	382 399	382 399	308 386	74 013	—	—	—	—
天　津	24 809	24 809	24 809	—	—	—	—	—
河　北	246 929	246 929	246 651	278	—	—	—	—
山　西	435 413	435 413	435 413	—	—	—	—	—
内蒙古	498 824	485 761	485 761	—	13 063	1226	423	11 414
内蒙古集团	88 301	75 238	75 238	—	13 063	1226	423	11 414
辽　宁	201 000	201 000	201 000	—	—	—	—	—
吉　林	381 620	323 002	322 972	30	58 618	43 892	10 875	3851
吉林集团	112 059	93 877	93 877	—	18 182	11 447	2884	3851
黑龙江	495 614	358 749	356 697	2052	136 865	118 240	18 625	—
龙江集团	330 475	193 610	193 610	—	136 865	118 240	18 625	—
上　海	38 456	38 456	38 456	—	—	—	—	—
江　苏	545 402	545 402	544 102	1300	—	—	—	—
浙　江	30 595	30 425	30 425	—	170	170	—	—
安　徽	103 532	97 469	96 101	1368	6063	3015	200	2848
福　建	49 664	41 058	41 058	—	8606	3190	844	4572
江　西	165 130	165 033	163 276	1757	97	5	92	—
山　东	217 437	217 437	215 351	2086	—	—	—	—
河　南	138 740	138 740	138 740	—	—	—	—	—
湖　北	229 057	218 202	214 052	4150	10 855	9335	720	800
湖　南	216 650	216 650	216 650	—	—	—	—	—
广　东	51 401	51401	51 401	—	—	—	—	—
广　西	1 883 074	669 869	669 869	—	1 213 205	1 025 511	151 161	36 533
海　南	30 422	30 422	30 422	—	—	—	—	—
重　庆	347 879	347 879	347 879	—	—	—	—	—
四　川	1 232 592	1 228 731	1 228 731	—	3861	3861	—	—
贵　州	271 589	271 589	271 589	—	—	—	—	—
云　南	321 257	315 300	314 019	1281	5957	4307	698	952
西　藏	39 543	39 543	39 543	—	—	—	—	—
陕　西	315 111	314 811	314 811	—	300	—	300	—
甘　肃	367 149	367 149	367 149	—	—	—	—	—
青　海	101 537	101 537	101 537	—	—	—	—	—
宁　夏	104 375	104 375	104 375	—	—	—	—	—
新　疆	217 758	217 080	216 392	688	678	543	—	135
新疆兵团	59 342	59 342	59 342	—	—	—	—	—
局直属单位	187 464	139 553	139 553	—	47 911	32 438	13 245	2228
大兴安岭	150 550	102 639	102 639	—	47 911	32 438	13 245	2228

林业系统各地区按事业分的营林基本建设投资完成额

单位:万元

地区	合计	造林	更新造林	低产林改造	森林管护	中、幼龄林抚育	种苗工程	森林防火	森林病虫鼠害防治
全国合计	**8 277 170**	**3 701 443**	**73 232**	**41 353**	**506 465**	**73 293**	**72 834**	**77 418**	**64 239**
北　京	308 386	179 064	—	207	33 131	2698	3649	8232	7703
天　津	24 809	19 741	—	—	—	—	160	425	935
河　北	246 651	181 088	79	—	2369	277	398	696	1712
山　西	435 413	340 567	—	21	8927	635	2770	3012	2325
内蒙古	485 761	220 152	53	—	60 493	1155	629	3795	1708
内蒙古集团	75 238	—	—	—	18291	947	—	525	180
辽　宁	201 000	109 844	—	240	14 465	540	1923	3471	3181
吉　林	322 972	44 459	6177	1061	19245	5496	990	1945	2016
吉林集团	93 877	412	3203	—	4324	4690	396	55	139
黑龙江	356 697	75165	235	510	34 628	1638	1579	5365	2079
龙江集团	193 610	—	—	380	21 625	150	414	1624	—
上　海	38 456	21 810	—	—	2962	195	7	191	394
江　苏	544 102	382 023	1044	203	2392	5224	14 014	2913	2162
浙　江	30 425	9043	275	20	125	352	599	1763	59
安　徽	96 101	45 847	199	333	10 957	2833	2281	795	601
福　建	41 058	11 329	3022	847	6890	468	1374	2429	1203
江　西	163 276	59 957	3525	722	21 379	2793	11 242	4389	1733
山　东	215 351	99 704	1616	466	8057	8282	8007	4222	16 347
河　南	138 740	88 200	—	—	1987	—	133	282	458
湖　北	214 052	97 293	1145	9101	23 926	3281	3911	2435	1026
湖　南	216 650	129 472	12 303	2059	13 708	5457	1388	2826	1103
广　东	51 401	4244	7109	8479	830	1444	478	3394	1436
广　西	669 869	292 607	30 576	15 182	20 215	15 615	594	2471	675
海　南	30 422	17 219	—	—	—	—	454	132	—
重　庆	347 879	277 000	532	576	8655	244	527	2198	1207
四　川	1 228 731	377 276	2011	473	48 368	3634	5438	4477	2758
贵　州	271 589	108 811	47	88	16 448	4697	1443	2548	1522
云　南	314 019	133 332	1910	60	36 321	1021	2757	3638	619
西　藏	39 543	21 103	—	—	—	—	250	984	560
陕　西	314 811	140 734	128	262	20 127	84	650	1328	387
甘　肃	367 149	67 870	—	—	22 276	50	1092	691	1694
青　海	101 537	19 809	—	—	11 626	—	1270	346	200
宁　夏	104 375	22 323	—	227	2262	—	478	310	829
新　疆	216 392	104 357	1246	216	36 537	4572	2349	358	5014
新疆兵团	59 342	25 927	792	50	10 864	2833	1246	41	534
局直属单位	139 553	—	—	—	17 159	608	—	5357	593
大兴安岭	102 639	—	—	—	17 159	608	—	2805	291

（续）

地　　区	林业工作站	森林公安	森林公园	野生动植物保护及自然保护区	湿地恢复与保护	花卉	林政及木材检查站	林业调查规划设计	林业教育	林业科技及重点实验室	其他
全国合计	**21 217**	**43 170**	**74 234**	**52 252**	**30 396**	**99 300**	**10 154**	**15 851**	**54 402**	**23 269**	**3 242 648**
北　京	4035	621	19 145	1022	333	3630	352	651	525	359	43 029
天　津	—	—	—	105	—	—	—	—	—	—	3443
河　北	10	5	200	1833	140	31	91	15	25	122	57 560
山　西	142	226	303	1430	2238	200	—	330	424	64	71 799
内蒙古	67	1030	—	1797	2118	—	—	1075	361	468	190 860
内蒙古集团	—	81	—	—	—	—	—	—	—	—	55 214
辽　宁	81	319	—	3760	153	947	—	15	47	—	62 014
吉　林	904	7672	—	895	254	—	481	131	9422	67	221 757
吉林集团	376	2590	—	—	—	—	270	120	3666	6	73 630
黑龙江	157	13 213	478	3754	1935	60	80	9	26 339	21	189 452
龙江集团	—	12 883	398	1020	1229	—	—	—	26 339	—	127 548
上　海	1901	—	—	1461	—	25	—	113	131	22	9244
江　苏	741	69	1480	562	14 099	5553	407	534	38	8664	101 980
浙　江	100	237	9452	1501	—	—	20	405	—	68	6406
安　徽	9	85	25	137	539	274	98	21	5	13	31 049
福　建	1104	922	3536	1991	146	394	1166	828	39	215	3155
江　西	374	1450	379	2359	303	100	153	1665	—	50	50 703
山　东	69	50	48	1000	434	5938	160	63	25	73	60 790
河　南	15	32	—	1056	726	—	1260	—	5	43	44 543
湖　北	1367	693	1527	1298	1035	6140	936	306	143	155	58 334
湖　南	706	689	862	1417	234	52	535	127	67	283	43 362
广　东	204	268	7542	1850	350	—	—	52	—	485	13 236
广　西	1240	990	82	4279	204	10 757	112	1471	1118	43	271 638
海　南	—	—	—	420	—	—	—	—	—	—	12 197
重　庆	51	594	26 425	173	10	165	193	228	—	125	28 976
四　川	122	1512	130	5850	421	64 768	186	346	80	582	710 299
贵　州	862	409	373	581	—	15	1236	838	22	58	131 591
云　南	917	1667	50	2649	577	30	754	2142	11	3561	122 003
西　藏	—	282	—	—	—	—	—	30	—	—	16 334
陕　西	—	462	1365	1590	620	—	—	35	178	—	146 861
甘　肃	55	2133	—	1740	1612	100	—	15	1334	216	266 271
青　海	300	126	—	2920	200	—	—	—	—	—	64 740
宁　夏	10	71	653	222	664	50	5	15	12	35	76 209
新　疆	1360	1200	179	1305	1046	71	1082	117	175	276	54 932
新疆兵团	233	468	—	40	466	—	—	80	16	131	15 621
局直属单位	4314	6143	—	1295	5	—	847	4274	13 876	7201	77 881
大兴安岭	100	6143	—	88	—	—	270	—	9151	—	66 024

（林业统计资料由计资司统计信息处供稿）

林业财务会计与资金稽查

林业财务会计

【国务院常务会议审议通过灾后林业生态恢复重建政策措施】 2008年11月12日，国务院第35次常务会议听取并原则同意国家发改委副主任杜鹰关于雨雪冰冻和地震灾后林业生态恢复重建政策措施等有关问题的汇报。会议确定，由国家发改委、国家林业局抓紧组织编制《雨雪冰冻灾后林业生态恢复重建规划》，按程序报国务院审批。有关部门和地方政府要将灾后林业基层单位公共用房、道路、供电、给排水、通讯等公共基础设施恢复重建，纳入相关规划。进一步细化落实有关政策措施。一是中央财政安排专项资金支持灾后林业生态恢复重建。对林业基层单位职工因灾损毁的住房重建给予适当补助，对林木良种繁育给予适当支持。二是由受灾省（区、市）制定受灾木竹最低收购保护价，中央和地方财政对受灾木竹收购加工企业所需流动资金贷款给予贴息。三是对雨雪冰冻和地震灾害形成的难以偿还的造林债务，根据灾情给予优惠或适当豁免。四是将林业灾害救助纳入中央和地方政府相关救灾资金渠道统筹安排。五是加快建立政策性森林保险制度，由财政部会同林业局、保监会等部门研究具体实施方案。六是探索建立森林经营稳定的投资渠道和长期补贴制度，由林业局指导地方先行开展试点。（袁卫国）

【切实加强监管，为扩大内需政策贯彻落实提供保障】 2008年第四季度中央出台十项扩大内需促进经济增长的政策和措施，把林业作为实行积极的财政政策、进一步拉动内需的重要领域，体现了党中央、国务院对林业事业的关心和重视。在新增投资中，林业投资总量达36.5亿元，其中：天保工程10亿元，三北防护林四期工程15亿元，沿海防护林工程5亿元，长江流域防护林工程3亿元，珠江防护林工程1亿元，太行山绿化工程1亿元，国有林区棚户区改造试点工程1.5亿元。投资安排侧重于营造林建设，并首次启动了国有林区棚户区改造工程。

为积极落实中央关于扩大内需促进经济增长的各项政策、措施，国家林业局积极行动、全面部署，将此项工作作为最重要、最紧迫的任务。在抓好政策、措施落实的同时，积极跟进、全面部署监督检查工作，认真学习贯彻贺国强同志在中央扩大内需促进经济增长政策落实监督检查工作动员会上的讲话精神。①根据中央纪委《关于加强监督检查保证进一步扩大内需促进经济增长重大决策部署贯彻落实的通知》和贺国强同志在中央扩大内需促进经济增长政策落实监督检查工作动员会上的讲话精神，国家林业局党组高度重视，为了切实做好新增林业投资项目资金的监督检查工作，国家林业局采取了一系列措施，一是召开由监察局、办公室、计资司和稽查办参加的会议，传达贯彻贺国强同志在中央扩大内需促进经济增长政策落实监督检查工作动员会上的讲话精神，研究林业如何加强监管的措施和意见；二是专门成立了以中央纪委驻国家林业局纪检组组长杨继平任组长，主管计财工作的祝列克副局长任副组长的中央新增林业投资项目资金监督检查领导小组，领导小组下设办公室负责日常工作；三是制定了《国家林业局扩大内需促进经济增长林业项目资金监督检查工作方案》，明确了监督检查的目标、任务、检查内容、范围、各相关部门的工作职责等。②根据动员部署会议和《工作方案》提出的工作要求，结合林业实际，国家林业局对中央新增林业投资的监督检查采取驻地监督检查和派工作组稽查检查相结合的方式。驻地监督检查以国家林业局派驻各地的森林资源监督专员办为主，专员办依据投资计划和工程实施方案对所驻省（区、市）的资金下达和使用、项目进度、工程质量、重点区域建设等进行全面检查和抽查。长防办、天保办、三北局等工程管理单位结合各自职能，对本部门负责管理的工程项目资金运行实施监督管理，充分发挥工程管理体系的作用，对各级林业管理部门及项目实施单位的计划下达、资金到位、工程进度、施工质量等情况进行检查。林业资金稽查办及时掌握项目及资金运行的情况，重点稽查天保公益林、防护林、棚户区改造新增中央投资的资金拨付、到位、核算、使用、管理及效益情况。领导小组办公室负责综合的组织、监督、指导，统一部署、统一检查，既保证覆盖整个工程建设区域，又避免重复检查。③各驻地专员办和相关工程管理办公室和省级林业主管部门结合各自职能，积极行动，认真落实监督检查的各项措施。学习领会贺国强同志的讲话精神和国家林业局关于监督检查的工作部署，均成立了相应的领导小组和办公室，制定了详细具体的工作方案。国家林业局森林资源监督专员办于12月5～8日举办了由国家林业局驻各地专员办业务处长参加的第十期森林资源监督管理干部培训班，并将对中央新增林业投资的监督检查作为培训的一项重要内容。④国家林业局于12月17～21日抽调10个工作组对福建、云南、黑龙江、山西、内蒙古、湖南、四川、陕西、甘肃、新疆等省(区)和龙江森工集团及新疆生产建设兵团中央新增林业资金工程进展情况进行督促检查，督导结束后形成了检查汇报材料报局党组，局领导听取了检查组的专题汇报。

(郝雁玲)

【国家林业局部门预算改革】 2008年，国家林业局部门预算按照科学发展观要求和财政部的部署，进一步调整和优化支出结构，加强和改进预算编制和执行管理，规范和细化项目管理，预算管理水平不断提高，预算约束性进一步增强，部门预算管理工作呈现出有序推进、不断完善的良好局面，为更好地发挥林业职能作用，促进林业事业发展，提高资金使用效益，发挥了重要作用。2008年年初财政部批复国家林业局部门预算资金184 641.8万元，按可比口径，比2007年年初批复的164 019.21万元增加20 662.59万元，增长12.57%。同时，围绕局重点工作和灾后恢复重建工作需要，积极申请追加部门预算资金，确保了临时性重点工作的顺利开展。追加项目资金重点包括亚太森林恢复与可持续管理网络项目运行管理费、森林防火物资储备资金、行业公益性科研专项经费、退耕还林工程阶段验收工作经费、中央级科学事业单位修缮购置专项资金、机关事业单位医疗经费挂账补助、卧龙大熊猫救护资金和地震灾区基础设施建设资金等。2008年部门预算资金总体情况是：2008年年初财政部批复下达各项财政部门预算资金为184 641.8万元，年中预算执行追加25 674.82万元，总计210 316.62万元，比2007年同口径预算数193 325.81万元，增加16 990.81万元，增长8.79%。2008年部门预算无论从预算增量还是项目预算所涵盖的内容，都较好地反映了国家林业局贯彻生态建设为主战略、实施三个体系建设的现代林业发展的需求，体现了对局重点工作的保证以及事业单位基本支出不足等突出矛盾的解决需要。2008年部门预算改革重点内容包括：

调整和优化支出结构，大力保障和改善民生 2008年部门预算着力解决一些关系到干部职工切身利益的实际困难，努力从资金和政策上争取给予支持。包括：启动京外事业单位购房补贴的发放工作，推动京外事业单位住房制度改革的顺利实施；申请解决公费医疗历史挂账遗留问题，追加安排医疗费补助资金8040.13万元；协调解决职工基本医疗保险缴费；争取直属单位纳入基本支出定员定额试点单位范畴，2009年国家林业局有12个二级事业单位、6个三级事业单位纳入财政部定员定额试点事业单位范围，有18个二级参公事业单位、19个三级参公事业单位纳入参公试点范围，试点单位基本支出预算有了很大提高，缓解了多年来困扰事业单位而无法解决的基本支出预算不足的矛盾。

实行部门预算精细化管理，提高预算管理的科学性、准确性和完整性 部门预算精细化管理，体现在预算编制的细化程度有了明显提高。随着预算编制方法不断改革，各单位的预算编制质量不断提高，预算细化程度有了明显提高，预算代编现象有明显下降，年初预算细化到位率有一定增加，为预算执行打好了基础。预算管理的科学性、准确性的提高，体现在项目支出和基本支出编制方法改革的不断深化。基本支出方面，积极扩大基本支出定员定额试点范围，逐步完善定员定额标准体系建设。同时，为规范预算执行，强化预算约束，积极开展行政经费实物费用定额预算执行试点工作，积极开展行政经费实物费用定员定额与资产结合的途径；项目支出方面，继续加强项目清理工作，积极探索建立和完善项目支出标准体系。预算编制管理的完整性，体现在能及时按照部门“一上”建议预算和财政下达的预算控制数，进一步规范细化预算，确保在财政部批复本部门预算之日起15日内，及时将部门预算正式批复下达到预算单位和项目承担单位，做到一个单位一本预算，保证了部门预算批复的及时和完整，为预算单位履行职能和开展专项业务工作创造了条件。

推进项目支出预算绩效考评工作，提高财政资金的使用效益 按照财政部关于推进部门预算改革、开展项目支出预算绩效考评试点的相关要求，积极开展财政项目支出预算绩效考评试点工作。2008年完成对2004～2006年度荒漠化监测项目的绩效考评试点工作，在广泛调研的基础上，制定项目考评指标体系和考评实施方案，分别赴湖南、辽宁、内蒙古、新疆、甘肃等省(区)组织实地考评，并向财政部上报了项目支出绩效报告。

规范预算执行调整，严格预算约束，增强预算的严肃性 按照财政部的要求，规范预算执行调整，除党中央、国务院确定的项目以及自然灾害等不可抗拒因素需申请调整追加预算外，严格控制一般性的调整事项，严格禁止预算单位自行调整已批复的预算。

强化财政拨款结余资金管理，提高资金使用效益 2008年在加强财政拨款结余资金管理方面，一是认真研究结余资金的结构，了解结余资金滚动使用的年限，分析结余资金产生的原因和资金使用管理中存在的问题，积极协商项目实施部门，研究提出切实有效措施，推进项目实施，管好、用好项目资金，将结余资金数额控制在合理限度。二是统筹编制部门预算，根据单位结余资金情况和项目情况，统筹编制2009年部门预算，确保林业重点工作和职能履行支出需要，从项目组织和预算安排等源头环节采取有效措施，控制结余资金的增加和项目规模的扩大，优先动用净结余资金，三是齐抓共管，有效调控，统筹做好项目组织工作，控制结余资金的增加。按照齐抓共管、统筹安排原则，要求业务部门严把项目组织关，对项目资金结余多，项目长期不清的单位，从项目组织到预算安排进行调控，逐步减少项目结余，压缩结余资金规模，提高财政资金的使用效益。

制定因公出国(境)管理制度，加强因公出国(境)经费预算审批 为贯彻落实中共中央办公厅、国务院办公厅《关于进一步加强因公出国(境)管理的若干规定》(中办发[2008]9号)，规范国家林业局机关和直属单位因公出国(境)行为，加强因公出国(境)经费审批及预算管理，根据《财政部、外交部、监察部、审计署、国家预防腐败局关于印发〈加强党政干部因公出国(境)经费管理暂行办法〉的通知》(财行[2008]230号)精神，国家林业局制定下发了《国家林业局因公出国(境)经费预算管理暂行办法》(林计发[2008]200号)，重点内容包括：一是将单位因公出国(境)经费全部纳入国家林业局中央部门预算实行预算管理，未通过部门预算提出申请，以及对所提申请经审核后未安排预算的单位均视为无出国(境)任务安排；二是对因公出国(境)的审批实行经费先行审核制度，经费审批部门和任务审批部门实行审批联动，从源头上掌握和控制因公出国(境)活动，坚决制止公款出国(境)旅游行为。

加强资金监管，确保资金安全运行 2008年组织4个工作组开展了引进国际先进林业技术专项经费的重点检查，对专项经费在资金使用上的安全性、有效性及专款专用和合理合规等方面进行重点检查。这是继2005年该项目资金专项检查后的又一次重点检查。通过检查发现，项目总体执行和资金使用情况明显较以往有所好转，检查后针对检查情况进行了通报，达到了规范资金使用、强化预算管理、提高专项资金使用效益的目的。 (徐旺明)

【全国林业行业财政资金收支状况】 2008年，全国林业行业预算投入1047亿元，其中：中央投入576.3亿元，地方投入470.7亿元。全年实际到位资金964.1亿元，实际支出934.8亿元。

中央预算投入 中央预算投入576.3亿元，包括基本建设投资61.3亿元，财政专项资金510.5亿元，中央直属大兴安岭林业集团公司提取的育林基金和东北、内蒙古重点国有森工企业征收的森林植被恢复费共4.5亿元。①基本建设投资61.3亿元(不包括拉动内需追加投资)，主要包括天保工程10亿元，退耕还林工程16亿元，京津风沙源治理工程5.3亿元，野生动植物保护及自然保护区建设工程5.3亿元，三北等防护林建设工程6亿元，森林防火3亿元，病虫害防治2亿元。②财政专项资金510.5亿元，比2008年增加91.1亿元，增加的主要原因是2008年新增安排了巩固退耕还林成果专项资金76.6亿元。财政专项资金主要包括：天保工程69亿元，退耕还林工程335.1亿元，森林生态效益补偿基金35亿元，石油价格改革补贴22.1亿元，雨雪冰冻和地震等救灾资金8.1亿元，林业有害生物防治2.9亿元，贫困林场扶贫资金2.2亿元，农业综合开发2.2亿元。

地方预算投入 地方各级财政投入470.7亿元(含育林基金、植被恢复费92亿元)，其中：省级176.9亿元，地(市)级93.6亿元，县级200.2亿元。地方投入包括基本建设投资23.4亿元，财政专项资金355.3亿元(其中：天保工程5亿元，退耕还林工程8.4亿元，生态效益补偿基金22.6亿元)，政府性基金92亿元(育林基金51.5亿元，植被恢复费40.5亿元)。

资金到位与支出 中央与地方林业行业财政资金到位964.3亿元(中央投入全部到位)，实际支出934.8亿元，当年形成结余32亿元，累计结余189.8亿元。①基本建设投资到位85.1亿元，支出77.1亿元，累计结余23.8亿元。②财政资金到位772亿元，支出761亿元，累计结余63亿元。结余较多的主要是天保工程16.3亿元(原因主要是混岗等职工一次性安置工作没有在2008年底前如期结束)，退耕还林工程19.2亿元，生态效益补偿基金9.3亿元。③政府性基金收入107.2亿元，实际支出96.7亿元，累计结余102.9亿元，其中：育林基金80.5亿元，植被恢复费22.4亿元。 (段亮红)

【天保工程财政资金收支状况】 2008年，全国天保工程财政资金投入81亿元(不含基本建设投资10亿元)，其中：中央财政专项资金69亿元，地方财政配套5.1亿元，企业自筹5.9亿元，其他收入1亿元。当年实际支出90亿元，年末累计结余16.3亿元(比2007年减少9亿元)。

收支情况 ①森林管护费投入25.3亿元，其中：中央投入20.4亿元，地方配套3.1亿元，企业自筹1.6亿元，其他0.2亿元；全年实际支出25.6亿元。②政社性支出投入18.7亿元，其中：中央投入14.5亿元，地方配套0.7亿元，企业自筹2.7亿元，其他收入0.8亿元；全年实际支出20.1亿元。③社会保险投入20亿元，其中：中央投入18.7亿元，地方配套0.9亿元、企业自筹0.4亿元；全年实际支出21.5亿元。④富余职工一次性安置投入15.7亿元，其中：中央投入15.2亿元，地方配套0.4亿元，企业自筹0.1亿元；全年实际支出22.6亿元。⑤职工培训费投入1665万元(全部为中央财政专项资金)，全年实际支出2726万元。

结余情况 全国天保工程财政专项资金累计结余16.3亿元，其中内蒙古森工集团结余最多达6.9亿元，原因主要是未在2008年底前按计划完成混岗职

工一次性安置任务。（段亮红）

【全国育林基金收支状况】

提取与征收情况 2008年，全国征收提取育林基金62.3亿元，比2007年增加0.9亿元，按来源分包括：国有森工企业和林场（苗圃）提取31.7亿元，林业部门征收24.4亿元，营林产品销售净收入及其他6.2亿元。育林基金提取主要集中在国有林区，东北、内蒙古重点森工企业提取23.5亿元，占全国提取总额的74%；育林基金征收主要集中在南方集体林区，其中江西、湖南、广西和福建4省（区）征收育林基金19.1亿元，占全国征收总额的78%。

育林基金支出情况 全年实际支出59.1亿元，当年结余4.7亿元。①营林生产支出15.7亿元，其中：森林更新及造林支出10.7亿元，成林抚育支出2.7亿元，营林生产其他支出2.3亿元。②营林费用支出23.2亿元，其中：营林管理费7.6亿元，森林保护费6.5亿元，营林三项费用3.2亿元。③其他支出20.1亿元，其中弥补机构经费不足9.7亿元，主要是湖南省3.1亿元，福建2.2亿元。（段亮红）

【全国国有森工企业财务状况】 2008年，全国国有森工企业财务报表共汇总20个省（区、市）1027户企业，企业总资产716亿元，全年总收入202亿元，净利润3.3亿元，比2007年减少1.7亿元。

资产负债状况 2008年末，全国国有森工企业总资产716.5亿元，其中：流动资产315亿元（货币资金91亿元）、固定资产291亿元；总负债452亿元，其中：流动负债42.7亿元、长期负债59.5亿元；所有者权益264.5亿元，其中：实收资本170亿元（国家资本150亿元），资本公积141亿元，盈余公积22亿元，未分配利润-68.5亿元。2008年末，企业资产负债率63%，比2007年下降3%。2008年末，森工企业拖欠在职职工工资2.3亿元，拖欠离退休人员离退休金0.8亿元，分别比2007年减少5.1亿元和0.9亿元。拖欠减少的原因主要是龙江森工集团补发了以前年度工资，拖欠工资由2007年5.7亿元减少到1.1亿元。

损益状况 2008年，全国森工企业主营业务收入167.4亿元，比2007年增加0.9亿元；营业成本105.7亿元，比2007年增加4.4亿元；管理费用54.2亿元，比2007年增加3亿元；财务费用2.1亿元，比2007年减少0.2亿元。2008年，亏损企业545户，亏损面53.1%，比2007年增加1.1%；亏损企业亏损额6亿元，比2007年减亏0.9亿元。盈亏相抵，全国森工企业净利润3.3亿元，比2007年减少1.7亿元。其中：东北、内蒙古重点国有森工企业仅龙江森工集团亏损0.4亿元，盈亏相抵实现净利润3.2亿元，与2007年持平；集体林区净利润0.2亿元，比2007年减少1.4亿元，其中：广西壮族自治区比2007年减利0.5亿元，江西省比2007年增亏0.6亿元。2008年底，全国森工企业累计未弥补亏损76.7亿元，比2007年增加3亿元。

企业税负情况 2008年森工企业缴税3.2亿元，主要包括：所得税0.3亿元，营业税0.6亿元，增值税2亿元。与2007年相比，少缴税0.8亿元，主要是增值税少缴0.6亿元，所得税少缴0.2亿元。2008年，森工企业利用“三剩物”和次小薪材生产加工的综合利用产品增值税缴税0.59亿元，返还0.57亿元。

收入和利润主要情况及分析 2008年森工企业收入202亿元，比2007年增加5.1亿元，其中：林产品收入147.2亿元，占总收入的72.9%；非林非木产品收入54.8亿元，占总收入的27.1%。按地区分，国有林区实现收入158亿元，占全国总收入的79%；集体林区收入44亿元，占全国总收入的21%。与2007年相此，国有林区收入增加2.4亿元，增幅仅1.5%；集体林区收入增加2.6亿元，增幅6.3%。集体林区收入主要集中在广西和福建两省（区），2008年两省（区）收入分别为17.6亿元和14.5亿元，占集体林区的73%，其中：广西壮族自治区近年桉树等速丰林逐步进入成熟期，收入明显增加，2008年比2007年增加2.4亿元。2008年，全国森工企业销售利润59.4亿元，比2007年减少3.8亿元，其中：林产品销售利润51.9亿元，占总利润的87.4%；非林非木产品销售利润7.5亿元，占总利润的12.6%。林产品收入与利润具体情况是：

以林木采伐为主的林业种植业实现收入106.9亿元，占林产品收入的72.6%，实现利润47.7亿元，占林产品销售利润51.9亿元的91.9%。

养殖业实现收入0.5亿元，占林产品收入的0.34%，实现利润0.04亿元，占林产品利润的0.08%。

初加工产品实现收入10.1亿元，占林产品收入的6.9%。

“三剩物”和次小薪材加工产品实现收入29.7亿元，占林产品收入的20.2%，实现销售利润2.9亿元，占林产品利润的5.6%。

主要产品产销情况及分析

木材 全年产量1367万立方米，比2007年增加45万立方米，增幅3.4%；销量1372万立方米，比2007年增加36万立方米，增幅2.7%。木材销售收入104亿元，比2007年增加0.4亿元，增幅0.4%。木材平均售价758元/立方米，比2007年降低17元，减幅2.23%。实现销售利润46.3亿元，比2007年减少3.4亿元，减幅6.9%。每立方米木材销售利润338元，比2007年减少35元，减幅9.29%。从地区分布来看，木材产销主要集中在东北、内蒙古重点国有林区，全年产量和销量均占全国的77%以上。2008年下半年发生的全球金融危机，对全国当年木材平均售价影响不大，原因主要是东北、内蒙古重点国有林区木材产销量比重大而且销售主要集中在上半年。

纤维板　全年产量70.1万立方米，比2007年增加1.5万立方米，增幅2.2%；销量64.6万立方米，比2007年减少22.1万立方米，减幅25.5%；实现销售收入7.8亿元，比2007年减少3.5亿元；平均售价1214元/立方米，比2007年降低92元；实现销售利润0.9亿元，比2007年减少0.6亿元；每立方米纤维板销售利润137元，比2007年减少38元。

刨花板　全年产量70.6万立方米，比2007年增加2.2万立方米；销量65.6万立方米，比2007年减少12.7万立方米，减幅16.2%；实现销售收入10.1亿元，比2007年增加0.2亿元；平均售价1534元/立方米，比2007年提高268元；实现销售利润1.2亿元，比2007年增加0.6亿元；每立方米刨花板销售利润184元，比2007年减少121.8元。2008年内蒙古森工集团刨花板企业改制为民有民营，不再汇总核算，产量由2007年的17万立方米减少到1万立方米。　　（段亮红）

【全国国有林场财务状况】　2008年全国国有林场财务报表共汇总全国30个省(区、市)的4418户国有林场，其中：有1810户被纳入中央财政森林生态效益补偿范围，有1236户纳入天保工程实施范围。国有林场总经营面积5235万公顷，其中有林地面积3337万公顷。在职职工49.8万人，离退休人员22.7万人。

资产负债情况　截至2008年末，全国国有林场资产总额319亿元(不含林木资产)，其中：流动资产150.9亿元，比2007年增加11.6亿元，占资产总额的47.3%；固定资产133.6亿元，比2007年增加11.8亿元，占资产总额的41.9%。流动资产主要包括：货币资金55.5亿元，比2007年增加4.4亿元；应收账款13.6亿元，比2007年增加1.7亿元；其他应收款56.2亿元，比2007年增加4.4亿元。负债总额233.1亿元，比2007年增加22.7亿元。其中，流动负债182.7亿元，比2007年增加20.2亿元，占负债总额的78.4%；长期负债50.3亿元，比2007年增加2.4亿元，占负债总额的21.6%。所有者权益479.4亿元，其中：实收资本88.7亿元，林木资产382.2亿元，资本公积24.9亿元，盈余公积12.1亿元，未分配利润－27.6亿元。

盈利情况　全国国有林场盈亏相抵，利润总额3.4亿元，比2007年减少5.7亿元。国有林场利润减少多的是江西省，本年亏损2.6亿元，与2007年盈利0.6亿元相比增亏3.2亿元。

主要收入　包括主营业务收入884 384万元，比2007年增加63 416万元；其他业务利润60 661万元，比2007年增加7087万元；营业税金及附加2609万元，比2007年减少122万元；承包户上交净收入58 985万元，比2007年增加7158万元；补贴收入100 819万元，比2007年增加26 383万元；营业外收入59 603万元，比2007年增加106万元。

主要费用　主要包括营业成本396 774万元，比2007年增加43 159万元；营业费用37 358万元，比2007年增加5560万元；育林基金及维简费98 251万元，比2007年增加7974万元；管理费用512 613万元，比2007年增加80 732万元；营业外支出63 535万元，比2007年增加4071万元；投资收益5198万元，比2007年减少1658万元；以前年度损益调整15 485万元，比2007年增加20 474万元。

缴税情况　上缴税收20 769万元，比2007年增加631万元。主要是：营业税金及附加5825万元，比2007年增加423万元；增值税11 764万元，比2007年增加1164万元；所得税3180万元，比2007年减少956万元。

主要产品销售情况　①原木销售量949.4万立方米，比2007年增加36.2万立方米；销售收入57.5亿元，比2007年增加4.2亿元；木材单价606.3元/立方米，比2007年提高22元。②锯材销售量8.8万立方米，比2007年增加2.7万立方米；销售收入6655万元，比2007年增加1528万元；销售单价755元/立方米，比2007年提高148元。③纤维板销售量54.8万立方米，比2007年减少4.3万立方米；销售收入74 063万元，销售单价1350.7元/立方米，比2007年提高536.7元。④刨花板销售量1.6万立方米，比2007年减少0.08万立方米；销售收入1302万元，比2007年减少84万元；销售单价770元/立方米，比2007年减少10元。

营造林及其资金来源情况　2008年，全国国有林场营造林总面积46.1万公顷，比2007年减少47.3万公顷，其中：营造速生丰产林9.2万公顷，比2007年增加0.6万公顷；营造生态公益林21.4万公顷，比2007年减少16.4万公顷。全年用于营林及其管护的资金总额47.9亿元，比2007年增加13.4亿元，其中：林业事业费6.1亿元，比2007年减少0.8亿元；专项拨款13.3亿元，比2007年增加4.1亿元；基建拨款4.1亿元，比2007年增加1.4亿元；林业项目借款1.1亿元，比2007年减少0.5亿元；育林基金7.1亿元，比2007年增加0.8亿元。

存在问题　①资金紧张，后劲不足。全国国有林场负债总额233.1亿元，资产负债率高达73%，比2007年增加了0.7个百分点。②职工工资水平低。2008年，国有林场在职职工人年均工资仅11 709元，全国国有林场共拖欠职工工资15.3亿元。③产品单一，结构不合理。2008年国有林场木材生产等主营业务收入88.4亿元，占营业收入总额的83.8%；多种经营营业收入17亿元，占16.2%。④盈利能力低。2008年国有林场净利润仅3.4亿元，比2007年减少5.7亿元。如果剔除补贴收入10.1亿元，2008年实际亏损6.7亿元。（闫春丽）

【全国国有苗圃财务状况】 2008年全国国有苗圃汇总30个省(区、市)，汇编苗圃户数1797户，国有苗圃经营面积18.8万公顷，其中：育苗面积3.2万公顷，有林地面积9.5万公顷，农耕地3.3万公顷。职工总人数3.5万人，离退休人员1.7万人。

资产负债情况 2008年末，国有苗圃资产总额37.7亿元，比2007年增加4.3亿元，其中：流动资产15.8亿元，比2007年增加2.3亿元；固定资产15.5亿元，比2007年增加1.8亿元。国有苗圃负债总额21.2亿元，比2007年增加2.2亿元，其中：流动负债18亿元，比2007年增加2.2亿元；长期负债3.2亿元，与2007年持平。国有苗圃所有者权益16.4亿元，比2007年增加2亿元，其中：实收资本12.9亿元，比2007年增加1.7亿元。

盈利情况 2008年全国国有苗圃盈亏相抵，实现净利润1003万元，与2007年亏损900万元相比，盈利增加1803万元。

主要增收因素 主营业务收入69 687万元，比2007年增加11 856万元。育林基金及维简费251万元，比2007年减少17万元。承包户上交净收入2676万元，比2007年增加197万元。营业外支出5371万元，比2007年减少589万元。补贴收入13 523万元，比2007年增加3302万元。营业外支出5371万元，比2007年减少589万元。其他业务利润5199万元，比2007年增加1665万元。以前年度损益调整2230万元，比2007年减少337万元。

主要减收因素 营业成本50 308万元，比2007年增加11 209万元。营业费用5429万元，比2007年增加316万元。主营业务营业税金及附加335万元，比2007年增加46万元。管理费用31 192万元，比2007年增加3919万元。财务费用982万元，比2007年增加92万元。营业外收入5999万元，比2007年减少272万元。投资收益17万元，比2007年减少77万元。

税负情况 2008年，国有苗圃共上缴税收2252万元，比2007年增加572万元，其中：营业税金及附加1422万元，比2007年增加443万元；增值税305万元，比2007年增加67万元；所得税525万元，比2007年增加62万元。（闫春丽）

林业贴息贷款项目管理

【综　述】 2008年，林业贴息贷款项目管理工作，紧紧围绕构建发达的林业产业体系切实服务于现代林业和生态文明建设的大局，围绕集体林权制度改革切实服务于解决“三农”问题的大局，围绕解决林农和基层林业单位受灾困难切实服务于林业灾后重建的大局，进一步加大与财政部门和金融部门的协调沟通力度，着力扩大林业贴息贷款规模，积极开展林业小额贴息贷款试点工作，改进林业小额贴息贷款管理办法，深入推进集体林权制度配套改革。

林业贴息贷款规模大幅增长 2008年，协调财政部下达林业贴息贷款项目建议计划规模80亿元，比2007年增加了25亿元，增长45%，是林业贴息贷款政策设立以来规模增长幅度最大的一年。经积极组织地方林业主管部门协调落实，实际落实新增林业贴息贷款89亿元，比2007年增加了34亿元，增长62%。中央财政安排贴息资金为4.1亿元，比2007年增加了1.9亿元，增长86%。

积极开展林业小额贴息贷款试点工作 2008年，为深入推进集体林权制度配套改革，专门安排了10.5亿元林业贴息贷款计划规模开展林业小额贴息贷款试点工作。同时，深入研究探索林业小额贷款项目管理办法，全面组织开展了林业小额贴息贷款调研活动，对林业小额贴息贷款的需求情况、落实及使用管理过程中存在的主要问题以及应采取的政策措施等进行了深入研究。进一步完善了林业小额贴息贷款项目审核管理办法，简化了林业小额贷款贴息申报程序。实际落实林农和林业职工小额贴息贷款8.4亿元，落实中央贴息资金2381万元，为下一步全面推开林业小额贴息贷款项目管理工作积累了宝贵的经验。

积极支持林业灾后重建 为积极开展林业灾后重建，组织受灾省(区、市)对木竹清理和林业灾后重建所需林业贴息贷款情况进行了测算和调研，利用林业贴息贷款积极支持19个受灾省(区、市)进行灾后重建，安排19个受灾省(区、市)林业贴息贷款项目建议计划规模为56.3亿元，占总计划规模70%，比2007年增加21亿元，增长60%。对江苏、浙江、安徽、江西、湖南、广西受灾省(区、市)申报的木竹加工企业用于收购受灾木竹的14.5亿元流动资金贷款，全部予以贴息，实际落实中央财政贴息资金4306万元。

林业贴息贷款使用效益情况 2008年，在林业贴息贷款项目安排上，继续重点向集体林权制度改革地区倾斜，以积极引导各种市场主体进入林业建设领域，不断增强林业产业活力；重点向遭受雨雪冰冻灾害的19个省(区、市)倾斜，积极利用林业贴息贷款扶持政策支持受灾省(区、市)进行林业产业建设。在项目选择上，对造林项目、油茶产业项目、收购木竹原材料加工项目、林场苗圃多种经营项目以及生物质能源项目进行了重点扶持。实际落实林业贴息贷款89.06亿元，占下达计划111%。其中，工业原料林项目落实贷款27.89亿元，占当年贷款落实总额的31.3%；经济林项目落实贷款15.79亿元，占当年贷款落实总额的17.7%；其他种植业项目落实贷款5.71亿元，占当年贷款落实总额的6.4%；多种经营项目落实贷款39.67亿元，占当年贷款落实总额的44.6%。项目单位利用林业贴息贷款及其配套资金营造工业原料林30.9万公顷，抚育38.7万公顷次，新造改造经济林14.4万公顷，种植其他经济植物14.6万公顷。多种经营已投产项目创产值290.2亿元，创利税18.2亿元；未投产项目预计创产值24.3亿元，创利税2.6亿元，共安置就业人员8.2万人。

召开全国林业贴息贷款项目管理业务工作会 5月份，在南昌市组织召开了全国林业贴息贷款项目管理业务工作会，来自全国各省(区、市)和计划单列市林业厅(局)和森工(林业)集团公司的林业贴息贷款项目管理工作负责人和经办人90多人参加了会议。财政部、中国人民银行、中国农业银行和中国农业发展银行的有关同志应邀到会进行指导。国家林业局基金总站总站长孔明作了大会讲话，江西省林业厅介绍了集体林权制度改革和江西省林业贴息贷款管理工作经验。会议对2007年林业贴息贷款项目管理工作情况进行了全面总结，深入分析了当前林业贴息贷款项目管理工作面临的新形势、新任务和新要求，全面部署了2008年林业贴息贷款项目管理工作重点。与会代表统一了思想认识，增强了责任感和使命感，进一步坚定了紧紧围绕林业建设大局做好贴息贷款项目管理工作的信心和决心。会议期间，与会代表实地考察了江西省奉新县林业贴息贷款项目建设情况。

进一步加强与金融机构业务合作 一是积极争取中国农业发展银行加大对林业项目的信贷支持力度，协调中国农业发展银行出台了《关于进一步加强林业产业贷款管理的意见》(农发银发[2008]150号)，明确要求各省级分行和总行营业部对列入国家林业局林业贴息贷款建议计划的项目，作为重点项目优先予以信贷支持，并可以适当延长贷款期限，突破了《林业产业政策要点》中规定该行林业贷款最长为10年的限定。二是组织召开了国家林业局计资司、基金站与农发行总行客户三部不同层次的工作联席会议，就进一步加强合作、扩大业务合作领域进行了沟通交流。三是与中国农业发展银行客户三部一起赴湖南、安徽两省，围绕林业灾后建设和林改后完善林业贴息贷款管理与服务机制等问题进行调查研究，提出了相关的政策建议。四是协调中国农业发展银行客户三部和中国农业银行三农对公业务部分别下发了《关于积极开展列入国家林业局〈2008年林业贴息贷款项目建议计划〉项目营销工作的函》(农发银客三函[2008]13号)和《关于推荐林业(贴息)贷款项目的通知》(农银农公[2008]3号)，将国家林业局下达的2008年林业贴息贷款项目建议计划全部转发给各自省级分行和直属分行，积极支持林业产业发展。

深入开展完善林业贴息贷款政策调研活动 为全面了解各地林业贴息贷款项目管理情况，深入研究林业贴息贷款在现代林业建设、林权制度改革中发挥的重要作用，深刻分析林业贴息贷款使用管理过程中出现的新情况、新问题，不断完善林业贴息贷款政策措施和管理机制，全面组织开展了林业贴息贷款使用管理相关情况调查研究工作，并分别与财政部、中国人民银行和中国农业发展银行赴江西、湖南、安徽等地深入开展了联合调查研究，形成了《林业贴息贷款政策研究》联合调研报告，提出了进一步完善林业贴息贷款信贷和贴息政策以及管理机制的政策措施，列入了国家林业局2008年林业重大问题调查研究报告。

加强林业贴息贷款项目管理业务培训 为了切实加强林业贴息贷款项目和财政贴息资金管理，不断提高林业贴息贷款项目管理人员政策水平和业务素质，基金总站于5月采取了以会代训并于9月专门组织了林业贴息贷款项目及贴息资金管理培训班，分别对林业贴息贷款项目和贴息资金管理负责人和主管人员进行了相关业务培训。同时，进一步采取直接和间接培训的方式，积极支持地方林业主管部门开展相关业务培训，不断增强林业贴息贷款管理人员的责任意识和依法依规行政意识，有效地促进了林业贴息贷款项目和中央贴息资金管理工作水平的提高。

不断扩展林业贴息贷款项目网络化管理体系建设 2008年，进一步对林业贴息贷款项目管理系统进行扩建升级，形成了林业贴息贷款项目管理系统整体框架，在不断完善林业贷款中央财政贴息资金申报管理系统的基础上，完成了林业贴息贷款项目计划管理系统的程序设计及试运行，以及林业贴息贷款效益情况统计系统初步设计工作。（刘文萍）

林业资金稽查

【综　述】 2008年，国家林业局重点工程稽查办公室紧密围绕国家林业局总体工作部署和年度稽查工作计划的安排，突出工作重点，不断创新工作方法，积极有效地开展工作。①继续开展经常性林业资金稽查，进一步强化稽查功能。②积极推进对资金使用状况的效益稽查。研究起草了有关林业资金效益稽查的办法和指标体系，并开展了内部相关项目效益稽查的初步试点工作。③采取有效措施大力推进省级自查自纠，发挥行业稽查队伍的整体作用，探索整体把握资金使用状况的工作方式。全年共派出14个稽查工作组、69人次、667个工作日。对天保、野生动植物保护及自然保护区建设工程、种苗示范基地建设工程、林业病害防治项目、森林防火项目资金进行了稽查。此外，2008年协助外部门以及局内有关司(局)开展相关资金检查共派出6人次、29个工作日。

【经常性稽查工作】 2008年，国家林业局重点工程稽查办公室主要组织开展了对海南省和重庆市的天保工程，黑龙江和浙江省的野生动植物保护及自然保护区建设工程，河北和山西病虫害防治项目、种苗工程及森林防火项目，吉林省和内蒙古自治区的种苗工程，河南省和新疆维吾尔自治区的森林防火项目资金进行稽查。同时，进一步加强对行业稽查工作的指导。稽查资金总额为12.5亿元，查出违规金额0.7亿元。其中，重点抽查资金3.7亿元，查出违规资金0.08亿元。

【加强与外部门业务联系和工作配合】 2008年，国家林业局重点工程稽查办公室进一步加强与国家有关部门以及局内各有关司(局)的业务联系和工作配合。积极配合国家发改委稽查办对有关项目资金进行了稽查。同时，积极配合计资司完成了抗震救灾资金物资检查工作。

（张雅鸽）

林业审计

【综　述】 2008年，林业内审工作在国家林业局党组的高度重视和正确领导下，严格按照《审计署关于内部审计工作规定》和《内部审计准则》的要求，围绕中心，服务大局，有效地开展审计工作。

完成审计中心机构职能合并 根据国家林业局党组的决定和人教司的通知，2008年4月，审计中心完成了与林业基金管理总站的职能合并和人员划转工作。

审计任务 截至2008年12月底，共完成了对局直属单位6位党员领导干部的任期经济责任审计工作，查处违规资金588.26万元，针对被审计单位财务管理方面存在的问题，提出了整改意见20余条，被审计单位也都及时反馈了整改措施，有效地维护了林业财经秩序。

配合其他部门工作 根据局领导指示和有关部门的要求，2008年共派出4人次协助有关司(局)工作。①按照《中共中央纪委 监察部 民政部 财政部 审计署关于加强对抗震救灾资金物资监管的通知》要求，协助有关部门对四川林业厅、卧龙自然保护区管理局收取的救灾款物的管理情况进行了检查。②按照中央纪委《关于开展贯彻落实"两办规定"制止党政干部公款出国(境)旅游专项工作的通知》要求，协助驻局监察局和国合司对近年来局机关和直属单位出国经费的管理、使用情况进行了专项审计抽查。③协助计资司开展了财务自查自纠整顿工作。

进一步案卷归档等基础性工作 继续完善审计档案管理工作，按照中国内部审计协会和经济责任审计联席会议的要求及时上报内部审计工作情况。

（张天威）

林业精神文明建设

林业纪检监察

【综 述】 2008 年，林业纪检监察工作坚持标本兼治、综合治理、惩防并举、注重预防的方针，以完善惩治和预防腐败体系为重点，不断拓展从源头上防治腐败的工作领域，扎实推进林业反腐倡廉建设，取得了新的成效。

抓好反腐倡廉工作安排部署 ①出台了《中共国家林业局党组关于 2008 年党风廉政建设和反腐败工作安排意见》和《关于 2008 年全国林业系统党风廉政建设和反腐败工作安排意见》，印发直属机关和全国林业系统贯彻执行。②召开党风廉政建设责任制领导小组会议，进行任务分解分工，明确责任单位。先后出台了直属机关党风廉政建设安排意见、纠风工作和党风建设 3 个分工意见，印发各司(局)和直属单位贯彻落实。③召开直属机关党的建设和机关建设工作会议和全国林业党风廉政建设工作会议，分别对 2008 年直属机关和林业系统的反腐倡廉建设进行动员部署，提出明确要求。

组织协调惩防腐败体系《工作规划》的贯彻落实 按照中共中央《建立健全惩治和预防腐败体系 2008 ~ 2012 年工作规划》的要求，认真抓了组织学习、动员部署和制定实施办法。①召开党风廉政建设领导小组扩大会议，安排部署贯彻落实《规划》和制定实施办法，要求各单位结合自身工作实际，提出 2008 ~ 2012 年完善惩防腐败体系的工作措施。②起草《中共国家林业局党组关于贯彻落实中共中央〈建立健全惩治和预防腐败体系 2008 ~2012 年工作规划〉的实施办法》，召开党风廉政建设责任制领导小组会议集体研究、讨论和修改，进行任务分解分工，明确牵头单位和完成时限。《实施办法》通过后，印发各司(局)、直属单位贯彻执行。③召开贯彻落实《实施办法》动员部署大会，对贯彻落实《实施办法》进行全面部署，提出明确要求。

组织抓好中央纪委监察部部署的各专项工作 ①贯彻落实《中共中央纪委监察部民政部财政部审计署关于加强对抗震救灾资金物资监管的通知》要求，派出 2 个检查组赴四川、陕西、甘肃地震灾区，对抗震救灾资金物资的接收、管理和使用情况进行了检查，有力地推动了林业系统和直属单位管好用好抗震救灾资金物资。②贯彻落实中办发[2008]9 号文件精神和中央纪委等 10 部门联席会议部署，国家林业局制定了《关于贯彻落实〈两办规定〉制止党政干部公款出国(境)旅游专项工作实施方案》，组织召开制止党政干部公款出国(境)旅游专项工作动员部署会，对 2006 年以来申报、组织出国(境)团组的情况、出国(境)团组经费来源情况，以及团组在境外活动情况进行自查、清理，组织 3 个检查组对 10 个司(局)和直属单位开展制止党政干部公款出国(境)旅游专项工作和自查自纠情况进行检查，对 15 个因公出国(境)团组进行审计抽查。③贯彻落实财政部、监察部、审计署、国家预防腐败局《关于开展中央政府采购执行情况专项检查的通知》要求，制定了《国家林业局政府采购执行情况专项检查工作实施方案》，分自查自纠、重点检查、整改提高和验收总结四个阶段，开展局机关及直属事业单位政府采购执行情况专项检查。④贯彻落实人力资源和社会保障部、财政部、监察部等 8 部委《关于贯彻〈国务院办公厅关于清理规范各类职业资格相关活动的通知〉的通知》要求，对局机关及直属单位职业资格设置、培训、发证、收费等活动进行了清理，并提出了规范意见。

加强领导干部廉洁自律，严肃查处违纪违法案件 按照中央纪委《关于 2008 年党风建设工作的实施意见》的要求，制定了《国家林业局关于落实〈2008 年党风建设工作的实施意见〉的任务分工安排》，印发各司(局)、直属单位贯彻执行。同时坚持把严肃查处违纪违法案件摆在重要位置，不断推进办案工作，发挥案件查办治本功能。①贯彻落实中央纪委关于加强廉洁自律工作的要求，印发了《关于加强 2008 年春节期间廉洁自律工作的通知》、《国家林业局办公室关于在森林资源核检查中加强廉洁从政工作的通知》等文件。②转发中央纪委、中央组织部《关于退出现职、接近或者达到退休年龄的党政领导干部在企业兼职、任职有关问题的意见》和《关于规范中管干部辞去公职或者退离休后担任上市公司、基金管理公司独立董事、独立监事的通知》，对国家林业局管理的领导干部辞去公职或者退(离)休后担任上市公司、基金管理公司独立董事、独立监事的行为，提出了规范性要求。③加强对《党员领导干部廉洁从政若干准则》、《中共中央纪委关于严格禁止利用职务上的便利谋取不正当利益的若干规定》等领导干部廉洁自律规定执行情况的监督检查，开展自查自纠，严格执行“三谈两述”和函询制度、报告个人有关事项等制度。④保持案件查办工作力度。截至10月底，共收到信访举报134件，对属于受理范围的举报件，逐一进行了排查，办理初步核实15件，协同检察机关联合办案1起，指导督办直属单位立案1件。配合北京市东城区人民检察院查办1起有关工作人员涉嫌贪污受贿犯罪案件，涉及3个直属单位的2名司(局)级干部和9名其他干部。⑤发挥案件查办治本功能。针对上半年发生在直属机关领导干部身上的违法犯罪案件反映出来的问题，及时进行了通报，并提出了严禁违规违法搞“创收”、加强对科研项目管理、加强对培训班的管理等建议，制定了《国家林业局关于禁止机关及各直属单位违规“创收”的通知》、《国家林业局干部培训班管理办法》等文件。

深化纠正不正之风工作 召开局纠风工作领导小组会议，认真传达贯彻全国纠风工作会议精神，研究制定了《国家林业局2008年纠风工作分工意见》，印发各司(局)、直属单位贯彻执行。①认真传达学习中央纪委、中央组织部《关于深入整治用人上不正之风，进一步提高选人用人公信度的意见》，加强干部监督工作。召开干部监督工作联席会议，提出严肃干部人事纪律的要求，印发了《中共国家林业局党组关于严明纪律切实保证行政管理体制改革和机构改革顺利进行的通知》，共对10个机关司(局)及京外直属单位的党风廉政建设工作进行了巡视。②继续巩固林业系统治理公路“三乱”成果，命名156个基层林业窗口单位为首批全国林业系统“文明窗口单位”。③加强对林业政务公开工作的指导，开展支援灾区建设、节约公用经费活动，大力精简会议和文件，改进会风和文风。④开展直属事业单位规范津贴补贴专项检查、查办危害能源资源和生态环境渎职犯罪专项工作、行政许可法实施情况专项监督检查、行政许可事项和非行政许可事项登记清理等工作。⑤加大保护森林资源工作力度，开展打击破坏森林资源专项行动，联合检察机关对黑龙江省嫩江县科洛林场毁林开垦等案件进行了督查督办。

开展党风廉政教育，加强机关党的建设 ①开展以“正确行使权力，忠诚履行职责”为主题的廉洁从政警示教育活动，召开警示教育动员大会，对各单位开展警示教育工作的情况进行了检查。②继续做好廉政文化建设试点工作，总结廉政文化建设试点工作的经验。③开展对各司(局)、直属单位开展学习实践科学发展观活动的指导检查工作。④制定《中共国家林业局党组关于深入开展“创建四型机关、争做五个模范”活动的指导意见》，组织开展“创建四型机关、争做五个模范”活动。⑤开展“讲党性、重品行、做表率”专题教育活动。

推进制度、机制建设和源头治本工作 ①加强反腐倡廉制度建设。陆续制定出台了《国家林业局工作规则补充规定》、《国家林业局干部教育培训工作实施细则》、《国家林业局组织人事部门干部监督工作实施细则》、《国家林业局干部选拔任用工作实施细则》、《国家林业局公务卡试点管理暂行规定》、《林业救灾资金物资管理使用暂行办法》、《国家林业局因公出国(境)经费预算管理暂行办法》等17项制度。②加强防范腐败的工作机制建设。建立了因公出国(境)监督联席会议机制、林业行政执法人员监督管理机制、林业项目效益稽查机制、公务卡使用管理机制、司(局)级及以下干部因公出国(境)管理机制、因公出国(境)审批会签机制、因公出国(境)经费预算、审核管理机制。③积极拓展从源头上防治腐败的工作领域。在推进集体林权制度改革中加强林业农村基层党风建设，在制度设计上铲除滋生腐败的土壤，在决策的程序上把权力交给林农，在改革的具体操作上做到公开、公平、公正，在行政职能的转变上由重管理向重服务转变。国家林业局在中央纪委召开的全国农村基层党风廉政建设工作经验交流会上，介绍了在集体林权制度改革中推动林业农村基层党风廉政建设的有效做法。此外，还积极探索了加强与人民检察机关的协作配合、加强预防涉林职务犯罪、加强对林业社会组织管理、加强对林业各种项目的管理等防治腐败的措施。

进一步加强干部队伍自身建设 深入开展学习实践科学发展观活动，并以主题实践活动为载体，开展“做党的忠诚卫士、当群众的贴心人”活动，达到提高素质、改进作风、严格要求、树立形象的目的。①加强思想建设。认真组织全体干部学习党的十七大精神、科学发展观和反腐倡廉理论，用马克思主义最新理论成果武装头脑，进一步坚定理想信念，坚定政治立场，增强宗旨意识、大局意识和责任意识。共组织和参加各类政治学习活动20余次。②加强能力建设。积极选派干部参加党校学习，参加中央纪委举办的纪检监察业务培训班、国家林业局举办的公务员培训班和出国培训，选派1名干部到四川地震灾区挂职锻炼，改善了干部的知识结构，拓宽了工作视野，增强了综合素质，提高了履行职责的能力和水平。③加强作风建设。加强对干部的教育、管理和监督，严格按照对党和国家无限忠诚、对腐败分子和消极腐败现象坚决斗争、对广大干部和群众关心爱护、对自己和亲属严格要求的目标，深入开展“讲党性、重品性、做表率”活动，增强了组织纪律观念、办案纪律观念和保密观念，形成了谦虚谨慎、奋发有为的精神状态和恪尽职守、秉公执纪的工作氛围。④加强制度建设。按照建立科学的管理体制和工作机制的要求，对已有的工作制度、流程和规范进行了一次全面清理和审查，对不适应新情况新任务新要求的规定进行了修改、补充和完善，进一步建立健全了加强内部管理的长效机制。

2008年，中央纪委监察部驻国家林业局纪检组监察局共开展调查研究10余项，获得全国纪检监察系统信访举报工作先进单位称号和中央纪委调研报告优秀奖，有2名同志在年度考核中被评为优秀，2名同志获得嘉奖，1名同志获得全国纪检监察系统信访举报工作先进个人称号。

【全国林业系统党风廉政建设工作会议】 2008年4月7~8日，在海口市召开。这次会议的任务是：深入贯彻党的十七大和第十七届中央纪委二次全会、国务院廉政工作会议精神，紧密结合林业实际，准确把握新形势下中央对反腐倡廉建设的新要求，提高认识，把握方向，明确任务，突出重点，增强工作的针对性、有效性，进一步提高林业纪检监察机关履行职责的工作水平，努力把林业党风廉政建设推向深入，为建设生态文明、推动林业又好又快发展提供坚强保证。

国家林业局党组成员、中央纪委驻局纪检组组长杨继平出席会议并讲话。他强调，要认真学习、深刻领会中央纪委二次全会、国务院廉政工作会议精神，要提高层次、拓宽视野，紧密联系林业实际来贯彻落实，取得成效。各省(区、市)林业厅(局)、森工(林业)集团公司、新疆生产建设兵团林业局、部分副省级市林业局纪检监察负责同志参加了会议。最高人民检察院渎职侵权检察厅，海南省纪委，国家林业局资源司、计资司、政法司、工作总站负责同志到会指导并讲话。海南、江西、湖南、甘肃、山西、新疆、四川、广东、福建等省(区)林业厅(局)和大兴安岭林业集团公司的负责同志作了大会发言，介绍工作经验。

杨继平说，在新形势下加强反腐倡廉建设是保证完成生态文明建设历史使命的必然要求，是保证各项林业改革健康推进的必然要求，是保证森林资源安全、林业资金安全、林业项目安全、林业干部队伍安全的必然要求，一定要把林业反腐倡廉建设摆在更加突出的位置，一定要坚持反腐倡廉的战略方针，一定要在建设中不断推进反腐倡廉工作，一定要不断提高反腐倡廉的能力建设。

(林业纪检监察由周洪供稿)

直属机关党的建设和机关建设

【综　述】 2008年，国家林业局直属机关各级党组织紧紧围绕生态文明建设的重大使命和现代林业建设的中心任务，积极主动开展工作，党的建设、机关建设和反腐倡廉建设取得新的成绩，为推动现代林业发展、促进机关和谐建设提供了有力保障。

在关键时刻和急难险重任务中发挥政治保障作用 在关键时刻和急难险重任务面前，最能检验和体现党的政治保障力，党组织的凝聚力，党员队伍的战斗力。在2008年这一极其不平凡的一年中，国家林业局各级党组织和广大共产党员经受住了严峻的考验。

奋力抗击南方雨雪冰冻灾害、四川汶川特大地震灾害 局党组和各级党组织反应快捷，行动快速，坚持贯彻执行党中央、国务院的战略决策，迅速动员和组织力量深入灾区，全力指导和协调灾区林业抗灾救灾和恢复重建工作。局领导率领机关人员以最快的速度，用最短的时间，组织有关技术人员赶赴灾区，直接参与抗灾救灾。广大干部职工心系灾区，自觉为灾区捐款捐物，两次捐款共计243.6万元，缴纳特殊党费230.4万元，捐赠棉衣被5000余件。在抗灾救灾中国家林业局荣获中央国家机关抗击冰雪灾害先进青年集体1个，中央国家机关抗震救灾先进青年集体1个，中央国家机关抗震救灾先进个人1名。

积极为北京奥运会成功举办作贡献 北京奥运会筹备和举办期间，局直属机关把宣传奥运、服务奥运、维护安全稳定作为一项政治任务，成立了专门组织、制定了工作预案，积极推荐奥运会工作人员、奥运会驾驶员志愿者，有组织、成规模地开展了爱国主义、民族精神教育，开展了“迎奥运、讲礼仪、作表率”知识竞赛活动，组织老同志参加“全民健身与奥运同行全国亿万老年人健步走向北京奥运会”活动，国家林业局荣获中央国家机关平安奥运先进单位，有6个单位荣获北京奥运会、残奥会志愿者工作优秀组织单位，2名个人荣获北京奥运会、残奥会志愿者先进个人称号。

积极做好应对金融危机的宣传教育 在应对国际金融危机中，局党组先后多次召开专题会议，及时研究对策，部署林业扩内需、促增长、调结构、保民生工作；直属机关党委专门编发宣传材料，宣传中央应对国际金融危机的重大方针政策及党组的决策部署，鼓舞士气，坚定信心，保证了干部职工的思想稳定，行动统一，促进了林业各项工作有序进行，林业事业平稳较快发展。

深入学习实践科学发展观活动取得明显成效 根据中央的部署和局党组的要求，国家林业局直属机关从2008年9月至2009年2月，集中开展深入学习实践科学发展观活动，局党组、京内外59个基层党组织共3142名党员参加了学习教育活动。各级党组织紧紧围绕中央规定的“三个阶段”和“九个环节”的要求，严密组织，狠抓落实，有计划有步骤地扎实推进，圆满完成了任务。

认真组织学习调研 学习了中央规定的“四个文件、五个讲话、四本书”，举办司处级领导干部培训班22期、专题辅导报告168次、学习交流107次，每个党组织撰写了学习体会文章并形成专集；派出200多个调研组开展了10个方面、213个课题的调查研究，形成调研报告200余份，汇编出版了《现代林业若干重大问题调研报告集》；开展了“建设现代林业、推动科学发展”解放思想大讨论，组织专题讨论506场次。

深入分析检查 高质量地召开专题民主生活会，各级党组织通过召开座谈会、发函、走访、谈心等形式，广泛征求意见，深入剖析存在的突出问题，开展了严肃认真的批评与自我批评；领导班子认真撰写了分析检查报告，总结了学习实践活动形成的共识和成效，梳理了问题，分析了原因，明确了思路和方向；各单位普遍召开了分析检查报告评价会，组织群众进行认真评价，召开了党员专题组织生活会，扩大了民主生活会成果。

狠抓整改落实 按照“四明确一承诺”的要求，各级党组织围绕落实局党组整改实施方案，结合实际，制定了本单位的整改落实方案，明确了整改的措施、任务、时限、责任和要求，把整改目标分解到领导班子成员，任务明确到部门和单位，责任落实到岗位和个人。截至12月31日，已完成整改事项107项，占总数的22％。已建立制度71项，正在建立98项，拟建立115项；出台规范性文件58件，拟出台85件。通过近半年的集中学习实践活动，达到了提高思想认识、解决突出问题、创新体制机制、促进科学发展的预期目标，为发展现代林业、推动林业科学发展奠定了坚实的基础。

思想建设和理论武装工作进一步强化 国家林业局各级党组织始终坚持把加强思想建设、强化理论武装工作，摆到党的建设的首位，不断增强运用马克思主义中国化最新成果武装头脑、指导实践、推动工作的自觉性的坚定性。

认真落实理论学习制度 局党组中心组坚持率先垂范，2008年，局党组组织12次党组中心组理论学习，系统学习了党的十七大报告、科学发展观、集体林权制度改革、党性修养、反腐倡廉建设、应对国际金融危机等8个理论专题，充分发挥了党组在理论学习中的导向、示范和表率作用；各级党组织中心组普遍开展了党的十七大精神、科学发展观理论专题学习，进一步加深了对中国特色社会主义理论的理解和把握。

集中组织理论研修和培训 举办了局直属机关领导干部理论研修班，有235名学员参加研修，其中司(局)级以上领导干部163名；分期分批对机关公务员和直属单位处级以上领导干部进行了党的十七大精神和公务员知识更新培训，轮训2000多人次；安排49名司(局)级领导干部参加中央党校、国家林业局分校和国家行政学院等脱产学习；组织了15批、80多人次参加中央国家机关工委举办的部长报告会和有关论坛讲座。

及时组织学习中央重要会议精神和重大决策 紧跟党中央的决策部署，认真组织党员干部深入学习党的十七大、十七届三中全会精神以及胡锦涛同志在党的十一届三中全会召开30周年纪念大会上的重要讲话，始终在思想上、政治上和行动上与党中央保持高度一致；及时传达学习中央经济工作会议、农村工作会议精神，引导党员干部准确把握中央关于林业的重大方针政策和对林业工作的新要求，确保党中央、国务院的决策部署在林业部门的贯彻执行。

认真学习宣传中央10号文件 局党组专门作出部署，在全局上下集中开展了学习宣传中央10号文件的活动，举办了林改形势报告会和林改培训班，引导干部职工准确把握10号文件的指导思想、基本内容、总体目标和原则要求，以饱满的工作热情积极投入集体林权制度改革，有力地推动了10号文件的贯彻落实。

基层党组织的战斗力不断增强 基层党组织，是党的全部战斗力的基础。国家林业局各级党组织积极适应建设现代林业、推进科学发展的需要，认真落实中央关于基层党组织建设的四个长效机制，着力在抓基层、打基础上下功夫，不断增强基层党组织的战斗力和创造力。

坚持党内各项组织生活制度 严格按照党章和党的组织工作条例的规定，坚持“三会一课”制度，及时进行党组织的换届改选工作，增补支部(总支、党委)成员，健全领导班子，强化党组织的政治核心作用，保证了基层党的建设和各项工作的正常开展。

加强对党员的教育管理和服务 各单位普遍开展了过一次主题党日、讲一次主题党课、重温一次入党誓词的“三个一”活动。加强党章和党员意识教育，严格用党纪政纪规范党员的行为，增强党性党纪观念；做好留学回国党员恢复组织生活工作和流动党员管理，加强入党积极分子的培养教育，党员发展和信息统计工作得到进一步加强。

进一步加大对基层党建工作指导、督促和检查的力度 2008年初，召开了直属机关“两建”工作会和京外直属单位主要负责人座谈会，对全年的“两建”工作作出了具体部署，提出了明确要求。结合学习实践科学发展观活动，对京内外直属单位的党建工作进行了专题调研，并就加强京外直属单位党的建设工作提出了指导性意见，推动了党建工作责任制的较好落

实；继续推进学习型党支部创建工作，改进学习模式，丰富学习内容，进一步激发了党组织的创新能力；认真总结抗击雨雪冰冻灾害和抗震救灾典型事迹，积极向中央国家机关工委推荐表彰先进典型。不断加强和改进离退休干部党的建设工作，增强了离退休干部党支部工作的活力。

“创建四型机关、争做五个模范”活动全面展开 国家林业局各级党组织紧紧围绕林业的中心工作和机关的使命任务，紧密结合实际，深入开展“创建四型机关、争做五个模范”活动，促进了机关作风的改进和工作效率的提高，增强了干部职工的事业心、责任感。

认真部署 局党组制定下发了《关于进一步开展“创建四型机关、争做五个模范”活动的指导意见》，明确了创建活动的指导思想、主要内容和原则要求。各级党组织结合实际，制定了具体实施方案，细化了目标和内容，提出了抓落实的具体措施，切实把创建活动作为机关“两建”工作的重要内容来抓，纳入党的建设、机关建设、业务建设和反腐倡廉建设之中，以此推动“创建文明机关、争做人民满意公务员”活动的深入开展。

突出重点 以“创建四型机关、争做五个模范”为抓手，集中开展了“讲党性、重品行、作表率”主题活动，对党员干部普遍进行了勤政为民、职业道德和党员领导干部先锋模范作用等系列教育，增强了党员干部的宗旨意识、责任意识和服务意识，激发了爱岗敬业、服务基层、发奋工作的热情。局党组分别召开4次学习教育座谈会和经验交流会，所有局领导及10个司(局)和直属单位负责人作了交流发言。

搞好结合 各级党组织结合重大任务、重要活动广泛开展宣传教育，不断丰富创建活动的内容，紧紧围绕发展现代林业、建设生态文明这一主题，广泛开展了林业使命任务、集体林权制度改革、生态文明观等专题宣传教育活动，增强了林业干部职工的责任感和使命感；开展了纪念建党87周年和改革开放30周年纪念等系列活动，进行了党章和公务员条例专题教育，举办了林业30年辉煌成就展，召开了三北防护林工程建设30周年纪念大会，进一步强化了干部职工改革开放的意识。

抓好典型 各级党组织根据本部门本单位的职能任务，在开展活动中注意发现、培养和树立典型，以典型的引领和示范作用推动活动的深入开展。2008年，国家林业局有100个集体和201名职工分别受到中央国家机关工委、国家人力资源和社会保障部等上级部门的表彰。在学习实践活动总结大会上，直属机关党委表彰了22个先进基层党组织，68名优秀党员，36名优秀党务工作者。

反腐倡廉建设深入推进 国家林业局党组和各级党组织始终坚持把反腐倡廉建设作为直属机关党的工作五大建设之一，纳入林业的总体工作，摆到突出位置，认真抓好落实。

深入开展反腐倡廉思想教育 2008年上半年集中两个月时间，在局机关和直属单位开展了以“正确行使权力，忠诚履行职责”为主题的廉洁从政警示教育活动。各级领导班子和广大党员干部，对照廉洁从政的有关规定和要求，认真开展了自查自纠和整改工作。直属机关纪委为各单位提供了《秉公用权廉洁从政警示录》、《慎独慎微警示录》、《沉重的代价》、《忏悔录》等警示教育材料。各单位党组织主要负责人普遍讲了廉政党课，组织了党员廉政知识答题活动，有1251名党员干部参加答题，参与率达98%。

建立完善反腐倡廉制度和措施 局党组制定了《反腐倡廉2008～2012年工作规划的实施办法》，对直属机关今后5年反腐倡廉的指导思想、主要任务、目标要求进行了规划，明确了任务分工和责任，下发了《工作规划》辅导读本；起草了直属机关纪律检查工作巡视办法。

不断强化监督检查 2008年上半年，组成3个检查组对18个司(局)和京内外直属单位进行了党风廉政建设巡视，进一步增强了各级党组织和纪检组织全面履行党风廉政建设责任制的职责意识；结合民主生活会和年终干部考核，党员领导干部普遍进行了述职述廉，自我查找廉政方面存在的差距，制定了整改措施；为确保中央新增林业项目资金规范使用，局机关及时组成17个监督检查组，对全国新增林业项目建设资金使用情况进行了监督检查。

全面推进廉政文化建设 认真总结了局直属机关4个试点单位的工作经验，提出了进一步加强廉政文化建设的指导性意见；举办了廉政文化讲座，组织机关党员干部参加中央纪委、文化部、监察部举办的全国廉政文化大型绘画书法展。积极协助中央纪委监察部驻局纪检组监察局做好案件的督办查办工作，依据党纪程序严肃查处了个别党员的违纪行为。

统战和群团组织工作得到加强 围绕建设和谐机关这一目标要求，进一步加强了对国家林业局直属机关统战工作和群团组织的领导，充分发挥群团组织在构建和谐机关中的积极作用。

认真做好统战工作 坚持组织民主党派和无党派人士理论学习，及时传达中央有关会议精神和局党组工作部署，通报林业工作形势；坚持局党组同志和直属机关党委负责同志联系统战人士制度，定期沟通信息，重大问题、重要事项主动向民主党派和无党派同志征求意见和建议，拓宽发扬民主和接受民主党派监督的渠道；积极支持局内各民主党派和侨联组织开展活动，向中央统战部推荐了3名无党派代表人士人选。

认真做好群团组织工作 指导群团组织积极参与民主决策、民主管理、民主监督工作，学习实践科学

发展观活动中，局党组先后6次召开群团组织座谈会，广泛征求工作意见和建议；局直属机关工会和妇工委还分片召开座谈会，引导职工为机关建设献计献策；广泛开展职工健身活动，举办了系列文化体育活动；共青团组织深入开展了"读书·实践·成才"、"树典型·学榜样·赶先进"活动，组织了2007～2008年度国家林业局直属机关优秀青年评选；举办了林业系统司(局)级领导干部乒乓球比赛，承办了全国行业体协年会。

切实加强稳定工作和平安建设 认真贯彻落实中央关于维护稳定工作的重要指示精神，坚持在中央重要会议、重大节日以及奥运会之前，及时部署稳定工作，开展维稳教育和安全工作检查，狠抓稳定工作责任制落实，确保了机关和直属单位的安全稳定。元旦春节期间，局党组及各司(局)和直属单位分别开展了慰问老干部和"送温暖"活动。

【国家林业局直属机关党的建设和机关建设工作会议】 2008年2月28日在北京召开。会议传达学习了党的十七届二中全会、中央纪委十七届二次全会、全国组织工作会议、中央国家机关第二十二次党的工作会议精神，认真总结了2007年"两建"工作和部署了2008年"两建"工作任务。会议强调，要深入学习贯彻党的十七大精神，高举中国特色社会主义伟大旗帜，以邓小平理论和"三个代表"重要思想为指导，深入落实科学发展观，坚持以党的执政能力和先进性建设为主线，加强以坚定理想信念为重点的思想建设，加强以造就高素质干部队伍为重点的组织建设，加强以保持党同人民群众血肉联系为重点的作风建设，加强以完善惩治和预防腐败体系为重点的反腐倡廉建设，进一步提高党的领导水平和执政水平、提高拒腐防变和抵御风险能力，使机关党组织始终成为林业系统推进中国特色社会主义事业的坚强领导核心，为履行建设生态文明重大使命、推进现代林业又好又快发展提供坚强保证。局党组书记、局长贾治邦，局党组成员、中央纪委驻局纪检组组长杨继平，局党组成员、副局长雷加富、祝列克，局党组成员、副局长、局直属机关党委书记张建龙，副局长印红出席了会议。

【国家林业局直属机关廉洁从政警示教育活动动员部署会议】 2008年3月31日在北京召开。会议传达学习了十七届中央纪委二次全会和国务院廉政工作会议精神，对国家林业局直属机关开展廉洁从政警示教育活动进行了部署。党组书记、局长贾治邦会上强调，必须认真落实依法行政、廉洁从政的各项要求，切实加强警示教育活动组织领导，努力把国家林业局建设成为法治机关、廉洁机关的典范。

【"讲党性、重品行、作表率"党课教育报告会】 2008年6月26日，国家林业局在机关礼堂举行"讲党性、重品行、作表率"党课教育报告会，邀请中央社会主义学院原副院长、教授、中央党校博士生导师甄小英以《领导干部的党性修养与自我完善》为题，从"领导干部加强党性修养的重要意义"、"加强党性修养全面提高自身素质"、"党性修养的正确途径和方法"等几个方面进行深刻阐述。局党组成员、中央纪委驻局纪检组组长杨继平出席报告会。局机关各司(局)全体党员及9个直属党委单位党政领导班子成员近400人参加了党课教育报告会。

【国家林业局深入学习实践科学发展观活动动员部署大会】 2008年9月27日在北京召开。局党组书记、局长贾治邦在会上作动员报告，全面部署了国家林业局开展深入学习实践活动的工作，分析了开展深入学习实践科学发展观活动的重大意义，提出了国家林业局开展深入学习实践科学发展观活动的指导思想、主要原则和目标要求，明确了学习实践活动的方法和步骤，要求各级党组织切实加强对学习实践活动的组织领导，把学习实践活动作为当前一项最重要的政治任务和中心工作抓实抓好，抓出成效。中央第二十一指导检查组组长、全国人大常委、原中央纪委副书记刘锡荣出席会议并讲话，对国家林业局所做的动员部署，以及局党组前期做的大量有效的准备工作进行了充分地肯定，同时就搞好这次学习实践活动和指导检查工作提出了具体要求。局党组副书记、副局长李育材主持会议。

【国家林业局直属机关领导干部深入学习实践科学发展观理论研修班】 2008年10月21～23日在北戴河举办。局党组副书记、副局长李育材代表局学习实践活动领导小组作开班动员讲话，局党组成员、副局长、直属机关党委书记张建龙作总结讲话，中央第二十一指导检查组副组长、贵州省政协副主席杨玉学到会并发表了讲话，对国家林业局举办这次研修班及取得的成果给予了充分肯定。研修班紧紧围绕"推动林业科学发展"主题，突出实践和改革两大特色，分6个专题对235名学员进行了培训辅导，其中司(局)级以上党员领导干部159名，司(局)级民主党派领导干部4名，机关司(局)、直属单位主要负责人参训率达95%以上。通过学习，使大家进一步增强了用马克思主义中国化的最新成果武装头脑的自觉性，进一步增强了解放思想、改革创新，加快推进集体林权制度改革、发展现代林业、努力为建设生态文明作贡献的坚定性，进一步增强了运用科学发展观指导林业改革和建设实践，全面履行职能职责、推动林业又好又快发展的紧迫性。

【国家林业局直属机关学习实践科学发展观活动学习交流会】 2008年10月30日在北京召开。造林司、资源司、科技司、场圃总站、中国林科院等5个单位的主要负责同志交流了本单位开展学习实践科学发展观活动的心得体会。局党组书记、局长、局学习实践活动领导小组组长贾治邦主持会议并作中心发言，对前一阶段工作进行了总结，对下一步的学习实践活动作出了部署，要求坚持把领导班子带头、领导干部作表率贯穿学习实践活动始终，扎实推进集体林权制度改革。局党组副书记、副局长、局学习实践活动领导小组副组长李育材出席了会议，中央第二十一指导检查组副组长杨玉学到会指导并讲话。

【国家林业局深入学习实践科学发展观活动学习调研阶段总结暨分析检查阶段动员部署大会】 2008年11月21日在北京召开。局党组书记、局长、局学习实践活动领导小组组长贾治邦在会上对学习调研阶段工作进行了总结，全面部署了分析检查阶段工作。局党组成员、副局长、局直属机关党委书记、局学习实践活动领导小组副组长张建龙主持会议，局党组成员、副局长、局学习实践活动领导小组成员祝列克，局总工程师卓榕生出席会议。国家林业局各司(局)和在京直属单位主要负责人参加了会议，计资司、工作总站、设计院介绍了本单位开展深入学习实践科学发展观活动的情况。

（局直属机关党的建设和机关建设由王小明供稿）

林业宣传

【综　述】 2008年，林业宣传工作以“建设生态文明”为主题，集中开展了林业肩负生态文明建设重任、集体林权制度改革、林业冰雪及地震灾害灾后重建、防治荒漠化、绿色奥运、森林防火、三北防护林建设工程30周年、林业改革开放30周年、关注森林和生态文化体系建设等20多项重大宣传活动，各级各类新闻媒体和网站刊发林业稿件数达1.1万多篇(条)。其中：《人民日报》一版29条、中央电视台“新闻联播”138条，“焦点访谈”、“东方时空”、“新闻调查”、“共同关注”、“新闻1+1”、“今日说法”、“聚焦三农”、“社会调查”等播出林业专题20余期，各项活动取得了较好成效，温家宝、贾庆林、李长春、回良玉、刘云山等中央领导同志20多次对林业宣传作出指示或批示。

林业新闻宣传紧跟大局，积极引导，营造了有利于现代林业建设的舆论环境 一是开展集体林权制度改革宣传。发表中央10号文件，《人民日报》发表社论、新华社发表评论员文章、中央各主要媒体刊发政策解读，印发中央10号文件单行本，组织媒体采访云南、河南林改典型，及时对国家林业局林改培训班、西北片会、北大论坛等开展宣传报道。中央电视台“新闻联播”、“焦点访谈”等栏目播发林改新闻节目40多条(期)，经济频道黄金时间连续一周播放了5集林改电视专题片《山林的呼唤》，与江西林业厅合作拍摄了林改电影《踏界》。二是森林防火宣传。协调中央宣传部下发森林防火宣传方案，报道中央领导批示和全国森林防火会议精神和北京市、河北省、吉林省、湖南郴州市森林防火典型经验，在中央电视台和地方各电视台连续播出森林防火公益广告。三是林业抗冰雪灾害及灾后重建宣传。及时在国务院新闻办举行新闻发布会，在新华社《国内动态清样》和《人民日报》情况汇编刊发内参(21期)，温家宝、回良玉等领导作出批示，为争取林业灾后重建政策起到了积极作用；组织中央媒体赴湖南、江西等冰雪灾害现场采访报道，集中报道湖南郴州林业灾后重建工作座谈会。四是林业地震灾害及重建宣传。及时发布国家林业局抗震救灾工作部署，第一时间组织5个采访组赴四川、重庆、甘肃等重灾区采访报道林业抗震救灾情况和感人事迹。五是绿色奥运宣传。与国务院新闻办共同组织中外记者到北京郊区采访，并在现场召开新闻发布会，奥运会期间，两次在奥运新闻中心召开专题新闻发布会，宣传中国政府绿色奥运的承诺。六是三北防护林工程30周年宣传。中央宣传部下发报道方案，报道了三北防护林工程30年成效和纪念大会，在《人民日报》、《经济日报》、《求是》杂志、《科技日报》等刊发局领导署名文章。七是林业改革开放30周年成就宣传。制定了林业改革开放30周年宣传活动方案，发出通知，各地形成宣传高潮。八是木本粮油宣传。重点宣传湖南发展油茶产业典型，对全国现场会进行全面报道。九是林业学习实践科学发展观宣传。制定了国家林业局学习实践科学发展观宣传方案，报请中央宣传部下达报道方案，对国家林业局以推进集体林权制度改革和生态文明建设为主线，开展学习实践活动进行报道。十是新闻发布和舆情工作。举行新闻发布会13场(国务院新闻办发布会2场、例行发布会11场)，出台《国家林业局关于进一步加强林业新闻发布管理的意见》，编印2008年《林业对外宣传备答口径》，向各省(区、市)林业厅(局)下发林改宣传通知，申请中央电视台正式批准《中国绿色时报》列入“朝闻天下”摘报范围；编发《林业舆情动态》

51期、《林业新闻信息通报》4期；每季度召开一次局属媒体负责人会议，对《绿色中国》、《国土绿化》、《中国林业》等刊物进行审读。

生态文明和生态文化宣传突出重点，扎实推进，凸显了林业在生态文明建设中的主体作用和地位 一是开展"林业在生态文明建设中的主体地位"、"生态文化与生态文明的关系"理论研究，形成研究成果。二是围绕林业与建设生态文明建设的关系，开展理论宣传，在《人民日报》、《经济日报》、《农民日报》、《紫光阁》杂志、《人民论坛》杂志、《经济》杂志等中央主要媒体和香港《文汇报》、美国《侨报》发表贾治邦局长等局领导署名文章和访谈20多篇(次)，强化了林业在生态文明建设中肩负的重要使命和历史重任。出版了《生态文明建设理论与实践——中国(广州)生态文明建设高层论坛文集》一书。三是开展市民生态文明意识社会调查。四是与教育部、团中央联合开展"倡导绿色生活 共建生态文明"宣传实践活动，并在广州举办2008中国生态文明建设高层论坛；开展"全国生态文明教育基地"命名活动，命名了第一批10个全国生态文明教育基地；与民进中央、贵州省政府在毕节举办中国(毕节)石漠化治理与生态文明高层论坛。五是开展全国林业系统文明窗口单位创建活动，首批命名了156个单位。六是开展生态文学艺术创作和传播宣传活动。开展"抗灾重建、振兴林业、恢复生态"文艺家采风活动、"健康的湿地，健康的人类"科普摄影作品大赛及科普展活动、"首届大学生生态科普创意大赛"活动、"纪年改革开放 建设生态文明"全国书画展和笔会活动、"倡导绿色生活，共建生态文明——美术作品展"系列活动，组织中央电视台拍摄并连续播放大型自然类专题片《森林之歌》，制作了《藏羚羊》动漫片，摄制了林业冰雪灾害电视专题片，在北京王府井广场举办林业改革开放30年成就展；调整中国林业文联法定代表人及中国林业作家协会、中国生态摄影家协会负责人，成立中国林业美术家协会及中国林业音乐家协会。七是对《森林培育分典》书稿件进行修改，完成了《林业典》其他分典的普查资料工作，认真做好《中国林业志》编纂工作，出版发行了《生态文明之旅——林业改革开放30年》、《森林防火知识问答》一书，编印了《林业冰雪灾害图片集》。

关注森林活动丰富内容，拓宽渠道，打造了林业建设和林业宣传新的平台 以创建国家森林城市和举办森林论坛为主要内容的关注森林活动，得到了地方党委政府的高度重视，成为了地方各级党委政府建设生态文明、推进林业建设新的平台。中央政治局常委、全国政协主席贾庆林出席关注森林活动，接见会议代表，发表重要讲话，对城市森林论坛活动作出批示；中央政治局委员、全国政协副主席王刚担任关注森林活动组委会主任。第五届中国城市森林论坛在广州举办，王刚副主席代表贾庆林主席向论坛专门发来贺信，全国政协副主席阿不来提·阿不都热西提、贾治邦局长等各方面领导出席论坛并作重要讲话，各地城市和社会各界600多人参加本届论坛。目前，已有贵阳、沈阳、长沙、成都、广州等10个城市被授予国家森林城市称号，还有杭州、武汉、重庆、太原、无锡、大连、石河子、宝鸡、广元、洛阳、本溪等20多座城市提出创建国家森林城市目标。组建中国城市森林论坛专家库，编印《创建国家森林城市工作简报》17期，搭建了各地创建国家森林城市交流、借鉴的平台。

与民主党派和团体的联合工作机制日臻完善，扩大了林业建设的力量 2008年是人大、政协换届之年，也是国务院机构改革之年，如何保证林业问题在"两会"提案议案上的份额，对保持林业机构稳定、推进林业重大问题的解决至关重要。"两会"期间，跟踪联系代表、委员300多人次，起草的提案议案35份，编发5期《林业舆情动态(两会情况专报)》。2008年"两会"收到233件有关林业的提案、议案，有3件得到全国人大、政协提案议案办公室和有关编制部门的重视和回复。在"两会"宣传上，组织新华社刊发代表委员评说生态建设、政协委员谈生态文明建设的多篇专访；请江西林业厅厅长等3名全国人大代表在中国网就林业灾后重建和林改等问题接受访谈，均收到良好的宣传效果。强化与民主党派和团体的联合工作机制，先后与中国农林水利工会、民进中央召开联席会；与中国光彩会联合举办了第四期民营企业家林业培训班，协调落实农工党中央召开山区开发与新农村建设高层论坛，与中国农林水利工会召开工会生态文明建设座谈会和职工自营经济现场会，取得较好效果；与民进中央共同建设2万公顷金银花基地取得明显生态效益、经济效益和社会效益，贾庆林、刘延东等领导同志多次肯定国家林业局与民主党派合作机制。

林业典型宣传贴近时代，推陈出新，讴歌了务林人的时代精神 一是协调中央宣传部新闻局，连续推出一批林业重大典型报道。其中，1月份推出绿化将军张连印事迹报道，内蒙古鄂尔多斯库布其沙漠治理、内蒙古亿利集团治沙、光彩会民营企业家治沙报道；2月份推出林业抗冰雪英雄谱报道，对江西省全南县茅山林场大水坑分场场长黄荣智、四川长宁县万岭楠竹经营所所长王启荣抗灾、贵州印江县林业派出所民警陈刚林3人的先进事迹进行广泛宣传；3月、4月份推出森林防火4省典型报道；5月份推出宁夏防沙治沙典型报道和抗震救灾英雄谱王刚事迹报道。二是在局属报刊刊发了10名全国林业劳动模范、先进工作者的深度报道，收录240名劳动模范和先进工作者的光荣事迹编辑《生态文明的模范建设者》一书。三是通过中央宣传部下发宣传方案，组织林业典型宣传，分别报道了集体林权制度改革、三北防护林工程30年、广州城市森林建设、治沙典型王文彪，以及贵州毕节生态实验区。四是与中央宣传部联合推出全国重大典型山西绿化将军张连印，人事部、全国绿委、国家林业局授予周世友人民满意公务员称号，由全国绿委、国家林业局作出学习决定。五是向中华全国总工会推荐在林业系统抗击低温冰雪灾害中作出突出贡献黄荣智、王启荣和湖南郴州市林业局为“五一”劳动奖章和“五一”劳动奖状获奖个人和单位。

林业对外宣传有的放矢，注重感染力，宣传了我国林业良好国际形象 根据胡锦涛总书记的指示和外交部的要求，编辑制作了《朱鹮》和《中国鹳类》两部专题片和图片集赠送日本天皇，得到外交部的赞许。编辑了《防沙治沙——我们共同的责任》、《中国的自然保护区》等对外电视宣传专题片。《森林之歌》获最佳自然专题片和第二十四届电视金鹰奖。编印《中国林业概览》对外宣传册。配合赠台大熊猫赴台，联合中国集邮总公司设计制作“团团圆圆”个性化邮票；为对外宣传保护森林、湿地、野生动物，防治沙漠化等工作的重要意义，制作了“建设现代林业 推动生态文明”个性化邮折。

【林业与建设生态文明宣传】 ①围绕全国林业厅(局)长会议宣传林业推进生态文明建设的思路与措施。在年初全国林业厅(局)长会议期间，组织中央主要新闻媒体，重点做好国务院领导同志对林业工作最新指示精神的报道，做好贾治邦局长报告主要内容和精神的报道，重点宣传了林业推进生态文明建设的思路与措施、成效。②加强了生态文明理念和林业推进生态文明建设的宣传。在《人民日报》、新华社、《经济日报》、《农民日报》、《紫光阁》杂志、《人民论坛》杂志、《经济》杂志、《中华英才》杂志中央主要媒体和香港《文汇报》、美国《侨报》发表贾治邦局长等局领导有关生态文明建设的署名文章和访谈20多篇(次)，其中贾治邦局长14篇(次)，强化了林业在生态文明建设中肩负的重要使命和历史重任。重点做好中国(广州)生态文明高层论坛，中国(毕节)石漠化治理与生态文明高层论坛，倡导绿色生活共建生态文明——美术作品展，生态文化协会成立大会，国家生态文明教育基地揭牌仪式等活动的新闻报道。组织北京大学生态文明研究中心副主任鄂云龙、河南新乡市副市长在人民网强国论坛就生态文明建设进行在线访谈。③扩大森林城市创建活动的宣传，积极倡导城市森林理念。协调中央宣传部下发了广州市“创建森林城市，加快城乡文明建设”典型宣传方案。10月18日，局宣传办公室组织召开第五届中国城市森林论坛专题新闻发布会，发布森林论坛将举办的消息。11月17～18日，关注森林活动组委会举办了第五届中国城市森林论坛，各级新闻媒体刊发中国城市森林论坛消息223篇，其中《人民日报》14篇、新华社7篇、中央人民广播电台3条、中央电视台4条(次)、《经济日报》20多篇、中国新闻社6条。

【集体林权制度改革宣传】 ①及时搞好中央10号文件宣传。与中央宣传部联合开展了大型系列宣传活动。协调中央宣传部制定宣传方案，全文发表中央10号文件、在《人民日报》发表社论、新华社发表评论员文章、中央各主要媒体刊发(播)中央10号文件政策解读，印制单行本。②组织两次大型采访活动。2008年7月中下旬，组织十几家中央主要媒体记者分赴云南、河南进行林改典型采访，各大媒体持续进行报道，掀起林改宣传新高潮。③组织新闻发布会和专题访谈活动。7月22日，国务院新闻办在2008北京国际新闻中心召开集体林权制度改革新闻发布，贾治邦局长、张建龙副局长向中外记者介绍情况、回答问题。《经济日报》“新农村对话”专栏就雪灾对林改的影响采访了张建龙副局长和江西、福建的基层干部群众。还组织各媒体就集体林改的理论和实践问题采访了厉以宁等一些知名专家学者，扩大宣传林改。④搞好林改动态活动的报道。及时对国家林业局在昆明市举办的林改厅(局)长培训班，在西安举行的西北地区林改片会，在北京大学举行的集体林改论坛等重要活动进行了宣传报道，为推进集体林权制度改革营造了良好舆论氛围。⑤结合学习实践科学发展观活动宣传林改。协调中央宣传部下发报道方案，对国家林业局以推进集体林权制度改革为主线，开展学习实践活动进行深入报道。在此基础上，整理出版了2008年集体林权制度改革新闻报道文集《盛世林改谱华章》。

【湿地日、植树节和造林绿化宣传】 ①宣传湿地保护最新成就，普及湿地科普知识。2008年2月2日第十二个世界湿地日前后，围绕“健康的湿地，健康的人类”主题，做好活动新闻报道。《人民日报》2月2日刊发贾治邦局长专访《维护湿地生态健康 就是保障人类健康》。《人民日报》海外版2月3日在一版重要位置刊发《中国湿地总面积亚洲第一 力争有效保护自然湿地》。新华社共播发报道8篇。人民网、中国网推出中国湿地摄影展网上展馆。②大力宣传植树造林、国土绿化进展及所取成效。发布《2007年中国国土绿化状况公报》。《人民日报》、《经济日报》刊发贾治邦局长专访，刊发庆祝第三十个植树节的评论员文章《为建设生态文明播新绿》。做好党和国家领导人植树活动，全国人大常委会领导、全国政协领导植树活动，共和国部长植树活动，将军植树活动，全国造林绿化表彰大会等相关新闻宣传。3月12日，在北京大学举行新闻发布会，发布《中国城市居民生态需求调查结果》。多次邀请局领导和专家到中央人民广播电台、人民网、中国网、中国政府网进行访谈。

【防治荒漠化国际会议与防沙治沙宣传】 ①集中报道了防治荒漠化国际会议精神。包括报道开幕式、会议主要内容、"五点共识"和《北京声明》，突出宣传了中国防沙治沙成果。②在会前发布《中国林业与生态建设状况公报》。宣传中国林业和生态建设主要措施、成果，授权中国网独家发布公报全文，人民网、新华网、中国政府网等30多家主要网站全文转载。在《人民日报》、《经济日报》、美国《侨报》、香港《文汇报》、《中国绿色时报》上以专版形式对公报主要内容进行发布。③世界防治荒漠化与干旱日的宣传报道。在"6·17"前后，协调《人民日报》、《工人日报》、《人民政协报》制作了多个专版，《经济日报》、《科技日报》进行了专题报道。

【林业灾情及灾后重建的宣传】 ①林业抗冰雪灾害及灾后重建宣传。通过多种形式，全面宣传林业受灾情况、林业救灾动态及灾后重建重要部署。年初，在国务院新闻办召开了雪灾对林业的影响新闻发布会，发布了林业灾情，引起了温家宝总理的重视。以国家林业局新闻办或新闻发言人名义发布了5次反映林业灾情和林业救灾工作动态情况的新闻稿件，向社会全面介绍林业受灾情况。积极协调新华社和《人民日报》刊发内参21期，组织中央媒体赴湖南、江西等省(区)冰雪灾害现场采访报道，集中报道林业灾后重建工作座谈会。《经济日报》"新农村对话"栏目就林业受灾情况及应对措施，专访了国家林业局领导和地方有关同志。《经济日报》和《农民日报》开辟"走进林区看重建"专栏，陆续刊登福建、江西、湖南、湖北4省专题报道，并配发评论《加快灾后重建 再造生态家园》。各大媒体还重点报道了南方各省(区、市)灾情及重建举措。《工人日报》刊发深度报道《雪压秀木残林现 更待翠绿染山时——郴州林业受灾与恢复重建纪实》。②林业地震受灾及重建宣传。组织中央主要新闻单位及时准确报道林业抗震救灾动态，热情讴歌赞美林业英雄人物感人事迹。每天向中央主要新闻单位通报林业抗震救灾的重要部署、重大进展等信息。根据局党组安排，组织记者分赴四川、陕西、重庆、宁夏进行采访，派人到四川组织协调前线新闻报道工作，第一时间反映了林业抗震救灾情况和感人事迹。刊发《大勇大爱写就的生命宣传》和《灾难中挺立的生命群雕》两篇4万多字的长篇通讯。中央主要新闻单位共刊播消息、通讯、综述、专题等300多篇(条)。

【绿色奥运宣传】 2008年，为深入宣传中国政府承诺的绿色奥运目标全部实现，充分展示中国生态建设取得的成效，国家林业局、国务院新闻办联合组织了两次大型宣传活动。①6月17日联合组织绿色承诺中外记者北京采访活动。参加此次采访活动的中外媒体记者共计120人，其中：中央和首都媒体48家71人、港台媒体11家17人、国外媒体15家32人。此次采访活动全程行程200多千米，先后实地参观采访了奥林匹克国家森林公园建设、绿色通道绿化、延庆县北山绿化和龙庆峡荒滩绿化工程，最后在延庆县现场举行绿色奥运及防沙治沙新闻发布会。国家林业局有关部门及北京市园林绿化局负责同志向中外记者介绍了中国政府承诺绿色奥运、加强生态建设和保护的举措与成效。中央人民广播电台、中国国际广播电台、中国网对新闻发布会进行现场直播。各媒体刊播相关报道300多篇(条)。②在奥运会前夕，在2008国际新闻中心召开了林业与人居环境改善专题新闻发布会。突出报道了北京奥运会绿化指标全部兑现、中国生态建设为全球作出的重大贡献。

【油茶发展宣传】 ①组织记者开展集中采访活动。在全国油茶产业发展现场会召开前后，组织中央主要新闻记者重点采访油茶发展的典型地区，《人民日报》、《科技日报》、《农民日报》、《中国经济导报》、《中国绿色时报》、《经济日报》、《半月谈》杂志、《经济》杂志等媒体以专版、专题报道等形式，突出宣传了大力发展油茶产业的重大意义和积极作用，宣传湖南等地涌现出的油茶发展的典型。贾治邦局长2008年9月7日还专门就油茶发展问题接受了中央新闻记者的联合采访。新华网、人民网、中国政府网和中国网等中央主要新闻网站转发了上述新闻。②利用多种形式，突出宣传效果。在中央党校的《学习时报》刊发回良玉副总理的专访。围绕油茶发展的对策建议，协调新华社做好内参报道，编发内参3篇。

【中国生态文明建设高层论坛】 2008年，围绕"倡导绿色生活 共建生态文明"主题，国家林业局联合教育部、团中央向各省(区、市)林业厅(局)，教育厅(局)，团委发出了《关于开展"倡导绿色生活 共建生态文明"活动的通知》(林宣发[2008]112号)。5月30～31日，由国家林业局、教育部、中华全国总工会、团中央在广州市举办中国生态文明建设高层论坛，并由国家林业局、教育部、团中央授予广州市帽峰山森林公园、中国(卧龙)保护大熊猫研究中心等10家单位国家生态文明教育基地称号。全国人大常委会乌云其木格副委员长担任了论坛组委会名誉主任，出席论坛并作了重要讲话。论坛紧紧围绕"倡导绿色生活、共建生态文明"主题，深入探讨了循环经济、绿色消费、生态文化、生态教育、青少年责任等与经济社会发展全局联系紧密，与生态文明建设的实践联系紧密，与社会各界和广大群众关心的热点、焦点问题。论坛形成了《中国生态文明建设高层论坛——广州宣言》，编印了《生态文明建设的理论与实践》一书。

【第五届中国城市森林论坛】 由关注森林活动组委会主办，于2008年11月17～18日在广州市举行，全国政协副主席、关注森林活动组委会主任王刚代表贾庆林主席向论坛专门发来贺信，全国政协副主席阿不来提·阿不都热西提出席论坛并作重要讲话，贾治邦局长等国家林业局、全国政协人资环委、经济日报社及关注森林活动组委会和广东省、广州市等有关领导，各地城市和社会各界代表共600多人参加本届论坛。本届论坛呈现五个特点：①“城市森林与生态文明”的主题紧扣建设生态文明，推动城乡统筹发展的时代要求。②对重大理论和现实问题研讨深入，论坛回答了创建森林城市确立什么样的目标、树立什么样的理念、走什么样的道路等重大问题，为实现城市森林建设科学发展提供了理论指导和实践经验。③确定的典型说服力强。被授予国家森林城市称号的广州市、新乡市和阿克苏市地域上有广泛性，气候上有多样性，经济上有代表性，生态上有区位性，有力地说明只要党委、政府重视，措施得力，每一座城市都可以建设成生态文明的宜居城市。④市民和媒体反响强烈。论坛安排有普通市民代表上台演讲，反应市民的心声，充分体现论坛以人为本和为市民服务的宗旨；14家中央媒体到会采访并在重要版面、时段作了报道，中国网、经济网对整个论坛作了直播，《人民日报》和《经济日报》分别拿出6个专版作了详细报道，社会反响强烈。本届论坛取得了四方面成效，一是提高了社会各界对城市森林建设的认识；二是推广了城市森林建设的新理念；三是推动了国家森林城市创建；四是促进了城市森林建设国际交流与合作。

【加强局属报刊新闻出版管理】 ①每季度召开一次局属媒体负责人会议，通报中央的最新精神和局党组的重大部署，紧紧围绕大局开展宣传报道。根据局党组部署，为认真做好林业抗震救灾宣传工作，促进震区林业灾后重建工作，对局属媒体的宣传工作提出具体要求。②对《中国花卉园艺》、《中国林业》、《生态文化》、《国土绿化》和《国家林业局管理干部学院学报》共计18种杂志开展审读工作，并在局属报刊负责人通气会上通报审读结果，同时将审读意见、改进措施等反馈到有关期刊社。期刊审读工作开展以来，普遍反映审读不仅强化了办刊人员的质量意识，而且对提高林业期刊的编校质量起到了积极的促进作用。③按照新闻出版总署和中央宣传部的要求，组织中国林业出版社开展推荐优秀通俗理论读物和向全国青少年推荐百种优秀图书等活动，配合新闻出版总署做好经营性图书出版单位的评估和审核工作。④查处绿色中国杂志社山西办事处人员违反规定，向霍宝干河煤矿收取“会员费”重大违纪问题，认真开展调查，提出了处理意见，并及时向新闻出版总署作了汇报。

【《中国林业志》编纂工作】 启动中国林业志编写工作。2008年3月18日召开了中国林业志工作部署会，局领导出席会议，并作了讲话，编委会向34个撰写单位分配了撰稿任务，提出了工作要求。组建中国林业志撰稿队伍。根据各司（局）、单位报送的意见，成立中国林业志撰稿队伍，并确定主要撰稿人兼联络员。组建中国林业志咨询机构。根据中国林业志编纂工作需要，联系确定17名林业专家，组成中国林业志编纂委员会咨询组。进一步补充林业历史资料。在前期普查的基础上，继续查找和补充部分重要历史资料。收集了法律文件27件，中共中央国务院文件115件，部委文件124件。确定政法司和保护司为林业志编纂试点单位，编写了政策法规和野生动植物保护方面的大事件，为指导业务司（局）开展资料长编工作进行有针对性的探索。制定了《中国林业志》有关编纂制度，其中包括《图书资料管理办法》和《〈中国林业志〉工作制度》。中国林机协会、政法司和退耕办、天保办完成了资料长编工作。

（林业宣传由曹靖供稿）

林业报刊

【中国绿色时报社】 2008年，中国绿色时报社发挥《中国绿色时报》、《中国林业》、《森林与人类》和中国林业新闻网“一报两刊一网”优势，围绕中央重大战略部署和国家林业局中心工作，以及社会关注热点等问题，加强宣传策划，突出报道重点，强化质量管理，为推进生态文明和现代林业建设营造了良好的舆论氛围。

坚持正确舆论导向，深化办报办刊理念 作为林业行业有影响的权威媒体，《中国绿色时报》和《中国林业》始终贯彻党的宣传方针，强化导向意识、贴近意识、服务意识，坚持“传播生态文明、服务林业大局、服务百姓生活”的办报办刊宗旨，大力宣传党和国家的林业方针政策，宣传林业在国家经济社会发展全局中的战略地位与重要作用，宣传生态文明和现代林业建设，为扩大林业影响、推动林业科学发展作出了重要贡献。作为综合性科普刊物，《森林与人类》以自然探索、动植物保护、人文地理等为报道重点，面向社会普及生态知识、传播生态文化、弘扬生态文明，引导人们转变生产生活观念，树立起人与自然和谐的价值观。

突出报道重点，增强报刊核心竞争力 报社"一报两刊一网"围绕重大事件、中央重大战略部署和国家林业局中心工作、社会关注热点问题开展报道。一是精心打好林业抗击冰冻雨雪灾害和抗震救灾两大战役性报道。林业抗击冰冻雨雪灾害报道从2008年1月下旬开始，分救灾和灾后林业恢复重建两个阶段进行，据统计，《中国绿色时报》共刊发有关文字报道260多篇、图片报道130多幅，并推出6个专题版面；《中国林业》重点推出了"万众一心融冰雪"报道专题。林业抗震救灾报道从5月中旬开始持续两个月，《中国绿色时报》设立了"抗震救灾英雄谱"等近10个栏目，刊发文字报道422篇、图片报道192幅，刊发整版专题报道33块。二是做好林业重点工作的宣传报道。按照全国林业厅（局）长会议的工作部署，重点围绕集体林权制度改革、油茶产业发展、三大体系建设、生态文明建设等进行报道。集体林改报道以宣传中央10号文件精神，各地推进集体林改的动态、经验和典型为主，全年共刊发报道200多篇。油茶产业主要报道重要典型，以及国家林业局关于加快油茶产业发展的政策措施等。林业三大体系建设报道重点是各地推进林业生态建设的新举措；森林防火和野生动植物保护的动态和经验；林业产业政策和新兴产业，同时还专门成立了林浆纸编辑部，拓展报道领域。生态文明建设报道注重传播新理念、宣传新思想、推出新成果。

关注社会热点，扩大林业影响 报社将全国两会报道作为宣传林业地位、扩大林业影响的重要战役，在2008年两会期间《中国绿色时报》共推出了11个专栏，对社会关注的林业如何推进生态文明建设、重点生态工程政策、林区社会民生问题等进行集中报道，共刊发文字报道84篇、图片报道52幅，形成了报道声势和规模。在日常报道中，围绕社会关注的热点问题，策划了森林与人类健康、林业与粮食安全、林业应对气候变化等重点选题，以进一步宣传林业的功能和作用，增强社会公众对林业重要性的认识，提高林业的社会地位。以中国林业新闻网为平台，推出7个频道100多个栏目，全方位介绍林业知识、提供信息资讯、发布林业权威新闻等，使之成为社会了解林业、关注林业的一个重要窗口。与此同时，报社积极向中央电视台"朝闻天下·媒体广场"推荐摘播稿件，以扩大林业和报纸的影响力。2008年6～12月，中央电视台"媒体广场"共摘播该报稿件25篇。

加强组织策划，打造精品力作 报社"一报两刊"将报道策划工作作为增加深度报道、推出精品力作、提升报刊质量的重要措施。对重要事件、重要活动等报社均制定了宣传报道方案、落实重点选题。2008年是改革开放30周年、北京奥运年、三北工程建设30周年、天保工程建设10周年，"一报两刊"围绕这些重要事件组织策划了一系列报道，形成了报道规模。同时，围绕林业工作重点、社会关注热点问题等加强宣传报道策划，并以专栏的形式进行突出报道，形成了报道亮点，涌现出了一大批优秀作品。据不完全统计，2008年，中国绿色时报社记者杜艳玲撰写的《小胡帅命系"爱心树"系列报道》获中国新闻奖三等奖，另有1件作品获全国人大新闻奖，1人获斯巴鲁生态文明传播奖，14件作品获奖第二十三届中国产经新闻奖，3件作品获"中电传媒杯"新闻摄影奖。

（陈友平）

林业出版

【中国林业出版社】

图书编辑出版 年初，社领导班子提出了2008年出版工作的基本思路："贯彻落实科学发展观，坚持把规模发展作为第一要务。树立发展为上、抢抓机遇、加快发展的强烈意识，全面把握出版业的改革走向和发展态势，始终抓住发展的主题不放松。抓住林业又好又快发展的机遇，主动出击，找准新的切入点，细分行业选题领域，开掘行业多层次读者群，争取多渠道资金支持，探求多形式合作方式，把行业读者市场做深做透。拓展市场，加强营销。坚持以市场为导向，质量第一，用户至上。按照市场的要求，进一步转变观念，创新运行机制，做好林业版图书的市场营销工作。"从全年图书编辑出版任务完成的情况看，较好地体现了上述工作思路。一是在认真总结2007年工作基础上，经各编辑中心（室）充分论证，提出并上报了2008年度发稿和出书计划，涉及各类选题595种（套）。其中列入"十一五"规划的重点选题2种（套），规划教材18种（套）。二是图书出版形势平稳，有规模发展的势头。出版图书545种，216.42万册，生产码洋7587.76万元。其中：新书372种，145.31万册，码洋5309.18万元；重印书173种，71.00万册，码洋2197.58万元。共发稿342

种，合计10575.1万字。与2007年同期相比，出版图书品种总数基本持平，新书品种数有所减少，重印书品种数明显增加，生产码洋基本持平。

发挥专业出版优势，服务林业工作大局和中心任务 2008年，紧紧围绕国家林业局党组提出的建设现代林业、构建林业三大体系的基本思路和总体目标，突出集体林权制度改革、林业产业建设、“创绿色家园 建富裕新村”及强化森林资源管理、应对全球气候变化、林业碳汇、生物质能源开发等重点工作，在普及生态知识、繁荣生态文化、建设生态文明、树立生态道德和“三农”图书上找准切入点，做好大文章，力争出精品、创品牌。

组织出版《生态建设与改革发展：2007年林业重大问题调查研究报告》、《2007国家林业重点工程社会经济效益监测报告》、《2006国家林业重点工程社会经济效益监测报告(英文版)》等图书。

继续组织编辑出版了“全国林业生态建设与治理典型技术推介”等系列套书。已出版《营林与造林技术》、《林下经济植物栽培技术》、《畜牧业生态养殖技术》、《食用菌栽培技术》等4种图书。

《世界竹藤(英文版)》、《公路绿化植物病虫害彩色图鉴》、《中国非公有制林业发展的实践与探索——关于非公有制林业经济的战略研究》、《中国城乡乔木(英文版)》等专著多种；编辑出版了《海峡西岸经济区生物质工程产业研究》、《ITTO热带退化与次生森林恢复、经营和重建指南》、《浙江省润楠属植物系统研究》等实用技术和论文集多种。

组织出版了社重点图书、国家科学技术学术著作出版基金资助的学术专著《中国蝣目昆虫》。

集中力量出版了国家“十五”重点图书项目《神奇多彩的中国湿地·中国滨海湿地》、《神奇多彩的中国湿地·中国的国际重要湿地》、《神奇多彩的中国湿地·中国高原湿地》、《神奇多彩的中国湿地·中国湿地概览》、《神奇多彩的中国湿地·中国湿地水鸟》5种图书，为加大对湿地保护的宣传和科学普及增添了新的力量。

组织出版了《中国现代红木家具(第2版)》、《非洲热带木材(第2版)》、《拉丁美洲热带木材(第2版)》、《东南亚热带木材(第2版)》，有明显的行业特色和市场销售前景。

新组织编辑出版了一套具有林业特色的面向市场的系列图书“中国传统木雕精品鉴赏”，已出版的有《木雕达摩百态》、《木雕罗汉百态》、《木雕弥勒百态》3种，已来稿的有《木雕仕女百态》、《木雕动物百态》、《木雕武将神将百态》3种。

组织编辑力量对国家“十一五”重点图书《中国林业系统国家级自然保护区》、《中国经济林·资源卷》、《中国经济林·产业卷》和社重点图书《中国竹编艺术》开展了编辑审稿工作。

园林景观方面：《村落景观的特色与整合》、《民族文化与生物多样性保护》、《植物园——抢救植物的迁地保护》、《城市大园林》等；园艺花卉方面：《景山牡丹》、《中国杜鹃花解读》、《杭州菊花》、《绿色家居选花养花指南》、《容器中的迷你花园——组合盆栽制作与欣赏》，“花卉栽培养护新技术推广丛书”已出版了《荷花·养花专家解惑答疑》、《大丽花·养花专家解惑答疑》、《常春藤·养花专家解惑答疑》、《食用菊花·养花专家解惑答疑》等10种；其他方面的选题：《旅游解说规划》等。

社重点图书《中国林业发展报告》，为国家林业局白皮书，每年推出中、英文版各1本，配合国家林业局工作大局需要，受到好评。

集中力量完成了“三农”类图书“农村种养殖关键技术问答系列丛书”63种，此套丛书在制作中为每本书配套了关键技术操作视频光盘，大大增加了丛书的可读性、可用性和可操作性，市场反应良好。

《中国林业年鉴2007》在由中国版协年鉴工作委员会组织的第四届全国年鉴编校质量评比中获一等奖。标志着《中国林业年鉴》编校质量达到一个新的高度。

此外，一批行业重要学术专著和科技著作、政策法规类管理用书、林业实用技术类图书的出版发行，对推动局党组整体发展思路的落实起到促进作用。

图书营销工作 年初，明确了“以回款为中心，以抓好重点客户和重点图书销售为基本点”的营销工作基本思路。通过工作，加强了回款和销售重点的调整，加强了图书营销工作的力度。

全年图书总销售册数160.43万册，其中：教育类91.3万册，占56.79%；大众类43.66万册，占27.16%；专业类25.8万册，占16.05%。总销售码洋4802.48万元，实洋3146.17万元。其中：教育类码洋占56.69%，实洋占58.75%；大众类码洋占15.86%，实洋占14.82%；专业类码洋占27.44%，实洋占26.42%。回款2230万元，比2007年增长17.18%。

与2007年同期相比，册数增长21.15万册，码洋增长435.28万元，实洋增长319.19万元。其中：教育图书册数下降4.54%，码洋增长14.53%，实洋增长15.56%；大众图书册数增长114.59%，码洋增长31.09%，实洋增长29.24%；专业图书册数增长9.23%，码洋减少6.63%，实洋减少4.57%。从以上数据上看，教育类图书仍然以较快的速度发展；“三农”整套图书的推出起到了重要作用；市场图书减少，专业图书增加，因此，林业科学板块码洋增加。相比之下，自然旅游与科普生活板块，由于缺少品种支持，销售下滑较大。

全力组织参加了2008年1月8～11日在北京国际展览中心举办的北京图书订货会。在做好专业版特色图书宣传工作的同时，重点加大了图书馆配书的销售力度，达到了较满意的结果：实现订货会交易40万元。

参加了2008年4月17～28日在郑州市举办的第十八届全国图书交易博览会。销售的重点工作同样放在了图书馆配书上，最终实现交易30万元。

为进一步扩大销售网络，加大对林业版图书的宣传力度，组织力量参加了浙江、江苏、湖北、辽宁等省举办的地方图书订货会，都取得了一些成效，平均每个订货会都实现了约10万元的销售成绩。

在江苏、江西、湖北等地举办教材巡展，直接将教材带到学校或将教师请到展会，与教师直接见面，极大地促进了教材的销售。前三季度实现教材销售1560万元，比2007年同期增加120%。

（社办公室）

【国家级自然保护区工作手册】 国家林业局野生动植物保护与自然保护区管理司编，2008年11月出版。全书分为绪论、自然保护区规划建设、自然保护区日常管理、自然保护区调查与监测、自然保护区野生动植物保护、自然保护区环境解说与环境教育、自然保护区资源可持续利用、自然保护区社区共管、自然保护区评估与监督等内容，并有“国家级自然保护区涉及行政许可”、“示范自然保护区建设”、“自然保护区工作指导意见”等附录。

【三北防护林体系建设30年发展报告（1978～2008）】 国家林业局编，2008年11月出版。该书对三北防护林的建设背景、建设历程、建设成就、建设投入等问题进行了全面梳理。

【中国现代林业（第2版）】 江泽慧等著，2008年10月出版。该书主要从政策保障、理论体系、重点领域等几个方面，对我国现代林业的发展问题进行了深入系统的研究，取得了阶段性成果。

【2008中国林业发展报告】 国家林业局主编，2008年9月出版。该书为国家林业局的白皮书，系统总结了2007年中国林业发展的情况，内容主要包括：现代林业、生态建设、林业产业、生态文化、林业投资等。

【中国核桃产业发展报告（1949～2007）（中国经济林产业发展报告系列丛书）】 侯立群主编，2008年9月出版。该书主要介绍了核桃的生产概况、采后处理与贮藏加工、市场流通、贸易与消费、核桃产业现状与发展趋势，以及核桃产业发展统计资料、有关核桃标准、中国核桃之乡名录、中国核桃产业发展大事记等。

【中国枣业发展报告（1949～2007）（中国经济林产业发展报告系列丛书）】 刘孟军主编。2008年9月出版。该书基于我国最新、最全面的枣产业权威调查数据资料，由全国枣主产区协作组专家组的知名专家结合对枣产业多年的研究成果编写而成。主要内容包括：生产现状、发展趋势展望、存在问题与对策建议、主要产枣省的枣产业现状，以及枣产业大事记等。对我国枣产业的发展具有重要的参考价值。

【中国林业统计年鉴（2007）】 国家林业局编。2008年9月出版。本年鉴根据各省（区、市）林业管理部门和国家林业局直属单位上报的统计年报和其他相关资料编辑而成。内容包括：林业产业总产值、营林生产、林业重点工程建设情况、工业生产、从业人员和劳动报酬情况、固定资产投资、林业教育等。

【林权争议调处法律法规文件汇编】 王菊芳主编。2008年9月出版。该书汇编了有关林地资源管理的相关文件。列出了从事林地林权管理工作人员需掌握和了解的全国林地林权的历史，及各时期的法律法规和政策规定。

【中国观赏蝴蝶】 陈晓明等著。2008年11月出版。该书系统地介绍了中国观赏蝴蝶的分类，基础生物学特征，中国观赏蝴蝶资源，主要寄主植物，养殖技术和蝴蝶的利用及产品等内容。

【中国草书盆景】 江苏阳光生态农林开发公司编，2008年7月出版。盆景在我国有悠久的历史传统。草书盆景在历史上曾经出现过，但数量和影响均有限。现在，由于技术的发展和作者的研究获得了较大的技术突破和创新。该书从草书盆景的历史回顾和与其他盆景的比较出发，详细介绍了草书盆景的制作和养护。

【林用药剂药械使用技术手册】 国家林业局森林病虫害防治总站编著，2008年9月出版。该书内容包括：农药概论、林用药剂、林用机械、诱虫灯四部分内容。详细介绍了各种药剂的通用名称、类别、有效成分及含量、毒理学评价、使用作物、防治对象、使用方法及剂量、注意事项、安全措施及中毒急救等。

【林木种子采集加工和贮藏技术（林木种苗行政执法系列丛书）】 洑香香等主编，2008年6月出版。该书作者主要参考了近年来出版的林木种苗教材、专著和技术标准，同时注意吸收改革开放以来我国林木种子生产的经验和取得的科研成果，具有较强的系统性和新颖性。全书共分四章。第一章为林木结实规律和产量预测；第二章为母树选择和种子采收；第三章为林木种子加工；第四章为林木种子贮藏。

【林木种苗质量检验技术（林木种苗行政执法系列丛书）】 喻方圆等主编，2008 年 6 月出版。该书共分四章。第一章为林木种子播种品质检验，介绍了抽样、净度测定、发芽测定、生活力测定、含水量测定、重量测定、优量度测定、X 射线检测和离体胚测定等内容；第二章为林木种子活力及其测定方法，介绍了林木种子活力的基本概念、测定原理，以及幼苗生长测定法、幼苗活力分级法、加速老化法、电导法、TTC 定量法和四唑图形法等活力测定方法；第三章为苗木质量评价，介绍了形态指标、生理指标、生物物理指标和活力指标等评价苗木质量的指标及其测定方法；第四章为林木种苗品种鉴别，介绍了林木种苗品种的形态鉴定、生化鉴定、细胞学鉴定和分子鉴定方法。

【油茶优良种质资源（中国林木种质资源丛书）】 陈永忠主编，2008 年 8 月出版。油茶产我国南方最主要的经济林树种之一，自从 20 世纪 60 年代以来，通过广泛的农家品种调查和优树选择，在各油茶产区已普选出很多优树。在这些优树的基础上，通过无性系当代测定、全同胞或半同胞家系的测定，先后选育出一大批油茶优良无性系，优良家系和优良杂交组合，成为当前油茶生产的主要力量。通过图谱方式介绍当前生产上所应用的主要良种资源及其经济性状，更有利于这些资源的收集保存、生产应用和科研工作的深入开展。

【沙尘暴监测技术】 鞠洪波等著，2008 年 4 月出版。该书主要内容包括：国内外关于沙尘暴监测研究进展概述，我国受沙尘暴影响地区的生态环境数据库研建，沙尘暴遥感监测技术研究，沙尘暴预测预报，沙尘暴监测网络系统和业务运行系统，应用与分析等。

【中国现代红木家具（第 2 版）】 刘鹏主编，2008 年 4 月出版。该书主要内容包括：①红木，包括的木材种类及每一类木材的识别。书中除对每类木材的特征进行叙述外，还附有 8 类木材的实物照片。②为红木家具生产厂家选购木材和专业人员研究的需要，根据现有标本和资料把 8 类木材所包含的主要树种名称、产地、木材的特征（宏观及微观特征）及性质进行了详细叙述，特别是对每种木材的解剖分子进行了仔细观察和测计并附横切面（30 倍）、弦切面（60 倍）、径切面（60 倍）三张显微照片，为鉴别木材提供依据。③红木家具主要加工工艺。④红木家具的选购和保养。⑤中国现代红木家具名品鉴赏。

【2007 国家林业重点工程社会经济效益监测报告】 国家林业局经济发展研究中心等编，2008 年 3 月出版。该书紧紧围绕国家林业重点生态工程实施产生的社会、经济和生态效益这一主题，针对不同工程情况设计了反映工程特征及其影响的指标体系，在全国对 27 个省（区、市）的 240 个县（森工企业）1464 个农户 331 个林场职工的监测结果表明：林业重点工程实施以来，天然林资源得到有效保护，坡耕地和严重沙化土地退耕还林有序进行，林草植被不断恢复，野生动植物保护和自然保护区建设取得显著成效；国家林业重点工程建设在改善生态环境、保障和提高农业综合生产能力、促进农民就业和增收、协调东中西部区域发展等方面取得了明显的成效。随着国家林业重点工程相关政策的不断完善，林业建设成果将得到进一步巩固，工程对解决“三农”问题、协调区域发展的潜在作用将不断显现。

【中国湿地水鸟（神奇多彩的中国湿地）】 丁平等编著，2008 年 1 月出版。该书全面介绍了分布于中国的湿地水鸟 257 种，其中有国家重点保护的物种一级 10 种，二级 42 种，世界级受胁种 42 种。介绍了湿地水鸟的分布、生态，用图片展示水鸟的形态。图文并茂。

【中国的国际重要湿地（神奇多彩的中国湿地）】 崔丽娟等编著，2008 年 1 月出版。该书主要介绍了湿地及国际重要湿地概况，重点按鹤类的天堂、黑颈鹤的家园、红树林的保护地、世界之巅的江河之母等分类介绍了 29 个国际重要湿地。

【中国湿地概览（神奇多彩的中国湿地）】 刘子刚等编著，2008 年 1 月出版。该书主要介绍了湿地的基本概况，如什么是湿地、湿地的类型、湿地的生态服务功能、多彩的湿地植物、繁多的湿地动物、湿地面临的威胁和退化、拯救湿地在行动等。

【中国高原湿地（神奇多彩的中国湿地）】 白军红编著，2008 年 1 月出版。该书主要介绍了中国高原湿地的概况、类型、功能，以及在全球变化背景下的中国高原湿地、所面临的生态威胁及其保育。

【中国滨海湿地（神奇多彩的中国湿地）】 何文珊编著，2008 年 1 月出版。该书以精美的图片、细腻的笔法介绍了中国滨海湿地的概况和与人类息息相关的滨海湿地类型、作用。介绍了滨海湿地的变化及人类对滨海湿地的破坏和保护。

【生态建设与改革发展：2007 年林业重大问题调查研究报告】 贾治邦主编，2008 年 1 月出版。该书主要包括高层谋划、领导纵论、调查研究、地方实践四大篇内容，沿续前一年的调研情况对 2007 年我国林业重大问题进行调研总结。

【东南亚热带木材(第 2 版)】 刘鹏等编著，2008 年 3 月出版。该书主要介绍了东南亚热带木材 200 多种的木材中文名、拉丁名、商品名和地方名，树木及分布，木材宏观特征及微观特征，木材性质如密度、干缩、力学、干燥、耐腐及加工等，木材用途；还介绍了非洲热带木材的用途分类等内容；书末附有显微照片及彩色木纹照片。

【非洲热带木材(第 2 版)】 刘鹏等编著，2008 年 2 月出版。该书主要介绍了非洲热带木材 200 多种的木材中文名、拉丁名、商品名和地方名，树木及分布，木材宏观特征及微观特征，木材性质如密度、干缩、力学、干燥、耐腐及加工等，木材用途；还介绍了非洲热带木材的用途分类等内容；书末附有显微照片及彩色木纹照片。

【拉丁美洲热带木材(第 2 版)】 姜笑梅等编著，2008 年 2 月出版。该书主要介绍了拉丁美洲热带木材 200 多种的木材中文名、拉丁名、商品名和地方名，树木及分布，木材宏观特征及微观特征，木材性质如密度、干缩、力学、干燥、耐腐及加工等，木材用途；还介绍了拉丁美洲热带木材的用途分类等内容；书末附有显微照片及彩色木纹照片。

【中国蝽目昆虫】 陈树椿等著，2008 年 4 月出版。主要内容包括总论与分类两大部分。前者论述蝽目昆虫研究概述、演变、形态构造、生物学及研究方法等。后者按分类系统介绍我国蝽目昆虫 334 种(占世界该目数量的 10% 以上，全世界约有 2500 ~ 3000 种)，隶属于 5 科 9 亚科 65 属，文内配有各分类阶元(科、亚科、属、种)检索表及种类介绍。并有各代表属整体图或彩照，以及 400 余幅黑白特征图。

（中国林业出版社新书介绍由刘若云供稿）

积极发挥森林在应对气候变化中的重大作用*

国家林业局局长　贾治邦

党的十七大报告指出："加强水利、林业、草原建设，加强荒漠化石漠化治理，促进生态修复。加强应对气候变化能力建设，为保护全球气候作出新贡献。"在应对气候变化的对策中，森林将发挥不可替代的作用。胡锦涛主席在2007年的亚太经济合作组织(APEC)会议上，表明了中国应对全球气候变化的坚定立场，作出了到2010年中国森林覆盖率从18.21%提高到20%的承诺，倡议建立亚太森林恢复与可持续管理网络，受到国际社会的广泛赞赏，树立了中国负责任大国的形象。

一、全球气候变化的缘由及危害

当前，全球气候正发生着以变暖为主要特征的显著变化。其中既有自然因素，也有人为因素。自然因素是指日地关系及气候系统内部的相互作用与反馈过程，如太阳活动、火山活动及海洋、大气等系统各子圈层之间的相互作用等。据联合国政府间气候变化专门委员会(IPCC)评估，全球气候变化主要是人为因素引起的：一是大规模使用化石燃料，如石油、煤炭、天然气等，排放了大量温室气体；二是大规模破坏森林资源，全面损害了全球森林的固碳能力。目前，全球森林已由人类文明初期的76亿公顷减少到38亿公顷。

气候变化不仅会对生态安全、能源安全、淡水安全、食物安全和人类健康带来危害，而且对经济发展、社会稳定和全人类的生存发展造成严重影响。一是将直接导致冰川退缩、海平面上升、生物多样性受到破坏等严重问题。二是可能引起热浪频率和强度增加，某些传染性疾病发生和传播机会增大，心血管病、疟疾、登革热和中暑等疾病发生程度和范围增加，还将造成极端天气气候事件及其引发的气象灾害频繁发生。三是使国际安全形势更加复杂化。气候变化通过影响粮食、水资源、能源等战略资源的供应与再分配，引发社会动荡、边界冲突，扰乱现有国际秩序和地缘政治格局，已经成为全球性非传统安全问题。因此，气候变化已成为人类共同面临的严峻挑战。应对气候变化不仅是全球面临的重大责任，也是我国应当主动承担的重要国际义务。

二、森林在应对气候变化中的独特功能

针对导致气候变化的两大主要因素，国际社会正在采取两项战略措施：一是直接减排。即：通过技术改造，提高能源利用效率，减少温室气体排放。二是间接减排。即：通过以森林为主体的生物吸收二氧化碳，将温室气体固定下来，减少大气中温室气体含量。直接减排十分重要，必须坚持；而间接减排成本低、易施行、综合效益大，是目前应对气候变化最经济、最有效的途径。

（一）森林是陆地上最大的储碳库。森林是陆地生态系统的主体。据IPCC估算：全球陆地生态系统中约储存了2.48万亿吨碳，其中1.15万亿吨碳储存在森林生态系统中。森林面积占全球面积的27.6%，森林植被的碳储量约占全球植被的77%，森林土壤的碳储量约占全球土壤的39%，森林生态系统碳储量占陆地生态系统的57%。

（二）森林是最经济有效的吸碳器。森林通过光合作用吸收二氧化碳，并将其以生物量的形式固定下来，这个过程被称为碳汇。全球森林对碳的吸收和储量占全球每年大气和地表碳流动量的90%。国内专家研究指出，在中国种植1公顷森林，每储存1吨二氧化碳的成本约为122元人民币，而非碳汇措施减排每吨碳成本高达数百美元，二者形成鲜明反差。

（三）森林固定二氧化碳持久而稳定。只要不腐烂、燃烧，森林的固碳功能就会长期、稳定地持续下去。木材及木制品也是十分重要的碳库，固碳的时间可达几十年、上百年。北京故宫等许多古建筑所用的木材固碳的时间长达几百年、上千年。新疆的胡杨林有"活着一千年不死，死了一千年不倒，倒了一千年不朽"的特点，固碳的时间更长。

（四）森林固碳有两大明显优势。一是成本低、易施行。据测算，如果我国将煤的使用比重降低1个百分点，尽管二氧化碳排放量可以减少0.74%，但同时会造成GDP下降0.64%，居民福利降低0.60%，就业岗位减少470多万个。二是森林还具有

* 原载2008年第4期《求是》杂志

生态功能、经济功能和社会功能，对涵养水源、防风固沙、保护物种、调节温湿度、改善小气候、维护生态平衡具有不可替代的作用，同时还能为人类提供众多的林产品和林副产品，增加社会就业，促进经济发展。

（五）森林固碳已经成为缓解气候变化的根本措施之一。恢复和保护森林作为减排的重要措施受到了国际社会的高度重视，并被写入了《京都议定书》。IPCC在2007年发布的第四次全球气候变化评估报告中指出：与林业相关的措施，可在很大程度上以较低成本减少温室气体排放并增加碳汇，从而缓解气候变化。目前，许多发达国家已在实行森林间接减排。围绕后京都议定书的国际谈判，许多国家和国际组织都在积极推动森林间接减排政策的制定。

三、我国森林资源持续增长对全球的大贡献

我国政府高度重视应对气候变化工作，在"十一五"规划中提出了控制温室气体排放目标，成立了国家应对气候变化和节能减排工作领导小组，并在发展中国家率先编制了《应对气候变化国家方案》。特别是长期以来，党和国家领导人带领全国人民义务植树492亿株，同时国家还投入巨资实施林业重点工程，森林资源保持了持续快速增长，为应对全球气候变化作出了重大贡献。

（一）我国人工林面积居世界首位，受到国际社会的高度评价。目前，我国森林面积达到1.75亿公顷，森林覆盖率达到18.21%，活立木总蓄积量达到136.18亿立方米。其中，人工造林保存面积达到5364.99万公顷，居世界首位。1990～2005年，世界森林资源总体呈减少趋势，而中国的森林资源由1.34亿公顷增加到1.75亿公顷。据联合国粮农组织最新发布的全球森林资源状况报告指出，2000～2005年，在全球森林资源继续减少了约5万平方英里的情况下，亚洲反而新增了大约4000平方英里的森林资源，这主要归功于中国森林的增长。

（二）我国森林吸收了大量二氧化碳，森林碳汇功能持续增长。据我国公布的《应对气候变化国家方案》，2004年中国森林净吸收了约5亿吨二氧化碳当量。专家普遍认为这一数字比较保守。据北京大学的研究结果：我国单位面积森林吸收固定二氧化碳的能力显著增加，已由20世纪80年代初的每公顷吸收固定二氧化碳136.42吨增加到21世纪初的150.47吨；1981～2000年间，以森林为主体的中国陆地植被碳汇抵消了我国同期工业二氧化碳排放量的14.6%～16.1%。

（三）我国重视和推进森林固碳在国际上产生了良好影响。根据联合国气候变化框架公约及《京都议定书》的规定，工业化国家在2008～2012年的第一承诺期内，必须将其温室气体的年排放总量在1990年的基础上降低5.2%。作为发展中国家，我国目前不承担减排义务，但中国政府以高度负责的精神，全面加强林业建设，不断增强森林间接减排的功能，在国际上产生了良好影响。

今后，我国还要积极扩大森林面积，增加森林的固碳总量；大力提高森林质量，增强单位面积森林的固碳功能；加快更新造林，扩大森林碳库容量；大力发展生物质能源，促进节能减排；加大对森林火灾、病虫害和非法征占用林地行为的防控力度，减少森林的碳排放；适当增加木材使用，延长木材使用寿命，增强林产品贮碳功能。

加强防沙治沙　建设生态文明*

国家林业局局长　贾治邦

6月17日是"世界防治荒漠化与干旱日"。我国的宣传主题是"加快防沙治沙步伐，促进生态文明建设"。确立这一主题，旨在反映时代要求，揭示防沙治沙与生态文明建设的紧密关系，增强公众的防沙治沙意识，动员全社会积极参与防沙治沙工作，共同推进生态文明建设。

一、我国防沙治沙的三个重大变化

党和国家历来高度重视防沙治沙工作，特别是进入新世纪后，在党中央、国务院的高度重视和正确领导下，经过沙区各级林业部门以及广大干部群众和科技工作者的艰苦努力，我国防沙治沙工作取得了显著成效。重点治沙工程稳步推进，综合防治体制基本建立，依法防治格局初步形成，科学防治措施全面落实，社会参与机制逐步形成。

随着保护和治理力度的不断加大，一些沙区沙进人退的局面初步得到遏制，防沙治沙工作实现了三个重大变化：一是沙化面积缩减。全国沙化土地面积由上世纪90年代后期的年均扩展3436平方千米转变为目前的年均缩减1283平方千米。二是沙化程度减轻。沙区植被明显增加，流动沙地、半流动沙地面积在沙

---

* 原载2008年6月17日《人民日报》

化土地中的比重由1999年的36.1%下降到目前的33.9%。三是扩展区域减少。全国已有27个省份沙化面积实现缩减，与1999年相比增加了8个。由中国几代治沙人艰苦努力取得的重大成果，赢得了国际社会的广泛赞誉。在今年5月召开的世界第十六次可持续发展大会上，会议主席称："中国的荒漠化防治工作处于世界领先地位"。

同时，我们也要清醒地认识到，我国防沙治沙工作面临的形势仍然十分严峻。全国仍有174万平方千米的沙化土地，占国土面积的18.1%，一些重点、敏感地区的沙化还在扩展；"人口、牲口、灶口"对沙区生态资源的压力仍很大，破坏荒漠生态系统的行为时有发生；全球气候变化异常，温室效应加剧，增加了防治工作难度；一些地方重经济、轻生态的思想依然存在，防沙治沙责任制还没有完全落实到位。全国防沙治沙的任务十分艰巨。

二、加强防沙治沙的战略意义

当前，我国正处在工业化、城镇化快速推进的阶段，经济社会发展对生态的压力越来越大。党中央、国务院在深刻总结经济社会发展和人类文明发展规律的基础上，作出了建设生态文明的重大战略决策，并将其列为全面建设小康社会的重要目标，明确提出到2020年要使我国成为生态环境良好的国家。土地沙化是我国最严重的生态问题，是实现生态良好的最主要制约因素。加强防沙治沙工作，对于建设生态文明、实现生态良好、夺取全面建设小康社会新胜利具有十分重要的战略意义。

第一，加强防沙治沙是实现科学发展的迫切需要。实现全面协调可持续发展是落实科学发展观的基本要求。土地沙化吞噬着中华民族生存与发展的空间，制约着沙区经济发展和农民增产增收，威胁到沙区近4亿人口的生存与发展，是实现人与自然和谐的最大难题。只有搞好防沙治沙，沙区人民的生存才能得到保障，沙区资源才能做到可持续利用，沙区经济与生态才能实现协调，沙区经济社会才能真正实现科学发展。

第二，加强防沙治沙是建设生态文明的艰巨任务。生态文明倡导尊重、保护和合理利用自然，核心是确立人与自然和谐、平等的关系。加强生态建设是建设生态文明的首要任务，防沙治沙是生态建设的重点和难点。只有沙区的生态状况得到根本改善，全国的生态状况才能实现整体好转，建设生态文明才会有良好的生态基础。

第三，加强防沙治沙是全面建设小康社会的重要内容。沙区既是生态脆弱区，又多是民族地区、边疆地区和贫困地区，是全面建设小康社会的难点和重点。实践证明，只要处理好生态与产业的关系，防沙治沙就一定能够获得良好的生态效益、经济效益和社会效益，沙区就一定能够实现治穷致富。

第四，加强防沙治沙是履行国际公约的应尽义务。荒漠化和气候变化是全球普遍关注的热点问题，认真履行联合国防治荒漠化公约和气候变化框架公约，是我国政府对国际社会的庄严承诺。搞好防沙治沙，不仅是履行防治荒漠化公约的需要，也可以通过扩大林草覆盖，吸收二氧化碳，为应对全球气候变化作出重要贡献，树立我国对全球生态和国际事务高度负责的大国形象。

三、防沙治沙工作要实现五个转变

党的十七大报告提出，要"加强荒漠化石漠化治理，促进生态修复"。我们一定要以十七大精神为指导，深入贯彻落实科学发展观，认真落实中央领导同志的指示精神，坚持以人为本，遵循自然规律，实行人工治理与自然修复相结合、生物措施与工程措施相结合、区域治理与重点治理相结合，全面推进防沙治沙工作的五个转变。

一是由以治理为主向治理与保护并重转变。在强化治理的同时，切实解决好人口、牲口、灶口问题，严格保护沙区林草植被。二是由以人工措施为主向人工措施和自然修复相结合转变。在搞好人工治理的同时，注意充分发挥生态系统的自我修复功能，加大封禁保护力度，促进生态自然修复。三是由以生态效益为主向生态与经济效益相结合转变。通过积极发展沙区特色产业，实现沙区生态、经济良性互动。四是由注重治理速度向速度、质量并重转变。既要保持治理速度，又要保证治理质量，确保治理一片，见效一片，巩固一片。五是由依靠投资拉动向投资拉动、政策促动、宣传发动相结合转变。在继续加大政府投入的同时，通过调整政策、活化机制，形成全民治沙、全社会治沙的新局面。

当前要着力抓好六项重点工作。着力抓好重点工程，着力强化依法防治，着力创新体制机制，着力强化综合防治，着力强化科技创新，着力做好国际履约工作。

防沙治沙，事关中华民族的生存与发展，事关全球生态安全。让我们携起手来，以更坚定的决心，更扎实的工作，全面推进防沙治沙事业，为建设生态文明、维护生态安全作出新贡献。

发展现代林业　建设生态文明*

——中国改革开放30年林业建设的回顾与展望

国家林业局局长　贾治邦

在我国改革开放的历史进程中，在党中央、国务院的正确领导下，各级林业部门和全国人民一道，不断探索符合国情林情的发展道路，林业建设的内涵不断丰富，功能不断拓展，效用不断延伸，取得了举世瞩目的成就，积累了十分宝贵的经验，为继续发展现代林业，建设生态文明打下了坚实的基础，展示了美好的前景。

一、坚持不懈探索，找到了具有中国特色的文明发展道路

森林是地球之肺，湿地是地球之肾，生物多样性是地球的免疫系统，在维护地球生态平衡中起着决定性作用。联合国发布的《2000年全球生态环境展望》指出：人类对木材和耕地的需求，使全球森林减少了50%，难以支撑人类文明大厦。林业作为生态建设的主体和生态文明建设的承担者，肩负着保护建设森林生态系统、保护恢复湿地生态系统、治理和改善荒漠生态系统及维护生物多样性、提供不可替代的战略资源、建设生态文明的重要职责。30年来，党中央、国务院在领导人民发展经济、建设现代化的进程中对发展现代林业、建设生态文明进行了不懈探索，逐步找到了一条具有中国特色的文明发展道路。

改革开放初期，以邓小平同志为核心的第二代中央领导集体，继承和发展了毛泽东同志的林业建设思想，带领全国人民开展了规模浩大的生态建设运动。1978年，在邓小平同志的关怀下，恢复了林业部。同年11月，被邓小平同志称为“绿色长城”的三北防护林体系建设工程启动，开创了我国生态工程建设的先河，也成为世界上最为宏大的生态建设工程。1979年，全国人大通过了《森林法(试行)》，并决定每年3月12日为植树节。1981年，根据小平同志的倡议，全国人大作出了《关于开展全民义务植树运动的决议》。从此，从党和国家领导人到亿万民众年年履行植树义务，持续开展了中国历史上乃至人类历史上规模空前的植树造林运动。

1991年后，以江泽民同志为核心的第三代中央领导集体发出了“全党动员，全民动手，植树造林，绿化祖国”，“再造祖国秀美山川”的号召，进一步动员全国人民植树造林、保护森林。全国人大修订了《森林法》，颁布了世界上首部《防沙治沙法》，国务院批准了《全国生态环境建设规划》，不断推进林业发展。1998年，党中央、国务院又决定在十几年内投资数千亿元，实施天然林资源保护、退耕还林、京津风沙源治理、野生动植物和湿地保护等林业重点工程建设。

进入新世纪，以胡锦涛同志为总书记的新一届中央领导集体，继续带领全国人民进行着不懈努力和创新发展。2003年6月，中共中央、国务院作出了《关于加快林业发展的决定》，明确提出“在贯彻可持续发展战略中，要赋予林业以重要地位；在生态建设中，要赋予林业以首要地位；在西部大开发中，要赋予林业以基础地位”。2005年，国务院又作出了《关于进一步加强防沙治沙工作的决定》，批准了《全国防沙治沙规划》和《全国湿地保护工程规划》。从而形成了我国建设森林生态系统、保护湿地生态系统、改善荒漠生态系统、全面推进生态建设的基本格局。

在深刻总结人类历史发展规律和世界各国发展规律，科学判断我国发展阶段的基础上，新一届中央领导集体以对民族和人类高度负责的精神，提出了全面落实科学发展观、统筹人与自然和谐发展、建设生态文明等重大战略思想，并在党的十七大报告中将“建设生态文明”确定为全面建设小康社会的重要目标，描绘了新世纪我国生态建设的宏伟蓝图，找到了一条中国特色的文明发展道路。这不仅对中国自身发展具有十分重大而深远的影响，而且对维护全球可持续发展具有重大意义。

根据党中央、国务院的战略部署，各级林业部门把发展现代林业、建设生态文明作为林业建设的根本任务，把构建林业三大体系(林业生态体系、林业产业体系和生态文化体系)作为发展现代林业的基本内容，着力开发林业的生态功能、经济功能和社会功能，不断满足经济社会对林业的多样化需求。经过全国人民的不懈努力，我国林业建设进入了又好又快发展的新阶段。

二、不断深化林业改革，着力构建现代林业体制机制

改革开放以来，党中央、国务院十分重视林业改革，不断调整完善政策，加快构建现代林业体制机制，激发了林业发展内在活力。

---

* 2008年11月，中央国家机关工委纪念改革开放30周年特稿

（一）实行林业“三定”，落实林业生产责任制。在农村家庭承包经营改革成功实践的基础上，1981年，中共中央、国务院发布了《关于保护森林发展林业若干问题的决定》，推行以“稳定山权林权，划定自留山，确定林业生产责任制”为主要内容的林业“三定”。经过两年的努力，全国完成了1781个县的林业“三定”任务，基本上稳定了山林权属，推行了多种形式的林业生产责任制，初步调动了农民群众发展林业的积极性。

（二）取消统购统销，开始建立林产品经营市场机制。1981年，国家取消了南方集体林区生产的规格材统购统销的政策，木材和林产品流通进入了议购议销与统购统销并存、市场调节与计划分配并存、市场价格与国家定价并存、统分结合的“双轨制”管理阶段。1985年，中共中央、国务院颁发了《关于进一步活跃农村经济的十项改革》，取消集体林区木材统购统销，放开木材市场，初步建立了林产品经营的市场机制。

（三）调整经济政策，鼓励发展非公有制林业。非公有制经济已经成为国民经济的重要组成部分。随着社会主义市场经济体制的逐步建立，国家鼓励各种社会主体跨所有制、跨行业、跨地区投资发展林业及其加工业，在信贷资金、税费政策、融资改制等方面加强对非公有制林业发展的政策扶持。各地相继开展拍卖“四荒”使用权，鼓励发展造林大户，非公有制经济成为林业发展的重要力量。

（四）确立林业生态建设发展战略，构建支持林业发展公共财政制度。为了遏制和扭转我国生态状况恶化的严峻形势，党中央、国务院不断调整完善林业发展战略，明确将林业定性为重要的公益事业和基础产业，确立了以生态建设为主的林业可持续发展道路，逐步建立了支持林业发展的新型公共财政制度。2004年，中央财政建立了森林生态效益补偿基金，目前已累计投入补偿基金133.4亿元。2007年，中央财政安排林业专项资金总规模达到414亿元。

（五）全面推进林业改革，构建现代林业体制机制。我国林业改革虽然取得了显著的成效，但是经营主体不落实、经营机制不灵活、利益分配不合理等问题仍普遍存在，制约了林业的发展。为了进一步解放和发展林业生产力，党中央、国务院在认真总结试点经验的基础上颁布了《关于全面推进集体林权制度改革的意见》，其核心内容是，在保持集体林地所有权不变的前提下，依法将林地承包经营权和林木所有权，通过家庭承包经营方式落实到集体经济组织的农户，确立农民的经营主体地位。这项改革使农民获得了大量的生产资料和实物财产，极大地调动了农民经营林业、发家致富的积极性，使亿万农民的潜能、25亿亩林地的潜力和森林的多种功能全面得到释放，得到了全社会的真心拥护，被誉为中国农村土地经营制度的又一次深刻变革，不仅将成为我国林业发展史上一座新的里程碑，也将成为我国农村发展史上一座新的里程碑，并将成为我国改革开放史上一座新的里程碑。目前，全国已有12个省全面推开，承包到户的林地已达5853万公顷，对当地林业发展和农民脱贫致富已经产生了重大而深远的影响。同时，国有林区和国有林场改革也在稳步推进。2004年启动了东北、内蒙古重点国有林区森林资源管理体制改革试点，2006年，国务院又决定在伊春市开展国有林权制度改革试点。林业改革发展进入了全面创新体制机制的重要阶段。

三、全面构建林业生态体系，为维护国家和全球生态安全作出了重大贡献

建立完善的林业生态体系，发挥林业巨大的生态功能，是发展现代林业的首要任务，也是维护生态安全、建设生态文明的重要基础。1978年以来，党中央、国务院采取一系列有效措施，全面加强林业生态体系建设，为维护中华民族生存根基和全球生态安全作出了突出贡献。

（一）建设和保护森林生态系统，我国成为世界上森林资源增长最快的国家。一是大力发展人工林。目前，我国人工林保存面积达到5300多万公顷，占世界人工林总面积的近40%，居世界首位。2000～2005年全球年均减少森林面积730万公顷，而我国年均增加405.8万公顷。我国人工林年均增量占全球的53.2%。二是大力保护天然林。为了保护我国珍贵的天然林资源，国家实施了天然林资源保护工程，全面停止长江上游、黄河上中游地区天然林商品性采伐，大幅度调减东北、内蒙古等重点国有林区天然林采伐量，有效地保护了9930万公顷森林。三是大力实施退耕还林。1999年以来，退耕还林工程区25个省（区、市）累计完成退耕地造林905万公顷、荒山荒地造林1262万公顷、封山育林160万公顷，占国土面积82%的工程区森林覆盖率提高了2个多百分点。四是大力建设长江、珠江、沿海等防护林体系。1989年以来，长江、珠江流域、太行山绿化、沿海防护林体系建设工程分别完成营造林570万、71万、489万、142.09万公顷。2008年国务院又决定到2015年再投资99.84亿元，全面加强沿海防护林体系建设。

建设和保护森林生态系统的有效措施，使我国森林资源实现了持续增长，森林覆盖率从1981年的12%增加到18.21%，森林蓄积量达到124.56亿立方米，活立木总蓄积量达到136.18亿立方米。森林资源总量持续增长，使我国吸收二氧化碳的能力显著增加。2004年中国森林净吸收了约5亿吨以上二氧化碳当量，占同期全国温室气体排放总量的8%以上。国际著名专家评估表明，中国是世界上森林资源增长最快的国家，吸收了大量二氧化碳，为中国乃至全球经济社会可持续发展创造了巨大的生态价值。

（二）治理和改善荒漠生态系统，土地沙化趋势得到初步遏制。我国是土地沙化危害最严重的国家之一。为遏制土地沙化，我国坚持科学防治、综合防治、依法防治的方针，实施了三大重点治理工程，土地沙化由20世纪90年代末期年均扩展3436平方千米转变为新世纪初期年均缩减1283平方千米，总体上实现了从扩展到缩减的历史性转变。一是实施三北防护林体系建设工程。工程涉及我国13个省（区、市）的551个县（旗），建设期到2050年。经过30年建设，累计造林保存面积2374万公顷，使黄土高原40%的水土流失面积得到治理。二是实施京津风沙源治理工程。工程涉及北京、天津等5省（区、市）的75个县（旗）。到2007年，累计完成治理任务669.4万公顷，实行禁牧568.4万公顷，生态移民11.6万人。工程区林草植被盖度平均提高10%~20.4%。三是实施农田防护林体系建设工程。1988年以来全国平原地区累计完成造林710万公顷，农田林网控制率由59.6%提高到74%，3356万公顷农田得到保护。

（三）保护和恢复湿地生态系统，不断增强湿地的生态功能。我国湿地面积3848万公顷，居世界第四位、亚洲第一位，保存了全国96%的可利用淡水资源。改革开放以来，我国制定了抢救性保护自然湿地、制止随意侵占和破坏湿地等一系列政策，实施了湿地保护工程。目前，已建立国家湿地公园18处、建立湿地自然保护区470多处，使1742万公顷、近45%的现有自然湿地得到有效保护，水源涵养等生态功能不断增强。我国政府先后获得"献给地球的礼物"特别奖、"全球湿地保护与合理利用杰出成就奖"、"湿地保护科学奖"、"自然保护杰出领导奖"等国际荣誉。

（四）全面保护生物多样性，使国家最珍贵的自然遗产得到有效保护。物种是最珍贵的自然遗产和生态平衡的基本因子，维护物种安全是可持续发展的重要标志。为了加强野生动植物和生物多样性保护，国家颁布了《野生动物保护法》、《野生植物保护条例》等法律法规，建立各类自然保护区2395处，覆盖了15%以上的陆地国土面积，超过世界12%的平均水平。建立了400多处野生植物种质资源保育、基因保存中心和160多家植物园、树木园，已初步形成了类型齐全、功能完备的自然保护区网络体系。300多种珍稀濒危野生动植物和130多种珍贵树木的主要栖息地、分布地得到较好保护，大熊猫、朱鹮等濒危野生动物种群数量不断扩大，有效保护了90%的陆地生态系统类型、85%的野生动物种群和65%的高等植物群落。

四、加快建设林业产业体系，为国民经济发展和农民增收发挥了重要作用

建设发达的林业产业体系，发挥林业巨大的经济功能是现代林业建设的重要任务，也是建设生态文明的重要物质基础。改革开放以来，我国林业产业在曲折中发展、在开拓中前进、在调整中完善，从小变大、由弱渐强，取得了显著成绩。

（一）产业规模不断扩大。2007年，全国林业产业总产值达到1.25万亿元，是1978年的70倍。仅三北地区2007年产干鲜果品3329万吨，占全国的近1/3，年产值300亿元。浙江、福建、广东等省的林业产业总产值都超过了千亿元。我国人造板、木质地板、竹材及竹制品、经济林产品、松香、家具等产量都居世界前列，成为林产品生产大国。

（二）新兴产业异军突起。近年来，在传统林业产业继续巩固的同时，竹藤花卉、森林旅游、森林食品、森林药材等非木质产业迅速发展，野生动植物繁育利用、生物质能源、生物质材料等一批新兴产业异军突起。2007年，全国花卉种植面积发展到64万公顷，花卉业实现年产值超过400亿元。森林公园接待游客2.4亿人次，直接旅游收入150多亿元，社会综合产值近1200亿元。林产品国际贸易总额达到570亿美元，初步确立了我国作为林产品国际贸易大国的地位。

（三）特色产业不断壮大。不同地区的特色支柱产业不断发展，有力地促进了区域经济繁荣、农民增收和社会就业。陕西省继苹果形成支柱产业后，花椒产业成为新的经济增长点，韩城市花椒产值占林业总产值的95%以上，有11万农民靠花椒实现脱贫致富。江苏省邳州市大力培育杨树和银杏产业，林业年产值达到140多亿元。山东省沾化县仅冬枣一项就实现年销售收入18亿元，枣农人均收入超过6000元。

五、大力发展生态文化体系，全社会的生态文明观念不断强化

改革开放以来，在林业生态体系和产业体系建设取得重大进展的同时，党和政府高度重视生态文化发展，生态文化体系建设明显加强，人与自然和谐相处的生态价值观在全社会开始形成。

（一）生态教育成为全民教育的重要内容。发布了《关于加强未成年人生态道德教育的实施意见》。坚持每年开展"关注森林"、"保护母亲河"和"爱鸟周"等行动，在植树节、国际湿地日、防治荒漠化和干旱日等重要生态纪念日，深入开展宣传教育活动。在电视频道开办"人与自然"、"绿色时空"、"绿野寻踪"等专题节目，创办了《中国绿色时报》、《中国林业》、《森林与人类》、《国土绿化》、《生态文化》等重要文化载体。树立了林业英雄马永顺、治沙女杰牛玉琴和治沙英雄石光银、王有德等先进模范人物，坚持用榜样的力量推动生态建设。

（二）生态文化产品不断丰富。举办了"创建国家森林城市"等各种文化活动，极大地丰富了生态文化内涵。举办了全国野生动植物保护成果展，绿色财富论坛，生态摄影展，文艺家采风和生态笔会，绿化、花卉、森林旅游等专类博览会等活动，出版了党和国家领导人论林业与生态建设、《生态文明建设论》、《生态文化建设论》、《森林与人类》等专著，形成了一批有价值的研究成果。《中华大典·林业典》编纂和林业史料收集整理工作全面启动。制作播出了11集大型系列专题片《森林之歌》赢得社会好评，电影《天狗》和电视专题片《保护湿地》荣获2007年度华表奖。

（三）生态文化基础建设得到加强。建立国家级森林公园660处，经营面积1124.94万公顷。确立了上百处国家生态文化教育基地。首个生态文明建设示范基地——湄州岛生态文明建设示范基地正式建立。国家级特大型综合植物园——秦岭国家植物园工程开工。建设了一批森林博物馆、森林标本馆、城市园林等生态文化设施，保护了一批旅游风景林、古树名木和革命纪念林。福建省确定了20个“森林人家”示范点，重庆市建成20多个农家社区森林公园，河南省新建生态文化基地232个，北京市建成观光果园400多个。这些基础设施建设，为人们了解森林、认识生态、探索自然、陶冶情操提供了场所和条件。

（四）生态文化传播力度明显加大。林业宣传工作纳入了党的宣传工作布局。在充分发挥传统媒体传播功能的基础上，开通了国家生态网。各地创办了森林文化节、湿地文化节、竹文化节、香榧文化节、银杏文化节、杨梅文化节、观鸟节等活动，传播了各具特色的生态文化。成功举办了赠港大熊猫等大型活动，启用了森林防火吉祥物防火虎“威威”，丰富了生态文化传播形式。不断增强了国民的生态意识和责任意识，树立了国民的生态伦理和生态道德，使人与自然和谐相处的生态价值观更加深入人心，在全社会形成了爱护森林资源、保护生态环境、崇尚生态文明的良好风尚。

六、林业改革发展的成功实践，创造积累了十分宝贵的经验

改革开放30年来我国林业建设的实践，不仅取得了重大成就，还积累了十分宝贵的经验。

（一）坚持把解放思想作为现代林业发展的重要前提。解放思想、与时俱进是事业不断取得胜利的重要思想武器。改革开放以来，我国林业之所以能够得到持续快速发展，取得巨大成就，创造成功经验，甚至有很多方面在世界上处于领先地位，就在于坚持解放思想、实事求是的思想路线，不断破除阻碍林业发展的旧观念，消除束缚林业发展的思想羁绊，提出了“在发展中保护、在保护中发展”，“生态中有产业、产业中有生态”，“兴林为了富民、富民才能兴林”等许多新理念，为林业发展打开了广阔的视野。

（二）坚持把深化改革作为现代林业发展的根本动力。只有深化改革，才能激发林业的内在活力，增强林业发展的动力；只有深化改革，才能理顺生产关系，解放发展林业生产力。改革开放以来，各级林业部门坚定不移地推进以林业产权制度改革为重点的各项改革，不断调整完善林业政策和机制，有效激发了林业发展的内在活力。

（三）坚持把建设生态文明作为现代林业发展的战略目标。林业是生态文明建设重要的物质基础，也是重要的文化载体。建设现代林业就是按照建设生态文明的要求，努力构建三大体系，提升三大功能（生态功能、经济功能和社会文化功能），发挥三大效益（生态效益、经济效益和社会效益），以林业的多种功能满足社会的多样化需求。从而使林业发展的方向更好地适应了建设生态文明的要求。

（四）坚持把兴林富民作为现代林业发展的根本宗旨。兴林富民是国家、集体和个人多方利益的最佳结合点。只有兴林才能不断夯实富民的资源基础，只有富民才能不断壮大兴林的社会基础。在林业发展实践中，各级林业部门坚持在兴林中富民、在富民中兴林，充分调动了广大林农群众和林业职工发展林业的积极性，为林业发展增添了动力和活力。

（五）坚持把实施重点工程作为现代林业发展的重要途径。重点工程是国家投资的载体。发展现代林业，必须坚持工程带动战略，带动各种生产要素向林业流动。30年来，国家先后启动实施了一批林业重点工程，优化了林业生产力布局，解决了林业长期投入不足的问题，为林业发展提供了有力保障。

（六）坚持把依法治林和科技兴林作为现代林业发展的重要手段。发展现代林业，必须全面加强法制建设，充分发挥科技的支撑、引领和带动作用。我国林业法制建设不断完善，基本建立了较为完备的林业法律法规体系、行政执法体系、监督检查和普法体系。林业科技支撑能力不断增强，科技对林业发展的贡献率不断提高，已由1996年的27.3%，提高到2006年的35.4%，为林业又好又快发展提供了有力支撑。

（七）坚持把国际合作作为现代林业发展的重要力量。我国先后与70多个国家（地区）及国际组织建立了长期稳定的林业合作关系，累计争取无偿援助项目700余个，受援资金约7.7亿美元。林业对外科技交流、经济贸易、对外承包和海外开发森林不断发展。我国加入了濒危野生动植物种国际贸易公约、湿地公约、联合国气候变化框架公约、生物多样性公约、联合国防治荒漠化公约和国际植物新品种保护公约等，在促进全球林业发展和生物多样性保护方面发挥了重要的作用。

七、发展现代林业、建设生态文明的战略重点

过去30年，我国已经创造了辉煌的历史，开创了建设中国特色社会主义的伟大事业。在新的历史起点上，我们要继续解放思想，深化改革，加快发展现代林业，大力推进生态文明建设，为推动科学发展、实现中华民族的伟大复兴及维护全球生态安全作出应有的贡献。

——积极应对全球气候变化。为充分发挥森林的间接减排作用，减缓全球气候变暖，必须加大植树造林力度，力争到2010年森林覆盖率达到20%以上、2030年达到23%以上、2050年达到26%以上。要加强森林经营，提高森林质量，加大对森林火灾、病虫害、非法征占用林地行为的防控力度和水土流失治理力度，增强森林固碳能力。要加快构建"亚太森林恢复与可持续管理网络"，推动亚太地区森林资源恢复和发展。

——建设和保护森林生态系统。继续实施好天然林资源保护、退耕还林、长江流域防护林体系建设、沿海防护林体系建设等重点工程，促进森林生态系统的自然修复和人工修复，减少水土流失、风沙危害、干旱洪涝等自然灾害的发生。

——治理和改善荒漠生态系统。坚持发扬"胡杨精神"，坚持科学防治、综合防治、依法防治的方针，加强三北防护林工程、京津风沙源治理工程建设管理，加强重点地区防沙治沙和石漠化治理，全面提升沙化土地防治成效，加快推进从"沙逼人退"向"人逼沙退"的历史性转变。

——保护和恢复湿地生态系统。力争到2030年，使中国湿地自然保护区达到713处，国际重要湿地达到80处，90%以上天然湿地得到有效保护，形成较为完整的湿地保护和管理体系。

——严格保护生物多样性。继续实施野生动植物保护及自然保护区建设工程，到2050年使森林、野生动物等类型自然保护区总数达到2600处，总面积1.54亿公顷，占国土面积的16%，使全国85%的国家重点保护野生动植物种群数量得到恢复和增加，所有的典型生态系统类型得到良好保护。

——切实保障木材供应。立足国内保障和改善木材等林产品供给。大力发展速生丰产林，力争到2015年完成1333万公顷的建设任务。强化对现有人工用材林的科学经营，力争将每公顷蓄积量提高到100立方米左右。切实提高木材综合利用水平，力争到"十一五"末，把木材综合利用率提高到70%以上。

——大力发展木本粮油。要充分利用好我国土地资源潜力、树种资源潜力、劳动力资源潜力，大力发展木本粮油。力争到2020年，使我国人均占有食用木本植物油达到0.8千克，人均占有水果达到50千克，人均占有木本粮食10千克，为维护国家粮食安全、提高国民营养水平作出贡献。

——积极开发林业生物质能源。通过发展林业生物质能源，改善能源供应结构，维护能源供应安全，促进节能减排。要积极开发现有森林中能源原料的3亿多吨生物量，充分利用现有宜林荒山荒地培育能源林。要积极研发相关配套技术，逐步形成培育、加工、开发的"生物质能一体化"格局。

发展现代林业，维护生态安全，建设生态文明，是历史赋予我们的重大使命，任务艰巨而光荣。我们一定要紧密团结在以胡锦涛同志为总书记的党中央周围，高举中国特色社会主义伟大旗帜，以邓小平理论和"三个代表"重要思想为指导，深入贯彻落实科学发展观，解放思想，开拓进取，扎实工作，为夺取全面建设小康社会新胜利作出更大贡献！

各省、自治区、直辖市林业

北京市林业

【概　述】 2008年是北京奥运会举办之年，也是我国改革开放30周年。一年来，全市园林绿化系统坚持以科学发展观为指导，紧紧围绕“办绿色奥运、建生态城市”的目标，全面落实“绿色奥运、科技奥运、人文奥运”三大理念，大力推进高标准的生态体系、高效益的产业体系、高水平的安全体系、高品位的文化体系和高效率的服务体系建设，高标准、高质量完成了市委、市政府交办的为民办实事工程、各项折子工程和首都绿委第二十七次全会部署的各项工作任务，全面兑现了绿色奥运7项绿化指标，完成了奥运绿化美化服务保障任务，首都园林绿化事业实现了新的历史跨越。全市新增造林绿化面积9984.7公顷，栽植各类苗木3850万株，林木绿化率达到52.1%，森林覆盖率达到36.5%，城市绿化覆盖率达到43.5%，人均绿地达到49平方米，人均公园绿地达到13.6平方米。

【服务奥运　提高绿化环境保障能力】

奥运绿化重点工程出色完成 2008年，高标准、高质量完成了奥运场馆及相关配套的150项奥运绿化重点工程任务，完成绿化面积1026公顷，栽植乔木39万余株，灌木210万株，地被460余公顷。首都机场飞机起降可视区域(航空走廊)绿化工程完成绿化面积1500公顷，植树75万株，实现了以绿为底的建设目标。以奥林匹克森林公园、奥林匹克中心区、民族大道等为代表的一大批精品绿化工程，成为新时期首都园林绿化建设的重要典范。

奥运花卉布置取得重大突破 为营造和谐优美的城市环境，规划实施了“两区花港、三线花廊、五环花带、六类花境、百座花园”的赛时花卉布局。采用地栽花卉、摆放花钵、搭建立体花坛等多种方式，在天安门广场、奥林匹克公园中心区、奥运场馆周边、主要联络线和重要节点共栽摆4600余万株(盆)鲜花扮靓京城，喜迎奥运。全市共安排90个公园布置了144个花坛及4万余平方米花带。其中11家市属公园推出了“中华文明、光彩奥运”大型主题花卉联展，以500万盆新优花卉诠释了中国养生、吉祥、书法、陶瓷等传统文化。北京植物园举办了“五环连五洲”世界花卉展，展出了国际奥委会成员国和地区的109种国树国花(区花区树)或代表性植物，开创了奥运大家庭成员以植物形式聚会的历史先河。此次花卉布置，历时3个多月，两次更换花卉3000万株(盆)，历经奥运会、残奥会、国庆、亚欧首脑会议等重大活动，成为首都历史上布置周期最长、使用品种最多、规模数量最大、设计施工质量最高和综合景观效果最好的一次。圆满完成了“十一”期间党和国家领导人向人民英雄纪念碑敬献花篮的制作及周边环境布置任务。

奥运服务保障工作安全圆满 完成奥运颁奖用花配送、奥运村花店建设和主新闻中心插花花艺表演等工作，组建了奥运花卉配送中心，制作“红红火火”颁奖花束5475束。制定了奥运果品质量标准，开展了奥运推荐果品评选活动，产生奥运推荐果品50多个种类1000余个品种，共配送果品32大类661吨。组建了园林绿化应急抢险队伍，在应对8月初草地螟虫害大面积发生的突发事件中，反应及时，成效明显。首都森林公安承担了奥林匹克森林公园及北部场馆区域的安全保卫任务，以良好的警容风纪和过硬的队伍素质，出色完成奥运安保勤务。

奥运生态环境水平全面提升 2008年，全市大力推进规划建绿，新增城市绿地518公顷，建成城市公园绿地30余处；完成150条园林景观大街建设、100个居民小区的绿化改造；建设绿荫停车场20处，实施屋顶绿化10万平方米，形成了一批新的靓丽景观。一道、二道城市绿化隔离地区完成绿化面积3400公顷。郊野公园环建设取得重大突破，首批建成开放的15处郊野公园，受到社会的高度关注和市民的广泛赞誉；19处新建的郊野公园已完成主体绿化工程。郊区新增造林绿化面积9466.7公顷，栽植各类苗木3850万株。三北防护林建设、太行山绿化和京津风沙源治理工程全面推进；废弃矿山植被恢复工程完成核心区修复800公顷；京津高速、京平高速等5条重点绿色通道实现绿化150千米，1400公顷，营造出“绿不断线、景不断链”的生态景观。新农村绿化扎实推进，“城乡手拉手、共建新农村”和“创绿色家园，建富裕新村”等创建活动取得明显成效。45个中央单位、226个市属单位、629个区属单位和56个驻京部队与587个村结成对子；对市政府确定的200个新农村建设示范村进行了全面绿化，共完成绿化面积823.1万平方米；创建园林小城镇9个、首都绿色村庄80个。

【森林资源安全保障】

森林火灾防控 2008年，加快实施了《北京市森林防火基础设施建设总体规划》，航空护林、省市联防、长效投入和生态管护“四个机制”进一步完善，预警监测、应急通讯、专业队伍、机具装备“四项建设”全面加强。投资近5000万元的西山林场防火公路进入实施阶段，投资400万元配备了性能优越的移动通信车，北京市航空护林站、森林防火物资储备库、重点火险区综合治理等重大建设项目取得了实质性进展。全市森林防火通讯覆盖率达到80%，瞭望监测率达到70%，视频监测覆盖率达到43%，森林火灾综合防控能力显著增强。全年森林火情下降79.7%，过火有林地面积下降84.5%，特别是首次实现历史上全年无森林火灾发生的目标，确保了奥运期间首都森林资源安全。

林木有害生物防治 以美国白蛾为重点的林木有害生物防治率达到了99.48%，无公害防治率达到了99.77%，种苗产地检疫率达到了100%。成灾率0.03‰，比国家下达控制指标降低了1.47个千分点。大力推广林木病虫害无公害技术，全市实行飞防2048架次，投放周氏啮小蜂30亿头。按照“防控无边界、无区域”的原则，进一步健全完善与首都周边地区的联防联治机制，在防治资金、物资上给予了支持，有效减轻了北京市的防控压力，全市未出现美国白蛾等危险性林木有害生物灾害，确保了绿色奥运的成功举办。

森林资源保护 结合奥运会的举办，在全市组织开展了以集中打击破坏野生动物资源、非法经营野生动物、净化野生动物市场为主要内容的“飞鹰行动”，确保了奥运期间首都野生动物市场的安全稳定。加强林政资源管理，树木伐移管理更加规范，通过优化各类重点工程方案，累计减少占用林地31公顷，减少移伐树木7万多株，有效保护了林地资源。加大林业行政执法力度，对乱砍滥伐、乱捕滥猎、乱垦滥占、乱挖滥采等违法行为进行了严厉打击，全市共受理查处各类案件2620起。完成了全市湿地资源和纪念林调查工作，古树名木的保护复壮工作全面加强。

【绿色产业】

果品产业 实施了新品种引进、有机果品栽培、低效果园改造等果品改良工程，策划了十大果品主题公园建设、百万市民观光采摘特色旅游文化、奥运推荐果品评选等活动，促进了产业提质增效和农民增收致富。2008年全市果品产量达到9.1亿千克，果品收入28亿元，比2007年增长12.3%，创历史新高。全市果农户均果品收入达到7789.3元，同比增长12.6%。

花卉种苗蜂产业 全市建设花卉生产智能化温室47万多平方米、节能日光温室160公顷、普通大棚27公顷。建成重点花卉示范乡镇7个、优势产业区3个。第七届中国花卉博览会北京展区各项筹备工作进展顺利，北京国际花卉物流港建设扎实推进，市场开发有序开展。全市优质特色种苗和乡土植物大量繁育，重点工程苗木良种使用率达到90%以上。蜂产业快速发展，全市蜜蜂饲养量达20万群，蜂蜜总产量达到750万千克，蜂产品加工总产值突破7亿元。

森林旅游产业 越来越多的市民走进郊野田园，享受自然风光，品味绿色文化，带动了郊区的经济发展，广大农民养山就业、兴绿致富的路子越走越宽。2008年新增了怀柔喇叭沟门国家级森林公园，以及门头沟南石洋大峡谷和妙峰山两处市级森林公园，使全市森林公园总面积达到7.8万公顷，到郊区森林公园旅游人数达2000万人次。

林下经济 在充分尊重农民意愿、切实维护群众利益的基础上，针对不同的林地条件，确定了林菌、林禽、林药、林花、林桑、林草、林粮和林蔬等8种林下经济建设模式，完成示范点建设任务2000公顷，涉及农户9325户，带动就业人数4.2万人，户均增收8400元。

【园林绿化综合管理】

园林绿化法制规划体系建设 2008年，《北京市绿化条例(草案)》修订通过市政府审议，已报市人大审议；《北京市林业植物检疫办法(草案)》已经市政府常务会审议通过实施；《北京市重点保护野生动物造成损失补偿办法》草案进入正式审议阶段；《北京市实施〈风景名胜区条例〉办法》的立法调研工作深入进行。充分发挥规划设计在绿化美化建设中的龙头作用，编制完成《北京市绿地系统规划》，已上报市政府；全市林地保护利用、公园事业发展、科技发展、郊野公园等园林绿化专项规划编制基本完成，第一批城市绿线已划定；园林绿化工程建设和养护管理机制进一步完善，制定了《园林绿化施工及验收规范》的地方标准，修订出台了绿地养护定额标准和绿地养护的长效监管机制。

集体林权制度改革 在深入调查研究和广泛征求意见的基础上，市委、市政府正式出台了《关于推进集体林权制度改革的意见》(京发[2008]9号)。成立了北京市集体林权制度改革领导小组，组建了领导小组办公室，建立了部门联动工作机制，初步建立起市、区(县)林改工作组织管理体系。开展了集体林权制度改革专题调研，制定了改革工作实施方案，在13个郊区县确定了23个改革试点乡镇，为下一步林改工作全面推开打下了坚实基础。

林业碳汇 全市林业资源生态服务价值研究取得重要成果，研究表明，北京市森林资源总价值为

5881.81亿元，生态服务价值为5188亿元；碳储量达到1.1亿吨，每年吸收固定二氧化碳量约为972万吨，释放氧气量约为710万吨，基本摸清了全市林业碳汇的底数和价值量，为研究制定山区生态效益补偿机制、推进集体林权制度改革奠定了良好基础。市领导对林业碳汇工作高度重视，多次作出重要批示，市委书记刘淇、国家林业局局长贾治邦和市长郭金龙等领导同志，参加了八达岭碳汇造林项目启动暨中国绿色碳基金北京专项成立仪式；开展了生态科普暨森林碳汇大型公交宣传、林业碳汇与生物质能源国际研讨会等宣传培训活动，大力普及林业碳汇知识、碳中和理念；探索北京林业碳汇发展模式，启动了房山中石油林业碳汇和八达岭个人捐资等两个碳汇造林项目。

科技服务与交流合作 全年共组织实施基础研究、生态环境建设、产业发展等国家级和市级科技项目39项。开展了北京宜居城市绿化体系、湿地生态系统保护与恢复关键技术等重大课题的研究和示范，湿地恢复示范基地初步建成。制定完善了23项园林绿化建设北京市地方标准，推广应用科技成果60余项。全市建成具备中水浇灌条件的绿地600公顷。加快信息化建设步伐，建立了完善的园林绿化网格化管理技术标准体系、综合数据库和基础应用平台，在全系统形成信息精确采集、实时传输、协同工作、高效运行的网格化管理新模式和系统运行机制。与美国、英国、德国、日本等17个国家和国际组织开展了19个项目的合作交流，学习借鉴国际先进的发展理念和管理经验，不断提高了全市园林绿化建设水平。

国有林场和苗圃基础建设 2008年，市属各林场、苗圃按照“围绕一个中心，树立两大理念，做好三项服务，实现四个突破，为建设五大体系做贡献”的要求，在建设管理和改革发展上取得了显著成效。共青林场分场管理用房建设、京林大厦改扩建和松山科研综合楼建设工程全部竣工，并投入使用。双青林场完成奥运水上运动场馆周边绿化美化和环境治理工作，营造了优美的景观环境。北京市林业建筑工程公司改制脱钩工作进展顺利，前期工作基本结束。西山、十三陵、八达岭和温泉、黄垡、琅山、蚕种场、大东流等林场苗圃，都在基础设施建设和产业发展方面取得了新的突破。

【全民义务植树】 2008年4月5日，是首都全民义务植树日。当天，胡锦涛等党和国家领导人以身作则，率先垂范，与首都各界代表一起参加了义务植树劳动。全国人大、全国政协领导，驻京解放军、武警部队的100多位将军和广大指战员，中直机关、中央国家机关的100多位部长和机关干部，积极参加了首都义务植树劳动。市委、市人大、市政府、市政协领导带领各委办局机关干部参加了奥运绿化重点工程的植树活动。首都地区各单位一手抓庭院绿化，一手抓郊区义务植树，全市创建花园式单位361个。各区（县）组织330多万人次参加了义务植树劳动，植树530万株，抚育树木930万株。社会各界积极参加林木绿地认建认养活动，全市共认建认养绿地358公顷，认养树木4.5万株。中央、市属各新闻宣传部门开展了大量的宣传报道工作，为进一步提高全民的生态意识、环境意识、绿化意识发挥了重要作用。

【林业大事】

1月4日 根据《北京市人民政府关于推进基层农业技术推广体系改革工作的实施意见》要求，北京市园林绿化局、市编办、市人事局、市财政局联合印发了《关于基层林业工作站改革的指导意见》。

1月8日 《北京市新农村建设村庄绿化导则(试行)》开始实施。

1月17日 首都绿委主任、北京市代市长郭金龙主持召开首都绿委第二十七次全会，审议并通过了首都绿委办主任董瑞龙《关于2008年首都绿化美化建设工作安排意见》的汇报和首都绿委办副主任王苏梅《关于2007年度首都绿化美化先进单位、积极分子评比结果》的说明。会议决定以北京市政府、首都绿委名义对在2007年首都绿化美化工作中作出突出贡献的中央在京单位部级，驻京解放军、武警部队军职以上107名领导干部致感谢信。

同日，市园林绿化局编制的《北京市沙尘暴灾害应急预案》经市政府同意后正式发布。

同日，2007年度北京市政府网站考评工作总结大会在北京国际会议中心召开，首都园林绿化政务网被评为2007年度北京市优秀政府网站。

1月22日至2月12日 由市园林绿化局和市花协牵头组织的第八届北京花卉迎春年会开幕。

1月30日 全市园林绿化工作会议召开，牛有成副市长出席会议并对做好奥运之年全市园林绿化工作提出了要求。

2月1~25日 市发改委和市园林绿化局联合审定了2008年朝阳区、海淀区、丰台区、石景山区、大兴区2008年拟建的20个绿化隔离地区郊野公园规划设计方案。

2月3日 天竺苗圃荣获全国农林水利系统和谐企业称号。

2月21日 首都绿委、市政府召开2007年度首都绿化美化表彰暨动员大会。中央政治局委员、市委书记刘淇出席会议，首都绿委主任、北京市市长郭金龙作了讲话。首都绿委副主任、副市长牛有成作题为《深入贯彻党的十七大精神 以优美的生态环境迎接奥运盛会 全面推进首都绿化美化建设上新水平》的总结动员报告。大会对在2007年首都绿化美化工作中作出突出贡献的单位和个人进行了表彰，并就2008年绿化美化工作进行了部署。

2月22日 北京市森林公安工作会议召开。会议全面总结了2007年度北京森林公安工作，并针对奥运之年面临的新形势、新问题，周密部署了2008年度首都森林公安的各项工作。

3月1日 由中国林学会、北京林学会和国家林业局科技司主办，国家林业局气候办和北京市园林绿化局支持的“生态科普暨森林碳汇”宣传活动启动仪式在北京地坛公园举行，中国林学会理事长江泽慧、国家林业局副局长张建龙、北京市副市长牛有成出席并讲话，中国科协书记处书记、党组成员程东红出席启动仪式。

3月11日 第七届中国花卉博览会主场馆奠基仪式在顺义区举行，北京市副市长牛有成、中国花协秘书长姜伟贤等领导出席并为奠基石培土。

3月16日 由建设部和厦门市政府主办的第六届中国国际园林花卉博览会闭幕，北京市政府获得建设部颁发的优秀组织奖和突出贡献奖。北京园(同乐园)获得第六届中国国际园林花卉博览会组委会大奖。同时获得设计奖、施工奖、园林建筑小品奖；北京展团参展的6件插花作品获得2个金奖、2个银奖、2个铜奖，参展的5件盆景赏石作品获得2个银奖、1个铜奖；负责“北京园”施工的北京市园林古建工程公司获先进集体奖；孙长治等5人获得先进工作者奖。

3月17日 经市政府批准，《北京市重点保护野生植物名录》正式公布并实施，这是北京市公布的第一个重点保护野生植物名录。

3月29日 北京市第二十七届“爱鸟周”宣传活动启动仪式在元大都城垣遗址公园举行。“爱鸟周”宣传活动的主题是：“弘扬生态文化，建设生态北京，迎办绿色奥运”。

4月4日 北京市首个碳汇造林项目——中国绿色碳基金中国石油北京市房山区碳汇项目启动仪式在房山区青龙湖镇项目区举行。国家林业局祝列克副局长、市政府牛有成副市长、中国石油天然气集团公司王宜林副总裁等领导出席了仪式，并为项目揭碑。

4月9日 《中共北京市委 北京市人民政府关于推进集体林权制度改革的意见》通过市委常委会审议。

5月8日 顺义“百村万户”农村和庭院绿化美化示范工程超额完成，全区共完成103个村、14 081户的绿化美化，栽植树木、花卉138万万株。

5月10日 市领导刘淇、郭金龙、吉林、李士祥、牛有成、赵凤桐及市政府秘书长黎晓宏一行到朝来森林公园调研，重点了解了北京市林业碳汇发展的基本情况。市园林绿化局董瑞龙局长就北京市近年来开展的林业碳汇工作和下一步行动计划作了详细的汇报。

5月14日 市园林绿化局机关党委共收到局机关处室、离退休干部和局属部分单位1018人捐款共计135 075元，另外局属11个单位1274人捐款275 844元。

5月26日 市园林绿化局机关党委向局属各基层党组织发出为汶川地震灾区第二次捐款活动通知。截至5月28日，共收到捐款618 171.22元。

6月20日 在天安门广场、长安街、奥运场馆等重要节点，用于奥运期间美化京城的“奥运花卉”开始陆续进场。

6月23日 房山、大兴、丰台、海淀、昌平、延庆6个区(县)果树遭受罕见冰雹袭击。市果树产业协会风险互助金管理委员会迅速组织专家定损人员连续奋战两天，为参加风险互助的受灾果农查勘定损，发放理赔补助金额达152.6万元。同时，开展技术减灾，指导果农加强灾后管理，把损失降到最低。自5月3日至6月26日，全市已发生风雹灾5次，果树风险互助已经累计为498户参保果农发放理赔补助金281万元。

6月26日 由市政府和国家林业局主办，市园林绿化局、国家林业局气候办、市发改委和市环保局承办，主题为“参与碳汇造林，奉献绿色奥运”的八达岭碳汇造林项目启动暨中国绿色碳基金北京专项成立仪式在八达岭林场举行。中央政治局委员、北京市委书记刘淇，国家林业局局长贾治邦，市委副书记、市长郭金龙等领导同志及世界自然基金会北京代表处首席代表欧达梦先生出席了仪式，并为八达岭碳汇示范林揭碑。副市长赵凤桐致辞，国家林业局祝列克副局长向捐资企业和个人代表颁发了荣誉证书、购买凭证、收据及车贴。市委常委牛有成宣布“中国绿色碳基金北京专项”成立。

7月10日 全市湿地调查成果通过专家评审。调查工作从2007年3月启动，全市18个区(县)共组织调查工组26个、350多人参加调查，历时1年多，查清了全市湿地基本情况，开发了北京市湿地信息管理系统，建立了湿地本底数据库，编制了调查报告。

同日，市园林绿化局网格化管理信息系统通过专家技术验收。该系统将全市园林绿化管理对象和服务区域划分了118 997个园林绿化网格单元，可对涉及70类对象中的120 577个管理对象、127类业务、94类事件实现精确化管理。

7月18日 北京市2008年度森林防火工作总结部署会议召开，全面总结了全市2008年度森林防火期工作，并针对奥运决战之际面临的新形势、新问题，周密部署了奥运会期间首都森林防火的各项工作。要求全市各级森林防火部门和专业消防队伍全面进入备战状态，高度警惕、精心部署、落实责任、严密防范，全力做到“四个强化”，确保首都森林防火工作万无一失。市园林绿化局局长董瑞龙出席会议并讲话。

7 月 22 日　奥林匹克公园奥运赛时花卉布置工作圆满完成，共布置花卉 100 余个品种、500 余万株/盆。

7 月 23 日　北京森林公安奥运安保誓师大会在奥林匹克森林公园举行，全市森林公安安保执勤民警参加会议。市园林绿化局局长董瑞龙出席会议，并考察了森林公安奥运安保驻地和奥林匹克森林公园监控中心。

同日，北京奥运会和残奥会的颁奖花束“红红火火”在北京奥运花卉配送中心首次向中外媒体亮相，130 余家中外新闻媒体参加了此次活动。

7 月 30 日　经过近一个月的昼夜奋战，天安门广场花卉布置工程圆满完成，正式对外展示。花卉布置使用的植物总数达 208 个品种、43 余万盆，花坛喷滴灌系统全覆盖，并配有施肥功能，实现了花坛立体综合技术养护。

8 月 3 日　市委常委牛有成在市园林绿化局召开由市政府相关部门负责人参加的紧急会议，研究部署防控植物害虫草地螟工作。

8 月 5 日　国家林业局局长贾治邦一行在市委常委牛有成及市园林绿化局局长董瑞龙陪同下，到森林公园奥运安保驻地，慰问执勤民警，并送去 10 万元慰问金。

8 月 7 日　中德财政合作京北风沙危害区植被恢复与水源保护林可持续经营项目财政协议和单独协议签署完毕。

8 月 8 日　由市园林绿化局、首都之窗运行管理中心以及 18 区（县）园林绿化主管部门共同编写的《北京市民公园游览手册》开始提供网上电子版下载服务。

8 月 15 日　北京奥林匹克青年营来自 204 个国家的 480 余名营员在万里长城脚下携手同心共同植下 500 株象征五大洲青年欢聚、团结、和谐、创造的“世界青年友谊林”。

10 月 13 日　北京奥运会残奥会园林绿化服务保障总结表彰大会在中国国际科技会展中心召开，对为服务保障北京奥运会、残奥会作出贡献的 18 个先进集体和 305 名先进个人予以表彰。市园林绿化局（首都绿化办）局长（主任）董瑞龙出席会议并作了题为《弘扬奥运精神 继承宝贵财富 在新的起点上推动首都园林绿化科学发展》的讲话。

10 月 20 日　北京市 2009 年度森林防火工作会议召开，市森防指副指挥、市园林绿化局局长董瑞龙全面总结了 2008 年度全市森林防火工作的成功经验与存在问题，部署了 2009 年度森林防火工作。市森防指总指挥、市委常委牛有成出席会议，与区（县）森防指指挥签订了 2009 年度森林防火责任书，并就有关工作提出要求。

10 月 23 日　市园林绿化局（首都绿化办）系统深入学习实践科学发展观活动动员大会召开，局（办）党组书记、局长、主任董瑞龙作了题为《坚持科学发展，实施精品战略，努力建设生态园林、科技园林、人文园林》的讲话。市委第五指导检查组全体成员出席大会。

11 月 1 日　北京市进入重点森林防火期。市防火办组织全市 14 个区（县）集中统一开展以“人人参与森林防火，共同营建绿色北京”为主题的大型森林防火宣传活动。宣传启动仪式的主会场设于中华世纪坛，国家林业局副局长李育材，市委常委、市森防指总指挥牛有成等领导出席宣传活动。

11 月 7 日　市集体林权制度改革领导小组组长、市委常委牛有成在市委主持召开了 7 个山区（县）的区县委书记和市有关部门负责同志参加的集体林权制度改革工作座谈会，研究部署集体林权制度改革。

同日，市园林绿化局和市气象局正式签署《北京市林业有害生物监测预报合作框架协议》。

11 月 15～16 日　首届中国绿色发展高层论坛在海淀召开。论坛发布了《2008 首届中国绿色发展高层国际论坛（海淀）宣言》，明确了以“绿色、和谐、发展”为宗旨，以“绿色责任与低碳经济”为主题，以“有绿色才有生命”为口号。海淀、深圳、丽江、都江堰、伊金霍洛 5 座城市荣获首届中国十佳绿色城市，曲格平、袁隆平、单昭祥 3 位“绿色泰斗”荣获首届中国绿色贡献终身成就奖。

12 月 3 日　市园林绿化局治沙办组织编写的《水土保持林建设技术规程》地方标准通过专家评审。

12 月 10 日　北京市园林绿化 2008 年度优质工程表彰大会召开。

12 月 16～18 日　由国家林业局和市政府共同主办，国家林业局气候办、市园林绿化局、国家林业局经研中心和北京林学会承办的林业碳汇与生物质国际研讨会召开。会议由国家林业局副局长祝列克主持，国家林业局副局长李育材和副市长赵凤桐出席开幕式并致辞。

12 月 25 日　市园林绿化局代表中德财政合作项目执行机构与北京市财政局和中国进出口银行转贷部签署了中德财政合作京北风沙危害区植被恢复与水源保护林可持续经营项目的转赠协议和转贷协议，标志着中德财政合作框架项目整体财务管理体系建设全部完成。自此，中德双方投入的项目资金可以正式投入使用。

12 月 27 日　市园林绿化局与北林大联合召开第三届“服务首都新农村，撒播绿色新希望”北林大志愿者培训首都生态林管护员接力活动总结会，全面总结了培训接力活动取得的成果和经验，表彰了优秀志愿者团队和优秀志愿者。

12 月 30 日　北京市第一批以林业废弃物为主要原料的生物质固体成型燃料在延庆县林业生物质能源

生产加工示范基地正式下线，标志着北京市林业生物质能源开发利用工作正式进入试生产阶段。

（北京市林业由黄桂林供稿）

天津市林业

【概　述】

植树造林　2008年，全市有林地面积18万公顷，灌木林面积10 483.4公顷，疏林地36.7公顷，未成林造林地5409.1公顷，苗圃地3495.07公顷，采伐迹地69.5公顷，四旁树2557.65万株，折合林地面积19 869.5公顷。以全市农村土地总面积109万公顷为基数，全市农村林木覆盖率为19.3%。3月，组织市党政军领导同志在东丽区外环线开展了义务植树活动，全市21所大专院校近万名大学生在西青和第三高教区大学生义务植树基地开展了义务植树活动。全市共有315万人以各种形式参加了义务植树活动，共栽植各类树木728万株。

林政资源管理　①全力抓好征占用林地管理工作。为确保全市重大项目建设顺利推进，积极做好项目建设征占用林地的审核审批、监管和服务工作，做到了宣传到位、指导到位、服务到位。全市共审核征占用林地14件，征占用林地面积340.36公顷，收取森林植被恢复费2153.58万元。②认真抓好森林采伐限额管理工作。全面落实天津市林木采伐管理办法，做到严格依法审批。③稳步推进集体林权制度改革。组织召开了集体林权制度改革工作推动会议，深入贯彻落实中央10号文件，着手制定集体林权制度改革实施意见。

森林病虫害防治　2008年，天津市美国白蛾累计发生面积50 466.7公顷，均为轻、中度发生，没有重度发生，发生面积与发生程度较往年明显降低。全年共投入治理美国白蛾资金4246万元，作业面积220 866.7公顷。经国家林业局检查，平均有虫株率为0.29‰，低于国办通知和国家林业局下达的防治指标，受到了国家林业局通报表扬，为保障北京奥运会召开作出了贡献。此外，2008年共治理光肩星天牛1586.7公顷，春尺蠖6940公顷，杨扇舟蛾3540公顷，六星黑点豹蠹蛾800公顷，松梢螟666.7公顷，杨树烂皮病和杨树溃疡病1526.7公顷。投入防治资金236万元，均达到了有虫不成灾的治理目标。

森林防火　①加强了森林火灾扑救应急管理，制定了《天津市处置森林火灾应急预案》，并由市政府办公厅进行了转发。②强化了京津冀森林防火联防机制，组织召开了京津冀三省市森林防火工作联席会议，对三省市边界地区森林火灾的联防工作做了进一步的安排。③加大了对森林防火工作的投入，完善防火设施设备建设，2008～2009年全市将完成防火设施设备投资1400万元。截至2008年底，已连续18年无重大森林火灾发生。

野生动植物、自然保护区和湿地保护与管理　2008年，天津市野生动植物、自然保护区和湿地保护与管理工作进一步得到加强。①加大了对非法运输、购销野生保护动物行为的打击力度。开展了以保护野生鸟类为主要内容的“飞鹰行动”，查获并放飞非法运输的野生鸟类1000余只，抓获违法犯罪嫌疑人3名，查获、收缴国家一、二级重点保护野生动物4种，其他国家三级保护野生动物中的鸟类27余种，合计46 000余只。在北京奥运会期间与海关、公安、工商等部门开展了天津市破坏野生动物资源违法犯罪活动专项清理整顿行动。②组织开展了以“绿色奥运，关注生态平衡”为主题的第二十七届“爱鸟周”宣传活动。③积极推进湿地保护立法工作。

中央新增投资林业项目有关工作全面落实　截至2008年底，项目涉及到的12个区(县)和部门的作业设计已全部通过市林业局审批，中央安排的2700万元新增资金，全部下拨相关区(县)和部门。结合“绿色天津”建设，全市已完成土方249万立方米，造林面积8200公顷，占计划的45.7%，已经形成新增实物工程量。

【绿色天津规划启动】　2008年，市委、市政府出台了《关于加快林业发展建设绿色天津的意见》，市政府批转了《2009～2012年天津林业建设规划》，进一步明确了今后4年天津市林业发展布局、目标任务和相关政策。长期以来，由于天津市属于平原区，造林用地、投入、相关政策等一直是天津林业发展的制约因素。该《意见》的出台，从根本上破解了林业发展的制约因素。明确了将林业建设用地纳入城市总体规划、土地利用总体规划，并在一定区域按照不同标准划定“绿线”，从根本上解决了林业建设用地问题。加大了政策扶持力度，有效解决了投入不足的问题。强调各地区要增加林业投入，建立森林生态效益补偿机制，将林木资源管护经费纳入同级财政预算，并积极引导和支持林业产业发展。2008年，市政府召开了天津市加快林业发展建设绿色天津动员大会，对2009～2012年天津林业建设作出了全面的安排部署。此外，还完成了《2009年市级重点造林工程实施方案》和《平原区造林技术指南》的制定工作，积极培训并组织实施。

【林业重点工程建设】 2008年，为贯彻党的十七大和市委九次党代会精神，落实市委、市政府《关于推进城乡一体化发展战略，加快社会主义新农村建设的实施意见》和《关于重点抓好20项民心工程，以崭新面貌迎接奥运会的决定》，确保在2008年北京奥运会和夏季达沃斯论坛举办前，重点高速公路两侧建成高标准绿化带，展示天津市的良好城市形象，2007年11月，市委、市政府决定实施京津塘、京津、京沪、津蓟、津沧五条高速公路天津段沿线两侧绿化工程，这在天津林业发展史上是史无前例的。五条高速公路绿化工程2008年已基本完工，根据初步统计，共完成土方1390.5万立方米，完成造林4984.96公顷，植树541.1万株，打井153眼，分别占计划的139.1%，109.8%，111.5%和139.1%。其中：京津塘高速公路完成土方265.9万立方米，完成造林288.3公顷，植树69.6万株；京津高速公路完成土方482.8万立方米，完成造林865.4公顷，植树121.4万株；津蓟高速公路完成土方347.9万立方米，完成造林805.5公顷，植树88.2万株；京沪高速公路完成土方77.5万立方米，完成造林2376.8公顷，植树191万株；津沧高速公路完成土方216.5万立方米，完成造林648.9公顷，植树71万株。在规划设计上，绿化带从内到外按花灌木、亚乔木、乔木三层设计，做到乔灌结合、错落有致、色彩和谐、自然流畅。在苗木标准上，高速公路绿化工程所栽植苗木均在4厘米以上，灌木、常绿树高度均在1.5米以上。从土方工程看，所有路段在挖坑栽植前，都作出了台面。重点地段作出了起伏造型，沿线新建、改建林带外侧或中间都开挖了边沟，达到了淋盐排水的要求。

【林业有害生物防治工作】 2008年，天津市林业有害生物防治、监测工作取得明显成效。①按照《全国林业有害生物防治2008～2015年建设规划》，2008年，批准实施了天津市重点林区林业有害生物远程监控体系基础设施建设项目，完成了天津市林业有害生物灾害应急防控体系建设和天津市林业有害生物防控体系基础设施建设项目的建设工作，组织申报了2009年天津市林业有害生物检疫预防体系基础设施建设等项目。②加强监测预报工作，完善基层监测网络建设。按照国家林业局的有关要求，制定了《天津市林业有害生物监测预报工作方案》，并在全国监测预报工作会议上作了经验交流。同时，健全了基层监测预报网络，加强了性诱、灯诱等新技术应用，并及时发布病虫情况监测预报信息。③加强检疫执法工作。天津市设有两处公路检疫检查站，全年共计查处无证调运和违规调运2起，并且全部按照检疫条例规定进行了处理。市森防站统一组织全市检疫执法工作人员集中开展检疫执法3次，各区(县)独立开展植物检疫执法共计30次。④加强"天敌繁育场"质量监督与管理工作。坐落于天津市津南区的天津市林业有害生物天敌繁育场主要产品为白蛾周氏啮小蜂，2008年天敌繁育规模和质量进一步提高，基本满足天津市美国白蛾防治工作需要，为提高无公害防治率奠定基础。⑤加强宣传，提高全社会对森防工作的关注程度。近年来，天津市充分利用社会各界对美国白蛾防治工作的重视，每年提请市政府召开以美国白蛾为主的林业有害生物防治工作会，下发防治通知，签署防治责任状。市、区(县)各级政府和林业主管部门利用报纸、电台、电视等多种媒体开展林业有害生物防治宣传活动，并积极向森防信息网投稿，介绍天津森防情况。

（天津市林业由宗晶莹供稿）

河北省林业

【概　述】 2008年，河北林业工作紧紧围绕生态文明建设，突出重点，扎实推进，全省林业工作呈现快速、健康的发展态势，取得了明显成效。

森林覆盖率净增量考核 省委、省政府制定了《体现科学发展观要求的设区市党政领导班子和主要领导干部工作实绩综合考核评价实施办法(试行)》，历史性地首次将森林覆盖率净增量列为对各设区市党政领导班子和主要领导干部政绩考核的硬指标。这一重大举措的实施，充分体现了省委、省政府对林业工作的高度重视。依据省委、省政府《综合考核评价实施办法(试行)》，省绿委办、省林业局对各地2007年9月至2008年9月国土绿化情况组织了2008年度造林净增量的综合考核。历时3个月，对工程造林和社会造林，采用抽样调查方法进行了实地测量，完成抽样调查面积2.4万公顷；对城市、县级城镇、乡村居民区绿化进行了实地抽查，经过综合评定，对各项绿化工作初步排出了位次。这次考核，改变了过去粗略考评、定性评价为主的方式，基本达到了摸清底数，考实考准的目标。森林覆盖率净增量考核作为省委、省政府推动林业建设的一项创新性举措，引起了各地的高度关注，对国土绿化工作产生了深刻、积极的影响。京津风沙源治理、退耕还林、三北防护林、太行山绿化、沿海防护林等重点林业工程扎实推进，建设质量明显提高。

城乡造林绿化 2008年，全省共完成新造林34.58万公顷，为年度任务的108.8%。其中：人工造林19.29万公顷，新封山育林11.22万公顷，飞播造林4.07万公顷。新育苗1.61万公顷，中幼林抚育28.57万公顷，农田林网控制率85%以上的县(市、区)达到29个，全部完成或超额完成了年度目标任务。京津风沙源治理、退耕还林、三北防护林、太行山绿化、沿海防护林等重点林业工程扎实推进，世行四期、德援二期和日援项目造林任务圆满完成，生物质能源林建设进展顺利，人工造林容器育苗、飞播造林种子包衣、封山育林围栏禁牧等新技术、新方法得到广泛应用。城镇村屯绿化扎实推进，与省精神文明办共同组织，邀请省人大、省政协4位省级领导带队，组成高规格检查评审团，对11个设区市城乡造林绿化进行了检查评比，大力弘扬了“以人为本、生态优先”的城市绿化理念，在领导重视程度、绿化理念创新、绿化质量标准等方面实现了历史性突破，全省完成城市中心区植树1000多万株，城市人居环境明显改善。唐山市提出“环境优先，生态立市”，把城乡绿化作为全市五大工程之首，开展了为期3个月的秋冬季绿化攻坚行动大会战，完成造林2.33万公顷。全民义务植树运动和社会造林工作深入开展，省委、省人大、省政府、省政协27位省级领导和134位厅(局)级领导集体参加义务植树活动，新建义务植树基地400个，总面积1.33万公顷，共有3300多万人次参加了义务植树劳动，栽植树木1.2亿多株。石家庄市人大常委会把每年的3月和11月定为石家庄市植树月，启动了万树进村、“5528绿化”、城区绿化等绿化行动，义务栽植树木1300多万株。

林业改革 认真贯彻落实中央10号文件精神，开展了广泛深入地宣传活动，推进了全省集体林权制度改革工作。2008年全省明晰产权累计达到552.49万公顷，完成任务的99.9%，基本完成了主体改革任务，走在了全国前列。林权登记发证工作扎实推进，研发应用了先进的林权登记发证系统，完成林权登记289.6万公顷，累计发放林权证104.4万本，占任务的52.3%。积极开展林权纠纷调处工作，调处林权纠纷2879起，涉及14.11万公顷，促进了林区社会和谐稳定。按照“放活经营权、落实处置权、保障收益权”的要求，石家庄、保定、张家口等地积极探索配套改革，省林业局联合省农村信用联社、人保河北省分公司共同出台了《林权抵押贷款管理办法》。通过改革，初步建立了集体林承包经营的新型林业产权制度，有效调动了群众造林育林的积极性，一些地方的农民群众已由过去的“要我造林”转向“我要造林”。

森林资源管护 面对火险等级高、防火任务重的形势，积极推进季节性防火向全年防火转变、政府部门小防火向全民大防火转变、一般号召向较真叫板转变。2008年全省共发生森林火灾23起，过火面积301.3公顷，森林受害面积2.86公顷，森林火灾受害率0.0009‰，分别比2007年下降77.9%、61.4%和90.6%，取得了全省无重特大森林火灾发生、环京8县持续无森林火灾发生、全国两会和奥运会期间“零火情”的好成绩。森林资源管理工作进一步规范，建立了森林资源管理年度考核制度和森林资源变化情况报告制度，建设工程征占用林地、林木采伐、木材运输、林地林权和森林资源调查等管理进一步加强。开展了打击野外违法用火、打击破坏野生动物资源、林业执法年等专项行动，全省各级森林公安机关受理、破获森林刑事案件48起，查处森林和野生动物行政案件3168起，打击处理违法犯罪人员3629人，有效保护了全省森林和野生动植物资源安全。林业有害生物防控体系建设取得新进展，防治检疫工作全面加强。全省累计完成林业病虫害防治作业73.3万公顷次，其中：美国白蛾46.1万公顷次，防治重点生态区和窗口地带等其他林业有害生物27.3万公顷次，林业有害生物成灾率控制在4.5‰以下，无公害防治率达89%，监测准确率达96.3%，种苗产地检疫率达97.5%。美国白蛾重点防控区有虫株率0.038%，外围防控区有虫株率0.062%，26个新发生县(市、区)做到了第一时间发现、第一现场除治。野生动植物和湿地保护管理进一步加强，滦河上游、茅荆坝晋升国家级自然保护区，全省林业系统建立和管理的森林、野生动物、湿地类型的自然保护区达到25处，占国土面积的2.7%。野生动物疫源疫病监测和反馈工作及时、准确，河北省成为全国6个没有发生禽流感的省份之一。

林果产业发展 以建设现代果业体系为核心，实现了果品产量和质量双增长，全省果品产量达到107.9亿千克，为目标任务的100.9%；建立以梨、枣、板栗等为主的高标准、外向型果品基地17.05万公顷，占任务的128%。大力推进红枣烘干房等基础设施建设，进一步提高了果品抗灾减灾能力。果品龙头企业加快发展，100多家企业和果农合作组织入选河北省林果产业重点龙头企业，61家果品龙头企业被省政府认定为省农业产业化经营重点龙头企业。奥运果品质量保障工作深入开展，建立了奥运期间果品质量安全应急反应机制，完成果品质量安全检验2020批次，抽检合格率达到90%以上。滦南国有林场阔叶树种优良种苗基地建设和大径材定向培育试点项目完成，两个大径材改培项目正式列为国家2008年大径材培育示范项目，完成了43家林板、林纸及多种经营龙头企业认定工作，竹纤维加工、林下种养、生物质能源林等新兴产业较快发展。正定中盐银港30万立方米中密度纤维板技改扩产项目、邱县威利邦22万立方米纤维板项目、辛集巴迈隆10万立方米刨花板项目、迁西富春林10万立方米刨花板项目投产，全省林板产业化水平大大提高。森林旅游业得到较快发展，开展了星级森林公园评比活动，全省森林旅游经营面积达到45.57万公顷。新增花卉生产面积0.11万公顷，完成全年目标任务的107%，举办了第五届河北省仙客来展销交易会暨2008年迎春花展。

科技兴林 召开了林业科技与生产对接专家座谈会，认真抓好一县一业一园现代农业科技示范工程建设，开展了百县千村万户和科技服务林改活动。全面推进林业标准化工作，制定完成省级林业地方标准11项，是考核目标任务的137.5%；全省17个林果标准化示范县新建标准化示范园50个，示范面积达到1.33万公顷。围绕三大体系建设，实施了飞播造林种子包衣技术、大中型城市空气负氧离子分布及变化规律研究、城市绿化抗污染树种、盐碱地抗盐树种的引种筛选与示范、坝上地区人工林大径级材培育、乡土经济树种驯化与栽培研究等的一批重点科研项目。林业技术推广工作扎实推进，全省落实林业科技“16推”推广任务33.33万公顷，完成167个县(市、区)基层林业技术推广体系改革方案审核工作。举办各类果树栽培管理培训班8824次，培训林果农1029万人次。林木良种繁育体系进一步完善，全省工程造林苗木质量合格率达到97%。林业信息化建设取得新进展，治沙工程信息化管理、机关办公自动化管理等应用系统自主研发工作顺利推进。

项目谋划和资金管理 落实省以上林业投资26亿多元，比2008年年初计划目标增长了4%。2009年中央政府投资项目编报工作及全省沿海防护林体系建设工程规划、全省退耕还林成果巩固专项规划、国有林场棚户区改造工程规划和国有林区道路建设工程规划等编制工作完成。资金管理工作进一步加强，对8个县(市)的林业重点工程项目造林质量和资金管理使用情况进行了重点稽查，抽样稽查造林面积0.51万公顷，稽查资金达5.2亿元。开展了重点使用资金实施规模化绿化示范县工作，对16个领导重视程度较高、管理基础较好、绿化发展潜力较大的造林绿化示范县进行了重点扶持，造林绿化投资占全省造林投资的22%，实施了一批规模大、质量高的绿化示范工程。认真抓好中央新增投资计划落实工作，国家紧急追加河北省的1.45亿元中央预算内基本建设投资全部及时落实到位。

生态文化体系建设 大力加强生态文化宣传教育，围绕植树造林、森林防火、美国白蛾防治、野生动物保护等重点工作，联合人民日报社、新华社、中央电视台、河北日报社、河北经济日报社、燕赵都市报社、河北电台、河北电视台等主要新闻媒体，组织策划了一系列专项宣传活动。省林业局与省委外宣局、省环保局联合邀请人民网等20多家中央、京津及其他兄弟省(市)网络媒体，开展了“碧水蓝天迎奥运——河北网上行”大型宣传活动。举办了森林生态文化建设与传播研讨会、邀请文艺、学术、新闻等领域有关专家和学者为河北森林生态文化建设建言献策。举办了塞罕坝森林资源价值评估与核算新闻发布会，与省精神文明办、省广电局联合开展了“塞罕坝杯”首届燕赵绿化十大新闻人物评选活动。以金秋旅游观光等多种森林文化活动为载体，以弘扬生态旅游文化为主题，举办了首届塞罕坝金秋旅游文化节。开展了燕赵最美的湿地评选活动，举办了河北省“爱鸟周”启动仪式暨鹰之歌文学艺术作品展，得到了国家林业局和中国野生动物保护协会的好评。

林业干部职工队伍建设 解放思想大讨论活动扎实开展。围绕学习贯彻党的十七大精神，密切结合全省林业工作实际，征集意见100多条，逐条落实整改措施。按照中央和省委的安排部署，扎实开展了科学发展观学习实践活动，着力研究解决制约全省林业发展的突出问题，取得了较好成效。干部教育培训工作稳步推进，深入开展了学习型机关、学习型行业创建活动，公务员队伍、专业技术人员队伍教育得到加强，专家管理工作取得新突破，老干部政治、生活待遇全面落实。认真贯彻落实省纪委全会和全国林业系统党风廉政建设工作会议精神，扎实推进党风廉政建设，深入开展政治纪律教育，全面落实党风廉政建设责任制，落实处务会会议纪要制度，进一步推进民主决策和阳光行政，预防腐败工作走向制度化。林业行风建设深入开展，民主评议活动纳入规范化、制度化轨道，2008年5月9日中央纪委书记贺国强同志来河北考察期间，省行风办和河北电台推荐省林业局在“阳光热线”现场直播节目中与听众直接交流。以优化林业发展环境和解决好群众反映的突出问题为重点，进一步加强了对林业“两站”的管理，坚决纠正损害群众利益的不正之风。认真贯彻落实《政府信息公开条例》，完成了行政许可网上审批系统技术方案和项目流程的优化再造，系统建设进入实质开发阶段。

【省政府认定61家涉林企业为农业产业化经营重点龙头企业】 2008年5月13日，省政府公布了2008～2010年度全省农业产业化经营重点龙头企业名单(冀政函[2008]42号文)。泊头东方果品有限公司、冀州市华林板业有限责任公司、中粮华夏长城葡萄酒有限公司、唐山豪门园林有限公司、乐亭县冀东果菜批发市场等61家果品及加工、林板、葡萄酿酒、园艺及花卉、市场类林业企业名列其中，享受省级重点龙头企业政策。

【省林业局挂牌督办10起破坏森林资源案件】 省林业局自2008年6月1日至12月31日在全省范围内组织开展林业执法年活动。为确保活动取得实效，省林业局公布了10起破坏森林资源案件，主要是：张家口市万全县周家河村干部许某滥伐林木案，承德市兴隆县北水泉乡滥伐林木案，承德市承德县王某盗伐林木案，秦皇岛市青龙县杨杖子铁选厂非法占用林地案，秦皇岛市青龙县天驰公司非法占用林地案，唐山市遵化市詹某等人非法占用林地案，唐山市迁安市杨店子镇朱官营村非法占用林地毁林案等。至2008年底，10起挂牌督办案件中已结案9起，1起案件正在查处之中，起到了震慑违法犯罪分子，教育广大群众，切实保护河北森林资源，推进河北生态建设的效果。

【设区市城乡绿化检查】 2008年5月26日至6月15日，省精神文明办、省绿委办联合组织开展了对11个设区市的城乡绿化检查。通过检查评比，2007年冬季到2008年春季城乡绿化力度最大、进步最快的市由高到低排位分别是：唐山、沧州、石家庄、秦皇岛、承德、邢台、衡水、张家口、邯郸、廊坊、保定。通过综合考评，城市绿化总体水平由高到低排序分别是：邯郸、廊坊、唐山、保定、秦皇岛、石家庄、承德、张家口、邢台、沧州、衡水。

【"碧水蓝天迎奥运——第六届网上河北行"网络宣传活动】 2008年7月8～14日，省林业局和省委外宣局、省环保局共同主办了"碧水蓝天迎奥运——第六届网上河北行"网络宣传活动。此次活动以河北省人民喜迎北京奥运，为北京奥运营造"碧水、蓝天"良好生态环境为主题，邀请人民网、新华网、中国网、国际在线、央视国际、新浪网等20余家中央、京津及其他兄弟省(市)网络媒体、省内网络媒体的负责人和采编人员40多人，组成"碧水蓝天迎奥运——第六届网上河北行"宣传活动采风团，采风团参观了张北县坝上风沙源治理工程，丰宁县小坝子乡防风固沙工程，隆化县滦河流域绿化工程和雾灵山国家级自然保护区等造林绿化和林业生态工程建设现场。在各大网络媒体上展示河北省林业建设为绿色奥运所作的贡献，在北京奥运会召开前夕掀起了林业宣传的新高潮。

【省林业局全力做好奥运期间果品质量安全保障工作】 河北省果品供应占据京津市场的45%以上，为了全力做好奥运期间果品质量安全保障工作，省林业局认真贯彻省政府与农业部签署的"保质量、保安全、助奥运——农产品质量安全保障行动"合作备忘录精神，全面落实省政府关于2008年果品质量安全保障的部署和要求。一是加强组织领导形成保障合力。省林业局成立以主管局长为组长，果桑处、省林果桑花质检管理中心、省森防站、宣传办主要负责同志为成员的奥运会期间全省果品质量安全工作领导小组，全面负责全省及供奥果品质量安全工作。各设区市、果品生产重点县、奥运果品供应企业同时成立专门工作组。各级林业部门及奥运果品定点企业、基地密切配合，联动协作，形成全省果品质量安全保障的合力。二是认真执行供奥果品批批检验和产地准出制度。整合各方资源，进一步规范工作程序，对奥运指定果品基地推行投入品台账管理制度，明确专门人员深入基地蹲点督导，对供奥果品实行批批检验，把产地准出检验工作落到实处。三是加大全省果品质量监督抽查力度。严格按照2008年度全省果品质量安全例行监测工作通知要求，增加抽检批次和检测内容，深入全省11个设区市的超市、批发市场、农贸市场，重点对标识"奥运推荐果品"进行抽查，力争基地、企业、市场果品监测全覆盖。四是加大果品质量安全宣传和技术培训力度。举办迎奥运果品质量安全培训班，重点围绕果品质量安全的重点，就加强管理、科学检测等内容进行系统培训，努力做到科学、公正、精确、高效地出具检测结果，为果品质量安全提供有效的技术保障。

【河北省退耕还林工程通过国家林业局阶段验收】 2008年8月25日至9月22日，国家林业局派出7个核查组对河北省第一轮补助到期的退耕还林工程开展了重点核查验收工作。本次核查范围包括河北省退耕还林工程2007年补助到期的11个设区市的103个退耕地造林县(市、区)、林场，核查总面积23 228公顷。在省、市、县各级退耕还林工程管理部门和广大退耕群众全力配合下，核查组深入第一轮补助已经到期的退耕还林小班进行实地核查。核查结果表明：河北省退耕还林面积真实，各级领导重视，退耕农户拥护，生态、经济、社会效益显著，档案管理规范，政策兑现及时。

【第十二届中国(廊坊)农产品交易会】 2008年9月26～28日在廊坊开发区会展中心举行。经过专家组评选，河北省有16个参选品被评为第十二届中国(廊坊)农产品交易会果王。分别是：秦皇岛市抚宁县农办选送的金富宁牌金冠苹果，承德市平泉县林业局选送的御泉庄园牌宁丰10号苹果，张家口市怀来众城葡萄专业合作社选送的甜沙洼牌红地球葡萄，唐山市迁西县林业局选送的迁西板栗牌燕山短枝板栗，唐山市滦县申杰民选送的三乐牌美人指葡萄，廊坊市大城县聚星果品农民专业合作社选送的聚星牌雪冠梨，廊坊市永清县林业局选送的兴永牌新红星苹果，廊坊市广阳区果树花卉协会选送的连国牌红岗峰李子，廊坊市安次区林业局果品基地选送的前卫牌北京33号桃，保定市阜平县林业局选送的兴阜牌枣，沧州市泊头东方果品有限公司选送的金马牌新高梨，沧州市泊头东方果品有限公司选送的金马牌大果水晶梨，沧州市黄骅孔店选送的黄骅冬枣牌冬枣，邯郸市涉县三珍农产品贸易有限公司选送的三珍牌辽1核桃，邯郸市魏县林业局选送的魏州牌鸭梨，石家庄市行唐县甲壳素红枣有限公司选送的太康牌行唐大枣。

【开展保护野生动物宣传月活动】 11月是河北省保护野生动物宣传月，2008年11月15日，省野生动物保护协会与河北科技大学野生动物保护协会、河北师范大学生命科学院联合在石家庄市怀特国际商城广场举办了“倡导绿色生活，共建生态文明”为主题的宣传活动。通过大学生自编自导的文艺节目、展示动物标本、发放宣传材料、万人签名等活动，呼吁人们关爱、保护野生动物，为创建和谐生态环境作出贡献。宣传活动向社会各界倡议：积极宣传《野生动物保护法》和保护野生动物的重要意义，从我做起，从家庭做起，从现在做起；坚决抵制使用、食用非法利用珍稀野生动物的制成品；保护野生动物生存环境，不乱捕滥杀野生动物，不参与非法买卖野生动物；坚决抵制非法盗猎、非法运输、非法经营野生动物的违法行为，并积极向有关部门举报。

【省政府办公厅印发河北省重大沙尘暴灾害应急预案】 河北省地处干旱、半干旱向半湿润、湿润地区的过渡地带，是沙尘暴的多发区和敏感区。为搞好重大沙尘暴灾害应急处置工作，2008年10月30日，省政府办公厅下发了《关于印发河北省重大沙尘暴灾害应急预案的通知》(冀政办[2008]20号)。预案对河北省重大沙尘暴灾害应急工作的总则、组织机构和职责、预警预测、应急响应、信息报告和通信联络、善后处置、新闻报道、保障措施等进行了规定。省政府成立了以张和副省长为组长的领导小组；在省重大沙尘暴应急领导小组及其办公室的领导和统一协调下，各地、各有关部门共同配合，完成重大沙尘暴灾害的应急处置工作。《预案》的制定和发布，为建立健全全省沙尘暴灾害预防和救援的组织管理和应急处置机制，及时、有效应对和防范突发重大沙尘暴灾害，最大限度地减轻灾害损失具有重要意义。

【“塞罕坝杯”河北绿化十大新闻人物评选】 2008年12月5日，由省精神文明办、省绿委办、省广播电视局联合举办的“塞罕坝杯”河北绿化十大新闻人物评选活动结果揭晓。省委常委、常务副省长付志方、省人大常委会副主任黄荣、省政协副主席赵文鹤等出席了颁奖晚会，并为获奖者颁奖。获得“塞罕坝杯”河北绿化十大新闻人物的是：隆化县隆化镇闹海营村农民郑淑芳，石家庄市高新区供水排水公司总经理林自强，张家口市委组织部副部长蒋书刚，塞罕坝机械林场总场党委书记穆振堂，邯郸市委常委、副市长冯连生，高邑县委书记崔欣元，易县林业局局长田明君，秦皇岛军分区司令员王茂吉，迁安市林业局局长刘伟杰，赞皇县委书记吴时茂。

【全省平原林业暨沿海防护林工程建设启动会议】 2008年11月7日省林业局在沧州市召开了全省平原林业暨沿海防护林工程建设启动会议，省林业局局长武国堂，副局长白顺江、葛会波参加了会议并讲话。会议强调全省平原林业发展应抓好“网、线、点”三大工程，做好“快、富、强”三篇文章。“网”，就是科学规划农田林网布局，建设农田防护林综合体系；“线”，就是按照路渠规划格局，建好绿色通道；“点”，就是围绕人口聚居区环境，搞好城镇乡村绿化；“快”，就是加快速生丰产林基地建设，缩短林木培育周期；“富”，就是抓好林下产业，提高造林收益；“强”，就是建设优质果品基地，实现“果强民富”。为确保规划目标的实现，全省沿海防护林工程建设要突出抓好“补、拓、改、多”四个字。“补”，就是把沿海基干林带缺口补上；“拓”，就是拓展纵深防护林规模；“改”，就是改造现有的低质低效林；“多”，就是维护生物多样性。

【确保奥运会期间森林防火安全】 河北省内环京津，是首都北京的“防火墙”、“护城河”，森林防火承担着维护社会安定、护卫京津安全、营造和谐氛围、为奥运保驾护航的重大政治责任。2008年，为切实做好森林防火工作，实现迎奥运、保平安、促发展任务目标，河北省把森林防火作为一项政治任务、一项主要工作来抓，列入奥运安保工作的重要内容，积极采取措施，狠抓森林火灾的预防和扑救工作。一是强化超前意识，及时安排部署。二是强化业务培训，提升综合能力。三是强化责任落实，深入督导检查。四是强化应急处置，坚持打早打小。五是强化火情监测，搞好值班调度。

【塞罕坝教育基地展览馆开馆】 2008年7月31日由中央国家机关工委、国家林业局、河北省林业局、塞罕坝机械林场共同建立的河北塞罕坝教育基地展览馆在塞罕坝举行开馆仪式。开馆仪式由省林业局局长武国堂主持，中央国家机关工委副书记黄燕明，国家林业局党组成员、中央纪委驻局纪检组组长杨继平，国家林业局直属机关党委常务副书记张希武等领导同志应邀参加开馆仪式。塞罕坝教育基地展览馆由中央投资806万元，建筑面积1914平方米，作为河北林业艰苦创业教育基地、中央国家机关工委思想教育基地和全国再造秀美山川示范教育基地的主要组成部分。

【京津冀美国白蛾联防会召开】 2008年7月12日由北京市林业保护站、天津市森防站、河北省森防站参加的京、津、冀一代美国白蛾联防联治经验交流会在河北省塞罕坝机械林场召开。会议听取了3省(市)森防站长2008年上半年一代美国发生及治理情况的汇报，就美国白蛾防控经验进行了讨论和交流。与会人员一致认为，美国白蛾作为国家林业检疫性有害生物，虽然各级政府对其防治极其重视，经费投入空前，防治效果显著，但仍要提高警惕，加强测报，继续加大防治力度，力求在3~5年时间内能从根本上控制美国白蛾的发生。

【省林业局开展"情系灾区奉献爱心"捐款活动】 四川汶川地震发生后，省林业局和驻石事业单位的广大干部职工，对发生在汶川县的地震灾害感同身受，他们在给灾区人民和参加抗震救灾的军民送去祝福的同时，积极行动起来，踊跃捐款、献血，用爱心、用行动来帮助灾区人民抗震救灾、度过难关、重建家园。截至5月17日，局机关及驻石事业单位有2人主动献血，543人捐款，募集现金77 130元。自中央组织部决定接受和鼓励党员自愿交纳抗震救灾"特殊党费"后，广大党员踊跃自愿交纳。截至5月28日，局机关及驻石事业单位有379名党员自愿交纳"特殊党费"，总计金额173 000元。

【河北省"优秀咨询专家"】 2008年，由省林业局、河北科技报社联合组织的"优秀咨询专家"评选活动结束，共评选出10名省级"优秀咨询专家"。这10名优秀咨询专家分别是：梁慧聪(河北省林业技术推广总站)、刘新忠(辛集市林业局)、楚旭名(青县林业局)、牛玉堂(鹿泉市林业局)、李容富(武强县林业局)、耿新杰(邢台市林业局)、刘振庭(魏县林业局)、贾金旭(衡水市林业局)、褚新房(赞皇县林业局)、周敏(河间市林业局)。

【河北省沿海防护林体系建设工程范围扩大】 2008年1月4日，经国务院批准，国家发改委、国家林业局印发了修编后的《全国沿海防护林体系建设工程规划》。河北省沿海防护林体系建设范围在原来山海关、北戴河、海港、抚宁、昌黎、丰南、滦南、唐海、乐亭、海兴、黄骅等11个县(市、区)的基础上，新增运河、新华、南大港、临港、沧县、南皮、盐山、孟村、青县等9个县(市、区)。修编后的《规划》核定河北省建设任务为92 630公顷，主要建设内容为海岸带基干林带建设29 475公顷、纵深防护林建设63 155公顷和村镇绿化1798万株，以及实验示范区建设等；核定总投资68 578万元。工程规划期限2006~2015年，分前后两期完成。

【林业大事】

1月28日 省林业局在石家庄市召开全省林业局长会议，传达贯彻贯彻落实全国林业厅(局)长会议、全省经济工作会议、全省农村工作会议精神，回顾总结2007年全省林业工作，研究分析当前林业形势，安排部署2008年林业工作。

2月26~27日 由M. N. 本纳里先生率领的世行林业综合发展项目认定组和国家林业局相关人员一行9人，到河北省就世行贷款林业综合发展项目河北分项目展开认定工作。通过实地考察和座谈讨论，双方达成共识，取得了良好效果。国家林业综合发展项目河北分项目区位于河北平原黄河故道沙荒地区域，主要包括廊坊、衡水、邯郸、邢台等市的18个县(市)的221个乡(镇)。项目计划利用世行贷款2000万美元，在黄河故道区域营造人工林22 670公顷。该项目以防沙治沙为主题，建成后，可以有效地减少沙化，涵养水源，固碳降温，改善当地的生态和气候条件，增加农民收入，促进平原林业、经济和社会的可持续发展。

3月12日 省林业局和石家庄市绿委组织省会百余名厅(局)级领导及省、市四大机关办公厅等200个单位的4000余名干部职工，在鹿泉市山前大道参加义务植树活动，共栽植樱桃、杏、梨等名优果树66.67公顷，4万棵。省会各区绿委办同时组织2万余名市民在正定县小壁林场参加义务植树，植树13万棵。

3月25日 省林业局召开河北省森林生态文化建设与传播研讨会。研讨会以"森林生态文化建设与传播"为主题，围绕森林生态文化内涵、建设思路，传播途径等进行了深入研讨，旨在从文化层面传播森林生态知识，弘扬森林生态文化，树立生态伦理道德，提高生态意识，促进人与自然和谐。省林业局、河北人民广播电台、河北电视台、河北日报社、河北省文联、河北省社会科学院、河北师范大学等单位的40多名领导和专家学者参加了研讨会。

3月29日 河北省"爱鸟周"启动仪式暨鹰之歌文学艺术作品展在石家庄市博物馆开幕，《鹰之歌文学艺术作品集》同时出版。展览内容涵盖书法、美术、摄影、诗词、散文、楹联等文学艺术领域，包括书法、绘画类作品150幅，摄影作品12幅，文学类作品60篇。

4月3日 秦皇岛市副市长王亚洲一行赴北京，参加全国绿委召开的全国绿化模范城市颁奖仪式，秦皇岛市被授予全国绿化模范城市称号。

4月8日 河北省果品业促进新农村建设工作会议在辛集召开。这次会议是经省政府同意召开的。会议的主要任务是，深入贯彻落实中央1号文件精神，总结2007年和安排部署2008年全省果品工作。

4月17日 省政府召开全省美国白蛾防治工作

会议。会议的主要内容是，传达贯彻全国美国白蛾防治工作会议精神，分析全省美国白蛾发生及防治形势，部署2008年防治工作。副省长张和和省林业局局长武国堂出席会议并作讲话。会议指出，2008年全省美国白蛾防治工作的主要目标是：重点防控区有虫株率控制在0.05%以下，外围防控区有虫株率控制在0.1%以下；未发生区要做到疫情一旦传入，第一时间发现，第一现场除治。

5月19日 河北省林业局召开以“展绿色明珠成就 为北京奥运添彩”为主题的塞罕坝森林资源价值评估与核算研究成果新闻发布会。新华社等10家中央媒体，河北日报社等15家省内媒体，香港文汇报社、大公报社等2家香港媒体派记者出席发布会。新闻发布会由省林业局副局长白顺江主持，局长武国堂作讲话，副局长张静作主题发布。发布会上，塞罕坝机械林场为表示对四川地震灾区人民的支援，当场捐助20万元。

6月12日 全国人大常委、省政协副主席丛斌到塞罕坝林场视察。丛斌考察了塞罕坝国家级自然保护区内七星湖湿地公园建设情况后，详细地了解了塞罕坝森林生态旅游业的发展情况，并听取了关于塞罕坝林场建场历程和建场以来所产生的三大效益的汇报。

6月20～21日 日本小渊基金事务局局长梶谷辰哉为团长、须崎幸男次长和小林榊业务部长为成员的考察团一行3人，到张家口市赤城县小渊基金项目区考察。

7月15日 河北省城乡绿化经验交流暨林业局长会议在唐山召开，会议的主要任务是总结上半年城乡绿化及各项林业工作，部署下半年绿化及林业战线各项任务。

7月31日 中央国家机关工委副书记黄燕明，国家林业局党组成员、中央纪委驻局纪检组组长杨继平等有关领导在省林业局纪检专员王金品等陪同下，深入到塞罕坝机械林场总场大唤起林场大梨树沟生态景区考察景区开发建设工作。

8月2日 国家林业局党组成员、中央纪委驻局纪检组长杨继平，在省林业局局长、党组书记武国堂，省纪委驻省林业局纪检专员、省林业局党组成员王金品陪同下，到木兰林管局考察。

8月27～28日 省委常委、省纪委书记臧胜业到邯郸市调研集体林权制度改革工作。调研期间，臧胜业一行先后考察了武安市活水乡东山林区、管陶乡寺峪沟村和阳邑镇北街的荒山造林绿化现场，向乡村干部、农民群众和造林大户询问了集体林权制度改革、荒山造林和林业产业发展情况，并听取了省林业局、邯郸市和武安市林业改革和发展工作汇报。

11月30日 日中民间绿化交流基金河北省廊坊市广阳区永定河泛区造林项目启动暨揭牌仪式在广阳区高更生村举行。此项目计划实施3年，日方无偿投资1650万日元，营造生态示范林200公顷。第一年度安排造林67公顷，利用日中民间绿化交流基金550万日元。 （河北省林业由袁媛、张建国供稿）

山西省林业

【概　述】

造林绿化 2008年，山西省继续按照山上治本与身边增绿共同推进的发展思路，在扎实推进国家林业重点工程建设和通道绿化、交通沿线荒山绿化、村庄绿化、厂矿区绿化、环城绿化、城市绿化的同时，启动实施汾河流域生态修复保护与治理工程和石太高速铁路客运专线绿化工程。全年完成营造林30.09万公顷，占年计划29.87万公顷的100.7%；其中：人工造林19.14万公顷，飞播造林1.53万公顷，封山育林9.42万公顷；零星四旁植树9382万株，其中义务植树6033万株；完成育苗3.04万公顷，其中新育苗1.38万公顷。国家林业局局长贾治邦在山西调研时称赞“山西造林绿化成效十分显著、经验十分可贵”。

森林资源保护 省政府3次召开全省森林防火电视电话会议，安排部署冬春季森林防火工作；首次请派吉林武警森林部队150余人驻防山西；召开林火视频监控系统建设现场会，推广了晋中市“三位一体”的森林防火经验；在省直国有林区、林业重点县组建61支森林消防专业队伍，加强实战演练，有力地提高了防扑火能力。全年发生一般森林火灾19起，均及时得到扑救，没有造成大的森林损失。封山禁牧工作扎实推进，运城、临汾、长治、晋城、晋中、阳泉、吕梁、太原等8个市初步实现了封山禁牧。省直618名森林公安民警顺利过渡到了政法专项编制。组织开展了“春雷四号”、“抓逃犯破大案”、“飞鹰”等林业严打专项行动，查处破坏森林和野生动植物资源案件1117起，有力地打击和震慑了破坏森林资源的违法行为。经省政府批准，出台了《山西省重大林业有害生物灾害应急预案》。林业有害生物发生29.26万公顷，防治面积14.79万公顷，防治率达50.5%，成灾率控制在4.9‰以下。全年审批征占用林地项目

182项，征占用面积1620.65公顷。林木采伐消耗蓄积10.9万立方米，占年森林采伐限额70万立方米的15.6%。启动了《山西省国有林场管理办法》、《山西省湿地保护管理办法》立法工作，完成了考察和论证。

林业产业建设 结合农村经济结构调整，开展了林业产业重点企业和优秀项目摸底清查，建立全省林业产业项目库。立足发挥资源优势，加大林业产业重点龙头企业、特色林业产业项目扶持力度。重点扶持了核桃、红枣、山楂叶深加工和林区林下资源开发等12个项目，完成投资600万元。积极开展速丰林大径级材定向培育，投资120万元，在黑茶山国有林管理局实施速生丰产林工程大径级用材林定向培育，完成改培356公顷。按照"以龙头企业带动重点项目，以重点项目带动基地建设"的发展思路，积极鼓励人造板企业和个体营林大户营造速生用材林，新发展1.56万公顷。

林业对外开放 日本政府援助造林项目圆满完成，经过6年多实施，高标准营造生态防护林0.49万公顷，为项目区培训技术员、农民5240人次。2008年6月4日，中日合作第二期黄河中游流域防护林建设项目竣工大会在吉县召开，项目建设成果受到商务部、国家林业局充分肯定。中日合作中国黄土高原造林技术普及培训项目加快实施，为日元贷款项目区培训林业技术员和造林大户222人。利用中日民间绿化交流基金实施的五台山绿化项目进展顺利，完成人工造林35公顷，修筑林道1000米，拉设围栏200米，植树成活率达97%以上。组织编制了《中国黄土高原山西SKF集团造林绿化项目申请书》、《方山县小渊基金造林项目申请书》，日本崎玉县日中友好协会理事长、事务局长两次来晋实地考察。

林业科技 按照调查研究定方向、围绕重点强支撑、抓好项目促管理的思路，全面推进科研推广和林业标准化建设。科研攻关由抗旱造林技术向困难立地造林技术创新转移，开展了抗盐碱树种胡杨的引进和繁育示范、煤炭生产地质灾害区治理模式、太行山干石山区石漠化立地与吕梁山黄土丘陵严重侵蚀沟治理模式等研究。木本攀缘植物应用技术研究、山西省立地类型划分及造林模式研究、沙棘渣中油脂及花青素提取、油松良种选育与试验示范、四倍体刺槐饲料加工技术研究、白蚁综合防治技术研究和林业有害生物快速检疫熏蒸技术研究等7项科研成果通过省科技厅鉴定。其中：白蚁综合防治技术研究成果达到国际领先水平，四倍体刺槐饲料加工利用技术研究等6项成果都达到国际先进水平。三色彩叶蜜槐繁育技术研究、四倍体刺槐高产及高营养栽培配套技术、四倍体刺槐饲料综合加工工艺与高效利用技术研究、油松优良选育与试验示范等4项成果被国家林业局认定为部级科技成果。启动实施了山西省乡土树种振兴计划，对全省只有自然散生分布、没有人工规模栽培的20个乡土阔叶优良用材树种，开展优树选择和繁殖技术研究。颁布了《山西省生态公益林抚育技术规程》、《山西省低效生态公益林改造技术规程》、《山西省低产商品林改造技术规程》、《山西省商品林抚育采伐技术规程》、《枣树品种选育规程》、《农村林业生态规划技术规程》等6个林业地方标准。

林业投资 全省林业投融资总量达到62.75亿元，比2007年增加了22.2%。其中：国家投资19.51亿元，省级投资10.38亿元，市、县两级与社会投资32.86亿元。朔州市朔城区、平鲁、怀仁、清徐、孝义、柳林、离石、灵石、屯留、襄垣、高平、阳城、沁水、翼城、襄汾、洪洞、河津等17个县(市、区)，林业投资达到5000万元以上。

【集体林权制度改革试点工作正式启动】 2008年，省委、省政府出台了《关于开展集体林权制度改革的意见》，按照"试点先行、稳步推进"的原则，2008～2009年底，在晋城市和清徐、左云、平鲁、五寨、方山、祁县、灵石、沁源、隰县、垣曲等1市17县(市、区)开展林改试点工作；2010年，在全省全面推开集体林权制度改革。成立了以胡苏平副省长为组长，省纪委、省委宣传部和监察、发展改革、财政、司法、财政、国土、农业、林业、档案、银监、人民银行等单位为成员的山西省集体林权制度改革领导组，办公室设在省林业厅。8月6日，省政府召开了全省集体林权制度改革试点工作会议，标志着集体林权制度改革正式启动。

【国家林业重点工程】

天保工程 按照巩固、完善、提高的原则，以实施森林管护项目为依托，以落实管护责任制为核心，进一步完善国有林区设站管护为主、承包管护为辅，集体林区家庭托管为主、设站管护和承包管护为辅的管护体系，保护面积进一步扩大，达到287.58万公顷。完成封山育林任务4.52万公顷。

退耕还林工程 2008年完成6.04万公顷，其中：宜林荒山荒地造林4.04万公顷，封山育林2.0万公顷。3月3日，省政府召开全省退耕还林工作电视电话会议，对做好巩固退耕还林成果专项规划进行安排部署。全省坚持"自下而上"的原则，经过近半年的努力，编制完成了《山西省巩固退耕还林成果专项规划》，涉及基本口粮田建设、农村能源建设、生态移民、后续产业发展和退耕农民就业创业转移技能培训、补植补造等项目。这些项目的实施，将为巩固退耕还林成果奠定坚实的基础。加强退耕还林工程效益监测，中阳县被国家林业局确定为退耕还林效益监测样板县，吉县成为山西省首个全国联网效益监测点。加强群众来信来访工作，及时受理有关退耕还林的案件69件。

京津风沙源治理工程 项目区完成工程建设任务3.73万公顷，其中：农田林网0.2万公顷，飞播造林1.53万公顷，封山育林2.0万公顷。经省政府同意，省林业厅印发了《山西省重大沙尘暴灾害应急预案》，成立应急领导小组，建立了信息采集网络，对沙尘暴灾害发生起到了很好的预警作用。为加强沙区植被保护，打击破坏沙区植被的不法行为，省治沙办下发了《关于坚决制止破坏沙区林草植被行为的紧急通知》，严禁在林区和京津风沙源治理工程项目区毁林开荒、非法开矿、建贮煤厂，严禁乱砍滥挖灌木和其他固沙植物，加大项目区护林防火、病虫害防治力度，切实抓好封禁管护；出台了《关于征占国家防沙治沙重点工程区林地补偿问题的通知》，明确提出严厉打击非法侵占防沙治沙重点工程区林地行为，经审批征占用工程区林地的，必须给予经济补偿和生态补偿。制定了《山西省京津风沙源治理工程区人工造林特大灾害损失面积核定工作细则》，对工作依据、范围界定、统计方法、申报办法、核定办法作了详细规定。

三北防护林和太行山绿化工程 坚持科学规划，合理布局，大力推广实用造林技术，普遍实行专业队栽植和管护，完成三北防护林工程建设任务4.43万公顷，太行山绿化1.56万公顷。在全国绿委、国家林业局联合召开的纪念三北防护林体系建设30周年总结表彰会上，右玉县委书记陈小洪作了典型发言。山西省有5个单位被授予三北防护林体系建设突出贡献单位称号，14人被授予三北防护林建设突出贡献者称号。

野生动物保护及自然保护区建设工程 加强业务培训，编印《山西省野生动植物与自然保护区管理手册》，举办全省野生动植物及自然保护区管理培训班3期。引进、交换动物18批，26种，975只，救护国家一二级重点保护野生动物9种28只。按照国家林业局、卫生部、国家工商总局、国家食品药品监管局、国家中医药局《关于加强赛加羚羊、穿山甲、稀有蛇类资源保护和规范其产品入药管理的通知》要求，积极推行野生动植物产品标记制度。组织申报了管涔山自然文化遗产地建设项目，历山、庞泉沟自然保护区基础设施三期建设项目，已通过国家发改委批准。13处湿地保护区列入汾河流域生态环境治理修复与保护工程建设，总投资9500万元。

【省级造林绿化工程】 2008年，全省新建和完善通道绿化5000千米，其中：高速公路254千米，一二级国省道和旅游路2558千米。交通沿线荒山绿化以高速公路、一二级国省道为重点，完成荒山绿化2.33万公顷。村庄绿化结合2000个新农村建设重点推进村，以干线公路两侧村庄绿化、环城周围的城中村、城边村以及靠近城市的村庄绿化为重点，集中连片实施了2237个。环城绿化以城市周边灭荒为重点，加快环城森林公园建设，营造环城林带和城市出入口绿地游园，完成1.47万公顷。厂矿区绿化以煤炭部门为重点，坚持生产区、生活区、办公区绿化与异地造林相结合，完成造林1.5万公顷；完成矿区自营公路、通道、街道绿化2335千米；矸石山治理绿化1089公顷；采空区复垦绿化850公顷。11个设区城市绿化覆盖率达到了35.27%。汾河流域重点实施护岸林带、荒山绿化、封山育林、经济林、林网（带）建设以及过境城市、村庄的绿化，完成造林绿化1.33万公顷。石太高速铁路客运专线绿化工程全面完成省级总体规划设计和招投标工作，部分县（区）开始实施，完成林带建设16.3千米，景点绿化23.3公顷，荒山绿化1099公顷。

【山西省造林绿化长治现场会议】 2008年6月19～20日召开。国家林业局局长贾治邦、省长孟学农、省人大常委会副主任郭海亮、省政协副主席李雁红、省军区副司令员何永才等出席会议，副省长胡苏平主持会议。省直有关部门负责同志，各市分管林业的副市长、林业局长、建设局长、煤炭局长，各县分管林业的副县长参加了会议。会议提出，全省造林绿化工作要以科学发展观为指导，深入推进造林绿化，扎实开展生态修复，启动实施汾河干流植被建设和湿地保护项目，继续实施国家和省级造林绿化重点工程，积极稳妥开展集体林权制度改革，切实加强生态建设成果保护与管理，每年完成造林26.67万公顷以上，到2010年森林覆盖率达到18%以上。全省造林绿化和生态建设，一要实施好汾河流域生态环境治理、修复与保护各项工作。二要继续实施高标准通道绿化，启动石太高速铁路客运专线绿化工程，加快推进旅游公路和沿黄公路绿化工程，继续完善高速公路、国省道及其他通道绿化工程，同时抓好平原农田防护林网建设。三要以高速公路、一二级国省道、旅游公路和出省口为重点，加快推进交通沿线荒山和环城绿化。四要大力实施村镇绿化。五要进一步搞好厂矿企业和城市绿化。会议参观了长治市7个县（市、区）的造林绿化工程，对2007年以来涌现出来的先进县、先进单位、先进企业进行了表彰。

【全省造林绿化先进集体名单】 2008年6月18日，省政府办公厅发出《关于表彰全省造林绿化先进集体的通报》（晋政办函［2008］90号），对2007年以来在全省造林绿化工作中作出显著成绩的先进集体进行通报表彰。授予屯留县等40个县（市、区）为全省造林绿化先进县，各奖励5万元；授予省改革创新研究会等10个单位为全省造林绿化先进单位，各奖励3万元；授予山西沁新煤焦股份有限公司等10家企业为全省造林绿化先进企业，各奖励3万元。

全省造林绿化先进县 娄烦县、太原市小店区、太原市杏花岭区、大同县、浑源县、灵丘县、左云县、朔州市朔城区、山阴县、应县、偏关县、忻州市忻府区、神池县、五台县、孝义市、柳林县、中阳县、吕梁市离石区、介休市、寿阳县、祁县、昔阳县、平定县、屯留县、长子县、武乡县、平顺县、襄垣县、阳城县、高平市、泽州县、襄汾县、洪洞县、永和县、隰县、安泽县、永济市、夏县、河津市、运城市盐湖区。

全省造林绿化先进单位 山西省改革创新研究会、解放军山西省太原警备区、晋祠宾馆、太原卫星发射中心、阳泉市中级人民法院、武装警察部队晋中支队、长治市城区华丰路小学校、晋城市城区北石店镇大张村、山西师范大学、运城中学。

全省造林绿化先进企业 山西沁新煤焦股份有限公司、太原铁路局侯马北工务段、晋西机器工业集团有限公司、山西省电力公司大同供电分公司、中煤平朔杨涧煤业有限公司、柳林县富安实业有限责任公司、阳泉市南庄煤炭集团有限责任公司、晋中市榆次北山煤化有限责任公司、太钢集团临汾钢铁有限公司、河津建康能源集团有限公司。

【全省林业系统预防职务犯罪专项工作会议】 2008年7月2日在太原召开，省林业厅副厅长周洪主持会议，省纪委驻省林业厅纪检组组长谢占杰作了讲话，省检察院反渎职侵权局局长杨红卫应邀出席会议。会议指出，各级林业部门要依据有关法律法规，做好林木采伐许可证、木材运输证和征占用林地审核审批等工作。要加强法纪教育，增强林业干部队伍依法行政能力，提高执法水平。要组织力量对破坏森林资源情况进行全面排查，发现问题及时整改，并依法追究相关人员的责任，涉嫌犯罪的要移送司法机关处理。要健全预防森林资源管理渎职犯罪的长效机制，及时堵塞漏洞，从源头上遏制涉林职务犯罪行为的发生。

【全省林业科技工作会议】 2008年12月12～13日在太原召开。会议全面总结了山西林业科技的历史成就，分析了新形势下林业科技面临的新情况，对当前和今后一段时期的林业科技工作作了安排部署。会议指出，实现林业科学发展，必须进一步突出科技的地位和作用，在林业生态建设中赋予科技以基础地位，在林业产业建设中赋予科技以首要地位，在林业可持续发展中赋予科技以重要地位。到“十二五”期末，林业科技综合发展水平进入全国先进行列，取得一批具有重大影响的科技成果，形成林业生产关键性技术的重大突破，先进适用技术和成果的推广应用率显著提高，生态工程造林良种使用率达到40%，经济林和丰产林良种使用率达到85%，成果转化率达到50%，科技贡献率达到40%，重点集体林区林农科技培训率达到50%，林业科技进步与创新基本满足林业发展需求，支撑和引领作用显著增强。当前和今后一个时期，林业科技工作的重点是攻克“十项关键技术”、推广“十大实用技术”、实施“五大科技工程”。

【省林业厅干部下乡包县制度】 为转变作风、服务基层、推进工作，2008年年初，省林业厅党组决定在实施厅领导包市的基础上，实行干部下乡包县制度，即由处级干部带队，抽调200多名干部和工程技术人员，组成74个工作组，深入全省115个农业县（市、区），采取“一包一年，年底交账”的方式，具体督导服务、搞好基层林业重点工作。一年来，工作组平均下乡12次28天，最多的达80天左右。开展技术培训500余次，培训基层干部群众3万人次，发放各种技术资料8万余份，举办森林防火、封山禁牧、林权改革等宣传活动180多次，上报信息600多条。较好地督导基层完成了林业重点工作任务，帮助基层解决了许多林业技术难题，提出合理化建议200多条，受到基层干部群众好评。加强调查研究，形成了132篇具有一定分量、指导价值较高的调研报告。

【林业大事】

1月14日 人事部、国家林业局联合下发《关于表彰全国林业系统先进集体和劳动模范、先进工作者的决定》，授予山西省五台山国有林管理局、右玉县林业局、夏县林业局全国林业系统先进集体称号，授予桑干河杨树丰产林实验局九梁洼国有林场场长张明福、吕梁山国有林管理局东山林场高级工马永志全国林业系统劳动模范称号；授予阳泉市林业局局长连海峰、大同县林业局局长赵德清、原平市林业局绿化办主任侯秋生、太原市国有林场工程师原永谦全国林业系统先进工作者称号。

1月24～25日 日本国际协力银行开发部二部部长松泽猛男等一行5人的考察组到晋考察日援贷款植树造林项目。

1月29日 副省长梁滨到省林业厅现场办公，对推进国家林业重点工程、省级造林绿化工程、森林防火等工作提出明确要求。

2月2日 省委组织部任命耿怀英为省林业厅党组书记。

3月12日 省长孟学农在《山西日报》头版发表了题为《掀起春季造林绿化高潮 推进山西生态文明建设》的署名文章。

3月13日 吉林武警森林部队进驻忻州顿村林业生态基地，省森防指举行欢迎仪式，副省长梁滨致欢迎词。

3月20日 省林业厅召开传达贯彻十一届全国

人大一次会议精神暨干部下乡包县工作动员大会，全国人大代表、省林业厅党组书记耿怀英作了传达和安排部署。

3月24日 省长孟学农在长治市屯留县巅山森林公园参加义务植树活动，并对壶关县晋庄镇、石坡乡发生的一起森林火灾作出重要批示。

3月27日 省政府在介休市举行了2008年军民义务植树活动暨春季造林绿化现场推动会，参观了晋中市祁县、介休、灵石等市县造林绿化工程。省长孟学农，副省长梁滨，省政协副主席周然，省军区副司令员何永才，省绿委成员单位负责人，各市分管林业的副市长、林业局长参加了会议，并与当地机关干部、工人、部队官兵、学生和农民1000余人一起，在汾河介休段参加了植树活动。

4月2日 省十一届人大常委会第一次会议任命耿怀英为省林业厅厅长。

4月3～4日 朝鲜劳动党干部考察团考察了山西省林科院、实验苗圃、容器中心和大同、朔州两市通道绿化。省委常委、统战部长李政文会见了考察团一行，省林业厅厅长耿怀英、副巡视员姚文达陪同考察。

4月11日 省改革创新研究会在平顺县西沟村举行义务植树推进仪式，副省长梁滨，省政协原副主席、省改革创新研究会会长吕日周，省林业厅厅长耿怀英参加了仪式。

4月12日 2008年全国爱鸟周启动仪式在太原举行，中国野生动物保护协会会长、国家林业局原副局长赵学敏，副省长梁滨，省政协副主席韩儒英参加了启动仪式。

4月14～15日 省长孟学农在汾河上游的娄烦、静乐和宁武等地调研植树造林。

5月6～8日 国家林业局副局长李育材在山西朔州、大同等地就矿区植被保护和生态恢复治理情况进行调研。

5月12～15日 四川省汶川县发生8级特大地震灾害后，省林业厅干部职工为灾区人民献爱心，捐款93 460元。

5月23日 省政府召开汾河流域生态环境治理修复与保护工程动员大会。

6月4日 省长孟学农在晋中市就集体林权制度改革工作进行调研。

6月20日 省委书记、省人大常委会主任张宝顺在迎泽宾馆会见了参加山西省造林绿化长治现场会议的国家林业局贾治邦局长一行。

7月8～9日 省直林区半年工作会议在大同市召开。

7月11日 全省林火视频监控系统建设现场会在晋中市召开。

7月28日 副省长胡苏平深入晋城市沁水县就集体林权制度改革试点工作进行调研。

8月6日 中共山西省委、山西省政府出台了《关于开展集体林权制度改革的意见》。

8月6～7日 省政府召开全省集体林权制度改革试点工作会议。

8月20日 省长孟学农深入右玉县调研造林绿化工作。

9月1日 省纪委在右玉县召开全省纪检监察干部学习"右玉精神"现场会。

9月2～4日 省委书记、省人大常委会主任张宝顺在长治市沁源县和晋城市沁水县就集体林权制度改革工作进行调研。

9月25日 省政府召开全省集体林权制度改革领导组会议，副省长胡苏平主持会议并作讲话。

10月17日 省林业厅召开深入学习实践科学发展观动员大会。厅党组书记、厅长耿怀英作了《坚持以发展现代林业为主题，努力推进我省生态文明建设上水平》动员报告，省委指导检查组组长杜复新作了讲话。

10月23日 省政府法制办召开《山西省湿地保护办法》立法座谈会。

11月14日 全省封山禁牧现场推进会在阳泉市召开。

12月11～12日 省集体林权制度改革领导组召开林改试点工作汇报会，副省长、省集体林权制度改革领导组组长胡苏平参加会议并作了讲话。

（山西省林业由谢英杰、贯向前供稿）

内蒙古自治区林业

【概　述】

发展与成就

林业生态建设　实施"营造林全面质量管理"，向管理要质量要效益。①继续坚持营造林质量保证制度、检查验收制度、营造林质量责任追究制度和自治区林业厅领导联系盟市包点制度，全面监督、检查、指导全区的林业生产。②严格执行各项技术规程和技术标准，并在工程设计、造林施工、检查验收、档案管理等环节全面实施。③大力推广以抗旱造林为主的适用技术，积极推广"两行一带"造林模式，努力扩大混交林比重，应用科技手段，提高建设成效。全年指令性推广了9项系列造林技术，完成指令性技术推广任务54万公顷，是计划的116%。④积极组织了“三片一线”植树造林活动。北京军区、内蒙古军区分别在商都县、新城区、杭锦旗开展了“三片”植树造林；内蒙古军区在呼包、集二线铁路开展了“一线”绿色通道建设。

据统计，全区共完成林业生态建设任务71.8万公顷，其中：人工造林37.7万公顷，飞播造林5.7万公顷，封山（沙）育林28.4万公顷；四旁植树4514.8万株，补植30万公顷。全民义务植树运动持续深入，共1000余万人次参加义务植树，植树7596.8万株。保质保量完成了自治区政府确定的66.7万公顷建设任务。

资源林政管理 ①进一步加强林地保护管理，严格实行征占用林地定额管理、专家评审、审批备案和核查等制度。全年审核征占用林地项目384项，征占用林地面积6580公顷。②进一步加强森林经营管理，起草了森林采伐管理有关办法；开展了森林采伐限额执行和采伐迹地更新情况核查工作；完成了全区14个一级木材检查站建设和8个盟市木材经营加工许可证的整顿审核、换发证工作。③进一步建立健全营造林综合核查管理制度，完成了2007年全区营造林保存和成效、林木采伐更新与限额检查、植被恢复项目核查等工作。④进一步加强森林资源监测工作，完成了全区第六次森林资源清查和生态状况综合监测评价的外业调查和汇总工作，以及三级林业区划和矿区植被保护与生态恢复工程规划的编制工作。⑤进一步加强森林资源信息系统建设，完成了自治区级中心机房软硬件设施建设和两个试点盟市的基础数据改造。⑥进一步发挥三个派驻地方森林资源监督专员办的职能作用，对一批重点、典型涉林案件进行了督查督办。

森林资源保护 ①森林草原防火。2008年，全区森林草原防火面临的形势非常严峻，东北地区比往年提前1个多月进入了春防关键期。针对不利因素，自治区林业厅及早部署，提前向重点林区派驻了前指和督查员，并先后派出40多个检查组，深入一线检查、指导防火工作。发生火情后，紧急启动预案，使71%的火情被消灭在萌芽状态，25%的火情未酿成大灾。截至12月底，全区共发生森林火灾138起，其中：火警80起，一般火灾54起，重大火灾4起；受害森林面积2439公顷，受害率0.11‰。共发生草原火灾12起，其中：火警10起，一般火灾2起，受害草原面积751公顷，受害率0.009‰。②林业有害生物防治。防治体系建设扎实推进，监测预警、检疫御灾能力得到提高，防治水平不断增强，防灾减灾工作成效明显。全区共发生各类林业有害生物灾害102万公顷，成灾面积7.4万公顷，成灾率4.7‰，低于国家下达10‰的指标；共完成防治面积48.7万公顷，其中无公害防治面积2.78万公顷，无公害防治率86%，高于国家下达75%的指标。③野生动植物和湿地保护与管理。在湿地保护与管理方面，实施了3项中央投资项目，总投资2367万元；开展了世界湿地日宣传活动，进一步增强了人们的保护意识。在野生动植物保护与管理方面，实施了6项国家级自然保护区建设项目，总投资2800万元；经国务院批准，建立了大青山国家级自然保护区，总体规划和一期可行性研究报告已经国家批复；新报晋升国家级自然保护区3处，已经通过国家林业局初评。积极开展陆生野生动物疫源疫病监测工作，实施5项国家级监测站项目，总投资278万元。④林业法制工作。出台了《内蒙古自治区人民政府关于切实加强防沙治沙工作的决定》，起草了内蒙古自治区《森林公园管理办法》、《大青山自然保护区管理办法》和《义务植树条例》。围绕资源林政管理、森林公安、野生动物保护、森林防火、林业有害生物检疫、林木种苗质量检验和市场监管等，开展了全区林业行政执法大检查。制定了《全区林业系统法制宣传教育推进依法治林工作要点》，加大了对依法行政实施纲要、行政许可法和林业法律法规的宣传力度，进一步提高了依法行政能力。⑤森林公安工作。森林公安队伍正规化建设水平得到提升，“三考”工作取得实效，“三基”工程建设取得阶段性成果，执法办案质量明显提高。认真落实自治区“五个严格”制度，组织开展了“雪原二号”、“飞鹰行动”等专项行动。截至12月底，全区共发生和受理各类林业案件18 048起，查处17 620起，综合查处率为97.6%，挽回直接经济损失4237万元。⑥森林生态效益补偿。全区共落实重点公益林补偿面积515.4万公顷，中央财政补偿资金38 658万元，补偿范围涉及10个盟市64个旗（县、市、区）；自治区、盟市、旗县三级财政共启动地方公益林补偿面积66.5万公顷，投入资金3000万元。

林业产业 ①完成了2008年林业产业化项目申报工作，并从政策引导、组织领导、招商引资、服务指导等方面加大力度，推动项目的落实。②召开了全区林业产业化第一次联席会议，进行了重点龙头企业评选工作，28家企业已经自治区政府予以认定。③成立了自治区林业产业协会，积极引导农牧民组建林业专业合作社、市场中介组织等，促进了行业的有效管理。④初步建立了林业产业基础数据库，为研究制定产业经济发展战略和规划提供了依据。⑤积极探索林业产业担保体系建设，以企业信用为基础，不断拓宽投融资渠道，积极落实林业贷款。⑥结合全区林业发展现状，制定有利于循环经济发展的规划、评价指标体系和考核机制，推进了节能减排工作。2008年，全区林业产业总产值达到208亿元，农牧民人均林业收入330元。

林业改革 ①积极、稳妥、有序地推进集体林权

制度改革。成立了集体林权制度改革领导小组及其办公室，自治区党委、自治区政府出台了《关于深化集体林权制度改革的意见》和《集体林权制度改革工作方案》，向国家林业局争取3.2亿元工作经费；组织召开了学习贯彻中央10号文件座谈会，调研并认真总结了赤峰市、通辽市、巴彦淖尔市和鄂尔多斯市等改革试点经验；举办了集体林权制度改革培训班，制定出台了宣传方案。此外，加快了确权发证进度，全区累计发放新版林权证107.09万本，发证面积1013.3万公顷，其中退耕还林发证58.84万本，发证面积145.33万公顷，退耕还林发证率为60.04%。②稳步推进国有林场改革。剥离国有林场社会职能、安置国有林场富余职工取得新进展。呼伦贝尔市和通辽市国有林场承办的各类学校已全部移交地方政府管理，通辽市对全市国有林场重新核定了管理人员编制，纳入事业单位管理，所需经费由地方财政负担。管理体制进一步理顺，国有林场社会保障体系进一步完善。全区累计安置富余职工6000多人，占国有林场职工总数的12%；参加养老、医疗和失业保险的职工分别达到27 765人、18 063人和14 197人，占在职职工总数的68.6%、44.6 %和35.1%。

生态文化体系建设　①宣传力度加大。充分利用植树节、湿地日、世界防治荒漠化与干旱日等纪念日，以及林业改革30年、三北防护林体系建设30年、绿色奥运等，大力开展了生态文化宣传活动；举办了生态文明专家座谈会，开展了以“坚持科学发展、建设现代林业、推进生态文明”为主题的学习实践科学发展观活动。②生态文化基础设施建设加强。克什克腾旗防沙治沙综合示范区、内蒙古青少年绿色家园被中国生态文明高层论坛组委会授予首批生态文明教育基地称号，海拉尔国家森林公园被国家林业局批复为森林景观与生态文化资源保护首批项目实施点，组织申报红花尔基樟子松国家森林公园为2009年全国森林景观与生态文化资源保护项目实施单位。③生态文化产品不断丰富。协助拍摄宣传额济纳旗林业治沙局原局长李德平先进事迹的电视剧《大漠之子》；与内蒙古电视台等单位联合开展农牧民新春大联欢活动；与自治区文化厅等单位联合开展了全区“科普之春”电影汇演活动；制作了宣传绿色奥运的15分钟专题片。

基层林业站建设　按照林业站的职能和标准化建设要求，全区坚持“建设、完善、巩固和职能发挥”的方针，巩固林业站地位，充分发挥职能作用，加强基层林业站垂直管理体制改革和机构能力建设，有517个林业站实行垂直管理，占全区基层林业站总数的78%，确保每个乡镇苏木都保留林业站。完成了10个旗县国家重点林业站建设，7个旗县的自治区级林业站建设项目，完成15个盟市、旗县林业技术推广站建设项目。

林业科技　①举办了科技活动周，开展了送科技下乡活动。5月份举办了全区科技活动周，内容丰富，形式多样，受到了自治区党委宣传部、自治区科协、自治区科技厅的联合表彰；同时结合全球环境基金示范点建设工作开展了送科技下乡活动，发放科技手册2000多册。②开展了森林认证培训工作。7月份举办了3期培训班，聘请国家林业局科技发展中心、雨林联盟、美国大自然基金会的领导和专家进行讲座，培训160多人，强化了可持续经营理念和行动。③开展了科技示范区建设工作。本着典型示范、区域带动、生态发展、绿色富民的思路，分别建设了柠条平茬复壮高效利用示范区、科尔沁沙地通道绿化示范区、优良文冠果品种栽培及推广示范区、杨树无性系良种推广示范区、冬枣引种及大平枣推广示范基地。示范区及基地建设效果明显。④举办了旗县新任林业局局长培训班。⑤受国家林业局委托对以往的科技支撑计划项目进行了全面清理和验收。

新农村新牧区和新林区建设　①继续把林业推进新农村新牧区建设作为一项重点工作，进行了全面安排部署。确定了19个旗县作为新农村新牧区建设试点，自治区财政投入220万元，用于试点村的村屯和道路绿化，在改善生态状况、优化农牧民生产生活条件方面取得了明显成效。②积极推进新林区建设。扶持国有林场改善基础设施，发展林业生产；落实国有贫困林场扶贫资金1050万元，安排项目42个；落实重点公益林国有林场道路维护项目资金1000万元，安排项目33个。

存在问题　①由于全区气候干旱，以及造林地块的立地条件越来越差，造林难度加大、成本提高，一定程度上影响了营造林质量。②产业发展投融资渠道不畅，龙头企业较少，拉动产业发展能力不强。③个别地方没有处理好经济建设和生态保护的关系，乱征滥占林地现象依然存在。④基础设施建设薄弱。全区11片次生林区棚户区改造和道路建设严重滞后。

【自治区政府出台关于切实加强防沙治沙工作的决定】　为深入贯彻《中华人民共和国防沙治沙法》、《内蒙古自治区实施〈中华人民共和国防沙治沙法〉办法》以及《国务院关于进一步加强防沙治沙工作的决定》，切实加强防沙治沙工作，改善沙区生态状况，增加沙区农牧民收入，促进内蒙古经济社会可持续发展，建设和谐社会，实现建设祖国北方重要生态屏障的奋斗目标，自治区政府于2008年1月7日出台《关于切实加强防沙治沙工作的决定》（以下简称《决定》）。《决定》共分7个部分：①充分认识内蒙古防沙治沙工作的重要性；②切实贯彻和落实防沙治沙工作的指导思想和奋斗目标；③认真编制和落实防沙治沙规划；④科学实施沙化土地的综合治理和合理利用；⑤切实强化科技治沙和依法治沙；⑥进一步完善防沙治沙扶持政策；⑦切实加强对防沙治沙工作的组织领导。

《决定》进一步明确了贯彻和落实防沙治沙工作的指导思想：以邓小平理论和“三个代表”重要思想为指导，全面落实科学发展观，按照“预防为主、科学治理、合理利用”的方针，遵循自然、经济和社会发展规律，实行全民尽责，全社会参与。坚持以保护和增加沙区林草植被为中心，以科技为先导，以法律为保障，实行统一规划，分类指导，突出重点，分步实施，综合治理，努力构建沙区生态安全体系，改善沙区人民群众生产、生活条件，推动沙区走上生产发展、生活富裕、生态良好的文明发展道路，实现人与自然和谐发展。奋斗目标是：到2010年，全区森林覆盖率达到20%，草原植被盖度达到42%，沙产业得到健康快速发展，基本构建全区沙化土地防护体系，重点治理区生态状况明显改善。到2020年，全区森林覆盖率达到23%，草原植被盖度每年提高1.2个百分点，沙产业实力显著增强，建成全区沙化土地防护体系，沙区生态状况显著改善。到2050年，适宜治理的沙化土地全部治理，全区沙化土地防护体系得到优化，生态状况步入良性循环。

【建设生态文明专家座谈会】 2008年2月26日，根据原内蒙古自治区副主席雷·额尔德尼的指示，自治区林业厅邀请国家和自治区有关部门领导、高等院校和研究机构的知名专家学者，在呼和浩特市组织召开了建设生态文明专家座谈会。座谈会的主题是“构筑北疆生态屏障，促进生态文明建设”，目的是通过全面学习贯彻党的十七大精神，深刻领会建设生态文明的丰富内涵和精神实质，进一步推动林业发展，促进生态文明建设。自治区林业厅厅长高锡林参加了座谈会，并通报了内蒙古林业建设与发展情况，结合建设生态文明提出了今后林业的发展思路。与会专家学者围绕会议主题，从理论和现实的层面，就生态文明的内涵和外延、建设生态文明的重要意义、如何发挥好林业在生态文明建设中的作用进行了探讨。一致认为，内蒙古地处祖国北疆，横跨东北、西北、华北，生态区位十分重要，生态环境如何，不仅关系内蒙古各族群众的生存和发展，也关系首都乃至全国生态环境的大局。基于此，自治区党委政府针对性地作出了建设“生态内蒙古”的决策部署，这是对建设祖国北疆生态屏障目标的发展和延伸，是建设生态文明的具体体现。专家们建议，各级政府和有关部门要充分认识内蒙古生态建设的重要性、长期性、艰巨性，认真贯彻落实自治区党委政府的决策部署，继续把生态建设作为内蒙古最重要的基础建设来抓，高度重视和发挥林业作用，加大政策扶持和财政支持力度，加大宣传教育力度，倡导全社会尊重自然、保护自然、合理利用自然，并积极投身生态建设，促进人、自然、社会和谐。各级林业部门要进一步增强使命感、责任感、紧迫感，紧紧围绕建设生态文明和建设生态内蒙古，精心谋划林业工作，充分挖掘林业发展的巨大潜力，全力推进现代林业发展。要继续坚持以生态建设为主的林业发展战略，认真履行建设森林生态系统、保护湿地生态系统、改善荒漠生态系统和维护生物多样性的重要职责，努力构建完善的林业生态体系，维护生态安全。要坚持统筹兼顾，在加强生态建设的同时，也要加强林业产业建设和生态文化建设，努力构建发达的林业产业体系和繁荣的生态文化体系，以林业的多种功能满足社会的多样化需求。要继续解放思想，深化改革，完善政策，转变发展方式，促进兴林富民，发挥好林业在节能减排、应对全球气候变暖中的作用，为“三农三牧”搞好服务，为促进内蒙古经济社会可持续发展，为建设生态文明、建设生态内蒙古作出更大的贡献。

【军地共建北疆生态屏障】 由内蒙古军区、自治区绿委倡议发起的军地共建北疆生态屏障活动，引起自治区党委政府和北京军区的高度重视。在有关方面的积极协调下，北京军区决定从2008年开始，在内蒙古商都县开展为期5年的植树造林活动，规划完成造林面积3667公顷。2008年4月18～28日，北京军区6000余名官兵与商都县4000余名干部职工开展了主题为“迎接北京绿色奥运，推进北疆生态建设”的万人植树会战。军民携手，顶风冒雪，完成了666.67公顷整地任务。植树整地期间，北京军区，国家林业局，自治区党委、人大、政府，内蒙古军区的领导同志亲临现场进行慰问，并参加了植树整地活动。

【自治区党委、政府出台《关于深化集体林权制度改革的意见》和《集体林权制度改革工作方案》】 为贯彻落实中央10号文件精神，全面推进和深化内蒙古集体林权制度改革工作，2008年9月26日，自治区党委、自治区政府出台了《关于深化集体林权制度改革的意见》和《集体林权制度改革工作方案》。《意见》明确了集体林权制度改革的指导思想、基本原则和总体目标、范围和主要任务、需要完善的有关政策措施、保障措施等，规定用5年时间，基本完成明晰集体林产权和承包到户的改革任务。并在此基础上，逐步建立起产权归属清晰、经营主体到位、责权划分明确、利益保障严格、流转顺畅规范、监管服务有效的集体林业管理体制和经营机制，实现资源增长、生态改善、产业壮大、农牧民增收、生态与经济社会和谐发展的目标。《方案》从充分做好开展集体林权制度改革的准备工作、积极稳妥地推进主体改革、全面实施配套改革、认真组织检查验收、切实加强保障措施等方面进行了具体的安排和部署，并要求各盟市、旗县、所有涉及林改工作的苏木乡镇，尽快成立领导小组，积极开展宣传发动和培训，认真组织开展调查摸底，着手制定改革工作方案，全面有序推进集体林权改革工作，切实把《意见》贯彻落到实处。

【自治区林业厅与自治区气象局签署林业有害生物监测预报合作框架协议】 2008 年 10 月 29 日，自治区林业厅与自治区气象局共同签署了《自治区林业有害生物监测预报合作框架协议》。自治区林业厅副厅长田选明、自治区气象局副局长李彰俊分别代表双方出席并签署了合作协议。双方商定在以下领域开展具体合作研究：气候与林业有害生物发生的关系；气候变化对林业有害生物分布及种群动态的影响；异常气候条件与有害生物发生关系；小区域气象与生产性短期预报；建立林业有害生物监测预报业务平台；应对突发性林业有害生物灾害事件的气象保障服务技术研究。具体合作方式：①自治区林业厅指定自治区森林病虫害防治检疫站，自治区气象局指定自治区生态与农业气象中心为双方的业务技术支撑单位，负责协商有关单位具体落实本协议的各项合作事项，制定详细的合作计划，提出具体实施细则和工作措施，经上级主管部门审批后组织实施；②不定期召开联席会议，协调推进合作的相关事宜；③就共同关心的问题联合组织专题考察、调研；④依托双方现有观测站网的条件，共同完善观测站网；⑤对突发的重大林业有害生物灾害事件，联合开展监测预警分析，并根据具体情况形成决策服务报告联合上报；⑥积极筹措业务维持和建设经费，保障林业有害生物监测预报业务的持续稳定发展；⑦采用多种形式，共同推动各级林业、气象部门之间的合作。

【落实中央新增林业投资】 2008 年 11 月，中央为进一步扩大内需，促进经济增长，确定了 10 项具体措施，新增林业投资 36.5 亿元，用于重点防护林工程、天保工程和国有林区棚户区改造。全区中央总投资为 3.3248 亿元，其中：三北防护林工程建设投资 2.4 亿元，天保工程公益林建设投资 9248 万元，两项工程建设总任务为 27.97 万公顷。按照国家"出手要快、出拳要重、措施要准、工作要实"的总体要求，自治区林业厅及时将林业新增中央投资计划任务落实到位，并派出科技服务组、质量检查组和资金检查组赴有关盟市，检查指导各项工作落实情况。

【首批自治区级林业产业化重点龙头企业名单】 为推动全区林业产业又好又快发展，带动全区农村牧区经济和农牧民收入快速增长，按照《内蒙古自治区林业产业化重点龙头企业认定管理暂行办法》有关规定，首批自治区级林业产业化重点龙头企业的申报、初审及联席会议评审工作已经完成。经自治区政府同意，自治区政府办公厅于 2008 年 12 月 4 日公布了首批自治区级林业产业化重点龙头企业名单，内蒙古森发林业开发(集团)有限公司等 28 家企业成为首批自治区级林业产业化重点龙头企业。自治区级林业产业化重点龙头企业除享受国家、自治区林业有关扶持政策外，享受自治区农牧业产业化龙头企业优惠政策。

（内蒙古自治区林业由张爱军供稿）

内蒙古森林工业集团

【概　述】 2008 年，是内蒙古大兴安岭林区的体制改革年。内蒙古大兴安岭林管局(森工集团)按照深入贯彻科学发展观的要求，确立"解放思想抓机遇、毫不动摇保生态、只争朝夕谋发展、关注民生促和谐"的改革发展总体思路，努力推进林区与社会结合，与市场结合，与发展结合，以深化改革、强化管理为重点，在探索国有林区的改革模式、发展模式上取得重大突破。林管局(森工集团)提出"强化两个职能、理顺一个关系"(强化和完善林管局的生态建设的行政事业管理职能，突出生态事业的社会公益属性；强化森工集团的企业经营职能，突出森林经营主业，追求经济效益最大化；理顺林业与属地政府的关系)的体制改革方向，将林区社会公益事业的建设与管理职能全部移交属地政府，推进林区与属地政府居民在基本公共服务、居民公益政策享受上实现均等化。

林区抢抓机遇，主动出击，以剥离企业办社会职能改革作为突破口，深化中小企业改制，完善社会保障体系，建立以属地政府为主的社会事业管理体制，推进机构和劳动用工等配套制度改革。通过实施一系列理顺体制、调整机制、创新制度的重大改革，极大地推动了政企分开、政事分开，为企事分开奠定了坚实基础。在经济下行之年，森工集团实现营业收入 25.8 亿元，实现利润 1.66 亿元，净资产收益率达到 5.48%，全面超额完成了自治区下达的经营指标。

（张小平　杨建飞）

【生态建设】

树立林业生态建设的脊梁形象 深入贯彻落实胡锦涛总书记"保护好大兴安岭这片绿色林海，为建设祖国北方重要生态屏障作出贡献"的重要指示，深化对重点国有林区生态地位及其特殊性、重要性的认识。深入宣传“森林生态资源是广大务林人赖以生存发展的基础，是林区事业存在和发展的载体”，“大兴安岭林区生态环境脆弱，一旦破坏不可恢复”，“林区森林生态具有巨大的溢出效应”等理念，唤起林区上下和各级党委政府、社会各界的深刻认识，为进一步加强生态建设，确立林区在全国、全区林业生态文明建设中的主体地位，争取全社会的广泛关注和大力支持奠定了思想认识和社会基础。

森林培育与管护 深入实施天保工程，现有管护人员15 858人，专业管护站602个。全年完成人工更新造林4040公顷，当年成活率达到87.7%。完成森林抚育11.64万公顷；育苗生产85.18万公顷，为计划的128.8%；完成四旁绿化24.05万株，为计划的127.2%；完成母树林集约经营8640公顷，为计划的100%。完成中幼龄林抚育11.64万公顷，作业质量合格率100%。汗马国家级自然保护区二期工程建设通过验收。编制完成额尔古纳国家级自然保护区管理机构方案。乌尔旗汉兴安里、毕拉河湿地保护区列入国家重点湿地建设工程，申请落实建设资金1291万元。生态监测体系初步建立。已建成综合生态监测站1个，重点区域野生动植物资源监测站5个，国家级野生动物疫源疫病监测站6个。

资源管理 围绕明确、理顺和强化林管局行政事业管理职能进行了深入研究和多方努力。增强守土守边意识，从严管理林地，确保林业生态主体功能区的完整性。组织开展“保护林地、维护林权”专项执法行动，打击毁林和侵占林地违法行为，收回被侵占林地1333.3公顷；按照全封闭保护的要求，开展全面清理北部原始林区违法采金行为的专项行动，依法驱逐采金船82条；完成第七次全国森林资源连续清查工作，森林资源实现长大于消；完成全国林业发展区划三级区划工作，区划为12个功能区。

防控森林灾害 切实提高森林防火装备水平，提高林火扑救快速反应能力，提高当日灭火率。在三季连旱的特殊年份，全林区发生火警火灾97起，同比下降38%，受害森林面积2310.9公顷，同比下降19%，森林受害率为0.28‰。实现了“两奥”期间不发生重特大森林火灾的目标。得耳布尔林业局实现了连续50年无重大森林火灾的成绩。林业有害生物防治完成面积10.57万公顷，有害生物成灾率为0.09‰，远低于7‰的国家控制指标。无公害防治率达95.2%，高于80%的国家标准。

（吴世军 徐浩 闫志刚 郑伟 陈林涛 张铁军）

【剥离企业办社会职能改革】 2008年，经多方努力，自治区党委、自治区政府站在落实胡锦涛总书记重要指示精神，建设生态文明和改善民生的高度，作出剥离森工集团社会职能的重大决策。按照这一决策森工集团积极开展以剥离社会职能为主要内容的林区社会事业管理体制的整体改革。森工集团承担的教育、卫生、电视、报纸、公安后勤、消防、社保、环卫、计生、无线电管理、供水供暖等企业办社会职能全部纳入剥离范围。人员为2007年11月30日前全部在册人员，资产以2007年底财务决算为准，全部移交属地管理。全部债权、债务归森工集团。经费在3年过渡期内分别由自治区财政和森工集团按比例承担，3年后由自治区全部承担。与以往的文件要求和先例相比，在移交范围、人员确定、编制核定、过渡期、经费承担方式、增资机制、后期达标投入等7个方面实现了突破。6月，首批教育、医疗、防疫、电视系统138个机构、单位在职13 088人和5.3亿元资产移交属地政府。年底，自治区把核定的公务费用和工资全部拨付到盟市和旗县，所有在职人员和由森工集团管理的9635名移交系统退休人员、1014名遗属全部按属地同类人员完成了工资套改，补发了增长的工资和退休金。第二批移交的3559人和职能，将根据实际，实行协议委托管理。 （张小平）

【深化企业改制】 在国有企业改制政策环境和社会氛围不复存在，国际金融危机对实体经济影响持续加深的大背景下，森工集团紧紧抓住2008年底国家主辅分离、辅业改制政策即将结束的最后机遇，充分利用“三类资产”分流安置人员，精心组织实施了以产权制度改革为核心的企业改制工作。突出强化森工主业，把生态建设、森工采伐以外的所有辅助产业、林产工业和多种经营产业全部纳入改制范围。通过合资、合作、出售、职工身份补偿资产入股等方式，进行民营化和股份制改造。改制目标是实现国有资产、国有职工身份“双退出”，使改制后的企业成为“自主经营、自负盈亏、自我约束、自我发展”独立行使法人资格，独立承担民事责任的市场主体，建立现代企业制度，激发活力，最终实现企业增效发展，职工就业增收的目标。

截至2008年12月26日，自治区批复实施改制的200家企业中的196家企业完成了资产处置和工商登记注册。这次改制涉及三类资产账面总值25.6亿元，资产补偿安置全民职工10 388人。有11名处级和386名科级干部参与改制进行了身份转换。同时，自筹资金对3939名自愿申请用现金补偿身份的全民职工，按天保工程标准进行了解除身份补偿。对林区混岗大集体职工36 845人按国家政策标准进行了解除身份补偿。 （张徐清）

【机构与劳动用工制度改革】 2008年，对集团公司和森工公司两级机构进行改革，理顺职能，压缩编制，推进效能化管理。集团公司本级机关机构职能部门由原来的36个调减为28个，管理人员编制由550人降到476人，处级领导干部职数由104人减到94

人。各森工公司按照统一标准核定员工总数，确定员工岗位结构，核定管理人员和辅助人员比例。全面清理规范劳动用工，实行全员劳动合同制，管理人员实行岗位聘用制，干部实行职务任期聘任制，对在编人员实行微机统一管理，上收员工招录、招聘权。在分配上，开展向生产一线、重点岗位、技术岗位倾斜的改革尝试，深化林木采伐环节生产资料有偿转让工作。（张铁军）

【强化管理】

“企业管理年”活动 2008年，推进依法治企和规范经营，制定经营合同、煤炭采购、建设项目、机构编制、商业保险、占用林地、效能监察等十几个规范企业经营的管理办法和规定，推进了决策程序化，管理标准化、制度化进程。加强财务资金管理，合理调剂使用资金，科学确定资金投向，仅改变商业投保方式就节约资金600多万元，赔付率提高57.68%。在资金来源不变、生产资料成本上涨的情况下，挤出8亿多元投入到剥离企业办社会职能、增加工资、偿还历史拖欠、支付改制成本、理顺社会保障、改造棚户区、培育替代产业等方面。重新标定木材生产成本和能耗指标，规范各项产品标准、工作标准和技术标准。全年实现增收节支2966万元，万元GDP能耗下降率达到6.7%。

强化效能监察 在重点加强木材销售、贮木管理、煤炭等大宗物资采购和固定资产投资建设项目招投标等效能监察中，增加经济效益和节约资金4200多万元。以开展法人离任、国投专项资金、经营目标审计为重点，两级内审机构完成审计项目779个，下达审计意见书中涉及金额9983万元。

（刘万军　郑伟）

【发展替代产业】

矿业开发 2008年，严格按照生态、环保双重标准，少办矿、办大矿的原则，优先发展矿产业。投资8000万元以新体制设立矿业公司。以自治区协议转让的方式获得20个探矿权。探矿和合资工作取得了重大进展，得耳布尔森鑫矿业储量详探和开采进展加快，日处理千吨的选矿厂已建成投产；绰尔铁钼矿的持股比例增加到20%，建矿工作进展顺利。实施“以煤代木”工程，已完成与呼伦贝尔市合作开办年产300万吨煤矿的选址工作，生产的煤炭或收益用于解决林区的冬季取暖问题，减少森林资源的隐性消耗。

生态旅游 把发展森林生态旅游业作为扩大林特产品销售，拉动职工就业增收的重要产业，统一谋划区域旅游发展大格局，打造旅游精品。投入建设资金24 380万元，阿尔山－柴河和莫尔道嘎旅游景区接待扩容提质建设和交通、通讯等基础设施有较大改善。2008年，林区旅游直接从业人员7895人，共接待游客25.87万人次；旅游综合收入1.52亿元。同比增长56%。（吴世军　闫志刚）

【职工生活】

完善社会保障体系 2008年，增加支出7000万元用于把林区职工的基本医疗、工伤、失业、生育保险全部纳入属地统筹，明确了相关程序和优惠政策。协调自治区和呼伦贝尔市明确因病丧失劳动能力和特殊工种退休的优惠政策，为3541名符合条件的职工办理了退休。把林区职工家属和已脱离森工企业的包括“4050”人员、零就业家庭、最低生活保障人群、一次性安置人员、灵活就业人员等各类群体的林区居民纳入属地社会保障范围。开展落实“老工伤”待遇的试点工作。林区职工群众由“林业人”转为“社会人”，实现林地之间社会公共服务的均等化。

增加工资 筹措资金，按照16.4%的增幅，为在岗职工年人均增资1773元，使在岗职工年人均工资达到12 603元。偿还历史拖欠的退休职工养老金2.25亿元。按政策提高离退休人员养老金标准，离退休人员年人均增加养老金1350.13元。

改善生活环境 2008年，自筹1700万元开展棚户区改造试点工作，完成1万平方米的建设工程。国家全面启动棚户区改造工程后，积极争取到107万平方米的棚户区改造计划。争取国家非经营性投资3900万元，用于改善社会性基础设施条件。

关注弱势群体 2008年，累计筹集发放送温暖补助620万元，发放助学补助155万元，为困难职工发放扶持家庭经济无息贷款325万元。此外，还通过职工和企业爱心捐助，筹集1200万元用于援助地震灾区、城镇火灾受灾林户和自治区帮扶少数民族项目。（陈林涛　杨建飞）

【党建和精神文明】 2008年，掀起思想大解放的热潮，结合“职能定位、发展方式、企业改制”等课题，探求解决问题的办法。广大干部职工抓机遇、用政策、求发展的能力显著提高。举办各类理论培训班80余期，培训管理人员3200人次。投入390万元，建设文明站卡、打造景观带，“千里文明线”活动取得了新成效。共创建全国和自治区级文明单位27个，进一步推进创建“六好”班子活动，用生态、产业、民生和改制工作的实绩来检验干部。深化“五个一”创建活动，基层党组织切实为改革与发展提供了动力。9986名党员为地震灾区缴纳特殊党费83.9万元，贯彻落实《建立健全惩治和预防腐败体系2008～2012年工作规划》，针对社会职能改革、企业改制等重点工作，进行专项督查。企业改制、增资方案等重大事项100%提交职代会，全年为职工办实事、办好事144件，在51个工种评聘首席员工966人，累计为3.7万户困难职工家庭提供了救助或服务。在改革力度最大、发展压力最大的一年，林管局接待的信访人员与2007年同比，批次下降34%，人次下降15%；集体访呈下降趋势；“两奥”期间，进京非正常上访为“零”，和谐稳定的发展局面得以巩固。

（于洪奎）

【森工大事】

1月20~29日 在十一届自治区人大一次会议上，林管局（森工集团）发展计划部副部长娄伯君当选为十一届全国人大代表。

1月28日 自治区政府专题研究森工集团剥离办社会职能改革事宜，并下发《内蒙古自治区人民政府研究内蒙古森工集团剥离办社会会议纪要》（[2008]5号）。

2月22日 自治区政府召开主席办公会议，通过《内蒙古森林工业集团有限责任公司剥离社会职能改革总体方案》，内蒙古森工集团分离企业办社会工作进入实质操作阶段。

3月3~6日 自治区林业厅调研组来林区对强化林管局林业行政事业职能、给予林业行政执法授权等问题进行专题调研。

3月9~16日 内蒙古森工集团与加拿大嘉汉林业国际有限公司在上海签订单板层积材项目合作意向协议。

4月16~22日 乌尔旗汉、毕拉河、吉文林业局相继发生森林火灾，共出动森警官兵和林业职工扑火队员8000余人。4月20日，在吉文火场执行运兵任务的青岛航空公司7827号M-8直升机坠落，14名机组人员与森警官兵幸免于难。

5月15~16日 国家林业局局长贾治邦，在副局长雷加富、武警森林指挥部主任韩祥林、内蒙古自治区政府副主席郭启俊的陪同下来林区考察调研。贾治邦对林区社会职能改革等工作给予高度评价，希望内蒙古大兴安岭林区继续实践好、落实好改革发展的总体思路，为国有林区的改革闯出新路。

5月19日 林区开始开展为四川地震灾区捐款活动。93 253名林区职工向灾区捐款479.6万元。

6月3日 森工集团与呼伦贝尔市、兴安盟正式签订剥离企业办社会职能移交协议，首批教育、卫生、电视等行业的资产和人员全部移交政府管理。

6月26日 林区在金河林业局举办第十二届岗位技能技术比武暨首届山场合理化造材技术比赛。

7月1日 林区职工基本医疗和生育保险全部纳入地方属地管理。

7月7~10日 全国政协提案委员会副主任、国务院国资委副主任王瑞祥，全国政协提案委员会副主任、中央办公厅原副主任毛林坤，全国政协委员、国家林业局副局长印红等一行到林区对大兴安岭的生态保护与建设情况进行考察调研。

8月10日 自治区党委副书记、自治区政府代主席巴特尔，在自治区副主席赵双连的陪同下到林区考察调研。

8月13日 林区成立企业改制领导小组并召开第一次会议，会议决定全面深化主辅分离、辅业改制工作，把生态建设、木材生产等主业以外的辅业全部转制为“四自一独”的非公有制企业，实现国有资产、国有职工身份的“双退出”。

同日，召开机关机构改革和人员编制改革调研小组会议，将推进精简机构和劳动用工等配套改革与企业改制工作同步进行。

9月1日 林管局（森工集团）召开持续推进“解放思想大学习大讨论”活动电视电话会议，以“思想大解放推动事业大发展”为主题，为打好改革攻坚战奠定思想基础。

9月16日 集团公司印发《林区林产工业企业改制实施意见》和《林区多种经营产业改制实施意见》。

10月18日 扎兰屯市柴河-阿尔山界址旅游公路通车。

11月12日 林管局（森工集团）召开机关机构改革动员大会，组织实施以理顺职能、压缩编制、推进效能化管理为目标的机关机构改革工作。

11月22日 林区首家成功改制的企业——内蒙古阿里河华洋电工层压木有限责任公司召开成立暨首届股东大会。此后林区196家改制企业先后结束改制工作，按《公司法》选举产生新的经营管理层，陆续举行挂牌仪式，全部转制成为属地政府管理的非公有制企业。

12月1日 呼伦贝尔市与林管局（森工集团）在牙克石召开地企座谈会，会议围绕进一步优化发展环境、密切林业与政府关系、推进区域经济社会发展一体化等问题进行深入磋商，此次会议成立了6个地企协调共建领导小组，为地企双方“互利互惠、共建共荣”搭建了协作平台。

12月9日 自治区政府为鼓励森工集团深化改革，支持林区的生态建设和企业发展，下发《内蒙古自治区人民政府关于内蒙古森林工业集团有限公司企业所得税有关问题的批复》（内政字[2008]266号），给予减免森工集团企业所得税的优惠政策。

（刘万军）

辽宁省林业

【概　述】 2008年，辽宁林业工作紧紧围绕辽宁老工业基地振兴和社会主义新农村建设，认真贯彻落实科学发展观，按照年初确定的林业工作目标，精心组织、认真实施，全面超额完成了各项工作任务。共完成人工造林作业面积20万公顷，为年度计划110.1%；完成封山育林20.7万公顷，为年度计划103.3%；新启动村屯绿化3276个，绿化农村校园524所，分别是计划的3.3倍和5.2倍；全民义务植树10 947.8万株，为年度计划121.6%；集体林权制度改革确权到户率达98.7%，超过省政府确定95%目标3.7个百分点，配套改革加速推进；资源管护得到进一步加强；森林火警火灾数量和受害面积均比2007年有所减少；林业有害生物防治面积59.6万公顷，完成了国家林业局和省政府确定的控制指标；全省林业产值实现543亿元，同比增长37.5%。

造林绿化　全省造林绿化任务高质量超额完成，退耕还林、三北防护林和沿海防护林等国家重点生态建设工程进展顺利。特别是省级四大生态工程建设成效明显，社会反响很好，受到省委、省政府的高度赞誉，极大地提升了林业的地位和作用。一是组织实施了辽西北边界防护林体系建设工程。该工程当年设计，当年施工。工程设计全长1044千米，宽约2千米，新增造林面积6.7万公顷。2008年已建设里程664.6千米，完成造林作业面积3.4万公顷，占总任务的51%。二是启动实施"五点一线"滨海大道绿化工程。工程新绿化里程786千米，2008年已完成绿化75.7延长千米。三是推进百校千村绿化工程。启动实施村屯绿化3276个，校园绿化524所，分别为计划的3.3倍和5.2倍。四是启动实施了辽西北荒山绿化工程。用3年时间，完成辽西北44万公顷的荒山绿化任务。全省造林绿化质量明显提高，成活率超过2007年。同时，营造混交林面积达7.6万公顷，占人工造林的34.3%，比2007年同期提高6个百分点。全省有林地面积和森林蓄积量实现同步增长，森林资源质量进一步提高，生态建设成效明显。

集体林权制度改革　集体林权制度主体改革任务基本完成，全省主体改革已完成520.3万公顷，完成率达98.7%，超过省政府确定的95%的目标3.7个百分点。全省已有430万户、1472万农民参与了林改，分到了山林，分享到了林改的成果。已有4个市全面完成了主体改革任务，14个市主体改革完成率均达到95%以上，群众满意率达98%以上。在此基础上，加速推进了配套改革，配套改革试点由2007年的4个县扩展到18个县(市)。针对林改后广大林农面临的经营分散、信息不灵、资金短缺、采伐困难和增收不快的问题，制定了相应的政策措施，组建合作组织，突出解决农户经营分散的问题。已成立各种林业专业协会182个，建立新型林业合作经营组织113个，组建并投入使用林业综合管理服务中心12个，增加财政全额拨款事业编制50多个，为农民争取小额抵押贷款达4.3亿多元，已有400多个村编制了村级森林经营方案。辽宁的集体林权制度改革工作在全国处于领先地位，得到国家林业局的充分肯定，4次在全国的会议上作经验介绍，16个省份先后来考察学习。

资源管护　加大了森林防火工作力度，深入贯彻《森林防火条例》，强化责任，落实措施，提高了防扑火的能力，森林防火工作取得了明显成效。全省森林火灾受灾率仅为0.046‰，大大低于国家1‰的控制指标，没有发生大的火灾，受到国家森防指的表彰。林区治安工作有效开展，先后组织开展了"瑞雪行动"等7个专项行动，共查处各类森林案件4765起，打击处理各种违法犯罪人员5887人次，有力地打击了非法侵占林地，盗砍滥伐林木资源、盗猎珍稀鸟类及国家明令保护的动植物等犯罪行为，林区治安明显好转。加强了征占用林地管理，审核审批征占用林地项目430项，向国家林业局申请增加林地定额1600公顷，保证了全省重点工程项目的顺利实施，全年收缴植被恢复费1.9亿元；加强了天然林和人工公益林的经营和保护。加大了有害生物的防治力度，防治成效显著，防治面积59.6万公顷，无公害防治率92.3%，比国家确定的80%的指标高出12.3个百分点；进一步规范了野生动植物保护管理工作，审批行政许可100余件，审核上报国家林业局150件；西丰县被中国野生动物保护协会授予首家中国鹿乡称号。加强了濒危动植物的保护和管理，规范了野生动植物及产品进出口贸易。

林业经济　会同省财政厅经积极争取，省政府转发了关于加快推进林业经济发展的激励政策，进一步增加了林地经济发展扶持资金(由3000万元增加到5000万元)，新设立了林产品加工企业的奖励政策，即对林产品加工企业新增固定资产投资5000万元以上的，省财政将给予3%~5%的奖励。为鼓励企业打造知名品牌，增加竞争力，省财政每年安排500万元奖励名牌产品。这些政策为促进林业经济发展发挥着极为重要的推动作用。4个百万亩富民工程发展迅猛，全省新增林地经济开发面积9.7万公顷。其中，以榛子、板栗、红松、枣杏为主的林地经济基地新增面积达到4.9万公顷，累计种植面积已达56万公顷。完成了6个地理标志产品认证报批工作，20个涉林企业的产品获省级名牌。加强了招商引资工作，先后举办5次林业项目推介会，签约35个项目，金额达24.6亿元。陈政高省长先后两次参加了省林业厅与阜新市政府联合主办的中国辽宁彰武林产品加工园区推介会，并作了讲话。目前彰武林产品加工园区落户企业20家，已开工11家。全省新增林产品加工规模以上企业40家，累计加工规模以上企业已达400家，各类林产品加工企业已突破5000家。全省林业总产值达到543亿元，增长37.5%。全省林业经济发展已经驶入快车道。

资金投入 全省进一步加大了资金的投入力度，全社会用于林业的投入超过30亿元，创历史之最。同时，争取省和国家的投资17.79亿元，比2007年增加了5.35亿元，增长了43%。其中：争取国家投资12.9亿元，增长35.4%，远远超过国家林业投资平均增幅；争取省级投资4.89亿元，增长68.3%。另外，基本确定世行五期贷款1820万美元，瑞典SKF集团投资2500万瑞典克朗。进一步加大育林基金和植被恢复费的征缴力度，全年共征收2.08亿元，有力地支持林业的各项建设。

建章立制 结合深入学习实践科学发展观活动，着力研究建立健全了各项促进林业科学发展的长效机制，已经建立并启动实施的7项，已经拟定完成正在按程序报批的有3项。一是以省政府办公厅辽政办发[2008]64号文件下发了《关于加快推进林业经济发展的意见》；二是以辽林字[2008]29号文件与省财政厅共同下发了林业倍增计划的扶持意见；三是修改完善并实施了省林业厅内部及省林业厅对各市林业局的绩效考核办法；四是研究制定并下发了全省绿化工作评比表彰办法；五是研究制定并下发了放活森林资源管理的意见；六是修订完善了省林业厅党组重大问题议事规范和省林业厅议事规则；七是研究制定了省林业厅党组《关于进一步加强离退休干部管理工作的意见》；八是拟定了《辽宁省防沙治沙条例》，已提请省人大一审通过，2009年上半年颁布实施；九是拟定了《辽宁省森林资源流转办法》，已报省政府纳入2009年立法计划；十是修订完善了《森林经营技术规程》。通过长效机制的研究建立，对全省林业科学发展及机关建设发挥着积极的推动和促进作用。

科技支撑 各科研院所以服务现代林业为目标，以应用研究为重点，进一步加强了林业课题研究和成果的推广。申报各类项目60项，比2007年增加20%；鉴定成果10项，有3项成果获辽宁省政府科技进步奖。争取上级科研经费2664万元，比2007年度增长了24%。推广各类林业科技成果和项目30多个，极大地促进了林业的发展。科研院所面向林业主战场，面向林业经济和现代林业建设，进一步增强了对全省林业发展的支撑能力。

基础建设 投资1277万元，完成了全省森林资源县级更新系统开发及资源变档和森林资源三维仿真系统开发，有力地促进了全省森林资源管理的科学化、信息化。投资152万元，完成6个县的国家重点林业工作站建设，并着力推动全省基层林业工作站工作经费纳入县级财政一般预算管理的工作；全省完成育苗面积1.2万公顷，其中新育苗面积6000公顷，积极组织对全省林木良种基地、杨树栽培品种及乡土树种进行全面的审(认)定，通过省级审(认)定的良种有67个，良种使用率、苗木质量均有明显提高；加强了防火设施建设和防火装备器具的配备，投资805万元，建设了4260平方米的省级防火物质储备库；投资1300万元，完成了13个重点火险县的物资及装备建设；投资400万元建设了全省林业控灾减灾指挥中心，实现了火情火灾网络监控，数据化管理，极大提高了森林防火监控能力和指挥效率；投资950万元，安排国有林场扶贫项目31个，切实加快了全省国有林场发展。

【沈阳市造林绿化】 2008年，沈阳市以重点工程造林为载体，宽领域组织，深层次推进，造林面积、植树数量和成活率创造了新的业绩。全市农村共完成人工造林面积3.3万公顷，植树8732.6万株。造林面积是计划的140%，比2007年增加了27.6%；造林成活率达到91%以上，为历史最好年份之一。特别是加大了“三大工程”和“四大空间”绿化力度，全面提高了沈阳城乡的绿化水平。“三大工程”包括：全面推进了348.6千米长，1~3千米宽的沈西北边界防风阻沙带工程，启动实施了557.5千米长辽河及其水系秀水河、养息牧河、柳河滩地绿洲工程，加速建设了202千米长蒲河湿地森林生态景观示范带工程。“四大空间”包括：村镇、校园、公路、开发区4个绿化空间，积极组织协调有关部门开展植树绿化活动，先后组织了“绿色家园”、“巾帼绿色庭院”创建等活动，“绿色村庄”、“绿色校园”、“绿色园区”、“绿色通道”建设活动，“绿在庭院，美在农家”活动，实现了森林进村、绿色进户。“三大工程”和“四大空间”的实施，拓展了林业发展的功能和空间，为改善了沈阳西北部风沙地区的生态环境，提高城乡绿化水平、促进农村经济发展发挥了积极作用。

【大连市林业八大工程】 2008年，大连市紧紧围绕八大林业重点工程建设，狠抓造林绿化工程质量，全市生态建设呈现出良好的发展态势，造林数量和质量均取得新的突破。全市完成造林面积2.7万公顷，植树1亿株。其中：海防林基干林带建设0.3万公顷，荒山造林0.3万公顷，水源涵养林0.4万公顷，防沙治沙0.2万公顷，分别占全年计划的100%；启动生态文明村建设138个，道路绿化892千米，河流绿化425千米，分别占全年计划的125%、148%和141%；启动矿山植被恢复5个。特别是沈大高速公路绿化带建设工程，栽植树木156.9万株，在123.3千米沿线每侧建设50米宽的高标准、高密度、高档次绿化带。

【鞍山市森林资源管护】 2008年，鞍山市成立了林业综合执法队，加大了林权林地保护和自然保护区建设的工作力度，开展了“两清”等专项治理活动，依法办理征占用林地234起，征占用林地307.6公顷，收缴植被恢复1917.3万元，全市征占用林地审核率达100%。处理非法使用林地案件23起，罚款53万元。组织开展“飞鹰”、“瑞雪”等专项行动，查处各类林业案件626起，抓获犯罪嫌疑人48人，罚款164.6万元。认真落实森林防火责任制，实行市、县、乡、场、村“五长”负责制，层层签订森林防火责任状，在海城和岫岩县的重点火险区建立了10个微波远程闭路电视林火监控点，印制防火宣传品26.8万份(册)，立挂防火宣传牌7000块，新闻媒体报道65次。

【抚顺市现代林业建设】 2008年，抚顺市从实际工作出发，改革创新了一些制度规范，推进了集体林权制度改革的深化，促进了现代林业建设。一是制定实施了《抚顺市非国有森林采伐计划编制办法(暂行)》，将农村集体、个人、林业经济合作组织和非公有制林场森林采伐计划按年度落实到林班小班。二是制定实施了《关于调整森林经营技术标准若干问题的规定(暂行)》，对森林抚育和林地经济发展等营林技术规程做了科学调整，解决了影响林地经济发展的政策限制。三是制定实施了《抚顺市工业原料林建设标准和管理办法(暂行)》，新划定工业原料林6.1万公顷。四是建立林业综合管理服务中心。先后组织清原县、抚顺县和新宾县建立了林业综合管理服务中心，积极为广大林农提供政策、信息、技术等方面的服务。五是投入120万元资金，建成了集森林资源监测管理、森林防火指挥、森林病虫害监测与防治、视频会议中心和办公自动化系统，市、县林业机关基本实现了无纸化办公。六是编制实施了现代林业建设规划，明确了生态、产业、文化和林业支撑体系建设为主体的现代林业建设内容以及涉及到的18个建设项目内容。

【本溪市集体林权制度配套改革】 2008年，本溪市进一步深化了集体林权制度的配套改革，为全省提供了新的经验，《中国绿色时报》以《五大亮点托起本溪林权配套改革》为题报道了本溪林权配套改革成果，在森林经营、森林采伐利用、农民增收致富等方面为全省全面推进配套改革提供了示范。一是积极推进林权证发放工作，发放面积达到100%，广大林农有了林权证——“放心证”。二是推进林业投融资改革。扩大林权抵押贷款范围，全市林权抵押贷款4000多万元。三是改进林业管理方式。建立完善林业综合服务中心功能，为林农提供信息、法律、政策、技术等服务，办理业务4200笔，调处林权纠纷500余起。四是加强林业社会化服务。引导组建新型林业合作经济组织和民办、民管、民受益的专业协会，全年新组建林业协会53个，新组建林业经济合作组织100个，全市林业经济合作组织达到500多个，各类协会达到200多个。

【丹东市森林资源管护】 2008年，丹东市组织开展“瑞雪”、“飞鹰”专项行动，有力地打击了涉林违法犯罪行为。共查处各类涉林案件485起，其中：刑事案件114起，林业行政案件371起，处理违法人员532人，收缴木材195.3立方米，为国家挽回经济损失500多万元。加强森林防火工作，落实防火责任体系，加强火源管理，消除了火灾隐患，保证了森林火灾高危期的平稳度过，实现连续19年无重、特大森林火灾。以美国白蛾防治为重点，全面开展林业有害生物监测预报、查防、检疫工作，重点森林病虫害防治率和监测率达到100%。全面加强国家公益林、地方公益林和省级保护天然林管理，建立健全各项规章制度，实行规范的动态管理，提高了管理管护水平。

【锦州市五大生态精品工程建设】 2008年，锦州市组织实施了南山二期绿化、渤海大道拓宽绿化、高速公路(京沈、锦朝、锦阜)两侧可视荒山绿化、京沈高速锦州东站口绿化和“绿化新村”等五大绿化精品工程。南山绿化二期工程完成造林面积334公顷，栽植火炬、刺槐、侧柏、油松等树种45万株；渤海大道拓宽绿化工程投入建设资金700多万元，完成绿化里程18.4千米，实现当年设计，当年建设，当年成型；高速公路两侧可视荒山绿化工程完成造林540公顷，栽植大苗，标准高，效果好；“绿化新村”工程完成村屯绿化124个，植树62万株。

【营口市林业有害生物防治】 2008年，营口市进一步加大加强林业有害生物防治工作，确保绿色奥运。一是市、县(区)两级政府共召开7次专题会议进行安排部署。市政府领导多次作出批示，多次查看指导防治工作，研究解决防治工作中出现的问题。二是建立督察机制，实行防治通报制度。市指挥部成立督察工作领导小组，制定了督察方案，进行跟踪督察，做到及时发现问题、及时解决问题。三是狠抓防治重点，加大防控力度。全市实行美国白蛾防治进度报告、新发疫情快报制度和防治责任追究制度，落实乡镇护林员监测责任制度，加大了防控力度。四是加强检疫执法，严防有害生物入侵。加强春季苗木产地检疫工作，坚持“四检制度”；加强调运检疫工作，严格执行现场检疫和《检疫要求书》制度；定期到火车站等运输场所检查，防止松材线虫病等林业有害生物入侵。

【阜新市林业招商引资】 2008年，阜新市围绕打造全国林产品生产加工集散地为重点，编制、论证林业产业集群发展规划，加大招商引资力度。林业及相关部门组织多支专业招商小分队，先后10余次南下江苏邳州、浙江嘉善、广东东莞和3次北上吉林森工，开展招商活动。5月7日和7月26日，陈政高省长先后在浙江杭州和广东东莞会见了两地板材业和家具业老板30多人，宣传辽宁省在彰武打造全国板材家具制造基地的优惠政策，取得了较好的效果。10月7日，阜新市政府和省林业厅联合在沈阳召开了中国·辽宁彰武林产品加工园区项目推介座谈会，全国160多位林业专家学者和企业家参会。进一步加快了彰武林业产业园区的建设进程，使招商工作取得了可喜的成果。一是7家板材企业正式入驻彰武林业产业园区，拟投资2亿多元建设50条板材生产线；二是世界500强企业——日本住友林业株式会社在中国第一家全资企业落户高新区，一期投资1250万美元；三是经过3次到吉林森工进行项目推介，吉林森工两次派人来阜考察，与市政府签订了投资2亿元建设生产能力20万立方米的刨花板企业的投资意向。全年共招商签约项目40个，资金额达29亿元。其中，彰武林业产产品加工园区落户企业20家，开工11家。

【辽阳市林业产业倍增工程】 2008年，辽阳市加大了以动物养殖加工为重点的林业产业发展力度，实现产值20亿元，同比增长67%。一是加快了养殖园区建设。全市新建以狐、貉、貂为主的养殖园区4个，建设狐、貉、貂养殖专业村101个，养殖场(户)1253个。种狐、貉、貂存栏51.81万只，狐、貉、貂年出栏35.65万只。二是突出了硝染加工。全市狐、貉、貂硝染加工企业已发展到11家，年硝染狐、貉、貂皮230万张。三是加快裘皮制衣业发展。全市建设现代化裘皮加工企业180家，年产量在2000件以上的裘皮服装企业20家，年产量在1000件以上的有50家。四是强化了市场销售。通过招商引资，共吸引域内外资金5亿多元，新建了裘皮专营一条街，拥有裘皮商业网点110个，市场经营业户达5000余户，经营高、中、低档裘皮服装百余类，旺季时，日销售额达3000余万元。

【铁岭市林业经济】 2008年，铁岭市全面加快了林业经济的发展速度，多方面实现了突破。一是林业经济总量迅速增加。实现总产值33亿元，实现增加值9.7亿元。二是林地经济规模继续扩大。新造速生丰产林0.7万公顷，完成榛林开发面积1.3万公顷，新增种苗花卉面积0.2万公顷，新增山野菜人工栽植面积0.1万公顷，增加养鹿4万头，增加林蛙放养量3亿只，新增林下家畜(禽)养殖28万头(只)。三是林产品加工和流通能力持续增强。新发展林产品加工户200户，加工销售榛子1000万千克，加工销售鲜鹿茸20万千克，加工销售山野菜40万千克。四是森林生态旅游日益发展。新建和改造冰砬山、清河水库、象牙山、太阳山等景区10个，接待游客30万人次。五是林业品牌再获殊荣。在2008北京国际林业博览会上，铁岭县选送的平顶御榛又喜获金奖；冰砬山国家级森林公园被国家林业局批准为全国生态文化教育基地；西丰县被中国野生动物保护协会命名为中国鹿乡。

【朝阳市造林绿化】 2008年，朝阳市完成造林8.9万公顷，其中：人工造林6.1万公顷、飞播造林0.5万公顷、封山育林2.3万公顷。在造林绿化过程中，重点开展了高速公路绿廊建设工程、新农村绿化工程、辽西北边界防护林体系建设工程和优质林果开发工程。在造林质量管理上，努力做到“三不两化四制”，确保造林成活率和保存率。“三不”即：不规划设计不造林、不整地不造林、苗木不合格不造林；“两化”即：在重点工程造林的组织形式上实行专业化，在管理模式上由“粗植滥造”逐步走向科学化；“四制”即：推行法人制、招投标制、报账制、监理制造林。2008年，50%人工造林为专业队造林。

【盘锦市村屯绿化】 2008年，盘锦市结合“绿化村屯、美化家园”活动，以国省干道两侧，城乡出入口、结合部以及乡镇政府所在地周边的村屯为主要整治、绿化区域，市本级财政安排绿化资金927万元，加大村屯等重点区域绿化，特别是突出了“五点一线”范围内的村屯绿化，促进了林业发展。全市完成高标准村屯绿化57个，四旁植树108万株。实现了主街主路栽满栽严，乔灌结合、花草相依，房前屋后、坑塘四周、空闲隙地见缝植绿，成活率要达到90%以上，保存率达到85%以上。并提出提升绿化美化档次，改变树种结构、提高苗木规格、乔灌草花合理搭配，推出了以华侨村为代表的一批新典型。

【葫芦岛市集体林权制度改革】 2008年，葫芦岛市坚持把林改纳入一把手工程，通过明确目标、加强检查和核查等措施积极推进林权改革。全年共完成林改面积39万公顷，完成率为100%。其中：自留山经营面积10.6万公顷，家庭经营承包面积16.9万公顷，集体统一经营面积0.7万公顷，其他方式经营面积10.8万公顷。全市有858个村完成了林改任务，占应改村数100%。有3.5万户、129.9万人参加了林改。符合条件的应发证面积34.7万公顷，已发换林权证面积34.1万公顷，林权证发换率87.6%，发放林权证123 901本。通过林改极大地调动了广大林农的营林、护林的积极性，化解了很多历史矛盾。同时，确定兴城为配套改革试点，制定了《兴城市集体林权配套改革实施方案》，在配套政策研究、要素市场培育及林业社会化服务体系建等方面进行了实践探索。

【林业大事】

2月23日 瑞典SKF集团公司可持续发展部经理Sim Tee Lam女士一行4人到辽宁考察，并初步确定无偿投资2500万瑞典克朗，支持辽西地区的造林绿化。

3月21日 经省委研究决定，曹元任省林业厅党组书记、厅长。

4月25日 全省各市林业局长座谈会召开。会议传达贯彻了全国林业厅(局)长会议和省农村工作会议的精神，通报了2007年度省林业厅对市林业局林业工作目标考核结果，安排部署了2008年林业工作任务。

6月6日 中国绿色碳基金大连专项成立暨碳汇项目启动仪式在大连举行，国家林业局副局长李育材、副省长陈海波、省林业厅厅长曹元出席了会议并讲话。

6月16日 省委常委会听取了辽西北边界防护林体系建设工程有关情况的汇报，决定大力推进工程的建设，要求省财政给予资金支持，有关市、县政府要积极参与。

6月27日 省政府召开辽西北边界防护林体系建设工作会议。副省长陈海波和省林业厅厅长曹元出席会议并讲话。工程东起昌图三江口西至凌源小城子，全长1044千米，宽约2千米，途经8个县(市)、71个乡(镇)场。

7月9日 省人大常委会副主任宋勇一行到省固沙所章古台基地考察固沙造林情况。

7月15日 省林业厅厅长曹元在全国集体林权制度改革厅(局)长培训会议上介绍辽宁林权改革的经验和做法。

7月18日 省政府召开"五点一线"滨海大道绿化工程工作会议。副省长陈海波和省林业厅厅长曹元出席会议并讲话。工程建设东起丹东市振兴区安民镇，西至葫芦岛市绥中县万家镇。涉及6市21个县(市、区)。两年完成绿化长度为785.8千米，宽度为5~30米的主体绿化。

7月29~31日 国家林业局在沈阳举办全国集体林权制度改革师资培训班。国家林业局副局长张建龙到会并讲话。各省(区、市)的有关人员220余人参加了会议。

8月11日 副省长陈海波到抚顺市调研集体林权制度改革工作。

8月20~21日 全省各市林业局局长座谈会召开。会议认真学习贯彻中央10号文件，总结上半年工作，研究部署下半年林业重点任务。

8月27日 省林业厅在阜新市召开现场办公会议。决定在退耕还林、三北防护林、林木良种基地、林地经济发展等20余个项目上给予进一步的支持和倾斜，确定支持资金达到2.4亿元。

9月27日 省政府出台了《关于加快推进林业经济发展的意见》(辽政办发[2008]64号)。进一步放开非林地造林、放活商品林经营、放活采伐指标管理，明确增加了林地经济发展扶持资金，新设立了林产品加工企业的奖励政策和名牌林产品奖励政策，极大地促进了林业经济的快速发展。

10月7日 省林业厅与阜新市政府在沈阳联合主办了中国·辽宁彰武林产品加工园区推介会。省长陈政高、国家林业局副局长张建龙出席会议并讲话。全国260多家林产品加工知名企业、7个科研单位及10余个省(区、市)林业产业协会代表参加会议。签约额超过13亿元。

10月17日 省林业厅召开深入学习实践科学发展观活动动员大会。曹元厅长作了动员讲话，要求全面贯彻落实中央和省委的决策和部署，高度重视，精心组织，周密安排，确保学习实践活动取得实效。

11月28日 省林业厅召开全省林业扩大内需工作部署会议。曹元厅长到会并讲话。会议要求把国家安排的1.7亿元扩大内需林业建设资金用好，做到出手要快，出拳要重，措施要准，工作要实。

(辽宁省林业由王树森供稿)

吉林省林业

【概　述】 2008年，吉林省各级林业部门围绕林业经济强省建设总目标，认真落实生态建设与产业发展并重指导思想，扎实工作，不断创新，全省林业建设实现了平稳较快发展。

重点林业生态工程建设 十年绿化美化吉林大地攻坚活动全面启动，全省共完成造林种草4.12万公顷，其中：人工造林2.92万公顷，生态草建设1.2万公顷；完成义务植树3614万株，城市新增绿地37.53万公顷，绿化村屯697个，造林成活率、保存率分别比2007年提高22.4%和8.4%。天保工程“四险”补助陆续到位，林业职工社会保障逐步完善；退耕还林成果进一步巩固，在2008年国家退耕地还林阶段验收中，造林面积合格率位列全国第一；三北防护林四期工程建设范围不断扩大，在防沙治沙、稳定农田生态系统方面发挥了重要作用；日元贷款松花江中上游生态治理项目全面展开，成为全省生态建设的新亮点；国家重点保护陆生野生动物损害人身财产补偿工作稳步实施，全省已建立国家级自然保护区7处，国家级森林公园29处，建立了省级生态效益补偿基金制度，生态保护力度和能力达到了新水平。

三大区域发展战略　东部长白山林区采育林工程稳步推进，截至2008年底，采育林实施范围已扩大到18个国有林业局、4个森林经营局和21个县(市、区)林业局，累计作业面积11.3万公顷，补植珍贵树种6370株，产出商品材114万立方米、实现经济收益6.8亿元，为下步全面推开积累了成功经验和成熟建设模式。中部农防林改造步入规范化、常态化轨道，到2008年底，共完成更新改造面积1.06万公顷，生产木材193.2万立方米，林木总收入10.6亿元，初步实现了越采越多、越采越好、越采越富的改造目标。西部生态草管理力度不断加大，国家每年对全省41.3万公顷生态草地下拨生态效益补偿基金3450万元，有利地保护和扩大了生态草治理成果；开展了生态草地经济作物种植和生物质能源林栽植试点，为进一步探索生态草产业化发展奠定了基础。

林业产业建设　按照国家统计局、国家林业局新颁布的林业统计口径，2008年全省林业产业总产值突破500亿元大关，达到538亿元，林业强省建设向前迈出了一大步。省政府召开了全省林业产业大会、全省林业经济现场会，成立了全省林业产业协会及相关专业产业分会，制定出台了加快林业经济强省建设的指导性政策文件，各地区林业经济呈现竞相发展之势。截至2008年底，全省各类林业企业及业户已发展到23.61万家，省内规模以上涉林企业1649家，其中年产值超千万元的企业有250家。林业产业在区域经济中的比重不断提高，一些林业重点县林业收入已占当地农村总收入的40%以上，成为当地经济发展的主导力量。

集体林权制度改革　首批实行集体林权制度改革的10个县(市、区)主体改革任务已基本完成，配套改革开始启动。首批林改共签订各类林改合同49.1万份，落实集体林“两权”面积67.73万公顷，占参改面积的87.2%；核发林权证36 768本，涉及农户34 616户；调处各类纠纷1132起，清理收回被蚕食林地3万公顷，得到了广大农民群众的认可和国家林业局林改办的充分肯定。

林业棚户区改造　省林业厅会同省发改委、财政厅、建设厅等部门于2008年8月开展了国有林区棚户区改造试点工程，截至2008年底，开工面积已达到30万平方米，和龙、天桥岭、八家子、松江河4家棚户区改造试点单位住宅建设主体工程已基本完成，大部分已经进入小区配套建设阶段，2009年上半年将全部完成回迁入住。2009年全面实施林业棚户区改造的优惠政策已协调到位，工程建设准备基本就绪。

森林资源保护管理　到2008年秋季防火期结束，胜利实现28年无重大森林火灾，向30年无重大火灾目标迈出了坚实一步。认真执行森林采伐限额制度，有效控制了森林资源消耗。实行了林地限额管理制度，在较好地满足全省重点建设需要的同时，也较好地实现了林地资源的有效保护。积极探索集体林采伐指标公开、公平、公正的分配办法，制定下发了《吉林省林业厅关于规范集体林采伐指标分配管理工作的通知》，树立了林业部门的良好形象。加大了对毁林违法犯罪的打击力度，开展了“奥运利剑”、“飞鹰行动”、“百日攻坚”等专项行动，全省共清回非法侵占林地8.67万公顷，查处各类林业行政案件13 796起，破获刑事案件657起，森林案件发案率比2007年下降了19.8%，为国家挽回直接经济损失1000余万元。

林业有害生物防治　在森林病虫害大发生之年，省政府及时启动林业有害生物防治应急预案，落实地方政府工作负责制，成功组织开展了人工捕捉栗山天牛成虫突击行动，抓捕栗山天牛成虫1050万只，取得了防治林业有害生物灾害工作的新突破。

林业法制建设　《吉林省湿地保护条例》、《吉林省森林管理条例》列入了2009年省政府立法计划，较好地承办了省人大、省政协建议提案工作，完成了继续下放行政审批权限工作。

林业科技创新　成功推广了沙枣的栽种技术和平地种参的科研成果，通过省级以上科研项目11项，推广新技术25项，3个国家标准、2个行业标准通过专家评审。

林业站标准化建设　2008年省林业厅自行筹资800万元，地方配套1000余万元，对66个基层林业站进行了办公用房易地改造建设。解决林业站工作人员编制问题取得进展，全省60个县(市、区)全部核定了乡镇林业工作站人员编制，93%的定编人员纳入财政开支，林业基层基础建设得到加强。

林业队伍和机关建设　开展了“树新风正气、促和谐发展”主题教育活动、“解放思想大讨论”活动和学习实践科学发展观活动。推行了处级干部竞争上岗选拔任用制度，深入开展了领导干部廉洁自律教育和林业软环境、政行风建设活动。规范了林业行政集中审批服务工作，在全省林业政行风建设中，省林业厅被评为执法类第一名。林业宣传工作得到加强。省林业工会连续5年被中国农林水利工会评为先进工会。省林学会获得全国“省级学会之星20强”称号。

【林业大事】

1月20日 《吉林省采育林建设工程总体规划》在北京通过专家组评审。

2月4日 省政府决定，任命孙光芝为省林业厅副厅长(吉政干任[2008]28号)。

2月22日 王守臣副省长签署《吉林省人民政府2008年森林防火命令》，防火期改为3月1日，较《吉林省森林防火条例》规定提前15天。

3月5日 省政府组织召开全省确保实现连续30年无重大森林火灾决战动员大会。王守臣副省长到会并作讲话。

3月12日 全省林业工作会议召开。副省长王守臣到会并作讲话。

3月18日 省林业厅、省公安厅、长春海关、省工商局联合印发《全省集中打击破坏野生动物资源违法犯罪活动专项行动方案》。

4月2日 省政府下发《关于进一步加强防沙治沙(碱)工作的决定》(吉政发[2008]7号)。

4月11日 由省林业厅组织，省委、省人大、省政府、省政协、省纪委主要领导和省军区及驻长部队首长，长春市五大班子领导和部分机关干部、学生、部队官兵约500余人在长春市净月潭开展义务植树活动。

4月15日 省森防指办公室在2007年度全国森林防火办公室综合考评中，荣获第一名。

4月15日 省林业厅批准建立吉林省伊通河源省级森林公园。

4月24日 国家召开东北地区森林防火关键期电视电话会议，省政府副秘书长张宝田代表吉林省作典型发言。

4月26日 全省“爱鸟周”活动启动仪式在敦化市举行。

5月5日 省人民检察院、省林业厅、吉林森工集团联合下发《全省各级人民检察院与各级林业主管部门及林业企事业单位在查处和预防职务犯罪工作中加强联系和协作的意见》。

5月8日 省林业厅、省旅游局、通化市政府共同主办的2008中国·吉林龙湾野生杜鹃花卉旅游节暨吉林龙湾“山花送模范”公益主题活动正式开幕。副省长王守臣参加开幕式并考察了吉林龙湾国家级自然保护区的建设情况。

5月13日 省政府批准省森林病虫防治检疫总站和省林业工作总站参照公务员法管理(吉政发[2008]14号)。

5月20日 全省林业有害生物防控暨重大灾害疫情应急处置工作视频会议在省政府电视电话会议中心召开。副省长王守臣到会并作讲话。

5月20日至6月10日 省政府与各市(州)政府首次签订《林业有害生物防治目标管理责任状》，形成政府负全责、行业负行责、属地管理谁经营谁防治的新格局。

5月22日 全省林业产业大会暨吉林省林业产业协会成立大会召开。国家林业局副局长雷加富和副省长王守臣到会并作讲话。

5月23日 国家林业局副局长雷加富在吉林考察采育林工程建设情况。

5月26日 省林业厅、省农村信用社联合社签署关于开办林权抵押贷款合作协议。

6月30日 省政府决定，任命姜国军为省监察厅驻省林业厅监察专员；免去宣德义的省监察厅驻省林业厅监察专员职务(吉政干任[2008]107号)。

7月7日 吉林林业生态系统定位观测研究站正式成立，与省林业勘察设计研究院合署办公(吉编办[2008]99号)。

7月8日 全国绿委办主任会议在长春召开，国家林业局副局长李育材在会上作讲话，副省长王守臣在会上致辞。

8月13日 副省长王祖继主持召开专题会议，研究全省林业棚户区改造工作。省长韩长赋出席会议并讲话。

8月26日 省政府下发《关于切实加强国家重点公益林管理的通知》(吉政明电[2008]11号)。

8月26日 全省林业棚户区改造工作会议召开。

9月2日 省政府下发《关于进一步做好完善退耕还林政策工作的通知》(吉政明电[2008]12号)。

9月4日 全省第一个林业综合服务中心——通化县林业综合服务中心(林业要素市场)正式成立。

9月16~23日 省林业厅与香港米埔自然保护区及世界自然(香港)基金会共同举办的第二期吉林(香港)湿地管理培训班在香港举行。

9月17日 国家召开全国秋冬季森林防火工作会议，省森防指副指挥孙亚强代表吉林省介绍经验。

9月20日至10月10日 省林业厅、省旅游局、吉林市政府共同主办的中国吉林蛟河长白山第七届红叶旅游节在蛟河举行，主题是：赏金秋红叶，促生态文明。

9月22日 省政府转发省建设厅制定的《吉林省林业棚户区改造试点方案》的通知。

9月27日 省森林资源监测中心正式成立，与省林业调查规划院合署办公(吉编办[2008]162号)。

9月27日 全省首批集体林权制度改革取得重要成果。省林业厅副厅长金德友在全国集体林权制度改革座谈会上介绍经验。

9月28日 全省秋季森林防火电视电话会议在

省政府召开。副省长王守臣全面部署秋防任务。

10月20日 全省林业经济现场会在柳河召开，副省长王守臣到会并作讲话。

11月6日 全省林业生物质能源建设论坛暨第二届林业学术大会，在龙湾国家级自然保护区召开。

11月13日 省政府下发《关于公布省级重点公益林面积的通知》(吉政明电[2008]14号)。

11月21日 全省林业生态旅游工作会议在省林业公安干警学校召开，这是第一次全省范围的林业生态旅游工作会议。

11月30日 全省实现连续28年无重大森林火灾。

12月4~5日 省建设厅、省林业厅共同组织召开了全省第二批林业棚户区改造项目规划审查会，露水河林业局等17家单位的棚户区改造规划通过了专家审查。至此，全省22家棚户区改造实施单位的修建性详细规划全部通过了专家审查。

12月17~19日 国家林业局副局长祝列克来省考察吉林林业情况，重点了解国有林区棚户区改造、林业工作站以及拉动内需相关工作情况。

12月22日 国家林业局确定吉林省等4个省(区)为野生动物肇事补偿工作试点省。

12月23~27日 国家林业局原局长、中国绿化基金会主席王志宝一行9人，到吉林省对重点国有林区林权制度改革及经营机制转换进行调研。

12月24日 国家林业局确定吉林省等6个省(区)为2009年第二次全国湿地资源调查试点省。

12月25日 国家林业局准予设立松江河、泉阳和白石山等3处国家级森林公园。

(吉林省林业由省林业厅办公室供稿)

吉林森工集团

【概 述】

经济运行 2008年集团公司实现销售收入35亿元，同比增收0.4亿元。其中：股份公司实现收入166 569万元，增收9802万元；松江河林业局实现收入45 016万元，增收10 006万元；物资公司实现收入37 573万元，增收8465万元。集团公司全年实现利润总额1.26亿元，实现净利润1.2亿元，其中归属于母公司净利润8036万元，超预算3717万元。截至2008年底，集团公司资产总额58.3亿元，比期初增加6.8亿元，增长13.2%；归属于母公司所有者权益14.5亿元，比期初增加5.7亿元，增长64.8%。

企业改革 2008年集团公司扎实推进投资主体多元化，优化产权结构、扩大经济总量，与中林集团签署了意向性合作协议。优化组织结构和资源配置，采取低成本扩张和加盟制等方式，先后重组成立了吉林森工旅游集团、吉林森工大华矿业公司、华英木业公司、北京森林食品公司等单位。妥善处理改革遗留的后续问题。长春胶合板厂平稳实现破产。福春木业公司清算工作顺利完成。吉林森邦公司所属工业划拨用地成功变更为商业出让用地，减免土地出让金约9000万元。物资供销公司等单位土地出让金减免手续补办完毕。争取到加工企业和改制企业土地使用税统一享受天保工程区政策，减少支出近千万元。实业公司员工安置工作平稳推进。

项目建设 2008年集团公司重点项目建设取得较好进展。成功重组广东连州刨花板厂，组建吉林森工吉连木业有限责任公司。成功重组白山天成人造板有限公司。通化胶黏剂分公司5万吨甲醛扩产改造工程和5万吨制胶车间改造项目全面竣工。金桥地板集团兰家工业园区工程建设进展顺利。成功重组敦化顺天木业，实行控股经营。俄罗斯原料加工基地项目已完成前期准备工作。成功组建大华矿业公司，已生产铁精粉2.1万吨，实现销售收入2100万元。与辽宁有色勘察研究院合资成立白山市江源区锦华矿业有限公司。与河北鸿舟实业集团合作开发千万吨铁矿项目已签订初步协议。完成饮品公司10万吨550毫升矿泉水和10万吨3~5升矿泉水生产线建设和厂房土建工程，现已形成了50万吨的生产能力。

森林经营 2008年，在进一步充实完善了林木市场成熟理论基础上，组织开展了用其指导商品林经营的实践与理论研究。组织编制了《吉林森工集团森林经营方案》。完成更新造林1.5万公顷，有林地面积增加262公顷，蓄积增加146万立方米。采育林工程建设进展顺利。外埠速生丰产工业原料林建设正在稳步推进。临江林业局、露水河林业局种子园成为国家级种子基地，面积达120公顷。泉阳林业局北五味子标准化示范区项目通过国家林业局验收，栽培200多公顷，年产150多吨，五味子深加工研发项目已完成临床前第三阶段研究。红石林业局和露水河林业局不断提升国家森林公园的人文品位和文化含量，生态旅游呈现良好势头。白石山林业局木灵芝无公害规范化生产基地建设通过了省级专家鉴定，种植木灵芝53万段，实现产值5000万元。

经营管理 2008年集团公司设立了资金决策委员会和项目内审委员会，提高了决策的科学性和民主性。全年在建项目实际完成投资2.2亿元，全部投资项目健康、稳步发展。集团公司内部控制制度体系初步建立，共制定集团层面32项管理办法和子公司层面11项控制规范，编辑成册印发各单位学习执行。针对“一二季度有价无车、三四季度有车无价”的状况，妥善进行调度和调控，努力增加木材销售，提高木材售价。通过召开林场烧材改革现场会议等有效措施，充分挖掘人造板原料潜力，协调保证了原料供应。投入2000多万元，用于消除安全隐患、改善生产条件，全年未发生重大人身伤亡和工业火灾。

思想建设 2008年集团公司思想政治建设扎实有效。按照省委的统一部署，在上半年组织开展“解放思想”大讨论的基础上，自9月份开始，认真组织开展了深入学习实践科学发展观活动。集团公司党务公开经验被省纪委推广，在中央纪委召开的党务公开座谈会上交流，集团公司党委被中央纪委确定为党务公开联系点。完善了集团文化体系，开展了“学劳模、爱劳模、争当劳模”活动，举办了“迎奥运”首届职工运动大会。实现了国家两会和北京奥运会期间“零到省进京上访”的目标。为四川地震灾区捐赠款物累计折合人民币1254万元，以实际行动践行“为国效力、为民造福”的办企宗旨，被省政府授予“吉林慈善奖”。集团公司获得全国精神文明建设先进单位的殊荣。

应对金融危机 针对金融危机带来的市场形势变化，集团公司及时召开木材生产、人造板、地板、矿泉水、矿产发展、财务公司等专业会议寻求应对办法。各林业局采取木材竞价销售和“适时适价、微调勤变”的策略，统一标准，降低成本，提高售价。各加工企业调整产品结构，生产适销对路产品，保市场、保生产、保客户。股份公司整合销售体系，与国内有影响力的26家大型家具公司建立战略联盟伙伴关系，增加水泥刨花板、中密度薄型纤维板等新品种；金桥地板集团积极创建国内营销网络，建立了153个销售点，开发特色产品系列，形成独特品种优势，增加木材的利用价值和产品的附加值；泉阳泉饮品公司拓展辽宁、内蒙古等省（区）市场，在沈阳设立营销总部，积极开发新产品，增加5～8升一次性大包装瓶装水新品种，果断实施提价策略。有效化解了金融危机的影响。

民生工作 2008年集团公司员工工资和福利待遇普遍提高。员工年平均收入由2007年的13 780元增加到16 117元。争取省政府采暖费补贴政策，为集团公司36 489名退休人员争取采暖费补贴2735万元。为长春胶合板厂1600余名解除劳动关系人员争取到了1000余万元的失业保险。以林场搬迁和棚户区改造为重点的新林区建设取得重大进展，首期5万平方米林业棚户区改造试点工程已经竣工，林区职工的居住条件得到改善。建立了医企合作机制，先后与吉林大学第一附属医院等医疗机构签订合作协议，基本解决了广大员工就医看病难的问题。

【森工大事】

1月13日 在十一届省人大一次会议上，森工集团党委书记、董事长柏广新当选十一届全国人民代表大会代表。

1月18日 森工集团首届冰雪旅游节暨露水河第五届冬季漂流狩猎节在露水河国家森林公园开幕。

3月11～13日 吉林森工金桥地板集团作为亚洲规模最大的实木地板加工企业和国内第一家地板集团首次亮相上海国际地板展。

3月26～31日 吉林森工集团组织50名劳模团赴港澳参观考察。

4月初 吉林森工集团在全国林业党风廉政建设工作会议上，作题为《整合监督资源，建立“四位一体”监督格局》的典型经验交流，得到中央纪委监察部驻国家林业局纪检组监察局肯定。

4月14日 第四批全国林业标准化示范区项目——松江河林业局刺五加人工栽培标准化示范区和泉阳林业局北五味子人工栽培标准化示范区通过国家验收。

5月4日 森工集团团委书记黄亮荣获2007年度全国优秀共青团干部荣誉称号。

5月15日 吉林森工集团召开新闻发布会，宣布向四川地震灾区人民捐助人民币100万元、中国名牌长白山泉阳泉矿泉水100万瓶和中国名牌金桥地板1万平方米，总价值达500万元。

5月17～27日 森工集团董事长、党委书记柏广新率队先后对黑龙江森工总局、大兴安岭林业集团和内蒙古森工集团进行考察。

5月20日 吉林森工露水河牌刨花板战略合作伙伴启动仪式在北京举行，与北京意风等19家知名家具企业签订合作协议。

5月23日 国家林业局副局长雷加富到吉林森工集团白石山林业局考察。

6月27日 省长韩长赋到吉林森工集团松江河林业局和泉阳泉饮品公司考察。

7月1～3日 吉林森工金桥地板集团在长春举办中国地板航母“金桥”08启航仪式暨首届吉林森工金桥地板集团经销商年会。

8月7日 由省旅游局、森工集团主办，红石林业局、红石国家森林公园承办的吉林森工集团红石国家森林公园旅游推介会在长春召开，省内各大媒体和50多个旅行社参加会议。

8月20日 白石山森林公安局白石山森林派出所被公安部、团中央命名为2007年度全国公安系统青年文明号。

8月28日 中央纪委在长春召开党务公开工作座谈会，森工集团董事长、党委书记柏广新作题为

《坚持党务工作"三公开"，发挥企业党组织政治核心作用》的大会发言。

10月上旬 吉林森工集团被评为2007年度中国企业集团纳税五百强。

10月24日 森工集团E0PB甲醛捕捉剂项目被国家林业局评定为推广与示范项目。

11月6日 森工集团董事长、党委书记柏广新荣获"影响中国改革30年·30人"称号。

11月9日 缅甸总后勤部副部长、国家采购公司董事长珊吞先生到吉林森工金桥地板集团参观访问。

11月26日 吉林森工集团被评为中国企业文化建设50强单位。集团公司党委副书记张立群荣获"特殊贡献人物"奖。

11月30日 在吉林森工集团松江河林业局富民小区举行吉林省林业棚户区改造首期试点工程竣工庆典。副省长王守臣为庆典仪式剪彩，并给回迁户代表发放新居钥匙。

12月18日 国家林业局副局长祝列克到吉林森工集团松江河林业局考察棚户区改造。

12月20日 森工集团董事长、党委书记柏广新被评为中国改革开放30年"农林牧渔业十大领军人物"。

12月23~27日 国家林业局原局长、中国绿化基金会主席王志宝到吉林森工集团露水河林业局、露水河刨花板厂、松江河林业局考察。

（吉林森工集团由刘力武、路增春供稿）

黑龙江省林业

【概　述】

造林绿化 2008年，全省完成造林13.56万公顷，其中：退耕还林7.93万公顷，三北防护林工程造林3.04万公顷，村屯绿化0.33万公顷，部门、行业造林2.26万公顷。完成义务植树4472万株，占计划6300万株的71%。完成国家生物质能源林试点建设任务6600公顷。完成绿色通道1820千米。

森林生态效益补偿基金 完善了各项管理制度，加大了执法监督力度，使中央、省级森林生态效益补偿基金制度建设日趋规范，公益林得到了有效保护，森林经营和管理水平以及林分质量得到了提高，国有林场基础设施环境条件发生了巨大变化，职工生活得到了明显改善。在重点公益林区域无林地造林、林冠下补植及中幼林抚育面积达到20多万公顷。

湿地保护和建设 新建富锦沿江、嘉荫平阳河、肇源沿江、孙吴红旗等4处省级湿地自然保护区，新增保护区面积16.7万公顷。争取到珍宝岛、七星河2处国家级自然保护区基础设施建设工程项目和呼兰河口、汤原黑鱼泡等6处湿地保护工程项目。建立了哈尔滨太阳岛、白渔泡2处国家湿地公园。扎龙湿地补水1.8亿立方米。七星河、三江、三环泡、安邦河等自然保护区退耕还湿300公顷。全省自然保护区总数已达187处，面积598万公顷。

生物多样性 新建八岔岛、拉林河、嘟噜河等11个省级野生动物疫源疫病监测站，组织开展了扎龙自然保护区大型水禽航空调查和三江平原繁殖水禽调查，丹顶鹤、东方白鹳等珍稀濒危野生动物种群数量有了恢复性增长。

森林资源保护 全省发生森林火警、火灾84起，其中：火警76起，一般森林火灾8起，森林受害率为0.02‰。林业有害生物发生面积25.25万公顷，成灾面积446公顷，成灾率为0.006‰。防治21.89万公顷，防治率为87%，其中无公害防治率达到85%。对全省0.196亿公顷次林木实施病虫害监测，监测覆盖率达100%，预测预报准确率达88.5%。全年检疫苗木8亿株，种苗产地检疫率100%，复检率达到90%。全省下达木材生产计划324.23万立方米，占国家下达计划的98%，出材179.21万立方米，占国家下达计划的98%。审核审批征占用林地项目202起，面积6866.67公顷，清理违规开垦林地100.23万公顷，完成退耕还林发证面积16.15万公顷，占应发证面积的60%。完成了宾县等12个县(市、区)所属国有林场的森林资源二类调查和国家重点公益林监测工作。新建标准化木材检查站8个。共查处林业行政案件2065起，查处率达99.71%。森林公安机关共受理森林和野生动物案件4607起，查处4533起；收缴木材8203.4立方米，野生动物26.49万只(头)，挽回经济损失358.3万元。

林业产业 全省林业总产值实现552亿元，比2007年增长13.7%。其中地方林业实现产值254亿元，比2007年增长13%。各项产业的比重是36:56:8。认定省级龙头企业7家，省级特色林产业基地22家。全省已建立木材加工园区39处，中国木业航母大亚集团、瑞典宜家木业、东莞家具协会等数十家国内知名企业已落户这些园区。举办了第四届中国(牡丹江)国际木业博览会，签订招商引资项目35个，签约额达68.5亿元。对五味子、红豆杉、苹果梨、山杏以及蓝莓等野生浆果资源种植和加工利用能力不断增强，为林业发展接续和替代产业提供了成功的经验。东宁县黑木耳基地，2008年干品总产量达到2.4万吨，交易额突破33亿元，农民人均增收5675元；穆棱市悉达木业有限公司利用林区剩余物自主开发工艺品，折合每立方米原木创造价值3万~5万元。

木材销售 2008年，全系统累计生产销售木材类产品91.59万立方米，实现产值6.77亿元。木材类产品每立方米平均售价达到739.63元，比2007年增加了146元。

林业利用外资亚行项目 三江平原湿地保护项目营造速生丰产林1146.6公顷，平均成活率达到88.8%，完成幼林抚育5840公顷。

林权制度改革 2008年6月，省政府主管领导带队，实地考察福建省集体林权制度改革。省委、省政府出台了《关于全面推进集体林权制度改革的实施意见》。齐齐哈尔、佳木斯及克东、汤原、桦南等市、县，相应出台了集体林权制度改革政策文件，克东、汤原基本完成了集体林权改革任务。全省已有5个县(市、区)和省农垦总局3个农场确认流转面积21 866公顷，完成资产评估面积10 933公顷。农垦绿色草原牧场、宁安市、爱辉区已拍卖转让1466公顷，收益流转资金2388万元。组织开展集体林资源调查。摸清集体林资源底数和林权管理现状，为集体林权制度改革和制定林业可持续发展相关政策奠定基础。

社会主义新林区建设 完成省级新林区建设试点单位90个，所有示范单位都实现了供水管网化、道路硬化，林场通讯、有线电视和供电设施等得到了改造，新建、翻建或维修了职工住宅，许多示范单位成为当地新农村建设的示范点。

林业科技教育 组织国家、省及厅级攻关课题项目52个，有7项成果获黑龙江省科学技术奖。组织实施国家和省科技成果推广项目13项。制定和修订9项林业地方标准。培训各级各类人员1.5万人次。

林业站建设 按照国家重点县建设实施方案和建设标准要求，对克山、东宁、嘉荫等6个县(市、区)进行了检查验收。全省已有20个县(市、区)达到了国家林业站重点县建设标准。

林业法制、宣传工作 《黑龙江省防沙治沙条例》经省十一届人大常委会第六次会议审议通过，于2008年12月1日开始施行。对全省林业行政执法责任制建设进行了检查，对行政处罚和行政许可案卷进行了评查。完成了林业行政执法人员执法证件换发工作，并建立了电子信息档案。

【绿化工作座谈会】 2008年5月4日，省委书记吉炳轩主持召开绿化工作座谈会议，副省长黄建盛，省委办公厅、省委政策研究室、省财政厅、省住房和城乡建设厅、省交通厅、省农委、省水利厅、省林业厅、省农垦总局、省森工总局负责人参加了会议。会议提出，大干三五年，打一场植树造林的人民战争，全省总动员，各行各业都参战，完成或基本完成平原绿化和城镇、村庄的绿化工作。

【"爱鸟周"宣传】 在第二十七届"爱鸟周"宣传活动中，展出了宣传板10块，发放宣传单5000张。2008年7月，组织30名大学师生分别赴凤凰山、扎龙、七星河国家级自然保护区开展了野生动植物考察及"倡导绿色生活、共建生态文明"主题实践活动的宣传。

【森林培育】 2008年，完成生态林抚育面积3.82万公顷，出材18.88万立方米。其中：重点公益林抚育面积3.54万公顷，出材18.38万立方米；一般公益林抚育面积2800公顷，出材5019立方米。完成重点公益林造林1238.2公顷、补植6202.3公顷。落实国有林场苗圃基地建设13处，投入资金330万元，重点公益林培育投入国有林场苗圃基地累计达到40处。组织完成2007年国家批准的方正、木兰、萝北、汤原4个县中幼龄林抚育示范项目，项目计划1893公顷，超额完成计划1.1%，建设资金合计303.5万元。完成2007年国家批准的五常、通河、佳木斯3个市(县)珍稀树种培育示范项目，项目计划577.8公顷，超额完成计划1.9%，建设资金合计195万元。组织落实2008年国家批准的桦南、七台河市直、海伦管局3个单位1420公顷重点公益林抚育示范项目和宁安、阿城、塔河、虎林4个单位488.93公顷珍稀树种培育基地示范项目，建设资金共计390万元，其中：国家投资260万元，地方配套130万元。

【林业大事】

1月30日 增设八岔岛、拉林河、白鱼泡、蚂蚁河、讷谟尔河、吐鲁木、双河、肇东沿江、绥滨两江、嘟噜河和双宝山等11个单位为第三批省级野生动物疫源疫病监测站。

2月27日 全省林业工作会议在哈尔滨召开，省政府有关厅(局)领导、各市(县)政府领导及林业局长等200余名代表参加了会议。黄建盛副省长到会作讲话，并代表省政府与各市(地)政府、省农垦总局、省森工总局签订2008年林业重点工作目标责任书。省林业厅厅长韩连生作工作报告，对2008年全省林业工作安排部署。

2月29日 省森防指召开2008年春季森林火险形势分析会暨2007年全省森林防火工作总结会。各市(地)气象部门和森林防火部门参加了会议。各地对春防前期气候背景、未来天气形势和森林火险趋势以及各地的林情社情进行了分析。

3月3~5日 2007年度森林资源二类调查成果

审查会在省林业勘察设计院召开。对佳木斯市郊区、富锦市、汤原县、萝北县、海伦市、绥棱县、肇东市、明水县、兰西县、望奎县、安达市、青岗县、绥化市北林区、五大连池保护区、嘉荫县等调查成果进行审定。

3月12日 全省春季森林草原防火指挥部成员会议暨森林草原防火电视电话会议召开。副省长、省森防指总指挥黄建盛到会作讲话。省政府副秘书长王大为主持会议。省林业厅厅长韩连生宣读了《黑龙江省人民政府森林防火指挥部关于成立森林防火专家组的通知》，省森防指领导为专家组成员颁发了聘书。

3月13日 森林经营局会同财务处与各有关市(地)林业局主管局长、县(市)林业局局长、贫困林场场长签订了22个林场37个扶贫项目建设责任状，共签订合同108份。

4月12日 省委副书记、省长栗战书主持召开了全省森林防火和安全生产视频会议。省委常委、副省长盖如垠，副省长、省森防指总指挥黄建盛，以及省森防指、省安监局和省直有关部门领导在省中心会场参加会议；各市(地)主要领导或分管领导在各分会场参加会议。栗战书作了讲话，对全省春季森林防火和安全生产工作进行部署。

4月19日 省绿委副主任、省林业厅厅长韩连生及刘亚文、杨克杰、王凤友、王瑞斌等厅领导参加全民义务植树日活动。

4月28日 春季森林防火紧要期工作推进视频会议召开。副省长、省森防指总指挥黄建盛作了讲话，省林业厅厅长韩连生通报了春防以来全省森林火警火灾发生情况。

5月8日 全国政协委员、国家林业局原副局长马福率国家森防指办公室副主任焦德发等一行4人来省检查森林防火工作。

5月12日 国家森防指总指挥、国家林业局局长贾治邦，国家森防指副总指挥、国家林业局副局长雷加富以及武警森林指挥部主任韩祥林少将率国家森防指检查组来省检查森林防火工作。

8月27～29日 第四届中国(牡丹江)－俄罗斯(远东)国际木业博览会在绥芬河市举办，省林业厅厅长韩连生、副巡视员李耀民参加了博览会。

8月30日 黑龙江省森林公安网开通。

9月10～12日 全省平原绿化现场会在齐齐哈尔的依安、甘南、拜泉县和大庆市的杜蒙县召开，副省长吕维峰，省政府副秘书长金济滨，省林业厅厅长韩连生、副巡视员杨国亭以及省财政厅、省发改委、省水利厅、省公路局、省农垦总局等有关领导、13个市(地)的主管市长(专员)、市(地)林业局局长；平原县(市、区)的主管县(市、区)长和县(市、区)林业局长参加了会议。会上，吕维峰作了讲话。

9月11～12日 全省森林防火工作现场会在伊春市嘉荫县召开。

9月19日 秋季全省森防指成员暨全省森林草原防火工作电视电话会议召开。

10月6日 省林业厅党组召开党组(扩大)会议，专题研究如何开展学习实践科学发展观活动。厅党组书记、厅长韩连生结合林业实际，要求在提高林地产出率、提高林分质量、提高林业职工收入、建设社会主义新林区、推进集体林权制度改革和国有林场改革等方面查找差距和不足，研究探索各种制约林业科学发展问题的解决办法。常务副厅长刘亚文传达了省委关于开展深入学习实践科学发展观会议的有关精神，组织学习了省委书记吉炳轩、省长栗战书的讲话。讨论修改了《黑龙江省林业厅关于开展深入学习实践科学发展观活动的实施方案》。

10月15～30日 国家林业局对全省2008年到期的退耕还林工程退耕地进行阶段验收检查。

11月13日 黑龙江省林改网(www.hljslg.com)开通。

11月17日 省林业厅组成4个检查验收组，对全省66个示范单位、323个社会主义新林区建设项目进行检查验收。

11月25日 省高级人民法院、省检察院、省公安厅、省林业厅联合下发《关于森林公安机关办理刑事治安案件有关问题的通知》(黑林联发[2008]123号)，进一步明确和完善了森林公安机关的执法权限。

11月28日至12月10日 编制完成全省《国有林区棚户区改造工程规划》和《国有林区道路建设工程规划》并上报国家林业局和省政府。该规划建设期为3年，范围涉及全省394个国有林场和部分自然保护区，基本覆盖全省全部国有林场。

12月5日 张凤仙任省林业厅党组成员，省政府绿化委员会专职副主任(经2008年11月13日省委常委会议决定)。

12月22日 全国鸟类环志中心授予帽儿山、嫩江高峰、新青、兴隆、大沾河鸟类环志站和大庆野生动物保护协会为全国鸟类环志先进单位，授予三江自然保护区管理局、绥棱林业局鸟类环志站为2008年度鸟类环志工作表彰单位。

12月31日 《黑龙江林业》大型摄影画册出版。

(黑龙江省林业由崔祥娟供稿)

黑龙江省森林工业

【概 述】 2008年，龙江森工各级党政组织带领广大干部职工深入贯彻落实科学发展观，扎实推进“四大体系”建设和“五大产业”发展，积极应对金融危机带来的不利因素和影响。经过全体干部职工的共同努力，森工各项事业又有了进一步的发展，林区社会和谐稳定。

主要经济指标 2008年主要经济指标完成情况：总产值计划233亿元，完成245亿元，完成计划105%；实际亏损3940万元，比2007年减亏1%。处理以前损失挂账7亿元，偿还陈欠工资9.25亿元，结束了全系统拖欠职工工资20年的历史。扩大就业再就业，新增就业人员3.86万人，下岗再就业人员3.47万人。进一步健全完善养老、失业、医疗、工伤、生育保险等社会保障体系。

木材生产完成404万立方米，完成计划的98%。木材销售完成371万立方米，比2007年少完成26万立方米；实现销售收入34亿元，比2007年减少收入5368万元。其中：牡丹江、松花江、合江林区销售木材254万立方米，实现销售收入25亿元，比2007年增加9200万元；每立方米售价达到983元的历史新高，增加利润1.2亿元。更新造林1.5万公顷，为计划的102%。营造民有林0.2万公顷。多种经营完成产值120亿元，比2007年增长12.4%；林产工业实现产值52亿元，比2007年增长8%；森林生态旅游实现产值及收入8亿元，比2007年增长25%。招商引资23.4亿元，引进项目24个。

营林生产 2008年，营林工作坚持生态优先的发展战略，全面完成更新造林、森林抚育、低质低效林改造任务，进一步提高了造林质量和森林经营水平。

指标完成情况 全区完成人工更新造林1.7万公顷，完成计划的111%。其中：完成育林费更新造林145 169公顷、人天混更新543.9公顷、非国有造林20 503公顷。经核查育林费更新造林面积合格率99.4%、合格面积平均成活率92.1%；完成2009年育林费更新造林秋整地1.3万公顷，其中：牡丹江、松花江、合江林区完成9540.9公顷。经核查秋整地作业面积合格率97.4%，合格面积平均作业合格率96.1%；核查2006年造林保存面积2.3万公顷，其中：育林费更新造林保存2.1万公顷、人天混更新保存1158.7公顷、非国有造林保存2383.7公顷。经核查育林费造林面积保存率98.5%，保存面积平均株数保存率94.1%。

森林抚育：2008年完成抚育作业14万公顷，为计划的101.3%。其中：完成森林抚育12.2万公顷，低产林改造7727.3公顷，母树林抚育7452.3公顷，改培丰产林2763.2公顷。封山育林16212.3公顷。72.3万人参加全民义务植树运动，义务植树789.7万株，人均植树10.5株。栽花种草47.5万平方米，栽植绿篱52.7万延长米，尽责率95%。

造林绿化：完成造林绿化规划8624.4公顷，为规划面积的102.2%。其中：造林完成3151.3公顷，场所绿化916.5公顷，局址绿化476.8公顷。

苗圃作业：全林区育苗面积481.3公顷，新播111.4公顷。产苗量57 858万株，产成苗12 746.2万株，其中容器苗62.5万株，阔叶树种培育比例9.6%。苗木自给率达100%，上山成苗率90.1%，其中一级品率59.8%。

种子生产：全年累计收购种子365.4吨。良种使用率49.2%，基地供种率60%。

病虫害防治：森林病虫害成灾率控制在1.2‰以内，无公害防治率达到94.7%，预测预报准确率99.4%，种苗产地检疫率99.99%。全区病虫害发生面积39.6万公顷，有效防治面积32.2万公顷，成灾面积4866.7公顷；实施种苗产地检疫种苗面积3.6万公顷，达100%。

气象观测：全区40个林业局的森林物候气象站及林场所114处森林物候气象哨，预测预报准确率达90%，质量考核错情率为4‰。

森林公园建设：全区现有24处国家级森林公园、17处省级森林公园，总面积132.6万公顷。

主要做法 一是严格奖惩，落实责任。制定下发了《2008年度营林行业考核表彰评比办法》，将总局与各林业局签订的年度工作目标责任状指标与营林工作目标指标相挂钩，进而保障了营林各环节工作的责任和效果；二是统筹安排，稳步推进。贯彻落实省委五次全会及吉炳轩书记提出“三年绿化龙江大地”的要求，按照《黑龙江森工国有林区2008~2012年造林绿化规划》，全面复查470个林场所造林绿化工作，推动了绿化质量的提高；三是推进森林经营试点。在人工红松林经营上，针对现有林分类型与所在的经营区不同的情况，按照培育目标、方向、目的总结出了与之相适应的经营技术，在美溪、南岔、鹤立、通北、绥阳的中幼林抚育和改造低效林进行了经营试点。加大了森林抚育作业质量、数量检查力度，推进森林抚育工作上质量、上水平。加强了重点生态公益林中幼林抚育和珍稀树种基地建设项目的管理工作。结合国家调研项目，认真做好生物质能源林（文冠

果、林胡枝子、大黄柳、紫穗槐等树种)的引进、驯化、栽培、建设等项目试点工作。

存在问题 一是天保一期工程中分类经营的公益林区、商品林区的区划不尽合理。二是民有林政策不到位,林权证不能及时核发。三是营林技术人员匮乏,队伍稳定性差。四是营林基础设施陈旧,不能满足现代林业建设的需要。五是生态效益补偿费不到位,影响营造林的积极性。

多种经营 2008年多种经营完成产值120亿元,比2007年增长12.4%;从业人员人年收入5203元,比2007年增加759元。全年争取国家和黑龙江省政策性扶持资金6486万元,比2007年增加2886万元。获得2007年度黑龙江省县域经济优秀科技人才奖励30万元;新增A级绿色食品认证产品2个;全系统绿色标识产品产量实现7万吨。

主要产品产量 农业播种面积27.2万公顷,完成计划的100%,与2007年持平;粮食产量62.8万吨,完成计划的100%,比2007年增长2%;木耳产量4.8万吨,完成计划的117%,比2007年增长37%;山野菜采集量2.7万吨,完成计划的98%,比2007年增长2%;药材种植面积1.31万公顷,完成计划的119%,比2007年增长26%;药材产量2.3万吨,完成计划的99%,比2007年增长12%;林蛙放养面积137万公顷,完成计划的98 %,比2007年减少2%;养牛21.5万头,完成计划的107%,比2007年减少5%;养羊32.8万只,完成计划的101%,比2007年减少2%;养猪94.8万头,完成计划的102%,比2007年增加1%;养禽1447万只,完成计划的102%,比2007年增加3%;养蜂15.1万箱,完成计划的105%,比2007年增加1.3%。

主要成效 一是农业播种有了新进展。全年粮豆总产量实现62.8万吨,比2007年增加1.5万吨。以高油、高蛋白品种为主的大豆种植面积3万公顷,比2007年增长12.5%;以速冻玉米和青贮玉米为主的玉米种植面积1.5万公顷,比2007年增长4.6%;以白瓜子,葵花子、杂粮(红小豆、绿豆)等为主的经济作物种植面积5.3万公顷,比2007年增长6.7%。全系统筹集资金4.1亿元用于备春耕生产,比2007年增加了4.2%。全年争取粮食直补面积5.7万公顷,直补资金4660万元,比2007年增加2083万元;争取水稻良种补贴面积0.88万公顷,补贴资金198万元,比2007年增加13万元。新建农业综合开发小区12处,中央及省投资1628万元。二是特色产业有了新规模。以黑木耳为代表的食用菌产业有了新规模。全系统黑木耳栽培实现14.2亿袋,比2007年增加3.9亿袋;以五味子、“两参”、平贝为代表的优势药材品种规模进一步扩大,五味子面积达0.47万公顷,比2007年增加0.1万公顷;平贝面积达0.25万公顷,比2007年增加200公顷;“两参”绿色面积达370公顷,比2007年增加20公顷。三是畜牧业养殖及防疫有了新成效。在发展规模常规养殖项目的同时,注重发展林区特色养殖,林蛙、山猪、鹿、狐、獭兔等特色养殖项目在林区普遍开展。四是龙头企业建设上有了新突破。依靠资源优势,加大招商引资力度,在深化体制改革、转换经营机制、提档升级上下功夫、做文章,加强了龙头企业建设,经济效益普遍提高。五是在增强服务上有新举措。相继出台了许多优惠政策,扶持帮助职工发展项目,有力地推动了产业的快速发展。六是市场开拓有新成效。以各类展会为契机,走出去推销山特产品、推广“黑森”品牌,广泛开展招商引资工作。参加第二十六届韩国国际食品博览会签订速冻黏玉米合同1项,金额300万元。在第十九届哈洽会上,组织10大类、270余种产品参展,共签订合同10项、意向3项,金额近2亿元,其中省外投资9201.4万元。

存在问题 一是农业生产科技水平低,土地的潜在效益尚未得到充分发挥;二是优势产业发展不平衡,特别是食用菌、北药方面尤为突出;三是基地建设尚需强化管理、提质增效;四是龙头加工企业尚需进一步上规模、上水平。

森林旅游 2008年,森林生态旅游接待游客235万人次,实现产值及收入8亿元,比2007年增长25%。

完善重点景区规划 按照总局党委提出的大旅游工作思路,不断完善中国雪乡旅游风景区等重点景区的规划,召开专家咨询论证会论证修改《雪乡旅游风景区详细规划》。同时制定了《黑龙江省森工旅游管理办法》,进一步完善景区的经营管理机制和模式,规范了森工旅游行业。

开展旅游景区和宾馆等级评定 开展了诚信旅游活动、景区A评、工农业示范点等级评定及宾馆、家庭宾馆的等级评定等工作。兴隆宾馆晋级为三星级宾馆,成为全省森工系统林业局宾馆首家晋升为三星级的宾馆。方正林业局百里观光带农业示范点通过省旅游局验收,被授予省级农业观光示范点称号。

加大宣传促销力度 6月28~30日在伊春举办了第八届中国黑龙江森林生态旅游节。7月19~20日,在清河林业局举办了2008黑龙江森林生态漂流节,节庆活动在省市电视台、省市报纸等多家媒体播放,并在省林业报连续出版3期彩色专版,展示了清河漂流节的盛况。11月29日在平山神鹿滑雪场举行了冬季滑雪首滑式;12月末在大海林林业局举办中国雪乡节暨中国雪乡全国摄影大赛。绥棱林业局、平山旅游区、哈尔滨黑珍神等企业于10月16~21日在黑龙江报业集团美术馆参加了黑龙江省旅游商品(纪念品)设计成果展示大赛,其中绥阳林业局选送的木制工艺品龙舟、绥棱林业局选送的松仁露饮品获得最佳特色奖和最佳开发成果奖。积极利用哈洽会,推销

森工精品景区，开展广泛合作。森工景区威虎山主峰风景区与大庆石化总厂签订意向性合作协议约6000万元；鹤北国家森林公园与明辉旅游有限公司签订意向性协议约3000万元；亚布力林业局在大冬会期间，积极招商引资，引资金额1.7亿元，投资建成亚旺斯国际滑雪中心和新豪酒店，成为大冬会主要接待中心。森工凤凰山风景区被评为哈尔滨市十大名景第二景。

加强旅游安全督导检查和培训工作 各林管局、林业局及旅游企业在制定应急预案的基础上，积极做好应急演练。一年来，对20余处景区进行安全检查，安全督导30余次。培训旅游从业人员90人次。通过培训教育和业务考核，规范管理，提高了森林生态旅游从业人员的管理水平和服务水平。

木材生产销售

木材生产 2008年完成木材生产404万立方米，完成计划的98%。加强木材生产目标管理考核。重新修订了冬运木材生产目标管理考核办法，合理造材共抽检7200根，合格率达到99.1%。检查了三江林区所属及带岭24个林业局、106个林班、144个小班，检查面积1459公顷，平均每公顷丢材积0.000 344立方米，是历史最好成绩；切实加强合理造材。在平山举办了一期木材检验及合理造材师资培训班，培训业务骨干100多人，深入贯彻落实新标准，不断提高技术业务水平，提高经济效益；生产适应适销对路的优质产品。配备技术过硬，业务精通，责任心强，专职量材员，严把量材设计关，在“效益造材”上下功夫。本着“效益造材”的原则，精量细算，合理设计，合理取舍，精心造材，多生产优质材、特选材，提高优质材、经济材比重。加大订制材生产比重。扩大森调数量，超前余量设计，机动灵活报批伐区，适时组织生产，超前对接市场；巩固完善木材生产信息化。沾河、山河屯、兴隆林业局在木材运输、缴库、销售、库存、划拨全程条码扫描数字化管理。大海林林业局把木材数字、木材信息贯穿到冬运木材生产的始终，实现木材管理的科学化、数字化、信息化。

林区公路建设 2008年共完成113个项目、668.5千米，其中6米宽路面293.4千米，3.5米宽路面375.1千米。完成建设投资28 316.3万元，其中：国家补贴7778.8万元，省财政补贴1876.28万元，省交通补贴4329.38万元，总局补贴1850.04万元，林业局自筹12 481.8万元。全林区通场率达到49%。

为如期实现省委、省政府公路建设三年决战目标，按照省委、省政府的部署和安排，制定了《黑龙江省森林工业总局加快通场公路建设管理办法》，明确了目标和职责，与林管局及林业局签订了责任状。一是筹措资金，严格管理，节约挖潜，科学合理降低公路建设成本。由于国家、省投资金不能及时到位，总局在经济较为困难的情况下，三年共补贴建设资金5000多万元，并拿出资金40万元对工程建设先进单位和先进个人进行了奖励。各林业局不仅配套了大量资金，而且在国家、省补助款没到位的情况下，预先垫付了工程建设资金。为了保证资金的规范运作，总局、林业局都建立了比较完善的资金管理制度，除了实行专户储存外，还建立了一整套比较严密的资金拨付制度，把项目计划和工程实际进度及质量管理作为资金拨付的依据。二是加强管理，规范程序，严格监理监督，确保建设质量。以国家农村公路建设管理年活动为契机，规范建设程序，提高质量意识，加大监管力度，切实抓好工程质量。2007年竣工项目和2008年完工项目全部达到交通部规定的合格以上标准，顺利通过验收。截至2008年末，森工牡丹江、松花江、合江林管局所属及带岭林业局已有121个林场(所)通上了水泥路面，大海林、苇河林业局率先实现林区公路场场通。

木材经销 2008年木材销售完成371万立方米，比2007年减少26万立方米。实现销售收入34亿元，比2007年减收5368万元。牡丹江、松花江、合江林管局所属及带岭24个林业局签订木材销售合同14 187份，合格率达100%。

积极开拓市场，大力开展促销活动，按需组织生产，做到产销对接。加大订制材比重，精挑细选，细分细卖。各企业认真贯彻落实总局提出的“两头延伸”的要求，不断延长经销管理链条，加强木材经销各个环节的管理，保证了木材售价的稳步提高。加强贮木场“五清两化”工作，为销售创造良好环境。大力扶持加工小区，拉动了木材销售和售价。竞价销售得到全面推广，竞价销售办法不断完善。信息化管理不断加强，林业局实行了微机网络化管理，不仅提高了工作效率，也堵塞了经销管理方面的漏洞。

林产工业 2008年，林产工业以结构调整为主线，不断深化改革，加强管理，顺应市场变化，促进产业调整和优化升级，努力打造龙头企业和园区建设，提高林区木材加工自用率，生产高端及高附加值产品，提高森工整体经济效益，推动林产工业科学发展。

主要经济指标完成情况 2008年林产工业实现产值52亿元，比2007年增长8%。木材加工自用率达到70%。锯材65万立方米，增长2.7%；胶合板5.8万立方米，增长11.5%；刨花板31万立方米，增长7.6%；贴面刨花板140万立方米，减少40%；细木工板16万立方米，减少7%；中密度纤维板20万立方米，与2007年持平；硬质纤维板3万立方米，增长11%；实木地板块1.2万立方米，增长9%；卫生筷子155万标箱，减少10%；家具产值5.6亿元，增长17%；集成材6.5万立方米，增长18%；浸渍纸81万平方米，减少13%；强化复合地板25万平方

米，减少11%。

为推进林产工业产业升级，制定了《关于打造黑龙江省森工林产工业区域龙头工作的实施方案》和《黑龙江森工林产工业龙头企业认定办法》。并依据此方案积极开展龙头企业的选拔和培育，重点打造清河林业局(木制系列产品)、绥棱林业局三合人造板有限公司(中密度板)、兴隆中密度纤维板公司(薄型中密度板)、绥阳林业局(对俄加工贸易)及朗乡板业集团(刨花板)等龙头企业。绥棱林业局新建的中密度板厂2008年已正式投产，产品畅销省内外，同时带动了周边地区木片生产及相关产业；伊春林区以朗乡板业集团为龙头，借助龙乡刨花板国家名牌产品优势及先进的管理技术，带动汤旺河福旺人造板厂、乌马河刨花板厂、乌马合金马公司、南岔水解中密度纤维板厂联合发展，加快了企业间整合重组，提高了市场竞争力。

加快木业园区建设。木业园区建设是为产业发展建立平台，吸引产业集聚，实现原木就地加工的有效方式。积极倡导各林区大力发展木业园区建设，目前，森工已建成11个木材加工园区，分布在双丰、朗乡、带岭、绥棱、穆棱、绥阳、沾河、清河、鹤北、东方红等林业局，总投资122.3亿元，入园企业371户，木材年加工能力115万立方米。这些木材加工园区的建成投产，不仅提高了森工木材利用率，而且还有效提升了林业局木材售价，增加了职工就业，企业生产效率也有所提高，使得产业集聚真正发挥出经济效益。

存在问题 国有林产工业企业改制进度缓慢，主要原因是林产工业直属企业的历史包袱沉、负担重、资金少、人员多，同时改制成本高，制约了改制的顺利进行，致使一些企业生产经营举步维艰，缺乏竞争优势，难以形成产业规模；木材精深加工能力亟待进一步提高。高水平的加工企业和龙头企业数量偏少，制约了木材利用率的进一步提高，限制了经济效益的提升。

资源保护和管理 截至2008年底，全省森工林区经营总面积为1009.8万公顷；有林地面积为838.9万公顷，比2007年度增加2.4万公顷，增加0.29%；森林覆盖率达到83.2%，提高0.2%；活立木总蓄积量为7.3亿立方米，比2007年度增加2.9%；林木年总生长量2479.5万立方米，有林地平均公顷蓄积83.2立方米，较2007年度增加2.4立方米，提高2.97%。

强化采伐限额管理，伐区作业质量和调查设计质量稳步提高 抽检8个林业局137个小班，伐区作业质量合格率为94.5%；抽检9个林业局121个小班，伐区调查设计合格率为97.2%。通过加强管理，伐区作业和伐区调查设计合格率较2007年分别提高了1%和4.5%。

开展森林调查工作 开展了林业局林调队资质认证和目标化管理评定工作，有25个林业局林调队由丁级资质晋升为丙级资质，30个林业局林调队被评为省一级林调队，有力推动了全省森工林区林调队标准化建设。完成了《黑龙江省森工林区各林分年净生长率表》的编制工作，以黑森函资[2008]64号文件下发执行。完成了黑龙江省森工林区林业发展区划三级区区划总报告及其12个分区报告、森林资源统计汇总及其12个分区汇总、图面成果等项工作，并已上报国家林业局。

强化林地管理 下发了《黑龙江省森林资源管理局关于推荐占用林地评审专家的通知》(黑森资[2007]34号)，组织建立了由总局相关部门、东北林大、省林科院、各林管局、各森林调查规划设计院和总局驻各林区专员办等61名专业人员组成的黑龙江省森工林区占用林地评审专家库，负责对各类建设项目占用林地实施评审，坚持规范占用林地审查审核与提高效率、强化管理和优化服务相结合，建立公开、透明、廉洁、高效的占用林地审查审核制度，为加快建设"资源节约型、环境友好型"社会，为国民经济全面、协调可持续发展和林业长远发展提供保证。

强化林政管理 2008年度林政案件发生3636起，查处3636起，查处率100%。其中：损失林地50公顷，损失林木635立方米，损失幼树0.1432万株。没收木材420立方米，罚款金额90.2万元，补种树木615株，行政处罚3803人。落实木材经营加工原料现场认证制度，统一建立木材经营加工管理台账。2008年批准设立木材经营加工单位68家，变更企业法人代表或加工厂名称44家，对1724家木材经营加工单位进行了年审。

加强森林资源监督 总局组织检查了桃山、绥阳、双鸭山、兴隆4个林业局；驻林业局专员办牵头完成了对驻在单位2007年度"三总量"执行情况和伐区作业质量监督检查工作。对40个林业局和省林科院系统的社会监督公示牌和森林经营活动项目公示情况进行了专项监督检查。对全林区食用菌原料生产管理情况进行监督检查。2008年查办国家林业局、省、总局转办的有关案件13起，均已查结。

存在问题 一是森林资源结构失衡，质量低下，难以承担当前的木材产量和国家生态建设的重任。当前，森林资源现状为：龄组结构极不合理，林分幼、中龄林面积占85.1%，蓄积占77.7%；成、过熟林面积仅占3.2%，蓄积只占5.6%。商品林区主伐资源枯竭，截至2007年底，商品林区成、过熟林面积只有4.5万公顷，占2.2%；成、过熟林蓄积524.6万立方米，占3.05%。近熟林资源有限，现有近熟林面积98.32万公顷，蓄积1.12亿立方米。限伐区和商品林区近熟林面积64.97万公顷，占66.1%，蓄积0.73亿立方米，占65.2%。森林质量低下，有林

地平均公顷蓄积83.2立方米，低于全国平均水平。林分稀疏，平均郁闭度不足0.5，郁闭度在0.8以上面积仅占7.2%。林分平均胸径只有14.8厘米。林相单一，单层林占99.96%，复层林仅占0.04%。二是森林资源管理、监督体制不顺。基础建设薄弱，管理手段落后，森林资源林政管理队伍不稳定。林政管理制度落实不到位，林地有偿使用管理不规范，伐区调查设计和伐区作业质量不高，森林管护承包经营工作发展不平衡。

森林防火 森林防火工作以严字当头，不断加大森林防火工作力度，采取了一系列行之有效的措施，森林防火工作取得了较好成绩。全森工系统发生6起森林火警、2起一般森林火灾。过火总面积1140.3公顷，其中有林地面积103.4公顷。截至2008年底，全省森工林区实现连续5年半(牡丹江、松花江、合江林区连续7年)没有发生重特大森林火灾。

主要做法 一是高度重视，真抓实管。全区逐级签订森林防火责任状753份，建立了森林防火目标管理责任制、森林防火包片责任制等一系列规章制度，将各项任务指标分解落实到人。全系统共组成1393个明察暗访检查组，对所辖施业区的春防工作进行反复检查。二是宣传教育，群防群治。大力宣传森林防火法律法规。开展了"防火知识进家入户"活动，设立固定标语牌12 137块，出动防火宣传车2375台次，印发张贴森林防火宣传品90万余份。与省电视台联合开展了"走林区、看春防"系列报道活动，在省电视台播出12期。三是严格管理，消除隐患。积极与地方沟通，形成了局县共建、场村共建的"联防联治包保责任制"。普遍开展了"五户一包、十户联防"的做法，形成了"互相监督，互相制约，互相促进"的火源监管体系。对入山人员逐一明确监控责任人。四是充分准备，严防成灾。在严管火源的基础上，坚持"以场建队、靠前屯兵、快速反应、重兵出击"的原则，全力做好扑救森林火灾的各项准备。全林区在511个林场(所)、831个林区周边村屯、181处林区重要设施周围开设了防火隔离带。

存在问题 一是森林火险等级逐年升高，森林防火期正从春、秋两季向春、夏、秋三季延长。二是森林面积增加，森工的森林的面积正处于恢复增长期，高火险森林面积不断扩大，防火任务日益加重。三是森林经营活动显著增多，特别是森林防火期间，农事用火、林产品采集、种植生产、游人入山等因素，火源管理难度加大。四是扑救重大森林火灾的综合能力不强。森林防火基础设施设备不够完善配套，综合治理工程投资有限，森林防火预测预报、指挥通信、装备、防火道路、运输设备等基础设施仍较落后，扑火队伍的专业化装备水平急待提高。

天保工程 2008年，龙江森工天保工程财政专项资金的中央投资到位199 551万元，其中：森林管护费21 054万元，政策性、社会性支出59 042万元，基本养老统筹补助费34 670万元，"四险"补助24 970万元，混岗职工安置40 342万元，出再就业中心职工安置19 473万元；地方配套资金到位6000万元。

2008年，森工林区制定下发了《黑龙江省森林工业总局天然林资源保护工程2007年度考核办法》。完成了2006年度国家级核查发现问题的整改工作。组织开展了2007年度天保工程实施情况的企业自查和省级复查工作，所属40个林业局全部完成了自查工作，林业局自查率达100%。通过了2007年度天保工程实施情况国家级核查验收。配合中央电视台进行天保工程实施十周年的宣传报道工作；配合省委宣传部开展了天保十年看林区的采访报道活动，先后有新华社、光明日报社、经济日报社、中国青年报社、中国绿色时报社、黑龙江日报社、生活报社、黑龙江电视台等15家新闻单位的20余位记者参加了此次报道活动。采访团先后采访了东方红等15家林业企业，采访行程近万千米，各媒体以开专栏等形式集中时间推出相关报道，累计刊、播发稿件90余篇，收到了很好的宣传效果。

改革开放 管护经营责任制有所创新，大力发展了林下经营，促进了职工群众就业和增收。对22个林业局的管护承包经营工作进行检查，分别召开各林管局及所属林业局森林管护承包经营工作汇报会议。对全林区40个林业局的管护承包经营工作进行了全面调查摸底，在此基础上，建立了森林资源管护承包经营工作季报和年报制度，制定了森林资源管护承包经营工作考核指标体系与考核办法。截至2008年底，全省森工林区森林管护面积为8 995 030公顷，是规划管护面积8 695 510公顷的103.8%。其中个人承包管护5 862 808公顷，占管护面积的65.2%。森林管护人员共98 086人，其中个人承包管护为80 684人，占总管护人数的82.3%；清河、绥阳、穆棱、林口、绥棱、桦南、山河屯、亚布力等8个内部政企分开改革试点林业局积极探索、大胆实践、规范运作，理顺了政企关系，实现了职能、机构、人员、资产、费用、核算"六分开"，初步形成了新的管理体制和运行机制，为下一步深化改革积累了经验；伊春林权制度改革试点顺利进行，取得了阶段性成果；对俄森林采伐力度加大，林木采伐同比增长14.8%，木材加工同比增长56.5%；招商引资取得新成效，全年完成引资23.4亿元，落实项目24项，其中超亿元项目8个；局县共建工作不断深入，有1/3的林业局与当地政府开展了合作共建，一些林业局与地方政府实施了项目利润税费分成，收到了较好的经济效益。

新林区建设 森工系统所属的第一批试点(3个林业局、40个林场所)单位已全面通过验收，森工新林区建设试点单位都发生了了巨大的变化，取得了显著成效。

林区经济发展、职工群众增收 在基础产业方面，试点单位营造林工作年年超额完成计划，造林面积合格率达100%；木材生产以强化销售管理为中心，在产量减少、材质下降的情况下，年年实现增收节支。通过大力发展多种经营，已经拉动43万人从业，超过在职职工总数；多种经营从业人员收入达87.1亿元，人均年收入近7000元；深入开展万元林场(所)建设，全系统已有372个林场(所)达到人均收入超万元林场标准，占林场所总数的60%。

基础设施明显完善 3年来，新林区建设累计投入资金8.7亿元。新建住房4995所，改建住房23.4万平方米，住房砖瓦化率由原来的52%提高到90%以上；修建道路1342.7千米，3个试点林业局道路全部实现硬化，40个试点林场(所)主道全部硬化，辅道70%硬化；修建排水沟18.9万延长米，90%的道路两侧修建了硬质排水沟；自来水改造入户7417户，入户率提高到80%以上。各试点单位普遍新建了休闲广场、职工活动室、图书室等公共场所，并购置体育器材、图书和活动器具，主路新安装了路灯。建立了万村千乡市场工程农资农家店或连锁超市，并有计划、有步骤推广了太阳能、沼气等新型能源。

生态环境明显改善 3年来试点单位共植绿化树80万株，植绿篱160万延长米，种植草坪30万平方米，拆除板杖子32万延长米，新建厕所4051处。已基本实现了绿化树栽植到位，绿篱取代板杖子到位，镶边林栽植到位，四旁绿化率全部达标，局、场址绿化率达到40%以上；垃圾粪便及时清运，庭院、街道整洁，柴草堆放整齐；畜禽实现了圈养。

社会事业明显进步 各试点单位大力发展教育事业，加大了教育投入力度，提高了教师待遇，稳定了师资队伍，消灭了D级小学危房，适龄儿童入学率达到100%，九年义务教育普及率达到了100%；发展了卫生事业，维修改造卫生所，全林区试点单位卫生所均达到了“三室一房”的标准；计划生育工作符合政策要求，计划生育符合政策率达到99.6%。落实了养老保险政策，建立并完善了林区最低生活保障制度，将符合条件的群众及时纳入保障范围，做到小病不出试点单位，大病全部能够得到及时救助；发展了社会保障事业，实现了应保尽保；有线电视入户率和通讯网络覆盖率均实现了100%。

存在问题 一是万元林场(所)建设发展不平衡。个别林场(所)思路不开阔、缺少发展项目；二是受体制、政策的制约，局县合作共建领域不够宽泛；三是在招商引资方面政策上，部分林业局不能同等地享受地方政府在电价、税费、土地出让金等方面的优惠政策。

【森工大事】

1月4~8日 省森工总局与国际野生生物保护协会在东方红、迎春、绥阳林业局开展大规模保护野生动物清套巡护行动，共清理猎套30多个。

1月10日 副省长黄建盛到省森工总局调研座谈。

1月15日 总局党委以黑森组[2008]1号文件下发《森工系统开展建设发展型领导班子活动的实施意见(试行)》。

1月17日 省森工总局举办全系统医疗服务监督培训班。重点学习卫生监督、医疗服务监督管理涉及的部分法规。

1月24日 省森工总局党委中心组召开专题学习会，围绕贯彻落实科学发展观，推动森工又好又快发展进行专题学习讨论。

2月16~17日 副省长黄建盛赴清河林业局就内部政企分开、森林防火等工作进行调研。

2月22日 经省委组织部研究，李志海任黑龙江省森林资源管理局党委书记。

2月22日 省森工总局组织参加省委举办的全省社会主义新农村建设成果图片展，森工参展图片60余幅，全面展示了2006年以来森工开展新林区建设取得的成绩和巨大变化。

2月27日 省森工总局2008年科学技术进步奖终审结束，经过专家评审、公示和科技委终评，有18项成果获奖。人工林可持续经营技术与林木良种繁育基地建设技术研究、大兴安岭林区天然林持续经营技术、火场指挥通信移动式(应急)中继应用示范、黄波罗药用林营建及管理技术等4个项目获一等奖；抗寒杨树绿化新品种选育与推广等10个项目获二等奖；黑龙江省森工林区林产工业信息系统等4个项目获三等奖。

2月29日 省森工总局召开全省森工工作会议。会议提出全面落实科学发展观，走以生态建设为主的可持续发展道路，努力实现森工经济社会又好又快发展的工作目标。副省长黄建盛、省政府副秘书长王大为出席会议。

3月11日 省森工总局编制委员会以黑森编[2008]1号文件下发《关于成立林管局、林业局应急求援指挥中心的通知》。

3月12日 省森工总局编委员会以黑森编[2008]2号文件下发《关于成立黑龙江省森工林区物价局的通知》。

3月26日 经省委组织部研究，陈丽兰任省林业设计研究院党委书记。

3月28日 经省委组织部研究，同意省森工总局原局长、党委副书记王长福、邵树云退休。

4月23日 经省委组织部研究，时永录任省森工总局(龙江森工集团)党委组织部部长、党委委员。

5月7日　省森工总局编制委员会以黑森编[2008]4号文件下发《关于黑龙江省林产工业研究所黑龙江省木材采运所更名的通知》。

5月9～10日　国家森防指专家组组长马福率国家林业局森防指重点火险区森林防火检查督导组赴国家重点火险区沾河林业局进行检查。

5月13日　省森工总局编制委员会以黑森编[2008]5号文件下发《关于黑龙江穆棱东北红豆杉自然保护区机构设置批复》。

5月15日　经省委组织部研究，同意省森工总局(龙江森工集团)副局长(副总经理)屈谦退休。

5月15日　省森工总局编制委员会以黑森编[2008]6号文件下发《关于设立黑龙江美溪山场林良种基地和白桦林采种基地管理局的批复》。

5月19～20日　以省政协人资环委主任白树清为组长的生态建设调研组到沾河林业局调研。

6月28～30日　国家林业局副局长张建龙出席由省旅游局、省森工总局、省林业厅、伊春市政府、伊春林管局共同主办的第八届中国黑龙江(伊春)森林生态旅游节和庆祝伊春建市50周年活动。

7月17日　省委宣传部在哈尔滨启动天保十年看林区大型新闻宣传活动。

8月5日　黑龙江林业职业技术学院举行建院50周年庆典。

8月25日　经省委组织部研究，同意省森工总局(龙江森工集团)党委副书记单佳晨退休。

8月28日至9月1日　森工代表团参加中国(齐齐哈尔)第八届绿色食品博览会，并获优秀组织奖；牡丹江山城经济贸易公司生产的黑森牌压缩黑森木耳、方正林业局红棒槌酒业有限公司的黑森牌红棒槌酒、哈尔滨市黑珍神大森林山特产品有限公司的木耳饮粉、东方红林业局黑龙江神顶峰黑峰产品有限公司的黑蜂雪蜜荣获产品畅销奖。

9月2日　兴隆林业局刘文英获省教育厅、黑龙江日报报业集团联合举办的第二十届乡村教师奖。

同日，省森工总局以黑森教[2008]176号文件下发《黑龙江省森林工业总局关于表彰第十批总局级骨干教师决定》。

9月8日　省森工总局以黑森教[2008]181号文件下发《黑龙江省森林工业总局关于加强林区教育工作的规定》。

10月8日　省森工总局党委召开全省森工系统深入学习实践科学发展观活动启动大会。

10月9日　省森工总局召开森工林区打击刑事犯罪“秋风行动”会议。

10月29日　雨林联盟国际森林认证机构在牡丹江市向穆棱林业局颁发FSC国际森林认证证书，穆棱林业局在森林可持续经营上得到了国际市场的认可，木材产品获得进入国际主流市场的准入证。

11月8日　省委书记吉炳轩赴山河屯林业局就区域经济一体化发展、企业改革、旅游产业发展等进行调研。

11月13日　副省长吕维峰深入清河林区调研。

同日，经省委会议决定：王林业任黑龙江生态工程职业学院党委书记。

(黑龙江省森林工业由宋淑华、姜东涛供稿)

大兴安岭林业集团公司

【概　述】　2008年，大兴安岭林业集团公司坚持“生态立区、工业富区、项目兴区、打造园区、富民强区”的工作思路，围绕“生态建设、经济发展和民生改善”三大主题，立足优势上项目、谋发展、抓落实。

加强生态建设　重点进行森林资源管理、培育、保护。严格“三总量”控制，重点抓好采金迹地、火烧区和矿区森林植被恢复，培育后备资源，进一步规范营林工程化管理，全面推行林下经济植物资源经营权有偿转让，有序开发利用林下资源。再次主动调减活立木产量75.96万立方米。投入1亿元用于营造林等生态建设，重点完成矿区治理1602公顷，退耕还林1933公顷，火烧区植被恢复2660公顷。查处各类资源林政案件171起，挽回经济损失381.4万元。林地过火率0.04‰。全面完成以煤代木工程，彻底停止樟子松采伐。经过森林资源二类调查，所抽查的塔河林业局实现有林地面积和森林蓄积双增长。

组织接续产业　以结构调整为主线，培育接续产业。做大做强生态旅游业。以漠河机场通航为契机，加大新闻媒体推介力度，巩固拓展区域旅游联盟，扩大北极光节、国际冰雪汽车拉力赛品牌的影响力。深入挖掘整理旅游文化，促进文化产业与旅游产业的有机结合，赋予旅游产业地域、民族、历史文化内涵。生态旅游业实现收入4.9亿元，接待游客67.5万人次。重点扶持龙头企业和名牌产品，增加林木产品科技含量，推进林产工业行业重组，扶持、新建和改建一批产业互补、分工协作的精深加工龙头企业，重点新建和改扩建林木精深加工项目13个，林产工业实现产值12.87亿元，增长23.1%。立足现有矿产资源优势，对非煤矿区资源进行整合，引进技术先进、环保达标的战略投资项目，提高矿产开发、冶炼项目准入门槛。规模以上矿产开发企业实现产值5.9亿元，增长46.1%。“北奇神”和“丽雪”被认定为中国驰名商标，中国北极蓝莓成为大兴安岭地区首个国家地理标志保护产品，绿色食品实现产值8.5亿元，增长8.5%。兴安北药业实现产值3.1亿元，增长21.8%。畜牧业实现产值4.6亿元，增长9.8%。

推进项目建设 重点抓好园区建设、产业项目建设、基础设施项目建设，因地制宜加快工业化进程。全年纳入重点建设项目75个。对俄经贸合作园区成为黑龙江省近5年来唯一享受省级开发区优惠政策的园区，累计完成基础设施投入2.47亿元，落实入园项目20个，到位资金8.45亿元，有11个项目进入生产或试生产阶段。漠河机场在黑龙江省同期批准建设的4个支线机场中率先通航，在全国首创在寒地连续冻土带上建设民用机场。漠河县至北极村输变电工程全面竣工，北极村结束50多年不通国电的历史。加卧、漠洛公路建设进展顺利，黑呼公路建成通车。

优化发展环境 开展“优化经济发展环境年”活动，撤销行政许可110项，查处破坏经济发展环境案件28起，34人受到党纪政纪处分。加大行政问责力度，对政令失畅、行为失范的227名领导干部进行问责处理。扎实推进“平安兴安”创建工作，公众安全感达94.1%，连续4年被黑龙江省评为社会治安综合治理优秀地区。全区共发生各类事故136起，下降32%，被黑龙江省政府评为安全生产优秀单位。搭建融资平台，协调金融机构为中小企业发放贷款5.97亿元。组织开展信访案件专项治理和奥运期间信访维稳百日攻坚专项行动，越级访、非正常访件次分别下降52%和64%。

改革林业体制 积极推进林场改革，最大限度压缩林场规模和数量，推动生产力布局调整和城镇化进程。撤并5个林场、贮木场和经营所，搬迁居民824户、2566人。启动以十八站林业局为试点的综合配套改革，讨论通过试点总体方案，已进入具体实施阶段。对地区林科所、农科所、农机研究所整合组建为大兴安岭农业林业科学研究院。对北奇神集团丽雪公司实行租赁经营，年收租金200万元。非公有制经济实现增加值24.3亿元、税收2.4亿元，分别增长30.6%、47.2%。

扩大经贸合作 重点推进国际森林资源开发，在俄罗斯新租赁林地15.36万公顷，取得595万立方米森林资源开采权，生产商品材50万立方米，阿玛扎尔40万吨纸浆项目进展顺利。先后至南方发达地区和内蒙古开展学习考察、宣传推介、招商引资，共签约项目33个，签约额44亿元。全年招商引资到位资金21.3亿元，增长51%。实际利用外资700万美元，增长3.8倍，增速位居黑龙江省第一。外贸进出口总额完成1742万美元，增长35.2%。

改善百姓生活 以改善民生为根本，筹措资金4915万元，在黑龙江省率先完成企业拖欠职工工资的解欠任务。一次性安置混岗职工3.68万人。城市最低生活保障标准由160元提高到195元，累计发放城乡最低生活保障金6090.8万元，增加2149.8万元。在黑龙江省率先全部免除义务教育阶段课本费，地区技工学校晋升为省级重点技工学校。新型农村合作医疗参合率99.2%，位居黑龙江省之首。启动20万平方米的棚户区改造试点工程，2085户、6672人迁新居。“家庭致富”工程成效显著，12 789户家庭户均增收3133元。新农村建设投入资金1.02亿元，16个省级试点村全部通过验收。城镇居民人均可支配收入8427元，农民人均纯收入4611元，分别增长8.4%和12.1%。

【中央政治局常委李长春考察大兴安岭林区】 2008年7月20~21日，中央政治局常委李长春与随行的中央宣传部常务副部长雒树刚，中央宣传部副部长、文化部部长蔡武，广电总局副局长张海涛，到大兴安岭地区看望慰问林区干部职工群众，就边疆林区的经济社会发展问题进行调查研究。李长春对大兴安岭地区突出宣传强势，大力营造加强生态建设与保护、全民动员抓防火的浓厚舆论氛围表示满意。他指出，要把生态建设与保护摆上更加突出的位置。搞好生态建设，抓好森林防火，不仅要引起林区人民高度重视，也要教育引导每一个进入林区的人关注和重视，并主动地支持、参与进来，从而在全社会形成关注生态、关注森林安全的良好氛围。考察中，李长春听取大兴安岭地区工作汇报，充分肯定大兴安岭地区经济社会发展取得的成绩。

【全国政协提案委员会调研组到大兴安岭地区调研】 2008年7月10~13日，以全国政协提案委员会副主任、国务院国资委副主任王瑞祥为组长，由全国政协提案委员会和国家林业局、国家发改委、财政部组成的联合调研组，对大兴安岭地区生态建设与保护等项工作进行调研。调研组先后考察加格达奇卫东社区、地区资源馆、万亩种子林、加格达奇工业园区，松岭区以煤代木工程烧柴站、砂金禁采警示教育基地，新林区盛兴人造板厂、兴盛木业有限公司，图强林业局北极松板业有限公司、特色毛皮动物养殖基地，漠河机场、漠河工业园区等单位，全面了解大兴安岭地区生态建设与保护、经济和社会发展、产业结构调整、接续产业发展、改善民生等方面的主要做法和取得的成绩，与林业干部职工一起探讨林区经济社会发展规律，分析林区经济社会发展存在的问题，共商林区经济社会发展大计。调研组充分肯定大兴安岭地区各项工作特别是生态保护与建设方面取得的成绩。并就大兴安岭区生态建设与保护、促进林区可持续发展存在的问题和困难、解决问题和困难的政策需求广泛征求意见和建议。地委书记、行署专员、林管局局长宋希斌从大兴安岭地区区情概况及独特的生态地位、生态建设与保护现状及其评价、生态建设与保护存在的主要问题、生态建设与保护的思路及对策、生态建设与保护的政策需求5个方面向调研组作全面汇报。

【全国天保工程后续政策高级研修班暨天保工程示范点建设工作座谈会】 2008年9月20～24日，全国天保工程后续政策高级研修班暨天保工程示范点建设工作座谈会在大兴安岭林业集团公司图强林业局召开，这是国家林业局天保中心第一次在集团公司举办全国性会议，会上为图强林业局等18个天保工程第二批示范点单位进行授牌。大兴安岭地区及重庆、吉林、内蒙古森工集团的有关人员分别就《国有森工企业发展接续产业与政策需求》、《深化改革，促进天然林资源可持续发展》、《吉林省天保工程现状及发展趋势》、《内蒙古政企分开改革与政策需求》作专题发言。大兴安岭地区及湖北、重庆、云南、陕西等地的有关人员就天保工程相关政策进行交流研讨。

【森林经营】 2008年完成人工更新造林4644.6公顷，其中：火烧区人工更新造林2657.4公顷，退耕还林1933.3公顷，撤并林场植被恢复造林49.3公顷，其他造林53.9公顷。在4644.6公顷人工更新造林中，营造沙棘186.7公顷，西伯利亚红松9.6公顷，中华红叶杨引种试验林1公顷。完成人工促进更新7791.3公顷，人工幼林抚育6454公顷，抚育伐生产30 473公顷。重点扶持5个国有育苗基地，带动全区育苗生产健康有序发展，实现育苗生产总产苗量7270.9万株。完成良种基地生产8809公顷，作业质量合格率100%。防治林业有害生物5.47万公顷。完成义务植树105万株、庭院绿化5.3万株。

【有害生物防治】 2008年，预测林业有害生物发生面积13.06万公顷，实际发生12.79万公顷，测报准确率97.88%；防治林业有害生物5.47万公顷，无公害防治5.07万公顷，无公害防治率92.8%；种苗产地检疫率100%；成灾率0，各项指标都达到国家标准。

【项目建设】 2008年，全区纳入项目建设年重点建设项目75个，确定全区重点推进项目47个，其中开工项目41个，项目开工率87.2%，完成项目投资24.6亿元。呼黑公路、加卧公路等3个基础设施项目全面完成年初预期目标，重点推进的30个产业项目，已有18个项目正式建成投产，投产率60%，拉动工业增加值增长30%。亿元以上重大投资项目11个，比2007年增加2个，完成投资8亿元，占总投资比重35.4%，对全区投资增长贡献率32.6%。新开工建设和在建投资千万元以上项目26个，占项目总数36.1%，其中云冶集团项目、辽宁虹京钼业项目、金马集团等项目进展顺利。加格达奇、塔河、漠河、呼玛4个工业园区引进落实入园项目20个，至11月末，全区工业园区基础设施建设完成年度投资2148万元。高标准、快速度完成民生项目，全年全区完成20万平方米的棚户区改造工作任务，有2085户居民迁新居，完成2083户乡村泥草房改造，以及加格达奇区西小河一期工程建设；推进新农村建设工作，完成106个沼气池建设，农村居民开始用上清洁能源，完成10处农村饮水工程，解决1825户的安全饮水问题，全区农村自来水入户率51.4%，投资主体实现多元化。重大项目前期工作进展顺利，古莲至洛古河地方合资铁路项目已得到铁道部和省政府的批复立项，可研报告、项目环评报告、项目土地预审已编制完成待相关审批；洛古河大桥项目已获国家批复立项，已完成签署政府间建桥协定前的有关手续，俄方正完备国内签署政府间建桥协定前的相关手续。

【工业园区】 2008年，加格达奇、塔河、漠河、呼玛4个工业园区引进落实入园项目20个，计划总投资38.68亿元，累计实现到位资金8.45亿元。至11月末，全区工业园区基础设施建设完成年度投资2148万元。加格达奇区累计完成园区投资4628.7万元，塔河9239万元，漠河6178万元，呼玛4220万元。4个园区已有库伦斯木艺、三江食品、水泥电线杆、瓦楞纸、金圣酒业、宜家木业、呼玛河山特饮品、大山神木工艺品、麦香食品等11个入园项目相继进入生产和试生产阶段。生产企业2008年实现工业总产值3033.3万元，同比增长1.9倍；实现工业增加值1207万元，同比增长2.1倍；实现利税147.4万元，同比增长89.0%；安置就业人员876人。

【天保工程】 2008年，围绕“生态建设、经济发展和民生改善”三大主题，深入实施天保工程。国家拨付大兴安岭林业集团公司财政专项补助资金90 132万元，全年累计支出财政专项补助资金支出90 132万元，财政专项补助资金完成率100%。继续合理调减木材产量，2008年集团公司实际木材产量138.44万立方米，比方案多调减75.96万立方米。继续以职工家庭承包管护、管护大队巡护和木材检查站驻点检查为主的“三道防线”管护好森林资源。实现对766.9万公顷的森林全面保护。控制森林火灾、森林病虫鼠害蔓延，依法治林，有效遏制盗砍滥伐、偷拉私运等破坏森林资源违法现象。妥善安置富余职工，全年林业集团公司安置富余职工2232人，安置混岗职工36 809人。通过国家林业局对集团公司2007年度天保工程年度核查和“四到省”考核工作。

【“以煤代木”工程】 2006年12月，“以煤代木”工程在大兴安岭地区全面推开。全区组成由机关和社区干部组成的宣传小组1680个，发放宣传手册18.8万册，宣传单15.6万张，设立永久性宣传牌456块，举行报告会618场，出动宣传车9293台次。2008年，各县区局址和各镇场先后建起73个煤炭供应站、49个液化气供应站、91个引火柴供应站。松岭区在小扬气镇建设占地3.5万平方米的绿水引火柴供应站，收储居民烧柴5.6万立方米，办公区、销售区和6个烧柴储备区一应俱全。内设防火通道、消防水罐，覆盖全场的红外线监控系统24小时固定专人对场区烧柴进行监控。进入供应站的烧柴堆码整齐，全部进行现场拍照，录入微机，数据变化随时公示，各家各户存储方位全部图示，实现管理标准化、规范化。全区各地筹措资金1亿多元，用于燃煤补贴与锅炉、炉灶改造，共改造居民炉灶141 588户，改造率100%。先后对全区企事业单位462台燃木锅炉进行改造。全区已建成型煤推广示范区2个，安装型煤锅炉200台。

【殡葬改革】 2006年8月，大兴安岭地委、行署制定出台《大兴安岭地区殡葬改革工作实施方案》，2007年10月1日开始，在全区范围内全面实施火葬。各地充分利用广播、电视、电台、报纸、网络、板报、标语以及召开听证会、座谈会等形式，宣传殡葬改革和管理的有关政策规定，倡导推行文明丧葬新风。各地通过招商、吸引社会资金、政府投入等方式筹措资金2800余万元，在新林、呼中、塔河、漠河和呼玛共新建殡仪馆5处，殡仪服务中心10处，新购进6台火化炉和10辆殡仪车。行署制定《关于全区殡葬改革实行火葬政策补贴实施意见》，对低保户、困难户等困难家庭办丧事予以补贴，适当减免遗体接送费、火化费等。2008年，全区火葬率100%，每年可节约林木16 445立方米，相当于新增原始林面积234.93公顷。殡改前，全区因上坟烧纸引发的火情占人为火发生总数2%；殡改后，比率减少到0.1%。

【生态旅游】 开发旅游产品，打造旅游品牌，进行旅游推介，营造旅游发展环境，把旅游产业“夏季做强、冬季做热、春秋两季做活”。漠河北方民族风情园、北灵寺、塔河鄂伦春民族风情园、图强九曲十八湾和新林原林园景区分别开工建设；大兴安岭“5·6”火灾纪念馆、李金镛祠堂、妓女坟等景区景点相继投入运营，加格达奇区寒温带植物园、呼玛画山景区、塔河滴翠园正在规划中。完成北极村国家级农业旅游示范点的晋级和映山红3S级旅游滑雪场的创建工作；重新编排5条精品旅游线路；新成立12家旅行社；完成北极村31家家庭旅馆、3家宾馆的星级初评工作和7个景区的质量等级评定工作；大兴安岭地区获2008中国最佳生态旅游目的地。全年接待旅游者67.5万人次，实现旅游收入4.9亿元，同比增长128.6%和95%，旅游业占全区GDP 7%。

【漠河机场通航】 2006年6月21日，漠河机场建设正式破土动工，在全国首创在寒地连续冻土带上建设民用机场。作为黑龙江省“十一五”重点建设项目，漠河机场总投资2.3608亿元，堪称大兴安岭地区第一大单项工程。2008年4月，民航东北空管局、中国民航黑龙江省安全监督办公室、黑龙江省机场集团公司、中航油东北分公司以及地区各有关部门，联合对机场建设工程进行整体检查和总体验收。跑道、联络道、站坪、土面区、围界、巡场路等各项工程建设均达到优良工程标准。作为中国最北部的机场，漠河机场安全、运行等各项服务保障功能已全部通过验收，飞行区技术人员等级为4C级，设计2015年旅客吞吐量12.2万人次，年货邮吞吐量720吨，飞机起降架次3588架次，机场总占地面积158.7万平方米，跑道长度2200米、宽45米，航站楼、航管楼及附属设施建筑面积7000余平方米，航管、导航、助航、灯光、通讯、供电、供油等配套设施齐全。2008年6月18日，漠河机场正式通航。

【塔河县(林业局)资源管理】 2008年，按照“三总量”管理做好木材生产，做到法人不超采，打击滥砍盗伐、偷拉私运的违法行为，一年来依法依纪处理11人，报废运输车辆19台。城乡联动，推进殡葬改革和以煤代木工作。对林下资源实行有偿承包管理利用，新建蓝莓种苗繁育中心和种植基地。开展撤并林场植被恢复工程，完成十八站林业局火烧区清理1.66万公顷。加快塔丰森林健康与恢复工程、绣峰云杉林木良种基地建设，编制完成《塔河县(局)2008~2012年绿化规划》，新增绿地1万平方米。主动停止盘中林场、二十二站林场主伐生产，规划、申报、建设自然保护区，盘古河已被国家列为保护区流域。2008年，塔河县(林业局)代表全区参加国家森林资源二类普查，实现林地面积和森林蓄积量双增长。

【松岭区(林业局)火烧迹地植被恢复工程】 2008年5月17日开始，松岭区(林业局)火烧迹地植被恢复工程全面展开。由各林场成立5家造林公司对火烧迹地植被恢复实行工程化运作，林业局作为建设单位，聘请加格达奇林业局宏林监理公司为工程监理。组织全体技术人员到各作业地块，按照造林技术操作规程指导生产作业。采取“定点放线、边整边造”方法，提高工作效率和造林质量。通过营林处与监理公司共同验收，全部达到验收标准，实现“造一亩，活一亩，成林一亩”目标。截至10月末，完成火烧区植被恢复造林面积517.3公顷，完成计划100%。

【新林区(林业局)生态建设】 2008年，在干部职工中开展生态文明教育活动，学习森林法规和森林资源管理有关规定。改革监督管理机制。把资源管理纳入政治目标考核体系，实行经营人林权责任制和资源管理“三长”联带责任制，各林场全部设立公示栏，完善伐前公示制度，发挥资源科和木材科的联检作用。清理整顿木材加工企业，实行木材加工抵押金制度，木材加工厂由46家减少到7家。与各木材加工厂签订责任保证书，组成由纪检委牵头各职能部门参加的专项工作组，查处违法违纪案件。巩固以煤代木和殡葬改革成果。加大型煤生产力度，共生产型煤2053吨，投入150万元购置型柴生产设备和塑料颗粒机，对废弃木耳袋和木屑进行回收利用，生产型柴638吨、塑料颗粒350千克，并利用型柴研发出机制炭新产品。2008年，以煤代木普及率100%，以煤代木工作在全地区名列第一名。殡葬改革实现“零土葬”。森林防火实现春夏两防“零火灾”，秋防“零火情”。推行林下资源管理改革。对8个林场林下资源实行有偿转让，转让面积63.8万公顷，转让金额116.97万元。

【呼中区(林业局)抚育伐生产】 2008年，制定《呼中林业局抚育伐管理办法》、伐区踏查、产中检查以及撤点通知书等，实施抚育伐生产合同化管理和生产抵押金制度，在内部管理中完善抚育伐材运输行车命令单制度，实现抚育伐生产管理工作产前超前准备、产中及时发现和处理、产后及时验收，控制了抚育伐材运输过程中的跑冒现象；对企业利润进行产品终端测算，科学合理分配生产成本，创新管理措施，为生产作业提供最大资金保障。碧水林场将现有659.85元/公顷的成本经测算合理分配到准备作业、林地清理、抚育伐材下山三大生产环节，对抚育伐材生产成本相对主伐78.00元/立方米的不足部分，林场每立方米补充22.00元，给抚育伐材100.00元/立方米，根据材种、规格和质量进行不同的分类，对优质木材缴入国库，其余未达到缴库标准部分统一存放，分材质等级归楞，由林业局统一处理；在主伐生产准备作业期间，坚持林木采运和营林生产两部门相互协调，按照就近、合理兼顾的原则，开展主伐准备作业和抚育伐准备作业，节省时间、人力、物力和财力；针对抚育伐生产特点，引导和鼓励职工以合资、独资的形式购置JC－30拖拉机和小型木材运输汽车投入到抚育伐生产中，提高生产作业效率。

【图强林业局防火工作】 2008年，坚持局级、场级、股段级领导“三级值班”制度，制定火源管理工作方案、“三清”工作方案、扑大火预案等。检查站、管护站、岗卡、看守人员全部提前上岗到位。举办两期防火业务培训班，全面学习林火理论知识、扑火指挥、地形图使用、GPS操作、对讲机调频等防火理论知识和实用技术，参加培训230人次。专业森林消防队举办林火扑救与安全知识学习班，对扑火机具使用和扑火安全常识、紧急避险等进行强化培训，结合实际制定训练计划，开展业务训练，每天进行负重越野拉练，强化体能素质。对所有扑火机具、车辆进行再检查、再维护，完好率100%。在二十八站林场、潮满林场等重点探矿区，各驻扎30人专业森林消防队伍，配齐风力灭火机、对讲机等设备。从宣传教育入手，挂彩旗5000面、设立永久性标语牌550块、条幅1200条。林业局电视台在黄金时段，对新《森林防火条例》实施滚动播出。印发《森林防火三字经》1000张，3支宣传队定时开展宣传活动。各成员单位组织人力，到分管责任区住户家中，宣讲防火常识，签订春防宣传教育责任状5700份。对智障人员全部落实监护人，对外来人员加强跟踪监管，受教育面100%。

【十八站林业局启动综合改革】 2008年12月1日，十八站林业局在全区率先实施综合改革试点工作，并取得阶段性成果。机关机构整合已经到位，由改革前21个部门调整为14个。管理人员竞争(聘)上岗工作基本结束，机关科级干部由改革前的161人调减到62人，现配备52人。职工一次性安置顺利推进，申请一次性安置并办理安置手续105人。组建专业公司，实行独立自主经营，林业经营公司、资产经营公司、营造林公司三大专业公司基本构架已经形成，职能全部理顺到位。

【阿木尔林业局森林资源管理】 2008年，在实施家庭式管护的基础上，将资源管理纳入目标化管理，明确所属各林场一把手为第一责任人，层层签订责任状；形成远山设卡、近山管护、机动巡护和家庭承包等森林资源管护新格局。根据各林场的山形地势及公路情况因地制宜，把8个管护责任区调整为6个管护责任区，管护站由48个调整为46个。全局所有的干、支、岔线都有站卡布防，管护面积523 401公顷。鼓励管护人员开展种养殖业，开办山特产品商店；建立以林业公安、资源、林政、野生动植物保护、森林防火、木材稽查等为一体的林业执法体系，发挥家庭承包管护专业户、林政检查站、防火检查站、公安森保、木材稽查“五道防线”作用，打击滥砍盗伐、偷拉私运等违法犯罪行为；执行凭证采伐，提高伐区作业质量。木材生产全过程监督，进行产前指导、产中检查和产后验收；落实限额采伐制度，做到采伐限额全额控制，确定资源、木材检验、计划、生产、森调部门分别对限额采伐计划管理、调查设计质量、凭证采伐审核及伐区作业质量把关，实行旬上报、月汇总；对建厂条件、建厂资格进行严格审查，重点对资源消耗严重、利用率低和有违法经营加工行为的木材加工厂予以取缔。全局木材加工厂减少到14家，实行加工原料统一购买制，使"三剩"资源得到充分利用。执行驻厂员制度，资源管理等部门定期核算生产原料和销售数量；把兴安林场作为"森林沟系经营"的试点，设立"兴安森林资源管护区"，内部实行民营化经营体制，转型为生态型民营林场。

【韩家园林业局实施家庭致富工程】 ①研究制定惠民政策，拓宽就业渠道。先后建立库伦斯木业、库伦斯木艺、龙源山产品有限公司等合作和民营企业，安置职工家属及社会劳动力700余名。以委托或承包经营等方式，在对松涛鹿苑等企业进行承包或改制、对全局11个林班17个小班的林下资源进行承包、对贮木场造材剩余物进行竞拍等经济项目发展过程中，让职工实现只调整不投资就能办大厂、大产业。②增加资金投入。林业局在工会原有职工自营经济40万元贷款的基础上，追加150万元的家庭致富工程专项贷款。制定《家庭致富工程资金管理办法》，分别为17家项目基地和163户种植、养殖专业户提供398万元无息贷款及物资。③建立帮扶机制。出台《韩家园林业局家庭致富工程帮扶接对实施办法》，局场两级领导分别与133名生活贫困职工结成帮扶对子，建立以家庭住址、经济状况、技能优势、技术特长、帮扶项目、帮扶责任人等基本情况为内容的帮扶档案。制定《韩家园林业局实施"家庭致富工程"目标责任制考核方案》等一系列规章制度，保证对家庭致富工程帮扶工作监督指导力度。2008年，全局有致富项目家庭873户，从业人员1484人，产值1830万元。在103户一类困难职工家庭中，晋升到二类家庭的28户，晋升比例27.2%，28户二类家庭晋升到富裕家庭的9户，晋升比例32.1%。城镇居民年人均可支配收入5345元，较2007年同比增长11%。

【加格达奇林业局森林经营】 2008年，营林生产实行工程化管理，对营林任务实行招投标制。管理上，实施法人责任制和目标化管理，成立6个造林子公司，完善目标管理、苗木管理、质量管理、验收管理等，提高营林生产作业质量。2008年，完成退耕还林2000公顷、庭院绿化3000株、义务植树6000株、人工促进天然更新工程500公顷、母树林抚育500公顷、种子园抚育200公顷、十八站火烧迹地恢复工程造林370.4公顷、营养杯育苗1000万株。在管护站、检查站等处栽植绿化大苗83万株。

【林业大事】

1月31日 中共大兴安岭地委委员(扩大)会议暨全区经济工作会议召开，确定2008年主要预期目标为地区生产总值增长12%，城镇固定资产投资增长20%，全口径财政收入增长21%，非公有制经济增加值和税收分别增长24%和32.4万元，地区生产总值综合能耗下降5%，城镇居民人均可支配收入增长7%，农民人均纯收入增长6%，城镇登记失业率控制在4.3%以内，居民消费价格总水平涨幅控制在4.5%以内。

1月 大兴安岭地区参加2008中国文化产业新年国际论坛并被组委会评为中国创意城市旅游资源创新奖。

2月27日 中共大兴安岭地委召开全区党政领导干部大会，宣布黑龙江省委关于大兴安岭地区主要领导人事变动决定，宋希斌任中共大兴安岭地委书记；王忠林不再担任地委书记，另有任用。

2月 大兴安岭丽雪精淀粉公司生产的丽雪牌淀粉经过中国国际林业产业博览会组委会相关专家评选，获银奖。

同月，大兴安岭地区开展优化经济发展环境年活动，一切为发展让路，一切为发展放行，一切为发展服务。

3月5日 大兴安岭地区行署发布《关于切实做好春季森林防火工作的布告》，3月5日全区进入春季森林防火期。落实各项森林防火管理措施，森林防火宣传教育，火源管理，入山管理"五个一律"和野外吸烟弄火"五个一律"，火险隐患排查，联防协作，扑救山火准备等各项规定。

4月16日 全区春防紧急电视电话会议召开，对进一步做好全区春防工作作出安排部署。下发《关于进一步加强森林防火工作的紧急通知》，从加强火源管理、各项工作落实、工作纪律等方面提出明确要求。对违反要求的一律严肃处理，坚决追究责任。

5月31日 地区慈善总会共接收全区各界向四川地震灾区捐赠款4 911 652.17元，其中：地直机关捐款1 281 526.85元，个人捐款51 164.6元，企业捐款432 993.4元，县区捐款3 145 967.32元。

6月21日 举行漠河机场通航庆典暨第十八届中国黑龙江大兴安岭漠河北极光节开幕式，北极光节活动期间举办"四极"论坛，邀请俄罗斯圣·索菲亚国家级歌舞团专场演出，女子军乐队巡回展演，兴安武术学校学生表演，国家摄影创作基地举办揭牌仪式，中国漠河国际摄影大赛举办启动仪式，在黑龙江边举办篝火晚会和放江灯等多项活动。

6月21~22日 国家发改委副主任、国家能源局局长张国宝一行对大兴安岭地区生态建设、产业结构调整、生态旅游等项工作进行调研。调研期间，张国宝充分肯定大兴安岭地区经济和社会事业发展，特别是生态建设、产业结构调整、接续产业发展等方面取得的成就。

6月30日 大兴安岭地区召开纪念中国共产党成立87周年暨"先优"命名表彰大会。深化"争促建"

和“四型”堡垒创建活动，全面推动经济社会又好又快更好更快发展。

7月29日至8月1日 2008年第二次地委委员(扩大)会议暨全区经济工作会议召开，传达贯彻省委十届五次全会和全国林业厅(局)长会议精神，参观考察县、区、林业局项目建设情况，听取呼中区、古莲河煤矿经验介绍和漠河机场建设先进事迹报告，表彰奖励漠河机场建设、“管理年”活动和殡葬改革工作先进单位和先进个人，兑现完成2008年上半年生产总值、财政收入和上缴款单位奖励，对上半年工作进行认真总结，对下半年工作进行全面部署，动员全区人民进一步解放思想，更新观念，开拓进取，真抓实干，推动林区经济又好又快发展。

7月 漠河县邮政局北极乡邮政支局支局长兼乡邮员尹静成为中国最北的奥运火炬手。

8月26~29日 国家林业局副局长祝列克率调研组到大兴安岭林区进行调研，先后到漠河工业园区、北极村、图强北极松木业有限公司、呼中远涧天然矿泉水有限公司、兴安木业有限公司和棚户区改造工程等进行考察、调研，详细了解大兴安岭林区生态建设、资源管理、产业结构调整、接续产业发展、改善民生等各项事业发展情况。调研组对大兴安岭林区生态建设及经济和社会各项事业的发展给予充分肯定。

8月 大兴安岭地区被环保部正式命名为国家级生态示范区。

同月起，大兴安岭地区全面停止采伐樟子松。

9月2~6日 举办全区森林防火管理人才培训班。从火场安全避险、扑火伤亡案例剖析、林火扑救指挥程序和扑救森林火灾的基本战法、火场通信、GPS火场应用等8个方面进行培训。各县、区、林业局主管防火的副局长，扑火队长及业务骨干150人参加培训。

10月 黑龙江双河国家级自然保护区基础设施建设，加格达奇、新林、呼中林业局森林重点火险区综合治理二期工程建设，地区医院改扩建3个项目分别获国家林业局批复。

11月23日 行署林管局常务会议召开，传达国家林业局林业扩大内需及灾后恢复重建工作布置会议精神等，听取贯彻落实意见的汇报。

11月 北奇神绿色产业集团的北奇神牌黑木耳、毛尖金蘑、蓝莓系列产品，分别被中国特产协会、中国特产品牌公众评选活动组委会认定为“中国知名特产”。

12月29日 国家林业局党组听取大兴安岭地区工作汇报，国家林业局党组书记、局长贾治邦充分肯定大兴安岭地区各项工作取得的成绩和下步工作思路。国家林业局副局长祝列克、张建龙、印红、孙扎根，总工程师卓榕生出席汇报会，地委书记、行署专员、林管局局长宋希斌汇报大兴安岭地区工作。

12月 大兴安岭重点国有林区2008年棚户区改造工程实施方案得到国家林业局的批复。批复项目总投资9000万元，其中：中央投资2250万元，省级配套1500万元，企业自筹3000万元，其余资金由职工自筹解决。工程建设范围包括松岭、呼中林业局，改造住宅总户数1500户，总建筑面积75 000平方米。

同月，邀请东林大教授对全区各林业局森防站和林场的74名森防员进行林业有害生物监测调查与预测测报、林业植物检疫技术操作办法、林业有害生物综合防控和落叶松球果害虫无公害综合治理技术等生产技能培训。

(大兴安岭林业集团公司由王艳、刘振中供稿)

上海市林业

【概　述】 2008年上海市绿化和林业管理工作以建设生态文明为主线，不断提升行业管理水平，为加快推进上海“四个中心”和现代化国际大都市建设夯实生态环境基础。一是按照“完善布局、增强功能，注重民生、提升服务”的思路，推进绿化建设发展。二是以“稳定总量、动态平衡，优化结构、提高效益”的要求，推进郊区林业发展。三是遵循“科学保护，合理利用”的原则，推进湿地资源管理的永续利用。四是切实加强行业管理，围绕建设资源节约型社会的要求，加强节约型绿化发展的建设推进工作，重点开展节水、节能、节材、节地和树枝综合利用的技术研究。五是加强教育培训，重点抓好绿化林业养护人员、居住区绿化养护人员和果农的培训工作，全面提高绿化从业人员的整体素质，为提高行业管理水平提供人才保证。至年底，全市新建各类绿地1000公顷，完成外环生态专项建设170公顷，腾地40公顷。辰山植物园建设项目累计完成投资13.5亿元。新增生态公益林733.3公顷，完成经济果林规模化、标准化、品牌化建设1666.7公顷，四旁林植树10万株。继续推进湿地生态系统保护，崇明东滩互花米草生态控制与鸟类栖息地项目完成可行性研究，淀山湖湿地修复项目进展有序。分批开展老公园改造和星级公园新创，全市星级公园总数达到83座。落实绿化便民服务，完成589个旧居住区绿化调整。继续推进公园便民利民服务，新增免费供应开水、每周开展家庭养花义诊、每月"健康生活进公园"活动。举办了上海花展、上海竹文化节、桂林公园唐韵中秋、世纪公园和大宁灵石公园音乐烟花节等活动，丰富了市民业余文化生活。兴林富民取得新成效。着力推进林业"五项政策"的实施。组织力量协调推进老果园基础设施改造、生态公益林基础设施改造、生态公益林低效林改造、果园林果套袋、增施有机肥、减少化肥（农药）使用等政策实施，全年基本完成各类林地基础设施改造5333.5万公顷，低效林改造1333.3万公顷，实施"双增双减"果园面积近2万公顷次。扶持特色经济果林发展，促进农民增收。开展"创绿色家园，建富裕新村"主题活动，建成10个绿色示范镇，20个绿色小康示范村，127个绿色小康示范户。推进生态公益林基础设施建设，落实区域面积在66.7公顷以上的"四类"公益林基础设施建设实施点19个，完成嘉定、松江、金山、崇明等4处公益林的改造。制定《上海市公园品质提升暂行规范》等相关规范标准。完成"优化绿化景观"总体规划，形成"一轴两区三点八线十廊百景"的总体布局。

【全民义务植树活动】 2008年，为纪念第三十个植树节，通过丰富多样的义务植树、认建认养和绿化咨询宣传活动，发动社会各界参与、实践多种类型的义务植树尽责方式，赋予义务植树新的内涵和活力。全市19个区（县）组织开辟义务植树点154个，新增义务植树基地63个（111.7公顷），直接参加义务植树和管护劳动的达460多万人；全市设立可供认养点122个，500多家单位出资认建认养，6823位个人出资认养树木绿地，收到认建认养资金517.67万元；编制发放印有植树点、认建认养点的绿化地图5万份。各级领导率先垂范，市级四套班子领导和17个区四套班子领导直接参与春季植树，2个区（县）领导参加了绿化宣传活动。市民参与认建认养的积极性有了很大的提高，认养主体面扩大。绿化宣传发动的方式更贴近百姓。开展社区家庭花卉展、送花给居民、送树给农民等活动，赋予义务植树活动更鲜明的主题特色，以街道为单位组织多次宣传活动，采用文艺演出、绿化成果展示、绿化资料发放、法律技术咨询、科普讲座、花艺示范表演、摄影比赛、养花技艺交流等群众喜闻乐见的活动，形成绿化宣传网络。

【超额完成老居住区绿化调整改造任务】 2008年，按照"主动服务、跨前一步"的要求，积极推动老居住区绿化调整改造，通过专题会、现场交流会、研讨、简报、媒体宣传等形式，在加强绿化生态效应的宣传，引导老居住区居民对树木遮风挡阳、安全问题的正确认识的同时，积极争取相关的区、街道、居委会以及房产、物业部门的支持，规范居住区树木调整程序、统筹协调，缓和树木与居民生活的矛盾，加强日常的技术指导和服务。经各方共同努力，2008年居住区绿化调整改造超额完成计划目标，共改造589个居住小区，修剪27 948株乔木，迁移4584株，砍伐2627株，改造绿地77.2公顷，投资3372万元。

【屋顶绿化建设】 2008年上海市首度将屋顶绿化纳入重点建设项目之一，推动以屋顶绿化为重点的各类立体绿化，市、区两级绿化管理部门坚持分类指导，编制《屋顶绿化技术规范》、《绿墙技术手册》等，为引导规范绿墙建设提供技术支持，严把屋顶绿化的安全和质量关。部分区政府列出专项资金进行推动。闵行区政府划出2000万元立体绿化资金，发动各街道、各委办局一起推动；徐汇区则以教育系统为重点，区政府划出200万元屋顶绿化专项资金，结合校舍改造和新建项目，推动区内学校等公共建筑的屋顶绿化。全年累计完成屋顶绿化15万平方米，共计97个地点。此外，还建成绿篱围墙建设49 936米，沿口绿化13 191米，棚架绿化1680平方米，其他形式立体绿化20 100米。

【绿化知识进"社区、校区、营区"活动】 2008年，结合"同创共建绿化社区"活动，促进居民关心身边的绿化、提升绿化意识。在已有19个街道开展试点的基础上，按照"巩固、深化、扩大"的要求，全市新增了28个街道（1072个小区）推进此项活动，增加社区绿化志愿者15 386名。开展面向社区居民、物业管理人员的培训、服务工作。通过居住区绿化面貌联合检查，帮助居民督促物业加强居住区绿化养护管理，取得明显实效。在47个试点街道内举办各类讲座392学时，其他咨询服务838次，参加人数计4.99万人次。全年的绿化"三进"活动，共举办科普讲座920学时，各类咨询和服务1773次，受益23.7376万人次。

【古树名木和古树后续资源保护】 2008年，古树名木示范点的建设和古树名木技措项目稳步推进，年内全市完成了4个古树名木保护示范点、11个古树名木技措项目；对全市300年以上一级保护古树进行了无损检测；制定了《上海市古树名木鉴定标准和鉴定程序》。此外，制定了《园林绿化养护合同（示范文本）》，使绿化养护合同管理更科学规范，9月底由市工商局、市绿化局、市行业协会联合发文推进养护管理单位使用。通过网络征集、专题介绍、现场考察等多种方式，收集优良苗木信息，初步建立了苗木信息库，基本形成苗木储备方案。

【实施应急预案应对突发天气灾害】 2008年初，上海连续遭遇低温雨雪天气，绿化林业管理部门认真研究雪灾对绿化可能产生的影响，启动了应急预案，组织各级应急队伍积极应对，各公园认真抓好清扫积雪工作，组织人员到几个较大的公园实地检查各项应急安全措施的实施情况，确保游园安全。雪后，及时组织做好倒伏、折枝树木的处理，确保道路畅通和公共交通安全。台风和汛期，强化防汛防台管理，组织防汛防台应急抢险演习，完善防汛防台预警信息的处置程序，信息转发速度明显提高，应对突发灾害的能力得到增强。

【2008 上海花展】 2008 年 3 月 28 日在上海植物园二号门"东方之冠"主题花坛前举行开幕式，花展邀请了全市各区(县)绿化管理部门、企业、长三角部分城市、国内外 12 个植物园等共同参与，为了突出上海花展为世博会服务的理念，特别启动了"海宝迎客"项目，受到参观者的喜爱和好评。花展主展区规划面积 30 万平方米，汇集了 3000 多个品种、460 多万株花卉。以"走进世博会"为蓝本，展示世博园区场景模拟绿化、名优花卉、综合园艺以及珍奇花卉等，旨在通过实战演练为 2010 年的上海世博会景观布置做好技术储备。在室外展区中，以展示系列主题花卉为主；在室内展区中，植物大楼采取一次设计、分期布展的方式，分别展示盛典活动场景以及国内外 12 个植物园提供的特色植物品种，实战演练世博会 180 天展期中绿化景点及时更换的技术难点。花展期间专门邀请专家与游客同游花展，使游客在游园中获得更多的植物科普知识。花展经过 66 天的展示于 6 月 1 日圆满结束。此次花展评出金奖 23 个，银奖 22 个，铜奖 9 个，鼓励奖 5 个以及特别贡献奖 6 个，入围制作奖 3 个、设计优秀奖 7 个，为展示和推广国内外园林绿化的新技术、新品种、新工艺、新成果起到了积极的作用。

【参与并完成国内外大型花展】 上海绿化园林部门参加 2008 年香港春季花展，展出的作品"晨园"，获得了最佳设计(园林景点)金奖。参加第七届中国盆景展，共获得 3 个金奖，5 个银奖，8 个铜奖。参加第六届厦门中国园艺博览会，上海受邀参展的室外展园"汇园"获得综合大奖、设计单项奖等奖项。

【绿化林业科技成果】 2008 年，组织开展了辰山植物园营建关键技术研究、上海城郊典型生态公益林功能提升关键技术研究及示范、节约型技术在城乡一体化生态建设中的应用等 16 项技术攻关，有力支撑了绿化林业的重大工程建设。全年荣获市科技进步二等奖 2 项，三等奖 1 项。落实和推进"春景秋色"为主题的绿化景观优化工程，新推荐新优观花色叶植物 20 种，推荐拟扩大应用的地带性落叶阔叶乔木树种 30 种。完成制定绿化废弃物处理处置技术规范、上海市绿荫停车场建设指导手册。积极推动区(县)建设 10 个绿荫停车场示范点，并推广雨水河水综合利用、生态环保材料及设施、太阳能利用等应用示范。

【湿地保护管理】

崇明东滩生态项目 2008 年，组织编制崇明东滩互花米草控制与治理项目可研报告、崇明东滩互花米草控制与治理项目的环境影响评价报告、海底光缆保护设计方案并报上级审批。落实和启动了市科委崇明东滩互花米草控制与治理关键技术研究攻关项目课题研究，完成了两次综合科学考察活动，初步摸清项目实施区域本底资源状况。

淀山湖湿地修复项目 2008 年，编制淀山湖湿地修复总体规划和淀山湖湿地修复工程示范区项目建议书，并报相关部门批准，同时启动了可行性研究报告编制工作。参与编制《上海市太湖流域水环境综合治理方案》有关淀山湖湿地修复项目内容。启动淀山湖莲湖村大莲湖湿地修复示范工程。围绕修复湿地、净化水质、增加生物多样性和扩大容水量 4 个目标，用两年时间，把 41.7 公顷鱼塘还原成生态湿地，为整个上海西郊淀山湖湿地修复工程、太湖流域水环境综合治理，提供可供推广的范例。

【长江中下游湿地保护网络建设】 2008 年，主要开展 5 项工作：①组织学习、考察国家"十五"重大科技专项工程江苏省镇江金山湖生态修复与面源污染控制示范工程；②组织召开生态产业与水源地保护专家咨询会，对青西湿地修复方案进行研讨与咨询；③建立长江中下游湿地保护网络崇明东滩志愿者之家，推出了项目设计与培训、大堤巡护与野外巡护、社区调查与宣教、动植物资源监测和水鸟调查、保护区及管理站保洁、清除外来物种以及宣传材料设计与制作 6 个岗位，面向社会招募近 100 名志愿者；④参与组织《长江中下游湿地保护网络水鸟调查与监测手册》编写，统一流域水鸟调查和监测的技术标准；⑤参与举办长江中下游湿地保护网络 22 个成员单位参与的水鸟识别、调查项目设计、调查数量统计分析培训班。

【野生动植物保护管理】 2008 年，组织召开全市湿地和野生动植物保护管理工作会议和野生动物疫源疫病监测防控专题会，加强区(县)和基层的专项管理以及全市监测防控工作。编制《上海市陆生野生动物疫源疫病监测体系规划》。指导和督查区(县)开展"飞鹰行动"和奥运期间野生动植物保护管理工作。组织全市野生动物疫源疫病监测和野生动植物保护管理培训，区(县)绿化林业部门参与近 90 人次，培训组织专题讲座 15 个，参观现场 1 处，编写培训资料 30 多万字。推动栖息地保护和物种恢复工作，资助南汇东滩水鸟栖息地保护、奉贤申亚生态林獾类栖息地重建和崇明东滩湿地公园扬子鳄重引入等3个项目。

【野生动植物经营利用监督管理】 2008年，开展了以下主要工作：一是贯彻国家5部委关于加强赛加羚羊、穿山甲、稀有蛇类资源保护和规范其产品入药管理通知，基本清查全市库存羚羊角、甲片和稀有蛇类药材情况。二是首次开展全市珍稀濒危野生动物活体标记工作，基本完成17种800头活体动物标记任务。三是开展库存麝香核查封装申报工作，核查封装申报麝香37份55千克。四是完成全市虎豹皮库存核查与专用标记申报，共清理库存虎豹皮68张。五是调查编制了全市甲片和稀有蛇类资源2008～2009年度消耗控制量计划并提交国家林业局评审。六是做好濒危野生动植物种进出口行政许可事项和野生动植物经营利用行政许可事项审核查验，建立了行政许可事项审核查验数据库。

【违法经营象牙及牙雕制品专项整治行动】 2008年，召开绿化、公安、工商、城管、海关、文物和通讯等部门，以及牙雕行业协会、企业参加的象牙贸易监管工作研讨会，统一认识，依法行政。协调市工商局检查总队、市公安局治安总队和市野生动物保护站，组织了全市范围的执法检查。联合公安、工商、文物、旅游、海关和机场等部门开展象牙及其制品贸易清理整顿工作。配合国家林业局完成濒危野生动植物种国际贸易公约秘书处对上海市象牙及其制品贸易核查工作。

【集中打击破坏野生动物资源违法犯罪活动专项行动】 2008年，协调工商、公安和海关等部门，制定工作方案，落实行动报告制度，组织19个区(县)行动情况的督促检查。联合公安、工商部门突击检查普陀区铜川集贸市场，收缴违法经营野生动物2000千克。各区(县)加大执法查处工作，1个月出动执法人员2624人次和车辆620台次，检查清理野生动物栖息地、驯养繁殖和加工利用场所749处，缴获(解救)野生动物活体7802只(头)，野生动物制品7180.82千克，收缴捕猎网具525件，其中：查处刑事案件3起，刑事拘留3人，行政案件15起，行政处罚12人。南汇区野生动物保护站和市工商局被国家4部门授予先进集体称号。

【奥运会期间野生动物保护管理专项行动】 一是按照国家林业局分析的奥运会期间野生动物保护6个敏感问题和上海市野生动物保护工作存在的“五乱”现象，研究制定了全面排查、逐个检查、及时纠正、不留死角和违法查处的工作方案。二是进行任务布置和责任分解，对敏感物种和敏感部位的管理采取责任人制度。对区(县)和行业重点单位、敏感场所进行实地督促检查，及时落实管理措施。三是实行奥运会期间野生动物管理的每周信息报告制度，编发奥运会期间野生动物保护管理专项行动简报。四是组织市野生动植物保护协会开展志愿者巡访检查活动，形成群众监督网络。

【奥运会期间森林防火全国重点区域保障任务】 2008年，根据国务院确定的森林防火“围绕绿色奥运保重点”的要求，上海市首次作为全国防范森林火灾的重点区域，从组织落实、舆论宣传、隐患排查、应急预案等方面开展各项工作；针对5月期间佘山大型宗教活动森林防火的特殊需要，从现场踏勘、制定工作方案、逐项排除隐患、向周围单位(居民)和游客发放进山森林防火告知书，到增建扑火输水管线、组织志愿者和护林员全天候巡山、协调消防力量驻山值守、落实应急预案和物资储备做好过细工作，确保万无一失。圆满完成了保障奥运会和大型宗教活动顺利举行的政治任务。

【“春雷行动”】 2008年，针对全市近年来基本建设项目多、占用林地多的实际情况，为有效遏制破坏森林资源的势头，巩固林业发展成果，组织了代号为“春雷行动”的森林资源监督管理和治理整顿专项活动，通过航片遥感解译、区(县)自查、统一检查等多种方法，不仅对295件行政许可事项进行了事后监管检查，而且全面查清2005～2007年期间林地减少数量、原因等情况，针对实际提出了整改、查处及完善管理的对策措施，为进一步加强森林资源管理打下了良好基础。

【林地分类调查】 在2007年林地分类外业调查的基础上，2008年对数据进行多功能、多用途、统计分析处理，全面完成了《上海林地分类调查报告》，全面理清了林地总量、林种数量、林地属性、林木权属、经营方向等基本情况，提出了林地分类管理相应政策建议、管理举措等，为林业发展由建设为重点向建管并举、以管理统率建设转变和进一步加强森林资源管理夯实了基础。

【有害生物防控】 2008年，加强城乡一体有害生物疫情监测，及时发布预警信息，落实相关单位防治责任，确保不发生大面积爆发性病虫灾害；围绕迎接世博600天行动计划总体要求，针对重点检疫性和常发性有害生物，制定专项整治方案；针对中心城区发生悬铃木方翅盲椿情况，部署应急除治，确保有害生物发生、蔓延、危害掌握在可控状态之下。

(上海市林业由朱天恩供稿)

江苏省林业

【概 述】 2008年，全省共完成营造林面积10.89万公顷，其中成片造林9.13万公顷，新建和完善农田林网40.8万公顷，四旁植树1.4亿株，超额完成国家林业局下达的植树造林任务。建设环太湖和主要入湖河道两侧防护林带0.46万公顷，新建绿化合格村5252个，建设绿色通道2964千米，107个林业血防重点村庄完成抑螺防病林0.17万公顷。完成了江苏省沿海防护林二期规划和实施方案编制，工程正式启动。全省参加义务植树2820万人次，尽责率72.2%，义务植树1.2亿株。

资源林政管理 加强生态公益林管理，全省共落实省级生态公益林小班51 579个，落实省级生态公益林面积27.8万公顷。加快推进林权登记发证工作，对6.67万公顷林权发证任务进行分解和落实。严格林地征占用审核审批行为，建立了林地征占用定额管理制度。全年共审核审批建设项目占用征用林地99起，面积0.05万公顷，征收森林植被恢复费5000多万元。严把生态公益林采伐条件审核关，共组织"江苏省重点生态公益林采伐可行性论证"30次。完成了《全省矿区植被保护与生态恢复工程规划》和《江苏省林业三级区划》的编制工作。

野生动植物及湿地资源保护 全省林业系统自然保护区达24处，保护典型地带性植被、动植物栖息地或湿地约32.4万公顷，约占全省国土面积的3.16%。全省49家野生动物产品加工企业列入野生动物及其产品标记管理。大丰麋鹿国家级自然保护区麋鹿种群上升到1317头，其中野生放养试验种群上升到118头。省财政2007年太湖治理专项资金立项支持的4个湿地恢复项目2008年度建设内容已经全部完成。2008年省专项支持的10个湿地恢复项目全部完成实施方案设计，部分项目已经开工建设。新批建省级湿地公园3处，全省省级以上湿地公园达12处。

林业有害生物防治 重点依托全省40个测报网点，加强杨树病虫害的预测预报工作，组织防治专业队，实行联防联治，确保了杨树病虫害没有蔓延成灾。积极开展松材线虫病防治，加强疫木管理，防止疫情人为扩散。全省主要林业有害生物发生面积9.13万公顷，其中：虫害发生面积7万公顷，病害发生面积2.13万公顷。防治面积7.87万公顷，防治率86%；无公害防治面积6.33万公顷，无公害防治率80%。

森林防火 森林防火责任制得到全面落实，各级政府层层签订责任状，分解落实工作责任，省林业局组织对各地责任状落实情况进行检查。森林防火基础设施逐步完善，全省新建林火远程数码监控系统4套，新建物资储备库12个，在重点林区建蓄水池112个，铺设引水消防管道3万多米，设置消防栓110只。全省共发生森林火灾61起，其中：火警55起，一般火灾6起，过火面积78.72公顷，受害面积27.46公顷。没有发生较大火灾和人员伤亡事故，森林火灾控制率、受害率分别为0.35公顷/次、0.022‰，大大低于责任状指标。

林业产业 认真调研，积极参谋，危中寻机，努力保持全省林业产业持续健康发展。制定了《江苏省林业产业化龙头企业认定监测管理办法(草案)》及《江苏省林业产业协会章程(草案)》，推进林业产业发展。积极应对金融危机影响，扶持林产品加工、森林生态旅游、野生动植物利用产业发展。全省实现林业产值937亿元，比2007年增长15%。其中：杨树等板纸一体化工程产值580亿元，银杏等特色林产品工程产值91亿元，林木种苗工程产值155亿元，野生动植物驯养繁育与综合利用工程产值75亿元，森林旅游工程产值36亿元。

科技兴林 全面加强国家重点科技计划项目管理，申报"948"项目2项，下达科技成果推广项目5项。根据国家林业局统一的要求和部署，对2000年以来未验收的21个推广项目进行清理，完成13个项目的验收。开发完成江苏省林业三项工程项目管理信息系统，下达2008年林业三项工程项目计划32项。申报省科技厅、省质监局主管的各类涉林科技项目20个。

依法治林 省人大对《江苏省生态公益林条例》实施情况进行监督检查。根据省人大常委会《关于征集对我省现行有效地方性法规修改废止意见和建议的通知》要求，组织对《江苏省实施〈中华人民共和国森林法〉办法》、《江苏省全民义务植树条例》等6个江苏现行有效林业或涉林地方性法规的修改、废止进行研究论证。举办了《物权法》、《江苏省生态公益林条例》等法律法规知识培训班，组织全省林业系统开展年度普法考试，组织省林业局全局公务员开展学法考试工作。

森林公安队伍建设得到加强，理顺了管理体制，明确了森林公安机构职能，完成全省森林公安民警180个政法专项编制定编和公务员过渡。组织开展打击破坏野生动物资源违法犯罪活动的"飞鹰行动"。

根据国家林业局的统一部署，在沿海地区开展了“候鸟三号行动”，重点打击破坏鸟类资源违法犯罪行为。加大林业行政案件的查处力度，全年共发生各类林政案件2276起，查处案件2257起，查处率为99.1%。重点督办了东海县平明镇徐华中非法收购、贩卖野生鸟类16 000余只和邳州市石灰匣村滥伐林木195平方米重大案件。

集体林权制度改革　全省各地认真学习贯彻落实中央10号文件，进一步深化林权制度改革。省政府出台了《关于深化集体林权制度改革的实施意见》，省林业局成立了局集体林权制度改革办公室，制定全省集体林权制度改革试点工作方案及2009年全省集体林权制度改革工作要点，争取国家财政1257万元林改工作经费，新一轮的集体林权制度改革全面启动。

森林资源监测　全省森林资源二类调查工作进展顺利。镇江、南京、苏州、无锡、常州5市已完成二类调查内业汇总。盐城市完成了外业调查，开始内业汇总。南通、淮安、扬州、泰州4市外业调查也在有序推进。完成2007年度小康指标森林覆盖率测算。开展重点生态公益林监测，组织编制了《江苏省重点公益林生态定位监测建设项目可行性研究报告》。

项目资金管理　加强林业重点工程项目资金管理，组织对全省13个市本级及26个县(市、区)2007年实施的林业重点工程项目资金使用管理情况进行了稽查，针对发现的问题及时进行整改。制定《江苏省林木种苗发展规划(2008～2015)》和《江苏省太湖流域湿地保护与恢复规划(2008～2015)》两个林业专项规划，申请省发改委批准立项。报送江苏省国家级森林防火物资储备建设项目和大丰麋鹿国家级自然保护区基础设施三期工程等一批林业重点工程项目的可行性研究报告，争取国家立项支持。制定了《江苏省国有贫困林场扶贫资金管理办法》，将项目资金纳入规范化、制度化管理轨道。

林业宣传　《江苏绿化》杂志登载了江苏林业改革开放30周年纪念专刊，《森林与人类》杂志登载了江苏湿地专辑。以中国绿色时报社、新华日报社、江苏林业网站为平台，开展植树节、湿地日、爱鸟周等纪念活动。组织或配合相关单位成功举办了首届江苏森林生态旅游节、第三届溱湖湿地生态旅游节、溱湖国家湿地公园发展高层研讨会、保护湿地——应对气候变化国际研讨会暨长江湿地网络2008年会和城乡林业统筹发展与生态文明高层论坛等大型活动。编发《林业工作简报》98期、《江苏林业情况》92期。

【国家林业局局长贾治邦考察江苏林业工作】　2008年10月21～23日，全国绿委副主任、国家林业局局长贾治邦和国家林业局副局长印红率队赴江苏考察林业工作，在苏期间，贾治邦分别会见了省委书记梁保华、省长罗志军，共商江苏林业发展大计。省委常委、副省长黄莉新，副省长、徐州市委书记徐鸣，省政协副主席陈宝田，省林业局局长夏春胜和副局长严宏生、卢兆庆陪同考察。

贾治邦一行先后考察了邳州市林业产业加工基地和银杏苗木基地，徐连高速、京沪高速公路绿色通道和农田林网建设以及姜堰市溱湖湿地保护区等。考察期间及与江苏省委省政府领导工作交流时，贾治邦对省委、省政府高度重视林业工作和全省林业建设取得的成就给予了充分肯定和高度评价。他说，近年来江苏林业发展速度快、势头好。在省委、省政府的领导下，绿色江苏建设取得了显著成绩，每年造林10万公顷，全省森林覆盖率每年增加一个百分点，而且以占全国0.7%的林地创造了占全国7%的林业产值，很不容易，令人鼓舞。

贾治邦指出，江苏充分发掘道路沿线、水系沿岸、村宅四周等绿化造林用地资源潜力，找地栽树、见缝植绿的思路和做法非常好。江苏经济实力雄厚，湿地资源丰富，森林覆盖率不高，林业建设任务繁重，希望江苏现代林业建设与经济社会发展同步，也走在全国前列。一要继续推进以生态建设为主的林业发展战略，进一步提高森林资源总量。二要用现代科技武装现代林业产业，继续保持林业产业发展优势。三要加快推进集体林权制度改革。四要根据日益增加的林业建设任务和要求，加强林业机构和服务体系建设，依据科技优势，注重科技兴林。

【省领导参加义务植树】　2008年3月2日，省委、省人大、省政府、省政协、省军区和南京市领导来到南京燕子矶江边参加集体义务植树。省委书记梁保华接受新闻媒体采访时强调指出，绿化造林是利在当代、造福子孙的大事，要全面动员、全民动手、全力推进。2003年，省委、省政府向全省发出了建设绿色江苏的号召。5年来，全省共完成造林54.2万公顷，超过前20年的总和，森林覆盖率由2002年的11.36%提高到2007年的16.9%，超额完成省政府确定的每年净增一个百分点的目标任务。今后一段时间，要根据江苏的省情特点，植树造林的重点是沿路、沿河、沿湖、沿海和沿村庄。希望通过坚持不懈的努力，使绿色江苏建设取得更大的进展，提高到一个新的水平。省长罗志军指出，植树造林各地要因地制宜，合理规划，选择合适的树种，并确保成活率。近几年全省绿化造林成绩很大，但还有很大的拓展空间。要突出抓好村庄绿化、道路绿化和环太湖流域防护林工程建设，全面完成全年绿化造林目标任务。

【苏南苏中村庄绿化现场推进会】　2008年3月11日，省政府在常州召开苏南、苏中地区村庄绿化现场推进会。省委常委、副省长黄莉新出席会议并讲话。

黄莉新说，全省村庄绿化工作要以科学发展观为指导，坚持生态优先、效益兼顾，因地制宜、适地适树，科学规划、见缝插绿的原则，大力开展植树造林，全力推进绿色家园建设，改善农村人居环境，提高农民生活质量，促进社会主义新农村建设。苏南、苏中地区要进一步加大村庄绿化建设力度，到2010年，苏南五市平原地区村庄绿化覆盖率要达到25%以上，丘陵地区村庄绿化覆盖率达到30%以上；苏中三市村庄绿化覆盖率要达到30%以上；新建中心村绿化覆盖率要达到35%以上。2008年要新增3350个绿化合格村，并同步推进进村道路、农村河道绿化、沿村农田林网建设。①加快推进房前屋后绿化。加大村庄绿化造林力度，引导农民在其住宅四周、公共绿地、闲置土地见缝插绿，因地制宜种植观赏树种或经济林果，增加村庄总体绿量，切实改善农村人居环境。②加快推进农村“三网”建设。大力推进乡村道路绿化，加强道路林网建设，努力做到道路沿线全部绿化。紧密结合农村河道清淤，加大农村河道林网建设力度，力争宜林地绿化全覆盖。加大山水田林路综合治理力度，大力推进农田林网建设，增强农业综合生产能力。③加快推进绿化产业发展。鼓励和引导农民积极发展经济林果，大力发展用材林，加快发展林果产品精深加工，提高绿化造林经济效益，增强对村庄绿化的带动能力。

【省人大领导考察生态公益林建设和保护】 2008年5月19～22日，省人大常委会副主任丁解民率队考察徐州、连云港两市生态公益林建设和保护。丁解民对徐州、连云港两市贯彻实施《江苏省生态公益林条例》所做的工作和取得的成绩给予了充分肯定。他指出，各级政府和林业主管部门重视《江苏省生态公益林条例》贯彻实施工作，强化宣传和培训，切实提高了依法管理和保护生态公益林的水平；生态公益林保护力度大，成效明显；通过创新机制、加大投入，加大公益林的建设力度，提高了造林成活率和保存率。丁解民要求，要进一步统一思想，提高对颁布实施《江苏省生态公益林条例》重要性的认识；要进一步加大条例的宣传力度；要加强依法管理和保护；要积极探索公益林管护长效机制。

【首届江苏森林生态旅游节】 2008年6月13日，首届江苏森林生态旅游节在常熟开幕。原林业部副部长、中国林场协会会长沈茂成代表中国林场协会对本次旅游节表示祝贺。他指出，森林旅游是一项方兴未艾的朝阳产业。加快森林公园建设，大力发展森林旅游产业，既是加强自然资源保护、为社会提供高质量的生态产品、实现林业又好又快发展的内在要求，也是建设祖国秀美山川、传播生态知识、弘扬森林文化、建设生态文明的客观要求。这次旅游节的举办，必将为推进森林生态旅游业的更快发展发挥重要作用。省委常委、副省长黄莉新出席开幕式并讲话。她说，生态文明是当今社会的一个鲜明主题，林业是生态建设的主体，建设绿色江苏是打造生态文明的重要抓手。多年来，全省各级党委政府认真贯彻落实科学发展观，全面推进绿色江苏建设，同时积极发展森林生态旅游业，取得了显著的成效。森林生态旅游业正在成为江苏龙头式品牌和林业经济新的增长点。举办森林生态旅游节，有利于推动森林旅游产业发展，增强人们关注森林、关爱绿色的生态意识，希望全省林业部门以本次森林生态旅游节的举办为契机，加强宣传发动，丰富活动内容，扩大森林生态旅游的影响，不断提升全省森林生态旅游业发展水平。首届江苏森林生态旅游节由国家林业局森林公园管理办公室、江苏省林业局、江苏省旅游局、苏州市政府共同主办，常熟市政府承办。期间还举办2008长三角森林生态旅游交易会、森林旅游高层论坛、“关注绿色，共享奥运”主题活动周等活动。

【保护湿地——应对全球气候变化国际研讨会】 2008年10月20～21日，由世界自然基金会、国家林业局湿地保护管理中心、江苏省林业局联合举办的保护湿地——应对全球气候变化国际研讨会在江苏省姜堰市溱湖国家湿地公园举办。国家林业局副局长印红在会上指出，健康的湿地生态系统是国家生态安全体系的重要组成部分和经济社会可持续发展的重要基础。中国政府在湿地生态保护方面相继采取了一系列有效措施，取得了显著成效。湿地与全球气候变化的关系十分密切，但我们对气候变化对湿地生态系统的影响以及湿地生态系统对气候变化的响应等仍知之甚少。她希望与会代表积极参与研讨，共同探讨湿地与全球气候变化的关系。省政协副主席张九汉指出，建设一个青山常在、碧水长流、清新宜人的“绿色江苏”，离不开健康、生机蓬勃的湿地生态系统。为保护好全省湿地资源，省政府办公厅发出了《关于加强湿地保护管理的通知》，将湿地与野生动植物保护纳入“绿色江苏”建设五大林业生态工程之一予以高度重视并已经取得初步成效。他要求全省湿地保护管理人员和长江湿地网络成员单位积极开展国际合作与交流，切实推动江苏省湿地保护事业的发展，扩大江苏省湿地保护工作的影响，为推动长江湿地保护和应对气候变化作出自己应有的贡献。与会专家强烈呼吁：加强长江流域生态网络建设，恢复流域湿地生态系统整体的结构和功能，加强湿地与气候变化关系的研究。采取行动，恢复湿地生态系统的结构与功能，提高湿地生态系统的回弹力与抵抗力，提高湿地自然保护区应对全球气候变化的能力。

【省政府出台《关于深化集体林权制度改革的实施意

见》】 2008年11月24日，省政府出台了《关于深化集体林权制度改革的实施意见》，标志着江苏省深化集体林权制度改革工作全面启动。《意见》的颁布，是江苏贯彻落实党的十七届三中全会和中央10号文件精神的重要举措，是对前期全省林业产权制度改革的进一步深化，也是对林业管理体制和经营机制的又一次重大调整。《意见》共17条，分4个部分。包括：深化集体林权制度改革的指导思想、基本原则和总体目标；深化集体林权制度改革的主要内容；完善集体林权制度改革的配套政策；切实提高集体林权制度改革的组织领导水平。《意见》指出，要用2年左右时间，基本完成明晰产权、落实集体林地使用权和林木所有权的改革任务。在此基础上，逐步完善政策，建立产权归属清晰、经营主体明确、责权划分具体、利益分配合理、流转程序规范、融资渠道通畅、监管服务到位的集体林权制度，实现资源增长、林业增效、农民增收、生态改善的目标。在坚持集体林地所有权不变的前提下，依法将集体统一经营的集体林地和林木，通过均股、均利等方式，落实到本集体经济组织的农户。要完善林木采伐管理机制，建立森林资源资产评估和流转市场，规范林地、林木流转行为，建立支持集体林业发展的公共财政制度，推进林业投融资改革，加强林业社会化服务。《意见》强调，集体林权制度改革关系到稳定和完善农村基本经营制度、农民就业增收，建设生态文明，绿色江苏建设和现代林业发展，是农村生产关系的重大变革，事关全局、影响深远。各级党委、政府要把集体林权制度改革作为一件重要工作来抓，精心组织，周密安排，确保改革扎实推进。

【环太湖林业生态工程建设】 省委、省政府对太湖流域水环境综合治理工作高度重视，要求把太湖治理作为江苏生态文明建设的重中之重，把环太湖林业生态工程建设和湿地保护与恢复作为太湖水环境治理的重要措施。2008年，省林业局制定并印发《"十一五"暨2008年太湖流域林业生态工程建设目标责任制》，成立省太湖流域林业生态工程建设领导小组及办公室，强化协调，定期考核。苏州、无锡、常州等流域内各地积极行动，认真贯彻落实省委省政府太湖水污染治理工作会议精神和省政府常务会议关于开展环太湖生态防护林建设决定精神，切实加强组织领导，积极协调土地，科学规划设计，认真施工作业，环太湖生态防护林建设工作进展顺利，全年共完成环太湖1千米和主要入湖河道两侧建设缓冲林带0.46万公顷，无锡亮河湾湿地恢复等14个环太湖湿地保护与恢复项目建设也取得了显著成效。

（江苏省林业局由王学东供稿）

浙江省林业

【林业改革】 ①2008年，全省集体林权制度改革积极推进。深入宣传贯彻中央10号文件精神，先后组织开展了林改宣讲活动和督查活动，制定了浙江省深化集体林权制度改革总体方案，开展了丽水市及临安、建德、安吉、仙居、江山、开化6个县(市)的省级林改示范区建设。启动了林权信息化管理系统建设。积极开展流转平台建设，全省已有62个县(市、区)挂牌成立了林权管理中心，新增编制121人，加快了林木、林地的流转。稳步推进林权抵押贷款，制定了森林资源资产抵押贷款的相关管理制度，初步解决了制约林权抵押贷款的政策瓶颈和资产评估资格问题，全省发生当年林权抵押贷款额超过3亿元，比2007年增长2倍以上。制定了政策性林木保险方案。②国有林场改革取得重大突破。争取省政府出台了《关于加快推进现代国有农林渔场建设的若干意见》，明确了国有林场的公益性质，落实了相应的配套改革政策，安排了国有林场基础设施建设专项资金，时隔多年后专门召开全省国有林场工作会议。③全额返还林业"两金"改革全面实施。会同省财政厅、物价局联合印发了《关于暂缓征收集体林育林基金和更新改造资金的通知》，省级财政转移支付总额达1.6亿元，实现了山区林农"零税赋"。

【抗击雨雪冰冻灾害】 2008年年初，全省遭受了50年未遇的雨雪冰冻灾害性天气，全省林业受灾面积177.67万公顷，直接经济损失高达95.5亿元。面对严重灾情，全省各级林业部门紧急动员，周密部署，迅速贯彻落实省委、省政府和国家林业局关于抗灾救灾的指示精神，积极采取措施，全力以赴抓好抗灾救灾和灾后恢复重建工作。及时报请省政府召开全省林业灾后恢复重建现场会，分析形势，研究对策，全面部署林业恢复重建任务。及时组织开展了全省雨雪冰冻灾害森林资源损失调查评估工作。突出加强抗灾救灾科学指导，全面开展了"百项技术千名干部进万村"活动，迅速组织技术力量编印救灾和恢复重建技术资料，派遣工作组深入重灾区指导，全省累计编印技术手册50多万册，培训林农9.4万人次，有效地减少了灾害损失。迅速安排落实救灾资金，各级林业部门积极争取各方面支持，多渠道筹集资金，帮助灾区恢复重建，重点加强了竹林道和国有林场基础设施建设。抓紧落实抗灾救灾政策，简化了灾区受灾林木的采伐审批手续，及时申请追加了受灾林木清理专项采伐限额指标310万立方米，并足额分解下达。开辟了交通绿色通道，协调竹木加工企业加强对受灾竹木的收购加工。经过各方共同努力，灾后重建顺利推进，林业生产恢复取得重要进展，全省林业灾后恢复重建工作取得明显成效，据统计，全省累计完成造林更新3.45万公顷，清理受灾林地21.3万多公顷，清理雪压木400多万立方米。

【林业重点生态工程】 2008年，加快推进生态公益林和沿海防护林等重点生态工程建设，林业生态建设取得重要进展。完成长防林、海防林和农田林网建设1.74万公顷，生物防火林带1600千米，阔叶林改造1.4万公顷。①重点生态公益林建设继续加强。按照省政府将生态公益林最低补偿标准提高到每公顷225元的要求，落实相应的省级财政支出预算，制定了补偿资金分配使用方案，将增加的3元全部用于对林农的补偿。妥善解决了集体和林农经营的风景林补偿资金问题，将6.08万公顷风景林纳入财政补偿范围。加大了对国有林场生态公益林的补助，每公顷提高到255元。进一步规范了公益林的日常管理，龙泉、桐庐等9个县(市、区)被授予公益林建设示范县称号。②沿海防护林体系建设扎实推进。组织编制了沿海防护林体系建设工程规划，召开了全省沿海防护林体系建设现场会，省政府与8个沿海市政府签订了沿海基干林带建设责任书，会同有关部门制定了海防林建设工程与资金管理办法。全省新建泥质海岸基干林带100多千米。③城乡绿化建设步伐加快。组织编制了浙江省村庄绿化工程建设总体规划，在嘉善、柯城、金东开展整镇(乡)推进村庄绿化试点，在南浔、上虞、海盐开展整镇(乡)推进农田林网改造试点，全省共命名274个省绿化示范村和14个村庄绿化示范镇(乡)。

【关注森林活动顺利推进】 2008年，围绕生态文明建设要求，全面启动开展关注森林活动，生态文化建设取得重要进展。①会同省委宣传部、省人大农业委、省政协人资环委、省绿委、省林业厅、省广电局、浙江日报社成立了浙江省关注森林活动组委会，召开了关注森林活动动员大会，全面启动关注森林活动。各地迅速行动起来，20多个市、县也成立了相关组织，相继开展了关注森林活动。②积极开展森林城市创建活动，制定公布了《浙江省森林城市(城镇)主要评价标准》、《浙江省森林城市(城镇)申报办法》和《浙江省森林城市(城镇)核查办法》，积极组织各地开展森林城市(城镇)创建活动。经各地申报和预检、验收，义乌、江山两个市和余姚泗门、绍兴夏履、温岭大溪3个镇成为省关注森林活动组委会首批命名的省森林城市(城镇)。③开展了省树省花评选活动，共有130多万人次参加了省树、省花评选活动，樟树和兰花分别被评为浙江省的省树和省花，取得了良好的社会效果。关注森林活动的开展，极大地激发了全社会植绿、护绿、爱绿的热情，有力地推动了义务植树工作，据统计，全年共有2214万人参加义务植树，完成义务植树6662万株，新建义务植树基地576个、面积4000公顷。

【林业产业】 各地继续深入推进百乡千村兴林富民示范工程建设，大力发展高效生态林业产业，兴林富民工作取得重要进展，涌现出了一大批林业发展快、富民能力强的示范村镇。全省新建和改造高效生态林业基地4.67万公顷，命名了43个兴林富民示范乡镇和241个兴林富民示范村。加快竹子现代示范区建设，全省27个示范区建设县都完成了建设规划编制，累计投资4.2亿元，完成改造面积4.67万公顷，建设林道1200千米，已建水池等170个、5190立方米，长兴、庆元、淳安、诸暨、柯城、龙游、龙泉等县(市、区)完成了规划建设任务的50%以上。启动了12个县的欠发达重点地区竹林道示范工程建设，2008年已建成764.4千米。珍贵树种培育工作开始起步，组织编制了浙江省珍贵树种发展规划，加快了珍贵树种苗木培育，已培育珍贵用材树种苗木400多万株。成功举办了2008中国义乌国际森林产品博览会、首届浙江省森林旅游节和长三角花卉产业发展国际论坛等活动，义乌森博会参展企业达450家、展位730个，接待了来自63个国家8.2万人次的观众，其中专业观众1.1万人次，展会总成交额10.95亿元，其中现场成交额3.75亿元，协议投资贸易额7.2亿元，达到了加强宣传、扩大影响、拓展市场、促进发展的目的。

【森林资源保护】 ①林地保护管理进一步加强。制定了《浙江省征占用林地定额管理办法》，严格落实征占用林地定额管理制度。加快了县级林地保护利用规划编制的进程。加大了征占用林地违法案件查处力度，对违法开采和违规办理审核手续等案件进行了严肃查处。②严格执行限额采伐管理制度，大力推行林木采伐公示制和网上办理采伐许可证制度，切实加强源头管理，控制林木消耗。③野生动植物保护管理工作继续加强。积极开展濒危物种的抢救性保护工作，在德清下渚湖湿地成功实施了朱鹮易地保护工程，朱鹮人工种群繁育技术有了突破进展。在安吉建立了熊猫馆，引入了国宝熊猫。蛇类、穿山甲等物种的人工繁育试点工作稳步推进。开展了全省国家重点保护野生植物人工培育基地调查备案工作，进一步规范了野生植物采集、种植、加工利用和贸易行为。④湿地保护工作取得新进展。德清下渚湖、丽水九龙被命名为国家级湿地公园，诸暨白塔湖省级湿地公园，景宁望东垟高山湿地保护工程正式启动。⑤林业执法力度进一步加大，先后组织开展了侦破森林火灾案件大会战、“飞鹰行动”、“禁种铲毒”等专项行动，共受理各类森林和野生动物案件5800起、查处5772起，涉案价值6500万元，打击和处理各类违法犯罪人员6095人次。⑥森林消防工作进一步加强。针对2008年雨雪冰冻灾害发生后森林火灾异常严峻的形势，全面落实各项防控措施，全年共发生森林火灾397起，受害森林面积4012公顷，因森林火灾伤亡14人，没有突破省政府下达的控制指标。⑦全力抓好松材线虫病除治，全省共完成除治面积3.38万公顷，清除病死木等86.3万株，除害处理烧毁枝桠等剩余物14.15万吨，实现了松材线虫病发生总面积和病死树数量双下降。⑧积极调处山林纠纷。全年共调处山林纠纷230多起，妥善处理了缙云、仙居“五里横”等重点纠纷案件。

【林业保障能力建设】 ①完成了浙江省三级林业区划编制，定位了不同区域林业的主导功能、发展方向、建设重点内容及相关政策措施。完成了《浙江省矿区植被保护与生态恢复工程规划》的编制任务。②加强了林业法制建设，《浙江省松材线虫病防控条例》已提交省政府审议，《浙江省野生植物保护办法》、《浙江省森林公园管理条例》、《浙江省湿地保护条例》、《浙江省狩猎管理办法》等立法项目前期工作进展顺利。③科技兴林工作继续推进。组织开展了第八届科技兴林奖评选工作，成功举办了第五届林业科技周活动，省政府与中国林科院续签了新一轮省院林业科技合作协议，成立了省林业标准化技术委员会，组织编印了兴林富民实用技术丛书。组织实施了21个标准化推广示范项目，建立示范基地1.05万公顷，辐射推广2.78万公顷，带动农户5.2万户，新增产值2.5亿元。全面推行责任林技员制度，成立了省农技推广中心林业分中心，65个县(市、区)实施了责任林技推广制度，聘用首席林技推广专家219名，林技指导员1018名，责任林技员2190名，实施首批责任农技推广林业项目195项。④森林公安正规化建设不断推进，基本完成森林公安政法编制转编工作，统一了省、市、县三级森林公安机构名称，并将森林公安人员经费、公用经费、业务办案经费、装备经费、基础设施经费等分级列入财政预算。⑤林业资金投入显著增加，中央和省级财政对林业的投入翻了一番多，各级财政都不同程度加大了对林业的投入力度。温州市还建立了中国绿色碳基金温州专项，吸收社会资本1500万元发展碳汇造林。⑥开展深入学习实践科学发展观活动和“树新形象、创新业绩”主题实践活动，深入基层、深入群众，了解基层情况，解决实际问题，谋划发展思路，林业干部队伍作风有了新转变、形象有了新提升、工作有了新进展。

【林业大事】

1月10日 省委宣传部、省人大农业委、省政协人资环委、省绿委、省林业厅、省广电局、浙江日报社在杭州召开浙江省关注森林活动动员大会。省政协主席、省关注森林活动组委会主任周国富，省林业厅厅长、省关注森林活动执委会主任楼国华分别在会上讲话。

2月28日 省委书记赵洪祝、省长吕祖善等省党政军领导在杭州参加义务植树。

3月12日 省关注森林活动组委会、省交通厅、省林业厅、团省委在杭州举行“取四海之土，育交通之林，浙江省森林城市创建活动启动仪式”。省人大常委会副主任程渭山出席，省林业厅厅长楼国华、省交通厅厅长郭剑彪分别讲话，团省委书记鲁俊为志愿者授旗。

4月27日 省关注森林活动执委会正式启动浙江省省树省花评选活动。省政协主席周国富、省人大常委会副主任徐宏俊、团省委书记鲁俊、省林业厅厅长楼国华等出席。

5月10~22日 省林业厅厅长楼国华率队赴捷克、希腊、芬兰考察。

6月26日 由省林业厅、中国林科院、仙居县政府主办的以“建设山上浙江，促进林兴民富”为主题的浙江省第五届林业科技周开幕式在仙居举行。省人大常委会副主任吴国华、副省长茅临生、省政协副主席徐辉、中国林科院院长张守攻、省林业厅厅长楼国华等出席。

7月16日 省委副书记夏宝龙在省林业厅厅长楼国华陪同下考察上虞市、绍兴县沿海防护林建设。

8月14日 省政府在临海市召开全省沿海防护林体系建设现场会。副省长茅临生、省林业厅厅长楼国华出席会议并分别讲话。

9月3日 省委书记赵洪祝听取省林业厅厅长楼国华关于贯彻中央10号文件、加快全省林业改革和发展有关情况的汇报，对全省林业工作提出了明确的要求。

10月18日 省林科院举行建院50周年庆典活动。省人大常委会副主任程渭山、省林业厅厅长楼国华、省科技厅副厅长邱飞章等出席。

10月31日 省林业厅在义乌举行中国义乌(国际)森林产品博览会。

11月7日 省政府决定杨幼平任省林业厅副厅长(试用期1年)。 (浙江省林业由方少华供稿)

安徽省林业

【概　述】

发展与成就

营林生产　2008年，全省共完成营造林12.19万公顷；其中：成片人工造林合格面积4.72万公顷，占计划的107.8%；森林经营7.47万公顷，占计划的112%。完成退耕还林荒山荒地造林1.86万公顷，封山育林4.01万公顷，抑螺防病林工程完成造林0.49万公顷，长江淮河防护林工程完成造林0.43万公顷。世行四期营造林任务全面结束。完成绿色长廊建设3356千米，折合造林面积2.3万公顷，其中：新建高速公路绿色长廊205千米，国省道高等级公路绿色长廊254千米，铁路绿色长廊349千米，大江大河绿色长廊700千米，城市出入口绿色长廊164千米；建设了20条绿色长廊精品路段，其中合肥外环森林生态长廊、合武铁路、宁西铁路等绿色长廊标准较高。大力推进经济林建设，全年完成经济林和竹林造林0.94万公顷，其中：油茶0.18万公顷，竹林0.36万公顷。继续加强林木良种选育、审定和推广工作，制定了《安徽省优良杨树品种繁育推广实施方案》，新续建林木采种基地6754公顷，林木良种基地1530公顷。积极引导苗木产业发展，全年新增苗木种植面积0.67万公顷以上。

城镇绿化水平不断提高。全省城市绿化覆盖率达36.09%，建成区绿化率32.17%，人均公园绿地8.72平方米。深入开展“创绿色家园、建富裕新村”活动，全省共完成自然村庄绿化3408个、折合造林面积1.2万公顷；完成集镇绿化266.67万公顷。认真实施“千村绿化”示范工程，组织群众在房前屋后发展“小果园”、“小竹园”、“小花园”，扩大村庄绿量和特色经果林基地。积极开展争先创优活动。宿州、六安和巢湖市获得省级园林城市称号；肥西、濉溪、太和、涡阳、凤台、南谯、霍山、宁国、石台、无为等县(市、区)达到了省级绿化模范县和园林城市标准；六安行政中心等34家单位获得省级绿化模范单位称号；有45个村获得全省绿化模范村称号；有33个小区荣获省首届绿色生态家园称号。16人获得全国绿化奖章、93人获得省绿化奖章。

全民义务植树活动深入开展。广大市民、机关干部职工、青年学生、共青团员、解放军和武警官兵在义务植树中发挥了先锋模范作用，并积极开展树木认建认养活动。全省共新建义务植树基地52处，营造“市民园”、“名人林”、“红领巾林”、“党员先锋林”等3976公顷，有2336万人参加了义务植树，完成义务植树8900万株。省政府和省军区联合作出决定，在全省启动开展了军民共建百万亩“八一林”活动。

森林资源保护　一是积极推进依法治林。加快林业立法工作，配合省人大、省政府法制办完成了《安徽省古树名木保护条例》立法调研工作。推进林业综合执法，规范执法行为。在总结黄山区等7个县(区)林业综合执法改革试点经验的基础上，制定印发了《推进林业综合行政执法改革工作方案》，指导全省林业综合执法改革，全面规范执法行为。继续开展基层林业工作站标准化、木竹检查站及森林植物检疫检查站规范化和森林公安派出所正规化建设，着力转变工作作风，创建人民满意的基层站所。定期开展执法检查，省重点检查了41个木材检查站，严禁公路“三乱”。二是严格执行森林采伐限额制度。对森林采伐实行总量控制和分项管理相结合，从严管理临时增加和节余滚动部分。森林资源年消耗量765万立方米，控制在国家下达的年度限额823.1万立方米指标范围内。三是加强林地管理。广泛开展林地管理有关法律法规的宣传，探索林地审核审批管理的长效机制，根据《国家林业局关于下达2008年度征占用林地定额的通知》要求，实行林地定额“统分结合，总量控制，突出重点，有效监管”的分级管理办法。严格林地征占用审批制度，针对林地办理中存在的“未批先占”、“边批边占”的现象，省林业厅联合省国土资源厅印发了《关于做好重点工程建设征占用林地前期审查工作的通知》，杜绝了林地办理上的违规操作问题。加强林地征占用检查与监督，积极配合国家林业局驻合肥专员办定期检查已审核审批的征占用林地项目，防止多占或乱占的现象发生。不断创新机制和方法，推行林地许可前期审查制度、专家评审制度、查验与勘验分开等制度。全年征占用林地控制在国家两次下达的3500公顷用地指标之内，并有效保证了国家和省重大工程建设用地。四是严肃查处林业案件。全年共发生林业行政案件19 113起，查处19 022起，案件办结率99.52%。按时查办督办由国家林业局转交的有关林地和采伐管理方面的重要案件9起。组织开展了集中打击破坏野生动物资源违法犯罪活动的“飞鹰行动”、“候鸟三号”、“抓逃犯破大案”专项斗争，严厉打击破坏森林森林资源违法犯罪行为。全省森林公安机关共受理各类森林和野生动物案件3323起，受理林业行政案件3157起，打击和处理各类违法犯罪人员4375人次。

野生动植物资源保护与自然保护区建设　野生动植物资源保护与自然保护区建设继续稳步推进。严格规范野生动植物市场、运输、经营等环节，对60家野生动物驯养和经营利用单位进行了年审。在特大冰冻雪灾期间，积极组织开展对野生动植物的救治。以第二十七个“爱鸟周”活动为契机，联合安徽大学开展广泛的保护鸟类宣传活动，增强公民的爱鸟意识。进一步完善野生动物疫源疫病监测体系建设，实行野生动物疫源疫病监测信息快报和日报制度。加强湿地和野生动植物保护工作，红豆杉优良植株选育、霍山石斛资源调查和濒危鸟类栖息保护3个国家级项目如期建设，安庆沿江、东西湖、十八索、四方湖、沱湖、八里河等保护区湿地保护与恢复工程项目及升金湖二期保护项目进展顺利。全省已建自然保护区89处，面积50.7万公顷，占国土面积的3.64%。其中：国家级6处，面积155 530.7公顷；省级28处，面积317 902.7公顷；市县级55处，面积33 597.1公顷。扬子鳄保护与放归工程取得阶段性突破，野外种群数量呈上升趋势。

林业有害生物防治　2008年全省共发生林业有害生物面积35.1万公顷，其中：病害4.82万公顷，虫害30.29万公顷，预测准确率为95%；共防治林业有害生物面积29.79万公顷，占发生面积的82%，其中无公害防治面积21.92万公顷，无公害防治率为76%；实际成灾面积1487公顷，成灾率0.35‰，未出现大面积连片林业有害生物灾害；应施种苗产地检疫面积1.42万公顷，实施种苗产地检疫面积1.33万公顷，种苗产地检疫率为93.5%。“四率”目标均达到并超过国家林业局下达的年度指标。松材线虫病年度治理工作卓有成效。省政府办公厅专门发出《关于进一步加强松材线虫病防治工作的通知》，再次要求各级政府要把松材线虫病防治工作列入重要议事日程，纳入各级领导任期目标责任制，切实把好松材线虫病监测普查、检疫封锁、疫区除治、疫木管理、检疫检查关，力争到2020年，全省松材线虫病疫情得到有效控制，低度发生区控制在40%以上，确保风景名胜区和重点生态区森林生态安全，逐步实现疫情“控制、压缩、根除”的总体防治目标。经省政府同意，省林业厅、省公安厅、省交通厅、省纠风办联合发出通知，在黄山、九华山等松材线虫病重点预防区主要路口开展松木及其制品季节性检疫检查工作，进一步规范调运检疫程序。全省完成发病松林除治10 096.4公顷，清理枯死松树86 625株；病区皆伐除治763.01公顷，病区超前外围皆伐515.87公顷，疫木除害处理60 367立方米。根据秋季普查结果，全省疫情涉及9个市、23个县（市、区）、70个乡镇（场），发生面积0.45万公顷，病死树数量11 025株，同比实现了发生面积和病死树数量“双下降”的目标，达到了国家林业局下达安徽省的年度防治任务。松毛虫及杨树病虫害等林业有害生物防治工作成效明显。据统计，全省松毛虫发生4.6万公顷，防治3.2万公顷；杨树蛀干害虫发生9.87万公顷，防治9万公顷；杨树食叶害虫发生9.13万公顷，防治7.07万公顷；杨树病害发生3.23万公顷，防治2.8万公顷；竹类害虫发生9.87万公顷，防治1.01万公顷；板栗病虫害发生2.53万公顷，防治2.24万公顷；其他林业有害生物发生4.51万公顷，防治3.4万公顷。全面加强测报网点管理和技术指导，突出对重点治理区疫情监测工作，疫情监测预报工作扎实推进。全省实施监测森林面积1515.93万公顷次，占应施监测面积的92%。

森林防火　坚持以人为本，不断强化森林防火工作的领导责任制和责任追究制，强化灾前防范，严格灾后处罚，提高应急能力，科学处置火情，全面提升森林火灾科学防控水平。以加强生物防火林带建设为根本，全年共营造生物防火林带400多千米；以推进专业森林消防队伍建设和跨区域联动机制为抓手，按照突出重点、兼顾一般、行动便捷的原则，在淮河以南的黄山、宣城、池州、安庆、六安、滁州、巢湖、芜湖等8个市确定了第二批共15支省地共建森林消防专业队伍；以提高森林火灾扑救队伍机具化建设为核心，及时配备相应的扑火物资装备。2008年全省共发生森林火灾201起，其中：森林火警118起，一般森林火灾83起，受害森林面积552.2公顷，森林火灾受害率0.161‰，低于省政府下达的0.5‰控制目标。没有发生重、特大森林火灾和人员伤亡事故。

集体林权制度改革　全省集体林权制度改革克服年初雨雪冰冻灾害带来的不利影响，加强调度，狠抓落实，主体改革步伐加快，配套改革积极推进，取得了阶段性成效。勘界确权的外业工作任务基本完成，全面进入建档发证阶段。全省共完成林权勘界面积348.13万公顷，涉及农户数达653.8万余户，占应勘界集体林总面积的98%。其中21个重点山区县（市、区）完成勘界面积252.17万公顷，占任务99.2%。累计已发放林权证124.33万本，发证面积达210.7万公顷，占已勘界面积的60%。累计调处林权纠纷3.56万起、面积4.96万公顷。与此同时，积极探索配套改革，在第一批4个试点县的基础上，增加霍山、潜山两县，开展配套改革试点。全省已建立县乡林业要素市场15个，开展林权抵押贷款505宗，抵押山林面积1.46万公顷，贷款金额37 531.2万元；林权流转面积13.79万公顷，流转金额12.99亿元；建立农民林业合作经济组织534个，带动林农17.5万户，整合林地面积9.39万公顷。10月底，十一届省人大常委会第五次会议听取并审议了全省林改工作，并给予了高度评价。

其他林业改革　一是深化林业行政许可体制改革。省林业厅开展了行政许可“两集中两到位”改革，将审批事项由原来的48个减至目前的37个，其中：取消5个、下放6个，减少了23%；收费项目由15个减为10个，减少了33%。保留的37个行政审批项目中，除1个委托市县审批外，其他36个全部进入省政务中心窗口受理审批，其中27个授权窗口全权办理。二是继续推进国有林场改革。全面总结推广黄山区国有林场改革的成功经验，鼓励并指导其他国有林场加快改革步伐，深入开展对国有林场改革中如林权流转、人员分流、职工社会保障、林场债务以及基础设施建设等相关问题的调研，确保国有林场改革能够按计划稳步推进。三是基层林业机构改革全面深入。按照《安徽省人民政府关于深化改革加强基层农业技术推广体系建设的实施意见》，督促各地进一步抓好县级基层林业工作站、县级林业技术推广站的改革与建设工作，基层林业站保留和恢复情况良好，县级林业技术推广机构得到加强。四是森林公安管理体制改革逐步完成。根据中央编办[2007]19号文件精神，安徽省下发了《关于规范全省森林公安机构设置和核定政法专项编制的通知》，从而规范了森林公安机构设置，明确了建制设置。同时通过组织考试、考察、体检、公示等程序，顺利完成现有1147位人员向政法专项编制的过渡工作。

林业产业　据统计，2008年林业总产值达到421.5亿元，较2007年增长21.8%，林业产业继续保持较快增长态势。其中：第一产业实现总产值186.41亿元，增加值达119.15亿元；第二产业实现总产值206.07亿元，增加值达84.70亿元；第三产业实现总产值29.04亿元，增加值达14.08亿元。积极推进林业结构调整，加快林业产业基地建设。大力发展毛竹、泡桐、油茶、花卉、苗木、黄连木等发展前景好、经济效益高、能带动林农增收致富的特色林业，新造竹类0.37万公顷、油茶0.18万公顷、黄连木0.28万公顷；大力推进平原地区速丰林基地建设，在13个市县区建设820公顷省级速丰林示范基地。继续实施林产品名牌战略，积极创立和培育林业商业品牌，增强林产品的市场竞争力。2008年，经省名牌产品推进委员会审核通过，有11个林产品被命名为安徽省名牌产品。依托森林公园、自然保护区、国有林场、乡村林场等发展森林旅游业，加快推进森林生态旅游等林业服务业发展。新建2处省级森林公园，1处国家级湿地公园，全省森林公园总数达51处，规划总面积13.6万公顷；组织开展了森林旅游人家建设活动，省林业厅联合省旅游局命名了首批205家森林旅游人家，并授予其中18家经营点为星级单位。

全年共生产木材405.91万立方米，其中：原木340.35万立方米、薪材65.56万立方米；生产竹材7769.6万根，其中：毛竹6496.70万根、篙竹1272.9万根；生产小杂竹20.87万吨；水果产量150.07万吨，干果产量17.67万吨，林产饮料产品8.72万吨，林产调料产品128吨，森林食品85 553吨，木本药材28 829吨，木本油料34 106吨，林产工业原料14 237吨。

主要经济林产品产量见下表：

2008年安徽省主要经济林产品产量表

产　品	单　位	产　量
苹果	万吨	28.85
梨	万吨	61.69
葡萄	万吨	15.76
桃	万吨	26.68
杏	吨	11 812
猕猴桃	吨	5156
柿子(干重)	吨	31 447
柑橘	吨	21 988
枣(干重)	吨	9618
核桃	吨	13 101
板栗	万吨	11.95
毛茶	吨	86 489
食用菌	吨	44 359
生漆	吨	260
油桐籽	吨	1945
油茶籽	吨	34 069
乌桕籽	吨	182
五倍子	吨	22
棕片	吨	1268
竹笋干	吨	14 264
松脂	吨	10 560
银杏	吨	1386

主要森林工业产品产量见下表：

2008年安徽省主要森林工业产品产量表

产　品	单　位	产　量
一、锯材	万立方米	103.16
二、木片	万实积立方米	42.95
三、人造板	万立方米	580.31
(一)胶合板	万立方米	258.08
1. 普通胶合板	万立方米	193.18
2. 竹胶合板	万立方米	59.07
3. 单板层积材	万立方米	2322
4. 特种胶合板	立方米	5.6
(二)纤维板	万立方米	200.11
其中：中密度纤维板	万立方米	200.11
(三)刨花板	万立方米	49.18
(四)其他人造板	万立方米	72.94
其中：细木工板	万立方米	31.63
四、胶合木	万立方米	3.29
五、木地板	万立方米	1435.57
六、卫生筷子	万标准箱	10.77
其中：木卫生筷子	万标准箱	2.56
七、热固性树脂装饰层压板	万立方米	40.00
八、单板	万立方米	39.67

主要林化产品产量见下表：

2008年安徽省主要林化产品产量表

产　品	单　位	产　量
松香	吨	4337
松节油	吨	568
木炭	吨	17 296
活性炭	吨	4845

林业科技　一是积极开展科技培训。继续开展万名科技兴林致富示范户培训工作，新增2284个科技兴林致富示范户，全省已命名科技兴林致富示范户5467户。二是大力推广先进实用技术。组织做好“2111”示范工程项目、十项急需实用林业技术推广项目的实施工作。重点推广油茶丰产林营造和低产林改造技术、紫竹速生丰产栽培技术、大别山山核桃良种繁育及高效栽培技术推广等一批技术成熟、经济效益好的林业新技术和新品种。三是加强林业科技项目的实施。完成国家林业局霍山石斛人工繁育、种质改良和产业化技术中试项目和毛竹实生苗造林、枫香在杉松采伐迹地更新造林技术推广项目的年度建设与培训任务。四是积极开展林业科研工作。开展生物质资源黄连木高效培育技术研究、商品能源林定向栽培及高效利用技术研究、黄连木能源林栽培技术推广及示范基地的建立等一批科研课题和林业技术推广项目，为全省大规模培育能源林和林木生物质能源的产业化提供强有力的科技支撑。

林业对外合作　林业国际交流与合作活动日趋频繁，中德财政合作项目官员和专家学者、日本高知森林部林业官员和小渊基金项目专家、韩国林业部部长代表团、越南林业部考察学习团、中瑞SKF集团CDM造林项目、中日友好造林项目日方志愿者、贵池生物质发电项目投资商及专家等120多人次，陆续到安徽省进行友好访问、义务植树、技术信息交流和从事国际林业项目合作等活动。由省政府、国家林业局和德国复兴银行集团主办的森林可持续经营国际会议(中国安徽)于2008年9月18～20日在黄山市召开，会议围绕“森林可持续经营既是林业的发展目标，又是对生态文明建设的贡献”主题，深入讨论、交流和总结森林可持续经营工作，取得了圆满成功。国际合作在建项目成效明显，实际利用外资230万美元，小渊基金项目新造示范林140公顷；中德财政合作安徽生态造林扶贫项目(二期)、世行林业项目、中德合作森林可持续经营推广项目、中日合作JICA松材线虫抗性育种项目、宁国市中日友好造林项目等外资项目进展顺利，项目建设成效得到新华社、人民日报社、光明日报社、经济参考报社等多家媒体的关注。外资引进项目进展顺利，协议引进外资2150万欧元，中德财政合作安徽森林可持续经营项目(三期)、中德合作池州325电厂生物发电CDM项目已经国家发改委、财政部批准；小渊基金项目——安徽省黄山区生态修复造林示范项目成功落户我省。

林业项目和资金管理　一是扩大林业投资总量。据统计，2008年安徽省共落实国家各项林业建设资金规模13.8亿元，同比增加2亿多元。同时抓住扩大内需的机遇，申报林业基本建设投资项目20个、储备50多个。争取并下达林业贴息贷款项目计划3.12亿元，同比增加1.32亿元，增幅73%。二是加强林业资金管理。严格落实国家成品油价格补贴、退耕还林工程款补偿、林业灾后恢复重建资金以及中央和省级财政对森林生态效益补偿基金等多项资金的发放和使用。深入开展林业资金和林业重点工程资金稽查工作，通过稽查整改，共追回财政资金87.3万元，稽查林业基金1.03亿元，查出违规金额499万元、瞒报集体林育林基金643.2万元。三是加强对林业项目建设的管理。积极做好建成项目的竣工验收，据统计，全省已经竣工验收的项目约90个，占全省需竣工验收的109个项目的80%，达到国家林业局的要求。全省“十五”期间林业固定资产投资建设项目基本完成竣工验收。

存在问题　一是安徽省集体林权制度改革主体任务虽已基本完成，但在配套改革方面，如林权流转、林权抵押贷款、森林采伐限额管理等，存在着涉及面广、推进难度大的问题。二是科技兴林、提升森林质量上采取了很多措施，但仍然存在着森林经营水平不高，全社会、全行业对开展森林经营、提高森林质量重视程度还不够的问题。三是虽然林业产业总量增长较快，但产业结构调整的速度不快，林业产业不大、不强、不精的问题依然十分突出。四是机关和全系统效能建设在不断加强，林业综合执法水平逐步完善，但少数地方依然存在有不依法行政、不文明执法的现象。

【省林业厅深入开展学习实践科学发展观活动】　根据中央决定和省委的统一部署，自2008年10月9日开始，省林业厅以“提升森林质量、建设生态文明”为主题，紧紧围绕解决好影响和制约林业科学发展的突出问题，组织开展深入学习实践科学发展观活动。全厅20个支部(党委、总支)、392名党员以及5名非党处级干部积极投身到学习实践活动中，认真开展理论学习，深入基层实地调研，真心听取群众意见，切实解决实际问题。整个活动期间，厅党组中心组先后进行了5次集中学习研讨，并结合工作实际，针对一些不符合不适应林业科学发展的突出问题，分赴基层调查研究，形成11篇调研报告。开展了“科学发展在身边、我为崛起献良策”以及“听民声集民智、找问题明方向”活动，通过发放征求意见函(表)、设置征求意见箱、设立热线电话和电子邮箱等形式，共征集到各类意见建议207条。同时实施开门评议，召开座谈会或书面评议等灵活多样的评议方式对厅党组分析检查报告进行测评，其满意率、较满意率分别达到94.3%和5.7%。坚持把突出实践特色贯穿于学习实践活动的全过程，着力创新实践载体，开展“1115”森林质量提升行动、林业十大民生工程、林业专家服务团、行政审批创新、首届安徽推进集体林权制度改革发展高峰论坛等活动。结合反腐倡廉制度推进年建设活动期间对厅机关各类制度规定进行了全面清理、完善，制定了《省林业厅工作规则》等29项机关制度。通过学习实践活动的开展，安徽省林业工作的科学发展理念进一步加深，科学发展意识进一步树立，科学发展思路进一步明晰，科学发展举措进一步坚定。

【全省林业系统奋力抗击雨雪冰冻灾害】 2008年初，安徽省遭受新中国成立以来影响程度最深、经济损失最重的特大雪灾，全省林业损失惨重。主要表现为：林木(含毛竹、经济林)、苗木毁损巨大，国有林场、苗圃、自然保护区和基层林业机构的房屋、林区道路、输电和通讯线路以及森林防火、有害生物防治、野生动植物保护和其他基层林业基础设施毁坏严重，林业职工和林区群众的生活也受到严重影响，以及由此带来的林业次生灾害。据统计，全省林业受灾面积228.36万公顷，直接经济损失总计34.76亿元；其中：林木损失20.18亿元，林业基础设施损失14.58亿元。林业受灾涉及人口280万人。林业基础设施中，林业苗木冻死、冻伤68 282万株；国有林场、苗圃和基层林业工作机构毁损道路1609.3千米，毁损房屋129 484平方米；冻死冻伤野生动物29万只(头)，其中属国家一、二级重点保护的有2.6万余只(头)，受损珍稀野生植物个体达数十万株；损毁生物防火林带3822千米、防火道路2720千米，以及大量的给水管线、供电线路、变电站所、通讯线路、通讯站台、野外交通与作业工具和防火瞭望塔等。

经过全省上下林业部门和广大职工的共同努力，全省共完成雪灾冻害枯倒木清理36.47万公顷，补植补造林木6.4万公顷，恢复竹林12.2万公顷；林业育苗1.53万公顷，使受灾面积基本恢复生产；除极少数深山区(护林点)外，全省基层林业部位供水供电受损设施初步恢复；国有林场苗圃、自然保护区、基层林业站所和森林防火、林业有害生物防治等受损基础设施恢复重建工作进展顺利。

【实施森林质量“1115”提升行动计划】 为加强森林科学培育和可持续经营，转变林业发展方式，实现林业富民，2008年省林业厅决定，自2009年至2012年组织实施全省森林质量“1115”提升行动计划。即提升“10个专项行动计划”，提升“1000万亩森林”质量，提升“1000千米绿色长廊”的质量，到2012年，实现林分生长量、单位面积蓄积量、经济林地产出率、林农收入、森林生态效益5个方面的大幅度提升。一是商品用材林年均生长量提升60%以上，单位面积蓄积量提升40%以上；二是油茶、板栗、特色经济林、竹林亩产分别提升1倍、50%、30%和20%以上；三是林地产出率提升50%以上；四是为林农年均增加收入50亿元，山区林农林业收入占农民人均纯收入的比重由现在的20%增加到40%；五是重点公益林的功能质量等级由三级提高到二级，森林生态综合效益增加3倍。分项如下：

——油茶提升行动计划。完成100万亩油茶林培育与改造，现有油茶林基地的生产能力普遍提高，亩均油茶籽产量由40千克提高到100千克。

——杨树质量提升行动计划。重点完成杨树中幼林的抚育100万亩。每亩蓄积年平均生长量：江淮丘陵地区达到0.7立方米，淮北、沿淮平原和沿江洲滩地区达到0.8立方米。到2012年，全省杨树蓄积生长量共增加140万立方米。

——竹林提升行动计划。重点完成竹林培育200万亩。毛竹每亩立竹度达到200株以上，笋用竹每亩年产笋达到500千克，竹材年产量超过1亿根。

——重点公益林质量提升行动计划。完成国家和省级重点公益林培育改造100万亩，使重点公益林林分中的乡土乔木阔叶树种比例进一步增加，并提高林木覆盖度和生物多样性。

——杉木质量提升行动计划。重点完成150万亩经营培育。每亩蓄积年平均生长量：皖南山区达到0.7立方米，皖西大别山区达到0.5立方米；到2012年，全省杉木蓄积生长量累计增加280万立方米。

——松类质量提升行动计划。重点完成200万亩经营培育。每亩蓄积年平均生长量：国外松达到0.6立方米，马尾松达到0.5立方米；到2012年，全省松类蓄积生长量累计增加230万立方米。

——硬阔类质量提升行动计划。重点完成50万亩经营培育。林分优势木比例达到60%~70%，每亩蓄积年平均生长量达到0.35立方米；到2012年，全省硬阔林蓄积生长量累计增加30万立方米。

——板栗提升行动计划。在主产区建设板栗丰产示范片(点)10万亩，引导辐射全省建设100万亩板栗丰产基地，使栗园平均产量提高50%以上，平均亩产达到30千克。

——特色经济林提升行动计划。重点完成全省特色经济林抚育改造80万亩，使经营水平比目前提高30%以上，使全省特色林产品量占总经济林产量的10%以上，产值占总量的15%以上。

——绿色长廊质量提升行动计划。重点完成主干道路绿色长廊1000千米建设质量的提升，择选乔木与灌木结合、落叶树种与常绿树种结合，合理修枝和疏伐。

【森林可持续经营(中国·安徽)国际会议】 由省政府、国家林业局和德国复兴银行集团主办、省林业厅承办、黄山市和歙县政府协办的森林可持续经营国际会议(中国·安徽)于2008年9月18~20日在安徽省黄山市成功召开。安徽省委常委、副省长赵树丛,国家林业局副局长祝列克,德国农业部林业局局长拉默博士,德国驻华大使馆经济合作发展参赞何尔分博士,德国复兴银行亚洲资源局局长马肯森博士,中国工程院院士、北林大校长尹伟伦,以及来自德国、瑞典、法国、日本、欧盟中国办事处以及国家发改委、国家林业局、中国林科院、全国17个中德合作项目省(区、市)、北林大、南林大、安徽农业大学的相关领导、学者、专家和技术管理人员等共170多名代表参加会议。赵树丛会见了前来参加会议的贵宾并致辞,祝列克、拉默、马肯森以及德国政府代表在会上致辞。会议期间,与会代表参观了安徽省中德财政合作森林可持续经营现场,围绕"森林可持续经营既是林业的发展目标,又是对生态文明建设的贡献"主题,从各自的研究领域和不同角度,深入讨论了森林可持续经营的基本概念、主要内涵、实际应用情况及可持续经营所产生的经济社会和生态效益等,探讨了森林可持续经营在自然资源保护中的作用,交流了森林可持续经营的先进理念和技术,总结了森林可持续经营的成功经验和做法。

【武警森林部队即将进驻安徽】 近年来,在省委、省政府的正确领导和相关部门的大力支持下,安徽省各级林业部门严阵以待,全力以赴,采取多项措施加强对森林火灾的预防和扑救,森林防火工作取得了较好成绩,森林火灾受害率均低于全国平均水平。但随着森林面积的增加、山区综合开发和森林旅游事业蓬勃兴起,以及农村劳动力外出,森林防火的压力越来越大,任务也越来越重,发生重、特大森林火灾的危险仍然存在。为更好地保护安徽省重点林区森林资源安全,从2006年开始,安徽省积极酝酿武警森林部队建设,省政府专门行文国务院请求组建安徽省武警森林部队。2007年11月,根据国务院、中央军委关于森林部队增编组建有关批复,国家林业局和武警总部研究决定从机动支队派出一个建制大队(编制200人)在安徽省黄山市定点驻防,这也是安徽省首次驻防武警森林部队。省委、省政府对武警森林部队进驻安徽工作十分重视,省长王三运、常务副省长孙志刚均作出批示,省委常委、副省长赵树丛亲自部署,两次召开专题会议进行研究;省政府成立了以赵树丛为组长的筹建领导组;黄山市政府按照部队营房选址及面积要求,认真落实营房用地。2008年初,国家森防指办公室正式函复安徽省,同意武警安徽省森林大队的营房选址和建设规划意见;省财政一次性拨付武警森林部队驻防组建专项经费1614万元,武警安徽省森林大队营房建设工作全面启动。到2008年底,营房建设基本完工,部队将于2009年进驻。

【第五届安徽省花卉博览会】 由中国花协特别支持,省林业厅、合肥市政府、省花协共同主办,肥西县政府和安徽省中设国际会展有限公司承办,主题为"花漫江淮、和谐家园"的第五届安徽省花卉博览会暨2008中国(安徽)花卉文化节,于2008年4月28日至5月3日在肥西县成功举办。本届花博会采取展览与展销相结合、政府引导与市场运作相结合、花卉与花文化相结合的方式运作,有插花艺术大赛、2008中国(安徽)花卉产业高峰论坛、首届安徽省盆景艺术家评选、安徽省金花奖评选、安徽省绿色生态家园评选、安徽省花协先进集体和先进个人表彰、"花仙子"模特大赛、中央电视台"乡村大世界"大型文艺演出、"荟萃安徽"当代书画名家精品展等,与前几届相比,规模更大、内容更丰、影响更广、效果更佳。全省17个市组织了名、特、优花卉特装展示,153家省内企业和78家省外、国外知名花卉企业前来参展,展出各类花卉苗木展位308个,展览和展销总面积达到2.6万多平方米。共实现展会交易成果1.62亿元,其中:现场交易额2200万元,正式合同金额2000万元,协议资金1.2亿元;共签订园林建设、花木销售、种苗繁育等项目42个,其中:正式合同项目9个,意向性协议项目33个;接待参观总人数达12万人次。有98家单位、67名个人、316件作品分别获得绿色生态家园、布展奖、金花奖、插花艺术奖、组织奖、先进集体、先进工作者等多个奖项。

【林业大事】

1月16~17日 全省林业党风廉政建设工作会议在合肥召开。

2月5日 省林业厅发出紧急通知,要求各级林业主管部门和全体林业干部职工要全力以赴投入到林业抗灾减灾和灾后重建工作。

2月9日 国家林业局派出了造林司司长魏殿生为组长的检查组一行,深入到安徽省潜山等受灾地区检查冰冻灾情、慰问灾区林业干部群众。

2月26日 国家林业局副局长祝列克及有关司(局)负责同志,在北京专门听取了安徽省林业灾情及灾后恢复重建工作汇报。

2月26日至3月9日 国家林业局先后派出灾后恢复重建工作组、冰雪灾害和灾后恢复重建工作组灾情评估小组、灾后重建配套政策调研组,来安徽省检查指导抗雪救灾工作。

3月4日 省政府召开全省森林防火工作电视电话会议。省政府副秘书长张韶春主持会议,省森防指副指挥长、省林业厅厅长韩柏泉通报了森林火灾情况，省委常委、副省长、省森防指指挥长赵树丛出席会议并作讲话。

3月5～6日 全省林业局局长暨林业减灾救灾工作会议在舒城县召开。省林业厅厅长韩柏泉作工作报告。

3月10日 中日合作小渊基金亚热带珍稀乡土树种培育示范项目在宁国市举行开工典礼。省林业厅厅长韩柏泉、副厅长程鹏和日本国会议员中馬弘毅先生等出席开工典礼仪式。

3月12日 由省绿委、省林业厅和省军区政治部共同发起的军民共建百万亩“八一林”活动启动仪式在长丰县举行。省党政军领导王明方、孙金龙、段敦厚、臧世凯、胡连松、文海英、郑牧民、向孝民、罗亚拉、刘东升、张维平、黄建伟以及省委秘书长张世平、省人大常委会秘书长汪国才、省政协秘书长白泰平出席。省委副书记王明方、省军区副司令员向孝民为“八一林”示范基地揭牌，副省长文海英、军区政治部主任张维平在启动仪式讲话。省绿委副主任、省林业厅厅长韩柏泉主持启动仪式。仪式结束后，省党政军领导、驻皖部队和武警官兵、省及合肥市机关干部职工1500多人在现场参加了义务植树活动。

4月1～2日 省林业厅在六安市召开全省集体林权制度改革调度会。

5月5～8日 原林业部副部长、现任中国经济林协会会长刘广运一行来安徽省考察，并出席2008首届中国(旌德)灵芝文化旅游节。

5月26～30日 省林业厅厅长韩柏泉率安徽省林业产业考察团专程赴山东省菏泽、济宁、临沂3市考察了有关木材加工企业、木材市场、速生丰产林基地、种苗花卉基地、森林旅游发展等林业产业发展经验。

6月27日 全国优秀公务员、六安市金安区绿化办主任周世友同志先进事迹报告会在省林业厅举行。

7月10～12日 省委常委、副省长赵树丛在省政府副秘书长、省扶贫办主任刘奇、省政府副秘书长程中才、省林业厅厅长韩柏泉等陪同下，深入到池州市石台县调研指导集体林权制度改革工作。

7月21～23日 国家财政部、德国复兴银行邀请新华社、人民日报社、光明日报社和经济考察报社记者，集中采访安徽省中德财政合作林业项目实施成功经验。

8月11～12日 省委书记王金山在安庆市调研工作时，要求各地、各有关部门扎实搞好集体林权制度改革，充分调动农民积极性，推进林业又好又快发展。

11月8日 由国家林业局和安徽省政府共同主办，国家林业局场圃总站、安徽省林业厅、合肥市政府承办的第六届中国·合肥苗木花卉交易大会在合肥开幕。国家林业局副局长张建龙，省委常委、副省长赵树丛，省人大常委会副主任朱先发等出席。

12月27日 首届安徽推进集体林权制度改革发展高峰论坛在合肥市举办。

(安徽省林业由王小明供稿)

福建省林业

【概　述】 2008年是福建林业工作战胜冰雪灾害，积极应对国际金融危机，大力推进海西现代林业建设，取得丰硕成果的一年。

林权改革持续深化 全省完成生态公益林管护机制改革面积242.84万公顷，占应改革面积的95%；新增林业小额贷款5.5亿元，累计达17.07亿元；38个县(市、区)开展商品林采伐管理制度改革试点，初步形成了永安、延平、屏南3个比较成熟的模式，取得了阶段性成果，《人民日报》内参专题作了报道，得到国家林业局、省政府的充分肯定和广大林农的拥护；南平、三明、龙岩3个设区市开展了森林火灾保险试点，试点地区承保森林面积新增24.5万公顷、保额13.4亿元，累计承包面积44.7万公顷、保额24.5亿元；认真贯彻落实《福建省森林资源流转条例》，建立流转服务平台66个，森林资源流转整体有序、健康发展；新建各类林业合作经济组织1020个，累计建立2.5万个；规范林业行政权力运行取得进展，省、市、县三级应成立林业综合行政执法机构中已成立75%，较好实现了由分散执法向集中执法转变；对省林业厅机关林业行政许可、行政处罚、行政征收等职权进行全面清理，绘制行政流程图53份，制定林业行政自由裁量权裁量标准51项，漳州市、尤溪县规范林业行政处罚自由裁量权试点有序推进，提升了依法行政水平；配合省人大出台了《福建省林木林地权属争议处理条例》，组织调处涉林纠纷1933起、面积2.9万公顷，有力促进了林区和谐稳定；《福建省林权登记条例》已上报省政府审查，全省已成立林权登记机构71家，占应成立机构总数的75.5%。

造林绿化全面完成 全省完成植树造林面积14.3万公顷，占年计划的108%，其中珍贵、乡土树木种植面积1.2万公顷，绿色通道建设里程3627千米，义务植树6882.8万株。中央新增投资7000万元沿海防护林建设项目任务及时下达到30个沿海县，林地清理、造林工作扎实推进。认真贯彻全国油茶会议精神，在尤溪县召开全省油茶产业发展现场会，下发了《2009年油茶产业发展项目实施方案》，着手编制全省油茶产业发展规划，建立临时采穗圃33.3公顷，油茶产业发展有序展开。

产业发展势头强劲 全年完成木材生产757.46万立方米，比2007年同期增加55.08万立方米；实现林业总产值1324亿元，其中规模以上林业工业企业总产值达972.38亿元，同比增长32.5%，利税63.4亿元，同比增长34.2%，利润39.1亿元、同比增长38.7%；新增中国驰名商标2个、省级名牌产品26个。“6·18”中国·海峡项目成果交易会、“9·8”中国国际投资贸易洽谈会、海峡两岸（福建三明）现代林业博览暨投资贸易洽谈会、海峡两岸（福建漳州）花卉博览会暨农业合作洽谈会共签约项目（协议）473项，总投资236.5亿元。

资源保护全面加强 全年共依法审核审批建设项目征占用林地1143起，面积0.7万公顷，征收森林植被恢复费4.25亿元。全省主要森林病虫害防治面积13.9万公顷，防治率达95.3%。查处林业案件4.9万起，其中侦破刑事案件2111起，为国家挽回经济损失1.32亿元。森林防火形势好转，仅发生森林火灾40起。武警福建省森林部队边组建边形成战斗力，到2008年年底顺利完成10余次灭火作战和执勤任务，营房建设等工作有序推进。自然保护区、湿地保护建设得到加强，率先在全国出台了《福建省人民政府关于加强林业自然保护区建设 解决区内群众生产生活有关问题的意见》，安排资金3711万元用于保护区内林权所有者和区内444户群众搬迁补偿；建立了福建省首个国家湿地公园、国际重要湿地——长乐闽江河口国家湿地公园，新增国家级自然保护区1处——明溪君子峰国家级自然保护区、国家级森林公园2处——长乐董奉山国家森林公园和永安九龙竹海国家森林公园。

科技兴林扎实推进 制定了《海西现代林业发展战略研究与规划》，依托福建省林科院成立了中国林科院海西分院，为推进林业科学发展奠定了扎实的基础。全省组织实施省级以上科研项目164项，投入科研经费2800万元。二期种苗科技攻关项目全面完成，良种供给能力增强，新增种子园面积23.1公顷，主要造林树种良种使用率达45%，比2007年提高1.2个百分点。林业科技推广加强，建立林业科技示范企业20家、示范村200个、示范户2000户和各类示范基地11万亩，开通“96355”林业服务热线的市（县、区）达48个，培训林农8万多人次。林业信息化取得新进展，在全国率先初步构建省、市、县、乡四级林业政务网络体系（福建金林网），实现了林业网上审批、林政管理、森林资源监测延伸到基层；省林业厅机关办公自动化系统投入使用，林业服务管理的效率和水平得到较大提高。

抗冰救灾取得实效 2008年初的冰雪灾害，全省4个设区市、16个县受灾严重，林业受灾面积57.9万公顷，直接经济损失达75亿元。面对灾害，全省上下坚持一手抓抗冰救灾、一手抓减灾增收。及时下发了灾后恢复生产的指导意见、技术要点，对受灾木竹采取了简化采伐审批手续、免交育林基金、给予种苗补助、实施收购保护价等一系列扶持措施，抗冰救灾取得阶段性成效。全省投入救灾及重建资金4.35亿元，清理受灾面积47.9万公顷，占总受灾面积的83%，受损林业基础设施大部分得到修复，灾区群众生产生活稳定。

机关党建得到加强 按照中央和福建省委的部署，扎实开展学习实践科学发展观活动，认真组织学习党的十七大和十七届三中全会精神，组织开展纪念改革开放30周年活动和“落实四求先行，建设海西现代林业”专题调研、专题讨论。深入开展创建第五轮党建先进单位、第十届文明单位活动，积极争创党建和精神文明先进单位。强化绩效管理，加强队伍建设，机关党建、精神文明和机关效能建设取得了新的进步。着力加强廉政建设，健全主要领导负总责的党风廉政建设责任制。突出抓好纠风工作，树立林业良好形象。认真做好老干部和献爱心工作，落实好离退休老干部的“两项待遇”，进一步建立健全“两费”保障机制。组织省林业厅机关干部职工为冰雪灾害、四川汶川大地震捐款、捐特殊党费合计82万元；开展新年送温暖活动，切实关心林业困难职工的生产生活。

【林业产业】 截至2008年底，全省共有林产加工企业6000多家，规模以上（产值500万元以上）企业为2264家。其中，大中型103家，省级林业产业化龙头企业65家，品牌农业重点龙头企业5家，资源综合利用类享受增值税即征即退政策企业43家。规模以上企业中，人造板制造企业504家（胶合板制造企业246家，纤维板制造企业29家，刨花板制造企业21家），家具制造企业177家，造纸企业189家，其他木材加工及竹藤、棕、草制品业949家。

2008年全省木材生产累计完成757.46万立方米，比2007年同期增加55.08万立方米。完成木材销售676.64万立方米，比2007年同期减少18.72万立方米；木材库存为101.03万立方米，比2007年同期增加43.16万立方米，同比增长82%；全省松香产量为50 244吨；林业总产值达1324亿元，其中：规模以上林业工业企业总产值达972.38亿元，同比增长32.5%。完成人造板生产630.76万立方米，同比增长21.52%；其中：胶合板完成213.94万立方米，同比增长8.19%；纤维板完成159.24万立方米，同比增长14.77%；刨花板完成130.09万立方米，同比增长64.17%；人造板二次加工装饰板完成1870万平方米，同比增长71.75%。木制家具完成1113.14万件，同比增长30.22%。木地板完成712.31万平方米，同比减少50.22%。纸浆完成63.18万吨，同比增长58.54%；机制纸及纸板完成96.87万吨，同比增长16.8%。全省累计实现利润45.5亿元，同比增长34.6%，受国际金融危机影响，比2007年减缓30.4个百分点。全省有木质活性炭生产企业60多家，活性炭科研机构两家(福建省林科院、福建省农林大学)，从事活性炭、科研、生产、经营人员达6000多人。活性炭年生产能力达5万多吨，年产值约3.5亿元，出口量约2万吨，出口额达2000万美元。生产总量、总值、出口总量均占全国木质活性炭40%以上，位居全国同类产品之首。以南平元力、泰宁金湖、建瓯芝星、邵武鑫森炭业、邵武兴长、三明青杉、三明润德、顺昌诺得、建阳炭素、福州泰京等为代表的活性炭企业，是中国木质粉状活性炭的主力军，也是福建省林产化工工业出口创汇的重要来源。

全省现共有采育场85个，其中已改制23个，占27%，主要分布在南平、三明、龙岩3市(另：漳州1个，已改制)。现有职工人数7570人；经营区面积为51.2万公顷；蓄积总量为3610.62万立方米；年采伐量为83万立方米左右。

【抗御雨雪冰冻灾害】 2008年1月中下旬以来，由于受北方冷空气不断南下和西南暖湿气流的共同影响，福建省遭遇了历史罕见的持续雨雪冰冻天气，给林业生产造成了重大损失。全省4个设区市、16个县受灾严重，林业受灾面积57.87万公顷，直接经济损失达75亿元。此次林业受灾时间之长、程度之深、损失之重、恢复之难，实属历史罕见。据调查，本次受灾严重的县(市、区)，经济损失有70%~80%来自林业。

灾情发生后，各级领导高度重视，省委书记卢展工、省长黄小晶分赴灾区检查指导抗灾救灾工作，看望慰问受灾群众和奋战在抗灾救灾一线的干部职工，并通过陈桦、张志南两位副省长对林业系统如何开展抗灾救灾提出了具体的要求。张昌平副省长亲自听取林业灾情汇报，组织指导抗灾救灾工作。2月7日(正月初一)，国家林业局副局长祝列克率抗冰救灾小组来到福建，深入灾情严重的南平、三明等革命老区视察灾情、慰问职工，并就如何加强抗灾救灾工作作出指示。省林业厅密切关注灾情状况并迅速作出反应，及时动员和组织林业系统的干部职工投入到抗灾救灾工作之中，研究部署灾后自救和恢复生产工作，及时制定了《雨雪冰冻灾害后生产重建规划方案》，并上报国家林业局。

为加快木竹清理和灾后恢复生产，省林业厅出台了一系列扶持政策，努力将灾害损失减少到最低程度。主要包括：①在征得国家林业局同意后，及时简化灾区受灾林木的采伐审批手续，满足受灾县(市、区)处置受灾林木采伐指标。如对需要采伐清理的林木，由县林业局成立救灾服务指导小组进行就地确认核实、就地核发采伐证、就地指导采伐。②清理采伐受灾的木竹免交林业育林费和维简费。③清理采伐受灾的木竹在运输上给予便利和优惠。④要求木竹加工企业按照市场价格敞开收购清理采伐的木竹，不得故意压等压价收购，确保林农的利益。⑤筹措部分救灾资金，重点用于苗木生产补助和基础设施恢复，以保证群众生产生活和春季造林的开展，下发了《关于开展灾后恢复营林生产的意见》。

【福建十佳森林人家】 2008年5月14日，由省林业厅与省旅游局联合主办的2007年我最喜爱的绿色之旅暨最具体验价值的十佳森林人家评选活动结果揭晓：共有10家森林人家被评为最具体验价值森林人家，9条旅游线路被评为我最喜爱的绿色之旅。

最具体验价值的十佳森林人家分别为：福安荡岐山庄森林人家、福安桃源山庄森林人家、浦城匡山森林人家、松溪诰屏山森林人家、漳平九鹏溪森林人家、漳州龙佳森林人家、泉州罗溪森林人家、莆田笛韵森林人家、屏南闽峰山庄森林人家、闽侯旗山森林人家。

在最喜爱的绿色之旅评选中，龙岩闽西休闲度假游被评为最受群众喜爱线路；泉州滨海森林人家休闲游、福州旗山观瀑之旅、莆田中华祁梦生态文化探密游、漳州龙佳休闲度假游、南平休闲度假生态游、三明沙溪滨河休闲游、宁德生态休闲游、厦门银溪大峡谷探险游被评为特色线路。

【福建省古典工艺家具协会成立】 2008年2月24日，福建省古典工艺家具协会在莆田市仙游县成立，全省218家古典工艺企业成为首届会员。仙游县被誉为“中国古典工艺家具之都”，近年来古典工艺家具生产销售快速发展，成为福建省古典工艺家具行业的领头羊，并被列入“2006~2008年福建工艺美术产业发展行动计划”主要项目。目前，仙游县已有古典工艺家具企业2600多家，年产值25亿多元，产品畅销日本、欧美、东南亚等30多个国家和地区，占全国各大城市市场份额的60%以上，形成了特色鲜明的区域经济产业。

【福建省《林木绿地认建认养管理办法(试行)》出台】 2008年6月23日，省绿委出台《林木绿地认建认养管理办法(试行)》。根据该办法，今后，福建省公民可通过林木绿地认建认养的形式，履行植树义务，符合条件的，还能以个人姓名命名林木、绿地。该办法鼓励全社会通过以资代劳、投工投劳等方式，积极参与认植纪念树、营造纪念林、认建绿地、认养古树名木等丰富多彩的绿色文明公益活动。该办法规定认建认养实行协议管理，并明确认建认养范围、内容和程序，要求认建认养方案应通过当地媒体向社会公布。认建认养者在登记报名、签订协议和交纳认建认养费用后，领取《福建省全民义务植树纪念证》，双方按照约定实施认建认养活动，并接受新闻媒体和社会各界的监督。该办法还提出5项激励措施：①认建认养的单位和个人在认建认养期内，对所认建认养的林木、绿地拥有监护权；②领取的《福建省全民义务植树纪念证》，既是参加认建认养活动的纪念证书，又可作为完成相应年度义务植树任务的证明；③个人认建认养费用达200元、单位团体达2000元以上者，允许为其所认建认养的树木、绿地悬挂或树立认建认养荣誉牌；④林木、绿地连续认建认养金额累积个人达1万元，单位团体达10万元以上的，经批准可以取得该纪念林、纪念树或绿地的冠名权；⑤对积极参与认建认养活动、工作成效显著的单位和个人，县级以上政府绿委给予通报表彰，并颁发荣誉证书。

【《福建省林木林地权属争议处理条例》颁布施行】 2008年5月15日，福建省第十一届人民代表大会常务委员会第三次会议通过《福建省林木林地权属争议处理条例》，自2008年10月1日起施行。1993年9月3日，福建省第八届人民代表大会常务委员会第四次会议通过的《福建省林木林地权属争议处理办法》同时作废。

【省林业厅领导班子调整】 2008年5月，福建省林业厅领导班子调整。吴志明任省林业厅党组书记、厅长；张明接任省林业厅党组成员、副厅长。黄建兴任省人大农经委主任；黄家铭任省国防动员委员会办公室(省防空办公室)党组书记、主任；张福寿任省政府办公厅党组成员、省政府副秘书长。

【福州国家森林公园免费开放】 2008年9月28日，福州国家森林公园正式向社会免费开放。为迎接免费开放后大量的游客，森林公园安排800万元资金，强化基础设施建设：在主干道两侧建设了2.6千米长的人行木栈道，新建厕所13座，修建登山道护栏500米，新建南大门停车场4600平方米，同时增设了大量的休闲座椅、垃圾桶、标示标牌等配套设施。

【《国家林业局关于支持海峡西岸经济区林业发展意见》出台】 2008年1月11日，国家林业局出台《国家林业局关于支持海峡西岸经济区林业发展的意见》，提出要大力支持海峡西岸经济区林业建设，共同推动海峡西岸林业又好又快发展。一是支持海峡西岸林业综合改革与发展实验区建设，重点在森林可持续经营试点、深化集体林权制度改革、沿海防护林、林木种苗、野生动植物保护、森林病虫害防治、森林防火等林业基础设施建设方面，进一步加大对福建林业发展的政策支持和资金扶持。二是支持海峡两岸(三明)现代林业合作实验区建设，重点在林木采伐管理制度改革试点、设立林业台商投资集中区、与台湾开展物种交流等方面予以扶持。三是支持海峡西岸林产品加工、贸易示范区建设，重点加大对莆田秀屿进口木材检疫除害处理区、国家级木材加工贸易区，建瓯笋竹加工、贸易区，闽北林产品加工、贸易区，闽南花卉标准化基地等示范区建设的扶持。四是支持海峡西岸湄洲岛等林业生态文明示范基地建设，加快湄洲岛生态建设示范区、生态教育与科研中心、两岸生态建设交流与合作基地等三大主体功能区建设，搭建海峡两岸合作交流平台。五是支持海峡西岸开展林业融资和保险工作，加大对福建林业贴息贷款的贴息力度，协调有关部门建立担保基金或设立风险准备金，为林业中小企业和林农个人贷款提供风险保障，研究建立政策性林业保险制度。六是支持海峡两岸(三明)林业博览会和(漳州)花卉博览会，加快福建林产品和花卉市场建设，进一步简化花卉出口审批手续及允许凭进出口证明书办理手续，在福建建立花卉产品流通绿色通道。七是支持海峡西岸开展森林资源经营管理改革工作，同意扩大森林采伐管理制度改革试点面，积极探索森林资源保护、培育、发展和合理利用相统一，经营权与处置权相统一的森林经营管理模式，逐步形成科学编制县域森林经营规划，以及引导业主自主编制森林经营方案的管理机制。八是支持海峡西岸林业科技工作，同意中国林科院与福建合作，建立中国林科院海西分院，继续支持邵武市科技服务林改示范点建设、林业科技基础设施建设与科技交流与合作，培育形成区域林业科技创新中心和对台合作交流中心。九是支持海峡西岸开展对外林业合作，在福建实施的中德技术合作森林可持续经营政策与模式项目给予重点倾斜。十是全力支持海峡西岸组建武警森林部队。

【黄建兴厅长荣获2007·中国十大创新英才奖】 2008年2月23日，由全国政协教科文卫体委员会、全国工商联、中国人民对外友好协会、中国企业联合会、中国工业经济联合会、北京大学、中国教育电视台、中华英才半月刊社、联合国教科文组织等联合主办的第四届中国十大系列英才颁奖典礼在北京大学举行。福建省林业厅黄建兴厅长作为林权改革的积极倡导者、忠实践行者和执著推动者，以“中国首推林权改革、林产突破千亿的践行者”荣获2007·中国十大创新英才奖，全国人大常委会乌云其木格副委员长为其颁奖。这是本届100位十大系列英才中唯一来自全国农口的获奖者。这也是继党的十七大将集体林权改革写入报告后，社会各界对福建省成功开展集体林权制度改革的又一次高度赞誉和充分肯定。

【莆田秀屿进口木材检疫除害处理区成为中国唯一对加拿大原木实施熏蒸处理的“特区”】 2008年4月2日，国家质检总局与加拿大食品检验署签订了《关于加拿大BC省原木输往中华人民共和国植物卫生要求的议定书》。议定书确定，莆田秀屿进口木材检疫除害处理区为中国唯一可直接对进口加拿大BC省1000万立方米原木实施熏蒸处理的处理区，秀屿港成为加拿大BC省原木输华的唯一进境口岸。此前，该处理区为中国唯一可直接对进口美国阿拉斯加州原木实施熏蒸处理。加拿大BC省1000万立方米原木的输入，将为莆田木材贸易加工区提供近10年的生产加工原料，对促进莆田秀屿进口木材检疫除害处理区和木材贸易加工示范区的作用，推动莆田成为全国最大、进口原木加工设备最完整、配套最齐全的进口原木集散地，推进福建省乃至全国木材产业向集约化、专业化、标准化生产转变产生积极影响。

【武警福建省森林总队正式挂牌成立】 2008年6月26日，中国人民武装警察部队福建省森林总队成立，这标志着福建省拥有了一支森林防火灭火的专业武装力量。中国人民武装警察部队福建省森林总队于2007年11月28日经国务院、中央军委批复组建，担负福建省森林防火灭火任务，并对周边省、自治区森林防火灭火实施有效支援。武警福建省森林总队的成立，对于服务海峡西岸经济区建设，促进林业事业跨越发展，维护林区林政建设和推动福建林业事业的发展将发挥重要作用。（福建省林业由张华坚供稿）

江西省林业

【概　述】 2008年是江西林业改革发展迈入新的里程碑的一年。在全省各级党政的高度重视和社会各界的大力支持下，江西林业夺取了抗击雨雪冰冻灾害和灾后恢复重建的重大阶段性胜利，深入学习实践科学发展观活动取得重要成效，林权制度主体改革全面完成、配套改革深入推进，造林绿化“一大四小”工程建设实现了“开门红”，谱写了江西林业又好又快发展的新篇章。

森林培育　全面推进造林绿化“一大四小”工程建设，全省造林绿化形势喜人。据统计，2008年全省共完成人工造林面积234 601公顷，新增封山育林32 431公顷，人工更新25 599公顷，低产低效林改造55 910公顷，分别比2007年增加64%、138%、68%、710%。2008年全省公有制经济造林面积为71 244公顷，占造林总面积的26.68%，其中：国有经济造林37 594公顷，集体经济造林面积为33 650公顷；非公有制经济造林195 788公顷，占总造林面积的73.32%，成为全省造林绿化的主力军，充分说明林业产权制度改革后全社会造林积极性空前高涨。

退耕还林工程　2008年，国家下达全省退耕还林工程造林计划47 166公顷，各项指标完成率均达100%。退耕还林工程造林面积占全省当年造林面积的17.66%，在林业重点工程造林比重中位居第一，但与2007年比较，比重下降了17个百分点。

2008年全省完成退耕还林工程总投资68 765万元，其中：粮食补助资金56 173万元，种苗费5468万元，其他费用7124万元。工程资金来源主要为国家预算内资金，其中：国债资金5116万元，中央财政专项资金58 660万元，这两项资金比重占总投资额的92.74%。

重点防护林工程　2008年，全省完成重点防护林工程造林18 370公顷，其中：长江防护林造林14 009公顷，珠江防护林工程1694公顷，平原绿化工程2667公顷。新增封山育林6558公顷，低效林改造2487公顷。

全省重点防护林工程完成投资5018万元，其中：长江防护林工程4320万元，珠江防护林工程698万元。在投资来源中，国家投资4432万元，占88.32%，是最重要的投资来源。

野生动植物保护及自然保护区建设工程　截至2008年底，全省建成各类自然保护区167处，其中国家级自然保护区8处；自然保护区面积达108.9万公顷，其中国家级保护区面积为14.44万公顷，占全部保护区面积的13.26%。

截至2008年底，全省拥有14处珍稀野生植物培植基地。全省建立各级野生动植物保护管理站202个，从事野生动植物及保护区建设的职工为3848人，其中875人为专业技术人员，占职工总人数的22.74%。

林业产业及总产值　2008年初，江西遭遇了历史罕见的持续低温雨雪冰冻灾害，在省委、省政府的坚强领导和全省林业系统广大干部职工的共同努力下，全省夺取了林业抗击雨雪冰冻灾害和灾后恢复重建的阶段性胜利，2008年林业产业仍然呈现持续、稳定、健康的发展态势。2008年全省林业总产值760.22亿元，比2007年增加149.85亿元，增幅达到

24.55%，连续3年保持了林业产值的高位增长。

按产业分析，全省2008年第一产业产值353.21亿元，比2007年增长73.6亿元；第二产业产值267.79亿元，比2007年增长44.42亿元；第三产业产值139.22亿元，比2007年增长31.87亿元。一、二、三产业与2007年相比，增幅分别为26.32%、19.88%、29.69%。在林业产业持续增长的同时，全省林业产业结构略微变化。第一产业继续保持增长势头，在产业结构中的比重比2007年上升0.78个百分点；受雨雪冰冻灾害影响，第二产业比重下降2.62个百分点；第三产业迅猛发展，上升1.82个百分点。

分地区看，2008年赣州、抚州、吉安3市林业总产值突破100亿元。2008年林业总产值超过10亿元的县(区)有22个，比2007年增加了11个，占全省统计单位的44.6%。南昌市辖区、庐山管理局、遂川县、南康市、井冈山市林业产业总产值都达15亿元以上，其中庐山管理局2008年林业总产值增幅达59.1%。

从产值的主要指标分析，全省林业持续增长主要表现在以下几个方面：

1. 省委、省政府及时果断采取一系列恢复林业生态的措施，切实减轻了雨雪冰冻灾害给林业造成的损失。特别是2008年10月省委、省政府出台了《关于全面推进造林绿化“一大四小”工程建设的意见》，确立了到2010年和2012年的造林绿化目标，并将造林绿化纳入各级政府目标考核的重要内容，有力地推动了造林绿化工作。2008年，全省林木种植和培育产值达到716 628万元，比2007年增加302 537万元，增幅达到73.06%；木材和竹材的采运产值为643 173万元，增长233 221万元，增幅56.89%；林业生产辅助服务产值109 412万元，增幅37.6%。

2. 林业受金融危机影响相对滞后，全省第二产业产值的增速虽有所减缓，但仍保持了一定的增长。2008年全省林业第二产业产值为2 677 858万元，比2007年增加444 159万元，增幅达19.88%。其中：锯材、木片加工业产值为340 278万元，比2007年增加47 363万元，增长16.17%；人造板制造、木制品制造分别增长了17.96%、94.4%；竹、藤、棕、苇制品制造产值减少21.76%。

3. 林业旅游与休闲服务业迅猛发展，全面带动第三产业的发展。2008年，全省第三产业产值为1 392 239万元，比2007年增加318 703万元，增长26.69%，占林业总产值的比重达到18.31%。2008年，江西充分利用丰富的森林景观资源、自然风光、人文景观、野生动植物等旅游资源，以森林公园和自然保护区为依托，大力发展森林旅游，全省林业旅游与休闲服务持续升温，产值达968 030万元，比2007年增长60.74%，在总产值中的比重由2007年的9.65%，上升到2008年的12.73%，提高了3.08个百分点。

木竹材产品产量 受年初雨雪冰冻灾害的影响，全省森林资源遭到严重破坏，受灾木材的清理量大幅度增加。2008年，全省木材产量为610.23万立方米，比2007年增长24.14%。其中：原木产量为578.02万立方米，占全部产量的94.72%，比2007年增加143.8万立方米，增长33.12%。

全省竹材产量为10 755.45万根，小杂竹48.01万吨，分别比2007年减少5.7%、49.9%。在全部竹材产量中，村及村以下各级组织和农民个人生产的竹材产量达6631.14万根，占总量的61.65%。

主要经济林产品及花卉 据统计，2008年全省水果产量为3 039 032吨，其中柑橘类作为全省主要水果品种，占据84.65%的份额，产量达2 572 610吨；生产林产饮料产品22 719吨，其中毛茶产量为21 888吨；生产林产调料产品594吨，木本药材125 676吨；生产森林食品49 165吨，其中食用菌35 325吨，山野菜2324吨。

2008年，全省生产各类切花切叶11 860.8万支，盆栽植物7832.51万盆，观赏苗木5758.46万株。

林业工业产品产量 2008年全省茶油产量100 239吨，笋罐头5892吨，食用菌及山野菜加工9195吨，中药材加工8019吨，水果、坚果加工85 651吨。

2008年锯材产量1 037 286立方米，比2007年增长13.74%。木片产量271 090实积立方米，比2007年增加124.20%。

2008年全省人造板产量320.01万立方米，比2007增加125.81万立方米，增幅达64.79%，其中中密度纤维板产量94.52万立方米、其他人造板产量增加54万立方米。

木地板产量有所缩减。2008年，全省木地板产量1817.19万平方米，比2007年降低1.28%。其中：实木地板243.06万平方米，实木复合地板29.77万平方米，强化木地板171.36万平方米，竹地板622.7万平方米，竹木复合地板98.97万平方米。受低温雨雪冰冻灾害的影响，作为全省地板类主打产品的竹地板及竹木复合地板，产量比2007年有所下降。

2008年，全省共生产松香类产品81 006吨，松节油类产品43 372吨，樟脑348吨，木炭37 812吨，活性炭39 615吨，分别比2007年增长-24.73%、11.43%、94.46%、19.24%、16.08%。

林业建设投资 全省2008年到位各类林业建设资金总量为269 632万元。其中：国家预算内资金153 068万元、以林业治沙贴息贷款为主体的国内贷款38 691万元、利用外资8504万元、自筹资金7488万元、其他资金61 881万元。全省中央和省级林业无偿投资首次突破20亿元，增长幅度为历年之最。其中：争取中央对江西的林业投资16.47亿元，比

2007年增加6.40亿元，增长47.5%；省财政对林业的投资首次突破10个亿，达到10.18亿元，比2007年增加7.18亿元，增长2.4倍，林业建设投资的增幅和增量均超历史。

林业招商引资 2008年，全省林业利用外资项目48个，利用外资11 872万美元。其中：营造林3122万美元、木竹材加工3050万美元、其他5700万美元。营造林项目主要为中德造林和世行贷款三期造林项目。

林业系统机构及从业人员 截至2008年底，全省林业系统共有各种经济性质单位2294个，其中：国有经济单位2286个、集体经济单位4个、其他各种经济单位4个。数量变化的主要原因是森工企业、国有林场的改制。2008年末，全省林业系统共有在册职工99 752人，比2007年下降2.9%，其中在岗职工59 156人，比2007年下降2.8%。

全省林业系统从业人员年均工资稳步增长。2008年林业系统在岗职工人均工资12 373元，比2007年增长924元，增幅为8.1%，是2000年的2.59倍。

在林业系统国有经济行业中，职工收入行业之间差距较大。平均工资最高的为教育26 060元，其次为公共管理和社会组织业22 488元，自然保护区管理19 973元，年人均工资最低的行业是竹、藤、棕家具制造业6391元。2008年林业系统不同行业之间的最高工资与最低工资差距达到4.08倍。

（胡　弦）

【省委书记苏荣与国家林业局局长贾治邦共商江西林业发展大计】 2008年3月10日，省委书记苏荣在省委常委、省委秘书长陈达恒和省林业厅、省财政厅、省发改委负责人陪同下，向国家林业局局长贾治邦汇报了江西林业工作和林业灾后重建情况。贾治邦高度评价江西省委、省政府对林业工作的重视和支持，称赞江西林权制度改革走在全国前列，得到了党中央、国务院的充分肯定；表示对江西林业将一如既往，继续给予大力支持和重点倾斜，力争“十一五”对江西林业的投资超过55亿元。苏荣表示，江西最大的优势是生态优势，在灾后重建工作中，一定要把生态恢复特别是森林的恢复和重建作为重中之重，使灾后的林木蓄积量尽快恢复到原有水平。并强调，江西省委、省政府对加强林业工作、加强林业机构的决心不会改变；对加强林业的地位、增加对林业投入的决心不会改变；对深化林业改革、巩固林业产权制度改革的决心不会改变；要通过灾后重建，努力使江西林业更上一个新台阶。

【省领导义务植树】 2008年3月24日，省委书记苏荣、省长吴新雄等省4套班子带领干部群众千余人到省领导义务植树示范点——南昌高新区艾溪湖森林湿地公园参加春季义务植树活动。全省11个设区市、99个县（市、区）党政领导领导班子参加了当地绿委组织的全民义务植树活动。

【全省造林绿化“一大四小”工程建设】 2008年，为巩固和扩大江西生态优势，省委、省政府作出了实施造林绿化“一大四小”工程的决策部署。省委、省政府出台了《关于全面推进造林绿化“一大四小”工程建设的意见》，下发了江西省造林绿化“一大四小”工程建设规划和考核办法，规划到2010年全省完成设区市和县城所在地、乡镇政府所在地、农村自然村以及基础设施、工业园区和矿山造林绿化97.67万公顷，森林覆盖率达到63%。10月6日，省委、省政府召开了全省造林绿化“一大四小”工程建设动员大会，省委书记苏荣、国家林业局局长贾治邦、省长吴新雄到会讲话。省林业厅从全厅抽调300多名干部，组成100个督导组，深入市、县督导，确保了工程建设的有序推进。在工程建设中，各地以通道绿化为重点，以杨树、泡桐、红心杉、湿地松等为主推树种，对交通干线两侧以及可视范围内的村庄、荒山荒地进行全面绿化，并利用通道两侧的土地，发展苗木产业，促进了农村种植业结构的调整，培植了林业新型产业。大力创新造林绿化机制，坚持实行“谁造林谁所有，谁投资谁受益”，做到“不栽无主树，不造无主林”，形成了企业造林、大户承包造林、联营造林、民营造林等灵活多样的造林经营模式，特别是南昌林投、吉安林投、金太阳、高氏集团、凯迪、绿茵竹业等360多家公司参与造林，大大加快了造林进度，提高了造林质量。省财政3亿元的政府投入，撬动了39.96亿元社会资金投入绿化造林，吸引了113万返乡农民工参与造林绿化，涌现出了6692户造林大户，造林面积7.33万公顷，实现了在家门口创业。据统计，从2008年冬到2009年春，全省完成造林面积37.3万公顷，其中：山上造林20.3万公顷，山下造林17万公顷，超额完成了年度造林任务，“一大四小”造林绿化工程建设首战告捷。

【全省林业抗灾救灾及灾后重建工作】 2008年1月12日开始，江西遭受持续20多天的特大雨雪冰冻灾害，林业损失惨重，全省11个设区市99个县（市、区）的森林普遍受灾，受灾森林面积达397.07万公顷，占全省同类型森林面积的41%。灾情发生后，省林业厅在省委、省政府的领导下，科学部署抗灾救灾工作，及时组织开展灾后重建，努力减轻灾害损失，尽快恢复林业生态。省林业厅先后召开10余次林业抗灾及灾后重建专题会议，超前部署抗灾救灾工作；多次组织林业专家和科技人员深入灾区，指导科学救灾和灾后重建；积极争取中央和省财政救灾资金2.16亿元；及时制定出台了“三帮三补”（“三帮”：组织全省林业系统1000名干部和科技人员，帮林农制定林业灾后重建规划；帮林农提供科技救灾技术；引导和鼓励企业帮林农收购受灾木竹。“三补”：补林木良种和林业机械；补毛竹竹腔施肥肥料；对企业收购林农受灾木竹所需流动资金，省财政给予贴息资金补助）的抗灾救灾及灾后重建政策措施；全面实行“三禁止两不准一停止”（即禁止采挖春笋，禁止重灾县采割松脂，禁止重灾县采伐非受损木竹；能继续生长的受损木竹一律不准采伐，不能补植补造更新的林木一律不准采伐；停止野生植物的采集、移植审批和放行）；采购了80套轻基质育苗机、3000台打洞机和1000台割灌机分发到造林主体；科学组织受损木竹清理；制定了《关于鼓励大力发展阔叶树的意见》，出台了包括采伐管理、种质资源管理、金融资金扶持等在内的相关扶持政策措施，确保树种结构有序调整。据统计，2008年全省完成的春季造林面积占计划的112.6%，同时通过引进新技术，培育容器苗，延长造林季节，7月底前又完成了13.33万公顷受灾林地的补植补造任务和33.33万公顷的毛竹竹腔施肥工作，实现了春季造林面积、林木良种使用率、竹腔施肥面积、林业机械化应用以及争取救灾资金数量“五个超历史”，林业灾后重建取得重大阶段性胜利。江西林业抗灾救灾以及灾后重建的做法和经验，受到国务院以及国家发改委、财政部、国家林业局等有关部门的充分肯定。

【开展深入学习实践科学发展观活动试点工作】 根据中央和江西省委的部署，2008年4月10日至8月21日，省林业厅开展了为期4个月的深入学习实践科学发展观活动试点工作。全厅围绕“干部受教育、发展上水平、群众得实惠”的总体目标，坚持将学习贯穿试点工作始终，在牢固树立科学发展理念上下功夫；坚持将调研贯穿始终，在查找和解决突出问题上下功夫；坚持将领导抓、抓领导贯穿始终，在确保活动质量上下功夫；坚持将发动群众、依靠群众贯穿始终，在创新活动形式上下功夫；坚持将边学边改、边查边改贯穿始终，在突出活动实效上下功夫，学习实践活动试点工作实现了省委提出的目标要求，取得了明显成效，得到了江西省委和国家林业局领导的好评，并分别在江西省委和国家林业局举行的学习实践活动交流大会上作了典型发言。

【全省林业产权制度配套改革深入推进】 2008年7月底，以风景名胜区、经济技术开发区的林权主体改革验收为标志，全省林权制度主体改革全面完成。全省有53个县（市、区）建立了林业产权交易中心，累计交易山林13 557宗，交易金额21亿元。出台了《江西省林权登记管理办法》，进一步规范了后续林权管理。深入推进林权抵押贷款，全年新增贷款27亿元。全省参与森林火灾保险的县增至47个，保险林地面积50.05万公顷，保险金额24.7亿元。江西省赣林担保有限公司正式成立并投入运营，全年提供贷款担保金额4230万元。全省生态公益林年补偿标准从2007年的每亩6.5元提高到8.5元，年补偿资金达到4.3亿元。萍乡市在全省率先开展了可持续发展资金征收试点工作，每年可在煤炭等采矿业征收5000万元左右的资金用于造林绿化。出台了《关于加快建设民营林场的意见》，组建各种林业专业合作组织12 921个，其中民营林场1098个。在安福县开展了国有林场改革试点，一批国有林场开始走出困境。

【创新森林资源保护管理手段】 2008年，在遂川、资溪、铜鼓、婺源、大余县开展了林业综合行政执法改革试点。全省实行了林木采伐证和木材运输证网上办理，在34个边境木材检查站安装了电子监控设施，加强了省外木材运输证的监管，清退了临时办证人员。实行林地征占用定额管理制度，全年审核征占用林地942宗，面积8175公顷，征收森林植被恢复费4.86亿元，同比增长85%。组织开展了乱砍滥伐林木、乱征滥占林地、乱捕滥猎野生动物、违法运输木材等联合执法行动和野生动植物行政执法专项整治，林区秩序更加稳定。省财政安排5000万元，建立了村级森林防火转移支付资金制度；启动了机动专业森林消防队建设，重点装备了24支机动专业队；省航空护林站建设进展顺利，开展了航空护林和人工增雨作业；编制为200人的江西森林武警部队正式组建到位，全年森林防火形势总体平稳。松材线虫病防治实现了发生面积和病死松树双下降；全面完成了雨雪冰冻灾后重建电缆盘木制包装材料的清查，确保了大灾之年无大疫；樟树、丰城等地组建了民营森林病虫害防治服务公司，迈出了森防事业社会化服务的新步子。全年新建江西东鄱阳湖、东江源、修河3处国家级湿地公园；4处申报省级的自然保护区通过评审；新建13处县级自然保护区和7处森林公园，其中国家级森林公园2处，省级森林公园5处。

【提升林业科技服务水平】 2008年，大力推广进口湿地松良种和楠木、红心杉等乡土树种，大力发展适合江西生长的南林95、895品系杨树以及泡桐、光皮树、高产油茶等经济树种，全省造林良种使用率达到95%以上。举办了20期毛竹竹腔施肥、营林机械、化学除草（控草）技术培训班，培训基层林业科技干部、林农2000多人次。审定通过了《油茶丰产林培育技术规程》等8个省级标准，促进了油茶等主导树种规范化发展。

【加快林业产业发展】 以光皮树为主的生物质能源建设进展顺利。丰城、上饶、渝水等8个县（区）作为2008年全国现代农业油茶产业项目示范县，全面推开了高产油茶项目建设。全年新建改建16个油茶采穗圃，增加穗条3000万株。大力培植林业龙头企业，2008年全省30家林业企业被列入省级农业产业化龙头企业，涉林龙头企业总数达到63家。与省工商局联合开展了木材加工企业清理整顿检查验收工作，清理关闭木竹加工企业2793家，规范了木材加工企业管理。继续安排5000万元省级林业发展专项资金，对毛竹、油茶等特色林业产业进行扶持。2008年全省林业总产值达760亿元，同比增长24.6%，农民人均林业纯收入达720元，增加21%。

【林业生态文化建设方兴未艾】 2008年，邀请30多名国家级文化名人到江西进行生态采风。省林业厅主创的以林改为主题的电影《踏界》、纪录片《青山遮不住》、歌曲《为了百姓好》以及一批林业文学作品，在全国产生较大反响。全省5处国家级自然保护区列为生态文化宣教基地，其中井冈山自然保护区被评为全国十大林业生态文化宣传教育基地。全省首家森林博物馆——抚州市森林博物馆即将全面竣工。开通了江西林业生态文化网站，开展了“生态文明教育进校园”活动，将林业生态文化知识编入了全省义务教育通用教材，进一步增强了全社会生态文明意识。

【江西“五河”源碑建设全部完成】 2003年3月，省林业厅、省人事厅等6部门组织专家对江西五大河流（赣江、抚河、饶河、信江、修河）的源头、长度进行科学考察，至2008年12月，“五河”源碑建设全部完成。科考确认：赣江发源于赣闽交界武夷山脉的赣源岽西侧，全长788千米；抚河发源于广昌、宁都、石城三县交界的灵华峰东侧，全长346千米；饶河发源于赣皖交界的莲花项西侧，全长302千米；信江发源于玉山县与德兴市交界的信源山南侧，全长364千米；修河发源于铜鼓县境内的修源尖东南侧，全长405千米。

【驻赣武警森林部队组建到位】 2008年10月11日，武警森林指挥部选派的200名官兵从北京抵达南昌，正式进驻江西，标志着江西武警森林部队正式组建到位。11月4日，省政府森林防火总指挥部在南昌驻赣武警森林部队驻地举行武警森林部队进驻仪式，省委常委、副省长陈达恒代表省委、省政府致欢迎词，并接见驻赣武警部队官兵，考察部队营房。省林业厅和国家森防指办公室、武警森林指挥部、省民政厅、省财政厅等单位领导出席仪式。驻赣武警森林部队由省政府森防指指挥调动，主要承担森林火灾预防、扑救等任务。

【林业大事】

1月4日 全国首部展示江西林业产权制度改革历程的电影故事片——《踏界》在遂川县开机。

1月7日 国家林业局批准设立横峰县岑山国家森林公园、上饶县五府山国家级森林公园、南丰县军丰山国家级森林公园。

1月11日 江西林业产权交易联网信息发布系统正式启用。

1月12日 历史罕见的特大雨雪冰冻灾害肆虐江西全省，低温雨雪天气持续20多天。全省99个县的森林普遍受灾，林业直接经济损失达377.2亿元，全省林业损失惨重。

1月18日 省委常委、组织部长弘强、副省长史文清率春节慰问团走访慰问驻赣森林武警部队官兵，省林业厅厅长刘礼祖陪同走访慰问。

1月22日 省编办批准省林业厅利用外资项目办公室增挂江西省林木生物质能源管理办公室的牌子并明确其职责。

1月28日 省林业厅成立防范灾害性雨雪天气应急指挥部，并召开全省林业系统防冻救灾工作电视电话会议。

2月3日 省政协主席傅克诚到省林业厅视察林业防冻救灾工作。

2月15日 全省林业工作暨灾后重建动员大会在南昌召开，省委常委、副省长陈达恒，省林业厅厅长刘礼祖出席会议。

2月16日 省委副书记王宪魁到新干、泰和两县视察指导林业灾后重建工作。

2月16日至3月1日 省林业厅开展“百组千人”下乡指导灾后自救和恢复林业生产活动。

2月22日 省委常委、副省长陈达恒在省林业厅厅长刘礼祖陪同下到萍乡市调研林业灾情，指导林业灾后重建工作。

2月26日 财政部、国家林业局下拨江西林业灾后重建补助资金1.16亿元。

3月5日 省长吴新雄发出致各设区市主要领导及各市、县、乡镇长和村委会主任的森林防火公开信。

3月6日 省委书记苏荣对全省森林防火工作作出批示。

3月11~12日 国家林业局调研组到遂川县调查林业灾情。

3月12日至6月20日 省林业厅组织开展雨雪冰冻灾害森林资源损失调查评估工作。

3月24日 全省森林防火工作座谈会在南昌召开，省长吴新雄、副省长熊盛文出席座谈会。

3月28日 国家林业局副局长祝列克在省林业厅厅长刘礼祖陪同下到武宁、吉安两县视察林业工作。

4月2日 省林业厅在南昌召开全省林业抗灾救灾总结表彰电视电话会议，副省长熊盛文、省林业厅厅长刘礼祖等出席。

4月7日　江西省第二十七届“爱鸟周”启动仪式在吉安市举行。

4月10日至8月21日　省林业厅开展深入学习实践科学发展观活动试点工作。

4月15日　省森林工业局与省内8家企业共同注资2000万元，组建江西省赣林担保有限公司。

4月30日　全南县茅山林场大水坑分场场长黄荣智荣获全国“五一”劳动奖章。

5月8日　省委书记苏荣出席泰豪论坛并发表《深化省情认识，加快江西发展》的主题演讲，首次向全省发出了实施造林绿化“一大四小”工程建设的倡议。

5月20日　省委书记苏荣到崇义县考察林业灾后重建工作。

5月20日　中国野生动物保护协会授予彭泽县中国梅花鹿之乡称号。

5月30日　国家林业局、教育部、团中央授予井冈山国家级自然保护区国家生态文明教育基地称号。

6月20～22日　省林业厅、省公安厅在九江市召开全省森林公安“三基”工程建设现场会，省委常委、政法委书记、公安厅厅长舒晓琴、省林业厅厅长刘礼祖等出席。

6月28日至7月4日　省委宣传部、省林业厅、中国野生动物保护协会联合主办“名人名家生态文化江西行”活动。中国野生动物保护协会会长赵学敏，中国作家协会副主席陈建功、张抗抗以及中国工程院院士马建章和章仲锷等30余名作家、书画家应邀赴井冈山、遂川、婺源等地开展实地采风。

7月5日　省领导吴新雄、陈达恒、凌成兴到鄱阳湖自然保护区调研鄱阳湖生态环境保护、湿地保护等工作，省林业厅厅长刘礼祖等陪同调研。

7月6日　省长吴新雄在省林业厅厅长刘礼祖等陪同下到铜鼓县就林权制度配套改革工作进行调研。

7月15～19日　省委常委、副省长陈达恒率全省11个设区市党委或政府分管领导、林业局长，20个平原(半平原)县(市、区)党委或政府主要领导和省林业厅、省交通厅等有关部门负责人到河南省考察平原林业。

7月22～31日　省林业厅、省林改办组织3个验收组对全省18个风景名胜区、经济技术开发区的林业产权制度主体改革工作进行验收。

8月8日　省人事厅先后批准省退耕还林工作领导小组办公室、省森林工业局、省木材流通监督管理局、省林业工作总站、省林木种苗和国有林场工作总站、省林业有害生物防治检疫局、省野生动植物保护管理局、省林业厅林业工程稽查办公室等8个单位列为参照《公务员法》管理单位。

8月11～13日　全国人大常委会副委员长乌云其木格到庐山自然保护区考察。国家林业局副局长印红、省人大常委会副主任魏小琴、省林业厅厅长刘礼祖等陪同考察。

8月22日　省林业厅行政审批服务办证大厅等8单位被国家林业局命名为全国林业系统首批文明窗口单位。

9月12日　省发改委批复同意在沪瑞、大广、景婺常、福银高速公路的玉山县梨园、定南县野猪塘、德兴市白沙关和黎川县沙塘隘等4个省级出口分别设立木材检查站。

9月17日　省政府印发《关于进一步加强森林防火工作的意见》(赣府发[2008]15号)。

9月19日　江西首架航空护林和人工增雨飞机抵昌。

9月23日　省委、省政府印发《关于全面推进造林绿化“一大四小”工程建设的意见》(赣发[2008]12号)。

10月5日　我国首家介绍林业生态文化建设门户网站——中国林业生态文化网在南昌正式开通。

10月6日　省委、省政府在南昌召开全省造林绿化“一大四小”工程建设动员大会。国家林业局局长贾治邦、副局长李育材，省领导苏荣、吴新雄、陈达恒、凌成兴、余欣荣、蒋如铭、朱张才、胡幼桃等出席大会。

10月7日　省委书记苏荣、国家林业局局长贾治邦、副局长李育材考察丰城白土镇岗霞村高产油茶产业基地，省委常委、常务副省长凌成兴、省林业厅厅长刘礼祖等陪同。

10月9日　省政府决定从2008年起全省暂免征收毛竹育林基金。

10月11日　经国家批准江西省正式组建武警森林警察部队。

10月17日　鄱阳湖国家级自然保护区发现罕见候鸟——青头潜鸭1100只、凤头潜鸭400只。

12月10日　省委副书记王宪魁到上饶县枫岭头镇考察高产油茶示范基地。

12月15日　国家油茶科技中心启动暨科技创新研讨会在南昌召开。

12月19日　公安部授予德安县森林公安局全国公安机关“三基”工程建设先进集体荣誉称号。

12月24～26日　省委书记苏荣考察吉安市、遂川县、永新县和萍乡市莲花县造林绿化“一大四小”工程建设。

12月26日　林业生态知识编入江西省义务教育通用教材《地杰人灵诵江西》，列为中小学生必修课。

12月31日　全省11个设区市、95个县(市、区)的500个办证点全面启用林木采伐证和木材运输证网上办证系统。　　(黄柏祯)

(江西省林业除署名外由李军、钟传宇供稿)

山东省林业

【概 述】 2008年，山东林业积极推进生态、产业和文化三大体系建设，保持了林业发展的良好态势。全省新增造林合格面积18.4万公顷，完成年度计划153%，其中荒山造林6.18万公顷，完成年度计划116%；新建和完善农田林网31.13万公顷，完成年度计划153%。绿化示范村镇创建活动扎实推进，有850个村、49个乡镇达到省级绿化示范村镇建设标准。新建湿地和森林类型自然保护区5处，总数达到62处、总面积98万公顷，约占全省国土面积的6.5%。全省森林覆盖率增加0.74个百分点，达到21.42%。林业总产值达到900.1亿元，同比增长4.5%。全面完成了年度森林防火目标任务，未发生重大以上森林火灾和人员伤亡事故。严格执行林地征占用审批制度，依法审批征占用林地613.6公顷，占年度限额的71.3%。

【森林与湿地资源价值核算】 省林科院与中国林科院、北林大、山东农业大学等单位，联合对山东省森林与湿地资产价值总存量及全省森林生态所产生的各种效益价值进行了评估核算，形成了《山东省森林资源价值核算总报告》和基于3S技术的森林资源调查、山东省天然林山地植被和荒地价值核算、山东省防护林资源价值核算、山东省经济林资源价值核算等12项分报告，据核算，2007年，山东森林与湿地资产价值总存量为989.87亿元，山东省森林与湿地资源总产出为4673.03亿元，森林与湿地资源总产出价值相当于当年GDP的18.05%。项目在TM影像的森林蓄积量估测、森林调节气温的遥感反演和价值核算指标体系研究方面实现突破和创新，提出了一套适合山东省森林资源价值核算的技术方法和评价体系，于2008年4月6日通过专家评审，成果被鉴定为国际先进水平。

【全省宜林荒山调查规划】 2008年，省林业局抽调40多名技术骨干，开展了13个市91个县的宜林荒山调查和造林规划，经过半年的调查统计，查清了全省山丘地区的宜林地、疏林地和退耕还林地资源，编制完成了山东省山丘地区林业用地“三地类”现状调查报告和《山东省荒山造林工程规划》，这是全省第一次专项荒山造林调查规划。本次调查统计全省现有山地丘陵区“三地类”面积31.97万公顷，分布在全省13个市的87个县(市、区)。其中：宜林荒山面积25万公顷，疏林地面积2.61万公顷，退耕还林地面积4.36万公顷，

【世行贷款项目建设】 山东生态造林项目被国务院批准列入国家利用世行贷款2008~2010财年备选项目规划，项目总投资74307万元，其中，世行贷款6000万美元，这是山东省林业行业首次单独利用世行贷款的生态造林项目，是林业利用外资最多的项目，规划造林总面积6.53万公顷。7月，世行社评、环评培训团赴山东实地考察了沾化、青州和乳山3个项目点。10月，世行准备工作考察团赴山东实地考察了单县、蒙阴县、五莲县和垦利县，12月，又赴山东实地考察了沂水县、东营市河口区，对山东省前期准备工作给予了肯定。

【第五届中国林产品交易会】 2008年9月19日在菏泽市开幕，历时4天，累计到会人数17.65万人次，有21个国家和地区及国内19个省(区、市)的2576位客商到会，签订合同及协议1091个，其中：内资合同、协议1004个，金额41.24亿元；外资合同、协议87个，金额1.9亿美元。期间，举办了2008中国菏泽投资贸易洽谈会暨全国林业展会推介会、林产品企业对接会、平原森林和林产加工参观游览等一系列活动。

【林业对外经济合作】 2008年3月，省林业局分别与俄罗斯伊尔库茨克州和布里亚特共和国召开了山东省林业投资项目洽谈对接会，签署了《关于联合成立俄罗斯贝加尔木材交易所中国分支机构的意向书》和《中俄企业木材加工项目合作意向书》。12月25日，俄罗斯伊尔库茨克州驻华总代表谢尔盖·米年科访问山东省林业局。山东省涉林企业积极“走出去”开发利用国外森林资源。据统计，全省17家企业投资4.72亿美元，租赁和购置境外森林资源采伐权525万公顷，木材蓄积量近4亿立方米。枣庄矿业集团投资2亿元，在加拿大购置森林采伐权面积1.6万平方千米，阳信欧亚集团有限公司在俄罗斯租赁森林资源1.2万平方千米。

【森林公园建设】 为提高山东省森林公园的整体水平，2008年3月，在淄博市召开了山东省森林公园推介会，全省森林公园、国内知名旅行社及中国旅游报社、大众日报社、山东电视台等10多家新闻媒体参加了会议，签订互惠协议2000多份。5月和8月份，分别在昆嵛山和寿光渤海森林公园召开了山东省十佳森林公园座谈会，提出了森林公园建设和森林旅游发展的新思路。12月份，国家林业局批准昌乐寿

阳山森林公园为国家级森林公园，经营面积为2006公顷，据统计，到2008年底，全省国家级森林公园36处，省级森林公园57处，市级森林公园90处，森林公园总面积已达36.22万公顷，2008年全省森林公园接待游客1850万人次，森林旅游直接收入8.96亿元。

【集体林权制度改革】 2008年9月23日，省委、省政府制定印发了《中共山东省委山东省人民政府关于深化集体林权制度改革推进现代林业发展的意见》（鲁发[2008]14号），规定了集体林权制度改革的基本原则、改革范围、总体目标、主要任务、政策措施、组织领导等内容。省政府批准了《山东省集体林权制度改革实施方案》，成立了全省集体林权制度改革领导小组，确定了28个林权制度改革试点县，开展了系列调研活动。

【启动“绿飘带”行动】 为纪念第三十个植树节，2008年3月20日，山东省暨济南市林业局联合举办纪念活动，并启动了“绿飘带”行动，号召社会各界携手并肩，植树造林，共建绿色家园。省长助理陈光宣布活动启动，济南市副市长赵文朝、省林业局局长贾崇福作了讲话。山东省、济南市林业系统干部职工代表、驻鲁部队官兵和青少年志愿者等1000多人参加了这项活动，志愿者系上绿色飘带，朗诵了《绿飘带誓言》。

【第二十七届爱鸟周启动仪式】 2008年4月20日，山东省野生动植物保护协会、共青团济南市委、济南市园林局主办，济南动物园管理处、济南职业学院承办，山东大学生命科学学院协办的山东省第二十七届“爱鸟周”启动仪式在济南动物园隆重举行，启动仪式上开展了“爱鸟周”形象大使选拔赛决赛、“爱鸟周”文明礼仪汇演、悬挂鸟巢 、图片展览等系列活动。

【首届全省生态书画摄影艺术展成功举办】 2008年9月20日，省林业局和昌邑市政府共同在昌邑苗木博览园举办了山东省生态建设书画摄影展，这是山东省首届生态书画摄影艺术展。这次展览共征集作品600余件，展出作品350件，其中：书画作品150幅、摄影作品200件。经专家评选，评出一等奖10件，二等奖30件，三等奖57件。

【调整规范森林公安机构】 2008年8月6日，省编办、省公安厅、省林业局联合下发了《关于调整规范森林公安机构设置编制分配等有关问题的通知》，核定全省森林公安政法专项编制1041名，设置森林公安机构141个，规范了名称，理顺了管理体制。

【昌邑市被评为国家级林木种苗市场】 昌邑市林木种苗市场，经过多年的建设，经营生产面积达到了0.67万公顷，市场达到了20万平方米。2008年8月，国家林业局批复昌邑市为国家级林木种苗市场，成为全国第二家国家级林木种苗市场。9月19日，国家林业局副局长张建龙为昌邑国家级林木种苗市场挂牌，副省长贾万志、省林业局局长贾崇福等参加了挂牌仪式。

【临沂市被国家林业局确定为人工林认证试点市】 2008年10月14~16日，国家林业局科技中心副主任李明琪率领中国林科院专家对临沂市人工林进行了森林认证调研，先后考察了费县林场、人工成片造林、农田林网建设及临沂恒瑞木业有限公司、临沂木材商品交易中心，确定临沂市为山东省人工林认证试点市。这是把临沂人工林纳入《人工林森林认证》行业标准，并获得国际认可，推动人工林实现可持续经营的重要突破口。

【东营市“三网”绿化成效显著】 2008年，东营市积极推动农田林网、道路林网、水系林网为主要内容的“三网”绿化工程，共投资8.1亿元，动用土石方11 994万立方米，建设林带2922千米，完成绿化面积1.86万公顷，植树2806万株，其中：完成路域绿化957千米，水系绿化558千米，新建农田林网4.67万公顷，绿化村庄320个，林业育苗1400公顷，出圃苗木2300多万株。

【烟台市实施三年大造林工程】 2008年初，烟台市委、市政府出台《关于加快推进造林绿化工作的意见》，确立了三年大造林工程的任务目标。3月12日，召开全市三年大造林工程动员大会，对三年大造林的目标任务、推进措施和考核奖惩作出明确规定。出台了《关于进一步加快山区绿化工作的决议》，制定了《烟台市三年大造林工程规划》。2008年，全市造林总面积达到1.34万公顷。

【威海市创建国家森林城市】 经国家林业局批准，2008年4月份，威海市启动创建国家森林城市工作。5月份，威海市委、市政府印发了《关于创建国家森林城市推进生态市建设的意见》。9月份，国家林业局宣传办公室到威海检查指导工作，给予较高评价。10月份，《山东省威海市城市森林建设总体规划》通过山东省专家评审委员会评审。

【日照市建立国家级木材贸易加工示范区】 2008年7月4日，经国家林业局批准（林行发[2008]141号文件），日照市在岚山区成立了国家级木材贸易加工示范区，规划总面积7.03平方千米。示范区的建立，将对发展林业产业特别是壮大木材贸易加工产业发挥龙头带动作用。

【昆嵛山晋升国家级自然保护区】 2008年1月，国务院办公厅《关于发布北京百花山等19处新建国家级自然保护区名单的通知》（国办发［2008］5号），正式批准烟台市昆嵛山为国家级自然保护区。这是山东省第一处森林生态系统类型的国家级自然保护区。

【奉献爱心支援灾区】 2008年5月12日四川汶川特大地震发生后，省林业局干部职工弘扬“一方有难、八方支援”的抗震救灾精神，纷纷伸出援助之手，踊跃捐款捐物，先后开展了4次“送温暖、献爱心”活动，共计有1750人次捐款近70万元。省林业局紧急筹措250多万元，援建四川省大熊猫卧龙保护区活动板房216套，派技术人员赴灾区现场调查，完成了北川县灾后林业恢复重建发展规划及实施方案。

（山东省林业由王树军供稿）

河南省林业

【概　述】 2008年，河南省林业工作紧紧围绕《河南林业生态省建设规划》，以林业生态建设为重点，以集体林权制度改革为突破口，切实抓好资源保护和林业产业，全面完成了林业生态省建设任务。

森林资源培育取得重大突破 坚持科学规划，分类指导，早布置、早行动、早落实，全面启动重点林业生态建设工程。突出抓好山区生态体系、生态廊道网络、城市林业生态和村镇绿化等4个林业生态工程，在环城防护林和城郊森林、村镇绿化、铁路和高速公路防护林、生态能源林建设等四个方面实现了突破，并以点带面，整体推进了林业生态省建设。经核查，全省共完成造林合格面积40.09万公顷，创历史最高；森林经营进一步加强，共完成森林抚育和改造10.67万公顷。大力开展全民义务植树，全省参加义务植树人数4960万人，义务植树2.06亿株，尽责率91%，为历年来最高。完成省委、省政府2008年向全省人民承诺的十大实事的村镇绿化工作，筹措资金1.83亿元，绿化村镇1.35万个。23个县(市、区)达到林业生态县建设标准，全省林业生态县总数达到45个。

全面开展集体林权制度改革 建立了分级负责的领导机制，省政府成立了由主管副省长任组长、省直19个相关部门的负责同志为成员的全省集体林权制度改革领导小组，市、县也成立了相应的工作机构。全省各地认真贯彻中央10号文件和省政府《关于深化集体林权制度改革的意见》，坚持把林改作为林业生态省建设的突破口来抓，与林业生态省建设同步安排部署、同步落实责任、同步贯彻实施，同步督导检查。漯河市通过明晰林地林木产权，大力开展四荒、四旁开发和农田林网建设，充分挖掘林业用地潜力；通过引导集体林权有序流转，提高林业生产的集约化程度；通过完善平原农区林木管护办法，缓解林农矛盾，营造农村和谐环境，取得显著效果。召开了全省林改工作座谈会，总结和推广了漯河等地的经验，查找了各地林改过程中存在的问题，要求进一步落实集体林权制度改革的措施。各地采取举办培训班、以会代训等形式，加强了对林改工作人员法律政策和林业知识的培训，全省市、县、乡三级共培训林改工作人员3.21万人次。加大了林改工作推进力度，对纳入2008年林业生态省建设任务的新造林地，及时明晰产权，向林权所有者颁发林权证，“不栽无主树，不造无主林，造林就发证”。各地通过家庭承包和其他经营形式明晰产权266.8万公顷，为集体林总面积的58.96%。在2008年完成的40.09万公顷营造林面积中，通过林权制度改革，带动非公有制造林28.6万公顷，占营造林总面积的71.33%。河南省林改的做法和成效，得到新华社等十几家中央新闻媒体的重视，7月下旬对河南省进行了集中采访和宣传报道，在全国产生了积极影响。

进一步加强了森林资源保护管理 严格森林采伐限额管理和征占用林地定额管理制度，全省伐区林木采伐办证率和办证合格率均达到95%以上，林木采伐严格控制在限额以内，完成征占用林地审核审批240余起，全省征占用林地审核审批率超过90%以上，审核审批起数和森林植被恢复费征收数创历史新高，在2个国有林场和10个县分别开展了森林经营方案和林地保护利用规划编制试点；加强天保工程区森林资源管理，严格禁止天然林商品性采伐，巩固完善管护网络。扎实做好国家、省重点公益林管理工作，落实中央财政森林生态效益补偿基金4353万元，省重点公益林补偿面积由8万公顷扩大到32万公顷，已落实到了山头地块，管护责任已落实到了单位和个人。2008年以来，河南省持续干旱，火险等级居高不下，通过抓好森林防火责任制和航空护林等防火措施的落实，全省共扑灭森林火灾983起，受害森林面积828.4公顷，森林火灾受害率0.3‰，低于1‰的控制目标，没有发生重特大森林火灾和人员伤亡事故。加强了林业有害生物预测预报和防治工作，对美国白蛾、松材线虫病等检疫性林业有害生物进行了专项普查，全年发生各种林木病虫害52.25万公顷，防治42.91万公顷，成灾0.47万公顷，成灾率1.08‰，低于7‰的目标任务。加强了野生动物救护和疫源疫病监测工作，共救护野生动物3713只(头)，报送野生动物疫源疫病监测信息报告单365份，全省没有发生野生动物疫病疫情。加大了依法治林力度，加强了普法宣传教育，强化了林业行政执法监督，开展了执法专项检查和案卷评查，组织开展了5次涉林案件专项打击活动，共发生各类林业案件12 619起，查处10 668起，其中刑事案件1248起，打击处理各类违法犯罪人员14 745人，收缴木材14 277立方米，查获野生动物12.1万只(头)。

加快了林业产业发展步伐 积极推进林纸林板一体化项目建设，完成以杨树为主的速生丰产林2.33万公顷，全省速生丰产用材林和工业原料林达到53.33万公顷；在两个国有林场开展了速生丰产林大径级材培育试点，新造杨树和杉木大径级材丰产林200公顷。新发展经济林1.1万公顷，全省经济林面积达86.67万公顷，年产量670万吨。大力发展苗木花卉，全省苗木花卉面积达5.67万公顷。森林旅游接待人数达到2170万人次，森林旅游业直接经济收入达到5亿元。重点培育了一批龙头企业，林木加工产业链基本形成。2008年全省林业产业总产值达到527亿元，同比增长21%。加强了林产品质量检测工作，牵头制定了《流通领域人造板商品质量检测实施方案》，通过国家工商总局审定，在全国实施。对人造板等林产品进行了质量检测，抽样品135个批次，维护了林产品质量安全。

为确保2008年林业工作取得实效，重点抓了几方面的工作：

1. 组织开展林业生态效益价值评估，为政府决策提供了重要依据。组织省内外科研机构，从涵养水源、固碳释氧和蓄水调洪、净化水质等17个方面，对河南省森林、湿地的生态效益价值进行了综合评估。在省政府组织召开的河南省林业生态效益价值评估项目评审会上，来自国内、省内知名的院士、专家评审认为，河南省林业生态效益价值评估指标体系较为系统和完整，评估方法规范科学，研究具有创新性，此项工作走在了全国各省(区、市)的前列。经权威专家评估，2007年全省林业生态效益的总价值为3929亿元。

2. 加大科教兴林力度，切实发挥其支撑作用。围绕林业生态省建设，编印了林业生态工程主要造林模式等技术手册，狠抓科技示范县和林业科技示范园区建设，新建科技示范园区和示范基地40多处。全省实施国家、省级林业科技项目92项，取得省级科技成果12项，制定省、市林业技术标准(规程)25个，推广林业新技术20多项和林果新品种50多个。小株距、大行距的农林复合经营模式和林菜间作等高效种植模式，受到了群众欢迎。组织科技人员送技术下乡4000多场次，培训林农22万多人次，提高了科技普及能力。加强了中外技术交流，13名国际咨询专家到河南省进行工作指导403个工作日。河南省林校教学改革稳步推进，教学质量显著提高，2008年招生1840人，在校生人数达到4566人，当年招生人数和在校生人数均创历史新高，并顺利通过了函授站评估。

3. 加大投入，提高了基础保障能力。加大了林业建设资金投入，全省共完成林业建设投资61.3亿元，其中：省级投资6.065亿元，市、县财政投资24.08亿元，国家投资约13.8亿元，吸引社会投资17.31亿元。全年实际利用外资1.5亿元，因雨雪灾害豁免债务5918万元，为林业生态省建设的顺利实施提供了坚实的保障。组织开展林业区划编制工作，完成了矿区植被保护及生态恢复、雨雪冰冻灾害恢复、巩固退耕还林成果专项规划的编制工作。完成了第七次森林资源连续清查，调查、判读的10 355个固定样地、41 475个遥感样地，质量均达优级，通过了国家林业局质量检查验收。启动和加强了森林资源数据库信息管理系统、森林防火、自然保护区、重点实验室、生态定位站、中试基地、种苗示范基地和种质资源基地建设。加强了基层森防站、推广站、森林公安和木材检查站基础设施建设，改善了基层林业单位的办公条件。河南省森林航空消防站正式成立。狠抓林业育苗，完成大田育苗2.85万公顷，加大了优质用材林、珍稀濒危树种、生物质能源树种、彩叶景观树种、优质乡土树种和优质经济林等苗木培育力度，共培育优质苗木63个树种，产量6100万株。

4. 创新机制，狠抓落实。①创新工作机制。改革营造林和种苗资金补助使用办法，把项目资金安排与规划实施情况和验收结果挂钩，实行“以奖代补”，改工程补助资金为工程奖励资金，改下达项目的同时下达资金为检查验收合格后拨付奖励资金。创新造林实绩核查考评机制，改核查为核查与稽查结合，改林木休眠期核查为林木生长期核查，核查范围由过去每个省辖市抽查2~3个县(市、区)为全省所有县(市、区)全部核查，核查面积由原来上报造林面积的10%增加到15%。全省共核查168个单位，稽查县(市、区)99个。实行了阳光操作，对于年度营造林计划、奖励标准、核查结果、奖励资金、育苗补助费发放情况等一律在全省公开，实行全过程的阳光操作。建立和优化了森林资源信息监控系统，在全国率先推行森林采伐、木材运输和林权证登记发放网上办理。②明确工作责任。把林业生态建设纳入了政府目标考评体系，将造林任务分解下达到各省辖市、县(市、区)，并层层签订目标责任书，明确林业生态省建设任务和责任人。③狠抓工作落实。组织专家对林业生态工程全部1103份造林作业设计进行了严格审查，确保了造林按作业设计施工。加大了督导检查力度，派出厅级干部带队的9个督查组，分赴全省各地对植树造林、林权制度改革、森林防火等工作进行督促检查，并实行督查责任制。4月中旬，组织各省辖市林业(农林)局长、主管造林工作的副局长，厅领导班子成员，厅机关各处室局、厅直各单位主要负责人，分4个组，按山区平原两大类型，对18个省辖市75个县(市、区)188个乡(镇)进行为期一周的全省造林现场观摩，并召开座谈会，总结了成绩，分析了问题，明确了方向，确保了林业生态省建设的顺利实施。④完善工作制度。提请省政府办公厅出台了《2008年林业生态省建设实施意见》，明确了造林工程安排原则和工程补助标准等。配合省财政厅制定了《河南林业生态工程专项资金管理办法》，对生态省建设资金管理使用作了明确规定。制定了《林业建设支撑保障体系省级资金安排及上报国家同类项目意见》，提高了资金分配的科学性、合理性和公正性。制定了《河南省林木覆盖率指标调查与考评办法》、《河南林业生态省建设重点工程检查验收办法》，修订了《河南省林业重点工程营造林作业设计编制办法(试行)》和《河南林业生态省建设重点工程年度作业设计审核办法(试行)》，提高了林业管理水平。

5. 加强宣传，营造浓厚建设氛围。充分利用报刊、电台、电视台、网络等多种媒体，通过开设专栏、播放专题片、刊登专版、专题访谈、编发专题简报等形式，大力宣传林业生态建设的重要意义，在全社会营造出林业生态省建设的浓厚氛围。《河南日报》和《中国绿色时报》分别发表了著名诗人王怀让的长诗《祖母绿——为河南林业生态省建设而作》。《河南日报》连续发表了《科学发展在林业》4篇报道。美国绿色新闻社结合北京奥运报道在河南省采访，对河南省林业生态建设取得的成绩给予了高度评价，树立了节能环保方面良好的外部形象。据不完全统计，全省已经在市级以上新闻媒体上刊(播)发生态文明建设稿件3000多篇(条)。新建国家森林公园1处、省级森林公园3处，全省国家森林公园达到30处，省级森林公园达到67处，进一步巩固和拓展了生态文化阵地。

6. 加强了机关建设。深入开展"新解放、新崛起、新跨越"大讨论活动和学习实践科学发展观活动，加强了党的建设、干部队伍建设和党风廉政建设。协调省编办和省人事厅出台了森林公安"三定"和人员过渡及考试录用方案，从体制上解决了长期制约森林公安发展的问题，推进了森林公安队伍正规化建设。4个厅直单位和4个省辖市林业局获得了省级文明单位称号，林业系统许多方面受到表彰，许多个人获得了较高的荣誉，干部职工思想面貌得到进一步改善。加强了后勤服务管理，节能降耗工作落到了实处；切实抓好老干部工作，积极发挥了工青妇等群团组织的作用。

2008年，河南林业生态省建设，在领导重视程度、资金投入、机制创新、造林规模和质量上都是空前的，在许多方面都实现了大的提高、新的突破，为全面完成林业生态省建设规划任务打下了良好的基础。郑州市获得全国绿化模范城市、新乡市获得国家森林城市荣誉称号，许昌市成功举办了第八届中原花木博览会，濮阳市圆满完成了第二十三届国际杨树大会的现场考察。河南林业生态省建设得到了各级党委政府的高度重视，得到了全社会的高度关注和充分肯定。

存在问题 主要表现在：林业多种功能拓展还不够，林业产业发展水平不高，林业的良性发展机制还不够完善，经济社会发展与森林资源保护管理的矛盾依然突出，科技支撑仍较为薄弱等。森林资源质量较差、森林经营水平不高、林业基础设施薄弱等老问题还没有得到根本解决。对深化集体林权制度改革认识不全面、工作不到位、进展不平衡的情况也还较普遍地存在。

【河南大鸿寨国家森林公园】 2008年1月7日，国家林业局批准建立河南大鸿寨国家森林公园，规划经营面积3300公顷。该公园是20世纪50年代我国优秀影片《江山多娇》的故事发生地和外景拍摄地，位于禹州市西部，郑州、许昌、平顶山三市交界处，属伏牛山余脉，分布有典型的峡谷陡崖剥蚀地貌景观，化香、栎类等落叶阔叶次生林景观。截至2008年底，河南省已建立国家级森林公园30处，省级森林公园64处。

【全省林业生态省建设工作会议】 2008年1月24日，省政府在郑州召开全省林业生态省建设工作会议，安排部署林业生态省建设工作。省长李成玉出席会议并讲话。李成玉指出，加快林业生态省建设是省委、省政府作出的一项重大战略部署，是积极、主动的节能减排措施，更是加快向经济强省跨越、实现可持续发展的必然选择。各级各部门一定要坚决把思想统一到省委、省政府的决策部署上来，增强紧迫感和责任感，坚定信心，真抓实干，早布置、早行动、早落实，扎实推进林业生态省建设。省委副书记陈全国主持会议。省人大常委会副主任李柏拴、省政协副主席袁祖亮、省军区副司令员曹建新等参加会议。副省长刘满仓对2008年林业生态省建设工作进行了具体安排。各省辖市市长、副市长分别向省长、分管副省长递交了林业生态省建设目标责任书。省长助理、省政府秘书长卢大伟出席会议。各省辖市市长、分管副市长、财政局局长、林业局局长；各县(市、区)县(市、区)长；省直有关部门负责人参加了会议。

【全省集体林权制度改革工作会议】 2008年9月4～5日，省政府在漯河市召开全省集体林权制度改革工作座谈会。副省长、省集体林权制度改革工作领导小组组长刘满仓出席会议并指出，要充分认识集体林权制度改革的重要意义，进一步落实集体林权制度改革的措施，突出重点，注重实效，积极稳妥推进集体林权制度改革。4日，会议代表对舞阳县集体林权制度改革进行了现场观摩。5日，在听取了全省18个省辖市和省林业厅关于集体林权制度改革进展情况的汇报后，刘满仓指出，推进集体林权制度改革是解放农村生产力，发展农村经济的迫切需要，直接关系到广大农民的根本利益和农村社会稳定。各地要准确把握改革原则，要坚持让利于民，确保农民得实惠；要坚持依法办事，尊重农民意愿；要坚持因势利导，切实维护稳定；要坚持规范操作，注重改革质量。刘满仓要求，各地要把集体林权制度改革与林业生态省建设有机结合起来，同步部署、同步实施、同步推进。要注重试点示范和典型引路，分级抓好试点，探索经验、以点带面，全面推动。各地要按照“省统一部署，市加强领导，县(市)直接领导，乡(镇)负责组织，村组具体操作，部门搞好服务”的工作机制，协调配合，通力合作，齐抓共管。各地要建立集体林权制度改革督导机制，适时派出工作组，深入乡镇、村组开展督导，检查工作质量，督促工作进度，解答有关政策，掌握改革进度，及时发现和解决改革过程中出现的新情况和新问题，确保改革工作顺利开展。全省18个省辖市政府分管副市长、林业局局长，部分扩权县(市)和7个省级试点县(市)县(市)长、林业局局长，省集体林权制度改革工作领导小组成员参加了会议。

【全省集体林权制度改革工作座谈会】 2008年4月10日在漯河市召开。全省18个省辖市、6个扩权县和7个省林改试点县的林业局局长、林改办主任共60多名代表参加了会议。会议要求，要进一步提高认识，加大工作力度，积极推进各项林改工作。①增强机遇意识。各级林业部门领导要从繁琐的日常事务中解脱出来，把林改工作作为当前各项工作的重中之重，集中精力抓实抓好。②增强责任意识。集体林权制度改革是省委、省政府交给林业部门的一项光荣而艰巨的任务，各项具体目标已经落实到各市。一定要以坚定的信念和百倍的努力，完成好林改各项任务，决不辜负省委、省政府和全省人民的期望。③增强大局意识。积极协调好各项林业工作的关系，做到一般工作服从于中心工作，局部利益服从于全局利益。④增强创新意识。要坚决克服等文件、要做法的思想，牢固树立相信群众、依靠群众的观念，坚持从群众中来，到群众中去的工作方法，深入林改工作第一线，在实践中学习，在实践中创新，在实践中发现和解决问题。

【河南省林业生态效益价值评估】 由国家林业局中国森林生态系统定位研究网络中心、中国林科院森环森保所、河南省林科院和北林大等单位共同完成的河南省林业生态效益价值评估(2007年度)项目于2008年10月19日在郑州通过了由省政府组织，以中国工程院院士、全国政协委员、北林大校长尹伟伦教授为主任委员的评审委员会的评审。2007年河南省林业生态效益总价值为3929.36亿元，其中：森林生态效益价值为3087.44亿元，湿地生态效益价值为841.92亿元。这次进行的林业生态效益价值评估，按照国家林业局2008年3月31日发布最新的《森林生态系统服务功能评估规范》(LY/T 1721－2008)，依据2007年全省森林资源连续清查最新数据进行，分农田防护、固碳、调节水量、净化水质、固土、保肥、释氧、林木营养积累、提供负离子、吸收污染物、降低噪音、滞尘、物种保育、森林游憩、节约能源、减少二氧化碳排放和减少二氧化硫排放等17项指标，计算出了河南省森林生态系统服务功能指标的实物量和价值量。分生物多样性保护、景观游憩、蓄水调洪、净化水质、固碳、释氧等6项指标，计算出了河南省湿地生态系统服务功能指标的实物量和价值量。在2007年3929.36亿元林业生态效益中：林业的防护作用使农作物增产1079.15万吨，价值243.07亿元(2007年全省年粮食产量5245.22万吨，棉花产量65万吨，油料产量483.98万吨，蔬菜产量6235.5万吨。以森林植被保护下粮食作物平均增产10%、油料平均增产6.5%、棉花平均增产10.0%、蔬菜平均增产10%计算，参考同期农作物市场价格，在森林植被保护下全省可增产粮食476.84万吨，价值72.53亿元；增产油料29.54万吨，价值14.73亿元；增产棉花5.91万吨，价值7.86亿元；增产蔬菜566.86万吨，价值147.95亿元)；森林和湿地固定二氧化碳总量为6804.97万吨，相当于燃烧2747.26万吨标准煤排放的二氧化碳，价值206.06亿元。2007年与2006年相比，全省林业生态效益总价值增加了757.28亿元，反映了河南省对林业生态建设的加强，在促进森林资源数量的增加和质量的提高，进而增强森林生态功能方面的作用是明显的。

【林业生态县建设】 2008年，全省有33个县(市、区)申请林业生态县验收。省林业厅按照《河南省人民政府关于批转河南省创建林业生态县实施方案的通知》(豫政[2006]12号)对申报材料进行了初审，省林业调查规划院技术人员依据《河南省林业生态县检查验收办法》进行了实地核查，省监察厅驻省林业厅监察室全过程参与监督林业生态县检查验收工作。经核查验收，中牟县、新密市、尉氏县、栾川县、嵩县、汝阳县、郏县、内黄县、鹤壁市山城区、原阳县、博爱县、范县、舞阳县、卢氏县、桐柏县、夏邑县、商丘市梁园区、信阳市浉河区、扶沟县、西华县、鹿邑县、泌阳县、遂平县等23个县(市、区)达到省林业生态县创建标准。

【义务植树活动】 2008年2月29日下午，省委、省人大、省政府、省政协和省军区领导徐光春、李成玉、陈全国、叶青纯、曹维新、王文超、张程锋、徐济超、刘满仓、王平、李英杰、龚立群、曹建新、刘孟合等来到郑州市中牟林场西林区，与省、市直属机关干部一起参加义务植树活动。省委书记、省人大常委会主任徐光春在植树活动结束时，对进一步加强造林绿化、推进林业生态省建设作了讲话。

【省人大常委会副主任铁代生考察林业工作】 2008年4月22日，省人大常委会副主任铁代生带领省人大常委会农工委负责同志到省林业厅考察工作。在听取林业工作汇报后，铁代生说，近年来，在省委、省政府的高度重视和大力支持下，各项林业工作抓得比较紧、比较实，取得了很大成绩。林业在生态文明建设中起着重要的作用，在节能减排中林业工作大有可为。林业生态省建设是省委、省政府作出的一项重大战略决策，这一重大部署，不仅对于林业生态建设的发展，而且对于改变河南面貌、促进农民增收、拉动地方经济发展都会起到极大的推动作用。他强调，林业工作既要造林，也要护林，还要合理有序地用林。要抓好林权制度改革，不栽无主树，不造无主林，切实调动农民造林的积极性。要严格执行各项法律法规，切实保护好林业生态建设成果。

【全省森林防火工作电视电话会议】 2008年3月20日召开，张大卫副省长出席会议并作讲话。张大卫要求要重点做好如下几方面工作：①严格野外火源管理，有效控制火灾发生。要坚持把野外火源管理作为森林防火工作的第一道关口，“严”字当头，努力预防和控制人为火灾发生。②认真开展排查整治，坚决消除火灾隐患。③强化应急管理，提升快速反应水平。要结合当地实际，建立健全森林火灾快速处置机制。④加大基础设施建设力度，提高综合保障能力。要建立稳定的森林防火投入机制，按照分级负责的原则，将森林火灾的预防和扑救经费，列入同级财政年度预算，增加防火物资储备，抓好重点火险区基础设施建设，提高防控水平。⑤加强防扑火队伍建设，不断提升防控力量。加强专业森林消防队建设，加强专职护林员队伍建设，加强防火专职队伍建设，大力开展防火业务知识培训，全面提高防火专职人员业务素质和工作水平，增强森林防火综合协调能力。省护林防火指挥部成员在郑州主会场参加了会议，各省辖市、县(市、区)护林防火指挥部成员在分会场参加会议。

【树　葬】 2008年3月30日，郑州市民政局、市文明办、市绿化办共同举办全市首次“清明雨、绿色风、文明行”树葬活动，来自76个家庭的230位市民参加。此次用于“树葬”的树种全部是经过精心挑选的大叶女贞，女贞四季常青，以表达市民对逝者的美好愿望。

【全省森林防火工作会议】 2008年11月18日，省政府召开全省森林防火工作电视电话会议，全面安排部署2008年冬2009年春森林防火工作。省政府和各省辖市政府护林防火指挥部全体成员参加了会议，副省长、省政府护林防火指挥部指挥长刘满仓作了讲话，省政府护林防火指挥部副指挥长、省林业厅厅长王照平通报2008年春夏以来森林防火工作开展情况并对2008年冬2009年春森林防火工作提出安排意见，省气象局、南阳市政府、登封市政府介绍了做好森林防火工作的经验。

【豫陕两省八县(市)加强森林防火联防工作】 2008年10月28日，豫陕两省八县(市)森林防火联防会三届五次会议在淅川县召开。会议通过采取四项措施，加强森林防火工作。①团结协作，联防联治。整个联防区域做到步调一致，精诚团结，互相监督，提高协同作战能力，使联防委员会成为各联防成员县保护森林资源的指挥中枢和联络中心，共同做好联防工作。②做好防扑火各项准备工作。各县(市)在调整充实森林防火机构的同时，进一步建立健全各项规章制度，完善应急扑火预案，严格控制火源，坚持防火值班和领导带班制度，检修、备齐防火通讯设施和扑火器具，组建和培训好应急扑火队伍，确保2008年冬2009年春联防区不发生重大森林火灾。③强化宣传，全面动员。采取群众喜闻乐见的形式，不断加强林业法律法规和森林防火的宣传力度，增强全民法律意识，提高森林防火的自觉性。④加大基础设施投入。把防火设施建设列入经济发展的长远规划和政府重要工作，加大资金投入，完善防火物资配备；加大科技投入，引进先进技术和设备，加强监测、预警、交通、通信等系统建设，进一步推广和应用计算机网络、地理信息系统、全球定位系统等高新技术，增强森林防火的科学性。

【“候鸟三号”行动】 2008年11月29日至12月1日，在全省组织开展了“候鸟三号”首次集中行动，以打击非法加工、经营和运输野生动物的窝点为重点，全省共出动警力3805人次，破获野生动物刑事案件6起，其中：重特大刑事案件1起；查处行政案件193起；检查巡护鸟类活动区域422处，清查宾馆、饭店、市场、窝点1424家；打击处理违法犯罪人员214人；收缴野生动物2108只(头)、制品275千克。

【第二十七届“爱鸟周”宣传活动】 2008年4月21日，省林业厅、省野生动植物保护协会在信阳罗山董寨鸟类国家级自然保护区举办了以“繁荣生态文化，建设生态文明”为主题的第二十七届“爱鸟周”启动仪式。信阳市各县(区)林业局、自然保护区、国有林场、森林公园的负责同志，灵山小学和新闻媒体记者及摄影爱好者近千人参加了仪式。启动仪式上，发放了“护生灵 保生态 构建和谐迎奥运”、“鸟类——人类亲密的朋友”宣传材料，开展了鸟类摄影展、摄影比赛、爱鸟护鸟签名、挂鸟巢等活动。

【农林复合经营新模式】 小株距、大行距的农林复合经营模式，就是造林株距为1.5米、2米、2.5米、3米，行距为8米、10米、12米、15米的造林模式。河南省2008年推广的主要是2米(株距)×10米(行距)或12米(行距)的模式。与以往采用的3米(株距)×4米(行距)、2米(株距)×3米(行距)或2米(株距)×4米(行距)造林模式相比。小株距、大行距的农林复合经营模式已显现出其独特的优势，是一种适合平原地区造林较好的栽植模式。其优点：①新模式充分合理地利用光照条件和土地资源，实现资源及效益的优化，解决了长期间作、实现农林双丰收的问题。②新模式由于树木生长空间大，更符合科学造林的要求，有利于优质大径级材的生长。在立地和管理条件相同的情况下，比采用传统栽植模式造林，生长速度明显加快，经测算，单位面积材积可提高25%~41%。③新模式生产的是大径级材，旧模式生产的主要是中径级材，按照目前市场行情，大径级材的市场价格普遍比中径级材高出50%左右，采用新模式造林，仅木材一项每年每亩可为林农增收三成以上。④新模式有利于培育林业产业新的经济增长点。由于新造林模式行距明显加大，林地通风透光良好，不仅使林木病虫害显著减少，单位面积木材生长量明显加快，而且最大限度地减少了林木生长对粮食生产的影响。在宽行内也可发展林下养殖、林下种植，实现农林牧资源共享，以短养长，以耕代抚，优势互补，农林双赢，达到林茂粮丰的良好发展局面，较好地解决林粮争地矛盾，进而极大地提高广大群众植树造林的积极性。

【林业外资项目】 2008年4月15~19日，由项目经理法兰瑞斯卡·汉瑞克(Fraanziska Heidenreich)女士和技术专家岗瑟·汉斯(Gunther Haase)先生组成的德国复兴信贷银行项目检查组在国家林业局，河南省林业厅、财政厅项目官员的陪同下，对中德财政合作河南省农户林业发展项目进行了检查。截至2008年，项目共计完成营造林4942.3公顷，其中：生产型防护林1634.4公顷，用材林237.3公顷，嫁接型经济林150.3公顷，水土保持型经济林263.1公顷，补植型封山育林865.2公顷，封山育林1792公顷。通过实地考察，双方在材料费价格、苗木费每次的报账比例、劳务费的发放和封育的选择标准等方面达成了一致的意见。考察期间，检查组对项目的实施成效和进展情况表示满意。7月8~16日，中德财政合作项目国际、国内财务咨询专家在鲁山县对各项目单位财务执行情况进行了全面的检查和咨询指导。7月16~22日，国内经济林专家王玉柱教授到河南协助开展该项目经济林技术指导、咨询培训工作。

【中国林场协会会长到河南调研国有林场工作】 2008年4月28日，中国林场协会会长、原林业部副部长沈茂成一行到河南省国有修武林场进行调研。沈茂成一行听取了修武林场的汇报，并详细了解了修武林场的经营情况，对修武林场近年来取得的成绩进行了肯定。沈茂成指出，山区林场要在森林经营上多做文章，因地制宜，调整林种结构，做好抚育管护工作，使林区发挥最大的经济效益。国有林场在发展中，要解放思想，拓宽视野，用足用活林业政策，发挥林场资源优势，发展多种经营，增加林场收入。

【黑龙江省考察团考察河南造林绿化】 2008年6月5~7日，以黑龙江省副省长黄建盛为团长，各省辖市副市长和省发改委、省财政厅、省林业厅、省交通厅、省建设厅、省水利厅负责同志为成员的造林绿化考察团，对河南林业进行了考察。河南省副省长刘满仓陪同考察并参加了座谈会，省林业厅厅长王照平介绍了河南平原林业建设情况。考察团在豫期间，先后到开封、许昌、商丘三市考察了平原农田林网、农林间作、通道绿化、村镇绿化、环城防护林、经济林、园林绿化苗木和花卉基地建设等情况，座谈交流了平原林业建设情况。

【湖北省林业考察团考察河南平原林业】 2008年6月3~5日，湖北省林业局一行14人对河南省平原林业建设进行考察。考察团先后参观了许昌市城市绿化，长葛市、许昌县高标准农田林网建设，鄢陵县苗木花卉和开封市尉氏县平原绿化模式。考察团成员在详细了解河南省平原农区营造农田防护林的机制、管护措施以后，表示河南省在平原林业建设的经验，对湖北省很有借鉴意义，特别是在林农复合经营方面的经验，很值得湖北省学习。7月21~23日，湖北省林业局副局长董祚华带领湖北省林业局有关处室负责人和4个省辖市、22个平原县的林业局局长一行39

人，再次对河南省平原林业建设进行考察。并与河南省林业厅和许昌市林业局的有关领导进行了座谈。

【"苹果入保"工程】 2008年6月25日，河南省灵宝市启动"苹果入保"工程。按照"政府引导、政策支持、市场运作、农户自愿、基本保障"的原则推行。果农每亩"苹果入保"费用为50元，最高赔偿金额为1000元。按照财政、果农共同负担保险费的规定，参加入保的农户每亩只需缴纳20%的保费，其余的80%保费则由政府负担。保险人按照保险果树不同生长期的最高赔偿标准、损失率及受损面积计算赔偿，保险果树发生的损失。赔偿以遭受大灾后帮助果农恢复生产为主，以赔付成本为目标，根据果树不同生产阶段投入成本的不同，设定各阶段的最高赔偿标准。全市的"苹果入保"面积达933.3公顷。

【江西省林业考察团考察河南造林绿化工作】 2008年7月15～19日，以江西省委常委、副省长陈达恒为团长的江西省林业考察团一行56人到河南省考察造林绿化工作。考察团由江西省政府、省直有关部门和各省辖市政府主要负责人及有关县的负责同志组成。考察团在豫期间，先后到许昌市的长葛市、许昌县、鄢陵县，开封市的尉氏县、兰考县，濮阳市的清丰县、濮阳县和郑州的登封市考察了平原农田林网建设、通道绿化、城市绿化、村镇绿化、林下经济、治沙造林、园林绿化苗木，并分别在郑州和濮阳市召开了豫赣两省造林绿化座谈会、豫赣两省平原绿化座谈会，河南省副省长刘满仓陪同考察并参加了豫赣两省造林绿化座谈会。

【省林学会第五次代表大会】 2008年10月22日在郑州召开，来自全省林业系统、各级林学会共91名代表和特邀代表参加了会议。会议期间，与会代表对省林学会第四届理事会的工作进行了总结，审议通过了省林学会第四届理事会工作报告、《河南省林学会章程(修改草案)》，选举产生了第五届理事会理事、常务理事、理事长、副理事长、秘书长，聘任产生了省林学会第五届理事会副秘书长。

【洛阳牡丹落户北京钓鱼台国宾馆】 2008年10月21日，由洛阳神州牡丹园生产基地生产的树龄5年以上的700株洛阳牡丹装车启运北京钓鱼台国宾馆。这批牡丹是应钓鱼台国宾馆管理局之约，在钓鱼台国宾馆建牡丹专题园使用。为保证这批牡丹成活率和2009年春天洛阳牡丹在北京钓鱼台国宾馆如期盛开，这批牡丹采取每株根部保留直径50厘米、重约25千克的土球整体移植。此次共移栽洛阳牡丹2008株，56个品种、9大色系、13个花型。

【第二十三届国际杨树大会现场会】 2008年10月31日至11月1日，来自15个国家的37位外宾和多名国内林业专家到濮阳参加第二十三届国际杨树大会濮阳现场会，与会专家学者先后对濮阳市的杨树木浆造纸、速生丰产林、防护林、林下种植等进行了考察。11月1日下午，第二十三届国际杨树大会现场会的部分专家学者围绕"杨树、柳树、黄河与中华文明"进行座谈研讨。第二十三届国际杨树大会组委会主席、中国工程院院士、北林大校长尹伟伦主持座谈会。尹伟伦说，濮阳的杨树种植和管理水平高，效益好，其经验对全国乃至世界发展杨树具有借鉴意义。联合国粮农组织林业与资源环境委员会主任Jim Carle指出，濮阳把杨柳种植与农业有机结合到一起，与畜牧养殖有机结合到一起，与防洪绿化有机结合到一起，收到了良好的生态、社会和经济效益，完美地体现了本届国际杨树大会"杨树、柳树与人类生存"的主题。 (河南省林业由徐忠供稿)

湖北省林业

【人工造林与封山育林】 2008年全省完成荒山荒地造林总面积15.45万公顷，其中人工造林面积11.15万公顷。在人工造林面积中，竹林面积6474公顷。按林种分，用材林4.08万公顷，其中：速生丰产林2.015万公顷，经济林2.44万公顷，防护林8.84万公顷，薪炭林140公顷，特种用途林801公顷。按权属分，公有经济成分造林4.0万公顷，其中：国有经济成分造林1.66万公顷，集体经济成分造林2.34万公顷；非公有经济成分造林11.45万公顷。在人工造林中，林业重点工程完成人工造林面积6.8万公顷，其中：完成天保工程人工造林1800公顷，退耕还林工程造林53 476公顷，长江流域防护林二期工程造林12 745公顷。2008年全省完成疏林地封山育林面积43 006公顷，有林地和灌木林地2008年新封育面积20 035公顷。全省共完成中幼林抚育实际面积280 231公顷。全省共完成四旁零星植树12 122.12万株。2008年全省有60多个县(市)分别召开了植树造林动员会、现场会和电视电话会，有300多名市(州)级领导、2200多名县(市)级领导和13 000多名乡(镇)级领导亲自研究部署植树造林工作，县(市)

领导办示范点40多处。林业生态工程建设实施山、水、田、林、路综合治理整县、整乡、整村总体推进。建立健全国家重点工程项目造林招投标和专业工程队施工制度。

【新农村建设】 2008年省林业局在全省继续确定建设100个新农村绿色家园示范村创建活动基础上，重点开展了仙洪新农村建设试验区绿色家园建设。省林业局根据省委、省政府及省仙洪新农村建设试验区领导小组的要求，组织编制了《仙洪新农村建设试验区林业建设规划》、《仙洪试验区新农村建设体制机制改革创新实施方案》和《仙洪新农村建设试验区洪湖市沙口镇6个村绿色家园建设规划设计》，实行了局直单位对口支持的联系点制度。《规划》总投资105 847万元，其中：省补助13 341万元，市(县)自筹12 964万元，社会投资71 348万元，群众投资8194万元。2008～2010年投资61 425万元，2011～2017年投资44 422万元。省林业局多方筹措建设资金，在2008年已安排下达试验区3县(市)的国家和省级等各项资金2218万元。仙洪试验区按照规划全面开展挖沟清淤、除障清杂、林地整理等造林基础工作，全年已完成人工造林0.61万公顷，并创新体制机制，全面推行"林水结合"、"林路结合"发展模式，完成挖沟清渠330千米，植树35.5万株；完成修枝整形、林地除杂、清除劣次质林木、树干涂白等工作，村庄面貌大为改观。2008年省林业局联系的新农村工作及小康工作队联系点被省政府评为先进单位。小康工作队联系点鹤峰县太平乡唐家村2008年人均纯收入可以达到2437元，比2007年的2034元增加403元，同比增加19.8%，

【油茶产业发展】 2008年9月省林业局正式成立能源办。省林业局围绕贯彻落实全国油茶产业发展现场会议精神，向省委、省政府报送了《省林业局关于全国油茶产业发展现场会议精神及贯彻意见的汇报》。省委书记罗清泉、省长李鸿忠、常务副省长李宪生都作出批示。省委常委、副省长汤涛多次深入阳新、麻城等县(市)调研油茶产业发展情况，提出了油茶产业发展要良种先行，要加快油茶良种繁育工作。10月17日，省政府召开专题会议研究了全省油茶产业发展问题，会后出台了2008年第94号会议纪要。9月24日，省林业局下发了《关于开展油茶产业情况调查的紧急通知》(鄂林办造［2008］92号)，以县(市、区)为单位调查并统计现有油茶的种植面积、产量、林分结构、拟规划改造面积、拟规划新造面积、加工企业数量、经营状况和加工能力等基本情况，摸清了全省油茶产业发展的现状。10月，省林业局在县(市)初选的基础上，组织由省林科院、省林木种苗管理总站、省林业科技推广中心等单位专家和科技人员组成油茶选优课题组，对全省的油茶预选优树分片进行复选。全省共预选优树4605株，通过复选后确定优树2480株。省林业局编制了《全省油茶产业发展规划》。规划范围涉及13个市(州)共计51个县(市、区)。规划内容包括：油茶新造林，原有油茶林更新改造，林木良种种苗生产基地建设，油茶研究开发推广中心，种质资源库等设施建设。新造高产新品种油茶林基地20万公顷。更新改造现有油茶林5.33万公顷，新建良种采穗圃9个，总面积133.33公顷；新建良种种苗基地21个，总面积200公顷；新增育苗塑料大棚2万平方米、炼苗阴棚(炼苗场)3万平方米。技术培训人员5万人次。10月15日，省林业局下发了《关于油茶种苗有关问题的紧急通知》(鄂林造［2008］265号)，禁止各地自行建立油茶采穗圃和苗圃等良种繁育基地，禁止盲目引种，禁止自行育苗和苗木销售，禁止盲目发展油茶基地。12月5日召开了全省油茶良种繁育基地建设工作会议。相关市(州)林业局和21个采穗圃、苗圃基地建设林业局负责人以及局相关处室和直属单位负责人参加了会议。会议安排和部署了全省油茶良种繁育基地建设工作。12月22日举办了油茶良种繁育基地建设培训班。

【木本生物质能源林建设】 2008年全省更新与改造的生物质能源林培育面积10 863公顷，其中含新造的生物质能源林面积2067公顷。省林业局编制了《全省木本生物质能源林建设规划》，通过了专家评审。完成了全省主要县(市)能源林资源摸底调查，为生物质能源林建设提供了科学决策的基础数据。省政府召开了木本生物质能源建设问题专题会，议定了大力发展生物质能源的政策和措施；省林业局制发了《省林业局关于发展木本生物质能源的意见》，加强了对全省木本生物质能源产业发展领导工作，指导全省木本生物质能源林健康快速发展。7月，省林业局与武汉凯迪控股投资有限公司签署了全面合作发展木本生物质能源产业的战略协议；促成了凯迪公司在恩施、襄樊、十堰等地的生物质能源产业合作协议，在来凤、谷城等县(市)得到了实施。其中：来凤县已完成1330公顷能源林基地建设，凯迪工业园中生物质热电厂已破土动工，谷城县生物质热电厂与纸浆厂的规划设计与征用土地等前期准备工作已完成。省林业局为武汉艾瑞生物柴油公司在保康、曾都建设乌桕能源林基地提供了协调、政策支持等服务工作。

【林业碳汇工作】 2008年省林业局邀请世行碳汇官员、国内国际林业碳汇专家来湖北现场提供技术咨询，与国家林业局有关部门及机构联系汇报，争取了国家林业局中国绿色碳基金项目。3月组织实施了武汉市碳汇项目，国家林业局副局长张建龙、副省长汤涛等领导出席了项目启动仪式。启动会上还产生了

“武汉购买碳汇企业第一家”及“湖北购买碳汇第一人”，分别捐资湖北碳汇林业5万元和5000元，为林业碳汇事业起到了示范带动作用。开展了中国绿色碳基金江夏区碳汇造林项目的核查及碳汇监测工作，委托省林勘院对江夏区400公顷碳汇造林情况进行了检查，其面积核实率及栽植成活率都符合有关技术要求。根据碳汇项目要求，对全省的荒山资源情况、主要树种的吸碳量进行了调查，组织有关人员编制了湖北省林业碳汇项目建议书。争取碳汇资金建设碳汇林，做了项目储备工作。已与武汉凯迪公司达成合作意向，双方共同申报来凤县和崇阳县生物质热电厂清洁发展机制项目，其获得的碳汇资金用于湖北省碳汇造林。

【林业血防工程造林】 2008年，省林业局按照国家发改委与国家林业局下达的血防林造林计划，组织实施了湖北省12个重点疫区（县、市）血防“整县推进、综合治理”以及有血防林造林任务共20个县（市、区）的林业血防工程造林。全省共落实林业血防总投资7333万元。其中：中央投资2200万元，省级财政配套投资1387万元，市县级配套投资3746万元。共完成新造抑螺防病林0.93万公顷。通过省级检查验收全省血防林工程造林计划任务完成率为100.7%、面积核实率98.5%、小班质量符合率91.3%、造林成活率92.2%、一级苗使用率89.2%，完成了2008年的造林任务，取得了阶段性实施成效。省林业局组织各实施县林业局的专业技术人员，编制了年度作业设计，按照“相对集中，连片治理”的原则，选择符合条件的立地，营造抑螺防病林。因地制宜地采取多种工程造林模式，结合翻耕套种农作物，建立林农复合生态系统，减少钉螺孳生，减少人畜粪便对江滩、湖滩的污染，达到降低感染性钉螺密度、减轻感染危险、保护农民健康的目的。各工程县（市、区）成立了由政府分管领导或林业局主要负责人任组长的领导小组，明确专兼职人员，切实加强林业血防工作。实行一把手负总责，分管领导具体抓，专门班子抓落实的职责制度，把血防工作的业绩纳入干部年度政绩考核之中。省林业局加强了与卫生、发展改革、财政、水利、国土等部门协作与配合，推广机耕去芦灭螺控螺、筑路开沟排渍、砖砌灌渠、合理选择造林树种、窄株宽行造林、农林间作、保护灭螺植物和林地禁牧等营造抑螺防病林的关键技术，推广“林水结合”模式，组织50多名专业技术人员对全省2006～2007年两个年度的项目建设情况进行了省级检查。委托省林科院等有资质的监理单位根据抑螺防病林营造技术规程进行项目全过程的监理，分层次、多渠道、多形式地开展林业血防专业人员培训。

【低丘岗地开发与低产林改造】 2008年全省完成低产低效林改造面积49 173公顷。1月10日，省委、省政府在红安县召开了全省低丘岗地和低产林改造工作现场会议。4月7日省政府下发了《省人民政府关于推进低丘岗地和低产林改造工作的意见》（鄂政发[2008]19号）。省林业局于3月5日下达了全省2008年低产林改造年度计划5万公顷（鄂林造[2008]46号），编制了工程范围涉及15个市（州）局、72个县（市、区）、738个乡（镇、区）处场的年度作业设计。8月26日，省林业局召开视频会议，部署了全省低产林改造检查验收工作。9月21日，省林业局举办了全省低产林改造检查验收培训班。统一了全省低产林改造核查标准，要求采取改造对象、整地质量、造林质量、苗木质量四个关键因子一票否决的办法开展相关核查工作。从10月9日开始，由8名省林业局领导带队的8个县级核查组，分赴各地逐县进行了检查验收。通过县级自查、市级抽查、省级核查和各地上报的有关情况统计，全年全省低产林改造共完成5.64万公顷，占年度计划的112.8%。11月17日省林业局在蕲春县召开了全省低产林改造工程建设现场会。对低改质量最差的郧县，停止其低改项目实施，取消其2009年度低改计划；对低改质量较差的郧西、英山等5县，调减2009年低改计划；对低改质量高、完成任务好的蕲春、钟祥等5县，调增2009年低改计划。省林业局于12月20～23日，举办了两期低产林改造运行机制培训班，培训人数达到了200多人。省林业局还制发了《湖北省低产林改造工程建设管理办法》（鄂林造[2008]8号）、《关于加强和改进低产林改造工作的意见》（鄂林造[2008]299号）、《全省低产林改造工程检查验收办法》；与省财政厅联合制发了《湖北省低产林改造项目省级财政补助资金管理办法》（鄂财农发[2008]110号），对低产林改造的运行机制进行了调整完善，提出了计划实行弹性制和奖惩制、工程实施推行业主制和议标制、质量管理实行监理制、资金管理实行报账制的新要求。省林业局出台了包括工程管理、资金管理在内的一系列管理规定，初步建立起了全省低产林改造规范化管理体系。

【国有林场建设】 2008年全省实有国有林场229个，在册职工12 692人。全省国有林场全年新造林2万公顷、中幼林抚育3.87万公顷次、育苗0.14万公顷、新修和维护防火林带5179千米、新建和维护林区公路4037千米。2008年春季发生特大冰雪灾害，湖北省国有林场灾情严重，省林业局组织了国有林场的抗雪救灾与灾后重建及灾情统计上报工作。中央救灾资金下拨后，省林业局对各受灾林场灾后恢复的情况进行了检查与指导。省林业局对全省国有林场的基本情况进行了调查统计，特别是对涉及改革的有关数据包括人员、养老保险等，与省劳动保障厅一起进行了调查统计，为国有林场改革做了大量准备工作。省国有林场工作站2008年全站实现经营总收入619.76万元，利税98.55万元。其中：税金56.5万元、利润42.05万元。所属林工商公司实现经营收入603.70万元，超额完成全年目标任务的10.6%；沙口林场实现收入16.06万元。为解决国有林场二代林树种更新问题，通过自行改进的杨树杂交授粉控制新技术，成功杂交选育出了7个组合，获得杂交苗1731株，在平原地区试种表现高、径生长优势明显。金口基地完成日本鸡爪槭、元宝槭、飞蛾槭、红翅槭、五裂槭、鸡爪槭、血皮槭、金钱槭等8个槭树科品种的选择和引种工作，共栽植苗木1816株，成活率达96.2%以上。12月14日召开了45个国有贫困林场2008年扶贫项目设计评审会，全省900万元扶贫资金拨付到位。全年开展了4个国有林场林地流转调查工作、6个林场的涉林信访案件的查处、3个林场的森林资源资产评估工作。

太子山林场管理局全年完成收入6700万元，利税470万元。全面完成造林108.47公顷，协助省种苗站完成了马尾松对比实验林。完成育苗8.6公顷，其中：播种育苗0.8公顷，杨树留床7.2公顷。管理绿化苗圃40公顷。抚育完成1151.47公顷。新造林施肥完成81.93公顷。防火线化学除草完成101.67公顷，防火线维修204千米。大、小规格绿化苗木除运销对省外、周边地区新农村绿化建设用苗量较往年增幅较大，累计销售大规格绿化苗1000多株，中小规格绿化苗10万株。积极清收农民开荒林地20公顷。低产林改造完成200公顷，大径级材培育、荒山造林等项目按设计要求抓紧实施，已完成的项目均通过检查验收。试点性的《森林经营方案》的编制已获通过，局所属工业企业均呈现产销两旺势头。制药厂在稳固自身产品的同时，积极扩大出口加工，职工就业岗位和收入增加；机械厂通过拓展市场，更新产品，市场份额进一步扩大；宏太木业更换了新的大吨位锅炉，生产能力进一步扩大。2008年举办各类技能培训9次，参加培训600人次。

【国有桂花林场管理局改革】 2008年，桂花林场管理局改革林木采伐销售经营模式。改林木自主采伐销售方式为整体拍卖公开竞标销售方式。招标前，林管局组织专门班子，委派6名具有林业工程师资格证书的工程技术人员组成的调查小组，实地调查采伐地段森林资源状况，综合木材市场销售行情，确定了标底后，再进行公开竞标。参加竞标的仅湖南、安徽、浙江等外省客商就有10余人。为盘活林地资源，发挥林地最大效益，促进桂花林场管理局快速健康发展。桂花林场管理局将苗圃地全部以租赁、承包的方式流转给林业开发商进行绿化苗木培育、果木种植和山地造林，真正实现国有民营，民有民营。承包苗圃地培育绿化苗木、种植果树的，承包使用期30年不变，每年每亩交土地租金50元；租用宜林地栽植楠竹的，租赁期30年，前20年林管局免收土地租金，后10年开始按每亩4根尺竹的市场价折合人民币收取租金，租期满后，竹园无偿交给林管局管理；租用采伐迹地造林的，租期为35年，前5年每亩按21元收取租金，以后每5年租金递加5元/亩。租期满后，林地资源由承包者依法处理。林管局帮助职工低息贷款用于发展自营经济。根据干部职工投资项目大小，每人可贷款3万~6万元不等，建立专账专款，职工用工资和工作籍担保。通过转变经营方式，拓宽职工致富门路，合理开发林木资源，盘活土地资源，使桂花林场管理局经济效益明显提高。

【外资造林】 2008年全省外资项目完成人工造林1.47万公顷，中幼林抚育6万公顷。低产林改造0.83万公顷，封山育林1080公顷。其中，日本政府贷款湖北省植树造林项目完成人工造林1.22万公顷，完成封山育林540公顷，完成幼林抚育5.33万公顷；世行四期项目完成幼林抚育0.62万公顷；中德财政合作湖北小农户造林项目完成低产林改造0.83万公顷，完成封山育林540公顷。省林业局对所有外资造林项目实行项目工程监理，对德援项目和日贷项目实行全年监测。各监理公司及时与项目县（市、区）签订了监理合同，严格按照项目管理规定，对外资造林项目开展了年度检查验收工作，完成了日贷项目、世行四期项目和德援二期项目的省级检查验收报告。重点开展了外资项目的财务及审计培训、财务自查和提款报账工作。举办了日贷项目财务管理及项目审计培训班，2008年的日贷造林项目是由省审计厅直接审计，审计中反映了一些突出问题，专门召开了审计整改督办会议，组织开展了日贷项目、世行四期项目和德援二期项目的报账工作和世行一期项目的还贷工作，配合省财政厅下达了世行二期项目和世行三期项目的到期债务分解落实工作。省林业局与省财政厅联合上报了划入雪灾世行贷款债务情况，向德方以德援二期损失情况申报，为弥补这部分损失及豁免债务打下了基础。共主办日贷项目、德援二期项目和世行贷款项目省级培训班6期，培训市县项目管理人员600多人次。各级项目办层层主办项目培训班，共培训各级管理人员和造林农户8.68万多人次。2008年全省完成速丰林工程造林2.01万公顷。开展了省太子山林管局、桂花林管局、五峰北风垭林管局3个速丰林大径级用材林试点项目实施方案的评审工作，太子山林管局的试点项目国家投资100万元已列入2008年中项基建投资计划；组织开展了速丰林优良品种选育、病虫害防治等实用技术的推广。开展了全省速丰林发展情况的统计工作。

【义务植树】 2008年全省共完成义务植树8000万株，完成了年初制定的工作目标。2月28日，省绿委办组织了省委、省人大、省政府、省政协四大家领导在武汉市郊九峰森林公园和省林业局干部一起参加义务植树。湖北电视台、《湖北日报》等新闻媒体给予了现场报道，对李鸿忠省长进行了现场采访。省林业局督促和指导全省各地巩固了2007年100个一百亩以上规模义务植树基地，占目标任务的100%。省林业局要求各地落实好义务植树看管机制，建立信息通报制度，组织各地干部群众、学校师生、解放军和武警官兵开展城市公共绿地认养，农村四旁植树，双低改造等形式多样的义务植树活动。组织省直机关干部群众到洪山区花山镇开展义务植树，倡导群众栽植"三八林"、"友谊林"、"共青林"等。开展了全省高速公路、铁路、国道、省道和县乡公路沿途村庄绿化，推进湾子林建设。开展了省直机关园林绿化花园式单位等评比表彰活动。完成了全省2008年度全国绿化奖章的申报工作。向省政府呈送了关于开展湖北省绿化模范单位、湖北省绿化奖章、湖北省绿化模范县实施方案的请示。举办了一次省直有关部门及市(州)绿委办主任的古树名木保护培训班。与中南财经政法大学开展合作，完成了《湖北省古树名木保护条例》的起草工作。组织了一批省直部门、大专院校、大型厂矿企业从事绿化工作的负责同志到云南、东北三省学习部门绿化、建义务植树基地绿化经验。

【林业灾后恢复重建工作】 2008年，按照省委、省政府和国家林业局的部署，全省各级林业部门组织开展灾后恢复重建工作，把灾后恢复重建作为头等大事抓，切实加强领导，科学谋划，精心组织，林业灾后恢复重建取得了重大进展。据统计，全省林业灾后恢复重建共投入资金16 420万元，其中国家林业局下拨湖北省林业职工生活救助资金50万元、国家林业局机关捐赠5万元，国家林业局和财政部先后安排林业职工生活救助资金500万元、灾后恢复重建资金6910万元、森林防火基础设施建设补助资金350万元，省财政厅安排容器育苗补助资金2000万元，省林业局自筹资金105万元，地方各级财政和林业部门共投入林业灾后恢复重建资金6500万元。全省完成大田育苗77 437万株、容器育苗4990万袋，完成春季植树造林14.71万公顷、双低改造5.83万公顷，完成补植补造26.75万公顷，占损毁新造幼林54.01万公顷的39.3%；通过技术修复林木40.15万公顷，占冻伤经济林88.31万公顷的45.5%；已清理受灾林地47.05万公顷，占应清理受灾林地116.13万公顷的40.9%，其中：清理迹地已造林8.09万公顷，占应清理林地的17.2%。全省国有林场、自然保护区、林业站、木材检查站等基层林业机构共新建房屋、哨所、护林棚等698间，占损毁房屋2553间的27.3%；维修房屋、哨所、护林棚等5842间，占损坏房屋8417间的69.4%；修复管线(供水、供电、通讯线路)7955千米，占损毁管线10 759千米的73.9%；修复林区公路2407.1千米，占损毁公路4687千米的51.4%；修复防火林带4011.5千米，占损毁防火林带7987千米的50.2%，基本解决了林业生产和职工生活需要。

【孝感市建设绿色通道】 2008年，孝感市政府对境内的京珠、汉十、宜黄高速公路和107、316国道进行补植补栽，实现绿化达标；省道、县乡道全部栽满栽足；在不影响防洪安全的情况下，河道堤防做到应栽尽栽。使全市境内的绿色通道与城乡绿化美化融为一体，形成具有孝感特色的绿色屏障。市政府成立了由市长任指挥长、分管副市长任副指挥长，市发展改革、农办、财政、交通、国土资源、水利和林业等单位主要负责人为成员的绿色通道工程建设指挥部，签订绿色通道建设目标责任状。开展宣传发动工作。并实行"六到位"，建设好绿色通道。按照高速公路两侧各栽植2~3排树木，国道、省道两侧各2排，县乡村公路两侧各1排，沿河堤防形成宽幅林带的建设标准，各县(市、区)搞好规划设计，将绿化路段、里程、树种和植树株数等落实到了部门、乡镇和村组。组织得力专门班子调苗，确保植树不缺苗木。实行部门分片督办制度，督办组每半月向绿色通道建设指挥部办公室汇报一次进度和工作情况。市绿委每15天将对建设情况通报一次。

【天然林保护】 2008年全省天保工程完成造林面积43 282公顷，其中：人工造林面积1800公顷，封山育林面积41 482公顷。项目内21个县(市、区)建立森林管护总站23个，森林管护站383个，管护片1427个，管护点5905个，落实森林管护员10 025人，其中：专职护林员5163人，兼职护林员4862人，为管护好310.4万公顷天然林资源提供了保证。重点开展了全省天保工程区森林管护站标准化建设活动，要求各管护站实现有管护队伍、有房子、有牌子、有管护图、有管护制度的"五有"管护站。各天保工程县(市)按照省统一部署，建立健全了森林管护四级网络体系，配齐了专、兼职护林员，签订了管护合同，明确管护责任、目标责任制及奖惩措施。通过实施农村沼气池工程、居民生活用柴改用煤用电工程等，降低了森林资源消耗。省林业局加强了资金监管，明确县(市)政府主要负责人对本县(市)天保工程建设负全责；县(市)林业局局长为工程项目法人，工程资金采取"三专两单"，即专款专用、专户储存、专人管理、单独建账、单独核算的办法；实行资金使用报账制。全省推行了项目法人制、招投标制、监理制、报账制等"四制"管理，省林业局委托国家林业局规划院开发以地理信息系统为平台的全省天保工程管理信息系统在部分县(市)试用，提高了管理水平。省林业局继续加强了天保工程的森林资源管护，开展了森林管护站标准化建设、森林管护队伍、巡山护林日记等工作。加强了21个县(市)天保区人工商品林采伐管理，组织天保区遭受冰雪灾害生产自救，组织开展了天保工程森工企业职工“四险”补助落实和混岗职工及一次性安置工作。出台了《湖北省天然林保护工程责任追究办法》、《关于加快天然林保护工程区林业产业发展的指导意见》。4~5月，省林业局组织各工程县(市)对2006年度天保工程建设情况进行了自查验收及由省林勘院组成的7个省级复查组，对全省2007年度天保工程实施情况进行了核查。指导天保工程区大力发展替代产业，引导工程区的职工以家庭为单位大力发展森林鸡、森林猪和养蜂，林业职工收入较天保工程刚启动时有大幅度的增加。6月10~19日，国家林业局西北林调院对保康和宜昌市郊两个单位工程执行情况进行了检查。组织宜昌市、房县、建始和神农架从管护、产业发展等从不同侧面开展天保工程宣传报道。

【生态公益林建设】 2008年省林业局生态公益林工作为支持神农架林区搞好生态保护，安排神农架林区封山育林0.53万公顷，资金560万元，占全省12%。在2008年新增天保工程计划中，安排神农架封山育林0.27万公顷，资金280万元。在全国天保区均未启动重点公益林生态效益补偿的情况下，率先在神农架林区启动了重点公益林补偿，每年补偿面积4万公顷，落实补偿资金300万元。省级公益林补偿神农架林区从2004年开始启动，2008年达到1.4万公顷，落实补偿资金104万元，占全省5.3%。在省级公益林66.67万公顷区划中，对神农架林区也给予了重点倾斜，区划省级公益林面积5.71万公顷。为加强生态公益林补偿项目管理，省林业局成立了生态公益林管理办公室，与天保中心合署办公。为保护好67.92万公顷国家重点生态公益林和26.67万公顷省级公益林，各县(市)林业局与有关国有单位、集体和个人签订了管护合同，管护面积落实到了山头地块，管护责任落实到了人头，全省共签订生态公益林管护合同101 921份，签订率达98%以上。各地探索公益林管护方式，创新管护体系，初步形成了县、乡、村、林农或专职护林员四级管护网络体系，重点公益林得到了保护。4月，省林业局下发了《关于进一步完善生态公益林管理有关工作的通知》，要求各地集中时间、集中人力，组织开展国家重点公益林和省级公益林区划确认、落实以及检查验收和地方公益林区划界定等工作，填写相关表格后由省林勘院汇总。省林业局于7月30日，组织召开了全省生态公益林区划界定座谈会，10月8日出台了《湖北省生态公益林管理办法(试行)》，印发各地执行。该办法的出台是湖北省生态公益林建设史上具有里程碑意义的一件大事，使全省生态公益林各项管理工作走上了规范化轨道。7~8月，省林业局组成3个检查组，分赴全省公益林面积较大的15个县(市、区)，对2004~2007年度国家重点公益林和省级公益林补偿基金的使用和管理情况进行了大检查，对检查中发现的问题进行了纠正，撰写了检查报告。10月，省林业局开展了国家重点公益林和省级公益林省级核查工作，对各地公益林区划界定及面积认定、管护情况、管理情况、公益林变化情况、档案管理情况以及补偿资金兑现情况，通过文案调查、访问调查和小班实地调查相结合的方法，抽取了14个县(市、区)开展核查，通过核查，促进了各地生态公益林管理工作的开展。

【退耕还林】 2008年全省退耕还林工程完成荒山造林计划5.35万公顷，其中：用材林20 933公顷、经济林8952公顷、防护林23 582公顷。省林业局根据国务院关于完善退耕还林政策和国家六部委关于编制巩固退耕还林成果专项规划通知，配合省发改委，组织开展了全省巩固退耕还林成果专项规划编制工作。组织了对75个工程县(市、区)的县级巩固退耕还林成果专项规划进行了评审。开展了对因遭遇特大冰冻雪灾退耕还林地损失情况的调查摸底，指导项目区通过春季植树造林进行灾后恢复重建。退耕还林地补植补造2.67万公顷。抽取了25个县(市)进行省级复查，复查面积1.31万公顷，其中：坡耕地造林面积0.59万公顷、荒山荒地造林0.72万公顷，经招投标，选择了省林勘院、十堰市林调院、襄樊市林勘院承担2008年退耕还林省级复查工作。开展了全省75个县(市、区)退耕还林工程阶段验收。共计验收面积3.72万公顷。7月23日以省退耕还林工程领导小组的名义召开了全省退耕还林阶段验收工作视频会议，对全省退耕还林阶段验收工作进行安排部署，15个市(州)、75个工程县(市、区)的政府分管领导、林业局局长、分管副局长、技术负责人和承担此次省级全查任务的林勘院负责人在15个分会场参加了会议。7月25~26日在武汉举办了培训班。7月30日至8月26日，组织6家林勘院、投入资金近100万元对9个重点县(市)进行退耕还林阶段验收省级全查。其余66个工程县(市)的退耕还林阶段验收省级全查由省里委托县级林业部门自查。成立了6个督查专门班子，8月3日起分阶段、分重点对黄冈、黄石、恩施、宜昌、咸宁、鄂州、随州、武汉等7个市(州)22个县(市、区)阶段验收工作开展了追踪督查，确保阶段验收符合国家阶段验收质量要求。9月1日至10月13日，国家林业局指派昆明林业勘察设计院45人对湖北省75个工程县(市)退耕还林进行了阶段验收国家重点核查。全省退耕还林国家重点核查的上报面积合格率为99.9%，高于全国平均水平。组织省林勘院编制了湖北省2008年度退耕还林实施方案。督促2007年省级复查反映问题比较突出的7县(市、区)开展了退耕还林省级复查整改工作。全年共接到有关退耕还林方面的群众来信28件，接访群众26人次，接信访电话19次，全部按照时限要求进行了调查处理。

【长江防护林建设等工程】 2008年全省15个长江防护林工程建设项目县完成造林面积12 876公顷，其中：人工造林12 685公顷、封山育林面积191公顷。11个实施农业综合开发林业生态示范项目县(市)完成人工造林2666.67公顷。国家拉动内需新增长防林建设进展迅速，已制定省级实施方案。防沙治沙工作编制了全省防沙治沙规划，召开了全省防沙治沙工作会议。全年已完成平原绿化二期工程新造林面积60公顷。

【自然保护区建设】 2008年全省有自然保护区49处、面积968 500公顷，其中国家级自然保护区5处、面积230 900公顷。2008年省林业局完成了湖北赛武当省级自然保护区晋升国家级自然保护区工作中动物资源的野外调查和内业整理工作，编写了《湖北赛武当自然保护区科学考察报告》；对谷城南河、兴山万朝山、长阳崩尖子、新洲涨渡湖、南漳漳河源和郧西五龙河等市级自然保护区升省级的综合科学考察报告和总体规划进行修改。谷城南河、长阳崩尖子、新洲涨渡湖、咸丰二仙岩自然保护区均通过省级自然保护区评审委员会的评审。指导完成了十堰市龙背湾水电站工程对堵河源省级自然保护区生物多样性影响评价。组织专家和技术人员对十堰市龙背湾水电站工程进行了生物多样性等方面的野外考察，完成了《湖北省十堰市龙背湾水电站工程对湖北堵河源省级自然保护区生物多样性影响评价报告》，完成了湖北堵河源省级自然保护区功能区划调整并通过省级自然保护区评审委员会的评审。编制了《湖北五峰后河国家级自然保护区GEF项目2008～2009年修编〈管理计划〉活动工作方案》、《湖北五峰后河国家级自然保护区GEF项目2008～2009年完善生态本底图的工作方案》、《湖北五峰后河国家级自然保护区GEF项目2008～2009年建立生物多样性监测体系工作方案》、《林业持续发展项目保护地区管理部分湖北项目区2008年附加培训方案》等。举办了林业持续发展项目保护地区管理部分湖北项目区附加培训，受训人员达40人。

【湿地保护与管理】 2008年全省湿地示范区面积41 412公顷。省林业局组织有关专家对丹江口、大九湖湿地进行了科学考察并撰写了科学考察报告、编制了《湖北丹江口湿地省级自然保护区总体规划》、《梁子湖环境保护总体规划(2008～2012)》和《湖北神农架大九湖省级自然保护区总体规划》，组织召开了省林业系统自然保护区评审委员会会议对丹江口、大九湖晋升省级自然保护区进行了评审并获得通过。省林业局会同神农架林区政府、十堰市政府分别向省政府上报了请示，请求省政府将丹江口、大九湖湿地晋升为省级自然保护区。组织启动了洪湖、龙感湖、大九湖湿地保护与恢复工程项目。洪湖完成项目投资768.5万元，其中：中央投资312万元。龙感湖完成项目投资355.6万元。大九湖完成总投资784.9万元，占省配套资金的91.5%。省野生动植物保护总站完成了《湖北省湿地保护实施规划》编制相关工作。撰写了《全省野生动植物保护和自然保护区建设工作情况调研报告》和《关于全省野生动植物保护工作情况的汇报》。4月下旬，举办湖北省湿地保护区网络保护区管理计划培训班。来自全省20多个湿地自然保护区网络成员单位共30名学员参加培训。11月上旬及下旬，分别举办了林业持续发展项目保护地区管理部分湖北项目区附加培训及长江中下游五省一市湿地保护网络暨湖北湿地信息员培训班，来自湖南、江西、安徽、江苏和湖北的近70名湿地工作者参加了培训。组织3个调研组，开展了全省野生动植物保护和自然保护区调研工作。5月，组织了湿地先锋活动项目网上报名工作并完成了与WWF合作的湿地先锋行动第一期项目。6月19～28日组织了相关部门的专家和湿地负责人赴内蒙古自治区考察林业湿地项目。组织全省湿地网络成员赴江苏省溱湖参加长江中下游湿地保护网络2008年年会。

【野生动物疫源疫病监测与防控】 2008年是全省开展野生动物疫源疫病监测工作的第四年。10月25～30日，成功承办了全国第八期野生动物疫源疫病监测培训班。全国11个省(区、市)，共计107位学员参加了这次培训班。通过这次培训套开了全省野生动物疫源疫病监测会议，全省11个国家级和16个省级监测站站长均参加了这一活动，推动了全省监测工作。组织编制了《陆生野生动物疫源疫病监测防控知识宣传图》。掌握了全省野生动物的活动规律与疫源疫病动态。开展了宜昌大老岭大量冬候鸟撞击死亡现象的应急处理，首次开展了野生鸟类疫源疫病检测试验。从3月3日开始，与华中农业大学动物科技学院合作，在武汉市沉湖湿地保护区采集中冬候鸟粪样本161份，武汉动物园和东湖鸟语林人工驯养繁殖的鸟类血清和粪便样本30份，进行了实验室检测分析，为采取科学的预防和控制措施提供了重要依据。国家林业局政务网、中国兽医网和监测网刊登了这条消息。与沉湖湿地管理局一道，制定了《国家联办湖北省蔡甸区国家级野生动物疫源疫病监测标准示范站

2008年工作计划》，开展了水网湖区以鸟类监测为重点的试点工作。组建专职人员5名，兼职19名组成的反应灵敏和运转高效的陆生野生动物疫源疫病监测站，落实了站长全面负责制和野外专职监测技术人员责任制度；兴建了电子远程监测系统，落实了24小时监控措施。

【野生动植物保护与管理】 2008年全省实有野生动植物保护管理站119个、珍稀野生植物培植基地9个、野生动物园13个、野生动植物科研及监测机构46个、各类专业技术人员198人。全年共办理野生动植物行政许可事项157项。其中：核发国家重点保护野生动物驯养繁殖许可证8份，国家重点保护野生动物特别经营许可证25份，湖北省野生动物经营许可证1份，湖北省野生动物驯养繁殖许可证3份。办理野生动物出省运输证15份，省内运输证6份。年检了64个单位的89份证件。办理野生动物及其产品鉴定证明书7份和产地证明书3份。征收野生动物资源保护管理费356 730元。全年共开展野生动植物行政执法活动5次：4月，组织行政执法人员对位于武汉市雄楚大街的九龙大酒店和位于华中农业大学内的华大特种动物养殖场进行了执法抽查；6月，联合武汉市林业局野保处对武汉市市场上公开摆卖象牙制品的违法行为进行了一次拉网式清查，重点查处了武汉市工艺品大楼和香港路古玩市场；9月，对武汉市白沙洲市场、起义门市场、华南海鲜市场和武汉港花鸟市场、超市、酒店、药店进行了一次突击抽查，共抽查39家，其中属非法经营的27家，有证但超范围经营的12家；11月，接群众举报后督促武汉市林业局对南湖春酒店非法经营梅花鹿的行为进行查处，参加了洪湖湿地自然保护区非法围网清除行动；12月，派专人与黄石野保站一起对阳新县野生动物经营市场和两个野生动物经营户进行了现场检查，督促阳新野保站加强执法管理。指导随州市野保站对随州健民制药厂利用穿山甲制品的管理，接受各地关于野生动物保护管理的政策和法律法规的电话咨询。指导全省野生动植物保护管理工作。完成了湖北植物保护条例(林业部分)草案的起草工作；起草了《湖北省林业局关于对湖北楚天鹿园科技开发有限公司等单位违法行为的整改通知》、《湖北省林业局关于加强国家重点保护野生植物保护管理的通知》、《关于联合省、市执法单位加强武汉市野生动物执法管理的请示》等规范性文件；填报了3期《陆生野生动物行政处罚案件季度统计表》、《2008年下半年湖北省野生动植物驯养繁殖(培植)及经营利用企业基本情况统计表》。4月1日，与武汉市林业局、世界自然基金会联合举办了湖北省第二十六届“爱鸟周”活动。

【野生动物救护】 2008年共接到救护求救电话42次，开展了14次营救行动，协调地方林业部门实施救护26次，电话指导群众救护放生2次。全年累计救护动物13种15头(只)，救护成活率达86.7%，其中救护国家一级保护动物梅花鹿，国家二级保护动物普通鵟、小天鹅、雕鸮、灰鹤等7种9头(只)。年初存栏动物15种71头(只、条)，先后出栏3种4头，放生8种15头(只)，死亡7头(只、条)，存栏动物成活率达90.1%。省野生动物救护研究中心全年共计在各种新闻媒体和林业信息上宣传41次。其中：中央电视台报道7次，湖北卫视报道2次，武汉电视台报道4次；《中国绿色时报》、《楚天都市报》、《长江日报》等报纸报道8次；《湖北林业经济》、《花木盆景》、《湖北林业信息》、湖北林业网等媒体及国家林业网、国家野生动物疫源疫病监测网及中国兽医网宣传报道20余次。4月份的全国爱鸟周、5月份的全省科技宣传周上，通过野生动物标本展示，大力宣传了全省林业工作特别是野保工作的成效。6月23日，组织武汉理工大学200名师生接受科普教育，对学生讲课、放映救护录像、参观动物标本和救护园。专门举办50多个村长和站长参加的培训班，就林业方面如何抗冰雪及灾后恢复生产和野生动物保护进行了授课，受到了灾区人民的好评。

【荆门市被国家批准为现代林业建设示范市】 2008年8月1日，国家林业局批准荆门市为国家现代林业建设示范市。荆门市位于鄂中腹地，地处大洪山山脉、荆山山脉向汉江平原过渡地带，境内低山、丘陵、平原兼而有之，是我国中部地区重要的粮、棉、油生产基地。多年来，荆门市委、市政府高度重视林业工作，从当地实际出发，提出了“建设森林资源大市和林业产业强市”的奋斗目标。在森林资源保护、培育、开发利用和非公有制林业发展等方面取得了显著成效，在率先推进现代林业建设方面具备了较好的基础，而且地理区位、林业发展等方面在中部地区具有一定的典型代表性。荆门市积极开展现代林业建设，成立了由市政府和市直各有关部门、县(区、市)政府主要领导组成的示范市建设领导小组，编制的《湖北荆门国家现代林业示范市建设总体规划(2007～2015)》通过了国家级专家评审和省林业局审批。荆门市作为国家现代林业建设示范市，国家林业局将结合现有的工程建设统筹予以支持。

【神农架金丝猴人工补食试验成功】 2008年5月16日，神农架金丝猴行为学研究及人工补食技术，通过了成果评审。专家认为，神农架自然保护区首次对神农架金丝猴进行人工补食试验，并获得成功，攻克世界性难题，为深入研究金丝猴作出了有益探索。由中国科学院动物研究所、中国林科院等多家科研院所专家组成的评审委员会，经反复论证后认为，该研究多项成果填补金丝猴保护生物学、行为生态学等领域中的空白，在我国灵长类研究领域中属国际领先水平。为其他野生动物冬季人工补食起到引领作用。

【鄂州市循环经济构建生态家园】 2008年，鄂州市倡导循环经济理念，将社会、经济的发展与自然环境的保护有机地结合起来，致力建设生态城市，实现了人与自然的和谐发展。通过大力推广鱼鸭套养、鱼珠混养、养猪－沼气－种菜等立体型、节能型、再生型、微生物型等6大类共30多种生态农业建设模式，大幅度地减少化肥、农药的使用量，减轻了农业污染源带来的危害。完善生态工业体系，加大工业三废(废水、废渣、废气)的无公害化处理力度，淘汰能耗高、污染重、效益差的工业企业，先后关停污染严重的小水泥厂13家、小冶炼厂5家，对所有不达标工业企业进行限期治理，有效地控制工业污染。按照“整体、有序、循环”的原则，鄂州市实施岗地开发、0.67万公顷胡柚基地、创建“万树村”、退耕还林等林业重点工程建设，并全面开展封山育林，减少林木的砍伐量，全市森林覆盖率快速增长。为了保护生物的多样性，鄂州市指定了专门的人员负责梁子湖等地713.71平方千米湿地的保护工作，白头鹤、白鹤、东方白鹳、黑鹳、中华秋沙鸭等多种珍禽重新回到梁子湖栖息。鄂州市加大森林资源的保护力度，开展了国有林场二次创业活动，建起了沼山省级森林公园等森林保护区。市林业部门组织专门班子，对全市珍贵树木调查归档，落实专人管理，有效地保护了樟树、桂花等28种珍稀树种。为了扩大生态建设的成果，鄂州市注重环境综合整治，先后投资1.6亿元，实施了长江生态防护林、洋澜湖清淤工程等，累计治理水土流失面积达2.9万公顷。鄂州市城区已初现“水在城中，城在林中，人在画中”的山水园林城风貌，全市形成了以市区为中心，以华容、太和为两翼，20多个生态集镇为区域骨干，一大批生态村为纽带，辐射和带动全市经济社会发展的生态城市网络体系。

【宜昌市构筑三峡生态屏障】 2008年，宜昌市林业局按照市委、市政府建设“绿色宜昌”的战略构想，在全市开展“保护天然林，维护生命线”的生态文明建设行动，采取停伐、封育、退耕、造林、改坡、迁移“六管齐下”的措施，保护天然林资源，使三峡坝库区森林植被得到有效保护，着力构筑三峡绿色生态屏障。宜昌市天然林资源保护范围包括11个县(市、区)，天保区总面积为178.4万公顷，占全市国土总面积的85%，工程区共规划生态公益林区119.8万公顷、商品林区40.13万公顷。市林业局从强化森林资源管护入手，大力宣传普及天保政策和措施，在全市主要交通路口和封山育林区竖立大型宣传标牌(碑)160多块(座)，小型宣传牌(碑)5000余块，刷写、张贴宣传标语近10万余条，印发宣传资料100多万份。在全省率先开展了基层管护站达标创建活动，建立了市、县、乡、村四级森林资源管护网络，设管护总站9个、管护站(所)99个、管护片757个、管护点1419个，落实管护人员2591名，使森林管护工作规范化、制度化和标准化。市、县(市、区)、乡(镇)层层签订工程质量责任状和工程建设合同，高质量、高标准完成公益林建设任务11.53万公顷，其中：封山育林8.93万公顷、飞播造林及飞播补植管理2.13万公顷、人工造林4666.67公顷。同时，采取工程带动、以奖代补等措施，推广以电代柴、以气代柴、以煤代柴，减少木材消耗，全面取消天保区商品材采伐计划，停止天然林商品性采伐，累计主动调减林木采伐指标275.27万立方米，减幅达55.72%；全市共关闭木材经营加工企业177家，分流安置富余职工5672人。依托森林资源优势，发展替代产业，林下种植中药材等经济作物成为宜昌市农业结构调整的支柱产业，森林生态旅游成为区域经济的后劲产业，逐步实现了三峡生态圈资源保护与经济发展的双赢。通过采取多种有效措施，形成了纵横交织、防范周密的保护网络，切实保护和发展了森林资源，使全市森林结构更趋合理，林分质量不断提高，森林生态功能显著增强，为长江三峡、葛洲坝和清江隔河岩等重点水利枢纽工程提供了可靠的生态屏障。

【潜江市大力发展农田林网】 2008年，潜江市在一些以旱田为主的乡镇大力推行“树随田走，效益分成”的造林新机制，取得了明显成效，较好地解决了长期以来困扰农田林网建设中林业与农业争地、争肥、争阳光的“三争”矛盾，既改善了农村生态环境，又增加了农民的收入。由村民委员会对全村的宜林地、采伐迹地调查摸底，以小组为单位在充分尊重群众意愿的基础上，根据不同立地条件，对渠路和农田网格分类型进行合理规划。渠路以栽杨树为主，农田林网既可栽用材林，也可栽樟树等绿化树，不同树种相互搭配，适当造混交林。规划形成并经群众同意后，以村为单位集中购苗，并在当地林业站技术人员的指导下，采用专门班子造林的方式，按照科学造林规程统一栽植。在渠路及农田网格上栽的树以责任田的经营权确定林木的所有权，该田的经营权是谁所有，那么该田边所栽树的林木所有权、受益权、处置权则归谁所有，产权明晰，利益主体明确，谁栽谁受益，多栽多受益。这样就可以用林木的收益权折抵树木生长中因遮阳和争肥等因素造成的损失，改变了过去一人承包造林，一人受益，多人受损的状况。由于利弊与权责归一，造林业主与农民之间的利益之争消失了，抵触情绪和矛盾也得到了化解。由村民推荐一位护林员对所有的树木进行统一管理，抚育管理费按林木一个轮伐期经济收益的10%提成，并由林木所有者共摊，90%的收益权归林木所有者。在整个实施过程中通过召开群众代表会等形式反复征求群众意见，不搞行政命令，不下任务指标，不搞一刀切。当地政府和林业部门主要是做好引导和服务工作，帮助群众算好经济账，把决策权和参与权完全交给群众，特别是在树种的选择上，打破靠行政安排只栽杨树的做法。通过推行这种新机制都栽上了树，闲置的土地得到了充分利用，并产生了较好的经济效益。

【武汉启动创建国家森林城市工作】 2008年2月28日，武汉市委、市政府在市委会议中心召开全市创建国家森林城市动员大会，全面启动国家森林城市的创建工作。市领导及各区区长、分管副区长，市直有关单位、大中型企事业单位负责人，全市林业系统、园林系统等近200人参加了会议。会议由阮成发市长主持，省委常委、市委书记苗圩作了动员讲话。苗圩在会上强调，将武汉建设成"城乡一体、林水相依、生态和谐"的大都市是市创建国家森林城市的核心思想，必须发挥优势，协调发展。武汉市用3年的时间，形成完善的林业生态体系、产业体系和生态文化体系。森林覆盖率达25%，城市建成区绿化覆盖率达35%，绿地率达33%，人均公共绿地9平方米。形成5个特色主导林业产业，建立8.67万公顷产业板块基地、20个森林生态旅游基地，基本达到国家森林城市各项指标。

【林产工业】 2008年全省人造板产量完成208.88万立方米，其中：胶合板20.66万立方米，刨花板13.26万立方米，中密度纤维板124.57万立方米，细木工板47.23万立方米；竹木复合地板完成2.4万平方米。全省林业工业总产值完成208.33亿元。根据《湖北省林业产业化省级龙头企业申报和检测管理办法》的规定，经过企业申请，市(州)林业局初审，省林业局组织专家评审，省林业局办公会议审议和公示等程序，2008年评选出55家林业产业化龙头企业，并以省林业局文件鄂林产[2008]280号向全省公布。全省林业产业化龙头企业达到166家。取消对新上木材加工企业的森林资源论证和经营规模的审批限制；取消向大中型企业派驻资源监督专员制度；取消农民房前屋后自用材上路上市审批制度。推进林纸、林板、林油一体化建设，落实了《湖北省林纸一体化工程建设"十五"及2010年专项规划》。开展了黄冈林纸项目建设，黄冈纸浆项目原料林基地规划面积10万公顷。12月上旬，省林业局成立了黄冈市林纸项目原料林资源评估工作组。工作组办公室设在产业处。省林业局对39家具有区域特色和比较优势的林业产业化龙头企业和产业项目进行了支持，共计安排资金2000万元。2008年，经过省名牌战略推选委员会评审，全省林业行业共有6个品牌被授予湖北省名牌产品称号，较2007年增加了1个。省林业局指导吉象、山山、万树、宝源、巨宁、东森、燕加隆、九方圆、天源、万联等木材加工企业抓原材料收购和储运工作，组织了对恩施、宜昌和十堰天保区林业产业发展的调研活动，出台了《省林业局关于加快天然林保护工程区林业产业发展的指导意见》(鄂林产[2008]133号)。省木业集团已经顺利地完成改制。改制后的省木业集团实行强强联合，逐步走上了发展壮大的路子，实现省委、省政府的预定目标。省木材总公司的改制工作也基本完成，已经正式移交省国资委托管中心。省林业局为做好灾后重建工作，指导竹木加工企业原材料收购工作，制定木材收购指导价格，为6家企业牵线搭桥，及时解决雪压木在采伐、收购中出现的问题，为企业排忧解难。向有关部门提出了《关于支持恩施州林业产业发展的意见》和《促进鄂西生态文化旅游产业圈优先发展若干意见》。

【林产品安全检测】 2008年，根据省质监局下达的任务，省林产品质监站承担了对中密度纤维板、细木工板、刨花板、地板基材用纤维板、竹木地板等产品的质量监督检测工作。全年共抽查21家企业23个批次产品，产品批次合格率为82.6%，对不合格产品及生产企业予以通报。根据省食品安全领导小组的统一部署，省林产品质监站对黑木耳、香菇、板栗等三种产品的质量进行了监督检测。其中，黑木耳抽查17个批次，批次合格率70.6%；香菇抽查20个批次，批次合格率70%；板栗抽查28个批次，批次合格率100%。对抽查结果发布信息公告。

【主要经济林产品】 2008年全省主要经济林产品生产情况分别为：水果产量385.79万吨，其中：苹果65.01万吨、柑橘199.18万吨、梨60.6万吨、葡萄6.08万吨、桃33.54万吨、杏3.35万吨、猕猴桃1.35万吨。干果产量21.34万吨，其中：核桃4170吨、板栗16.81万吨、枣4925吨、柿子1.56万吨、银杏白果1.46万吨。林产饮料产品12.86万吨，其中毛茶11.64万吨。林产调料产品943吨，其中：花椒861吨、桂皮51吨。森林食品27.94万吨，其中：竹笋干8463吨、食用菌14.31万吨、山野菜12.49万吨。木本药材8.47万吨，其中：杜仲7748吨、黄柏2486吨、厚朴5276吨、枸杞117吨、山茱萸541吨。木本油料5.12万吨，其中油茶籽3.62万吨。林产工业原料4.55万吨，其中：生漆0.67万吨、油桐籽1.32万吨、乌桕籽9112吨、五倍子1845吨、棕片1578吨、松脂1.3万吨。2008年全部经济林产品的种植与采集产值137.37亿元，其中：水果及干果的种植与采集61.06亿元、茶及其他饮料作物的种植26.34亿元、林产中药材的种植与采集21.45亿元、森林食品的种植与采集24.6亿元。竹产业产值8.95亿元。

【苗木花卉】 2008年全省有国有苗圃46个，在册职工人数982人。全省完成苗木育苗面积28 958公顷，其中本年新增育苗面积7625公顷，年末实有母树林面积3395公顷，年末实有种子园面积2822公顷，林木种子采集量3731吨，当年苗木产量9.26亿株，育种和育苗的总产值8.54亿元。年末实有花卉种植面积3.29万公顷，切花切叶产量0.39亿支，盆花植物产量0.59亿盆，观赏苗木产量1.51亿支，草坪产量0.12亿平方米，全省共有花卉市场243个，花卉企业899家，花卉从业人员10.56万人，全年花卉种植总产值19.27亿元。省林业局下发了关于开展全省林木种苗行政执法大检查的通知，在全省范围内部署开展了全省林木种苗行政执法大检查工作。在各地自查的基础上，组织省种苗站进行抽查。12月省林业局在嘉鱼县组织召开了全省林木种苗管理工作会议。17个市(州)林业局分管副局长、造(营)林科长、林木种苗管理站长和83个县(市、区)林业局分管副局长参加了会议。

【森林公园和森林旅游】 2008年全省林业旅游接待游客0.22亿人次，旅游收入22.01亿元，旅游直接带动的其他产业产值22.18亿元。2008年全省新建国家级森林公园1处、省级森林公园2处，指导完成森林公园总体规划编制4个，并以省林业局文件批复有关市(州)实施。省林业局森林公园管理办公室完成了郧县沧浪山国家森林公园、郧西县虎豹峡及安陆市钱冲古银杏2个省级森林公园可行性研究报告的编写及省级评审工作；完成了随州市曾都区七尖峰及咸宁崇阳县桂花2个省级森林公园总体规划的组织编制及评审工作；完成了麻城市五脑山及京山县虎爪山2个国家级森林公园和黄石市黄荆山省级森林公园总体规划的评审工作；对荆门市千佛洞国家森林公园植物园建设规划组织了评审；受国家林业局森林公园管理办公室委托，对罗田大别山国家森林公园生态文化建设项目的实施进行了指导督查。在报纸及有关媒体上做旅游宣传，推介森林公园特色精品旅游线路和旅游产品，参与省、市旅游局举办的各种旅游交易会及街头旅游宣传活动。2008年森林旅游管理中心实现营业收入395万元，创利润37万元。组织旅游人数4680人。开发健康绿色的森林旅游线路，参加省、市旅游局组织的各项旅游促销活动和郑州全国旅游交易会以及武汉市“四城同创”活动。

【野生动物驯养繁殖】 2008年全省野生动物种源繁育基地25个。全年陆生野生动物繁育与利用总产值3.5亿元。省林业局完成了各市(州)、神农架林区野生动物驯养繁殖和经营利用情况的调查摸底工作，撰写了《全省野生动物驯养繁殖和经营利用调查报告》，为全省野生动物产业发展提供了科学依据。开展了全省动物园、驯养繁殖场受冰雪灾害影响的调查统计工作，编写了《关于全省野生动物受灾情况的汇报》。对全省17家大型动物园、驯养繁殖场受灾情况，经营管理现状，防冻、抗灾、防护措施等情况进行了了解、调查。全年共编制简报22期，全面地介绍了野生动植物与湿地保护管理，自然保护区建设以及野生动植物保护协会的工作动态。省野生动物救护研究中心开展了以猕猴和蓝孔雀人工繁殖技术作为科研繁殖的攻关重点，制定了科学实验方案。猕猴繁殖科研上，重点研究科学分栏对猕猴繁殖率的影响。2008年3月份进行分栏，将1.5岁左右小猴单独分为一栏，将正在哺乳的猕猴分成一栏，将成年猴按雄雌1:4至1:5分成三栏，每栏5~6只猴。在整个实验过程中，注重猕猴饲料搭配和饲养管理，制定科学的饲料配方，加强日常饲养与观察，保证实验质量。通过技术攻关，全年猕猴顺利产下7仔，成活6只，繁殖率达100%，成活率达86%，创历年猕猴繁殖数量的最高纪录。孔雀繁殖科研上，新搭建2间孔雀繁殖实验场，按雄雌1:4进行分组分栏，科学饲养。

【省林业局机关服务业与后勤工作】 2008年，局招待所2008年荣获省林业局局直系统党的建设先进单位称号，全年共实现经营收入490万元，超额完成了全年工作目标任务。省林业局机关后勤服务中心在局机关2008年春节联欢会暨生态文明主题歌咏比赛中得分第一名，获得了一等奖。该中心出台了《湖北省林业局机关车辆安全管理制度(试行)》；聘请了4名司机和采购了2辆新车，缓解了用车紧张矛盾。全年安全行车62万千米，武汉市洪山区政府以洪政[2008]47号文件授予省林业局机关车队武汉市道路交通安全先进集体称号，武汉市公安局授予湖北省林业局内保先进单位称号。对《湖北省林业局机关办公用品采购与保管(试行)》进行了重新修订。全年共计销售基地苗木64万株，实现销售收入90万元。

【恩施州鹤峰县发展林业产业】 2008年，恩施州鹤峰县以实施国家林业重点工程为契机，将林业重点工程与产业建设紧密结合起来，狠抓箬竹、森林蔬菜、茶叶、木本药材等产业，采取“公司+基地+农户”的产业化模式，推进林业产业快速发展，全县涉林产值达4.85亿元，占全县农业总产值的50%，全年为农民提供现金收入达2.1亿元，农民人均收入1100元，占农民人均收入的50%。林业产业建设初具规模，建成了三大产业基地。以厚朴、木瓜、杜仲等为主的木本药材基地达到1.47万公顷；以富硒茶为主的生态茶基地达到1万公顷；以箬竹、板栗、薇菜为主的森林蔬菜基地达到0.67万公顷。建成一批林业产业专业村。以国富公司为龙头，建成了太平乡龙潭木瓜种植专业村，种植面积达66.67公顷；以五鹤续断公司为龙头，建成了铁炉乡万寺五鹤续断种植专业村，种植面积达133.33公顷；以先富公司为龙头，建成了五里紫荆箬竹种植专业村，种植面积达200公顷。打造了一批名优品牌。随着林业产业建设的推进，鹤峰县林业企业不断发展壮大，形成了长友、德繁、世为、先富、国富等多家林业产业龙头企业，打造了长友薇菜、长友甘栗、八峰药化等一批名优产品。

【襄樊市林业产业招商引资】 2008年，襄樊市紧紧抓住中央实施促进中部地区崛起战略、沿海产业加快向湖北转移以及加快襄樊省域副中心城市建设等重大机遇，牢固树立大招商促进大发展的理念，立足资源优势，强化工作措施，把招商引资作为扩大开放、承接产业转移最重要的工作来抓，实行政府招商、行业招商、专门班子招商等多措并举，成功引进了3个大型林业产业化合作项目：一是南漳县成功引进20万立方米中(高)密度纤维板加工项目，项目建成后年生产中(高)密度纤维板20万立方米，年产值4亿元，年利税9000多万元。二是樊城区成功引进大型家具加工项目。总投资8000万元，年生产高档家具2万套，年产值可达1.2亿元。三是保康县引进上海大山合集团有限公司，从有机食用菌产业着手，逐步拓展到有机茶、干果以及旅游业等。这些大型企业的入驻，为襄樊市林业产业化发展注入了活力。

【荆州市林业】 2008年，荆州市围绕建设生态文明，大力发展现代林业，加速推进林业产业化，建成全省最大的速生丰产林基地和林产品加工基地。该市以“创绿色家园、建富裕新村”活动为平台，开展植树造林，有序推进集体林权制度改革，加快发展林业产业化。完成年生产任务造林1.93万公顷，绿色家园建设52个村；生产各类人造板58万立方米，实现工业总产值18.8亿元，继“吉象”牌中密度纤维板获中国名牌之后，东森木业生产的“福江”牌细木工板又被评为中国名牌产品。该市按照“稳定数量，提高质量，逐步完善，办成亮点”的原则开展绿色家园创建，依托双低改造、兴林抑螺等重点项目工程发展速丰林；围绕高产优质抓科技兴林，抓好品种选育、抚育管理、病虫害防治和科技服务；按照“巩固人造板加工业，重点发展竹产业，大力开发森林湿地旅游业，努力突破林纸一体化”的思路，加强招商引资，壮大龙头企业，完善了产业体系。

【远安发展绿色产业】 2008年，远安县为把绿色资源优势转化为经济优势，坚持生态建设与产业发展并举。远安利用荒山、荒地、荒滩和现有的次生林、灌木林，新建、改造速生丰产林和工业原料林基地，全县农民人均达0.1公顷；培育林庄经济大户60个、造林大户140多户；利用径外材和部分农民自用材发展袋料香菇7628万袋、茶树菇560万袋，干菇总产8000吨，产值达2.5亿元。走配套式、嫁接式、资源深度开发式的新型工业化发展之路，星球、武星、盼盼等一批龙头企业先后落户远安，年生产非耗材的防火复合板800万平方米、高档家具1万套、室内套装门10万套、松香500吨、白厂丝120吨。依托丹霞地貌和森林资源优势，建立了金家湾等7处省级自然保护小区和沮河等3处湿地自然保护区；培育苗木花卉盆景专业户40多个，建成基地23.33公顷；新建野猪、七彩山鸡养殖基地5处。筹资500多万元在县城建成了1个食用菌交易中心，在乡镇建成了5个香菇交易市场，年交易量7600多吨。

【森林防火】 2008年全省共发生森林火灾1207起，受害森林面积1604.86公顷，受害率0.265‰；森林火灾共造成11人死亡。省政府和省森防指于2008年2月20日、3月3日、3月6日、3月20日、4月2日、10月16日，先后召开6次全省森林防火工作电视电话会议或专题会议，安排部署森林防火工作。2月20日、3月3日和3月20日的会议均开到了县(市、区)，各市(州)、县党政主要领导在各电视电话会议分会场参加了会议。省森防指、省林业局和省森防指办公室先后下发了23份森林防火工作通知、通报，对森林防火各个方面的工作进行了全面安排和部署，对森林防火工作中存在的倾向性问题和薄弱环节进行了通报，进一步强化了对森林防火工作的组织领导。完善了“三线四级”森林防火责任体系，省对市、市对县、县对乡镇、乡镇对村层层签订了2008年森林防火目标责任状，并实行一票否决，增强了各级领导和有关人员的森林防火责任意识。2月21日、3月13日、3月23日、3月28日、11月17日、12月3日，省森防指和省林业局先后6次派出检查组，分别由省森防指成员单位领导和省林业局领导带队，到全省重点林区明查暗访，检查督办森林防火工作，确保森林防火工作落到实处。全省以清理受灾林木为重点，严防衍生灾害。据统计，湖北省受冰雪灾害林业面积179万公顷。其中，雪灾压断林木42 857.6万株；楠竹受灾25.89万公顷，损毁立竹2.77万株；损毁经济林69.86万公顷，受灾林木92 483万株；灾区林内平均每公顷可燃物载量达到50~100吨。全省共组织劳力250万人次，清理林内可燃物160余万吨，减少了森林火灾隐患，减缓了衍生灾害的发生。在雨雪冰冻灾害中，全省损毁林区防火道路4687千米、防火林带7500千米、防火碑(牌)等41 232余块、瞭望塔(哨)127个。全省修复或新建防火道路

1186千米、防火碑(牌)等32 100余块、瞭望塔(哨)117个。建设生物防火林带1068千米，植树420余万株。全省在电视、广播、报纸等媒体报道森林防火信息3万余条(次)。省防火办积极争取武汉中心气象台和湖北广电总台的支持，每晚黄金时段在多个电视频道和广播波段，连续播报森林火险等级预报和森林防火公益广告。省森防指组织援鄂武警森林部队和武警驻鄂森林部队到9个市(州)、53个重点林区县(市)进行宣传和巡查，扩大了森林防火宣传声势。全年出动森林防火宣传车1200辆次、人员87 000人次，深入乡镇村组宣传，增强了森林防火宣传的深度和力度。全省有13个市(州)、林区的62个县(市、区)发布了森林防火戒严令、禁火令，有效加强了野外火源的依法管理。全省各重点林区在对墓地、坟场进行清理登记的基础上，集中修建坟场燃烧台和鞭炮燃放池93 000余座，确保野外用火可导可控。各地加大巡查防控力度，在森林防火紧要时期和重要地段，增设森林防火检查站，全省增设临时防火检查站121 380余个，增加临时护林员25.1万人。全省查处森林火灾案件987起。其中，刑事案件43起，处罚43人；治安案件133起，处罚133人；林业行政案件811起，处罚829人。对31名责任人给予了纪律和行政处分，强化了森林防火责任。武警内蒙古森林总队100多名官兵到湖北省支援森林防火工作，在此基础上，武警森林指挥部驻鄂部队已组建，森林武警官兵定点驻防湖北。在省编委下达机构批复的基础上，同意建设武当山航空护林站。全省已建立各种形式的森林火灾扑救队伍4753支，14.7万人。其中，专业、半专业森林火灾扑救队391支，9775人；义务森林火灾扑救队4362支，13.7万人。2月20日、3月14日和16日，3月25日和26日，省防火办连续对全省各市(州)、神农架林区、神农架自然保护区，以及70多个县(市)森林防火值班情况进行了抽查，并及时下发通报，对个别未按要求规范落实值班的县(市、区)进行了通报批评。

【森林病虫害防治】 2008年，全省有病虫害防治站68个，在册职工人数487人。全省森林病虫害成灾面积控制在3.19万公顷，成灾率为4.5‰；完成防治面积26.88万公顷，防治率达到80.5%。省林业局下发了《关于下达2008年度松材线虫病除治任务的通知》、《关于切实抓好杨树病虫害防治工作的紧急通知》等有关文件，对全年森林病虫害防治工作进行了安排部署。针对松材线虫病蔓延的形势，省政府成立了全省松材线虫病防治指挥部，召开了全省松材线虫病防治工作会议，先后到宜昌、恩施、武汉、咸宁、襄樊、十堰等地调查马尾松毛虫、杨树蛀干食叶害虫等主要病虫害发生情况，指导当地林业部门制定防治方案，落实防治措施，推动当地控制和减缓了病虫危害。全省36个国家级中心测报点和33个省级中心测报点，对病虫害开展密切监测，监测覆盖率达93.02%。根据监测情况，发布预报信息，为各地组织防控提供了依据。组织开展了冰雪灾后松木质电缆盘和包装材料的集中清理工作，确保了疫情不出现扩散蔓延。省森防总站预测病虫发生34万公顷，实际发生33.41万公顷，测报准确率达到98.23%，完成种子产地检疫141.9万吨，苗木产地检疫39.77万亩，花卉产地检疫197.5万株，种苗产地检疫率为98.6%，派出督办组，赶赴宜昌、恩施、武汉三地疫区进行重点督办检查，做好疫情监测和病死树清理工作，组织了全省春、秋两季松材线虫病疫情普查工作，在宜昌召开了全省松材线虫病防治工作会议。购置了10吨生物和仿生制剂以及50余台(套)防治机具，分发到虫害发生严重地区。先后4次派出督办组，赴荆州、宜昌、襄樊、孝感、黄石等杨树主产区进行技术指导和防治督办。全省全年共防治杨树病虫害12.99万公顷，防治率达到87.3%，控制了虫情危害。全省越冬代马尾松毛虫共计发生2.3万公顷，在宜都、蕲春、英山、松滋和十堰城郊等局部地区有较重发生。承办了全国南方片2008年林业有害生物监测预报技术应用培训班，举办了1期全省测报员培训班，共培训100余人。与省气象局达成《湖北省林业局、湖北省气象局林业有害生物监测预报合作框架协议初稿》。指导大悟县抓好松毛虫性引诱剂监测试验，试验经验在全国测报工作会上得到了推介。组织黄冈、咸宁、孝感等7个市、县的森防站长参加全国森防药剂药械使用技术培训班和南宁药剂药械展销会。对《三峡库区(湖北省)林业有害生物防控工程建设项目可行性研究报告》进行了修改完善，新编制申报了《南水北调中线工程(湖北省)水源涵养林林业有害生物防控项目可行性研究报告》、《湖北省松材线虫病疫木定点加工检疫监管项目可行性研究报告》、《武汉城市圈林业有害生物防控及森林健康工程建设项目》、《湖北省2008～2010年林业有害生物防治基础设施建设项目》和《湖北省重大林业有害生物检疫检验建设项目》。争取防治资金1850万元，其中，省财政森防资金200万元，省财政松材线虫病除治资金1000万元，国家林业局减灾资金650万元。组织实施了林业有害生物预防工程和隔离试种苗圃建设工程，为全省54个县(市)配发了办公、监测设备和一批防治药剂药械，为6个市(州)配备了防治专用车。指导黄冈、孝感和当阳市分别完成了《湖北省大别山地区马尾松毛虫治理工程建设项目初步设计》、《当阳白僵菌厂改扩建工程项目初步设计》编制工作。湖北省林业有害生物防治信息网站共发布工作动态160余条，网站访问量累计达到14 802人次；编发《湖北森防简报》12期。

【森林公安队伍建设】 2008年9月28日，省编委批准了省森林公安局"三定"方案，省森林公安局编制31人，领导职数一正两副，局长副厅级，副局长正处级。内设6个机构：综合处、政治处、法制处、警务督察处、刑侦支队、治安支队。全省县以上森林公安机关除市辖区以外，全部更名为森林公安局，并列入地方公安机关序列。经过全省上下共同努力，全省森林公安"三定"工作全部完成，其中13个市（州）森林公安机关有11个明确为副县级或其主要负责人进入同级林业主管部门领导班子，神农架林区、神农架自然保护区、潜江、仙桃4个省直管森林公安机关明确为正科级或其主要领导进入同级林业局党组；有95%的县（市）森林公安机关明确为副科级以上机构或其主要负责人高配为副科级以上职级。8月8日，省人事厅、省林业局联合下发了《关于做好全省森林公安机构核定政法专项编制后人员过渡有关工作的通知》，对森林公安民警过渡公务员工作进行了部署和要求。全省已完成考核过渡公务员工作，考试过渡工作已完成。通过省人事厅公开招录，省森林公安局招录了2名高素质的民警。同时，局党组还分配2名军转干部到森林公安局工作，加强了森林公安局力量。加强了全省森林公安队伍管理，开展了公务用枪清理整顿，防止发生涉枪案件、刑讯逼供、非法拘禁等恶性事件，确保民警违纪率控制在5‰以内。从4月份开始，省森林公安局结合全省森林公安机关开展的"开门大接访"活动，组织全省森林公安民警按照省政府和省林业局统一部署，以规范执法为重点，认真开展"政府执行力大讨论活动"和"文明执法教育活动"。6月，按照中央政法委和公安部统一部署，结合全省森林公安实际，组织开展了"大学习、大讨论"活动和加强森林公安机关内部管理专项整治活动。为贯彻落实国家林业局2008年2月27日加强森林公安队伍和枪支管理紧急电视电话会议精神，3月1日至4月30日，在全省森林公安机关组织开展了公务用枪和警车管理清理整顿活动，对清理中发现的问题，省森林公安局于4月16日下发了《关于对部分单位公务用枪管理专项检查整改的通知》，责成存在安全隐患的单位限期加以整改，确保清理整顿工作取得实效。2008年7月20日，省林业局下发了《关于严格执行"五条禁令"，进一步加强全省森林公安机关内部管理的通知》，对森林公安队伍管理、警车管理、枪支管理和领导责任作出了硬性规定。对违反"五条禁令"的人员，达到行政记大过以上处分标准的，一律清除出森林公安队伍，由省森林公安局按有关规定取消警籍和警衔。对各级林业行政主管部门使用的公安警务用车一律于2008年9月30日前移交当地森林公安机关。不移交的，一律改为民用号牌；既不移交也不更改号牌的，通报公安督察部门予以扣车。林业企事业单位及个人使用的警车，一律于2008年9月30日前收回警用号牌。逾期不收回的，通报公安督察部门予以扣车。各地公务用枪审批权一律收至市（州）森林公安局。8月4日，根据国家林业局森林公安局进一步加强枪支和队伍管理紧急电视电话会议精神，省森林公安局制定了《全省森林公安机关加强枪支和队伍管理专项警示教育整顿活动方案》，从思想上、管理上、制度上进一步落实枪支、警车和队伍管理规定，不断推进森林公安正规化建设。全年由非警部门使用的86部警车，已全部移交给森林公安机关或改为民用号牌，全省林业企事业单位使用的警用号牌已全部收回，林业局机关使用"O牌"警车得到有效规范。全省公务用枪除武汉市、神农架自然保护区和建始县森林公安机关自行保管外，其余全部交地方公安机关集中统一保管，市（州）以下森林公安机关公务用枪审批权一律收至市（州）森林公安局。按照《湖北省森林公安机关加强民警8小时以外监督管理规定》"十不准"要求，全省各级森林公安机关加强了对民警的日常管理和监督，教育民警端正工作作风和生活作风，慎重对待"社交圈"、"生活圈"和"家庭圈"，并明确责任追究措施，形成了以教育防范为根本，以制度管理为保障，以单位、家庭、社会监督为依托的教育、约束和惩处相结合的监督管理机制。全省森林公安机关没有发生涉枪案件、刑讯逼供、非法拘禁等恶性事件，民警违纪率控制在了3‰以内。根据省编办《关于为森林公安机构核定政法专项编制等事项的通知》（鄂编办［2007］92号）精神，省森林公安局在省编办下达核定编制的基础上，经与各市（州）反复协商并达成共识，将全省169个森林公安派出所整合为135个，由省备案审查，指导和规范各地森林公安派出所的设置与建设。在全省整合后的135个派出所中，已有98个完成新建和改建任务，其余的在建设与规划和布局中。省财政在连续2年按地方公安机关标准拨付森林公安转移支付资金2140万元、森林公安民警过渡性调资转移支付补助622万元后，12月，省财政厅拨付年度全省基层森林公安机关转移支付资金1076万元，过渡性调资转移支付补助622万元，合计1698万元。2008年7月16日，省林业局党组召开专题会议，给改建的55个森林公安派出所补助建设资金600万元，以支持森林公安派出所新建、改建工作。涩河南感林业局为基层森林公安机关配备台式微机150台，笔记本电脑150台。同时，率先在全国接通IP电话，为全省600多名民警配发公安信息系统信息查询数字身份证书。全省县以上森林公安机关和28%的森林公安派出所接通了金盾网，其中有3个市级森林公安局和4个县级森林公安局还在公安网上建立了主页。3月18日至7月2日，省森林公安局在全省森林公安机关中组织开展了以基本法律知识考试、执法质量考评、信访考查为主要内容的"三考"工作，着力推进森林公安执法规范化建设。6月20日，省森林公安局在全省设置14个考点，对全省1307名森林公安民警进行了基本法律知识考试。8～9月份，以市(州)为单位，对基本法律知识考试不及格的76名森林公安民警进行了离岗培训和补考。省森林公安局购买了1362本《森林公安机关“三考”法律知识习题集》，全省森林公安民警人手一册，保证了学习内容和效果。从4月26日开始，全省森林公安机关自下而上开展了执法质量考评活动。此次执法质量考评分四个阶段进行，分别是县(市)自查、市(州)复查、省林业局复核、总结讲评。省森林公安局专门制定了严格的考评方案和137项考核标准，6月20日至7月2日，省森林公安局对13个市(州)、36个县(市、区)及所属森林公安机构进行了执法质量考评复核，对执法质量考评不合格的利川市森林公安局和郧县森林公安局，进行了通报批评，责令所在市县森林公安机关有关领导到省林业局进行诫勉谈话，并限期进行整改。6月20日开始，省森林公安局结合执法质量考评，组织4个考查组，对全省森林公安机关2008年发生以及2007年发生但尚未停访息诉的信访案件进行了全面考查。全年共有110人参加了国家林业局森林公安局组织的初任、晋督和专业岗位培训。11月份，省森林公安局举办了全省森林公安法制人员培训班，提高了森林公安民警法制水平。

【森林公安办案】 2008年省森林公安局共组织开展了6次全省性林业严打统一行动和9次区域性专项整治行动。3月20日至5月31日，在全省范围内组织开展了打击破坏野生动物资源违法犯罪的“飞鹰行动”。专项行动中，全省共出动执法人员13 006人次，查处野生动物案件532起，其中：刑事案件16起，林业行政案件516起，逮捕、刑拘犯罪嫌疑人17人，林业行政处罚602人次，收缴野生动物19 096头(只)、野生动物制品161件598.8千克、猎具57件，没收非法所得15.9万元，直接涉案价值1151.7万元。2月6日开始，全省森林公安机关在全省范围内组织开展了“抓逃犯破大案”专项斗争。2月25日，省森林公安局根据全省雨雪冰冻灾害给森林资源管护带来的新形势，及时下发了《省森林公安局关于严防在清理受灾林木趁机乱砍滥伐林木的通知》，要求全省森林公安机关结合“抓逃犯破大案”专项斗争，加大对破坏森林资源违法犯罪行为的打击力度，严防不法分子趁清理受灾林木之机实施盗伐林木、滥伐林木以及盗窃木材等违法犯罪活动。根据工作安排部署，全省森林公安机关按照“打团伙、打系列、打流窜，破现行、破积案、破大案”的要求，加强缉捕措施，加大抓捕力度，让犯罪分子无处遁形；同时，深入开展侦查破案工作，对犯罪分子实施精确打击，提高对林区治安的防控能力。省森林公安局坚持挂牌督办的办法，以发督办函和实地督办的方式督促有关单位对大案、要案和群众来信来访案件及时予以查处，重点督办查处了宜昌“12·20”案、“4·09”案、郧县乱砍滥伐林木案等26起有影响的案件。共抓获在逃犯罪嫌疑人70名，侦破刑事案件83起，其中重特大案件16起，有效地整治了林区治安秩序。3月5日，省森林公安局下发《关于进一步加强森林火灾案件查处工作的紧急通知》，决定集中开展森林火灾查处月活动。在森林火灾查处月活动中，全省森林公安机关共查处森林火灾案件217起，其中：刑事案件79起，林业行政案件133起，治安案件5起，逮捕、刑拘犯罪嫌疑人72名，林业行政处罚135人次，治安处罚5人。4～9月，全省森林公安机关组织开展了打击林区非法植毒、吸毒、贩毒的禁种铲毒专项行动，全省出动警力和林业工作人员13 850人次，出动车辆3437台次，清理国有林场、站、苗圃及林区基层单位6446个，摸排重点人员6000多人次，清查森林面积506.7万公顷，没有发现种植毒品原植物的现象，林区禁毒工作取得明显成效。11月10日至12月10日全省森林公安机关组织开展了以打击非法猎捕野生鸟类的“候鸟三号”行动。行动期间，全省共出动执法人员6532人次，查处森林和野生动物案件364起，其中：刑事案件15起，特大案件4起，抓获违法犯罪人员460人次，其中逮捕5人，刑事拘留20人，林业行政处罚435人次，收缴野生鸟类74 025只、野生动物2369头(只)、制品1574千克、收缴枪支5支，猎具1035件，有效遏制了冬季非法猎捕鸟类等违法犯罪活动。按照省公安厅的要求，省森林公安局对2004年以来全省涉林违法犯罪5类重点人员基本信息进行了统计，共录入人员信息1876条，同时对省奥运安防领导小组提交的136批次、共2万余人次重点人员信息进行了审查，推进了森林公安信息化、规范化管理水平。在组织全省性林业专项整治行动同时森林公安局有针对性地开展了区域性严打整治行动，遏制了涉林案件高发之势。黄冈市组织开展了木材经营市场专项整治行动，孝感市组织开展了“绿剑行动”，恩施州组织开展了“春雷行动”，神农架自然保护区组织开展了冬季林业专项整治行动，咸宁市组织开展了森林火灾案件查处月活动等。全年各市(州)森林公安机关共组织开展区域性严打整治行动9个。通过这些行动的开展，一批大要案、积案迅速得到查处，林区秩序稳定。森林及野生动植物案件综合查处率在95%以上，重特大案件破案率在85%以上。全年督办查处重大案件在10起以上。

【森林采伐】 2008年森林采伐限额管理全省总采伐量为513万立方米。省林业局根据省政府下达的年森林采伐限额指标863.2万立方米，按照75%的比例对市(州)、县及其他编限单位进行了分解。除抚育采伐可以占用主伐限额、人工林采伐可以占用天然林限额、工业原料林采伐可以占用一般用材林限额外，其他各分项限额不得相互挪用、挤占。公益林只能进行抚育和更新性质的采伐，其采伐限额不得跨年度结转使用。按照《湖北省天保工程区人工商品林采伐管理实施办法》的要求，规范天保工程区的林木采伐。加强了工业原料林的采伐管理。凡申请采伐商品材，除提交林权证以及其他有关证明或审批文件外，森工(造林)公司和水利、监狱、劳教部门及森林经营面积在133.33公顷以上的其他森林经营单位(包括租赁经营主体)，提交具有丙级资质以上林业调查设计单位完成的《伐区调查设计说明书》；森林经营面积小于133.33公顷的其他森林经营单位(包括租赁经营主体)，提交由两名以上林业工程师完成的《伐区简易调查设计表》。省林业局要求各县(市)执行伐前公示制度。公示内容为采伐地点、树种、方式、强度、面积、蓄积量、出材量、采伐期限，同时注明公示期限。反馈意见受理地点、举报电话等。公示无异后，县市林业部门核发采伐许可证。省林业局对省沙洋监狱管理局、省劳改局、省太子山林管局2007年林木采伐证执行情况进行了检查。根据鄂政发[2006]31号和鄂林资[2006]167号文件中关于"每年开展森林采伐限额执行情况检查，检查结果上报省政府并通报全省"的规定和要求，2008年省林业局组织对山区、丘陵、平原等不同类型县(市)，即十堰市郧县(山区)，恩施州利川市(丘陵)，武汉市江夏区(平原)3县(市)的采伐限额执行情况进行了检查。

【林地管理】 2008年国家林业局下达湖北省征占用林地定额6600公顷，全省实际征占用林地500多宗，面积约4000公顷，仅占年度定额指标60%，全省重点工程征占用林地审核办证率达到100%，依法征收森林植被恢复费1.5亿元。省林业局配合国家林业局驻武汉森林资源监督专员办对征占用林地行政许可被许可人进行了监督检查，共检查了江坪河、老渡口、罗坡坎、云口等4个水电站征占用林地情况。8月1日开始，在全省开展了征占用林地清理大检查，从清理检查的情况看，省林业局挂牌督办的七大案件，已有3起处理到位共补缴植被费约1000万元，有4起在跨年度办理之中。按照国务院三峡工程建设委员会和省政府的要求，省林业局组织完成了三峡库区156～175米林木清理和检查验收，并通过了国家验收合格。省林业局汇编了征占用林地管理法律法规及文件资料，进一步规范了征占用林地管理。

【林业案件】 2008年森林资源案件督办查处工作共完成督办查处森林资源案件144起，已结案59起，结案率41%。其中：调查督办森林资源案件52起，结案30起，结案率57.7%；督查案件92起，结案29起，结案率31.5%。案件结案率低的原因，主要在于受理的森林资源案件案情复杂，且相当一部分为森林刑事案件，导致案件查处困难，结案进展缓慢。在督办查处的144起案件中，国家林业局批转案件5起，国家林业局驻武汉森林资源监督专员办批转案件2起，省委省政府领导批转群众来信1起，省信访局转来群众来信1起，省林业局接到群众来信举报、电话举报、网上举报、上访反映等案件135起。在144起案件中，盗伐林木案8起，滥伐林木案95起，滥占林地案18起，违法经营加工木材案3起，滥购木材案6起，林权纠纷案4起，违规执法案6起，其他案件4起。上述案件中，滥伐林木、滥占林地已成为全省森林资源案件发生的重点，两类案件共占案发总量的78.5%。全省2008年度共发生林业行政案件16 596起，查处16 469起，案件查处率为99.23%。2008年，共接待人民群众来访25人次，受理电话举报森林资源案件9起。

【木材流通管理】 2008年全省有木材检查站152个，在册职工人数1414人。省林业局完成了《2009年国家森林资源监督办一级木材检查站建设项目建议方案》的编制工作。根据国家林业局《关于配合做好木材检查站监控系统安装工作的通知》(林资综函[2008]8号)和《国家林业局关于设定林业系统"文明窗口单位"的通知》(林宣发[2007]232号)要求，完成了2008年度全省8个国家一级木材检查站监控设备购置和安装工作。并于5月7日上报国家林业局《湖北省林业局关于推荐林业系统"文明窗口单位"的报告》(鄂林宣[2008]125号)，共推荐"文明窗口单位"林业工作站、木材检查站、林业行政许可办证机关各4个。开展了对五峰渔洋关、恩施大龙潭、夷陵区黄花等3个木材检查站监控设备运行情况的检查。完成了对全省部分木材检查站现有设施设备及木材运输情况的检查工作。

【林业工作站】 2008年全省有林业工作站823个，在册职工人数5885人。12月召开了全省林业站重点县项目建设动员座谈会，组织人员到公安、枝江、郧西、枣阳、建始、宣恩等20多个县(市、区)对林业站建设管理进行指导，督促抓好林业站站容站貌、规章制度、内部管理、人员素质和文明执法等方面的规范化建设和管理。10月13～17日在武汉举办了2008年重点县乡镇林业站林改和林政执法培训班，共有5个林业重点县(市、区)44名基层林业站长参加了培训。8月，湖北省上报的五峰县长乐坪等4个基层林业站被国家林业局评为"文明窗口单位"，全年组织编印《湖北林业站网讯》3期共3600份，采编林业站改革建设的稿件向《中国绿色时报》、国家林业局网站、《全国林业站网讯》等投稿16篇。

【森林资源监测】 2008年省林业局开展了全省森林资源二类清查工作。3月组织全省林政资源系统和林业调查系统开展雨雪冰冻灾害森林资源损失调查评估工作，按照工作方案在恩施市、秭归县、咸安区、竹溪县开展重点调查，整个工作历时近5个月，编写的《湖北省雨雪冰冻灾害森林资源损失调查评估成果报告》得到国家林业局表扬。8月，组织专家赴北京考察卫星影像数据市场情况，采购卫星影像数据，委托创世纪招标有限公司对卫星影像数据项目实行公开招标，已确定卫星影像数据的供货商。按时完成了全国林业发展区划湖北三级区划文字材料以及《湖北省矿区植被保护与生态恢复工程规划》报告上报工作。通过政府采购，购置一台服务器，提升了湖北省森林资源林政管理信息系统行政许可子系统（HBLZ）运行速度，会同省水利厅堤防河道管理局举办了湖北省森林资源林政管理信息系统行政许可子系统（HBLZ）培训班，提高了水利部门林木采伐证办证人员的工作效率。

【林业勘察设计】 2008年省林业勘察设计院再次荣获了省级文明单位和区级文明单位称号。2008年度在国家级和省部级优秀工程咨询成果评选活动中，共获奖12项。其中：一等奖2项、二等奖3项、三等奖6项，省科技厅重大科学技术成果奖1项。首次取得两项著作权。该院自主研究开发的森林资源林政管理系统、森林防火地理信息系统获得国家版权局计算机软件著作权。全年共签订合同226项，合同额3172万元，到账金额2262万元，确保全年完成利税在280万元以上。完成了全省雨雪冰冻灾害调查评估、汇总工作及减灾救灾送科技下乡活动，调查评价成果提交国家林业局，通过了国家林业局规划院检查。完成了森林资源清查前期工作方案和技术方案、部分森林资源案件调查督办工作、武汉城市圈“两型社会”建设林业专项规划工作、仙洪新农村建设试点区绿色家园建设工作规划方案、省级矿区植被恢复规划的编制工作。修订并完善了林业发展区划报告。完成了以湖北省木本生物质能源林基地发展规划、全省碳汇试点江夏区方案可行性研究报告编制工作、林业产业发展资源论证项目咨询工作。三峡枢纽区左岸的水土保持设计、神农架大九湖国家湿地保护与恢复工程建设项目设计、武汉森林城市建设重大项目专项规划及生态和加工行业基本建设可行性研究设计为代表的林业发展项目。完成了以中国水杉植物园总体规划、汉宜调整公路绿化养护规划设计、三峡大坝望家坝区域水保绿化设计、省水利厅楼前广场景观设计等为代表的园林工程项目。完成了以汉川市川马桥、安陆市战备公路解放山大坝桥、安陆市府河一桥、汉南碧桂园马影河桥、孝感市三河连通项目桥梁、汉川市小罗汉北河大桥等为代表的路桥设计项目。完成了红安革命烈士陵园纪念亭、咸宁学院二期运动场、建始县茨泉大厦、东风本田汽车汉阳专营店等为代表的建筑设计项目。完成了重大林业工程项目的核查工作。完成了国家重点工程征占用林地的调查工作。先后对大庆至广州高速公路、武汉至麻城高速公路、湖北省淋溪河水电站工程、石武铁路客运专线、新建汉宜铁路等项目征占林地进行了实地调查。完成了棚户区基本情况调查和规划情况统计。

【随州市打击破坏森林资源行为】 随州市于2008年4月中旬开展打击破坏森林资源行为专项行动，各地、各部门高度重视，采取得力措施，重拳出击，专项行动取得阶段性成果。已办理森林刑事案件12起，刑事拘留6人，逮捕2人，批捕在逃3人；办理林业行政案件93起，林业行政处罚170人次，没收木材370立方米；取缔非法加工厂29家，阻止采割松脂3起，劝返采脂人员90余人，收缴采脂工具30套，有效遏制了乱砍滥伐破坏森林资源多发的势头，一批破坏森林资源的违法人员得到应有的查处，个别地方采割松脂的行为得到有效制止，一些非法的木材加工厂被取缔关停。5月中旬，分别在曾都区、广水市召开一次公开处理大会，以震慑破坏森林资源的违法人员。对非法木材加工厂采取综合措施坚决予以关停取缔，对采割松脂的发现一起，查处一起，制止一起，不让它在随州有立足之地。

【咸宁市出台林地资源流转意见】 2008年，咸宁市为加快实施“在山上再造一个咸宁”发展战略的步伐，出台了《关于推进林地资源流转的实施意见（试行）》。《意见》明确指出，在不改变林地所有权和用地性质的前提下，将森林、林木的所有权、林地的使用权进行流转，但不包括森林内的野生动物、矿藏和埋藏物。林地资源流转期限由转让双方商定，最高不得超过70年。《意见》强调了加强林地资源使用权流转合同管理。集体林地资源流转，将使用权确权到户。采取公开拍卖、招标等方式进行的集体林地资源流转，其资产价值委托有资质的中介机构评估。未取得林权证书、权属不确定或者有重大争议的，一般暂缓流转。确因开发需要流转的，可由林地资源所在地乡镇政府组织利益双方，以历史延革为基础，协商解决。林地资源流转合同具体文本由所在县（市、区）政府林地资源流转管理部门负责统一提供。林地资源使用权流转合同一式四份，流转双方各存一份，林地资源所有权方和县（市、区）政府林地资源流转管理部门各执一份，当事人还可以向所在县（市、区）政府林地资源流转管理部门申请合同鉴证。

【黄石市出台森林防火达标考核办法】 2008年，黄石市委办和政府办制定了《黄石市森林防火基础工作达标考核办法》。考核的对象是有护林防火工作任务的各县(市、区)及其乡镇。该办法主要从组织领导、防火宣传、森林防火线(隔离带)建设、护林员队伍建设、专业(准专业)扑火队伍组建、防火警示牌和瞭望台(哨)建设等六个方面对森林防火基础工作达标情况进行考核。每年9月份，市护林防火指挥部、市林业局、市监察局及县(市、区)相应部门将组成考核小组，通过查阅资料、实地调查、走访核实等方式对以上内容进行考核打分。对考核合格的前10名单位进行通报表扬，并给予奖励；对考核不合格的单位下发整改通知书；对排名后3位的单位给予全市通报批评。在一个防火期内，连续发生3次以上森林火灾，且受害森林面积达100公顷以上的单位一年内不得评先，主要领导不得提拔调动，同时责成县(市、区)政府对该单位实行一票否决，并按《市纪委关于森防火责任追究的暂行规定》进行处理。

【黄冈市蕲春县林业行政许可证办理进入服务中心窗口】 2008年，黄冈市蕲春县林业行政许可证办理全面进入县行政服务中心林业窗口。林业行政许可证包括林权证，林木采伐许可证，木材运输证，木材经营许可证，木材加工许可证，使用林地审核同意书，植物检疫证，野生动物驯养繁殖许可证，狩猎证，林木种苗生产许可证，林木种苗经营许可证。2008年1月1日起，林木采伐许可证、木材运输证、木材经营证和木材加工证实行指定专人全省网上办证，手写证件视同无效证件。县林业局调配5名工作人员，负责此项工作。县林业局向全县下发通告，在蕲春电视台公布。

【依法治林】 2008年省林业局共制发林业法律、法规解释性函件10件，解答基层林业部们和有关单位、群众关于政策法规方面的电话咨询、来信来访咨询100多人次。与中南财经政法大学组成课题组，组织开展了《湖北省林业管理条例》的修订工作。向省人大、省政府法制办报送了《湖北省古树名木保护条例》等林业地方性法规立项建议书。共办理国家林业局和省人大、省政府法制办相关法规草案征求意见稿20多件次、提出修改意见40多条。利用网络、电视、报纸等宣传媒体，开展了形式多样的林业法律法规宣传活动。组织了全省林业系统2008年度普法考试。根据《林业行政执法证件管理办法》的规定和国家林业局的要求，完成了2008年度新增林业行政执法人员执法证办理工作。全年共发放执法文书3000多本。

【科技推广】 2008年省林业局向省政府呈报了《关于建议湖北省人民政府和中国林业科学研究院签订科技合作协议的请示》，10月27日在北京由省委常委、副省长汤涛代表省政府与中国林科院签署了省院全面科技合作协议书。全年共开展各类科研项目10项，资金496万元。完成了武汉、孝感、咸宁的国家级林业科技推广站与中心基础设施建设项目。对2000年以来承担完成的9项国家级科技推广项目进行了验收，完成了2008年省政府科技奖励的林业科技成果初审和网上申报工作，筛选了湖北省杉木遗传改良及人工林培育技术研究等10项成果上报参评。杨树需肥规律及养分资源信息化管理技术研究获省科技进步一等奖，松褐天牛生物学特性及扩散规律研究和湖北森林生态资源价值计量及补偿机制研究获科技进步三等奖。筛选了板栗高产栽培技术、油桐丰产栽培配套技术推广、油茶良种示范及配套高效栽培技术推广等10项成熟的实用林业科学技术成果在重点林业工程中进行了推广。5月17日组成林业科技服务团，参加了由省委宣传部和省科协联合主办的“以携手建设创新型国家”为主题的科技活动周活动，被主办单位评为优秀组织奖。制定了《2008年林业科技下乡救灾方案》，印发了《关于进一步开展林业科技救灾工作的紧急通知》，组织2600名科技人员组成了137个科技抗灾救灾小组，到全省的20个重灾区开展培训、示范。继续加强了武汉、咸宁、孝感和宜昌、随州、荆门等6个科技推广中心站基层科技服务网络建设。在全省范围内开展了油茶优树选择工作。共选优良单株4186株，组织省林科院完成了国家林业局林产品质量检验检测中心(武汉)挂牌仪式；省林业科技推广中心开展科技推广组织科技救灾小组到孝感等地进行灾情调研，组织科技救灾小组送科技下乡，实地指导救灾和兴林。研究柑橘、楠竹等树种防冻害的技术措施，指导抗灾自救。组织专人编写了《湖北省主要造林树种——日本柳杉和日本落叶松冰雪灾后恢复技术要点》，在宜昌市夷陵区樟村坪镇开展核桃高产栽培技术现场会，指导培训林农136人次；在监利县开展杨树云斑天牛和桑天牛综合防治技术现场指导会，培训林农2600人次；赴房县现场指导救灾培训168人。在鄂州市沼山林场和泽林镇桐城村建立胡柚优质高产示范基地6.67公顷；在夷陵区樟村坪镇建立核桃优质高产示范基地6.67公顷；在来凤县漫水乡建立金丝桐油高产示范林13.33公顷；在建始县业州镇指导山地杨育苗6.67公顷。

【教育与培训】 2008年省生态工程职业技术学院招生2000人。该院为松滋市林业系统职工进行了为期一年技术培训工作。12月8~11日，省生态工程职业技术学院通过了教育专家组的考察评估。对56年来的办学历史和办学特色进行了总结和梳理，提出了“以育人为根本，以质量促发展，以特色铸品牌”的办学思路。已确定2个院级改革试点专业，2个品牌专业，3门院级精品课程，院级优秀教学团队1个，申报省级实验实训基地1个；新建500平方米的塑料大棚，完成近2万平方米的校内苗圃生产性实训基地建设，19个校外实验实训基地及多个专业实验室；修订人才培养方案20个，教学大纲及实践大纲1566门；签订了10多个校企合作的订单式人才培养计划。全年引进12人，绝大多数为全日制研究生学历，硕士以上学位，聘请了21名副高以上职称专业技术人员，加入兼职教师行列。已完工了8000平方米学生宿舍一栋，4000平方米学生食堂一个，1000平方米的风雨操场1栋，均已投入使用；对11 000平方米校舍进行了全面改造；完成了学院道路的改扩建工程、校园绿化工程；新建了多处学生球类场馆；21 000平方米的教学综合楼在建设之中，6800平方米的学生公寓也完成立项审批手续。有多媒体教室9个，多功能语音室1个、480平方米的自动化温室一个，有配套数据库系统的电子阅览室2个。充实纸质图书4.8万册，电子图书16.5万册。完成了学院大门两侧的道路扩建工程，后山广场的绿化工程、道路改造及大型樟树移植工程，绿化、美化了校园环境，提高了教学环境质量。2008年就业率达到94%，处于同类大专院校前列。据统计，全省举办各类培训班280期，培训技术人员、村组干部及林农2.5万多人，发放《湖北省主要造林树种雪灾救护技术要点》等各类科技救灾培训资料8.5万余册。

2008年省园林工程技术学校全年招收中专技校学生438人，联合办学261人，大专、本科生201人，安置本年度毕业生301人，就业率98%，就业专业对口率65%，学生专业技能合格率达到70%，学生安全事故率控制在0.5%以下；校办产业产值897万元，其中省林产公司实现产值310万元，校办华立液压机械厂完成总产值304万元；行业培训和职业技能鉴定，共完成1650人次。该校突出实习实训教学、推广模块化教学，学生专业技能合格率达到70%。部分专业实行了订单培养、定向输送，开展了全省森林管护和木材检验师国家职业资格培训及技能鉴定，全年共计完成培训鉴定人数1650人次。建立健全了师资继续教育制度和企业实践制度。新建了6800平方米综合教学楼，扩建了600平方米的学生食堂和机电实习车间；改建了3000平方米的学生宿舍，学校校园新增建筑面积占建校以来的33%。新购置了90台电脑，20余套机电实习设备，新增了桌椅、床铺900余套，实习设备投入创历年之最。全年各项投入累计达1200万元，

【十堰市林业局举办技术培训班】 2008年，10个县（市、区）林业局18名林政证件办证人员进行了集中培训。参训人员学习了湖北省森林资源林政管理信息系统功能简介及系统管理规定；学会掌握林权证、林木采伐许可证、木材运输证、木材加工证、木材经营许可证、林地使用审核同意书、林政案件管理操作方法；做好HBLZ启用的前期准备工作，如办证人员的配备、各县（市、区）所辖范围内的行政单位按乡镇村的编码录入、森林资源林政管理的证本录入、给各县（市、区）林业局授权等。

【林业科研】 2008年共组织申报各类科研项目40项，新争取科研项目18项，科研资金496万元。研究提出了林业生态工程建设的消落带治理及典型低质低效林改造技术，建立了三峡库区防护林健康评价指标体系及森林景观适宜度评价指标体系，完成了三峡库区生态功能的区划，编制了三峡水库库周防护林景观配置技术规程。重点围绕木本油料及生物质能源树种良种选育的油茶、油桐、乌桕的良种选育开展研究工作，在全省20多个市县开展资源调查及良种选优，初选出油茶优树1222株、油桐优树130株、乌桕优树10株，掌握了全省油茶、油桐、乌桕种质资源情况。开展了速生用材树种和园林植物良种选育的杨树、湿地松、日本落叶松、罗田垂枝杉、楸树、枫香、紫薇等的引种、选优、杂交制种、分子育种以及快繁等方面的研究工作，选育出了一批优良单株和育种材料，建立了相应的品种改良体系。在杨树平衡施肥，杨树、马尾松、湿地松等病虫害防治等方面取得了技术突破和研究成果。省林科院2008年总收入达到3645万元，其中争取科研经费571万元；科技开发收入409万元；省林科院院属企业实现年产值2500万元；楚林园林绿化中心取得了GB/T质量认证证书，建立了质量管理体系；金安公司实现销售收入稳增长。九峰国家森林公园与武汉独角兽户外运动有限公司签订了活动场地租用合同，九峰森林动物园与武汉森旺商贸有限公司签订了租赁协议，卓刀泉公园改造项目取得了武汉市城市规划管理局核发的《建设用地规划许可证》和《建设项目选址意见书》。

【对外合作交流】 2008年新引进外资外援项目1个。日本福岛县绿化协力队在武穴市新建中国湖北-日本福岛县友好防护林，浠水、黄州中日友好防浪林项目造林40公顷。会同省外办，邀请了日本茨城县日中友好协会副理事长一行来孝昌县考察，签订援建100多公顷的造林项目意向。组织指导湖北林木育种科技中心对外合作项目、日本政府贷款湖北造林项目、德国政府援助湖北造林项目的实施；省林业局申请的德国政府贷款湖北森林经营项目经国家发改委和财政部批准列入备选项目。省发改委以鄂发改外经[2008]89号文批准了该项目的可行性研究报告。3月，通过财政部向德国复兴信贷银行提交了项目英文可行性研究报告。4月，向国家发改委提交了项目的外资利用

申请报告。5月，与转贷银行(中国民生银行)就转贷条件进行了第一轮协商。6月，省政府批复落实了该项目996万元的省级配套资金。10月，接受了ECO、GFA、GITEC公司的竞标书，与GFA公司进行了会谈，安排了GITEC公司到大悟县和安陆市项目区进行了考察，12月德国中标公司来湖北开始做德方可行性研究报告。中日两国政府技术援助长达12年的湖北省林木育种计划项目于2008年10月结束。中日双方在武汉举办了项目闭幕式，召开了第七届联合委员会会议和成果发布会。科技部、国家林业局、省外办、日本驻中国大使馆、日本国际协力机构以及中日双方相关专家参加了会议。为了继续保持双方合作的连续性，省林业局与日本森林综合研究所签署了为期5年的合作协议。申报了法国开发署贷款湖北造林项目。征询有关县(市、区)意见，组织省林勘院编制完成了法国开发署贷款湖北造林项目建议书，向省政府申报该项目。该项目涉及湖北省18个县(市、区)，贷款规模约2000万欧元，用于平原、丘陵地区发展经济林、速丰林。完成了德国政府贷款湖北森林经营项目国内可行性研究报告和国际招标工作。全年接待了各界考察湖北省林业项目的国际友人共35人次，其中包括日本独立行政法人森林综合研究所林木育种中心课长和JICA(日本国际协力机构)项目负责人一行、日本福岛县绿化协力队代表团、日本茨城县日中友好协会代表团、德国GITEC咨询公司和德国GFA咨询公司的代表。组织林业系统21人赴澳大利亚、新西兰林业科技考察团，美国天然林保护考察团，太子山子弟小学赴日本访问团，日本林木育种培训团等国(境)外考察。办理了赴德、法森林资源管理技术考察团、赴澳新城市森林生态环境建设考察团和赴埃及、南非野生动植物保护与自然保护区建设考察团相关手续。完成了德援二期、德贷和华南虎野外放归等项目文本的文字翻译以及上述外事活动的口译工作。建立了外事台账，完成了省林业局涉外测绘工作的清理并向省政府进行了专题汇报。完成了商务部和省政府组织的第三届中部贸易投资博览会对口接待厦门市代表团的工作。规范了公务护照的管理，按照省外办鄂政外办[2008]34号通知，省林业局对2005年以来申办的新版公务护照进行了清理，对照省外办提供的清单，逐一催缴，上缴省外办。

【林业预算外资金征收与管理】 2008年国家林业局下达湖北省林业贴息贷款计划2.46亿元，比2007年同期2.2亿元，增长11.81%，中央财政拨付湖北省贴息资金1705万元，比2007年同期978万元，增长74.34%。召开了全省林业贴息贷款管理工作会议，组织了5个验收组，对全省林业规范化管理活动进行了验收，省林业局对9个市、县林业局授予了规范化管理活动先进单位称号。根据国家林业局《关于尽快归还逾期借款的通知》(林基财[2008]8号)文件精神，对逾期林业多种经营周转金进行了清理，成立了清收班子，专门负责抓好周转金的清理回收工作。省木业集团总公司、湖北瑞汉木业有限公司、省林科院、省林木种苗管理总站、省林工商公司等5个单位逾期借款达600万元；发出了催缴欠款通知书，要求各欠款单位及时还款。全年共完成了9个单位的经济责任审计，组织审计专门班子对省林学会、省花木盆景协会法人变更开展了经济责任审计；对业务量较大，时间相对集中的省木材公司、省推广中心、省种苗总站、省森防站、省野保站、省森林旅行社、花木盆景杂志社等7个单位法人的变更，委托有资质的会计师事务所进行了经济责任审计。对全省2007～2008年度“两金”减免政策执行情况进行了检查，对发现的问题提出了整改意见。对全省2004～2007年度公益林生态效益补偿资金的使用和管理进行了全面检查。

【资金与计划管理】 2008年共争取中央投资181 684万元、省投资43 433万元，国家和省对林业各类无偿投资总额达22.4亿多元。其中：天保工程15 890万元，退耕还林工程112 746万元，生态公益林补偿7094万元，集体林权改革20 150万元，低产林改造10 000万元，林业血防工程6603万元，长江防护林建设1850万元，森林病虫害防治850万元，野生动植物、湿地保护和自然保护区建设3041万元，林木种苗453万元，石漠化治理2000万元，林业科技607万元，森林资源保护2154万元，部门预算10 390万元，林业救灾资金9810万元，扩大内需新增天保和长防林投资9852万元，其他资金1167万元。比2007年增加6.4亿元，增长40%。省林业局直属10个预算单位，2008年安排部门预算项目13个，其他项目8个，每个单位至少有1个项目。对其他非预算单位，也在有关项目中给予考虑。完成了“十五”期间重点林业项目竣工验收工作。12月，分别组织机关处室和委托省林勘院，对“十五”期间未竣工验收的林业固定资产投资项目进行了验收，全省“十五”期间重点林业项目竣工验收全面完成。抓了林业项目和资金管理。完成了2007年省级预算执行情况报告和2007年省直预算单位决算报表的汇总编制工作；完成了国家林业局布置的2007年度全省基本建设投资、国有林场、苗圃、森工企业和林业资金等五套决算报表的汇总编制工作；配合完成了审计署武汉特派办对省林业局2006年和2007年石油价格改革财政补助资金的延伸审计，省审计厅对省林业局2007年部门预算执行情况的延伸审计、省财政厅对省林业局2006年部门预算执行情况检查的整改回访和省财政厅对省林业局2006年和2007年政府采购执行情况的重点检查工作以及省审计厅对省林业局及局直属单位全面的资产财务审计工作；进一步理顺和规范了资金管理、预算执行和政府采购行为。完成了2007年度全省林业统计年报的汇总编制和报送，汇总报送了2008年林业统计半年报；完成了2007年国家林业重点工程社会经济效益统计监测数据的审核、资料汇编和成果上报；向武汉市统计局报送从业人员劳动报酬季度统计报表，完成了省统计局布置的服务业统计清查汇总编报工作；完成了全省第一次经济普查法人单位基础数据上报工作。2008年全省完成林业社会总产值479.83亿元，同比增长8.99%；全省林业重点工程造林面积统计数据准确率达100%，各县(市、区)上报数据准确率达到99.1%。完成了"1+8"武汉城市圈林业规划的编制和武汉城市圈林业专项规划编制，于12月上报省政府并审核通过。开展了局机关固定资产清理，完成建账工作。开展了双低改造配套资金的协调工作。2008年全省低产林改造省级应投入1.5亿元，资金已全部下拨各县(市)。其中省财政1亿元，林业项目5000万元。完成了《国家林业局、湖北省人民政府合作建设武汉城市圈国家现代林业示范区备忘录》的文稿以及正式签订备忘录的筹备工作等各项任务。完成了抗雪救灾情况统计和上报工作。争取救灾资金7810万元，完成《湖北省雨雪冰冻灾害林业恢复重建规划》的编制。完成了林业血防工作。共营造抑螺防病林总投资7333万元，其中：中央投资2200万元，省级财政配套1387万元，县(市)级配套3746万元。完成了2009年项目申报工作，共申报2009年中央政府投资项目9大类50个，项目总投资22 634.61万元，其中：申请中央政府投资15 957.08万元，地方配套及建设单位自筹6677.53万元。

【集体林权制度改革】 2008年全省实有集体林地总面积826.97万公顷，其中已完成林改确权面积740万公顷，完成发证面积520.83万公顷。集体林权制度改革涉及户数861.27万户，所涉及的人口0.28亿人。全省已组建林业要素市场53个，组织林权交易4627宗，流转林地面积16.17万公顷，实现交易额5.24亿元；组建森林资源资产评估机构70个，完成评估5682宗，评估值12.88亿元；开展林权抵押贷款2373宗，抵押林地11.03万公顷，抵押贷款金额6.03亿元。各地严格执行"两金"减征政策，将育林金和维简费的征收标准严格控制在10%以内，武汉、京山、宜都等地已经全部免除了"两金"征收，由此减轻农民涉林负担6000多万元。2008年省委、省政府出台了《省委办公厅、省政府办公厅关于全面推进集体林权制度改革几个问题的通知》(鄂办文[2008]89号)，明确了林改的有关政策。省林业局与各市(州)林业局签订的年度工作目标责任书中，把完成林改工作任务作为重要一条；组成联合检查组，对全省的林改工作进展、"两金"减征政策落实等情况进行了全面检查。省林业局会同省综改办、省财政厅联合印发了《关于严格执行"两金"减征政策有关问题的通知》(鄂农综改办[2008]40号)，开展了森林保险工作的试点与探索。会同省财政厅，将争取到位的中央财政林改工作补助经费10 429万元、4000万元省级确权发证补助经费和5721万元"两金"转移支付资金下拨到各市(州)、县(市、区)。组织各地加强了林权证发放人员的培训，完善了林权证发放电子网络平台，为林改工作提供了技术支撑。

【种苗管理】 2008年全省有种苗站43个，在册职工人数401人。省林木种苗管理总站全年经营创收纯收入达到240万元，偿还了银行贷款本息580万元。加强了对全省林木种苗的生产、经营、质量的管理。5月27日至6月18日，组织专门班子对孝感、荆州、潜江、天门、仙桃等市低产林改造、退耕还林、血防林、长防林等重点工程种苗质量进行了抽查。被查5市的良种使用率达到48.6%、种苗受检率达到100%、一、二级合格苗造林使用率达到82.3%；对全省在建种苗工程项目进行了中期检查；狠抓了种苗执法和行业技术标准的制定工作；12月4日在嘉鱼县召开了全省林木种苗管理工作会议；全省"三证一签"办证率达到93%；清理和查处了一批违反种苗行政审批的事项，废止了18个过期的林木良种，撤销了8家种子经营许可证；共受理申报审定林木品种48个，认定了2个油茶品种；对湖北省林木良种繁育中心建设项目组织了竣工验收。中日合作林木育种项目于2008年10月圆满结束。主抓了种苗的制度建设，全面修订和印发《规章制度汇编》，人手一册。总站所属的园林工程公司实现二级法人结构，通过了ISO9001国际质量管理体系认证，取得了风景园林设计乙级资质。

【宣传工作、信息建设】 2008年全省在省部级以上新闻媒体上组织刊发各类反映湖北省林业成就的新闻稿件达500多篇(条)。其中在《人民日报》、《湖北日报》、《中国绿色时报》上刊发重要新闻报道达10条之多，在中央电视台"新闻联播"和湖北卫视"新闻联播"播发新闻20多条，全面报道了湖北遭受的百年一遇的雪灾及抗雪救灾、灾后重建进展情况。3～4月开展了全省近8年来的退耕还林系列宣传活动。还对省林业局开展的效能建设和"两项活动"也进行了宣传报道，对湖北省开展的木本生物质能源建设情况作了重点宣传报道。完成了《湖北林业》月刊编辑、出版工作。

2008年省林业局开展了信息化建设，完成了全省森林防火视频信息系统一期工程建设。组织协调承建单位和工程监理完成了621台(套)设备采购、设备的点验，安排和调试；为各市(州)林业局组织的各点的建设、单点测试、验收提供技术支持；组织完成了整个系统的联调、整体技术参数和性能测试，以及总体验收工作；完成了与国家林业局视频会议系统的集联。省林业局与各市(州)林业局、神农架林区林管局、神农架自然保护区管理局和省太子山管理局的林业专网二级网已连通，二级网网络平台已构建；省林业局与各市(州)林业局、神农架林区林管局、神农架自然保护区管理局和省太子山管理局的视频会议系统已建成，已与国家林业局视频会议系统集联。通过国家林业局到省林业局一级网、省林业局到市(州)局二级网，已实现国家林业局至省林业局、市(州)，省林业局至市(州)和市(州)之间视频会议的召开；全省森林防火地理信息系统已接入二级网上运行，实现森林防火地理信息数据在省、市(州)局间共享。10月23日，全省森林防火视频信息指挥系统一期项目通过专家验收。按照省政府电子政务办公室的要求，完成湖北林业门户网站的改版工作。组织完成了各处室及相关单位操作人员的培训，加强网站维护工作，保证了湖北林业门户网站的正常运行。按照职能分工，及时更新和发布相关栏目林业信息，全年已编发各类文字、图片和视频信息2113条。做好了省电子政务网上值班、在线沟通和网上公众诉求系统网上解答。已累计完成在线沟通值班近1200小时，处理公众咨询、投诉257件；网上诉求系统值班180天，处理省长信箱中相关投诉信件97件。开展了网络系统和计算机终端的维护和安全防范工作，累计维修网络设备14台(套)；新增24个点布线；全年进行了一次局域网重置和区划，使局域网运行环境得到改善；维修维护计算机终端硬件、软件78台次。确保局机关局域网和国家林业局至省林业局及市(州)视频会议系统正常运行。全年共保障了6次国家林业局召开的视频会议的接入，3次通过集联，将国家林业局视频接入到市(州)；保障7次省林业局到市(州)局视频会议的召开；举办一期全省林业系统广域网平台和视频会议系统操作人员技术培训班。维护了林政管理系统和森林防火地理信息系统的正常运行。

花木盆景杂志社2008年实现经营收入225万元。组建了《花木盆景·花卉园艺》和《花木盆景·盆景赏石》两本杂志的协办委员会。完成《荆州盆景》和《潜江盆景》两本画册，与《中国花卉报》、《中国花卉园艺》等相关报刊交换征订广告，与湖南省报刊发行中心签订杂志的发行协议。

【林业公文管理】 2008年共完成省委省政府决策、省领导交办或批示的督查督办工作103件；有针对性地开展了调查研究，起草大型综合性材料40多件，修改大型综合性材料15件，起草其他小型文件材料80多件；全年处理各类公文7600多件，向省委省政府、国家林业局报送各类信息3100多条；省林业局被国家林业局表彰为2008年度林业政务信息工作成绩突出单位、被省政府办公厅表彰为2008年度全省政府系统政务信息工作先进单位，12月省档案局授予省林业局机关档案工作目标管理省特级合格证书。

【林业信访保密工作】 2008年省林业局信访工作共受理群众来信来访来电410件，其中：来信来电320件，接待来访90批、159人次，信访反馈率为100%，办结率为100%，群众满意率95%以上，做到了信访不上访、上访不出省、上访不滞留和件件有着落、事事有结果。从受理的群众来信来访看，信访问题主要集中在：乱砍滥伐林木125件，干部作风问题48件，山林权属纠纷问题42件，林业政策咨询与建议38件，退耕还林问题33件，毁林开荒、开矿、采石27件，国有林场问题11件，天然林保护问题7件，乱罚款、乱收费4件，乱捕滥猎野生动物问题3件，生态公益林补偿问题1件，医疗养老保险等其他问题71件。省林业局对信访工作领导小组成员进行了调整，确保局信访工作有人抓，有人干，不断档，已形成一把手负总责，分管领导具体抓，其他领导各负其责，局机关各处室和局直单位联动配合、齐抓共管的格局。建立定期研究信访工作制度、信访工作制度和信访工作目标责任制。印发了《湖北省林业信访工作办法》(鄂林办[2008]211号)，加强了信访档案管理，开发了省林业局信访管理系统，派出52个工作组深入实地查处52起乱砍滥伐林木、乱征滥占林地案件，使问题得到解决。2008年省林业局举办了3次保密知识集中培训；保密工作经费10万元纳入了年度预算，12月，省林业局保密工作通过了省国家保密局的年度审查。省林业局进一步落实和强化了保密工作领导责任制，将领导干部履行保密工作责任列入本年度领导班子民主生活会、个人述职报告和干部年度目标考核内容，作为对其业绩评定、奖惩、选拔任用的重要依据。对2008年新到岗的专职保密员及机要员安排了岗位培训。对局机关计算机信息系统和各类涉密非涉密移动存储介质进行了全面清理和检查，建立了政务信息公开保密审查制度，对与互联网联接的湖北林业门户网站和林政资源管理信息系统，均实行等级保护。加大了系统安全设施设备投入，安装了防火墙、入侵检测系统、漏洞扫描工具、防病毒软件、垃圾邮件防护软件。坚持定期扫描系统漏洞、查看系统日记、更换服务器口令，及时关闭闲置端口，堵塞操作系统安全漏洞。省林业局共主动公开政府信息3889条，全部在湖北林业网上发布，电子化率为100%，其中，通过报纸、广播、电视等公共媒体公布500条。向湖北政报杂志社报送规范性文件15件，占应报送文件数的100%。省林业局重新设计建成了湖北林业信息网，编制发布了2008年度信息公开指南和信息公开目录，制作了信息公开申请表，在局档案室设立了政府信息公开阅览室和资料索取点，建立了政府信息公开信息发布机制、保密审查机制、依申请受理制度、新闻发言人制度等相关工作制度，实现了政府信息公开工作的规范化管理。开展局机关全体干部和全省林业系统办公室主任共194人次的培训。

【人事与机构编制管理】 2008年省林业局对各直属单位遵守机构编制管理"五不准"的情况进行了督查。对行政、事业、老干部服务人员、工勤人员和政法专项编制实行分类管理，对享受财政供养的离退休人员和离岗退养人员建立人员名册，核准人员名单，掌握分流动态。对局直属14个事业单位，按照《事业单位登记管理暂行条例》进行登记管理。核定了省森林公安局职能配置、内设机构和人员编制；落实了2007年军转干部行政编制和职数。2008年，推荐选拔了2名正厅级干部、4名副厅级干部；推进干部轮岗交流工作。先后对11个局直属单位班子成员、25名局机关正处以下干部、14个机关处室主要负责同志分批进行了轮岗交流，开展了干部培训、监督与考核工作；省护林防火指挥部办公室、省天保工程管理中心、省外资造林项目办公室、省林业基金站4个单位被省政府批准参照公务员法管理。按照全省事业单位岗位设置管理改革的统一部署，指导局直属事业单位开展了岗位设置管理改革工作。解决了2007年度军转干部编制职数问题。根据省人事厅统一部署，录用了2名公务员；组织开展了2008年度机关事业单位工人技术等级考核报名及资格审查工作；省林业局被省国家安全领导小组评为2007年度省直国家安全小组工作先进单位。选派3名同志组成了省林业局新农村工作队；选定鹤峰太平乡唐家村作为省林业局2008~2010年驻点村。开展了军转干部安置工作。通过笔试和双向选择挑选，接受了8名计划分配的军转干部。

【人大建议与政协提案办理工作】 2008年省林业局共承办人大建议15件、政协提案11件，已全部按期完成，并全部实行了网上答复，实现了见面率、办结率100%，满意率和基本满意率95%以上的工作目标。省林业局还建立了具体承办的分工责任制度；局领导对涉及到的集体林权制度改革、低产林改造等重点建议提案进行了调研，提出了指导性意见，把办理的意见与代表委员进行充分的沟通，并注重从建议提案中发现带有普遍性、倾向性的问题，举一反三，提出解决同类问题的办法。

【精神文明建设】 2008年省林业局制发了《湖北省林业局2008年精神文明建设工作要点》，调整了省林业局精神文明建设工作领导小组及办公室组成人员，开展了争做人民满意公务员、争创文明和谐机关和服务基层、服务群众，促进基层组织建设、促进经济社会发展活动，开展了"机关文化"建设。省林业局组织局机关干部职工学习25次、3429人次；指导组织局直属单位干部职工学习350次、平均25次、共约5000人次。承办、组织局党组中心组学习7次，12天，96人次，扩大608人次；指导局直属单位党委(直属党支部)中心组学习98次，平均7次，共784人次。局直属系统普遍开展了坚定信念、践行宗旨、科学发展、生态文明、知荣明耻、构建和谐、艰苦奋斗和勇于奉献八大主题教育，邀请省委党校周大仁教授作了学习两会精神的辅导报告；邀请武汉大学丁煌教授作了效能建设暨两项活动专题辅导；特邀华中农业大学园艺林学学院包满珠院长进行了深入学习实践科学发展观辅导讲座。组织召开了局直属第九次党代表大会，完成了换届选举，选举出局直属九届党委和纪委委员各7名；进行了党支部调整和党委、支委改选；全年发展新党员42名，占在职干部职工的3%，符合上级关于党员发展每年控制在5%以内的规定。全面落实了"三会一课"制度，转发了《中组部关于中国共产党党费收缴、使用和管理的规定的通知》，在局机关和局直属单位开展了创建党建工作先进单位活动，省林业局在省直机关工委组织的第八考核组考核验收中，在新申报的8个单位中，排名靠前；省林科院被评为党建工作先进单位，受到省委表彰；省林业局局直属机关党委被评为先进基层党组织。省林业局为深入学习实践科学发展观活动，组成8个调研组，重点进行了低产林改造调研，组织局机关119人进行抗雪救灾捐款9752元，筹资7000元统一捐献棉衣棉被80套，并将国家林业局的5万元捐款分发到受灾严重的林场和林农手中；组织局直属系统1616名干部职工为汶川发生特大地震灾害紧急捐款23万余元，组织局直属系统812名党员缴纳特殊党费21万余元。10月，在局直属系统开展了送温暖、献爱心向汶川地震灾区捐赠衣被的活动，局直属系统1063名干部共捐赠棉衣被1629件(床、条)、折价87 730元，捐款10 637.2元。局直属系统各级党组织开展了青年文明号、青年岗位能手、"五四"红旗团组织、优秀团干部和优秀共青团员的评选创建活动。省林业局和局直属14个单位整体跨入了文明单位行列，在全省115个市(州)、县(市、区)林业局中，有94个林业局是所在市(州)、县(市、区)级文明单位或最佳文明单位，涌现出了一批省级文明单位。2008年省林业局社会治安综合治理工作建立健全了矛盾纠纷排查调处机制、安全事故预防机制，完善了各种突发事件的处置预案。制发了《省林业局2008年社会治安综合治理工作要点》、开展了创建平安机关、平安系统和社会治安综合治理宣传月活动，全年共召开5次局直属系统综治工作会议，健全了检查监督机制。省林业局连续5年被评为湖北省社会治安综合治理工作优胜单位，12月2日，接受了省综治委检查验收。开展了2008年元旦春节期间走访慰问100多位离退休老干部工作。10月7日组织安排了九九重阳节老干部游园和庆祝活动。省林业局获第六届省直机关(中南片)离退休老干部钓鱼比赛最佳组织奖。全年为老干部提供了10万余千米的车辆保障。

【党风廉政建设】 2008年省林业局组织开展了廉洁从政法律法规知识学习，加强对《工作规划》的学习理解。组织局机关和局直属单位177名处以上干部参加《建立健全惩治和预防腐败体系2008年至2012年工作规划》知识答题，制定、完善了《湖北省林业局党组议事规则》、《湖北省林业局机关工作人员廉政守则》、《湖北省林业行政执法手册》等多项规范制度，开展了情系民生、廉政勤政主题宣教月活动。组织党员干部观看电影《真水无香》、收看电视专栏节目《荆楚廉政》和勤政廉政典型的先进事迹，对群众反映的林业部门在解放思想、工作纪律和工作秩序、工作作风和服务意识、改革创新意识等方面存在的突出问题，提出了整改意见。召开了全省林业系统廉政工作会议，下发了《湖北省林业局2008年反腐倡廉工作要点》，全面部署党风廉政建设工作。全年共收到和有关部门转来的举报信计19件，按业务内容和干部管理权限转办6件，自查核实13件。组织负责行政审批和电子监察具体操作的工作人员参加的培训，建立公开透明的行政审批机制。规范行政许可和行政审批职能，建立行政审批电子系统和行政审批电子监察系统，实现远程网上审批和网上实时监察，树立阳光林业的形象。出台了省林业局《关于加强效能建设提高执行力的意见》、《目标责任制管理考核工作实施办法》、《政务督查工作制度》、《机关工作人员首问负责制》、《关于提高执行力认真解决几个突出问题的意见》。按照省纪委九届三次全会和省政府第一次廉政工作暨加强政府执行力建设工作会议的统一部署，省林业局开展了党风廉政教育和反腐倡廉工作。7月15日，省政府召开效能建设和"两项活动"总结交流大会，省林业局作为15个单位之一在大会上进行了经验交流；9月，省林业局监察室承担了省林业局科学发展观活动指导检查协调组的任务。按照省政府2008年度第246号令，清理、规范了省林业局28项行政审批事项的电子审批流程，在省林业局监察室建立了电子政务监察平台。部署二级单位加强党风廉政工作。

【林业工会与社团组织】 2008年省林业局被国家体育总局授予全国全民健身与奥运同行先进单位称号、被省直机关工委授予省直机关首届职工运动会最佳组织奖，省林业工会被中华全国总工会授予2008·全国亿万职工迎奥运活动月优秀组织奖，被省总工会授予2008年度全省工会工作创优争先考核先进单位。8月，荆门市林苑园艺工程公司被荆门市总工会授予荆门工人先锋号称号，南漳县林业局局长王立志获全国"五一"劳动奖章，京山县国有虎爪山林场获湖北"五一"劳动奖状，兴山县林业局获全国农林水产(行)业劳动奖状，鹤峰县林业局总工程师张万华获全国农林水产(行)业劳动奖章，荆州市森林病虫害防治站站长赵文年获荆州市"五一"劳动奖状。8月底，太子山林管局在由中国农林水利工会和国家林业局联合召开的全国林业系统职工自营经济经验交流会上作了典型发言。局直属系统共筹措资金10多万元，慰问困难职工150多人。建立了省林业局职工大会制度。局直属16个基层工会所在单位签订人事聘用合同的职工1633人，签订劳动合同的职工220人，实行劳务派遣的职工28人；参加养老保险的职工1581人，医疗保险的1596人，工伤保险的161人，失业保险的741人，生育保险的204人。局直属系统女职工1120人，占职工总数的40%以上。省林业局林业工会代表队荣获湖北省直属机关职工新年登高健身活动先进集体称号。3月，省林业工会组织召开了各市(州)林业局、自然保护区管理局和局直属各单位工会主席共60多人参加的全省林业工会工作会。全省林业系统行政和企事业单位约2.3万个，专门从事林业的各类职工、人员(包括正式职工和聘用工、合同工等多种形式用工)22万多人。全省林业基层工会组织835个，工会专职干部652人，正式林业职工44 091人，工会会员33 141人。其中省林业局直属系统工会组织16个，工会专职干部16人(兼职64人)，林业职工2571人，工会会员2533人。全年共发出24期《湖北林业工会信息》。

【林业社会团体】

湖北省林学会 2008年5月30日召开了学会理事长、秘书长暨各专业委员会主任委员、秘书长工作会议。9月，省林学会组团35人，参加了由中国科协和河南省政府联合主办的第十届中国科协年会及中国林学会、国家林业局和河南省林业厅共同主办的森林可持续经营与生态文明学术研讨会。推荐3篇论文在大会交流，2篇论文被年会学术委员会评为学术论文一等奖，1篇论文被评为二等奖。11月，省林学会在宜昌举办了2008年湖北省林学会首届会员日活动，来自省直、市(州)、县90多名会员代表参加了活动。邀请国家林业局驻武汉森林资源监督专员办专员何美成作了《中国森林资源及其管理》的专题报告。省林学会于12月29日召开了第七次会员代表大会。来自全省林业战线的共103名会员代表出席了会议。中国林学会常务副秘书长李岩泉，省民政厅副厅长文增显应邀到会并讲话；省林业局局长祝金水到会讲话；省林业局副局长刘晓洪当选为省林学会第七届理事会理事长、总工程师洪石等7人当选为副理事长。

湖北省林业经济学会 2008年省林业经济学会会刊《湖北林业经济》全年共编辑出版6期，开辟栏目30个，刊登各类文章300多篇，对传播科学、弘扬文明，促进全省林业经济健康发展作出了贡献。学会召开6次学术研讨会，会同武汉大学等在汉大学的相关专家，围绕科学发展观，组织会员单位撰写学术文章，先后发表了《林业经济和"两型社会"》、《论林业在"两型社会"建设中的地位和作用》、《林业可持续发展的障碍分析与对策》等文章。既活跃了学术气氛，又为会刊提供了稿源。学会还推广了湖北的一批经济林、用材林等乡土树种的快速繁殖与栽培技术，用以指导林农生产。学会还与省林业局产业处合作，在贯彻落实国家产业政策、培育省级龙头企业、推进产业化发展等方面，为企业搭建服务平台，推介高新技术作出了贡献。

湖北省花木盆景协会 2008年6月6日在武昌召开了常务理事会，讨论参展方案，落实参展任务；制定了北京顺义区和山东潍坊市两地室内、室外规划、设计、施工承包单位，编制出了实施方案；向中国花协和两个举办城市提交了参加第七届花博会组团牵头单位及相应的筹备机构，负责人及联系人，落实参展工作经费。举办了第三届湖北省兰花博览会。组团参加了中国花协、国家林业局造林司举办的第五届中国花卉产业高峰论坛。举办了第六届湖北花卉博览会，推出一批优质产品，获奖作品达200多个。开办了5期湖北花木盆景园林职业培训班，培训高级和中级园艺师55人，景观设计师4人。扩大与兄弟省(区、市)花协的交流。接待了以福建省林业厅原纪检组组长柴喜堂为团长的24人花协考察团。12月23日在武昌召开第四届会员代表大会，进行换届选举。大会审议通过了第三届理事会工作报告和财务报告，对章程及会费标准进行了修改，选举产生了第四届理事会。

湖北省林业工程勘察设计协会 2008年吸收新会员13家，全省共有协会团体会员73家。6月对全省47家具备林业调查规划设计资格乙级、丙级单位进行年检及换证工作。11月协会对9家单位申报林业调查规划设计资格组织专家进行了评定，经过省林业局审核认定鄂州市林业调查规划设计院、钟祥市林业调查规划设计大队、武汉市江夏区林业调查规划设计队晋升林业调查规划设计乙级资格(暂定二年)，认定武汉市洪山区、武穴市、英山县、蕲春县、荆门市掇刀区、十堰市武当山特区6家具备林业调查规划设计丙级资格(暂定二年)，在省林业局网上进行公示。7月该会秘书长杨树藩，对宜昌市夷陵区、长阳县、五峰县、鹤峰县、恩施市、利川市、巴东县、荆门市等县(市)进行林业调查规划业务咨询指导工作。10月，组团参加了在西安召开的全国森林经理学术年会及在杭州、北海举办的森林经理培训班。协会组织两篇优秀论文《湖北省雨雪冰冻灾害森林资源主要类型受损状况与恢复重建及防控措施的探讨》、《湖北省低效林改造的现状、问题及对策》推荐到中国林学会参加优秀论文的评选工作。

湖北省野生动植物保护协会 2008年经省人事厅、省民政厅联合发文授予包括该会在内的全省80个单位湖北省先进民间组织荣誉称号，这是该会继获得湖北省四星级公益性社会团体称号后的又一荣誉称号。3月31日，该会在武汉召开了第三次会员代表大会。省政协副主席郑心穗、中科院武汉水生生物研究所曹文宣院士参加了会议。中国野生动物保护协会秘书长杨百瑾出席会议并作了讲话。来自全省各个部门的理事候选人及会员代表共计130多人参加了会议。会议审议通过了第二届理事会工作报告和协会章程修改草案，选举产生了湖北省野生动植物保护协会第三届理事会。省人大常委会副主任罗辉、省政协副主席郑心穗、中科院武汉水生生物研究所曹文宣院士任名誉会长，省林业局巡视员李德珍任会长，省作协副主席程远斌、武汉大学唐兆子教授、华中师范大学刘胜祥教授任副会长，省野生动植物保护总站党支部书记张衍泽任秘书长。4月1日该会与武汉市林业局、世界自然基金会举办了湖北省暨武汉市第二十六届"爱鸟周"活动。省政协副主席郑心穗、中国野生动物保护协会秘书长杨百瑾、省林业局副局长董祚华等领导参加大会并作了讲话。4月5~6日，与襄樊市林业局、市野保协会、市兰花协会一起，在襄樊市国际商都举行襄樊市首届兰花品赏会。来自襄樊市市区及各县(市)的90余位兰花经营户共展出惠兰、春兰、建兰、寒兰、墨兰等五个大类的精品兰花120余盆，全市有1500余名兰花爱好者和市民参与了品兰、赏兰活动。5月29日，协会召开了常务理事扩大会议。来自林业、教育、出版、文化、新闻、科研等各个部门的26名协会常务理事、理事参加了会议。会议审议通过了协会下设科普宣传委员会、自然保护区委员会、野生动物养殖委员会、野生植物保育委员会和未成年人生态道德教育委员会等5个分支机构。6月6~8日与武汉观鸟会和荆门市野生动植物保护协会联合举办了湖北省首届野生鸟类摄影比赛，共有100余名鸟类摄影爱好者参加了比赛。7月10日举办了生态环境科普教育讲座，邀请北京麋鹿苑博物馆副馆长郭耕教授讲课。截至2008年底，全省已建63个协会，其中：省级协会1个，市(州)级协会17个，县(市、区)级协会55个。全省已发展个人会员15 380名，团体会员129个。

湖北省湿地保护基金会 2008年7月8日正式成立，9月25日首任理事长蔡述明因身体原因辞职改选宋德福为理事长，湖北省湿地保护基金会是我国第一家湿地保护基金会，是动员社会力量筹集资金的重要平台；该基金会400万元基金存入银行，根据该会《基金管理办法》相关规定，理事长会议决定根据安全、合法、有效的原则，选择了湖北浙冠创业投资有限公司运营基金。湖北浙冠创业投资有限公司给予基金会年固定投资回报为15%，同时提供650万元的房产作为担保。12月11日基金会第一届理事会第三次会议审议并投票通过了合作方案。捐助鄂州大学湿地生态研究所完成《湖北湿地可持续发展研究》初稿，并组织相关湿地保护专家对《湖北湿地可持续发展研究》初稿进行审定，提出修改完善意见。

【林业大事】

1月1日 湖北省森林资源林政管理信息系统正式开通运营。该系统是省林业局开发的森林资源林政管理操作平台，只要运行行政许可管理子系统，即可实现省、市(州)、县(市、区)、乡(镇)四级林业单位联网办证、查询、统计与分析管理。

1月7日 国家林业局作出行政许可决定，准入设立全国26处国家级森林公园，其中以林场许准[2008]17号与18号行政许可文号设立的湖北省两处国家级森林公园名称分别是位于京山县境内的2600公顷的虎爪山林场与麻城市境内的2153.3公顷的国有五脑山林场。

1月10日 宜昌市林业局在位于三峡大坝下游约100千米的枝江市董市镇的长江枝江段一处江心洲上，发现三峡库区珍稀濒危植物疏花水柏枝野生居群。

1月11日 省委、省政府在红安县召开全省低丘岗地和低产林改造工作现场会，全面部署双低改造工作。省委副书记杨松主持会议并作讲话，副省长刘友凡作主题报告，省林业局局长祝金水就双低改造提出具体要求。全省53.33万公顷双低林经过5~7年的改造，将使其中的33.33万公顷的低产林建成高效经济林和速生丰产林；使20万公顷的低丘岗地改造成优质耕园地。这是省委、省政府作出的2008年全省农业农村工作的八件实事之一。

1月26日 由省林科院主持完成的湖北森林生态资源价值计量及补偿机制研究理论评价课题通过了由省科技厅组织的鉴定。以2003年为基准，全省森林生态资源的基础价值为1658亿元，其中无形资产价值即森林形成的生态环境资产为627亿元。

1月30日 湖北省金丝猴保护研究中心授牌仪式暨金丝猴研究成果报告会在武汉举行。副省长郭生练为研究中心授牌。该中心由省科技厅在神农架金丝猴保护研究中心的基础上建立，首期投入100万元开展对金丝猴行为、生态相关领域的研究。

1月31日 十届省政协一次常委会议通过，国家林业局驻武汉森林资源监督专员办事处刘嗣上专员担任省政协人资环委副主任。

2月1日 第十一届省人民代表大会第一次会议选举省林业局党组成员、副局长左雄中为省人大农村委员会副主任委员。

2月2日 在第十二个世界湿地日到来之际，中国又有包括湖北洪湖省级湿地自然保护区在内的6处重要湿地被国际湿地公约局正式列入《国际重要湿地名录》。这是湖北省第一个被国际湿地组织接纳的成员。洪湖是湖北第一大湖泊，是中国第七大淡水湖。世界自然基金会将它确定为全球最重要的238个生态区之一。至此，中国国际重要湿地数量达36处，总面积为380万公顷。

2月3日 持续低温雨雪天气给湖北省林业带来巨大灾情，全省成林受灾面积122万公顷，冰雪压断林木4.22亿万株，损毁新造幼林14万公顷，毁坏花卉苗木10万公顷，倒塌房屋、哨所、护林棚2946间、8万平方米，21 966名林场职工和林农受灾，林业直接经济损失12亿元。国家林业局紧急下拨550万元，扶助湖北林业抗灾。

2月14日 湖北省林业灾后重建及生产自救工作电视电话会议在武昌召开。省林业局副局长樊仁富作报告，局长祝金水主持会议并作总结讲话。截至14日，全省林业受灾面积已达154万公顷，直接经济损失23.65亿元。

2月20日 在省林业局召开的全省森林防火工作紧急电视电话会议上，省委常委、副省长汤涛强调，各地各部门要各司其职，齐抓共管，全面落实森林防火各种预防和补救措施，最大限度地减少火灾。

2月23日 省委、省政府确定的重点建设项目，总投资3800万元、总占地面积4公顷、分设5个区和1个学术报告厅的神农架自然博物馆开工兴建。

3月1日 省委、省人大、省政府、省政协领导罗清泉、李鸿忠、汤涛、吴永文、刘友凡、任时茂、蒋大国、周洪宇、郭生练、张岱梨、段轮一在九峰国家森林公园，和省林业局机关干部一道，参加全民义务植树活动。

3月4~5日 省委副书记杨松一行考察了恩施市富尔山国有林场等地的林木损毁情况，在恩施州调研灾后重建工作。

3月5日 国家林业局确定神农架林区、荆门市为全国第一批国家现代林业示范区。全国共有11个市、县为第一批国家现代林业示范区。

3月6日 省委、省政府在武汉召开全省林业工作会议，省委书记罗清泉、省长李鸿忠作出指示，省委副书记杨松主持会议并作讲话，省委常委、副省长汤涛作工作部署。会议要求切实抓好集体林权制度改革、双低改造和发展林业产业等工作。

3月11日 省委常委、副省长汤涛，国家林业局副局长张建龙等在武汉市江夏区龙泉山参加了首批中国绿色碳基金中国石油碳汇造林项目启动植树活动，与上千名植树人一道，栽下一棵棵马褂木。该项目计划造林666.67公顷，一期工程总投资600万元，其中中国石油出资300万元，地方政府配套300万元，建设期20年。项目建成后，将固定约20万吨二氧化碳。

3月12日　省委常委、组织部长潘立刚，省人大常委会副主任蒋大国，副省长田承忠，省政协副主席李宗柏以及省外侨办等部门负责人来到位于鄂州市鄂城区的湖北省"外国专家友谊林"义务植树。来自美国、加拿大、法国、德国等13个国家的近百名在鄂工作文教专家和经济技术专家参加了当日的植树活动。

3月20日　在全国森林防火工作电视电话会议湖北分会场，省政府紧急部署了春季防火工作，省委常委、副省长汤涛强调：清明将至，森林防火进入关键时刻，各地务必高度戒备，抓紧清理林区可燃物，严查各种隐患、严防事故发生，重点保障森林防火等防灾救灾资金。

4月1日　湖北省第二十六届"爱鸟周"活动在武昌洪山礼堂启动。省政协副主席郑心穗、省林业局副局长董祚华、省野生动植物保护协会会长李德珍等出席了启动仪式。

4月3日　第三届湖北武汉东湖兰花博览会在武昌东湖风景区举办。此次盛会旨在促进湖北兰花产业的蓬勃发展，有效推动野生兰花的资源保护。

4月7日　省人大常委会副主任刘友凡等一行14人，在当阳市视察了林业灾后重建和双低改造基地。

4月9日　省林业局在恩施市召开了全省林业灾后恢复重建现场会。局长祝金水作了主题讲话。

4月14日　荷兰海尔德兰省长康尼尔杰，在武汉市政府副秘书长杨国成等的陪同下，在武汉关山荷兰风情园种植"友谊树"。关山荷兰风情园是由武汉市和海尔德兰省阿纳姆市这对友好城市共同提议建设的，于2008年初建成开园。

5月1日　随州大洪山国家级风景名胜区举行开园仪式。省人大常委会副主任刘友凡在庆典仪式上宣布开园。

5月6日　省委常委、副省长汤涛率省政府副秘书长梅祖恩及省发改委、省财政厅、省编办等省直部门负责人到省林业局调研并指出，要以科学发展观统领林业工作。

5月7日　全国政协提案委员会副主任、省政协原主席王生铁等领导组成的调研组一行18人，在副省长张岱梨、省政协副主席段轮一等陪同下，视察了洪湖湿地自然保护区核心区。调研组领导要求保护区管理局以科学发展推进生态文明，实行保护与发展的双赢。

5月14日　首届金丝猴保护研究论坛在神农架举办。中国工程院院士马建章等专家、学者在论坛上作了演讲。

5月22日　省林业局祝金水局长与武汉凯迪控股有限公司董事长陈义龙一行在恩施州副州长朱惠民等的陪同下到咸丰县调研林业工作。武汉凯迪控股投资有限公司与咸丰县政府签订了《关于在咸丰县投资综合性生物质能源项目的合作框架协议》。凯迪公司将充分利用咸丰县生物资源，投资10亿元在咸丰县投资建设包括生物质能电厂、3.3万公顷能源林，实现生物质资源的综合利用，发挥咸丰森林资源优势，进而推动整个咸丰经济的发展。

5月28日　经国家林业局的评审和授权，国家林业局林产品质量检验检测中心(武汉)正式在湖北省林产品质量监督检验站挂牌成立。省质监局副局长刘志斌和省林业局局长祝金水为国家林业局林产品质量检验检测中心(武汉)揭牌。

6月4日　省委组织部文件，李新水任省林业局副局长、党组成员，免去其省委农村工作领导小组办公室副主任职务。

6月13日　《湖北省神农架国家现代林业示范区建设总体规划》在北京通过由国家林业局、中国科学院、北林大等部门专家组成的评审组的评审。项目建成后，神农架林区将成为全球生物多样性保护关键地区研究示范基地，10年建设项目，将有32.8亿元专项资金投入神农架。

6月28～29日　省人大常委会副主任邓道坤等一行到宜昌市大老岭林场视察，并对大老岭林场所取得的成绩表示充分肯定与赞扬。

7月4日　省林业局与武汉凯迪控股投资有限公司在武汉签订战略合作协定，5年内在恩施、随州等地投资30亿元建设油桐、乌桕等生物能源林40万公顷，其中在恩施州的来凤县建立的主要燃料为油桐果籽壳的生物热能发电厂将于2008年8月开工建设。

7月8日　由省林业局主办，省湿地保护基金会与世界自然基金会联合承办的湖北省湿地保护基金会成立大会在武汉举行。全国政协委员、中国野生动物保护协会会长，原国家林业局副局长赵学敏，原省政协主席、省湿地保护基金会名誉理事长王生铁，省委常委、副省长汤涛，省政协副主席仇小乐，原省政协副主席、省湿地保护协会理事长蔡述明等出席了成立大会，在会上作了讲话，并为省湿地保护基金会揭牌。省林业局局长祝金水主持会议。

7月10日　以"水乡林城、生态武汉"为主题的武汉创建国家森林城市总体规划通过专家评审。经过两年的努力，到2010年，武汉将投资123.49亿元，新增森林面积1.68万公顷，新建48个公园等重点工程，使武汉达到国家森林城市创建标准。

7月10日　由国家野生动植物研究与发展中心和美国明尼苏达动物园华南虎顾问办公室联合主持的

以“华南虎野外种群恢复”为主题的有10名中美动植物专家组成的考察组到五峰县后河国家级自然保护区，进行华南虎栖息地恢复及野外种群重建适宜性评估的考察。

7月25日 省政府在武昌召开了全省平原林业工作会议。省委常委、副省长汤涛出席会议并作讲话。省林业局局长祝金水在会上作了《促进湖北平原林业又好又快发展》的主题报告。会议于21～24日组织与会人员到全国平原先进省河南、江苏参观，学习了外省的先进经验。

8月2～3日 省长李鸿忠在神农架国家级自然保护区调研。李鸿忠强调自然保护区要科学规划，加快推进鄂西生态文化旅游圈建设。

8月12～14日 省委书记、省人大常委会主任罗清泉在神农架林区调研并指出，要深入贯彻落实科学发展观，把神农架林区建设成鄂西生态文化旅游圈的核心板块和国际知名的旅游胜地。

8月28日 北京大学第一个生态与环境观测网络系统野外实验站揭牌仪式在宜昌市大老龄自然保护区管理局举行。

9月3日 省委常委、常务副省长李宪生到神农架林区调研，先后考察了神农架国家森林公园、神农架金丝猴研究中心、神农架珍稀植物保护园等。要求神农架林区在鄂西生态文化旅游圈内切实承担起示范作用。

9月4日 中日合作林木育种项目成果发布会暨项目闭幕式在武汉举行。

9月8日 省委常委、副省长汤涛在省林业局局长祝金水等陪同下，到省林木种苗管理总站、省林科院等局直属单位调研。在充分肯定了调研单位所取得的成绩后，汤涛要求处理好改革、发展和稳定的关系，发挥各自的优势，服务社会，为林业的发展提供技术支撑。

9月29日 省科学技术奖励办公室公布了2008年度的全省各等级技术奖励情况。湖北省林科院主持完成的杨树需肥规律及养分资源信息化管理技术研究课题获得科技进步一等奖、湖北森林生态资源价值计量及补偿机制的研究与松褐天牛生物学特性及扩散规律研究分别获得科技进步三等奖。省林木种苗管理站主持完成的湖北省杉木遗传改良及人工林培育技术研究获得科技进步三等奖。

10月9日 省林业局召开深入学习实践科学发展观活动动员部署大会。局党组书记、局长祝金水作了动员报告。此次活动历时半年，经过3个阶段、12个环节，2008年9月开始，2009年2月结束。

10月16日 湖北省森林防火工作电视电话会议在武昌召开，省委常委、副省长汤涛出席会议并作讲话。他强调要抓好防控措施，科学应对火情，确保森林资源和人民生命财产安全。

10月27日 省政府与中国林科院科技合作协议签字仪式在北京举行。省委常委、副省长汤涛与中国林科院分党组书记、院长张守攻签署了双方全面科技合作协议。这是中国林科院第十九个与省（区、市）政府签订的全面科技合作协议，标志着院省林业科技合作进入一个崭新阶段。

10月29日 由中国航天科技集团公司、湖北西部生态健康基金会和宜昌市林业局共同开展的随“神州七号”进行太空育种试验的100克珙桐和鹅掌楸种子被运到宜昌市大老岭自然保护区与另一组未进入太空的地面备份种子进行对照试验，以选育出优良品种。

11月1日 宜昌市夷陵区邓村乡被首届中国名茶之乡评选委员会评为“中国名茶之乡”。

11月4日 省委常委、副省长汤涛在省政府副秘书长梅祖恩等的陪同下，赴阳新县调研油茶产业发展情况。

11月10日 省委常委、副省长汤涛在省林业局局长祝金水等的陪同下，对麻城市油茶产业发展情况进行了调研。

同日，由省委政策研究室、省林业局等5个单位联合主办的解放思想、协调发展、推进鄂西生态文化旅游圈建设高层论坛在武昌东湖宾馆举行。省委常委、秘书长李明波在论坛上致辞。省林业局局长祝金水等9位领导同志在论坛上作了《发挥森林生态系统的主体功能 推进鄂西生态文化旅游圈建设》的发言等。

11月12日 湖北省首个杨树科技园在石首市揭牌。石首市政府就杨树科技园科研合作项目与省林科院、华中农业大学协议。该园将建设成为长江流域杨树研究中心和新技术推广基地。

11月25日 省委常委张昌尔在省委副秘书长刘田喜等的陪同下，到省林业局机关调研。在听取了局长祝金水关于全省林业工作情况汇报后，张昌尔要求省林业局做好林业改革、发展与服务等三篇文章。

11月26日 国务院常务会议批准总投资10亿元建设期为3年的神农架机场立项。该机场将建在红萍镇大草坪。

12月8日 省人大常委会副主任罗辉到竹山县调研林业工作，并就林业地方性立法工作提出了改进的建议与意见。

12月11日 国家林业局新批20处国家湿地公园试点工作。其中包括武汉东湖国家湿地公园。

12月16日上午 省长李鸿忠、国家林业局长贾志邦分别代表湖北省政府与国家林业局在武昌签署合作备忘录，将共同筹措资金405亿元，2008～2020年，把武汉城市圈建设成为国家现代林业示范区。省委书记罗清泉，省委副书记、武汉市委书记杨松，省委常委、省委秘书长李明波，国家林业局副局长张建龙等出席签字仪式。签字仪式由省委常委、副省长汤涛主持。

12 月 16 日下午 省委在武昌举行落实科学发展观、建设生态文明专题报告会。省委书记、省人大常委会主任罗清泉主持报告会，国家林业局局长贾志邦作《发展现代林业，建设生态文明，促进科学发展》主题报告。 （湖北省林业由彭锦云供稿）

湖南省林业

【概 述】 2008 年，湖南省林业系统按照“推进一项改革，守住两条底线，建设三大体系，做好四项工作”的科学发展思路，开拓创新，扎实工作，努力克服冰冻灾害和世界金融危机的不利影响，林业继续保持了平稳较快发展，较好地完成了全年各项工作任务。

抗冰救灾和灾后重建取得重大成绩 在年初历史罕见的低温雨雪冰冻灾害中，全省 122 个县（市、区）的林业普遍受灾，177 个国有林场、99 个国有苗圃、114 个森工企业和采育场、12 处国家级自然保护区、33 处国家森林公园、274 个木材检查站无一幸免。林业直接经济损失达 165 亿元；林区受灾人口达 923.6 万人。面对严峻的灾害形势，全省各级林业部门紧急动员近 2 万多名林业技术人员深入林区指导抗冰救灾和灾后重建；争取中央和省级救灾资金 13 660 万元，加上市、县配套 5200 万元和受灾单位及林农投工投劳折价等自筹投入 116 724 万元，共筹措林业救灾和灾后重建资金 135 584 万元。3 月，全国林业灾后重建现场会在湖南省郴州市召开，国家林业局局长贾治邦、湖南省省长周强等出席会议并作讲话。在此推动下，全省林业灾后恢复重建工作全面展开。省林业厅派出两个工作组，分别进驻永州市蓝山县、张家界市永定区开展农村救灾补损恢复生产协调指导工作。据统计，全省增拨受灾林木专项木材生产计划采伐量 1062 万立方米、出材量 495 万立方米；清理受灾乔木林面积 80 万公顷、1609 万立方米；清理受灾毛竹 19.3 万公顷、34 545 万株；完成补植补造 33.3 万公顷。这些措施有力地减少了灾区次生灾害的发生，最大限度地降低了林农和森林资源损失，有效地维护了生态安全和林区和谐。省委、省政府授予省林业厅抗冰救灾先进集体称号。郴州市林业局获得全国抗冰救灾先进集体称号和全国“五一”劳动奖状。

林业综合改革继续深入推进 集体林权制度改革顺利实现由点到面的跨越。在省委书记张春贤、省长周强的亲自部署下，16 个林改试点县（市、区）的主体改革任务基本完成。其中，林权现场核实任务完成 94.5%，林权发证资料输机任务完成 73.6%，山林纠纷调处任务完成 71.9%。同时，试点地区配套改革取得重要进展，清理整顿涉林税费征收，减轻林农负担 1.9 亿元；规范推进森林资源流转，实现流转森林 5.55 万公顷，交易额近 5 亿元；林权抵押贷款和森林保险业务开始启动，累计发放林权抵押贷款 1.02 亿元；林业体制机制进一步理顺，怀化市将林业行政事业经费纳入了财政预算；林木采伐管理改革取得进展；林业社会化服务组织得到完善。经省级验收，16 个试点县（市、区）全部达到要求，试点工作取得了显著成绩和重要经验。11 月 4 日，省委、省政府在怀化市召开了全省全面推进集体林权制度改革工作会议，省长周强到会并作讲话，林改在全省全面铺开。全省共完成林地林权现场核实面积 653.3 万公顷，占应核实面积的 50.78%；发放林权证 350 万本，面积 280 万公顷。与此同时，国有林场改革不断推进，全年共扩大经营面积 13.3 万公顷。森工企业改革取得新突破。省林工商总公司顺利通过省国企改革办的验收，成为 160 家转制搞活类型的省属改制企业中第一家完成改制的企业；其他 5 家未完成改制的省林业厅直属企业中，除省林机厂部分土地资产外，另外 4 家企业的国有资产均已完成所有审批程序，进入长沙市国土交易市场交易；厅直企业近 300 名党员关系、近 900 名退休职工的档案与管理关系基本上已移交当地社区。

林业生态体系建设不断完善 ①生态建设任务圆满完成。新育苗 2200 公顷，出产合格苗木 9.2 亿株；新建杉木、马尾松、湿地松采种基地 5 个，总面积 1333 公顷，采种 5000 千克，良种使用率达 85%。培育油茶苗木 200 万株，良种使用率达 100%。完成人工造林 16.7 万公顷。深入开展全民义务植树运动，植树 1.2 亿株。启动巩固退耕还林成果专项规划建设，新增投资 7.87 亿元。新增省级公益林补偿面积 30.3 万公顷、补偿资金 2275 万元。全省 329.2 万公顷重点公益林和 77 万公顷省级公益林纳入财政补偿范围，年补偿资金 3 亿元。②森林资源管理不断加强。在沅陵等 5 个县（市）开展森林经营方案编制和林木采伐管理改革试点。按照政务公开的要求，对林木采伐指标实行了分配指标、申请程序、审核程序“三公开”，确保林权所有者的林木只要达到采伐年限，都能及时申领到采伐许可证和运输证。完成了 18 条高速公路、1 座特大水电项目、长株潭交通网络及铁路建设的征占用林地审核申报和批复工作，累计审核和报批征占用林地项目 1300 多个，面积 1.13 万公顷。完成年度木竹经营加工许可证年审和清理整顿，查处违规经营加工单位2430家，依法取缔小散差无证经营加工单位803家，查处违规经营加工木材16.6万立方米。完成了省三级区划和全省矿区植被保护与生态恢复工程规划，及2008年度森林资源档案数据更新。伐区作业设计、征占用林地可行性研究、森林资产评估、技术鉴定等4项收费得到省物价局立项批复，规范和优化了林业技术服务环境。③森林资源保护力度加大。各级林业公检法机关严厉打击破坏森林和野生动物资源犯罪活动取得丰硕成果。森林公安机关办理各类森林案件21 113起；打击处理各类违法犯罪人员8037人；挽回直接经济损失6020万元。林业检察机关共审结批捕案件1321件1739人，审结起诉案件1534件1854人。林业审判机关共审理各类涉林案件3103件，判处罪犯1088人。全省共发生林业行政案件40 899件，查处40 638件，查处率99.36%。加强森林防火基础设施建设，森林防火综合防控能力进一步提高。武警森林指挥部驻湘部队首批140名官兵正式进驻湖南，结束了湖南森林防火没有正规军的历史。受冰雪灾害和不利气候条件影响，发生森林火灾4880次，烧毁森林面积1.7万公顷，损失森林蓄积38.79万立方米。林业有害生物发生面积19万公顷，发生率1.9%，成灾率1.3‰；防治面积12万公顷，防治率65.6%；松材线虫普查率100%，疫情除治率100%。仅用5天时间，认定"平江虎"为圈养东北虎，及时、稳妥、科学地处理了平江华南虎事件，树立了诚信湖南和责任政府的良好形象，得到了省委、省政府和社会各界的高度评价和赞扬。认真开展野生动物尤其是迁徙鸟类疫源疫病监测，未发现野生动物异常死亡情况和高致病性禽流感疫情。

林业产业体系建设取得重要进展 下达年度木材生产计划采伐量2490.15万立方米、出材量1078.5219万立方米。油茶产业发展取得重大突破，全国油茶产业发展现场会在长沙市召开，回良玉副总理出席并作重要讲话；省委、省政府高度重视油茶产业发展，成立了省委书记张春贤任顾问、省长周强任组长的领导小组，出台了《关于加快油茶产业发展的意见》，编制了《1000万亩油茶产业基地建设规划大纲》；各地认真贯彻落实国家林业局和省委、省政府的部署，抢抓机遇，乘势而上，投资投劳发展油茶产业的热情高涨。楠竹产业建设取得新进展，新建丰产林示范基地1.77万公顷，毛竹面积扩大到68.14万公顷。新造速生丰产林8万公顷，总面积达130.2万公顷，非公有制林业成为速丰林建设的主力军。全省实现林产工业产值306亿元，为年目标的96%，较2007年增长8.1%；生产各类人造板430万立方米、木竹制浆造纸116万吨、木竹地板和复合地板1600万平方米、松香2.6万吨、林药加工产品3.3万吨、森林食品加工30万吨。森林和湿地公园、自然保护区克服冰冻灾害、汶川地震等不利影响，全年接待游客1200万人次，实现旅游产值110亿元。

生态文化体系建设初显成效 生态文化基础设施建设取得新进展。新建湖南八面山和借母溪2处国家级自然保护区。全省共建立不同级别和类型的自然保护区115处，总面积132.5万公顷，占全省国土总面积的6.25%。建立自然保护小区193个，总面积48.5万公顷。进一步扩大森林公园阵地，完成了桑植县贺龙、蓝山县蓝山、道县月岩、新邵龙山等4处国家级，及湘潭县齐白石、冷水江市紫云峰、双牌县打鼓坪、湘阴县鹅形山、涟源市包围山等5处省级森林公园的申报工作。森林公园总数达到90处，其中，国家级37处，省级46处，县级7处，经营总面积37万公顷，湖南已步入全国森林公园强省行列。各级地方政府高度重视森林公园生态文化建设，武冈云山等一批森林公园引进外资3亿元，投入建设资金5亿元，建设景区景点项目130个；全省森林公园建有各类文化场馆28处，每年举办节庆活动10多种。张家界国家森林公园和天际岭国家森林公园成为我国第一批生态文化教育示范基地。组织开展了植树节、第二十七届爱鸟周、世界湿地日、野生动植物保护月以及张家界国际森林保护节、花岩溪白鹭节、省森林植物园樱花节、竹文化节等生态文化节庆活动。

林业支撑体系建设得到加强 省人大出台了《湖南省林业有害生物防治与检疫条例》。认真贯彻落实《湖南省行政程序规定》，对省林业厅2001~2008年的规范性文件进行了清理公示。配合省人大完成了《森林法》和《湖南省林业条例》的执法检查工作。实施各级各类在研科技项目210项，建立试验示范基地45处、面积3.13万公顷，获得新品种、新技术30多项(个)，实施推广项目100多项，推广新品种、新技术100多项(个)，推广面积13.3万公顷。科研成果获2008年度省科技进步奖一等奖1项，二等奖2项，三等奖2项。重点推广了耐寒桉树、台湾桤木、杨树和油茶新品种。各级科技推广机构共举办各类培训班406期，培训人员13.5万多人次；开展送科技下乡活动290次，现场咨询30.1万人次，解决技术难题546个，印发技术资料39.5万份。省林工产品质量监督检验站和省林木种苗质量监督检验站被授权升格为国家林业局林产品质量检验检测中心(长沙)和国家林业局林木种苗质量检验检测中心(长沙)。国家油茶研究开发中心正式在湖南挂牌，首批3个全国油茶产业示范基地建设进展顺利。林业投资持续高位运行，争取中央、省级林业投入和林业项目贴息贷款58.5亿元，较2007年增长56.11%。招商引资工作取得新成绩，据不完全统计，林业系统新签约项目54个(其中外资项目5个)，合同(协议)引进资金108.4亿元，实际到位资金11.96亿元(其中外资

5328.5万美元）。林产品出口贸易9000万美元。此外，德援一、二期、小渊基金项目、世行项目和GEF项目运行情况良好。

2008年，受冰冻灾害影响，全省有林地面积为974.69万公顷，较2007年下降73.33万公顷。森林覆盖率为55.86%，较2007年下降0.24个百分点。森林蓄积量为3.66亿立方米，较2007年减少3600万立方米。立竹为16.1亿株，较2007年减少4.1亿株。油茶林面积118.53万公顷，年产茶油12万吨，产值65亿元，均居全国第一位。实现林业产业总产值708.71亿元，较2007年增长16.76%。

存在问题 ①全省林业在冰雪灾害中损失惨重，林业灾后恢复重建任务非常艰巨。要实现预定的2012年森林覆盖率57%、森林蓄积量4.2亿立方米的目标，必须采取超常规的措施加快发展。②林改工作经费严重不足，地方财政收支矛盾加大。林改工作需要大量的人力、物力和财力，由于大部分林区县财政十分困难，基层政府和部门普遍感到经济压力很大。同时，林业行政事业人员经费纳入财政导致财政支出增加，规范林业税费导致地方政府收入减少，使得各级地方财政收支矛盾加大，特别是重点林区影响更为明显。③林业产业发展遭遇寒流，农民增收困难加大。受国际金融危机影响，林产品市场需求减少，部分林产品价格下跌，林业社会投资趋向收缩。④林业基础设施建设滞后，林业抵抗自然灾害的能力不强。（胡　锋）

【韶山南环线景观工程】 2008年2月29日开工。该工程作为向毛主席诞辰115周年的献礼工程，由省林业厅承建。项目总投资6000万元。2008年12月24日竣工。省委书记张春贤、省长周强为工程纪念碑揭幕，并与省委常委、常务副省长于来山，省委常委、副省长徐宪平，省委常委、宣传部长路建平，省人大常委会副主任蔡力峰，省政协副主席阳宝华及省林业厅厅长邓三龙共同植下竣工纪念树。（胡　锋）

【省林木种苗质检站晋升为国家级】 2008年3月3日，国家林业局下发林科许准[2008]06号文件《国家林业局同意成立国家林业局林木种苗质量检验检测中心（长沙）的行政许可的决定》，省林木种苗质量监督检验站经国家林业局授权为国家林业局林木种苗质量检验检测中心（长沙），有效期至2013年3月3日。（吴振明）

【第十二届张家界国际森林保护节暨张家界国家森林公园建园25周年庆典】 2008年3月21～22日在张家界市举行。原林业部部长高德占、国家林业局副局长张建龙、湖南省副省长徐明华出席开幕式。活动期间举行了全国首届森林公园科学发展论坛、张家界森林公园风光邮册发行仪式、森林的记忆大型图片展、森林之声管乐大赛等一系列社会公益及生态文化活动。（谭　浩）

【省领导义务植树】 2008年3月24日，省委、省人大、省政府、省政协和省军区等五大家领导张春贤、周强、胡彪、梅克保、黄建国、许云昭、蒋建国、李微微、戚和平、谢康生、唐之享、甘霖、陈肇雄、刘力伟、石玉珍、何报翔、李兰田、刘新到省林科院杜家冲林场参加了义务植树活动。（胡　锋）

【国家林业局局长贾治邦一行考察湖南林业】 2008年3月26～27日，国家林业局贾治邦局长和雷加富、祝列克副局长带领有关司（局）负责人，在省长周强、省林业厅党组书记邓三龙等陪同下考察了郴州的油茶产业。省委张春贤书记在长沙会见了贾治邦一行。（胡　锋）

【湖南油茶产业示范基地建设全面启动】 2008年3月29日，国家林业局批准湖南省在浏阳市、祁阳县、中方县启动开展油茶产业示范基地建设工作，探索油茶产业发展的组织形式、发展模式、扶持政策以及新品种、新技术的组装配套，以辐射和带动全国油茶产业发展。年内又相继启动了桃源等7个国家级和常宁等10个省级油茶产业示范基地县建设工作。2008年，全省完成油茶人工造林1266.67公顷，高标准油茶低产林抚育改造22 666.67公顷。（欧日明）

【邓三龙就任湖南省林业厅厅长】 2008年3月31日，湖南省十一届人大常委会第一次会议选举邓三龙为省林业厅厅长。会上，省委书记、省人大常委会主任张春贤为其颁发了任命书。（胡　锋）

【国家林业局林产品检验检测中心（长沙）成立】 2008年3月，国家林业局正式批准湖南省林产品质量监督检验授权站为国家林业局林产品检验检测中心（长沙）。授权中心从事全国范围内林工产品、林化产品、商品木材、生物柴油和森林食品等五类产品质量监督检验检测工作。（姚贤清）

【湖南科学应对平江“疑似华南虎”事件】 2008年3月，省林业厅召开专门会议，组织野生动物专家两次深入实地调查，认定平江县石牛寨发现的“疑似华南虎”为圈养东北虎。省林业厅迅速反映，科学应对，维护了政府的公信力，树立了负责任政府的形象，得到了省委省政府、国家林业局和社会各界的肯定和赞扬。（陈红长）

【郴州市林业局获全国“五一”劳动奖状】 2008年4月，全国总工会授予郴州市林业局全国“五一”劳动奖状荣誉称号，表扬郴州市林业局在2008年初特大低温雨雪冰冻灾害中，众志成城，顽强奋战，把林业损失降到了最低程度，为夺取抗击雨雪冰冻灾害的全面胜利作出了重大贡献。（李　果）

【周强省长考察林业】 2008年5月26～29日，周强省长率省政府办公厅、省林业厅、省发改委、省财政厅、省国土资源厅、省经委、省商务厅等有关部门负责人深入永州市道县、江华、江永、祁阳等林区考察林业生产建设情况。（胡　锋）

【湖南雨雪冰冻灾害森林资源损失调查评估】 2008年5月完成调查并经过省级成果专家论证。全省共抽调专业技术人员2788人，投入经费2000多万元，历时2个多月开展了此项工作。调查表明，全省森林资源受灾面积467.704万公顷，受损林分蓄积8234.82万立方米。（易　宏）

【湖南省公布第一批重要湿地名录】 根据《湖南省湿地保护条例》有关规定，2008年6月2日，省政府湘政办函[2008]79号文件《湖南省人民政府政府办公厅关于发布湖南省重要湿地名录的通知》公布，在全国范围内率先颁布岳阳市东洞庭湖等18处湖南省重要湿地名录。至此，湖南已有国际重要湿地3处、国家重要湿地1处和省重要湿地18处，基本形成了涵盖各保护层次及各种类型湿地的重点湿地网络。（陈红长）

【中德技术合作森林可持续经营（SFM）共识研讨会】 2008年6月24～26日，由德国政府和国家林业局发起在张家界市召开。国家林业局经研中心副主任戴广翠，德国GTZ咨询公司首席专家冯德海，湖南、海南、福建省林业厅等单位的负责人、中外专家参加会议。（胡　锋）

【中国林科院在湖南环境生物职业技术学院设立硕士专业学位研究生湖南教学点】 2008年6月，中国林科院与湖南环境生物职业技术学院签订协议，双方同意在湖南环境生物职业技术学院设立硕士专业学位研究生湖南教学点，将在农业推广和风景园林两个硕士专业学位上，共同完成招生、培养和论文答辩工作。（姚贤清）

【省林业厅获全国模范职工之家称号】 2008年7月8日，省总工会和省直工会在省林业厅举行了全国模范职工之家授牌仪式。省直工委委员、工会主席李爱武、省林业厅纪检组长王光荣到会并讲话。（郭　瑞）

【国家林业局油茶研究开发中心落户湖南】 2008年7月16日，国家林业局林科发[2008]156号文件正式批复，同意依托湖南省林科院成立国家林业局油茶研究开发中心。8月20日，国家林业局在湖南省油茶种苗繁育中心举行挂牌仪式。国家林业局副局长李育材、副省长徐明华出席仪式讲话并为中心成立揭牌。（胡　锋）

【省委书记张春贤一行考察油茶产业发展】 2008年8月12日，省委书记、省人大常委会主任张春贤，省委常委、省委秘书长杨泰波，省委常委、长沙市委书记陈润儿率领省直有关部门负责人考察全国油茶产业发展现场会参观现场，检查会议筹备情况，调研湖南油茶产业发展情况。（胡　锋）

【湖南省巩固退耕还林成果专项规划】 2008年9月11日，国家批复湖南省巩固退耕还林成果专项规划，总投资56.13亿元。其中：基本口粮田建设17.62亿元，占31.39%；农村能源3.79亿元，占6.75%；生态移民1.68亿元，占2.99%；后续产业发展32.49亿元，占57.89%；补植补造0.55亿元，占0.98%。（刘正平）

【国家林业局副局长李育材来湘考察】 2008年9月30日，国家林业局副局长李育材到湖南出席中南林业科技大学建校50周年庆典并致辞，随后赴韶山考察林业工作。（胡　锋）

【省林科院油茶高产示范林基地茶油产量再创新高】 2008年10月20日，国家林业局科技司牵头组成油茶现场测定组，对浏阳市淳口镇油茶高产示范林基地"湘林"系列油茶进行现场测定。结果为：高产示范林平均年产油茶果938.35千克/亩；年产茶油77.47千克/亩，超过2007年1.97千克/亩。按照当时市价计算，平均年亩产值达到3099元。（陈明皋）

【武警森林部队正式定点驻防湖南】 2008年11月1日，省政府在长沙市林业局种苗中心举行进驻欢迎仪式。省林业厅厅长邓三龙主持。副省长徐明华、省军区副司令员黄明开少将、国家森林防火指挥部办公室副主任焦德发、武警森林指挥部副参谋长郭胜辉大校出席。这标志武警森林部队正式定点驻防湖南，湖南从此结束了森林防火没有正规军的历史。（刘师雄）

【周强省长调研集体林权制度改革】 2008年11月3～4日，省长周强，副省长徐明华和省长助理、省政府秘书长袁建尧，省政府副秘书长刘庆选、陈吉芳一行在省林业厅厅长邓三龙、副厅长胡长清和怀化市委书记李亿龙、代市长易鹏飞等陪同下深入怀化市调研林改。（胡　锋）

【湖南省集体林权制度改革全面启动】 2008年11月4日，省委、省政府在怀化市召开全省集体林权制度改革大会。省长周强，副省长徐明华，省长助理、省政府秘书长袁建尧，省委副秘书长瞿海，省政府副秘书长刘庆选、陈吉芳，省林业厅厅长邓三龙，怀化市委书记李亿龙、代市长易鹏飞等出席会议。各市(州)政府市(州)长、财政局局长、林业局局长，各县(市、区)政府县(市、区)长、林业局局长，省林改领导小组成员单位主要负责人参加会议。邓三龙通报了怀化等16个县(市、区)试点情况。周强、徐明华对全省林权改革工作进行了安排和部署。

(胡　锋)

【省林业有害生物防治检疫条例】 2008年11月28日，《湖南省林业有害生物防治检疫条例》通过十一届省人大常委会第五次会议审议，于2009年3月1日正式实施。《条例》从湖南省实际出发，主要对四个方面的内容进行了规范：一是明确了管理职责；二是强化预防除治措施；三是规范检疫执法；四是细化法律责任。为适应集体林权制度改革后林业有害生物防治工作的需要，《条例》在四个方面取得了突破：一是鼓励开展防治社会化服务工作；二是加强林业有害生物防治体系建设；三是突显生态重点区的保护；四是预防和除治经费得到落实。 (黄向东)

【省林业厅与省气象局联合开展林业生物灾害气象预警预报】 2008年12月5日，省林业厅与省气象局就联合开展林业生物灾害气象预警预报签署合作协议。省林业厅唐苗生副厅长、省气象局潘志祥副局长分别代表双方签字。此后，省林业厅与省气象局将在气候动态及其对林业生物灾害的影响和林业有害生物发生趋势预报等方面开展紧密合作，并通过大众传媒的平台，将林业生物灾害预警预报信息及时传播给广大公众，并为各级政府和林业主管部门做好林业有害生物防治提供更加准确的信息。 (刘　敏)

【省林学会第九次会员代表大会】 2008年12月8日，省林学会第九次会员代表大会在长沙召开。大会选举产生了新一届理事会和常务理事会，邓三龙当选为理事长；表彰了26个先进学会、35位先进学会工作者和682名优秀会员；为16家首批林业科普教育基地授予牌匾；邓三龙理事长就学会的未来发展发表了讲话。会后举办了《生物质能产业发展现状和前景分析》及《油茶产业发展现状与趋势》两场学术报告会。 (熊四清)

【2008中国(常宁)油茶旅游文化节】 2008年12月30日，2008中国(常宁)油茶旅游文化节在湖南省常宁市举行。全国政协原副主席毛致用，国家林业局植树造林司总工程师吴坚、场圃总站副站长尹刚强，湖南省林业厅副厅长唐苗生，衡阳市委书记张文雄、代市长张自银等近500位嘉宾和上万市民群众参加。

(胡　锋)

【湖南林产品品牌建设】 2008年，湖南地宝龙装饰材料有限公司的强化地板、细木工板商标“地宝龙”、湖南康派木业有限公司强化地板商标“圣保罗”被国家工商总局认定为“中国驰名商标”。湖南创兴人造板有限公司、株洲松本林化有限公司等5家企业的产品被省质监局认定为“湖南省名牌产品”。

(何　宏)

【湖南省森林公安专项事业编制置换为政法专项编制】 2008年，按照精简、统一、效能和理顺体制、调整警力、提高战斗力的原则，中央编办下达给湖南省森林公安政法专项编制2715名，用于置换森林公安专项事业编制。全省森林公安编制置换后，纳入政法专项编制序列，继续实行林业部门和公安部门双重领导的管理体制，党政工作以林业主管部门管理为主，公安业务工作以公安部门管理为主。全省各级森林防火办事机构与森林公安机构合署办公，实行“一套人马，两块牌子”的体制。省森林公安局核定政法专项编制50名(含直属分局10名)，其中局长、政委各1名(高配副厅级)；副局长4名(正处级)，其中1名副局长兼省森林防火指挥部办公室专职副主任；局机关内设机构7个、直属分局1个，均为副处级建制。 (余席伟　周加林)

广东省林业

【概　述】 2008年，全省各级林业部门围绕科学发展现代林业、建设生态文明的总体目标，创新实践科学发展生态林业、民生林业、文化林业、创新林业、和谐林业新举措，积极构建林业生态、产业和文化三大体系，林业工作呈现持续、协调的科学发展态势。全省森林质量不断提高，森林生态状况逐步好转，树种、林龄结构进一步优化，森林资源继续保持稳步增长。全省林业用地1099.6万公顷，有林地面积930.7万公顷，活立木总蓄积量4.03亿立方米，森林覆盖率(按新标准计算)56.3%。全省全年完成荒山荒(沙)地造林、有林地造林和更新造林面积共计8.56万公顷，其中：荒山荒(沙)地造林9387公顷，有林地造林2895公顷，更新造林7.33万公顷；完成低产低效林改造3.86万公顷。

【生态建设】

林业生态省建设 实施《广东林业生态省建设规划》，创建林业生态县，省政府授予连平县、惠东县、怀集县、揭西县、新兴县、吴川县、化州市、广州市花都区、深圳市盐田区等9个县（市、区）林业生态县称号。自2003年以来，全省已有东莞、中山2个市被省政府授予林业生态市称号，已有51个县（市、区）被授予林业生态县称号。全省一类林面积50.9万公顷，二类林面积635.7万公顷，三类林面积312.3万公顷，四类林面积100.7万公顷，分别占全省林地面积的4.6%、57.8%、28.4%和9.2%。

重点生态工程 继续抓好林分改造、东江流域水源涵养林、沿海防护林及红树林、绿色通道及农田林网、城市林业和水土流失治理等重点生态工程建设，大力推进全省造林绿化工作，完成林业重点生态工程2.74万公顷。

林分改造工程 全省下达4500万元林分改造专项资金，完成低效生态公益林改造1.06万公顷。

东江流域水源涵养林工程 全省下达东江流域水源涵养林林分改造专项资金1000万元，完成东江水源涵养林的林分改造任务2247公顷。

沿海防护林及红树林工程 全省下达红树林及沿海防护林体系建设专项资金4000万元，建设沿海防护林8090公顷，红树林456.67公顷，并在雷州建设了一个53.3公顷的红树林示范点。

生态公益林效益补偿 全省划定省级生态公益林344.99万公顷，国家重点公益林81.4万公顷。2008年，中央财政下达广东省中央森林生态效益补偿金5663万元，省财政下达省级生态公益林效益补偿金51 748万元，受惠群众达535.47万户、2591.02万人。省政府同意在2008年150元/公顷的基础上，从2009年起每公顷每年提高30元，至2012年达到270元/公顷。

全民义务植树 在广州市白云区云高生态公园举行以“营造绿色家园，建设生态文明”为主题的义务植树活动。中央政治局委员、省委书记汪洋，广州军区政委张阳中将，省委副书记、省长黄华华，省人大常委会主任欧广源等为“广州军民共建林”揭幕并参加义务植树活动。此次活动共约400多人参加，种下海南蒲桃、小叶榕、盆架子、大叶紫薇、人面子、秋枫等乔灌木3800多株，添绿5万平方米。在各地也积极开展义务植树活动，全省参加义务植树2909万人次，植树9749万株。

林业生态文明万村绿大行动 省委、省政府出台《中共广东省委、广东省人民政府关于贯彻落实党的十七届三中全会精神加快推进农村改革发展的意见》，为落实《意见》要求，全省建设林业生态文明万村绿大行动在连平县上坪镇惠西村启动。开展这项行动对改善农村人居环境，提高农民生活质量，加快广东省建设生态文明、构建和谐社会，以及培育森林资源、改善生态环境、促进农民增收、缩小城乡二元结构差别、实现农村经济的可持续发展起到积极作用。

南方珍贵树种选育基地建设 按照国家林业局的要求，组织编制《南方珍贵树种良种选育与扩繁中心（基地）建设方案》及项目可行性研究报告。国家林业局和广东省发改委对项目可研报告作了批复，在广东省肇庆市林科所建设檀香等珍贵树种良种选育与扩繁基地项目，项目总建设规模为78公顷，总投资1245万元，其中：中央投资622万元，省地方配套623万元。南方珍贵树种扩繁中心将建成集珍贵树种选、引、育、繁于一体，科研、生产、经营、推广、服务于一身的高科技、高投入、高产出中心（基地），为南方地区珍贵树种的发展提供强有力的科技支撑。

【资源保护管理】

林政管理 严格执行征占用林地定额管理制度。全年共审核审批征占用林地项目751宗，面积6343公顷（其中商品林5445公顷，生态公益林898公顷），收缴森林植被恢复费3.2亿元。全年征占用林地控制在国家下达7000公顷的限额指标内。全面完成国家森林资源与生态状况综合监测在广东省的试点工作。

积极应对雨雪冰冻灾害，做好受灾林木的清理、采伐管理工作。向国家林业局申请增加专项采伐指标800万立方米，优先安排受灾林木清理的采伐指标740万立方米。

野生动植物保护 开展全省野生鸟类、华南虎及其他珍稀野生动物、珠江口岛屿猕猴等野生动物资源调查、监测及鸟类环志工作，环志放飞褐翅燕鸥、黑叉尾海燕等海鸟53只。推进鳄蜥、苏铁、兰科等珍稀濒危物种保护工程。在茂名发现鳄蜥野外新分布。鳄蜥人工繁育及科学研究方面取得新突破，2008年繁育幼鳄蜥27只、救活6只，鳄蜥人工繁育种群达107只。在广西德保县黄连山自然保护区举行了德保苏铁回归自然的野外定植仪式，500株德保苏铁树苗，从深圳仙湖植物园运到广西德保，陆续栽植在黄连山国家级保护区的试验区。实施冰雪灾害野生动物野外资源恢复、救护工程，组织两次南岭冰雪灾后野生动物放归活动。放归蟒蛇、穿山甲、豪猪、豹猫、斑鸠等国家保护野生动物36种1849只（条）。

加强野生动物疫源疫病监测，完善野生动物疫源疫病监测预警体系建设。严格节假日应急值守和信息日报制度，加强样品采集及送检。落实野生动物疫源疫病监测专项经费160万元，充实监测设备及应急物资。逐步完善监测防控网络，新增监测站野外观测点18个、新增重要监测区域19个、新增巡视路线25条，消除监测盲区。

自然保护区建设 完成省人大议案发展规划调整，出台《广东省自然保护区议案项目验收办法》，正式启动议案验收工作。继续推进自然保护区示范省建设，成立广东省自然保护区研究中心。开展雨雪冰冻灾后重建工作，启动灾后森林生态系统监测。车八岭国家级自然保护区正式成为世界生物圈保护区成员，海丰公平大湖省级自然保护区被列入国际重要湿地名录。至2008年底，全省林业系统已建立自然保护区255处，其中国家级5处，省级50处，市县级200处。陆地管护面积110.38万公顷，占全省国土面积的6.14%。

湿地资源保护 省政府原则同意《广东省湿地保护工程规划(2006～2030年)》。《规划》将为全省以后20多年的湿地保护工作提供确切可行的依据。响应省委、省政府《关于争当实践科学发展观排头兵的决定》中提出的将珠江三角洲的湿地保护和建设列为粤港澳共建绿色大珠三角优质生活圈和粤港澳共建绿色大珠三角优质生活圈的政策，编制《珠三角湿地保护工程规划》，促使珠三角湿地生态质量和生态安全的全面提升。

森林防火 编制《广东省生物防火林带工程建设规划(2009～2012年)》，提出今后加强防火林带建设工作的意见。省人大《生物防火林带工程建设议案》顺利结案，1999～2008年，全省共营造生物防火林带77 410千米，面积9.9万公顷。抓好防火队伍建设，全省有41个县(市、区)组建有专业森林消防大队，1798人；建有半专业森林消防队111支，12 529人。全年全省共发生森林火灾165起，过火面积2783公顷，其中受害森林面积1452公顷，森林火灾受害率0.16‰，森林火灾发生率1.8次/10万公顷。

森林病虫害防治 全面加强林业有害生物监测，进一步加大检疫执法和行政许可项目监管力度，加强林业有害生物源头管理，防御林业有害生物入侵与扩散；继续开展林业有害生物工程治理，大力推行无公害防治，重点除治松材线虫病和微甘菊。全省林业有害生物发生危害面积47.44万公顷，成灾面积4061公顷，成灾率为0.42‰。全省防治作业面积23.7万公顷次，无公害防治率达99.7%；实施调查监测覆盖率达100%，测报准确率91.4%；实施林木种苗产地检疫率为100 %。重大森林疫病松材线虫病发生面积和病死树数量较2007年有明显下降。

和谐林区建设 组织开展"霹雳行动"、"护绿行动"、"飞鹰行动"和"秋季旋风行动"等8次专项严打行动。全省森林公安机关共受理森林和野生动物案件6078起，查处5551起；处理各类违法犯罪人员9691人次；收缴国家保护野生动物20 152只，收缴木材46 638.2立方米，为国家挽回直接经济损失3047万元。

林权争议调处 实行林权争议调处领导干部责任制，建立重大山林纠纷个案督办制度，制定实施《广东省市际森林林木林地权属争议调处工作操作规程》和《广东省林权争议调处信息员制度》，进一步规范调处程序。全年调处解决林权争议案件3044宗，解决争议面积3.4万公顷，有效化解一大批山林纠纷案件，确保林区和谐稳定。

【雨雪冰冻灾害救灾复产】 2008年1、2月份，广东省遭遇历史罕见的雨雪冰冻灾害袭击，造成竹木被积雪压断，大量林木和苗木受冻害，林区道路结冰，交通中断，林区房屋、输电线路等设施损毁严重，林业遭受了严重的损失，森林生态系统遭受重创。受灾最严重的地区主要在粤北山区，包括韶关、清远、河源、梅州、肇庆等5个市和省直属林场、自然保护区，林业受灾面积79.46万公顷，直接经济损失达74.06亿元。

灾害发生后，省委书记汪洋、副省长李容根等省委、省政府领导亲自到灾区视察，检查、指导雨雪冰冻灾害救灾复产工作。国家林业局副局长李育材、祝列克也先后到广东省检查指导雨雪冰冻救灾复产工作。中央和省投入林业救灾资金2850万元(其中中央财政投入1220万元，省财政投入1630万元)，省财政安排专项资金6000万元用于森林生态修复工程。省林业局组织编制《广东省雨雪冰冻灾害地区森林生态修复工程规划》，严防森林火灾和森林病虫害等次生灾害，科学有序清理受灾林木，加强森林资源保护管理，维护林区生产生活秩序稳定；按照林种、树种、林龄、受损程度，实施分类施策，通过自然恢复和人工促进的手段，着力抓好粤北受灾地区森林的恢复和重建。2008年，重灾地区的韶关、清远、河源、梅州、肇庆等5个市完成造林面积5.23万公顷，其中宜林荒山造林467公顷，迹地更新3.51万公顷，低产林改造1.67万公顷。

【集体林权制度改革】 贯彻中央10号文件精神，省政府建立由分管副省长为第一召集人，省政府副秘书长、省林业局局长为召集人，省委政策研究室等14个有关部门领导为成员的省集体林权制度改革联席会议制度，下设办公室并挂设在省林业局，负责林改具体工作。6月，省政府下发《广东省推进集体林权制度改革试点工作方案》，选定始兴、博罗、四会3个县(市)先行开展林改试点工作。8月，省委、省政府印发《关于推进集体林权制度改革的意见》，对林改工作作出全面部署。多次召开全省集体林权制度改革试点工作专题座谈会，进行专题研究，逐项突破，解决试点工作中出现的问题和困难。3个试点县基本完成集体林权制度改革试点工作，摸索出一条"明晰产权、量化到人、家庭承包、联户合作、规模经营"的具有广东特色的林改之路。

【林业产业】 2008年，组织编制《广东省林业产业发展规划》，出台《广东省林业龙头企业管理办法》，评定省级林业龙头企业32家。全省基本形成造林营林、木材生产、林产工业和多种经营的林业产业化新格局。全省林业产业总产值达1404亿元，比2007年增长2%。

速生丰产林建设 积极扶持非公有制造林，全年全省营造速生丰产林7.33万公顷，目前，已建成速生丰产林基地140万公顷。

发展珍贵树种 大力推动全省珍贵树种发展，增加农民绿色财富。先后在增城、高要、广宁、四会、梅县、揭西、龙门、遂溪、罗定、高州、信宜、仁化等12个县开展"种植珍贵树种，增加绿色财富"送苗下乡示范活动，共送珍贵树种苗木70多万株。肇庆240公顷印度檀香、茂名1333.3公顷沉香、揭阳333.3公顷柚木、阳春400公顷桃花心木等已成为社会资金投资珍贵树种造林的样板基地。全省全年珍贵树种种子产量约1500千克，生产苗木1273.45万株，造林面积7666.7公顷。

发展油茶产业 省政府常务会议专题研究贯彻全国油茶产业发展现场会精神，省林业局编制全省油茶发展规划，大力发展油茶产业。全省油茶面积10.67万公顷，年产油茶籽3.5万吨。梅州市2008年新种油茶2467公顷，并决定连续3年市财政每年拿出350万元扶持油茶产业发展。

林产工业 重点发展人造板工业、木竹家具业、木竹制品业、木竹浆纸业、林产化学工业等林业支柱产业，发展布局科学的优势产业带和特色产业集群，确保广东省林业产业继续保持国内领先水平。联合中国林业产业协会和中国国际木业网在清远市举办中国人造板投资贸易年会。广东、广西两省（区）林业产业协会在桂林召开人造板行业年会，在顺德召开大型中纤板企业联席会议。协调国家开发银行等金融机构落实贴息贷款3亿元，争取中央财政贴息资金1306万元，主要扶持梅州威华、广东绿洋、湛江晨鸣等3家大型林业企业做大做强。2008年3月，威华在深交所成功上市。

森林旅游 全省各地深挖生态旅游资源，大力发展森林生态旅游业。与省旅游局共同开展我最爱的森林生态、滨海旅游度假区评选和活力广东旅游摄影大赛活动，评选出我最喜爱的森林生态旅游度假区10家，评选出森林生态旅游优秀摄影作品100幅。天井山、揭阳市大北山两处森林公园晋升为国家级森林公园。2008年全省建成各级森林公园412处，总面积98万公顷，占全省国土面积5.45%。全年森林公园接待游客5000多万人次，直接旅游收入10多亿元，带动地方经济产值70亿元，共收入80多亿元。

【法制建设】 2008年，《广东省森林公园管理条例》（草案）上报省政府，完成《广东省森林林木林地流转办法》、《广东省木材加工经营与运输管理办法》的立法前期工作。出台《广东省林业局关于扣留没收陆生野生动物及其产品管理办法》和《广东省林业局关于国家级、省级森林公园行政审批管理办法》。从制度建设入手，着力推进行政职权公开透明运行，强化行政执法监督；完善行政服务中心管理，加强行政许可审批监督；规范林业行政案件和执法队伍管理，不断提高依法行政水平。

【林业科技】 2008年，经省政府同意，省财政首次设立林业科技创新专项，当年投入资金1000万元，开展乡土阔叶树种、珍贵树种和木本油料树种等良种选育、高效栽培及林业生态建设关键技术研究与示范。省级（东江）林业科研试验示范基地基本建成，面积超过133公顷。省林业局与省科技厅联合印发《关于加快推进广东林业科技发展的若干意见》，进一步推动全省林业科技发展。4项林业科技成果获2007年度广东省科学技术奖（其中二等奖2项），7项林业类项目获2007年度广东省农业技术推广奖（其中一等奖1项、二等奖3项）。发布实施林业类广东省地方标准13项，6项林业国家标准、行业标准通过审定；取得林业植物新品种权2项。

开展林业系统突发公共事件应急管理培训班。组织编写出版了全国首本《林业系统突发公共事件应急管理》教材，与省人事厅联合发文，在全省林业系统开展公务员、事业单位管理人员和中高级专业技术人员等培训班，采取脱产培训1～3天，重点学习培训了《林业系统突发公共事件应急管理》，全省共培训了7073人次。

开展省林业局"送知识下乡"活动。针对林业基层工作需要，统一选派师资、培训资料、培训内容和培训经费，先后与12个林业山区县林业局共同举办林业实用技术培训班，脱产培训3天，主要学习了《林业政策与法规》、《营造林技术》、《森林资源管理》和《林业工作站管理》等，共有1432人次参加了培训。

【林业宣传与生态文明】 积极开展广东省森林生态宣传月活动，与省绿委、广州军区环绿委、省广电局联合举办绿色惠南粤大型文艺晚会，展示全省科学发展现代林业的崭新面貌及最新成果。

与广州市政府共同承办全国生态文明高层论坛，全国人大常委会副委员长乌云其木格出席会议并作讲话，大力提升全社会对林业在生态文明建设中地位和作用的认识。

省政府与国家林业局、经济日报社联合举办以"城市森林与生态文明"为主题的第五届中国城市森林论坛，全国政协副主席阿不来提·阿不都热西提、国家林业局局长贾治邦出席论坛并作重要讲话，广州市被授予国家森林城市称号。

组织记者深入南岭采访报道雨雪冰冻灾害情况，引起社会广泛关注；与《南方都市报》合作开设“森林密语”专栏，介绍了28处国家级和省级自然保护区。举办世界湿地日、鸟节、爱鸟周和野生动物宣传月活动，在广州市鳄鱼公园建立全省首个湿地科普教育基地。车八岭国家级自然保护区被纳入世界人与生物圈保护区网络。开展我最喜爱的森林生态旅游度假区评选活动，举办湿地与野生动植物之美、活力广东·森林生态摄影比赛，促进全社会树立生态文明观念。

【林业大事】

1月1日 《广东省封山育林条例》正式开始实施。

1月18日 国家林业局发出通报，授予广东省林业局等15个单位全国保护森林资源先进单位称号。

1月23日 国家林业局副局长李育材到广东省考察林业有害生物防治工作。副省长李容根会见了李育材副局长，并交换了工作意见。

1月30日 全省林业局长会议在广州召开。副省长李容根发表书面讲话。省林业局局长徐萍华作题为《解放思想深化改革 努力争当发展现代林业的排头兵》的工作报告。

2月9日 国家林业局副局长祝列克到广东省检查指导雨雪冰冻救灾复产工作。

2月23日 国家林业局李育材副局长一行7人到广东省调研指导救灾复产工作。

2月24日 为加强粤港湿地保育合作，向香港市民宣传广东省湿地保育的形象，省野生动植物保护管理办公室、香港扶轮百周年纪念湿地研究院、世界自然基金会香港分会和香港城市大学等单位(机构)在香港城市大学合作举办了广东省湿地保育讲座。参加讲座的有广东省野生动植物保护管理办公室，湛江红树林、惠东海龟、海丰国际重要湿地和深圳福田红树林湿地自然保护区的代表。

2月26日 国家林业局、中国科学院、国家环保总局在广州联合对外公布《中国植物保护战略》的中英文本，标志着中国将进一步推动中国野生植物保护管理的进程。

3月2日 以“营造绿色家园，建设生态文明”为主题的义务植树活动在广州市白云区云高生态公园举行。

3月4日 省林业局在韶关市乳源县召开全省林业雨雪冰冻灾害救灾复产现场会，研究部署全省林业救灾复产工作。

3月7日 省委批准：张育文任广东省林业局局长、党组书记。

3月27日 广东省“送珍贵树苗下乡、增农民绿色财富”活动启动仪式在肇庆高要市蛟塘镇金龙村举行。省政府副秘书长颜学亮、省林业局局长张育文、副局长陈俊勤、肇庆市委副书记陈文敏及高要市委书记武临黔、市长徐敏坚等领导出席启动仪式。

3月28日 以“绿色、生态、和谐”为主题的绿色惠南粤大型文艺晚会举行。晚会由省绿委、省林业局、广州军区环保绿委、省广电局联合举办。

4月2日 中央政治局委员、省委书记汪洋在省林业局局长张育文、韶关市有关领导陪同下到乳阳林业局调研、检查、指导雨雪冰冻灾害灾后林业重建工作，并在“百年冰灾纪念林”栽下纪念树。

同日，全省林分改造工程建设现场会在河源龙川县召开。

4月16～20日 原国家林业局局长、中国绿化基金会主席、中国林业产业协会顾问王志宝及中国林业产业协会副会长寇文正等一行9人，考察广东省林业产业发展，探讨如何发挥大型民营龙头企业拉动林业产业发展的作用。

5月17～23日 由澳大利亚新南威尔州林务局研究员 Helen Smith、Dane Thomos，组培专家 Jan Cousins，大河木材公司运营经理 Stuart Austin 4人组成的澳大利亚林业代表团到广东考察桉树。

5月19日 全省造林绿化现场会在深圳召开，副省长李容根在会议上作了讲话。

5月30日 以“倡导绿色生活，共建生态文明”为主题的2008年中国生态文明建设高层论坛在广州举行。论坛由国家林业局、教育部、中华全国总工会、团中央主办，广州市政府、省林业局联合承办。全国人大常委会副委员长乌云其木格出席会议并作重要讲话。

6月4日 全省沿海防护林建设暨平原林业建设现场会在揭阳市惠来县召开。

8月18日 国家林业局批复广东省肇庆市林科所建设檀香等珍贵树种良种选育与扩繁基地项目。

10月8日 省政府召开全省森林防火工作电视电话会议，全面部署森林防火工作。副省长李容根作了讲话。

11月7日 全省建设林业生态文明万村绿大行动在连平县上坪镇惠西村启动。

11月12～13日 由中国林科院、丹麦哥本哈根大学森林景观规划中心、广州市林业局主办的第三届亚欧城市林业研讨会在广州召开。来自丹麦、德国、英国、意大利、韩国、马来西亚、印度、越南等11个国家和国内16个省(市)的专家学者共150多人参加了研讨会。

11月16日 国家林业局局长贾治邦到广东调研。

(广东省林业由陈俊光、谢伟忠、郭天峰供稿)

广西壮族自治区林业

【概　述】

林业生产　2008年，全区完成荒山造林12.9万公顷，其中，人工造林12.08万公顷。迹地更新6.45万公顷，低产林改造造林0.68万公顷。四旁（零星）植树3210万株，新育苗面积1464公顷，苗木产量10.7万株。幼林抚育实际面积37.87万公顷。成林抚育实际面积36.83万公顷。全区义务植树6206万株，占计划任务的103%。全区实现林业产业总产值670.08亿元，比2007年同期增长27.24%，其中：第一产业357.75亿元，比2007年同期增长19.65%；第二产业产值294.63亿元，比2007年同期增长36.64%；第三产业产值17.7亿元，比2007年同期增长47.62%。木材产量1114.84万立方米，比2007同期增长42.99%，竹材产量2.25亿根，比2007年同期增长6.54%。营造用材林21.3万公顷，比2007年同期增长16.26%。经济林产品产量662.05万吨，比2007年同期增长3.2%。人造板产量800.57万立方米，比2007年同期增长21.5%；实现人造板产值109.05亿元，比2007年同期增长36.2%。松香产量60.25万吨，比2007年同期增长1.9%；松香深加工5.17万吨，比2007年同期增长1.9%。木竹浆造纸产值46.88亿元，机制纸与纸板产量174.44万吨，比2007年同期增长6.7%。全年林业固定资产投资188亿元，比2007年同期增长82%。

退耕还林工程　2008年全区新增退耕还林工程建设任务4.33万公顷，其中：荒山荒地造林任务2.67万公顷，封山育林任务1.66万公顷，安排48个县（市、区）实施，重点与速生丰产林工程建设、石漠化治理相结合。各县（市、区）按要求及时将任务分解落实到乡镇、村、屯和农户。全年完成退耕还林3.18万公顷，占计划任务的73.4%，其中，完成荒山荒地造林2.20万公顷，占计划任务的82.4%；封山育林9800公顷，占计划任务的58.8%。余下部分将于2009年上半年完成。年内国家安排全区退耕还林各项补助经费78 807万元，其中：补助粮食折款64 309万元，现金补助8748万元，种苗和造林补助费5750万元。年内全区已兑现粮食补助款50 461万元、现金补助4553万元，种苗费1340万元。

年内，按照国家林业局退耕还林工作的总体要求，紧紧围绕巩固和发展退耕还林成果核心，狠抓政策落实和工程质量。加强对历年造林质量管理，认真开展退耕地还林阶段验收，抓好巩固退耕还林成果专项规划编制，做好退耕还林工程灾后重建，抓好补植补造和抚育管护，加强对年度工程建设作业设计进行全面监理，提高了工程质量和效益，巩固退耕还林成果。

速丰林建设　2008年广西营造速生丰产林16.84万公顷，其中：荒山荒地造林9.32万公顷，迹地更新造林7.18万公顷，低产林改造造林0.34万公顷。按树种分，桉树、相思树等工业原料林14.51万公顷，良种松、杉等大径级用材林2.01万公顷，任豆树、红椎、西南桦等珍贵用材林0.32万公顷。按投资主体分，林场造林2.88万公顷，龙头企业造林2.79万公顷，农户造林6.23万公顷，其他主体造林4.94万公顷。全年完成造林投资19.26亿元，其中：国家投资5690万元，地方配套资金7947万元，国内贷款3.81亿元，利用外资2.91亿元，自筹资金9.28亿元，其他资金1.89亿元。年内，自治区林业局继续加强速丰林高产试验示范和大径级材定向培育工作。自治区林业局决定从2008年开始在全区范围内开展速丰林高产竞赛评比活动。据统计，已有48个单位上报了参赛实施方案，面积达1333.33公顷。在区直派阳山林场和雅长林场实施的速丰林大径级材定向培育项目造林355.6公顷，完成投资120万元。自治区政府表彰了2007年度在发展速生丰产林中成效突出的2个地级市和1个县，其中贺州市八步区政府获一等奖，梧州市政府获二等奖，贵港市政府获三等奖。

绿色工程　2008年全区完成绿色工程建设6113.25公顷，占年计划任务的110%；交通部门投资1.5亿元，完成种植里程300千米，种植乔木46万株、灌木25万株，投入1500万元对高速公路和专业公路的绿化进行了管护；水利部门投入20万元在水库周围新增造林62公顷，水土保持小流域综合治理完成绿化任务54 429.8公顷，新增封山育林32 270.6公顷；铁路部门在南昆、湘桂、黎湛铁路线种植绿篱、花灌木等其他树种377.8万株；建设部门结合“城乡清洁工程”、“南珠杯”竞赛活动，投资20多亿元重点建设一批城市园林绿化精品项目，全区县级以上城市建成区绿化覆盖率、绿地率和人均公共绿地指标较2007年度有了稳步增长；自治区妇联在“三八”节期间组织5万名妇女造林，营造“三八”绿色工程林9个，面积80.67公顷，投资20万元在柳城和上思县兴建“三八”生态林2个，面积26.67公顷，开展创建519个“巾帼示范村”活动；武警广西总队开展营区绿化美化活动，全总队完成营区种植大树491株，植绿篱507延长米，种草坪1093平方米；支援地方植树造林出动兵力3380人次，车辆169台次，植树10 260株，植绿篱3380延长米，种草坪1352平方米。

珠防林工程 年内新增封山育林36 764公顷，其中：退耕还林工程完成3200公顷、珠防林工程完成3507公顷、世行项目和面上一般封山30 057公顷。按封育地类分，无林地和疏林地8220公顷、有林地和灌木林28 544公顷。工程项目的封育区严格按照《广西工程封山育林管理暂行办法》的要求，强化项目实施管理，做到有作业设计、有护林员、有封山公约、有宣传碑牌、有监测标准地等，强封严管，确保封育效果。

海防林工程 年内有9个县(区)实施海防林工程项目，其中2007年下达计划2008年实施的有合浦县、钦南区、防城区等9个县(市、区)，计划人工造林1400公顷，其中营造红树林566.6公顷。博白县完成2008年计划任务。据年报统计，完成人工造林4176公顷、低效林改造33公顷，其中营造红树林557公顷。按林种分，防护林880公顷、用材林3327公顷。共投入资金3185万元，其中国家投资1118万元，群众投工投劳折资1920万元。自治区林业局组织实施了重点林业工程项目监理工作，确保了作业设计和造林质量。同时，加强对项目建设的检查指导，强化项目资金管理，确保工程建设成效。

石漠化治理 年内都安、大化、凤山、平果、田东、田阳、环江、柳江、忻城、平乐、马山、天等12个县，开始启动实施首批全国石漠化综合治理试点工作。每县投资3000万元，以小流域为治理单元，建设内容包括人工造林、封山育林、坡改梯、生态移民、畜牧养殖等内容。2008年林业项目建设任务为人工造林635.7公顷、封山育林12 102.5公顷。年内，各试点县将任务分解落实到山头地块并开展初步设计工作。

种苗建设 2008年广西遭受百年不遇的雨雪冰冻灾害，林木种苗受害严重，受灾面积940公顷，受灾苗木达5.6亿株。全区上下积极应对，采取了一系列补救措施，最大限度地减少损失，扩大再生产，补播补育，全区种苗建设在抗灾救灾和恢复重建工作取得了显著成效。2008年广西共采收各种林木种子20.57万千克，完成育苗面积3396公顷，培育各种类苗木7.0亿株，为超额完成造林任务提供足够的种苗。

2008年全区有自治区林业局种子站、国有高峰林场、广西林科院、临桂县4个种苗工程项目通过自治区林业局组织的竣工验收；年内获中央投资续建林木种苗工程项目4处，总建设规模210.4公顷，2008年投资计划412万元，其中：中央投资309万元，地方配套投资103万元；国家林业局批复新建广西油茶林木良种基地建设项目，总规模88.9公顷，总投资350万元，其中中央投资280万元。

2008年广西有岑软2号、岑软3号、桂无1号和桂无4号4个油茶优良无性系品种通过国家林木品种审定委员会审定。

《广西壮族自治区林木种苗管理条例》于8月1日获自治区第十一届人大常委会第三次会议表决通过，2008年12月1日起实施。

打击破坏森林和野生动物资源违法行为 2008年，全区森林公安机关开展了以“飞鹰行动”、“候鸟三号”行动为重点的打击破坏森林和野生动物资源违法犯罪行为的专项行动。全年共受理各类破坏森林和野生动物资源案件9187起，查破8842起，其中受理的刑事案件1348起，破1073起(其中：重大案件242起、破208起；特大案件149起，破106起)；受理林业行政案件7839起，查7769起，共打击处理各类违法人员10 113人(其中逮捕716人)。通过查处案件直接挽回经济损失6342万元，收缴木材31 674立方米，收缴野生动物13.4万多只(头)，打掉破坏森林和野生动物资源犯罪团伙20个共71人、涉案24起。3月19日，自治区森林公安局查处一起非法运输象牙的特大刑事案件，收缴亚洲象象牙792.3千克，涉案价值3600万元。

全区各级森林公安机关获集体二等功1个、集体三等功7个，集体嘉奖1个，个人一等功1名、二等功2名、三等功28名。

2008年底全区森林公安“三定”和森林公安民警过渡公务员工作基本完成。

2008年全区森林公安“三基”工程建设共投入经费3000多万元，其中争取自治区财政近1000万元资金。4月初，通过政府采购购置150套价值147万元的电脑、打印机等办公设备发放到全区100多个派出所。6月，购置警车66辆下发给派出所，新建13个派出所办公楼，投资980万元为全区民警购置新警服标志，投资250万元用于公安金盾网建设，全区有4个市和29个县(区)森林公安局、16个派出所接入金盾网。

重点公益林保护和管理 广西现有重点公益林面积518.53万公顷，2008年纳入森林生态效益补偿的重点公益林面积495.56万公顷，其中：纳入中央森林生态效益补偿的重点公益林面积453.97万公顷，纳入地方森林生态效益补偿的省级重点公益林面积41.59万公顷。补偿范围涉及104个县(市、区)，13个自治区(部)属国有林场、11个市属国有林场和10个国家自然保护区，共138个单位。

广西将重点公益林管护责任落实到各级林业主管部门，以权属为依据，确定管护形式。2008年重点公益林林全年共发生林政案件90起，比2007年124起少34起。全区征用、占用重点公益林地面积981.77公顷，较2007年的932.95公顷增加48.82公顷，其中，合法征占用林地面积869.99公顷，占

88.61%；违法征占用林地面积 111.78 公顷，占11.39%。因2008年初雨雪冰冻灾害，全区共采伐重点公益林面积 12 021.71 公顷，较 2007 年增加10 675.61公顷，其中，更新采伐面积 10 116.83 公顷，较 2007 年增加 8901.79 公顷；其他采伐面积1904.88公顷，较2007年增加1773.83公顷。全区重点公益林火灾面积 539.33 公顷，较 2007 年减少1284.6公顷，重点公益林遭受火灾面积占纳入中央补偿重点公益林面积的0.12‰。全区重点公益林病虫害发生面积 26 773.3 公顷，较 2007 年增加1411.57公顷，重点公益林病虫害面积占纳入补偿面积的0.59%。

森林防火 据统计，2008年全区共发生森林火灾659起，其中：一般火灾 388 起，较大火灾 271 起，没有发生重大、特大森林火灾；火场总面积10 094公顷，其中受害森林面积1420公顷，森林火灾受害率0.11‰；烧毁成林蓄积56780立方米，烧毁幼树89.7万株；其他直接损失折款572万元。因森林火灾造成人员伤亡11人，其中：轻伤2人，重伤2人，死亡7人，没有发生森林火灾群死群伤事故。因扑救森林火灾出动扑火人工 46 024 个工日，出动扑火飞机11架次，出动扑火车辆4355台次，直接支出扑火经费255.5万元。

与2007年相比，2008年的森林火灾次数下降10.6%，过火面积下降26.7%，森林火灾受害森林面积下降37.5%，森林火灾受害率下降0.07个千分点，林木损失减少16.9%，烧毁幼林株数减少28.3%，其他直接损失折款减少11.5%，因火灾造成人员伤亡总人数比2007年减少4人，其中死亡人数减少5人。

在发生的659起森林火灾中，已查明起火原因593起，火因查清率90%，已处理的火灾案件462起，查清结案率为77.9%，已处理人数429人，其中刑事处罚人数68人。与2007年相比，火因查清率提高5.2%，查清结案率提高4.3%。

林政资源管理 根据2008年国家林业局中南森林资源监测中心监测结果：全区林地面积1506.49万公顷，占全区国土面积的63.4%。森林面积1287.44万公顷，森林覆盖率为54.19%，活立木总蓄积量5.58万立方米，全区“十一五”期间年商品材采伐限额1313.6万立方米，是全国最大的商品材生产基地。

加强林木采伐管理。木材生产严格实行商品林、生态公益林、天然林和工业原料林分类管理，实行林木采伐公示、限时办结和责任追究制度，规范林木采伐审批管理。积极开展灾材清理。经调查评估，全区森林受灾面积151.09万公顷，占全区森林(不含石山灌木林)面积14.6%。全区受损森林面积25.78万公顷，导致全区森林覆盖率下降1个百分点。全区林分受灾蓄积量8211.2万立方米，占全区活立木总蓄积量的16%。全区损失林分蓄积4186.6万立方米，占全区活立木总蓄积的8.2%。全年共分解下达木材生产计划采伐量3009.72万立方米，其中商品材采伐量2861.49万立方米(出材量1866.45万立方米)，非商品材采伐量148.23立方米。

8月，召开了全区森林资源二类调查动员大会，全面部署二类调查工作。开展了调查技术培训和试点调查。9月底，宁明县的试点工作全面完成。全面修订印发了《广西森林资源规划设计调查技术方法》。组织制定并下发了《广西森林资源规划设计调查方案》。

全区加强对木材运输证核发与管理的监督检查，严防非法采伐的木材进入流通领域，严厉打击违法运输、经营加工木材行为，规范木材流通秩序。2008年全区共查处违法运输木材1.3万多起，收缴木材5万多立方米，罚款664万元，行政处罚1.35万人次。与2007年相比，全区林业行政案件同比下降28.3%。进一步规范木材检查站执法行为，全区林业系统基本无“三乱”现象发生。对新申请设立的木材检查站进行了审核。继续完善和健全森林采伐指标的分配、林木采伐许可、木材运输许可以及林地征占用审核审批等行政审批程序。

受自治区政府委托，自治区林业局会同自治区监察厅、自治区环保局组织了78人，分成8个检查组深入14个市的19个县(区)，对2006~2007年度《广西壮族自治区“十一五”期间林业生态保护和管理目标责任状》的执行情况进行检查。全面完成广西林业发展三级区划工作。广西林业发展三级区划确定为石漠化综合治理、生物多样性保育、生态服务功能维护、工业原料林、一般用材林、特色经济果木林等6个主导布局类型，共布局24个分区。区划成果通过了专家评审，编写了《全国林业发展区划广西三级区简写文本》。完成广西矿区植被保护与生态恢复工程规划工作。2008年完成了矿区现场规划的编制。

林地管理 全年共审核审批建设工程征占用林地项目443宗，征占林地面积4312公顷，收取森林植被恢复费2.5亿元，与2007年同期相比分别增长54%和54.7%，均为全区历年最多，没有出现一例重大建设项目未批先用林地案件。全区实行林地征占用定额管理，成立了重大项目征占用林地工作领导小组，下设北部湾经济区建设项目等4个小组，主动简化手续，深入现场服务，制定北部湾经济区林地征占用优惠政策，单列安排自治区重大项目林地定额指标，优先保障重大项目建设，特许重大交通项目森林植被恢复费可用于项目区造林绿化。审批时间已由过去20个工作日缩短到12个工作日，特别重大项目当天受理，当天审核，当天提交局领导审批，3个工作日办理完毕。3月召开了全区征占用林地情况通报会，积极探索建立部门联席会议机制。组织业主单位举办林地征占用培训班3期，培训人员400多人。

森林病虫害防治　2008年，全区林业有害生物发生面积39.08万公顷，其中成灾面积2.25万公顷，林业有害生物成灾率为1.8‰；全区林业有害生物防治作业面积14.77万公顷，其中无公害防治面积13.46万公顷，无公害防治率为91.11%；全区林业有害生物预测发生面积38.47万公顷，实际发生面积39.08万公顷，测报准确率为98.42%；全区实施种苗生产产地检疫面积2933.87公顷，种苗产地检疫率为99.82%。林业有害生物发生主要种类有松毛虫、八角尺蠖、松突圆蚧、桉树病虫、竹子病虫、红树林病虫等。松毛虫发生面积4.60万公顷，主要发生在南宁、崇左、防城港等市；八角尺蠖发生面积1.41万公顷，主要发生在高峰、六万林场及玉林市等；松突圆蚧发生面积19.88万公顷，主要发生在陆川县、北流市、容县、博白县、玉州区和岑溪市等；桉树枝瘿姬小蜂发生面积4533.3公顷，主要发生在防城港、钦州、崇左、北海、南宁、百色等市。

野生动植物保护管理　2008年，开展了"世界湿地日"、"爱鸟周"、"爱护野生动物宣传月"等宣传活动。《广西壮族自治区野生植物保护办法》获自治区政府审议通过。召开了广西、广东、湖南、海南、江西等南方5省(区)野生动植物保护管理工作座谈会。积极协助国家林业局做好德保苏铁野外回归工作，成立了首所以苏铁命名的德保苏铁小学。组织专家对龙滩水电站水库淹没区56种1.3万多株珍稀植物迁地保护工程进行验收。组织开展了白头叶猴、黑颈长尾雉、广西青梅、广西火桐等一批野外资源调查监测工作。年内，建立了年生产量200万苗的雅长兰花繁育中心，完成了11家养殖场共3万多只实验猴的标识工作。成功举办了广西野生动物人工驯养繁殖技术经验交流会。奥运会、南博会和自治区成立50周年大庆前后，对养殖经营利用场所和边境野生动物市场进行了专项执法检查活动。加强了野生动物收容救护中心基础设施建设，扩大了野生动物收容救护规模，全年共收容救护野生动物6585只(条)、1267.65千克。

自然保护区建设和管理　2008年的低温雨雪冰冻灾害，使全区43处林业自然保护区遭受直接经济损失达60.9亿元。各级林业主管部门积极开展抗灾救灾和灾后恢复重建工作。

年内，新建了广西弄拉自治区级自然保护区及广西天堂山自治区级自然保护区，金钟山自然保护区晋升为国家级自然保护区。全区林业自然保护区数量达到61处，其中国家级自然保护区达到11处。完成了岑王老山、金钟山等8处国家级自然保护区基础设施建设可研报告，完成了寿城自然保护区总体规划的编制工作，完成了大瑶山和拟建靖西邦亮东部黑冠长臂猿自然保护区的资源考察报告。继续组织实施全球环境基金赠款项目、中欧生物多样性广西西南石灰岩地区生物多样性保护示范项目。林业部门与国土、环保等部门及时部署全区开展了非法采矿调查工作。先后与国家林业局自然保护区研究中心、香港米埔湿地自然保护区合作举办了3期自然保护区业务培训班，邀请国内外知名苏铁专家到广西举办苏铁保育知识讲座，协商北林大开办首届自然保护区建设与管理方向的在职农业推广硕士班。

湿地保护和管理　2008年的低温雨雪冰冻灾害，使全区沿海红树林造成直接经济损失达1.23亿元。灾情发生后，自治区林业局指导抗灾救灾和灾后重建工作。

年内，草拟了《广西壮族自治区湿地保护条例(草案)》，首次将湿地保护管理纳入自治区政府与各市政府签订的任期目标责任状。组织开展了钦州湾湿地野生动物资源调查及相关利益群体调查及保护研究、湿地试点调查等项目。编制了《合浦山口、北仑河口、党江、茅尾海等红树林和湿地保护工作方案》。"世界湿地日"期间，与《广西日报》、广西电视台等开展了湿地保护的专题报道。完成国家林业局有关湿地信息情况填报工作。向国家林业局湿地保护管理中心提供了山口红树林自然保护区和北仑河口自然保护区资料。

林业科技　年内组织征集了2009年度广西林业科技重点项目及重大科技专项储备库项目92项，向国家林业局、自治区科技厅和财政厅、国际热带木材组织申报科技项目18项。落实科技项目85项，其中"十一五"国家科技支撑项目3项，自治区科技厅2008年广西科学研究与技术开发2项，2008年广西科技三项基金项目1项，自治区林业局林业专项科技推广项目79项。本级财政科技项目资金达1200多万元。组织4个工作组对正在实施的200多个林业科技项目进行了抽查。

年内组织鉴定验收林业科技项目20项，推荐6项科技成果申报2008年度广西科技进步奖。其中广西生态农业152示范工程和茶油色拉油、化妆品油研究等2个项目获2008年度科技进步二等奖，柳窿桉优良无性系选育与区域试验等3个项目获2008年度科技进步三等奖。

年内制定并颁布实施了《广西壮族自治区林业局本级专项资金林业科技项目管理办法》和《广西壮族自治区重大林业科技项目招标投标办法(试行)》。对2009年度广西林业重大科技项目实行招投标管理，将8大项目12个课题确定为2009年的招标项目，总经费达890万元，其中2009年计划安排经费375万元。

印发了《广西壮族自治区木材检验机构资质认证技术咨询服务工作方案》，全区共有16家木材检验机构通过了自治区质监局组织的资质认证，近4000名木材检验技术员完成了换证。组织申报林业标准项目

18项，落实标准项目15项，其中国家林业行业标准项目2项，申报广西林业地方标准项目13项。审定了《桉树丰产林栽培技术规程》和《八角丰产栽培技术规程》2个标准项目。

3月19日，中日绿化合作示范林项目在钦州签约并举行启动仪式，包括日方代表在内的400多人参加，落实项目经费1600万日元。2月，组织代表团赴泰国考察八角种植条件和开展技术培训，此项目得到了泰方王室的高度赞赏。组织20人赴美国培训林业生物质能源技术，学习了解生物液体燃料(乙醇)的提取技术、植物纤维素转化燃料乙醇研究技术、木本油料能源树种良种选育和"石油速生林"的培育技术等。接待越南富寿省林业代表团、澳大利亚农林渔业部代表团等6个代表团。

林业宣传 据不完全统计，2008年全区在区内外报刊、电视台、电台、网络等新闻媒体发表的广西林业新闻达1200多篇，同比增长44%。组织专版31个，同比增长244.4%。组织重要专题报道16个。出版《广西林业》6期，刊发文章300多篇，发表图片约550张。出版宣传板报12个，图片150多张。向自治区党委、自治区政府和国家林业局报送林业政务信息1230多条，同比增长11.8%，其中被自治区党委、自治区政府、国家林业局分别采用34条、46条、359条。广西林业信息网发布林业信息931条，58万字，图片1011张，同比分别增加9.5%、23.8%、50%；点击率突破10万次，同比增加34.5%。

组织编撰《广西林业志》初稿90万字，完成总字数90%。编撰《广西林情》35万字。参加编撰《广西年鉴》和《中国林业年鉴》的广西林业部分3万多字。编印了《广西林业简报》6期，90篇，9万字。创刊了《林业要情》，编辑了20期，20篇，8万字。编印《广西野生动植物保护信息》、《广西林产信息》、《广西绿化简报》等7种内部业务简报70期，超过65万字。2008年被自治区林业局评为2008年广西林业二十项最具影响力的工作。

(蒋桂雄　杨先伟　刘海龙　肖爱祥　尹国平　陈代喜　吴小珊　任志杰　钟　俊　李　胜　吕送枝　王　波　邓　艳　蒋卫民)

【国有林场建设】

概　况 2008年广西有国有林场151个，其中：中国林科院管理的1个，自治区管理的14个，地级市管理的14个，县(市、区)管理的122个。年末在职职工31 754人，离退休人员18 402人。经营面积119.36万公顷，林业用地面积111.96万公顷，有林地面积94.01万公顷；活立木蓄积6141万立方米。年末固定资产原值20.93亿元，净值12.6亿元。全年实现总产值28.4亿元，比2007年增长6.7%，其中：第一产业产值19.4亿元，第二产业产值6.2亿元，第三产业产值2.8亿元。全年经营总收入19.6亿元，与2007年持平，其中：种植业收入9.8亿元，加工业收入8.5亿元，其他收入1.3亿元。上缴税金5207万元，比2007年下降31%；上交育林基金5121万元。有81个国有林场盈利，利润总额15 942万元；有70个国有林场亏损，亏损总额6394万元。盈亏相抵后实现盈利9548万元。

营林生产 全年完成造林4.57万公顷，占广西当年造林面积的19.6%，其中：荒山造林4600公顷，迹地更新4万公顷，低产林改造1067公顷。完成中幼林抚育12.93万公顷，新育苗158公顷。

林产品生产 全年生产木材243.8万立方米，比2007年增长11.6%；销售231.5万立方米，库存23.4万立方米。年产人造板24.7万立方米，木片8.6万立方米，年产松脂14 069吨，松香20 347吨，八角2992吨，玉桂746吨。

林区基本建设 年末实有林区公路10 524千米，林道22 989千米，通信线路2310千米，房屋建筑面积261.9万平方米，其中职工住宅157.6万平方米，拥有汽车927辆，发电机组125台、58 735千瓦。2007年完成固定资产投资71 481万元，其中国家投资7873万元。

森林保护 全年全区国有林场森林防火工作较好，没有大的森林火灾发生。高峰林场还将商业保险引入资源保护工作，通过给中幼林投保森林火灾险，建立森林火灾补偿新渠道。林木病虫害工作由于防治得当，监测到位，有害生物得到及时防控，无重大林业有害生物灾害发生。

国有林场改革 经自治区政府批准，自治区高峰等13个国有林场用14.13万公顷商品林林地组建广西林业集团有限责任公司。公司成立后，区直林场事业单位性质不变、单位编制不变、拨款渠道不变；职工社会保障按"老人老办法、中人老办法、新人新办法"纳入社保，差额部分由自治区财政补足；林场办社会问题移交地方政府管理，自治区安排3年过渡经费；自治区编办安排1400个全额拨款事业编制用于区直林场生态公益林护。

2008年末参加社会基本养老保险的国有林场有63个，比2007年增加17个，参保人数达18 546人。

(张振球)

【林业产业建设】

概　况 2008年全区实现林业产业总产值670.08亿元，比2007年增长27.24%。其中，第一产业357.75亿元，增长19.65%；第二产业294.63亿元，增长36.64%；第三产业17.70亿元，增长47.62%。在工业总产值中：人造板制造业109.05亿元，比2007年增长36.2%，占林业第二产业产值比重的37.02%；林产化学产品制造业47.50亿元，比2007年增长10.88%，占林业第二产业产值比重的

16.12%；木竹浆造纸业27.8亿元，占林业第二产业产值比重的9.44%；锯材、木片加工业40.2亿元，比2007年增长13.56%，占林业第二产业产值比重的13.64%；木制品制造业10.47亿元，比2007年增长5.83%，占林业第二产业产值比重的3.55%。到2008年底，全区共建成林产规模以上工业企业700多家，人造板生产能力1000万立方米；竹木浆造纸生产能力80万吨；松香生产能力60万吨。

人造板生产 2008年人造板产量仍以两位数增长，全区人造板产量达800.57万立方米，比2007年增长21.5%，在人造板产量中：胶合板306.39万立方米，比2007年增长73.3%；纤维板320万立方米，比2007年增长21.63%；刨花板11.01万立方米，与2007年产量持平；其他人造板163.17万立方米，比2007年增长108.58%。

人造板木材原料来源主要来自广西境内。2008年全区商品材产量1114.84万立方米，比2007年增长42.99%；全区竹材产量2.25亿根，比2007年增长6.54%。

2008年核准新建人造板项目62项，生产能力183万立方米。其中，胶合板58项，生产能力140万立方米；纤维板4项，生产能力43万立方米。新建人造板项目生产规模扩大，品种增加，档次提高。特别是新建的胶合板项目中生产规模扩大明显，3万立方米以上32项，生产能力109万立方米，占胶合板新建生产能力的83%。

2008年自治区林业局审批62项人造板项目，生产能力182.67万立方米，胶合板139.67立方米，纤维板43立方米。

10月12日，贺州市八桂木材加工集散中心暨广西国营大桂山林场年产50万立方米人造板项目在大桂山林场东叶分场蝴蝶站开工建设。该项目总投资达9.8亿元，建设总面积近200公顷。

林浆纸一体化项目 广西已将林浆纸一体化项目列入“十一五”规划中新的支柱产业。2008年，广西林浆纸一体化产业继续推进建设钦州、北海两大重点项目，虽受金融危机影响，仍旧取得了较大的成就。金光集团广西金桂浆纸业公司钦州林浆纸项目土建工程基本完工，年底一号化机浆车间主体工程竣工。芬兰斯道拉恩索集团北海林浆纸一体化项目前置审批已经全部通过，并进行了项目奠基。

松香生产 2008年广西有松香生产企业110多家，年生产能力60多万吨。据自治区统计局统计，广西松香类产品产量60.25万吨，松香深加工产品5.17万吨，分别比2007年增长1.9%、1.9%；松节油类产品产量2.63万吨，比2007年减少28.3%。2008年松香销售量38.36万吨，产品销售收入27.04亿元。2008年6月梧州市出台了《梧州市松香生产管理暂行办法》、《梧州市木材经营加工管理暂行办法》。9月松香电子交易研讨暨推介会在南宁举行，松香行业首次在全行业内引进中远期电子交易模式。

栲胶生产 2008年广西有栲胶生产企业2家，年生产能力1万吨。全年栲胶类产品产量4027吨，比2007年减少53.6%，销售收入0.36亿元，比2007年减少23.4%。8月，广西林科院与武鸣栲胶厂签订化学法倍花制取工业单宁酸生产合作项目。该项目以林副产品倍花为原料，通过化学法制取工业单宁酸，对广西特有的林副产品倍花资源进行产业化开发。

森林旅游 2008年，组织良凤江、龙潭、平天山、龙滩大峡谷、黄猄洞天坑、姑婆山、十万大山等国家森林公园做好旅游基础设施项目的建设储备工作，组织良凤江、阳朔和桂林等国家级森林公园以及九龙沟、爱山等自治区级森林公园编制总体规划，批复了良凤江国家森林公园总体规划，组织大瑶山国家森林公园做好自然遗产地保护项目初步设计工作，组织姑婆山国家森林公园做好全国生态文化教育基地申报和建设工作。

2008年，全区新建龙滩大峡谷国家森林公园和广西环江毛南族自治县爱山自治区级森林公园，撤销了广西象山自治区级森林公园。截至2008年底，全区共有森林公园47处，其中：国家级森林公园20处、自治区级森林公园21处、市(县)级森林公园6处，森林公园经营面积256 829.81公顷。本年度全区森林公园建设投入资金5061.40万元，其中：国家投资1260.00万元，自筹2965.00万元，引资836.40万元；环境保护投入457.80万元，植树造林347.80公顷，改造林相267.80公顷。

2008年全区森林旅游景区景点接待游人611.35万人次，旅游直接收入3.49亿元。

（韦立敏　孟中磊　戴蒲英）

【花卉产业】 截至2008年底，全区花卉种植面积达到2.37万公顷，有专业生产或兼营从事花卉生产的企业、农户等2000多家，各类从业人员达45万人，南宁、柳州等地已相继建立了专门的花卉市场13个，全区花卉市场活跃，年销售额达到了21.5亿元。1月25日，2008年南宁第七届春节花卉交易会在广西花鸟交易市场举行。此次展销会规格和规模都要高于往年，以名、优、新、特花卉产品及年橘、盆景、奇石、饰物展销为主，花卉以台湾蝴蝶兰、满堂红、仙客来、大花蕙兰、一品红等为主打品种。12月12日，庆祝自治区成立50周年花卉园艺展暨中国－东盟插花花艺邀请展开幕式和颁奖仪式在南宁国际会展中心举行。国家林业局副局长李育材，自治区副主席陈章良，自治区政协原主席马庆生，中国花协秘书长王殿富等领导参加了开幕式和颁奖仪式，并为获奖单位和个人颁奖。此次主题为“与花同庆繁荣和谐新广西”的花卉园艺展，是广西成立以来规模最大、档次最高、影响最广的花卉园艺综合展览。展览以全区14

个各市政府代表团为组团单位，分室外花坛展，室内综合展，中国－东盟国家花艺邀请展三部分。本次花卉园艺展共展出包括兰花、盆景、观赏石、艺术插花等展品近万件，其中参评展品 1067 件，共评出金奖 109 件，银奖 211 件，铜奖 316 件。　（朱春林）

【农村生态能源建设】 2008 年，广西有农村能源行政管理推广机构 692 个，工作人员 2069 人。全年投入农村能源建设资金 30 893.76 万元，其中：中央财政拨款 14 438.7 万元，省级财政拨款 14 322.18 万元，地级财政拨款 941.54 万元，县级财政拨款 1020.66 万元，乡级财政拨款 170.69 万元，农户自筹 27 391.95 万元，投劳折资 12 275.35 万元，县级贷款 20 万元。

新增建池户 218 598 户，年末累计 321.5951 万户，沼气池年产气量 13.4452 亿立方米，建池户年均产气量 429.2951 立方米。新增大中型沼气工程 711 处，年末累计建成大中型沼气工程 1399 处。其中年末累计处理工业废弃物工程 44 处，总池容 0.92 万立方米，年产气量 146.28 万立方米；年末累计处理农业废弃物工程 1355 处，总池容 8.63 万立方米，年产气量 878.19 万立方米。建成生活污水净化沼气池 630 处，总池容 7.9907 万立方米。其中：村级处理系统 56 处，总池容 4.2348 万立方米；医院生活污水净化沼气池 9 处，总池容 0.0551 万立方米；居民楼污水净化沼气池 145 处，总池容 0.11 万立方米；学校生活污水净化沼气池 370 处，总池容 3.43 万立方米；其他公共场所生活污水净化沼气池 50 处，总池容 0.16 万立方米。新增微型水力发电机 493 台，装机 556.8 千瓦。年末全自治区有微型水力发电机 23 397 台，装机总容量 36 058.8 千瓦。年末全区有地热利用点 5 处，利用地热种植作物 0.73 公顷，养殖 0.31 公顷。新增小型风力发电机 10 台，装机容量 1.5 千瓦。有小型风力发电机 1205 台，装机总容量 431.6 千瓦。新增太阳能热水器 6.579 万平方米，年末累计 30.07 万平方米。全区有农作物秸秆气化站 3 处，供气户数 447 户，供气量 52 万立方米，利用秸秆量 252.06 吨。新增秸秆沼气用户 40 户，年末累计秸秆沼气用户 2320 户。本年新增省柴节煤灶 8.72 万户，年末全区省柴节煤灶用户 729.69 万户。本年新增节能炉 0.89 万户，年末累计有节能炉 1.57 万户。

全年培训 18 724 人次，累计培训 169 707 人次。当年鉴定 407 人，累计鉴定 15 003 人，累计持证人数 14 253 人。其中，沼气生产工当年培训 16 422 人次，累计培训 156 878 人次，持证人数 14 253 人；农村节能员累计培训 12 401 人次；太阳能利用工累计培训 428 人次；其他累计培训 30 人次。

农村地区能源合计消费 2051.14 万吨，其中生活用能消费 1091.04 万吨，生产用能 960.1 万吨。

2008 年广西农村生活用能情况表

项　目	单位	用　量	折标准煤（万吨）
秸秆	万吨	649.83	305.42
薪柴	万吨	803.89	409.98
煤炭	万吨	151.2	108
电力	万千瓦时	328 035.85	40.32
成品油	万吨	37.89	54.13

项　目	用户数（万户）	用　量	折标准煤（万吨）
沼气	296.53	114 299.36 万立方米	90.29
液化石油气	333.17	46.20 万吨	79.20
煤气	3.6	32 万立方米	0.02
太阳能	17.01	30.69 万平方米	3.68

2008 年广西农村生产用能情况表

项　目	单位	用　量	折标准煤(万吨)
煤炭	万吨	725.15	517.97
焦炭	万吨	32.64	31.71
成品油	万吨	161.71	231.02
电力	万千瓦时	714 265.15	87.78
薪柴	万吨	179.64	91.61

（钟小兰）

【林业大事】

1 月 10 日　自治区副主席陈章良调研钦州金桂纸厂工地。

2 月 9～10 日　自治区副主席陈章良察看花坪国家级自然保护区林业受灾情况。

2 月 11 日　自治区副主席陈章良视察黄冕林场冰冻灾情。

2 月 22～23 日　国家林业局副局长李育材考察广西林业雨雪冰冻灾情。自治区副主席高雄在桂林汇报了广西林业雨雪冰冻灾情。

3 月 1 日　自治区副主席陈章良出席全区森林防火紧急会议并讲话。

3 月 3 日　国家林业局局长贾治邦在北京听取了自治区党委常委、政法委书记彭祖意，自治区副主席陈章良有关广西林业抗击雨雪冰冻灾害和灾后恢复重建工作汇报时表示，将尽可能倾斜支持广西林业灾后恢复重建工作。

3 月 20 日　自治区副主席陈章良出席全区森林防火电视电话工作会议并讲话。

同日，自治区副主席陈章良在南宁会见了日中绿化交流基金事务局长梶谷辰哉先生。

3月25日 自治区党政军领导郭声琨、马飚、马铁山、刘晓琨等到南宁青秀山义务植树。

3月28日 自治区党委常委、自治区副主席李金早，自治区副主席陈章良、林念修出席推进北海林浆纸一体化项目会议并讲话。

4月2日 自治区副主席陈章良检查大明山自然保护区清明节森林防火工作。

4月10日 自治区副主席陈章良到七坡、高峰林场调研推进北海林浆纸一体化项目建设和组建广西林业集团。

4月11日 自治区主席马飚到钦州考察在建的金桂浆纸厂。

4月29日 自治区党委书记、自治区人大常委会主任郭声琨就加快组建广西林业集团、推进北海林浆纸项目作出批示：尽快成立集团，明确投资主体，有专人解决具体问题。

5月12~15日 自治区人大常委会副主任吴恒到钦州市、灵山县和扶绥县，对林木种苗管理条例(草案)立法调研。

6月12日 自治区党委常委、北海市委书记温卡华到自治区林业局考察。

7月20日 自治区副主席陈章良在南宁会见了世界能源理事会副主席金英薰等。

7月21~23日 国家能源局副局长孙勤、自治区副主席陈章良、世界能源理事会副主席金英薰出席世界能源理事会亚洲地区工作会议、广西可再生能源发展与新农村建设国际论坛并致辞。

8月15日 自治区副主席陈章良到广西林科院调研。

9月10日 自治区主席马飚主持召开自治区十一届政府第十七次常务会议，讨论《广西林业集团公司组建方案》。

10月4~5日 中央政治局常委、国务院总理温家宝在广西考察时，称赞广西山清水秀，并要求努力保护好生态环境。

10月8日 自治区副主席陈章良出席在南宁召开的全区秋冬季森林防火工作电视电话会议并讲话。

10月17~21日 中央政治局常委、全国人大常委会委员长吴邦国在广西考察时，称赞广西的生态环境很好，并要求做好生态保护工作。

11月25日 广西林业集团有限公司在南宁举行揭牌仪式。自治区党委书记、自治区人大常委会主任郭声琨，自治区主席马飚为广西林业集团有限公司揭牌并授牌。自治区党委副书记陈际瓦主持揭牌仪式，自治区党委常委、自治区副主席李金早致辞，自治区副主席杨道喜宣读公司成立文件，自治区人大常委会副主任邵博文、自治区副主席林念修、自治区政协副主席李达球、自治区政府秘书长王跃飞出席揭牌仪式。

12月1日 自治区人大常委会副主任覃瑞祥出席在南宁召开的《广西壮族自治区林木种苗管理条例》新闻发布会并讲话。

12月11日 国家林业局副局长李育材考察广西林科院。

12月16日 北海林浆纸一体化项目奠基仪式在北海举行。自治区党委书记、自治区人大常委会主任郭声琨宣布项目奠基，自治区主席马飚致辞，自治区党委常委、自治区常务副主席李金早主持奠基仪式。自治区领导温卡华、陈章良、林念修等出席奠基仪式。

12月17日 自治区党委常委会讨论通过了《自治区党委 自治区人民政府关于全面推进集体林权制度改革的意见》。

12月20日 自治区副主席、自治区森防指指挥长陈章良出席在梧州举行的2008年全区秋冬季航空护林开航仪式并讲话。 (蒋卫民)

海南省林业

【概　述】 2008年，海南林业建设取得突破性进展，全省林业把生态安全作为首要任务，抓好海防林建设工程、天保工程、林权制度改革、退耕还林工程、自然保护区建设、森林旅游、林产品加工、名特优林木及花卉等重点工程，全面推进海南林业工作，取得了显著的成绩。2008年全省各类林地总面积206.67万公顷，其中：森林面积197.97万公顷；森林覆盖率达58.48%，比2007年增长1.38个百分点。

造林绿化 2008年全省共完成植树造林2.38万公顷，其中：人工造林1.733万公顷，更新造林0.647万公顷；完成育苗面积203.8公顷，分床育苗1.22亿株；义务植树800万株，参加义务植树活动人数达200万人次。主要措施：①领导重视、真抓实干。2008年，省委、省政府高度重视，把海防林建设作为保护海南生态安全和促进国际旅游岛建设的重要基础工程，以抓质量为生命线、抓退塘还林和退耕还林为重点，创新工作方法，实行海防林建设责任制。全年共落实海防林建设资金10 235.4万元，共营造海防林3686.87公顷，占年度计划任务的119%。其中：荒沙荒地造林1030.6公顷，更新改造766.8

公顷，补植造林1677.67公顷，退塘还林192.87公顷，退耕还林18.93公顷。退塘还林工作取得了重大突破，全年共完成填塘286公顷，占年度任务235.27公顷的121.6%。9月，省人大常委会组织执法检查组开展海防林"回头看"活动，对2008年以来全省海防林建设工作给予较高评价；省政协也组织政协委员对海防林建设进行了视察。海防林建设得到省委、省人大、省政府和省政协的充分肯定。②明确造林目标，落实管理责任。狠抓《海南省沿海基干林带建设目标管理责任状》的落实。通过对责任状的检查评比和兑现奖惩，进一步激发了各市县造林绿化的积极性。各市县及有关部门根据下达的造林任务，将任务层层分解落实到乡镇和山头地块。省林业局集中力量加强对重点市县造林工作的指导和监督检查，并在资金安排上给予倾斜。③加大科技推广，狠抓种苗质量。在全省范围内开展林业种苗执法大行动，重点抓好种苗质量的提高，组织科技人员进行科技攻关，利用现代生物组培技术培育良种壮苗，全年共分床育苗1.22亿株，为完成全年造林任务提供了充足的种苗。④退耕还林工程管理进一步完善。全省认真贯彻落实《国务院关于完善退耕还林政策的通知》，切实抓好退耕还林工程阶段性检查验收，调整工程总体规划和巩固退耕还林成果专项规划等工作。各市县已完成退耕还林工程阶段性检查验收、调整工程总体规划；完成巩固退耕还林成果专项规划；组织开展了退耕还林政策补助情况调查。2008年全省完成荒山荒地造林1万公顷。⑤全民义务植树运动得到深入扎实开展。通过在全省开展"推进生态文明示范省建设"、"绿化宝岛百万人大行动"等义务植树活动，全民义务植树运动得到蓬勃开展，全省义务植树热情高涨，全年义务植树800万株，参加义务植树活动人数达200万人次。

森林资源管理 2008年全省加大森林资源保护和监督管理力度，全省共立各类森林和野生动物案件876起，破案803起，破案率91.7%，处罚违法人员979人，收缴各类财物价值136.4万元，收缴违法木材1188立方米；收缴各类野生动物15288只(头)，为国家挽回直接经济损失245.8万元。主要措施：①切实加强天然林资源的管护。2008年省林业局投入了1000多万元，组织开展天然林保护规划、生态公益林保护规划等多项规划的编制，将林地落实到山头地块、划界立桩。同时，以省人大天然林执法检查为契机，组织有关部门认真研究，制定整改工作方案，全力推进天然林资源的管理和保护工程。②严格规范林木管理。制定林木采伐审批工作制度，强化限额管理，科学采伐，严格控制消耗，落实管理责任，做到生态保护和产业发展统筹兼顾。全省共核发林木采伐面积1.67万公顷，蓄积量140万立方米，出材量101万立方米。③严格控制林地征占用。为加强对林地征占用的管理，省林业局出台了征占用林地审批办法，定期召开专家预审和联审会，各部门各司其职、各负其责，严格审核审批征占用林地，坚决执行《占用征用林地审核审批管理办法》，对各类工程建设项目征占用林地进行审核审批，坚持工程项目征占用林地"占补平衡"或"占补有余"的原则，严格把关，确保林地总量不变。2008年共办理征占用林地61宗，面积0.13万公顷，共收取森林植被恢复费6208.8万元。④继续加大力度开展打击破坏森林资源的专项行动。3月20日至5月31日，省森林公安局在全省范围内组织开展代号为"飞鹰行动"打击破坏野生动物资源违法犯罪活动等专项行动，海南电视台、海口电视台、海南日报社等多家新闻媒体进行了跟踪报道，在社会上形成了良好的正面舆论导向。严厉查处了一批破坏森林资源重特大案件，有效遏制了破坏森林资源的犯罪行为，震慑了违法分子，教育了群众，取得了明显成效。⑤加强林业法制建设，加快林业立法步伐。先后制定了《海南省林业局征占用林地和林木采伐审批制度》、《海南省林业局占用征用林地专家评审制度》、《海南省项目征占用林地评审专家选聘暂行办法》等规章制度，规范项目征占用林地行为。⑥加强保护区建设力度。严厉打击违法经营、收购野生动物的犯罪行为，加大查处破坏野生动物资源案件的执法力度，广泛深入开展保护野生动植物的宣传教育活动，加强湿地资源保护立法工作；开展野生动物疫源疫病的监测工作，实行每日零报告制度，全年海南没有陆生野生动物疫源疫病疫情发生。

森林防火 2008年，全省贯彻落实"预防为主，积极消灭"的森林防火工作方针，采取了一系列行之有效的措施，重点抓好冬春季森林防火工作，尤其是元旦、春节、清明和"五一"等几个重要节日和博鳌亚洲论坛年会等全省性重大活动期间的森林防火工作。通过多次召开全省森林防火现场会加强宣传，利用卫星、飞机、电视等先进的监控手段，对森林火情进行全方位、高效的监控。同时，多渠道筹集资金，进一步加强基础设施建设和森林防火设备的更新，确保了全省2008年未发生重、特大森林火灾和人员伤亡事故，取得了较好的成绩。全省共发生森林火灾118起，其中：一般森林火灾89起，较大森林火灾29起，同比下降13.2%；森林火灾火场总面积208公顷，同比下降52.5%；受害森林面积100公顷，同比下降63%；无重、特大森林火灾发生，无人员伤亡事故发生，全省森林火灾受害率为0.05‰，继续将全省森林火灾受害率控制在国家规定的0.3‰以内，实现了连续15年森林火灾受害率低于全国平均值的目标。

林业有害生物防治 2008年，全省林业有害生物防治重点是椰心叶甲病虫害和微甘菊。全省加大了化学防治、生物防治和综合防治力度，防治工作紧紧依靠科研支撑，边研究、边试验、边防治，总结出一条以释放寄生蜂等生物防治为主，以挂药包法等化学防治为辅的综合可持续控制思路，主要采取释放寄生蜂、喷施绿僵菌、椰甲清粉剂挂包法等措施进行防治，不断加大防治力度。全年共喷药防治5万株，挂药包防治51.7万株，利用绿僵菌防治21万株，全省累计生产和释放寄生蜂9.16亿头，防治疫树约285万株，椰心叶甲的防治率达90%以上。同时，认真做好全省普查监测椰心叶甲疫情工作，加大防治宣传力度，开展群防群治，防治工作取得了阶段性的成果，遏制了疫情快速扩散的趋势，有效保护了椰林景观，保证了椰树基本不死亡、槟榔少受害，椰树的被害症状普遍减轻，椰心叶甲害虫的虫口密度大大降低，染虫植株大多恢复生长，重新长出嫩绿心叶，全省林业有害生物防治工作取得了明显的成效。

林业改革 2008年，林业改革步伐加快，林业体制机制创新取得新的突破。①逐步完善林业内部的体制机制。积极争取省编委的支持，合理调整省林业局机关的机构职能设置；将全省森林公安系统纳入公安政法专项编制，核定政法专项编制633名，全省森林公安过渡公务员方案获准实施。②集体林权制度改革试点顺利完成。省委、省政府和各级党委、政府高度重视，把集体林权制度改革作为一项富民工程，摆上重要的议事日程。在省林业局、省林改办、各有关部门以及昌江、澄迈、屯昌、白沙4个试点县的共同努力下，圆满完成了省委、省政府交给的集体林权制度改革试点任务。4个试点县集体林地林改面积14.773万公顷，范围涉及38个乡镇、405个村委会、3045个村民小组、9.3万农户、55.8万农村人口。4个试点县全部通过检查验收，完成勘界面积14.387万公顷，确权发证面积13.493万公顷，调处林地纠纷186宗、面积946.67公顷，投入林改试点经费2494.7万元，极大地调动广大农民参与林业建设的积极性，4个试点县农民自发造林达1.06万公顷，大部分是该区域的特色林业。海南集体林权制度改革在实施过程中，大胆探索，勇于创新，闯出了海南特色的集体林权制度改革模式，得到了国家林业局的充分肯定，也为2009年全省铺开集体林权制度改革工作奠定了坚实的基础。③建立和完善森林生态效益补偿基金制度。为建立健全省级森林生态公益林效益补偿制度，省林业局加大力度，对全省生态公益林巡逻管护、合同签订、资金发放及建档情况进行检查，确保人员到位、资金到位、措施到位、责任到位，积极会同省财政厅向省政府上报省级生态公益林森林生态效益补偿实施方案，研究制定和完善生态公益林的管理办法和管护措施，出台了多项政策和管理办法，探索实行了各种新的补偿和管护措施。2008年，海南省纳入中央财政补偿基金范围的重点公益林达31.787万公顷，占全省生态公益林总面积的35.4%，中央财政每年安排2384万元；列入省级财政补偿的重点公益林26.04万公顷，占全省生态公益林总面积的29%，省级财政每年拿出1953万元；列入国家天保工程的重点公益林(天然林)31.9万公顷，占全省生态公益林规划面积的35.6%。全省共投入的生态补偿基金达13 766万元，财力性补偿3000万元，管护性补偿10 766万元。

林业产业 2008年海南林业产业建设继续稳步发展，林业经济效益有了新的提高。①发展花卉产业。“十一五”期间，全省花卉产业规划6666.67公顷，已完成花卉种植4733.33公顷。国家林业局正式批准海口市为全国花卉鲜切叶生产示范基地、三亚市为全国热带兰花生产示范基地，占地20多公顷的海南热带花卉大世界交易市场已在海口初步建成，30多家经销商已入驻交易市场；占地近千亩的海口美兰花卉交易市场也正在积极筹备当中。成功举办了海南省第七届迎春花市和三亚兰花国际博览会，为企业和花农搭设市场平台，拉动花卉消费，有效推动了海南花卉产业健康发展。②发展速生丰产林。加强对速生丰产林的规划和指导，运用市场经济发展速生丰产林。③发展林产品加工。做好木材经营加工管理工作，促进木材经营加工市场法制化和规范化。对文昌、琼海等7市县进行日常执法检查，共抽查各类木材经营加工厂点45家，查处违法经营加工木材行为16起，取缔无证经营加工厂点6家，暂扣和没收违法木材33.5立方米，合法经营木材加工产业得到进一步发展。④发展森林旅游。随着森林旅游的继续升温，省林业局审时度势地提出创新模式、整合资源发展热带森林旅游，要有新思路和新办法，不能处处冒烟、村村点火，一窝蜂上马，造成资源破坏和浪费，效益低下，借鉴九寨沟和张家界等发展模式，突出重点区域，高标准招商，高质量引资，实施大企业进入、大项目带动的战略，依据各景区的自然资源，高规格规划，高标准建设，在充分保护原有天然植被和环境的前提下，整体开发建设，建成一批高端休闲度假的生态环保酒店。同时，加大森林旅游的宣传促销力度，充分宣传促销林区的热带森林旅游资源及基础设施建设情况，以森林生态旅游建设为突破口，带动林区商业、服务业的全面发展，积极推进第三产业建设，建设了一批有影响、受欢迎的森林旅游景区景点，使海南的热带森林旅游知名度进一步提高。⑤野生动物驯养产业进一步发展。全省野生动物驯养产业从业人员达1万人。全省年产虎纹蛙1亿多只，养殖实验动物13 755只，年产龟鳖2000多万只，养殖鳄鱼6万多条，养殖蟒蛇1万多条、眼镜蛇2万多条，野生动物加工利用业产值近11亿元。

生态文化 2008年，全省积极倡导生态文化，生态文明观念更加深入人心。①开展“创建绿色家园、推进生态文明示范省建设”活动。省林业局与省委宣传部、省绿委、省精神文明办联合举办了“创建绿色家园，打造绿色新村，建设绿色小康市县，推进生态文明示范省建设”活动，建设一批绿色小康县、绿色小康村、绿色小康户；并开展送苗下乡活动。10月24日，开展了“推进生态文明示范省建设”义务植树活动，共有300多名党员干部、青年志愿者和群众参加义务植树，全省当天共种植13.5万株树木，在全省掀起了倡导生态文明、共创绿色家园的高潮。②精心策划海南林业科学发展论坛活动。10月31日在海口举办了以“推进文明生态示范省建设”为主题的海南林业科学发展论坛，在海南省首次进行生态文明的全国性理论探讨。国内和省内多位知名专家学者发表了推进文明生态示范省建设的真知灼见，在社会上引起了较大反响，为海南的生态文明示范省建设提供了宝贵的理论参考。③开展形式多样的林业宣传活动。3月，省林业局会同省委宣传部、省人大法制工作委员会等6家单位联合行动，共同举办以筑我绿色长城，护我宝岛家园为主题的海防林建设与保护普法宣传月活动，在全省大力宣传《海南省沿海防护林建设与保护规定》，在海南师范大学举办建设绿色海疆青年论坛，在《光明日报》、《海南日报》设专栏宣传，在海南电视台进行系列报道。3月21日，省林业局会同省科协、海口市林业局等单位，举办了以“繁荣生态文化、建设生态文明”为主题的海南“爱鸟周”活动。通过活动宣传及新闻媒体宣传，林业的社会影响日益扩大。

【海南林业重点工程】

海防林建设工程　2008年海防林建设仍是全省林业工作的重点。从省委、省政府到市县各级领导高度重视，把海防林建设作为保护海南生态安全和促进国际旅游岛建设的重要基础工程，以抓质量为生命线、抓退塘还林和退耕还林为重点，实行海防林建设责任制，狠抓《海南省沿海基干林带建设目标管理责任状》的落实。建立健全海防林工程质量管理机制，省和各沿海市县都成立了海防林领导小组，市县党委、政府领导亲自抓，开展全省海防林基干林带专项调查，因地制宜，加强督导落实。各市县及有关部门根据下达的造林任务，认真制定全年工作方案，将任务层层分解落实到乡镇和山头地块。省林业局在人力、物力上给予大力的支持和投入，从各部门抽调人员组成海防林工作小组分赴各市县，重点督导抓落实，对已完成造林的地块全部用GPS逐块核查，确保造林面积的落实。造林施工以专业队伍为主，实行造林后3年管理，不合格不付款，实行造林监理制度，由工程监理单位在造林各个环节进行全程监督。2008年共落实海防林建设资金10 235.4万元，共营造海防林3686.87公顷，占年度计划任务的119%。其中：荒沙荒地造林1030.6公顷，更新改造766.8公顷，补植造林1677.67公顷，退塘还林192.87公顷，退耕还林18.93公顷。退塘还林工作取得了重大突破，全年共完成填塘286公顷，占年度任务235.27公顷的121.6%。9月，省人大常委会组织执法检查组开展海防林“回头看”活动，对2008年以来全省海防林建设工作给予较高评价；省政协也组织政协委员对海防林建设进行了视察。海防林建设得到省委、省人大、省政府和省政协的充分肯定，认为海防林工作怎么表扬都不会过分。

天保工程　2008年，全省继续抓好天保工程建设，抓好天保工程区管护责任状落实，与各天保工程区实施单位签订森林资源管护目标管理责任状，强化制度管理，加强林业执法队伍建设，提高森林资源保护的能力。省林业局投入了1000多万元，组织开展天然林保护规划、生态公益林保护规划等多项规划的编制，将林地落实到山头地块、划界立桩。认真组织各有关部门和各实施单位做好天保工程“四到省”核查工作。组织协调省审计厅对天保工程资金的审计工作，抓紧被审单位存在问题的整改及解释工作。积极协调省通畅办、省水务局、省发改厅、省电力总公司等部门，解决了林区林场水、电、路等项目建设规划及资金的问题。多方协调筹资，着力解决林区林场民生问题，通过省林业局积极协调，省政府召开了省长办公会议，专题研究解决林区林场及保护区人员工资偏低及水、电、路、危房等民生问题；针对林区林场群众关注的热点难点问题，省林业局制定并实施了解决林业民生问题“九大行动”，在社会中引起了较大反响。截至2008年底，“九大行动”已启动道路建设项目2个，完成投资455.3万元；筹措资金411.4万元，解决了2561名职工的四项保险问题；争取国家林业局和省财政厅支持危房改造经费1200万元，启动直属林区林场危改工程8项，涉及380户、面积31 971万平方米，完成投资735万元。

退耕还林工程　2008年，国家下达海南退耕还林工程任务1万公顷，全部为荒山荒地造林。为了保证退耕还林工程建设的顺利完成，全省认真贯彻落实《国务院关于完善退耕还林政策的通知》(国发[2007]25号)精神，各单位各部门严格按照国家有关规定，切实履行职责，抓好全省退耕还林工程阶段性检查验收，调整退耕还林工程总体规划和巩固退耕还林成果专项规划等工作。各市县已完成退耕还林工程阶段性检查验收和调整退耕还林工程总体规划工作；完成巩固退耕还林成果专项规划；组织开展了退耕还林政策补助情况调查。海南的退耕还林工程建设继续稳步推进，全年共完成退耕还林造林面积1万公顷，占全年任务计划的100%。

生态公益林建设工程　为建立健全省级森林生态公益林效益补偿制度，海南省出台了多项政策和管理办法，探索实行了各种新的补偿和管护措施。自

2008年起，用5年时间，海南省现行的森林生态效益补偿基金标准从每亩每年5元，提高到每亩每年20元，现已提高到每亩每年8元，补偿范围为89.719万公顷；对市县政府保护生态环境给予财力性补偿，自2008年起每年2000万元逐步提高到每年6000万元。2008年，海南省纳入中央财政补偿基金范围的重点公益林达31.787万公顷，占全省生态公益林总面积的35.4%，中央财政每年安排2384万元；列入省级财政补偿的重点公益林26.04万公顷，占全省生态公益林总面积的29%，省级财政每年拿出1953万元；列入国家天保工程的重点公益林(天然林)31.9万公顷，占全省生态公益林规划面积的35.6%。全省共投入生态补偿基金达13 766万元，财力性补偿3000万元，管护性补偿10 766万元。

自然保护区建设工程 2008年，省林业局共投入资金202万元，完成了29处国家级和省级自然保护区的边界规划界定工作，共设置宣传牌267块，埋置界碑180块，界桩2868个；开展全省数字自然保护区建设，已有25处保护区开展了数字保护区建设工作，其中：国家级6处、省级18处、市县级1处，取得了阶段性成果；野生动物驯养产业进一步发展，全省野生动物驯养产业从业人员达1万人。其中：虎纹蛙养殖场900多个，全省年产虎纹蛙1亿多只；实验动物养殖场3个，养殖实验动物13 755只，其中：食蟹猴13 726只，猕猴29只；龟鳖养殖场11个，年产龟鳖2000多万只；鳄鱼养殖场8个，养殖鳄鱼6万多条；孟加拉虎养殖场1个，孟加拉虎存栏345头；蟒蛇养殖场1个，养殖蟒蛇1万多条；眼镜蛇养殖场6个，眼镜蛇2万多条。野生动物加工利用业产值近11亿元。

【省政府表彰2007年度全省海防林建设先进市县】 在2007年度沿海防护林建设中，各级政府和有关部门采取强有力的措施，广泛发动全社会共同建设沿海防护林，克服重重困难，层层抓好落实，超额完成了年度造林任务，沿海防护林建设成绩显著。为树立榜样、激励先进，共同营造全社会建设海防林的良好氛围，促进海南省生态环境建设的全面发展，2008年4月21日，省政府对2007年沿海防护林建设工作成绩突出的昌江黎族自治县、三亚市、儋州市、文昌市予以通报表彰(琼府[2008]23号)，并授予2007年度全省海防林建设先进市县荣誉称号。对受表彰的市县，省政府从2008年沿海防护林建设资金中各增拨项目经费50万元给予奖励。

【省林业局增设行政审批办公室】 为贯彻落实《海南省人民政府关于34个单位776项行政审批事项集中在省人民政府政务服务中心办理的决定》(琼府[2007]69号)精神，创新公共服务体制机制，促进服务型政府建设。2008年5月23日，省编委正式下文(琼编[2008]14号)，同意省林业局增设行政审批办公室，为处级内设机构，增配处级领导职数1正1副，人员编制由单位内部调剂解决。主要职责为：负责林木采伐、林地征占用、木材加工、木材运输、森林检疫、野生动物驯养经营、林木种子生产经营等36项行政审批。

【省林业局增设政策法规处】 为更好地指导海南林业建设，把执法与监督分离，加强执法监督，加大立法力度。2008年6月6日，省编委正式下文(琼编[2008]32号)，同意省林业局增设政策法规处，增配处级领导职数2名，人员编制内部调剂解决。主要职责为：监督本系统法律、法规、规章的执行情况；拟定本省有关林业的地方性法规规章草案；指导、承办有关林业执法和行政复议、应诉工作，承担本系统普法教育工作。

【省林业局增加2名处级非领导职务职数】 根据省编委《关于省政府有关部门设立行政审批办公室的通知》(琼编[2008]14号)和《关于省林业局增设政策法规处的批复》(琼编[2008]32号)以及《海南省综合管理类公务员非领导职务设置管理办法》关于"调研员和副调研员职数，不得超过县处级领导职数的50%"的规定。2008年7月28日，省人事劳动保障厅正式下文(琼人劳保函[2008]262号)，同意在琼人劳保[2007]76号文已核定的处级非领导职务职数基数上，增加省林业局处级非领导职务职数2名。

【省林业局营林科技处更名为营林处】 由于营林科技处担负的全省林业科技工作已由新增设的产业科技合作处负责，营林科技处不再担负林业科技的职能，为明确职责，避免重叠，理顺关系。2008年3月17日，省编办正式下文(琼编办[2008]103号)，同意省林业局营林科技处更名为营林处。

【省林业局林政法规处更名为森林资源管理处】 由于林政法规处担负的政策法规工作已由新增设的政策法规处负责，余下职责主要承担全省森林资源管理工作，负责全省封山育林以及红树林、沿海防护林体系的保护工作，组织全省森林资源调查、动态监测和统计工作。为明确职责，避免重叠，理顺关系，2008年7月21日，省编办正式下文(琼编办[2008]238号)，同意省林业局林政法规处更名为森林资源管理处。

【省野生动植物自然保护中心更名为省野生动植物保护管理局】 为体现海南省野生动植物自然保护中心行政管理和行政执法职能，方便工作，并参照其他兄弟省(区、市)的做法，2008年7月11日，省编办正式下文(琼编办[2008]229号)，同意将海南省野生动植物自然保护中心更名为海南省野生动植物保护管理局。其他不变。

【省木材管理总站更名为省木材管理局】 2008年9月27日，省编办正式下文(琼编办[2008]264号)，同意海南省木材管理总站更名为海南省木材管理局，保留海南省林业工作站牌子；相应增加该局协助省林业主管部门拟定有关木材管理政策法规，编制全省木材经营加工行业发展规划，指导、检查和监督全省木材经营加工管理工作职能。其他不变。

【吊罗山省级自然保护区管理站更名为吊罗山国家级自然保护区管理局】 鉴于国务院已将海南吊罗山自然保护区列为国家级自然保护区，为使海南省国家级自然保护区管理机构称谓相一致，2008年5月6日，省编委正式下文(琼编[2008]11号)，同意海南吊罗山省级自然保护区管理站更名为海南吊罗山国家级自然保护区管理局。

【省森林公安系统核定公安政法专项编制】 根据中央编办[2007]19号文件精神，为加强森林公安队伍正规化建设，更好地发挥森林公安的职能作用，确保海南森林资源安全，结合海南省森林公安队伍的实际，2008年6月6日，省编委正式下文(琼编[2008]23号)，决定调整海南省各级森林公安机构名称并核定政法专项编制633名，原核定的各类编制收回。

【省森林公安局职能配置内设机构和人员编制规定】 2008年8月26日，省编办正式下文(琼编[2008]252号)，印发省森林公安局职能配置内设机构和人员编制规定。设置省森林公安局为省林业局直属正处级公安机构，主要负责全省森林、野生动植物资源保护及林区林场(辖区)治安工作。业务工作接受省公安厅指导。省森林公安局内设政治处、刑事侦查支队2个副处级和办公室(指挥中心)、装备财务科、法制督察科、治安科、技术科5个正科级职能机构。核定政法专项编制48名，其中：局长1名(正处级)，政委1名(正处级)，副局长2名(副处级)；政治处主任1名(副处级)、政治处副主任1名(正科级)；刑事侦查支队支队长1名(副处级)、政委1名(副处级)、副支队长1名(正科级)。正副科级领导职数(不含政治处副主任、刑事侦查支队副支队长)6名。核定工勤人员财政预算拨款事业编制5名。省森林公安局所属单位为尖峰岭林区森林公安局、霸王岭林区森林公安局、吊罗山林区森林公安局、岛东林区森林公安局、黎母山林区森林公安局、五指山自然保护区森林公安局、鹦哥岭自然保护区森林公安局、东寨港自然保护区派出所、上埇派出所、会山派出所、金鸡岭派出所、澄迈林场派出所、儋州林场派出所、抱龙派出所、卡法岭派出所、佳西派出所、松涛林区派出所、五指山林场派出所、毛瑞派出所、番加派出所、南高岭派出所、昌化派出所、保梅派出所、岛西派出所、猕猴岭派出所、六连派出所、枫木派出所、三亚林场派出所、英洲派出所、大田派出所、邦溪保护区派出所、文昌红树林派出所、甘什岭派出所、南湾自然保护区派出所等34个直属正科级机构，其中31个单位提升为正科级。核定政法专项编制323名，工勤人员财政预算拨款事业编制43名。

【省林业局增加1名工勤人员编制】 为改善机关行政编制与工勤人员编制的结构比例，提高机关后勤保障能力，2008年12月16日，省编办正式下文(琼编办[2008]322号)，同意省林业局机关增加工勤人员财政预算拨款事业编制1名。

【林业大事】

2月26日 省林业局在海口市召开2008年全省林业工作会议。省林业局领导班子成员，各市县林业局、农垦林业局局长及办公室主任；省林业局各处室、事业单位主要负责人；省属省管林区、林场、自然保护区管理局(站)主要负责人；国家林业局驻海口森林资源监督专员办事处、国家林业局濒危物种进出口管理中心海口办事处、省纪委第三派驻组负责人；海南省林业总公司、海南省金华林业有限公司、五指山集团公司负责人；海南日报社、海南广播电视台记者等130多人参加了会议。省林业局党组书记、局长关进平出席会议并讲话。

3月21~23日 省林业局与省野生动植物自然保护中心会同省野生动物保护协会、省科协、海口市林业局、海南师范大学、海口市野生动物保护站在海口市举办了“繁荣生态文化、建设生态文明”为主题的海南“爱鸟周”活动。

3月20日至5月31日 根据省林业局、省公安厅、海口海关、省工商局的统一部署，省森林公安局在全省范围内组织开展代号为“飞鹰行动”的打击破坏野生动物资源违法犯罪专项行动。

5月8~9日 为全面推广海防林造林新技术，提高海防林造林质量，省林业局在昌江县举办海防林造林技术培训班。

7月4日 省政府在昌江县海尾镇石港塘召开全省海防林建设现场会。省委副书记、省长罗保铭，省人大常委会副主任王法仁，副省长陈成，省政协副主席史贻云，省政府秘书长徐庄出席了会议。罗保铭作了讲话。

7月22~23日 为贯彻落实省政府召开的全省海防林建设现场会议精神，切实把海防林建设工作落到实处，加快退塘还林进度，省林业局在海口市召开全省海防林建设退塘还林工作会议。各沿海市县林业局局长、分管副局长，省农垦林业局负责人，岛东林场、佛罗林场场长，省森林资源监测中心、省林业项目管理办公室、省林科所领导和业务人员，省海防林工作组全体成员参加了会议。

7月23~25日 省集体林权制度改革领导小组办公室在昌江县霸王岭举办全省集体林权制度改革培训班。培训班邀请了国家林业局林改办领导、专家授课。省林改办主任、省林业局局长关进平，省林改办副主任、省林业局副局长秦忠文，省林业局副巡视员曾平，4个试点县林改办主任，各市县林业局局长、分管林改工作的副局长、林政科(股)长以及省林改办全体人员共100多人参加了培训班。

7月31日 为确保林区的治安稳定，确保2008年北京奥运会期间的安全工作，省林业局在海口市召开海南省林业2008年北京奥运会期间安保工作维稳会议。林区、林场、保护区分管治安工作的领导和森林公安分局局长及派出所所长参加会议并签订了责任状。省林业局党组书记、局长关进平出席会议并讲话。

8月4日 根据《海南省林业局处理信访突出问题与群体性事件开展大接访活动的实施方案》精神，更好地处理信访突出问题与群体性事件，省林业局开展了一把手大接访活动日，省林业局党组书记、局长关进平全程参加大接访活动日，接待上访群众，对群众上访事件当场处理，取得了良好的效果。

8月15日 省委(琼干[2008]183号，8月15日)、省政府(琼人字[2008]78号，9月25日)正式下文，决定任命倪陈兴、黄金城为省林业局副局长(试用期一年)、党组成员；秦忠文为省林业局巡视员，免去其省林业局副局长、党组成员职务。

11月5~6日 为全面推进海防林建设和退塘还林工作，进一步推动海防林建设与退塘还林的顺利进行，省政府在三亚市亚太国际会议中心召开全省海防林建设退塘还林现场会。各市县政府分管林业的副市县长，市县林业局局长和分管退塘还林工作的副局长，省海防林建设领导小组21个成员单位有关领导，省人大、省政协有关部门领导，国家林业局驻海口森林资源监督专员办事处负责人，省海防林工作组成员参加了会议。省政府副秘书长宋攻文主持会议，副省长陈成和省林业局局长关进平出席了会议，陈成作了讲话，关进平作了工作报告。

11月10~20日 为贯彻落实中央10号文件，加快推进海南省集体林权制度改革步伐，省委组织部和省集体林权制度改革领导小组办公室在海南政法职业学院联合举办两期全省集体林权制度改革领导干部培训班，全省各市县分管林业的副市县长，乡镇书记和镇长，市县林业局局长和分管副局长，省林改办全体人员共386人参加了培训。

12月26日 为进一步加强林地保护管理，协调国土部门做好土地利用总体规划修编，部署全省森林资源二类调查规划，开展桉树枝瘿姬小蜂防控和微甘菊防治工作，省林业局在海口市召开全省林业局长会议。各市县林业局局长，农垦林业局局长，省林业局分管局领导、相关处室负责人及业务处室有关人员参加会议。

(*海南省林业由王雪供稿*)

重庆市林业

【概　述】 2008年重庆林业工作紧紧围绕市委三届三次全委会建设“森林重庆”的战略目标，以“开发致富之山，打造宜居之城”为主题，大力实施森林工程，全面推进林权制度改革，强化森林资源管理，努力建设现代林业，取得了可喜的成绩，实现了五个历史性的突破。①林业在全市经济社会发展地位上的历史性突破。市委、市政府空前重视林业，把林业列为全市经济社会发展的重要战略。市委三届三次全委会把建设“森林重庆”作为建设“五大重庆”之一。市委和市政府主要领导亲自抓林业，开创了重庆林业发展史上的先河。各区(县)党政主要领导都亲自主抓林业工作，把林业列为了当地党委、政府工作的重要内容。②国家林业局对重庆林业建设支持上的历史性突破。今后5年国家林业局新增投资100亿元，支持重庆森林工程建设。③在社会办林业上的历史性突破。社会各界高度关注林业发展，各类企业和单位踊跃投资林业事业，广大干部群众自觉参与林业建设，全民义务植树8950万株，真正形成了全社会办林业，全民搞绿化的可喜局面和良好氛围。④在林业投入上的历史性突破。2008年市级以上林业投资54.6亿元，创历史新高。市财政投入林业4亿元，是2007年市级投入3.3倍，是前8年的总和；国家对重庆市林业投入达到24亿元，比2007年增加40%。各区(县)加大财政对林业的投入，投入量超过以往任何时期，区(县)财政和社会投入21.88亿元。⑤在城乡绿化一体化上的历史性突破。市、区(县)制定了未来10年推进城乡绿化一体化，内容涵盖城市、农村、通道、水系、种苗等六个方面的森林工程规划，改变了过去长期各自为阵、城乡脱节、部门分割的状况，呈现出城乡林业协调发展的新局面。

【森林重庆规划】 2008年4～7月，市林业局组织专家学者和科技人员组成规划组编制完成了《森林重庆总体规划》。《规划》提交市政府常务会、市委常委会审议通过后印发各区(县)和市级各部门。总体思路是，用10年时间，完成城市森林工程、农村森林工程、通道森林工程、水系森林工程、长江两岸森林工程、苗圃基地工程等六大工程，把重庆建设成为林业产业发达、人居环境优良、生态系统稳定、生态文化丰富的“森林重庆”。到2017年，完成新造林733 333.3公顷，改造低效林666 666.7公顷，新建城市绿地12 000公顷。全市森林覆盖率达到45%，城市建成区绿化覆盖率达到38%，绿地率达到36%，人均公共绿地达到12平方米，道路绿化率达到80%，水系绿化率达到80%。都市区建成国家森林城市，其余31个区(县)建成市级森林城市；建成95个森林生态镇和3000个绿色小康村。林业产值达到500亿元。农民在林业上的收入人均达到1000元。工程规划总投资480亿元。前5年完成主体建设任务，后5年巩固提高。

城市森林工程 包括城市建成区和规划拓展区，新造林118 666.7公顷。一是城区搞好城市公园、绿色广场、单位绿化、居住区绿化，打造城市主次干道特色鲜明的绿色骨架，最大限度地提高城市绿体总量。二是城周主要对主城缙云山、明月山、中梁山、铜锣山“四山”和区(县)城市周边实施生态保护修复，搞好重要区域的景区景点建设，建成城周森林屏障。三是建设一批风景名胜区、森林公园、湿地公园、生态科普基地、纪念林基地，进一步提升都市区人文气息和休闲功能品位，基本形成城区绿美相拥、城郊森林环抱、城外绿色田园、自然景观比较完备的城市森林生态系统。

农村森林工程 建设总规模1 206 666.7公顷，主要实施好4个项目：一是建设速丰林基地333 333.3公顷，带动10个林业产业大县的发展，培育出一批年产值过10亿元的林业龙头企业。二是低效林改造。主要采取封育补植等方式，将666 666.7公顷低质低效林改造成为健康森林。三是绿色村镇建设。重点在95个市级中心镇和3000个村开展“森林生态镇”和“绿色村庄”创建活动。四是大力发展经济林，使之成为群众的“摇钱树”。渝东南等地新发展油茶基地164 666.7公顷，把农村建设成为生态优美、产业发达、生活富裕的社会主义新农村。

通道森林工程 工程总面积4万公顷。重点在内环、外环高速公路两侧和主城区向外辐射的7条高速两侧各建30～80米宽的林带；5条铁路两侧各建30～50米的林带；国道、省道、县道和乡村道路两侧栽植1～2排行道树或在适宜区域建林带。

水系森林工程 总规模46 666.7公顷。在长江干流及其流域面积1000平方千米以上的支流两岸的可视范围、41座重点中型以上水库和饮水水源水库周边100米、100座农村塘堰周边建设林带。以营造生态防护林为主，兼顾经济林、景观林建设。

长江两岸森林工程 工程总规模253 333.3公顷，其中新造146 666.7公顷、补植补造4万公顷、低质低效林改造66 666.7公顷。实施范围为长江干流及其支流175米库岸线至第一层山脊(水平推进2000米)，涉及江津区、永川区、大渡口区、巴南区、九龙坡区、南岸区、渝中区、渝北区、北碚区、江北区、沙坪坝区、长寿区、涪陵区、武隆县、丰都县、石柱县、忠县、万州区、开县、云阳县、奉节县、巫山县、巫溪县等23个区(县)、182个乡镇(街道)、919个行政村。

苗圃基地工程 在加强现有6666.7公顷苗圃管理和改造提高的基础上，2008～2009年新建苗圃3466.7公顷，全市各类苗圃达到13 333.3公顷。

【森林重庆建设】 2008年7月，市委三届三次全委会作出了建设“森林重庆”的战略部署，全市上下齐心协力启动实施森林重庆建设。市林业局党组及时调整工作思路，采取有力措施，扎实开展了以实施森林工程为载体的“森林重庆”建设工作，使“森林重庆”成为全市建设“五大重庆”第一个启动实施的工程，实现了“森林重庆”的良好开篇，得到了市委、市政府的充分肯定。①加强组织领导。市委、市政府出台了《关于实施森林工程的决定》，市政府成立了由市长王鸿举任组长，黄奇帆、马正奇、凌月明3位副市长为副组长的森林工程建设领导小组。各区(县)也组建了由区(县)委书记或政府主要领导任组长的森林工程建设领导小组或指挥部。②组织6个调研组开展调查研究，市委常委、副市长马正其率领市级相关部门负责人到湖南、江西和市内进行了考察和调研，为森林重庆决策奠定了坚实基础。③编制了《重庆森林工程总体规划》。7月14日市政府常务会议、7月24日市委常委会议分别审议通过了总体规划。④组织力量对全市苗圃、苗木情况进行了调查摸底，新建扩建苗圃4800公顷，召开了森林工程种苗供需洽谈会，定期公布种苗需求信息。⑤8月19～20日，市委、市政府召开了重庆有史以来规模大、规格高的全市森林工程大会，全体市领导出席了会议，各区(县)党委书记或区(县)长、政府分管领导、市级各部门主要负责人参加了会议，动员部署森林重庆建设工作。8月27日，市政协召开三届八次主席会议听取了市林业局局长吴亚关于实施森林工程的报告，市政协主席邢元敏作了讲话。9月22日举行了以“开发致富之山，打造宜居之城”为主题的声势浩大的森林工程建设启动仪式，在江北鸿恩寺木公园设立1个主活动场和40个区(县)设立近1000个分活动场，当天全市有220万人参加启动仪式和植树活动，植树1000万株。标志森林重庆建设正式启动。⑥强化森林重庆宣传。各地通过召开党委常委会、政府常务会、专题宣讲会等形式，广泛宣传实施森林工程和建设森林重庆的重要性。制作了森林工程专题宣传片《绿色的宣言》；在《重庆日报》发表《实施森林工程造福子孙后代》的评论员文章，开辟了“绿化八万里山川”和“森林重庆”专栏；在《中国绿色时报》开设专版；在重庆电视台“特别关注”制作3期专题节目。在《重庆日报》、重庆电视台开辟“森林重庆”专栏和专题节目，连续报道森林工程。《人民日报》、新华社、中央电视台等中央媒体大量报道了森林重庆建设。组织新闻媒体对“森林重庆”建设进行了重点报道，对40个区(县)推进情况进行巡回采访报道；《重庆日报》、重庆电视台、重庆广播电台、《重庆晨报》、《重庆商报》、《重庆时报》、华龙网和部分中央驻渝新闻单位开设“森林重庆”专版和新闻专栏，刊发相关新闻报道1200余篇(幅)。市森林工程办公室编印简报、专报140期、272条，取得了较好的宣传导向作用。⑦市委把森林工程建设纳入对各区(县)党委、政府的目标考核的内容。市委办公厅、市政府办公厅印发了《森林工程重要措施任务分解的通知》，将建设任务分解到了市级相关部门和各区(县)。各地建立了由纪委、组织部门负责的定期督查制度，不少区(县)还对森林工程实行“一票否决”。市林业局建立了局领导和处室联系森林工程制度，下派干部支持区(县)森林工程建设。市委督查室、市政府督查室组织10个督查工作组，对森林工程实施情况进行了督查。⑧探索机制创新。在实施森林工程中，各地不断创新，探索出了采取先租后征的方式，解决城市森林工程用地；采取租用的方式，解决城郊重点区域造林用地；采取农民出土地与业主投入的股份制合作方式，解决速丰林造林用地；采取农民出土地的方式，解决农田林网、四旁和庭院绿化用地；采取集体出土地的方式，解决荒山、荒坡、河流沿岸造林用地。⑨加强森林工程管理，提高工程建设质量。出台了《重庆森林工程管理办法》、《重庆市森林工程专项资金使用管理暂行办法》等6个办法，编制了《重庆森林工程造林投资标准》。在实施中，全面推行专业队造林，业主实行包栽、包活、包管护。市林业局建立了领导联系区(县)、处室联系示范片和工程信息周报、周会等制度。⑩强化科技支撑狠抓业务培训。大力推广先进实用技术，全市大力推广了速丰林栽培、困难地造林新技术，建立40多片科技示范基地，面积达10 666.7公顷。10月、11月，国家林业局和市委组织部在北京举办了森林重庆建设区(县)长和林业局长培训班。全市开展专题培训1700人次。编辑出版了“森林重庆”系列丛书。

2008年，各区(县)、市级各部门认真贯彻落实市委三届三次全委会精神和市委市政府《关于实施森林工程的决定》，坚持以建设生态文明为主线，以兴林富民和统筹城乡绿化为重点，切实加强组织领导，广泛宣传发动，大胆创新运行机制，千方百计落实土地、资金，大力开展植树造林，迅速掀起了实施森林工程、建设“森林重庆”的高潮。全年完成森林工程营造林任务214 666.7公顷，占年度计划133 333.3公顷的161%。其中：城市森林工程8480公顷、农村森林工程133 333.3公顷、通道森林工程6160公顷，水系森林工程4360公顷。完成森林工程总投资54.6亿元，其中：国家24亿元，市级财政投入4亿元，市级部门投入4.72亿元，区(县)财政投入13.6亿元，社会投入8.28亿元。城市、农村、通道、水系和苗圃基地建设五大工程同步推进。①城市森林工程呈现新的亮点。凸现拆危建绿、拆围现绿、见缝插绿，重点在城区主要干道、节点、城市公园、居住区绿化、两江四岸建绿线、绿点和绿带，增加城市绿量，构建新的森林生态景观，打造宜居新亮点。新建绿地1300万平方米，改建绿地424万平方米。江北区在鸿恩寺重点打造以桂花为主、品种齐全的城市特色森林公园；大渡口建桥工业园区义务植树基地营造了30万平方米纪念林；奉节、巫山、南岸等22个区(县)营造了133公顷以上的城周森林屏障。②农村森林工程为拓展农民致富创造条件。各地因地制宜发展了一批按树、笋竹、干果、柑橘、金银花、木瓜、桑树等速丰林、经济林基地。全市营造速丰林80 666.7公顷、经济林25 820公顷，占新造林的63.4%，山区群众种上了“摇钱树”。编制完成160 000公顷油茶产业发展规划，已纳入全国规划总盘子，在6个区(县)开展了示范试点。③通道森林工程建设展现窗口新形象。全市完成通道绿化3553千米。林业部门重点打造了成渝高速、渝武高速通道景观林；交通部门重点实施渝宜路长梁段、渝武路网内绿化；新增在建高速公路网内绿化面积，加大乔木的种植密度和规格；国省县乡道因地制宜栽植了行道树，初步形成了景观带、产业带。④水系森林工程构建新景观。水利部门以点带面、点面结合，重点开展了饮水水源和沿(穿)城镇河流绿化示范点建设；移民部门重点开展移民柑橘果园建设；林业部门开展“两江”绿化试点，建设了1333.3公顷江岸生态景观林。⑤苗圃基地建设形成新能力。全市已建成苗圃基地10 666.7公顷，其中：生态苗圃2666.7公顷，绿化苗圃8000公顷，形成年产4.5亿株的种苗生产能力。业主投资苗圃的积极性提高，新建了一批有规模、上档次的绿化苗圃，超过33公顷以上的苗圃达到21个。重庆文理学院、市林科院发挥现代化育苗设施的作用，培育桉树组培苗4000余万株，为“森林重庆”建设奠定了坚实基础。

【集体林权制度改革】 2008年6月，中央10号文件下发后，9月，市委、市政府出台了《关于加快推进集体林权制度改革的意见》（渝委发［2008］24号），全市集体林改进入了全面推进阶段。主要围绕“明晰产权、落实处置权、放活经营权和保障收益权”推进改革，努力解决好“山有其主、主有其权、权有其责、责有其利”，实现“山定权、树定根、人定心”，建立现代林业制度，创新林业经营机制，盘活现有森林资源，使集体林改成为农村经济发展的增长点、农民增收致富的突破口和社会投资林业的吸引点，以此加快推进“森林重庆”建设步伐。

在推进集体林改中，主要抓了四项工作：①突出组织保障。成立了由市委常委、副市长马正其任组长，市级相关部门为成员的集体林权制度改革工作领导小组，加强对林改工作领导和协调。8月11日，市政府召开全市林权制度改革工作会议，对林改工作进行了全面部署。采取“走出去”和“请进来”的方式，先后10多次组团到江西、福建、辽宁、湖南等省学习考察，并邀请辽宁、江西省的同志到重庆市介绍林改先进经验。组织开展林改专题调研，确定了改革的方向和重点，下发了《重庆市集体林权制度改革实施方案》。利用电视、广播、报刊、网络等媒体广泛宣传集体林改，为集体林权改革营造良好氛围。组织新闻媒体单位记者深入到39个区（县）对改革推进情况进行巡回采访报道。在《重庆日报》、重庆电视台、部分中央驻渝新闻单位等媒体开设专版和专栏，刊发相关新闻报道600余篇（幅）。编印简报56期。组织10个林改宣讲团，分赴39个区（县）宣讲林改，受讲对象约11 000人。在农村张贴宣传标语近10万条，发放入户通知书200多万张。开展林改培训，统一政策口径、操作程序和标准要求。举办了3500期培训班，培训人员达70余万人，培训对象包括区（县）分管领导、从事集体林权改革的工作人员（包括乡镇领导、村社干部）、林业企业和大户、农民代表等。编印了《重庆市集体林权制度改革培训教材》、《重庆市集体林权制度改革50问》、《重庆市集体林权制度改革文件选编》、《重庆市集体林权制度改革资料选编》等资料共80万份，分发到区（县）、乡镇指导集体林改工作。②开展纠纷调处。重庆市林权纠纷主要包括乡际、村际、社际、村内、社内五种类型。为妥善解决林权纠纷，不留后遗症，在搞好调查摸底的基础上，按照“属地管理、分级负责”的原则，充分发挥村规民约的作用，通过县乡村调解、行政裁决、司法途径等多种手段努力把矛盾解决在基层。全市受理林权纠纷2761件，涉及林地面积15 080公顷，已调处2410件、9700公顷，调处率87.3%。③主体改革“量体裁衣”。主要坚持“四条原则”。一是坚持农村基本经营制度。按照家庭承包经营的要求，使每个家庭及其成员都能享受承包经营集体山林的权利。对不宜实行家庭承包经营的林地，依法通过均股、均利等其他方式落实产权。二是坚持个人利益与集体利益相统一。让农民在集体山林的产权初始分配和经营收益分配上得“大头”。同时，允许集体保留少量林地，通过收取少量林地使用费、改进森林经营技术等多种方式盘活集体林资源，创造集体经济收入。三是坚持依法办事。严格执行《农村土地承包法》、《物权法》、《村民委员会组织法》和《森林法》等法律法规。四是坚持分类指导。重庆集体林改坚持从实际出发，因地制宜，采取多种方式明晰产权，不搞一个模式，不搞简单的平均承包。在“一小时经济圈”地区，由于人口密度较大、林地面积少、经济较发达，主要采取“分股、分利”的形式落实产权，鼓励进行集约经营。在“两翼”地区，由于人均林地相对较多、森林资源较为丰富、经济欠发达、农民对林地的依赖性相对较高，主要采取“分山到户”的形式落实产权，鼓励农民走联户经营、流转森林资源、大力发展林下产业等路子，拓展增收渠道。据统计，重庆市集体山林分山到户的比例达70%。④配套改革“组装集成”。坚持以主体改革促进配套改革，以配套改革深化主体改革，同步推进主体改革和配套改革，全方位、多层次开展林改工作。在南川、万州、北碚、永川、丰都、梁平、城口、酉阳等区（县）开展林业要素市场建设、林木采伐管理、林业政策性保险和森林资源流转等试点，探索配套措施，健全配套体系。成立了全市首家森林资源资产评估机构，修订完善了《重庆市森林资源流转管理办法》，鼓励各种社会主体投资林业。相继召开了全市森林资源拍卖会、森林资源流转洽谈会、森林旅游项目洽谈会，开展了林木采伐权拍卖试点。推进林权抵押贷款试点，在云阳县向农民发放了首批林权抵押贷款100万元。南川区已建立了林地林木交易厅，成功交易5宗、145公顷林地，交易金额275.8万元。2008年底，全市39个区（县）、965个乡镇、10 250个村启动了集体林改工作，已发放林权证98万户，占应发证农户的18.6%；发证面积达596 000公顷，占应发证面积3 752 000公顷的15.9%。全市共有21万工作人员参加林改，累计投入林改经费5000万元。通过集体林改，农民的林业经营主体地位逐步确立，森林资源逐步盘活，林业管理和政策逐步完善，林业发展活力初现，让农民和社会投资者看到了希望。

【林业产业发展】 围绕兴林富民，扎实推进林业产业发展。市林业局本着“实施森林工程，打造致富之山”，提出了以实施速丰林工程为重点，以林业助农增收为抓手，继续推进森林旅游、森林食品、木竹加工、苗木花卉等林业四大产业发展的工作思路。市林业局领导带领工程技术人员，先后4次到工程重点建设区(县)对造林地块落实、种苗准备、经营方式、培育目标开展调研。与市造纸研究院合作，对红椿、桤木、马褂木等主要造林树种的造纸性能及经济特性进行了检测试验；市林科院开展了《重庆市速丰林工程技术规程》编制工作。下发了《重庆市森林工程建设领导小组关于速丰林工程的实施意见》(渝森工办[2008]1号)明确了全市速丰林建设的目标、布局和政策措施。加快工业原料林培育，2008年完成速丰林基地建设80 666.7公顷。编制了全市油茶产业发展规划，启动了油茶栽培试点。发展优质笋竹产业，完成笋竹基地建设13 333.3公顷。加快苗木花卉基地建设，全市主城及周边区(县)新发展苗木花卉基地3333.3公顷，基本形成了北碚静观、璧山丁家、巴南跳石、南岸南山等花卉生产基地。做强森林生态旅游产业，理顺森林公园管理体制，制定创建社区森林公园、农家森林公园的标准。到2008年，全市建成市级以上森林公园70处，其中国家级23处。全年接待游客1800万人次，旅游收入7.8亿元。加强对林业龙头企业和林业特色乡镇的扶持。市林业局与市农发行首次签订了金融合作支持林业产业发展协议，加大对香港理文公司、龙璋公司、星星装门公司、包黑子公司、美心公司等5家重点龙头企业和荣昌双河、梁平竹山、江津先锋等20个林业特色乡镇的扶持。建成森林药材、蔬菜、菌类、林果等30多个特色生产基地。秀山、綦江、南川等区(县)被国家确定为现代化中药材科技示范区(县)，认定黄连、党参、木瓜、佛手、玄参、金银花等20多个品种作为森林中药材发展重点。加强标准化体系建设，注重纯天然森林食品开发，实施国际质量体系认证。开展森林食品特殊品种保护，加强地道中药材和优势中药材的申报和认证工作。全年实现林业产值174亿元。

【第四届花卉博览会】 2008年9月29日至10月5日，重庆市第四届花博会暨第二届中国(重庆)寒兰博览会、第一届中国(重庆)兰花叶艺展、中国西部(重庆)首届花艺大赛、重庆市第二届精品兰花展在九龙坡区白市驿举行。本届花博会共开展了花卉展销、观光体验、文化休闲、商务推广等四大系列22项活动，有2个国家级兰展、西部首届花艺大赛、重庆首届奇石展、重庆市第九届盆景艺术展、特色园林展、特色苗木展销、名特小吃展销等8大展事同步举办。本届展会在展览上实现了创新，首次探索以室外展区为主，成功建立室外与室内互动模式。以各区(县)自然风光、人文风情为主题，由39个区(县)联合打造巴渝风情园20公顷，为广大市民充分感受花卉的生态性、参与性和休闲性创造了美好环境；同时以兰花为标志，首次在全国开展了教师花评选活动。本届花博会共有来自美国、韩国、日本、荷兰和缅甸等国家，香港、台湾、澳门地区，以及云南、四川、福建、湖北、贵州、广东、广西等16个省(区)组团参展，有辽宁、宁夏、北京、上海等24个省(区、市)共计280余家企业前来参展，展出国内外精品花卉100余种，奇石400余件，盆景佳作500件，征集到全国书画名家作品100余幅，举办展示、演出、论坛等各类活动22场次。据不完全统计，短短7天展会时间里，吸引重庆市和国内外参观游览宾客40余万人次，其中有来自北京、天津、海南、深圳等10个省市花卉协会和菲律宾花卉产业公司组团前来参观。兰花、鲜切花等高档花卉备受青睐，零售总额达570多万元。

【森林资源管理】 2008年，坚持依法治林，切实保障森林资源安全，重庆市森林覆盖率达到34%。①切实抓好了森林资源的保护管理。认真执行采伐限额规定，积极开展人工商品林采伐指标预下达给林主的试点和年度剩余采伐限额指标结转试点。组织指导三峡水库四期蓄水库底林木清理工作，开展森林经营方案编制。严格执行林地征占用定额管理制度，全年共审核林地征占用84宗。规范森林资源流转秩序，严格林权登记发证管理。加强木材流通领域管理。强化森林资源监测工作。开展雨雪冰冻灾害森林资源损失情况调查评估，制定灾后恢复重建方案，编制了全市矿区植被恢复规划和全国林业区划重庆三级区划。加强了木材检查站管理和林业站重点县建设。②切实加强野生动植物保护工作。加强野生动物疫源疫病监测防控监测体系建设，认真开展陆生野生动物疫源疫病春季监测防控，提高监测成效。为确保监测工作不出现盲区，全市在加大监测覆盖面基础上，着重加强了监测体系基础设施的建设，特别是对市监测中心站、金佛山自然保护区站、长寿森防站等3个国家级站进行了全面建设，配备了监测和办公设备，确保了监测工作的有效开展。实施乌江彭水电站重庆库区中华蚊母抢救移栽。加强湿地保护，认真编制了一批湿地建设项目。③依法治林，加大林区毁林案件查处力度。各地在强化森林资源管护的同时，加大了依法治林的力度。各级森林公安、林政执法人员对乱砍滥伐林木、乱征占用林地等破坏森林资源的行为进行了有力查处和打击。

【森林防火】 全面落实森林防火责任制，增加防火人力物力投入，强化森林火险预警预报，狠抓基础设施建设，森林防火工作取得了较好的成绩，全市未发生重特大森林火灾，实现了森林防火工作春节、清明、“五一”三大战役“三战三捷”的目标。2008年，全市共发生森林火灾186起，其中：森林火警164起，一般森林火灾22起，过火面积406.69公顷，受害森林面积122.56公顷，森林火灾受害率为

0.031‰，大大低于了市政府下达的0.3‰的工作目标。①领导重视，狠抓落实。市委、市政府高度重视。1月底，市委常委、副市长马正其率市林业局、市森林防火办等市级相关部门负责人深入区（县）、国有林区和重点集体林区，对森林防火物资储备和春季森林防火工作措施落实情况进行了检查，并召开了重庆市森防指第十二次成员会议，与各区（县）政府签订了《森林防火责任书》。3月中旬，市政府召开了全市森林防火工作电视电话会议。市森防指副指挥长、市林业局局长吴亚亲临梁平"3·28"火灾现场指挥扑救工作，深入一线明察暗访，检查指导森林防火工作。加强与驻渝部队、武警部队的沟通和联系，有效地落实了《重庆市森林火灾应急预案》，解决了部队森林防火技战术培训、基础物资建设、器材使用等方面的问题。各级林业部门创新工作机制，细化各项森林防火措施，加强宣传，严管火源，增加防火的人力、物力投入，进一步增强了设施设备保障能力。②严格管理，防火措施到位。加强了对森林火险的预警预报工作，市森防指成立森林防火督查小组，对各区（县）森林防火工作进行督促检查。加强业务培训，制定下发了全市森林防火培训工作计划，涪陵、南岸、江津、南川、云阳等区（县），重点加强了森林防火应急队伍的灭火战术和安全扑火常识培训；万盛、璧山、缙云山管理局组织开展了森林火灾扑救实战演练，进一步提高了扑火队伍的实战能力。各区（县）根据《重庆市森林火灾应急预案》的规定，进一步修订和完善本地森林火灾应急预案，认真做好了扑救森林火灾的各项应急准备工作 。各区（县）森防指认真安排、部署、检查、落实森林防火的各项工作，切实将森林防火责任层层落实到指挥部成员单位，有林乡镇、村社、林区单位、农户、森林租赁和承包业主头上。加快森林防火设施设备的恢复和建设。强化关键时期森林防火工作。市森林防火办组织气象等部门，对节假日、高温伏旱期，特别是北京奥运会期间等森林防火紧要时期全市的森林防火相关情况进行了专题会商，及时作出森林防火形势判断和趋势分析。成立了6个森林防火工作检查小组，分赴各区（县）检查森林防火工作，确保森林防火措施落实到位。清明、"五一"及北京奥运会期间森林防火紧要期，全市各级领导和各区（县）林业工作人员，有林镇乡、村社干部群众等共计30余万人坚守岗位，站岗守卡。积极开展森林防火宣传活动。全市共计播出森林防火公益广告10余万次，播放森林防火新闻300余条，制作、张贴、悬挂各类森林防火宣传标语标牌300余万张（座），以文艺演出、召开院坝会、在公共场合进行集中宣传等方式组织森林防火宣传15万余次。③加强值班调度，确保信息畅通。各区（县）在实行森林防火24小时值班制度的基础上，严格落实领导带班制度，由森防指领导亲自带班坐镇指挥，确保了火灾信息畅通和火情及时处置。④加强设施设备建设，做好应急准备。市林业局加大了森林防火基础设施建设力度，投入350余万元，扩建了森林防火物资库，拨出专款200余万元购置了防火指挥车、手持对讲机、车载台、车载照明灯、移动视频系统、灭火弹、油锯、钢锹、背油桶、砍刀、二号工具、灭火水枪、防火服、风力灭火机等森林防火设备。同时，积极争取国家森防指支持，为重庆市调拨了油锯20台、扑火服1000套、灭火水泵15台等物资，充实了物资库存及队伍装备，全面提升了全市森林火灾扑救能力。

【林业有害生物防治】 2008年，重庆市切实加强了林业有害生物防治工作。认真落实"预防为主"的防治方针，强化检疫监管等各项防治制度，实施跨部门跨区域联合执法举措，牵头开展云贵川渝藏五省区"利剑2008"专项行动，注重抓好松材线虫、松毛虫、黄脊竹蝗等重点病虫害防治，较好地控制了林业有害生物对森林资源危害。全市发生各类林业有害生物261 333公顷，测报准确率为97.8%。种苗产地检疫应施检疫面积5493.3公顷，实施产地检疫5486.7公顷，种苗产地检疫率为99.9%，调运检疫率达100%，检疫监管到位率达5.49%。开展防治林业有害生物215 466.7公顷，其中无公害防治214 360公顷，无公害防治率为99.5%；成灾面积仅7333.3公顷，成灾率为2.28‰，实现了市政府下达的4‰的控制目标。①加强松材线虫病防治工作。在认真抓好常年监测工作的基础上，重点开展春、秋两季普查，全面摸清了松材线虫病的分布情况。全市共监测松林面积1 152 000公顷，监测覆盖率达到100%。没有新发生疫点，实现了发生面积和病死树明显下降。②加强测报全过程管理，为及时防治提供了科学依据。③积极争取国家林业局支持。国家林业局批准了重庆市林业有害生物检疫监管检验基础设施建设项目和重庆市生物制剂药包厂建设项目的实施。④积极探索承包防治新形式。⑤加强测报新技术的推广应用。大力推广林业有害生物监测调查与分析系统，对林业有害调查与分析系统进行了版本升级，全市已有2/3的区（县）完成小班地形图矢量化工作并已系统安装调试，初步实现了监测调查的统一化和系统化。在涪陵、巴南、璧山3个区（县）推广松毛虫性信息素监测示范工作。继续加大灭虫粉包等新型林用药械的推广应用。

【退耕还林工程】 2008年，退耕还林工程以巩固成果为重点，制定出台了《重庆市退耕还林工程质量效益评估试行办法》、《重庆市退耕还林易地造林管理办法》、《重庆市退耕还林政策补助资金管理办法》和《重庆市巩固退耕还林成果专项资金使用实施办法》

等4个工程实施管理办法。编制完成《重庆三峡库区25度以上坡耕地退耕还林规划(2008～2012年)》和《重庆市巩固退耕还林成果专项规划》。兑现2007年度退耕还林直补资金16.3亿元。

【天然林资源保护工程】 2008年继续实施天保工程。各级工程管理部门和单位切实强化了工程管理，不断研究解决工程建设中的新情况、新问题，确保了工程全面、健康、协调发展。依据森林分类经营政策，利用国家天保工程森林管护补助及市、县两级配套对重点公益林和一般公益林，按照天保工程“七落实”的要求，全面完成2 842 000公顷公益林管护合同的签订，占计划118%，实现了由天然林管护转变到公益林管护，有效地保护了工程区森林资源。公益林建设全年完成封山育林81 266.7公顷。职工社会保障方面，全市国有林业企事业单位实际参保9157人，参保率98.2%，缴费率为100%。离退休职工基本养老保险金按时足额发放率为100%。潼南县编制完成了“两岗”职工安置县级实施方案，实施了一次性安置11名下岗待安置职工。全市到位天保工程资金18 613.7万元。①认真落实工程管理和建设责任。各级党委、政府从经济社会全面、协调发展的高度，把工程建设纳入重要议事日程，切实强化了工程的领导。市政府对各区(县)实行了工程建设“四到县”考核，层层签订了工程建设目标责任书，并将工程实施情况纳入对下一级政府的年度目标考核内容。各工程实施乡镇(林场)与森林管护人员续签并完善了《管护合同》，全面落实了森林管护责任，全市共签订森林管护合同15 230份，落实森林管护人员15 230人。②规范天保工程建设管理。在《重庆市天保工程封山育林作业设计编制提纲》指导下，完成了封山育林作业设计编制，进一步规范了公益林建设工作。认真开展“四到县”考核评比工作。举办了天保工程管理培训班，切实提高工程管理能力。开展天保工程核查，对发现的问题进行认真分析，及时下发了整改通知，督促有关区(县)整改方落实。③扎实开展工程示范点建设。为探索天保工程发展方向、森林资源的培育方式和利用途径、林区后续产业发展和国有林场经营机制改革的新路子，按照全国天保工程示范点建设的要求，在《重庆市天保工程市级示范点建设实施方案》基础上，确定了各示范区(县)当年的建设重点，与江津、奉节、万州、黔江等4个市级示范区(县)签订了年度目标责任书。④开拓创新促进后续产业发展。结合工程区实际，大力发展以苗木花卉、森林旅游、优质笋竹、木材加工为主的后续产业。加大产业基地培植力度，提倡“一县一品”、“区域一品”，打造区域性特色产业品牌。⑤强化监管确保工程资金安全运行。各级工程资金管理部门和工程实施单位严格按照《天保工程资金管理规定》管理和使用工程建设资金，对工程资金实行了“专户储存、单独建账、单独结算、封闭运行”。财政、林业、审计等部门强化了工程资金管理和使用情况的监督，确保了工程资金的有效使用和安全运行。

【部市合作共建】 2008年加强了部市合作，共同建设统筹城乡林业发展与改革试验区。市林业局多次向国家林业局进行专题汇报，积极争取国家林业局的支持。6月，市长王鸿举、副市长马正其率市有关部门负责同志拜会国家林业局局长贾治邦，介绍了重庆实施森林工程的战略思路，得到国家林业局的充分肯定。8月19日，国家林业局贾治邦局长一行20人出席重庆森林工程大会并作了讲话，提出今后五年新增投资100亿元，支持重庆森林工程建设。贾治邦、王鸿举分别代表国家林业局、重庆市政府签订了全国第一个《共建统筹城乡林业发展与改革试验区合作备忘录》，共同建设统筹城乡林业发展与改革试验区。《备忘录》包括加快林业生态体系建设、加快林业产业体系建设、加快生态文化体系建设、加大科技支撑力度、加快森林“三防”体系建设、加快林业基础设施建设、全面深化林业改革、加强林业干部队伍建设、加大三峡库区对口支援建设等九个方面。10月和11月，国家林业局支持重庆在国家林业局管理干部学院举办了重庆市森林工程建设区(县)领导和林业局长专题培训班，120多名区(县)政府分管区(县)长、林业局长参加培训。同时，新增投资1000万元，支持重庆森林工程建设。下派了10名林业领导干部和博士服务团支持重庆林业人才建设。

【国有林场改革】 2008年，扎实推进国有林场改革，千方百计促进林场发展。各区(县)党委、政府认真按照市政府关于全市国有林场改革和发展工作的要求，以实现“三个转变”为目标，加大了国有林场改革力度，采取了切实可行的措施，促进了国有林场健康发展。全市国有林场73个，有30个纳入了区(县)全额财政预算，占41%，其余43个纳入了区(县)财政差额拨款。解决了国有林场职工的养老保险和医疗保险问题，改善了林场的基础设施，购置了用于森林管护的摩托车，开展了市林业局领导帮扶贫困林场脱贫、鼓励林场职工发展自营经济等活动。职工多种经营涉及种植、养殖、餐饮、木材加工、采矿、运输、旅游等领域，涌现出了一大批自营经济大户。

【组建林业投资公司】 2008年，按照市政府的要求，市林业局积极开展了林业投资开发有限责任公司组建工作。7月市林业局向市政府上报了《关于成立重庆市林业投资开发有限责任公司的请示》。8月21日，市政府下发《重庆市人民政府关于同意成立重庆市林业投资开发有限责任公司的批复》。11月10日，完成工商注册登记等相关手续，标志着重庆市林业投资开发有限责任公司正式成立，主要进行融资以解决森林重庆建设资金的不足。

【林业对外开放】 2008年，“森林重庆”的实施，在国内外引起强烈反响，国内外企业纷纷来渝投资发展林业。据不完全统计，已有100多家企业参与森林工程建设。重庆金科集团在涪陵区建设金科现代苗圃，拟用3~5年时间，投资8亿~10亿元，建设1000公顷花卉苗木基地。年内已投资1亿多元，流转土地380公顷，完成近200公顷、130多个品种的种植。黔江区蚕业有限责任公司投资3600万元，2008年完成新栽桑面积3333公顷和第一期2400绪自动缫丝建设。重庆市中宝投资(集团)股份有限公司投资2000万元，在荣昌县、永川区、涪陵区等地与农民(村社)签订土地流转合同面积达33 333公顷，积极发展巨尾桉、银杏、麻竹原料林。同时，一些外国政府、公司和科研机构、大专院校对“森林重庆”表示出浓厚兴趣，奥地利、德国、瑞士、英国、加拿大、日本等6个国家31批次的专家或政府机构代表来渝考察和洽谈合作项目。中国瑞士合作管理培训项目开始实施。英国阳光科技集团拟在重庆市建速生丰产林。中国加拿大科技合作森林可持续经营项目落户南川。

【抗震救灾】 2008年，积极开展冰雪抗灾自救和四川汶川大地震抗震救灾工作。全市林业系统组织开展雨雪冰冻灾害抗灾保苗和苗圃的恢复重建、新造林地受灾苗木的补植补造、雪压木的清理等灾后重建工作，使全市国有林场生产、生活秩序得到了较快恢复。5月12日，四川汶川发生特大地震波及重庆。全市林业系统在努力开展抗灾自救的同时，积极开展支援四川汶川抗震救灾工作。市林业局机关和直属单位两次开展抗震救灾捐款行动，捐款捐物43万元。全市林业系统共募集捐款139.6万元。

【林业大事】

1月11日 全市林业局长会议召开，总结2007年林业工作，全面安排部署2008年林业工作。

2月 吴亚任市林业局党组书记，3月任市林业局局长。

3月22日 中央政治局委员、市委书记薄熙来参加重庆市春季义务植树活动时指出，重庆“山、水、城”特色明显，要逐年提高主城林木覆盖率，建设森林城市，让城市变得更加舒适宜居。

3月31日至4月6日 中央政治局委员、市委书记薄熙来到渝东南地区调研时作出“要变荒山、穷山为秀山、宝山”的指示。

4月6日 市委第三十二次常委会决定“要大力发展山区林业”，“把林业作为全市重要战略，使林业成为重庆大发展的又一个代表作。”

4月11日 市委常委、副市长马正其召开相关部门主要负责人会议，研究贯彻落实市委第三十二次常委会精神，提出实施森林工程意见。

4月15日 全市林业局长会议召开，传达市委第三十二次常委会精神，部署森林工程规划调研工作。

4月24~29日 市委常委、副市长马正其率领林业局、发改委、农委、财政局等单位主要负责人到湖南、江西考察学习造林绿化、种苗建设、林权改革、创建森林城市工作经验。

5月29日 市政府召开重庆市森林工程座谈会，各区(县)政府分管区(县)长、林业局长参加会议。

7月14日 市政府召开常务会议审议通过了《重庆市森林工程总体规划》。

7月20日 市委三届三次全委会明确提出了建设“森林重庆”的战略决策。

7月24日 市委常委会听取了市林业局局长吴亚关于实施森林工程的汇报，审议通过了《重庆市森林工程总体规划》。

8月11日 市政府召开全市集体林权制度改革工作会议，对集体林改工作进行了全面部署。

8月19~20日 市委、市政府召开重庆森林工程大会，全体市领导出席了会议，各区(县)党委书记或区(县)长、政府分管领导、市级各部门主要负责人参加了会议。

8月27日 市政协召开三届八次主席会议听取了市林业局局长吴亚关于实施森林工程的报告，市政协主席邢元敏作了讲话。

9月1日 市委、市政府下发《关于实施森林工程的决定》(渝委发[2008]23号)和《关于加快推进集体林权制度改革的意见》(渝委发[2008]24号)。

9月22日 举行以“开发致富之山，打造宜居之城”为主题的声势浩大的全市森林工程建设启动仪式，标志森林重庆正式启动。

9~12月 按照中央和市委的统一部署，市林业局开展学习实践科学发展观活动。

12月中旬 市委督查室、市政府督查室组织10个督查工作组，对40个区(县)森林重庆实施情况进行了督查考核。

12月 全市完成森林工程营造林任务214 666公顷，占年度计划的161%，实现森林重庆建设的良好开篇。

(重庆市林业由张来国供稿)

四川省林业

【概　述】　四川是全国林业资源大省，现有林地面积2400万公顷，占全省国土面积的49.5%，居全国第三位。其中森林面积1493.33万公顷(包括有林地面积1426.67万公顷)，居全国第四位。活立木总蓄积17.01亿立方米，居全国第二位。2008年，全省林业围绕“推进生态建设、加快产业发展、扩大改革开放、维护安全稳定”的工作思路，完成营造林60万公顷，其中：人工造林35.89万公顷，封山育林24.11万公顷。受地震和低温雨雪冰冻灾害影响，年末森林覆盖率30.79%。实现林业产业总产值760亿元，比2007年增长69亿元；农民从林业上获得人均纯收入460元，比2007年增加53元。

【抗击自然灾害】　2008年年初严重低温雨雪冰冻灾害和“5·12”汶川特大地震灾害使四川省森林资源损失巨大，林区基础设施损毁严重，森林生态服务价值下降。灾害共造成全省林业用房垮塌87.95万平方米，新增危房232.6万平方米，受灾林地面积85.73万公顷，活立木蓄积损失1958万立方米，林区道路损毁5983千米，受灾林业职工及家属8万多人，直接经济损失222.25亿元，间接经济损失1831亿元。面对灾情，省林业厅领导第一时间赶赴灾区指导救灾，派出多个工作组深入灾区帮助救援。申请动用直升机57架次，组织大客车39辆次，紧急转移卧龙保护区受伤人员48人，救援包括外籍人士、中科院专家在内的林区受困人员2000多人，妥善安置当地受灾村民4500余人。积极组织为受灾职工送食品、衣物、帐篷和药品等，集中力量打好过渡房建设攻坚战。争取国家林业局下拨救灾应急资金1700多万元和价值1000多万元的救灾物资，争取重庆、广西、浙江等兄弟省(区、市)林业部门捐赠救灾资金和物资1500多万元，争取到省财政救灾资金1224万元，争取省抗震救灾指挥部调拨救灾用大米、食用油、帐篷、棉被、衣物、药品及医疗器械等折合人民币1000多万元，组织全省林业系统捐款捐物715万元。争取雨雪冰冻灾害救灾资金2100万元，重点用于解决受灾职工基本生活和重点地区开展补植补造、基础设施恢复等。卧龙特区组织抢险队员，冒着生命危险，第一时间转移被困于废墟下的大熊猫，先后两次空运熊猫专家飞赴卧龙。成都、雅安等地积极调运大熊猫食品，解决了受灾大熊猫疾病医治和食品短缺问题。精心组织安排，安全转移为北京奥运会助威的8只大熊猫和包括赠台大熊猫“团团”、“圆圆”在内的60余只大熊猫。在做好灾情统计、灾害损失评估的基础上，省林业厅牵头编制了《四川汶川地震灾后恢复重建生态修复专项规划》，林业各项恢复重建任务全部纳入了国家规划，安排四川生态修复基金47亿元。编制上报了《四川汶川地震灾后大熊猫栖息地恢复重建规划》，指导卧龙自然保护区编制完成了灾后修复重建规划。快速组织实施灾后重建。紧急出台灾后重建先行采伐林木和使用林地政策，积极组织灾后重建木材供应，为做好灾后重建工作提供了用材用地保障。全力争取到香港、广东对口援建卧龙特区，迅速分解落实灾后重建项目，快速启动灾后重建，卧龙大熊猫疾病防控中心等重建项目已启动，灾区林业职工生产生活秩序已基本恢复。

【林业产业】　完善林业产业发展规划，确立了工业原料林、特色林产品、生物质能源林、优势林产品加工、生态旅游等五大林业产业重点。大力发展工业原料林基地，2008年新建林竹基地26.67万公顷、经济林2万公顷、麻疯树生物质能源基地1.67万公顷。全省主要特色经济林面积已达60.82万公顷，其中：干果39.35万公顷、木本药材12万公顷、麻疯树7.8万公顷、油橄榄1.67万公顷。重点打造川南竹业经济圈，协调省财政向竹产业重点地区倾斜项目资金2500万元，抚育竹林面积13.33万公顷，竹基地总规模达80万公顷。抓住中央和省扩大内需、促进经济增长的有利时机，积极服务林产企业。完成四川丘区林产品深加工承接产业转移工作方案，参与编制了全省农产品深加工基地规划。大力培育龙头企业，新核准木竹加工企业7家，新增木竹人造板年加工能力54万立方米、竹浆造纸能力31万吨，新增木竹人造板加工能力80万立方米、总产能达430万立方米。搭建融资平台，协调林业产业贷款10亿元，协调落实升达林业、中盐银港、建丰木业、国栋建设等8个大型林产加工企业项目投资38亿元，已到位资金25亿元，林业产业继续保持良好态势。

【森林资源管理】　2008年，坚持“严管林”方针不动摇，在抓好常规工作的同时，积极探索森林资源管理改革。一是组织推进森林分类区划工作。召开了全省森林分类区划界定座谈会、现场会，组织编制了《森林分类区划界定验收大纲》、《森林分类区划界定操作细则》等管理办法，全省森林分类区划界定外业调查、内业区划等主体工作已经完成。二是积极推进林木采伐管理改革，在继续实施林木采伐限额管理的同时，选择10个市(县)开展了林木采伐管理改革试点，出台了采伐指标结转办法和森林经营方案编制实施纲要等一系列管理措施。三是积极协调并组织实施阿坝藏族羌族自治州大骨节病防治试点用材采伐和富民安康工程用材采伐，组织落实自用材、受灾材、病虫材等各项管理，全年下达正常采伐限额1262万立方米，实际采伐600万立方米。四是继续加强林地征占用管理。加强资源林政管理，完成林木采伐1046万立方米，未超过国家下达的定额。加强重大项目征占用林地跟踪协调和服务，全年共审核征占用林地项目528宗，其中直接审批102宗，涉及林地面积3776公顷，占国家定额的53.9%。五是首次启动省级森林生态效益补偿试点。省财政拨付专款500万元，在蓬安、南溪、广安、万源、通江、昭觉6个县(市、区)开展了试点工作。六是组织开展了木竹经营加工专项整治，治理林业公路"三乱"，规范了木材运输秩序。

【集体林权制度改革】 2008年，围绕全省全面推开集体林权制度改革，主要抓了以下工作。一是积极争取省政府召开了工作会议，安排部署全面推进集体林权制度改革工作。地震发生后，及时组织召开了全省林改办工作会议，确保不折不扣完成全年目标任务。二是贯彻中央10号文件精神，组织起草了《关于全面推进集体林权制度改革的实施意见》，已于2009年3月由省委、省政府联合行文下发。三是加强林改制度建设。经过多次协调，与人民银行成都分行、四川银监局联合印发了《四川省林权抵押贷款管理办法》，就促进和规范林权抵押贷款作了积极探索。根据地方性法规的授权，组织制定了《林地承包合同》和《林地流转合同》两个示范文本，起草了林权流转有关规定。四是抓林改培训，举办了两期以学习中央10号文件为主要内容的培训班，其中与国家林业局林改办联合举办一次，培训人员400余人，涵盖全省21个市(州)176个林改县。五是加强调查研究和督促指导，组织开展了对全省率先完成集体林权制度主体改革的大邑、兴文等县的验收工作。截至年底，全省已有66个县(市、区)、1978个乡镇、28 339个村完成了主体改革任务，13 030个村正在进行确权工作，累计确权523.2万公顷，确权到户1207万户。

【林业安全稳定】 健全护林防火员制度和农户轮流巡逻值班制度，全面开展森林火案及火险隐患排查专项行动，2008年森林防火取得近年来最好成绩。全省共发生森林火情233起，一般森林火灾31起，同比分别下降49%和30%，森林火灾损失率下降为0.03‰。阿坝州实现连续21年无重特大森林火灾和人员伤亡，巴中市巴州区实现50年无森林火灾。加强林业有害生物防治，开展"利剑2008"检疫执法行动。通过实施生物、仿生、化学、人工物理等防治措施，有效除治了蜀柏毒蛾、松材线虫等林业有害生物。全省防治面积58.89万公顷，无公害防治率达89.2%，有害生物成灾率0.02‰，确保了林业大灾之后无大疫。围绕平安奥运，重点做好藏区、灾区、森工企业维稳工作，成功化解多次森工企业和直属企业集体上访行动。下达森工退休职工医疗费拖欠补助2200万元，妥善安置了全省48 510名森工富余人员。全行业没有发生到京赴省和集体上访行为。健全直属企业安全生产制度，加强监督检查，为直属企业处置急难问题10余起，全省林业生产没有发生大的安全事故。

【林业能力建设】 一是林业投入监管力度继续加大。完成省以上林业资金投入67.6亿元，比2007年增加11.4亿元。继续扩大对外交流合作，落实外资外援6.9亿元，其中项目资金6.87亿元，争取重点合作项目6个。加强党风廉政和反腐败制度建设，强化项目资金、救灾资金和物资监管，没有发生违规使用资金、物资行为。二是依法治林继续推进。林木种苗管理、防沙治沙、木材运输管理等林业地方立法进展顺利。以推进"两集中两到位"、落实"三项制度"为抓手，加强机关行政效能建设，开展行政许可事项清理，将43项行政审批事项减少为29项，优化了审批流程。全省森林公安机关组织开展了"飞鹰行动"、"破大案挖积案，抓逃犯保平安"、林火案查处及林区禁种铲毒等专项行动。共发现、受理各类资源林政案件8618起，查处8593起，综合查处率98.51%，有效保护了森林和野生动物资源。三是林业科技作用有效发挥。科技攻关成效明显，有5个研究项目通过了成果鉴定，其中4个项目达到国际先进水平。林业重点工程监理和生态效益监测继续加强，省级林木种苗示范基地建设进展顺利。推广先进实用技术10多项，完成科技试验示范面积0.67万公顷。推动林业科技进村入户，培训林农29万人次，林业科技支撑引领作用进一步发挥。四林业队伍建设继续加强。认真组织开展学习实践科学发展观活动，组织机关和直属单位抗震救灾捐款近60万元，交纳特殊党费35万余元。卧龙特区党委被中央组织部表彰为抗震救灾先进基层党组织，在抗震救灾中牺牲的卧龙森林公安局副局长王刚烈士被公安部表彰为二级英模。加强机关行政效能建设，完成了全省森林公安机关职能、内设机构和人员编制工作。林业宣传、信息工作成效显著。据不完全统计，在省以上主要媒体采用的文章、新闻达1750篇(条)，其中中央级媒体550篇(条)；公开政务信息1500余条，居省级各部门第一位；上报信息获国家林业局2580分，居全国省级林业部门第一位，四川林业的社会影响进一步扩大。

【天然林资源保护工程】 2008年，以省委、省政府将天保工程列入八大民生工程为契机，认真组织落实国家和省关于工程管理的一系列要求。一是落实管理责任。签订了天保工程政府和部门双线目标责任书，落实工程考核"四到市(州)"责任制度，增强了工程责任意识。二是加大工程督查力度，配合有关部门开展了工程执法专项检查，针对存在的问题，深入工程实施区督促整改。三是加强示范点建设。抓好第二批国家级示范建设工程，指导各示范县在工程管理、机制创新、深化改革、后续产业等方面进行了有益的探索。四是加强工程实施能力建设，严格实行统计数据会审会商制，按照"快、精、准"的要求，加强统计分析，天保工程信息统计管理评估位居全国首位。五是加强工程社会宣传。以工程实施10周年为契机，举办了天保工程10周年系列纪念活动，省政府举办了新闻发布会，在有关报刊上发表了署名文章。通过社会投票，天保工程被评为"四川改革开放30年最具影响力的十大标志性事件"，扩大了工程的社会影响。六是积极争取工程接续政策。省上成立专题研究组，在广泛调研的基础上，形成了《四川省天保工程接续政策研究报告》，多种形式向国家争取政策，为中央作出延长天保工程实施期限的重大决定作出了努力。七是继续推进森工企业剥离社会职能工作。争取省财政支持，落实森工退休职工医疗费拖欠补助2200万元，落实财政一次性安置资金4004万元，安置森工富余职工2002人，完善天保工程"五项保险"制度，基本完成了重点森工企业医院和学校剥离工作。全年完成公益林建设人工造林8万公顷、封山育林19.93万公顷，实现了对2153.33万公顷森林的常年有效管护。

【退耕还林工程】 2008年是退耕还林工程落实延期政策、实现退耕还林全面转段的关键年，全省完成了政策延期的一系列准备工作。一是编制完成专项规划。通过调研试点、编制纲要、组织培训、落实规划、逐级汇总、部门协调、专家评审、领导小组审定、国家审核评估等过程，克服地震灾害耽误等不利因素影响，圆满完成了全省退耕还林后续政策专项建设规划，并得到国家正式批复。规划的四大专项和一个方案中，直接涉及林业一大专项和一个方案占总投资的48%，居全国前例，为四川省新增240亿投资总额、年度退耕还林投资40亿元以及每年投入4亿元林业后续产业资金打下了坚实基础。二是切实做好成果巩固工作。针对近年来特大自然灾害对退耕还林的影响，以及四川省存量大、涉及面广、时间跨度长，个别地方和农户思想有所松懈等突出问题，围绕"山上有林子、室内有档案"的要求，通过一年严格过硬的自查整改、监督检查、监理指导、严格验收等工作，全省退耕还林成果得到了有效巩固。全省89.09万公顷退耕还林保存合格率达到97.2%，比整改前提高了6.29个百分点。三是做好一期政策到期林地验收，确保后续政策顺利过渡。四川省第一轮到期退耕林地面积大，范围宽，按国家过渡后期政策，必须达到国家、省两级全面到期核查验收的要求。在前期加强成果巩固工作基础上，加大验收指导和督查整改力度，积极配合国家核查验收，全省13.33万公顷到期退耕还林核查合格率达到99%，居全国前列，受到国家林业局的肯定，并顺利过渡到二期政策。

【野生动植物保护和自然保护区建设工程】 2008年野生动植物保护方面：克服冰雪、地震灾害等困难，共繁育成活大熊猫幼仔30只，创造了历史最高记录。野外救护大熊猫7只。安全运送8只大熊猫赴京助威北京奥运会。做好赠台大熊猫和珙桐树准备工作，保证了大熊猫"团团"、"圆圆"和北川珙桐树苗顺利赴台。组织完成芦山、安县、越西、若尔盖4个县级大熊猫保护管理站项目申报，完成大熊猫栖息地监测样线1145条次。对全省17个黑熊养殖场进行了多次检查督促，并对28头病弱黑熊实施救护。做好石渠县藏原羚因雪灾大量冻饿死亡事件有关工作。下达全省护青保秋计划，办理各类野生动物保护行政许可291件，完成18项涉案野生动物及产品鉴定。全年新增野生动植物保护协会团体会员8个，个人会员2800多人，团体会员总数达到512个，个人会员25 800多人。自然保护区建设方面：编制完成了黑竹沟、毛寨、大相岭3处大熊猫自然保护区工程建设可研报告，共完成4处国家级自然保护区二(三)期基本建设可研报告编制和审查。完成了2处自然保护区晋升国家级自然保护区和省级自然保护区工作。组织完成8处自然保护区总体规划及评审、4处自然保护区综合科学考察任务。长沙贡玛、老君山、黑竹沟3处自然保护区晋升国家级自然保护区已通过国家林业局审查并上报国务院，唐家河、马边大风顶、若尔盖3处自然保护区调整功能区划已通过国家评审委员会评审，喇叭河、小寨子沟2处自然保护区晋升国家级自然保护区整改材料已完成上报，冶勒、格西沟2处自然保护区晋升国家级自然保护区已纳入国家林业局2009年申报计划，亿比措、大相岭、鸭子河3处自然保护区晋升省级已完成申报工作。野生动植物保护执法宣传方面：组织完成川东北—川西输气联络线建设等9处建设项目生物多样性影响评价，协调甘肃省林业厅，做好支持重建重点工程——成都至兰州铁路前期工作。组织开展了世界湿地日，"爱鸟周"，保护野生动物宣传月，倡导绿色生活、共建生态文明等宣传活动和全省斯巴鲁生态保护奖推荐、申报工作，野生动植物保护工作有序发展。目前，全省有高等植物1万种，约占全国总数的1/3，居全国第二位。现有林业自然保护区123处(其中国家级16处、省级

49 处），居全国第五位；保护面积 768 万公顷，居全国第五位；占全省幅员面积 15.8%，居全国第三位。

【防沙治沙和湿地保护】 2008 年，经批准，在省野生动物资源调查保护管理站增挂了四川省湿地保护中心牌子，明确了工作职责。开展了湿地立法调研，完成《四川省湿地保护条例（代拟稿）》上报省政府。组织若尔盖湿地成功晋升为国际重要湿地。完成了国家湿地生物多样性保护与可持续利用项目建设任务，召开了若尔盖湿地保护研讨会。做好中欧生物多样性示范项目，已完成若尔盖湿地碳动态评估，在若尔盖、红原县开展湿地恢复示范，培训人员 145 人。成功启动防沙治沙工程，加强对川西北 5 个防沙治沙试点县的工作指导，完成沙地治理 3333.33 公顷。石漠化治理进展顺利，已完成了宁南等 5 个国家试点县的实施方案。

【城乡绿化工程】 2008 年，抓住省委将城乡综合环境整治作为改善投资环境内容的重要机遇，推动绿化美化纳入了省委省政府综合整治重要内容。省林业厅（省绿委办）成为省委、省政府城乡环境综合整治的 11 个主要部门之一，绿化美化成为城市 7 大项目和农村 4 大项目之一，并制定了相应标准和办法。召开了全省绿委办主任会议，专题研究部署城乡绿化工作。编制完成全省城乡绿化规划，开展创建评比表彰活动，积极探索建立城乡绿化一体化体制机制。全国绿委、省绿委表彰命名了一批森林城市、绿化模范县、绿化模范单位、绿化示范村和绿化奖章获得者。各地党委、政府开展城乡绿化一体化工程建设，创建森林城市、绿化模范的热情空前高涨，不少地方提出了创建国家或省森林城市目标。全年完成义务植树 1.5 亿株，为年度计划的 150%。广元市、阆中县等一批市、县大胆探索，组建了新的林业和园林管理局，为统筹推进城乡绿化打下了基础。内江、资阳、自贡、遂宁、凉山、绵阳、宜宾、泸州、达州等地城乡绿化再掀热潮，取得了明显成效。

（四川省林业由张革成供稿）

贵州省林业

【概　述】 2008 年，全省完成营造林 20.11 万公顷，为计划的 100%。其中：人工造林 6.72 万公顷，封山育林 13.39 万公顷。营造林按工程分，退耕还林工程完成 4.67 万公顷（荒山造林），天保工程完成 3.81 万公顷，珠防林工程完成 1.60 万公顷，石漠化综合治理植被恢复完成 3.72 万公顷，森林植被恢复费项目完成 6.17 万公顷，九万大山林业扶贫营造林项目完成 0.14 万公顷。全省生产林木种子 24 万千克，当年新育苗面积 0.16 万公顷，育苗 9.58 亿株。完成义务植树 2536 万株、四旁植树 2343 万株。兑现 40.50 万公顷退耕地当年粮食补助资金 127 561 万元、当年生活费补助资金 12 148 万元，全部粮款兑现涉及近 181 万农户。

受年初特大凝冻灾害影响，清理倒折林木数量剧增，全省生产商品材 213.32 万立方米，是 2007 年木材产量 128.4 万立方米的 1.65 倍。生产竹材 465.47 万根，比 2007 年减少 41.9%；生产人造板 50.78 万立方米，比 2007 年增长 6.4%；生产锯材 46.05 万立方米，比 2007 年增长 15.2%；生产干果 30 470 吨、调料 11 258 吨、木本药材 16 830 吨、木本油料 12 470吨。生产切花 13 688 万支。

全年共到位各类林业建设资金 28.81 亿元，比 2007 年增长 13.6%，其中：国家预算内资金 23.4 亿元，地方配套 5.41 亿元。全省全部林业产业总产值总量（按现行价格计算）首次突破 200 亿元，达 228.11 亿元，比 2007 年 193.53 亿元增长 17.9%。分产业门类完成情况看：第一产业总产值实现 112.58 亿元，比 2007 年 94.76 亿元增长 18.8%；第二产业总产值实现 70.46 亿元，比 2007 年 61.19 亿元增长 15.1%；第三产业总产值实现 45.07 亿元，比 2007 年 37.58 亿元增长 19.9%。林业产业内部一、二、三产业结构比例从 2007 年的 49:32:19 调整为 49:31:20，产业结构比例进一步优化，产业发展活力进一步增强。全省共发生森林火灾 2599 起，受害森林面积 4440 公顷，森林火灾受害率为 0.63‰，因森林火灾死亡 12 人，森林火灾次数、受害森林面积和人员伤亡为近 10 年新高。全省林业有害生物发生面积 22.95 万公顷，成灾率 1.0‰，完成防治面积 19.96 万公顷，防治率为 87%。

【特大雨雪凝冻灾害造成林业重大损失】 2008 年1～2 月，贵州省遭受了有气象记录以来最大的雨雪凝冻灾害，造成林业重大损失。全省森林受灾面积达 109 万公顷，林木受灾蓄积 4018 万立方米，苗圃受灾面积 392.4 公顷，损失苗木 1.88 亿株，林区道路、水电等基础设施及基层林业单位房屋损毁严重，全省林业系统直接经济损失达 38.6 亿元。

【林业灾后重建取得积极进展】 特大雨雪凝冻灾害发生后，全省林业系统广大干部、职工按照省委、省政府“抗凝冻、保民生”的部署，积极开展灾后重建各项工作。2008 年 2 月初，省林业厅编制了灾后恢复重建方案，出台了森林防火、林业有害生物防治、林业基础设施修复、林木种苗生产、植被恢复、林木清理、受灾木收购利用等一系列灾后重建的指导性意见，全省共下拨灾后重建资金 9370 万元，下达及追加受灾林木采伐清理计划 1000 万立方米，完成林木清理 790 万立方米，完成植被恢复面积 16.53 万公顷，修复了一批受损的林区基础设施。

【集体林权制度改革工作全面开展】 2007 年 12 月 14 日，省政府发出《省人民政府关于全面开展深化集体林权制度改革工作的通知》，在全省范围内全面启动集体林权制度改革工作，要求用两年的时间全面完成集体林权制度改革任务。各级各部门按照省政府的安排部署，采取切实措施，扎实推进集体林权制度改革工作。到 2008 年底，全省共投入林改工作经费 19 533.6万元，完成勘界确权面积 777.92 万公顷，占林改总面积的 92.6%；清理林权纠纷 62 102 起，调处 50 302 起，调处率为 81.0%。完成了省政府确定的年度勘界确权 85% 以上的预期目标。同时，按照省委、省政府的要求，省林业厅会同省委政研室、省财政厅、省编办、省国税局、省地税局等有关部门分别就基层林业执法人员财政供养、林业税费、森林林木林地流转、森林保险、森林生态效益补偿机制建立等配套改革进行了深入调研，提出了相关政策建议，供省委、省政府决策参考。

【省政府出台完善退耕还林政策的意见】 为贯彻落实《国务院关于完善退耕还林政策的通知》，2007 年 12 月 14 日，出台了《贵州省人民政府关于完善退耕还林政策的意见》（黔府发[2007]35 号），明确了全省巩固退耕还林成果的政策措施。《意见》的主要内容是：对原补助期满的退耕农户继续进行直接补助，补助标准为每亩退耕地每年补助现金 105 元，粮食调运费和生活补助费继续补助给退耕农户，补助期为还生态林补助 8 年、还经济林补助 5 年、还草补助 2 年；同时，采取加强林木的后期管护，抓好补植补造、恢复经营等措施，努力提高造林成活率和保存率，确保退耕还林成果得到巩固。并通过加大基本口粮田建设、农村能源建设、生态移民、发展接续产业和加强退耕农户就业创业转移技能培训等综合措施，从根本上解决退耕农户吃饭、烧柴、增收等当前和长远生计问题。贵州省退耕还林工程自 2000 年试点启动以来，到 2008 年，累计完成工程建设任务 121.93 万公顷，其中：退耕地造林 43.80 万公顷、荒山造林 68.80 万公顷、封山育林 9.33 万公顷。工程建设范围涉及 87 个县（市、区）、1403 个乡镇和 197.4 万农户、823.8 万人。

【贵州省巩固退耕还林成果专项规划通过审批】 为贯彻落实《国务院关于完善退耕还林政策的通知》、《贵州省人民政府关于完善退耕还林政策的意见》，按照国家有关部门的部署，由省退耕办牵头，省政府办公厅、省发改委、省财政厅、省林业厅、省农办、省农业厅、省水利厅、省国土厅等相关单位于 2008 年编制完成并上报了《贵州省巩固退耕还林成果专项规划》，提出了基本口粮田建设、农村能源建设、生态移民、接续产业发展和补植补造五项巩固退耕还林成果政策措施的建设布局、建设内容及建设规模。2008 年 10 月 15 日，国家发改委、财政部、农业部、国家林业局、水利部联合批复了贵州省巩固退耕还林成果专项规划，原则同意贵州省规划的各项建设内容。建设范围为实施退耕还林工程的 88 个县（市、区、特区），实施期为 2008 ~2015 年，总投资 98.34 亿元，其中中央巩固退耕还林成果专项资金 53.95 亿元，基本口粮田建设中央预算内资金 7 亿元，地方配套资金 37.39 亿元。规划基本口粮田建设 25.46 万公顷，中央投资 22.91 亿元；规划农村能源建设 120.9 万户，中央投资 9.45 亿元；规划生态移民 5.9 万人，中央投资 2.93 亿元；规划接续产业发展和劳动力就业创业培训，中央投资 21.68 亿元；规划林业灾后补植补造和恢复经营 45.09 万公顷，中央投资 3.97 亿元。按照已经批复的规划，2008 年 11 月 27 日，国家发改委等 5 部（委、局）下达贵州省 2008 年巩固退耕还林成果任务计划。贵州省 2008 年中央投资 67 439 万元，其中基本口粮田建设 3.51 万公顷，投资 31 621万元；农村能源沼气池建设 2.92 万口、省柴节煤灶 8.08 万个、营造薪炭林 2364 公顷，投资 8125 万元；生态移民 2676 人，投资 1338 万元；后续产业发展 15 038 万元，主要用于茶叶、用材林、经济林、退耕农户技术培训等；补植补造 15.09 万公顷，投资 11 317 万元。

【退耕还林“五个结合”试点工作取得成效】 为切实巩固退耕还林成果，解决退耕农户长远生计问题，贵州省于 2006 年起在都匀等 9 个县（市）开展了退耕还林“五个结合”试点工作。到 2008 年，9 个试点县共投入“五个结合”资金 40 885 万元，完成基本农田建设投资 4923 万元，完成坡耕地整治和坡改梯面积 1500 万公顷，修建“三小”水利设施 1.49 万个，受益退耕农户 4.23 万户；完成农村能源建设投资 6231 万元，修建沼气池 2.88 万口、营造薪炭林 207 公顷，受益退耕农户 3.59 万户；退耕还林后续产业发展投入资金 549 万元，扶持龙头企业 38 家，调整树种结构 0.23 万公顷，受益退耕农户 5.04 万户；生态移民投入资金1706万元，完成易地扶贫搬迁880户，转移劳动力1.35万人，劳动力转移培训22.82万人；生态畜牧业发展投入资金11 153万元，完成草场建设1.06万公顷，受益退耕农户3.78万户。

【森林火灾损失严重】 2008年特大凝冻灾害后，森林可燃物成倍增加，森林火险等级急剧升高，森林防火基础设施设备受损严重，防扑火功能削弱，加之灾后农民群众急于恢复生产，农事用火频繁，使贵州省森林火灾一度呈爆发态势。全省共发生森林火灾2599起，受害森林面积0.44万公顷，森林火灾受害率为0.63‰，因森林火灾死亡12人，森林火灾次数、受害森林面积和人员伤亡均为近10年新高。

【销毁带病松木质包装材料】 针对特大雨雪凝冻灾害抢险救灾物资增多，外来林业有害生物传入隐患增大的情况，省林业厅组织开展抢险救灾物资木质包装材料的检疫执法。全省共检查电（光、线）缆盘35 275个。先后从外省两个厂家调进的光缆盘、纲绞线木质盘中查获松材线虫活体。通过深入跟踪检查，全省共查获两个厂家调入的38个松木质盘携带松材线虫活体。2008年4月14日，省林业厅在白云区及时对查获的两个厂家的100多个木质盘进行了烧毁，得到国家林业局的通报表扬。松材线虫病被称为松树的“癌症”，目前尚缺乏有效的防治手段，到2008年底，贵州省共有4个县发生了疫情。

【省林业厅及直属单位为汶川地震捐款】 四川汶川地震发生后，省林业厅及直属单位干部职工心系灾区，踊跃捐款，为灾区人民提供力所能及的帮助。到2008年5月26日，累计捐款378 717元，其中：特殊党费136 591元、共青团员捐款6862元、个人捐款235 264元。

【中国杉王整枝复壮】 被林业专家冠以“中国杉王”美誉的巨杉位于习水县县城以北9000米的太平，已有800多年的树龄，树高约45米、胸径2.23米、胸围7.63米、冠幅达23米，需7个成年人手拉手方能环抱树干。2007年，这棵大树出现病态，从顶梢处开始干枯，约有10%的枝叶出现枯黄染病状况。专家会诊后认为，“中国杉王”出现的顶梢干枯系雷击所致，枝叶发黄是由于其年事已高，生长活力较低而呈现的衰老现象。为确保“中国杉王”健康，遵义市林业园林绿化局制定了《中国杉王整枝复壮工程技术实施方案》，省林业厅、遵义市林业园林绿化局、习水县政府共安排专项资金14万元，实施中国杉王整枝复壮工程。在遵义市林业园林绿化局的指导下，习水县林业局林业技术人员对树枝出现的空洞进行了填补和防腐技术处理；在树顶端干枯处刷上桐油，防止腐烂向下蔓延；对枯黄的枝叶进行了清除和烧毁处理；对整个树冠进行了叶面施肥，对根部土壤进行疏松施肥；为大树安装了避雷装置。据分析预测，经过这次处理，“中国杉王”的寿命将得到大大延长。

【续修贵州省林业志】 根据省政府及省地方志编纂委员会的要求，省林业厅决定在1992年出版的《贵州省志·林业志》的基础上，续修林业志，对1990年1月至2008年3月的林业改革发展进行详细的记述。为确保续修工作的顺利进行，省林业厅成立了《贵州省林业志》（续修）编纂委员会，厅长、副厅长分任主任委员、副主任委员，厅机关各处、室、局、站、中心及厅直属单位、各市（州、地）林业（绿化）局主要负责同志为委员，并下设办公室，具体负责组织开展续修工作，全部工作将在两年内完成。

【贵州省出台森林公园管理条例】 2008年9月26日，第十一届省人大常委会第四次会议通过了《贵州省森林公园管理条例》，自2009年1月1日起施行。《贵州省森林公园管理条例》分五章四十五条，明确了各级政府林业行政主管部门负责本行政区域内的森林公园管理工作，对森林公园的设立、审批、变更、资源保护、经营管理等进行了明确规定，对违反本条例规定的十种情形设定了法律责任。《贵州省森林公园管理条例》是全国少数几个关于森林公园管理的省级地方性林业法规，对规范全省森林公园的建设、管理，促进森林公园和森林旅游的健康快速发展将发挥重要作用。

【毕节试验区20年生态建设成绩突出】 1988年，在时任贵州省委书记胡锦涛的倡导下，经国务院批准，建立了毕节“开发扶贫、生态建设”试验区。2008年是试验区建立20周年，20年来毕节试验区在生态建设方面取得了突出成就。①森林资源呈现三个增长。试验区成立以来，相继实施了联合国粮食计划署“中国3356”、长江防护林、天保、退耕还林等林业重点工程和山区农业综合开发、生态建设示范县等项目，对山、水、林、田、路进行综合治理，全区森林面积由20年前的40.12万公顷增加到96.47万公顷，年均增加2.8万公顷；森林覆盖率由14.94%增加到35.92%，年均增加一个百分点；林木蓄积由872万立方米增加到1430万立方米。②生态环境质量得到改善。土壤侵蚀模数从每年每平方千米5546千克下降到每年每平方千米3389千克，每年减少土壤流失量2000多万吨。③资源保护全面加强。森林火灾受害率由20年前的3‰以上，连续20年控制在1‰以内；森林病虫害防治率由1988年的30.6%提高到2008年的90%以上；自然保护区由1988年的5处增加到9处；森林公园从无到有，发展到9处；聘请管护人员3236人，对全区森林资源进行有效管护。

【全省森林公安纳入政法编制工作基本完成】 根据国务院办公厅《关于解决森林公安及检法编制和经费问题的通知》精神，省林业厅与省财政厅联合下发关于解决贵州省森林公安经费的文件，到2008年9月底，全省大部分地区森林公安的基本支出已参照地方公安标准列入同级财政预算，经费保障水平有了明显的提高。年初，省编办下发了《关于全省森林公安机构核定政法专项编制等事项的通知》，下达全省155个森林公安机构编制1155人。6月，省林业厅、省人事厅联合出台《全省森林公安机构人员过渡工作方案》，并组织了过渡考试，976人顺利过渡为公务员。森林公安经费、编制问题的逐步解决，有力地推动队伍的正规化建设。

【黔东南苗族侗族自治州林业要素市场正式挂牌运营】 2008年11月26日，黔东南州林业要素市场在凯里市举行揭牌仪式，正式投入使用。黔东南州林业要素市场是根据集体林权制度改革的总体要求成立的，是黔东南州政府主办的集木材交易、信息发布、科技服务、林业法律法规咨询、林地林木流转指导监督等为一体的综合服务平台。林业要素市场管理中心设木材交易服务部、林业科技与法律服务部、林业信息服务部、林业办证服务窗口"三部一窗口"。主要功能是收集、发布木材供求、林地林木流转、林权证抵押、市场交易行情等信息；提供法律政策咨询服务和林业技术服务；指导、监督县(市)开展林地林木流转活动；组织全州木材拍卖交易等活动；办理出省木材运输证、植物检疫证等。黔东南州林业要素市场的建立，为黔东南州林业经济的市场化发展提供了一个崭新的平台，对于规范林地林木流转、木材交易和税费征收，实现木材产销直接见面，增加林农收入，增强林业发展活力具有重要意义，对推进全省以"放活经营、规范流转、保障收益"为主要内容的集体林权制度配套改革具有积极的示范作用。

【改革开放30年林业生态建设成就显著】 1979年，全省森林覆盖率仅为17.4%(含灌木林)、活立木蓄积15 864万立方米。党的十一届三中全会以后，贵州林业得到恢复和发展。从1984年开始，贵州省先后实施了速生丰产林基地项目、世界粮食计划署"中国3356"项目、长防林项目、世行贷款造林项目、珠防林项目，营造林开始由社会造林向工程造林转变。通过对营造林项目实行工程管理，提高了营造林质量。1990年，省委、省政府作出《关于十年基本绿化贵州的决定》，层层落实造林绿化目标责任制，从此贵州林业进入了一个全民搞绿化、全社会办林业的振兴时期。到1998年，全省86个县(市)全部提前完成十年基本绿化贵州的造林规划指标，森林覆盖率上升到30.83%。国家实施西部大开发战略，将生态环境建设作为根本和切入点，贵州林业进入加快发展阶段。自1998年起，贵州省相继启动实施了天保、退耕还林、珠防林建设、野生动植物和自然保护区建设等林业重点工程，2001年国家林业局将贵州列为全国第一个省级林业工作联系点，进一步加大指导扶持力度。以中央投入为主的林业建设投资不断增加，30年来累计完成投资146.5亿元，其中"十五"期间林业投入达到73.9亿元，为"九五"期间的4.7倍、"八五"期间的11.4倍、"七五"期间的36.7倍、"六五"期间的41.6倍。2008年全省林业投入达到28.81亿元，为1978年的72.4倍。2000~2008年，中央和省共投入林业建资金150亿元，累计完成营造林299.9万公顷，完成义务植树2.5亿株，完成铁路、公路、河渠绿化1万多千米。全省森林面积达到703.5万公顷，森林蓄积达到3.1亿立方米，森林覆盖率达到39.93%，生态环境得到初步改善。

【扩大内需林业新增投资项目】 为积极应对由美国次贷危机引发的国际金融危机，2008年下半年，党中央、国务院作出"进一步扩大内需促进经济平稳加快增长"重大战略决策，并将生态建设作为实行积极的财政政策、进一步拉动内需的重要领域。年末，国家新增追加贵州省林业中央预算内投资6640万元，安排营造林建设任务6.33万公顷，其中追加天保工程公益林建设任务4.33万公顷、珠防林工程人工造林2.00万公顷。 (贵州省林业由侯勇军供稿)

云南省林业

【概　述】 2008年，云南省努力克服严重低温雨雪冰冻等灾害的不利影响，沉着应对国际金融危机的冲击，推动了全省林业实现新的发展。天保、退耕还林、防护林、农村能源等重点生态工程建设稳步推进，森林生态体系不断完备。全年营造林50.56万公顷，为年计划任务41.42万公顷的122.1%。全民义务植树10 580.95万株，为年计划任务9000万株的117.6%；启动了12个县(市、区)石漠化治理试点，完成农村沼气池建设24.75万户，节能改灶15.67万户；生物多样性保护工作走在全国前列，云南省被列为全国首批野生动物肇事补偿工作的试点省，国家公园建设试点得到国家林业局批准；下达了2008年核桃产业省级专项资金1.2亿元，在全省适宜发展核桃产业的15个州(市)建设20.67万公顷核桃基地；全力推进林改工作，累计投入林改经费9.95亿元；排查山林纠纷16.35万起，调处15.74万起，调处率达96.3%；集体林地确权率占全省集体林面积的91.04%，发证率达63.26%；林业总产值达到400.6亿元，同比增长13.81%；扎实开展森林防火工作，实现了森林无大火、无重大伤亡的目标，取得了近5年来最好成绩；通过开展解放思想大讨论和学习实践科学发展观活动，完善了工作思路，明确了工作重点；通过"责任政府"行政问责等4项制度的落实，增强了机关的凝聚力、执行力和公信力，提升了林业部门的社会形象；认真落实党建工作目标责任制和党风廉政建设责任制，切实增强了干部队伍拒腐防变的能力；全省林业科技工作稳步推进，实用技术推广和科技支撑能力增强；林业院校办学质量进一步提高，云南林业职业技术学院顺利通过教育部高职高专人才培养工作水平评估，林业职业教育集团筹建有序推进；林业国际合作更加紧密，相关项目推进扎实有效；林业工会等群团组织工作积极主动，服务和促进现代林业建设能力不断提高；综治维稳、信访工作、安全生产、老干部工作及后勤保障工作扎实有效；林业宣传和信息工作卓有成效，林业的社会地位和影响力明显提升。

【集体林权制度改革】 2008年，云南省集体林权制度改革发展健康、进展顺利，使山区、林区发生了巨大变化，焕发了新的生机与活力，得到老百姓真心实意的拥护。①激活了机制。林改使广大农民群众造林、护林的积极性得到充分激发，全省新增造林面积50.56万公顷，林业资金投入81 934.64万元。②发展了产业。林改以来，林业产业呈现出新的生机和活力。云南省以核桃为主的经济林产业不断壮大，以野生菌为主的林下资源开发产业得到发展，全省林业总产值达400.6亿元。③增加了收入。林改后，林农从植树造林、采割松脂、林业劳务、出售林木、流转林地林木、开发林下资源和发展经济林等方面获得了较大收益，拓宽了农民增收就业的渠道。④保护了资源。林改以来，乱砍盗伐林木现象逐步减少，超强度违规采脂现象得到控制，各地群众爱护林木、改善环境的意识明显增强。全省森林火灾次数同比下降18.5%，乱砍滥伐案件同比下降11.8%。

林改主要做法 省委、省政府高度重视林业工作，林改被列入省委、省政府2008年度20项农业农村重点督查工作之一。①党委政府重视，强势推进抓林改。全省16个州(市)、129个县(区)、1296个乡(镇)、12 940个村成立了以书记任组长、行政主要领导任副组长的林改领导小组及办公室，形成了省、州(市)、县、乡、村五级书记抓林改，党委、人大、政府、政协4套班子齐参与，相关部门齐配合的林改工作局面。②先行试点，稳步推进抓林改。云南认真汲取过去林业改革的经验教训，精心组织、周密安排、科学规划，有计划、分步骤，积极稳妥地推进林改工作。2005年，组织开展工作调研、考察学习、方案制定等林改前期准备工作。2006年5月，选择9个州(市)的9个县进行省级林改工作试点。同步启动了林业区划、资源连清和森林资源二类调查等基础工作。在试点取得阶段性工作经验的基础上，省委、省政府在全省全面启动实施林改工作。③创造条件，强化保障抓林改。各地累计参加林改人数达48.94万人，其中工程技术人员3.65万人；通过以会代训、实践学习和专业讲座等方式，层层开展对林改工作人员的政策法规、业务工作等培训，提高工作人员业务素质；采取地方财政预算安排和多方筹集相结合、中央财政补助等办法，筹集林改工作经费。到2008年12月，全省共投入林改经费99 543.45万元。其中：省、州(市)、县财政分别投入5000万元、17 456.8万元、33 556.7万元，中央补助29 116万元，乡镇投入7219.35万元，村委会3120.62万元，村民小组2953.29万元，其他1120.69万元。④广泛动员，依靠群众抓林改。按照"整体策划、板块推出、上下联动、内外感动"的要求谋划林改宣传，充分利用报纸、电视、广播和网络等各种媒体，通过基层宣传板报、群众文艺宣传队、放映电影、印发公开信、开展知识竞赛等多种形式扩大林改宣传，使林改工作做到家喻户晓，深入人心。⑤规范操作，依法依规抓林改。严格按照《农村土地承包法》、《村民委员会组织法》等国家的有关法律法规履行相应工作程序；严格遵行改革的原则、政策范围、内容和目标任务实施操作；强化督促检查。全省各级建立了监督检查制度和定期检查通报制度，建立了"省决策、州(市)指挥、县(市、区)直接领导、乡(镇)组织、村具体操作、部门搞好服务、上下协同推进"的工作机制，逐级签订责任状，形成了一级抓一级、层层抓落实的责任体系。⑥突出重点，攻坚克难抓林改。采取分级负责和依靠民间力量主动协调的办法，有效地调处了山林纠纷。全省已排查山林纠纷16.35万起，调处15.74万起，调处率达96.3%。

林改配套改革 全省基本完成集体林权制度主体改革的州(市)和部分县(市、区)，主要从以下5个方面启动了集体林权制度配套改革工作。①林权抵押贷款。2008年2月14日，省林业厅与省农村信用社联合社印发了《云南省农村信用社农户抵押贷款管理办法试行的通知》，共7章51条。3月18日，省农村信用社联合社和省林业厅又联合下发了《关于农户林权抵押小额贷款业务指导意见的通知》。在部分州

(市)、县开展了林权抵押贷款业务，据统计，农村信用社(联社)已开办林业(含林企)贷款275笔，贷款额达21 054.3万元。农行以林权证为抵押的贷款额达54 864万元，省农业发展银行支持林业企业等33个项目，金额达26 670万元。②林地林木流转。2008年，省林业厅制定出台了《云南省集体林地林木流转管理办法(试行)》，共5章23条，办法对林权流转作出了规范。③森林保险。部分县(区)开展了森林火灾保险业务。④公益林管理。省林业厅向省政府上报了《云南省地方公益林管理办法》和成立林业投资公司、建立森林资产评估机制的方案；形成了《加快推进低效林改造的意见》；认真开展了地方公益林区划界定工作；进一步理顺了乡镇林业站管理体制；省政府《云南省地方公益林管理办法》已下发执行。云南决定从2009年起省财政每年拿出3亿元，对云南省400万公顷地方公益林进行森林生态效益补偿。⑤林权流转服务中心建设。主体改革基本完成的州(市)、县启动了配套改革，20个县建立了林权流转服务中心和木材、林产品交易市场。全省已经建成林权流转服务中心31个。全省各地在森林资源资产评估、林业专业合作组织建设和森林经营方案编制等配套改革方面均有不同程度的进展，林改配套改革正有序开展。

【省委副书记李纪恒强调抓好林改培训会精神的贯彻】 2008年，省委副书记、省集体林权制度改革领导小组组长李纪恒在省林业厅、省林改领导小组办公室调研指导林改工作时，强调指出要进一步抓好全国林业厅(局)长昆明林改培训会议精神的贯彻工作，继续保持云南省林改工作高位推动、五级党政主要领导亲自抓、各级各部门共同配合抓的强劲势头，做到“领导加强、队伍充实、工作抓紧、经费落实、督查到位”。他指出，林改的组织领导只能加强，不能削弱，要注意调整充实各级林改领导小组，一有空缺就及时补上并不断加强；林改工作队伍不仅不能散，还要继续进一步充实；要一步一个脚印，按照全省普洱、临沧、楚雄3个林改现场会议的要求抓好落实；要统筹谋划，将调查研究、分析研判、领导决策、工作布置、检查督促、小结落实等各个环节的工作具体落到实处；要确保林改经费保障，经费不落实，工作就没法正常开展到位；要建立抓工作落实的督促检查机制，到各级领导和林改领导小组要到林改工作一线抓督查，避免“文督文复”。他强调，要按“三用”的要求来开展各项工作。第一是用心，要用脑筋想怎么工作；第二是用情，要带着深厚的感情为党和人民工作；第三是用力，要竭尽全力，做到最好，以实际行动切实抓紧、抓实云南的林改工作。

【全省深化集体林权制度改革楚雄现场汇报会】 2008年6月11~12日在楚雄市召开。会议提出，要进一步解放思想，加大力度，攻坚克难，坚定不移地把集体林权制度改革推向深入。省委副书记李纪恒，省人大常委会副主任江巴吉才，副省长孔垂柱，省政协副主席白成亮等出席会议。

李纪恒在讲话中强调，当前和今后一个时期，各地各部门要按照省委的统一部署和要求，结合深化集体林权制度改革的实践，深入开展解放思想大讨论活动，进一步坚持把解放思想作为根本动力，把为民惠民作为根本宗旨，把规范操作作为根本要求，把发展林业作为根本方向，把构建和谐林区作为根本目标，以思想大解放推动改革不断深化，带动林业新一轮大发展。要立足实际，做好主体改革、配套改革、林业产业发展、林业生态建设4篇文章。

会议认为，云南省深化集体林权制度改革全面推进以来，各级单位党委、政府采取有力措施，真抓实干，形成高位推动，上下联动，全社会参与的良好态势，受到了国务院领导、国家林业局的肯定和社会各界普遍支持和赞扬，取得了显著成效。会议提出，2008年是云南省深化集体林权制度改革的关键一年，要突出重点，确保年内基本完成主体改革任务，为2009年全面完成主体改革任务、2010年全面完成配套改革任务打下坚实基础。会议期间，16个州(市)以多媒体形式汇报了集体林改工作进展情况，与会代表参观了楚雄州南华县沙桥镇石桥河村新村村民小组林改现场、宏怡野生菌加工企业，讨论了《云南省地方公益林生态效益补偿和管理办法》等4个文件。省林改领导小组成员和联络员及相关部门和单位的领导参加了会议。

【林业产业】 2008年，全省林业系统始终把兴林富民作为现代林业发展的根本宗旨，大力加强林业八大产业建设，有效推进了林业产业经济总量快速增长，产业质量进一步提高，产品竞争能力进一步增强。各地坚持“生态建设产业化，产业发展生态化”的发展思路，大力发展木本油料、生物质能源、速生丰产林、珍贵用材林，积极推广林业循环经济，发展林下种养业，有效开发野生食用菌，巩固提升了特色经济林在山区经济发展中的地位。全省种植木本油料林40万公顷，超计划13.33万公顷；以松香、松节油、桉叶油、紫杉醇等为主的林化产业稳步增长；以野生食用菌、林药为主的非木材产业比重逐步加大；森林生态旅游、木材加工、野生动物驯养繁殖蓬勃发展。龙头企业规模不断壮大，林业总产值达到历史最高水平，产值达400.6亿元，同比增长13.81%。

【省级林业龙头企业建设】 2008年，省林业厅共评定92家省级林业产业龙头企业。通过近几年的发展，省级林业龙头企业分布区域覆盖全省16个州(市)，包含8个林业产业类别。现有龙头企业中总资产超亿元（10 000万元）的有21家，占龙头企业总数的23%；总资产大于等于5000万元，小于10 000万元的企业24家，占龙头企业总数的26%；总资产大于等于1000万元，小于5000万元的企业45家，占龙头企业总数的49%；总资产1000万元以下龙头企业2家。92家龙头企业中，涉外企业8家，占企业总数的9%。近年来，龙头企业增强了品牌意识，已有4个产品获得国家名牌产品称号，19个产品获得省名牌产品称号；在国际国内认证方面，28家企业通过了ISO9001：2000质量管理认证，11家企业获得国际食品HACCP认证；2家药品生产企业获美国FDA认证，3家获GMP认证；一些企业主动与大专院校、科研院所联合开展科技攻关，取得了一批具有自主知识产权的科技成果，新产品开发和科技创新能力得到切实增强，全省林业龙头企业已建立研发中心24个，获各种专利56项。

【云南大力发展木本油料产业】 2008年，云南省坚持“生态建设产业化，产业发展生态化”的发展思路，省政府先后制定出台了《关于加快核桃产业发展的意见》和《关于加快木本油料产业发展的意见》，对木本油料产业发展思路、目标、资金筹措、扶持方式、工作机制等方面作了明确的规定。各地也相应出台了加快核桃等木本油料产业发展的相关扶持政策、措施，为产业的快速健康发展提供了政策保障。同时，省政府与国家林业局签署了建设云南木本油料产业示范区合作备忘录，积极争取国家各部门加大对云南木本油料产业发展的支持力度。省政府明确提出省级财政每年筹集2亿元专项资金用于支持木本油料产业发展。各州（市）、县也先后制定了加快木本油料产业发展的资金扶持政策，每年各州（市）、县投入木本油料产业的资金超过1亿元。

2008年，全省木本油料产业投资超过3.11亿元，其中：核桃产业投资2.6亿元、油茶产业投资3640万元、膏桐原料林基地建设投资1479万元。全年核桃产量为25万吨、综合产值57亿元。截至2008年12月，云南省木本油料种植基地面积超过133.33万公顷。省林业厅实行厅领导对16个州（市）分片联系挂钩和督查木本油料产业发展制度。在国家林业局的大力支持下，云南省先后在楚雄、大理举办了首届中国核桃大会和核桃产业科技论坛，宣传和展示了云南省核桃产业发展取得的成就，为打造云南省核桃品牌建立了平台、营造了环境，有力地促进了木本油料产业又好又快发展。

【首次全省种苗工作电视电话会议】 省林业厅在2008年11月开展的核桃种苗质量专项检查中，发现核桃种植存在规模盲目扩大、种苗生产经营混乱、品种混杂、穗条来源不稳定、盲目引种等问题。在植树造林即将开始的关键时刻，12月，省林业厅党组及时召开电视电话会议。在电视电话会议上，省林业厅厅长陈玉侯针对核桃产业发展中存在的种苗质量问题，动员全省各级林业主管部门，切实加强对核桃种苗的质量管理，确保核桃产业健康稳定发展。要求各级林业主管部门加强核桃种苗质量管理，确保核桃产业健康发展。会议决定，对全省抽检中发现的问题，采取强化良种意识，严把种苗出圃和调入质量关，严格种苗生产管理，加快母树选优和采穗圃建设，加大技术培训力度，加强种苗质量监管，合理安排种苗生产，争取党委政府支持等8项措施，坚决果断加以解决。

【森林资源保护】

依法治林进一步加强，森林资源得到有效管护 全省森林资源二类调查工作基本完成，森林资源管理信息系统已经在7个州（市）36个县（市、区）安装试用；各地严格执行《行政许可法》等规定，规范了各项行政许可审批事项工作，依法依规办理征占用林地、采伐林木的审核、审批工作，积极支持重点工程建设；强化了对森林植被恢复费的征收管理，促进了林地的有效保护和合理开发利用。同时，严格执行森林采伐管理制度，林权所有者的合法权益得到保障。天保工程区人工商品林采伐试点工作顺利推进，雨雪冰冻灾害森林资源损失调查评估结束，受损林木得到合理清除。森林公安深入开展了严打专项行动，涉林违法犯罪活动得到有效遏制。全年共查处各类森林和野生动物案件1万多起，打击处理违法犯罪人员1.3万多人，挽回经济损失1.22亿元。地方法规立法工作取得重大进展，《云南省林地管理条例》、《云南省林木种苗管理规定》已上报省政府。林业普法工作力度加大，行政执法工作扎实有效，省林业厅被省政府评为特别优秀执法单位。

林业应急管理能力进一步提高，抗灾救灾工作成绩突出 森林防火工作克服了雨雪冰冻灾害带来的不利影响，战胜了持续高危森林火险天气的严峻挑战，最大限度地减少了森林火情火灾的发生。2008年共投入森林防火经费1.35亿元，处置卫星热点1395个，扑灭森林火灾281起，当日扑灭率达97%，森林火灾次数、受害森林面积同比分别下降54%、48%，实现了森林无大火、无重大伤亡的目标，取得了近5年来最好成绩。着力推进林业有害生物防治的社会化试点，完善了森防监测预报体系，提高了监测防控能力，理顺了森防管理体制，林业有害生物防治工作逐步由技术服务向行政管理、重防治向重预防、部门防治向社会化防治转变。2008年初雨雪冰冻灾害发生后，全省林业系统迅速应对，及时展开了灾害损失情况的统计和评估工作，认真制定灾后恢复重建规划方案，积极争取国家和省的支持，使林区道路、供电线路、通讯线路、防火设施、育苗基地等林业基础设施和林业生产能力得到了有效恢复。

【云南成为我国首个国家公园建设试点省】 云南是我国生物多样性保护最为关键区域之一，也是全球生物多样性保护的热点地区之一，目前已建有16处国家级、45处省级自然保护区，占全省国土面积的6.3%，在云南建立国家公园、整合已有保护先进经验，走资源保护与开发利用相结合的道路，为我国保护区实现分类管理具有重要的意义。国家林业局批准云南省为国家公园建设试点省，在中国大陆率先开展国家公园试点工作，要求云南省林业厅积极发挥生物多样性保护的实施主体作用，结合我国实际情况，以科学发展观为指导，遵循“保护优先、合理利用”的原则，在保护好生物多样性和自然景观的基础上，更全面地发挥自然保护区的生态保护、经济发展和社会服务功能，探索具有中国特色的国家公园建设和发展道路。希望云南在国家公园建设试点中研究和完善相关政策，妥善解决国家公园机构、编制、经费和土地权属等问题，建立相应的法规、政策、标准和管理措施，以便示范和推广。2008年7月25日，省编委办同意在省野生动植物保护管理办公室加挂云南省国家公园管理办公室的牌子，明确了省林业厅为云南省国家公园管理的职能部门。省林业厅成立了云南省国家公园专家委员会，正式开展了云南省国家公园发展战略研究，积极推进国家公园的立法工作和国家公园科学管理工作。组织起草了《云南省国家公园建设试点工作意见》，老君山、梅里雪山、西双版纳3个国家公园的总体规划已经进入审批程序。

【生物多样性保护】 2008年，省林业厅按照省委、省政府和国家林业局的统一部署，加大了生物多样性保护的工作力度，编制了《滇西北生物多样性保护规划》，《云南生物多样性保护工程规划》，《云南湿地保护工程总体规划》和《云南野生动物疫源疫病监测体系建设规划》，并报经省政府批准实施；加强了对湿地的管理保护，国家高原湿地研究中心挂牌运行，碧塔海、纳帕海、拉什海、大山包、泸沽湖、海峰湿地列入国家建设项目；云南滇金丝猴研究中心建设方案进入审批程序；全球环境基金支持的林业持续发展项目成果得到了世行专家的好评；完成了2007年度野生动物肇事补偿调查统计工作，云南省被列为全国首批野生动物肇事补偿工作的4个试点省(区)之一并给予重点扶持，云南林业生态功能不断增强，生态体系进一步完备。

云南加大滇西北生物多样性保护工作力度。地处青藏高原与云贵高原之间的滇西北地区，拥有“三江并流”世界自然遗产和丽江古城世界文化遗产，同时，它属于中国三大特有物种起源和分化中心区域，拥有中国近1/3的高等植物和动物种类，是全球景观类型、生态系统类型和生物物种最为丰富的地区之一，已被国家和多个国际组织列为全国和全球生物多样性优先重点保护地区，是金沙江、澜沧江、怒江、伊洛瓦底江4条亚洲著名大江的上游地区。滇西北生物多样性保护重点区域包括迪庆、怒江、大理、丽江和保山等5个州(市)的18个县，面积约8.3万多平方千米，占全省总面积的21.2%，辖区内人口共492.76万人，占全省总人口的10.99%。为进一步加大生物多样性保护工作，省政府通过召开滇西北生物多样性保护工作会议，开展大型主题活动、发布保护行动宣言以及出台《关于加强滇西北生物多样性保护的若干意见》，全面启动了滇西北生态建设工程和生物多样性保护工程，加大对滇西北生物多样性保护工作，有效、有序和合理开发生物、矿产、水能和景观等自然资源，实现经济社会可持续发展。

在滇西北生物多样性保护工作会议上，省委副书记、省长秦光荣表示：“保护好滇西北的生物多样性，既是各级政府、各个部门和每一个人的责任和义务，也是云南省对全国和全世界的庄严承诺：到2012年，生物多样性保护体系初步完善；到2020年，基本形成结构科学、布局合理、功能完备、管理高效的生物多样性保护体系，所有珍稀濒危动植物和典型生态系统类型、绝大多数特有特种得到有效保护。”省政府还主动与世界自然基金会、大自然保护协会、保护国际、高山研究所等国际环保组织和云南生物多样性和传统知识研究会、亚洲国际河流中心等国内民间环保组织的代表就滇西北生物多样性保护展开对话与交流；省内外环保专家、学者对省政府加强滇西北生物多样性保护的务实行动给予积极的评价。

【云南省新三年“兴边富民工程”】 按照《云南省新三年“兴边富民工程”行动计划(2008～2010年)》要求，林业部门主要承担特色经济林建设、农村能源建设、森林防火建设3项任务。2008年3项任务进展顺利：①特色经济林已下达2008年建设资金1635万元，计划在16个边境县建设核桃基地3.63万公顷。②农村能源建设资金已下达资金1296万元，补助2008年省级农村沼气和农村改灶项目，计划在25个边境县建设沼气池11 600户，投资1160万元；改灶13 600户，投资136万元。③怒江州和保山市建设边境防火通道90千米、生物防火隔离带40千米，3年投资2100万元；两个项目已获得国家林业局立项批复；2008年的投资计划1040万元已经下达，其中怒江州500万元，保山市540万元。 （陈　凯）

【雨雪冰冻灾后恢复重建工作】 2008年年初的雨雪冰冻灾害给云南省林业生产造成了严重损失，全省林木受灾面积达165.6万公顷，林业直接经济损失81.91亿元。灾害发生后，省林业厅高度关注，厅领导立即分赴各州(市)指导林业抗灾救灾。省林业厅千方百计筹集救灾资金，制定恢复重建规划，做到了领导到位、责任到位、措施到位、资金到位，促进了抗灾救灾工作的顺利开展。全省投入林业救灾和灾后恢复重建资金7694.65万元，其中：中央投入2520万元，省级投入1500万元；已恢复受损道路803千米，房屋754间，瞭望塔46座，给水管线244千米，供电线路301千米，通讯线路100千米，育苗温室5540平方米，大棚16.4万平方米，采穗圃52.66公顷，种子园886公顷；已清理枯倒木3.89万公顷，补植补造4.32万公顷，无害化处理冻死冻伤野生动物3908只，救助3968只；加工企业收购木材3.3万吨，竹材1380吨。（陈 凯）

【野生动植物保护管理】 2008年，云南省紧紧围绕全省保护工作大局，解放思想，开拓创新，突出重点，培育亮点，攻克难点，使全省保护工作成效显著，多项工作走在全国前列，实现了生态建设和林业产业协调发展。

立法工作 完成《云南省天然湿地条例》和《云南省野生植物保护条例》初稿撰写工作；协助省人大环资委开展大山包保护区管理条例的立法调研、文稿起草工作，推进《云南省大山包黑颈鹤国家级自然保护区管理条例》的实施工作，云南省首个非民族自治地区自然保护区条例开始实施。

自然保护区和湿地管理 完成乌蒙山省级自然保护区晋升国家级保护区前期工作；指导昆明市林业局开展轿子山自然保护区晋升国家级自然保护区相关工作；协调北海湿地省级自然保护区从环保部门纳入林业部门管理；开展了会泽黑颈鹤国家级自然保护区按程序纳入林业部门管理的相关协调工作；大围山、永德大雪山国家级自然保护区总体规划获国家林业局批准；小黑山、金光寺、剑湖、沾益海峰省级自然保护区总体规划获省政府批准；完成南滚河、哀牢山国家级自然保护区，腾冲北海湿地，拉市海、纳帕海省级自然保护区总体规划；完成白马雪山国家级自然保护区总体规划修编工作；启动玉龙雪山、哈巴雪山省级自然保护区总体规划修编工作；景东黑长臂猿监测和研究取得初步成果，引起社会广泛关注；白马雪山保护区滇金丝猴食性研究项目基本完成，高黎贡山白眉长臂猿监测获得重大突破；组织完成剑湖、沾益海峰两处湿地类型省级自然保护区的综合科学考察和总体规划编制工作；大山包、碧塔海、纳帕海、拉市海4个国际重要湿地保护工程建设项目和泸沽湖、海峰湿地2个湿地保护工程建设项目顺利实施，共投资3199万元。

野生动植物保护管理 出台了《云南省陆生野生动物驯养繁殖和经营利用管理办法》进一步规范了养殖、经营利用的行为，为产业发展创造了宽松的政策环境。启动了灵长类实验动物活体标记管理工作。筹措野生动物补偿经费972万元。组织开展云南省黑熊肇事情况调查和防灾减灾技术研究。已落实4个国家级动物疫病监测站建设的中央经费200万元，促进了野生动物驯养繁殖产业健康发展。

自然保护区生态旅游 召开生态旅游座谈会，西双版纳国家级自然保护区生态旅游总体规划获国家批准，组织了《大围山国家级自然保护区生态旅游总体规划》专家评审并获得通过，启动高黎贡山国家级自然保护区生态旅游规划编制工作。完成高黎贡山、白马雪山和大围山3个保护区生态旅游试点建设工程。

国际合作项目 全球环境基金(GEF)项目工作得到世行检查组高度评价。与湿地国际合作，启动大山包社区共管和培训项目，开展保护区的沼气建设试点和监测活动；与ICF、FFI、CI等国际组织沟通开展相关活动；与TNC合作，开展国家公园试点建设技术工作。

宣传工作 白马雪山国家级自然保护区滇金丝猴食性研究在中央电视台“绿色空间”栏目播出3集；高黎贡山国家级保护区《跟踪白眉长臂猿》播出2集；西双版纳亚洲象和无量山黑长臂猿保护情况多次在中央电视台播出；与国家林业局、中央电视台少儿频道栏目合作在云南省拍摄《绿野寻踪》少儿科教片6集。

（省保护办）

【岗位培训】 围绕提高全省各级林业领导干部综合能力，依法行政的能力，提高林业系统州(市)、县领导干部的政治思想和业务素质，发挥林业系统各级领导干部在加快云南林业又好又快发展过程中的引领和带头作用。省林业厅于2008年先后举办了两期共110人参加的州(市)、县林业局局长专业知识研修班。

省林业厅党组对培训工作十分重视，培训工作由厅长陈玉侯主持，党组书记白成亮在培训班作动员讲话，对做好培训工作提出明确要求：①要联系云南林业发展的实际和各州(市)、县林业发展的特点加强学习，创新工作思路。②要联系自己的思想实际和工作特点，夯实理论基础，提高政治素养。③要联系林业工作实际，应用现代林业理论指导林业建设。

对新进入林业系统的州(市)、县林业局局长进行林业法律法规、林业政策和有关知识的培训，是林业系统贯彻落实胡锦涛总书记“大规模培训干部，大幅度提高干部素质”重要指示精神的具体体现，也是推进云南省林业改革发展的现实要求，标志着全省实施“人才强林”战略进入了一个新的阶段。

（云南省林业除署名外由徐斌供稿）

西藏自治区林业

【概　述】　2008年，面对拉萨“3·14”事件等各种困难和挑战，西藏林业工作坚持“抓领导、抓责任、抓稳定；抓重点、抓项目、抓规范；抓作风、抓检查、抓落实”，坚持走有中国特色、西藏特点的发展路子，以科学发展观为统领，紧紧围绕“发展现代林业、建设生态文明、实现林业又好又快发展”目标要求，积极应对挑战，狠抓工作落实，2008年各项林业工作取得新进展并圆满完成了年初制定的各项工作任务。

造林绿化管理逐步规范，质量有较大提高

圆满完成年度任务　全区年初下达造林绿化任务3.03万公顷，完成3.04万公顷，完成率100.2%，面积同比增加34.1%，其中：重点生态公益林建设工程1万公顷，退耕还林工程荒山荒地造林1万公顷，拉萨市及周边造林工程733.33公顷，经济林1066.67公顷，防沙治沙2200公顷，迹地更新1600公顷，义务植树4800公顷，育苗266.67公顷。另外，完成退耕还林补植补造0.63万公顷，重点区域补植补造0.1万公顷，封山(滩)育林4.05万公顷。

加强了种苗基础工作　加大了育苗工作力度，指导各地(市)加强种苗余缺调剂工作。协调各方关系，积极筹措资金，基本解决了造林种苗严重短缺问题。投资165万元，实施了良种采种基地建设工程，林木良种选育和生产得到稳步推进。加强了苗木质量管理，制定了有关规定，杜绝了外来苗木未经审批大量用于造林绿化，并实行质量抽查与通报制度，夯实了种苗基础。

强化了造林质量管理工作　按照《造林技术规程》要求，严把设计、苗木、栽植、抚育四关，以确保保存率和成活率。按照“造一片，成一片”的要求，通过认真落实管护责任、加强造林地缺窝补植、狠抓幼林抚育等，切实加强营造林后续质量管理，巩固造林成果。

开展了重点区域检查验收工作　在各县自查的基础上，组织3个工作组，历时半个多月，对拉萨市3年重点区域造林和2008年新造林进行了检查验收，成活率达到87%，比以前有大幅度提高。

安居工程木材供应顺利，资源林政管理更加规范

圆满完成了安居工程木材供应任务　全年安排安居工程建设5.2万户，安居工程木材供应计划39万立方米，实际调运37.6万立方米，占供应计划的96.4%。另有3.6%使用了替代建材，通过政府引导，政策宣传，替代建材的使用率明显提高。

严格执行森林采伐限额管理制度　根据全区“十一五”年森林采伐限额、安居工程建设任务和区内其他重点工程建设需要，合理安排全年总采伐量158.68万立方米。加强林木采伐管理，所有伐区凭作业设计统一审批、现场拨交，确保了森林采伐限额管理制度的严格执行。

加强了征占用林地管理工作　严格执行林地转为非林地面积总量控制制度，实施林地用途管制。加强与自治区交通、国土等有关部门的沟通协调，加大对非法征占用林地项目的督办和查处力度，严格征占用林地审核审批程序。全年共审核征占用林地项目12个，审核林地面积49.13公顷，足额征收森林植被恢复费307.5万元。

加大了木材流通管理力度　进一步建立健全木材运输证的领取、保管、发放、台账登记和统计报告等管理制度，规范了申领程序和核发要求。进一步建立健全木材检查站的规章制度，加强了木材检查站队伍建设，提高了检查站执法水平和工作效率。继续启用木材流通远程视频监控系统，协调有关部门加强对特殊车辆的管理，保证了木材流通环节的正常运转。

强化了森林资源的监督管理　配合国家林业局驻成都专员办两次开展专项检查，加强了全区的森林资源监督管理。召开成都专员办与西藏自治区林业局第一、二次联席会议，就建立会议互访、文件交流等监督工作沟通机制达成共识，相互通报了一年来工作情况，并对下一步工作进行了研究部署。举办成都专员办与重庆、四川、西藏三省(区、市)林业厅(局)第二次联席会议，与兄弟省(市)交流了经验，学习了好的做法。

林业项目数量明显增多，投资规模继续保持增长

项目数量增加　天保、退耕还林、拉萨市及周边地区造林绿化、重点火险区综合治理、自然保护区规范化建设、工布自然保护区建设、良种采种基地建设、林业基础设施建设和藏东南防沙治沙工程等9个“180”项目全面开工建设。森林生态效益补偿、退耕还林财政补助、森林防火物资储备等24个“180”之外林业项目稳步实施。

资金到位率高　全年国家共下达到位林业项目资金6.27亿元，同比增长54.4%，其中，“180”林业项目到位资金1.64亿元，“180”之外项目到位资金4.63亿元，资金到位率高。仅森林生态效益补偿基金一个项目，通过扩大补偿面积208万公顷，年新增投资1.56亿元。

项目进展顺利　根据项目建设要求，进一步加强领导、充实力量、细化任务、明确责任、狠抓落实，确保了林业项目的顺利实施。对“十一五”林业项目建设情况进行了中期检查和评估，总体来看，项目建设质量、进度、管理等方面比以前有了较大提高，基本达到了设计要求。

项目储备比较充分　在做好在建项目的同时，根据国家上报项目的要求，上报2009年林业固定资产中央政府投资项目26个，总投资3亿多元，比2007年增加10个，已纳入国家林业局批复计划24个，总投资约1亿元。组织申报山区综合开发项目8个，已纳入国家林业局批复计划3个，其余纳入2009年批复计划。根据国家林业局安排，编制上报国有林区道路建设、棚户区改造、核桃等食用油安全规划、林区供排水和供电规划等项目70亿元。

林业生态保护项目实施加快，资源保护能力明显增强

自然保护区建设成效明显　以实施工布自然保护区建设工程为重点，狠抓雅鲁藏布大峡谷二期、雅江中游、色林错、察隅慈巴沟、类乌齐马鹿、芒康滇金丝猴等国家级自然保护区建设工程，完成投资1.35亿元。

抓紧实施湿地保护与恢复工程　珠峰自然保护区湿地保护与恢复工程、麦地卡湿地生态监测站建设工程正在实施，玛旁雍错湿地生态监测站建设工程已竣工。

狠抓野生动物疫源疫病监控和肇事补偿工作　完成6个国家级野生动物疫源疫病监测站建设。野生动物肇事补偿工作积极推进，国家林业局已将西藏列入全国4个野生动物肇事补偿试点省（区）范围，为下一步争取国家野生动物肇事补偿资金打下良好基础。

加强珍稀濒危野生动植物进出口管理　加强与海关、民航、工商等部门的沟通协调，在强化珍稀濒危野生动植物管理工作的同时，积极为正常的进出口提供服务，共办理珍稀濒危野生动植物进出口证明书80份，珍稀濒危野生动植物进出口管理进一步规范。

强化森林病虫害防治工作　首次在全区开展了以“防范外来有害生物入侵、确保西藏生态安全”为重点的森林植物检疫专项执法行动，有效封锁林业有害生物入侵事件16起，焚烧病害苗木5000余株。组织开展森林生物灾害应急救治，完成山南和日喀则防护林病虫害防治3.2万公顷。

森林公安队伍建设加强，整体作战水平显著提高

加强队伍建设　以思想政治工作统揽队伍建设全局，以深入贯彻落实“五条禁令”为重点，加强森林公安队伍建设，提高队伍整体素质。积极协调有关部门落实政法专项编制178个。按照自治区有关要求，逐步落实全区森林公安机关经费保障机制。

加大执法力度　开展保护藏羚羊打击盗猎专项行动，起到很好的打击和震慑作用。全年共查处林业案件64起，结案58起，结案率90%，其中刑事案件15起，破15起，侦破率100%。

强化森林防火工作　发放森林防火宣传册17.5万册，出动宣传车600余台次，购置400余万元的森林防火物资设备。进入防火期以后，全区共发生林火11起，其中，一般森林火灾6起、火警5起，分别同比下降14%和50%。

森林火险区综合治理建设工程进展顺利　昌都森林火险区综合治理工程已竣工，并申报第二期建设；山南森林火险区综合治理工程正在实施；日喀则森林火险区综合治理工程已批复立项；林芝森林火险区综合治理工程已列入2009年批复计划。

集体林权制度改革开始起步，试点准备工作扎实

组织学习考察　组织部分林改骨干赴内地学习考察，参加了集体林权制度改革全国林业厅（局）长培训班和师资骨干培训班学习，为启动开展全区林改工作奠定了坚实基础。

开展摸底调查工作　对全区集体林资源现状、林权发证和争议等情况进行了全面摸底调查。据统计，全区集体林面积7.07万公顷，占全区林地面积的0.04%。

制定试点方案和改革意见　制定了《西藏自治区集体林权制度改革工作试点方案》，提出了《西藏自治区集体林权制度改革意见》，并报上级批准。

成立工作机构　从林业系统抽调6名思路清晰、懂林改政策、业务能力强的干部，组建了自治区林改办公室，具体负责工作落实，保证了林改的正常运转。

开展技术培训工作　制定《西藏自治区集体林权制度改革工作培训计划》，并举办了第一期骨干培训班，邀请国家林业局领导和兄弟省林改专家授课。

林业基础性工作有序开展，支撑保障体系逐步完善

法制建设步伐加快　对《西藏自治区林地管理办法》和《西藏自治区野生植物保护管理办法》进行了修改完善，并已列入上级年度立法计划。积极配合自治区人大环资委开展实施《森林法》及《西藏自治区实施〈森林法〉办法》执法检查。完成全年林政案件统计分析上报工作，全年共发生林政案件315起，查处281起，查处率89%，挽回直接经济损失100余万元，行政处罚375人次。

林业宣传工作加强　全年上报信息337条，采用率86%，同比增加80%。编制完成了《中国林业年鉴》、西藏改革开放30周年林业发展成就、《西藏年鉴》等涉林部分的文字征稿和图片征集等工作。组织了植树节、世界防治荒漠化和干旱日等林业专项宣传活动，并开展了系统内干部职工年度普法考试。

调查规划设计工作成效明显　协助完成退耕还林专项规划外业调查和编制工作。完成208万公顷重点公益林的责任区落实和581万公顷地方公益林的区划界定工作。完成使用林地可行性研究报告8项、良种繁育基地可行性研究报告9项、产业基地建设规划设计10项、野生动物疫源疫病监测站建设项目实施方案6项、重点火险区综合治理建设项目实施方案2个。

林业专业培训力度加大 针对全区林业工作任务重，专业人才较少，干部整体业务素质不高等现象，举办了林业行政执法、森林病虫害防治、集体林权制度改革、野生动物保护等培训班。组织了保护区管理人员和林业调查规划院技术人员赴内地考察学习，加大了人才培训力度，提高了管理水平。

兴林富民工作成效明显，有效带动农牧民增收

农牧民现金收入增多 在林业工程建设中，始终坚持让当地农牧民群众参与林业建设，通过天保、退耕还林、森林生态效益补偿、重点区域造林等林业建设工程，全年带动农牧民增收2.9亿元以上，同比增长61%。

林业产值增加 按照自治区"一产上水平，二产抓重点，三产大发展"的经济发展战略要求，加大林业产业发展力度，通过种苗建设，造林绿化，林木采伐、加工、运输，林下资源开发，林产品加工等，全年实现林业产值8.6亿元，同比增长19%。

启动林业产业发展规划编制工作 全区林业产业发展规划编制工作计划已经自治区政府批准，正着手前期准备工作，这项工作的实施将对全区林业产业的快速发展提供有力的支持，使产业发展规模、布局等更加合理，促进规模化生产，提高林业对全区经济的贡献率。

存在问题 ①经济发展与资源保护的矛盾越来越突出，森林资源保护面临的压力越来越大，生态建设和林业改革的任务越来越重；②基础设施薄弱、体制机制不健全，管理手段和创新能力与新形势新任务不适应；③地区之间、一二三产业之间发展还不平衡，差距较大。

【日喀则地区新农村建设】 2008年，日喀则地区实施林业项目有重点区域造林、退耕还林工程、农牧民安居工程和森林生态效益补偿基金工程。林业项目的实施，促进了林业大发展，初步改善了当地的生态环境；改善了农区群众的生态状况，拓宽了农村剩余劳动力的就业空间，增加群众的收入；改善了广种薄收的粮食生产方式。同时也优化项目区的产业结构，优化粮食生产布局，提高了粮食综合生产能力。

【阿里地区破获一系列非法捕杀国家珍稀野生动物藏羚羊案件】 进入冬季，是藏羚羊偷猎案件的高发期，也是反偷猎任务最重的时期。阿里地区林业局加大对羌塘国家级自然保护区的巡逻力度，严厉打击各种非法偷猎和收购买卖藏羚羊产品的案件。从2007年11月30日以来，阿里地区出动车辆19台次，警力78人次，行程10 420千米，先后破获7起非法捕杀藏羚羊案件，抓获犯罪嫌疑人6名，缴获藏羚羊皮张89张，藏羚羊头角68个，作案工具东风车一辆、客货两用车一辆、摩托车5辆，小口径步枪4支，子弹115发，有力地打击了偷猎分子的嚣张气焰，教育了群众，在保护区范围内形成了严打的高压态势。

【工布自然保护区投入1925万元用于保护区核心区群众搬迁房建设】 林芝地区林业局在工布自然保护区建设过程中，根据实际情况，结合项目设计和要求，积极投入到农牧民安居工程建设中。2008年，工布自然保护区建设工程投入1925万元用于保护区核心区群众搬迁房建设。涉及米林、朗县、林芝、工布江达4县，惠及3500户农牧民家庭。

【工布自然保护区建设工程进展顺利】 2008年度，工布自然保护区建设工程总投资8000余万元，项目进展顺利。已对有关项目进行了招投标。投资500余万元的管理局综合办公楼项目已于3月18日开工建设。投资100余万元的植被恢复项目正在实施，移民搬迁经费正在下拨之中。

【工布自然保护区建设工程植被恢复项目全面开工】 项目总投资3480.60万元，涉及4县35个作业区，植被恢复面积15.77万公顷。通过实施该项目，工布自然保护区的植被将得到有效恢复，历史遗留的森林采伐迹地将得到全部更新，保护区内的植被覆盖率得到提高，保护区生态环境进一步改善。该项目将全部雇用当地群众参与劳务，项目实施区群众将直接增加现金收入2000余万元。

【昌都城镇周边造林绿化及绿色通道建设】 2008年3月份以来，地区林业局坚持"两不误、两促进"的工作方针，在狠抓维稳工作的同时，加班加点、积极稳妥地组织实施了昌都城镇周边造林绿化及绿色通道建设工程。截至5月18日，累计完成昌都城镇周边造林258.2公顷；完成妥昌公路绿色通道植树66 490株。植树中，以提高农牧民收入为着力点，一是在城镇周边造林绿化中，将部分造林任务承包给地区林业局扶贫联系点芒康县索多西乡的群众，完成成片造林79.47公顷，维修及新修引水渠348米，为扶贫点群众增加收入23.28万元；二是聘请当地群众，担任护林员，负责管护、浇水工作，强化了造林地的后期管理；三是安排地区林业有限责任公司承包植树造林任务146.67公顷，增加了企业收入，稳定了职工队伍。

【林业大事】

1月18日 根据西藏工布自然保护区工程建设

总体规划，19 辆巡护车配备给林芝、米林、工布江达、朗县自然保护区管理分局。

1 月 28～29 日 全区林业局局长会议召开。自治区副主席次仁出席了会议并作讲话。

2 月 28 日 山南地区林业工作会议召开。

3 月 2～3 日 日喀则地区林业工作会议召开。

3 月 9 日 昌都地区林业工作会议召开。

3 月 10 日 由自治区副主席次仁率领的自治区工作调研组在林芝地委委员、行署副专员多吉次仁的陪同下到地区林业局调研指导工作。

4 月 3 日 自治区森林病虫害防治检疫站和曲水县林业局在联合调查中发现，自治区外来有害生物青杨天牛在拉萨市曲水县聂当乡有不同程度发生。

4 月 10 日 自治区、拉萨市和曲水县森林病虫害防治检疫联合执法人员在曲水县聂当乡依法开展林业植物检疫工作时，查获并销毁了一批从河南省调入的携带有大量西藏森林植物补充检疫对象——光肩星天牛幼虫活体的榆树、柳树苗木，对违法调运人依法给予严肃处理。

4 月 在全国绿化委员会第二十六次全体（扩大）会议暨造林绿化表彰大会上，昌都地区人民医院、山南地区扎囊县人民政府、武警拉萨市森林大队等 3 个单位被授予全国绿化模范单位荣誉称号；旦巴曲扎、拉顿、昂旺次仁、加永尼玛、尼玛等 5 位同志荣获全国绿化奖章。

5 月 27 日 国家林业局召开了全国野生动物肇事补偿试点工作会议。西藏列入全国 4 个野生动物肇事补偿工作试点省（区）。今后，国家每年将拨给西藏补助经费 200 万元。

6 月 30 日 《西藏自治区公益林区划界定办法》通过了评审。《办法》评审的通过，对将西藏区划界定的 581.63 万公顷地方公益林纳入中央财政补偿范围打下了良好的基础。

7 月 自治区林业局在八一镇召开全区 2008 年度农牧民安居工程木材供应协调会。会议就 2008 年度全区的农牧民安居工程木材生产供应、运输管理等问题进行了研究，制定出台了《西藏自治区 2008 年度农牧民安居工程木材运输管理规定》。

9 月 23 日 ·全区造林绿化工作会议在拉萨召开。自治区向巴平措主席就开好会议作了批示。

9 月 24～25 日 经自治区政府批准，首届西藏自治区外来林业有害生物防控论坛在拉萨召开。论坛的主要目的是共同分析西藏面临外来林业有害生物入侵的形势，明确防控任务，研讨防范对策，确保西藏生态安全。

9 月 26～28 日 在云南省楚雄州大姚县举行的首届中国核桃大会上，西藏林芝地区朗县选送的"酥油核桃"获核桃产品金奖。

10 月 14 日 自治区林业局召开全局机关及事业单位深入学习实践科学发展观活动动员大会。区党委学习实践科学发展观活动第八指导检查组索朗多吉组长一行出席会议。局党组书记杰巴作了深入学习实践科学发展观活动动员讲话。

10 月 26～31 日 自治区林业局会同自治区高级人民法院，在自治区法官学院联合举办了全区首届林业行政执法及司法培训班。

11 月 2～3 日 自治区林业局在西藏宾馆举办了全区集体林权制度改革培训班，来自全区 7 地市、部分林权制度改革试点县、乡镇分管领导和业务骨干及自治区林业局相关处室，共 80 余人参加了培训。区党委组织部、区发改委和区财政厅等相关单位负责人出席了开班式。

11 月 10～11 日 自治区林业局在拉萨召开全区森林防火工作会。会议的主要任务是，认真传达贯彻 2008 年全国秋冬季森林防火工作会议精神，总结 2006～2008 年全区森林防火工作，研究部署今后森林防火工作，探讨全区森林防火工作的新思路，讨论修改森林防火目标责任书。

11 月 12～14 日 国家林业局副局长李育材一行赴藏工作检查组，在林芝地区考察西藏森林防火工作。在拉萨期间，自治区党委书记张庆黎会见了李育材副局长一行。自治区党委副书记、常务副主席郝鹏同李育材举行了座谈。自治区副主席、秘书长宫浦光等也参加了座谈。

11 月 24 日 自治区次仁副主席，结合开展深入学习实践科学发展观活动，到区林业局与局领导、部门负责同志座谈，就全区 2008 年造林绿化任务、林业重点工程实施、农牧民安居工程木材供应管理、自然保护区的建设等及存在的问题进行了调研。

12 月 9 日 藏东南防沙治沙工程在林芝地区米林农场附近举行启动奠基仪式，该工程全区总投资 5000 多万元，在林芝地区投资 2926.7 万元，治理总面积 9635.43 公顷。

（西藏自治区林业由陈平供稿）

陕西省林业

【造林绿化】 2008 年，全省营造林 29.4 万公顷，其中：人工造林 16.3 万公顷，飞播造林 4.27 万公顷，封山育林 8.83 万公顷，比计划任务 20 万公顷超额完成 47%。完成中幼林抚育 21.8 万公顷，低产林改造

1.07 万公顷，育苗 8533 公顷、133 683 万株，整地 1.11 万公顷。营造天保工程公益林 11.5 万公顷，退耕还林 6.77 万公顷，三北防护林工程造林 3.47 万公顷，日元、德援外资项目造林 4933 公顷。“三化一片林”绿色家园 317 个试点村，完成造林绿化 4767 公顷，栽植苗木 702 万株，义务植树 8300 万株。

（王　莉）

【集体林权制度改革】 从 2007 年 7 月开始，在户县、太白、彬县、耀州、华阴、富县、榆阳、西乡、宁陕、山阳 10 个县(市、区)开展了集体林权制度改革试点工作。一年多来，林改试点任务顺利完成并取得预期效果。截至 2008 年 11 月底，10 个试点县 146 万公顷集体林地已完成确权面积 141.34 万公顷，占 96.8%。其中：家庭承包经营 117.92 万公顷，占已确权面积 83.4%；集体股份合作经营 13.51 万公顷，占 9.6%；拍卖等其他承包方式 9.02 万公顷，占 6.4%；联户承包经营 0.89 万公顷，占 0.6%。发放林权证 20 万本，发证面积 120.38 万公顷，发证率 82.5%。调处山林纠纷 4387 起，调处面积 15.96 万公顷，占集体林总面积的 10.9%。初步成效主要体现在：①探索出了陕西省林改的基本路子。陕西公益林比重大，10 个试点县共有生态公益林 102.53 万公顷，占集体林地的 70%。因此，陕西林改只能走保护型的生态改革路子，在保护好现有森林资源的前提下，实行家庭承包分林到户，农民通过公益林林下开发、生态效益补偿和商品林的经营利用增加收入，达到生态受保护、农民得实惠的目标。②摸索出了明晰产权的有效模式。10 个试点县因地制宜，充分尊重群众意愿，采取 4 种模式明晰产权：第一种按人均确权到户，实行家庭承包经营；第二种对难以完全按人均确权到户的，将经营主体下移，实行联户经营；第三种对城市、旅游、矿产开发规划区和重要区域的生态公益林，实行集体股份合作经营，农民按人均等持股，按股分红；第四种不宜实行家庭承包的四荒地，采取拍卖等其他方式承包，确权到大户，群众从转让收益中分利。这 4 种方式中，家庭承包经营占集体林已确权面积的 83.4%。③激发了广大林农发展林业的积极性。林改后，农民通过家庭承包经营拿到了林权证，吃下了“定心丸”，真正成了山林的主人，其造林、育林、护林和发展林业的积极性空前高涨。据统计，林改中 10 个试点县农民累计投入近 6000 万元用于造林。④维护了林区的和谐稳定。10 个试点县在林改中，采取多种途径和方法共调处山林纠纷 4387 起，彻底解决了长期存在的界限不清、权属不明的问题，如省直宁西、太白林业局与当地集体 30 年悬而未决的林权纠纷，这次得到彻底解决。通过调处林权纠纷，不仅为群众发展林业生产扫除了障碍，更重要的是维护了一些地方的社会稳定，为经济社会全面健康发展奠定了基础。⑤促进了基层民主和法制建设。林改工作中，各级广泛宣传《森林法》、《村民委员会组织法》、《农村土地承包法》等有关法律法规，使基层干部尤其是农民群众接受了一次深刻的普法教育，有力地促进了基层的民主与法制建设。⑥拓宽了林业投融资渠道。集体林地明晰产权、承包到户后，农民群众拿着林权证，不仅对林地有了经营自主权，而且对林木拥有了所有权，实实在在地得到了一份财产性收入。省信用联社与省林业厅联合印发了《关于全面开展林权抵押贷款的指导意见》(陕农信联社发[2008]279 号)，林农可以用林权作抵押，从农村信用社获得发展林业生产经营的资金，为拓宽林业投融资渠道奠定了坚实基础。

（吴普霞）

【森林防火】 2008 年 3 月 20 日，省政府召开全省森林草原防火工作电视电话会议，姚引良副省长安排部署了清明节期间和春季森林防火工作。10 月 9 日，省政府召开 2008 年全省秋冬季森林防火工作会议，传达全国秋冬季森林防火工作会议精神，安排部署全省秋冬季森林防火工作，姚引良副省长在会上特别强调：森林防火关键在组织领导，核心在落实工作责任。省林业厅党组、厅长办公会议多次研究森林防火工作，先后下发文件 67 次、简报 77 期，安排部署，推广经验。各地认真落实森林防火责任制，签订县、乡、村、组、户五级防火责任书，落实防火责任。强化森林防火宣传教育，创建新华网“陕西森林防火专栏”，报道防火动态信息，建立“陕西森林系统 QQ 群”，通过网上信息平台，召开防火工作交流会，开展多方位宣传工作。据统计，网上报道防火动态信息 160 余条，出动宣传车辆 9350 台次，制作宣传牌 5130 个，宣传横幅 9900 条，标语、资料及其他宣传品 261.7 万份，公益广告 9590 条，林区受教育群众达 95% 以上。加强对森林公园、自然保护区和国有林场等重点防火区域的监管，特别是春节、元宵节、清明节、端午节和奥运会期间等重点时段更是严加防守，保证林区安全。2008 年全省共发生森林火灾 27 起，没有发生重、特大森林火灾，受害森林面积 25.33 公顷，森林火灾受害率远低于 0.2‰的控制指标。

（王　莉）

【森林病虫害防治】 2008 年，全省发生林业有害生物危害 40.32 万公顷，完成防治面积 25.95 万公顷，林业有害生物成灾率控制到 5.04‰，低于省政府和国家林业局下达的控制指标。经坚持不懈地防治，危害了 24 年的检疫性害虫美国白蛾已经根除，兴平市已被国家林业局撤销美国白蛾疫区。2008 年，国家林业局与陕西省政府签订了美国白蛾防治责任书，省政府将防治工作纳入林业考核内容，召开了美国白蛾防治会议，部署防治工作，与各市政府签订防治责任书，建立长效机制，实行各级政府和林业主管部门之间的“双线”目标管理责任制。全省实施森林监测调查面积573.33万公顷，监测覆盖率达到85.92%，测报准确率91.76%。（王　莉）

【森林公安】　2008年3月20日至5月31日，全省范围内开展集中打击破坏野生动物资源违法犯罪活动专项行动，代号“飞鹰行动”。期间，全省出动执法人员6216人次，车辆1886台次，立案8起，破案8起，查处行政案件206起，清理野生动物驯养繁殖场所86处，清理野生动物加工场所196处，检查动物活动区域163处，查获犯罪嫌疑人9人，打掉犯罪团伙3处，行政处罚159人，林政罚款9万余元，收缴国家二级以上保护野生动物76头，野生动物毛皮33张，野生动物制品70件，猎具8件，没收违法所得2万余元，涉案价值140余万元。省森林公安局获得有关部门“飞鹰行动”先进集体荣誉称号。4月，组织开展林区禁毒行动，重点放在五大林区：秦岭、巴山、关山、黄龙山和桥山林区，出动人员2830人次，踏查可疑地块315处，清理林区场所167处，办理行政案件3起，产出毒品原植物13株，处罚3人，实现非法种植罂粟“零产量”和无毒林区的目标。对神木县非法运输猫头鹰案，蓝田县非法收购、运输、出售猕猴案，太白县猎杀珍稀动物羚牛案等10余起挂牌案件，成立专案组，组织警力，重点侦破。据统计，全年共出警23 702人次，受理案件3243起，查处3218起，依法处理违法犯罪人员3901人次，收缴木材3000多立方米，收缴野生动物6072头(只)，为国家挽回损失790万元。（王　莉）

【林业资金与计划】　2008年共落实各项林业建设资金40.5亿元，较2007年增加6亿元。其中：退耕还林工程34.7亿元，天保工程4.4亿元，三北防护林工程0.27亿元，野生动植物保护及自然保护区建设1161万元，防火、防虫、森林公安、集体林权制度改革等项目1亿多元。向国家林业局、省发改委报送种苗工程、野生动植物保护工程、湿地保护、森林病虫害防治、森林重点火险区综合治理工程等国债项目可行性研究报告79个，总投资5.7亿元，已批准林业建设项目60个，批复资金1.2亿元。特别是11月初，抓住国家扩大内需、拉动经济增长的政策机遇，向国家报送储备林业建设项目354个，涉及投资199亿元。国家已下达陕西林业重点工程建设新增投资2.56亿元，其中天保工程1.46亿元，三北防护林四期工程1.1亿元。（王　莉）

【退耕还林工程】　2008年，完成荒山造林6.77万公顷。累计向230万退耕农户兑现各项补助折合金163.54亿元，退耕区915万退耕农民人均收益1786元。抽调专业技术人员100多名，组成10个检查组，对1999年以来退耕还林、宜林荒山荒地造林保存情况及退耕还林荒山荒地造林完成情况进行了复查，抽查了34个工程县退耕还林面积4.95万公顷。10个市开展了退耕还林阶段验收工作，全省阶段验收工作10月完成。受雨雪冰冻灾害影响，退耕还林新造林地损失严重，全省受低温雨雪冰冻灾害面积21.13万公顷，成灾面积17.45万公顷，受灾农户52万户；受地震灾害面积1.13万公顷，受灾农户2.7万户。（王　莉）

【天然林资源保护工程】　2008年，抽调近百名专业技术人员人对全省20个县(局)公益林建设和人工造林保存率进行全面检查，对森林管护、富余人员分流安置、职工五项社会保险的落实情况复查，对工程项目执行能力等方面的复查，对工程建设资金的到位和使用进行资金稽查，对2007年天保工程各项建设任务完成情况进行客观、公正的考评。配合国家林业局完成了“四到省”考核核查工作，提出了整改意见报告。2008年，天保工程完成公益林建设11.5万公顷，766.67万公顷森林资源得到有效保护。（王　莉）

【三北防护林建设工程】　2008年，营造防风固沙林、水土保持林等各类防护林3.47万公顷，9个集体、22名个人受到国家林业局表彰。依托各项林业重点工程，防沙治沙综合示范县建设，佳县、定边、神木、吴起的综合治理稳步推进。大荔县、陈仓区、千阳县、淳化县农田防护林更新改造试点进展顺利，完成采伐面积189.37公顷，采伐蓄积量1211.5立方米。封山(沙)技术，经过5年的实施，完成推广面积35.94万公顷，2008年完成验收工作，并获省林业科技推广一等奖。（王　莉）

【野生动物和湿地保护】　2008年，为了保护大熊猫的遗传多样性，促进陕西、成都两地大熊猫繁育工作，与成都大熊猫繁育研究基地开展大熊猫合作繁育研究，互换种源饲养。人工繁育大熊猫幼仔3只，成活2只。省珍稀动物抢救饲养中心与国家濒危野生动植物种质资源保护中心开展朱鹮合作研究，提高朱鹮新生个体的生存力。繁育朱鹮216只，其中：野外繁殖朱鹮170只，人工繁育46只。宁陕县朱鹮异地野化放飞种群成功，野外自然繁殖幼鸟4只，成活3只。繁殖林麝434只。2008年8月胡锦涛主席访问韩国期间，宣布向韩国赠送一对朱鹮，省林业厅协调省外办、海关、机场、边防武警等相关部门，做好隔离检疫、出境检疫、安全管护、包机通道和运输等工作，于10月17日举行朱鹮赠送交接仪式，顺利抵达韩国。向国家林业局申报陕西第一批湿地公园，陕西千阳千湖、陕西三原清浴河、陕西淳化冶峪河、陕西蒲城卤阳湖和西安浐灞5处湿地公园成为国家湿地公园。《陕西省湿地名录》经省政府常务会议审定并公

布实施。（王　莉）

【林业产业建设】　2008年，全省干杂果经济林面积达到152万公顷，年产值60多亿元，其中红枣、核桃、花椒、柿子、板栗五大干杂果经济林面积86.8万公顷，产值达到35.9亿元。基地建设初具规模，市场份额逐年扩大。花椒基地面积16.47万公顷，产量3.49万吨，产值10.5亿元，居全国首位；核桃基地面积23.2万公顷，产量4.67万吨，产值12.1亿元，居全国第二。7月，省林业厅与西北农林科技大学和商洛市政府举办了2008商洛核桃高端论坛，探索陕西核桃产业做大做强的路子。为切实保护枣农的经济利益，省林业厅联合永安保险公司开展了红枣灾害保险试点调研，起草了《2008年陕西省政策性大枣保险试点实施方案（草案）》，为省政府出台相关政策提供了依据。组织12家森林公园联合申报中央投资项目，积极推动森林公园建设和森林旅游产业发展，金丝大峡谷、太白山和南宫山等森林公园旅游重点项目建设有序展开，争取项目投资6400万元，落实贷款1.4亿元。全省73处森林公园接待游客776.8万人次，直接经济收入2.97亿元，实现旅游综合收入70多亿元。2008年全省林业产业总产值达到169.46亿元。（王　莉）

【科教兴林依法治林】　2008年，推广林木良种15个、丰产栽培技术10余项，完成推广面积8.28万公顷，建立林业科技示范县11个、示范点348个、示范户1150个。评选出省林业厅科技进步项目奖7项：林业技术推广成果奖3项。完成林农适用技术培训30多万人次，培训基层林业技术骨干6900多人次，开展"科技之春"宣传月，发放科普资料15万余份，接受技术咨询4100人次，组织科技下乡小分队9批次。省人大确定，将《陕西省野生动植物保护条例》、《陕西省全民义务植树条例》、《陕西省森林公园管理条例》、《陕西省征占用林地及补偿费征收管理办法》纳入立法规划。举办市级林业行政执法人员培训班，培训执法骨干580余人；为全省8200多名林业系统执法人员换发了新执法证。（王　莉）

【西安市造林绿化】　2008年，西安市完成造林绿化面积81 746公顷，完成省考核指标43 333公顷，完成市考核指标53 333公顷，全市有256万人参加了义务植树，栽植树1030万株。西安大绿工程新造林15 333公顷，完成一期工程补植造林16.8万株；天保工程公益林建设35 333公顷；对2003年、2004年封山育林情况、人工造林进行了检查，合格率均达100%和99.99%；退耕还林工程荒山造林3333公顷，封山育林2万公顷；三北防护林体系四期工程新造林442.67公顷；"三化一片林"完成40个绿化村示范建设，绿化面积409.93公顷；西安泾渭湿地省级自然保护区一期项目建设完成河堤护坡绿化3000米，封滩育草204.8公顷，人工种草20.67公顷，沙坑整治15公顷；生态林带建设长安区段完成生态林113.33公顷，周至、蓝田、户县段正在建设中。（王　莉）

【冰冻雨雪灾害和地震灾害损失调查】　2008年1月低温雨雪冰冻灾害和5月份四川汶川大地震，全省林业损失巨大，森林资源严重受损，直接经济损失达23.59亿元。灾害发生后，省林业厅和灾区各级林业部门快速反应，积极开展抗灾救灾和生产自救减少灾害所造成的损失。省林业厅先后向重灾区拨付救灾资金670万元，运送帐篷500顶，组织机关干部职工向灾区捐款和缴纳特殊党费23万元。灾区各级林业部门积极开展自救。按照国家林业局《关于开展雨雪冰冻灾害森林资源损失调查评估工作的通知》要求，省林业厅制定下发了《陕西省雨雪冰冻灾害森林资源损失调查评估实施细则》，对全省雨雪冰冻灾害森林资源损失调查评估工作全面部署，成立领导小组，组织安排，进行监督检查和技术指导，抽调专业技术人员，准确评估损失，报告灾情，组织编制灾害重建规划，积极开展灾区生态恢复和重建工作。（王　莉）

【商品林采伐管理】　2008年，根据国家林业局《关于认真做好"十一五"期间年森林采伐限额管理工作的通知》精神，陕西全省按照生态区域和林区秩序稳定状况，人工商品林资源分布情况，在前几年试点的基础上，编制了《陕西省2008年人工商品林采伐管理试点实施方案》，在蓝田等49个县（区）开展人工商品林采伐管理试点，下达人工商品林采伐试点生产计划32.73万立方米。有46个试点单位组织实施。（王　莉）

【林权抵押贷款】　2008年12月，省林业厅与省信用联社签订了林权抵押贷款业务合作协议，联合下发了关于全面开展集体林权抵押贷款的指导意见，协议规定凡取得县级以上政府颁发的全国统一式样的林权证书，且无山林权属纠纷的用材林、经济林、薪炭林的林木资产及其林地使用权和采伐迹地、火烧迹地的林地使用权均可作为林权抵押贷款抵押物。林农可凭林权证抵押贷款，获得发展林业生产经营资金。省林业厅与省信用联社双方将本着"先易后难，先小后大"的原则，先从农民的林权抵押小额信贷做起，以已经成熟的林业产业为主，向速生林、森林旅游、苗木花卉和名特优经济林和红枣、核桃、板栗、花椒、柿子、茶叶、蚕桑和木本中药材基地建设等发放贷款，待积累经验后，将把信贷范围逐步扩大到林业企业。合作协议签订以后，省林业厅与省农村信用社联合社联合印发了《陕西省农村信用社林权抵押贷款管理办法》。（王　莉）

【防沙治沙文化建设】 2008 年，全国第一个防沙治沙展览馆在陕西定边县改建完成。展馆展出了治沙英雄石光银、治沙女杰牛玉琴、治沙十大标兵杜秀芳、全国治沙劳模李守林、全国绿化女状元王志兰等治沙造林先进事迹。展馆始建于 2004 年，总建筑面积 601 平方米，使用面积 448 平方米，是由延长石油公司定边采油厂等 18 个单位捐资建设的。为进一步扩大宣传范围，增强宣传效果，2008 年定边县政府投资 200 多万元对展馆进行了改造。 （王 莉）

【沙漠生态公园建设】 榆林沙漠生态公园是国家林业局审核批准建设的一项公益性重点生态建设项目，投资 3.5 亿元，公园规划建设生态景观区、游乐设施娱乐区、野生动物驯养区、水上游乐区、沙地娱乐区、餐饮服务区和治沙示范区等七大功能。2008 年沙漠生态公园“城运村”项目在榆阳区小纪汉启动建设，“城运村”位于距榆林市区 7.5 千米处，是榆林沙漠生态公园的重点工程。沙漠生态公园建成后，将成为一个集健身娱乐、休闲购物、旅游观光为一体的大型园林式综合场所。 （王 莉）

【三北防护林建设 30 年】 1978 年国家启动三北防护林体系建设以来，经过 30 年的不懈努力，陕西省三北防护林体系建设在保障生态安全、促进经济发展、改善民生方面取得了丰硕成绩。生态环境明显改善，全省三北防护林体系建设 30 年累计造林 293.8 万公顷，三北地区森林面积达 319.6 万公顷，覆盖率由 1977 年的 12.9% 上升到 25.8%，平均每年以 10.6 万公顷的绿色扩展速度覆盖着黄色的土地；生态状况由过去“局部好转、整体恶化”向“整体好转、局部良性发展”转变。据陕西省境内黄河流域 10 条支流长期水文观测结果显示，入黄泥沙量 1970～1979 年、1980～1989 年、1990～1999 年、2000～2005 年依次年均为 5.75 亿吨、3.62 亿吨、4.52 亿吨、2.16 亿吨（2006 年陕西省水土保持公报），土地沙化和荒漠化状况呈现出面积减少、程度减轻、扩展趋势逆转三大变化。30 年来营造农田防护林近 20 万公顷，保护农田 89 万公顷，宜建林网的农田中有 70% 多面积实现了林网化，风沙和干热风等自然危害现象明显降低，农业生产防灾减灾能力较大增强，促进了粮食稳产，农业用地面积由初期的 360 万公顷减少到 197.7 万公顷，粮食产量由初期 50 亿千克，上升到 2007 年的 67.6 亿千克。根据科学测算，仅农防林的护田增产效应一项，就使三北地区年增产粮食 15% 左右。三北地区以红枣、核桃、花椒、柿子、沙棘、仁用杏、梨、苹果等八大经济林为主的基地面积达 80 多万公顷，经济林比重由初期的 5%，上升到目前的 27.3%，有的地方达到了 80% 以上；年产各种干鲜果品 80 多亿多千克，年产值 100 多亿元，农民人均林果收入由不足 30 元增加到 300 多元。三北地区农民人均纯收入由工程初期的 193 元，提高到现在的 2426 元。 （王 莉）

【森林公安队伍建设】 2008 年，根据省编办《关于核定省级森林公安政法专项编制、规范省森林公安局及直属森林公安机构设置的通知》，省属森林公安干警整体转为政法专项序列公务员，市、县森林公安转制也在有序推进，为提高森林公安队伍整体执法能力创造了条件。 （王 莉）

【美国白蛾防治】 2008 年 8 月，省林业厅邀请中国林科院、北京市林保站和西北农林科技大学等单位的有关专家，并组织了 65 名专业技术人员，分组对以往有美国白蛾疫情发生的兴平、咸阳高新区、武功、秦都、乾县、礼泉、周至、杨陵、扶风等县（市、区）进行检查。检查组通过听取汇报、检查档案、实地调查、重点排查等方法，随机抽查了 236 个行政村（单位），占原发生村的 45.4%，林木抽查率 39.1%，未发现任何虫态的美国白蛾。8 月 27 日，省林业厅在西安组织召开了陕西省美国白蛾防治工作检查验收会。专家组认为：陕西省政府高度重视美国白蛾的防治工作，措施得力、方法科学、效果显著，实现了国家林业局下达的扑灭美国白蛾的目标。自 1984 年 8 月，在武功县发现国际性检疫害虫美国白蛾以来，全省开展了深入持久的扑灭美国白蛾的人民战争，广泛宣传，全面动员，强化措施，提出了“严格封锁，杜绝蔓延，大力防治，尽快扑灭”的总体方针，制定了“先外围后中心，先路渠林网后村庄农户”的围歼方案，采用了美国白蛾性诱剂和黑光灯的监测方法，实行了“一查二喷三剪网”和“发现一点，喷药一片”的技术路线，实施了人工摘网、喷药防治、生物控制等一整套无公害防治技术措施。经过 25 年的艰苦努力，先后投入 110 万人次，查防 168.67 万公顷次，剪除网幕 151 万个，捕杀成虫 93 万头，摘除卵块 24 万块，挖蛹灭虫 130 万头，喷药灭虫 73.33 万公顷次，实施营林措施 1.33 万公顷，有效地控制了虫情。陕西发生美国白蛾的 3 市 9 县 54 个乡镇 520 个行政村和 281 个单位，除 20 个村是连续 2 年无疫情外，疫区其余各县、乡、村全部是保持 5 年以上无疫情。11 月 17 日，国家林业局公告（2008 年第 16 号），陕西省兴平市的美国白蛾疫点已经根除，撤销其划定的美国白蛾疫区。至此，陕西省率先在全国实现了扑灭美国白蛾疫情。 （李有忠）

【铜川市社会绿化】 2008 年，铜川市委、市政府提出了“围绕两大目标，绿化三条流域”的绿化造林工作目标，把干杂果栽植和技术改造落实到村、到户、到地快；把造林绿化、义务植树落实到重点区域、重点工程，任务分解到乡镇、林场、机关、部队、学校和社会，全市共完成造林1.31万公顷，四旁植树615万株，其中义务栽植213万株，育苗160公顷，市直机关工委组织实施的"公仆林"、"曙光林"栽植2.2万株，义务植树人数达65万人次。制定了《铜川市干杂果经济林经营管理考核办法》，在全市开展了市、县、乡三级干杂果示范园创建活动，建成三级示范园700.3公顷。组织技术人员进村入户，开展技术服务与培训，全年共培训林农1.45万人次，320名林农经过考核，拿到了果农技术等级证书。全市用于干杂果示范园建设和三条流域的资金达1363万元。

（王　莉）

【飞播造林50年】 2008年9月，全省飞播造林50周年总结表彰会在榆林市召开。大会对50年来飞播造林工作进行了总结，对17个飞播造林先进集体和51名先进个人进行了表彰，出版《陕西林业》飞播造林专刊并通过媒体宣传报道飞播造林成就。飞播造林始于1958年，从小面积试验到大面积推广实施，50年来，全省70多个县飞播造林形成规模，通过飞播形成万公顷以上飞播林基地30多片，累计完成飞播造林209.13万公顷，成林成苗100多万公顷，增加了后备森林资源。榆林沙区飞播林成效显著，改善了森林资源分布不均的现状，全省飞播造林森林覆盖率提高了3个百分点。同时，飞播造林技术不断提高，累积取得飞播造林科技成果20多项，其中国家级两项，省部级8项。先后出台了《陕西省飞机播种造林(治沙)工程管理办法(试行)》、《陕西省飞机播种造林工程质量管理暂行办法》和《陕西省飞机播种造林技术规程》。管理办法和技术标准的规范，保证了飞播造林工作的顺利实施。（王　莉）

【林业大事】

1月4日 "三化一片林"绿色家园建设试点工作任务全面完成，全省102个试点村共计完成造林绿化折合面积14667公顷，占建设任务的100%，其中：庭院绿化栽植33.85万株，村庄绿化完成240.16千米，路渠绿化完成489.72千米，营造片林7867公顷，共栽植各类绿化苗木257.2万株。

2月21～22日 全省林业局局长会议和全省林业系统纪检监察工作会议在西安召开。姚引良副省长出席会议并作讲话，省林业厅厅长张社年、纪检组组长赵钰莹分别作了相关报告。

3月12日 省绿委组织义务植树活动。参加植树的有省人大、省政府、省政协、省纪委、省军区和武警陕西省总队的领导赵德全、罗振江、黄玮、姚引良、王晓安、黄呈洲、颜晓东等和61个省级机关的干部、职工3220人，与咸阳市泾阳县党政机关、单位的干部职工2000多人一同栽植侧柏17.33公顷2.7万株。

3～6月 全省开展的雨雪冰冻灾害森林资源损失调查评估。经调查评估，全省69个受灾县级单位，受灾面积达12.29万公顷，森林资源损失5233公顷，损失价值70 036.72万元。

4月5日 全国人大常委会副委员长华建敏一行在省委常委、西安市委书记孙清云，省人大常委会副主任赵德全的陪同下考察楼观台。

4月10日 省编办《关于核定省级森林公安政法专项编制、规范省森林公安及直属森林公安机构设置的通知》(陕编发[2008])4号，对省森林公安机构进行整合，由省森林公安局直接管理，下设3个分局12个派出所，人员纳入政法专项编制序列。省森林公安局局长、政委高配为副厅，副局长高配为正处。

4月11日 省绿委组成人员进行调整。新一届绿委主任由姚引良副省长担任，副主任有黄呈洲、张社年、徐春华等7名，委员有张雄强等23人。

4月16日 观音山保护区东河台村凉风垭附近，发现有大熊猫出入。说明随着天保工程和野生动植物保护及自然保护区建设工程的实施，大熊猫栖息地质量不断提高，大熊猫等珍稀野生动物的活动范围逐渐扩大。

4月24日 全国政协副主席陈宗兴考察秦岭国家植物园。陈宗兴在考察中指出：秦岭植物园建设是建设生态文明的重要举措，要做到按政府批准的规划实施，加快发展，不断完善基础配套设施，为市场化运作创造条件，要积极发挥秦岭自然资源优势和陕西科技优势，依靠省局院市联合共建机制的有力支持，真正把秦岭国家植物园建成植物的宝库。陪同考察的有副省长、农工陕西省委主委朱静芝，省政协副主席张生朝、秘书长姚毅。

5月6～7日 省长袁纯清赴长青国家级自然保护区考察调研。考察中，袁纯清对长青保护区改善景区设施和推进道路建设方面所做的工作给予了充分肯定，并希望继续努力，抓住机遇，发挥优势，做好发展旅游产业这篇大文章。省林业厅厅长张社年和汉中市主要领导陪同考察。

5月12日下午14时28分 四川省汶川县发生特大地震，陕西汉中、安康、宝鸡震感强烈。

5月13日 省林业厅召开紧急会议，传达《省政府关于切实做好抗震救灾工作维护人民群众正常生活生产秩序和社会稳定的紧急通知》精神，对全省林业系统抗震救灾工作作出安排部署，要求全省林业系统认真贯彻省政府文件精神，采取有效措施，确保当前抗震救灾工作取得实效。

5月21日 省林业厅机关干部职工捐款支援地震灾区，共计捐款144 524元。

同日，世界自然基金会与受灾较重的青木川省级自然保护区和摩天岭省级自然保护区紧急签订了资金额分别为24万元和22万元的保护区社区发展项目合同，帮助当地保护区和社区尽快进行灾后重建工作。

5月28日至6月8日 亚行官员润佛为团长的陕西秦岭生物多样性保护与示范项目评估团一行4人，对秦岭国家植物园进行亚行贷款和CEF赠款项目评估。6日省发改委外贷办召开了陕西秦岭生物多样性研究与保护亚行评估总结大会，签署了评估备忘录，标志着亚行贷款和CEF赠款国际重要程序的完成，为亚行贷款谈判奠定了良好的基础。

6月2日 省林业厅机关党员缴纳"特殊党费"。323名共产党员共缴纳"特殊党费"71 333元，其中离退休党支部79名共产党员缴纳15 595元。

6月8日 为贯彻落实中央10号文件，省林业厅在深入开展调研，广泛征求各地和有关部门意见的基础上，起草了《陕西省委、省政府关于贯彻〈中共中央国务院关于全面推进集体林权制度改革的意见〉的实施意见》，12月15日经省政府第三十一次政府常务会原则通过，并报省委审定。

6月12日 德国驻华公使、联合国粮农组织驻华代表以及世界自然基金会、森林趋势、德国GTZ公司等国际组织项目官员，对陕西省三北防护林工程建设情况进行了考察。考察团一行先后参观了陕西定边县杜芳秀荒沙治理、石光银沙地治理，榆林市植物园，绥德县龙湾黄土丘陵沟壑区综合治理，延川县延水关等造林现场。

6月 经过调查评估，因汶川大地震波及，全省69个受灾县(区、局)森林资源直接经济损失达23.59亿元。

7月25日 全省集体林权制度改革座谈会在户县召开，副省长、省集体林权改革领导小组组长姚引良参加会议并作讲话。

7月26日 景俊海副省长在省发改委领导的陪同下考察楼观台和秦岭国家植物园。景俊海考察了秦岭国家植物园项目建设，对秦岭国家植物园作为旅游项目的建设、开发提出了明确要求，希望早日建成。

7月28日 由省林业厅、西北农林科技大学、商洛市政府主办，商洛市政府承办的商洛核桃高端论坛在商洛举行。商洛市政府召开新闻发布会，将每年的10月9日定为商洛核桃节，每年在商洛举办一次，活动时间为期5天。

7月 神木县成立了第一个以生态保护建设为主要内容的民间协会——神木县生态建设协会。会议审议通过了《神木县生态保护建设协会章程》，选举产生了第一届理事会和领导成员，省林学会理事长郝福财为名誉会长，并吸收了500多名会员。

8月4日 西安市市长陈宝根带领市政府相关单位领导，考察秦岭国家植物园迁地保护区。陈宝根强调，秦岭国家植物园建设意义重大。秦岭是西安发展的绿色屏障，正在建设的秦岭国家植物园为西安未来发展、改善城市外部环境将起到巨大的推动作用。并对秦岭国家植物园建设涉及的移民搬迁、道路建设、河道整治、灌溉系统的经费予以落实，并对电力设施、关闭水电站等问题提出了具体的解决方案。

8月13日 袁纯清省长一行对山阳县的林改试点工作进行调研。在调研中，听取了山阳县集体林权制度改革工作进展情况的汇报后，袁纯清充分肯定了山阳县的林改试点工作，并要求继续抓好集体林权制度改革，通过科学的保护、管理、开发、利用，优化森林生态，增加农民收入。省林业厅厅长张社年陪同调研。

9月9～10日 省委副书记王侠带领省委政研室、省发改委、省财政厅等有关部门负责人赴太白县调研集体林权制度改革试点工作，并与10个林改试点县负责同志座谈。省林业厅厅长张社年、宝鸡市委书记唐俊昌陪同调研。

9月23～24日 全省集体林权制度改革市、县长培训会议在西安召开。姚引良副省长参加会议并作讲话，省政府办公厅副巡视员徐春华主持会议。

9月 省林业厅直属系统分批开展了为期半年的深入学习实践科学发展观活动，在省委第八检查指导组指导下，省厅直属系统严格按照中央和省委的统一部署和要求，精心组织，周密部署，扎实推进，较好地完成了学习实践科学发展观活动的学习调研、分析检查、整改落实三个阶段十二个环节的各项任务，取得了良好成效。

10月17日 中国赠送韩国朱鹮交接仪式在西安咸阳国际机场举行。中韩双方签署了交接证书并交换文本。

10月28日 胡锦涛总书记考察榆林市榆阳区小纪汗林场昌汗界工区治沙点，登上沙丘实地了解当地治沙造林和生态建设情况，并指出：榆林的实践表明，只要依靠科学，长期奋斗，就一定能够有效遏制风沙侵蚀，营造良好生态环境。希望同志们把这件利在当代、造福后人的实事办好，为建设祖国西北绿色生态屏障作出不懈努力。

11月24日 省林业厅召开厅机关处级以上领导干部大会，集中学习胡锦涛总书记在深入学习实践科学发展观活动联系点安塞县调研时的讲话精神。

11月27日 省林业厅组织举行了两只2008年7月28、29日出生的大熊猫宝宝冠名认养活动仪式，西安杨森制药有限公司捐赠20万元人民币，并对两只大熊猫幼仔冠名"杨杨"和"森森"。

11月 陕西省三北防护林工程新增投资1.1亿元，占全国三北防护林工程新增投资的7.3%。陕西省三北防护林工程全年中央投资达1.37亿元，是2007年投资0.47亿元的2.9倍，在全国14个三北地区省份及单位中，投资增幅位居第一，为"十五"期间中央投资陕西省三北防护林工程1.5亿元的91.3%。

12 月 12 日　国家林业局李育材副局长对陕西退耕还林工作进行了考察。省林业厅副厅长高永民，延安市委常委、副市长高春义等陪同考察。

12 月 26 日　省珍稀野生动物抢救饲养研究中心与西安古城医院联合对大熊猫“小明”实施白内障摘除手术。大熊猫“小明”是 2007 年 3 月 21 日省珍稀野生动物抢救饲养研究中心从太白县黄柏源乡大箭沟抢救回的一只内外有伤，视力障碍的大熊猫，并起名“小明”。

12 月 31 日　省绿委、省人事厅、省林业厅联合发文，表彰全省 49 个三北防护林体系建设突出贡献单位和 91 名突出贡献者。　（王　莉）

甘肃省林业

【概　述】　2008 年，面对罕见的低温降雪天气和“5·12”特大地震等严重的自然灾害，全省各级林业部门坚持以科学发展观为指导，一手抓抗灾救灾，一手抓林业建设，全省林业工作保持了良好的发展态势。

主要工作

抗灾救灾及灾后重建　2008 年年初严重的冰雪灾害以及“5·12”汶川特大地震，使林业系统职工及家属生产、生活遭受重大损失。灾情发生后，2 月中旬省林业厅派出 6 个工作组，分赴各地和重点林区，全面掌握冰雪灾害受灾情况，指导开展抗灾救灾工作，并组织 2000 余名林业专业技术人员深入生产一线，推广实用技术，开展万名农业科技人员下乡开展抗灾救灾和指导春耕生产科技行动。“5·12”特大地震发生后，省林业厅高度重视，迅速反应，成立工作机构，紧急安排部署，落实工作责任，实行 24 小时专人值班和一天两报制度，及时准确上报林业灾情。由厅领导带队，分赴灾区一线，实地查看灾情，走访慰问受灾职工，指导林区抗震救灾工作。积极开展灾害评估，编制完成生态恢复等灾后重建规划，加强灾后重建的指导和培训，多方筹集救灾资金和各类救灾物资，积极开展灾后恢复重建。据不完全统计，全省共投入灾后恢复重建资金 3.18 亿元，争取中央雨雪冰冻重建补助资金 860 万元、地震灾害救灾资金 430 万元；争取省上雨雪冰冻救灾资金 100 万元，抗震救灾资金 500 万元。补植补造幼林地、未成林地 15.57 万公顷，重造人工林 6.55 万公顷、经济林 2.76 万公顷；恢复林木种苗、花卉、大棚等设施林业灾毁面积的 60% 以上；恢复重建森林防火系统、重点林区国有林场(站)基础设施和林区监测、检查站点的比例分别占到总损失的 40% 以上。特别是进一步落实了震后越冬的准备工作，妥善安置职工，维修基础设施，订购越冬取暖物资，确保受灾单位和每一个职工群众安全越冬。

造林绿化　2008 年，全省各市(州)和厅直有关单位，不等不靠，提前准备，及早动手，克服困难，强化措施，落实责任，全面部署，较好地完成了全年造林绿化各项任务。据统计，截至 9 月底，全省已完成营造林面积 14.41 万公顷，占年计划任务的 128.7%。其中：人工造林 5.76 万公顷，占年计划的 111.8%；封山育林 8.65 万公顷，占年计划的 143.2%。按重点工程分：退耕还林工程完成 5.33 万公顷，其中：荒山造林 2.67 万公顷，封山育林 2.67 万公顷，均完成年计划任务；天保工程完成公益林建设 4.31 万公顷，其中，人工造林 1.33 万公顷、封山育林 2.97 万公顷，也均完成年计划任务。三北防护林四期工程完成 4.77 万公顷，是年计划任务的 3.1 倍，其中：人工造林 1.76 万公顷，占年计划的 150.9%；封山育林(草)3.01 万公顷，是年计划的 7.5 倍。完成义务植树 4071.56 万株，育苗 20.3 亿株。完成补植补造面积 23.91 万公顷，占应补植补造面积的 56.3%。同时，野生动植物保护及自然保护区建设工程有序推进。组织完成了太子山、插岗梁省级自然保护区晋升国家级自然保护区申报工作，开展了祁连山、连古城国家级自然保护区范围及功能区调整工作，完成了建立靖远黄河湿地等 3 处省级保护区的林业系统评审申报工作，积极开展了全省候鸟高致病性禽流感和雨雪冰冻及地震次生灾害野生动物疫源疫病防控工作。全省林业对外合作交流顺利开展。认真执行和实施了 11 个外资项目，利用外资约 1200 万元人民币，完成造林 0.69 万公顷，新引进外资项目 3 个。各地严格按照有关要求，认真及时兑现退耕还林政策，大力开展林业生态小康村镇建设、“绿我家乡，美我家园”和“创绿色家园、建富裕新村”活动，全力推进新农村生态文明建设。认真组织开展三北防护林工程建设 30 周年纪念宣传活动，全面总结甘肃省三北防护林工程建设的经验和做法。

林业产业　全省各地按照生态建设产业化、产业建设生态化的思路，把退耕还林、三北防护林四期、天保等林业生态建设工程与农业综合开发、产业结构调整、生态旅游开发、农村扶贫相结合，努力实现大地增绿、农民增收。据统计，2008 年全省新发展经济林面积 5.56 万公顷。各地还创新林业产业发展机制，联合林型龙头企业，采取拍卖、承包、租赁等形式，走公司＋基地＋农户的路子，新建万亩以上基地 8 个，千亩以上林果特色基地 73 个。同时，根据全

省农民增收专题会议和省委32号文件精神，省林业厅组织人员对全省林业生态和产业建设促进农民增收情况进行了摸底调查，认真总结分析林业促进农民增收方面的成效与问题，完成了今后5年全省林业促进农民增收的实施方案，对全省主要经济林果发展进行了规划，并以市(州)为单位分解了任务，力争经过5年的努力，林业对农民收入由年人均303元提高一倍，达到600元以上，年均递增19.87%。积极开展了第七届花卉博览会前期筹备工作，省上成立了组委会，确定了参展方案，各市州和花卉生产单位、企业认真准备参展产品和培育工作，参展和筹展工作正在有序按计划进行。启动实施了林业-中石油林油一体化生物柴油原料林示范基地建设项目，定西、平凉两市2000公顷文冠果能源林试验基地建设稳步开展。

森林资源保护　积极配合省人大开展《甘肃省林地保护条例》立法工作，认真组织进行了森林法执法检查。加强林地林权保护管理，全省共受理承办各类征占用林地建设项目45个，征收森林植被恢复费2443万元，恢复植被3000公顷，协调收缴林地、林木补偿费6200万元，维护了林农利益。退耕还林林权颁证工作取得实质性进展，全省退耕地还林面积发证率已达83.34%。加强和规范了林木采伐管理工作，全省人工林抚育和低效农田防护林更新改造工作进展顺利。积极推进二类调查工作，制定了工作方案，举办了省级培训班，采购了调查设备和遥感数据。组织编制完成并已上报了全省林业发展、林地保护利用、矿区植被保护与生态恢复工程等3个规划。加大林政案件查处力度，全省共查处林政案件2218起，查处率97.8%。进一步加强了森林防火工作，2008年以来没有发生森林火灾。积极开展了“飞鹰行动”等专项行动，严厉打击了破坏森林资源违法犯罪活动，截至9月底，全省森林公安机关查(破)1483起，查处率97%，打击和处理各类违法人员1713人次，抓获犯罪嫌疑人66人，为国家挽回经济损失123万元。加大林区禁种铲毒工作的力度，实现了全省林区禁种铲毒工作“零产量”的目标。继续强化林业有害生物防治工作，防治面积21.25万公顷，成灾率控制在5‰以下，全面完成了国家下达2008年甘肃省林业有害生物防治目标管理目标考核四率指标。特别是积极开展了苹果蠹蛾防治工作，完成防治面积0.87万公顷，平均防治效果达到90%以上，有效遏制了苹果蠹蛾疫情扩散蔓延的势头。密切配合协作，武警甘肃省森林总队及各支队的筹建工作基本顺利。

集体林权制度改革　2008年，省林业厅党组按照省委、省政府部署要求，认真学习贯彻中央10号文件精神，进一步加大工作力度，着力推进全省集体林权改革工作，取得重要进展。加强了组织领导，成立了由省委副书记刘伟平任组长，副省长泽巴足任第一副组长，13个部门负责人为成员的甘肃省集体林权制度改革领导小组，为开展林改工作提供了组织保障。贯彻中央10号文件精神，结合实际，积极汇报争取，省委出台了实施意见，为全省开展林改工作指明了方向，明确了政策。认真筹备以省委、省政府名义召开的全省集体林权制度改革电视电话会议，全面安排部署了全省林改工作。确定合水县等7个县(区)作为试点，稳妥推进集体林权制度改革，为全省林改改革探路。加强舆论宣传，在省级主流媒体开辟林改工作宣传专栏，组织发表专题文章，播出林改访谈节目，及时编发简报，反映林改动态，为全省林改工作营造良好的舆论氛围。由厅领导分别带队，组成6个调研组，对各地集体林状况进行深入调查研究，为推进集体林改打下了一定基础。与国家林业局联合举办了全省集体林权制度改革试点工作培训班，使参训人员提高了指导和服务改革工作的能力和水平。组织14个成员单位赴7个试点县实地调研、指导林改工作，推动林改试点工作的顺利开展。

抓项目工作　面对2008年国家宏观政策调整、林业重点工程投资规模较往年大幅度调减的形势，省林业厅加大汇报争取力度，全力落实林业重点工程建设任务和各项投资。全年完成中央和省级林业建设投资26.08亿元，其中：中央投资23.67亿元，省级投资1.27亿元，利用外资1200万元，林业项目贷款1.02亿元。完成了石羊河流域防沙治沙等重点规划编制和申报工作，编报了重点火险区综合治理，中西部地区森林公安派出所、国有林区社会性设施建设及科技、种苗等建设项目。

进一步加强了资金和项目管理和核查验收工作。积极配合国家审计署驻京津冀专员办事处完成对省林业厅2003～2007年度财政支农资金使用情况的专项审计工作，对近年来国家投资建设的重点火险区综合治理、自然保护区建设、森林公安及看守所建设、林木种苗、部分国有林场给排水建设等5大类17个项目进行了竣工验收。全面稽查了重点公益林生态效益补偿工作，对发现和存在问题的市、县调减资金，并有针对性地提出了限期整改的意见，有力促进和提高了林业资金和项目管理水平。

林业支撑保障　加大了科教兴林力度，发挥了林业科技在林业生态建设中的的指导、引领和支撑作用。共向国家和省上有关部门申报落实40项科技项目，争取科技经费705万元。完成3个国家科技项目的验收鉴定，1个项目的现场查验，2个项目的中期评估。完成了省科技奖的组织申报工作，有6个项目获省科技进步奖，其中：一等奖1项，二等奖2项，三等奖3项。加强了队伍建设。对厅直系统处级以上干部学习贯彻党的十七大精神进行了集中轮训，厅直系统开展了“继续解放思想、推动科学发展”的大讨论活动。平稳顺利进行了全省森林公安机构人民警察和部分工作人员转制公务员工作，“三基”工程建设向纵深发展，全面加强了森林公安队伍建设。加强了党风廉政建设和反腐败工作，认真落实党风廉政建设责任制，分解了2008年厅党风廉政建设和反腐败工作68项工作任务，进一步完善"五个到位"责任考核和责任追究机制，与省监察厅联合对临夏州重点林业生态工程进行了执法监察和2005～2007年林业专项资金进行了审计，这一做法，得到国家林业局的充分肯定，在2008年4月召开的全国林业系统党风廉政建设工作会议上作了经验交流。积极组织开展厅系统干部职工向地震灾区捐款捐物活动，共捐款24.7万元，捐衣物3000多件，交纳"抗震救灾"特殊党费18万多元。加强了机关制度建设，全面提高机关管理水平。完成了机关林场转让工作。加强政务公开工作，向省政府政务大厅新上报行政审批35项，使省林业厅入驻项目已达68项，截至2008年底，政务大厅窗口共办理了988项业务，办结率为100%，受到省政府办公厅的表彰。

学习实践科学发展观活动 按照省委的部署，从9月下旬以来，厅机关和直属22个县级事业单位为第一批学习实践活动的单位，深入开展了学习实践科学发展观活动。厅党组认真贯彻中央部署和省委要求，成立了工作机构，组成了4个指导检查组，确定了7个厅党组成员联系点，紧密结合林业实际制定了实施方案，对学习实践活动的指导思想、基本原则、目标要求、方法步骤和组织领导提出了具体要求，特别明确了三个着力点，就是要紧紧围绕省委提出的"努力走出欠发达地区、西部老工业基地创新发展的路子"的要求，以林权制度改革为突破口，以实施林业重点生态工程为载体，通过深化改革，着力转变不适应不符合科学发展观的思想观念、着力解决影响和制约林业科学发展以及党员干部党性党风党纪方面的突出问题、着力构建有利于林业科学发展的体制机制，全面推动现代林业又好又快发展，确保厅系统学习实践活动有计划、按步骤、高质量地开展。召开了动员会，对厅系统深入开展学习实践科学发展观活动进行了全面动员和部署。通过学习培训，促使各单位和全体党员加深了对科学发展观的理解，为整个活动的顺利开展打下了坚实的基础。

主要做法

加强领导 全省各级党委、政府把林业建设作为农村工作的重点，列入重要议事日程，及时研究解决林业建设中的突出矛盾和问题，认真落实行政领导工作目标责任制和林业部门技术承包责任制，主要领导亲自抓，分管领导全力抓，落实责任，严格管理，确保了各项林业建设任务的顺利完成。

因地制宜 省委、省政府及各市(州)党委、政府因地制宜，分类指导，召开各类林业会议，出台加快和扶持林业发展的意见和文件，按照区域特点和当地实际，突出林业重点工程，建设林业特色产业，走以大工程推动大发展，以大产业带动大效益的林业建设路子，推进全省林业建设健康快速发展。同时，突出江河源头、林缘区、生态脆弱区和城镇面山，山水田林路综合治理，整县整乡整村推进，谋求整体效益。

全省动员 省委、省政府年初召开全省林业生态建设暨春季造林绿化广播电视动员大会，全面安排部署全省春季植树造林和林业生态建设工作。加大宣传工作力度，充分调动社会各界参与林业建设的积极性，进一步发挥广大人民群众的主体作用，让群众广泛参与到林业建设中来，进一步夯实林业发展的社会基础。

严格把关 严把设计、整地、苗木、栽植、科技和保存等环节，大力推行乔灌草结合、针阔叶混交、多树种搭配，营造混交林模式；坚持县级自查、省市联合复查、国家核查三级检查验收制度，实行林业生态工程建设监理制，认真开展阶段性验收和"回头看"活动，强化补植补造，把质量管理落实到造林的全过程，切实提高了造林成活率和保存率。同时，严格按检查验收结果，及时足额兑现政策。对于违反退耕还林政策的案件，做到有案必查、每案必结，一经核实，严肃处理。

加强管护 认真落实"严管林"的工作方针，不断加强森林资源的保护管理，建立发生破坏森林资源案件责任追究制度，有效地遏制了林地逆转、超限额采伐和各种破坏野生动植物资源的犯罪活动。采取造林与管护相结合、封山与禁牧相结合，管护与政策兑现相结合，加强封禁管理，实行科学管护，严格管护责任，兑现管护政策，切实提高了工程建设成效。

狠抓管理 坚持在重项目和资金争取的同时，更加注重项目和资金的管理，把更多的精力放在研究如何管好、用好林业资金上。不断完善和规范资金管理制度，加强资金稽查，强化调控措施，确保林业建设资金的安全运行，充分发挥资金效益。实行严格的责任追究制，对完成任务好，工程质量高、资金管理严格的，通报表彰，增加任务和投资；对未完成任务，工程质量达不到标准、资金管理不严格的，通报批评，调减任务和投资。（何 熙 王娟娟）

青海省林业

【概　述】 2008年，全年共完成营造林任务6.53万公顷，比2007年增长45.79%，其中：退耕还林还草项目中周边荒山造林任务3.67万公顷，三北防护林工程造林任务0.8万公顷，天保工程造林任务2.06万公顷。完成天然林保护面积198.33万公顷，完成人工造林0.15万公顷，封山育林1.91万公顷，为计划任务的100%；完成国家重点公益林管护面积109.4万公顷；完成义务植树1318.2万株，参加义务植树人数达238.4万人次；确保了全省连续22年未发生大的森林火灾。

城镇绿化　始终将造林绿化工作作为林业工作的主旋律，作为保护生态、实施生态立省战略的重要内容来抓。2008年林业工作在保质保量完成全年造林任务的同时，突出抓了三个方面的绿化工作：

城镇绿化　2008年组织开展了西宁市、格尔木市创建绿化模范城市活动，使这两个城市成为全省城镇绿化的样板。突出抓好西宁南北山绿化工程，在完成南北山一、二期绿化工程目标任务的基础上，2008年完成0.19万公顷造林任务，为西宁南北山绿化向香化、园林化方向发展，打下了良好的基础。

村庄绿化　2008年以“创绿色家园”为切入点、建“富裕新村”为结合点，以提升村庄绿化档次、改善人居环境为重点，安排部署西宁市大通县、海东地区平安县、海西州德令哈市为三北防护林工程社会主义新农村建设试点县，按照上报的《三北工程社会主义新农村建设2007～2010年实施方案》，全面完成了年度建设任务。同时组织开展2个绿色小康县、10个绿色小康乡(镇)、50个绿色小康村、100个绿色小康户的创建活动，狠抓村庄绿化、庭院绿化、农田林网化、沿路沿河沿渠绿化和一片休憩林建设，美化村容村貌。

全民义务植树活动　积极组织开展“厅(局)长林”、“护士林”等一系列有特色的义务植树活动，截至2008年底，全省共完成义务植树1318.2万株，参加义务植树活动238.4万人次。

林业重点工程

退耕还林工程　在完成3.67万公顷年度计划任务的同时，各工程县对历年来退耕还林地林木保存率达不到国家验收标准的不合格地块进行了补助补造工作，完成补植补造面积1.29万公顷。完成了青海省2000年度退耕还林工程省级全面验收和国家核查工作；完成了巩固退耕还林成果总体规划和后续产业、补植补栽专项规划的编制上报工作。

三北防护林建设工程　在全面完成三北防护林四期工程人工造林0.8万公顷任务的同时，突出完成了贵南县森多乡黄沙头万亩治沙造林任务；在共和县沙珠玉乡完成了4.67公顷的农田防护林带的更新改造任务。

天保工程　在全面完成国家下达的年度天保工程公益林建设2.06万公顷任务的同时，完成省财政支持天保工程区国有林场投资800万元的造林、育苗任务。各工程实施单位通过签订管护责任书，将森林管护面积和责任层层进行落实，确保了全省198.33万公顷天然林资源得到有效保护。

野生动植物保护和自然保护区建设工程　大通北川河源区省级自然保护区晋升国家级保护区通过国家林业局评审；孟达、隆宝国家级自然保护区二期建设工程项目进展顺利；贵德黄河清湿地公园被国家林业局批准为国家级湿地公园；开展了全省自然保护区调研工作，开展了麝类资源专项调查、普氏原羚分布区通道饮水点建设工程、青海高原水鸟繁殖群调查。继续实施青海湖和可鲁克湖－托素湖湿地自然保护区湿地保护与恢复建设项目；完成了全省湿地资源调查前期工作，对青海湖、扎陵湖、鄂陵湖3块国际重要湿地进行定期监测，完成了青海省湿地保护恢复工程受损情况调查。

林业产业　2008年，在充分开展调研和论证的基础上，结合退耕还林、三北防护林工程，着力抓好“东部沙棘、西部枸杞”基地建设，在西宁、海东等地区落实沙棘基地建设任务0.51万公顷，落实了沙棘雌株育苗任务1500万株，通过典型示范推动沙棘基地建设；在柴达木盆地完成了666.67公顷枸杞基地建设任务。分别在西宁玛可河育苗基地和玛可河林区展开羊肚菌温室环境和野生状态的种植试验，已完成近2.67公顷的实验区种植工作。

集体林权制度改革　在民和县先行改革试点的基础上，2008年将西宁市大通县、湟源县、湟中县，海北州海晏县，海西州都兰县，黄南州尖扎县，海南州共和县、贵德县、贵南县、兴海县等10个县一并纳入2008年开展的全省集体林权制度改革试点范围，试点类型由农业区的集体林扩展到了半农半牧和牧业区的重点公益林区的集体林。同时，通过编制《林改工作手册》、编绘林改宣传画等方式，不断加大对林改的宣传力度。

对外合作　在做好森林防火体系建设、林业有害生物防治、林业科技推广等基础项目的同时，全面完成三江源自然保护区生态保护和建设工程2007年度第一批结转林业项目，完成了对三江源自然保护区功能区调整项目的确定，指导三江源自然保护区已建4个保护站开展巡护工作。按期完成了澳援青海林业资源管理延期项目，并进行了终期评估；启动实施了中欧生物多样性保护项目下的5个社区协议保护和15个小额赠款项目；继续推进GEF OP12防治土地退化伙伴关系项目示范点建设；日贷青海湖流域周边地区生态环境综合治理项目完成了各项前期工作正式启动；与世界自然基金会在高原湿地保护和气候变化领域开展了合作，进入项目设计阶段。

科技推广和种苗工作 紧紧围绕林业重点工程建设和林业生产技术难题，在东部地区开展了以集水抗旱造林为中心的系列抗旱造林技术，在西部沙区和共和盆地重点开展了以推广杨柳深栽造林和工程治沙为中心的荒漠化综合治理技术，全面完成了2008年初计划安排的31项省级林业科技推广项目和3项国家级林业科技推广项目。

进一步加大种苗质量抽查力度，不断加强种苗质量监管工作。积极开展种苗工程项目专项检查和验收工作，进一步规范种苗市场，遏制假冒伪劣、以次充好林木种苗现象的发生。举办乡土树种育苗技术培训，加强新育苗工作，共完成新育苗973.33公顷，为计划任务的121.6%。

森林资源管理 组织开展专项行动，确保资源安全。相继开展了打击破坏野生动物资源违法犯罪活动、“飞鹰行动”、“迎迎行动”等专项行动，据统计，全省森林公安机关1~10月共受理森林和野生动物案件2271起，查处2222起，共打击处理各类违法犯罪人员2403人次，挽回经济损失151.5万元，确保了森林和野生动物资源安全。

严格审核征占用林地项目，严格采伐限额管理，抓好木材检查站自身建设和基础设施建设工作，严查公路“三乱”现象。开展了森林资源连续清查第五次复查工作。落实森林生态效益补偿，进一步建立和完善了补偿资金管理办法，严格执行“管护补助卡”制度，层层落实了管护责任制，初步建立了公益林监测体系。

坚持“预防为主、积极消灭”的方针，强化森林防火，全省连续22年未发生重大森林火灾。不断加强林业有害生物防治工作，全省共完成林业有害生物防治面积17.8万公顷，加强产地检疫、调运检疫和预测预报工作，遏制了森林病虫鼠害的危害和蔓延。

加大野生动物疫源疫病监测防控力度，做好青海省青南雪灾地区野生动物保护和救护工作，组织完成了全省冰雪灾害森林资源损失调查评估工作和救灾工作，进一步完善了林业突发灾害应急机制，健全领导机构，确保应急机制正常运转，提高了应急反应能力，保证抗灾减灾成效。

为民办实事 结合林业重点工程，投资1.96亿元用于新农村生态建设，有重点、有针对性地在村镇绿化、帮助农牧民增收等方面开展为民办实事工作。同时，较好地完成了中央一号文件宣讲和对口扶贫帮困工作，组织完成了湟中县岗岔村扶贫点造林工作，帮助该村建立了4公顷沙棘扦插育苗基地，安排实施了岗岔村村级道路硬化项目。

思想大解放 2008年，重点围绕解放思想大讨论和落实科学发展观两大活动，把解放思想与落实省委、省政府提出的“生态立省”战略紧密结合起来，由省林业局牵头，联合省委宣传部、省委政研室、省政府研究室，组织召开了由中科院、中国工程院6位院士和省内专家参加的生态立省战略实施研讨会，寻找工作突破点和切入点，推动各项工作取得新的进展。同时，组织工作组分别对造林绿化机制改革，集体林权制度改革，扎实推进青海省村镇绿化工作，加快全省林业产业发展，青海省自然保护区建设的瓶颈问题及对策，以三江源工程建设为契机，加快青海省生态可持续发展步伐6个专题进行深入调研，形成了专题调研报告，更好地为推进林业科学发展提供制度保障。

【林业大事】

1月2日 国家林业局首次对重点工程社会效益监测工作作出表彰，青海省8名同志获此殊荣。

1月4日 青海省湟源县荣获全国绿化模范县称号。

2月19日 省林业局派工作组分赴黄南、玉树、果洛藏族自治州就林业受灾情况进行调查。

3月11日 全省林业工作会议召开，提出要积极推进高原林业建设。

3月24日 省政府办公厅召开全省林业有害生物成灾率目标责任会议。

3月24日 召开全省森林草原防火工作电视电话会议，安排部署春季森林草原防火工作。

4月7日 省林业局派出工作组深入西宁、海东、海南9个县开展林业调研工作。

4月17日 省绿委办公室发布国土绿化状况公报。

4月17日 西宁南北山绿化总结表彰暨全民义务植树动员会召开。

5月4日 普氏原羚野外饮水点在海北州刚察县哈尔盖地区开工建设。

5月8日 国家林业局李育材副局长一行考察青海林业。

5月9日 青海第二十六届“爱鸟周”宣传活动启动。

5月20日 青海湖地区发现大群黑颈鹤。

6月2日 青海省“7·27”特大非法收购、出售雪豹等野生动物案主犯被判11年有期徒刑。

6月26日 大通县首次运用便携式布撒器进行

林业有害生物防治试验。

7 月 4 日 以色列专家应邀来到青海省举办节水灌溉和荒漠化治理专题讲座。

7 月 14 日 青海省编辑发行《“天保”走进三江源》宣传珍藏邮册。

9 月 3 日 省林业局全面开展 2008 年度林业重点工程检查验收工作。

9 月 17 日 省林业局专题研讨祁连山生态圈建设。

12 月 5 日 省林业局积极开展“12·4”全国法制宣传日活动。

12 月 15 日 省林业局党组召开民主生活会，邓本太副省长出席并讲话。

12 月 24 日 省委省政府两办印发林改试点意见，青海省集体林权制度改革试点工作全面展开。

同日，省林业局召开专题会议安排部署 2008 年新增三北防护林工程建设任务。

12 月 26 日 省林业局召开 2008 年林业任务完成情况新闻发布会。（青海省林业由宋晓英供稿）

宁夏回族自治区林业

【概　述】 2008 年，全区林业系统加快生态建设步伐，提升林业产业发展水平，加强森林资源保护和管理，各项林业工作取得了重大突破，开创了全区林业工作的新局面。

2008 年，全区共完成营造林 10.34 万公顷（人工造林 8.97 万公顷，封山育林 1.37 万公顷），完成植树 2 亿多株（义务植树 2000 万株）。其中：三北四期工程完成营造林 5.47 万公顷，退耕还林工程完成荒山造林 3.59 万公顷，天保工程新封育 1.28 万公顷；续封 2.75 万公顷。

生态林业建设 2008 年依托国家林业重点工程项目全面启动了“六个百万亩”林业建设工程，并取得了初步成效，完成营造林 10.34 万公顷，其中：灌区百万亩特色经济林产业带建设项目完成 2.43 万公顷；中部干旱带百万亩枣树生态经济林带建设项目新发展红枣 0.48 万公顷；毛乌素沙地百万亩防风固沙林带建设项目完成治沙造林 2.29 万公顷；灌区百万亩黄河湿地恢复防护林体系建设完成通道林网等绿化 1.31 万公顷；六盘山百万亩水源涵养林生态屏障建设项目营造防护林 2.59 万公顷，封育 0.49 万公顷；贺兰山东麓百万亩生态防护林建设项目完成 0.76 万公顷。

天保工程管理 加强森林资源管护，对管护的林地签订了管护合同，责任到人。对全区天保工程实施以来完成的封山育林建设任务进行了核查。组织对全区 2007 年林业专项资金进行了自查，并对 8 个市、县（区）林业局的林业重点工程资金使用管理情况进行抽查，检查资金总量 5705.9 万元，查出违规资金 583.32 万元、资金违规率为 10.22%。12 月份，对全区 2008 年财政专项资金到位情况检查，共检查资金 6976.6 万元，查出 358 万元财政专项资金未到位。对自治区财政 2008 年新增的 1.47 万公顷补偿面积落实到了山头地块。

退耕还林 组织编纂了《退耕还林工程政策文件技术规程汇编》，组织举办了两期培训班，制定巩固退耕还林成果林业发展规划。1 月 5 日，在固原市组织举办了全区巩固退耕还林成果林业专项规划培训班。7 月 28 日，举办了全区退耕还林工程退耕地还林阶段验收培训班。对国家林业局制定的《退耕还林工程退耕地还林阶段验收办法（试行）》进行了系统的培训，安排部署全区退耕还林阶段验收工作。制定了《宁夏回族自治区退耕还林群众信访办理暂行规定》、《宁夏回族自治区巩固退耕还林成果专项资金使用和管理办法实施细则》、《宁夏回族自治区完善退耕还林政策补助资金管理办法实施细则》和《宁夏回族自治区退耕还林林木管护暂行规定》。

核查验收外业工作从 5 月 15 日开始，到 7 月 19 日结束。中南林业调查规划院对全区退耕还林工程进行国家级阶段验收。8 月 24 日至 9 月 7 日，对固原市 5 县（区）2000 年度实施的 1.33 万公顷退耕还生态林和中卫市、永宁县、贺兰县、自治区农垦局 2003 年度实施的 488.53 公顷退耕还经济林进行了国家级阶段验收。验收结果表明：全区 2000 年度实施的退耕还生态林和 2003 年退耕还经济林总体情况良好，保存合格面积占核查总面积的 98.3%。完成了宁夏 2007 年度退耕还林工程管理实绩核查工作。

编制完成了《宁夏回族自治区巩固退耕还林成果专项规划》和 5 个单项规划。

2008 年，启动了宁夏退耕还林效益监测项目，执行年限为 2008～2015 年。研究制定了退耕还林工程效益监测方案，在宁夏南部山区彭阳县、西吉县、海原县及中部干旱带盐池县建立了 4 个监测站，布设定位监测点 36 个，初步建立了退耕还林效益监测指标体系。11 月 3 日，监测方案和年度报告通过了专家评审。

起草了《关于自治区退耕还林工程建设及后续产业发展情况的报告》。在自治区第十届人民代表大会第五次会议上，专题汇报了全区退耕还林工程建设及后续产业发展情况。委员们对报告给予充分肯定，对全区退耕还林工程建设发挥的重要作用给予了高度评价。

森林公安 2008年，研究制定了《宁夏回族自治区各级森林公安机关“能力提高年”活动实施方案》，完成了森林公安编制过渡工作。组织开展严打整治行动，共受理各类案件421起，查处397起，其中：立刑事案件25起（特大案件9起、重大案件5起），破22起；林业行政案件393起，查处372起；受理野生动物行政案件3起，查处3起。共打击处理违法犯罪人员477人，其中：刑拘62人，逮捕28人，罚款378人，已判刑14人，其他处罚14人。收缴野生动物1742头（只），其中：国家一级保护野生动物金钱豹骨4副、金钱豹皮4张，国家一级保护野生动物制品8件；国家二级保护野生动物124头（只），国家二级保护野生动物制品15件（张），猎具105件，猎枪60支，林政罚款131万元。共查获森林和野生动物刑事案件25起，成功侦破国家林业局森林公安局挂牌督办的特大非法猎捕、收购、运输、出售国家珍贵、濒危野生动物案5起，有力地打击了局部地区破坏野生动物资源案件频发的势头。

森林防火 2008年全区累计发生森林火灾16起，其中：荒山火警12起，一般森林火灾4起，过火面积291.84公顷，烧毁各类灌木2.45万株，造成经济损失约79.9万元。

自治区防火办于3月26日和11月26日在罗山、六盘山组织开展了森林防火演习。3月18日，组建了武警宁夏总队森林扑火应急分队，改善了森林防火基础设施，提高了森林火灾防控能力。利用宣传媒体，开展森林防火宣传教育，出动宣传车400余次，发放宣传单15 000余份，书写宣传标语2000余条，发布禁火通告500余份，六盘山防火办还向林区中小学生发放了《致中小学生的一份信》2万余份。

8月14～15日举办了森林防火培训班。全区26个市、县（区）和6个国家级、省级自然保护区的防火办主任、局长、队长，共119人参加了培训。

5月18日，宁夏森林防火网（www.nxslfhw.cn）正式开通。

林业有害生物防治 林业有害生物有效防治面积23.2万公顷，防治率为86.2%；无公害防治面积18.1万公顷，无公害防治率78%；

举办了监测、检疫、防治等各类培训班60期，接受培训的各类专业技术人员达3500多人次。

全区共建立国家级中心测报点16个，自治区级测报点6个，基层测报点85个。

森林资源管理 全年共受理各种征占用林地申请123宗，审核办结119宗，征占用林地面积69.8公顷，依法收取植被恢复费418万元。全区已发放林权证33万多本，发证率达90%以上。贺兰山国家级自然保护区被国家林业局确定为示范保护区，哈巴湖自然保护收归自治区林业局管理，罗山自然保护区管理局升格为正处级。编写完成了《宁夏回族自治区林业发展区划报告》，召开了宁夏林业发展区划专家审定会，上报了《宁夏回族自治区林业发展区划简本》、宁夏林业发展区划矢量数据、宁夏林业发展区划三级区特征数据表和宁夏区划数据统计表相关图件、表格。

湿地保护管理 自治区湿地保护管理中心正式成立，石嘴山市星海湖被国家林业局批准为国家湿地公园，金马河、月牙湖被自治区林业局批准为自治区级湿地公园。湿地公园共建设5处，其中：国家级2处，自治区级3处。组织编制了《宁夏回族自治区湿地资源调查方案编制项目申请书》。

林政案件查办督办 全区共发生各类林业行政违法案件430起，比2007年增加87起，上升25%，查处430起，查处率100%。其中：盗伐林木案件121起，滥伐林木案件62起，毁坏林木、苗木案件38起，违法征占用林地案件22起，违法运输木材案件34起，非法收购、经营、加工木材案件5起，违反森林植物检疫规定143起，乱捕滥猎野生动物案件1起，其他案件4起。共处罚违法人员429人，林政罚款41.12万元。总队直接受理查办、督办林政案件和涉林纠纷32起。

林业二类调查 2008年完成了全区退耕还林工程退耕地造林阶段性核查验收工作。历时4个多月，对宁南山区12个县（区）退耕还林工程2000～2006年退耕地造林进行了阶段性核查验收，完成了核查验收工作任务，为退耕还林政策兑现及工程管理提供了决策依据。

组织开展宁夏林业发展区划编制工作。开展了项目建设的规划设计和可研报告的编写工作，完成了宁夏贺兰山东麓百万亩庄园式生态公园建设项目和宁夏六盘山百万亩生态景观林建设项目的规划设计；完成了贺兰山滚苏公路绿化设计、河西总排干沟绿化规划、宁夏2008年飞播造林建设项目规划设计、宁夏黄土高原综合治理规划、宁夏防沙治沙示范省建设总体规划等大型建设项目的规划设计；完成了西气东输、中太银铁路等大型工程征占用林地项目可研报告的编制；编制上报了18个种苗基地建设项目的可研报告。

开展对征占用林地和毁林案件破坏林木的调查和鉴定工作。完成了六盘山林业局挂马沟林场森林经营方案编制的试点工作。

特色林业产业 2008年全区完成四大特色林产业基地建设总任务3.11万公顷，其中：枸杞0.54万公顷，葡萄0.4万公顷，苹果1.69万公顷，红枣0.48万公顷。完成经济林育苗基地建设933公顷。承办了首届中国枸杞节，举办了青铜峡葡萄酒节、永宁设施园艺节和全国枸杞产业高峰论坛及设施产业高峰论坛，提高了宁夏林业产业的知名度。组织全区红枣主产县参加了全国红枣产业大会，同心圆枣获得金奖，灵武长枣获得银奖，中宁圆枣获得优胜奖。

承担完成了《宁夏枸杞产业调研报告》、《宁夏葡萄产业调研报告》、《宁夏红枣产业调研报告》、《宁夏苹果产业调研报告》的编写工作。完成了《自治区人民政府关于加快葡萄产业发展的意见（讨论稿）》的起草。制定了2008～2012年《宁夏枸杞产业发展规划》、《宁夏葡萄产业发展规划》、《宁夏红枣产业发展规划》、《宁夏苹果产业发展规划》。制定了《宁夏枸杞产业技术支撑体系建设方案》、《宁夏葡萄产业技术支撑体系建设方案》、《宁夏红枣产业技术支撑体系建设方案》、《宁夏苹果产业技术支撑体系建设方案》。编写了《巴格斯酒庄有机酿酒葡萄种植生态园及冰葡萄酒酒堡建设项目建议书》，进一步完善《宁夏中部干旱带百万亩红枣经济带建设总体规划》、《宁夏灌区百万亩特色经济林产业带建设总体规划》及《关于扶持林业产业化经营龙头企业的若干意见》。

建立自治区级特色经济林示范园区22个，其中：枸杞4个，葡萄4个，苹果5个，红枣4个，温棚果树2个，花卉1个，种苗1个及南部山区杏产业1个。

林业科技

科技创新　推广了脱硫废弃物改良盐碱地造林、节水钵造林等新技术，提高造林成活率15个百分点以上；从美国以及我国新疆引进罗布麻、梭梭等抗逆性强、经济价值高的林木新品种15个，并在育苗及引种试验上取得突破性进展；加快了天目琼花、灰叶铁线莲等乡土野生花灌木树种的人工繁育步伐；组织开展了全区降雨量与旱作造林适应性、新疆杨优良性状纯化及繁育、贺兰山自然保护区林业生态定位等基础研究工作。建成灵武大泉千亩灵武长枣栽培、盐池沙泉湾万亩防沙治沙等科技示范园区。

科技攻关研究　开展全区降雨量与造林适应性的相关研究、新疆杨优良性状纯化及繁育研究及贺兰山自然保护区林业生态定位等观测等基础研究。开展红枣贮藏技术及机理研究、高酸苹果丰产栽培技术研究，对全区苹果的加工及鲜食性状进行系统研究与测定，筛选出了结构相对合理的、早中晚搭配的适合全区发展的苹果品系；同时开展了同心圆枣种质资源调查及单株选优工作。在沙产业开发上，利用柠条粉生产食用菌技术取得了突破，生产的柠条菌菇成功投放市场。

科技成果转化　2008年争取国家林业局科技司、自治区科技厅等部门的研究、推广、标准化、成果转化项目达10多个，总资金超过600万元，有力地支持了林业生态建设。

科技成果　自治区科学技术奖励委员会2008年12月4日公告，经自治区科技进步奖专业组评审，2008年度宁夏林业防沙治沙事业获科技进步奖11项，其中：一等奖3项、二等奖2项、三等奖6项。

由宁夏林学会推荐宁夏大学农学院曹兵撰写的论文荣获中国林学会第二届梁希青年论文一等奖。

自治区质监局奖励委员会2008年9月28日公告，经宁夏标准创新贡献奖专业组评审，2008年度宁夏林业获地方标准创新贡献奖5项，其中：一等奖1项、二等奖2项、三等奖2项。

林业标准化编制与修订　全年共进行了12项林业地方标准的编制。组织实施了全国灵武长枣林业标准化示范区和全国柠条开发利用林业标准化示范区建设。

科技下乡　组织百名科技人员深入全区各市、县（区）开展送科技下乡活动，开展技术讲座28场次，发放书籍1200多册、技术资料6800多份，培训基层技术人员、果农5500多人次；与自治区人事厅联合组织全区50多名林果大户与技术骨干赴陕西考察学习；为吴忠市、西吉县等基层林业科技推广中心站配送了价值100多万元的电脑、投影机等培训物资。春季造林开始后，组织林业科技大篷车主动深入中宁、永宁、青铜峡等林业建设一线，与市、县林业科技服务车共同行动，送资料、送专家、送技术到田间地头，到工程现场，帮助果农解疑释惑，帮助解决工程建设中遇到的技术难题。科技大篷车共开展服务68场次，印发技术资料19万本（册），培训果农、群众10 500多人次。

争取项目资金　2008年争取全区各林业项目资金共计2.87亿元，与2007年同期相比增长了26%。国家拉动内需、刺激宁夏林业生态经济增长。

林业站管理　2008年为基层林业站配备了工作用车、电脑、摩托车等，改善了基层办公条件，为盐池、中宁等5个县基层林业站配备计算机、档案柜、数码照相机、摩托车等。申报和实施了自治区2008年基层农业科技服务体系建设项目，为永宁县21个基层林业站配置办公信息设备各1套、科技服务车各1辆。为林农举办培训班和开展咨询服务48场次，培训人数12 925人次，发放各种林业科技材料3500份。

林业宣传　全年在中央及自治区各类媒体上播发、登载全区林业报道6378篇（条），其中：在中央电视台各频道播发全区林业报道和专题25条，在宁夏电视台、《宁夏日报》头条和头版播发林业新闻200多篇（条）。在全区范围内开展2008年林业十件大事的评选和林业好新闻评选活动，编辑印刷了《生态林业建设宣传报道集锦》和《宁夏林业好新闻集》。利用国际湿地日、“爱鸟周”、野生动物保护宣传月等时机在全区广泛开展野生动物保护宣传教育活动，在全区各市（县）、自然保护区、湿地公园统一开展了悬挂鸟巢、鸟笼，提高了全社会保护野生动物的意识。经自治区林业局和自治区新闻工作者协会组织专家对选送的148篇林业好新闻作品进行评审，共评出一等奖4篇，二等奖8篇，三等奖18篇。

林业外援合作项目 中德合作中国北方荒漠化综合治理宁夏项目（宁夏德援二期项目）全面启动。2008年国际咨询顺利招标，项目专家如期到位，项目培训顺利进行，执行计划制定完毕，参与式规划全面展开，项目管理框架基本建立。

【2008年宁夏林业十件大事】 自治区林业局组织专家和评委，评选出2008年宁夏林业十件大事：

1. 党和国家领导人视察宁夏，对林业生态建设作出重要指示 2008年8月15日，温家宝总理在宁夏考察，11次提到宁夏的生态建设，并且提出要把宁夏建设成为全国的防沙治沙示范区。2008年4月7日，习近平副主席在宁夏考察时指出：治理沙漠是事关祖国生态安全的大事。宁夏在治理沙漠方面取得了好成绩，效果很好，有效推动了防沙治沙工作，为进一步做到"人进沙退"起到了很好的推动作用。

2. 党中央、国务院高度重视宁夏林业生态建设 2008年9月7日，国务院发布的《关于进一步促进宁夏经济社会发展的若干意见》中明确提出，"生态脆弱和水资源短缺是制约宁夏经济发展的主要因素"，"突出抓好防沙治沙工作，遵循科学、综合、依法的方针，全力抓好防沙治沙工作。支持将宁夏建设成全国防沙治沙综合示范区，构筑西部重要的生态安全屏障"，"扎实推进生态建设。继续实施三北防护林、天然林保护、湿地保护与恢复等重点工程，加大对国家级自然保护区投入和管理能力建设，落实退耕还林后续配套政策"。

3. 自治区党委书记陈建国、自治区政府主席王正伟对林业工作作出重要批示 自治区党委书记陈建国2008年4月20日为林业题词：林业产业化大有希望。陈建国在自治区林业局上报的关于全区2008年春季造林成效的报告上作出批示："我们一定要牢记总书记的嘱托，为建设祖国西部生态屏障而不懈奋斗。"自治区政府主席王正伟提出六个百万亩生态经济林建设的构想，并在2008年8月25日主持召开的政府常务会上指出："生态建设事关宁夏长远发展，功在当代、利在千秋，要全力打造全国防沙治沙示范区，构筑西部生态安全屏障。"

4. 宁夏荒漠化防治引起国际社会高度关注 由联合国经济和社会事务部、国家林业局共同主办的防治荒漠化国际会议2008年1月22～24日在北京召开。联合国副秘书长沙祖康对宁夏荒漠化防治成果给予高度赞扬。以色列、日本、德国、埃及等国政府及民间机构纷纷到宁夏考察洽谈防沙治沙及合作事宜。

5. 宁夏正式启动实施六个百万亩林业生态工程 2008年8月25日，自治区政府召开第十二次常务会议通过了《宁夏六个百万亩生态经济林建设规划》，宁夏将用5年时间(2008～2012年)在5个生态区内，由北向南依次构建4条生态屏障，建设六个百万亩生态防护体系项目，完成造林40.88万公顷，使全区森林覆盖率提高到17.44%。通过林业产业化工程的实施，到2012年全区可实现林业总产值70亿元。

6. 宁夏特色经济林产业取得突破性发展 2008年7～9月，自治区陆续举办了中国枸杞节、中国沙产业高峰论坛、中国灵武长枣节等特色经济林产业论坛、峰会，极大地宣传推动了宁夏特色经济产业的发展。至2008年底，宁夏共建成特色经济林基地21.87万公顷，经济林总产量达到70万吨，实现总产值56亿元。

7. 宁夏林业科技成果再获国家大奖 由自治区林业局与宁夏农林科学院等单位组织的宁夏沙漠化土地综合治理及沙产业开发技术研究获国家科技进步二等奖。"十五"以来，自治区共取得林业科技成果106项，科技对林业发展的贡献率由33%提高到45%以上。

8. 宁夏湿地保护条例颁布 《宁夏回族自治区湿地保护条例》经十届自治区人大常委会第五次会议审议通过，使全区湿地得到了法律保护。

9. 宁夏退耕还林人均面积居全国第一位 按照总人口计算，宁夏人均退耕面积为0.05公顷，是全国25个有退耕还林任务省份人均退耕面积的5.2倍，人均退耕面积全国排名第一。截至2008年底，宁夏共完成退耕还林计划任务79.27万公顷。国家累计兑现退耕还林补助资金40.61亿元。工程建设覆盖了全区21个县(市、区)以及自治区农垦系统，退耕涉及153万农民。

12月，国家发改委、财政部、农业部、国家林业局、水利部联合批复了《宁夏巩固退耕还林成果专项规划》。批复总投资91.6亿元，规划实施期为2008～2015年，主要建设内容包括基本口粮田建设、农村能源建设、生态移民、后续产业及退耕农民就业转移培训、退耕还林工程造林地补植补造5大项。

10. 宁夏林业生态文化体系建设得到全面发展 以王德林榜书为桥梁与纽带，香港凤凰卫视、澳门记者联合会采风团、台湾海峡两岸联合采访团、央视四套、央视七套及日本小渊基金会、以色列驻华参赞等媒体、机构对宁夏防沙治沙工作和生态文化高度关注。

【林业大事】

1月 自治区政府任命王德林为自治区林业局局长。

3月7日 自治区林业局王德林局长受邀出席宁夏全国两会北京演播厅接受防沙治沙专访，就全国两会期间代表及宁夏人民普遍关心的治沙热门话题回答主持人的专访。

3月29日 由中日绿化交流基金投资220万元兴建的保护母亲河行动——中日青年宁东鸭子荡水库生态绿化示范林工程在宁东能源重化工基地鸭子荡水库启动。

4月7日 中央政治局常委、国家副主席习近平在自治区党委书记陈建国、自治区主席王正伟等领导的陪同下，到灵武白芨滩国家级自然保护区大泉分场考察防沙治沙工作，并亲手植下了“常青树”。

习近平专程看望了固沙造林2.67万公顷的王有德和他的同事们。

他强调，宁夏的防沙治沙不仅是宁夏的问题，也是全国的问题，是人逼沙退的大问题，是事关三北的问题。

4月8日 宁夏防沙治沙博览园建设启动仪式暨万人义务植树活动在平罗县陶乐治沙林场举行，博览园建设将集中展示宁夏治沙的技术和模式，整合宁夏乃至世界各国沙生植物的种类和现状，也为防沙治沙走向国际合作和科研交流搭建了平台。

4月10日 自治区政府任命李安为自治区林业局副巡视员。

4月29日 王有德入围首届“宁夏十大环保人物”候选人，他20多年如一日，带领干部职工治沙造林，林木资产达到6380多万元。

5月8日 罗山国家级自然保护区最高峰——“好汉疙瘩”山惊现野狼。

5月13日 自治区林业局全体干部职工参加捐助活动861人，共计捐款42 686元，全部捐款送交宁夏红十字会转往四川地震灾区。

5月22日 自治区林业局组织党员缴纳“特殊党费”，局机关的175名党员共缴纳党费69 570元。

7月28日 宁夏哈巴湖国家自然保护区科技人员与北林大专家考察组在哈巴湖调查新发现野生植物，分别为毛果绳虫实、糜蒿、小白酒草、蒙古鸦葱、断穗狗尾草、厚穗狗尾草、偃狗尾草。

8月12日 国家荒漠生态系统定位研究站落户宁夏盐池。

8月16日 中央政治局常委、国务院总理温家宝在国务院有关部委和自治区、市主要负责人的陪同下，来到固原市彭阳县大沟湾流域，考察彭阳的生态建设情况。

8月25日 宁夏第一家林业生态科普园在银川市金凤区正式建成开放。

9月3日 宁夏建成农林开发有限公司董事长张宝军获得中国沙产业先进人物荣誉称号。

10月8日 经第十届自治区人民代表大会常务委员会第五次会议批准《宁夏回族自治区湿地保护条例》从2008年11月1日起施行。

10月31日 首座黄河湿地公园——宁夏金马河黄河湿地公园正式挂牌成立。

11月20日 国家决定在宁夏新增投资6000万元，用于新增人工造林面积4万公顷；新增投资616万元，用于天保工程，新增封育面积0.73万公顷。

11月27日 宁夏林业调查规划院被授予全国三北防护林体系建设突出贡献单位称号。

12月12日 自治区政府任命佘进军为自治区林业局副局长。

（宁夏回族自治区林业由刘玲莉供稿）

新疆维吾尔自治区林业

【概　述】 2008年，新疆林业坚持依法治林和科技兴林，战胜了低温冻害、大风沙尘和有害生物的侵袭，克服了重重困难，在大灾之年依然保持了良好发展态势。

林业重点工程稳步推进，生态建设取得新成效

完成造林20.62万公顷。育苗1.04万公顷，其中新育0.4万公顷，生产苗木8.64亿株。义务植树1.01亿株，四旁植树5676.5万株。林业重点工程稳步推进。天保工程认真落实森林资源管护承包责任制，在自查的基础上开展全面复查，完成了工程建设的核查和“四到省”考核工作。三北防护林工程完成人工造林13.29万公顷，封育0.88万公顷。退耕还林工程完成补助政策已到期的57个县(市)的阶段验收工作，完成荒山荒地造林6.45万公顷。野生动植物保护及自然保护区建设工程编制上报了塔里木胡杨林国家级自然保护区一期，甘家湖、托木尔峰国家级自然保护区二期等3个基础设施建设项目，并通过国家林业局审批。巴音布鲁克、喀纳斯自然保护区被批准为国家级示范保护区。启动实施了艾比湖、孔雀河流域、科克苏等湿地保护项目。公益林管护成效明显，重点公益林得到全面管护，经测定，乔木林郁闭度、灌木林覆盖度进一步提高，同时为社会提供9430个就业岗位。和田地区、且末县、奇台县等3个防沙治沙综合示范区完成治沙造林0.15万公顷。

产业发展步伐加快，兴林富民效益进一步彰显

特色林果业继续向纵深发展，新定植面积10万公顷，林果总面积达到96.67万公顷，其中环塔里木盆地达79.6万公顷，初步形成了南疆环塔里木盆地以红枣、核桃、杏、香梨、石榴、苹果、巴旦木为主的林果主产区，吐哈盆地以葡萄、哈密大枣为主的优质林果生产基地，伊犁河谷、天山北坡以苹果、葡萄及小浆果为主的特色林果产业带。果品总产量460万吨，产值128亿元，主产区农民人均林果纯收入750多元，全区农民人均林果收入500元。外向型基地快速发展，出口注册登记果园878个，面积近6.67万公顷。无公害、绿色、有机果品生产基地近16.67万公顷。产业化水平不断提升，果品贮藏保鲜与加工企业153家，比2007年增加30家，年贮藏保鲜与加工处理能力176万吨，实际贮藏保鲜与加工量141万吨。品牌意识进一步增强，有11个县市被国家林业局命名为核桃之乡、葡萄之乡、香梨之乡、巴旦杏之乡、小白杏之乡等名特优林果之乡。库尔勒香梨、吐鲁番葡萄、阿克苏苹果等10个主要林果产品获得国家地理标志保护产品称号。

天保工程区后续产业完成产值5091.74万元，实现利润1276.3万元。森林公园建设和森林旅游业健康发展，全区森林公园旅游收入1亿元。花卉业产值4亿多元，出口额达8000万元。

生态文化体系建设进展顺利，生态文明观念进一步强化 广泛开展了林业生态建设、产业发展的宣传工作，大力倡导生态文明。自治区林业厅、自治区精神文明办、自治区绿委、自治区教育厅、自治区团委联合开展了生态文明建设教育基地创建活动，制定了《新疆维吾尔自治区生态文明建设教育基地管理暂行办法》。进一步加大生态文化宣传力度，开展了“环塔里木看林果”新闻采访报道活动，举办了和谐新疆——自治区特色林果业发展成就图片展。加大创建国家级“森林城市”的组织工作力度，阿克苏市在11月召开的第五届中国城市森林论坛上，被全国绿委、国家林业局授予“国家森林城市”荣誉称号。

全面加强森林资源管护，建设成果得到巩固 依法实施“十一五”林木采伐限额和木材生产计划管理，不断加强征占用林地的审核审批和监督管理工作。审核审批各类工程建设征占林地110起。启动了山区森林资源二类调查工作，顺利完成了新疆林业三级区划成果评审。《新疆维吾尔自治区实施〈防沙治沙法〉办法》、《新疆维吾尔自治区平原天然林保护条例》分别经第十一届自治区人大常委会第三次会议和第六次会议审议通过，并颁布施行。

严格落实森林防火和林业有害生物防治目标管理责任制。全区发生森林火情60起，受害森林面积112公顷，实现了不发生大的森林火灾的目标。林业有害生物发生面积153.33万公顷，累计防治面积56.68万公顷。组织实施了南疆天然胡杨林春尺蠖的飞机防治工作，巴州、阿克苏完成飞机防治4.13万公顷，虫口减退率达到93%、保叶率达95%以上。加大种苗产地检疫、调运检疫和苗木复检工作的执法工作力度，有效防控了有害生物的蔓延。依法查处了破坏森林和野生动物案件，组织开展了“飞鹰”、“禁毒铲毒”等专项行动，严厉打击破坏森林和野生动物行为。各级森林公安共受理各类森林和野生动物案件2680起，同比下降15.88%，查处2509起，打击处理各类违法犯罪人员3563人次。

扎实推进新农村建设试点工作，对口扶贫取得新成绩 围绕泽普、鄯善、和布克赛尔等3个自治区第一批新农村建设试点县、14个试点乡镇、23个试点村，扎实开展林业新农村建设试点工作，形成了区、地、县三级林业部门分级负责的工作机制。稳步推进沙湾、阿克苏等4个重点改善生态状况县(市)的试点工作，呼图壁等3个县的农田防护林更新改造试点工作取得新的进展。在此基础上，又申请增加了墨玉、玛纳斯等6个县为三北防护林工程新农村建设试点县。认真做好对口扶贫工作，制定了《新疆维吾尔自治区林业厅第三轮扶贫开发部门包村工作方案》，先后筹集170万元资金，有计划、有针对性地开展了皮山县3个村的对口扶贫工作。卡布其海水运队搬迁安置进展顺利，拨付安置经费1938.6万元，已有79户搬出卡布其海，录用119人到天西国有林管理局所属林场工作。

全力抵御自然灾害，增强抗灾减灾能力 2007年12月中旬开始，新疆部分地区发生了30多年不遇的持续酷寒天气，南疆地区更是出现了罕见的大范围降雪降温天气，林业特别是林果业生产遭受巨大损失，林果受灾面积46.86万公顷，占林果总面积的54%。灾害发生后，自治区党委、自治区政府及时在阿克苏地区召开了防治果树冻害现场观摩会。自治区林业厅在第一时间下发了一系列专项通知，全面安排部署防冻减灾工作，同时派出工作组分赴各地开展防冻减灾督查调研指导工作。组织有关单位、专家和技术人员，建立健全防灾减灾应急机制和体系，开展主要树种抗寒性及冻害防治相关技术的联合攻关，编写特色林果低温冻害救灾减灾技术要点，启动实施了以防治有害生物、防范低温冻害、防御大风沙尘为重点的特色林果业灾害综合防控体系建设，开展了林果防冻减灾技术和果树冻害调查培训工作。各级党政高度重视林果防冻减灾，从实际出发，采取多种措施积极应对低温冻害，建立了防灾应急管理体系和抗灾减灾工作机制，进一步完善了防冻减灾技术规程。

存在问题 林业重点工程评估、评价机制和标准不健全，部分地方工程质量不高。林果基地建设水平参差不齐，科技支撑能力不强，整体效益偏低，贮藏保鲜与精深加工能力还不能满足实际需求，特色林果业在促进农民持续增收方面的潜力还没有充分发挥出来。林果业灾害综合防控体系建设脆弱，基础设施建设落后，基层技术力量不强，防控技术不到位，综合技术服务能力较低，抵御灾害等风险的能力较低。生态文化体系建设措施不够有力，生态文化基础设施建设滞后，缺乏有影响的生态文化产品。（蔡立新）

【防治果树冻害现场观摩会】 为认真总结各地防治果树冻害经验，大力推广有效做法，做好特色林果业防冻减灾工作，2008年2月20～21日，自治区政府在阿克苏地区召开了防治果树冻害现场观摩会议。自治区副主席钱智，自治区党委副秘书长、农办主任代宁祥，自治区政府副秘书长王绍宁，自治区农办副主任汤国滨，自治区林业厅党委书记张小平、副厅长英胜，阿克苏地委书记朱昌杰、行署专员穆铁礼甫·哈斯木、副专员李更生及自治区有关部门领导出席会议。南疆、东疆特色林果主产区的地、州、市、县有关领导、林业局局长，自治区林业厅南疆、东疆片造林工作组成员，自治区特色林果首席专家参加了会议。会议由王绍宁主持，朱昌杰致辞、阿克苏地委委员朱政介绍了阿克苏地区防冻减灾的做法和经验。会议要求各地树立长期防灾减灾思想，加强对果树防冻减灾工作的领导，加大投入、细化措施，做到领导到位、机制到位、措施到位、物资到位、人员到位和工作到位。会议期间，与会代表们实地参观、了解了阿克苏市、温宿县的林果业越冬管理措施。

（朱　亮）

【特色林果业工作会议】 2008年8月2～3日，自治区党委、自治区政府在阿克苏地区召开了自治区特色林果业工作会议，印发了《关于进一步提高特色林果业综合生产能力的意见》和《新疆特色林果业灾害综合防控体系建设规划纲要》。会议深入分析了新疆特色林果业发展面临的新情况、新问题，研究制定提高综合生产能力的政策措施，总结交流各地发展现代林果业的经验，进一步明确了新疆特色林果业发展总体思路和目标任务，要求全面提升林果业发展水平，全力推进新疆特色林果业由大区向强区转变。国家林业局副局长李育材出席会议并致辞，自治区党委副书记、自治区主席努尔·白克力，自治区党委常委尔肯江·吐拉洪，自治区副主席钱智、胡伟、戴公兴，自治区政协副主席黄昌元、王永明及相关部门领导出席大会。各地州、市、县主要领导，有关地、州、市、县林业局局长，重点林果企业代表近300多人参加会议。努尔·白克力作了题为《坚定不移地建设特色林果业基地，为实现林果业强区目标而努力奋斗》的主题报告。钱智主持会议并作了讲话。会上，喀什地区等7个单位和自治区林果首席专家代表作了大会发言，伊犁州等12个单位进行了大会交流。

（蔡立新）

【新疆提出特色林果业发展目标】 到2015年，优质林果面积稳定在100万公顷以上，其中外向型优质林果基地面积占到20%以上；果品产量达到1500万吨，果品贮藏保鲜率达到45%以上，加工率达到35%以上；林果业在农民人均纯收入中的比重达到30%以上，主产区达到45%以上；林果业区域布局科学合理，综合生产能力显著提高，市场占有率明显增加，初步建成比较完善的特色林果业产业体系和林果业灾害综合防控体系，确立林果业大区地位。到2020年，绿色、有机果品产量占到全区林果总产量的50%以上，特色林果产业带和重点区域中的林果业产值占当地农业生产总值的40%以上，林果业在农民人均纯收入中的比重达到35%以上，主产区达到50%以上，新疆特色林果在国际国内的市场竞争力进一步增强，实现林果业强区目标。（冯春林）

【第三届新疆特色林果产品博览会】 2008年10月10～12日，由自治区政府、国家林业局主办，自治区党委农办、自治区林业厅、自治区外经贸厅、自治区供销社等单位协办，新疆国际博览中心展览有限公司承办的第三届新疆特色林果产品博览会在新疆国际博览中心成功举行。自治区人大常委会副主任马明成，国家林业局副局长印红，自治区副主席钱智、胡伟，自治区政协副主席柯赛江等领导出席了开幕式。开幕式由自治区党委副秘书长、农办主任代宁祥主持，钱智代表自治区政府致欢迎辞，印红代表国家林业局致贺辞。博览会组委会的领导、各地、州、市的领导，自治区有关单位的代表，各地、州、市的代表，共800多人参加了开幕式。有20多个省（区、市）组团或组织企业参加了展出。参展产品有13大类、34个类别、135个系列，品种多达502种，比第二届多150多种。深加工产品明显增多。参展的单位与企业达210多家。组团参展、参观的人员超过800人。3天间，接待参观观众近10万人次。博览会共签约105个项目（或投资意向），签约资金近30亿元。会议期间，自治区政府还举办了特色林果业产业化发展论坛，邀请区内外4位林果业行业的知名专家、学者进言献策，共同研究、探讨新阶段新疆特色林果业发展面临的问题与战略方向。（冯春林）

【新疆扩大森林防火航空巡护范围】 2008年7月15日到10月15日，在阿尔泰山林区、天山西部林区和天山东部林区开展森林防火航空巡护工作。飞行航线达到7条，航护971个小时，飞行223架次。航空巡护发现森林火情7起、林缘草原火情33起，农牧民烧荒（热点）14起。航空巡护进一步加大了高远山区和后山林区森林火险的防范力度，为扑救森林火灾提供了可靠依据，有力地宣传了森林防火工作。

（余河新）

【新疆进一步加大林业科技支撑能力建设】 2008年，自治区林业厅落实国家林业科技项目11项，围绕特色林果业发展，从技术推广、技术培训、首席专家科技服务、林业科研、技术平台建设、林业标准和科技兴林目标责任制实施等7个方面，安排科技项目34项。加大科技项目执行情况的检查力度，连续7次派出工作组对各地(州)承担的27项国家和自治区的林业科技项目进行检查，项目总体执行情况良好。充分发挥自治区特色林果业科技支撑首席专家作用，组织首席专家下基层开展科技培训和技术指导32人次，完成了相关地州特色林果业发展的综合评价报告，制作了核桃等3个林果树种的栽培管理技术培训影像资料。结合林果业发展实际，制定了13个林果树种的低温冻害、大风沙尘、有害生物预防控技术规程。举办林业科技培训班5期，培训专业技术人员355人。各级林业部门举办各类林业技术培训班27期，培训技术人员8200余人次，举办各种林果技能培训班1000多期，培训果农20多万人次。 (林星辉)

【林业大事】

1月30日至2月1日 自治区林业局场长会议在乌鲁木齐召开。自治区党委副秘书长、农办主任代宁祥出席会议并作讲话。

2月20～21日 自治区防治果树冻害现场观摩会在阿克苏地区召开，会议总结交流了各地防治果树冻害经验，全面部署全区特色林果业防冻减灾工作，确保特色林果业稳步发展。

2月27日 自治区召开春季农业生产及抗灾减灾电视电话会议，全面分析“三农”工作面临的新形势，安排部署了特色林果业抗灾减灾工作。

6月3日 自治区林业厅在吐鲁番召开新疆枣实蝇防控工作会议及突发林业有害生物应急演练现场会，落实枣实蝇防控各项工作，并首次进行了突发林业有害生物应急演练。

6月16日 自治区党委、自治区政府召开抗灾救灾电视电话会议，紧急部署抗灾救灾工作，自治区副主席钱智出席会议并对做好抗灾救灾工作提出明确要求。

8月2～3日 自治区党委、自治区政府在阿克苏召开特色林果业工作会议，会议印发了《关于进一步提高特色林果业综合生产能力的意见》和《新疆特色林果业灾害综合防控体系建设规划纲要》。

10月10日 自治区林业厅举办首届新疆特色林果产业发展论坛，邀请河北农业大学、陕西师范大学、新疆农业大学专家及林果业企业界人士，为科学发展新疆特色林果产业进言献策。

10月12～13日 第三届新疆特色林果产品博览会隆重举行，本届博览会共签约项目105个，签约总额30亿元。

11月17日 阿克苏市被全国绿委、国家林业局授予“国家级森林城市”荣誉称号，成为西北地区唯一获此称号的城市。 (自治区林业厅办公室)

新疆生产建设兵团林业

【概　述】 2008年，在兵团党委的正确领导下，坚持以科学发展观和现代林业建设为指导，林业工作取得很好成效。植树造林扎实有效，重点工程建设和管护力度不断加大，林地管理和林木采伐日益规范，依法护林意识普遍增强，林权改革工作稳步推进，森林公安执法能力和效果明显提高，森林防火工作进一步加强，自然保护区建设和野生动物保护取得新的进展，林业管理工作呈现良好的态势。

圆满完成植树造林任务。2008年完成人工造林30 709公顷，其中人工造林22 043公顷，是国家下达人工造林计划2万公顷的106.6%；无林地和疏林地新封8666公顷。按经济成分分：公有经济造林24 339公顷，非公有经济造林6370公顷；按林种用途分：防护林18 337公顷，经济林9028公顷，用材林3344公顷。育苗面积1505公顷，其中当年新育635公顷，年苗木产量1.026亿株。当年参加义务植树人员达121.26万人，全民义务植树尽责率95.2%。

林业工程建设取得新进展 当年完成工程造30 709公顷，其中退耕还林工程11 331公顷(荒山造林3332公顷，封沙育林7999公顷)。巩固退耕还林成果规划已经国家审批，2008～2015年争取国投资金9.37亿元，其中2008年国投资金1.17亿元。三北防护林工程造林9745公顷，其中：人工造林9078公顷，无林地和疏林地封育667公顷；工程建设投资17 330万元，其中争取国家投资1600万元。防沙治沙工作有了新的突破。准噶尔盆地南缘防沙治沙一期建设规划已经国家评审通过，总投资7.52亿元，2009年将正式启动。

林地管理工作逐步规范 2008年，兵团严格按照国家林业局对征占用林地审核审批工作的要求，组织指导各师和征占用林地建设单位依法开展征占用林地申报工作，保证征占用林地审核工作有序进行。做好与高速公路部门、铁路部门协调和前期服务工作，在工程许可的情况下，力争少占林地。切实加大了对实施占用林地的监管力度，对已审批同意征占用林地的建设项目，要求各团场林业站进行现场监督检查，师林业局检查验收，将监管责任分解落实到了各级林业部门，保证项目建设不超范围占用林地。根据国家林业局有关林地定额管理的要求，认真做好林地定额的编制和申报工作。据统计，2008年审核审批各类征占用林地项目10宗，征占用林地面积181.0232公顷，收取森林植被恢复费1507.2215万元。

坚持林木凭证采伐制度，严防乱砍滥伐现象的发生。2008年，兵团严格按照《森林法》和《国务院批转国家林业局关于各省、自治区、直辖市"十一五"期间年森林采伐限额审核意见的通知》(国发[2005]41号)的规定，将采伐限额管理纳入各级领导干部任期目标考核责任制，认真做好森林采伐限额管理工作。坚持和完善林木凭证采伐制度，制定了林木采伐证领取、发放、保存管理办法，规范林木采伐审批工作，强化林木采伐的监督检查，有效保证了林木采伐工作的规范有序进行。2008年兵团共采伐林木41 661立方米，做到按计划采伐和凭证采伐。

公益林管护效果日益显现 2008年，兵团林业局组织对重点公益林管护情况进行了全面检查，对重点公益林管护任务和责任落实不好的单位实行经济处罚，并限期整改，确保了重点公益林管护任务和责任真正落实到山头、地头和人头。积极组织有关单位编制林业有害生物防治预案，争取到2008年度国家林业有害生物防治专项经费100万元，确保了兵团林业有害生物防治工作的顺利进行；加大林业有害生物防治体系基础建设，安排国债资金270万元，购置仪器设备，由30个林业有害生物中心测报站组成的兵团林业有害生物预测预报网络已经形成；继续开展重点公益林有害生物飞机防治工作，全年共防治3.2万公顷，防治效果十分明显，使公益林得到有效保护。

全面开展森林资源调查工作 根据现代林业建设和森林资源管理工作的实际需要，2008年在全兵团开展了森林资源二类调查工作。兵团林业局编制二类资源调查方案，确定调查队伍，为确保二类资源调查工作的顺利进行，举办了4期培训班，培训调查人员400多人次。兵团林业局组织检查验收组对2008年开展二类资源调查的五、六、七、九、十、十二师的60多个单位的二类资源调查外业调查质量进行检查验收。

天然林资源保护工程管理工作落实 2008年，兵团林业局出台了有关规定，为天保工程区内的各团场林业站配备了3~4名专职负责天保工程管理的人员，落实管护人员155人，一次性安置职工44人，保证了天保工程顺利实施。建立健全了天保工程各项管理制度，层层签订天保管护责任状，并与年终考核挂钩，确保天保工程管护责任的落实。制定了《兵团天保工程资金管理办法》，实行专账管理，规范了天保资金的管理和使用。据统计，累计落实国家管护资金1548万元。

林权改制工作稳步推进并取得新的成效 针对兵团体制的特点和林业国有成分较高、机制不活的实际，各师在全面推进土地承包经营的同时，本着有利于团场经济发展和生态建设，有利于职工增收的原则，积极探索林权改革之路。农八师党委高度重视林改工作，林权改制取得了可喜成绩，全师非公有制造林比重分别由2007年的40%提高到70%，造林成活率大幅度提高，团场对林业的投入也大幅度减少，实现了"双赢"的良好发展局面。为保障林权改革的成果，对已获得林地使用权和林木所有权的单位和个人，依法颁发了林权证。根据《森林法》的规定，对已获得林地的使用权和林木的所有权、经营权落实到经营实体，依法颁发林权证，以保障经营者的权利。全兵团审核批准颁发林权证10 453本，发证面积达24.9172万公顷，其中2008年颁发林权证1264本，发证面积达13.5806万公顷。

加强森林公安机构队伍建设，执法能力和效果明显提高 根据国务院办公厅《关于解决森林公安及林业检法编制和经费的通知》和中央编办《关于为森林公安和林业检法机构核定政法专项编制等事项的通知》精神，协调兵团编办下发了《关于核定兵团森林公安系统机构编制及有关事宜的通知》，彻底解决了兵团森林公安机构设置和人员编制问题，标志着兵团森林公安队伍步入正规化建设轨道。原有人员向政法专项编制过渡工作、新警的招录和培训工作有序开展。积极协调兵团财务局下发了《关于师森林公安经费管理有关事宜的通知》，明确了师森林公安作为师机关的一个部门纳入本级预算管理，其公用经费标准按师公安系统经费标准核定。进一步加大了基层森林公安基础设施和装备建设，多方筹集资金309万元，用于10个基层派出所办公场所基本建设，统一购置6辆公安专用车配发基层森林公安派出所，执法条件和手段得到很大改善。

森林防火工作进一步加强，预防和扑救能力切实提高 加强部门协调，顺利解决兵团25辆森林防火专用车免征过路费问题；同时争取到40辆免征车辆购置税的森林防火专用车指标。2008年入春以来，受高温、干旱、少雨等不利条件气候的影响，火灾隐患多，防火形势严峻，全年共发生森林火灾38起，其中：火警29起，一般火灾9起，过火面积138公顷，由于各级森防指指挥得当、组织得力，迅速启动应急预案，调集民兵和团场职工参与灭火，使火灾及时得到扑救，均未造成大的损失。

自然保护区建设和野生动物保护工作取得新的成效 组织编制了农三师叶尔羌河中下游湿地自然保护区建设项目可行性研究报告，获国家林业局批准。按照国家林业局的要求，认真组织实施青格达湖湿地、玛纳斯河流域湿地和奎屯河流域湿地自然保护区项目建设，落实湿地保护区的管理机构和人员编制。年内，青格达湖湿地自然保护区管理机构已落实、人员已到位、工作正有序开展。认真开展了陆生野生动物疫源疫病的监测工作，重点开展了青格达湖、玛纳斯河流域、塔河上游等兵团8处重点湿地保护区候鸟迁徙所经区域和栖息地周围的疫源疫病监测工作，在候鸟迁徙期坚持实行候鸟监测情况定时报告制度，每天定时向国家林业局野生动物疫源疫病中心报送监测情况。国家林业局已批准兵团建立5个国家级野生动物疫源疫病监测站，7个省级疫源疫病监测站点，落实监测站点监测费160万元。（贾寿珍）

【植树造林】 ①采取积极措施，减轻雨雪冰冻灾害影响，加快恢复正常的营造林生产秩序。按照国家林业局加强灾后恢复重建工作通知，抓紧做好灾害调查和评价工作，按照灾害程度和林种、树种的不同，制定工作方案，分类指导，做好受害林木清理、复壮和抚育工作，防止大面积森林病虫害和其他次生灾害的发生，避免留下森林火灾隐患。并加强对新造林地的检查和抚育管护，及时对受灾的林地进行补植、补造，将灾害损失减小到最低程度。加强了受损苗圃的恢复与重建，搞好苗圃基础设施修建维护工作，尽快恢复了苗木生产。②高度重视，切实加强对造林绿化工作的组织领导。兵团各级林业主管部门充分认识到2008年造林绿化工作的艰巨性和紧迫性，切实加强了对造林工作的组织领导，沟通协调，采用有效措施，把各项措施抓早、抓细、抓实。并建立健全各级领导任期造林绿化目标责任制和年度目标考核制度，层层签订责任书，将责任分解落实到人，确保造林绿化各项工作任务顺利实施和全面完成。同时，各师林业部门在造林过程中不断深入田间地头了解情况、指导造林工作。③提前动员起来，抓紧抓实2008年造林的各项准备工作。抓住春季造林绿化的主要季节，各级林业部门加强与相关部门的沟通，认真搞好造林前的组织协调、计划安排和作业设计，抓紧做好林地清理、造林整地、苗木准备等工作。对于受灾严重、苗木生产供应短期难以恢复的垦区，及时调整造林绿化生产计划和作业设计，提前做好了育苗、预整地等工作，为秋季造林做好准备。同时，还做好造林机具检修、抗旱设施维护，提前做好秋季造林作业设计、整地备耕等准备工作。④抓住重点，全面推进林业重点工程。为了继续稳步推进退耕还林、三北防护林建设、重点公益林等国家林业重点工程在兵团的实施，积极探索科学合理的工程建设技术模式和管理方式，不断提高工程建设质量，充分发挥重点工程在林业生态体系和林业产业体系建设中的重要带动作用，确保工作顺利实施。兵团在配合做好每年国家复查工作的同时，并严格按照工程建设检查验收实施细则、检查方法，和各师对各个团场的退耕还林等工程进行4次以上的检查和抽查。兵团、师、团场林业主管部门、计划委和统计局对工程的实施进展情况、建设质量、完成任务等情况分阶段进行了抽样检查，并规定对不合格的，要求限期改正，暂停拨付各项补助资金，对出现退耕地反弹的单位，追回已拨的各类补助资金，对责任人作出严肃的处理。⑤做好宣传动员，全面推进造林绿化工作。各师加大了对造林绿化工作的宣传力度，进一步贯彻“全社会办林业、全民搞绿化”方针，充分利用各种新闻宣传媒体，全方位、多角度、多形式地开展造林绿化宣传动员工作。大力宣传和弘扬生态文明与生态文化，提高广大干部职工的生态意识，充分调动各方面积极性，加大义务植树推动力度，不断提高公民尽责率，大力鼓励部门绿化，开创造林绿化工作新局面。通过广泛宣传发动，进一步提高适龄公民依法履行植树义务的责任意识和尽责率，使义务植树的法定性、公益性、义务性家喻户晓。⑥进一步开展“创绿色家园 建富裕连队”建设工作。2008年，兵团在开展“创绿色家园 建富裕连队”行动中，坚持统一规划，分步实施，典型引路，整体推进的原则。坚持与兵团危旧房改造、沼气能源建设、改水工程、连队道路建设等结合起来，统筹谋划好基础设施建设和生产生活等各项事业发展。2008年各师各团已按计划基本完成连队绿化建设任务。为了确保工程实施质量，推动工程卓有成效的开展，根据绿色小康连队建设的要求，兵团制定、下发了《兵团绿色小康连队绿化工程检查验收评分办法》，组织有关专家和技术人员对开展绿色小康连队建设工作进行检查、验收，在兵团进行通报。兵团计划用10年时间使兵团农牧团场连队全面实现绿化美化，其中“十一五”期间50%以上的连队达到“创绿色家园 建富裕连队”建设标准。（滕晓宁）

【经济林园艺业】 2008年经济林园艺生产继续保持持续增长的良好势头，圆满完成年初制定的各阶段工作任务并取得良好成效。园艺生产总面积18.46万公顷，总产量444.7万吨，总产值45亿元，分别同比增长5.8%，1.2%，5.8%。

围绕中心工作，开展专题调研 ①开展了兵团农业结构调整问题的调研，形成《关于兵团农业结构调整问题的调研报告》。针对不同果树、加工番茄、加工马铃薯、城郊蔬菜、节能日光温室等园艺产品投入产出比的测定和分析，明确提出了今后一个时期兵团农业产业结构战略调整的基本思路、基本原则和目标方向，即：到2011年，农业、畜牧业、果蔬园艺业总产值分别达到520亿元、80亿元、70亿元，畜牧业、园艺业占农业总产值比重达到28%；到2012年，比重超过30%；棉花种植业、畜牧养殖业和果蔬园艺业结构比例调整为65∶15∶17。②开展贯彻落实科学发展观，加快兵团园艺产业发展的调研，形成了《贯彻落实科学发展观，加快兵团园艺产业发展》的调研报告。报告分析了兵团园艺产业基本情况和园艺产业的发展优势，指出了兵团园艺业存在的发展速度慢、产业体系不完善、效益难以发挥等问题，提出加大投入，完善政策，合理布局，依靠科技，延伸产业链，全面提升兵团特色园艺产业建设水平的具体措施和办法，使学习实践活动落到了实处。③开展了兵团果树产权制度改革情况调研。为贯彻落实中央10号文件和摸清兵团经济林产权制度改革的现状，对5个师27个团场进行调研。在基本摸清兵团当前兵团经济林产权制度改革的基本形式、现状、利弊以及存在的问题的基础上，形成了《兵团经济林承包经营调研报告》，提出的“果园长期固定，实行两费自理，费用实物计征，产品统分相宜”的观点，得到领导的肯定和相关部门的采纳。④开展了果树冻害调研。2008年1~2月，南疆和东疆垦区遭遇了历史罕见的冰雪和低温冻害，使一、二、三、四、十三、十四师的果蔬园艺业遭受了重大损失。这次冰雪灾害降温幅度之大、低温持续时间之长，为50年不遇。灾害造成6个师果树受灾面积5.47万公顷，直接经济损失达12.8亿元。通过认真科学地分析，形成了《关于兵团遭受冰雪冻害情况的报告》，为向国家有关部门争取救灾支持提供了依据，为基层团场抗灾自救提出了具体办法。

组织专家咨询，开展丰产攻关 2008年组织果树丰产攻关专家咨询4次，分别为：果树防灾及恢复生产咨询、鲜食葡萄规范化栽培技术咨询、红枣直播建园密植早丰产技术咨询和加工番茄高效栽培技术咨询。咨询活动及时解决了生产中的关键技术和难点问题，较大幅度地提高了园艺作物的生产水平。

开展技术交流，提升科技水平 通过对一师红枣大面积直播建园经验专题调研和总结，提出了红枣密植早丰产栽培模式，并于9月1日在阿拉尔市召开了兵团红枣密植早丰产模式栽培现场会，使这项技术很快普及到团场和承包户，2009年兵团红枣直播建园面积可达2万公顷。通过“走出去，请进来”，组织一、二、三、十三、十四师50多人次，赴河北、云南苹果、红枣、核桃主产区考察和学习，并与自治区园艺学会在塔里木大学联合召开了南疆特色果品发展专题研讨会，邀请专家教授进行园艺栽培技术讲座。继续开展了对葡萄果实膨大剂应用的联合技术攻关活动。通过3年的试验与示范，对目前主栽红提、克瑞森、弗蕾等品种，提出了适合使用配方，2009年将组织推广应用。组织了兵团果树需水需肥规律研究项目编制工作，计划用3年时间探索出兵团四大果树种类的需水需肥规律，解决制约干旱区果树生产发展的关键问题。此项目已在国家林业局和兵团科技局取得立项。

协调部门联系，争取更大支持 2008年，争取国家林业贴息贷款规模为4亿元，实施贷款项目53个，实际落实贷款37 823万元，获中央财政贴息资金5387万元；兵团预算内投资2000万元；扶贫开发、以工代赈投资2000万元，支持果树园艺生产项目56个；部属国家农业开发项目4个，无偿资金达到580万元。利用贷款资金新增特色经济林（香梨、葡萄、红枣、苹果、杏、核桃、沙棘等）1.16万公顷；实施经济林抚育1333.33公顷；配套基础设施建设2933.33公顷；新建续建果品加工类项目2个。以上项目资金对兵团果树园艺生产上规模、上水平、上档次起到了积极的推动作用。

《园艺志》编纂 通过编纂人员的积极努力和在自治区史志办的帮助下，经10余次的反复核对、修正、补充，《园艺志》于11月14日全志修改完毕。正志稿共11章56节，图片100余张。

经济林产品获奖 组团参加国家首届中国枣业大会暨第一届国际枣属植物研讨会和首届中国核桃大会，一师十团的灰枣获得金奖，农三师四十八团的灰枣获银奖，一师幸福城农场的骏枣获优秀奖；农一师三团的核桃获得金奖。组织参加了自治区第三届新疆特色林果产品博览会，获优秀组织奖。（邵 燕）

【森林公安建设】 2008年，以科学发展观为指导，加快森林公安队伍的正规化建设步伐，以组建基层森林公安机构、增加警力为中心，以提高森林公安和森林防火队伍基本素质、基本技能为重点，积极开展各项工作，有效保护森林和野生动植物资源，保障兵团林业的可持续发展起到了应有的作用。

1. 根据兵团编委下发的《关于核定兵团森林公安系统机构编制及有关事宜的通知》（兵编发[2007]175号）文件，核定了兵团森林公安政法编制100名。2008年4月28日兵团党委组织部、兵团人事局面向全疆公开招录森林公安人民警察72名。10月兵团人事局正式招录森林公安民警60人。

2. 2008年森林公安局督导各师森林公安局办理案件，各师的办案率明显提高。直接或间接参与的各类案件18起，其中刑事案件2起，挽回经济损失420余万元。参与了国家林业局、公安部、海关总署、国家工商总局于2008年3月20日至5月31日，在全国范围内组织开展集中打击破坏野生动物资源违法犯罪活动专项行动，代号“飞鹰行动”，做到全力以赴，明确重点，重拳出击，取得了明显的效果。

3. 调整了兵团森防指成员。经兵团领导批准，兵团办公厅下发了《关于调整兵团森林防火指挥部成员的通知》（新兵办发[2008]95号），调整后的指挥部总指挥由兵团副司令员孔星隆担任，副总指挥由兵团副秘书长、农业局局长李勇先和兵团林业局局长杨江勇担任，由13个部、局领导组成指挥部成员，进一步加强了森林防火的组织指挥。

4. 积极争取湿地自然保护区项目建设。组织编制了农三师叶尔羌河中下游湿地自然保护区建设项目可研报告，已获国家林业局批准，项目建设投资1045万元。

争取中西部地区森林公安派出所建设国家投资151.4万元，用于兵团森林公安机关5个基层派出所建设。

5. 落实解决了全兵团25辆森林防火专用车免征过路费问题，争取到40辆免征车辆购置税防火指挥车的指标。

6. 根据国家《重大动物疫情应急条例》规定，野生动物保护机构负责候鸟等陆生野生动物禽流感疫情监控工作。兵团森林公安局认真落实陆生野生动物疫源疫病的监测工作。目前，国家林业局已批准建立5个国家级野生动物疫源疫病监测站点，7个省级疫源疫病监测站点，落实监测站点监测费160万元。

（陈建民）

【林业科技推广】 2008年，兵团林业局强化科技支撑，加强林业科技推广项目申报工作，加大现有科研成果和实用技术推广应用力度，依靠科技进步，着力提升林业建设者的素质，努力提高林业建设的质量和效益。①编制了《兵团林业科技成果推广项目申报指南》，各师按照指南申报林业科技推广项目22项。②按照国家林业局《“百县百村万户”林业科技示范行动实施方案》精神，申报国家级林业科技示范县（团场）2个。③向国家申报2009年度科技推广项目2项。④争取林业科技成果推广与示范项目1项——干旱地区造林高效保水剂技术应用与推广，争取国家项目资金40万元。⑤安排布置兵团退耕还林地推广节水灌溉技术（多采用滴灌、涌泉灌、低压软管灌等方式）1.53万公顷。⑥组织兵团、师业务部门和北疆重点团场林业骨干、农垦科学院有关专家参加的考察团一行14人，于2008年10月25日至11月6日，对我国北方沙棘主产省（区）辽宁、内蒙古、陕西，就沙棘良种、基地发展、丰产栽培、产品研发和市场前景以及当地沙柳、文冠果等抗旱树种生长情况、沙产业发展情况进行考察学习。（滕晓宁）

【兵团防沙治沙大会】 为深入学习和宣传全国防沙治沙大会精神，认真贯彻落实国务院《关于进一步加强防沙治沙工作的决定》，不断总结兵团防沙治沙的取得的成效和经验，安排部署当前和今后一个时期防沙治沙工作，确保兵团“十一五”防沙治沙目标任务的完成，兵团于2008年1月25日召开了兵团防沙治沙大会，国家林业局防沙治沙办主任刘拓受国家林业局的委托参加了会议。兵团副司令员胡兆璋，副秘书长、农业局局长李勇先，兵团有关单位领导和获奖代表共156人参加了会议。会上胡兆璋作了题为《提高认识 明确目标 真抓实干 进一步开创兵团防沙治工作新局面》的讲话。刘拓代表国家林业局作了讲话，对兵团多年来在防沙治工作中作出的显著成绩给予了充分的肯定。会上胡兆璋代表兵团与各师主管林业的师长（副师长）签订了各师“十一五”防沙治沙目标责任书。会议表彰了兵团防沙治沙先进单位和先进个人。

（滕晓宁）

【森林病虫害飞机防治】 2008年在前2年利用飞机进行大面积防治的基础上，对农一、二、三和八师森林害虫虫口基数较大的重点公益林继续利用飞机进行大面积防治。经兵团、师、有关实施团场一个多月的共同努力，圆满完成任务，据统计：使用飞机9架，飞行作业1556架次、488小时；使用无公害生物农药60吨；14个团场实施飞防，计划防治面积3.2万公顷，实际防治面积为3.203万公顷；平均虫口减退率为97.68%，比2007年增加了1.31%；平均叶片保存率为97.1%，比2007年增加了1.83%，取得了很好的防治效果。

根据《兵团森林食叶害虫飞机防治检查验收考核办法》（兵林资发[2007]64号）的要求，组织有关专家进行现场验收和考评。结果如下：优秀13个团场，以考核基本评分排列次序为：48团、148团、29团、3团、147团、14团、50团、44团、149团、30团、13团、12团、阿拉尔农场。良好1个团场，为53团。（贾寿珍）

【超低容量飞机防治森林病虫害】 2008年，根据兵团近几年采取飞机低容量防治森林害虫存在着飞行时间长、飞行成本高和不能在防治最佳时间进行防治的突出问题，开展了飞机超低容量防治森林害虫试验，取得成功。2008年4月在农三师48团进行飞机超低容量防治森林害虫试验，此次试验采用了1.2%苦参碱·烟碱乳油，0.5%印楝素乳油和天然菌株苏云金杆菌油悬浮剂三种药剂四种类型为试验药剂。经过全程跟踪和专家现场验收，认为：此次试验技术路线正确，研究方法科学、严谨；试验面积826.27公顷，喷洒面积612.27公顷，防治效果虫口减退率均达到97.5%，叶片保存率为93.9%。经专家鉴定该防治技术已达到国内先进水平。（贾寿珍）

【森林资源二类调查工作】 2008年经兵团审批同意全面开展兵团二类资源调查工作。首次实现兵团森林资源调查全覆盖，为兵团今后林业发展提供准确详细资源数据。此次调查工作计划2008年4月至2009年3月完成，总投资980万元。采取调查技术专业单位编制调查方案、人员培训、技术指导、重点区域调查和团场配合的方式进行。2008年3月编制完成了《兵团森林资源规划设计调查操作细则》和《兵团森林资源规划设计调查工作方案》，4～5月举办4期培训班，培训人员400多人。5～9月在全兵团范围内全面开展外业调查，10月根据《兵团森林资源规划设计调查操作细则》和《兵团森林资源规划设计调查工作方案》，制定了《兵团森林资源二类调查检查验收考评办法》。11 月兵团组织联合检查验收组对 2008 年开展二类调查的五、六、七、九、十、十二师的 60 多个单位二类调查外业调查质量进行验收。外业调查质量检查验收达到优秀团场 21 个，分别是：农九师 161 团、164 团、165 团、166 团、167 团、168 团、团结农场，农十二师 221 团、104 团、头屯河农场，农七师 123 团、124 团、126 团、农科所、水利二处、工八团，农五师 83 团、87 团，农六师 101 团、青格达湖，农十师 187 团。（贾寿珍）

【林地定额管理】 根据《国家林业局关于下达 2008 年度征占用林地定额的通知》(林资发[2007]257 号)要求，首次开始实行林地定额管理。2008 年度国家林业局批准下达兵团征占用林地定额为 30 公顷，为兵团审核征占用林地的上限，不能突破。

2008 年自治区重点工程奎屯至北屯铁路建设项目和沙雅至阿拉尔公路建设工程建设，占用兵团林地 164.6108 公顷。超过兵团林地定额，根据国家林业局有关林地定额的文件规定，经过国家林业局西北林业调查规划设计院初审和国家林业局驻乌鲁木齐森林资源监督专员办的复审，国家林业局审批新增林地定额 155 公顷，项目占用兵团林地也通过国家林业局的审核同意，确保工程实施。

2008 年全兵团审核林地 10 宗，面积 181.0232 公顷，其中国家林业局审核 2 宗，面积 164.6108 公顷；收取森林植被恢复费 1507.2215 万元。（贾寿珍）

【重点公益林核查】 根据《关于进行国家重点公益林基础设施建设和管护责任落实核查的通知》(兵林发[2008]9 号)精神，编制了《新疆生产建设兵团重点公益林检查验收方法与标准》(试行)，制定了《国家重点公益林基础设施建设和管护责任落实核查评分标准》。于 2008 年 6 月 12 日至 7 月 19 日，历时 38 天，对 13 个师 85 个纳入中央森林生态效益补偿范围的团场进行了全面核查。现地核查 2004～2007 年纳入中央森林生态效益补偿范围重点公益林保护团场各年度编制的实施方案和作业设计 217 个，其中：2004 年中央森林生态效益补偿基金实施方案 49 个，2005～2007 年重点公益林抚育管护作业设计 38 个，2006 年中央森林生态效益补偿基金实施方案 67 个，2007 年重点公益林重大管护抚育项目实施方案 63 个。

根据管护机构、管护责任、重大抚育、档案管理等 10 项内容进行综合评分，达到 95 分以上的团场有 8 个。根据各团场 2004～2007 年经兵团林业局和财务局批复的重点公益林实施方案和作业设计，经核实，重大抚育项目按批复全部完成的团场为 25 个。

（贾寿珍）

【兵团林业重点工程和绿色小康连队建设】 为全面掌握兵团林业重点工程和绿色小康连队建设任务落实完成情况，提高兵团林业工程的质量，加快推进兵团林业生态体系建设和连队绿化步伐，2008 年兵团林业局组织兵团林业调查规划设计院，分两个阶段，于 3 月下旬至 4 月下旬、10 月下旬和 11 月上旬，历时 80 多天，对 2006～2008 年兵团安排各师的林业重点工程和绿色小康连队建设项目执行情况进行了全面核查，涉及兵团 13 个师 127 个团场。并对核查情况进行了通报：

林业重点工程完成情况

2006 年三北防护林工程　2006 年兵团下达三北重点防护林工程计划面积 1587.31 公顷，核实面积 1392.07 公顷，核实率 87.7%；合格面积 1290.67 公顷，合格率 92.7%。

2007 年三北防护林工程　2007 年兵团下达三北重点防护林工程计划 2646.67 公顷，涉及兵团 12 个师 35 个团场。各师上报面积 2147.22 公顷，核实面积 1445.08 公顷，合格面积 1114.16 公顷。计划完成率 54.6%，上报面积核实率 67.3%，面积合格率 77.1%。

2007 年退耕还林工程　兵团 2007 年退耕还林宜林荒地造林及封沙育林计划 1 万公顷，涉及 4 个师 6 个团场。计划完成率和面积核实率均为 100%。参与退耕的各团场均完成了兵团下达的任务。

2008 年退耕还林工程　兵团 2008 年退耕还林宜林荒地人工造林计划 3333.33 公顷，封沙育林计划 6666.67 公顷，涉及 5 个师 14 个团场。实际完成退耕还林面积 8500 公顷，计划完成率 78%，面积核实率 92%。其中：人工造林计划完成率 34%，面积核实率 61%；封沙育林计划完成率和面积核实率均为 100%。

绿色小康连队绿化完成情况

2007 年绿色小康连队绿化完成情况　2007 年兵团有 217 个连队开展绿色小康连队建设，经对 9 项指标打分，核查结果如下：总分超过 100 分的连队有 15 个，总分在 90～99.9 分的有 29 个连队。

2008 年绿色小康连队绿化完成情况　2008 年兵团安排十个师 11 个团场 58 个连队开展绿色小康连队建设，经综合打分，核查结果如下：总分超过 100 分的连队 3 个，90～99.9 分以上的连队 12 个。

针对这次核查中林业重点工程任务完成好的团场和连队提出表扬，并进一步加大各项林业工程建设项目的投资支持力度；对林业工程任务完成差、虚报完成面积、弄虚作假的团场，进行通报批评，限期在 2009 年 5 月底前整改完成。并要求各师对团场整改完成情况进行检查验收，兵团林业局于 2009 年 7 月底前进行复查验收，复查验收仍不合格的单位，兵团将停拨和追回工程资金，并对以后的林业项目投资进

行宏观调控。（滕晓宁）

【新增中央预算内2.67万公顷三北防护林建设工程】 2008年，兵团林业新增中央投资4000万元，兵团各项目实施单位自筹资金6852万元，实施2.67万公顷三北防护林工程建设项目。为确保项目顺利实施，兵团明确了项目集中在南疆一、二、三师和北疆四、六、七、八师，重点建设垦区外围防护林和主干道防护林。兵团林业局并会同兵团发改委、兵团财务局及时将2.67万公顷三北四期重点防护林任务及中央新增林业投资4000万元下达到7个师，并要求将资金于12月10日前下达到各项目单位。同时对专项资金的使用和管理作出了明确要求，确保完成中央投资实物工作量，保证2009年4月上旬前全面完成任务。①建立项目管理机构。各项目师、团场相应成立三北防护林四期工程领导小组和项目管理办公室。②狠抓工程质量管理。各项目师专门召开会议研究布置具体实施方案，并根据兵团发改委和兵团林业局的要求，师林业局与师发改委对本师2008年防护林新增项目实施方案的进行了批复。项目团场主要领导主抓新增计划的作业设计工作，抽调技术骨干进行项目初步设计工作，各项目团场完成了作业设计、施工图设计、招投标工作，任务逐一分解到具体地块。③加强项目资金管理。防护林工程项目年度计划批复后，团场主管项目部门会同财务部门及时按计划落实财政配套资金，做到团场向师承诺，师向兵团承诺。④完善项目档案管理。建立重点防护林工程建设项目档案，掌握工程各个时期的历史记录和资料数据库，以作为了解建设过程、修订经营措施、分析建设成效、检测及评价建设效果和预测动态变化趋势的基本依据。

（滕晓宁）

【退耕还林工程阶段性验收培训会】 为了认真落实国家林业局关于退耕还林工程阶段验收工作启动暨培训的会议精神，兵团林业局于2008年8月3～4日在乌鲁木齐市举办了退耕还林阶段性验收培训会。来自兵团13个师的林业局局长及有关师、团场林业站、兵团林业调查规划设计院的业务骨干90多人参加了培训会。会议传达了国家林业局关于退耕还林工程阶段验收工作启动的会议精神，对《退耕还林工程退耕地阶段验收方法（试行）》进行了培训和讲解。

（滕晓宁）

【兵团表彰防沙治沙先进单位和先进个人】 2008年1月25日，在兵团防沙治沙大会上，兵团授予10个单位防沙治沙先进单位荣誉称号：农一师3团、农二师36团、农三师46团、农五师83团、农六师新湖农场、农七师124团、农八师150团、农十师182团、农十二师221团、农十四师224团；授予20名同志兵团防沙治沙先进个人荣誉称号：闫月林、王凤仙、李建军、何立新、郭飞、李俊、王安新、楚红恩、郭建新、刘湘江、刘富春、何振刚、卜维刚、李培先、陈建辉、余全、马晓华、刘道乾、阿地力·阿西木、邢中秋。（滕晓宁）

【兵团表彰三北防护林工程建设先进单位和先进个人】 2008年是我国西北、华北、东北防护林体系建设30周年。为了认真总结兵团三北工程建设成绩、经验，表彰先进，树立和宣传典型，进一步调动和激励兵团广大干部群众投身三北林业生态工程建设的积极性和创造性，调动各行各业参与营造林的积极性和创造性，不断推动兵团林业建设事业发展，加快兵团沙化土地治理和生态建设进程。兵团林业局于2008年5月下发了《关于推荐评选兵团三北防护林体系建设先进单位和先进个人的通知》。经各师林业局推荐，共推荐了36个单位和92名个人参加评选，兵团林业局认真筛选、审核，最终授予20个单位兵团三北防护林体系建设先进单位荣誉称号：农一师6团林业工作站、农一师8团林业工作站、农二师223团林业工作站、农二师36团、农三师44团、农四师63团、农四师64团17连、农五师团89团、农六师新湖农场、农六师奇台农场、农七师128团、农八师121团、农八师石河子总场、农八师150团、农九师163团、农十师182团林业工作站、农十师184团、农十二师三坪农场、农十三师火箭农场林业工作站、农十四师224团；授予40名同志兵团三北防护林体系建设先进个人荣誉称号：张红兵、杨纯、张尚泉、杨金全、何洪明、王显华、鲁建英、于强、李伯林、杨志成、李秀莲、何立新、乌布拉洪、费怡华、刘继信、买买提达吾提、吕孝书、蒙立明、楚红恩、蒋秀芬、刘萍、李军、胡恒军、夏金林、和平、唐成文、潘世和、王茂武、李鲁强、任振湘、李丰杰、褚贵宝、王银选、任世江、彭海、薛万有、龚建玲、赛买提·艾力木、罗爱民、郑仕军。（滕晓宁）

【兵团受自治区绿委表彰的自治区绿化先进集体、自治区绿化奖章获得者】 2008年，自治区绿委对2007～2008年自治区绿化先进集体、自治区绿化奖章获得者予以表彰，兵团受表彰的自治区绿化先进集体3个：农二师36团、农七师128团、农十师182团；自治区绿化奖章获得者8名：何立新、王安新、郭建新、刘富春、李培先、马晓华、刘道乾、阿地力·阿西木。（滕晓宁）

林业人事劳动

国家林业局领导成员

局长、党组书记：贾治邦

副局长、党组副书记：李育材

中央纪委驻国家林业局纪检组组长、党组成员：
杨继平(2008年12月免职)

副局长、党组成员：雷加富(2008年6月免职)
祝列克　张建龙

副局长：印　红

副局长、党组成员：孙扎根(2008年3月任局党组成员，2008年11月任副局长)

中央纪委驻国家林业局纪检组组长、党组成员：
陈述贤(2008年12月任职)

总工程师：卓榕生(2008年11月任职)

新任国家林业局领导

孙扎根　男，汉族，1954年7月出生，山西代县人，中共党员，大学学历，高级经济师。1970年3月参加工作，先后在伊图里河林业局、牙克石林管局、内蒙古大兴安岭林管局工作，1986年12月任内蒙古大兴安岭林管局物资局副局长(副处级)，1990年12月任局长(正处级)，1995年7月任中国内蒙古森工集团(大兴安岭林业管理局)副总经理、副局长(副厅级)，1999年8月起先后任中国内蒙古森工集团(大兴安岭林业管理局)副董事长、总经理(正厅级)、局长、党委副书记，兼任武警内蒙古大兴安岭森林支队党委书记、第一政委，2003年6月兼任呼伦贝尔市委副书记，2007年9月任国家林业局人事教育司司长，兼任国家林业局党校副校长，2008年3月任国家林业局党组成员，2008年11月任国家林业局副局长。第十届全国人大代表。

陈述贤　男，汉族，1954年5月出生，湖北武汉人，中共党员，大学学历，副研究员。1971年1月参加工作，在湖北武汉洪山区插队，1975年9月至1978年8月在北京体育学院体育教育专业学习，1978年8月留校任教并兼政治辅导员，1982年4月至1983年7月任北京体育学院团委副书记，1983年7月起先后任北京体育学院党委秘书、党委办公室副主任、组织部副部长、人事处副处长，1992年4月任北京体育大学人事处处长，1995年7月任国家体委科学研究所党委副书记(副司局级)，1999年3月任国家体育总局办公厅副主任，2000年3月任监察部驻国家体育总局监察局副局长(主持工作)，2001年7月任中央纪委监察部驻国家体育总局纪检组副组长、监察局局长，2008年12月任中央纪委驻国家林业局纪检组组长、国家林业局党组成员。

卓榕生　男，汉族，1949年7月出生，福建建瓯人，中共党员，大学普通班学历。1969年2月参加工作，在福建建瓯插队，1977年3月至1980年2月在福建林学院采运专业学习，1980年2月起在林业部办公厅工作，1987年2月任办公厅办公室副主任，1990年6月任办公厅正处级秘书，1992年12月任办公厅副主任(副司局级)，1997年7月任办公厅副主任、巡视员(正司局级)，1998年8月任国家林业局办公室主任，2001年4月任野生动植物保护司巡视员，2001年12月任野生动植物保护司司长兼野生动植物保护和自然保护区建设工程管理办公室主任。2008年11月任国家林业局总工程师。

国家林业局机关各司(局)负责人

办公室

主　任：封加平

副主任：程　红　李世东

副巡视员：闫立民

植树造林司(全国绿化委员会办公室综合组、长江流域防护林体系建设管理办公室)

司　长：魏殿生（兼全国绿化委员会办公室综合组组长、长江流域防护林体系建设管理办公室主任）

副司长：黎云昆（兼长江流域防护林体系建设管理办公室常务副主任）

副组长：韩国祥

副司长：李怒云　万　勇（挂职锻炼，任职时间自2008年3月至9月）

副巡视员（总工程师）：吴　坚

副巡视员：黄正秋（援藏）

森林资源管理司（全国木材行业管理办公室）

司　长：肖兴威（兼全国木材行业管理办公室主任，2008年12月免职）

副司长：王祝雄

常务副主任：孙　建（兼副司长）

副司长：苏春雨

巡视员：刘嗣上（2008年9月任职）

副巡视员：徐济德

司长助理：吴凌频（挂职锻炼，任职时间自2008年3月至9月）

全国木材行业管理办公室副巡视员：董新民

野生动植物保护司（野生动植物保护及自然保护区建设工程管理办公室）

司　长：卓榕生（兼野生动植物保护及自然保护区建设工程管理办公室主任）

副司长：刘永范（兼野生动植物保护及自然保护区建设工程管理办公室常务副主任）

副主任：贾建生（兼副司长）

副巡视员（总工程师）：严　旬

副巡视员：王　伟

森林公安局（国家森林防火指挥部办公室）

局长（副主任）、分党组书记：杜永胜

副主任：焦德发（2008年3月任职）

巡视员、分党组成员：曹　真

副局长（副主任）、分党组成员：潘世学　张萍　崔永环

政策法规司

司　长：汪　绚

副司长：卢昌强　文海中

副巡视员：祁　宏　江机生

发展计划与资金管理司

司　长：姚昌恬

巡视员：王前进　高玉英

副司长：杨　超　杨　冬（2008年7月选派到重庆挂职锻炼）　刘金富

副巡视员：张艳红　汤晓文

科学技术司

司　长：张永利

巡视员：李东升（2008年8月免职）

副司长：胡章翠　靳　芳　杨陈清（挂职锻炼，任职时间自2008年3月至9月）

国际合作司

司　长：曲桂林

副司长：章红燕

人事教育司

司　长：孙扎根

副司长：高红电　杨连清　蓝增寿

直属机关党委

常务副书记：张希武

离退休干部局

局　长：孙传玉

党委书记：马安全

巡视员：王成祖（2008年1月任职）

副局长：朱新飞

副巡视员：张　强　周京生

机关服务局

局长、党委书记：焦德发（2008年3月免职）

局长、党委副书记：彭有冬（2008年3月任职）

副局长：恽文田　于　利（2008年3月免职）　王寿奎　周　瑄　张全洲

国家林业局直属机关工会联合会

主席：杨建新

中央纪委、监察部驻国家林业局纪检组、监察局负责人

组　长：杨继平（2008年12月免职）
陈述贤（2008年12月任职）

副组长、局长：樊德新

副局长：严晓凌

综合室主任：周　洪

第二纪检监察室主任：吴兰香

国家林业局直属单位负责人

国家林业局国有林场和林木种苗工作总站

总站长：郝燕湘

副总站长：刘　红　胡春姿　尹刚强（2008 年 9 月任职）

总工程师：张健民

国家林业局林业工作站管理总站

总站长：陈凤学（2008 年 3 月任职）

副总站长：林海涛　米海生　李近如　闫　振（2008 年 9 月任职）

国家林业局林业基金管理总站（国家林业局审计中心）

总站长：孔　明

副总站长：王翠槐　丁立新　路　健

总会计师：韩　冰

副主任：陈　彤

国家林业局宣传中心

主　任：曹清尧

副主任：金志成　厉建祝（2008 年 9 月免职）　叶　智

中国林业职工思想政治工作研究会秘书长：柳维河

国家林业局濒危物种进出口管理中心

主　任：赵学敏（兼）

常务副主任：陈建伟

副主任：孟　沙　周亚非　孟宪林

国家林业局天然林保护工程管理中心

主　任：张志达

副主任：张周忙　陈　蓬　陈学军　樊　华（2008 年 9 月任职）

总工程师：叶荣华

国家林业局退耕还林工程管理中心

主　任：张鸿文

副主任：张秀斌　李青松　刘树人　吴礼军

总工程师：杜纪山

防治荒漠化管理中心

主　任：刘　拓

副主任：王信建　罗　斌　臧春林　许　庆（在贵州省挂职锻炼）

总工程师：杨维西

国家林业局世界银行贷款项目管理中心

主　任：王成祖（2008 年 9 月免职）
安丰杰（2008 年 9 月任职）

副主任：姜喜山　王志高　王连志

总工程师：陈道东

国家林业局科技发展中心

主　任：张永利（兼）

常务副主任：李东升（兼，2008 年 1 月免职）
于建亚（2008 年 1 月任职）

副主任：李　兴　李明琪　黄发强（在贵州省挂职锻炼）

国家林业局经济发展研究中心

主任、党委书记：张　蕾

副主任：王焕良　戴广翠　周少舟

国家林业局人才交流开发中心

主　任：安丰杰（2008 年 9 月免职）

副主任：王永海　路永斌（在贵州省挂职锻炼）

国家林业局对外合作项目中心

主　任：曲桂林（兼）

常务副主任：金普春

副主任：苏　明　吴志民

森林防火预警监测信息中心

主　任：张　萍（兼）

副主任：陈介平　王元法

森林资源监督管理办公室

主　任：肖兴威（兼，2008 年 12 月免职）

常务副主任：王祝雄（兼）

副主任：张松丹　苏祖云

国家林业局湿地保护管理中心

主　任：马广仁

副主任：严承高　袁继明（2008 年 9 月任职）

中国林业科学研究院

院长、分党组书记：张守攻

常务副书记、副院长、京区党委书记：李向阳

副院长、分党组成员：金　旻　储富祥　刘世荣

纪检组组长、分党组成员：陈幸良

国家林业局调查规划设计院

院长：李忠平

党委书记：王忠仁

副院长：王庆杰　刘国强　赵中南

副院长、党委副书记：张惠新

总工程师：张煜星

国家林业局林产工业设计院

院长、党委书记：周鸿升

副院长：李　鹏　郭青俊

党委副书记：石廷克（2008 年 10 月免职）

中国绿色时报社

党委书记：丁付林

社长、党委副书记：柏章良

总编辑：厉建祝（2008 年 9 月任职）

副总编辑：张连友　曾联盟

中国林业出版社
党委书记：张柏涛
社长、党委副书记：柳学军
副社长、党委副书记、纪委书记：李玉峰
副社长、副总编辑：刘东黎
副总编辑：邵权熙

国家林业局管理干部学院
院长：贾治邦(兼)
党委书记：彭有冬(2008年3月免职)
常务副院长、党委副书记：王建子
副院长：刘家顺　方怀龙
党委副书记、纪委书记：黄桂荣

国际竹藤网络中心
主　任：江泽慧
常务副主任：岳永德
副主任：程　良　陈　森

中国林学会
秘书长：赵良平
常务副秘书长：李岩泉
副秘书长：沈　贵　尹发权

中国野生动物保护协会
秘书长：杨百瑾
副秘书长：李青文　杨　丹　赵胜利

中国花卉协会
秘书长：王殿富(2008年6月明确正司局级)
副秘书长：陈建武　张引潮(2008年6月明确副司局级)

中国绿化基金会
办公室副主任：赵志营

中国林业产业协会
秘书长：王　满
副秘书长：石　峰　王欲飞

国家林业局驻内蒙古自治区森林资源监督专员办事处
专员、党组书记：谭光明
巡视员、党组成员：刘洪国(2008年9月任职)
副专员、党组成员：刘洪国(2008年9月免职)
冯树清(2008年9月免职)
党组成员：李国臣

国家林业局驻长春森林资源监督专员办事处
专员、党组书记：赵恩举
副专员、党组成员：李伟明

国家林业局驻黑龙江省森林资源监督专员办事处
专员、党组书记：王森业
副专员、党组成员：刘志忠
孙文义(2008年3月任职)

国家林业局驻大兴安岭林业集团公司森林资源监督专员办事处
专员、党组书记：孙国吉
副专员、党组成员：王荣满　段光晨

国家林业局驻合肥森林资源监督专员办事处
专　员：薛全福

国家林业局驻福州森林资源监督专员办事处
专　员：冯树清(2008年9月任职)
副专员：何美成(2008年9月免职)

国家林业局驻武汉森林资源监督专员办事处
专　员：刘嗣上(2008年9月免职)
何美成(2008年9月任职)

国家林业局驻海口森林资源监督专员办事处
专　员：程　鹏

国家林业局驻成都森林资源监督专员办事处
专　员：王洪杰

国家林业局驻贵阳森林资源监督专员办事处
专　员：蒋周明

国家林业局驻云南省森林资源监督专员办事处
专　员：刘东生
副专员：万兆奇

国家林业局驻西安森林资源监督专员办事处
副专员：许　辉

国家林业局驻兰州森林资源监督专员办事处
专　员：胡培兴

国家林业局驻乌鲁木齐森林资源监督专员办事处
副专员：袁少青

国家林业局西北华北东北防护林建设局
局长、党组书记：陈凤学(2008年3月免职)
党组书记、副局长：曹丕玉(2008年3月任职)
局长、党组副书记：潘迎珍(2008年3月任职)
党组副书记：曹丕玉(2008年3月免职)
副局长、党组成员：潘迎珍(2008年3月免职)
张　炜　梁宝君

国家林业局森林病虫害防治总站
总站长、党委书记：马爱国
副总站长、党委副书记：潘宏阳
副总站长：郭丕毅
党委副书记：付　贵
总工程师：宋玉双
纪委书记：李永成

国家林业局东北航空护林中心
党委书记、主任：白胜文
党委副书记、纪委书记：李炳泉
副主任：李世奇　张宝柱

国家林业局西南航空护林总站
党委书记、总站长：郝佩和
副总站长：史永林　和　宏

南京森林公安高等专科学校
党委书记：杜永胜(兼，2008年11月免职)
王海忠(2008年11月任职)
校　长：苏惠民
党委副书记、纪委书记：王邱文

副校长：张治平　张南群(2008年10月退休)
李　明(2008年11月任职)
张高文(2008年11月任职)
政治部主任：林　平(2008年11月任职)

国家林业局华东林业调查规划设计院

院长、党委书记：傅宾领
党委副书记、纪委书记：周　琪
副院长、总工程师：何时珍(2008年6月明确为副司局级)
副院长：丁文义(2008年6月明确为副司局级)

国家林业局中南林业调查规划设计院

院长、党委书记：周光辉
副院长：蒋云安
总工程师：熊智平(2008年6月明确为副司局级)
党委副书记、纪委书记：周学武(2008年6月明确为副司局级)

国家林业局西北林业调查规划设计院

院长、党委副书记：刘裕春
党委书记、副院长：张　翼(2008年1月任职)
副院长：彭长清
总工程师：李立球

国家林业局昆明勘察设计院

院长、党委副书记：唐芳林
党委书记、副院长：康晓达
副院长、纪委书记：周红斌
副院长、总工程师：张敏琦

各省、自治区、直辖市林业厅(局)负责人

北京市园林绿化局(首都绿化办)

局长(主任)、党组书记：董瑞龙
副局长、党组成员：史贵升(正局级)
党组副书记：刘宝军
巡视员：康德铭(2008年7月任职)
副局长、党组成员：郑西平(2008年11月免职)
康德铭(2008年7月免职)
王振江(2008年11月任职)
强　健
副主任、党组成员：王苏梅　甘　敬
纪检组组长、党组成员：刘建才
副巡视员、党组成员：黄德峰　高士武
副巡视员：张建民

天津市林业局(市绿化委员会办公室)

党委书记：程文武
党委副书记、局长(主任)：李森阳
副巡视员、党委委员：王海静
党委副书记：李春国
副局长(副主任)、党委委员：齐龙云
副局长(副主任)：吴学东

河北省林业局

局长、党组书记：武国堂
副局长、党组副书记：白顺江
副局长、党组成员：张　静　雷永怀
纪检组组长、监察专员、党组成员：王金品
副局长：葛会波
副巡视员：闫铁龙

山西省林业厅

厅长、党组书记：杜创业(2008年2月免职)
耿怀英(2008年2月任职)
副厅长、党组副书记：阎根生(2008年4月免职)
副厅长、党组成员：霍转业　马双柱　周　洪
吉久昌(2008年3月免职)
纪检组组长、党组成员：谢占杰
总工程师、党组成员：任建中
副巡视员：姚文达　温普德　刘虎山

内蒙古自治区林业厅

厅长、党组书记：高锡林
副厅长、党组成员：曹文仲　田选明　呼　群
纪检组长、党组成员：李树平
副巡视员：杨俊平　云　岚　乔　云　肖文武

辽宁省林业厅

厅长、党组书记：王文权(2008年3月免职)
曹　元(2008年3月任职)
副厅长、党组副书记：侯喜丰
副厅长、党组成员：马志刚　黄庆宇
纪检组组长、党组成员：张志茹
副巡视员：史广海　赵永新

吉林省林业厅

厅长、党组书记：刘延春
副厅长、党组成员：金德友　乔　恒
孙光芝(2008年2月任职)
纪检组组长、监察专员、党组成员：
宣德义(2008年6月免职)
姜国军(2008年6月任职)
党组成员、森林防火专职副指挥：孙亚强
巡视员：王玉明(2008年2月免职)
副巡视员：闫活承　尚静敏

黑龙江省林业厅

厅长、党组书记：韩连生

副厅长、党组成员：刘亚文　杨克杰　王凤友

省政府森林草原防火指挥部专职副指挥、党组成员：李树铭

纪检组组长、党组成员：王瑞斌

副巡视员：李耀民　杨国亭　金　强

省绿化委员会专职副主任、党组成员：
杨克杰(兼，2008 年 11 月免职)
张凤仙(2008 年 11 月任职)

上海市绿化和市容管理局(上海市林业局、上海市城市管理行政执法局)

局长、党组书记：马云安

党组副书记、纪检组组长：刘　磊(2008 年 10 月任职)

巡视员：沈兰全　时建设
李子韦(2008 年 10 月任职)

副局长：王孝泓(2008 年 4 月免职)
陶　渊(2008 年 10 月任职)
崔丽萍　夏颖彪　蔡友铭
鲁建平(2008 年 10 月任职)
恽奇伟(2008 年 10 月任职)

副局长、总工程师：黄兴华(2008 年 10 月任职)

副巡视员：冯肃伟(2008 年 10 月任职)

江苏省林业局

局长、党委书记：夏春胜

副局长：严宏生　葛明宏　卢兆庆

纪委书记：邱昱东

浙江省林业厅

厅长、党组书记：楼国华

副厅长、党组成员：陈国富(2008 年 11 月免职)
邢最荣　叶胜荣
杨幼平(2008 年 11 月任职)

副厅长：吴　鸿

纪检组组长、监察专员、党组成员：
杨荣伟(2008 年 5 月免职)
陈亚敏(2008 年 5 月任职)

副巡视员：蓝晓光

安徽省林业厅

厅长、党组书记：韩柏泉

副厅长、党组成员：汪炳瑜　程　鹏　赵　波

纪检组组长、党组成员：时思玉(2008 年 3 月免职)　张盛林(2008 年 3 月任职)

总工程师、党组成员：汤　坚

福建省林业厅

厅长、党组书记：黄建兴(2008 年 3 月免职)
吴志明(2008 年 4 月任职)

副厅长、党组成员：吕月良　黄家铭(2008 年 4 月免职)　张福寿(2008 年 4 月免职)　兰思仁　林少霖
张明接(2008 年 4 月任职)

纪检组组长、党组成员：黄文书

江西省林业厅

厅长、党组书记：刘礼祖

巡视员、党组成员：肖　河(2008 年 11 月任职)

副厅长、党组成员：龙远飞　肖　河(2008 年 11 月免去副厅长职务)　魏运华　郭　家

纪检组组长、党组成员：李正生

党组成员：黄晓春

副巡视员、党组成员：詹春森

副巡视员：毛赣华

总工程师：胡跃进

山东省林业局

局长、党组书记：孙庆传(2008 年 3 月免职)
贾崇福(2008 年 3 月任职)

副局长、党组副书记：贾崇福(2008 年 3 月免职)　苗仲华(2008 年 6 月免职)　丁希滨(正厅长级，2008 年 6 月任职)

副局长、党组成员：石效贵(2008 年 7 月免职)
丁希滨(正厅长级，2008 年 6 月免职)　田庆斌

纪检组组长、党组成员：辛福智

巡视员：石效贵(2008 年 7 月任职)

副巡视员：吴庆刚

河南省林业厅

厅长、党组书记：王照平

副厅长、党组成员：刘有富　王德启　张胜炎
弋振立(2008 年 10 月免职)
丁荣耀　李　军(2008 年 10 月任职)

纪检组组长、党组成员：乔大伟

副巡视员：万运龙　谢晓涛

副厅级侦察员：宋全胜

湖北省林业局

局长、党组书记：祝金水

副局长、党组副书记：樊仁富(2008 年 6 月免职)

副局长、党组成员：左雄中(2008 年 3 月免职)
李新水(2008 年 6 月任职)
董祚华　刘晓洪(2008 年 4 月任副局长职务)

森林公安局局长、党组成员：陈毓安(2008 年 11 月任职)

纪检组组长、党组成员：王启平

总工程师、党组成员：刘晓洪(2008 年 4 月免去总工程师职务)　洪　石(2008 年 11 月任职)

巡视员：李德珍
副巡视员：吴恒洲

湖南省林业厅

厅长、党组书记：葛汉栋(2008年3月免职)
邓三龙(2008年3月任职)
副厅长、党组副书记：邓三龙(2008年3月免职)
副厅长、党组成员：胡长清　唐苗生(2008年1月任副厅长)
柏方敏(2008年6月任副厅长)
赵清云(2008年11月任职)
纪检组组长、党组成员：唐苗生(2008年5月免去纪检组组长职务)
王光荣(2008年5月任职)
巡视员：黄旭国(2008年11月免职)　李定一
总工程师、党组成员：柏方敏(2008年6月免去总工程师职务)
文振军(2008年5月任党组成员，6月任总工程师)
副巡视员：文振军(2008年6月免职)
王光荣(2008年6月免职)
柳开明(2008年9月任职)

广东省林业局

局长、党组书记：徐萍华(2008年2月免职)
张育文(2008年2月任党组书记，3月任局长)
副局长、党组成员：陈俊勤　邓梦柏
张育文(2008年2月免职)
郑伟仪　陈亚广(2008年8月任职)
孟　帆(2008年8月任职)
纪检组组长、党组成员、监察专员、直属机关党委书记：肖伟昌
副巡视员：王惠恒

广西壮族自治区林业局

局长、党组书记：黎梅松(2008年1月免党组书记，2月免局长)
陈秋华(2008年1月任党组书记，2月任局长)
副局长、党组成员：廖培来　罗永魁　陈湘文
韦纯良(2008年11月任职)
纪检组组长、党组成员：王力生
副巡视员：肖　超

海南省林业局

局长、党组书记：关进平
副局长、党组成员：周燕华　秦忠文(2008年8月免职)
倪陈兴(2008年8月任职)
黄金城(2008年8月任职)
巡视员：秦忠文(2008年8月任职)
副巡视员：曾　平

重庆市林业局

局长、党组书记：周克勤(2008年1月免职)
吴　亚(2008年2月任职)
副局长、党组成员：何　平　邓东华　杨富权
王声斌　杨　冬(挂职干部，2008年8月任职)
副局长：张　洪
纪检组组长、党组成员：邓兴华
总工程师、党组成员：杜士才
党组成员、局长助理：彭泽民　谢志刚
局长助理：戴栓友(挂职干部，2008年8月任职)

四川省林业厅

厅长、党组书记：任永昌(2008年1月免职)
王　平(2008年1月任职)
副厅长、党组成员：李小康(2008年7月任职)
罗增斌　郭亨孝
刘书贵(2008年9月任职)
纪检组组长、监察专员、党组成员：赵光钦
机关党委书记、党组成员：刘书贵(2008年9月免职)
巡视员：鲁志明(2008年10月免职)　戴柏阳
副巡视员：周宝中(2008年8月免职)
张绍荣(2008年7月任职)
林业工会主席：高　银

贵州省林业厅

党组书记、厅长：金小麒
党组成员、副厅长：杨洪俊　甘如一
副厅长：徐来富
党组成员、总工程师：聂朝俊
党组成员、机关党委书记：黄永昌
党组成员、纪检组组长：黄　勇

云南省林业厅

党组书记：白成亮
厅长：白成亮(2008年1月免职)
陈玉侯(2008年1月任职)
副厅长、党组成员：张林冲(2008年9月免职)
郭辉军　王德祥　冷　华
刘一丹(2008年9月任职)
纪检组组长、党组成员：潘忠云
森林公安局局长、党组成员：夏留常
森林防火指挥部专职副指挥长、党组成员：万　勇
巡视员：张林冲(2008年9月任职)

西藏自治区林业局

党组书记、副局长：杰　巴

局长、党组副书记：桑杰扎巴
副局长、党组成员：扎西(2008年10月免职)
布阿牛　张明兰
黄正秋(援藏干部)
金　崑(援藏干部，2008年7月免职)
纪检组组长、党组成员：泽达吉

陕西省林业厅

党组书记、厅长：张社年
党组成员、副厅长：朱巨龙(2008年6月免副厅长职务)　陈玉忠
孙承骞(2008年6月免副厅长职务)　高永民
党组成员、省森林资源管理局党委书记、局长：郭道忠
党组成员、总工程师：王建阳
党组成员、纪检组组长：赵钰莹
党组成员：沈茂才
巡视员：郝福财(2008年4月免职)
副巡视员：闫　宏

甘肃省林业厅

党组书记、厅长：马尚英(2008年3月免职)
高清和(2008年3月任职)
党组副书记、副厅长：火统元(2008年3月任职)
党组成员、副厅长：骆洪元(2008年5月免职)
火统元(2008年3月免职)
高　攀(2008年5月任职)
赵建林
党组成员、纪检组组长：冯兴治
党组成员、总工程师：樊　辉
党组成员、省绿化委员会办公室副主任：张肃斌
党组成员、森林公安局局长：张鹿鸣(2008年11月任职)
巡视员：曾效先
副巡视员：尚振潭　段　巍

青海省林业局

局长、党组书记：李三旦
巡视员：王　谦(2008年12月任职)
副局长、党组成员：王　谦(2008年12月免职)
党晓勇　郑　杰
党组成员、驻局纪检组组长：刘自山
党组成员：李若凡

宁夏回族自治区林业局

党组书记：王德林
局　长：韩陕宁(2008年1月免职)
王德林(2008年1月任职)
党组成员、副局长：佘进军(2008年12月任职，正厅级)
王洪界　李月祥　马　林
党组成员、纪检组组长：郭玉堂
副巡视员：李　安(2008年3月任职)

新疆维吾尔自治区林业厅

党委书记、副厅长：张小平
厅长、党委副书记：买买提·阿不都拉(2008年2月免职)
尼加提·马合木提(2008年2月任职)
副厅长、党委委员：侯翠花　英　胜　吾拉孜别克·索力坦
李玉峰(援疆干部，2008年8月免职)
李永成(援疆干部，2008年8月任职)
纪委书记、党委委员：党元德
党委委员、政治部主任：彭小明(2008年3月任职)
党委委员、总工程师：谢　军(2008年12月任党委委员)
党委委员：李哲训(2008年3月免职)
徐元鸿(2008年3月任职)
副巡视员：朱马什·夏克尔提
王新生(2008年3月免职)
崔培毅(2008年12月任职)

(以上林业人事材料由人教司干部管理处供稿)

林业机构编制

【国家林业局“三定”工作】　按照国家林业局党组关于统一管理“三个生态系统和一个多样性”、促进林业产业发展的目标，经过周密谋划、精心设计、积极争取、广做工作，2008年，在国务院各部门“三定”方案制定中，国家林业局“三定”工作取得重大突破。2008年7月10日印发的《国务院办公厅关于国家林业局主要职责内设机构和人员编制规定》(国办发[2008]93号)与原方案相比，国家林业局在主要职责等三个方面得到加强。一是职能得到了显著加强与拓展。在生态建设方面，进一步强化了森林生态系统建

设相关职能，确立了在湿地生态系统、荒漠生态系统和生物多样性保护方面的职能。在产业发展方面，争取到了监督检查各产业对森林、温地、荒漠和陆生野生动植物资源的开发利用、制定林业资源优化配置政策、拟定林业产业国家标准、组织指导林产品质量监督等职能。在生态文化方面，开创性地争取到了林业部门在生态文明建设、生态文化建设等方面的职能，初步构建了全面建设现代林业的职能主体框架。此外，强化了应对气候变化、林业有害生物预测预报、沙尘暴应急处置等社会管理和公共服务职能。二是在理顺关系上取得重大进展。主要是理顺了濒危物种进出口管理、湿地保护、荒漠化防治等职能的内部管理体制，确立了林业在自然保护区建设、山区综合开发、退耕还林、亚太森林网络建设等领域的主体地位，理清了与 13 个部门在相关工作中的职能界限。三是内设机构和干部职数得到优化。国家林业局新增设了农村林业改革发展司，原植树造林司更名为造林绿化管理司，原野生动植物保护司更名为野生动植物保护与自然保护区管理司，在国际合作司加挂了港澳台办公室牌子，新增设了国家森林防火指挥部专职副总指挥 1 名、总工程师职数 1 名、强化了机关及相关工作的领导力量。（敖安强）

【局直属事业单位申请参照公务员法管理工作取得新突破】 在原有基础上，经过积极争取，国家林业局国有林场和林木种苗工作总站、林业工作站管理总站、防止荒漠化管理中心、西北华北东北防护林建设局 2008 年被国家公务员主管部门批准列入参照公务员法管理范围。至此，国家林业局参照公务员法管理的事业单位达到 21 个，编制总数达 555 名。

（敖安强）

【局直属事业单位岗位设置管理工作稳步推进】 岗位设置管理是实现事业单位人事管理工作由身份管理向岗位管理转变的制度创新，是改革事业单位用人制度、收入分配制度和管理制度的基础性工作。按照中央关于稳步推进事业单位人事制度改革精神和局党组的要求，2008 年局直属事业单位启动实施了岗位设置管理改革工作，其中 18 个单位基本完成了岗位设置管理工作，占应实施人员的 83%。

在改革中做到了四个坚持，即坚持以建立基本制度框架为重点，有计划、有步骤、有重点的推进，以较为宽松的政策环境实现首次聘用的制度入轨，妥善处理改革中的有关问题；坚持与现行政策规定相衔接，保证现有人员都按照原聘职务进入相应的岗位等级，保持政策的连续性和稳定性；坚持宏观调控与分级分类管理相结合，赋予各单位充分的自主权并承担相应的责任，发挥好各单位的积极性；坚持因事设岗与尊重人才成长规律相结合，以在改革中提升人才发展空间、更好地发挥人才作用为目标，为人的全面发展搭建良好的平台。通过岗位设置管理和岗位聘用，实现了事业单位人事管理制度改革的突破；通过实施事业单位岗位设置、明确岗位职责权利，初步实现了由身份管理向岗位管理的转变；通过严格审批管理人员兼任专业技术职务，较好地解决了长期存在的管理人员挤占专业技术职务的难题；通过专业技术人员岗位等级的扩充，设置适当的专业技术高级岗位结构比例，提升了人才的发展空间。（文世峰）

【中国生态文化协会成立】 为深入贯彻落实党的十七大关于建设生态文明的战略部署，充分发挥林业在生态文明建设中的重要作用，经国务院批准，2008 年国家民政部批复同意成立中国生态文化协会，国家林业局为其业务主管单位。（敖安强）

林业人才

【蒋剑春等 5 人享受 2008 年政府特殊津贴】 2008 年，人力资源和社会保障部印发了《关于做好 2008 年政府特殊津贴工作的通知》（人社部发[2008]22 号）文件，公布了 2008 年享受政府特殊津贴人员名单。国家林业局蒋剑春、叶克林、李玉印、刘德晶、戴广翠等 5 名同志经国务院批准享受 2008 年政府特殊津贴。实施政府特殊津贴制度是加强我国高层次和高技能人才队伍建设的重大举措，对于激励高层次、高技能人才积极投身祖国现代化建设起到了重要的推动作用。到目前为止，国家林业局被批准享受政府特殊津贴人员已达 850 多人，他们是林业建设事业的宝贵人才。（王常青）

【黑龙江省森林工业总局和广西生态工程职业技术学院被确定为首批国家高技能人才培养示范基地】 经人力资源和社会保障部批准，黑龙江省森林工业总局和广西生态工程职业技术学院，于 2008 年 6 月分别被确定为首批 249 个国家高技能人才培养示范基地之一，示范基地建设有效期为 3 年。示范基地将通过完善高技能人才培养制度，加大高技能人才培养、评价、使用和激励工作，深入推进校企合作，扩大企业在职职工培训规模，推进一体化教学改革等措施，加快培养林业创新型和实用型高技能人才，为逐步建立一支与现代林业发展相适应的高技能人才队伍起到积极的促进和示范作用。（王常青）

局直属单位

国家林业局经济发展研究中心

【综　述】 2008年，国家林业局经研中心决策咨询服务能力和水平不断提高，巩固了“一个转变”（由一般研究向决策咨询服务转变），凸显了“四个品牌”（《中国林业发展报告》、《国家林业重点工程社会经济效益监测指标体系》、《林业重大问题调查研究报告》、《绿色中国》和《林业经济》、《中国林业产业和林产品年鉴》）、取得了“三个突破”（拓宽研究领域、推进开放式研究、高层参与调研），完成了全年的各项任务，形成了全面发展的良好局面。

工作重点由一般研究向决策咨询服务转变

参与并完成国家林业局领导批办的各项工作，认真履行政策咨询和服务职能　①国家林业局重大问题调研在服务决策方面特点突出，研究成果显著。局领导高度重视，率先垂范，贾治邦局长亲自研究和确立了调研方向和重点领域，多次深入基层，主持会议，督促开展调研。2008年确定的十方面23个调研题目，已形成调研报告计71篇，调研成果为出台有关政策文件、实现政策突破创造了良好的条件。②积极参与林改相关工作，认真开展调查研究。落实贾治邦局长和张建龙副局长的指示精神，与北京大学、清华大学、中国人民大学等高校开展集体林权制度改革调研；与国家林业局集体林权制度改革办公室（以下简称林改办）、北京大学组织召开集体林权制度改革高层论坛；赴青海省调研推进西北地区集体林权制度改革工作；落实温家宝总理批示和局领导指示，与林改办、资源司到福建省开展林地流转情况调研；筹备集体林产权制度改革农户监测项目，启动项目前期工作；开展集体林产权制度改革与农民增收课题研究，该项目已得到财政部国际司和世行的认可；开展集体林制度变迁及家庭经营制度绩效研究、参与集体林权制度改革中林地流转问题研究等，为推进集体林权改革发挥了积极作用。③积极参与并认真做好国家林业局重要文件材料起草工作，主要参与中央10号文件；中央农村工作会议文件；林业行政机构改革方案的意见及机构三定方案的研究与方案起草等；落实贾治邦局长的批示精神，就林业改革30年经验总结撰写文稿，作为80多篇优秀论文之一，被收录在中央国家机关改革30年文集中；参与三北防护林建设工程30年工作总结会议等重要文件材料的起草工作，王焕良同志荣获三北防护林建设突出贡献者称号；负责国家林业局深入贯彻落实科学发展观政策调研组的主要文件起草工作等，该项工作得到了局领导及有关方面的高度评价。

围绕林业重点工作，组织和参与开展相关研究及活动　2008年，经研中心围绕林业重点工作，积极组织和参与开展了林业重大问题的研究。①配合和参与开展重大林业问题研究。落实贾治邦局长的批示精神，就内蒙古亿利资源集团投资防沙治沙工程与国家林业局治沙办、三北办联合进行了深入调研，提出了鼓励企业治沙的政策建议；开展了林业重点工程与消除贫困监测和评估及政策分析后续项目，林业工程建设与山区扶贫问题，林业产业和林产品市场，林业碳汇问题，开展城市森林建设与城镇化进程，林木保险等方面问题研究；参与国家财政支持速生丰产林建设，中国森林资源核算及纳入绿色GDP问题研究；参与湿地立法和《森林防火条例》的修改，国家林业局应对气候变化办公室“零排放”倡议等工作；承担全国林业行政执法证管理系统的管理工作，为林业行政执法人员信息的动态化、实时化管理提供了平台。②深入开展森林与气候变化等重大战略问题研究。与世行组织联合召开木材安全与林产品贸易国际研讨会，共同探讨提高国内林产品供给的战略问题；积极跟踪全球气候变化、生物多样性与荒漠化问题进展，开展对相关国际国内政策和研究成果，有关公约和国际会议资料及信息等的收集、整理、翻译和编辑工作，已收集整理相关文件近300篇，并将其中29篇翻译成中文，编辑完成了8期35篇近3万字的《气候变化、生物多样性与荒漠化问题动态参考》，为决策部门提供了必要的依据；与国家林业局应对气候变化领导小组办公室、北京市园林绿化局共同举办了林业碳汇与生物质能源国际研讨会；同国家林业局老科技工作者学会共同举办了加强森林经营、提高森林质量研讨会；以中德技术合作项目为平台，在湖南省慈利县组织召开了森林可持续经营共识研讨会。③围绕推进现代林业建设组织并参与开展相关研究和活动。进行现代林业统计评价指标体系研究，完成指标体系的设计与研究报告撰写任务；参与建立多渠道森林生态效益补偿基金研究；完成全国矿区植被保护与生态恢复工程规划专题研究任务，成为制定工程投资标准、资金来源和政策保障的重要依据；分析了林业产业发

展的情况，提出了应对金融危机的对策思路。④围绕国有林权改革积极推进相关研究。开展伊春国有林改试点林业职工百户跟踪调查，为掌握改革情况，出台相关政策提供了重要依据；参与联合国粮农组织国有林改革项目研究；开展国有林管理体制及相关法律问题研究等；与全总农林工会联合调研国有林场最低生活费保障。

积极应对突发事件，以实际行动支援林业灾后重建　2008 年的冰雪、地震等自然灾害和国际金融危机对我国林业发展产生了影响，对此，经研中心积极开展相关问题调研，为林业决策提供参考，发挥了应有的作用。①主要领导亲自带队深入一线实地调研。深入湖南省永州、郴州和浏阳 3 个地区实地调查农户在灾后所面临的实际困难，针对国家林业扶持政策等现状与问题进行深入调研，提出了相关报告和建议。②利用监测平台启动金融危机对林业企业影响的快速调查。在金融危机对林业实体经济的影响不断深化之际，2008 年 12 月，国家林业局社会经济效益监测办公室与计资司联合进行了金融危机对林业企业影响的快速调查，为及时、全面了解金融危机对林业企业的影响提供了翔实的材料，显示了中心为局党组决策服务的快速反应能力。③结合自身特点和实际抓好落实。在 2008 年林业重大问题调研工作中重点关注森林生态系统在维护国家木材安全方面的作用，开展雨雪冰冻灾害对木材供给短期和长期影响研究；将林业受灾情况及灾后重建的相关问题作为监测和调查研究的内容；利用《林业经济》、《绿色中国》杂志刊载国家林业局灾后重建调研组的重点报告，为国家制定灾后重建对策提供客观依据。④选派研究能力强的中层干部支持国家林业局救灾办工作。派员支持国家林业局救灾办工作期间，撰写的报告和政策建议得到了温家宝总理的批示，为林业在抗灾救灾和灾后恢复重建工作取得应有地位发挥了重要作用，受到局党组和贾治邦局长的多次表扬。

品牌效应逐渐凸显，提高了中心的知名度　经研中心在基础性研究和决策咨询研究方面取得了成效，创立了一批精品研究成果。“三个报告”、“两个杂志”、“一个年鉴”的品牌效应逐步显现，提高了中心的社会影响力，品牌建立了广泛合作的纽带，扩大了中心与相关部门和单位的合作，品牌提供了研究平台，使中心的人才得到锻炼。

《中国林业发展报告》　通过 10 年积累，形成了在国内和国际上具有权威性的报告，是国内外了解中国林业的综合信息渠道，也是各级决策者的案头书，数据的引用率居于前列。

《国家林业重点工程社会经济效益监测报告》　在连续 5 年监测实践的基础上，完成了《天然林资源保护工程社会经济效益监测指标体系》、《退耕还林工程社会经济效益监测指标体系》和《京津风沙源治理工程社会经济效益监测指标体系》3 个行业标准的制定，使监测工作步入规范化轨道，监测的成果为调整林业重点工程政策提供重要参考，支持了国家的宏观决策。

《林业重大问题调查研究报告》　从 2006 年以来，已逐步为行业内外熟知和认可，成为国家决策的重要参考，为推动林业重大问题的解决发挥了不可替代的作用。

《绿色中国》和《林业经济》　《绿色中国》自 2004 年以来已连续 5 次获准作为全国人民代表大会和全国政治协商会议的会议交流刊物。《林业经济》为复刊已经履行完成各项程序，规范化办刊的基础已经形成。

《中国林业产业和林产品年鉴》　首卷的编纂已经完成，成为行业内外了解林业产业、参与林业产业建设的重要工具书，填补了国内这一领域的空白。

拓宽研究领域、推进开放式研究、高层参与调研　中心结合自身的特点和优势，坚持在合作中求发展、在深化研究中求发展、在提升水平中求发展，研究领域进一步拓展、研究方式更加灵活、研究层面日益提升。

广泛开展国际国内合作研究　①继续巩固与世行、联合国粮农组织、亚行、澳大利亚农业研究中心、德国技术合作公司、美国耶鲁大学、美国密歇根大学、澳大利亚国立大学、国际应用系统研究所等国际组织和机构合作，开展退耕还林减洪效益、工程建设与脱贫、木材采伐与供给、林业部门展望（国别研究报告）、国有林区发展改善私营部门投资林业的政策环境等研究。②积极组织中心学术交流活动，营造学术氛围。2008 年共组织学术报告会 11 次，由国内外专家，领导和中心研究人员就林业改革与发展难点、热点问题进行交流，中心以中德技术合作项目为平台，组织了赴德国森林可持续经营和赴美国森林碳汇问题考察团，财政部支持的林业重点工程与扶贫项目组织赴埃及和土耳其考察。

推进开放式研究　与北京大学、清华大学、中国人民大学、中国科学院、国家财政部等国内知名学府和决策部门合作研究，把林业理论与政策研究不断引向深入，不断扩大林业影响。众多知名学者和专家的密切参与，从全局和战略角度观察林业，谋划发展思路，提出科学对策，为推动林业科学决策打下了良好的基础。

积极争取决策部门参与调研，提高了决策咨询的及时性和有效性　为了及时应对雨雪冰冻灾害等突发性事件，及时破解集体林权制度改革等重要领域的难点和热点问题，在研究工作中，积极邀请国家发改委、财政部、中央农村工作办公室、中央农村政策研究室、国务院研究室、国务院发展研究中心、银监会、保监会等高层决策部门的领导共赴基层了解情况，沟通协商，为出台有关政策文件、实现政策突破创造了良好的条件，其中已有一些成果转化为政策性文件，正在发挥重要的政策指导作用。

中国林业经济学会开展热点问题学术活动　2008年，林业经济学会工作有了新进展，克服各种困难，抓住热点问题组织活动，同中国林业产业协会共同举办了全球金融危机对我国林业产业的影响及对策研讨会，开展了学会优秀论文评奖活动。

（中心办公室）

【林业重大问题调查研究】　作为国家林业局20项重点工作之一的林业重大问题调查研究工作，2008年的调研工作更加突出了现代林业建设、生态文明与生态文化体系建设，突出了森林、湿地、荒漠生态系统及生物多样性与经济社会可持续发展，集体林权制度改革与兴林富民，增加林业有效供给与国家惠农政策，国家公共财政政策与政府林业投资，突出了城市化、工业化与林地安全，林业产业与促进国民经济发展的内容，有力地推动了林业科学决策和民主决策，促进了生态文明建设和现代林业建设。

确定调研题目，落实调研方案，推进调研工作有序开展　2008年2～3月，开展了林业重大问题调研选题工作。在贯彻落实国家林业局党组精神的基础上，综合归纳国家林业局各业务司（局）和直属单位选题建议的基础上，形成了专题初步方案。3月18日，组织召开了2008年国家林业局重大问题调研工作第一次联络员会议，标志2008年国家林业局重大问题调研工作正式启动。在此次会议上，国家林业局张建龙副局长对2008年林业重大问题调研工作提出了具体要求，并经过讨论形成了12个调研专题，23个调研题目。4月18日，下发了《国家林业局办公室关于开展调研工作的通知》（办发字［2008］20号）。

按照《调研工作通知》要求，各调研项目承办单位按时上报调研方案，并签订调研工作业务委托合同，为推进调研工作的顺利开展和调研资金安全使用起到了保障作用。2008年，各调研项目承办单位努力克服雨雪冰冻灾害、汶川大地震等突发性重大事件的影响，抽调力量、精心组织，保证了林业重大问题调研工作的顺利开展。一年来，参与调研的人员达130人次，包括邀请的国内决策部门领导和知名专家，分赴20多个省（区、市）进行专题调研，完成了调研报告的撰写任务。

加强调研工作与地方的联系，加大宣传力度，扩大林业重大问题调研的社会影响力　为及时反映中央领导对地方林业工作的指示和批示，反映各地落实2008年全国林业厅（局）长会议精神的工作实绩，国家林业局调查研究工作协调小组办公室下发了《关于开展调研成果征稿的函》（林研办函字［2008］31号），并在《中国绿色时报》和《林业经济》杂志刊登了2008年林业重大问题调研启动的启事，让社会各界了解国家林业局决策层所关注的重点问题。同时，将调研成果《2007生态建设与改革发展：林业重大问题调查研究报告》报送中央有关领导，为领导决策提供参考。

收集整理党和国家领导人对林业工作的批示，完善专家审稿反馈制　2008年，收集整理了中央领导对林业的指示和重要讲话以及国家林业局领导的重要讲话100多篇，并选出30篇用于调研报告。采用专家匿名审稿的办法，先对各专题承办单位提交的调研报告进行评审，再根据专家修改意见反馈各调研单位进行多次修改，最终完成了《2008生态建设与改革发展：林业重大问题调查研究》的编写工作。该研究内容包括高层关注、领导专论、专题调研和决策指导等4个部分，共收录了重大问题调研报告23篇，地方调研报告9篇，62万字，为林业发展提供了理论依据。

充分利用外脑开展开放式研究，提升林业重大问题调研的影响力　2008年，林业重大问题调查研究工作更加重视开放研究。与北京大学、清华大学、中国人民大学等著名科研教学单位开展了合作，取得了显著成效。与北京大学经济管理学院共同举办了集体林权制度改革论坛；与清华大学联合在林权融资改革与林业保险方面的研究取得阶段性成果；与中国人民大学合作开展的关于集体林权制度改革的研究成果已成书出版。

积极参与集体林权制度改革、生态建设等重大问题调研，提升决策咨询服务的能力　2008年，林业重大问题调研领导小组办公室除了负责组织和协调整体调研工作外，还承担了国家公共财政与政府林业投资、雨雪冰冻灾害调查和国家公共财政惠农惠林政策情况、集体林权制度改革林地流转情况、青海省生态补偿政策、森林政策性保险等研究和调研工作，撰写7篇调研报告，并部分收录在《2008生态建设与改革发展：林业重大问题调查研究》。

（林业重大问题调研协调小组办公室）

【《2008中国林业发展报告》】　以大量丰富、翔实的信息，客观、全面地描述和评价了2007年我国林业的改革与发展实践。

《2008中国林业发展报告》包含现代林业，生态建设，产业发展，生态文化，林业投资，支撑和保障，区域林业，国际合作与交流，改革、政策与法治和林产品市场等十部分内容。附有历年全国和2007年各省（区、市）营造林、六大林业重点工程建设、森工生产、林业投资、主要林产品进出口、森林防火、森林病虫鼠害防治情况及主要林产品生产、消费和贸易等方面的情况。

（林业经济理论与宏观政策研究室）

【中德技术合作中国森林可持续经营政策与模式项目启动会】　2008年4月9日在北京举行。国家林业局副局长雷加富出席启动仪式并致辞。商务部，国家林业局有关司(局)和单位，福建省、湖南省、海南省林业厅(局)等有关单位领导和代表，德国驻华大使馆、德国技术公司驻北京办事处的负责人和代表出席了会议。

该项目旨在通过提供能力建设、技术资源和手段，促进中国森林政策目标与国际森林可持续经营原则和标准接轨。德国政府计划提供300万欧元对该项目予以支持。项目执行期为4年，主要内容包括三个方面：一是根据中国国家森林政策目标和国际社会认同的森林可持续经营原则，改善中国森林可持续经营的法规及制度框架条件；二是确定可操作、适合中国国情的森林可持续经营理念，并以此为基础，开展示范、能力建设和促进实施森林经营方案；三是推动中国森林可持续经营认证工作。

项目由国家林业局经研中心牵头，福建省林业厅、湖南省林业厅、海南省林业局参与实施，项目德方执行单位为德国技术公司(GTZ)。

雷加富在致辞中说，德国是世界上林业发达的国家之一，其成功的森林经营理论和实践，特别是近百年来形成的人工森林生态系统经营理论和方法，可以为中国建立可持续的森林经营体制提供宝贵的经验。希望通过中国森林可持续经营政策与模式项目实施，学习、引进和推广国际森林可持续经营的先进理念，借鉴德国及林业发达国家森林可持续经营技术与经验，以提高中国森林生态系统的质量和林地生产力。同时，为项目实施单位灾后恢复和重建森林生态系统提供技术支持。

国家林业局经研中心主任张蕾代表项目中方执行单位发言。她表示，在项目未来4年的执行过程中，中方执行单位将与德国技术公司通力合作，组织精干的专家队伍，按照项目的目标要求，共同完成好项目的各项工作。（国有林政策研究室）

【中国木材安全与林产品贸易全球化国际研讨会】 2008年5月12日，国家林业局经研中心和世行在北京联合召开中国木材安全与林产品贸易全球化国际研讨会。会议围绕在国内木材供需矛盾不断加剧、木材进口压力逐渐增大的形势下，中国如何解决木材和林产品供给，保障木材安全的主题进行了深入探讨。研讨会为中国科学调整林业管理政策，促进森林可持续经营，充分释放林业生产力，不断增加国内森林资源，有效保障国家木材安全，提供有价值的参考。

中央农村工作领导小组办公室、国务院研究室、财政部、国家发改委、北京大学、中国人民大学、美国密歇根州立大学等单位的相关人士参加了研讨会。

自2004年开始，国家林业局经研中心与世行联合开展了中国木材供给问题研究。研究以黑龙江省为案例点，进行了深入的实证研究，分析中国木材长期供给的潜力和促进木材供给的政策问题，取得了重要的研究成果，为中国木材供给提供了参考建议。

（国有林政策研究室）

【中外专家研讨中国森林资源对全球发展的影响】 2008年9月18日中国森林资源对全球发展的影响国际项目研讨会在北京举行。全国人大常委会原副委员长、中国农工民主党原中央主席、国际著名人口与资源环境专家蒋正华，国家林业局局长贾治邦出席会议并讲话。

会上，贾治邦向与会的国内外专家学者介绍了我国正在开展的集体林权制度改革、林业应对气候变化、木本粮油生产、生物质能源开发等情况，并对参会单位及个人表示感谢，希望国内外专家学者今后一如既往地关心支持中国林业的改革与发展。

出席会议的国内外专家学者高度评价了我国集体林权制度改革取得的成效，对我国林业在应对全球气候变化方面所作的贡献表示赞赏，对我国木本粮油生产、生物质能源开发等表示极大关注。

中国森林资源对全球发展的影响国际项目是由蒋正华发起，北京师范大学、国家林业局经研中心、国际应用系统分析研究所和北京大学合作研究项目。主要目的是从定性和定量角度研究中国森林资源对国际贸易和全球环境影响的程度和范围，分析并预测在全球化和国内制度变迁条件下中国森林资源及管理的变化趋势，研究中国森林资源管理与贸易对全球经济和生态可持续的影响。（国有林政策研究室）

【《林业经济》期刊】 2008年，《林业经济》的各项工作取得了较大进展，对推动林业经济政策研究发挥了作用。

全年共刊发文章197篇，突出反映生态文明与和谐社会、集体林权制度改革、国有林业改革、特大灾害与重建、退耕还林工程、天保工程、产业发展、贸易与竞争、碳汇与碳交易、社区林业等林业改革与发展的重点问题，发挥了刊物的作用。

每期保持一两个重点栏目 主要是结合国家林业局重点工作，通过加强组稿和策划来完成。初步改变了以往以自然稿为主的状况，在选题、栏目策划、重点稿件组织、稿件深度开发方面取得较大进展。2008年策划方面的一个创新点是，请专家策划主题，专家直接组稿，编辑部辅助，出精品。

经过努力，刊物的社会地位得以维持。《林业经济》继续保持中文核心期刊的地位，继续列为CSSCI来源期刊(扩展版)。除林业院校广泛认可外，中国农业大学、中国人民大学农村发展学院等非林业重点高校，都把《林业经济》列为论文发表分值较高的刊物。

2008年11月29日，林业经济期刊社与北京圣树农林科学有限公司在京联合举办了林草兴邦与科学发展观座谈会。会议邀请了包括农业部原副部长洪绂曾、原国务院农村发展研究中心顾问石山、中国工程院院士石玉林、国务院参事盛炜彤、北林大原校长贺庆棠、中国社科院农村所副所长李周、国家林业局多位司长及有关高校院长在内的近30位知名人士。会议草拟了关于重视林草、发展大农业的建议稿，为决策部门提供建议。（林业经济期刊社）

【《绿色中国》】 2008年，绿色中国杂志社立足办刊宗旨，在杂志编辑出版、网络电视发展等方面有了新的进展。

《绿色中国》杂志 继续遵循“传播绿色理念，引领绿色时尚，倡导绿色消费，共创绿色财富”的宗旨，注重改进采编工作，提高杂志质量。

立足办刊宗旨，强练“内功” 一是《绿色中国》A版准确传达了党和国家关于绿色事业的决策、方针，及时反映国内外重大绿色信息和动态，交流建设绿色社会、创造绿色生活的活动；《绿色中国》B版以“绿色生活”为主题，每月选择一个方面，贴近生活、贴近百姓，介绍健康、环保、文明的生活方式，涉及衣、食、住、行等方面，图文并茂，受到读者欢迎。二是实行了主编负责制，加强采编管理。2008年绿色中国杂志社对采编部门实行了主编负责制，对人员进行了调整和充实，不断提高文字记者和摄影记者的水平，加强美编与审核工作，在质量方面有较大进步。在国家林业局宣传办对局主管期刊审读抽查中，差错率为万分之0.91，被列为唯一审读合格的期刊。

突出重点，加强林改宣传力度，全方位做好林业重点报道 ①继续集中报道集体林权制度改革大好形势和所取得的成效，派出记者深入一线采访，并及时安排篇幅对各地林改进行报道；②完成全国林业厅(局)长会议报道和抗冰雪灾害宣传工作。

落实科学发展观，宣传改革开放30年成果 ①继续围绕落实科学发展观和生态文明进行长篇专题报道和宣传，把生态文明作为重点组稿内容在杂志上重点宣传报道，10月编辑出版了《绿色金华》专辑。②以纪念改革开放30周年系列活动为切入点，对改革开放的历史进程进行系统、充分的回顾总结，分别派出记者对改革开发30年中代表性的区域、人物、事件进行专题采访。11月份，绿色中国杂志社与浙江省江山市市委共同组织开展了中央省市新闻媒体绿色江山行采风活动。③为纪念我国西北东北华北防护林工程建设30周年，开展了宣传三北防护林工程建设的专题活动。

“两会”期间专刊 2008年为迎接全国人民代表大会和全国政治协商会议的召开，《绿色中国》分别编辑了“两会”会议专刊，内容包括了对国家林业局贾治邦局长等“两会”人物的专访和林业生态文明建设专题，以宏观和微观的视角对林业建设全方位地做了介绍，使“两会”代表及委员能够人手一册《绿色中国》，对了解林业的发展和现状起到了宣传作用。这是《绿色中国》杂志继2004～2007年后第五次获准进入“两会”。

做好抗震救灾工作宣传 “5·12”汶川大地震发生后杂志社立即组织力量，从多渠道了解抗震救灾情况进展，从森林武警部队救灾到国家林业局捐助，再到国宝大熊猫救助，《绿色中国》以报道和文学的双重形式对抗震救灾中的英雄事迹给予了报道。

多种形式宣传绿色奥运 为迎接第二十九届北京奥林匹克运动会，宣传“绿色奥运”的理念，3月，绿色中国杂志社和浙江大学联合组织了2008迎奥运奥林匹亚文化之旅活动，前往希腊进行宣传活动，受到希腊市市长乔治·艾冬尼斯的会见；与此同时，开设绿色奥运栏目，对务林人为奥运所作的贡献给予报道。在奥运火炬传递的期间，杂志社专门派记者作为随行记者追踪报道火炬传递情况；对北京市园林局提前实现绿色奥运承诺的奥运花卉、奥运场馆绿化等方面进行了系列报道。

继续开展“绿色中国年度焦点人物”评选活动，宣传绿色事业中有突出成就的人物 2008年先后有江西省林业厅刘礼祖厅长、中国“蔬菜大王”王乐义等人推荐为候选人。

《绿色中国》网络电视 自2005年开通《绿色中国》网络电视以来，通过不断摸索，2008年《绿色中国》网络电视的内容越来越丰富，以生态建设为主题的宣传内容更加突出。

加强网络电视工作班子的组织建设 为加强《绿色中国》网络电视管理工作，2008年组建了总编室、节目中心、市场运营中心等工作班子。从中央电视台、中国传媒大学调入和招聘了一些专业人才，加强采编、播放力量，网络电视已拥有专职的制片人、编导、摄像和节目主持人。

确保舆论导向正确，努力提高自办节目质量 坚持正面宣传为主的方针，同时紧紧围绕国家大政方针和国家林业局及经研中心各个时期的中心工作，积极做好相关宣传报道工作；努力提高自办节目质量，挖掘新栏目，增加节目播出量和信息量。先后开通“全国地方新闻联播”、“天下华人”、“新闻会客厅”、“‘洋眼’看中国”、“新秀场”、“音乐非常时”等自办节目。

进一步完善网站建设基础工作，不断扩大网络电视观众 一是认真做好网站的维护和硬件保障，确保网络安全运行和观众收看；二是进一步搞好网络电视的制作与播出工作，确保网站视频和图文完整、清晰，实现了全年无政治事故和重大责任事故发生；三是进一步建立健全了工作岗位责任制度，重视网络电视团队的管理和培训，选派人员参加由国家广电总局举办的互联网视听节目服务管理培训班，不断提高人

员工作责任心和业务水平。

强强联合，拓展重点项目　一是新增了与全国市长培训中心合办“城市频道”。二是加强对网视联盟单位的指导工作。对现有各区域、行业及企业频道的辅导，让各个频道之间互通有无，相互借鉴成功的节目制作和运营经验，整体提升《绿色中国》网络电视频道的质量。树立榜样频道，为《绿色中国》网络电视的推广及有意加盟的企业提供一个可供参考的合作及运营模式。三是协助行业频道搞好频道的相关评选活动，借助活动扩大《绿色中国》网络电视的社会影响力。　（绿色中国杂志社）

国家林业局人才开发交流中心

【综　述】

创新人才服务理念，提升人才服务水平

理清林业人才培训工作思路　按照林业人才工作为国家林业局全局工作服务，为中国林业主战场服务这一基本宗旨，围绕国家林业局党组确定的2008年工作重点，有针对性地加强林业人才培训工作，为林业主战场输送各类急需的人才。

1. 配合集体林权制度改革，进一步规范和加强森林资产评估咨询人员的培训工作。①组织制定了《森林资源资产评估培训班监考人员工作守则》、《森林资源资产评估培训班考生须知》等规范性文件，严格培训班的考试纪律，保证培训能够取得实效。②继续加大森林资产评估咨询人员的培训力度，与中国资产评估协会联合举办了7期森林资源资产评估咨询人员培训班，累计培训1642人，考试合格1215人，不合格427人，合格率为74%，颁发证书1179本。

2. 突出重点，强化林业重点工程急需人才的培训工作。组织举办了林业重点工程资金管理和项目绩效考评培训班、退耕还林后续产业研讨班、森林生态效益补偿基金和公益林管理培训班、天保工程接续建设专题研讨班、重点国有林区和国有林场改革发展研讨班、林业项目规划编制及国库集中支付管理培训班、林业碳汇项目培训班等重点林业建设项目培训班，同时还为提高机关政务水平和基层技能鉴定工作能力举办了公务员英语强化提高班、公文写作与电子政务处理培训班、职业技能鉴定考评人员培训班、职业技能鉴定质量督导人员培训班等，全年共举办培训班40多期，培训各类专业技术人员3600多人次。

3. 首次承担国家林业局“653”工程培训项目——青海三江源自然保护区管理高级研修班。

初步组建各类林业行业人才库

1. 按照中共中央和国家林业局党组提高科学决策水平的要求，初步建立了林业高层次人才库，可以为国家重大林业决策提供高级人才咨询服务。2008年已经完成了首批入库的近200名高层次党政人才、专业技术人才和经营管理人才的筛选工作。

2. 初步建立和完善了高、中级林业产业人才库，充实了中国绿色人才网求职人才和全国林业院校毕业生信息库，补充和加强了林业行业职业技能鉴定考评人员和质量督导人员管理库，进一步完善了全国林业技能人才管理信息库。截至2008年底，林业人才中心掌握和直接联系的中、高级林业人才已经达到2000多名，有流动意向的人才近万人，林业行业职业技能鉴定考评人员达到1711人，职业技能鉴定质量督导人员达到55人。全国林业技能人才管理信息库入库人员已经达到13万多人。

3. 为配合集体林权制度改革，保证森林资源资产评估工作的开展，实现森林资源资产的正常流转，完成了森林资产评估专家库组建工作。林业人才中心对申报森林资源资产评估专家的全国2592人的材料进行了初审，初步建立了森林资源资产评估专家库，实现了人员信息化管理，保证了实际森林资产评估工作的开展。

以职业技能鉴定工作为抓手，规范和创新全国林业技能人才开发工作　2008年林业技能人才开发工作得到了继续加强。经国家林业局职业技能鉴定指导中心考核认证的林业技能人才总量达到13万人。

创新人才交流与留学人才资助等人才服务模式

1. 在继续规范局直属单位毕业生接收工作的同时，积极拓展为在京林业企业单位代理接收毕业生进京落户工作。①按照贾治邦局长2007年对于毕业生工作的批示精神，为规范毕业生接收工作，为国家林业局直属单位引进更优秀的毕业生，在国家林业局人教司的支持下，下发了《国家林业局在京直属单位高校毕业生接收工作规范(试行)》。②为了给在京林业企业单位引进人才提供便利，拓展林业毕业生就业渠道，林业人才中心继续为3家林业企业单位提供代理接收毕业生进京落户工作，全年代理接收20名毕业生，满足了林业企业引进高素质林业人才的需要。

2. 为林业院校大学生提供实习实训基地。林业人才中心响应国家的号召，2008年先后接收了5名大学生实习，建立了大学生实习实训基地，通过对在校大学生实习实践活动，使大学生了解和掌握如何推荐自己和寻找就业渠道的技能与方法。

3. 2008年2月和11月份分别组织召开了第二届、第三届林业产业发展与人才开发论坛暨林业院校毕业生就业洽谈会。有十几所林业院校就业主管部门的同志和十几家大中型民营林业企业的代表共100多人参加了会议，促进了林业企业人力资源开发工作，也为林业院校毕业生就业工作开辟了与民营林业企业的联系渠道。

4. 为林业企事业单位引进人才开展代理人才招聘和高级人才猎头服务项目。2008年代理招聘岗位达10多个，接受林业企业高级人才猎头服务项目多项。

5. 继续开展林业留学人才资助工作，为林业建设培养高层次人才。受理国家公派出国留学基金申请6人，录取1人。受理人事部留学回国人员科研资助项目申请37项，获得资助9项，资助金额38万元。对2008年度国家林业局出国和回国情况进行了统计上报。留学工作为局机关和事业单位开通了出国学习和进修的渠道，也为留学回国人员争取了开展项目的资助经费。

规范行政职能工作，提高人才保障支撑作用 为进一步规范和全面加强林业人才工作，2008年，林业人才中心对照清理了职业资格工作、培训工作和行政事业性收费等工作，进一步明确了职能任务，规范了相关业务与收费工作，提升了人才中心为林业重点工作服务的能力和水平。①协助国家林业局人教司组织召开了国家林业局直属单位干部人事档案工作会议，对第二批达标单位进行了表彰，同时对国家林业局直属30多家档案管理单位工作人员进行了档案业务培训。②部署安排了林业工程系列、会计经济系列、新闻出版系列职称申报与评审工作，全年受理林业系统职称评审200多人。③继续做好国家林业局机关及直属单位干部人事档案管理、因公出国政审、流动党员管理、人才工资教育机构编制信息等统计工作、毕业生接收、人事代理、人才交流、中国绿色人才网运行等大量的日常行政服务性工作，积极主动为国家林业局所属各单位和林业行业其他企事业单位提供优质高效的人才服务。

开拓创新，积极应对人才服务行业的激烈竞争 为了突出自身特色，更好地在人才服务行业中树立品牌，林业人才中心积极参与人才服务行业内的评比达标等活动，为国家林业局赢得了社会荣誉，为人才中心获得了应有地位。①积极申报参加北京市人事局、技术监督局联合组织的人才服务机构等级达标认证活动，通过AAA级认证，成为北京市首批通过认定的人才服务机构。②在100多家北京市人才服务机构中，当选为北京市人力资源服务行业协会副秘书长单位。③参加人力资源和社会保障部牵头组建的全国人才服务标准化技术委员会，参与审定了《人才交流会技术标准》、《人事档案管理技术标准》、《高级人才招聘服务标准》3个国家人才服务技术标准方案。④参与中央国家机关人才交流机构分会有关活动，参与发起成立中国人才联盟有关工作。

【“兴林之要，在于用人”】 2008年是林业人才中心成立10周年。7月24日，国家林业局党组书记、局长贾治邦接见林业人才中心领导班子，勉励林业人才中心全体同志继续加强人才服务工作，认真贯彻落实国家林业局党组人才强林战略，并亲笔给林业人才中心10周年题词：“兴林之要，在于用人”。

【职业技能鉴定】

1. 2008年林业技能人才培训与技能鉴定规模继续增长，全年参加林业行业特有工种职业技能鉴定并获国家职业资格证书的人数达到2.8万多人次，与2007年同期相比增加3000多人次。截至2008年底，经林业人才中心直接认证的林业技能人才总量已经达到13万多人次。

2. 为加强林业高技能人才培养，充分发挥林业企业和职业院校在高技能人才队伍建设中的作用，通过骨干示范作用带动和加快林业高技能人才队伍建设，2008年报经人力资源和社会保障部批准建立了第一批林业高技能人才培养示范基地。批准成立的第一批国家高技能人才培养示范基地两家，即广西生态工程职业技术学院和龙江森工集团。

3. 林业职业技能鉴定工作信息化水平进一步提高。①完成了13万人次的技能人才信息库、1100多人的考评人员和质量督导人员信息库建设工作。为全国林业技能人才的职业资格证书发放、管理、统计、上网、查询提供了方便。同时，进一步完善了分职业统计、分鉴定机构统计、分行政大区统计查询功能，便于及时准确地掌握全国林业技能鉴定工作情况。通过充实和完善林业技能鉴定考评人员和质量督导人员管理库，为准确掌握各林业职业技能鉴定站点考评人员队伍建设情况，及时增补和调配考评人员和质量督导人员提供了依据。②进一步规范了林业行业职业技能鉴定考务管理，推行了统一的国家职业技能鉴定考务管理系统。

4. 开展职业资格清理规范工作。按照国务院办公厅与人力资源和社会保障部的要求，对2006～2008年开展的各类林业职业资格活动情况，包括资格设置、资格类别、实施机构、资格相关培训、资格证书印制和发放等进行了全面细致的自查和清理规范工作，并提出了职业资格清理处理意见及关于2008年及以后林业职业资格规范发展的建设性意见，为进一步规范职业资格相关活动行为，提高林业职业技能鉴定的工作质量奠定了基础。

5. 开展林业技能竞赛和技能大奖、技术能手推荐表彰工作，创新高技能人才激励机制。①根据原劳动和社会保障部《关于推荐第九届中华技能大奖全国技术能手候选人和国家技能人才培育突出贡献奖候选单位的通知》要求，2008 年向劳动和社会保障部组织推荐了第九届全国技术能手候选人 3 名，中华技能大奖候选人 2 名。经过严格的评选，黑龙江省兴隆林业局松江贮木厂邬玉华、黑龙江省林口林业局贮木加工厂刘淑兰、内蒙古森工集团莫尔道嘎森林工业有限公司贮木场高慧玲等 3 名同志被评为全国技术能手。②配合有关行业组织、社团和大型林业企业集团，积极开展林业技能竞赛，推动行业技能水平的整体提高。2008 年配合陕西省花店业协会举办了第三届插花花艺大赛，并为参赛的获奖选手颁发插花员职业资格证书；配合吉林森工集团开展森工企业生产岗位技能竞赛，竞赛分企业（厂、场）、林业局、集团公司三级逐级进行，为 235 名参加集团总赛的获奖选手定级、晋级颁发了职业资格证书。

（国家林业局人才开发交流中心由何乐观供稿）

中国林业科学研究院

【综　述】 2008 年是中国林科院建院 50 周年，院庆系列活动的全面开展进一步提高了中国林科院的地位和影响力。一年来，全院深入开展学习实践科学发展观活动，着力提升科技自主创新能力，全面服务现代林业发展大局，各项事业取得了可喜成绩。

服务林业全局工作进一步加强。积极参与科技救灾工作，累计派出科技考察服务组 24 个，专家 200 余人次。实施了 4 省 5 县科技服务林改示范点建设，专项安排了 240 万元资金。努力推进亚太森林恢复和可持续管理网络信息中心暨网站建设，积极组织专家参与外交部、国家发改委、国家林业局等部委牵头的国际履约谈判等活动。全力参与重大林业科技咨询活动，完成了国家林业局林业与碳汇等领域的科技咨询工作。

林业科技自主创新成效显著。全面参与和积极组织国家各类科技计划项目立项和申报工作，新增国家纵向科研计划项目（课题）102 项。特别是新增“973”计划项目 1 项、科技支撑计划项目 2 项。完成验收和结题项目 263 项，认定、鉴定科技成果 42 项，发表学术论文 1112 篇，其中 SCI/EI 收录 95 篇。出版科技专（译）著 39 部，获授权专利 58 项，获新品种授权 47 项。

人才队伍建设和研究生教育快速推进。完成了全员岗位设置与聘用工作，全院按岗聘用 2800 余人。加强了领导干部队伍建设。启动了海外创新团队建设工作，加大了人才交流和引进的力度。2008 年引进人才 64 名，其中：博士 27 名，硕士 22 名；接收进站博士后 21 人；录取博士研究生 90 人，硕士研究生 130 人。新增博士生导师 8 人、硕士生导师 18 人。

国际国内合作与交流深入拓展。签署了 3 个院级国际合作协议，首次与瑞典农业大学签订了联合培养研究生合作协议。全年共主办、承办和协办森林景观生态与森林经营等共 12 次国际会议和研修班，新增 3 项科技部重大国际合作项目，共有 260 多人次出国开会、考察、讲学、进修、合作研究等，接待外宾达 550 多人次。院省合作签约省份达到 20 个，联合共建机构达到 11 个。

条件平台建设进一步强化。全院有 20 项基本建设和财政修购项目通过竣工验收，生物质化学利用国家工程实验室建设获得国家发改委批准；依托亚林所成立的国家油茶科学中心启动；依托亚林所组建的国家林业局经济林产品质量检验检测中心（杭州）获得授权证书。

在党建和院所文化建设中深入学习实践科学发展观活动取得明显成效。荣获北京市公安局 2008 年度暨“奥运安保”集体嘉奖，在连续 19 年获得中央国家机关和首都文明单位的基础上，中国林科院又连续 3 年获得中央国家机关文明单位标兵称号，并首次获得首都文明单位标兵称号。被评为北京市科普教育基地。

【中国林科院建院 50 周年庆祝大会】 2008 年 10 月 27 日在中国林科院举行。中央政治局委员、国务院副总理回良玉发来贺信。全国人大常委会副委员长路甬祥、乌云其木格，全国政协副主席张榕明、厉无畏、罗富和及第十届全国政协副主席徐匡迪等 80 多位领导、专家为建院 50 周年题词。来自部分国际组织以及各级党政部门和国内外科研院所、高等院校、企业、社会团体的 600 多个单位与个人发来了贺电、贺信。

全国政协副主席罗富和出席会议并作重要讲话。国家林业局局长贾治邦出席庆典并致贺词。国家林业局副局长李育材主持大会。国家林业局党组成员、中央纪委驻局纪检组组长杨继平宣读了回良玉副总理的贺信。张守攻院长在致辞中表示，将秉承老一辈科学家的优良传统，进一步弘扬求实创新的科学精神，带领全院科技人员在新的历史征程中再创辉煌。国际林联主席李敦求、东北林大校长杨传平，第九、十届全国人大常委，中国工程院院士、中国林科院首席科学家王涛代表国外来宾、国内来宾、中国林科院科技人员分别致辞。

科技部副部长张来武，中国工程院副院长旭日干，国家自然科学基金委员会副主任何鸣鸿，全国政协人资环委副主任、国家林业局原党组成员、中国林科院原院长江泽慧，环境保护部总工程师万本太以及有关单位的负责人，中国林科院历任院长、院士、国务院参事在主席台就坐。中央国家机关有关部委，部分地方政府和林业主管部门，国家林业局各司(局)、各直属单位，相关科研院所和高等院校，北京市相关单位及中国林科院周边单位的领导和代表，以及来自多个国际组织和几十个国家的国际友人，中国林科院院领导，各所、中心、联合共建单位的党政负责人、首席科学家和授奖代表等，共计600余人出席庆祝大会。庆祝大会后，罗富和等领导参观了中国林科院建院50周年科技成就展。

【中国林科院庆祝建院50周年系列学术活动】 系列学术活动从2008年5月始至12月10日，历时7个月，举办了网络资源共建共享与现代林业建设，退化湿地恢复技术，全国商品林木材高效利用技术，活性炭、促进橡胶木加工技术在亚太地区推广等研讨会以及森林保护学术论坛暨森林保护学科建立50周年纪念会等12场院庆系列学术研讨活动，活动涉及信息资源、生态建设、良种选育、森林保护、木材利用、林产化学等10多个领域(方向)。共有177人次以特邀报告、主题报告、学术报告和会议交流等形式在会议上发言，来自国内外各个领域的专家、学者和相关领导1152人次分别参加了不同场次的专题研讨。

【中国林科院庆祝建院50周年活动】 2008年6月12日，中国林科院"迎奥运，迎院庆"职工运动会在院举行。京区10个代表队742人次参加，运动项目有福娃传递、运球跳绳接力、提重物接力等集体项目和铅球、踢毽、飞标、地靶投篮等个人项目比赛，并决出了前三名获奖集体和个人。

9月23日，中国林科院庆祝建院50周年书画、摄影作品展在院开幕。共征集书画作品145幅，摄影作品294幅。参与创作书画作品有53人，摄影作品有45人，是中国林科院建院以来参与人数以及展出作品最多的一届。

9月27日，中国林科院庆祝建院50周年第七届合唱节在院举行，来自中国林科院京区各所、中心和部门组成的11支队伍用歌声歌颂党和祖国，歌唱中国林科院走过的50年光辉历程。张守攻院长、国家林业局直属机关党委常务副书记张希武出席并讲话。院领导、院京区职工800多人参加了活动。合唱节评出了特别奖、一等奖、二等奖、三等奖和优秀奖。

【中国林科院庆祝建院50周年文艺晚会】 2008年10月27日晚在中国林科院举行。国家林业局副局长张建龙，国际林联主席李敦求，国家林业局国际合作司、局直属机关党委、工会、局机关服务局以及中国林科院领导观看演出。我国著名朗诵艺术家、著名相声演员，空政歌舞团、中国杂技团、内蒙古歌舞团、中国铁路文工团的演员，中国林科院友邻总参三部前哨艺术团，军事科学院、国防大学女子军乐队，中国林科院森林之声艺术团、幼儿园、老专家、女干部、留学回国人员、青年科技人员、研究生演员代表，以精湛的表演，奉献了一场精彩的演出。

【中国林科院2008年工作会议】 2008年2月18日在中国林科院举行。国家林业局副局长李育材出席开幕式，并在讲话中充分肯定了中国林科院工作，希望中国林科院以改革为动力，牢记国家队的定位，始终抓住自主创新这个根本，坚持人才强院战略，繁荣院所文化，创造更加优异的成绩。科技部政策法规与体制改革司副司长李普也在会上讲话。张守攻院长作题为《弘扬科学精神，强化自主创新，为生态文明建设提供强大动力》的工作报告。报告总结了2007年工作，指出了当前和今后一段时间中国林科院工作的总体要求，重点把握的四个方面原则，强调了2008年全院要重点抓好的五项工作。

会议期间，2月18日，举行了院省合作项目签字仪式。李育材出席签字仪式。局科技司司长张永利主持签字仪式并讲话。森环森保所所长肖文发与新疆分院院长崔培毅签署北疆生境本底调查与生态系统观测体系构建合作项目协议书，林业所所长孟平分别与内蒙古分院副院长张文军、小陇山实验管理局副局长何建平、民勤治沙站站长赵明签署了呼伦贝尔"林－草－沙"过渡带自然修复过程观测研究、云杉属种质资源收集和分子进化研究、中国主要沙生植物调查与沙生植物图鉴编撰项目合作协议书。

会议期间，2月19日，召开了中国林科院2008年党建暨政研会年会，中国林科院分党组书记张守攻院长主持会议。中国林科院分党组常务副书记、副院长、京区党委书记李向阳代表院分党组作题为《以改革创新精神加强党建和精神文明建设，为我院又好又快发展提供思想政治保障》工作报告。监察部驻国家林业局监察局副局长严晓凌等出席会议并讲话。

【3项成果获国家科技进步奖】 由中国工程院院士、中国林科院首席科学家王涛研究员主持的社会林业工程创新体系的建立与实施，中国工程院院士、中国林科院首席科学家宋湛谦研究员主持的松香松节油结构稳定化及深加工利用技术，亚林所首席专家姚小华研究员主持的油茶高产品种选育与丰产栽培技术及推广共3项成果获2008年度国家科技进步奖二等奖。

【中国林科院重大成果奖、首届杰出青年奖】 2008年10月27日，颁奖仪式在中国林科院建院50周年庆祝大会上举行。中国林科院获得过国家科技进步特等奖、一等奖的项目主持人王涛、黄铨、花晓梅、洪菊生、许煌灿5人获得中国林科院重大成果奖，王春鹏、周旭东、吴波、王小艺、甘四明、陈尔学6人被评为中国林科院首届杰出青年。

【国家林业局局长贾治邦考察中国林科院】 2008年1月4日，国家林业局局长贾治邦到中国林科院慰问林业科技工作者，并就科技和教育进一步支撑林业改革发展进行调研。在听取了张守攻院长的汇报和专家建议后，贾治邦充分肯定了中国林科院多年来为林业科技作出的贡献，并要求要重视人才培养，通过建立实验室和研究中心、完善推广体系、合作办学等方式，加强高级人才和基层人才的培养。要重视研究领域和力量的调整，开展森林经营等多方面的研究，更好地适应林业发展的需求。贾治邦还参观了森环森保所林业微生物菌库、害虫生物防治实验室和林业所林木种苗培育实验室。

【国家林业局局长贾治邦考察林化所】 2008年10月23日，国家林业局局长贾治邦等到中国林科院林化所考察指导。在参观了林化所的所容所貌和林产化工科技陈列厅，听取了汇报后，贾治邦充分肯定了林化所取得的科研成果和为行业进步作出的贡献，并希望林化所研究项目要面向生产力、面向市场，要切实把握林业发展需求，要加强人才培养与高水平人才的引进，要加强林业科技为林业发展的支撑作用，加强基础设施条件的建设，充分发挥科技与人才的优势，为林业产业发展作出更大贡献。

【高举生态文明大旗，加快建设现代林业座谈会】 2008年1月31日在中国林科院召开。国家林业局副局长李育材出席会议并强调：中国林科院是林业科研的国家队，要全力提高自主创新能力，积极承担国家林业发展和生态建设重大战略性、基础性、前瞻性科研任务；要充分发挥全院科技、人才、信息等资源优势，面向基层，服务"三农"；要充分发挥中国林科院在林业生态建设中的支撑作用，在林业产业发展中的引领作用，在推进林业科技自主创新中的骨干作用，在新农村建设中的示范作用，为生态文明建设提供全方位的科技支撑。张守攻院长主持会议。来自国家林业局科技司、宣传办，北林大，中国林学会，中国绿色时报社和中国林科院的相关院士、专家、教授出席会议，并开展了分析与讨论，为开拓生态文明建设思路及中国林科院2008年工作的主攻目标指明了方向。

【国家林业局副局长祝列克考察中国林科院】 2008年6月30日，国家林业局副局长祝列克在局计资司、科技司领导陪同下，到中国林科院考察院区基本建设项目执行情况。在考察了中国林科院刚完工的重点开放实验楼，图书馆项目和森环森保所扩建项目现场，木工所国家人造板质量检测中心、重点实验室和木材标本室以及职工食堂，听取了金旻副院长代表中国林科院所作的全面工作汇报和计划财务工作总体情况与院基建项目情况的汇报后，祝列克充分肯定了中国林科院建设和发展取得的成绩，并对中国林科院计划财务和基本建设提出要求：进一步加强基础建设，提高应用研究的效率，扩大成果的应用、扩大生产力。

【国家林业局副局长张建龙慰问中国林科院劳模、专家和困难职工】 2008年1月31日，国家林业局副局长张建龙等到中国林科院，代表局党组亲切慰问了全国劳模、部分院士、专家以及困难职工代表，送上了节日慰问品和困难补助金，并听取了专家对林业发展提出的许多建设性意见。

【国家林业局党组成员孙扎根到中国林科院调研】 2008年6月16日，国家林业局党组成员、人教司司长孙扎根到中国林科院，调研人才培养使用工作情况。在听取汇报后，他充分肯定了中国林科院人才培养工作，希望中国林科院落实人才强院各项措施，深入推进人才工作，并表示人教司将继续给予全力支持。

【中国林科院2008年学位授予典礼】 2008年7月18日，授予典礼在中国林科院举行。国家林业局党组成员、人教司司长孙扎根，中国林科院学位委员会主席、首席科学家张守攻院长先后讲话。学位获得者及研究生导师代表发言。会上宣读了中国林科院第七届学位评定委员会第一次会议审核通过的学位获得者名单，为学位获得者及出站博士后颁发了证书。国家林业局人教司、科技司以及中国林科院领导出席典礼。储富祥副院长主持典礼。第七届学位评定委员会委员、毕业研究生指导教师及所、中心负责人和研究生院领导、中国林科院相关职能部门负责人及全体毕业研究生、部分在校研究生参加典礼。

【中国林科院首批高层次人才工作交流协议】 2008年12月1日、2日，交流协议签字仪式先后在热林中心、亚林中心举行。刘世荣副院长对交流专家及其交流工作单位提出希望和要求。交流到热林中心的森环森保所、热林所、资源所3位专家，交流到亚林中心的亚林所1位专家分别与中心负责人在协议书上签字。

【与浙江省政府签订新一轮林业科技合作协议】 2008年6月26日，浙江省政府与中国林科院新一轮林业科技合作协议在浙江省第五届林业科技周开幕式上签订。浙江省茅临生副省长与张守攻院长代表双方签署合作协议。新一轮省院林业科技合作执行时间为2009 ~2013年，重点体现在五个方面：保障浙江国土安全、生态安全、提高生活品质的森林优化建设技术领域；浙江竹木开发研究领域；花卉种苗产业提升工程；商品林基地高效培育与多功能利用领域；森林资源生物与化学利用领域。双方同意：以中国林科院科技力量为依托，由浙江省林科院和中国林科院亚林所、竹子研究开发中心共建中国林科院浙江林业研究中心；每年在浙江举办一届浙江省林业科技周和省院科技合作洽谈会。

【与湖北省签订全面科技合作协议，为中国林科院海西分院授牌】 2008年10月27日，湖北省政府与中国林科院全面科技合作协议签字仪式和中国林科院海西分院授牌仪式在中国林科院举行。湖北省委常委、副省长汤涛，中国林科院院长张守攻分别代表双方在合作协议书上签字并讲话。国家林业局副局长张建龙、福建省林业厅副厅长兰思仁分别致辞。国家林业局人教司副司长杨连清宣读了国家林业局关于同意成立中国林科院海西分院的批复，张守攻向中国林科院海西分院万泉院长授牌。湖北省林业局祝金水局长和储富祥副院长签署了湖北省林业局中国林科院全面科技合作首批示范项目协议书。湖北省林业局、福建省林业厅、湖北省林科院以及中国林科院海西分院等有关负责人出席仪式。

【中国林科院海西分院揭牌】 2008年11月28日，揭牌仪式暨福建省林科院建院50周年庆典活动在福州举行。原林业部副部长刘于鹤、福建省政协副主席叶继革、原福建省人大常委会副主任曹德淦、中国林科院院长张守攻出席庆典活动并共同为海西分院揭牌。福建省林业厅厅长吴志明、国家林业局科技中心副主任李兴、中国林科院院长张守攻和福建林科院院长万泉分别致辞。庆典活动上还宣读了国家林业局局长贾治邦等领导的贺信，庆典活动由福建省林业厅副厅长兰思仁主持。参加活动的领导和来宾共同种植了海峡两岸纪念树。中国林科院亚林所以及科技处、人教处、院办负责人参加了分院揭牌仪式。

【海峡西岸现代林业发展战略研究与规划项目通过评审】 2008年12月22日，由中国林科院和福建省政府共同组织开展的海峡西岸现代林业发展战略研究与规划经过两年的攻关研究，完成预定任务，并通过专家评审。国家林业局副局长李育材，全国政协人资环委副主任、项目领导小组组长江泽慧，福建省政协副主席陈家骅等出席会议并分别讲话。由中国科学院、中国工程院、中农办、国务院研究室、国务院参事室、国家发改委、财政部、科技部、国家林业局、福建省、中国林科院、北林大、国际竹藤网络中心等有关部门和单位的院士、专家组成的专家组，通过听取汇报、评议，认为海峡西岸现代林业发展战略研究与规划是一项理论与实践，宏观与微观相结合的多学科交叉，涉及面广的系统性、综合性的研究项目，该项目取得的研究成果，在理论和实践上有创新、有发展，是我国林业科学研究支撑现代林业发展规划的创新成果。李育材希望福建各级林业部门充分运用好这一项目研究的成果，继续加强体制创新、机制创新、政策创新，不断用新的理论指导新的实践，推动全省林业又好又快的向前发展，为海峡两岸同胞的福祉作出贡献。

【中国林科院林权改革研究中心成立】 2008年8月7日，成立仪式在中国林科院举行。张守攻院长揭牌并在讲话中强调，林权改革研究中心要充分发挥中国林科院多学科优势，紧紧围绕国家林业局关于林权制度改革的工作部署，在林权改革的理论支撑、配套政策、动态跟踪和评价、分类指导、国有林场与国有林区林权改革等领域开展深入地研究，同时借鉴林业发达国家的经验，为我国集体林权制度改革切实做好决策咨询和服务。金旻副院长主持仪式，分党组纪检组组长陈幸良宣读成立决定。

【与浙江江山、辽宁本溪、江西武宁分别签署科技服务林改合作协议】 2008年3月21日，中国林科院、浙江省林业厅与浙江省江山市政府在江山市举行科技服务林改签约仪式。全国政协委员、浙江省林业厅副厅长吴鸿主持仪式，储富祥副院长代表中国林科院授予江山市中国林科院综合试验示范基地(江山)牌匾，与江山市市长陈锦标分别致辞，并代表双方签署合作协议。中国林科院亚林所、江山市林业局、保安乡等3个乡镇、茶之语公司分别就林业科技全面合作、毛竹高效培育、油茶低产林改造、高产生物质用材林培育、油茶综合利用等签署了合作协议。仪式后，举行了科技服务林改江山试点工作座谈会和科技下乡系列活动。

2008年5月9日，中国林科院、辽宁省林业厅与辽宁省本溪市政府在本溪举行科技服务林改签约仪式。辽宁省林业厅副厅长侯喜丰主持仪式，刘世荣副院长代表中国林科院授予本溪市林业局中国林科院科技服务林改本溪示范基地牌匾，并与本溪市副市长刘向阳分别致辞。本溪市林业局局长匡清华、资源所副所长李增元签署科技服务林改合作协议。随后举行了科技服务林改本溪试点工作座谈会。

2008年11月11日，中国林科院江西省武宁县政府科技服务林改合作协议签字仪式在江西省武宁县举行。中国林科院分党组成员、纪检组组长陈幸良代表中国林科院授予武宁县中国林科院科技服务林改示范基地牌匾，并与武宁县县长沈阳在签字仪式上分别讲话。随后，双方座谈了即将开展的油茶新品种示范、示范点的林权制度改革成效评估与评价等科技支撑工作，并考察和选取了毛竹和油茶示范点和样地。江西省林业厅科技处、武宁县、县林业局等领导以及中国林科院森环森保所、亚林所、资源所、亚林中心负责人参加签字仪式。

【中国林科院硕士专业学位研究生湖南教学点】 2008年5月9日，张守攻院长与湖南环境生物职业技术学院陈剑旄院长分别代表双方在中国林科院签署了中国林科院湖南环境生物职业技术学院硕士专业学位研究生教学点协议书。根据协议，双方将在农业推广和风景园林两个硕士专业学位上，共同完成招生、培养和论文答辩工作。该协议旨在落实湖南省政府与中国林科院签订的全面科技合作协议精神。

【国家油茶科学中心启动暨油茶科技创新工作研讨会】 2008年12月15～16日在南昌举行。国家油茶科学中心主任张守攻院长，江西省林业厅副厅长龙远飞以及国家林业局科技司有关处负责人出席会议并讲话。张守攻向国家油茶科学中心的7个核心实验室授牌，并在讲话中强调，中心将实行主任领导下的主任委员会负责制，坚持对内、对外开放，共享共赢的原则，广泛吸收相关研发、生产、推广和加工单位参与，吸引各方优秀科技人才参与中心工作，使其成为国家油茶科技创新中心、油茶科技成果转化中心、油茶产业发展信息中心和培训中心，为促进油茶产业又好又快发展提供强有力的科技支撑。储富祥副院长主持启动会。中国林科院亚林所、林化所，哈尔滨林机所、亚林中心和科技处、人事处负责人以及江西、广西、湖北省林科院和中南林业科技大学的领导和专家参加了会议。与会人员参观了江西高产油茶示范林基地。

【中国(毕节)石漠化治理与生态文明高层论坛】 2008年6月9日在贵州毕节举行。论坛旨在纪念国务院批复成立毕节“开发扶贫、生态建设”试验区20周年，交流研讨石漠化治理与生态文明建设的理论与实践问题，为我国石漠化生态脆弱地区经济社会可持续发展建言献策。全国人大常委会副委员长、民进中央主席严隽琪，全国政协副主席、民进中央常务副主席罗富和，国家林业局党组成员、中央纪委驻局纪检组组长杨继平，国家林业局副局长祝列克出席论坛并讲话。高层论坛由民进中央、国家林业局、贵州省政府联合举办。中国林科院是承办单位之一，张守攻院长主持主题演讲。

【中国农村林业改革与发展专家论坛】 2008年12月30日由中国林科院在北京举办。论坛旨在深入贯彻落实中央10号文件。院领导陈幸良研究员，中国工程院院士王涛研究员，国务院研究室原副主任杨雍哲研究员等出席会议并分别讲话。国务院发展研究中心，国家林业局政法司、林改办，北京大学环境学院，中国林科院科信所等单位的领导和专家学者出席会议，并围绕集体林经营管理、合作组织、政府扶持、科技服务等农村林业改革与发展中的政策制度等问题广泛交换意见，探求对策，共谋发展。中国林科院职能部门有关负责人和科信所及其他兄弟所相关专家参加会议。

【甘肃省河西走廊星火产业带建设专家顾问组第二次会议】 2008年1月2日在北京召开。专家顾问组组长、中国林科院院长张守攻等来自不同领域的近20位专家从建立专家沟通机制、发挥专家顾问组咨询决策作用及河西走廊产业布局、优势产业培育、农产品开发、草业发展、水资源利用等提出了建设性的意见和建议。甘肃省省长助理郝远主持会议，甘肃省科技厅厅长张天理在会上汇报了河西走廊星火产业带建设总体情况及下一步工作安排。

【应对全球变化的林业科学研究国际研讨会】 2008年10月27～28日在中国林科院召开。国家林业局副局长李育材、国际林联主席李敦求、中国林科院院长张守攻出席开幕式并致辞。李育材希望，研讨会为应对全球变化的林业科学研究提出很多前瞻性和战略性的结论、建议为各国政府应对全球变化提供科学的决策参考。李敦求希望，国际林联和中国林科院深化合作，加强信息交流。张守攻表示，中国林科院要以新的姿态加强林业科学研究，加强国际合作，积极应对全球变化，促进人与自然和谐发展。12位国际组织行政首脑、9位国家级林业科研院所的院所长、9位著名大学林学院院长和30多位国际知名的林业专家和学者应邀参加研讨会。研讨会分4个专题，分别由国际林联主席李敦求，马来西亚林业研究所所长拉迪夫，加拿大阿尔伯塔大学农业、生命和环境科学学院院长肯尼里，美国华盛顿大学林学院院长拜尔主持。国际热带木材组织执行主任梅卡、联合国防治荒漠化公约副执行秘书卡尔布梅特、国际木材科学院院长彼尔、国际竹藤组织总干事古珍等17位专家作专题报告。

【《郑万钧专集》首发式暨郑万钧塑像揭彩仪式】 2008年12月18日在中国林科院举行。国家林业局李育材副局长出席，与张守攻院长在首发式上讲话，并共同为郑万钧塑像揭彩。南林大副校长叶国英等代表郑万钧曾工作过的单位、学生、家属出席并在首发式上分别发言。中国林科院部分首席科学家、京区各所领导、院部有关处室的负责人以及《郑万钧专集》部分编委和编辑部成员参加仪式。金旻副院长主持仪式。

《郑万钧专集》由原林业部副部长、中国林科院原院长刘于鹤担任名誉主编，院长张守攻研究员担任主编，南林大校长余世袁教授、副院长金旻研究员担任副主编，王明庥院士、冯宗炜院士、蒋有绪院士等来自中国林科院、南林大、中国林学会的领导和专家共15人组成编委会。该专集由三篇组成，上篇研究郑万钧一生的学术成就和林业学术思想，评析《中国植物志》第七卷(裸子植物门)、《中国树木志》等4部学术巨著。中篇精选郑万钧中外文学术论文45篇。下篇有16篇忆文。国家林业局贾治邦局长为专集题写了书名，吴征镒院士撰写了序言，全国人大常委会副委员长、中国科学院院长路甬祥院士，中国工程院原副院长卢良恕院士，中国科学院原常务副院长孙鸿烈院士，中国生态学会名誉理事长阳含熙院士，原林业部副部长梁昌武、国家林业局副局长李育材等领导和专家为专集题词。该专集共112万字，2008年10月由科学出版社出版。

郑万钧塑像坐落在中国林科院雪松园内，为半身像，青铜铸造，高1米；基座为不锈钢烤漆，高1.65米；整体高2.65米。正面蚀刻郑万均主编的《中国树木志》等4部巨著造型，背面刻有郑万均简历。

【北京林机所建所50周年】 2008年10月16日，北京林机所建所50周年。50年来，北京林机所推动了我国林业机械，尤其是人造板机械和木材加工机械技术的进步和产业发展。回归中国林科院以后，紧密围绕我国林业生态和产业建设的需要，积极开展先进林木机械的科学研究、技术开发、产品设计、成果转化等科研工作，取得了一系列处于国内领先水平的技术成果。全所累计完成科研成果60余项，其中，获得国家级科技进步奖2项、省部级科技进步奖9项，获得国家专利13项，完成企业委托科研成果30余项，发表科技论文300余篇，近80%的科技成果通过转让、合作等方式实现了转化。

【亚太林业研究组织协会执行主任访问中国林科院】 2008年9月26日，张守攻院长会见了亚太林业研究组织协会执行主任沈旭初先生，并表示，中国林科院将积极参与亚太林业研究组织协会活动，希望亚太林业研究组织协会在亚太区域森林可持续经营方面发挥更大的技术支持作用。沈旭初对中国林科院为2007年在云南双方共同举办的林业传统知识国际研讨会所作的贡献表示感谢，并介绍了即将召开的有关会议。双方回顾了近年来的合作，初步探讨了有关议题。

【中加林业科技合作协议】 2008年10月27日，合作协议签字仪式在中国林科院举行。国家林业局副局长张建龙出席仪式。张守攻院长与加拿大林产品创新研究院院长、首席执行官罗西股签署中国林科院与加拿大林产品创新研究院科技合作协议。根据协议，双方将在森林经营、木材资源品质鉴定、利用可再生资源建造建筑物、林产品贸易与市场4个领域开展有利于双方专业技能发展的合作。中国林科院资源昆虫研究所陈晓鸣所长与加拿大阿尔伯塔大学农业、生命与环境科学学院约翰·青内利院长，加拿大阿尔伯塔大学益客(ECO)基金会王家璜教授分别代表三方签署合作意向书。国家林业局科技司、人教司，加拿大林产品创新研究院、林产品技术研究所、加拿大阿尔伯塔省研究理事会林产品处负责人以及中国林科院领导和有关单位负责人参加签字仪式。

【中国林科院国际合作创新团队首次聘任海外成员】 2008年10月28日，中国林科院国际合作创新团队座谈会暨海外成员授予仪式在北京举行。张守攻院长向来自美国、加拿大和澳大利亚等国家的10位中国林科院国际合作创新团队海外成员颁发了聘书并提出了希望。受聘的10位海外专家分别就在各自研究领域开展的工作作了报告，畅谈了创新团队的工作计划和预期将取得的科研成果。

（中国林业科学研究院由王秋丽、林泽攀供稿）

国家林业局调查规划设计院

【综　述】 2008年，规划院共承担各类生产、科研任务490多项，其中国家林业局各司(局)下达的指令性任务50余项。

各类资源调查监测工作　2008年，全院主要承担了包括森林资源清查、退耕还林工程阶段性验收、雨雪冰冻及地震灾害森林资源损失调查评估、野生动植物专项调查、第二次全国湿地资源调查、全国荒漠化沙化监测、沙尘暴监测与评估等多次资源监测任务，为国家林业宏观决策提供科学依据。

全国森林资源清查　2008年是全国第七次森林资源清查的最后一年。①按照《第七次全国森林资源清查汇总实施方案》，完成了14个区域和专项森林资源分析方案的编写，开始了全国森林资源初步汇总分析。②组织了内蒙古自治区森林资源清查技术指导、质量检查和统计分析，并完成天津市2007年森林资源清查统计分析与成果编制工作。③积极做好第八次全国森林资源清查的准备工作，研究制定了《第八次全国森林资源清查实施方案》、《森林资源清查定点监测技术准则》，进一步修订完善《国家森林资源清查技术规定》，并完成2009年清查项目申报工作。

为林业抗击自然灾害、恢复重建工作提供技术支持和服务　2008年上半年，我国相继遭受了历史罕见的雨雪冰冻灾害和特大地震灾害，全院及时调整工作重点，加强技术力量，加大人力物力投入，运用先进技术和手段，全力投入林业抗灾救灾、恢复重建工作之中。①结合灾区森林资源状况，制作全国积雪覆盖影像图、雨雪冰冻灾害区域动态监测图、典型地区灾前灾后遥感影像对比图等，为国家林业局新闻发布会提供翔实的材料。②利用“3S”技术手段，快速评估森林资源损失，完成了《雨雪冰冻灾害森林资源损失初步评估报告》的编写。③参与《雨雪冰冻灾害森林资源损失调查评估实施方案》的制定和技术指导，全面掌握森林资源灾情和损失情况，分析评价灾害对森林生态状况和功能的影响，为科学制定灾后重建规划、开展恢复重建工作奠定了坚实的基础。④完成了雨雪冰冻灾害森林资源典型区域调查分析并参与调查评估汇总分析工作，通过深入剖析不同森林类型、经营措施、自然环境等条件下的森林资源受灾影响程度，有针对性地提出森林资源科学经营建议。⑤做好地震灾害森林资源损失评估工作。地震灾害发生后，全院立即收集卫星遥感、基础地理信息数据资料，研究制定了灾情评估的内容、方法、标准和指标，编制完成《地震灾害森林资源损失评估报告》。⑥在局计资司等有关司(局)的指导下，完成了《全国雨雪冰冻灾后林业生态恢复与重建规划》以及涉及林业、环保、农业、水利系统的《汶川地震灾后生态修复专项规划》的编制工作，得到了国务院和局领导的好评。

退耕还林阶段性重点验收　按照国家林业局的统一部署和要求，承担并完成了黑龙江、吉林、辽宁等8个省(区、市)、405个县、29 960个小班的重点验收任务，验收退耕还林面积10.65万公顷。

全国荒漠化沙化监测、沙尘暴监测与灾害评估　为做好第四次全国荒漠化和沙化监测工作的前期技术准备，修订完善了《全国荒漠化和沙化监测技术规定》，编制了《第四次全国荒漠化和沙化监测工作方案》，并应用环境、气象卫星和地面观测数据，以地理信息系统为手段，对沙尘暴和全国陆地干湿状况、全国植被长势进行实时跟踪监测。2008年向局领导上报监测简报12期，提供有关沙尘信息400余条，为有关决策部门提供监测简报48期。

野生动植物和湿地资源监测　按照局保护司和湿地办的要求，全年继续开展了国际狩猎场盘羊资源、黑琴鸡、珍稀杜鹃等13个野生动植物专项调查，对陕西和四川大熊猫野外监测试点全程进行外业指导和检查监督。同时，还加强了全国示范自然保护区建设技术支撑工作，举办两次《林业示范自然保护区建设实施方案指南》编写技术培训，对全国第二次湿地资源调查技术规程进行修订。

全国性重点规划编制　全院始终把承担完成全国性重点规划任务作为工作的重中之中，精心组织，全力投入，确保各项重点规划高质量完成。《全国森林防火中长期发展规划(2008～2015)》已完成，待国务院审批；《全国林业发展区划》、《全国矿区植被保护与生态恢复工程规划》的编制已接近尾声；《全国林地保护利用规划(2008～2020)》已完成5个规划专题研究和规划纲要文本，这是2008年国家林业局唯一列入国务院审批的专项规划。完成了《全国雨雪冰冻灾后林业生态恢复与重建规划》、《汶川地震灾后生态修复专项规划》的编制工作。为国家抗震救灾、灾区林业重建工作提供了优质的服务和保障。

编制完成了《全国极小种群野生植物拯救保护实施方案》、《全国极度濒危野生动物保护实施方案》和《全国林业示范自然保护区实施方案编写指南》3项全国野生动植物规划编制任务。

林业信息化建设和电子政务

为林业信息化建设提供强有力技术支撑　2008年，全院先后承担了多项涉及全国林业信息化建设的重大项目。《全国森林资源数据库试点示范扩建项目》工作一期已完成，二期工程正在实施；《自然资源和地理空间基础信息库项目》可行性研究报告和初步设计的编制工作已完成，积极推进林业分中心建设；参与编制的《全国林业信息化建设纲要》及《全国林业信息化建设技术指南》已通过专家评审。

为局政府网站的功能开发与规范管理提供保障　充分发挥网站和网络电视的媒体作用，发布林业政策和信息，实现政务信息公开，并结合形势需要，开辟抗震救灾、学习实践科学发展观、发展油茶以及奥运会等专栏，积极宣传林业工作，实现网上在线直播等。同时，采取有效措施，确保奥运期间网络正常运行和安全管理。配备优秀工程技术人员，落实机房配电改造、网络综合布线系统、网络安全与原网络系统的更新和改造的方案设计工作，为下一步局信息网络系统扩建工程的实施奠定基础。

深入开展生物质能源战略研究，碳汇项目有了新突破　2008年受局林木生物质能源办公室委托，全院承担了林业生物质能源发展战略研究工作，完成了

《林业生物质能源战略报告》、《全国林业生物质能源发展规划》。同时，作为国家林业局－中国石油林油一体化2008年生物柴油原料林示范基地建设项目的可行性研究工作牵头单位，承担了中石油12个生物质能源林培育基地建设项目，确立了规划院在林木生物质能源领域咨询评估的地位。同时，受局世行贷款项目管理办公室委托，完成了内蒙古自治区欧洲投资银行投资碳汇造林项目可行性研究报告、江西省欧洲投资银行投资生物质能源建设项目可行性研究报告等工作。开始欧洲投资银行贷款生物质能源林示范基地建设项目可行性研究报告工作。

森林资源论证　结合贯彻落实中央10号文件，积极探索林权制度改革中的森林资源评估等领域的业务工作，组织力量编制森林经营规划指南，依托国家林业局可持续经营示范点，推行森林经营方案制度。参与完成了国家林业局森林经营工作重大调研，承担了东北国有林区和辽宁集体林区森林认证体系2个研究试点项目，申报的国家森林可持续经营与森林认证标准体系研究的国际合作项目已正式批复。

林业科研项目　2008年，全院承担的科研项目取得了新的突破，无论是项目类型，还是资金资助力度均较前几年有较大增长。已签订项目合同26项，比2007年翻了一番，项目涉及公益性行业专项、林业科技成果推广、引进国际先进林业科学技术项目（“948”）、林业行业标准、局重点科学技术计划项目以及国际科技合作等，特别是首次承担公益性行业专项、科技部国际合作项目。

对外合作开发

对俄合作开发又有新的延伸　全院继成功开发托木斯克项目的基础上，在商务部、局计资司的指导下，中俄森林资源合作开发二期项目进展顺利，已完成了项目的送审稿，并报商务部审批。

中意合作项目有新的拓展　中意合作应用“瓦勒拉尼系统”示范造林项目，已完成示范造林面积500公顷，并对项目实施3年来的试验数据进行调查、收集和分析，编写试验报告。举办了项目技术培训和中期研讨会，为下年度合作协议做了准备。

全球干旱区土地退化评估项目正式开展　经过多年的技术准备，2008年该项目进入正式开展阶段。院荒漠化监测处主要承担制作全国土地退化图、主持全国干旱半干旱区土地退化评估和6个热点地区的土地退化调查全国汇总的工作。

积极参与FAO全球森林资源评估工作　从我国林业国际交流的实际出发，全院积极参与联合国粮农组织开展的2010年全球森林资源评估，并集中技术力量，开展森林资源分析评估、国家评估报告汇编和森林动态遥感监测技术准备等工作。此外，2007年联合国粮农组织实施的推进亚太地区森林可持续经营监测、评估与报告项目，调查规划设计院作为项目执行单位，承担了我国林业监测体系及有关森林问题国际报告协调诊断研究专题，已完成诊断研究任务。

加强自身能力建设　一年来，全院围绕思想建设、组织建设、作风建设、制度建设和反腐倡廉等五个方面，着力抓好队伍建设，全面贯彻落实科学发展观，促进各项工作的顺利开展。

加强制度建设，完善技术质量和内部管理体系　为适应新形势的需要，进一步修订完善各类规章制度，从制度上进一步规范工作秩序、强化各项管理。全院继续做好项目成果的质量审核和技术把关，全面落实技术质量分级管理体系，完善技术质量管理程序。起草了《院业务技术培训管理办法》，修订《技术质量管理办法》，增加了监督检查内容，制定了《优秀成果奖评奖实施细则》，注重对重大、重点项目“三环节”管理过程，逐步建立项目成果反馈机制。截至2008年11月底，全年完成了308项项目成果的质量审查和技术指导，确保对外发送成果审核率达到100%，实现了预定的目标。

修订并出台了部分内部管理制度　主要有《咨询设计项目管理文件汇编》、《科技项目和资金管理文件汇编》、《行政公文管理制度》、《财务管理制度》、《人事管理制度》以及《生产项目、技术服务取费、核算价格标准》等。

（李　强）

国家林业局林产工业规划设计院

【综　述】 2008年是设计院建院50周年。全院干部职工按照年初制定的“以科学发展观为指导，更好服务于林业产业和生态文明建设，实现稳步增长”的工作目标，坚持以市场需求为导向，以经济建设为中心、以建院50周年为契机，奋力化解各种不利因素和挑战，不仅各项工作得到了持续、协调、稳步发展，而且经营形势保持了快速增长的良好态势，经济效益创设计院历史最好成绩。

生产经营　2008年新签各类合同共计276份。合同总额6787万元，比2007年的2435.7万元增加4351.3万元。其中，工程咨询合同85份，合同额1200万元；工程设计合同30份，合同额2580万元；技术服务合同16份，合同额548万元；监理服务合同92份，合同额855万元。

2008年的经营生产呈现的主要变化和特点：①在四大主营业务板块中，林业及林业工程类、产业类项目所占比重明显上升；②在加大开发市场力度的同时，争取到多项科研类、公益类财政项目，这方面的收入已占到全院对外创收的1/5，成了新的经济增长点；③在开拓境外市场方面取得了实质性的突破。

社会责任 2008年，设计院履行社会责任，为救灾减灾、灾后重建等公益事业提供科技支撑与服务保障。3月份南方雨雪冰冻灾害后，设计院立即组建院长带队的专家组赶赴贵州省黔东南州丹寨县、麻江县、台江县和毕节地区大方县开展雨雪冰冻灾情评估和调查研究，并进行技术指导。四川"5·12"汶川大地震后，以院长为首的抗震救灾专家团队作为国家林业局科技救灾组成员，抵达卧龙抗震救灾第一线，指导抗震救灾工作。设计院还组织专家，承担了局保护司野生动物肇事补偿试点核查等工作。

科技创新 为增强自主创新能力，开拓新经济增长点，设计院加大了对科研开发方面的投入力度，在国家倡导的发展领域，以及关系现代林业建设的重点科技领域，积极组织申报"948"项目、科技成果推广应用项目、国家行业标准项目，并认真抓好落实。在院领导重视及支持下，经科技所、林业所、造价站等责任部门的精心组织，各项科研课题及项目进展顺利。

队伍建设 遵照贾治邦局长的指示，设计院加大了"人才强院"战略实施的力度，狠抓了队伍建设，特别是高素质专业技术人才队伍建设。共接收应届毕业生26人，调入各类专业技术人员19人。其中：教授级高级工程师3名、博士3名、一级注册建筑师1名。加强对专业技术人员进行继续教育、外部培训、内部培训，举办各类培训班33个，参加培训人员达220人次。

50周年庆典 为总结设计院50年的发展历程，特别是改革开放30年的历史经验，开展了一系列的纪念活动。10月16日举办了50周年庆典仪式，国家林业局贾治邦局长、各级主管领导、兄弟单位及各方用户到会祝贺。贾治邦局长在庆典大会上，对设计院提出实施"人才强院、用户至上、效益第一"三大发展战略和用3~5年的时间把设计院办成国内知名、行业领先的一流设计院的目标要求，激励了全院干部职工。

【工程咨询设计】 设计院作为科技型咨询设计单位，拥有甲级工程咨询、设计资质，建院50年来一直是以从事林业产业规划和工程咨询设计为核心业务。为适应现代林业建设形势，设计院的业务结构转型呈现加速态势，突出表现在林业及林业工程类、产业类项目所占比重明显上升；科研类、公益类财政项目成了新的经济增长点；境外市场开拓取得了实质性的突破。2008年完成的比较有代表性的项目有：

利比亚麦尔基地区4500套房屋建设项目 设计院建筑二所承揽的利比亚麦尔基地区4500套房屋建设项目，是由中国水利水电第二工程局工程总承包，设计院分包地形测量、勘察和设计，该项目共分14个建设用地，4500套住宅，占地面积225公顷，建筑面积90万平方米，该项目第一批施工图已经完成，报送当地建设主管部门聘请的咨询公司审核。该项目配套的公建和市政管网项目合同正在洽谈中。该项目为设计院在海外民用建筑市场承揽项目实现了零的突破。

现代林业林下产业升级关键技术与示范 设计院科技所承揽的现代林业林下产业升级关键技术与示范项目对我国发展以林下产品为依托的绿色经济这一新型产业领域进行全面深入系统的研究，包括林地菌类规模化种植技术研究及示范，菌类功能成分提取分离与高效利用技术研究，生物技术在菌类配料循环利用中的应用，林下山野菜、野生水果引种筛选与驯化及其生产示范基地建设，林下野生水果深加工技术，药材林下栽培新技术与新模式、药材真空冷冻干燥技术研究，林下养殖业示范基地建设以及林下经济信息平台建设等多个方面。提出了具有中国特色的林下产业发展战略、管理模式，形成了中国现代林业林下产业绿色循环经济可持续发展模式、管理体制和市场发展前景研究报告。

钻石木(南京)木业有限公司12万米^3/年木材改性项目 设计院工业二所与北京美盛沃利工程技术有限公司合作，共同完成了钻石木(南京)木业有限公司12万米^3/年木材改性项目初步设计工作。该项目为外资新建项目，项目拟利用先进的Accoya乙酰化木材处理技术，对低档木材进行改性处理，提高木材在耐候、耐腐、防水以及力学方面的性能，产品与其他天然和加工木材相比，显示出优越的尺寸稳定性和耐久性，扩大了木材的应用范围和使用年限。设计院在项目实施过程中充分发挥了林产工业专业设计的优势，通过多方案比选和论证，实现了工艺紧凑、用地合理，流程顺畅的项目要求。

大兴安岭林业集团公司林区棚户区(危房)改造规划 设计院建筑一所承揽的大兴安岭林业集团公司林区棚户区(危房)改造规划涉及黑龙江大兴安岭林区10个林业局和2家企业共21个建设地点26个地块。规划户数42 747户，规划人数136 792人，规划总建筑面积2 560 762平方米，其中住宅建筑面积2 429 373平方米，共需投入改造资金471 473.02万元。另外还提供了一个备选规划，备选规划涉及10个林业局和2家企业共21个建设地点34个地块，规划户数60 918户，规划人数194 991人，规划总建筑面积3 657 494平方米，其中住宅建筑面积3 488 372平方米，共需投入改造资金701 984.88万元。本次规划改造纳入国家棚户区改造规划，享受国家棚户区改造和廉租房建设西部地区相关政策和补助标准，充分调动地方、政策性金融机构、企业和棚户区居民的积极性，规划的实施将加快国有林区棚户区改造步伐，使国有林区棚户区居民居住条件得到切实改善。

安徽省铜陵市国家现代林业示范市实施规划 设计院林业工程规划设计所负责的安徽省铜陵市国家现代林业示范市实施规划以构建现代林业体系为指导思想，基于铜陵的地域特点，建设以改善铜陵生态环境为主体的现代林业生态体系，并结合铜陵林业产业发展现状，建设以经济林、生态旅游和花卉种植为支撑的林业产业体系；同时结合铜陵当前文化建设需求、铜陵文化特点及悠久的人文历史条件，构建现代林业生态文化体系。规划的实施不仅可以改善铜陵生态环境、推动铜陵经济发展而且可以促进社会主义新农村建设，为我国现代林业建设提供示范。

中国绿色碳基金江西高峰人工林碳汇计量项目 设计院林业碳汇与生物质能源中心负责的中国绿色碳基金江西高峰人工林碳汇计量项目选择的碳汇计量地点为江西省赣州市的全南县、龙南县、赣县和吉安市的吉水县等4县境内，项目计量主要树种有桉树和少量荷木，碳汇计量面积约6117.35公顷，计量年限为2002～2022年。

项目除了能获得木材产品出售的巨大效益外，还能获得碳汇效益(即生态效益)；如果项目的碳汇在碳交易市场成功售出，则可获得104.55万美元，平均每公顷每年可获得8.55美元的碳汇效益。

(林产工业规划设计院由院办公室供稿)

国家林业局管理干部学院

【综　述】 2008年，学院围绕创新机制体制，拓宽培训领域，提高培训质量，服务现代林业的总体要求，大兴调查研究之风，广泛开展交流合作，全面树立市场意识，实施品牌战略，内强培训能力，外强市场竞争力，大力办好各类培训项目，取得了培训教育事业的新发展。

培训工作 学院面对林业行业培训新形势、新任务，着眼大局，面向市场，加强协作，开拓创新，全面提升培训能力，打造林业行业培训优势品牌，形成市场主导能力，充分发挥了林业行业教育培训排头兵及主战场作用。全年共举办各类培训班共90期，培训5005人次。其中行业培训班83期，培训4666人次。在行业培训中，局机关公务员培训班2期，培训98人次；局党校党员领导干部培训班2期，培训80人次；六大林业重点工程管理人员培训班60期，培训3760人次；六大林业重点工程技术人员培训班14期，培训584人次；企事业领导干部培训班2期，培训66人次；培训管理者与师资培训班1期，培训29人次；地(市)林业局局长培训班2期，培训49人次。

加强与地方林业部门合作 与重庆市林业局合作，举办了重庆市森林工程建设区(县)林业局局长专题培训班和“森林重庆”建设领导干部专题研修班，为重庆市林业建设及实施的森林工程建设提供了有力的人才支撑和优良的培训服务。与江西省林业厅合作，建立了井冈山分院，并设立局党校思想教育基地，依托江西林业经验，搭建交流平台，创新培训内容；发挥井冈山优势，利用特色资源，建设培训基地；做好共建共享，扩大培训影响，打造优势品牌；既更好地服务了地方林业建设，也增强了学院培训实力。

加强培训信息化建设 完成了林业教育培训管理信息系统建设，在师资、学员、培训资料、考察基地和培训机构等方面加强了信息交流，实现了资源共享。完成了国家林业局干部学习档案管理系统建设，具备信息发布、学习档案管理和信息统计等多项功能，实现了个人学习与整个行业教育培训的交流互动，加强了林业干部教育培训工作的动态管理。完成了行业培训网站的改版工作(网站名称由“中国林业培训网”改为“中国林业教育培训网”)，整合了林业行业教育培训信息查询数据库等资源，为行业教育培训管理者提供了查询窗口和资源服务；初步搭建了国家林业局在线学习平台，发布了大量在线学习课程。

加强培训政策宣传 出版了《林业教育培训文件汇编》，将近几年来党中央、国务院和有关部委关于教育培训工作的文件进行了系统地收集和整理，汇编成册，印发给国家林业局机关各单位及各省级林业教育培训行政主管部门，促进了培训工作在政策法律下健康发展。

党校管理工作 国家林业局党校进一步推行分层次教学，对司(局)级干部和处级干部实行分班管理，并分别成立临时党支部。建立党支部联席会议机制，实现统分结合，统筹兼顾。在教学计划上统一执行，分班研讨；在案例分析上统一组织，分组交流；在团队活动上统一安排，分队组织，进一步深化了党校教学改革，提高了教学质量。

进一步推行研究式教学，紧紧围绕林业中心工作开展课题研究，赴江西考察，深入基层与干部群众交流，调研集体林权制度改革、南方冰冻雨雪灾害和落实科学发展观等方面情况，形成了高质量的报告，为相关政策的制定提供了参考。

科研工作 做好林业行业培训研究。完成了《林业行业培训规范化建设》课题研究的出版发行，研究成果交由地方林业主管部门参考执行。启动了林业干部教育培训能力建设研究课题，牵头组织16个省(区、市)的19家单位共同参与研究。起草了《关于2008～2012年大规模培训林业干部工作的实施意见》，组织召开了部分省(区)林业干部教育培训工作研讨会。

努力构建学院科研激励机制。规范科研管理的日常工作，强化与相关部门的联系与沟通，增加科研经费投入，为教职员工营造浓厚的科研氛围。开展学院科研奖励工作，根据《学院科研奖励办法》，对教职工在科研立项、发表论文、出版著作、开展研究等方面取得的成绩给予相应的奖励。

国际交流与合作 积极为亚太森林恢复与可持续管理网络开发培训项目，举办了网络首期森林可持续管理国际研讨班，来自14个国家的15名学员参加了培训，并充分交流了各国的经验和观点，为网络未来合作事业献计献策，对加强亚太地区森林管理能力建设和网络自身的发展起到了积极作用。

组织实施国家援外培训项目上海合作组织山区综合开发官员研修班，宣传、推广了中国山区综合开发的成功经验。来自哈萨克斯坦、吉尔吉斯斯坦、塔吉克斯坦、乌兹别克斯坦、俄罗斯5国的林业、农业、土地等相关部门21名官员参加了为期20天的培训。

与地方林校合作，实施中日林业生态培训中心项目。共主办了18期国内培训班，697人次参加了培训。举办了国有林场改革、中日非政府组织在华造林、湿地保护政策及管理、地震灾后恢复等中日研讨会，搭建了更为广泛的中日林业交流平台，有利于更全面的学习借鉴日本林业发展经验。项目派出了2批共11人赴日本研修，邀请了日方6位短期专家来华授课并赴地方进行专题调研。项目原首席顾问宇津木先生获得中国政府外国专家“友谊奖”。

进一步加强国际合作与交流工作。举办了朝鲜坡耕地管理和食品安全研修班，10名朝鲜农林部门官员参加了培训，对朝国际培训已形成品牌效应。接待了日本、德国等来访外宾及项目专家共30多人次。积极参加林业国际研讨会，加强了学院的对外宣传，增加了对国际培训市场的了解。 (潘世英)

国际竹藤网络中心

【积极开展竹林雨雪冰冻灾害科技救灾工作】 2008年初南方雨雪冰冻灾害发生后，竹藤中心按照国家林业局的紧急部署，迅速组织开展科技救灾和灾后重建工作，在受灾第一时间及时派出专家组分两次奔赴安徽、江西和广西竹产区受灾第一线，对救灾减灾和灾后恢复重建工作进行调研和技术指导，并将竹林灾后重建的问题和相关对策建议通过新闻媒体向社会发布。组织专家从竹林受害类型、竹林复壮技术和竹林雪灾防控技术三个方面编写了《竹林雨雪冰冻灾后恢复重建技术指南》，被国家林业局采用并正式印发各受灾省(区、市)林业主管部门，用于指导竹林灾后重建工作，为支援竹产区抗灾救灾和恢复重建作出了贡献。

(竹藤中心科教处)

【开展抗震救灾和支援灾后重建工作】 “5·12”汶川大地震发生后，竹藤中心全力以赴投身于抗震救灾和灾后重建，开展捐款、捐赠棉衣被等活动。竹藤中心和国际竹藤组织共捐款13.5万元；缴纳特殊党费4.5万元，捐赠棉衣被115件。竹藤中心还利用自身科技成果，经过充分研究和考察论证，以国家“十五”科技攻关和推广项目等为技术基础，为受灾严重的四川卧龙自然保护区捐建竹质预制板房50套(1000平方米)，并迅速组织实施援建工作。7～8月，先后派出两个援建小组赶赴卧龙灾区，在最短时间内完成了竹质预制板房的建设安装并交付使用，确保受灾群众在10月份天气转冷之前入住。竹藤中心还通过商品共同基金(CFC)快轨项目中国四川地震灾害地区用竹质预制板房的示范推广，为都江堰地震灾区捐建了20套(400平方米)竹质预制板房。9月组织两个调研组，赴川陕甘开展了灾后大熊猫主食竹资源损失情况与灾后恢复重建调研，探讨了竹资源变化对大熊猫食物来源、生存环境的影响，以及竹林生态恢复重建面临的主要问题与解决途径，提出了相关对策建议。由于在抗震救灾和支援灾区恢复重建中所作的积极贡献，竹藤中心被授予中央国家机关2008年度抗震救灾先进青年集体荣誉称号。

(竹藤中心综合办、科教处)

【毛竹基因组测序研究】 2008年，由竹藤中心、中国林科院、中国科学院国家基因研究中心联合承担的毛竹基因组测序研究项目取得重大进展。截至2008年底，项目组完成了包括毛竹叶片、笋和萌发种子等在内的毛竹全长互补DNA文库构建，精确测定了1万余条基因序列。这是公共数据库继模式植物水稻和拟南芥以外的第三大植物全长互补DNA数据资源信息，不仅填补了禾本科植物比较基因组学研究空白，还为开展基因组测序计划提供了有效的基因注释依据，是林业领域基因组科学研究的一个重大突破。该研究不仅有助于竹类植物的基础性研究，而且对于人类进一步开发与利用竹类植物资源具有重要的科学意义。（竹藤中心科教处）

【2008年国际竹藤网络中心科研项目】 2008年，竹藤中心承担的重大科研项目实施进展顺利，全年共有6项科研项目通过中期评估，11项科研项目通过专家验收，并取得较好的评估成绩，1项“948”重大项目完成年度工作评估和年度合同签订工作。中心承担的国家科技支撑项目竹藤工业化利用品种选育及深加工关键技术研究与示范、“948”项目风轮叶片用竹木复合材料制造技术与评价进展良好，并取得阶段性成果。由竹藤中心和中国林科院、中国科学院国家基因研究中心联合承担的毛竹基因组学研究项目取得重大进展。竹藤中心2008年共完成项目申请18项，获批15项，累计下达立项经费2456万元。竹藤领域的第二个“十一五”国家科技支撑重点项目竹类资源环境友好经营与循环利用关键技术研究与示范获得立项，在国家自然科学基金项目立项上取得重要突破。2008年，竹藤中心在国内外科技期刊上共发表科技论文77篇，其中：SCI收录5篇、EI收录4篇，多篇论文获得学术会议论文奖和梁希青年论文奖；共申请发明专利3件，获得授权发明专利2件。

（竹藤中心科教处）

【全国政协副主席、科技部部长万钢考察竹藤中心】 2008年3月19日，全国政协副主席、科技部部长万钢来竹藤中心考察指导工作。全国绿委副主任、国家林业局局长贾治邦，全国政协人资环委副主任、国际竹藤组织董事会联合主席、竹藤中心主任江泽慧会见了万钢，并就林业与科技合作问题进行了深入探讨和交谈。考察期间，万钢一行参观了竹藤科学与技术重点实验室和竹藤业展室。（竹藤中心综合办）

【文化部部长蔡武访问竹藤中心】 2008年8月7日，文化部部长蔡武访问竹藤中心，全国政协人资环委副主任、国际竹藤组织董事会联合主席、竹藤中心主任、中国生态文化协会筹备组组长江泽慧会见了蔡武，双方重点就中国生态文化协会筹备事宜交换了意见。国家林业局党组成员、人教司司长孙扎根参加了会见。（竹藤中心综合办）

【美国农业部副部长布坎南访问竹藤中心】 2008年7月7日，美国农业部副部长布坎南一行访问竹藤中心，全国政协人资环委副主任、中国园项目中方建设领导小组组长、竹藤中心主任江泽慧会见布坎南，双方就中国园项目建设有关问题和共同感兴趣的学科领域进行了工作交流。（竹藤中心综合办）

【全球棕榈藤研讨会】 2008年1月8～11日，国际竹藤网络中心、国际竹藤组织和海南省林业局在海口市共同举办全球棕榈藤研讨会。此次会议旨在促进世界主要产藤国之间的交流与合作，全面认识世界藤产业发展现状，推动其可持续发展。研讨议题主要包括全球藤领域的问题与机遇，建立不同领域的伙伴合作关系，利用藤造福社区和环境等。会议讨论了藤产业的发展前景，并草拟了可能开展的藤项目建议。国际竹藤组织总干事古珍、国际竹藤网络中心常务副主任岳永德、海南省林业局副局长周燕华、国际粮农组织代表Paul Vantomme出席会议并致辞。来自国际竹藤组织及其13个成员国、国内棕榈藤研究单位的30多名代表参加了研讨。（竹藤中心综合办、国际处）

【商品共同基金竹笋项目】 2008年3月25日，商品共同基金从中国向孟加拉国和斯里兰卡输出竹笋生产、加工和销售技术项目在北京召开项目指导委员会会议，商务部、国家林业局国合司、国际竹藤组织、商品共同基金、斯里兰卡和孟加拉国项目合作方及中方合作单位的代表出席会议，国际竹藤组织董事会联合主席、国际竹藤网络中心主任、项目主任江泽慧主持会议。项目执行单位国际竹藤网络中心和项目合作方孟加拉国林业研究所和斯里兰卡工业技术研究所分别报告了项目进展和2008年工作计划。会议对项目已取得的进展表示认可，并对下一步的实施提出了工作建议。孟加拉国合作方已经建立了项目账户，与有关方面签订了合作协议，并为斯里兰卡提供了竹种子；孟斯合作方还在组培设备完善、竹人工林建设方面取得了一定进展。项目各执行单位初步确定了两国竹笋加工示范工厂地址，完成了小型加工设备采购、竹笋生产加工技术培训以及笋用林培育和加工产品标准初稿等，项目进展顺利。（竹藤中心国际处）

【江泽慧率团出席国际竹藤组织第十二次董事会和第六届理事会】 2008年10月13～15日，国际竹藤组织第十二次董事会和第六届理事会在印度新德里召开。全国政协人资环委副主任、国际竹藤组织董事会联合主席、国际竹藤网络中心主任江泽慧率团出席会议。（竹藤中心综合办）

【江泽慧率中国林业代表团出访】 应加拿大林产品创新研究院邀请，全国政协人资环委副主任、国际竹藤组织董事会联合主席、国际竹藤网络中心主任江泽慧于2008年9月21～24日率中国林业代表团访问加拿大，就竹藤中心与加拿大林产品创新研究院开展竹藤领域科技合作事宜进行了深入探讨，明确了实施双方合作协议的具体方式和计划。访问期间，代表团还与加拿大外交部、自然资源部和环境部就促使加拿大继续保留国际竹藤组织成员国资格进行了高层会谈。

应美国农业部的邀请，全国政协人口资源环境委员会副主任、中国园项目中方建设领导小组组长江泽慧率中国园项目代表团于2008年9月24～27日访问美国农业部、国务院和财政部，协助美方宣传中国江南园林和中国园项目，促进美方建园资金的筹集进程，进一步推进了中国园项目的进程。代表团还出席了由中国园项目代表团与美国农业部在美国国家树木园共同举办的中国园项目宣传会。

（竹藤中心综合办）

【与加拿大林产品创新研究院开展科研合作与交流】 2007年竹藤中心与加拿大林产品创新研究院签署合作协议后，双方积极开展科研合作与交流。2008年9月23日，加拿大林产品创新研究院分部副总裁Hervé Deschênes和资深研究员张述银博士访问竹藤中心，双方就进一步开展合作事宜特别是开展木材利用技术领域的实质性合作等问题进行了磋商，Hervé Deschêne副总裁应邀作了专题讲座。10月26日，加拿大林产品创新研究院总裁伊恩博士访问竹藤中心，竹藤中心主任江泽慧教授与伊恩总裁举行会谈，就竹质材料的实际应用前景交换了意见。访问期间，伊恩总裁作了题为《木材作为生物经济的基石》的学术报告。报告会上，国际竹藤组织副总干事吴志民介绍了国际竹藤组织在竹藤资源开发、利用和保护等方面所做的工作。竹藤中心常务副主任岳永德全面介绍了中心机构组成、科学研究、研究生教育、对外合作与交流、技术培训等方面的情况。（竹藤中心科教处）

【安徽太平试验中心正式批复成立】 2008年6月，国际竹藤网络中心安徽太平试验中心经中央编办批复成立。9月4日，安徽太平试验中心在黄山市黄山区正式揭牌。安徽太平试验中心的成立，为竹藤科学研究、培训交流、教学试验和产业化示范等提供了重要的基础条件和实践平台，对于提升竹藤领域的科研能力，加强自主创新，走上产学研相结合的可持续发展道路，将起到积极的推动作用，标志着我国在竹藤种质资源保存及开发利用上迈出了坚实的一步。同时，作为中国政府履行《国际竹藤组织东道国协定》的重要举措，充分体现了东道国政府对竹藤事业的关注和支持，搭建了为国际竹藤组织服务，促进国际合作交流的多功能支撑平台，为各成员国提供了一个科学研究和培训交流的重要示范基地。

（竹藤中心安徽太平试验中心）

【国际竹藤网络中心学术委员会成立】 为加强学科建设和人才培养，实行科研工作的民主管理、民主监督和科学决策，2008年9月12日，竹藤中心成立学术委员会，并通过了《国际竹藤网络中心学术委员会章程》。学术委员会由7人组成，江泽慧教授任主任委员，岳永德教授任副主任委员。学术委员会的成立，对提高竹藤中心科研学术水平，促进中心事业发展具有重要意义。（竹藤中心科教处）

【商品共同基金竹人造板预制房项目获得批准】 在国际竹藤组织的支持下，国际竹藤网络中心申报的竹人造板预制房项目于2008年4月8日在商品共同基金执行董事会第四十五次会议上获得通过。该项目为期3年，拟在埃塞俄比亚和尼泊尔分别建立竹人造板预制房加工和装配中心，生产60套竹人造板预制房，并完成社区培训、标准制定、市场开发等。项目合作单位包括中国林科院木材所、浙江福大竹木公司、尼泊尔喜马拉雅竹业有限公司、埃塞俄比亚联邦中小企业发展局等，国际竹藤组织为监督机构。2008年已完成项目协议、项目建议书、项目执行协议中英文本，并开始落实有关项目活动。

（竹藤中心国际处）

【竹藤资源培育与高附加值加工利用技术研究】 由竹藤中心承担的“十一五”国家科技支撑计划重点项目竹藤资源培育与高附加值加工利用技术研究中期考核会议于2008年9月2～3日在竹藤中心安徽太平试验中心召开，来自竹藤中心、中国林科院等25个项目参与单位的课题负责人和主要参加人员共80余人参加会议。竹藤中心主任、国际木材科学院院士、中国林科院首席科学家、项目负责人江泽慧教授出席会议并讲话。会上，专家组听取了项目各课题执行情况、取得的成果、存在的问题以及下一步工作安排等方面情况的汇报，查阅了课题中期考核报告，进行了现场质询，并针对各课题存在的技术问题提出了可行性建议。专家组认为，各课题实施进展情况良好，一致通过中期考核。（竹藤中心科教处）

【风轮叶片用竹木复合材料研究】 由竹藤中心主任江泽慧教授负责的项目组2008年在风轮叶片用竹木复合材料的研究中取得重大进展，完成了以多项发明专利为核心的关键技术研究及相关的中间试验。2008年5月22日，竹藤中心与丹麦RISØ实验室材料研究室签署合作备忘录，正式建立科研合作关系。根据备忘录，双方科研人员多次交流互访，共同制定了新型竹木复合材料风轮叶片研制计划，开展了竹木复合材料静载力学、断裂韧性和疲劳性能的研究。试验结果表明该材料具有明显的优势，可用于风轮叶片承载的翼梁。该项研究对加快竹木复合材料在风轮叶片中的应用、开发有商业价值的叶片具有重要意义。

（竹藤中心科教处）

【竹材资源化学深加工技术示范和竹材高效综合利用技术推广与示范项目】 2008年5月23日，由竹藤中心承担的林业科技成果推广项目竹材资源化学深加工技术示范和竹材高效综合利用技术推广与示范通过验收。由中国林科院、福建农林大学、北林大、南林大、安徽农业大学5家科研院校专家组成的专家组，分别就各项目合同内容的执行情况、经济技术指标完成情况、经费使用情况等进行了质询和讨论，认为各项目完成了既定的研究任务，实现了预期考核指标，一致通过验收。（竹藤中心科教处）

【中国棕榈藤人工林资源管理与利用技术培训班】 2008年5月，由竹藤中心负责执行的国际热带木材组织基于人工林资源中国棕榈藤业可持续发展的能力建设项目资助的2期中国棕榈藤人工林资源管理与利用技术培训班在广西壮族自治区都安、凭祥和广东省广州市分别举办，共有100多名学员参加培训，取得了良好成效。（竹藤中心国际处）

【参加2008年马来西亚国际藤与竹研讨会】 应组委会和马来西亚林业研究所的邀请，国际竹藤网络中心副主任程良率团于3月24 ~29日赴马来西亚参加了2008年马来西亚国际藤与竹研讨会。此次会议由马来西亚自然资源与环境部和亚洲太平洋林业研究协会主办，马来西亚林业研究所承办，旨在了解亚洲各国藤和竹的资源与工业化开发状况，探讨目前藤竹栽培与利用所面临的主要技术问题和解决办法。会议期间，竹藤中心代表团访问了马来西亚林业研究所，双方就合作项目进行了深入交流，并表示今后将进一步加强在竹藤培育和加工利用方面的密切联系。

（竹藤中心国际处）

【技术培训】 2008年，竹藤中心围绕国家林业局的工作部署和林业的中心工作，着力于为社会主义新农村建设、集体林权制度改革、灾区恢复重建和竹产业发展提供科技支撑和服务，共举办6期技术培训。一是为遭受雨雪冰冻灾害的江西井冈山和奉新竹产区举办了两期竹林复壮与竹资源加工利用技术培训班，帮助灾区解决技术难题，支援灾后恢复重建；二是为四川省泸州市举办竹资源培育与加工利用技术培训班；三是与国家林业局计资司联合为贵州省和广西壮族自治区分别举办两期林业扶贫技术培训班；四是为贵州省茂兰国家级自然保护区少数民族村民举办竹工艺编织技能培训班。共培训来自基层林业部门、生产单位、竹加工企业、乡村的学员近600人，将林业实用技术送到林业生产第一线，充分发挥科学技术在社会主义新农村建设、林业改革发展和扶贫开发中的重要支撑作用，为现代林业建设大局作出贡献。2008年，竹藤中心有2个研究室（课题组）和3名同志分别获得科技服务林改先进集体和先进个人称号。

（竹藤中心培训处）

【竹藤中心科研综合楼正式封顶】 竹藤中心扩建工程科研综合楼于2008年4月18日正式开工建设，在国家林业局领导及有关司（局），北京市、朝阳区政府及有关部门的支持下，建设、设计、监理、施工单位等相关单位共同努力，加强工程管理，严把工程质量，有效保证工程结构建设的顺利实施，主体建筑于2008年12月19日正式封顶。国家林业局副局长李育材，全国政协人资环委副主任、竹藤中心主任江泽慧出席了封顶仪式。（竹藤中心综合办）

【竹藤资源利用国际研修班】 由中国商务部主办、国际竹藤网络中心承办、国际竹藤组织协办的竹藤资源利用国际研修班，于2008年10月20日至11月8日在北京、安徽和浙江举办，来自26个国家的42名学员参加了研修班。研修班期间，学员们介绍和交流了各自国家竹藤产业的发展情况和成功经验，组织学员前往竹藤产业基地、竹产品加工厂、竹博园等进行了实地参观考察。此次研修班是国际竹藤网络中心承办的第五期商务部援外培训项目，得到了国家林业局领导的高度重视，也得到了商务部对外援助司、培训中心的大力支持。（竹藤中心国际处）

【开展竹藤科技产业调研】 为推进国家竹藤工程技术研究中心建设，促进竹藤科技产业发展，2008年8 ~10月，竹藤中心组织调研组，到浙江、安徽、福建、四川、江苏和北京等省（市）的20多家竹加工企业、5家工程技术研究中心，以及中国竹产业协会等相关协会和科研单位进行科技产业方面的考察调研，重点了解竹藤企业的发展现状、自主研发能力、产品种类和合作意向，为竹藤科技产业发展工作打基础和提供决策依据。（竹藤中心产业处）

【开展为竹产区林权制度改革服务调研】 根据国家林业局学习实践科学发展观活动的总体安排，竹藤中心紧紧围绕林权制度改革这一林业的中心工作，组织调研组，于2008年11月5 ~9日赴福建省竹产区开展了科技为竹产区林权制度改革服务专题调研。调研组深入竹产区各级林业部门、基层生产单位、乡村和竹农一线，全面学习了解了竹产区林权制度改革及竹产业发展情况，深入了解了竹产区发展面临的困难和问题以及对科技服务和技术培训等方面的需求，认真思考和寻求竹藤科技为竹产区林权制度改革和竹产业发展服务的切入点、结合点，并结合实际提出了相关措施建议。（竹藤中心综合办）

【入围“新世纪百千万人才工程”国家级人选】 经“新世纪百千万人才工程”领导小组批准，2007年“新世纪百千万人才工程”国家级人选名单公布，国家林业局共有4人入选，竹藤中心科教处处长、研究员范少辉榜上有名，标志着竹藤中心科技领军人才队伍建设取得显著成果。（竹藤中心综合办）

【第一届全国竹种园联席会议】 2008年11月19 ~21日，由竹藤中心主办的第一届全国竹种园联席会议在安徽太平试验中心召开。竹藤中心主任江泽慧教授出席会议，并就我国竹子资源、产业、科教、文化和国际交流等方面情况作了讲话；中国林科院首席科学家彭镇华教授作了《中国竹类植物种质资源保护》主题报告；与会的有关专家围绕植物种质资源保护和建设分别作了学术报告。全国12个主要竹种园的近40位专家学者出席会议。竹种园联席会议制度的确立，对加强全国竹种园之间的业务联系和经验交流，更好地保护和利用我国竹种质资源，促进全国竹种园建设事业的健康发展具有重要作用。

（竹藤中心安徽太平试验中心、科教处）

【竹醋液在安全农产品生产中应用技术集中示范项目】 2008年12月17日，国家林业局科技司召开林业科技推广计划项目验收会，竹藤中心承担的竹醋液在安全农产品生产中应用技术集中示范项目顺利通过验收。项目组向专家组详细汇报了项目的总体执行情况、资金使用情况、示范效果以及取得的效益、应用前景等方面情况，受到专家们的一致好评。通过该项目的推广示范，使竹醋液成功应用于我国安全农产品生产中，对减少农产品的农药用量，提高农产品品质与产量具有重要意义。（竹藤中心科教处）

【竹、木基复合新材料技术引进创新与示范项目】 竹藤中心承担的国家林业局“948”重大项目竹、木基复合新材料技术引进创新与示范2007年度工作评估会暨2008年度合同签订会于2008年12月23日召开。项目参加单位竹藤中心，中国林科院木材所、北京林机所的相关人员参加会议。评估委员会对项目的年度创新内容、项目执行和项目经费使用等情况进行了综合评估打分，审定了2008、2009两个年度的项目合同书并讨论确定了2009年度工作计划。

（竹藤中心科教处）

【国外优良竹类植物种质资源技术创新与示范等7项国家林业局“948”项目通过验收】 2008年12月24日，国家林业局科技司召开“948”项目验收会，对竹藤中心承担的国外优良竹类植物种质资源技术创新与示范、染色体纤维荧光杂交与竹子功能基因组技术引进、竹子光和作用的分子机理及应用理论、兰花新品种选育及专业化精准栽培关键技术引进、桉树人工林木材干燥与加工利用技术创新与示范、热带引种植物综合利用技术创新与示范、热带引种植物栽培技术创新与示范等7个项目进行了验收。验收组对各项目的执行情况、经费使用情况、取得的成果及前景等进行了综合评议，7个项目全部通过验收。

（竹藤中心科教处）

【国家林业局竹藤产品质量检验检测中心筹建】 2008年，竹藤中心根据“建立健全林业质量标准和检验检测体系”的要求，围绕“构建发达的林业产业体系”，针对我国竹藤产业规模庞大、发展迅速，竹藤产品的质量监督检验水平明显滞后的现状，加快竹藤产品质量检验检测机构的筹建工作，为促进竹藤产业的健康发展做好支撑服务。成立了筹建小组，明确了人员和组织机构，制定了实施方案和工作计划。针对质检工作所需的实验场地，提出了设计方案；完善了作业指导书；修订和筛选了承检项目，收集承检项目的国际标准、行业标准和资料，组织了有关检验检测标准的制定；举办ISO/IEC－17025：2005认可准则培训；编写完成了申请书、可研报告、质量手册、程序性文件等申报材料；开展了建立量值溯源体系等工作。为机构的尽快投入运行奠定了前期工作基础。

（竹藤中心产业处）

【竹藤标准化】 2008年，竹藤标准委员会开展实施国家标准化委员会竹藤标准化体系研究项目，并形成初步研究成果；全面清理了2007年前立项的标准项目；做好标准制定修订项目计划立项工作，落实国家标准3项，行业标准项目9项；由竹藤标准委员会负责管理的4项林业行业标准经国家林业局批准发布实施；加强与国际竹藤组织的联系与合作。2008年，竹藤标准委员会秘书处经过广泛征求意见和深入调研，向海关总署有关部门提出增加相关竹产品编码和鼓励出口退税的建议，使海关总署将竹产品增加海关编码和鼓励退税政策的调研列为一级调研课题，并协助海关开展了调研，使海关系统对竹资源和竹产业以及产品标准有了比较全面的了解，并对修订调整2009年的税则提供了宝贵依据。海关已对竹餐具、竹地板等产品单独增加了税则号，受到地方竹产业协会和竹加工企业的高度评价，促进了企业参与标准制定工作的积极性。（张　禹）

林业社会团体

中国林学会

【综　述】2008年，学会开展学术交流、科学普及、决策咨询和科技奖励等活动，学会工作取得了新的进展和突破。

学术交流　学会及所属分会围绕生态文明建设和现代林业建设，开展综合性与专题学术交流活动50余次，累计参会人员7000余人，交流论文近3000篇。

重点学术活动　召开第八届中国林业青年学术年会，共设9个分会场和1个学术辩论赛，规模达700人。承办中国科协年会林业分会场——森林可持续经营与生态文明建设研讨会，会议规模达150人，对加强森林经营工作提出了对策建议。举办城乡林业统筹发展与生态文明建设高层论坛等学术交流活动。

分支机构学术活动　2008年各分会、专业委员会举办了40余次专题研讨会。召开了第二届中国森林保护学术论坛暨森林保护学科建立50周年纪念会、第二届全国生物质材料科学与技术学术研讨会、第四届中国竹业学术大会、第四届第四次全国桉树论坛、林权改革与森林经营管理学术研讨会、全国南方松类发展战略与高效健康经营支撑技术对策研讨会、中国林学会树木学分会第十三次学术研讨会、第二十次全国林业气象学术研讨会、2008年中国活性炭学术研讨会，以及木材工业、经济林、银杏等大型专题学术研讨会。

学术期刊编辑和学科发展研究取得新进展　2008年，《林业科学》又获得中国科协精品科技期刊工程B类立项，总被引频次、影响因子呈稳步增长的趋势。结合林权制度改革，《林业科学》组织开展了"林权制度改革"征文活动。开发网上采编系统，实现在线投稿、查阅和网上办公。组织专家编写《2008～2009林业科学学科发展报告》，开展《林学名词》辞典和《林学名词》标准的修订工作。期刊分会还在青年学术年会期间举办期刊展示，承担国家林业局标准化项目《林业科技期刊编排规范》等工作。分支机构编辑出版的《桉树科技》、《中国银杏》、《树木学通讯》、《林产化学化工》、《竹子研究汇刊》、《森林工程》、《中国城市林业》等期刊编辑出版进展顺利。

科学普及　①完成提高林业从业人员科学素质系统研究，编印《林业从业人员科普挂图》1000套，发放给企业和林农。②组织开展林业科普"六进"活动（进学校、进村屯、进企业、进社区、进军营、进机关）。制定下发《中国林学会关于开展林业科普"六进"活动的指导意见》，编制了《生态文明手册》；组织开展"生态科普与森林碳汇"宣传活动。共动用公交车辆150辆，宣传历时3个月，每天受众达100万人次；完成首届大学生生态科普创意大赛评选活动。启动第二届大学生生态科普创意大赛；组织开展以"弘扬生态文化，建设生态北京，迎办绿色奥运"为主题的2008年植树节科普宣传活动，向公众发放宣传材料1万余份；开展"我为园林献计策"金点子征集活动和有奖竞猜活动、第二届林业科普基地评选；参加科技部"科普列车贵州行"活动，并捐赠价值2万元的科普图书。③围绕林业建设中的难点问题开展培训。举办数字林业技术支撑体系与全国油茶实用技术专题等高级研修班。

决策咨询　①针对突发事件建言献策。"5·12"地震发生后，学会及时召开地震灾后林业及生态恢复重建专家座谈会，向中央有关部门提交《关于重视和加强林业及生态恢复重建的建议》。在《林业科学》上推出"关注雨雪冰冻灾害对我国林业的影响专家笔谈"，出版《雨雪冰冻灾害对林业的影响及灾后重建专刊》；②结合学术交流活动，提出《关于切实加强森林经营工作的建议》、《关于加强桉树产业发展的建议》、《关于加快林业生物防治事业发展的意见和建议》等专家建议，完成《关于将生物质材料产业发展纳入到国家木材保障体系的提案》并转交全国政协，形成了全国政协十一届一次会议提案第4615号。③开展湿地资源保护与湿地生态建设对策研究、东江源区流域保护和生态补偿调研项目研究，筹备长江流域防护林体系建设科学考察项目。④编写完成《2007年主要林业有害生物发生情况及2008年发生趋势与控制对策研究报告》，提出2008年主要林业有害生物发生趋势以及预防与控制对策建议。

搭建产学研结合平台　召开第四届第四次全国桉树论坛暨新技术新产品展示会，举办全国商品林木材高效利用技术研讨会，2008北京园林绿化行业新技术、新材料推介会，坚持科学发展观、加强产学研结合、促进现代林业人才培养研讨会，森林消防学术研讨暨产品、技术展示会，组织召开银杏、竹子、经济林等产业论坛。参加活动的会议代表既有从事林业研究的专家学者，也有地方政府和相关企业的代表。

国际交流与合作 2008年10月成功承办了第二十三届国际杨树大会。这是学会继1988年之后又一次取得国际杨树大会的举办权。30多个国家的100多位外宾和200位国内代表出席会议。学会还接待了国际树木栽培学会、世界林业中心等外宾来访。木材科学分会组织召开国际林木产品学会联合会学术研讨会，20多个国家100多位外宾参加了会议。桉树专业委员会邀请澳大利亚专家进行桉树矮化育种技术培训等。

表彰奖励 ①组织开展第二届梁希青年论文奖的评选。共评选出获奖论文70篇。②组织开展第二届梁希科普奖、第六届劲松奖和从事林业工作50年以上科技工作者评选表彰工作。③组织开展了第二届《林业科学》优秀审稿人评选活动。④协助中国科协等单位完成光华奖、杰出女青年科学家奖、抗击雨雪冰冻灾害优秀科技工作者等奖项的推荐申报工作。由中国林学会推荐的湖南省郴州市林科所谭柏韬获得抗灾救灾和灾后重建优秀科技工作者荣誉称号。林业机械分会、林业气象分会、生物质材料、森林经理等分支机构也开展了系列科技奖励表彰活动。

组织建设 ①启动组织建设试点工作。制定试点实施方案，探索会员发展与服务新模式和分支机构管理新机制。②首次组织开展会员日活动。中国林学会与北京林学会于11月6日在北京联合组织开展会员日活动。森林昆虫分会等分会也组织本学科会员开展形式多样的会员日活动。③加强对分支机构换届改选的领导。对所属分支机构换届改选实行会前审批制度，并派专人到会监督指导，积极探索差额选举。林业机械、树木学、遗传育种、经济林等分会按期进行换届。④会员重新登记及会员发展工作稳步推进。⑤学会秘书处自身建设全面加强。定期召开全国林学会秘书长会议，研究探索学会发展新思路。通过各类培训，着力提高学会干部的综合素质。编辑出版《中国林学会史》，系统总结学会发展历程与规律。

【第八届中国林业青年学术大会】 2008年7月16～17日在哈尔滨市召开。年会由中国林学会、东北林大联合主办，黑龙江省林业厅、森工总局，大兴安岭林业集团公司协办，黑龙江省林学会、中国林学会青年工作委员会承办。年会共设10个分会场，来自政府部门、科研机构、大专院校、林业基层单位等近700余名代表参加了年会，是历届年会分会场设置和参会人数最多的一次。年会紧紧围绕生态文明和现代林业建设，就森林与气候、森林经营、湿地保护、野生动物保护与管理、林木育种与生物技术、林业灾害防控与生态安全等方面开展了广泛交流。

年会共收到学术论文420篇。近300人在分会场上作了专题学术报告。经过专家评审，有137篇学术论文被评为优秀论文；有107个报告被评为优秀报告。经过3场辩论，东北林大代表队获得本届年会青年学术辩论赛冠军，南林大代表队获得亚军，北林大代表队和中南林业科技大学代表队获得优秀奖。

【森林可持续经营与生态文明学术研讨会】 由中国林学会、国家林业局造林司、河南省林业厅联合组织于2008年9月17～19日在郑州市召开，这也是中国科协年会第十五分会场。来自全国从事林业管理、生产、科研和教学单位的有关领导、专家、管理和技术人员近200名代表参加会议。与会专家围绕“森林可持续经营与生态文明”这一主题，交流了森林经营最新研究进展和各地森林经营成功经验，分析研究了国际发展动态，对加强森林经营工作提出了对策建议。会后，中国林学会召开了专家座谈会，提出了《关于切实加强森林经营工作的建议》。

【“5·12”地震及冰雪灾害林业灾后重建专家座谈会】 为积极响应党中央、国务院和国家林业局党组号召，动员组织林业科技工作者投身于抗灾救灾，充分发挥专家在灾后重建中的作用，为林业灾后重建献计献策，中国林学会于2008年5月30日召开了“5·12”地震及冰雪灾害林业灾后重建专家座谈会。中国林学会副理事长兼秘书长赵良平主持会议。全国政协委员、中国工程院院士尹伟伦，中国科学院院士唐守正，国务院参事盛炜彤等和中国科学院、中国工程院、国家地震局等单位以及来自四川省林科院、四川省林业调查规划设计院等灾区一线的20多位专家出席了座谈会。

与会专家重点围绕地震灾害对森林资源、森林生态系统造成的破坏及影响、地震灾害对大熊猫等珍稀野生动物造成的破坏、森林在地震等地质灾害中的防灾减灾功能与作用、林业及生态恢复重建在灾后重建中的地位与作用、林业及生态恢复重建的指导思想、总体思路及主要技术措施等议题，进行了充分的交流讨论，并就林业及生态恢复重建工作达成了广泛的共识，提出了关于高度重视并加快林业灾后重建工作的建议，通过国家林业局上报国务院，得到了国务院有关领导和部门的高度重视，温家宝总理给予重要批示。

【第二十三届国际杨树大会】 2008年10月27日在北京开幕。本次大会由联合国粮农组织主办，中国林学会、北林大和中国林科院承办。来自欧洲、北美洲、拉丁美洲、亚洲等30多个国家200余名国内外专家学者参加会议。国际杨树大会主席Stefano Bisoffi先生主持了开幕式。国家林业局张建龙副局长代表中国政府在会上致辞。联合国粮农组织林业司森林资源开发部主任Jim Carle先生，中国林学会副理事长、杨树专业委员会主任、北林大校长尹伟伦院士，中国林学会副理事长兼秘书长赵良平出席大会开幕式。

大会的主题是：杨树、柳树与人类生存。大会收到论文249篇，内容涉及杨树基因工程与遗传育种、分子生物学、杨树栽培、经营管理、木材加工、杨树生态环境保护和多资源利用等各个层面。大会着重围绕：杨柳在造林中的应用现状与进展、杨柳对生态环境的修复、生物质能源及碳截存减缓气候变化的应用现状和成果、杨树育种、生物技术与林业健康的发展等进行了为期4天的交流讨论。除大会报告外，还设有育种、栽植、工业及应用、病虫害与森林健康、生物技术、生物质能源等分组交流与讨论。

【林业科普"六进"活动】 为了进一步明确和强化学会科普职能，整合科普资源，积极推进科普活动由零散型、临时性向集中型、经常性转变，中国林学会于2008年在林学会系统组织开展了系列林业科普"六进"(进学校、进村屯、进企业、进社区、进军营、进机关)活动，并制定下发了《中国林学会关于开展林业科普"六进"活动的指导意见》。林业科普"六进"活动取得了明显成效。

一是组织开展森林碳汇生态科普公交宣传活动。中国林学会理事长江泽慧、北京市副市长牛有成、国家林业局副局长张建龙、中国科协书记处书记程东红出席了2008年3月1日在地坛公园举行的启动仪式，国家林业局和北京市园林绿化局所属单位领导也应邀参加，京城近20家主流的报纸、新闻、网络媒体参与了报道；活动历时3个月，150辆公交车，每天受众达100万人，为宣传森林在减缓气候变化，改善空气质量，实现绿色奥运起到推动作用。本次活动由中国林学会、国家林业局科技司、北京市林学会主办，国家林业局气候办、北京市园林绿化局给予大力支持。

二是举办大学生生态科普创意大赛。完成了第一届大学生生态科普创意大赛的作品评比、奖金和证书的发放工作，并对优秀组织单位和个人进行了奖励和表彰。启动了第二届大赛，本届大赛以大熊猫为主题，分为flash、漫画、文字三类作品。为了拓宽影响和加强大赛的组织工作，学会印制了大熊猫及其栖息地保护科普挂图和宣传海报，建立大赛网站，并邀请了教育部教育司、团中央农村青年工作部为主办单位。大赛最终收到26所高校参赛作品1000件，网站访问量达3万人次，有14个国家或地区的人访问，有60家网站报道，两家报纸报道，起到扩大学会影响，传播保护大熊猫理念，弘扬生态文化的作用。

三是联合举办林学夏令营。2008年7月13~16日，与贵州省林学会共同在习水自然保护区举办了第二十四届林学夏令营。

四是举办植树节、科技周等节日科普宣传活动。在北京市的植树节宣传活动中，学会通过组织展板展出，发放科普资料，提供科技咨询，组织有奖知识问答等形式面向公众开展了公众科普活动。配合科技部的科技列车贵州行行动，提供了近1000册的科普图书和科普挂图，并获得了10万元的科技部经费支持。

【提高林业从业人员科学素质系统研究项目通过验收】 提高林业从业人员科学素质系统研究于2008年10月26日在北京通过验收。该项目由中国林学会牵头，国家林业局管理干部学院、中国林科院、国家林业局经研中心、北林大等有关单位参加。中国林学会理事长江泽慧为项目负责人。

3年来，项目组深入研究了科学素质的内涵、结构，分析了我国林业从业人员科学素质的现状与问题，提出了林业从业人员科学素质建设的指导思想、基本原则和建设目标，为我国林业从业人员科学素质建设提供理论依据；撰写了《全国林业从业人员科学素质行动计划纲要(2006~2010~2020年)》，系统提出了提高我国林业从业人员科学素质应采取的"四大"行动、开展的"三大"工程，以及"五项"保障条件；草拟了《全国林业从业人员科学素质行动计划纲要实施工作方案》。

【第二届梁希青年论文奖评选】 根据《梁希青年论文奖奖励办法》，中国林学会于2008年3~6月组织开展了第二届梁希青年论文奖的评选工作。截至申报日期，共收申报论文132篇。本次申报的论文选题涵盖了森林培育、遗传育种、经济林、园艺花卉、森林保护、森林经理、野保与利用、水土保持与荒漠化防治、木材科学、林产化工、林业经济、生理生态等几乎林业的所有学科。

按照规定的评奖程序，经形式审查、专家初审、评审委员会评审和公示等程序，最终评选出获奖论文70篇，其中：一等奖9篇，二等奖21篇，三等奖40篇。并在第八届中国林业青年学术年会上举行了论文奖的颁奖仪式，对获奖论文进行了通报表彰。

【城乡林业统筹发展与生态文明建设高层论坛】 2008年12月12日在江苏省农林职业技术学院举办。本次论坛由中国林学会与江苏省林业局共同主办，江苏省林学会与江苏省农林职业技术学院承办。论坛主题是城乡林业统筹发展与生态文明建设。来自全国各地18个省份的代表200余人参加了论坛。论坛由中国林学会常务副秘书长李岩泉主持。全国政协人资环委副主任、国际木材科学院院士、中国林学会理事长、中国生态文化协会会长江泽慧教授，中国林科院首席科学家、中国林学会城市森林分会主任委员彭镇华研究员，江苏省林业局夏春胜局长，中国工程院院士、浙江林学院院长张齐生教授，重庆市林业局何平副局长出席论坛并针对各自的研究领域作专题报告。5位专家的专题报告分别为：《弘扬生态文化 共建生态文明》、《漫谈城市森林文化》、《绿色江苏建设的探索与实践》、《坚持自主创新实现中国林业可持续发展》、《森林重庆——一个年轻直辖市统筹城乡林业的探索与实践》。

【全国油茶实用技术专题培训班】 为加快油茶新品种、新技术在油茶产业发展建设中的示范推广应用，中国林学会、国家林业局科技司和中国林科院林业所于2008年10月28 ~30日，在长沙市共同举办了全国油茶实用技术专题培训班。

培训班对油茶优良品种配置、种苗扩繁、换冠嫁接、丰产栽培、低产林抚育更新、主要病虫害及冻害防治、茶油精深加工及茶枯、茶壳综合利用等技术进行了室内授课和现场指导。国家林业局科技司、中国林学会、中国林科院林业所和湖南省林业厅的领导到会并讲话，14个油茶主产省(区)的林业技术推广人员、从事油茶生产的基层技术人员和油茶种植大户100余人参加了培训。

【数字林业技术支撑体系高级研修班】 由人力资源和社会保障部、国家林业局、中国科协共同主办，中国林学会承办，2008年9月9 ~13日在贵阳市举办。来自30个省(区、市)林业厅(局)，新疆生产建设兵团林业局，内蒙古、吉林、龙江、大兴安岭森工(林业)集团和林业调查(勘查)规划设计院的中高级专业技术人员和管理人员80多人到会学习。中国林学会副秘书长尹发权、贵州省林业厅总工聂朝俊出席了开班仪式。中国科学院院士、中国林科院首席科学家唐守正研究员，中国林科院资信所所长、首席专家鞠洪波研究员等专家就数字林业与现代林业、数字林业建设与“3S”技术、数字林业技术支撑体系、数字林业与网络/网格技术、数字林业与虚拟现实技术等内容进行授课。

【第四届第四次全国桉树论坛暨新技术新产品展示会】 由中国林学会，福建省漳州市政府主办，中国林学会桉树专业委员会、漳州市林业局承办，于2008年11月3日在漳州市开幕。本次会议主题是“提高桉树抗性，引导科学发展，促进生态文明”。中国林学会副理事长兼秘书长赵良平，福建省林业厅厅长吴志明、副厅长兰思仁，中国林科院副院长金旻，中国林科院原院长陈统爱及国家林业局有关领导出席论坛开幕式。开幕式由中国林学会副秘书长尹发权主持。来自国内外桉树领域500多名从事科研、学习、研究的专家、学者与企业管理人员以及有关地方政府部门领导参加了此次论坛。

与会代表围绕论坛主题，就当前的我国桉树人工林发展、经营中存在的问题以及桉树如何健康发展的问题进行了深入交流。

【全国第十七次银杏学术研讨会暨银杏分会年会】 2008年9月18 ~20日在江苏省邳州市召开。来自北京、河北、山东、安徽、江苏等17个省(区、市)的270多名专家学者、部门领导、企业经理及银杏生产经营者参加会议，就当前银杏产业中有关生产、科研、开发利用等问题进行了交流，重点探讨了银杏资源的高效利用与产业的可持续发展。中国林学会副理事长兼秘书长赵良平、江苏省林业局副局长葛明宏与中国林学会银杏分会会长、南林大副校长曹福亮教授出席会议并讲话，我国著名森林培育学科领头人黄宝龙教授出席了会议。邳州市委副书记、市长孟铁林出席会议并致欢迎辞。

会议共收到50余篇论文，内容涉及银杏品种资源与保护、银杏产品的深加工与开发、银杏的生理学研究等方面。本次会议还开展了优秀会员、优秀论文等评优活动。

【中国林学会树木学分会第十三届学术研讨会】 2008年7月27 ~29日在广州华南农业大学召开。会议由中国林学会树木学分会主办，华南农业大学承办。来自全国农林院校、林业科研院所、自然保护区、植物园等40多个单位80多位专家、教授及领导出席了会议。

与会代表围绕中国树木分类、区系地理研究、树木资源的调查与生物多样性保育、乡土树种的开发利用和植物生理生化、遗传特征等多方面内容进行讨论交流，共有27人在大会上交流发言，大家围绕主题，进行了交流和探讨。会议共收集会员交流论文39篇，并出版了《中国林学会树木学分会第十三届学术交流会议论文集》。

【第二十次全国林业气象学术研讨会】 2008年7月15 ~17日，由中国林学会林业气象专业委员会主办在哈尔滨市召开。会议主题为：森林与气候。会议共收集35个学术报告/论文，主要内容包括：森林生态系统水热碳通量过程及其测算技术和模型、区域植被与气候变化的关系、树木年轮与气候变化的关系、森林小气候等。会议评选出3篇青年优秀论文和5个青年优秀学术报告。

【国际林木产品学会联合会学术研讨会】 由中国林学会木材科学分会承办，于2008年9月27 ~29日在哈尔滨市召开，会议得到了东北林大、生物质材料科学与技术教育部重点实验室、国家自然科学基金委员会、国际林联第五学部和国际木文化学会的支持与协办。有24个国家和地区的500余位代表注册参会，连同东北林大师生共1000多人参加本次会议。会议由木材科学分会主任委员李坚教授担任大会主席，由木材科学分会副主任委员兼秘书长刘一星教授担任大会秘书长并主持开幕式。

出席会议的有东北林大校长杨传平教授，国际林产品学会联合会主席饭冢尧介教授，中国林学会木材科学分会理事长、国际林产品学会联合会2008学术年会主席李坚教授，中国工程院院士、国际林产品学会联合会2008学术研讨会指导委员会主任张齐生教授等国内外专家等。

会议收到了314篇论文，分1个主题报告会场、8个口头报告分会场和1个墙报展示分会场进行学术交流。在8个口头报告会场，共宣讲了124篇学术论文，世界各国的代表们对研究内容进行了交流和探讨。在墙报展示会场，展示了各国代表提交的150篇学术论文。

【第二届全国生物质材料科学与技术学术研讨会】 由中国林学会生物质材料科学分会主办，内蒙古农业大学和内蒙古盛冠铭清泉高技术开发有限公司承办，于2008年7月25 ~29日在呼和浩特市召开，会议主题为沙生植物利用和生物质材料。来自全国高校、科研院所、产业等170多人参加了会议，收到会议论文108篇，32位专家学者进行了演讲，分别就“沙生植物利用和产业发展”、“生物质材料资源结构与理化性能”、“生物质材料功能改良与保护”、“生物质材料加工技术”、“生物质能源”等议题进行了交流和探讨。

会议开幕式由分会秘书长秦特夫研究员主持。内蒙古自治区科协主席王林和教授，内蒙古自治区林业厅科技处张博文处长，内蒙古农业大学党委书记云荣布扎木苏教授，内蒙古农业大学副校长侯先志教授，香港盛冠铭集团董事胡亦南总经理，内蒙古盛冠铭清泉高技术公司黄小刚总经理，中国林科院副院长储富祥研究员，中国林科院木材所所长叶克林研究员，中国林学会生物质材料科学分会名誉主任委员，中国林科院首席科学家鲍甫成等出席开幕式并讲话。

储富祥、叶克林、黄小刚、内蒙古农业大学王喜明教授分别为大会作了关于《生物基材料研究现状与发展趋势》、《北美林产品纳米技术研究》、《内蒙古盛冠铭清泉技术开发有限公司技术研发与生产介绍》和《沙生灌木人造板生产技术产业化现状与发展》的主题报告。

会议还开展了第二届全国生物质材料科学与技术学术研讨会“盛冠铭”优秀论文奖评奖与颁奖活动，共评出一等奖3名、二等奖6名、三等奖10名。中国林科院刘波等19位青年学子获奖。

【第二届中国森林保护学术论坛暨森林保护学科建立50周年纪念会】 2008年10月21 ~22日在北京市举行。论坛由中国林学会森林病理学分会和森林昆虫学分会、中国林科院、北林大、北京市科协联合主办。论坛围绕“森林保护学的继承与发展”这一主题，系统回顾了森林保护学科建立50年以来的发展历程，交流了目前我国森林保护学理论和技术的最新研究成果及学科发展方向。

森林保护学科建立50年来，攻克了我国重大森林有害生物控制中的一批重大科技理论与技术问题，除获得80余项国家自然科学基金面上项目和青年基金项目支持外，还获得8项国家自然科学基金重点项目的支持。“十五”期间，主持了国家重大基础研究项目有关课题。共获国家科技进步二等奖4项，三等奖9项，省部级科技进步特等奖1项，一等奖15项；有5人先后成为国家自然科学基金委员会杰出青年基金获得者，5人成为百千万人才工程国家级人选，1人获聘教育部长江学者特聘教授，2人获全国优秀博士学位论文奖。

【第四届中国竹业学术大会】 2008年10月12 ~14日，由中国林学会竹子分会主办在四川省雅安市召开。来自江苏、浙江、四川、福建等13个省（区、市）的竹类专家、学者、管理工作者和企业家代表以及工作人员共200余人参加了会议。中国林学会竹子分会副主任委员、浙江林学院副院长方伟教授主持了开幕式，浙江省林科院汪奎宏院长致开幕词，四川省林业厅郭亨孝副厅长、四川农业大学校党委副书记邓基良教授、雅安市副市长毛凯分别致欢迎词。中国林学会尹发权副秘书长代表中国林学会致贺词。竹子分会主任委员、浙江省林业厅楼国华厅长出席会议并作了讲话。

会议收到论文以及报告100多篇，内容涉及灾后恢复与重建、竹子生理生态、竹子育种栽培与加工、竹文化、竹子生产管理等方面。有35篇论文在大会上进行了交流。会议评选出一等奖论文3篇、二等奖论文8篇和三等奖论文10篇。

【林权改革与森林经营管理学术研讨会】 2008年11月12 ~13日，中国林学会森林经理分会和国家林业局资源司在西安市联合召开了学术研讨会。会议由国家林业局调查规划设计院、西北林业调查规划设计院承办，国家林业局驻西安森林资源监督专员办事处、陕西省林业厅和西北农林科技大学共同协办。

森林经理分会名誉理事长、原林业部副部长刘于鹤，分会理事长、局资源司司长肖兴威，分会常务副理事长、局规划院院长李忠平，中国林学会副秘书长尹发权出席了会议。来自全国森林资源管理、调查规划设计、教学科研等单位近150人参加了会议。大会由森林经理分会副理事长兼秘书长、局规划院副院长刘国强主持。陕西省林业厅原副厅长郝福才，局西北规划院院长刘裕春，党委书记张翼应邀出席了开幕式。

研讨会围绕林权改革与森林经营管理主题，通过大会主题报告、专题学术报告、分组讨论形式，针对林权制度改革的新形势，围绕森林经营管理面临的机遇与挑战等方面内容进行了探讨与交流。刘于鹤、肖兴威、李忠平等分别就新形势下森林经理工作重点、森林可持续经营以及林权制度改革等内容向大会作了主题报告。郑小贤等11位来自规划设计、科研院所、高等院校且长期从事森林经理工作的代表向大会作了专题学术报告。与会代表提出了有关加强森林资源经营管理和森林经理学科建设等方面建议。研讨会还征集学术交流论文近60篇，从中评选出优秀论文一等奖3篇、二等奖5篇、三等奖11篇。

【全国商品林木材高效利用技术研讨会】 2008年10月23 ~24日在北京香山饭店召开。会议由中国林学会和中国林科院联合主办，中国林学会木材工业分会和中国林科院木材工业研究所联合承办。国家林业局科技司杨锋伟处长、中国林学会尹发权副秘书长、中国林科院储富祥副院长、中国林学会木材工业分会陈绪和中国林科院科技处卢琦副处长作了大会致辞和讲话。与会代表210人。会议作大会报告11人、特邀报告5人、专题报告30人，并编印了《全国商品林木材高效利用技术研究研讨会论文集》。会议就我国“十一五“期间的商品林木材利用技术现状和“十二五”的重大科技需求开展了研讨。

【森林消防学术研讨暨相关产品、技术展示会】 由中国林学会森林防火专业委员会主办，于2008年8月18 ~19日在昆明市召开。参加这次会议的有国家森防指办公室和云南省林业部门的领导，森林防火(消防)专业委员会的成员，西南航空护林总站、东北航空护林中心和11个省(区、市)森林防火部门有关人员，中国科技大学、南京森林公安高等专科学校、西南林学院、武警警种指挥学院等科研院所、大专院校的学者，大连荣昌消防器材公司等22家森林消防相关企业的代表等共115人。会议围绕“以水灭火技术”、“扑火通信保障”、“南方雨雪冰冻灾害和四川汶川大地震对森林防火工作的影响及对策”3个主题进行了研究探讨，观看了森林消防产品、技术展示，观摩了云南森林总队水泵灭火演示。会议收到论文60余篇，经遴选，共评选出论文一等奖、二等奖各14篇，三等奖18篇。

【全国林学会秘书长会议】 2008年1月8 ~9日在南京市召开。会议的主要任务是总结交流2007年中国林学会工作，分析学会工作面临的新形势，探讨学会工作的新思路，研究部署2008年的学会工作。中国林学会赵良平秘书长、李岩泉常务副秘书长、沈贵副秘书长、尹发权副秘书长，国家林业局科技司田亚玲处长，江苏省林业局夏春胜局长、葛明宏副局长，江苏省科协张铁恒副主席，南林大薛建辉副校长，南京森林公安高等专科学校张南群副校长等有关领导出席会议开幕式。各省(区、市)林学会和中国林学会各分会、专业委员会的秘书长出席会议。此次会议还邀请了部分省级林学会的理事长、副理事长和分会、专业委员会的主任委员出席会议。

国家林业局副局长李育材在会上作了书面讲话。中国林学会赵良平秘书长在会上作了题为《紧密围绕现代林业建设，扎实推进学会事业发展，努力为林业又好又快发展作出新贡献》的工作报告。赵良平的报告全面回顾总结了2007年学会工作，深刻分析学会当前面临的形势，指出做好学会工作需要把握好学会工作定位、工作理念、工作切入点和着力点、工作质量和成效以及自身能力建设等五个问题，提出学会今后一段时期的发展总体思路。

会议期间，召开了省级林学会理事长(副理事长)和各分会、专业委员会主任委员座谈会；北京、吉林、浙江、四川4个省(市)林学会，木材工业、桉树两个分会(专业委员会)和青年工作委员会在会上作典型发言，中国林科院林研所、林化所作为分支机构挂靠单位的代表介绍了支持学会工作与促进科研院所发展的先进经验；分组讨论并对《进一步强化组织建设试点方案》、《2008年重点学术活动实施方案》和《中国林学会会员管理条例》、《中国林学会分支机构登记管理办法(讨论稿)》提出了建设性的意见。

【2008年会员日活动】 为进一步加强学会与会员之间、会员与会员之间的联系，树立学会良好的社会形象，进一步增强学会的凝聚力和会员的组织观念，中国科协七届三次全委会决定，自2008年起，每年11月的第三个周日为会员日。2008年11月16日是2008年会员日。

中国林学会联合北京林学会于2008年11月16日联合在北京组织开展了中国林学会首次会员日活动，组织在京部分会员参观了国家奥林匹克森林公园。活动期间，还发放了学会的宣传小册子和有关资料。为让广大会员了解会员日，学会专门制作了会员日活动的专题宣传海报，在中国林科院、北林大等会员比较集中的单位张贴，让广大会员了解会员日活动的有关情况，宣传效果显著。通过参加会员日活动，会员们表示，会员日活动非常有意义，为会员们提供了彼此交流的平台，体现了学会组织对会员的关心，进一步增强了会员的组织意识。

(中国林学会由郭丽萍供稿)

中国野生动物保护协会

【冰雪灾害后野生动物保护工作】 2008年1月中旬，我国大部分地区发生了50年来最严重的雨雪冰冻灾害，除对人们的生产生活造成了巨大损失外，对自然保护区等野生动物栖息地造成了极大的破坏，对野生动物的生存造成了极大的灾难。2月25日，中国野生动物保护协会印发通知，要求各地协会要发挥野生动物保护生力军的作用，积极组织和动员社会力量，做好灾后野生动物保护工作。①高度重视，迅速研究参与救灾工作；②发挥优势，组织调研，了解灾情，提出科学建议；③组织志愿者，参与野生动物救护工作；④组织野生动物受灾情况的宣传，为保护救助募捐；⑤及时总结经验，进行表彰奖励。通知下发后，协会立即组织小分队，前往受灾较为严重的安徽、浙江、湖南、贵州、江西，对自然保护区和野生动物受灾情况进行调研，参与救灾工作，提出科学救灾建议，并积极组织记者会员撰写反映灾情的文章；组织作家、画家会员为灾区筹集资金；同时向正在召开的政协第十一届全国委员会第一次会议递交提案，全面支持林业抗灾救灾和恢复重建工作。

（蔡炳城　卢琳琳）

【四届一次常务理事会议】 2008年1月22日在北京召开。会议审议了2007年协会的主要工作，特别是新一届理事会成立以来的主要工作，提出2008年全国协会的主要工作安排意见；会议选举增补农业部牛盾副部长、中国科学院李家洋副院长为协会副会长；选举增补何西来、杨丹为协会理事；选举增补田滋茂、杨丹为协会常务理事。（郭立新）

【参加国际狩猎大会】 2008年1月14日，中国野生动物保护协会组团参加了在美国里诺召开的国际狩猎大会，会中就国内外狩猎产业和狩猎文化如何依法、健康、有序发展等方面内容，与国际狩猎大会的筹备官员进行了座谈，加深了双方的沟通和了解。

（曹　良）

【林蛙养殖技术培训班】 为大力发展地方优势野生动物养殖品种，提高养殖户的饲养管理水平，增强养殖户的致富能力，由中国野生动物保护协会养殖委员会蛙类专业委员会主办，黑龙江省野生动物保护协会、黑龙江省森工总局野生动植物保护处协办的林蛙养殖技术培训班于2008年3月6 ~8日在哈尔滨市东北农业大学实验实习基地举办。本次培训班共有来自黑龙江、吉林、辽宁、内蒙古等地的近150人参加。培训促进了林蛙养殖产业健康、有序的发展。

（曹　良）

【2008年全国"爱鸟周"启动仪式】 为积极推进生态文明建设，提高公众保护鸟类的意识，协会向全国各级协会发出了《关于组织开展2008年"爱鸟周"活动的通知》，提出了"繁荣生态文化，建设生态文明"的活动主题，对活动的主要内容、活动的形式以及如何做好活动提出了要求，对全国"爱鸟周"活动进行了部署和协调。2008年4月12日在太原市举办了2008年全国"爱鸟周"启动仪式。全国各级协会积极响应协会的号召，在全国开展了丰富多彩的"爱鸟周"活动。

（卢琳琳）

【"绿野寻踪"节目开播两周年总结报告会】 2008年3月21日，中国野生动物保护协会在北京召开了"绿野寻踪"节目两周年总结报告会，会议全面系统地总结节目开播以来的制作播出情况，听取了节目制作顾问，河北、山西、辽宁、四川等省协会与学校的老师和同学的意见及建议，并对下一阶段的工作进行了研讨，会议对节目作了很好的总结，贾治邦局长对此作出批示，给予很高的评价。"绿野寻踪"节目还获得了全国政协人资环委和国家林业局等单位主办的2007年关注森林活动音像类作品三等奖。

（卢琳琳）

【"倡导绿色生活，共建生态文明"大中小学生主题实践活动】 2008年，为进一步提高生态文明意识，树立生态文明观念，促进生态文明建设，协会在全国开展了"倡导绿色生活，共建生态文明"活动。通过形式多样的主题宣传和实践活动，在全社会特别是广大青少年中广泛传播生态文明知识，引导人与自然和谐的生态价值观，促使人们从我做起，做生态文明的积极倡导者和模范实践者。（卢琳琳）

【抗震救灾工作】 汶川"5·12"地震发生后，中国野生动物保护协会立即成立了抗震救灾领导小组，并在震后第一时间向卧龙大熊猫保护区捐款30万元。同时，向全社会发出倡议书，呼吁社会各界支援大熊猫保护区抗震救灾。截至2008年7月，协会为大熊猫保护区抗震救灾募集资金达到425万元，多方协调联系得到了中国扶贫基金会、中华慈善总会等单位为大熊猫保护区捐助的价值达2000万元以上的急需救灾物资，缓解了大熊猫保护区面临的困难；同时还与艺龙网签订协议，动员其所属几千万会员，在较长时间内参与大熊猫保护区的灾后重建。（郭立新）

【彭泽县——中国梅花鹿之乡】 2008年5月20日，中国野生动物保护协会印发《关于授予江西省彭泽县“中国梅花鹿之乡”的决定》。梅花鹿是国家一级重点保护野生动物，历史上曾广泛分布于我国的广大地区。由于多种原因，我国梅花鹿6个亚种中的华北、山西和台湾3个亚种已经灭绝。1980年在江西省彭泽县境内的桃红岭山区发现有野生梅花鹿华南亚种分布，估测种群数量不足60头。1981年，江西省政府在彭泽县建立了以保护梅花鹿为主要对象的保护区加以保护，2001年晋升为国家级保护区。江西省彭泽县和桃红岭梅花鹿国家级自然保护区对梅花鹿的保护和拯救工作作出了积极的贡献。到2008年调查，彭泽县梅花鹿种群数量已扩大到400头左右，成为我国野生梅花鹿华南亚种的最大分布区。2008年6月28日，在江西省彭泽县举行了中国梅花鹿之乡授牌仪式。 （蔡炳城）

【西丰县——中国鹿乡】 2008年5月20日，中国野生动物保护协会印发《关于授予辽宁省西丰县“中国鹿乡”的决定》。梅花鹿是国家一级重点保护野生动物，辽宁省西丰县养鹿历史悠久，人工驯养梅花鹿已有300多年的历史。经过多年的努力，西丰县人工驯养繁殖鹿数量猛增，鹿业利用领域不断扩大，取得了显著成绩。到2007年底，全县拥有鹿场1693家，梅花鹿、马鹿存栏量达7万余头，约占全国驯养总量的10%以上，占全省驯养总量的72%。年加工、经销鹿茸150吨，鹿业总产值达2.5亿元，占全县总产值的9.8%，形成生产、加工、销售一体的产业化格局，鹿业人均收入达700多元，成为当地民众的一个重要收入来源，促进了区域经济的发展。2008年11月12日，中国野生动物保护协会授予西丰县中国鹿乡称号的授牌仪式在西丰举行。 （蔡炳城）

【珲春市——中国东北虎之乡】 2008年6月11日，中国野生动物保护协会印发《关于授予吉林省珲春市“中国东北虎之乡”的决定》。吉林省珲春市位于中、朝、俄三国交界处，境内森林覆盖率为82%，是国家珍稀濒危的东北虎等野生动物良好的栖息地，也是国际虎豹保护战略中的生态通道。多年来，珲春市保护野生东北虎等多种野生动物取得了显著成绩。2001年吉林省政府批准建立了省级东北虎自然保护区，2005年晋升为我国唯一一个以东北虎为主要保护对象的国家级自然保护区。通过采取多种保护措施，珲春市野猪和狍子等野生动物的数量显著增加，为东北虎的生存创造了良好的条件。境内野生东北虎分布活动范围也显著扩大，种群数量由1998年调查的3~5只上升为6~8只，是我国野生东北虎分布密度最高、种群数量最多的区域。 （蔡炳城）

【景东彝族自治县——中国黑冠长臂猿之乡】 2008年6月18日，中国野生动物保护协会印发《关于授予云南省景东彝族自治县“中国黑冠长臂猿之乡”的决定》。景东县森林覆盖率66.82%，拥有无量山和哀牢山两处国家级自然保护区，两处保护区总面积为35 022公顷，主要保护国家一级重点保护野生动物黑冠长臂猿。黑冠长臂猿主要分布在云南，有4个亚种，其中景东亚种为无量山保护区的特有亚种。据调查，无量山保护区有黑冠长臂猿98群600只左右，其中有96群生活在景东境内；哀牢山保护区景东辖区有黑冠长臂猿9群。景东县是黑冠长臂猿数量最多、分布最集中的地区，占该物种总数的50%以上。在景东县各级党委、政府、社会各界和当地群众多年的保护下，黑冠长臂猿得以很好的生息繁衍，成为景东人与自然和谐发展的象征。 （蔡炳城）

【斯巴鲁生态保护奖先进集体和先进个人】 为了推动社会各界参与野生动物保护事业，经国家林业局同意，中国野生动物保护协会与斯巴鲁汽车（中国）有限公司合作，共同设立斯巴鲁生态保护奖，该公司捐资100万元作为奖金，以表彰奖励在生态建设与环境保护作出卓越贡献的先进集体和个人。2008年9月23日，中国野生动物保护协会与斯巴鲁汽车（中国）有限公司联合建立生态保护基金新闻发布会在北京举行，全国政协委员、协会会长赵学敏与斯巴鲁汽车（中国）有限公司董事、总经理大野圭签订了合作协议书。10月13日，中国野生动物保护协会制定了《斯巴鲁生态保护奖评选表彰办法》，向各省（区、市）协会和各有关单位印发了《关于组织评选斯巴鲁生态保护奖先进集体和先进个人的通知》。斯巴鲁生态保护奖设有集体和个人两类奖项，其中集体奖包括斯巴鲁生态保护特别贡献奖、斯巴鲁生态保护奖和斯巴鲁生态文明学校奖，个人奖包括斯巴鲁野生动物卫士奖、斯巴鲁野生动物保护奖、斯巴鲁生态文明传播奖、斯巴鲁关注生态贡献奖、斯巴鲁生态小卫士奖。经过广泛发动，集体和个人申报，各省（区、市）野生动（植）物保护协会和有关单位积极推荐，截至11月20日，协会共收到经省级协会初选推荐的申报材料290份。为做到评奖工作公平、公正、公开，协会经过广泛征求意见，在全国范围内推荐15位有名望和影响的人士，经国家林业局批准后作为评委储备，又经本次活动的监事随机抽取，确定其中7位为本次评奖评委。经过两天评审，评委们采取无记名投票方式，确定评选结果，并在中国野生动物保护协会网站上进行公示。12月17日，中国野生动物保护协会印发了《关于表彰斯巴鲁生态保护奖先进集体和先进个人的通知》，同日，发奖仪式在斯巴鲁汽车（中国）有限公司于上海音乐厅举办的感动2008——斯巴鲁之夜晚会上举行，共有包括斯巴鲁汽车（中国）有限公

司，中国野生动物保护协会组织的获奖代表，数十家媒体等近600人参加了发奖仪式。（蔡炳城）

【赴马来西亚参加东南亚动物园交流大会】 为了扩展我国动物园在东南亚国家的交流层面，加强彼此间技术合作，促进我国野生动物保护事业的发展，协会于2008年5月20～29日组织专家赴马来西亚，就野生动物保护管理和科普宣传等方面进行交流访问，提高双方保护野生动物管理水平。交流主要有四个方面：一是技术层面上进行了交流沟通；二是举行了中国大熊猫保护讲座；三是举办了中国野生动物保护管理讲座；四是举办了探讨双方进行动物合作交流讲座。（卢琳琳）

【参加第四届世界保护大会】 世界自然保护联盟（IUCN）第四届世界保护大会于2008年10月5～14日在西班牙巴塞罗那举行，其主题是"一个多样化和可持续的世界"。会议分两个阶段进行，第一阶段为世界自然保护论坛，讨论自然保护的理论、科技等问题，探讨今后自然保护行动的方向；第二阶段为会员代表大会，重点是回顾过去4年工作，审议并批准IUCN 2009～2012年项目发展规划、财务计划、2009～2012成员会费方案和大会提案，选举IUCN主席、财务主管、各专业委员会主席和地区理事等。来自177个国家的8000多名政府、商业与非政府组织代表参加了大会。协会积极主动地开展工作，在会前做好会议对案，明确参会任务，积极参加会议活动和专题研讨会，会见IUCN总干事和亚洲地区办公室主任，参与提案磋商，宣传协会在野生动物保护方面所做的工作，扩大协会的影响。（卢琳琳）

【名人名家生态文化江西行活动】 为推动全社会更加关注生态文明建设，协会与江西省委宣传部、江西省林业厅于2008年6月27日至7月3日共同主办了名人名家生态文化江西行活动。全国政协委员、中国作家协会副主席、著名作家陈建功、张抗抗，中国工程院院士、东北林大教授马建章等15位著名作家、学者、艺术家参加了为期一周的采风活动。此次采风活动促进了对公众关注江西的林业发展和林业改革，为在全国其他地方举行生态文化活动起到借鉴作用。（卢琳琳）

【中美大熊猫合作研究】 为进一步巩固中美双方在大熊猫保护与合作研究方面取得的成果，促进两国人民的相互了解和友谊，同时也为庆祝中美建交30周年，2008年12月18日，中美大熊猫合作研究延期仪式在美国圣地亚哥动物园举行，中国野生动物保护协会赵胜利副秘书长和美国圣地亚哥动物园道格拉斯园长共同签署了延期协议。中国驻洛杉矶总领事张云及夫人也出席了当天的签字仪式。根据延期协议规定，大熊猫"高高"和"白云"将继续在美停留5年以供双方开展合作研究，在这5年期间，圣地亚哥动物园每年将向中方提供50万美元的大熊猫保护资金，主要用于四川卧龙大熊猫保护基地的恢复重建工作。（张　玲）

【大熊猫"团团"和"圆圆"抵达台湾】 为落实中共中央关于大陆同胞向台湾同胞赠送一对大熊猫的决定，在国台办和国家林业局的统一部署下，中国野生动物保护协会作为大陆方面指定的联系单位，与台湾的指定联系单位台北动物园之友协会积极沟通联系，协调运作大熊猫赴台事宜。2008年12月23日，以中国野生动物保护协会赵学敏会长为团长，国台办及国家林业局相关领导组成的20人大熊猫送亲团赴台，顺利将大熊猫"团团"和"圆圆"送抵台北木栅栏动物园，完成了历史性的使命。（张　玲）

中国野生植物保护协会

【南方雨雪冰冻灾区野生动植物及自然保护区受灾情况通报会】 在前期调研的基础上，2008年3月19日在北京组织召开了通报会，向与会非政府组织和新闻媒体通报了南方冰雪天气给我国林业和生态建设，特别是对野生动植物和自然保护区造成的损害，与会组织就如何进一步核灾报灾、如何保护救助受灾野生动植物、如何处理好野生动物和当地群众的关系及野生动物对当地群众造成的财产损失补偿等问题提出了意见和建议。

【第十八届中国兰花博览会】 2008年2月22～25日，由中国野生植物保护协会与中国花协、温州市政府在温州联合主办了第十八届中国兰花博览会。本届博览会特点是把兰花保育纳入展览的主要内容。广大兰花爱好者以本届兰博会为平台，欣赏中国名兰，弘扬兰文化，增强了野生兰花的保护意识，促进了兰花界内的沟通和交流，为推动兰花产业的健康、快速发展，实现我国兰花的可持续利用发挥了积极的作用。

【第四届北京兰花展览】 由中国野生植物保护协会与中国植物学会兰花分会于2008年2月4～15日在北京植物园联合主办，展期12天。本次兰展为首都人民和广大兰花爱好者在春节期间创造了一个极佳的观赏游憩的机会，为我国的兰花企业提供了一个沟通交流的平台。

【华东华南地区野生植物保护管理培训班暨工作经验交流会】 2008年4月22～25日在杭州市召开。有关专家就植物的系统分类、多样性保护、野生植物的保护管理及相关法律法规等作了专题讲座，与会省(区、市)野生植物保护协会就野生植物保护管理情况进行了座谈和交流。本次培训采用理论学习和野外实习相结合的方式，与会代表反映良好，培训对进一步提高保护管理人员的业务素质和工作水平发挥了积极的作用。

【中国雪莲保护与可持续发展论坛】 2008年8月26～27日在乌鲁木齐市举办。有关专家学者、经营企业、部分省(区、市)野生植物保护管理人员及新闻媒体出席论坛。雪莲是我国野生植物保护中的热点物种和敏感物种，与会人员就雪莲的保护与发展进行了广泛的探讨，形成并通过了雪莲保护乌鲁木齐共识，论坛对雪莲的保护与产业发展产生了积极影响。

【中国野生植物保护协会药用植物保育委员会成立大会暨第二届全国中药资源可持续利用学术研讨会】 2008年10月24日在北京召开。该委员会是经过民政部批准成立的，挂靠在中国医学科学院药用植物研究所。工业与信息化部、国家林业局、国家食品药品监督管理局和国家中医药管理局等相关领导出席会议并发表讲话。国内外中药资源保护、利用、生产等领域的权威专家参加会议并作了专题报告，为我国中药资源保护与发展大计出谋划策。

【中国国兰保护与可持续利用研讨会】 2008年12月3日在广东省翁源县召开。与会专家、企业及主管部门就国兰的保护、培育、产业发展和如何把国兰推广普及到千家万户等进行了深入的探讨，提出了很多意见和建议。同时对获得中国兰花之乡称号的翁源县举行了授牌仪式。

（中国野生植物保护协会由于永福供稿）

中国花卉协会

【第七届花博会筹备工作】 第七届中国花卉博览会将于2009年在北京市顺义区和山东省潍坊市两地同时举办。2008年，筹备工作全面展开：①全国绿委、国家林业局、财政部、铁道部、科技部、农业部、商务部、海关总署、国家质检总局联合下发了《关于举办第七届中国花卉博览会的通知》；②制定了第七届花博会总体方案；③成立了第七届花博会组织机构；④确定了第七届花博会会徽和吉祥物；⑤第七届花博会场馆建设和招展工作进展顺利；⑥在总结历届评奖工作的基础上，经广泛征求意见，制定和下发了第七届花博会评奖办法。

【第五届中国花卉产业高峰论坛】 2008年6月18～20日在天津举办，主题为“30年回顾与展望”。江泽慧会长出席论坛并发表了《中国花卉产业发展30年回顾与展望》的主旨演讲。来自花卉生产、科研、教学、管理等方面200多人参加了论坛，代表们共同回顾了改革开放30年来我国花卉业走过的历程，深入探讨了在发展现代花卉业的过程中，如何发挥政府、协会和企业的作用等问题，展望了我国花卉业发展的美好前景。会后，编辑出版了《中国花卉产业高峰论坛资料选编(2003～2008)》。

【第十届中国国际花卉园艺展览会】 由中国花协主办，上海国际展览中心和长城国际展览有限公司承办于2008年4月9～12日在北京举办。展会总面积17 500平方米，中国、荷兰、比利时、德国、芬兰、意大利、丹麦、瑞士、挪威、瑞典、俄罗斯、美国、加拿大、马来西亚、日本、韩国、印度、以色列等20个国家和地区的347家企业参展，集中展示了国内外花卉园艺最新产品和技术。共接待来自40个国家和地区的专业观众14 121人。

【花卉标准化】 2008年，全国花卉标准化工作稳步推进。①召开全国花卉标准化技术委员会会议，成立全国花卉标准化技术委员会鲜切花分技术委员会；②制定《一品红盆花质量等级》、《杜鹃花盆花质量标准》、《仙客来盆花产品质量等级》、《八仙花切花质量标准》等16项国家和行业标准；③确定了《盆栽杜鹃花生产技术规程》、《百合花盆栽技术规程》等7个行业标准的任务承担单位；④完成中国花卉标准体系研究课题。

【花卉认证】 2008年，花卉认证工作取得突破性进展。①参加国家认监委组织的荷兰 MPS－ABC 花卉认证检查员培训；②参加荷兰 MPS 机构中国 MPS 标准讨论会和有关培训；③与有关部门合作，完成 MPS－ABC 花卉认证试点，78 家花卉企业通过认证试点，获得认证证书；④参加中国花卉 GAP 标准编制工作。

【中国花协服务工作】 2008 年，作为行业协会，本着服务行业、服务企业的宗旨，协会不断开拓服务领域，扩展服务半径，加强服务力度。

一是积极搭建服务平台。举办了第四届中国盆栽花卉交易会；与云南省大理州政府联合主办了第六届中国茶花博览会；与江苏省扬州市政府联合主办了扬州万花会；协会兰花分会在浙江省温州市举办了第十八届中国兰花博览会，在山东省曲阜市举办了兰花献教师活动；杜鹃花分会在昆明市举办了第六届中国杜鹃花展；荷花分会在北京圆明园遗址公园举办了第二十二届全国荷花展；月季分会在江苏省太仓市举办了首届中国月季产业高峰论坛；零售业分会在长沙市举办了花店花艺交流会；盆栽植物分会在昆明市举办了大花蕙兰发展研讨会。

二是《中国花卉园艺》杂志已成为提供信息服务的重要平台。全年编辑出版杂志 24 期，策划了茶花、球根花卉、高峰论坛、月季、奥运花卉和新品种保护专题，在业内引起较大反响。

三是为了规范世界园艺博览会的申办工作，经征求外交部、商务部和中国国际贸易促进委员会意见，制定并下发了《申办世界园艺博览会暂行办法》。

四是网站建设逐步加强。栏目设置更趋合理，内容日益丰富，信息更新进一步加快，浏览人次迅速增加。全年共发布信息 880 多条。

五是大力引导花卉消费。清明节前夕，中国花协发出倡议，号召移风易俗，鲜花祭祀，收到了良好的效果。

六是召开了北京市顺义区花卉产业发展专家座谈会，为顺义区花卉发展建言献策、咨询服务。

七是协助北京莱太环境发展有限公司处理与荷兰 Z&Z Varieties 公司种球进口贸易纠纷，协会就此事多次与荷兰皇家种球协会、荷兰驻昆明花卉办公室、荷兰驻华使馆进行交涉，并约请荷兰使馆农业副参赞荷布一乐就此案及相关事宜进行面谈。

八是启动了花卉园艺师试题库编写工作，召开了第一次工作会议，审定了题库鉴定点。

【国际交流】 随着我国加入 WTO，国际间的交流与合作进一步加强。一是参加了在韩国召开的第二十七届亚洲花店业协会年会；二是参加了在国际园艺生产者协会 2008 年春季会议和第六十届会员大会，在外交部、国家林业局国合司的指导下，经多次谈判交涉，就展览规则修改问题与国际园艺生产者协会签署了备忘录；三是与来访的韩国、美国、日本、荷兰、孟加拉国等多个国家的花卉考察团进行了会谈，通过交流沟通，增进了了解，扩大了共识；四是协助荷兰驻华使馆官员考察了顺义鲜花港。

【抗击雨雪冰冻灾害和抗震救灾】 2008 年初，雨雪冰冻灾情发生后，协会极为关注，及时通过《中国绿色时报》、《中国花卉园艺》杂志和中国花卉协会网站，对抗灾救灾提出了指导性意见。先后两次发出通知，要求各省(区、市)花协和中国花协各分支机构了解评估花卉业的受灾情况，组织专家对抗灾救灾和灾后重建进行技术指导，积极应对可能发生的次生灾害。组织召开了专家座谈会，研究抗灾救灾和灾后重建应对措施。减免了受灾企业会员本年度会费。

四川汶川地震发生后，协会响应号召，员工捐款 3920 元，党员交纳特殊党费 8800 元。协会和中国绿化基金会联合发出“关注地震灾区孩子，援建‘希望之花’小学”倡议，得到了社会各界尤其是花卉界的积极响应，共有 70 多个单位或个人为援建“希望之花”小学捐资，总金额达 65 万余元。

（中国花协由宿友民供稿）

中国绿化基金会

【综　述】 2008 年，中国绿化基金会围绕林业建设中心任务，以扩大筹集资金规模，提高社会公众参与绿化程度为目标，强化宣传发动、广筹资金、创新品牌三项措施，努力实施深入宣传绿色文化，广泛动员社会力量积极参与生态建设；依法募集、管理、使用绿化基金，努力扩大基金规模；大力推进国土绿化，维护生态平衡，促进人与自然和谐发展；加强国际交流与合作，不断扩大国际影响等四大任务，取得了显著成绩。2008 年募集资金 3000 多万元。

珍爱生命工程，践行生态文明——南水北调绿化系统工程走进校园系列活动 1 月 23 日在北京市宏志中学举行。该活动由中国绿化基金会和南水北调绿化系统工程组委会共同主办，标志着活动正式启动。老一辈革命家、中国绿化基金会顾问王定国，中国绿化基金会主席王志宝，原总后勤部副部长、原全国绿委副主任周友良中将等领导出席了仪式。

《绿色奥运　绿色中国》——迎奥运书画名家作品集，作品展 4 月 2 日，由中国绿化基金会艺术家生态文化工作委员会组织的《绿色奥运　绿色中国——迎奥运书画名家作品集》正式出版并在中国美术馆展出，该集共收集了我国一大批著名书法绘画艺术家的近期作品。国家林业局贾治邦局长作为该作品集的顾问，专门作了"弘扬生态文明是书画艺术家的责任"的题词，当代著名书法艺术家欧阳中石为该集题写了书名。中国绿化基金会主席王志宝和书法艺术家苏士澍、杨悦浦，中国美术馆馆长范迪安分别作序。全集共收集作品144件，其中绝大部分是近一两年由中国绿化基金会艺术家生态文化工作委员会组织的各类活动中所做，是书画艺术家们通过开展多种形式及野外写生、采风等活动取得的成果，也突出表现了艺术家们的高度的生态意识和强烈的社会责任感。

中国绿色碳基金大连专项启动　4月22日下午，中国绿色碳基金大连专项在大连市正式启动。这是中国绿化基金会继2007年设立中国绿色碳基金之后的第一个地方碳汇基金。国家林业局副局长李育材、辽宁省副省长陈海波、中国绿化基金会副秘书长赵志营、国家林业局造林司副司长李怒云以及大连市有关领导出席仪式，并共同为中国绿色碳基金大连专项纪念林揭碑，大连市副市长孙广田主持启动仪式。

大连作为我国北方的港口、工业、贸易、信息、金融旅游名城，又是东北亚重要的国际城市，在全国率先建立绿色碳基金大连专项，对于推进生态文明、建设生态宜居城市意义重大。绿色碳基金大连专项的成立，搭建了一个企业和个人参与生态环境建设的平台。

积极开展赈灾募捐活动　5月12日，四川省汶川县发生里氏8.0级强烈地震，给灾区人民的生命财产造成了惨重的损失。中国绿化基金会迅速组织职工和动员社会各界积极为灾区捐款捐物，奉献爱心，支持灾区重建家园。

中国绿化基金会先后与中国林业产业协会、中国花卉协会合作，联合向有关林业企业、会员发出倡议，号召大家紧急行动起来，伸出援助之手，奉献爱心。拟在卧龙自然保护区建造一所高标准、高质量、抗强烈地震、具有花卉行业特色的花园式"希望之花"小学。

6月3日，中国绿化基金会艺术家生态文化工作委员会向所属的200多位国内知名书画家、艺术家发出赈灾倡议，得到了书画、艺术家们的积极响应。7月初，在国林宾馆举行心系灾区　抗震救灾——赴甘肃文县抗震救灾艺术家笔会活动，以笔会形式进行书法绘画创作，捐赠墨宝，为灾区筹款。在这次笔会活动中，中国林业集团公司向中国绿化基金会捐赠人民币70万元，全部用于对口支援甘肃文县灾区。

另外，中国绿化基金会还积极协助相关企业向灾区捐赠价值40万元的棉被、帐篷和200万个口罩。截至2008年底，中国绿化基金会总计接收捐款185.79万元。根据捐赠者意愿和民政部、国家林业局赈灾办要求及灾区情况，已拨付救灾款项89.36万元，余款全部为定向捐助卧龙自然保护区"希望之花"小学建设和相关救助项目。

2008年度应对全球气候变暖在华外国机构、企业社会责任造林项目　5月18日，由中国绿化基金会和国家发改委国际合作中心等共同主办的2008年度应对全球气候变暖在华外国机构、企业社会责任造林项目启动仪式，在北京市门头沟区永定河畔举行。中国绿化基金会顾问蔡延松，国家林业局副局长张建龙，国家发改委国际合作中心主任张小冲等出席了启动仪式并讲话。

此项活动的开展旨在号召企业通过植树造林来应对全球气候变暖，体现企业社会责任。活动开展以来，得到了德国工商总会北京代表处、中国法国工商总会、加拿大中国贸易理事会、上海中国美国商会、中国瑞典商会和中国欧盟商会的积极支持。门头沟区绿委承担了实施此项目的具体工作。

此次植树造林活动主要包括CEO林和企业林的认植。在华外国机构或企业的亚太区或大中华区的首席执行官(CEO)可以捐赠认植树木，组成CEO林。在华外国企业可以捐赠认植以本公司名称命名的企业林。德国西门子、拜耳、戴姆勒东北亚投资有限公司、美国IBM公司、日本兄弟商业有限公司等公司总裁认植了CEO林，国家发改委国际合作中心主任张小冲也以个人名义捐赠参与了CEO林的认植。蔡延松和张建龙分别为CEO林认植者颁发了捐赠证书。中外各界代表倡导各国的在华机构、企业共同植树造林，履行企业社会责任，为积极应对全球变暖的共同目标而奋斗。随后，还举行了日本兄弟公司、德国戴姆勒公司、美国戴尔公司捐赠企业林揭碑仪式。近600人参与了植树活动。

幸福家园——西部绿化行动联合公益劝募活动　9月26日，由中国绿化基金会和中国人口福利基金会共同在国家林业局举行。中国绿化基金会主席王志宝、中国人口福利基金会理事长赵炳礼出席仪式并致辞。著名造型艺术大师、北京金台艺术馆馆长袁熙坤先生捐赠由自己亲手传递的，有国际奥运明星费尔普斯亲笔签名的祥云火炬和火炬手服，用作后期公益拍卖，所拍善款支持幸福家园——西部绿化行动公益项目，帮助西部贫困地区农民实现自然生态保护和家庭经济发展的可持续目标。

截至2008年底，幸福家园——西部绿化行动生态扶贫公益项目已援助甘肃定西地区4600户贫困家庭种植1533.33公顷大果沙棘生态经济林，为近5万名农民(尤其是农村妇女)提供了技术培训和劳动创收。同时幸福家园——西部绿化行动生态扶贫公益项目得到包括联合国环境规划署、气候组织、乐施会、日本NPO2050组织、日本世界沙漠绿化协会、福建东南卫视、腾讯、淘宝、网易等在内的机构、企业等的高度关注和大力支持。

中国绿化基金会被民政部评为4A级基金会 12月19日，民政部在人民大会堂举行基金会评估授牌仪式，中国绿化基金会获得4A级优秀基金会称号，也是这次参评单位中唯一获得最高奖励的基金会。

此次评估是民政部为深化基金会科学管理，加强基金会自身建设，提高基金会社会公信力，增强基金会综合能力建设，完善基金会监管体制，促进我国公益事业健康持续地发展，决定从2007年开始对基金会进行评估。

中国绿化基金会于2008年6月份提交了《基金会评估申报书》和相应评估材料。7月15日由民政部组织的相关研究机构、律师事务所、会计师事务所和相关基金会负责人组成的基金会评估专家小组，对中国绿化基金会进行了全面评估。专家组依照评估指标和工作程序，对基础条件、内部治理、工作绩效和社会评价4个大项、60个小项进行了实地检查，重点在组织机构、财务资产管理、公益活动规模、公益项目开发、年度捐赠收入、公众评价等方面进行量化打分。专家小组在实地考评的基础上提交初评报告，最后由评估委员会评定。 （费　勇）

中国林业产业协会

【综　述】 2008年，是中国林业产业协会正式挂牌运行的第一个年，协会的各项工作取得了显著成绩，为全面规范地拓展协会工作新局面奠定了坚实的基础。

加强协会组织建设 ①按照第二次会长办公会议部署，在局人教司的指导下，完成了协会秘书处工作人员公开招聘工作，确立了秘书处的组织运行框架和重大议事规则，起草颁布了《中国林业产业协会财务管理办法》等28部规章；②正式成立了秘书处党支部，建立了秘书处工会委员会，先后组建了林纸分会、人力资源分会、森林旅游分会等3个分支机构，启动了中国林业产业联合会筹备工作；③与全国17个省(区、市)林业产业协会建立了联系制度，指导吉林、内蒙古、广西等省(区)和青岛市成立了地方林业产业协会。

开展林业产业重大问题调查研究 ①承担国家林业局2008年度十一项重大调研课题之一“林业产业与国民经济发展”，已按要求完成上报；②按国家林业局产业领导小组部署，确定了30个林业产业重点调研课题，已完成各种调研报告10多篇，大部分已报政府相关部门，其余分报告及总报告定于2009年第二季度以前完成；③参与组织了东北国有林区改革和经营机制转换重大调研活动。

开展涉林企业的税费减免争取工作 重点针对以“三剩物”和“次小薪”为原料生产加工的综合利用产品增值税即征即退政策延续、部分林产品企业所得税减免、林产品出口退税税率的调整等3项税赋，组织有关会员单位分别对70多家重点企业、10多家行业组织及地方政府进行了调研，组织业内专家召开了5次政策研讨会、调研座谈会及专家咨询会，其中，综合利用产品增值税即征即退政策延续争取工作已告一段落，形成了长达1万多字的报告，已经论证并分别上报国家发改委、财政部、税务总局等；部分林产品企业所得税减免争取工作、提高林产品出口退税税率的争取工作也取得了阶段性成果。

兴办经贸交流和产业论坛 ①先后参与承办了第四届中国牡丹江国际木业博览会、第五届中国菏泽林产品交易会、第四届中国福建三明海峡两岸林博会、首届义乌国际林博会、浙江余杭市中国国际竹子节等5个博览会；②主办或参与承办了2008中国人造板国际贸易论坛、中国纸业可持续发展论坛、中国林业产业发展与人才开发论坛、首届中国绿色发展高层论坛、木材国际贸易与政策研讨会、全球金融危机与中国林业产业发展论坛等经贸论坛及洽谈会。

搭建中国林业产业信息服务平台 ①利用《中国林业产业》杂志和中国林业产业网站，专题策划了“林改进行时”、“金融海啸登岸中国林企如何应战”等12个特别策划，整理并发布了林业基层信息1000多条，杂志发行数已达1.5万份，比2007年翻了一番，广告额突破100万元，比2007年翻了两番；②与国家林业局经研中心和《中国绿色时报》合作，编撰《中国林业产业发展指南》和《中国绿色时报》产业版；③分别在宁夏、浙江、湖南召开3个中国林业产业信息服务座谈会。

开展对外交流合作 ①先后与法国跨地区林业协会、英国木材贸易联合会、荷兰木材贸易协会、美国木材协会、马来西亚木材协会和加拿大海岸森林产品协会等8个国际非政府组织进行了交流，并达成加强双边合作意向；②分别与美国沃尔玛百货公司和澳大利亚塔期马尼亚林业公司签署了关于推进可持续经营、开展森林认证及森林旅游等方面合作谅解备忘录；③与专业机构中瑞岳华会计师事务所签署了战略合作协议，为广大会员提供优质服务。

【中国林业产业协会第二次会长办公会】 2008年1月15日在北京举行，会议代表同时列席了全国林业厅(局)长会议。国家林业局局长、中国林业产业协会会长贾治邦，国家林业局副局长、中国林业产业协会常务副会长雷加富出席并作讲话。

贾治邦指出：产业体系建设取得了新成绩，林业经济社会功能日益增强。做大做强林业产业，力争在重点领域取得突破。一是落实林业产业政策。二是加强服务能力建设。三是突破重点发展领域。四是抓好山区综合开发。

雷加富副局长作了题为《把握机遇应对挑战全面推进林业产业又好又快发展》的主题报告。会议审议并通过了中国林业产业协会新增理事、常务理事、副会长提案及调整部分副会长、常务理事事宜，审议并通过了协会秘书处副秘书长建议名单，听取并讨论了王满秘书长关于中国林业产业协会2007年工作总结和2008年工作安排的汇报。

【中林联认证中心筹建工作】 2008年，由中国林业产业协会牵头筹建全国第一家森林认证机构中林联认证中心工作，取得了实质性进展，促成了国家林业局与国家认监委联合发布《关于开展森林认证工作的通知》，参与了《中国森林认证实施规则》的编制，筹划了森林认证机构运行的技术性保障文件、技术力量储备及人员培训等前期准备工作，并进行了承担国家森林认证试点任务调研。在认证机构筹备期间，为推动中国森林认证体系与国际认证认可体系的互认与合作，中国林业产业协会副秘书长石峰应邀出席了PEFC在澳大利亚首都堪培拉举办的第十二界年会。先后会见了PEFC主席麦克先生、PEFC秘书长本先生、澳农林渔业部资源与自然遗产保护局局长汤姆以及日本、美国、加拿大、比利时、澳大利亚等国林业产业(或林场、林产)协会的认证体系管理机构参会代表，并与PEFC亚太地区主席汉斯先生及中国工作委员会负责人余柏松先生进行了深入沟通，对PEFC森林认证体系进行了全面了解，为今后我国与该体系的互认奠定基础。

【中国林业产业投资与发展战略高峰论坛】 国家林业局局长、中国林业产业协会会长贾治邦，中国绿化基金会主席、中国林业产业协会顾问王志宝，2008年6月10日出席由中国林业产业协会、摩根士丹利、国际金融公司和广东盈然木业有限公司举办的资本时代的中国林业产业投资与发展战略高峰论坛暨摩根士丹和国际金融公司联手投资大自然品牌签约仪式。贾治邦指出：中国林业产业有巨大的资源潜力和投资优势。

【第四届中国(牡丹江)国际木博会】 2008年8月27日至9月29日，由国家林业局、黑龙江省政府和俄罗斯滨海边疆区政府联合主办，在黑龙江省绥芬河市召开，国家林业局副局长李育材、黑龙江省副省长吕维峰出席。这次博览会是第四届中国木业博览会，也是首届中外联办的中国国际木业博览会，体现了木材的培育、加工、销售、消费的国际化，是我国参与木材国际贸易分工的体现。

【绿色承诺——中国纸业可持续发展论坛】 2008年6月26日，中国林业产业协会林纸分会主办，在海口举行。中国林业产业协会顾问、国家林业局原局长王志宝出席。出席论坛的各界专家学者认为：实现林浆纸一体化可以很好地解决中国纸业可持续发展问题。

【环境可持续发展合作谅解备忘录】 2008年10月21日中国林业产业协会与美国沃尔玛公司在京举行《环境可持续发展合作谅解备忘录》签字仪式。国家林业局副局长祝列克出席并会见了美国沃尔玛公司董事会主席沃尔顿和总裁兼首席执行官李斯阁。该备忘录是沃尔玛公司与非政府组织签署的第一份合作备忘录，双方将在环境可持续发展和森林认证领域开展友好合作。

【与澳塔斯马尼亚林业公司达成合作谅解备忘录】 2008年12月8日，中国林业产业协会石峰副秘书长参加了中澳林业工作组第八次会议，石峰就中国林业产业协会情况向澳方代表作了介绍，澳大利亚农林渔业部林业司司长及塔斯马尼亚林业公司代表也分别介绍了情况。中国林业产业协会与塔斯马尼亚林业公司达成合作谅解备忘录，双方将加强如下领域的交流与合作：①鼓励两国林业企业间的合作，中国林业产业协会将于2009年6月在西安举办国际林业产业合作论坛，澳方将派代表参加。②推动中澳林业产业项目合作，尤其加强在森林认证领域的交流与合作。③开展森林旅游项目合作。④促进林产品进出口贸易合作。⑤双方为推动以上项目合作，将共同建立中澳林业企业交流办公室。

【深入重点林区调研】 为了贯彻落实国务院领导关于开展重点国有林区改革发展的指示精神，受国家林业局局长、中国林业产业协会会长贾治邦的委托，中国林业产业协会顾问、国家林业局原局长王志宝率产业协会秘书长王满、副秘书长石峰等一行，自2008年12月23日起，深入东北重点国有林区，就重点国有林区林权制度改革和林业企业经营机制转换等重要问题进行调研，在掌握大量材料基础上，向局党组提交了调研报告，为国家林业局正确决策提供了科学依据。

【中国林业产业协会森林旅游分会】 2008年11月18日在杭州千岛湖正式成立。同期组织筹办了2009年度中国林业产业信息服务座谈会暨《中国林业产业》杂志编委会会议。中国林业产业协会顾问、国家林业局原局长王志宝，中国林业产业协会名誉顾问、林业部原副部长刘于鹤、蔡延松出席成立大会。森林国际旅行社总经理刘世勤当选为森林旅游分会理事长。

【全国板材企业出口退税政策调整座谈会】 中国林业产业协会与国家林业局计资司于2008年12月2日在山东省临沂市召开全国板材企业出口退税政策调整座谈会。会议广泛听取来自板材基地代表就国际金融危机、人民币汇率攀升、原材料涨价等对我国板材业的严重冲击，客观反映国家加大板材出口退税力度，对保护森林资源、发展林业产业、促进产品出口、提高林农收入，带动地方经济社会发展和缓解企业压力、增强企业信心的意见。2008年初，中国林业产业协会在众多企业的呼吁下，成立了专门的涉林企业税费优惠政策调研组，利用多种形式深入调研，向行政主管部门客观反映情况，充分发挥了企业与政府间的桥梁纽带作用。

（中国林业产业协会由白会学供稿）

中国水土保持学会

【综　述】 2008年，中国水土保持学会的主要工作有：

组织建设 ①组织实施《中国水土保持学会分支机构的设立与管理办法》和《中国水土保持学会会员管理暂行条例》，进一步规范学会分支机构和学会会员的管理。②9月，开展了第二届学会科学技术奖评奖工作，评选出科学技术奖一等奖2项，二等奖3项，三等奖5项。③按照中国科协全国学会会员统一编码制的要求和使用中国科协个人会员管理系统的要求，继续组织开展了学会会员重新登记和个人会员管理系统的使用培训工作。④成立了学会科技协作工作委员会，为我国水土保持生态环境建设的跨部门、跨行业的科技协作提供了技术平台，便于统一协调，整合资源，更好的发挥全国学会的作用。

网络建设 ①进一步完善了学会网站建设（www.sbxh.org），不断增加学会网站的内容和信息量。学会网站越来越受社会公众的关注，点击率迅速增加，由2006年底的5万多人次增加到近13万人次。②启用中国科协全国学会会员管理系统。

学术活动 ①2月25日，学会小流域综合治理专业委员会在成都市召开了换届暨学术研讨会。40多个单位水土保持业务主管部门、科研院所、大专院校，60余名代表参加会议，就小流域综合治理模式、标准、治理技术、小流域综合治理信息化建设等问题进行了研讨。②4月19日，学会工程绿化专业委员会在贵阳市召开了全国工程绿化技术学术研讨会，70余个工程绿化、科研院所、高等院校的专家、学者和工程技术人员参加了会议，就工程绿化技术、边坡防护技术、工程绿化工程验收指标体系、低温雨雪灾害对工程绿化植被的影响等问题进行了研讨。研讨会征集80篇论文，编选出版47篇。③7月，学会在北京召开了四川汶川大地震灾后恢复重建过程中防治水土流失恢复生态环境学术研讨会。21位专家学者参加了研讨会，其中13位专家亲临“5·12”汶川大地震现场，从不同角度进行了考察。专家学者从灾后重建过程中的水土保持防治，植被恢复重建，水土流失、泥石流滑坡预测、预防、防治技术展开了高层次的研讨，为震后恢复重建过程中防治水土流失、恢复生态环境建言献策。④9月，学会参加了2008年中国科协年会。学会推荐的论坛主会场报告人就特大冰雪灾害后的植被恢复和四川汶川大地震灾后恢复重建过程中防治水土流失恢复生态环境作了学术报告。⑤11月，学会召开了三届二次理事会会议暨中国水土流失与生态安全综合科学考察学术报告会。理事会会议总结了学会第三次代表大会以来的工作，部署本届理事会后两年的工作。科考报告会从多学科全面、客观地分析和评价我国水土流失的现状、成因及发展趋势，水土流失与老少边穷地区经济发展的关系，水土流失及其治理背后存在的深层次经济、社会、管理机制、政策法规等方面的问题，为全面促进和抬升我国水土保持工作献计献策。⑥12月，学会联合国家林业局、中国林学会、北林大以及学会工程绿化专业委员会在北京召开了中国北方退耕还林工程建设与效益评价学术研讨会。研讨会从多层次、全方位对我国北方地区的退耕还林建设与效益评价方面进行了深度研究。⑦8月15～20日，学会邀请台湾屏东科技大学组织的台湾水土保持技师团参观访问中科院水利部水土保持研究所和西北农林科技大学等单位，同时举行了小型学术座谈和专题研讨。9月与10月，学会分别组织代表团赴台参加第六届海峡两岸山地灾害与环境保育学术研讨会和第九届生态环境保育学术研讨会。⑧完成《中国水土保持科学》2008年第6卷1～6期编辑出版工作。

科学普及与教育培训 ①4月22日，学会在中国地质大学校园举办了水土保持生态修复和爱护环境、保护水资源等项目的科普咨询宣传活动。活动旨在提高大学生学习和运用科学的意识，以科学带动新思维的发展，以科学带动大学生学习的积极主动性，让科学的理念在大学中传播和提高公民的水土保持意识和爱护环境的自觉性，从而促进社会的发展。② 9月,学会分别组织北林大附属小学近80名同学到门头沟区龙凤岭水土保持科技示范园、灵溪水土保持户外教室和延庆县井庄镇进行了题为“保持水土，爱护环境——青少年科技传播行动”活动。③ 11月，学会在石家庄市举办了全国甲级编制开发建设项目水土保持方案资格证书单位持证上岗人员培训班和全国甲级编制开发建设项目水土保持方案资格证书单位持证上岗人员再培训班。

【抗震救灾】 在四川汶川“5·12”大地震后的第一时间，学会泥石流滑坡防治专业委员会的20多位同志立即随成都山地灾害与环境研究所组织的汶川泥石流滑坡调查小组奔赴安县、北川、青川等重灾区考察。此后，又多次深入灾区考察，获取了大量滑坡、崩塌以及堰塞坝的现场实际资料，并根据考察资料快速进行了灾情及其发震趋势分析，为抗震救灾提供了第一手资料。特别是对高危险性堰塞湖危险性从高到低的排序，评估结果被国务院抗震救灾前方指挥部采纳，作为应急排险决策和工程处置的依据，在处理危急堰塞湖工作中发挥了重要作用。专业委员会被评为中国科协抗震救灾先进集体，专业委员会主任委员崔鹏被评为中国科协抗震救灾先进个人。

（中国水保协会由岳金山供稿）

中国林业教育学会

【综　述】

学会组织建设　①按照国家民政部的要求和学会章程有关规定，2008年学会职业教育分会和基础教育分会进行了换届工作。南京森林公安高等专科学校苏惠民校长当选为职业教育分会第三届委员会主任委员。黑龙江森工总局副局长吴爱国当选为基础教育分会第三届委员会主任委员。②《中国林业教育》刊物是学会与北林大联合主办的会刊。经过充分协商，对编委会进行了调整，主任委员为吴斌，副主任委员为周景、宋维明，委员21名。

林业教育研究　①由中国林业教育学会2006年6月组织立项开展的14个“林业教育研究课题”于2008年11月21~23日进行了验收。本次有10个课题申请结题验收，1个课题申请延迟验收。经专家评审，10个课题均通过验收，专家组认为：由广西生态工程职业技术学院主持的高职教育林业技术专业实践教学体系的研究，在林业高职教育研究中具有先进水平，有很好的推广价值。②成教分会做好林业行业培训规范化建设课题研究的组织协调工作；参与了提高林业从业人员科学素质系统研究课题的调研工作；启动了由全国16个省(区、市)的19家单位参与的林业干部教育培训能力建设研究课题，并认真做好课题的组织协调工作；承担了林业干部教育培训管理创新分课题的研究任务；参与了相关部门政策对林业的影响课题；承担了林业贸易政策影响分课题的研究；积极开展远程教育研究，着力开发远程教育课件，探索林业远程教育的途径。③职教分会组织二十几所林业高职高专院校参加了在教育部和国家林业局立项的高职高专教育林业类专业教学内容与实践教学体系研究，林业高技能人才培养研究。这些研究成果已在20余所本、专科院校相关专业中推广、应用和实验。④完成了全国林业职业教育2001年以来的办学基本情况调研活动，对“十五”以来，林业职业教育的办学基本情况、专业及院校分布、办学规模和办学条件进行全面摸底，向国家林业局提交了调研报告，提出了发展林业职业教育的政策建议，在核心期刊上发表了《我国林业职业技术院校发展状况的调查分析》的论文。编辑出版了《中国林业职业教育概览(2001~2006)》一书。

评奖工作　①由学会图书与教材工作委员会牵头，中国林业出版社协办开展了第二届林(农)类优秀教材评奖活动。评奖工作会议于4月14日在北林大召开。评审组由常务副理事长吴斌教授担任，专家组组长由尹伟伦院士担任。评出了一等奖11项(高等教育9项，高职高专2项)，二等奖18项(高等教育13项，高职高专5项)，优秀奖23项(高等教育17项，高职高专6项)。②毕业生就业指导工作委员会开展了首届林业院校毕业生就业指导优秀论文评选活动。评出一等奖7篇，二等奖12篇，三等奖16篇。本次优秀论文评选工作首次采用了培养人、用人单位双方共同探讨、参与的方式，收到了较好的效果，对今后林业教育教研究、各项评奖工作有很好的借鉴作用。③职业教育分会开展了全国林业职业教育研究优秀论文的评选活动。评选出一等奖2篇、二等奖20篇、三等奖49篇。

培训工作　职教分会8月在辽宁林业职业技术学院举办了全国林业职业院校精品课程建设师资培训班。在陕西杨凌职业技术学院举办了全国林业高职院校林木种苗生产技术课程师资培训班。

交流与合作 ①毕业生就业指导工作委员在西南林学院和北京举办了第二届、第三届林业产业发展与人才开发论坛暨林业院校毕业生供需洽谈会。来自全国各地的人造板、地板、家具、营造林、园林花卉、林化等企业的总经理、人力资源总监以及林业院校分管毕业生就业的领导参加会议，论坛期间举办大型校园招聘会，有200多家企业现场招聘，吸引几千名学生参加。②职教分会以“林业职业教育改革与创新”为主题开展了学术交流研讨会。以“加强林业职业院校内涵建设，推进产学研结合”为主题召开了全国林业职业院校协作会。邀请了国家林业局和云南省林业厅有关领导和专家参加了会议。③在国家林业局立项，由中国林业教育学会、北林大与加拿大UBC大学林学院、国际林业教育伙伴于12月7~11日联合主办了林业教育国际研讨会暨第一届林业教育培训论坛。会议的主题是“林业教育与全球森林可持续发展”。来自加拿大、美国、芬兰、澳大利亚、马来西亚、印度尼西亚和中国的23位林业校(院)长就林业教育面临的问题、林业教育如何适应社会经济发展、如何加强自身能力建设服务社会、如何有效地开展林业教育的国际合作等多个层面、多个视角进行了研讨。

刊物出版、信息建设 《中国林业教育》出刊6期。学会秘书处2008年编辑《教育信息动态》4期。职教分会编辑《林业职业教育动态》9期。

（贾笑微）

中国林场协会

【综　述】 2008年，中国林场协会遵循为会员林场和为行业服务的宗旨，充分发挥协会的桥梁纽带作用，在调查研究、信息交流、省际间区域组织等方面做了大量工作，取得了显著成绩。

积极为会员林场做好服务工作 2008年，协会积极开展了为会员林场提供多种服务。①组织国有林场场长异地挂职学习考察活动。2008年共有广西、江苏、山东等省(区)的10个先进林场接受了河北、河南、湖南、云南、贵州、青海省等派出的19个林场场长挂职学习。据统计，自2006年以来，先后有14个省(区)的55名场级干部参加了异地挂职学习。为了进一步开展这项活动，协会在总结近几年场级干部挂职活动经验的基础上，制定了《国有林场场长异地挂职学习考察办法》，组织编写了林场场长培训手册，为下一年度开展这一活动作好准备。②在国家林业局管理干部学院举办了国有林场生态文明培训班。聘请专家、司(局)领导讲话，还邀请了黑龙江、山西省林业厅和山东、山西、湖南、安徽省的4个林场介绍开展生态文明的经验。通过学习研讨，提高了林场场长学员对生态文明建设的认识，明确了国有林场在生态文明建设中的任务和责任；③四川省汶川县“5·12”大地震后，经主管部门领导同意，以协会名义向全国国有林场发出了捐款倡议。内蒙古、山东、河南、广东、云南、河北、湖南、山西、海南、新疆、江苏、宁夏等省(区、市)的国有林场职工积极响应，踊跃捐款。据统计，共筹集捐款217万元，有力地支援了灾后林场抗震救灾和重建家园。

开展调查研究，积极建言献策 2008年，中国林场协会围绕建设现代林场，提高国有林场森林经营水平做了大量的调研工作。先后深入到河南、江苏、甘肃、福建等4省的36个国有林场实地考察，并结合以往的调研成果，对国有林场现有的森林经营状况进行分析，提出了培育发展优质高效多功能森林的想法，起草了《加强国有林场森林经营，提高森林质量的建议》，并于9月在山东省原山林场召开了全国林场森林经营研讨会，同时还分别召开了防护林和海防林森林经营座谈会，之后，又征求了部分专家和司(局)领导的意见，最后形成了《关于加强国有林场森林经营，培育发展优质高效多功能森林的建议》，上报国家林业局。贾治邦局长、张建龙副局长作出了批示，要求有关部门予以研究落实。

加强信息交流 为了让更多的会员了解我国的林业发展形势，学习先进林场的成功经验，2008年，协会主要做了以下几方面的工作：①编辑发行了14期《林场信息》，每期发行700份，及时传达了国家林业局有关林业方针、政策和重要决策部署，介绍了各地林场改革发展及管理经验；②通过《中国林业》、《中国绿色时报》等媒体宣传国有林场的先进典型、建设成就；③收集生态文明建设的有关讲话和论述资料编印成册，编印了《国有林场森林经营材料汇编》；④为宣传国有林场和林场改革30年的成就，协会分别发出了制作光盘和30年征文的通知，收集了20多个国有林场的宣传光盘，供学习借鉴之用；⑤与其他协会和有关组织交流信息，及时了解和学习借鉴兄弟协会的经验，扩大了协会的影响。

加强自身建设，提高工作效率 为了使协会工作更加规范，更有成效，2008年，协会不断完善自身建设：①提交二届常务理事会调整了部分理事和常务理事，及时推荐了郝燕湘同志为协会的代秘书长，使协会组织保持健全，正常运转。②为了更广泛地开展协会活动，组织会员林场互相交流经验、专题研讨和观摩学习，协会分别在郑州市和福州市分别召开了中南、华东地区成立国有林场省际区域联络组织会议，经协商成立了中南地区国有林场论坛和华东国有林场论坛组织，为其他省(区、市)组建区域联络组织提供了经验。③积极推动省级协会建立。湖南、江西、安徽、四川省林场协会也做了大量工作，取得了很好的服务成效。部分省(区)也正在积极准备成立协会。④建立了国有林场数据库和会员库等基础数据库。⑤按民政部等上级要求，上报有关材料和报表。

进行换届筹备工作　根据《中国林场协会章程》规定和民政部的要求，协会应进行换届改选工作。为此，协会秘书处做了大量工作：一是制定了第三届理事会的组建方案；二是起草了章程修改草案；三是请有关部委、国家林业局有关司(局)、各省级国有林场主管门及有关林场推荐了第三届理事会理事人选；四是向国家林业局推荐了会长、副会长、秘书长人选；五是起草了上届理事会的工作总结，并于2008年6月上报国家林业局。　(赖炳辉)

中国林业经济学会

【综　述】　2008年，中国林经学会充分发挥学术团体的作用，围绕国家林业发展的重点开展了多种类型的学术活动。主要开展的活动包括与中国林业产业协会共同举办全球金融危机对中国林业产业的影响及对策研讨会；与中国老科学技术工作者协会、中国老教授协会共同举办加强森林经营提高森林质量研讨会；召开中国林经学会技术经济专业委员年会、中国(珠海)林经学会企业管理专业委员会第十七次年会暨学术研讨会；开展中国林经学会优秀论文征集工作，同时对《林业经济》杂志复刊以来刊登的论文进行评奖，共评选出一等奖3篇，二等奖6篇，三等奖9篇，优秀论文奖12篇；与中国林业经济论坛组委会共同举办了第六届中国林业经济论坛。

【全球金融风暴对中国林业产业的影响与对策研讨会】　2008年12月22日，由中国林经学会、国家林业局经研中心、中国林业产业协会共同主办的全球金融风暴对中国林业产业的影响与对策在京召开。国家林业局副局长张建龙出席会议并致辞，中央财经领导小组办公室、国家发改委、国务院发展研究中心、国家林业局有关司(局)、中国木材流通协会、中国家具协会、陕西等省(区、市)林业部门领导，有关大专院校、科研机构、国有森工企业及相关企业、中国林经学会、中国林业产业协会的部分会员单位和代表参加了会议。

研讨会围绕全球金融危机形势下中国木材加工业面临的形势、贸易壁垒等非关税措施对我国林产品出口的影响及对策，俄罗斯木材出口关税调整对我国木材出口的影响及对策，国家税收政策调整对林业产业发展的影响，中国林业产业发展的未来走向与政策等问题展开了讨论，提出了新形势下推动林业产业发展的许多应对措施和意见。

(中国林经学会由学会秘书处供稿)

林业大事记与重要会议

2008 年中国林业大事记

1 月

5 日 中华环保世纪行 15 周年座谈会暨总结表彰大会在海口市召开。全国人大常委会副委员长热地出席会议并讲话，海南省省委书记、省人大常委会主任卫留成致辞，国家林业局党组成员、中央纪委驻局纪检组组长杨继平宣读表彰决定。

6 日 全国林业利用国际金融组织贷款项目管理暨速丰林工程建设工作会议在北京召开。国家林业局副局长张建龙出席会议并讲话。

7～11 日 国家林业局副局长雷加富率团访问缅甸，出席中国政府向缅甸政府赠送消防车辆和消防设备仪式，并与缅甸林业部就加强双边合作事宜进行会谈，双方一致同意加强沟通与协商，推动双边林业合作备忘录尽快签署，在森林防火、森林可持续经营、野生动植物保护等方面开展合作。

9 日 国家林业局专家咨询委员会全体会议在北京召开。与会专家共同研商了发展现代林业、建设生态文明问题。贾治邦局长主持会议并讲话，李育材副局长通报林业工作有关情况。

10 日 中国防治荒漠化协调小组会议在北京召开。会议总结了全国防沙治沙大会精神贯彻落实情况，研究部署了当前和今后一个时期的防沙治沙工作。国家林业局局长贾治邦出席会议并讲话，副局长李育材出席，副局长祝列克主持会议。

14～15 日 全国林业厅(局)长会议在北京召开。会议的主要任务是以党的十七大精神为指导，贯彻落实中央经济工作会议、中央农村工作会议部署，围绕履行建设生态文明的重大使命，回顾总结林业工作，研究分析林业形势，安排部署林业工作，推进现代林业又好又快发展。国家林业局党组书记、局长贾治邦作了题为《履行建设生态文明重大使命，推进现代林业又好又快发展》的主题报告。局党组副书记、副局长李育材主持会议。局党组成员、副局长雷加富、祝列克、张建龙，副局长印红，武警森林指挥部主任韩祥林出席会议。会议还表彰了全国林业系统先进集体、劳动模范、先进工作者，全国森林资源管理先进单位，“绿盾二号行动”优秀组织单位、先进集体、先进新闻报道单位，全国林政案件管理先进单位和个人。

同日，国家林业局发布 2008 年第 1 号公告，决定将金森女贞等 21 个林木品种和陈山林场红心杉母树林种子等 13 个林木品种确定为林木良种使用。

15 日 国家林业局在北京召开 14 省(市)集体林权制度改革座谈会。副局长祝列克、张建龙出席会议并分别讲话。会议要求，要使用好、管理好中央财政先期向 14 省(市)安排的林改工作经费，全面推进集体林权制度改革。

17 日 2008 年全国林业计划财务工作会议召开。会前，国家林业局局长贾治邦作出指示：林业计财工作必须坚持五项原则，要加强沟通、积极争取、统筹兼顾、突出重点、促进发展。祝列克副局长出席会议并讲话。会议总结了 2007 年的林业计划财务工作，研究部署了 2008 年的林业计财工作任务。

19 日 中共中央政治局委员、国务院副总理回良玉在国务院召开的全国农业抗灾减灾和春耕生产工作会议上，对春季植树造林和森林草原防火工作作出重要安排，指出：要切实加强植树造林和森林草原防火，确保完成造林生产任务，确保不发生重大森林草原火灾。

21 日 关注森林活动组委会 2008 年主任工作会议召开。会议总结回顾了近 5 年工作，部署安排了 2008 年关注森林活动。中共中央政治局常委、全国政协主席贾庆林会前对关注森林活动作出重要批示，指出：关注森林活动在各方面的积极参与和大力支持下，取得了良好的效果，得到了社会的普遍认同，产生了广泛的影响，希望关注森林活动组委会认真总结经验，创新活动方式，围绕“建设生态文明”这个主题，把关注森林活动持之以恒地开展下去，取得更大的成果。全国政协副主席张思卿主持会议，全国政协人资环委主任陈邦柱，国家林业局局长贾治邦，国家林业局党组成员、中央纪委驻局纪检组组长杨继平出席会议。

同日，国家林业局召开林业有害生物防治工作专家座谈会，听取有关专家对林业有害生物防治工作的意见和建议，共同商讨防治工作对策。李育材副局长出席会议并讲话。

22～24 日 防治荒漠化国际会议在北京举行。国务院副总理回良玉出席开幕式并致辞。联合国秘书长潘基文为大会发来贺信，联合国主管经济与社会事务副秘书长沙祖康、联合国可持续发展委员会主席弗朗西斯·涅马、联合国防治荒漠化公约执行秘书吕克·尼亚卡贾致辞。国家林业局局长贾治邦主持开幕式，副局长祝列克主持部长级高官会议。与会代表围绕“防治荒漠化，促进可持续发展”主题，进行了广泛交流和深入讨论，形成了5点共识，并原则通过了《北京声明》。本次会议由联合国经济和社会事务部、中国国家林业局共同主办。来自50多个国家和地区、40多个国际机构和国际组织的代表共240余人参加会议。

24日 全国湿地与野生动植物保护管理工作会议在北京召开，研究部署当前和今后一个时期的保护工作。国家林业局局长贾治邦主持会议并讲话，局党组成员、中央纪委驻局纪检组组长杨继平出席会议，副局长印红作主题报告。

30日 国家林业局发布2008年第2号公告，公告林业有害生物防治标识图案。

2月

2日 国家林业局与联合国开发计划署、世界自然基金会、中国科技馆在北京举行第十二个“世界湿地日”庆祝活动。全国政协副主席张梅颖、国家林业局局长贾治邦等出席庆祝活动，并为健康的湿地，健康的人类——湿地科普摄影展剪彩。副局长印红主持庆祝活动，并宣布2008年新指定的6块中国国际重要湿地名单。

12日 国家林业局发布《南方雨雪冰冻灾害地区林业科技救灾减灾技术要点》。

18日 国家林业局在北京召开全国林业抗灾救灾及林业生产电视电话会议，落实党中央、国务院关于抗灾救灾的一系列部署和指示精神，分析交流全国林业系统抗灾救灾的情况与经验，安排部署林业抗灾救灾、恢复重建和春季林业生产。副局长李育材主持会议，副局长祝列克讲话，副局长张建龙、印红出席会议。

同日，国家林业局发布2008年第3号公告，决定将枣实蝇列为全国林业检疫性有害生物。

19日 国务院新闻办公室举行新闻发布会。国家林业局副局长祝列克介绍了低温雨雪冰冻灾害对中国林业的影响及林业灾后重建工作的进展情况，并回答了记者提问。

25日至3月1日 国家林业局副局长李育材应美国林务局副局长林斯科特邀请赴美国访问。对美国西部林区灾后重建、林业发展在应对气候变化中的作用、林产工业发展等进行考察和交流。并与美国惠好公司签署合作备忘录，促进双方在中国南方省（区）发展林纸一体化产业合作。

26日 由国家林业局、中科院、国家环保总局协调合作，并组织国内数百名专家历时5年完成的《中国植物保护战略》中英文本正式对外公布。

28日 国家林业局直属机关党的建设和机关建设工作会议在北京召开。局党组书记、局长贾治邦出席会议并讲话，局党组成员、中央纪委驻局纪检组组长杨继平对纪检工作提出要求，局党组成员、副局长、局直属机关党委书记张建龙对机关党建工作进行部署。局党组成员、副局长雷加富、祝列克，副局长印红出席会议。

同日，国家林业局以林资发[2008]37号印发《雨雪冰冻灾害受害林木清理指南》。

28～29日 集体林权制度改革国际研讨会在北京召开。会议总结了中国集体林权制度改革的经验和做法，分析了下一步发展方向，推进了林业有关产权和政策方面的国际合作。国家林业局副局长张建龙出席开幕式并讲话。研讨会由国家林业局、世行、产权与资源集团和北京大学联合主办。

29日 国家林业局召开直属单位计划与资金管理会议，部署了2008年直属单位计划与资金管理工作。祝列克副局长出席会议并讲话。

3月

10日 国家林业局、公安部、海关总署、国家工商总局决定，联合开展集中打击破坏野生动物资源违法犯罪行为的“飞鹰行动”。

11日 全国绿委、人事部、国家林业局决定，授予安徽省六安市金安区绿化办主任周世友“模范公务员”称号，享受省部级劳动模范和先进工作者待遇。

18日 中共中央组织部同意孙扎根同志任国家林业局党组成员。11月1日，国务院任命孙扎根同志为国家林业局副局长。

19日 国家林业局以林沙发[2008]56号印发《京津风沙源治理工程区人工造林特大灾害损失面积核定办法(试行)》。

20日 国务院在北京召开全国森林草原防火工作电视电话会议。中共中央政治局委员、国务院副总理回良玉出席会议并作重要讲话，强调：要充分认清形势，强化责任落实，采取有力措施，严防重大森林草原火灾发生。国务院副秘书长张勇主持会议。国家森防指总指挥、国家林业局局长贾治邦通报2007年森林防火工作情况，并对2008年的森林防火工作进行了部署。

21日 国家林业局副局长祝列克在北京会见日本小渊基金事务局长梶谷辰哉一行，双方就进一步加强中日民间绿化合作和实施海防林示范项目事宜交换意见。

22日 全国绿委、中央直属机关绿委、中央国家机关绿委、首都绿委联合组织的“迎奥运，共建绿色家园——共和国部长义务植树活动”在北京举行。172名位部级领导参加义务植树活动。

24日 经国务院同意，国家发改委、国家林业局等6部委局联合印发《岩溶地区石漠化综合治理规划大纲》，并启动岩溶地区石漠化综合治理试点项目。

同日，国家林业局以林护发[2008]63号印发《促进野生动植物资源和自然保护区生态系统灾后恢复的指导意见》。

同日，国家林业局发布2008年第5号公告，决定撤销划定的江苏省苏州市吴中区的松材线虫病疫区。

25～26日 国家林业局在湖南省郴州市召开全国林业灾后恢复重建现场会，重点学习贯彻温家宝总理、回良玉副总理对林业抗灾救灾及灾后重建工作的一系列批示指示精神，研究林业恢复重建的措施，部署科技救灾和灾区森林防火工作。贾治邦局长主持会议并讲话，湖南省省长周强出席会议并讲话，副局长李育材就科技救灾和技术服务作书面讲话，副局长雷加富就灾后森林防火工作作出部署，副局长祝列克作主题报告。

25～28日 应中国国家林业局邀请，俄罗斯林务局副局长吉里亚耶夫·米哈伊尔一行来华访问。李育材副局长在北京会见了吉里亚耶夫一行，双方探讨了召开中俄林业工作组第六次会议的具体事宜，并就促进中俄森林开发长期合作交换了意见。3月26日，中国国家林业局与俄罗斯林务局、世界自然基金会、森林趋势在北京共同召开中国—俄罗斯森林开发和木材加工投资政策咨询暨培训会议。

27日 国家林业局局长贾治邦在深入湖南省郴州市灾区林场、林农考察灾情后，在长沙市与湖南省委书记张春贤共同探讨林业灾后重建和集体林权制度改革、大力发展油茶产业等林业大计问题。副局长祝列克陪同考察。

28日 国家林业局与中华全国总工会在北京召开第七次联席会议，总结了2007年的联合工作，并审议通过了2008年联合工作建议方案。国家林业局党组成员、中央纪委驻局纪检组组长杨继平和中华全国总工会副主席、书记处书记倪健民出席会议并分别讲话。

31日 中共中央政治局委员、国务院副总理回良玉听取了国家林业局局长贾治邦、副局长李育材关于当前林业重点工作情况的汇报，强调：国家林业局党组认真贯彻落实党中央、国务院的各项部署，抓工作很主动、很务实、很有成效，要继续按照已作出的林业工作部署，突出抓好四个重点：抓好灾后林业恢复重建，抓好集体林权制度改革，抓好森林资源保护，抓好林业产业发展和森林经营，要有新突破、新举措、新成效。

同日，国家林业局发布2008年第6号公告，公布《森林生态系统服务功能评估规范》等48项林业行业标准目录。

4月

2日 国家森防指、国家林业局在北京召开全国森林防火工作电视电话会议，分析通报森林火险形势，对春防紧要期特别是清明节期间的森林防火工作进行再动员再部署再落实。国家森防指总指挥、国家林业局局长贾治邦出席会议并讲话，副总指挥、副局长雷加富主持会议。武警森林指挥部主任韩祥林出席会议。

3日 全国绿委第二十六次全体(扩大)会议暨造林绿化表彰大会在北京召开。中共中央政治局委员、国务院副总理回良玉出席会议并作重要讲话，强调指出：搞好国土绿化，建设生态文明，是时代赋予全社会的光荣使命。国务院副秘书长张勇主持会议，国家林业局局长贾治邦通报了2007年国土绿化工作进展情况和2008年国土绿化工作安排意见，国家发改委副主任杜鹰、国家林业局副局长李育材分别宣读表彰决定。

4日 中国绿化基金会绿色碳基金北京房山碳汇造林项目启动。国家林业局副局长祝列克和北京市副市长牛有成出席启动仪式并讲话。

5日 党和国家领导人胡锦涛、吴邦国、温家宝、贾庆林、李长春、习近平、李克强、贺国强、周永康在北京奥林匹克森林公园参加首都义务植树活动。胡锦涛强调：全民义务植树活动，是动员全社会参与生态文明建设的一种有效形式。我们今天多种一棵树，祖国明天就会多添一片绿。全国人民持之以恒地开展植树造林，我国生态环境就一定能够不断得到改善。

7～8日 全国林业系统党风廉政建设工作会议在海口市召开。国家林业局党组成员、中央纪委驻局纪检组组长杨继平出席会议并讲话。

8日 国家林业局副局长祝列克在北京会见澳大利亚农渔林业部长贝克。双方就中澳林业合作、亚太森林恢复与可持续管理网络、森林认证、禁止非法采伐等事宜交换了意见。

9日 温家宝总理主持召开国务院常务会议，研究部署集体林权制度改革工作，审议并原则通过《中共中央国务院关于全面推进集体林权制度改革的意见》。

同日，中德技术合作“中国森林可持续经营政策与模式”项目在北京启动。项目实施旨在通过提供能力建设、技术资源和手段，促进中国森林政策目标与国际森林可持续经营原则和标准接轨。国家林业局副局长雷加富出席启动仪式并致辞。

10日 国家林业局在北京召开美国白蛾防治工作会议，部署美国白蛾防治工作，与北京、天津、河北、辽宁、山东、陕西6省（市）政府签订防治责任书。贾治邦局长出席会议并讲话，指出：必须从维护国家生态安全、实现绿色奥运目标的高度，充分认识做好美国白蛾防治工作的重要意义，确保2008年美国白蛾防治任务圆满完成。李育材副局长主持会议。

17日 中共中央总书记胡锦涛主持召开中央政治局常委会，研究部署全面推进集体林权制度改革工作。

22~23日 全国沿海防护林体系建设工程启动大会在辽宁省大连市召开。国家林业局副局长李育材出席会议并讲话，副局长祝列克主持会议。辽宁省副省长陈海波出席会议并致辞。会议对全国沿海防护林体系建设工程作出了进一步部署，表彰了在沿海防护林建设中作出突出贡献的49个先进单位和81名先进个人。

24日 国家林业局局长贾治邦在北京会见欧盟环境委员会委员斯达夫洛斯·迪马斯先生一行。双方就国际林业热点问题交换了意见，探讨了在气候变化、森林可持续经营和森林执法与行政管理等方面的合作。

28日 中共中央总书记胡锦涛主持中央政治局会议，研究部署推进集体林权制度改革。会议认为，集体林地是国家重要的土地资源，是林业重要的生产要素，是农民重要的生活保障。实行集体林权制度改革，在坚持集体林地所有权不变的前提下，依法将林地承包经营权和林木所有权承包和落实到本集体经济组织的农户，确立农民作为林地承包经营权人的主体地位，对于充分调动广大农民发展林业生产经营的积极性，促进农民脱贫致富，推进社会主义新农村建设，建设生态文明，推动经济社会可持续发展，具有重大意义。会议指出，集体林权制度改革，是农村生产关系的一次变革，事关全局，影响深远。必须坚持农村基本经营制度，确保农民平等享有集体林地承包经营权；坚持统筹兼顾各方利益，确保农民得实惠、生态受保护；坚持尊重农民意愿，确保农民的知情权、参与权、决策权；坚持依法办事，确保改革规范有序；坚持分类指导，确保改革符合实际。各地区各部门要切实加强组织领导，在认真总结试点经验的基础上，依法明晰产权、放活经营、规范流转、减轻税费，全面推进集体林权制度改革，逐步形成集体林业的良性发展机制，实现资源增长、农民增收、生态良好、林区和谐的目标。

30日 国家林业局以林办发[2008]95号印发《国家林业局政府信息公开指南》及《国家林业局政府信息2003年至2007年面向社会公开目录》。

5月

3~15日 国家林业局副局长祝列克率中国林业代表团，出席在联合国总部举行的联合国可持续发展委员会第十六次会议并发言。5月9日，祝列克应美方邀请，赴华盛顿分别访问美国财政部和国务院。祝列克会见了美国财政部部长鲍尔森，双方就中美高层经济战略对话10年框架下有关内容的合作交换了意见。与美国国务院助理国务卿麦克默瑞签署了《中华人民共和国政府和美利坚合众国政府关于打击非法采伐和相关贸易的谅解备忘录》，并就下一步工作交换了意见。

6日 人力资源和社会保障部印发《关于批准国家林业局防治荒漠化管理中心、国有林场和林木种苗工作总站、林业工作站管理总站、西北华北东北防护林建设局参照公务员法管理的函》，至此，国家林业局参照公务员法管理的单位已达到21个，编制总数为555名。

7日 国家林业局副局长雷加富在北京会见韩国防灾协会会长朴庆夫一行。双方表示，积极开展防沙治沙、森林防火、森林病虫害防治等方面的合作与交流，以应对东北亚区域的林业灾害威胁。

12日 四川省汶川县发生强烈地震。国家林业局立即召开会议，研究部署四川汶川抗震救灾工作，要求尽最快速度、采取最得力措施，全力抢救自然保护区人员，并千方百计救助大熊猫等濒危动物。受贾治邦局长委派，印红副局长当日即赶赴四川协助当地救灾。

同日，国家林业局和黑龙江省政府在哈尔滨市召开伊春林权制度改革试点第四次局省联席会议，研究部署改革试点总结工作。国家林业局副局长雷加富、黑龙江省副省长黄建盛出席会议并讲话。

同日，国家林业局与世行在北京联合召开中国木材安全与林产品贸易全球化国际研讨会。祝列克副局长出席研讨会并致辞。

19日 国家林业局党组召开扩大会议，研究部署下一步林业抗震救灾工作，要求全力救助受灾人员和国宝大熊猫。党组书记、局长贾治邦主持会议，局领导李育材、杨继平、雷加富、祝列克、张建龙、孙扎根出席会议。

21日 国家林业局决定，追授四川省汶川县卧龙特别行政区森林公安局副局长王刚“森林卫士”称号。

27日 全国平原林业建设现场会在郑州市召开。国家林业局局长贾治邦出席会议并讲话，副局长李育材主持会议，河南省副省长徐济超、国家林业局副局长印红出席会议。

同日，国家林业局副局长张建龙在北京会见以联合国粮农组织驻华代表赛奇托莱女士为团长的驻华使节赴三北地区联合考察团一行。

30～31 日 国家林业局、教育部、中华全国总工会、共青团中央在广州市举办中国生态文明高层论坛。全国人大常委会副委员长乌云其木格出席开幕式并讲话。广东省委常委、广州市委书记、市人大常委会主任朱小丹出席欢迎宴会并致辞。广东省副省长李容根在开幕式上致辞。国家林业局党组成员、中央纪委驻局纪检组组长杨继平，副局长张建龙出席论坛并讲话。

6 月

1 日 国家林业局、商务部联合制定的《中国企业境外可持续森林培育指南》中英文版正式出版发行。

5 日 国务院办公厅以国办发[2008]43 号印发《国务院办公厅关于调整全国绿化委员会组成人员的通知》

8 日 中共中央以中发[2008]10 号印发《中共中央国务院关于全面推进集体林权制度改革的意见》

9 日 由民进中央、国家林业局、贵州省政府联合举办的中国(毕节)石漠化治理与生态文明高层论坛在贵州毕节举行。全国人大常委会副委员长、民进中央主席严隽琪，全国政协副主席、民进中央常务副主席罗富和，国家林业局党组成员、中央纪委驻局纪检组组长杨继平，国家林业局党副局长祝列克出席论坛并分别讲话。

13 日 中国国家林业局、美国国务院和贸易代表办公室联合举办的中美打击非法采伐及相关贸易双边论坛第一次会议在美国华盛顿召开。中国国家林业局副局长祝列克和美国助理国务卿麦克默里出席会议并分别讲话。

17～20 日 国家林业局副局长李育材应蒙古国林业局邀请赴蒙古国访问。在蒙期间，李育材会见了蒙古国自然环境部部长石勒格丹巴、蒙古国林业局局长图格拉格女士，考察了蒙古国林业研究中心和苗圃。6 月 19 日，李育材与蒙古国自然环境部国务秘书钢图勒嘎签署《中华人民共和国国家林业局与蒙古国自然环境部关于林业合作的谅解备忘录》，双方同意在荒漠化防治、抗旱树种造林、边境治沙造林和野生动物保护等领域开展合作。正在蒙古国访问的中国国家副主席习近平、蒙古国总理巴雅尔出席签字仪式。

25 日 国家林业局发布 2008 年第 11 号公告，决定对国务院有关部门所属在京单位从国外引进林木种子、苗木检疫审批中申请人需提交的材料等内容进行修改。

同日，李育材副局长代表国家林业局与 25 个省(区、市)政府和新疆生产建设兵团在北京签订 2008 年度退耕还林工程责任书。

26 日 经国务院、中央军委批准，武警福建省森林总队、甘肃省森林总队和森林指挥部机动支队分别在福州、兰州和北京挂牌成立。

同日，国家林业局与北京市政府在北京举行八达岭碳汇造林暨中国绿化基金会绿色碳基金北京专项启动仪式。主题是：参与碳汇造林，奉献绿色奥运。中共中央政治局委员、北京市委书记刘淇，全国绿委副主任、国家林业局局长贾治邦，北京市市长郭金龙和国际环保组织代表欧达梦出席启动仪式。

30 日 国家林业局党组召开专题会议，部署林业建立健全惩治和预防腐败体系工作。局党组副书记、副局长李育材主持会议，局党组成员、中央纪委驻局纪检组组长杨继平讲话。

7 月

1 日 国家林业局副局长祝列克在北京会见美国助理国务卿麦克默里，双方就中美能源和环境 10 年合作框架下开展自然保护区和湿地生态系统保护合作事宜进行了磋商。

10 日 国务院办公厅以国办发[2008]93 号印发《国务院办公厅关于印发国家林业局主要职责内设机构和人员编制规定的通知》。规定：国家林业局设 11 个内设机构(副司局级)，包括办公室、政策法规司、造林绿化管理司(全国绿化委员会办公室)、森林资源管理司(木材行业管理办公室)、野生动植物保护与自然保护区管理司、农村林业改革发展司、森林公安局(国家森林防火指挥部办公室)、发展规划与资金管理司、科学技术司、国际合作司(港澳台办公室)和人事司。机关行政编制 292 名。国家林业局增设国家森林防火指挥部专职副总指挥 1 名，总工程师 1 名。

14～15 日 全国集体林权制度改革厅(局)长培训班在昆明举办。国家林业局局长贾治邦作首场辅导报告，副局长张建龙主持开班式。云南省副省长孔垂柱受省委书记白恩培、省长秦光荣的委托，介绍了云南省集体林权制度改革的基本情况。

14～18 日 在瑞士日内瓦召开的濒危野生动植物种国际贸易公约(CITES)常委会第五十七次会议，正式批准中国成为南部非洲 4 个国家库存的 108 吨象牙的贸易国。这是 1989 年 CITES 各缔约国明令禁止大象及其衍生品(包括象牙)国际贸易后，首次允许中国进口非洲野生象牙。

28 日 全国林业厅(局)长电视电话会议在北京召开。国家林业局局长贾治邦主持会议并作重要讲话。副局长祝列克代表局党组作主题报告。局领导李育材、杨继平、印红、孙扎根出席会议。

8月

1日　国家林业局局长贾治邦签署第25号令，公布《林业行政许可听证办法》，自2008年10月1日起施行。

19日　国家林业局局长贾治邦与重庆市市长王鸿举在重庆签署备忘录，决定共建重庆统筹城乡林业发展与改革试验区。中共中央政治局委员、重庆市委书记薄熙来出席签字仪式。国家林业局党组成员孙扎根出席会议。

22日　国家林业局发布2008年第12号公告，决定将岑软2号等29个油茶品种和认定通过的湘林51等3个油茶品种确定为林木良种使用。

25日　在国家主席胡锦涛和韩国总统李明博的见证下，国家林业局副局长李育材与韩国环境部副部长李炳旭签署了《中华人民共和国国家林业局与韩国环境部关于中国赠送朱鹮以及朱鹮繁殖与种群重建合作的谅解备忘录》。根据备忘录，中方向韩方赠送一对朱鹮，并开展朱鹮繁殖与种群重建方面的合作。

9月

3日　国家林业局发布2008年第13号公告，公布《荒漠生态系统定位观测技术规范(LY/T1752－2008)等82项林业行业标准，自2008年12月1日起施行。

11～12日　全国油茶产业发展现场会在长沙市召开。中共中央政治局委员、国务院副总理回良玉出席会议并讲话。湖南省委书记张春贤致辞。国家林业局局长贾治邦作主题报告，对油茶产业发展工作进行了部署。国家发改委、科技部、财政部、国务院研究室、国家粮食局、国家开发银行、国务院扶贫办等部委领导出席会议。

17～18日　国家森防指、国家林业局在福建省厦门市召开全国秋冬季森林防火工作会议。国家森防指总指挥、国家林业局局长贾治邦出席会议并讲话，副局长李育材主持会议。

18～20日　国家林业局和安徽省政府、德国复兴发展银行主办的森林可持续经营国际会议在安徽省黄山市举行。国家林业局副局长祝列克，安徽省委常委、副省长赵树丛，德国复兴发展银行亚洲自然资源局长马肯森博士出席会议并分别致辞。来自德国、瑞典、日本、中国和有关国际组织的数十位专家及国内17个省(区、市)的170余位代表参加了会议，并实地考察了歙县森林可持续经营现场。

19～22日　国家林业局和山东省政府主办的第五届中国林产品交易会在山东省菏泽市中国林展馆举行，上千家国内外生产商及采购商参展。国家林业局副局长张建龙、山东省副省长贾万志出席开幕式并致辞。

21日　首届中国枣业大会暨第一届国际枣属植物研讨会在河北省保定市举行。来自印度、伊朗、匈牙利、捷克、美国、巴西等主要产枣国和中国主要产枣省份的科技、企业、政府等方面的代表共300多人参加了会议。国家林业局副局长李育材，河北省委常委、统战部部长刘永瑞出席会议并分别致辞。

22～23日　全国国有林场森林经营研讨会在山东省淄博市举行。国家林业局副局长张建龙出席会议并讲话。

25日　亚太森林恢复与可持续管理网络和网络网站在北京启动。国家林业局局长贾治邦出席启动仪式并开通亚太森林恢复与可持续管理网络网站，副局长祝列克主持启动仪式。澳大利亚农渔林业部林业司司长约翰·塔尔博特、美国国务院生态与自然资源办公室司长史蒂芬尼·卡斯威尔、亚太经合组织秘书处执行主任胡安·卡洛斯·卡普尼亚伊、中国外交部部长助理刘结一、中国气象局副局长沈晓农等出席启动仪式并分别致辞。

26日　国家林业局副局长李育材在北京会见2008年度国家“友谊奖”获得者、原中日林业生态培训项目首席顾问宇津木嘉夫。

27日　国家林业局党组召开局直属机关深入学习实践科学发展观活动动员部署大会。局党组书记、局长贾治邦作动员报告，局党组副书记、副局长李育材主持会议，局领导杨继平、张建龙、印红、孙扎根出席会议。

同日，全国集体林权制度改革厅(局)长座谈会在北京召开。国家林业局局长贾治邦出席会议并讲话，副局长张建龙主持会议，局党组成员孙扎根出席会议。

28日　北京大学、国家林业局联合主办的集体林权制度改革论坛在北京大学光华管理学院举行。国家林业局局长贾治邦出席论坛并发言，北京大学光华管理学院名誉院长厉以宁教授作主题报告。国家林业局副局长张建龙、局党组成员孙扎根出席论坛。

10月

8日　中国生态文化协会在北京成立。中共中央政治局常委、全国政协主席贾庆林致信祝贺，中共中央政治局委员、国务委员刘延东出席成立大会并致辞，全国人大常委会副委员长路甬祥、全国政协副主席孙家正为中国生态文化协会揭牌。国家林业局副局长祝列克、张建龙、印红，局党组成员孙扎根出席成立大会。

10日　国家林业局副局长祝列克在北京会见美国财政部执行秘书长泰亚·史密斯女士一行。双方就中美战略经济对话第五次会议的全球森林可持续经营、打击非法采伐和相关贸易等问题交换了意见。

16日　国家林业局林产工业规划设计院建院50周年庆祝大会在北京举行。国家林业局局长贾治邦，副局长李育材、祝列克，局党组成员孙扎根到会表示祝贺。

24日　国家林业局副局长祝列克在北京会见世界自然基金会董事会主席艾米科·安尤库一行。双方就签署中国国家林业局与世界自然基金会合作机制、开展中长期合作战略规划等交换意见。

同日，国家林业局会同环保部、农业部、水利部汇总完成了《汶川地震灾后恢复重建生态修复专项规划》，国家发改委和国家林业局联合环保部、农业部、水利部，以发改厅[2008]2691号印发，作为国家汶川地震灾后恢复重建的10个专项规划之一。

27日　应对全球变化的林业科学研究国际研讨会暨中国林科院建院50周年庆祝大会在北京举行。中共中央政治局委员、国务院副总理回良玉致信祝贺，全国政协副主席罗富和，国家林业局局长贾治邦出席活动并致辞，副局长李育材主持，局党组成员杨继平、孙扎根出席。

28日　国家林业局发布2008年第15号公告，公布临床使用天然麝香、熊胆、赛加羚羊角、穿山甲片、稀有蛇类各类原材料的定点医院名单。名单所列定点医院需要购买上述原材料临床使用的，按国家和地方有关行政许可的规定申报；各级林业主管部门不得批准向非定点医院销售相应的野生动物原材料。

29日　《中国应对气候变化的政策与行动》白皮书正式对外发布。白皮书全面介绍了气候变化对中国的影响、中国减缓和适应气候变化的政策与行动，以及中国对此进行的体制机制建设，充分肯定了植树造林对控制温室气体排放、提高适应气候变化能力的作用。

11月

3日　国家林业局局长贾治邦在北京会见芬兰环境部长保拉·莱赫托迈基女士一行。双方就国际森林问题交换了意见，表示进一步加强交流与沟通，共同推动中芬林业合作向纵深发展。

4日　国家林业局副局长祝列克访问阿根廷，与阿根廷农牧渔业和食品国务秘书处国务秘书卡洛斯·切比签署《中华人民共和国国家林业局和阿根廷农牧渔业和食品国务秘书处关于林业合作的谅解备忘录》。

6日　中国改革开放30周年成就巡礼暨改革之星颁奖典礼在北京举行。全国人大常委会副委员长周铁农出席典礼，并为获奖者颁奖。国家林业局局长贾治邦获"影响中国改革30年·30人"荣誉称号。

6~7日　国家林业局和财政部共同举办的综合生态系统管理理念与应用国际研讨会在北京召开。国家林业局副局长李育材、财政部部长助理张通出席会议并致辞。

6~9日　国家林业局和福建省政府共同举办的第四届海峡两岸林业博览会在福建省三明市举行。全国政协副主席、台盟中央主席林文漪，福建省委书记、省人大常委会主任卢展工，国家林业局副局长张建龙，福建省常务副省长张昌平，海协会副会长王富卿等出席开幕式；张建龙、张昌平分别致辞。

11日　国家林业局在西安市召开西北地区集体林权制度改革工作座谈会。贾治邦局长出席会议并讲话，指出：西北地区是我国生态最脆弱的地区，集体林权制度改革必须坚持有利于生态建设，有利于农民致富。张建龙副局长主持会议。

12日　国务院第35次常务会议听取并原则同意雨雪冰冻和地震灾后林业生态恢复重建政策措施等有关问题的汇报，确定组织编制《雨雪冰冻灾后林业生态恢复重建规划》，按程序报国务院审批，明确了灾后林业生态恢复重建的各项政策。

同日，国务院审议通过雨雪冰冻灾后林业生态恢复措施，明确规定"对林木良种繁育给予适当支持"和"建立政策性森林保险制度"等林业政策。

17日　国家林业局发布2008年第16号公告，决定撤销划定的陕西省兴平市美国白蛾疫区。

17~18日　关注森林活动组委会主办，国家林业局、广东省政府、经济日报社联合举办的第五届中国城市森林论坛在广州市举行。这次论坛的主题是"城市森林与生态文明"。中共中央政治局委员、全国政协副主席王刚发来贺信，全国政协副主席阿不来提·阿不都热西提出席论坛并致辞，国家林业局局长贾治邦，局党组成员、中央纪委驻局纪检组组长杨继平出席论坛并发言。

19日　国家林业局以林计发[2008]232号印发《防护林造林工程投资估算指标(试行)》。

22日　国家主席胡锦涛在秘鲁首都利马召开的亚太经济合作组织第十六次领导人非正式会议上发表题为《坚持开放合作，寻求互利共赢》的重要讲话。在谈到应对全球气候变化时，胡锦涛指出："各方应该根据《联合国气候变化框架公约》及其《京都议定书》的要求，遵循共同但有区别的责任原则，积极落实'巴厘路线图'谈判，并结合自身情况采取有效的政策措施减缓气候变化。森林保护是应对气候变化合作的重要内容。去年，我提出了建立亚太森林恢复与可持续管理网络的倡议。在各方共同努力下，这一网络已在北京正式启动。中国政府将在未来几年内为该网络运行提供一定的专项资金，希望各方积极支持和参与。"

25~28日　应日本农林水产省林野厅长官邀请，国家林业局局长贾治邦率团访问日本。期间，与日本农林水产省林野厅长官内藤邦男举行第四次林业高层定期会晤，就两国林业相关政策、气候变化、中日林业领域合作以及共同关心的问题进行深入交流和磋商并达成广泛共识。代表团还考察了新泻县佐渡市的朱鹮保护中心、京都日吉町森林组合、日本阪神地震林业灾后恢复重建，以及神户王子动物园中日大熊猫合作研究等情况。

28 日 国家林业局召开中央新增林业投资项目资金监督检查动员部署会，落实中央扩大内需、促进经济平稳较快增长的决策部署。会议决定对新增林业投资项目和资金运行采取驻地监督检查和派工作组稽查相结合的方式强化监管，确保中央扩大内需、促进经济增长目标实现。局党组成员、中央纪委驻局纪检组组长杨继平出席会议并讲话，副局长祝列克主持会议。

29 日至 12 月 5 日 应印度尼西亚林业部和马来西亚自然资源和环境部邀请，国家林业局局长贾治邦率团对两国进行工作访问。期间，贾治邦局长分别会见印度尼西亚林业部部长卡班、农业部常务副部长姆杨托和马来西亚种植与原产业部部长拿督陈华贵，就加强双方林业合作，特别是木本油料植物的种植、科研、加工、贸易等情况交换了意见。代表团还考察了两国的油棕林、科研机构、棕榈油加工厂等。

12 月

1 日 新修订的《森林防火条例》以国务院令第 541 号公布，自 2009 年 1 月 1 日起施行。

4～5 日 中美战略经济对话第五次会议在北京举行。国家林业局副局长祝列克出席会议，并在加强能源和环境合作专题会议上发言。

6 日 国家林业局和美国国务院、贸易代表办公室共同举办的木材和木材产品贸易政策国际研讨会在北京召开。国家林业局副局长祝列克出席会议并致辞。

16 日 国家林业局与湖北省政府签署备忘录，投资 405 亿元，合作建设武汉城市圈国家现代林业示范区。国家林业局局长贾治邦与湖北省省长李鸿忠签署备忘录，湖北省省委书记、省人大常委会主任罗清泉，国家林业局副局长张建龙出席签字仪式。

同日，国家林业局和北京市政府共同举办的林业碳汇与生物质能源国际研讨会在北京开幕。国家林业局副局长李育材和北京市副市长赵凤桐出席会议并致辞，副局长祝列克主持开幕式。

同日，中共中央组织部任命陈述贤同志为中央纪委驻国家林业局纪检组组长、国家林业局党组成员。

18 日 为配合中美建交 30 周年，中国野生动物保护协会、圣地亚哥动物园大熊猫保护与合作研究项目延期签字仪式在美国圣地亚哥市举行。双方签署的新协议同意大熊猫“高高”、“白云”在美承担合作研究任务延期 5 年到 2013 年。

22 日 全球金融风暴对中国林业产业的影响与对策研讨会在北京召开。国家林业局副局长张建龙出席会议并致辞。

23 日 祖国大陆赠送台湾的大熊猫“团团”、“圆圆”运抵台北，入住台北市立动物园。

29 日 国家林业局主办的辉煌林业 30 年展在北京开幕。全国人大常委会副委员长乌云其木格，国家林业局局长贾治邦出席开幕式，李育材副局长致开幕词，杨继平同志主持开幕式，印红副局长、孙扎根副局长、卓榕生总工程师出席。 （局办公室）

2008 年林业重要会议

【全国林业厅（局）长会议】 2008 年 1 月 14～15 日在北京召开。会议的主要任务是以党的十七大精神为指导，贯彻落实中央经济工作会议、中央农村工作会议部署，围绕履行建设生态文明的重大使命，回顾总结林业工作，研究分析林业形势，安排部署林业工作，推进现代林业又好又快发展。

会前，中共中央政治局委员、国务院副总理回良玉专门作出批示：“一年来，我国林业改革取得重大进展，林业生态体系建设全面加强，产业体系建设迅速推进，森林防火工作成效显著，现代林业建设实现了良好开局。请向辛勤工作在林业战线的同志们表示亲切慰问和衷心感谢。在新的一年里，我们必须用党的十七大精神武装头脑、指导实践、推动工作，切实增强发展林业的使命感、紧迫感，紧紧围绕建设生态文明，继续深化林业改革，继续推进现代林业建设，继续提升队伍素质，加快构建林业三大体系，为兴林强国富民作出更大贡献。”

国家林业局局长贾治邦传达了回良玉副总理作出的重要批示，作了题为《履行建设生态文明重大使命 推进现代林业又好又快发展》的报告，副局长李育材主持会议并作总结讲话。人事部副部长何宪，中石油生物质能源产业领导小组副组长、中油勘探开发有限责任公司董事长刘宝和，国家林业局领导雷加富、祝列克、张建龙、印红，武警森林指挥部主任韩祥林，中国绿化基金会主席、国家林业局原局长王志宝，原林业部副部长刘于鹤，中国野生动物保护协会会长、国家林业局原副局长赵学敏，全国政协人资环委副主任、国家林业局原党组成员江泽慧，中国野生植物保护协会会长、国家林业局原副局长马福出席了会议。

会议总结了2007年的林业工作，分析了当前国际国内形势，提出了今后一个时期林业工作的总体要求、必须把握的几项基本原则，并对2008年林业工作作出具体部署。

会议指出，2007年是党和国家事业发展进程中非常重要的一年，也是林业发展改革取得重要进展的一年。林业改革加快推进，生态建设继续加强，产业发展取得新成绩，生态文化建设出现了好势头，发展领域不断拓展，林业功能不断增强，现代林业建设迈出了坚实一步。一是林业改革取得重大进展，林业发展活力进一步激发。二是生态体系建设继续加强，林业生态功能不断发挥。三是产业体系建设取得新成绩，林业经济社会功能日益增强。四是生态文化体系建设开局良好，人与自然和谐的价值观得到强化。五是林业建设领域不断拓展，林业地位和影响力明显提升。六是林业建设的保障能力增强，发展条件继续改善。

会议指出，从国际看，生态问题成为人类生存与发展的最大威胁，建设生态文明成为延续人类文明的必由之路。从国内看，生态问题成为制约经济社会发展的最大瓶颈，建设生态文明成为实现科学发展的紧迫任务。当前，必须用党的十七大精神来武装头脑、分析形势，以世界眼光和战略思维来审视国际国内林情，切实增强发展林业的使命感、紧迫感，必须用党的十七大精神来谋划林业、指导工作，以高度负责的精神来履行我们的职责，切实安排好2008年和今后一个时期的林业工作。

会议指出，按照全面推进现代林业建设的总体部署，根据新形势新任务，今后一个时期林业工作的总体要求是：高举中国特色社会主义伟大旗帜，坚持以邓小平理论和“三个代表”重要思想为指导，深入贯彻落实科学发展观，紧紧围绕建设生态文明，加快推进现代林业建设，继续解放思想，全面深化改革，调整完善政策，转变发展方式，强化科技支撑，促进兴林富民。2008年，完成造林面积8000万亩(533.33万公顷)，义务植树25亿株，实现林业总产值1.4万亿元。力争到2010年全国森林覆盖率达到20%，森林蓄积量达到132亿立方米以上，质量效益明显提升，三大功能明显增强，社会生态文明观明显强化。

会议强调，做好今后一个时期的林业工作，必须把握好五项基本原则：坚持把建设生态文明作为现代林业建设的战略目标，坚持把解放思想作为现代林业建设的重要前提，坚持把深化改革作为现代林业建设的根本动力，坚持把加强森林经营作为现代林业建设的永恒主题，坚持把兴林富民作为现代林业建设的根本宗旨。

会议指出，2008年是全面贯彻党的十七大精神的第一年，是改革开放30周年和北京奥运会举办年，也是现代林业建设的关键之年，要突出抓好七项重点工作。一是全面加强生态建设，为人们提供更多更好的生态产品。二是做大做强林业产业，力争在重点发展领域取得突破。三是深入推进生态文化体系建设，强化全社会的生态文明观念。四是切实转变林业发展方式，着力提高林业质量效益。五是全面推进集体林权制度改革，加快林业体制机制创新。六是不断加强支撑能力建设，提高现代林业建设的保障水平。七是切实加强领导干部能力建设，全面提升队伍素质。

会议表彰了全国林业系统先进集体、劳动模范、先进工作者，全国森林资源管理先进单位，“绿盾二号行动”优秀组织单位、先进集体、先进新闻报道单位，全国林政案件管理先进单位和个人。云南、河南、湖北、宁夏、广东、四川、山东、黑龙江等省(区)和大兴安岭林业集团公司等在会上作了典型发言。

各省(区、市)林业厅(局)、国家林业局各司(局)和各直属单位的负责同志，以及中央有关部门的同志参加了会议。　　(局办公室)

【防治荒漠化国际会议】 2008年1月22日在北京开幕。中央政治局委员、国务院副总理回良玉出席开幕式并致辞。他强调，中国政府高度重视治理荒漠化工作，将牢固树立和贯彻落实以人为本、全面协调可持续的科学发展观，正确处理经济建设、人口增长、资源利用与环境保护的关系，与世界各国共享荒漠化防治的成功经验，在更大范围、更广领域和更高层次上推进国际交流与合作，切实加快荒漠化治理步伐，改善生态环境，促进人与自然和谐和经济社会可持续发展。

联合国秘书长潘基文为大会发来贺信，联合国主管经济与社会事务副秘书长沙祖康、联合国可持续发展委员会主席弗朗西斯·涅马、联合国防治荒漠化公约执行秘书吕克·尼亚卡贾在开幕式上致辞。

开幕式前，回良玉会见了出席会议的沙祖康等部分与会代表。

国家林业局局长贾治邦主持开幕式，国家林业局副局长祝列克主持部长级高官会议。

1月24日会议闭幕。会议原则通过《北京声明》。沙祖康、吕克·尼亚卡贾、祝列克出席闭幕式并致辞。

沙祖康指出，森林在防治荒漠化和防治土地退化以及恢复退化地方面发挥着十分重要的作用。国家的行动计划是防治荒漠化的最具实效的工具。考虑到荒漠化问题跨越国境的特性，联合国会协调各个相关的政府机构，包括中央和地方的政府机构来更好地实施各国的行动计划，而且必须有社会各界的广泛参与。

此外，还要加强国际社会多边和双边的区域合作，努力实施更多的行动，来防治荒漠化和土地退化。

吕克·尼亚卡贾说，目前，关于可持续发展和土地问题的讨论，都是国际社会最关注的问题。通过讨论达成了更广泛的共识，特别是关于全球气候变化、减轻气候变化对发展中国家的影响，以及消除贫穷等问题。这些都将对生态环境保护，对改善脆弱区域的生态状况，以及实现联合国千年发展目标等方面发挥积极作用。

祝列克说，中国将力争到2010年，荒漠化地区生态环境恶化的趋势基本遏制，重点治理地区的生态状况得到明显改善；到2020年，完善生态防护体系，使全国一半以上可治理的荒漠化土地基本得到治理，荒漠化地区生态状况得到较大改善；到本世纪中叶，全国可治理的沙漠化土地基本得到治理，建立比较完备的生态防护体系、比较发达的沙产业体系和比较繁荣的生态文化体系，使荒漠化地区的生态系统有明显改善，为全球荒漠化防治事业作出贡献。

会议期间，来自各国的代表围绕“防治荒漠化，促进可持续发展”主题，进行了广泛交流和深入讨论，形成了五点共识：①荒漠化侵蚀人类赖以生存的土地资源，直接威胁粮食安全、国家生态安全、经济安全和政治安全，已经成为人类经济社会可持续发展面临的重大问题。②人类生产活动是导致荒漠化的主要成因之一，只有认真反思、总结和改进人类生产和生活方式，实现人与自然的和谐，走可持续发展道路，才能有效地防治荒漠化。③荒漠化是历史性和全球性生态问题。防治荒漠化是世界各国的共同责任和义务。国际社会应积极推动联合国防治荒漠化公约缔约方切实履行公约义务，在能力建设、资金安排和技术转让等方面采取实际行动。④荒漠化防治应以人为本，统筹保护和发展，把防治荒漠化和改善沙区人民生产生活条件，纳入国家经济社会可持续发展总体规划。⑤防治荒漠化要采取综合措施，注重工程措施和生物措施相结合。植树造林和种草是防治荒漠化的有效措施。

这次会议由联合国经济和社会事务部、国家林业局共同主办，来自55个国家和地区、40多个国际机构和国际组织的240多名代表参加会议。

（中国绿色时报社）

【全国森林草原防火工作电视电话会议】 2008年3月20日在国务院小礼堂召开，会议主要内容是：通报2007年森林草原防火工作情况，分析火险形势，动员和部署2008年森林草原防火工作。中共中央政治局委员、国务院副总理回良玉出席会议并讲话。国家森防指成员和中央有关部门负责人在主会场参加会议。各省（区、市）和计划单列市政府、新疆生产建设兵团分管负责同志，有关市（地）、县（市）政府主要负责同志，以及森林草原防火指挥部成员、武警森林部队和森工企业负责人在各地分会场参加会议。

回良玉强调，各地区、各有关部门要充分认清2008年森林草原防火工作的严峻形势，认真贯彻执行党中央、国务院的要求，思想上要倍加警惕，行动上要狠抓落实，措施上要细化强化，紧急动员起来，做到工作早部署、责任早明确、火患早排除、火险早预报、火情早发现、火灾早处置，严防重大森林草原火灾，严防重大人员伤亡，为促进经济社会又好又快发展提供有力保障。

回良玉指出，做好森林草原防火工作，必须坚持以人为本、预防为主、积极消灭的工作方针，坚持政府全面负责、部门齐抓共管、社会广泛参与的工作机制，坚持依靠科学、依靠法制、依靠群众的工作原则，坚持因地制宜、分类指导、分区施策的工作举措，坚持专群结合、军地协同、各方支持的工作方式。要突出工作重点，坚决打好重点区域和重要时段的森林草原防火攻坚战。要狠抓关键环节，认真落实各项防范措施，加强火险预警，抓好隐患排查整改，严格火源管理。要加强应急处置，科学扑救，提高初发火的首次扑灭率，确保实现打早、打小、打了，努力做到有火不成灾。要切实加大投入力度，加紧修复灾毁森林草原防火基础设施，加强森林扑火队伍建设，提高森林草原火灾防控水平。

回良玉强调，森林草原防火责任重于泰山。要切实加强组织领导，认真落实森林草原防火政府行政首长负责制和部门分工责任制，健全森林防火绩效评估制度和责任追究制度。要充分发挥各级指挥部的统一指挥和调度作用，提高综合协调和应急处置能力。要继续加强各部门的配合，形成预防和扑救森林草原火灾的整体合力。要加大森林草原防火公益宣传，不断提高全社会的森林草原防火意识和能力，促进群防群控、依法防控、科学防控。

会上，国家森防指和农业部负责人作了工作安排，河北、吉林、黑龙江、湖南省政府负责人作了发言。（尹春生）

【全国林业灾后恢复重建现场会】 2008年3月25～26日，国家林业局在湖南郴州召开全国林业灾后恢复重建现场会。国家林业局局长贾治邦主持会议并作讲话。副局长雷加富、祝列克就森林防火和灾后重建工作进行了部署。湖南省委副书记、省长周强讲话。副省长徐明华、郴州市市长戴道晋致辞。武警森林指挥部副主任李文江出席。浙江、安徽、江西、湖北、湖南、广东等6省林业厅（局）负责人在会上作典型发言。中央有关部委、国家林业局有关司（局）、全国19个受灾省（区、市）林业厅（局）、湖南省省直有关部门的负责人等参加会议。

这次会议主要任务是总结交流各地林业抗灾救灾工作，参观考察灾后林业恢复重建现场，安排部署林业恢复重建工作。会议指出，全国林业灾后恢复重建的总体思路是，深入贯彻落实科学发展观，按照党中央、国务院关于灾后恢复重建的总体要求，科学规划，突出重点，着眼长远，稳步推进，实行林木清理与科学经营、自然恢复与人工恢复、科技救灾与政策扶持、灾后重建与改善民生相结合，积极开展生产自救，加强森林防火和林业基础设施建设，全面推动林业灾后恢复重建顺利开展。

贾治邦在讲话中指出，各地各部门要认真贯彻落实这次会议精神，一是要学习好、传达好、落实好国务院领导同志特别是回良玉副总理的重要指示精神。二是要把大会交流的经验认真地学习好、借鉴好、落实好。尤其是湖南的"不等不靠，科技引导，领导重视，全民发动"值得学习。这次会议的经验集中起来有五条，即领导重视、科技救灾、生产自救、抢重点(恢复基础设施)、抓基础(补植补造)。三是要把会上各位领导的讲话精神学习好，结合本地本单位实际落实好。为此，还要突出三条措施。一是提高对灾后重建的重要性、紧迫性、长期性和艰巨性的认识。二是加强对灾后重建工作的组织领导。三是抓好灾后重建各项方针、政策、措施的落实，又好又快地建好美丽家园。

会议期间，与会代表考察了郴州苏仙岭、梯子岭灾后重建现场。 （湖南省林业厅）

【全国绿化委员会第二十六次全体(扩大)会议暨造林绿化表彰大会】 2008年4月3日在北京召开，会议由全国绿委副主任、国务院副秘书长张勇主持。中央政治局委员、国务院副总理、全国绿委主任回良玉出席会议并作重要讲话。

回良玉强调，要以党的十七大精神为指导，深入分析国土绿化工作面临的新形势、新任务，充分认识搞好国土绿化工作的重大意义，按照建设生态文明、实现生态良好的要求，解放思想，完善政策，加强管理，落实责任，努力开创国土绿化事业新局面。

回良玉指出，当前，严重的生态、资源、能源、环境问题，不仅威胁着中华民族的生存与发展，也影响着我国经济社会科学发展。林业作为生态建设的主体和生态文明建设的主要承担者，在维护生态安全、推动科学发展中肩负着重大使命。加快林业发展，搞好国土绿化，既可以改善环境，又可以增加木材、草场等资源，还可以持续提供可再生的、绿色环保的生物质能源，有效缓解我国生态危机、资源危机、能源危机，为经济社会科学发展创造良好条件。搞好国土绿化，是实现生态良好的必然选择，是挽回低温雨雪冰冻灾害森林资源损失的迫切需要，是提高应对气候变化能力的有效手段。各地各部门必须进一步增强使命感、责任感和紧迫感，团结协作，精心谋划，认真实施，全力推进国土绿化事业又好又快发展。

全国绿委副主任、国家林业局局长贾治邦通报了2007年国土绿化工作进展情况和2008年国土绿化工作安排意见。国家发改委副主任解振华宣读了关于表彰全国绿化模范城市(区)、全国绿化模范县(市)的决定，全国绿委办公室副主任、国家林业局副局长李育材宣读了关于表彰全国绿化模范单位和颁发2007年度全国绿化奖章的决定。

上海市闵行区区长陈靖、铁道部副部长胡亚东、中国石油天然气集团公司副总经理李新华在会上作了典型发言。

全国绿委委员和中央、国家机关有关部门负责同志出席了会议。 （全绿办综合组）

【全国平原林业建设现场会】 2008年5月27日在郑州市召开，国家林业局局长贾治邦，河南省副省长徐济超，国家林业局副局长印红出席了会议，国家林业局副局长李育材主持会议。各省(区、市)林业厅(局)长，中央六部委的同志和新闻媒体的记者出席了会议。河南省林业厅、山东省菏泽市政府、江苏省邳州市政府、吉林省林业厅、河南省商丘市政府、河北省衡水市政府、新疆维吾尔自治区林业厅、河南省内黄县政府分别作了典型发言。

贾治邦指出，要按照现代林业的要求，加速推进从平原绿化向平原林业的转变。在目标定位上，要从只注重生态功能向注重全面发挥多种功能转变，建设生态、经济、社会效益兼顾的综合性农田防护林体系；在建设内容上，要从只注重资源培育向资源培育、木材加工、森林旅游，一二三产业协调发展转变，全面建设平原林业三大体系；在经营主体上，要从以政府投入、集体经营为主，向国家、企业、集体、个人多种投资主体和多种经营方式并存转变，形成以市场机制为基础配置资源的新格局。

5月26日，与会人员参观了河南长葛市、许昌县、鄢陵县、尉氏县的农田林网、绿色通道、林粮间作、村镇绿化和木材加工现场。 （河南省林业厅）

【全国油茶产业发展现场会】 2008年9月11~12日在长沙市召开。中央政治局委员、国务院副总理回良玉出席会议并讲话。他强调，发展油茶等木本粮油产业兼具经济效益、社会效益、生态效益。要认真贯彻胡锦涛总书记和温家宝总理关于发展油茶产业的重要指示精神，科学规划，统筹部署，以全面推进集体林权制度改革为契机，广泛调动山区农民和龙头企业的积极性，运用现代科技手段改良品种、提高单产，进一步挖掘山地资源利用潜力，努力把油茶等木本粮油产业做大做强，为保障国家粮食安全、提高食用植物油自给水平、改善食物消费结构、促进山区农民增收作出新的贡献。

大会由国务院副秘书长张勇主持。湖南副省长徐明华、江西省副省长熊盛文分别在会上作了典型发言。会议期间，国家林业局局长贾治邦对油茶产业发展进行了具体部署。

湖南省委书记、省人大常委会主任张春贤，省委副书记、省长周强，中央和国务院有关部门领导同志，有关省(区、市)的领导同志出席大会。

与会代表实地考察了浏阳市油茶新品种对比试验林、高接换冠示范林、高产示范林和湖南省油茶种苗基地。　　（中国绿色时报社）

【国家林业局党组扩大会议暨全国林业厅(局)长电视电话会议】 2008年7月28日下午，国家林业局党组在北京召开扩大会议暨全国林业厅(局)长电视电话会议。会议的主要任务是：深入落实近期中央召开的一系列重要会议和文件精神，认真总结上半年林业工作，深入分析当前林业形势，安排部署下半年林业工作，全面推动现代林业又好又快发展。

局党组书记、局长贾治邦主持会议并作了报告。局党组成员、副局长祝列克同志代表局党组总结了上半年林业工作，分析了当前林业形势，部署了下半年主要工作。局党组副书记、副局长李育材，局党组成员、中央纪委驻局纪检组组长杨继平，副局长印红，局党组成员孙扎根出席会议。

会议指出，2008年上半年，在我国连续发生特大自然灾害的不利情况下，各级林业部门坚决按照中央部署，一手狠抓抗灾救灾，一手狠抓林业发展，万众一心，艰苦奋战，夺取了林业抗灾救灾和改革发展的重大胜利。截至6月底，全国完成造林面积317.78万公顷，占全年计划的66.10%；实现林业产业总产值5993.04亿元，同比增长20.95%。妥善安置灾区林业职工和群众，灾区林木清理281.89万公顷，完成应清理的32.8%。总体看，林业保持了持续平稳较快发展，林业改革取得重大突破，绿色奥运造林绿化任务全面完成，为我国林业发展史写下了浓墨重彩的一笔。

会议指出，林业改革发展的基本面是好的。由于受世界经济发展放缓、全球通货膨胀压力加大及国际金融市场动荡等诸多不确定性和风险因素影响，加之上半年严重自然灾害给我国林业生产带来的重大破坏，下半年林业建设任务很艰巨，林业发展中长期存在的深层次矛盾更加凸显，林业建设将进入攻坚克难的重要阶段。一是林业应对重大突发事件形势十分严峻。在全球变暖的大背景下，台风、海啸、洪涝灾害等极端气候事件发生的频率在急剧增加，并且有强度和破坏力不断增加的趋势。二是林业灾后恢复重建任务十分艰巨。据初步规划，两次灾害共需国家投资近500亿元恢复生态公益林1066.67万公顷，需重建林区道路5.52万千米，水、电、通讯设施12.54万千米，需重建森林防火瞭望塔1565座。三是推进生态建设向纵深发展日益艰难。条件较好的宜林荒山荒地基本已实现绿化，下一步的造林绿化重点将主要集中在三北地区、南方石漠化及干热河谷等地区，生态建设将进入完善森林布局、攻克绿化难关的攻坚阶段。四是森林保护工作面临的压力日益加大。林业有害生物危害严重，森林防火形势严峻，“三地”保护难度不断加大。五是林产品供求矛盾日益突出。下半年国内木制品原材料价格上涨，稳定林产品市场保障供给的难度正在增加。六是经济社会发展对林业的需求日益增多。除提供生态产品、林产品之外，林业的碳汇功能、能源替代功能、缓解粮油危机等方面的功能日益受到社会关注。总体上看，林业发展虽然面临着各种错综复杂的国内外不利因素，困难重重，但林业发展的大局没变，林业前进的势头没变。

会议指出，下半年，我国将先后迎来国际盛事——奥运会和改革开放30周年纪念活动，做好下半年的工作，意义极其重大。2008年下半年工作的总体要求是：坚持用科学发展观统领林业工作全局，按照年初全国林业厅(局)长会议的总体部署和要求，认真抓好集体林权制度改革、灾后恢复重建和绿色奥运三件大事，深入推进林业生态、林业产业、生态文化三大体系建设，确保2008年的各项工作任务全面完成。按照上述要求，要正确处理好生态建设与产业发展、恢复重建与扩大绿化成果、质量与数量、利用国际国内两个市场、两种资源、全局与局部、发展与改革六个方面的关系。突出做好推动生态建设向纵深发展，全面推进集体林权制度改革，抓好林业灾后恢复重建，打赢奥运期间森林保护攻坚战，做大做强林业产业，做好林业应对全球气候变化相关工作，开好全国油茶产业发展现场会、全国森林经营现场会、三北防护林工程建设总结表彰会三个会议等七项工作。

会议要求，各地、各单位要严格实行领导分工负责制，主要领导要亲自抓、亲自研究、亲自部署、亲自检查，要抓重点、抓关键、抓薄弱环节、抓典型。当前，完成各项工作，必须加强思想建设，加强班子和队伍建设，加强学习，加强培训，加强政治理论水平学习，用中国特色社会主义理论武装林业系统每一个部门、单位领导干部的头脑。要继续推进作风建设，强化抓落实的意识，深入推进“讲党性、重品行、作表率”活动，形成一心一意谋工作、聚精会神抓落实的浓厚氛围。要不断加强组织建设，以实际行动考验干部，推进干部年轻化的整体水平。

国家林业局各司(局)、各直属单位主要负责同志在主会场参加会议。各省(区、市)林业厅(局)，内蒙古、吉林、龙江、大兴安岭森工(林业)集团，新疆生产建设兵团林业局领导班子成员及有关处室同志在各分会场参加会议。　　（局办公室）

【三北防护林体系建设30年总结表彰大会】 2008年

11月19日在北京举行。中央政治局委员、国务院副总理、全国绿委主任回良玉出席大会并讲话，全国人大常委会副委员长乌云其木格，全国政协副主席罗富和出席大会并为三北工程建设作出突出贡献的先进集体和先进个人颁奖。

回良玉指出，1978年11月，党中央、国务院作出了在我国西北、华北北部和东北西部地区建设防护林体系的重大战略决策。经过30年的不懈努力，在三北地区万里风沙线上建起了一座蔚为壮观的“绿色长城”，为维护国家生态安全发挥了重要作用。三北工程建设有力地促进了农业增产和农民增收，取得了显著的经济效益和社会效益。三北工程建设形成的“艰苦奋斗、顽强拼搏，团结协作、锲而不舍，求真务实、开拓创新，以人为本、造福人类”的“三北精神”，成为推动我国生态建设的强大精神动力。三北工程赢得了国际社会的高度评价，为全球生态安全作出了重大贡献。

全国绿委、人力资源和社会保障部、国家林业局联合表彰了100个三北防护林工程建设突出贡献单位和200名突出贡献者。

全国绿委副主任、国家林业局局长贾治邦主持会议。人力资源和社会保障部副部长杨士秋宣读了表彰决定。财政部副部长丁学东，水利部副部长鄂竟平，农业部副部长高鸿宾，团中央书记处书记王晓，国家发改委副秘书长马力强，国家林业局副局长李育材，国家林业局党组成员、中央纪委驻局纪检组组长杨继平，国家林业局副局长祝列克、张建龙、印红、孙扎根，国家林业局总工程师卓榕生，总后勤部基建营房部副部长高平修，武警森林指挥部政委王长河等出席大会。

贾治邦说，这次会议是全面推进三北工程建设健康发展的再总结、再动员、再部署。各地要认真贯彻这次会议精神，认真学习、深刻领会、全面落实，用科学发展观统领工程建设，用改革的方法推动工程建设，用生态建设规律指导工程建设，用更大的投入支持工程建设，用有效的措施巩固工程建设成果。

会前，回良玉、乌云其木格、罗富和等领导与先进集体、先进个人及与会代表合影留念。

会上，先进集体和先进个人代表山西省右玉县委书记陈小洪，中石油塔里木分公司总经理周新源，陕西省神木县生态协会副会长兼秘书长张应龙分别介绍了工程建设的成就和经验。

三北地区13个省(区、市)政府的主管领导、林业厅(局)主要负责人、三北办(站)负责人，三北工程建设有突出贡献的先进集体和先进个人代表，国家林业局各司(局)和在京直属单位的代表参加大会。

(中国绿色时报社)

附　录

国家林业局各司（局）和直属单位等全称简称对照

1. 办公室
2. 植树造林司（造林司）
全国绿化委员会办公室综合组
长江流域防护林体系建设管理办公室（长防办）
3. 森林资源管理司（资源司）
全国木材流通行业管理办公室（行管办）
4. 野生动植物保护司（保护司）
野生动植物保护及自然保护区建设工程管理办公室
5. 森林公安局（公安局）
森林防火办公室（防火办）
6. 政策法规司（政法司）
7. 发展计划与资金管理司（计资司）
8. 科学技术司（科技司）
9. 国际合作司（国际司）
10. 人事教育司（人教司）
11. 直属机关党委
12. 直属机关工会联合会
13. 中央纪委、监察部驻国家林业局纪检组、监察局（驻局纪检组、监察局）
14. 离退休干部局（老干局）
15. 机关服务局（服务局）
16. 国家林业局国有林场和林木种苗工作总站（场圃总站）
17. 国家林业局林业工作站管理总站（工作总站）
18. 国家林业局林业基金管理总站（基金总站）
19. 国家林业局宣传中心（宣传中心）
国家林业局宣传办公室（宣传办）
20. 国家林业局濒危物种进出口管理中心（国家濒管办）
21. 国家林业局天然林保护工程管理中心（天保中心）
国家林业局天然林保护工程管理办公室（天保办）
22. 国家林业局退耕还林工程管理中心
国家林业局退耕还林工程管理办公室（退耕办）
23. 防治荒漠化管理中心
环北京地区防沙治沙工程管理办公室（治沙办）
24. 国家林业局世界银行贷款项目管理中心（世行中心）
国家林业局速生丰产用材林基地建设工程管理办公室（速丰办）
25. 国家林业局科技发展中心（科技中心）
26. 国家林业局经济发展研究中心（经研中心）
27. 国家林业局人才开发交流中心（人才中心）
28. 国家林业局对外合作项目中心（合作中心）
29. 国家林业局森林防火预警监测信息中心
30. 国家林业局森林资源监督管理办公室（资源监督办）
31. 湿地保护管理中心
32. 集体林权制度改革管理办公室（林改办）
33. 中国林业科学研究院（中国林科院）
34. 国家林业局调查规划设计院（规划院）
35. 国家林业局林产工业规划设计院（设计院）
36. 国家林业局管理干部学院（林干院）
37. 中国绿色时报社
38. 中国林业出版社
39. 国际竹藤网络中心
40. 中国林学会
41. 中国野生动物保护协会
42. 中国花卉协会（中国花协）
43. 中国绿化基金会办公室
44. 中国林业产业协会
45. 国家林业局西北华北东北防护林建设局（三北局）
三北防护林工程管理办公室
46. 国家林业局驻内蒙古自治区森林资源监督专员办事处（驻内蒙古自治区专员办）
47. 国家林业局驻长春森林资源监督专员办事处（驻长春专员办）
48. 国家林业局驻黑龙江省森林资源监督专员办事处（驻黑龙江省专员办）
49. 国家林业局驻大兴安岭林业集团公司森林资源监督专员办事处（驻大兴安岭专员办）
50. 国家林业局驻福州森林资源监督专员办事处
51. 国家林业局驻合肥森林资源监督专员办事处

（驻合肥专员办）
52. 国家林业局驻武汉森林资源监督专员办事处（驻武汉专员办）
53. 国家林业局驻海口森林资源监督专员办事处（驻海口专员办）
54. 国家林业局驻成都森林资源监督专员办事处（驻成都专员办）
55. 国家林业局驻贵阳森林资源监督专员办事处（驻贵阳专员办）
56. 国家林业局驻云南省森林资源监督专员办事处（驻云南省专员办）
57. 国家林业局驻西安森林资源监督专员办事处（驻西安专员办）
58. 国家林业局驻兰州森林资源监督专员办事处（驻兰州专员办）
59. 国家林业局驻乌鲁木齐森林资源监督专员办事处（驻乌鲁木齐专员办）
60. 国家林业局森林病虫害防治总站（森防总站）
61. 东北航空护林中心（东航中心）
62. 西南航空护林总站（西南总站）
63. 南京森林公安高等专科学校
64. 国家林业局华东林业调查规划设计院（华东林调院）
65. 国家林业局中南林业调查规划设计院（中南林调院）
66. 国家林业局西北林业调查规划设计院（西北林调院）
67. 国家林业局昆明勘察设计院

书中部分单位、词汇全称简称对照

北京林业大学（北林大）
长江流域防护林（长防林）
东北林业大学（东北林大）
国家发展和改革委员会（国家发改委）
国家工商行政管理总局（国家工商总局）
国家开发银行（国开行）
国家环境保护部（国家环保部）
国家森林防火指挥部（国家森防指）
国务院法制办公室（国务院法制办）
国务院纠正行业不正之风办公室（国务院纠风办）
国务院西部地区开发领导小组办公室（国务院西部开发办）
国有资产监督管理委员会（国资委）
林业工作站（林业站）
林业科学研究所（林科所）
林业科学研究院（林科院）
南京林业大学（南林大）
全国绿化委员会（全国绿委）
全国绿化委员会办公室（全国绿委办）
全国人大常委会法制工作委员会（全国人大常委会法工委）
全国人大环境与资源保护委员会（全国人大环资委）
全国人大农业与农村委员会（全国人大农委）
全国普及法律常识办公室（全国普法办）
全国政协人口资源环境委员会（全国政协人资环委）
森林病虫害防治（森防）
森林病虫害防治检疫站（森防站）
森林防火指挥部（森防指）
森林工业（森工）
世界银行（世行）
速生丰产林（速丰林）
天然林资源保护工程（天保工程）
西北、华北北部、东北西部风沙危害和水土流失严重地区防护林建设（三北防护林建设）
亚洲开发银行（亚行）
中国光彩事业促进会（中国光彩会）
中国吉林森林工业（集团）总公司（吉林森工集团）
中国科学院（中科院）
中国龙江森林工业（集团）总公司（龙江森工集团）
中国内蒙古森林工业集团有限责任公司（内蒙古森工集团）
中国农业发展银行（中国农发行）
中国农业科学院（中国农科院）
中国银行业监督管理委员会（中国银监会）
中国证券监督管理委员会（中国证监会）
中央机构编制委员会办公室（中央编办）
珠江流域防护林（珠防林）

书中部分国际组织中英文对照

濒危野生动植物种国际贸易公约(CITES，Convention on International Trade in Endangered Species of Wild Fauna and Floraesertification)
大自然保护协会(TNC，The Nature Conservancy)
国际热带木材组织(ITTA，International Tropical Timber Organization)
国际野生生物保护学会(WCS，The Wildlife Conservation Society)
国际植物新品种保护联盟(UPOV，Intemarional Union For The Protection of New Varieties of Plants)
联合国防治荒漠化公约(UNCCD，United Nations Convention to Combat Desertification)
联合国粮食及农业组织(FAO，Food and Agriculture Organization of the United Nations)
欧洲投资银行(EIB，European Investment Bank)
全球环境基金(GEF，Global Environment Facility)
森林管理委员会(FSC，Forest Stewardship Council)
森林认证认可计划委员会，泛欧森林认证体系(PEFC，Pan European Forest Certification)
湿地国际(WI，Wetlands International)
世界自然保护联盟(IUCN，International Union for Conservation of Nature and Natural Resources)
世界自然基金会(WWF，旧称 World Wildlife Fund Intenational——世界野生生物基金会，现在更名 World Wide Fund for Nature)
亚太经济合作组织(APEC，Asia-Pacific Economic Cooperation)
亚太森林恢复与可持续管理网络(APFNet，Asia-Pacific Network for Sustainable Forest Management and Rehabilitation.)
亚洲开发银行(ADB，Bsian Development Bank)

索　引

A

阿不来提·阿不都热西提　12，411，542
阿根廷　307
“爱鸟周”　459，500，506，643
安徽省林业　483
桉树论坛　640
桉树枝瘿姬小蜂　135
澳大利亚　308，311，650

B

巴西　310
保险　507
北京奥运会　204，278，318，403，425
北京奥运安保　205，206，434，435，476
北京林业大学　269
北京市林业　425
北京市森林资源总价值　426
濒危野生动植物进出口管理　191
濒危野生动植物种国际贸易公约　191，192
部门绿化　176

C

财政部　149，189，193，311
草原生态保护　176
长江流域防护林体系建设工程　155，513
朝鲜　307
陈述贤　606
城乡造林绿化　432，434，568，590
重庆市林业　557
村屯绿化　452，479

D

大兴安岭林业集团公司　279，467
大熊猫　187，645
大自然保护协会　314
党风廉政　403
德保苏铁　188
德国　307，308，309，538，617
低产林改造　509
地方林业重点工程　165，431，450
电子政务　85，628
东北老工业基地　331
东北林业大学　274
东北森林航空消防　200
东亚－澳洲迁徙水鸟合作伙伴关系　190，310
杜鹰　153，393
对外科技交流与合作　307，525
多边国际交流与合作　309

E

俄罗斯　307

F

反腐倡廉　401
防护林体系建设　347，493
防沙治沙　174，331，418，443，568，603，605
防沙治沙示范区　175
防灾减灾救灾　93
防治荒漠化国际会议　310，410，662
“飞鹰行动”　210
芬兰　306
福建省林业　489

G

改革开放30年林业建设　420
甘肃省林业　605
高等林业教育　266
各地区林业工业产品产量　365，494
各地区林业固定资产投资　390
各地区林业重点工程造林面积　358
各地区营林生产主要指标　355
各地区造林面积　353
各省(区、市)审核审批占用征用林地情况　215
各省、自治区、直辖市林业　425
各省、自治区、直辖市林业厅(局)负责人　610
公安部　210
公路绿化　176
公益林　600，604
工业和信息化部　253
沟眶象　135
古树名木保护　474
关注森林活动　12，411，481
灌木林　99
广东省林业　539
广西壮族自治区林业　544
贵州省林业　568
国际林业热点问题　140
国际热带木材组织　308，310
国际人与生物圈保护区网络　187
国际杨树大会　507，638
国际杨树委员会　273

国际植物新品种保护联盟 254
国际竹藤网络中心 632
国家标准化组织 253
国家标准化管理委员会 255
国家发改委 102，149，193，253，311
国家高技能人才培养示范基地 614
国家工商总局 132，210
国家公园 575
国家花卉工程技术研究中心 273
国家级花木专类园 171
国家级木材贸易加工示范区 183，500
国家级森林公园 171，492，503，537
国家级森林可持续经营试验示范点 218
国家级自然保护区 186，314，336，501
国家级林木种苗市场 500
国家级林木种质资源库 158，160
国家科技进步奖 241，278，623
国家林业局部门预算改革 394
国家林业局产品质量检验检测机构 252，537
国家林业局调查规划设计院 627
国家林业局公告 115，121，122，123，124，125，131，132，133
国家林业局工作规则 63
国家林业局管理干部学院 631
国家林业局机关各司(局)负责人 606
国家林业局经济发展研究中心 615
国家林业局林产工业规划设计院 629
国家林业局领导 606
国家林业局令 133，171
国家林业局门户网站 108，256
国家林业局人才开发交流中心 620
国家林业局“三定”工作 613
国家林业局审核审批占用征用林地情况 215
国家林业局直属单位 614，615
国家林业局直属单位负责人 608
国家林业局综合办公系统 257
国家林业重点工程 165
国家林业重点工程社会经济效益监测 144
国家领导人重要讲话 1
国家认证认可监督管理委员会 254
国家森林城市 411，500，516
国家森林防火指挥部 62
国家生态文明教育基地 272
国家食品药品监督管理局 132，254
国家税务总局 193
国家外国专家局 255
国家现代林业示范市 631
国家新世纪百千万人才工程 271，635
国家造林项目 315
国家质量监督检验检疫总局 253
国家中医药管理局 132
国家种苗网 157
国土资源部 253
国务院 58，393
国务院办公厅 62
国有林场 70，317，509，548，563
国有林场改革 318
国有林区林权制度改革试点 332
国有棚户区改造 102，325，347，454，630

H

海关总署 210
海南省林业 551
海峡两岸(三明)林业博览会 183
海峡西岸经济区林业发展 492
韩国 190，307，308
河北省林业 431
河南省林业 501
河南省林业生态效益价值评估 504
贺庆棠 270
黑龙江省林业 458
黑龙江省森林工业 461
候鸟三号行动 210，505
湖北省林业 507
胡锦涛 176，190，192，307，311，409，427，445
湖南省林业 535
花卉产业 549
花卉展 475，488，561
环保部 253，254
荒漠化和沙化状况 142
黄建兴 492
回良玉 1，5，7，10，62，108，192，120，232，237，245，309，311，622，662，663，664，665

J

基础设施建设 342
吉林森林工业集团 456
吉林省林业 453
集体林权制度改革 35，46，94，96，167，175，183，244，319，324，332，404，409，426，438，444，449，451，452，454，459，478，480，484，496，500，501，504，527，538，541，560，566，569，572，578，581，590，600，625
加拿大 627，634
贾庆林 14
贾治邦 16，24，26，28，30，35，40，42，45，46，51，62，133，170，189，195，196，197，200，202，203，206，277，306，409，417，418，420，439，477，494，537，618，621，624
江苏省林业 477
江西省林业 493

江西省造林绿化“一大四小”工程 495
江泽慧 633，639
蒋正华 618
交通运输部 253
教育部 266，275
节能减排 111，170，253
金丝猴 514
京津风沙源治理工程 74，153，326，330，361，439
经济技术交流与合作 307，499
经济林 516，601

K

抗击雨雪冰冻灾害 66，67，68，70，213，220，278，313，317，325，393，403，480，487，490，491，495，535，541，538，568，575，632，643，645，647
抗震救灾 90，91，109，138，187，203，205，213，220，313，501，565，570，583，632，643，647，652
科技部 633
科技兴林 433，436，477，490
矿区植被保护与生态恢复 221
扩大内需 155，165，325，393，571

L

兰花 192，645
雷加富 195，196，306
李长春 468
李育材 149，155，169，190，196，197，306，307，538，624
联合国防治荒漠化公约 310
联合国可持续发展委员会 309
联合国粮农组织 219，222，308，310
梁希奖 273，639
辽宁省林业 449
林产工业 516，542
林产品质量安全管理 516
林地管理 67，91，92，101，110，214，522，546，599
林地林权管理 214
林地资源流转 523
林分改造 167
林果产业 432，598
林木采伐 91
林木良种 115，125
林木良种生产补贴制度 160
林木品种审定 160
林木种苗工程 157，339，545，574
林木种苗建设投资 157
林木种苗进口 164
林木种苗生产 157，326，591
林木种苗行政执法 163
林木种质资源保护 160
林木种质资源库 158
林木种子基地建设 157
林木种子苗木进口审批 123，125
林木种子经营许可证 122，123，124，132，133
林木种子生产经营 83，157
林区禁毒 210
林权调处 541
林业安全生产 184
林业保障能力 140
林业报刊 411
林业标准化建设 123，131，245
林业财务和会计 393
林业产业 138，183，327，426，438，442，445，449，452，454，458，463，477，481，485，490，493，496，502，517，536，548，553，560，565，573，584，590，593，596
林业产业总产值 327，349
林业持续发展项目 314，315
林业出版 412
林业贷款财政贴息资金 77
林业调查规划设计院 627
林业队伍 143
林业对外开放 306，330，438，564
林业法律法规和规章 142
林业法制建设 454，542
林业扶贫 349，597
林业改革 138，432，442，446，480，484，489，535
林业工业产品产量 364
林业工业产品销售价格 328
林业工作站建设 319，443，454，459，522，594
林业固定资产投资 329，388
林业规划 330
林业国际合作 143，486，590，595
林业国家标准 245
林业行业标准 245
林业行业新分类 271
林业机构 143，613
林业基因安全管理 254
林业计划 324
林业纪检监察 401
林业教育 143，266，524
林业教育信息统计 282
《林业经济》 618
林业精神文明建设 401，447，529
林业救灾资金物资管理 98
林业勘察设计 523
林业科技成果 241
林业科技管理 234
林业科技推广 242，524，591，603
林业科技推广站建设 244
林业科技支撑 598
林业科技与教育 143
《林业科学》 665
林业科学技术 81，143，438，440，443，459，486，525，542，547，594
林业劳动工资统计 369
林业利用外资 330，506，510
林业民间国际合作与交流 312

林业培训　96，156，159，187，199，253，255，266，279，322，349，524，525，576，631，635
林业普法　233
林业区域开发　365
林业人事工作　529
林业社会团体　530
林业审计　400
林业生态省　503，540
林业生态县　504
林业生物质能源　168，508
林业世界银行贷款项目　314
林业碳汇　169，426，508
林业贴息贷款项目管理　398
林业统计　349
林业投资　329，438，494，526，563，577
林业推进新农村建设　155，166，443
林业系统劳动工资　329
林业系统企事业及机关数　370
林业系统营林基本建设投资　391
林业系统在岗职工年平均工资　382
林业系统在岗职工数　376
林业系统职工伤亡事故　388
林业系统主干网　257
林业新品种新技术推广　242
林业信息化标识　260
林业信息化建设　256，527
林业行政案件　64，320
林业行政许可　232，524
林业行政许可听证　134
林业行政执法　225
林业宣传　407，434，435，477，527，542，548，594
林业血防工程造林　509
林业要素市场　571
林业有害生物防治　185，337，426，445，451，454，469，476，477，484，539，552，562，593
林业有害生物防治标识　121
林业有害生物警示通报　135，136，137
林业灾后恢复重建　26，393
林业资源　141
林业招商引资　452，518
林业政策法规　231
林业执法监督　232
林业植物新品种保护　253
林业职业技能鉴定　621
林业职业教育　268
林业重点工程　326，331，356，590
林业重点学科　268
林业重要会议　662
林业重要外事活动　306
林业专业技术人才　90，269
林业专业数据库　258
林业资金稽查　399
林业综合发展项目　316
林政案件　225，522，593
林政执法　225
林政资源管理　430，540
六大林业重点工程　144
绿色奥运　410，425，434，647
绿色产业　518
绿色天津　430
绿色通道　511
《绿色中国》　619
“绿野寻踪”节目　643
罗富和　14，622

M

马建章　275，645
马来西亚　635，645
美国　272，306，307，311，633，645
美国白蛾　132，135，234，436
缅甸　306
漠河机场　470
木本油料产业　574
木材安全保障　183
木材检查站　522
木材生产　463

N

南方珍贵树种选育基地　540
南京林业大学　277
南京森林公安高等专科学校　207，280
内蒙古森林工业集团　445
内蒙古自治区林业　441
宁夏回族自治区林业　592
农村生态能源　550
农林复合经营新模式　506
农田林网　515
农业部　149，253
农业综合开发　348
欧洲投资银行　316，324

P

平原林业建设　30，155，435，506，664

Q

青海省林业　590
全国城乡绿化　176
全国国有林场财务状况　397
全国国有苗圃财务状况　398
全国国有森工企业财务状况　396
全国花卉产量　328，368
全国迹地更新面积　352
全国经济林产品产量　328，368
全国锯材产量　328
全国林产工业　328
全国林产化工产品产量　328
全国林木种苗质量检查　163
全国林业产业基础数据库　183
全国林业工业产品产量　364，367
全国林业行业财政资金收支状况　395
全国林业经济运行状况　325
全国林业厅(局)长电视电话会议　40，666

全国林业厅(局)长会议 16，108，662
全国林业专业标准化技术委员会 252
全国林业资源 141
全国绿化奖章 180
全国绿化模范单位 178
全国绿化委员会 5，28，62，178，664
全国木材产量 328，366
全国木材生产 328，336
全国木地板产量 328
全国人造板产量 328
全国森工企业财务状况 396
全国森林火灾 193
全国森林资源 141
全国森林资源清查 219
全国沙尘天气 175
全国生态文化教育示范基地 173
全国新封山育林面积
全国营林生产主要指标 350
全国育林基金 396
全国优秀博士论文 275
全国育林基金收支状况 396
全国造林面积 351
全国政协 12，277，468
全国竹材产量 328
全民义务植树 176，426，474，495，505，511，537，540，605
全球环境基金 241
全球森林资源评估 222

R

人力资源和社会保障部 154，268
日本 273，306，308
瑞典 313

S

三北防护林体系建设 10，51，154，332，439，583，590，604，605，666
三北及长江流域等防护林体系建设工程 154，326，362
“三基”工程 211
“三总量”检查 227
森工非经营性建设 345
森林病害 185
森林病虫害防治 430，519，541，547，570，581，603
森林采伐管理改革 106，521
森林采伐、运输与加工利用管理 217
森林采伐限额管理 218
森林虫害 185
森林重庆 558
森林防火 1，24，58，192，333，426，430，465，471，477，484，505，518，524，541，546，552，561，570，581，593，600，663
《森林防火条例》58
森林覆盖率净增量考核 431
森林公安 73，205，593，500，520，521，539，545，556，571，578，586，600，602
森林公安派出所等级评定 207，211
森林公安执法 210
森林公园 170，499，517，570
森林航空消防 199，598
森林火灾 193
森林健康 155
森林经营 319，641
森林可持续经营 488
森林旅游 517，542，549，651
森林培育 157，164，459，493，501
森林人家 171，491
森林认证 254，650
森林生态效益补偿 458
森林应对气候变化 14，311，417，626，648
森林资源保护 80，185，426，432，433，437，442，449，451，454，458，464，481，483，496，501，540，574，597
森林资源保护与林政管理 185，442
森林资源与林政管理 211，103，128，242，471，477，546，552，561，565，591，593
森林资源监测 219，478，523
森林资源监督 226
森林资源清查 219，593，600，603
沙尘暴应急处置 175，435
山东省林业 499
山东省森林与湿地资源价值 499
山区综合开发 348
山西省林业 437
陕西省林业 580
商务部 253，254，271，
上海市林业 474
生态公益林 168，326，479，540，545，554
生态建设 138，325，441，446，453，467，471，479，481，511，535，538，540，570，571，592
生态旅游 479
生态文化 139，205，433，443，497，536，597
生态文明 139，177，272，409，410，418，420，444，540，542，553，639
生物柴油 169
生物产业 244
生物措施治理水土流失 155
生物多样性 575
生物质化学利用国家工程实验室 243
湿地保护与恢复工程 332，341，458，475，479，511，541，547，593
湿地公约 309，327
湿地国际 313
湿地日 409
石漠化治理 174，327，545，626

世界银行 499，648
世界自然保护联盟 313，645
世界自然基金会 313
受灾林木清理 66，68
树种林种调整 166
水利部 149，253
水利绿化 176
四川省林业 565
四川汶川地震 90，436，565，570
松材线虫病 122，135，241
速生丰产用材林基地建设工程 156，327，363，542，543
孙扎根 606，624

T

台湾 187，188，645
太行山绿化工程 155，439
碳汇计量 170
天然林资源保护工程 82，148，326，330，359，395，434，438，465，469，511，515，554，563，567，583，590，592，600
天津市林业 430
铁路绿化 176
退耕还林工程 79，99，149，326，330，360，438，493，512，538，543，554，562，567，569，583，590，592，604，605

W

外交部 254，311
汪振儒 272
卫生部 132
卫星林火监测 199
温家宝 58，192，195，595，596
文化部 633
"五五"普法 233
武警福建省森林总队 204，493
武警甘肃省森林总队 204
武警森林部队 200，488，497，538
武警森林机动支队 203
武警森林部队直升机支队 199

X

西藏自治区林业 577
西藏自治区生态公益林 223
西南森林航空消防 200
习近平 307，595，596
现代林业 420，451，514
象牙及其制品管理 104，190，476
象牙贸易伙伴国 191
小渊基金 312
新疆生产建设兵团林业 599
新疆维吾尔自治区林业 596
新农村建设 166，443，508，579，591，597
信息公开 96，97
行政许可 112，159，164，189
学习实践科学发展观 403，406，486，496
循环经济 515

Y

亚太森林恢复与可持续管理网络 311
亚洲开发银行 316，459
沿海防护林体系建设工程 155，332，435，436，540，545，554
杨继平 306，393，403
野生动物保护 132，336，435，583
野生动物驯养繁殖 517
野生动物疫源疫病监测 513
野生动物肇事补偿 91，189
野生动植物保护 75，189，475，477，540，547，576
野生动植物保护及自然保护区建设工程 327，332，363，430，439，483，493，567，590，600
野生植物保护 95
伊春国有林区林权制度改革 217，332
依法治林 477，524，583
印度尼西亚 306
印红 187，189，448，598
英国 311
应对金融危机 325，330，403，457，654
优秀林科类教材奖 266
油茶 7，42，100，103，162，163，244，324，348，410，537，508，539，626，640，664
友谊奖 255
育苗单位 157
云南省林业 572

Z

灾后恢复重建 67，72，75，79，80，81，82，155，164，270，324，331，410，511，535，569，597，663
枣实蝇 122
造林绿化 437，439，449，450，452，458，483，489，507，551，577，580
造林质量管理 166
张建龙 319，409，453，639，654
赵雨森 275
浙江省林业 480
珍贵树种 542
征占用林地定额 92，604
政府采购 112
政府特殊津贴 614
政府信息公开 88，261
郑万钧 278，626
政务公开 85
植树节 409，500
植树造林 430，444，601
中国保监会 324
中国城市森林论坛 12，28，411

中等林业职业教育 266
《中共中央国务院关于全面推进集体林权制度改革的意见》 35，56，142，319，404
中国花卉博览会 646
中国花卉协会 646
中国林场协会 319，506，653
中国林产品交易会 183，499
中国林学会 637
中国林业 136，141
中国林业产业协会 649
中国林业出版社 412
中国林业大事记 655
中国林业发展报告 617
中国林业教育学会 266，652
中国林业经济学会 654
中国林业科学研究院 14，538，622
中国林业青年学术年会 276，638
《中国林业志》 411
中国绿化基金会 647
中国绿色时报社 411
中国绿色碳基金 170，631，648
中国（牡丹江）木业博览会 183，650
中国气象局 253
中国青年科技奖 279
中国森林防火吉祥物 197
中国生态文化协会 45，614
中国石油天然气股份有限公司 169
中国水土保持学会 651
中国现代林业产业网 183
中国野生动物保护协会 643
中国野生植物保护协会 645
中国银监会 324
中美森林健康合作 155
中幼林抚育 167，168
中央级林业资金 324
中央纪委、监察部驻国家林业局纪检组、监察局负责人 607
中央新增投资林业项目 430，445，571，605
种苗质量管理 72，100，103
种子（苗）免税进口数量 123
重大森林火灾 195
朱鹮 190，307
珠江流域防护林体系建设工程 155，545
住房和城乡建设部 102，253
祝列克 149，153，155，169，189，270，307，309，310，312，393，624
卓榕生 606
自然保护区建设 75，96，186，513，540，547，555

“5·12”特大地震 188，203，318，393，403，436，565，570，579，638，653
“948”项目 235，636
“973”计划 234，276